禹城市志

上

禹城市地方志编纂委员会　编

方志出版社
Publishing House of Local Records

图书在版编目（CIP）数据

禹城市志：1986—2010/禹城市地方志编纂委员会编. -- 北京：方志出版社，2017.2
ISBN 978-7-5144-2034-0

Ⅰ.①禹… Ⅱ.①禹… Ⅲ.①禹城市-地方志-1986—2010 Ⅳ. ①K295.24

中国版本图书馆CIP数据核字（2016）第176104号

禹城市志（1986—2010）

编　　者：禹城市地方志编纂委员会
责任编辑：顾　洁
出 版 人：冀祥德
出 版 者：方志出版社
地址　北京市朝阳区潘家园东里9号（国家方志馆4层）
邮编　100021
网址　http://www.fzph.org
发　　行：方志出版社图书经销中心
电话（010）67110500
经　　销：各地新华书店
印　　刷：济南黄氏印务有限公司
开　　本：889×1194　　1/16
印　　张：84
字　　数：1680千字
版　　次：2017年2月第1版　2017年2月第1次印刷
印　　数：0001～3500套
ISBN　978-7-5144-2034-0　定价：1080.00元（上下册）

禹城名片

- 中国功能糖城
- 中国食品馅料城
- 中国半精纺毛纱名城
- 中国营养健康产业城
- 中国微生态产业集群城市
- 国家高技术生物产业基地
- 国家火炬计划生物技术产业基地
- 国家营养与保健食品原材料基地创建区
- 全国科技实力百强市
- 全国绿色能源示范市
- 全国食品工业强市
- 国家级生态示范区
- 全国生态文明先进市
- 全国保增长、促就业十佳和谐城市
- 全国安全生产监管先进市
- 国家高新技术产业开发区

禹城市历届地方志编纂委员会

2010年8月

名誉主任：闫剑波

主　　任：张　磊

常务副主任：张仁庆

副 主 任：段昭基　孙凤云　吴洪生　王建国　陈怀军

委　　员：安良忠　张　勇　孙洪彪　张祖义　滕长杰　王建国
杨国政　孙清阳　齐长平　刘少水　韩廷岭　刘开明
李召海　卢传生　蔡明忠　刘金河　周兴勇　杨成金
李春厚　赵洪峰　吴洪涛　李明华　陈海良　林双昌
徐永贵

2011年12月

名誉主任：张安民

主　　任：张　磊

常务副主任：张仁庆

副 主 任：王建国　段昭基　孙凤云　吴洪生　张　钊　陈怀军

委　　员：安良忠　张　勇　孙洪彪　张祖义　滕长杰　王建国
杨国政　孙清阳　齐长平　刘少水　韩廷岭　刘开明
李召海　卢传生　蔡明忠　刘金河　周兴勇　杨成金
李春厚　赵洪峰　吴洪涛　李明华　陈海良　林双昌
徐永贵

2016年2月

名誉主任：张安民

主　　任：荣红智

常务副主任：张仁庆

副 主 任：王建国　段昭基　孙凤云　吴洪生　张　钊　陈怀军

委　　员：安良忠　张　勇　孙洪彪　张祖义　滕长杰　王建国
杨国政　孙清阳　齐长平　刘少水　韩廷岭　刘开明
李召海　卢传生　蔡明忠　刘金河　周兴勇　杨成金
李春厚　赵洪峰　吴洪涛　李明华　陈海良　林双昌
徐永贵

2016年12月

名誉主任：张安民
主　　任：滕海强
常务副主任：张仁庆
副 主 任：王建国　段昭基　孙凤云　吴洪生　王宝峰　陈怀军
委　　员：安良忠　张　勇　孙洪彪　张祖义　滕长杰　王建国
杨国政　孙清阳　齐长平　刘少水　韩廷岭　刘开明
李召海　卢传生　蔡明忠　刘金河　周兴勇　杨成金
李春厚　赵洪峰　吴洪涛　李明华　陈海良　冯小强
林双昌　徐永贵

《禹城市志》（1986—2010）编审人员

主　审：王文恒
副主审：吕学平　李明华　尹继明　孟凡强
主　编：张仁庆
副主编：王建国　吴洪生　王宝峰　张　钊　孙登敬　陈海良
冯小强
编　辑：庞吉温　方景德　尹继明　秦士兴　邢根友　张宝联
邢庆俊　林双昌　张　丽　孙秀立　张小霞　隋　斌
李　霞　刘　佳　王　凯　邢金凤　庞二梅　张红丽

《禹城市志》特聘学者、专家、顾问

冀祥德　中国地方志指导小组副秘书长兼办公室主任，方志出版社社长兼总编辑，中国社会科学院法学研究所研究员、法学系常务副主任、教授、博士生导师、博士后合作导师
王文恒　山东省史志办原副主任
李　刚　山东省史志办市县志指导处处长
李其常　德州史志办主任
夏传玉　德州史志办副主任

德州市政府党组成员　德州高新技术产业开发区党工委书记、管委会主任　中共禹城市委书记　张安民

序

修志问道，以启未来。历经五载，数易其稿，《禹城市志（1986—2010）》付梓问世，这是全市人民政治、经济、社会生活中的一件大事，也是全市文化建设和精神文明建设事业的一件大事，可喜可贺。

禹城钟灵毓秀，人杰地灵，历史悠久，文化底蕴丰厚，是大禹治水功成名就之地，龙山文化发祥地之一。夏商时属九州之兖州，周朝封为祝国，春秋改称祝阿。唐天宝元年（公元742年）设禹城县，1993年撤县设市。全市辖区面积990平方公里，人口53万，辖9镇1乡2个街道和1个国家级高新技术产业开发区。改革开放以来，禹城经济社会事业发展迅速，生产力水平不断提高，经济实力显著增强，人民生活水平明显改善，特别是走出了一条新型工业发展和特色产业带动之路，形成了生物、装备制造、新能源、新材料、绿色食品、高档纺织、现代物流、现代金融八大产业体系。

“以铜为镜，可以正衣冠；以史为鉴，可以知兴替”。2014年2月25日，习近平在北京市考察工作时说：“高度重视修史修志，让文物说话、把历史智慧告诉人们，激发我们的民族自豪感和自信心，坚定全体人民振兴中华、实现中国梦的信心和决心。”编史修志是中华民族的优秀文化传统，也是中华民族文化的重要组成部分。地方志是传承中华文明、发掘历史智慧的重要载体，具有存史资政、教化育人的重要作用。地方志作为“辅政之书”，能够全面系统准确地记述一个地方政治、经济和文化各项事业的发展轨迹，能够展示地域文化的博大精深和无穷魅力，她是历史的一面镜子，在中国历史文化宝库中占有极其重要的位置，发挥着不可替代的作用。

盛世修志，功在千秋。“一邑之典章文物，皆系于志”。禹城历史上曾多次编修县志：

1995 年 9 月 15 日，省委书记赵志浩（中）到禹城调研

2009 年 8 月 21 日，省委书记姜异康（左三）到禹城市房寺镇调研

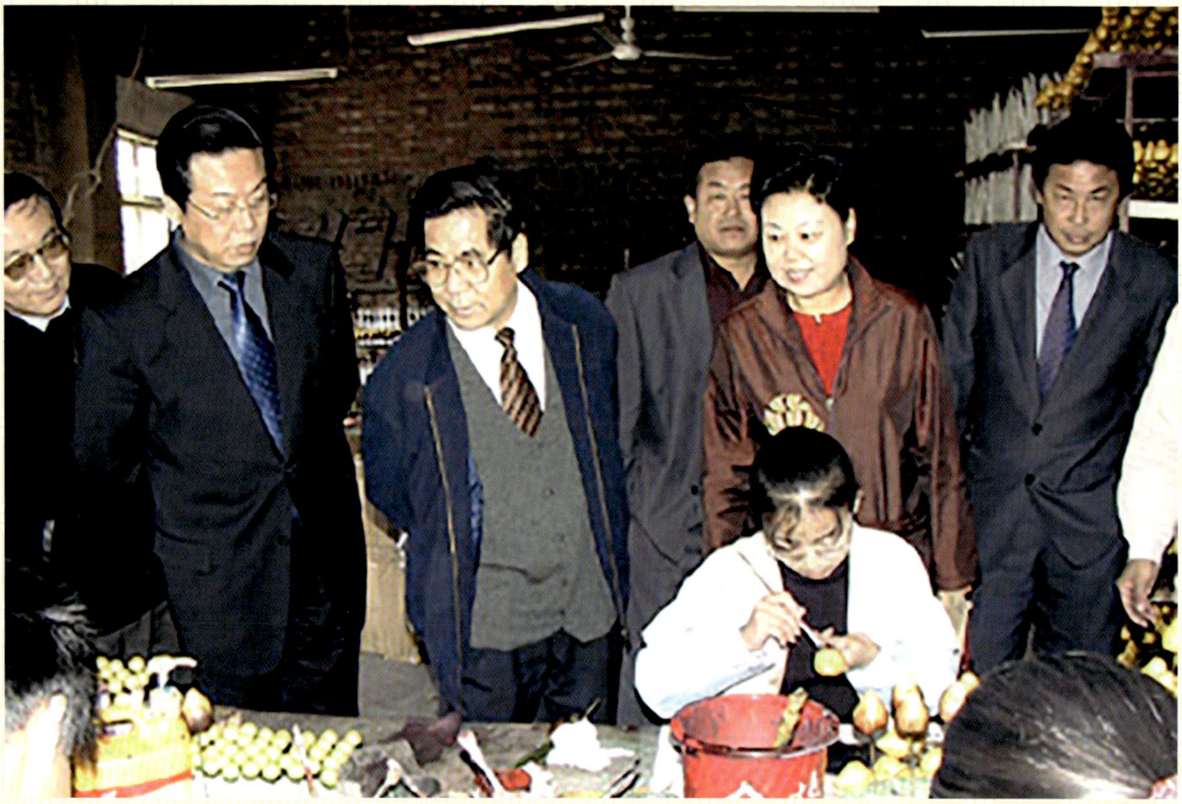

2003年10月22日，省政协副主席、省委统战部部长齐乃贵（中） 到禹城调研

2009年3月18日，副省长郭兆信（前右二）到禹城调研

2010 年 8 月 13 日， 副省长贾万志（中）到禹城检查指导防汛救灾工作

2010 年 8 月 15 日，省委副书记、省长姜大明（右三）到禹城检查指导防汛救灾工作

邮电大厦

糖城新湖音乐喷泉

大禹公园

汉槐游园

糖城广场

徒骇河梁桥橡胶坝

元宵节舞龙灯

御桥韩天主教堂

禹王大殿

职工拔河比赛

扇子舞表演

廉政教育演出

银辉老年艺术团表演

欢度元宵节

第二届禹城大禹文化学术研讨会文艺晚会

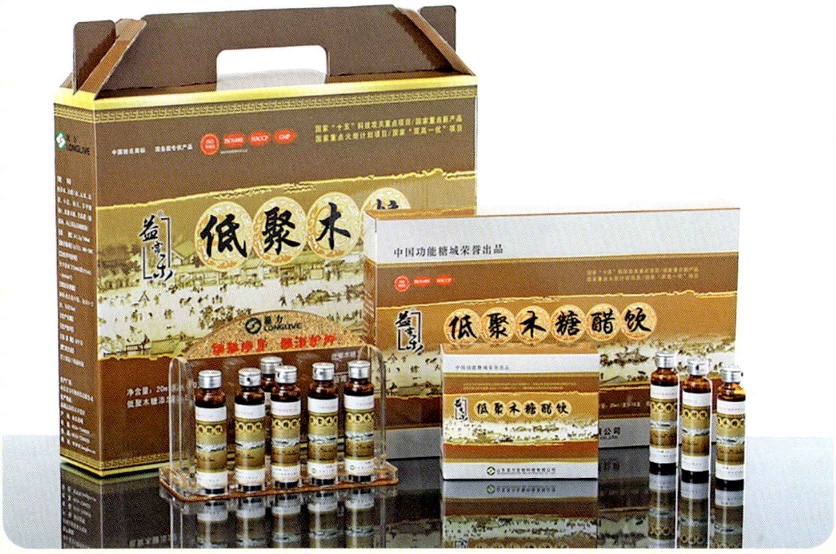

低聚糖醋饮

五香脱骨扒鸡

泡子糕

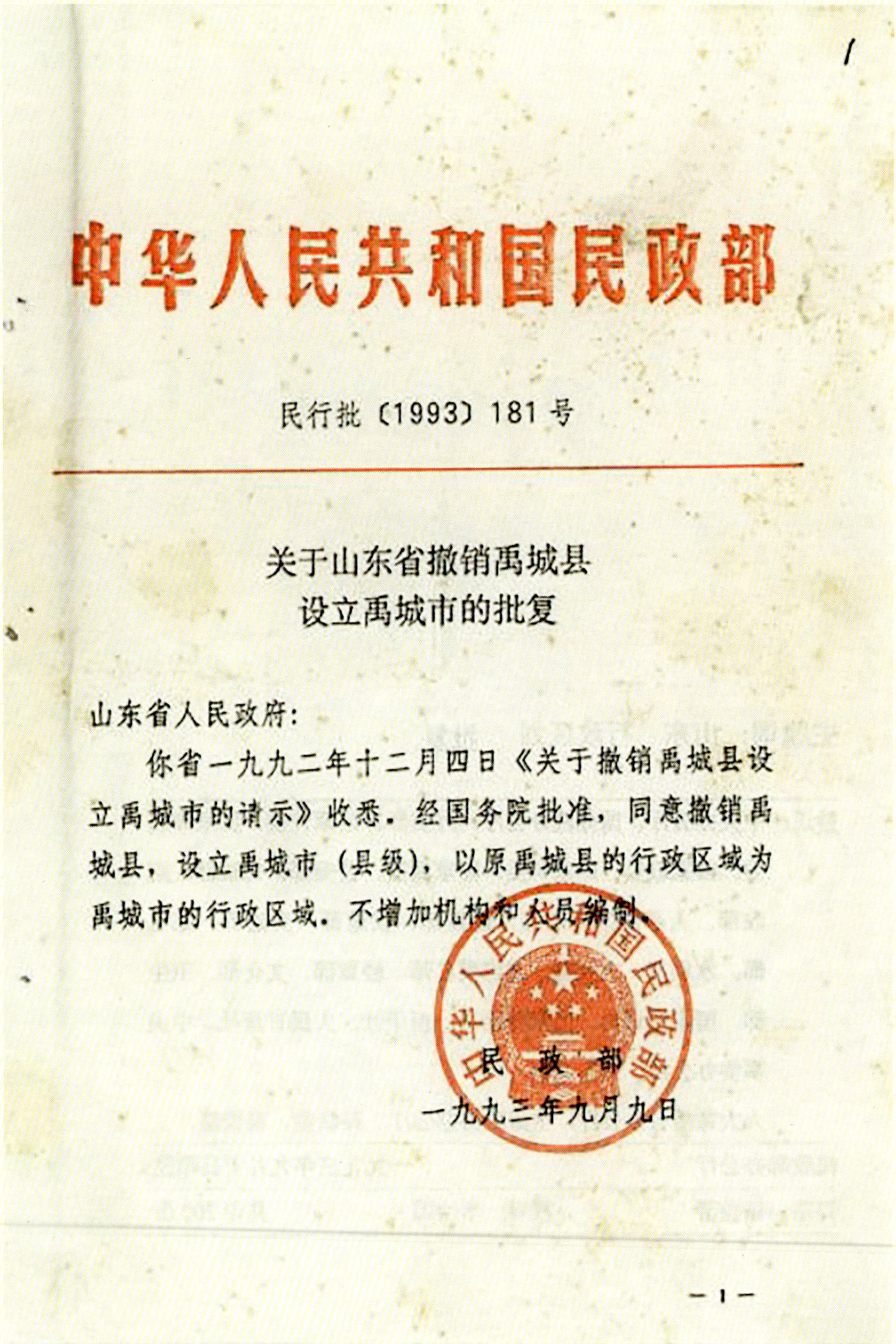

中华人民共和国民政部

民行批〔1993〕181号

关于山东省撤销禹城县设立禹城市的批复

山东省人民政府：

你省一九九二年十二月四日《关于撤销禹城县设立禹城市的请示》收悉。经国务院批准，同意撤销禹城县，设立禹城市（县级），以原禹城县的行政区域为禹城市的行政区域。不增加机构和人员编制。

民政部

一九九三年九月九日

— 1 —

民政部下发禹城撤县设市的文件

后排左起：刘佳、王凯、林双昌、杨伟、栗心利、李文、来登利、陈建军、王如民、邱同强、黄平正、史健利、韩维新、马淑华、刘秀芝、张洪敏、张春勇、姜桂军、侯志刚、庞二梅、孙秀立、张丽、邢金凤

前排左起：陈海良、翟景德、王建国、夏传玉、王笃银、王耀生、张磊、李其常、翟世林、张安民、李刚、王文恒、张仁庆、王立云、郝德禄、王德河、张钊

市领导张钊和史志办工作人员合影

后排左起：李　霞　张小霞　庞二梅　张红丽　孙秀立　张　丽　邢金凤
前排左起：刘　佳　林双昌　张　钊　陈海良　隋　彬　王　凯

凡　例

一、《禹城市志（1986—2010）》以马克思列宁主义、毛泽东思想、邓小平理论、“三个代表”重要思想和科学发展观为指导，坚持辩证唯物主义和历史唯物主义的观点和实事求是的原则，全面客观地记述禹城市区域内的历史与现状，力求做到思想性、科学性和资料性的统一，重点反映时代特点和地方特色。

二、本志为1995年版《禹城县志》的续志，时间上限为1986年，下限为2010年。为保证所记述事物的完整性，部分内容适当上溯或下延。

三、语言采用现代语体文，采用篇、章、节、目结构，述、记、志、传、图、表、录等体裁并用，以志为主。图、表随文插入，各篇均设无题序，个别章节设附。

四、本志人物分人物传略、人物简介、人物名录等五部分。坚持生不立传的原则，已故人物以卒年为序排列。人物简介、人物名录参考德州史志办出版的《德州人物》顺序排列。人物传略中补录了个别未载入前志中的早期革命干部和烈士。以表格的形式收录外地在禹城挂职干部203人，收录各级劳动模范、劳动奖章获得者48人。

五、纪年使用公元纪年，个别地方出现历史纪年时，括注公元纪年。

六、各机构、部门、社会团体及会议名称，首次出现用全称并括注简称，重复出现用简称。

七、数据以统计局公布的为准，市统计局没有的，采用部门提供的数据。计量单位执行国家法定标准。为便于表述，有些地方仍沿用旧制。

八、本志资料由市直各单位、各乡镇及驻禹单位提供，部分资料来自档案、文献、函调、互联网及社会调查，文中一般不注明出处。

目 录

序
凡例
概 述……1

大事记……11
1986年……13
1987年……14
1988年……15
1989年……16
1990年……17
1991年……19
1992年……20
1993年……21
1994年……23
1995年……25
1996年……28
1997年……31
1998年……33
1999年……36
2000年……40
2001年……43
2002年……45
2003年……46
2004年……48
2005年……49
2006年……50
2007年……52
2008年……54
2009年……55
2010年……57
2011年……60
2012年……62
2013年……65
2014年……66
2015年……67

第一篇 政区建置……69
第一章 建置 沿革……71
第一节 位置……71
第二节 沿革……71
第二章 行政区划……72
第一节 区划变动……72
第二节 区划……73
第三章 乡镇（街道）概况……80
第一节 市中街道……80
第二节 房寺镇……83
第三节 辛店镇……87
第四节 梁家镇……91
第五节 伦镇……96
第六节 辛寨镇……103
第七节 张庄镇……107
第八节 安仁镇……116
第九节 十里望回族镇……124
第十节 莒镇乡……130
第十一节 李屯乡……137

第二篇　自然环境……………………………… 145
第一章　地质　地貌 ………………………… 147
第一节　地质　地层 ……………………… 147
第二节　地貌 ……………………………… 147
第二章　河流　水文 ………………………… 148
第一节　河流 ……………………………… 148
第二节　水文 ……………………………… 150
第三章　气候 ………………………………… 152
第一节　气候特征 ………………………… 152
第二节　气象要素 ………………………… 153
第四章　土壤　植被 ………………………… 156
第一节　土壤类型与分布 ………………… 156
第二节　土体剖面构型 …………………… 159
第三节　自然植被 ………………………… 160
第五章　自然资源 …………………………… 160
第一节　土地资源 ………………………… 160
第二节　水资源 …………………………… 161
第三节　矿藏资源 ………………………… 161
第四节　动植物资源 ……………………… 162
第六章　自然灾害 …………………………… 166
第一节　旱灾 ……………………………… 166
第二节　暴雨　连阴雨 …………………… 167
第三节　洪涝 ……………………………… 168
第四节　冰雹　霜冻 ……………………… 169
第五节　大风 ……………………………… 171
第六节　寒潮　雪灾 ……………………… 171

第三篇　人　口……………………………… 173
第一章　人口总量与分布 …………………… 175
第一节　人口规模 ………………………… 175
第二节　人口分布 ………………………… 175
第三节　人口密度 ………………………… 176
第二章　人口构成 …………………………… 177
第一节　性别构成 ………………………… 177
第二节　年龄构成 ………………………… 177
第三节　文化构成 ………………………… 178
第四节　民族构成 ………………………… 179
第五节　姓氏构成 ………………………… 180
第六节　婚姻构成 ………………………… 181
第七节　家庭构成 ………………………… 181
第三章　人口变动 …………………………… 182
第一节　自然变动 ………………………… 182
第二节　机械变动 ………………………… 183

第四篇　三项基本国策……………………… 185
第一章　计划生育 …………………………… 187
第一节　生育政策 ………………………… 187
第二节　宣传教育 ………………………… 188
第三节　管理措施 ………………………… 190
第四节　计划生育服务 …………………… 192
第五节　配套政策措施 …………………… 193
第二章　国土资源管理 ……………………… 195
第一节　土地使用制度改革 ……………… 196
第二节　土地规划 ………………………… 196
第三节　耕地保护 ………………………… 198
第四节　地籍管理 ………………………… 198
第五节　行政执法 ………………………… 199
第三章　环境保护 …………………………… 199
第一节　环境质量 ………………………… 199
第二节　环境监测 ………………………… 204
第三节　环境污染防治 …………………… 205
第四节　环境监督管理 …………………… 207

第五篇　招商引资　对外开放……………… 211
第一章　招商引资 …………………………… 213
第一节　措施与政策 ……………………… 213

第二节 招商引资活动 …………………… 214
第三节 招商引资成果 …………………… 215
第二章 对外及港澳台贸易经济合作 … 215
第一节 进出口贸易 ……………………… 215
第二节 进出口管理 ……………………… 217
第三节 对外交流与合作 ………………… 218

第六篇 高新技术产业开发区……………… 225
第一章 高新区建设 ……………………… 227
第一节 区位区域 ………………………… 227
第二节 管理机构 ………………………… 227
第三节 基础设施建设 …………………… 228
第四节 科技人才建设 …………………… 228
第二章 园区产业 ………………………… 229
第一节 生物产业 ………………………… 230
第二节 重型装备制造业 ………………… 237
第三节 高档纺织 ………………………… 238
第四节 绿色食品 ………………………… 242
第五节 新能源新材料 …………………… 243
第三章 高新区企业管理 ………………… 245
第一节 企业与产品认定 ………………… 245
第二节 企业用工 ………………………… 245
第三节 企业经营管理 …………………… 246
第四节 社会效益 ………………………… 248

第七篇 城乡建设…………………………… 249
第一章 城乡规划 ………………………… 251
第一节 市区总体规划 …………………… 251
第二节 专业规划 ………………………… 252
第三节 乡镇规划 ………………………… 253
第二章 城区建设 ………………………… 254
第一节 道路 ……………………………… 254
第二节 桥梁 ……………………………… 258
第三节 城中村改造 ……………………… 259
第四节 居民住房 ………………………… 261
第五节 园林绿化 ………………………… 264
第六节 亮化 ……………………………… 270
第七节 供水 ……………………………… 270
第八节 排水 ……………………………… 271
第九节 供热 ……………………………… 275
第十节 供气 ……………………………… 276
第三章 社区村庄建设 …………………… 277
第一节 规划与建设 ……………………… 277
第二节 拆迁 ……………………………… 278
第三节 社区管理 ………………………… 278
第四章 城市管理 ………………………… 278
第一节 管理机构 ………………………… 278
第二节 市容治理 ………………………… 279
第三节 行政执法 ………………………… 281
第五章 房产管理 ………………………… 282
第一节 发展概况及管理机构 …………… 282
第二节 城镇住房制度改革 ……………… 283
第三节 房地产产权、产籍管理 ………… 284
第四节 房地产市场管理 ………………… 285
第五节 物业管理 ………………………… 285
第六节 安居工程与住房保障 …………… 285

第八篇 交通运输…………………………… 287
第一章 公路 ……………………………… 289
第一节 高速公路 ………………………… 289
第二节 国道 省道 ……………………… 290
第三节 县（市）、乡（镇）、村公路 ………………………………… 292
第二章 铁路 ……………………………… 293
第一节 火车站 …………………………… 293
第二节 铁路线 …………………………… 293

第三节　高速铁路 …………………… 293
第三章　桥梁 ……………………… 294
第一节　公路桥涵 ………………… 294
第二节　铁路桥涵 ………………… 294
第四章　运输与管理 ……………… 294
第一节　交通工具 ………………… 294
第二节　公路运输 ………………… 295
第三节　公路管理 ………………… 296

第九篇　邮政　电信………………… 299
第一章　邮政 ……………………… 301
第一节　邮政网点及邮路 ………… 301
第二节　邮政业务与经营 ………… 301
第二章　电信 ……………………… 304
第一节　网点 ……………………… 304
第二节　电信业务 ………………… 305
第三节　程控建设 ………………… 307
第四节　无线通信 ………………… 308

第十篇　农　业……………………… 311
第一章　农村经济体制改革 ……… 313
第一节　土地使用制度改革 ……… 313
第二节　农业经营体制改革 ……… 314
第三节　农业社会化服务体系建设… 315
第二章　种植业 …………………… 316
第一节　农作物 …………………… 316
第二节　植物保护 ………………… 320
第三节　耕作技艺 ………………… 321
第三章　林果业 …………………… 324
第一节　植树造林 ………………… 325
第二节　森林资源保护与管理 …… 325
第三节　果园果树与种苗花卉 …… 327
第四章　蔬菜业 …………………… 328
第一节　机构设置 ………………… 328
第二节　特色蔬菜品种 …………… 329
第三节　蔬菜生产 ………………… 329
第四节　科技推广与加工 ………… 331
第五章　养殖业 …………………… 332
第一节　畜牧养殖品种 …………… 333
第二节　畜牧生产 ………………… 335
第三节　水产业 …………………… 338
第四节　动物疫病防治 …………… 340
第五节　饲草饲料 ………………… 341
第六节　技术推广 ………………… 342
第七节　养殖业管理 ……………… 347
第六章　农业机械 ………………… 351
第一节　机械机具 ………………… 351
第二节　管理服务 ………………… 355
第三节　安全监理 ………………… 356
第四节　技术推广 ………………… 357
第五节　修配经营 ………………… 357
第七章　农业综合开发 …………… 359
第一节　沙、碱、涝治理 ………… 359
第二节　中低产田改造 …………… 362
第三节　禹西农业生态示范区 …… 363
第四节　引用外资及世行贷款项目… 364
第五节　乡镇重点项目实施 ……… 365
第六节　产业化经营 ……………… 366

第十一篇　水　利…………………… 369
第一章　水利工程建设 …………… 371
第一节　蓄水工程 ………………… 371
第二节　引水工程 ………………… 372
第三节　排涝工程 ………………… 375
第四节　农村饮水工程 …………… 376
第二章　防汛抗旱 ………………… 377

第一节 防汛 …… 377
第二节 抗旱 …… 380
第三章 水务管理 …… 382
第一节 水资源管理 …… 382
第二节 工程管理 …… 383
第三节 河道管理 …… 384

第十二篇 工 业 …… 387
第一章 工业综述 …… 389
第一节 工业发展概况 …… 389
第二节 工业结构调整 …… 390
第三节 技术创新 …… 392
第四节 工业投入 …… 393
第二章 电力工业 …… 395
第一节 发电 …… 396
第二节 供电 …… 396
第三章 机械工业 …… 402
第一节 农业机械 …… 402
第二节 装备制造 …… 403
第四章 建材工业 …… 403
第一节 水泥及制品行业 …… 403
第二节 新型建材行业 …… 403
第三节 装饰材料行业 …… 404
第五章 化工工业 …… 404
第一节 发展概况 …… 404
第二节 新型肥料生产基地 …… 405
第三节 化工产品 …… 405
第六章 轻工业 …… 406
第一节 造纸 …… 406
第二节 印刷 …… 406
第三节 塑料 …… 407
第四节 五金 …… 407
第五节 工艺美术 …… 407
第七章 棉纺织工业 …… 408
第一节 棉纺织 …… 408
第二节 缫丝 …… 409
第八章 食品工业 …… 410
第一节 食品制造业 …… 410
第二节 酿造业 …… 411
第九章 品牌经济 …… 413
第一节 名牌产品 …… 413
第二节 品牌创造 …… 414
第十章 企业改革 …… 425
第一节 承包经营责任制 …… 425
第二节 产权制度改革 …… 426

第十三篇 民营经济 …… 433
第一章 民营企业 …… 435
第一节 行业门类 …… 435
第二节 企业改制 …… 442
第三节 企业管理 …… 443
第四节 服务体系建设 …… 445
第二章 发展历程 …… 446
第一节 发展概况 …… 446
第二节 个体工商户 …… 448
第三节 私营企业 …… 449
第四节 园区建设 …… 451

第十四篇 商贸 旅游 …… 455
第一章 流通体制改革 …… 457
第一节 商业流通体制改革 …… 457
第二节 物资流通体制改革 …… 458
第三节 供销合作体制改革 …… 460
第四节 外贸流通体制改革 …… 462
第五节 粮食流通体制改革 …… 462
第二章 国有商业 …… 465

第一节　国有商业沿革 …………… 466
第二节　企业选介 ………………… 468
第三节　为农服务 ………………… 470
第三章　粮油 ……………………… 474
第一节　粮油经营 ………………… 474
第二节　粮油价格调整 …………… 476
第三节　粮油定购 ………………… 478
第四节　粮油供应 ………………… 480
第五节　粮食加工 ………………… 482
第六节　粮油调运 ………………… 484
第七节　粮油仓储 ………………… 484
第四章　物资供应 ………………… 485
第一节　组织机构 ………………… 485
第二节　物资经营 ………………… 485
第三节　物资市场 ………………… 488
第五章　医药 ……………………… 488
第一节　药品购销 ………………… 488
第二节　药品储运 ………………… 490
第六章　专卖品经营 ……………… 490
第一节　烟草 ……………………… 490
第二节　盐 ………………………… 491
第三节　石油 ……………………… 494
第七章　市场 ……………………… 494
第一节　城区市场 ………………… 494
第二节　乡村市场 ………………… 495
第八章　生活服务业 ……………… 495
第一节　餐饮业 …………………… 495
第二节　旅馆业 …………………… 496
第三节　理发业 …………………… 496
第四节　照相业 …………………… 497
第五节　洗浴业 …………………… 497
第六节　大型商贸服务选介 ……… 497
第九章　旅游 ……………………… 501
第一节　旅游资源 ………………… 501
第二节　旅游线路 ………………… 504

第十五篇　财政　税务………………… 505
第一章　财政 ……………………… 507
第一节　财政体制改革 …………… 507
第二节　财政收入 ………………… 508
第三节　财政支出 ………………… 511
第四节　财政管理 ………………… 513
第五节　国有资产管理 …………… 515
第二章　税务 ……………………… 519
第一节　税制改革 ………………… 519
第二节　国家税务 ………………… 519
第三节　地方税务 ………………… 524

第十六篇　金　融…………………… 531
第一章　金融机构体制改革 ……… 533
第二章　金融业务 ………………… 537
第一节　中国人民银行禹城市支行… 539
第二节　中国农业银行禹城市支行… 539
第三节　中国银行禹城支行………… 540
第四节　中国建设银行禹城支行 … 540
第五节　中国工商银行禹城支行 … 541
第六节　德州银行禹城支行 ……… 542
第七节　中国农业发展银行禹城支行… 542
第八节　信用联社 ………………… 545
第九节　中国邮政储蓄银行禹城支行… 549
第三章　金融调控 ………………… 550
第一节　利率调整 ………………… 550
第二节　存款准备金率调整 ……… 553
第四章　保险业务 ………………… 555
第一节　保险机构 ………………… 555
第二节　保险种类 ………………… 556

第三节　保费　保额　理赔 ········ 556

第十七篇　综合经济管理 ········ 559
第一章　计划管理 ········ 561
第一节　计划体制改革 ········ 561
第二节　投资体制改革 ········ 561
第三节　年度计划 ········ 561
第四节　中期计划 ········ 566
第五节　长期计划 ········ 568
第六节　中期计划实施 ········ 569
第二章　统计 ········ 571
第一节　专项调查 ········ 571
第二节　大型普查 ········ 572
第三节　统计信息化 ········ 572
第三章　工商行政管理 ········ 574
第一节　工商登记管理 ········ 574
第二节　经济合同管理 ········ 575
第三节　商标广告管理 ········ 576
第四节　市场管理 ········ 578
第五节　经济执法检查 ········ 580
第六节　消费者权益保护 ········ 582
第四章　物价管理 ········ 583
第一节　价格管理与改革 ········ 583
第二节　收费管理 ········ 587
第三节　价格鉴证 ········ 589
第四节　价格监督检查 ········ 590
第五节　成本调查与监审 ········ 592
第五章　质量技术监督 ········ 595
第一节　计量 ········ 595
第二节　标准化 ········ 596
第三节　质量检验 ········ 598
第四节　行政执法 ········ 599
第五节　特种设备监察 ········ 600
第六章　审计 ········ 601
第一节　国家审计 ········ 602
第二节　内部审计 ········ 609
第三节　社会审计 ········ 609
第七章　安全监督 ········ 611
第一节　安全监管 ········ 611
第二节　安全生产教育 ········ 613
第三节　安全生产责任 ········ 614

第十八篇　中共禹城县（市）地方组织 ··· 615
第一章　党代表大会 ········ 617
第一节　中共禹城县第六次代表大会 ········ 617
第二节　中共禹城县第七次代表大会 ········ 617
第三节　中共禹城市第八次代表大会 ········ 618
第四节　中共禹城市第九次代表大会 ········ 618
第五节　中共禹城市第十次代表大会 ········ 618
第六节　中共禹城市第十一次代表大会 ········ 618
第二章　组织机构 ········ 619
第一节　中共禹城县（市）委员会班子 ········ 619
第二节　县（市）委工作部门 ······ 623
第三节　基层党组织 ········ 624
第三章　重要决策 ········ 625
第一节　党政机构改革 ········ 625
第二节　全面振兴禹城经济战略 ··· 627
第三节　建设现代化城市战略 ······ 628
第四节　建设经济强市战略 ········ 628

第五节　建设“一强三城”战略 …… 629
第六节　建设“小康禹城”战略 …… 629
第七节　建设经济文化强市战略 …… 631
第八节　推进富民强市战略 …… 631
第四章　组织工作 …… 631
第一节　干部工作 …… 632
第二节　基层组织工作 …… 635
第三节　党员 …… 636
第四节　目标考核 …… 643
第五节　领创民企工作 …… 643
第六节　知识分子工作 …… 644
第七节　县委书记项目 …… 644
第五章　宣传工作 …… 645
第一节　理论教育 …… 645
第二节　新闻报道 …… 646
第三节　社会宣传 …… 649
第四节　企业思想政工 …… 651
第六章　统战与对台工作 …… 652
第一节　统战工作 …… 652
第二节　推荐党外干部和党外代表人士 …… 653
第三节　发挥统战优势 …… 653
第四节　对台工作 …… 654
第七章　政法工作 …… 655
第一节　政法队伍建设 …… 655
第二节　社会治安综合治理 …… 656
第三节　严打工作 …… 657
第八章　纪律检查 …… 657
第一节　组织机构 …… 657
第二节　党风廉政建设 …… 658
第三节　违纪违法案件查处 …… 660
第四节　党风党纪教育 …… 660
第五节　纠正部门和行业不正之风 …… 662
第六节　信访工作 …… 664
第九章　老干部工作 …… 664
第一节　老干部管理 …… 665
第二节　老干部待遇 …… 665
第三节　老干部活动 …… 666
第十章　党史工作 …… 667
第一节　党史资料征集 …… 667
第二节　党史研究 …… 668
第十一章　信访工作 …… 668
第一节　信访组织机构 …… 668
第二节　信访制度建设 …… 669
第三节　信访基层基础建设 …… 669
第四节　信访案件处理 …… 670
第十二章　党校工作 …… 670
第一节　干部培训 …… 671
第二节　函授教育 …… 671
第三节　科研工作 …… 671

第十九篇　人民代表大会 …… 673
第一章　人大代表 …… 675
第一节　代表选举 …… 675
第二节　代表构成 …… 676
第三节　历届会议 …… 676
第二章　人大常委会 …… 682
第一节　常委会例会 …… 682
第二节　工作机构 …… 683
第三节　完善人民代表大会制度 …… 683
第四节　常委会领导成员 …… 684
第三章　人大及其常委会职责与活动 …… 686
第一节　决定重大事项 …… 686
第二节　人事任免 …… 689
第三节　视察、调查和执法检查（监督） …… 691

第四节　宣传工作 …………………… 692
第四章　乡镇人大工作 ………………… 692
第一节　制度建设 …………………… 693
第二节　换届选举 …………………… 693

第二十篇　人民政府 …………………… 695
第一章　政府机构 …………………… 697
第一节　领导成员 …………………… 697
第二节　政府职能部门 ……………… 699
第二章　实施县（市）委决策 ……… 702
第一节　实施振兴禹城战略 ……… 702
第二节　深化改革 …………………… 707
第三节　打造新型城市框架 ………… 710
第三章　政务工作 …………………… 713
第一节　人大议案和政协提案办理… 713
第二节　外事侨务 …………………… 714
第三节　法制工作 …………………… 715
第四节　应急管理工作 ……………… 717
第五节　调研工作 …………………… 718
第六节　政务信息 …………………… 718
第七节　史志工作 …………………… 719
第八节　油区与燃气管理 ………… 721
第四章　乡镇人民政府 ……………… 721
第一节　机构设置 …………………… 722
第二节　乡镇工作 …………………… 722

第二十一篇　人民政协………………… 723
第一章　政协委员 …………………… 725
第一节　委员产生 …………………… 725
第二节　功勋委员 …………………… 726
第二章　政协会议 …………………… 727
第一节　全体会议 …………………… 727
第二节　常委会议 …………………… 732
第三节　主席会议 …………………… 733
第三章　机构 ………………………… 737
第一节　市级政协机构 ……………… 737
第二节　乡镇政协机构 ……………… 737
第四章　职责 ………………………… 738
第一节　政治协商 …………………… 738
第二节　民主监督 …………………… 740
第三节　参政议政 …………………… 741
第五章　政协提案 …………………… 742
第一节　提案征集 …………………… 742
第二节　提案办理 …………………… 743
第三节　优秀提案 …………………… 743
第六章　文史工作 …………………… 744
第一节　编辑《禹城文史资料》…… 744
第二节　编纂《禹城市政协志》…… 744

第二十二篇　人民团体………………… 745
第一章　工会 ………………………… 747
第一节　代表大会 …………………… 747
第二节　主要活动 …………………… 748
第二章　青少年组织 ………………… 753
第一节　代表大会 …………………… 753
第二节　青少年教育 ………………… 754
第三节　青年经济活动 ……………… 755
第四节　希望工程 …………………… 755
第五节　关心下一代 ………………… 756
第三章　妇女联合会 ………………… 757
第一节　妇女代表大会 ……………… 757
第二节　主要活动 …………………… 757
第四章　科学技术协会 ……………… 760
第一节　农村科普工作 ……………… 760
第二节　社区科普工作 ……………… 761
第三节　企业科协工作 ……………… 761

第四节 学术交流活动 …………… 762
第五节 青少年科普活动 ………… 763
第五章 工商业联合会 ……………… 763
第一节 代表大会 ………………… 763
第二节 参政议政 ………………… 764
第三节 服务会员 ………………… 764
第四节 光彩事业 ………………… 765
第六章 文学艺术界联合会 ………… 765
第一节 创办《禹城文萃》………… 765
第二节 文联活动 ………………… 766
第三节 协会组织 ………………… 766
第七章 残疾人联合会 ……………… 767
第一节 代表大会 ………………… 767
第二节 主要活动 ………………… 767
第八章 老龄委员会 ………………… 769
第一节 老龄组织 ………………… 769
第二节 老龄状况 ………………… 769
第三节 主要活动 ………………… 769
第九章 红十字会 …………………… 771
第一节 机构与会员 ……………… 771
第二节 红十字会事业 …………… 771

第二十三篇 政 法………………… 775
第一章 公安 ………………………… 777
第一节 机构与队伍 ……………… 777
第二节 治安管理 ………………… 778
第三节 案件侦破 ………………… 780
第四节 安全保卫 ………………… 785
第五节 监所管理 ………………… 785
第六节 户籍管理 ………………… 787
第七节 消防管理 ………………… 788
第八节 交通管理 ………………… 790
第二章 检察 ………………………… 792
第一节 机构 ……………………… 792
第二节 反贪污贿赂检察 ………… 792
第三节 刑事检察 ………………… 794
第四节 反渎职侵权检察 ………… 797
第五节 民事行政检察 …………… 799
第六节 控告申诉检察 …………… 800
第七节 监所检察 ………………… 801
第八节 技术检察 ………………… 803
第九节 职务犯罪预防 …………… 804
第十节 人民监督员工作 ………… 805
第三章 法院 ………………………… 809
第一节 机构与队伍 ……………… 809
第二节 审判工作改革 …………… 810
第三节 刑事审判 ………………… 811
第四节 民、商事审判 …………… 817
第五节 行政审判 ………………… 823
第六节 案件执行 ………………… 825
第七节 审判监督 ………………… 826
第八节 立案工作 ………………… 828
第九节 法院信访 ………………… 829
第十节 法警工作 ………………… 830
第十一节 法医技术工作 ………… 830
第四章 司法行政 …………………… 832
第一节 普法教育 ………………… 832
第二节 民事调解 ………………… 840
第三节 公证 ……………………… 842
第四节 律师事务 ………………… 844

第二十四篇 武 装………………… 847
第一章 组织机构 …………………… 849
第一节 禹城市国防动员委员会 … 849
第二节 禹城市人民武装委员会 … 849
第三节 禹城市人民武装部 ……… 849

第四节　基层武装部 …………………… 850
第二章　征兵工作 ………………………… 851
第一节　兵员征集 ……………………… 851
第二节　征兵体检 ……………………… 851
第三节　政治审查 ……………………… 851
第三章　民兵工作 ………………………… 852
第一节　政治教育 ……………………… 852
第二节　组织建设 ……………………… 854
第三节　军事训练 ……………………… 856
第四节　民兵参建工作 ………………… 856
第五节　民兵训练基地建设 …………… 857
第六节　武器装备库建设 ……………… 858
第四章　人民防空 ………………………… 859
第一节　机构设置 ……………………… 859
第二节　设施建设 ……………………… 859
第三节　专业队伍建设 ………………… 859
第四节　平战结合 ……………………… 859
第五节　防空演练 ……………………… 859
第五章　国防教育 ………………………… 860
第一节　教育阵地 ……………………… 860
第二节　教育活动 ……………………… 860

第二十五篇　人事　劳动和社会保障…… 861
第一章　人事管理 ………………………… 863
第一节　机构与沿革 …………………… 863
第二节　干部来源 ……………………… 863
第三节　工资福利与工资管理 ………… 867
第四节　干部管理及公务员制度 ……… 869
第五节　专业技术人员管理 …………… 876
第二章　劳动管理 ………………………… 881
第一节　用工制度 ……………………… 881
第二节　农民工 ………………………… 884
第三节　就业培训与技能鉴定 ………… 886
第四节　人力资源市场建设 …………… 886
第五节　劳动监察 ……………………… 887
第六节　劳动争议仲裁 ………………… 887
第三章　社会保障 ………………………… 888
第一节　企业职工养老保险 …………… 888
第二节　机关事业单位职工养老保险 ………………………………………… 890
第三节　失业保险 ……………………… 891
第四节　工伤保险 ……………………… 893
第五节　生育保险 ……………………… 894
第六节　医疗保险 ……………………… 895
第七节　农村养老保险 ………………… 896
第四章　机构编制工作 …………………… 896
第一节　机构编制设置 ………………… 897
第二节　机构编制管理 ………………… 897

第二十六篇　民　政……………………… 899
第一章　拥军优抚 ………………………… 901
第一节　拥军活动 ……………………… 901
第二节　抚恤优待 ……………………… 901
第二章　复员退伍军人安置 ……………… 903
第一节　退伍军人安置 ………………… 903
第二节　军队离退休干部安置 ………… 904
第三章　社会救助 ………………………… 905
第一节　城乡居民最低生活保障制度 ………………………………………… 905
第二节　五保供养 ……………………… 905
第三节　其他救助 ……………………… 906
第四章　社会福利 ………………………… 906
第一节　慈善捐赠 ……………………… 906
第二节　福利发行 ……………………… 908
第五章　专项社会事务 …………………… 909
第一节　婚姻登记 ……………………… 909

第二节　殡葬管理 …………………… 910
第三节　民间组织管理 ……………… 911
第四节　地名管理 …………………… 911
第五节　基层政权和社区建设 …… 915

第二十七篇　科学技术 …………………… 919
第一章　机构队伍 …………………… 921
第一节　专业队伍 …………………… 921
第二节　非专业队伍 ………………… 921
第三节　专业队伍建设 ……………… 921
第二章　科技成果 …………………… 923
第一节　国际先进成果 ……………… 923
第二节　国内领先科技成果 ……… 927
第三节　国内和省内先进科技成果… 928
第三章　科技管理 …………………… 934
第一节　科技兴农 …………………… 934
第二节　科技实绩考核 ……………… 934
第三节　科技投入改革 ……………… 934
第四节　专利管理 …………………… 935
第四章　科技奖励 …………………… 935
第一节　县级奖 ……………………… 935
第二节　市（地）级奖 ……………… 935
第三节　省级奖 ……………………… 936
第四节　国家奖 ……………………… 937
第五章　气象与地震测报 ………… 937
第一节　气象 ………………………… 937
第二节　地震 ………………………… 938

第二十八篇　教　育 ……………………… 941
第一章　教育体制改革 …………… 943
第一节　中小学及职业教育布局改革 ……………………………… 943
第二节　教育管理改革 ……………… 943
第二章　基础教育 …………………… 944
第一节　学前教育 …………………… 944
第二节　中小学教育 ………………… 946
第三节　特殊教育 …………………… 951
第四节　教学管理 …………………… 952
第五节　教学研究 …………………… 952
第六节　校舍建设 …………………… 953
第七节　教育设施 …………………… 954
第三章　职业教育 …………………… 954
第一节　中等职业教育 ……………… 954
第二节　高等职业教育 ……………… 956
第四章　成人教育 …………………… 957
第一节　农民和职工教育 ………… 957
第二节　自学考试 …………………… 957
第三节　成人高考 …………………… 958
第四节　广播电视教育 ……………… 959
第五章　教师 ………………………… 960
第一节　教师队伍及管理 ………… 960
第二节　继续教育 …………………… 961
第六章　教育行政 …………………… 963
第一节　教育管理与办学体制 …… 963
第二节　教育经费 …………………… 963
第三节　教育督导与评估 ………… 964

第二十九篇　文化　体育 ………………… 965
第一章　群众文化 …………………… 967
第一节　文化实体 …………………… 967
第二节　文艺团体 …………………… 971
第三节　表演场所 …………………… 973
第四节　文学艺术 …………………… 974
第五节　文艺活动 …………………… 977
第六节　电影放映 …………………… 979
第七节　禹城市报 …………………… 980

第八节　文化管理 …………………… 981

第二章　大禹文化研究 ………………… 982

第一节　遗址遗迹 …………………… 982

第二节　文献记载 …………………… 985

第三节　研究交流活动及成果 …… 986

第三章　广播电视 ……………………… 987

第一节　广播 ………………………… 988

第二节　电视 ………………………… 988

第三节　有线电视入户建设 ……… 989

第四章　文物 …………………………… 990

第一节　不可移动文物 …………… 991

第二节　馆藏文物 …………………… 996

第三节　非物质文化 ……………… 996

第四节　文物保护 …………………1001

第五章　档案 ……………………………1002

第一节　馆库建设 …………………1002

第二节　档案馆馆藏 ………………1002

第三节　管理利用 …………………1003

第四节　基层档案 …………………1004

第五节　宣传与执法 ………………1006

第六章　体育 ……………………………1007

第一节　体育场所及设施 …………1007

第二节　体育运动 …………………1009

第三节　体育协会 …………………1010

第四节　体育竞赛 …………………1011

第五节　体育彩票 …………………1014

第三十篇　卫　生………………………1017

第一章　卫生体制改革 …………………1019

第一节　乡镇卫生院体制改革 ……1019

第二节　公费医疗改革 ……………1020

第二章　卫生防疫 ………………………1021

第一节　传染病防治 ………………1021

第二节　地方病防治 ………………1024

第三节　职业病防治 ………………1024

第三章　公共卫生 ………………………1025

第一节　队伍建设 …………………1025

第二节　公共场所卫生 ……………1026

第三节　创建卫生城 ………………1026

第四节　厕所改造 …………………1027

第五节　灭鼠杀虫 …………………1027

第六节　健康教育 …………………1028

第四章　妇幼保健 ………………………1028

第一节　妇幼保健与普查 …………1028

第二节　保健管理 …………………1030

第三节　“爱心回访”活动 …………1030

第五章　医疗机构 ………………………1031

第一节　市属医院 …………………1031

第二节　中心卫生院 ………………1032

第三节　乡镇卫生院 ………………1033

第四节　卫生所（室）………………1034

第五节　社区卫生 …………………1038

第六章　医疗队伍 ………………………1039

第一节　结构 ………………………1039

第二节　分布 ………………………1039

第七章　医疗技术 ………………………1040

第一节　中医 ………………………1040

第二节　西医 ………………………1041

第八章　卫生管理 ………………………1048

第一节　医政管理 …………………1048

第二节　药品监管 …………………1049

第三节　食品监管 …………………1050

第三十一篇　精神文明建设……………1053

第一章　思想道德教育 …………………1055

第一节　公民素质教育 ……………1055

第二节　未成年人思想道德教育 …1056
第二章　文明创建活动 ……………1057
第一节　文明创建 ……………1057
第二节　创建活动 ……………1057
第三章　文明新风 ……………1060
第一节　移风易俗 ……………1060
第二节　好人好事 ……………1060

第三十二篇　民俗　宗教……………1063
第一章　生活习俗 ……………1065
第一节　服饰 ……………1065
第二节　饮食 ……………1066
第三节　居住 ……………1068
第四节　什物 ……………1068
第二章　礼仪习俗 ……………1070
第一节　婚恋 ……………1070
第二节　贺喜 ……………1073
第三节　丧葬 ……………1074
第四节　祭祀 ……………1076
第五节　基本礼节 ……………1076
第三章　节庆习俗 ……………1078
第一节　传统节日 ……………1078
第二节　法定节日 ……………1081
第四章　禹城方言 ……………1082
第一节　单音词 ……………1082
第二节　复音词 ……………1083
第五章　信仰 ……………1089
第一节　宗教 ……………1089
第二节　迷信与禁忌 ……………1092

第三十三篇　组织机构……………1093
第一章　县（市）级领导班子及市直部门、单位 ……………1095
第一节　中共地方组织 ……………1095
第二节　地方行政机构 ……………1098
第三节　纪律检查机构 ……………1114
第四节　军事组织 ……………1114
第五节　法院、检察院 ……………1115
第六节　人民团体 ……………1116
第七节　事业单位 ……………1118
第二章　中央、省、德州市驻禹单位 ……………1119
第一节　行政机构 ……………1119
第二节　金融机构 ……………1122
第三节　其他机构 ……………1124
第三章　高新区、乡镇、街道领导班子 ……………1125

人　物……………1147
一、人物传略 ……………1149
二、人物简介 ……………1174
三、挂职干部 ……………1237
四、模范人物 ……………1246

索　引……………1253
一、要目索引 ……………1255
二、图照索引 ……………1269
三、表格索引 ……………1288
四、人物索引 ……………1293

概述

商城市志

宋城

一

禹城市位于鲁西北平原，距省会济南市50公里，东北连临邑县，西北接平原县，南靠高唐县，东部与齐河县毗邻，禹城地处禹范、禹垦公路与津浦铁路交汇处，是鲁西北重要交通枢纽之一。禹城区位优越，交通便捷，属环渤海经济圈和济南城市群经济圈，京沪、济邯铁路、京福、青银高速、308国道、101、316省道及京沪高铁、太青高速客运专线穿境而过。

全市总面积990平方公里，耕地80万亩，人口52万，其中以汉族为主，根据2000年全国第五次人口普查结果显示，禹城市少数民族6847人。人口密度2010年达到528人/平方公里。

禹城属黄河泛滥冲积平原，地势平缓，微向东北倾斜。地居大陆性暖温带季风气候区，四季分明，气候温和，光照充足。生态适应范围较广。年平均降雨量616毫米，最多年降雨量1144.4毫米，最少年降雨量239毫米，降雨多集中在六、七、八月份，呈春旱、夏涝、晚秋亦旱的规律。由于黄河水和井水补给水源，加上境内20多条河流纵横交错，水资源比较丰富，水浇面积和有效灌溉面积分别占总耕地面积的95%和82%。由于土地、水利资源优势，小麦、玉米、棉花、花生等为本县传统农产品。1982年禹城县首批跨入全国47个农业翻番县行列。畜牧、家禽业都有较快发展。当地著名的禹城杂交牛，存栏近3.5万头；新杂猪和羊达13.2万头（只）；星杂288鸡300多万只。清康熙《禹城县志》载入的鸭梨、乌枣、红麻、苜蓿闻名国内外，做菜调味用的辣椒干，于1953年首届广州交易会上赢得外商“禹城椒”的美称，至今仍为“王牌”。野生药材年可收购80多种，年收购量达10万公斤左右。矿产储量可观，市境北部有石油，储藏量约170万吨；市境南部有煤炭，储藏量相当可观，有待开发。

二

禹城历史悠久，文化丰厚。是大禹治水功成名就之地。系酿酒之乡、扒鸡之城。夏商时属九州之兖州，唐朝天宝元年（公元742年）更名为禹城，1993年撤县设市。

据考证，早在公元前2000多年，人类的祖先即在此繁衍生息。西周属祝地，汉为祝阿，唐天宝元年（公元742年）定名禹城。县城二次迁徙，原在阿阳，唐乾元二年（公元759年），史思明叛乱犯河南道侵县界，守城唐将李铣决河拒敌，致使城废，从阿阳城徙迁善村（今禹城旧城址）。1974年10月，县直机关迁至禹城车站附近。经过几十年的建设，市容市貌焕然一新，新兴工业崛起，已形成“一体两翼”的城市新布局，糖城广场、糖城新湖公园、大禹公园等休闲场所设置新颖，新建住宅小区星罗棋布，已成为全市政治、经济、文化中心。

禹城人民具有光荣的革命传统。清光绪七年（1881年），大水复大饥，天灾兵劫，民不聊生。禹城东八乡居民李华金、赵亮、高殿池等10多人赶走知县李惟诚，免去全年征赋。清光绪二十五年（1899年），义和团在丁寺一带发起。首领杨绪考与朱红灯、王立言、于清水等联合，率领上千团众攻打教堂，驱逐洋人，迫使17处教堂的传教士连夜逃出县境。

“五四”运动以后，爱国知识分子李宗鲁首先向学生进行革命启蒙教育，向群众传播革命思想，动员放足、拉“神”、戒鸦片，反对苛捐杂税。民国十三年（1924年）年初，李宗鲁加入中国共产党，从事党的活动，在禹城播下革命的种子。民国十六年（1927年），南店党支部以“老人社”形式组织 “农民协会”，开展反封建礼教、打盐巡、反苛捐杂税等活动轰动全市。抗日战争时期，马毅之、尉景平、王克寇、于曼青、谭锡三、霍仙洲等共产党员成为抗日救国的组织者和领导者，成立抗日救国会、县大队和群众团体，抗日武装发展到2万余人。扒铁路、截电线、多次配合主力部队，打击日伪军，铲除匪特，进行大小战斗150余次，歼灭日伪军3000余人，赢得1947年全县解放。抗日战争胜利以后，130多名干部随军南下，开辟新解放区。先后出动3万多民工，大小车辆5100辆，担架3000多副，支援前线作战，荣获“支前模范县”光荣称号。在抗日战争和解放战争时期，禹城人民前仆后继，英勇战斗，付出了巨大代价，1100多名优秀儿女为国捐躯。

三

新中国成立以后，禹城各级党组织和人民政府率领全县（市）人民，一面改革生产关系，一面恢复和发展生产，取得显著成就。特别是改革开放以后，禹城市经济、社会、文化等各项事业都发生翻天覆地的变化。1986—1995年，大力实施农业开发，重点发展第二、三产业，至1995年全市国内生产总值达到20.01亿元，财政收入7836万元，农民人均纯收入1431元；1996年后，随着经济体制和经济增长方式的转变，禹城大上工业，实现跨越发展。2005年国内生产总值达80亿元，境内财政收入3.3亿元，农民人均纯收入3857元；2006年以后，禹城坚持以德立市、工业强市、整体推进、和谐发展的工作思路，上大培强，加快生态化新型工业城市进程。至2010年，全市实现国内生产总值161.57亿元，实现地方财政收入5.5亿元，农民人均纯收入7060元，为禹城经济社会更好更快发展奠定坚实基础。

农村经济稳步发展。1986年，禹城县粮食总产达到5.1亿斤，棉花总产皮棉2145万公斤。主要种植小麦、玉米、棉花、花生、大豆及小杂粮。其中小麦、玉米种植面积78.7万亩，2010年增至143.43万亩，总产达到77.4万吨。1986年，经济林6.2万亩。大牲畜存栏量7.7万头。水产养殖346万元。农业机械总动力25.1万马力。疏浚开挖河道沟渠546条，土方1200万方。新打机井322眼。乡（镇）村企业总产值7849万元。农副产品商品率57.8%。各类专业户、重点户2.3万个。实验区“一片三洼”开发治理完成“六五”国家科研项目。开办各类技术培训班302期，参训人次6.4万。科技资料销售8735万册(份)。1986年以来，实施引水、蓄水、节水、工农业供水等工程建设。2010年，境内基本形成较完善的防洪除涝、抗旱灌溉、农田配套三大工程体系。境内节水灌溉面积达到31.53万亩。投资10740.56万元，建成水源工程51处，解决817个村、390445人的饮水困难问题。1986年林果业开始落实林业“三定”，进行林木确权，澄清林地权属。2010年，禹城市积极发展现代农业，被授予全国新增千亿斤粮食产能县。向阳坡生态农业园成为德州最大的有机蔬菜转化基地。林业获得德州市水系绿化和绿色通道建设第一名。争取省级现代农业奶牛产业项目，以全省第一名成绩获得小农水重点县工程。实施农业综合开发、土地综合整理、现代渔业基地、气象防灾减灾中心等工程，农业生产条件进一步改善。各类惠农政策全面落实。利用信息化技术发展现代农业，5位中科院院士亲临视察，给予高度评价。至2010年，禹城市打造绿色通道1600余公里，其中建防风固沙林2334.5公顷，界定为国家级重点防护林。活立木总蓄积量300.3万平方米。森林覆盖率25.5%，林木绿化率36.5%。农田林网化面积77.8万亩，占适宜发展农田林网面积的100%。1986年渔业养殖面积4900亩，鱼养殖产量590吨，至2010年，渔业养殖面积发展到3万余亩，鱼养殖产量1.5万吨，面积和产量分别增长5.1倍和24.4倍。2010年农林牧渔业总产值达到50.91亿元，同比增长7.2%。其中农业总产值26.53亿元，林业总产值1.17亿元，牧业总产值19.17亿元，渔业总产值1.64亿元。

工业技术不断革新，新型工业迅速发展。1985年，全县县属工业35家，其中全民所有制企业22家，集体所有制企业13家，年工业总产值17860万元。1986年，禹城县纯工业产值1.42亿元。较大技术革新项目20项。完成供电量7321.5万度。棉纺厂完成产值2749.3万元，实现利税56.2万元。安排基建项目13个，技术改造项目10个，竣工投产15项，共完成基建总投资1185万元。九十年代初，热电厂500吨木糖项目投产，填补省内木糖生产的空白；禹王制药公司被省科委认定为省级高新技术企业，禹城市生物产业和高新技术产业开始起步。1995年后，人造板产业加快发展，机械工业由传统农机具和配件向高端产品转型，民营经济进入快速发展阶段，并逐步成为禹城市工业发展的主导力量。1999年，开始推行产权制度改革，工业企业中的国有、集体成分逐步退出。2004年12月，禹城市高新区通过省政府认定并正式挂牌，成为山东省第一家设在县级市的省级高新技术开发区。此后，功能糖、生物产业、装备制造业、人造板企业、绿色产品、羊绒半精纺企业获得快速发展，成为全国最大的功能糖、人造板、半精纺羊绒和大豆蛋白生产基地。2010年，禹城市坚持走新型工业化道路，发展高端高质高效产业，优先发展生物产业和装备制造业，积极膨胀新能源、新材料、羊绒半精纺、绿色食品四大优势产业。规模以上工业企业达到290家，通裕重工税收实现1.7亿元。保龄宝、龙力分别获批院士和博士后工作站。国家生物产业孵化园启动建设。通裕重工1.2万吨压力机成为全国第五家、全省第一台万吨压力机。企业上市步伐加快，通裕重工通过中国证监会审核，龙力完成材料上报。新增贷款余额23亿元，保障项目建设。

至2010年，全市工业形成以生物产业、机械与装备制造、人造板、纺织、食品、建材、化工、医药、电力与供热、钢铁、塑料、工艺品为主导的产业体系；拥有中国驰名商标7件，“贺友”中密度板和“保龄宝”低聚糖为中国名牌产品。完成规模以上工业总产值376.07亿元，比上年增长24.4%；完成工业增加值93.13亿元，产品销售收入368.38亿元，利税44.03亿元，利润总额23.62亿元，税金总额20.41亿元。高新技术产业实现产153.12亿元，占规模以上工业总产值的比重达42.14%。

招商引资从无到强，项目建设扎实推进。1986年，禹城工作重点主要是发展农业经济与本地工业，招商引资无较大动作。2010年，着力开展“重大项目建设年”活动，南融北接、东引西联、对接央企取得历史性突破，项目总量、单体规模、建设速度都超过往年。实施重点项目127个，引进过亿元项目48个，过20亿元5个，汉能220亿元光伏产业项目实现禹城市过百亿项目零突破。山东重工、迈特力重机、芭山化纤、通裕MW级风电主轴、五得利食品、云翔新材料、瑞安科技等重大项目顺利推进。济南二机床、香港啄木鸟、恒天集团等一批知名企业进驻禹市投资。高新区“二次创业”东扩28平方公里，总规划面积达到48平方公里，投资8000万元建设创新街、创业街、振兴大道，东区起步区已具雏形。新入区项目49个，被评为山东省最佳投资园区。推进企业战略合作，通裕与中国核电技术公司合作，进入核电装备制造领域；龙力与中石化集团合作，争取燃料乙醇生产定点；恒特与山东重工合作实施挖掘机扩产及配件项目；鲁银与恒天集团合作建立羊绒半精纺试验基地。企业招商引资热情高涨，扩张速度明显加快。积极争取上级支持，批复项目145个，为企业争取扶持资金1.4亿元，保龄宝2万吨赤藓糖醇、国际商贸港项目列入省重点，11个项目列入德州市重点。

商贸流通业日益活跃。1986年，禹城县城镇集市贸易点33个，工商户4000多个，从业人员7400多人，零售交易总额7674万元，占社会商品零售总额57.5%。集市贸易成交额2311万元，完成粮食合同订购任务4708万斤。易购粮油3932万斤。计划外购进煤炭39233吨，钢材794吨，木材6150立方，水泥2318吨。商品出口收购总值3800.2万元，创汇1309万美元。1986年，全县共有商贸服务业户14529户；年社会商品零售总额1.33亿元。1989年县供销社建成贸易大厦。1996年11月，东方大厦开业。2002年5月，贸易大厦抽调精干力量组建的鸿福大厦正式开业。2005年8月，市供销社被确定为全省首批农村社区服务中心建设试点单位。2006年9月，建成全市第一处农村社区服务中心——张庄镇黎济寨社区服务中心；2008年3月，全市首家敞开式社区服务中心——前油坊社区服务中心建成投入使用。2010年，发展现代商贸流通服务业，国际商贸港一期、新客运中心、农村交通物流分拨中心陆续竣工，10平方公里现代商贸物流区初步形成。阿波罗大酒店试运营，城市综合服务体正在建设。外贸出口达到金融危机前最高水平。

基础设施日臻完善，城乡建设日新月异。1986年，禹城县公路交通事业进入快速发展阶段，城乡公路保养15056平方米，整修路面83公里。货运周转量4779万吨公里。1986年，县境干线公路2条，县乡公路3条，总通车里程182.6公里。全县营业性运输车辆237辆，年货运量54.7万吨，货运周转量2989.45万吨公里；营业性客车4辆，客运量11万人次。1986年后，对禹石路、禹丁路、禹莒路进行升级改造；1991年后，新建乡村公路21.1公里；1993年，禹王路、禹茌路北段升级改造；1994—2002年升级改造和新建县乡两级公路109.1公里。2010年，建立城乡公路养护机制，公路管理质量初见成效。"村村通油路"工程实施，禹城交通运输村村相通，路路相连。四通八达的公路网络全面形成。境内公路通车里程2800余公里。2010年全市境内公路（含村村通公路）里程达2615公里，全部晴雨通车。其中：高速公路53.11公里，国道21.3公里，省道63.6公里，县道125.5公里，村道2151.8公里。公路（含村村通公路）里程中可绿化里程2295.8公里，其中已绿化2177.5公里，占94.8%。全年完成公路货运量789万吨，公路货物周转量72906.9万吨公里，公路客运量780.21万人，公路旅客周转量23528.8万人公里。

1986年之前，邮政业务主要以函件、包裹、汇兑、报刊发行为主；自1986年之后，逐年增办邮政储蓄、集邮、邮政快件等业务。全县境内有三条邮路，全程总长273公里。1997年11月，禹城境内开通国际互联业务。1998年，邮电分营。2010年，3G网络覆盖一期完成123个基站的建设。禹城市邮政、电信、移动先后剥离独立运营，电信业在国家"优先发展"战略的推动下，引进程控电话、无线寻呼、移动电话、光纤通信等高新通信设备和通信手段，宽带业务的发展，使党政机关、企业、学校等通信网络应运而生，网络管理、网络交易、网络教学以及社会网吧、家庭上网大量涌现，标志着禹城通信事业已步入信息时代的高速路。广播、电视的普及，信号覆盖的扩展、收视质量的提高，标志着广播电视事业进入一个新的发展阶段。25年间，禹城信息产业日新月异，飞速发展，为禹城市物质文明与精神文明建设做出积极贡献。

2010年，全市邮电局（所）达19处，邮政业务总量达1811.8万元。本地固定电话用户数达14.3万户，电信业务总量达15188万元。移动电话用户数达33.9万户。国际互联网用户达2.1万户。

1986年，禹城县城乡处于旧式农村格式，发展缓慢，主要进行旧城区更新改造，提升城区道路、桥梁、给水、排水和居民住房等规格和质量，城区主要道路有10条，城区面积范围10.8平方公里。1994年年底，共扩建、新建各类街道16条，总长21700多米。1996—2010年，城区共进行63个路段的施工，建设各类道路29条，总长123.16公里，形成“七横十纵”道路骨架。1994—2009年，先后有棉西小区、安居小区、洛北花园、湖滨花园、东城、嘉合园等15个住宅小区建成投入使用。2006年建成糖城广场。2007年建成糖城新湖。2009年，禹城市第一批经济适用房——宜家北苑竣工并投入使用。2008—2010年，全市共改造城中村（城郊村）36个，拆迁户达6000户，拆迁面积近80万平方米，规划用地面积2560.5亩，城中村改造、合村并居建成新小区、社区共计19个。2010年，禹城市开展“城乡建设改造年”活动，实施101省道、禹王路、南环路、高新区、商贸港五大片区综合改造以及大禹公园、汉槐公园扩建等45项城建工程，建设26个居住小区，新建改造道路15条，绿化176万平方米，工程量是2009年的3倍。小城镇建设速度加快，各乡镇驻地发生较大变化。十里望回族乡撤乡设镇，“突破房寺”战略初见成效。农村社区建设扎实推进。

1986年，禹城县工业规模小，污染物排放少，环境污染较轻，环境质量较好，城区内污染程度重于乡村。大气污染属煤烟型，污染源主要是工业企业、采暖锅炉等。开始实施排污收费制度，但新建、扩建、改建项目基本没有采取污染控制措施。1987年，禹城县进行工业污染源调查。1990年，开始监测县城区大气环境质量，确定城区烟尘控制区面积达10平方公里。1994年，开始对污染源废水以及城区内交通噪声、工业企业厂界噪声、建筑施工噪声、社会生活噪声进行监测。1998年起，实行企业固体废物数量、种类申报登记制度。2000年以后，开始对城市建筑垃圾进行监测分析，通过回收利用、填埋等手段进行处理。2004年，投资8000万元建成日处理能力5万吨的污水处理厂。2005年，将原供热范围内的63台锅炉拆除，集中供暖面积扩大，并积极推广使用天然气。2006年，开始监测全市大气污染物排放情况。随着工业蓬勃发展，环境保护工作逐渐全面铺开，逐年完善。至2010年，禹城市环境保护和节能减排成效显著，淘汰4条立窑水泥和6.8万纱锭生产线，禹城市列入国家“十一五”海河治污规划的6个项目全部完成，以流域第一名成绩圆满完成海河流域水污染防治检查。

四

教育事业蓬勃发展。1986年，禹城县各类学校801处，在校学生7.8万人。幼儿园596处。教育投资445.9万元。输送大中专学生926人，新建、修缮校舍3694间、5.64万平方米。成人教育受到重视，教育投入总额445.9万元。1993年开始组建禹城特殊教育学校。1996年全市实现基本普及九年制义务教育和基本扫除青壮年文盲任务，通过山东省“两基”验收。1997年，小学减至397所，初中减至24所，高中减至3所。校舍和学校内部配备达到“普九”标准。2002年成立第一所私立学校。2010年，禹城市积极兴办为民实事。

实施教育振兴5年计划，改革乡镇教办，推行校长聘任制和绩效工资制，壮大师资力量，加大教育投入，为偏远乡镇教师发放生活补助，职教中心加快建设，开工市中中学、步云小学、化小搬迁等10万平方米校舍工程，D级危房全部消除。2010年，全市小学校104所，在校生3.83万人，其中女生1.83万人。小学专任老师2400人。全市普通中学20所（其中初级中学17所），在校学生2.24万人，其中女生1.11万人。普通中学专任老师1842人。

卫生事业发展迅速。1986年，全县共有各类医务人员942人。卫生技术人员820人。乡镇卫生院19处。村卫生室659个，乡村医生和卫生员1108人。1992年，创建省级卫生城。1995年，农村卫生室覆盖率达100%。1994年，禹城市率先在全国实行乡镇卫生院管理“三科制”，乡镇卫生院实行“乡办市管”体制，实行乡村卫生一体化管理。2004年，禹城市辛寨镇被批准为德州市新型农村合作医疗试点乡镇。2006年，新型农村合作医疗在全市乡镇卫生院实行，13处乡镇卫生院，233处村卫生室作为定点新农合报销单位。2009年4月，在农村开展9项基本公共卫生项目和2项重大公共卫生妇幼项目。2010年全市卫生系统拥有专业技术人员1308人。实有村卫生室（包括城区诊所）360处，在职在岗乡村医生761人，农村村级卫生室251处，全部纳入一体化管理，新农合定点村卫生室244处。2010年全市参加农村合作医疗人数达398176人。全市医疗卫生单位19处，医疗卫生单位床位数达1426床，卫生技术人员1614人，其中，医生577人，卫生防疫人员113人。

文化灿烂、事业繁荣。1986年，禹城县举行各类大型体育活动20次。对青少年进行各类思想道德和法制教育，随着人民思想政治觉悟提高，社会风气不断好转。五好家庭、文明单位大量涌现。1986年后，城乡文化设施逐步完善，群众文化活动日趋活跃。有作家协会、曲艺家协会、美术家协会、书法家协会、戏剧家协会等文化团体，有文化馆、图书馆、影剧院、书画院、新华书店、档案馆、广播电台、电视台等文化机构。至2010年，各类文艺演出700场次。被省级以上报刊采用文学作品90篇。2001年9月17日，禹城市大禹文化研究会成立。2005年，禹城市艺术团成立。2007年7月6日，总投资800万元，建筑面积3000平方米的市图书馆（含孙康美术馆）正式开馆。馆藏图书10万册，期刊300种，报纸50种，微机40台。2008年，全面完成文化信息资源共享工程分中心和基层服务点建设任务。有11处乡镇综合文化站。2010年，全市各种艺术表演团体20多个，群众文化馆、艺术馆、公共图书馆、档案馆各1处，广播、电视人口覆盖率均达到100%。

1985年，禹城县城内有篮球场60多个，排球场3个。1988年后，禹城市每年“五一”“十一”举办职工趣味运动会。1992年及1994年，禹城市先后获得全省群众体育特色县（市）、山东省优秀群众体育活动站称号。1999年，被山东省教委、体委命名为优秀县级高水平体育后备人才训练基地。至2001年，禹城市为上级院校输送学员150人。2009年，荣获山东省全民健身活动先进单位。至2010年，取得亚洲金牌2枚，获省级比赛金牌2枚、市级比赛金牌167枚。2010年，荣获全国群众体育工作先进单位、全民健身活动国家级先进单位。2010年，山东鲁能泰山足球学校在全国设立的第七处人才输送基地落户禹城市。2010年12月17日，广州亚残运会田径女子200米T12决赛中，禹城籍选手王玉芹以26秒83的成绩夺得金牌。12月18日在田径女子400米T12决赛中，王玉芹又以1分00秒21的成绩夺得金牌。

人民生活水平显著提高。1986年，禹城

县经济处于初期振兴阶段，各项工作步伐不快，人民生活水平较为一般，各项存款余额13891万元，其中居民储蓄存款2590万元。至2010年，全市城镇在岗职工平均人数36413人，在岗职工工资总额84111万元，在岗职工年平均工资23099元。城镇居民人均可支配收入1.5万元。农民人均纯收入达7060元。城乡居民储蓄存款55.30亿元，人均储蓄存款10602元。禹城市新农保试点工作两次在全省会议上作典型发言，全年发放社保待遇2.5亿元，连续7年为离退休人员增长待遇。城乡低保提标扩面，保障人数增加20%。实施分户计量供暖改造工程，提高了市区居民供暖效果。

五

禹城是国家高技术生物产业基地、中国功能糖城、中国食品馅料城、中国半精纺毛纱名城、山东省最具发展潜力十佳县市。

发展优势特别突出。禹城地处环渤海经济圈和济南城市群经济圈，4条铁路、2条高速公路、1条国道、2条省道穿境而过，是鲁西北重要交通枢纽和物流集散地。半小时经济圈辐射济南及济南遥墙机场，一小时经济圈辐射省内重要地级城市，四小时经济圈辐射北京、天津、青岛、烟台等经济发达城市和重要港口城市。便利的交通，优越的区位，赋予禹城无可限量的发展潜力。

禹城人力资源丰富，有完备的高中低人才培育体系，建有全日制普通高校和2家博士后科研工作站，万人规模的职业教育中心即将建成。禹城市辖12个乡镇街道，拥有1处国家级高新区、1所普通高校、3家上市企业、7家场外挂牌交易、1家新三板上市。

禹城水、电、气、热供应充足，属于德州华鲁电厂280万千瓦电网，自备2家热电厂装机容量6.9万千瓦，年可供热350万吨。拥有中石化、中石油2条天然气管道，日供气20万立方米。地下水储量4.7亿立方米，年引黄河水2.5亿立方，建成1500万立方米的平原水库，能保障饮用水及工农业用水需求。第一污水处理厂日处理污水10万吨，第二污水处理厂正在建设中。

农产品资源丰富，是全国重要的商品粮、优质棉、瘦肉型猪生产基地，为农产品深加工提供充足原料。

内陆口岸建有海关保税仓库，实现属地报关，异地放行。投资45亿元的山东国际商贸港加紧建设，是具有完整产业链及综合城市功能的鲁西北首席商业航母。

禹城城市环境优美舒适，建成区面积36平方公里，城市绿化覆盖率达48%，广场、公园、绿地等人文景观景色宜人，宾馆、酒店、商场等服务设施配套完善。

禹城走出了一条新型工业发展和特色产业带动之路。形成以生物产业、装备制造、羊绒半精纺等为主的六大特色产业集群。生物产业重点发展以功能糖为主的农业生物、以深海鱼油保健品为主的海洋生物、以中西药为主的医药生物、以酶制剂为主的化学生物、以纤维乙醇、生物质发电为主的能源生物。其中，功能糖年综合产能达到90万吨，占国际市场30%，国内市场85%。装备制造业形成从锻件、管模、汽车配件、工程机械到大型风力发电机主轴、大型船用曲轴、数控机床等系列产品的完整产业链条，自主研发生产安装了1.2万吨压力机，生产了国内第一支标准直径1400毫米水冷型管模、3兆瓦风力发电机主轴、75吨电渣钢锭，是全国重要的风电主轴国产化研发制造基地。作为中国半精纺毛纱名城，禹城制定了半精纺行业标准，拥有先进的半精纺技术，年产标准纱2.5万吨、羊绒衫800万件。全市规模以上工业企业300多家，科技部备案的高新技术企业6家，高新技术产业产值占规模以上工业企业产值的比重达到42%。创建中国名牌产品2种，中国驰名商标7件、省级以上企业技术研发中心17个。

禹城拥有山东省首家设在县市的国家级高新技术产业开发区，规划面积48平方公里，已建成16平方公里，功能分区科学，基础设施完善，被评为山东省县域经济十大规模企业聚集园区、山东省生态经济十佳示范区、山东省科技兴贸出口创新基地，山东省首届最佳投资园区。2010年，开发区正在加快推进“二次创业”，打造亲商、安商、富商的政策洼地、环境高地、投资宝地。

大事记

禹城市志

禹城

交接工作结束。

1986年

1月11—14日 县委、县政府召开农村工作会议。县委书记孙清明作工作报告，部署“七五”规划和1986年主要工作，700余人参会。

同月 县委、县政府制定《关于城镇文明建设规划及实施意见》，明确八大创建目标和六项落实措施。

1—6月 禹城县政法部门侦破善集、梁家、大程等6个棉站，房寺、肖寺、车站三个棉厂和省属禹城棉麻转运站等单位贪污受贿案件。立案58起，审查85人，逮捕32人。为国家追回经济损失184万元。

3月19日 县委在县招待所召开全县农村工作会议。各乡镇党委书记和县直各部、委、办、局主要负责人参会。县委书记孙清明作重要讲话。会议对如何调整农村产业结构和进一步完善各项农村政策提出具体要求。

同月 县委、县政府与中国科学院地理部、地理所、遗传所、北京植物园、南京地理所等单位的19位农业技术专家一起，研究确定治理“一片三洼”总体方案。

3月29日—4月1日 第二届政协禹城县委员会三次会议在县招待所召开。

3月30日—4月2日 禹城县第九届人民代表大会三次会议在县招待所召开。

4月6日 美国、印度、坦桑尼亚、比利时、斯里兰卡等16个国家的33位代表到禹城考察农业引用外资项目。

4月17日 美国农业部防风林技术考察署一行4人参观考察伦镇改碱实验区农林网。

5月31日—6月2日 中国少年先锋队禹城县第一次代表大会召开。

6月14日 中国人民银行禹城县支行与中国工商银行禹城县支行分设。

6月19日 县人民武装部改归地方建制交接工作结束。

7月3—23日 受山东省科委委托，禹城参加国家科委和黄淮海项目办公室召开的“七五”攻关项目合同会议。“禹城河间浅洼地综合治理配套技术研究”列入国家“七五”攻关项目。

7月16日 禹城境内遭冰雹袭击，雹粒大如鸡蛋，小如豆，重灾区积雹厚度2厘米，总受灾面积4.19万亩。绝产1000亩，收益甚少的4000亩。来凤、张庄、梁家、辛店4乡镇受灾较重。

8月5日 来凤、张庄、张集、梁家、辛店5乡镇遭冰雹袭击，受灾面积6300亩，成灾4100亩。

8月28日 禹城县召开旱涝碱综合治理实验区建区20周年庆祝大会，山东省副省长马长贵、德州行署专员李荣振及省科委、中国科学院、中国农科院等有关领导在会上讲话。全国政协委员沈谱，中国科学院、山东农业大学、山东农科院分别发来贺信及贺电。

8月30日 联合国世界粮农组织高级顾问黑勒斯博士到禹城考察棉花生产，同意将禹城县作为中国山东棉花研究中心技术开发县。

9月16—18日 禹城县第十次妇女代表大会在招待所召开。会议审议并通过县妇联工作报告，选举产生第十届执行委员会。

同月 县委、县政府作出《关于加速绿化全县的决定》，于1990年建成林果产品系列化生产和综合防护林两个体系。

10月16日 禹城县林果会战工作会议在县招待所召开。

11月19日 禹城县根据〔1986〕鲁政函民字37号文将十里望乡改为十里望回族乡，原行政区域不变。

11月21日 禹城县首次成立红白理事会，县长刘奉昌任理事长。

同年 出版《禹城县地图》。

同年 全县大旱。全年平均降水274.6毫米。为前35年平均降水量的44.4%，10万亩农田严重受灾。其中，绝产5万亩，部分村庄人、畜用水困难。

同年 禹城县为在中越自卫反击战中荣立三等功的22名农村籍退伍军人转城镇非农业户口，并安排工作。

同年 禹城县实验小学与日本赤穗市板越小学结为友好小学。

同年 禹城县开始实行合同制工人养老保险。1989年，扩大到农民合同制工人参加养老保险。至1995年，全市参加养老保险工人达9478人，累计收缴养老金1785.5万元。

同年 禹城县成立禹城县信用合作社联社。

1987年

2月8日 全县农村工作会议召开，部署1987年农村工作任务，县长刘奉昌作重要讲话。

3月 全县整党工作结束。此次整党工作从1985年5月开始。参加整党工作的有：县五大班子，县直75个部、委、办、局，81个企业单位，19个乡镇，962个农村基层支部，总计党员18277名（含预备党员523名），其中，干部职工党员5795名，农民党员12482名。通过整党，在全县17754名正式党员中，登记17681名（占99.6%），缓期登记10名，不予登记22名，给予党纪警告处分9名，党内严重警告处分5名，留党察看5名，撤销党内外职务3名，开除党籍19名。

5月15—19日 第三届政协禹城县委员会第一次会议在县招待所召开。

5月16—20日 禹城县第十届人民代表大会一次会议在县招待所召开。

同月 禹城县第一部水资源管理地方性法规《禹城县水资源管理试行办法》颁布。

同月 县委宣传部等部门联合发出，号召广大青少年学生学习二中高三学生张宝军舍己救人精神的运动，并开展“假如我遇到此事怎么办”的大讨论。

6月4日 中共禹城县委召开全县宣传统战工作会议，研究如何进一步搞好四项基本原则教育，反对资产阶级自由化，促进社会主义精神文明建设问题。

7月19—22日 中共禹城县第六次代表大会和六届一次全委会在县招待所召开。

同月 禹城县将“五讲四美三热爱”活动委员会及其办公室改为县精神文明建设协调委员会及其办公室，并对组成人员作适当调整充实。

8月1日 禹城贸易大厦动工修建，至1989年5月24日建成开业。

9月17—19日 日本赴中国黄淮海地区沙漠化、盐碱化考察团到禹城考察改碱情况。

10月 农业部授予禹城县“全国土地开发先进县”和“华北平原农业项目土地开发先进县”称号。

11月5日 全县深化企业改革工作会议召开。传达贯彻山东省、德州地区深化企业改革工作会议精神。县长李宝贵作重要讲话，总结全县企业改革基本情况，对加快企业承包经营责任制和厂长负责制步伐提出具体意见和要求。

11月8日 全县畜牧业三级干部大会召开。县长李宝贵对加快发展畜牧业提出具体意见。

11月16日 禹城县体制改革委员会成立。

12月7—8日 省委副书记陆懋曾和中科院副院长李振声到禹城调研“一片三洼”治理工作。

同月 在大程乡蒋芦村北发现一处龙山文化遗址。

同月 县委、县政府制定《关于完善土地承包制的意见》。

同月 人民医院获卫生部颁发的"全国卫生行业文明建设先进集体"称号。

同年 李屯乡荣获农业部"农业引用外资项目先进乡"称号。

1988年

1月1日 县委召开常委扩大会议。传达省委八届十次会议和地委工作会议精神，研究和部署1988年工作。

1月5—7日 禹城县第十届人民代表大会二次会议在招待所召开。

1月5—7日 第三届政协禹城县委员会二次会议在招待所召开。

2月26日 全县农村经济工作会议召开。

2月27日 中科院副院长李振声带领百余名科技人员到禹城大沙河工地同民工一起劳动。

3月17日 县纪委召开全县纪检工作会议。

3月30—31日 共青团禹城县第十二次代表大会召开。

4月12日 县人民医院被卫生部命名为"全国卫生系统先进集体"称号。

4月20日 县委、县政府对1987年被省、地、县分别命名的44个文明单位进行表彰，1986年以前的27个单位予以保留。

同月 县委、县政府组织乡镇分管企业领导干部和县直有关部门负责人，在县长李宝贵带领下，赴河北、天津参观考察乡镇企业。

5月14日 县委、县政府作出《关于加快发展乡镇企业的试行规定》。

5月23—25日 国务委员兼国务院秘书长陈俊生、中科院副院长李振声到禹城调研黄淮海平原农业开发情况。

5月30日 省档案局局长易炳炎带领检查组，对禹城县档案馆工作进行检查指导。

6月16—18日 国务院总理李鹏到禹城视察黄淮海平原农业开发。李鹏总理题词："开发禹城"。

7月2日 县委、县政府制定《关于招聘人才，引进技术、引进项目、引进资金，实行优惠政策的暂行规定》。

7月28日 禹城县第一造纸厂建成投产。

8月1日 禹城县正式建立调频广播电台，呼号为"禹城人民广播电台"，调频103.5兆赫，辐射半径40公里。

8月6—9日 禹城县第十届人大常委会第九次会议召开。

8月11日 禹城县纪委召开全县端正党风工作会议。

同月 县政府在县招待所召开全县民族团结进步先进集体、先进个人表彰大会。

9月2日 禹城县经国家计委批准，建立鲁西黄牛出口基地。

9月10—11日 禹城县举办横向经济联系洽谈会。省、地有关部门领导以及省内外部分高校领导、企业代表130余人参加洽谈会。达成合作意向35份，项目202项，引进资金870万元。

10月15日 省政协主席李子超到禹城改碱实验区调研。

同月 为深化兵民带建活动，禹城县人武部发出《关于在全县开展"百连带头致富活动竞赛"的通知》。

11月7日 联合国妇幼基金组织一行6人到禹城考察妇幼保健、人口出生及死亡等情况。

11月26日 禹城县被山东省人民政府授予"黄淮海农业科技开发先进县"称号。

同月 德州地区行署为减少潘庄引黄总干渠及各河道淤积，在伦镇燕寨子兴建二级沉沙池。继首期工程后又于1989年、1990年、1991年连续建三期工程。全部工程共完成土方459.6万立方米，用工309.4万个，占地5800余亩，投资572.6万元。

12月9—11日 苏联自然地理学家格拉佐维斯基一行三人到禹城考察农业开发情况。

12月31日 禹城县年供电量首次突破一亿千瓦时。

12月 十里望回族乡被国务院授予“全国民族团结进步先进单位”称号。

同年 “乐星牌”禹城脱骨扒鸡荣获首届中国食品博览会银质奖。

同年 禹城县开始实施“科（科学技术）、物（物资供应）、政（行政领导）”战略，发展国民经济成效显著，其经验做法受到山东省人民政府肯定。

同年 禹城县工业总产值达3.5亿元，农业总产值2.64亿元，工业产值首次超过农业产值。

同年 禹城县供销系统全面推行租赁经营承包责任制。

同年 禹城县电视台《禹城新闻》开播。

同年 红布张农贸市场、南环路建材市场、禹石商贸街建成。

同年 各乡镇卫生院由县卫生局直属管理改为县卫生局和乡镇政府双重管理，列为乡镇直属单位，各项业务工作接受县卫生局指导。

1989年

1月24日 禹城县第十届人大常委会第十二次会议在招待所召开。

1月28日 中共禹城县委成立“忆十年、话改革”活动领导小组，并以“忆改革十年的辉煌成就，坚定改革开放信心”为主题，组织全县广大干部职工参与活动。

3月20日 禹城县成立环境保护局、标准计量局，列入政府序列。

3月21日 县委、县政府作出关于命名表彰首批县级专业技术拔尖人才的决定。16人受到表彰。

同月 禹城县召开精神文明建设表彰会。8个地区级文明单位和43个县级文明单位受到表彰。

4月22日 禹城县第一次开展有奖募捐活动。

4月23日 禹城县颁布《禹城县水利工程管理规定》《禹城县水土保持工作规范》及《禹城县水资源管理办法》。

4月27—29日 第三届政协禹城县委员会三次会议在县招待所召开。

4月28—30日 禹城县第十届人民代表大会三次会议在县招待所召开。

5月8日 李屯、莒镇、袁营、伦镇4个乡镇遭受雹灾，密度每平方米最多达150个，43个村2.42万亩小麦、1万亩棉花被砸，减产1—3成。

同月 禹城县人民政府与中国艺术研究院联合拍摄电视连续剧《心声》。中央电视台（1—2频道）、山东电视台、德州电视台、禹城电视台相继播放。

6月12日 县委召开常委扩大会议。传达学习邓小平接见首都戒严部队军以上干部重要讲话，并对全县如何深入学习邓小平重要讲话作具体部署。

6月24日 县委命名表彰80个党支部（党总支）和117名优秀共产党员。

6月26日 禹城县委召开城市建设工作联席会议。会议听取副县长王在泉赴莱州、寿光参观学习城建工作情况汇报，以及全县城建工作规划。县委书记蔚立臻、县长李宝贵讲重要意见。

7月16日 县农机服务公司、物资公司分别恢复农业机械管理局、物资局建制。

8月16日 世界银行中国局局长夏西德伯基等3人到禹城考察引用外资项目。

9月11日 禹城县第十届人大常委会第十九次会议在县招待所举行。

9月25日 县委召开常委扩大会议。总结禹城县建立“科、物、政”三位一体农业科技新机制经验，提出进一步确立“科技兴农”战略思想，继续走“科、物、政”新路子。

同月 禹城县被山东省人民政府授予“山东省水利建设先进县”。

10月5日 县书画协会成立。

10月8日 禹城县召开全县有线广播大会，表彰尊老敬老和老有所为先进人物与先进集体。

10月22日 全县城镇建设工作会议召开。研究禹城县如何加快城镇建设步伐。

10月23—24日 中日美合资兴办肉牛出口公司考察组到禹城考察。

10月29日 禹城县浮雕纤维板厂投产。

11月21日 全县经济工作会议召开。县委书记蔚立臻作《以五中全会精神为指针，同心同德，克服困难，促进全县经济持续、稳定、协调地发展》报告。

12月7日 禹城县政协召开第三届十三次常委会议，县委常委、政法委书记秦吉升和建委负责人参会，就全县三年内城建工作要解决的十个问题作出说明，并征求意见建议。

同年 禹城县电影公司被中国广播电影电视部授予“全国电影发行放映先进单位”称号。

同年 禹城县大旱。年平均降水仅286.2毫米，而且分布不均，10.5万亩农田严重受旱灾，其中绝产4万亩，部分人、畜饮水困难。

同年 禹城县农村宅基地实行审批、审核、确权系统化管理，全县签发宅基证9.96万份。

同年 禹城县成立会计事务管理所。

同年 禹城电大开始招生，通过普通高考招收12名应届高中毕业生。

同年 十里望乡在范庄村建成禹城县有机化工厂（俗称“糠醛厂”）。

同年 禹城县开始拓宽改造解放路、开拓路南段、行政街、汉槐街、人民路、东环路等5条主要街道，1993年全部完工，总投资4000万元。

1990年

1月1日 禹城调频广播电台更名为“禹城县人民广播电台”。

1月18—19日 县委在招待所召开全县三级干部大会，会议强调农业要上去，干部要下去。

1月26—30日 禹城县降大雪。雪后路面结冰，交通阻滞，至2月上旬全县出现交通事故10余起。

同月 禹城县始建禹王大市场，边建边投入使用，1993年5月全部竣工。

2月5—6日 省委副书记马忠臣在省委办公厅副主任陈楷及德州地委书记赵林山等陪同下，到禹城指导检查工作。

3月2日 凌晨，禹城县潘庄引黄总干燕寨子二级沉沙池决口，致使燕东、燕西、官庄、郎屯诸村被淹，水深达0.5—1.0米。直接经济损失120.86万元。

3月9—12日 中共禹城县第七次代表大会在招待所召开。

3月26—31日 禹城县政协第四届一次会议在招待所召开。

同月 第四次全国人口普查开始，至1991年8月结束。通过普查，禹城县总户数112543户，总人口475036人，民族22个。人口自然增长率为11.94‰。

3月28日—4月1日 禹城县第十一届人民代表大会一次会议召开。

4月21日 禹城县第十一届人大常委会第一次会议在县招待所举行。

同月 禹城县畜牧局挂牌成立。

5月11日 亚洲开发银行技术援助项目调查团到禹城考察。

5月23日 中共禹城县第七届委员会在招待所举行二次会议，传达贯彻《中共中央关于加强党同人民群众联系的决定》以及省委、地委对这一决定的实施意见。同时，研究部署全县经济工作。

5月23—24日 国家“七五”科技攻关重点项目《禹城河间浅平洼地综合治理配套技术研究》通过国家级验收。

5月30日 联合国银行吴卓尧米到禹城扒鸡公司和禹城镇北街植物油厂考察。

6月9日 禹城县第十一届人大常委会第二次会议在县招待所举行。

6月22日 世界银行拉贾哥波兰和世界银行驻华代表处副代表万德乐一行2人到禹城对农业引用外资项目进行考察，对禹城县引用外资项目取得的成绩给予肯定。

6月27—28日 英国JCB销售有限公司、香港和纪黄埔有限公司、农业部华北平原农业项目办公室在禹城县举办JCB河道疏浚机演示会。

7月1日 禹城县开始实行入党考试答辩制度。

7月9—10日 禹城县11个乡（镇）516个村庄遭受冰雹和狂风袭击，造成36万亩农作物、3.2万亩果树严重受灾。

7月10日 县委、县政府作出《关于深入开展向雷锋式的好干部昝明珍学习活动的决定》，昝明珍生前为禹城县来凤乡公安派出所所长，工作成绩突出，不幸于1990年3月2日以身殉职。9月26日，地委行署在禹城县隆重召开“全国公安战线二级英模昝明珍”命名大会。

7月11—14日 《禹城县志》评审会在县宾馆召开。

7月17日 马来西亚麒麟公司董事长陈闻要一行五人到禹城考察鲁西黄牛饲养和活牛出口情况。

7月22日 澳大利亚农用林业考察组伯奇、柯莱斯、龙尔一行3人到禹城改碱实验区考察林业生产情况。

7月27日 日本乌取大学稻田胜美一行4人到禹城考察土地综合开发利用情况。

8月 禹城县优质棉基地建设科技服务项目通过国家级验收。

9月20日 日奉东京大学农学部松本聪一行到禹城北丘洼及沙漠化试验站考察。

10月12日 省长赵志浩到禹城检查指导工作，听取县委、县政府领导工作汇报，调研工业、农业生产情况和科技开发项目。赵志浩对禹城工作给予充分肯定，并作重要指示。17日县委召开常委扩大会议，认真学习、讨论赵志浩重要指示，并研究制定贯彻落实意见。

10月30—31日 意大利威尼斯—北京公司董事长阿尔赞雷德·比尼和保拉·祖因女士到禹城县考察畜产品开发情况。

11月11日 县委召开县、乡镇、村三级干部会议，贯彻上级会议精神，全面部署农村社会主义思想教育工作。

11月18日 县水利局承建的标准汽-15挂80徒骇河北石公路桥落成。该桥15孔、桥长150米，结构钢筋混凝土并柱排架，桥面钢筋混凝土空心桥，总投资120万元，成为禹城县水利局施工的最大公路桥。

同月 禹城镇北街东方化学试剂厂生产的“502”常温瞬时强力万能胶粘剂荣获第二届国际专利产品展览会金奖。

同月 县委在农村广泛开展社会主义思

想教育活动。这次教育活动历经3个月，至1991年2月结束。

11月底 禹城县农村储蓄存款余额首次突破亿元大关，达到12759万元。

12月20日 县政府召开全县流通工作会议，传达贯彻省、地流通工作会议精神。

12月21日 全国政协科技兴农考察组到禹城考察。

12月30日 禹城县技工学校建立。

同月 县委、县政府制定《关于深化农村改革，大力发展商品经济的意见》，对继续深化农村改革，强化社会化服务体系，大力发展商品经济提出具体要求。

同年 禹城县化肥厂兼并禹城县化工厂和禹城县滤材厂。

同年 禹城县成为联合国妇幼卫生项目县，联合国投资70万元，为县妇幼保健站建成1500平方米保健业务用楼。

同年 禹城县实现国家普及儿童免疫第二个目标，通过国家验收。

1991年

1月28日 全县林业工作会议召开。

同月 县委建立企业思想政治工作人员专业职务评聘工作领导小组，办公室设在宣传部。

2月4日 全县工基交、财贸、物资系统工作会议召开。县长赵志录作题为《总结经验，加大措施，全力做好今年的经济工作》讲话。

2月23—25日 县委、县政府召开全县三级干部大会。县、乡、村干部1200余人出席大会。县委书记李宝贵作题为《深入贯彻中共党的十三届七中全会精神，把全县经济建设推向一个新的阶段》报告，提出今后发展方向和奋斗目标。

3月6日 《中国水利报》二版以通版专辑刊发，1988年李鹏总理到禹城视察工作时的亲笔题词“开发禹城”和视察一片（南北庄实验区）、三洼（北丘洼、辛店洼、沙河洼）治理情况时与群众交谈的大幅照片；禹城县委书记李宝贵、县长赵志录的文章《把握水利命脉，确保农业发展》；副县长高宪春的文章《采取‘井沟平肥林改’措施，对旱涝碱综合治理》，水利局局长崔洪臣、副局长苏景亮的文章《搞好水利建设，强化服务职能》以及禹城县有关治水典故、趣闻等文章和照片。

4月1—3日 禹城县第十届人民代表大会二次会议在招待所召开。

4月19—20日 共青团禹城县第十三次代表大会召开。

5月1日 县委、县政府制定《社会治安综合治理实施方案》。

5月6日 禹城县《宗教社会团体登记管理实施办法》实施。

5月10日 县委、县政府召开由县、乡（镇）、村三级干部参加的计划生育工作大会。县委书记李宝贵作《紧急动员起来，为彻底改变计划生育工作落后局面而奋斗》重要讲话。

5月11—13日 禹城县妇女第十一次代表大会在招待所召开。

5月20日 省计划生育委员会主任刘汉彬到禹城检查指导计生工作。

6月4日 省委副书记、省长赵志浩到禹城检察指导工作。

同月 禹城县浮雕纤维板厂在青岛与德国签订引进浮雕设备协议。

7月9—10日 禹城县11处乡镇516个村庄遭受冰雹和狂风袭击，36万亩农作物、3.2万亩果树严重受灾。

7月11日 县委召开七届五次全委（扩大）会议。县委书记李宝贵在会上作题为《同心同德、埋头苦干，为圆满完成全年各项任务而奋斗》的报告。要求认真组织学习江泽民总书记讲话和《毛泽东选集》，进一步强调中共建设，充分发挥各级党组织战斗堡垒作用。

7月17日 省人大常委会副主任严庆清到禹城县调研计划生育工作。

8月27日 省政协副主席陆懋曾，到禹城调查、指导棉花生产。

9月6日 全县经济工作会议召开。县长赵志录作题为《练内功，挖潜力，进一步搞活企业，提高经济效益》的讲话。

10月10日 安鹏电子有限公司成立，为禹城首家“三资”企业。

12月9日 县委召开常委扩大会议，认真学习传达省委五届七次全委扩大会议精神，联系禹城实际，研究制定贯彻意见，突出抓好急需解决的群众热点问题，彻底转变干部作风，为群众多办实事。

12月13日 政协禹城县四届八次常委会议召开，听取县政府领导关于县机械厂和热电厂改革设想，委员们对企业改革工作表示满意，并就进一步做好企业改革工作提出意见和建议。

同年 禹城县制定《禹城县精神文明建设“八五”计划》，重点开展以“学三明、创三优，满意在禹城”为主要内容的群众性精神文明建设活动和学雷锋便民服务活动。

同年 禹城县扒鸡系列化生产保鲜技术开发项目荣获“省星火”三等奖。

同年 禹城县盐业公司安装包盐封口机设备，开始加工小包装盐。

同年 县委、县政府成立社会治安综合治理委员会，办公室设在政法委。

同年 “禹城县法律顾问处”更名为“山东省禹城县律师事务所”。

同年 禹城县热电厂通过对#4机组改造，实现北线部分工业用户和居民集中供暖。

同年 禹城县收容迁送站搬迁至禹城县看守所东，占地6.86亩。

1992年

1月13—14日 县委、县政府召开县、乡、村三级干部会议，传达贯彻中央十三届八中全会和省委五届七次全委（扩大）会议精神，总结交流农业和农村工作经验，研究部署全年农业和农村工作任务与措施。县委书记李宝贵作《深入学习贯彻八中全会精神，开创全县农业和农村工作的新局面》重要讲话。

1月20日 省长赵志浩到安仁乡王子付村进行春节慰问。

同年初 中共山东省委将禹城定为机构改革试点县。

2月11日 德州地委书记赵林山到禹城检查指导工作。就县级改革问题谈三点意见：一是在政策上要进一步放宽搞活，二是大力提倡部门办实体，三是大力抓好市场建设。

同月 禹城县组织举办第一届元宵灯会。

3月8日 县委召开常委扩大会议，学习中共中央《关于传达学习邓小平重要讲话的通知》和《邓小平在武昌、深圳、上海等地的谈话要点》。会议通过县委《关于学习贯彻中央〔1992〕2号文件的意见》。

3月29—31日 禹城县第十一届人民代表大会三次会议在招待所召开。

4月11日 县委、县政府制定《关于进一步深化企业改革扩大对外开放的意见》。提出进一步解放思想，增强改革开放自觉性和紧迫感等13点要求。

4月23日 省长赵志浩在省、地有关领导陪同下，到禹城检查指导工作。

4月28日 县政府召开全县深化改革，扩大开放工作会议。

5月20日 禹城县部署全县进一步开展解放思想大讨论活动，深入贯彻邓小平重要讲话。

5月30日 全国公证工作现场会在禹城召开。

5月31日 省委副书记高昌礼到禹城看望省直下派干部，并就如何进一步做好下派工作讲意见。

6月24日 县政府召开全县改革开放工作会议。贯彻落实省市、地委书记和全区对外开放工作会议精神，总结全县深化改革，扩大开放工作情况，研究加快改革开放步伐措施。

6月26日 由德州地区水利局主持的《禹城县水利志》评审会议在禹城宾馆召开。

6月29日 禹城县政协四届十四次常委会议听取县委副书记、县长赵志录关于禹城县深化改革扩大开放构想和经济发展规划与措施情况介绍，常委们进行讨论，提出尽快制定开发区优惠政策、吸引外地厂商到禹城投资、建立长远人才培养开发计划等意见建议。

同月 禹城镇卫生院投资100多万元，建筑面积3700平方米的病房大楼竣工并投入使用。

8月3日 德州地委书记赵林山、原行署专员马荣珂等到禹城检查指导工作。

8月17日 司法部副部长蔡诚到禹城县大程乡调研司法工作。

同月 禹城县成立农民负担监督管理领导小组，在农业局经管站设立农民负担监督管理领导小组办公室。

10月20日 县委、县政府制定《禹城县县级机构改革试行方案》，并确定实施方法和步骤。

10月28日 县委、县政府结合全县实际制定《机关事业单位兴办经济服务实体的意见》和《鼓励党政机关人员到企业工作的意见》。

同月 禹城县《公墓管理暂行办法》实施。

11月10日 禹城县启动新式婚姻证件。

11月14日 县委召开常委扩大会议，传达学习省委五届九次全委（扩大）会议精神，省委《关于学习贯彻落实中共党的十四大精神的决议》和省委书记姜春云重要讲话，确定全县经济发展新思路。

11月20日 禹城县首届赛牛大会在石屯乡牲畜集贸大市场举行，中科院、农科院和全县部分县（市）及有关部门领导应邀参加。副省长朱奇民、德州行署副专员蔺善宝、县长张成道分别在赛牛大会上讲话。

11月24日 县委召开七届七次全委会扩大会议，170人参加。县委副书记张恒勤传达《中共山东省委关于学习贯彻落实中共党的十四大精神的决议》，县委副书记、县长张成道作《贯彻落实十四大精神，加快经济发展步伐》报告。县委书记赵志录作《全方位更换脑筋，大力度推进改革，为实现全县经济的跳跃式发展而奋斗》重要讲话。

12月29日 禹城县徒骇河管理段在全国水利工程管理评比中，荣获水利部“全国水利工程管理先进单位”称号。

同月 禹城县被授予“全国农村社会养老保险先进县”称号。

同年 禹城县村庄标志设置任务基本完成，总计设立村名标志碑905块。

同年 禹城县禹王实业公司东方化学试剂厂与沈阳化工学院共同研究成功的“a-氰基丙烯酸乙酯生产方法”荣获国家发明奖。

同年 禹城县编制委批准各乡、镇设立司法所并增挂“公证室”牌子。

同年 全县大旱。年平均降水296.8毫米，黄河水断流达122天，80万亩农田受旱。

同年 开展全县自然村村名标志设置工作，完成10.8万余块。

1993年

1月2日 德州地委书记张惠来到禹城检查指导农田基本建设工作。

1月9—12日 政协第五届禹城县委员会第一次会议在招待所召开。

1月10—13日 禹城县第十二届人民代表大会第一次会议在县招待所举行。

1月20日 省委副书记、省长赵志浩到禹城进行春节慰问。先后到安仁乡王子付村和石屯乡张王村。

2月2—3日 县委、县政府召开全县农村工作会议，对1993年全县农村工作进行全面部署。

2月21日 中共中央政治局常委、国务院副总理朱镕基到禹城视察棉花生产情况。并深入到房寺镇南小刘村调查棉花生产和群众生活情况。

3月13日 禹城县第十二届人民代表大会第二次会议在县招待所举行。

3月23日 县委、县政府在招待所召开全县社会治安综合治理工作会议。县五大班子领导、各乡镇党委书记和县直部、委、办、局负责人参加会议。县委书记赵志录、副书记朱昌连分别作重要讲话。

同月 禹城县进行中华人民共和国成立后首次河流、灌渠国有土地确权工作，完成县内31条河道、灌渠国有土地确权划界，总长457.38公里。确权土地面积8.88万亩。

3月30日 县委、县政府作出《关于表彰奖励1992年度乡镇企业系统拔尖人才获国家发明奖主要发明者的决定》。同年，对12名拔尖人才和5名发明者进行表彰奖励。

同日 县委、县政府制定《关于发展乡镇企业重点乡（镇）村和企业的意见》。确定将乡镇企业实力较强的6个乡镇、20个企业和200个村，作为全县发展乡镇企业重点乡镇、重点村和重点企业，给予特殊政策。

同月 县委制定《县、乡（镇）机关干部下基层包村实施方案》，重点帮助贫困落后村脱贫致富奔小康，帮助富裕先进村提前实现小康，抓两头，带中间，促进全县农村经济均衡发展。

4月5日 县委、县政府召开全县发展个体私营经济动员大会。表彰奖励百名发展个体私营经济先进个人，颁布《关于加快私营经济发展的意见》和关于发展个体私营经济鼓励政策。并确定发展个体私营经济总的指导思想和具体目标及措施。

4月21日 县委、县政府制定《禹城县"八五"后三年工农业发展计划》。提出到"八五"末，全县实现工农业总产值50亿元奋斗目标。

同月 禹城县参照鲁监〔1989〕36号文件，县纪委、监察局机关合署办公。

同月 禹城县农行与信用社结束合署办公历史，禹城信用联社开始独立经营。

5—6月 全县棉铃虫爆发，棉花严重受灾，县政府组织群众摆杨柳阵捕蛾，夜间利用荧光灯捕蛾，政府出资收购群众的蛾子，虫灾得到控制。

6月16日16时30分 禹城县遭受飓风袭击，风力6级以上，飓风中心风力达9级，降雨7.2毫米。6月22日17时30分飓风加雷雨再袭禹城，风力7级以上，飓风中心风力达10级以上，降雨16.2毫米。造成全县部分乡镇树折、苗淹、房塌墙倒，果树落果率50%以上。刮飞小麦（含晾晒的麦粒）190余万斤，死3人，伤300余人，通讯、供电及城市供水一度中断。

7月3日 风雨夹带冰雹分南北两路袭击禹城县，南经前油坊、辛寨、安仁，北经张庄、辛店一带，先后持续40分钟，影响66个村，农田受灾面积5.6万亩，其中棉花绝产1300亩。

7月31日 县政府召开全县发展个体私营经济工作会议，县长张成道作重要讲话。会议期间，参观学习河北省清河县发展个体私营经济的经验。

同月 禹城县粮转站500万公斤仓容仓房

竣工。

同月 禹城县开始进行第一次全国第三产业普查工作。1994年11月结束。普查结果显示，1993年度行政事业全额单位175个，7324人，企业、差额及自收自支单位（包括村委会）1643个，16977人，个体9826户。

同月 德州地委书记张惠来到禹城检查指导多种经营和乡镇企业。并深入到部分乡镇和县属企业进行调查研究。

8月15日 县委、县政府领导邀请中国科学院与中国农业科学院驻禹城试验区专家教授举行座谈会，为禹城加快小康步伐出谋划策。

9月9日 经国务院批准，撤销禹城县，设立禹城市（县级），原行政区划不变。

9月11日 禹城市委召开常委扩大会议，传达贯彻省、地反腐败斗争会议精神。会上研究制定《关于领导干部廉政建设十条规定》《关于节约机关行政经费开支的几项规定》《关于严格控制社会集团购买力的意见》等七个有关廉政建设的规章制度。

9月14日 禹城市政协召开五届三次会议，听取副县长刘宗生关于三农工作情况通报，并就下一步三农工作征求意见。

同月 禹王实业总公司被认定为德州地区首家“山东省高新技术企业”。

10月18日 禹城市委、市政府在影剧院召开撤县设市庆祝大会。参加大会的有省、地领导和来宾，禹城市六大班子成员、乡镇党委书记、市直各部门、企业单位和省地驻禹单位负责人，以及各界群众代表，总计1300余人。省委书记姜春云、省长赵志浩发来贺电。副省长张瑞凤、省人大常委会秘书长赵林山、省委组织部副部长王光先、德州地委书记张惠来、行署专员杨传堂等，为中共禹城市委员会、禹城市人大常务委员会、禹城市人民政府、中国人民政治协商会议禹城市委员会、中共禹城市纪委、中共禹城市武装部揭牌。同日开始对外办公。

10月31日 全市乡镇管理体制改革动员大会召开，乡镇管理体制改革进入全面实施阶段。会上，传达市委、市政府制定的《禹城市乡镇管理体制改革实施方案》。

同月 禹城市科协撤销。

同月 禹城市委、市政府基本完成对市直党政机构改革。依照《全市机构改革实施方案》，对党政机构进行精简、归并，将原来78个副科级以上机构精简为29个，精简率62.8%。

11月4日 禹城市委七届八次全委扩大会议召开。市委书记赵志录作《抓住契机，继往开来，乘势而上，为建设富强文明的新禹城而奋斗》的报告，市委副书记、市长张成道以《理清思路、实现工作重点转移，务实基础，努力做好当前工作》为题，就当前工作讲意见。会议提出“奋斗17年，建成新禹城”战略目标。

11月17—20日 禹城市连降大雪，雪深达16厘米。全市万亩大白菜受冻，3万亩果树冻死30%以上。损害蔬菜大棚377个，冻死3人，伤138人，死伤牲畜110头，猪羊1220头（只），家禽万余只，直接经济损失3083万元。

同月 禹城市张庄镇被国家计委列为德州市唯一全国小城镇建设试点镇。

12月25日 禹城市人民政府办公室下发关于贯彻落实《山东省实施〈盐业管理条例〉办法》通知，全市盐供应实行计划管理。

同月 禹城市人民法院土地巡回法庭成立。

1994年

1月4日 禹城市召开政府全体（扩大）会议，总结回顾1993年工作，安排部署1994年工作任务。市长张成道作重要讲话。

1月5日 禹城市委召开市五大班子联席会议，传达贯彻省、地农村工作会议精神，并结合实际，研究确定1994年农村经济工作指导思想、奋斗目标和具体措施。

1月24日 个体私营经济工作会议召开。市委书记赵志录作《优化环境，鼓励发展，促进个体私营经济再上一个新台阶》报告。会上，100多位个体私营企业先进个人受到表彰。

1月26日 禹城市第十二届人大常委会第八次会议在人大机关会议室举行。

同月 山东省广电局批转禹城市广播电视局设置禹城电视转播台。

3月28—30日 禹城市第十二届人民代表大会第三次会议在招待所召开。

3月31日 禹城市政协召开第五届六次常委会议，市委书记赵志录和市委副书记、副市长王在泉介绍诸城市推行企业股份制的经验和禹城市推行股份制的思路和措施以及准备工作情况。

同月 禹城市设立地价评估所。

同月 召开全市民政工作会议，各乡镇分管领导、民政助理、敬老院院长及民政系统干部职工列席参加，表彰先进、部署工作。

同月 市委确定在全市党政机关和企事业单位干部职工中，广泛开展“改革、发展、稳定与工人阶级”大讨论。大讨论用4个月时间，分五个阶段进行。成立由市委书记赵志录任组长的领导小组。

4月8—9日 省长赵志浩到禹城检查指导工作，为凯悦大酒店题词：“近悦远来”，并深入到工厂进行调研。

4月26日 市委、市政府正式批复禹城市广播电视台建立城区有线电视系统。

5月13日 德州地委书记张惠来带领地区体改委、纪委和国资局负责人到禹城就深化企业改革进行检查指导工作。

5月23日 市委、市政府根据省委、省政府《关于加快欠发达地区经济发展的意见》和山东省改革开放试点工作会议精神，结合实际，提出全市改革开放试点工作实施方案。

5月24—25日 副省长王建功到禹城调查研究，深入到工厂企业进行实地考察，并就如何深入贯彻省委农村工作会议精神，调整农村经济工作思路作重要指示。

5月25日 市委、市政府与对口支援的省商业厅、章丘市就共同做好禹城改革开放试点工作达成协议，并举行签字仪式。

同月 市政府办公室批转市水利局《关于推行水利工程机械化施工的意见》禹城市水利建设由原来靠人力为主，改为机械化施工为主。

同月 禹城市开展扫黄活动。历时20天，查获淫秽录像带、书刊、画片等淫秽物品一宗。

6—7月 禹城市降雨11次，降雨量达400.5毫米。暴雨中心善集乡达135.8毫米。加之上游客水，造成南部11处乡镇积水面积65万亩。市委、市政府抽调3000名机关干部下乡进村同群众一起抗灾。全市掀起防洪抗涝和生产自救高潮。同年，全市成灾面积37万亩，其中绝产18万亩。直接经济损失4.55亿元。市红十字会开展抗灾救灾活动，发放敌敌畏200公斤，净化粉200公斤，净化精片20万片，对187个重灾村进行饮水消毒。募得捐款5400余万元。

6月12—13日 副省长陈建国到禹城检查指导工作，对禹城市工业发展给予充分肯定。

7月 济德高速公路禹城段征地拆迁工作开始。济德高速公路通过廿里堡、来凤、梁家、禹城、张庄等五个乡镇，涉及43个村，长24.925公里，占地2350亩。9月20日征地拆迁工作全部结束。

8月20日 禹城市政府召开全市深化企业改革工作会议。市长张成道作重要讲话。

同月 山东省畜牧兽医工作座谈会在禹城市召开，重点总结秸秆养牛经验，副省长王建功到会并作重要讲话。

8月30日 省委副书记、副省长李春亭到禹城检查指导改革开放试点工作。并看望省政府办公厅驻禹城部分下派干部。

9月23日 省检察机关控申工作暨举报理论研讨会在禹城市召开。

10月20日 市委、市政府制定《关于在全市农村开展“细胞工程”建设的实施意见》，决定在全市开展以创建“小康户”“文明户”“遵纪守法户”为主要内容的“细胞工程”建设活动。

同月 《禹城县水利志》出版。

同月 开元大厦破土动工。大厦主体为10层，建筑面积为1.1万平方米，投资2100万元。至1995年10月主体工程完成。

11月8日 京福高速公路德齐段开工建设。

11月16日 全国人大常委、环境资源保护委员会副主任杨振怀，全国人大常委、财经委委员何康带领全国人大执法检查组，到禹城南北庄实验区调研工作。

11月25日 市委决定，从市直和乡镇党政群机关选派优秀中青年干部到后进村任职，帮助后进村尽快改变面貌。

12月5日 禹城市老干部服务中心改建为中共禹城市委老干部局，列市委工作部门序列，归口市委组织部。

12月9日 禹城市政协组织部分委员调研禹王立交桥、解放路南段、胜利街、人民公园和如意巷西段的工程建设情况，听取副市长李光德对城建工作情况的通报。

同月 十里望回族乡被国务院授予“全国民族团结进步模范单位”称号。

同月 禹城镇荣获山东省“百强镇”称号。

同年 石屯乡植树12.8万株，林木覆盖率21.5%，果园面积发展到8000亩。被德州地委、行署授予“林果明星乡”，被全国绿化委员会授予“全国造林绿化百佳乡”称号。

同年 禹城市档案馆晋升为省一级档案馆。

同年 全市学龄儿童入学率99.3%，巩固率99.6%，毕业率99.6%，12—15周岁少年儿童中初等教育率99.7%。

同年 禹城市热电厂扩建两台35T锅炉（链条炉）、一台6千瓦抽凝汽轮机（#4机），年发电能力由8640万千瓦时提高到1.3亿千瓦时。

同年 禹城市人民武装部连续15年无责任退兵，被济南军区评为“征兵工作先进单位”。

同年 安仁镇王子付肉牛养殖小区建成，该小区是山东省第一个养殖小区。在全市开创产加销一条龙、贸工牧一体化畜牧业发展新局面。

1995年

1月3日 副省长吴爱英到禹城检查指导工作。先后到实验小学、辛寨卫生院、前油坊乡卫生院、房寺镇希望小学，与医务工作者和教师进行座谈，就卫生、教育工作提出重要意见。

1月9日 全市经济工作会议召开。各乡镇党委书记、乡镇长，市直部门负责人参加会议。市长张成道作重要讲话。

1月10日 房寺镇修建的“禹城希望小学”竣工。1月17日 时任省委书记、省长赵志浩为希望小学题写“希望小学，希望在明天”，副省长张端风为禹城希望小学揭牌。

1月12日 经济南海关批准，建立禹城进出口总公司海关监管库。

1月16日 山东省储备粮管理现场会在山东禹城国家粮食储备库召开。

1月16—17日 副省长张瑞凤带领民政厅、省建委、省教委等部门领导到禹城进行春节慰问。先后到石屯乡于庄和沈庄村、禹城镇敬老院、禹城市社会福利化工厂慰问烈军属、困难户和敬老院老人。

同月 禹城市成立乡基金会，工作人员4人。年末，储蓄余额300万元，贷款余额230万元。

2月8日 市委、市政府召开全市农村经济工作会议，全面部署1995年农村经济工作。参加会议的有五大班子成员。市委书记赵志录作重要讲话。

2月22日 市委、市政府召开全市工业会议，部署1995年工业经济主要任务。市委书记赵志录作重要讲话。

3月2日 市委、市政府召开全市个体私营经济工作会议。会上表彰奖励100名发展个体私营经济先进个人。13名个体私营代表作典型发言。市长张成道作重要讲话。

3月7日 市委、市政府召开全市财贸工作会议。落实全市经济工作会议精神，总结1994年财贸工作情况，部署1995年财贸工作任务目标和主要措施。表彰32个先进单位。市长张成道作题为“解放思想，把握机遇，加快发展，推动财贸工作再上新台阶”重要讲话。

3月25—28日 政协第五届禹城市委员会第三次会议在招待所召开。

3月26—29日 禹城市人民代表大会第四次会议在县招待所召开。

同月 对外贸易经济合作部批准禹城进出口总公司对外贸易经营权，使之成为禹城市首家拥有自营进出口权企业。

同月 禹城市被山东省畜牧局评为畜牧业强县。

同年春 人民公园第一期工程破土动工，该期工程投资300万元，占地225亩。

4月23—25日 中共禹城市第八次代表大会和八届一次全委会在招待所召开。市委书记张成道在报告中提出“团结拼搏、务实高效、负重加压、争先创优”禹城精神。选举产生中共禹城市第八届委员会和中共禹城市纪律检查委员会。

4月27日 省长李春亭到安仁乡王子付村调研畜牧业生产情况。

同月 第三次全国工业普查表明，禹城市有工业企业1290个。其中国有经济25个，集体经济112个，三资企业5个，村办工业54个，个体联户1094个。

5月3日 禹城市召开市政府全体（扩大）会议。市长王在泉作题为“统一思想，团结实干、努力开创政府工作新局面”重要讲话。

5月15日 市委、市政府提出贯彻执行《中国教育改革和发展纲要》实施意见，力争到1996年全市基本普及九年义务教育。

同月 在修建济德高速公路时，廿里堡乡于庄村发现一处龙山—商周、秦汉遗址。

6月4日 全市卫生工作会议召开。副市长李光德作题为《突出重点，强化措施，推动全市卫生工作再上新水平》重要讲话。

6月14日 省委副书记李文全带领省委办公厅副主任陈明甫一行到禹城检查指导工作。先后到工厂、企业、农村进行实地考察。李文全对禹城市经济工作作重要指示。

6月24日 上午5时，梁家、来凤、辛店、张集、禹城五个乡镇遭受大风和冰雹袭击。部分成材树被刮断，11万亩农作物严重受灾，其中3万亩绝产，6000亩西瓜被砸毁，造成直接经济损失1亿元。

6月26日 下午4时20分，房寺镇东部遭龙卷风袭击，大风达8级以上，毁坏许多室外电视天线等，降冰雹数分钟，棉花瓜菜多数被打毁，灾区涉及20多个村，受害面积1.5万亩。

6月28日 禹城市被国家科委授予“全国科技工作先进县（市）”。

7月12日 禹城市委制定今后培养选拔优秀年轻干部三年规划（1995—1997年）。以中共党的十四届四中全会和全国组织工作会议精神为指针，按照党的干部“四化”方针和德才兼备原则，选拔跨世纪领导干部。

7月16日 市政府召开全市工业工作会议。会议强调，进一步强化工业意识，明确发展思路，研究制定加快工业发展措施。

7月17日 市政府下发《关于鼓励个体私营经济发展的有关规定》，把发展个体私营经济当作“兴商建市、兴市促城”重要措施，列入政府工作议事日程，纳入经济发展总体规划。

7月26日 市政府召开全市流通工作会议。副市长李文勇作重要讲话。

7月29日 市委、市政府在全市开展“做文明市民、建文明城市”双文明创建活动，下发《文明市民公约》《文明市民条件》《文明行为二十条》《文明用语二十句》等资料，促进争创文明城市活动开展。

同月 山东省政府将张庄镇列为“百新工程试点镇”。

8月14日 市委、市政府召开全市对外开放工作会议。确定今后一个阶段禹城对外开放工作基本思路和任务目标。市委书记张成道作重要讲话。

8月17日 市委召开常委扩大会议，传达学习省委书记赵志浩指示精神，并对市第八次党代会确定的“分两步走，力争三年甩掉欠发达帽子，五年建成经济强市”奋斗目标，进行分析和论证。

8月19日 市委、市政府印发《关于成立禹城市争创山东省精神文明建设先进市领导小组的通知》，并于年底顺利通过第三届山东省精神文明建设工作先进县市评选验收。

9月1日 市政府召开全市个体私营经济工作会议和经验交流会，研究部署个体、私营经济发展工作。

9月12日 全市计划生育工作会议召开。市长王在泉对全市计划生育工作讲意见。

9月15日 省委书记赵志浩到伦镇、安仁乡黄牛育肥小区和家禽改良站进行实地考察，对禹城市畜牧业发展给予高度评价。

同月 禹城市被农业部评为全国秸秆养牛“十佳”示范县，并奖铜牛杯一座，奖金20万元。

10月19日 市长王在泉、副市长杨丙亮带领各乡镇党委书记、民政助理赴烟台市考察学习养老保险工作。返回后连夜召开动员大会，全市突击15天，收取养老保险费560万元，完成任务的156%。

10月25日 禹城市朝日食品有限公司建立，为禹城市第一家外商独资企业。

11月13日 撤销禹城市安仁乡设立安仁镇。

11月21日 山东省科委批准在禹城市建立省级科技成果推广示范区。

12月21日 山东禹城国家粮食储备库被国家粮食储备局、国内贸易部授予“一符四无”活动先进单位，被省粮食局评为山东省“一符四无”活动先进单位。

12月30日 市委、市政府提出《关于全力实施“以商建市、兴市促城”战略意见》。以培养和完善市场体系为重点，围绕全市经济和社会发展总体目标，加速专业市场和商业网点建设，全面繁荣第三产业。

同日 中共禹城市第八届三次全委扩大会议在招待所召开。市委委员、候补委员、市五大班子党员领导干部、乡镇党委书记、市直部门和各企业党组织负责人参加会议。会上，市委副书记、市长王在泉对《禹城市国民经济和社会发展第九个五年计划及2010年远景目标纲要（草案）》作说明，市委书记张成道作重要讲话。

同月 禹城市医院被省卫生厅批准为“二级甲等医院”。

同年 禹城市获得“全国科技实力百强县（市）”称号。

同年 对城区120个路、街、巷、苑、里、胡同、桥、小区、市场、广场进行统一命名、更名。

1996年

1月23—31日 市委、市政府主要领导带领36个部门和企业负责人59人，赴北京、南京、兰州、济南四大城市，成功举办1996年春节山东禹城经济发展恳谈会。接洽各级领导、大专院校和科研单位的专家教授、新闻记者和曾在禹城挂职干部近600人。洽谈项目达成意向近60个。

同月 张庄镇被中共中央宣传部、国家司法部评为“全国二五普法先进乡镇”。

2月5日 副省长吴爱英到禹城走访慰问少数民族困难群众。

2月14日 市委、市政府提出《关于实行市级领导“六个一”目标责任制的意见》，要求五大班子成员除抓好分管工作外，每人包一个乡镇、一个小康村、一个农业产业、一个重点技改项目、一个市政建设项目和一个个体私营大户。

同月 建立“禹城市避雷装置安全检测、安装中心”，负责全市避雷装置日常安全检测、安装工作。

2月27日—3月1日 政协第五届禹城市委员会第四次会议在招待所召开。

2月28日—3月1日 禹城市第十二届人民代表大会第五次会议在招待所召开。

3月8日 省委副书记、副省长宋法棠到禹城检查指导抗旱双保工作。

3月9日 市委、市政府作出《关于九五年度乡镇、市直部门、市属企业目标考核奖惩兑现的决定》。授予15个单位为1995年度目标考核先进单位，授予26个单位为1995年度目标考核单项奖，授予25个单位负责人个人奖，其中奖励现金42.6万元。同时，对完成任务差的6个单位给予黄牌警告。

3月9—10日 市委、市政府组织全市29个部门和单位计80多人，组成禹城市人才招聘代表团，赴济南参加山东省大中专毕业生供需见面会。会议期间1222人签订意向书。其中签订协议的348人(本科79人、专科186人、中专83人)。

3月31日 全市纪检监察工作会议召开。会上传达学习中共党的十四届五中全会、中纪委六次全会和省纪委五次全会精神，市委常委、市纪委书记贾桂凤总结1995年全市反腐败工作情况，部署1996年反腐败工作任务。市委书记张成道就如何做好1996年反腐败和党风廉政建设工作讲重要意见。

同日 市委、市政府在招待所召开精神文明建设表彰大会，表彰1995年度“十佳文明市民”和34个市级文明单位。

同月 山东省畜牧工作现场会在禹城召开。与会人员参观禹城养牛现场。

同月 禹城市被国家科委评为“全国科技工作先进市”。

4月1日 禹城市人民武装部收归军队建制，称“中国人民解放军山东省禹城市人民武装部”。

4月10—11日 禹城市领导王在泉、刘长仁、孙思东、李传武、魏建、贾桂凤带领市属骨干企业厂长、经理及市直有关部门负责人49人，赴高唐、聊城、阳谷三县（市）考察学习工业发展情况。

4月15日 市委、市政府从11个单位选拔20位政治素质好、文化程度高、开拓意识强的年轻干部，到省政府办公厅、省商业厅、省农委、省经委、省建委、省外经委、省计委等7个省直部门对口挂职学习。

4月20日 禹城市科委与禹王亭酒业股份有限公司联办“纯天然葡萄鲜汁”开发项目被列入国家级星火计划。

4 月 25 日 山东省农业综合开发流动现场会议在禹城召开。副省长张瑞凤到禹城检查指导工作。

4 月 27 日 德州市粮办工业和多种经营现场会在禹城召开。会议中心议题是：适应两个转变，做好结合文章，推动全市粮食工作快速、健康发展。

同月 禹城市物资建材公司宣布破产。市委、市政府对物资集团总公司进行改制，对下属各企业进行组建，实行国有资产委托经营管理。

同月 禹城市被德州市授予“畜牧业先进县（市）”称号，被省畜牧局确定为“山东省肉牛改良产业化示范县”。

4 月 29 日—5 月 3 日 市五大班子领导张成道、刘长仁、孙思东、贾桂凤、杨军、张希英带领 19 个乡镇党委书记、市委市政府办公室、乡镇企业局、工商局、财政局、国税局、地税局、公安局主要负责人先后到河北省辛集市、河间市、高碑店市、青县和天津市静海县 21 个乡镇企业、9 个市场进行考察学习。

5 月 2 日 市委、市政府就 1996 年全市实现基本普及九年义务教育和基本扫除青少年文盲问题作出决定，要求强化措施，坚定信心，确保“两基”圆满实现。

5 月 6 日 撤销禹城市石屯乡设立石屯镇。

5 月 17 日 市委、市政府提出《关于实施“一把手工程”的意见》，要求通过实行目标管理，考核奖惩，强化一把手责任，调动一把手搞好经济工作积极性。

5 月 22 日 市委、市政府举行隆重仪式，授予台湾北农兴业股份有限公司董事长黄香雯女士为“禹城市荣誉市民”。

同月 禹城市被省委、省政法委确定为山东省政法工作联系点。

同月 禹城成立禹城市人民政府教育督导室，设专职督学 2 人，负责对全市教育工作的监督、检查、评估和指导工作。

6 月 1 日 禹城市人民公园正式对外开放。

6 月 8 日 市委、市政府对 1995 年度发展个体私营经济的先进单位和个人予以表彰。授予禹城镇等 5 个乡镇为发展个体私营经济先进单位；授予达利毛绒制品有限公司等 10 家企业为先进个体私营企业；授予 40 家私营大户为先进个体工商户。

6 月 18 日 省委副书记、省长李春亭带领省直有关负责人到禹西农业综合开发区检查指导工作。

同月 禹城市恢复农村电影队，19 个乡镇总计组建 21 支电影队。

7 月 5 日 禹王实业总公司进入山东省高新技术企业 30 强。

7 月 5 日 禹城市大部分乡镇降大雨。其中辛店、张集两乡镇遭受风雹袭击，阵风风力达 8—10 级，冰雹持续 4 分钟。两个乡镇农作物受灾面积 5 万亩，成灾 4 万亩，其中粮田 3 万亩，棉田 1 万亩，减产 3 成以上。刮倒广播电线杆 150 根，成材树木 1500 棵，院墙 1500 米，经济损失 725 万元。

7 月 6 日 副省长陈抗甫带领建委负责人到禹城检查指导工作。

同日 市委、市政府在全市开展“行风建设年”活动，集中进行行业作风整顿，逐步推行社会服务承诺制度。

7 月 10 日 省委副书记李文全带领省委办公厅、省委政法委、省公安厅负责人，到禹城检查指导工作。

7 月 15 日 省人大城乡建设环境保护委员会主任孙宝珠一行，到禹城调研徒骇河上游污染情况。

7 月 20 日 市委、市政府制定《关于深化企业改革的实施意见》，以建立现代企业制度为目标，以推行股份合作制为主导形式，做到因企制宜，多制并举，转换经营机制，不断提高经济效益。

同月 经山东省体改委批准，禹城市同时成立山东兴禹化工集团、山东禹王亭集团、山东贺友集团三家省级企业集团。

同月 副省长韩寓群视察禹城防汛工作。

8月5—6日 禹城市遭受暴雨袭击。由于雨量过大，加之客水迅猛，4万亩农田积水达半米，河水倒灌达1万多亩，10个乡镇80多个村受灾，其中重灾民1.5万人。

8月14日 德州市委书记莫振奎到禹城检查抗灾自救工作。

8月16日 德州市有关部门领导人，代表德州市委、市政府到禹城开展救灾慰问工作，捐赠救灾款20万元、煤炭20吨、尿素6吨、方便面350箱。

8月28日 禹城农业综合开发实验区建区30周年庆祝大会在禹城召开，副省长吴爱英、省政府特邀顾问马长贵、国家有关部委、中科院、中国农科院、省有关科研单位和大专院校领导及专家总计180多人参加庆祝大会。省委书记赵志浩为大会题词："综合治理三十年，科技兴农结硕果"。省委副书记、省长李春亭题词："科技兴农，再创辉煌"。中科院院长周光召、原中国农科院副院长李振声、中国工程院副院长卢良恕发来贺电、贺信。

9月12日 德州市乡镇企业汇报会在禹城市召开。

同日 禹城市开展个体工商户"星级门店"评比活动，评出星级门店823个，其中五星级42个，四星级105个，三星级547个。

9月16日 禹城市国税局实施农村征收机构改革，撤销18个乡镇税务所，设立辛店、十里望、辛寨、房寺、石屯、袁营6个农村征收分局。

9月20日 省委书记赵志浩，省委常委、省委秘书长张宗亮到禹城检查指导工作。

9月23日 中国轻工业总会农用塑料工程技术中心禹城基地成立大会在禹城市塑胶总厂举行揭牌仪式。

9月28日 中外合资禹城昌盛包装制品有限公司纸塑包装袋生产线正式投产运行。年生产二合一、三合一等系列复合包装袋2000万条。

10月11—12日 省总工会主席刘洪仁到禹城调研工会工作。

10月14日 参加在北京召开的国际生态工程会议专家、学者一行9人，到禹城西生态农业示范区进行实地考察。对禹城建设生态农业所采取的农牧结合、工农结合、科技与生产结合、示范与推广结合的做法，以及取得的生态、经济、社会效益"三效"并举的成就，给予高度评价。国际生态工程学会主席黑博，把国际生态工程项目一等奖奖匾颁发给禹城市。

10月16日 撤销原禹城市第二人民医院，成立禹城市中医院，为正科级事业单位。

10月28日 禹城市环宇集团年产2000吨麦芽低聚糖一期工程正式投产。该产品是面向21世纪的"未来型"营养、保健类新品系，在医药、保健和饮料及食品中具有广泛用途，为国内首创。

11月19日 禹城市十二届人大常委会第三十次会议在人大机关会议室召开。会议审议批准《关于在全市公民中开展第三个五年法制宣传教育的规划》和《禹城市依法治市第二个五年规划》，并作出决议。

11月25日 市委、市政府印发《禹城市在公民中开展法制宣传教育的第三个五年规划》。要求在全体公民中学习和宣传"十法一办法"，进一步增强法制观念，严格依法管理和行政，为依法治市打下牢固基础。

同月 禹城市进行第一次全国农业普查，至1997年年底结束。

同月 禹城市艺术班表演的舞蹈《牧歌》获山东省首届农民艺术节金奖，《背河》和对口快板《赞王廷江》分别获银奖。

同月 禹城市教委被山东省教育科学规划办公室和全国目标教学专业委员会命名为“单位达标教学先进单位”。

11月27日 东方大厦开业。

同月 中国农业发展银行禹城市支行成立，各项经营业务和人员全部由农行划转，农发行正式与农行脱钩。

12月12日 在山东省精神文明协作会上，禹城市建委离休干部、74岁的共产党员张星南（女），被评为山东省“百佳文明市民”。

12月19日 禹城市十里望民族经济开发区机动车大世界开业。

12月26日 环宇集团和中科院联合研制的麦芽低聚糖、异麦芽低聚糖及衍生产品通过国家级鉴定，成果总体水平居国内领先，产品填补国内空白。

同月 禹城市被列入全国肉牛规模化养殖及产业化技术研究与开发项目实施县（市）。

同月 禹城市被省委、省政府评为“山东省社会治安综合治理先进县（市）”。

同月 禹城汽车大世界开业。

同年 禹城市文化馆舞蹈演员表演的舞蹈《听房》《迎春》获山东省舞蹈比赛二、三等奖。程宪利的小说《火》获山东文学“胜利杯”小说大赛优秀奖。高明华、秦世森表演的相声《谁不说咱王大哥好》获山东曲艺比赛二等奖。

同年 禹城市239名民办教师转为公办教师，为95名公办教师家属及子女217人办理“农转非”。

同年 禹城市首次实行考生成绩用标准分形式公布。报考高等院校、中等专业学校的考生人数970人，录取本科126人，专科277人，中专43人，电大50人。

同年 禹城市遭受洪涝灾害，农作物受灾面积31.5万亩，其中成灾22.0万亩，绝产9.5万亩，减产3—5成的14.6万亩；冲毁养鱼池40亩，桥涵15座，房屋1350间，院墙2250米，造成直接经济损失1亿元。

1997年

1月3日 禹城市召开“全市城市建设与管理会议”，市委书记张成道在会议上的讲话，安排1997年城市建设工作。

1月4日 市委印发《中共禹城市委1997年工作要点》，提出1997年禹城市工作总的指导思想和重点做好的四项工作。同时印发《1997年精神文明建设工作要点》《1997年党建工作要点》《1997年社会治安综合治理工作要点》。

1月7日 市委、市政府提出《关于切实做好减轻农民负担工作的意见》，加大减负工作力度。

1月15日 省委常委、政法委书记张惠到禹城检查指导工作。

1月25日 德州市组织五县（市）参加施工的潘庄引黄总干渠禹城袁营水泊杨二级沉沙池竣工。

2月1日 禹城市开通“121”天气预报电话自动答询系统，预报未来12小时、24小时和48小时天气情况。

2月14—16日 禹城市第十二届人民代表大会第六次会议在招待所召开。

2月14—17日 政协第五届禹城市委员会第五次会议在招待所召开。

2月26日 市委、市政府召开九六年度目标管理奖惩大会，对1996年乡镇、市直部门、市属企业及市级领导目标责任制兑现奖惩，奖励为经济发展做出突出贡献的先进单位及个人，对16个单位给予黄牌警告。

同月 禹城市邮电局开通双工集群移动电话系统和9898无线传导系统。

3月4—5日 德州市委书记莫振奎到禹城进行调查研究。

3月9日 禹城市广播电视局举行开播

仪式。

3月10日 山东省军区司令员张齐仁到禹城武装部检查指导工作。

3月17日 省环保局局长庄庆臣一行8人，到禹城调研酿酒厂、红麻纸浆厂限期治理情况。

3月29日 省委常委、宣传部部长董凤基到禹城检查指导工作。

4月1日 撤销各乡镇婚姻登记所，全市婚姻登记实行市级婚姻登记处集中办理。

4月10日 禹城市邮电局建成开通GSM数字移动通信基站。

4月12日 济南军区副司令员裴怀亮到禹城检查指导民兵和预备役工作。

4月15—16日 德州市加快实现工业带动战略现场会在禹城市召开。

4月23日 禹城市设立人工防雹增雨办公室。5月31日开始，到年底在全市范围内进行8次人工防雹增雨作业。总计发射火箭弹18发，有效影响面积500平方公里，增加降水5226立方米。

4月26日 市委在招待所召开全市纪检监察工作会议，总结1996年全市反腐败工作情况，部署1997年反腐败和党风廉政建设工作任务。

4月29—30日 山东省供销社开拓经营现场会在禹城召开。全省地、县（市）供销系统350人参加会议。

5月8日 禹西湘雯度假花园开业。

5月9日 国务委员陈俊生带领农业部、国务院办公厅及有关部门领导到禹西生态农业示范区检查指导工作，并到环宇集团参观低聚糖及衍生产品工业化生产流水线，陈俊生为环宇集团题词："开发低聚糖，未来新糖源"。

5月11日 省委书记吴官正带领省交通厅、省水利厅、省民政厅等部门领导人到禹城检查指导工作。

5月15日 禹城市成立乡镇企业改革工作领导小组。

同日 济南军区副司令裴怀亮到禹城预备役团检查指导工作。

5月26—28日 山东省中西部地区小城市建设现场会议在禹城召开。47个市县区参加会议。

同月 石屯镇塑钢厂被农业部确定为中型（一）类企业。

同月 全国第五次畜牧座谈会在德州召开，禹城市被列为主要参观现场。禹城市再次被评为秸秆养牛十佳示范县（市）。

同月 禹西生态农业示范区获"世界生态农业示范区"称号。

同月 禹城市19个乡镇实现与农业部微机联网，应用现代科技手段传递蔬菜信息。

6月2日 禹城市参加"1997年中国专利技术及新产品博览会"，取得丰硕成果。

6月15—22日 市领导李传武、刘长仁、贾桂凤带领部分市属企业厂长经理，赴浙江省乐清市、温岭市、椒江区、临海市等县市的13个企业考察学习。

6月 国务委员陈俊生、省委书记吴官正到禹城视察畜牧业工作。

7月3—10日 市领导王在泉、朱昌连、孙思东、张希英带领19个乡镇党委书记和乡镇企业局长先后到瑞安市、苍南县、永嘉县、温岭市和鄞县的9个企业、2个市场考察学习。

7月10日 禹城农村财务推行"双代管"，即：强化乡镇党委政府对村级资金的监督和管理，由乡镇代管村级账目和资金。

夏 大旱。夏季降水量仅160.9毫米，是历年同期平均降水量的38%，全市36.6万亩农作物受旱成灾，其中绝产6.6万亩，经济损失1.4亿元。

8月16日 禹城市中医院远程会诊系统正式开通，在山东省属第三家、德州市第一家。

8月20日 省政法委副书记、公安厅厅长高新亭到禹城检查指导工作。

8月23日 市委、市政府制定《关于在全市农村推行“村务公开，民主管理”的实施意见》，决定从9月份开始，在全市农村全面推行。村务公开包括村级财务、提留、收费标准、土地等项承包、干部补贴、计划生育指标、宅基地审批等十个方面内容。

8月29日 禹城市农话微波传输全部改为光缆传输。

9月10日 禹城市人民医院首例手指再植术获得成功。

9月26日 市委、市政府召开全市劳动模范表彰大会，66名劳模受到表彰。

10月5日 禹城市邮电大厦安装的容量为8340线加拿大数字程控交换机割接开通运行。全市市话交换机总容量达到15390门。

10月13日 《人民日报》(海外版)以《文明花开一城春—山东禹城精神文明建设记事》为题，向海内外介绍禹城市加强精神文明建设的经验和做法。

10月14日 禹城市人民医院妇产科首次为一名产妇成功接生三胞胎。

10月15日 中国国际商会禹城市商会成立。

10月18日 山东省军区政治部主任车全保到禹城检查指导民兵精神文明建设示范点工作。

10月21日 中纪委委员、中国科学院纪检委书记、工会主席王法顺率慰问团到禹城慰问禹城实验站专家和技术人员。

10月22日 禹城市粮食系统首家股份制企业—禹城面粉工业有限公司成立。

同月 禹城市对全市农用机井实施拍卖、租赁等改革措施，至年底全市拍卖、租赁机井2000眼，打股份制机井1200眼。

同月 蔬菜局承担的“食用菌孢子体融合技术研究”通过省级技术鉴定，填补省内空白。所研制平菇新品种产生率达150%以上。

同月 禹城市通过全国造林绿化“百佳县(市)”检查验收。

同月 张庄镇投资30万元建成禹城市首家奶牛场。

同月 省军区司令员张齐红到禹城人民武装部检查民兵装备仓库和民兵训练基地。

10月31—11月2日 黄淮海平原农业持续发展学术讨论会在禹城召开。中国科学院、中国农科院专家对《禹西生态农业示范区规划与实施报告》进行评议鉴定。

11月10日 邯济铁路德州段开工仪式在伦镇于庄举行。

11月12日 禹城市农业综合开发办公室被评为全国农业综合开发先进单位。

11月27日 省政府增设禹城为农村改革实验区。

同月 市委决定，设立市新闻出版管理办公室。

12月18日 禹城市被评为“山东省农业综合开发先进县（市)”称号。

12月22日 禹城市异麦芽低聚糖被列入国家火炬计划项目议程。

同年 禹城市分别被山东省和德州市评为卫生先进单位。

同年 禹城市被评为德州市综合治理先进单位。

同年 禹城市被山东省委、省政府授予“社会治安综合治理模范市”称号。

同年 禹城市首家法律援助中心成立。

同年 禹城市承办德州第一届全民运动会武术、散打、足球项目比赛。

1998年

1月5日 山东省京福高速公路建设管理

办公室禹城管理处成立，为副处级事业单位。

1月12—14日 中国共产党禹城市第九次代表大会和九届一次全委会在禹城宾馆召开。

1月19—22日 政协第六届禹城市委员会第一次会议在宾馆召开。

1月20—23日 禹城市第十三届人民代表大会第一次会议在禹城宾馆召开。

1月23日 德州市委书记赵克志到禹城检查指导工作。

同月 禹城市工商行政管理局实行省垂直管理。

2月4日 市委、市政府召开全市经济工作会议。

2月10日 国家科委领导到禹城考察低聚糖、DHA、木糖醇三个高新技术产业项目。

2月24日 市委、市政府召开全市推进农业产业化经营工作会议，全面部署1998年农业和农村经济工作。

同月 撤销禹城市前油坊乡设立前油坊镇。

3月2日 市政府将禹城市广播电视局、人民广播电台、电视台、有线电视台，实行合一体制，称“禹城市广播电视台”。

3月7日 内贸部国际合作司司长王明弘一行4人到禹城检查指导工作。

3月15日 市委、市政府批准成立“禹城市个体私营经济委员会”。

3月27日 市委、市政府召开全市目标考核奖惩兑现大会。对1997年度22个综合目标和38个单项目标完成较好的单位，对5个乡镇企业和1个个体私营企业进行表彰奖励，颁发奖金45.38万元。对任务目标完成较差的2个企业给予黄牌警告。

3月31日 市委、市政府召开“全市大力发展个体私营经济动员大会”。与会人员近万人，通过有线广播向全市进行现场播放。市委书记李传武在会上作重要讲话。会议表彰5个发展个体私营经济先进单位、15个先进私营企业、50名模范个体工商户和党政机关干部职工创办个体私营企业先进代表。制定下发《关于进一步放开搞活加快发展个体私营经济的有关规定》和《党政机关事业单位人员“下海”经商的优惠政策》等文件。

同月 市政府批准组建禹城市农村改革试验区办公室。

同月 禹城中小学生为技校学生杨慧勇肾移植手术捐款9万余元。

4月2日 省委宣传部副部长李风梧、《发展论坛》杂志社副社长宫松章到禹城进行调查研究。

4月11日 市委、市政府召开全市对外开放工作会议。传达、学习省和德州市会议精神；确定1998年全市对外开放工作基本思路、工作重点和政策措施。市委书记李传武作“解放思想、扩大开放、借助外力、加快发展”重要讲话。

4月14日 日本明市中日友好协会会长久野到禹城考察。

4月23日 市委、市政府召开全市精神文明建设表彰大会。部署1998年全市精神文明建设重要任务，表彰1997年度全市涌现出来的“十佳文明单位”和96个文明单位。

5月1日 禹城兴禹化工集团文体队代表山东省参加在上海举办的全国职工趣味体育运动会，获得2金1银，总分位居全国第2名。

5月5日 瑞士政府生态中心主任黑博率领项目考察团到禹城参观考察、洽谈项目。

5月8日 省农委正式批复将禹城市列为山东省农村改革试验区。

5月16日 市政府批准成立“成禹农村会计经济培训中心”。

5月26日 山东省人大常委会原党组书记、副主任马仲才，山东省人大常委会原副主任赵林山先后到禹西生态观光园、达利毛绒制品有限公司和环宇集团调研。

5月28日 德州市政府在禹城召开玉米套种现场会。

同月 全市落实水资源依法管理，全面推广取水许可制度。

6月2—3日 联合国粮农组织官员到禹城考察。

6月4日 省委副书记、省长李春亭，副省长林廷生带领省计委、省农委、省财厅负责人到禹城市石屯镇万亩高效农业示范区、环宇集团、保龄宝公司等企业实地考察，对禹城市农业和发展高科技企业工作给予充分肯定，并提出重要意见。

6月6日 省军区副司令员张明友少将到禹城考察预备役工作。

6月8日 副省长陈延明带领省政府办公厅、水利厅、农业厅负责人先后到安仁镇、石屯镇、禹西等畜牧养殖单位指导工作。

6月16日 省委副书记吴爱英一行到禹城市公安摩托车装备总公司、光大电力集团木糖醇公司等企业、市公安局农村治安联防网演示中心、110报警指挥中心考察。

6月19日 副省长陈抗甫、政府副秘书长周齐带领省民委、省府办公厅有关人员先后调研十里望回族乡五个村民族发展情况。

6月25日 台湾海峡两岸工业协会理事长张世良到禹城、环宇集团、光大电力集团、禹西生态农业园、禹王大殿参观考察。

6月30日 联合国粮农组织官员桑切斯参观考察伦镇唐王村肉牛育肥小区。

同月 省委组织部在禹城市召开山东省市地干部人事档案目标管理工作会议，对组织部干部档案管理进行模拟考评，在山东省率先通过目标管理国家一级标准验收。

同月 禹城一中、市实验小学被确定为山东省教育科研重点实验基地。

7月8日 国家开发银行农林原材料评审局副局长杨延琮到禹城兴禹、光大、贺友等集团考察指导工作。

7月13日 国家农业发展银行总行副行长朱利到禹城检查指导夏粮收购工作。

7月17日 中共禹城市第九届二次全委（扩大）会议在禹城宾馆召开。会议讨论通过《关于贯彻德州市委关于进一步解放思想，放开搞活，加快发展的决议的意见》和《关于贯彻德州市委关于解决当前农村几个突出问题的决定的意见》两个文件。

7月22—24日 原驻日本大使杨振亚及夫人韩秋芳，前外交官联谊会常务副会长申连瑞及夫人胡慧明，原驻斯洛伐克大使唐湛清及张家鑫和前外交官联谊会副秘书长贾庆禹等应邀到禹城考察、指导工作。

7月28日 省农委主任刘宗元到禹城考察禹西生态观光农业园。

8月8日 省委常委姜大明等一行到禹城检查指导工作。

8月9日 禹城市交通局与黑龙江省鸡西市公交汽车有限公司合作，由鸡西市公交汽车有限公司投资购买豪华中巴客车30辆，在禹城市区4条公交线路上正式开通运营。

8月10日 省委常委姜大明到禹城考察贺友、光大、兴禹、环宇等企业集团，并召开座谈会。

8月11日—9月21日 禹城市各界人士为支援长江、嫩江、松花江流域洪涝灾区人民重建家园捐款30万元，棉衣、被281772床（件）。

8月28日 省人大常委会副主任、党组副书记李文全率全国人大代表调研组到禹城调研工作。调研组先后到山东禹城环宇集团、鲁银毛绒制品有限公司等企业考察。

9月8日 副省长韩寓群带领省直有关部门到山东兴禹化工集团、山东光大电力集团和环宇集团考察。

9月12日 邮电局举行邮电分营揭牌仪

式，撤销禹城市邮电局，成立禹城市邮政局和禹城市电信局。

9月14日 省林业厅厅长蔡秋芳、省总工会主席齐乃贵到禹城指导工作。

9月14—20日 禹城举行经贸洽谈会。签约项目51个，总投资38.8亿元。

9月18日 由台湾部分经济实业家和台湾联合报、台湾日报等7家新闻单位记者组成经贸文化参访团一行14人，在台湾海峡两岸工业协会副会长张世良率领下，到禹城参观访问。

9月28日 监察部监察专员宁延令到禹城部分乡镇、企业考察机构改革和农民减负问题。

10月1日 禹城市地税局实行省级垂直管理。

10月13日 副省长陈延明到禹城镇蔬菜大棚示范服务基地等处检查指导。

10月19—22日 禹城市被省“齐鲁杯”创建现代化城市检查团评为1996—1998年“齐鲁杯”先进城市。

同月 禹城被山东省授予“山东省农田基本建设先进县（市）”称号。至此，禹城连续七年获此荣誉。

11月29日 中央政策研究室农村组组长张丛明一行到禹城调研农村合作经济组织建设问题。

同月 徒骇河治理禹城段全面开工。徒骇河治理禹城施工段承担着总长3.5公里，土方47万立方米的施工任务和境内16公里的迁占工作。

12月13日 营养学专家于若木女士到禹城环宇集团调研工作，并题词“人类新糖源，环宇低聚糖”。

12月28日 民政局与纪检委、宣传部、工会、团委、妇联联合举办116对新人参加的禹城市历史上规模最大的集体婚礼。

12月31日 贯穿禹城伦镇、袁营、莒镇三乡镇的济邯铁路全线接轨通车。

同月 经德州市政府批准，禹城市卫生学校改建为禹城市卫生职业中等专业学校。

同月 禹城市被中国教育学会书法教育专业委员会确定为国家级写字教育实验基地。5人被评为全国写字教育先进工作者。

同年 禹城市被省委、省政府评为第四届精神文明建设工作先进市、第四批社会主义文化先进市。

同年 投资1420万元用于卫生基础设施建设和人才培养，医疗单位业务流水额达3685万元，创禹城历史最高水平。

同年 禹城市通过第四次全国卫生城市大检查，被省爱卫会命名为“省级卫生城市”。

1999年

1月1—15日 禹城市第十三届人民代表大会第二次会议在禹城宾馆举行。

1月7日 中国农科院副院长许越先调研禹西生态园，次日 组织农科院专家对禹西和禹城市农业发展规划予以论证。

1月25日 1999年山东禹城经贸恳谈会暨新春联谊会在北京人民大会堂举行。

1月29日 中共禹城市委九届三次全体（扩大）会议在禹皇城宾馆召开。会议表决通过《中共禹城市委关于在全市各级领导班子、领导干部中深入开展“三讲”教育的决定》；市委书记李传武代表市委常委作重要讲话。

同月 张庄镇被省政府授予“村镇建设新型乡镇”称号。

2月9日 禹城市城市总体规划（1996—2010年）被省政府批复实施。

2月10—30日 禹城地税局在城区范围内实行征管改革，在城区建立办税服务大厅。在农村撤销按行政区域设立的19个地税所，成立以经济区域划分的7个农村征收分局。

2月11日 山东兴禹化工集团十三万吨尿素改造项目一次投料成功。

2月12日 德州市委书记赵克志到禹城调研工作。

同月 根据济银《农村合作基金会业务并入农村信用社》文件精神，对禹城市农村合作基金会资产清理，清理完毕后其业务并入农村信用社。

3月6日 市委、市政府在人民电影院召开全市民营经济工作会议，对在民营经济发展中做出突出贡献的5个乡镇、9个市直部门、58家私营企业和42户个体工商户进行表彰奖励。市委书记李传武在会上作题为“上下横下一条心，实现民营大飞跃”重要讲话。

3月8日 副省长邵桂芳、德州市副市长金清云到德州机械电子工程学校检查指导工作。

3月16日 省农业厅领导到禹城对农技推广体系建设情况进行调查研究。

3月17日 禹王实业总公司进行企业改制，由原企业法人刘锡潜个人出资234.7万元买断，组建山东禹王实业有限公司，成为禹城市最大一家私营企业。

同月 在海口召开的全国储备棉安全管理会议上，山东省棉麻公司禹城采购供应站荣获全国第一名好成绩，跨入全国安全管理“十佳”行列。

同月 禹西生态与观光农业园被列为山东省农村改革实验区之一。

同月 禹城镇党委、政府对老城东西大街进行拆迁改造，拆迁面积4万平方米，涉及拆迁户400余户，并实现当年拆迁，当年建设，当年见效，是禹城市历史上拆迁面积最大，涉及户数最多，建设速度最快的城建工程。

同月 市政府正式启动禹城市新世纪工业园。

4月2日 禹城市被山东省农业厅、省计委、省财政厅列为世行贷款种子商业化项目实施单位。

4月6日 禹城市“学理论、找差距、鼓干劲、促发展”暨对外开放工作会议在禹城宾馆召开。会议全面总结1998年度全市对外开放工作，表彰、奖励招商引资先进单位和对外开放工作先进集体，部署1999年度工作任务。

4月13日 山东光大电力集团木糖醇厂十万吨玉米深加工项目举行奠基仪式。

4月14日 德州市委书记赵克志到禹城检查指导农业综合开发工作。

4月15日 禹城市第七次工会代表大会在禹城宾馆召开，大会部署今后五年工会工作总体思路，选举产生新一届工会委员会和经费审查委员会。

4月17日 中共中央政治局委员、山东省委书记吴官正到禹城检查指导国有企业改革。

4月24日 德州市人大常委会主任蔚立臻到张庄镇进行调查研究。

4月30日 省体改委批复同意组建“山东绿丰塑胶集团”。

同月 禹西生态与观光农业园被列为德州市“十大兴德工程”项目之一。

同月 禹城市东方集团总公司生产的助发系列饲料被山东省质检局评为质量信得过产品。

同月 山东禹城环宇集团入选中国发酵工业协会理事单位，入围全国总社“大型工业龙头企业国采队”，低聚糖项目被列入国家科委“1999年国家级重点火炬计划”，获中华全国总社颁发的科技进步一等奖。低聚糖产品荣获“国家级重点新产品”和全国总社“名牌产品”。

同年春 大旱。禹城市平均总降水83.7毫米，全市60万亩小麦受旱灾减产，20万亩春田严重缺墒，全市抗旱播种。

5月10日 经德州新闻出版局批准，《禹城市文化报》正式创刊发行，全年总计出版12期。

5月14日 禹城市1998年度世行二期项目及农业综合开发项目顺利通过德州市验收团验收，被评为全市农业综合开发先进单位。

5月29日 禹城市部分乡（镇）遭受冰雹狂风袭击。油坊、十里望、莒镇、梁家、石屯等乡镇5.3万亩小麦倒伏严重、脱粒减产，0.47万亩棉田光杆。

同月 禹城市体育中学成立。

同月 禹城市人民路（两站街至行政街）改造，首次实现“三线（供暖、供电、通信”）地下转移，并在此路实行垃圾袋装化清运。

6月8日 德州市委书记赵克志到禹城指导企业改革工作。

6月14日 红麻纸浆厂依法进入破产还债程序。

同日 山东光大电力集团木糖醇厂通过ISO9002质量体系认证。

6月17日 副省长陈抗甫带领省政府办公厅、省环保局负责人，到徒骇河上游污染面和部分企业考察、了解污染防治情况。

7月7日 德州市检察长工作会议在禹城市召开。

7月8日 市委、市政府出台《关于招商引资的优惠政策》，制定《关于加快开发建设新世纪工业园的有关规定》，公布禹城市新世纪工业园管理委员会成员名单，组建禹城市新世纪工业园管理委员会办公室。

7月9日 原禹城市电信分为禹城市电信局和山东移动通信公司德州分公司禹城经营部，各自挂牌对外营业。

7月12日 省体改委副主任秦绪祥到禹城就国有企业改革进行调研。

同月 撤销禹城市劳动局，成立禹城市劳动和社会保障局。

8月2日 禹城市委在禹城宾馆召开市级领导班子和领导干部“三讲”教育动员大会。

8月10日 成立禹城市经济环境保护委员会。下设办公室、收费局和经济110特警大队。

8月12日 农业部区划办及山东省、德州市区划办领导人陪同日本农林省情报部小山休考察禹西生态农业观光园。

同月 禹城市秸秆养牛示范推广及产业化开发项目获山东省畜牧业科技进步二等奖。

同月 禹城广播电视局与山东远程电子通信有限公司签订“村村通有线电视工程合同书”。

同月 禹城市实验小学改制为“公办民助”学校。

9月5—6日 市委、市政府组织市五大班子领导、各乡镇党委书记、市直有关部门负责人到德州市开发区、德城区、武城县进行参观学习。

9月7日 市委、市政府召开全市民营经济观摩检查会议，市委书记李传武作题为《外学内比，加压努力，推动民营经济大飞跃发展》重要讲话。

9月9日 省总工会副主席陈维义到禹城调查研究。到兴禹化工集团、禹王集团等企业调查了解情况，就企业发展和工会工作讲意见。

9月14—20日 市委、市政府组织有关企业和单位参加“1999中国德州（禹城）经贸洽谈会”，到会157人。签约项目销售贸易合同协议和意向63项，其中，签约合同29项，投资9.7亿元。

9月17日 省人大常委会主任赵志浩到禹城走访调研兴禹化工集团、环宇集团。

9月19日 省人大常委会主任赵志浩、教育厅厅长齐涛、德州市委书记赵克志等人到山东大禹专修学院检查指导工作。

9月23日 省政协副主席刘洪仁率团到禹城就国有企业和三资企业开拓国际、国内两个市场进行调查研究。

9月28日 德州市土地开发整理现场会在禹城召开。禹城市委书记李传武、市长朱昌连及各县（市区）分管土管工作的副县（市区）长和土管局长参加会议。

同日 副省长陈延明到十里望乡、前油坊镇、伦镇、石屯镇等秋种现场检查指导工作。

同月 十里望回族乡党委书记周兴勇被国务院授予“民族团结进步模范”荣誉称号。

同月 禹城市被山东省科委确定为山东省肉牛、肉羊良种产业化开发示范县。

同月 禹城教委投资180万元的实验幼儿园教学楼建成并投入使用。

同月 禹城市纪检委会同市委办公室和市政府办公室及广播电视台组成检查组，对利用公款大吃大喝情况进行检查，对查出的22名公款吃喝者及其停放在饭店周围的30余辆公车进行曝光。拆除领导干部办公室空调11台；处理违规购置的小汽车27部；查处领导干部为子女大操大办婚事2件，公开处理情况在全市通报。

10月12日 “中华环保世纪行”“齐鲁环保世纪行”的20余名记者到禹城对环保治理情况进行调研。市长朱昌连介绍禹城市环境保护工作情况。

10月18日 禹城市政府决定组建兴禹化工集团股份公司。

同日 禹城市新华书店第一门市部（中心门市部）举行开业典礼仪式。

10月21日 德州市政务公开现场会在房寺镇召开。

10月27日 中共禹城市委九届五次全体（扩大）会议在禹皇城宾馆召开，研究部署企业改革发展的有关问题。

同月 原中组部部长张全景、副省长陈延明、德州市委书记赵克志等，分别到石屯镇检查指导秋种工作。

同月 禹城国税局被国家税务总局授予“全国税务系统文明单位”荣誉称号。

同月 禹城镇荣获“全国亿万农民健身运动先进乡镇”荣誉称号。

11月3日 中央党建工作领导小组副组长、“三讲”教育联席会议负责人张全景，到禹城调研“三讲”教育工作，对禹城“三讲”教育工作作重要指示，提出重要意见。

11月18日 中国农科院专家组为禹城市制定《禹城市基本实现农业现代化实施规划》。

11月21日 德州市综合治理现场会在房寺镇召开。

同月 李屯乡派出所被评为“全国公安派出所改革工作先进单位”。

12月26日 市政府制定《关于进一步鼓励全市农民和外籍人员到城区经商办企业的有关规定》。

12月27日 禹城市经济工作会议在禹皇城宾馆召开。

12月29日 山东省政府批复同意禹城组建山东金玉生物技术股份有限公司。

同月 德州市政务公开现场会在十里望回族乡召开。

同月 十里望回族乡被山东省社会治安综合治理委员会授予“创安工作先进乡”荣誉称号。

同月 禹城供销社列全国总社综合经济效益百强县社第53位。环宇集团入围工业经济效益前100名行列。中樱公司入围全国总社出口创汇前100名行列。联销公司农机大世界入围全国总社大型市场建设100名行列。

同月 国家和山东省有线光缆工程全部开通，加密频道全部送入有线电视用户。禹城用户可收看到21套电视节目。

同月 市公安局户政管理对全市人口实行铺号赋码工作。公民身份证号码由15位升到18位。

同月 禹城市被山东省跨越计划办公室列为山东省农业科技跨越计划项目实施市（县级）。

同月 禹城人民武装部在军事训练、民兵武器装备仓库建设、后勤“五有”建设方面，均被山东省军区评为先进单位。征兵工作被山东省人民政府、山东省军区评为先进单位；基层规划建设、服务地方经济建设被德州军分区评为先进单位。

2000年

1月6日 省总工会主席齐乃贵到禹城调研私营企业工会组织建设工作。

1月10日 省人大常委会副主任张瑞凤到兴禹化工集团、环宇集团、禹王集团等企业调研指导工作。张瑞凤代表省人大常委会到禹城镇薛庙村，为该村党支部及两个贫困户发放慰问金和慰问品。

1月11—12日 禹城市第十三届人民代表第三次会议在禹皇城宾馆举行。

1月14日 体育中学被山东省体委批准为“山东省高水平后备体育人才基地”。

同日 园林环卫所分为禹城市环境卫生管理处和禹城市园林管理处。

1月17日 副省长林廷生带领省劳动局、民政局、老龄委、残联等部门和德州市委、市政府负责人到禹城深入部分困难村户、敬老院、企业特困职工家中调查、走访、慰问。

1月28日 市人民法院以禹经破字〔2000〕1号文，宣告开元商厦破产。

同月 张庄镇被山东省政府确定为省级中心镇。

同月 文体委举办“禹城市首届农民文化艺术节”。

同月 禹城市被山东省科协命名为“山东省科普示范市”。

2月12日 德州市委书记赵克志就实施经济国际化战略到禹城开展调查研究。

2月20—5月31日 建委市政工程公司顺利施工禹城历史上一次性投资额最多、工程量最大的市政建设工程——汉槐街拓宽改造工程（全长3130米），该工程被评为德州市样板工程。

2月27日 禹城市实施经济国际化战略动员大会在禹城宾馆召开，会议决定按照山东省委、德州市委关于“更好更快发展”的要求，全面实施经济国际化战略，进一步扩大对外开放。

3月4日 省委副书记陈建国带领省委组织部、省委政策研究室、省“三讲”办有关负责人先后到山东金玉生物技术股份有限公司、山东鲁银羊绒制品有限公司和山东兴禹化工集团检查指导工作。

3月8日 副省长邵桂芳调研禹城市教育工作。

同日 禹城市民营经济工作会议在禹城宾馆大会议室召开。对在民营经济发展中做出突出贡献的5个乡镇、10个部门、25个纳税大户、20名先进个人进行表彰奖励。

3月14日 受山东省土地管理局委托，德州市土地管理局、农业局、计委等部门组成的验收组，到禹城对“禹西土地开发整理示范项目工程”进行验收。该项目于1998年10月立项，2000年2月竣工。达到设计要求，通过验收。

3月16—17日 禹城市被中国农业科学院列为农业科技综合示范市，并举行挂牌仪式。中央候补委员、中国农科院院长吕飞杰出席仪式并发表讲话。

3月17日 农科院领导、专家在禹城宾馆与禹城市各乡镇负责人举行项目洽谈。市长朱昌连、副市长曲修宝参加项目签字仪式。

3月21日 省水利科学院专家到禹城考察节水灌溉项目实施情况。

3月27日 禹城市实施经济国际化战略誓师大会在禹城宾馆召开。市政府与市直各部门、市属企业、各乡镇签订对外开放目标任务责任书，进一步掀起对外开放新高潮。

4月12日 山东禹城东方集团总公司生产的双歧复合益生饲料添加剂通过国家级成果鉴定。该公司被省科委定为山东省高新技术企业。

4月15日 财政部农业司司长张振国一行，到禹城农畜改良站、石屯镇现代农业示范园、中科院禹城试验站、禹西开发区等地考察，就做好农业和农村工作提出意见。

4月17日 市五大班子领导带领各乡镇党委书记、市直有关部门主要负责人及骨干企业厂长、经理赴青岛一市两区参观、考察学习民营经济。

4月18日 中共中央农村工作领导小组副组长唐仁健一行到禹城调查研究。先后到张庄镇粮所、集贸市场及农户家中，征求干部、群众意见、调查研究，了解对国家粮食政策的看法。

4月20日 副省长陈建国，到禹城鲁银投资集团山东毛绒制品公司调研指导工作。

4月21日 省证券工作协调指导小组办公室主任、省体改委主任姜明文到禹城，指导高新技术企业发展与上市工作。

同月 德州市畜牧工作现场会在十里望回族乡召开。

5月8—12日 禹城在全德州市率先进行乡镇区划调整工作，将原来19个乡镇撤并划为3乡、7镇、2个办事处。

5月10日 “齐鲁风采”电脑福利彩票在禹城发行。

5月15日 “1999年度农业综合开发（世行二期项目）”顺利通过德州市验收团验收。

5月29—30日 由德州市委办、体改委等部门组成企改检查验收小组到禹城，对禹城企业改革改制工作进行验收。禹城企业改革改制面达100%，顺利通过验收。列全德州市（11个县、市、区）首位。

5月30日 德州市委书记赵克志到禹城检查指导农业工作。

同月 山东省总工会主席齐乃贵，到市中街道办事处检查企业工会工作。

同月 德州市村民代表议事制度建设现场会在十里望回族乡召开。

同月 禹城市政府被国家四部委评为“秸秆禁烧与综合利用”先进集体。

6月9日 山东禹城环宇集团与美国“奥立”生物投资公司合资创办“山东保龄宝生物技术有限公司”，为企业产品打入国际市场和尽快实现境外上市创造条件。

同月 德州市委书记赵克志到市中街道办事处调研工作。

同月 禹城环宇集团被中华全国供销合作总社表彰为“国家高技术产业化生物示范工程”。

春、夏 大旱。1—6月份市均总降水量91.6毫米，73万亩农田受灾，30万亩因受灾减产，其中3万亩绝产。

7月18—19日 禹城市委九届六次全体（扩大）会议在禹城宾馆召开。回顾、总结2000年以来工作。

7月25日 全国供销总社副主任王如珍一行到禹城市社调研、指导工作。

7月28日 禹城在北京举办山东禹城保龄宝生物技术有限公司（原环宇集团）IMO低聚异麦糖工业生产及应用新闻发布会，并通过国家轻工局组织的成果鉴定。

同月 禹城市燃气管理处与上海通达能

源有限公司合作建立“禹城市管道天然气公司”，成功实施禹城市天然气开发利用工程。

同月 禹王集团被科技部认定为“国家级重点高新技术企业”。

同月 《禹城市职工住房货币化分配暂行办法》颁布。禹城市取消住房实物分配制，全面推行住房货币化分配。

8月3日 房寺镇被列为“德州市十二处中心镇”之一。

8月15日 对农村村级会计人员进行公开招聘，通过选聘，对全市896名村会计统一发放会计证，实行持证上岗制度。《首组通讯》《山东内参》《德州通讯》《大众日报》先后报道这一做法。

8月16日 禹城水利局与俄罗斯有关方面合资经营的“恒谊木业公司”正式建立。引用外资100万元。

同日 财政部条法司司长贾谊到禹城调研。

同月 禹城市洛北安居小区建成。建筑面积10万平方米，总投资9600万元。可安置居民1000户，形成配套齐全的省级文明、花园小区。

同月 以十里望和辛店信用社为试点，推行“劳动用工和工资分配制度”双向改革。

9月9日 农业部六省市平衡施肥示范推广现场会在禹城市召开。

9月15日 电话市建设动员大会在电信局召开，电话市建设工程正式启动。

9月16—20日 第四届德州禹城投资贸易洽谈会，取得丰硕成果。邀请到会客商163人，其中，外宾87人，内宾76人，签订合同和协议48项，总投资16.6亿元，项目合同38项，占整个签约项目的79%，引进资金数额占合同项目总投资76%。

9月18日 （禹城）鲁银投资集团山东毛绒制品公司生产的“高级针织丝绒面料”产品，被第十二届大连国际服装博览会评为2001年至2002年流行服装面料，获得荣誉证书。

9月19日 省人大常委会主任赵志浩到禹城调研工作。

9月24日—10月31日 本地阴雨连绵38天，出现自1941年以来60年未遇的“烂秋”天气，小麦播种较常年晚20余天。

9月30日 市委、市政府召开大会，隆重表彰54名“禹城市劳动模范”。

同月 市中街道办事处被德州科委确定为德州市农业科技示范推广基地。

10月5日 中共中央政治局委员、省委书记吴官正带领省委副秘书长、办公厅主任刘忠泉在德州市委书记赵克志等人陪同下，到禹城检查《中国共产党地方委员会工作条例》贯彻落实情况，参加禹城市委常委民主生活会。会上，吴官正作重要讲话。

10月10日 副省长邵桂芳到禹城调研教育工作，对禹城市窗口学校体系的形成，实验中学建设等工作，给予肯定。

10月15日 中共广东省惠州市委书记李鸿忠带领有关部门领导人一行12人到禹城考察学习行政区划调整和乡镇合并工作。

同月 市中街道办事处获“全国亿万农民健身运动先进乡镇”荣誉称号。

同月 山东保龄宝生物技术有限公司年产2万吨IMO900低聚异麦芽糖建设项目被全国计划发展委员会列入“国家高技术产业化生物示范工程”，该公司被中华全国供销合作总社表彰为“工业经济效益前100名”，被德州市技术监督局表彰为“质量管理先进单位”。

同月 市农用电网改造工程结束。

11月1日 零时，为第五次全国人口普查标准时点。经普查，全市总计139623户，总人口497466人，出生率12.4‰，自然增长率6.14‰。

11月3日 省委常委、省军区政委何法祥，副省长林廷生到禹城市人民武装部检查征兵工作。

11月7日 强寒流突袭禹城市，北风骤起，雨变雪，气温骤降，由5—12℃降至3—6℃，全市麦苗、果树及瓜菜大棚遭受不同程度冻害。

同月 市文化馆创编的舞蹈《喊秋》，参加全国比赛，荣获“群星奖”铜奖。

同月 在全国供销合作总社公布的第五批名牌产品名单中，禹城市“助发”牌双歧复合饲料添加剂榜上有名。

同月 张庄镇获山东省科协授予的“山东省科普先进乡镇”称号。同时，该镇宗集村被授予“山东省科普先进村”称号。

12月3日 十里望回族乡民族经济技术开发区与北京嘉稷投资有限公司签订《关于建设山东黄河大市场合作开发的合同书》。

12月12日 德州军分区政委张俊乾到李屯乡检查指导人武工作。

同日 禹城市筹建社区居民委员会，社区居委会14个，村改居34个。

12月31日 禹城市经济工作会议在禹皇城大会议室召开。

同月 德州市蔬菜生产现场会在十里望回族乡召开。

同月 山东省、德州市、禹城市三级人大代表到李屯乡调研良种猪繁育场。

同月 山东保龄宝生物技术有限公司被山东省农委表彰为“省级农业产业化经营龙头企业”；被山东省信誉评级委员会表彰为“特级信誉企业AAA”。

同月 2000年版《禹城地图》出版。

同年 禹城市对113个单位238部公用小汽车实行定编管理，发放《车辆编制许可证明》和《车辆定编卡》，拍卖超编小汽车49部。

同年 市司法局律师事务所实行脱钩改制，成为独立法人。

2001年

2月16日 市政协召开六届十三次常委会议。

同日 全国政协常委、九三学社全国副主席陈抗甫一行到禹城检查指导工作。

同月 禹城市成为首批山东省生态示范市建设试点。

同月 省建设厅授予安居小区“山东省物业管理优秀住宅小区”。

同月 禹城市开展农村税费改革试点工作。

3月1—3日 政协第六届禹城市委员会第四次会议在禹皇城宾馆召开，出席会议的委员185名。会议听取并审议副主席杨秀英所作的《常委会工作报告》和副主席祁秀兰所作的《常委会提案工作报告》。

4月1日 省人大副主任李文全到禹城市进行企业发展情况调查研究。先后到金玉技术有限公司、邢店村调查企业发展和农民基层组织建设情况。并听取有关单位负责人汇报。

4月27日 省政法委书记、综治办主任李建军一行5人到禹城督导“严打整治”工作。

同月 山东省牛羊产业开发及春季改良现场会在禹城市召开。

同月 市保健院通过德州市审评，晋升为一级甲等妇幼保健院。

同月 禹城市首次药品集中招标采购在市人民医院举行。

5月 禹城高新区被德州市批准为地市级“高新技术开发区”。

5月27日 省人大常委会副主任何宗贵带领省人大常委会调研组一行，到禹城调研社会治安综合治理及严打整治工作。调研组对禹城的社会治理及严打整治工作给予充分肯定。就今后社会治安综合治理和严打整治工作讲意见。

6月6日 禹城市第十三届人大常委会第二十五次会议在禹城宾馆举行。会议通过《关于在全市公民中开展第四个五年法制宣传教育的决议》和《禹城市2001年—2005年法治规划》。

6月15日 3—6时禹城市遭特大冰雹及龙卷风袭击，受灾乡镇有房寺、辛寨、李屯、莒镇、安仁、伦镇，造成部分作物大面积绝收。

6月17日 省委副书记、组织部部长姜大明到禹城检查指导工作。

6月29日 禹城市举办庆祝中国共产党建党80周年大型音乐、舞蹈演唱会。

7月17日 由省政府办公厅、人事厅、科技厅有关负责人到禹城就高新技术产业发展情况进行调查研究。

7月19日 由国家计委、建设部、环保总局组成的考察组到禹城考察污水处理厂设计规划和建设进展情况。

同月 中共中央组织部授予禹城市邢店村“全国先进基层党组织”称号。

同月 德州市粮改现场会在禹城市召开。

同月 房寺镇邢店村党支部分别被中组部和山东省委授予“全国先进基层党组织”和“山东省先进基层党组织”荣誉称号。

同月 禹城新华书店获得第三届全国书刊发行行业“成绩优异服务优良先进单位”称号。

2001年8月15日 副省长蔡秋芳带领有关部门负责人，到禹西生态农业园实地考察土地开发整理情况。听取市领导及有关部门工作汇报。

8月23日 禹城北部乡镇受风雹袭击，受灾面积11万亩。

8月31日 副省长赵克志到通裕集团等10个企业和在建项目工地调研、了解情况。赵克志在考察后讲重要意见。

同月 禹城市被评为“山东省畜牧合作经济组织先进县（市）”。

9月3日 德州市乡村卫生服务管理一体化经验交流会在禹城市召开，德州市及十二个县（市、区）卫生局局长、部分乡镇卫生院院长参加会议。

9月8日 全国人大副委员长、妇联主席彭珮云到十里望回族乡和辛寨镇调研。

9月12日 中共中央政治局委员、省委书记吴官正先后到山东光大电力集团30万吨玉米深加工、山东龙力生物科技有限公司、市高新技术开发区、企业服务大厅、禹城商城建设工地和禹王公司等处考察。

9月16日 全国功能糖研讨会在禹城举行。

9月17日 “大禹文化研究会”成立并举行揭牌仪式。

9月26日 省民政厅厅长杨丽丽等人就优抚等三项工作到禹城座谈。

同月 省政府以鲁政字〔2001〕291号文批复在原“山东大禹专修学院”“德州机电职业中专”基础上建立“德州科技职业学院”，为专科层次高等职业教育，实行省、市两级领导管理体制。

同年秋 禹城市小学学制由五年改为六年，实行小学和初中“六三”学制。

10月31日 省政协副主席时立军到通裕、环宇、神禹、福田等企业调研。

11月9日 省人大常委会主任赵志浩到禹城调研工作。

11月29日 禹石街道办事处划归市中街道办事处。

12月28日 市中医院11000平方米的综合楼竣工投入使用，禹城市中医院加挂禹城市立医院牌子。

同年 市兴禹化工集团进行改制重组，组建山东润田化工有限公司。

同年 市东方集团年产500吨木寡糖项目

完工投产，产品填补国内空白。

同年 禹王、通裕、六和等6家企业被评为德州市民营企业“五十强”。

同年 国家农村经济信息监测点禹城监测点在市计委设立。

同年 市污水处理项目获国家计委批复并开工建设。

同年 禹城市投资200万元，在电视塔西异地新建高标准特殊教育学校，结束该校没有独立校址的历史。

同年 职业中专加挂综合高中校牌。

同年 迎宾路3.027公里改建工作完成，工程投资210万元。

同年 省道101线禹城段10.95公里路面改建工程完成，招标投资870余万元，该工程被山东省评为“优良级”工程。

2002年

1月10日 山东省部分县市发展民营经济现场会在禹城市召开，省委常委、副省长韩寓群出席会议并作重要讲话。

1月29—31日 政协第六届禹城市委员会第五次会议召开。

1月30日 省委常委、省直机关工委书记朱正昌及省民政厅、省总工会领导，到禹城专访慰问职工和群众。朱正昌一行先后到十里望回族乡金庄村、张庄镇周庄村、曲轴厂、塑料总厂走访慰问，为特困企业、特困职工、贫困户送去慰问金。

2月27日 禹城市引资建库与山东省粮食局坤华集团投资2000万元合作的总容量为两亿斤的省级粮食储备库项目开工，于6月底建成使用。

同月 禹城市文化、体育分开，恢复禹城文化局。同时，经市政府批准建禹王亭博物馆。

3月5日 市计划生育委员会更名为禹城市计划生育局。

同月 撤销各乡镇政协联络室。

同月 山东省粮办工业现场会在禹城市召开。

同月 禹城市农业项目开发中心更名为农业综合开发办公室。

同月 禹城总工会被中华全国总工会评为“全国工会女职工先进集体”。

同月 230多个单位参加全市创建花园式单位活动；5月29日 对评选出的133个花园式单位举行表彰和挂牌仪式。

4月24—26日 中国首届禹城大禹文化研讨会在禹城召开，18个省、市自治区（含台湾）专家学者参加，提交论文68篇。

同月 德州市各县（市、区）畜牧局长观摩流动现场会在禹城市召开，参观禹城市部分现场。

5月20日 农业部农业经济管理司司长陈晓华等一行4人，到禹城进行农技推广体系改革调查研究。

5月21日 全国政协副主席、中华全国供销总社理事会主任白立忱到禹城调研工作。

5月22日 德州市老干部工作暨建立离退休干部医药费保障机制现场会议在禹城宾馆召开。

5月28日 水利部农水司司长吴守信到禹城调研。

同月 “禹城高新技术产业开发区”被山东省中小企业办公室和省建设厅联合命名为“省级民营经济示范区”。

6月3日 山东省“用水户参与灌溉管理现场会议”在禹城召开。

6月10日 禹城市首次从东营市引进南美白对虾苗6万尾。在禹西开发区渔业科技示范基地试养获得成功。

同月 禹城市成为全国生态示范区建设试点单位。

7月14日 禹城市抗旱工作现场会议在张庄镇召开。各乡镇、街道办乡镇长、主任及分管副职参加会议。会议参观张庄镇抗旱现场，分析抗旱严峻形势，对抗旱工作进行安排部署。

7月15—20日 团市委组织举办首届禹城市少年军事夏令营活动。

7月29日 省委副书记姜大明到禹城检查指导农村税费改革工作。

8月2日 市政府印发《关于在全市开展涉农价格和收费公示工作的实施意见》，在全市建立涉农价格和收费公示制度。

9月13日 副省长邵桂芳、德州市市长孙永春，在禹城宾馆会见参加山东禹城省级高新技术产业开发区建设汇报会和中国禹城生命科技高层论坛的领导、专家，并与来自北京大学、山东大学等院校的专家教授和国家计委有关部门负责人进行座谈。

9月14日 由清华大学、北京大学、禹城市人民政府主办的中国生命科技高层论坛在禹城大会议室举行，来自全国各地的专家就“生命科技”进行学术交流。

同月 面粉厂生产的“禹飞”特一粉荣获“山东省粮油制品（面粉行业）十大名牌”称号，被授予“省级放心面”称号。

10月 国家粮食局副局长任政晓到禹城调查研究粮食工作。

11月8—9日 台湾亲民党中央委员、前台湾省（首席）民政厅厅长陈正雄率经济考察团到禹城考察。

同月 禹城市全国农业科技跨越计划肉牛项目通过国家验收。

同年 禹城市参加全国第二次基础单位普查工作，普查结果表明：全市有法人单位2057个，产业活动单位3477个，从业人数73006人。禹城被国家评为全国基本单位普查先进集体。

同年 禹城市被山东省科技厅设立为“山东省科技成果推广示范区”和山东省生产力促进中心试点市。

同年 禹城市遇到50年来少有的特大干旱，7月份平均降雨量仅42毫米，比常年偏少80%。全市80万亩耕地全部受旱，其中成灾面积50万亩，绝产10万亩，因干旱2万人、1.5万头大牲畜饮水困难。粮食减产18万吨，直接经济损失2亿元。

同年 禹城兴禹化工集团将山东润田化工有限公司控股权转让给中农公司，山东润田化工有限公司变更为中农润田化工公司，企业经营开始走出困境。

同年 禹城彻底解决民办教师问题，为345名民办教师办理转招手续，为43名年龄偏大、不符合转招条件的老民办教师办理退养手续。所有人员于2003年8月全部兑现工资待遇。

同年 对禹城市26个执法部门和窗口行业单位实行半军事化管理。同时，进行行政审批制度改革，把全市45个部门单位原有的666项审批事项减为263项，减幅60.5%。

同年 市外经贸局成功举办“中国德州（禹城）投资贸易洽谈会”。

同年 禹城市完成国道308线压实路面土方510000立方米，拆迁征地21.1公里，石灰补强层17.24平方公里，二灰碎石347.568平方公里，整理绿化带11.2公里。

同年 莒镇乡作为德州市农业税费改革试点乡镇之一，在全市率先启动农业税费改革。

2003年

1月20—22日 政协第七届禹城市委员会第一次会议在禹城宾馆召开。

同月 市物价局被国家发展和改革委员会命名为“国家级规范化物价检查所”。

同月 省民政厅授予禹城市安居小区“山东省社区建设示范社区”称号。

2月 禹城高新区被批准成为“国家火炬计划生物技术产业基地”。

3月30日 德州市农村公路改造工程奠基仪式在禹城市中办常王路隆重举行，副省长赵克志等人为工程开通奠基，来自德州11个县（市）区的书记、县（市）区长，分管县（市）区交通局长等计200余人参加开工奠基仪式。

4月22日 禹城动员部署防治“非典”工作。

同月 青银高速公路禹城项目办成立。青银高速公路山东段于2005年9月17日竣工通车，其中禹城段全长28.318公里。

5月 山东省村村通公路启动仪式在市中办召开。副省长赵克志参加会议。

同月 中央电视台《焦点访谈》栏目播出禹城市贺友集团让利100万元支援兴建北京小汤山医院事迹，在全国引起很大反响。

7月13日 国家民委党组成员、纪检书记郝明到禹城调研民族宗教工作。

8月8日 国土资源部副部长孙文盛到禹城就国土资源管理工作进行调查研究。

8月5日—11月15日 中国初级卫生保健基金会在禹城市开展消化道疾病普查活动。

9月10日 德州军分区司令员刘光泽等人到大禹学院调研。

10月10日 夜间至12日凌晨，张庄镇累计降雨177毫米，全镇4.3万亩耕地全部泥涝，经济损失约560万元。

10月22日 省政协副主席、省委统战部部长齐乃贵带领山东省委统战部、省民委、省水利厅负责人到禹城调研“民族团结进步宣传月”活动开展情况和水利建设工作。

10月23日 省委常委、组织部部长刘伟到禹城调研指导工作。刘伟一行先后参观山东贺友集团、通裕集团、福田生物技术公司、山东保龄宝生物技术公司、禹王公司和市中办事处。调研后，刘伟指示随行的组织处长厉彦林协助禹城进一步完善“星级化管理”和“农村财务管理”计算机管理软件，组织相关部门做进一步调研、整理和完善，对禹城的好经验、好做法认真研究、借鉴和推广。

11月3日 德州市农村水利建设工作会议在禹城召开，与会人员参观五干、伦镇、市中办水利工程施工现场。

11月5日 刘宗利被共青团中央授予“全国青联中国青年科技创新优秀奖”。

11月6日 省政协副主席苗淑菊率省政协驻济委员到禹城调研民营企业。

12月25日 省民政厅在禹城举办“福彩心连心、助困送温暖”活动，拨款20万元救助80名城乡特困户、特困大学新生。

同月 国家林业司调研组到市中办东大洼调研林业生产。

同年 禹城市组织第二次全国第三产业普查工作和统计执法大检查。

同年 禹城市完成德州市分配的引黄二级池、总干渠清淤还田，投资400万元，土方130万立方米；五干、七干沉沙池清淤还田、八干渠、西普天河清淤，总土方97万立方米，投资310万元。

同年 禹城市建立“国家火炬计划禹城生物技术产业基地”，同时，认定保龄宝公司、龙力公司、禹王制药、福田药业为产业基地首批骨干企业，科技部对国家火炬计划禹城生物技术产业基地进行授牌。

同年 禹城市利用山东省财政贴息贷款600万元在高新技术开发区建成容量1500万公斤的粮食储备库。

同年 禹城市奶源基地建设实现跨越式发展，全年新增奶牛1600头，新建百头以上奶牛小区12处。

2004年

1月8日 召开全市文明委全委（扩大）会议，确定“文明信用”创评、农村“文明一条街”创建等2004年精神文明建设工作重点，制定2004年度全市精神文明建设工作考核办法。

1月9日 中央农村工作领导小组办公室主任陈锡文带领调研组一行四人到禹城调查研究中央农村工作会议精神贯彻落实情况，并围绕做好“三农”工作召开座谈会。

3月20日 在十里望回族乡前河村召开全市农村文明一条街创建工作现场会，开展山东省市级文明单位与示范村共建农村“文明一条街”活动。

4月16日 省交通厅组织新华社山东分社、人民日报山东分社、山东电视台、《大众日报》《人民权利报》《现代交通报》《齐鲁晚报》《生活日报》中国交通报山东记者站、《联合日报》《经济导报》等12家新闻单位记者联合到禹城采访农村公路改造工程取得的成绩。

4月17日 财政部调研组由国务院税改办副主任黄维健带队到禹城专题调研农村税费改革工作。

4月23日 禹城某建筑公司在市人民公园施工中，挖掘出47枚日军遗弃炮弹，市人武部应市公安局请求，在民兵训练基地靶场进行集中销毁。

同月 安居小区被评为“山东省青年文明社区”。

5月8日 全国妇联副主席、书记处书记沈淑济一行到禹城调研“巾帼科技致富工程”开展情况。

同月 十里望乡徐庄村青年星火带头人牛秀珍被评为“全国青年星火带头人”。

同月 德州市人大到禹城调查座谈畜牧业增收情况，对禹城市畜牧工作给予高度评价。

6月3日 副省长陈延明带领省农口有关部门负责人到禹城检查指导三夏生产工作。

同月 禹城市被列为“山东省肉羊生产示范基地县”。

7月 禹西生态农业观光园被国家旅游局命名为国家首批“工农业旅游示范点”。

8月4日 国家计生协会办公室主任王景水一行到禹城调研。

8月8日 禹城市恒达出租车公司成立并开通运营。

8月24日 国土资源部副部长孙文盛一行参观禹西土地开发整理项目。

同月 禹城组织全市632名乡医参加省及德州市乡村医生执业注册登记考试考核。

9月22日 省委保持共产党员先进性教育活动试点工作督导组到张庄镇检查指导试点工作。对张庄镇试点工作给予充分肯定，并提出明确要求。

同月 禹城实施的国家农业科技跨越计划《山东优质肉牛生产技术体系试验示范》项目，获农业部农牧渔业丰收奖一等奖。

同月 省委常委、组织部部长刘伟到禹城调研农村党支部书记星级化管理工作。

10月1日 德禹快客公司开通运营，总投资600多万元，一期投入16辆豪华大巴客车。

10月15日 省政协常委、经济委员会副主任孙启松率领调研组到禹城调研农村水利建设。

同月 省委、省政府授予禹城市“第六届精神文明建设工作先进市”荣誉称号。

11月12日 省政府副秘书长、法制办主任张华福带领检查组到禹城检查指导政府法制工作。

11月23日 省检察机关驻看守所检察工作流程操作研讨会在禹城召开。

11月24日 农民日报社社长张德修一行

到禹城调研“三农”工作。

同月 禹王亭集团酒业股份有限公司实施资产重组。

同月 禹城农资连锁配送服务中心项目获国家发改委批复，列为山东省服务业15个项目之一，国家提供无偿引导扶持资金。

同月 禹临路更名为榆林商业街。

同月 禹城市被确立为“国家艾滋病防治专项资金项目县”，同时被列为德州市FIDELIS结核病控制项目县。

12月28日 山东（禹城）高新技术产业开发区揭牌。

同月 房寺镇获得山东省“社会文化先进乡镇”“省级环境优美镇”“农调队先进集体”等荣誉称号。

同年 《禹城市土地开发整理规划》获省国土资源厅土地开发整理优秀成果奖。

同年 禹城市参加第一次全国经济普查，将2005年及2006年分别进行工业普查、基本单位普查合并，同时将建筑业纳入普查内容。

同年 禹城塑料厂、禹城曲轴厂依法实施破产。

同年 禹城市采用微波传输信号，市内重大活动实现现场直播。

同年 禹城市完成省道316线禹城东外环5.75公里外移工程，该工程被山东省评为“优良级”工程。

同年 完成“村村通”33公里修建工程，该工程被山东省禹城市评为“优良级”工程。

同年 禹城市新型农村合作医疗制度在辛寨镇进行试点。

2005年

1月11日 禹城市组织收听收看省委保持共产党员先进性教育活动动员大会。

2月28日 水利部副部长翟浩辉一行20余人到禹城专题考察农村水利建设。

同月底 禹城市社会成就展厅建设工程竣工。

4月28日 中国低聚糖质量检测中心和中国功能糖产业协会秘书处在禹城正式成立。

同月 禹城市被列为山东省农村社区综合服务中心建设8个试点县之一。

5月6日 鲁银投资集团在禹城投资2亿元兴建的年产6000万吨粉末冶金高科技项目，经过5个月紧张施工，一次投料试车成功。

5月10日 副省长王仁元带领省政府办公厅和省经贸委负责人到禹城调研工业经济运行和安全生产工作。

5月13日 德州市农业综合开发现场会在禹城召开。

同月 房寺镇邢店村支部书记王富勇获得“全国劳动模范”称号。

6月4—5日 山东省级文明城市测评考察团到禹城对创建省级文明城市工作进行全面测评，禹城市在德州各县市总体排名中列第二位。

6月19日 省委书记、省人大常委会主任张高丽率山东省科学发展情况交流现场会议与会人员到禹城观摩。

同月 禹城市委书记陈永华赴京，向中国轻工总会汇报禹城市创建“中国功能糖城”工作情况。

7月11日 凌晨，辛寨、伦镇、安仁三镇突遭狂风冰雹袭击，树木连根拔出，农作物大片倒伏，受灾面积达3万多亩，其中辛寨2万余亩，重灾6000多亩。经济损失达492万元。

8月1日 禹西渔业科技示范基地被山东省海洋与渔业厅认定为山东省无公害农产品产地。

同月 禹城市行政审批大厅在高新区设立。

9月8日 省民委主任、宗教局局长于洪文带领省委、省政府联合调研组就民族工作到禹城调研。

9月29日 中国轻工联合会正式授予禹城市“中国功能糖城”荣誉称号。

10月18日 第五次山东省民族团结进步宣传活动在禹城开展。

同月 市团市委被中央授予全国青年中心建设先进城区创建单位。

10月—2006年5月 水务局实施完成徒骇河桥梁橡胶坝工程建设。该工程总投资900多万元。坝长130米，坝袋高5米，蓄水位19.34米，最大蓄水深5.4米。是山东省单跨最长、坝体最高的橡胶坝。可解决20万亩耕地灌溉及补源问题，年节约引黄水费近500万元。

11月4日 德州市潘庄引黄总干莒镇二级沉沙池开工兴建，总占地面积3000亩，总土方160万立方米，投资1200万元。德州市组织禹城、武城等县市参加施工，至12月18日完工。

11月5日 禹城管理处接管青银高速公路禹城南收费站；6日，禹城南收费站正式运行。

11月18日 禹城市在北京人民大会堂举行“中国功能糖城”授牌新闻发布会，新华社、《人民日报》中央电视台、《农民日报》《经济日报》等40多家新闻媒体参加会议并进行深入报道。

同月 禹城市被省人民政府批准为省级新型农村合作医疗试点市。

12月 张庄镇荣获山东省“省级环境优美镇”荣誉称号。

同月 房寺镇被评为“全国农业旅游示范点”，并先后获得山东省“人口与计划生育系统先进集体”“平安山东建设先进基层组织”等荣誉称号。

同月 禹城市第一处农村社区综合服务中心在辛寨建成。

同年 禹城市被列为山东省重点扶持的三大高新技术产业基地之一。

同年 禹城市被德州市政府评为“全市公共卫生‘两个体系’建设先进市”“全市中心卫生院建设先进市”。

同年 禹王公司投资3.35亿元年产5万吨浓缩蛋白和福田药业公司投资2.24亿元年产2.2万吨糖醇2个项目，被省政府列为重点建设项目。

同年 贺友、通裕、禹王、保龄宝、龙力、金冠蛋白6家企业被山东省评为最具成长型民营企业。

同年 禹城市农村公路改造工程在山东省率先突破千公里大关。

同年 明珠大酒店申报三星级酒店获得成功，成为德州市县市级唯一一家挂牌的三星级酒店。

2006年

1月9日 召开第三批先进性教育活动分析评议阶段动员会议。

同月 市计委被评为全国“2005年度优秀农村动态检测点”。

2月10日 禹城市荣获2005年度德州市人口与计划生育工作圆满达标奖。

2月14日 第十四届人民代表大会第四次会议在禹城宾馆大会议室召开。

3月4日 全国总工会副主席、党组副书记、书记处书记孙宝树一行到禹城调研。

3月7日 安徽省人大常委会副主任、党组成员朱成林率中央先进性教育活动巡回检查组到禹城检查第三批先进性教育活动情况。

3月10日 山东省、德州市“百城万店无假货”工作检查组到禹城检查示范街、示范店创建工作，并于月底授予禹城市行政街“山东省百城万店无假货示范街”荣誉称号。

3月14—20日 市委书记陈永华率领禹城市党政学习考察团，到江阴市、张家港市、昆山市、松江区、贵阳市、遵义市、江津市、分别就工业经济发展、开发区建设、城市规划建设和社会主义新农村建设进行学习考察。

4月5日 副省长赵克志到禹城高新区调研。

4月12日 禹城市召开社会主义新农村建设动员大会。

4月16日 科技部社会发展计划司司长马燕合一行，到禹城考察功能糖企业。

同月 禹城粮食工作获“全国粮食系统先进集体”荣誉称号。

同月 禹城润田化工节能改造项目入选首批资源节约和环境保护国债项目。

同月 禹城市被确定为山东省城镇建设用地减少与农村建设用地增加相挂钩首批和第二批共同试点单位。

5月6—7日 中国科学院副院长，院士李家洋、中国科学院原副院长、院士李振生率领中科院20多位专家研究员到禹城就农业开发、循环经济新农村建设项目进行考察。

5月20日 日本新居滨市市长佐佐木龙一行8人，到禹城进行友好访问。

5月31日 省政协副主席谢玉堂带领调研组到通裕集团生产车间、房寺镇兴国寺村实地调研，并观摩高新技术产业开发区。

6月25日 国家级禹西土地开发整理项目和辛栾洼土地整理项目通过山东省国土资源厅和财政部门组织的专家组验收。

同月 最高人民法院民庭庭长纪敏走访调研禹城市人民法院安仁法庭。

7月11日 省水利厅厅长宋继峰到禹城调研梁桥橡胶坝建设工程。

7月19日 在禹城宾馆召开中国共产党禹城市第十届委员会第五次全体（扩大）会议。会议总结工业发展三年规划完成情况，研究部署工作任务和措施。

7月24日 农业部标准化畜禽养殖小区试点项目启动仪式在禹城举行。

同月 禹城荣获全国秸秆养畜十佳示范市荣誉称号。

8月30日 禹城市召开学习《江泽民文选》动员会议。

同月 禹城市被国家测绘局列为社会主义新农村建设测绘保障服务试点市。

9月19日 省水利厅厅长宋继峰到禹城检查指导村村通自来水工作。

9月26日 禹城籍台湾画家孙康及夫人冯定敏的字画捐赠仪式在禹城宾馆举行。

同月 张庄镇在黎济寨村建成全市第一家社区服务中心。

10月9日 副省长才利民一行先后到糖城广场、高新区部分企业、城建项目和经济社会成就展厅等处参观指导。

同月 市政府投资1500万元，建成占地50亩、建筑面积8600平方米实验小学南校区（步云小学）。

11月 禹城市20万亩基本农田保护示范区被国土资源部批复实施。

12月4日 禹城市召开第二次农业普查工作会议。

12月8日 国土资源部耕保司副司长张君宇到禹城开展基本农田保护示范区工作调研活动。

12月15日 山东省基本农田保护示范区建设工作现场会在禹城召开。

12月20日 禹城市被列为山东省渔业标准化生产示范市。

12月21日 禹城中农润田尿素产品获“全国免检”。

12月25—31日 财政部核查组对禹城市实施的辛栾洼土地整理项目进行核查和效益评价，给予高度评价。

12月26日 德州市第二届农村文化艺术节在禹城市开幕。

12月28日 通裕集团公司技术中心被批复为省级企业技术中心，至此禹城市已拥有5家省级技术中心企业，占德州市42%。

12月29日 省委常委、副省长林廷生一行到禹城调研。

同月 国家级辛寨基本农田整理项目被国土资源部批复实施。

同月 盲人运动员王玉芹在省第七届残疾人运动会上获得三枚金牌。

同月 禹城市获“全国团建先进县（市）”称号。

同年 禹城市实行合作医疗制度。

同年 禹城市取消农业税，自此农民负担全部取消。

同年 禹城市“五五”普法活动初步启动，起草《2006—2010年禹城市依法知识的规划》和《禹城市法制宣传第五个五年计划》。

同年 龙力公司申报的“国家‘十一五’科技支撑计划”农林生物质工程项目通过科技部评审，获1100万元无偿资助;绿健公司“层析法规模化生产高纯度结晶麦芽糖醇”项目承担国家火炬计划；龙力公司“酶法制备低聚木糖”项目获得国家技术发明二等奖。

2007年

1月21日 农业部部长孙政才调研到伦镇抗旱保丰工作。

1月30日 省军区司令员谈文虎少将到禹城检查指导工作。

同月 中国唯一的国家级“公众营养与发展中心低聚糖生产基地”在禹城保龄宝生物技术有限公司正式成立。

2月5日 副省长李玉妹到禹城走访慰问城乡困难群众和老党员。

同月 禹城福田药业有限公司年产万吨高纯级玉米糖醇项目和山东禹王实业有限公司低变性脱脂豆粕及大豆系列产品加工项目获得“国家农产品深加工示范工程项目”牌匾。

3月20日 禹城市土地利用现状更新调查成果通过省国土厅验收。

3月29日 德州市农业开发现场会在张庄镇召开。

3月14日 市机关作风整顿工作会议召开。会后各单位均成立相应领导机构，开展作风整顿活动。

3月27日 市首届“移动杯”感动禹城十佳人物、十佳孝子、十佳好媳妇、十佳好婆婆、十佳五好家庭评选活动启动仪式在辛店镇举行。

同月 开展“察民情、听民意、解民忧”为主题的“三民”活动，把每月1日定为全市党政干部走访日，2日为各级人大代表、政协委员走访日，3日为市乡党委、政府公开接访日，15日为全市党员活动日。

同月 安仁镇齐庄村村民齐顺德荣膺“山东省见义勇为先进个人”荣誉称号。

4月2日 烟台市政协主席栾秉良带领烟台市发展民营经济推进委员会考察团一行到禹城参观考察。

4月6日 南非齐鲁同乡会会长孙奎府一行到禹城参观考察发制品项目。

4月12日 禹城市召开学习方永刚事迹动员会。

4月24日 禹城市被授予“山东省群众特色体育市”荣誉称号。

4月25日 山东高速集团撤销禹城管理处建制，在原德州、禹城管理处基础上，组建德州管理处。

4月26日 全国政协委员、省政协民族和宗教委员会副主任丁文方带领部分政协委员到禹城调研少数民族集居地区新型农村合作医疗开展情况。

同月 “国家糖工程技术研究中心”通过

国家科技部最终评审并批准建设。

5月9日 禹城市被授予“山东省第六期农业综合开发先进单位”称号。

5月16—17日 省军区副司令员尚书国少将率检查组一行到禹城检查验收人武部全面建设达标工作。

5月22日 美国纽约州访问团到禹城考察访问。

5月23日 省发改委副主任李永健到禹城就企业上市工作进行专题调研。

5月31日 禹城市被团中央授予“全国乡村青年文化活动先进县市”荣誉称号。

6月2日 省委书记李建国到禹城检查指导工作。李建国一行先后到福田生物科技产业园、龙力高科技产业园、通裕集团产业园以及三糖展板和禹城经济社会成就展厅进行调研、指导。

7月6日 市图书馆暨孙康美术馆开馆仪式隆重举行。

7月10日 国家糖工程技术研究中心禹城分中心揭牌成立。

8月4日 信息产业部调研组到禹城就禹王公司节能降耗信息技术应用情况进行专题调研。

8月8日 国家纤维检验局和云南省、重庆市质监系统负责人到禹城参观考察。

8月18日 市农家书屋工程启动仪式在市中办老城西街村举行。

8月30日 科技部农社司副司长郭志伟带领调研组到禹城参观考察。

同月 市中街道办事处获得“山东省十大和谐乡镇”荣誉称号。

9月14日 全国第二届禹城大禹文化学术研讨会开幕。

同日 中国先秦史学会成立25周年座谈会在禹城举办。

9月15日 山东龙力生物科技有限公司的“龙力”商标被国家工商总局认定为中国驰名商标。

9月23日 中国功能糖论坛暨产品推介会在禹城举行。

9月26日 德州市召开道德模范表彰大会，禹城市离休干部张星南、安仁镇齐庄村村民齐顺德、通裕集团董事长司兴奎、辛店镇王石村村民王玉芹、民政局局长岳彩龙分获“全市十大助人为乐、见义勇为、诚实守信、敬业奉献、孝老爱亲模范”，另有7人获市提名奖，张星南、齐顺德获省提名奖。禹城市当选数量居德州市首位。

同月 禹城市“保龄宝”牌葡萄糖产品获得“中国名牌”。

同月 禹城市保龄宝公司低聚异麦芽糖和果葡糖浆两项产品质量标准被认定为国家标准。

同月 禹城市被认定为“省级生物制造产业基地”。

10月8日 糖城新湖公园建成，并投入使用。

10月30日 省发改委主任费云良等到禹城参加山东生物产业基地揭牌仪式。

11月26日 禹城市被评为“山东省县域经济最具发展潜力十佳县市”称号。

同月 山东福田药业有限公司荣获“省轻工业十大自主创新品牌”。

12月25日 省文明委印发《关于命名表彰2007年度省级文明单位、村镇、机关、社区的决定》，禹城市新增移动公司为省级文明单位；市中办、十里望乡前河套村为省级文明村镇；市民政局、工商局为省级文明机关、城建开发公司嘉合园社区为省级文明社区。

同月 禹城市获“山东省半精纺名城”称号。

同月 禹城市生态示范区被国家环境保护总局授予国家级生态示范区。

同月 山东福田药业公司一次性成功引进英国3I投资集团战略投资2000万美元，成为禹城历史上规模最大的单笔利用外资。

同年 市政府采购管理办公室成立。

同年 山东省发改委认定禹城市为省级生物制造产业基地。

同年 禹城市出口额首次突破亿美元大关，达到1.2亿美元。

2008年

1月7日 禹城市被评为“2005—2006年度全国科技进步考核先进县（市）”。

1月8日 禹城市被国土资源部土地整理中心确定为“全国基本农田整理工程技术创新联系点”。

1月10日 禹城市被省委、省政府授予“平安山东建设先进市”称号，省委书记李建国亲自为禹城市授牌。

2月29日 禹城高新区成为“国家高新技术产业基地”授牌仪式在钓鱼台国宾馆举行。

3月6日 辛寨镇国家级基本农田整理项目开工建设。

4月24日 省证监局局长尹奉廷到禹城检查指导企业上市工作。

5月14日 离休老党员张星南向四川地震灾区捐款1660元，向党组织交纳特殊党费1500元。

5月16日 “2008中国禹城首届大禹文化节”开幕。文化节以“弘扬大禹精神、支援抗震救灾，促进经济发展、建好美好家园”为主题。

5月20日 禹城市支援四川抗震救灾工作募集资金803.8万元和价值294.4万元物资。

同月 十里望回族乡被确定为山东省重点帮扶民族乡镇。

同月 禹城市获“山东省食品安全示范县”荣誉称号。

同月 市卫生局选派5名高素质防疫队员，到北川白什乡开展为期40天震后防疫工作。

同月 禹城市投资960万元，建成德州市第一个民防教育培训基地。

7月15—16日 中央平安奥运检查督导组在中央联席会议办公室副主任、国家信访局副局长许杰带领下到禹城调研工作。

7月25日 山东省“农村信息化百镇行”活动启动仪式在禹城市张庄镇举行。

8月13日 中共中央候补委员、中国科学院常务副院长、党委副书记白春礼一行到禹城调研。

同月 副省长才利民到禹城调研工作。先后调研通裕集团、保龄宝公司、糖城新湖，观摩高新区部分企业。

9月25日 全国畜牧总站站长谷继承带领督导组到禹城检查奶站清理整顿工作。

同月 山东省农村基层党风廉政建设检查组到禹城检查指导工作。

9—10月 禹城市开展两次白内障患者筛查活动，800余名各类眼科疾病患者参加筛查，为319名患者进行手术治疗。

10月1日 中央党校西藏班一行60余人到禹城调研指导工作。

10月2日 德州市委书记雷建国到王子付奶牛小区调研指导，对全市奶站专项整治工作给予充分肯定。

10月7日 禹城市首家老年公寓——福安康老年公寓投入使用。

10月26日、11月2日 省畜牧兽医局局长慕永太先后两次到禹城调研指导，并召开贯彻落实《乳品质量安全监督管理条例》暨发展奶农专业合作社座谈会。

10月29日 德州市农村水利基层建设现

场会在禹城召开，与会人员参观伦镇农田水利建设现场。

10月31日 省委书记姜异康到禹城调研，并作深入学习实践科学发展观辅导报告。

11月11日 河北省考察团一行30余人参观考察禹城市部分奶农专业合作社，给予高度评价。

11月12日 德州市学习贯彻中共十七届三中全会精神暨纪念改革开放三十周年文化下乡活动启动仪式在张庄镇张庄村举行。

11月24日 省国土资源厅厅长徐景颜到禹城调研。

12月1日 省委书记姜异康到禹城召开座谈会，就开展学习实践科学发展观活动、加强和改进省委常委工作，征求基层党员干部和群众意见建议。

12月9—10日 山东省发展合作社促进奶业整顿和振兴工作现场会议在禹城召开。

12月17—19日 省委巡视组到禹城巡视指导工作。

同年 经国家发改委批复，以禹城市为核心区的德州市高技术产业基地（生物产业）成为国家级生物产业基地。

同年 全市出口额突破1.5亿美元。

2009年

1月12—13日 农业部畜牧业司监测分析处处长王俊勋带领有关人员到禹城调研。

2月10日 中央学习实践活动驻山东指导检查组一行在内蒙古自治区政协主席陈光林、全国政协委员陈邦柱带领下到禹城检查指导工作。

2月11日 农业部部长孙政才到禹城调研指导抗旱保丰、高产创建和畜牧生产工作。

2月25日 在禹城宾馆召开禹城市纪委十一届四次全会。参会人数500余人。

2月27—28日 中国科学院副院长李家洋带领有关院所负责人到禹城调研现代农业发展情况。

3月18日 副省长郭兆信带领省有关部门负责人到禹城调研指导农村住房、危房改造和就业工作。

同日 省科学发展观综合考核组到禹城检查指导科学发展观落实情况。

同日 新疆建设兵团党委常委、副司令员孔星隆，大连市农村经济委员会副主任顾桦带领新疆建设兵团和大连市农委考察团到禹城参观畜牧业合作社建设情况。

3月26日 省动物卫生检疫监管工作研讨会在禹城举行。

同月 德州市委书记雷建国到房寺镇做学习实践科学发展观活动辅导报告。

同月 市客运中心新址落户十里望。

4月20日 国土资源部土地整理中心副主任郧文聚一行5人，到禹城检查2008年度耕地占卜平衡和基本农田保护工作。

4月26日 美国湖滨大学副校长费斯勒一行到大禹学院就合作办学事宜进行实地参观交流。

4月27日 省环保局局长刘富春到禹城调研环境保护工作。

同月 德州市唯一家设在县级（市）的公用型海关保税仓库—中仁物流公用型保税仓库正式启用。

5月12日 山东省奶牛饲养技术禹城培训会举办，禹城和平原两个奶牛大县（市）近100名奶农参加培训。

5月13日 韩国加耶大学国际交流学院院长桂根浩到大禹学院商定联合办学事宜。

同日 禹城慈善总会成立。

5月16日 禹城特殊学校新校建成。

5月23日 禹城第二批学习实践活动分析检查阶段工作现场会在张庄镇召开。

5月31日 由禹城团市委、教育局、林业局联合举办的禹城市2009年度“百名优秀护绿小卫士”评选活动启动仪式在李屯乡中学举行。

5月30日 残疾人综合服务中心挂牌成立。

6月6日 省委农工办主任王泽厚到禹城调研农业农村重点工作情况。

6月8—9日 由山东省残联和济南施尔明眼科医院组成的慈善爱心防盲手术车来到禹城，在禹城市立医院为52名家庭贫困的白内障患者免费实施复明手术。

6月10日 山东省印染废水治理技术交流现场会在禹城召开。

6月17日 中国奶业协会会长刘成果、省畜牧兽医局局长慕永太等到禹城奶牛养殖专业合作社考察指导。

7月1日 省非物质文化遗产普查工作验收组一行7人对禹城市非物质文化遗产普查工作进行检查验收。

7月7日 国土资源部部长徐绍史到山东调研工作，听取禹城市基本农田保护工作情况汇报。

7月9日 省住房和城乡建设厅调研组在厅长杨焕彩带领下到禹城调查研究经济社会发展情况、城乡住房改造和建设情况。

7月21日 编发《禹城市破坏性地震应急预案》。

7月26日 大禹学院大学生艺术团参加由中国教育学会、中国合唱协会在北京举办的“祝福祖国—庆祝建国60周年暨魅力校园合唱比赛”汇演活动，获得“大学组一等奖”。

同月 史志办编纂的《禹城年鉴》出版发行，在山东省优秀年鉴评比中荣获二等奖。

同月 房寺镇邢店社区王富勇被全国敬老爱老助老主题教育活动组委会评选为“全国孝亲敬老之星”。

8月9日 省人力资源和社会保障厅厅长董国勋到禹城调研。

8月21日 省委书记、省人大常委会主任姜异康到禹城调研。

8月28日 保龄宝生物科技股份有限公司在深圳证券交易所正式挂牌上市。

9月10日 贵州省铜仁地区畜牧兽医局一行13人到禹城参观学习农作物秸秆处理发展肉牛肉羊生产。

9月15日 投资1500万元、建筑面积2200平方米的禹城市革命教育基地及革命纪念馆正式开馆启用。

同日 投资40亿元的省重点项目山东国际商贸港开工建设。

9月24日 庆祝建国六十周年德州农业综合开发工作座谈会在禹城召开。

9月27日 李宗鲁、刘宗利、张星南分别被授予“30位为民族解放和德州发展做出突出贡献的英雄模范人物”。

9月29日 省委常委、组织部长李玉妹到禹城走访慰问老党员，并调研禹城经济社会发展情况。

同月 禹城被确定为山东省首个“推进企业社会责任建设试点县（市）”。

同月 德州海关禹城录入中心正式启动。

同月 在禹城召开山东省基层人防民防组织建设现场会。

10月14日 以色列驻华使馆科技参赞雪山博士到禹城参观考察。

10月15日 农业部副部长危朝安在省农业厅厅长战树毅、德州市市长吴翠云等陪同下到禹城检查指导农业生产工作。

同日 潍坊市青州畜牧兽医局有关业务科室负责人、各乡镇畜牧兽医站站长、部分奶牛场（小区）负责人一行33人到禹城参观考察现代奶业发展和秸秆养畜。

10月17日 省军区政委南兵军一行到禹城检查指导人民武装工作。

10月18日 市团市委邀请团中央《知心姐姐》报告团专家，在禹城市中中学作心理健康教育报告会。

10月19—23日 德州市纪委书记理论读书会在禹城召开，会议主要内容是深入学习中央和省、市一系列全会精神；重点研讨优化环境和科技防腐工作;对查办案件工作进行部署;表彰全市纪检监察系统先进单位和先进个人。

同月 禹城保龄宝公司被国家科协确定为国家级“科普教育基地”。

11月4日 举办国家肉牛产业体系培训会。

11月5—6日 山东省人力资源和社会保障厅务虚会在禹城召开，省委组织部副部长、人力资源和社会保障厅党组书记焦连合、省人力资源和社会保障厅厅长董国勋等出席会议。

11月18—19日 中科院禹城综合试验站建站30周年纪念大会暨现代农业发展论坛在禹城举行。

11月30日 “红领巾爱心基金会”成立暨捐款仪式在禹城实验小学举行。

同月 《大众日报》山东省浙江商会、山东省福建商会、山东省江苏商会联合主办的首届“山东省最佳投资城市”评选活动结果揭晓，禹城市当选。

同月 禹城八荣塑料合金科技有限公司在越南投资兴建越南三星钢铁有限公司，经省商务厅批准获得境外投资资格。

同月 禹城被确定为国家首批新型农村社会养老保险（试点）县市。

12月8日 新华社山东分社党组书记、社长陈新洲到禹城调查研究。

12月22日 省人大立法调研组一行7人到禹城就农民专业合作社发展情况进行调研。

12月25日 环保部华北督察中心处长陈国旗到禹城调研“十一五”海河流域水污染防治规划实施情况。

同月 禹城公开招聘11名残疾人专职干事。

同年 伦镇西城村村民陈吉山，获得“粮王大赛”鲁北分赛区第一名，经专家组现场测评，每亩产小麦695.24公斤，再创小麦单产纪录。

同年 保龄宝公司“麸皮生物炼制高纯度水溶性膳食纤维”列入山东省自主创新重大专项，批复无偿资金100万元；绿健公司国家级中小企业创新基金项目获得无偿资金80万元。

2010年

1月15日 中国银行总行授信审批人辛强一行到禹城参观考察。

1月20日 “通裕”商标被国家工商总局认定为“中国驰名商标”。

同月 禹城被评为“全国最具竞争力的低碳经济产业基地城市”。

同月 禹城市被省政府、省财政厅授予山东省“超级产粮大县”称号。

同月 新农保工作全面展开。至本年底适龄人口参保率为70.96%。

2月5日 德州市残联捐赠禹城市康复器材仪式活动在伦镇政府会议室举行，为禹城市180名残障人发放轮椅。

3月3日 市委、市政府召开高新区“二次创业”动员大会，并出台《关于加快高新技术产业开发区“二次创业”的实施意见》。

3月9日 副省长郭兆信到禹城调研农村住房与危房改造工作。

同日 省环保厅厅长张波和省建设厅有关领导分别带领海河流域水污染防治督导组到禹城检查督导工作。

3月10—11日 中科院、工信部调研组一行14人在中科院原院长李振声院士带领下，到禹城考察调研农业信息化建设工作。

3月15日 秦皇岛市党政考察团在市委

书记王三堂率领下到禹城考察。

3月25日 禹城市海河流域水污染防治工作通过国家验收。

4月1日 省环境宣传教育工作会议在禹城召开。

4月14日 副省长李兆前带领山东省重点污染河流治污暨流域环境安全管理现场观摩调度会议与会人员一行70余人到禹城检查指导工作。

4月15日 河北省青龙满族自治县县长张立群带领考察团到禹城参观考察新民居建设工作。

4月16日 德国教育专家泽德.施恩沃德教授到大禹学院开展高等职业教育改革与学生就业交流活动。

4月21日 离休干部张星南为青海玉树灾区捐款5000元，交纳特殊党费2000元。

4月28日 省政协副主席、省工商联主席王乃静带领省政协低碳经济发展情况调研团到禹城调研。

5月12日 河北省石家庄畜牧水产局一行21人到禹城参观学习畜禽养殖专业合作社建设。

5月18日 省纪委调研组到禹城就贯彻落实中纪发〔2009〕9号、10号和鲁纪发〔2009〕32号文件精神，以及县级纪检监察派驻机构统一管理工作进行调研督查。

5月19日 第十七期山东高校处级领导干部培训班一行130余人，到大禹学院参观学习。

5月27日 省委副书记、省长姜大明到禹城调研工业经济及城乡建设改造工作。

同月 市图书馆在全国第四次县以上公共图书馆评估定级工作中，被评定为一级图书馆，并获“山东省读者喜爱的图书馆”荣誉称号。

同月 禹城首家社区自助银行在张庄镇黎济寨社区投入使用。

6月4日 省民委主任马文艺到禹城调研十里望回族乡帮扶工作开展情况，并出席十里望民族中学教学楼奠基仪式。

6月16日 农业部副部长危朝安一行12人到禹城调研夏收夏种工作。

6月20日 第四届中国生物产业大会国家生物产业基地论坛在禹城市举办。

6月23日 市纪委、市监察局设置6个统一管理派驻机构，其名称为“中共禹城市纪委、禹城市监察局派驻第×纪工委、监察室”。负责对全市72个市直部门（单位）进行监督检查；联系27个部门（单位）的党风廉政建设和反腐败工作。

6月30日 十里望回族乡改为十里望回族镇，原行政区域不变。

7月7日 中纪委驻水利部纪检组组长董力带领调研组到禹城就农村水利项目建设工作进行调研。

7月8日 省纪委副书记崔瑛带领调研组到禹城就推进山东省反腐倡廉“制度创新年”活动开展情况进行调研。

7月14日 中韩亲善协会中国支会会长李永南一行到禹城参观考察。

7月29日 禹城市在山东省现代农业奶牛产业项目县现场陈述专家评审会议上，被评为2010年现代农业生产发展资金奶牛产业项目实施县。

同月 伦镇向阳坡科技示范园成立，占地344亩，新建140×13米高温蔬菜大棚24个，主导产业为绿色蔬菜、无公害蔬菜和有机蔬菜。

同月 禹城代表队参加“鲁能足校杯”全国少儿足球邀请赛取得第三名。

8月12日 副省长郭兆信到伦镇赵牛新河及徒骇河南营大闸察看河道水情，了解防汛工作开展情况。

8月13日　副省长贾万志到伦镇赵牛新河、徒骇河南营大闸及西大桥查看河道水情，了解防汛工作开展情况，现场研究调度防汛应急方案。

8月15日　省委副书记、省长姜大明到禹城检查指导防汛工作，看望慰问一线人员。

同月　禹城普降大雨，降雨量累计1000毫米以上。

9月29日　省纪委信访室就社会治安综合治理联系点到禹城考核调研。

同月　禹城表彰全市创先争优作兴禹先锋“五个模范”（农村党员致富带富、企业党员创新增效、机关党员服务奉献、事业单位党员爱岗敬业、学校党员师德师风）。

同月　从山东省农科院引进“8518”无公害核桃新品种，成立禹城市庞集社区核桃种植加工合作社。

同月　市纪委组织举办全市首届“迎国庆”廉政书画展。

10月　禹城宏盛兔业残疾人扶贫基地挂牌成立。

同月　禹城荣获“山东省城市防汛工作先进集体”称号。

11月7日　德州市“转方式调结构、争创新优势、实现新发展”青联委员大讨论座谈会在禹城市召开。

11月13日　禹城农村公路养护管理暨窑厂复垦工作现场会议在张庄镇召开。

11月16日　国家民委党组书记、副主任杨传堂带领国家民委司、处主要负责人到禹城调研民族工作开展情况。

11月17日　德州市基层残疾人组织建设会议在禹城召开。

11月19日　第六届农民文化艺术节开幕式暨庄户剧团百场演出进社区活动在房寺镇邢店社区举行启动仪式。

11月25日　新疆科技厅参观团到禹城参观肉牛、肉羊及家禽基地建设情况。

12月1日　共青团禹城市第十五次代表大会在禹城宾馆召开，选举产生第二十届共青团禹城市委员会。

12月9日　禹城市垃圾处理项目环评大纲通过专家论证，垃圾处理项目总投资6500万元，该项目采用BOT模式由北京亿利康泰环保设备有限公司投资建设，一期工程投资1800万元。

12月15日　参加首届中国（德州）生态文明高层论坛的与会领导和专家在国家环保总局总顾问张坤民带领下到禹城观摩。

12月20日　德州市市长吴翠云调研禹城市伦镇六和肉鸭一体化5万只肉种鸭基地，对禹城市畜牧业发展予以充分肯定。

12月29日　全国人大常委会委员、全国人大外事委员会主任委员李肇星，山东省人大常委会党组书记、常务副主任高新亭带领驻山东中直、省直全国人大代表到禹城调研。

同日　山东农业大学党委书记苗仲华一行到禹城考察调研。

同月　禹城市被全国生态文明委授予“全国生态文明先进县”称号。

同月　禹城绿健公司在美国设立佳丽美雅有限公司，是德州市唯一一家集研发、贸易、生产于一体的境外投资企业。

同年　禹城渔业协会被国家科协表彰为“国家级专业技术协会”；保龄宝公司被省科协表彰为二星级“山东省科普教育基地”。

同年　禹城药监局建成德州首个县级药品检测实验室。

同年　禹城热电厂对#5机进行改造，由抽背机组改造为抽凝机组，提高供暖能力50万平方米。

同年　禹城保龄宝生物院士工作站授牌，2家高新技术企业（山东通裕集团和山东绿健生物股份公司）、1家国家级创新型试点企业

（山东龙力科技股份有限公司）被批复。

2011 年

1 月 1 日 德州市基层医疗卫生体制改革会议在伦镇举行，德州市副市长康志民参加，伦镇卫生院成为山东省基层医疗卫生体制改革试点单位。

1 月 27 日 山东省委书记姜异康到伦镇检查指导农业工作。

1 月 28 日 市经信局被山东省经信委授予“全省节能工作先进集体”。

同月 禹城市在全省率先启动基层医疗卫生机构综合改革。

2 月 中纪委下派干部来本市挂职，中央纪委纠正部门和行业不正之风室综合处处长方文碧挂任市委副书记，中央纪委监察部驻农业部纪检组监察局主任科员孙亚清挂任发改局副局长、党组成员，中央纪委研究室副主任科员谢皓挂任交通局副局长、党委委员，中央纪委监察综合室科员于硕挂任市委办公室副主任。

3 月 5 日 在禹城宾馆会议中心礼堂，召开中共禹城市纪委十一届五次全体（扩大）会议，市委常委、纪委书记李玉梅作工作报告，市委副书记何连生安排部署基层党务公开工作，市委书记闫剑波作重要讲话。

3 月 8 日 通裕公司在深圳证券交易所创业板挂牌上市。

3 月 9 日 德州科技职业学院与中国南开大学经济学院举行联合办学签字仪式。

3 月 15 日 德州市委副书记、市长陈先运到高新区调研并对高新区的工作给予充分肯定。

3 月 17 日 禹城市安监局荣获 2010 年度山东省安全生产监督管理系统先进集体。

3 月 27 日 山东国际商贸港建材批发市场开业。

同月 第二污水处理厂一期开工建设。一期工程设计能力为日处理污水 3 万方，配套干管工程 5500 米。

同月 禹城市被列为全省渔业科技入户示范县。

同月 久和集团荣获“2010 中国烘焙最受欢迎原料品牌”。

同月 禹城市第二水厂及输水管网工程开工建设，系 2011 年“双十”为民实事工程之一。

4 月 6 日 在禹城宾馆第一会议室召开全省洪涝灾害应急救助演练筹备动员会，落实各部门职责，细化任务分工。

4 月 14 日 山东省副省长王随莲一行到保龄宝生物股份有限公司、伦镇卫生院调研。

4 月 18 日 中央政治局委员、国务院副总理回良玉到禹城视察。

4 月 20 日 中央纪委原副书记王德瑛到禹城考察太阳能产业。

同月 在房寺镇建立禹城市首个派出仲裁庭。

同月 林业局被评为“山东省美国白蛾防控先进单位”。

同月 禹城市荣获“全省国土资源执法模范县”称号。

同月 中农润田被授予“国家级安全文化示范企业”称号。

同月 山东龙力生物科技股份有限公司董事长程少博被中华全国总工会授予“全国五一劳动奖章”荣誉称号。

同月 山东保龄宝生物股份有限公司工会委员会被中华全国总工会授予“全国模范职工之家”荣誉称号。

同月 经信局获得“‘十一五期间’山东省节能先进单位”荣誉称号，并记集体二等功。

同月 经商务部批准，德鑫泉典当有限公司成立，系禹城市首家典当公司。

5月3日 “山东省洪涝灾害应急救助演练”活动在禹城市举行，系全国首次以“洪涝灾害应急救助”为主题的大规模演练活动。

5月9日 山东省政府批复通过《禹城市城市总体规划（2005—2020）》。

5月16—18日 中国科学院在禹城市举办现代农业发展与国家粮食安全暨“渤海粮仓”与资源节约型高效农业战略高峰论坛。

5月17日 禹城市被评为山东省十一五残疾人工作先进单位。

5月31日 伦镇、李屯、房寺气象区域自动站建成，禹城市乡镇区域站达到9处。

同月 禹城市“六五”普法依法治理工作全面启动。

同月 禹城市集体林权制度主体改革通过省级验收。

同月 龙力生物荣获“中国轻工业食品添加剂行业十强企业”，通过哈拉认证复审。

同月 经信局获得“山东省产学研合作创新优秀先进集体”荣誉称号。

6月1日 禹城汽车站落成启用，投资3500万元，系鲁西北县级最大的客运中心。

6月2日 保龄宝生物股份有限公司科学技术协会荣膺“全国科协系统先进集体”称号。

同日 在禹城宾馆会议中心礼堂召开禹城市城乡低保大复核大公示工作会议，对城乡低保对象大复核大公示活动进行安排部署。

6月20日 山东省委常委、常务副省长王仁元到禹调研县域经济和上半年经济运行情况。查看高新区部分工业企业和重点项目，观摩经济社会发展情况。

6月22日 德州市委书记、市人大常委会主任吴翠云，德州市委副书记、市长陈先运，率参加德州市转方式调结构现场观摩考评会议的与会人员到禹城市观摩。

6月28日 禹城市电力公司党委被表彰为“山东电力集团公司先进基层党组织”。

同日 《中国民族报》副社长杨连福到禹城市调研民族工作及十里望回族镇帮扶工作情况。

同月 禹城市被省委、省政府评为“山东省基层党建工作先进市”。

同月 召开全市庆祝中国共产党成立90周年大会，对100个“兴禹先锋党组织”和100名“兴禹先锋共产党员”进行集中表彰。

同月 禹城市国土资源局被山东省国土厅表彰为“全省国土资源信访工作先进单位”。

同月 禹城市史志办被山东省人民政府办公厅评为“齐鲁新方志奖”先进单位。

7月1日 市中街道党委被中共山东省委评为“山东省先进基层党组织”。

7月8日 国家应急度汛工程建设开工。包括苇河、赵牛新河治理，完成土方147.6万立方米，重建桥1座，维修15座，重建涵洞13座，维修1座，总投资4500万元。

7月23日 禹城市邀请中央纪委宣教室宣教处处长陈江华作廉政警示教育报告，会议由市委书记闫剑波主持。

7月24日 中央电视台新闻联播以“山东信息化打造智慧三农”为题，报道禹城市农业信息化建设成果。

7月28日 山东龙力生物科技股份有限公司在深圳证券交易所A股正式挂牌上市。

同日 德州首座35千伏智能化变电站在李屯正式投运。

8月19日 德州市委书记、市人大常委会主任吴翠云一行先后到高新区部分重点工业和民生项目建设工地调研。

8月24日 禹城市召开全市基层调解与社区矫正工作会议，正式启动社区矫正工作。

同月 市人民医院妇产科主治医师刘萍

参加山东省第22批援助坦桑尼亚医疗队，赴坦桑尼亚开展为期2年的医疗援助。

9月9日 百龙创园“千寿”牌系列产品被中国中轻产品质量保障中心评为“中国著名品牌”荣誉称号。同时被评为“中国3·15诚信企业”荣誉称号。

9月11日 禹城市气象综合观测楼竣工投入使用。

9月19日 工信部将禹城市列为现代农业信息化建设试点。

9月21日 电力公司被《中国质量万里行》市场调查中心授予全国优质服务公众满意单位荣誉称号。

9月23日 中共禹城市委非公有制经济组织工作委员会在禹城市工商局正式揭牌成立。

同月 在全省率先实现新老农保制度合并，妥善解决老农保遗留问题。

10月1日 城乡居民社会养老保险基础养老金由每人每月55元提高为每人每月60元。

10月26日—11月3日 中国关心下一代工作委员会助学支教“感恩励志中国行”报告团到禹做感恩励志教育报告。

同月 久和集团“鲁樱”商标获“山东省著名商标”称号。

同月 全国人大常委会委员、农业与农村委员会主任委员王云龙到房寺镇检查工作。

11月18日 市委党校获“全省党校系统先进党校”荣誉称号。

同日 山东省人大常委会副主任鲍志强一行，到禹检查指导市、乡人大换届选举工作。

同月 “鸿兴源”正式被国家工商总局认定为“中国驰名商标”，被评为德州市电子商务示范单位。

12月11日 保龄宝生物股份有限公司荣获“中国生物发酵产业协会科技创新奖”称号。

12月12日 德州市委副书记、市长陈先运到禹城市调研创先争优、县乡党委换届、“两区同建”等工作开展情况，并征求基层干部群众意见。

同年 绿健企业设立美国分公司。

同年 在梁家镇赵稍门村建设焚烧式垃圾处理厂，处理厂投资4800余万元，设计采用分拣加碳化热解方式，日处理生活垃圾能力100吨。

同年 禹城市荣获全国科技进步先进县市称号，成为德州地区唯一连续三届获得该称号的县市；获批4项国家863计划项目（福田、保龄宝、绿健、龙力），2项国家科技支撑计划项目（龙力、福田）、1项国家创新基金项目（福田）、1项国家火炬计划项目（绿健）、1项国家星火计划项目（大禹龙腾）。

同年 禹城市被确定为德州市首个全省农村交通物流分拨中心试点县市。

同年 十里望回族镇被山东省评为第六次全国人口普查先进集体。

2012年

1月 《禹城新闻》全市实现直播。

2月15日 由山东龙力生物科技股份有限公司完成的“玉米芯废渣制备纤维素乙醇技术与应用”项目、“嗜热真菌耐热木聚糖酶的产业化关键技术及应用”项目分别荣获中华人民共和国“2011年度国家技术发明奖二等奖”与“2011年度国家科技进步奖二等奖”。

2月16日 全市经济工作会议在禹城宾馆会议中心礼堂召开，对2012年全市经济工作进行安排部署，对2011年的先进单位和个人进行表彰。

2月22日 召开中共禹城市纪委十二届二次全体（扩大）会议。市委常委、纪委书记刘洪贵作题为《突出率先跨越主题保障幸福禹城建设全力开创党风廉政建设和反腐败工作新局面》的工作报告。

3月 文联被山东省文联授予“山东省优秀基层文联”称号。

同月 中国先秦史学会行文批复建立“中国先秦史学会禹城大禹文化研究中心”。

同月 东城街道办事处正式成立，是高新区正科级内设机构，按照乡镇等级职能配备。

同月 山东鸿兴源食品有限公司成立山东省生物酶解调味品工程技术研究中心。

4月6日 禹城市中小企业发展资金互助商会成立。

4月17日 禹城市司法局房寺司法所所长司泽勇被司法部授予“全国模范司法所长”荣誉称号。

同日 山东省委原书记赵志浩到禹城高新区汉能光伏项目、保龄宝公司调研指导工作。

4月28日 山东禹城汉能硅基薄膜太阳能电池投产仪式暨山东禹城高新区创新工程启动仪式在高新区汉能太阳能电池研发制造基地举行。

同月 保龄宝公司、龙力生物公司被评选为“中国营养产业30强企业”。

同月 新增国家级水产健康养殖示范场2处（禹城市梁家镇尼庄养鱼专业合作社、禹城市辛店镇后赵养鱼专业合作社）。

同月 成立食品安全委员会，下设委员会办公室（简称食安办），承担市卫生局承担的食品安全综合协调和组织查处食品安全重大事故的职责。

同月 山东贺友集团董事长马久春被中华全国总工会授予“全国五一劳动奖章”荣誉称号。

同月 原市中中学更名为禹城市实验中学。

同月 房寺镇被评为“山东省级绿化模范镇”称号。

5月8日 百龙创园被中国轻工业联合会和中国食品添加剂和配料协会评为“2012年度中国轻工业食品配料行业十强企业”荣誉称号。

5月11日 邀请北京市残疾人艺术团到禹城举办“我和你·心连心·让爱飞翔”专场演出，著名残疾人指挥家舟舟到场表演。

同日 禹城市西城经济产业园管理委员会成立，为禹城市政府派出机构，承担园区规划、建设、管理、服务等职能职责。

同月 禹城推进农家书屋工程建设，建成农家书屋22个，补充书屋2个，争取无偿资金51.4万元，更新书目3000册。

同月 全市乡镇卫生院、城区社区卫生服务中心全部实行“先看病后付费”就诊服务模式。

同月 新增省级水产健康养殖示范场1处（禹城市梁家镇禹梁水产养殖专业合作社）。

同月 禹城市召开选派“第一书记”动员大会，从市乡机关选派100名优秀党员干部，到74个后进农村社区、20个“两新”组织、6个城市社区担任基层党组织“第一书记”。

6月6日 德州市委书记、市人大常委会主任吴翠云到禹调研项目建设、基层组织建设工作开展情况。

6月15—17日 禹城举办中国大禹水生态文明新城建设研讨会，水利部、中科院地理所、中国生态学会、中国社科院先秦史学会等单位的专家、教授参加。

同日 德州市政协主席袁秀和到禹城国晶新材料、通裕重工、宝世达电缆、迈特力重机、汉能光伏项目等调研现代产业体系建设工作。

6月25日 禹城市被山东省经信委批复为第二批山东省高端装备制造产业园区（新能源装备）。

6月28日 禹城市被国家公众营养改善

项目办公室、国家发改委公众营养与发展中心授予“中国营养健康产业城”荣誉称号。

同月 新增国家级无公害水产品2个（禹城市梁家镇禹梁水产养殖专业合作社生产的鲤鱼、草鱼）。

同月 禹城电力公司被评为中国质量万里行“重质量·讲信誉·守合同全国维护消费者权益诚信承诺单位”。

同月 徒骇河高津桥建设开工，由禹城市水利局建筑安装公司承建。工程总造价3800万元。

7月1日 英国剑桥大学制造研究院硕士班考察团一行到禹城考察学习。

7月20日 禹城市被山东省经信委批复为“2012年度山东省新型工业化产业示范基地（装备制造）”。

7月24日 禹城市社区矫正管理局正式挂牌。

7月31日 山东省委常委、省纪委书记李法泉一行5人到禹城市市中街道便民服务中心、通裕重工、汉能公司、保龄宝公司和市纪委机关调研基层党风廉政建设和基层纪检组织建设情况。

同月 龙力生物荣获“2011年度中国轻工业食品配料行业十强企业”“2011年度中国轻工业价值能力百强企业”。

8月2日 市委书记张安民到辛店镇检查抗汛救灾情况。

8月3日—9月14日 全市执法部门“强作风、树形象、保稳定、促发展”军事化训练，历时43天，全市30个执法部门组成22个方队，1232人受训。

8月22日 全省农业信息化现场会在禹城市召开。禹城被国家工业和信息化部正式授予“国家级现代农业信息化建设试点”，并申请建立“国家农业信息工程中心”。

同月 十里望被评为“全省民族团结进步创建活动示范乡（镇、街道）”。

9月21日 保龄宝公司董事长刘宗利荣获“2012年全国轻工业企业信息化优秀领导奖”。

同月 禹城市89岁的离休老干部、老党员张星南将遗体捐献给山东大学齐鲁医院用做医学研究。

10月11日 农业部部长韩长赋到禹城市检查指导粮食高产创建工作。

10月30日 德国纳特海姆市市长诺伯特·博瑞斯卡率团到禹参观考察，市委副书记、市长张磊代表禹城市与德国纳特海姆市签订《友好城市合作意向书》。

同月 贾娜入选央视《法律讲堂》栏目主讲人。

11月23日 保龄宝公司承担的“功能性低聚糖生物加工关键技术及产业化”项目获得山东省科技进步奖一等奖。省委书记姜异康为公司董事长刘宗利颁奖。

11月28日 举行禹城市徒骇河水利风景区项目开工仪式。

同月 御景苑、福绣水城小区被评为“山东省物业管理优秀住宅小区”。

同月 “千寿牌淀粉糖”产品被中国民营经济知名品牌推进中心、山东省中小企业生产力推进中心评为“知名品牌产品”。

同月 禹城市食品综合检测服务中心挂牌成立。

同月 尼庄配电台区改造升级工程荣获国家电网公司“农网百佳工程”。

同年 毕金菊荣获“全国人民调解能手”称号，贾娜荣获全国法律援助“优秀服务标兵”称号。

同年 开展“绿荫行动”，投入3亿元，实施糖城广场、洛北干渠绿化改造、316省道、101省道、南环路、振兴大道和富华街绿化等6大工程。

2013年

1月22日　禹城市人事局、劳动和社会保障局合并为禹城市人力资源和社会保障局（简称“人社局”）。

1月23日　中国证券监督管理委员会发行审核委员会对保龄宝生物股份有限公司非公开发行股票申请进行审核，获得通过。

同月　禹城计生局被国家人口计生委授予“全国计划生育优质服务先进单位”。

同月　禹王亭博物馆晋升为国家AAA级旅游景区。

2月　龙力生物被中国生产力学会评选为“2012年度创新中国百佳示范企业”。

3月15日　禹城市政务服务中心综合楼交付使用。

3月28日　久和集团鲁樱公司获“2012中国烘焙最具影响力十大馅料企业”称号。

同月　山东龙力生物科技股份有限公司董事长程少博获批享受国务院特殊津贴。

4月2日　德州市委书记、市人大常委会主任吴翠云到禹城调研。

4月8日　禹城市举行信访中心启动仪式。

4月25日　综合高中移交职业中专印鉴校牌，职业中专部合并到职教中心。

同月　地税局税源管理科被中华全国总工会授予“全国五一巾帼标兵岗”称号。

5月6日　全国政协副主席、民盟中央常务副主席陈晓光一行，到禹调研“全面优化制度安排，实现社会保障定型、稳定、可持续发展”课题。

6月　建成1处省级种质资源（黄颡鱼）自然保护区。

同月　建成地震台网中心暨应急指挥中心。

7月20日　在宾馆会议中心礼堂召开中共禹城市委十二届三中全体（扩大）会议。

8月1日　天网工程开工，投入4300万元。

同月　房寺镇被评为“山东省西部经济隆起带经济强镇”。

9月2日　禹城市政府批复通过《禹城市现代城镇体系规划（2012—2030）》。

9月10日　国家卫生和计划生育委员会副主任崔丽一行，到禹城检查督导巩固完善基本药物制度和基层运行新机制情况。

同月　新增1处省级现代渔业园区（禹北省级现代渔业园区）。

10月1日　德州市委书记、市人大常委会主任吴翠云到辛店镇东君万头奶牛牧场项目调研指导工作。

同日　城乡居民社会养老保险基础养老金标准由每人每月60元提高为每人每月65元。

10月16日　新时代购物广场举行开业仪式。

11月14—15日　市中医院正式通过二级甲等中医院评审。

11月22日　国家农业部种植业管理司副司长潘文博到禹城考察10万亩方建设工作。

同月　绿健公司结晶乳糖醇研发成功，成为全球第二家生产企业。

同月　山东省电视台《山东往事——档案背后的故事》栏目组在禹城拍摄《禹城抗日英雄王克寇》。

同月　宜家东苑保障性住房小区一期工程交付使用。

同月　禹城市司法局莒镇司法所所长段小龙被司法部授予“全国模范人民调解员”荣誉称号。

同月　禹城市图书馆获批“国家公共文化政策研究实验基地”。

12月7日　山东禹城农村商业银行股份有限公司（简称禹城农村商业银行）挂牌开业。

12月30日　禹城一中校友许发刚捐建物

理、化学、生物探究实验室善款30万元。

12月31日 禹城胶东村镇银行开业。禹城成为德州市第一个实现国有商业银行、农商行、村镇银行业态并存、体系最健全的县市。

同月 房寺被评为“省级乡村文明示范镇”“全省行政管理体制改革试点镇”。

同月 龙力生物技术中心被认定为“国家级企业技术中心”。

同月 市供销社被中华全国供销合作总社授予“统计工作典型示范单位”。

同月 林业局荣获国家林业局“中国林业产业突出贡献奖”。

同月 禹城市被授予“全省国土资源执法模范县”。

同年 乐农农机专业合作社被农业部确定为“全国农机合作社示范社”。

同年 禹城荣获“全国科技进步先进县市”称号。

同年 禹城市被确定为“全省第二批村路网化示范县”。

同年 禹城市进出口总值突破2亿美元大关。

2014年

1月7日 中国人民政治协商会议第九届禹城市委员会第三次会议在禹城宾馆会议中心开幕。

1月8日 市第十六届人民代表大会第三次会议在禹城宾馆会议中心开幕。市委副书记、市长张磊代表市政府向大会报告工作。

1月10日 《禹城市志》(1986—2010)志稿评审会议召开。

1月20日 全市领导干部会议召开，市委书记、市人大常委会主任张安民就当前工作进行安排部署。

同月 禹城市保龄宝生物、福田药业2家公司被评为第一批省循环经济示范单位。

同月 保龄宝生物股份有限公司承建的功能性生物配料国家地方联合工程实验室被国家发改委批复，系德州唯一、禹城市首个获批的国家地方联合工程实验室。

2月 禹城市保龄宝生物、龙力生物、福田药业、绿健生物、百龙创园5家功能糖企业获得中国生物发酵产业协会组织开展的“第四届全国淀粉糖行业二十强企业”称号。

3月9日 德州市委常委、副市长翟长生，市政协副主席杨光来带领检查组到禹城市检查督导生态建设工作。

3月15日 德州市委副书记、市长杨宜新到禹城参加义务植树活动。

3月20日 德州市委常委、宣传部长单传海到禹城就经济社会成就亮点和乡村文明行动工作进行调研。

3月25日 在上海举行的中国微生态肠健康工作新闻发布会上，禹城荣获“中国微生态肠健康产业集群城市”称号，龙力、福田、保龄宝等六家功能糖企业获得“中国微生态肠健康工作优秀企业”。

3月30日 德州市委书记、市人大常委会主任吴翠云到禹城检查指导生态禹城建设工作。

4月1日 召开农村土地承包经营权确权登记颁证工作动员会议。

4月16日 国家环保部财务处副处长杜会杰到禹城调研指导经济社会发展及环保工作情况。

4月21日 省人大农业与农村委员会主任委员战树毅带领调研组到禹城调研供销合作社发展情况。

5月7日 省政府副秘书长、省食品药品监管局局长马越男到禹城视察食品药品机构改革和食品药品监管工作。

5月9日 德州市乡村文明行动现场推进

会议在禹城召开。

同日 山东广播电视大学禹城分校在禹城职教中心成立。

6月7日 禹城市城区社会事务管理机构揭牌成立。

7月17日 司法部原部长高昌礼到禹城调研。

8月 禹城东方大厦（集团）有限公司，被评为国家级“守合同重信用”企业，系禹城市第三家。

9月25日 国家发改委价格司调研组到禹城调研秋粮、生猪等重点农产品生产和市场价格情况。

10月10日 中国海军最新型扫雷舰禹城舰入列、命名授旗仪式在辽宁省大连市某基地军港举行，标志该舰正式加入人民海军战斗序列。

11月21—22日 国家统计局投资司司长贾海带领调研组到禹城调研固定资产投资统计制度改革试点工作。

2015年

1月15日 禹城市跻身全国水价改革综合试点示范（项目）80个试点县行列，获批专项资金1000万元。

2月1—3日 中国人民政治协商会议第九届禹城市委员会第四次会议在禹城宾馆会议中心召开。

2月2—3日 禹城市第十六届人民代表大会第四次会议在禹城宾馆会议中心召开。

2月4日 副省长赵润田到禹城调研水利工程建设情况和农村饮水安全工作。

3月13日 德州市委书记、市人大常委会主任吴翠云到禹城调研。

3月18日 省政协副主席陈光带领调研组到禹城市就促进省经济园区转型升级创新发展进行专题调研。

4月17日 副省长王书坚到禹城市调研农村土地征收工作。

5月6日 手机融媒体平台“智慧禹城”上线。

7月2日 禹城市举行国地税融合办税服务厅启动仪式。

8月11日 禹城市十里望回族镇获“全省民族团结进步模范集体”荣誉称号。

8月20日 禹城市被省委、省政府表彰为“省级文明城市”“全省未成年人思想道德建设先进县市”。

同日 禹城辛店镇被中央文明委表彰为“全国文明村镇”。

9月29日 新华社、中央电视台、人民日报等中央主流媒体采访团到禹城市采访融合办税情况。

10月12—13日 国土资源部副部长张德霖一行到禹城市调研经济社会发展及土地资源管理有关工作情况。

10月21日 在辛店镇大秦社区举行全市首届企业德孝文化论坛。

11月10日 辛店镇“沙河辛西瓜”通过农产品地理标志专家组评审。

11月20日 十里望回族镇获“全省民族团结进步模范集体”称号。

11月27—29日 微生物技术国家重点实验室2015学术年会暨禹城生物工程应用技术研究院对接会在禹城市举行。

11月30日 齐禹抗战纪念馆开馆。

同日 禹城市电子商务园开园。

12月31日 禹城市不动产登记中心成立暨揭牌仪式举行。

同日 中共禹城市委十二届七次全体会议召开，审议《中共禹城市委关于制定禹城市国民经济和社会发展第十三个五年计划的建议》和《中共禹城市委十二届七次全体会议公报》。

同月 禹城市山东龙力生物科技股份有限公司的发明专利“一种高纯度低聚木糖并联产阿拉伯糖和木糖的生物制备方法”获得第十七届中国专利优秀奖。

同月 辛店镇获“2015 发现山东最美旅游风情小镇”称号。

第一篇

政区建置

禹城市志

禹城位于山东省西北部，徒骇河中游。历史悠久，地理位置优越。因大禹在此治水得名，唐天宝元年（742年）置禹城县，城址阿阳城。唐乾元二年（759年），城址徙迁善村（今禹城旧城）。1974年，党政机关、事业单位陆续由旧县城向火车站附近搬迁，形成县城中心。1993年9月9日，经国务院批准，同意撤销禹城县，设立禹城市（县级）。1995年年末，全市辖禹城镇、十里望回族乡、廿里堡乡、石屯乡、安仁镇、伦镇、袁营乡、莒镇乡、李屯乡、辛寨乡、前油坊乡、房寺镇、善集乡、大程乡、张庄镇、梁家乡、来凤乡、辛店镇、张集乡6镇13乡1075个自然村，行政村995个。经多次并乡扩镇，2010年，全市辖高新区、市中街道办事处、房寺镇、辛店镇、梁家镇、伦镇、辛寨镇、张庄镇、安仁镇、十里望回族镇、莒镇乡、李屯乡。境域南北长约58千米，东西宽33千米，总面积990.7平方千米。

第一章 建置 沿革

第一节 位置

禹城市位于德州市南部，北纬36°40′—37°12′，东经116°23′—116°45′。京沪铁路与禹范公路（禹城—范县）、禹垦公路（禹城—垦利）路经市区。总面积990平方千米，南北最长处64.4千米（南自李屯乡王辛庄，北至辛店镇后郭屯），东西最宽28.8千米（东自市中办昝家坊子，西至房寺镇李庄）。南部、东南部与齐河县接壤。市政府驻地至齐河县界（禹城王字庄火车站）8.75千米，至齐河县城（晏城车站）21千米；东北与临邑县毗邻，至临邑县界（禹城张汉桥）10千米，至临邑县城37.5千米；西北与平原县相连，至平原县界（禹城翟庄）15千米，至平原县城31.5千米；西与高唐县搭界，至高唐县界（禹城李庄）18千米，至高唐县城38千米。市区至北京430千米，至济南50千米。

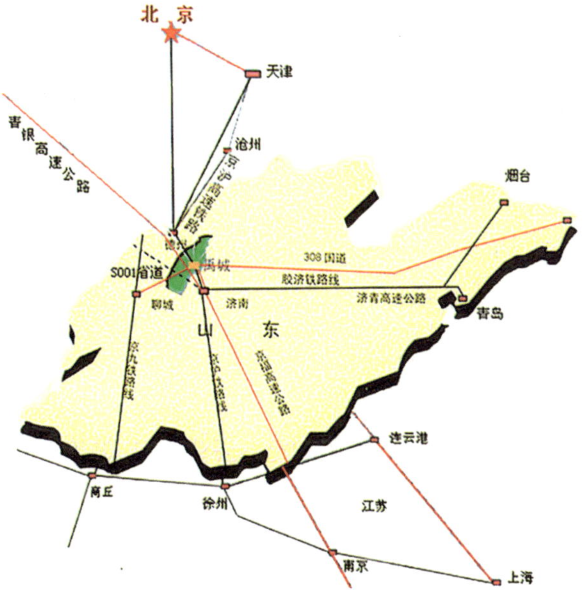

图1-1-1 禹城市地理位置（2010年摄）

第二节 沿革

禹城历史悠久，早在新石器时代晚期，这里就出现龙山文化。唐虞夏商时属兖州。西周属祝地。周武王灭商后，把黄帝的后代封到祝，称祝国，城址在今济南西郊的古城村。东周时属齐国，称祝柯（又名督扬）。秦，改行郡县制，置祝柯县，初归齐郡，秦始皇二十七年（公元前220年）属济北郡。西汉属青州刺史部平原郡，汉高祖十一年（公元前196年）改祝柯县为祝阿县。新王莽汉时（9—24年）为安城县。东汉时复为祝阿县，属青州刺史部改祝阿县平原郡。三国时属魏地青州济南国。西晋，属青州济南郡。东晋时祝阿县升为郡，属青州。南北朝，初归南朝刘宋，宋改祝阿郡为县，属青州济南郡。北魏泰常八年（423年）归北魏。皇兴三年（469年），祝阿县城址自济南西郊古城村迁至齐州西北八十五里的阿阳城，属齐州济南郡。隋属青州齐郡。唐属河南道齐州。唐天宝元年（742年），置禹城县，县城址阿阳城。唐乾元二年（759年）县城守将李铣决河拒敌（史思明）南犯，故阿阳城毁于水，城址徙迁善村（今禹城旧城），仍属河南道齐州。五代十国沿唐制。金时属济南府。金天会八年（1130年），分治齐河县。元代禹城县属曹州。明、清时属济南府。

中华民国元年（1912年），禹城县属山东省济南府。1913年属山东省德临道，次年改属东临道，1926年复属德临道。1928年起属山东省第六行政督察公署。抗日战争时期，

图 1-1-2 “祝阿”碑刻 （2010 年摄）

日伪控制县城和铁路沿线 5 个区，1938 年 4 月建伪县公署，属鲁北道。同年 11 月，中共禹城县委在县境南部（担杖河以南地区）建立禹城县（南部）抗日民主政府，隶属鲁西四专署。1939 年 1 月，在县境北部王寨一带建立禹城县抗日民主政府，隶属冀南行署第七专署。1942 年夏，同齐河县抗日民主政府合并为齐禹县抗日民主政府，隶属冀鲁豫一专署。1943 年 6 月与平原县南部抗日民主政府合并为平禹县抗日民主政府，先后隶属冀鲁边区二专署、渤海区二专署。1945 年 9 月，成立齐禹县民主政府，隶属冀鲁豫一专署未变。1946 年 5 月平禹县撤销，成立禹城县政府，属渤海区泺北专署。

1950 年 5 月，撤销齐禹县，将六个区划归禹城县，隶属德州专署。1956 年 1 月，改属聊城专署。1958 年 12 月 15 日，禹城县并入高唐县，属聊城专署。1961 年 7 月 1 日，恢复禹城县建制，复属德州专署。1993 年 9 月 9 日，撤销禹城县，设立禹城市（县级），至 2010 年未变。

第二章　行政区划

第一节　区划变动

1986 年 11 月 19 日，十里望乡更名为十里望回族乡，原行政区划不变。

1993 年 9 月 9 日，撤销禹城县，以原禹城县行政区域设立禹城市（县级）。

1995 年 9 月 27 日，撤销禹城市安仁乡，设立安仁镇。

1996 年 5 月 3 日，撤销禹城市石屯乡，设立石屯镇。

1997 年 12 月 26 日，撤销禹城市前油坊乡，设立前油坊镇。

1998 年 12 月 23 日，撤销禹城市袁营乡，设立袁营镇。

1999 年，禹城市辖 8 个镇、11 个乡：禹城镇、伦镇镇、房寺镇、张庄镇、辛店镇、石屯镇、安仁镇、前油坊镇、十里望回族乡、廿里堡乡、袁营乡、莒镇乡、李屯乡、辛寨乡、善集乡、大程乡、梁家乡、来凤乡、张集乡。

2000 年 5 月 8 日，禹城市撤销张集乡，将其行政区域并入辛店镇；撤销大程乡、善集乡，将其行政区域并入房寺镇；撤销来凤乡、梁家乡，以原来凤乡、梁家乡行政区域设立梁家镇，镇人民政府驻原梁家乡人民政府驻地；撤销袁营镇，将其行政区域并入伦镇；撤销前油坊镇、辛寨乡，以原前油坊镇、辛寨乡行政区域设立辛寨镇，镇人民政府驻原辛寨乡人民政府驻地；撤销廿里堡乡、禹城镇，以原廿里堡乡、禹城镇行政区域设立市中街道办事处，办事处机关驻原禹城镇人民政府驻地；撤销石屯镇，以原石屯镇行政区域设立禹石街道办事处，办事处机关驻原石屯镇人民政府驻地。2001年撤销禹石街道办事处，将其并入市中街道办事处。

2009年5月，高新区将25个行政村合并为8个社区；市中街道办事处将149个行政村合并为47个社区；房寺镇将148个行政村合并为49个社区；辛店镇将84个行政村合并27个社区；梁家镇将93个行政村合并为30个社区；伦镇将80个行政村合并为28个社区；辛寨镇将78个行政村合并为25个社区；张庄镇将59个行政村合并为20个社区；安仁镇将57个行政村合并为19个社区；十里望回族乡将65个行政村合并为22个社区；莒镇乡将46个行政村合并为14个社区；李屯乡将44个行政村合并为15个社区。

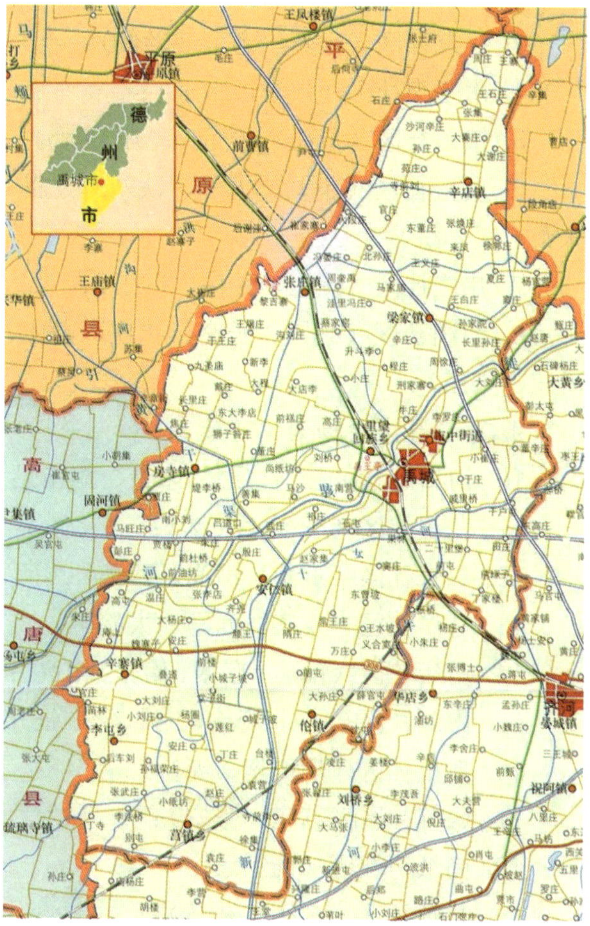

图1-2-1　禹城市行政区划图　(2000年摄)

2010年6月，十里望回族乡以其原行政区域设立十里望回族镇，镇政府驻原十里望回族乡政府驻地。

第二节　区划

至2010年，禹城市城乡区划合并为382个社区（村）。其中新建社区306个，减少村庄628个，村庄合并率63%。至2009年5月合并工作完成，新社区全部挂牌办公，正式运转。

城市社区6处，分别为胜利社区、老城社区、洛北社区、汉槐社区、兴禹社区、嘉合园社区，每处社区均在3000户以上。

全市农村社区（村）名单
（382个）

市中街道（辖38个社区，12个村）：

1. 夏季社区（夏季、范庄、三义庙、路庄、王桥、朱庄、大魏、小魏、王先）；

2. 红旗社区（大纸坊、小纸坊、店子万）；

3. 廿里堡社区（廿里堡西街、廿里堡东街、李庄）；

4. 韩庄社区（小韩庄、维新街、兴华巷）；

5. 任万社区（任庄、万庄、东军张、西军张、唐牌）；

6. 寺后社区（寺后李、张王、刘少胡、白衣堂）；

7. 北环社区（柴庄、朱庄、六楼）；

8. 四新社区（于庄、李庄、红庙、张庄）；

9. 石屯社区（石屯南街、石屯北街、孙庄、栾庄）；

10. 骇河社区（打渔张、秦店子、杨庄）；

11. 郭辛社区（西郭、东郭、义合）；

12. 廿里堡北社区（廿里堡北街、卢庄、小张）；

13. 寨子社区（前寨子、后寨子）；

14. 田孟姜石社区（田庄、石庄、孟庄、姜庄）；

15. 禹石社区（张王、安庄、尚务头、沈庄）；

16. 张陈社区（张陈、罗张、祁庄）；

17. 马屯社区（后马屯、前马屯、薛庄、刘少文）；

18. 杨金社区（杨金、解河、立新）；

19. 屯子社区（后屯、前屯、何庄）；

20. 城角韩社区（城角韩、香坊、花园、周尹、李罗）；

21. 新冯社区（双新、冯庄）；

22. 赵庄社区（贝栾、赵庄、焦庄）；

23. 天宫院社区（天宫、徐庄、前王、后王、王立志）；

24. 罗霍石社区（霍庄、罗庄、石庄）；

25. 唐寺社区（东唐、西唐、王寺）；

26. 邢高李社区（邢庄、杓头李、高庄）；

27. 宋赵社区（赵庄、大宋、小宋、程唐）；

28. 杨城子社区（王庄、高山、杨城子、石老）；

29. 南北庄社区（龙王李、南北庄、常王）；

30. 冢子社区（后冢子、前冢子）；

31. 千户屯社区（北千户、东千户、西千户、朱道口）；

32. 要庄社区（辛庄、要庄、邢庄）；

33. 曹坡社区（东曹坡、西曹坡）；

34. 南陈社区（陈庄、南徐）；

35. 丁刘社区（刘庄、丁楼）；

36. 于安社区（安庄、于庄）；

37. 三友社区（马庄、红布张、路口）；

38. 肖寺社区（肖寺刘、梁庄）；

39. 老城北街村；

40. 老城南街村；

41. 老城西街村；

42. 老城东街村；

43. 秦老村；

44. 杨河套村；

45. 西李泉村；

46. 黄店村；

47. 窦庄村；

48. 月牙湾村；

49. 果林村；

50. 闫庄村。

房寺镇（辖 49 个社区，13 个村）：

1. 房寺社区（房寺、时庄、小李）；

2. 大李店社区（西店、东店、吕庄、邱庄）；

3. 三友社区（小蔡、老范、老蔡）；

4. 木王李社区（户李、木王）；

5. 镇东社区（董庄、孟庄、夏庄）；

6. 友谊社区（小刘、大刘、铁刘、聂庄、张梨、堤李桥）；

7. 焦庄社区（焦庄、张诗、申庄）；

8. 西湖社区（兴国、长李、崔庄、高庄、冯庄、朱庄）；

9. 莲花社区（杨架、马聂）；

10. 河口赵社区（河口赵、东董、胡庄）；

11. 范赵社区（小范、大赵）；

12. 瓜张社区（瓜张、田尚、西孙）；

13. 马侯社区（侯庄、西马、大靛李）；

14. 南店社区（南店、东寨、南张、南高）；

15. 南刘社区（南刘、茂徐、王排、学古张）；

16. 新星社区（坝沟李、庞桥）；

17. 张苏社区（苏庄、张安）；

18. 尚纸坊社区（尚纸坊、于屯）；

19. 马孙社区（东孙、东马）；

20. 陈寨社区（陈寨、绿豆王、东张、杨庄）；

21. 董王社区（董桥、王李）；

22. 李三尖社区（东于、李三尖、臧庄）；

23. 善集社区（善集、孙延、薛赵、罗圈李）；

24. 柳吴社区（小吴、柳连于）；

25. 杨林于社区（杨林、小于）；

26. 南连五庄社区（孙木匠、马沙窝、于庙、大亩杨、郝屯）；

27. 张靳明社区（靳庄、张庄、西明屯、中明屯）；

28. 石桥社区（石门王、杜桥）；

29. 双河社区（吕道口、孙桥）；

30. 南集社区（贾集、南孙）；

31. 朱任冯社区（任庄、南朱、南冯）；

32. 三合庄社区（桥头孙、九圣堂、耿王）；

33. 戴梁社区（戴庄、梁庄）；

34. 乐源社区（北冯、马庙、西霍）；

35. 姜园社区（前姜、后姜）；

36. 霍翟徐社区（南霍、徐翟）；

37. 大程社区（大程、司庄）；

38. 连五庄社区（陈庄、西蒋、卢庄、豆腐李、小程）；

39. 北源社区（苑庄、兰亭杨）；

40. 韩王庄社区（窦王、小韩、王皮）；

41. 福全社区（大店李、吴楼、东蒋）；

42. 邢店社区（邢店　、前禚、张宋、郑牛、魏庄、辛庄）；

43. 五星社区（冉寨、孙王、白庄、颜穆、黑王）；

44. 于王社区（于王　、北马）；

45. 孙楼社区（孙楼　、蔺刘）；

46. 王李霍社区（李大志、王屠、北霍）；

47. 鲁夏社区（南夏、炉坊）；

48. 阳光社区（新邢、周庄、牌坊卢、新李）；

49. 屠夏社区（屠庄、东夏）；

50. 东明屯村；

51. 尉庄村；

52. 东崔村；

53. 虎头尚村；

54. 曲庄村；

55. 大尚村；

56. 崔李村；

57. 狮子咎村；

58. 红星村；

59. 北夏村；

60. 篦子杨村；

61. 石佛寺村；

62. 楼子王村。

辛店镇（辖 27 个社区，5 个村）：

1. 辛店街社区（辛店街、东梁、西梁、东于、西于、李佰辛、范庄、大郭、小周、瓜张、大周、骆庄）；

2. 王寨社区（街南、前郭、后郭、夏庄、街东、街西）；

3. 修庄社区（修庄、张集、陈楼）；

4. 姜牌寨社区（姜牌寨、唐庄、孙庄、李泗湖、苏庄）；

5. 二刘社区（二刘、刘亭、小吴）；

6. 官庄社区（官庄、小崔）；

7. 张西尧社区（张西尧、田楼）；

8. 刘寨社区（刘寨、贾庄、任庄）；

9. 王山社区（王山、陈忠、双庙）；

10. 大秦社区（大秦、张庄、石集、北袁、大谢）；

11. 王彩吴社区（王彩吴、北田、王景吴）；

12. 陈庄社区（陈庄、小蔚、张拐）；

13. 张焕社区（张焕、荣李）；

14. 商庄社区（商庄、小杨、西李）；

15. 窦马张社区（马庄、窦庄、张汉）；

16. 丁刘袁社区（丁庄、东袁、刘庄）；

17. 张寺社区（张寺、侯庄）；

18. 常刘董社区（西董、常刘）；

19. 后徐社区（洪张、后徐）；

20. 秦伦社区（伦庄、秦庄）；

21. 东董社区（东董、周柳）；

22. 田刘社区（前刘、南田）；
23. 邹庄社区（后邹、前邹）；
24. 周栾社区（栾庄、周庄）；
25. 赵庄社区（前赵、后赵）；
26. 西苑社区（西苑、后李）；
27. 沙河辛社区（沙河辛、牟庄、刘景吴）；
28. 王石村；
29. 崔楼村；
30. 刁庄村；
31. 良合村；
32. 大李村。

梁家镇（辖30个社区，14个村）：

1. 张王社区（王白、苑东张）；
2. 梁庄社区（梁庄、小韩、前冯、后冯、吴庄、吴东王）；
3. 崔庄社区（王化屯、崔庄、丈八佛）；
4. 大纪社区（大纪、苑庄）；
5. 牛和屯社区（平和张、牛庄、前屯）；
6. 张吕府社区（东吕、西吕、王灵府、张邦）；
7. 大杨社区（大杨、后屯）；
8. 范庙社区（范庙、小杨）；
9. 西小张社区（西小张、小尹）；
10. 郑王社区（英王、郑庄）；
11. 冷家店社区（东店、西店）；
12. 立新社区（赵门、前张、周庄、徐庄）；
13. 三联社区（小苏、小赵、梁桥）；
14. 惠民社区（桂庄、张老虎、麻庄）；
15. 田尼社区（田辛、尼庄、董西岗、程楼）；
16. 黄徐社区（徐郭、黄召）；
17. 张李社区（东李、东张）；
18. 新陈社区（南陈、十二庙、前查、后查）；
19. 邢寨社区（邢寨、信双、陈双、南小王、小丁、小罗）；
20. 秦李社区（皮李、李功臣、小秦）；
21. 来凤社区（来凤、小宋、北陈）；
22. 杨信李社区（杨庄、信庄、西李）；
23. 木槿王社区（木槿王、小纪、小杜、方庄）；
24. 凤前社区（前张、前孙）；
25. 三院社区（王院、吴院、孙院）；
26. 王寨社区（碱王、明湖寨）；
27. 东王社区（大王、小王）；
28. 王贵庭社区（王贵庭、李官、褚庄、孙坊、杨庙、赵庄、贾庄）；
29. 国屯社区（国屯、小王）；
30. 武庄社区（武庄、东孙、满庄、褚堂）；
31. 五合村；
32. 唐屯村；
33. 齐刘村；
34. 王义村；
35. 毛子张村；
36. 长里孙村；
37. 夏庄村；
38. 杨官营村；
39. 窦庄村；
40. 辛庄村；
41. 大尹村；
42. 双庙屯村；
43. 大杜村；
44. 马庙村。

伦镇（辖28个社区，3个村）：

1. 闫郑付社区（付庄、郑庄）；
2. 堂子街社区（堂子街、禚屯）；
3. 杨桥社区（杨桥、河口赵、朱王）；
4. 秦李庄社区（秦庄、河口李）；
5. 孙张庄社区（河北张、洼孙）；
6. 车站社区（大耿、杜集、贾庄）；
7. 军屯社区（军屯、石虎宋、丁庄）；
8. 张杨社区（靠山杨、生张）；
9. 燕寨子社区（燕东、燕西）；
10. 宋寨子社区（宋寨子、戎庄、小城子坡）；
11. 牌子社区（牌子、郎屯）；

12. 于庄社区（于庄、史庄、义和窦）；

13. 赵梁社区（高庙梁、赵庄）；

14. 孙庄社区（小孙、大孙、张架子）；

15. 朱红董社区（红庙李、董庄、朱庄）；

16. 杨宋社区（东杨、宋庄）；

17. 凤吾社区（张凤吾、沈屯、小辛）；

18. 刘李社区（篚头刘、李茂芝）；

19. 薛官屯社区（薛后、薛前）；

20. 孙李社区（李怀泉、纸古孙）；

21. 五龙社区（水坡杨、五龙寺韩庄、寺前李、小庚、崔庄）；

22. 袁营社区（袁营村、台楼村）；

23. 水坡社区（太合、张水坡、王水坡、刘水坡、解水坡）；

24. 簸箕王社区（唐王、前簸箕营、后簸箕营）；

25. 城子坡社区（毛庄、西城子坡、东城子坡、温屯）；

26. 窦韩岱社区（韩庄、南窦、岱屯）；

27. 河南宋社区（河南宋、安庄、陈栋）；

28. 伦镇社区（北街、北选、东街、西街、南选、官庄、小庄）；

29. 莲红村；

30. 万庄村；

31. 焦寨子村。

辛寨镇（辖 25 个社区，5 个村）：

1. 辛寨社区（辛寨、魏寨子、高楼、石庄、老寨子）；

2. 梁河社区（梁庙、甄杨、李屯子、丁庄、韩高、小杨圈、兴旺）；

3. 尹庄社区（尹庄、苏庄、任庄、邵庄、沈堂）；

4. 油坊社区（前油坊、后油坊、质金赵、温庄）；

5. 安和社区（安庄、谭庄、李庄、佛张、曹庄）；

6. 锦绣社区（郅辛、九寺）；

7. 鑫家园社区（前贾、贾楼、后贾、孙庄）；

8. 贾旺社区（白庄、马旺、圣张）；

9. 马官社区（马官屯、刘方珠）；

10. 崔彭社区（彭庄、崔庄）；

11. 徐各李社区（各户屯、徐楼、纯李）；

12. 鑫苑社区（王坊、大杨、董庄）；

13. 永进社区（后科、前科、徐庄、付杨）；

14. 庵任社区（庵尚、任陈）；

15. 常赵社区（赵庄、常庄）；

16. 李庄社区（小李、大李）；

17. 新和社区（王庄、河西刘、景庄）；

18. 丰陈社区（陈寺、丰收）；

19. 王战社区（王桥、战高）；

20. 洛马佃社区（洛河、马庄、佃李）；

21. 堂李社区（堂子、李楼）；

22. 苗亭社区（亭子、苗庄）；

23. 大刘社区（后刘、前刘、菜园）；

24. 四友社区（糖坊高、前王、后王、吴庄）；

25. 友谊社区（李寨子、官庄）；

26. 于屯村；

27. 先锋村；

28. 杨圈村；

29. 小刘村；

30. 苗刘村。

张庄镇（辖 20 个社区，1 个村）：

1. 张庄社区（张庄、于庄）；

2. 前王社区（前王、杜庄、卢庄）；

3. 前黄社区（前黄、后黄、林庄）；

4. 三庙社区（三庙、后王）；

5. 周庄社区（周庄、高庄）；

6. 黎济寨社区（黎济寨、东赵、西赵）；

7. 琉璃庙社区（琉璃庙、南邢、红庙）；

8. 胡庄社区（胡庄、大犁铧王、小犁铧王、焦庄）；

9. 姚张社区（窑货张、许赵、宋庙、绳王）；

10. 周奎禹社区（周奎禹、姜庄、帽张）；

11. 洼里冯社区（洼里冯、肖庄、何庄）；

12. 贾庄社区（贾庄、刘寺、纪庄、尹公）；
13. 沟刘社区（沟刘、北丘、席头王）；
14. 蔡窑社区（蔡窑、薛庄、南孙、孟庄）；
15. 油坊社区（小油坊、大油坊、农盐、柴堂）；
16. 北孙社区（北孙、杨李）；
17. 大洼王社区（大洼王、小洼王）；
18. 冯晏社区（冯晏、郝胡、北邢）；
19. 大段社区（大段、马庄）；
20. 李元庄社区（李元庄、董庄、毕庄）；
21. 宗集村。

安仁镇（辖 19 个社区，1 个村）：

1. 安南社区（孙庄、芦庄）；
2. 赵楼社区（赵庄、后楼）；
3. 于楼社区（前楼、于庄）；
4. 合福社区（隋庄、于孟、小付）；
5. 河东社区（碾子刘、俭刘、姚宋、马庄）；
6. 贾寺社区（贾庄、前寺、后寺）；
7. 福荣社区（孟庄、魏栗、武庄）；
8. 赵集社区（韩庄、赵集东街、赵集西街）；
9. 绿鑫社区（大卢、大杨）；
10. 北赵社区（西赵、瓦王、东赵、东西路）；
11. 冯旺社区（冯旺、殷庄、刁杨郭）；
12. 李陈社区（张李店、陈庄）；
13. 三合社区（张庄、李庄、高庄）；
14. 涳冯社区（涳河涯、冯庄）；
15. 药王社区（药王、黄庄）；
16. 庞家庄社区（庞李、东庞、庞桥）；
17. 齐尧刘社区（刘庄、齐尧）；
18. 安仁街社区（南街、东西街、北街）；
19. 王子付社区（王子付、义合王、小卢、颜坊、三里、高老吾、周庄、大付、食合杨）；
20. 齐庄村。

莒镇乡（辖 14 个社区，4 个村）：

1. 齐集社区（齐集、马庄、小邵、靛王、碱李、袁庄）；
2. 司庄社区（司庄、南许、东赵、北徐、赵堂、任庄）；
3. 幸福社区（芦堂、徐桥、张段）；
4. 杨集社区（杨集、前庙、别屯）；
5. 白庄社区（白庄、皮王、魏庄、后庙）；
6. 季庄社区（季庄、牛王、小樊）；
7. 姜庄社区（后刘、姜庄、金李、前刘）；
8. 付堂社区（付堂、付王、皮孙）；
9. 三和社区（梁庄、楚庄、河南张）；
10. 大郑社区（大郑、小郑、香李）；
11. 小庄社区（神庄、小庄）；
12. 双兴社区（大侯、水牛李）；
13. 董屯社区（董屯、贾庄）；
14. 兴隆社区（宿楼、邓庄）；
15. 徐集村；
16. 纸坊村；
17. 郭牛村；
18. 莒镇村。

十里望回族镇（辖 22 个社区，12 个村）：

1. 殷曲社区（殷庄、曲庄）；
2. 粉王社区（粉王、司庄）；
3. 牛徐社区（徐庄、牛庄）；
4. 十里望社区（十里望、柴庄、冉庙）；
5. 宋家河套社区（宋庄、后河、万庄）；
6. 王楼社区（大王楼、小王楼）；
7. 店张社区（店子、张庄）；
8. 谷庄社区（前谷、后谷）；
9. 盐官社区（盐池崔、官道张）；
10. 韩寨社区（韩寨、南陈）；
11. 郭庄社区（郭庄、冯庄、宗庄）；
12. 黄桥社区（刘普站、张韩杨、黄桥）；
13. 邵吴社区（大邵、小邵、吴庄）；
14. 站北社区（孙西、孟楼、李庄、孔庄）；
15. 桥西社区（西大桥、前邢、后邢、牟庄）；
16. 北马社区（北马、崔庄、龚庄、杨庄）；
17. 郝高屯社区（朱屯、郝庄、高板、田屯）；
18. 庞集社区（大庞、小庞、程庄、升斗李）；
19. 站西社区（南马、杨楼、方庄、袁庄）；

20. 骇河社区（范庄、前高、后高、小韩、小王）；

21. 刘石张社区（张王芦、刘庄、石佛院）；

22. 尹彭社区（彭庄、尹庄）；

23. 南营村；

24. 小白村；

25. 前河套村；

26. 高庄村；

27. 毛园村；

28. 田庄村；

29. 后禚村；

30. 金庄村；

31. 大白村；

32. 孙东村；

33. 刘桥村；

34. 御桥韩村。

李屯乡（辖 15 个社区，5 个村）：

1. 李屯社区（李屯、李庄、崔庄、小石、小冯、后刘）；

2. 同新社区（欧庄、后赵）；

3. 兴隆社区（兴隆、孙塘、前刘）；

4. 新河社区（坡吴、朱庄）；

5. 梁庄社区（邵庄、梁庄、小杨）；

6. 四季社区（单庄、梨杭、郭屯、倪庄）；

7. 将军庙社区（前庙、后庙）；

8. 育新社区（张武、大纸坊、后武、李尚吴）；

9. 柳鞠宋社区（柳庄、鞠宋）；

10. 程徐社区（徐庄、程庄）；

11. 连六高社区（新高、老高、袁庄、棚赵、小王、铜赵）；

12. 富康社区（大冯、打渔高、史庄）；

13. 焦王社区（焦庄、张王）；

14. 白布高社区（东白布高、西白布高）；

15. 曲季社区（曲庄、季庄）；

16. 水寺村；

17. 李法桥村；

18. 王辛村；

19. 孙富荣村；

20. 丁寺村。

高新区东城街道（辖 16 个社区，4 个村）：

1. 花园社区（祝庄、彭庄）；

2. 六和社区（单堂、前油坊、后油坊、西孙、纪庄、崔庄）；

3. 马桥社区（戚家桥、马店）；

4. 群贤居花园社区（张相老、火盆李、南七里堡、南于）；

5. 顺和社区（草寺、高寨、张道口）；

6. 先锋社区（东李泉、王火、李老）；

7. 杨桥社区（五里杨、三里杨、三里桥）；

8. 姚高社区（姚高、吴东安、小魏）；

9. 韩庙社区（韩庙、北于）；

10. 东西陈社区（东西陈、小洼）；

11. 大刘社区（大刘、史张营）；

12. 薛庙社区（薛庙、菜园）；

13. 五联社区（田杨、东孙、许堂、北徐）；

14. 新合社区（邹庄、胡庄）；

15. 东辛社区（东辛、北赵、邱生屯、昝坊）；

16. 李路三社区（后李、前李、路庄）；

17. 北七里村；

18. 魏寨村；

19. 庞店村；

20. 韩庄村。

第三章 乡镇（街道）概况

第一节 市中街道

一、地理位置

市中街道办事处位于禹城市中心，由原城关镇、十里堡乡和石屯镇合并而成，是禹城市政府驻地，全市政治、经济、交通、文化中心。2010年，总人口13万，其中农业人口6万，辖50个社区、村（包括38个社区和12个行政村）和6个居委会，辖区面积181平方千米。

二、自然条件

该处地势西南高，东北低，地势平坦，属典型冲积平原地质区。土壤类型以潮土为主。属暖温带半湿润季风气候区，多年平均气温在13.1℃左右，平均降雨量582毫米，太阳辐射总量5225兆焦/平方米，日照时数2640小时，≥0℃积温4951℃·d，≥10℃积温4441℃·d，无霜期200天，光热资源丰富，雨热同期，利于农业生产。地下水资源丰富，引黄灌溉条件良好。全处境内有徒骇河、赵牛河、赵牛新河、苇河等主干河道、沟渠20余条，为农业生产提供灌溉条件。

三、经济发展

（一）种植业。20世纪80年代初，农业以粮棉种植为主，基本没有经济作物种植，蔬菜种植基本属于自给自足。90年代，该处进行种植结构调整，着力发展果蔬种植。1991年开发蔬菜基地，引进稀有蔬菜品种。从寿光高薪聘请蔬菜技术员，建冬暖式蔬菜大棚186个，蔬菜总产量475万千克，总收入180万元。1994年，石屯乡植树12.8万株，果园面积8000亩，被德州地委、行署授予“林果明星乡”称号，被全国绿化委员会授予“全国造林绿化百佳乡”称号。2000年，明确“稳粮、扩菜、培瓜、兴木”的农业发展目标，构建“20公里蔬菜长廊”，经过引导带动，至2006年以立新陆地菜、冯庄小拱棚、石屯高温棚为典型代表的“20公里蔬菜长廊”形成雏形。2010年，打造宋夏路沿线冬暖大棚和露地菜“精品一条线”，完善蔬菜生产合作社和禹城市蔬菜批发市场服务功能，1年内新增瓜菜面积8000亩，冬暖式蔬菜大棚3000个。特色农业方面，培植壮大富硒梨、沈庄甜玉米、王桥鱼藕混养、刘少胡鲶鱼养殖、马屯金针菇工厂化养殖等亮点。林业生产方面，打造京福、青银高速沿线和曹坡方农田林网“两线一片”生态建设。

图1-3-1 市中街道办事处办公楼 （2010年摄）

图 1-3-2 市中办商户展示富硒玉米 （2010 年摄）

（二）畜牧养殖。1986 年畜牧养殖业开始起步，实行畜禽防疫统筹，防疫人员分片包干，责任到人。20 世纪 90 年代普及秸秆青贮新技术，推广饲草新品种，普及法国利木赞牛与当地黄牛杂交，产生第一代肉牛。引进瘦肉型长白猪种与当地品种杂交。培养发展养殖生产专业村 30 多个，全镇规模化养殖成型。1994 年原石屯乡被省畜牧局评为“山东省畜牧业强乡”。2000 年，按照“一场”（规模养殖场）、“两专”（专业村、专业户）、“三服务”（资金、技术、售后服务）工作思路，发展畜禽养殖。培植息森奶牛、柴庄生猪、特种猪繁育、后马屯合同鸭、南北庄肉蛋鸡等畜牧生产，至 2010 年，该处有畜牧小区 330 处，奶牛存栏 2000 头、特种猪存栏 1200 头，生猪存栏 15 万头、鸡鸭存栏 570 万只。

四、财源建设

（一）民营经济和个体私营经济。20 世纪 80 年代初，确定工业主导带动战略。最初以民办企业和公私合营企业为主，企业规模不大。主要以建材、纺织、建筑、服装、机械加工为主。1986 年处办企业达到 30 家，村办、个体私营经济达 30 余家。初步形成 20 个门类 9 个系列工业格局。1988 年，抓企业管理体制改革，实行承包责任制，全处民营经济生产得到发展。1995 年处办企业 40 余家，个体工商业户达到 2000 家。民营经济大户达利毛绒制品有限公司，1995 年出口交货值达 124 万美元，累计缴纳税金 300 万元。禹王实业公司属北街村办企业，由食品、化工、医药、建材、建筑、印刷等行业的 10 个企业组成。总资产达 12160 万元，实现利税 1200 万元。1998 年，按照“膨胀总量、发展特色、建设小区、培植大户”发展思路，发展民营企业。浙江和丰食品有限公司投资 500 万元，建成禹城分公司；10 月，投资近百万元建起 1 处占地 40 亩的塑料加工小区，安置 31 家加工户进入小区，产值达 24 万元；山东六和集团投资 1800 万元扩建规模，全年实现产值 6000 万元。1999 年对集体企业进行改制，最大限度盘活存量资产。建成 600 亩第一民营工业育雏园和 500 亩第二民营育雏园。2010 年，完善禹石商贸街、丁字民营路、禹石蔬菜批发市场、禹石民营经济园区、两站街商贸区、老城里等十余个商贸聚集点。集贸市场达 58 个，专业市场 35 个，年市场交易额 7.8 亿元。

（二）招商引资和项目建设。20 世纪 90 年代，开始引进外资，并着力培植骨干企业，企业带动作用凸显。2000 年，该处企业达 50 余家。之后，各类经济实体迅速壮大，企业数量不断增加，禹王制药、鲁银羊绒、金冠蛋白、恒特机械逐渐发展成为龙头企业。2006 年，该处大小企业发展到近百家，限额以上企业达 53 家，2008 年限额以上企业达 75 家。2010 年，该处引进总投资50亿元万杰化纤布项目；投资7.5亿元风磁发电项目，投资6.6亿元益同科技项目。

五、社会事业

（一）教育。20世纪80年代初，有4所初中、19所小学，在校学生计19000余人，教师1100余名。全处中小学普及率、入学率、巩固率均100%，设有幼儿园29所，幼儿班86个，人数2880人，幼儿教师900名。1990年全部校舍达到“六配套”标准。1995年筹款185万元，建成规模36个班的镇中教学楼。1997年投资760万元，兴建禹城镇中学，在德州市乡镇中学率先配备英语语音教室和微机室。2000年，音体美、电教、图书等配套建设得到完善，各项指标达到省定标准，学校管理工作走上制度化、规范化轨道，教学质量明显提高。2010年投资5000万元修建教学楼4座。幼儿、小学、初中适龄入学率100%。

（二）卫生。1986年，卫生院推行管理体制改革，调动医护人员积极性，农村卫生工作开展甲级卫生室达标活动。1992年投资70万元，建成石屯卫生院大楼，建筑面积1600平方米。1997年筹集资金10万元，增设病房10个单元，解决病人入院难问题。至2010年，辖区内有医疗机构45所，医生564人，拥有病床450张，全处137个村设有卫生室，有医务人员274人。

六、基础设施

（一）公路。1986年，以整修路面为主。原石屯乡于1989年建丁字路和天宫路各一条，全长8.5千米，1990年，拓宽梁王路和宋夏路12.5千米。1995年，实现村村通柏油路。原二十里堡乡1992—1995年铺沥青路面50千米，初步实现乡公路全面硬化。1998年，总投资600万元，硬化路面56千米，实现村村通公路。1999—2000年，禹石街道办事处投资40万元硬化路面70千米。至2010年，村村通柏油路，通客车，农村公路通车里程达3万千米。

（二）供水供电。2007年起逐步实现村村通自来水，有深水机井568眼，变电站8座，供电线路65条，满足村庄供电需求。有线电视入户率达90%以上，可收看39套有线电视节目。

七、合村并居

2007年，在社区建设方面，开创以红布张为代表的城中村小高层模式、以任庄为代表的城郊村将军楼模式和以夏季社区居民楼为代表的“3+1”（三层住宅一层车库）宜农宜居模式。至2010年，拆迁村庄20余个，涉及1万余户，拆迁面积100万平方米，建成社区12个，面积100万平方米，安置回迁户1万户。腾空土地1000余亩，实现退耕还田946亩。市中办原村均人口399人。2008年10月，按照六种类型进行合并，组建5个城中村改造聚合型、3个农村社区聚合型、8个农事村办型、12个邻村合并型、2个产业联结型和8个自然村恢复型社区。保留12个行政村。合并后村庄数减少113个，整合率69.32%，村均人口850人。

图1-3-3　夏季社区新居（2010年摄）

八、防汛工作

2010年8月，该处遭遇百年不遇强降雨，加之上游客水下泄，该处防汛工作形势严峻。途经该处 20 条河流均不同程度出现险情。面对严峻防汛形势，该处成立抗洪防汛指挥部，下设办公室，第一时间启动防汛预案，班子成员、管区书记、机关干部和辖区内村庄的抗洪抢险分队进行分工，责任到人，备足备齐防汛物资，并按照要求运送到指定险患地点，徒骇河、洛北干（涞清河）等所辖河段和 6 个闸口实行昼夜值班，24 小时巡回看护。8 月 13 日，徒骇河、赵牛河汛情告急，该处立即组织处于沿岸低洼地段的月牙湾、杨河套、刘少胡等 14 个村庄的群众转移，撤离群众 2093 户，8360 多人次，保障群众的生命财产安全。

抗洪抢险工作持续近一个月时间，市中办投入人力 10000 余人次，拨付专项资金 1175 万元，投入大量的编织袋、铁锨、檩木等抗洪物资，将汛情造成的损失降到最低限度。此次汛情，造成该处 2500 亩玉米绝产，1230 所房屋损毁，650 个蔬菜大棚倒塌，造成直接经济损失 2426 万元。

第二节 房寺镇

一、地理位置

房寺镇位于禹城市西部。镇驻地房寺街位于北纬 36°54′，东经 116°28′。山东省 316 省道自东向西横贯全镇并从镇驻地穿过，禹西连接路在镇驻地西侧向南，把“316 省道”与“308 国道”连接在一起；引黄路在镇驻地北，向西与平原县相接，交通便利。全镇总面积 140 平方千米，南北长约 18.3 千米（南自明屯北至贾赵），东西宽约 13.4 千米（东自董桥西至大靛李）。西部、西北部分别与高唐县和平原县接壤。北部、南部分别与张庄镇和辛寨镇相连，东部与十里望回族镇和安仁镇毗邻。镇政府驻地至禹城市中心约 15 千米，距高唐县城 25 千米，至高唐县界 3 千米。

图 1-3-4 房寺镇获得荣誉奖牌（2009 年摄）

二、自然条件

房寺镇地貌为冲积平原，地势自西南向东北倾斜，总坡降 1/8000—1/10000，平均海拔约 22 米。

由于古黄河泛滥的影响，微地貌比较复杂。主要有高坡地、平坡地、浅平洼地。影响农业生产较大的是高坡地和浅平洼地。分别占可利用面积的 13%、8%，分布在南部和西北部。

土壤可分为潮土、盐土两大类，均质壤、厚粘腰、厚粘心、厚沙腰、厚粘底、薄粘底、薄粘腰 7 个土型。

房寺镇四季较为分明，25 年来，气候冷热变化有不规律趋势。

春季，气温变化大，降水少，多数年份干旱、多风，春末夏初多干热风。

夏季，高温，降水多，多暴雨。降水年际变化大，有夏涝，也有夏旱，前者出现概率较高。部分地区发生冰雹，时间多在 4—8 月。

秋季，气温变化及日温差都较大，降水较少，仲秋之后，气温渐降。

冬季，气温低，连续低温一般在12月下旬至次年1月中旬，降水稀少，一般年份最大雪深度3—9厘米。多年平均连续冻土64天，最深冻土厚度约35厘米。冷冬占11%；暖冬占9%，并有增多趋势。

光照资源丰富，云雾是影响日照的主要因素。

辐射能满足农作物的热量需求。

气温最热在7月份，最冷1月份。年均相对湿度8月份最大，4—5月最小。

一年中，西南风最多，其次是东北风，春季风速最大。

镇域河流属海河水系，徒骇河流域。多人工河道，引黄总干渠覆盖大部地区。主要河流有徒骇河、团结沟（赵公沟—老徒骇河）、丰收河、西普天河、引黄干渠。

房寺镇总面积140平方千米。其中耕地11万亩，人均约1.5亩。

三、经济发展

1995年前，房寺镇进行方田化建设，路边种植用材树，边坡种植紫穗槐、棉柳条等护坡灌木，主路一侧（靠沟侧）建有3—5米的林带，达到沟、田、路、林综合治理的目标，被山东省、德州市推选为黄淮海综合开发典型。1995年后，镇党委、政府把荒洼地开发当作重点，按着台田—鱼池模式，开发西北荒洼地上万亩，建成生态观光园，亩增效益800元，1996年，获联合国有关组织颁发的农业综合开发生态项目一等奖。

（一）粮棉生产。房寺镇是传统的粮棉产区。1985年前后粮棉连年丰收，农民种植热情高涨，粮棉种植是群众主要收入来源。粮食作物主要有小麦、玉米、大豆等。小麦主要品种有“鲁麦1号”“豫麦8号”，单产一般可达600—700斤。1990年后，亩产多在800—1000斤。玉米主要品种有“掖单4号”“农大108”“登海1号”等。黄豆主要品种有“摇山滚”等。棉花主要是“三七系”新品种，“三七系”具有种子小少，皮棉衣分长，皮棉产量高等特点，但出苗不旺，不易保全苗。棉铃虫害发生严重，相继推广“抗虫棉”“转基因抗虫棉”等品种，使房寺镇一直保持“棉乡”的优势。随着外出打工人员越来越多，加之棉铃虫灾害严重，耗费人工的棉花种植逐渐萎缩。1995年后，随着产业结构调整，以瓜张管区为核心，推广棉花与马铃薯套种技术，使每亩棉田产值达到1600—1800元。2010年棉价上涨，种植面积小幅上扬，全镇种植棉花约有8000亩。

（二）蔬菜生产。1990年前，蔬菜种植以农民在自家自留地种植，自种自吃为主。1991年，东孙村孙长怀建起全镇首个蔬菜大棚，占地0.8亩，种植嫁接黄瓜，时价达5元/斤。

图1-3-5 邢店村蔬菜种植 （2005年摄）

引发群众的大棚种植热情，陆续有东明、靳庄、马孙、南店、南张、邢店、聂庄、胡庄、张扬、李大志等村建起蔬菜大棚。1995 年，政府倡导调整种植结构，推广土豆、拱棚韭菜种植，蔬菜种植规模趋大。至 1999 年，全镇蔬菜大棚有千余个。2002 年始，群众陆地种植以芹菜应时蔬菜为主，2010 年芹菜种植面积有 2000 亩以上。形成张靳明社区、邢店社区两个成熟的大棚蔬菜基地，年产值 2300 万元。

（三）畜牧养殖。1986 年，镇党委、政府采取政策驱动，科学引导，大户带动等方法，抓规范饲养。1987 年大牲畜存栏 5329 头，1991 年引进“利木赞”黄牛冷配技术，当年配种 600 头，引进“时格瘦肉型”种猪配种，当年产仔 500 头。2000 年，镇政府倡导调整农业结构，提供建筑材料及贷款扶持，多数村都建起一定规模的鸡棚、猪舍、羊圈，规模养殖方式被人们接受。2003 年，形成以邢店、瓜张、篦子杨为龙头的奶牛养殖基地。至 2010 年，全镇存栏肉牛 9000 头，奶牛 5000 头，羊 40000 只，蛋鸡 65 万只，肉鸡 90 万只，猪 11 万头，蛋鸭 100 万只，肉鸭 15 万只，兔 40000 只，鸽子 20000 只，山鸡 11000 只。

（四）林业生产。1985 年，全镇森林覆盖率 35%，1992 年成立护林专业队，制定林木管护制度，使林木保活率、保存率在 95% 以上。2003 年后，以建设绿色通道、优化居住环境为重点开展林业建设，沿山东省 316 省道、青银高速、徒骇河二滩，引黄干渠、禹西开发区成片造林，年均植树 60 万株，2010 年森林覆盖率达 46%。树种以速生杨和景观绿化树（冬青、刺槐、垂柳、法桐、芙蓉等）为主。林业经营上，以瓜张、庞桥为中心的木材运销业，从业人员近千人。以瓜张、庞桥、禹西开发区为中心的木材加工业。二者年产值过亿元。

四、财源建设

1986—2001 年，财税收入以征收农业税为主。2001 年以后，取消农业税，政府财源建设重心转移到民营经济，主抓招商引资和项目建设，财税收入转移到第二、三产业。

（一）民营和个体经济。1986 年，镇党委、政府把镇办企业作为强镇富民的工程来抓，加快企业改革，1991 年企业总产值 2550 万元。扶持通用机器厂、管模厂、砖瓦厂、机修厂、建筑公司等规模企业，1995 年企业总产值 4.1 亿元。1996 年成立民营经济委员会，建立商贸小区，吸引私营业户，1998 年全镇个体工商业户达 1800 家，实现税金 120 万元。2000 年全镇抓骨干企业培植，实施技术革新与改造，投资 500 万元完善禹西工业育雏园建设，培植兴国、长李等 11 个农副产品运销专业村，南刘等 6 个缸套加工专业村，柳连于等 18 个食品加工专业村。

（二）招商引资。房寺镇突出抓专业队伍招商，在全市率先提出“三三制”用人体系。2001—2005 年，共引进项目 56 个，投资 3000 万元以上项目 11 个。包括投资 1.5 亿元的年产 1 万吨结晶麦芽糖醇和年产 3 万吨结晶葡萄糖项目。2010 年财政收入完成 2.4 亿元，是 2009 年 1.04 亿的 2.3 倍多，成为德州市率先突破财政收入过 2 亿元的乡镇。全镇规模以上企业 36 家，培育形成生物产业、装备制造、绿色食品、能源发电、新型建材五大特色产业集群。2010 年引进、实施重点工业项目 14 个，总投资达到 33 亿元。其中总投资过 5 亿元的项目有“3 万吨大型铸件”“MW 级风电主轴”等 6 个。

五、小城镇建设

1986 年，对原街道进行拓宽建设，对集市进行划行归市。1990 年，房寺镇委托德州市城镇规划设计院对镇驻地编制总体规划，邀请省城乡规划设计院进行评审论证。投资 5000 万元开发永莘公路两侧的经贸小区建设，完成“三纵三横”主要街道的顺直拓宽，路面硬化，下水道建设等工程；沿街开发建设楼房

180余座，累计建筑面积11000平方米，楼房率达80%。该镇以规模建设、自然条件、交通区位、工业民营、生态旅游观光五个方面的优势，被德州市划为禹城市唯一中心镇。2000年，先后三期建设，建成交易大棚、营业楼、综合检测服务中心等，营业面积达3万平方米，交易摊位1000个，吸引固定商户300户，建设三纵三横6条主街道，硬化路面5千米，沿街栽植黄金柳1200株，绿化草皮3000平方米，增上路灯120盏，投资120万元铺设5万米管道，完善自来水、排水等基础配套设施。成为全国“百个小城镇建设试点示范镇”。2010年7月，禹城市委、市政府确定实施“突破房寺”战略，房寺镇实施小城镇“三路、一广场、一中心、一改貌” 六大基础工程和城镇建设五大类十四个重点工程。民生投入较多，重点实施投资500万元面积2500平方米的省级规范幼儿园、投资1.1亿元的省级规范化中学、房寺社区、邢店社区等十大民生工程，社会投入5亿元。社会和谐稳定，探索实践“大禹维稳工作法”，建立社会矛盾预案排查、矛盾处结、便民服务三大体系，信访案件大幅下降，一批信访积案得到化解，一些矛盾从源头得到化解。连续多年被山东省和德州授予“平安乡镇”“社会稳定先进单位”称号。

六、社会事业

（一）教育。1986年在校学生2万余人，教职工千人左右。抓教育体制，深化教学改革，业务上开展十达标活动，教学质量大幅度提高。初中毕业生41%升入高中、中等专业学校，升学率全县第一名。1994年，在省政府办公厅、省商业厅的帮助下，投资43万元，把原房寺北街小学改建成德州市第一所希望小学。1995年，投入100万元，建成高标准镇中一处，实验设施达国家二类标准。初中升学率提高到46.8%，3—6岁幼儿入园率78%，扫盲工作经德州地区验收合格，成人教育获得德州地区“示范成教中心先进乡镇”称号。至1998年，由应试教育向素质教育转轨，全镇幼儿、小学儿童入学率、巩固率、毕业率均达100%，初中升高中106人，升中专49人，列全市第一名。2005年，全镇各级各类学校21所，教职工494人，在校生4675人。2009年，实施教师聘任制和绩效工资考核。

（二）卫生。1986年镇医院有职工29名，村卫生室42个。1995年全镇农民实行合作医疗，每户一卡，查体、透视等辅助治疗检查免费。卫生队伍不断壮大，村村建起卫生室。1999年全镇实现农村卫生组织一体化管理，2000年镇卫生院3处，病床100张，医务人员235人，乡村医生160人。全镇儿童免疫率达到100%。同年镇政府投资26万元，用于改善医疗设备、培养技术人才，配备“120”急救车，加快卫生事业发展。2005年，投资200万元兴建镇医院门诊大楼。2010年房寺镇房寺医院和大程医院被评为一级甲等医院。

七、基础设施

（一）公路。1986年，主要村级道路整修成宽敞、平整的土公路。1990年，房寺、南刘、兴国、小范、聂庄等村进行主要街道硬化。1999—2000年，全镇新修公路58公里，通柏油路的村达到60%，初步实现国道、省道、市镇道路的网络化。拥有客运车辆16部，出租车26辆，日客运能力超过1000人。2005年，全镇162个村均通柏油路，境内有一路、三路、五路等三条公交线路，平均每9分钟一个班次，设有庞桥、陈寨、大程、明屯、善集、禹西开发区等公交站点。日发送客流量2000人次。至2010年，全镇通柏油路190公里，316省道辐射周围道路带动房寺镇运输迅速发展。

（二）供水。20世纪90年代末，兴国村在全镇率先让农户用上自来水。2007年，实施村村通自来水工程，打深井11眼，铺设管道300公里，受益群众6.8万人。按照集中连片供水

图 1-3-6 房寺镇张新明社区支部选举现场 （2009 年摄）

的原则，成立镇自来水管理公司，设立抢修小分队。抢修规定小修时间不过 4 小时，大修不超 8 小时，确保群众用水及时、方便、安全。

八、合村并居

房寺镇总面积 140 余平方千米，辖 162 个行政村，7 万人口。2009 年，进行村庄合并。按照城乡一体化的发展思路，突出“小村向大村集中、弱村向强村集中、农民向城镇集中”的“三集中原则”，分期分批，循序渐进，梯次推进合村并居。充分考虑和尊重农民切身利益和发展要求，尊重地方历史文化和自然生态环境，听取基层农民群众意见建议，因地制宜，因村制宜规划设计，由原来的 162 个自然村合并为 62 个社区（村），减少 62%；村均人口由 414 人增加到 1074 人，增加 159%。新成立的 49 个社区于 2009 年 5 月全部挂牌办公，实现无振荡平稳合并。

第三节 辛店镇

一、地理位置

辛店镇位于禹城市最北部。镇驻地位于北纬 37°10′，东经 116°69′，全镇总面积 93.1 平方千米，南北长约 14.1 千米（北自后郭南至张焕），东西宽约 10.4 千米（东自东袁西至西董）。东北部、北部、西部分别与临邑、陵县、平原交界，西南部、南部分别与张庄镇、梁家镇相连。镇驻地至禹城市中心约 20 千米。至临邑、陵县、平原县城分别为 18 千米、26 千米、23 千米。镇区北部位于胜利油田临盘采油厂腹地，石油、天然气等矿产资源丰富；镇区南部拥有山东省内最大的 500 千伏高压变电站，京沪高铁、禹王路、山东省 318 省道穿境而过，镇内林木繁茂，环境优美，城乡公路四通八达，网络通信无缝覆盖，基础设施配套完善。

二、自然条件

辛店镇属典型大陆性半湿润季风气候。四季分明，年平均日较差 29.9℃，年均气温 13.1℃，大于 10℃积温 4440.9℃；热量充足，全年日照 2639 小时，其中 4—6 月 780 小时，7—9 月 669 小时，全年太阳辐射量 522.44 千卡 / 平方厘米，农耕期 441.3 千卡 / 平方厘米，可满足一年两熟或两年三熟的农作物种植；降水适中，最大年降水量 1144.4 毫米，最小年降水量 239.0 毫米，年均降水量 616 毫米，年降水多集中在 6—8 月，占全年总降水量的 68.1%。属正常年的概率为 53%，干旱年 16%，湿涝年 31%；地下水资源丰富，正常年平均地下水位 1.8 米；地处黄河故道，土壤以沙壤土为主，其中镇北部（以沙河辛为中心）最为典型，土层深厚，有机质含量 0.8% 以上，速效 N > 7PPM，速效 P > 14PPM，速效 K > 11PPM。镇内主要河流有幸福河、丰收河、朱家河。

三、经济发展

辛店地处黄河故道，原为盐碱贫困镇。20

世纪70年代，中科院驻镇进行防沙治碱改良，获得成功。1988年，国务院总理李鹏视察时题词："沙漠变绿洲、科学夺丰收"，农业发展由此全面提速。2010年，全年农林牧渔业实现总产值30322万元，粮食总产63762吨；棉花总产1431吨；油料总产857吨；水果总产259吨；蔬菜总产19714吨；肉类总产13649吨，禽蛋总产8433吨，水产品总产1500吨。全镇各类树木180万株，林木覆盖率达到38%。

（一）种植业。加大种植结构调整力度，突出发展特色农业、品牌农业、高效农业，培育形成"一瓜两花"特色产业，即西瓜、花生、棉花，探索、推广瓜棉间作、西瓜—花生间作、

图1-3-7　辛店镇培植的富硒花生　（2010年摄）

早春拱棚种植等高效种植模式，全镇瓜菜种植面积超3.5万亩；打造"沙河辛"牌无公害西瓜、陈楼五彩富硒花生两大农业品牌。2002年，"沙河辛"牌西瓜成功注册商标；2003年通过山东省无公害农产品认定委员会评审，被山东省农业厅认定为"山东省无公害农产品"；2006年，被农业部评为"无公害绿色食品"，成为《世界农业》"红榜展示推广品牌"。

（二）养殖业。畜禽养殖规模膨胀，形成"一大两小"三大传统养殖产业和六和合同鸭、鱼鸭混养、鱼藕混养三大新型养殖产业，形成王寨蛋鸭、官庄肉鸡、苏庄生猪、辛店街合同鸭四大养殖基地，自然养猪法、微孔增氧等高效养殖模式得到广泛应用，生猪、肉鸡、蛋鸭存栏总量分别达到20万头、150万只、220万只，是鲁西北地区规模最大的鱼鸭混养基地。

（三）农民收入。主要来自于种植、养殖、劳务输出及个体经营四种渠道。其中，种植约占比重30%；养殖约占比重35%；全镇常年在外务工人员7860人，本地就业人员4000余人，占总人口的32%，收入约占到农民收入比重的30%；个体经营主要包括从事运输业及百货、餐饮、加工等行业的商业户，约占比重5%。2010年，全镇农民人均收入达7388元。

四、财源建设

1986—2001年，财税收入以征收农业税为主。2001年，随着农村税费改革的深入实施，该镇转移财源建设重心，大力发展民营经济，注重招商引资和项目建设，财税收入逐步转到二、三产业上来。2010年，实现工商税收1824万元，同比增长39.5%，是2007年的2.67倍；地方财政收入524.4万元。2010年年末，金融机构各项存款余额1.44亿元；金融机构各项贷款余额0.84亿元。

（一）招商引资和项目建设。辛店镇坚持将招商引资、项目建设作为"天字号"工程，一抓到底，全力推进。2010年，实现工业总

图 1-3-8　辛店镇农户养殖蛋鸭（2010 年摄）

产值 15.73 亿元，实现销售收入 14.3 亿元，实现利税 3.57 亿元，产品销售率达 91%。形成功能糖、生物化工、木材加工和棉花纺织四大产业，拥有工业企业达 30 多家，规模以上企业 13 家，培育省级高新技术企业 1 家（绿健生物）。2010 年，全镇新引进招商引资项目 9 个，新建、续建工业项目 11 个，完成工业投入 2 亿元。其中引进的云翔新材料项目，投资 3.2 亿元，建成投产后年可实现销售收入 5 亿元，利税 8000 万元。

（二）第三产业。2010 年，个体业户 406 户，年生产总值 8.47 亿元，增加值 2.2 亿元，形成以“一种二养三加四建五运六服务”为主的民营业户群体；城乡集贸市场 6 个，年商品成交额 2 亿元。

五、小城镇建设

2009 年，该镇按照科学合理、适度超前、改造提升的原则和“西延北扩”的发展思路，依据城市建设规划标准，以完善基础设施建设，提升城镇承载功能和服务功能为重点，突出“五个一”的建设规划，城镇建设规模扩大到 1 平方公里，成为禹城、平原、临邑、陵县四县市间的商贸中心镇、生态明星镇和城镇建设示范镇。

（一）规划。1. 商业示范街。即镇中心东西街，拟建设高标准的商业示范街。示范街全长 1200 米，规划宽度为 34 米。其中主车道 12 米，两侧各 3 米绿化带和 8 米的人行道，地下配套建设直径 80 公分的排水管道，街面所有线路全部埋入地下，商业街两侧统一规划建设沿街商居楼房。2010 年年底，沿街楼房建设已基本完工。2. 禹北公园。占地 100 亩，是一处集休闲、健身、娱乐于一体的开放式水景公园。公园分两部分，北部为中心广场，安置有牌坊、棋桌、雕塑等设施；南部为禹北湖，占地 80 多亩，分布有湖心岛、拱桥、凉亭等设施。2010 年年底，公园投入使用。3. 住宅小区建设。住宅小区建设分商贸小区两侧楼房建设和辛店社区并居点建设两部分。2010 年年底，商贸小区建成楼房 154 户，75000 平方米；并居点一期完成主体建设，户型为“三间两层一小院”砖混结构建筑。4. 商贸集市建设。借助南北大街开发建设，规划建设商贸集市。其中南北大街规划设计路宽 24 米，全长 1000 米。5. 工业园区建设。依托镇区南部工业聚集区，在幸福河以南、禹王路以西高标准规划以“二纵三横”为框架的工业园区。

（二）建设。镇驻地交通可概括为一横一纵一环。一横，即商业示范街；一纵，即南北大街；一环，即禹王路、中学路、辛张路三条主要道路将镇驻地环绕。镇驻地道路为 2003—2005 年间修建。其中禹王路是辛店连接禹城的主要道路，该路于 2010 年 6 月实施改造，11 月投入使用。改造后，禹王路路基宽 16 米，路面宽 9 米、两侧路肩各 1.5 米、两侧林带各2米。

六、社会事业

（一）支农惠农政策落实。新农合参合率达98%、新农保参保率达99%，良种补贴、家电下乡等各项支农、惠农政策落实到位，切实让群众享受到党和国家对“三农”的重视和对农民的关爱。

（二）医疗卫生。2007年，辛店镇先后投资200余万元，建设镇中心医院，健全、完善村级卫生室。全镇有医院1处，卫生防治机构1所，妇幼保健机构1所，村级门诊15处。各类卫生机构有床位40张，卫生技术人员59人，其中执业医师28人。

（三）文化事业。2007年，投资120万元，建成设有图书馆、乒乓球室、舞蹈排练室等设施的综合文化站；2010年，投资500余万元，建成占地100亩，集休闲、学习、娱乐于一体的禹北公园；投资60万元，建成辛店社区文化大院，各社区（村）均设立村级文娱场所，有辛店腰鼓、王石秧歌、张寺管乐等民间文艺队伍40余支，业余文艺爱好者达2000余人，并实现镇文化站统一组织、管理、调度，每年开展大型文艺汇演6次以上。

七、基础设施

先后实施以村村通油路、通客车、通自来水、通有线电视为内容的“四通”工程，社区（村）“四通”率均达100%。全镇柏油路达180多千米，自来水入户率达到98%以上，有线电视入户率达到85%；年末固定电话用户达2700余户，移动电话用户9000余户，电话普及率达到32.5部/百人。

八、合村并居

（一）村庄合并。2009年，辛店镇将原来的89个行政村合并为32个社区（村），减少行政村57个，合并率64%，平均人口每村由382人增长为1064人。合并后，按人口分：2000人以上的社区（村庄）3个，1000—2000人的社区（村庄）9个，1000人以下的社区（村庄）20个。其中，最大社区为辛店街社区，由12个自然村合并而成，人口4300人，耕地7195亩。27个社区中，按类型划分：城镇驻地聚合型1个，农事村办型6个，农村社区聚合型9个，自然村恢复型4个，临近村合并型6个。

（二）社区建设。2010年上半年，按照“合大合强、利于发展”的原则，将32个社区（村）整合为25个并居点，按照“培树典型，示范带动，整体规划，分步实施”的总体部署，以辛店社区为试点，聘请山东省城乡规划设计院，本着“结合实际、突出特色、科学规划、分期推进”的原则，高标准编制辛店社区并居建设总体规划，工程分5期，计划5年完成。其中，一期工程选址在禹北公园西南侧，设计户型为“三间两层一小院”砖混结构建筑，建筑面积160平方米，小院面积80平方米。由镇政府按照统一设计、施工、配套水电路林等基础设施的“三统一”模式进行建设。

九、防汛工作

2010年8月，辛店镇遭遇特大降雨袭击，连续降水达261毫米，加之境内幸福河、丰收河等主要河道有客水经过，导致全镇出现严重汛情。面对罕见汛情，该镇迅速组织全镇上下投入到防汛减灾工作中，集中精力，全力以赴防汛抗灾。

具体工作中，宣传组织发动到位、人员物资保障到位、防灾措施落实到位，成立防汛办公室及汛情巡查、应急抢险、企业防汛、物资筹备4个专业小组，以管区为单位，成立由80名青壮年机关干部为成员的6支防汛抢险应急分队和6支防汛救灾指导组，赶往一线指导群众开展防汛救灾。同时，镇财政划拨专项救灾基金，筹备充足的防汛救灾物资，储备编织袋3000条，砂石料15吨，红砖5万块，木桩3000根，2辆应急车辆、相应数量机械及充足的铁丝、绳子、大锤、手电筒等必备物资。

第四节 梁家镇

一、地理位置

梁家镇位于禹城北部，总面积 96 平方千米，距市区 11 千米处，南与市中办相接，北与辛店镇相邻，东与齐河县、临邑县搭界，西与张庄镇接壤。镇内物产丰富、林木繁茂、环境优美，交通、通讯、电力等基础设施配套完善，城乡公路四通八达，京福高速、京沪高铁径穿全境，禹王路、张梁路纵横交叉，东接山东省 316 省道，西连山东省 101 省道，北通 645 线，地理位置优越，交通便利。

二、自然条件

梁家镇地处鲁西北平原，属温带大陆性半湿润季风气候，地势西高东低，四季分明，适合种植的农作物主要有小麦、玉米、大豆等，经济作物主要有西瓜、蔬菜、棉花等。年平均日较差 29.9℃，年均气温 13.1℃，大于 10℃积温 4440.9℃；热量充足，全年日照 2639 小时，其中 4—6 月 780 小时，7—9 月 669 小时，全年太阳辐射量 522.44 千卡／平方厘米，农耕期 441.3 千卡／平方厘米，可满足一年两熟或两年三熟的农业耕作；降水适中，最大年降水量 1144.4 毫米，最小年降水量 239.0 毫米，年均降水量 616 毫米，年降水多集中在 6—8 月，占全年总降水量的 68.1%。属正常年的概率为 53%，干旱年 16%，湿涝年 31%；地下水资源丰富，正常年平均地下水位 1.8 米。镇内主要河流有幸福河、土马河、禹临河水系，拥有机井 1605 眼，实现“旱能浇、涝能排”。

三、经济发展

（一）农业。按照“一村一品”的发展格局，围绕京津冀地区对优质畜产品的需求，重点抓肉牛、生猪、肉鸡、蛋鸭四大产业的膨胀和标准化养殖水平，引导培植农村社区发展特色产业，优势产业不断凸显。2010 年，大蒜种植面积达 21000 亩，大棚蔬菜达 8000 亩，建畜牧、蔬菜合作社 23 个，良种覆盖率 100% 以上，科技入户率 95% 以上，大力推进测土配方施肥，年种植粮食作物 5.4 万亩，镇域内家禽存栏 132 万只，出栏 346 万只，生猪存栏 0.8 万头，出栏 1.3 万头，牛存栏 1.6 万头，出栏 1.5 万头。年输出劳务人员 1.2 万人次。农民人均纯收入 7260 元。

（二）种植业。1. 大蒜生产。梁家镇是山东省远近闻名的“大蒜之乡”“无公害大蒜基地”。杂交蒜、秋蒜、脱毒蒜等优良品种众多，且以规模效应著称。梁家镇大蒜生产示范基地位于镇政府以西，张梁路两侧。重点包括梁庄管区、大杨管区、王桂亭管区等 5 个管区，涉及大杨、小杨、西小张、范庙、小尹、牛庄、后屯、前屯等 18 个村。种植面积达到 2.1 万亩，主要品种有苍山蒜、金乡蒜及早薹二号等四大系列九

图 1-3-9 梁家镇标准化大蒜种植 （2008 年摄）

个品种，年产大蒜3万吨，蒜薹2.3万吨，全部为无公害绿色大蒜食品，历来以规模大、品种优、效益高而著称，是鲁西北有名的“大蒜之乡”，2010年9月申请“德州名牌”，获得批准。

2. 蔬菜生产。梁家镇周徐拱棚蔬菜生产基地位于禹王路以东，大寨渠以西，济德高速公路以北。整个示范基地包括赵门、周庄、徐庄、小苏、前张、小赵等16个村，总面积12000亩，常年轮作的蔬菜品种有：芹菜、菠菜、油菜、茄子、番茄等6大品种10个系列，全部为无公害绿色蔬菜，主要销往天津、济南、北京、河北等地，年销售蔬菜2000吨，年创销售收入1500万元，示范基地内人均年增收2400元。带动全镇3000多户群众依靠蔬菜种植走上致富路，2010年申请获得“山东省无公害蔬菜示范基地”称号。

图 1-3-10　梁家镇有机蔬菜种植基地 （2010年摄）

（三）养殖业。畜牧养殖业发展坚持多元化发展。重点发展小尾寒羊、生态养猪、标准化养鸡和獭兔、肉鸽等特色养殖业。

（四）农民收入。主要分为种植业、养殖业、劳务输出及其他收入四种收入方式。种植业主要包括玉米、大蒜、蔬菜、林业，约占比重是35%；养殖业主要包括肉鸡、蛋鸭、生猪等，约占比重是30%；全镇常年在外务工人员9000余人，约占到农民收入比重的30%；其他收入包括从事运输业及百货、餐饮、加工服务的个体工商业户，约占比重5%。

四、财源建设

1986—2001年，财税收入以征收农业税为主。2001年，随着农村税费改革的深入实施，镇党委、政府转移财源建设重心，大力发展民营经济、招商引资和项目建设，财税收入逐步转到第二、三产业上来。2010年全镇地方财政收入261万元，完成税收810万元，同比增长21%，农民人均纯收入达到7200元。

（一）乡镇企业和民营经济。1986年，镇党委、政府积极扶持乡镇企业发展。2005—2007年，民营经济进一步升温。2008—2010年，镇党委、政府动员全民创业、自主创业，培植壮大民营经济内生力量，广大群众干个体、上项目、办企业的热情不断高涨，民营经济进入质量并举、全面提速的新阶段。2010年，通过协调闲散地、协助贷款等方式支持鼓励村集体发展工业和服务业，发展中小企业7家、服务业经营业户26家；发挥全镇林业资源丰富的优势，新发展木材加工运输企业5家；发挥“一街两区”民营经济聚集区作用。做好区内水电安装，协调资金、土地，辅助小企业健康发展。全镇增私营企业18家，增个体工商业户185家。城乡集贸交易市场8个，商品成交额1500万元。

（二）招商引资和项目建设。梁家镇实施“招商引资、民营经济”两大“天字号”工程，工业生产持续增温。以梁庄街和开发区工业园以及皮李工业园两个园区为载体，培植功能糖、纺织、饮品、兽药四大支柱产业，发挥资源优势，促进产业优化升级。2010年实现工业总产值5012万元，销售产值49124万元，增加值15038万元，实现利税4070万元，利润3929万元。企业总数36个，职工0.55万人。限额以上企业7个，完成工业增加值2051万元，实现利税208万元。2010年，新引进投资1.5亿元的亿华化工新材料和投资1.5亿元的山东新大地新型建材生产项目已开工建设。

五、小城镇建设

自1986年，梁家镇驻地小城镇建设逐步开展。各届党委政府本着高起点规划、高标准建设原则，开展镇驻地改貌工程建设，聘请德州市、禹城市设计专家，根据“强化功能、突出特色、繁荣经济”的思路，绘制实施规划图，突出镇中心带动作用，把镇驻地规划建设成经济发展的“龙头”和民营经济的繁荣带。

（一）规划。梁家镇驻地梁庄街东临禹王路、张梁路贯穿而过，镇国税局、地税局、邮政局、信用社、安康药店；镇中学、镇中心小学、镇中心幼儿园集聚于此；东端为镇政府驻地。2010年，一期规划建设沿街三层商住楼4栋88间，小区住宅两层小院12排112套；二期规划建设多层住宅8幢360户。一期工程已开工建设。

（二）建设。镇驻地道路长4公里，硬化率100%，绿化面积34300平方米，路灯68盏，供水管网长度6000米，供水能力40米/小时，供水用户360户，年供水量12万方，排水管网长度2公里，建设楼房28座，240间。2008年建筑面积0.1万平方；2009年建筑面积1.2万平方；2010年建筑面积3.3万平方。

六、社会事业

（一）教育。1986年，推行九年义务教育；1988年完成校舍“六配套”。1995年扫盲工作通过验收。1999年推行教育“四制”改革。学龄儿童入学率、初中适龄入学率实现100％。教学质量名列前茅，音体美、电教、图书等内部配套建设得到完善，各项指标均达到山东省级标准。拥有中学2处，梁家镇中学、来凤镇中学，小学有梁家镇小、邢寨、大杨、小苏、武庄、桂庄、孙坊、崔庄、来凤小学9处。在职教师320人，教育在编人员400余名。小学生2000人，中学生960人。

2007年，投资71万元新建梁家镇中学1200平方米教学楼，投资3万元装备多功能室。2008年，投资10万元重新装备4个实验室。2009年，投资26万元实施热水工程，解决师生的生活用水问题；投资30万元实施农厕改造工程；学生食堂用上沼气；投资16万元为教室安装多媒体，助推教育现代化；投资2万元装备图书室，为学生的第二课堂提供活动场所。2010年，投入30万元为梁家镇中学和来凤中学维修校舍，增添多媒体设备，提高办学条件，梁家镇教育进入快速发展轨道。

（二）医疗卫生。全镇有卫生院1处，定点卫生室24处。2008年年底建成梁家镇卫生院，占地30余亩，投资100余万元，在职在编人员38人，大中专学历17人，执业医师4人，助理医师9人，执业护士3人。设有内科、外科、妇科、中医科、放射科、B超、化验、心电图室、药房、药库、农合咨询室、收款室、病房、防保科、手术室、财务科、项目办；病房设有病床26张，引进大量高、精、尖医疗设备，承担辖区内公共卫生项目、计划免疫工作、妇幼保健、常见病、多发病的诊疗。实施乡村医生一体化管理、新农合等工作，2010年新农合参保率达到98%。

（三）文化建设。全镇形成“村村有大院、月月有演出”的文化氛围。至2010年，梁家镇有文艺队伍8支，从业人员520人。全镇44个社区广电光缆入网、村村通广播电视率达到100%，在16个社区设立文化活动室，形成以乡镇文化站、村文化活动室为基础的农村文化网络，配套科普书籍、健身器材和文化设施。开展送戏、送电影、送书、书画展览等活动，实施文化信息资源共享工程，梁家镇庄户剧团深入社区、村进行演出。

图 1-3-11 梁家镇文艺队演出（2010 年摄）

七、基础设施

（一）公路。1995 年前，梁家镇道路都是土路，1996 年开始，逐步大路硬化。1996—1999 年，硬化镇区至国来路，镇区至杨官营村，来凤至双庙屯，来凤至夏庄村公路 20 千米。1999—2000 年，新修柏油路，徒骇河岸至唐屯和大寨渠道，禹王路至小苏 9 千米。2004 年，开始实施村村通公路工程，到 2006 年，全镇村村通公路 130 千米，95% 的村铺上柏油路。2007 年改造村级公路 10 千米，全镇通柏油路 170 千米，基本达到村村通柏油路，完成张梁路的升级改造工程。京福高速、京沪高铁贯穿全境，316 省道、101 省道辐射带动镇域运输发展，交通区位优势明显。

（二）供水。2000 年 8 月禹城市水利局包东店、西店村，争取资金打深井眼，为两个村安装自来水。2006 年 6 月起，按照集中供水原则，实施村村通自来水工程，分别在田辛、马庙、信双、东小王、皮李、镇政府打深井 6 眼，铺设管道 42.6 万米，全镇 107 个村和镇区各部门实现全部通水，受益群众 4.1 万人。成立水管站，完善管道等基础设施建设，加强自来水管理，确保村民饮用水方便、安全。

八、合村并居

按照尊重群众意愿和集约利用公共资源原则，梁家镇对 44 个行政社区（村）进行整合，划定 9 个交通便利、基础设施好、聚集辐射力强的社区并居点。

2010 年，梁庄社区作为试点社区开工建设，工程分三期完成。一期规划建设沿街三层商住楼 4 栋 88 间，小区住宅两层小院 12 排 112 套，住宅楼主体工程，于 2010 年 12 月完工；二期规划建设多层住宅（4+1 模式）8 幢 360 户，共安置社区群众 500 余户；三期高标准建设休闲广场、公用建筑，完善水、电、暖、气等配套设施。来凤、邢寨社区并居点规划设计完毕。田尼、大杨、三院、王贵廷、立新、武庄社区 6 个社区并居点邀请专家进行设计规划。

九、防汛工作

2010 年 8 月，梁家镇遭遇特大降雨袭击，加之境内幸福河、土马河等主要河道有客水经过，导致全镇出现严重汛情。镇政府以管区为单位，成立由 80 名青壮年机关干部为成员的 6 支防汛抢险应急分队和 6 支防汛救灾指导组，赶往一线指导群众开展防汛救灾、卫生防疫等工作。镇财政划拨专项救灾基金，筹备防汛救灾物资，储备编织袋 5000 条，砂石料 20 吨，红砖 5 万块，木桩 3000 根，2 辆应急车辆、相应数量机械及铁丝、绳子、大锤、手电筒等物资。各村以青壮年劳力、转业军人、民兵为骨干，分别组建 50 人以上的应急抢险小分队，各应急队伍全部由镇防汛救灾指挥部统一调度，确保防汛救灾工作高效推进。

1986—2010 年梁家镇经济社会情况一览表

表 1-3-1

年	总产值合计（万元）	农业（万元）	工业（万元）	建筑（万元）	交通运输（万元）	商业服务（万元）	农民人均纯收入（元）
1986	962.9	895	35	13	19	0.9	389
1987	1080	997	43	19	20	1	496
1988	1137	1018	58	32	26	3	572
1989	1276	1127	60	48	35	6	697
1990	1494	1305	72	65	43	9	659
1991	1745	1490	95	91	58	11	703
1992	2041	1720	101	128	73	19	765
1993	2553	2146	123	160	90	34	998
1994	4278	3750	167	192	108	61	1230
1995	6567	5903	193	245	139	87	1510
1996	8362	7608	221	271	151	111	1843
1997	9011	8134	268	314	165	130	1998
1998	10103	9062	305	352	232	152	2160
1999	13280	10955	464	369	317	175	2416
2000	14554	12917	595	417	432	193	2687
2001	15855	14008	711	432	500	204	3029
2002	17349	15362	814	450	504	219	3448
2003	18202	16031	902	451	587	230	3837
2004	20330	17988	992	469	639	242	4234
2005	21785	19315	1033	481	701	255	4870
2006	23205	20579	1087	500	772	267	5210
2007	25470	22698	1150	540	803	279	5820
2008	26139	23202	1275	553	816	293	6062
2009	27508	24534	1280	560	821	313	6800
2010	28593	25560	1298	578	829	328	7260

第五节 伦镇

一、地理位置

伦镇地处北纬36°47′，东经116°24′，位于禹城南部，距市区15千米，东临齐河，南接莒镇，北与市中办相壤，东西宽10.8千米，南北长11千米，总面积120平方千米。

二、自然条件

伦镇属暖温带半湿润气候区，雨热同季，春秋短、冬夏较长。冬冷夏热、春秋温和，冬春干燥，夏秋多雨，干湿与冷热的季节变化都很明显。

光热充足。多年平均气温13.1℃，太阳辐射总量5225兆焦/平方米，日照时数2640小时，≥0℃积温4951℃·d，≥10℃积温4441℃·d，无霜期200天，光热资源丰富，雨热同期，利于农业生产。降水丰富。年均降水量593.2毫米，但降水分布不均，每年6—8月份降水量占全年总量的67.5%，易形成洪涝灾害。

三、经济发展

伦镇经济发展经历农村副业、社队企业、乡镇企业和民营企业四个阶段。农村副业阶段是20世纪50年代。社队企业阶段是1958年至1980年，全国建立农、林、牧、副、渔全面发展，工、农、商、学、兵相互结合的人民公社，人民公社大办工业。乡镇企业阶段是1981年至1996年，1984年社队企业改为乡镇企业，开始乡镇企业发展新阶段，主要包括乡办、村办、合作、个体四种发展模式。民营企业阶段是1997年起，随着乡镇企业体制改革，将原先的乡办、村办、合作、个体企业改制为民营企业，主要有私营和个体两种，经营范围包括农业、工业、建筑安装业、交通运输业、餐饮服务业及其他行业。

1978年，公社成立工业交通办公室，简称“工交办”。1984年进行机构改革，原工交办改为“乡镇企业管理办公室”。1997年又改为“经济委员会”。经济委员会由镇政府领导，负责管理和指导全镇私营和个体企业，监督各企业单位安全生产、合法经营，帮助企业协调好与各职能部门关系，及时向市民营企业发展局报告工作。

伦镇立足本地实际，把发展民营经济作为全镇工作的重中之重。2010年年底，全镇个体私营业628户，其中私营企业80户；企业从业人员4458人，其中私营企业3530人；规模以上企业达到20家。

四、财源建设

（一）招商引资。伦镇出台一系列招商引资政策，坚持全民招商、以商招商和专业队伍招商，招商引资工作成效明显。先后引进东君乳业、大禹建工、福航环保设备、海河生物制剂、德霖食品、福聚德食品、六和肉鸭宰杀一体化、同盛工贸、林海木业、德丰小额贷款公司等项目，引进项目相继落地，并达产见效，形成完整的工业体系。引进投资10亿元的绚康家具产业园、投资2亿元的朗捷尔新能源汽车等项目，相继开工建设。

（二）工业投入。2009年完成投入1.54亿元，2010年完成1.8亿元。

招商引税、做大做强骨干企业、扶持民营经济发展等壮大财源措施，财源建设一年上一个台阶，2009年完成工商税收958万元，2010年达到1293万元，全镇工商税收不断实现突破。

（三）农业生产。伦镇作为农业大镇，争取国家政策，依托市直部门、科研机构，积极争取实施现代农业项目，2003年，在308国道以南、伦镇以北、禹莒路以东、邯济铁路以西实施万亩专用玉米生产基地建设项目；2005年，实施以于庄为中心的中低产田改造项目；2006年，实施以城西村为中心，覆

图 1-3-12　伦镇红旗支渠用水协会　（2009 年摄）

盖近万亩土地的城子坡粮食高产创建项目；2008 年以红旗渠、唐王渠为中心开展末级渠系建设，实施末级渠系节水改造暨农业水价综合改革，成立唐王和台楼用水协会，利用信息平台计水计价，实现引黄水自流灌溉，覆盖万亩基本农田；2009 年，实施以宋寨子为中心、308 国道以南、禹莒路以西、引黄干以东、沉沙池以北的宋寨子方土地整治项目；2009 年冬，实施 308 国道以北覆盖近万亩土地及 11 个村的万庄方万亩土地治理项目；2010 年，在伦镇毛庄村试点实行农业信息化建设，向村内配发信息机 200 余台，建成全国农业信息化示范村；实施以杨桥、秦庄、河口赵等村为中心的小农水项目；实施引黄干渠以东、水坡杨村以北、邯济铁路以西、308 国道以南的小农水扩面工程，同时获批 308 国道以南、邯济铁路以东农业开发项目。一系列农业项目实施，促进了农业大发展：2009 年，城西村民陈吉山亩产小麦达 695.24 千克，获得山东粮王大赛鲁西北赛区“粮王”称号；城西村群众张树祥 3 亩小麦高产攻关田平均亩产达到 765.84 千克，创德州市小麦单产 30 年来最高，并成为当年德州市小麦亩产第一名。农业项目的实施使农业生产条件得到改善，做到“田成方，沟成网，条条大路树成行”，实现“沟渠路林、桥涵闸井”全配套，在德州市农村工作会议上，被表彰为水利、蔬菜、林业、畜牧、粮食生产、农业生产合作社先进乡镇。2009 年 2 月 11 日，农业部部长孙政才在山东省副省长贾万志、德州市委书记雷建国、市长吴翠云的陪同下到伦镇红旗渠视察抗旱保春耕工作；2009 年 10 月 15 日，农业部副部长危朝安和中科院原副院长胡启恒等专家到伦镇毛庄村视察“三秋”生产工作；2010 年 6 月 30 日，全国人大委员会原副委员长、中科院院长周光召到伦镇视察农业信息化建设。

（四）水利建设。伦镇境内河网密布，集水面积 5 平方千米以上，主干河道 6 条，分别为引黄干渠、赵牛新河、新赵牛河、赵牛河、苇河和担杖河，其他普通沟渠有 17 条，多季节性河流，有一定蓄水能力。境内年平均降水量 400 毫米，全年降水四季分配差异悬殊，多集中在 6—8 月。正常年份夏季降水量占 60%—70%；冬季占 15%；春秋季降水较少，占 15%—25%。镇政府每年投资 100 万元左右用于修桥涵闸、打井及河流清淤治理。

（五）畜牧生产。伦镇是一个畜牧大镇，群众畜牧养殖基础较好。1998 年伦镇在郎屯村建设占地 100 亩的肉牛养殖场，并为群众提供养殖、防疫等方面服务，成为畜牧养殖的龙头企业。培植唐王、小庄等养牛专业村，人均养殖肉牛 2 头以上。2009 年，引进客商在林场兴建煜禾奶牛场，占地 600 亩，存栏 1000 头，达到规模化养殖水平。开展獭兔养殖，存

图 1-3-13 引黄干渠 （2010 年摄）

及粮食生产、蔬菜瓜果种植、畜禽养殖等多个类别，全镇流转土地 2.5 万亩，引进向阳坡有机蔬菜示范园、禹息核桃园等农业项目，实现土地规模化、集约化经营。

栏 10000 只，采取辐射养殖方式，辐射 30 个村，增 300 个养殖户。2010 年，引进六和种鸭养殖一体化项目，建设种鸭养殖场 3 个，分别位于寺前李、秦庄、河口赵，年养殖能力达到 3000 万只。延伸产业链条，引进德霖食品、福聚德食品、泰昌食品、鸿泰达禽业加工、恒康食品、腾达牧业等畜禽宰杀、冷冻、食品加工等企业 8 家，提高产品附加值，带动周边群众增收。

（六）林业生产。2003 年冬，实施林权制度改革，落实林权地权，改变“年年栽树不见树”的现象，收到“地定权，树定根”的效果。发展 308 国道、引黄干渠、禹莒路、禹伦路等绿色通道近万亩。纸孙、于庄等村屯林 5000 余亩，树木品种以速生杨为主，年亩均收入 1500 元左右。2008 年，林木加工业逐渐兴起，当年新上林木加工企业 5 家，2010 年发展到 20 余家，木材收购、运输专业户 100 余户，拓宽农民增收渠道。

（七）农业专业合作社。自 2008 年，伦镇结合国家惠农政策，依托本地农业传统优势，引导农民组建、参与农村专业合作社，至 2010 年年底，成立农业生产合作社 25 个，涉

五、小城镇建设

2010 年，获国家发改委小城镇基础设施建设项目扶持资金 500 万元，在禹莒路翻修拓宽的基础上，重点建设两桥、五路、一中心、一市场，即投资 380 万元的赵牛新河燕寨子桥和引黄干渠燕寨子桥，投资 130 万元的工业园路、80 万元的中学路、130 万元的明德路、300 万元的东西大街和投资 120 万元的禹莒路伦镇社区段拓宽工程，投资 260 万元建设便民服务中心，投资 1500 万元对伦镇集贸市场进行改貌。镇东西大街和禹莒路伦镇社区段安装路灯，投资 180 万元完成道路供排水管网铺设，路上高低压电缆、网通、电信等管线全部下埋。加大园区建设力度，投资 60 万元实施工业园区电网配套工程，解决制约企业发展的“瓶颈”；投资 20 万元对园区道路进行绿化，铺设排水管道；投资 1500 万元实施集贸市场改貌工程。加大社区建设力度，规划周围 22 个村合并到伦镇社区。开发禹息故城、源阳城遗址、大安寺遗址等古迹，打造历史文化古镇，旅游观光名镇。全镇三纵三横道路框架形成，沿街商户达到 350 余家，民营企业 16 家，吸纳就业 5000 余人，镇驻地常住人口达 2.5 万人，提升了城镇承载力。

六、社会事业

（一）教育。1983—1990 年间，全镇有幼儿园 25 处，幼儿教师 33 名。镇教育行政部门于 1990 年 8 月接管学前教育工作，将原有 25

处幼儿园合并为21处，幼儿教师28名。2000年，有幼儿园27处，幼儿教师38名。全镇小学6处，教学班62个，学生2320人，教职工180人；中学2处，教学班30个，学生1580人，教职工106人，教学成绩连续多年位居禹城市各乡镇之首。

（二）计生。1985—1991年，生育二胎、三胎现象普遍，成立4人工作组，专门负责生育二胎以上结扎、一胎放环、计划外怀孕流引产等工作。1991年以后，突出“三为主，三结合”，主要摸清育龄妇女婚、孕、育、术的底数，建档立卡，查经情孕情，X光透环，针对不同情况采取相应强制措施，教育群众转变婚育观念，逐年提高计划生育率。2002年9月28日后，计生工作纳入法律轨道，重视依法行政，主要搞好随访培训、节育措施落实、优质服务及社会抚养费征收工作。2006年，实施计划生育奖励扶助政策。2007年，计生主任实行星级化管理。2009年开始，非婚生育、二胎违法生育、三胎违法生育各占违法生育总数的1/3。对落实绝育措施的双女户，实行“双签三奖”政策。2010年年底，全镇人口40917人，育龄妇女总人数8973人，独生子女领证(14周岁以下)2129人，计划生育率92.19%，奖励扶助126人。

（三）卫生。1986年，由镇政府投资兴建平房35间，包括门诊及职工宿舍等。1999年8月，镇卫生院实行股份制，由职工入股，引进设备，加强硬件建设。2005年，德州市“360”工程扶持伦镇卫生院建设，投资200万元，建成集门诊、病房于一体的综合楼，建筑面积2158平方米。将原袁营卫生院30名在编在岗职工合入该院。禹城市人民医院扶持镇卫生院配备半自动生化分析仪、尿仪、血球计数仪、500MAX光机、大型B超等先进设备，并定期安排各科专家坐诊。2006年，实行合作医疗制度。2008年1月，先后吸纳本科及专科人才8人，配备心电监护、500MAX光机、彩色B超、手术床、手术设备等医疗器械，新组建村卫生室20处，扩大新农合报销面。2009年，参与手足口病、“甲流”防治，全镇无一病例发生。镇卫生院成为山东省基层医疗卫生体制改革试点单位。

七、基础设施

（一）公路。1986年，伦镇乡镇驻地东西大街为柏油路，长度1.5千米，禹莒路贯穿伦镇境内10千米，为柏油路，其他道路均为土路。1999—2000年，全镇新修公路20千米。从2003年开始，实施村村通公路工程，到2006年，全镇建设村村通公路40多千米，实现村村通油路。至2010年，伦镇硬化路面达180千米，优化了农村环境，解决了农产品外运等问题，方便群众生活生产，带动全镇各项经济快速发展。在公路建设的同时，加强养护管理工作，延长其使用寿命。

图1-3-14 伦镇中心卫生院（2010年摄）

（二）供水。2006年，实施村村通自来水工程，打深井2眼，铺设管道200公里，受益群众3.4万人。在政府调控管理基础上，加大社会群众的监督管理，形成长效管理机制，确保工程效益长期发挥作用。

八、合村并居

2009年5月，伦镇将原有的83个行政村合并为31个社区（村）。31个社区（村）根据规模、群众生产生活需求，规划为11个并居点，同年启动伦镇、车站、簸箕王三个社区建设。

伦镇社区建设及村庄合并基本情况表

表1-3-2

社区（村）名称	合并村	人口数（人）	户数（户）	耕地（亩）	党员（人）	中心村
城子坡社区	城西、城东、毛庄、温屯	2820	741	9860.52	86	毛庄
五龙社区	水坡杨、南韩、寺前李小庚、崔庄	1497	400	2730.93	63	水坡杨
袁营社区	袁营、台楼	1935	521	4515.54	60	袁营
伦镇社区	北选、北街、东街、西街、南选、官庄、小庄	3105	874	6463.38	111	西街
水坡社区	太合、张水、王水、刘水、解水	1461	452	3934	71	太合
堂子街社区	堂子街、糕屯	1851	490	38880.48	47	堂子街
闫郑付社区	付庄、郑庄	778	196	2594.5	30	付庄
河南宋社区	安庄、陈栋	1571	417	2501.44	59	河南宋
杨桥社区	杨桥、河口赵、朱王	934	234	2264.72	36	杨桥
军屯社区	石虎宋、军屯、丁庄	905	264	2244.93	48	军屯
秦李庄社区	秦庄、河口李	682	188	2509.39	26	秦庄
孙张庄社区	河北张、洼孙	623	174	1350.88	32	河北张
簸箕王社区	唐王、前营、后营	1258	357	3497.6	50	唐王
朱红董社区	红庙李、董庄、朱庄	1157	343	3525.29	47	红庙李
杨宋社区	东杨、宋庄	942	229	1879	39	东杨
风吾社区	张凤吾、沈屯、小辛	1228	329	2545	46	张凤吾
刘李社区	刘庄、李茂芝	712	195	1802	31	刘庄
薛官屯社区	薛前、薛后	816	219	1817	27	薛后
孙李社区	李怀泉、纸孙	764	211	1955	38	李怀泉
车站社区	大耿、杜集、贾庄	920	255	2051.28	23	大耿
张杨社区	靠山杨、生张	1002	271	2347.07	33	靠山杨
燕寨子社区	燕东、燕西	1156	369	3507.41	35	燕东

续表 1-3-2

社区（村）名称	合并村	人口数（人）	户数（户）	耕地（亩）	党员（人）	中心村
宋寨子社区	宋寨子、戎庄、小坡	1268	351	3094.28	40	宋寨子
牌子社区	牌子、郎屯	1089	269	4977.71	38	牌子
于庄社区	于庄、史庄、义合窦	1189	329	3947.95	35	于庄
万庄	万庄村	504	136	1320	18	—
焦寨子	焦寨子村	523	144	1119.68	20	—
莲红	连红村	736	203	1580.86	24	—
赵梁社区	赵庄、梁庄	794	247	2299.67	37	赵庄
窦韩岱社区	韩庄、南窦、岱屯	1898	508	4150.87	36	韩庄
孙庄社区	大孙、小孙、张架子	1098	313	2726.82	41	小孙

九、防汛工作

2010年8月8—9日，聊城降水300多毫米，8—10日，伦镇降水210毫米。由于降雨集中和受上游聊城泄洪影响，玉米倒伏3.8万亩，农田浸水5万亩，多条河道到达警戒水位，境内赵牛新河17千米，出现10处险工险段，全镇受灾严重。10日赵牛新河小坡涵闸出现倒灌，11日5时，戎庄段溃坝350米；12日上午温屯3号涵闸倒灌；13日，镇党委、政府组织全体脱产干部和基层干部群众组成抢险队伍及时抢险，撤离低洼村庄群众，伦镇政府安排6个安置点，使3000多名撤离群众得到及时安置，最大限度保护人民群众生命财产安全；13日夜，禹城市委、市政府将防汛指挥部转移到伦镇引黄干渠小坡桥，德州市委副书记、市长吴翠云、军分区司令员张新波、禹城市委书记闫剑波现场指挥；禹城市1000余名官兵、各机关、企事业单位干部职工等计2000余人坚守防汛一线，随时待命。其间，山东省委副书记、省长姜大明，副省长贾万志、郭兆信，海河防总常务副指挥任宪韶，德州市委书记、市人大常委会主任雷建国，先后到伦镇指导抗洪抢险。经过六天五夜连续奋战，抗洪抢险救灾工作取得无一村庄被淹、无一人伤亡的全面胜利。获得“德州市抗洪抢险先进单位”“禹城市抗洪抢险救灾先进单位”荣誉称号。伦镇武装部长杨胜军获得“全国防汛抗旱先进个人”荣誉称号。

图 1-3-15　干部群众在戎庄溃坝段抗洪抢险（2010年摄）

1986—2010 年伦镇经济社会情况一览表

表 1-3-3

年	总产值合计（万元）	农业（万元）	工业（万元）	建筑（万元）	交通运输（万元）	商业服务（万元）	农民人均纯收入（元）
1986	1943	2326	314	0.6	0.7	0.5	367.4
1987	2224	2689	462	1.5	5.3	36	456.3
1988	2571	2899	1256	3.6	26	120	553
1989	4658	3076	1439	62	112	231	653
1990	6473	3115	2671	86	198	269	699
1991	8546	3324	3679	193	326	521	742
1992	11223	3865	4995	242	452	1023	753
1993	22356	4625	16755	539	1561	2645	789
1994	66343	5642	41236	1326	6659	6895	986
1995	81236	7052	43901	3569	8842	9985	1253
1996	89963	8856	47251	7893	9956	12034	1356
1997	99532	10256	50324	8536	10231	14563	1852
1998	111223	12658	59884	10251	10965	15463	2013
1999	120123	14863	67536	11536	11151	17596	2314
2000	128821	17586	75326	12689	11386	19562	2534
2001	133538	19856	82431	15423	11926	20136	3061
2002	140623	26351	99459	17859	12299	23156	3456
2003	163246	29852	106531	18023	12513	24456	3652
2004	178844	33586	119856	19536	12641	25643	3956
2005	197935	36454	133127	22365	12902	26537	1564
2006	212362	39956	156320	23056	13091	27532	5213
2007	222949	43182	175293	26589	13669	28212	5994
2008	267589	46253	198562	30235	14123	29531	6598
2009	291643	49293	214531	36532	14596	31008	7019
2010	346964	53522	239851	40231	15653	32421	7452

第六节　辛寨镇

一、地理位置

辛寨镇位于禹城市西南部，北纬 36°48′，东经 116°25′，西与聊城市高唐县接壤，东临伦镇、安仁镇，南靠李屯乡，北依房寺镇，距离禹城市区 25 千米，距离高唐县城区 20 千米。辛寨镇境内有 308 国道、青银高速、禹茌路、房辛连接路，交通便利、区位优势明显，为全镇经济社会发展提供良好的环境，是禹城南部重要的人流、物流、信息流中心。2000 年 5 月 8 日，禹城市撤销前油坊镇和辛寨乡，以原前油坊镇、辛寨乡行政区域设立辛寨镇，镇人民政府驻原辛寨乡人民政府驻地，合并后总面积 90.6 平方千米，辖 25 个社区、5 个行政村，7.8 万亩耕地，4.3 万人口。

二、自然条件

辛寨地处鲁西北平原，境内有主干河道、沟渠 10 余条，徒骇河、友谊沟、苇河等纵贯全镇。辛寨属于暖温带半湿润季风气候区，年平均气温 13.1℃，降雨量 582 毫米，太阳辐射总量 5225 兆焦 / 平方米，日照时数 2640 小时，≥ 0℃积温 4951℃ • d，≥ 10℃积温 4441℃ • d，无霜期 200 天，光热资源丰富，雨热同期，利于农业生产。地下水资源分布不均衡，东部村庄水资源丰富，西北部如徐庄、常庄、庵尚等 10 多个村地下水贫乏，且水质较差，不能直接用于灌溉。该地区历史上多次发生干旱、洪涝、盐碱、风沙等自然灾害，生态环境比较脆弱，但生产潜力很大。

三、经济发展

20 世纪 90 年代末，辛寨镇按照“稳粮、扩菜、强牧、兴林”工作思路，积极推进“一乡一品、一村一业”工程，实施农业产业结构调整，逐步形成蔬菜、畜牧、林果、棉花四大支柱产业，农民人均纯收入逐年提高。

（一）种植业。主要以小麦、玉米、棉花、蔬菜、瓜果为主。1998—2003 年，镇政府发动群众盖大棚，种蔬菜和瓜果，并制定贷款、技术、销售等多项优惠政策，50 余个村庄建起大棚，高峰期大棚数达到 1200 余个。镇政府精心培植河西刘万亩品质蔬菜基地和梁庙品质蔬菜大棚示范区。2008 年，注册“河西刘”牌无公害蔬菜品牌。2009 年秋，德州市委书记、市人大常委会主任雷建国到河西刘万亩蔬菜基地指导工作。2010 年年底，辛寨镇实施梁河社区“两区同建”，通过招商引资和土地流转，投资 2600 万元建设占地 1200 亩的“绿鑫”农业科技园区。建成寿光五代高标准大棚 72 个，吸收 300 余名群众就业，直接带动群众增收 1000 元。2010 年，逐步形成以河西刘、王庄、景庄、梁庙等为代表的 20 余个蔬菜专业村。

（二）畜牧业。20 世纪 80 年代到 90 年代

图 1-3-16　郅辛生猪养殖场（2010 年摄）

中期，辛寨养殖业以散养为主，“养鸡换盐、养猪过年”是当时的养殖状况，每户都养着鸡、鸭、猪以及牛、驴等大型牲畜。梁庙村因养鸡规模大、效益好，1990年荣获“山东省畜牧百强村”荣誉称号。2000年后，规模养殖、生态养殖、品质畜牧成主流发展趋势。出现梁庙、前科、糖坊高、郢辛等20余个养殖专业村。全镇颇具规模的养殖小区有恒泰肉鸡孵化养殖场、前科生猪养殖基地、高楼养鸭小区、郢辛奶牛场等100余处。至2010年年底，全镇拥有永和、超群、三鑫、明禹等12家肉鸡宰杀、冷藏企业，以及国安、中惠等4家饲料加工企业，初步形成“饲养—加工—销售”一体化产业格局。

（三）林业及水产。辛寨林业资源丰富，品种以杨树居多，约占80%，其他还有柳树、榆树、槐树和部分观赏树。林带主要为308国道、禹茌路等主要道路绿化带，友谊沟、苇河及农田沟渠沿线绿化，村庄四旁植树和田间防护林。2008年春，镇政府对禹茌路梁庙丁桥—308国道段12千米林带进行集中更新，统一规划、施工、选苗、发包，建成高标准植树样板路。实施为期三年的“大绿化”工程，重点涉及“两河三路”（苇河、徒骇河、青银高速、308国道、禹茌路）沿线绿化带，总任务3700亩，28万株。动用15台挖掘机和1000余名专业施工人员，开挖界沟4200米，树坑20万个。全镇林木覆盖率达40%，林木存有量180万株。辛寨镇水产资源较丰富，仅苇河沿线的王桥、堂子等10余个村就有上百亩鱼塘，年产鱼类近万吨。

四、财源建设

（一）工业。1986年，辛寨镇鼓励发展工业，镇办企业有砖瓦窑、面粉厂、白铁厂、缫丝厂、印刷厂等10余家，属禹城南部工业重镇。90年代后，镇党委政府先后成立经委、工业办、招商办、民营办等专门机构。2010年下半年，引进总投资220亿元的汉能光伏发电和设备制造项目，实现辛寨镇引进亿元以上项目零的突破。辛寨镇工业企业达56家，其中规模以上企业37家，主要分布在禹城市高新技术开发区和辛寨镇工业园区，规模较大的有汉能光伏、金泰铝单板、天盛机械、佳利丰塑编、康健傻小二食品等，形成光伏能源、机械制造、塑料生物、农产品加工四大主导产业。

（二）招商引资。2006年，安排2名副镇长、6名精干人员组成招商小分队专职招商，主攻京津济，拓展长三角，突破港澳台，多次到沈阳、天津、上海、厦门等地，上门“请”商，参加节、会招商，引进新项目16个，招商引资总额279亿元，工业投入4.6亿元，全镇规模以上企业达27家，销售收入10.12亿元。

引进5000万元以上的项目10余个，包括北京汉能控股集团投资220亿元的禹城光伏产品研发和光伏发电项目、温州客商投资5.3亿元的高铁配件、北京盛安集团投资2.5亿元的金泰铝业，以及凯蒂龙机械、均益制药等。

出台《关于辛寨镇招商引资的优惠政策》和《关于辛寨镇招商引资奖励政策的规定》，鼓励全民创业和全民招商，新建企业实行水、电、土地等费用减免、领导服务负责制和“一事一议、一企一策”等制度，高新技术产品项目和“863”计划项目实行财政补贴和税收返还等优惠政策，重用和奖励“招商功臣”。

2010年，实现工商税收1042万元，同比增长39%，是2006年的3.5倍，项目总投入18亿元，地方财政收入689万元。

（三）商贸流通业。辛寨镇依托三县市交界的区位优势和紧靠308国道、禹茌路的交通优势，发展商贸流通和服务业，打造“城南物流中心”和“禹城、高唐、茌平三县市商贸重镇”，构筑“两轴三区十集市”（“两轴”即308国道、禹茌路，“三区”即辛寨社区、油坊社区、梁河社区,“十集市”即辛寨、魏寨子、杨圈等10个农村集市）的发展格局，实现商贸物流持续繁荣。至2010年年底，全镇有物流企业6家，社区超市25家，集贸市场15处，个体工商户952家，私营企业95家，实现社会消费品零售总额11.3亿元，集市贸易成交额18亿元。

五、小城镇建设

2010年，为推进小城镇建设，通过商户选举，成立商户自治委员会，在小城镇建设指挥部指导下开展镇区环境整治和小城镇建设，镇区拆除中心街旧建筑8950平方米，新建商住楼及营业场所21096平方米，栽植绿化树520棵，修建排水管道1500米。沿街商户规范有序，道路配套设施日益完善，全长1千米的沿河公园建设日趋完善。

六、社会事业

（一）教育。2010年，苏庄中学与镇中合并，保留镇中1处中学，全镇有小学11处，幼儿园18处，在职教职员工699名，学历达标98%，中学生760人，小学生2240人。同年，建设省级规范化镇中心幼儿园，建筑面积3600平方米，主教学楼为三层建设，设置9个班，容纳学前儿童360人。

（二）医疗卫生。2009年，辛寨镇投资200余万元，建设镇卫生院门诊楼，健全、完善村级卫生室。全镇医院1处，卫生防治机构1所，妇幼保健机构1所，社区门诊20处。各类卫生机构有床位63张，卫生技术人员85人，其中执业医师12人。

（三）文化。建有文化站综合楼，设阅览室、排练室、台球室等文化娱乐设施，定期组织文化娱乐活动。2009年建设村级文化大院20处，辛寨、魏寨子、庵尚等村成立秧歌、锣鼓、舞龙等民间文艺队伍，参加禹城市农民文化艺术比赛。

（四）强农惠农政策落实。2010年全镇有6333名适龄老人领到养老金35万元；农村低保对象1181户1576人，发放低保金144.6万元；新农合参合率达到98%；新农保参保率达96.8%；良种补贴、家电下乡等工作宣传、落实到位。

七、基础设施

1986年,先后实施以村村通油路、通客车、通自来水、通有线电视为主要内容的“四通”工程，人民生活水平明显改善。后重修连接路和王桥—杨圈环乡路，全镇柏油路达180余千米，村通公路覆盖率100%。全镇自来水机井4处，自来水入户率达90%，有线电视入户率达93%，用电普及率100%；年末固定电话用户达6800户，移动电话用户1.02万户。

八、合村并居

（一）村庄合并。2009年，辛寨镇按照上级决策部署，将全镇83个村合并为25个社区和5个行政村。

（二）社区建设。2010年,辛寨镇坚持“以点带面、尊重民意、稳步推进”的原则，重点实施梁河社区、辛寨社区和油坊社区三个社区建设。梁河社区是德州市试点社区，一期6栋住宅楼竣工，梁庙村207户群众全部认购安置房、签订拆迁协议,拆除宅基242处，搬迁入住207户，拆除全部旧宅。二期13栋居民楼全部开工，11月竣工。配套设施方面，投资110万元建成占地面积10000平方米健身休闲广场，打自来水井1眼，为社区24小时不间断供水。下水道、有线电视、宽带网络等配套全部到位，压缩天然气瓶组站工程投入使用。

辛寨镇社区建设及村庄合并基本情况表

表 1-3-4

社区（村）名称	合并村	人口数（人）	耕地（亩）	户数	中心村
辛寨社区	辛寨、魏寨子、老寨子、高楼、石庄	3784	6615.71	920	辛寨
李庄社区	大李、小李	716	1441.89	183	小李
梁河社区	甄杨、李屯子、丁庄、梁庙、韩高、小杨圈、兴旺	2549	3955.32	679	梁庙
鑫苑社区	大杨、董庄、王坊	1161	1836.29	297	董庄
庵任社区	西庵、任陈	1853	2803.42	448	西庵
常赵社区	常庄、赵庄	671	1416.38	157	赵庄
徐各李社区	徐楼、各户屯、纯李	2024	5119.91	528	各户屯
四友社区	前王、后王、吴庄、糖房高	1415	2868.02	355	糖房高
友谊社区	官庄、李寨子	1178	2692.51	300	李寨子
油坊社区	前油坊、后油坊、质金赵、温庄	1523	3016.12	416	前油坊
鑫家园社区	前贾、后贾、贾楼、孙庄	1313	2517.78	356	前贾
马官社区	马官屯、刘芳珠	954	2176.92	256	马官屯
大刘社区	前刘、后刘、菜园	1511	3563.61	408	后刘
洛马佃社区	洛河、马庄、佃李	1107	1356.79	277	洛河
尹庄社区	苏庄、尹庄、任庄、邵庄、沈堂	1740	4159.81	472	尹庄
永进社区	前科、后科、徐庄、付杨	1427	3139	387	付杨
安和社区	安庄、谭壮、李庄、佛张、曹庄	1900	3527.99	499	安庄
丰陈社区	陈寺、丰收	992	2033.07	279	陈寺
堂李社区	李楼、堂子	1579	1946.51	417	堂子
苗亭社区	苗庄、亭子	1181	1991.21	287	亭子
新和社区	河西刘、王庄、景庄	1349	2092.49	374	王庄
王战社区	王桥、战高	925	1335.1	225	战高
锦绣社区	九寺、郅辛	1269	2906.49	344	郅辛
贾旺社区	马旺、圣张、白庄	919	2266.64	253	白庄

续表 1-3-4

社区（村）名称	合并村	人口数（人）	耕地（亩）	户数	中心村
崔彭社区	崔庄、彭庄	995	2196.77	260	崔庄
于屯	—	704	1333.53	173	—
苗林	—	704	1315.24	150	—
小刘	—	1114	1563.62	299	—
杨圈	—	1138	1391.49	387	—
先锋	—	1213	1867.88	322	—
合计	—	40858	76447.5	10708	—

九、防汛工作

2010年8月，全市境内连降暴雨，加之上游客水大量涌入，辛寨镇大面积受灾，河道水位暴涨。连续10多天强降雨造成全镇7.8万亩农田积水，350米墙体和152间民房坍塌，13座桥涵（闸）和1800米公路被冲毁，经济损失566.2万元。汛情发生后，辛寨镇党委、政府多次召开专题会议研究部署，镇党政班子进驻一线，全体干部驻镇值守。38名年轻机关干部成立应急队伍，抽调100余名青壮劳力组成后备力量，同时发挥各界力量，筹集各类应急物资，为防汛抢险提供充足的人力物力保障。据统计，防汛期间镇村干部投入防汛一线180余人，动员群众1800余人，转移群众153户315名，全镇人员零伤亡。

第七节　张庄镇

一、地理位置

张庄镇位于禹城市西北部，西北与平原县搭界，北靠辛店镇，东临梁家镇，东南与十里望回族镇接壤，西南与房寺镇相连。京沪铁路、101省道从镇中部通过，京福高速公路从镇东北部穿过。全镇辖21个社区（村），总人口24373人，面积53.17平方千米，可耕地4.3万亩，南北纵距约12千米，东西横距约7千米。

二、自然条件

张庄镇地势西高东低。最高处是大犁铧王，海拔22.5米，最低处是东北部小洼王，海拔19米。地貌类型可分为高坡地、平坡地、洼坡地、浅平洼地四种，适于农业机械化生产与各项建设。

张庄镇所处工程地质类型为土体工程地质，为黏性土和砂土互层的多层结构，无矿产资源。土壤有两种类型：1. 潮土类，土壤呈中性或微碱性，占总面积的80%；2. 盐碱土或中度盐碱，主要分布于北丘村附近，占总面积的20%。

张庄镇属于黄河下游冲积平原孔隙水文地质区，第四纪河流冲积物厚度达300米左右。含水层岩性主要为细砂、粉细砂及中砂，相对隔水层为亚砂、亚黏土及黏土层。张庄西北部为故河道带，含水量较丰富。地下水流向西南→东北流向。水位受季节影响变化较大，多年平均变幅1.46米，最大变幅4.39米。地下水质以黎济寨、杜庄、卢庄一线最好，土马河以北水质尚可，张庄以南地区为碱水，矿化度以北丘村为最，大于3.0克/升。地下水平均可开采模数大于5万立方米/平方千米·年。

张庄镇境内有5条主要河流，即丰收河、西普天河、东普天河、洛北干渠（泺清河）、土马河。其主要功能是引黄灌溉和排涝。

张庄镇寒暖干湿季节明显。全年平均气温12.8℃，年平均降雨量570.2毫米，最大年降雨量955毫米（1977年），最小年降雨282.2毫米（1982年）。全年日照时数2620—2640小时，无霜期190—200天。全年主导风向西南风。

历史上自然灾害以旱灾为多。从有记载时起，最小降雨量230毫米（1968年），连续150天不降雨。水灾最严重为1961年，7月12日后连降暴雨达900毫米，30%的房屋倒塌。境内无地震源，曾受到菏泽、邢台、唐山地震影响，但无大的地震灾害发生。

三、经济发展

1986年，全镇农村实行“家庭联产承包生产责任制”。随着1997年农村第二轮土地承包的落实、2003年《中华人民共和国农村土地承包法》正式实施、2005年农业税征收的全面取消以及党和国家各项强农惠农政策的实施，广大农民发展农业的积极性不断高涨。根据市场经济规律，大力调整农业结构，单一种植粮食的框框逐步被打破，全镇农业向品质化、高效化、现代化方向综合发展。

（一）粮食生产。1986年起，镇党委、政府着力提高粮食产量，致力于吨粮田建设。“七五”“八五”期间，开发吨粮田1.4万亩，改造中低产田1.97万亩。1995年，夏粮总产达到1440万公斤，平均单产420公斤。1996—1997年，推广良种良法，粮食总产突破2800万公斤，小麦单产接近千斤。1998—2000年，实施国家大型商品粮基地建设项目，投资600余万元，在大段方发展节水灌溉3000亩，实行水电路林综合治理，项目区5000亩耕地达到田成方、沟成网、树成行，排灌系统配套。2001年，联系挂靠山东省农科院、禹城市种子公司等单位，实施良种繁育工程，建立小麦、玉米良种繁育基地3000亩，到2010年全镇良种繁育面积达到1.2万亩，琉璃庙、大段、宗集等成良种繁育专业村。2003—2004年，建设优质专用玉米基地0.8万亩。2005年，承担优质专用小麦良种推广项目，重点推广潍麦8号、泰山9818、临麦2号、淄麦12等优质小麦良种30万公斤。2007—2008年，组织实施测土配方施肥、科普惠农工程。2009—2010年，实施现代农业粮食产业项目，促进粮食产量进一步提高。2010年，在气候异常、气温偏低的情况下，确保粮食丰产丰收、颗粒归仓，实现吨粮目标。

（二）棉花生产。实行家庭联产承包生产责任制以后，广大群众植棉积极性不断提高。1986—1995年多次出现植棉热，连年获得好收成，一度出现卖棉难，其间，棉花为农民收入的重要来源。自1996年起，随着棉花病虫害增多、成本提高、价格下滑，棉花种植面

图1-3-17　张庄镇小麦良种繁育基地（2001年摄）

积逐步减少。2001年，发展优质长绒棉1000亩。自2009年起，群众植棉热情又有所提高；2010年全镇棉花种植面积为5000亩。

（三）蔬菜生产。1986—1995年，蔬菜生产面积较小，主要是群众零星种植。1996年，镇党委、政府开始重视蔬菜生产，蔬菜种植面积扩大到1.1万亩。1998年，春夏菜面积5000亩，秋季发展大蒜6000亩。1999—2000年，突出发展大棚菜、双孢菇，冬暖式大棚、双孢菇棚分别达到1200个、1000个。2001—2002年，巩固冬暖式蔬菜大棚生产，重点推广名、优、特、新蔬菜品种，与以色列海泽拉公司联合，在宗集村建立占地350亩、全市唯一的以色列蔬菜品种展示基地，发展高科技示范棚198个，全镇冬暖式蔬菜大棚达到1600个。2003年开始，稳步发展大蒜生产，至2010年大蒜面积连年稳定在5000亩左右。2009—2010年，重点发展鱼藕混养，新建鱼藕混养池300余个。

（四）林业生产。1986—1995年，镇政府以北丘洼改造、农田林网建设、发展经济林为重点，积极开展植树造林。1986年植树8万株，到1995年达到120万株，经济林发展到近万亩。其中，苹果树3000亩、梨树2800亩，果品年产量达到1750万公斤。成为全镇林果发展最快、最好的时期。后来，由于品种老化、客户压级压价、效益欠佳等原因，林果业逐步走向衰落。2005年，在全市率先探索林粮间作新模式，建设以大段方为中心，覆盖13个村的林粮间作万亩。2007年，24个村实施村庄绿化工程，村内街道栽植花木12000余株，建设围村林5万株，形成“四季常绿、三季有花、林茂花香”的农村新景观，农村居住环境得到改善。至2007年年底，全镇完成造林绿化361万株，其中，林粮间作19万株、农田林网50万株、片林121万株、绿色通道62万株、街道绿化植树109万株，连续四年被市委、市政府评为林业生产特等奖。2008年以来，镇党委、政府更加重视林业生产，3年植树80余万株。2009年代表山东省、德州市迎接国家林业局检查。2010年，在全市率先完成集体林权制度改革，顺利通过山东省专项督查、德州市检查验收。持续不断地发展林业生产，打造了农民增收的“绿色银行”，改善了生态环境。张庄镇相继荣获“山东省绿化示范乡镇”“省级生态乡镇”荣誉称号。

（五）畜牧养殖。1986年，全镇存栏大牲畜2500头，羊9.2万只，生猪8500头，家禽31万只。到1995年，全镇拥有孵化场6处，养鸡专业村8个，养牛专业村8个，鸡、牛存栏量分别达50万只、1.4万头。1996—2000年，实施小区带动工程，畜牧业掀起新一轮发展热潮，先后建成各类养殖小区20处，大牲畜、猪、鸡存栏分别达1.8万头、1.8万头和120万只。1997年，投资30多万元，在农场村东。建设

图1-3-18　张庄镇农业园区蔬菜丰收（2010年摄）

全市首家奶牛场，存栏奶牛50多头。

2000年，在姜庄村建成小尾寒羊基地。2002年，镇政府协调养殖户同凤祥鸡业签订合同，发展合同鸡养殖，成立肉鸡合作社，年出栏合同鸡60万只。2003—2007年，建设北丘村、农场村等3处奶牛养殖基地，奶牛存栏近300头，新建规模养殖小区20余处，发展各类养殖大户800余户。2008—2010年，坚持抓小区，带大户，全镇畜牧业进一步发展，先后建标准化养殖小区30余处，各类畜牧养殖大户达到1500余户。同时，全面做好畜牧防疫和禽流感防控工作，重大动物疫病免疫率达到100%。

图1-3-19　张庄镇小尾寒羊养殖基地（2000年摄）

四、财源建设

1986年以来，财税收入逐年增长，为全镇经济和社会发展提供有力保证。1986—2001年，财税收入以征收农业税为主。2001年以后，随着农村税费改革的深入实施，镇党委、政府转移财源建设重心，发展民营经济，加强招商引资和项目建设，财税收入逐步转到二、三产业上来。2010年，全镇完成国、地两税收入721万元，比上年增长47.5%。

（一）乡镇企业和民营经济。1986年前，张庄镇乡镇企业较少。自1986年起，镇党委、政府积极扶持乡镇企业发展，重建砖瓦二厂，新建恒温库，砖瓦一厂、面粉厂、农具修配厂、榨油厂规模不断扩大，到1990年乡镇企业年产值达3160万元。为增强乡镇企业活力，1997年下半年，6个镇办企业实行改制，通过清产核资、公开招标，一次拍卖成功，盘活资金111.8万元，减轻负债151万元，使企业起死回生，焕发生机。20世纪90年代，黎济寨村的罐头厂、刺绣厂、皮件厂、涂层印染厂，卢庄村的兴鲁药剂厂、鲁禹卫生药剂公司非常红火，后由于工艺落后、管理不善、不符合产业政策等原因，逐步在市场经济的大潮中被淘汰淹没。1997年，镇党委、政府实施青年“换脑”工程、支部书记工程，动员干部群众发展民营经济，到2004年全镇个体私营业户发展到460余家，从业人员达到5000余人。2005—2007年，民营经济进一步升温，档发、绢花等劳动密集型项目成为特色。2008—2010年，镇党委、政府动员全民创业、自主创业，培植壮大民营经济内生力量，广大群众干个体、上项目、办企业的热情不断高涨，民营经济进入质量并举、全面提速的新阶段，木片加工、谭敏彩瓦、卫东木器、禹鸣饲料等一批民营项目迅速崛起。

（二）招商引资和项目建设。2000年前，由于乡镇工作以农业为主，招商引资和项目建设几乎空白。2001年，招商引资工作开始启动，当年引进项目2个，完成项目投入近800万元。农村税费改革以后，镇党委、政府更加重视招商引资、项目建设。2005年以来，坚定不移地把招商引资作为头号工程来抓，作为推动经济发展、加快财源建设的治本举措。1. 整合招商力量。2007—2008年，实行领导班子成员“一岗双责”责任制，一手抓分管工作，一手抓招商引资。2009—2010年，实行人员定期离岗招商，主动出击，招大引强，营造招商浓厚氛围。成立招商引资小分队，制定任务、指标、奖惩，专职常年招商。定期调度考核，督促落实。2. 动员全民招商。动员张庄籍在外能人为家乡招商引资、项目建设提供信息、引荐客商。获取的招商信息，明确专人联系、洽谈，靠诚信感化客商，用毅力招引项目。3. 强化项目服务。项目落户后，落实帮办责任制，实行一个项目一个班子，全程负责帮办，为客商排忧解难，确保项目建设的又快又好。2005—2010年，先后引进工业项目15个，完成项目投入6亿余元，东晟玻璃、祥鼎羊绒、润丰纺织、恒奥化工、国家级生物产业孵化园、卓奇亚板材项目、宏宇新型材料、好乐生物、弘盛源精细化工等一批项目，成为乡镇财源的强力支撑。

（三）第三产业。1. 集市贸易。1986年，张庄镇仅有张庄集贸市场。1986年后，集市贸易不断发展。1992年，建立黎济寨市场，农历逢二、七为集期。1994年春，大段村设集。1995年，大王村设集。1993—1995年，镇政府扩大张庄集贸市场，先后投资50万元，出义务工6万个，使张庄集贸市场面积达到100亩。之后，随着张庄区位交通优势的不断增强、农副产品的日益丰富和生活水平的提高，张庄集贸市场不断扩大。2005—2009年，镇政府围绕建设禹西北商贸城，对张庄集贸市场重新规行划市，硬化市场内两纵三横道路，并将两侧进行规划，将集贸市场内1万多平方米的闲置地块使用权实行竞标拍卖，群众投资热情高涨，先后建成各类固定门店近百家。2010年，实施平房改造工程，建设楼房30多户，1.2万平方米。张庄集贸市场由原来的5天一集市发展为天天集、夜夜市，成为禹西北重要的农产品集散地。2. 供销服务。1986年后，随着市场经济的发展，供销社逐步萎缩，原来职工逐步“单干”。2006年，供销社在镇党委、政府支持下，抓住新农村建设的契机，探索发展新路子，投资120万元，在黎济寨村建设德州市首家综合性农村社区服务中心，集物资供应、休闲娱乐、科教宣传、信息交流、医疗保健等为一体，服务周边十几个村庄5000多人。同年11月10日，山东省供销系统社区服务中心建设研讨会在该村召开。省、市领导多次视察，均给予高度评价。2007—2009年，在姚张村及镇区建成社区服务中心。2010年，供销社利用闲置资产，建设贸易大厦连锁店。3. 镇区商贸。1986年以后，镇区商贸日渐活跃，业户不断增多。2003年以后，以发展大型批发、连锁经营、超市专卖、餐饮休闲为重点，抓好101省道路域经济带、府前街商贸带建设，张庄镇商贸

图1-3-20　东晟玻璃有限公司车间（2010年摄）

经济空前活跃，商贸特色日益凸显。至2010年，镇区商贸业户达到400余家，张庄区域性商贸中心的地位初步形成。

五、小城镇建设

1992年以前，张庄镇区破烂不堪。自1992年起，国家、省、市高度重视张庄镇小城镇建设。1993年11月，国家计委将张庄镇列为德州市唯一的全国小城镇建设试点镇。1995年7月，被山东省政府列为“百新工程试点镇”。2000年2月，被山东省政府批复为省级中心镇。张庄镇抢抓机遇，高起点规划，高标准建设，高效能管理，全面加快小城镇建设。到2010年，张庄镇发展成为设施健全，功能完善，环境优美，人流集聚，物流畅达，贸工农全面发展的现代化小城镇。

（一）规划。1992年，张庄镇对小城镇建设进行初步规划。1996年，聘请山东省城镇规划建筑设计院完成张庄镇总体规划编制工作。2008年，聘请德州市城镇规划建筑设计院编制完成新总体规划。规划将城镇性质定位为禹城市北部的物资集散地，贸工农全面发展的现代化小城镇；城镇规模设计人口近期4000人，远期9000人，用地近期65.24公顷，远期118.11公顷；镇区规划区总面积5.37平方千米；分四个功能区：商贸区，沿山东省101省道西侧布置集贸市场、银行；居住区，向西向南发展，以张庄、周庄为基础并跨越丰收河形成3个5—6层单元式住宅区；工业仓储区，在现行政街西至卢庄村公路以北和铁路东两部分布置，原有粮所用地整合周边地块建设仓储设施；城镇中心区，位于行政街两侧，包括行政、文化、科技、医疗卫生等用地，东部布置停车场、邮电等，中部布置行政办公和宾馆、绿地等，西部布置文化、体育、科技、教育设施，保留中学，布置小学、幼儿园各一所，卫生院原址扩建。2009年，完成示范街、商贸小区、工业小区、住宅小区、休闲广场“五个一”详规设计工作。

（二）建设。1994—1995年，投资200万元，拆迁房屋50余间，完成行政街拓宽硬化及电讯、排水设施。1996—1997年，实施101省道镇区段拓宽延长工程，北延至前王，南延至周庄，长度达到2200米，宽度增至24米，硬化路面2万平方米，两侧安装路灯80盏，完成村村通电话工程，全镇电话装机总量达380部。1998年，新建经营门店200多间，楼房10多座。1999—2000年，与济南铁路局合作，在京沪线285千米＋950米处建设铁路立交桥，实施完成农村电网改造工程，在铁路以东建设35千伏变电站，电信大楼、邮政大楼建成投入使用。2002年，实施101省道镇区段辅路拓宽改造工程，新建信用社办公楼。2003年，拆迁基社破旧房屋，建成基社综合服务楼。

2004—2005年，实施101省道路域经济

图1-3-21　排水设施施工　（2010年摄）

带开发建设，以镇区为中心，以101省道为轴心，分别向南北拓展，吸纳社会资金，在101省道两侧，新建高标准经营门店100多间、楼房10余处。2006年，投资30多万元，高标准完成敬老院改扩建工程；实施有线电视进村入户工程，全镇实现有线电视村村通，入户率达到80%。2008年，投资1000余万元，新建计生站、综合文化站、汽车站、明德小学、镇区社区服务中心生资超市、姚张社区服务中心，以亮化、美化、净化为重点实施小城镇改貌，在101省道两侧安装路灯40盏，修建高标准排水沟3500米，新建标准化楼房12处。2009年，实施府前街升级工程，硬化路面1.5万平方米，新修排水设施6500米，建设卫生院门诊楼，改造铁路立交桥、敬老院，新建楼房20多处300多间、建筑面积5万平方米。2010年，在府前街两侧、101省道西侧，新开工楼房10处、建筑面积1.5万平方米。开展101省道环境综合整治，清除垃圾，清理排水沟，更新破旧广告牌匾，镇区面貌焕然一新。

六、社会事业

（一）教育。1986—2010年，25年间，张庄镇教育经历学校逐步合并、学生逐年减少、教职工不断增加的过程。1986年，全镇有中学2处，小学34所，学生2380人，教职工107人。1992年10月，张庄、大段2处中学合并为张庄镇中学，迁址于铁路东（原禹城三中旧址）。2000年，撤并村小28处，6处村小分别更名为中心小学、学区小学，全镇形成1处中学、1处中心小学、5处学区小学的教育格局，学生减少到1887人，教职工增至153人。到2010年，在校学生1648人，教职工达到189人。

1994—1996年，投资120万元，新建中学办公楼1座、教室120多间，购买图书3万余册，教学仪器近万件，添置课桌凳及实验设备300余套，实现“普九”达标。2008—2010年，改造D级危房105间17945平方米，新建校舍9603平方米，建设中心小学教学楼、中心幼儿园，新购图书37712册，实验器材基本上满足正常教学需求。2008年开始，推进教育信息化建设，实施农村中小学现代远程教育工程，建成卫星教学收视点7处，中学建设计算机教室，配套计算机100台、多媒体教学设施10套。2010年，全镇实施教师聘任制和绩效工资考核。镇中学于2002年被禹城市定为教科研重点实验基地，2004年被评为德州市级规范化学校。2000—2010年，张庄镇连年被评为禹城市教育教学优胜单位。

（二）卫生。机构。1986年，镇卫生院有医务人员14人，床位15张，下辖各村均有卫生室。2007年，返修重建卫生院平房。2009年，建设卫生院门诊楼。到2010年，卫生院有医务人员38人，床位20张，下设9个卫生室。

管理。2003年，加强医院规范化建设，全市卫生系统在张庄卫生院召开“医院规范化建设”现场会。2004年，投资2万元购置电脑4台和医院管理软件，实现医院微机化管理。2007年起，全面推行新型农村合作医疗，全镇农民参合率达到95%以上，群众看病难问题得到解决。2008年，实施乡村卫生一体化管理工作，村级卫生室进行整合升级，村卫生室的规划布局、业务指导、工作考核、财务管理、人员聘用和培训、药品采购供应等由镇卫生院实行统一管理。

防疫。1986年，防疫工作不断加强。自2000年开始，连年计划免疫率、四苗覆盖率均达100%，杜绝各类传染病的发生。2003年春，抗击“非典型肺炎”，确保全镇无非典或非典疑似病例。2004年，实现省级计划免疫门诊达标。2008年，开展卫生镇创建工作。2009年，被评为“德州市级卫生镇”。2010年，加大创卫力度，各项指标达到山东省级卫生镇标准，

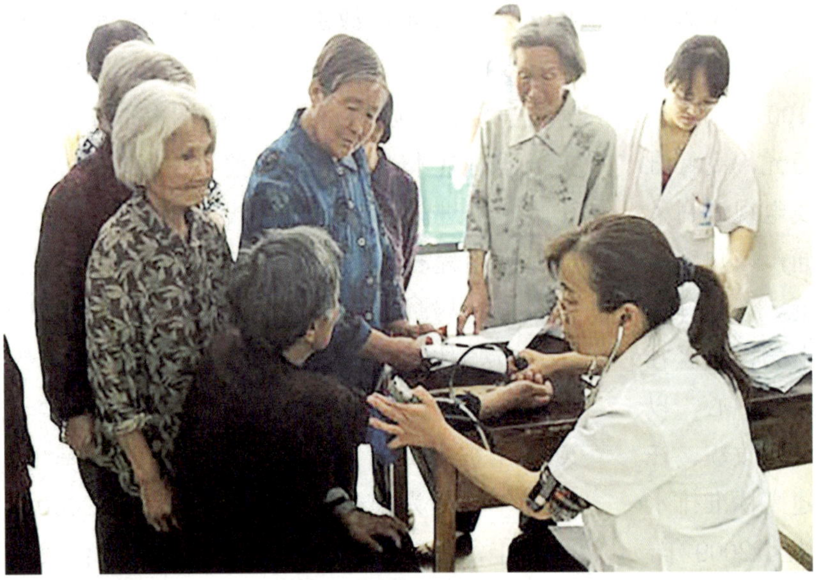

图 1-3-22　张庄镇卫生院为老人健康查体　（2010 年摄）

被命名为“山东省级卫生镇”。

七、基础设施

（一）公路。1995 年以前，张庄镇道路都是土路。自 1996 年开始，逐步实施公路硬化。1996—1998 年硬化镇区至黎济寨、镇区至宗集公路 8 千米。1999—2000 年，新修柏油路 10 千米。从 2004 年开始，实施村村通公路工程，到 2006 年全镇建设村村通公路 70 千米，实现村村通油路，90% 的村实现“村内通”，构建完善的农村公路网，解决农产品外运问题，优化农村环境，方便农民生产生活。2007 年，改造村级公路 10 千米。2008 年，在镇区北部建设公共汽车站，完成张梁路升级改造工程。建设的同时，注重公路养护管理，成立公路养护站，选聘 20 名护路员，坚持日常养护与集中养护相结合，延长农村公路使用寿命。

（二）供水。1997 年 3 月，山东省政府办公厅驻张庄镇挂职干部从省直部门争取资金 50 万元，实施自来水工程，在黎济寨村打深井 1 眼，铺设黎济寨至镇区供水管线，黎济寨村和镇区群众喝上自来水。到 2005 年，由于管线、水质等原因，自来水弃而不用。2006 年 6 月起，按照集中联片供水的原则，实施村村通自来水工程，分别在张庄、毕庄打深井 2 眼，铺设管道 27.6 万米，到 2007 年 5 月上旬，全镇 61 个村和镇区各个部门全部实现通水，受益群众 2.4 万人。加强自来水管理，坚持“政府调控，协会管理，群众监督，保本微利，以水养水”的方针，形成工程长效机制，确保群众用水安全。

八、合村建区

1985—2000 年，张庄镇辖 61 个行政村。2000 年，将人口较少、面积较小的农场村、盐池刘合并为农盐村，全镇行政村成为 60 个，农村总人口 23420 人，其中 800 人以上的村 4 个，500—800 人的村 10 个，300—500 人的村 20 个，300 人以下的村 26 个。2009 年 4 月，张庄镇进行村庄合并，启动社区建设。通过召开农村干部动员会、支部书记谈心会、各村广播会，广泛宣传村庄合并的意义、好处，明确实行“五不变一不降”政策，即村庄规模调整后，原行政村、组的土地承包关系不变；原行政村的各项承包、租赁合同及合理优惠政策不变；原村级资产、债权债务不变；原行政村村民的福利待遇不变；原自然村村名不变；原退休村干部享受的生活补贴标准不降低。在充分调查研究，尊重民意，引导民意的基础上，综合考虑各村历史、地缘、人文、风俗、产业、设施等因素，合理确定社区布局，拟定合并方案。到 5 月上旬，合并后的社区（村）党支部、管委会领导班子配备齐全，党支部、管委会印章全部启用，并编制完成现状图、规划图，实现高质、快速、无震荡整合。村庄合并后，全镇辖 20 个社区和 1 个村，减少村庄 39 个，社区平均人口 1115 人，最大的黎济寨社区达到 2025 人，最小的胡庄社区

711人。

2010年，张庄镇启动社区并居点建设。成立由分管副职、职能部门、技术人员组成的社区建设指挥部，专门协调社区建设工作中的问题。聘请高规格设计院进行规划设计，充分考虑农村实际，体现新农村形象，做到有用地规划、建设规划、建筑式样、户型图纸。坚持群众参与，让群众全程参与规划设计、丈量评估、拆迁方案制定、工程招标、质量监督等各个环节。工程建设中，严把工程物料关、质量关、验收关，保证工程建设质量。采取“四个一点”的筹资办法，即镇政府提前预支一点、动员群众预交一点、争取驻村单位扶持一点、农户联保贷一点、建筑商垫一点，破解社区建设资金难题。强化资金管理制度，严把支出审批关，保证社区建房资金需求。2010年，张庄、琉璃庙、沟刘3个社区并居点一期工程动工建设。张庄社区并居点规划容纳14个自然村1828户6399人居住，一期工程占地30亩，建筑面积26721平方米，入住190户，采取沿街3层、其他4层建筑模式。琉璃庙社区并居点规划容纳7个自然村502户1759人居住，一期工程占地17亩，建筑面积8244平方米，入住72户。沟刘社区并居点规划容纳6个自然村460户1613人入住，一期工程占地56亩，建筑面积13200平方米，入住60户。至年底，3个社区并居点一期工程全部封顶。

1986—2010年张庄镇经济社会情况一览表

表1-3-5

年	总产值合计（万元）	农业（万元）	工业（万元）	建筑（万元）	交通运输（万元）	商业服务（万元）	农民人均纯收入（元）
1986	1588.9	1405.6	141.6	17	22.2	2.5	436
1987	1857.8	1570.1	216.8	16.5	14.4	40	518
1988	3108.02	2304.12	654.4	24.5	36	89	543
1989	3914.4	2713.2	706.8	83.5	197.4	213.5	625
1990	4168.2	2310.7	1194.8	101.5	175.2	386	674
1991	5259	2678.9	1593.2	205.5	338.4	443	700
1992	6391.8	2842	2297.2	172.5	384.6	695.5	727
1993	18387.33	4463.13	7577.6	853	2208.6	3285	745
1994	42753.12	6947.22	18860.4	3851.5	6258	6836	1020
1995	43854.49	7496.09	17960.8	4999	6450.6	6948	1455
1996	47583.5	8244.6	19756.8	5499	6579.6	7503.5	1882
1997	52256.6	9234.4	22127.6	5938	6777.6	8179	2300
1998	57642.9	10434.9	25004	6295	6912	8997	2414

续表 1-3-5

年	总产值合计（万元）	农业（万元）	工业（万元）	建筑（万元）	交通运输（万元）	商业服务（万元）	农民人均纯收入（元）
1999	63661	12000.1	28004.8	6798.5	7050.6	9807	2540
2000	70585.9	13680.1	31645.2	7478	7191.6	10591	2542
2001	79629.9	16826.6	35759.2	8376	7335.6	11332.5	2660
2002	88730.7	19350.8	40765.6	9046	7555.8	12012.5	2850
2003	99320.1	22834	46472.8	9769.5	7630.8	12613	3085
2004	108275.7	25117.4	51586.8	10746.5	7707	13118	3450
2005	118236.9	27629	57259.2	11713.5	7861.2	13774	3910
2006	129655.8	29563.1	65275.2	12533.5	8097	14187	4200
2007	141373.9	31632.3	72455.6	14414	8259	14613	4500
2008	154688.7	33530	81150.4	16431.5	8671.8	14905	5400
2009	167800	35206.5	90076.8	18567.5	8932.2	15017	6300
2010	187114.7	38375.4	102687.6	20796	9289.2	15966.5	6700

第八节　安仁镇

一、地理位置

安仁镇位于禹城市西南中部，地理坐标为北纬 36°20′—36°30′，东经 116°10′—116°35′，全境南北长约 10.5 千米，东西宽约 6.5 千米，总面积 66.3 平方千米。自东北部顺时针依次与市中街道办事处、伦镇、辛寨镇、房寺镇接壤。安仁镇具有交通优势，308 国道、青银高速、禹茌路省道和禹莒路贯穿境内，境内公路四通八达，交通便利。

二、自然条件

安仁地处黄河中下游冲积平原，地形自西向东逐渐升高，海拔最高处 26 米，最低处 17.5 米，地表辽阔平坦，地势亦起伏不大。微地貌复杂，大体分为河滩高地、高坡地、平坡地、洼坡地、洼地和河槽地六种类型。影响农业生产较大的微地貌有两大类：1. 河滩高地和高坡地，多形成在苇河、徒骇河河岸，分布在南孙管区、齐尧管区、北街管区和孟庄管区。这类微地貌土壤比较肥沃，地下潜水位 3 米左右，出水流量大，无盐渍威胁，是农作物的高产地带。2. 洼坡地，形成在古黄河泛滥漫滩淤积而成的单面斜坡地的中端，分布在东部的王子付管区、小付管区，地下潜水位 1—2 米。原易碱易涝，长期制约着农业经济的发展，经过近 30 年的治理，变成旱涝保丰的良田。

（一）河流。赵牛新河、徒骇河、苇河和引黄济津总干渠从境内通过，赵牛新河由韩庄西北出境，流入徒骇河。引黄总干经武庄西横跨徒骇河渡槽，由西北方向出境。徒骇河由西南方向流经陈庄、张李店、孔河涯、殷庄、冯旺、魏栗，由魏栗村东北出境。苇河自安仁镇西南入境，经过于庄、前楼、后楼在张李店村南汇入徒骇河。

（二）土壤种类。安仁土壤可分为两大类，七个类型。

两种土类：即潮土和盐土。潮土是在潜水作用下发育于冲击性母质的一类土壤，是安仁境内分布面积最大的一类土壤单元。盐土泛指地表盐斑或缺苗大于5成以上，或是大片盐碱地，耕作层含有大量可溶性盐类的土壤。占可利用土地总面积的2%—3%。

图 1-3-23 赵牛新河安仁段燕西闸（2010年摄）

其中，潮土在安仁镇有3个亚类。

1. 褐土化潮土。是鲁北黄泛平原生产性能最好的土壤单元，有机含量0.97%，容重1.23克／立方厘米，是本地农业土壤的精华。

2. 典型潮土。典型潮土表层耕性较好但肥力较低。土壤容重1.25克／立方厘米，有机含量为0.87%，通常情况下比褐土化潮土耐旱能力强，当地群众称之为“夜潮土”。

3. 盐化潮土。特点是板湿、凉薄，土壤容重1.4克／立方厘米左右，有机含量在0.64%左右。

（三）土型。全镇土体构型大致可分为7种。即：均质壤、厚粘腰、厚粘心、厚沙腰、厚粘底、薄粘底、薄粘腰。全镇土体构型以均质壤、厚粘腰、厚粘心为典型，其中厚粘腰、厚粘心为最理想的土体构型。

（四）气候。安仁属温带半湿润气候。春季干旱少雨、夏季湿润多雨，秋季凉爽，冬季寒冷，干湿与冷热的季节变化明显，光热充足，年均太阳总辐射量每平方厘米124.8千卡，年均日照时间2655.2小时，日照率为60%，年均气温13.1℃，平均无霜期200天左右。早霜期在12月23日前后，终霜期在4月21日前后，无霜期为200天左右。

春季一般自4月6日前后—5月底；夏季自5月底—8月25日前后；秋季自8月25日前后—11月27日前后；冬季自11月27日前后—翌年4月6日前后。根据农业生产习惯，一般将3—5月定为春，6—8月定为夏，9—10月定为秋，11—翌年2月定为冬。

安仁年平均降水量500毫米左右，降水分布不均，6—8月份降水量占全年总量的67.5%，易形成晚秋、春旱，夏、早秋涝。雨、热同季，春秋短，冬夏较长。全镇平均初雨期为4月初，终雨期10月中旬，初雪期在11月中旬，终雪期在3月末。年最早结冰期在11月下旬，最晚在12月上旬。境内气象灾害频繁，且以旱涝为主，据气象资料分析，旱年多于涝年，但大涝多于大旱年。年最大降雨量1146毫米（1961年），最小降雨量293毫米（1968年）。晚霜冻、春末夏初及秋季连阴雨、风雹及干热等灾害性天气和病虫害对农业影响较大。

三、经济发展

（一）粮食生产。1986年起，安仁镇着力提高粮食产量，“七五”“八五”期间，开发吨粮田 1.8 万亩，改造中低产田 2.35 万亩。1995 年，夏粮总产达到 2016 万公斤，平均单产 420 公斤。1996 年、1997 年，推广良种良法，粮食总产突破 3000 万公斤，小麦单产接近千斤。1998—2000 年，实施世界银行二期农业开发项目，投资 1800 余万元，在小付方发展引黄自流灌溉 5000 亩，实行水电路林综合治理，项目区 5000 亩耕地达到田成方、沟成网、树成行，排灌系统配套。2001 年，联系挂靠省农科院、市种子公司等单位，实施良种繁育工程，建立小麦、玉米良种繁育基地 4200 亩。2005 年，承担优质专用小麦良种推广项目，重点推广潍麦 8 号、泰山 9818、临麦 2 号、淄麦 12 等优质小麦良种 40 万公斤。2007—2008 年，组织实施测土配方施肥、科普惠农工程。2009—2010 年，实施土地整理项目，修建小引黄防渗渠 17.6 千米，硬化道路 7.2 千米，引黄水自流灌溉面积达到 1.2 万亩。

（二）棉花生产。实行家庭联产承包生产责任制以后，广大群众植棉积极性不断提高，1986—1995 年多次出现植棉热，连年获得好收成，一度出现卖棉难。期间，棉花成为农民收入的重要来源。自 1996 年起，随着棉花病虫害增多、成本提高、价格下滑，棉花种植面积逐步减少。2009 年起，群众植棉热情又有所提高，到 2010 年全镇棉花面积 1500 亩。

（三）蔬菜生产。1992 年，安仁贾庄建起 3 个冬暖式蔬菜大棚，试种成功。从 1993 年开始，在赵集东街、刘庄、张庄等村建起 61 个大棚，其中赵集东街 29 个，安仁蔬菜由季节性露天栽培向“四季常青，四季有菜”发展。

1994 年年底，建成以赵集为中心的大棚基地，以冯旺为中心的早春菜基地，以前楼为中心的盖韭基地，以张庄、齐庄为中心的大棚西瓜基地，冬暖式大棚发展到 800 余个，西瓜 3000 余亩，蔬菜面积达到 8300 亩，成为德州市蔬菜明星乡镇。

1995 年，安仁张庄村西瓜荣获“全国第五届农产品博览会铜质奖”，安仁西瓜成为名牌。

1998 年，大面积发展保护地栽培，新建大棚 300 余个。之后，蔬菜面积年年增长，蔬菜产业成为农民增收的主导产业。

2009 年，安仁镇引进万亩品质蔬菜基地项目。在赵集、大芦大棚聚集区建起 120 个无公害和有机蔬菜示范棚，棚均效益超过 5 万元，成为全镇大棚生产典范。注册“安赢牌”蔬菜商标和“前寺牌”食用菌商标，蔬菜生产良性循环发展。

图 1-3-24　安仁镇粮食万亩方　（2010 年摄）

（四）林业生产。1985—1995 年，安仁在各村发展用材林片林，主要栽植树种：杨、榆、刺槐、柳等。由于经营粗放，修枝过重，生长缓慢，平均亩积蓄量仅为 0.51 立方米。

1996 年，安仁镇争取世界银行二期农业综合开发项目，开始大面积发展农田林网建

图 1-3-25 安仁镇三合社区西瓜种植 （2010 年摄）

设，主要集中在小付、食盒杨、隋庄、周庄、三里、王子付、大付、碾子刘、马庄、姚宋等村，采取专业队与机械施工结合的方式，综合开发面积 1.2 万亩，修建沟渠 32 千米，植树 4.2 万株。

2001 年，提出建设绿色安仁目标，实施植树造林工程。重点是引黄干渠、赵牛新河、苇河、徒骇河两岸以及主要道路两侧，建设绿色通道。农户闲置的场院、沟沿、坑塘边、田间地头及低洼荒地全部栽植速生杨 107、108、中林 46 等速生品种。林粮间作和林间经济有所发展，部分农户在片林中发展肉鸭养殖等副业，增加经济效益。同时开展林权制度改革，公共道路、河道等的树木实行拍卖、承包，所有树木全部到户管理，改变过去“年年种树不见树”的现象，树木成活率和保存率达到 95% 以上。林业效益逐年增长，农民依靠林业生产增加收入，带动林木加工业及运输业的发展。全镇从事木材贩运的人员达 1200 余人，木材收购点达到 9 处，木片加工户 2 户。

2010 年，推进集体林权制度改革，在全市率先完成，顺利通过山东省专项督查、德州市检查验收。全镇森林覆盖率达到 42.3%。

（五）畜牧养殖。1986 年，全镇存栏大牲畜 3600 头，羊 5.6 万只，生猪 7600 头，家禽 36 万只。1995 年，全镇拥有养鸡专业村 15 个，养牛专业村 12 个，鸡、牛存栏量分别达 7011 万只、2.1 万头。1993—2000 年，实施小区带动工程，畜牧业掀起发展热潮，先后建成各类养殖小区 22 处，大牲畜、猪、鸡存栏分别达 3.2 万头、2.1 万头和 140 万只。1993 年，投资 300 余万元，在王子付村北，建设王子付肉牛育肥小区，存栏肉牛 1000 头，年出栏 4000 头。1998 年改建为奶牛小区。2001 年建成张庄村绿光獭兔养殖基地，存栏獭兔 4000 只。2003—2007 年，建设王子付奶牛小区二期、

图 1-3-26 安仁镇獭兔养殖户 （2001 年摄）

三期工程，2008—2010年，建设王子付奶牛小区四期、五期工程，奶牛存栏达到3000头。全面做好畜牧防疫和禽流感防控工作，重大动物疫病免疫率达到100%。

四、财源建设

随着农村税费改革的深入实施，安仁镇转移财源建设重心，大力发展民营经济，抓招商引资和项目建设，财税收入逐步转到二、三产业。2009年完成工商税收1042万元，2010年完成1389万元。

（一）招商引资和项目建设。安仁镇原为典型的农业乡镇，2000年前，由于乡镇工作以农业为主，招商引资和项目建设几乎空白。2001年，招商引资工作开始启动，当年引进项目2个，完成项目投入近600万元。2005年，把招商引资作为推动经济发展、加快财源建设的治本举措。2007—2008年，实行班子成员“一岗双责”责任制，班子成员一手抓分管工作，一手抓招商引资。2009—2010年，实行党政班子成员专职招商，成立4个招商专业队，制定《安仁镇招商引资奖励办法》，定任务、定指标、定奖惩，营造全民招商浓厚氛围。2009—2010年，先后引进工业项目18个，完成项目投入11.2亿元。福宝铸造、力宏宝冠、浩阳建材、大地机械、瑞利源科技等一大批工业项目，成为乡镇财源的强力支撑。

（二）乡镇企业和民营经济。20世纪80年代，安仁镇民营经济发展迅速，先后建起砖瓦厂、农修厂、地毯厂、酒厂、造纸厂、面粉厂和建筑工程队。

1987—1988年，推行企业承包经营责任制为重点的企业改革，乡办企业全部实现承包经营责任制，建立厂长（经营主）任期财务责任制，初步实现企业“两权分离”，扩大企业自主权；1989—1990年，因资金、能源紧张，经营不善，乡办企业相继关停，只有砖瓦一厂、二厂、造纸厂和建筑公司4家企业；1998—1999年，乡镇企业实行改制，以承包、拍卖、股份合作为重点，砖瓦一厂、二厂、造纸厂和建筑公司4家企业改制，由乡镇企业改为民营企业。2000—2010年后，先后建立大不同食品有限公司、德尔曼服饰等企业。

（三）第三产业。集市贸易。1986年，安仁镇有安仁、刘庄、孙庄、赵集4个集贸市场。1997年，建立小付集贸市场，农历逢一、六为集期。1998年，涳河涯设集。1999年孙庄集搬迁至308国道南建立安南大市场。2009年改造赵集蔬菜批发市场，日增蔬菜销售量30吨。供销服务。1986—1990年，随着市场经济的发展，供销社逐步萎缩，人员逐步改为从事个体经营。各类商贸业户不断增多。2003年，镇党委、政府以发展各类大型批发、连锁经营、超市专卖、餐饮休闲为重点，抓禹茌路、308国道路域经济带建设。个体工商业发展迅速，2005年，全镇工商业户达到826户，注册资金7800万元，

图1-3-27　大地机械公司生产的旋耕机（2010年摄）

成为当地税收主要来源。2010年，全镇工商业户达到1264户，注册资金5.2亿元。

五、小城镇建设

1994年，安仁镇把驻地建设纳入重要议事日程，修建自禹茌路至镇中学门口的东西大街，长440米，宽35米，安装路灯。2003年修建北街至南街、东街至西街柏油路，改善驻地交通条件。

2009年，安仁镇把整治驻地环境、提升小城镇整体形象作为工作重点，引导群众建设商贸楼房。拆除沿禹茌路违法建筑126座，2010年，按照改造老区、建设新区的模式，拆除旧房234间，新建楼房26700平方米；投资200余万元在禹茌路两侧修建排水管道2700米;投资100余万元，美化、绿化、亮化、净化改造政府门前大街，设置垃圾箱，成立专门的清洁队伍。同年，拆除原经委大院、建筑公司、税务所，修建安仁新居3栋居民楼。

六、社会事业

（一）现代教育。1986—1987年，按照“合班并校、消灭复式、提高成绩”的原则，逐步取消部分不具备办学条件的村小学校。1990年8月，取消赵集联中、魏栗联中、齐尧联中、孙庄联中、碾子刘联中，合并为安仁中学，后为安仁镇中学，同时保留安仁联中。1993年，禹城六中划归安仁乡管理，改名为安仁乡中学。1995年，投资146.8万元，建起镇中办公室27间，实验室20间，阅览室10间，教室38间，占地30余亩，建设运动场。1996年，保留1处中学，撤销安仁联中，学区小学7处。初中在校生1399人，小学在校生3053人。1996—2001年，镇政府投资300余万元，用于中小学基础设施建设和购置教学用具，新建校舍284间，厕所53间，车棚33间，硬化路面2308平方米，镇中学及各学区均建起高标准实验室、图书室和阅览室。投资50万元，按国家二类标准配齐内部设施。2003年，安仁代表禹城市迎接省普九验收。2010年11月，安仁镇中学教学楼动工建设，总投资240万元，建筑面积1850平方米，购置300套桌凳、20套教学设施，配备电脑30台，硬化地面2000平方米，改造校舍危房60间，建成中学多媒体教室。至2010年年底，安仁镇有学区小区6处，教职工211人，其中教师208人，工人3人。教师中大学本科学历22人,大学专科学历106人，中专学历80人。

（二）医疗卫生。1986年，安仁有村级卫生室30余个，有20人达到中专水平的卫生技术。1990年之后，部分经专业培训的人员开办私人诊所，由镇卫生院统一管理。2006年开始，私人卫生所经镇卫生院每年进行考核，定期检查督导其设施、行医情况。2006年起，全面推行新型农村合作医疗，全镇农民参合率达到95%以上，群众看病难问题得到解决。2008年，实施乡村卫生一体化

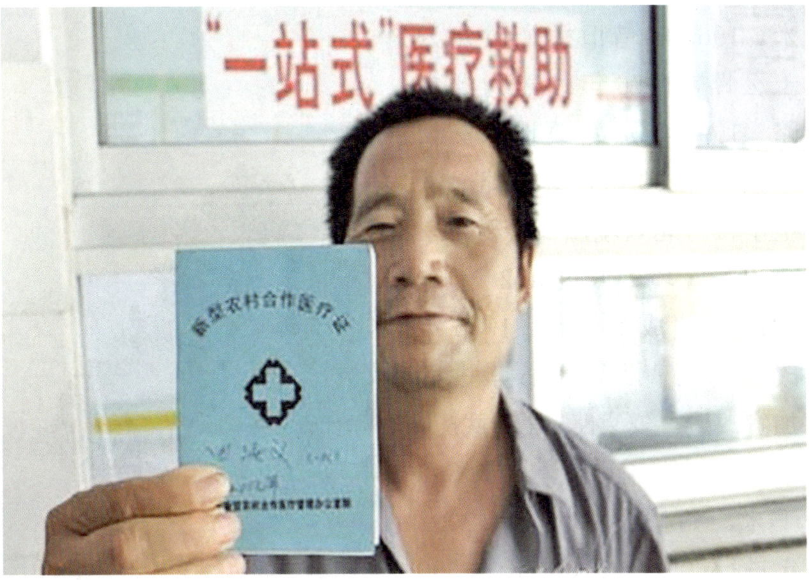

图1-3-28　新型合作医疗（2010年摄）

管理工作，整合升级村级卫生室，村卫生室的规划布局、业务指导、工作考核、财务管理、人员聘用和培训、药品采购供应等由镇卫生院统一管理。

2010 年，镇卫生院投资 120 万元修建新病房楼，购置 CT 检查机。至 2010 年年底，该院有职工 57 人，其中主治医师 17 人，其他卫生技术人员 35 人，行政及后勤人员 5 人。设内、外、妇、儿、中医、放射、B 超、化验等科室。拥有彩超、300 毫安 X 光机、半自动生化分析仪、心电监护仪、数字式三导心电图机、CT 机等医疗设备 17 台件。设有禹城唯一的精神病防治中心。

七、基础设施

（一）公路。1986 年后随着农田水利及方田化建设的发展，村村修土公路，且多将公路取直。1990 年之后，随着农村经济不断发展，交通工具不断改进，村间公路拓宽硬化。安仁镇境内交通便利，有国道 1 条，省道 1 条，高速公路 1 条，县乡公路 1 条，乡村公路 18 条，境内公路总里程 123 千米。308 国道：从前楼西入境，姚宋村东南出境，境内长 5.27 千米。禹茌路：从赵集东街北部入境，跨丁桥出境，境内长 9.5 千米。1965 年借旧大道改建为土公路，1976 年改建为沥青路。1996 年加宽改造，安仁街段西移 30 米。禹莒路：从王子付村北入境，食盒杨村东南出境，境内长度 3.2 千米，1976 年建成土公路，1986 年改建为沥青路，2005 年进行加宽改造。安袁路：北起武庄，于孙庄村东南出境，全长 8.2 千米，始修于 1996 年，2003 年进行维修，2010 年投资 150 余万元升级改造安仁南街至 308 段。2009 年 10 月，接通武庄至冯旺 99 米的连接路。安王路：西起安仁西街，东至禹莒路，全长 5.3 千米，始修于 1998 年，后投资 320 万元进行改造升级。薛官路：北起赵集东街，南至 308，全长约 10 千米。武韩路：东起韩庄西至武庄，全长约 3 千米。2003—2005 年，实施村村通公路工程，全镇修建总长约 72 千米的乡村公路，除殷庄、庞桥、瓦王等村外，各村庄基本实现村村通公路。在公路养护管理上，成立公路养护站，选聘 22 名护路员，做到日常养护与集中养护相结合。

（二）供水。2006 年，全面实施村通自来水工程，分别在东庞、三里、孟庄、赵庄、西赵、张李店、张庄打深井 7 眼，铺设管道 31.5 万米，2007 年 5 月底，全镇 58 个村和镇区各个部门全部实现通水。

八、合村并居

1995 年 9 月 27 日，安仁撤乡设镇，原建制不变。2004 年 7 月，西庞村与中庞村合并为庞桥村，全镇辖 58 个行政村。

2009 年 5 月，全镇进行村庄合并，58 个行政村合并为 19 个社区 1 个行政村，最大社区为王子付社区，人口 3016 人，耕地

图 1-3-29　禹茌路扩建改造（1996 年摄）

7252.21 亩。

2010 年，社区并居点建设启动，王子付新居总面积 16560 平方米，北有安王路直通安仁镇政府驻地，西邻禹莒路有 2 路公交车直达市区，方便群众出行。一期工程建设 3 间 2 层别墅楼房，每户面积 216 平方米，院内设置农机具放置室、车库，一楼设老人卧室、厨房、卫生间、客厅、餐厅，二楼为居住用房。一期 102 套，2010 年 5 月开工建设。铺设自来水管道 800 米，排水管道 1000 米，低压线路 650 米，路面硬化 700 米，安装路灯 8 盏，深水井 1 眼，化粪池 20 个。添置垃圾箱 7 个，成立专职环卫队，每天专人清扫街道和市场。社区全部应用信息管理系统，并在重要路段安装监控装置，加强社区安全工作。

1986—2010 年安仁镇经济社会情况一览表

表 1-3-6

年	总产值合计（万元）	农业（万元）	工业（万元）	建筑（万元）	交通运输（万元）	商业服务（万元）	农民人均纯收入（元）
1986	2651.4	1824.4	769.4	21	26.4	10.2	466
1987	2846.5	2051.2	707.8	19	21.5	47	527
1988	3540.2	2435.4	942.3	32.5	39	91	556
1989	5210.8	3125.3	1534.1	97.8	210	243.6	640
1990	5138.6	3428.6	1125.5	110.8	206.7	267	710
1991	6234.1	4135.2	986.9	232.7	412.3	467	720
1992	8754.2	5323.5	2111.8	197.2	409.3	712.4	765
1993	17568.1	5938.5	4949.4	937	2317.2	3426	792
1994	42578.22	7253.4	18527.62	3924.2	5932	6941	1125
1995	43659.13	8431.5	16676.13	4896.4	6532.1	7123	1530
1996	48356.31	9827.5	18543.01	5630	6724.6	7631.2	1940
1997	53296.15	12056.3	20112.35	5963	6924.5	8240	2330
1998	58764.32	14351.6	21781.12	6387	7124.2	9120.4	2452
1999	64501.1	15384.7	25147.3	6810.5	7238.6	9920	2560
2000	70564.32	16357.4	29250.92	7238	7326	10392	2690
2001	79856.7	18756.1	33906.6	8347	7423.5	11423.5	2940
2002	89240.5	22356.8	37991.5	9137	7624.8	12130.4	3105
2003	98768.4	28594.5	39303.8	9931	7824.5	13114.6	3480

续表 1-3-6

年	总产值合计（万元）	农业（万元）	工业（万元）	建筑（万元）	交通运输（万元）	商业服务（万元）	农民人均纯收入（元）
2004	106453.4	31245.9	42211.8	10837.5	7945.2	14213	4100
2005	110824.5	34259.4	39533.5	13589.6	8204	15238	4340
2006	128745.4	36548.7	53735.9	14203.2	8317	15940.6	4650
2007	152467.5	38576.3	74296.5	14832.6	8732	16030.1	5570
2008	167081.4	42581.5	83865.2	15423.1	8833.4	16378.2	6030
2009	175189.5	50245.8	81279.8	17890.3	8916.4	16857.2	6450
2010	192451.4	52416.5	92533	20834	9429.5	17238.4	6780

第九节　十里望回族镇

一、地理位置

十里望回族镇位于禹城市中部，与市区隔徒骇河相望，地域南北长、东西窄，徒骇河、洛北干渠（泺清河）、东普天河环绕全境，北与张庄镇接壤，西与房寺镇毗连，面积57平方千米。区位交通便利，101、316省道及京沪铁路穿境而过。十里望回族镇文化底蕴深厚，境内有禹王亭博物馆、清真寺、天主教堂等景观。是德州市唯一少数民族乡镇。2010年6月，撤乡设镇。同年年底，全镇总人口3.4万人。其中回族6237人，其余为汉族。辖34个社区（村），耕地4.1万亩。

二、自然条件

十里望回族镇地处黄河中下游冲积平原，地形从东南向西北缓缓倾斜。海拔最高处32米，最低处18.3米，地表辽阔平坦，地势起伏不大，微地貌复杂，大体分为河滩高地、高坡地、平坡地、洼地和河槽地五种类型；暖温带半湿润季风气候，多年平均气温13.1℃，降雨量582毫米，光热资源丰富，雨热同期，利于农业生产。地下水资源丰富，引黄灌溉条件良好；境内河道属海河水系。徒骇河自西南入境，由西南自东北，入海河，境内河道长12.3千米；太阳能资源丰富。

三、经济发展

1986—2010年，在稳定粮食生产的前提下，调整种植结构，使产量逐年提高。

（一）种植业。十里望回族镇一直是以农业为主的乡镇。1986年，拥有耕地面积4.38万亩，人均耕地1.62亩，主要种植作物以小麦、玉米为主，辅以大豆、油菜、红薯、芝麻等。其中，小麦种植面积2.628万亩，亩均产量380公斤；玉米种植面积2.04万亩，亩均产量401公斤；红薯、大豆和其他粮食作物种植面积1.752万亩。粮食和经济作物种植面积比例为6∶4。

2000年，进行优质无公害盖韭生产基地建设，打造无公害农业、绿色农业，发展有机农业、品牌农业。提升农业合作组织活力，提升种养品种改良更新。引导鼓励农业合作社、种养基地实施品种引进改良。2004—2009年，帮扶大庞村政华蔬菜种植、徐庄食用菌养殖等16个农业合作社做大做强，加强资金、生产资料、购销等生产销售各环节的联系，推进小康路蔬菜、郭庄盖韭等60余处

图 1-3-30 郭庄盖韭种植 （2009 年摄）

村的肉鸭协会；以韩寨为中心遍及全乡的肉牛肉羊协会。全镇各类农业合作社和协会 23 个，实现各村无缝覆盖。

2010 年，镇党委政府出台优惠政策，先后帮扶伊盛牛羊畜牧养殖等 12 家合作社引进内蒙寒羊等 20 余个新品种，建设牛羊品质农业示范区，促进农畜产品升级。全镇黄牛存栏 3.3 万头，生猪 2.1 万头，羊 2.69 万头，家禽 30.35 万只。畜牧业占农业总产值的 42.5%，比 1991 年增加 20 个百分点。

种养基地建设，强化“南棚北菌中盖韭、畜牧小区遍全乡”的产业特色。2010 年，投资 600 余万元，在粉王管区粉王、徐庄等 13 个村实施万亩中低产田土地改良项目。

（二）养殖业。1986 年，大牲畜存栏量 6050 头，生猪存栏量 3850 头，羊 6600 只，家禽 5.3 万只，畜牧业总产值 382 万元，占农业总产值的 19%。2000 年，建立畜牧业服务体系，推广科学饲养、科学管理新技术，促进畜牧业发展。2003 年大牲畜存栏 14.5 万头，生猪 9912 头，羊 3.1 万只，家禽 14.5 万只，畜牧业总产值 780 万元，占农业总产值的 23.6%。2007 年始，实行畜禽防疫责任制，推广黄牛改良新技术，出现一批养牛、养鸡专业村，畜牧业的存栏量和出栏量大幅度提高。先后建立以冉庙、袁庄为中心带动周边 20 个村的养鸡协会；以绿源，曲庄为中心的奶牛协会；以刘普站为中心辐射带动周围 10 个

（三）林业。1986 年，全乡森林覆盖率 11.63%。1998 年，林面积达到 6240 亩，森林覆盖率为 16.84%。2000 年，加强乡村四旁、路沟绿化。从 2001—2006 年，建成以大邵、小邵、大庞、毛园等村庄的 3000 亩速生丰产林带和沿徒骇河、洛北干渠（泺清河）的 1200 余亩经济生态林带，全乡（镇）林地面积达到 6000 亩。2007 年春，以 101、316

图 1-3-31 肉牛育肥中心 （2010 年摄）

两条省道和徒骇河沿岸为主，推进林木更新改造。辖区内升李路、徐庄路等乡级主干道两侧各规划实施3米宽的绿化带。同时，推进林网更新改造，按照网格面积150—200亩左右提高林网标准，新植树木31万株。2010年9月，庞集社区又从省农科院引进“8518”无公害核桃新品种，成立禹城市庞集社区核桃种植加工合作社。种植核桃400亩，亩均收入达到1.6万元，社区群众增收600万元。至2010年年底，全镇森林覆盖率达到37.9%。

四、财源建设

1986年以来，乡（镇）财政、金融部门不断深化改革，广辟财源，扶持乡办企业，促进经济的发展。乡（镇）财政实行“定额上交，比例递增，超额完成”的预算管理体制，财政年年保持收支持平。

（一）乡镇企业和民营企业。1986年，企业总产值354万元。其中，乡办企业107万元，村以下247万元。在发展乡镇企业方面，采取以造纸、汽修、农机修造、建材等“龙头”带动战略，发展加工工业和交通运输、建筑业等。1989年，在范庄村建成禹城县有机化工厂（又称“糠醛厂”），总投资360万元，年创产值650万元。建成乡加油站、乡机窑、面粉厂、一建公司、二建公司等。到1990年乡办工业企业发展到12处，从业人员340人，总产值1750万元，比1986年增长4.9倍。1997年，全乡乡办企业达12家，资产过千万元。

随着改革的不断深化，公有集体经济逐渐被个体私营经济所代替，乡办企业退出历史舞台。1991—1995年间，新上非公有制企业项目3个，完成工业投资1200万元，实现利税156万元。1995年，乡村企业发展到61个，从业人员1990人，总产值4900万元。其中，乡办3950万元，村办790万元，民营160万元，比1991年分别增长3.5倍、2.8倍和1.6倍。

1996—2000年间，抓龙头企业发展建设，重点扶持有发展前途的非公有制企业。其间，大禹精细化工、大禹花饰等科技含量较高的规模以上企业给十里望工业经济发展注入活力。至2010年，十里望民营业户有2600个。

（二）招商引资和项目建设。先后引进大禹精细化工和大禹花饰两家企业。工业进入快速发展时期，迅速在101省道和316省道两侧形成一条工业隆起带。至2007年年底，入驻企业50家，其中规模以上企业38家，固定资产投资达2亿元以上。

2008年，招商引资项目12个，引进资金3亿元，续建项目12个，投资达1亿元；11月，全乡实现工商税收758万元，实现财政收入319万元，较2007年同比增长36%和45%，超额完成全年任务。2009年，开展“重大项目建设年”活动，引进投资过千万元的通亚管业、纤维肌醇、皇明灯饰等9个工业

图1-3-32 金田生物产品——高纤无糖糖浆（2010年摄）

项目。扶植安氏乐业建设饲料、孵化、兽药、熟食加工等项目；帮扶大禹化工、金田生物、润丰化工等企业增资扩产，实现产能翻番；鼓励东凯建筑等5家企业成立恒森投资公司，为企业发展提供资金支持。投资1.8亿元，德州建在县级市的公用型保税仓库中仁物流建成投入使用；引进投资、40亿元的山东国际商贸港项目，投资5000万元的农村交通物流项目开工建设。2009年年底，十里望民族工业园入区项目26家，形成精细化工机械制造、食品加工三大产业集群，工商税收突破1000万元。

2010年，进行转方式、调结构，抢抓机遇，干大工程，上大项目，促大变化。全年完成项目投入3亿元，招商引资2.4亿元，工商税收3445万元，农民人均纯收入7280元。

（三）第三产业。开发建设具有民族特色的禹王商贸街，带动兴建机动车辆大世界、废旧钢材交易市场，“一街两市场”吸引社会投资3亿元，建筑面积15万平方米，带动发展民营业户1800户，吸纳二、三产业从业人员4000人。投资建起韩寨清真畜产品交易市场、禹西农贸市场、大庞农贸市场、十里望农资市场等。

五、小城镇建设

20世纪90年代，城区建设步伐加快。1996—1997年，先后投资2520万元，对禹王大街进行建设完善，在101省道和永莘公路交叉口竖立大禹塑像，新建乡政府办公楼，开辟商业区，共完成建筑面积23000平方米。1996年，投资40余万元，全乡村村通程控电话。1998年，投资48万元修建十里望医院楼，改善医疗条件。为活跃群众文化生活，建立文化中心，部分村建立文化、娱乐大院。2010年，拆迁8个村及禹王街西段南侧沿街楼，拆除房屋总面积20万平方米。完善商贸区、物流港、大学城、旅游地、工业园、宜居城市布局，落实功能分区错位发展。实施绿化、亮化、美化工程，规范沿街商铺及广告牌，建设靓丽新城。

六、社会事业

（一）教育。20世纪90年代全乡中小学全部达到“六配套”标准。1994年，乡政府集资90万元，征地17.72亩，建设高标准乡中1处。1995年，全乡有学校38处。其中，中学1处，小学37处，教师269人，小学、初中入学率分别达100%和96%。1996年，圆满完成普及九年义务教育工作。1999年，投资11万元修缮校舍危房，办学条件达到部颁Ⅱ类标准。2000年，全乡中学1处，小学减至9处。在校生3628人，教职工278人。同年，“和谐教学法”实验通过国家级鉴定，被评为“全国和谐教学重点实践基地”。2005年，全乡有中小学7处，其中小学6处，中学1处，在校生2270人，教职工302人。2008—2010年，对学校危房进行改造，建校舍3000

图1-3-33　民族中学教学楼奠基（2010年摄）

平方米，在各中小学校建设计算机教室，配置电脑198台，多媒体教学设施10余套；投资600万元建设民族中心小学和民族中学教学楼。2010年全镇适龄人口入学率达到97%，小升初升学率100%，九年义务教育覆盖率达100%。财政预算内教育经费14.95万元，比上年增69%。

（二）卫生。卫生机构。1986年，乡卫生院推行医院管理体制改革，实行院长责任与技术职务聘任制，调动医护人员积极性。1995年乡卫生院职工24人，全乡村级卫生室42个，乡村医生45人。1998年，投资48万元修建十里望医院楼，购置先进医疗设备，改善医疗条件。2000年，村级卫生室减至12个，乡村医生32人。2005年，乡卫生院有职工56人，主治医师12人，医师27人，村级卫生室52个，乡村医生71人。

医疗改革。2007年，在全镇范围内开展新型农村合作医疗，农民参合率达到95%以上。2008年，实施乡村卫生一体化管理工作，镇卫生院为村级卫生室提供统一的人员培训、药品采购工作。2010年年底，各级医疗卫生机构16个，门诊部（所）15个，34个村实行合作医疗，参保率达97%。

七、基础设施

（一）公路。1993年，乡政府为促进民族经济发展，投资60万元，在回民集居区修筑4公里柏油路，与101省道相连，为民族经济发展创造条件。1998年，投资600万元，全乡建柏油路78千米，完成乡村道路建设骨架工程，扶持带动全乡70%的村庄修筑村内柏油路，2005年，全乡90%的村庄修筑村内柏油路，被授予“德州市村村通公路先进单位”。2010年，修建公路45千米。

（二）供水。2006年起，实施村村通自来水工程，确定大白村为供水区，开挖河道5条，清淤疏浚沟渠45千米，动土方40万立方米；打机井80眼，修建机井房80座，铺设PVC低压管道52千米。2010年8月，村村通自来水工程全面竣工，77个村实现通水。

八、合村并居

1986年，十里望回族乡管辖77个自然村。2009年5月后，采取城中村改造聚合型、农事村办型、产业联结型、农村社区聚合型、城镇驻地聚合型、自然村恢复型、邻近村合并型七种形式，将全乡77个自然村合并为34个社区（村），其中包括22个社区和12个自然村。

推进社区化建设。完善责任机制，落实领导班子成员“一岗双责”，落实农村社区建设“双百工程”，做好范庄、万庄城中村改造及孙东、孙西、南马、李庄4村搬迁改造建设社区工作；先后拆迁8个村及禹王街西段南侧沿街楼，拆除房屋总面积20万平方米，涉及群众600余户2000余人，腾空土地800余亩；上禹周源社区、汇侨国际新城、清雅居、龙泽国际花园社区相继建设。2010年年底，全镇建设居民小区6个，住宅楼45栋，建筑面积25万平方米。

1986—2010 年十里望回族镇经济社会情况一览表

表 1-3-7

年	总产值合计（万元）	农业（万元）	工业（万元）	建筑（万元）	交通运输（万元）	商业服务（万元）	农民人均纯收入（元）
1986	2438	2008	354	34	37	5	457.4
1987	2922	2243	542	33	24	80	566.3
1988	5214.6	3291.6	1636	49	60	178	679
1989	6566	3876	1767	167	329	427	785
1990	7555	3301	2987	203	292	772	745
1991	9671	3827	3983	411	564	886	769.4
1992	12180	4060	5743	345	641	1391	791
1993	37276.9	6375.9	18944	1706	3681	6570	1050
1994	88880.6	9924.6	47151	7703	10430	13672	1269
1995	90255.7	10708.7	44902	9998	10751	13896	1500
1996	99280	11778	49392	10998	10966	15007	1854
1997	109208	13192	55319	11876	11296	16358	2038
1998	120129	14907	62510	12590	11520	17994	2242
1999	128538	17143	70012	13597	11751	19614	2466
2000	138821	19543	79113	14956	11986	21182	2713
2001	148538	24038	89398	16752	12226	22665	3065
2002	160422	27644	101914	18092	12593	24025	3494
2003	173256	32620	116182	19539	12718	25226	3949
2004	188849	35882	128967	21493	12845	26236	4423
2005	207734	39470	143148	23427	13102	27548	4864
2006	232662	42233	163188	25067	13495	28374	5351
2007	262908	45189	181139	28828	13765	29226	5940
2008	297086	47900	202876	32863	14453	29810	6534
2009	341649	50295	225192	37135	14887	30034	6900
2010	386063	54822	256719	41592	15482	31933	7280

第十节　莒镇乡

一、地理位置

莒镇乡位于禹城最南部，距市区33千米，地处禹城、齐河、茌平、高唐四县市交界地带，东靠赵牛新河，与齐河县刘桥乡相邻，南临引黄五分干和齐河县潘店乡，西和西北隔官式河与李屯乡相连，北与东北和李屯、伦镇接壤，乡驻地在莒镇街西首，坐标北纬36°43′，东经116°29′。总面积54.20平方千米，人口25000人，耕地42385亩。

莒镇历史悠久，原为周齐邑之莒城，城废为村，称为莒镇。来往贸易经商的人甚多，选此地做店，名为莒镇店。

二、自然条件

莒镇乡地形总体上东南高西北低，地貌大致分为河滩高地、河间浅平凹地和平坡地四类，地形简单，地貌较为单一。

境内有7条主要河流，分别为官氏河、担杖河、圣经河、赵牛新河、引黄干渠、五分干、苇河。

年平均降雨量624毫米，春冬雨雪少，7、8月间雨量集中，黑土低洼地的晚秋作物易受涝灾。

春季、夏季多南风和西南风，秋季和冬季多北风和东北风，风速一般在四级以下。

三、经济发展

（一）粮食生产。1986—1995年，推广农业科学技术，提高科学种田水平，粮食生产得到较快发展。1986年，粮食面积2.77万亩，总产7695吨，亩产278千克。1995年，粮食面积发展到2.9万亩，总产12325吨，亩产425千克，总产和单产分别比1986年增长60.3%、52.8%。1996—2000年，繁育推广小麦优良品种，加强田间科学管理，粮食生产稳中有升。至2000年，全乡粮食面积发展到3万亩，总产13462吨，亩产475千克。2001年后，随着农业税费制度的改革和农业税的逐步取消，农民种粮积极性提高，农业生产投入加大，农业生产条件的逐步改善和农业机械化水平的提高，粮食产量连年创历史新高。2010年，全乡粮食面积达到3.4万亩，总产14320吨，亩产510公斤。

（二）畜牧业。1986—1990年，推行畜禽防疫系统化服务，坚持科技兴牧，推广青贮和秸秆氨化技术，开发饲草资源，大牲畜由1986年的0.75万头发展到1990年的1.25万头。1991—1995年，进行畜禽品种改良，引进肉牛良种利木赞、西门塔尔冷冻精液和长白、大约克、杜洛克等良种猪，品种改良率达70%以上。1995年，以牛为主的大牲畜存栏1.47万头，猪1.02万头，羊1.26万只，家禽19.3万只。1996—2010年，实施以宣传发动、大户带动、科技推动、服务联动、责任驱动为主要内容的“五动”战略，开展畜牧生产。

图1-3-34　莒镇小麦良种推广试验田（2000年摄）

至2010年，全乡各类养殖小区12处，肉牛、良种猪、肉食鸡存栏量分别达到2.9万头、3.4万头、60万只，人均畜牧业收入达到1600元。

（三）林业生产。1986—1995年，植树数量逐年提高，林木覆盖率达10.7%。2003年，实施完善公路、大干林网、狠抓四旁、突破河道为重点的四大工程。以“培植亮点，打造精品”为总体要求，实行规划、拍卖、种植标准“三统一”，严把苗木质量、栽植、管护“三关”，提升林业整体水平。至2010年，完善绿色通道20千米，河道绿化12千米，建设农田林网10000亩，围村林15个，拍卖宜林地640亩，总植树30万株，苗木成活率达到99%。

四、财源建设

（一）民营经济。1997年，召开民营经济专题会议，制定民营经济发展优惠政策，并以公开信形式下发到村、到户。当年全乡新增民营企业14家，个体工商业户110户。1998—2000年，实施“五股力量带动”战略，动员机关干部、农村基层干部、回乡务工人员、复退军人、能人富户，带头办企业、上项目。全乡30%以上村支部书记有致富项目，在民营经济发展中起到“领头雁”的作用。2000年，加快发展以草编、木材加工、棉花加工为主的特色产业，引导培植典型，壮大群体经济，形成一户带多户，多户带全村，村村连成片的格局，全乡形成草编、打绳、运销、木材加工等20余个专业村。主动与青岛、平度等地的外贸出口部门联系，拓宽销售渠道，使草编业得到快速发展，全乡从事草编村34个，农户5000余户，从业人员7000余人，辐射带动邻近乡镇20余个村。全乡人均增收300元。2010年，全乡民营经济完成固定资产投入6000万元，实现利税420万元。

（二）招商引资和项目建设。2000年，围绕引进大、高、新项目招商引资，加强力量，

图1-3-36　诚通食品公司外景（2009年摄）

量化指标，将招商引资任务与政绩考核挂钩，招商引资成果与干部待遇升迁挂钩，创新招商方式，挖掘招商潜力，形成“人人想招商，个个抓招商”的浓厚氛围。2003年，引进投资2000万元茂丰羊绒项目，实现招商引资零的突破。2005年，先后引进新易丰羊绒生产、宇通机械、岩飞木业、鑫鼎机械等7个项目，总投资3亿元。2010年，全乡拥有羊绒纺织、禽类加工、建材、棉纺织等22家企业，其中规模以上企业6家。

（三）第三产业。2003—2005年，投资2000万元，建起占地面积2.4万平方米莒镇工贸小区，建成商住两用楼房180间，新增个体工商户40余家。2006年，完善商贸小区基础配套设施建设，初步形成以建材、农副产品、日用百货为主的大型商贸市场。全乡有集贸市场4处，粮食购销、苹果运销专业市场2处。各类市场的建设和发展，带动起运输、餐饮、小商品等相关行业的兴起。2010年，全乡从事餐饮服务业、流通业、交通运输业的业户达720家，从业人员4000人，总投资达到7500万元，实现交易额4000万元。

五、小城镇建设

（一）规划。莒镇按照城镇建设总体思路，邀请市设计院实地调查，分析论证，根据政府驻地地理特点、资源分布、技术条件等，拟定《莒镇城镇建设总体规划》，并绘制总体规划图。精心规划“一横两纵”，整体布局以“一横”为中心，辐射“两纵”“一横”以府前街为中轴，“两纵”以“东纵”老十字街和“西纵”国防路南北延伸。“一横两纵”突出各自重点，“一横”以莒镇街拆迁、府前街拓宽改造、线网下埋为重点。在规划中莒镇综合考虑小城镇未来发展承载功能，在做好商业区、居住区、行政区、教育园区建设的同时，为工业发展、商贸流通预留空间，满足未来发展需要。

（二）建设。政府驻地改貌和小城镇建设。政府驻地建设规划2.1平方公里，建成1.4平方公里，房屋建筑面积60万平方米，入驻学校、机关和企业40余个，个体工商户500余家。

府前街拓宽改造。完成路面铺装、亮化、绿化、墙面粉刷工程，综合改造惠及30余户商户；府前街西段地上附着物清理。清理排污管线1000米，修建排污管口31个，安装路灯21座，完成强电下埋，铺设地下电缆长度1200米，弱电施工管路铺设，施工长度1100米，墙面粉刷面积2200平方米，惠及70多户商户；莒镇科普广场建设。建设沿街楼17间，社区办公场所6间，建筑面积1900平方米，广场1500平方米，是集社区服务、教育、商贸、休闲娱乐为一体的综合性广场。莒镇供销社改造。改造面积2300平方米，辐射带动20余户，改造后利用莒镇贸易大厦优势资源，打造新型商贸街。争取省联社配套资金70万，开展基社拆迁工作，推动莒镇街改造工程。

道路及配套设施完善。投资160万元，对全长4.3公里莒徐路进行拓宽改造，方便莒东10余处村庄群众出行；在商贸街设置隔离栅栏，将机动车和人行道分离开，规范市场秩序；实施驻地绿化、亮化、硬化、净化、美化工程，建立休闲健身小广场3处，配齐相关健身娱乐设施。

六、社会事业

（一）文化建设。1986—2000年，把文化工作作为加强农村精神文明建设的一项重要内容，加强乡文化站建设，配齐专职人员，解决经费和文化场地等困难。主动配合文化部门开展“三下乡”活动，开展群众性文艺演出活动，丰富农民群众精神文化生活。多次组织开展农民文艺队伍进城和元宵节农民文艺汇演等活动，并获得“农民文艺演出一等奖”“农民文艺汇演组织奖”等荣誉称号。2007年5月，投资75万元新建一处高标准

图 1-3-37　社区文艺队伍演出　（2010 年摄）

综合文化站。文化站建筑为楼房加院落设计，楼层建筑面积 500 平方米，院落为文化广场。建有 80 平方米图书室 1 个，可藏书 12000 余册，建有 100 平方米报刊阅览室 1 个，可容纳 40 人阅读；建有游艺活动室 1 个，内置乒乓球台、棋牌桌等活动设施；楼内走廊设计有宣传窗，面积 10 平方米。将综合文化站与农村党员干部远程教育网络相结合，建设全国文化信息资源工程基层服务点，配齐电脑，电视等设备。

（二）教育。1986—1995 年，乡政府向中、小学投资 86.5 万元，用于学校基础设施建设和购置教学用具，村小学投资 113.4 万元，建成六配套学校 29 处。全乡有幼儿园 36 处，办园率达到 70%，有 470 名适龄儿童入园。小学 30 处，在校生 3272 人，入学率 100%。全乡初中 1 处，1986—1995 年培养初中生 2483 人。1996 年，投资 195 万元扩建乡中、乡小和两个学区小学，新建教室 210 间，修缮小学 17 处，配备了音、体、美器材，圆满完成“普九”工作，通过省级验收。2000—2010 年。全乡设有初中 1 处，中心小学 7 处，教育教学成绩一直走在全市前列。

（三）卫生。卫生机构。1986 年，乡卫生院推行管理体制改革，实行院长负责制和技术职务聘任制。1995 年，乡医院 1 所，职工 17 人，设病床 20 张。全乡村级卫生室 43 个，有乡村医生 50 人，村卫生室医疗水平不断提高，常见病、多发病不出村就可治疗。2006 年，全乡实行农村合作医疗制度改革，入合率达 90.6%。至 2009 年入合率达97.16%。至2010年，莒镇卫生院科室 12 个，医护人员 30 人，其中主任医师 6 人，医师 19 人，定点合作医疗卫生室 13 个。

设施建设。2000—2005 年，乡卫生院投资 30 多万元用于基础设施建设，修缮门诊、病房，增设病床、购置医疗器械，初步改善医疗条件。2008 年 10 月—2009 年 6 月，加强基础设施建设，投资 80 万元修建 1200 平方米医院综合楼，同时投资 70 万元配备相关设施，购买日本东亚 820 血球仪、江苏迈瑞半自动血液分析仪等大型医疗器械。

七、基础设施

公路交通。1986—1995 年，不断加强乡村公路建设，推动全乡公路交通事业的发展。每年春季出动上千名劳力清沟扶路万米以上，使全乡道路交通状况始终处在上好水平。1997—2000 年，投资 160 万元硬化莒镇—杨集、莒镇—白庄、莒镇—徐集等公路，硬化公路 12 千米。2003—2005 年，抢抓“村村通”机遇，多方筹资，加快通村公路建设，贯穿全乡所有交通干道、支道全部柏油化，全乡建成通村公路 74 千米。2010 年，投资 100 万元重新硬化莒徐路，改善交通状况。同时，加强县乡公路养护，聘用养护员 15 名，养护公路 25.6 千米。

图 1-3-38 村级公路硬化通车 （2010 年摄）

座，新建灌溉泵站 3 座，新打机井 20 眼，建设测水量水设施 142 座。该项目 10 月底开工。建成后，新增节水灌溉面积 3 万亩，年节水 2150 万立方米，年省工 18 万个，年均灌溉效益 1800 万元，灌溉水利用系数达到 0.85，粮食综合生产能力提高 4%。

2010 年 8 月 8—14 日，莒镇乡降雨 225 毫米，为历年罕见，加之上游泄洪，客水猛增，致使莒镇乡境内的赵牛新河、担杖河、管氏河和圣经河高位运行，部分低洼地块河水漫溢，形成内涝，其中大候、水牛李、司庄、牛王、梁庄、小庄、神庄等村汛情较为严重，个别村庄洪水逼近外围住户。灾情发生后，莒镇乡党委、政府高度重视，开展各项防汛救灾工作，先后召开四次动员会、调度会，安排部署防汛救灾工作。全乡张贴标语 200 余幅，悬挂横幅 30 条，发放告知书 6000 份，设置警示牌 20 块。调派 2 台挖掘机、4 台铲车参与作业，组织近

八、抗旱防汛

1986—1995 年，在莒镇东三个总支实施引黄水自流灌溉工程，灌溉面积 2 万余亩，灌溉周期为 7—8 天。1996—2000 年，以“以井保丰，以河补源”的工作思路，加强机井建设，全乡打机井 320 眼，增加灌溉面积 3 万余亩。其中杨集村打机井 40 眼，实现 60 亩地一眼机井的目标。2001—2009 年，坚持清沟扶路，以沟带林，以林兴水，累计清沟扶路 6 万余米，动用土方 140 万方，提高农业生产抗旱防汛能力。

2010 年，乡党委、政府争取国家级小型农田水利重点项目。该项目位于莒镇乡五干引水渠以北、禹莒路和济邯铁路以南、引黄总干以西，主要进行自流灌区末级渠系改造，提水灌区泵站、管道和机井灌区低压管道建设。项目总投资 2957 万元，涉及村庄 36 个村，人口 1.44 万人，受益耕地 3 万亩。衬砌末级 U 型渠道 66950 米、配套建筑物 813

图 1-3-39 防汛救灾现场 （2010 年摄）

2000名民工参与抢险，向危险河段投放编织袋2.5万条，赵牛新河等河道4700米险工险段进行围堰封堵，加固重要堤坝620米。同时积极做好受灾群众转移安置工作，安全转移处于危险地段18个村的387户、1162口人。

九、合村并居

1985—2009年，莒镇乡辖50个行政村，农村总人口23927人，其中1000人以上的村3个，500—1000人的村14个，300—500人的村15个，300人以下的村18个，村均人口478人。

2009年5月，按照合村并居工作要求，莒镇乡进行行政村合并。合并后全乡辖4个村、14个农村社区，减少行政村32个，社区（村）平均人口达到1329人。其中，3000人以上的社区1个：杨集社区，辖自然村3个，人口3254人；2000—3000人的社区2个：司庄社区，辖自然村6个，人口2070人；齐集社区，辖自然村6个，人口2215人；1500—2000人的社区2个：幸福社区，辖自然村3个，人口1690人；董屯社区，辖自然村2个，人口1581人；1000—1500人的社区（村）7个：姜庄社区，辖自然村4个，人口1050人；白庄社区，辖自然村4个，人口1298人；大郑社区，辖自然村3个，人口1185人；双兴社区，辖自然村2个，人口1203人；莒镇村，人口1480人；纸坊村：人口1123人；500—1000人的社区（村）6个：季庄社区，辖自然村3个，人口874人；付堂社区，辖自然村3个，人口730人；三和社区，辖自然村3个，人口793人；小庄社区，辖自然村2个，人口936人；徐集村，人口793人；郭牛村，人口644人。

2010年5月，姜庄社区被确定为全市15个合村并建试点社区之一，住宅选型为四间两层独院楼房，全乡合村并建工作全面启动。其中姜庄社区2010年5月开工建设。姜庄社区由姜庄、前刘、后刘、金李4个村合并而成，264户，宅基占地面积394.7亩，拆迁户数264户，拆迁面积394.7亩，并居后规划宅基地面积204亩，建设户数282户，总建筑面积73320平方米。启动建设的社区并居一期工程，修建102套二层连体住宅，其中，42套为沿街商住楼，60套为住宅楼，总建筑面积20640平方米，住宅楼户型为户均占地面积223.14平方米，建筑面积分218平方米和190平方米两种。

图1-3-40　合村并居社区民意选举计票（2009年摄）

1986—2010 年莒镇乡经济社会情况一览表

表 1-3-8

年	总产值合计（万元）	农业（万元）	工业（万元）	建筑（万元）	交通运输（万元）	商业服务（万元）	农民人均纯收入（元）
1986	2465	2035	400	17	10	3	420
1987	3189	2620	520	22	12	15	483
1988	4084	3269	750	25	19	21	556
1989	4983	3540	1325	42	21	55	640
1990	5436	3623	1600	75	35	103	750
1991	6329	3755	2200	132	78	164	846
1992	7213	4070	2570	175	123	275	970
1993	8697	4785	3020	260	192	440	1100
1994	9844	5060	3320	370	244	850	1265
1995	10694	5327	3500	495	302	1070	1455
1996	12441	5672	4100	672	475	1522	1675
1997	14350	5941	4759	930	690	2030	1926
1998	16865	6320	5200	1215	1030	3100	2200
1999	20426	6649	6040	1762	1755	4220	2350
2000	23578	7020	6512	2055	2235	5756	2650
2001	28975	7416	7302	3122	3400	7735	3050
2002	38417	7789	11580	4030	4756	10262	3500
2003	49164	8344	16220	4900	6200	13500	3800
2004	65477	8765	27352	5765	7325	16270	4370
2005	85096	9022	40270	7222	9020	19562	4750
2006	115437	9532	61520	11560	10525	22300	5200
2007	126827	9903	64570	15278	11376	25700	5780
2008	173630	11040	102300	20335	12555	27400	6100
2009	190755	13225	107530	27000	13500	29500	6950
2010	207297	15022	113255	33690	14760	30570	7370

第十一节　李屯乡

一、地理位置

李屯乡位于禹城市西南部，地域似长方形。东与莒镇乡接壤，南与齐河县潘店镇相邻，西南与茌平县冯官屯镇相接，西与高唐县琉璃寺镇毗连，北依辛寨镇，总面积33.8平方千米，人口2.5万，耕地3.7万亩，林业面积2.2万亩，辖15个社区，5个行政村，南至309国道10千米，北至308国道5千米，距离省城济南40千米。地理处置优越，交通便利，是禹城、茌平、齐河、高唐四县市交界处最大的集贸中心和农副产品、木材集散地。

二、自然条件

李屯乡地处鲁西北平原，地形自西南向东北缓缓倾斜，平均海拔为禹城市最高。属典型的冲积平原地质区。土壤类型以潮土为主。境内主要有苇河、官氏河、泗新河等大小河流10余条。李屯乡属于暖温带半湿润季风气候。光热资源丰富，雨热同期，利于农业生产。该地区历史上干旱、渍涝、盐碱、风沙等自然灾害频繁，生态环境脆弱，但生产潜力很大。

三、经济发展

（一）种植业。1986年，李屯乡党委、政府采取各项措施强化农业基础地位，农业生产稳定发展，粮食持续丰收。全乡农业总产值2009万元，粮食总产量1492万公斤，棉花总产量1350吨，蔬菜面积3200亩，农民人均纯收入475元。在种植方式上，发展机械作业，2010年，机收率达到95%以上。推广测土配方施肥、秸秆还田技术等种植新模式，提高农业种植效率。2010年，农业总产值13567万元，粮食总产量5879万公斤，棉花总产量3120吨，蔬菜种植13700亩，农民人均纯收入7316元，分别比1986年增长290%、294%、131%、4181%、1573%。

1992—1993年，突出特色乡镇建设，构筑“一村一业，一村一品”的经济发展格局。对较大的丁寺集贸市场进行建设，形成市场连基地、基地连农户经济发展链。

1994—1995年，全乡进行“口粮田、承包田”土地经营改革，将竞争机制引入土地经营，调动农民的生产积极性，促进农村土地经营由粗放式向集约化、产业化发展。优化种植产业结构，推行农业科学种植新技术，粮食生产大幅度提高。

至2010年，逐步建立并扩大食用菌种植基地和品质芹菜种植基地，在李屯村、兴隆村、孙塘村等发展食用菌养殖，先后发展食用种植基地6000亩，订单胡萝卜种植基地1000菌大棚300余个，形成区域食用菌种植养殖中心；在新高村、欧庄村等地先后发展品质芹菜亩，其他蔬菜种植近5000亩，推动全乡农业种植模式转变，带动全乡农民增收。

图1-3-41　食用菌养殖户（2010年摄）

图 1-3-42 特色种鸭养殖 （2010 年摄）

（二）畜牧业。1986 年，大牲畜存栏 5100 头，生猪存栏 7496 头，鸡存栏 12 万只，羊存栏 4800 只，年畜牧业总收入 244 万元。1988 年，建立健全畜禽防疫责任制，实现程序化防疫，推动饲养业的发展。1993 年，采取资金扶持、免费防疫、秸秆青贮氨化、降低饲养成本等措施，使畜牧业成为全乡经济支柱产业之一，1995 年，全乡畜牧业总收入达到 854 万。1996 年，加大养殖业支持力度，与上级农业部门联系，协调农业技术人员到村入户开展“送技术下乡”活动，定期开展免费培训，累计开设培训班 300 余期，先后培训超过 5000 人，使养殖户走上科学养殖的道路。全乡有大道养猪基地、利民养猪合作社等标准化养殖基地、小区及农村养殖合作组织 32 个。2010 年，全乡畜牧养殖总产值达到 2586 万元。

（三）林业生产。成立林业生产管理委员会，具体负责全乡的林果生产和林网建设，林业生产逐步进入常年管护、科学管理。1986 年，全乡植树总量 12.1 万株，林网植树 8 万株，植树 4.1 万株。1995 年，全乡植树总量 92.3 万株，森林覆盖率 16.5%。

2000 年，木材加工成为全乡民营经济的重要特色产业。全乡的林业生产进入一个快速发展的阶段。2009 年，全乡植树总量达 32 万株。2010 年进行集体林权制度改革，进一步调动农民群众植树造林的积极性，绿化宜林空闲地，全乡森林覆盖率达 41%。

（四）农田水利。1986 年以来，加快农田水利配套设施建设，至 2010 年年底，全乡机井发展到 900 余眼，平均 40 亩地一眼机井，缩短灌溉周期，保障全乡农业生产的稳定发展。

四、财源建设

李屯乡通过转方式、调结构，扩大财源建设渠道，促进财政增收。以农业经济发展作为基础财源，不断加大农业基础设施投入力

图 1-3-43 浩阳新型工程材料有限公司 （2010 年摄）

度。2010年，农业实现总产值7235万元。

（一）乡镇企业和民营企业。1986—1995年，李屯乡主要乡办企业有织布厂、面粉厂、针织厂、矿山机械配件厂、砖瓦厂等企业。1993年，加快个体私营经济发展。先后制定《关于大力发展个体私营经济的意见》和《关于实施支部书记工程的规定和考核奖惩办法》等一系列优惠政策。1995年，逐步形成河东管区粮食运销、河南管区木器加工、河北管区草柳编的区域经济格局，涌现出以水寺、梨杭、张武、后武、兴隆等15个村为重点的专业村。全乡木器加工、豆制品加工、绒绣、草苇编等劳动密集型的个体私营企业实现产值2153万元，比上年增长18.4%。经过十余年的经济结构调整，全乡木业加工发展迅猛，2006年建设总投资1亿元的木材加工专业园区1处，入园业户22个，其中木材板皮加工项目11个，板条加工项目9个，胶合板项目4个，厂房建筑面积12000平方米，固定资产投入2200万元，年加工木材6万立方米，销售收入3000万元，利税800万元。至2010年，全乡木业加工户发展到280余家，大型板厂5家，生产的木片、胶合板畅销省内外，进一步巩固李屯乡区域木业加工集散中心的地位，吸收劳动力3000余人，成为带动就业增长、增加农民收入的重要途径。李屯乡成立全乡木业协会，吸收广大木业加工业主加入，从资金、政策上进行扶持带动，方向上进行引导。

图 1-3-44 木业加工（2010年摄）

（二）招商引资和项目建设。李屯乡以项目建设为抓手，推进招商引资工作上台阶。采取“专门班子运作、责任分解到人、重点项目突破、招商整体推进”的工作方法，突出优势招商，创优环境招商，放眼长远招商。

2007年，通过亲情招商、以商招商、以服务招商等方式，发挥李屯乡在外务工人员人脉资源优势，大胆走出去，宣传李屯，推介李屯，取得招商引资工作新突破，连续三年超额完成市里下达的招商工作目标，累计引进项目18个，在高新区形成李屯项目集中区。其中，鸿兴源食品发展成为国内知名的食品调料加工基地。

图 1-3-45 鸿兴源食品公司外景（2010年摄）

2010年，引进项目4个，其中包括美国爱不停（APC）血浆喷雾蛋白外资项目，投资6亿元的土工合成新材料产业化基地项目成功签约。

（三）第三产业。扶持建设全乡6处农村集市、丁寺商场、李屯中心街、东方大厦李屯分店等商业设施。围绕社区建设和小城镇开发，整合商业设施，实现全乡“商业富民”的目标。

五、社会事业

（一）教育。1986—1995年，坚持教学改革，抓教学管理教学研究，全面提高教学质量。1990年，推行“目标教学”“单元达标教学”和中学“五三八七”、小学“五二一一”课堂教学模式，提高教学质量。1987—1994年，投资400多万元，全乡中学校达到“六配套”标准。

1995年全乡幼儿园25处，514名学龄儿童；小学34处，在校生3146人，入学率100%；中学2处，在校生824人，入学率98%。投资45万元为乡中新建36间教室、办公室。1996年，全乡普及九年义务教育，投入资金437万元，完成学校改建任务。1999年，实行“四制”改革，推行素质教育，制定《李屯乡四制改革实施意见》，校长实行公开评聘上岗，教师实行聘任制。2001—2005年，投资60多万元，全乡中小学建校舍34间，维修校舍84间，改善办学条件。2007年，全乡投资20万元，对中、小学实验室进行整修，使乡中、乡小实验室达到国家一级标准，其他学区实验室达到国家二级标准。2010年，乡党委政府筹措资金290万元，修建李屯乡中学教学楼。

（二）卫生。1986年，随着卫生改革的不断深入，乡卫生院推行管理体制改革，实行院长负责制和技术职务聘任制。1992年，实行院长领导下的“三科管理制”，使全院的社会效益和经济效益得到提高。1995年，乡卫生院1所，设病床10张，职工18人。全乡村级卫生室45个，乡村医生50名。2000年，原有32个卫生室重新组建6处（李屯、袁庄、后武、焦庄、单庄、丁寺）联合诊所。2004年开始试行新型农村合作医疗，李屯乡卫生院开始扩建、改建、健全各科室设施。2007年投资56万元修建900平方米的门诊楼二层；投资15万元修建平房400平方米14间。2008年，实施乡村卫生一体化管理工作，村级卫生室进行整合升级，村卫生室的规划布局、业务指导、工作考核、财务管理、人员聘用和培训、药品采购供应等由镇卫生院实行统一管理。

六、基础设施

（一）公路。1986—1995年，李屯乡加强乡村公路建设，每年春季出动千名劳力清沟扶路万米以上，全乡道路交通状况处在全县（市）上好水平。1988年，投资10多万元，修建李屯—丁寺6.3千米沥青公路。1993年，投资10万元，修筑丁寺—李法桥段公路。1995年秋，建成东环乡公路，全部沙灰硬化。1999年，投资262万元，修建21千米环乡柏油路，柳庄、梁庄、丁寺三村各自投资，将柏油路修进村内。2003—2005年，投资千万元，修建通村柏油路78公里，实现村村通油路，90%的村实现“村内通”，构建好农村公路网。2007年2月，李屯乡农村公路管理站成立。注重公路养护管理，成立公路养护站，日常养护与集中养护相结合，延长农村公路使用寿命。

（二）供水。2006年3月，实施村村通自来水工程。2008年，全乡铺设自来水管道。

七、合村并居

李屯乡合村并居工作始于2009年5月，由原来的49个行政村，合并为15个社区，5个单体村，分属李屯、新高、孙富荣、李尚吴、四季、河东等6个管区。

图 1-3-46 合村并居社区建设 （2010 年摄）

划分为若干行政村的，合并恢复为 1 个行政村。6. 邻近村合并型。不属于以上 5 种情况，地域相邻，自然条件、民俗风情相近，人缘、地缘相近的村庄，通过规划引导合并为 1 个新村。

成立社区建设指挥部，高起点规划，高标准建设，按照“亮化、美化、绿化”标准，开工建设全乡社区建设示范项目—四季社区。四季社区位于李屯乡南部，占地 77 亩，由单庄村、梨杭村、郭屯村和倪庄村合并而成，可容纳 2500 人居住。至 2010 年年底，四季社区 170 余间沿街商住楼全部建设完成，3 栋居民楼主体工程基本完工，二期工程处于打基础阶段。2010 年 12 月，李屯社区动工，位于李屯乡政府驻地，占地面积 930 亩，可容纳 2950 户、10000 人居住。

全乡合村并居工作因地制宜，科学规划，稳妥操作，扎实推进，努力实现“规模并大、实力并强、班子并优、辐射带动、布局合理”目标，加快新农村建设。以人为本，尊重群众意愿，落实“五不变一不降低”即村庄规模调整后，原行政村、组的土地承包关系不变；原行政村的各项承包、租赁合同及合理优惠政策不变；原村级资产、债权债务不变；原行政村村民的福利待遇不变；原自然村村名不变；原退休干部的生活补贴标准不降低。

全乡合村并居主要采取六种模式：1. 农事村办型。以农事村办工作室所在村为中心，增强综合服务能力，把周围村吸纳合并过来。2. 产业联结型。以特色产业为纽带，将产业相同或关联性强的村庄进行合并，形成整体发展优势。3. 农村社区聚合型。在已建或即将建立农村社区服务中心的村，通过加强基础设施建设、增强服务功能，吸引周边村庄合并。4. 城镇驻地聚合型。与小城镇建设相结合，发挥乡镇驻地人口相对集中、设施相对齐全、商贸相对繁荣的优势，以城镇驻地为中心，将周边村合并过来。5. 自然村恢复型。原为一个自然村，后被

八、抗旱防汛

李屯乡冬春季干旱灾害多发，为应对干旱灾害不利影响，李屯乡疏浚河道，全乡机井数量突破 900 眼。2010 年夏季，受降水集中和上游泄洪影响，禹城市遭受百年不遇的洪涝灾害，李屯乡作为上游客水必经之地，全乡河流全部超警戒水位，防汛形势异常严峻。针对汛情，李屯乡成立防洪抢险救灾指挥部，指挥部设置在险情较大的张武村，下设 4 个工作组，9 个抢险应急小分队，班子成员及管区书记任队长，24 小时流动巡查辖区内主要河流，每小时一汇总一汇报，做到对汛情的动态掌握。组建防汛抢险队，购置大量铁锨、编织袋等救灾物资及相关器械，提前运送至险工险段，为险工险段防汛工作提供有力保障。加大宣传力度，通过广播等形式，积极宣传发动群众开展自救，将群众

图 1-3-47　干部群众防汛救灾 （2010 年摄）

损失降到最低。同时成立机动工作组，排查受灾相对严重的村、户，提前安置孤寡老人和危房住户。

李屯乡辖区内的主要河流是官氏河和苇河，在李屯乡境内长约 13 千米，沿途村庄有倪庄、李法桥、张武、大纸坊、孙富荣、曲庄、季庄、水寺等 8 个村，涉及群众 5299 人，耕地 7244 亩。通过巡查工作，确定辖区内的险工险段主要位于官氏河下游、苇河上游弯道两处，存在水涨溢堤、漫堤的危险，涉及李法桥、张武、大纸坊 3 个村，群众 2154 人，耕地 3000 亩，乡党委政府提前做好转移安置工作。对官氏河和苇河进行分段巡堤，组建 6 个防汛巡堤小组，做到责任落实到人，确保汛情及时发现。官氏河和苇河涵洞发生险情，乡党委政府立即调集 50 人的抢险应急分队，调拨 500 条沙袋、200 根木桩进行抢险救援。防汛期间，官氏河和苇河发生险情 8 处，乡党委政府迅速反应，调拨人员和物资进行叠坝加固防止河水倒灌，确保沿河群众的人身和财产安全。

撤离工作和卫生防疫。组织救援人员抢救受灾群众，安置工作采取借住公房、调拨帐篷、投靠亲友等形式，利用李屯乡 1 所中学、5 所小学、1 处敬老院，规划好转移路线和安置工作，准备转移车辆 10 辆，在安置点购置大量饼干、矿泉水、方便面等生活必需品，妥善安置受灾群众。乡卫生院 24 小时值班，随时接收受伤群众，灾后乡卫生院组织力量对受灾村庄进行消毒处理和卫生防疫。乡直机关组织人员对受灾村庄进行全面清理。

灾情过后，李屯乡党委政府统一组织、协调受灾群众安置工作，帮助受灾群众解决吃、住等基本生活问题。组织开展自救和恢复生产。在上级部门的帮助下，加固河流堤坝，对官氏河、苇河及泗新河进行全面清淤深挖，对所有危桥、险桥涵闸进行再加固，确保安全。

1986—2010 年李屯乡经济社会情况一览表

表 1-3-9

年	总产值合计（万元）	农业（万元）	工业（万元）	建筑（万元）	交通运输（万元）	商业服务（万元）	农民人均纯收入（元）
1986	2775	2009	575	65	52	60	475
1987	3352	2486	632	79	69	69	581

续表 1-3-9

年	总产值合计（万元）	农业（万元）	工业（万元）	建筑（万元）	交通运输（万元）	商业服务（万元）	农民人均纯收入（元）
1988	4303	3012	998	85	78	87	686
1989	5016	3325	1285	98	110	103	781
1990	5531	3658	1355	112	152	125	790
1991	6012	3969	1482	154	185	150	793
1992	7101	4025	2357	188	197	287	799
1993	7980	4535	2420	223	213	353	1070
1994	9201	5012	2875	285	268	591	1289
1995	10359	5335	3351	323	297	955	1600
1996	11562	5687	3569	486	385	1302	1876
1997	13023	5968	3857	613	532	1958	2051
1998	16562	6301	5820	958	718	2635	2300
1999	19507	6528	6651	1751	989	3520	2491
2000	23102	6985	7019	2810	1213	4985	2790
2001	26858	7352	8153	3521	1789	5938	3075
2002	33065	7659	12035	4034	2235	7035	3590
2003	43597	8032	17068	5786	3569	9021	3981
2004	56849	8541	22801	6957	5378	13065	4459
2005	76986	8926	37504	8038	7086	15336	4910
2006	101311	9356	54805	9576	8754	18680	5370
2007	123325	9688	64633	15324	9973	23581	5961
2008	148259	10566	81825	19586	10856	25307	6621
2009	168553	12599	87525	28569	12254	27509	6927
2010	189327	13567	102032	30121	13596	29890	7316

第二篇

自然环境

禹城地处黄河中下游冲积平原，地势平坦，自西南向东北缓缓倾斜。流域面积在30平方千米以上的干支流河道23条。属暖温带大陆季风气候，四季分明，光照充足，无霜期长。禹城资源丰富，水资源总量23000万立方，土地总面积148.85万亩。有潮土类和盐土类两个土类，无天然森林和草原，植物分蕨类和被子两门共140种，植被以栽培植物为主。动物有鸟纲和兽纲共127种。已开展煤田勘查项目4个，是山东省重要煤炭资源储备地。地热资源开发利用潜力较大。

第一章　地质　地貌

第一节　地质　地层

禹城市地层系古近系东营组和沙河街组、新近系明化镇组和馆陶组、第四系平原组。在大地构造上属于华北板块（Ⅰ级），位于华北拗陷区（Ⅱ级）、济阳拗陷区（Ⅲ级）、惠民凹陷（Ⅳ级）、临邑凹陷（Ⅴ级）和鲁西地块（Ⅱ级）、鲁中隆起区（Ⅲ级）、泰山—沂山隆起（Ⅳ级）、阳谷—齐河凸起（Ⅴ级）交界地带。区域断裂活动主要受新华夏构造体系影响，区内断裂构造发育，主要构造线呈NNE、NE向，断裂构造隐伏于新近系之下，主要断裂有齐河—广饶断裂。该断裂西起聊城—兰考断裂交汇处，沿NEE向在禹城市中部通过，经禹城南、济阳北至广饶南，向东延伸与益都断裂相交，呈弧形展布，是Ⅱ级、Ⅲ级、Ⅳ级、Ⅴ级构造单元分界断裂，形成于中生代以前，沿断裂带有间歇性基性岩浆岩活动。

第二节　地貌

禹城市地处黄河中下游冲积平原，地势平坦，自西南向东北缓缓倾斜，海拔最高27.27米，最低19.2米，坡降1/8000—1/10000。由于受古黄河泛滥影响，微地貌组合结构比较复杂，大体分河滩高地、高坡地、平坡地、洼坡地、洼地、扇形地和河槽地7种微地貌类型。河滩高地和高坡地分布在中部和西至西南部的市中办、十里望、房寺、辛寨、李屯等乡镇（街道）。洼坡地分布在东部及北部的辛店、梁家、张庄和南部的伦镇、莒镇等乡镇。

图2-1-1　禹城段徒骇河畔地貌（2010年摄）

第二章　河流　水文

第一节　河流

禹城境古属黄河水系。据阎若璩《四书释地》记载，自尧帝八十年（公元前21世纪）至宋庆历八年（公元1048年）黄河南徙出境前，有四条河泛流境内，即禹导之黄河、漯川，汉代开之商河，隋代凿之源河；后属海河水系，分徒骇、德惠两个流域。至2010年年底，流域面积在30平方千米以上干支流河道23条。

一、徒骇河流域

（一）徒骇河：鲁北三大干流之一。河源于河南省南乐县大沙河头，于莘县文明寨村入山东省，流经山东省内13个县市（区），至沾化县会秦口河入渤海。干流总长422千米，流域面积13920平方千米。河由各户屯入境，经辛寨、安仁、房寺、十里望、梁家、市中5镇(办)、75村，至史丈营入齐河县境。市内长36千米，流域面积621平方千米。

（二）赵牛新河：河源于齐河县杨家河口至禹城市马屯入徒骇河，长66.3千米，流域面积1202.9平方千米。河由莒镇乡任庄入境，流经莒镇、伦镇、安仁、市中4乡（镇、办）35村，境内长27.6千米，流域面积82.2平方千米。

（三）苇河：河源于李屯乡管氏河、四新河交汇处张武闸，流经莒镇、李屯、辛寨、伦镇、安仁5个乡（镇），43村，至安仁镇张李店村入徒骇河。河长24.2千米，流域面积649.6平方千米，境内62.9平方千米。

（四）管氏河：河源于茌平县洼里桥，至禹城市莒镇乡水牛李入苇河，总长32千米，流域面积502.2平方千米。河自莒镇乡徐桥入境，流经莒镇、李屯2个乡11村，长7.2千米，流域面积44.9平方千米。

（五）四新河：河源于茌平县西王庙村，至禹城市李屯乡李法桥村入管氏河。河自李屯乡邵庄入境，流经李屯乡8村，境内河长4.2千米，流域面积32平方千米。

（六）担杖河：河源于齐河县兴隆庄，至禹城市莒镇乡水牛李入苇河，长21千米。河由伦镇镇寺前李入境，流经伦镇、莒镇2个乡（镇）9村，长7.6千米，流域面积33.1平方千米。

（七）圣经河：起于杨集南洼，东北入莒镇乡至神庄入担杖河。1973年潘庄引黄灌区五干建成后，将河切断。上游齐河段改道入赵牛新河，禹城境内段被农田支沟所代替，仍沿其名。

（八）新赵牛河：河分担杖河之水由伦镇河北张至莲红村入苇河，长8.2千米，流域面积32平方千米。

（九）关苇沟：源于辛寨西辛寨干沟入口处经辛寨镇15村至金曹入苇河，长7.8千米，流域面积30.5平方千米。

（十）友谊沟：河源于高唐县琉璃寺十三姓高庄，至禹城市辛寨镇沈堂入徒骇河，长21.8千米，流域面积120.5平方千米。沟由辛寨镇大李村入境，流经辛寨镇9村，境内长8千米，流域面积23.5平方千米。

（十一）团结沟：河源于高唐县李官屯南至禹城市房寺镇藏庄闸入徒骇河，长26.3千米，流域面积92.2平方千米。沟由辛寨镇郅辛村入境，流经辛寨、房寺、十里望3个乡（镇）28村，境内长23千米，流域面积60.2平方千米。

（十二）赵牛河：河源于齐河县十八户河口，经禹城市至齐河县甘隅头东入徒骇河，长62.4千米，流域面积937.8平方千米。河由伦镇沈屯入境，流经伦镇、市中2个镇（办）31村，境内长26.2千米，流域面积174.4平方千米。

图2-2-1　丰收河（2010年摄）

（十三）邓金河：河源于齐河县黄家铺西倪伦、温聪二河汇口，沿禹城市、齐河县界至市中办朱道口入赵牛河，长9.6千米，流域面积731平方千米。境内左岸长9.6千米，流域面积5.8平方千米。

（十四）施女河：河由安仁镇大杨村前至市中办军张村入赵牛河，长11.3千米，流域面积63.5平方千米。

（十五）丰产河：河源于伦镇生张西潘庄引黄总干渠排碱沟，至市中办肖寺刘入施女河，后分水至市中办杨庄入徒骇河，流经伦镇、安仁、市中3个镇（办）11村，长18.34千米，流域面积44.61平方千米。

（十六）赵徒干沟：起于市中办千户屯村赵牛河北岸，至史丈营村入徒骇河，长8千米，流域面积42.2平方千米。

（十七）沈屯新河：河起于莒镇乡赵堂村，至伦镇沈屯入赵牛河，长13.3千米，流域面积14.33平方千米。

二、德惠河流域

（一）禹临河：河源于梁家镇唐屯村，沿禹临边界至临邑县马寨村入德惠新河，长38.8千米，流域面积473.3平方千米，河流经梁家、辛店2个镇27村，于辛店镇王景吴村入临邑县境。境内长24.4千米，流域面积369.0平方千米。

（二）丰收河：河源于辛寨镇贾楼村，至辛店丁刘袁闸入禹临河。河流经辛寨、房寺、张庄、辛店4个镇43村，长40千米，流域面积174.02平方千米。

（三）土马河：河源于张庄镇大洼王前，至梁家镇张老虎村入禹临河，河流经张庄、梁家2个镇18村，长9.7千米，流域面积137.2平方千米。

（四）西普天河：河源于房寺镇马孙庄，至张庄镇东赵庄入丰收河，河流经房寺、张庄2个镇21村，长13千米，流域面积44.5平方千米。

（五）东普天河：河源于房寺镇庞桥，至张庄镇宋庙村入土马河，河流经十里望、张庄2个乡（镇）18村，长12.7千米，流域面积59.73平方千米。

（六）幸福河：河源于梁家镇李家沟，经梁家、辛店2个镇21村，至辛店镇王寨村前，长20.5千米，流域面积61.67平方千米。

（七）朱家河（亦名大沙河）：河源于辛店镇常刘庄，流经12村，至辛店镇田庄闸入禹临河，长13.6千米，流域面积58.3平方千米。

第二节　水文

一、地表水

（一）大气降水：多年平均降水量 580.0 毫米，年均降水总量 5.65 亿立方米，大部分渗入土层。经计算，多年平均地表径流量 0.6 亿立方米。但因汛期（6—9 月）降水量占全年的 76%，大部分径流通过河道排出界外，只有很少量蓄于坑塘与河道中。

（二）河道蓄水：境内河道建闸（坝）后，经计算，一次能蓄水 3300 万立方米左右。由于各河道上游也建闸蓄水，无客水流入。河道拦河闸（坝）作用是拦蓄汛末尾水、灌溉侧渗水、雨后径流入河水和调剂引黄水，年平均拦蓄量 6500 万立方米左右。

（三）引黄水：1986 年以来，引黄水成禹城要灌溉水源，年引水量在 2 亿立方米左右，最多时达到 4.25 亿立方米（1989 年），最少 1.06 亿立方米（2000 年）。1992 年以来，由于小浪底水库建成，引水量较稳定。根据科学、合理、节约用水要求，国家对黄河水实行统一调度，计划供水。根据山东省水利厅及德州市水利局《通知》，分配给禹城的黄河水量是：p=50%，w=1.08 亿立方米；p=75%，w=1.62 亿立方米 p=95%，w=2.17 亿立方米。此后，按计划供水执行，平均年引水量 2 亿立方米左右。

（四）坑塘蓄水：1985 年，禹城县有坑塘 1374 个，总面积 7106 亩，可蓄水 700 万立方米。至 2010 年年底，禹城市有坑塘 4860 余个，总面积 2 万余亩，蓄水量 1500 万立方米。

二、地下水

（一）地下水资源条件：禹城境内地表下 150 米以内有两条古河道带。一条位于中部及南部，西接高唐，东入临邑，呈西南东北走向。此古河道带是较新古河道与浅部埋藏古代古河道相互叠加，地下水丰富。主要分布在莒镇乡西部、李屯乡、伦镇、安仁镇、市中街道办事处，面积达 600 余平方千米，含水层厚度大于 20 米，单井出水量大于 40 立方米 / 时。另一条分布在北部辛店镇、梁家镇一带，此条带较窄，富水性不如南带，面积在 200 余平方千米，含水层厚度 15—20 米，单井出水量 20—40 立方米 / 时。另有咸水区 60 平方千米，位于莒镇乡东部和辛店镇北部。其余部分含水层在 5—12 米不等，单井出水量较少，一般只有 20—40 立方米 / 时，覆盖面积 100 余平方千米。

图 2-2-2　引黄总干禹城段（2010 年摄）

（二）地下水动态：境内地下水运动方式，以垂直方向为主，在水平方向上运动非常滞缓，其水流坡度在自然状态下 1/3000 至 1/3500，在开采状态下可达 1/1000 至 1/1500。据禹城实验区资料记载，地下水变化有明显季节性和生产性。降水渗入是地下水主要来源，其次是河道侧渗和灌溉回归。消耗主要是蒸发和提水灌溉。

（三）水化学特征：地下

图 2-2-3 徒骇河南营拦河闸 （2010 年摄）

水主要化学类型是重碳酸氯化物型和碳酸硫酸盐型水，最好水质是重碳酸钙镁型，大多分布在徒骇河、苇河两岸河滩高地，矿化度小于 1.0 克 / 升。最差水质类型氯化物型水，零星分布于莒镇乡东部、张庄镇北丘洼等几个碱洼地区，矿化度大于 3.0 克 / 升。

地表水水质随着工农业生产发展，人口增长，生活污水、工业废水排放量不断增加，水体污染日趋严重。在没有引黄水稀释情况下，原来清澈见底的河水变成浑黄、紫黑，悬浮物质漂浮水面，弥漫着臭气。据化验资料显示：徒骇河南营闸水样，化学耗氧量严重超标，COD 含量每升高达 47.27 毫克，硫化物检出量每升 0.02 毫克，亚硝酸和氨氮每升高达 0.36 毫克；张汉桥水样，COD 含量每升高达 74.78 毫克，硫化物检出量每升 0.014 毫克，亚硝酸和氨氮每升高达 0.12 毫克。洛北干渠（泺清河）、赵徒干沟、老赵牛河等河道水体污染也在日趋加重。

（四）水文地质参数确立：按照禹城水文地质条件，根据山东省水科所、德州市水利局、德州市水文站及禹城实验区资料，从中选用有关参数。

禹城境内水文地质参数表

表 2-2-1

岩 性	亚黏土	亚砂土	粉沙	备 注
面积（平方千米）	362.6	592.9	34.5	—
降雨入渗系数 α	0.175	0.200	0.250	—
给水度 μ	0.03	0.04	0.05	—
渗透系数（m/ 日）k	2	5	15	—
灌溉渠系及田间灌溉回归系数 β	0.25	0.25	0.25	—
潜水蒸发系数 c	0.06	0.02	0.01	按地下水埋深 2.5m 取值

（五）浅层地下水资源量：禹城市浅层地下水主要来源是降水入渗，其次是灌溉回归和地表水体入渗补给。经计算，禹城市年平均补给量 2.107 亿立方米；去除潜水蒸发 0.487 亿立方米和不能用于灌溉的咸水量 0.143 亿立方米，浅层地下水资源量 1.477 亿立方米。

第三章　气候

第一节　气候特征

禹城属暖温带大陆季风气候，四季分明，干湿季节明显，光照充足。春季干旱多风沙；夏季盛行偏南风，炎热多雨；秋季天气晴爽，冷暖适中；冬季多偏北风，寒冷干燥。主要气象灾害有干旱、雨涝、冰雹、大风、霜冻、干热风等。

年平均气温13.3℃，最冷月平均气温-0.4℃，最热月平均气温25.9℃，年极端最高气温41.8℃，极端最低气温-22.0℃。年平均降水量555.5毫米。年平均相对湿度65%，最小相对湿度2%。全年平均日照2546.2小时，年平均风速2.5米/秒，最多风向是SSW。年平均蒸发量1848.4毫米。无霜期平均202天，无霜期最长天数271天，最短174天。

春季，雨水少，多大风，气温回升快，蒸发量大。季降水量82.1毫米，占全年的14.8%，季平均气温14.0℃，比年平均气温高0.7℃，季日照时数714.3小时，季蒸发量647.7毫米。

夏季，由于受暖湿海洋性气团控制，温度高、湿度大、雨量集中，雷雨时常伴有大风。季平均降水量359.9毫米，占全年的64.8%，但是，由于降水年际变化大，伏旱也时有发生。季平均气温25.9℃，季日照时数686.4小时，季蒸发量696.7毫米。夏季是全年温度最高、湿度最大季节，也是一年中水分储存重要时期，

图2-3-1　大禹公园春景　（2010年摄）

图2-3-2　糖城新湖公园夏景　（2010年摄）

优越的气候资源利于各种农作物生长。

秋季，由于夏季风过渡到冬季风，北方冷气团逐渐加强，暖湿气团开始南退，气温下降很快，降水明显减少，地面辐射冷却加快，大气层较稳定，加上地面覆盖物阻挡，不易产生大风，容易形成秋高气爽的天气。季平均降水量96.4毫米，占年降水量的17.4%。因此，秋旱也是农业生产的主要威胁。季平均气温13.9℃，与春季接近，季日照时数612.8小时，季蒸发量372.3毫米。早秋气候对农业生产是有利的，但仲秋十月是初霜冻发生月份，常给棉花等晚秋作物造成致命打击。因此，每年初霜期来得早晚是影响棉花产量、质量的关键。

图 2-3-3　大禹公园秋景 （2010 年摄）

图 2-3-4　糖城新湖公园雪景 （2010 年摄）

冬季，受强大蒙古冷高压控制，干冷少雨雪，气候干燥，温度较低。季平均降水量16.9毫米，占年降水量的3%，季平均气温-0.4℃，季日照时数532.7小时，季蒸发量168.1毫米。冬季降水、日照全年最少，气温全年最低，年极端最低气温常出现在1、2月份。

第二节　气象要素

一、气温

气温指大气的温度，通常由距地1.5米的百叶箱内的温度表或温度传感器测得。禹城年平均气温13.3℃，年平均最高气温14.6℃（1998年），年平均最低气温12.3℃（1984年）。冬、夏季温度差较大，月平均气温1月-2.1℃，7月26.8℃，年较差28.9度。极端最高气温41.8℃，出现在1972年6月11日，极端最低气温-22.0℃，出现在1971年12月27日。

各月平均、极端最高、最低气温表

表 2-3-1 单位：℃

月	1	2	3	4	5	6	7	8	9	10	11	12	全年
平均	-2.1	0.7	7.0	14.7	20.2	25.3	26.8	25.5	20.7	14.5	6.5	0.1	13.3
最高	15.2	22.0	26.2	32.0	37.5	41.8	39.1	36.6	35.6	31.5	24.2	17.8	41.8
最低	-18.8	-17.8	-17.0	-5.0	3.4	9.8	13.7	13.3	5.0	-2.3	-16.2	-22.0	-22.0

各界限温度初终日期、日数及积温表

表 2-3-2

项目		≥ 0℃		≥ 5℃		≥ 10℃		≥ 15℃		≥ 20℃	
		初	终	初	终	初	终	初	终	初	终
平均	日 / 月	20/2	6/12	15/3	16/11	3/4	31/10	25/4	9/10	23/5	15/9
最早	日 / 月	17/1	16/11	27/2	5/11	24/3	20/10	7/4	23/9	7/5	23/8
最晚	日 / 月	10/3	23/12	29/3	27/11	17/4	15/11	6/5	19/10	8/6	11/10
初终间	日数	291.0		247.4		211.2		167.9		116.1	
积　温	℃	4988.5		4822.5		4506.5		3900.3		2929.3	

二、降水

禹城年平均降水量 555.5 毫米，最多年降水量是 1012.3 毫米，出现在 1990 年；最少年 318.1 毫米，出现在 1992 年。最长连续降水日数 9 天，出现在 1996 年 7 月 5—13 日。

冬季（12—2 月），平均降水量 16.9 毫米，占全年的 3%；春季（3—5 月），平均降水量 82.1 毫米，占全年的 14.8%；夏季（6—8 月）平均降雨量 409.6 毫米，占全年降雨量的 64.8%；秋季（9—11 月），平均降水量 96.4 毫米，占全年的 17.4%。

各月平均降水量表

表 2-3-3 单位：毫米

月	1	2	3	4	5	6	7	8	9	10	11	12
降水量	3.8	7.0	11.9	27.2	43.0	69.7	181.0	109.2	49.7	33.9	12.8	6.1
最多	21.1	36.0	40.8	70.3	123.1	172.2	465.3	276.0	120.4	96.1	97.6	27.4
最少	0	0	0	1.6	9.3	4.9	37.9	4.0	1.9	0.7	0	0

三、日照

禹城年平均日照时数 2546.2 小时，日照率 5.7%。冬季（12—2 月），平均日照时数 532.7 小时，占全年的 20.9%；春季（3—5 月），平均日照时数 714.3 小时，占全年的 28.1%；夏季（6—8 月），平均日照时数 685.8 小时，占全年的 26.9%；秋季（9—11 月），平均日照时数 612.8 小时，占全年的 24.1%;（3—11 月）日照时数 2013.5 小时，其中 5 月 260.0 小时，占农耕期的 13%，对农作物生长较有利。1 月 180.8 小时，是全年光照最少期；4—10 月光照时间较长，利于农作物生长。

各月日照时数和日照百分率表

表 2-3-4　　单位：小时

月	1	2	3	4	5	6	7	8	9	10	11	12	全年
时数	180.8	177.6	211.4	236.9	266.0	253.0	208.6	224.8	221.7	212.5	178.6	174.3	2546.2
日照百分率	5.9	5.8	5.7	6.0	6.1	5.8	4.7	5.4	6.0	6.1	5.9	5.8	5.7

四、地温

图 2-3-5　地温测量（2010 年摄）

年平均地面温度 15.2℃，平均最高地面温度 31.3℃，平均最低地面温度 5.9℃，极端最高地面温度 67.0℃，极端最低地面温度 -26.5℃，年变化呈一峰一谷型，以 7 月为轴形成对称。1 月最低，平均 -2.5℃，2 月以后逐渐上升，至 7 月达到最高值，8 月以后逐渐下降，12 月中旬降至 0℃以下。5 厘米地温 4 月上旬上升到 12℃以上，中旬上升到 14℃以上，是春播好季节；7 月上升到顶点，以后开始下降；10 月初下降到 18℃以下。因此，9 月下旬至 10 月上旬是秋种佳期。地温随深度增加而升降变化。上半年随深度增加而降低，下半年随深度增加而增高。7 月是各深度温度最高月。

各月地面及浅层地温表

表 2-3-5　　单位：℃

地温＼月份	1	2	3	4	5	6	7	8	9	10	11	12
0 厘米	-2.5	1.1	8.6	17.8	24.5	29.8	29.9	28.9	23.4	15.3	6.7	-0.7
5 厘米	—	—	—	15.9	22.0	27.0	28.2	27.5	22.3	15.1	6.9	—
10 厘米	—	—	—	15.2	21.2	26.1	27.7	27.2	22.3	15.5	7.8	—
15 厘米	—	—	—	15.2	21.0	25.8	27.5	27.3	22.8	16.2	8.6	—
20 厘米	—	—	—	14.6	20.4	25.2	27.1	27.0	22.7	16.4	9.1	—

五、风

根据距地10—12米高风仪器测得资料统计，年平均风速2.5米／秒，十分钟最大风速17.0米／秒，瞬时极大风速27.0米／秒，最多风向SSW。每年出现白天风速大于17.0米／秒的日数平均6天，夜间平均1.3天。

第四章　土壤　植被

第一节　土壤类型与分布

禹城市地处黄泛冲积平原，其土壤类型分布现状是在复杂自然条件下，历史因素和社会经济因素交织影响下形成的各个土壤类型之间的演变，因其特定条件组合（地貌、水文地质、土体构型、排灌条件、生产水平、经济水平）而异。

按上述分类依据，禹城市有两个土类：潮土类和盐土类。潮土类是受潜水作用形成的土类，在潜水条件（埋深、水质、主流）存在差异时，形成一些亚类，即褐土化潮土、潮土、盐化潮土和湿潮土。其中湿潮土又分两个土属：冲积黑潮土，冲积湿潮土。当潜水条件大致维持土壤水盐平衡时，形成潮土，当潜水水盐来量大于去量时，便形成盐化潮土。当潜水条件进一步恶化，使盐化过程持续进行，若耕层盐分达到1%以上时，由量变转到质变，便过渡到另一个土类即盐土类。根据盐分组成成分又将盐土划分一个亚类潮盐土，两个土属白潮盐土和油潮盐土。

禹城市土壤分类概况表

表2-4-1

土类			亚类			土属			
名称	可利用面积（平方千米）	占土类可利用总面积%	名称	可利用面积（平方千米）	占亚类可利用总面积%	名称	可利用面积（平方千米）	土种个数	占土属可利用面积%
潮土	478.5861	97.41	褐土化潮土	75.6436	15.40	褐土化潮土	75.6436	17	15.40
			潮土	273.4382	55.65	潮土	273.4382	23	55.65
			盐化潮土	127.6515	25.98	盐化潮土	127.6515	32	25.98
			湿潮土	1.8528	0.38	冲击黑潮土	0.9264	1	0.19
						冲击湿潮土	0.9264	2	0.19
盐土	12.7366	2.59	潮盐土	12.7366	2.59	白潮盐土	12.4654	6	2.54
						油潮盐土	0.2712	1	0.05

一、潮土类

禹城大部分属于潮土类，按上述形成条件，潮土类又分成 4 个亚类、5 个土属，75 个土种；以下按亚类进行介绍：

（一）褐土化潮土

褐土化潮土属鲁北黄泛平原中生产性能最好土属，也是禹城市土壤精华所在，面积 75.6436 平方千米，占禹城市可利用面积的 15.40%，禹城市除市中办东部、梁家镇北部、伦镇 3 个乡镇外，其余各乡镇均有不同程度分布，以市中办、十里望镇、房寺镇、辛寨镇分布较多，从总的地貌条件看，主要分布在徒骇河两岸河漫滩高地，其次是禹西沿界高坡地上，禹北冲积扇形地上也有零星分布，禹城市农作物产量水平较高的市中办南部、十里望镇、房寺镇等乡镇多有分布。

褐土化潮土个别地方由于蓄水时间过长，水位过高，提高附近潜水位，使潜水参与土壤水循环过程，使褐土化过程处于脆弱阶段，其具体形态以厚粘心两合土褐土化潮土代表的面积最大，面积 33.5352 平方千米，占禹城市总面积的 6.83%。

（二）典型潮土

该土属是禹城市土壤类分布主要部分，各乡镇均有分布，以梁家镇、张庄镇、房寺镇、市中办等乡镇较广，面积 273.4382 平方千米，占禹城市总面积的 55.65%。从地形条件看，最大一片在土马河两岸洼坡地和背河槽状洼地里，这带土体构型偏粘，析盐作用很强；另一片是老城以东东大洼浅平洼地，潜水条件和土体构型属于宜盐范围，但潜水埋深多是临界深度以下，故返盐很轻；其他地貌类型中微域还有零星分布。该土属中代表性土种有厚粘心两合土潮土，面积 121.8447 平方千米，占禹城市可利用面积的 24.80%；厚砂腰白土潮土，面积 4.1252 平方千米，占禹城市可利用面积的 0.84%；厚粘心小红土潮土，在禹城市分布面积 8.3510 平方千米，占禹城市可利用面积的 1.70%。

（三）盐化潮土

地下潜水状况（包括水位、水质、出流）是导致土壤盐化主导因素，水盐生态情况是认识盐渍土发生与演变的理论基础，依据表层盐渍程度（轻、中、重）和土体构型因素，该亚类分氯化物潮土和硫酸盐潮土两个土属，32 个土种。北部辛店镇分布较多，沿津浦铁路的张庄镇、十里望镇、市中办以及南部李屯乡等乡镇也多属盐化潮土，引黄总干两岸的伦镇镇、房寺镇、安仁镇、莒镇有大量分布。从地形地貌来看，在禹城市北部决口冲积扇中相对平坡地和徒骇河两边平坡地及逐渐过渡东大洼洼坡地是盐化潮土集中分布区，其他零星分布在各种不同地貌的相对浅平洼地边缘和洼地中微高地上。

该亚类地下水属于强矿化水。由于积盐条件改变，禹城盐化潮土在不同地点，明显地向不同方向演变，有的地方因潜水位提高，正继续向积盐方向发展，如用水不当，必然导致盐渍化面积扩大。

该土属中具有代表性土种有轻度厚沙底中壤盐化潮土，面积 6.7617 平方千米，占禹城可利用面积的 1.38%；中度厚沙底沙壤质盐化潮土，面积 4.6970 平方千米，占禹城可利用面积的 0.96%；重度厚沙腰白土盐化潮土，面积 0.9291 平方千米，占禹城可利用面积的 0.19%。

（四）湿潮土

分冲积黑潮土和冲积湿潮土两个土属，3 个土种，面积 1.8528 平方千米，占禹城可利用面积的 0.38%。

二、盐土类

盐土类使地下潜水状态不断恶化，耕层积盐不断加重，当耕层盐分含量达到 1% 以上时，便称盐土，盐分指标超过大多数作物耐盐上限，

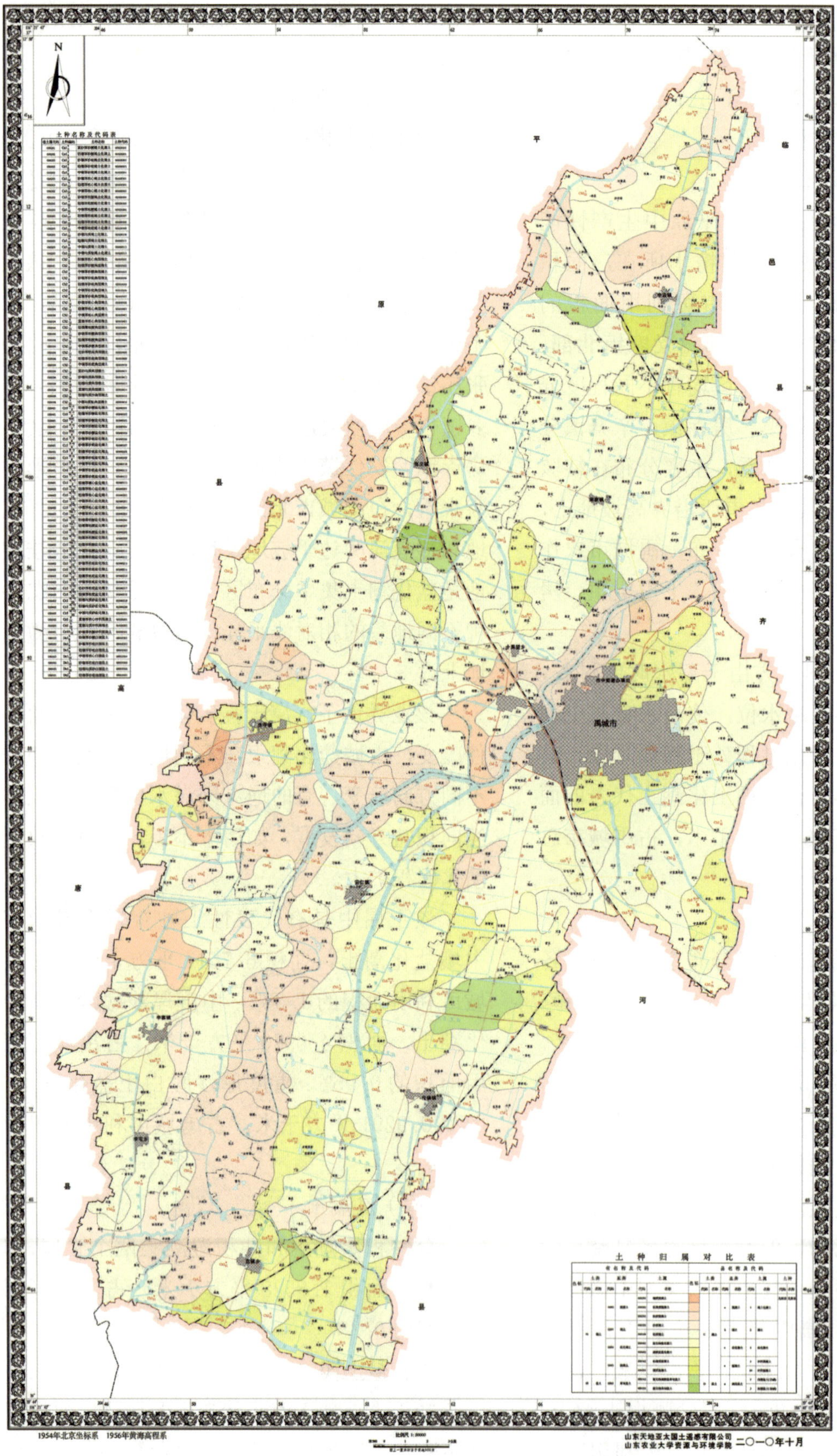

图 2-4-1　禹城市土壤图（2010 年摄）

图 2-4-2　盐土土壤（2010 年摄）

这时往往失耕失种，最后弃之成荒，该土类根据其盐分组成成分，又分白潮盐土和油潮盐土两个土属。

（一）白潮盐土

地表有白色结皮，一般其分布地形较油潮盐土要高，盐分组成以氯化物硫酸盐为主，硫酸盐易形成白色结晶。该土属计有 6 个土种，以张庄镇最多，次之有伦镇、辛店镇、房寺镇、莒镇乡。以厚沙腰白土白潮盐土居多，面积 4.1657 平方千米，占禹城市可利用面积的 0.85%。

（二）油潮盐土

油潮盐土，俗称“油碱”，在禹城分布甚微。

不经改良，一般不能发展耕种业，禹城只有十里望盐池崔一带有分布。

第二节　土体剖面构型

结合厚粘心辨认土体构型生产性能来看，可分五种构型，即黏盖沙型（称漏肥池）、夹沙夹黏型（上下土层较好，中间夹有沙层和黏土层）、通体砂型、通体壤型或通体粘重型。据山东省第二次土壤普查，禹城有 11 个土体构型。

禹城市土体构型统计表

表 2-4-2

类型	面积（平方千米）	占可利用面积 %	分布主要地点
厚粘心	241.7308	49.20	禹城市各乡镇、办皆有分布以梁家、市中办居多，分布在平坡地、背河槽状洼地上
厚沙底	81.9526	16.68	辛店及沿西北界限高坡地上
厚粘腰	36.0140	7.33	徒骇河沿岸各乡镇皆有分布及高坡地上
厚粘底	13.5605	2.76	分布在背河槽状洼地上及高坡地上
厚沙心	18.9651	3.86	分布在辛店镇决口扇形地上以及盐碱地区
厚沙腰	21.8147	4.44	分布在高坡地上，房寺镇居多
均质粘	16.2628	3.31	分布在涝平洼坡地上以梁家镇、市中办居多
均质沙	45.6930	9.30	分布在沙质河槽地上，辛店境内
均质壤	9.8756	2.01	房寺镇居多
厚壤心	3.5375	0.72	莒镇、伦镇居多
薄粘腰	1.9161	0.39	零星分布

第三节 自然植被

禹城人多地少，无天然森林和草原，植被以栽培植物为主，粮食作物有小麦、玉米、地瓜、大豆等，经济作物主要有棉花、花生、西瓜、蔬菜等，绿肥有苜蓿、青麻、草木犀等。广大农民在长期生产经营中，逐步做到因土种植，扬长避短，充分发挥土地资源优势，如辛店镇逐渐扩大花生、西瓜种植面积；房寺、张庄等乡镇宜棉；伦镇、市中办南部大棚蔬菜面积逐年扩展；辛寨、十里望、梁家、市中办一部分、安仁等乡镇发展优质高产小麦、玉米等粮食作物；市中办东南部宜豆区大豆面积也开始回升。

图 2-4-3 盐碱地生长的碱蓬棵 （2010 年摄）

杂草和野草，因其地形地貌和土质盐碱程度，分布也不一致。一些未被开垦利用荒地自然植被以茅草及其他禾本科野草为主。在盐碱地上，主要是碱蓬棵、蒿子、曲曲菜等；土壤肥沃土地以苔菜、青青菜及禾本科热草秧等为主；在水灌条件好的地上，以马齿苋、香香草为主；在干旱瘠薄地上，以茅草、猪芽草最多；在沟渠旁各种野草混生。至2010年，禹城市林木覆盖率25.2%。

第五章 自然资源

第一节 土地资源

第二次土地大调查结果显示：禹城市土地总面积148.85万亩。其中，农用地面积110.77万亩，占全市土地总面积的74.41%；建设用地25.97万亩，占总面积的17.45%；其他土地12.11万亩，占总面积的8.14%。

一、农用地

禹城耕地78.12万亩，占农用地总面积的70.52%；园地5276.10亩，占农用地总面积的0.48%；林地13.78万亩，占农用地总面积的12.44%；其他农用地18.34万亩，占农用地总面积的16.56%。

二、建设用地

在建设用地中，以城乡建设用地面积最大，面积21.55万亩，占建设用地总面积的82.98%；交通、水利用地4.31万亩，占建设用地总面积的16.61%；其他建设用地1071.60亩，占建设用地总面积的0.41%。

三、其他土地

在其他土地中，自然保留地面积8.68万亩，占其他土地总面积的71.62%；水域3.44万亩，占其他土地总面积的28.38%。

图 2-5-1　潘庄引黄干渠　（2010 年摄）

第二节　水资源

禹城水资源主要包括地表径流、引黄干渠和地下水资源三部分。徒骇河、赵牛河、禹临河、苇河等较大河流纵贯禹城市，境内当地径流量多，过境径流量丰富，地表径流量 0.6 亿立方米；潘庄引黄干渠穿越禹城市，境内长 36 千米，引水能力在 40 个流量以上，引黄水拦蓄利用多年平均 1.5 亿立方米；禹城市地下水宜井面积 840 平方千米，地下水可供利用水资源约 1.596 亿立方米。至 2010 年，禹城市水资源总量 23000 万立方（地表水 6000 万立方＋地下水 1.8 亿立方－重复计算量 1000 万立方），其中可利用量 19000 万立方（地表水 3000 万立方＋地下水 1.6 亿立方）。另有黄河客水可利用量 1.56 亿立方，禹城可利用水资源总量共 34600 万立方。总灌溉面积（农、林、渔）54.28 千公顷，其中有效灌溉面积（耕地）44.75 千公顷，利用量 22600 万立方，其中生活用水总量 2000 万立方，人均生活用水量 38.14 立方。

第三节　矿藏资源

禹城发现、开发利用矿产资源主要有：石油和砖瓦用黏土。探明可利用地下资源还有煤和地热。矿产资源不够丰富，矿种单一，开发利用面较窄。

一、砖瓦用黏土

该矿种储量多且分布分散，禹城市有砖瓦窑厂企业 18 家。

二、煤

禹城地处黄河北煤田矿业经济区中心，是山东省重要煤炭资源储备地，开展煤田勘查项目 4 个，分别是《禹城市廿里堡矿区煤矿普查》《禹城市李屯矿区煤炭资源普查》《禹城市袁营地区煤田普查》《禹城市伦镇地区煤田普查》，项目登记面积 412.16 平方千米。据勘查成果可知，禹城市地下含煤区域较广，勘查价值大，煤田开发前景较乐观。

三、地热资源

禹城地热资源开发利用潜力较大。2003 年以后，先后实施《禹城市城区地热资源调

图 2-5-2　禹城宜家北苑地热井　（2009 年摄）

查》《禹城市城区地热资源普查》《禹城市十里望乡地热资源勘查》3 个城区地热资源勘查项目，查明禹城市地热资源赋存状态、埋藏深度、储量等情况，全市城区地热资源探查总储量 17470 兆焦，折合标准煤 5959 万吨。2009 年 7 月，在宜家北苑小区钻探一眼优质探采结合地热井，井口水温 62—67℃，涌水量 1920 立方米 / 天，属温热水型地热资源。填补禹城市地热资源利用空白。

第四节　动植物资源

禹城动植物种类较多，有国家Ⅱ级保护野生动物 6 种：黄嘴白鹭、雕鸮、红角鸮、纵纹腹小鸮、长耳鸮、灰鹤。省级重点保护野生动物 15 种。其中植物分蕨类和被子两门(分 2 纲),36 科，85 属，140 种。动物则有鸟纲和兽纲，鸟纲分 14 目，22 科，75 种。兽纲分 5 目，6 科，9 种。

禹城市常见野生植物明细表

表 2-5-1

门	纲	科	属	名　称
蕨类植物门		木贼科	问荆属	问荆
			木贼属	节节草
		苹科	苹　属	苹
被子植物门	双子叶植物纲	杨柳科	杨属	毛白杨、加拿大杨、小钻杨、I-107 欧美杨
			柳属	旱柳
		桑科	桑属	桑
			构属	构树
			葎草属	葎草
		蓼科	蓼属	萹蓄、习见蓼、红蓼、酸模叶蓼
			酸模属	齿果酸模
		藜科	藜属	灰绿藜、小藜、藜
			地肤属	地肤
			猪毛菜属	猪毛菜
		苋科	青葙属	青葙
			苋属	反枝苋、绿穗苋、皱果苋、凹头苋
		马齿苋科	马齿苋属	马齿苋
		石竹科	繁缕属	繁缕
			绳子草属	麦瓶草
		睡莲科	莲属	莲（荷花）

续表 2-5-1

门	纲	科	属	名称
被子植物门	双子叶植物纲	金鱼藻科	藻属	金鱼藻
		十字花科	碎米荠属	碎米荠
			独行菜属	独行菜
			荠属	荠
			播娘蒿属	播娘蒿（麦蒿）
			焯菜属	焯菜、无瓣焯菜
		豆科	刺槐属	刺槐
			鸡眼草属	鸡眼草、长萼鸡眼草
			黄耆属	糙叶黄耆
			米口袋属	狭叶米口袋、米口袋、光滑米口袋
		酢浆草科	酢浆草属	酢浆草
		蒺藜科	蒺藜属	蒺藜
		大戟科	大戟属	地锦、斑地锦
			铁苋菜属	铁苋菜
		柽柳科	柽柳属	甘蒙柽柳
		小二仙草科	狐尾藻属	穗状狐尾藻、狐尾藻
		伞形科	窃衣属	小窃衣
			蛇床属	蛇床
		报春花科	点地梅属	点地梅（铜线草、喉咙草）
		萝藦科	萝藦属	萝藦
			鹅绒藤属	地梢瓜、鹅绒藤
		旋花科	打碗花属	打碗花
			旋花属	田旋花
			牵牛属	圆叶牵牛、牵牛、裂叶牵牛
		车前科	车前属	车前、大车前
		茜草科	茜草属	茜草、山东茜草
		菊科（管状花亚科）	白酒草属	小蓬草（加拿大飞蓬）、野塘蒿（香丝草）
			旋覆花属	线叶旋覆花、欧亚旋覆花、旋覆花

续表 2-5-1

门	纲	科	属	名称
被子植物门	双子叶植物纲	菊科（管状花亚科）	苍耳属	苍耳
			鳢肠属	鳢肠
			蒿属	茵陈蒿、黄花蒿、青蒿、艾
			蓟属	大刺儿菜、刺儿菜
			泥胡菜属	泥胡菜（和尚头）
		菊科（舌状花亚科）	苦苣菜属	花叶滇苦菜（续断菊）、苦苣菜
			小苦荬属	抱茎小苦荬、中华小苦荬
			蒲公英属	蒲公英（婆婆丁）
	单子叶植物纲	香蒲科	香蒲属	香蒲、小香蒲、无苞香蒲、水烛、长苞香蒲
		黑三棱科	黑三棱属	黑三棱
		眼子菜科	眼子菜属	竹叶眼子菜、篦齿眼子菜、小眼子菜
		茨藻科	茨藻属	小茨藻
		泽泻科	泽泻属	东方泽泻
		泽泻科	慈姑属	野慈姑
		水鳖科	黑藻属	黑藻
		禾本科（禾亚科）	芦苇属	芦苇
			早熟禾属	白顶早熟禾、早熟禾
			拂子茅属	拂子茅、假苇拂子茅
			看麦娘属	大画眉草、小画眉草、画眉草、知风草
			穇属	牛筋草（蟋蟀草）
			虎尾草属	虎尾草
			狗牙根属	狗牙根
			锋芒草属	虱子草、锋芒草
			柳叶箬属	柳叶箬
		禾本科（禾亚科）	柳叶箬属	柳叶箬
			黍属	细柄黍
			稗属	稗、无芒稗（变种）、旱稗、长芒稗
			马唐属	止血马唐、马唐、毛马唐

续表 2-5-1

门	纲	科	属	名称
被子植物门	单子叶植物纲	禾本科（禾亚科）	狗尾草属	狗尾草、金色狗尾草
			白茅属	丝茅、白茅
			荩草属	矛叶荩草、荩草
			牛鞭草属	牛鞭草
		莎草科	莎草属	香附子、碎米莎草、具芒碎米莎草、异型莎草
			扁莎属	球穗扁莎
		浮萍科	芜萍属	芜萍
			紫萍属	紫萍（紫背浮萍）
			浮萍属	浮萍
		雨久花科	雨久花属	雨久花、鸭舌草
		灯心草科	灯心草属	灯心草

禹城市常见野生动物明细表

表 2-5-2

纲	目	科	名称
鸟纲	䴙䴘目	䴙䴘科	小䴙䴘、黑颈䴙、凤头䴙
	鹳形目	鹭科	苍鹭、草鹭、池鹭、牛背鹭、大白鹭、白鹭、夜鹭、黄斑苇鳽、栗苇鳽、大麻鳽、黄嘴白鹭
	雁形目	鸭科	鸿雁、豆雁、赤麻鸭、针尾鸭、花脸鸭、绿头鸭、斑嘴鸭、凤头潜鸭、普通秋沙鸭、灰雁、斑头雁
		秧鸡科	小田鸡、黑水鸡
	鸡形目	雉科	石鸡、鹌鹑
	鹤形目	三趾鹑科	黄脚三趾鹑
		鹤科	灰鹤
	鸻形目	雉鸻科	水雉
		鸻科	环颈鸻
	鸽形目	鸠鸽科	山斑鸠、灰斑鸠、珠颈斑鸠、火斑鸠
	鸮形目	鸮科	红角鸮、纵纹腹小鸮、长耳鸮
		草鸮科	猫头鹰、雕鸮
	夜鹰目	夜鹰科	普通夜鹰
	雨燕目	雨燕科	白腰雨燕

续表 2-5-1

纲	目	科	名称
鸟纲	佛法僧目	翠鸟科	普通翠鸟
		戴胜科	戴胜
	鴷形目	啄木鸟科	黑枕绿啄木鸟、大斑啄木鸟、棕腹啄木鸟、星头啄木鸟
	雀形目	燕科	家燕、金腰燕
		鸦科	灰喜鹊、喜鹊、秃鼻乌鸦、寒鸦、大嘴乌鸦
		鹟科	斑鸫、短翅树莺、褐柳莺、黄眉柳莺
		文鸟科	树麻雀、山麻雀
	雀形目	雀科	燕雀、金翅雀、黄雀、灰腹灰雀、黑尾蜡嘴雀、锡嘴雀、栗鹀、黄胸鹀、黄喉鹀、灰头鹀、田鹀、芦鹀、铁爪鹀
兽纲	食虫目	猬科	刺猬
	翼手目	蝙蝠科	东方蝙蝠、萨氏伏翼
	食肉目	鼬科	黄鼬、艾鼬
	啮齿目	仓鼠科	仓鼠
		鼠科	社鼠、小家鼠
	兔形目	兔科	草兔

第六章　自然灾害

禹城所发生自然灾害，常以旱灾和涝灾为主，旱年多于涝年，素有“十年九旱”之说，每年会出现不同程度旱灾和涝灾，这与禹城的降水特点有很大关系。从统计资料来看，仅7月和8月的平均降水量，就占全年的52.2%，很容易造成涝灾；而11月至3月平均总降水量仅35.0毫米，占全年的7.5%，容易造成旱灾。夏季受暖湿海洋性气团影响，冬季受冷锋控制，也常出现大风。

第一节　旱灾

1986年，全年大旱，年降水量274.6毫米，使10万亩农田受灾，其中绝产达5万亩，部分乡镇村庄人畜用水困难。

1987年伏旱，农田受灾面积43万亩，其中辛店、张集两个乡镇受灾较重，张集乡有2万亩玉米未能及时播种。

1988年大旱，年降水量400.5毫米，冬、春、

图 2-6-1　开发区农作物遭受旱灾　（2003 年摄）

初夏无明显降水，连续干旱，农田不经灌溉不能下种。

1989 年禹城县大旱，年降水量 391.3 毫米，而且分布不均，有 10.5 万亩农田严重受灾，其中绝产 4 万亩，部分人畜饮水困难。

1992 年大旱，年降水量 296.8 毫米，是解放后第三个旱年，秋旱严重，秋播无望。禹城县旱情极为严重，新打机井 100 余眼，修复旧井 1300 眼，打压水井 2340 眼，挖沟 1500 千米。

2000 年 1 月—6 月 23 日，降水持续偏少，旱情发展，有 51 万亩受旱，其中重灾 25 万亩，有 10 万亩夏播作物因干旱不能播种。

2003 年春季，禹城 12 个乡镇、开发区的 326 个村庄遭受旱灾，受灾人数达 4 万多人，田地 6 万亩，粮田减产 600 万公斤。

2006 年，由于夏季和秋季降水较少，造成禹城市 16248 人受灾，6482 人饮水困难。农作物受灾 11.09 万亩，绝产 4.44 万亩，直接经济损失 2124.5 万元，农业直接经济损失 2079.5 万元。

第二节　暴雨　连阴雨

一、暴雨

1986 年 7 月 29 日，十里望乡毛园、程庄，来凤乡大杜村有 62 亩农田泥涝，莒镇引黄干渠决口，淹没农田 90 亩。

1987 年 6 月 6 日，禹城县出现较强暴雨过程，降雨量达 68.3 毫米，并伴有降温，7 日引起大面积小麦青枯死亡，全县减产 500 万公斤。

1988 年 7 月 1—5 日，7 月 14—21 日连续降水，辛寨、李屯、袁营、石屯、张集、辛店、来凤、房寺等 8 乡镇降水量达 100—170 毫米，农田内涝积水一般 3—5 天，晚播夏玉米泥涝，棉花花铃脱落，有 13 个乡镇受灾，受灾面积 5.9 万亩，其中绝产 0.86 万亩。

1989 年 7 月 17 日、19 日，因降暴雨十里望、

图 2-6-2　梁家镇普降暴雨　（2009 年摄）

张庄、来凤等乡镇低洼地排水不畅，有0.56万亩棉花泥涝绝产。

1993年7月30日，城区降暴雨，积水严重，70余家单位库房被水浸泡。

1995年5月21日，禹城降强暴雨，致使小麦倒伏5.24万亩，减产10%。

1997年7月14日，张集、辛店、来凤等乡镇出现特大暴雨，受灾面积6.5万亩，冲毁桥涵36座，损失机井27眼，倒塌房屋560间，冲毁鱼池2550亩，冲毁公路100米，直接经济损失490万元。

1998年7月9日，禹城普降大暴雨，其中有6个乡镇雨量达100毫米，造成6万亩农田积水。

2003年10月10—12日，禹城境内出现大暴雨并伴随大风降温天气，过程降水量165.8毫米，是历史同期之最。此次暴雨农田受灾面积20万亩，倒塌蔬菜大棚面积8210亩，倒伏树木57000株。

2009年5月9—10日，禹城普降大暴雨，其中市区163.2毫米，梁家最大186.3毫米。这次降水造成80%农田积水与不同程度内涝，小麦倒伏4万亩，棉花1.2万亩，部分蔬菜大棚受损。8月2日9时至13时，再次普降大雨，部分乡镇出现暴雨，并伴有短时大风。这次过程造成市中办、辛店、梁家、安仁、张庄5乡镇受灾，受灾村庄330个，受灾人口12万人，受灾作物17.10万亩，成灾1.80万亩，绝产6000亩，直接经济损失320万元。

二、连阴雨

2007年9月27日—10月7日，禹城出现罕见连阴雨天气，阴雨天气对棉花裂铃、吐絮极不利，棉花出现棉铃僵烂、棉絮发霉变黑现象；同时正值玉米收获期，造成玉米发芽、霉烂现象，使产量造成一定影响。

第三节　洪涝

1988年7—8月遭受涝灾，农作物受灾面积41.3万亩，成灾29.6万亩，受灾人口7.2万人，重灾5800人。禹城县委、县府迅速成立救灾小组，开展自救。

1990年大涝，年降水量1012.3毫米，是1950年以来第3个年降水量超过1000毫米年份，汛期降暴雨7次。7月30日暴雨中心在前油坊乡，日降水量达128毫米，局部灾情较重，县乡两级立即组织抗灾自救。

1994年6月25日至7月13日，连降3场暴雨，总降水量370毫米，伦镇、石屯、袁营、李屯、安仁、廿里堡等乡镇156个村被水淹没，75个村被水围困，受灾面积达65万亩，其中，积水28万亩，泥涝37万亩，绝产18万亩，冲毁鱼池800多亩，公路23千米，低压线路10千米，电信线路10千米，直接经济损失4.55亿元。

2010年8月8—14日，禹城出现连续降

图2-6-3　房寺镇农田内涝（2010年摄）

水天气，各乡镇平均降水量达到228.0毫米。由于前期降水较多，致使农田内涝严重。此次过程造成12个乡镇785个村庄、30万人受灾，受灾农作物86.25万亩，成灾面积37.2万亩，绝产12万亩，倒塌房屋4390间，损坏房屋9765间，因灾转移22548户、67645人，总经济损失3.96亿元。

第四节　冰雹　霜冻

一、冰雹

1986年7月16日19时30分至20时，来凤、梁家、辛店、张庄4乡镇53个村遭受雹灾，冰雹大如鸡蛋，平地积雹2公分，受灾面积41910亩，其中棉花17900亩，玉米23800亩，瓜菜210亩；重灾17200亩，基本绝产1000亩。8月5日来凤、张庄、梁家、辛店遭受冰雹袭击，受灾面积0.63万亩，成灾0.41万亩。

1987年8月6日，张集、辛店、辛寨、袁营4乡镇部分农田遭受雹灾，受灾面积6186亩，较严重1404亩。8月24日17时，辛店南、来凤西、张庄东部分区域降雹，成灾粮田600亩，棉花300亩。

1989年5月8日23时30分左右，李屯、莒镇、袁营、伦镇遭受冰雹袭击，农作物受灾严重。48个村，2.42万亩小麦，1万亩棉花被砸，减产1—3成。

1990年6月23日凌晨1时30分左右，李屯、莒镇等乡镇中25个村，2.75万亩农作物遭受雹灾，其中绝产1525亩。德州地区行署及时调拨化肥500吨，柴油50吨支援自救。7月9日晚8时，风雹自北向南再次袭击禹城县境，阵风9—10级，持续40分钟，受灾10个乡镇、516个村，56825农户、243861人，受灾面积7.2万亩，重灾8个乡镇，造成经济损失2000万元。

1991年6月21日，伦镇5个村遭受雹灾，面积0.35万亩，其中棉田200亩绝产。同年7月10日凌晨，11个乡镇遭受风雹袭击，最大风力8级以上，降水时间持续30分钟。其中，张集、辛店两乡镇遭受冰雹袭击严重，降雹时间30分钟左右，张集乡受灾最重，受灾面积3万亩。其他乡镇2万亩棉花严重倒伏，1000多棵大树被风刮倒，伤及牲畜400头，倒房135间，围墙2000米，线杆20根。

1993年7月3日，风雨夹冰雹分南北两路袭击禹城，先后持续40分钟，影响66个村，农田受灾面积5.6万亩，其中棉花绝产1300亩，总经济损失达1231万元。

1995年6月24日17时冰雹大风袭击禹城。其中来凤、张集、张庄、城关等乡镇受灾严重，雹粒小如枣，大如核桃，直接经济损失过亿元。6月26日16时10—30分，冰雹再次袭击张庄、辛店、来凤、梁家、禹城镇、房寺、十里望、大程、善集几个乡镇，冰雹直径一般1—2毫米，最大3—5毫米，受灾面积数百平方千米，

图2-6-4　张庄镇棉花遭受雹灾　(1995年摄)

损失严重。

1998年6月3日15时，张集、辛店遭冰雹袭击，持续时间15分钟，最大直径19毫米，受灾面积4万多亩，重灾1500余亩，2.6万亩小麦，1.1万亩西瓜严重减产，1000多亩棉花严重受损，1000多亩蔬菜几乎绝产，直接经济损失1500万元以上。

2001年6月15日3时左右，石屯、房寺、莒镇、十里望、安仁、辛寨等8个乡镇、街道，587个村庄遭受强烈风雹袭击。出现风雹时，阵风达8级以上，冰雹大如核桃，小如豆粒。此次风雹造成农作物受灾面积20余万亩，重灾16.65万亩，情况如下：葡萄5500亩，经济损失50万元；棉花5.25万亩，经济损失1050万元；大棚蔬菜6500个，经济损失975万元；瓜菜4.15万亩，经济损失4150万元；玉米6.7万亩，经济损失335万元；刮倒折断树木1.02万株，经济损失153万元；倒塌院墙3.8万米，经济损失456万元；倒塌房屋580间，经济损失58万元；倒塌商棚1处，经济损失60万元。总计直接经济损失8887万元。另外，由于大风刮倒树木，造成1人死亡。8月23日凌晨6时25—40分，梁家、辛店两乡镇又遭冰雹袭击，冰雹直径达40—50毫米，受灾总面积11万亩，重灾3万亩，其中绝产2万亩，花生瓜菜2万亩，玉米6万亩。毁坏大棚4500个，另外一些房屋也有不同程度损坏，直接经济损失1500万元。

2003年6月29日凌晨2时20分到40分，受冷涡低槽影响，梁家镇、十里望乡、辛店镇、张庄镇出现冰雹、雷雨大风天气，冰雹直径达9毫米。冰雹天气造成13多万亩农田受灾，其中绝产2万亩；雷雨大风造成通信线杆20多根，100多棵树木毁坏，房屋损坏3000多间，经济损失5000万元。

2004年5月16日13点10分及17日23点30分左右，梁家镇遭遇两次风雹，受灾人口达6万人，受灾面积8万亩，成灾6万亩，绝产0.8万亩。小麦4万亩，减产30%；棉花1万亩，绝产80%；蔬菜200亩；树木2万棵。直接经济损失1600万元，农业直接经济损失1400万元。

2004年6月24日12时20分，房寺镇、伦镇、安仁镇、辛寨镇、市中办遭受风雹袭击，受灾人口达4.5万人，受灾面积6.99万亩，成灾4.50万亩，其中绝产1.50万亩。棉花2.25万亩，绝产1.20万亩；玉米1.65万亩，绝产3000亩；温室大棚6000亩，倒塌房屋110间，院墙1600米，折断树木10.5万棵。直接经济损失2600万元，农业直接经济损失2200万元。7月7日18点30分左右，梁家镇遭受风雹袭击，波及22个村庄，受灾人口11200人，受灾面积1.99万亩，成灾1.65万亩，绝产6000亩。主要受灾作物有棉花3000亩全部绝产；玉米1.13万亩受损，绝产3000亩；其他农作物2250亩，直接经济损失550万元，农业直接经济损失460万元。

2005年7月12日12时至12时15分，辛寨镇、安仁镇、伦镇23个村庄遭受冰雹袭击，受灾较严重村庄有：河西刘村、王庄、丰收村、石庄、高楼村。最大冰雹直径20毫米，最小冰雹直径10毫米，受灾人口2.5万人，受灾面积2.70万亩，成灾2.40万亩。主要经济作物玉米1.80万亩，棉花3000亩，瓜果蔬菜3000亩。绝产1.39万亩，其中棉花1995亩，玉米1.05万亩，瓜果1500亩。直接经济损失550万元，农业直接经济损失460万元。8月1日21时20分左右，再次冰雹袭击莒镇、伦镇、安仁、辛寨、市中办等乡镇，受灾人口达19.47万人，受灾面积19.47万亩，成灾15万亩，绝产7.50万亩，直接经济损失3699万元，农业直接经济损失3699万元。

2010年6月17日受冷涡影响，17—18时房寺、安仁、张庄、市中办、伦镇5个乡镇出现雷阵雨天气，局部伴有冰雹，大如鸭蛋，小如玉米粒。此次冰雹造成350个村受灾，受灾人口达10.1万人，小麦受灾15.95万亩，成灾8万亩，蔬菜大棚510个，直接经济损失3814.9万元。

二、霜冻

1987年11月7日气温降至-3.8℃，禹城县大白菜未及时抢收，冻在地里，造成严重冻害。

第五节　大风

1987年8月26日13时30分，禹城张集乡西南到前油坊乡遭受风灾。3万亩夏玉米部分折茎倒伏，棉田4750亩，花铃脱落30%左右，蔬菜果树1万亩，损失落果1—2成。

1993年6月22日18时24分，禹城境内出现27米/秒大风，果树落果率达15%—18%，折断树木3578棵，总损失6750万元。

2010年4月26日受高空冷涡影响，禹城市境内出现大风天气，瞬时风速达到20.1米/秒。此次大风造成市中办、梁家、安仁3个乡镇6.50万亩西瓜、茄子等种植大棚倒塌，2800棵树木被折断，4间房屋被掀顶，直接经济损失3065万元。

图2-6-5　安仁镇大棚遭受风灾（2010年摄）

第六节　寒潮　雪灾

一、寒潮

1993年11月17—21日，禹城遭受罕见强寒潮袭击，21日最低气温下降到-16.2℃，数万亩大白菜受冻，3万亩果树冻死30%以上，大棚损害377个，冻死3人，冻伤138人，死伤大牲畜110头，猪羊1220头，家禽万余只，直接经济损失3083万元。

二、雪灾

1990年1月26日、30日降大雪，雪后气温降至-18.8℃，路面结冰，交通阻滞，至2月下旬出现交通事故10余起。

第三篇

人　口

1986—2010年，禹城人口增长速度平稳，人口集中分布在城区和建制乡镇。男女性别比趋于稳定，无大起落。随着社会的进步，人口素质普遍提高，人均寿命不断延长，人口老龄化问题趋于严重，至2010年，全市总户数168201户。总人口522378人，其中男性262432人，女性259946人，性别比约100.96。人口密度平均达到528人/平方千米，城区达到2807人/平方千米。全市人口出生率、自然增长率分别为12.51‰、6.45‰。

第一章　人口总量与分布

第一节　人口规模

1986年，禹城县总户数98547户，总人口432861人。之后，人口逐年上升。至1990年，总户数113012户，总人口475036人。至2000年，总户数139623户，总人口494301人。至2010年，禹城市总户数168201户，总人口522378人。

第二节　人口分布

禹城人口分布集中在城区和建制乡镇。

2010年禹城城区人口70451人，占总人口的13.48%;人口最多的乡镇房寺镇71606人，占总人口的13.71%。

禹城县（市）分时期人口分布情况表

表3-1-1

单位	1986年（人）	占全市人口比（%）	1990年（人）	占全市人口比（%）	2000年（人）	占全市人口比（%）	2010年（人）	占全市人口比（%）
禹城市	432861	—	475036	—	494301	—	522378	—
市中街道	75008	17.33	78123	16.45	83005	16.79	51456	9.85
东城办	—	—	—	—	—	—	25979	4.97
伦　镇	36934	8.53	38228	8.05	38427	7.77	40901	7.83
房寺镇	67128	15.51	70122	14.76	67002	13.55	71606	13.71
张庄镇	23286	5.38	26347	5.55	23126	4.68	24489	4.69
辛店镇	32803	7.58	36324	7.65	34727	7.03	36444	6.98
安仁镇	28442	6.57	31675	6.67	29430	5.95	30981	5.93
辛寨镇	40287	9.31	45692	9.62	40993	8.29	44336	8.49
梁家镇	37765	8.72	42098	8.86	40220	8.14	42955	8.22
十里望	26543	6.13	30141	6.34	32427	6.56	31849	6.10
李屯乡	21947	5.07	23042	4.85	22579	4.57	24722	4.73
莒镇乡	22182	5.12	25763	5.42	23763	4.81	26209	5.02
城　区	20536	4.74	27481	5.79	58602	11.86	70451	13.49

第三节　人口密度

1986年，禹城县人口密度437人/平方千米，之后人口呈逐年递升状态，人口密度也越来越高，至1990年禹城县人口密度479人/平方千米，2000年人口密度499人/平方千米，2010年人口密度达到528人/平方千米。交通方便或经济基础好的乡镇、办事处，人口密度高于禹城市平均值。其中城区达到2807人/平方千米，市中街道、伦镇、房寺、张庄、辛店、安仁、辛寨、梁家、莒镇等9个乡镇（街道）人口密度低于禹城市平均值。其中伦镇是禹城市人口密度最低乡镇。

禹城县（市）分时期人口密度表

表3-1-2

单位	面积（平方千米）	1986年（人）	密度（人/平方千米）	1990年（人）	密度（人/平方千米）	2000年（人）	密度（人/平方千米）	2010年（人）	密度（人/平方千米）
禹城市	990	432861	437	475036	480	494301	499	522378	528
市中办	121.04	75008	620	78123	645	83005	686	51456	425
东城办	31.02	—	—	—	—	—	—	25979	837
伦　镇	114.47	36934	323	38228	334	38427	336	40901	357
房寺镇	141.71	67128	474	70122	495	67002	473	71606	505
张庄镇	54.64	23286	426	26347	482	23126	423	24489	448
辛店镇	96.15	32803	341	36324	378	34727	361	36444	379
安仁镇	66.3	28442	429	31675	478	29430	444	30981	467
辛寨镇	90.7	40287	444	45692	504	40993	452	44336	489
梁家镇	95.86	37765	394	42098	439	40220	420	42955	448
十里望	56.03	26543	474	30141	538	32427	579	31849	568
李屯乡	41.73	21947	526	23042	552	22579	541	24722	592
莒镇乡	55.25	22182	401	25763	466	23763	430	26209	474
城　区	25.1	20536	818	27481	1095	58602	2335	70451	2807

第二章 人口构成

第一节 性别构成

1986—2010年，禹城县（市）男女性别比趋于平稳，无大起落。

禹城县（市）分时期性别构成表

表3-2-1　　单位：人

年	男	女	性别比
1986	219586	213275	102.9591
1990	238968	236068	101.2285
2000	248103	246198	100.7738
2010	262432	259946	100.9564

第二节 年龄构成

2000年全国第五次人口普查结果显示，禹城市0—4岁儿童23331人，至2010年，禹城市新出生儿童65450人，除去迁出迁入死亡等因素，0—14岁少年儿童87287人左右，占禹城市总人口的16.71%，而禹城市65岁以上老年人口62387人，占禹城市总人口的11.95%，人口老龄化问题严重。

图3-2-1　禹城市老年柔力球活动（2010年摄）

2010 年禹城市各年龄段人口构成表

表 3-2-2　　单位：人

地区	合计	0 岁	1-4 岁	5-9 岁	10-14 岁	15-24 岁	25-34 岁	35-49 岁	50-65 岁	65 岁以上
禹城	522378	6537	24334	23568	32848	78816	102873	124442	66573	62387

第三节　文化构成

1990 年全国第四次人口普查结果显示，禹城市文盲人数 98239 人，占全市总人口数的 20.68%。2000 年全国第五次人口普查结果显示，全市文盲人数 45692 人，占全市总人口数 9.24%。其中，40 岁以上 42603 人，占文盲总数的 93.24%。随着农村文化建设不断加强，各项精神文明下乡下村活动开展，禹城人口文化程度显著提高。

图 3-2-2　中学生参加大禹文化节　(2008 年摄)

禹城县（市）分时期文化程度人口构成表

表 3-2-3　　单位：人

文化程度＼年份	1990 年	2000 年	2010 年
6 岁及以上人数	412976	468117	481365
本科及以上人数	316	1398	23176
专科人数	1332	7004	158453
中专人数	4858	15011	163427
高中人数	17823	29935	45746
初中人数	113892	199241	54623
小学人数	176516	158700	23756
文盲人数	98239	56828	12184

第四节 民族构成

2000年全国第五次人口普查结果显示，禹城市少数民族6847人。其中，回族人口6468人，占少数民族总数量的94.46%，占总人口数的1.31%。2010年，禹城市少数民族人口7347人，回族7090人。大部分回族人口集中在十里望回族镇、市中街道办事处，以及房寺、梁家等乡镇。

图 3-2-3 禹城市领导与回族群众共度开斋节 （2010年摄）

禹城市部分年份民族构成表

表 3-2-4　　单位：人

区划	2000年				2010年			
	合计	汉族	少数民族	其中回族	合计	汉族	少数民族	其中回族
禹城市	494301	487454	6847	6468	522378	510201	12167	11929
市中街道	141607	140288	1319	1135	121907	120103	1804	1768
东城办	—	—	—	—	25979	25823	156	153
伦　镇	38427	38374	53	19	40901	40876	25	25
房寺镇	67002	66133	869	802	71606	69987	1619	1587
张庄镇	23126	23126	0	0	24489	24108	381	373
辛店镇	34727	34726	1	1	36444	36398	46	46
安仁镇	29430	29399	31	13	30981	30879	102	102
辛寨镇	40993	40773	220	198	44336	44169	167	164
梁家镇	40220	39594	626	615	42955	42163	792	776
十里望	32427	28712	3715	3681	31849	24897	6952	6813
李屯乡	22579	22573	6	0	24722	24643	79	79
莒镇乡	23763	23756	7	4	26209	26165	44	44

禹城市少数民族常住人口情况表

表 3-2-5 单位：人

民族	回族	蒙古族	朝鲜族	满族	苗族	彝族	壮族	俄罗斯族	鄂温克族	合计
人数	7441	49	8	181	9	17	11	—	—	7716
民族	布依族	藏族	维吾尔族	侗族	瑶族	白族	土家族	德昂族	保安族	—
人数	2	5	1	4	—	2	7	—	—	21
民族	哈尼族	哈萨克族	傣族	黎族	傈僳族	佤族	畲族	裕固族	京族	—
人数	1	—	2	5	12	—	—	—	—	20
民族	高山族	拉祜族	水族	东乡族	纳西族	景颇族	柯尔克孜族	塔塔尔族	珞巴族	—
人数	—	3	1	1	1	—	—	—	—	6
民族	土族	达斡尔族	仫佬族	羌族	布朗族	撒拉族	毛南族	独龙族	鄂伦春族	—
人数	8	2	—	—	—	—	—	—	—	10
民族	仡佬族	锡伯族	阿昌族	普米族	塔吉克族	怒族	乌孜别克族	赫哲族	门巴族	—
人数	1	—	1	—	—	—	—	—	—	2
民族	基诺族	—	—	—	—	—	—	—	—	—
人数	—	—	—	—	—	—	—	—	—	7775

统计时间：2010 年 12 月。

第五节 姓氏构成

禹城市常见姓氏按笔画排列如下：

二画：丁、刁、乜。

三画：于、万、门、马、幺。

四画：孔、贝、车、邓、方、勾、公、毛、牛、仇、元、王、 乌、文、韦、尹、云、支、艾、卞。

五画：白、边、包、从、冯、付、甘、兰、龙、卢、宁、尼、皮、冉、司、申、台、石、田、业、叶、由、左、史。

六画：纪、毕、池、关、巩、光、华、孙、回、江、伦、刘、牟、米、阳、曲、向、乔、齐、祁、全、任、戎、邢、阴、朱、庄、仲、安。

七画：张、别、连、邴、李、陈、杜、邸、谷、怀、匡、冷、陆、闵、邱、宋、杨、苏、邵、沙、沈、时、汪、吴、肖、辛、应、邹、芦。

八画：岱、季、房、范、孟、国、官、庚、治、金、郎、林、郑、罗、明、苗、庞、屈、单、尚、武、宛、柳、岳、苑、宗、郅、周。

九画：赵、封、贺、郜、段、胡、哈、郝、欧、荆、骆、南、盆、蔡、神、相、宣、修、侯、项、咸、俞、禹、祖、昝、钟、信、祝。

十画：班、柴、顿、党、都、姬、费、秘、莫、倪、聂、能、秦、钱、索、唐、席、夏、姚、袁、宰、展、谈、高、桂、耿、顾、海、美、郭、贾、栾、栗、陶、铁、逢、娄、徐、殷。

十一画：曹、寇、崔、逮、常、湛、鄂、符、盖、龚、黄、黑、康、梁、扈、麻、梅、戚、阎、隋、盛、商、屠、尉、宿、萧、雪、曼、银。

十二画：韩、焦、惠、蒋、景、鲁、舒、温、谢、曾、董、訾、程。

十三画以上：褚、楚、慈、窦、蒿、勒、雷、路、廉、满、蒲、解、虞、詹、甄、廖、裴、熊、潘、谭、腾、蔚、翟、燕、霍、薛、穆、戴、魏、樊、臧、欧阳。

第六节　婚姻构成

据1990年全国第四次人口普查结果显示，禹城县15岁及以上人口338078人中，未婚72368人，有配偶的240740人，丧偶的23053人，离婚的1467人。据2000年全国第五次人口普查结果显示，在禹城市15岁及15岁以上人口393019人中，未婚79685人，有配偶的287927人，丧偶的24012人，离婚的1395人。2010年，禹城市15岁及以上435091人中，未婚88216人，有配偶的318749人，丧偶的21582人，离婚的6544人，离婚人数明显增加。

第七节　家庭构成

据2000年全国第五次调查结果显示，禹城市家庭户数135226户，其中一代户29433户，二代户81431户，三代户23395户，四代户965户，五代户及以上2户。2010年，禹城市家庭户数168201户，一代户35238户，二代户77359户，三代户53848户，四代户1076户，五代户及以上1户。

图 3-2-4　2008年奥运日禹城新婚青年集体领证　（2008年摄）

禹城市部分时期家庭构成表

表 3-2-6　　　　单位：户

户规模	2000年						2010年					
	总户数	一代户	二代户	三代户	四代户	五代户及以上	总户数	一代户	二代户	三代户	四代户	五代户及以上
一人户	10926	10926	0	0	0	0	14441	13741	0	0	0	0
二人户	22106	17878	4228	0	0	0	27497	21254	6243	0	0	0
三人户	38788	482	37661	645	0	0	48246	231	47348	667	0	0
四人户	34527	73	28941	5498	15	0	42946	12	23476	19442	16	0

续表 3-2-6

户规模	2000 年						2010 年					
	总户数	一代户	二代户	三代户	四代户	五代户及以上	总户数	一代户	二代户	三代户	四代户	五代户及以上
五人户	19265	54	8736	10303	172	0	23963	0	287	23347	329	0
六人户	6834	12	1503	4939	380	0	8500	0	5	8024	471	0
七人户	1874	3	273	1359	238	1	2331	0	0	2097	234	0
八人户	586	0	62	427	96	1	229	0	0	218	11	1
九人户	198	0	16	145	37	0	46	0	0	34	12	0
十人户及以上	122	5	11	79	27	0	2	0	0	19	3	0
合　计	135226	29433	81431	23395	965	2	168201	35238	77359	53848	1076	1

第三章　人口变动

第一节　自然变动

1985 年，禹城县出生人口 6125 人，出生率 14.22‰，死亡人口 2847 人，死亡率 6.61‰，人口自然增长率 7.61‰。1990 年，出生人口 8696 人，出生率 18.31‰，死亡人口 2955 人，死亡率 6.22‰，人口自然增长率 12.09‰。2000 年，出生人口 6139 人，出生率 12.53‰，死亡人口 3112 人，死亡率 6.3‰，自然增长率 6.23‰。1987—1996 年是禹城人口增长高峰期，平均出生率 15.6‰，是由于 20 世纪 50 年代出生人口过多、过快，进入 80 年代后，出现一个持续时间较长，人口绝对量增加较多的生育高峰。至 2010 年，禹城市出生人口增长趋于稳定，年出生率控制在 13.5‰以内，年自然增长率控制在 7.5‰以内。

2001—2010 年禹城市出生人口情况表

表 3-3-1

年	出生		死亡		自然增长	
	人数（人）	出生率（‰）	人数（人）	死亡率（‰）	人数（人）	增长率（‰）
2001	5903	11.87	2876	5.78	3027	6.09
2002	6321	12.60	2987	5.95	3334	6.65

续表 3-3-1

年	出生		死亡		自然增长	
	人数（人）	出生率（‰）	人数（人）	死亡率（‰）	人数（人）	增长率（‰）
2003	5336	10.55	3054	6.04	2282	4.51
2004	6655	13.05	3068	6.02	3587	7.03
2005	4968	9.68	3026	5.90	1942	3.78
2006	5403	10.52	2853	5.55	2550	4.97
2007	6419	12.45	2629	5.10	3790	7.35
2008	6400	12.36	2912	5.63	3488	6.74
2009	6358	12.23	2907	5.59	3451	6.64
2010	6537	12.51	3168	6.06	3369	6.45

第二节　机械变动

20 世纪 80 年代迁入人口高于迁出人口，且高于 60 和 70 年代，其主要原因是改革开放后，特别是南方人，迁入禹城经商、做工、办企业人员增加。1985 年，禹城县迁出人口 6034 人，迁入人口 6641 人，机械变动增长率仅 1.41‰。1990 年，禹城市迁出人口 4332 人，迁入人口 4922 人，迁出迁入人口基本相当。2000 年，禹城市迁出人口 1458 人，迁入人口 203 人，迁出人口远大于迁入人口，迁出人口主要来源婚嫁迁出，升学迁出等。2010 年，禹城市迁出人口 1038 人，迁入人口 952 人。

2005 年，禹城市迁出、迁入人口无大差距，机械变动增长率较低，其主要原因是购房、升学、婚姻迁出迁入、工作调动等。

图 3-3-1　户籍民警为群众办理业务　（2005 年摄）

禹城县（市）部分年度人口机械变动表

表 3-3-2

年	人口变动（人）		增长率（‰）
	迁出	迁入	
1985	6034	6641	1.40
1990	4332	4922	1.24
2000	1458	203	-2.54
2010	1038	952	-0.16

第四篇

三项基本国策

1986年，禹城提倡一对夫妻只生育一个孩子，1988—2002年9月，实行生育证制度，持有生育证的夫妻方可生育。2006年开始，实行奖励扶助政策，至2010年，有1955人享受这一奖励。4.4万对一孩夫妇申请领取独生子女父母光荣证。

20世纪90年代以来，进行三次土地规划，完成地籍管理，完善农村宅基地和非农业用地使用制度改革。定期清查非农业建设用地，有效保护农耕地。2002年4月，第一次招标出让国有土地使用权，出让面积7.4786公顷。至2010年年底，申报、实施国家、省级土地开发整理项目12个。

辖境内大气污染属煤烟型，城区内污染程度重于乡村。污染源主要是工业企业、采暖锅炉等，污染程度以冬季最严重。1987年，进行工业污染源调查。1994年，首次对市区深水井进行监测。2004年，投资8000万元建成日处理能力5万吨的污水处理厂。2010年，河流全部达到V类水质标准。

2006年，开始监测全市大气污染物排放情况，全面监测境内空气中的二氧化硫、二氧化氮及总悬浮颗粒物。至2010年，全市工业废气排放总量197.92亿标立方米，净化处理量194.36亿标立方米，处理率98.2%。

第一章　计划生育

第一节　生育政策

一、生育调节

1986年起，禹城提倡一对夫妻只生育一个孩子，确有实际困难和特殊情况夫妻可以允许有间隔的再生一个孩子。

2002年9月28日，《山东省人口与计划生育条例》颁布，生育政策与前期稍有不同。全市生育政策明确规定，只生育一个女孩，母女均是农村居民的情况，要求母亲居住在农村连续五年以上，以农林牧渔业收入为主要生活来源的，经夫妻双方申请、市（县）级计划生育行政部门批准，可以生育第二个子女。增加夫妻双方再婚前各有一个子女，均随前婚配偶，新组合家庭无子女的，经夫妻双方申请，县（市）级计划生育行政部门批准，可以生育第二个子女。

图4-1-1　服务手册、生育证办理　（2010年摄）

二、生育证管理

1988—2002年9月，实行生育证制度，生育证分为一胎生育证和二胎生育证，规定持有生育证的夫妻方可生育。2002年9月，生育第一个子女的实行免费登记制度。夫妻自行选择生育第一个子女时间，并在生育前到一方户籍所在地乡（镇）人民政府或者街道办事处登记，免费领取《计划生育服务手册》，凭手册享受计划生育优先优惠服务。生育第二个子女仍然采取生育证制度，规定必须持证生育，否则按违法生育给予处理处罚。

三、生育奖励与社会保障

2006年开始，禹城市实行奖励扶助政策，对双方都是农业户口、60岁以上、只生育一个子女或双女的夫妻，由市财政给予每人每月50元奖励费。至2010年年底，全市有1955人享受这一奖励，每年财政支出110余万元。2008年，对独生子女病残、死亡家庭，进行摸底调查，有87人符合条件，纳入特别扶助，分不同情况由市财政给予每人每月80—100元不等的特别扶助金。

四、优生与节育

禹城市落实1996年《山东省计划生育条例》规定，有生育能力无生育指标的育龄夫妻，应当落实安全可靠的避孕节育措施。提倡已生育1个子女的妇女放置宫内节育器；已有两个以上子女的夫妻，一方落实绝育措施。计划外怀孕的，应当采取补救措施，终止妊娠。

图 4-1-2　基层计生工作人员定期培训　（2010 年摄）

落实 2002 年《山东省人口与计划生育条例》规定，公民享有避孕方法知情选择权。提倡已生育过子女的夫妻，选择长效避孕节育措施，并规定实行计划生育的农村育龄夫妻，可免费享受国家规定的基本项目计划生育技术服务。禹城市每年财政支出 60 余万元，用于兑现此项免费政策。

五、处罚与行政执法

禹城市严格按照 1988 年《山东省计划生育条例》（以下简称《条例》）和 1991 年禹城县政府《转发禹城县计划生育领导小组〈禹城县已婚育龄妇女计划生育守则〉（试行）的通知》规定，对违反计划生育政策的，根据有关规定给予罚款、行政、纪律处分，直至开除公职。其间，计生委成立信访科和稽查队，接待处理来信来访，随时对发现的瞒报漏报出生情况进行稽查，一旦查实，即按照《条例》及县政府有关规定给予处理处罚。

2002 年修订的《条例》规定，社会抚养费书面征收决定必须由县级计生局作出，同时规定县级计生局可以委托乡（镇）人民政府或者街道办事处作出书面征收决定，社会抚养费全部上缴市财政统一管理。禹城市人口和计划生育局成立行政执法办公室，实行有奖举报和不定期稽查。2010 年，禹城市对 613 例违法生育户下达社会抚养费征收决定书，征收社会抚养费 24670249 元，例均 40245 元，上缴禹城市财政 23012858 元。移交法院强制执行 29 例，行政拘留 15 人次。

第二节　宣传教育

一、条例宣传

1988 年 7 月，山东省人大常委会审议通过《山东省计划生育条例》，禹城利用广播、标语等形式进行《条例》宣传，计划生育开始

图 4-1-3　计生、卫生、药监联合执法　（2010 年摄）

图 4-1-4　计划生育集中宣传服务活动　(2010 年摄)

纳入法制轨道。1991 年 5 月，中共中央、国务院出台《关于加强人口和计划生育工作严格控制人口增长的决定》，禹城县开展国情国策宣传教育，取得群众理解支持，有效控制人口增长。1998 年 2 月，开展婚育新风进万家活动，开展丰富多彩宣传教育活动，人们逐步树立科学、文明、进步新型婚育观念。计划生育标语口号开始转变。

2002 年 9 月，《中华人民共和国人口与计划生育法》以下简称《人口法》和《山东省人口与计划生育条例》以下简称《条例》颁布实施。禹城市电台、电视台和《禹城市报》设立专题栏目学习、宣传。市计生局和各乡镇组织宣传车，在全市所有村庄进行宣传。组织市、乡、村三级计生工作人员深入学习《人口法》和《条例》，学习人员进行闭卷考试，1600 余人参加考试。举办文艺演出 50 余场次，发放宣传资料 3 万余份，刷新标语 5000 余条，设立宣传咨询服务点 12 处，进行咨询达到 1 万余人。

二、计生家庭扶助政策宣传

2004 年 10 月，禹城市开展“独生子女特困家庭救助金发放”“一帮一、手拉手共致富”等针对农村计划生育家庭救助活动。团市委、市妇联、市计生协会开展“希望工程”“关爱失学儿童”“少生快富奔小康”等活动；市文化局下乡指导新型生育文化文艺创作；市科协、农业局、畜牧局、蔬菜局等部门制定帮助计划生育家庭致富政策和措施，开展卫生、科技、文化“三下乡”活动 36 场次，发放各种宣传品 15 万余份。

2005 年，农村计划生育家庭奖励扶助政策实施，禹城市在市、乡、村主要街道，行政村驻地，农贸市场以及市、乡交通要道设置高标准计划生育宣传牌、公益广告、宣传标语以及宣传栏。新建宣传一条街 20 处。举办各种计生培训班 25 次，组织乡村计生专职干部考试 2 次，

图 4-1-5　计生局“三下乡”活动现场　(2008 年摄)

计生专职干部知晓率达95%以上。

三、开展综合服务

2006年，禹城市开展以“宣传教育、科学管理、利益导向、社会保障”为一体的综合服务，争创“省级计划生育优质服务先进市”活动。禹城市人口计生局编写包括政策法规、协会知识、计生科普知识等内容应知应会100题、村级计生主任、已婚育龄妇女明白纸，发放到各乡镇、村计生专职干部、三要职干部和全体已婚育龄妇女手中，育龄群众知晓率和满意率达到90%以上。年底，顺利通过各级验收，被山东省委、省政府授予“省级计划生育优质服务先进市”。

2007年5月，山东省委、省政府颁布《贯彻中央〈关于全面加强人口和计划生育工作统筹解决人口问题的决定〉实施意见》，禹城市开展大规模宣传中央《决定》和山东省委《实施意见》活动，电视台每周在黄金时段开播计生专题讲座。禹城市委宣传部与计生局组成中央《决定》巡回宣传报告团，巡回讲演50余场次。

四、人口文化大院建设

禹城市委、市政府于2005年和2007年分别下发《关于进一步加强人口和计划生育工作统筹解决人口问题的实施意见》，2005年，禹城市委宣传部出台《关于将新型生育文化建设纳入精神文明建设、新农村文化建设的实施意见》，禹城市所有乡镇（街道办）、300余个村建成集服务室、阅览室、娱乐室、生育文化展室、会员之家、人口学校“五室一校”为一体的人口文化大院，配备电脑、电视机、DVD、锣鼓乐器等电教、学习和娱乐器材。人口文化大院成为传播计生政策和生殖健康知识、提供科技致富信息与技术培训、组织群众文化娱乐为一体的综合活动阵地。“5•29”协会纪念日、“7・11”世界人口日等重大活动日，开展集中宣传活动。

五、宣传车、计生一条街宣传

2008年春季，禹城市组织宣传车13辆，在全市开展20天集中宣传活动。2010年3月，在全部乡镇、街道办，均选出2个亮点社区，新建24条高标准、图文并茂瓷砖式宣传一条街。8月31日—9月14日，由禹城市委宣传部、人口计生局、文体广新局和禹城市计生协会举办“人口杯”纪念公开信发表30周年演讲比赛。9月底，重新粉刷高标准白底、红字、蓝边宣传标语5100余条，悬挂横幅300余条。

图4-1-6　计生宣传一条街　(2009年摄)

第三节　管理措施

一、日常计生工作管理

1991年之前，计划生育工作比较薄弱，1989年和1991年两次被纳入山东省重点管理范围。1992年，禹城县委、县政府制定《关于进一步加强计划生育工作的规定》《人口目标责任制奖惩办法》《关于县直有关部门计划生育职责分工》等有关规定，落实计划生育责任制，计划生育工作取得显著效

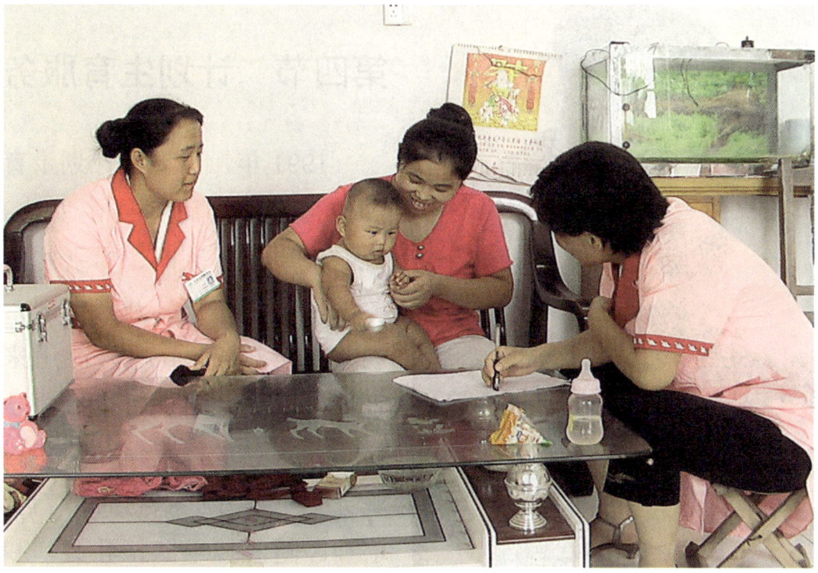

图 4-1-7 计生人员进村入户进行随访 （2010 年摄）

果。

1993 年，禹城市人口自然增长率由 1991 年的 6.94‰下降到 -1.8‰，下降 8.74‰。1994 年，开展以“宣传教育为主、避孕节育为主、经常性工作为主”的“三为主”活动，取得显著成绩。禹城市人口自然增长率 -2.8‰。

1994 年，农村已婚育龄妇女日常管理实行“月访季查、经情随访”制度，已婚育龄妇女查体每年 2—4 次。规范计生统计档簿，逐步将管理档案由手工填写改成微机化管理。

2003 年 9 月，组织开展“三级联创”活动（即县级争创国家、省、地三级优质服务先进县市，乡镇争创地、县两级级优质服务先进乡镇，村级争创县乡两级村民自治合格村），逐步推行避孕节育措施知情选择。

2006 年，落实各项计划生育免费政策和兑现奖励资金，各项资金全部由市级财政列入预算。

至 2010 年年底，全市有 4.4 万对一孩夫妇领取独生子女父母光荣证，10.3 万名已婚育龄妇女采取各种避孕节育措施，占应采取措施的 88.46%。

图 4-1-8 市中办流动人口计生管理服务站 （2005 年摄）

二、常住人口管理

1992 年，禹城县计生委设立城区办，负责管理县直部门、企事业单位已婚育龄妇女工作。2003 年 2 月，一胎“生育证”换发成《计划生育服务手册》，凡依法登记结婚、申请生育第一个子女的育龄夫妇，持有关证件到一方户籍地所在乡镇或街道办事处登记，免费领取《服务手册》。

2004 年 7 月，禹城市中街道成立城区计划生育管理办公室，接替原市计生局城区办职责。划分 10 个管理区，将城区范围内机关、企事业单位、村庄和县外流入人口纳入有效管理与服务，落实“三位一体”管理机制。高新区负责将辖区内企业计划生育工作纳入有效管理。

三、流动人口管理

1996 年 6 月，设立禹城市流动人口计划

图 4-1-9 计生局 PADIS 信息管理平台应用（2009 年摄）

生育管理办公室，负责禹城市流动人口管理服务工作。按照城区抓流入、农村抓流出原则开展工作。

进行流动人口计划生育宣传教育，引导其外出时开具婚育证明，接受现居住地管理，并定期返乡查体。1999 年 12 月起，实行城区流入人口属地管理，由现居住地和户籍地共同管理，以现居住地管理为主，已婚育龄妇女定期返乡查体或邮寄纸质查体通报单。禹城市计生部门利用交换平台，及时发布和通报流动情况。

2004 年 5 月，开始应用“全国流动人口计划生育信息交换平台”，提升流动人口计划生育管理和服务水平，实现育龄妇女跨省流动和省内流动信息交换与共享。2006 年 11 月，通过山东省内平台及时通报流动人口婚育情况，不再硬性要求流出已婚育龄妇女返乡查体。2009 年 10 月 1 日起，实行《流动人口计划生育工作条例》，明确户籍地和现居住地工作责任，增加现居住地村（居）民委员会协助义务。至 2010 年年底，禹城市流出人口 2.9 万人，其中已婚育龄妇女 1.11 万人；流入人口 1157 人，其中已婚育龄妇女 572 人，流动人口发证率、建档率、验证率均达到 99% 以上。

第四节 计划生育服务

1991 年，禹城县计划生育宣传指导站（简称县计生站）只能开展放环流产、男女扎服务项目，化验室只开展血尿常规、早孕试纸，B 超只能用来查环查孕；乡站携带手提测孕仪下村入户掌握环情孕情；村服务室主要开展农村育龄妇女培训。随着技术队伍壮大，和技术服务改进，服务项目随之增多。

1996 年，禹城市计划生育宣传指导站（以下简称市计生站）化验室在开展三大常规基础上，增设优生检测四项病毒、乙肝五项检查。1997 年，开展唐氏筛查，内分泌检测及精液常规和抗子宫内膜、抗精子、抗卵巢抗体等不孕症方面检测。B 超室除开展查环查孕及妇科病诊断服务项目外，利用 B 超和多普勒胎儿脐血流检测系统直接获取母体内胎儿信息，听取各孕周胎儿心音，开展围产期保健。女性门诊加强科普知识宣传，实施各类避孕节育手术服务，并发挥数码电子阴道镜和微波治疗仪等多种仪器优势，在常见妇科病、多发病及疑难病诊治上取得良好临床效果。优生领域实施出生缺陷干预工程，通过优生检测，减少出生缺陷发生。

1997 年 12 月—2000 年 6 月，市计生站联合山东省计划生育科研所在全市开展不孕不育症普查诊疗工作，使 90 余对不孕不育夫妇孕育成功。2002 年 12 月，市计生站组织精干力量下乡，在 200 余个村庄开展生殖健康及不孕不育知识、优生优育讲座，受教育人数达 2.3 万人。

2008 年 4 月，市计生站与南丁肿瘤筛查

图 4-1-10　女性生殖健康、优生优育知识宣讲　（2009 年摄）

中心合作开展宫颈癌筛查。在市直生殖健康查体中，免费提供乳腺和阴道镜检查。2009 年 6 月，借助新建成的优生展室，每月 15 日，开设优生优育培训班，用模型模具、图版、实物、书籍、光盘等，为育龄群众提供优生服务。药具站确保药具库存量和各乡镇药具供应，使用率、有效率、随访率均达到 99%。

乡镇服务站利用 B 超、乳腺诊断仪和微波治疗仪等先进医疗设备，每年对全市 10 万育龄妇女进行不少于两次的健康查体，并设立优生优育门诊，面向育龄妇女进行优生优育、避孕节育、知情选择等咨询工作。村服务室人口学校则对其村育龄妇女定期分批进行生殖健康、优生优育、避孕节育、妇科病等知识培训指导。

第五节　配套政策措施

一、计划生育协会

禹城计划生育协会成立于 1990 年，是计划生育服务的群众性团体。至 2010 年，禹城市建立健全市、乡、村三级计生协会 1037 个，发展会员 5.3 万人。房寺镇邢店村被国家计生协会授予“先进村级协会”称号，市中办薛庙村、房寺镇兴国村、伦镇刘庄 3 个村被山东省计生协会授予“先进村级协会”称号，房寺镇崔李村等 21 个村被德州市计生协会授予“先进村级协会”称号。2004 年、2005 年和 2008 年禹城市计生协会分别被国家、省和德州市计生协会评为“计划生育协会工作先进单位”。

从 1990 年开始，村级计生协会先后健全各项制度。建立会员小组，开设会员之家，制订会员联系户制，形成逐级联系的活动网络。每年召开一次会员大会，每月召开一次会员小组长会议，每月会员小组活动一次。持续促进计生协会工作规范化。

二、村民自治

自 1995 年，禹城市在村级推行计划生育村民自治工作。2006 年和 2009 年计生协会换届之际，健全乡村协会组织，完善《村民自治章程》《计划生育村民公约》，2010 年，修订完善以移风易俗、利益导向和男女平等为重点的《计划生育村规民约》，并与 11 余万已婚育龄妇女签订《计划生育管理服务合同》，实现群众自我教育、管理、服务，促进计划生育村规民约自治工作开展。建立文化大院 135 个，组建文艺宣传队 269 支，会员自编自演文艺节目，活跃文化生活，宣传计生政策和富民政策，促进新型生育文化建立。至 2010 年年底，全市 94% 的村达到自治合格村，40% 以上的村达到模范村标准。通过“协会引导、项目带动、会员带头，少生快富”的形式，先后发展协会项目 200 余个，带动 4600 户计生户脱贫致富。

三、计生困难家庭救助

开展“生育关怀行动”，帮助计生困难家

图 4-1-11　禹城市计生家庭助学金发放现场　（2009 年摄）

庭脱贫致富。2003 年 9 月 11 日，禹城市人民政府制定《关于设立人口与计划生育公益金的意见》，设立“公益金”专户。市财政每年投入资金 5 万元，鼓励机关、企事业单位、社会团体、干部职工捐助和各种形式社会募捐。对全市生活困难的独生子女户、双女户家庭实施市、乡两级救助行动。至 2010 年年底，共救助 985 个独生子女户、96 名贫困大学生，合计发放救助金 45.6 万元，带动 4560 户计生家庭发展项目、脱贫致富。

四、计生保险

从 2001 年 10 月开始，禹城市计生局、计生协会同禹城市人寿保险公司、太平洋保险公司在全市开展计划生育系列保险业务，1.7 万余户独生子女户、双女户参加母婴安康保险、独生子女平安保险。2009 年，与中保财险公司开展计划生育手术保险。至 2010 年年底，全市 13.51 万人参加计划生育系列保险，投保金额达到 639.6 万元，理赔金额总计 326.8 万元。

五、村计生主任管理

计划生育重点在基层，难点在农村，1993 年 9 月，强化“网底工程”建设。经禹城县委、县政府研究，在全县招聘村级计生主任，提升农村计生主任水平，要求为女性，年龄 40 岁以下，初中以上文化程度，在 800 口人以下的村设 1 名专职主任，800 口人以上的，增设 1 名查访员，经过考核录用，聘任农村计生主任 1153 名。1994 年 7 月，禹城市委下发文件，实行农村计生主任工资乡镇统筹，列入村级“四职”干部序列，由乡镇统一管理。

2001 年，禹城市人事局、市计生局联合下发《关于公开选聘村级计划生育专职人员的意见》，提出各行政村计生专职主任岗位全部推向社会，按照“年轻化、知识化、女同志、有能力”的标准，招聘计生主任。共 3540 人报名，录用 1102 名，平均年龄 36.5 岁，均系初中以上文化程度，其中高中学历占 34%，使

图 4-1-12　房寺镇计生主任学习培训　（2009 年摄）

图 4-1-13　临清市计划生育考察团到禹城考察座谈计生星级化工作　（2007 年摄）

村级计生服务水平上了一个新台阶。2009 年 7 月，与山东省人口学校联合，组织全市 233 名农村计生主任，参加为期两年的中专函授学历培训，加强基层计生干部队伍建设。

2007 年 4 月，禹城市委、市政府确定在全市 1008 个行政村实行村计生主任星级化管理。以 1998 年 1 月以来任计生主任工作年限为依据，在工作目标考核合格基础上，每三年晋升一个星级，五星封顶。推行“一岗四责”制度，每年 12 月进行评定，由乡镇计生办根据年终考核和民主评议情况拟定。同时将村计生专职主任工资纳入市级财政预算。实行年薪制，由市财政直接打卡，发放到人。至 2010 年，全市四星级计生主任 286 名，三星级计生主任 235 名，二星级计生主任 106 名，一星级计生主任 93 名，准星级计生主任 358 名。

第二章　国土资源管理

1987 年，禹城县成立土地管理局。1989 年，禹城县开展土地资源调查，全面清查全县土地类型、数量、质量、分布、利用现状及权属情况。1992 年，禹城县政府制订出台《关于土地使用权出让转让的管理办法》，禹城县土地有偿使用制度逐步展开。1994 年，《禹城县土地利用总体规划（1990—2000）》实施，是禹城市的首轮土地利用总体规划。2000 年，禹城市土地收购储备中心成立。2004 年 1 月，成功对洛北小区国有建设用地进行拍卖，实现“禹城第一拍”。2002 年 4 月，禹城市政府体制改革，地矿、测绘职能并入土地管理局，合并组建禹城市国土资源局。2005 年，开展管理体制改革，各乡镇国土所纳入国土局垂直管理。2001—2010 年，禹城市连续 9 年荣获“全省国土资源执法模范县”称号。

图 4-2-1　禹城市获得省级荣誉称号　（2010 年摄）

第一节 土地使用制度改革

一、农村宅基地使用制度改革

1989 年，禹城县政府印发《禹城县农村居民建房暂行规定》，明确农村居民用地实行有偿使用收费范围、收费标准、收费办法、使用范围等。本着“取之于民，用之于民”原则，农村宅基地有偿使用费实行“村有、乡管”制度，费用主要用于村内基础设施和公益事业建设。

2007 年 5 月，禹城市政府印发《禹城市农村宅基地审批管理暂行办法》，明确农村宅基地审批原则、条件、程序及有关规定，规范和加强禹城市农村宅基地审批管理，引导农村居民集约节约用地、依法用地，促进新农村建设。按规划要求拆旧建新，建新住宅后拒不交回旧宅基地的，经禹城市政府批准，由乡（镇）政府协助村集体组织对旧宅基申请人签订承包协议，临时确定给申请人发展庭院经济，承包费由村委会根据有关规定确定；村集体在安排宅基地位置时，对于优良地段和空闲地，用组织村民代表招标评议的方式，公开民主确定。招标收益交乡镇（街道办）经管站代管，村集体使用。

二、非农建设用地使用制度改革

1992 年 1 月，禹城县政府印发《禹城县国有土地使用权出让和转让实施办法（试行）》，全县土地有偿使用制度逐步展开。此办法由德州市土地管理局转发到各县市作为先进经验推广。

2001 年 5 月，禹城市政府印发《禹城市人民政府关于建立土地收购储备制度的通知》，开始实施土地收购储备制度。同时成立以市长为主任的土地收购储备管理委员会，至 2010 年 12 月，禹城收购储备土地 146 宗，面积 426.4 公顷。

2001 年 6 月，禹城市政府印发《禹城市国有土地租赁暂行办法》《禹城市城镇国有土地使用权招标拍卖暂行办法》《禹城市农村集体存量建设用地使用权流转管理暂行办法》。2002 年 4 月，第一次招标出让国有土地使用权，出让面积 7.4786 公顷，成交价 1225 万元。2003 年 9 月，第一次挂牌出让国有土地使用权，出让面积 6.35 公顷，成交价 1266 万元。2004 年 1 月，成功对洛北小区 0.43 公顷国有建设用地进行拍卖出让，成交价 240 万元。至 2010 年年底，通过“招拍挂”禹城市成功出让国有土地使用权 134 宗 356.5 公顷，实现土地总价款 29.34 亿元。

图 4-2-2 禹城国有土地使用权拍卖会 （2010 年摄）

第二节 土地规划

一、第一次土地利用总体规划

1992 年，禹城县开始土地利用总体规划编制工作。1993 年，《禹城县土地利用总体规划（1990—2000）》实施，这是禹城历史上首轮编制土地利用总

图 4-2-3　土地利用总体规划修编听证会　(2006 年摄)

体规划。

二、第二次土地利用总体规划

1997 年 11 月—1998 年 8 月，禹城市开展土地利用总体规划修编工作。2000 年 10 月，《禹城市土地利用总体规划（1996—2010）》被山东省人民政府批复实施。该规划的规划期限为 1996—2010 年。1996—2000 年为近期，2001—2010 年为远期，2030 年为展望期。

近期规划主要任务：适当扩大农用地面积，耕地保持在 83.25 万亩，控制耕地减少量 0.46 万亩，补充耕地量 0.48 万亩，净增耕地 240.75 亩。非农业建设用地，保证重点，兼顾一般，建设增量用地控制占用耕地 0.41 万亩，占规划期内非农建设占用耕地控制指标的 47%。开发后备土地资源，推进土地整理，土地开发面积 1.67 万亩，土地利用率达到 94.7%。

远期展望主要任务：2030 年，禹城市域土地得到充分、合理利用，农业用地得到有效保护，耕地面积趋于稳定，人均耕地面积保持在 1.5 亩左右，土地利用率提高到 98% 左右，生态环境明显改善，土地产出率大幅度增加。

三、第三次土地利用总体规划

2006 年 3 月—2009 年 12 月，禹城市组织开展土地利用总体规划修编工作。2010 年 6 月，《禹城市土地利用总体规划（2006—2020 年）》被山东省人民政府批复实施。规划范围是禹城市行政辖区内所有土地，总面积 992.36 平方千米。规划期限为 2006—2020 年，2005 年为基期年，近期目标年为 2010 年，规划目标年为 2020 年。到 2020 年，禹城市农用地面积 114.90 万亩，占土地总面积的 77.16%，建设用地总面积 26.40 万亩，占土地总面积的 17.70%；其他土地面积 7.65 万亩，占土地总面积的 5.14%。

图 4-2-4　基本农田整理项目开工仪式　(2003 年摄)

图 4-2-5　禹城市获得全国基本农田保护工作先进单位（2009 年摄）

第三节　耕地保护

禹城市农用地以耕地为主，面积 78.15 万亩，占农用地总面积 70.52%。1995 年，市、乡两级划定基本农田保护区，划定基本农田保护面积 72.30 万亩，基本农田保护率 86.69%，基本农田保护区设立保护标志牌，禁止任何单位和个人乱占。非农业建设用地经批准占用基本农田的应“占多少、垦多少”。没有条件开垦的，缴纳基本农田保护区耕地造地费。1996 年后，禹城市土地开发复垦力度明显加大，开发管理逐步规范。通过综合整治，禹城市土地盐渍化程度明显降低，土地生产能力大大提高，禹城市连续多年实现耕地总量动态平衡目标。2001 年，大周洼土地整理项目、大程洼土地整理项目批复实施，2003 年，禹城市禹西荒洼地土地开发整理项目和辛店镇辛栾洼土地整理项目批复实施，2004 年，伦镇丁莲洼土地整理项目和市中街道办事处土地整理项目批复实施，2006 年，禹城市国家级基本农田保护示范区被国土资源部批复实施，2007 年，辛寨镇基本农田整理项目批复实施。

2009 年 12 月，禹城市被国土资源部和农业部联合表彰为“全国基本农田保护工作先进单位”。至 2010 年年底，禹城市申报、实施国家、省级土地开发整理项目 12 个，项目总规模 20.2 万亩，总投资 3.8 亿元，项目实施后可新增耕地 2.1 万亩。

第四节　地籍管理

一、土地资源调查

1988 年 11 月—1990 年 5 月，禹城县开展土地资源调查，全面清查禹城县土地类型、数量、质量、分布、利用现状及权属情况。

1990 年 8 月，禹城县土地资源调查成果顺利通过山东省政府验收。同时组织技术骨干开展地籍调查，对禹城县国有土地、集体建设用地和农村宅基地进行登记，并颁发土地证书。

二、土地利用现状更新调查

2004 年 8 月—2006 年 9 月，禹城市开展土地利用现状更新调查，范围涉及所辖 7 镇、3 乡和 1 个街道办事处，1012 个行政村，土地调查面积 992.36 平方千米，查清全市范围内农村土地权属和土地利用现状。编制完成市、乡（镇）、行政村三级土地利用现状分类面积统计表；编制完成禹城市 1∶10000 分幅权属界线图，编制完成市、乡（镇）边界结合图；编写完成 11 个乡（镇）、街道办土地资源调查说明书及禹城市土地资源调查报告，完成土地初始登记、统计及变更调查、变更登记、统计，建立地籍档案。

三、第二次土地大调查

2008 年 3 月，禹城市全面开展第二次土地大调查工作。这次土地大调查以实地调查为基础，以法律为依据，按照国家制定的技术标准，查清全市范围内土地利用状况，准确掌握城乡各类土地利用情况，进一步推进土地节约集约利用、发挥土地管理和调控作用、实现经济持续发展提供基础数据。2010 年 3 月，禹城市第二次土地调查成果顺利通过上级验收。

图 4-2-6　违法用地拆除现场　（2008 年摄）

第五节　行政执法

1989 年年底，禹城县清查非农业建设用地，查清各类违法占地面积 620.8 万平方米。1992 年 6 月，重点查处公路沿线非法占地，补办用地手续 65 宗，拆除违章建筑 15 处。1994 年 8 月，开展清理整顿土地隐形市场专项行动，查处非法交易土地 204 宗 3 万平方米，罚款 20 万元。1996 年 4 月，组织开展耕地保护专项检查，采取乡镇自查和禹城市局抽查相结合方式，清查处理 1994 年以来全市耕地面积变化情况。1997 年，探索建立国土资源执法监察长效机制，落实国土资源动态巡查目标责任制，全市划分成“三级防范区”，城市控制区为一级防范区，乡（镇、街道办）驻地、城乡接合部和重要交通沿线为二级防范区；农村为三级防范区。一级防范区每周巡查 1 次，二级防范区十天巡查 1 次，三级防范区半月巡查 1 次，重点区域重点巡查防护，成效良好，作为先进经验在德州市推广。2007 年 9 月，组织开展土地执法“百日行动”，查处各类土地违法违规案件 4 宗，涉案面积 33.16 亩，6 名涉案当事人给予党纪、政纪处分，罚款 22.1 万元。移交禹城市人民法院强制拆除非法建筑物 1200 余平方米。2008 年 10 月，开展土地违法违规问题专项整治，立案查处违法用地 16 宗，收缴罚款 622.15 万元，没收建筑物 2.4 万平方米，建议并落实党政纪处分 26 人，并对违法用地项目进行拆除。

第三章　环境保护

禹城市相继编制完成全市环境保护“七五”“八五”“九五”“十五”和“十一五”规划，以及《九五及 2010 年环保产业规划》《禹城市十一五期间主要污染物排放总量实施方案》《禹城市水污染防治十一五规划》《禹城生态市建设规划》《徒骇河流域污染防治工作方案》等重要规划、方案，把环境保护列入全市经济发展总体规划，保障环境保护可持续发展。

第一节　环境质量

1986—2010 年，环境质量变化趋势可分 3 个阶段。

第一阶段：1986—1995 年，工业规模小，污染物排放少，环境污染较轻，环境质量较好。

第二阶段：1995—2000 年，随着工业规模不断扩大，污染加重，政府采取限期治理措施，督促企业加大污染治理力度，建设污染治理设施，实施“一控双达标”，环境质量恶化趋势没有彻底改变。

第三阶段：2000—2010 年，加大环境保护力度，环境执法力度进一步加强，企业实施污染治理再提高工程，环境质量恶化趋势基本得到控制，局部流域和地区环境质量开始好转。

1986—1995 年：污染治理初级阶段。禹城市工业企业较少，主要有兴禹化工、红麻纸浆厂、贺友集团、热电厂、水泥厂等企业，企业规模小、污染物排放较少，在污染治理上投入较小。

1996—2000 年：限期治理阶段。关停并转 8 家造纸厂，淘汰锅炉 15 台套。排污企业加大环保资金投入，购置先进设备。将水污染严重企业进行分类排队。来凤乡木靳王造纸厂、张集乡王寨造纸厂、禹城镇韩庄造纸厂、安仁乡造纸厂、十里望乡前河套造纸厂、第一造纸厂、红麻纸浆厂全部关停，完成一控双达标任务。

2000—2010 年：污染治理再提高阶段。禹王公司、龙力公司、保龄宝公司、中农润田、污水处理厂重点排污企业均实施污染治理再提高工程。贺友集团通过工艺改良，湿法纤维板生产线改成干法中密度板生产线，废水实施零排放，控制能耗高、污染重、效益差的“十五（土）小”企业上马，先后将原有的 26 家“十五（土）小”企业彻底关停，淘汰旧式锅炉 15 台套，严格监督检查。2007 年 3 月，对重点排污企业派员驻厂，现场监督、采样检测，对贺友集团、福田药业、保龄宝工业园、龙力公司、禹王蛋白、金冠蛋白、盛丰化工、富源玉米等 8 家企业，于 2007 年 4 月 1 日依法予以停产，前 6 家企业分别处以 20 万元罚款，下达《限期整改责任书》，督促其排放达标。

禹城市加大污染治理资金投入，制定科学合理规划。到 2001 年年底全市累计投入污染治理资金 1.5 亿元，至 2005 年年底，全市累计投入污染治理资金达 3 亿元，重点排污企业均建设污染治理设施，通过省、市、县验收，做到稳定达标排放。至 2010 年年底，全市 22 家重点涉水企业环保设施投入达 7 亿元，3 家涉气企业投入 5 千万元，污水处理厂及配套设施投入 1.7 亿元，环保基础设施总投入近 9 亿元，治污水平明显提高，治污设施运转正常，实现达标排放，工业生活废水集中到污水处理厂处理，化学需氧量稳定到 60 毫克 / 升、氨氮 8 毫克 / 升以下，主要河流重现鱼虾、野鸟，水环境质量明显改善。

图 4-3-1　橡胶坝工程　（2006 年摄）

一、空气质量

1986 年，禹城县境内大气污染属煤烟型，城区内污染程度重于乡村。污染源主要是工

图 4-3-2　禹城工业排放　（2010 年摄）

业企业、采暖锅炉等。污染程度以每年冬季最严重，但未发现酸雾和酸雨现象。大部分地区大气污染程度较轻，大气环境质量良好，空气优良天数高于 340 天以上。

1987 年，全县进行工业污染源调查。结果表明：工业废气排放总量 20.31 亿标立方米，其中燃料燃烧产生废气排放量 12.09 亿标立方米、生产工艺过程中废气排放量 8.23 亿标立方米。按等标污染负荷比划分，废气中主要污染物质依次为二氧化硫、烟尘、氮氧化物和一氧化碳。1990 年，县属以上工业企业废气排放总量 21.24 亿标立方米，年净化处理废气量 1.73 亿标立方米，处理率 65%。年排放二氧化硫 2996 吨、烟尘 1161 吨。1995 年，全市工业企业废气排放总量 67.9 亿标立方米，年排放二氧化硫 4384 吨，烟尘 1055.13 吨，净化处理量 3.7 亿标立方米，处理率 54%。2001 年，开始监测工业企业锅炉的烟尘、二氧化硫、林格曼黑度。2006 年，开始监测大气污染物排放情况，全面监测境内空气中的二氧化硫、二氧化氮及总悬浮颗粒物，当年空气状况良好。

1995 年，禹城市内大型工业企业逐渐增多，各种大气污染物排放量呈上升态势，城区空气状况明显恶化，空气质量一度处于中度污染状态。1997 年，实施集中供暖，城区内供暖锅炉相继停用，空气中二氧化硫、二氧化氮、总悬浮颗粒物等污染物含量明显下降。2010 年，禹城市工业废气排放总量 197.92 亿标立方米，净化处理量 194.36 亿标立方米，处理率 98.2%。

二、水质量

禹城市境内地表水由坑塘水面及河流水面构成。其中坑塘水面水源主要来自黄河，水质良好。20 世纪 80 年代，禹城县大部分工业废水、部分乡镇企业废水、居民生活污水的排放造成水质污染较严重。1989 年，开始对赵

图 4-3-3　徒骇河水质采样　（2010 年摄）

图 4-3-4　第二污水处理厂　(2010 年摄)

万吨。1999 年，增设徒骇河水质监测点。

1990—1996 年，禹城县（市）河流水质达到《地表水环境质量标准》（GB3838-1996）四类水质标准。1996 年开始，全市工业企业废水排放量增加，河流水质不断恶化。为减少水污染物排放量，2001 年，全市关停 2 万吨以下草浆生产线，多数企业新上污水处理设施，2007 年 10 月，建成规模 5 万吨 / 日的城市污水处理厂。污水处理厂出水水质达到国标（GB18918-2002）一级 B

牛河进行水质监测。1990 年起，开始监测全县工业废水及主要污染物的排放。1991—1995 年，全市工业企业累计排放废水 1549.48 万吨，其中主要污染物有化学需氧量 4.96 万吨、挥发酚 8.64 吨、硫化物 3.91 吨、悬浮物 5.57

标准。2010 年，全市工业废水主要污染物是化学需氧量、五日生化需氧量、氨氮等。

禹城市深层地下水资源丰富，水质优良。浅层地下水绝大部分水质良好，小范围被工业废水污染。

1986—2010 年禹城县（市）环境质量综合整治结果统计表

表 4-3-1

年	工业废水排放总量（万吨）	废水处理总量（万吨）	废水达标量（万吨）	达标率(%)	废气排放总量（万标立方米）	废气处理总量（万标立方米）	废气达标量（万标立方米）	达标率(%)
1986	130.12	60.26	17.2	13.2	201250	1378.6	1256.5	31.2
1987	133.67	61.31	18.9	14.1	203125	14700	13290	32.7
1988	132.78	60.29	18.3	13.8	202934	15310	14286	34.5
1989	133.49	63.18	19.4	14.6	211256	16784	15179	35.8
1990	134.25	64.46	20.6	15.3	212390	17328	16032	37.1
1991	205.73	78.38	34.1	17.7	236094	85341	20789	38.6
1992	263.57	91.26	39.5	23.9	303339	93258	24679	39.4
1993	347.66	94.89	49.8	33.4	407631	100245	96742	40.3

续表 4-3-1

年	工业废水排放总量（万吨）	废水处理总量（万吨）	废水达标量（万吨）	达标率（%）	废气排放总量（万标立方米）	废气处理总量（万标立方米）	废气达标量（万标立方米）	达标率（%）
1994	369.34	100.58	61.9	38.86	513265	457124	371481	42.9
1995	468.24	120.64	78.8	79.2	679581	547985	412540	43.1
1996	500.29	137.68	133.3	80.2	813254	795816	652784	44.4
1997	539.27	159.28	144.8	80.3	910556	885462	852465	46.3
1998	629.38	216.79	213.4	80.4	102456	913246	901256	50.7
1999	718.43	231.04	222.1	82.9	159234	1346528	1124555	53.8
2000	819.25	260.73	249.65	83.4	274231	2543216	1942584	55.9
2001	934.36	269.17	249.37	85.7	342516	3025615	2751352	61.2
2002	1012.66	284.20	276.23	89.7	459826	4125358	3945535	64.5
2003	1128.23	293.85	290.17	90.4	523152	4975824	4752165	66.6
2004	1219.75	357.26	356.25	93.8	536458	5164258	4975527	68.2
2005	1329.49	394.26	392.81	98.4	596254	5728481	5684254	69.4
2006	1342.06	420.3	1342.06	100	612531	6021547	5915425	70.3
2007	1528.28	1444.1	1479.88	96.83	642758	6254253	6124589	85.9
2008	1461.75	1358.17	1401.3	95.86	560215	5427815	5246182	90.1
2009	1494.79	1461.02	1431.79	95.78	644146	627934	617998	95.9
2010	1482.31	1262.65	1482.31	100	1979178	1943552.8	1943552.8	98.2

1989—2010年禹城县（市）主要河流水质一览表

表 4-3-2

年	河　流	污染程度	趋　势	主要污染物
1989—1996	赵牛河	轻度	上升	PH、化学需氧量、氨氮
	徒骇河	轻度	上升	PH、化学需氧量、氨氮
1996—2001	赵牛河	严重	上升	PH、化学需氧量、氨氮
	徒骇河	严重	上升	PH、化学需氧量、氨氮

续表 4-3-2

年	河流	污染程度	趋势	主要污染物
2001—2004	赵牛河	轻度	下降	PH、化学需氧量、氨氮
	徒骇河	轻度	下降	PH、化学需氧量、氨氮
2004—2007	赵牛河	严重	上升	PH、化学需氧量、氨氮
	徒骇河	严重	上升	PH、化学需氧量、氨氮
	洛北干	严重	上升	PH、化学需氧量、氨氮
	一支、二支	严重	上升	PH、化学需氧量、氨氮
2007—2010	赵牛河	清洁	稳定	PH、化学需氧量、氨氮
	徒骇河	清洁	稳定	PH、化学需氧量、氨氮
	洛北干	清洁	稳定	PH、化学需氧量、氨氮
	一支、二支	清洁	稳定	PH、化学需氧量、氨氮

第二节 环境监测

一、地表水监测

1994 年，禹城市地表水监测设徒骇河前油坊桥、张汉桥 2 个断面监测点，按丰水期、平水期、枯水期 3 个水期进行取样监测及化验分析。2001 年，增设徒骇河田口桥 1 个断面，河水每月取样化验 1 次。2004 年，对赵牛河、赵牛新河、友谊沟等河流进行不定期河水取样化验分析。水质监测项目有水温、流量、六价铬、挥发酚、氨氮、五日生化需氧量、高锰酸盐指数、溶解氧、总硬度、透明度、色度、PH 值、悬浮物、电导率等 14 项。2007 年，水质监测项目增加总磷、硫化物、氟化物、总铬、氯化物 5 项。2007 年起，徒骇河重点断面前油坊桥、张汉桥、田口桥 3 个监测点每旬进行 1 次监测，其他河流断面每月进行 1 次监测。

图 4-3-5 地表水监测取样 （2004 年摄）

二、地下水监测

禹城的地下水监测与地表水监测基本一致。1994 年，首次对禹城市区深水井进行监测。设 5 个监测点，其中禹城市第一水厂深井为必测点。地下水于每年 7 月、12 月采样两次，水质监测项目 14 项。2007 年，水质监测项目增加 5 项。2008 年起，对饮用水源地及有可能受大型企业排放物影响的地下水区域进行定期取样监测。

三、降水及大气监测

1994年，首次对全市降水进行监测。在市环保局院内设监测点1个，逢雨雪必测，监测项目为PH值、电导率两项。之后又在各乡镇增设降水测量点，1994—2010年，全市境内没有出现酸雨现象。2006年起，监测城区大气环境质量，每月监测一次，每次采样时间14天，必测项目为总悬浮颗粒物、二氧化硫、可吸入颗粒物、二氧化氮等。

四、噪声监测

1994年，监测城区内交通噪声、工业企业厂界噪声、建筑施工噪声、社会生活噪声。按《环境监测技术规范》要求，对区域噪声以等距离网格布设监测点201个点位，为286×286米方格，监测频率是每年监测1次（5月监测），每个点位监测在昼间正常工作时间连续监测10分钟。对道路交通噪声，在城区内行政街、汉槐街、解放路、人民路、建设路、市中路等二纵四横六条主要交通干道进行监测，监测频率是全年监测1次（5月监测），每次监测在昼间正常工作时间连续监测20分钟。

五、污染源监测

1994年，开始监测污染源废水。主要监测项目为PH、化学需氧量、氨氮等。2001年起，监测全市工业企业锅炉的烟尘、二氧化硫、林格曼黑度。2006年起，监督监测北辰新型材料有限公司、保龄宝生物股份有限公司、山东福田药业有限公司、山东龙力生物科技有限公司、山东禹城中农润田有限公司等重点污染源排放废水，每月监测1次，主要监测项目有水温、流量、挥发酚、氨氮、化学需氧量、五日生化需氧量、PH值、悬浮物等。2007年7月起，执行山东省环保局4个监管办法，每旬1次例行监测全市重点企业排放废水、废气，市污水处理厂进出口水质每天进行取样监测。

第三节　环境污染防治

一、大气污染防治

1990年，开始监测全县城区大气环境质量。确定城区烟尘控制区面积达10平方千米。1991年，开展大气污染源调查。禹城县内大气污染源主要是工业企业、生活炉灶、采暖锅炉和交通运输工具。“十五”期间，在烟尘控制区域进行污染源治理，饮食灶禁烧散煤，茶水炉和取暖锅炉改用燃油、电，工业锅炉安装水膜除尘器。2005年，将原供热范围内的63台锅炉拆除，集中供暖面积扩大，推广使用天然气。2008年起城区大气环境质量明显改善。

二、水污染防治

“八五”期间，禹城县用于水体污染防治资金230万元，各造纸企业安装悬浮物回收装置，处理废水538.1万吨，占废水排放总量的

图4-3-6　拆除土小锅炉　（2005年摄）

65.2%。1995年，市属以上工业企业废水处理量250.9万吨，处理达标量62.2万吨，占废水排放总量的24%，综合利用效益70.3万元；拒绝批复水污染严重项目6个。1997年，关停来凤乡木靳王造纸厂、张集乡王寨造纸厂、禹城镇韩庄造纸厂、安仁乡造纸厂、十里望乡前河套造纸厂、第一造纸厂、红麻纸浆厂。2003年，关闭酒厂酒精生产线。2004年，投资8000万元建成日处理能力5万吨的污水处理厂，城镇污水处理厂污水处理率达到85%以上，河流断面水质稳定达标。张汉桥出境断面全年水质优于V类水质标准（化学需氧量40毫克/升、氨氮2毫克/升），达标率100%；徒骇河、施女河、赵牛河、洛北干（泺清河）等十几条河流均达到V类水质标准。2010年3月25日，禹城市海河流域水污染防治工作通过国家验收。

三、噪声污染防治

1997年，实行建筑施工噪声申报登记制度，禁止建筑工地夜间施工。1998年开始，中、高考期间集中清理噪声源。2003年，对噪声源进行调查与评价分析，将城区环境噪声功能区重新划分成1类标准区、2类标准区、3类标准区、4类标准区。在城区内严禁使用高音喇叭，禁止汽车高音鸣笛，控制娱乐场所营业时间等。通过治理，城区噪声污染源得到有效控制。

四、工业固体废物污染防治

工业固体废物主要通过企业内部处理和再利用等方式进行处理。1995年，禹城市产生工业固体废物1.81亿吨，年综合利用量1.56亿吨，处理率86%，年综合利用效益90.2万元。1998年起，实行企业固体废物数量、种类申报登记制度。2000年，随着城区改造力度加大，建筑垃圾数量猛增，开始监测分析城市建筑垃圾，进行回收利用、填埋等处理。2004年，实行危险废物申报登记。市人民医院、市中医院、市妇幼保健站及各乡镇卫生院的医疗废物统一处置。2010年，全市产生工业固体废物37.44万吨，年综合利用量37.44万吨，工业固体废物综合利用率达到100%。

五、污染减排

2007年，通过财政投入、企业投入，实施一批环保工程，总投资达到6亿元。其中财政投资2亿元，建设工程包括：新上污水处理厂二期和改造一期工程，配套完善干支管网121千米，日处理污水达到5万方；建设人工湿地，日处理污水2万方，是山东省第一家潜流式人工湿地。投资200万元建管网10千米，投资60万元建设城区空气自动监测站。拒批26个项目，取缔城区燃煤小锅炉16家，直接拆除“土小”企业设备20家，禹城市环评“三同时”执行率达到100%。2008年，提前两年完成德州市对禹城市提出的化学需氧量削减2072吨、降低7%，二氧化硫削减1622吨、降低

图4-3-7 建筑工地噪声检查 （2003年摄）

9%的“十一五”污染物削减任务目标。实现工程减排量化学需氧量2108.2吨，二氧化硫1128.7吨。结构减排量化学需氧量26吨，二氧化硫689吨。2009年，实现工程减排量化学需氧量204吨，二氧化硫350吨，结构减排量化学需氧量38吨，二氧化硫46吨。2010年，实现减排量化学需氧量675.8吨，二氧化硫300吨。

图4-3-8　环保局召开新能源推进调度会议（2010年摄）

六、污染源普查和动态更新

2007年，第一次污染源普查工作开始，历时2年，调查工业源、农业源、生活源和集中式污染治理设施4大类普查对象。主要污染物排放总量普查结果：废水中化学需氧量5628.74吨，氨氮626.3吨；废气中二氧化硫5011.54吨，氮氧化物3773.10吨，烟尘2137.87吨，工业粉尘8177.21吨。

2009年，开展污染源普查动态更新工作。实行“动态调整、重点调查、总体核算”工作原则，普查结果：废水中化学需氧量排放量1525.24吨，氨氮80.161吨；废气中二氧化硫排放量4018.71吨，氮氧化物排放量2411.24吨，烟尘排放量2707.08吨，工业粉尘排放量1743.56吨。

2010年调查结果：废水中化学需氧量排放量861.49　吨，氨氮90.87吨；废气中二氧化硫排放量5939.55吨，氮氧化物排放量746.6吨，烟尘排放量1174.06吨，工业粉尘排放量330.7吨。污染物排放情况呈逐渐递减趋势。

第四节　环境监督管理

一、环境目标责任制

1990年，禹城县实行环境目标责任制，1991年，与15个单位签订《1991—1992年环境保护责任书》。主要内容是：本届政府的环境目标和分年度工作指标，包括建设项目监督管理、老污染源治理、城乡环境综合治理、农业生态环境保护等。1993年，与市直15个相关单位签订《1993—1997年环境目标责任书》，将环境责任书的目标任务量化分解到单位负责人。主要内容是：建设项目环境影响评价，老污染源治理，各乡镇新、扩、改建项目的管理。1998年，禹城市政府与市直18个相关单位签订《1998—2000年环境目标责任书》，主要内容是：总量控制污染物排放量，城市噪声监督管理，实施生态建设工程。2001年，与市直17个相关单位签订《2001—2002年环境目标责任书》，主要包括建设项目环境影响评价、污染物排放总量控制、关停草浆生产线三项内容。2003年，与市直30个相关单位签订《2003—2005年环境目标责任书》，主要包括饮用水源水质达标排放、经济开发区建设项目环境影响评价、主要污染物排放总量控制三项内容。2002年开始，全市企业推行清洁生产。至2008年，福田药业、保龄宝公司、龙力公司、通裕集团4家企业完成清洁生产效绩审核。

二、生态环境保护

禹城市生态环境保护工作起步较早，2001年禹城就被定为省级生态示范区，2003年，德州市人民政府与禹城市人民政府签订《2003—2007年度生态市建设目标责任书》，生态市建设全面启动。2003年2月，成立生态市建设工作领导小组，与高新技术开发区、各乡镇及市直有关单位签订《生态市建设目标责任书》。2005年11月，编制完成《禹城市生态市建设规划》。先后获得“全国生态示范区建设试点地区”“全国最具竞争力的低碳产业基地城市”“省级生态示范区”“山东省循环经济示范市”等荣誉称号。全市创建国家级环境优美乡镇1个（房寺镇），省级环境优美乡镇6个（张庄、伦镇、辛店、梁家、十里望、市中办），省级环境友好企业3家（通裕、龙力、保龄宝）；通过清洁生产审核企业5家（龙力、福田、中农润田、百龙创园、贺友）。

三、“三同时”与排污收费制度

（一）“三同时”制度。2003年10月，开始全面实施建设项目“三同时”（工业项目主体工程与污染治理设施同时施工、同时投产、同时投入运行）制度，禹城市环保局对所有新、扩、改建项目和区域开发项目实施环境影响评价制度和“三同时”制度。“十五”期间，投入环保资金1.22亿元，占项目总投资的2.8%，环境影响评价制度执行率95%，“三同时”执行率98%。2008年，投入环保资金6.1亿元，占项目总投资的13%，环境影响评价制度执行率98%，“三同时”执行率100%。2009年，投入环保资金近3.1亿元，占项目总投资的7%，环境影响评价制度执行率98.1%，“三同时”执行率100%。

（二）排污收费。1986年，全县范围内开始实施排污收费制度，先后开征废水、超标废水、超标烟尘等收费项目。“八五”期间，开征噪声超标排污费。2001年，实行“收支两条线”，排污收费作为环境保护资金专款专用。“八五”期间征收排污费149万元，“九五”期间征收排污费378万元，“十五”期间征收排污费562万元，2006—2010年征收排污费665万元。自2008年开始征收污水处理费，至2010年征收406万元。

四、环境宣传与环境信访

（一）环境宣传。1991年，禹城县环保局主办《禹城环境》创刊发行，开展环境保护教育。利用“六五”世界环境日，开展宣传活动，政府负责人发表电视讲话，出动宣传车，设立咨询台，发放环境保护传单等。2008年，禹城市在德州市政府开展的徒骇河水污染综合防治工作中，实行“六统一”：统一规范企业排污口，要求一个企业只能保留一个排污口，排污口留置两米明渠，用白瓷砖贴砌；统一安装排污控制闸门，环保检查人员发现企业排污异常，可以关闭控制闸门；统一安装在线监控装置；

图4-3-9 人大代表调研环保工作 （2010年摄）

统一培训企业环保联络员，制定企业环保联络员制度；统一为企业安装专用值班电话，加入环保局虚拟网，环保局监控中心根据掌握的企业排污情况，及时与企业联系，严防超标，防患于未然；统一制定企业在线监控站房六项建设标准。六项建设标准：站房要专房专用，安装防盗门窗；站房要安装空调、温度计、湿度计；站房安装给排水设施；站房要安装接地装置、避雷装置；站房外墙要统一粉刷绿色，墙面书写永久性标语；企业排污口设置醒目标志。企业排污口改造经验，在全省推广。2010年3月31日，山东省环保厅在禹城召开全省环境保护宣传教育工作会议。

（二）环境信访。2005年6月，市环保局成立法规信访科。负责环境信访工作，并设立信访室、环保投诉电话等。

2002—2007年，接待来访、来信、来电224人次，答复人大代表、政协委员建议45件，查处污染事故6起；2007—2010年接待来访、来信、来电167人次，答复人大代表、政协委员建议12件，处理信访纠纷15起，赔偿金额30余万元。

第五篇

招商引资　对外开放

1986—2010年，禹城县（市）十分注重“引人才、引技术、引资金、引项目”以下简称“四引”工程，多次出台对外优惠政策，推动“四引”工作进展。县（市）委、县（市）政府注重利用外事、侨务部门职能，与海内外人士建立良好往来关系，随着招商引资政策的深化实施，禹城知名度不断提高，外商在禹城投资逐渐增多。

禹城先后荣获“山东省最佳投资城市”“山东省生态经济十佳县市”“山东省科技兴贸出口创新基地”“山东省县域经济最具发展潜力十佳县市”“山东省县域经济十大规模聚集园区”“中国功能糖城”“中国食品馅料城”“国家高技术生物产业基地”“山东省羊绒半精梳毛纱名城”“山东省金融生态环境建设A级市”等荣誉称号。

第一章　招商引资

第一节　措施与政策

禹城市招商引资政策经历诸多变化。从最初简单的对项目投资数额、税收规费、土地使用、产权转让和环境服务粗放式条件框架到后来产业分类、土地收益、环境优化，越发趋于细化。

2000年，禹城市以科学发展观为指导，按照“解放思想，放开搞活，集中精力，加快发展”总要求，把招商引资工作做为“天字号”工程，不断完善奖励机制，改进工作方法，突出项目重点，拓展行业领域，发挥部门组织引导力，行政推动，以企业为主体，全民参与，引进大型项目，形成产业规模，全市招商引资工作取得成效。

2001年，禹城市把招商引资列为“两大”天字号工程之一，提出“招大商、引巨资”，但对招商引资外资企业的优惠政策很少，只是根据情况提出一些指导性意见。对于项目引荐人奖励进行相关规定，对于土地出让、年限、税费皆根据投资额度、强度给予不同程度优惠和奖励，奖励为一次性奖金发放，其他则是一些服务性实质工作，如：生活安排、市场调研分析、地点与合作、政策法律咨询、注册登记手续等。

2002年后，禹城市招商引资政策逐步放宽，有指导性政策，但开始以“增加税收、扩大就业”为目的，对特殊重大招商项目和投资金额实行“一事一议、一企一策”，不再进行硬性规定。

2010年，市委、市政府专门成立高新区“二次创业”指挥部，建立联席会议制度，制定总体发展规划，定期协调解决有关问题。抽调人员，充实高新区领导班子。调整财政体制，赋予生财、聚财、用财职能，形成灵活高效的管理体制。同时赋予高新区项目洽谈权、签约权、落地权、区内存量土地经营管理权等权力。通过扩大权限，将全市90%以上企业划归高新区全权管理，区内企业个数达到166家，高新区成为禹城市经济发展的重要机地。

招商引资工作措施：1. 成立招商引资指挥部，负责信息整理鉴别、项目初步评审，以及管理、指导、协调调度、考核等工作。各乡镇、街道组建相应机构，明确分管责任人，加强对招商引资工作管理，形成工作机制。2. 制订《关于进一步加强招商工作的实施意见》《招商

图5-1-1　禹城城市名片（2010年摄）

工作程序及操作规范》《招商引资考核奖惩办法》等政策文件，确定招商工作总体思路、具体要求和工作指导，给予政策保障。3. 瞄准国内外500强企业、知名企业、中央企业，向南融入济南、向北对接天津滨海新区、向东对接青岛开展合作，积极承接产业转移，确定招商目标。至2010年年底，禹城市从济南、天津、青岛3个城市引进项目超过50个。4. 坚持每周上报、调度，每月汇总、排序，每季度约谈。各乡镇、各专业招商队伍每周一将招商引资情况，上报招商引资指挥部，市政府每周五召开调度会，调度各单位新引进的固定资产5000万元以上项目进展情况；每月按单体项目大小对各单位工作情况进行排序；每季度对排名靠后单位负责人约谈一次，有效督促监督，确保招商引资工作持续发展。

第二节　招商引资活动

一、对外宣传

利用禹城广播电台、电视台，深入宣传禹城招商引资和对外开放优惠政策，利用《禹城市报》《德州市报》《大众日报》《人民日报》中央级电台、电视台扩大禹城知名度。编印多种刊物，对禹城地理优势和投资环境进一步做介绍。在高新区开设禹城市招商引资、对外开放展区，宣传禹城市产业优势、服务优势和政策优势等。市委、市政府召开多种形式招商洽谈会、招商恳谈会，宣传禹城、介绍禹城，每年参加全国部分地区招商活动，推介宣传禹城。开辟“禹城高新技术旅游观光区”，吸引外商外客到禹城参观、考察、旅游。

二、参加洽谈会

1986—2010年，参加山东省举办的各种经贸洽谈会，1996年9月和1998年9月分别参加中国德州第一届和第二届投资贸易洽谈会。2001年7月28日，参加禹城（济南）推进高新技术产业化恳谈会。2003年6月24—27日，参加德州市长江三角洲地区集中招商恳谈会。8月，禹城市参加德州市珠江三角洲地区集中招商活动。2004年1月，参加京津唐地区招商恳谈会。5月，禹城市参加在杭州举办的长三角地区招商会。2010年12月21日，参加德州（深圳）区域经济合作恳谈会。

三、举办经贸洽谈会

1999年9月，举办第三届中国德州（禹城）投资贸易洽谈会。2000年9月，举办第四届中国德州（禹城）投资贸易洽谈会。2001年9月19—20日，举办第五届中国德州（禹城）投资贸易洽谈会期间，落实会客商100余人。

2002年9月14日，举办第六届中国德州（禹城）经贸洽谈会，到会客商120余人。全市签约项目91个，总投资22.72亿元，引进资金20.9亿元。其中内联项目81个。总投资达到22.18亿元，拟引进资金20.36亿元。其中合同项目53个，总投资16.63亿元，拟引进资金15.09亿元；协议28个，总投资5.55亿元，拟引进资金5.27亿元。外联项目10个，协议引进资金6600万美元。重点签约项目6个：1. 安仁镇政府与中国香港金龙地产有限公司签约华侨工业园项目，总投资3000万美元；2. 深圳办事处与中国香港张氏投资有限公司签约发制品加工项目，总投资500万美元；3. 市中办事处与中国台湾客商吴凤全签约皮革加工项目，总投资500万美元；4. 市中办事处与中国香港客商许维华签约房地产开发项目，总投资300万美元；5. 禹城市计委与加拿大利达建材公司签约建材项目，总投资200万美元；6. 深圳办事处与中国香港保昌珠宝有限公司签约家具生产项目，总投资100万美元。

2003年9月14日，举办第七届中国德州（禹城）经贸洽谈会，到会120余人。2004年9月14日，举办第八届中国德州（禹城）经洽会，到会客商89人。来自韩国、日本、菲律宾、中国台湾、中国香港等国家和地区的嘉宾及国内企业界新老朋友参会。签约项目54个，总投资65.01亿元，合同引进资金60.41亿元，贸易项目8个，贸易额12.2亿元。

2005年9月14日，举办第九届中国德州（禹城）经贸洽谈会，到会客商84人。全市签约项目76个，总投资70.59亿元，拟引进资金45.18亿元。其中合同项目49个，总投资51.85亿元，拟引进资金36.6亿元；协议项目27个，总投资18.74亿元，拟引进资金8.58亿元。

2006—2008年分别举办第十届、第十一届、第十二届中国德州（禹城）经贸洽谈会。

2009年9月15日，禹城市举办第十三届德州（禹城）经贸洽谈会。此次签约30个项目，总投资47.5亿元，其中过亿元项目19个，涉及新型建材、数控机床、医疗器械、生物制剂、电动汽车等行业，分别由来自中国香港、北京、江苏、浙江、福建、云南、河北、山西的客商投资。

第三节　招商引资成果

一、以工业为重点

在引进项目构成中，工业类项目占到项目总量的80%，以工业经济为主导的县域经济发展新格局形成。

二、调整产业结构

高新区内逐步形成功能糖、装备制造、羊绒半精纺、人造板、绿色食品、生物制药6大特色产业集群，产业定位的明确，进一步促进产业的形成和集聚，更加有利于经济跨越式发展和壮大。

三、大型项目作用显著

投资额度过5亿元、过10亿元的大项目，如三裕风电、迈特力重工、大唐电力、重汽试验场、五得利面粉、云翔化工等30余个项目相继开工建设。引进美资APC“爱不停”血浆喷雾蛋白粉项目，是全市首家外资企业。国际商贸港、福宝铸造、百龙创园、华禧药业等20余个大项目竣工投产。总量占同期招商引资总量的80%以上，成为促进禹城市经济发展的重要支撑。

第二章　对外及港澳台贸易经济合作

第一节　进出口贸易

一、贸易体制与发展

1984年，禹城县外贸局改为外贸公司。外贸公司经营主要靠计划经济，仅为上级业务部门代购代收土产、畜产、纺织、工艺品等50余个品种，收取低微管理费。既无出口权，又无自主经营权。累计政策性亏损97万元。1989年7月后，进出口贸易由计划经济转为市场经济。外贸公司开始实行自负盈亏经营体制，以市场为导向，扩大出口创汇业务。

1995年3月，对外贸易经济合作部批准禹城进出口总公司对外贸易经营权，成为全市首家拥有自营进出口权的企业，禹城市对外贸易开始拥有自主进出口经营权利。自2000年后，禹城市对外贸易发展迅速，获权企业迅速增长，2007年和2008年，对外贸易在两年内实现两个新跨越，出口额创下历史新高。2007年禹城市出口额首次突破亿美元大关，达到

图 5-2-1　中仁物流公用型保税仓库启动仪式（2009 年 4 月摄）

1.2 亿美元；2008 年，禹城市出口额突破 1.5 亿美元，再创历史新高。其中出口超过 2000 万美元的有通裕集团、福田公司、保龄宝公司。超过 1000 万美元的有禹王公司、亚洲纺织集团。外贸服务手段不断完善，2009 年 4 月 29 日，公用型海关保税仓库——中仁物流公用型保税仓库正式启用，为禹城市大进大出对外贸易格局的形成奠定基础。2009 年 9 月 9 日，德州海关禹城录入中心正式启动，方便全市企业办理报关通关手续，降低通关成本，提高出口效益。至 2010 年年底，全市进出口企业达 110 余家。进出口产品种类、结构逐步发生变化，形成多元化出口格局，出口产品以传统单一农产品改变为以食品、机械、功能糖、纺织等产品为主，由初级低档产品发展为高附加值、高新技术产品为主，其中，高新技术产品出口额占出口总额的 60%。

二、出口产品和产值

禹城市最初出口商品有土产、畜产、纺织、发制品等，多为初级产品、工业半成品，技术含量低，品种单一。经过进出口企业不断地技术改造、产品升级、努力开拓国际市场，进出口产品种类和结构都发生很大变化，形成多元化出口格局。出口产品以单一农产品改为以食品、机械、功能糖、纺织等产品为主，由初级低档产品改为高附加值、高新技术产品为主。

出口机械产品为主的企业主要有：通裕集团、恒特重工、天盛机械、益佳机械、大地机械，主要产品为风电主轴、挖掘机、大型管模、锻件，农机具等 40 余种产品。

出口功能糖产品为主的企业主要有：福田公司、保龄宝公司、绿健公司、龙力集团，主要产品为木糖醇、麦芽糖醇、赤藓糖醇、低聚麦芽糖、低聚木糖、果脯糖浆 30 种产品。

出口纺织服装为主的企业主要有：鲁银集团、德信集团、亚纺集团、东鹏纺织，主要产品为羊绒纱、羊绒衫、棉纱、缝纫线等 30 余种产品。

出口农产品为主的企业主要有：禹王公司、久和食品、金冠蛋白、朝日集团，主要产品为大豆蛋白、豆沙馅、糖纳豆等 20 余种产品。

出口工艺品为主的企业主要有：大禹花饰、千姿工艺品、佳艺公司，主要产品为工艺品、发制品等 20 余种产品。

1996 年，禹城市出口总值 150 万美元。其中：功能糖出口 45 万美元；机械产品出口 23 万美元；工艺品出口 22 万美元；绿色食品出口 26 万美元；纺织品出口 34 万美元。

2006 年，出口总值 8677 万美元。其中功能糖出口 2281 万美元；机械产品出口 723 万美元；工艺品出口 362 万美元；绿色食品出口 1346 万美元；纺织品出口 1844 万美元；密度板出口 2121 万美元。

2001—2010 年，禹城市产品出口总量和出口创汇额年年均居德州市各县（市、区）第一位。至2010年，禹城市主要出口产品有8大类，30多个系列，150余种产品。其中日本进口豆沙馅总量35%是进口自禹城。

2010年，出口总值13600万美元。比1996年增长90.6%。其中2010年功能糖出口5301万美元；比1996年增长118%；2010年机械产品出口2006万美元，比1996年增长87%；工艺品出口1041万美元，比1996年增长47%；2010年绿色食品出口3941万美元，比1996年增长151%；2010年纺织品出口1315万美元，比1996年增长38.7%。

禹城的产品主要出口美国、英国、日本、加拿大、新加坡、韩国、越南、朝鲜、菲律宾、中国台湾、中国香港、中东、南非、马来西亚等36个国家和地区。

1996—2010年禹城市进出口情况统计表

表5-2-1　　单位：万美元

年	进口总值	出口总值	进出口总值
1996	30	150	180
1997	50	190	240
1998	125	1177	1302
1999	130	1213	1343
2000	167	1893	2060
2001	320	2383	2703
2002	450	3085	3535
2003	570	4415	4985
2004	670	5692	6362
2005	800	7480	8280
2006	571	8677	9248
2007	718	11495	12213
2008	439	15249	15688
2009	590	11236	11826
2010	600	13600	14200

第二节　进出口管理

一、业务管理

1988年以前，禹城县外贸机构的人员、业务、财务直接接受德州地区外贸局的领导，上级下达出口商品品种、收购任务、收购价格、质量要求，禹城县公司组织收购、调拨，由上级外贸员外销出口，财务实行报账制。为保证出口货源，禹城县公司采取下乡设点和发展个体商贩等方法，必要时为完成出口任务，报请县乡两级政府给予大力支持，联合工商、供销、粮食、物价、公安等部门给予协助，确保货源不外流。1988年市场逐步开放之后，外贸下放地方管理，上级地区外贸取消指令性计划，在出口业务上给予政策指导及具体帮扶。1994年，上级外贸对外贸企业考核重点由过去的出口收购总值改变为出口创汇。1995年后，进出口管理主要是引导企业积极“转方式、调结构”，重点实施“三大战略”；1.“品牌带动”战略。引导企业加强品牌建设，扩大自主品牌产品出口比重；2.“科技兴贸”战略。引导企业加大科技投入，增强产品科技含量，积极开发高附加值新产品，提高出口效益；3.“走出去”战略。引导企业积极参加国际展会，加大国际市场开拓力度，深度开发新兴市场，鼓励企业到境外投资建厂；4.坚持进出口并重。大力发展加工贸易，引导企业引进成套设备，改变禹城市进口总量小的局面，达到进出口贸易平衡发展。

二、队伍建设

进出口队伍不断发展壮大已形成以国有企业、三资企业、民营企业三路大军为主体的外经贸创汇群体。全市130余家企业拥有了自营进出口权，其中有进出口实绩的企业已达44家，拥有各类外经贸专业人才500多名。

第三节　对外交流与合作

20世纪90年代，对外交流形式主要有国内外各种进出口商品展览交易会、国内外投资洽谈会、外派劳务等形式，随着禹城走出去步伐不断加快，对国内外交流方式也开始向多元化、深层次发展。每年组织20余批团组赴外地参观招商，每年都有大批外商来禹城考察洽谈。

一、对外劳务交流

2001—2005年，全市累计外派劳务4000人，合同额达2800万美元，主要派往美国、俄罗斯、印尼、安哥拉、马来西亚、菲律宾等。2008年，开设全市首个综合商务网站“山东禹城商务之窗”。网站设立企业信息、产品信息、供求信息、招商信息等服务栏目，成为企业对外联系合作的平台。同时把外派劳务输出培训作为对外合作的一项重点，2010年，德州科技职业学院被省商务厅批准为山东省首批外派劳务培训中心。

二、境外投资项目

2009年，经省商务厅批准，山东八荣塑料合金科技有限公司获得境外投资资格，在越南投资兴建越南三星钢铁有限公司。该项目坐落于越南河内省河东区江边开发区，主要业务为生产、加工销售金属制品。成为禹城市第一家境外投资项目。2010年，绿健公司在美国设立佳丽美雅有限公司，成为德州市唯一一家集研发、贸易、生产于一体的境外投资企业。

三、外资合作项目

1991年10月10日，禹城安鹏电子有限公司成立，成为禹城首家外资企业，开创利用外资工作的先河，从此利用外资工作开始稳步发展。1995年10月25日，禹城朝日食品有限公司成立，成为禹城市第一家外商独资企业。2007年12月，福田药业公司成功引进英国3i投资集团战略投资2000万美元，为全市规模最大单笔利用外资。2010年，批外商投资项目3个，增资项目3个，洽谈外资项目8个，涉及中国香港、美国、韩国、日本等多个国家和地区。

附：关于招商引资、对外开放的分析调研报告

至2010年，禹城市紧紧围绕“解放思想，放开搞活，集中精力，加快发展”的工作主题，以实施高新区“二次创业”为有效载体，创新机制，优化环境，实现招商引资、招大引强的历史性突破。2010年，禹城市招商引资被授予德州市一等奖和先进县市。2008—2010年，禹城市引进投资220亿元的汉能集团光伏制造和

发电、60亿元的芭山集团高档化纤布、50亿元的济南二机床锻压机制造、30亿元的山东重工集团万台挖掘机、10亿元的山西阳煤集团益同科技等重大项目；中国香港恒源制药、苏州天绿生化制药等高科技项目，产能世界第二的五得利食品，国内外皆知的中国香港啄木鸟等知名服装品牌项目，美资爱不停、日资和牛产业化、日资丸爱半导体等外向型项目相继落地开工。仅2010年，禹城市引进投资过亿元项目86个。其中10亿元项目16个，过30亿元项目6个，过200亿元项目1个。

一、禹城市招商引资，对外开放的优势

禹城区位优越，交通便捷，商贸物流活跃，政策务实优惠，服务优质高效。京沪铁路、济邯铁路、京福高速公路、青银高速公路、308国道、山东省101和316省道穿境而过，是鲁西北地区重要交通枢纽和商贸物流中心城市。

禹城自然资源丰富，基础设施完善。城区建成面积25平方千米，集中供热供气，绿化覆盖率36%，耕地面积80万亩，实现村村通公路、通客车、通自来水、通有线电视，全市森林覆盖率39%，被列为国家级生态示范区。

图5-2-2 啄木鸟集团生产车间 （2010年摄）

（一）区位优越。禹城是山东省会济南的卫星城，3条铁路、2条高速公路、1条国道、2条山东省道穿境而过，北距首都北京400千米、乘车4个小时，距天津200千米、乘车2个小时，距石家庄300千米、乘车3个小时，东距青岛400千米、乘车4个小时，南距山东省省会济南、遥墙国际机场50千米、乘车30分钟。

（二）市场辐射半径大。地处环渤海经济圈和山东省省会济南城市群经济圈，在禹城设基地、建企业，市场销售范围向北可覆盖京津冀、东三省，向东可覆盖青岛、烟台，通过天津港、青岛港可延伸到日、韩、美，向西可覆盖山西、陕西等西北地区。

（三）产业门类齐全。形成100多个门类、3000多个品种的现代化工业体系，主要有6大特色产业集群。

1. 功能糖产业。规模以上企业9家，年综合产能90万吨，产销量占国内市场的85%、国际市场的1/4，是国内生产能力最大、品牌最好、品种最全、技术最先进、市场占有率最高的功能糖研发制造基地。

2. 装备制造业。形成从锻件、管模、汽车配件、工程机械到大型风力发电机主轴、大型船用曲轴、数控机床等系列产品，是全国重要的风电主轴国产化研发制造基地。

3. 羊绒半精纺产业。现有羊绒加工企业23家，年产羊绒纱线2.5万吨、服装600万件。

4. 人造板产业。年产各类人造板200万立方米、木地板2000万平方米，贺友集团单体规模130万立方米，列全国第一。

5. 绿色食品产业。以大豆

蛋白、低温豆粕、豆类制品为主，产品品种150多个，其中豆制品占日本市场的50%，韩国市场的60%。

6. 生物制药产业。现有5家制药企业，产品涉及5大系列、50多个品种，多烯康胶丸、西沙比利、那格列奈等产能10亿粒。

（四）土地资源丰富。总面积990平方千米，耕地80万亩。高新区规划面积20平方千米，建成8平方千米。现在正实施高新区东扩，跨京福高速新增28.15平方千米，土地利用总体规划上报山东省国土资源厅，批复后，高新区总面积将达到48平方千米。

（五）基础设施配套齐全。1. 电力。处于德州华鲁电厂120万千瓦电网之中，自备两个热电厂，装机容量6.9万千瓦，电力供应充足。

2. 天然气。拥有中石化、中石油两条天然气管道，日供气20万立方米。

3. 工业用汽。两个热电厂年供热350万吨，工业用汽充足，汽压在8公斤以上，温度240度以上。

4. 水资源丰富。地下水资源丰富，储量4.7亿立方米，年引黄河水2.5亿立方，正在建设1500万立方米平原水库，可满足饮用水及工农业用水需求。

5. 内陆口岸。建成保税仓库一座，实现属地报关，异地放行。

（六）城市品牌众多。拥有国家高新技术生物产业基地、中国功能糖城、中国食品馅料城、中国新型肥料生产基地、山东省最具发展潜力十佳县市、山东省羊绒半精梳毛纱名城、山东省金融生态环境建设A级市等城市品牌。

（七）服务环境优良。建有行政服务大厅，所有手续实行一站式办理。城市绿化覆盖率达到43%，拥有糖城广场、新湖公园、大禹公园、禹王亭博物馆、禹西生态农业观光区、革命纪念馆等10处休闲娱乐游园。

（八）产业优势。禹城高新区形成以十大

图5-2-3 禹城市被授予“中国功能糖城”称号（2005年10月摄）

主导产业为主的现代化工业体系，包括：功能糖产业、生物制药业、机械制造业、木材深加工业、羊绒纺织业、化工产业、粮食深加工业、新材料产业、饮品业、棉纺织业。在这些产业带动下，禹城经济迅猛发展，形成“省级高新区”“中国功能糖城”“国家火炬计划生物技术产业基地”三大品牌，产生强大聚集效应，为禹城高新区发展提供巨大推动力。禹城高新区按照“管理升级，二次创业”的工作要求，优化园区管理，强化基础设施，完善管理职能，充分调动入区企业生产积极性和投资热情，出现产业不断膨胀良好局面。

（九）政策优势。禹城高新区在享受山东省级高新区优惠政策基础上，按照国家法律、法规和上级政策及有关规定，因时、因地、因事制宜，采取适合本地区发展优惠措施，以“一事一议”和“一企一策”的方式，针对具体项目具体研究，给予相应优惠政策；规模大、科技含量高、高创税、带动辐射性强的项目给以更优惠政策，尤其鼓励引进“大、高、名、外”项目，在项目落地，手续审批各个环节上，全程服务，下大力气营造招商洼地效应。外商实行重点保护，通过专线举报和组织外商对职能部门评议等措施，保障投资者合法权益。鼓励中介机构和个人提供项目，按相关政策给予奖励。

图 5-2-4 “中国食品馅料城”授牌仪式 （2010 年摄）

（十）服务优势。坚持市级领导“五个一”分包项目责任制，一个项目、一套班子、一套政策、一套规划、一包到底，全程服务，跟踪落实，定期调度，随时督导。国税、地税、公安、法院、工商、国土等部门相继在高新区设置专门机构，行使相应行政审批和监管职能。行政审批大厅集中工商、税务、国土、建设、发改委等 27 个职能部门，实行“一站式办公，一条龙服务”。管委会完善企业例会制度、热线电话服务制度、现场办公制度，制定首问责任制、限时办结制、责任追究制等九项内部管理制度，各部门根据自己业务职责，推行服务企业联系卡，为外来客商提供优质、高效、周到、便捷服务，服务质量逐步走向优质化、规范化。

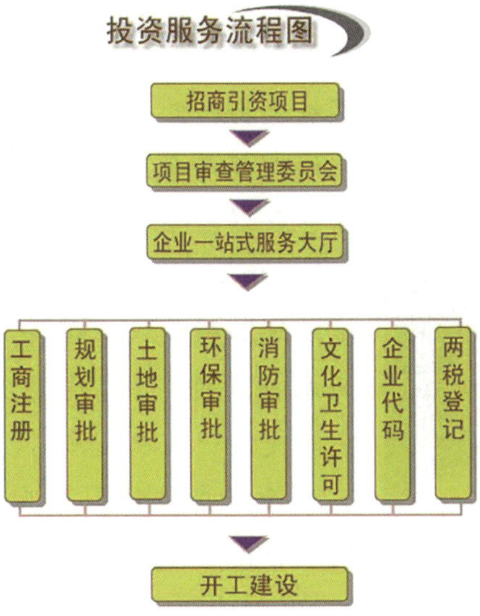

图 5-2-5 投资审批服务流程图 （2010 年摄）

二、禹城市招商引资，对外开放的做法

（一）“解放思想，放开搞活，集中精力，加快发展”的工作主题，为实现历史性突破提供“思想保障”。

因禹城工业基础较好，产业结构较合理，所以早期禹城市委、市政府把大量精力都用在本土企业扩张上，而在招商引资上先后错失过不少好机遇、好项目，在招大引强上留下不小遗憾，形成工业发展短板。新一届市委、市政府领导班子明察秋毫，审时度势，痛定思痛，首先从转变干部群众思想认识入手，重温解放思想，对照先进找不足，立足现实寻出路，提出“解放思想，放开搞活，集中精力，加快发展”的工作主题，把招商引资、招大引强作为经济工作重中之重，号召全市上下破除自我满足、故步自封的陈旧观念，集全党全民之智，上下联动，全市动员，迅速掀起新一轮招大引强、借力发展的招商引资热潮，取得可喜效果。

（二）“创新体制，完善机制，理顺关系，畅通政令”，为实现历史性突破提供“组织保障”。

招商引资优惠政策固然非常重要，但载体更为重要、更为关键。禹城市最有效载体就是“高新区”。禹城高新区集中全市 90% 骨干企业，财政收入 80% 来自高新区，是禹城发展命脉，是招大引强载体。对此，禹城市委、市政府从政策、体制、机制入手，理顺招商体制。一是加强领导。成立10个重点工作指挥部，把招商引资指挥部放在第一位，高新区二次创业指挥部放在第二位，由市长亲自挂帅，一名市委常委全面负责两个指挥部工作，同时还要主持高新区日常工作，使禹城市招商引资与高新区建设统筹安排、通盘考虑。从市直部门选调15名领导干部充实到高新区领导班子中来，选配27名干部到高新区党政机关参与招商引资和项目建设。二是完善机构。在高新区设立“一街两办四局一公司”等8个正科级机构，统筹力量抓招商、抓项目、抓管理、抓开发，实现协调、有序、高效运转。三是赋予权限。禹城市委、市政府授予高新区县级管理协调权、扎口管理权、协调执法权、独立项目签约落地权、存量土地经营权、督查评议权等一系列重要权力、重要职能，实现决策快、运转快、开工快、签约快、引资快的大好局面。

（三）“全党动员，全民参与，挖掘整合各方面积极因素”，为实现历史性突破提供“智力保障”。

全市上下深入开展“全民抓招商、全党抓项目、全力抓发展”三抓三上活动，整合所有资源，调动积极因素。一是重点引导企业招商。激活企业家队伍招商热情，深入挖掘他们在外联系广的优势，以商招商，以企招商。到2010年，全市有12家企业引进外来项目投资达120亿元。如通裕集团先后引进“山西福宝铸造”和“济南二机床锻压机制造”项目，润田化工公司引进“阳煤集团益同科技”项目，恒特重工公司引进“山东重工集团挖掘机”项目，福田药业公司引进“江苏天绿制药”项目等。二是有效组织节会招商。先后在天津、广东、济南、东营等地举办和参与举办多次专题活动，与济南高新区、市中区和青岛即墨市建立友好区市，建立长期战略合作关系。三是积极开展登门招商。禹城市领导带头登门招商，以诚相待。在与北京汉能集团洽谈期间，禹城市委书记、市长率团冒着酷暑先后在短期内数次登门洽谈，仅用73天时间就签约投资220亿的光伏项目。禹城市分管领导在2010年春节期间赴深圳考察项目。禹城市领导一月三登门，以诚打动，使河北省五得利集团在禹城落户。四是扎实推进产业招商。确定以机械装备制造业和生物产业为主导。2010年，两大产业聚集效应明显，引进2个风电、1个铸造、1个锻压、1个数控设备、2个环保设备、5个机械加工项目；引进中国发酵工业协会产学研中心“孵化器”项目，与海洋大学合作引进海洋寡糖生物加工，以及恒源制药、天绿制药等项目；其他产业招商也取得显著成效。

图5-2-6　恒特重工产品　（2010年摄）

（四）“打造平台，优化环境，既加强投入抓硬件又以人为本抓软件”，为实现历史性突破提供“基础保障”。

筑好巢才能引来金凤凰。禹城市委、市政府启动高新区“二次创业”，晋升国家级高新区的战略决策。高新区在20

平方千米基础上，又东扩28平方千米，其中3.2平方千米全面启动。一是加大投入，改善环境。2009年，聘请同济大学规划东扩工程。禹城市财政投入1.8亿元建设基础设施，3条高标准主干线竣工，总长6.5千米。二是以人为本，优质服务。在服务方面，切实做到落实政策一诺千金，汇报工作一线相连，各方联动一呼百应，项目建立一路绿灯，违法乱纪一查到底。对重大项目，实行一名市级领导分包、一包到底。三是目标考核，督促落实。调整完善考核办法，招商成效与政治和经济待遇挂钩，重奖重罚。在2010年禹城市经济工作会议上，对10个重点项目第一引荐人予以重奖，披红戴花，兑现奖励，从而全面地激发全社会招商引资热情。

三、禹城市招商引资，对外开放所存在的不足

2010年，禹城市委、市政府组织148人党政考察团到临沂、枣庄、济宁、菏泽、聊城5市的10个县市参观学习，同行各级干部一致认为，禹城市还存在着实实在在的三点差距。

（一）立市的财源支撑项目少。菏泽的单县、巨野，2005年财政收入不到禹城的60%，2010年几乎是禹城的2倍；兖州、滕州、茌平是全国百强县，都有强大工业支撑。兖州太阳纸、华勤集团，2010年销售收入分别为200亿元、152亿元。济宁汶上3年时间山东省排名上升42个位次。这些成果，靠的是解放思想，真抓实干，借助外力，加快发展。而禹城与之相比，还有不小差距。

（二）基础设施建设相对滞后，与招商引资竞相发展要求不相适应。禹城高新区基础设施建设正在起步阶段，今后还有大量工作，蒸汽、自来水等生产要素尚未解决，主框架道路仍不完善。而禹城西区则有待于进一步改善和加强管理。

（三）个别职能部门服务水平还有待于改进和提升。外商投资项目就好比嫁到“婆家”，整个大家庭成员都应使其感受到家的温暖；而现实还存在一些领导热、基层冷现象，个别单位中层干部，工作推诿扯皮。别说外商有反映，就连我们专业招商队伍也时有遇上，外出招商坐几次“冷板凳”，想到肩负的责任还能“忍辱负重”。但在家乡为招商项目落地，在兄弟单位坐“冷板凳”，令人心寒，更重要的是外商由此会怎么看禹城。

以上这些，需反思、借鉴、改进，在今后工作中用心领会，用心把握，用心落实。

四、对禹城市招商引资，对外开放的六点建议

（一）在解放思想上，重抓落实。一是对高回报的市外项目，敢于配套优惠政策，“放水养鱼”，培植新的支柱财源企业。二是引导全市企业家立足大发展，让权让名让利，采取各种方式吸引外资，做大做强。三是教育各级干部树立新的荣辱观。“以干事创业、奋勇争先为荣，以畏难平庸、碌碌无为而耻”，让实干者得实惠，有为者有位子，激励各级干部扑下身子，想干敢干，苦干实干。四是要扎实推进“三抓三上”活动。禹城发展人人有责，举全市之力，聚全民之智，拼上三五年，一定会创造一个实实在在、实实惠惠的局面。

（二）在工作思路上，精心谋划。一是抓重点企业。围绕“生物产业、机械装备”两大基地膨胀，集中力量，重点出击，把主攻点放在对接中央、对接世界500强、行业排头兵企业上。二是抓重点区域。以长三角、珠三角、环渤海、半岛蓝色经济区四大区域为重点，搜索招商信息，划区蹲点，上门招商。三是抓重点机遇。盯紧深圳和日资、韩资电子产业向内地转移，济南市城市改造企业拆迁外搬，南方上市企业布点扩张等机遇，各种形式，全力推介，引进一批“大高名外”项目。四是抓重点产业。学习借鉴兰山区模式，精心策划一产业

图 5-2-7　招商引资项目签约仪式（2004 年 2 月摄）

园区，争取上级扶持政策。

（三）在机制完善上，强化延伸。继续坚持招商引资与高新区建设同步，从合同签约到项目落地建设，一个口管理，一条线服务。在人、财、物，尤其政策方面，继续给予高新区高度倾斜，调动各方面积极性，确保各项工作决策快捷、高效运转、迅速提升。

（四）在整合资源上，把握关键。一是充分发挥企业家在招商引资中主体作用，用足用好现有骨干企业资源，动员他们积极为家乡建设"穿针引线"，为禹城发展献计献策。二是引导企业家围绕各自产业链条和发展战略，主动与国内外大企业对接，通过合资合作尽快做大做强。三是切实加强专业招商队伍建设。招商谈判不是"纸上谈兵"，要有真才实学，不但挖掘智商，还要运用情商。舍得把优秀干部向招商一线倾斜，创造学习条件，提高业务水平。对有价值投资信息，坚持专业招商队伍攻关落实。四是对涌现出招商引资先进典型，尤其是企业家，在物质奖励、享受相关政策同时，大张旗鼓的总结宣传。

（五）在优化环境上，"软硬"并举。吸引外商投资，先决条件是有适合企业发展载体，积极因素是政府的高效服务以及安定和谐的人文环境、公平公正的法制环境等。硬件方面，要高起点长规划，高标准、大投入"建好新区、扮靓老区"。规划也是生产力。

高新区内的一些区位优越地块，要下决心预留出来，坚定信心放一些高投入、高科技、高附加值的税收过亿元项目。哪怕"闲"上两年，也要"安"个财神。软件方面，要下大气力抓好禹城市各级党员干部，尤其是各职能执法部门思想作风整顿，以人为本抓教育，以点带面树典型，以党风带政风，以政风带民风，切实让外商亲耳听、亲眼见、亲身体会到禹城的新风正气。可以创造机会，搭建交流平台，让职能执法部门干部到招商岗位体验外出的"酸、甜、苦、辣"，使其在思想深处受到感化，在具体行动上转变作风。再是，在抓教育同时，对发生"三乱"问题和破坏投资环境行为，不管涉及什么部门、什么人物，一律严查到底。谁影响禹城发展，就砸掉谁的饭碗。

（六）在对外开放上，和谐八方。经济全球化的今天，对外开放就是推进发展。对外开放需要建立有效的合作渠道，利用一切可以利用资源，不拘一格建立各种载体。一是充分挖掘人脉资源。积极联系同乡会、各类经济协会、商会等组织，通过他们搭建桥梁，推动工作。二是开展各种推介活动。在重点区域，分别召开投资恳谈会，与外商面对面深入宣传推介禹城，寻找合作切入点。三是充分利用区域合作。尤其"长三角""珠三角"等四个重点区域，以区域合作、友好县市、产业对接为纽带，让更多企业家了解熟知禹城优势。四是聘任招商代理。培养聘任一批经济实力雄厚、政治素质高、产业行业的"带头人"，担任禹城市经济顾问或招商代理，打造一支新生力量。

第六篇

高新技术产业开发区

禹城高新区辖51个行政村，总规划面积68.15平方公里，聚集禹城90%以上工业企业。1999年，开始筹建。2002年，被山东省人民政府批准为省级高新区。2003年2月，科技部批准建立国家火炬计划生物技术产业基地。2008年，成为国家高技术（生物）产业基地核心区。先后荣获全国百佳科学发展示范园区、山东省最佳投资园区、山东省生态经济十佳开发区、山东省县域经济十大规模企业聚集园区等荣誉称号。

培植形成生物、装备制造业两大主导产业和新能源、新材料、高档纺织、绿色食品四大特色产业。初步形成以功能糖、生物制药、羊绒精纺、机械制造等为主的高新产业群体，产业体系完善，高新技术特色明显。

至2010年底，入区项目达127个，其中省级以上高新技术企业达23家，国家级高新技术企业6家，拥有山东省著名商标14个，山东名牌17个，4个项目被列入国家“863” 计划。25家企业生产出35种高新技术产品，其中3种居国际领先水平，12种达到国际先进水平。

第一章　高新区建设

第一节　区位区域

禹城高新技术产业开发区（以下简称禹城高新区）位于禹城市区东部。1999 年，市委、市政府开始筹建开发区，规划面积 3.5 平方公里。2002 年 9 月，从禹城市中街道办事处划入 18 个村，规划面积达到 12 平方公里。2006 年 5 月，第二次从市中街道办事处划入 9 个村，行政村达到 27 个，规划面积达到 20 平方公里。2010 年初，根据德州市委关于发挥示范引领作用重要指示，市委、市政府把高新区“二次创业”作为全市经济发展一号工程，再次从市中办划入 26 个村。成为国家高技术（生物）产业基地核心区、全国百佳科学发展示范园区、山东省最佳投资园区、山东省科技兴贸出口创新基地、山东省生态经济十佳开发区、山东省县域经济十大规模企业聚集园区。

禹城高新区地处环渤海经济圈，是山东省省会济南“卫星新区”。距济南国际机场 40 公里、德州海关 60 公里、天津港 270 公里、北京 350 公里、成为鲁西北重要交通枢纽。半小时经济圈辐射到济南、济南遥墙机场，四小时经济圈辐射到北京、青岛，城区七纵十横一环道路交通网络与高速公路、国道、省道相连，交通便捷。

山东省和德州市领导重视禹城高新区建设。全国人大常委会副委员长兼秘书长、原山东省委书记李建国，省委书记姜异康，省委副书记、省长姜大明，济南市人大常委会主任、原德州市委书记雷建国，德州市委书记吴翠云，德州市委副书记、市长陈先运多次到高新区检查指导工作，并提出许多指导性意见，促进高新区发展、壮大。

第二节　管理机构

2004 年 12 月 14 日，德州市机构编制委员会审核批准《禹城高新区管委会职能配置内设机构和人员编制规定》，管委会设办公室、招商局、规划建设局、财政局、经济发展局、科学技术局。2005 年年底，德州市委、市政府调整高新区管理体制，成立新的禹城高新区管理委员会，作为市政府派出机构，统一协调园区建设和发展，管委会下设办公室，为高新区管委会常设办事机构（高新区综合办）。禹城高新区自挂牌以来，管理体制几经

图 6-1-1　高新技术产业开发区揭牌仪式（2004 年 12 月摄）

调整。成立之初，按照德发〔2004〕15号文件规定，享有编制规划、项目审批、财政税收、技术监督、涉外事务、城市建设管理以及房产、环保、工商、统计等方面的市级管理权限。2010年3月，市委、市政府实施高新区“二次创业”，明确党工委、管委会下设“一街两办四局一公司”（东城街道、综合办公室、项目办公室、招商一局、招商二局、经济发展局、规划建设局、高新区城乡建设开发投融资公司），其中东城街道按乡镇职级配备，归高新区直接管理。

第三节 基础设施建设

市委、市政府出台政策不断加强基础设施建设。基础设施投入由1999年的1200万元累计增加到2010年的9亿多元，基本实现“七通一平”。修建道路30580米、绿化408496平方、亮化25540米，修建排污管网18160米，供水2080米，供热11340米。2010年，禹城市财政投入8000多万元，规划建设京福高速以东、总长6.5公里的创业街、创新街、振兴大道3条高标准主干道。

一、“七纵十横”道路网

区内道路20条，总长度37.6千米。其中：主干道纵向2条（迎宾大道、东外环）、横向4条（富华街、汉槐街、南外环、北外环），次干道纵向4条（东二环、东三环、东四环、东外一环）、横向5条（工业园路、德信大街、友谊街、汉槐街延长线、彭南路），村村通公路2条（东街延长线、逸仙路），新建3条（创新街、创业街、振兴大道）。

二、排污管网

园区内（沿友谊街、富华街、迎宾大道、汉槐街、东四环富华街以南、东外环、德信大街、外一环、二支沟主管道、外一环、东三环）有12条工业废水排污管道，总长度26.8千米。

三、道路绿化、美化、亮化

绿化道路10条（迎宾大道、北外环、东外环、南外环、彭南路、德信大街、东三环、东外一环、汉槐街、富华街），绿化面积81.2万平方米。建成区12条道路安装路灯，5条道路（富华街、迎宾大道、德信大街、汉槐街、东外环富华街至德信大街段）正常照明。

四、落实硬件管护责任

区内道路保洁、绿化维护、损坏维修分别由高新区、城管局负责落实（其中迎宾大道、东外环、北外环、南外环、富华街由城管局负责，其余15条由高新区负责）；排水管道，由高新区负责；路灯及电力管线，由电业局负责；天然气，由天然气公司负责，主管道横跨高新区北部，能满足高新区内企业用气需求；给水，由禹城市自来水公司负责；供热，由新园热电厂负责。

第四节 科技人才建设

禹城高新区突出“高新技术、自主创新、知名品牌、循环经济、节能减排、环境保护”六大亮点，国家糖工程技术研究中心、国家功能糖公共实验室等6家国家级、9家省级科研机构相继落户高新区。与中科院、清华大学、北京大学等40多家大专院所合作，建有保龄宝、禹王、龙力3家博士后工作站。保龄宝、通裕、禹王、龙力、福田等20余家骨干企业先后承担国家“863”计划、国家科技攻关计划14项，完成科技成果136项，拥有10个国家级新产品，主持和参与制定15项国家标准。2008年1月，荣获山东省首批科技兴贸出口创新基地。

一、科技投入

禹城高新区采取市场化运作方式，形成以政府投入为引导，以企业投入为主体，以银行投资为支撑，以社会投入作补充的多元化投融资机制。禹城市财政每年拿出当年财政预算支出的 1.8% 作为科技三项经费，用于全市科技攻关项目补助和科技成果奖励；每年最少拿出 300 万元科技专项资金，用于高科技项目启动和运作。重视鼓励企业建立科技开发基金，用于新产品研制开发；采取研发前补助、达产后奖励等多种措施鼓励研发高科技产品，引导企业加大科技投入，一般科技型企业科技投入平均达到当年销售收入的 4% 以上，重点高新技术企业科技投入占到年销售收入的 6%—8%。

二、专业技术人员引进

充分发挥政府职能，“筑巢引凤”，建立禹城市直部门、高新区、企业“三位一体”的人才工作领导协调小组，出台《关于进一步优化人才工作环境，加快高新技术企业发展的实施意见》，打破户口、学历、资历界限，在就业岗位、工资待遇、政治升迁、子女入学、生活习惯等方面提供宏观政策保障。

三、项目建设

对项目落地实行一站式、保姆式服务，对重大项目洽谈、审批、建设和运营实行“绿色通道”，切实推进项目顺利实施，推行领导干部帮包项目责任制度和一线工作法，每周调度一次，每周汇总一次，对项目建设过程有效帮扶监管，促使项目早开工、早投产、早见效。

第二章　园区产业

1994 年，禹城市生物产业和高新技术产业开始起步。热电厂 500 吨木糖项目投产，填补省内木糖生产空白。禹王制药公司被省科委认定为省级高新技术企业，成为德州市唯一一家省级高新技术企业。“九五”(1996—2000 年)期间，生物产业初具规模，形成以环宇集团、木糖醇厂、东方集团、禹王集团为代表的产业群体。人造板产能由 2 万立方米发展到 10 万立方米，机械装备工业由过去以农机具和配件为主，开始向高端产业转型。“十五”(2001—2005 年)期间，全市弘扬“宵衣旰食、殚精竭虑”精神，狠抓工业生产，加速主导产业和高新技术产业发展。轻工业相继投产玉米深加工、大豆深加工、功能糖、人造板、饲料、奶制品、羊绒半精纺等项目。重工业重点发展通裕重工、恒特重工为代表的装备制造业和神力机械、鲁银粉末冶金、三阳汽车配件、榕盛钢铁、新园热电、光能热电等企业。2006 年，山东省政

图 6-2-1　省级高新技术产业开发区　(2006 年摄)

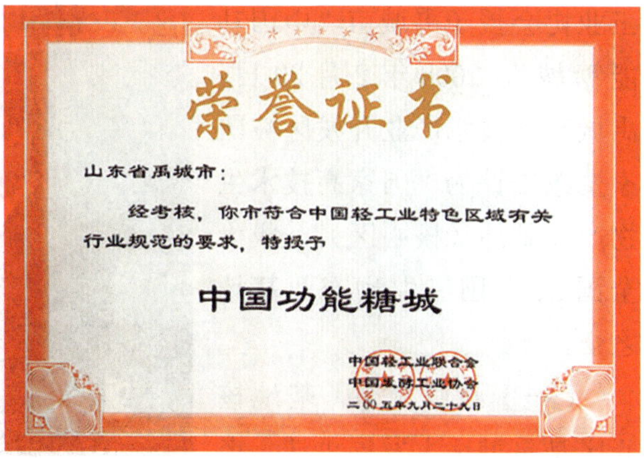

图 6-2-2　“中国功能糖城”荣誉证书　(2005 年 10 月摄)

府把功能糖产业列入重点扶持的十大高新技术产业之一，以功能糖和大豆深加工为主的生物产业成为禹城市第一大产业。人造板产能继续扩张，羊绒半精纺企业迅猛增长。禹城市主导产业初步形成，企业科技含量不断提高，高新产业优势明显。高新技术占比达到42%，科技进步对经济增长贡献率达到56%。

禹城市按照“规模优势明显、产业特色突出、创新创业活跃”的原则，先后投资5.6亿元，完善基础设施配套，建6个产业。总结概括为“2+4”。2010年，生物产业实现销售收入120亿元，装备制造业实现销售收入95亿元，分别占全市规模以上工业销售收入的1/3、1/4，两大产业占到58%。新能源产业14亿元，高档纺织18亿元，绿色食品40亿元，新型材料28亿元。以高新产业为主，初步构建形成以生物技术，机械装备，纺织服装，绿色食品为主导产业的综合性科技园区。聚集成长型、创新型、科技型企业213家，技工贸收入突破100亿元。

第一节　生物产业

一、发展概况

禹城生物产业起步于20世纪90年代初，经过20多年积累发展，2005年9月29日，中国轻工业联合会、中国发酵工业协会授予禹城市“中国功能糖城”。2008年2月29日，禹城高新技术产业开发区被国家发改委评为“国家高技术生物产业基地（核心区）”，成为全国22个国家生物产业基地之一。

（一）组织领导。基地核心区是禹城重大发展机遇。市委、市政府成立以市长任组长，三名副市长任副组长，相关部门主要负责人为成员的基地建设领导小组。打造全国生物产业高地，制定规划，出台发展政策，加大调度力度，保障基地建设顺利推进。

（二）建载体平台。把基地建设与高新区发展相结合，加大基础设施投入，提高承载能力。2010年，实施高新区“二次创业”工程，向京福高速以东拓展28平方公里，总面积达到48平方公里。

（三）加快企业膨胀。坚持“发展工业头等大事、企业地位至高无上、服务企业义不容辞”，筛选优势骨干企业重点扶持，实行市级领导、部门分包企业机制，建立帮扶企业和项目两个工作日制度，“双入同奖”政策发展企业：奖收入，企业税收与地方财政收入增长同步的，新增部分一半奖励企业；比地方财政收入超增的，超增部分全部奖励企业。奖投入，年内完成固定资产投入过2000万元的新上项目，给予法人代表奖励。

（四）加大推介力度。2010年参与承办第四届全国生物产业大会，参加全国工业生物技术创新联盟大会等重大活动，扩大影响，提高知名度。

图6-2-3　“中国功能糖城”授牌仪式暨新闻发布会　（2005年11月摄）

图 6-2-4　经济社会成就展厅　（2009 年 11 月摄）

二、农业生物产业建设

1996 年在福田公司首次实现工业化生产。经过多年发展，形成以保龄宝、福田、龙力、绿健、百龙等企业为代表的产业群体，以低聚糖、低聚木糖、木糖醇和麦芽糖醇为主导的产品体系。推行清洁生产，综合循环利用，培育形成玉米（芯）、大豆、林木资源三大特色循环经济产业链条。龙力公司纤维乙醇项目，在国内率先实现工业化生产，解决纤维乙醇生产与民争粮、与粮争地问题，被国家发改委评为生物质工程高技术产业化示范项目。

（一）利用品牌扩大产业影响。龙力纤维乙醇、保龄宝膳食纤维等被评为国家级重点新产品，龙力低聚木糖醋被国务院机关事务管理局指定为专用产品。生物企业与可口可乐、卡夫、雀巢等跨国公司、知名企业建立长期合作关系。

（二）项目建设，膨胀产业规模。发挥基地品牌、资金、政策、技术、人才等综合优势，吸引外地企业投资。禹城市实施工业项目 92 个，其中生物产业项目 20 个，总投资 40 亿元，过亿元 13 个。投资 8.5 亿元的山东瑞安生物科技公司生物科技产业园、绿健公司投资 6.2 亿元的生物制药、江苏天绿公司投资 5 亿元的原料药、百龙创园投资 4.3 亿元的虾青素乳油等一批重大项目。项目建设促进产业规模不断壮大。功能糖产业，规模以上企业达到 10 家，年综合产能达到 100 万吨，产销量占国内市场的 85%，国际市场的 30%。大豆生物产业，打造“非转基因”中国大豆品牌，成为全国重要的低温豆粕加工基地和大豆蛋白生产基地。生物基材料，年产各类环保型木基材料 200 万立方米，占国内产能的 15%。

2009 年 8 月 28 日，保龄宝成功上市，成为全国功能糖行业第一股。禹城市被评为“山东省功能糖优质产品生产基地”，功能糖产业被省委、省政府列入“十一五”重点发展十大

图 6-2-5　保龄宝公司上市仪式　（2009 年 8 月摄）

产业之一，进入“中国县域产业集群竞争力100强”。2010年6月，第四届中国生物产业大会在禹城市举办。2010年，功能糖产业产值占全市工业总产值比重达到32%。禹城发展成为全国规模最大、品种最多、市场占有率最高、品牌知名度最好的功能糖生产研发基地。

三、打造“生物谷”

禹城市发展企业群体，加快产业聚集，构建产业聚集地。2010年年底，全市有各类生物技术企业38家。其中国家级高新技术企业6家，全国葡萄糖行业20强企业3家，中国制造业500强企业2家，农业产业化国家重点龙头企业1家，上市公司2家。行业从业人员9500人，各类技术人员1960人，其中研发人员640人。主导产品低聚木糖、木糖醇生产能力居世界第一，低聚异麦芽糖亚洲第一，大豆蛋白、生物基材料全国第一。

（一）生物制造。糖工程：禹城是中国轻工业联合会、中国发酵工业协会在国内唯一命名的“中国功能糖城”，聚集功能性糖醇生产企业10家，产品涉及低聚异麦芽糖、水溶性膳食纤维、共晶体木糖醇、低聚木糖、纤维乙醇、结晶果糖等8大系列60余个品种，总体产能达到90万吨。建有国家糖工程技术研究中心（保龄宝、福田、龙力三个分中心）、国家功能性糖类公共实验室、国家级重点实验室、全国低聚糖质量检测中心、全国木糖醇分析检测中心、全国功能糖产业协作秘书处、博士后科研工作站、山东省功能糖工程研究中心、山东省低聚糖研究所、山东省木糖醇研究所等省级以上研发检测机构10个，主持制定低聚异麦芽糖、果葡糖浆、木糖、木糖醇、低聚木糖、结晶麦芽糖醇10项

图6-2-6　保龄宝院士工作站（2010年摄）

国家和行业标准，并参与30余项功能性糖（醇）类产品的国家和行业标准制定。

1. 大豆生物工程：禹城市建有山东省大豆生物工程研究中心，是亚洲质量最好、规模最大的低温豆粕加工基地和国内最大的大豆蛋白生产基地。禹王公司年生产低温豆粕18万吨，国内市场占有率60%，大豆蛋白7万吨；金冠公司年产大豆分离蛋白1万吨。

2. 微生物制造：产品涉及6大系列，产能3000吨。禹王公司在北京建有禹光生物科学研究中心，成功培育出那他霉素、尼生素、辅酶Q10和聚赖氨酸等菌株，多项产品获得国家发明专利；龙力生物与山东大学共同研发的

图6-2-7　大豆蛋白产品（2009年11月摄）

山东省科学技术奖

证　书

为表彰山东省科学技术奖获得者，特颁发此证书。

项目名称：玉米芯酶法制备低聚木糖工业化生产的研制与开发

奖励等级：贰　等

获 奖 者：李万寿（第捌位）

类　　别：科技进步奖

2002年09月

证书号：K2002-2-18(2)-8

图 6-2-8　玉米芯酶法制备低聚木糖获山东科学技术二等奖（2002 年摄）

高活性纤维素酶制造方法获得国家科委科学进步奖发明类一等奖、国家技术发明四等奖，建成全球首条酶解工业纤维废渣制取乙醇生产线，玉米芯酶法制备低聚木糖获国家技术发明二等奖。

（二）生物医药。禹城市拥有禹王制药、华禧药业、均益药业、龙力药业等 6 家生物医药企业，产品涉及 5 大系列、50 多个品种，多烯康胶丸、西沙比利、那格列奈等产能 10 亿粒。禹王制药和华禧药业分别在北京设立研发中心，在海洋药物、创新药物方面具有较强技术优势。

1. 海洋药物：禹王制药公司原料药精制深海鱼油加工能力 3000 吨，“忘不了”3A 脑营养胶丸、多烯康乙酯胶丸、DHA、EPA 标准品是国家级新产品，其中“忘不了”3A 脑营养胶丸是以海产鱼油中提取精制而成。主要成分二十二碳烯酸和二十碳王烯酸，在人体内具有明显的生理活性。治疗中老年人心脑血管疾病有显著的疗效，促进人的大脑进化，增加大脑记忆有重要作用。同时，具有降血脂、降胆固醇、防治动脉硬化、抗血栓、防治冠心病、脑血栓等副作用。研究成果达国内领先水平。是中国学生营养与健康促进会连续 11 年向全国中学生唯一推荐的保健食品。生产的“多烯康胶囊”，采用鲭鱼油、沙丁鱼油和马面鱼油强皂化，甲酯化浓缩精制并加入适量稳定剂而制成。其主要成分是二碳五烯酸（EPA）和二十二酸六烯酸（DHA），（EPA+DHA）含量为 70%—75%，降低血清甘油三酯总有效率为 86.5%。降血清总胆固醇有效率为 68.8%，可显著抑制血小板聚集和延缓偏头疼，明显防治关节炎、支气管哮喘、糖尿病、雷诺氏现象，而且开发儿童智力、增加老年人记忆力。该技术国内领先，省内独创。

2. 创新药物：禹王公司禹光生物研究中心利用生物基因技术，研制出多项国际、国内领

图 6-2-9　“忘不了”3A 脑营养胶丸（2010 年摄）

先技术成果：生产的河豚毒素（TTX）可代替吗啡、可卡因、杜冷丁等依赖性药物；老年痴呆诊断试剂是国内首创技术；超氧化物歧化酶（SOD）获得基因序列保护、工程菌保护和生产工艺保护专利；重组人白细胞介素－18、白细胞介素－6均获得专利，产品达到产业化生产水平。保龄宝公司L－谷氨酰胺原料药、福田药业E967原料药是国家级新产品；华禧药业公司伏立康唑、培美曲塞原料药为国家三类新药。

（三）生物能源。以玉米芯废渣生产纤维燃料乙醇取得重大进展，利用现代生物酶解工业纤维废渣生产乙醇技术属国际首创，龙力公司实施万吨酶解工业纤维废渣制取乙醇高技术产业化示范工程项目，年产5万吨燃料乙醇项目。新园热电有限公司生物质综合利用示范项目是山东省首个生物质综合利用项目，循环流化床生物质特种锅炉项目被国家发改委批复为CDM项目；贺友集团利用人造板废料余热发电和木粉代煤供热年替代标煤14万吨。禹王、福田等企业新上沼气发电项目。

（四）生物化学。禹王化工分公司于1999年7月建立，是全国胶粘剂工业协会理事单位。主要生产各类胶粘剂、化学试剂、内外墙乳胶漆三大系列产品。其中7个产品替代进口。“禹王牌”系列胶粘剂是山东省著名商标，全国知名品牌。

海河生物制剂有限公司是一家集高科技产品研发、生产、销售为一体的生物制剂企业。主要生产肌醇、可溶性玉米蛋白粉，植酸乳酸和磷酸氢钙等产品是医药、功能性食品和饲料的添加剂。

四、创建“中国功能糖城”

禹城主要依靠规模、科技、品牌、质量、市场、管理6方面优势，创建“中国功能糖城”。

规模优势：保龄宝、福田、龙力、绿健、金田5家企业分别是国内较大的低聚糖、木糖醇、低聚木糖、麦芽糖醇、益寿糖生产企业。

图6-2-10　禹城被授予山东省优质功能糖生产基地（2009年12月摄）

木糖醇及衍生产品生产能力达到10.5万吨，低聚糖系列产品生产能力达30万吨，低聚木糖及衍生产品生产能力达9.5万吨。

科技优势：与中国科学院、中国农科院、中国发酵工艺研究院等40多家科研机构、高等院校建立紧密合作关系。与山东大学合作建立“国家糖工程技术中心”，保龄宝公司设立博士后工作站和国家级企业技术中心。禹城市功能糖产业拥有省级以上研发中心14处，其中国家级研发中心6处。龙力公司与中国农业大学联合开发的“玉米芯酶法制备低聚木糖技术”荣获国家技术发明二等奖，发酵法生产纤维乙醇项目获山东省技术发明一等奖。与中石化合作建设的燃料乙醇项目通过国家能源局审核，并上报环保部。福田药业自主研发的“高纯度结晶果糖制备技术”等多项成果通过省级鉴定。

品牌优势：保龄宝、福田、龙力3家企业均为国家级重点高新技术企业、全国食品添加剂百强企业、全国食品工业优秀龙头企业。“龙力”“保龄宝”“福田”“忘不了”商标荣获中国驰名商标，“保龄宝”低聚糖荣获中国名牌产品，“保龄宝”“龙力”“福田”被认定为山东著名商标，“保龄宝”淀粉糖、“福田”木糖醇、“龙力”低聚木糖、“绿健”麦芽糖醇、“龙力”木糖醇被评为山东名牌产品。

质量优势：IMO900异麦芽低聚糖、赤藓糖醇、高纯度木糖醇、共晶体木糖醇等多种产品填补国内空白，质量稳居国内、国际领先水平。其中，木糖醇质量全部达到英国药典BP98、美国FFC和USP标准。

市场优势：随着产品知名度和美誉度不断提升，禹城市功能糖企业与可口可乐、雀巢、娃哈哈、乐百氏等多家跨国公司、知名企业建立长期合作关系，产品销往美国、日本、英国等50多个国家和地区。

管理优势：功能糖龙头企业（保龄宝、龙力、福田）全部通过ISO9001-2000、ISO14001、HACCP、GMP等国际标准体系认证。

功能糖产业的发展，促进禹城市产业结构优化升级，拉动相关产业发展，带动农业增效和农民增收，推动劳动力转移，增加社会就业，取得显著经济、社会和生态效益。

带动上游，激发农民种粮积极性。禹城市功能糖生产企业年消耗玉米100万吨、玉米芯50万吨，带动周边优质玉米种植300万亩，同时也催生大批玉米、玉米芯收购专业户及运销大户，仅玉米芯一项，每年拉动农民增收1亿元。

随着产业链条不断延长，拉动生物化工、生物医药、生物能源、生物材料等产业发展，带动下游，催生一批相关企业。

图 6-2-11　“福甜”牌木糖醇产品（2009年摄）

功能糖企业发展壮大，不仅接收大批大中专毕业生和技术工人，同时也促进大批农村劳动力转移，促进城乡一体化进程。行业就业人员达20万人以上，增加就业，创造大量就业机会。

农民种植玉米→玉米、玉米芯生产功能糖→废渣生产纤维素乙醇，或用于生物质发电，或栽培食用菌→废物作为肥料还田，促成工农、城乡之间循环产业链，推动循环经济发展，生态环保，实现资源循环利用。

功能糖企业高技术发展之路，在禹城市工业领域产生极大示范、引导效应，全市工业企业抓技改、搞创新、求发展热潮持续高涨。2010年，禹城市有省级以上高新技术企业23家，其中国家级6家，高新技术产业产值占工业总产值比重达到42%，工业结构极大优化，发展潜力明显增强，促进工业结构优化升级。

五、功能糖系列产品

禹城市功能糖产业产品有8大系列60多个品种。保龄宝公司主导产品:高果糖、低聚糖、赤藓糖醇、氨基酸等；龙力公司主导产品：低聚木糖、淀粉糖、纤维乙醇;福田公司主导产品:多元糖醇、麦芽糖醇、山梨醇等。功能糖系列产品功效日益凸显，越来越被人们所认可。仅以低聚木糖和低聚果糖为例：

（一）低聚木糖。

高选择性增殖双歧杆菌。功效是其他聚合糖类的20倍，不易被消化吸收而直接进入大肠内优先为双歧杆菌所利用，快速增殖人体有益菌，并抑制其他有害菌衍生，繁衍。

不影响血糖浓度、胰岛素水平。不形成脂肪沉淀。用唾液、胃液、胰液和肠液进行的消化实验表明，多种消化液几乎都不能分解低聚木糖，其能量几乎为零。既不影响血糖浓度，也不增加血糖中胰岛素水平，并且不会形成脂肪沉淀。特别适合糖尿病、肥胖症、高血压等患者食用。

提高免疫调节能力。低聚木糖增殖的双歧杆菌能分解致癌物 N- 亚硝酸胺。双歧杆菌及其代谢产物通过诱导产生干扰素和促细胞分裂剂，活化 NK 细胞并促进免疫球蛋白抗体的产生，从而活化巨噬细胞的功能，提高机体免疫力，增强抵抗癌症的能力。

降低胆固醇。经人体实验证实每天摄入 5—10g 低聚糖类 2 周至 3 个月，总血清胆固醇可大幅降低。

保护肝脏功能。实验表明，让一个 69 岁患有肝硬化的老年病人每天摄入低聚木糖 3g，大约 5 天后其肝昏迷和便秘症状有所缓解。

降低血压。高脂血患者每日摄入 3.0 克低聚木糖，其心脏舒张压平均下降 799.8 帕，空腹时的血糖值也有所下降，但不很明显。

（二）低聚果糖。

低聚果糖（益生菌增长剂），又称寡果糖或蔗果低聚糖，一种不被人体消化吸收，直接到达大肠，在肠道内迅速增殖双歧杆菌的益生菌增长剂，又称双歧因子。随着益生菌概念的广泛认知，儿童摄进低聚果糖，在改善儿童肠道健康、增强机体免疫力和促进儿童生长发育方面起着重要作用。

低聚果糖因其独特的生物结构和生理功能，区别于一般的益生菌活菌补充剂，不会被抗生素抑杀，与抗生素同用可有效地防止抗生素引起的肠道菌群紊乱等很多不良反应，故称抗生素的好伴侣。

促使双歧杆菌增殖。双歧杆菌在肠道内数目越多越好。摄进低聚果糖可以促使双歧杆菌保护肠道菌群平衡。科学研究表明，肠道菌群紊乱会引起腹泻，腹泻也会导致肠道菌群失调，二者互为因果。因此，口服低聚果糖，可调整肠道菌群而防治腹泻。

防治热气和上火。人体天天摄进 3—6 克低聚果糖，3 周之内，即可减少 44.6% 有毒发酵产物和 40.9% 有害细菌毒素的产生。从而减少有毒代谢物引起的热气或上火、口臭、口苦等现象。同时减轻肝脏的解毒负担，起到保护肝脏的作用。

营养作用。在肠道内可以自然合成维生素 B1、B2、B6、B12、烟酸及叶酸，从而提高人体新陈代谢水平，改善肠道功能，提高免疫力和抗病力，减少口腔溃疡的发生。

促进人体吸收矿物质。低聚果糖在大肠内被细菌发酵生成 L- 乳酸，可以溶解钙、铁、镁等矿物质，促进人体吸收矿物质，低聚果糖促进钙的吸收率达 70.8%。因此，低聚果糖可以促进儿童生长发育。

防止便秘。低聚果糖在肠道内通过双歧杆菌发酵，会产生大量的短链脂肪酸，这种脂肪酸能够刺激肠道蠕动、增加

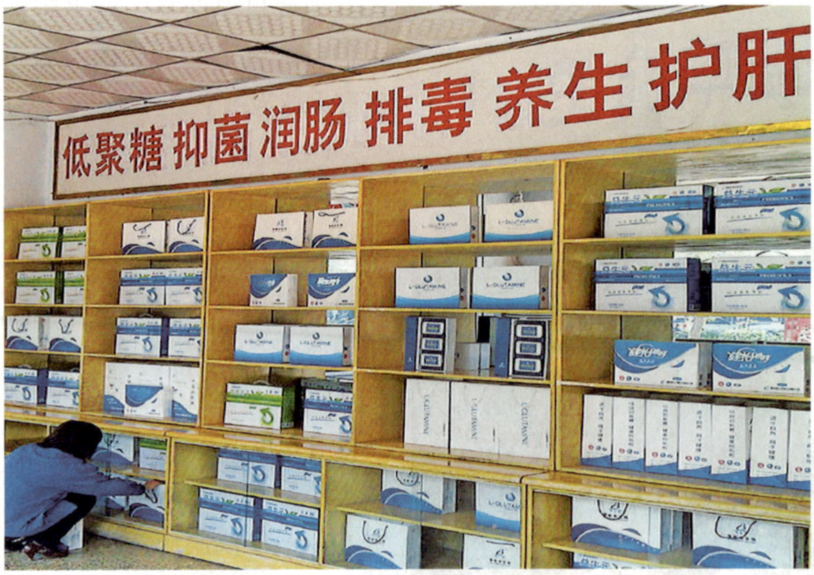

图 6-2-12　保龄宝公司低聚糖展柜（2010 年摄）

粪便湿润度并保持一定的渗透压，从而防止便秘。

防止龋齿。低聚果糖不能被突变链球菌利用生成不溶性葡萄糖而提供口腔微生物沉积、产酸和腐蚀的场所。因此，可以防止蛀牙。

降低血脂。摄进低聚果糖可降低血清胆固醇水平。每天摄入6—12克低聚果糖，持续2周至3个月，总血清胆固醇可降低20—50dl。

第二节　重型装备制造业

一、发展概况

禹城装备制造业，开始于1991年司兴奎领办的禹城通用机器厂（后更名为通裕重工）。2001年，王志恒领办的“禹城神力液压机械有限公司”成立，专门从事挖掘机生产。2010年下半年，迈特力重工启动建设。2010年，装备制造业实现销售收入95亿元，占全市规模以上工业销售收入的1/4。

（一）通裕重工。1991年，时任禹城通用机器厂厂长的司兴奎带领团队外出考察，回来后上马3150吨油压机。创造当年建厂、当年见效、当年把产品打入国际市场的奇迹。1996年，到张家港学习，增上球墨铸铁管管模项目。经过三年研发攻关，使管模产品形成系列化、产业化。2000年，升级改造3150吨油压机，增上一台1250吨油压机，管模产品打开销路，供不应求。2001年，扩建加工车间，提升企业生产能力和市场竞争力。2002年投资4000万元，更新燃气炉及其设施。铺设20千兆的天然气网，在同行业内率先实现清洁生产。引进十几名高级专业技术人才，提高团队整体素质。先后研发球墨铸铁铁管管模，数控电梯导轨刨床等国家重点新产品，并多次攻克大管模套料技术难题。2003年，企业先后获得国家重点新产品5项，国家专利技术14项（其中发明专利10项）。自主研发的球墨铸铁管管模、数控电梯导轨刨床、25兆数控校直液压机、大型电渣重熔钢锭、MW级风电发电主轴、超高压锻造大直径特厚壁无缝钢管等高新技术产品，均填补国内空白。2010年7月投产见效的120WN数控自由锻压力机，是国内第四台、省内第一台大型压力机。

（二）恒特重工。由王志恒创办。1992年，在家电维修部基础上，成立“禹城液压机械制修厂”。在拖拉机前面安上一个小铲斗，改造成小挖土机。1997年生产6台，2000年生产70台，企业进入良性循环，越做越大。2001年，更名为“禹城神力液压机械有限公司”。投资200万元，增上挖掘机生产线。盖办公大楼，提高知名度，树立起企业新形象，产品出现供不应求。2003年，产值、利润、上交税金三项指标翻番。

至2005年，公司产销HT120、HTC100、HT80、HT70等十几个型号的恒特牌0.5立方米履带式和轮式液压挖掘机达到600台。2006年投资300万元，在高新区建设恒特重工工业园，建4个上万平方米车间。2006年12月，在青岛即墨成立“力克川液压机械有限公司”；2008年年初，总公司投资2000万元，在青岛环海新材料工业园征地50亩，同年10月，综合办公大楼、双层车间建成。2009年，筹建凯锐斯通和福航环保项目。凯锐斯通是公司新投产的以生产各种液压多路换向阀、先导式比例阀、电磁阀、伺候阀等液压阀类产品为主的高新技术企业。为提升产品性能，公司购进具有国际先进水准的加工设备：美国哈斯转台分度器、加工中心、高精密数控机床、高密度无心磨、建立设施完善、检测齐全的检验室，拥有硬度计、测功器、启动测量仪，三坐标测量仪等先进检测设备。福航环保项目是由机械行业向环保科技领域延伸的一个跨越。项目投资5000万元，主要生产太阳能污泥干燥设备。

（三）迈特力重机。迈特力重机项目由济

南新吉尔科技有限公司投资建设。是一家集研发、制造、工程、维修改造为一体的专业化大型金属成型设备和重型数控设备制造企业。公司在济南建有两个大型生产制造基地，各种工艺装备齐全、设备精良，建有完善的质量保证体系及各种可靠的检测方法。公司产品及服务得到一汽汽车、上海通用及上海大众等汽车制造企业的认可与好评。

二、重型装备产品

（一）通裕重工的重型装备产品：球墨铸铁管管模、MW级风力发电机主轴、数控电梯导轨刨床、25MN数控校直液压机、大型电渣重熔钢锭、超高压锻造大直径特厚壁无缝钢管、120MN数控自由锻压机。特别是数控电梯导轨刨床，产品设计新颖，工艺流程合理，结构独特，性能可靠，操作方便。风电主轴，其锻造过程很好地控制金属的流动方向、保持主轴良好的纤维走向，与传统工艺相比，该工艺工序少，操作简单，效率高，使用性能特点突出。实现直驱风电机组关键部件国产化，总体技术达到国际水平。数控电梯导轨刨床，产品设计新颖，结构合理独特，性能可靠，操作方便，具有齐备的机床生产加工检测平台。具有批量生产的条件，填补国内高精度、高效率加电梯导轨设备的空白，产品居国内领先水平。

（二）恒特重工的重型装备产品主要：0.5立方米恒特牌HT120、HTL100、HT80、HT70等型号的履带式和轮式液压挖掘机、各种液压多路换向阀、先导式比例阀、电磁阀、伺候阀等液压阀类产品。

（三）迈特力重机重型装备产品：伺候压力机，大、重型机械压力机及自动化快速送料系统等，产品主要用于汽车、航天、兵器、轴承、五金等多制造行业。其中XH2125×40型动梁龙门镗铣加工中心，在技术性能、自动化程度等方面达到世界先进水平。

图 6-2-13　25兆数控校直液压机（2010年12月摄）

第三节　高档纺织

一、发展概况

禹城市毛纺织产业起步于1998年，由鲁银投资集团投资成立鲁银集团。（禹城）羊绒纺织公司是禹城市第一家羊绒纺织企业。2002—2006年是禹城市羊绒产业高速发展期，企业由原来鲁银1家发展到鲁银、德信、祥鼎、茂丰、瑞源等规模以上企业23家，规模以下企业82家，社会加工网点313个。羊绒纱生产能力由200吨增加到2.5万吨，毛绒服饰从10万件产能发展到800万件，成为禹城市支柱产业，形成毛纺织产业集群。

山东瑞源羊绒有限公司董事长李乃杰，首创半精纺羊绒纺纱工艺。全市拥有半精纺毛纱加工设备760台（套），毛绒服饰加工设备1500台（套），年设计生产能力毛绒纱线2.5万吨，毛绒服饰800万件。

2009 年 8 月获“中国半精纺毛纱名城”荣誉称号，2010 年 10 月，通过中国纺织工业协会复审。

印染工艺随之发展。禹城市祥鼎、鲁银、德信、新易丰 4 家企业印染设备先进、环保设施完备。

二、创建“半精纺毛纱名城”

禹城市之所以能获得“中国半精纺毛纱名城”的殊荣，一是有较大规模；二是有先进工艺优势；三是有较高知名度和影响力。经过不断发展壮大，禹城市半精纺企业形成集染色、纺纱、针织、后整理于一体的产业链条，总体生产能力和技术水平处于同行业前列。鲁银羊绒公司创造性的改造羊绒织条机等关键设备，使任意组培纺纱支数范围从 14 支扩大到 180 支，参与起草制定“中国纺纱行业半精纺毛针织纱标准”，结束半精纺行业无标准的历史。德信羊绒公司致力于高端产品研发，可生产各类混纺纱线百余品种，攻克“配色近似率”达 98%、绢丝纺纱支数实现 200 支两大技术难题。瑞源羊绒公司开发的狐狸绒内衣和貂绒混纺半精纺纱工艺获国家专利。祥鼎羊绒公司将紧密纺技术成功运用到半精纺纱线生产中，有效解决毛绒产品掸毛、起球问题、使产品的手感、色牢度等理化指标达到国际先进水平。

鲁银羊绒公司与日本、中国香港、欧美的 30 多个国家和中国地区建立长期稳定合作关系。德信羊绒公司生产的“德信”牌系列纱线和“dashing”高档针织服装，远销亚洲、欧洲的十几个国家和地区。

瑞源羊绒公司与皮尔卡丹、鄂尔多斯、金棒槌等国内知名品牌建立长期稳固的合作关系，并依托狐狸绒内衣和貂绒纺织工艺的专利优势，与新郎、红领等国内多家知名企业达成合作意向。

附：半精纺产业若干问题的思考

任何新生事物的成长都要经过艰难曲折。自 2008 年以来，由于国际市场萎缩，出口受限严峻，加之国内市场档次低，附加值低，半精纺产业也在经受着严峻考验。

一、存在问题

（一）规模偏小，实力弱，产业水平较低。在全市半精纺行业中，除鲁银、德信 2 家企业纺纱能力达到 3 万纱锭，其余企业纺织能力都在 1.2 万锭以下，多数企业只有数千纱锭，造成企业只能接小单、收零活、挣小钱、规模效益差。2009 年全行业实现销售收入 14.5 亿元，仅占全市工业经济总量比重的 4.82%，税收过百万企业只有 6 家，对国民经济贡献率较低。全市羊绒企业全部以纺纱为主，仅有少数制衣生产线，产业链条短，配套协作水平差，企业间同质比问题十分严重。总体看，禹城市羊绒半精纺产业规模和水平还处于较低层次。

图 6-2-14　祥鼎紧密纺生产线　（2006 年摄）

（二）企业盈利水平下降，

图 6-2-15　鲁银羊绒公司编织车间（2005 年 3 月摄）

由于全市半精纺企业同质化现象普遍存在，结构性矛盾日益彰显，企业之间缺少协作和共赢意识，导致竞相压低加工价格，相互争夺客户资源。技术人才和企业员工无序流动，严重影响到产业健康发展。

（五）企业内部管理和技术装备水平不高。许多中小企业采用传统的家族式管理方式，经营机制不完善，企业管理专业化水平低，纺织设备自动化程度和先进程度不高，一般以纺纱设备和老旧编织机械为主，全市企业仅有 3 台全自动络筒机和一台电脑数控编织机，产品花色、品质、产量难以实现再提高。受人才资金等要素制约，小企业在创新投入上严重不足，研发能力薄弱。

二、形势分析

图 6-2-16　李氏羊绒创始人李宪章在公司车间（2008 年 4 月摄）

自我累积和自我发展能力不强。禹城市半精纺企业多数创建于 2003—2007 年，部分企业一度经历行业长期的高利润时代。但由于为时较短以及经营管理不善等原因，大部分企业并未完成原始资本积累。随着国内整个行业进入成熟期，市场竞争激烈，盈利水平相对下降。特别自 2008 年以来，受国际金融危机冲击，国际市场需求萎缩，高附加值产品销量减少，企业利润空间逐步缩小，而能源、原材料、劳动力等生产要素价格上涨，又进一步挤压企业利润空间。2010 年，劳动力成本普遍上涨 20% 左右，羊绒价格上涨 50% 以上，企业销售毛利率不足 5%，多数企业缺乏自我积累和自我发展能力。

（三）劳动力供需矛盾加剧。禹城市经济的加速发展，创造大量就业岗位，普通劳动者可选择的职业明显增多，而用工量大，内部工作环境相对较差的半精纺企业招工日趋困难。一线熟练工和技术人才严重短缺，员工流动性较大，职工队伍不稳定，影响企业稳定生产。2010 年半精纺企业用工缺口大约在 1/3 左右，大部分企业因此开工不足。

（四）行业内无序竞争，内耗问题突出。

图 6-2-17　纺织产品展台 （2009 年 11 月摄）

禹城市作为半精纺工业发源地，拥有“中国半精纺毛纱名城”的城市名片。羊绒半精纺行业具备一定的产业规模，涌现出德信、鲁银等一批骨干企业，参与羊绒半精纺行业国家标准的制定。工艺技术成熟，产品质量稳定可靠，具有一定竞争优势。随着全国率先走出全球金融危机阴影实现经济复苏，以及国际市场开始回暖，市场形势开始趋于好转，创造有利条件实现全市半精纺企业走出低谷再度发展。“机遇与挑战并存”，全市半精纺产业发展也面临较大压力。全国整个羊绒行业处于产能过剩，恶性竞争局面。半精纺工业经过十几年的快速发展、重复建设问题十分突出。江苏、浙江等地产能超过山东。争抢原料，价格大战轮番上演，市场竞争日趋激烈。再从国际市场分析，由于全球经济复苏基础还不牢固，国际市场复苏还存在着诸多不确定因素。2009 年上半年全国纺织品出口好于预期，但尚未恢复到 2008 年上半年水平。人民币汇率面临越来越大的升值压力，成为全国羊绒业扩大出口一大隐患。

半精纺产业发展的资源制约也日益突出。随着全国劳动力供求关系逐渐发生变化，全国出现结构性劳动力供不应求的局面，用工不足的矛盾将长期困扰半精纺企业发展。同时，劳动力成本和原材料价格将长期维持上涨趋势，这对半精纺行业发展将产生重大影响。

三、对策

（一）加强自主创新，再造竞争优势。禹城市羊绒半精纺行业从无到有，得益于创新，未来发展更离不开创新。必须从单纯数量扩张切实转变到依靠科技进步和管理创新上来。要积极开发应用新技术、新工艺，提高产品质量，改进产品风格。要顺应纺织面料发展潮流，开发绿色环保、坚持走高端、精品路线，努力提高产品附加值。中小企业要树立“不做第一、只做唯一”的理念，通过自主创新，致力于提供差异化产品，满足市场特定

图 6-2-18　禹城优势企业合作会在上海召开 （2010 年 11 月摄）

需求，力争在某一专业领域，打造自己的核心竞争力，确立自己的竞争优势。

（二）加强企业家队伍建设，提高经营管理者素质。企业发展关键在企业家，成功企业需要成功企业家来统领。禹城市羊绒半精纺企业的经营管理者队伍水平参差不齐，懂经营、善管理、具有现代经营理念的人才不多。要制定企业家队伍培训和发展规划，通过组织培训、外出参观学习、业内经验交流等多种形式，开阔他们的视野，提升其境界。引导他们改变家族式管理的传统做法，引进专业经营管理人才和技术人才，提高经营管理专业化、现代化水平。要完善人才培养、引进和使用机制。

（三）扶持培育龙头企业。重点扶持德信、鲁银、祥鼎等规模较大，团队较强，管理水平较高，纺纱、染色、污水处理配套齐全的企业。将它们纳入市级领导包重点企业责任制，帮助企业增强发展意识，制定发展规划，在招商引资、银行贷款、技术改造、人才引进、节能环保、用工用电等方面加大支持优惠力度。有关部门要积极争取上级政策性扶持资金，助力企业发展。坚决取缔没有污水处理设施的中小企业，染色设备，一方面严格环保执法，另一方面由大企业为中小企业提供染色服务，建立产业内部配套协作关系。鼓励人才、劳动力等生产要素向重点企业转移，鼓励优势企业通过联合、兼并等形式，实施低成本扩张。

（四）挖掘劳动力资源，努力解决企业用工不足。市、乡两级政府要加大宣传引导力度，鼓励城镇下岗职工和农村富余劳动力到羊绒半精纺企业务工。劳动部门要加强与中西部劳务输出地区的联系，及时发布用工需求信息，有针对性地开展劳务引进活动。企业要适应劳动力供求变化新形势，研究制定吸引务工人员和稳定职工队伍的办法措施。同时不断提高企业管理规范化水平，坚持以人为本，加强企业文化建设，搞好职工教育培训，给职工提供更多发展机会和更大发展空间，从而增强企业凝聚力和亲和力，增强职工归属感和荣誉感，满足职工物质和精神两方面需求。

（五）进一步优化企业发展环境。全市羊绒半精纺企业正处在爬坡过坎关键阶段，政府要加大扶持力度。研究制定研发投入、技改投入和税收优惠政策，鼓励企业更新装备、开发新产品。要加大向上级金融部门宣传推介禹城市羊绒半精纺行业的力度，充分宣传禹城市作为羊绒半精纺发源地和中国半精纺毛纱名城的优势，促使其调整信贷政策，支持禹城市羊绒半精纺行业发展。要积极探索建立多元化融资渠道，破解中小企业融资难题。当务之急是建立中小企业担保服务机构，鼓励民间资本参股，发挥闲散资金作用，最大限度启动民间资本，扩大中小企业贷款担保规模。

第四节　绿色食品

一、发展概况

1990年，禹城发挥农业资源丰富优势，发展食品馅料产业。至2010年全市从事馅料加上规模以上企业8家。以加工红豆、白豆、芸豆、豌豆等豆类为主，生产传统馅料，生产糖纳豆系列、中秋糖馅料系列、无蔗糖系列、水豆沙系列、干粉系列等几大系列100多个品种，广泛应用于烘焙、冷饮等领域。产品畅销全国300多个大中城市及日、韩、东南亚、欧洲等国家和地区。久和集团“十一五”（2006—2010年）期间，实现利税2800多万元。2010年鲁樱牌豆沙馅被评为山东省名牌产品，禹城市被国家认定为“中国食品馅料城”。

二、食品馅料系列产品

禹城鲁樱食品有限公司是专业化生产食品馅料的大型企业，拥有原料豆挑选、蒸煮、制沙、浓缩、检验等馅料生产的一整套先进生产设备和工艺，是“中国食品馅料城”的龙头企业，建有全国唯一的国家级“食品馅料研发中心”，是全国规模最大，品种最全，研发能力最强的食品馅料厂家。

糖纳豆系列产品：糖纳红豆、糖纳白豆、糖纳绿豆、糖纳芸豆（红色）、糖纳黑豆，糖纳多彩豆、糖纳豌豆、糖纳大紫花豆。糖纳豆系列产品主要用于烘焙、冷饮、餐饮业，也可做汤。

沙馅系列产品：红豆沙、绿豆沙、白豆沙、红豆干粉。

图 6-2-19　鲁樱公司生产线（2007 年摄）

粒馅系列产品：红豆馅、绿豆馅、豌豆馅。沙馅与粒馅的区别在于是否含有豆皮，沙馅口感比较细腻，而粒馅含皮，营养比较丰富。根据豆沙含不含油可以分为油豆沙馅和水豆沙馅，简称油沙和水沙；根据豆沙含不含糖，可以分为含糖豆沙和无糖豆沙，无糖豆沙加的是糖醇。

图 6-2-20　鲁樱牌白沙馅（2006 年摄）

果味豆沙系列产品：香芋口味、哈密瓜口味、草莓口味，色泽鲜艳，口味多样，是制作月饼等烘烤食品的首选馅料。

第五节　新能源新材料

一、发展概况

刚刚起步，以工材加工产业为主。林业生产发展，给木材加工提供充足资源。2008 年上半年统计，全市有木材加工业户 28 家，从业人员 2788 人，28 家企业年营业收入 254750 万元，年上缴税金 4921 万元。其中贺友集团年营业收入 213789 万元，上缴税金 4110 万元；坤达木材有限公司、凤凰家具有限公司年营业收入分别达到 6213 万元、5567 万元，年上缴税金分别达到 124 万元、117 万元。28 家企业中，从事家具生产的 12 家，从事木板、木片加工的 10 家。

二、重点企业与工艺流程

贺友集团生产的“贺友”中密度板获“中国名牌产品”称号、“山东名牌产品”称号，“贺友牌”商标获“中国驰名商标”称号。贺友集团总资产16.2亿元，员工2000人，占地面积1372亩。拥有国际一流的现代化密度板生产线、贴面线和强化地板线。年产贺友牌中高密度板120万立方米，强化地板2000万平方米。企业承担“国家级火炬计划项目”2项，申报发明专利4项，实用新型专利2项。先后被评为“国家认定高新技术企业”“国家火炬计划重点高新技术企业”。“贺友”牌纤维板荣获“国家免检产品”“2007中国国际林业产品博览会金奖产品”称号。

（一）原料

生产所需原料大多是木质原料，使用直径50—230毫米的枝桠、小径木、制材厂的板皮、板条、胶合板厂的原木芯、截头、废单板等（剖分直径大于230毫米的原料，截断弯曲的原料）。

（二）木片制备工段

原料通过上料皮带运输机送入鼓式削片机，鼓式削片机将原料削切成均匀木片，由皮带运输机送至滚筒式木片筛选机进行筛选，筛选后的合格木片通过皮带运输机，送至斗式提升机。斗式提升机将木片提升到高位，并经皮带运输机送入木片料仓缓冲贮存。

（三）纤维制备工段

木片在预料仓内借助蒸汽预热软化，再由振动出料装置送入热磨机进料螺旋，木片经木塞螺旋挤压后形成木塞送入立式蒸煮缸进行蒸煮软化处理。蒸煮缸上配有新型 γ 射线料位控制系统，用以精确控制木片料位和蒸煮时间。木片经软化处理后由喂料螺旋送入热磨机的磨室体内进行纤维分解。

热磨机磨出的纤维，在热磨机出料处与同时喷入的石蜡和胶均匀混合后，由排料三通阀排入干燥管，纤维在干燥管道中受高速热气流冲击，以悬浮状态在输送过程中被瞬间干燥。

干燥管道上设有火花自动检测装置和灭火系统，该系统能自动报警并及时灭火，防止纤维在干燥过程中发生火灾意外。

干纤维料仓主要用于将干燥后的合格纤维缓冲储存，为铺装机提供均匀、充足的干纤维料源。

（四）铺装热压工段

铺装机根据铺装成型原理的不同，一般分为气流铺装成型和机械铺装成型两种模式。机械式铺装成型机，铺装头采用新型的斜置式结构，有利于提高板坯密度的均匀性。气流式铺装成型机，结构简单，便于操作，并配有负压箱组，抽取板坯中的多余空气，以提高板坯铺装质量。

成型后的板坯送入预压机进行预压，使原本比较蓬松的板坯具有一定的密实度及支撑强度，以保证板坯在运输、切割、装板时不会产生断裂与破损。通过预压，同时能减小板坯厚度，从而达到缩小压机压板开档的目的。

铺装预压后形成的连续板坯带进入同步运输机，并由可调间距的板坯齐边锯将其裁至毛 边板宽度。再经板坯横裁锯进行横向锯截，从而得到与热压板幅面相匹配的板坯尺寸。

裁边后的板坯经金属控测器控测确无金属杂物后，送往加速运输机。

在铺装、预压、运输过程中，若产生不合格板坯，由板坯回收装置将纤维回收。

多层压机生产线装板机采用无垫板小车进板方式，装板机的装板小车上每层均设有装板皮带运输机及卸板推头，装板机按规定顺序将板坯装满后，即可通过无垫板装板小车一次将全部板坯送入热压机内，同时卸板推头把前一周压制好的素板全部推出送入卸板机，然后在装板小车退回的同时装板小车皮带等速向前运转，待压的板还即被送至热压机中，从而完成一次装卸板作业。

多层压机生产线热压机装满板坯后，利用

同时闭合装置快速闭合，并按预定的热压曲线自动完成整个热压周期，热压机可对压制工艺中关键参数如：闭合时间、升压时间、卸压时间、压板找开时间进行调节，以满足不同热压工艺的要求。热压机采用下置柱塞缸回压方式，由液压系统提供液压缸加压动力，热压板的热介质可采用蒸汽或导热油。

多层压机生产线热压结束，压机自动卸荷张开。装板机将装满的板坯再次装入热压机的同时，利用卸板推头将刚压制好的中密度素板从热压机中推出送入卸板机。素板通过卸板机出料装置逐层被送入成品制备工段。

（五）成品制备工段

刚压制好的板材温度很高，必须通过冷却进板运输机送至翻板冷却机进行自然冷却。

毛边素板经冷却后通过出板运输机送入纵横锯边机，将素板锯成符合尺寸要求的规格板。

锯截后的齐边板通过横锯出板运输机送入板垛对中机对中，并堆放于液压升降台上。板材堆至一定高度，液压升降台自动将其一次卸入叉车滚台，并使用叉车将板材运往半成品仓库。堆放一定时间，使板内水分均匀分布并与大气温度趋于平衡，以待砂光。

（六）砂光工段

经锯边后的板材堆置一定时间后，由叉车送放砂光线，将齐边板按规定厚度砂去表面预固化层，从而获得厚度均匀，表面光洁的中密度纤维板材，并达到一定的厚度公差要求，将砂光好的成品板材进行经验分等，然后分类入库。

第三章　高新区企业管理

第一节　企业与产品认定

按照“改造提升传统产业，突出发展新兴产业，大力发展民营产业，实施工业‘新特优’工程的工业经济发展思路，培植形成保龄宝、龙力、福田、禹王、通裕等 23 家高新技术企业，其中国家级 5 家（山东禹王制药有限公司、山东环宇集团保龄宝生物有限公司、山东龙力生物科技有限公司、禹城福田药业有限公司、山东通裕集团公司），省级 18 家（山东禹王制药有限公司、山东环宇集团保龄宝生物有限公司、山东龙力生物科技有限公司、山东福田药业有限公司、山东通裕集团公司、山东禹王实业总公司、山东禹城助发动物保健品有限公司、山东贺友集团公司、山东东方塑胶有限公司、山东省禹城市兴达工程塑胶总厂、禹城金冠蛋白食品有限公司、禹城绿健生物技术有限公司、山东龙力药业有限公司、三阳汽车配件（禹城）有限公司、山东禹城瑞利源科技有限公司、东龙舜生物科技有限公司、山东聚源生物有限公司、山东祥鼎羊绒纺织公司）。先后承担国家 863 计划、国家科技攻关计划 14 项，生产高新技术产品 40 多种，通裕集团风力发电机主轴等 12 项技术达到国际先进水平。

第二节　企业用工

禹城拥有劳动力近 30 万人，建有人才交流中心和人力资源中介服务机构，6 家专业定

图 6-3-1　国家糖工程技术研究中心禹城分中心揭牌仪式 （2010 年 4 月摄）

点培训机构，年培训各类专业技术人才 3 万人。至 2010 年年底，美国、日本、中国香港、中国台湾等国家和中国地区，以及广东、浙江、江苏、江西、陕西、河北 60 多家外来企业到禹城投资兴业。

一、人才渠道

先后出台《高层次人才引进管理暂行办法》《关于进一步促进民营企业发展的意见》以及一系列扶持高新技术企业发展的文件，通过完善服务体系、适当予以资金扶持等措施，鼓励优秀人才来区创办、领办高新技术企业。依托人才市场，不定期举办企业经营管理人才专场招聘会，协助企业引才纳才。结合企业经营管理人才需求层次，不断拓展选聘视野，先后组团赴天津、上海等地进行专项招聘，并利用网上招聘等形式面向全国公开求贤，为企业提供中层以上管理人才 2000 余名。

二、市场化运作

推广企业经营管理人才派遣等新型人事代理业务，按照“用人契约化、服务全程化、管理社会化、方式多样化”原则，积极探索实现企业高级经营管理人才市场化、职业化管理。至 2010 年，向保龄宝、通裕、龙力、禹王多家单位派遣中高级管理人才 60 余名，初步建立起包括选拔、培训、考核在内的企业经营管理者体系。

三、激励措施

坚持组织开展优秀厂长（经理）评选，每年在全区优秀企业中评选出一批具有创新意识，在守法诚信、开拓市场、发展经济方面成绩突出，有良好形象和人格魅力的优秀企业家进行表彰，并予以颁发奖牌和奖励证书。同时，将企业经营管理人才队伍作为区级拔尖人才选拔重点，以经营管理业绩为主要依据，通过个人自荐、专家评审等程序先后选拔一批优秀管理人员进行表彰，通过管理期内发放津贴等形式加以重点培养，激发经营人才积极性。

第三节　企业经营管理

一、管理服务及管理体制

高新区把服务企业作为一项重要工作来抓，着力营造人才、资金、技术的流入“洼地”。高新区所在的禹城市，城区建成面积 36 平方公里，绿化覆盖率 48%，广场、公园、绿地景色宜人，宾馆、酒店、商场设施完善。是山东省金融生态环境建设示范市、山东省农村金融产品和服务创新重点试点市、德州市金融生态环境建设 A 级市。高新区党工委、管委会下设“一街两办四局一公司”，均为正科级单位，分别行使相应管理职能，其中，项目办公室全程为投资者办理各种手续，解决各类矛盾。同时，公安、国税、地税、国土、法庭、工商等部门在高新区设置派驻机构，行使相应行政审批和监管职能，由管委会统一协调。禹城市行政审批大厅设在高新区管委会大楼二楼，集中工商、税务、国土、建设、发改委等 26 个职能部门，实行“一站式办公、一条龙服务”，大大提高行政效能。高新区管委会完善企业例会制度、热线电话服务制度、现场办公制度，制定首问责任制、限时办结制、责任追究制等 10 余项内部管理制度，为外来客商提供优质、高效、周到服务。

区内企业全部归高新区管委会管理，高新区管委会授权经济发展局代管。

图 6-3-2　高新区管委会挂牌仪式（2004 年 12 月摄）

二、经营管理观念

（一）战略观念。战略观念是要全面系统地看问题。最重要有两点：全面系统观点，即全局观点。面向企业未来发展观点。面向企业的未来，包括市场的未来、产品的未来、技术的未来、企业组织的未来、企业人员的未来，在此基础上制订相应目标与对策。

（二）市场观念。市场观念是企业必须根据社会及用户需要来组织生产经营活动。市场是企业存在的前提。要具有市场观念，首先要求企业了解市场。其次，要确定对策占有市场，赢得市场。

（三）用户观念。市场是由实行交换的供需双方构成，用户是构成市场的主要一方。所谓用户观念，就是企业要树立一切为用户的观念，全心全意为用户服务，把对国家的责任建立在对用户负责基础上。

（四）效益观念。社会主义企业效益观念是经济效益与社会效益统一的综合效益观念。在经济效益上要注意微观经济效益服从宏观经济效益。在保证宏观经济效益前提下，企业讲求经济效益，着重在经济上收益。企业要获得经济上收益，关键在于：对外如何赢得市场，多承包工程，多完成工程任务；对内如何降低成本。

（五）竞争观念。竞争是商品经济发展的产物。施工企业的竞争主要表现在：质量以优取胜，价格以廉取胜，服务以好取胜。企业要通过竞争去获得工程任务，要在竞争中求得生存和发展。所以，树立竞争观念是企业指导思想中最为深刻的转变。企业在竞争中必须牢记“质量是核心，价格是关键，信誉是基础”。

（六）时间观念。即“时间就是金钱”观念。企业赢得时间，就赢得效益。首先企业经营决策要把握时机。即使是正确决策，如贻误时机也是没有效果。其次，要努力缩短施工或生产周期，加快资金周转，减少资金占用和利息支出。在企业一切生产经营活动中讲求效率，这是企业赢得时间最重要途径。

（七）变革观念。变革观念就是要求企业保持对外部环境适应性。企业经营和管理没有固定和一成不变的模式。企业在经营管理中采用的方针、策略、组织形式、制度措施和方法，都需要根据外部环境变化适时地进行调整和变革。对此，事前要有预测，环境变化时要有对策，领导人也要不时修正自己想法。

（八）创新观念。变革观念的发展和深化就是创新观念。企业要在竞争中取胜，关键在创新。企业要在市场上努力发现新需求、新用户、新机会；在生产上要广泛采用新工艺、新技术、新材料、新设备；在经营管理上要出新点子、新路子，反对因循守旧，开创经营管理新局面。

三、入区企业标准

（一）入区企业须符合国家产业政策和高新区产业发展规划。高新区重点发展生物产业、装备制造业、太阳能产业等高新技术产业；大力发展循环经济。

（二）入区企业必须符合环境保护要求。不接纳工艺落后或设备陈旧项目，高耗能、高耗水、高污染以及严重影响环境的项目禁止入区。

（三）入区企业单个供地项目固定资产投资规模必须在5000万元人民币以上，高新技术项目可放宽至3000万元人民币。

（四）入区企业固定资产投资强度要求达到200万元／亩。项目投产后三年内亩均税收要求达到5万元／年以上。

（五）外资企业、高新技术企业、成长前景好的企业，可按实际情况，优先考虑。

第四节　社会效益

随着区内企业迅速发展和大量集聚，吸收高新区及周边乡镇大量劳动力，尤其是高新区53个村，一方面，实现农民进厂变工人，农村居民变市民，改善生活条件；另一方面，原有村庄实现拆迁改造，居民上楼，集中安置，提高生活质量。高新区先后研究制订《高新区村庄改造建设实施方案》和《高新区拆迁补偿安置办法》，最大限度让利于民。成立专门领导小组，负责指挥调度，集中做好群众思想动员、拆迁和临时安置工作。至2010年，拆迁村庄22个，涉及群众3148户，9256人，拆迁面积60万平方米，其中最快时候一周拆12个；建成和建设小区6处，建筑面积47万平方米，置换出项目用地4500余亩。通过拆迁安置，实现群众居住条件改善、项目用地增加、园区形象提升的“三赢”效果，为禹城市合村并居工作创造典型、提供经验。姜异康、姜大明、吴翠云、陈先运等省、德州市领导先后到群贤居、花园小区等建成社区检查指导。

禹城市志

YuCheng SHIZHI

第七篇

城乡建设

1986—2010年，禹城城乡建设由缓慢进入快速发展时期。其间，多次对水、电、路、通讯等基础设施进行建设改造，城乡面貌焕然一新。城区道路、供水、供电、排水、供气、供暖等市政设施日趋完善，城市承载力、辐射力全面加强。禹城城区完成由旧式农村格局向新型城市格局转变，由“晴天一身土，雨天一身泥”的“禹城村”，成为初具现代化城市载体功能的人居环境优美的园林化城市。

乡镇、村居和社区建设步伐进一步加快，路、水、电、通讯等公共设施配套建设逐步健全，村民居住水平大幅提高。

1985年春，禹城县政府成立房屋普查领导小组，后又改名为“房改办”，成立“禹城市住房委员会”，1998年3月，建立“禹城市城市房产管理局”。开展房产确权登记、交易、抵押评估、开发管理、物业管理等业务。进行公有住房房改、公有住房租赁、推行住房公积金制度、安居工程等系列工作。停止住房福利性分配，推行住房货币化，逐步将福利住房推向市场，加快城镇建设步伐。

第一章　城乡规划

第一节　市区总体规划

1990年，县委、县政府委托山东省城乡规划设计院在原有县城规划基础上，修订《禹城县城总体规划》（以下简称《规划》）。规划目标：将县城建成全县政治、经济、文化、科技中心和鲁西北重要中心城市，以发展轻纺、食品和农副产品加工业为主，成为环境优美的现代化小城市。近期规划：1990—1995年，中期规划：1990—2000年，远期规划：1990—2010年。

1. 人口规模：1995年市区常住人口7.9万，2000年11万，2010年15—18万。2. 总用地规模：1995年10.8平方公里，2010年总用地18.5平方公里。3. 用地发展方向：以向东、向南发展为主，向西控制发展，向北保护老城环境特色。4. 用地布局结构：城市建设用地采用组团式布置，京福高速公路、京沪铁路和徒骇河围合的空间地域范围内，形成三片六区用地布局形式。三片：河东片、河西片、铁西片。六区：中心区、新城区、桥西区、西城区、老城区、工业科技园区。

随着改革开放深入和禹城产业结构调整，1996年8月，委托山东省城乡规划设计院，修改完善1990年《规划》。将城市发展目标修订为：把禹城建设成充满经济活力、富有文化特色和优美人居环境的现代生态园林城市。构筑鲁北以高新技术为特色的加工制造业高地。建设济德发展轴上的重要节点城市。城市远景规模：人口25—30万，用地25—30平方公里。发展方向：远期在赵牛河以南、青银高速以北发展新城区。

2005年，市委、市政府委托山东建筑大学建筑城规学院在原有总体规划基础上，重新编制《山东省禹城市城市总体规划（2005—2012）》。城市发展总目标："把禹城建设成充满经济活力、富有文化特色和优美人居环境的现代生态园林城市。构筑鲁北以高新技术为特色的加工制造业高地。建设济德发展轴带上的重要节点城市"。近期规划：2005—2010年，中期规划：2011—2020年，远期规划：2021—2050年。

1. 人口规模：近期20万人，远期30万人。2. 城市建设用地规模：近期城市建设用地24平方公里，人均城市建设用地120平方米；远期城市建设用地36平方公里，人均城市建设用地119.97平方米。3. 发展方向：城市发展方向以向南、向东发展为主，呈"产业东扩、生活南延"之态势。4. 布局结构：城

图7-1-1　禹城市行政街（2010年8月摄）

市布局依托现状建城区，沿两条空间发展轴线拓展，形成“两轴、两心，两廊、三片区加三组团”的城市用地布局结构。两轴：沿迎宾路的城市南北向发展轴；沿行政街—富华街的城市东西向发展轴。两心：旧城中心：以传统商业服务、文化娱乐和居住为主要功能；新城中心：城市未来发展重点区域，以行政办公、金融商贸、文化娱乐和居住为主要功能。两廊：沿徒骇河和赵牛河两条城市河流，建构绿色生态廊道。三片区加三组团：三片区指新城区、旧城区和高新技术开发区。三组团指老城区组团，文化休闲、森林公园组团，铁西组团。

第二节　专业规划

一、城市道路系统规划

城市道路采用方格网与自由式相结合的网络结构，分主干道、次干道和支路三级。主干道红线宽度40—60米，次干道30—40米，支路15—25米。城市主干道网，由“四纵、四横、一环”构成。四纵：解放路、人民路、通衢路、东外环路；四横：开拓路、行政街、汉槐街、南外环路；一环：城市外环路。

二、桥梁规划

一座跨徒骇河大桥，两处跨铁路立交桥。即北外环路与徒骇河交叉处，京沪铁路与南外环、北外环交叉处。改造、加宽2处立交道口，分别为京沪铁路与海河街交叉处，京沪铁路与两站路交叉处。

三、大型广场

1. 行政广场。位于新城行政中心占地3万平方米；2. 市民广场。位于城市中心公园处，占地2万平方米；3. 文化广场。位于行政街北文教中心处，占地2万平方米；4. 体育广场。位于体育中心，占地3万平方米；5. 商业广场。位于行政街西侧，占地1万平方米；6. 科技广场。位于汉槐街北侧科贸中心处，占地2万平方米；7. 交通广场。位于火车站处，占地1.5万平方米；8. 开发区广场。位于民族经济开发区西侧，占地2万平方米。（注：各广场修建后名称等有所变化）

四、公园建设规划

在老城区西南部，占地225亩，建设人民公园；在汽车站东南、汉槐街西侧，占地23亩，建设汉槐游园；在洛北干（泺清河）建设长1600米、绿化面积15万平方米的沿河公园；在文化宫西北侧，占地40亩，建设桥头公园。

图7-1-2　雨后的糖城广场　（2010年摄）

五、热力工程规划

以通衢路和赵牛河为界，把禹城市区分为东西南3个供热区：将禹城电厂改为热电厂，成为西区采暖热源；在开发区西侧建一座热电厂，为东区提供热源；在新工业区内建一座热电厂，为南区供热。

六、电力工程规划

进行热电厂扩建，总装机

容量达 3 万千瓦，保证市区生活用电和工业用电，实现每个乡镇一座变电站。

七、电信工程规划

2010 年移动电话占电话用户的 10%，无线寻呼用户占电话用户的 25%，全市交换机总容量达 14.5 万门。

八、燃气工程规划

确定燃气以煤制气为主，石油液化气为辅。城市气源以禹城化肥厂为主要气源，煤气输配系统为中低压两级输配。2010 年城市气化率达 90%，其中，管道煤气化占 70%，石油液化气占 20%。

九、供水水源规划

先期开发市中办南北庄以北 20 平方公里区域内的地下水源，后期供水水源为市区西部的禹城水库（李三尖）地表水源。

十、排水工程规划

城区远期采用雨、污水分流排水体制，老城区仍沿用截流式雨污合流体制，新建区域必须采取雨污分流排水。在店子万东建处理规模 4.0 万米 / 天的污水处理厂，主要处理赵牛河以北城市污水（不含开发区）；在赵牛河下游建一座污水处理厂，处理规模 2.0 万米 / 天；在史丈营村南建一座开发区污水处理厂，处理规模 2.5 米 / 天，同时建设 2.5 万米 / 天的污水回用厂。建设六座污水提升泵站，确保城区汛期顺利排涝。

第三节　乡镇规划

1985 年前，禹城县共有建制镇 5 个，1994 年城镇人口 7.7 万人，占总人口 16%，2000 年全市城镇化水平 29%，2010 年达 53%。

一、城镇三级体系

一级为市区；二级为张庄、房寺、辛店、伦镇、辛寨 5 个中心镇；三级为 13 个一般乡镇，即安仁、莒镇、石屯、十里望、廿里堡、张集、来凤、梁家、大程、善集、前油房、李屯、袁营。

二、乡镇体系职能结构

张庄、辛寨为工业主导、交通枢纽、商贸流通型；房寺、伦镇为工业主导、商贸流通型；辛店、安仁、石屯、梁家、廿里堡为工业主导型；莒镇为工业主导、交通枢纽型；十里望为工业主导、高效蔬菜、旅游开发型；张集、来凤、大程、善集、袁营、李屯、前油坊为工农结合型。

三、农村社区规划

2009 年委托德州设计院、济南金马设计院和山东省城镇建筑设计院等单位，规划农村行政社区，实现城乡一体化：将禹城原来 1007 个自然村，379 个行政社区新组建为 170 个社区。每个社区规模为 5000—10000 人。村庄合并完成，农村实现社区化。加上已纳入城区建设规划的 33 个城中村，禹城市有规划并建社区 203 处。同时规划工贸综合经济区、蔬菜生产贸易区、粮棉高产示范区、林果生态旅游区、畜牧养殖产业区等 117 个产业园区。

图 7-1-3　房寺镇友谊社区　（2010 年摄）

第二章　城区建设

1986—2010年，城区建设分两个阶段，第一阶段1986—1995年，主要进行旧城区更新改造，提升城区道路、桥梁、给水、排水和居民住房等规格和质量，城区面积范围10.8平方公里；1996—2010年系第二阶段，此阶段因高新技术开发区的建设，城区向东部和东南部大规模扩展延伸。城区基础设施、市政工程、公用事业等高质量全方位进行投资建设。城建总投资44.14亿元，其中基础设施投资7.1亿元，城区面貌发生巨变，初步具有现代化小城市布局和功能。

第一节　道路

1986年，城区内有禹临路、行政街、人民路、市中路、建设路、开拓路、解放路、站南路、站北路、骇河街10条不完整街道。1986—1995年阶段，城区道路建设从增强道路整体功能出发，以优先建设城区主干道和“瓶颈”地段为重点，更新改造旧城区道路。至1994年年底，扩建、新建各类街道16条，总长21700多米，解决制约经济发展瓶颈道路问题。

1996—2010年，是禹城市区道路建设快速、跨越式发展时期，城区进行63个路段施工，建设各类道路29条，总长123.16公里，总投资58131.28万元。形成高质量、高规格的“七横十纵”道路骨架。其中，北外环路、老城东街和西街、文化街、行政街、汉槐街、骇河街、南外环路，为“七横”。西外环路、解放路、人民路、建设路、市中路、通衢路、迎宾路、东二环、东三环、东四环为“十纵”。使30多平方公里的市区实现四通八达、行车快捷。1986—2010年，新建扩建改建86条城区道路。

1986—2010年禹城城区道路统计表

表7-2-1

序号	道路与工程改造名称	起讫点	长度（米）	红线宽（米）	道路断面	改造时间	总投资（万元）	备注
1	秦老庄街	—	800	54	—	1986	—	后改为经一路
2	两站路	火车站—人民路	—	—	—	1987	—	—
3	解放路改造	南外环—铁路两孔桥	1951	—	—	1990	—	—
4	开拓路改造	铁路两孔桥—行政街交叉丁字口	572	—	—	1990	—	—
5	纬一路	大桥广场—禹临路	1800	30	—	1990	—	后改为行政街
6	纬二路	—	3000	60	—	1992	—	后改为汉槐街
7	东环路	电视塔—汉槐街	1900	60	—	1992	—	后改为迎宾路

续表 7-2-1

序号	道路与工程改造名称	起讫点	长度（米）	红线宽（米）	道路断面	改造时间	总投资（万元）	备注
8	纬一路	—	800	—	—	1992	—	后改为行政街
9	经二路	—	1842	—	—	1992	—	后改为人民路
10	解放路南段	—	830	—	—	1992	—	—
11	站北路	火车站广场—五角广场	700	30	5.5+8.5+2+8.5+5.5	1993	84	—
12	两站街	人民路—火车站广场	300	30	5.5+8.5+2+8.5+5.5	1993	45	—
13	禹王街	西大桥—十里望加油站	2400	45	—	1994	—	—
14	胜利街	—	550	12	—	1994	2400 1450 240 36 1084.8 624	—
15	解放路南段	骇河街—南外环	830	40	—	1994		—
16	骇河街	站南路—化肥厂	1200	40	5+6+2+14+2+6+5	1994		—
17	站南路	火车站广场—骇河街	300	30	3+4+2+12+2+4+3	1995		—
18	市中路	开拓路—101 省道	4520	40	5+6+2+12+2+6+5	1995		—
19	通衢路	文化街—汉槐街	2600	40	5+6+2+12+2+6+5	1995		—
20	胜利街	解放路—火车站广场	1000	24	5+14+5	1996	120	—
21	逸仙巷	吉迪巷—市中路	244	24	6+12+6	1996	32.45	—
22	行政街	五角广场—迎宾路	3055	40	9+6+30+6+9	1997	759.6	—
23	纸坊路	人民路—市中路	840	25	5+15+5	1998	105	—
24	人民路	机械厂—101 省道	4405	40	5+4+22+5+4	1998	1057.2	—
25	兴华巷	站南路—解放路	374	18	4+10+4	1998	33.5	—
26	迎宾路	高速路口—南环路	9200	60	18+24+18	1999	2760	—
27	丰顺巷	人民路—建设路	450	18	4+10+4	1999	40.5	—
28	汉槐街	火车站广场—东二环	3025	60	9+6+30+6+9	1999	1270.5	—
29	南外环	101 省道—东外环	6700	40	9+22+9	2000	1474	—
30	如意巷	人民路—御道巷	950	18	4+10+4	2000	94.05	—
31	彭南路	迎宾路—禹迹路	3040	40	8+14+8	2001	364.8	—
32	友谊街	迎宾路—东四环	1540	40	8+14+8	2001	184.8	—
33	德信街（骇河街）	迎宾路—东外环	2092	40	8+14+8	2001	418.5	—
34	工业园路	迎宾路—东二环	410	40	8+14+8	2001	82	—
35	东二环	友谊街—工业园路	1130	30	8+14+8	2001	118.65	—

续表 7-2-1

序号	道路与工程改造名称	起讫点	长度（米）	红线宽（米）	道路断面	改造时间	总投资（万元）	备注
36	东三环	富华街—友谊街	4750	30	8+14+8	2001	427.5	—
37	市中路	汉槐街—南环路	1500	40	5+6+2+12+2+6+5	2001	380	—
38	东四环	彭南路—南环路	2770	30	8+14+8	2002	249.3	—
39	开拓路	五角广场—西南门桥	2490	40	4+6+3+14+3+6+4	2002	647.4	—
40	富华街	迎宾路—东外环	2106	60	4.5+5.5+3.5+12+9+12+3.5+5.5+6.5	2002	884.8	—
41	老城街	通衢路—迎宾路	2500	25	3+22+3	2002	312.5	—
42	通衢路	汉槐街—行政街	800	40	3+7+2+16+2+7+3	2003	170	—
43	禹王街	立交桥—101 省道	2700	60	6+9+3+16+3+9+6	2003	1053	—
44	文化街	西南门桥—迎宾路	1395	40	4+6+3+14+3+6+4	2004	390.6	—
45	禹临路	市中路—人民路	852	30	3+24+3	2004	271	—
46	建设路	徒骇河—南环路	3325	40	7+6+14+6+7	2004	798	—
47	东外环	彭南路—南环路	2770	60	6+9+8+14+8+9+6	2004	831	—
48	外一环	富华街—南环路	2045	30	8+14+8	2004	214.9	—
49	解放路改造工程	南天大楼—101 省道	850	40	4+6.5+2.5+14+25+6.5+4	2005	305	—
50	禹王街	五角广场—铁路立交桥	1140	38	5+28+5	2005	383.96	—
51	开拓路	五角广场—人民路段	654	40	—	2006	—	—
52	文化西路	市中路—建设路	550	—	—	2006	—	—
53	北外环	—	—	—	—	2006	—	—
54	南环路改造	—	—	—	—	2006	—	—
55	汉槐街油面工程	迎宾路—车站广场	2600	45	4.5+3+15+15+3+4.5	2007	458.64	—
56	人民路油面工程	行政街—汉槐街	820	40	3.5+5.5+11+11+5.5+3.5	2007	106.07	—
57	南环路	人民路—101 省道	1600	40	9.5+10.5+10.5+9.5	2007	784.51	—
58	通衢路南延工程	汉槐街—步云小学南	400	40	6+3+11+11+3+6	2007	367.03	—
59	行政街道路改造工程	五角广场—迎宾路	3100	40	6+6+1.5+6.5+6.5+1.5+6+6	2007	231.66	—
60	文化街配套完善工程	开拓路—人民路	1010	—	—	2007	186.86	—
61	禹王街西段改造工程	101 省道—铁路立交桥	991	40	3.5+6+10.5+10.5+6+3.5	2008	700	—
62	南环路西段道路建设工程	101 省道—解放路	—	—	18	2008	400	—

续表 7-2-1

序号	道路与工程改造名称	起讫点	长度（米）	红线宽（米）	道路断面	改造时间	总投资（万元）	备注
63	德信大街东延工程	外一环—高速公路	840	—	14	2008	190	—
64	行政街道路综合整治工程	五角广场—通衢路桥	3100	—	道路两侧人行道、路灯、绿化进行更新完善	2008	300	—
65	御道巷整修工程	幸福巷—行政街	613	—	道路排水、路面整修、路灯安装工程	2008	60	—
66	友谊街整修工程	御道巷—通衢路	270	—	完成道路排水、车行道铺设、人行道铺设、绿化及路灯安装工程	2008	70	—
67	迎宾路综合建设改造工程	高速公路出口—电视塔	4200	100	21+2+5+10+12+12+10+5+2+21	2009	20000	—
68	开拓路道路改造工程	西南门桥—人民路	1270	32	6+2+8+8+2+6	2009	651	—
69	建设路北段道路改造及北延建设工程	开拓路—西关路	1290	—	14	2009	204	—
70	益民路	西南门桥—建设路	840	—	3+12+3	2009	284	—
71	文化街东段道路改造工程	迎宾路—西南门桥	1300	—	14	2009	395	—
72	彭南路改造工程	东外环—迎宾路	2100	41	12+2.5+2.5+9+2.5+2.5	2009	715	—
73	北外环罩面工程	徒骇河大桥—十里望乡大白村	4087	—	—	2009	500	—
74	人民路南段道路改造工程	粮运专线—汉槐街	1680	—	2.5+16+2.5	2009	862	—
75	德信大街东段道路改造工程	外一环—东外环	800	—	14	2009	197	—
76	迎宾路南延建设工程	城市煤气一体化项目—南环路	1500	—	24	2009	634	—
77	禹王路道路改造工程	禹王公司—北外环	2900	68	15+2+5.5+3.5+16+3.5+5.5+2+15	2010	2000	—
78	通衢路道路改造工程	文化街—禹王公司	2950	40	3+5.5+3.5+16+3.5+5.5+3	2010	5200	—
79	南环路道路改造工程	庞店子—人民路		25	2+21+2	2010		—
80	通衢路南延道路改造工程	南环路—步云小学	1016	40	3.5+5+3.5+16+3.5+5+3.5	2010		—
81	华昊路南延道路建设工程	南环路—王电街	557	14	2+10+2	2010	3200	—
82	101 省道道路改造工程	石凤街—十里望孔庄铁路立交桥	8252	81	15+2+5+8+21+8+5+2+15	2010		—
83	解放路南延道路改造工程	石凤街—101 省道	1120	40	7.5+2+21+2+7.5	2010	—	—

续表 7-2-1

序号	道路与工程改造名称	起讫点	长度（米）	红线宽（米）	道路断面	改造时间	总投资（万元）	备注
84	石风街（规划东西路）道路建设工程	101 省道—禹石路	2978	40	7.5+2+21+2+7.5	2010	—	—
85	古城路道路改造工程	101 省道—南环路	431	24	2.5+1.5+16+1.5+2.5	2010	—	—
86	站南路南延道路建设工程	101 省道—南环路	306	28	5+2+14+2+5	2010	—	—

第二节　桥梁

1986 年，城区范围内有桥梁 11 座，其中，铁路涵洞式桥梁 2 座，公路桥 3 座，生产桥 2 座，洛北干渠（泺清河）上石拱桥 4 座。1986 年后，分别由山东省、铁路部和禹城市投资，更新改造其中九座。其中，徒骇河禹王街西大桥进行两次整修改造。1999 年第一次改造完成，建设标准：桥宽 9 米，长 172.2 米，汽 20 拖 100，井柱钢筋砼结构，桥板用 17.4 预应力空心板，投资 530 万元；第二次拓宽改造于 2007 年 11 月完成，建设标准：桥宽 7.5+1.5，长 178.44 米，汽 -20 挂 100，井柱钢筋砼结构，投资 700 万元，由禹城市水务局和禹城市财政共同筹集资金。北外环徒骇河大桥，由禹城市交通局筹集资金建设，大桥长 180 米，宽 20 米，井柱钢筋砼结构，设计标准汽 -20 挂 100，投资 800 万元。该大桥的建成将北外环东西两段路连接起来，减轻市区交通压力。徒骇河北石桥拓宽改造前为生产桥，1990 年投资 120 万元，进行拓宽改造。长 150 米、宽 9 米、净跨 10 米乘 15 孔，设计标准汽 15 拖 80，井柱钢筋砼结构。建成后使城区与北部乡镇得以畅通。禹王公路立交桥位于禹王街东段，修建前公路铁路平面交叉，极不便利。1994 年，争取铁路、公路部门资金 1000 万元，修建高标准公铁立交桥，此桥长 505 米、宽 6+12+6 米，设计标准汽 -20 挂 100，砼箱涵结构，解决此处 30 多年不畅问题。解放路公铁立交桥建成于 1997 年，拓宽改造前为两孔石拱桥，建成后长 256.9 米，宽 6+12+6 米，设计标准汽 -20 挂 100，砼箱涵结构，总投资 1250 万元。资金来源为铁路部门和禹城市财政拨款。洛北干（泺清河）横穿市区，1986 年后，在洛北干（泺清河）上扩建、改建和新建 5 座桥：西南门桥、汉槐街桥、行政街桥、建设路桥、通衢路菱形桥。其中西南门桥分别于 1995 年和 2009 年两次进行改建和拓宽。

禹城市区主要桥梁统计表

表 7-2-2

桥梁名称	结构形式	桥长（米）	净跨	设计标准	桥宽（米）	投资（万元）	建成时间	备注
徒骇河北石桥改建工程	井柱钢筋砼	150	10 米 ×15 孔	汽 15 拖 80	9	120	1990	—
洛北干（泺清河）西南门桥	—	30	—	—	7	—	1958	—
洛北干（泺清河）西南门桥第一次拓宽	井柱钢筋砼	30	10 米 ×3 孔	汽 20 拖 100	12	40	1995	—

续表 7-2-2

桥梁名称	结构形式	桥长（米）	净跨	设计标准	桥宽（米）	投资（万元）	建成时间	备注
洛北干（泺清河）西南门桥第二次拓宽	井柱钢筋砼	40	10 米 +20 米 +10 米	公路 - Ⅱ级	16.5	278	2009	20 米预应力空心板
洛北干（泺清河）汉槐街桥	—	36	—	—	7	—	1990	—
洛北干（泺清河）汉槐街桥拓宽	井柱钢筋砼	36	12 米 ×3 孔	汽 -20 挂 100	10+1.25	161	2003	两边加宽
洛北干（泺清河）行政街桥	井柱钢筋砼	40	—	—	14	35	1991	—
洛北干（泺清河）行政街桥	井柱钢筋砼	40	10 米 ×4 孔	汽 -20 挂 100	14		1991	2007 年换桥面
洛北干（泺清河）建设路桥	—	49	—	—	21.2	195	2009	—
洛北干渠（泺清河）通衢路菱形桥	井柱钢筋砼	67	12M×4 孔	汽 -20 挂 100	12	140	1996	—
徒骇河禹王街西大桥	—	172	—	—	9	—	1963	—
徒骇河禹王街西大桥第一次拓宽	井柱钢筋砼	172.2	8.7 米 ×2 孔 +10.35 +14.1×5+14.15+10.4+8.7 ×2+10.7×2+10.6	汽 20 拖 100	9	530	1999	—
徒骇河禹王街西大桥第二次拓宽	井柱钢筋砼	178.4	10.6 米 ×3 孔 +17.4+10.6 +14.1×6+10.6+17.4	汽 -20 挂 100	7.5+1.5	700	2007	17.4 米预应力空心板
徒骇河杨庄桥	井柱钢筋砼	130	—	—	10	120	1984	—
南环路公铁立交桥	井柱钢筋砼	174	5+9+5	—	5+9+5		1987	—
禹王公铁立交桥	砼箱函	505	6+12+6	汽 -20 挂 100	6+12+6	1000	1994	—
解放路公铁立交桥	砼箱函	256.9	6+12+6	汽 -20 挂 100	6+12+6	1250	1997	—

第三节 城中村改造

2008 年年初，成立城中村改造指挥部，落实国家加快新农村建设方针政策，加快城中村改造。禹城市城中村改造指挥部下发《禹城市城中村改造拆迁补偿安置指导意见》和《禹城市城中村改造指挥部关于印发城中村改造使用政策的通知》等文件。改制与改造并举，逐步改造禹城市城中村（城郊村），并对全市城中村改造村民安置和用于弥补村民安置的开发项目建设适用有关优惠政策。促进禹城市城中村改造和合村并居工作开展。至 2010 年，改造城中村（城郊村）36 个，拆迁户达 6000 户，拆迁面积近 80 万平方米，规划用地面积 2560.5 亩，城中村改造、合村并居建成新小区、社区 19 个。

2007—2010年禹城市城中村改造、合村并居情况汇总表

表 7-2-3

<table>
<tr><th>拆迁村庄名称</th><th>拆迁户数</th><th>拆迁面积（平方米）</th><th>拆迁时间</th><th>安置方式</th><th>安置户数</th><th>安置面积（平方米）</th><th>安置小区名称</th><th>规划用地面积（万平方米）</th><th>规划建筑面积（万平方米）</th><th>小区建设时间</th><th>开发单位</th></tr>
<tr><td>张相老</td><td>212</td><td>38482</td><td>2010.1</td><td rowspan="3">40平方米/人</td><td>377</td><td>37760</td><td rowspan="3">群贤居</td><td rowspan="3">23.2</td><td rowspan="3">33.7</td><td rowspan="3">2007年</td><td rowspan="3">禹城市中商房地产开发有限公司</td></tr>
<tr><td>南于</td><td>105</td><td>19563</td><td>2010.7</td><td>154</td><td>1544</td></tr>
<tr><td>南七里堡</td><td>101</td><td>14646</td><td>2010.4</td><td>142</td><td>14286</td></tr>
<tr><td>彭庄</td><td>210</td><td>41863</td><td>2009.4</td><td rowspan="3">40平方米/人</td><td rowspan="3">858</td><td rowspan="3">94500</td><td rowspan="3">花园小区</td><td rowspan="3">10.08</td><td rowspan="3">13.6</td><td rowspan="9">2009年</td><td rowspan="9">迎宾路综合改造工程指挥部</td></tr>
<tr><td>祝庄</td><td>220</td><td>44460</td><td>2010.5</td></tr>
<tr><td>南街</td><td>44</td><td>2767</td><td>2009.4</td></tr>
<tr><td>李罗</td><td>157</td><td>32767</td><td>2010.5</td><td rowspan="5">40平方米/人</td><td rowspan="5">1224</td><td rowspan="5">145000</td><td rowspan="5">城角韩小区</td><td rowspan="5">13.8</td><td rowspan="5">17</td></tr>
<tr><td>周尹</td><td>181</td><td>28244</td><td>2010.5</td></tr>
<tr><td>城角韩</td><td>285</td><td>45210</td><td>2010.5</td></tr>
<tr><td>香坊</td><td>60</td><td>11437</td><td>2010.5</td></tr>
<tr><td>北花园</td><td>68</td><td>12798</td><td>2010.5</td></tr>
<tr><td>东街</td><td>162</td><td>29949</td><td>2009.4</td><td>40平方米/人</td><td>231</td><td>30000</td><td>东街小区</td><td>3.3</td><td>3.7</td></tr>
<tr><td>王火</td><td>104</td><td>16495</td><td rowspan="4">2010</td><td rowspan="4">40平方米/人</td><td rowspan="4">950</td><td rowspan="4">95000</td><td rowspan="4">先锋小区</td><td rowspan="4">9.2</td><td rowspan="4">11.3</td><td rowspan="4">2010年</td><td rowspan="4">南环路综合改造工程指挥部</td></tr>
<tr><td>李老</td><td>149</td><td>25795</td></tr>
<tr><td>东李泉</td><td>97</td><td>13899</td></tr>
<tr><td>庞店</td><td>264</td><td>46500</td></tr>
<tr><td>西李泉</td><td>496</td><td>40000</td><td>2010.4</td><td rowspan="3">40平方米/人</td><td rowspan="3">900</td><td rowspan="3">90000</td><td rowspan="3">西李泉小区</td><td rowspan="3">12.1</td><td rowspan="3">14.7</td><td rowspan="3">2010年</td><td rowspan="3">南环路综合改造工程指挥部</td></tr>
<tr><td>唐牌</td><td>115</td><td>18975</td><td>2011</td></tr>
<tr><td>东军张</td><td>212</td><td>34980</td><td>2011</td></tr>
<tr><td>前油坊</td><td>169</td><td>25425</td><td rowspan="5">2009</td><td rowspan="5">40平方米/人</td><td rowspan="5">450</td><td rowspan="5">45000</td><td rowspan="5">油坊小区</td><td rowspan="5">12.6</td><td rowspan="5">16.97</td><td rowspan="5">2009</td><td rowspan="5">禹城中天房地产开发公司</td></tr>
<tr><td>单堂</td><td>69</td><td>12483</td></tr>
<tr><td>纪庄</td><td>79</td><td>15172</td></tr>
<tr><td>后油坊</td><td>27</td><td>—</td></tr>
<tr><td>西孙</td><td>78</td><td>12219</td></tr>
<tr><td>石老</td><td>226</td><td>36755</td><td>2010.4</td><td>40平方米/人</td><td>278</td><td>29530</td><td>石老小区</td><td>3.07</td><td>3.95</td><td>2010年</td><td>101省道综合改造工程指挥部</td></tr>
</table>

第四节 居民住房

居民住房在1998年城区住房体制改革前后有四个模式：一、直管公房。直管公房原隶属于禹城市财政局房管所管理，1994年上半年，经过机构改革，房管所辖公房及全体人员划归建委城市建设综合开发公司管理。接管时禹城市有直管公房1.56万平方米，主要分布在旧城里四街和火车站一带，房屋大部分为20世纪60—70年代所建，一部分是50年代的土坯房，房屋等级为三级。1994—1995年，适应城市发展需要，拆除公房0.21万平方米。直管公房全部进入房改范围，171户参加房改，收房改款92万余元。二、职工住房由所在工作单位筹集资金建房，职工分配到住房后，向所在单位缴纳租金，每月一间房1—1.5元，房屋维修等由所在单位负责。这种模式自实行计划经济体制持续到实行城镇住房改革后。三、所在单位补贴，职工个人集资建房。1990年，逐步取代单位全款建房模式，补贴比例20%—80%不等，到城镇住房体制改革完成。农业户口的城中村居民则沿用农村建房模式，由村委会分配地皮自己出资建造。1998年城区房参加房改，至2002年，参改150个企事业单位，总面积58.61万平方米，总数8340户。四、居民住房完全市场化模式。即由开发商建设成小区住宅，个人自主购买的模式。2002年以后城区建设住房均属这种模式。在住宅小区购买住房可采取一次性全款付清方式，也可采取分期付款方式，2009年首付款最少20%。

1994—2010年，禹城先后有棉西小区、安居小区、洛北花园、湖滨花园、东城、嘉合园等15个住宅小区建成投入使用。住宅小区具有设施配套、功能齐全、环境优美的特点。

图7-2-1 玉荷苑社区远景 （2009年7月摄）

安居小区先后获得“省级花园式小区”“省级物业管理优秀小区”和“山东省优秀住宅小区”等荣誉称号。湖滨、东城被德州市文明办、环保局评为“绿色社区”称号。2009年，禹城市第一批经济适用房——宜家北苑竣工并投入使用，鼎新名士嘉园、佳纳龙尚国际等高档小区开工兴建。

图7-2-2 湖滨花园小区一角 （2007年摄）

禹城市住宅小区建设统计表

表 7-2-4

序号	小区名称	开发企业名称	规划用地规模（万平方米）	建设规模（平方米）				居住户数	规划编制单位	建筑设计单位	建设时间	备注
				居住面积	商业面积	公建面积	合计					
1	洛北花园小区	浙江诸暨市天马房地产开发有限公司禹城分公司	11	88339	7734	330	96403.49	686	上海同济大学	禹城市广厦建筑设计院	2000年1月—2005年12月	25栋楼68个单元；商业用户30户
2	嘉合园小区	禹城市城市建设综合开发公司	11	89344	3443.9	280	93067.69	788	大连理工大学	禹城市广厦建筑设计院	2003年1月—2008年12月	24栋楼77个单元；商业用户24户
3	棉西小区	禹城市城市建设综合开发公司	10.5	92372	1980	100	94451.8	1035	禹城市建筑设计院	禹城市广厦建筑设计院	1994年1月—2003年12月	28栋楼102个单元；商业用户20户
4	玉荷苑	德州永安置业有限公司	1.28	41652	1240	634	43526	317	规划局	禹城市广厦建筑设计院	2007—2010年竣工	—
5	湖滨花园	金华房地产开发公司	15.333	160000	11500	1000	172500	1420	建设局	禹城市广厦建筑设计院	2003—2007年竣工	—
6	安居小区	房管局	10	100000	—	1500	101500	1000	建设局	禹城市广厦建筑设计院	1996—2000年竣工	—
7	群贤居花园小区	禹城市中商房地产开发有限公司	23.213	297668	36000	3000	336668	2574	德州市城市规划设计研究院	山东中大建筑设计院有限公司	2006年10月开工，预计2012年建成	幼儿园1400平方米，会所1600平方米
8	舜馨家园	禹城市舜禹房地产开发有限公司	2.0812	36400	—	800	37200	302	建设局规划科	禹城市广厦建筑设计院	2006年3月9日—2007年6月6日	—

续表 7-2-4

序号	小区名称	开发企业名称	规划用地规模（万平方米）	建设规模（平方米）				居住户数	规划编制单位	建筑设计单位	建设时间	备注
				居住面积	商业面积	公建面积	合计					
9	马庄新村	禹城市舜禹房地产开发有限公司	7.67	107388	5039.13	1122	113749.13	510	德州市建筑规划勘察设计研究院	禹城市广厦建筑设计院、德州市建筑规划勘察设计院	2008年10月16日—2010年10月2日	—
10	舜禹花园	禹城市舜禹房地产开发有限公司	1.6421	38839	1750	80	40669	299	禹城市广厦建筑设计院	禹城市广厦建筑设计院	2007年3月5日—2010年10月30日	—
11	东城水木清华	德州东方置业有限公司	9.434	113200	—	—	121700	765	中国航天规划设计院	山东文孚建筑设计有限公司	2007—2011年完工	多层96000平方米；高层21000平方米；幼儿园1429平方米会所684平方米
12	盛雅依水苑小区	山东博大房地产开发有限公司	7.3216	125058	4500	230	105622	1512	禹城市建设局规划科	德州市规划建设勘察设计院	2008年11月—2013年	多层40座楼；高层5座楼
13	福绣水城	禹城市吉顺房地产开发有限公司	4.2284	—	—	—	83830.08	587	上海同锐建筑设计有限公司	广厦设计院（多层）山东省新宇建筑工程设计院（高层）	2008年5月—2012年10月	多层52811平方米；高层20508.4平方米
14	禹王文苑	德州市德嘉房地产开发有限公司	1.6667	32000	720	260	32980	294	德州市民用建筑设计院	德州市民用建筑设计院	2005年6月—2007年12月	—
15	佳兴景园	禹城市木森置业有限公司	3.525	—	—	—	55097	498	禹城市规划局	禹城市广厦建筑设计院	2008年—2011年	—

第五节　园林绿化

城区园林绿地，从1986—2010年可划分为三个阶段：

（一）1986—1995年，以改观城区面貌，创建花园式城市为目标阶段。

（二）1996—2005年，以创建园林式城市为目标阶段。

（三）2006—2010年，创建省级园林城市阶段。

图7-2-3　城区绿化修剪　（2010年摄）

一、创建花园式城市

（一）城区绿化。1986年以前，城区无公共绿地，行道树只有杨树和柳树。第一块种植花草灌木的公共绿地是：原经二路（后改名人民路）禹城县招待所（后改名禹城宾馆）—禹城县广播局（后改名洪泰酒店）西墙外地段。长250米，宽4.5米，面积1200平方米。种植冬青、月季花、一串红等，由禹城县建委委托离休干部张星南管理。同年，在原市经二路（后改名人民路）旁侧种植法桐287棵。1986—1988年，县委、县政府先后制定《关于开展全县精神文明建设活动的意见》《城区绿化、市容、环境卫生管理暂行办法》和《关于创建文明卫生城的通告》，推动城区绿化，消除“雨天水泥路，晴天扬灰路”“脏、乱、差”现象。1989年，禹城县建委建立第一个园林育苗基地，该基地位于原禹城宾馆（后为东城住宅小区）东侧，洛北干渠（泺清河）西岸，占地13亩，有花室三间120平方米，培育的苗木主要有月季、冬青、一串红等。1993年和1994年，在如意巷南空地和禹城市职业中专东邻，建立第二、第三育苗基地，每年为城区绿化提供乔灌木2万余株，草本花卉3万余株。城区街道拓宽改造和城区规模扩展，城区街道绿化和公园建设也进入快速发展时期。

1986—1995年禹城街道绿化统计表

表7-2-5

年	地　址		种植区位	种植面积（平方米）	种植品种	株数
	原名	现名				
1986	县广播局—县招待所	禹城宾馆—洪泰酒店	人民路东侧广播局—招待所墙西	1200	月季、冬青、塔树、一串红	—
1986	纬二路	人民路	两侧	—	法桐	287

续表 7-2-5

年	地址		种植区位	种植面积（平方米）	种植品种	株数
	原名	现名				
1987	禹城宾馆门前、食品公司墙外、纬一路洛北干渠（泺清河）	禹城宾馆、禹城酒厂、解放路、洛北干渠（泺清河）	墙外、道路隔离带	1690	草皮、垂柳、冬青、紫荆、紫薇、月季、草花	—
1988	外资、市外贸、房管所	市农业开发办、市外贸公司、街道巷外	行政街南侧、行政街北侧	1300	天鹅绒草皮、紫荆、紫薇等花灌木	—
1990	经一路、两站街	开拓路、两站街	绿化带	1195	美人蕉、月季、一串红	—
1991	市税务局、德州车队、酒厂	房管局、德州车队、酒厂	3 单位墙外、开拓路两侧	—	河南桧、紫荆、月季	—
1992	开拓路南段、解放路北段	开拓路南段、解放路北段	道路绿化带	6600	冬青、紫薇、紫荆、剑麻、龙柏	—
1992	行政街	行政街	道路绿化带	5851	红叶李、月季	—
1993	王庄立交桥、解放路南段、行政街东段、汉槐街	王庄立交桥、解放路南段、行政街东段、汉槐街	绿化带	14000	龙爪槐、看石榴、大叶女贞、剑麻、紫荆行道树 12 个品种	2000
1994	解放路南段	解放路南段	绿地补植	3200	法桐、龙爪槐等 12 个品种	5400
1995	解放路北段、开拓路西孔桥、市第二人民医院东侧、秦老庄	解放路北段、开拓路西孔桥、市第二人民医院东侧	绿化带和绿地	7200	月季、美人蕉、小叶黄杨、花木品种 16 个	—
1995	西城区立交游园	西城区立交游园	两侧	42300	月季、小叶黄杨、美人蕉等季节花木 20 个	苗木 1.8 万株

（二）公园建设。1993 年开始将公园建设纳入城区建设方案，聘请山东省园林规划处对禹城古槐公园、桥头游园和人民公园进行规划设计。

桥头游园建设，始于 1995 年冬。位于铁路、公路桥涵两侧的西城开发区，占地 4.23 万平方米，园内建有亭阁、绿地、花坛等，种植常绿、落叶乔木、花卉、草皮等。

人民公园建设，始于 1994 年年底。位于老城西南，古城墙遗址内。投资 300 万元，于 1995 年年底完成一期工程，种植耐盐碱树木百余种，苗木 2.6 万多株，绿化面积 6.7 万平方米，总占地面积约 15 公顷，为禹城第一处公园。

二、创建园林式城市

1996 年，禹城市政府委托山东省规划设计院对原城区规划进行修改，确定创建园林式城市。

1996 年年底，公共绿地面积达到 25.3 公顷，城区人均占有 4.6 平方米，绿化覆盖率达 19.6%。2005 年，城区建设规模扩大，道路建设快速发展，城区绿化总面积达到 561 万平方米，绿化覆盖率达 37%。

1996—2005年禹城街道绿化统计表

表7-2-6

年份	地址	面积（平方米）	种植品种	种植区间	株数	备注
1996—1998	城区街道栽植花草树木地段	50000	落叶乔木、常绿灌木、季节性花卉	街道两侧、隔离带	乔木6700株、灌木7.8万株	—
1999	文化宫和沿河绿化长廊、行政街、东外环、人民路	180000	冬青、黄杨、草坪、季节性花卉	街道两侧、隔离带	各种苗木2.4万株	—
2000	行政街、东外环、开发区	14000	法桐、红叶李、灌木、季节性花卉	行政街、东外环两侧、开发区苗圃	2.4万株	—
2001	汉槐街、解放路、开发区、人民路市委市府段	50000	法桐、国槐、草坪	道路两侧、绿化带	2800株	—
2002	洛北干渠（泺清河）、开拓路、建设路、富华街、迎宾路	87000	法桐、国槐、落叶乔木、常绿灌木、季节性花卉	道路两侧、绿化带、绿地	3000株	—
2003	市区各街道绿地	—	法桐、国槐、落叶乔木、常绿灌木、松柏、黄杨	道路绿化带补植	4500株	补植
2004	电视塔四角、建设路、人民公园、汉槐游园、洛北干渠（泺清河）长廊	2900	毛白杨、法桐、国槐	绿化带补植、绿地	3800株	—
2005	富华街、骇河街、汉槐街、文化街、禹王街、解放路	200000	毛白杨、法桐、速生杨、垂柳、小龙柏、金叶女贞、红叶小檗、三叶草草坪	绿化带、绿地	乔木40000株、灌木17000株、三叶草草坪13000平方米	—

城区重点园林绿化工程四处：

（一）汉槐游园。该园位于汉槐街西首北侧，是市级文物保护单位汉代墓冢所在地。占地52.50亩，种植草皮17000平方米，种植各类树1400余株。园内亭榭、石桌、石凳和广场，可供市民休闲、娱乐。

图7-2-4 汉槐公园一角（2010年摄）

（二）洛北沿河长廊。洛北沿河游园亦称洛北沿河绿色长廊，全长1600米。河道两侧50米范围内，借鉴欧式园林造型风格，利用现有地貌堆土成坡，以大面积常绿草皮做覆盖，以侧柏球、冬青等低矮苗木密植成有一定韵律的几何体，整个绿化面积15万平方米。

（三）孔雀广场（又称孔雀游园）。位于工人文化宫西北侧，西临徒骇河岸，面积3万平方米。游园利用铺装材料和多种植物组成一只造型优美的孔雀图案，色彩鲜艳、形态逼真，1997 年 11 月建成使用。

（四）禹王公园。1999 年，在省级文物保护单位禹王亭遗址处建成禹王公园，占地 23.6 万平方米。公园为三进院落，由南向北顺序排列，有石碑坊、石狮、山门、钟鼓楼、拜殿、配殿、禹王大殿、碑亭、后山门、禹王亭、人工湖池和禹王亭遗址具丘山。栽植大规格柏树 120 余株，园内绿茵掩映、环境幽雅。

图 7-2-5　糖城新湖公园石刻（2009 年 6 月摄）

三、创建省级园林城市

此阶段为重点绿化工程和重大市政项目集中建设改造时期。

2006 年，重点工程是糖城广场和人防广场建设。糖城广场是融观演、集合展览、休闲娱乐、健身于一体的大型市政设施，也是标志性城市景观。广场东西宽 232 米，南北长 256 米，总占地 87.5 亩（58362.5 平方米），广场绿化总面积 7.1 万平方米，北部以铺装硬化活动场地为主，配以模纹绿地和树阵；南部以起伏地形和自然植物群落为主。种植常绿树 1.1 万株，乔木 1500 株，各类花灌木 7500 株，草坪 7000 平方米。人防广场花砖硬化 7000 平方米，绿化 6000 平方米，乔灌木 2 万株，草坪 3000 多平方米。此外，在开发区人力资源大厅门前种植金叶女贞 2000 多株，锦熟黄杨 3300 多株，在市区种植补植行道树 1800 余株。

2007 年，重点工程是糖城新湖的建设。糖城新湖占地 258.43 亩，其中湖面积 168 亩，绿化面积 6 万平方米，铺装面积 2 万余平方米，岸线长 2600 米，是一处充满现代气息的休闲公园。完成七项较大绿化工程：1. 绿化面积 13228 平方米的禹王街西出口工程；2. 绿化面积 11029 平方米的京福高速出口东侧绿化工程。这两项工程总投资 118 万元，种植雪松、金叶女贞、小龙柏球、合欢树、白玉兰等 30 多个绿化品种；3. 绿化面积 1800 平方米的迎宾路南首三角绿地工程，种植各类苗木 16000 余株。4. 禹城市区绿地增加花灌木工程。5. 禹城市区绿化补植工程。6. 人民路绿化改造工程。7. 洛北绿化长廊增加苗木工程。共种植法桐、垂柳、白蜡、金叶女贞、黄杨、龙柏、紫荆等苗木 14 万株。

2008 年，在城区开展“城市绿化建设年”活动，投资 1500 万元。重点实施“五片、十线、一长廊”的绿化工程。五片：糖城新湖、糖城广场、人民公园、人防广场和汉槐游园。十线：行政街、汉槐街、迎宾路、文化街、通衢路、建设路、解放路、禹王街、101 省道和东外环。一长廊：洛北干渠（泺清河）长廊。经过“拆墙透绿”“建路扩绿、见缝插绿、腾地造绿、以绿占地”等多种途径，点、线、面有机结合，全面推进绿化体系建设。城区地段呈现出三季有花、四季常青、层次分明、错落有致的优美格局。新增绿化面积 14 万平方米，种植乔木 4 万株，常绿树种 2.7 万株，花灌木 9 万株。

2008 年，城市基础设施建设八项绿化工程：1. 外环线绿化工程（北外环路迎宾路口－

南外环迎宾路口）。全长8公里，6大节点绿化面积24万平方米；2. 市中路绿化改造工程。经过改造绿化带，增加绿化面积7000平方米；3. 建设路与开拓路交叉路口绿化池建设。新增绿化面积3000平方米；4. 西大桥桥头绿化工程。绿化面积2.3万平方米；5. 东三环绿化工程。绿化面积3.12万平方米；6. 德信大街绿化工程。绿化面积8万平方米，绿化带设置有人行道休息区和圆椅、圆凳，方便行人休息；7. 外一环绿化工程。绿化面积5.8万平方米；8. 革命纪念馆景观工程，绿化面积3万多平方米。

2009年，城区重大市政工程为大禹公园（原人民公园）二期工程建设。总投资1600万，新增面积100亩，增加乔木200余株，花灌木2000余株，草坪及草花新增面积6.6万平方米。其他绿化建设工程：1. 南环路立交桥绿化工程，面积1.2万平方米；2. 人民路南段绿化工程，面积2.5万平方米；3. 迎宾路综合改造绿化工程，面积20万平方米；4. 建设路北段绿化工程2.2万平方米；5. 文化街西段绿化工程0.8万平方米；6. 彭南路绿化工程2.25万平方米；7. 九一广场绿化工程1万平方米。

2010年，山东101省道经城区8300米路段改造。该工程规划红线宽度81米，中间是快车道，两侧增加8米绿化分车带，5米慢车道外侧为15米绿化带。总投资4500万元，绿化总面积38万平方米，种植各种苗木60余种。与之相配套的站南路南段绿化面积3200平方米，古城路2500平方米，解放路南延绿化面积2.6万平方米，石凤街绿化9万平方米，绿化总面积50.17万平方米。

另一项绿化改造工程为南环路绿化面积20万平方米。绿地包括：南环路南北两侧各30米绿地；南环路一步云小学路段两侧3米分车带、行道树和5米绿地。此外还有，禹王路综合改造绿化工程，绿化面积5万平方米；汉槐公园及大禹公园综合改造绿化工程，总面积6.6万平方米。至2010年年底，城区园林绿地面积796.37万平方米，城市绿地率33.1%；绿化覆盖面积914.7万平方米，绿化覆盖率38%；公共绿地面积194.3万平方米，人均绿地面积12.78平方米。

附：重点建设工程

1. 大禹公园（原人民公园）建设

大禹公园位于老城南，古城墙遗址内。1994年底实施建设，首先搬迁园区内居民52户，拆迁面积1万平方米。1995年春，投资300多万元开始建设，年底，挖调土方13万立方米，砌围墙2100多米，建水闸1处，挖排水沟4条，种植耐盐碱树木、花草近百种，苗木2.6万多株。一期占地225亩，其中水池300平方米，洪荒湖7.2万平方米，映月莲池5000平方米。该园以大禹治水，造福华夏为主线，辅以建筑小品、红碧阁、叠翠庭、万紫亭、姊妹亭、九洲清亭、回音亭等，建设禹王遗风院，修复“一步两眼井”古景观，使其融地方特色与历史文化为一体。二期工

图7-2-6　大禹公园“禹”字文化景墙（2010年7月）

程改造于2009年三月份开始，六月底竣工，历时100天。园内建有“九龙入海”“禹”字文化景墙、亲水平台、九曲桥、“一步两眼井”等23处景观，大禹主题广场、戏迷广场、健身广场等16处休闲场地。

2. 洛北干渠（泺清河）长廊绿化

1997年，对洛北沿河长廊进行绿化建设，绿化面积15万平方米。1995年，开始对洛北干渠（泺清河）河道治理，清挖淤泥、砌石护坡、污水截流，通过治理、修整形成。工程设计体现民族文化内涵，同时，结合环境，规划在长廊西北端，沿洛北安居小区一侧，临河建设2500平方米的下沉式音乐广场，中段的禹临桥做下沉处理，两侧按仿真比例安置“十骏涉水”群雕，整个长廊即有规则、典雅的古典风格，又不乏活泼生动、充满激情的现代美。

图7-2-7 洛北干渠（泺清河）绿化工程 （2009年8月摄）

3. 禹王公园

1996年，禹城市人大常务委员会通过101号决议，在原禹王亭遗址建设禹王公园。自1996年5月开始建设，占地面积23.6万平方米，一期工程占地82.5亩，工程总投资800万元。聘请曲阜市古建筑设计院进行规划设计，由曲阜古建筑公司承担建设施工任务，1999年完工。建设资金由社会集资解决，凡捐资大额者于院内立碑铭记。为国家AA级旅游景观。

4. 迎宾大道绿化

迎宾路北起高速公路出口，南至城区南环路，全长5.2公里，是进出禹城市的重要交通干线。以迎宾路为轴线，将禹城市城区分为两部分，迎宾路东侧是省级高新技术产业开发区，西侧是商业行政城市中心区。2004—2005年，迎宾路绿化因地制宜，结合道路两侧地形，采用三种绿化模式：北段是以垂柳行道树为核心的绿色屏障绿化带；中段结合大禹塑像景区和高耸的广播电视塔，通过模纹绿地、花灌木、常绿树、观赏树和背景林的有机配置，营造由内向外多层次、大绿量、大进深的绿化格局；南段则依据道路自然排水走向，利用道路连沟坡面，形成自然坡地绿化带。2008年，重点实施环境综合整治和中段绿化工程，粉刷房屋墙体1.6万平方米；拆迁违章建筑25座、160间；规范广告牌80多块；调运绿化土方1.5万立方米，新增绿化面积3.8万平方米，迎宾路绿化总面积达到27万平方米。2009年，重新改造迎宾路周围及原有绿化，绿化面积15万平方米，增加8米分车带。种植乔木1万株，花灌木3万株，绿篱模纹3.2万平方米，季节花卉3.2万平方米，草坪面积9万平方米。

5. 糖城广场

广场以“糖城之光”主题雕塑和圆形下沉式广场为中心，南面是百米文化长廊、绿树成荫的林荫广场，在文化长廊东侧设有LED大屏幕，东面是大面积绿化风景区，绿化区内设有老年活动区和青少年活动区；绿地内由北—南布置长千余米的蛇形健身步道和60余件群众健身器械，满足市民群众健身和文化娱乐需求。糖城广场以大禹文化、糖城文化为主题，通过主题雕塑、文化长廊、浮雕墙面等设施，将大禹文化和糖城文化有机融合，着力烘托展示禹城独有而深厚的城市文化与品质。广场南部扩建工程，新增绿化面积1.8万平方米，铺装活动场地6000平方米。

6. 山东省101省道绿化

山东省101省道是进出禹城市的一条重要省级公路，途经市区7公里，是禹城市形象的重要窗口。2008年，重点实施道路绿化和整治两项工程，道路两侧各15米范围内，采用常绿树木、乔木、花灌木、低矮灌木自然种植绿化和起伏地形整理模式，形成两道绿色景观屏障，调运绿化土方5万平方米，新增绿地面积3万平方米，种植乔木1.2万株，常绿树木3万株，花灌木4000株；对道路两侧50米内的临时建筑、违章建筑和有碍观瞻建筑进行集中清理与拆除，拆除临时违章建筑100余处、300间。

2010年，重新综合改造山东省101省道。建设要点是：每隔300—500米设置景观节点，道路交叉口设置景观节点，利用植物复层式种植，遮挡有损景观的建筑。将总体道路景观分为四段，分别为春、夏、秋、冬，修剪种植8米大型分车带，形成良好的绿化景观界面。绿化带采用规则式模纹绿篱和自然式乔木种植，配以较大密度樱花、紫薇、榆叶梅等花灌木，栽植模纹绿篱植物近320万株，乔木3万株，各类花灌木9万株，缀地花卉3.4万平方米。

第六节 亮化

一、亮化工程

自2002年，禹城市强化展示城区夜间亮化工作，城区主干道沿街60多家单位，设置楼体霓虹灯、射灯、彩灯。装饰行政街、建设路、开拓路灯杆上的广告灯箱800多个；投资56.5万元安装市广播电视塔的各种灯饰；在行政街增设两处过街彩桥。

2010年更新路灯600多盏，城区路灯达到3000多盏，街道节点灯饰都得到维修。在新湖公园、人防广场、糖城广场、大禹公园等处新上火树银花灯饰。

二、亮化管理

统一设计建设10处亮化样板工程：禹城市委、市政府、广播电视塔、财政局、网通公司、东方大厦、市人民医院、明珠大酒店、人民银行。对禹城市所有亮化单位统一造册、统一管理，确保按时开启。所有亮化设施由统一的广告公司设计制作，规模大、水平高。抽调专业人员3—4名，组成专业队常年维修。每周六城管局工作人员对城区亮化设施进行一次普查，将亮化情况登记造册，损坏设施统一维修。

第七节 供水

一、供水工程

1986年，禹城市自来水公司有50米深机井3眼，300米深机井1眼，电机4台（套），日供水能力2000立方米，平均日供水量1000立方米，高峰期1710立方米，城区日用量5260立方米，仅占禹城市区用水量的19%，输水管道10条，总长5070米。1990年，自来水公司征地14亩，投资530万元，在市中路南段建成一座日供水6000立方米的水厂，于1992年投产。该水厂采用除铁锰工艺，结束自来水公司直供水的历史。在水厂运行同时，供水管网建设加快，至1993年3月，城区供水管网达到30公里。

1997年，水厂扩征土地6.75亩，投资

302 万元，开始建设二期工程，于 1998 年 5 月投产。建成后，日供水能力提高到 12000 立方米，水质除含铁超标外，其他均符合国家《生活饮用水标准》。2002 年，投资 300 万，在建设路北首建设日供水能力 3000 立方米的水厂，于 2003 年 5 月投产。2005 年，投资 200 万元，修复更新停用的一期工程，更换滤池设备，购置 2 台变频柜，增加石灰乳液软化，增设氯花发生器消毒设备，添加絮凝剂等，改善水质。铺设改造主管道，城区管网达到 38 公里。2009 年 3 月，投资 800 万元，实施“水厂技术工艺改造工程”。通过增加反渗透处理系统、自动化控制系统及中央监控系统，消除总硬度、氯化物和铁锰指标过高问题，稳定脱盐率达到 99.3%，成为山东省第一家达到这一标准的县市级单位。荣获山东省“2009 年度城镇供水科技奖”。

2010 年，投资 2000 万元，在市中办李庄村西北部建设日供水能力 3 万吨的水厂（称第二水厂）。2010 年年底，投资 240 万元，铺设完成部分输水主管网，包括 204 米直径 600 毫米 PE 管道和 1104 米球墨铸铁管道。日供水能力 15000 吨，水质达到 2006 年国家制定的《生活用水标准》。城区供水主管道 88 公里，为 3 万个用水户供水，供水覆盖率 90%。

二、供水收费

1986—1996 年，每立方米 0.25 元；1996—2001 年生活用水每立方米 1.00 元，非生活用水每立方米 1.12 元，工业用水每立方米 1.26 元，特殊行业用水每立方米 1.31 元；2001—2010 年，居民生活用水每立方米 1.5 元，非居民生活用水每立方米 1.62 元，工业用水每立方米 1.82 元，建筑、餐饮、宾馆等服务业用水每立方米 2.1 元。

三、供水管理

2005 年，水资源统一管理使用。城区封闭自备井 50 眼，将其纳入公共供水管网。同时，实施“一户一表、计量出户”改造，推广使用国家建设部倡导的新型 PE 和 PP-R 管材，当年移表出户 1100 余家。

第八节　排水

1986 年前，城区只有行政街（大桥广场—洛北干）、人民路（禹临路—开拓路）两侧用砖砌盖板暗沟排水，其他均为明沟排放。全部流入洛北干渠（泺清河）。1986 年后，先后在徒骇河堤上修建 6 座涵闸，解决由洛北干渠（泺清河）单一排放状况。在店子万村西修建提排设施站，防止徒骇河水顶托倒灌，排水能力每小时近万立方米，涵闸都留有临时提排设施空间。

2010 年禹城城区涵闸及提排站情况表

表 7-2-7

名　称	地　址	建设时间	建设单位	建设用途
店子万	店子万村北	1958 年	水利局	排放洛北干渠（泺清河）两侧，大部分城区排水
物资局	物资局西	1985 年	水利局	排放商贸城、胜利街等片区
监狱西	—	2000 年	水利局	暂未使用
粮局直属库	铁路桥南约 200 米处	2010 年	水利局	韩庄、水泥厂、站南路片区之水
打渔张	骇河街	2003 年	水利局	化肥厂排水

续表 7-2-7

名　称	地　址	建设时间	建设单位	建设用途
杨庄	南外环	2010 年	水利局	徒骇河以东、南外环路片区
店子万提排站	—	2007 年	水利局	提排洛北干渠（泺清河）之水
禹王立交桥提排站	—	1994 年	指挥部	用于立交桥
王庄立交桥提排站	—	1988 年	德州公路局	用于立交桥
解放路立交桥提排站	—	1998 年	指挥部	用于立交桥
交通局平房家属院提排站	—	2006 年	市政公司	提排站南路之水

一、排水网

自 1993 年撤县设市以后全面展开，结合城区道路建设，将雨水排放线路划分为三条：京沪铁路以西地段雨水经暗管向西排入徒骇河；城市中心区经禹临路和洛北干渠（泺清河）暗管导入污水处理厂，排入徒骇河；东部高新技术产业开发区污水经管网汇集到污水处理厂，排入徒骇河。

图 7-2-8　下水道清淤（2010 年 6 月摄）

二、雨水排水沟

自 1993 年开始，结合城市道路改造，逐步按规划由明沟改为暗沟。2010 年，基本形成较通畅完善的排水体系。

三、污水处理厂

禹城污水处理厂属国家“三河、三湖”水污染治理项目，总设计规模是日处理污水 5 万吨，总投资 8079 万元。一期工程采用一体化沟工艺，建设规模日处理污水 2.5 万吨，2003 年 3 月投入试运行，2005 年正常运行，出水水质符合国家环保局《城镇污水处理厂污染物排放标准》中二级排放标准；二期工程采用流动床生物膜工艺，建设规模为日处理污水 2.5 万吨，2007 年竣工投产，出水水质达一级 B 标准。2009 年实施污水处理升级改造工程，投资 2900 万元。工艺为 A/o+ 深度处理系统，具备除磷脱氮功能，三级深度处理采用曝气生物滤池 + 微涡流絮凝沉淀池 + 消毒工艺，2010 年 2 月，进入试运行阶段，出水水质达到中一级 A 标准。在 2010 年 3 月国家海河流域污染防治核查中，取得第一名。2010 年污水处理厂满负荷运转 98%，污水集中处理率 96%，出水水质综合达标率 100%，全年处理污水 1800 万吨，改善徒骇河水体环境。

四、污水管网

2001年，专门沿洛北干渠（泺清河）修建DN1000—DN1500毫米排水管道，将城区大部分工业和生活污水汇集到排水管道内，使污水安全送达污水处理厂。2002年，配合高新区建设，投资2368万元，建设高新区污水输送管网，2003年底竣工投入使用。2007年，投资674万元，建设直径1.5米混凝土排污管网6000米，解决高新区所有企业污水处理输送问题。至2010年，城区建成各类排水管网122990米。

2004年8月，开始征收污水处理费，保证污水设施正常运行，居民每立方米0.5元，非居民0.55元，工业0.6元，建筑、餐饮、服务业0.8元。2007年，对收取污水处理费进行调整，居民和非居民均为每平方米0.5元，工业用水0.8元，经营服务业1.00元。

1987—2010年禹城城区排水管道统计表

表7-2-8

道路名称	地段	修建时间	排水板涵（米）	排水管道长度（米）	直径（毫米）	组织修建单位
两站街	人民路—车站广场	1987年	600	—	—	建设局
胜利街	解放路—车站广场	1989年	—	1000	800	建设局
站北路	车站广场—五角广场	1989年	1400	—	—	建设局
行政街	—	1991年	—	6110	800	建设局
解放路	五角广场—骇河街	1991年	单侧1300	—	—	建设局
禹王街	徒骇河—铁路立交桥	1994年	—	1600	1000	十里望
市中路	开拓路—汉槐街	—	—	3000	800	建设局
—	北门桥—行政街	1996年	—	8600	800	市中办
如意巷	人民路—建设路	1996年	—	500	1000	市中办
骇河街	站南路—化肥厂	—	—	1700	800	建设局
站南路	车站广场—骇河街	—	—	600	800	建设局
解放路	骇河街—101省道	1996年	—	1600	800	建设局
禹临路	通衢路—洛北干渠（泺清河）	1997年	单侧650	—	—	建设局
人民路	机械厂—汉槐街	1999年	—	4000	800	建设局
汉槐街	车站广场—迎宾路	2000年	—	5050	1000	建设局
老城街	迎宾路—西门桥	2000年	—	4000	800	市中办
市中路	汉槐街—西李泉沟	2001年	—	1500	800	建设局
禹临路	行政街—通衢路	2001年	—	1600	单侧1500	建设局

续表 7-2-8

道路名称	地段	修建时间	排水板涵（米）	排水管道长度（米）	直径（毫米）	组织修建单位
建设路	行政街—开拓路	2001 年	—	1400	1200	建设局
洛北干（涞清河）截流干管	建设路—洛北干渠（涞清河）	2001 年	—	2210	800	自来水
洛北干（涞清河）截流干管	西李泉沟—汉槐街	2001 年	—	1220	1000	自来水
洛北干（涞清河）截流干管	汉槐街—开拓路	2001 年	—	2060	1200	自来水
洛北干（涞清河）截流干管	开拓路—污水处理厂	2002 年	—	1050	1500	自来水
建设路	廾拓路—污水处理厂	2003 年	—	1500	1500	建设局
开拓路	五角广场—西南门桥	2003 年	—	4980	800	自来水
文化街	西南门桥—迎宾路	2004 年	—	2790	800	建设局
骇河街	化肥厂—徒骇河	2004 年	—	700	1200	建设局
禹临路	人民路—市中路	2004 年	—	850	单侧 1500	建设局
禹临路	市中路—行政街	2006 年	—	500	单侧 1500	建设局
南环路	解放路—铁路立交桥	2006 年	—	1400	800	房管局
文化街	开拓路—建设路	2006 年	—	800	800	建设局
通衢路	行政街—汉槐街	2006-2008	—	1100	800	建设局
工业园排污管道	东外环—迎宾路—洛北干（涞清河）—污水处理厂	2007 年	—	6000	1500	建设局
禹王街	铁路立交桥—101 省道	2005 年	—	3200	800	城管局
通衢路	汉槐街—步云小学	2007 年	—	800	800	建设局
胜利街	车站广场—解放立交桥	2006 年	—	700	600	建设局
文化街	建设路—人民路	2008 年	—	1000	800	建设局
人民路	汉槐街—铁路	2009 年	—	3400	800	城市基础设施指挥部
迎宾路	行政街—文化街	2009 年	—	2200	800	迎宾路指挥部
迎宾路	文化街—北环路	2009 年	—	4800	1200	迎宾路指挥部
	北环路—高速		—	1600	800	
益民路	禹津路—建设路	2009 年	—	1600	600	城市基础设施指挥部

续表 7-2-8

道路名称	地段	修建时间	排水板涵（米）	排水管道长度（米）	直径（毫米）	组织修建单位
101 省道	石凤街—孔庄铁路桥	2010 年	—	17000	1500	101 指挥部
古城路	101 省道—南环路	2010 年	—	900	1500	101 指挥部
解放路南延	101 省道—石凤街	2010 年	—	2400	1500	101 指挥部
禹王路	禹王公司—北外环	2010 年	—	2800	1500	交通局
华昊路	南环路—王电街	2010 年	—	1200	1200	101 指挥部
			—	600	400	
南环路	人民路—迎宾路	2010 年	—	6000	1500	南环路指挥部
通衢路	步云小学—南环路	2010 年	—	2000	1200	南环路指挥部
			—	1000	400	
合计	—	—	—	122990	—	—

第九节 供热

一、集中供热

1992 年，城区集中供热。以禹城热电厂的 3 台锅炉为热源，供热管道 2680 米。主要为市委、市政府和部分市直机关供热，供热面积 1.2 万平方米。

随着城市建设规模不断扩大和高新技术开发区发展壮大，集中供热需求越来越大。2001 年，禹城企事业职工集资与华鲁电厂联合建设的新园热电厂投入运营，解决城区东部集中供热问题。年底，禹城热电厂有锅炉 5 台，供热面积 150 万平方米；新园热电厂有锅炉 2 台，供热面积 35 万平方米。

至 2010 年，光大电力集团公司设备供热能力 300 万平方米，实际供热 150 万平方米，管网覆盖区域建筑面积 180 万平方米；新园供热公司供热能力 60 万平方米，管网覆盖区域建筑面积 70 万平方米。

图 7-2-9 新园热电厂冷却塔 （2002 年摄）

二、新型热源

城区北部有较丰富的地热资源。2009 年，宜家北苑小区采用地热井作为热源，开始为 200 余户居民供暖，面积 18000 平方米，成为禹城第一个采用地热供暖的小区。2010 年，城区采用地热井供热的居民住宅小区达到 4 个，供热面积 14.4 万平方米。山东国际商贸港一期，采用天然气制热供暖，面积25万平方米。

三、供热管网改造

2010年，市政府成立城区集中供暖工作领导小组办公室，投资4600万元实施：三台锅炉、一台机组的维修和保养；5440米的主管网铺设和改造，1278米的分支管网的铺设和改造；安居、棉西、湖滨、洛北4个小区20682米的小区内管网改造；12849米的单位家属院内管网改造；4555户45万平方米户内系统改造。

新型热源为小区供热情况统计表

表7-2-9　　单位：万平方米

小区名称	建筑性质	供热建筑面积（万平方米）	采用热源类型	供热能力（万平方米）	备注
上禹周源	住宅	5	地热	21	3口井
玉荷苑	住宅	4.3	地热	7	1口井
栖庭水岸	住宅	1.7	地热	7	1口井
宜家北苑	住宅	3.4	地热	10	2口井
山东国际商贸港	商业	25	燃气	25	仅一期使用
合　计	—	39.4	—	75	—

第十节　供气

城区居民使用液化气始于1990年前后。第一座液化气站建于1994年，属禹城市外资办公室建设项目，位于东外环路中段东侧。1998年东外环路拓宽改造拆除。

2001年，国家天然气管道铺设禹城。2004年4月，建立外环路段庄门站，并成立禹城市管道燃气有限公司，禹城成为山东省率先使用天然气的县级市。2010年，天然气居民用户达到21092户，109个公建用户，10家工业用户。铺设高、中、低压管线560余公里，形成南至南外环、石凤街，北至北外环，东至京福高速公路以东齐禹边界，西至房寺镇的环状燃气管道管网。

图7-2-10　天然气管道铺设　（2008年3月摄）

第三章 社区村庄建设

图 7-3-1 城中村社区化改建 （2010 年 8 月摄）

1986 年后，禹城建设步伐逐步加快，1990 年实现县、乡（镇）通柏油路，2005 年乡村公路里程超过 1000 公里，成为山东省第一个村村通柏油路的县（市）。2009 年，全市 1007 个行政村合并为 382 个社区。村庄合并完成后农村实现社区化，同时规划工贸综合经济区、蔬菜生产贸易区、粮棉高产示范区、林果生态旅游区、畜牧养殖产业区等 117 个产业园区。至 2010 年，禹城市实现村村通自来水，乡村居民饮用水安全得到彻底解决；全部实现九年制义务教育，改建校舍，中小学全部搬进宽敞明亮的教室;农村合作医疗实现全覆盖，解决农民看病难、看病贵的问题。村村实现主要街道硬化，安装路灯和监控系统，为村民出行和安全提供保障。

第一节 规划与建设

2010 年 2 月，筹建禹城市农村社区建设指挥部，由时任市长闫剑波任总指挥，办公地点在老干部局四楼。382 个社区整合为 116 个并建社区。3 月，确定并启动第一批合村并居社区：市中办夏季社区、房寺镇房寺社区和邢店社区、安仁王子付社区、伦镇伦镇社区、簸箕王社区、车站社区、李屯李屯社区、四季社区；莒镇姜庄社区、十里望站北社区、梁家镇梁庄社区、辛店镇辛店社区、张庄镇北丘社区、琉璃庙社区。

社区规划由市规划局负责，统一由高资质的规划设计院进行编修，市财政统一支付规划费用。在楼房设计上，纯农村社区以“3+1”“4+1”模式为主，二层楼房为辅，施工图纸设施统一由禹城市广厦建筑设计有限公司设计，收费执行 3 元 / 平方米的最低标准。

工程质量全程由建设局负责。参与工程建设的施工队伍具有相应的资质证书，建立专业监理为主、乡镇社区干部和群众代表为辅的监管队伍，从建筑材料、施工过程进行全过程质量监管。

由市委组织部牵头，利用一事一议资金，开工建设集基层组织活动场所、一体化卫生室、幼儿园、超市为一体的高标准社区服务中心。由油区办牵头负责，引进奥德、格瑞、华润 3 家天然气公司，分区域为农村社区供应管道天然气，解决群众生活用气和冬季取暖问题。奥德公司负责安仁、伦镇、辛寨、莒镇、李屯等南部乡镇，格瑞公司负责张庄、梁家、辛店及徒骇河风景区，剩余十里望、房寺镇、市中街道及高新区由华润公司负责。

第二节　拆迁

旧村拆迁前制定详细的拆迁方案，征求群众意见，拆迁协议签订率达到95%以上（上级要求）。所有搬迁房屋统一由物价局统一测量、统一作价，做到“一把尺子量、一个标准算”。坚持“两榜公示”，第一次先张榜公示测量及附属物情况，第二次张榜公示评估价格。至2010年，全市因城中村改造和高新区拆迁村庄36个，拆迁户达6000户，拆迁面积近80万平方米，涉及乡镇社区试点拆迁较少。

第三节　社区管理

一、土地管理

完善《农村土地流转管理办法》，出台奖励政策，对符合标准要求的流转土地，市财政给予乡镇每亩150元的一次性补助，鼓励规模流转。各乡镇均建有土地流转中心，流转价格原则上以粮食计价，现金结算不能超过5年；农业局负责对乡镇土地流转中心的业务指导及土地流转合同的审查和监督，对合同要实行登记、归档，实现管理的制度化、规范化。

二、物业管理

制定实施《新型农村社区管理办法》，成立市新型农村社区管理办公室、乡镇城镇建设办公室、社区物业管理办公室，形成“两级政府、三级管理”机制。制定出台环境卫生、物业管理、民主自治等考核办法。入住农村社区，市财政按每平方米每月0.2元给予物业管理补贴，连补5年。对每月排名前三名的社区奖励0.3万元。

三、生活事务管理

天然气实行同城同价，开口费与城区执行统一标准（确定当时执行2400元/户）。投资1.5亿元，推进城乡供水一体化，让农民群众喝上黄河水。

每百户设置1—2名保洁员，市中街道、十里望、东城街道新型社区，由市城管局对社区生活垃圾统一运输，梁家镇自行运输，市垃圾处理厂集中处理。房寺镇建设垃圾转运站，集中收集压缩后统一运输处理。辛店、张庄等乡镇新型社区通过建设简易防渗垃圾处理池的办法，对社区生活垃圾集中处理。投资3200万元，覆盖全部农村社区，实现社区安保城乡联网。

农村社区电力配套统一由市电力总公司实施，按照50元/平方米的价格，统一结算，最终由财政、审计部门进行审计复核，50元/平方米以内的据实结算，超出50元/平方米的，由电力公司负担。农村社区电力管理全部由电力公司负责。

第四章　城市管理

第一节　管理机构

2001年以前，城区管理工作由禹城市建委履行职责。2001年7月，成立禹城市城市管理局，城市管理工作开始由专职部门负责。2006年改名为禹城市城市管理行政执法局，定编81人，为正科级全额拨款事业单位。城市管理行政执法局设置5个科室、4个下属单位。5个科室：局办公室、政工科、市容科、法制科和财务科。下属单位：城市管理行政执法大队（简称城管执法大队）、环境卫生管理处、园林管理处、大禹公园管理办公室（2009 年 9 月成立）。

第二节 市容治理

禹城的市容治理自 2002 年开始，逐步走向规范化、正规化发展，市容市貌井然有序。

一、查处占道经营

站北路是副食、百货、文具以及农用生产器具批发街，为禹城市小商贩重要进货场所之一。沿街门店将人行道全部搭建为亭、棚、房，摆满各种货物，有的甚至摆放到主路上，各种垃圾清理难度非常大，严重影响交通，造成安全隐患。2002 年，城管局会同工商、公安、建设、商城管委会等部门，进行综合治理，人行道上搭建的亭、棚、房被全部拆除，计 126 户，420 多间。在南环路、101 省道、迎宾路等地拆除乱搭乱建的亭、棚、房 51 户，60 多间。对高速公路、解放路南端和禹王街西端三个禹城主要出入口，进行专项清查。严格控制小排房、板房、铁房和各类帐篷的搭建，维护道路秩序。

二、整治马路市场

火车站和五角广场客流量大，是众多小商贩聚集地，他们不按规定出摊，与城管人员打游击阻塞交通，2004 年，在每周进行一次突出治理基础上，在这两处确保每日有 2 人执勤，改善两个广场的市容。

管理游动商贩，采取疏堵结合方式。一方面，建立市场将商贩迁入市场经营，如将人民公园西侧商贩迁入大禹便民市场；另一方面，取缔各类马路市场和探头市场。

三、管理广告牌匾

治理城市“牛皮癣”之称的各类小广告，城管局作为一项经常性工作，分片、分段、层层落实到环卫处 200 余人身上，抽调专人进行巡查，做到随喷随刷。

2005 年 4 月，城管局牵头，组织 31 家广告公司成立广告协会，制定禹城市户外广告设置标准。动员 145 家单位和门店，拆除、更新不合标准的广告牌。清除占道灯箱、竖牌 150 多块，摘除过街条幅、门头横幅 300 多条。

2006 年后，对城区 10 条主要街道户外大型广告全部录像存档，进行 “三统一”“四化”标准治理，即：统一高度、统一厚度、统一审核；外观灯饰化、内容时尚化、画面精细化、质量标准化。清理更换牌匾 830 块，更新 1050 块，主要街道的广告牌匾设置步入正轨。

图 7-4-1 清理人民路小广告 （2010 年摄）

四、交通秩序治理

2004 年 9 月，公安交警大队开展整顿城区交通秩序专项活动，对城区道路实行交通管制。规定早 6 时至晚 10 时，大型运输车辆、拖拉机、畜力车不得进入城区；禁止机动车辆在城区鸣高音喇叭。抽调 30

图 7-4-2　清理行政街占道经营（2010 年摄）

多名执法人员组成联合执法队，在主要路口设置警示标志，安排专人全天执勤，对车辆进行解释和绕行导向服务。疏导各种车辆500余辆，查处违规进入市区的100多辆，查处违规鸣高音喇叭车辆244次。活动后，违规进入城区主要街道的畜力车和其他车辆在城区鸣高音喇叭现象明显减少。

2010 年 11 月，加强对行政街、人民路、建设路、市中路等主要道路两侧停放自行车、摩托车和汽车的管理，纠正违章停车 560 余次。

五、道路开挖掘管理

2004 年，城管局制定“新建、扩建、改建城区道路 5 年内不得挖掘，大修后道路 3 年内不得挖掘”的制度，并建立“道路挖掘公示备案制度”。必须挖掘的，要报经主管部门审批。对地下管线建设，严格实行政府协调、部门会商、集中审批、集中开挖、围挡作业和各类管线一次性集中铺设原则。严禁开挖恢复后道路面凹凸不平。主干道实行不开挖施工技术，城区道路乱挖掘现象得到控制。

六、环境卫生管理

1985 年以前，城区产生的垃圾由各单位自行联系村民清理。1985 年 9 月 1 日，37 名城边村民成立城关镇卫生队。卫生队配备 3 台 12 马力潍柴拖拉机，负责行政街、人民路、开拓路、解放路、两站街等五条街道的厕所清挖，生活垃圾清运，道路清扫和绿化。因无垃圾箱，垃圾装卸均为人力。

1989 年 9 月，县政府将县建委园林部分与城关镇卫生队合并组成园林环卫所，隶属于县建委的差额拨款事业单位。干部职工增加至 76 人，新增翻斗车、叉车各 1 辆。街道繁华地段设置垃圾箱，使部分生活垃圾实现机械装卸，街面保洁面达 5 万余平方米。1996 年，园林环卫所改为园林环卫处。干部职工达到 146 人，新增洒水车一辆，将市中路纳入清扫保洁范围。服务单位 169 个，日清运垃圾 40 吨。2000 年 1 月，园林环卫所分为

图 7-4-3　环卫工人清理垃圾（2010 年摄）

禹城市环境卫生管理处和禹城市园林管理处。2001 年 7 月，禹城市城市管理局成立，环卫处成为下属单位。职工人数 180 人，负责保洁路面 230 万平方米，日清理垃圾 100 吨。

2009 年，禹城市环卫所自行设计制作垃圾收集公交车，在主要道路实行垃圾收集公交化，取消 45 个垃圾箱。同时，购置小型道路扫地车 2 台，垃圾清运车 2 部，建设地下垃圾中转站 18 个，清扫保洁车 120 辆，一线环卫工人增至 180 人。城区道路清扫保洁全覆盖后，实现 16 小时保洁。

2010 年，购置大型高压冲洗车、道路吸扫车，大幅减少人工清扫工作量。并自制、自改清扫车、刮土机、冲洗车、吸尘器。采取“刮土吸尘结合”“雨晴结合”“人机结合”措施，保持城区整洁、靓丽，形成 “大城管、全覆盖、专业化”运行机制。

（一）建立收运中转站。2006 年 8 月，建设 70 座适应城区垃圾收运需要的集装箱式垃圾中转站。箱体由地上转入地下，解决污水横流、臭气熏天、垃圾乱飞、蚊蝇孳生问题。

（二）新建、改建厕所。合理布局、改建并重，再建 10 处公厕，其中包括 5 座智能化免水冲移动环保厕所。这种厕所采用国外微生物降解技术处理人体排泄物，可实现厕所免水冲、无臭味、无有形排放。

（三）定时进行垃圾收集、清运。对城区主要路段实行沿街经营户和居民垃圾袋装化，定时、定点投放制度。环卫人员每天早晨 5：30—7：00，晚 19：00—22：30，由袋装垃圾收集车运往垃圾处理厂处理。

（四）进行市容环卫法律、法规宣传。处罚乱吐、乱丢等不文明行为，提高市民维护城市公共卫生的自觉性。

第三节　行政执法

城市管理行政执法大队（简称城管执法大队）为城市管理行政执法主体单位，至 2010 年年底，城管执法大队有干部职工 31 人，下设 8 个中队，配备有 8 部微型面包车、4 辆电瓶车、1 部摄像机、10 部数码相机。

2002 年 3 月，获得“德州市城管监察系统先进集体”称号，同年 4 月，在山东省开展的“文明执法塑形象”活动中获“先进集体”称号。2008 年，获山东省城市管理行政执法规范化管理先进单位。2009 年，获德州市城管执法工作先进单位、山东省城建行业规范化管理先进单位。2010 年度，获山东省城市防汛工作先进集体荣誉。

一、规范执法

城管大队定期组织学习“三个代表”重要思想、中共十七大精神和上级各项方针政策。执法队员牢固树立全心全意为人民服务的观念，做到“规范执法、热情服务”。利用多种形式进行法律知识学习和培训。聘请律师对《中

图 7-4-4　城管人员规范洗车点（2010 年摄）

华人民共和国处罚法》《禹城市城市市容和环境卫生管理条例》等法律、法规知识进行培训，提高队员业务能力和知识水平。在2007年执法证考试中，大队执法人员全部通过执法资格考试。

二、文明执法

2006年，城管大队克服“严管重罚、强行入轨”，转变为“文明执法、亲情执法”，对违章行为实行“一次告知、二次警告、三次处罚、四次取缔”，引导行政相对人消除对抗心理，自觉配合执法工作。执行“教育先知”“老弱病残孕”五不罚的执法模式。同时设立“执法委屈奖”，鼓励文明执法。2009年12月，成立城管执法女子中队，对行政街、人民路、汉槐街、通衢路的管理，实行柔性执法、温情服务。制定《城管队员文明执法用语及忌语》，执法队伍切实做到亲情执法、文明执法，要求队员工作中切实贯彻执行。制定《城管队员考勤制度》和《城管队员管理制度》，建立思想政治、行政执法、装备管理、内务管理、行为规范、业务学习等各类规章制度。

三、落实责任

城管执法大队坚持实施徒步巡查制和路段责任制，将城管工作由静态管理变为动态管理，做到工作责任落实、各项制度落实。实现三个到位，即：时间到位、人员到位、工作到位。根据“路段责任制”的要求，队员必须每天巡查街面容貌卫生，作好记录，发现问题及时解决。2010年，城管局给15名信息采集员配发具有GPS定位系统的城管通，将市容秩序、环境卫生、市政设施、园林绿化、城区亮化等城市公共设施及城市突发事件纳入动态管理。并明确每个执法中队在网络中承担的具体责任和任务，做到人员、措施、责任、目标四落实，形成街管片、人管段、分层管理、纵横相连、配套联动、严密高效的大城管格局。

第五章　房产管理

第一节　发展概况及管理机构

1985年春，县政府成立房屋普查领导小组。1987年9月，房屋普查工作结束。城区普查范围内有房屋91.4万平方米。

1988年3月，县政府成立“禹城县房屋确权发证办公室”，是房产管理职能机构。办公室设在建委，人员由建委系统相关部门抽调。

按照上级文件精神，确定城区房屋发证范围：县城规划区内各单位和王庄、韩庄、杨城子、秦老庄、前寨子、后寨子、大纸坊、小纸坊、马庄、路口、红布张等十一个自然村。具体要求是：凡生活居住用房建筑面积≥3.0平方米，办公生产等用房建筑面积≥5.0平方米，结构完整的房屋均进行登记申报。经审查核实后发给“房屋所有权证”。至此，禹城正式开始房屋确权发证及产权、产籍管理工作。

1994年，山东省建委批准洛北安居小区为省安居工程试点小区，由禹城市房改办负责实施工程建设。1995年5月，禹城市住房制度改革工作全面启动。11月，禹城市住房体制改革领导小组办公室（简称房改办）成立，为正科级全额拨款事业单位。负责住房制度改革和房屋确权发证工作。至1996年底完成128个单位的房改终审验收。并对一些私有房屋进行确权发证。

1997年3月，撤销“房改办”，成立“禹城市住房委员会”，行政级别和办公经费来源不变，单位职能增添安居工程建设内容。

1998年10月，撤销“禹城市住房委员会”，建立“禹城市城市房产管理局”，为正科级全额预算管理事业单位。重新调整内设机构，完善后内设机构有9个：局办公室、计划财务科、房产政策科、市场管理科、房屋交易与产权监理处、房产档案馆、物业管理办公室、住房保障科、房产测绘与安全鉴定中心等。下设永安物业管理公司和永安置业有限公司。

第二节　城镇住房制度改革

1988年成立“禹城县住房制度改革领导小组”和“住房公积金管理中心”。计划用三五年时间分期分批推进城镇住房制度改革。后因形势变化，该工作被停止。1992年重新制定房改方案。1993年5月至1994年年底，先后对机械厂、建行、禹城镇进行房改试点。出台《禹城市公有住房出售暂行办法》《禹城市公有住房提租暂行办法》《禹城市住房公积金暂行办法》《禹城市住房公积金的筹集、试用、管理暂行办法》《禹城市住房制度改革金融业务管理暂行办法》等配套政策。

附：禹城市城镇住房制度改革试行方案

一、指导思想

通过住房制度改革，克服现行住房制度存在的弊端，正确引导消费，施行机制转换，形成住房资金良性循环，加快住房建设逐步实现住房商品化、社会化。

二、基本原则

坚持国家、集体、个人共同负担原则。在保持现有建房资金渠道前提下，增加个人在住房建设投资中比重，建立三者合理负担、共同解决住房问题的新机制。坚持售、租、建并举原则，形成提租不补、回收资金、推动建房良性循环。坚持机制转换原则，改变现有资金分配原则，计划管理体制，完善各项配套措施，把住房建设、经营、服务纳入社会主义市场经济循环体系，建立适应社会主义市场经济体制的住房新制度。

三、住房提租阶段目标

“八五”目标，住房租金达到三项因素（维修费、管理费、折旧费）的计租水平，实现以租养房；重点解决人均居住面积6平方米以下的住房困难户和无房户的住房问题；人均居住面积达到8.6平方米；住房成套率达到50%；建立市、单位、个人三级住房基金。十年目标：住房租金2000年前达到五项因素（前三项因素加投资利息和房产税）的成本租金水平，形成房地产市场和在住房融资体系，初步实现住房建设资金良性循环。具体租金改革规划是：按职工家庭承受能力测算，每平方米建筑面积平均月租金：1995年0.65元，1996年0.95元（按现行物价指数）。长期目标：住房租金达到八项因素（前五项因素加土地使用费、保险费和利润）的商品租金水平，实现每户有一套实用、方便的住宅，完成商品机制的转换，实现住房商品化、社会化。

四、改革内容

出售公有住房；逐步提高公有住房租金；先售后租；促进出售；收取住房租赁保证金；实行公积金；建立住房基金。根据全市实际情况，确定施行超标加租的控制标准：一般职工每户建筑面积50平方米；科级或享受同等待遇的职工55平方米；县级或享受同等待遇的职工70平方米；地专级或享受同等待遇的职工90平方米；不超过以上标准50%建筑面积的不视为超标准住房。

五、公有住房出售范围

1. 凡党政机关、群众团体、事业单位、国有企业、集体企业和外地驻禹单位的公有住房（含离退休职工），只要产权产籍清楚，均可作价出售给个人。有产权争议的，争议解决后亦可出售。凡市政府认为不宜出售的，可不出售。

2. 购买公有住房现住户优先。现住户调出产权单位的，原则上由现工作单位安排住房，现工作单位确系无房安置的，也可购买现住房。严禁调出人员借故为子女或亲属购买、租赁产权单位优惠住房。

六、公有住房出售价格

售房价格为标准价和市场价。在规定住房标准内，可享受标准价，超标部分，按市场价。1995年标准价评定：砖混结构每平方米建筑面积265元；砖木结构每平方米建筑面积200元。出售公有住房价格主要取决于住房的结构、等级、楼层、成新度、朝向、内外装修、附属设施等因素。

七、出售政策

1. 每户只能购买一处标准价住房。职工购房只能享受一次优惠。离退休职工居住公房未享受安家费的，在房改时仍不享受。

2. 职工在规定时间内购买住房的，给予优惠。1995年优惠标准价格10%，以后每年减少2%，1999年全部取消。职工购房可享受工龄折扣优惠，每个购房职工家庭内按工龄最长的一人计算，每工龄年优惠标准价的0.5%，离退休职工按实际退休年龄计算。

对一次付清房款的，再给予房价14%的优惠。分期付款的，首次付款不得低于售价的30%，其余部分可在首次付款30%的基础上，每多付10%给予2%的优惠。

分期付款年限，购买新房最长不超过7年，购买旧房最长不超过2年，购房户每户付款不得低于家庭收入的15%。

3. 公有住房出售时，凡使用土地面积超过下列标准的，超过部分须按10元/平方米交纳土地超标占用费，收入纳入单位住房基金。使用土地面积标准：一般干部职工房屋及院落总占地面积225平方米、科级248平方米、县（处）级315平方米、地（厅）级405平方米。一律按独立院落外围测算。

4. 职工所购住房拥有全部产权，可由其配偶、子女、父母依法继承。其他人继承时增值部分的30%交原产权单位。付清房款并住满5年后可以出售，出售时产权单位有优先购买权。凡按标准价购买的，出售时增值部分的40%交原产权单位，原产权单位撤销的，交房产管理部门。

5. 职工所购房屋由售房单位和购房职工及时到房管机关办理产权过户手续，由市政府颁发房屋所有权证。

6. 职工自建的私有房屋及设施不参加房改。确定私有房的方法是:（1）已领到房产证的;（2）由单位出具证明，并由法人和主管会计签字，在单位内部张榜公布后无不同意见，并在规定时间内领到房屋所有权证的。

7. 公有住房出售对象及价格要张榜公布，并广泛征求广大职工意见，坚持实事求是，防止贱价出售、弄虚作假。以权谋私的，按禹城市纪委、市监察局《关于住房制度改革中若干纪律的规定》从严处理。

1996年，搞好原公有住房出售的收尾工作，受理申报售房单位128个，有64个单位实行公积金制度，当年归集公积金189万元。1998年实施以成本价出售公有住房，砖混一类房屋成套住宅650元/平方米，市场价750元/平方米。至2002年，禹城市参改单位达150个，参改户数8340户，参改售房面积58.6万平方米，2000年，禹城市被评为山东省房改工作先进单位。

第三节　房地产产权、产籍管理

1987年，县政府出台《禹城县城镇房屋登记发证暂行实施细则》。1988年3月，成立房屋确权办公室，为城区的房屋确权发证。

图 7-5-1　房管局服务大厅　（2009 年 8 月摄）

1996 年 11 月，成立房改办，房屋产权产籍管理开始有正科级专职机构。2006 年，禹城市房管局在房屋产权验证换证的基础上，研究制定《禹城市房屋权属登记操作规程》，明确房屋登记的种类和一般规定，对收件标准、业务手续流程分别进行简化和细化。2006 年以后，房管局加大对档案管理投资力度，对所有档案进行信息录入和微机扫描，扫描房产档案 47000 多卷，实现档案的电子化管理。

2009 年 7 月，房产管理信息化系统投入运行，实现网上受理→审核→生成登记→缮证的登记模式。达到数据统计及时准确，业务办理规范有序。

第四节　房地产市场管理

2003 年，禹城市房管局建立“一站式服务大厅”，交易活动及交易程序管理步入规范化、制度化、科学化轨道。2004 年 4 月，房管局先后制定《关于加强商品房销售管理工作意见》和《关于实行商品房买卖合同网上备案的通知》，规范市场秩序。实行“首问负责制”“错案责任追究制”“绿色通道制”。2010 年 4 月，实行商品房买卖合同网上备案，取得预售许可证的楼盘项目全部入网销售。房地产开发企业签订的商品房买卖合同亦全部实行网上备案，形成受理、监管、备案、查询动态管理。受买人可以随时查询已售和未售房源，提高商品房销售信息透明度。5 月，联合物价局对 21 处房地产开发项目进行专项执法检查，违法违规行为得到纠正。

第五节　物业管理

1998 年，洛北安居小区第一个由物业公司管理，以后禹城新建住宅小区均实行由物业公司管理。管理物业公司的机构为房管局物业管理办公室，成立于 1998 年 5 月。

2010 年，物业公司有 9 家，其中，济南 1 家：乐盈物业管理有限公司；德州 1 家：绿城物业管理有限公司；禹城市 7 家：永安物业管理有限公司、朝阳物业管理有限公司、舜禹物业管理有限公司、福尔美物业管理有限公司、福绣水城物业管理有限公司、天宇物业管理有限公司、阳光物业管理有限公司，均为三级物业管理资质。从业人员 342 人，取得物业从业人员上岗证的 79 人。管理住宅小区 18 个，居民 9844 户。其中，安居小区获省级“物业管理优秀小区”，嘉合园小区被评为省级文明社区，湖滨、东城、交通新村被德州文明办、环保局评为“绿色社区”。

第六节　安居工程与住房保障

1996 年 4 月，禹城市成立安居工程建设领导小组。山东省建委批准洛北安居小区为安居工程试点后，决定由房改办负责实施。一期、二期、三期分别于1997年和1998年交付使用，总面积5.14万平方米；四期工程建设住宅楼1.2万平方米，停车场及幼儿园等公共设施2041平方米，基础工程1.6万平方米，2000年10月全部建成投入使用。

2005年，房管局与民政局一起，对全市807户低收入家庭住房状况进行调查统计。2007年6月，市政府颁发《关于城镇最低收入家庭廉租住房管理实施方案》，专门召开会议进行部署。

同年，受理申请廉租住房补贴54户，经审核认定符合条件26户，分配廉租住房15套，为45户廉租住房保障对象发放补贴。

2008年3月，市政府颁发《禹城市解决城镇低收入家庭住房困难发展规划》《禹城市解决城镇低收入家庭住房困难年度计划》两个文件，解决此群体的住房困难，并成立禹城市经济适用住房工作领导小组。11月，制定《禹城市经济适用住房的暂行意见》。2009年，市房管局和市民政局组建4个调查组，对各单位低收入住房困难家庭进行走访调查核实公示，确定629户符合住房保障条件家庭。一期220户于2009年9月举行交房仪式，二期住户于2010年10月搬入新居。2010年年底，在德州市住房保障工作综合考评中，禹城市获第一名。

第八篇

交通运输

1986—2010 年，禹城交通运输业逐步进入快速发展阶段。禹城境内有京福（42.7 公里)、青银(32.8 公里)两条高速公路，国道 308(28 公里)，省道 316、101(85 公里)，县乡村公路 2648 公里。京沪、济邯铁路穿境而过。“村村通油路”工程的实施，使禹城交通运输村村相通，路路相连，四通八达的公路网络全面形成。境内公路通车里程 2800 余公里。

公路发展促进运输工具变化，拖拉机、农用三轮、汽车成为主要运输工具，骑摩托、坐汽车、乘出租车、骑电动车成为百姓出行代步的主要交通方式。至 2010 年，全市投入道路运行的客、货运车辆 3.31 万辆，年产值 4 亿元。

第一章 公路

禹城境内有京福、青银两条高速公路，308 国道、316、101 省道，县乡村公路，长 2800 余公里。1986 年，有禹王、禹辛、禹茌三条四级县级路。1986 年后，升级改造禹石路、禹丁路、禹莒路；1991 年后，新建乡村公路 21.1 公里；1993 年，拓宽改造禹王路、禹茌路北段升级改造；1994—2002 年升级改造和新建县乡两级公路 109.1 公里；2003—2005 年，禹城是山东省第一个村村通公路突破千公里县市。2006 年，升级改造禹王路南段、禹茌路石屯段、禹丁路辛寨段以及市区行政大街。同时高标准大修拓宽改造市区迎宾路、汉槐街、富华街、德信大街、人民路南街、通衢路、高新区创业大街、禹王国防公路，至 2010 年逐步形成公路交通运输网络。

第一节 高速公路

一、京福高速公路

图 8-1-1 京福高速禹城收费站（2010 年摄）

1994 年 6 月 13 日，山东省京福（北京至福州）高速公路工程建设项目领导小组第一次会议在禹城市召开，禹城相应成立京福高速公路办公室。京福高速公路禹城段北起张庄镇宗集村，南至市中办千户屯村，途经张庄镇、梁家镇、市中办 3 个乡镇，30 多个村庄，总长 24.8 公里，主线占地 18095 亩，取土场占地约 2400 亩。1997 年 11 月 2 日，京福高速公路禹城段建成通车。京福高速公路禹城段总投资 2.4 亿元，设计时速 120 公里，双向四车道，单向路面宽 11.5 米，路基高 4 米，中央隔离带宽 2.5 米。该路段全封闭、全立交，有桥梁 64 座，其中大桥 3 座、中桥 20 座、小桥 31 座、互通立交 4 座、分离立交 4 座、公铁立交 1 座、互通匝道桥 1 座（包括齐河段）。禹城段在境内设有一个管理处、一个服务区、一个养护工区、一个收费站。京福高速公路禹城段，自 1994 年 11 月 8 日开始建设，历时三年，1997 年 11 月 2 日全线贯通并投入运营管理。收费站投入运营。

二、青银高速公路

青银高速公路（青岛至银川）禹城段，2003 年 8 月 21 日开工建设，至 2005 年 12 月竣工通车。起止桩号 K374+551—K402+863.5，全长 28.312 公里。禹城段内有桥涵 142 座，其中天桥 5 座，大中桥 13 座，通道桥 49 座，涵洞 73 座，禹城境内设有一个收费站。青银高速公路禹城段，东起禹城市中街道办事处，途经

图 8-1-2　青银高速禹城南收费站　（2010 年摄）

安仁镇、房寺镇，西止辛寨镇，途经四乡镇30多个村庄，双向四车道，路基宽28米，设计车速120公里／小时。2005年11月5日，青银高速公路禹城南收费站，归高速公路禹城管理处管理。

三、高速公路管理

京福高速公路禹城段1997年11月全线贯通投入运营管理。青银高速公路禹城段内设有一个禹城站南收费站。

禹城境内两段高速公路，受山东省京福高速公路建设管理办公室禹城管理处管理，是副处级事业单位。该单位位于禹城市区东北约5公里处，迎宾路1号，京福高速公路立交桥（K68+097M）西南侧，占地80亩。所辖路段全长75.48公里，其中京福高速公路42.68公里（禹城、齐河），青银高速公路32.8公里（禹城、齐河）。1998年1月5日禹城管理处成立，设有综合科、收费科、路政科、养护科、基建科、通信监控科、财务科，管辖京福高速公路禹城收费站、齐河收费站。2002年，撤销路政科、收费科、养护科、基建科，设立资产安全科、运营科、基建养护科、政工科、养护工区；通信监控科更名为禹城信息中心，2003年更名为信息管理科。同时设立山东省交通厅公路局禹城京福高速公路禹城路政科。京福高速公路禹城收费站及青银高速公路禹城南收费站都归禹城管理处管理。2002年，更名为山东省高速公路集团有限责任公司鲁西分公司禹城管理处，简称山东高速禹城管理处。2005年1月14日，山东高速禹城管理处更名为山东省高速公路集团有限公司鲁西分公司禹城管理处，简称山东高速集团禹城管理处。2007年4月30日，青银高速公路禹城、齐河段及禹城南收费站划归青银高速夏津管理处管理。主要负责运营管理、养护管理、经营开发、路政管理等，2007年4月25日，集团公司对内部管理体制进行改革，撤销禹城管理处建制。

第二节　国道　省道

一、308国道

308国道禹城段是青岛至石家庄市青石线境内段。公里桩号：391K+003-412K+291，从齐河县与禹城市交界点起入境，至禹城市与山东省高唐县交界点止出境。全长21.3公里，编号G308。赵庄公路分局位于402K+580。1986年修建，2002年拓宽改造成四车道，沥青混凝土路面。路基宽24米，路面宽15米。设计时速80公里，达到二级路标准。沿途村庄有伦镇（于庄、赵庄、牌子、焦寨子）、安仁镇（姚宋、齐庄、赵庄、孙庄、前后楼）、辛寨镇（景庄、安庄、魏寨子、任陈、西庵村）。

二、316省道

316省道禹城段是东营市永安镇至莘县永莘线境内段。从齐河与禹城交界点起入境，公

图 8-1-3　316 省道房寺段 （2010 年摄）

里，编号 S316。境内各段分别在 1957 年、1979 年修建，在 1991 年、1992 年、2000 年、2001 年分别改建拓宽，并将境内各段连接，沥青混凝土、沥青碎砾石路面，设计时速 80 公里。达到二级路标准。

里桩号：221K+730-258K+513，自东向西途经禹城东城办、十里望乡、房寺镇，沿线各村庄自东向西分别为：大刘村、史张营村、薛庙村、东西陈村、北七里村、北于村、韩庙村、六楼村、柴庄村、香坊村、李罗村、三里杨村、南马村、杨楼村、袁庄村、张王卢村、张庄村、崔庄村、曲庄村、胡庄村、夏庄村、孟庄村、董庄村、房寺镇、赵庄村、王西侯庄、瓜张庄村、田尚村等，全长 32.6 公里。重合路段为 239K+114-243K+298，计 4.184 公里，马庄公路分局位于 243K+600。境内全长 32.6 公

三、101 省道

101 省道禹城段是济南至德州济德线境内段。公里桩号：42K+937-68K+881，自北向南途经禹城张庄镇、十里望乡及市中办，沿线各村庄分别是：后王庄村、前王村、后黄村、前黄村、张庄镇、于庄村、高庄村、孟庄村、孙庄村、北邱村、盐池崔村、官道张村、小油坊村、杨皮庄、刘普站村、小王楼村、大王楼村、十里望村、柴庄村、孟楼村、孙西村、南马村、万庄村、田庄村、曲庄村、南营村、杨庄村、河北刘、石老村、石庄村、果林村、立新村、夏季村及王桥村等，全长 25.9 公里。编号 S101。1979 年开始修建，2001 年拓宽改造，沥青混凝土路面，设计时速 80 公里，达到二级路标准。

国道、省道禹城境内运行路线表

表 8-1-1　　　　单位：公里

路线	起点	止点	里程	编号
青石线	齐河与禹城交界点	禹城与高唐交界点	21.288	G308
永莘线	齐河与禹城交界点	京福高速公路岔口北	3.604	S316
永莘线	京福高速公路岔口北	京福高速公路岔口南	1.00	S316
永莘线	京福高速公路岔口南	禹城庞店子桥西	8.18	S316
永莘线	禹城庞店子桥西	禹城解放路路口	3.814	S316
永莘线	禹城解放路路口	禹城秦店子	0.786	S316

续表 8-1-1

路线	起点	止点	里程	编号
永莘线	禹城秦店子	与101线交叉口北	4.184	S316
永莘线	禹城马庄	禹城与高唐交界点	15.215	S316
济德线	齐河与禹城交界点	市区界	6.169	S101
济德线	市区界	禹城十里望岔口与张庄镇	7.706	S101
济德线	禹城十里望岔口与张庄镇	禹城张庄村	9.191	S101
济德线	禹城张庄村	前王庄南	2.007	S101
济德线	前王庄南	禹城与平原交界点	0.871	S101

第三节 县（市）、乡（镇）、村公路

禹城县、乡公路建设年限早。禹王路（禹城至王寨）、禹辛路（禹城至辛寨）、禹茌路（禹城至茌平）是连接各乡镇的3条县级公路，公路等级均为四级。

1986年，升级改造禹石商贸街（3.3公里）。1988年，大修改造禹丁路（辛寨—李屯段15公里）。1989年，大修改造禹丁路（石屯—魏寨子17公里）。1990年，大修改造禹莒路（308国道—台楼8公里）。1991年，建陈中—王寨（8.5公里）、陈中—辛店（2.9公里）、石屯—肖寺刘（3.5公里）。1992年，建乡村公里21.2公里。不少县乡、乡镇之间路段都升级为三级公路。

1993年，投资100多万元，购置沥青摊铺设备，公路油面施工基本实现机械化，并拓宽改造禹王路（禹城—辛店镇18.72公里）、廿里堡路（马店—北窑3.6公里）；在辛店、张集两乡之间建油田专用公路12公里。1995年，把禹丁路（禹城—丁寺）调整为禹茌路（禹城—茌平），升级改造禹茌路北段（禹城—安仁）。1994—2002年，加快县乡公路改造升级步伐。先后完成廿里堡—王寺（7.5公里）、禹茌（禹城—茌平25公里）、宋夏路（宋庄—夏季庄5.5公里）、前油坊路8公里、房辛路（房寺—辛寨12公里）、油区专用路15公里、乡村路36公里。2003年对禹辛路台楼段、2005年对禹辛路石屯段、2006年对禹王路北石桥北段、2007年对禹茌路安仁段、2008年对禹丁路李屯段进行升级改造。完成县乡公路升级之后，开始拓修农村公路。

2003年，山东省实行“村村通油路”工程，在农村公路改造方面，叫响“全国看山东，山东看德州，德州看禹城”口号。2003年3月30日德州市农村公路改造工程开工举行奠基仪式。至2003年5月16日，山东省村村通油路现场会在禹城召开。2005年，禹城村通油路突破1000公里。2008年，禹城市村村通油路加之市（县）级公路，达到2600余公里。

2005—2010年，更新改造禹城市区内交通要道。分别对行政大街、迎宾路、汉槐街、富华街、德信大街、人民路南段、通衢路、高新区创业大街、振兴大街、禹王国防路、宋夏路等进行高标准大修拓宽改造。村村通油路，路路相连接，四通八达的公路交通网络全面形成。

第二章　铁路

禹城境内铁路有京沪（津浦）铁路和邯济铁路。京沪线原有禹城、张庄两站，禹城站为三等站，张庄站为四等站。2006 年，济邯铁路在境内穿过（境内无车站）。2007 年，禹城火车站为客货兼营的段管二等站，张庄火车站为四等站。

第一节　火车站

禹城火车站地处济南铁路局北大门，位于京沪（津浦）铁路线 433K+661M 处，是一个客货兼营的段管二等站，车站行车办法为双线自动闭塞，正线 2 条，到发线 4 条，货物线 3 条，专用线 2 条，牵出线 2 条，换轨段管线 10 条。日均办理接发列支 130 对，调车作业利用本务机作业，货物办理整车。2010 年发送货物 26 万吨，到达 8200 车，旅客发送 20 万人，日均 550 人，客运收入年均 1500 万元，货运收入 3310 万元，车站年收入 4810 万元。车站站区有公安派出所、工务工区、桥梁工区、电务工区、通信工区、建筑工区、济局换轨段、禹城运转车间。

第二节　铁路线

一、京沪铁路

京沪（津浦）铁路于 1910 年 12 月 21 日禹城县境内通车。1946—1949 年因战争曾停运三年。1949 年下半年恢复通车。1958 年铺设复线。1978 年实现自动闭塞控制，手板道岔改为电动，日通行能力由 38 对提增为 75 对。津浦铁路线由平原县入境经张庄、黄桥、禹城、王字庄进入齐河县境，境内全长 24.02 公里。经过几次提速发展，津浦路实行全封闭管理，提高铁路客货运输能力，2010 年达到日通过能力 130 对，有力保障各种物资运行和发出以及人员流动，促进禹城经济发展。

二、邯济铁路

邯济铁路禹城段于 1998 年 12 月 31 日接轨贯通。邯济铁路贯穿禹城境内城关、廿里堡、伦镇、袁营、莒镇五个乡镇 36 个村庄，境内全长 24.5 公里。横跨京沪（津浦）铁路和 101 省道。境内修筑大中桥梁十余座，涵洞 125 座。

第三节　高速铁路

京沪高速铁路禹城段 2008 年 4 月开工，2011 年 7 月 1 日竣工通车。境内总长 16.3 公里，占地 478.21 亩。京沪高速铁路禹城段从禹城市辛店镇张拐庄入境，途经陈庄、大李庄、二甲刘村、西苑庄、范庄、大郭庄、小周庄、大周庄、后赵庄、前赵庄、张焕庄、小宋庄、麻庄、庆李村、东张村、田辛庄、尼庄、窦庄、褚堂子、碱王庄、明湖寨子。从梁家镇明湖寨子出境进入齐河县。

第三章 桥梁

第一节 公路桥涵

禹城境内在清朝较大的桥有6座：显湿桥、张汉桥、广济桥、石桥、戚家桥、御桥。1949年，禹城县尚沿用的桥计27座。1985年，境内徒骇河干流及赵牛河、老赵牛、苇河等23条支流，河道上有桥梁248座、涵洞（管）114座，拦河闸19座；潘庄引黄灌区境内有桥24座，渡槽6座，穿涵3座，节制闸5座，引水闸19座，泄水闸2座，农田支干斗渠上有建筑物2538座。1995年，新建、重建桥梁32座，涵洞（管）82座，丁坝52条；境内潘庄引黄灌区，新建、重建桥梁35座，涵洞72座，渡槽7座，节制闸3座，引水闸19座，滚水坝22座。2007年，修建桥梁63座，2009年修建桥梁62座。

1994年，对杨庄大桥进行改建，灌注桩式，桥面板预制，荷载汽20，挂100；1998年对禹茌路引黄上的瓦王桥桥面进行加固预制。2004年以后，在国家出台每平方米补助800元优惠政策激励下，每年改造桥梁20余座。北外环徒骇河上的粉王大桥，全长398米，宽12米，是禹城境内徒骇河上桥体最长、跨度最大、规模最宏伟的跨河大桥。2009年建袁营大桥，解决禹辛路车辆拥堵问题。

第二节 铁路桥涵

禹城境内铁路桥梁87座。其中单孔桥47座，两孔桥20座，三孔桥12座，五孔桥2座，六孔桥6座。总长度1580.39米，其中以徒骇河桥最大，长181.9米，高7.58米，跨径31.5*3米，五孔。结构形式为钢筋混凝土矩桥梁最多，有72座，工钢混凝土矩形桥梁7座，钢筋混凝土吨桥梁4座，下板桥3座，钢筋混凝土板梁桥1座。

第四章 运输与管理

第一节 交通工具

1986年后，随着公路事业蓬勃发展，禹城交通工具亦发生巨大变化。1986年以前，禹城县主要交通运输工具为拖拉机、畜力胶轮大车、双胶轮及单胶轮手推车、自行车和三轮车。人们出行则以自行车为主。后来拖拉机、农用三轮、汽车成为主要交通工具；骑摩托、乘客车、坐出租成为主流。2010年年底各类运输车辆发展到12万辆，是1986年350辆的34倍；货运量达到3.4亿吨，是1986年62.4万吨的550倍；营运车辆发展到2.6万辆，客运量546万人，是1986年的49.6倍。

第二节　公路运输

一、公交车与出租车

1998年，成立禹城市公共交通有限公司，先后开通市区1、2、3、5、6路公交线路，投放公交车74辆，运营里程260公里，运行半径15公里。2009年，更新公交车36辆，全部为双开门，具有无人售票，语音提示功能。公交线路为：1路线途经主要站点：韩寨、S101、禹王街、行政街、人民路、汉槐街、市中路、文化路、迎宾大道、S316；2路线途经主要站点：王子付、禹莒路、解放路、骇河路、汉槐街、人民路、行政街、开拓路、文化街、禹王路；3路线途经主要站点：善集、庞桥、客运中心、禹王街、行政街、人民路、汽车站、开拓路、市中路；5路线途经主要站点：文化街、开拓路、建设路、汉槐街、人民路行政街、禹王街、S316、房寺；6路线途经主要站点：禹伦路、解放路、骇河路、汉槐街、人民路、行政街、开拓路；各路首班车发车时间均为：6：30，末班车为：16：40；每15—30分钟一班次。2005年，成立禹城市恒利达出租车公司，首批投放出租车50辆，2009年，出租车达到139辆。恒利达出租车车型统一，颜色统一，标志统一，全部为小羚羊汽车。2010年1月，购置70辆捷达轿车投放出租车市场，出租车达200多辆。公交站点覆盖全市所有乡镇。

二、客运

1980年，投资100余万元建成禹城汽车站。占地18余亩，职工38人，经营山东省内外班线28条，日发班次202个，日运旅客2000余人次。具有一定经营规模、辐射山东省内外。是线路较多、配套设施较完备的开放型公路旅客运输中心。1990年，投资100余万元购置电视、长椅、安检仪等基础服务设备，为乘客出行提供快捷、舒适、安全保障，企业经济效益和社会效益不断提高。1998年投资70万元，修建莒镇汽车站，结束该乡镇无汽车站的历史。2004年，禹城至德州客运线路实行集约化经营，实现一票到达，旅客接受航空式服务。

2010年，在省道101和316交叉口西南征地66亩，投资3200万元，建成鲁西北县级最大的客运中心，打造禹城西部城区商贸物流战略。客运中心主站房建筑面积5000多平方米，设有发车区、待发车区，可同时停靠客车150辆，日发班次500个，日发送旅客能力1.6万人次。其中乡镇客运线路共23条：（禹城—长李）（禹城—莒镇）（禹城—丁寺）（禹城—张集）（禹城—各户屯）（禹城—河南宋）（禹城—杨圈）（禹城—崔庄）（禹城—王桂亭）（禹城—双庙屯）（禹城—刁庄）（禹城—孙楼）（禹城—黄招）（禹城—苗林）（禹城—西庵）（禹城—宗集）（禹城—黎吉寨）（禹城—大段）（禹城—北孙）（禹城—沈屯）（禹城—小庄）（禹城—徐集）（禹城—丁寺），除个别班次，大部分是每日两班次，首班车8：00，末班车为18:00。长途客运线路共有9条:（禹城—东营）（禹城—青岛）（禹城—高唐）（禹城—夏津）（禹城—临邑）（禹城—聊城）（禹城—北京）（禹城—德州）（禹城—济南）。

至2010年，境内客运班次和旅客运送能力大幅增长，客运周转量达到17036万人公里，年营业总额达到1500万元。逐步实现科学化、规范化管理。

三、货运

2010年，禹城货运周转量达到72223万吨公里，规模较大的货运公司有两家，其他货运则为私人与个体运营，规模较小，以下为此两家规模货运公司详述。

（一）禹城运输公司。成立于1948年，1986年前稳定发展。随后深入稳定发展，2010年，公司发展到占地198亩，干部职工

图 8-4-1　农村交通物流分拨中心（2010 年 7 月摄）

496 人，固定资产 2.4 亿元。经营范围涉及道路货物运输、大型货物运输、汽车销售、危险货物运输、专线货物运输、物流、仓储综合服务、货物配送、汽车配件销售、设备吊装等业务。

公司具有国家二级货运企业资质（德州市仅有 2 家）。下设 3 个普通货物运输车队、1 个大型构建运输车队、1 个吊装车队、1 个物流场站，业务网络遍及全国各地，拥有重、中型货车、厢式货车、集装箱运输与特种货物运输车辆 380 余部，仓储面积 1 万多平方米，可承担各类物资运输、配送和仓储。年完成营运收入 4 亿元，上缴税金 1000 万元以上。2005 年，公司引进竞争机制，建立科学、规范的现代化企业管理制度，大力实施服务品牌战略，具有良好社会信誉，被评为山东省道路运输百强诚信企业、山东省优秀交通安全单位、山东省文明货运企业、山东省安全生产工作先进单位、德州纳税先进企业，质量信誉考核 3A 级企业等荣誉称号。2010 年，在省道 101 北侧，禹城海关西邻，建起鲁西北最大的交通物流分拨中心，规划占地 135 亩，总建筑面积 4.08 万平方米，总投资 3500 万元，是山东省重点物流园区。

（二）第二汽车运输有限公司。成立于 1956 年。原隶属于德州汽运总公司，1998 年 7 月实行属地管理，隶属禹城交通局管理，2006 年 9 月，由市区搬迁至南环路开发区。2010 年公司职工 2182 人，其中，退休职工 126 人，遗属 65 人。固定资产 7310 万元，占地面积 88 亩，客运车辆 66 部，货运车辆 182 部，客运、货运为三级资质。全面分担禹城的客、货运输，年完成客运量 2451 万人次，旅客周转量 20967 万人公里，营运客车全部安装 GPS 行车记录仪，为车辆安全运行提供技术保障。货运车辆总吨位 2519 个，年完成货运量 25.7 万吨，货运周转量 30600 万吨公里，年实现利税 200 余万元。公司拥有一个二类汽车修理厂，担负着各类车辆的大、中、小修理业务和车辆二级维护。公司先后被评为“企业综合考评先进单位”“企业安全生产先进单位”“省级百强诚信企业”等荣誉称号。

第三节　公路管理

一、公路养护

1986 年，禹城县公路养护基础薄弱，每年秋季组织一次县乡公路集中养护，乡村公路基本处于失养状态。2003 年，实行村村通油路工程以后，出台《农村公路养护管理办法》和《禹城市农村公路养护管理体制改革实施意见》，乡镇成立养护管理站，明确分管副职兼任站长，组建养护员队伍，按照属地养护管理原则，负责辖区内农村公路养护管理。2009 年，禹城市政府出台《禹城市人民政府办公室关于加强农村公路养护管理的意见》（以下简称《意见》)。《意见》规定，由交通局负责禹王、禹辛、禹茌三条县道养护管理工作，负责招用养护员、发放养护员报酬、考核养护管理等。同时，负责监督检查、考核乡镇对乡村公路养护情况。县道每1.5公里1名养护员，乡村公路每2公里1名养护员，由禹城市财政和所在乡镇各承担养护员50%报酬。三条县道招用养护员59名，各乡镇选出286.3公里的乡村公路养护路段，183名养护员。《意见》要求各乡镇每年按8%—10%速度递增养护里程。农村公路养护管理步入正规化、规范化，制度化轨道。

禹城公路局负责禹城境内国道308线、省道101线及省道316线计79.8公里养护任务，管养桥梁20座，计1144.5米，涵洞132道，计4011.1米，倒虹吸87处，计1875.5米。2009年，路基整修280公里，路面清扫2.9万公里，路树修剪66公里，路树刷白两次计138公里，防控美国白蛾喷洒药剂12.5万棵，维修边沟2462延米，刷新13.2公里，路树补植1057株，三条干线挖补7081.7平方米，局封10630.91平方米，灌缝38154米；对于辖区所有桥梁、示警柱、百米桩及公里桩全部粉刷一遍，对四五类桥梁实行全天候重点监控，实现境内路桥安全畅通。

二、养路征费

1986—1987年，养路费征收工作由公路站征费组负责。1987年成立养路费稽征站，本年，征费车辆2098辆，征收标准：客车90元/吨，货车80元/吨。全年收养路费192万元。此后，国家三次调整养路费征收标准。1988年，客车110元/吨，货车110元/吨。1992年，客车160元/吨，货车150元/吨。1996年，客车210元/吨，货车190元/吨。随着公路事业发展，养路费征收金额与日俱增。1992年，公路站改称公路局，成立征稽办公室，负责征费。2008年，禹城市征费车达7142辆，车辆吨位达17997.5吨。年底征收养路费3139万元，比上年增收518万元。2009年，实行税费改革，裁撤征稽办公室。

第九篇

邮政　电信

1986—2010年，是禹城信息产业崛起发展的25年。其间邮政、电信、移动先后剥离独立运营，1986—1993年，邮政业务主要以函件、包裹、汇兑、报刊发行为主，1993年，开办特快专递、设立速递公司。1998年，邮电分营，增办物流配送等。2010年3月，速递物流公司与主业实施分离。

90年代，固定电话成为主要的通信方式，进入21世纪以后，书信业务量逐年减少，移动电话、宽带成为主要的通信方式。电信业引进程控电话、无线寻呼、移动电话、光纤通信等高新通信设备和通信手段。2003年寻呼设备退网后，宽带业务逐步发展，党政机关、企业、学校等通信网络应运而生，网络管理、网络交易、网络教学以及社会网吧、家庭上网大量涌现，标志着禹城通信事业步入信息时代高速路。2010年，2G用户达到27827户，3G用户达到1708户，宽带用户达到21299户。

第一章　邮政

图 9-1-1　邮政办公大楼　（2010 年摄）

人民邮政初期邮政业务主要以函件、包裹、汇兑、报刊发行为主。自 1986 年始，逐年增办邮政储蓄、集邮、邮政快件等业务。1993 年，开办特快专递、设立速递公司。1998 年，邮电分营，增办物流配送等。2005 年，筹措建设“邮政三农服务站”。2007 年，邮政储蓄分离。2008 年 3 月，成立中国邮政储蓄银行。2010 年 3 月，速递物流公司与主业实施分离。

第一节　邮政网点及邮路

一、邮政网点

1986—1998 年，邮电合营，禹城县（市）设邮电局，辖 19 个支局。1998 年，邮电分营，组建禹城市邮政局。2010 年年底，辖辛店、张庄、梁家、十里望、房寺、大程、前油坊、李屯、伦镇、莒镇、辛寨、安仁、禹石路等 13 个农村支局及城里、建设路、开拓路、人民路、火车站、禹王街、中心支局等 7 个市区邮政支局。

二、邮运路线

禹城境内邮路自中华人民共和国成立后一直沿用三条邮路，分为南北东三个片区：南片由市局—石屯—伦镇—袁营—莒镇—李屯—辛寨—安仁—前油坊—房寺—善集—市局转运楼；北片由市局—城里—梁家—来凤—辛店—张集—十里望—张庄—大程—市局转运楼；东片由市局—廿里堡；两条环形邮路，一条辐射邮路，全程 273 公里。1998 年，邮电分营，火车接转邮件任务归属德州市局，禹城邮政局不再承担火车邮件接发经转任务。结合禹城乡镇合并实际情况，做相应调整，以 101 省道为界，101 省道以西分为南北两条邮路：南片由市局—石屯—安仁—辛寨—李屯—莒镇—袁营—伦镇—市局；北片由市局—十里望—善集—大程—房寺—前油坊—市局；两条邮路均为环形邮路。101 省道以东为一条邮路，市局—廿里堡—城里—梁家—来凤—辛店—市局，为辐射形邮路；三条邮路总长约 230 多公里。

第二节　邮政业务与经营

一、邮政业务

1986—1993 年，邮政业务主要是函件、包裹、汇兑、报刊发行、邮政储蓄、集邮、邮政快件等。1986年，函件、包裹、汇兑、报刊分别实现业务收入6.17万元、3.22万元、2.2万元、8.16万元，报刊流转额38.81万元。1993年始，开办特快专递业务、设立速递公司，配备专职人员和专用设备。1995年报刊流转额179.61万元；邮储余额11910万元；特快专递完成17120件。1996—1997年，速递业务完成收入73.24万元；1996—1998年，公话亭全部开办报刊零售业务，规范报刊零售市场。配合工商行政部门清理整顿集邮票品市场，使之纳入正规化渠道。集邮业务通过多渠道争取票源、充实搞活市场。

1998年，邮电分营，增办物流配送、代办保险、代发工资等代字号业务。集邮业务完成收入34027万元。报刊零售音像租赁完成收入6.5万元，报刊收订超额完成上级局下达的任务，完成报刊流转额257万元，总期发份数15629份，其中：《人民日报》完成265份，《大众日报》完成3339份，《德州日报》完成5000份，《求是》完成128份。速递业务完成收入47.76万元，居全区各县（市）局首位。包件完成收入20.67%，占年计划的88.2%。

图9-1-2　邮政三农服务站（2010年摄）

2000年，特快专递努力开发新型业务，广告商函“185”服务及绿卡业务初见成效，户籍工程普及千家万户，完成业务收入892万元。2001年，累计完成业务收入862万元。2002年完成业务收入969万元。2003年完成报刊流转额372万元；累计完成业务收入1270.53万元；发展保费971万元；代收话费511.25万元。

2004年报刊流转额367.81万元，报刊流转额实现446.66万元，创历史新高。全年完成业务收入1110.87万元，完成业务总量1321.87万元，累计发放保费2583万元，实现收入70.35万元；代办电信放号量达到5793张。2005年，邮政局发展建设“邮政三农服务站”，在广大农村建立“邮政三农服务站”，其服务对象主要针对农民朋友，减轻农民朋友思想负担。

2007年，邮政储蓄分离，逐步实施独立经营、独立核算，邮政各网点为其代办邮储业务。2008年3月，正式成立中国邮政储蓄银行。2010年年底，迁入新址办公。同年3月，速递物流公司与主业实施分离，独自经营核算，同址办公。禹城邮政业务范围主要以函件、包裹、汇兑、报刊发行、集邮、物流分销为主，代办邮政储蓄和特快专递业务，代办保险，代发工资，代收电话费、水电费等。

2010年，在农村建立“邮政三农服务站”近200处，把广大农民朋友所需农业科技技术资料、化肥、农药、种子等农资产品和洗衣粉、肥皂等日用品送到田间地头和家门口。

二、邮政经营

1949年后，业务范围主要以函件、包裹、汇兑、报刊发行为主;1986年9月5日，增办邮政储蓄业务，年底储户达607户，余额达26.36万元；1988年，邮政储蓄增开马关屯、张集、莒镇、袁营、李屯、经二路支局六处储点，年底全县邮储余额487万元，储蓄收入增加3万元。1991年，邮储余额2746万元。1993年，增办速递业务，成立速递公司，配备人员、车辆等专用设备工具投入市场。1996—1998年，加大邮政储蓄网点的科技投入，全市邮储网点实现微机化，实行通存通兑。1997年年底，邮储余额达1.3197亿元；1998年，邮电分营，受分营影响余额一直停滞不前，邮政局拓展市场，调整经营思路，深入实际走访、调查、了解市场行情，根据市场需求，筹措开发新型业务，先后开办物流配送、代办保险、代办电信、代发工资、代收电话费、水电费和“邮政三农服务站”等业务。邮政储蓄余额达到1.5026亿元，净增余额1802万元。

2001年，累计完成业务收入862万元。2002年，完成业务收入969万元。2003年，完成业务收入1270.13万元，完成计划的100.04%，超额完成0.4个百分点，邮储余额总量达到3.15亿元；发展保费971万元，代收话费511.25万元，完成报刊流转额372万元。2004年，完成业务收入1110.87万元，完成业务总量1321.87万元，邮储余额达到3.21亿元，完成储蓄收入703.5万元，代办电信放号量达到5793张，报刊流转额367.81万元。

2005年，加快金融类业务发展速度，加大邮递类业务发展力度，抓好新型业务，开展各项劳动竞赛活动；在全局开展规范化服务活动和包括服务基础管理、安全生产为重点的管理大检查，保障各项业务科学、健康、快速发展。围绕邮政经济工作中心，抓发展、抓效益，全年累计完成邮政业务总量1404万元，业务总收入累计完成1210.40万元。邮储余额达到42506万元，比上年同期增长10354万元，首次突破4亿元大关，余额净增数，绿卡发放数均跻身全市邮政行业前列，完成德州市局下达计划的146%，邮储余额净增列全市邮政行业第三名，实现年初制定目标，当年累计完成储蓄收入810万元，邮储市场占有率达到18%，活期比重占24%，社会人均在邮储存款850元，存款户数达11万户，户均存款3864元，2005年，新增存款户数达2.1万户；邮递类业务发展成绩显著，全年完成业务收入85.81万元；报刊流转额实现446.66万元；代放号业务发展良好；2005年，实现保费795万元，上缴收入35万元；代收话费1283万元，代收户数达到28.29万户；全年累计放号4080部，全年代办电信业务收入19.38万元；代发工资单位40余家，代发户数3860户，代发金额580万元，平均每月沉淀资金近百万元。

2006年，调整经营策略，全年完成业务总量1871.68万元，比上年同期增幅68.18%，

图9-1-3 为客户办理邮政业务（2005年摄）

绝对值增长758.66万元，业务收入完成1401.88万元，比上年同期增幅15.8%，增长191.26万元，其中：函件业务完成收入66.09万元，中邮广告业务完成16.50万元，包件业务完成52.13万元、特快业务完成107.79万元，物流业务完成72.1万元，代办保险完成业务收入18.44万元，代收话费业务完成收入17.42万元，代办电信业务完成收入5.18万元，报刊业务完成收入94.04万元，邮政储蓄业务完成收入934.85万元，汇兑业务完成收入17.05万元，集邮业务完成收入9.16万元。

2007年，累计完成业务总量1876.44万元，累计完成业务收入1529万元，完成年计划的100%，比上年同期增幅9.07%，绝对值增长127.12万元。全年函件累计完成业务收入92.11万元，包件累计完成业务收入33.09万元，特快累计完成业务收入111.64万元，物流业务累计完成业务收入92.29万元，代办保险业务累计完成业务收入49万元，代收话费累计完成业务收入13.52万元，报刊发行业务累计完成业务收入111.82万元，汇兑业务累计完成收入30.87万元，集邮业务累计完成收入19.22万元，邮政储蓄业务仍是企业主导业务，全年累计完成业务收入941.22万元。

2008年3月，成立中国邮政储蓄银行禹城支行，独立运营，邮政为其代办部分网点储蓄业务，全年累计完成业务总量1898.27万元，实现业务收入1817.67万元。

2009年，累计完成业务总量2434.04万元，全年累计实现业务收入1864.7万元。

2010年，累计完成业务总量2832.99万元，全年累计实现业务收入2065.88万元。

第二章　电信

1987年9月，移动通信业务归禹城县邮电局。1998年9月，邮政、电信分营，移动通信归禹城电信局。1999年7月，禹城市移动通信经营部成立。1999年11月，禹城市移动通信经营部更名为山东移动通信公司禹城分公司。2006年9月，山东移动有限责任公司禹城分公司更名为中国移动通信集团山东有限公司禹城分公司。中国联通公司业务自1997年在禹城开办，2000年1月禹城成立联通公司禹城营业部，2004年5月，国家工商总局备案、注册，是禹城唯一一家经营综合电信业务的运营企业。中国电信集团公司于2002年5月15日正式挂牌成立，作为中国电信集团公司直属分支机构，2003年12月31日，中国电信禹城分公司挂牌成立。

经营业务：国际国内长途通信业务，移动通信业务（GSM/CDMA）、无线寻呼业务、互联网业务和IP电话业务、技术咨询和技术服务等。

第一节　网点

1986—1998年9月，禹城邮电局设有电信业务科和农话管理站。分支机构设有张集、辛店、来凤、张庄、城关、十里望、房寺、善集、李屯、前油坊、伦镇、莒镇、廿里堡、石屯、袁营、辛寨、安仁、大程、梁家19个支局，境内交换网点45个。1998年，农话管理站撤销，成立禹城电信局。1998年10月，邮电、电信分营，分别为电信局、邮政局。电信分支机构设辛店、张庄、城关、房寺、善集、伦镇、莒镇、石屯、安仁、大程、梁家等11

图 9-2-1　网通员工技术比武现场赛（2007 年摄）

个营维中心和大客户营销中心、客户服务中心、监控维护中心、管线维护中心。2000 年 3 月，禹城电信局更名为“山东省通信公司禹城分公司”。2004 年 5 月，中国电信上市，更名为“中国网通（集团）有限公司禹城分公司”。境内交换网点发展到 265 个。

第二节　电信业务

一、电报

（一）线路。1986 年 4 月，禹城换线改为明线载波插播电路。1987 年 5 月，禹城载波电报电路进入济南 256 路自动转报网，实现电报转报自动化。1988 年，禹城发展二级长途电路两路。1990 年以后，部分分支机构开始使用传真机传送报底。1993 年，传真机配备率达 50%，1995 年年底，全部配齐。

（二）有线电报。1985 年，禹城市内电报营业网点只有市局营业室 1 处，乡镇 19 处农村支局均开办电报营业，全市计 20 处营业网点。1992 年 1 月，禹城县始办礼仪电报业务。1995 年，受电话普及率提高和数据业务发展影响，业务量呈逐年下降趋势。到 1996 年，去报总数 19738 份，业务量 4.54 万元，业务收入 8.9 万元，1997 年，去报总数 14537 份，业务量 3.34 万元，业务收入 5.91 万元。

（三）无线电报。1986 年，禹城成立报务室，配 15W 收发信机一台，有线报务员 4 人兼管设备维护，无专职无线报务员，兼职轮流值班，定时与地区局联系作报，24 小时值班，后因电话普及率提高，自 1996 年逐渐中断。

二、固定电话

1986—1993 年，固定电话分长途电话、市内电话、农村电话 3 类。1994 年 5 月，禹城电话号码由 5 位升 7 位并网成功，电话全国直拨，实现境内通信历史性突破，年底，建成城乡一体化数字电话本地网，实现交换数字程控化、传输数字化通信网络。1996 年 10 月，北京与加拿大北方电话公司鉴定 CMS-100 数字程控电话交换机 8340 线供货合同，合同总价值 864 万美元。1997 年 10 月 4 日零时，行政街邮电大厦安装开通，称 722 局。1998 年 9 月，境内电话交换设备（邮电公网）总容量 16350 线，其中用户线 14430 线用户交换设备（入网的用户交换机）1646 线。2010 年 10 月，境内电话数量达到 65000 部。

三、移动电话

（一）集群电话。1991 年 7 月，立项引进美国摩托罗拉公司模拟移动电话设备。1992 年 3 月，与美国摩托罗拉公司签订合同，于 1993 年 3 月 27 日开通使用，当年境内模拟移动电话用户 81 户，1994 年 173 户，1995 年底增加到 426 户，辛寨乡和袁营乡建立移动电话直放站。1996 年 3 月，模拟移动通信扩容 10 信道。1997 年 8 月，扩容 40 个信道，建立张庄、善集、伦镇、前油坊四个直放站。1998 年，扩容 30 个信道，模拟通信信道达 88 个。1997 年 3 月，GSM 数字移动通信基站在禹城市局建成开通，配置 2 个载频，14 个信道。1997 年 10 月，张集和伦镇建立 2 个载频、14 个信道基站各一个。1998 年，新建前油坊和梁家 2 个 GSM 基站，市局 GSM 基站扩容 7 个载频。1998 年年底，境内 GSM 基站 5 个，数字移动通信信道 122 个。1996 年，发展移动通信手机 311 部。1997 年，发展移动通信手机 833 部。1998 年年底，各种手机达到 3782 部。至 2010 年，2G 用户累计到达 27827 户，3G 用户累计到达 1708 户。

（二）无线市话小灵通。2003 年 12 月开通小灵通业务，以适应市场需求。2010 年，禹城境内建小灵通基站 243 个，覆盖全市区。小灵通用户达到 16000 余户。

（三）2G、3G 移动网络。2008 年，与联通公司合并，发展 2G 移动电话。2010 年，2G 网络全面覆盖农村、3G 网络覆盖城区。2010 年 1—10 月，建成 2G 基站 5 个，3G 基站 93 个，建高铁沿线 3G 基站 6 个、城区基站 3 个，境内物理站点达到 64 个，逻辑站点覆盖站点 2 个，青银高速站点 1 个，移动网络整体能力大幅度提高。

四、无线寻呼

1992 年 8 月，禹城境内安装 JKQ-3B 型无线寻呼设备并投入使用，无线寻呼用户 161 户。1993 年 6 月，更新数汉兼容无线寻呼设备，当年无线寻呼用户达到 246 户。1995 年 4 月，禹城引进加拿大建利尔公司 GL3000 型无线寻呼设备，安装 2 套发射设备，3 个频点，实现全市联网，全网容量 10 万户，速率 1.2KB/S，1994 年无线寻呼用户 621 户，1995 年 1417 户。1997 年 3 月，开通“9598”“9899”寻呼台。1998 年 5 月，开通“198”“199”全国联网的 280 兆寻呼台。1996 年，发展放号 1473 部。1997 年，发展放号 2702 部。1998 年底，境内各种寻呼用户达到 7484 户。

1995 年底，开通至德州市局的 168 声讯信息服务电路。1996 年，禹城 168 声讯领先信息服务收入完成 6.03 万元。1997 年，完成收入 12.38 万元。1998 年 2 月，建设德州 280 兆赫兹寻呼网工程，禹城安装无线寻呼发射机 1 台，寻呼天线和馈线各 1 套。随着移动通信迅速发展，2003 年，寻呼设备退网。

五、数据通信

（一）分组交换。1993 年，引进安装加拿大北方电讯公司分组交换 PAD 设备，初装 20 个端口，1995 年，扩容 8 个端口，进网用户 2 户。同年，光端通信分组交换网在境内开 4 个端口，禹城建设银行率先利用分组交换网实现与德州市建设银行微机联网。

1996 年，发展用户 16 户，1997 年，发展用户达 19 户。1996 年，公用数据业务收入完成 1.01 万元，1997 年完成 12.08 万元。1998 年 9 月，分组交换用户达到 22 户。随着用户对分组交换业务需求，原 PAD 设备不能满足通信需求，随着通信技术迅猛发展，该设备不能满足用户需求，2007 年全部退网。

（二）数字数据业务（DDN）。1996 年 11 月，安装开通 DDN-3630 设备 1 部，有 10 个用户端口。1997 年开通 1 个用户，1998 年开通 2 个用户，至德州有 1 个 2MB 光缆传输端口。2001 年，开通至各乡镇 DDN 业务，型号 HC-DM-2001，厂家济南华辰信息产业有限公司，其中禹城新局端口 36 个，每乡镇端口 4 个，2007 年下电退网。同年新增迈普 DDN　MP9400 设备，厂家是迈普公司，每乡镇新扩容端口 4 个，新局扩容 32 个，2M 端口 24 个。

（三）接入交换机（ATM/FR）。2001 年 12 月，安装 ATM 接入交换机 Passport74801 台，解决用户接入类型较少，高速用户接口短缺等问题，其中配置有帧中继 E1C 端口、帧中继 V.35 端口、ATM 等 3 种端口。

六、互联网

（一）因特网（国际计算机互联网）。因特网是世界上最大的计算机网间网。中国电信经营管理的中国应用计算机互联网，是中国的国际计算机互联网骨干网，是进行信息交流的“信息高速公路”。

2001 年 6 月，宽带 IP 城域网建设施工。投资 60.283 万元，将 ADSL 技术应用于宽带网建设中，更方便、质量更好、速度更快。初期建设禹城新局 168 线、老局（邮政局）96 线，设备型号 ZX8210。2010 年年底，ADSL 建设达 109 处，覆盖禹城市区、乡镇和村庄，容量达 20000 多线。

（二）光进铜退工程。禹城网点存在电缆对数大、使用年限长、坏线多，杆路负载大、易受自然灾害以及串音、老化、鸟啄等质量问题，以及盗割等现象，2008 年 3 月，启动 NGN 设备安装工程，分三期完成。一期总投资 130.6819 万元；7 月启动二期工程，总投资 362.8096 万元；9 月启动三期工程，总投资 446.8363 万元。

2009 年 8 月，安装 OLT 设备，实现“三网合一”、不同业务共享，使其发展能适应性质各异的多媒体通信网。初期安装地点禹城新局、老局（邮政局）、商城网通、棉西等 4 处，运行使用。第二期 OLT 安装工程于 2009 年 12 月底完成。安装地点为石屯、辛店、莒镇、伦镇、房寺、张庄等六处支局。

（三）宽带业务。1997 年 11 月，禹城开通因特网，开设国际互联业务。1998 年底，通过拨号上网的因特网和多媒体用户达 43 户。2010 年 10 月，宽带用户达到 21299 户，是 1998 年的 495 倍。2010 年投资 281.81 万元，增强宽带网络规模。

七、信息服务

推进政务信息化、企业信息化、农村信息化、社区信息化、家庭信息化等诸多领域的信息化服务，提升境内各企事业单位、党政部门信息化应用水平，加速信息化进程，推进“数字禹城”建设。

（一）政府系统运作体系。可辅助政府办公，使各项工作简单化、规范化、实用化，协助领导完成公文、督查督办等事宜审阅、批示工作。可提供安全、及时、准确、全面的信息服务，发布日常工作信息，提供信息共享交流。

（二）农村信息化。从种子化肥等农业生产资料和蔬菜水果等农副产品销售，到物流、服务、劳动力资源等应用，结合农业科技生产、医疗卫生防疫等，不少农户使用宽带业务，提高农村宽带业务接入渗透率。

（三）企业信息化。加强规模以上企业走访力度，分析企业信息化需求，做好网络建设、网上传真、宽视界等重点企业信息业务发展，促进企业全面发展。

第三节　程控建设

1988 年 10 月，山东省召开第一次通信工作会议，1989 年，禹城县通信建设领导小组成立。1990 年，采取社会多方筹资方式，筹措资金 300 余万元，建设 3600 平方米的电信大楼。1992—1993 年，筹措资金 600 余万元改制程控电话。禹城通信能力及通信水平跃居全国县级先进行列。2004 年，中国电信禹城分公司启动全市 IP 城域网建设、程控电话网建设，实现市区互联网宽带、固话的接入，为禹城消费者提供固网通信选择机会，加快禹城基础通信设施建设与完善，活跃禹城通信市场。2008 年，国家通信业重组，中国电信成为国内唯一天上有卫星通信、空中有移动通信、地面有宽带互联网的“天地一体化”全业务综合信息服务提供商。中国电信禹城分公司全面接收 CDMA 网络，2009 年 1 月，正式运营移动业务，成为集固定电话、固网宽带、移动业务及融合信息化业务于一体的全业务综合信息服务提供商。

第四节 无线通信

禹城境内主营无线通信业务的企业有山东省移动通信有限责任公司禹城分公司（以下简称移动公司）和中国联通禹城分公司（简称联通公司）。1999 年 9 月 1 日，移动通信从电信中剥离。1999 年 11 月，禹城移动通信经营部更名为山东移动通信公司禹城分公司。2001 年 9 月，先后在城关、石屯、十里望、房寺等建立移动公司代办点。2002 年年底，建设乡镇专营店 19 个，城区加盟店达到 20 个。2003 年，经济发展较快的重点乡镇专营店进行升级改造，建设合作营业厅，实行微机收费。2004 年年底，禹城市自办营业厅 5 个，合作营业厅 25 个，其中城区合作营业厅 8 个。1997 年，开办联通公司业务，2002 年 5 月，联通公司在禹城成立营业部，11 月联通公司禹城城区中心营业厅建成开业，归禹城营业部管辖。2003—2010 年，禹城市建成合办营业厅 8 家，乡镇营业网点 27 家。

图 9-2-2　邮电局通信微波铁塔　（2010 年摄）

一、网络

1987 年 9 月，禹城县邮电局建成移动通信微波铁塔。1993 年 4 月，引进美国摩托罗拉公司的 900 兆赫兹移动通信基站设备 1 套，使用全封闭式维护电池做备用电源，禹城移动基站设几个话音信道，2 个控制信道，正式开办移动通信业务。1996 年 4 月，禹城市模拟移动通信基站扩容 12 个信道（包括 2 个控制信道）。9 月，数字移动通信基站开通，引进爱立信公司基站设备，初期安装 2 个载频。1997 年 9 月，新建禹城模拟移动通信基站，新增信道 20 个。城区、城里、梁家、来凤、辛店、张集、张庄、十里望、大程、房寺、伦镇、市中、商城、石屯、莒镇、袁营、廿里堡、李屯、前油坊、辛寨、善集、安仁数字移动通信基站达 22 个载频。同年，模拟移动基站扩容 50 个信道。2001 年 9 月，建成 7 处 GSM 数字基站。12 月，模拟移动基站关闭。2002 年 12 月，建成 4 处 GSM 数字基站，传输机房 1 处，直放站 2 处。2005 年 11 月，建成综合楼一幢，建筑面积 1980 平方米。2008 年年底，禹城市移动基站 93 处。2009 年 TD-SCDMA 通信运营，2010 年年底，GSM 基站 172 处，TD-SCDMA 基站 46 处，实现禹城市用户规模 268624 人。中国联通禹城 GSM 基站 49 个，建成 3G 基站 23 个，实现禹城市区及乡镇全面覆盖。移动、联通传输网络飞速发展，境内高速公路、铁路、重要交通干线以及重点乡镇实现网络无缝隙覆盖，禹城无线通信与全球 150 余个国家和地区，325 个运营商实现国际自动漫游服务。

二、业务

1995年，禹城移动公司推出第一项增值业务——短信业务。1999年，移动通信业务发展到全球通、亲情卡、德移通等。2000年，增加“神州行”。2001年，模拟移动电话退出市场，模拟网关闭，正式开通移动梦网，推出移动梦网业务。2002年，梦网GPRS平台正式使用，开始开展彩信业务。2003年4月，推出多媒体短信业务。同时，“百宝箱”业务试用。5月，率先推出彩铃业务，联通业务在2004年跟进。同年，禹城移动公司增加“动感地带”。2004年，开通移动秘书、移动沙龙、集团彩铃、手机银行、移动全时通等业务。2005年，手机报起用，移动公司联手各大报社媒体，以彩信形式传送业务。6月，中国移动宣布成立无线音乐俱乐部，推进农村信息化，助力社会主义新农村建设，免费为100个村庄赠送“平安村村通”设备，帮助农村客户了解农业技术及天气预报，加快经济发展。推出“农信通”和“气象通”。2007年，飞信上线。2010年，3G网络覆盖一期基本完成，建立123个基站。2010年底，全箱涵盖传统业务、新业务、数据业务等30余种业务种类，满足客户需求。

利用遍及全市的光缆网络将禹城市委、市人大、市政府、市政协及各乡镇政府、市直各部门、大中型企业、行政村连接起来，组成一个完整的电子政务系统。专网建设的总体目标是建设连接各级机关部门，成为全市政府机关内部信息应用、共享与交换平台。禹城市政务信息网是连接市各级机关部门的宽带政务网络系统，可提供数据、语音、视频传输统一，满足政府办公需要。实现各级机关部门内部信息交互，实现市、区县各党政机关之间公文信息传递、交换、处理；为保证整网的安全和管理，对全网用户统一管理；建立统一标准的政府公文电子信息资源库，公文等信息充分共享和广泛使用；建立覆盖县（市）的公共信息平台，在网上提供方便、快捷、透明的“一站式”电子政务服务。

第十篇

农 业

禹城土地资源丰富，光照充足，适合粮棉等作物种植。位于农业部划定的优质小麦、玉米产业带内。1986年以前，主要是粮棉生产大县，经济收入主要依靠粮棉收入。随着改革开放深入发展，各项经济政策改变，由依靠粮食生产的农业大县，逐步发展成依靠农林牧副渔全面发展的大农业大发展的经济强县（市）。主要种植小麦、玉米、棉花、花生、大豆及小杂粮，小麦、玉米面积逐年增加。2010年，粮食种植面积达到142.36万亩，累计植树7000余万株，打造绿色通道1600余公里，林地面积43.23亩，森林覆盖率25.5%。

1986—2010年，养殖业由传统型、分散型、粗放型快速向产业化、现代化发展。1986年，随着农业机械化程度提高，化肥应用增加，牧畜由提供畜力（耕种、运输和肥料），逐步向肉、奶为主的商品生产转化，肉牛、奶牛存栏比例逐年增多，经济效益逐年提高。2010年，境内牛存栏23.47万头，出栏14.05万头。渔业养殖面积3万余亩，养殖产量1.5万吨。境内节水灌溉面积达到31.53万亩。农机总值达到82237万元，农机总动力达到121.64万千瓦。禹城农业转变为名副其实的种植业、养殖业、林果业、水利工程、农业机械、综合开发等全面推进发展的大农业。

第一章　农村经济体制改革

禹城市农村经济体制改革经历由逐步完善到稳定发展的过程。

第一节　土地使用制度改革

一、首轮土地承包

1987 年 4 月，禹城县委印发《关于完善双层经营稳定家庭联产承包制的意见》（以下简称《意见》）；12 月，县委、县政府制定《关于完善土地承包责任制的试行办法》（以下简称《办法》）。《意见》和《办法》原则上仍坚持 1984 年执行的“15 年承包不变”的政策。但考虑到承包条件的变化，可以在承包关系不变的前提下，签订土地和果园承包合同，已签订的土地承包合同特别是果园承包合同进行完善；荒地、荒滩、荒水的承包期可延长到 15—20 年；在村集体同意的前提下，允许群众自愿协商转包和自行调换耕地；合法人口增减采取农户间余缺相顶的方式；村里预留的机动地，可由科技示范户、种田能手投标承包，承包期一般为 3—5 年。

1995 年 8 月，禹城市政府制定《禹城市关于农村集体土地管理规定》。要求在坚持以家庭联产承包生产责任制的同时，逐步建立、健全农村集体土地流转机制，实行适度规模经营；可依法采取有偿转包和转让、租赁、股份合作等形式适当调整土地，不受地区、行业、所有制界限的限制；规定“三荒”（荒滩、荒地、荒水）土地可一次性租赁、一次性收费，租赁时签订合同 30—50 年不变，可中途转租他人。

1996 年 9 月，市委、市政府印发《关于开展土地适度规模经营试点工作的意见》，主要在李屯乡和伦镇 2 个乡镇和其他乡镇个别村进行试点。试点单位在总结土地经营机制改革经验的基础上，推行以“两田制”（在坚持土地集体所有和家庭承包经营的前提下，将集体的土地划分为口粮田和责任田）为主要形式的适度规模经营，充分落实农民的土地经营自主权，使土地向种植大户和种田能手中集中。全市实行“两田制”的村 78 个，耕地面积 5 万余亩。

二、二轮土地承包

1988 年县委、县政府相继制定保障土地承包经营权，完善土地承包合同，减轻农民负担等文件，更好地稳定家庭联产承包责任制，

图 10-1-1　农户机种玉米播种　（2010 年摄）

进一步稳定家庭承包经营，进行第二轮土地承包。具体做法：1. 签订承包合同。1998 年，全市农村集体与村民签订的第一轮土地承包合同先后到期。12 月，市委、市政府印发《关于延长土地承包工作的实施意见》，以稳定、顺延为主，一律延长土地承包期 30 年不变，并直接续签新一轮承包合同。1998 年 12 月 15 日起，先后开展土地丈量登记、填写证书、签订合同等工作，至 1999 年 1 月 18 日，全市续签第二轮《农村集体土地承包经营合同书》颁发“土地承包经营权证”10.6 万份，全市合同签约和土地经营权证到户率达 98%。2. 农村土地承包经营权证换发补发。2009 年，开展农村土地承包经营权证书补换发工作，全县按照“试点先行，以点带面”的工作方法逐步推进。2010 年年底，禹城全市完成入户核实 995 个村，占 100%；完成录入信息化管理系统 995 个村，占 100%；签订合同 12000 户，发放证书 12000 本，土地承包经营进一步规范化，稳定了家庭联产承包责任制。

第二节　农业经营体制改革

一、农业产业化经营

90 年代，禹城市突出发展“三大一高一名一外一群体”（三大：建设大项目，培植大企业、膨胀大产业。一高：发展高新技术。一名：培育知名品牌。一外：强化外经外贸。一群体：壮大民营群体）战略重点，膨胀“三糖一药一机一木一‘黄金’”（“三糖”：保龄宝生物股份有限公司、福田药业有限公司、龙力生物科技股份有限公司。“一药”：生物技术与制药。“一机”：机械制造。“一木”：人造板深加工。“一黄金”：羊绒深加工）和“三粮一棉一电一化一饮品”（“三粮”：粮食深度开发。“一棉”：棉花深加工。“一电”：热电。“一化”：化工。“一饮品”：饮料）特色产业，其中功能糖产业发展尤为突出。

（一）产业体系。全力培育六大农业龙头型产业体系，1. 玉米深加工产业体系。积极培强壮大以玉米、玉米芯为原料的福田、保龄宝、龙力、绿健、百龙创园五大功能糖龙头企业。2. 豆类深加工产业体系。积极壮大以豆类为原料的禹王、金冠、鲁樱、玖和等龙头企业，年转化加工大豆 30 万吨，生产低温豆粕 12 万吨、大豆分离蛋白 5 万吨，带动优质非转基因大豆种植 350 万亩，每年带动农民增收 1.5 亿元。鲁樱、玖和以红小豆为原料，年生产豆沙馅 10 万吨，年出口创汇千万美元。3. 畜禽深加工产业体系。依托东君乳业、凤祥等龙头企业，建成规模以上畜禽加工企业 52 家。东君乳业视界牧场奶牛存栏达到 1 万头，成为全省单体规模最大的奶牛基地。4. 木材深加工产业体系。以贺友为龙头的木材加工业，年产中高密度板 130 万立方米，年消耗枝丫材 100 多万吨，带动木片加工企业 60 多家，木材运销大户 1000 多户，直接拉动农民增收 5 亿元。5. 羊绒深加工产业体系。以鲁银、德信、瑞源等企业为龙头的羊绒深加工企业达到 21 家，年加工羊绒纱 5000 吨、羊绒衫 600 万件，吸纳农村富余劳动力 8000 余人，成为国内最大的羊绒精纺半精纺基地。6. 蔬菜深加工产业体系。朝日、鸿兴源等企业为龙头的蔬菜深加工企业，年加工蔬菜 20 万吨，带动新增蔬菜种植 2 万亩、总量达到 12 万亩，建成绿色无公害基地 2 处，注册无公害品牌 2 个。六大农业龙型产业体系的培植壮大，构筑起了工业主导、农业配套、三产联运的发展格局。

（二）基地建设。以基地建设为载体，良种良法先行，强化监督检测，全市建设向阳坡、鳌龙等各类现代农业产业示范园区 53 个。市级以上龙头企业共通过有机食品认证 1 个，认证农产品总产量 0.12 万吨；绿色食品认证 1 个，认证农产品总产量5.33万吨；无公害认证6个，认证总产量7.6万吨。主营产品获得中国驰名商标7个，山东名牌产品8个，山东省著名商标13个，山东国际知名品牌4个。

（三）市场开拓。1. 农产品直接出口。通过在我国边贸城市设立“批发中心”“专卖店”的形式，发展直供直销、连锁经营、网上交易业务，农产品直接销往国外。2. 农产品加工出口。鲁樱、玖和公司加工红小豆，产品全部销往日本、韩国。贺友集团密度板远销伊拉克、科威特等中东国家，福田药业的木糖醇70%出口美国、日本等10多个国家和地区。3. 积极搞好内销。大力实施“万村千乡”市场工程和“超市下乡”工程，进一步健全完善农产品流通体系，改造升级各类农产品批发市场26处，促进与大中城市市场需求的有效对接。四季青蔬菜批发市场，蔬菜日交易量达到1万余吨。发展各类运销组织1200个，农民运销队伍1.3万人。

（四）合作组织。创新农业经营主体，用利益机制把产加销、贸工农各个环节连接起来，农民摆脱市场风险，全市共发展各类农村合作组织1885个，其中，国家级示范社3家、省级示范社5家、省级示范用水协会1家，从业人员1.3万余人；注册家庭农场185家，其中省级示范农场2家。

农业产业化龙头企业不断发展壮大。覆盖粮食加工、畜禽加工、调味品、特色食品、饲料加工、植物油加工、生物产业、纺织业、木材加工、纸制品及食品包装产业、食品加工业等11大产业。

二、农村合作经济

（一）农村合作基金会。1994年8月，原袁营乡成立全市第一家农村合作基金会，随后其他乡镇相继成立。10月，组建禹城市农村合作基金会联合会，代政府行使对乡镇农村合作基金会的管理、指导、协调、监督职能。1995年底，全市基金会入股资金达2200多万，扶持农业项目3000个，增加社会效益4200万元。1999年6月，对农村合作基金会清理整顿。2000年底，完成向中国信用合作社移交工作。

（二）农民专业合作社。2007年10月29日，成立第一个农民专业合作社—禹城市禹西渔业专业合作社。注册资金10万元，社员26人，经营范围包括组织采购、供应成员所需的鱼饲料、销售成员的鱼类产品、引进养鱼新技术、鱼类新品种、开展养鱼指导及技术培训。

2010年，全市建成各类农民专业合作社797个，注册资金共计6.1亿元，社员总数1.2万户，带动农户2.7万户。合作社涵盖农作物种植、畜禽水产养殖、蔬菜瓜果种植、农资服务、病虫害防治等行业。全市农民专业合作社资产规模达19.5亿元，年经营总收入20.5亿元，实现盈余4.25亿元。

第三节　农业社会化服务体系建设

一、农业生产项目建设

1986年，进行农业生产技术服务，开展培训班、田间课题、技术讲座，示范与推广新品种和新技术，辐射带动周边大田增产。1988—1989年实施地区农开办下达的十万亩小麦精播高产配套技术项目，1989—1991年实施五万亩吨粮田开发项目，1989年，实施十万亩夏玉米亩增百斤配套技术开发项目，2007—2008年实施农业部现代农业项目，先后在张庄镇、十里望镇、伦镇、安仁镇、房寺镇建成万亩示范片，2009年，实施农业部粮食高产创建项目，先后在伦镇、安仁镇、张庄镇建成万亩示范片。

二、农资服务建设

90年代，国家取消农资统一派购制度，

要求各乡镇搞好市场建设、管理。至2010年，全市成立农资经营门市350余家，其中农药门市110余家，化肥门市300余家，种子门市300余家，解决全市农资使用问题。

第二章 种植业

种植业是禹城国民经济的基础产业。禹城土地资源丰富，光照充足，农田水利工程设施相对较好，适合粮、棉等作物种植；小麦、玉米种植主要分布在全市各乡镇、街道办、高新区；棉花主要分布在房寺镇、伦镇、张庄镇、辛店镇等；花生主要分布在辛店镇部分村庄。

1986—1995年，主要种植小麦、玉米、棉花、花生、大豆、高粱及小杂粮。1997年鲁麦8号、12号、215953、54368、滨89-2等得到推广；2002年后，济麦19、济南17、烟农19、潍麦8、济麦20、济麦22、良星99、良星66等先后成为禹城小麦的当家品种。同时，玉米鲁单50、农大108、郑单958、浚单20等成为禹城玉米的当家品种。国家实行粮食补贴政策后，极大地调动农民的种田积极性。小麦、玉米种植面积由1986年的78.7万亩增至1988年108.4万亩，2010年，达到143.43万亩，小麦玉米总产达到77.4万吨。

经济作物的种植主要是棉花和花生。1986年棉花实播面积26.6万亩，单产79公斤。实现总产42.92万担。1988年面积达到41.74万亩；克服干旱影响，实现50.68万担总产。由于严重的自然灾害棉花面积下滑。1992年，国家对棉花价格进行上调，但仍然面积减少。1996年，由于气候变化，价格调整、机械化水平提高，播种面积有新的提升，但一直未突破18万亩。花生种植面积1986年接近2万亩，1995年，由于经济效益较低，种植面积减少到1万亩，2010年，种植面积不足8000亩。

第一节 农作物

一、粮食作物

主要作物为小麦、玉米。1986—1998年，粮食种植面积稳步增加，由78.7万亩增至108.4万亩，亩产达到435.9公斤。1999年，实行作物种植结构调整，加之价格因素，种植面积下降，至2001年，降至83.0万亩。随后，不断推广新品种，小麦陆续引进济麦19、烟农19、潍麦8、济麦20、济麦22、良星99、良星66等优质、高产、抗病的品种，大面积繁育和推广；玉米陆续引进鲁单50、农大108、郑单958等高产、优质、抗病的替代品种，大面积种植和推广。不断推广应用科学新技术，粮食面积逐步增加，单产不断提高。2005年，率先在德州市实现“吨粮县”，2009年，获得山东省攻关田小麦单产鲁北区冠军，达到单产695.24公斤。2010年，粮食种植面积达到143.433万亩，实现小麦单产508.9公斤，玉米单产576公斤。

1986年，红薯种植面积9950亩总产量1.23万吨。主要品种为徐薯8号。2010年，种植鲁薯2号、5号、7号，面积约60亩，总产63吨。

杂粮主要有绿豆、高粱、小豆、豇豆、大青豆、禾子等。种植面积逐年减少。2010年，杂粮极少种植，个别农户在沟头壕坡零星种植。

2003—2010 年禹城市小麦和玉米产量一览表

表 10-2-1

年	小　麦		玉　米	
	单产（公斤 / 亩）	总产（万吨）	单产（公斤 / 亩）	总产（万吨）
2003	403	18.15	430	19.95
2004	446	21.31	471	26.51
2005	457	33.3	510	33.79
2006	484	35.08	523	34.71
2007	493	35.7	542	35.93
2008	506	36.75	552	35.84
2009	507	37.04	561	37.31
2010	529	38.82	576	41.01

二、经济作物

主要是棉花、花生、大豆、谷子。

1986 年，棉花实现播种面积 26.6 万亩，单产皮棉 79 公斤。1988 年推广种植新品种“1024”，加强科学管理，面积达到 41.74 万亩。由于干旱，单产受到影响，总产达到 50.68 万担。1989 年，植棉 33.27 万亩，单产皮棉 67.5 公斤，总产 44.9 万担。因旱、风、雹、虫严重自然灾害发生，棉花生产出现滑坡。1992 年，植棉 37.85 万亩，总产仅 15.85 万担，1993 年总产不足 10 万担。1994 年，棉花价格上调，政府实行“贸工农、产加销”一体化发展机制，实现总产 16.42 万担。1995 年，植棉 22 万亩，其中 18 万亩春棉 75% 地膜覆盖，并发挥优良品种优势，不断引进鲁棉研 15、鲁棉研 16、银瑞 361、鑫秋 2 号、国欣棉 28、丰抗 6 号等抗病、高产、衣分高的替代品种。1996 年，由于气候变化、价格调整、机械化水平提高，播种面积仍未突破 18 万亩。

1986 年，花生种植面积 2 万亩，单产 200 斤；1995 年，推广新品种，但受价格影响经济效益仍然不高，种植面积减少到 1 万亩，2010 年种植面积不足 8000 亩。1986 年，大豆种植面积不足 15000 亩，产量 225 万公斤，主要品种是鲁豆 4 号。因价格因素，种植面积逐年减少。2010 年未做统计。

1986 年，谷子种植面积不足 12000 亩，产量 240 万公斤。主要品种是青到老、安 316 等品种。以后逐年减少，2010 年未作统计。

三、蔬菜

（一）露地蔬菜。1986 年，禹城县露地蔬菜种植面积 38600 亩，主要是农户分散种植。2003 年，发展到 6.2 万亩。主要种植品种有黄瓜、西红柿、大白菜、豆角、茄子、青椒、西葫芦、白萝卜等。种类由常规品种向杂交品种转化，分散种植向区域化种植转移。2010 年，形成安仁镇万亩品质蔬菜基地、大禹龙腾品质蔬菜示范园、安仁前寺食用菌示范园为主的“一地、两园、三线、四方和多点”五个方面蔬菜产业布局。全力打造西红柿、盖韭、西瓜、芹菜、大蒜、食用菌 6 大特色产业，既保证当地群众的供应又远销北京、济南等城市。

（二）设施蔬菜。1. 温室蔬菜生产。禹城市大面积发展日光温室自1993年起步。2000年发展日光温室2.3万个。由于价格因素，2005年温室总数降为3500多个。2006年，价格回升，菜农提高大棚质量，由原来2.8米高、8米宽改为3.5米高、10米宽，草帘加厚并加盖三防膜。全市面积达到20万亩，产值达到7.8亿元。2009年，露地芹菜，又采用“三沟配套”技术，全市总面积28万亩，产值11亿元。2010年，由于市场的拓宽、技术的推广，禹城市形成宋夏路两侧辐射宽度500米的品质蔬菜经济带，大棚建设无缝覆盖。伦镇示范园采用寿光钢结构无立柱模式，有力地带动蔬菜生产，种植面积达到34万亩，产值达到13.5亿元。2. 科技示范。2001年，引进津伏2号黄瓜、以色列西红柿、以色列甜椒、日本人参胡萝卜、美国西芹、法国纤手西葫等40余个新品种。紫甘蓝、球茎茴香、伊丽莎白甜瓜大获成功。2005年，推广地膜全覆盖遮阳网、生物农药等新技术。2010年，引进番茄高抗病毒新品种迪芬尼、皇金868、荷兰西芹等20多个品种，推广卷帘机、滑轮放风口等30多项新技术。全市良种普及率达到85%，新技术应用率达到90%。3. 协会、合作社的发展。2007年，全国实行《中华人民共和国农民专业合作社法》之后，蔬菜专业合作社开始建立。2010年，注册10个基层蔬菜协会，1个四季青蔬菜生产专业合作社。同时开拓日交易量700吨、300吨的市场各1个。禹城市长年与北京、天津、石家庄、济南等10余个城市保持供给关系。

1986—2010年禹城县（市）蔬菜生产一览表

表10-2-2

项目 年	蔬菜		
	面积（万亩）	亩产（公斤）	总产（吨）
1986	2.0	2500	50000
1987	2.0	2500	50000
1988	2.3	2650	60950
1989	2.8	2700	75600
1990	3.0	2760	82800
1991	3.7	2765	102305
1992	4.0	2770	110800
1993	4.3	2775	119325
1994	4.5	2779	125055
1995	9.0	2806	252540
1996	11.0	2850	313500
1997	15.6	2873	448188
1998	21.0	2896	608160

续表 10-2-2

项目/年	蔬菜		
	面积（万亩）	亩产（公斤）	总产（吨）
1999	25.8	2910	750780
2000	27.3	2935	801255
2001	31.5	2960	932400
2002	30.4	2989	908656
2003	23.0	3125	718750
2004	3.50	3196	111860
2005	6.20	3250	201500
2006	16.5	3346	552090
2007	25.5	3417	871335
2008	28.0	3669	1027320
2009	32.5	3800	1235000
2010	34.0	4000	1360000

四、种植业产值

1986年，禹城县农作物播种面积123.42万亩，其中粮食91.91万亩，亩产279公斤，总产256390吨；棉花26.57万亩，亩产81公斤，总产21460吨；蔬菜2万亩，亩产2500公斤，总产5万吨。2009年，全市农作物播种面积181.86万亩，其中粮食138.1万亩，亩产510公斤，总产703483吨；棉花23.24万亩，亩产97公斤，总产22635吨；蔬菜32.5万亩，亩产3800公斤，总产123.5万吨。2009年与1986年相比，粮食播种面积增加46.19万亩，亩产增加231公斤，总产增加447093吨；棉花播种面积减少3.33万亩，亩产增加16公斤，总产增加1175吨；蔬菜面积增加30.5万亩，亩产增加1300公斤，总产增加118.5万吨。2009年全市种植业总面积181.86万亩，总产值达到474890万元，与1986年相比总面积增加58.44万亩，总产值增加441296万元。

1986—2009年禹城县（市）农业生产及产值一览表

表 10-2-3

项目/年	农作物播种总面积万亩	粮食作物			经济作物				蔬菜			农业总产值万元
		面积万亩	亩产公斤	总产吨	棉花 面积万亩	棉花 亩产公斤	棉花 总产吨	其他 面积万亩	面积万亩	亩产公斤	总产吨	
1986	123.42	91.91	279	256390	26.57	81	21460	2.02	2	2500	50000	33594
1987	123.06	87.63	298	261050	31.52	86	27037	1.04	2	2500	50000	42516

续表 10-2-3

项目 年	农作物播种总面积万亩	粮食作物			经济作物				蔬菜			农业总产值万元
		面积万亩	亩产公斤	总产吨	棉花面积万亩	棉花亩产公斤	棉花总产吨	其他面积万亩	面积万亩	亩产公斤	总产吨	
1988	125.64	81.22	332	269661	41.74	61	25340	0.58	2.3	2650	61000	55939
1989	125.61	83.54	380	317428	33.27	68	22459	5.15	2.8	2700	75600	63771
1990	126.77	85.01	386	327865	32.65	46	15045	4.53	3	2760	82800	68811
1991	128.81	86.46	402	347809	35.75	57	20303	1.61	3.7	2765	102300	73793
1992-1993	130.84	97.43	410	401043	25.58	19	4856	1.59	4.3	2775	119300	97311
1994	132.47	103.1	393	405096	18.11	45	8200	0.74	4.5	2779	125100	176536
1995	134.63	106.6	388	413597	14.9	45	6680	1.32	9	2806	252500	207196
1996	127.3	99.86	406	405277	8.4	64.1	5384	0.2	11	2850	313500	253165
1997	129.27	101.8	401	408056	4.62	71	3266	2.33	15.6	2873	448200	256233
1998	141.53	107.6	406	436817	5.4	70.3	3799	2.7	21	2896	608200	230551
1999	139.63	99.51	407.2	405203	4.81	59.3	2856	2.25	25.8	2910	750800	195916
2000	137.84	88.62	407.1	360764	10.4	69.67	7247	1.84	27.3	2935	801300	196081
2001	131.28	83.03	435.9	361929	15.2	85.5	11800	2.6	31.5	2960	932400	191327
2002	131.76	85.16	406.2	345900	11.8	73.3	8660	2.45	30.4	2989	908700	195130
2003	134.76	91.44	416.6	380942	13.75	81.13	11154	2.26	23	3125	718800	205997
2004	143.8	104.1	459.3	478291	21.49	81.8	17573	1.25	3.5	3196	111900	243791
2005	151.27	139	482.5	670919	4.3	96.4	4146	0.49	6.2	3250	201500	271807
2006	165.81	138.8	502.8	697918	10.01	97.5	9761	0.35	16.5	3346	552100	303645
2007	182.37	138.7	516.4	716383	21.15	100.47	21244	0.29	25.5	3417	871300	352535
2008	181.54	139.1	525	730899	24.99	106	26515	0.37	28	3669	1027300	456494
2009	181.86	138.1	510	703483	23.24	97	22635	0.46	32.5	3800	1235000	474890

第二节 植物保护

一、病虫草害防治

（一）小麦病虫草害防治。小麦病害防治，1986—1990年，主要以小麦白粉病、锈病、全蚀病、纹枯病等为主。用20%粉锈宁防治白粉病、锈病，5%井冈霉素防治纹枯病。2000年，主要以小麦赤霉病防治为重点，用70%甲托或12.5%烯唑醇进行防治。2004—2005年实施小麦重大病虫防治项目，建设有害生物预警与控制区域站，新建设了办公楼、观测场、植物实验室等，总投资378万元，2007年竣工投入使用。小麦虫害防治，主要是麦蚜，多年来都是密切

图 10-2-1　玉米病虫害防治　（2005 年摄）

关注、重点防治。小麦草害防治，1986—2007年，主要以阔叶杂草为重点，使用施阔得、麦喜、使它隆、巨星等效果较好。2007年，禾本科杂草成为麦田的优势杂草。使用3%世玛或70%彪虎茎叶喷雾防治。到2010年，推广冬前除草，取得良好效果。组建植保专业合作社52家，统防统治面积达40%左右。

（二）玉米病虫草害防治。玉米有害生物主要是叶斑病、褐斑病、粗缩病。1986—2005年发生面积比较大，经选用多菌灵、甲托等药防治叶斑病、褐斑病未造成大的损失。粗缩病是由灰飞虱传播的一种病害，选用吡虫啉等药物喷雾，杀灭灰飞虱虫源，效果很好。玉米虫冥是玉米的主要害虫。由于气候因素，时有发生，选用辛硫磷颗粒加细沙撒心，可防治。玉米杂草的防治，推广乙莠水、耕杰、克无踪等。2010年以后，由于农业机械化程度和农民素质的提高，玉米病虫害的防治做到了早防早治早见效。

二、农药管理与植物检疫

（一）农药管理。1986—2000年农药使用量大，农药残留比较严重。2001年以后，做好安全用药技术的宣传指导培训，高毒农药替代品和技术的引进示范，加大执法力度，降低农药对人的危害、对环境的污染。

（二）植物检疫。1986—1990年，植物检疫主要是以玉米良种繁育产地检疫和水果调运检疫为主，2000年，由于农业产业结构的调整、山东省小麦统一供种的实施，植物检疫主要以小麦良种繁育产地检疫和部分外销蔬菜调运检疫为主。2005年，实施山东省出口农产品绿卡行动计划项目，2008年实施山东省现代农业建设项目植保专项工作。2009年7月部分

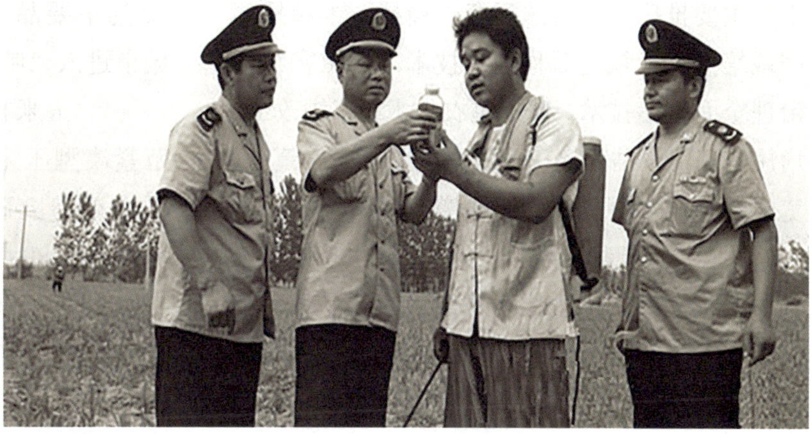

图 10-2-2　农药使用宣传指导　（2005 年摄）

乡镇首次发现危险性外来生物黄顶菌，经集中力量、大力铲除，未造成危害。

第三节　耕作技艺

一、耕作制度

（一）棉花耕作制度。1986—1992年棉花

种植面积较大，实行棉花一年一熟或者小麦与棉花套种的耕作方法，提高经济效益。1993年棉铃虫大爆发、特大雹灾连续发生，面积不断减少，1996年，全部改为一年一熟的耕作方法。

（二）小麦与玉米耕作制度。1986—2002年，小麦、玉米轮作或麦田套种（串种）玉米等比较常见的耕作方法。棉花、蔬菜或小麦、蔬菜间作，也是常见的耕作方法，但种植面积较少。2003—2005年，发展林粮菜间作的方式。此后，随着机械化水平的提高、劳动力不断转移等因素影响，间作、套种面积下降，基本上是小麦、玉米轮作，或棉花单作、蔬菜轮作等方法。不同作物实行轮作、套种或间作，显著提高土地和光能利用率，减少水蚀风蚀，提高粮食产量。

二、种植技术

（一）小麦种植技术。1986—2004年，农作物种植技术水平较低，基本保留传统的种植技术。2004—2010年，种植技术普遍提高。小麦主要推广良种良法配套、精播、半精播高产栽培技术、氮肥后移延衰技术，病虫害综合治理全面防治技术、种子包衣技术、深耕改土、增施有机肥、秸秆还田、配方施肥、播后镇压、宽幅播种技术等，收到明显增产效果。

（二）玉米种植技术。1986—2005年，玉米主要推广高产优质抗病抗倒伏的新品种和麦田套种玉米的技术；2005—2010年，推广抗病、抗倒伏高产优质的玉米新品种，推广“一增四改”技术及其配套栽培技术、病虫害综合防治技术。

（三）棉花种植技术。主要推广育苗移栽、地膜覆盖、麦棉套种、棉瓜菜间作套种技术、病虫害综合防治技术，同时推行棉花新品种、合理施肥、及时化控、后期催熟等技术，对提高经济效益起到很大作用。

三、新品种及新技术推广

（一）新品种推广。

1. 小麦良种推广。1988年前，禹城小麦品种主要有辐63、济南13号和鲁麦5号等品种，单产不足300公斤。1988年，推广鲁麦8号和鲁麦12号；1990年，推广215953小麦良种，1992年，鲁麦8号、215953小麦一直是主导品种，小麦亩产达到400公斤以上。1992年后小麦品种由单一丰产型开始向优质高产型发展，54368、白玉149、滨89—2等小麦品种（系）相继得到推广、普及，产量也随之提高。1995年51.62万亩小麦平均亩产达到424公斤。1996—2001年，引进示范推广高产品种鲁麦14、鲁麦23、鲁麦22、济南16、稳千1. 济南17等。2002—2005年，主要品种：济麦19、淄麦12、潍麦8、烟农19、济麦20、山农664等，搭配种植，单产水平较高。2006年，引进并试验济麦22，该品种产量高，增产潜力大，表现综合抗性突出（抗寒、抗倒、抗病、抗干热风）、适应性广、易于栽培。2007—2010年，推广良星99、良星66、济麦22为主要品种，良种优势贡献率的提高，禹城市进入“吨粮县”的行列。

2. 玉米良种推广。1986年，首次引进示范紧凑型玉米杂交种掖单四号，试种1万亩，平均单产突破400公斤。1987年，推广玉米良种，1989年达到30万亩，平均单产达到442公斤。1991年，推广掖单12号玉米良种，1993年推广掖单13号和西玉3号以及鲁玉十号，形成高产良种模式，1993年，种植玉米32.4万亩，平均单产达到496.5公斤。1998年，玉米锈病发生严重，鲁单50独树一帜，单产达到501.3公斤。1999—2000年，推广替代品种鲁单50号。2000—2004年，主要推广农大108、郑单958、浚单20，2010年，郑单958、浚单20仍为主要品种。

3. 棉花良种推广。1989—1990年，选育“鲁343”，1995年大面积种植。1993—1995年，选育推广“鲁343”“9462”“石远321”等品种。1996年，先后推广鲁棉10、33B、99B、“石远321”中棉所12、鲁棉研15、山农丰抗6、鲁棉研19、鲁棉研21、鲁棉研28、鲁棉研29、晋棉38等，品种的更新适应气候、病虫发生、市场需求等情况的变化，获得高产稳产。

（二）新技术推广。

1. 小麦新技术推广。1987—1989年，示范推广小麦精播高产栽培技术，1987年，小麦单产300公斤，1989年，小麦单产410.65公斤，为大面积推广提供科学依据。1990—2002年，主要推广精播、半精播，累计面积达1120万亩，累计增收31360万元。2003年，使用旋耕犁和秸秆还田面积增加，整地质量下降，精播、半精播面积下降。2004—2008年，推广精播、半精播高产技术及氮肥后移延衰等技术、小麦单产水平产量持续增加。2009—2010年，由于气候变化、机械化水平提高，产业结构调整等因素大力推广深耕改土、增施有机肥、配方施肥、播后镇压、秸秆还田等技术，取得较好效果。

图 10-2-3 地膜覆盖 （2006年摄）

2. 玉米新技术推广。1986—2006年推广玉米间作套种、更新适宜品种、肥料分次使用等技术，2007年，大力推广“一增四改”技术，增产效果明显。

3. 棉花新技术推广。1986—1995年，推广育苗移栽、地膜覆盖、麦苗套种、棉瓜菜间套种技术、病虫害综合防治技术。1996年，推广抗虫棉新品种、地膜覆盖、合理施肥、及时化控、后期催熟等技术。

四、施肥技术

（一）全面推广使用有机肥。1986—1995年，先后发动高温堆肥、麦秸高留茬、秸秆过腹还田等积造有机肥活动，土壤有机质含量由1988年0.94%提高到1995年1.22%。粮食产量由1986年亩产279公斤提高到1995年亩产388公斤。

（二）示范推广配方施肥。1986年，农业局与中国科学院土肥所共同协作、联合攻关，探索禹城小麦、玉米、棉花在不同土壤上最佳施肥方案。1988年进行10万亩玉米高产开发应用配方施肥，同年10月，进行万亩小麦配方施肥，通过国家验收。1989年，先后进行5万亩棉花10万亩玉米配方施肥开发。1989—1990年，进行10万亩小麦最佳施肥技术推广项目，每亩增收节支45元，总计增收节支506.25万元，优化配方施肥成果获农业部科技进步三等奖。1991—2010年，进行采集化验土样，调查填写测土配方施肥《采样地块基本情况调查表》和《农户施肥情况调查表》，化验全氮、有机质、碱解氮、有效磷、速效钾、微量元素等养分指标，研究制定小麦，玉米施肥配方等工作，取得明显成效。2010年小麦配方施肥推广区亩均增产21公斤，玉米配方施肥推广区亩均增产18公斤。

（三）施肥技术咨询。1989年投资20万

图 10-2-4 测土配方施肥技术培训 （2010 年摄）

元配齐先进的仪器和必备药品；1990 年配备电脑和配方施肥技术咨询软件。在非配方施肥推广区广泛开展咨询工作，参与黄淮海平原主要作物施肥模型和施肥推荐咨询系统工作，给农民提出详细的施肥建议，纠正农民错误施肥方法。此项工作获农业部科技进步三等奖。

五、执法管理

2005 年，成立农业执法大队，集中行使农业法律法规赋予的行政检查权、行政处罚权。2010 年，农资、农药、肥料、农产品质量安全检查方面，严格执行行政执法各项制度，检查全市农资市场。累计处理涉农案件 260 起，调解农民群众与农资业户纠纷 200 起，使农民群众避免经济损失 500 万元。

第三章　林果业

1986 年，农村开始推行林地承包，适宜植树的荒地闲地全部承包到户，调动农民种树积极性，林地面积稳步增长。禹城县委、县政府制定《关于大力发展林果业的决定》，1986—1990 年，开展落实林业“三定”，进行林木确权。澄清林地权属，做到林定权、树定根、人定心。经过“三定”搞清国家、集体林权权属四至，搞清坐落四至、双方签订协议书。此项工作 2005 年结束。建立“三定”资料档案。2005 年，全市落实、推进集体林权制度改革。境内所有林木完善合同、调解纠纷、确权发证。政策的落实，体制改革深入发展，极大地调动群众、林果业发展的积极性。2010 年，累计植树 7000 余万株，在主干公路、河道两侧打造高标准绿色通道计 1600 公里，其中建防风固沙林 3.5 万亩、界定为国家级重点防护林。全市林

图 10-3-1 富硒果树 （2010 年摄）

地面积43.2万亩，占地总面积87.7%，未成林造林地5.02万亩，占11.6%；苗圃地3000亩，占0.7%。村镇木株数约1820万余株。全市活立木总蓄积量300.3万平方米，森林覆盖率14.5%，林木覆盖率25.2%。农田林网化面积77.8万亩，占适宜发展农田林网总面积的100%。

图10-3-2　绿色通道（2009年摄）

果园果树发展由于政策因素、价格原因，1986—2010年经历三个时期。1. 迅增期（1986—1993年）。1993年，果树面积达到76126亩，产量2.4万吨。2. 速降期（1994—2002年），面积降至5138万亩，产量841吨。3. 缓降期（2003—2010年），面积降至2134亩，产量348吨。

第一节　植树造林

1986—2003年，植树造林发展较缓慢。每年只是在春季或者“植树节”植树，没形成制度化，经常化。2003年，市政府提高到生态环境保护的高度发展植树造林。全部实施良种、壮苗工程，淘汰过去的太青杨，推广成功更换生长速度快且材质好的中林46、中林2001、欧美杨107、欧美杨108、L—35等优良杨树无性系品种。累计植树7000余万株，主干公路、河道两侧打造高标准的绿色通道，累计建设绿色通道1600余公里。其中，建防风固沙林3.5万亩，界定为国家级重点防护林。

2003—2010年，全市林地总面积43.2万亩，占土地总面积29.1%。其中林地面积37.9万亩，占林地面积87.7%；未成林造林地5.02万亩，占11.6%；苗圃地3000亩，占0.7%。村镇树立木株数约1810万株。全市活立木总蓄积量300.3万立方米，森林覆盖率14.5%，林木覆盖率25.2%。农田林网化面积77.8万亩，占适宜发展农田林网总面积的100%。

第二节　森林资源保护与管理

一、森林资源保护

（一）病虫害防治。1986—2002年，林木管理比较粗放。林木病虫害主要有杨扇舟蛾、

图10-3-3　周氏啮小蜂防治美国白蛾（2008年摄）

图 10-3-4 喷洒农药防治病虫害 （2009 年摄）

杨小舟蛾、杨白潜叶蛾、蛀干天牛等。采取剪枝等措施及天敌影响，基本达到生态平衡。2003—2006 年，随着木材工业发展，大面积单一树种造林，病虫害的种类和数量逐渐增多。食叶害虫增加至 5 种以上；钻蛀类增加至 4 种以上；刺激类有草履蚧。病害叶部、干部 5 种以上。每年都有部分林农专业人员的指导，涂抹甲基托布津、多菌灵、波尔多液等防治、没形成大面积危害。2007—2010 年，世界性检疫害虫美国白蛾入侵禹城，遍及 12 个乡镇、街道办，1007 个行政村。市政府启动《林木有害生物防控预案》，群策群力、群防群治，采取剪网幕、喷药等措施，有效控制疫情，局部出现树木吃完现象。2009 年总结经验与教训，及早入手，突出“主攻一代”的防治策略，采取挖蛹、喷药措施，同时，采取生物防治手段，运用病毒生态防治，进行美国白蛾核型多角体病毒防治美国白蛾试验，2009 年试验 6 万亩，2010 年试验 20 万亩。实现防控美国白蛾工作“有虫不成灾”的目标。

2008—2010 年，科学防治杨树溃疡病，从根本上抑制真菌的滋生、传播和蔓延。

（二）林政执法维护。1986—2000 年，护林意识淡薄，时有毁林现象发生。2000 年，逐步加强管理、林业执法。2005 年成立三个林业执法中队，打击乱砍滥伐、违法占地、破坏林木资源等毁林案件，保护林业生态平衡。随着经济发展和木材加工业发展，木材经营户发展到 200 家。乱砍滥伐时有发生。2008 年增至五个执法中队，一个稽查大队，林政执法得到完善。同时，利用巡查发放《森林法》《森林法实施条例》，提高民众护林意识。2009 年，建立专业防火大队，健全防火预案。

图 10-3-5 林业执法 （2008 年摄）

二、林业管理

（一）落实林业“三定”，林木确权。改革开放之后，林业生产逐步走上正规。1986—1990 年，澄清林地权属，做到林定权、树定根、人定心。经过“三定”搞清国家、集体林权权属四至，搞清坐落四至，双方签订协议书。2005年，建立各种形式的林业生产责任制，建立防护组织和制度。建立资料齐全、册证相符的“三定”历史资料档案。

（二）推进集体林权制度改革。随着改革深入发展，2005年，全市落实、推进集体林权制度改革。改革范围：1. 村内宅外、空闲地内树木；2. 村外沟渠路、林网、林带和围村林地、林木；3. 高速公路、铁路、国省道、骨干河道及村村通油路两侧林地、林木；4. 改碱治沙，林地及群众投资改造的荒碱地其上林木；5. 公路、河道界桩以内林地、林木或集体长期使用的其他林地、林木。改革内容：林地、林木通过拍卖、租赁分包到户等形式落实经营主体，改革主要内容为完善合同、调解纠纷和确权发证。2010年4月，全面启动林权制度改革，进入外业勘界阶段。

第三节　果园果树与种苗花卉

一、果园果树

（一）果树发展。1. 迅增期。1986—1993年，果树面积发展迅猛，1993年，果树总面积达76126亩，产量2.4万吨，主要品种是苹果，其次梨、桃、葡萄等。2. 速降期。1994—2002年，由于品种多样，实生苗多，生长周期长，价格偏低等因素，出现卖果难，面积大幅下降，2002年降至5138亩，产量841吨。3. 缓落期。2003—2010年，零星种植不成规模，粮食生产经济效益不明显，面积只存2134亩，产量348吨。

（二）主要病虫害及天敌。病害：苹果树腐烂病、苹果轮纹病、苹果炭疽病、苹果早期落叶病、苹果霉心病、梨黑星病、梨赤星病、葡萄霜霉病、葡萄白腐病。虫害：山楂红蜘蛛、梨木虱、苹果黄蚜、桃瘤蛾、梨黄粉蚜、苹果锦蚜、金纹细蛾、桑天牛、梨小食心虫、草履蚧、二星叶蜂、美国白蛾等。果树害虫的主要天敌：1. 昆虫类：螳螂、步甲虫、食虫虻、中华草蛉、七星瓢虫、色纹瓢虫、异色瓢虫、深点瓢虫、小花蝽。2. 寄生类：赤眼蜂、小茧蜂、肿腿蜂、青蜂、小蜂、麻蝇等。3. 鸟类：啄木鸟、灰喜鹊、喜鹊、麻雀等。

二、种苗花卉

（一）苗圃。主要有南北庄苗圃、绿洲花卉苗木基地、神禹园林苗圃、春艺园林工程有限公司、金汇置业有限公司、高新区林场等，总育苗面积880亩。南北庄苗圃始建于1982年2月，育苗地450亩。以林业育苗为主，每年向社会提供80余万株苗木。1993年，管理体制改革，由集体经营改为承包经营。职工由6人增加到18人。1995年通电、2000年通电话、2001年通柏油马路。2000年，引进欧美杨107、108速生杨；繁育黄金柳、172直柳。绿化苗木主要有国槐、龙爪槐、合欢、白蜡、法桐、火炬、西府海棠、大叶黄杨、红叶小檗、紫叶李、樱花等。2008年引进中华红叶杨。绿洲花卉苗圃始建于2006年，2007年扩建，面积240亩。收购各种大型乔木，自繁自育各种花灌木，地被植物，品种达100余种。外销河北、天津、北京等地。职工46人，其中专业人员3人。经营品种：乔木有法桐、千头椿、白蜡、国槐、皂角、红花槐、杨树、火炬、龙爪槐、蝴蝶槐、直柳、香花槐、黄金槐、元宝柳、南栾、北栾、松柏、合欢、银杏、五角枫、大叶垂榆、杨树、曲柳、榆树、挪威木戚等。花灌木有木槿、石榴、樱花、百日红、桃树、杏树、苹果树、梨树、葡萄树、红栌、北海道黄杨、花柏、西府海棠、红宝石海棠、芭蕾海棠、红黄玉兰、碧桃、广玉兰、凌霄、棕榈、玉簪、洒金柏、迎春、秀绒菊、竹子、金叶女贞、红叶小檗、连翘、月季、丁香、红梅、锦带、珍珠柏、榆叶梅、龙柏球、冬青、地龙、柿子树、金银木、黄杨、剑麻、小龙柏、木瓜、小石榴、无花果、红叶石楠、金叶国槐、桧柏、爬山虎、藤本月季、红荆条、黄金柳、黑桧、大龙柏、侧柏、小叶女贞、紫叶李等。

（二）花卉。花卉起步较晚，2005 年，逐步发展起来。2010 年花卉大棚 2 个，花卉门市部 6 个。

第四章　蔬菜业

1986 年，禹城县（市）就是传统蔬菜大县（市），蔬菜种植历史悠久，发展蔬菜条件优越，群众积极性高，1993 年发展温室蔬菜，蔬菜产业发展迅速，实现“春夏秋冬田野绿，一年四季菜长青”，蔬菜成为全市农业增效、农民增收、农村发展的支柱产业。禹城蔬菜播种总面积 36 万亩，保护地蔬菜面积占 65%，其中，冬暖式大棚 2.5 万个，各类拱棚 6.5 万亩，培植形成温室番茄、早春西瓜、食用菌、大蒜、盖韭、西芹六大生产特色，注册蔬菜商标 9 件，认证无公害农产品 6 件，绿色食品 5 件，有机蔬菜单品 17 件，富硒玉米成为世博会指定产品，向阳坡有机蔬菜成为第四届太阳城大会指定产品。全市瓜菜菌总产 151.2 万吨，销售收入 16.5 亿元，实现人均纯收入 2700 元。禹城市被国家农业部、发改委列为全国蔬菜重点市；连续八年被德州市授予“蔬菜工作先进单位”荣誉称号。

第一节　机构设置

1994 年，成立禹城市蔬菜局，设办公室、技术站、综合科、会计科 4 个科室，全体职工 8 人。2010 年，蔬菜局在岗在编职工 23 人，设局长 1 名，副局长 3 名，有办公室、信息科、政工科、项目办、会计科、技术站、招商引资科等科室。主要职能是：贯彻落实上级党委政府关于发展蔬菜生产一系列方针、政策、法规；调查研究全市蔬菜生产政策性问题，制定全市蔬菜发展总体规划、扶持政策和推进措施，为市委、市政府提供决策依据；负责引进全市瓜、菜、菌新技术、新品种、新成果、试验示范和推广，技术指导全市蔬菜生产，给菜农提供全程、系列化服务；抓好蔬菜服务体系、蔬菜科技服务队伍的建设及人员培训，抓好蔬菜基地建设、蔬菜产销信息的收集、整理、传递和发布，负责监控全市蔬菜产品质量等。

图 10-4-1　日光温室　（2010 年摄）

第二节 特色蔬菜品种

一、西红柿。全市面积10万亩，主要分布在：市中办、安仁镇、辛寨镇、房寺镇、辛店镇、伦镇、十里望镇等乡镇。

二、西瓜。全市面积5万亩，主要分布在：东城办、市中办、辛店镇、安仁镇、李屯乡、辛寨镇等乡镇。

三、韭菜。全市面积2万亩，主要分布在：十里望镇、辛寨镇、市中办等乡镇。

四、芹菜。全市面积3万亩，主要分布在：市中办、伦镇、辛店、张庄、李屯、东城办等乡镇。

五、大蒜。全市面积3.2万亩，主要分布在：梁家镇、张庄镇、安仁镇、莒镇等乡镇。

六、食用菌。全市面积120万平方，主要分布在：安仁镇、李屯乡、梁家镇、市中办等乡镇。除六大产业外，其他产业种植面积较大的有茄子、辣椒、萝卜、冬瓜、豆角、白菜、甜玉米等产业，分布全市各乡镇。

第三节 蔬菜生产

一、园区建设

按照“规模化种植、标准化生产、商品化处理、品牌化销售、产业化经营”的要求，依托专业合作社和龙头企业，通过集成技术、集约项目、集中力量，从规划到生产，到销售，到管理，各个环节高起点，创建蔬菜标准化园区，打造现代农业示范区，高效农业样板区，精品农业展示区。建成向阳坡生态农业科技示范园、绿鑫农业科技示范园、老农绿色蔬菜园、万峰有机蔬菜园、禹辛现代蔬菜产业园、四季收蔬菜园、颐丰蔬菜观光采摘园、沈庄富硒营养玉米种植园区、清香园无公害蔬菜种植园、前寺食用菌养殖园等24个

图10-4-2 食用菌养殖 （2008年摄）

高标准蔬菜示范园区。其中，向阳坡生态农业科技示范园集蔬菜生产、加工、保险配送、新品种引进和技术培训为一体，成为山东省政府、省政协指定蔬菜供应基地，17个蔬菜单品通过有机食品认证，建成德州市第一家有机蔬菜配送中心，产品通过ISO9001-2008质量体系认证，HACCP食品安全体系认证，入选国家星火计划项目。

二、合作社建设

禹城市按照“积极发展、逐步规范、强化扶持、提升素质”的要求，引导蔬菜种植大户成立蔬菜专业合作社，鼓励菜农加入合作社，由合作社组织菜农通过利益链条统一种植、管理、销售，“抱团”闯市场。至2010年全市蔬菜专业合作社达400余家，拥有社员3万多户，带动蔬菜基地面积10多万亩。按其发展模式可分五种：1. 大户自办型。在原专业大户带动下，把同产业农民组织在一起，发展规模经营。如：安仁镇义合王蔬菜专业合作社。

2. 能人领办型。充分利用其技术、资金、市场份额的优势，带动周边农户共同发展。如：市中办沈庄营养玉米专业合作社、十里望南营小康蔬菜专业合作社。3. 优势产业主导型。立足当地资源优势和主导产业，按产业类型和产业布局，把农民组织起来，实行专业化生产，规模化经营。如：安仁镇荣昌食用菌专业合作社、辛店镇沙河辛西瓜专业合作社。4. 村级组织创办型。村组织根据本村产业优势，带头组建或领办蔬菜专业合作社，形成“一村一社”“多村一社”的特色产业，如：房寺镇靳庄四季收蔬菜专业合作社。5. 龙头带动型。利用加工企业、市场等龙头带动优势，发展合作社，形成“龙头 + 合作社 + 农户”发展模式。如：市中办夏季庄四季青蔬菜专业合作社。

三、市场建设

以城市为核心、遍布城乡，陆续建成四季青蔬菜批发市场、沈庄蔬菜批发市场、安南蔬菜批发市场等十余家蔬菜专业批发市场，蔬菜产品批发市场在蔬菜产品流通中的地位和作用日益重要，全市蔬菜产销率达到100%，外销外运率达到80%以上。其中，四季青蔬菜批发市场由四季青蔬菜专业合作社于2006年投资600万元建立，位于青银高速入口处、市中办夏季村，占地50亩，2010年，有摊位300个，交易库房4处。2009年，引进投资300万元育苗工厂一处，年产种苗1200万株，带动蔬菜批发市场快速发展。沈庄蔬菜批发市场位于市中办沈庄村，投资300万元，1998年建立，占地30亩，有摊位230个，交易库房5处，干部职工9人，年交易量达10万吨。产地蔬菜批发市场位于各大蔬菜基地，达10余处，运销大户直接将车辆停在基地上，与菜农现场交易，菜农足不出户可将蔬菜产品销售完毕。

1986—2010年禹城蔬菜生产一览表

表10-4-1

项目 年	蔬菜		
	面积（万亩）	亩产（公斤）	总产（吨）
1986	3.86	2500	96500
1987	4.2	2500	105000
1988	5.46	2650	144690
1989	6.1	2700	164700
1990	6.85	2760	189060
1991	7.3	2765	201845
1992	7.9	2770	218830
1993	8.46	2775	234765
1994	9.1	2779	252889
1995	10.2	2806	286212
1996	12.8	2850	364800

续表 10-4-1

项目 年	蔬菜		
	面积（万亩）	亩产（公斤）	总产（吨）
1997	15.6	2873	448188
1998	21	2896	608160
1999	25.8	2910	750780
2000	27.3	2935	801255
2001	31.5	2960	932400
2002	30.4	2989	908656
2003	23	3125	718750
2004	10.5	3196	335580
2005	14.8	3250	481000
2006	20	3346	669200
2007	25.5	3417	871335
2008	28	3669	1027320
2009	32.5	3800	1235000
2010	34	4000	1360000

第四节 科技推广与加工

一、科技推广

推行集中培训和分散式培训相结合的培训模式，每年举办培训班40多期，开展科技讲座10多次，增加科技示范户110户，辐射带动400余户。2010年结合蔬菜种植习惯，引进番茄福瑞2号、威霸0号、迪芬尼、荷兰西芹等20多个新品种，蔬菜良种覆盖率达99%。推广测土配方施肥技术、防雾滴膜应用、熊蜂授粉、卷帘机、滑轮放风口等适用技术20多项，同时，蔬菜局创新服务模式，在全市建立“科技人员直接到户、良种良法直接到村、技术要领直接到人”的科技服务体系，菜农人人成为行家里手，每户一个蔬菜科技明白人。技术人员指导菜农总结实践经验、创新种植模式，实现普通蔬菜种出高效益。早春西瓜推出早熟高产新技术“五膜覆盖法”，实现种植“三级跳”，亩收入净增3000多元。辛店镇修庄村在西瓜种植上采用“三膜一苫立体种植”方法，充分利用空间，全村仅此一项新技术年可增收40万元。

二、三品认证

积极引导全市各蔬菜园区以蔬菜专业合作社为载体，注册商标、认证品牌，提高我市蔬菜发展的自身实力，增强了我市蔬菜在市场上的竞争能力。全市已注册 “沙河辛”“夏季庄”“向阳坡”“稼春”等蔬菜商标9件，认证“沙河辛”西瓜、“夏季庄”番茄、“嘎子”圆茄等

图 10-4-3　技术服务送进大棚　（2010 年摄）

无公害农产品 6 件，认证“稼春”甜糯玉米、“稼春”紫黑色马铃薯等绿色食品 5 件，认证“向阳坡”芹菜、番茄等有机蔬菜单品 17 件。我市“稼春”牌富硒玉米成为世博会指定产品；“向阳坡”有机蔬菜产品直接进入北京、天津等大中城市超市、高档酒店，实现了“农超对接”，带动农户 300 多户，户均增收 2000 元。

三、蔬菜加工

2010 年，建成山东鸿兴源食品有限公司、禹城金合益食品有限公司、禹城市福星酱菜厂、禹城市鑫泉蒜片厂等蔬菜加工企业 10 多家，产品发展为净菜包装、脱水、冻干、速冻、保鲜、腌制、调料等系列，产品销往北京、天津等大中城市。其中，山东鸿兴源食品有限公司成立于 1999 年 6 月，占地面积 300 余亩，从事工业、餐饮、家庭调味品开发、研制、生产、销售。公司员工 500 余人，其中专业技术及研发人员 40 余人，年加工调味品能力 5 万余吨，产品涵盖 9 大系列 200 个品种，全国专卖店突破 500 家，成为中国调味品行业领头军。

第五章　养殖业

1986—2010 年，境内养殖业由传统型、分散性、粗放型快速向规模化、产业化、现代化发展，品种改良、秸秆青贮、配方饲料，程序化防疫、人工授精、生态环保猪、无害化处理粪污和病死畜禽等技术的广泛应用，以及化肥肥水配合饲料养鱼、盐碱地池塘高产高效养鱼技术的研究、南美白对虾等优良品种的引进、禹西标准化生态鱼塘的开发利用，养殖业科技含量大幅度提高，规模养殖、标准化水平明显提高，产业化格局初步形成，养殖业产值占农业总产值比重逐年提高。由于不断突出优质禽畜、养鱼基地培植，产业化体系建立，科技服务平台建设，重大动物防控体系建设和畜产品质量安全监管五项重点，促进养殖业经济持续呈现出又好又快发展。

1992 年，禹城被列为全国瘦肉型猪基地县，1993 年，被农业部授予秸秆氨化工作先进单位，1994 年，被山东省畜牧局授予全省畜牧业强市，1995 年，被评为全国秸秆养牛十佳示范市，1996 年，被列为全国肉牛规模化养殖实施市，1998 年，授予山东省畜牧生产先进单位，2000 年，被国家环保局等中央四部委评为秸秆禁烧和综合利用先进单位，

2003 年，禹西农业生态观光园被列为中国水产科学研究院黑龙江水产研究所试验基地。2005 年，被列为山东省淡水水产研究所试验基地，2007 年，被山东省海洋与渔业厅列为全省水产工作先进市，禹西农业生态观光园被评为省级休闲渔业示范点等一系列荣誉称号。

2010 年，境内牛存栏 23.47 万头，出栏 14.05 万头；其中奶牛存栏 2.11 万头，羊存栏 23.72 万只，出栏 29.75 万只；猪存栏 30.98 万头，出栏 63.01 万头；家禽存栏 923.19 万只，出栏 2339.3 万只。1986，年渔业养殖面积 4900 亩，2010 年发展到 3 万余亩，1986 年，养殖产量 590 吨，2010 年，1.5 万吨，面积和产量分别增长 5.1 倍和 24.4 倍。

第一节　畜牧养殖品种

禹城主要畜禽种类有牛、马、驴、骡、猪、羊、鸡、鸭、鹅、兔、鸽等。随着科学技术发展和新技术成果推广应用，全市在畜禽饲养形式、畜禽舍建造、饲料配制和管理方法等都有很大改变和提高，畜牧业成为农村经济中发展最快、活力最强、前景广阔的优势产业。品种逐渐增多和优良，规模逐渐增大。

一、大牲畜

禹城地处平原，素有饲养大牲畜习惯。牛、马、驴、骡独槽喂养，自繁自育，以玉米秸、谷草等为主要饲草，以高粱、炒豆、麦麸为主要精料。1986 年前，饲养粗放、经济效益低下。1986 年，随着农业机械化程度提高，化肥应用增加，牧畜由提供畜力（耕种、运输和肥料），逐步向肉、奶为主的商品生产转化，肉牛、奶牛存栏比例逐年增多，经济效益逐年提高。

（一）牛。1986 年，以鲁本杂交牛为主，另有本地牛、鲁西黄牛等。1991 年，有利木赞、西门塔尔、夏洛来、盖洛威、南德温、皮埃蒙特等冷配杂交。1997 年，奶牛养殖业兴起。2003 年，少量黄牛改良奶牛，逐渐淘汰。2008 年，98% 以上为黑白花奶牛（荷斯坦奶牛），主要分布在安仁、伦镇、市中办、十里望、房寺、张庄等乡镇。

鲁西黄牛，体躯结构匀称、细致紧凑，为役肉兼用。毛从浅黄到棕红色，以黄色为最多，一般前驱毛色较后躯深，公牛色较母牛深。多数牛的眼圈、口轮、腹下和四肢内侧毛色较浅淡，俗称“三粉特征”。鼻镜多为淡肉色，部分牛鼻镜有黑斑或黑点，角色蜡黄或琥珀色。体型结构分为三类，高辕牛、抓地虎与中间型。在生产性能上，肌纤维细，肉质良好，脂肪分布均匀，大理石状花纹明显。生长发育快，周岁体尺可长到成年的 79%，体重相当于出生重的 10.1 倍。个体高大、皮质好、加工后不出萌眼。牧情温顺，体壮抗病，便于饲养管理。母牛性成熟早，有的 8 月龄就能受胎。一般 10-12 月

图 10-5-1　禹城市被评为“全国秸秆养牛十佳示范县（市）”（2008 年摄）

龄开始发情，发情周期平均22天（16—35天），发情持续期2-3天。妊娠期平均285天(270—310天)。鲁本杂交牛，以鲁西黄牛作父本，与本地牛杂交。性情温顺、灵活、易调教、挽力大、速度快、耐粗饲料、易育肥、为役肉兼用。本地牛，体质结实，结构匀称，毛少稀，有光泽，以黄、黄褐为多。部分公牛有抵人恶癖。主要役用为主。西门塔尔牛，原产瑞士，属乳、肉兼用。利木赞牛，原产法国，属肉用品种。全市建有利木赞种牛纯种繁育场1处。2010年，有栏纯种利木赞牛134头。夏洛来牛，原产于法国，属肉用品种。荷斯坦奶牛，原产荷兰，属乳用牛。

（二）马。境内主要以新疆马为主，其次是新（疆）蒙（古）杂交马，另有少量苏（联）新（疆）杂交马和顿新杂交马。多年品种无大变化。主要役用为主。

（三）驴。德州驴有里马头和三粉两个品系。黑乌头毛纯黑，头大脖子粗，四肢粗壮、关节大、体型偏重，是驴种特有的重型驴。三粉，即粉眼、粉嘴、粉肚皮，其余均为黑色。体质结实，头清秀，四肢比较细，肌腱明显，体重较轻，禹城有悠久地饲养历史。小毛驴，体型小，毛色多为灰色，次为银褐、黑色等、头小耳大，颈较窄长，背腰平直等特点，是运输役用驴。

（四）骡。分为马骡和驴骡两种，以驴骡为主。耐粗饲，体形较大，体质结实，踵高腱韧，持久耐劳。适应性强。驴骡可役用30年左右，马骡可役用20年左右。境内均以德州驴为父本，新疆马或苏新马杂交，自繁自育。

二、小家畜

专门饲养为人类提供食肉的小家畜，主要有猪、羊、兔等。

（一）猪。1986年，以杜洛克猪为终端父本，长白、大白猪为母本与当地猪进行杂交的改良猪增加。1990年，改良猪占存养量的65%。1999年，引进太湖品种母猪。2004年，引进斯格配套系品种猪、托佩克配套系品种猪，繁育最快增加。2010年，以杜洛克、长白、大白猪为父本与当地猪进行杂交的改良猪占85%以上。杜洛克猪，原产于美国，多作为终端父本，杂交改良当地猪品种。长白猪，原产丹麦，多作为第一父本或母本利用。大白猪，原产英国，世界上最著名，分布最广的主导瘦肉型猪种。斯格猪、原产于比利时，是专门化品系杂交育成的超级瘦肉型猪。

图10-5-2 大白猪 （2010年摄）

（二）羊。以本地山羊和本地绵羊为主。1995年，先后引进小尾寒羊、波尔山羊等。本地山羊，肉质细嫩，毛皮质量高，为肉皮兼用良种。波尔山羊，原产于南非，体型大，增重快，产肉多，耐粗饲，有“肉羊之父”美称。用其改良本地山羊，杂交一代生长速度快，产肉多，肉质好，体重比本地山羊提高50%以上，多作为杂交肉羊生产的终端父系品种。小尾寒羊（绵羊），引进品种，被誉为国宝，世界明珠、

图 10-5-3　野猪养殖　（2005 年摄）

超世界品种，是肉皮兼用品种。

（三)兔。1986 年,开始饲养肉兔和长毛兔。主要以獭兔、新西兰兔为主。新西兰兔原产美国，肉兔品种。2010 年，存栏 5126 只。獭兔，典型的皮用兔。毛皮品质最好,产肉率也较高,2010 年存栏 4.6 万只。

三、家禽

（一）鸡。20 世纪 80 年代，多为散养，品种以本地土种鸡为主。1986 年，蛋鸡专业户逐渐增多，主要品种为京白 288，其次为星杂 579。20 世纪 80 年代后期，引进少量罗斯、罗曼蛋鸡品种。20 世纪 90 年代，主要为罗曼、罗斯、海兰、京白等蛋鸡品种。1989 年，禹城县从北京引进肉食鸡爱拔益加、艾维茵、星布罗等品种，开始规模饲养。进入 21 世纪，品种以“8 门”杂交品种为主，蛋鸡品种主要为罗曼、其次是海兰。蛋鸡罗曼原产德国、适宜集约化规模饲养。蛋鸡海兰，原产美国，产蛋多，成活率高。肉食鸡艾维茵，原产美国，为主要肉食鸡品种。爱拔益加，原产美国，饲料报酬高，抗逆性强。

（二）鸭。1986 年，以微山湖麻鸭为主，其次北京白鸭。微山麻鸭体型小，生长快，既适应水中放牧，又可陆地圈养，是理想蛋用型鸭。北京白鸭体型较大，系著名肉用型品种。

（三）鹅。本地鹅和草鹅良种，色多为纯白。2000 年，农家零星饲养以蛋用为主。2000 年后，多规模饲养，肉用为主。2010 年存栏 5.3 万只。

（四）其他。1986 年鸽子多为散养。1998 年肉鸽、蛋鸽规模养殖逐步兴起。肉鸽有美国落地王鸽和白玉王鸽，还有部分信鸽和观赏鸽。2005 年，全市存栏肉鸽 5.2 万只，出栏 46.8 万只。2010 年，存栏肉鸽 20 万对。1999 年，有专门户养殖狐狸、鸵鸟、七彩山鸡等，因技术或经济效益原因停养。2005 年，有养殖户饲养肉用野猪。境内肉鸽主要销往上海、南京、北京、温州等城市。蜂养品种有中国蜂和意大利蜂两种，分流放和固定饲养两种。

第二节　畜牧生产

畜牧业生产发展。1986—2000 年，平稳发展阶段。2000—2010 年，快速发展阶段。畜牧业由传统型、分散型、粗放型快速向产业化、规模化、标准化、现代化发展，禽畜良种、秸秆青贮、配方饲料、禽畜人工授精等技术广泛应用，畜牧业科技含量大幅度提高，产业化格局初步形成，规模养殖方兴未艾，畜牧业产值占农业总产值比重逐年提高，由 1986 年 11.7% 发展到 2008 年 41%。

一、经营产业发展

1986—2000 年，是平稳发展时期。2000 年以后，加大政策扶植和招商引资力度，逐步形成以东君乳业为龙头的奶业产业链，以

图 10-5-4　市中办肉鸭标准化养殖（2010 年摄）

广源、宏达为龙头的肉牛，金帅公司为龙头的生猪，凤祥公司为龙头的肉羊，德霖、安氏、大禹圣农、双锣、超群、三鑫等企业为龙头的肉鸡，诚通为龙头的肉鸽，福聚德为龙头的獭兔，六合为龙头的饲料加工 8 大产业链。2010 年，实现年加工能力达到鲜奶 5 万吨、家禽 1.5 亿只、肉牛 10 万头、肉羊 20 万只、肉鸽 2000 万只，饲料 70 万吨，兽药产值 1.5 亿元，禽苗年孵化量突破 6 亿只。大力发展畜禽合作经济组织 205 个。

二、基地建设

1986—2000 年，畜牧生产主要以发展专业户、专业村为重点，未形成大的规模。2000 年，"抓百区、建万户、促增收"。逐步形成奶牛、肉牛、生猪、肉羊、肉鸡、蛋鸭六大块状产业带。2010 年年底，标准饲养场或小区达到 1300 处，占社会饲养总量 75% 以上。发展近 50 处技术先进、管理科学、效益显著、优势突出的标准化规模饲养基地。

奶牛业从 2001—2003 年快速发展。2003 年，市委、市政府出台《关于大力发展奶牛业的实施意见》，到 2010 年底存栏奶牛达到 2.11 万头。其中，存栏百头以上的养殖小区 13 处。大型挤奶厅 4 处、小型挤奶站 9 处。日产鲜奶 40 吨。

三、标准化生产发展

2003 年，由于饲养标准不统一，不少养殖村、户畜禽产品质量达不到要求，经济效益低而停养。2003 年，引导养殖户发展标准化饲养，制定小区标准化建设标准。2010 年，建成 1 处国家级畜禽标准化示范场，3 处省级畜禽标准化示范场区，209 处德州市级标准化小区。

四、提升产品品牌

1986—2003 年，无品牌产品，直接影响经济效益。2003—2010 年，打造出以"明太郎"牛奶"成盛源"牌牛羊肉、"金帅"冷鲜肉、扒鸡"望津"牌野猪肉等名牌产品及天路牧业公司无公害品牌。2010 年，发展品牌产品 49 个，无公害基地 5 处。

1986—2010 年禹城县（市）畜牧业生产情况一览表

表 10-5-1

年	大牲畜（万头）		奶牛（万头）		羊（万只）		猪（万只）		家禽（万只）		畜牧业产值（万元）	占农业总产值比重（%）
	存栏	出栏	存栏	出栏	存栏	出栏	存栏	出栏	存栏	出栏		
1986	7.00	0.72	—	—	6.35	3.47	8.79	5.88	105.86	41.32	5445	11.70
1987	8.64	1.13	—	—	12.65	5.49	9.07	6.18	132.82	48.49	6679	13.00
1988	12.56	1.44	—	—	18.92	8.46	16.32	7.87	174.94	71.52	9160	17.00
1989	14.89	1.94	—	—	21.20	11.73	15.26	11.80	156.20	98.56	11478	19.20
1990	16.37	2.69	—	—	20.14	14.15	15.48	12.04	205.93	134.67	12646	22.60
1991	17.63	3.01	—	—	21.71	15.50	16.33	13.38	254.34	272.89	14920	23.90
1992	17.99	4.08	—	—	20.05	15.58	15.29	13.53	278.25	380.85	15637	28.00
1993	20.03	5.19	—	—	20.14	19.00	17.05	17.99	308.15	705.09	23084	32.90
1994	23.01	7.98	—	—	25.97	25.11	20.11	24.72	468.73	1199.80	30799	34.20
1995	24.75	10.40	—	—	24.68	28.32	22.30	26.98	469.89	1535.11	34985	38.60
1996	25.95	12.14	—	—	25.18	30.52	25.28	34.54	660.08	2005.52	80504	31.80
1997	27.00	13.03	0.003	—	26.00	33.92	26.00	34.60	666.00	2290.00	83997	32.80
1998	27.22	14.51	0.02	—	26.10	35.23	27.91	37.92	866.50	2869.09	73608	31.90
1999	27.42	14.62	0.03	—	26.31	36.10	26.13	39.06	966.23	3017.99	73608	37.80
2000	26.75	11.32	0.05	—	27.42	38.12	28.15	40.18	900.27	300.41	39547	20.20
2001	27.33	11.41	0.06	—	27.48	41.22	29.00	43.50	902.82	2520.15	60022	31.40
2002	30.98	12.01	0.2	—	31.32	42.46	32.31	55.38	981.59	2600.00	68705	35.20
2003	28.38	11.66	0.38	—	32.58	44.89	32.10	53.52	989.39	2718.00	77800	37.80
2004	29.75	12.39	0.53	—	31.64	30.93	32.60	49.22	470.64	1210.94	104093	42.70
2005	27.84	13.31	0.75	0.10	29.56	28.97	35.00	49.50	494.17	1982.96	100200	36.90
2006	22.36	12.13	1.30	0.26	24.21	24.21	30.00	55.08	473.41	1239.92	113000	37.20
2007	22.97	12.84	1.19	—	22.68	23.17	30.20	60.20	581.00	2203.52	137300	38.95
2008	23.30	13.56	1.50	—	23.31	24.00	31.50	4.74	950.00	2604.02	164345	41.00
2009	23.36	14.02	1.80	—	22.81	25.00	31.00	62.00	791.00	2603.98	180473	—
2010	23.47	14.05	2.11	—	23.72	29.75	30.98	63.01	723.19	2339.30	—	—

第三节　水产业

图 10-5-5　禹西渔业养殖合作社养殖的俄罗斯鲤鱼（2009 年 9 月摄）

1986 年，禹城水产业发展迟缓，经济效益低。1988 年，禹北开发区与中科院南京地理与湖泊所合作，开发试验基地。1996 年，禹城红星洼实施特种水产苗种生产基地项目。2002 年，在禹西农业生态观光园试养南美白对虾成功。

2006 年，禹西农业生态观光园被列为山东省渔业标准化生产基地。2007 年，草鱼、龙虾、盱眙龙虾、房寺河蟹养殖基地被山东省认定无公害。引进良种，开发技术，促进水产业发展。养殖面积由 1986 年 4900 亩，发展到 2010 年 3 万余亩。产量由 590 吨增到 1.5 万吨。

一、主要种类

1986—1995 年，主要品种有：鲤鱼、鲫鱼、草鱼、鲢鱼、鳙鱼等。1995 年，调整品种结构，引进罗非鱼、淡水白鲳、草胡子鲶、彭泽鲫、美国大口胭脂鱼、斑点叉尾鱼回、南美白对虾、卡拉白鱼、漠斑牙鲆、甲鱼、乌鳢、河蟹等 10 种名优新品种，均取得成功。

二、养殖

养殖主要集中在禹西、禹北连片的开发区和农村自然坑塘。1998 年，由仁合渔业合作开发利用地下温水资源，采取打千米深井，建水泥池的方式，养殖草胡子鲶鱼取得成功。每平方池塘产鱼 400—500 公斤，年产量达到 500 吨。远销北京、天津、大庆等地。2005 年后，开始推广鱼藕混养、鱼鸭混养、休闲渔业等养殖方式成为禹城现代渔业重要内容。鱼藕混养主要集中在市中办荣昌鱼藕混养合作社、伦镇宋寨子、安仁镇王子付村等；鱼鸭混养主要集中在禹西、禹北开发区；垂钓、餐饮、娱乐于一体的休闲渔业在临近市区的大禹盛景、三角湾、玉荷苑 4 处高标准垂钓中心。2007 年，禹城市被山东省海洋与渔业厅列为全省水产工作先进市，禹西农业生态观光园被评为省级休闲渔业示

图 10-5-6　鲶鱼养殖（2009 年 9 月摄）

范点。2010年水产办荣获“全国科普惠农兴村”先进单位，同年，成立渔业商会。

三、捕捞与加工

禹城市河道纵横、坑塘较多，渔业水域较广。在渔业生产中，捕捞业早于养殖业的发展。1986年，鱼产量主要由社会捕捞业获得。捕捞工具主要有大拉网、迷魂、撒网、鱼鹰、船、鱼叉、鱼钓等。主要作业均集中在池塘、河道、坑湾、水库等。捕捞对象为养殖品种和自然生长品种。随着水面承包和开发盐碱涝洼地，不断加强管理水面。由于技术推广和品种优化，产量不断提高。随着渔政管理加强，自然生长水面废止毁灭性打捞方式，提倡无公害养殖。

水产加工尚处零散加工阶段，除餐饮业加工外，大部分由家庭分散加工食用。水产加工一般为清炖、红烧、葱油、涮锅、油炸等，禹王公司一家水产品加工企业。绝大部分水产品，销往济南、天津、聊城等大中城市及周边县市。

1986—2010年禹城县（市）水产业生产效益统计表

表10-5-2

年	水面积（亩）	产量（吨）	水产业产值（万元）	占农业总产值比重（%）
1986	2672	375	149	0.44
1987	4076	652	317	0.74
1988	6074	986	445	0.79
1989	6125	996	384	0.6
1990	6253	1022	451	0.65
1991	6400	1295	503	0.68
1992	6600	1380	576	0.89
1993	9760	2250	1036	1
1994	14523	4420	2720	1.5
1995	19995	6500	3961	1.9
1996	22100	8000	7621	3
1997	23025	8100	7585	3.4
1998	24533	8700	5945	2.6
1999	26895	9100	5945	4.3
2000	27522	9518	6049	3
2001	28995	11000	7909	4
2002	29522	11891	7790	4
2003	29856	12000	4168	2
2004	30252	13300	7558	3.1

续表 10-5-2

年	水面积（亩）	产量（吨）	水产业产值（万元）	占农业总产值比重（%）
2005	31325	13800	7578	3
2006	31522	14000	7838	2.6
2007	32985	18000	9882	2.8
2008	33105	26247	26774	2.5
2009	34425	27296	28180	4
2010	35805	28389	28582	4

第四节　动物疫病防治

采取综合防范措施，全面实施《家畜家禽防疫条例》《中华人民共和国动物防疫法》《山东省动物防疫条例》，逐步健全动物防疫监督和机构，完善防疫检疫体系，动物疫病得到有效遏制。

一、传染病

（一）牛。牛疫病较少。主要有口蹄疫、布氏杆菌、猝死症等。1991 年，发生牛流行热，来势凶猛，禹城有 2 个村发生较为严重。经多方参与共同努力，严格确诊，进行捕杀，未造成大面积危害。牛猝死症时有发生。

图 10-5-7　家禽防疫　（2007 年摄）

（二）猪。主要为猪瘟、猪丹毒、猪肺疫、猪喘气病、口蹄疫、仔猪黄白痢、仔猪副伤寒等。1986 年，猪瘟发生 3 个村，发病数达到 125 头，死亡 35 头；猪丹毒发生 8 个村，发病数 483 头，死亡 238 头；猪肺疫发生 2 个村，发病数 99 头，死亡 31 头。1992—1999 年时有发生，加强预防和检疫，明显减少猪传染病。2006 年，在全国蔓延的猪高致病性蓝耳病波及禹城市内，很快造成 1000 余头感染死亡。

（三）家禽。主要为法氏囊炎、鸭瘟、新城疫等。1989 年，大面积发生鸡法氏囊炎病，死亡率占 38.4%。2003 年，高致病性禽流感在全国爆发，禹城市因为防疫工作到位，市、乡、村三级重大疫病防控网络严谨有效， 2010 年，在禹城市内无此疫情发生，也无人感染病例。

二、防疫检疫

1986 年，加强牛、猪、鸡、羊等畜禽疫病防治工作。牛口蹄疫防治密度保持 100%，猪瘟、猪肺疫、猪丹毒等常年防疫密度 97%，鸡新城疫常年防疫密度90%，牛羊布病防疫密度达到省控目标。1997年《中华人民共和国动物防疫法》颁布，禹城市全面实施、制定措施，切实落实。

全市19个乡镇推行畜禽防疫技术承包责任制，免疫率不断提高。规模养殖场均采用定期消毒、多联疫苗防疫等措施。每年春秋两次集中进行重大动物防疫工作，建立起市、乡、村三级重大疫病防控网络，每个村配备1名村级动物防疫员，全市758名。防疫费用、物资列支市财政，主要免费供应猪瘟、猪高热病、口蹄疫、高致病性禽流感等疫苗，免费供应各乡镇兽医站。

1986—1999年，发生主要畜禽疫病30余种。2000年以后，畜禽交叉混合感染，人畜共患的疫病增多，疫病呈现复杂化发展趋势。2006年，主要集中防疫牧畜口蹄疫，高致病性禽流感；2007年，增加猪高致病性蓝耳病、猪瘟防疫内容。禹城市坚持“产地检疫、屠宰检疫、市场检疫、执法检查”四到位，加大高速公路市场防疫监督检查站对出入境动物及其产品的防疫监督工作。产地检疫、屠宰检疫、上市动物及产品持证率以及病害肉处理率均达到100%。境内疫情减少到最低，阻断重大疫情入境发生。

第五节　饲草饲料

饲草主要来源于玉米秸、麦糠、麦秸、地瓜蔓、花生秧等农作物的秸穗叶等，另有牧草、野草、野菜、树叶等。可分为粗饲（草）和青饲（草）两类。饲料（精饲料）主要为玉米、豆饼（粕）、棉饼（粕）、花生饼（粕）、糠秕、麦麸等；添加剂原料为食盐、骨粉、石粉、赖氨酸、蛋氨酸等。随着畜牧养殖业发展，饲料加工业迅猛发展。

一、饲草

1986年，禹城饲草产量520吨。1994年，安仁镇王子付肉牛小区等部分养殖场采用玉米秸秆青贮效果好，得到推广。1994年，推广种植冬麦草3000亩。1997年，重新推广秸秆青贮和氨化技术，青贮玉米秸秆11万吨，氨化麦秸3.5万吨。1999年，种植苜蓿、黑麦草、白三叶、饲用玉米等牧草品种。2001年，玉米秸青贮较多，麦秸氨化减少。2003年，青贮饲草再掀高潮，新建大型青贮池23个。至2005年，存栏1000头的瑞鑫源奶牛场建起容量4000立方的青贮池，全市畜牧业秸秆利用率达到65%，秸秆处理率达到41%。规模养肉牛、奶牛户常年青贮玉米秸秆，全部采用青贮饲料喂养。2010年，青贮玉米秸秆28万方，其他作物秸秆、藤蔓18万吨，牧草2万吨。其他饲草为野草、野菜、树叶等。

二、饲料

1986年，禹城市大部分使用单一饲料。少部分鸡、猪饲养专业户开始使用“混合饲料”，即以玉米面为主，按比例配以糠麸、豆饼、鱼粉、贝壳粉及饲料添加剂等粉碎混合。1989年，使用饲料企业按照配方生产的预混料、浓缩料和全价配合饲料。预混料、浓缩料需搭配一定比例的精、粗、青饲料才能饲喂畜禽。全价配合饲料则不需要添加任何饲料直接饲喂。2001年，养殖业发展迅猛快速。禹城养殖户开始使用牛、猪、肉鸡、蛋鸡、鸭等畜禽专用的全价配合饲料较为普遍。

三、饲料工业

1986年，市内有专业饲料企业1家，亦有零星村庄电磨房从事饲料加工，年生产加工饲料不超200吨。2001年，饲料生产企业快速发展，发展到5家。2010年，六和、和美、裕宸等饲料及添加剂企业7家，兽药加工生产企业3家。主要生产牛、猪、肉鸡、蛋鸡、鸭等畜禽的全价料、预混料、浓缩料等十几个品种，年生产量达到100万吨。

四、农作物秸秆利用

（一）青贮。1985年引进秸秆青贮技术并推广应用。1994年，推广大池青贮技术，对重点乡镇、重点村采取打碎、压实、密封“三统一”，实现较大突破。1994年，全市青贮玉米秸秆18万吨，约18万方。1995，年青贮玉米秸秆21.8万吨，折合21.8万方。2006年7月，禹城市继1994年、1996年之后第三次被评为“全国秸秆养畜十佳示范市”。2000年，全市规模肉牛养殖萎缩，奶牛养殖兴起，青贮秸秆由原来的饲喂肉牛转变为饲养肉牛、奶牛和肉羊，推广到全市11个乡镇300多个村（场区），建成大型永久型青贮池85个，秸秆养畜工作成为禹城市畜牧业的特色，数量、技术、质量都走在全国前列，获得国家多次表彰、奖励。2010年，全市青贮玉米秸秆29万吨，折合29万方。

（二）氨化。1987年引进麦秸秆氨化技术，大面积推广，1994年，推广大垛氨化技术，对重点乡镇、重点村采取打垛、加水、注氨、密封“四统一”，当年氨化麦秸8万吨。1995年，把大垛液氨氨化改为大垛尿素氨化，得到迅速推广，全市氨化麦秸10.6万吨。1996年，因黄牛养殖行情下滑，麦秸价格上涨，麦秸氨化逐渐消失。

第六节　技术推广

1986年，建立健全市、乡、村三级兽医防治网络和品种改良体系，达到“四个一”（市有一个服务中心，乡有一支技术队伍，村有一批明白人，户有一本技术手册）的要求。2010年，有11个乡镇畜牧兽医站，拥有中、高级技术人员83名，技术员119名，改良员200人。组织科技下乡、科技入户活动，每年3月、9月作为科技下乡月，组织科技业务人员，通过赶科技大集、散发明白纸等方式，宣传畜牧和水产科技。提高科技入户率和畜禽饲养及水产养殖的科技含金量，科技入户率达到85%以上。养殖户科学养殖水平明显提高，实现依靠科技养殖增加收入。同时，不断完善和推进品种改良和引进工作。1986年，大量引进优良品种，成为农民发展畜牧、水产业，实现经济发展、增加效益良好途径。2010年，肉牛、奶牛、猪、羊、鸡良种覆盖率分别达到98%、100%、98%、70%、98%。

一、畜禽品种改良

（一）大牲畜改良。牛。1986年，以鲁本杂交牛为主，另有本地牛、鲁西黄牛。1991年，引进利木赞、西门塔尔、夏洛来、盖洛威、南德温、皮埃蒙特等冷配杂交黄牛。1995年，冷配杂交黄牛成为主流品种，1999年，禹城全部为冷配改良黄牛品种。仅利木赞杂交品种占90%。还有西门塔尔、夏洛来、盖洛威、南德温、皮埃蒙特等杂交品种。2003年，少量黄牛改良奶牛，2008年，98%以上为黑白花荷兰奶牛。马。以新疆马为主，其次是新蒙杂交马，另有少量苏新杂交马和顿新杂交马。骡。分为马骡、驴骡两种，以驴骡为主。驴骡，以杂交优良品种为父本，以德州黑乌头良种驴为母本杂交所生，役用30年不衰。

（二）小家畜、家禽改良。猪。1986年，以杜洛克猪为终端父本，长白、大白猪为母本与当地猪进行杂交的改良猪大量增加，1990年，改良猪占存养量的65%，1999年，从江苏引进少量太湖品种母猪。2004年，引进斯格配套系品种猪、托佩克配套系品种猪，繁育量快速增加。2010年，以杜洛克、长白、大白猪为父本与当地猪进行杂交的改良猪占优质品种猪的85%以上。羊。1986年，以本地羊和本地绵羊为主；1995年，引进小尾寒羊和波尔山羊，2010年，两种羊占70%以上。鸡。1986年，以本地鸡为主，1990年开始散养京白288。2000年，开始规模养殖，引进优良品种鸡罗斯、罗曼等蛋鸡品种，逐渐又引进海兰、京白等。2010年，蛋鸡主要品种为罗曼和海兰。1989年，引进肉食鸡北京星杂579、引进少量爱拔益加、艾维茵、星布罗等肉食鸡品种。2000年，引进爱拔益加、艾维茵等。2001—2010年，肉食鸡主要品种为“817”杂交鸡、艾维茵、爱拔益加等，“817”杂家鸡饲养占良种鸡90%。

图 10-5-8 市中办姜庄渔业养殖基地引进抗病草鱼（2010年4月摄）

二、畜牧新技术

禹城市素有畜牧养殖传统和习惯。1986年，品种不断改良，新技术不断推广，禹城畜牧业发展较快。1992年，禹城县被列为全国瘦肉型猪基地县，同时，承担农业部的国家农业科技跨越计划“山东优质肉牛生产技术体系试验示范”任务， 2004年9月，获农业部农牧渔业丰收奖一等奖。承担国家“十五”科技攻关项目“肉牛杂种优势利用研究与规模化养殖技术体系产业化示范”任务；承担农业部《德州市秸秆养畜示范区》项目任务，禹城是重点实施县，2005年，禹城市被农业部授予“全国秸秆养畜十佳示范县（市）”荣誉称号。2005年以后，先后在禹城市实施国家人事部的“禹城市肉牛生产配套技术应用”、农业部“禹城市动物防疫体系建设”项目、中国科学院的“黄淮海平原农区高效畜牧业发展模式与技术研究”、山东省科技厅的三〇工程—“肉牛改良体系建设”“波尔山羊杂交改良示范”、山东省财政厅的“禹城市完善肉牛冻精生产体系建设”、山东省科技厅星火计划项目《禹城市奶香猪养殖专业合作社优质猪高效安全生产及技术集成与示范》和《禹城市农村信息一体化平台建设》、参与实施国家科技支撑计划示范课题项目——“鲁西黄牛肉用新品系选育及产业化开发”项目，均取得良好成效。

三、鱼种改良

鱼种改良是渔业发展基础。1986—1995年，主要品种有：鲤鱼、鲫鱼、草鱼、鲢鱼、鳙鱼等。1995年，为调整优化品种结构，提高产量，增加经济效益，引进养殖罗非鱼、淡水白鲳、革胡子鲶、彭泽鲫、异育银鲫、美国大口胭脂 鱼、斑点叉尾鮰、南美白对虾、卡拉白鱼、漠斑牙鲆、甲鱼、乌鳢、河蟹等10余个名优品种，获得成功。增加养殖种类，改善品种结构，为广大养殖户发展特种养殖，开展积极探索和有益尝试。此后，经大面积推广，深受养殖户欢迎，经济效益很好。1986年，水产养殖面积4900亩，2010年，水产养殖面积3万亩；1986年水产产量590吨，2010年，水产产量1.5万吨，养殖面积和产量分别增长5.1倍和24.4倍。

四、渔业新技术

渔业养殖技术改良和推广，是提高产量关键。从开发利用当地渔业资源，推广应用先进技术，促进渔业增产增效，渔农增收，达到渔业快速、持续健康发展。同时，搞好典型示范，扩大规模，促进增收。

（一）推广化肥肥水技术。1986—1990年，借助国家“七五”86课题攻关计划，与中科院南京地理与湖泊研究所，在城北辛店洼进行低湿洼地开发治理实验研究，总结推广“上粮下

图 10-5-9　房寺河蟹养殖协会养殖的南美白对虾（2009 年 10 月）

渔”以渔治洼改碱综合开发利用经验，开发面积 0.5 万亩，推广 1.5 万亩。重点推广化肥肥水配合饲料养鱼技术，改变过去“人放天养”的落后养殖习惯，较大幅度地提高单位面积养殖产量。由原来亩产几十公斤提高到亩产 300 公斤以上，实现“由低产向中产”的跨越，养殖鱼产量在总产量中比重由不到 10% 增到 50% 以上。市场活鱼产品逐年增多。

（二）盐碱地池塘高产养鱼技术。1991—2000 年，与山东省淡水水产研究所、中科院南京地理与湖泊研究所合作，联合开展“盐碱地池塘高产高效养鱼技术研究”，引进名优新品种、高产高效新技术为重点，实现罗非鱼、淡水白鲳、革胡子鲶、建鲤、异育银鲫、彭泽鲫、甲鱼、河蟹等名优新养殖品种，推广渔用配合颗粒饲料、增氧机、大规模鱼种、光合细菌混养、轮养、水质调节、鱼病防治等先进适用养殖技术。丰富养殖品种，改善品种结构，提高养殖技术，增加效益。养殖亩产量快速提高到 800—1000 公斤，养殖面积增至 2 万亩，产量达到 1.2 万吨。

（三）引进试养新品种技术。2001—2005 年，在普及提高广大渔户渔业科技水平和渔民科技素质基础上，发放技术明白纸、举办技术培训班等形式开展技术指导服务，提高养殖产量和效益。2002 年，从东营市引进南美白对虾，在禹西开发区试养取得成功。先后荣获市、县科技进步三等奖，农业部农牧渔业丰收二等奖。山东省内陆盐碱池塘南美白对虾养殖技术现场会在禹城市召开。

（四）标准化生态鱼塘养殖技术。2006—2010 年，重点引进推广黄河鲤鱼、俄罗斯鲤、“雪莲二号”雪藕等淡水养殖优新品种和鱼鸭混养、鱼藕混养、精养高产、微孔增氧等高产高效养殖技术。实施“禹西标准化生态鱼塘养殖工程”及“水生动物疫病防治”“省级渔业科技入户工程”等渔业项目。广大渔农渔业科技意识明

图 10-5-10　房寺镇瓜张村鱼藕混养（2010 年摄）

显增强，养殖池塘条件得到改善。2010年，禹城市荣获中国科协、财政部“全国科普惠农兴村”先进单位，禹城市被列为“省级渔业科技入户工程示范县（市）”。

五、科技成果

（一）畜牧业。1992年，禹城市被列为全国瘦肉型猪基地县。引进法系利木赞纯种牛18头（公牛4头、母牛14头），列为全省利木赞牛繁育基地；1993年，推广秸秆氨化工程，禹城市被农业部授予先进单位；1994年，被山东省畜牧局授予山东省畜牧业强县（市），畜牧局被农业部授予全国农牧渔业丰收奖、15万头肉牛生产配套技术三等奖、被中国科学院评为作物秸秆营养价值及其利用科技进步二等奖；1995年，禹城市被农业部评为全国秸秆养牛十佳示范县（市），并奖励铜牛一座；1996年，禹城市被列为全国肉牛规模化养殖及产业化技术研究与开发项目实施县（市），被山东省畜牧局授予“全省肉牛改良产业化示范县”；1997年，禹城市再次被评为“全国秸秆养牛十佳示范县（市）”；1998年，禹城市被山东省政府授予“全省菜篮子工程建设—畜牧生产先进单位”；1999年，禹城市被列为山东省肉牛、肉羊良种产业化开发示范县，畜牧局被山东省畜牧局、人事局评为畜牧业工作先进单位，承担的秸秆养牛示范推广及产业化开发项目荣获全省畜牧业科技进步二等奖；2000年，禹城市被国家环保局、农业部、科技部、共青团中央四部委评为秸秆禁烧和综合利用先进集体，被山东省畜牧局评为牧业强县（市）；2001—2002年连续两年被评为德州市综合评比先进单位；2003年，禹城市被授予德州市奶源基地建设特等奖；2004—2005年被评为综合考核先进县、奶牛、肉牛、生猪基地建设先进县（市）；2008年，禹城市被授予“德州市京津济地区主要畜产品生产基地建设工作先进县（市、区）”荣誉称号；2009年，被德州市人民政府授予“全市建设京津济地区主要畜产品生产基地先进县（市、区）”荣誉称号。

1986—2010年禹城县（市）畜牧养殖技术研究与推广项目一览表

表10-5-3

序号	项目名称	参加人员姓名	研究推广时间	获奖时间	获奖等级
1	禹城市农业自然资源调查和区划	尉廷广、王立威、王祥田、官学礼	1981—1982	1988	德州地区农业区划委员会优秀成果一等奖
2	禹城市盐碱地综合发展配套技术的研究	官学礼	1990—1991	1991	德州地区科学技术进步奖三等奖
3	平原农区草食家畜综合开发试验	孙德收	1990—1991	1991	德州地区科学技术进步奖二等奖
4	禹城市15万头肉牛生产配套技术	孙德收、苏世坤、尉廷广、李纯福、陈登武、王立威等	1991—1993	1994	农业部农牧渔业丰收奖三等奖
5	禹城市秸秆养牛示范县项目	孙德收、苏世坤、周汝林、尉廷广、王立威	1994—1996	1994、1996	全国秸秆养牛十佳示范县
6	中国作物秸秆营养价值及其利用	孙德收	—	1994	中科院科技进步二等奖
7	农区高效节粮型畜牧业生产模式研究	孙德收	1995—1996	1997	中科院科技进步三等奖

续表 10-5-3

序号	项目名称	参加人员姓名	研究推广时间	获奖时间	获奖等级
8	禹城市秸秆养牛示范推广及产业化开发	孙德收、苏世坤、周汝林、王立威、魏晓静	1996—1998	1999	山东省畜牧局畜牧业科技进步二等奖
9	山东省利用冬闲地种草养羊综合配套技术	王立威、魏晓静	1998—1999	1999	农业部农牧渔业丰收奖二等奖
10	论文《猪水肿病的诊治》	刘玉玲	1998—2000	2001	山东省中兽医协会优秀论文
11	山东省肉牛规模化养殖及产业化技术研究与开发	孙德收、苏世坤、周汝林、王立威、魏晓静	1996—2000	2002	山东省科技进步二等奖
12	山东优质肉牛生产技术体系试验示范项目	袁西训、周汝林、魏晓静、王立威、刘玉玲	2001—2003	2004	农业部农牧渔业丰收奖一等奖
13	国家级秸秆养畜示范县项目	袁西训、周汝林、魏晓静、王立威、刘玉玲	2002—2004	2006	全国秸秆养畜十佳示范县
14	论文《肉鸡肾型传染性支气管炎的诊疗》	刘玉玲	2006—2008	2009	德州市第十届自然科学优秀学术成果二等奖
15	论文《中草药治疗鸽新城疫》	刘玉玲	2006—2008	2009	德州市第十届自然科学优秀学术成果一等奖
16	论文《粮、经、饲三元种植结构试验研究》	魏晓静	2007—2008	2009	山东畜牧兽医学会优秀论文奖二等奖
17	论文《5 种添加剂青贮玉米秸饲喂肥育架子牛的效果》	魏晓静	2006—2007	2007	德州市第九届自然科学优秀学术成果三等奖
18	论文《禹城市秸秆养畜发展成效与措施》	魏晓静	2003—2005	2009	德州市第十届自然科学优秀学术成果一等奖
19	论文《强烈噪声对产蛋鸡的影响》	魏晓静	2007	2009	德州市第十届自然科学优秀学术成果二等奖
20	论文《赤霉菌素对猪的危害及诊治》	魏晓静	2007	2009	德州市第十届自然科学优秀学术成果二等奖
21	论文《奶牛乳房炎的治疗》	陈燕	2009	2009	德州市第十届自然科学优秀学术成果三等奖
22	论文《母猪产前产后厌食症的诊疗》	陈燕	2009	2009	德州市第十届自然科学优秀学术成果三等奖
23	论文《猪霉玉米中毒的诊断与防治》	聂立秀	2009	2009	德州市第十届自然科学优秀学术成果三等奖
24	论文《中草药治疗母猪不孕》	邱爱军	2009	2009	德州市第十届自然科学优秀学术成果三等奖
25	论文《规模化猪场的消毒与隔离》	杜全新	2009	2009	德州市第十届自然科学优秀学术成果三等奖
26	重大动物疫病免疫效果监测技术推广项目	刘玉玲	2009—2010	2010	山东省农业厅农牧渔业丰收奖二等奖

（二）水产业。1986—1990 年，禹城县与中科院南京地理与湖泊研究所，在辛店洼进行低湿洼地开发治理实验研究，总结推广“上粮下渔”以渔治洼改建综合开发利用经验，重点

推广化肥肥水配合饲料养鱼技术，由亩产10公斤提高到亩产300公斤以上；1991—2000年，与山东省水产研究所、中科院南京地理与湖泊研究所合作，联合开展“盐碱地池塘高产高效养鱼技术的研究”并引进罗非鱼、淡水白鲳等名优新品种，亩产量提高到800—1000公斤；2001—2005年，引进新品种，在禹西开发区进行试养南美白对虾成功，荣获市县科技进步三等奖。2006—2010年，重点引进黄河鲤鱼等名优新品种，开展鱼鸭混养、鱼藕混养等高产高效养殖技术。2010年，荣获中国科协、财政部“全国科普惠农兴村”先进单位、“山东省渔业科技入户工程示范县”荣誉称号。

1986—2010年禹城县（市）水产业技术研究与推广项目一览表

表10-5-4

序号	项目名称	参加人员姓名	研究推广时间	获奖时间	获奖等级
1	以渔改碱	冯希璞、张志刚、刘成法	1986—1996	1996	全国农牧渔业丰收奖二等奖
2	化肥肥水养鱼技术	孙云凯、初兆万、冯希璞、刘树文、张志刚	1981—1985	—	—
3	盐碱地池塘高产、高效养鱼技术	冯希璞、刘树文、张志刚、刘成法、耿红军	1996—2000	2001	德州市科技进步三等奖、禹城市科技进步二等奖
4	大规格鱼种放养技术	孙云凯、冯希璞、刘树文、刘成法、张志刚	1985—1990	—	—
5	配合颗粒饲料养鱼技术	孙云凯、冯希璞、刘树文、刘成法、张志刚	1986—1990	—	—
6	鱼塘微孔增氧技术	周汝林、冯希璞、耿红军、尹国存	2010—2011	—	—
7	草鱼池塘养成技术	周汝林、冯希璞、耿红军、高蕾、尹国存	2006—2011	—	—
8	鲤鱼池塘养成技术	周汝林、冯希璞、耿红军、高蕾、尹国存	2006—2011	—	—
9	鱼藕混养技术	周汝林、冯希璞、耿红军、高蕾、尹国存	2006—2011	—	—
10	鲫鱼池塘养成技术	周汝林、冯希璞、耿红军、高蕾、尹国存	2006—2011	—	—

第七节　养殖业管理

随着畜牧、水产养殖业不断发展，禹城逐步加强饲料、兽药、畜禽、渔政、动物检疫等方面管理，养殖业逐步走上持续快速稳定发展的健康轨道。

一、饲料管理

1992年，成立“禹城县饲料工业办公室”，将饲料行业纳入规范化管理轨道，并挂靠畜牧水产局。1999年，对六和、和美、裕宸等饲料及添加剂企业进行审核发证工作。2000年，建立兽药饲料监督所，监督管理全市兽药饲料。2001—2005年，对六和、裕宸、和美等饲料及添加剂企业7家办理饲料及添加剂经营许可证，严格按照《饲料和饲料添加剂管理条例》的规定，规范经营行为，并加大对养殖户使用兽药、饲料及饲料添加剂的抽检力度，严

图 10-5-11　技术人员讲解添加剂使用　(2006 年摄)

和上级主管部门要求，组织开展兽药执行检查活动。2010 年，全市 21 家兽药经营门市部，全部办理兽药经营许可证，纳入规范化管理。

厉查处使用“瘦肉精”等违禁药品和超范围、超剂量使用兽药及饲料药物添加剂的行为。同时，按着农业部规定，对动物源性饲料实行“安全卫生合格证管理”，组织开展防范“疯牛病”的监测工作，重点监测查处在反刍动物饲料中添加牛羊源性成分的行为，防范“疯牛病”的发生和传播。结合为饲料生产企业换证(发证)工作，加强企业技术负责人和质检人员培训，提高饲料生产企业技术人员专业技术水平，完善饲料检测体系。

二、兽药管理

1986 年，禹城县畜牧兽医站实施兽药管理。2000 年，禹城市建立市直动物检疫检验一所、二所，安仁、伦镇、莒镇、十里望、梁家、辛店、张庄、房寺、袁营等 11 个乡镇建立动物检疫检验分所，执法人员 45 人。主要职责是根据国家《兽药管理条例》等法律法规，依法管理全市范围内的兽药生产经营企业，并给兽药经营企业办理兽药经营许可证，按照年度计划

三、种畜禽管理

1986 年，成立种畜禽管理机构，由禹城县家畜改良站依法行使管理权，负责禹城县所有饲养种畜禽场（户）“种畜禽生产许可证”的审批发放工作，同时开展种畜执法检查。对不符合规章制度或未办证的场（户）一律不准销售种畜禽，违者按法律法规条款进行处罚或取缔。

四、渔政管理

1986 年，农业局水产站开展渔政管理工作。1994 年，水产局设立渔业行政监督管理站。2000 年，年均查处电鱼违法案件 40 多起。同时，依法开展审批水产苗种许可证、水域滩涂养殖许可证，经营利用水生野生市场许可证、捕捞许可证等 20 余件。2010 年，查处“电、毒、炸”鱼三害 10 起。依法审批“四证”50 余件。提高渔业资源安全水平，增加渔业经济效益。

图 10-5-12　兽药经营　(2006 年摄)

图 10-5-13 检疫管理 （2006 年摄）

五、动物检疫管理

1986 年，检疫工作由禹城县畜牧兽医站和乡镇畜牧兽医站兼职检疫员工作。依法进行畜禽及畜产品的监督、检疫工作。1995 年 8 月，全市 19 个乡镇实行生猪定点屠宰，统一检疫。2000 年，成立动物检疫一所、二所，11 个乡镇成立检疫分所。主要对全市辖区内所有动物及畜产品进行屠宰检疫、产地检疫、运输检疫、动物防疫监督，达到要求的饲养场或畜产品发放动物检疫合格证，依法查处违反动物防疫法律、法规、规章行为，监督全市的疫苗等。保证全市人民吃上“放心肉”，促进全市畜禽养殖业的健康发展。

附：养殖业典型

王子付奶牛养殖

禹城市安仁镇王子付村有 75 户，276 口人，806 亩耕地，是山东省畜牧强村、新农村建设示范村，建有德州市最大奶源基地。全国三八红旗手、村支部书记冯玉珍是王子付奶牛养殖专业合作社的社长，该合作社成立于 2008 年 2 月，于 2009 年 2 月在工商部门注册。2010 年，社员 55 户，其中外村 21 户，注册资金 35 万元，小区占地 130 亩。奶牛存栏 1800 头，其中，村支部书记冯玉珍个人饲养 50 多头。社员户均纯收入达到 5 万元。2008 年 12 月，山东省发展合作社促进奶业整顿和振兴工作现场会议把该合作社作为参观现场，2009—2010 年连续被列为山东省现代奶业项目实施单位。

一、顺时应势，推动奶源基地发展

王子付奶牛小区 1998 年开始发展，随着规模的扩大，发展过程中的问题逐渐显现出来，奶牛养殖户缺技术、缺资金，奶质无法提高，奶价没有保证，经济效益较低。2008 年，按照禹城市委、市政府“大力兴办农村合作经济组织”精神，在市畜牧局和镇党委政府的指导帮助下，安仁镇王子付奶牛养殖合作社成立。该合作社本着“入社自愿、退社自由、民主管理、按交易额分配”的原则运作，以服务和方便广大社员为目的，为社员办实事、办好事，解决一家一户的难题和随时出现的问题。通过合作社的运作，提高奶牛养殖效益，保护社员的经济利益，逐步将合作社办成集鲜奶销售、良种推广、技术培训、示范引导、疫病防治为一体的企业性实体组织。合作社的成立，在企业与农户、农户与市场之间架起一道桥梁，增收作用十分明显。

二、应对危机，促进奶业的健康发展

2008 年 9 月，“三鹿”事件冲击全国奶业，奶业发展面临危机，对刚刚成立的王子付奶牛养殖专业合作社是一场严峻的考验。社长冯玉珍带领合作社一班人，立即召开全体社员参加的会议，认真分析形势，研究应对措施，与畜牧兽医局等相关部门密切配合，重点做好奶源基地安全和销售渠道畅通两项工作，完善各项管理制度，保障奶业的健康发展。2009 年，

图 10-5-14 自动化挤奶 （2010 年摄）

合作社实施五期扩建，新建高标准牛舍 4 栋，增加奶牛存栏 500 头。

合作社与光明乳业集团龙头企业密切合作，按照“公司 + 合作社 + 农户”的模式，为社员生产经营活动提供技术、物资、供销、信息等服务，实行“五统一分”的运作机制，即统一饲料配方、统一疫病防治、统一青贮饲草、统一技术指导、统一鲜奶销售，分户饲养管理，极大地调动社员养殖奶牛的积极性，促进王子付村奶牛业的健康发展。

（一）统一饲料配方。社员所需的奶牛饲料是由光明公司提供的奶牛专用预混料，按照配方要求，配制成全价料即可饲喂奶牛，社员只需提供使用预混料计划，合作社统一预订，光明乳业公司每月送货上门，料款从奶款中扣出。科学的配方、优质的饲料，使奶牛的料奶比大大降低，料奶比在 1:2.5，提高经济效益。

（二）统一疫病防治。合作社投资 5 万元建立高标准的畜牧兽医站和冷配点，负责小区内的疫病防治、技术指导和品种改良工作，技术人员 9 人，其中中级技术职称以上的 5 人。兽医站实行昼夜 24 小时值班，随叫随到，极大地方便社员。为社员诊治病牛 3000 头次，救助危重病牛 200 个，减少经济损失 200 万元，没有发生一起死牛和疫病流行事件。积极引进国内外良种奶牛冻精颗粒，改良入社奶牛，实施人工授精技术，提高准胎率，改良率达到 95%。负责小区的奶牛防疫工作，每年，防疫社员存栏的所有奶牛，挂标、建立档案、免疫猪舍，小区内应防免疫率每年都是 100%。统一疫病防治，保障奶牛小区的健康发展。

（三）统一青贮饲草。合作社建有大型青贮池 12 个、中小型青贮池 23 个，年贮草量达到 5 万方。每年秋季合作社统一组织劳力、统一青贮时间、统一技术指导，适时抓好青贮，保证奶牛一年四季有充足的青绿饲草。

（四）统一技术指导。合作社与专家教授建立长期合作关系，每月聘请专家进行集中技术培训，多次邀请上海光明乳业公司、山农大等专家教授定期给社员上课，每年办训班 40 次，培训人员 2000 人次。定期发放《奶牛养殖技术简报》，宣传疫病防治知识、饲养管理经验、传播市场信息。向社员发放《奶牛养殖技术简报》和明白纸等资料 5000 份。

（五）统一鲜奶销售。合作社投资 160 多万元建立 2 处高标准挤奶大厅，挤奶厅分早、晚两次挤奶，并备有运输车辆及冷藏奶罐。挤奶厅以服务为主，保本微利运作，每斤鲜奶提取 0.10 元手续费，主要用于运输车油耗、雇用人员工资、电费、购买消毒液、鲜奶化验等费用。售奶款每月 2 日光明乳业返还奶款后由合作社财务人员及时支付，除去料款和化验费用外一律现金支付，最大限度地保障社员的利益。

三、建章立制，规范合作社自身建设

奶牛养殖合作社制定《奶牛养殖合作社章程》，明确规定合作社的宗旨、社员的权利和义务、组织机构的设置及其职责，作为共同遵守的准则。民主选出合作社长、理事会、监事会等管理人员，合作社管理人员10人，其中社长1人、理事会5人、监事会3人，会计1人。下设办公室、物资部、技术部、销售部、财务部。合作社每月召开一次社员代表会，每半年召开一次全体社员会议。建立监督机制，发挥监督作用，采取社务公开、财务公开等方式，账目每半年公开一次。社员们提出的好建议、好意见经合作社常务会议研究后予以采纳或答复。涉及社员切身利益的奶价、奶质高低等事宜，由社员代表商议后决定，召开会议通知社员。

四、规范运作，合作社作用显著

一是降低奶牛养殖成本。社员在享受奶牛集中收购、生产资料集中供应、技术信息、疾病防疫防治等一系列服务过程中，降低各自分散经营的成本，节省大量的人力物力财力，实现规模经营，提高市场竞争能力。据测算，每头入社奶牛可降低养殖成本200元左右。二是提高奶牛养殖质量。由于合作社服务到位，奶牛养殖质量进一步提高。2010年，入社奶牛存活率达到100%。入社奶牛所产犊牛优质率达到100%。由于指导及时，饲料配比科学，管理到位，牛奶合格率达到100%。三是维护养殖户利益。养殖户在与加工企业的交易中，因为利益关系，容易发生纠纷。合作社积极协调，有效地维护社员利益。四是加快奶牛基地建设步伐。在为入社奶牛提供优质服务的同时，也为社外奶牛提供系列服务，规范奶牛养殖市场，保护养殖户利益，带动周边村庄及乡镇奶牛业的发展。安仁镇奶牛养殖专业村达到5个，全镇奶牛存栏量达到2000多头。五是缓解政府和龙头企业的压力。过去，奶牛养殖业的发展主要靠政府发动和龙头企业带动，牵涉政府和龙头企业的人力、物力和财力。奶牛生产合作社成立后，奶牛购进、养殖、销售等过程中的各项服务转由合作社承担，减轻政府和龙头企业负担，走出农业产业化发展过程中由合作社带动基地发展的新路子，实现农民在市场经济条件下的自发组织、自我服务、规范发展。

第六章　农业机械

第一节　机械机具

1986年，农民购置与使用农机的积极性大大提高。禹城市农机总值达到3589.2万元，农机装备总动力达到18.88万千瓦，拖拉机以泰山-12型拖拉机为主；1988年，农机具类向大型化发展，大中型拖拉机数量不断增加，其中，上海50型拖拉机成为当时农业机械的主要机型；1995年，

图10-6-1　农业机械收割小麦（2010年摄）

农机总值达到7023万元，农机装备总动力达到29.62万千瓦。2000年，农业机械开始由“量”的增加转为“质”的提高，大动力、低能耗、一机多能、专机专用的机型得到发展，以对外作业服务为主的农机专业户、农机大户逐年增多。

2005年，农机购置国家补贴政策实施，联合收割机得到迅猛发展。2007年，玉米联合收割机数量达到343台，其中背负式联合收割机以巨明4YW-2、国丰4YW-2为主，自走式联合收割机以春雨4YZ-3为代表性机具。2010年，农机总值达到82237万元，农机总动力达到121.64万千瓦，比1986年分别增长23倍、6.7倍。禹城市农机化水平达到85%。

1986—2010年禹城县（市）农机装备动力机械统计表

表10-6-1

年	合计（千瓦）	农机原值（万元）	农产品加工机械			拖拉机			
			柴油机（千瓦）	汽油机（千瓦）	电动机（千瓦）	大中型		小型	
						台	千瓦	台	千瓦
1986	188860	3589.20	118435	26	26548	996	27051	1105	9722
1987	221638	3715.97	145759	102	29389	977	26631	1391	12225
1988	245685	4337	167735	300	29440	988	25457	1648	14403
1989	250561	4456.61	210459	450	30548	995	25163	2054	18095
1990	270344	5259.97	218203	505	30689	774	21473	1999	17635
1991	280007	6671.96	221100	686	31254	749	20900	3266	28800
1992	281929	6753.18	290954	756	32165	639	17702	2540	31419
1993	286401	6811	321904	890	32568	664	18545	3581	31802
1994	295777	6995	185240	911	32867	668	18494	3628	32236
1995	296180	7023	191087	1191	33112	715	20373	3808	33764
1996	321080	9003	193651	1421	33254	726	21623	4563	46539
1997	345601	10031	195120	1565	33741	741	22004	5545	5564
1998	359689	10166.55	196695	1675	33810	769	22810	6691	63281
1999	376779	11807	198194	1921	33991	736	21411	5569	50382
2000	380644	11481	193104	2503	34520	788	22310	6328	59765
2001	524325.50	28429.30	208951	2712	34862	1178	48007	12178	100544
2002	541518	29440	208951	2956	35124	1233	50941	12378	125214

续表 10-6-1

年	合计（千瓦）	农机原值（万元）	农产品加工机械			拖拉机			
			柴油机（千瓦）	汽油机（千瓦）	电动机（千瓦）	大中型		小型	
						台	千瓦	台	千瓦
2003	611654	32840	208951	2912	35790	1238	52079	12910	138438
2004	683190	41530	602839	3050	45210	2051	62780	12910	138438
2005	750231	49954	751832	3532	57630	3256	75496	12990	139318
2006	812356	59541	805225	3856	68914	4625	87043	12990	139318
2007	885741	69852	905372	4021	72154	5818	185231	14520	156432
2008	915731	73743	976434	4223	75074	6905	220913	16545	165450
2009	1150639	79337	1060613	5135	84891	7315	245850	17304	172187
2010	1216499	82237	1117923	5326	93250	7418	252669	17304	172187

1986—2010 年禹城县（市）拖拉机配套作业机械统计表

表 10-6-2　　单位：台（套）

年	犁	耙	旋耕机	播种机	收割（割晒）机	机动喷雾（粉）机	机动铺膜机	秸秆还田机	化肥深施机
1986	2093	211	1	181	148	129	2	1	2
1987	2355	247	1	175	338	303	2	1	2
1988	2477	262	2	234	483	422	2	1	5
1989	2757	333	2	279	647	519	2	2	7
1990	2550	330	2	328	969	1505	15	2	9
1991	3585	321	60	325	1262	1621	25	2	11
1992	3422	287	98	340	1242	1782	26	2	18
1993	3538	276	95	399	1344	1865	30	2	20
1994	3562	335	137	437	1281	1921	35	2	25
1995	3757	350	150	500	1498	2012	39	2	29
1996	4082	359	254	624	1890	2158	42	3	35
1997	4432	360	300	753	1987	2265	48	4	41
1998	4723	363	356	853	2033	2398	54	5	50
1999	5261	326	441	1142	2422	2432	89	5	62

续表 10-6-2

年	犁	耙	旋耕机	播种机	收割（割晒）机	机动喷雾（粉）机	机动铺膜机	秸秆还田机	化肥深施机
2000	6003	397	447	1222	2373	2989	90	7	79
2001	9776	424	537	2168	4516	2597	112	9	86
2002	9776	424	553	2168	4284	2597	121	9	98
2003	10001	424	2060	2173	4374	2597	135	9	110
2004	10116	446	2355	1938	5216	2597	147	75	187
2005	10138	446	2355	1940	5421	2597	186	89	256
2006	10138	446	2385	1940	5510	2597	199	110	369
2007	10138	446	2956	4521	5689	2655	229	121	486
2008	10138	446	3405	5100	5987	2747	268	160	550
2009	10138	446	3405	5100	6238	3312	297	310	612
2010	8318	446	3720	16429	6982	3435	347	933	698

1986—2010 年禹城县（市）农机作业统计表

表 10-6-3

年	机耕（万亩）	机播（万亩）	机灌（万亩）	机收面积（万亩）	机脱（万吨）	精播（万亩）	秸秆还田（万亩）	机械植保（万亩）	机械铺膜（万亩）	农副产品加工（万吨）
1986	42.10	9.35	57.64	10.48	5.98	0.10	0.10	9.11	0.10	10.30
1987	68.56	18.85	58.13	18.55	8.50	0.22	1.20	10.09	0.10	10.60
1988	60.51	25.81	57.95	31.69	4.90	3.47	1.50	12.65	0.11	10.60
1989	80.12	29.95	59.32	32.56	12.48	0.29	2.60	10.83	0.11	15.30
1990	76.60	35.69	59.62	34.12	22.50	3.64	3.10	14.91	0.06	15.80
1991	74.63	40.78	63.22	35.21	28.62	4.50	3.80	89.22	7.32	20.70
1992	73.99	39.49	64.12	35.40	32.59	5.32	4.20	80.91	2.63	25.30
1993	74.10	47.20	62	37.30	40.90	5.64	4.70	61.38	2.15	28.10
1994	88.5	42.90	75.30	34.30	35.72	6.21	5.20	61.7	0.95	30.80
1995	95.86	36.58	80.10	37	31.11	8.60	5.90	54.60	1.15	33.30
1996	86.30	37.30	62.30	36	35.54	9.12	6.20	44.23	1.65	36.60
1997	85.36	40.21	66.80	40.32	36.21	9.86	6.50	30.21	1.53	38.20

续表 10-6-3

年	机耕（万亩）	机播（万亩）	机灌（万亩）	机收面积（万亩）	机脱（万吨）	精播（万亩）	秸秆还田（万亩）	机械植保（万亩）	机械铺膜（万亩）	农副产品加工（万吨）
1998	73.16	44.10	58.90	48.15	38.77	12.30	7	13.90	1.84	40
1999	73.25	50.20	56.10	46.65	40.97	12.88	7.10	45.65	0.70	41.40
2000	78.35	50.49	54.30	45.86	40.60	14.50	7.50	29.85	0.70	42
2001	62.60	48.6	31.70	45.70	38	17.90	8.10	27.20	1.80	43.10
2002	60.50	30.56	43.70	30.80	38	17.90	9.20	27.20	1.80	43.10
2003	62.60	48.60	31.70	41.50	38	18	10.50	27.20	1.80	43.10
2004	73	49.60	56	41.60	40	18.50	13.90	27.20	1.80	52.10
2005	77.30	50.24	56	46.60	40	18.50	26.50	27.20	1.80	52.20
2006	77.30	50.24	56	69.50	40	18.50	44.40	27.20	1.80	52.40
2007	78.21	60.50	60	64.52	40	30.21	51.30	25.60	9.20	33.50
2008	76.12	110.60	63.25	63.96	25.40	80.07	61.77	26.70	10.10	34.60
2009	111.81	171.86	74.30	104.90	34.30	133.94	109.50	44.50	23.54	34.60
2010	86.2	163.36	81.73	121.61	37.31	141.36	111.88	48.95	20.70	42.76

第二节 管理服务

1986—1988 年，乡镇农机管理服务站均有单独的办公场所，能够较好地行使基层农机管理的服务职能。1999 年，实行乡镇农机站工作人员纳入乡镇政府财政。农机管理与服务由农机局统一调度、指挥、实施。

一、供应农机

1986 年，农业机械的供应由禹城县农机公司独家专营。1996 年，农机销售市场逐步放开，农机经营业户逐渐增多。2010 年，整机销售业户 27 家，其中注册资金 500 万元以上的 8 家；配件销售业户 200 家，其中配件批发部 30 家。农机销售总额 6233.8 万元。

二、牌照发放

1986 年，拖拉机号牌、行车证和驾驶证分为农田作业和交通运输两种。农田牌为 30 厘米 ×11 厘米铁质牌，1988 年，改为 30 厘米 ×11 厘米铝制牌。2003 年，开始用 30 厘米 ×16.5 厘米铝制牌。交通牌为 30 厘米 ×16.5 厘米铝制牌。联合收割机按农田作业办理牌证手续，农用运输车按交通运输办理牌证手续。从事经营性运输作业的拖拉机、农用运输车也可到公安交警部门按交通车辆办理牌证手续。2005 年，取消拖拉机牌证的农田、运输之分，农用拖拉机专用牌和联合收割机专用牌及其相应证件，两牌均为 30 厘米 ×16.5 厘米铝质材料。其相关手续在农机监理站办理，农运车划为公安车管部门管理。2010 年，累计注册登记挂牌拖拉机 41932 台，联合收割机 728 台，挂牌率 82%，持有驾驶证人员 6727 人。

三、安全性能检测检验及事故处理

1986 年，安全性能检测检验未形成完整的规定制度。1999 年，此项工作由农机局监理站完成。每年检验检测一次，未经检验和

图 10-6-2　农机检查　（2010 年摄）

检验不合格的农用机械不得投入使用。为方便群众，将拖拉机、联合收割机的年检年审、牌照办理送到农民家门口。2010 年，检测拖拉机、联合收割机 42665 台，检测率达到 92%。

事故处理是农机安全监理工作的主要内容。负有调查、取证和调解的职责。

四、维修农机

1986 年，农机归集体所有，实行定点维修。禹城县拖拉机修配厂为农机维修最专业的权威单位。1988 年，私营个体农机修配行业逐年增多，当时推行农机保修制度。1991 年，不再实行保修制度。1998 年，农机维修实行分类分级管理。即根据维修项目分为综合维修和专项维修两类，综合维修又根据其技术设备条件分为三级。每个等级都用相应的可承揽业务标准进行核定，颁发相应类别和等级的农业部统一印制的《农业机械维修技术合格证》。2010 年，农机综合维修点 180 家，其中可进行大修业务的一级点 15 家、中修业务的二级点 59 家，小修业务的三级点 92 家；电器焊、轮胎修补、油泵校调等专项维修点近 240 家。

第三节　安全监理

1986 年，禹城县农业机械服务公司，下设安全监管站，负责农业机械的安全监理工作。1989 年，禹城县农业机械服务公司，改为禹城县农业机械管理局，下设安全监理站。2003 年，筹建农机管理服务大厅，实行一个窗口服务，一站式管理，办事程序、缴费项目、数额标准、批准文号，执法人员姓名、职务、编号、照片及监督电话一律张榜公布，方便群众，增强收费透明度。2008 年，农机监理站更换 4 辆监理业务车，配备 2 台办公电脑，农机监理工作环境得到提升。

集中对车无牌、人无证、漏审、违章等

图 10-6-3　农机维修点　（2010 年摄）

图 10-6-4　农机入户登记　(2010 年摄)

和推广实用性的农机技术，促进农业生产机械化水平逐步由“单一式”向“综合式”多样型发展，农业生产手段的浇、耕、播、收、脱、轧全部实现机械化作业。2010 年，农业生产综合机械化水平达 85%，90% 小麦面积实现自动化收获，60% 玉米面积实施联合收获，40% 以上的耕地面积推广小麦玉米免耕保护耕作新技术，促进粮棉产量的稳定增长。

一、引进新型农机具

1986 年，为提高棉花的产量，引进轻纺 -18 型迷雾机，试验成功后全面推广，提高对棉虫病害的防治效率。2005 年，借助农机购置国家补贴政策的实施，利用发放宣传单、召开演示会等形式大力宣传农机补贴政策和新型农机具。至 2010 年，推广补贴拖拉机 357 台、玉米联合收获机 384 台、免耕播种机 168 台、秸秆还田机 249 台。

二、推广保护性耕作

经过反复试验和比较选用在当地易推广的带状施耕免耕播种机进行小麦免耕播种，将传统的耕—播—耙—轧实等多道耕作程序一次完成，从而节省农机燃油、机械和劳动力的投入。2006 年，保护性耕作综合试验和推广，成功推广 400 亩。2008 年，在境内伦镇牌子村、唐王村和毛庆村推广 1400 亩。2009 年，冬小麦免耕播种面积 4 万亩，秸秆还田 109.5 万亩。2010 年，冬小麦免耕播种面积 8 万亩，秸秆还田 111.88 万亩。

行为，组织开展综合治理活动，“三夏”“三秋”作业高峰期，严格安全管理，把火灾及人身伤亡事故消除在萌芽状态。年均纠正违章达 2560 余起。2010 年，确定 3 个乡镇、6 个村，62 个农机户为“平安农机”示范创建点，建设农机安全生产的长效机制，促进“平安农机”创建工作不断向纵深发展。2010 年，拖拉机、联合收割机新挂牌 478 副；拖拉机、联合收割机驾驶员新办证 540 人，持证率 91.4%；拖拉机、联合收割机年检率分别达到 46.44% 和 41.29%。1986—2010 年，无重特大农机事故发生。

第四节　技术推广

1986 年，组建县级农机科技推广站和乡镇农机技术推广分站，在 786 个村配备农机科技推广员，形成上下联动的农机科技推广服务体系，推进农机科研新技术。开展玉米串播、小麦套播、棉花机械穴播、铺膜、农作物机械植保、深耕、化肥深施、大型小麦联合收获机、玉米联合收获机、秸秆还田、饲料青贮为主体的技术推广。坚持农机、农技结合，研究开发

第五节　修配经营

1986 年，农业机械大部分归集体所有，

图 10-6-5　农机人员讲解农机知识　（2010 年摄）

修配养护主要依靠禹城县农机公司。随着市场经济的发展，个体维修、配件门市部不断发展壮大。1995 年，农机修配形成以农机公司、乡镇农机维修网点、农机维修专业户三位一体的农机维修服务网络。2010 年，实现农业机械大修不出市、中修不出乡、小修不出村，解决边远乡镇村农机维修问题。

一、农机公司

农机公司成立于 1978 年 12 月。公司下设 8 个门市部和 19 个服务网点，公司内设农用四轮科、农用三轮科、农机配件科、拖拉机科、收获机科、植保机械科、排灌机具科和内燃机科。商品销售辐射禹城、齐河、高唐、临邑、济南等 8 个地区。1995 年，销售额达 300 万元，形成以农机公司为龙头，乡镇驻地门市部为主体的集供应、维修、服务为一体的农机供应网络。2000 年改名为福田农机有限公司，体制改为私营股份有限责任公司。2004 年 10 月，经人民法院裁定进入破产程序。2005 年 6 月，人民法院裁定，驳回破产申请，终止破产程序。企业靠租金，解决职工养老、医疗保险及药费补助、遗属补助、内退人员工资。2007 年 12 月，人民法院重新裁定进入破产程序。

二、拖修厂（曲轴厂）

拖修厂建于 1972 年。隶属农业机械局。1987 年 9 月兼并原国营拖拉机站，主要生产 1-4 缸曲轴，产品销售市场主要分布在广东、湖南、河北、山东、新疆等省市。以市场销售定产量，年产值 1000 万元。1995 年，升为市属国营小型一类企业。2004 年 11 月，因资不抵债，人民法院裁定宣布破产。

三、市场经营与修配

（一）市场经营。1986 年，农机公司独家专营。1996 年，市场放开，经营户增多。2010 年底，整机销售业户 27 家，其中注册 500 万元以上的 8 家，配件销售业务的 200 家。随着经济体制的改革和市场的竞争和繁荣，农机修配和经营业务，逐渐扩大，一批业户，进入国际商贸港进行农机专营。

（二）市场修配。1988 年，私营个体农机修配行业繁荣起来。1998 年，农机修配实行分类分级管理，根据技术设备条件分一、二、三级；每个等级都有相应的可承揽业务范围，依据行业有关技术标准进行核定，颁发相应类别和等级的农业部印制的合格证。2010 年，有能力进行大修业务的 15 家，中修的 59 家，小修的 92 家，基本承担境内农机的修配任务。

第七章 农业综合开发

1966 年，在禹城县城西南，建立禹城井灌井排旱涝碱综合治理实验区，取得理想效果。1986 年，在中国科学院、农业科学院的支持帮助下，就形成“一片（南北庄实验区综合改碱）三洼（张庄北丘洼、张集沙河洼、辛店洼）”沙、碱、涝三种不同类型的荒洼地的治理开发格局。经过两年多的治理开发，取得举世瞩目的显著成就，引起国内外广泛关注。昔日“旱年赤地一片，涝年遍地行船，田间难见一棵树，到处取土熬硝盐”的景象，不复存在。1988 年 6 月 16—18 日国务院总理李鹏率领国家 9 个部委的主要负责人专程到禹城视察农业开发，给予很高的评价，并作重要指示，亲笔题词“开发禹城”。《人民日报》《科技日报》《北京日报》等以及中央电视台、山东省电视台等 20 多家新闻单位接连发表有关禹城农业开发的新闻报道 80 多篇，相继 5 个国家的 20 多名专家和国内 20 多个省（市）自治区的上千名科研单位和省、地、县的干部到禹城交流农业开发的情况和经验。

禹城县根据本地农业发展的现状，按照国家制定的农业发展战略，总结经验和教训，确立以改造中低产田，开垦宜农基地为主攻方向，以改善生产条件，强化科技兴农，增强农业发展后劲为重点，以增强粮、棉、油产量，提高经济效益为目的，进而促进农、林、牧、副、渔全面发展的指导思想，制定 1988—1990 年“开发一大片，治理两个区，改造三大洼”、1991—1993 年改造中低产田、1994—1995 年中低产田改造和禹北特种水产试养等分期开发的规划。此后，又加强生态农业示范园的建设、引用外资及世界银行贷款的运用以及重点项目的实施，均取得显著成效。

第一节 沙、碱、涝治理

一、南北庄实验区综合改碱

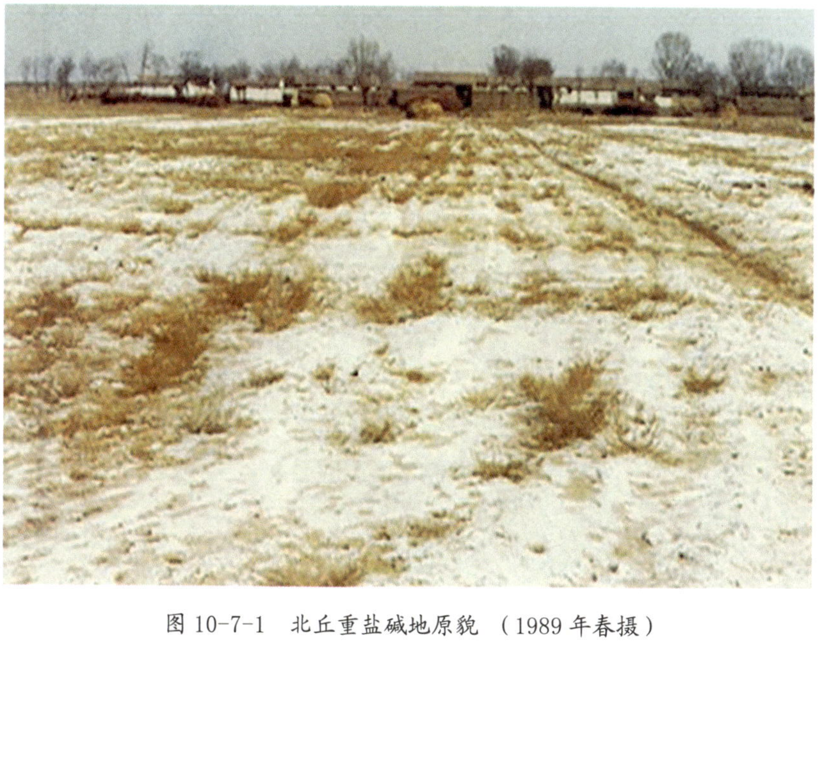

图 10-7-1 北丘重盐碱地原貌 （1989 年春摄）

1966 年，国家科委根据周总理指示，为探索黄淮海地区旱、涝、碱综合治理的经验，组织中国科学院有关研究所，经过调查，在禹城县城西南，新、老赵牛河之间 130 平方公里的旱涝频繁，盐碱危害严重的地区（区内有一村子叫南北庄），建立禹城井灌井排旱涝碱综合治理实验区，俗称南北庄实验区。经过两年多的工作，打实验机井 310 眼，取得改造旱涝碱的良好成果。由年年吃统销粮，变为对国家有贡献。

图 10-7-2　国务院总理李鹏（左二）到禹城视察旱涝盐碱综合治理试验区（1988 年摄）

“文化大革命”期间，科技人员被撤回，改建实验被迫停业。1975 年，禹城县委、县政府重新组织实验区的领导班子。在省、地领导的支持下，在中国科学院地理所、中国农业科学院土肥所、山东省根治海河指挥部、山东林科所、山东农学院等有关科研单位的具体帮助下，认真总结前几年的经验教训，恢复开展综合治理旱涝碱的实验研究工作，取得比较理想的效果。

二、“一片、三洼”的治理开发

1986 年以后，在中国科学院、农业科学院等单位的大力支持下，扩大实验区的范围。由原来的 13.93 亩扩大为 23 万亩，同时选择三种不同类型的荒地进行开发，并作为“七五”期间农业重点科研项目，形成“一片（南北庄实验区综合改碱）三洼（张庄北丘洼、张集沙河洼、辛店洼）”沙、碱、涝三种不同类型的荒洼地的治理开发格局。

经过开发治理，“一片、三洼”发生显著的变化。原改碱实验区治理前有不同程度的盐碱地 11 万亩，占总耕地面积的 80%。是禹城县盐碱最严重、最集中、经济最落后的地方。1987 年，经过调研和勘察，根据盐碱地的成因和水盐运动规律，确定以工程措施和生物措施相结合，旱涝碱综合治理的方针，按照以井保丰，以河补源，井灌、沟排的路子，采取井、沟、平、肥、林、改综合治理的配套技术措施。即建设机井，实行井灌井排；挖沟修桥，排盐排涝；平整土地，均衡抑盐；增施肥料，培肥地力；植树造林，改变小气候，改革农业内部结构和粗放的耕作方法，推广先进的科学技术，优化生产力的配置。打机井 1150 眼，挖五级排水沟 3960 条，全长 1204 公里，搬运土方 1250 万立方米，平整土地 4.5 万亩，植树 300 万株，林木覆盖率由 1966 年的 3%，提高到 18%。基本上实现“沟成网，地成方，沟渠路旁树成行，旱能浇，涝

图 10-7-3　联合国专家在禹城考察盐碱改造（1995 年摄）

能排”的稳产高产地区。地下水位由地下埋深1.2—1.3米，下降到2米以下，日降雨200毫升不受涝，天不降雨保丰收。1987年，粮食亩产达到625公斤，棉花亩产提高到90公斤，人均纯收入达到650元，到1988年，实现每年向国家交纳商品粮4003公斤。

图 10-7-4　重盐碱地治理后的盐池刘村南麦田（1990年5月摄）

三、“两区”的治理开发

根据前期“一片、三洼”治理开发的经验和效果，本着先急后缓和潜力大，投资少，见效快，效益好的原则，制定分期治理的方案。

1988—1990年，为黄淮海平原农业开发建设第一期工程开发期，确定18个乡镇全部立项开发。即“开发一大片，治理两个区，改造三大洼”。以原旱涝碱综合试验区为中心的23万亩中产田为开发的一大片，以来凤、梁家东部和辛店西部各1万亩的低产田为治理的两个区，以张集沙河洼，辛店洼，北丘洼共4.96万亩为改造的三大洼，同时确定改造三大洼为选项治理示范区，带动境内的农业开发。1990年，疏浚引排水主干沟渠5条，开挖农田排灌沟网255条，全长34516公里，建桥、涵、闸499座，开挖鱼塘650亩，改造旧鱼塘429亩，完成土石方831.43万立方米；建立林业育苗基地4处635亩，栽植农田林带184条235.3公里，植树98.2万株，补植林网面积万亩，新建林网面积9.4万亩，新植果树955613.2亩，改造老果园4100亩；建立农作物良种繁育基地6.82万亩；改造畜牧良种站1处，改进畜牧兽医、配种站4处，建青贮氨化池1.78万个，扶持畜牧饲养户311户。

1990年，改善灌溉面积37.23万亩，扩大灌溉面积7.4万亩，改善除涝面积7.1万亩，增加除涝面积8.6万亩，改造盐碱地2.98万亩，巩固提高13.9万亩的旱涝碱综合治理实验区，建立19个旱涝保丰收稳产高产的“万亩方”，21.5万亩中产田改造为高产田，15.2万亩低产田改造为中产田，开垦利用各类荒地7.8万亩。开发总投资为2253.6万元，占分配投资规模的217.1%，其中，国家投资419万元，占18.6%，贷款294.76万元，占13%，县级配套资金330.78万元，占14.7%，县以下自筹1209.08万元，占53.65%。

经济效益十分明显。1988—1990年，增产粮食6350万公斤，增产棉花47.46万公斤，增收果品55万公斤，增加肉食产量98.7万公斤，增加鲜鱼产量52.5万公斤，增加收入5893.2万元，投入产出比1：2.6。

社会效益非常显著。农作物栽培管理新技术普及面由开发前的51%提高到开发后的90%以上，水盐之运动规律、土壤改良等先进技术的普及由37.4%提高到85%，技术进步因素在增加产值中所占比重由34%提高到60%以上，农产品如商品率（以粮、棉、油等主要产品平均计算）由54.7%提高到60.8%，人均占有粮

图 10-7-5 中国科学院禹城综合试验站 （2010 年摄）

食由 653 公斤提高到 793 公斤，人均纯收入由 575 元提高到 741 元。

生态效益效果良好。“一片、两区、三大洼”的综合治理，生态环境有较大改善，林木覆盖率由 8.9% 提高到 13.8%；15 万亩低产田提升档次，20 多万亩中产田变高产田，荒芜近 2000 年的 2 万亩沙荒地，变成良田和鱼米之乡；7 万亩重盐碱地、荒地变良田。

第二节 中低产田改造

中低产田的改造分两期工程进行开发改造。1991—1993 年，为黄淮海项目建设第二期工程开发期，项目建设任务是改造中低产田计 10 万亩。1994—1995 年，是黄淮海项目建设第三期农业综合开发期，开发任务是改造中低产田 2.2 万亩和禹北特种水产 300 亩。

一、10 万亩中低产田的改造

1991 年，梁家乡 3.6 万亩，来凤乡 3.4 万亩，辛店镇 3 万亩，计 10 万亩的中低产田列为项目建设任务。1993 年，在改造开发区域内开挖疏浚支斗农排灌沟渠工程 547.2 公里，完成土方 589 万立方米，兴建桥涵闸 1057 座，机械平整 10 万亩，建设良种繁育基地 9157 亩，建良种仓库 245 平方米，建晒场 400 平方米，购置种子加工设备 26 台（件），推广作物增产技术面积 10 万亩，培训农业技术人员 8090 人次，购置大、中、小型拖拉机和挖掘机 24 台，植树 52.33 株，改造老果园 5700 亩，建养鸡场 3 处，利用荒地开挖鱼池 1897 亩。开发总投资 1933 万元，占计划投资额的 149%。

1993 年比 1990 年增加有效灌溉面积 5.47 万亩，改善灌溉面积 3.99 万亩，森林覆盖率由 1990 年的 8.1% 提高到 1993 年的 13.7%。1993 年，区内平均粮食每亩单产达到 456 公斤，比开发前三年的平均产量提高 43%。1993 年总

图 10-7-6 国外专家考察禹城农业改良 （2006 年摄）

产量达到5.3万吨，比1990年提高43%。1993年农业总产值达到3.12亿元，比1990年提高9.8%，1993年人均收入868元，比1990年增加30.5%。1993年粮食单产（区内）比境内平均水平高15%，人均收入高29.2%。

二、中低产田与特种水产的开发

1994年，确定把房寺镇、辛店镇、大程乡2.2万亩中低产田和禹北特种水产300亩作为黄淮海第三期农业综合开发任务。年底统计，扩大灌溉面积0.36万亩，改善灌溉面积0.4万亩，扩大除涝面积0.2万亩，改善除涝面积0.3万亩，林木覆盖率提高到16.8%，1995年，区内增加粮食80万公斤，鲜鱼增加48万公斤，肉类25万公斤，禽蛋30万公斤，蔬菜160万公斤，总产值1800万元。

1995年底统计，挖疏浚支斗、农耕灌沟渠工程101.3公里，完成土方132.6万立方米，兴建桥涵闸237座，机械平整、深翻耕地、配方施肥1.2万亩，建设良种繁育基地1300亩，建良种仓库70平方米，建晒场70平方米，完善农技站1处，培训农业技术人员6090人次，改建黄牛冷配点2处，育肥场2处，植树132株，新建果园300亩，改造老果园300亩，栽植灌木4.8万墩，购置拖拉机2台及配套农机具，利用荒地开挖鱼池420个，造台田3320亩，均按计划完成或超额完成。实际完成投资2154万元，占上级批复计划的278.6%。

第三节 禹西农业生态示范区

在中低产田改造开发的同时，1995年9月开发禹西农业可持续发展生态工程示范区。此示范区原是大程、房寺两个乡镇的一片荒洼涝碱地，总面积2.13万亩，（其中项目区1.73万亩）。过去，这里是“旱了收蚂蚱，涝了收蛤蟆，不旱不涝一片碱疙瘩”。1995年，集中人财物力，对该区实施大开发建设。按照台田鱼塘模式和生态、社会、经济效益全面兼顾的原则，打破乡村界限统一规划，统一标准，水田路林综合治理，农牧副渔全面发展。采取人机结合，专业队伍与农民家庭劳务结合，农忙与农闲结合等多种形式进行会战。

图10-7-7 禹西生态观光园（1998年摄）

1998年，建桥涵闸216座，挖沟筑路36条76公里，造台田7400亩，建鱼池708个，形成水面（包括沟，水库）5100亩，总动土600万立方米，建成高科技生态养殖区、无公害蔬菜区，千亩葡萄区，食用菌大棚区，无毒地瓜栽培区、特种水产养殖区（以养鸭为主）、花卉区、休闲农业旅游区、莲花区和片林生态区。2005年，禹西渔业科技示范基地通过省级无公害农产品产地认定，2006年，禹西农业生态观光园被列为山东省渔业标准化生产基地，2007年，被评为省级休闲渔业示范点。区内以施用有机肥为主，生物防治

图 10-7-8　禹西生态观光园道路硬化（1998 年摄）

3289 万立方米；平整地 18200 万立方米，兴建大小各种建筑物 2526 座，新打机井 1840 眼，发展林粮间作 3500 万平方米，栽培片林 900 平方米，新建林网 659 公里，补植林网 290 公里，增加供电村庄 208 个，改造盐碱地 23.09 万亩，开垦利用荒地 2.95 万亩，农田面积扩大 465.97 万亩，林木覆盖率由 6.2% 增加到 18.6%，项目区农民人均纯收入由 282 元增加到 782 元。

病虫害，禁止建污染性企业，禁止使用剧毒农药。形成集生态、生产、旅游为一体的高效观光农业区。

第四节　引用外资及世行贷款项目

一、引用外资项目

农业引用外资项目是国家华北平原农业项目九个项目区之一。项目包括：张集、辛店、张庄、梁家、来凤、房寺、大程、十里望、伦镇、李屯、善集、莒镇、廿里堡、石屯、前油坊等 18 个乡镇，土地总面积 507.11 平方公里，耕地 53.2 万亩（其中盐碱地 22 万亩）。引用外资 1050 万美元。

1982 年 6 月 23 日项目签字生效。1982—1987 年，为建设期，1987—1992 年，为项目管理期，历时 10 年。1982—1992 年，开挖疏浚小支流河道 9 条，干沟 350 条，农沟 1543 条，累计完成土方

引用外资项目投入资金 1050 万美元。经过农田水利配套，植树造林、架设农村电网、购置农业机械、进口化肥、农药、科研培训等，项目区农业生产条件得到改善，农作物产量、农业收入提高，农田生态环境进入良性循环，农民生活水平提高。农业总收入 1992 年比基期下降 15.5 个百分点，工副业、畜牧业收入所占比例分别增加 4.4 和 5.8 个百分点。农田灌溉面积增加，农田灌溉率达到 96%，荒洼地基本全部改造，形成鱼池台田

图 10-7-9　农田支渠（2008 年摄）

上粮下鱼生态农业。农田电网基本形成，项目区85%的村庄照明、农副产品加工用上电，农村机械化程度提高，农民置办大量的大中小型拖拉机、农用三轮、柴油机、电动机、挖掘机，逐步实现耕、播、运、脱、半机械化和农田灌溉、农副产品加工机械化。

二、世界银行贷款项目

1998—2002年，利用世界银行贷款加强灌溉农业项目，完成投资4489万元，其中，世界银行贷款1489万元，省、市配套1289万元，县乡配套315万元，农民自筹1387万元，治理中低产田15万亩，涉及境内城关、石屯、廿里堡、伦镇、安仁、梁家、来凤7个乡镇。动土方285万方，开挖疏浚沟渠420公里；新建桥涵1251座，新打机井430眼，修复旧井119眼；建苗圃375亩，农田防护林6045亩，改良土壤19.56万亩；建晒场2000平方米，购置育种设备4名（套）；新建县农技推广服务中心1处，乡镇农技站、农机服务站3处。

2005—2008年，利用世界银行贷款加强灌溉农业项目，总投资4070万元。其中，世界银行贷款1344万元，省市县财政配套资金1600.7万元，农民自筹1127.9万元。2005—2006年，重点实施伦镇2万亩中低产田改造，开发投入735万元，开挖疏浚沟渠49条，动土方22万方；完成植树8万株；打机井78眼；建桥涵闸等水利建筑物147座；修建地上防渗渠23公里；铺设地下PYC管道47公里。2005年5月12日，伦镇2万亩中低产田改造项目顺利通过德州市验收，被授予农业综合开发“特别奖”。2006—2008年，北片张庄、辛店、梁家、伦镇等3.4万亩项目建设任务，开挖沟渠40公里，完成土方30万立方米，植树6万株，打机井140眼，建桥涵闸等水利建筑物120座，修建地上防渗明渠4公里。

第五节 乡镇重点项目实施

2003年，农业综合开发的目标，从全市转向重点乡镇的重点项目，整体农业达到一个更高的水准。重点实施张庄镇毕庄方万亩节水示范项目和伦镇朱庄方鲁北万亩优质专用玉米生产基地招标项目，完成投资909万元。其中：中央和山东省拨款540万元；市、县财政资金配套110万元；农民自筹259万元。动土30.6万方，开挖疏浚渠80公里；建桥涵232座，打机井60眼；修建防渗渠12公里，铺设PVC管道12公里；植树8万株；购置科技推广仪器设备14台（套），选中设备15台（套）；建仓库400平方米。2004年，重点实施辛店镇官庄方1.4万亩中低产田改造项目和房寺镇万亩中低产田续建项目，完成投资880万元，其中：中央和省财政资金571万元；市、县财政配套资金99万元；农民自筹资金210万元。动土

图10-7-10 房寺镇上粮下鱼生态农业 （2010年摄）

图 10-7-11 农田沟渠疏浚 （2010 年摄）

方 24.8 万立方米，开挖疏浚渠 90 公里；建桥涵闸等建筑物 261 座；打机井 96 眼；铺设 PVC 管道 56 公里；修建防渗明渠 20 公里；植树 10 万株。2005 年，重点实施伦镇于庄方 2 万亩中低产田改造项目，完成投资 735 万元，其中：中央和山东省财政资金 462 万元；市、县财政配套资金 82 万元；农民自筹资金 191 万元。动土方 42 万立方米，开挖疏浚沟渠 78 公里；建桥、涵、闸等建筑物 147 座；打机井 78 眼；铺设 PVC 管道 5.2 公里；修建防渗渠 18.3 公里；建农田林网 1200 亩，植树 8 万株。2010 年，项目区设在十里望镇，项目区范围东起崔庄斗沟，西至洛北干渠（泺清河），北起程庄北支沟，南到宋庄南沟，总面积 14700 亩。耕地面积 1 万亩，涉及程庄、崔庄等 12 个行政村，该项目总投资 900 万元，开挖疏浚渠 38 公里，动土方 38 万方，建生产桥 250 座，打机井 80 眼，修井房 80 座，增节水灌溉面积 1.75 万亩，埋设 PVC 低压管道 52 公里，埋设地下电缆 15 公里，修建机耕路 38 公里，修石鞘路 9 公里，建农田防护林网 600 亩（折实），植树 6 万株。

第六节 产业化经营

农业综合开发产业化经营项目坚持因地制宜、因势利导、效益带动、引导农民主动调整农业产业结构，培育知名品牌，实行品牌战略，发展壮大地方经济。1994 年，实施以有偿无偿相结合，参股经营，贷款贴息等扶持方式，投资 8273 万元。其中：中央财政投资 1892 万元，山东省财政投资 1051 万元，地方财政投资 177 万元，县市级财政投资 356 万元，企业贷款 1000 万元，企业自筹资金 3797 万元。实施农业综合开发产业化经营项目 24 个。其中：畜牧、水产养殖项目 17 个（包括特种水产养殖、千亩河蟹养殖、华龙养殖场的淡水养殖、良种兔繁殖、鱼鸭混养、建设黄牛育肥场及肉牛育肥、天鹿牧业、王子付养殖专业合作社和十里望回族乡的奶牛养殖项目等），农产品加工项目 5 个（保龄宝生物技术有限公司年产 2000 吨赤藓糖醇项目、5000 吨医药级异麦芽低聚糖项目、年产 2 万吨高纯度果糖项目、境内生物肽开发项目等），农机购置项目 1 个，中密度纤维板改选项目 1 个。

农业综合开发产业化经营项目的实施，促进优势农产基地的建设，促进农产品加工结构升级，推进农业和农村经济结构调整，扶持壮大龙头企业，促使传统农业向现代化农业转变，提高农业生产率，增加农民收入。

部分农业综合开发项目简介

（一）禹城市特种水产养殖项目。该项目是农业综合开发 2000 年农业产业化项目，特种水产养殖公司成立于 1995 年 7 月，经营项目以饲养鱼、蟹为主，公司干部职工 23 人，企业总资产 268 万元，养殖面积 700 余亩，母公司为禹城市农业经济开发公司，建于禹城市辛店洼，位于禹城市北，距市区 19 公里，总面积 8000 亩，属禹北开发区。该区域为“蝶形洼地”，洼底沼化，洼缘盐渍化，属荒凉地带，农业综合开发治理期间，利用鱼塘—台田生态综合配套技术治理，建设立体种植养殖，发展种鱼、成鱼、莲藕、水稻，并试养河蟹，取得显著的经济、社会、生态效益。通过分析开发各个种植养殖项目，以发展名优特水生动物养殖（如河蟹等）的经济效益最佳。2000 年，特种水产养殖项目区位于禹城市北部，禹王公路西侧，禹城市农业经济开发公司辛店养殖场内，总面积 970 亩，具体边界位置：南起四支路，北至五支路，西起 3 号路，东至 1 号路。用开发治理荒洼地的多种模式，开发辛店洼，建设成为鲁北规模、面积大，工程标准高、经济效益好的河蟹及特种鱼（白鲳鱼和鲈鱼）养殖基地，具体工程内容如下：建幼蟹池 40 个，每个池占地 5 亩，总面积 200 亩。带动全市特种水产养殖业的发展，形成以龙头带基地，基地连农户，贸、工、农一体，产、供、销一条龙的经营格局。

（二）天鹿牧业 800 头优质奶牛养殖扩建项目。该项目是农业综合开发 2007 年度农业产业化项目，由禹城市天鹿牧业有限公司（家畜改良站承建，投资 300 万元，其中财政资金 200 万元国家财政 100 万元，省配套 70 万元，市配套 10 万元、县配套 20 万元）。自筹 100 万元。项目 2008 年 2 月建成。养殖户 40 户，从业人员 146 人，充栏奶牛 800 头，年出鲜奶 1800 吨，增利润 76.46 万元，每头奶牛的年效益在 1.8 万元以上，该项目的建成，进一步扩大全市奶牛养殖规模，加快建设京津济地区畜产品供应基地，促进农民增收，起到积极的促进作用。

主要建设内容有：建青贮池 2 个（1 万立方米），牛舍 8 栋（4480 平方米），住房及仓库 1600 平方米，挤奶厅 360 平方米、购置挤奶，快速牛奶分析仪和防疫设备各 1 套。

公司对入区养殖户实行“四统一分”“五免六供一保证”。“四统一分”即：统一技术指导、统一青贮饲草，统一疫病防治，统一挤奶销售、分户饲养管理。“五免六供一保证”：五免即：免费提供牛舍、活动场、人员住房、饲料仓库和技术服务；六供即：有偿提供水、电、饲草、饲料、防疫治病，奶牛配种。一保证即：保证按光明乳业（德州）收购鲜奶的价格，收购养殖户的鲜牛奶。

（三）安仁镇王子付奶牛合作社项目。该项目是农业综合开发 2009 年度农业产业化项目。王子付村有 65 户，290 口人，806 亩耕地。2000 年，该村按照产业化发展的要求，成立奶牛合作社，建立合作社章程、制度。民主选举社长、理事会、监事会管理人员。2009 年，合作社有社员 87 户，入股资金 60 万元，发展奶牛 1800 头，年可获利 600 多万元，社员户均纯收入达到 5 万元以上。禹城市安仁镇王子付养殖专业合作社位于禹城市南，308 国道以北，王子付村西北，临靠禹莒路，交通便利，合作社占地 200 亩，注册资本 35 万元。有奶牛舍 10560 平方米，青贮窖 1 万立方米，饲养人员住房、仓库、挤奶厅等附属设施 2000 平方米，在合作社养殖小区饲养奶牛户 87 户，存养奶牛 2200 头（产奶牛 1400 头），年产鲜奶 9800 吨，年销售收入 600 多万元。

合作社与德州光明乳业集团密切合作，按照“公司 + 合作社 + 农户”的模式，实行“五统一分”的运作机制。合作社管理人员 10 人，其中社长 1 人、理事会 5 人、监事会 3 人，会计 1 人。每月召开一次社员代表会，每半年召开一次全体社员会议。建立社务公开、财务公开等各项制度，账目每半年公开一次。合作社的规范运作，提高社员养殖效益，奶牛规模不断扩大，促进王子付村奶牛业的健康发展，使王子付村成为区域养殖奶牛的聚集区、辐射区、示范区。

（四）年产 2000 吨赤藓糖醇产业化经营项目。该项目是农业综合开发 2005 年度农业产业化项目。由保龄宝生物股份有限公司（原山东保龄宝生物技术有限公司）承担，项目于2005年4月开工建设，2006年7月，按计划竣工投产。该项目建设完成年产2000吨赤藓糖醇生产线一条，购置安装各类发酵罐、种子罐、干燥净化系统、不锈钢过滤系统等生产设备80余台（套），完成建筑面积2800平方米。

项目利用先进的发酵工程技术，赤藓糖醇含量达到99%以上。总投资3000万元，固定资产投资完成2600万元，铺底流动资金400万元。申请银行贷款1500万元，获得国家农业综合开发贴息资金支持80万元。银行贷款1500万元于2005年4月至5月分五批贷入，贷款期限两年。国家贴息扶持资金于2007年4月18日到位，贴息资金全部用于项目银行贷款利息支出。项目达产后，每年消耗玉米原料1.3万吨，稳定或增加玉米种植面积2.2万亩，带动农户1万户，人均纯收入增长500元。项目每年可为企业增加销售收入7000万元，利税1300余万元，上缴税金500余万元，显现良好的经济和社会效益。

（五）年产5000吨医药级异麦芽低聚糖项目。该项目是农业综合开发2003年度农业产业化项目。禹城市环宇集团保龄宝生物开发有限公司承担的农业综合开发多种经营项目—年产5000吨医药级异麦芽低聚糖自2002年9月开工建设，2003年竣工试车。该项目主要建生产车间及辅助设施2000多平方米，购置安装生产设备及检测设备83台（套），生产能力5000吨。项目总投资960万元，其中固定资产投资760万元，铺底流动资金200万元。资金来源申请中央、省财政411万元，市县财政73万元，自筹476万元。项目达产后实现销售收入6000万元，利税2306万元，每年稳定种植面积5万亩，消耗玉米2.5万吨，带动农户1万户，带动农民增收和农业产业化发展。

（六）年产2万吨高纯度果糖产业化经营项目。该项目是农业综合开发2004年度农业产业化项目。由山东保龄宝生物技术有限公司承担，2004年7月开工建设。主要建设年产2万吨高纯度果糖生产线及辅助设施2600平方米；购置安装国内先进的液化系统、糖化罐、模拟移动床、色谱分离等设备87台（套），生产能力2万吨。项目总投资1120万元，其中：固定资产投资900万元，铺底流动资金220万元。资金来源：申请中央、省财政资金595万元，其中无偿资金119万元，市县财政105万元，自筹420万元。项目达产后，实现销售收入8333.75万元，利税931.87万元，其中：利润624.37万元，税金307.5万元。产品技术水平达到国内领先水平，可带动和辐射附近地区的玉米种植，每年消耗玉米2.6万吨，稳定或增加种植面积5.2万亩，带动农户2万人，人均年纯收入增长500元，带动农民增收和农业产业化及相关产业的发展。

（七）年产1万吨低聚果糖产业经营化项目。该项目是农业综合开发2010年度农业产业化项目。由山东百龙创园生物科技有限公司承担。山东百龙创园生物科技有限公司成立于2005年，是省级高新技术企业、德州市农业产业化龙头企业、中国发酵工业协会淀粉糖分会副理事长单位。公司员工900人，主导产品麦芽低聚糖、低聚异麦芽糖醇等。2010年，实现销售收入近3.8亿元。

年产10000吨低聚果糖项目是以玉米为原料，采用连续喷射液化技术，经淀粉液化，多种酶制剂的共同作用生成的高含量的糖化液，低聚果糖是功能性强化剂，有良好的加工特性和较好的受量，是各种功能糖中增长最快的品种。产品市场前景广阔。总投资10868万元，其中，农业银行贷款5800万元。达产后年可新增销售收入2.1亿元、利税5800万元，年消耗玉米9万吨，可带动2万户每户均增收900元。

第十一篇

水 利

禹城位于潘庄引黄总干上游，引黄总干贯穿南北。境内水系属海河水系，有干、支流河道24条，河网密布，水系发达。境内各类涵闸170座。

2010年，境内基本形成防洪除涝、抗旱灌溉、农田配套三大工程体系。节水灌溉面积达31.53万亩。投资10740.56万元，建成水源工程51处，解决817个村，390445人的饮水困难问题。同时用水者协会发展到184个，全市覆盖面达20%。

第一章 水利工程建设

图 11-1-1 鱼塘改造、坑塘蓄水 （2010 年摄）

禹城境内水系属海河水系，有干、支流河道 24 条，河网密布，水系发达。1986 年，实施引水、蓄水、工农业供水等工程。1993 年，水利工程用地确权；1997 年，提出农村水利工程产权制度改革；2001 年，实施节水灌溉示范项目、推广高效节水模式；2002 年，重点推广“用水者协会”。2005 年，新建徒骇河梁桥橡胶坝工程。农田灌溉工作重心由建设转移到科学管理，应对水资源衰减和工程老化等危机。2010 年，全境农灌面积占全境总耕地的 90% 以上。

第一节 蓄水工程

一、坑塘蓄水

1986 年，按照“以鱼为主、种养结合、相互促进、综合治理”原则，采取人力和机械相结合施工方法，对封闭型低洼湿地——辛店洼进行改造，治理洼地 1000 亩，开挖鱼塘 88 个，形成养殖水面 400 亩。1987 年，对禹西洼地采取挖鱼塘、筑台田等办法，机械化施工，用时两年，建成鱼塘 800 个，形成养殖水面 5100 亩、藕池 1140 亩。1990 年，对砖瓦窑场取土坑进行鱼塘改造，至 2000 年共利用 1000 余亩。2001 年，把砖瓦窑场取土坑改造纳为重点坑塘蓄水建设。2010 年，新开挖改造坑塘 208 个，形成水面 1000 余亩。

二、徒骇河梁桥橡胶坝

2005 年，在徒骇河梁家镇梁桥村附近河段兴建梁桥橡胶坝。该坝长 129.4 米，坝高 5 米，蓄水高度 19.34 米，最大蓄水深 5.4 米，最大蓄水量 1300 万立方米。2007 年，汛末一次性蓄水 1300 万立方米，平时为拦蓄南营闸下渗

图 11-1-2 徒骇河梁桥橡胶坝 （2006 年摄）

水和杨庄涵洞、洛北干（泺清河）店子万、西大桥涵洞尾水、年调蓄水量可达3900万立方米。经幸福河、洛北干（泺清河）等向北送水，可解决城北5个乡镇20万亩耕地灌溉补源的问题。

三、李三尖水库

李三尖水库于2007年12月1日举行开工奠基仪式。2008年3月开工建设，3—6月围坝填筑及弃土外运完毕。

图 11-1-3　节水工程 （2006年摄）

水库总库容1140万立方米，是禹城历史上第一个水库。占地1.55平方千米，蓄水面积1.33平方千米，年供水量2597万立方米，设计蓄水位26.5米。水库水源为潘庄总干渠引黄水和徒骇河南营闸拦蓄水，调节农作物造墒及灌溉，缓解用水高峰矛盾。

第二节　引水工程

一、引水灌溉

境内有徒骇河、德惠新河两条水系。徒骇河流域有徒骇河、赵牛新河、苇河、管氏河、四新河、担杖河、圣经河、新赵牛河、关苇沟、友谊沟、团结沟、赵牛河、邓金河、施女河、丰产河、赵徒干沟、神屯新河17条干支流河道。德惠新河流域有禹临河、丰收河、西普天河、土马河、东普天河、幸福河、朱家河等7条支流。1986年，主要投资对河道堤防、险工加固、丁坝防冲、清淤治理、涵洞护坡等排险、维护工作。至2010年，形成遇旱有水、遇涝排水、又能改碱的灌排系统。

二、引黄灌溉

禹城市引黄灌溉工程均属潘庄引黄灌区。潘庄引黄灌区是山东省大型引黄灌区之一。总干渠在禹城莒镇乡任庄入境，经莒镇、伦镇、安仁、房寺四乡镇，于房寺镇朱庄出境，境内长36.2千米。引黄灌溉体系原设计为自流灌溉。设干渠5条，分干渠24条，引水能力79立方米/秒，控制灌溉面积87万亩。引水系统大部分采取引水入地下河（沟）进行提水灌溉，自流灌溉甚少。引黄灌溉为保证干旱年份农业丰收，起到决定性作用，但使部分土地沙壤化、沙化，为农业发展埋下隐患。

（一）五条干渠的运用。1. 五干渠。建引水闸一座，设计流量15.0　立方米/秒。长9.7千米，灌溉面积15万亩，其中自流灌溉1万亩。2. 六干渠。建有两孔引水闸1座，设计引水能力12.73　立方米/秒。灌溉面积6万亩。3. 七干渠。建有两孔引水闸1座，两孔泄水闸1座，穿涵1座。设计引水流量8.33立方米/秒。灌溉面积27.6万亩，年引水量是禹城引黄用水总量的50%。4. 八干渠。建有进水闸、泄水闸各1座。设计引水能力32.3立方米/秒，灌溉面积24万亩。因河道淤积严重，引水闸封闭不用。5. 九干渠。建成引水闸一孔，设计能力3.8立方米/秒。引水直接入丰收河，给房寺、张庄、辛店等乡镇送水。控制面积 10.6 万亩。2009 年 2 月，投资 170 万元，对五干、九干其中 2 千米进行节水防渗衬砌。

（二）总干渠衬砌工程。1984 年，总干渠进行全部防渗衬砌，提高潘庄引黄总干输水能力和防渗、防碱要求。至 1986 年工程全面完成。境内 36.2 千米，全部达到设计要求。

图 11-1-5　管氏河清淤（2004 年 7 月摄）

（三）引黄泥沙处理。1. 修建总干二级沉沙池。1988 年，沿总干右堤外修建占地 1432 亩的官庄沉沙池，经一年运行后沉沙 300 多万立方米。1989 年，结合修建第二期工程，第一期工程进行整平还耕。连续 4 期工程均由德州行署责成禹城完成。1993 年，完成最后一期工程。计完成土方（包括还耕）526.5 万立方米，投资 723.86 万元，总沉沙量 1000 万立方米。1996 年，建水泊杨二级沉沙池，占地 3051 亩，投资 71.2 万元，完成土方 27.3 万立方米。2005 年，在禹城莒镇乡建二级沉沙池一座。占地 3000 亩。投资 416 万元，完成土方 90 万立方米。2006—2010 年，每年分别对沉沙池备土工程、引黄清淤工程、引黄截碱沟等进行实施，投资 1593.53 万元，完成土方计 285.66 立方米。2. 兴建干渠沉沙池。1985 年，兴建七干沉沙池，占地 751 亩，投资 25 万元，经过运行，沉沙 120 万立方米，效果良好。1990 年，建第二期工程，占地 600 亩，投资 30.52 万元；1994 年兴建第三期工程，占地 48.85 亩。1991 年在五干渠兴建 852 亩沉沙池，投资 30.3 万元。1992 年兴建九干渠沉沙池，占地 908.275 亩，投资 49.86 万元。1996 年，兴建八干渠沉沙池，占地 122.79 亩。3. 兴建乡镇沉沙淤改工程。1985 年，房寺镇兴建 126 亩围堰沉沙淤改工程。经运用，沉积泥沙 12 万立方米，土壤改变结构，产量提高。1989 年，兴建 210 亩围堰沉沙淤改工程。1995 年，引黄总干的乡镇沉沙淤改面积达 23000 亩，还耕 1000 亩。2005 年，小型

图 11-1-4　U 型槽（2010 年摄）

图 11-1-6　二级沉沙池清淤整治（2004 年 12 月摄）

图 11-1-8　节水喷灌　（2010 年摄）

引水口门增至 17 座，控制灌溉面积 70 万亩。

三、节水灌溉

（一）暗管输水、节水井灌。1992 年，在安仁乡西南部、禹茌公路两侧的安仁、齐饶、陈庄、庞桥等 14 个自然村内兴建低压暗管输水、节水井灌。控制耕地 7289 亩，机井 69 眼，全部真空井。配套 195 型柴油机 60 台，建机房 60 座，总投资 120 万元。节约明渠占地 137 亩，提高水利用率 30%。

图 11-1-7　末级渠系节水改造项目　（2005 年摄）

（二）喷灌。1997 年，张庄镇大段建成 2000 亩的半固定式喷灌试验，取得成功；建成张庄宗集 1000 亩、禹城镇 2000 亩、石屯镇 3000 亩。至 1999 年建成半固定式喷灌工程面积达 8000 亩。总投资 391.23 万元。

（三）滴灌。1998 年，石屯镇杓头李、曹家坡科技示范园内建成蔬菜大棚滴灌面积 100 亩，种植名优特蔬菜，省工、省时、省力、节水、增效。总投资 24.2 万元。

（四）低压管道灌溉节水工程。1998 年，采用固定式地下管道节水灌溉。在梁家镇、十里望乡、石屯镇三乡镇建成灌溉面积 1 万亩，投资 195 万元。

（五）移动式软管输水节水灌溉。1999 年，推广使用移动软管灌溉，提供直径 150 毫米的塑料软管 14.35 万米，总投资 164 万元。

（六）防渗渠道。1997—1999 年，在十里望乡、梁家镇、石屯镇三乡镇建成防渗渠，长 45 公里，总投资 200 万元。灌溉面积达 1 万亩。

图 11-1-9　防渗渠　（1999 年摄）

2001—2010 年农业综合开发节水灌溉一览表

表 11-1-1

年	项　目	地　点	投资（万元）	灌溉面积（亩）
2001-2002	防渗渠道＋农渠衬砌	梁家安仁镇市中	849.4	—
2001	节水灌溉	肖寺刘、梁庄、邢庄、高庄、杓头李	130	6000
2003	节水灌溉	梁家镇部分村	460	13600
2004	喷灌、滴灌、管灌	张庄镇部分村	—	10000
2005	管灌、防渗渠道	辛店镇部分村	—	9000
2005	管灌、节水灌溉	房寺镇部分村	—	7000
2005	管灌、防渗渠道	伦镇部分村	—	16000
2008	末级渠系节水改造	伦镇南村	1082.06	23000
2009	节水改造工程	安仁、市中办 12 个村	1233	20000
2010	小型农田水利改造	全市 36 个村	2965	30000
合计	—	—	—	134600

四、机井灌溉

1986 年，机井建设处于迟缓状态。1992 年机井由 1986 年的 3673 眼下降至 3545 眼。1992 年，黄河水逐年减少，灌溉用水期间经常断流。1993 年，市政府制定机井建设优惠政策，新打机井每眼补助 500—1000 元。1995 年，机井保有量回升到 3636 眼，配套机井 3286 眼（其中机配井 2909 眼、电配井 377 眼）。1996 年始，机井建设进入兴盛期。1997 年，全年打机井 1821 眼，报废机井 1430 眼。1997 年底除去报废机井，实有机井量 4233 眼。1998 年，打井势头一直旺盛。2000 年，机井保有量 5885 眼。2001 年，按照“以水定井、合理布局”的原则，做到机井定位准确。鼓励群众打“股份井”“合资井”“独资井”，为农户提供有偿服务。同年打机电井 780 眼。改革产权制度，拍卖机井 4000 眼。2002 年，严重干旱，对 300 眼机井实行每眼 1000 元以奖代补，当年新打机井 1400 眼。机电井年末保有量 7707 眼（其中百米深井 249 眼）。2003 年，坚持“以井保丰、以河补源”的新路子，严保成井质量。2009 年，遭干旱，市政府制定单井补助 2000 元的优惠政策，当年打井 116 眼，补助 23.2 万元。2010 年境内机井 12011 眼。

第三节　排涝工程

禹城属黄淮海河区域，涝灾频繁发生。建国前，人们曾采取开沟、挖渠等措施治涝，建国后，党和各级政府对水利工作非常重视。

1985 年底，全县共有机井 3672 眼；开挖干沟 13 条，长 65 千米；支沟 214 条，长 605 千米；农沟 753 条，长 778 千米。1991 年，全县 19 个乡镇，共开挖各级沟渠 282 条，长 184 千米，配套小型桥涵 643 座。达到“水能引得进，蓄得住，排得出”的标准。

1997—2000年，张庄镇、梁家、十里望、禹城镇四个乡镇开挖支沟80条，长113.6千米；斗沟268条，长268.7千米；农沟1009条，长608.6千米。共计开挖疏浚支斗农沟1357条，总长度990千米。建成12米跨的支沟桥11座；8米跨的斗沟桥19座；4米跨的农沟桥76座；过路穿涵504处。

2001—2002年，市中办、梁家、安仁、伦镇疏浚支渠完成土方71.1万立方米，斗农渠土方175.9万立方米，排水沟土方37.7万立方米；建设斗、农渠衬砌48.85千米；其中：支沟桥37座、斗桥118座、农桥258座、田间穿路涵838座；新打机井43眼，改建119眼。

2003年10月至2004年5月，张庄镇高速公路两侧，东起冯晏东沟，西至丰收河，北起镇边界，南至郝庄北沟，新打机井30眼，井深60米左右，单井出水量不小于40立方米/小时。修旧井5眼，新建3×3×5米机井房35座。开挖疏浚排灌沟渠50条，长39.15千米。新建桥涵闸建筑物122座。其中：8米跨混凝土双曲拱斗沟桥10座，4米跨农沟桥34座，田间道路新建直径40厘米的穿路涵管78座。斗渠2200米，斗渠桥8座；农渠4800米，农渠桥160座，农渠出水口240个。

2004年11月至2005年4月，辛店镇，东起周柳西沟，西至丰收河，北起丰收河，南至镇界。新打机井48眼，井深50米左右，单井出水量不小于40立方米/小时；修复旧机井10眼；新建3×3×5米的欧式井房58座。开挖疏浚排灌沟渠52条，长38.7千米，土方12.4万立方米。新建桥、涵、闸150座。其中：8米跨混凝土双曲拱斗沟桥25座，4米跨双曲拱桥35座，田间道路直径40厘米涵管式过路穿涵90座。

2004年10—12月，房寺镇南部，东起引黄总干，西至丰收河，北起永莘路，南至老徒骇河。新打机井48眼，新建机井房48座；开挖疏浚沟渠38.7千米，土方12.4万立方米；新建各种小型建筑物111座；新建节水灌溉面积7000亩，其中低压管灌4300亩，防渗渠道灌溉面积2700亩。

2005年冬，伦镇北部308国道两侧，南起朱庄沟，北至14农，西起二斗，东至九斗，新打机井78眼，单井深70米左右，出水量50立方米/小时左右。新建2×2×2.5米欧式井房78座。新开挖疏浚排灌沟渠49条，长45千米。新挖斗沟3条，长3.1千米，土方7.3万立方米；新挖农沟14条，长9.6千米，土方6.4万立方米；清淤斗沟6条，长10千米，土方3.7万立方米；清淤农沟26条，长22. 3千米，土方4.2万立方米。新建渠系建筑物147座，其中：12米跨混凝土双曲拱支沟桥12座，8米跨混凝土双曲拱斗沟桥31座，4米跨混凝土桥46座，田间道路新建直径40厘米混凝土管过路穿涵58座。

至2010年底，全市除涝面积66.42万亩，占全市易涝面积66.6万亩的99.88%。

全市农田沟网工程：干沟13条，长65千米；支沟314条，长748.6千米；斗沟854条，长1107.7千米；农沟2065条，长1586.6千米。配套沟渠总数达3246条，总长度达3507.9千米。

第四节　农村饮水工程

一、村村通自来水

2004年编制《禹城市村村通自来水规划》《禹城农村饮水安全规划》。2004年5月，梁家镇双庙屯村建成第一个农村自来水工程。新打机井1眼，深400米，安装管道12000米，投资35.3万元，解决302户、1200人的饮水问题。相继在梁家镇大纪村投资9.22万元，安装管道5600米，解决160户、670口人的饮水问题。2004年10月，梁家镇东店村，新打机井1眼，深105米，安装管道3475米，投资8.6万元，解决118户、460人的饮水问题。

图 11-1-10　村村通自来水工程建设（2004 年 12 月摄）

2005 年 4 月，梁家镇西店村，投资 4.9 万元，安装管道 2000 米，解决 92 户、270 人的饮水问题。在辛店镇官庄村，投资 11.49 万元，新打机井 1 眼，深 93 米，安装管道 6800 米，解决 120 户、800 人的饮水问题。5 月，在十里望乡十里望村、高庄村，投资 13.8 万元，安装管道 5380 米，解决 200 户、910 人的饮水问题。7 月，在梁家镇吴庄村，投资 12.06 万元，新打机井 1 眼，深 92 米，安装管道 5400 米，解决 170 户、656 人的饮水问题。10 月，在房寺镇大程村投资 11.49 万元，新打机井 1 眼，深 400 米，安装管道 14000 米，解决 650 户、1400 人的饮水问题。

2006—2009 年，实施中央投资农村饮水安全工程。投资 3107 万元，解决境内 142 个村，74467 人的饮水安全问题。

二、自来水管理方式

禹城市自来水供水三种管理方式：协会管理、乡镇水利站管理、承包管理。水价一般在 1.5 元。实现一户一表一计量。2010 年，解决 817 个村、390445 人的饮水问题。

第二章　防汛抗旱

第一节　防汛

一、内河防汛

禹城的防汛工作，首先建立健全防汛机构，做到早安排、早落实。1993 年，指挥部安装一座无线电通讯塔、一台传真复印机和多部对讲机，1996 年，安装一台覆盖全市 19 个乡镇的“雨量遥感测报系统”，配备防汛指挥专用车，做到防汛信息网络化，交通工具专业化。

健全以各主要行河道为对象的县（市）、乡镇（公社、区、办）的常备队、抢险队、预备队，登记造册，划分堤段，责任到人。

对防汛所需各类物资，除国家拨付的专项物资外，县（市）、乡镇（公社、区、办）防汛机构派后勤人员对商业、物资、供销、粮食及驻禹的省、市（地）机关部门所存有的防汛所需物资，进行登记造册，固定专人定期检查管理，汛期内不批准出售。各沿河乡镇（公　社、区、办）、村（大队）的林木、檩条、秸料等按照用之即取，用后兑现原则，由乡镇落实，以备待用。

二、黄河防汛

禹城承担着黄河的三线防汛任务。每年按

图 11-2-1　河道管护防汛（2010 年摄）

照民兵建制，组成 2 万名民兵为黄河防汛预备队，进行思想、组织、物质、工具、技训五落实。县（市）设团，乡镇（办）设营，县（市）由分管水利的副县（市）长任团长，人武部长任政委。乡镇（办）副乡镇长（主任）任营长，武装部长任教导员。团部设办公室、工程科、后勤科、保卫科、卫生科等，科长分别由各有关部门负责人担任。团部领导及工程技术人员汛前一年一度赴实地认工段，根据各营分工，落实防守任务，做好充分准备。

三、典型年纪实

1990 年，全县年均总降水 826.1 毫米。7 月总降雨 382.5 毫米。7 月 7 日，全县日均降雨 99.0 毫米，暴雨中心的辛店达 132 毫米。徒骇河出现自治理后 20 余年来最大的一次洪峰。百余村被水围困，40 万亩作物受灾，其中：10 万亩绝产。县委、县政府组织全县人民排涝救灾，安置慰问灾民。据统计，全县组织 8.3 万名劳力开挖疏通排水沟 470 余条，清除沟中过沟路渠 960 余处，挖田间渗水毛沟 6.3 万条，完成土方 1807 万立方米，迅速排出积水，并加强追肥复壮。同时，拨贷款 600 万元，支援抗灾。

1994 年秋，大涝灾。入汛后连降暴雨，6 月 24 日至 7 月 29 日，全市降雨量即达 400.5 毫米。7 月 6 日，暴雨中心的善集达 135.8 毫米。洪涝相济，市内 11 处乡（镇）积水达 65 万亩，156 个村庄被大水围困，其中 12 个村内进水，水深 0.5—1.5 米。全市成灾面积达 37　万亩，其中绝产 18 万亩。倒房 1 万余间。

2010 年 8 月 9 日到 14 日，受连续强降雨和上游客水影响，全市发生重大洪涝灾害，农作物普遍受灾。

1. 汛情。降水集中，雨量较大，总量达到 769.6 毫米，比历年平均多 335.7 毫米。7 月 19 日以后连续 5 次集中降雨达 552.5 毫米，其中，7 月 19—21 日降雨 116.5 毫米；8 月

图 11-2-2　洪涝灾害（2010 年摄）

4—5日降雨120毫米；8—10日降雨203毫米；13—14日降雨63毫米，其中，城区73毫米，重点乡镇安仁镇75毫米，梁家镇101毫米；8月18—22日降雨50毫米。连日集中降雨造成土壤水量饱和，河流始终处于溢满状态。8月9日下午，聊城市泄洪放水，客水来势迅猛、流量极大。受降雨和泄洪多重影响，全市境内24条河道全部超过警戒水位，赵牛新河、管氏河、苇河、施女河等骨干河道多处溢水倒灌，险情频发，徒骇河南营闸流量创1971年建闸以来最大量，最高时水位达到20.46米、流量570立方米/秒，比城区地面平均高出50厘米以上。徒骇河出现4处向城区倒灌、淹没闸门的险情。赵牛新河西堤发生10处溃坝险情。8月13日夜，降雨100毫米左右，赵牛新河西堤面临全线溃坝，威胁到34个村、1.2万人的生命财产安全，城区发生60厘米以上的严重积水。13日抢险期间，全市发生险情27处。

图11-2-3 涵洞损毁 （2010年摄）

2. 灾情。据统计，禹城市12个乡镇，967个村庄、45万人受灾，受灾农作物86.25万亩，成灾面积37.2万亩，绝产12万亩；倒塌房屋4390间，损坏房屋9765间；损坏大棚2036个；毁林毁树117870株；80%池塘塌岸，8000亩严重塌岸，跑鱼4000亩，污水死鱼2000亩；33处桥涵闸损坏；因灾转移22548户67645人，直接经济损失高达3.96亿元。茌中河、茌新河进入禹城的客水COD严重超标，茌新河达到251克/升，超标5.2倍，所有进水河流均查出汞、砷、铬、氟化物等重金属。

3. 抗洪抢险。8月10日下午，禹城市委书记闫剑波、市长张磊召开防汛指挥部全体会议，启动防汛应急预案。8月12日、13日，副省长郭兆信、贾万志、海河防总常务副总指挥任宪韶先后到禹城现场指挥防汛工作。8月15日下午，省长姜大明亲临禹城查看灾情。在十里望镇政府建立防汛物资储备仓库，徒骇

图11-2-4 村民自发抗洪抢险 （2010年摄）

图 11-2-5　抗洪抢险表彰大会（2010 年摄）

河 6 个沿河乡镇集中储备，禹城市防汛指挥部统一调配。31 个单位设置安置场所，安全转移城区 10815 户，32445 人，乡镇 34 个村，3300 户，11200 人。

4. *表彰奖励*。2010 年 8 月 23 日，在禹城市宾馆会议礼堂召开禹城市抗洪抢险救灾表彰大会。禹城市委、市政府授予市中街道等 81 个单位“抗洪抢险救灾先进单位”荣誉称号，授予王洪亮等 226 名人“抗洪抢险救灾先进个人”荣誉称号。

第二节　抗旱

一、概况

禹城气候特点是“春旱秋涝晚秋后再旱”，素有“十年九旱”之说。1986—2010 年，境内干旱几乎每年都有发生。其中 1986 年、1992 年、2000 年、2002 年的旱情较为严重。每年春、秋干旱季节，县（市）、乡镇、村逐级召开抗旱动员大会，部署任务，落实措施，抽调大批机关干部深入农村，支援抗旱。组织供销、商业、物资、电业、财政、金融等部门搞好物资、油料、电力供应和抗旱经费、贷款的发放，发挥各职能部门作用。在灌溉中推广小畦灌溉，大搞整平土地、暗管、渠道衬砌防渗、喷灌、大棚蔬菜滴灌等节水、节能工程；在高亢地区，推广塑料软管输水、喷洒“旱地龙”抗旱剂；在干支流河道上建拦河闸及橡胶坝等蓄水，实施对水资源统一管理、统一调度，速灌、速排，节约用水，保证水资源合理利用。

二、典型年纪实

1986 年，特大旱灾。全县年均总降水仅有 274.6 毫米，80 万亩农田全部受旱。面对旱情，县委、县政府调配一切水源，利用一切水具，奋力抗灾。年投入抗旱劳力 10 万人，打新机井 108 眼，修旧机井 170 眼，兴建小型涵闸 92 座，开挖、清淤沟渠 137 条，计浇地 382 万亩次。同年全县粮食总产 25．64 万吨、棉花总产 40.8 万吨。10 万亩农田因旱灾严重减产，5 万亩绝产。

1992 年，特大旱灾。全县年均总降水量 296.8 毫米。6 月降雨 8.6 毫米，8 月降雨 86.5 毫米。年气温平均高达 13.2℃，最高达 36℃以上，干热风达 15 次。年蒸发量高达 1753.1 毫米（E601 皿）。黄河水源断流长达 122 天，造成河涸、塘枯、地下水位普遍下降，部分机井抽不出水。全县 80 余万亩农田受旱。面对旱情，全县年投入抗旱人数 20 万，完成各项水利工程 3200 多项，投工 780 万个，完成土石方 1520 万立方米。利用机井 3000 余眼，扬水点 4000 余处，手压机（井）1.2 万部；利用塑料软管和节水防渗渠系 3.5 万米；修复利用旧水车、辘轳、挑杆等水具，动用县内的消防车、油罐车等。提取地下水及诸河闸前拦蓄的侧渗水 0.97 亿立方米，抢引黄河水 1.98 亿立方米。计浇地 278 万亩次。同年粮食总产

图 11-2-6　老赵牛河清淤　（2000 年摄）

343329 吨，棉花总产 7925 吨。10 万亩失墒未播，20 万亩春田严重减产。

2000 年，春夏特旱。全市 1—6 月市平均降水仅有 85.1 毫米。黄河水源断流，全市多数河沟干涸，坑塘枯竭，地下水位骤降。全市 57 万亩小麦、20 万亩春田受旱。面对旱情，利用一切水源，对淤积严重的赵牛新河、丰收河及引黄干、支沟渠进行清淤开卡，对田间 1768 条小沟渠进行清淤维修。清淤、整修河、沟、渠长 286.6 千米，完成土石方 760 万立方米。新打机井 633 眼，维修旧井 2700 多眼，拓挖坑塘、水柜 2935 座。浇地 279.9 万亩次。

2002 年，百年一遇的特大旱灾年。全市年均降水 226.9 毫米，6、7、8 三个月降水 45.1 毫米、26.1 毫米、23.9 毫米，导致全市全年大旱。面对旱情，市委、市政府组织对引黄总干渠二级沉沙池、引黄五干、七干、九干渠道及沉沙池和管氏河、施女河、老赵牛河、丰收河、洛北干渠（泺清河）进行清淤疏浚，全市打机井 1400 眼，清淤沟渠 184 条，新挖坑塘 110 个，动用各种排灌机械 18983 台，引用黄河水 1.91 亿立方米，提取地下水 1.05 万立方米，利用河、沟、坑塘蓄水 0.42 万立方米，全年抗旱灌溉 338 万亩次，50 万亩夏、秋作物严重受灾，其中 10 万亩绝产。

图 11-2-7　打机井抗旱　（2009 年 3 月摄）

第三章 水务管理

第一节 水资源管理

一、取水许可制度

1989年，对城镇和工业用水实施取水许可制度。1994年，在全市范围全面推行许可制度，改善无序取水状态，减少和避免水事纠纷。加强取水许可监督管理，完成到期取水许可证换发工作。

二、实行计划用水制度

1989年，实行取水许可制度，各用水单位（水户）先报年度用水计划，经管理部门审验，按年度用水量发放取水许可证。超计划用水超额部分累进加价制度。1995年，水资源办公室把计划用水落到实处，按月派员到各用水单位查抄水表，及时将年度计划用水量根据实际需要分解到月，与实际用水进行比较，发现超计划现象，找原因，及时纠正。2010年，计划用水制度，取得显著成效，杜绝水资源浪费。

三、科学利用地下水制度

1989年，实行取水许可制度以后，对需要凿井取水单位实行凿井审批制度，经业务部门审验合格后发放凿井许可证和取水许可证，方能施工打井。2003年，加强水资源管理，科学开发地下水资源，对地下水资源统一管理作出详细规定。要求凿井队实施必须具备凿井施工技术资质证书和营业执照，无证或证件不全者一律不得从事凿井施工。

四、地下水资源监控

2002年，市政府下发《关于安装水计量设施的通告》，规定用水单位必须安装量水计量设施。按取水量收取水资源费，90%以上用水单位安装量水计量设施。针对老式表易损坏、精确率低的现象，对全市各用水单位推广安装30余台（套）IC卡智能计量设施，改变先用水后缴费现象。2010年强化管理手段，153眼自备井纳入监控管理，投资100余万元，在境内用水量较大的115眼企业自备井全部安装水资源远程监控系统，为科学利用地下水，促进节约用水，优化配置水资源提供决策依据。

五、征收水资源费

1986年，由禹城县城建局征用水资源费。1989年，移交禹城县水利局。开征范围为乡镇企业、县属工业用水。1990年，水资源费征收仅限于禹城县属以上工业用水和机关、团体、部队用水，开征100余个单位。1997年，

图 11-3-1 用水协会会员灌溉农田 （2005年摄）

制定《水资源费征收使用管理办法》，水资源费按用水量征收。工业企业用水0.07元/立方米，机关、团体、部队、学校和国营农场用水0.04元/立方米。对用水单位实行计划管理，节奖超罚。2000年，水资源费征收扩大到乡镇企业，对征收标准作调整。2001年，对在市区及以下地区开发利用地下水，从事生产经营的，水资源费征收标准调整到0.30元/立方米；乡镇企业取用地下水暂按0.20元/立方米征收。对市区集中取水用于机关、团体、学校、科研、部队、市政园林的征费标准0.10元/立方米。

第二节 工程管理

一、落实管理责任制

1991年，成立农田水利工程管理委员会，乡镇建立领导小组，各村设水管员，组织管理人员4600余人。1995年，为强化管理，制定《水利工程管理规定》《水资源管理办法》等法规性文件，制定《管理人员岗位责任制》《管理奖惩办法》《考核评比制度》等。对管理人员定期进行考核、检查评比。2000年，在管理形式上逐步实行承包管理责任制，对所有农田水利工程实行统一编号，建档立卡，将工程标准、规模、状况、兴建年月、投资、承包户等一一列卡登记存入管理档案。承包管理实行合同化，把承包人员的责任、义务、报酬等以合同形式固定下来，依照合同定期进行评比检查，奖优罚劣。2010年，在农田水利工程管理中，实行沟、渠、路、林、建筑物五位一体的管理责任制。

二、小型水利产权制度改革

1997年10月，首先在辛店镇进行机井拍卖、租赁、股份制打井试点。继而推广，年终统计拍卖、租赁机井2000余眼，股份打井1200眼。2001年，在所有权不变前提下，将机井、沟渠、涵闸等小型水利设施公开进行拍卖和租赁，小型水利工程管理实现产权明晰化、责任明确化、投入多元化、经营市场化、服务社会化。2010年，拍卖机井4000余眼，收回拍卖资金840万元，拍卖林带360余亩，拍卖沟渠89千米，取水口260个，78条沟渠、93座桥涵、110处水点得到有效保护。

三、用水者协会

2001年，在梁家镇东店村组建建、管、用为一体的境内第一个用水者协会。2002年，推行用水者协会，让农民参与用水管理，建立农民自己的管理水的组织，逐步实现农村水利建、管、用一体化。将工程设施的维护、管理、水费收取和使用权全部交给用水户进行民主管理，调动用水户参与管理的积极性。2008年，把原有的一村一个用水协会，转变为一渠多村一个用水者协会，科学计量，水过账计。至2010年，用水者协会发展到184个，覆盖面达到30%。

图11-3-2 用水协会统一管理（2010年摄）

图 11-3-3　农村供水自动化管理　（2010 年摄）

四、农村供水自动化管理

2007 年，禹城市 40 万人用上安全洁净的自来水。2010 年，安装 8 套远程自动控制管理系统，对水源井进行 24 小时测控，发现问题及时跟踪解决，实现村村通自来水现代化、信息化、科学化管理。

第三节　河道管理

一、河道确权划界

1993 年，对境内国有河道进行确权划界，绘制宗图 27 套，埋设界点 4103 处。填写各类表格 108 份，依法管理水利工程国有土地。

二、承包经营管理

2001 年，对河滩地按照路相连、渠相通、旱能浇、涝能排的标准对河滩地进行整平，由河道管理单位对河道工程用地进行严格丈量，推行承包经营管理，统一签订合同，统一收费标准，充分发挥水土资源优势，保护河滩地安全。

三、落实管护责任

2002 年，对境内干支流河道上的 339 座桥、142 座涵洞、28 座节制闸，明确桥涵闸管理责任。市政府防汛抗旱指挥部与水务局、公路局、交通局、城建局和 11 个乡镇、街道办签订管护责任书，解决长期以来产权缺位、管护责任不明的问题。对每条河道及水工建筑物进行分段管理，明确管理人员的责任权利。

四、绿色通道建设

两岸搞好绿化，堤顶进行硬化，开发利用国有河堤土地资源，充分发挥其应有的经济效益、社会效益、生态效益，河道绿化率达到 80% 以上。

五、河道普查

2006 年，对境内重要的 26 条干支流河道进行拉网式普查。主要普查堤防、淤积状况、水工建筑物、管道及沿河经营单位，保护区或堤防内水工设施、耕地面积、作物种类、树木情况、堤外弃土等情况、绘制各类图表 3500

图 11-3-4　管理人员巡查河道　（2006 年摄）

余张，跟踪拍摄重点堤防影像资料200余份，建立河道管理信息系统。2010年，禹城市遭遇百年涝灾，针对强降雨抢拍影像、对河道摸底诊访、绘图标注，准确定位，为工程治理提供可靠依据。

六、桥闸修建

1986年，对徒骇河油坊桥、西大桥、粉王桥、打渔张桥、洛北干渠（泺清河）西南门桥、行政街桥、汉槐街桥、五干渠小邵桥、杨集桥、老徒骇河董桥等30余座危桥进行拓宽改造。对徒骇河李三尖、臧庄、冯庄大纸坊等40多座险工和赵牛新河台楼闸，土马河夏庄闸，管氏河张武闸，丰收河丁刘袁闸等40多座水闸进行除险加固维修改造，方便农民群众生产生活，提高防汛排涝能力。

图11-3-5　引黄桥涵闸（2010年摄）

七、依法治水

1986—2005年，出台《关于加强水利工程用地管理的意见》《河道管理范围内建设项目施工管理办法》等水利规范性文件。2005—2010年，建立市、河道单位、乡村三级联防体系，设立举报电话、建立举报有偿制度、变被动执法为主动执法。严厉打击非法凿井、取土和设障等行为，强化穿跨河项目监管，保护水利工程，维护正常水事秩序。

第十二篇

工　业

1986—2010 年，禹城市大力推动实施工业带动战略，推行股份制和股份合作制、进行产权制度、干部制度、劳动制度、分配制度等一系列改革，禹城工业由小到大、由弱到强，工业发展进一步加快。

至 2010 年，禹城市有规模以上（年销售收入 500 万元及以上）工业企业 281 家，其中，国有企业 4 家，有限责任公司 8 家，股份有限公司 3 家，私营企业 255 家，外商及港澳台商投资企业 11 家。拥有中国驰名商标 7 件，“贺友”中密度板和“保龄宝”低聚糖为中国名牌产品，开发国家级新产品 16 个。形成以生物产业、机械与装备制造、人造板、纺织、食品、建材、化工、医药、电力与供热、钢铁、塑料、工艺品为主导的产业体系。

第一章　工业综述

第一节　工业发展概况

1986 年，禹城县工业主要有纺织、食品、化工、建材、机械、电力、塑料、印刷、自来水等半机械化和科技含量低的行业门类。主要有电、自来水、纱、布、服装、丝、丝织品、食用植物油、棉籽油、面粉、白酒、混合饲料、化肥、水泥、机制纸、塑料制品、家具、耕作机械、脱粒机、中小农具等工业产品。乡及乡以上工业企业 184 家，全部是小型企业。其中独立核算工业企业 113 家，职工总数 12286 人，工业总产值 17192 万元。

1988 年，企业普遍实行厂长（经理）负责制和承包经营责任制，调动工业企业积极性。工业产值首次超过农业产值。1992 年，禹城县工业企业“三项制度”（干部制度、劳动制度、分配制度）改革全面铺开，建成第一个中外合资项目—禹城安鹏电子有限公司。1993 年 9 月 9 日，禹城撤县设市，工业发展进一步加快。1994 年，企业改革开始探索推行股份制和股份合作制，加大兼并、破产、重组力度，以后逐步确立以建立现代企业制度为目标，以公司制为主导形式的改制、改组、租、卖、破并举的改革途径。“八五”期间，热电厂 500 吨木糖项目投产，填补山东省内木糖生产空白。禹王制药公司被山东省科委认定为省级高新技术企业，是德州市第一家省级高新技术企业，禹城市生物产业和高新技术产业也开始起步。1995 年，禹城市乡及乡以上独立核算工业企业 125 家，其中大型企业 3 家，中型企业 11 家，2 家企业实现利税超千万元。

图 12-1-2　全国最具竞争力低碳产业基地城市奖牌（2009 年摄）

图 12-1-1　中国新型（多肽）肥料生产基地授牌　（2008 年摄）

1996 年，企业集团加快发展，先后组建山东兴禹化工集团、山东贺友集团、山东禹王亭集团、山东光大电力集团和禹城环宇集团。“九五”期间，生物产业初具规模，人造板产业加快发展，机械工业由传统农机具和配件向高端产品转型，民营经济进入快速发展阶段，并逐步成为禹城市工业发展主导力量。2000年，禹城市规模以上工业企业64家，工业总产值24.43亿元。拥有省级企业集团6家，11户企业利税过千万元，省级以上高新技术企业发展到7家，高新技术产业完成增加值占规模以上工业比重达到20.8%；私营企业发展到27家，产值达到3.95亿元。

1999年，开始推行产权制度改革，工业企业中国有、集体成分逐步退出。至2003年，除自来水、电力等少数行业外，原国有、集体企业大部分实行经营层控股或买断、法人代表持大股。2002年，山东省政府批准禹城设立省级高新技术产业开发区，2004年12月，禹城市高新区通过山东省政府认定并正式挂牌，成为山东省第一家设在县级市的省级高新技术开发区。“十五”“十一五”期间，经济结构发生质的变化，一、二、三产业，逐步实现二、三、一排序，功能糖、生物产业、装备制造业、人造板企业、绿色产品、羊绒半精纺企业获得快速发展，禹城市成为全国最大的功能糖、人造板、半精纺羊绒和大豆蛋白生产基地，产业特色和工业后劲日益明显。禹城市荣获“中国功能糖城”“中国半精纺毛纱名城”“中国食品馅料城”“中国新型（多肽）肥料生产基地”“全国食品工业强市”“全国科技进步先进市”“国家新型工业化产业示范基地”“全国最具竞争力低碳产业基地城市”等称号，被国家有关部门批复为“国家高技术生物产业基地核心区”“国家级生态建设示范区”。贺友集团获全国人造板制造业第一名，通裕集团获全国模具制造业第一名，龙力、福田、保龄宝雄踞全国淀粉行业20强，龙力公司获国家发明二等奖。2008年，通裕集团成为禹城市首个纳税过亿元企业。2009年，保龄宝生物股份有限公司在深圳证交所上市。

2010年，全市规模以上工业企业达282家，全年完成规模以上工业总产值（按当年价格计算）376.07亿元，完成工业增加值93.13亿元，产品销售收入368.38亿元，利税44.03亿元，利润总额23.62亿元，税金总额20.41亿元。

第二节　工业结构调整

1986年，禹城县有乡及乡以上独立核算工业企业113家，以支农和农副产品加工企业为主，工业总产值17192万元。其中，轻工业63家，产值13778万元，重工业50家，产值3414万元，轻重工业比例80.14 ∶ 19.86。主要行业门类有纺织、食品、机械、化工、建材、电力、塑料、印刷、自来水等，其中纺织业

图 12-1-3　禹王制药车间（2010年摄）

产值占工业总产值比重55.3%，是禹城县工业支柱产业。

“七五”(1986—1990年)期间，建成投产第一造纸厂、红麻纸浆厂、浮雕纤维板厂、第四和第五油棉加工厂、塑料厂扩建等工业项目。1990年，禹城县有乡及乡以上独立核算工业企业143家，工业总产值51773万元，其中轻工业91家，重工业52家，轻重工业产值之比73.29∶26.71。主要行业门类有纺织、化工、建材、食品、金属制品、机械、电力、塑料、制革、造纸、木材加工与家具制造、工艺品等。

图12-1-4　通裕重工车间（2010年摄）

“八五”(1991—1995年)期间，重点发展化肥、水泥、热电、人造板、食品等企业，生物产业和高新技术产业开始起步，化肥、水泥产能扩大，带动重工业比重上升。1995年，禹城市乡及乡以上独立核算工业企业125家，工业总产值111329万元，其中，轻工业65家，重工业60家，轻重工业产值之比48.25∶51.75，重工业产值首次超过轻工业产值。主要行业门类有纺织、化工、建材、食品、机械、造纸、木材加工与家具制造、电力与供热、塑料等。

“九五”(1996—2000年)期间，实施投资500万元以上工业项目76个，竣工投产63个，开发新产品30种，重点实施功能糖、人造板、玉米深加工、“忘不了”3A胶丸、尿素扩产改造、热电扩建等项目。生物产业初具规模，形成以环宇集团、木糖醇厂、东方集团、禹王集团为代表的产业群体。人造板产能加快发展，贺友集团中密度纤维板生产能力由年产2万立方米扩大到10万立方米。通裕集团自主开发大口径球墨铸铁管模、数控电梯导轨刨床两项填补国内空白高科技产品，机械装备工业以农机具及配件为主开始向高端产品转型。2000年，禹城市规模以上工业企业64家，工业总产值24.43亿元，轻重工业比例65.53∶34.47。初步形成以化工、电力、纺织、功能糖、人造板、食品、建材、机电为支柱的产业体系。

“十五”(2001—2005年)期间，轻工业相继投产玉米深加工、大豆深加工、功能糖、人造板、饲料、奶制品、啤酒、羊绒半精纺等项目，重工业重点发展通裕重工、神力机械、鲁银粉末冶金、三阳汽车配件、榕盛钢铁、新园热电、光大热电等企业。工业经济增势强劲，主导产业初步形成，企业科技含量不断提高，高新产业优势明显。功能糖综合产能达到国内总产能60%，中国轻工联合会授予禹城市“中国功能糖城”称号。“十五”末，禹城市规模以上工业企业162家，工业总产值101.72亿元，轻重工业比例调整56.05∶43.95。省级以上高新技术企业发展到14家，高新技术产业产值占工业总产值比重达到34%。形成以生物产业、装备制造、人造板、纺织、食品、电力与供热、化工、医药、钢铁、建材为主的产业体系。

“十一五”（2006—2010 年）期间，山东省政府把功能糖产业列入重点扶持十大高新技术产业之一，禹城市以功能糖和大豆深加工为主的生物产业进一步加快发展，成为禹城市工业第一大产业。保龄宝生物股份有限公司、山东福田药业有限公司、山东龙力生物科技股份有限公司进入全国淀粉行业 20 强；山东贺友集团人造板产能持续扩张，达到年产 100 万立方米，是国内最大的纤维板制造企业；羊绒半精纺企业快速扩张，成为国内最大的半精纺毛纱生产基地，被中国纺织工业协会授予“中国半精纺毛纱名城”称号；重工业重点发展以通裕重工和恒特重工为代表的装备制造业，通裕重工股份有限公司成为全国模具制造业第一名和锻造及粉末冶金行业排头兵，是禹城市首家纳税过亿元企业。

2010 年，高新技术产业实现产值 153.12 亿元，占规模以上工业总产值的比重达 42.14%，全市工业用电量 11.1 亿千瓦时。形成以生物产业、机械与装备制造、人造板、纺织、食品、建材、化工、医药、电力与供热、钢铁、塑料、工艺品为主体的工业框架。主要工业产品有功能糖、豆粕、大豆蛋白、锻件、风电主轴、球墨铸铁管模、挖掘机、耕作机械、金属线材、粉末冶金制品、密度纤维板、装饰纸、水泥、土工布、毛绒纱线、毛绒衫、面粉、酒类、乳酸饮品、豆沙馅、尿素、发电量、供热量等百余种。

第三节 技术创新

禹城市坚持将技术创新作为推动工业发展的重要支撑和强大动力，强化政策引导、资金保障、协调服务，技术创新水平不断提升。

一、创新体系建设

2003—2008 年，建立“产学研资政”五位一体技术创新体系，出台《禹城市加快产学研联合、推进高新技术产业化实施意见》《关于提高自主创新能力建设创新型城市的决定》《禹城市市长创新奖管理办法》等一系列政策文件，形成创新合力。

2008 年，设立技术创新专项资金。将 2% 市财政收入用于技术创新经费，保证开展企业科技研发活动和重大成果转化顺利实施。

同年，推进产学研联合。政府搭建平台，推进企业和高等院校、科研机构之间合作，借力科技资源，提升企业技术创新水平。与清华、北大、中科院、国防科技大学等 50 多家高等院校和科研机构建立长期合作关系。

二、创新平台建设

将创新平台作为技术创新载体，加大资金投入，完善硬件、软件设施，提升创新平台档次水平。建成省级以上技术研发检测机构 27 家，其中，国家级 18 家。包括国家认定企业技术中心、国家糖工程技术研究中心、国家功能糖公共实验室、中国低聚糖产品质量检测中心、木糖醇研究所、中国低聚糖协作秘书处、中国食品工业协会馅料研发中心、中国羊绒检测中心等。建成博士后科研工作站 3 家、院士工作站 1 家。

三、创新成果

1986—2010 年，禹城市企业通过自主研发和产学研合作，先后承担完成国家“863”计划、火炬计划等科技攻关课题，取得重要科技成果 46 项。其中 12 项达到国际先进水平，13 项居国内领先水平，6 项填补国内空白；开发新品种 50 多种，其中国家级重点新品种 16 种；主持制定国家级行业标准 15 项；拥有各类专利 400 余项。先后培育中国驰名商标 7 个、中国名牌 2 个、山东省著名商标和山东省名牌产品 30 余件。其中，龙力“酶法制备低聚木糖技术”2007 年获得国家技术发明二等奖，并列入国家重大科技成果转化专项；“玉米芯废渣制备纤维素乙醇技术”2010年获山东省技术发明一等奖；保龄宝异麦芽低聚糖、L—谷氨酰胺、通裕MW级风电主轴、球墨铸铁管模、禹王“忘不了”3A脑营养胶丸、DHA、EPA标准品、福田木糖醇等产品均被列为国家级重点新产品。

图 12-1-5 迈特力重机厂区建设 （2010年摄）

第四节 工业投入

1986—2010年，禹城市实施工业强市战略，将工业投入、项目建设作为重要抓手，建立项目建设“五个一项目分包责任制”，工业投入保持快速增长。

一、投资结构

1986—2010年，新兴产业和传统产业改造升级所占比重逐步加大，两高一资项目（高耗能、高污染和资源性）比重减小。投资重点领域从高端装备、生物技术逐步扩展到新能源、新材料等新兴产业，投资结构更加合理。

二、项目规模

2008年以后，平均每年有3个项目列入山东省重点，6个项目列入德州市重点。通裕风电主轴产业化项目、保龄宝万吨原料药项目、龙力年产5万吨纤维燃料乙醇项目、福田万吨木糖（醇）项目、禹王年产2万吨乳品蛋白项目、华禧药业培美曲塞产业化项目、贺友热能中心木粉代煤和余热发电、年产30万立方米新型环保阻燃薄型高密度板等项目建成，有力提升产业整体实力，调整优化产业结构。

图 12-1-6 云翔化工有限责任公司 （2010年摄）

1986—2010 年禹城县（市）规模以上工业经济指标统计表

表 12-1-1

年	企业数量（个）	工业总产值（亿元）	销售收入（亿元）	利税（亿元）	总资产（亿元）	职工人数（万人）
1986	113	1.72	1.60	—	—	1.23
1987	126	2.04	2.02	—	—	1.40
1988	128	3.04	2.39	0.27	—	1.52
1989	140	3.84	3.62	0.27	—	1.56
1990	143	5.18	4.12	0.31	—	1.62
1991	143	6.27	4.73	0.33	—	1.84
1992	146	6.66	6.57	0.45	—	2.09
1993	160	6.85	7.17	0.48	—	2.35
1994	145	9.42	9.91	0.90	13.64	2.49
1995	125	11.13	10.36	0.81	17.59	2.2
1996	125	13.60	11.86	1.07	22.54	2.33
1997	119	15.17	14.67	1.35	24.28	2.4
1998	46	13.43	14.86	1.76	29.24	2.34
1999	45	18.30	18.96	2.20	31.46	2.4
2000	64	24.43	24.25	2.82	35.14	2.26
2001	83	30.22	30.53	3.46	39.69	2.26
2002	87	38.21	38.61	4.63	38.60	2.27
2003	114	50.51	49.41	5.82	42.02	2.5
2004	144	66.49	74.42	9.61	57.38	3
2005	162	101.72	103.97	12.91	72.87	3.15
2006	213	147.50	132.17	17.34	98.58	3.65
2007	249	187.09	184.45	26.82	109.81	3.51
2008	261	237.42	251.87	30.19	134.14	3.75
2009	281	300.34	301.50	36.02	138.36	4.22
2010	282	376.07	368.38	44.03	—	—

说明：1997 年前为乡及乡以上独立核算工业

第二章　电力工业

禹城市电力总公司系国有中型企业。始建于七十年代初，至2010年年底公司拥有职工649人，固定资产3.65亿元，2010年完成购电量13.77亿千瓦时，售电量13.27亿千瓦时，销售收入实现6.5亿元。

禹城电网1970年建网，从无到有，由小变大，由弱变强，逐步发展，形成以500千伏变电站和220千伏变电站为主电源、以110千伏变电站为枢纽、35千伏电网为骨干网、10千伏电网纵横延伸的稳定电网。公司有35千伏及以上变电站17座，全部实现无人值守。其中，110千伏变电站2座，35千伏变电站15座，主变总容量383.35兆伏安。35千伏及以上输电线路224.89千米，10千伏配电线路1256.03千米，0.4千伏配电线路2045.67千米。

至2010年，禹城境内拥有220千伏变电站2座，4台主变，容量690兆伏安；110千伏变电站4座，主变7台，容量289兆伏安；热电厂2座，装机7台，总容量90兆瓦；35千伏变电站33座，主变91台，容量430.05兆伏安；110千伏输电线路55.51千米，35千伏输电线路227.656千米，10千伏配电线路1225千米，0.4千伏线路1836千米。配电变压器3673台，配电总容量431.13兆伏安。2010年，用电量为13.77亿千瓦时，电网最高负荷为30.3兆瓦。

“十一五”（2006—2010年）期间，禹城市电力发展较快。以电网建设和改造为重点，扩建富华110千伏变电站，建成投产富华110千伏变电站至糖城220千伏变电站的输电线路—糖富线，新增110千伏变电容量31.5兆伏安，新建110千伏输电线路4.01千米。同时加大措施加快农网和城网建设改造步伐，架设35千伏糖马双回线、糖环线、糖龙线、马段线、来辛线，增容万庄站、城西站、城关站、王桥站主变，扩建城西站，改造梁家站、来凤站10千伏开关柜，改造张庄站、曲庄站刀闸。更换城西站、张庄站保护装置。新建110千伏变电站1座，扩建2座，建成110千伏输电线路55.51千米，建成35千伏输电线路240.295千米，形成遍布全市、科学合理的现代化供电网络。全市7个供电所实现标准化管理，除2010年年末新建的市中供电所外，其余16个供电所均被评为省级标准化供电所；用电营销MIS系统、集中抄表系统、调度自动化、办公自动化等管理信息系统实现联网运行，

图12-2-1　禹城市电力总公司（2010年摄）

构建起快捷高效管理平台。

第一节　发电

禹城电厂主要有禹城热电厂和新园热电厂两家。1986年前，禹城热电厂有35吨链条炉2台，3000千瓦抽凝机组2台，供电能力4258万千瓦时；1989年，新增6000千瓦抽凝机组1台、35吨链条炉1台，供电能力8514万千瓦时；1993年，扩建6000千瓦抽凝机组1台、35吨链条炉2台，供电能力12772万千瓦时；2000年，扩建12000千瓦抽凝机组1台、75吨循环流化炉2台，拆除1#、2#、3000千瓦抽凝机组2台，拆除35吨链条炉2台，供电能力17029万千瓦时；2003年，扩建12000千瓦抽凝机组1台、90吨循环流化炉1台，2007年12月，扩建130吨循环流化炉1台，保证全市居民冬季供暖；2010年，供电能力25229万千瓦时。

2005—2010年新园热电厂发电供电一览表

表12-2-1　　单位：万千瓦时

年限	发电（万千瓦时）	供电（万千瓦时）
2005年	12671.76	10376.6408
2006年	16075.53	13331.6876
2007年	22450.56	18247.7766
2008年	12527.28	8708.1786
2009年	12981.26	8779.1846
2010年	12565.52	7802.1474

第二节　供电

一、设施

2010年年底，禹城市境内有220千伏变电站2座，110千伏变电站4座（富华、梁家、石屯、化肥），自有产权35千伏变电站14座（城北、房寺、马店、王桥、辛店、安仁、城西、曲庄、来凤、城关、莒镇、伦镇、万庄、张庄），开关站1座（姜庄）。

主供电源220千伏禹城变电站，备用电源110千伏富华线（临邑—禹城）。

110千伏梁家变电站。位于禹城市北梁家乡，1997年7月22日正式投运，为禹城北部电网枢纽变电站，主要供电范围梁家乡及原来凤乡。

110千伏富华变电站。位于禹城市开发区，2006年1月13日正式投运，主要给东部开发区供电，是禹城东部电网枢纽变电站。

35千伏城北变电站。位于京福高速公路禹城路口处南约2000米处，2000年12月26日正式投运，主要为禹城市城里四街、东部开发区供电。

35千伏房寺变电站。位于禹城市房寺镇，1995年1月28日正式投运。2005年，变电站设备常规保护改造成微机保护，机械防误闭锁装置改成微机防误闭锁，主要为房寺镇供电。

图 12-2-2 富华变电站施工 （2010 年摄）

35 千伏曲庄变电站。位于禹城市房寺镇东，1979 年 3 月开工，1980 年 1 月正式竣工。变电站设备于 2004 年进行更新改造，更新原来注油式断路器，35 千伏断路器改为真空型断路器，10 千伏断路器改为真空断路器。主要为原大程供电。

35 千伏来凤变电站。位于禹城市原来凤乡西邻，1982 年 4 月开工，1982 年 12 月正式竣工。变电站设备于 2004 年进行更新改造，更新原来注油式断路器，35 千伏断路器改为真空断路器，10 千伏断路器改为真空断路器。主要为原来凤乡供电。

35 千伏马店变电站。位于禹城市市区东郊，2003 年 6 月 18 日正式投运。主要为原廿里堡乡、东部工业园供电。

35 千伏王桥变电站。位于禹城市辛寨乡，1978 年 3 月 1 日正式投运。2003 年，变电站设备常规保护改造成微机保护，机械防误闭锁装置改成微机防误闭锁，是南部电网重要变电站，主要为辛寨、李屯供电。

35 千伏辛店变电站。位于禹城市辛店镇，2003 年 1 月 26 日正式投运。主要为辛店镇供电。

35 千伏城关变电站。位于禹城市高新技术开发区，1989 年 11 月 12 日正式投运。2005 年变电站设备常规保护改造成微机保护，机械防误闭锁装置改成微机防误闭锁。主要为东部开发区供电。

35 千伏莒镇变电站。位于禹城市莒镇乡东邻，1994 年 9 月 16 日正式竣工。2005 年变电站设备常规保护改造成微机保护，机械防误

35 千伏安仁变电站。位于禹城市安仁乡西邻，1996 年 3 月 27 日正式投运。2005 年，变电站设备常规保护改造成微机保护，机械防误闭锁装置改成微机防误闭锁。主要为安仁乡供电。

35 千伏城西变电站。位于禹城市十里望乡政府南约 2000 米处。1999 年 1 月 13 日正式投运。主要为十里望、西部开发区、商贸港供电。

图 12-2-3 安仁镇供电所 （2010 年摄）

图 12-2-4 供电所施工人员架设线路（2010 年摄）

闭锁装置改成微机防误闭锁。主要为莒镇供电。

35 千伏伦镇变电站。位于 308 国道伦镇段南，1986 年 3 月正式竣工。变电站设备于 2004 年进行更新改造，更新原来注油式断路器，35 千伏断路器改为真空断路器，10 千伏断路器改为真空断路器。主要为伦镇供电。

35 千伏张庄变电站。位于京沪铁路禹城市段张庄火车站北约 1000 米处，2001 年 1 月 13 日正式投运。主要为张庄供电。

35 千伏姜庄变电站。位于 308 国道安仁段，2003 年 9 月 17 日正式投运。为禹城电网开关站。

2010 年年底，全市有公共变压器 1185 台，总容量 93040 兆伏安。其中：110 千伏变压器 5 台，总容量 157.5 兆伏安；35 千伏变压器 28 台，总容量 192.2 兆伏安；10 千伏变压器 1185 台，总容量 9.3 兆伏安。

二、线路

2010 年年底，全市境内供电线路 144 条，其中 220 千伏线路 3 条，总长 73.64 千米；110 千伏线路 10 条，总长 117.94 千米；35 千伏线路 48 条，总长 247.04 千米；10 千伏线路 83 条，总长 1340.03 千米。

三、调度

2002 年起，全面实行“三公开、四到户、五统一”供电、用电承诺，即：“公开电费、公开电量、公开电价”“销售到户、收费到户、抄表到户、服务到户”“统一电价、统一抄表、统一发票、统一考核、统一核算”。2007 年，供电量突破 11 亿千瓦时，社会用电量 11.7 亿千瓦时。至 2010 年，实现供电量 13.7 亿千瓦时，社会用电量 13.6 亿千瓦时。

禹城电网处于以德州 500 千伏变电站、220 千伏糖城变电站、220 千伏禹城变电站为主要电源大网中。其主供电源 220 千伏禹城站和 220 千伏糖城变电站，220 千伏禹城站有 150 兆伏安的 220 千伏主变压器 1 台、180 兆伏安 1 台，总容量 330 兆伏安；220 千伏糖城站按 3 台主变（180 兆伏安 / 台）设计，有 220 千伏主变压器 2 台，总容量 360 兆伏安。禹城电网建成 110 千伏出线 4 条，拥有 110 千伏变电站 4 座，分别是石屯站、梁家站、富华站和润田站，电网主要分南部、北部、西部和高新区 4 个供电区域。

南部电网从 220 千伏禹城站出线通过姜庄开关站利用姜王线、姜莒线与石屯站出线石安线、石伦线，伦莒线、安王线将伦镇站、莒镇站、王桥站、安仁站连接，形成一个互为备用可靠的环状供电网络，负责禹城南部地区电力供应。

西部电网从禹城站出线禹曲线、禹房线为房寺站和曲庄站供电，房寺站和曲庄站之间通过曲房线连接，形成可靠的供电网络，负责禹城房寺镇等地电力供应。

北部电网由 110 千伏梁家变电站出线梁来

线、梁辛线、梁张线分别为来凤变电站、张庄变电站和辛店变电站供电，负责北部梁家镇、辛店镇、张庄镇电力供应。

高新区电网主要是通过220千伏糖城站出线，糖富线、糖马I线、糖马II线和糖马T线为110千伏富华变电站、35千伏马店变电站、35千伏城关变电站等提供电源负责高新区全部电力供应。

2010年，禹城电网形成以220千伏为主电源，110千伏电网枢纽、35千伏电网骨干网、10千伏电网纵横延伸的结构。

“十一五”（2006—2010年）期间是禹城市电力发展较快的一段时期，在这期间，自筹资金近亿元，全面改造高中低压电网。高压方面：扩建富华110千伏变电站，建成富华110千伏变电站至糖城220千伏变电站输电线路—110千伏糖富线，新增110千伏变电容量兆伏安，新建110千伏输电线路4.01千米。加快农网和城网建设改造，架设35千伏糖马双回线、糖环线、糖龙线、马段线、来辛线，增容万庄站、城西站、城关站、王桥站主变，扩建城西站，改造梁家站、来凤站、曲庄站、伦镇站、城关站等站10千伏开关柜，改造张庄站、曲庄站刀闸。更换城西站、张庄站保护装置。新建110千伏变电站1座，扩建2座，建成110千伏输电线路55.51千米，建成35千伏输电线路240.295千米。中压方面：治理“卡脖子”线路，开展绝缘化改造，改造10千伏配变线路近500千米，绝缘线路近200千米，更换高耗能、超负荷配电变压器600余台。低压方面：开展“户表改造，一户一表”工作，根据新农村建设要求，开展电气化村改造工作。到2010年年底，更换户表9万只，建成电气化村54个，电气化乡镇2个。低压客户端电压合格率达到98%，供电可靠性达到99.86%，10千伏配电线路平均线损率降为2.01%。

四、用电

（一）第一产业。2010年，禹城市第一产业用电量380万千瓦时，其中农业用电74万千瓦时；林业用电6万千瓦时；畜牧业用电223万千瓦时；渔业用电28万千瓦时；农业服务业用电49万千瓦时。

（二）第二产业。2010年，第二产业用电量占电力行业用电量86.6%。在“十一五”期间，随着工业经济总量攀升、工业化进程的加快其所占比重将继续呈现上升趋势。2010年，禹城市第二产业用电量51007万千瓦时，其中轻工业8373千瓦时，重工业42477万千瓦时。

图12-2-5　抗旱保电服务队（2010年摄）

（三）第三产业。2010年，第三产业用电量2098千瓦时，相比前几年该产业用电量增长迅速。

（四）居民生活用电。随着人民生活水平提高，家用电器普及率迅速加快，电风扇、空调等电器在居民家庭广泛应用，禹城市居民生活用电增长很快。2010年，居民生活用电

图 12-2-6　电力服务促经济　（2010 年摄）

17890 千瓦时，其中城镇居民用电 3023 千瓦时，乡村居民用电 14867 千瓦时。

五、电网改造

2010 年，加大投入、加快进度，电网智能化水平进一步提高，累计投入电网建设改造资金 5000 万元。

（一）主网架。110 千伏富华变电站 2# 主变进行大修，改造、更换 110 千伏梁家变电站综合自动化装置、9613 开关。改造 35 千伏伦镇、城关变电站 10 千伏开关柜，新建 35 千伏李屯数字化变电站。35 千伏线路改造石新线、石电线、电城线、石安线、安王线、万西线 6 条线路，新架设糖马 T 线、西化线、华意线 3 条线路，计 30.7 千米。

（二）中压电网。更换台区配电变压器 140 余台，其中更换非晶合金变压器 50 余台，安装箱式变压器 20 余台；绝缘化改造城区变电站出线电缆及主干线路全部；改造配电线路 110 千米；配合市政工程建设，改造 12 条约 30 千米 10 千伏线路。

（三）低压电网。在改造中采用“三通一标”规范设计标准，提高施工工艺和质量。2010 年，建设绝缘电气化用电村 30 个；安仁镇建成电气化乡镇并通过德州市经信局验收；累计完成 227 个用电村户表改造，更换电子表 3 万余只，更换低压线杆 200 基，改造低压线路 40 千米。

（四）智能电网建设。1. 新建配网自动化系统。在城区配电线路上安装 12 台柱上开关及 7 台环网柜，能迅速完成故障识别定位，并快速隔离，恢复送电。2. 与山东大学合作，研制开发农村 10 千伏线路监控系统。该系统可监控 10 千伏线路中间支线状态。实现实时数据采集、报警分析、线损分析、故障快速定位。3. 新建 3G 独立通信网，可以加载远程网络抄表、负荷管理、配电自动化、配变电检测、电力应急通信、电力调度指挥、远程视频监

图 12-2-7　电网改造　（2010 年摄）

图 12-2-8 智能电网信息自动化 （2010 年摄）

控、智能巡检管理等业务。4. 在 10 千伏农村配电线路分支上安装应用新型故障指示装置 150 套，自动高效检测出故障所在位置。5. 应用光纤测温技术。对 110 千伏富华、梁家变电站，35 千伏城关、李屯变电站开展光纤测温，对变电站高压开关柜、母线桥装设监测点，进行实时在线监测。6. 应用主变油样色谱在线监测技术。完成 110 千伏富华变电站主变在线监测单元的安装，为实行状态检修提供技术保证。7. 新建视频会议系统，实现全系统交互式行政会议和面对面视频交流。

六、管理

日常运行管理。2010 年，采用新技术、新设备，提高巡视质量。制定巡视计划，加大设备巡视力度，责任到人，开展高温特巡、红外测温、隐患排查、负荷实测等工作；及时发现问题，及时申报处理，将运行方式管理制度化。针对不同运行方式，有组织、有重点、有针对性地开展事故预想和反事故演习，提高判断、处置电网故障能力。

设备缺陷管理。结合自身特点，2010 年对设备缺陷管理流程进行梳理和评估，明确职责，严格执行缺陷管理制度，建立缺陷消除责任追究制度，对缺陷“发现—上报—消缺—检查”进行闭环管理，对不能闭环的严格考核责任人。推行状态检修，根据设备技术状态和存在问题合理安排检修时间。加大光纤测温、在线油温监测、农网智能监测等先进手段应用推广。实现实时监测设备，及时发现不良运行状态。

图 12-2-9 电力设备检修 （2010 年摄）

电价管理。对新上专用变客户、电价高改低的客户等进行动态抽查；对易转移负荷客户，安排专人根据其电量多少进行检查。开展营销普查和高耗能客户专项检查，2010 年，调整 552 个用户电价。

1. 抄核收分离。未实现远抄的由营销部组织轮抄并集中录入表码，实现集抄的由抄表

图 12-2-10　电业管理（2010 年摄）

中心导入营销系统进行核算，杜绝 10 千伏配变台区存电量、借电量现象，从技术上杜绝人为责任差错，确保数据真实性。

2. 远程抄表。2010 年，变电站 243 块电能量计量表全部实现光缆通信在线监测；客户自备变、农村综合变、公用配变计 2620 个台区实现远程集抄，在线监测；40 个城区居民小区 142 个终端计 9589 块电能量计量表实现 GPRS 通信电能量采集。

供电所管理。加强供电所安全、电网、营销、服务等方面专业化管理。制定涵盖供电所组织建设、基础管理、流程管理、专业管理等内容工作标准，完善资料管理、线路巡视、营销管理、客户服务、队伍建设等方面规章制度。开展“星级员工管理”，全面提升农电员工素质。

第三章　机械工业

第一节　农业机械

禹城机械工业发展最初源于支农为主的农业机械。1958 年，禹城市的机械行业仅有禹城机械厂，主要生产柴油机、机引耙、旋耕机等农机具。在原机械厂基础上裂变产生益佳、天盛、大地、红日等 9 家农业机械企业，壮大了禹城机引耙规模，机引耙产能 5 万台。1986 年后，以恒特重工、大禹建工、东凯建筑机械等企业为主，形成工程机械产业链。恒特重工年产挖掘机 3000 台，在全国小型挖掘机中位居前列，2009 年，该企业调整产业结构，成立福航环保设备公司，年产污泥干化设

图 12-3-1　山东天盛机械制造有限公司（2006 年摄）

备100台套。大禹建工年产起重机1200台，是全国四家获得生产许可证企业之一。

第二节　装备制造

1991年，禹城通用机器厂成立（当时是镇办企业），奠定禹城机械装备制造业基础。后更名通裕重工有限公司，由管模、铸锻件发展成集大型坯料制备、大型铸锻造、热处理、机械开发设计及制造于一体的产业体系，综合锻造能力居国内同行业第四位，成为亚洲最大管模生产企业、国内最大风电主轴生产基地。

招商引资企业鲁银粉末冶金公司和本土企业三阳汽配、立平缸套、华金缸套等30家企业，形成汽车配件产业链。

通过转方式、调结构和大力招商引资，禹城市引进福宝铸造、博辰液压、三裕风电、重庆忠掣风电、迈特力重工、普华紫光环保设备等企业。装备制造业逐步形成以新能源发电装备、大型装备及核心部件、工程机械、农业机械、汽车配件、节能环保装备等为代表的产业体系，成为禹城市特色支柱产业之一。拥有规模以上企业33家，从业人员9000人，资产总额22亿元。

第四章　建材工业

1986年，禹城市仅有1家建材生产企业。到2010年，禹城市规模以上建材生产企业有水泥及制品、新型建材、装饰材料等生产企业16家，从业人员近3000人，资产总额2.46亿元，行业实现销售收入6.13亿元。

第一节　水泥及制品行业

1986年，禹城县水泥及制品行业有禹城县水泥厂。随着国民经济发展，水泥需求量不断增加，企业生产规模不断扩大。到2010年，发展成为职工1000余人，下辖5个子公司的企业集团。随着建筑行业不断发展，相继建成新兴水泥制品有限公司、十里望袁庄预制厂等水泥制品生产企业4家。2010年，行业实现销售收入2.08亿元。

图12-4-1　浩阳新型材料有限公司　（2008年摄）

第二节　新型建材行业

2010年，禹城市拥有新型建材生产企业

4家，行业实现销售收入1.1亿元。德州市成巩新型建材有限公司，利用建筑废弃物年生产新型墙体材料15万立方米。山东禹城鼎隆新型墙材有限公司，利用粉煤灰等年生产新型建筑墙材5000万块，禹城市博创瑞天科技建材有限公司专业生产隔热夹芯板、彩压型板、C、Z、H型钢等金属、泡沫塑料特种建材。

第三节 装饰材料行业

2010年，禹城市拥有装饰材料生产企业8家，行业实现销售收入2.95亿元。主要有浩阳新型工程材料、盛友保温材料、瑞鑫新型材料、鑫达玻璃纤维、绿兴塑窗型材、天龙玻璃、艾克思管业、通亚管业等企业。

第五章 化工工业

第一节 发展概况

禹城市新型化工产业，可划分为化工原料、农药、化肥三大类。1986年化工企业只有化肥厂、化工厂两家。1990年化工企业增至6家，产值达到4821万元，产品以合成氨，农用化肥、化学农药为主。1995年化工企业达到9家，产值增至8265万元。2000年，化工企业减少为7家，而产值却达到2.92亿元，其中化肥产量达到9.1万吨。2005年，化工企业增至26家，产值达到7.9亿元，其中化肥产量增至27.3万吨。2009年化工企业有31家，产值14亿元。至2010年年底，主要产品为有机肥、复混肥、多肽尿素、甲醛苯。

一、化肥

1986年，有县化肥厂一家，主要生产碳酸氢铵，年生产能力10000吨。

1990年化肥厂兼并滤材厂，重组为兴禹化工集团。1991年兼并磷肥厂，1992年投产尿素，年产量4万吨。1995年兼并禹城建中企业集团。同年被评为“全国化肥生产先进企业”。1999年，年产尿素能力达到13万吨。2001年正式改组为禹城中农润田化工有限公司。2004年，年产尿素能力25万吨。2010年年底，成为全国唯一以煤为原料生产普通尿素、多肽尿素和双酶尿素的氮肥企业，其合成氨生产能力18万吨、尿素30万吨，职工2017人。

2005年润发化工有限公司成立。主要产品有复混肥，有机肥等，固定资产800万元，年产值2500万元，职工150余人。2008年农天化肥有限公司在禹城市肖寺刘工业园成立。注册资金200万元。2010年年底，全市有化肥企业14家，主营业务收入达到37996万元。

二、农药

1988年10月成立禹城县农药厂。后发展为禹城建中企业集团。因经营不善，于1995年11月被兴禹化工集团兼并。注册资金500万元，固定资产880万元，职工46人，其中各类技术人员22人。

三、化工原料

2002年，禹城市三益化工有限公司成立。拥有先进的甲醛生产线3条，多聚甲醛生产线2条，新戊二醇生产线2条、氢氧化钠生产线4条。年可生产甲醛15万吨，多聚甲醛1.2万吨，新戊二醇1万吨，氢氧化钠1万吨。短短几年，三益公司实现高速、健康发展。固定资产8000万元，年可实现销售收入2.5亿元。

2003 年，科兴化工有限公司成立。占地 75 亩，总资产百万元。主要产品有中性施胶剂、表面施胶剂、湿强剂、助留剂、杀菌剂、脱气剂、剥离剂等。

第二节　新型肥料生产基地

2003 年组建新型肥料研发中心。2004 年 6 月开始批量生产多肽尿素。与中国农科院、德州实验站合作，多次实验证明该产品有同量增产、同价增收、提高肥效、改良土壤、改善品质、绿色环保、使用广泛七大特点，综合效益明显。2008 年 8 月，研发出多肽尿素的再升级换代产品—双酶尿素。同年 12 月 6 日，被中国石油和化学工业协会授予“中国新型(多肽）肥料生产基地”和“中国新型肥料研发中心”。

第三节　化工产品

一、多肽尿素

添加瑞利源科技有限公司生产的高新技术产品—金属蛋白酶。具有普通尿素的所有功效。还具有改良土壤、增加产量、抗病、抗逆、改善品质等方面效果。

二、双酶尿素

在普通尿素中科学添加双酶成分，含生物辅酶及主酶、双歧因子等营养成分，使其具有利用率高的特点。至 2010 年年底，普通尿素利用率为 33%，而双酶尿素利用率则达到 70%。双酶尿素具有速效性，长效性的两种氮源。双酶尿素施用量与传统尿素施用量相比，在产量相同情况下可减半施用；在同样用量情况下，能增产 20%—60%。双酶尿素可做冲施、喷施、灌施、撒施、补酶防病。双酶尿素中的生物酶可延缓植物衰老，具有明显的抗逆性、亦能抗旱、抗碱、减少腐烂，延长储藏时间。从根本上解决产品保鲜问题；还能有效防治小叶病、黄枯病、根腐病、立枯病、畸形果、裂果、叶片早衰、冻害等病害；双酶尿素中含有植物生命激活因子，能促进植物新陈代谢，促进成熟。

三、多肽（复混）肥

在多肽尿素基础上，添加“国内首创，国际领先”的金属蛋白酶，开发出多肽（复混）肥。其特点是：金属蛋白酶能激活被土壤中固定的氮、磷、钾重新利用。减少水土污染，减少农民投入，提高产量，能激活土壤中的多种微量元素。

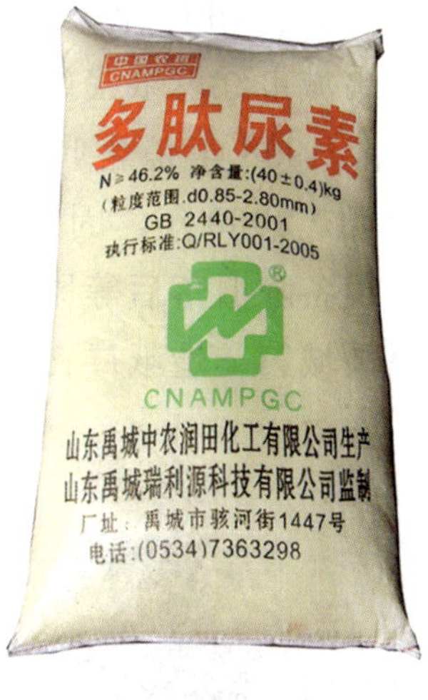

图 12-5-1　多肽尿素　(2010 年摄)

第六章　轻工业

第一节　造纸

禹城第一造纸厂，始建于1987年，系国有小型企业，主导产品双胶纸。1992年，职工367人，1993年，销售收入671万元，利税23.09万元，1994年，销售收入654万元，利税22.9万元。禹城红麻纸浆厂1988年建厂，是国有小型企业。主导产品80克铜版纸、200克铜版纸和卫生纸。1992年，职工人数718人。拥有6个车间三条生产线，1993年，销售收入1178万元，利税50.26万元，1994年，销售收入1550万元，利税60.24万元。1997年11月，禹城市第一造纸厂和禹城市红麻纸浆厂合并为正大纸业有限公司。1998年销售收入4149万元，利税607万元。2000年，因市场竞争激烈，资金不足，设备陈旧落后等原因破产。2000年9月，原禹城第一造纸厂在，改制私营企业，更名北辰新型材料公司，占地面积300亩，总资产1.5亿元，全员职工500余名。其中造纸专业中、高级工程技术人员36人，技术力量雄厚。拥有9大系列，40多个花色品种的装饰、平衡原纸、高档印刷纸和国内先进1760、2640、1575、2400四条多缸长网全数字控制造纸生产线和4条具有国际先进技术全电脑自动控制印刷线，年加工装饰材料2.5万吨，产值2亿元，2010年，上交国税480万元，地税166万元。

图12-6-1　新型装饰纸（2010年摄）

第二节　印刷

2000年前，禹城只有禹城彩印厂一家印刷企业，2000年后，新上印刷企业有：诚达印务、同兴彩印、金德印刷、骇河包装、双星包装彩印。

禹城彩印厂系国有小型企业，前身是1958年6月成立的国有禹城县印刷厂。主导产品为彩色包装盒、彩箱等。1993年，销售收入81万元，利税4.23万元，1994年，销售收入27万元，利税1.53万元；2001年，产值680万元，利税58万元。在岗职工266人。2002年后，因市场竞争激烈，企业资金不足加之设备陈旧落后等原因，经营步履艰难，2004年6月被迫停产。

禹城市双星包装彩色印刷有限责任公司于2001年4月成立，位于禹城市高新区工业园区，占地32亩。主要经营彩色印刷、纸箱包装，2个大车间3组印刷机、2组标符机。2009年，扩建到3大车间，拥有5组印刷设备、3组标符机。2010年，工人150人，实现年销售收入410万元。

第三节　塑料

1977年，建立禹城县塑料厂，原为禹城县酒厂一个塑料车间，以酒精为原料，合成低压聚乙烯树脂，后增加塑料制品加工设备，改为主要生产塑料制品。1986年，塑料制品走俏，市场需求量大，该厂扩建搬迁至行政大街东首，有3个大车间。主要设备有：微膜机组10组、宽膜10组、注塑机3台，职工234人。主导产品有农膜、地膜、可控光分解膜、编织袋。1993年销售收入458万元，利税5.45万元。1994年，增上塑钢车间，农地膜获国家轻工业银奖，年销售收入904万元，利税8.07万元。1998年，销售收入1920万元，利税45.6万元。2003年，因市场竞争激烈，资金不足，设备陈旧落后等原因破产。

图12-6-2　东方塑胶有限公司（2010年摄）

2003年后，陆续新上：鑫明塑编、业伟塑编、佳利丰塑编、汇通达塑胶、正大塑业、精达塑胶、东方塑胶、鲁能管业等多家塑料企业。

第四节　五金

禹城的五金行业，起源于1968年建的禹城县五金修配社。1979年9月，禹城县五金修配社改为禹城县五金厂。1993年，销售收入42万元，利税9400元；1994年，销售收入17万元，利税8900元。主导产品螺丝刀小部件、给济南轻骑厂加工摩托车小配件。1998年，销售收入28万元。2003年11月，因市场竞争激烈，资金不足，设备陈旧落后等原因破产。

第五节　工艺美术

禹城生产的工艺美术品有：花画、雕刻、发制品、玻璃制品等门类。真正形成规模生产工艺美术产品的是大禹花饰生产的绢花。

图12-6-3　炭雕（2010年摄）

禹城大禹花饰有限公司是集设计、生产、销售于一体的民营企业，成立于2003年，产品以人造花为主轴，包含各种人造草、树、蔬菜、果实、花器及各类配件等。是长江以北最大的人造花、人造果生产基地。该公司是经山东省外经委批准具有自营进出口权的唯一一家人造花、人造果生产公司。

图 12-6-4　金属绢花（2010 年摄）

第七章　棉纺织工业

第一节　棉纺织

禹城市棉纺行业起步较早，具备相当的产业规模和基础。主要有山东禹城棉纺织厂、禹城忠斌纺织有限责任公司和山东润丰纺织有限公司。

图 12-7-1　纺织女工车间作业（2006 年摄）

1976年，山东禹城棉纺织厂成立，1990年，拥有职工3100人，生产规模为5.1万枚纱锭和816台布机，年生产各类棉纱6000吨、坯布1600万米；禹城棉纺织厂关键生产及检测设备由日本、德国、瑞士等国引进，是山东省棉纱、坯布等纺织品出口的主要加工厂家之一。1995年12月，山东禹城棉纺织厂改制更名禹城神禹纺织有限公司，注册资本1048万元，经营范围棉纱、混纺纱、棉布、化纤布、服装、针织品纺织原料购销等。

2002年，香港亚洲企业集团整体收购禹城神禹纺织有限公司成立亚洲纺织（德州）有限公司，系港资独资企业。时年亚洲纺织（德州）有限公司有员工2500人，占地390亩，总资产1.2亿元。纱锭6.5万枚，梭织机816台及棉花加工厂、服装厂等。年产棉纱1万吨、坯布1800万米，年自营出口创汇达 1500 万美元，年进出口总额达 2500 万美元，是德州市出口创汇支柱企业之一，海关 AA 级管理企业，并通过 ISO9002 质量体系认证。主要产品有 20s—80s 纯棉、化织和混纺棉纱、线 47″-65″ 各种坯布，产品 95% 以上直接出口，远销韩国、日本、东南亚及欧美等国家和地区。特强聚酯缝韧线和纯棉布两个系列产品，成为出口创汇拳头产品。纯棉布、涤棉布、涤棉纱及特强聚酯缝韧线荣获山东省技术监督局“国际先进水平”称号。

1997 年 5 月，禹城忠斌纺织有限责任公司成立，1998 年投产，有织机 60 台，职工 100 人，附属设施简陋，属微利企业。1998 年来凤乡办织布厂破产，忠斌棉纺厂出资 100 万元购买破产的乡织布厂，企业规模进一步扩大，成为集捻、浆、织一条龙的中型织布企业。

2006 年 9 月，山东润丰纺织有限公司成立，占地 15 亩，总投资 5000 万元。公司员工 100 人，主导产品纯棉纱，拥有 1 万纱锭纺纱能力、可生产 21s—40s 纯棉纱线，年生产能力达 1200—2600 吨，可实现销售收入 1000 万元，利税 100 万元。

2010 年，全市主要棉纺织企业达到 24 家，较大棉纺织企业 1 家（亚纺）。年纺纱能力 16 万纱锭，年织布 5000 万米，生产缝纫线 400 万米，加工服装 20 万件。

第二节　缫丝

禹城制丝行业起源于 1974 年 10 月。禹城制丝厂是山东省丝绸集团有限公司隶属的国有中型企业。主要产品是梅花牌白厂丝。

1986 年，企业在计划经济体制下稳步发展，初具规模。主要设备达到 100 台立缫机。配套七九型复摇机两组，其他辅助设备较为齐全，职工 360 人。生丝实物质量在山东省同行业属中上等水平。由于计划经济严重束缚，职工劳动积极性和竞争意识受到压抑，企业发展缓慢。

图 12-7-2　梅花牌白厂丝（1995 年摄）

八五（1991—1995 年）期间，茧丝绸工业迅速发展，国际国内市场白厂丝供不应求，丝价呈上升趋势，当时 100 台立缫机，年可消化蚕茧 1.8 万担，不能适应蚕茧产量增长需求。为实现当地蚕茧就地加工，增加经济效益，充分利用企业已有基础设备和空间土地，于 1991 年下半年新增加 80 台立缫机，扩大生产规模。1992 年下半年修造混剥选一体的三层选剥楼，淘汰选剥车间板选、手端茧筐的落后设备，改善车间环境和职工工作条件。选剥车间安装筛茧机、安装 3 组 36 台 SDF-507 型机电一体化自动缫丝机、购进并安装 2 组 113 型复摇机，降低生丝切断次数，生丝等级平均提高 30 个级分。1994 年，国内丝绸市场开始疲软，蚕茧价格过高而茧质不好，增加生丝生产成本，企业经济效益开始下滑。

九五（1996—2000 年）期间，丝绸价格一路下滑，白厂丝价位低位运行。市场对白厂丝的品位等级要求越来越高，由于工艺落后，用工多，成本高，难以摆脱困境。

1999 年 4 月，进行技改，淘汰原有缫丝机，改为 D301B 型 5 组自动缫丝机，产品质量提高，职工减员 440 人。煮茧与缫丝连续化，减少人力，达到热茧热缫工艺要求。通过技改，

图 12-7-3 早期老式缫丝机 （1992 年摄）

白厂丝产品实物质量水平显著提高，等级达到3A90 以上。由于水质中 pH 值、总硬度、总碱度、总铁含量远远超过制丝用水标准，直接影响生丝外观质量，1999 年下半年，安装反渗透净水设备，净水缫丝开始使用。白厂丝内在质量和外观质量同时得到用户认可。

90 年代末期，茧丝价格降到最低价位，企业生产所用原料出现短缺，2000 年停产 3 个月，白厂丝成本费用大增，职工队伍不稳定，经营管理困难，2001 年，资金短缺，原料缺口大，企业处于半停产、停产状态，至 12 月完全停产。

“十五”（2001—2005 年）期间，是企业最困难时期，自 2002 年开始，下岗职工无生活保障，各种历史性遗留问题，债权债务纠纷，集中显现。2003 年年底，企业破产。468 名员工被妥善安置。

第八章　食品工业

第一节　食品制造业

一、鸿兴源食品有限公司

山东鸿兴源食品有限公司，是专业从事调味品生产、销售企业，成立于 1999 年 6 月。位于禹城高新技术开发区。员工 500 人，其中专业技术人员 45 人，公司占地面积 300 亩，总建筑面积 11 万平方米，生产车间 10 万平方米。年加工调味品能力 5 万余吨。其经营“鸿兴源”系列调味品有五香粉、炒菜香、包子、饺子料、炖（煲）排骨、炖（煲）鸡料、鸿兴源和谐草本火锅料等几大系列 100 多个品种。公司

图 12-8-1 鸿兴源食品有限公司 （2008 年摄）

联手上海相关企业推出几大系列73种全新高端产品。

公司为“中国调味品协会理事会会员”“山东省食品工业协会理事会常务理事单位”“上海市烹饪协会理事会常务理事”。2010年6月，公司被评为“山东省农业产业化重点龙头企业”。

二、禹城市伊盛清真食品有限公司

禹城市伊盛清真食品有限公司成立于2005年10月，主营业务是：牛羊禽收购、牛羊禽肉食及副产品冷藏、加工、销售；蔬菜批发、零售。年可实现销售收入110万元，实现利税5万元。

禹城市伊盛牛羊畜牧养殖合作社成立于2009年9月，注册资金200万元。合作社以伊盛清真食品有限公司为龙头，形成牛羊育肥、冷藏存储、加工销售一条龙服务。建成东西区羊舍26栋，投资总额1080万元。东西区年出栏量6.7万只。带动周边乡镇散养户及饲养小区6处，两处基地总计年出栏畜禽10万余只。

图12-8-2　伊盛牛羊养殖基地（2009年摄）

第二节　酿造业

1948年10月，禹城洪泉酒厂开始筹建，后改名为“禹城县酿酒厂”。

1985年，开始筹建新白酒车间，1987年竣工投产，总投资140余万元。新增发酵池360个，白酒班9个。1986年，白酒车间的辅助车间——大曲车间建成。1988年，投资70万元新建一个面积达1000平方米包装车间，原包装车间改为粮食酒库。1991年，投资500万元对酒精车间进行二期扩产工程，酒精年生产能力达到5000吨。

图12-8-3　质检人员对白酒质量进行检查（1998年摄）

1994年，禹城市委、市政府将市酿酒厂确定为第一批股份制试点企业。同年8月20日，更名山东禹王亭酒业股份有限公司。

1995年，投资350万元，实施酒精车间第三期扩产工

图 12-8-4　大禹龙神酒业展厅（2010 年摄）

程，酒精年产量增加到 1.5 万吨，成为全国饮料酒行业最大 500 家企业之一和山东省白酒行业 50 强之一。5—8 月先后兼并禹城市彩印厂和果品酿造厂（后改为葡萄酒饮料厂）。

1996 年 6 月以经贸有限公司、葡萄酒饮料厂、彩印厂、生物科研开发有限公司为紧密层企业，组建山东禹王亭集团。山东禹王亭集团是禹城市最早组建的第一家企业集团，集生产、销售优质白酒、高档葡萄酒、天然果汁饮料、彩色包装印刷品和农副产品为一体，属省级企业集团，系国有大型二档企业，有员工 1100 人，工程技术人员 128 人，资产总量达到 8000 万元。企业销售收入首次突破 6000 万元，上缴利税 1129 万元。

1998 年，国家对白酒行业采取限制政策，公司陷入衰退期。至 2000 年，企业生产举步维艰。公司采取分开搞活原则，把山东禹王亭酒业股份有限公司同葡萄酒饮料厂、彩印厂、生物科研开发有限公司分离开来，开始致力于白酒生产。

2003 年，企业进行改制，5 月 20 日，山东大禹龙神酒业有限公司正式挂牌成立。注册资金 1000 万元，生产“禹王亭”“大禹龙神”两大品牌白酒系列产品。

2004 年，公司实现销售收入 8000 多万元，创公司白酒销售最高纪录。2005 年年初，公司扩大企业规模。5 月，占地 410 亩新厂区在禹城市高新技术开发区破土动工。2006 年 6 月，建成投产，年产粮食酒 10 万吨。

公司先后被授予“山东省白酒行业十大品牌”“山东省质量免检产品”“山东省著名商标”“山东名牌产品”“中国驰名商标”“山东省食品行业百强企业”“中国白酒工业百强企业”等荣誉称号。

图 12-8-5　大禹龙神产业园（2006 年摄）

第九章　品牌经济

第一节　名牌产品

禹城市被命名为国家级新产品、中国驰名商标、中国名牌产品、国家免检产品、中国出口名牌产品、山东省著名商标、山东名牌产品的产品达60件。其中国家级新产品16件（风电主轴，多烯康胶囊，DHA、EPA标准品，IMO900异麦芽低聚糖，L-谷氨酰胺，FCC、E967木糖醇，共晶体木糖醇，水溶性膳食纤维，低聚木糖，纤维乙醇，结晶果糖，球墨铸铁管模，超高压铸造大直径特厚无缝钢管，“忘不了”3A脑营养胶囊，大型电渣重熔钢锭，数控电梯导轨刨床），中国驰名商标7件（“龙力”“通裕”“保龄宝”“福田”“贺友”“忘不了”“禹王亭”），山东著名商标14件（“忘不了”“禹王”“贺友”“禹王亭”“龙力”“保龄宝”“福田”“大禹龙神”“鸿兴源”“恒特”“明太郎”“通裕”“易鑫源”“傻小二”），中国名牌产品2件（“贺友”中密度板、“保龄宝”低聚糖），国家免检产品2件（“贺友”中高密度纤维板、“中农”多肽尿素），中国出口名牌产品2件（“福甜”木糖醇、“贺友”密度板）。

2010年禹城市　“山东名牌”产品一览表

表12-9-1　　单位：吨、亿元

产品名称	产量（吨）	产值（亿元）	市场占有率
“禹王”大豆蛋白	50000	9	国内市场占有率利率25%
“禹王”低温豆粕	180000	9.50	国内市场占有率利率40%
“忘不了”脑营养胶囊	4000	0.60	—
“大禹龙神”白酒	3561	1.46	省内市场占有率利率2.6%
“福甜”木糖醇	40000（万粒）	1.10	全球市场占有率利率40%
“龙力”低聚木糖	3500	2.60	全球市场占有率利率80%
“龙力”木糖醇	7560	1.50	全球市场占有率利率30%
“金帅”扒鸡	450	0.10	—
“东方塑胶”管材管件	2000	0.20	—
通裕管模	—	0.71	国内市场占有率利率40%
“绿箭”麦芽糖醇	8998	1.71	国内市场占有率利率70%
“保龄宝”淀粉糖	175000	6.97	—
“鲁樱”豆沙馅	9844	1.17	省内市场占有率50%，国内市场占有率27%

续表 12-9-1

产品名称	产量（吨）	产值（亿元）	市场占有率
“兴达”铝塑板	1000000（平方）	0.50	国内市场占有率 5%
“贺友”中高密度纤维板	—	12.45	—
“鲁银羊绒”半精纺纱线	1200	1.3	国内市场占有率 10%
润田多肽尿素	300000	6	—

第二节　品牌创造

1986—2010 年，进入“八五”时期以后，禹城县（市）委县（市）政府注重抓工业生产，实施工业带动战略，加大对品牌经济引领作用。从只能制造铁锅和手摇水车等小型手工产品，发展到能制造达到国际先进水平的挖掘机、风电主轴和生产能力占国际市场 35% 的低聚糖等高端、高质、高效产业。

一、木糖醇工艺流程

（一）化糖

在搅拌的条件下，用热工艺用水将木糖充分溶解，搅拌均匀打向加氢工序。

（二）加氢

将木糖液在高温、高压、催化剂（雷尼镍）存在的条件下通入氢气，使之进行还原反应，生成木糖醇。催化剂失效后可加碱活化，再进行使用。

（三）脱色、过滤

在适当温度下，利用活性炭吸附作用，在水解液中加入活性炭，搅拌保温，吸附水解液中的颗粒杂质、色素和凝胶类物质，再经板框过滤得到高透光脱色液。

（四）离交

料液顺流经过离子交换树脂，通过离子交换树脂吸附作用和离子交换作用，控制料液 pH 值及电导率，提高料液透光。

（五）浓缩

利用三效降膜蒸发器去除料液中的水分，提高料液浓度。

（六）真空结晶

木糖醇过饱和溶液在一定真空度和真空釜搅拌等条件下，晶粒在降温过程中不断长大。

（七）助晶

在常温常压状态下自然降温，使晶体进一步生长，待物料达到一定浓度时，进行离心。

（八）离心

利用离心机转鼓急速回转产生离心力，使结晶木糖醇与母液彻底分离，晶体留在滤布内，母液甩入母液罐内，达到

图 12-9-1　化糖工序　（2008 年摄）

图 12-9-2　木糖醇离子交换（1992 年摄）

醇与母液彻底分离的作用。1 次母液重返脱色、结晶后作为成品木糖醇，2—4 次母液需要重结晶后溶解才能作为成品木糖醇。

（九）干燥

木糖醇进入流化床与洁净热风混合干燥，将木糖醇中水分去除，达到烘干目的。

（十）筛分

木糖醇通过不同目数的筛网（分别有 8 目、10 目、12 目、16 目、34 目、40 目、60 目），依据客户要求，将木糖醇进行粒度分级。

（十一）磁选

筛分后的木糖醇经过 8000Gs 的磁选装置，除去产品中金属异物。

（十二）包装

将产品按要求进行包装。

（十三）金属探测

产品通过金属探测，检测产品中是否有金属异物。

二、低聚木糖工艺流程

（一）调浆

在调浆罐内注入净化水，投入玉米芯粉使料液比达到 1：8—1：10，升温加入 03 号催化剂，为下一道工序做准备。

（二）高压蒸煮

在高温高压条件下，通过催化剂作用，经由散气筒喷放，爆裂将原料中的木聚糖析出。

（三）酶解

料液在适当温度、pH 值条件下加适量催化剂，并在要求时间内被酶解成低聚木糖。

（四）固液分离

通过渣液分离机，使物料中料渣及部分凝结的蛋白质和胶体以滤布为介质进行分离，产生的玉米芯粉渣及时清理运送至指定料渣存放台。

（五）脱色

利用活性炭的物理吸附机理，除去糖液中大量的色素及无机盐，通过板框过滤去除活性炭，产生的活性炭渣及时清理运送至指定地点。

（六）离子交换

利用阴阳离子交换树脂对阴阳离子的选择性吸附作用，除去糖液中无机盐、有机杂质、色素等物质，离子交换柱再生和水洗时的废液及时排出。

图 12-9-3　树脂离子交换（2010 年摄）

图 12-9-4　膜浓缩提纯工序　（2010 年摄）

（七）纳滤提纯

利用纳滤膜在加压的作用下，溶液中的水、盐和单糖透过膜，使糖液得到浓缩，并提高低聚木糖含量，透过液及时排放。

（八）超滤

利用一定截留量的超滤膜对糖液的颗粒性杂质进行去除。

（九）真空浓缩

利用真空降低溶液沸点原理，将蒸发器与水力喷射器连接，在负压条件下，浓缩糖液至需要浓度，蒸发温度符合标准，糖液无色或微黄透明，无异味。

（十）灭菌

对浓缩后的糖浆进行升温灭菌，要求温度达到 80—85℃，保温 30 分钟，然后进行灌装。

（十一）灌装

在洁净灌装场所内，按灌装要求进行灌装。

（十二）配料

按一定比例将糖浆和糊精进行混合，并升温灭菌后，进行喷雾干燥。

（十三）喷雾干燥

物料经高压泵作用，在干燥塔内干热条件下雾化与热风接触产生热交换，在几秒钟内水分迅速蒸发形成粉末，经旋振筛筛选后成为所需要的固体产品，要求产品是白色粉末，干燥无杂质。

（十四）包装

在洁净包装场所内，按糖粉包装要求进行内包装和外包装。

（十五）金属探测

对每袋产品都进行金属探测，检测产品中是否有金属异物。

三、淀粉糖（功能糖）工艺流程

（一）淀粉乳调浆

淀粉乳可从淀粉车间直接获取，也可通过商品淀粉加水调节得到。如果从淀粉车间打来，一般浓度为 20—22 波美（干物 37%—39%），pH 值 5.5—6.5，需加水调节到干物 30%—35%

图 12-9-5　成品包装　（2010 年摄）

图 12-9-6　保龄宝生产车间　（2010 年摄）

（16—19 波美），pH 值 5.5-6.0，因为加入的水一般用回用的甜水，pH 值较低，在液化之前需加碳酸钠溶液调节淀粉乳 pH 值。同时加入耐高温淀粉酶，准备进行喷射液化。

（二）液化

液化工艺有几种方式，一次喷射一次加酶、一次喷射两次加酶、两次喷射两次加酶等，各种工艺在细节上有差别。该企业采用的是两次喷射两次加酶，在淀粉乳调浆过程中先加入 2/3 总加酶量。一次喷射温度在 105—110℃，喷射后经维持管维持 20 秒（有的工艺要求维持 10 分钟），维持过程尽量保持物料先进先出，以保证足够反应时间，维持结束后经一个反应器，闪蒸降温到 98—100℃，反应 20—30 分钟，出料直接进行二次喷射，二次喷射温度 145—155℃，维持 20 秒，进入闪蒸罐降温到 98—100℃，再加入剩余部分的液化酶，进入到层流反应柱维持 90—120 分钟。层流柱要求物料下进上出，主要是为保持物料先进先出，流出层流柱的物料 DE 值控制在 12—14，也可以适当放宽，要保证碘试不显蓝色，物料流动性好，蛋白凝聚好。

（三）糖化

液化液经换热器或闪蒸降温到 55—63℃，加入糖化用酶，进入糖化罐进行糖化。

如果生产麦芽糖浆，则根据产品要求的 DE 值和组分的不同而加酶量和加酶品种有区别，进料前不需要调节 PH 值，还要保持 PH 值在 5.0 以上。大麦 β 淀粉酶和真菌酶可生成麦芽糖（二糖），加量每吨干物可在 150 毫升至 300 毫升不等，糖化酶可生成葡萄糖（单糖），加量在几克到几十克每吨干物不等，这几种酶可以混合使用，有时为提高麦芽糖含量，还要加入一些普鲁兰酶，用来水解支链淀粉。糖化时间也在 40—50 小时，如果不加糖化酶，反应时间可以缩短，糖化终点 DE 值根据产品要求而定。

（四）过滤

糖化出料进入过滤工序，主要是除去淀粉中带来的蛋白质和脂肪等杂质。过滤一般采用板框过滤机或真空转鼓过滤机，过滤过程中没有特别的工艺要领，按设备操作方法进行操作即可。

（五）脱色

脱色是向糖液中加入活性炭，通过吸附除去糖液中的有色物质，然后再通过过滤将糖活性炭除去。一般脱色之前糖液要升温到 70—80℃，以保证脱色效果，活性炭与产品接触时间要在 30 分钟左右，滤除活性炭的糖液透光率要达到 98% 以上，同时要观察不能让活性炭粉末跑到后道工序。

（六）离子交换

离交过程是通过阳阴离子交换树脂将糖液中的无机离子除去。一般是走阳柱、阴柱，有的再走一遍阳、阴柱，可再走一个小阳柱进行 PH 值调节。树脂使用前要对其进行大处理，大处理需经水洗（用脱盐水对树脂进行清洗）、盐洗（用8%食盐和2%碱溶液对树脂进行清洗）、水洗（用脱盐水清洗树脂中的盐和碱）、转型、定型（用4%盐酸溶液冲洗阳树脂，用5%氢氧化钠溶液冲洗阴树脂）、淋洗（用脱盐水冲洗树脂中的酸、碱，直到出水的电导率小于30）。经上述大处理后，树脂柱即可进糖。从脱色工序过来的糖液需经降温，一般降到60度以下，有的根据树脂的要求降温到45度。阴柱出料电导率正常运行可在10左右，出料的PH值可通过调节阳柱和阴柱的出料比例来控制，当电导率超过30时，就要考虑换柱，对换下的柱子进行再生。再生时，用4%盐酸再生阳柱，用5%氢氧化钠溶液再生阴柱。再生前，用压缩空气将柱内残糖顶回到进料罐，再用脱盐水可蒸发凝结水将树脂上的残糖洗出，洗出的甜水可用来调节淀粉乳浓度，将残糖洗净后，进酸、碱分别对阳柱和阴柱进行再生，进酸、碱时间一般2—3小时，静置浸泡4—8小时，然后用蒸发冷凝水冲洗至电导率100以下，再生结束。

（七）蒸发（浓缩）

蒸发工序即将前道工序精制好的糖液浓缩，一般用三效或四效真空蒸发，为得到高浓度糖浆，在这之后加一套单效蒸发。蒸发出的冷凝液收集进入冷凝液罐，用来作为离交工序的洗水。

四、鲁银羊绒生产工艺流程

（一）合毛：将各种纺织原料通过合毛机均匀混合到一起。

（二）梳机：将合毛后的物料通过梳机梳理除杂，本工序有固废S1产生，同时本工序有废气产生。

（三）并条：将梳机产生的生条进行合并，其中8条并条1条。

（四）粗纱：并条后，通过牵引拉伸，形成粗纱。

（五）细纱：将粗纱进一步牵引拉伸，形成细纱。

（六）络筒：将细纱除去疵点捻接成型生产出筒纱。

（七）并条：将络筒后的细纱两根并成一根。

（八）倍捻：将并条后的细纱进行加捻，形成产品。

图12-9-7 蒸发器（2010年摄）

附：重点企业选介

一、禹城市兴达建材有限公司

禹城市兴达建材有限公司始建于1958年，当时厂名为“禹城县水泥厂”，1991年11月，更名为“禹城县建筑材料总厂”，1994年9月，成立禹城市建筑材料股份有限公司。1999年7月，规范改制为“禹城市兴达建材有限公司”。有职工1012人，各类专业技术人才283人，总资产1.04亿元，山东省建行AA级信用企业。

图 12-9-8 兴达建材有限公司 （2010 年摄）

主导产品“骇河”牌水泥年产能力 45 万吨，“鲁美”牌 ABS 耐腐蚀管材管件系列产品及 UPVC 芯层发泡管材年产能力 2000 吨，“泰德”牌和“雅达”牌铝塑复合板年产能力 170 万平方米。

2000 年 3 月，塑编车间投产，实现水泥塑料编织袋自产自用。12 月，新上 1 条立窑生产线。2004 年 5 月 4 日，水泥生产线试车投产。2009 年，与惠通建筑有限公司合作，新上混凝土搅拌站，年产混凝土 20 万方。2010 年 7 月，关停拆除 4 条立窑生产线。9 月，山东省经信委批准新上 150 万吨水泥粉磨站，企业成功实现转型升级。2010 年实现销售收入 1.41 亿元，利税 536 万元。

二、禹城大禹花饰有限公司

2000 年 3 月，禹城大禹花饰有限公司由高秀珍领头创办。2001 年，在禹王街租赁一处厂区，厂子逐步纳入正轨，初具规模。2008 年 6 月，大禹花饰由禹王街搬入高新区内，相继在有关乡镇发展 12 处加工点，总人数达到 82 人（多为下岗职工，少数残疾人）。企业成为长江以北最大的人造花、人造果生产基地。是经山东省外经委批准具有自营进出口权的唯一一家人造花、人造果公司。其产品除国内销售外，还销往亚洲、欧洲和美洲 60 多个国家和地区。2010 年，销售收入 645 万元，交纳税金 64 万元。

三、禹城棉纺织厂

禹城县棉纺织厂成立于 1976 年。1990 年年初拥有职工 3100 人，生产规模为 5.1 万枚纱锭和 816 台布机，年产各类棉纱 6000 吨，坯布 1600 万米。1995 年 12 月，棉纺厂改制更名为“禹城神禹纺织有限公司”，注册资本 1048 万元，经营范围为棉纱、混纺纱、棉布、化纤布、服装和针织品纺织原料购销等。是德州市出口创汇支柱企业之一，海关 AA 级管理企业，并通过 ISO9002 质量体系认证。公司主要产品有 20s—80s 纯棉、化织和混纺

图 12-9-9 大禹花饰人造花制造 （2010 年摄）

图 12-9-10 纺织生产线 （2000 年摄）

棉纱、线 47″—65″ 各种坯布，产品 95%以上直接出口，远销韩国、东南亚、日本及欧美等国家和地区。特强聚酯缝韧线和纯棉布，为出口创汇拳头产品。纯棉布、涤棉布、涤棉纱及特强聚酯缝韧线获山东省技术监督局“国际先进水平”称号。公司有各类无梭织机 500 台，年产各新型纤维纱线 2 万吨，服装面料 9800 万米，高档衣及休闲服装 1200 万件。

四、保龄宝生物股份有限公司

保龄宝生物股份有限公司创立于 1997 年，总资产 20 亿元，员工 1100 人，其中专业技术人员 400 人，有 2 个生产厂区。是亚洲最大的低聚糖生产企业、国家级重点高新技术企业，中国制造业企业 500 强、中国食品添加剂“百强”企业，全国淀粉糖创业第一名。2009 年 8 月 28 日在深圳证交所上市。公司建有中国糖工程研究中心、中国功能糖产品质量检测中心、博士后科研工作站等科研机构，6 种产品被认定为国家级重点新产品、国际采标产品、中国名牌产品，“保龄宝”被评为中国驰名商标。主导产品高果糖、低聚糖、赤藓糖醇、氨基酸等功能糖，综合生产能力 30 万吨，是可口可乐、雀巢、强生、拜尔、达能等企业主要原料供应商，国内市场占有率达 70% 以上，出口欧美等国际市场。

五、通裕重工股份有限公司

通裕重工股份有限公司，是国家级重点高新技术企业、中国科技名牌 500 强企业、中国工业行业排头兵企业，AAA 级信用企业、山东省首批环境友好企业、中国专利山东明星企业、山东省机械行业十大自主创新品牌企业、“通裕”被认定为山东省著名商标。拥有自营进出口权，拥有“省级企业技术中心”和“省级工程技术中心”荣誉称号。通过 ISO9001 国际贸易体系、ISO14001 环境体系、OHSAS18001 职业健康安全体系、中国船级和法国 BV 船级认证。注册资本 2.7 亿元，总资产 20 亿元，全员 1600 余人（其中：中高级专业技术人员 280 余人）。公司自主研发、拥有完全自主知识产权的 1.5 兆瓦—5 兆瓦风力发电机主轴，被国家科技部等四部委认定为国家重点新产品，填补国内空白，达到国际先进水平。形成年产 4000 支生产能力。成为国内最大的风力发电机主轴企业。除满足国内上电、东电、哈电、南高齿、大连华锐等企业需求外，还出口丹麦（维斯塔斯）、德国（恩德）、西班牙（歌美飒）、美国（GE）、印度（苏思兰）等国家。

六、山东禹王实业有限公司

山东禹王实业有限公司以大豆深加工为主，集生物医药、精细化工、微光电子基础材料为一体的国家级重点高新技术企业、农业产业化国家重点龙头企业、中国专利明星企业和全国食品工业优秀龙头企业，银行信用等级 AAA 级，拥有自营进出口权。公司下属 7 个工业企业，1 个省级企业技术中心、1 个生物研

图 12-9-11 山东禹王实业公司外景 （2010 年摄）

术产业化专项等重大课题和项目 15 项，完成科研成果 20 余项，拥有发明专利 14 项，获国家技术发明奖 1 项，低聚木糖、纤维乙醇等 6 项成果实现产业化。与中国农业大学、中国海洋大学、浙江大学、山东大学等科研院所有着长期稳定合作，聘请 30 多名专家教授担任公司长期技术顾问，在中国农业大学建有生物工程实验室，与中国海洋大学共同组建“海洋中药现代化工程中心”，是山东大学“国家生命科学与技术人才培养基地”实训定点企业，公司通过 ISO9001、ISO14001、OHSAS18001、ISO22000、GMP、清真（HALAL）、犹太食品和清洁生产认证、产品生产线在美国通过 FDA 注册。

究中心、20 多个驻外销售分公司。拥有 3 个国家级新产品，承担着 2 项国家火炬计划。通过 ISO9001 质量体系认证、ISO14001 环境体系认证、HACCP 认证和 IP 非转基因认证、GMP 认证。主要产品：药品、保健食品、营养食品；蛋白原料低温豆粕、大豆分离蛋白、油脂；胶粘剂、化学试剂、乳胶漆等 7 大系列 100 多个品种。

七、山东龙力生物科技股份有限公司

山东龙力科技股份有限公司，是致力于发展现代生物工程科研开发高新技术企业，中国功能糖支柱企业，2010 年成为世界上规模最大、市场占有率最高的低聚木糖生产、研发基地。是以玉米、玉米芯为原料及玉米全株综合加工的国家高技术产业基地，全国淀粉糖行业 20 强企业、全国发酵行业循环经济试点企业、全国食品工业优秀龙头企业。山东省优秀中小企业、山东省百强私营企业。企业拥有国家糖工程技术中心龙力分中心、国家功能性糖类公共实验室、山东省功能糖工程研究中心和省级企业技术中心，承担国家“十五”“863”“十一五”国家高技术产业化示范工程、国家生物质工程高技

八、山东福田药业有限公司

山东福田药业有限公司，公司占地面积 720 亩，拥有资产 6.5 亿元，员工 800 人，其中技术人员 386 人。年产木糖 15000 吨、木糖醇 25000 吨、麦芽糖醇 20000 吨、山梨醇 10000 吨以及 5 万吨其他多元糖醇。有自营进出口权，产品畅销亚洲、欧洲、美洲等三十多个国家和地区。是集科、工、贸于一体的民营科技企业，中国功能糖支柱企业，中国最大的功能性糖醇生产基地，是以玉米、玉米芯为原料进行深加工的国家火炬计划重点高新技术企业、国家生物技术产业骨干企业，在全国同行业中率先实施并通过 ISO9001、ISO14001、OHSAS18000、GMP、HACCP、KOSHER 及 IP 认证。先后荣获“全国食品行业质量效益型先进企业”“中国食品添加剂和食品配料行业百强企业”“全国食品安全示范单位”“中国淀粉行业 20 强企业”“中国轻工业 500 强企业”等称号。

图 12-9-12　山东福田科技公司　（2010 年摄）

并拥有自营进出口权。职工2000余名，其中科研、专业技术人员达450人，中、高级专业职称人员达180名，总资产达50000万元，其中流动资产15000万元，固定资产30000万元，公司连续多年利润突破5000万元，累计上缴利税达10000万元，产品畅销欧美日韩等国家和中国香港澳门地区。先后被山东省和德州市评为纳税大户，并被授予“山东省企业设备管理一级单位”“一级信用企业”“重合同守信用企业”“安全生产三无企业”等荣誉称号。

福甜多元糖醇是“山东省质量免检产品”，经山东省科技厅鉴定，多元糖醇产品在产量、质量及主要消耗指标上，均达到国际同行业先进水平。

九、鲁银投资集团山东毛绒制品有限公司

鲁银投资集团山东毛绒制品有限公司（简称鲁银羊绒）系上市鲁银投资集团股份有限公司全资子公司，1998年成立，注册资金10000万元，主要生产经营羊绒制品的加工、销售，

图 12-9-13　鲁银羊绒公司生产车间　（2010 年摄）

十、久和集团

久和集团创建于1996年，位于山东省禹城市高新技术开发区，占地面积300余亩，员工700余人，固定资产5亿元，年设计加工能力6万吨，是一家集研发、生产、销售于一体的大型馅料生产企业，下辖久和食品（德州）有限公司、德州鲁樱食品有限公司、德州鲁川食品有限公司三个全资公司，主导产品有糖纳豆系列、无蔗糖系列、中秋馅料系列、水豆沙系列等几大系列100多个品种，畅销全国各地及日、韩、东南亚、欧洲等国家和地区，“十一五”期间，实现利税2800多万元，2010年实现利税1000万元。

集团被中国焙烤食品糖制品工业协会评为“全国冷冻饮品行业原辅料优秀供应商”，并被吸收为正式会员；连续7年被中国食品工业协会授予“中国烘焙十大馅料企业”；被中

图 12-9-14　久和产品　（2006 年摄）

国食品工业协会批准合作设立全国唯一国家级食品馅料研发中心—中国食品工业协会馅料研究中心，并两次荣获国家级“食品馅料科技成果奖”；被各级政府部门授予“山东名牌”“中华人民共和国海关信得过企业”“山东省出口创汇先进企业”“结汇信得过企业”“省级守合同重信用企业”等。

十一、禹城化肥厂

禹城化肥厂始建于 1970 年 9 月，1973 年 3 月投产，是全国唯一以煤为原材料生产普通尿素、多肽尿素和双酶尿素的氮肥企业，职工 2017 人。企业后更名为“山东禹城中农润田化工有限公司”。

1995—1996 年对小尿素进行“4 改 6”技术改造，新增加 2 万吨尿素生产能力。2003 年实施新增 2 万吨合成氨改造，尿素生产能力达 30 万吨。2004 年研制出“国内首创，国际领先”节能环保高效新产品—多肽尿素。2007—2008 年建成醇烃化净化装置，代替高能耗的铜洗净化装置，同时生产 6 万吨甲醇。2009 年研发生产多肽尿素升级换代新产品—双酶尿素，其中双酶成分能大幅度提高肥料中各种养分利用率，产品销往全国 26 个省市。公司先后荣获“全国化肥生产先进企业”“全国化肥企业 100 强”“中国化工行业 500 强”“中国制造 500 强”“中国新型肥料基地”“中国新型（多肽）肥料生产基地”“山东省节能先进企业”等荣誉称号。

十二、山东百龙创园生物科技有限公司

山东百龙创园生物科技有限公司成立于 2005 年 12 月，注册资金 3000 万元，公司员工 320 名（其中高级工程师 30 名，中级专业技术人员 50 名）。公司占地 117 亩，总资产 2.13 亿元。是以生物工程为主导产业的高新技术企业，公司于 2006 年 12 月份通过 ISO9001 质量管理体系认证，同年实现销售收入 1336 万元，利税 352 万元；2010 年实现销售收入 27137 万元，利税 4700 万元。

图 12-9-15　中农润田化工　（2010 年摄）

山东百龙创园生物科技有限公司是“中国功能糖城”代表和支柱企业，是国内最大的功能糖（低聚果糖）生产基

图 12-9-16　百龙创园生产的产品　（2010 年摄）

地，是中国发酵工业协会淀粉糖分会副理事长单位、中国发酵工业协会常务理事单位、中国发酵协会多元醇分会理事单位、2008 年中国最受欢迎烘焙原料品牌、市级高新技术企业、2010 年中国功能糖生产企业 10 强。

十三、山东绿健生物技术有限公司

山东绿健生物技术有限公司是以生物工程为主导的国家级重点高新技术企业，是中国糖醇行业中规模最大、自动化程度最高的现代化企业之一。公司占地 270 亩，职工 420 人，其中技术人员 104 人，资产总额 3.07 亿元，固定资产 1.23 亿元。年产麦芽糖醇 2 万吨、木糖醇 16000 吨，产品质量达到国际先进水平，其中结晶麦芽糖醇属国内首创、世界领先。

公司先后荣获“国家级重点高新技术企业”“中国食品工业优秀企业”“山东名牌”公司在全国同行业率先通过并实施 ISO9001：2000 国际质量体系认证、KOSHER 认证、ISO22000：2005 食品安全管理体系认证、ip 认证、哈拉认证、中华人民共和国卫生注册证书。

十四、山东德信羊绒制品有限公司

山东德信羊绒制品有限公司成立于 2003 年 4 月，位于山东省禹城市高新技术开发区德信大街，专业生产各类针织、机织半精纺纱线及高档针织服装，属多元化综合型企业。公司占地面积 195 亩，投资 1.8 亿元，有熟练技工 2200 余人，中、高级专业职称人员 360 名，年产羊绒混纺和新型动、植物纤维纱线 3000 吨，各类针型服饰 60 万件，销售 4.5 亿元。

十五、山东鸿兴源食品有限公司

山东鸿兴源食品有限公司成立于 1999 年 6 月，是一家主要从事家庭调味品开发、研制、生产、销售的股份制企业，公司注册资本 500 万元，员工 180 人，其中专业技术人员 40 余人，公司占地面积 50 余亩，总建筑面积 21500 平方米，生产车间 7000 余平方米。年可加工调味品 4000 余吨。主要生产和销售“鸿兴源”和“佳佳美味”系列调味品，品种达 70 余个。产品畅销全国 20 余个省市。

图 12-9-17　绿健生物有限公司　（2010 年摄）

图 12-9-18 鸿兴源产品宣传 （2010 年摄）

十六、山东禹城汉能光伏有限公司

山东禹城汉能光伏有限公司成立于 2010 年 12 月 8 日，隶属汉能控股集团。公司员工 398 人，其中技术管理人员 109 人，博士硕士学历人员占 10%，本科以上学历人员占 30%。公司产品为非晶硅/非晶硅锗三叠层薄膜太阳能电池，是世界最先进的硅基薄膜太阳能电池之一。总投资 120 亿元，规划用地 1500 亩，达产后年产能将达到 1 千兆瓦，年产值达到 120 亿元，可直接解决就业 6000 余人。

十七、山东福宝铸造有限公司

山东福宝铸造有限公司于 2009 年成立，是一家采用树脂砂先进工艺生产大型冶金模具的铸造生产企业。公司职工 200 人，占地面积 60 亩，建筑面积 15000 平方米，主要经营机械铸件生产加工及销售，年设计生产高质量大吨位机械铸件 3 万吨，年可实现销售收入 28000 万元，利税 4000 万元。

第十章 企业改革

1986—2010 年，对各企业有重点、分层次、多形式、按步骤进行体制改革，增强企业活力，加快全市工业化进程。

第一节 承包经营责任制

1986 年，禹城县成立县经济体制改革办公室，具体负责全县企业改革。1987 年，禹城县属工业企业中有 80% 全民企业实行上缴利润包干，超收分成，歉收自补承包形式；1993 年，禹城县委、县政府以点带面，搞“破三铁”（打破铁饭碗、铁工资、铁交椅）试点，在全市进行用工制度和工资制度改革，实行岗位技能工资；在事业单位下属企业实行国有民营试点，以合同形式确定国家与企业的责、权、利关系，企业获得一定自主权，改变以往国有企业只能由国家负亏的局面，积极推动企业发展。承包经营责任制尚未触及企业制度特别是产权制度等深层次问题，企业经营机制未能转换，加上缺乏产权约束机制，在承包过程中遇到“死基数”与“活市场”，企业与政府之间“一对一”谈判，承包者与政府讨价还价等情况，由此造成承包者负盈不负亏，盈利归自己，亏损归国家，国有资产严重流失现象。不同程度地存在着“以包代管”，拼时间、拼设备、压积累，对周期长，投资大，承包期内难以见效的技术改造项目不积极等现象。

第二节　产权制度改革

一、改制形式

1996年，禹城市委、市政府成立专门办公室，出台具体政策，着手进行市属企业产权制度改革，具体有股份制、股份合作制、出售、兼并、合并、转让、拍卖、破产、组建集团等九种形式。

（一）股份制。包括股份有限公司和有限责任公司两种。1. 对部分规模较大，市场前景广阔的企业按《公司法》要求进行操作，建成规范股份有限公司。山东禹王亭集团公司通过规范完善，经山东省政府批准组建“山东禹王亭集团股份有限公司”。2. 对产品市场看好的外向型企业，引进外资，嫁接改造，组建规范的有限公司，如禹城神禹纺织公司等。

（二）股份合作制。此形式是中共十四大确立的一种公有制重要实现形式，股东之间可以资金联合或劳动联合，股东人数没有限制。股份合作制是禹城市属企业改制主要形式：1. 企业职工全员买断。对净资产较少，职工对企业信任程度高，购股有积极性的，由企业内部职工出资买断净资产，组建股份合作制企业。2. “零资”改制。对资不抵债的企业，将资不抵债额在企业内部挂账，在净资产为零基础上，增资扩股进行股份合作制改造。3. 先租后股。对资不抵债，人员包袱重的企业，实行“先租后股”。改制后新企业为独立法人单位，不承担原企业的债权债务。4. 国有（集体）参股。对评估后净资产较大，全员职工难以全部购买的，实行全员职工控股，产权单位参股组建股份合作制企业。

图 12-10-1　股份合作制企业兴达建材公司　（2010年摄）

（三）出售。即将生产性净资产全部或部分出售。1998年，禹城敞开大门，面向外部，打破行业、隶属、所有制和行政区域界限，公开出售。市属企业出售占18%，乡镇企业出售占82%。

（四）兼并。由优势企业兼并劣势企业全部资产并承担债权、债务及职工安置。禹城市农药厂和磷肥厂由于经营管理不善，被禹城兴禹化工集团兼并。兴禹化工集团接受这两个厂的全部债权债务，安置全部职工，对其实施兼并。

（五）合并。即按照优势互补原则，将若干中小企业产权合并，扩大经营规模，组建新的股份制或股份合作制企业集团。

（六）转让。所有企业都可以在有利于提高资产运营质量和效益前提下，有偿或无偿转让给优势企业。面向德州市、山东省内外，主动向大集团靠拢集中，依靠大集团雄厚资金、科学管理、灵敏信息和先进技术，搞活、搞大、搞好经营，提高经济效益。2000年前后，禹城市兴禹化工、神禹纺织、禹冠工程塑料厂、禹王亭集团股份有限公司、天成机械公司等企业按照一企一策原则，先后实施股权转让。

（七）拍卖。对比较边远企业、微小型企业和亏损企业，采取公开竞价形式，向社会拍卖。拍卖标可以是设备，也可以是全部资产，还可以被优势企业或自然人出资整体收购。

（八）破产。即对那些长期经营不善，不能清偿到期债务，资不抵债的企业，由企业申请，报禹城市产权制度改革领导小组同意，由法院对其实施破产。2000年以前，先后有工业系统制丝厂、塑料厂、曲轴厂、扒鸡公司、华福集团、彩印厂、五金厂、华彩公司、葡萄酒厂等企业进行破产。对破产企业，妥善处置职工权益，并对有关职工进行再就业安排，确保社会稳定。2000年前，先后有39家市乡企业依法破产，破除债务2.61亿元。

（九）重组集团。禹城市改制与改组相结合，对骨干和有发展前景的企业，以产权为核心，以资产连接为纽带，采取膨胀发展，优势企业低成本扩张，名牌产品辐射带动，跨所有制联合发展形式，重组集团，扩大企业经营规模，提高其产品知名度。

禹城市市属企业股份制改革一览表

表12-10-1

原企业名称	改革前企业性质	改革后企业名称	经营范围	改革形式	股权结构（%）			
					股本总额（万元）	国家集体持股比例（%）	法人代表持股比例（%）	个人股（%）
山东兴禹化工集团	国有	兴禹化工（集团）公司	化肥	国有独资	14801	100	—	—
山东省禹城市酿酒厂	国有	山东禹王亭集团酒业股份有限公司	白酒、酒精、葡萄酒、果汁饮料、印刷及纸制品	股份公司	1086	72.40	17.4	10.2
禹城棉纺织厂	国有	禹城神禹纺织有限公司	纯棉、化纤及混纺纱、线、布、服装	有限公司	1048	—	—	—
贺友集团	国有	贺友集团公司	中纤板及木家具	股合	175	—	30.24	69.76
禹城建材总厂	国有	禹城兴达建材有限公司	425#水泥 ABS管件	股合	194.29	—	16.11	83.89
山东天成机械集团公司	国有	山东天成机械集团公司	农机及配件	股合	100	—	30	70
禹城中商食品有限公司	合资	禹城中商食品有限公司	红豆馅系列产品	合资	63.53	—	76	24
禹城市热电厂	国有	禹城热电有限责任公司	电力热能	国有独资	1771	100	—	—
禹城市木糖醇厂	国有	禹城福田药业有限公司	木糖、木糖醇	有限	489	50	2.17	47.83
禹城市曲轴厂	国有	天宇曲轴有限公司	曲轴系列产品	股合	79.5	—	30	70

续表 12-10-1

原企业名称	改革前企业性质	改革后企业名称	经营范围	改革形式	股权结构（%）			
					股本总额（万元）	国家集体持股比例（%）	法人代表持股比例（%）	个人股（%）
外贸施工队	国有	外资机械施工公司	土方工程	股合	76.7	—	30	70
红麻纸浆厂	国有	汇丰纸业公司	制浆、造纸	股合	119	—	30	70
塑料总厂	国有	发达塑料公司	吹膜、制袋	股合	103.6	—	30	70
明珠纸业公司	国有	北辰纸业公司	造纸	出售	—	—	—	—
水利安装队	国有	水利建安公司	水利工程	股合	58	—	30	70
华彩公司	合资	华彩公司	灯饰	合资	110	—	—	—
五金厂	国有	宏远五金公司	机械制作	股合	58	—	90	10
自来水公司	国有	自来水公司	供水	未改	—	—	—	—
福利化工厂	国有	福利化工厂	化工产品	未改	—	—	—	—
保龄宝生物开发公司	集体	保龄宝生物开发公司	低聚糖系列产品	股份有限	146.5	—	40	60
东方饲料	集体	东方饲料有限公司	饲料	股份有限	55.6	—	30	70
昌盛公司	集体	昌盛包装制品公司	塑编制品	股份有限	105	—	40	60
联销农资	集体	联销农资	化肥农药农机	股份有限	85	—	32.5	67.5
旭辉集团	集体	旭辉饲料公司	饲料	股份有限	67.2	—	35.2	64.8
大禹集团	集体	大禹集团精细化工	氧化镁制品	股份有限	10	—	70	30
面粉厂	国有	面粉工业有限公司	精制、普通等面粉、面条、杂粮	股份有限	140	29.8	22.1	48.1
龙凤鸡业公司	国有	龙凤鸡业有限公司	鸡肉系列产品	合资	6万美	外方1.5万美元 中方4.5万美元		—
金属木材公司	国有	森宝建材有限公司	金属材料、建筑材料、冶金炉具大五金等	股合	9.3	—	32.3	64.5
中樱食品公司	合资	中樱食品公司	豆沙馅	合资	60	—	—	—
鲁禹食品公司	合资	鲁禹食品公司	牛肉加工	合资	600	—	—	—
良种棉加工厂	合资	良种棉加工厂	棉花加工	合资	60	—	30	60

禹城市市属企业破产一览表

表 12-10-2

原企业名称	性质	破产时间	备注
二轻综合贸易公司	国有	1996.08	已终结
安鹏电子有限公司	合资	1996.12	已终结
建忠集团农药厂	国有	1996.12	已终结
第一造纸厂	国有	1997.08	已终结
红麻纸浆厂	国有	1999.06	已终结
塑料厂	国有	2003.07	已终结
曲轴厂	国有	2004.01	已终结
华福集团公司	国有	2003.01	已终结
乐星扒鸡总公司（种鸡厂、出口食品厂、饲料厂、生化厂、乐星食品公司）	国有	1997.09（2005.04）	已终结
葡萄酒厂	国有	2007.07	已终结
彩印厂	集体	2007.07	已终结
机械厂	国有	2008.01	已终结
鲁禹食品公司	合资	2005.07	已终结
物资建材公司	国有	1996.06	已终结
燃料公司	国有	1997.11	已终结
金属木材公司	国有	1998.06	已终结
机电化轻公司	国有	1998.06	已终结
兴禹物资公司	国有	1998.08	已终结
煤建公司	国有	2003.06	已终结
供销社食品厂	集体	1996.09	已终结
第一油棉加工厂	集体	2003.03	已终结
第五油棉加工厂	集体	2003.03	已终结
禹城市中供销社	集体	2006.01	已终结

续表 12-10-2

原企业名称	性质	破产时间	备注
毛巾厂	集体	2008.05	已终结
劳动局五金厂	集体	2003.04	已终结

二、改制成效

（一）产权明晰。绝大多数市属企业改制后，经营者观念转变，过去有困难找“市长”转为有困难找“市场”，自主经营，自我发展。2005年，贺友集团重组破产后的禹城市塑料总厂后，经过大干苦干加巧干，维修改造部分设施，并充分利用原有土地和厂房新增上木地板项目，拉长产业链条，2010年，成为全国最大的中密度纤维板生产企业。

（二）资产盘活。通过改制，企业募集资金1.5亿元，盘活存量资产5.2亿元。改制企业干部职工责任感增强，进一步提高企业关切度，职工“主人翁”精神进一步加强。禹城市润田化工公司与外地中农集团这家大企业建立密切的业务关系后，新注入资金800万元，在盘活资金基础上，使当年经营极度困难的润田化工发展成中国化肥行业百强企业。

（三）机制健全。改制企业按照《中华人民共和国公司法》建立健全内部法人治理结构，董事会、监事会、经理层“三权”鼎立，相互制衡，改变过去“厂长经理一锤定音”一人说了算的“一言堂”状况，使企业经营管理和日常决策有法可依，有章可循。一些改制企业建起六大机制，即决策、监督、激励、约束、风险和制衡机制，得到德州市体改委重视和肯定，并在全德州市推广。始建于1997年的保龄宝生物有限公司改制后，激发公司总经理刘宗利的创业激情，他按照“六大机制”，在董事会、监事会、经理层“三权”相互制衡下艰苦创业，成功上市。2010年年末，该公司名列中国制造业企业500强，成中国淀粉糖行业20强企业。2007年，保龄宝荣获功能糖领域唯一“中国名牌产品”和“中国驰名商标”称号。2001—2010年，该企业产能增长120倍，资产增长70倍，直接或间接向社会提供9600多个就业岗位，产业链条辐射100多万农户。

（四）民主选举。企业改制后，“政企分开”迈出实质性步伐。企业领导班子不再由党委、政府或主管部门任免，而由全体股东民主选举产生，较好地解决企业经营者过去对上负责多，对下负责少问题。

（五）强化管理。禹城市各企业普遍建立健全内部配套制度，以《公司章程》为准则，企业生产经营、劳动用工、人事管理、收入分配、技术改造等方面开始走上制度化、规范化、科学化轨道，经济增长方式发生新的变化。禹城市面粉厂强化管理，不仅提高劳动效率，机械化设备的提高改进也减轻职工劳动强度，职工收入不断提高。

（六）荣誉称号。禹城市市属企业改革始于1994年。至2010年，禹城市企改工作一直处于德州市各县（市、区）前列。1994年，被山东省委、省政府确定为全省首批“改革开放试点县”；1999年，被山东省政府确定为“全省县域企业改革先进县”（全省有禹城、文登、寿光三个先进县）；2002年，被山东省人民政府确定为“全省资本运营联系县（市）”。

（七）资本运营和企业上市。自2002年开始，禹城市按照山东省政府实施“资本运营联系县（市）”的要求，大力培植上市资源，逐步推进企业上市。2007年，禹城市贺友、通裕、保龄宝、龙力、福田药业、禹王集团等6家企业，被纳入山东省上市资源后备库，后备资源企业个数在德州市各县（市、区）中名列前茅。2008年，保龄宝生物有限公司成功引进战略投资者增资扩股，变更注册为股份有限公司。2009年8月28日在深圳证券交易所成功挂牌上市，募集资金4.1亿元，实现禹城市上市企业零突破。至2010年年底，禹城市通过私募股权融资和上市募集资金达11.75亿元。禹城市企业上市工作形成“挂牌上市—辅导申报—改制培育”良性梯次格局。到2010年年末，禹城市有3家上市集团公司。

图12-10-2　保龄宝技术人员研发产品（2010年摄）

第十三篇

民营经济

禹城市志

1986—2010年，禹城县（市）民营经济日益兴盛，发展势头日渐强盛，成为禹城经济发展主力军。20世纪80年代禹城民营企业开始起步，2010年发展到363家，私营企业人数49767人，总产值3982536万元，个体工商户10351户，从业人员19264人，总产值746305万元，成为禹城市经济重要支柱。

第一章　民营企业

第一节　行业门类

20世纪80年代初，禹城县个体私营企业（民营企业）开始起步。1988年以后趋于合理，经济效益明显增长。1989年，初步形成以纺织、建材建筑、化工、造纸、食品、精油加工、电子等为主的15个行业，生产123种产品。

1990年以后，乡镇企业产业结构在逐年发展中有很大变化。1996年，乡村工业企业发展到218家。2000年，6958家。2005年，达10108家。2010年，功能糖、装备制造、纺织服装、化工、食品、生物技术、家具制造、汽车零部件、农副产品加工、调味品等成为禹城市民营经济支柱产业主导产品。民经企业发展到363家。

图13-1-1　乡镇企业工作会议（1992年摄）

1987年县办、乡镇办、村办企业个数、从业人员情况表

表13-1-1

产业项目	县办		乡镇办		村办	
	个数	从业人数	个数	从业人数	个数	从业人数
工业企业	418	8236	115	4458	303	3778
建筑企业	32	3636	20	3432	12	204
交通运输	43	102	6	66	37	36
商业饮食业	49	215	14	92	35	123
服务业	19	43	6	25	13	18
农业企业	19	112	8	77	11	35
其他企业	15	48	5	13	10	30
合　计	595	12392	174	8168	421	4224

1996年分行业的企业个数情况表

表13-1-2

产业项目	企业个数	乡办企业	村办企业	联合企业	个体企业
农　业	12	8	4	—	—
工业企业	2432	107	111	184	2030
施工企业	796	21	40	151	584
交通运输企业	2712	5	14	103	2590
商品流通企业	4344	45	19	114	4166
餐饮企业	812	5	3	5	799
旅游服务企业	106	—	—	—	106
其他企业	445	—	—	—	445
合　计	11659	191	191	557	10720

1996年分行业的企业从业人员情况表

表13-1-3

产业项目	从业人数	乡办从业人数	村办从业人数	联合从业人数	个体从业人数
农　业	287	181	106	—	—
工业企业	27944	8511	5174	2231	12028
施工企业	17277	6472	2033	2705	6067
交通运输企业	6306	83	126	412	5685
商品流通企业	9296	267	138	448	8443
餐饮企业	4473	23	56	19	4375
旅游服务企业	215	—	—	—	215
其他企业	952	—	—	—	952
合　计	66750	15537	7633	5815	37765

1996 年分行业的企业总产值（1990 年不变价）情况表

表 13-1-4

产业项目	总产值（万元）	乡办总产值（万元）	村办总产值（万元）	联合总产值（万元）	个体总产值（万元）
农　业	815	529	286	—	—
工业企业	120615	36027	21178	10918	52492
施工企业	38887	10654	7203	8041	12983
交通运输企业	26986	2445	1039	4071	19431
商品流通企业	36252	2593	1623	3749	29287
餐饮企业	10763	77	600	25	10061
合　计	234318	52325	31929	26810	123254

1996 年分行业的企业增加值情况表

表 13-1-5

产业项目	增加值（万元）	乡办增加值（万元）	村办增加值（万元）	联合增加值（万元）	个体增加值（万元）
农　业	188	529	286	—	—
工业企业	37348	12038	6990	2957	15363
施工企业	8912	2691	1694	1505	3022
交通运输企业	6332	633	272	905	4522
商品流通企业	8875	660	409	633	7173
餐饮企业	2620	16	150	4	2450
合　计	64627	16157	9584	6004	32882

2000 年乡镇私营工业分行业情况表

表 13-1-6

产业项目	企业个数	年平均人数	总产值（万元）	增加值（万元）
一、轻工业	566	8937	110560	30858
以农副产品为原料	346	5821	82181	22938
以非农副产品为原料	220	3116	28379	7920
二、重工业	164	6961	54548	15224

续表 13-1-6

产业项目	企业个数	年平均人数	总产值（万元）	增加值（万元）
加工工业	164	6961	54548	15224
食品加工业	151	2710	50041	13972
粮食及饲料加工业	91	1069	34795	9711
植物油加工业	41	274	3379	943
食品制造业	48	178	5315	1483
糕点糖果制造业	48	178	5315	1483
饮料制造业	7	82	2295	640
白酒制造业	7	82	2295	640
纺织业	7	389	4410	1230
棉纺业	2	298	3829	1068
服装及其他纤维制造业	5	384	5827	1626
服装制造业	3	291	5135	1433
制鞋业	2	93	692	193
皮革、毛皮、羽绒及制品	8	155	1682	469
木材加工及竹、藤、棕草制品业	30	115	6306	1760
家具制造业	62	1469	4145	1156
造纸及纸制品业	7	187	735	205
造纸业	2	87	289	80
印刷业、记录媒介的复制	21	152	1425	397
化学原料及化学制品制造业	15	789	11214	3129
基本化学原料制造业	15	789	11214	3129
医药制造业	3	180	6515	1820
橡胶制品业	3	190	1460	407
塑料制品业	40	398	12455	3476
非金属矿物制品业	103	5404	22904	6392
水泥制造业	67	7339	9690	2704
砖瓦制造业	36	3065	13214	3688

续表 13-1-6

产业项目	企业个数	年平均人数	总产值（万元）	增加值（万元）
金属制品业	119	969	9570	2671
其他制造业	101	2147	18809	5249
工艺美术品制造业	6	540	786	232
合　计	730	15898	165108	46082

2005 年乡镇私营规模以上工业分行业情况表

表 13-1-7

产业项目	企业个数	年平均人数	总产值（万元）	增加值（万元）
一、轻工业	80	14870	782464	172606
以农副产品为原料	67	13060	619653	136357
以非农副产品为原料	13	1810	162811	36249
二、重工业	36	5255	330791	73568
加工工业	36	5255	330791	73568
农副食品加工业	28	2891	259535	56809
谷物磨制	9	306	14828	3009
饲料加工	5	393	55543	12244
植物油加工业	1	60	935	209
制糖	5	1552	178199	39192
屠宰及肉类加工	6	548	7098	1541
其他农副产品加工业	2	32	2932	614
食品制造业	10	1323	65349	14028
糕点、巧克力及蜜饯制造	1	29	2768	596
方便食品制造	1	56	1859	405
液体乳及制品制造	1	300	5357	1161
调味品、发酵制品制造	1	342	4986	1135
其他食品制造业	6	596	50379	10731
纺织业	9	1447	25546	5424
纺织服装、鞋、帽制造业	7	2751	86145	19296

续表 13-1-7

产业项目	企业个数	年平均人数	总产值（万元）	增加值（万元）
皮革、毛皮、羽毛（绒）及制品	3	667	3687	780
木材加工及木、竹、藤、棕、草制品业	3	3172	148353	33339
家具制造业	2	131	9232	1957
造纸及纸制品业	1	340	9545	2047
印刷业、记录媒介的复制	4	379	14750	3194
文教及体育用品制造业	1	56	4158	896
石油加工、炼焦及核燃料加工	1	34	2585	544
化学原料及化学制品制造业	14	2732	147434	32197
医药制造业	2	1200	130536	29265
塑料制品业	9	497	23043	5027
非金属矿物制品业	7	349	13108	2781
金属制品业	9	914	36301	8092
通用设备制造业	1	890	123734	28608
专用设备制造业	3	286	8798	1622
交通运输设备制造业	1	56	820	166
电器机械及器材制造业	1	28	596	102
合　计	116	20125	1113255	246174

2010 年禹城市私营规模工业分行业情况表

表 13-1-8

产业项目	企业个数	年平均人数	总产值（万元）	增加值（万元）
农副食品加工业	58	8032	1531935	359276
谷物磨制	3	115	19273	4488
饲料加工	6	542	151973	35724
植物油加工业	7	1633	313474	73547
制　糖	11	3588	921846	216046
屠宰及肉类加工	31	2154	125369	29471
食品制造业	20	1934	238676	54886

续表 13-1-8

产业项目	企业个数	年平均人数	总产值（万元）	增加值（万元）
焙烤食品制造	2	35	9849	2286
方便食品制造	2	58	8201	1939
液体乳及制品制造	2	328	61060	13218
调味品、发酵制品制造	4	468	35097	8021
其他食品制造业	10	1045	124469	29422
饮料制造业	7	735	58650	13383
酒的制造	6	665	55496	12662
软饮料制造	1	70	3154	721
纺织业	10	2135	82031	18507
纺织服装、鞋、帽制造业	17	3336	397754	92359
皮革、毛皮、羽毛（绒）及制品	1	30	6835	1629
木材加工及木、竹、藤、棕、草制品业	7	1824	214727	50350
家具制造业	2	52	13246	3120
木制家具制造	2	52	13246	3120
造纸及纸制品业	2	332	28590	6736
印刷业、记录媒介的复制	4	175	20720	4957
石油加工、炼焦及核燃料加工	2	31	4582	1074
化学原料及化学制品制造业	32	4122	355981	84059
医药制造业	7	515	28614	6446
橡胶制品业	1	19	1404	332
塑料制品业	19	1250	97117	22611
非金属矿物制品业	12	456	38279	9022
金属制品业	21	907	150868	35122
通用设备制造业	7	702	41540	9814
专用设备制造业	17	2491	467965	113622
电器机械及器材制造业	4	109	8765	2098

续表 13-1-8

产业项目	企业个数	年平均人数	总产值（万元）	增加值（万元）
工艺品及其他制造业	21	2244	127640	28909
电力、热力的生产和供应业	4	764	60027	14466
燃气生产和供应业	1	32	6590	1549
合　计	363	32227	3982536	934327

第二节　企业改制

图 13-1-2　乡镇企业制衣车间　（1986 年摄）

1981 年开始，在禹城县乡镇企业中推行“五定一奖”联利计酬责任制，逐步消除“大锅饭、平均主义”。1986 年，发展到经营承包责任制。承包形式是根据企业不同情况，分“计件工资、利润分成、大包干、基本工资加奖励、浮动工资加定额”五种形式。承包内容和方法是：全面清理和核定固定资产、生产费用、流动资金等，造册登记，发包方移交给承包方。承包内容较全面，指标较合理，利润分配做到兼顾国家、集体、个人三方利益。许多企业签订合同后，立即制定计划，培训干部、职工。制定对职工奖惩办法。1986 年，禹城县 142 处乡镇企业全部实行承包责任制，实行厂长组阁，责权利相结合。这些企业中，实行大包干的 84 个，占企业总数的 58%；实行超利润分成的 35 个，占 26%；实行利润分成的 23 个，占 16%。通过企业改制，

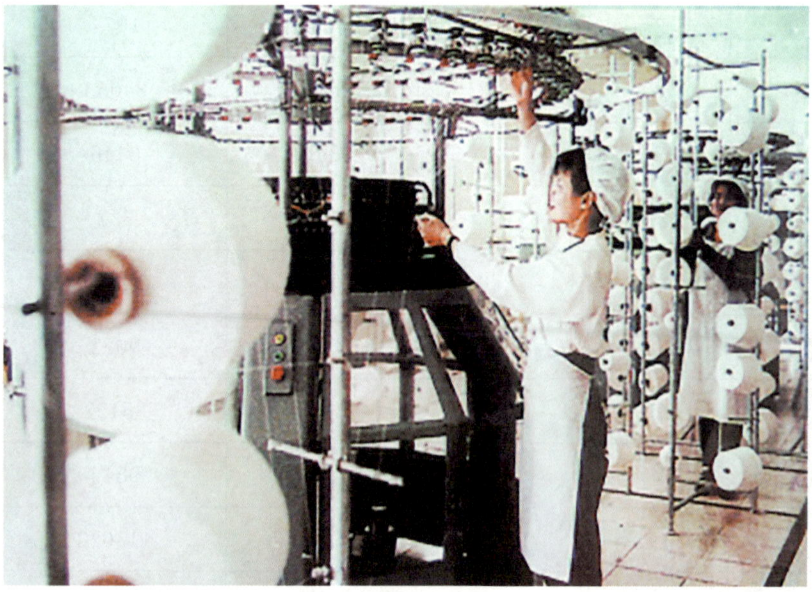

图 13-1-3　乡镇企业生产车间　（1996 年摄）

图 13-1-4　珍赛饮品公司车间　（2010 年摄）

批复后再实施改制。1996 年年底，19 个乡镇的 152 个乡镇集体企业全部改制成个体私营企业。

第三节　企业管理

一、计划管理

落实“七五”计划和十年规划实施，禹城县每年制定下达乡镇企业年度综合计划和财务计划。综合计划主要指标有总产值、总收入利润、转移农村剩余劳动力、安全和主要产品产量等。财务计划指标有经营利润率、产值利润率、资金周转率、原材料消耗、工资、成本等，将各项指标下达到各乡镇，各乡镇再将指标分别下达到各企业。各乡镇、各企业十分注重企业计划管理，全部按照年度计划要求，结合本乡镇、本企业实际制定计划和措施，保证按计划完成任务。

二、生产管理

从 1986 年始，按照六条标准，充实调整

在乡镇企业实行经营承包责任制，调动大家积极性和创造性，给民营企业带来生机活力。

1988 年，乡镇企业把竞争机制和风险机制引入到企业承包中去。按照能者上，平者让，庸者下原则，通过竞争、考核，确定企业经营者。按照“两权”分离原则，把经营权真正交给承包者。

禹城县（市）乡企实行承包制，以包代管至股份合作制一直发展到 1996 年 8 月，部分企业处于停产半停产状态。禹城市委、市政府结合禹城实际进行改制，实行企业产权制度改革。以国资局、审计局、乡镇企业局、体改办等部门组成企业改革办公机构，设 5 个专业小组。即宣传组、资产评估组、产权界定组、验收组、综合组。各乡镇也建立专门机构，从 1996 年 8 月 30 日乡镇所有集体企业全部结账，进行清产核资，列出全部生产清查表上报。根据企业上报情况进行评审界定产权，进行评估，

图 13-1-5　中科华凯公司车间　（2010 年摄）

乡镇企业系统领导班子。举办17期培训班，培训干部职工3219人次，先后有13人被评为地级农民企业家，并从外地引进7名高级管理人才。1990年，禹城县确定41个乡镇百万元以上企业为全县重点企业。

1988年，禹城县8个企业实行股份合作制，62个企业实行抵押制。1996年年底，通裕集团公司，原是房寺镇一家镇办企业，通过改制，做到产权清晰。该企业转变经营方式，加大企业投入，聘请高级管理和科研技术人员，强化管理，招商引资，不断开发新产品，拓宽销售市场，扩大规模，成为禹城市经济骨干力量。

三、财务管理

1986年，禹城县财政局、县乡镇企业局联合举办乡镇企业会计新财会制度学习班，建立新的企业财会体系。1994年，执行全国统一的《企业财务通则》《企业会计准则》及《山东省乡村工业会计工作规范化办法》，禹城县乡镇企业实施管理核算型。1995年，禹城市乡镇企业局召开全市乡镇企业系统财会工作会议。表彰40个财会工作先进单位和80名优秀财会人员。先后集中举办5期培训班，每期30人至50人不等。组织人员到植物油厂等企业参观学习，提高财务人员政治素质和业务能力。

四、质量管理

1986年，禹城县各乡镇经委强化乡镇企业质量管理，强化质量意识，强化质量教育，使干部职工坚持"信誉第一、用户至上"以质量求生存的方针。1991年，禹城县组织84个QC小组，每组3—10人不等，小组人员按照全县规定要求和计划目标，检查生产经营、技术设备、产品质量等问题，发现问题，攻关解决。1988年，禹城县组织1610人到外地先进单位参观学习。乡镇各企业逐步建立专门机构，狠抓计量管理。制定计量管理技术提案、原始记录器具配备、检测和提高技术素质等制度，职能部门定期到企业检查指导、考核，促进企业计量管理规范化。加强企业原材料管理，做到购进有计划，原材料质量有标准，严格出入库手续，消耗有定额，降低生产成本，提高产品质量。

五、安全管理

2002年，禹城市成立安监局，民经局设立安全科，各乡镇由1名副职分管安全生产。层层落实责任，签订安全生产责任书。安监局和民经局不定期组织消防、电业等部门深入企业检查安全生产，及时消除隐患。督导企业提高安全意识，严防安全事故发生。

六、企业培训

1986年，禹城县乡镇企业局举办8期培训班，培训400多人。1987年，举办会计、统计培训班4期，培训200余人。举办企业管理培训班2期，培训150人。1988年，举办6期，培训1836人。通过考核评审，评出会计师16

图13-1-6　乡镇企业职工中专招生统考辅导班（1990年摄）

人，助理会计师 89 人；统计师 6 人，助理统计师 27 人；经济师 48 人，助理经济师 186 人；建筑材料专业工程师 12 人，建筑材料专业助理工程师 75 人；机械专业工程师 7 人，机械专业助理工程师 34 人；助理工艺美术师 2 人。1988—2010 年，禹城县（市）乡镇企业局经批准成立禹城县（市）乡镇企业培训中心，并与德州市乡镇企业函授中专学校联合，同烟台大学合作，建立禹城函授站，实行常年培训。到 2010 年年底，共培训 1.86 万余人次。

七、技术引进与改造

1986—2010 年，制定《关于招聘人才、引进人才、项目、资金，实行优惠政策的暂行规定》，先后引进 3200 多名技术人才，有些较大企业与 51 个大专院校、科研院校及部门建立起科技协作关系。

1989 年，分批组织禹城县砖瓦厂厂长和技术人员到天津市武清县石各庄振兴砖瓦厂学习技术改造，取得显著成效。善集砖瓦厂探外烟道，安装节能型引风机、砖坯加内燃改变码塞方法，产量提高一倍，1 万块砖耗标准由原来 1100 公斤降到 220 公斤。城关砖瓦厂自制新型砖机，采取塞顶引风，提高点火速度，产量提高 30% 以上。禹王公司、通裕集团、保龄宝、龙力等一大批企业依靠技术改造，坚持技术创新，企业越做越强。禹王公司植物油厂在专家教授指导下，加强技术研究，将原设计能力日加工大豆 50 吨扩大到日加工大豆 100 吨，生产能力提高一倍。

图 13-1-7　原廿里堡乡砖瓦厂机械化施工　(1990 年摄)

第四节　服务体系建设

1986—2010 年，禹城县（市）委、县（市）政府及各乡镇党委、政府强化领导，出台政策，优化环境，促进全县（市）乡镇企业民营经济快速发展。2003 年 5 月 8 日，禹城市德州扒鸡产业协会成立。2004 年 11 月 12 日，成立“山东禹城市新型塑胶建材产业协会”；2004 年 11 月 13 日，成立“山东禹城市汽车配件行业协会”。组建两个担保公司，一个信用联盟，一个中小企业网络信息平台，一个中国青年创业国际计划（YBC）禹城工作站。

一、禹城市诚达信用担保公司

禹城市诚达信用担保公司是一家民营股份制企业，成立于 2003 年 5 月，注册资金 1000 万元。主要业务是给中小型企业和个体工商户提供流动资金及其他多种可行性贷款担保。严格执行《中华人民共和国担保法》和《中小企业融资担保机构风险管理暂行办法》，对内加强制度建设，风险防范，对外加强与金融机构联络沟通，建立起良好银保合作关系。至 2010 年年底，公司为 1000 多家业户提供贷款担保，累计保额达 6 亿元。

二、禹城市中小企业信用联盟

禹城市中小企业信用联盟 2008 年 4 月成立，注册资金

300万元，入盟企业40家，每家入盟企业缴纳10万元作为入盟资金。信用联盟章程规定企业入盟自愿，退盟自由，贷款担保优先的原则。积极推进信用联盟及贷款一体化方式开展工作，为企业融资5000万元。

三、禹城市融达担保有限公司

禹城市融达担保有限公司成立于2003年5月20日，注册资金5000万元，满足各担保用户需求，扩大对外担保能力。

四、中小企业网络信息平台

山东中小企业全程电子商务平台是山东省第一个面向中小企业的全程电子商务服务平台。包括交易、管理、协同三大部分，其中“交易”实现网上商城、网络营销、商机撮合、网上支付、即时通讯等电子商务过程交易；核心部分“管理”，涵盖传统ERP的全部功能，解决ERP与电子商务脱节的弊端，中国ERP产业发展推进一大步；“协同”解决企业与上下游合作伙伴业务协同，实现企业内外部物流、资金流、商流和信息流全面集成。采用软件服务化SAAS模式，低投入成本，低维护成本、低投入风险、低应用门槛，让中小企业用户能够按需服务，随需应变。该平台可帮助用户有效开展电子商务活动，并将内部管理与电子商务相融合，实现企业商务过程全程管理，从外部营销，到商务沟通、产生订单，到订单支付，执行、物流等全过程。同时，实现企业与上下游业务伙伴间业务协同，包括询价、报价、订单等协同。通过该平台建立，极大地服务禹城市中小企业用户。

五、中国青年创业国际计划（YBC）禹城工作站

中国青年创业国际计划（YBC）禹城工作站于2009年7月16日成立，工作站宗旨是培养创业精神，提高创业能力，提倡企业社会责任，促进经济与社会协调发展。工作站职责是沟通会员与政府部门、社会各界的联系，加强同地区间青年、社团交流，参与社会公益活动，扩大会员交往范围和社会影响。举办有益于创业就业、有利于社会发展的各类培训及交流会。提供创业政策咨询服务，帮助会员及时获取有关经济、科技、人才、管理、法律等方面信息，开展针对社会下岗失业青年和大中专毕业生创业就业活动。工作站成立以来，根据YBC宗旨和章程，组织导师考察、评审青年创业项目30余个，将符合条件的12个项目上报YBC全国办公室进行复审。至2010年年底，8个项目复审成功，每个项目获得全国办公室给予的5万元无息资金支持，并为每名创业青年配备一名创业辅导导师，推动青年创业项目良好运作。

第二章　发展历程

第一节　发展概况

改革开放以来，民营经济经历一个由小到大，由弱到强的发展历程。大体经历三个主要阶段。

一、起步阶段

农村实行联产承包责任制以后，从农业生产中解放出来的农民最早成为个体工商户。他们小本起家，在摸索中经营，并以其“船小好调头”的灵活性，迅速适应着社会主义市场经济这一新生事物，如雨后春笋般迅猛发展。其

图 13-2-1 达利毛绒制品有限公司旧址 （1992 年摄）

经营行业主要有建材、农机、粮食加工、化工、皮革等。1979 年，禹城县发展企业 75 处，全部企业总产值 105 万元，利润 163.8 万元，从业人员 3506 人。由生产队兴办的草柳编厂产值达 51.42 万元。同时，手工业加工、手工业作坊、建筑队等企业也在悄悄兴起。这一时期经营特点是规模小、效益低，个体经济只是家庭收入的补充。

二、发展阶段

1986 年前后，禹城县集贸市场逐步恢复和禹城县委、县政府出台《大上乡镇企业、鼓励发展个体经济规定》，在从业人员范围、办证、税费、占地等方面明确优惠政策，禹城县乡镇企业和个体经济发展掀起一个新高潮。至 1996 年，企业发展到 11659 个。其中，乡办企业 191 个，村办企业 191 个，联办企业 557 个，个体私营企业 10720 个；从业人员 66750 人，其中乡办企业 15537 人，村办企业 7633 人，联办企业 8515 人，个体私营企业 37765 人。总产值 234318 万元，其中乡办企业 52325 万元，村办企业 31929 万元，联办企业 26810 万元，个体私营企业 123254 万元。1990 年，禹城县委、县政府认真贯彻《山东省乡村集体工业企业管理条例》和《中华人民共和国乡村集体所有制企业条例》，坚持“内涵外延并举，注重效益”原则，促使乡镇村企业和个体私营企业快速发展。每年在全市范围内对私营企业和个体私营户进行表彰，促进民营经济良好发展。这一时期民营经济正处于资金积累和流动发展阶段。

三、壮大阶段

经过改革开放多年成长与发展，民营资本有效积累，市场份额明显提高，民营经济进入第二个发展高潮。

1996 年，禹城市委、市政府因势利导，出台政策规定，立足市情，确立禹城市发展非

图 13-2-2 纺纱厂纺纱车间并粗工段 （1992 年摄）

图 13-2-3　福田公司功能糖研发中心　（2006 年摄）

公有制经济方向和目标。提出放宽市场准入条件，简化登记注册手续，减少登记发证前置条件，注册登记实行一条龙服务程序，支持个体私营企业参与国有、集体企业改制，鼓励和支持有一定实力的个体私营企业租赁、兼并、承包、收购国有、集体亏损企业，参与国有、集体企业重组，并制定出相关优惠政策等。将非公有制经济发展列入对市直部门和乡镇的考核，民营经济内迅速发展壮大，个体工商户发展速度与经济效益同步提高。全市私营企业年从业人数由 1987 年的 12392 人增至 2010 年的 49767 人，增长 400%；总产值由 1996 年的 234318 万元增至 2010 年的 3982536 万元，增长 170%；增加值由 1996 年的 8823 万元增至 2010 年的 934327 万元，增长 105%。私营经济成为禹城市经济重要支柱。

1996 年，以推行现代企业制度，增强企业活力为目的的市乡企业改革蓬勃兴起。禹城市大批乡镇企业被个人买断。在国有企业改革中，民间资本也大量涌入，有的通过个人买断兼并，成为名副其实的私营企业。至 1996 年年底，全市 19 个乡镇 152 个乡镇集体企业全部改制为个体私营企业。禹城市涌现出“保龄宝”“龙力”“百龙创园”“绿健”等以生产赤藓糖醇、低聚异麦芽糖、低聚果糖、菊粉、结晶果糖、麦芽低聚糖、木糖醇等为主要产品的一大批生物科技有限公司。禹城市生产的功能糖占全国总量的 46%，被国家命名为“中国功能糖城”。其中“保龄宝生物股份有限公司”名列中国制造业企业 500 强，中国淀粉糖行业 20 强。至 2010 年年底，全市私营企业营业额达到 278.23 亿元。户均注册资金达到 30.9 万元，户均营业额达到 435.5 万元。民营经济实现增加值 120.1 亿元，民营经济成为市域经济重要组成部分。

民营经济的发展，缓解了城乡就业压力。2010 年，全市非农业从业人员 59720 人，其中，个体私营从业人员 49767 人，占 80%。民营经济发展进一步缓解农业剩余劳动力、城镇待业青年和国有企业下岗职工就业压力，维护社会稳定，造就一大批经营管理型人才。

第二节　个体工商户

自 1981 年起，乡镇企业开始发展个体所有制企业（亦称私营企业），其中包括联户办和户办两级企业。较早发展的联户企业（亦称合伙企业），即由几户农民联合起来，共同投资经营，共担风险，利益均沾。至 1986 年，一家一户独资经营，自负盈亏的家庭企业，开始起步发展。个体私营企业具有投资少、规模小、经营活、见效快、收效大等灵活随意性，能充分调动投资者和经营者积极性，禹城县个体企业发展比较快，在禹城县乡镇企业中同样占有相当重要地位。1986 年，个体私营企业发展到519户，产值达1127万元，占禹城县乡镇企业总产值的8.9%；联户办私营企业116处，产值337万元，占禹城县乡镇企业总产值的6.16%。

1988年开始，个体私营户和联户私营企业有新的发展。1988—1990年，个体私营户分别是2535户、3937户、5632户，产值分别是6493万元、9989万元、16426万元，分别占全县乡镇企业总产值的20.32%、20.40%、23.28%。联户办私营企业分别是235户、574户、599户，产值是2332万元、8460万元、9077万元，分别占全县乡镇企业总产值的7.30%、12.28%、12.87%。

随着国有企业和集体企业破产倒闭及农业机械化的发展和普及，大批下岗职工和农民都加入到个体私营工商户企业队伍中来，禹城市委、市政府把民营经济列为"天字号"工程，个体经济飞跃发展。1996年，个体工商户10720户，从业人员达37765人，总产值达123254万元，占全市民营经济总产值的52%，增加值32882万元，占民营经济总产值的50.8%。2005年，个体工商户15657户，从业人员达44315人，总产值达856339万元，占禹城市民营经济总产值的33.2%，增加值159844万元，占民营经济总产值的32.2%。2010年，个体工商户10351户，从业人员达19264人，总产值达746305万元，占全市民营经济总产值的15%，增加值158013万元，占民营经济总产值的13%。

第三节 私营企业

至2010年年底，禹城市私营企业达到1070家（工人在10人以上的企业），其中，较大规模企业276家（工人在20人以上的企业），另有小型企业4962家（工人在10人以下的小型企业）。主导产业涉及到生物产业、装备制造、羊绒半精纺、人造板、化工、绿色食品等六大支柱产业。六大产业集群效应非常明显，支撑作用强劲，其销售收入占规模以上企业的83.4%，带动禹城市民营经济发展。

通裕集团有限公司是国内新兴的重大装备研发制造企业，注册资本2.7亿元，总资产35亿元。企业拥有员工2065人，其中，中、高级专业技术人员560人。是国家级重点高新技术企业，中国机械工业优秀企业，中国科技名牌500强企业，中国大企业集团竞争力500强企业。

保龄宝生物股份有限公司是以生物工程为主导的"国家级重点高新技术企业"，名列中国制造业企业500强、中国淀粉糖行业20强，保龄宝荣获功能糖领域唯一的"中国名牌产品"和"中国驰名商标"等称号。

山东禹王实业有限公司总资产3亿元，国家级重点高新技术企业、中国专利明星企业和全国食品工业优秀龙头食品企业。公司拥有四

图13-2-4 金鹏生物公司生产车间 (2010年摄)

图 13-2-5　百龙创园公司生产车间　（2006 年摄）

大支柱企业，即制药公司、化工厂、蛋白厂、植物油厂；三个知名品牌；一个研发中心；两个研究所。在全国有 32 个驻省外分公司。

山东德信羊绒制品有限公司成立于 2003 年 4 月，占地面积 195 亩，投资 1.8 亿元，技工 2200 余人，中高级专业职称人员 360 名，年产羊绒混纺和新型动、植物纤维纱线 3000 吨，各类针织服饰 60 万件，销售 4.5 亿元。

山东百龙创园生物科技有限公司成立于 2005 年 12 月，年产量达 6 万吨，注册资金 3000 万元。占地 117 亩，总资产 21300 万元，员工 320 人。是中国发酵工业协会常务理事单位，中国发酵工业协会淀粉糖分会副理事长单位，中国发酵协会多元醇分会理事单位，高新技术企业。

山东鸿兴源食品有限公司创建于 1999 年，是“中国调味品生产十强企业”“中国味界十大风云企业”。注册资本 1500 万元，资产总额 1.8 亿元，2009 年，实现销售收入 1.29 亿元，利税 2231 万元。在全国同行业中排名第三。

在“十二五”期间，禹城市加快企业组织结构调整，通过兼并、联合、重组等形式，形成一批拥有自主知识产权，主业突出，核心能力强的大公司和企业集团，提高产业集中度，发挥对禹城市民营经济支持和促进作用。

2010 年私营企业情况一览表

表 13-2-1

产业项目	企业个数	从业人数（人）	营业收入（万元）	利税总额（万元）	上缴税金（万元）
功能糖产业	15	3696	397503	27833	9613
装备制造业	426	5812	32087	32087	20181
纺织服装产业	180	6839	359321	25153	4732
化工产业	148	1248	343617	24053	1966
食品产业	1489	8768	227592	15937	3731
生物技术产业	550	3212	250756	17563	3029

续表 13-2-1

产业项目	企业个数	从业人数（人）	营业收入（万元）	利税总额（万元）	上缴税金（万元）
家具制造业	46	368	14542	1052	97
汽车零部件产业	155	775	37637	3167	195
农副产品加工产业	1868	11208	462102	32353	12788
调味品产业	85	1053	18435	1276	524
合　计	4962	25384	2143582	180474	56856

第四节　园区建设

禹城市委、市政府制定政策，出台措施，引导生产企业集聚在民营园区内，形成一批有产业规模、有主导产业优势的工业园。对入区企业实行准入制度，实现区域经济优化升级，形成新的配套市场，科学合理配置生产要素，延伸产业链条，民营经济产业结构得到调整和优化。大量农民向二、三产业和小城镇转移，为小城镇建设提供产业支撑，推动农村工业化与城市化协调发展。民营园区提高民营企业的集聚效应和规模效应。有利于生产要素优化配置，节约基础设施和公共设施建设费用，降低企业投资资本，提高土地综合利用率和整体开发水平。

一、市中办民营专业园区

（一）市中办第一民营专业园区

市中办第一民营园区始建于2000年，位于汉槐街以南，洛北干渠（泺清河）以西，通衢路以东，总面积400亩。园内安置工业企业12家，总投资2.9亿元，其中，路、沟、林、花木绿化等基础设施投入120万元。园区年可实现销售收入5亿元，利税7000万元。

（二）市中办第二民营专业园区

园区位于人民路南首路东，粮转站以南，占地800亩。自2005年建设以来，引进投资1000万元以上的入园项目25个，总投资2.6亿元，区内建成15家企业，涉及化工、纺织、机械制造、食品等几大产业。园区年可实现销售收入6.5亿元，利税1.1亿元。

图 13-2-6　高新区新貌　（2006年摄）

二、房寺镇民营专业园区

园区位于房寺镇区与引黄之间的山东316省道两侧，占地1000多亩，成立于1998年，自2002年开始大规模建设。园区内有以通裕重工股份有限公司为龙头的注册企业9家，形成以机械制造为主要特色、化工和饲料加工集群发展的民营工业园区。其中通裕重工股份有限公司是国内新兴的重大装备研发制造企业，注册资本2.7亿元，总资产25亿元，2009年实现产值11.1454亿元，利税1.5亿元。形成集优特钢、电渣重熔钢冶炼、铸锻造、热处理、机加工于一体的完整产业链，形成环保效益型循环经济，具备较强的产业优势。是国家级重点高新技术企业、中国科技名牌500强企业、中国大企业集团竞争力500强企业。

三、梁家镇民营专业园区

园区成立于2002年5月，位于禹城市梁家镇政府北2千米处，禹王路东西两侧各1千米以内。禹王路、幸福河贯穿南北，工业路横贯东西，地理位置优越，交通便利，基础设施完善，达到“四通一平”的生产标准，园区占地350亩。园区内进驻企业6家，主要生产棉纱、坯布、建筑材料、农副产品等，是梁家镇开展招商引资、发展民营经济的重要载体，可实现年产值7.4亿元，利税1.36亿元。

四、莒镇乡民营专业园区

2006年，园区占地500亩。区内有兴亮木材加工、洪银饲料加工、圣华棉业等7家企业，主要从事木材、棉花、饲料等加工生产，年产值1200万元，利税125万元。

五、李屯乡民营专业园区

园区位于李屯村南，占地148亩，有企业30家，注册资金165万元。其中，板皮加工项目21个，胶合板项目1个，苇板厂、榨油厂、塑料颗粒厂、防水材料厂、玻璃纤维织布厂等企业，固定资产投入2800万元。木材加工企业年加工木材16万立方米。30家企业年销售收入9700万元，利税1455万元。

六、伦镇民营专业园区

园区成立于1998年，西至焦官路，东至济邯铁路，占地5000亩，园区内达到供水、排水、电、道路、通信、微机、消防七通条件。园区内有民营企业35家，从业人数3530人；其中较大企业11家，从业人员1815人。2010年年底，园区内企业实现销售收入10.6亿元，利税800万元。

七、十里望回族镇民营专业园区

十里望回族镇民族工业园于2005年建设，位于禹城市西城区，东起山东101省道西至刘桥村，北接山东316省道南至田庄村，面积2平方千米。与101、316省道毗邻，禹城客运中心在此落成，交通区位十分优越。园区内有企业92家，其中规模以上企业52家。以国际商贸港、中仁物流、农村物流分拨中心、禹城客运中心为代表的商贸物流产业成为该镇新兴产业；以红日机械、申泉动力、瑞丰动力为代表的机械加工成为该镇主导产业；以润丰化工、新建气体厂为代表的医药化工和以安氏乐业、广源清真、伊盛清真为代表的食品深加工。四大产业集群成为十里望镇民营经济支柱产业，充分带动和全镇经济发展。2009年该镇工业总产值达11.8亿元，利税2.3亿元。

八、安仁镇民营专业园区

园区建于1997年。南至308国道，北至山东101省道，占地3000亩。园区内有企业8家，形成以食品、纺织、造纸、建材为主的产业；年实现产值超亿元，利税超千万元。

九、辛寨镇民营专业园区

园区位于308国道两侧，占地900亩。建于2004年，园区基础设施投入达800万元，完成道路、供电、供水、排污和场地平整等建设，形成以木材加工、肉鸡宰杀冷藏、豆制品加工、棉花深加工等产业齐头并进的四大产业集群，入区企业21家，较大规模以上的企业12家，引进外地客商投资项目9个，引进到位资金约2.4亿元。2009年，为20多个项目办理立项备案，帮助10家企业完成环评、质检等手续，成为禹城市西南部经济发展桥头堡。

十、辛店镇民营专业园区

园区始建于1998年，占地1350亩。位于辛店镇驻地南1千米，禹王路西侧。园区有企业项目21个，主要产品有玉米芯粉、糠醛、氯乙酸甲酯、面粉、橡胶等。园区内企业产值达到15000万元，利税3500万元。形成以化工、面粉、橡胶和玉米芯加工为主的一批骨干企业。园区内路、水、电、讯设施配套，是民营企业发展的优良载体。

十一、张庄镇民营专业园区

张庄镇民营经济园区自2002年5月开始建设，占地600亩，分工业区、商贸区两部分。注册资金2.5亿元。有恒奥化工、东晟玻璃、木片加工、谭敏彩瓦、卫东木器、禹鸣饲料等工业企业23家。各类商贸业户400多家，主要涉及化工、建材、饲料、家具、商贸等产业。2010年，实现总产值6.3亿元，利税1.2亿元。

第十四篇

商贸　旅游

1986—2010年，禹城商贸服务业由个人不允许经营，物资商品全部实行计划供应，转变为除少数国家控制物资外（如石油、食盐、卷烟等），其余全部依赖市场供应。在用工制度上改为合同制职工，农民工成为商贸服务业主力军。全市商业焕发生机。2010年从业人员23172人，社会消费品零售总额56.07亿元，实现服务税收2.5亿元，一、二、三产业比例13∶56∶31。

禹城旅游资源丰富。境内有龙山文化遗址、禹王亭博物馆、鲁西北较大天主教堂御桥韩天主教堂、高新区工业旅游园区、大禹公园、汉槐游园等生态、休闲景区（点）。2010年接待游客39万人次，实现旅游收入1.8亿元。

第一章 流通体制改革

第一节 商业流通体制改革

一、管理体制改革

1986年，国营商业处于禹城县流通领域主导地位，在流通领域起组织市场调节、活跃城乡市场、平抑市场物价作用。同年6月，商业局从改革现行商业管理体制，企业松绑放权入手，组织发布《关于政企分开、简政放权意见》，禹城县政府于1986年8月行文予以批转执行。《关于政企分开、简政放权意见》为企业下放劳动人事管理权、业务经营权、物价管理权、商品处理权、财务管理权，国营商业系统从计划经济向商品经济转移。1992年6月28日，成立禹城县商业总公司，与禹城县商业局实行一套班子，两个牌子。1993年9月9日禹城撤县建市，禹城县商业集团总公司改为禹城市商业集团总公司。1996年10月，禹城市机构改革，商业局划出政府序列，为市政府直属事业机构，并逐步向经济实体过渡。

二、竞争承包改革

1987年下半年，禹城县商业局以国家体改委、商业部、财政部《关于深化国营商业体制改革意见》为改革依据，下属企业进行面向社会公开招标竞争承包改革；次年，商业局下属全部企业实行竞争承包。1992年，以百货公司为试点，进行以放开经营、物价、用工、分配"四放开"改革，并在百货公司进行全员劳动合同制试点，在下属企业门店尝试引进个体经营模式，将部分门店、柜组承包、租赁给个人经营，主要形式是"包死基数，确保上缴，自主经营，自负盈亏"。2005年，实现商品销售收入24.2亿元，利税9000万元。没有实行竞争承包之前分别增长56%和61%。

三、产权制度改革

国有民营改革原则是经营者自筹资金、自负盈亏、自主经营、自主分配、风险抵押、确保上交，具体形式有6种：1. 职工自筹部分资金和有偿占用企业部分资金相结合的风险经营承包。2. 库存商品拍卖给职工，职工利用企业设施和执照，实行"定死基数，确保上交，费用自理，欠利自补"。3. 拍卖库存，出租设施，经营者定期足额交纳租金。4. 职工使用企业场地、设施、执照、名称，从事个体经营，向企业交纳管理费。5. 保留原有身份，实行个体经营。6. 对边远的企业、微小型企业和亏损企业门店，经批准后实行拍卖。到1995年年底，禹城商业系统96%以上门店、柜组实行这种改革形式，为产权制度改革奠定坚实基础。

商业集团总公司在确保职工权益情况下，大力推动企业深层次改革。1. 实施破产。鲁禹食品有限公司是1992年7月成立合资企业，主要从事黄牛宰杀加工，2000年3月停产，2003年6月2日德州中级人民法院下达民事裁定书，依法宣告鲁禹食品有限公司破产还债。2007年11月22日，副食公司依法破产。2. 拍卖、出售。2003年8月14日，集团总公司将开元商厦1—4层产权，在山东齐鲁瑞丰拍卖有限公司挂牌拍卖，淄博鲁晨房地产开发公司竞拍成功。2002年7月，副食公司所属景阳春酒店整体出售。2003年7月，天信公司将天信商场出售，建筑面积1200平方米。所售资金主要偿还职工带资上岗费、职工工资、职工集资和职工养老金等。2008年9月，副食公司进行拍卖。3. 重组破产企业。2001 年 6 月，集团总公司将原食品公司破产后剩余资产中冷库作价 47.5 万元，作为国有股，部分职工以现金入股 3 万元，作为个人股。组建食品有限公司，恢复生产经营。2002 年 11 月，百货公司有 16 名职工自愿入股，组建汇鑫百货有限公司，利用原百货公司破产后有效资产开展经营。4. 改制。2002 年 5 月，副食公司与淄博博雅特公司合资成立禹城博雅特饮料有限公司，由于亏损严重，2004 年 4 月，外商终止合作撤出投资；2004 年 11 月，由职工个人买断，水厂改制为私有企业。到 2010 年年底，国有、集体资金全部退出，完成第二次改革任务。

2010 年年底，禹城市商业集团总公司所辖保留下来的五金交化有限公司、饮食服务有限公司、汇鑫百货公司、商贸公司、天信食品工业有限公司等公司全部实行产权制度改革。

第二节　物资流通体制改革

中共十一届三中全会后，按照以计划供应为主，市场调节为辅原则，禹城县物资局注重发挥计划与调节在物资供应市场中作用。1979 年先后在辛店镇、张庄镇、房寺镇、辛寨镇、袁营乡建立 5 个物资供应站。同年 5 月，煤建公司归属物资公司，更名为“禹城县物资供应燃料公司”。1982 年，成立机电设备公司，在城区设 3 处门市部，同年建立金属回收公司和物资综合公司。1984 年，综合公司改称金属建材公司。至此，物资局下属单位有木材公司、建筑材料公司、燃料公司、机电设备公司、金属回收公司、物资综合公司以及乡镇 5 个物资供应站和城区 3 处机电设备门市部。物资供应分两部分：以计划内为主物资。诸如：木材、建筑金属材料、煤炭等生产建设需要物资，仍按禹城县计划委员会分配指标优先供应农业、保证轻纺工业、适当兼顾重工业方针，保证满足要求；计划外物资。按照先重点后一般，先计划内后计划外原则向用户供应。1985 年，满足禹城县物资供应，与山东省内外 200 多家工厂、商业单位建立业务关系，经营生产建筑物资，和人民生活资料供应。1986 年，禹城县物资公司下属有 7 个独立核算企业。即，燃料公司、木材公司、金属建材公司、机电设备公司、物资服务公司、废旧金属回收公司和物资建材厂 1 家。全系统有干部职工 201 人。在物资供应方面，县属国家计划供应一、二、三类物资实行订货、供应、管理“三统一”。三类物资主要是金属材料、木材、机电化轻产品等品种。这些物资均按县指令性指标保证供应用户。

1988 年以后，由于指令性计划逐渐减少，禹城县物资供应采取计划经营与市场调节双向发展办法，在确保计划供应同时，不断拓宽购货渠道，扩大销售市场。企业实行自主经营、自负盈亏、自我发展、自我约束新机制，落实承包经营责任制，职工经济利益与企业经济效益挂钩，充分调动企业和广大职工积极性，物资经营呈现出双管齐下空前活跃新局面，企业效益年年攀升，至 1992 年物资系统销售总额完成 13590 万元，实现利润 109.2 万元，比 1986 年销售总额 1388.4 万元、利润 23.1 万元分别增长近 10 倍和 4 倍多。禹城县物资局被评为省、地物资系统先进单位。

1993 年，国家计划物资全部取消，禹城县物资供应向市场经济转移。市物资集团总公司确立“发展实体、强化群体、两体并举、共同发展”思路，适应市场经济发展，职能也开始由过去行政管理、计划管理向经营、服务、管理“三位一体”转变。行管人员进行精兵简政，创办物资工贸公司和诚信广告公司，下属企业改单一承包经营为承包与租赁并举，搞好物资经营，同年年底分别与 7 家物资企业签订租赁合同，对5个经济实体企业实行承包经营。1994年8月，物资服务公司实行股份制经营，公司经理、副经理及中层干部均实行聘任制，企业职工取消固定工资制，实行联销、联利、联贡献计酬“三联”分配制度，企业法人实行风险抵押制，支持企业经营放开、价格放开、分配放开和用工放开等一系列改革，旨在促进物资企业持续发展。至1995年年底，总公司下属单位有机电化轻公司、金属建材公司、燃料公司、煤建公司、木材公司、废旧金属回收公司、物资经贸公司、物资开发公司、物资工贸公司、物资建材公司、诚信广告公司、物资服务股份有限公司，以及由机电化轻公司下设两乡镇物资供应站。全系统干部职工增至485人，比1986年多两倍，而物资销售总额降至2272万元，利润减少至22.6万元，分别比1992年减少近6倍和5倍。同年，通过审计表明，物资系统总资产3212万元，总负债2925万元，所有者权益287万元；全部占用土地面积16.5万平方米。禹城市物资系统经营跌入低谷。物资系统广大干部职工绝大部分是从计划经济时期走过来，面对错综复杂、竞争激烈市场经济缺乏应对能力，难以应付千变万化市场经营；改革开放以来，禹城县商业经营逐渐破除原计划经济时期商品物资切块供应模式，由物资部门专营大部物资变为商业、供销、乡镇企业个体商户交叉经营，既抢占物资系统独有市场，又端走大部分“金饭碗”，使物资企业销售市场占有率大幅下降，加之种种不利因素，即成为物资企业经济效益急剧下降主要原因。

1996年4月，禹城市委、市政府调整、重组物资集团总公司，原机电化工轻公司与金属回收公司合并，组建为机电化轻公司；原燃料公司与煤建公司合并，组建为燃料总公司；原金属建材公司与木材公司合并，组建为金属木材公司；原物资建材公司依法实施破产。全系统有干部职工491人。物资集团总公司租赁承包经营下属8个企业，5个企业实行股份制。在基地建设上，实行两个“三三制”，即在人员布局上1/3留门市、留科室，1/3进工厂、上工地、去农村开拓本地市场，1/3到外地开展外购外销业务；在销售额上门店销售占1/3，店外销售占1/3，外地销售占1/3。集中人、财、物力大力支持企业经营，建立起济南、石家庄、德州废钢基地；以莱钢、邯钢为主钢材基地；以上海、济南为主机电产品基地，使主营物资货源有保证。企业把“服务赢得市场、服务就是效益”作为经营信条，制订“三要、二不、一坚持”服务经营措施，接待用户要诚心诚意，为用户排忧解难要真心真意，为用户服务要全心全意；优质服务不做表面文章，不搞短期行为；坚持为生产建设和人民生活服务宗旨。通过一系列得力措施和面面俱到优质服务，大大提高企业竞争能力，赢得广大用户信赖，提高物资商（产）品市场占有率，取得较好企业效

图14-1-1　物资市场建材（2010年摄）

益和社会效益。

1997—1998年，物资企业受市场冲击，经营萎缩，处于待产状态，职工下岗。总公司工作重点转向以稳定为主，创办实体，谋求新发展。分别采取破产、股份制、租赁制等应急措施，对亏损严重、资不抵债燃料总公司、实行剥离后机电化轻公司、金属木材公司实施依法破产；实行资产租赁，总公司分别对辛店物资供应站、辛寨物资供应站、物资综合经营处实行资产租赁经营；对金属材料有限责任公司、森宝建材实业有限责任公司、再生利用有限责任公司、机动车交易有限责任公司、诚信广告有限责任公司5个企业做好监督、协调、服务工作，确保企业自主经营、自我约束，市场竞争和自我发展能力明显提高。至1998年物资销售总额5620万元，实现利润40万元，比1996年分别增长1130万元和25.5万元，物资企业由低谷开始攀升。2000年，物资集团总公司建设物资市场，成为禹城市规模最大钢材集散地。大力发展旅游业务，2005年7月成立禹城大禹旅行社有限公司。年底，物资系统有干部职工458人，总资产1310万元，总负债905万元，所有者权益405万元，办公经营场所13.5万平方米。

2006年11月，禹城市政府作出出让土地解决职工权益部署，解决好下岗职工养老保险、医疗保险、生活费等职工权益。2007年1月，总公司成立清算领导小组，对职工权益进行测算，禹城市审计局审计后形成审计报告。2008年1月15日，原燃料公司土地公开拍卖，资产收益全部归禹城市财政。同年4月开始，总公司按照禹城市政府审计报告开始对职工权益兑现，至2010年3月职工权益兑付工作全部完毕。总计660多人，补齐全部职工养老保险、退休和在职职工纳入职工医疗保险，解除下属公司在册职工劳动关系，维护物资系统稳定。

第三节　供销合作体制改革

一、建立健全管理组织

1983年3月30日，梁庄供销社作为基层供销社体制改革试点，召开梁家供销社社员代表大会。随后，18个基社相继召开社员代表大会。1983年8月15—16日，禹城县供销社在东方红旅社召开禹城县第五届社员代表大会，到会代表158人，会前收到提案180条。会议通过供销社章程，审议并通过禹城县联社第四届理事会、监事会工作报告和财务工作报告。选举产生新一届理事会和监事会，建立民主管理和民主监督制度，恢复供销社民办性质，密切供销社同农民关系，增强供销社组织上群众性，管理上民主性和经营上灵活性。

二、改革经营机制

1986年前，供销社基本沿用传统经营模式。1987年起，随着国家整个政治、经济形势变化和供销社体制改革深入，在经营上不断转换机制，扩展经营渠道。

1987年起，按照“责、权、利”相结合，国家、集体、个人利益相统一、职工劳动所得和劳动成果相联系原则，不断修正完善多种责任制形式，推行主任、厂长、经理负责制。1988年，通过实践总结经验教训，对295个生产经营管理单位实行租赁经营，121个生产经营单位实行承包经营。加强规范管理堵塞漏洞，确保租赁承包经营顺利进行。从1989年4月开始，全系统开展大规模内部审计工作，单位进行自查基础上，禹城县联社组织互查。发现和纠正少数单位核算不实现象。1990年后，主要兑现第一轮承包合同，签订第二轮承包责任制合同。

市属企业实行股份制经营、联销计酬和承包等灵活责任制形式。基层社推行“用工、分配、经营、价格”四开放改革，同时，在辛寨基层社进行抽本经营试点。承包单位成为自筹资金、自主经营、自负盈亏、自我约束、自我发展、相对独立经济实体。随之，来凤、张集、安仁、李屯等基层社也对部分门店推行抽本经营。

1992年11月，经县委、县政府决定，禹城县供销社成建制的转为经济实体，实行自主经营，自负盈亏，名称为“山东省禹城县供销社（集团）总公司”。

1993年起，基层社购销业务扩大，加强购销业务具体指导，各基层社都建立三部一室（生产资料经营部、农副产品经营部、工业品经营部、综合办公室）基层社副主任都在三部一室任实职。

1994年，按照“建立社会主义市场经济体制和现代企业制度，遵循市场经济规律，改革供销社现行管理体制和经营机制，逐步建立适应市场经济要求的管理体制，提高流通组织化程度，发挥群体化优势，提高规模效益”的指导思想，对系统提出改革实施方案。生资公司、土产公司、贸易大厦、果品公司、供销商场、食品厂、三棉厂、四棉厂、五棉厂相继上报深化改革实施方案。基层社强化三部一室；生产经营单位大力推行抽本经营。1995年下半年，随着经济转轨加速，农村市场相继放开。“三农”（农业、农村、农民）要求与供销社生存条件发生巨大变化，在大经济环境下，禹城市基层社失去本质属性和特殊价值，仿照一般企业和个体经营者做法，供销经济和实力被挤到边缘化境地。禹城市社面对新考验，打破行业界限，利用闲置厂房、场地，发挥人才、技术优势，宜种则种、宜养则养、宜农则农、宜工则工，发展一批种植、养殖、加工项目，努力寻找新经济增长点。

在积极参与农业产业化上：立足当地资源优势，引导农民发展商品生产。先后培训果树、红麻、食用菌、养殖、果品保鲜等各类技术人员4500人次，印发各类技术资料3800份。1988年后，在建成六大商品基地基础上，分别在9个乡镇建立果品、辣椒、食用菌、红麻、渔业等10个专业合作社。1988—1992年间，举办果树培训班138期，8700人次，修剪果树12000亩（次）。1996年5月，安仁基社蔬菜专业合作社受山东省政府表彰。2010年，廿里堡基社粮食、房寺基社农资、梁家基社大蒜、张集基社西瓜等4个专业合作社相继建成。

在经营网点建设上：禹城市社加大经营结构调整和经营网点建设力度，组建26处综合服务社。2005年4月，禹城市被列为全省农村社区综合服务中心建设8个试点县之一，实施农村社区综合服务中心建设工程。2006年4月，市政府决定由供销社承担国家商务部“万村千乡”市场工程建设任务，供销社以兴华农资公司为龙头建立农资连锁配送中心，发展农资“农家店”；以贸易大厦为龙头建立日用品连锁配送中心，发展日用品“农家店”。“万村千乡”市场工程中，建成乡、村级日用品农家店295家，农资农家店196家;农村合村并居，针对居民居住相对集中新特点，建成社区服务中心6处。2006年12月，山东省供销社在禹城市召开农村社区服务中心建设现场会。禹城市区驻地强化贸易大厦、东方大厦、鸿福商场三家大型超市建设和经营运作。

在管理体制改革上：1997年4月，全省供销社开拓经营现场会在禹城召开。按照“因企制宜、一企一策”改制原则，1999年9—12月，禹城市体改办批复同意，环宇集团保龄宝生物开发有限公司、禹鹏纺织集团有限公司、东方集团饲料有限公司、昌盛包装制品有限公司（原房寺油棉加工厂）、贸易大厦有限公司、东方大厦有限公司、环宇集团花卉苗木有限公司、天驰集团有限公司等8个单位相继组建为股份制企业。1999年，盐业公司从供销社分离出去，食盐实行专营。2001年，根据禹城市委、市政府指示，山东保龄宝公司和原第一油棉厂脱离供销社系统，隶属于禹城市经委，但对上对外仍属于供销社，并将有关报表按时报送禹城市供销社。

第四节　外贸流通体制改革

1984年，禹城县外贸局改为外贸公司。1992年11月20日，外贸公司成建制转为经济实体，原外贸公司改为山东省禹城进出口总公司。1995年1月12日，济南海关批准建立禹城进出口总公司海关监管库。

1984年，禹城县外贸公司人员、业务、财务直接受上一级外贸局领导，业务上受上一级外贸局计划指导，组织禹城县区域内农副产品、畜牧产品、草柳制品等产品收购、调拨，统一由山东省、德州市外贸组织出口收汇，是山东省、德州市外贸出口供货单位，财务管理上实行报账制。1988年1月1日起，禹城县级外贸公司下放地方管理，接受禹城县财政部门监督和检查。同时，从1988年起，外贸企业实行三年承包经营，扩大经营范围，保证完成上放下达出口商品调拨计划任务前提下，开展计划外自营业务，逐步向自负盈亏、自我发展过渡。1996年，山东省、德州市外贸鼓励有条件生产企业及县级外贸企业申办自营出口权，扩大出口队伍，增强企业出口创汇能力提供便利条件。之后，禹城市外贸公司取得自营进出口权，成为出口放权企业，接收德州市外贸每年下达出口创汇指导性任务指标。从2000—2010年间，禹城进出口总公司对下属各经营单位实行“单独核算、分灶吃饭”，确定资产保值、增值指标，下放用工、分配、奖惩权限，建立考评、考核制度。中层干部党员实行半年一小评，一年一大评。在分配上，实行责、权、利三挂钩，奖金工资一月一小计，一年一大算，月月看贡献，年终奖兑现，彻底打破大锅饭，干部职工收入拉开距离，从而激发干部职工劳动积极性。

实行全员风险抵押制，人人交纳风险抵押金，风险共担，树立“企业兴我荣，企业衰我耻，我与企业共存亡”主人翁精神，增强企业向心力。

第五节　粮食流通体制改革

改革开放30年，禹城市粮食流通主体、流通结构、流通范围、粮食流通体制不断改革、完善和粮油购销政策不断调整，极大地调动农民粮食生产积极性，提高粮食产量和粮食品质，保证群众生活稳步提高和社会安定。

一、购销政策

1985年4月1日起，实行30多年统购统销政策被取消，改为合同定购制。1986年5月，上一级主管部门对禹城实行购销调拨和财务包干，粮食定购任务超购部分由上级市和县两级分成。经上一级批准少购部分由县购买议价粮弥补，其议购价格高于比例价差价款，由上一级市财政和县财政分成负担。德州市政府下达定购数，县政府逐级分解和农民签订“粮食定购合同”，粮食部门根据合同收购粮油，定购以外粮食可以自由上市，形成计划与市场结合“双轨”制。1987年，国家合同定购粮油，实行“粮食定购，与化肥、柴油、预购定金挂钩”政策。规定按每百公斤粮食奖售平价标准化肥和柴油，根据需求可以预付定购金。

1991年5月1日，国务院对统购价格进行调整，调整后取消地区差价，实行山东全省统一价。1991年4月10日将“合同定购”改称为“国家定购”。1992年，执行原定购任务顺延两年决定，粮食定购挂钩化肥标准做修改。中央挂钩部分不变，山东省内部分进行下调。

1993年1月1日，根据国家制定粮食政策，除军供外，禹城县粮价全部放开，改粮食定购为市场收购，取消向农民定购平价粮任务。粮价放开后，国家对城镇职工适当补贴，"三挂钩"政策与上年度有所不同，其办法是：中央负担化肥部分仍兑现实物，由县供销社兑付；柴油及地方自筹化肥部分由兑现实物改为平议差价补贴；即在价外加价，玉米、小麦等主要粮食进行加价补贴。在粮食收购价格中又加预付定金利息，按照应发放日期至县政府规定完成入库任务日期之间天数及应预付数额计算，每百斤加预付定金利息 0.15 元，体现国家优惠政策，让农民得到实惠。

1994 年，国家市场粮价出现较大波动。1995 年国家恢复粮食定购政策。1997 年，国家出台粮食收购"保护价"，要求粮食部门按保护价敞开收购农民余粮，不得以任何理由限收、拒收和停收；定购和保护价格由山东省政府确定。

1998 年 5 月 10 日，国务院下发《关于进一步深化粮食流通体制改革决定》，明确规定深化粮食流通体制改革要遵循"实行政企分开、中央与地方责任分开、储备与经营分开、新老财务账目分开和完善粮食价格机制"基本原则，坚持贯彻按保护价敞开收购农民余粮、国有粮食购销企业实行顺价销售、农业发展银行收购资金封闭运行三项政策，加快国有粮食企业自身改革。

1999 年，加快粮食生产结构调整，促进粮食供求总量平衡和结构优化，2002 年秋粮上市起，将玉米、稻谷退出保护价收购范围，价格由市场调节。2003 年 4 月 1 日起，小麦退出保护价收购。2004 年 5 月 26 日，《粮食流通管理条例》正式施行。从 2005—2010 年，粮食价格全部由市场来调节。

二、粮食购销价格

1986 年，禹城县定购价格按"倒三七"比例计价，即 30% 按原统购价，70% 按原超购价。1987 年对小麦、玉米、稻谷实行合同定购与供应平价化肥、柴油和发放预购定金"三挂钩"政策。1997 年开始实行按保护价敞开收购农民余粮政策，当年粮食收购保护价每 100 市斤小麦 69 元、玉米为 56 元。1998 年，小麦定购价和保护价下调为每 50 公斤 73 元和 64 元，玉米定购价和保护价开始下调。1999 年，粮食收购价格再次下调，定购价与保护价开始执行同一标准。2001 年，粮食收购保护价调整为每 100 市斤小麦 57 元、玉米 49 元。2001 年，小麦收购保护价与 2000 年持平。2002 年，小麦收购保护价下调为每 100 市斤 55 元。2004—2010 年，粮食价格彻底完全放开。

三、粮食流通市场

1986—2010 年，禹城粮油商品流通经历两个阶段。1986—1992 年 11 月 30 日是计划管理与粮油议价经营"双轨"运行阶段，1992 年 12 月 1 日之后是粮食经济整体转为市场经济实体阶段。

1986—1989 年，大部分职工对计划经济"大锅饭"恋恋不舍。议价收购任务由上级业务主管部门下达，收购工作"坐门等客"，议价收购依赖上级调销。1990—1992 年粮食系统加强对干部职工转变思想、更新观念教育，树立商品经济意识，参与市场竞争。采取常年挂牌、委托收购、走村串户、赶集设摊、外地批量收购等手段，搞活粮食流通，促进粮油收购业务发展。1992 年，全年完成粮油收购 4.5 万吨。禹城粮食系统派人南过长江，北到内蒙古，西到四川，东至胶州等地，先后与 20 多个省市、自治区 40 多家国有企业建立长期粮油购销关系，搞好销售。坚持"薄利多销，快购快销，以销促购，加速周转"原则，开拓粮油市场，在竞争中求得发展。

1993 年，各粮食收储企业按照建立社会主义市场经济总体要求，开拓经营，强化购销。收购上采取流动收购与定点收购相结合，分散收购与集中收购相结合，职工收购与发动个体粮贩相结合等多种形式，形成多层次，多方位收购网络。销售上，分散与联销相结合，粮油贸易公司发挥对外销售“龙头”作用，与全国一半以上省、市、自治区有关单位建立长期贸易关系，粮油商品大批量外销疏通渠道。全年销售粮油1.0725亿公斤，首次突破亿公斤大关，是上年销售总量两倍多。

1995年，逐步调整经营格局同时，坚持把粮油商品流通作为本业紧抓不放，在发展上、流通上做文章，在巩固主渠道中求发展。同年，国家加大对粮食宏观调控力度，粮食购销差价不断缩小，需求由旺势转向平稳，经营资金日趋紧张。根据情况，禹城粮食系统及时搜集信息，正确分析市场，适时调整策略，依靠集团经营优势，采取灵活机动购销方式，大力开拓粮食市场。具体原则：1. 确定大宗业务由总公司统一安排调销计划，统一对外销售，小宗业务由总公司批准后基层企业自行经销经营方针，使集团性与灵活性做到有机结合。2. 根据市场形势，采取快购快销，稳购快销，以销定购等措施，当粮油供不应求、价格不稳时快购稳销，及时充实库存。供大于求，呈现买方市场时，利用老客户以销订购，保持购销渠道畅通。供求相对平衡时，及时吞吐、薄利多销，以量取胜。3. 盘活代农储粮，作为借粮生财新文章。1995年，禹城市代农储粮2500万公斤，全年累计购进粮油1.05亿公斤，完成收购额1.49亿元；累计销售粮油1.078亿公斤，实现销售收入1.5679亿元。1986—1995年，议价粮收购52.76万吨，销售51.08万吨，获利润705.19万元。

2000年，粮食市场全面放开新形势，禹城市粮食局克服农民惜售、资金困难，竞争加剧带来困难和影响，发挥自身优势，转变方式，创新服务，发挥国有粮食购销企业在粮食流通中市场主渠道作用。对粮食购销企业实施“增网点数量和功能、拓市场领域和空间、扩经营范围和品种、增经营总量和效益”工作思路，铺天盖地抢市场，转变方式搞购销，较好地实现由计划主渠道向市场主渠道转变，年粮食购销总量保持在5亿公斤左右。

禹城市粮食系统主要抓以下三点：1. 广设购销网点，抢占农村粮食市场。把“千人千车千店进千村”作为“第二次创业工程”，把“进村经商、综合经营”作为事关粮食购销企业生死存亡“饭碗工程”，组织发动广大职工到农村设立购销服务网点和粮油服务社，或购置车辆走乡串户开展流动购销和兑换，推行“零距离”服务，在禹城市城乡设立购销点和粮油服务社272个，组建流动服务队160多支，较好地控制粮源主渠道，抢占市场主阵地。2. 深入开展“两代一换”。发挥面粉、面条加工能力大，仓储条件好，企业信誉高等优势，开展以“两代一换”为主要内容多元化综合经

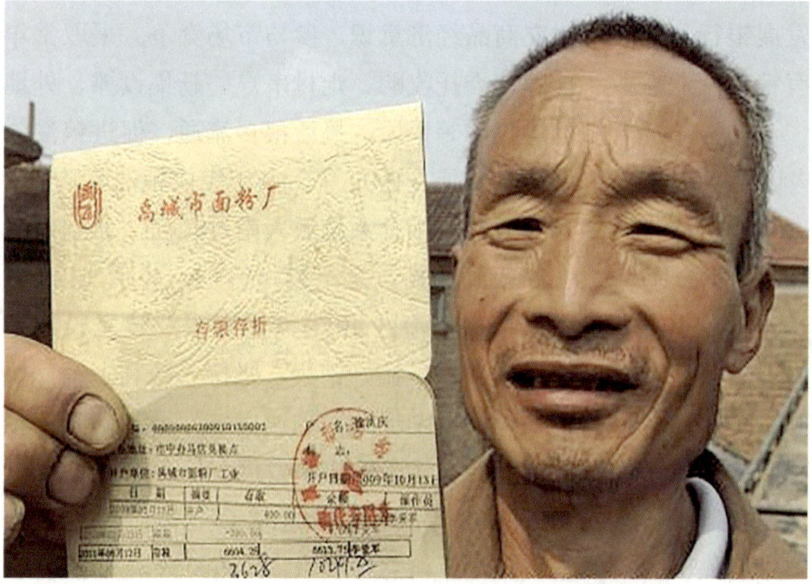

图14-1-2　群众手持面粉厂小麦存储证（2009年摄）

营，不断延伸服务领域，特别是大力开展工商联营，由禹城市面粉厂对购销服务网点统一配送面粉、面条、大米等粮油商品及麸皮、次粉等，形成加工企业、购销企业和农民之间双向循环，带动工贸企业共同发展。年代农加工和品种兑换在4.5万吨和1.5万吨以上。3.开展诚信经营，铸造信用企业。把诚信重于生命经营理念不断延伸到生产、经营、服务等各个环节，重点加强对农民、对客户、对银行“三个诚信”体系建设，通过开展服务承诺公开、银企共建等活动，树立良好社会信誉，奠定企业发展信用基础。2000—2004年，禹城市农发行每年支持粮食购销企业收购资金贷款余额平均在1.5亿元左右，2004年，禹城市粮食收储公司被山东省农发行授信为德州市唯一“AAA信用企业”，2005年通过山东省农发行复审验收。2001—2005年，禹城市粮食局累计完成粮食收购量达786221吨、销售量837189吨；附营收购量480940吨、销售量484254吨，代农储存量累计达30878吨。2006年，禹城市启动国有粮食企业改革，全系统18家国有粮食购销企业15家整体改制为民营股份制企业，粮食收储公司和所辖辛店、袁营、张集3个粮食收储站保留为国有粮食企业，粮食收储公司负责承担和落实国家粮食流通政策、开展粮食购销等经营业务、对企业进行资产管理等职责。

2007—2010年，禹城市城乡粮食购销网络被打破，企业分散经营，各自为战，粮食局吸收8家改制粮食收购企业和3家社会粮食经营大户，组建以粮食收储公司为主体粮食购销行业龙头，内作为实施粮食产业化发展带动龙头，外作为争取政策、资金、项目和粮食代购代储业务平台，实行联购联销，规模经营，构筑禹城市粮食购销发展新格局。整合后粮食购销企业有效仓容6.5万吨，平均每年完成粮食收购量20万吨以上。平均每年完成粮食销售总量14亿斤左右。其中，小麦3亿公斤，玉米4亿公斤。

第二章　国有商业

1986年，禹城县商业局下属有百货公司、副食公司、五金公司、食品公司、饮食公司、石油公司、综合公司、副食加工厂8个国有企业。1988年2月，石油公司移交德州地区石油站管理。1995年年底，禹城市商业集团总公司（原商业局）新增建开元商厦、鲁禹食品有限公司和专用肥料厂3个单位，有下属公司9个，经济实体1个。至2010年年底，集团公司下属仅有五金公司、天信公司、饮食公司、综合公司等4个单独核算企业，干部职工455人，固定资产2700万元。

1986—2010年商业系统商品销售经济效益总表

表14-2-1

年	商品销售（万元）	销售百元商品毛利率（%）	销售百元商品费用率（%）	流动资金周转天数（天）	全部企业利润总额（万元）	利税总额（万元）
1986	4251.5	9.75	7.13	105	41.2	105

续表 14-2-1

年	商品销售（万元）	销售百元商品毛利率（%）	销售百元商品费用率（%）	流动资金周转天数（天）	全部企业利润总额（万元）	利税总额（万元）
1987	4623.6	10.19	7.36	105	55.4	128.7
1988	7487.4	9.01	6.74	88	49.8	156.9
1989	7542.5	10.66	8.54	92	24.8	151
1990	4860.1	9.88	7.64	136	1.0	96.1
1991	5458.8	9.23	7.12	168	9.3	127.8
1992	6437.0	9.96	9.59	143	—	98.8
1993	3259.1	10.42	7.73	171	—	51.7
1994	8122.6	12	9.91	310.7	18.7	85.4
1995	9417.7	11.73	12.30	409.7	—	106.3
1996	7094.7	8.05	9.4	303.8	2.9	143
1997	5736.8	11.12	11.45	490	—	166.0
1998	8431.0	7.57	8.36	210	2.0	119
2009	2740.0	6.76	10.07	291	—	36.37
2010	4243.7	5.55	7.08	122.7	—	26.91
合计	249729.5	—	—	—	—	2897.13

第一节　国有商业沿革

1986—2010 年，禹城国有商业企业经历平稳发展、低谷经营、利税飙升和举步艰难四个阶段。

1986—1989 年为平稳发展阶段。从 20 世纪 80 年代起，打破行业经营界限，国有商业原先专营商品、项目等，其他行业或个人允许经营，实行计划供应商品，如，烟、酒、糖、茶、肉、蛋、纯碱、棉布、棉絮、手表、自行车、缝纫机等陆续放开，计划经济时期商业市场出现前所未有新情况。禹城国有商业面对经营冲击和挑战，充分利用多年业务关系优势，广泛开展横向联合，选购在国内知名度高商品

图 14-2-1　超市出口结算（2007 年摄）

以提高市场占有率。1984年，禹城县五金公司率先同北京东风电视机厂联合，禹城设立电视机维修展销联营中心，抢占名牌电视机市场。同年，国有商业系统与山东省内66个有关单位建立代销147种商品关系。打破过去分区域经营模式，在巩固发展城区经营网点同时，向广大农村下延，新增城乡各类经营网点21处，为国有商业发展奠定良好基础。1985年，一部分商店落实集体承包经营责任制，调动商业人员积极性，年底销售额4708万元，占禹城县销售总额14529万元32.4%，职工人数增加到2552人。1986年，对小企业和各个门店实行租赁承包制，主要形式：利润递增包干、定额承包、超利分成等，国有商业系统落实个人或集体租赁承包单位各12个。1987年，试行政企分开，国有商业企业单位全部实行经理、厂长负责制，各个企业确认法人代表，充分增强和调动企业主管人责任心和积极性。企业按照“巩固、发展、搞突破”要求，把销售市场重点放在城区及农村市场，采取灵活多样商商联营、农商联营、厂商联营、专利联营、联合会等横向经营联系，拓宽购货渠道200余处，销售渠道240处，省外购销渠道20处，在地方经营领域中占优势。在经营方式上主要采取总代理、总经销业务，举办各种类型促销活动，如展销会、订货会、物资交流会等。还采取批零兼营、直购直销、代购代销、外购外销、内购内销、内购外销等机动灵活经营方式，充分发挥国有商业优势，放开手脚经营，使禹城县商业经济不断发展。至1989年年底，国有商业商品销售总额达到7542.5万元，利税总额151万元。

1990—1998年，禹城国有商业处于低谷经营阶段。20世纪90年代，禹城县出现多种经济，商业经营竞争激烈。1990年，国有商业食品公司生猪市场供应取消国家计划后，经济效益大幅度下滑，1994年滑到最低谷，营业收入降至99.2万元，仅占1988年2006.5万元4.9%；完成税金2.6万元，仅占1989年52.4万元5%。1993年，禹城撤县设市之后，城市改造建设步伐加快。1990—1998年期间，因城市道路拓宽，建筑物拆迁，国有商业在城区经营多年老门店27处被拆迁，另有两家企业被出售，1家企业因贷款无力偿还被抵押，其间30处营业网点丢失，比1986年商业网点69处减少近半。被拆后未能重建，因而丧失经营多年主阵地，失去城区商业经营主导地位。禹城市商业局决定，更新改造不适宜经营老企业，缩资金，集中财力新建营业设施，促进国有商业发展。于1994年，投资2100万元兴建开元商厦，至1998年年底，投入基建金额3800多万元，仅开元商厦占基建总额近60%。1997年、1998年，先后将食品公司、百货公司实施破产，甩掉企业沉重包袱。尽管如此，国有商业企业仍超负荷运行，使之振翅难飞。

1999—2005年，禹城市国有商业利税飙升阶段。禹城市商业集团总公司从认真总结经验教训入手，本系统企业全面实施股份制改造。加强企业资产、经营、运营、监督等方面规范管理；推行全员劳动合同制，实行优化组合、双向选择、竞争上岗及以契约形式确立企业与职工关系；用人上彻底打破身份、性别、年龄界限，坚持能者上、平者让、庸者下新型用人制度，职工收入上不封顶、下不保底，工资、奖金、福利与企业效益和个人贡献挂钩；切实抓好资产重组、盘活有效资产，对企业实行统一定税、统一收费、统一服务，加强审计监督，落实合同兑现，从而克服过去“以包代管、以租代管”不良管理模式。通过一系列改革，一批商业经营能人脱颖而出，成为企业法人，职工通过优化组合素质空前提高，为商业企业再起奠定良好基础。禹城市商业集团加强对被拆后迁建企业领导，千方百计解决资金困难，加快建设进度，促使尽早投入营业。1999—2003

年，先后有10家被拆企业重新开业经营；修缮闲置多年老门店、仓库、厂房恢复营业使用；2000—2003年，先后对经营不善或常年停产积重难返企业，如开元商厦、鲁禹食品有限公司依法破产，对开元商厦1—4层产权拍卖，将景阳冈酒店、天信商场公开出售，所售资金主要偿还职工工资、集资和养老金等，为国有企业卸掉沉重“包袱”。对原破产且有经营基础食品公司通过重组新成立食品有限公司，并在安仁、伦镇、张庄等9个乡镇食品站新建立生猪定点屠杀点，很快恢复生产经营，取得好效益。百货公司16名职工自愿入股组建汇鑫百货公司。1999—2000年6处经营部或营业设施在城建改造中被拆除，对全局经营未造成重大影响。经营方式上，突出厂商联营，厂家进货，厂家进店直销。商品结构上，突出名牌带动，高、中、低档商品品种搭配齐全，尽量做到购进不挤压，销后不亏本。搞好售前宣传，售后服务，以商品质量和经营方式赢得广大消费者信誉。1999年，在1998年，全部企业利润总额仅有2万元基础上飚升至132万元，增长66倍；1998年，利税总额119万元，1999年达到254万元，比上年增长2倍多。2000年，全部企业利润突破200万元大关，达到235万元，比上年增加103万元；利税总额286万元，比上年增加32万元。在此阶段，利税总额数2003年最低，仅45万元。而销售百元商品毛利率数2005年最低，仅有1.02%，与1995年11.73相比减少10多倍。最后三年年均商品销售总额16892万元，前4年年均商品销售总额17249万元。综合经营情况表明，2003—2005年，国有企业商业出现回落。2000年以后，禹城市改革开放不断深入，有些企业国有部分陆续从经营中退出，多种经济成分浮出后，经过发展壮大起来，竞争老对手供销合作商业经营率先形成规模，禹城市国有商业企业家底薄弱，在激烈市场竞争中显得疲软。

2006—2010年，是禹城市国有商业举步维艰阶段。在这一阶段前两年，采取薄利多销办法谋求企业生存。2007年，商品销售总额25536万元，禹城市国有商业商品销售额有史以来最多年份，而销售百元商品毛利率是最低，仅有0.62%，几乎是亏本经营，全年完成利税仅55万元。2007年之后，注重提高效益，至2010年年销售额控制在2000—4000多万元，百元商品利率明显提高，2008—2010年分别是5.45%、6.76%、5.55%；利税总额下降，分别是35.15万元、36.37万元和26.91万元。1986－2010年，因拆迁或经营不善等原因有61处经营网点被撤销（1986年有商业网点69处），先后复建网点18处，无力再建划出经营土地68000平方米。投资2000多万元新建开元商厦、鲁禹食品有限公司两大支柱企业破产，国有商业丧失龙头带动作用。多种不利因素使企业处于举步维艰阶段。

第二节　企业选介

一、禹城市五交化有限公司

禹城市五交化有限公司原名为“禹城县五金交电公司”，始建于1976年7月。1986年前零售网点5处：五金一部（行政街建设路交叉口西北角），五金二部（站北路南端市百货大楼西侧），五金三部（徒骇河桥下，1988年，建农贸市场拆除后迁至人民路市政府东侧），五金四部（站北路南端东侧，1986年开业），家电维修部。1986年后增加网点4处，包括：1988年9月公司与食品公司部分土地房产进行有偿转让及互相调配后，着手建设五交化大楼。该楼三层建筑面积1040平方米，投资98万元，1990年10月21日开门营业。1995年8月公司投资12万元扩建新增营业面积260平方米，10月8日完工营业；2001年2月，公司投资360万元新建金凯大厦，建筑面积

图 14-2-2 五交化公司海尔专卖店 （2010 年摄）

6000 平方米，当年建成开业；2005 年，公司租赁天信公司门市五间二层 400 平方米，建五星广场海尔专卖店，同时在人民路北段组建海尔售后服务中心。1997 年 10 月 14 日改制为“禹城市五交化有限公司”。公司坐落于开拓路 745 号，占地面积 6700 平方米。干部职工 150 人，主要经营品种：五金、交电、工具、化工原料。家电，品种包括：电冰箱、洗衣机、电视机、空调、手机等，至 2010 年年均销售额 3190 万元。

二、禹城市天信食品工业有限公司

禹城市天信食品工业有限公司原名“禹城市副食厂”。始建于 1958 年 8 月，位于建设路 531 号，占地面积 37448 平方米，建筑面积 4963 平方米，干部职工 149 人，主要是生产加工副食品，附设酿造、酱菜。主要产品有：糕点、糖果、冷饮、酱油、食醋、酱菜等，其产品以批发为主，年均销售额 150 万元。1986 年前经营网点 3 处：副食厂一部（建设路、开拓路交叉口东南角）、副食厂二部（徒骇河桥下路南）、副食厂三部（禹城市人民医院路南）。1991 年 6 月，副食厂投资 70 万元，在禹王大市场西首动工修建 1500 平方米综合性商业服务大楼，1993 年年底竣工使用。2000 年，投资 40 万元，建设 400 平方米乳制品加工车间。投资 350 万元兴建 5800 平方米天信综合楼，5 月 1 日竣工使用。1997 年 9 月 25 日，“禹城市副食加工厂”改为“禹城市天信食品工业有限公司”。

三、禹城市饮食服务有限公司

禹城市饮食服务有限公司位于开拓路 280 号，建于 1956 年，占地面积 28970 平方米。干部职工 246 人，经营范围：饭店、旅馆、理发、照相、浴池等，年均营业额 517 万元。1986 年经营网点 21 处，包括：饭店 13 处、旅社 3 处、理发店 1 处，照相馆 1 处。1989 年 4 月公司投资 32 万元，对原汽车站饭店进行改造，改造后营业面积达 400 平方米，是集餐饮、住宿于一体综合服务楼。1995 年，饮食公司兴建营业楼 3 处，总投资 71 万元，总建筑面积 1100 平方米。1997 年 11 月 10 日原“禹城市饮食服务公司”改制为“禹城市饮食服务有限公司”。

四、禹城市商业综合公司

禹城市商业综合公司位于站北路西，建于 1981 年 1 月，占地面积 2000 平方米，干部职工 87 人。经营：大小百货、五金家电、副食品、日用杂货等，年均营业额 500 万元。有零售网点 8 个：综合一部（禹城市人民医院路南）、综合二部（解放路中段）、综合三部（老城区内）、综合四部（胜利街中段）、综合五部（开拓路中段）、综合六部（行政街建设路交叉口）、综合八部（人民路中段）和公司综合批发部。

1997 年 12 月 18 日，原“禹城市商业综合公司”改制为“禹城市商贸有限公司”。

五、开元商厦

开元商厦位于禹城市购物中心地带，行政街与解放路交叉口西北首，西与徒骇河岸相邻，东隔路与供销社贸易大厦相望，建筑面积1.1万平方米。商厦主体10层，一至四层为购物部分，五至十层为餐饮、住宿、娱乐部分。1994年10月破土动工，1995年10月商厦主体工程完工，1996年1月正式营业。干部职工283人，年均销售额2032万元。

1999年8月18日，禹改发〔1999〕79号文件同意开元商厦采取“固定资产租赁制、流动资产买断制、内部运营股份制”改革方案，组建7家股份制企业，即：百货、副食、家电、鞋帽、针织、服装、文体有限公司。2000年，开元商厦因经营不善等多种原因依法破产。2003年8月14日开元商厦1—4层产权挂牌拍卖。

六、鲁禹食品有限公司

鲁禹食品有限公司位于南环路西段，与禹城市食品公司相邻，占地面积17000平方米，干部职工163人。

1992年年初，食品公司与马来西亚济联食品有限公司就合资经销鲁西黄牛项目达成协议，双方以禹城市食品公司为依托联合成立“鲁禹食品有限公司”。中方投资450万元，马方投资22万美元，按标准建成肉牛宰杀流水生产线。主要生产加工分割冻牛肉，产品全部出口。1992年7月13日在济南齐鲁宾馆举行鲁禹食品有限公司签字仪式，是禹城外商投资额最大一家合资企业。1993年1月，鲁禹食品有限公司试生产，凭借人员精、设备好、产品优优势，逐渐进入山东省同行业前茅。产品除供应马来西亚客商外，还出口新加坡，并与美国、日本等国家和中国香港地区客商建立联系。至1995年年底，总计出口牛肉3500吨，出口创汇387.9万美元。2003年6月2日，鲁禹食品有限公司因负债过重，无力偿还，依法破产，资产整体拍卖。

第三节　为农服务

一、支持发展棉花生产

改革开放至1995年，棉花生产是禹城农民脱贫致富一大经济支柱。供销社在产前除协助乡镇进行宣传发动，提供底肥、良种服务；在产中提供技术、农药、化肥、药械等服务；在产后提供收购、奖售物质兑现服务。1986—1995年间，发放棉花生产明白纸及技术资料等87万份，防治棉铃虫资料 25万份，发放棉花生产扶持资金4500万元（供销社贴息450万元），调进优质棉种179万公斤。搞好棉花种植示范，累计建设棉花示范基地24万亩，测土施肥47万亩，举办棉花生产培训班培训技术人员1.6万人次，举办收购培训班培训业务人员4.5万人次。从事棉花收购职工每年达1900人左右。

1991—1992年间，购置480台机动喷雾器，组织400多名职工参加治虫服务队，给棉农进行治虫示范，消灭棉花病虫害。禹城市大型棉花收购加工企业5个，分别是第一（车站）、第二（肖寺）、第三（房寺）、第四（辛店）和第五（于屯）油棉加工厂，禹城市棉麻公司负责统一调配各棉厂收购和加工任务，隶属禹城市供销社。

二、合作经济组织

禹城县供销社坚持立足当地资源优势，引导农民发展商品生产，重点发展果品、红麻、食用菌、蔬菜等。1986年始，推行规模化种养、品种化经营，提高农产品质量和市场竞争力。先后培训果树、红麻、食用菌、养兔、果品保鲜等各类技术人员4500人次，印发各类技术资料38000份。各类专业技术人员，常年走村串户，到菜园、果园向农民

图 14-2-3　禹城市渔业合作社培训班（1999 年摄）

进行科学技术等方面指导，解决农民急需问题。1988 年后，在 9 个乡镇分别建立果品、辣椒、食用菌、红麻、渔业等 10 个专业合作社。专业合作社是以专项产品生产专业户为主体，由供销社牵头组织起来农村合作经济组织，供销社为他们提供物资、技术、产品销售等全程服务。到 1992 年，举办果树培训班 138 期，培训 8700 人次，帮助果农修剪果树 12000 亩（次）。

1996 年 5 月，果品公司在来凤、安仁供销社分别组建果品、蔬菜专业合作社，蔬菜专业合作社为农民发放病虫害防治明白纸 1500 份，义务为农民测土 3000 亩，运销蔬菜 160 吨。1997 年，安仁蔬菜专业合作社受到山东省政府表彰。同年，廿里堡西瓜、伦镇红麻、李屯农资、前油坊养殖专业合作社相继建成。1998 年 5 月，莒镇养殖、袁营蔬菜、房寺养殖专业合作社也相继成立。2010 年，注册成立廿里堡粮食、房寺农资、梁家大蒜、张集西瓜等 4 个专业合作社。当年廿里堡粮食专业合作社向社员供应优质小麦良种 3 万公斤。给 4 个专业合作社社员提供低价化肥 300 余吨，让利 15000 多元。

三、科技服务

1986 年，禹城市农业生产资料供应以供销社农资公司为主，各基层社设有农资门市部，与农民联系非常密切，在经营中为农民提供种植、养殖、施肥、病虫害防治等方面技术服务，在禹城市建立 23 处庄稼医院，接受农民咨询 24 万人次，给农民测土 45 万亩，提供施肥配方 245 个。2008 年，根据现代农业发展需求，不断扩展为农服务新领域，禹城市建立 500 亩科学施肥示范区；禹城市采用 GPS 定位系统完成全部乡镇 2 万多个土样采集工作，委托有关农业院校（所）进行分析化验，在此基础上建立禹城市土壤电子地力档案，成立测土配方施肥工作站，配备领导和专业技术人员，研究指导农民科学施肥等项工作；开发在国内具备领先水平“禹城市测土施肥专家咨询系统”软件，掌握各类土壤信息，及时、方便、快捷、科学设计施肥配方，先后给 300 多户农民提供施肥配方技术服务；邀请山农大农技专家现场讲座，举办 3 期测土配方施肥专题培训班，培训农民 600 余人次，促进新型农资经营服务体系建设。

四、生活资料供应

零售企业以花色多、品种全取胜。通过多种渠道选择适销对路商品，不断充实门市库存，满足顾客需求。开始以日用消费品为主，后来逐步发展到经营燃料、建材、水暖器材等品种。在促销活动中，积极参与物资交流会，挂靠单位把其需要商品直接送到对方手中、并对用户实行售后服务，一系列得力措施，促进生活资料销售经营。

1989 年筹资建成贸易大厦，规模居全德州县级市之首。1996 年 11 月，投资建设东方大厦，牢牢占领禹城市商品零售市场，引领消费潮流，提升生活档次，不断适应市场变化需要。全系统不断实施名优品牌带动战略，各经营企业都面向全国抓货源，深入到浙江、江苏等地生产厂家，购进正宗名牌服装，引进柒牌、与狼共舞、富贵鸟、博士邦尼等世界品牌6个，中国名牌18个，中国驰名商标14个，做到商品质量和经济效益双赢。贸易大厦不断扩大规模，抽调精干力量于2002年5月组建鸿福大厦正式开业，供销社成为禹城市商贸流通行业主力军。2010年12月，山东省供销社日用品网络建设启动现场会在禹城召开，加快推动禹城市供销社系统日用品网络建设步伐。

五、生产资料供应

1986年，禹城县供销社系统化肥经营主要品种氮肥和磷肥，复合肥较少；农药品种有“1059”“1605”、敌敌畏、氧化乐果、久效磷等，农膜开始逐步推广。1987年开始，由于工厂自销不断扩大，原来由单一流通渠道经营变为多渠道经营，加之个体商贩出现，农业生产资料出现市场乱、渠道乱、价格乱现象，直接阻碍农业生产发展，侵犯农民经济利益，农民反映强烈。国务院决定从1989年1月1日起，对化肥、农药、农膜，由供销社专营，农资市场得以整顿。经营上主要采取联购分销方式，扩大销售，确保市场供应。1991—1993年，化肥经营仍以供销社为主体，个体户可经营农药和农膜。农业用肥供应以尿素、磷酸二铵等高效肥为主。1995年组建供销社农业生产资料集团总公司，并增上农机具经营，建设生产资料大市场，经营规模和范围进一步扩大。1999年，国家取消指令性计划，农资价格可以浮动，允许个体户参与农资经营，供销社在农资经营上出现波动，但仍不少个体农资经营业户都挂靠供销社。由于经营不善，2000年出现集资挤兑现象，企业进行改制，分兴华农资公司、中联化肥公司、晨曦农资公司和金丰农资公司四家经营公司经营。

自农资经营市场放开后，个体私营户越来越多，农资市场出现制售假冒伪劣商品和坑农害农现象。2004年，禹城市政府同意成立禹城市农资管理办公室，办公室设在市供销社，与禹城市工商局、质监局、公安局等相关部门联合，负责对禹城市农资市场监管工作，进一步规范农资市场经营秩序。2005年，禹城市供销社成立农业生产资料有限公司，启动恢复农资经营业务，发展基层网点196家，直接和农民发生购销关系。实行统一挂牌、统一管理、统一进货、统一配送、统一价格；承诺经营商品无假货。2010年，随着农资经营业务扩大，禹城市供销社与山东省供销社农资公司联合开展化肥联采直供业务，禹城市社农资公司直接与山东省社农资公司合作，将化肥直供到所属网点或农户，既减少中间环节又节约费用，受到广大农户欢迎。至2010年年底，销售磷肥4433吨，氮肥20473吨，复合肥17205吨。

六、农副产品和工业品购销

1986—1995年期间，学习诸城、借鉴昌邑市供销社帮助农民发展商品生产经验，全系统基本以运销当地农副产品为主，首先帮助农民发展商品生产，再通过捕捉信息、联购分销、分购联销、深购远销，把当地农民生产农副土特产品推销出去。10年间，推销果品4177.5万公斤，向国家出售皮棉253.3万担、红麻1910万公斤、粮食7000万公斤、棉副产品2700万公斤、蜂蜜15.5万公斤、辣椒干18万公斤、次棉849万公斤、苇席27万令。1996年以后，运销品种逐步扩大，油料50364吨，畜禽、肉食2211.3吨，社会效益和供销社经济效益显著提高。

1986—2010 年禹城县（市）供销社系统农资销售情况统计表

表 14-2-2　　单位：吨

年	氮	磷	钾	复合肥	农机（件）	农膜
1986	36351	14357	2	4107	149200	47
1987	47678	16045	4	2794	152800	50
1988	40410	17200	7	1986	155300（小） 1717（大）	84
1989	34052	13038	14	6893	154100	38
1990	40470	13354	32	5744	186800	43
1991	31628	11120	57	11244	60100	225
1992	47490	9648	83	13464	39400	276
1993	35385	12311	497	15128	980	50
1994	83952	52769	213	33547	3200	60
1995	101813	19354	599	16384	2800	29
1996	92448	41408	1337	17232	17400	40
1997	85473	38472	563	19705	700	18
1998	86916	59919	1770	23043	29000	16
1999	86987	49566	600	26418	1300	13
2000	74382	49459	540	20342	800	20
2001	121384	67005	2287	59380	1053	43
2002	150325	39412	2633	51950	1405	1747
2003	111748	46761	2052	31101	880	600
2004	89772	31695	6937	31256	720	128
2005	48366	19450	1348	14985	646	153
2006	48206	9630	738	16996	690	132
2007	81558	16997	1612	33443	733	134
2008	45333	10540	867	19582	755	146
2009	89983	9513	812	10649	2207	427
2010	20473	4433	648	17205	68	66

第三章　粮油

1986年，禹城县粮食局拥有企业23家。其中，乡镇粮油管理所19处。干部职工620人，其中干部114人、职工506人。1998年1月，组建山东天源粮油集团，并将核心企业变更成“山东天源粮油集团公司”。同年12月，经禹城市编委批准，成立禹城市粮食收储公司，属内部报账单位，实行定编、定岗、定责。2006年，在国有粮食企业改革中，全系统28家国有粮食企业全部退出国有资本，1398名职工全部与原企业签订劳动关系解除手续，兑付职工权益3500多万元，清理政策性粮食挂账9408.5万元，核销历史债务包袱1.2亿元，彻底实现政企分开。2008年，成立禹城市粮食监督检查大队，主要负责禹城市粮食流通情况的执法监督检查工作，为粮食局下设全额拨款的股级事业单位，核定编制8人，所需人员从粮食局内部在编人员中调剂。

第一节　粮油经营

1986—2010年，禹城粮油商品流通经历两个阶段。即1986—1992年11月30日是计划管理与粮油议价经营“双轨”运行阶段，1992年12月1日之后是粮食经济整体转为市场经济实体阶段。

1986—1989年，大部分职工对计划经济“大锅饭”恋恋不舍。议价收购任务由上级业务主管部门下达，收购工作“坐门等客”，议价收购依赖上级调销。1990—1992年粮食系统加强对干部职工转变思想、更新观念教育，树立商品经济意识，积极参与市场竞争。采取常年挂牌、委托收购、走村串户、赶集设摊、外地批量收购等手段，搞活粮食流通，促进粮油收购业务发展。1992年，完成粮油收购4.5万吨。派人南过长江，北到内蒙古，西到四川，东至胶州等地，先后与几十个省市、自治区几十家国有企业建立长期粮油购销关系。坚持“薄利多销，快购快销，以销促购，加速周转”原则，大力开拓粮油市场，禹城粮油经济在竞争中求得发展。1993年，各粮食收储企业按照建立社会主义市场经济总体要求，开拓经营，强化购销。收购上采取流动收购与定点收购相结合，分散收购与集中收购相结合，职工收购与发动个体粮贩相结合等多种形式，形成多层次、多方位收购网络。销售上采取分散与联销相结合，粮油贸易公司发挥对外销售“龙头”作用，与全国一半以上省、市、自治区有关单位建立长期贸易关系，粮油商品大批量外销疏通渠道。全年销售粮油1.0725亿公斤，首次突破亿公斤大关，是上年销售总量两倍多。1995年，逐步调整经营格局同时，坚持把

图14-3-1　禹城市禹飞面粉有限公司（2007年摄）

粮油商品流通作为本业紧抓不放，在发展上、流通上做文章，在巩固主渠道中求发展。同年，国家加大粮食宏观调控力度，粮食购销差价不断缩小，需求由旺势转向平稳，经营资金日趋紧张。根据情况，禹城粮食系统及时搜集信息，正确分析市场，适时调整策略，依靠集团经营优势，采取灵活机动购销方式，大力开拓粮食市场。1．确定大宗业务由总公司统一安排调销计划，统一对外销售，小综业务由总公司批准后基层企业自行经销经营方针，使集团性与灵活性做到有机结合。2．根据市场形势，采取快购快销，稳购快销，以销定购等措施，当粮油供不应求、价格不稳时，快购稳销，及时充实库存。供大于求，呈现买方市场时，利用老客户以销订购，维持购销渠道畅通。供求相对平衡时，及时吞吐、薄利多销，以量取胜。3．盘活代农储粮，作好借粮生财新文章。同年，全市代农储粮2500万公斤，部分代储粮纳入流通渠道，获得利润，缓解资金不足矛盾。全年累计购进粮油1.05亿公斤，完成收购额1.49亿元，累计销售粮油1.078亿公斤，实现销售收入1.5679亿元。1986—1995年，议价粮收购52.76万吨，销售51.08万吨，获利润705.19万元。

图 14-3-2 粮食收购点 （2006年摄）

2000年，面对粮食市场全面放开新形势，禹城市粮食局积极克服农民惜售、资金困难、竞争加剧带来诸多困难，对粮食购销企业实施“增网点数量和功能、拓市场领域和空间、扩经营范围和品种、增经营总量和效益”工作方略。把“千人千车千店进千村”作为第二次创业工程，进村经商、综合经营作为事关粮食企业生死存亡“饭碗工程”，放手发动广大职工到农村设立购销服务网点和粮油服务社，购置车辆走乡串户开展流动购销和兑换，禹城市城乡设立购销点和粮油服务社272个，组建流动服务队160多支，较好地控制粮源主渠道，抢占市场主阵地。深入开展多元化综合经营和工商联营，禹城市面粉厂在不断拓宽“两代一换”（代户储粮、代户加工和小麦兑换面粉、面条）业务外，对购销服务网点统一配送面粉、面条、大米等粮油商品及麸皮、次粉等，年均代农加工和品种兑换在4.5万吨和1.5万吨以上，购销总量达5亿公斤，形成加工企业、购销企业和农民之间双向循环，带动工贸企业共同发展，较好地实现由计划主渠道向市场主渠道转变。2001—2005年，禹城市累计完成粮食收购量达786221吨，销售量837189吨，其他收购量480940吨，销售量484254吨，代农储存量累计30878吨。

2006年，国有粮食企业改革，禹城粮食系统18家国有粮食企业中，15家国有部分从企业中退出，整体改制成民营股份制企业，保留粮食收储公司和下辖石屯、辛店、袁营、善集4个粮食收储站。改革后，全市原有城乡粮食购销网络被打破，企业分散经营，各自为战，形势严峻。粮食局充分发挥职能作用，先后吸收8家粮食购销企业和3家社会粮食经营大户，组建粮食收储公司，实行联购联销，规模经营，构筑禹城市粮食购销企业发展新格局。整合后粮食购销企业有效仓容6.5万吨，年均完成粮食收购量20万吨。2006—2010年，禹城市粮食购销企业与中储粮等央企合作，对外发展产销合作关系，对内联合粮食加工企业，共同拓宽经营渠道，年均完成粮食销售总量7亿公斤，其中小麦3亿公斤，玉米4亿公斤。在激烈市场经济竞争中站稳脚跟，并取得良好效益。

第二节　粮油价格调整

1986—1992年9月30日，禹城县粮油供应价格按国家计划供应价格执行。

国务院从1987年度起提高部分粮油定购价格，玉米、谷子每市斤提高1分，即：每市斤定购价1角6分6。花生仁由每百市斤62.40元提高到72.00元，花生果由百市斤40.56元提高到46.80元，花生油由百市斤149.50元提高到172.50元；卫生油由百市斤100.80元提高到126元；原棉油由百市斤86.40提高到108元；棉籽一等由百市斤13.80元提高到17.25元，二等由百市斤12.60元提高到15.75元，三等由百市斤10.20元提高到12.75元。从1987年5月1日起，执行十二项粮油国家标准，省间调拨和省内收购、销售、调拨、加工环节均执行半等级制标准。各等级间差价，小麦、玉米、大豆、稻谷、花生果均是3%；花生仁是2%；一级花生油、大豆油、菜籽油均在二级基础上加价4%。小麦品质差价以花麦是100%，白麦加价2%，红麦减价2%。由于标准提高，花生果统购价格每50公斤由36元上调到39元，比例价格每50公斤由46.80元上调到50.70元，山东省定花生果标准和扣耗规定同时停止执行。省外粮油（除花生油）原则上不收购，如因特殊情况需要收购时，须经山东省粮食局同意，但收购粮油就地处理。省外花生油可按以质论价原则进行收购。

1989年禹城县粮食收购价格调整表

表14-3-1　　单位：元/50公斤

品种	质量标准	现行价格		调后价格		备注
		统购价	定购价	统购价	定购价	
小麦	中等	17.80	24.10	19.06	25.83	调整后粮食统购价定购价，均为全省一价
玉米	中等	12.30	16.60	13.04	17.60	
粳稻	中等	14.85	20.95	19.14	27.00	
籼稻	中等	12.70	17.90	16.24	22.90	
谷子	中等	12.30	16.60	13.04	17.60	
玉米面	中等	—	18.00	14.45	19.50	
粳米	标二	20.57	29.00	29.08	41.00	
籼米	标二	17.33	24.44	24.82	35.00	

续表 14-3-1

品种	质量标准	现行价格		调后价格		备注
		统购价	定购价	统购价	定购价	
小米	—	—	—	18.30	24.70	调整后粮食统购价定购价，均为全省一价
标准粉	—	21.60	29.20	24.00	32.40	
特二粉	—	24.50	33.10	27.40	37.00	
特一粉	—	28.10	38.00	31.00	42.00	

1989 年禹城县油脂油料收购价格调整表

表 14-3-2　　　　　　单位：元 /50 公斤

品种	质量标准	现行价格		调后价格		备注
		统购价	定购价	统购价	定购价	
油菜籽	中等	38.80	50.40	41.38	53.80	调整后粮食统购价定购价，均为全省一价
花生油	中等	55.38	72.00	59.08	76.80	
花生果	中等	39.00	50.70	41.62	54.10	
棉籽	一等	14.38	17.25	16.67	20.00	
	二等	13.13	15.75	15.25	18.30	
	三等	10.63	12.75	12.33	14.80	
花生油	二级	132.69	172.50	141.46	183.90	
菜籽油	二级	114.20	148.40	121.85	158.40	
精炼棉籽油	二级	105.00	126.00	121.25	145.50	
毛棉油	二级	90.00	108.00	104.17	125.00	

随着经济体制改革，平价粮油购销倒挂，亏损改由地方财政补贴，给地方财政增加负担。随着人民生活水平不断提高，各类副食品不断增加，居民计划供应粮油有大量结余，地方财政不合理负担越来越明显。1989 年糕点、酿造业用粮油从同年 5 月 1 日，起全部改供议价粮，压缩饮食业原计划供应数 50% 指标，减轻地方财

图 14-3-3　棉仁饼　（1989 年摄）

图 14-3-4　小麦收割（2008 年摄）

供应。

1995 年 7 月 1 日，禹城粮食执行高限价格。1996 年 6 月 1 日，再次提高小麦定购价格，中等冬小麦由上半年每 50 公斤 54 元调整成每 50 公斤 76 元。1997 年夏季，小麦市场价格下跌，牌示价格倒挂，小麦每 50 公斤 69 元、玉米每 50 公斤 54 元，保护农民种粮积极性。1998 年，由于粮食库存增加，调销不畅，牌示价格倒挂，小麦定购价格调减成每 50 公斤 73 元，小麦保护价调减成每 50 公斤 64 元。1999 年，定购价与保护价开始执行同价，小麦每 50 公斤 63 元、玉米每 50 公斤 46 元。2000 年，山东省政府再次调低小麦收购保护价，同等级小麦比上半年每斤减少 8 分。

政负担，从而减少财政支出。

1992 年 10 月 1 日，禹城县对供应粮油价格进行一次大改革。定量供应城镇居民标准粉、标二粳米、中等玉米三种粮食平均价每 500 克提高 1 角；花生油、精炼棉籽油、豆油和菜籽油，实行购销同价，平均每 500 克提高 1.458 元。每 50 公斤小麦由 13.6 元提高到 21 元；中等玉米由 9.58 元提高到 15 元；特一粉由 25 元提高到 38 元，特二粉由 21 元提高到 34 元，标准粉由 17.85 元提高到 28 元；二级花生油由 80.03 元提高到 231 元；二级菜籽油由 77.01 元提高到 208 元，二级精炼棉籽油由 72 元提高到 190 元，二级豆油由 80 元提高到 215 元；麦皮由 6 元提高到 12 元，棉籽饼由 5.1 元提高到 8 元，棉仁饼由 8.1 元提高到 13 元，花生饼由 11.5 元提高到 18 元，热榨、冷榨、浸出豆饼分别由 16.5 元、21.5 元、15 元提高到 25 元、33 元、23 元。

1994 年 6 月，小麦订购价调整成每 50 公斤 54 元。因市场粮价上涨过猛，限定面粉销售价格，即特二粉每 50 公斤 94-97 元、特一粉每 50 公斤 103—106 元，确保城镇居民粮食

2001 年，开始执行国家新粮食质量标准，新标准拉大等级差价。同品种小麦等级差价：三等以上每相邻等级差价 2 分，三等以下每相邻等级差价 3 分。秋季收购玉米保护价调整成每 50 公斤 49 元。2002 年，小麦保护价再次调减成每 50 公斤 53 元，玉米收购价放开。2004 年，粮食价格全面放开，至 2010 年未变。

第三节　粮油定购

一、粮油订购

1985 年以前，国家粮油定购为统购。1985—1990 年为合同定购。1990 年以后实行国家定购。1986—1995 年完成国家定购粮食 23708.6 万公斤，油品 31.2 万公斤，油料 2.59 万公斤。

1986 年，禹城县粮食定购任务比 1985 年略有减少，德州地区行署分配禹城全年粮

食合同定购任务2400万公斤，油脂、油料定购任务：花生仁110万公斤，棉油55万公斤。山东省政府规定，定购任务由乡镇政府组织基层粮食部门同农民签订定购合同。直接与农户签订，或同村民委员会签订，认真执行合同。有条件完成定购任务而不完成，以及因搞工副业、经商不能履行定购合同村户，要找补比例价与议价差价款，由粮食部门收购议价粮顶交。合同定购品种仍为小麦、玉米、小米等4个品种。在交售时，品种之间允许互相抵顶。其他粮食品种（瓜干、大豆等）如果当地平价供应需要，可以本着量出为入原则，在山东省确定合同定购数量以内适当安排。粮食部门收购粮食，坚持户交粮户结算，除农业税外，不准强行代扣任何款项。国家委托代购粮食计划，不作为任务层层分到村、户，在签订定购合同时，给农民以利息，除定购以外，国家还要委托代购一部分粮食，以便指导生产。1986年，禹城县全年完成粮食定购任务2352万公斤。卫生油实行随棉定购方法，农民每交售50公斤皮棉，国家同时定购棉油2公斤或棉籽12.5公斤。

1987—1988年，国务院提高玉米、稻谷（米）、谷子合同定购价格，禹城县粮食合同定购任务2305万公斤均完成。实行粮食合同定购与供应平价化肥、柴油、发放预购定金挂钩“三挂钩”政策，调动农民交售粮油积极性。

1989年，德州地区分配禹城粮食定购任务2305万公斤，花生仁任务20万公斤，棉油任务20万公斤，禹城县政府要求各乡镇在原订购任务基础上增加2%机动数（至1992年未变）。同年秋季为支援灾区，山东省政府分配禹城县粮食增购任务235万公斤，故调高粮油价格。至1992年麦季完成粮食订购任务9679万公斤。

1995—1996年，禹城市每年一次性完成国家粮食定购任务2250万公斤。根据上级指示将国家定购粮副产品（次粉、麸皮）作销售处理返还给粮农，调动农民缴粮积极性。1997年，执行国家收购粮食“保护价”政策，粮食部门敞开收购农民余粮，并做到不拒收、不停收。

2004年下半年，取消粮食定购任务。另外，粮食部门每年坚持为国家收购储备粮8825吨，1986—2004年，购储粮158850吨。

二、奖售政策

1986年，山东省政府定购粮食奖售标准明确规定，农民每交售100元粮食，奖售标准化肥40公斤，其中平价优质化肥30公斤，奖售平价柴油4公斤。

1987年，山东省政府确定每百市斤粮食奖售平价优质化肥6.5公斤，平价柴油1.5公斤。禹城县兑现化肥票证281万公斤，兑现柴油69万公斤，发到村、户的乡镇有19个，基本完成政策兑现任务。

1989年，国家提高奖售物资标准，农民每交售100公斤小麦，奖售平价优质标准化肥22公斤；每交售100公斤大米、20公斤谷子、30公斤大豆，分别奖售柴油6公斤；每交售100公斤花生仁、卫生油，奖售平价优质化肥40公斤。全年累计兑现农民粮油定购奖售化肥票798万公斤，柴油票78万公斤。

1990年，粮食预购定金改成贴息办法，合同定购粮食每公斤贴给5厘6利息，在收购结算时同粮食价款一并发给售粮农民。禹城县兑现奖售化肥516万公斤，柴油票70万公斤。

1991年、1992年，粮食定购继续实行“三挂钩”政策，奖售标准是每交售100公斤定购粮，奖售平价化肥22公斤、平价柴油3公斤，预购定金利息0.56元。1991年兑现化肥票5257吨，柴油票717吨，调动群众缴粮积极性。粮食部门在粮农交售定购粮食时，按照粮农交售数量，发给山东省统一印制平价化肥、柴油票证，农民持票到当地供销社购买化肥、到农机服务站购买柴油，预购定金利息在收购该结算时同定购粮价款一并发给售粮农民。

1995年，按山东省政府制订新奖售办法，即每交售50公斤定购粮，按照山东省定零售价格每吨1400元供应国产尿素5公斤。兑现办法是由收粮单位根据粮农交售定购数量，填写由禹城县粮食局统一印制“定购粮食兑现化肥通知单”，农民持通知单到当地供销社购买化肥。

1997年，奖售尿素价格调整成每吨1600元，奖售标准不变。1998年，取消粮食奖售政策，到2010年未变。

三、中央议转平

1987年，农民完成合同定购任务外粮食，国家实行随行就市，议价收购，国家所需粮食，按平价粮食收支差给予补贴，称“议转平”。品种只限于大米、小麦、玉米和主产区调出大豆。“议转平”粮食价格，在定购价基础上每公斤加价0.128元，加价款由中央财政实行补贴，粮权归中央。1990年，取消“议转平”。

四、市场收购

2003年，面对粮食收购市场即将全面放开新形势，禹城市粮食系统确立“增网点数量和功能、扩经营品种和范围、拓市场空间和领域、增经营总量和效益”经营思路，创新经营理念，整合粮食资源，克服“非典”及夏粮减产、收购难度增加带来不利影响，坚持内抓订单和网点，外抓购销大户和基地，多措并举，抢抓商机，开拓市场，搞活流通，粮食购销取得可喜成绩，粮食经营总量和经济效益稳居德州市首位和山东省前列。全年完成粮油购销总量12.26亿斤，其中收购粮油6.16亿斤，销售粮油6.10亿斤。比上年分别增长10.05%、7.31%和12.96%。

2004年，山东省全面放开粮食收购市场和粮食收购价格。面对粮食市场全面放开新形势，维护正常粮食流通秩序，禹城市粮食系统积极克服农民惜售、资金困难、竞争加剧带来困难和影响，转变方式，创新服务，充分发挥国有粮食购销企业在粮食流通中市场主渠道作用，全年完成粮食购销总量39.5亿公斤，其中粮食购销企业完成粮食收购79540万公斤，完成粮食销售12758万公斤。

2005—2008年期间，禹城市国有粮食企业根据国务院、山东省政府、德州市政府关于国有粮食企业改革政策要求，一边加快自身改革，一边主动参与粮食市场收购，年均完成粮食购销总量35万吨。

2009年，禹城市国有粮食企业改革全面完成，原国有粮食企业全部退出国有资本，成为自主经营、自负盈亏、自我约束、自我发展市场主体。2009年、2010年禹城市粮食收购、加工、转化企业年均完成粮食收购总量在40万吨左右，促进全市粮食流通。

第四节　粮油供应

一、计划供应

1986—1992年9月30日，城镇非农业人口仍按工种定量计划供应。按照国家规定标准，体力劳动者分特重、重体和轻体劳动，每种体力劳动又分成三等，月定量分别是28公斤、25.5公斤；23公斤、21.5公斤、19.5公斤和18公斤、17公斤、16公斤。脑力劳动者分两等，月定量分别是16.5公斤和15公斤。高中学生月定量16公斤，初中学生15公斤。居民（家属）包括学龄前儿童和小学生，随着年龄增长，月定量以3.5—13.5公斤逐步提高定量标准。食油定量每人

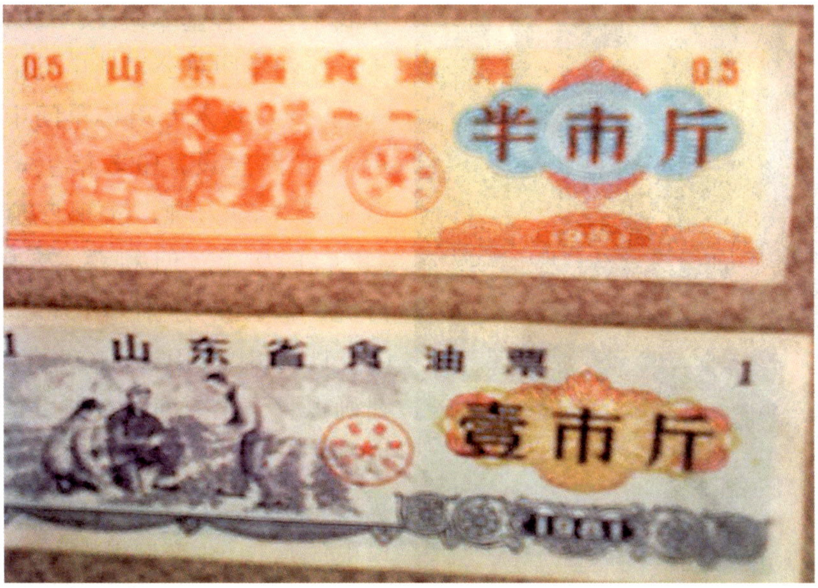

图 14-3-5 粮票 （1996 年摄）

每月供应 250 克，凭粮油证到户口所在地定点供应。粮票不实行定点供应，全国粮油票在全国流通，本省的在全省流通。粮油票证供应为成粮。1989 年 5 月 1 日，本着节约用粮精神，恢复粗细粮按“三七”比例供应，糕点、酿造业用粮改供议价粮，饮食业用粮按计划数 50% 供应标准粉。当年平价粮销售总量比 1989 年节支 200 多万公斤。

1986—1989 年禹城县农业人口口粮分项目年报表

表 14-3-3　　　　单位：贸易粮（吨）；人口（人）

年	品种	合计	各类专业村、户						其他常年定销	因灾缺粮	国有农场	其他
			经济作物	畜牧养殖	林业	渔业	盐业	蔬菜				
甲	1	2	3	4	5	6	7	8	9	10	11	12
1986	①	2953	2010	—	—	—	—	—	843	100	—	—
	②	14530	10050	—	—	—	—	—	3380	1100	—	—
1987	①	3148	1723	—	—	—	—	—	1315	110	—	—
	②	21110	14650	—	—	—	—	—	5260	1200	—	—
1988	①	1835	680	—	—	—	—	—	905	—	—	250
	②	10663	5913	—	—	—	—	—	4750	—	—	—
1989	①	1941	916	—	—	—	—	—	925	100	—	—
	②	26709	18220	—	—	—	—	—	5120	3369	—	—

说明：①供应口粮数；②供应人数。

1992 年 10 月 1 日至 1995 年 6 月 30 日，是粮油由计划平价供应转为议价敞开供应阶段，实行随行就市供应居民生活、饮食、糕点加工、酿造业所需粮油。1992 年，居民当年第三季度结余粮油按原规定销售，超季度冻结，社会上流通粮油票一般不予供应，特殊情况由粮局局长批准按现行价格定量销售一个月的生活标准。军工粮油暂由国有粮食企业按现行销售价格供应。

1995 年 7 月 1 日，城镇居民改用新定量

图 14-3-6　联合收割机田间作业（2010 年摄）

年底土建工程基本竣工。1994 年，粮油集团总公司抽出资金 450 万元，投入专用粉车间中后期工程建设。1995 年生产专业粉 3.59 万吨，实现产值 8428.28 万元，创利税 128.9 万元，较上年分别增长 39%、604.1% 和 81%。1994—1995 年，在确保骨干企业同时，先后建成投产小型面粉厂 14 处，并租赁大程乡面粉厂。禹城市形成以粮食加工厂生产专用粉为主，基层小面粉厂生产等级粉为辅面粉加工体系，促进禹城粮食转化和粮食流通。2001 年下半年，禹城市面粉厂在高新技术开发区开工兴建日处理小麦 300 吨专用粉生产车间，企业总生产能力达到日处理小麦 500 吨。2002 年 9 月，禹城市面粉厂生产的“禹飞”特一粉荣获“山东省放心面”称号。同年 2 月，禹城市粮食收储公司储运分公司日产 80 吨等级面粉项目竣工投产。2003 年，禹城市面粉厂推行全方位标准化管理，顺利通过 IS09001 质量保证体系认证和 QS 质量安全认证，并参加山东省粮食行业协会在济南泉城广场主办的“放心粮油宣传月产品展销活动”。面粉厂蝉联“山东省粮办工业三十佳企业”称号和“全国放心面”称号。2003 年后，面粉厂又投资 300 万元建成两座立筒仓，从德国、瑞典购进国际一流水平粉质仪、拉伸仪、近红外、降落数值仪等先进质检化验仪器，使面粉品质由过去直观感觉提高到内在品质数据化分析，为指导小麦特别专用粉生产提供科学依据。

标准，实行平价计划供应，安定城镇居民生活。定量人口凭粮局印制专业粮票每人每月供应特二粉 10 公斤，大、中专学生每人每月 15 公斤。城区由粮油供应公司供应。

2001 年 5 月始，取消城镇居民粮油供应转移证，同时停止使用粮油证。粮食计划供应结束。城镇居民吃粮、企业用粮都由市场供应，至 2010 年未变。

二、统销粮

局部受灾区和个别农户暂时缺粮问题，国家下达统销粮指标解决，但统销粮供应量逐年减少。1987 年国家拨发给禹城县统销粮指标是 3378 吨，1988 年 1835 吨，1992 年仅 334 吨。1992 年 10 月 1 日起粮油价格转议取消后，此项粮供应随之取消。

第五节　粮食加工

一、面粉加工

1993 年以前，禹城粮食系统仅有一处粮食加工厂，加工小麦面粉，不仅生产能力低，且设备老化。1992 年，粮食加工厂开始筹建专用粉车间，适应内供、外销需求，至 1993 年

2000 年后，粮食系统原 14 家规模小、加工能力弱小面粉机组先后被淘汰，至 2006 年随基层粮所改制一并处理。

二、饲料加工与养殖

1986—1987 年，饲料公司走上议购议销

图 14-3-7　肉食鸡宰割 （2001 年摄）

路子，饲料加工除满足禹城县需求外，部分产品销往外地。1988 年，聘请专职技术人员，科学配制多种饲料，实行产销挂钩，具体指导饲养专业户，以优质价廉拓宽产品销路，年产值 269.2 万元。1990 年,全年销售配（混合）合饲料 6695 吨，创利润 35.66 万元，晋升为地区级先进企业。1991—1993 年，因市场疲软，饲料销售开始滑坡。为保证饲料加工企业保持良好发展势头，在广大农村设立 80 多个饲料销售网点，加大科技投入，研发出高级颗粒饲料，走“孵化—育雏—饲养—冷藏—销售”一条龙路子，投资建成一座年出栏 6 万只肉食鸡中型养鸡场，当年出栏肉食鸡 1.5 万只，获利 2.54 万元。1994 年，粮油集团总公司出资 230 万元，给饲料公司建成 7000 套规模种鸡场和年孵化能力 150 万只孵化场，扩建养鸡场。1995 年引进先进配方，开发高效节能饲料，产销饲料比上年增长 10%。2001 年，与“山东凤祥集团”合资组建“禹城凤祥鸡业有限公司”。2005 年，饲养宰杀“一条龙”项目成为年产饲料 10 万吨、宰杀鸡 1500 万只和加工扒鸡 20 万只自营进出口企业。2006 年，在国有粮食企业改革中，将饲料公司地幅以上资产拍卖给和美饲料有限公司，所得收益全部用于兑付职工权益。

三、糕点加工

1988 年，禹城县粮局直属库始建本系统糕点厂，生产色、香、味、形俱佳近 20 种糕点，畅销禹城县各乡村，批发、零售供不应求，当年创利 15.39 万元。1990 年，通过召开食品展销订货会、送货上门等措施，产品销往德州、平原、临邑、齐河、夏津等县市。1991 年，以市场为导向，不断开发新品种，生产低油、低糖等大众化食品，产品质量稳定提高，以优质廉价占领市场，赢得消费者信赖。该厂生产“豆沙月饼”“提浆月饼”“酥皮月饼”分别被山东省粮食局和地区粮局评为

图 14-3-8　酥皮月饼 （1993 年摄）

图 14-3-9 挂面加工 （1995 年摄）

优质产品。1993—1994 年，在原料涨价，成本增高情况下，基本做到产销平衡。1995 年后，调整产品结构，生产出多味系列膨化小食品，产品销往济南、德州、高唐等县市。

四、挂面加工

1992 年以前，本系统食品厂挂面生产处于小作坊水平，远远满足不了城乡居民需求。1992 年，食品厂和十里望、张庄镇、房寺镇、梁家、伦镇等粮所各上一套挂面加工先进设备，加工能力迅速提高，年底生产各类挂面 1.1 万吨，是上年 365 吨的 2.94 倍。1993—1995 年，进一步完善承包经营责任制，制订切实可行奖惩办法，挂面生产纳入规范化管理轨道。

第六节　粮油调运

1986—1995 年，粮油调运分平价和议价粮油调运两部分。平价粮油调拨，国家指令性调拨，国家下达动支令，做到有令则运，有禁则止，没有动支令，国家库存和专项储备库存不得擅自动用。议价粮油按市粮局调拨计划执行，规定对不按计划发运粮油所造成损失，运费由直接责任者承担。坚持好粮外调，合理组织粮油调运。禹城市小麦流向主要是黄河以北山西、河北、甘肃、内蒙古、北京、辽宁、吉林、黑龙江等省、市、自治区和山东省东部地区。玉米流向则是黄淮以南江苏、安徽、浙江、四川、上海等省、市。

禹城市粮食系统落实岗位安全责任制，加强运输质量管理，严格交代手续，防止事故发生，确保粮油安全运输，及时、安全完成各项粮油调动任务。

第七节　粮油仓储

禹城市对储备粮管理始终坚持以防为主，综合防治，收到显著效果。1. 组织落实。粮局由一名副局长分管常年抓，直属公司、各粮所保管组都设组长、防化员、保管员和专门人员。1986 年后，全面落实储备粮仓承包责任制，实行专人专仓，一包到底；2. 要求常年保持“四无”（无虫害、无霉变、无鼠雀、无事故）粮仓 100%，年科学保粮量占年平均库存量 80%。入库前，坚持清仓消毒，坚持新粮与陈粮、好粮与次粮、虫粮与无虫粮分仓储存。粮食入库，按国家规定标准，严把粮食质量关，不收低标准“后门粮”“人情粮”。运用低温、低氧、低剂量，提高科学保粮水平，保证储粮安全。每年抓好 30% 以上农户建仓、除虫、灭鼠工作。防保人员坚持 5 天一小查，10 天一大查，风雨雪后必须查，一月一普查检查制度，每次检查记录齐全，发现问题及时处理，造成事故追究当事人责任，抓好粮食外调，减少露天储存量，避免造成人为事故。2000 年后，根据库存日期长短进行分批次药物管理，质量符合标准实行常规通风密闭、低温、缺氧保管，用聚氯乙烯薄膜封闭。超水分粮食采取定期检查和整晒方法处理。粮油保管均达到“四无粮仓”要求，连年被评为省级先进单位。

2004年下半年，禹城市粮食收储公司承储和管理国家储备粮3000吨。

2010年年底，禹城落实食用植物油地方储备任务260吨，品种为散装大豆油160吨，散装花生油100吨，由粮食局下属单位粮食收储公司承储。

第四章　物资供应

第一节　组织机构

1986年，物资公司是物资行业主管部门，机关内设政工办公室、综合计划股、节约办公室、工会、职教、司务处。干部职工19人。1989年7月16日，县物资公司恢复为禹城县物资局，干部职工23人。1993年2月，禹城县物资局改为禹城县物资集团总公司，总公司机关内设工会、纪检、业务科、财务科、统计科、审计科、综合政工办公室、文秘科、保卫科，共有干部职工25人。1995年8月，物资集团总公司建立党委。1996年总公司精简机构，机关设有纪检、工会、办公室、财务科、政工科、统计科、保卫科等，干部职工15人，2010年，总公司撤销纪检，仍保持15人的建制不变。

第二节　物资经营

1986年以后，实行承包经营，把职工经济利益与企业经营成果挂钩，1994年，物资市场竞争激烈，物资销售市场占有率大幅度下降。1996年，物资集团总公司进行调整、重组，对下属8个企业实行租赁承包经营；5个企业实行股份改制，把职工的经济效益与企业的经营成果挂钩。

主要经营产品有金属材料、木材建材、机电化轻产品、煤炭。

一、金属材料

禹城县物资局成立后，全县金属材料归物资部门专营。禹城县计委分配计划指标优先供应工农业生产建设需要，不足部分依靠社会收购和企业挖潜弥补。经营黑色金属和有色金属两大类十几个品种。

中共十一届三中全会后，金属市场逐渐放开。禹城县工农业生产建设和城乡建设发展

图14-4-1　金属建材　(1999年摄)

图 14-4-2　木材　（1998 年摄）

迅速，计划内金属材料有限，社会需求供应缺口拉大。物资部门通过参加物资市场调节交易会等途径，与全国各地有关厂家建立业务关系，互通有无，积极满足禹城县需求。1984 年，通过改制成立金属建材公司，专门经营金属建筑材料。1985 年，销售金属材料 3247 吨。1993 年，金属材料市场全面放开，统配计划全部取消，社会所需各类金属材料均有市场调剂供应。金属材料全部放开，市场经济发展，由企业自主经营，自由竞争。

图 14-4-3　机电产品销售点　（2000 年摄）

二、木材建材

中共十一届三中全会前，木材以计划供应为主，主要是国家从东北、南方等地统一调拨，以供应原木为大宗，辅之以锯材。计划内建材主要是水泥、白灰、玻璃、砖瓦等，多来自山东省内厂家和禹城县自产。计划内指标满足不了社会需求部分由本地产杂木和建材厂家品种来补充，价格略高于计划内价格。1979 年后，木材建材市场逐渐放开。随着工农业生产和城乡建设发展，木材建材需求量越来越多，但国家计划内指标却有减无增，供需矛盾突出。物资部门充分利用与外地多年业务关系优势，多方采购所需木材，进货渠道主要来自黑龙江省、云南省，也有四川木材，以东北松杂木为主，南方以松、杉、杂木等为辅。禹城产水泥、白灰供不应求，购进德州、泰安、济南产品辅充。1993 年，国家计划指标全部取消，禹城市木材、建材供应全部赖以市场供应。木材以个体私营业户为主，当地产材多为宅用；钢材多是莱钢和河北省产品，白灰、水泥以禹城产为主，辅以外购。

三、机电化轻产品

（一）机电设备。1982 年机电设备由物资局直属机电设备公司供应。公司在城区设专营门市部 3 处。经营品种有大小汽车、中小型拖拉机、各类农用动力机械、电机、变压器、仪表、电线、轴承等千余个品种。

（二）化轻产品。1984 年，物资局下设物资综合公司，经营各种化工原料、轻工产品，如酸类、橡胶、纯碱、电石等，应用量所限业务量很小。进货渠道主要是上级计划分配和市场兑换调剂。1993年开始，化轻产品放开经营，商业、供销与物资部门均可经营。物资系统销售额受到影响。1995年，物资局撤销物资综合公司，组成机电化轻公司，旨在收紧拳头增强市场竞争力，广开购货渠道，组织优质货源，扩大业务范围和销售，取得一定成效。

四、煤炭

1979年5月，煤建公司归属禹城县物资局，更名为“燃料公司”（后又改成煤建公司），负责禹城县煤炭供应。供无烟煤为主，烟煤稍次之。无烟煤主要来自山西、河北等地，烟煤主要进货渠道以肥城为主。1979—1992年，禹城县工农业生产和城镇居民生活用煤仍以计划供应为主。工业生产按指令性指标供应，农业生产有专项计划按量供应，城镇居民生活用煤按人口粮食定量比例实行煤票供应，机关伙房和冬季取暖都按计划供应。

1993年1月，国家煤炭供应计划全部取消，煤炭经营也全部放开。煤炭经营市场出现多家竞争局面。物资局另设煤建公司，与原燃料公司并驱依托自己优势向社会供应；矿家直接与工业用煤大户签订年供货合同；个体经营户迅速发展，自由购货、加工、供应广大城乡居民，抢占城乡市场。以后几年燃料总公司主营煤炭。1997—1998年燃料总公司亏损严重，资不抵债，依法破产，物资部门结束煤炭经营。禹城市煤炭供应由矿家直供工厂企业，居民和个体业户由本地煤炭经营户供应。煤炭以山西煤、河北煤为主，多是无烟煤。

1986—1998年禹城县（市）物资供应情况表

表14-4-1　　单位：万元

年	物资购进总额	物资销售总额	实现利润总额	物资流转费用	资金周转天数（天）
1986	1127.1	1388.4	23.1	173.3	55
1987	1987.5	2239.4	24.2	213.0	42
1988	2808	3452	33.3	296.5	55
1989	2207.6	2399.5	57.1	311.6	91
1990	2605	3258	61	382.4	51
1991	7000	7500	73.5	406.9	31
1992	13071.7	13590	109.2	538.8	21
1993	12500	12600	92	581.0	33
1994	4080	4778	26.4	394.5	72
1995	2181	2272	22.6	238.9	127
1996	2318	4470.9	14.5	140.2	53
1997	3542	4100	24.2	26.2	22
1998	4980	5620	40	1.35	18

第三节　物资市场

2000年7月，建设物资市场，市场内场地面积达5000平方米，物资市场形成规模。2002年5月1日，物资市场正式开业，成立市场管理办公室，对市场实行扎口管理，严格规范市场经营秩序，提供良好的经营环境，先后引进天力钢材经贸有限公司、玉华物资经营处、正达钢材物资钢材经营处、兴隆钢材总汇、金山彩钢等钢材经营业户，物资市场经济活跃，经营品类丰富，包括钢材、机电、化工等产品。2010年，物资市场销售钢材3万吨，成为本市规模最大的钢材集散地。

第五章　医药

1989年12月，禹城县药材公司更名为“禹城县医药公司”；1993年3月，更名为“山东省德州医药集团禹城医药总公司”；2000年8月，实行股份制改造，更名为“山东省禹城医药有限责任公司”。2006年3月，禹城医药有限责任公司划归禹城市人民政府管理。

第一节　药品购销

一、药品购进

药品购进方式有两种：培植地产中药收购，向外采购。禹城地产中药材资源比较匮乏。20世纪80年代，药源普查可供药用仅一百余种，主要品种有地丁、蒲公英、罗布麻、葶苈子、苍耳子、旱莲草等。自20世纪70年代开始在禹城大力培植家种药材，先后成功引种枸杞、金银花、菊花、生地等，保护药源，满足人民用药需求。至80年代末，禹城县中药材种植面积近千亩，年产量10余万公斤，地产药材品种达到120多个，其余部分向外地采购。

进入90年代后，中药材“包购包销”经营机制很快被取消。由于市场竞争逐渐加剧，销路不畅，医药公司中药材收购业务迅速萎缩。至2010年，中药材种植面积极少，本地所需中药材靠外购供应。

图14-5-1　禹城药材公司旧貌（1990年摄）

1995年后，药品购进市场放开，经营单位可自行选择厂家或批发商签订购药合同，药品购进由集中转为分散。购进药品方式也随之发生改变，由上门采购转为批发商送货上门，因此药品购进额增长较快。至2009年，禹城市药品年购进总额超过5000万元，是1995年药品购进总额1000万元5倍。

图 14-5-2 工人包装药材（1986 年摄）

二、药品销售

（一）批发销售。1986 年，德州医药批发站为二级批发站，禹城医药公司为三级批发站。除在公司内设总部外，还在房寺镇、辛店镇、安仁镇、伦镇等设 4 个分支批发部，按照“级站统药”职能，县级医药批发机构及其分支必须由上级医药系统审批后方可营业。在计划经济时期负责境内用药单位药品供应。各分支购药均由禹城医药公司负责供应。1993 年年初，医药购销市场开始放开，废除“级站统药”职能，打破县级医药公司“统购统销”格局。随着改革开放步伐加快，销售市场竞争日趋激烈，针对新市场形势，医药公司及时制订“巩固区内，打出区外”销售战略，逐步和济南、东营、聊城、滨州等地 30 余家医疗单位建立业务关系，销售规模也不断扩大。1995 年，药品批发销售额超过 1200 万元。之后，由于企业规模较小及外地药品批发商介入和渗透，安仁镇、伦镇批发部先后撤销，批发销售额萎缩。2003 年，国家推行医药行业 GSP 认证，医药公司按照标准要求上档次，提规模，提高区内市场占有率，重新确立在禹城医药流通市场主流地位，至 2009 年，禹城医药公司批发业务市场占有率超过 60%。

（二）医药零售。医药零售分医疗机构药品销售和商业药品零售两类。行医售药资格取得须经县级卫生局审核批准方可营业，行医售药不需纳税；商业药品零售资格须经地、县两级药监部门核准，销售药品属商业行为，必须纳税。1986 年，禹城县有行医售药点 400 余个，商业药品零售点仅有禹城医药公司第一、第二及房寺镇、伦镇 4 个零售部。1995 年，禹城县药品零售总额 1300 余万元。1996 年，随着医药行业市场经营机制深入改革，医药经营者积极性也被调动起来，医疗机构网点进一步增加，商业药品零售网点也迅速增加，药品零售市场竞争日趋激烈。至 2009 年，医疗机

图 14-5-3 禹城医药公司第一零售店（1992 年摄）

构网点在册量达500余家，商业零售药店70余家，禹城全年药品零售总额6000余万元。

第二节　药品储运

医药公司建立后，建有符合药品管理法规及实时标准要求药房或药库，中药饮片、中成药、西药、特殊药品均按各自储藏特性分类存放。1986年，公司仓库面积达到1004平方米，并严格按照制度要求进行药品储存。运输方面，80年代中期医药公司有汽车3辆，合计吨位6.2吨。至90年代，虽然药品经营业务受市场竞争影响波动较大，但医药公司药品储运能力未曾降低，药品质量得到有效保证。1990年，医药公司先后被德州授予“全区医药系统先进单位”，被山东省经委、质协授予“全面质量管理先进单位”。2003年起，国家在药品经营企业中推行GSP认证，医药公司及其药品经营网点均一次性顺利通过。至2010年，医药公司建有符合GSP要求仓库面积达1600余平方米，药品运输车辆12辆，有力保障各药品经营单位及人民群众用药需求。

第六章　专卖品经营

第一节　烟草

一、卷烟销售

1984年6月，禹城县烟草公司组建，至1990年，采取委托代理批发（经营倒扣）和自主批发经营模式，先后设立15个烟草代批点，这些代批点发挥销售主渠道作用。之后，随着卷烟零售、批发价格进一步放开，烟草代批点销售主渠道作用逐渐销弱，至1992年年底，15个烟草代批点全部撤销。1993年3月，禹城市烟草公司进行人事用工和分配制度改革，建立经济承包机制，设立4个卷烟批发部。1994年，开始筹建自设型网点。至2000年年初，禹城市卷烟批发部发展至5处，另设卷烟超市1处。至此，烟草批发网点实现由委托型向自设型转变，由以往外购内销坐门等客型转变为送货服务型。2003年2月，禹城市烟草公司推行“大访销、大配送”卷烟经营，即对禹城市注册烟草经销户全部实行走访订货、送货上门服务，设访、销路线22条、访销员22名，配有卷烟配送车5部、送货员10名。2005年2月，禹城市卷烟经营开始推行电话访销，实现网络调

图14-6-1　香烟销售点　(1995年摄)

拨、网络划转、网络结算，建成完善卷烟销售服务网络。访销线路由2003年22条改成10条，设客户经理10人，送货员10人。至2008年年底，禹城市有卷烟零售户1854个，零售户入网率、入网销售率、送货率均100%。2007年，禹城市开展“零售终端建设年”活动，确定7家中华卷烟定点销售点，签订20家中国烟草统一标识形象点，开展电子结算工作，电子结算户90%以上。2008年10月，禹城市烟草公司更名为“山东德州烟草有限公司禹城市营销部”，取消市级公司独立核算资格，财务上划德州烟草有限公司，实行统一管理、统一经营、统一核算。2010年年底，禹城市卷烟零售户2016个，零售户入网率100%，送货率100%。至2010年年底，禹城市销售卷烟23.167万箱，销售额9.03亿元，实现利税7886万元。

二、专卖管理

1984年7月15日，开始发放烟草专卖零售许可证。除禹城县烟草和其委托代批单位外，其他任何单位和个人一律不准经营烟草批发业务。9月3日，禹城县政府转发禹城县烟草专卖局、县工商局等7单位《关于对烟草市场进行整顿和加强管理报告》，整顿烟草市场。1984年年底，禹城县发放烟草专卖零售许可证1325个，其中集体证241个，个体证1084个，占应发证率94.8%。

1992年1月1日起，开始实施《中华人民共和国烟草专卖法》。1983年9月，国务院发布《烟草专卖条例》同时废止。从此，烟草行业走上依法治烟道路。

1993年3月，禹城县检察院驻烟草专卖局检查室成立，并与县烟草专卖局共同开展“查私打非”和清理整顿卷烟市场工作。1998年2月，禹城市公安局驻烟草专卖局侦缉队成立，其主要职责是协助禹城市烟草专卖局打击市内卷烟走私、贩私、制假、售假等不法活动，重点打击抗拒烟草专卖执法不法行为。2002年9月，烟草专卖局对卷烟粘贴防伪标识并监销到盒。2010年年底，禹城市设立烟草专卖稽查大队1个，法规科1个，专卖管理所2个，配备稽查车辆7部，专卖执法人员24人。1986—2010年，禹城市累计查处各类烟草违法案件12399起，查处假冒非法卷烟5433件，行政执法罚款50.316万元。

1989年、1991年、1992年，禹城市烟草专卖局（营销部）先后三次被山东省烟草专卖局授予山东省烟草系统先进单位荣誉称号。

第二节　盐

一、生产销售

改革开放以后，禹城盐业公司供应范围不断缩小。1986年负责聊城市莘县、高唐、茌平、聊城县、临邑、禹城及齐河大黄、宣章两个乡盐产品批发供应，同时担负国家储备盐储存保管工作。70年代受国家轻工部委托代

图14-6-2　库存小包加碘盐（2000年摄）

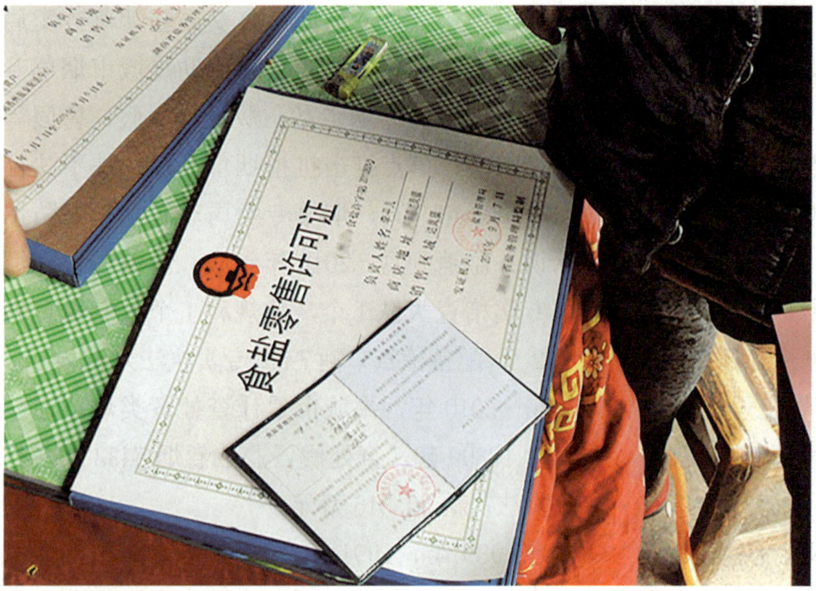

图 14-6-3　食盐零售许可证　（2009 年摄）

储 6963.7265 吨储备盐，1989 年经轻工部批准，开始动用销售，至 1992 年 10 月销售完毕。1992 年供应范围缩小到茌平、高唐、禹城、临邑 4 个县，到 1995 年供应范围局限在禹城市内。1986 年经德州盐业果品站批准，购进机器，开展工业盐粉碎加工粉盐项目，增加企业收入。1991 年开始，安装使用包装封口机设备，加工小包装食盐。1996 年，根据《山东省供销社碘盐分装管理办法》有关规定，食盐市场全部供应小包装精盐（高碘区除外）。自 1996 年 4 月开始，原库存大粒原盐只允许向工厂供应。小包装碘盐使用经国家商标局核准注册防伪"碘盐标志"。2010 年 1 月，向禹城市推广多品种营养盐、低钠盐，满足消费者需求。随着社会需求，食盐包装、单袋重量、品种等逐步变化，包装由二级复合膜改为一级纸塑，单袋重量由 1000 克为主改为 500 克，主要品种有无棣精盐、肥城精盐、500 克纸塑盐、1000 克腌制盐、畜牧盐、多品种营养盐、低钠盐。合格食盐食用率 100%。

二、专营

1991 年，根据山东省供销合作社联合社、山东省第一轻工业厅联合下发《关于加强省内市场用盐计划管理通知》要求，禹城盐业执行干线运输计划向山东省果品盐业公司报批制度，公路运输计划实行准运证制度，准运证由山东省盐务局统一印制。按照山东省局规定供应渠道，1991—1995 年，指定在昌乐盐业转运站购进盐产品。1995 年后，在无棣洗精盐厂、埕口盐场、肥城精制盐场购进盐产品。

1993 年 12 月 25 日，禹城市人民政府办公室下发关于贯彻落实《山东省实施〈盐业管理条例〉办法》通知，禹城市盐供应开始实行计划管理，食盐、非定点工业用盐由禹城盐业分站负责供应，食盐零售业务，由盐业行政管理部门制定企业经营，或委托个体工商户代销。

图 14-6-4　盐政执法查获私盐　（2000 年摄）

零售单位和个人凭盐业行政管理部门发放“经营食用盐许可证”到指定批发部门进货。非定点工业用盐，各类生产加工及其他用盐，按盐业行政管理部门发放“生产用盐许可证”实行计划定点供应，不得专卖和挪作他用。

1995 年 9 月 20 日，禹城市人民政府下发《关于实行盐业定点专营通告》，10 月 3 日，经禹城市人民政府批准，组建“禹城市盐业集团公司”。集团公司以盐业站为龙头，联合全市 19 个供销合作联社乡镇基层社组成食盐专营联合体，负责所在乡镇食盐供应，承担对各专营点食盐批发供应业务。专营店以基层社副食门市部为主，由基层社负责向农村食盐专营点批发或委托门市部代批发。2000 年，将盐业集团改为禹城盐业公司，设禹城市盐务局，直属省、地（市）管理，遂撤销乡镇食盐专营店，公司经营有主动权，食盐批发向广大农村市场延伸，按照方便群众、合理布局原则，在禹城市设置 1863 个食盐零售网点，向营销点颁发由山东省盐务局统一印制、禹城盐业公司（盐务局）批准“食盐零售许可证”。食盐零售网点实行送货上门服务，保证群众吃上合格食盐。2007 年，食盐零售网点实行户籍化信息管理，建立健全电子销售台账，加强终端网络监控力度。2009 年经山东省盐务局验收，食盐批发企业质量由 2003 年“A”升级为“AA”级资格。

1990—2010 年禹城盐业购进、销售、利润情况表

表 14-6-1　　单位：吨、万元

年	购进	销售	利润	年	购进	销售	利润
1990	6958	9138	0.2	2001	3331	3319	2
1991	5400	6059	7.2	2002	6126	4597	3
1992	4613	8224	2	2003	5100	5040	10
1993	346	2325	0	2004	6093	5572	10
1994	3044	1624	0	2005	5635	5863	16
1995	1714	2569	-13.4	2006	4736	4766	21
1996	1134	2530	1.4	2007	5750	6000	25
1997	1015	2619	-57.6	2008	6400	6539	31
1998	3000	2640	-24	2009	6500	6792	36
1999	2396	2605	-30	2010	6500	6420	37
2000	3061	3042	-9				

三、盐政管理

1993 年，贯彻落实《山东省实施〈盐业管理条例〉办法》通知，当时作为盐业行政主管部门禹城市供销社集团总公司，下设盐政管理办公室，具体负责禹城市盐政执法工作。1995 年 9 月 20 日，禹城市人民政府下发《关于成立禹城市盐业市场整顿管理领导小组通知》，领导小组由一名分管副市长任组长，下设盐政管理办公室。2000 年 3 月，成立禹城市盐务局，撤销盐政管理办公室，成立盐政稽查大队，下设两个稽查中队，配齐 12 名执法员，着山东省统一配发盐政执法制服，配备两辆专用稽查车，4 部对讲机。执法工作逐步走向正规化和经常化。

1992年后，食盐产销矛盾日益突出，有人乘机走私贩私食盐产品，从中牟利，扰乱市场。禹城分站利用宣传车、电视、广播、标语在全县范围内广泛宣传《山东省实施〈盐业管理条例〉办法》，向全县印发《致消费者一封信》，宣传食用合格碘盐好处。采取经常性稽查与突击性稽查相结合、固定设点与流动巡查相结合、路查与网点检查相结合的办法清理检查盐业市场，稽查私盐。2001年，成立盐政、公安联合执法办公室，调集人员组织联合执法队伍，加强执法力度，盐业市场秩序好转。2007年，盐政执法工作由管理型向服务型转变，坚持首犯告知不罚款，依法行政，维护食盐专营，确保人民群众食盐质量与生命安全。2000—2010年，刑拘3人，罚款52600元，查处案件1168起，查获私盐430吨。

第三节　石油

1985—1993年，禹城市石油供应实行计划指标与市场调节相结合的办法，价格执行国家定价和议价。1994年，石油经营由计划经济转变为市场经济，结束石油计划供应历史，石油价格完全转入市场调节，但经营权限没有完全放开，仍以国有石油公司专卖为主。至2009年，禹城市有加油站59座，其中，中石化24座，中石油2座，社会加油站33座。2010年，取缔无证加油站14座。

第七章　市场

第一节　城区市场

1986年，禹城开始建设城区市场。当年建成并启用水产品批发零售市场1处。1988年，在秦老庄北原禹高公路段建成禹城农贸市场，主营副食、肉、蛋、水产品、干鲜果类、蔬菜、饮食、小商品和鞋帽等。1989年，建成站北路批发市场，俗称“老庄街批发市场”，是禹城首家最活跃批发市场。有批发营业户200多家，主营建筑用材、五金电器、标准配件、土产类、家庭生活用品、油漆涂料、装饰材料、各种专用工具，烟、酒、糖、茶、干鲜果类以及婚丧专用品。绝大部分是民营业主经营，经营范围辐射城乡和禹城周边地区。1990—1993年，建成禹

图14-7-1　大禹便民市场（2010年摄）

王大市场，位于市中路北段，主营蔬菜、肉、蛋、禽、瓜果、副食、水产品及服装鞋帽等。1992年，在山东省101省道南建成建材大市场，是一家集经营、加工为一体批发、零售专业市场。1993年，建成天龙市场。1994年建成西城区批发市场和胜利食品市场。1995年，建废旧钢材回收市场。2006年，建四季青蔬菜批发市场，当年日交易量达600吨左右。2010年，在嘉合园小区东建成大禹便民市场，总投资2600万元，至年底新建成便民市场10处。

第二节　乡村市场

1986年，禹城县有集市33处，至1988年发展到37处。1989年，禹城县工商局与李屯乡政府和丁寺村委会联合投资30多万元，于丁寺村东建成禹城县首处封闭式集贸市场。同年，莒镇、袁营等4处集市进行改造和迁移。1990年，禹城县集市布局进行全面规划，新增乡村集市2处。1992年，建成辛寨乡景庄蔬菜市场和石屯乡沈庄大牲畜交易市场。禹城县乡村专业市场开始起步。

第八章　生活服务业

第一节　餐饮业

1986年前，禹城县饮食服务业大多集中在城区。由商业、供销、粮食、外贸系统主营。各乡镇驻地仅有少数饮食业，由供销系统主办。大集市农村有少数个体小吃部，主要供应在集市交易人员饮食。20世纪90年代后，城乡经济日趋活跃，居民生活不断提高，全市饮食服务业逐年增强，经营规模不断壮大，从业人员大量增加，饮食服务业渐渐成为全市经济发展不可缺少的一部分。禹城餐饮业以地方名吃和鲁菜为主，通过“连锁”等形式，先后引进川菜、南北大菜、招牌菜、外地名吃及西餐等。全市大部分乡村设饮食门店，方便群众。至2008年，全市有各类酒店、饭店590余家，从业人员6000多人。其中，规模较大酒店70余家。2010年，有三星级以上餐饮单位6家，“五钻级”“四钻级”各1家。

一、禹城五香脱骨扒鸡

清光绪十七年，禹城城北月牙湾村农民王明奎创制出禹城五香脱骨扒鸡。它以制作独特、肉烂脱骨、味美可口、营养丰富、外形美观、携带方便，被视为丰餐佳肴和馈赠礼品而驰名。制作禹城五香脱骨扒鸡要经过选料、杀、烫、洗、晾、炸、煮等十几道工序。煮鸡时香料和调味品有砂仁、白芷、三乃、豆蔻、花椒、小茴香、企边桂、玉果、草果、丁香、陈皮、酱油、大葱、干姜、精盐等20多种。“调和五味”，不仅好吃，而且有养生、疗病功能。1919年载入《山东各县乡土调查录》，在《中国名菜谱》第六辑145种名菜中名列前茅。在北京市西单、东单商场等大城市都设有“山东禹城扒鸡店”。至2010年，禹城扒鸡有“乐星扒鸡、金帅扒鸡、傻小二扒鸡、屠记扒鸡、李家扒鸡”等五个代表品牌。

二、泡子糕

1906年，和皇商做糯米生意时制成一种“泡”状小食品，名曰“泡子糕”。后形成独特传统工艺，加工制作有蔗糖糕、无糖糕、功能糖糕，酥脆香甜、老幼皆宜。主要原料有糯米、食用糖、食用油、芝麻等。

第一道工序制作时先炸泡子糕。即是将糯米放入30度温水中，泡至用手捻碎而不粘为宜，捞出晾干，粉碎成面团，入锅加热搅拌，熬成稠糊状和糖稀一并倒入和面机，再加面粉合成面团，用轴擀成厚约5毫米长方形，用刀切成多层面片，炸呈杏黄色为止。

第二道工序是铺糕。铺糕即是用糖稀熬好浆子，再加适量香精、桂花酱，后将糕泡子入锅搅拌，随浇浆子调匀倒入熟面，再把搅好糕泡倒在案子上摊匀，上面铺一层白糖皮，撒上青红丝，盖纸轧实，切成块即成。

第二节　旅馆业

1985年，禹城县有国营旅馆3处，都设在城区，从业人员62人，另有城乡民营大车店21处，主要为长途运输车辆及人员住宿服务。1988年后，改革开放不断深入，旅馆业很快形成以国营旅社为主，集体旅店为辅，民营旅店为补充的旅店服务网络。其中，国营旅社以商业系统、供销系统主办，集体旅店多为村办。至1990年，禹城县城区各类旅社（店）43家，乡镇27家，从业人员608人。1995年后，旅馆服务业向高档次、多功能方向发展，城区有禹城宾馆、明珠大酒店、凯悦大酒店、东方大酒店等，均是集食、宿、会议、娱乐为一体的现代豪华宾馆。另有民营旅馆除住宿外，兼营洗浴中心。农村重要集镇旅社服务多数餐饮兼营。至2010年，禹城市现代豪华旅馆6家，民营旅馆75家，从业人员1132人。

第三节　理发业

1985年，城区国营理发店4处，从业人员30余人，商业系统主办。城乡个体理发店25家，其中城区3家，租赁门店理发，乡村个人理发22家，19个乡镇驻地各设一家固定理发店，其余赶集摆摊、走村串户理发。1993年后，经过经营体制改革，理发行业全部放开，国营理发业由承包经营，逐渐转向私人经营，国有部分完全退出，外地理发业陆续进入禹城。至1995年，全市理发店发展到181家，其中有温州理发、上海理发、济南理发等10多家外埠理发店（美发中心）在禹城扎根经营。理发行业被人们认为是投资少、见效快致富门路。农村许多男女青年进城学习理发技艺，学成后自己开店从事理发专业。全市理发业得以快速发展。至2010年，全市民营理发店521处，从业人员1843人。其中高级理发店多集中在城区。

图14-8-1　禹城凯悦大酒店　（2007年摄）

第四节 照相业

图 14-8-2 禹城宾馆 (2009 年摄)

中共十一届三中全会后，摄影行业迅速发展起来，出现国营、集体和个体多种经营形式。如，城区国营照相馆、新兴照相馆等 4 处，乡镇设有 17 处个人照相馆。1991 年，禹城县有照相馆 32 处。至 2010 年，有部分个体照相因技术所限，经营效益不好先后被淘汰，又有许多现代照相技术先进商家涌入城区参与竞争，照相行业发生质的变化。禹城市照相业发展到 51 处。其中，城区 39 处，乡村 12 处。除单人拍照、合影照外，主要拍摄婚纱照、儿童照等。

第五节 洗浴业

1985 年，禹城县有国营浴池、搬运公司浴池和前河套造纸厂浴池各 1 处。1990 年，大型企业和主要机关单位为使供暖设备充分得到利用，附设浴池，供单位职工沐浴。1993 年，前河套一村民建“清泉浴池”一处，开创禹城民营浴池之先河。之后，禹城市沐浴业发展较快，豪华宾馆设有洗浴中心，民营洗浴业内部设施进行改造，服务项目增多，为顾客提供按摩、搓背、修脚等综合服务。中药足疗中心为顾客提供中药泡脚理疗服务。至 2010 年，禹城市洗浴业有 136 家，其中乡村澡堂 38 家。

第六节 大型商贸服务选介

一、禹城宾馆

禹城宾馆是禹城市委、市政府定点接待单位。位于行政街与人民路交叉路口南 100 米，与影剧院相对。2008 年，投资 3000 余万元改造宾馆，提档升级，宾馆接待能力和规模有很大提高。改建后，宾馆总建筑面积 18000 平方米，拥有标准客房和豪华套房 113 间，有大、中、小会议室 6 个，豪华餐饮单间 23 个，宴会厅 3 个，可同时容纳 800 人就餐。设有商务中心、购物中心、歌舞厅等服务项目。被评为省级卫生先进单位、“三星级”酒店、商务部“五钻级”酒店等称号。

二、明珠大酒店

明珠大酒店，位于人民路与汉槐街交叉路口东侧。始建于 1995 年。总投资 3000 万元，建筑面积 1.1 万平方米。拥有员工 260 余人，标准客房、单人客房、豪华套房 60 套，宴会厅 20 间，零点餐厅、风味餐厅、温馨家园餐厅和大型多功能厅各 1 个，大小会议室 2 个，能同时容纳千人就餐，100 多人入住。酒店附设茶艺馆、购物中心、商务中心、健身房、弹子房、棋牌室、桑拿浴、歌舞厅各 1 处，是集餐饮、住宿、茶艺、观光、旅游、健身、娱乐、会议、商务及购物于一体综合性豪华酒店。2003 年被中国烹饪协会授予“全国绿色餐饮业”，2010 年被商务部评为“四钻级”酒店。

图 14-8-3　禹城明珠大酒店　（2003 年摄）

三、禹城商城

禹城商城，位于原秦老庄及周围地段，南至道德街和汉槐街，北到农贸市场，西邻解放路，东以人民路为界。占地面积 38.4 万平方米。外连城市主干道和重要商业网点，南靠火车站和铁路、公路联运货场，具有特殊区位优势和交通便利条件。1999 年 3 月，禹城市委、市政府作出规划建设禹城商城决定，并成立商城建设委员会，下设办公室，2000 年 11 月，又成立中共禹城市商城工作委员会，全面负责旧房拆迁、补偿、安置、市场建设和市场管理。至 2010 年，拆迁旧房 40 万平方米，建设总投资 4.6 亿元。2010 年年底，商城拥有经营商户 3000 多家，商用经营面积 15.6 万平方米，年商品交易额 15 亿元。经营商品逐年增多，主要有服装鞋帽、日用百货、五金家电、文化用品、家具等，经营业务批发兼零售，交易范围辐射禹城市及周边地区。

四、中仁物流保税库

禹城中仁物流保税库是经海关、商检批准的公共型海关保税仓库，属德州地区首家。仓库于 2009 年 4 月 29 日正式启用，占地面积 150 亩，总投资 1.2 亿元，仓容量 8 万吨。主要是储存棉花，为进出口贸易服务，为国内涉棉工商业提供快进快销平台。仓库具备完善仓储物流设备，具有独立海关 EDI 端口和海关联网监管系统，实行与海关、商检联合办公，在场区能完成“一关三检”程序，为客户快速通关提供保障。业务范围辐射半径 100 千米。

五、东方现代物流中心

山东禹城市东方现代物流中心，位于 101 省道杨庄徒骇河大桥西侧。占地面积 75 亩，仓库建筑面积 2 万平方米，办公服务建筑面积 1 万平方米，由东方大厦投资 1.5 亿元筹建。为大型制造加工业、农副产品出口贸易、各行业物资流通，提供仓库租赁、仓储运输、分拆包装、适时配送服务。

六、山东国际商贸港

山东国际商贸港，位于十里望回族乡政府南。总建筑面积 200 万平方米，投资 20 亿元。商贸港分三期建成。2010 年一期工程 95 幢市场

图 14-8-4　山东国际商贸港　（2010 年摄）

营业楼全部建成，客户签约入住率80%以上，经营建材、五金、陶瓷、板材、灯具、石材、钢材。

七、阿波罗大酒店

阿波罗大酒店位于禹城市行政街与通衢路交汇处核心位置，所处区域为禹城市行政核心、商业核心、高尚居住核心重叠区，酒店为“五星级”标准设计，主体为一栋18层框架剪力墙结构建筑，建筑面积25000多平方米，总投资2.6亿元。有客房223个，包厢11间，大小会议室9个，一个自助餐厅和一个多功能厅，可同时容纳800人就餐。

图14-8-5 鸿福大厦超市 （1999年摄）

八、贸易大厦

贸易大厦建于1989年5月24日，是禹城最早一家大型综合性商场。2010年，有员工200余人，总营业面积4600平方米，下设10个经营公司，经营商品15大类3万余个品种，总经销、总代理知名品牌20余个，年销售收入近4000万元，年实现利税200余万元。

九、东方大厦

东方大厦始建于1996年，总建筑面积28000平方米，总资产1亿元。下辖商场超市、酒店、农资经营分公司、饮用水分公司、建筑设备租赁分公司等19个子公司。公司主楼高11层，1—4层分别经营副食品、百货、文体、洗化、服装、鞋帽、家电等名优品牌商品，营业设施先进、服务功能齐全，5—10层是星级东方大酒店，集餐饮、客房、健身、会议于一体。先后荣获全国诚信示范单位、省级守合同重信用企业、省百城万店无假货示范店等100多项荣誉称号。

十、鸿福大厦

鸿福大厦是禹城市大型综合性商场之一。1998年12月开业，营业面积5000平方米。主营：副食品、日用百货、金银首饰、洗涤化妆、针纺织品、时装及鞋帽等30000多种商品。2002年，通过机制改革，建成禹城市第一家大型超市。2004年，鸿福大厦2期扩建。2006年，全部超市自选经营。2010年，重新调整布局。

附：商贸服务业发展分析调研报告

商贸服务业发展水平直接体现一个县市现代化水平，同时也是展示一个县市形象、提升县市品位重要窗口。商贸服务业是禹城市经济结构优化主导产业，也是推动经济发展方式转变强大引擎。随着禹城市经济不断发展，商贸服务业进入一个量扩张和质提升重要发展机遇期，加快服务业发展步伐，进一步提升商贸服务业发展水平势在必行。

一、禹城市服务业发展现状和问题

近几年来，禹城市服务业呈现快速健康发展良好态势，经营规模不断扩大，经济效益稳步提高，发展环境进一步改善和优化。2010年，全市实现社会消费品零售总额60亿元，同比增长25%，创近几年新高，在发展同时也存在着问题，主要表现在：

（一）服务业总体发展水平相对滞后。禹城市服务业仍然以传统商贸、餐饮、批零业为主，像信息、物流、金融、会计、咨询、法律等服务行业方面刚刚萌生，新型项目少、财税贡献小，缺少知名度高、影响力大、带动力强大型服务业企业。

（二）传统服务业较为发达，现代服务业和新兴服务业发展不平衡。近年来，禹城市服务业在保持较快发展速度同时，其内部结构明显改善，服务业结构转换与升级速度加快。从禹城市服务业内部各行业增加值来看，批发和零售贸易业、住宿和餐饮业等传统服务业所占比重最高，服务业内部各行业发展极不平衡，部分新兴行业还处于起步阶段，服务业内部结构亟待调整优化。

（三）农村服务业发展落后。禹城市农村服务业总体上看处于萌芽、分散状态，仍是传统服务业多，现代服务业少，农村服务业供给不足、比重偏低、结构落后、质量不高、竞争力差，成为推进禹城市城镇化进程和新农村建设瓶颈。禹城市服务业分布主要在城市，面向农村较少，且农村服务业主要以农村交通运输、批发零售贸易与餐饮等传统行业为主，而与“三农”工作关系较大科技、信息、商品流通等行业相当缺乏。相对于农村社会经济发展客观需求而言，禹城市农村服务业发展明显滞后，不能满足农民、农村客观需要。

二、发展禹城市服务业下一步措施

（一）突出重点，发展禹城市特色服务业。通过抓重点、抓特色带动全市服务业发展。要巩固和提升传统服务业。批发和零售贸易、餐饮业等传统服务行业进行技术改造，以改造增压力，求动力，强活力，提升传统服务业竞争力。努力引进新型现代服务业项目和大型服务业项目，特别像银座、华联等知名度高服务企业，以及总部经济、大型物流、大型综合型现代服务业项目。推动为农服务服务业发展。围绕农业生产产前、产中、产后服务，建立以生产销售服务、科技服务、 信息服务和金融服务为主体农村社会化服务体系，发展农村生活服务业，提高农民生活质量。发展特色服务业。禹城市要着力从物流业中创造特色，增加服务业竞争力。物流业要按照“城市大商场、城中特色街、城郊大市场、城外大物流”思路，构建安全、便捷、畅通、高效现代商贸物流体系。

（二）完善配套，提档升级。由于禹城市现引进服务业企业一般规模小、实力弱、竞争力也不强。首先，提升硬件设施配套服务质量，提高准入门槛，调整业态，使现代服务业提档升级，提高企业经济效益。其次，从税收优惠、规费减免、土地使用资金支持等方面，制定一系列财税扶持政策，最大限度地发挥政策引导激励作用。建议市政府建立市级预算安排专项用于支持服务业发展导向性资金，数额为上年度全市 GDP 万分之零点五以上，重点支持发展现代服务业，壮大新兴服务业，改造提升传统服务业，开拓服务业发展新领域。有关部门要不折不扣地落实好国家和省市出台一系列鼓励服务业发展优惠政策，形成政策措施向服务业倾斜导向。大力整顿和规范市场秩序，建立良好发展环境，阻挠、破坏服务业发展给予打击。

（三）做好基础设施建设。大力实施绿化、亮化、美化、净化工程，提供服务业发展所需便利条件设施，重点加强城市道路建设，加快供暖、供电、供气等基础设施和垃圾、污水处理设施建设，彻底打破城市发展瓶颈，扩大城市承载能力。加强城市规划，科学布局，预留足够空间用于步行商业街、夜市、酒吧、便民超市、洗衣店、健身和文化娱乐、停车等场所建设，开拓服务业和城市经济发展空间。

（四）加强人才培养和队伍建设。完善服务业人才激励机制，大力培养和引进一批高素质服务业人才，特别要加快培养引进社会急需现代物流、信息服务、旅游服务等新型服务业人才以及复合型人才。有计划地在大禹学院、职业中专、综合高中、劳动技校等。中高等技术学校增设服务业紧缺专业，大力发展服务业职业技工教育，拓宽人才培养途径。

第九章　旅游

禹城历史悠久，文化底蕴深厚，是大禹治水功成名就之地，龙山文化发祥地之一，旅游资源丰富。境内有大禹治水纪念场馆禹王亭博物馆、御桥韩天主教堂等历史遗迹，有高新区工业旅游园区、大禹公园、汉槐游园等生态、休闲景区（点）。禹城市委、市政府高度重视，旅游业得到较快发展，初步形成机构健全、功能完善、设施齐全旅游发展格局。2010 年接待游客 50 万人次，实现旅游收入 2.3 亿元。

第一节　旅游资源

一、禹王亭博物馆

禹王亭博物馆位于禹城市区西北部，是纪念大禹治水成功古文化公园，省级重点文物保护单位、全国大禹文化研究基地、青少年爱国主义教育基地、国家 AA 级旅游景区。

4000 多年前，大禹治水导三川、疏九河，将洪水引入渤海，具丘山是当年大禹查水情、望水势指挥部。据史料记载，该土丘“高十仞、广倍之”，折合现在高度 18 米左右，后人把土丘定名为具丘山，经鉴定属龙山文化遗址。唐朝以前，百姓为感念大禹治水功德，在山丘上扎草亭供奉禹王灵位；唐朝天宝元年（公元 742 年）设立禹城县后，修筑为砖木结构禹迹亭；后几经修建，明代改名为禹王亭；文化大革命期间，禹王亭被拆除；1996 年，禹城市委、市政府修建禹王亭博物馆，禹王亭建到具丘山东北侧。景区包括钟楼、鼓楼、享殿、东西配殿、碑廊、禹王殿等景点，红墙绿瓦，飞檐出厦，气势恢宏，景色宜人。

二、御桥韩天主教堂

御桥韩天主教堂位于禹城市区西部 101 省道旁，系山东四大天主教堂之一，国家 AA 级旅游景区。始建于 1911 年，由德国人设计投资建设，后逐步扩大，到 1939 年，形成包括天主教堂、神父用房和 75 间起居平房在内的宗教建筑群，可供 1300 人进行宗教活动。

新中国成立后，关押过包括王耀武在内的一大批国民党高级将领。1966 年，邢台地震，教堂受到严重破坏，但神父用房保存完好。1993 年山东省人民政府批准教堂重建。教堂主体为 3 层六棱锥体哥特式建筑，最高 36.3 米，底层为经堂，门厅中层为诵经音乐厅，顶层为钟楼，内悬 1911 年德国制造大钟，重建后基本恢复教堂原貌和规模。

三、禹西生态农业观光园

禹西生态农业观光园位于禹城市西部房寺镇境内，1995 年开发建设，规划面积 2 万亩。园区分为旅游区、无公害蔬菜区、百果园区、花卉区、高效养殖区等，有小西湖、迎宾山、碧波亭、千亩莲池、怡馨园度假花园、生态效益林等景点，置身此地，使人心旷神怡。2004 年 4 月，经国家旅游局验收，成为首批全国农业旅游示范点；2007 年 10 月，被列为全国水产健康养殖示范区、山东休闲渔业示范点。

四、高新区工业旅游园区

禹城高新技术产业开发区是山东省第一家设在县级的省级高新区，2006 年，被国家

图 14-9-1 禹城高新区工业旅游园区 （2010 年摄）

旅游局评定为全国工业旅游示范点。总面积 48.15 平方千米，建成区 21 平方千米。2010 年，区内企业达 234 家。其中，国家级高新技术企业 5 家，省级以上 23 家，国家名牌 2 个，被国家列入“863”计划项目 4 个，拥有山东省著名商标 11 个，山东名牌 13 个。

禹城高新技术产业开发区，产业特色明显，形成生物、装备制造、新能源、新材料、绿色食品、高档纺织六大特色产业。功能糖产业列入山东省“十一五”重点扶持十大高新产业和山东省中小企业产业集群发展规划。通裕、保龄宝、龙力、福田、禹王 5 家企业入选山东省重点支持 350 家工业企业。园区以低聚糖、木糖醇、低聚木糖为代表功能糖生物技术产业闻名全国，享誉世界。

区内七纵十横宽阔笔直、雨污分流、管网下埋公路，路边风景树林与清香花草交相辉映，各企业厂区内生产生活环境都达到亮化、净化、美化等标准，可谓在优雅环境中生产经营典范。到 2010 年，园区内有 5 条旅游专线、10 个观光点。

五、汉槐游园

汉槐游园位于禹城市汉槐街与人民路交汇处，占地 23 亩，建成于 1995 年。园内绿草成茵，冬青夹道，甬道均铺花砖。园中央有高 3 米、占地 100 多平方米的假山，立于亭阁之中，可观赏全园秀美景色，山顶上有古式亭阁。园内有东汉王侯墓汉槐冢，距今 1800 多年（此处为北冢，南冢在禹城火车站南 300 米处，尚未发掘）。1954 年 10 月，山东省文物管理委员会进行发掘，出土文物 40 余件。其中，12 莲灯为稀有文物，被中国历史博物馆展存。为保护墓穴内原建筑结构，1995 年修建此园时，用大青石将其围砌。冢上有 1 棵上千年古槐，枝繁叶茂，为禹城市级保护文物。2010 年，进行重新规划修建，加固保护古槐、增添古槐志、石板书卷、汉韵槐风、读书亭等景点。

六、大禹公园

大禹公园位于禹城市区北部，始建于 1995 年，由原人民公园改建而成。2010 年重修并更名为大禹公园。景区占地 400 亩，其中水面面积 110 亩。景点 24 个，园内各景点远

图 14-9-2 大禹公园 （2010 年摄）

眺近赏、主次有序。

公园正门，为木石结构跌檐式琉璃瓦盖顶牌坊和造型精美独具匠心花岗岩石桥。正门是九河入海主题广场；东侧为禹字碑，展示历代书法家书写“禹”字；西侧9个水池，象征大禹疏浚9条河流；西面景观墙上安装是传说中龙生九子之一螭吻，下面与其对应蹲坐是9尊铜质金鳌；广场立13.8米高篆体“禹”字为公园标志性建筑（意为大禹治水13年，8年在禹城）。

图 14-9-3　糖城新湖公园　（2008年摄）

公园有沧海湖，形如元宝，又似弯弓。沧海湖中段九曲桥如系在上面的钻石宝链。岸边用石块石条砌成，用花砖铺成甬道绕湖一周，岸边杨柳依依，绿树成荫，鸟语花香。坐在石桌、石凳上休闲、读书，有临西湖美景之感。

公园东北部湖中小岛，左边优质木桥延伸东岸，右边石桥与西岸相连，岛上有造型精美双雨亭，亭下偏右侧为古迹一步两眼井。相传西井为舜井，为舜帝挖凿，其水质甘甜，东井为一条小白龙所留，井水苦涩腥咸，两井一步之隔，水质却截然相反。后人诗曰：“一步之遥两口井，相传原是龙眼睛，禹王神针降苍龙，甘苦两泉传美名。”

七、糖城新湖公园

糖城新湖公园位于汉槐街与通衢路交汇处，建于2006年。占地300亩，其中湖面面积200亩，绿化和广场面积100亩。园内设置3个入口：南入口直接进入历史文化广场，简要阅读禹城历史文化雕刻展示；西南入口可直接进入音乐水景广场，欣赏美妙无穷随音乐喷涌的水帘；西入口进入鸟语林广场，建有湖畔观鱼、乐水平台、休闲岛、水生植物观赏和垂钓区等多处景点。

八、糖城广场

糖城广场位于行政街和市中路交汇处，建于2005年。占地87.5亩，是集观演、集会、展览、休闲、娱乐和健身于一体的综合性市政设施，也是禹城重要城市景观之一。广场以大禹文化、糖城文化为主题，通过雕塑、文化长廊、浮雕墙面等景观，将大禹文化、糖城文化有机融合，展示深厚文化底蕴和现代文明。

九、禹城图书馆和孙康美术馆

禹城图书馆和孙康美术馆位于糖城广场南侧，建筑面积3000平方米，风格凝重典雅。

图 14-9-4　禹城图书馆及孙康美术馆　（2008年摄）

图书馆藏书10万册，期刊300种，报纸40种，微机40台。内有图书借阅室、报刊阅览室、少儿阅览室、电子阅览室、报刊资料室、地方文献室、采编室、辅导室和读书吧等。孙康美术馆因禹城籍台湾著名书画家孙康而命名。内设2个展厅和接待室、陈列室、创作室、储藏室、办公室。馆藏孙康及夫人冯定敏创作和收藏书画作品400余件，成为禹城市民文化休闲中心。

第二节　旅游线路

一、大禹文化游

车游城市景观大道迎宾大道，参观九一广场、大禹雕像、纪念大禹治水石刻碑文；游览大禹公园，欣赏九龙入海、禹字碑、九曲桥、一步两眼井；参观龙山文化遗址禹王亭博物馆，领略钟鼓楼、享殿、禹王大殿、具丘山、禹王亭风采。

图14-9-5　九一广场　（2010年摄）

二、生态农业游

参观全国农业旅游示范点、省级休闲渔业示范区禹西生态农业观光园，欣赏上粮下鱼、上禽下鱼、上电下畜、鱼藕混养、鱼虾混养等生态养殖模式，体验清洁能源光伏太阳能发电给人们带来新变化。

三、高新区工业游

车游禹城市景观大道迎宾大道，参观长江以北最大人造花、人造果生产基地大禹花饰有限公司；参观省级旅游商品研发基地山东龙力生物科技有限公司，了解从玉米芯到功能糖到纤维乙醇到废渣发电绿色循环工艺；走进中国功能糖支柱企业保龄宝生物股份有限公司，参观营养科学传播中心，了解企业发展及功能糖知识；参观具有深厚大禹文化内涵白酒酿造企业山东大禹龙神酒业有限公司。

四、糖城风光游

车游禹城市景观大道迎宾大道，下车游览洛北干（漯清河）景观带；游览糖城新湖公园，观看音乐喷泉、湖畔观鱼、乐水平台、休闲岛；游览糖城广场，参观主题雕塑、文化长廊、浮雕墙面、孙康美术馆；游览汉槐游园，体验汉韵槐风；饱览风景如画徒骇河水利风景区。

五、田园风光游

赴有机蔬菜瓜果基地向阳坡生态农业科技示范园，参观秀丽田园风光，体验采摘乐趣；参观先秦农业科技示范园，赏梨花、摘硒果、品甜梨，赏田园风光，感受丰收喜悦。

第十五篇

财政　税务

1986—2010年，禹城经济全面发展。全市财政收入在1986年9455万元基础上，2010年突破5.5亿元，相当于1986年的5.8倍。1991年后，财政收入来源于国有经济成分比例在总收入中明显下降，来源于集体工商税收、其他收入比例明显上升，特别是来自第三产业收入在总收入中比例逐步上升。财政支出随着收入不断增长而增长，1986年财政支出19955万元，到2010年突破129768万元，相当于1986年的6.5倍。

禹城县（市）20世纪90年代，开征17个税种，1994年改革后税种增至21个。税率有所调整，税收收入在财政收入中所占比例逐渐提高。

第一章 财政

第一节 财政体制改革

一、县级财政体制

1986—1993年，德州对县级财政实行“划分收支，分级包干”体制。1994年，国务院颁发《关于实行分税制财政管理体制决定》，全国实行分税分级财政体制。德州市对管属县（市、区）分税制管理办法是：1. 明确市县收入划分。市与县共享收入包括：驻在县辖区内市属和市以上单位（不含应上缴市级工商税收三资企业）交纳工商税收，县级及县以下单位及个人交纳增值税的25%、营业税（除省级收入外）、所得税、上缴利润、个人所得税、城建税、土地使用税的50%，资源税的40%，固定资产投资方向调节税、房产税、车船使用税、印花税、屠宰税、遗产赠与税、国有土地使用权有偿收入、其他收入。2. 确定市与县事权和支出范围。县级财政主要承担县级政权机关运转所需支出以及经济、事业发展所需支出。包括：技术改造投资、科技三项费用、支农支出、城市维护费以及应由县本级负担行政、公检法支出和文化、教育、卫生、民政等各项事业费、价格补贴支出、其他支出。1996年，德州市对各县（市、区）实行转移支付制度，对禹城市转移支付先后有一般转移支付、工资转移支付、税费改革转移支付等形式。2002年，根据《国务院关于印发所得税收入分享改革方案通知》，省、市对县实行按税种比例分享收入划分体制。市对“分税制”财政体制进行完善，对市实行所得税收入分享制度。2005—2010年，财政管理体制基本稳定，没有出现升级变化。

二、乡（镇）财政体制

1986年，禹城县正式建立乡（镇）财政机构。县对乡（镇）财政管理体制，暂定“定收定支，收入上交，超收分成，支出下拨，超支不补，一定一年”办法。根据《山东省乡镇财政管理条例》规定，县对乡（镇）财政管理体制确立“定收定支，收支包干”。凡属于乡（镇）财政收入，划归乡（镇）财政预算内收入管理；并调整乡（镇）支出范围，将在财政开支“六大员”（农业技术员、水利协助员、管林员、农机员、广播机线员、计划生育助理员）经费，从主管部门划归乡（镇）财政直接管理。次年，正式建立乡（镇）金库，乡（镇）财政体制日趋完善。1989—1993年，禹城县（市）对乡镇实行“定收定支，收支挂钩，定额上解或补助，超收全留或比例分成，短收倒挂”财政体制，确定城关、张集、辛店、梁家、张庄、十里望、善集、大程、房寺、前油坊、辛寨、安仁、李屯、莒镇、袁营、伦镇、石屯、廿里堡、来凤等19个乡（镇）实行超收全留。1994年，在禹城全市实行分税制财政管理体制。禹城市对乡镇实行“划分收支范围，核定收支基数，收入基数年递增7.5%，超基数全留或分成，短基数部分补足，收支两条线”管理体制。1999年，禹城市对乡（镇）实行划分收支范围，核定收支基数，定额递增上交或定额递减补助，“一定三年”管理办法。2007年8月，推进“乡财县管”管理体制改革，全面实现规范化运作。此项改革提高乡镇财政管理水平，增强乡镇财政保障能力，控制债务盲目增长，实现乡镇工资正常发放和机构正常运转，促进社会稳定，建立账务全过程监督机制，杜绝乡镇私设小金库，擅自开设银行账户，收入坐支和体外循环、白条入账等现象发生。探索实践一条欠发达地区科学理财、缓解乡镇财政困难新路子。主要体现在：1. 进一步加强财政资金管理，严格“乡财县管”纪律，建立账务全过程监督机制，严禁收入坐支和体外循环，确保项目资金专款专用；2. 规范财务审批程序，支出超千元单张发票，通过扫描上传审批后列支入账，千元以下定期核查，杜绝不合理支出和白条入账；3. 通过规范统一乡镇账户，杜绝财政性资金流失和私设小金库现象；4. 市乡工资拉平，保证按时发放乡镇人员工资；5. 票据统管，严禁转移和隐匿各项收入。2010 年，财政机构 13 个，机构性质为事业，实行“县乡共管”管理体制。财政局对乡镇财政所人员岗位、分工、考核等实行统一管理。市财政收入中上调占 47.52%，留用占总收入 52.48%。

第二节　财政收入

1986—2006 年，禹城财政收入分工商税收、农业税收和其他收入三部分，2007 年，将财政收入分税收收入和非税收入两部分。

1986—2006 年禹城县（市）地方财政收入分类情况表

表 15-1-1　　单位：万元

年	一般预算收入			地方财政收入
	工商税收	农业四税	其他收入	
1986	10014	1411	-1970	9455
1987	12037	1656	181	13874
1988	14358	1690	2887	18935
1989	16786	2515	3208	22509
1990	18537	1966	2186	22689
1991	2127	259	526	2912
1992	2430	274	235	2939
1993	4039	264	146	4449
1994	1874	438	270	2582
1995	3020	478	1113	4611
1996	3575	710	2265	6550
1997	4622	949	3390	8961
1998	7938	896	1888	10722
1999	9458	1125	2477	13060
2000	10686	1809	3200	15695

续表 15-1-1

年	一般预算收入			地方财政收入
	工商税收	农业四税	其他收入	
2001	12790	710	4176	17676
2002	10501	3206	4715	18422
2003	10712	3301	4022	18035
2004	10978	1649	7281	19908
2005	1137	846	13025	25008
2006	18432	734	12099	31265

2007—2010 年禹城市地方财政收入分类情况表

表 15-1-2　　单位：万元

年	财政收入		地方财政收入
	税收收入	非税收入	
2007	18152	13724	31876
2008	21804	12662	34466
2009	27309	11596	38905
2010	35013	19989	55002

一、工商税收

1986 年，禹城工商税收有 10 种，年收入 10014 万元。1993 年，国家实行分税制，全县（市）工商税收有 15 种，年收入 4039 万元。2010 年，全市征收包含增值税、营业税、企业所得税在内 16 种税收计 35013 万元，占财政收入 63.66%。

二、农业税收

1986—2005 年，全县（市）农业税收包括：农业税、农业特产税、耕地占用税、契税四项，征收 26152 万元。2006 年，全国取消农业税。2006—2010 年征收契税、耕地占用税 19803 万元。

1986—2010 年禹城县（市）农业四税征收情况表

表 15-1-3　　单位：万元

年	农业税	农业特产税	耕地占用税	契　税	合　计
1986	1411	—	—	—	1411
1987	1375	105	176	—	1656
1988	1407	103	180	—	1690

续表 15-1-3

年	农业税	农业特产税	耕地占用税	契　税	合　计
1989	1456	497	562	—	2515
1990	1376	495	95	—	1966
1991	155	66	37	1	259
1992	183	65	25	1	274
1993	220	42	2	—	264
1994	319	88	30	1	438
1995	334	101	40	3	478
1996	402	258	47	3	710
1997	474	420	51	4	949
1998	444	405	43	4	896
1999	397	490	234	4	1125
2000	339	880	585	5	1809
2001	239	403	59	9	710
2002	3140	58	3	5	3206
2003	3060	—	230	11	3301
2004	1511	—	1	137	1649
2005	439	—	1	406	846
2006	—	—	150	584	734
2007	—	—	1073	166	1239
2008	—	—	1963	518	2481
2009	—	—	3329	2605	5934
2010	—	—	5282	4133	9415

三、其他收入

1986—1999 年，禹城财政其他收入主要包括：国营企业所得税类、国营企业调节税类、国营企业上缴利润类、国营企业计划亏损补贴类、专款收入、其他收入五类，征收 18802 万元。2000—2006 年，其他收入主要包括：行政性收费收入、罚没收入、专项收入（排污费、水资源费、教育费附加）、其他收入四类，征收 48518 万元。2007—2010 年，征收包括：行政事业单位收入、罚没收入、专项收入、国有资源有偿使用收入、其他收入在内非税收入57971万元。

第三节 财政支出

1986年以后，禹城县财政支出结构不断趋于优化。至2010年，全市财政总支出129768万元，比1986年提高6.5倍。2007年，根据财政部制订的《政府收支分类科目》，适时调整财政支出科目。

1986—2006年禹城县（市）地方财政支出分类情况表

表15-1-4 单位：万元

年	支援农村生产费	农村水部门事业费	工商交通部门事业费	城市维护费	文教科学卫生事业费	其他部门事业费	抚恤和社会福利救济费	行政管理费	其他费用	价格补贴	合计
1986	560	889	57	125	6862	755	1186	3607	869	5045	19955
1987	522	1354	60	209	8560	1145	1342	4562	1756	5520	25030
1988	474	1546	66	287	9930	1333	1574	5238	2565	6152	29165
1989	3438	1658	176	469	12117	1361	2255	7526	2807	7423	39230
1990	5109	1974	162	442	13412	1737	2606	8133	3272	5724	42571
1991	234	244	17	104	1396	204	267	897	553	533	4449
1992	469	339	39	41	1742	312	297	1139	387	529	5294
1993	130	341	33	84	1919	422	337	1408	678	318	5670
1994	355	437	53	72	2244	217	380	1851	724	253	6586
1995	149	670	89	182	3592	325	479	1798	1179	284	8747
1996	180	720	102	230	3780	455	507	2045	2501	230	10750
1997	169	949	138	490	3967	574	552	3057	3330	278	13504
1998	618	953	74	530	5901	605	607	3043	1966	79	14376
1999	451	1150	82	616	6608	632	863	3556	3080	—	17038
2000	478	995	99	1199	6677	774	1009	3898	4617	20	19766
2001	661	1120	75	1082	7483	820	15987	4616	3346	3583	24384
2002	875	1225	70	1422	8253	951	2038	5146	8314	90	28384
2003	2263	248	72	1800	8668	1090	2281	5533	4876	80	26911
2004	2232	333	77	1915	9507	1102	2374	6095	7372	139	31146
2005	2654	736	137	3809	12115	1586	3142	7989	8191	124	40483
2006	3920	978	269	3820	16045	2372	3799	10597	14681	239	56720

2007—2008 年禹城市财政支出分类情况表

表 15-1-5　　单位：万元

年	一般公共服务	公共安全	教育、科学技术、文化体育与传媒	社会保障和就业	医疗卫生	环境保护	城乡社区事务	农林水事务	工业商业金融等事务	其他支出	合计
2007	13338	3871	20166	7217	6777	1855	4755	8546	3349	642	70516
2008	13812	3832	22551	9090	9430	6401	5034	12961	5354	205	88670

2009—2010 年禹城市财政支出分类情况表

表 15-1-6　　单位：万元

2009 年		2010 年	
预算科目	决算数	预算科目	决算数
一、一般公共服务	10657	一、一般公共服务	13038
二、外交	—	二、外交	0
三、国防	2	三、国防	2
四、公共安全	3758	四、公共安全	6167
五、教育	22203	五、教育	25138
六、科学技术	2772	六、科学技术	3942
七、文化体育与传媒	1529	七、文化体育与传媒	1744
八、社会保障和就业	11941	八、社会保障和就业	19866
九、医疗卫生	11651	九、医疗卫生	13275
十、环境保护	8299	十、环境保护	10180
十一、城乡社区服务	5073	十一、城乡社区服务	4969
十二、农林水事物	14283	十二、农林水事物	22846
十三、交通运输	656	十三、交通运输	883
十四、采掘电力信息等事务	540	十四、资源勘探电力信息等事务	1173
十五、粮油物资储备管理等事务	2625	十五、商业服务业等事务	2909
十六、金融监管支出	—	十六、金融监管等事务支出	0
十七、地震灾后恢复重建支出	—	十七、地震灾后恢复重建支出	0
十八、预备费	—	十八、国土资源气象等事务	847
十九、国债还本付息支出	—	十九、住房保障支出	1822

续表 15-1-6

2009 年		2010 年	
预算科目	决算数	预算科目	决算数
二十、其他支出	—	二十、粮油物资储备管理实务	887
		二十一、预备费	—
		二十二、国债还本付息支出	0
		二十三、其他支出	80
本年支出合计	96019	本年支出合计	129768

第四节　财政管理

一、财政预算管理

1986 年，收入类预算科目“款”级科目 44 个，支出类“款”级科目增加到 145 个。以后各年度为适应财政经济发展需要，国家预算收支科目分类、分款设置日趋完善。2010 年，预算收入科目 52 类，支出科目 223 类。

二、农业财务管理

（一）支农资金管理。1986—2010 年，禹城市财政局对财政支农资金按照项目实施进度分前、中、后分别拨付工程预算 20%、50% 和 30%，充分发挥财政监督检查职能，加大财政支农资金检查力度，确保财政支农资金安全、高效使用。

（二）支农周转金管理。1986 年年初，预算安排有偿支农资金和上年度支农资金结余、农口企业亏损退库转作周转金部分、收取支农周转金占用费转作周转金部分、上级财政部门借入周转金、财政预算临时调度间歇资金等为财政支农周转资金主要来源，主要用于支持实行独立核算乡镇企业、农村合作经济组织、农业企事业单位等投资少、见效快、有直接效益项目。1995 年后，根据国家有关政策，禹城市停止发放财政支农周转金，支农周转金管理工作重点放在清理回收上。

（三）农业综合开发资金管理。中央农业立项开发项目从 1996 年开始投资，主要用于黄淮河平原农业开发建设工程。2003 年后，根据上级要求，逐步改革农业综合开发资金管理模式，制订《禹城市农业综合开发资金县级报账制暂行办法》。农业综合开发项目县级以上财政资金均由市级财政部门专人管理、专户储存、专账核算，主要用于改善农业基础设施，优化农业产业结构。

三、企业财务管理

1986 年，禹城县国有企业全部实行第二步利改税后财政部规定财务管理办法；国有固定资产管理执行《过硬企业固定资产折旧条例》；国有企业利润缴纳 55% 所得税和一定比例调节税，税后利润提取各种基金；粮食企业财务管理实行市级核算，粮食取消统购，实行合同定购。1994 年后，国营企业改称国有企业，开始实行新会计制度。变动会计制度，建立资本制度；实行“经营管理权、所有权分离”和“政企分开”等制度。禹城市国有企业实行自负盈亏、自主经营，产权进一步细化。

四、行政事业财务管理

禹城市财政对没有收入或虽有收入，但全部上缴国家预算，支出由国家拨款单位实行全额预算管理。主要包括：市委所属部门、市政府所属部门、市人大、市政协、文化馆、档案局、广播局、党校以及事业单位主管部门等。1986

年，对已经实行企业化管理又能够经济自立事业单位，进一步压缩行政经费，财政部门不再拨给事业经费，执行国家对企业有关规定，实行自负盈亏；对经济上不能自立或不能完全自立事业单位，所需经费原则上由财政部门根据事业单位用款计划和工作任务，核拨经费。

五、预算外资金管理

1986年，对行政事业单位和企业主管部门预算外资金实行财政专户储存管理。同时，对国营企业及其主管部门预算外资金建立预决算审批制度，加强监督管理和使用指导；对行政事业单位预算外资金实行财政集中代管，即“专户存储、计划管理、财政审批、银行监督”管理办法。1994年，统一使用山东省财政厅印制行政事业性收费票据，加强预算外资金源头控制，在财政专户储存基础上实行收支两条线管理。1996年，贯彻国务院《关于加强预算外资金管理决定》，改变预算外资金所有权和管理权，还所有权于政府，还管理权于财政。禹城市政府先后印发一系列文件，完善支出审批制度。1997年，财政部门建立统一财政专户体系，对预算外资金实行“收支两条线”管理；建立预算外资金预决算制度，初步实现预算外资金 统筹管理。1999年，推行行政性收费“票款分离”和罚没收入“罚缴分离”制度，实行“部门开票、银行收款、财政统管”制度，解决单位乱收费和坐支问题。

六、会计管理

（一）会计证管理。1989年，禹城县财政局成立会计事务管理所。1997年改为会计管理科，主要职责有两项：会计人员管理、会计事务服务。2003年，“会计证”换为“会计从业资格证书”，并实行网络化管理。

（二）会计基础工作规范化管理。1989年，实行《会计工作达标升级试行办法》，开展对企业会计达标升级活动，到1990年全市有50多家企业达标升级。

1993—1995年，禹城市会计事务所为32家企业验证资本，验证金额合计达6295.56万元。

（三）会计教育管理。1989—2010年，禹城市会计人员进行业务培训计15000多人次。1997年开始，每年定期组织会计人员参加会计人员继续教育，提高全市会计人员素质，促进会计事业发展。

（四）会计职称管理。1989—2010年，禹城市参加会计专业技术资格考试4520人。其中，初级职称（助理会计师）2305人，1230余人通过考试；中级职称（会计师）2215人，150余人通过考试。同期，禹城市参加会计从业资格考试7588人。至2010年年底，3130人发放会计从业资格证书。

七、财政监察管理

1990年，禹城成立税收、财务、物价检查办公室（简称三大检查办），挂靠财政局，抽调精干人员对各项财政资金进

图15-1-1 企业财务管理座谈会 （2006年摄）

行专项检查，并建立追踪问效和反馈机制，强化监督，切实解决资金使用上跑、冒、滴、漏和损失浪费现象。2001 年，撤销三大检查办公室，由财政局成立法规监督科。财政监督工作步入以日常监督检查为主阶段。2008 年，先后制订《禹城市财政局内部监督管理暂行办法》《禹城市财政局内部监督实施方案》，规范内部检查程序、内部检查操作办法；完善“检查通知书”“检查工作底稿”等检查文书，加强对财政内部监督检查，确保干部、资金双安全。

2009 年后，禹城市财政局不断强化预算外资金管理，联合物价、审计等部门定期、不定期对全市 100 余个有执收执罚单位的收费，全面实行“单位开票、银行收款、财政统管”管理措施，具体工作中，做到严把“四个关口，实行三个控制，一个畅通”。即严把收费项目管理关口，控制收入源头；严把收费票据使用关口，控制收入流向;严把资金收入减免关口，杜绝资金流失；严把资金账户设置关口，畅通资金入户渠道。同时，加大预算外资金“收支两条线”落实情况监督检查力度，严厉打击各种乱收费行为和逃避财政监管坐收坐支行为，促进预算外资金管理趋向规范化。

八、乡镇财政管理

禹城市对乡（镇）财政管理，主要是根据乡（镇）收支完成情况，依据体制要求进行考核奖惩。2007 年 8 月之后，禹城市稳步推进“乡财县管”管理体制改革，全面实现规范化运作。改革实现乡镇工资正常发放和机构正常运转。

第五节　国有资产管理

禹城市国有资产管理工作在 1993 年以前由财政局企业财务科管理。1993 年，正式成立专职国有资产管理机构，设立财政局国有资产管理科，随后根据管理需要，改名为禹城市国有资产管理办公室。1994 年 9 月，经市编委批准，禹城市国有资产管理局成立，为正科级行政单位，行政编制 5 人，由财政局管理。专职行使全市国有资产管理职能。

禹城市国有资产规模不断壮大，国有资产结构不断调整，国有资产布局趋向优化。至 2010 年年底，全市国有资产总量达到 107328 万元，其中企业国有资产存量 12610 万元，行政事业国有资产存量 94718 万元。2010 年禹城市国有资产总量比 1993 年增加 63751 万元，增长 146%。

1993—2010 年禹城市国有资产存量情况表

表 15-1-7　　单位：万元

年	总量	行政事业单位	国有企业
1993	43577	12727	30850
1994	48806	15116	33690
1995	59000	19500	39500
1996	60995	22395	39600
1997	63469	25969	37500
1998	60833	29783	31050
1999	63369	33284	30085

续表 15-1-7

年	总量	行政事业单位	国有企业
2000	66942	37057	29885
2001	69720	42085	27635
2002	71763	47398	24365
2003	79509	49854	29655
2004	82194	56364	25830
2005	84212	60357	23855
2006	84093	64908	19185
2007	88022	65092	22930
2008	85164	75664	9500
2009	91843	78343	13500
2010	107328	94718	12610

一、行政事业单位国有资产管理

行政事业单位国有资产包括固定资产、流动资产、无形资产、长期投资和其他资产。具体包括国有土地、房屋构筑物、交通运输工具、各类通用专用设备、办公家具、各种材料、资金及其他有形或无形资产权利。

1995年，组织开展禹城市行政事业单位资产清查及建账建制工作。经过财产清查，摸清行政事业单位国有资产家底，并在此基础上，对115户行政事业单位进行产权登记，颁布国有资产产权登记证，登记国有资产总量1.95亿元，逐户建立国有资产档案，巩固财产清查和产权登记成果，加强国有资产管理。

2000年，加大国有资产监督力度，国资局召开会议，要求行政事业单位大型固定资产划拨、出售、报废等严格实行报批制度，同时在行政事业单位进行账卡双重管理试点，同年，乡镇行政区划调整后，国资局下发《关于认真做好乡镇合并国有资产管理工作通知》防止变动期间国有资产流失，统一部署各乡镇、街道办事处合并后国有资产清查、汇总和划转工作，派专人到相关乡镇督导、审查清理结果，完善划转程序，帮助接收单位及时入账、建档立卡、纳入管理，确保国有资产安全，防止资产流失现象。

2006年，颁发《禹城市行政事业单位国有资产管理暂行办法》，2007年，颁发《关于开展全市行政事业单位资产清查工作通知》，规范和改进行政事业单位国有资产管理工作，部署全国性行政事业单位资产清查工作。2008年，颁发《禹城市国有资产管理办法实施细则》，同时出台有关行政事业单位经营性资产管理、收益管理等系列文件，禹城市行政事业单位国有资产监管工作走向规范化、法制化轨道。至2010年年末，禹城市125户行政事业单位国有资产总量9.47亿元，比1993年1.27亿元增加8.20亿元，增长645%。

二、企业国有资产管理

1993年年底，根据禹城市委、市政府统一部署，抽调100余人成立30个工作组，对

图 15-1-2 企业国有资产产权登记证 （2002 年摄）

65 户市属国有集体企业进行全面清产核资，核查资产总额 90584 万元，负债 73879 万元、净资产 16705 万元、企业潜亏 9792.6 万元。经过清产核资基本摸清企业家底，为领导决策提供真实可靠依据。

1995 年，对全市 39 户国有资产进行全面清查核资工作，经过财产清查、产权界定，资产价值重估和资金核实等阶段，最终认定 1995 年 3 月 31 日止，39 户国有资产企业资产总额 122824 万元、负债总额 89223 万元、净资产 33601 万元，除按国家政策处理企业部分包袱外，尚有挂账 13770 万元。其中资产损失 1110 万元、资产挂账 12660 万元。根据《企业国有资产所有权界定暂行规定》和《企业单位国有资产产权登记办法》，1995 年年末，禹城市国资局对 72 户国有企业（含企业化管理事业单位）进行国有产权登记，登记国有资产总额 39500 万元。

1994 年，禹城市政府确定棉纺厂、水泥厂、机械厂、扒鸡公司、物资服务公司、市社食品公司为企业改革试点单位。1997 年，对市属国有、集体企业全部实行改制，1999 年，对改制企业进行整顿和规范。至 2010 年年末，除 13 户国有企业外，其他国有企业都进行改制，其中破产企业 11 户。所有改制及破产企业都按照国家规定进行清产核资、资产评估。对改制中遗留问题按照禹城市深化企业改革领导小组《第二次会议纪要》和后续文件规定作相应处理。

2008 年，颁发《禹城市国有资产产权交易管理办法》和《禹城市国有资产管理办法实施细则》，加强企业国有资产监管工作。同年，市国资局召开企业负责人和财务科长会议，动员和部署企业严格执行企业国有资产法，促进企业国有资产安全和增值。

三、国有资产收益管理

1995 年，开始征收国有资产收益，当年收入 37 万元。1995—2010 年，禹城市累计收缴国有资产收益 2617 万元，年平均收入 163 万元。国有资产收益使用，严格按照规定用途全部用于支持单位发展和改革。

1995—2010 年禹城市国有资产收益表

表 15-1-8 单位：万元

年	国有资产收益额	年度	国有资产收益额
1995	37	2003	71
1996	39	2004	84
1997	42	2005	98
1998	686	2006	120
1999	52	2007	149

续表 15-1-8

年	国有资产收益额	年度	国有资产收益额
2000	57	2008	184
2001	62	2009	143
2002	65	2010	728
合计	2617		

四、资产评估管理

根据1991年国务院发布《国有资产评估管理办法》，国有资产占有单位发生如下情形应当进行评估：1. 资产拍卖、转让；2. 企业兼并、出售、联营、股份制经营；3. 中外合资、合作；4. 企业清算；5. 其他，如抵押、担保、租赁等。资产评估范围：流动资产、固定资产、无形资产及其他资产。国有资产评估程序：1. 申请立项；2. 资产清查；3. 评定估算；4. 验证确认。其中申请立项、验证确认由同级国有资产管理部门审批。2002年按照财政部《国有资产评估项目核准管理办法》及《国有资产评估项目备案管理办法》规定，改立项审批为评估项目核准，改评估验证确认为评估结果备案，国有资产只对评估机构评估资格等确认，明确资产评估管理工作中国资管理部门职责。

1993—2001年禹城市资产评估情况表

表 15-1-9　　单位：万元

年	资产评估项目数	评估资产总额	年度	资产评估项目数	评估资产总额
1993	—	—	2002	2	27620
1994	1	1126	2003	1	20162
1995	1	14829	2004	—	—
1996	—	—	2005	3	22583
1997	3	2122	2006	31	22899
1998	1	1	2007	3	3282
1999	2	2656	2008	—	—
2000	2	20117	2009	—	—
2001	3	2194	2010	1	1800

第二章　税务

第一节　税制改革

1986年，禹城县继续推行第二步利改税，将工商税按性质划分产品税、增值税、营业税和盐税；在当时现有税种基础上，增加资源税、城市维护建设税、房产税、土地使用税和车船使用税；对第一步利改税中设置国有企业所得税和调节税加以改进。到20世纪90年代末，除关税、农业税、耕地占用税和契税外，国家工商税收有33个税种，全县当时实际开征17种。1994年1月起，全市对税制进行全面性、结构性改革，对流转税制、所得税制及资源税、土地增值税、城市维护建设税、集贸市场税、牲畜交易税、燃油特别税、奖金税等各个税种进行改革，并实行中央与地方分税制。改革后初步形成税种21个。其中，工商税16种，即增值税、消费税、营业税、企业所得税、外商投资企业和外国企业所得税、个人所得税、资源税、土地增值税、城市维护建设税、固定资产投资方向调节税、房产税、车船使用税、土地使用税、印花税、屠宰税、筵席税；其他税种5种，即关税、农（牧）业税、农业特产税、耕地占用税和契税。1994年8月15日，禹城市税务局分设禹城市国家税务局和禹城市地方税务局。2010年年底，禹城市国家税务局征收税种包括：增值税、消费税、企业所得税。

第二节　国家税务

1994年，开始着手两套税务机构分设筹建工作。同年8月国家税务、地方税务分别组建。1995年，增设稽查分局。1997年，精简成10个机构：局机关、直属分局、涉外分局、稽查局和6个农村分局，人员186人。2001年，增设直属事业单位即信息中心。2005年，机构调整成7个：局机关、稽查局、信息中心、城区分局、房寺分局、伦镇分局、辛店分局。至2010年年未变，有工作人员146人。

一、税收管理

（一）增值税

1. 征收范围：（1）销售或者进口货物；（2）提供加工、修理修配劳务。

2. 税率及征收率：基本税率17%，低税

图15-2-1　国税局岗位技能培训（2010年摄）

图 15-2-2 国税局工作人员办理车辆购置税 （2010 年摄）

率 13%，出口货物零税率。实行简易办法征收，小规模纳税人按征收率征收，其中商业 3%，工业 6%。

（二）消费税

1. 征收范围：烟、酒及酒精、化妆品、护肤护发品、贵重首饰及珠宝玉石、鞭炮焰火、汽油、柴油、汽车轮胎、摩托车和小汽车等 11 类。

2. 计税依据：特定消费品销售额或销售数量。

3. 税率：有黄酒、啤酒、汽油和柴油四项定额税率，白酒和卷烟实行定额税率并比例税率，其他实行比例税率。比例税率最高 45%，最低 3%。

（三） 企业所得税

1. 征收范围：企业或者组织取得应税所得。

2. 计税依据：收入总额扣除成本、费用、税金、损失等后净所得额。

3. 税率：基本税率 33%、另设 18%、27% 两档照顾税率。

禹城市地方税务局征收税种包括营业税、个人所得税、城市维护建设税、车船使用税、房产税、土地增值税、资源税、城镇土地使用税、印花税、企业所得税、教育费附加等 11 种。

禹城市财政局征收税种包括耕地占用税和契税等。

二、税收征管

1994 年税收征管改革总体目标：用 5 年时间，建立起征收、管理、检查相互制约、促进，申报、代理、稽查相互监督、配合，科学税收征管体系，形成一套较为科学、严密的纳税人自我申报机制和税务机关监控机制。具体要求是：

建立申报纳税制度，明确三个问题，突出三个重点。即明确申报纳税征管改革突破口，突出做好申报纳税基础工作；明确申报纳税实质是由过去专管员上门收税改为纳税人主动申报纳税，突出把纳税人“自核自缴”工作做好；明确申报纳税重点和难点，突出申报及时性、准确性、真实性。在强化申报纳税同时，严格

图 15-2-3 国税局工作人员到纳税企业检查 （2010 年摄）

执行税款缓交审批制度和滞纳金制度，切实做到不违法、不越权，一切按法规和程序办事。

建立多功能办税服务厅，集征收管理、核算、服务于一体，主要是给纳税人提供服务，提高办事效率。充实稽查人员，制定稽查工作制度和规程，规范稽查行为，统一稽查文书，明确稽查各环节职责任务，以便在税务机关内部形成相互独立、互相促进监督制约机制。

推行税务代理。提高对计算机人员技能培训和提高计算机综合利用效率，对计算机进行综合开发。1997年，禹城市国税系统税收征管模式开启。广大干部树立“科技兴税”意识，开始广泛运用计算机技术，促进税收征管现代化。城区办税服务厅保证50%业户开展税款预储，计算机应用于征、管、查各环节；农村办税服务厅办税窗口全部设立，30%业户开展税款预储，计算机全部应用于税收征管，会计资料全面实行报盘制度，个体户分类管理到位，代收、代征全面规范；税务稽查进一步强化，计算机应用广度与深度进一步拓展。1998年，按照“规范征管、完善机制、深化改革、提高质量”总体要求，禹城市国税系统重新调整机构设置，精简办税服务厅人员，加强税源监控，明确税收征管三大系列之间岗位职责。同时，对个体实行集中征收与划片管理相结合的办法，完善新征管模式，提高征管水平。1999—2001年，突出“提高征管质量，增强征管效能”，促进税源监控水平提高。开展增值税专用发票和普通发票检查，在商业领域推行开票制度，实行多元化申报，启动增值税交叉稽核系统，建立并应用电子邮局系统，加快信息化征管进程，重点实施CTAIS软件，推广应用“金税工程”，使计算机综合应用得到提高，降低税收成本，提高工作效率。2002—2010年，抓好征管基础建设，加强税务登记、停歇业管理和注销登记管理工作，提高CTAIS运行质量，推行多元化申报纳税，拓宽纳税人申报纳税渠道，提高办税效率和质量。

（一）税收。实施“一把手”工程。即一把手亲自抓，负全责，并实行“一票否决”，一级抓一级，一级带一级，层层抓落实，人人抓收入。对一些影响收入全局重点税源，一把手靠上督促，及时与地方党政领导、有关部门协调关系，主动跑银行、争资金，请党政领导出面协调和支持，加快税款入库进度。加强对收入工作考核，层层签订责任书，严格考核，兑现奖惩；树立“依法治税、依率计征”指导思想，确立“确保各税种、各级次、各月份之间均衡入库，首月、首季开门红，半年双过半，全年超额完成任务”工作思路。在实际工作中，全面推行局长包片抓平衡、科室包点抓进度调度制度，坚持按旬分析、月调度、每季局长例会总调度。特别是每年6月和12月组织收入关键时刻，实行一日一分析，一日一调度，及时研究制定措施，解决工作中存在问题，促进收入工作均衡发展，确保收入进度与时间进度同步；机构分设之后，国税系统税收任务连年高基数、高增长，特别是金融危机时期，经济税源严重下滑，收入压力矛盾相对增大。

行业分类管理。随着市场经济逐步完善，禹城市个体私营经济快速发展，个体私营业户相应增多，因此采取分类建账、加强普通发票管理、抓好登记换证、开展个体税收大检查和及时调整税额等措施，使个体税收工作取得显著成效；根据重点税源大部分集中在城区特点，配备业务素质高同志，集中实施重点税源专业化管理，在市局成立重点税源管理机构，从宏观上对城区重点税源管理情况随时进行监督和管理，制订《重点税源管理办法》《重点税源管理工作业务流程》《重点税源管理工作岗位职责》《重点税源涉税信息采集管理办法》等一系列管理办法，对重点税源企业当期生产经营、财务收支情况等数据与历史数据进行对比，防范税源流失；采取“以电控税”措施，提高税收征管质量。在充分调查研究基础上，结合自身实际，制订《“以电控税”管理办法》，建立与供电部门信息交换机制，定期到电力部门采集企业用电信息。同时，组织人员集中对制糖、塑编、缸套、羊绒、扒鸡、塑胶等重点行业“收入能耗比”参数进行调查测算。通过对采集电力信息进行整理分析，确定出本次评估重点企业清单分发到各分局，各分局利用纳税评估系统，自定义发起评估疑点企业进行纳税评估；对禹城市重点税源行业，针对行业特点，确立投入产出比、单位电耗值、部分工序工人计件工资等三个关键指标。根据同行业对比测算出该行业投入产出比，根据企业购进原材料数量可初步测算企业产品数量，从而逐步推算企业应纳税额。

1994—2010 年禹城市国税税收收入表

表 15-2-1　　单位：万元

年	收税额	年度	收税额
1994	4113	2003	8129
1995	4710	2004	9268
1996	4760	2005	15084
1997	5129	2006	24299
1998	5319	2007	29878
1999	6448	2008	32990
2000	7176	2009	35683
2001	7808	2010	39331
2002	7846		

（二）治税。坚持“法治、公平、文明、效率”八字方针，做到有法可依，有法必依，执法必严，违法必究，营造良好依法治税环境。举办不同类型法纪知识培训班，提高干部执法素质，邀请公、检、法、党校和纪检部门专业人员给干部上辅导课，加强对干部系统培训和专项政策法规培训。1994 年后，举办税收政策法规培训 300 多期，培训干部上万人次。1996 年始，以反面典型为教材，多次开展对干部警示教育，教育干部自觉筑牢“思想、道德、法纪”三道防线，廉洁勤政，秉公办税，严格执法。在治税工作中，坚持公开办税，切实维护纳税人合法权益。通过各种形式向纳税人公开千余项税收政策和税种税率、纳税程序及处罚规则。

强化廉政监督、推进依法治税。聘请地方党政机关、人大、政协等部门 32 名领导为国税工作特邀监察员；推行执法人员廉政反馈卡制度，税务人员到企业和纳税户执行公务时，将廉政反馈卡发给纳税单位，作为执法环节是否严格、执法程序是否合法、处理结果是否公正、有无不廉行为考核监督依据；请社会各界群众参与执法监督。在各乡镇街道办事处、重点村庄及纳税户和普通群众中，聘请义务监督员，向其发放意见卡、监督卡等，及时听取他

图 15-2-4 讲解自助办税业务 （2010 年摄）

们意见和建议。

1995 年后，先后开展税收财务物价大检查、各项税收专业检查、个体税收专项和拉网式检查、执法执纪大检查等活动。稽查局重点开展对纳税人违法违纪稽查，年均稽查 100 多户，重点打击偷抗税大案，把好依法治税关口。按照省市国税局部署，重点开展“两打一查”活动，严厉打击增值税专用发票犯罪活动。分阶段开展商贸企业检查，重点对注册资金为 50 万元以上商贸企业一般纳税人认定条件、增值税纳税申报、发票领购、开具以及税款缴纳情况进行全面检查；严厉打击偷逃税活动。重点对个体私营税收管理进行彻底整顿和规范，抽调业务骨干分组逐户逐街“拉网式”检查，与工商部门联合，澄清纳税户底子，加强个体业户管理。同时，对年纳税 10 万元以上私营企业进行普查，对电力、制糖、羊绒等几大重点行业进行检查。2000—2010 年查补税 3865 万元。

（三）信息化服务。90 年代末，建立纳税人资料电子档案室。对综合征管系统各项基础信息，在纳税人办理登记类、认定类、申报类、审批类等各种涉税事项时，不再要求纳税人重复提供有关证件。利用数据集中优势，凡 CTAIS 系统能够自动生成或经过加工可以生成报表、数据，一律不再要求纳税人报送。强化内部管理、创新服务模式和方便纳税人，国税业务实行“一窗通办”，即在服务厅任一窗口均可办理涉税业务。

2003 年推出“连锁办税、同城通办”服务模式，借鉴银行通存通兑办法，依托网络支持和 CTAIS 信息系统，拓展服务空间，打破地域限制，纳税人只要提供齐全办税资料，可在全市任一办税服务厅办理涉税业务。为重点税源、A 级信用等级纳税人制作绿色办税通道 VIP 卡，先后开通多元化宣传辅导渠道、服务意见反馈通道和信息化服务拓展通道等，对税

图 15-2-5 开展“送税法下乡”活动 （2009 年摄）

图 15-2-6　禹城市地方税务局办公大楼（2009 年摄）

务人员和企业财务人员进行技术培训，各岗位人员都能按照岗位职责和标准要求熟练进行操作，税务监管质量明显提高。局长接待日，可多渠道受理纳税人咨询、投诉、举报，维护纳税人合法权益，帮助企业解决实际困难，减少税收风险，促进企业做大做强。新老企业纳税可随时申报、审核、办理、限时办结；对税收管理员执法行为有异议，可随时通过网络向市局提出维权申请，市局将按规定进行处理；与联通部门、移动部门分别建立“税信通”平台，广大纳税人可快速收到税务通知、服务提醒和税收政策法规宣传等，平台推广应用加强与纳税人联系和信息沟通，降低征纳成本，提高工作效率，提升纳税服务质量。

2009 年，建立“纳税人之家”。在通讯宽带网建立 QQ 群，对纳税人进行税收政策宣传辅导、咨询解释，对有关报表变动后填制口径、规范进行讲解培训等。同年年底有 108 户企业加入到这个行列。“纳税人之家”举办 16 期涉税辅导班，对涉农企业实行上门服务 22 户（次），及时为纳税人办理出口退税 2140 万元。向全市纳税人推行“服务百姓面对面”视频网络平台，局长通过该平台与纳税人连线，“面对面”倾听民意、解析政策、受理投诉和发布信息，现场解答纳税人提出涉税问题。

第三节　地方税务

禹城市地方税务局成立于 1994 年 8 月，时有干部职工 49 人。2008 年年底，在职干部职工 130 人。内设 7 个科室和 1 个事业单位，下辖直属分局、稽查局 2 个直属机构和市中、房寺等 5 个基层分局，担负着禹城市 5810 余户纳税人地方税收征管工作。税收收入由 1994 年建局初期 1427 万元增加到 2008 年 28002 万元，增长 19 倍，先后被山东省地税局、共青团中央、山东省文明委评为“六好基层单位”“全国青年学习组织”“省级文明单位”等荣誉称号。

一、税源结构

禹城市地税局税源大户少，税收收入总额和所占比例高，而零散税源小户多，税收收入额和所占比例少。2007 年，禹城市年纳税额在 50 万元以上纳税人 42 户，占总纳税户数 1.05%，年缴纳地方税收 12552 万元，占年度地方税收收入 60%；年纳税额在 50 万元以下纳税人 4890 户，占总纳税户数 99%，年缴纳地方税 8258 万元，占年度地方收入 40%。

（一）行业结构。第二产业在地方税收收入中始终占主导地位。2000 年，分行业结构统计表明，第二产业提供税收 6038 万元，占总收入 61%。其中占比重较大是制造业，提供收入 4035 万元，占第二产业 67%；第三产业收入 3807 万元，占总收入 39%。2008 年第二产业提供税收 18222 万元，占总收入 65%。其中制造业提供收入 14379 万元，占整个第二产业 81%，占总收入 53%；第三产业占总收入

35%。

（二）所有制结构。1994年，地税税源在企业类型分布上有国有、集体、私营经济类型，当年组织税收入库1427万元。其中来自国有企业861万元，占总收入60%；集体企业534万元，占总收入38%；私营经济32万元，仅占总收入2%。1995—1999年，对国有、集体企业进行一系列改组改制工作，全市企业呈现出以股份合作制为主导，个体、私营、外资、合资企业等多制并举多元化发展新格局，地税源结构带来新变化。2008年，全市地税收入28002万元。其中，国有企业3238万元占11.6%，集体企业1278万元占6.17%，股份制企业17068万元，占61%；私营企业3411万元，占12%，港澳台和外商投资企业分别是532万元和418万元，占1.9%和1.5%，个体经营1607万元，占5.74%。

图15-2-7　服务企业对接会（2010年摄）

（三）税种结构。1994年，地税税源在各税种分布上涉及到营业税、企业所得税等11个税费。当年营业税收入704万元，占总收入1427万元的49.3%；企业所得税收入148万元，占总收入10.3%；投资方向调节税收入100万元，占总收入7%；城建税收入174万元，占总收入12.3%；房产税收入142万元，占总收入10%；其他6个税费收入159万元，占总收入11.2%。

2001年后，新办企业归国税管理，企业所得税占总收入比重大幅下降。加强地方小税种征收管理，总收入比重大幅提高。2008年，地税税源涉及13个税费。同年，营业税收入7984万元，占总收入28002万元的28.5%，比1994年下降20.8%；企业所得税收入8804万元，占总收入31.44%，比1994年提高21%；城建税收入2359万元，占总收入8.42%，比1994年下降3.77%；房产税收入872万元，占总收入3.11%，比1994年提高6.9%；土地使用税收入3049万元，占总收入10.89%，比1994年提高4.8%；印花税收入438万元，占总收入1.57%，比1994年提高0.52%；教育费附加收入1337万元，占总收入4.77%，比1994年提高1.99%；其他6个税费收入9159万元，占总收入11.28%。

2003—2008 年禹城市地方税务局第二、三产业地税收入分行业统计表

表 15-2-2

单位：万元

年	合计	第二产业					第三产业									
		小计	采矿业	制造业	电力、燃气及水生产		小计	交通运输、仓储及邮政业	批发零售业	金融业	信息传输、计算机服务和软件	住宿和餐饮业	文化、体育和娱乐业	租赁和商务服务业	房地产业	其他行业
2003	12115	8134	749	4081	759	2545	3981	1064	874	814	245	507	4	318	155	—
2004	11791	7007	569	4030	1148	1260	4784	1441	853	1067	213	370	3	262	572	3
2005	11116	6427	117	4162	997	1151	4689	1007	739	947	307	261	39	334	931	124
2006	16802	10719	182	6945	1552	2040	6083	1057	619	1350	345	281	5	410	1928	88
2007	20810	13540	373	9387	1354	2426	7267	1162	648	2037	391	344	11	459	2149	66
2008	28002	18222	10	14739	1389	2084	9778	1809	810	2998	446	290	6	125	3020	274

（四）级次调整。建局初期，地税组织收入基本为地方收入。从2002年起，国家逐步对入库级次进行调整，出现中央级、省级、市级及以下收入并存。1.中央级收入：1994—2001年，全部收入为地方收入。2002年，国家调整税收政策，将由地税部门组织企业所得税、个人所得税由地方税种变为中央、地方共享税。其中，中央级占两税收50%，计2319万元。2003年起，企业所得税、个人所得税60%归中央。

图 15-2-8 禹城市纳税企业五十强公示栏 （2010年摄）

至2008年，组织中央级收入17990万元。2.省级收入：1994—2001年省级收入主要包括特殊行业营业税和文化建设事业费。2002年起，营业税省与市（县、市）实行二八分成，组织省级收入785万元。2003年起，企业所得税省级分成8%，市级留32%。2005年起，个人所得税省级分成15%。2003—2008年，组织省级收入分别是：792万元、736万元、1037万元、1403万元、1804万元、2579万元。市级及以下收入：1994—2008年，累计组织市级以下收入13.3亿元，年均增长41.18%。

二、税收管理

（一）减免税管理。市地税局遵循依法、公开、公正、高效、便利原则，按权限和程序进行减免税审批。对纳税人提供资料与减免税法定条件相关性进行审核，起草审核报告，报局领导集体研究后，按研究决定进行处理。

（二）分税种税收管理。1.企业所得税管理。对零申报、少申报、异常申报纳税人，根据企业年度报表和年度企业所得税申报表等数据资料进行纳税评估汇算清缴。对中小企业和账目不健全企业在调查测算基础上，实行核定征收，尤其是加强建筑、餐饮、中介机构所得税核定征收。2008年年底，实行核定征收业户达到1201户，占缴纳企业所得税户数95%。通过核定征收，较上年同期增收2132万元。2.个人所得税管理。对全市高收入行业和个人进行调查摸底基础上，进一步完善收入档案管理制度，强化高收入个人双向申报和扣缴单位明细申报，2008年年底建档231户。印花税核定征收。2004年以后，禹城市地税局按省和德州市局印花税核定征收有关规定，对不符合自行申报纳税人实施核定征收方式，印花税收入连年高幅增长。2004年，入库印花税124万元，比2003年98万元增加26万元，增长26%。2005—2008年，入库印花税分别是203万元、354万元、380万元、438万元，分别比上年增加79万元、151万元、26万元、58万元，增长64%、74%、7%、15%。3.房地产业税收管理。市中、房寺等5个基层分局建立健全“预售收入纳税调整表”、“取得土地使用权登记表”、“新开发项目开工登记表”、“房地产开发建设销售明细表”、“开发产品备查簿”等资料，并监督房地产开发企业在预售时，使用“山东省房地产开发企业预收款凭据”，对房地产开发企业实施动态跟踪管理。依托社会综合治税网络，采集各个建设项目信息，健全税源控管台账，逐项制定监控计划，动态掌握财务核算、工程进度等信息，实行台账式单项目跟踪管理，全面核实税款征收进度和工程进度，落实委托征收。以严格审核和规范开票为控制点，加强货物运输业管理。严格审核自开票纳税人资格，及时比对异常货运发票，发现情况立即向上级局反馈。

三、征管改革

（一）个体税收征管改革。1999年下半年，探索对个体私营税收推行税款预储和双委托报税管理方式。制订《定期定额户分类分级管理暂行办法》《简化申报纳税程序暂行办法》和《委托金融机构代征税款规程》等项办法。

（二）社会综合治税工作。2003年年初，禹城市地税局开展社会综合治税试点工作。同年3月，禹城市人民政府印发《关于加强社会综合治税工作意见》，制订各项规章制度和配套措施，建立起以税源控管体系为基础"政府领导、地税主管、部门配合、司法保障、社会参与、信息化支撑"地方税收综合治税新机制。2004年，禹城市地税局制定出台《2004年深化社会综合治税工作意见》《涉税信息采集管理规定》和《关于开展车船使用税、房屋租赁税收清理工作意见》。2005年，禹城市人民政府制订《关于加强税费征管增加地方财政收入意见》、市地税局印发《关于对〈禹城市人民政府关于加强税费征管增加地方财政收入意见〉立项督查通知》，组织征管人员积极参与禹城市房管局交易大厅房地产交易软件和禹城市财政局个人所得税扣缴软件开发，实现房地产交易等业务和个人所得税等地方税收税源控管。调整五本台账结构，对台账机、纸质并行登记，从源头上实现对车船税、房产税、土地使用税、城建税、教育附加和建筑施工营业税源头动态控管。加强部门配合，深化部门延伸。2008年，全年累计采集各类涉税信息12456条，代征税款768万元，新增税务登记437户。

（三）征管模式改革。"3+2"税收征管模式：即事前、事中、事后"三位一体"，重点稽查、责任追究"两手齐抓"。"事前"注重分析预测，分月、季、年3种，准确把握税源变动趋势，给科学合理制订税收计划提供真实可靠依据；"事中"加强申报审核，采取分类审核、过程控制、注重效果等审核措施，提高申报审核效率；"事后"强化纳税评估，通过评估发现税收管理中存在不足，同时在税收政策、纳税申报、税款征收等方面给予纳税人必要辅导，实现税收管理质量评估与纳税服务相结合。"两手齐抓"对纳税人评估辅导发现疑点多，移交稽查查处；对分析预测超出预警值，以及对申报审核工作责任心不强，审查不细，把关不严，造成税收流失，对直接责任人给予一定经济处罚。经纳税评估或税务稽查发现有重大失误，对直接责任人给予相应处罚。

图15-2-9 地税人员到企业走访（2010年摄）

示范带动创建两条征管"示范街"，力求先进带后进。选择行政街、市中路为样板，两条示范街内做到无漏征漏管户，业户税务登记率、按期申报率、税款入库率达到100%。正确使用发票，无制造和使用假发票，亮证经营，“双定户”定额张榜公布，接受监督，无重大纳税人投诉事件发生。

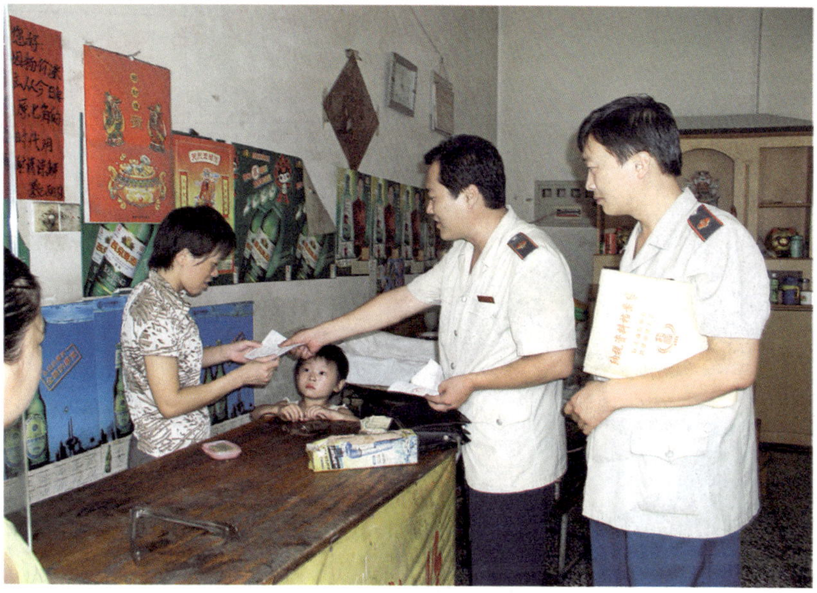

图 15-2-10 税务人员上门服务 （2010 年摄）

服务方式改革。自觉遵循“进门问经营，出门带困难”新型服务举措。税务征管人员克服过去满足自身工作需求为主思维定势，为纳税人着想，融洽协调征纳关系。把服务经济发展、服务纳税人作为税收工作出发点。班子成员联系 1 至 2 户企业，及时解决他们的困难或问题。

完善税收管理员制度。多次召开党组会和现场会研究讨论，组织有关人员深入基层征求意见和建议，制订《禹城市地税局税收征管责任追究办法》等相关制度，对管理员管辖区域和管户进行科学划分，建立“一户式”电子档案，加强户籍动态管理，规范日常征管。

信息共享制度。以现有信息资源整合为重点，着力提高信息规范和共享程度，强化“人机”结合，提高信息化建设水平和应用能力。定期与工商、国税部门进行信息比对，针对信息核对发现存在交叉漏管现象及时查漏补缺进行整改。

审批检查制度。严格停歇业户、注销业户审批和检查，治理和纠正业户在办理停歇业和注销过程中作假行为，堵塞征管漏洞。组织专门人员对市区主干道及繁华地段进行“地毯式”清理，清查业户千余户，补征税款 3 万余元。

连带责任追究制度。探索试行“连带责任追究制”。由征收管理科牵头，组织相关人员每月不定期在基层征收分局、直属局和稽查局管理业户中，抽取一定比例业户进行复查。经复查或上级部门稽查、审计发现问题单位对片区税管员和单位负责人进行追究。至 2010 年年底，对相关责任人处罚 3900 余元。

（四）税源管理方式改革。突出对重点企业、重点行业、重大建设项目管理。根据禹城产业经济运行特点，把重点企业、重点行业、重大建设项目作为提高管理质效助推器，确定 55 户企业作为重点管理对象，通过摸底调查，查清税源 1.5 亿元，占收入计划 64%。将功能糖产业、机械制造、羊绒纺织、房地产开发四大支柱行业作为推动税收快速增长领头羊，制订 4 类行业管理办法；全市过千万元建设项目 33 户，全部建立征管台账，纳入重点监控。真正将这些税源管理到位，探索实施依托一个平台，完善四项机制，实施“五员”管理立体新型税源监控体系。依托一个“平台”，即重点税源信息管理软件；完善四项“机制”，即完善重点税源税收分析机制，征、管、控良性互动机制，纳税辅导机制，经验总结推广机制；

图 15-2-11 地税局视频服务模式（2010 年摄）

实施“五员”管理，即要求税收管理员成为税收政策咨询宣传员，有效办理纳税事宜服务员，帮助纳税人搞好财务经营核算辅导员，真实准确申报税款监督员以及搞好日常管理和专业管理检查员。这一体系建立，实现对税源立体监控：通过日常巡查、走访，对辖区内企业基本情况及时掌握、对经营情况常年掌握、对涉税动态随时掌握；利用信息技术手段和方法进行测算、分析和对比，对纳税人申报纳税真实性、准确性、合法性进行评估，形成预测分析资料；通过现有征管软件提取有关静态信息，通过分类管理采集有关动态信息，建立健全电子税源档案，采取针对性管理服务；分析税负水平、税负变化、发票使用、税控记录等内容，增强税源分析监控时效性、准确性和科学性。至 2010 年，监控重点税源企业累计入库税款 19485 万元，占总收入 71.8%，同比增长 62%，增收 7420 万元。另外，重大建设项目管理，累计组织征收 3035 万元，同比增收 2171 万元，增长 115%。

四、税务信息化管理

1994 年机构分设时，禹城市地税局仅有 1 台计算机由会计股使用。1996 年，上级局配置和自行购置微机 10 台，直属分局、稽查局、市中所办税服务厅配备微机，局域网初步建成，并与 DDN 专线连接。1999 年，投资 20 余万元购置服务器 2 台，打印机 4 台，备用电源 5 台，全市微机达到 40 余台。利用 DDN 专线形成省、市、县（市）三级广域网，联结全省 LotusNotes 电子邮件系统同时开通，全省地税信息管理系统、办公自动化系统先后投入运行。加速地税系统内部信息交流，办税效率明显提高。2002 年，投资 10 多万元，给各分局配备大型 UPS，以网络条件为依托，开始推行多元化报税，既提高办税效率，又方便纳税人，减轻征期内各征收厅排队申报压力。至 2002 年年底，禹城市地税局有服务器 4 台，微机 60 余台。与此同时，对纳税人进行网络培训，熟练掌握微机操作技术，65% 纳税人使用微机网络进行双委托报税。2005 年，推广应用山东省局开发微机定税软件、执法责任制管理软件等 18 个应用管理软件，以信息化为支撑，促进税收征管及各项工作开展。2006 年，禹城市地税局制订信息化工作目标，明确职责分工，细化工作安排，量化工作标准，围绕信息技术对五项管理支撑作用，开展各项工作，促进地税管理水平全面提高。

第十六篇

金　融

1986年，禹城县金融机构有：中国人民银行禹城县支行（以下简称“人行”）、中国人民建设银行禹城县支行（以下简称“建行”）、中国农业银行禹城县支行（以下简称“农行”）、中国工商银行禹城县支行（以下简称“工商行”）和信用合作社。随着禹城县经济不断发展，居民收入不断增加，金融机构也随之增多。先后增设中国银行禹城市支行（以下简称“中行”）、农业发展银行禹城市支行（以下简称“农发行”）、邮政储蓄业务。

1986年，禹城有中国人民财产保险股份有限公司禹城支公司（以下简称“财险”），随着保险事业发展，保险机构先后增设中国人寿禹城支公司（以下简称“人寿”）、太平洋财产保险等，至2010年，保险公司达4家。

第一章　金融机构体制改革

一、利率调整

1986—2010年年底，人行对存款贷款利率进行33次调整。1986—1996年，进行11次调整都是调高，一年期存款利率最高达到10.98%，一年期贷款利率最高达到12.06%。从1996—2004年8次调整都是调低，一年期存款利率最低达到1.98%，一年期贷款利率最低达到5.31%。2004年1月1日，人行对金融机构贷款浮动幅度进行调整，银行等金融机构贷款浮动幅度由上浮30%调整至0.9—1.7，农村信用社贷款浮动幅度由上浮50%调整至0.9—1.2。2010年年底，人民银行1年内连续两次调高存贷款利率，有效防止通货膨胀，抑制过高楼价和物价。

二、结算改革

1986—1989年，结算方式主要有现金结算、支票结算、汇兑、委托收款、托收承付等，结算形式比较单一。1989年4月1日，颁布实施《银行结算办法》，结算种类有银行汇票、商业汇票、银行本票、支票、汇兑、委托收款等，增加结算种类，减少现金使用、提高资金效益，促进商品流通。1993年1月1日，由收付记账法改为借贷记账法。1997年12月1日，实施《支付结算办法》，结算种类增加信用卡结算方式。2003年以后，实施《中央银行会计集中核算系统》，县（市、区）支行网点只涉及清算账户管理。

三、联行改革

1985年4月1日，全国联行往来实行“跨行直接通汇，相互发报移卡”办法。1987年4月1日，联行结算实行“跨行汇划款项、相互转汇”。1991年9月8日，县专业银行区内异地跨系统划收款项通过人行区辖电子联行汇划清算资金，加速资金周转。1993年，规范金融秩序，实行汇划款项与资金清算同步，大额款项通过人行联行划转办法。2001年，人民银行全国电子联行业务在禹城市开通并一直沿用。

四、农业发展银行改革

（一）管理体制。1998年，根据国务院及总行指示精神，禹城农业发展银行停止开发性贷款、附营业贷款、扶贫贷款等业务，集中从事国有粮食购销企业收购资金供应和管理，确立“收一斤粮、给一斤粮贷款，销一斤粮、收回一斤粮贷款本息”收购资金封闭管理机制。对保护价粮食实行敞开收购政策，保证企业收购资金供应，并监督贷款使用。实行企业报账制、银企对账制、核打码单制、库存核查制等形式，强化信贷监管，防止企业压级压价、低收高报和给农民卖粮“打白条”现象发生，有效遏制收购资金被挤占挪用现象。

（二）经营机制。2001—2003年，粮食购销逐步走向市场化。面对不断出现新形势和新问题，禹城农业发展银行及时调整发展战略，逐步建立起“以销定贷、以效定贷”经营机制，通过信用等级评定、“四级双线”监控、贷款资格认定等方式，做好贷款企业筛选认定工作，严把贷款准入关。2004年以后，粮食购销市场全面放开，国有粮食购销企业垄断粮食购销格局被完全打破，粮食购销主体基本形成多元化格局。2005—2010年，禹城市按照“创新、发展、稳定”工作思路，解放思想、更新观念，创新管理方式，改进金融服务，落实管理措施，防范信贷风险，逐步由以监管为主向以贷款风险控制为核心的经营管理机制转变，在坚持“以销定贷、以效定贷”基础上，推行“区别对待，择优扶持”信贷管理政策，在业务范围内择优选贷，培植优质客户，积极支持国有粮食企业发挥市场主渠道作用，扩大购销，增强企业活力。在加大信贷资金投放力度基础上，保证企业粮食收购资金供应，解决企业资金短缺问题。

五、工商银行体制改革

（一）信贷管理。1986年，工商银行坚持“区别对待、择优扶植”信贷原则，通过对所辖户贷款企业分类排队，对8户一类企业给予优先支持，对22户二类企业适当支持，对18户三四类企业进行信贷限制和压缩，年末发放各类贷款余额5378万元，其中一、二类企业贷款比重较年初提高3%。

1987年，商业租赁经营普遍推开，该行制定《支持商业企业租赁经营几条具体实施意见》，从确保企业资产安全，优化信贷结构入手开展信贷工作。通过多渠道引资，全年累计引入资金达1亿元。

1990年，信贷资金供求矛盾十分突出，信贷结构调整难度加大，该行大力支持企业挖潜补资，引导企业眼睛向内，年初排查出资金潜力800万元，年末企业补资达600万元。同年新增贷款17600万元，重点支持棉纺厂、缫丝厂等出口行业扩大生产。先后注入启动资金200余万元，用于支持困难企业恢复生产和经营。

1994年，对原有信用贷款逐步转化为抵押、担保贷款。年末办理企业土地使用权抵押11户，抵押贷款额达1000余万元。对低信用级企业办理贷款担保手续。进一步优化贷款投向，积极支持有市场、有效益、讲信用大中型企业和利税大户，先后对禹城通裕集团等10余个企业进行有力支持，加强信贷制度建设，不断完善贷款管理。结合贯彻落实《工商信贷内控制度》和《项目信贷内控制度》，对2000年以后新增贷款质量、贷款手续、贷款档案等基础工作和各项信贷管理制度执行情况进行专项检查，按照有关制度和规定要求，以贷前调查、贷时审查、贷款审批、贷款管理、信贷档案管理方面，严格执行操作程序，保证新增贷款质量。强化风险管理，完善贷款台账。对所有贷款企业进行信用入账补录工作。加强对转制企业贷款监测力度，发现问题及时采取补救措施；对转制企业贷款，能收回千方百计收回，确实难以收回，坚持“贷款跟着走”原则，及时落实债务，更换贷款手续，有效防止企业悬空本行债权现象。

图16-1-1 银行工作人员到企业调研（2010年摄）

2005—2010年，实行不良贷款转化责任人制度、改制企业跟踪报告制度、不良贷款转化分析调度会制度、资产风险管理信息快报制度。同时，重点抓转化不良贷款重点对象、贷款手续不完备企业和依靠司法手段清收保全对象等七个清单台账建设，规范、完善贷款抵押保证手续和抵押返租、返售回购手续。顺利完成剥离不良资产工作。

至2010年，贷款全面实行5级分类管理和贷前调查、贷中审查和贷后检查为内容的贷款“三查制度”。对不良贷款完全进行可疑类和损失类区分，加强信贷管理。

图16-1-2 农行禹城市支行中层正副职测评会议（2009年摄）

（二）人事财务管理。1986年，工商银行财务管理以禹城县支行为单位实行单独核算、利润留成，人员身份为国家干部或工人，受专业银行和禹城县委、县政府双重领导。1992年，工商银行向商业银行转变力度加大，开始实行垂直领导、统一法人制和行长负责制，山东省行对辖内资金实行统一调度和集中管理，确定二级分行为基本经营核算单位，县级支行作为生产单元管理。1998年，全面实行劳动合同制，人员变为合同制工，统称员工，不再有干部和工人区分。2000年，改革力度进一步加大，县级支行经营实行费用核定、指标控制，年龄较大员工实行内部退养，内设机构负责人由任命制改为本人竞聘、支行聘任，员工实行绩效工资，并开始与支行效益挂钩。2002年，县级支行部分财务收支由市分行集中管理，绩效工资收入与支行经营指标挂钩力度加大。2004—2010年，县级支行经营费用与效益直接挂钩，业务指标完成越好，挂回费用越多；员工所有工资性收入由市分行统一上卡，提高收入规范性和透明度。

六、农业银行改革

（一）用工制度。1986年，农行与信用社正式合署办公。在大集镇和村庄设立代办站，招聘储蓄代办员，方便群众办理业务。1994年，行社分门办公，禹城农行建立代办站128个，招聘储蓄代办员128人。1995年，《中华人民共和国商业银行法》颁布实施，员工从行政、事业用工形式，转化为企业用工形式。1999年11月，全行实行全员劳动合同制，员工均签订劳动合同，全员由干部身份改为合同制员工，打破多年用工形式，明确用人单位和员工之间的权利和义务。2001年3月，禹城农行传达山东省、德州市农行关于员工内部退养文件，43人递交内部退养申请书，38名符合条件员工办理内部退养。2002—2010年，农行沿用实行全员劳动合同制。

（二）人事制度。2001年4月以前，农行所有干部工资实行行政级别制，2001年8月，农行推行以基础工资、岗位工资、绩效工资三项结合工资分配制度改革。提出基本工资保吃饭，岗位工资靠实干，绩效工资凭贡献原则。实行定编、定岗、定工资，中层干部采取竞聘上岗，由行领导聘任；一般干部实行双向选择优化组合，由中层干部聘任。

1996年5月9日，支行内设机构改革完成，部室经理主任首次实现竞聘上岗。内设部门分办公室、资金组织部、计划财务部、信贷部、人事部、保卫部。

1999年1月，禹城农行进行内设机构改革，19人通过竞聘成为支行部（室）正、副负责人。

2000年3月，禹城农行进行内设机构改革，20人通过竞聘成为支行部（室）正、副负责人。

2001年4月，禹城农行进行内部机构及营业机构负责人竞聘上岗，员工双向选择，3名员工下岗。2002年1月，禹城农行召开竞聘、竞标大会，5人当选5处综合营业室机构内勤主任。

2003—2010年，实行干部竞聘制度竞聘中层以上干部，禹城农行建立平等、科学用人机制。各部门负责人通过实施竞聘制，实现干部公开竞聘上岗，员工双向竞聘。实施岗位交流和轮换制度、全员劳动合同制改革，在干部和员工管理上引入竞争机制，建立推出机制，推行内部退养制度。

（三）会计制度。1994年，会计记账方式由“收付记账法”改为“借贷记账法”；会计核算方式由“收付现实制”改为“权责发生制”，与国际通行银行会计制度接轨。会计制度改革后，农行计算应收未收贷款利息，计提应付未付存款利息，改变过去按实收实付存、贷款利息计算盈亏核算方式，会计核算更具科学化、真实化、准确化。

（四）贷款管理。1989年，首次开展企业信用等级评定工作，信贷投放向特、一级企业倾斜。信贷管理开始由“粗放经营”向“集约化经营”转变。1995年，农行加强贷款管理工作，逐级成立贷款审批委员会，实行审贷分离制度，完善贷前调查、贷时审查、贷后检查制度。1998年以后，信贷工作以实施双优发展战略为中心，以提高效益为目标，调整客户结构，规范信贷行为，防范化解信贷风险。按照贷款额度，审批贷款权收回到上级银行。2000年以后，贷款管理工作逐步同国际惯例接轨，由四级分类改为五级分类。

七、中国银行改革

（一）向商业银行转型。1993年，根据国务院决定，中国银行由外贸外汇专业银行向商业银行转轨，加快商业银行建设步伐，在促进禹城市对外贸易发展、利用外资支持三资企业等外向型经济发展等方面发挥重要作用。1999—2010年，中行所有网点实现电子化。2001年10月以后，中行推出本外币一本通、网上银行、电话银行、长城借记卡等科技含量高新服务项目，满足人们对金融产品需求。

（二）分配制度。2001年，中行按照公开、公平、公正原则，建立严格目标责任制和科学考核办法。制定《中国银行禹城支行员工绩效考核暂行办法》《中国银行禹城支行员工收入分配暂行办法》等，每年进行一次绩效考核，并将结果与收入挂钩。将员工收入分为基础工资、绩效工资两大部分，绩效工资和单位效益相结合，以个人业绩决定薪酬水平，拉开员工收入水平和档次，调动起员工工作积极性。

（三）人事制度。2002—2010年，中国银行禹城支行建立平等、科学用人机制。1. 对各部门负责人实施聘任制，实行干部公开竞聘上岗，员工双向选择。2. 大力实施岗位交流和轮换制度。3. 稳步实施全员劳动合同制改革。4. 在干部和员工管理上引入竞争机制，建立退出机制，推行内部退养制度。

八、建设银行改革

（一）国有商业银行体制确立。1993年12月25日，国务院《关于金融体制改革决定》把建设银行明确定位为以从事中长期信贷为主的国有商业银行，建设银行自上而下开始商业化改革进程。1994年，建设银行禹城支行，推出“抢市场、增份额、占位次”经营战略。

1996年，提出以效益为中心经营战略，坚持“有所为、有所不为”，实行信贷退出机制，提升负债业务、资产业务、中间业务对全行经营效益贡献度。1999年，调整产业结构，将信贷业务、中间业务并列为“支柱型”业务。2000年，提出差别化发展战略，把提高资产质量、网点单产作为工作重点。2002年年底，全行实施新人事与激励约束机制，变支行领导人员行政化管理为企业化管理，建立评聘分开体制和等级管理制度，建立科学员工培训体系，加大机构撤并、冗员精简力度，队伍结构和整体素质得到明显提升。

（二）股份制改造。2003年12月30日，建设银行实施股份制改造试点。中国建设银行股份有限公司禹城支行正式挂牌成立。改制之后，建设银行禹城支行，参照国际先进银行标准和国际惯例，改革管理体制，转换经营机制，创新经营模式，逐步建立起“产权明晰、权责明确、政企分开、管理科学”的公司治理结构，成为资本充足、内控严密、运营安全、服务全面、效益良好、具有国际竞争力的现代股份制商业银行。

九、农村信用联社改革

1987年，逐步恢复信用社“组织上群众性、管理上民主性、经营上灵活性”要求，实行独立经营、独立核算、自负盈亏；农业银行加强对信用社领导，任何单位不得平调信用社资金，不得强令信用社发放贷款和投资，维护信用社经营自主权。同时，市联社社员代表大会成为民主管理有效形式。1997年，禹城市开始按自愿和开放、民主管理、为社员服务合作制原则，规范联社和信用社各项管理，并完成清理和增扩股金、召开社员代表大会、修改章程、选举理事会、监事会等。1998年9月2日，禹城市农村信用社规范工作全面实施：1. 宣传发动，达到家喻户晓。2. 清理旧股，扩展新股。禹城全市清股18388户，金额61396.95元；新扩股10513户，金额达152万元。3. 召开第四届社员代表大会，民主选举产生新理事会和监事会。4. 按照合作制要求，进一步完善联社职能机构，充实股本金，各信用社和联社职工集中入股股金达107万元。12月5日，禹城市农村信用联社第一届社员代表大会选举产生新一届理事会和监事会，农村信用社规范工作全部完成。

2002—2010年，完善禹城市联社法人治理结构，健全理事会、经营班子和监事会等民主管理组织，实行理事长、主任分任，成为职责分明、运转有序、管理高效组织机构。

第二章　金融业务

1986—2010年，禹城金融系统各项业务有新发展。1986年，各项存款余额13891万元，其中居民储蓄存款2590万元，至2010年各项存款余额增长到881220万元，其中居民储蓄存款552983万元，分别增长63倍和214倍。1986年，各贷款余额33643万元，至2010年增长到908812万元，增长27倍。

1986—2010年禹城金融机构各项存款、贷款情况统计表

表16-2-1 单位：万元

年	各项存款		各项贷款余额
	余额	其中：居民储蓄存款	
1986	13891	2590	33643
1987	15875	4460	31169
1988	17961	7044	36363
1989	2063999	9552	36602
1990	24133	11907	41749
1991	26969	15094	50034
1992	30109	20956	61053
1993	36847	25228	71744
1994	32354	47852	86819
1995	78621	62855	122774
1996	94483	55757	143235
1997	108589	88635	175584
1998	132152	113568	194747
1999	143894	118809	203016
2000	155750	128056	208353
2001	181073	144091	231603
2002	203947	159818	268935
2003	248823	178228	312402
2004	283838	198066	288650
2005	348539	231416	298472
2006	394787	261466	403066
2007	451568	287741	512634
2008	602295	390621	559497
2009	738932	474343	679974
2010	884220	552983	908812

说明："各项贷款余额"包括"专项贷款"和"支农再贷款"

第一节　中国人民银行禹城市支行

中国人民银行禹城市支行是中国人民银行下属分支金融管理机构。1986—1994 年，行使国务院赋予工作职能和权力，承办有关业务。根据中国人民银行印发《人民银行分支行转换职能意见》，人民银行分支行职能发生重大转变。1995 年 3 月，《中华人民共和国中国人民银行法》颁布实施，人民银行各项工作走上法制化管理轨道。禹城市人行运用金融手段，对辖区货币、信用活动进行有目的的调控，对商业银行和其他金融机构设置、业务活动和经济情况进行检查监督、指导、管理和控制，为辖区金融机构提供支付清算服务。为维护金融业安全和稳定，调整各类金融机构之间及其内部关系，保证公共利益和银行存款户安全，贯彻执行国家金融法规和政策，防范金融危机、制止不适当金融活动对辖区国民经济危害等方面做出贡献，促进禹城市经济社会正常发展。

第二节　中国农业银行禹城市支行

一、概况

1985 年，中国农业银行禹城县支行分设出信用合作县联社（下称信用社），信用社主任由农行行长兼任，业务实行分口管理。1993 年 4 月，信用社与农行脱钩，业务仍接受农行指导。1994—1996 年 11 月，禹城市农行代理山东省农发行农副产品收购和农业综合开发贷款业务。禹城市农发行成立后，各项经营业务和人员全部由禹城市农行划转。农行原与山东省农发行代理业务由此结束。信用社、农发行从农行脱离后，经营范围一度缩小，为农业银行发展带来许多压力。1997 年，禹城市农行根据农总行提出“面向‘三农’、整体改制、商业运作、择机上市”十六字方针，加快国有专业银行向国有商业银行转化步伐。2008 年，开始在禹城市农村发行“惠农卡”、办理农户贷款等“三农”业务，农行金融服务覆盖禹城市，有效解决过去农民“贷款难”问题。2010 年 7 月，中国农业银行在 A 股主板和 H 股同步上市，为全国各县（市）农业银行继续发展奠定基础。

二、金融业务

1994 年 11 月，农行储蓄存款首次突破亿元大关，余额达到 10040 万元。2007 年年底，存款余额 74518 万元，2009 年，余额 128863 万元。至 2010 年，各项存款余额达到 11 亿元，是 1994 年近 10 倍；2007 年年底，贷款余额 101100 万元，2009 年，贷款余额 129133 万元，至 2010 年 5 月末，各项贷款余额 17 亿元，是 1995 年 18226 万元的 9 倍；1997 年以后，禹城市农行广开经营门路，大力发展中间业务，如工资转存、贷款费、办理银行卡、代理保险、代收代付、企业保理、小企业动产质押、电子银行、基金理财产品及国际业务等，实现中间业务逐年增长。2007—2010 年，中间业务收入分别是 516 万元、684 万元、929 万元、1000 万元。

图 16-2-1　消费者协议日活动　(2010 年摄)

三、金融效益

2000年，禹城市农行向长城资产管理公司剥离不良资产9915万元，2008年，再次剥离不良资产3.4亿元。2000年年底，本行存量贷款实现“零”不良，并扭亏为盈。2007—2009年，利润分别是3266万元、5822万元、6123万元，2010年1—9月，获利4251万元。

第三节 中国银行禹城支行

一、机构

中国银行禹城支行成立于1993年，是国有股份制商业银行。建行之初办公地点租赁劳动就业办公室办公楼，干部职工24人，设3个科、2个储蓄所。1996年搬至行政街和市中路十字路口办公大楼。

二、业务

1996年开办国际结算业务，至2010年业务有较大增长。存款余额从1996年6221万元，增长到2010年69238万元，贷款余额从1996年1532万元，增长到2010年51239万元。

2000—2010年中国银行禹城支行存款、贷款业务情况统计表

表16-2-2　　单位：万元

年	存款	贷款
2000	13223	3937
2001	17833	5691
2002	20103	12486
2003	20459	14472
2004	20390	13386
2005	27244	12548
2006	34099	22312
2007	31892	28111
2008	43909	37887
2009	53356	32893
2010	69238	51239

第四节 中国建设银行禹城支行

一、机构

中国建设银行禹城支行1986年干部职工17人，2003年，实施“定编、定员、定岗”，干部职工46人。内设办公室、投资、建经、会计、储蓄、纪检、工会等科室。

二、业务

自1986年10月30日开办现金出纳业务，1987年，创办储蓄业务，储蓄存款从无到有。1995年年末，储蓄存款余额8384万元，累计贷款48706万元。2010年各项存款余额73919万元，贷款余额达114343万元。

2000—2010 年中国建设银行禹城支行存款、贷款情况统计表

表 16-2-3　　单位：万元

年	存款	贷款
2000	15626	15986
2001	15195	15609
2002	17433	18287
2003	24779	24865
2004	28881	16733
2005	36638	19011
2006	37739	30180
2007	26164	46118
2008	40333	61772
2009	65601	75650
2010	73919	114343

第五节　中国工商银行禹城支行

一、机构

1986 年 4 月，中国工商银行禹城支行与原禹城县人民银行分设。内设 7 个科室、3 个储蓄所。至 1995 年年末，设储蓄所 7 处，代办所 6 处，干部职工 101 人。

二、业务

1986 年年末，存款余额 2081 万元，1988 年开办零整集体户存款、汇票结算和有奖储蓄存款业务。2010 年，存款余额达 119605 万元，各项贷款余额达 191207 万元。

1986—2010 年中国工商银行禹城支行存款、贷款情况统计表

表 16-2-4　　单位：万元

年	存款	贷款
2000	24508	41979
2001	24179	48990
2002	27914	58624
2003	29032	63185
2004	33268	63043
2005	35016	40624

续表 16-2-4

年	存款	贷款
2006	40571	60856
2007	55457	97465
2008	78235	122332
2009	103253	143163
2010	119605	191207

第六节　德州银行禹城支行

一、机构

德州市商业银行禹城支行于 2009 年 10 月 26 日营业，2010 年 4 月，根据《中国银监会关于德州市商业银行更名批复》，由德州市商业银行股份有限公司禹城支行更名为德州银行股份有限公司禹城支行。

2010 年年底，禹城支行有员工 21 人，其中行长 1 人，副行长 1 人，会计主管 1 人，业务主管 1 人，综合柜员 7 人，客户经理 10 人，开立 4 个对外营业窗口。

二、业务

2010 年 12 月底，禹城支行资产总额 50683 万元，实现各项存款余额 50553 万元，各项贷款余额 40637 万元，实现各项收入 2107 万元，各项支出 1258 万元，累计实现经营利润 737 万元，库存现金 195 万元，开立各类银行账户 9800 余户。

第七节　中国农业发展银行禹城支行

一、机构与业务

中国农业发展银行禹城市支行于 1996 年 10 月 26 日成立，是国家设在禹城唯一一家农业政策性银行。员工 29 人，内设办公室、客户部、会计结算部 3 个部室。农发行以国家信用为基础，筹集农业政策性资金，承担国家规定农业政策性金融业务，代理财政性支农资金拨付，管好用好农副产品收购资金，服务于农业经济综合开发与发展。

（一）资金主要来源途径。中央银行再贷款（基础货币投放）及农发行总行统一对社会发行债券。资金成本执行人行基准利率，比其他银行有明显成本优势，资金量大成本低，相应增加企业利润。业务经营范围：主要办理国务院、中国人民银行安排资金并由财政予以贴息粮、棉、油、肉等主要农副产品国家专项储备贷款、粮油流转贷款、棉花购销贷款、农业产业化龙头企业贷款、农业科技贷款、农村基础设施建设贷款、农业综合开发贷款和农业生产资料贷款等。

（二）业务经营状况。1996 年，向禹城市农业产业化龙头企业等单位放贷款 53053 万元，年底存款余额 723 万元，实现利润 2331 万元。1997 年，在贺友集团第一条生产线安装期间，一次性投放 2700 万元贷款，及时解决企业资金困难，确保生产线安装顺利进行。至 2004 年，解决农民卖粮难、卖棉难和给农民“打白条”不良现象，强力支持国有企业收购、调进小麦、棉花，确保粮棉购销资金及时足额发放，并建立封闭管理制度，保证专款专用。搞好金融服务，帮助

图 16-2-2　商业性贷款支持功能糖支柱企业——送玉米芯原料的车队　（2009 年摄）

粮棉收购企业进行成本核算，本着购销双方互利原则，大量收购农民余粮，实现政府、银行、农民和企业都满意。累计向粮棉经营单位发放贷款 30 亿元，禹城市粮食收购价格每斤比周边县（市）高出 5—8 厘，广大农民得到实惠，企业得到发展。2005 年，禹城市农发行认真研究探索农业政策性资金运作规律，做好农业政策性资金与支持地方经济发展相结合文章，倾力支持禹城“中国功能糖城”建设。先后发放各类贷款 32 亿元。其中，21 亿元商业性贷款投放给功能糖骨干支柱企业。为辖区内国有粮棉购销企业、供销社棉花破产企业认定挂账贷款 2.48 亿元，核销 1.89 亿元，使企业得以轻装上阵。2010 年年末，该行各项贷款余额 94047 万元、存款余额 30847 万元，实现利润 2072 万元。存贷款余额比 1996 年分别增加 40994 万元、30124 万元。其贷款增量和存量、贷款企业个数、贷款总量等位居德州市农发行系统前列。

二、融资融智

禹城市农发行在实践中，探索出一套“融资融智”管理新模式。将传统意义上银行单纯为企业“融资”，上升为既“融资”又“融智”一体化模式，将“融智”贯穿于贷前、贷中、贷后管理“融资”全过程。2005 年，禹城市政府，确定“中国功能糖城”发展战略，当年年底被中国轻工业联合会正式授予“中国功能糖城”称号。通过“融资融智”实施“中国功能糖城”特色产业营销战略，在宏观上起导向作用，带动市域内金融机构投资 46 亿元共建糖城产业集群，禹城市成为金融生态环境 A 级县（市），国家生物产业基地和山东省唯一设在县级市的国家高新技术核心区。在微观上，由于注重从源头上防范风险，将主要精力放在贷前研究企业历史、实力、前景和行业发展趋势，研究企业负责人经历、人品、成长史等“融智”环节，较好地实践“预见性、前瞻性、创新性”“三性”原则，培植以禹城“功能糖”企业为核心客户众多产业集群。坚持“融资融智”，促进企业发展，是禹城市农发行科学发展最大亮点。2007 年 1 月，为支持龙力公司乙醇项目生产，争得全国第一笔农业科技中长期贷款 8000 万元。2008 年 5 月，全国农发行系统第一笔国际融资打包贷款 460 万元由该行发放，用于支持聚源生物公司出口创汇扩大生产。2009 年 6 月 10 日，发放农业基础设施项目贷款 9000 万元，用于民生工程“李三尖水库”建设。

1996—2010年中国农业发展银行禹城市支行业务经营情况一览表

表16-2-5 单位：万元

年	贷款余额	存款余额	不良贷款余额	当年发放额	经营利润
1996	53053	723	19174	59084	2331
1997	69766	3464	38604	48966	-1199
1998	68486	424	13643	65223	-2199
1999	47543	1504	28354	37672	-810
2000	49929	1472	17190	36359	-1606
2001	47069	1292	30696	22219	-805
2002	52301	807	32720	46744	651
2003	52690	898	2210	24533	518
2004	48986	1259	32635	16583	-254
2005	57564	2447	35794	31309	-538
2006	61735	5843	22327	75694	1611
2007	87345	10513	—	81220	1599
2008	83797	31281	—	71060	2356
2009	79297	10664	—	63650	1984
2010	94047	30847	—	82850	2072

说明：本表涉及金额单位不记小数

附：关于出台《禹城市功能糖城战略前瞻》文本请示报告

市政府：

随着农发行业务职能不断完善，服务范围从单一粮棉油料收购资金供应管理，拓宽延伸到支持粮棉油产业化龙头企业。至2010年，全市有6家农业产业化龙头企业被确认具备农发行贷款资格，按择优扶持原则，向龙力公司、保龄宝公司发放6800万元贷款，给予强力支持。在审批农业产业化龙头企业贷款过程中，山东省分行领导对禹城市农发行呈报有关产业化龙头企业功能糖项目评估资料非常感兴趣，引起对禹城功能糖行业高度重视。近期，山东省分行正在着力构建对全省农业产业化龙头企业进行分类细化支持战略规划，经努力，把功能糖行业作为独立行业纳入规划之中。全市打造“中国功能糖城”之际，为更好挂靠政策，使功能糖行业得到农业政策性资金全方位支持，把更多政策性资金投入到禹城，禹城市农发行建议市政府迅速组织相关部门、集合专家对全市功能糖行业进行全面评估，尽快出台《关于禹城市功能糖城战略前瞻》文本，呈报给山东省分行，以强力推动全市功能糖行业超常跨越发展。

图 16-2-3　农村信用社反假币宣传　（1999 年摄）

《关于禹城市功能糖城战略前瞻》文本，建议着重从三方面介绍禹城功能糖城发展过程和远景。功能糖行业形势。从功能糖发展历史、现状及趋势等角度介绍功能糖用途、对人类贡献、国际国内对功能糖需求等。禹城打造功能糖城主导地位和优势。介绍禹城功能糖引起专家和山东省政府重视。2005 年 1 月，在山东省“两会”上，发展禹城功能糖被列入山东省政府工作计划；在全国首届功能糖类研讨会上，专家们一致认为，禹城成为全国最大功能糖生产基地等。战略前瞻。对功能糖发展前景进行预测分析，突出行业发展速度、市场总量、占有份额、功能糖产生社会效益、经济效益以及科研、产品开发、规模膨胀所需资金投入等。

第八节　信用联社

禹城县信用合作社联社，1985 年成立（以下称“信用联社”），联社主任由时任农行行长兼任，与农行实行分口管理。同年年底，禹城县信用社 19 处、储蓄所 3 处，信用网点 7 处、信用站点 347 处，初步形成遍布全县农村金融网络。1994 年 5 月，信用社与农行“分门办公”，在业务上仍接受农行指导。1996 年，信用社与农行脱钩，不再隶属农行管理。2005 年，信用社实行一级法人管理。2010 年，联社下设 6 家信用社，11 个信用分社，42 个营业网点，从业员工 485 人（含编外）。2010 年末，各项存款余额 310278 万元，各项贷款余额 250909 万元。存款、贷款分别比 1985 年 3600 万元、1030 万元，增长 86.2 倍、242.6 倍，分别比 2000 年 55574 万元、43725 万元，增长 458.32%、473.83%。存、贷款余额及综合经营实力居德州市农信系统前列。被评为“平安山东建设先进基层单位”等荣誉称号。

一、存款

（一）储蓄存款。1985 年年末，信用联社各项存款余额 3600 万元，其中储蓄存款 3092 万元，占比 85.9%。1988 年通过存款利率上调和保值储蓄、摸奖储蓄等措施，调动农民储蓄积极性。1990 年，储蓄存款达到 10106 万元，比 1985 年增长 180.7%，年均递增 36.34%。1991—2000 年，民营工业、商业、服务业、乡（镇）村企业迅猛发展，农村大批劳动力向务工经商转移，农民收入呈现多元化。在原储蓄种类上先后增加“定活两便储蓄”等储种，适应各阶层不同存款需求，调动群众储蓄积极性。2000 年年末，信用社各项存款 55574 万元，比 1990 年增长 458.3%，年均增长 84.7%。2001—2010 年，是禹城农村经济发展最快 10 年，农民收入持续增加，其主要原因是农村私营非公有制经济不断发展壮大，大批农民工进入城市，从事建筑、运输、纺织等业，国家免征农业税，给种粮农户资金补贴，农民经济收入渠道不断拓宽，给储蓄增长提供可靠保障。

2010年年末，信用联社各项存款达到310278万元，比2000年增长458.3%。

（二）对公存款。党的十一届三中全会后，农村集体经济逐步减少，对公存款比重明显减小。1985年，因集体所有企业存款利率较低，企业只将短期闲置资金存入信用社。年末对公存款余额542万元，占各项存款15.04%。2000年年末，信用社对公存余额3296万元，比1985年增加2754万元，增幅508%，年均增长84.7%，占各项存款比重5.9%。2010年年末信用社对公存款余额35056万元，比2000年增加31760万元，增幅964%，年均增长96%，占各项存款比重11.2%。

二、贷款

自1980年始，农村家庭联产承包责任制不断深入，过去以生产队为单位集体贷款逐年减少，信用社将扶持农民致富作为主要业务之一，加大信贷支持力度。农村单户贷款一般控制在1000元以内（用于购买化肥、农药、种子等），贷款超过千元或数千元，主要针对家庭养殖业、乡、村、生产队办企业、信用社社员贷款。1988年，信用社按照“自主经营，独立核算，自负盈亏，自担风险”经营方针，实施以承包户、专业户为主，以农业生产为主，以流动资金为主“三为主”信贷政策。在保证农业贷款需要和支持农民搞好家庭副业、扩大生产规模基础上，加大对乡镇村办企业支持力度，贷款余额显著增加。1990年，贷款余额5541万元，其中乡镇村办企业贷款余额3856万元。

1980—1990年，信用社贷款方式多为小额无需担保，大额实行担保或财产抵押，但对担保人要求不严格，抵押贷款只在借据上描述一下即可。由于贷款手续不规范，加上乡镇企业经营管理不善，致使形成许多不良贷款，导致信用社经营亏损。

图16-2-4 农户办理贷款证（2009年摄）

1991—1995年，农村信用联社为减少贷款损失，开办有价证单为抵押质押贷款业务。对贷款防范风险措施不断加强，贷款余额持续增长。1995年年末，各项贷款余额达到15119万元，比1990年增加9578万元，增幅达173%。

1996—2000年，按照“存款立社、信贷强社、效益兴社”基本方针，坚持“保农、稳工、优商”信贷投向策略，科学管理，稳健经营，各项业务取得长足发展。至2000年年底，各项贷款余额达到43725万元，比1995年增加28606万元，增幅达189.2%。

2001—2010年，是信用联社跨越发展的十年。坚持“立足三农、服务三农、发展三农”宗旨，以“支农、富农、兴社”为经营理念，搞好业务创新，提升服务水平，在山东省率先完成金融法人体制改革，新增农户小额信用贷款和联户联保贷款业务。实施贷款证制度，所有贷款上柜台办理，开通支持“三农”绿色通道，先后完善和出台《贷款管理办法》《奶牛养殖贷款管理办法》《林业贷款管理办法》《企业流动资金贷款管理办法》《农户贷款实施细则》《贷款证管理办法》《联户联保贷款操作规程》《大联保体贷款指引》《个人住房贷款管理办法》《汽车消费贷款管理办法》等，贷款品种不断丰富，业务范围不断拓宽，防范风险措施不断强化。10年间，累计投放各类贷款140.38亿元，是上个10年累计投放额的8.1倍。2010年，投放各类贷款284420万元，比2001年增加249546万元，增幅达716%；2010年各类贷款余额达到250909万元，比2001年增加199122万元。贷款投放、贷款余额、存款余额均位居全市各金融机构首位。

三、清收不良贷款

1990年前，由于信贷制度不完善，加之不合理制度行为等因素，形成巨额不良贷款。1995年以后，信用联社主要是依靠政府和司法机关支持，追究贷款发放经办人责任，清收不良贷款，采取以物抵贷等办法，收到一定效果。

2004年3月4日，市人民政府下发《禹城市人民政府关于对农村信用社股东分红补贴资金承诺函》，对农村信用社承诺五年内从财政中拿出资金用于信用社股东分红补贴，禹城市政府先后从市财政拨付股东分红资金329万元，拨付保值储蓄补贴资金440.54万元，所拨付资金全部用于弥补农村信用社历年亏损。2005年11月20日，市政府下发《禹城市人民政府办公室关于加快农村信用社改革和发展意见》，意见要求：对企业改制形成不良贷款，积极落实还款来源；对村集体不良贷款，采取先落实、后清收办法解决；对过去由行政部门承贷，在2年内还清贷款本息，对确有困难、限期内难以偿还的，必须依法办理担保手续，制订年度还贷计划，保证5年内还清；对公职人员承贷不良贷款，在1年内收回；对农村信用社接收原农村合作基金会不良贷款，以及原乡镇企业在改制过程中悬空农村信用社贷款，采取以土地、房产等优良资产置换方式予以盘活。至年末，清收盘活不良贷款548万元。禹城市政府大力支持，对清收不良贷款起到重要作用。

2005年，信用联社内部建立不良贷款动态监管和责任追究长效机制，利用现代科技手段加强预警分析，做到早排查、早发现、早处置，防范风险发生，提高信贷资产质量。至2010年年末，全社不良贷款余额11653万元，占贷款总余额4.64%，比2000年下降54.78个百分点。

四、基金会清理整顿和票据置换

2000年，信用联社对禹城市20个基金会进行清产核资。基金会资产总额5562万元，负债总额5201万元，所有者权益总额361万元，净资产额305万元。年底，将基金会资金账务等全部移交给信用社。

2005年，信用联社率先在禹城市完成中央银行票据6527万元置换呆账贷款工作，进一步提高信贷资产质量，优化贷款结构，夯实健康发展基础。

五、经营效益

1985年以后，信用联社不断加大贷款投放力度，支持农村脱贫致富和县域经济发展。1985—1996年之间，部分工商业借款人经营管理质量差，效益不好，贷款手续不完善，部分贷款本金和利息无法收回，加上保值储蓄补贴较多等原因，信用联社曾一度大面积亏损。1996年，信用联社独立，实行一级法人经营机制，加强内部管理，完善信贷管理制度和风险防范措施，加大信贷资金投放力度，拓宽低成本资金揽储，开办票据贴现、代理保险、购买国债、代发工资等广开增收渠道，对各营业网点实行“费用包干，超支自负”等办法减少开支，促进经营效益不断提高。所有营业网点全部扭亏为盈，2010年，实现利润12834万元，是德州市农信系统首个经营利润超亿元县级联社。

1985—2010年禹城县（市）农村信用社联社发展情况表

表 16-2-6　　单位：万元

年	存款余额	贷款				股金	员工人数
		放出		收回	余额		
		累放	其中：企业放款				
1985	3600	2140	483	1998	1030	18	123
1986	4908	3019	768	2521	1528	18	145
1987	6139	4176	1377	3628	2076	18	167
1988	7113	6725	3304	5610	3191	18	203
1989	8346	4630	2435	3644	4177	18	207
1990	10106	6304	3358	4940	5541	18	219
1991	11150	9389	6295	7814	7116	18	224
1992	10960	13037	6837	9589	10564	18	226
1993	12971	8296	5990	7419	11441	18	157
1994	16526	10821	8105	8705	12633	18	259
1995	20190	24851	16207	22365	15119	18	275
1996	20570	18085	7556	17269	15935	18	268
1997	27470	14297	6071	10493	19739	18	262
1998	30445	18285	7324	16663	21361	367	258
1999	35186	20005	9015	17238	24128	434	260
2000	55574	36947	15569	17245	43725	1519	312
2001	64675	34874	13428	26812	51787	4699	312
2002	74460	67401	31771	56262	62853	7128	315
2003	91974	83507	39572	59907	86453	14062	319
2004	111829	99741	43697	90404	96405	12144	322
2005	138875	121341	58925	105797	111949	9003	326
2006	164648	137344	60237	119242	130050	9003	345
2007	193159	150824	69883	128613	152262	10604	352
2008	246732	184677	85037	176663	160276	16628	347

续表 16-2-6

年	存款余额	贷款				股金	员工人数
		放　出		收回	余额		
		累放	其中：企业放款				
2009	273922	239635	104852	194583	205328	16628	345
2010	310278	284420	132237	238839	250909	16628	383

第九节　中国邮政储蓄银行禹城支行

1986—2008年，邮政储蓄业务属邮政局主业务，2008年2月28日，成立中国邮政储蓄银行禹城市支行（以下简称“邮政储蓄银行”），与邮政主业分离，单独经营。内设一个营业部，基层设东城、安仁一类支行两处，大程、房寺、张庄、辛寨、莒镇及城区开拓路二类支行六处，另设12处邮政储蓄代理网点。

1986—2008年，邮政部门仅开展邮政储蓄业务。中国邮政储蓄银行禹城市支行成立后，业务随之扩大，能办理个人和单位储蓄存款为主体负债业务；汇兑、转账业务、银行卡业务、代理保险及证券业务、代收代付、代销开放式基金、提供个人存款证明服务等多种形式的中间业务；以及以小额贷款、商务贷款、二手房贷款、小企业贷款、综合消费贷款、存单质押贷款等为主渠道的资产业务。至2010年，累计结存贷款余额2亿元，储蓄余额9亿元。

1986—2010年禹城邮政储蓄余额情况统计表

表 16-2-7　　单位：万元

年	余额（万元）	年	余额（万元）
1986	400	1997	17000
1987	800	1998	19700
1988	1450	1999	22330
1989	2600	2000	25730
1990	3000	2001	30000
1991	3700	2002	34000
1992	4500	2003	40000
1993	6000	2004	44000
1994	7500	2005	50000
1995	9000	2006	59000
1996	14500	2007	65000

续表 16-2-7

年	余额（万元）	年	余额（万元）
2008	72000	2010	91000
2009	80000		

第三章　金融调控

第一节　利率调整

一、存款利率

1985—2010 年，存款利率调整 33 次。每次调整后，人行及时了解社会各界反映，掌握各专业行政策执行情况，发现问题及时解决，维护全市金融稳定。

1985—2010 年禹城银行存款利率调整表

表 16-3-1

调整日期	活期	整存整取						
		三个月	半年	一年	二年	三年	五年	八年
1985.08.01	2.88	—	6.12	7.2	—	8.28	9.36	10.44
1988.09.01	2.88	—	6.48	8.64	9.18	9.72	10.8	12.42
1989.02.01	2.88	—	9	11.34	12.24	13.14	14.94	17.64
1989.06.01	2.88	7.56	—	—	—	—	—	—
1990.04.15	2.88	6.3	7.74	10.08	10.98	11.88	13.69	16.2
1990.08.21	2.16	4.32	6.48	8.64	9.36	10.08	11.52	13.68
1991.04.21	2.16	3.24	5.4	7.56	7.92	8.28	9	10.08
1991.07.01	1.8	—	—	—	—	—	—	—
1993.05.15	1.8	4.86	7.2	9.18	9.9	10.8	12.06	14.58
1993.07.01	2.16	—	—	—	—	—	—	—
1993.07.11	3.15	6.66	9	10.98	11.7	12.24	13.86	17.1
1996.05.01	2.97	4.86	7.2	9.18	9.9	10.8	12.06	—
1996.08.23	1.98	3.33	5.4	7.47	7.92	8.28	9	—
1997.10.23	1.71	2.88	4.14	5.67	5.94	6.21	6.66	—

续表 16-3-1

调整日期	活期	整存整取						
		三个月	半年	一年	二年	三年	五年	八年
1998.03.25	1.44	2.88	4.14	5.22	5.58	6.21	6.66	—
1998.07.01	1.44	2.79	3.96	4.77	4.86	4.95	5.22	—
1998.12.07	1.44	2.79	3.33	3.78	3.96	4.14	4.5	—
1999.06.10	0.99	1.98	2.16	2.25	2.43	2.7	2.88	—
2002.02.21	0.72	1.71	1.89	1.98	2.25	2.52	2.79	—
2004.10.29	0.72	1.71	2.07	2.25	2.7	3.24	3.6	—
2006.08.19	0.72	1.8	2.25	2.52	3.06	3.69	4.14	—
2007.03.18	0.72	1.96	2.43	2.79	3.33	3.96	4.41	—
2007.05.19	0.72	2.07	2.61	3.06	3.69	4.41	4.95	—
2007.07.21	0.81	2.34	2.88	3.33	3.96	4.68	5.22	—
2007.08.22	0.81	2.61	3.15	3.6	4.23	4.95	5.49	—
2007.09.15	0.81	2.88	3.42	3.87	4.5	5.22	5.76	—
2007.12.21	0.72	3.33	3.78	4.14	4.68	5.4	5.85	—
2008.10.09	0.72	3.15	3.51	3.87	4.41	5.13	5.58	—
2008.10.30	0.72	2.88	3.24	3.6	4.14	4.77	5.13	—
2008.11.27	0.36	1.98	2.25	2.52	3.06	3.6	3.87	—
2008.12.23	0.36	1.71	1.98	2.25	2.79	3.33	3.6	—
2010.10.20	0.36	1.91	2.2	2.5	3.25	3.85	4.2	—
2010.12.26	0.36	2.25	2.5	2.75	3.55	4.15	4.55	—

二、贷款利率

1986—1990年，各项贷款利率调整面不大。1991—2010年，共进行29次调整。其中，1991—1996年有7次，1995年7月1日上调最高，年利率六个月以内（含）达10.08%，六个月至一年（含）12.06%，五年以上15.30%；1997年，亚洲金融危机之后，应对当时严峻经济形势，国家行开始实行稳健货币政策，贷款利率下调近两个百分点；1998—2002年全国面临通缩压力，货币政策取向是增加货币供应量，5次下调货币利率，2002年2月21日年利率六个月以内（含）下调至5.04%，六个月至一年（含）是5.31%，五年以上是5.76%；2003—2007年面临经济中出现贷款、投资、外汇储备快速增长等新情况，稳健货币政策开始发生变化，适当上调贷款利率；2008年11月5日，国务院常务会议根据世界经济金融危机日趋严峻形势，要求实行积极财政政策和适度宽松货币政策，尤其是2009年中央经济工作会议提出：2010年货币政策要保持延续性和稳定性，增强针对性和灵活性。信贷政策加大对经济社会薄弱环节、就业、战略性新兴产业、产业转移等方面支持。小幅稳健调控，宽松稳定货币政策、贷款利率有效缓解小企业融资困难，保证重点建设项目贷款需要，严格控制对高耗能、高排放行业和产能过剩行业贷款，提高信贷质量和效益。

1986—2010年人民币贷款利率历次调整表

表16-3-2

调整时间	六个月以内（含）	六个月至一年（含）	一至三年（含）	三至五年（含）	五年以上
1991.04.21	8.10	8.64	9.00	9.54	9.72
1993.05.15	8.82	9.36	10.80	12.06	12.24
1993.07.11	9.00	10.98	12.24	13.86	14.04
1995.01.01	9.00	10.98	12.96	14.58	14.76
1995.07.01	10.08	12.06	13.50	15.12	15.30
1996.05.01	9.72	10.98	13.14	14.94	15.12
1996.08.23	9.18	10.08	10.98	11.70	12.42
1997.10.23	7.65	8.64	9.36	9.90	10.53
1998.03.25	7.02	7.92	9.00	9.72	10.35
1998.07.01	6.57	6.93	7.11	7.65	8.01
1998.12.07	6.12	6.39	6.66	7.20	7.56
1999.06.10	5.58	5.85	5.94	6.03	6.21
2002.02.21	5.04	5.31	5.49	5.58	5.76
2004.10.29	5.22	5.58	5.76	5.85	6.12
2006.04.28	5.40	5.85	6.03	6.12	6.39
2006.08.19	5.58	6.12	6.30	6.48	6.84
2007.03.18	5.67	6.39	6.57	6.75	7.11
2007.05.19	5.85	6.57	6.75	6.93	7.20
2007.07.21	6.03	6.84	7.02	7.20	7.38
2007.08.22	6.21	7.02	7.20	7.38	7.56
2007.09.15	6.48	7.29	7.47	7.65	7.83
2007.12.21	6.57	7.47	7.56	7.74	7.83

续表 16-3-2

调整时间	六个月以内（含）	六个月至一年（含）	一至三年（含）	三至五年（含）	五年以上
2008.09.16	6.21	7.20	7.29	7.56	7.74
2008.10.09	6.12	6.93	7.02	7.29	7.47
2008.10.30	6.03	6.66	6.75	7.02	7.20
2008.11.27	5.04	5.58	5.67	5.94	6.12
2008.12.23	4.86	5.31	5.40	5.76	5.94
2010.10.20	5.10	5.56	5.60	5.96	6.14
2010.12.26	5.35	5.81	5.85	6.22	6.40

第二节　存款准备金率调整

存款准备金，即“支付准备金”。1983 年 9 月，根据国务院规定，各专业银行吸收存款，按一定比例存入人民银行。1984—2010 年，国家对存款准备金率调整 36 次。1984 年，央行按存款种类规定法定存款准备金率，企业存款 20%，农村存款 25%，储蓄存款 40%。1985 年将法定存款准备金率统一调整成 10%，2003 年以后，经济中出现贷款、投资、外汇储备快速增长势头，紧缩银根，多次上调存款准备金率，对稳定金融秩序发挥作用。

1985—2010 年存款准备金率历次调整一览表

表 16-3-3

次数	时间	调整前	调整后	调整幅度（单位：百分点）
1	1985	央行将法定存款准备金率统一调整为 10%	—	—
2	1987	10%	12%	2
3	1988.09	12%	13%	1
4	1998.03.21	13%	8%	-5
5	1999.11.21	8%	6%	-2
6	2003.09.21	6%	7%	1
7	2004.04.25	7%	7.50%	0.50
8	2006.07.5	7.50%	8%	0.50
9	2006.08.15	8%	8.50%	0.50
10	2006.11.15	8.50%	9%	0.50

续表 16-3-3

次数	时间	调整前	调整后	调整幅度（单位：百分点）
11	2007.01.15	9%	9.50%	0.50
12	2007.02.25	9.50%	10%	0.50
13	2007.04.16	10%	10.50%	0.50
14	2007.05.15	10.50%	11%	0.50
15	2007.06.05	11%	11.50%	0.50
16	2007.08.15	11.50%	12%	0.50
17	2007.09.25	12%	12.50%	0.50
18	2007.10.25	12.50%	13%	0.50
19	2007.11.26	13%	13.50%	0.50
20	2007.12.25	13.50%	14.50%	1
21	2008.01.25	14.50%	15%	0.50
22	2008.03.18	15%	15.50%	0.50
23	2008.04.25	15.50%	16%	0.50
24	2008.05.20	16%	16.50%	0.50
25	2008.06.07	16.50%	17.50%	1
26	2008.09.25	（大型金融机构）17.50%	17.50%	—
		（中小金融机构）17.50%	16.50%	-1
27	2008.10.15	（大型金融机构）17.50%	17.00%	-0.5
		（中小金融机构）16.50%	16.00%	-0.5
28	2008.12.05	（大型金融机构）17.00%	16.00%	-1
		（中小金融机构）16.00%	14.00%	-2
29	2008.12.25	（大型金融机构）16.00%	15.50%	-0.5
		（中小金融机构）14.00%	13.50%	-0.5
30	2010.01.18	（大型金融机构）15.50%	16.00%	0.5
		（中小金融机构）13.50%	不调整	

续表 16-3-3

次数	时间	调整前	调整后	调整幅度（单位：百分点）
31	2010.02.25	(大型金融机构)16.00%	16.50%	0.5
		(中小金融机构)13.50%	不调整	
32	2010.05.10	(大型金融机构)16.50%	17.00%	0.5
		(中小金融机构)13.50%	不调整	
33	2010.11.16	(大型金融机构)17.00%	17.50%	0.5
		(中小金融机构)13.50%	14.00%	0.5
34	2010.11.29	(大型金融机构)17.50%	18.00%	0.5
		(中小金融机构)14.00%	14.50%	0.5
35	2010.12.20	(大型金融机构)18.00%	18.50%	0.5
		(中小金融机构)14.50%	15.00%	0.5

说明：财务公司准备金率不与小型金融机构一致，调整后准备金率为 12%。

第四章　保险业务

1986 年，县内仅有 1 家保险公司，办理机动车辆险、人身意外伤害险、船泊险、学生平安险等险种，此后 5 年内，保险业务发展较快，保险机构开始向基层延伸。20 世纪 90 年代后，基层保险机构普遍建立，代理网点建设越来越完善，险种不断增加，保险市场体系建设得到迅速发展。

第一节　保险机构

一、中国人民财产保险股份有限公司禹城市支公司

1986 年，中国人民财产保险股份有限公司禹城市支公司职工 11 人。1995 年年底，发展代办点 24 个，公司干部职工 38 人。1996 年 4 月，更名为中保财产保险有限公司禹城市支公司，时有职工 22 人。1999 年，更名为中国人民保险公司禹城市支公司。2003 年 7 月，中国人民保险公司禹城市支公司更名为中国人民财产保险股份有限公司禹城市支公司。到 2010 年，年保费收入 2556 万元，年均递增 299%；承担各类风险责任 211 亿元，赔款由 1984 年 23 万元，到 2010 年，全年赔款 1446 万元，增长 63 倍。

二、中国人寿保险股份有限公司禹城市支公司

中国人寿保险股份有限公司禹城市支公

司人身保险业务始于1984年，与原中国人民保险公司混合经营。1986年在原中国人民保险公司内部成立人身保险科，专门经营人身保险业务。开始仅有简易人身险、团体意外伤害保险、个人养老金保险等几个类别，年保费收入不过1万多元。1996年3月，原中国人民保险公司实行产、寿险分业经营，禹城境内人身保险业务由中保人寿保险公司禹城市营业部专业经营。时有干部职工9人。2000年5月，经上级批准，中保人寿保险公司禹城市营业部升格为“禹城市支公司”，成为承保、保全、核赔功能齐全机构。2003年7月，公司更名为“中国人寿保险股份有限公司禹城市支公司”（以下称“人寿保险”），有干部职工23人。

三、中国太平洋人寿保险股份有限公司德州中心支公司禹城营销服务部

中国太平洋人寿保险股份有限公司德州中心支公司禹城营销服务部成立于2001年1月，工作人员10人。2002年，达到9个乡货物运输保险、信用保险、雇主责任险、校园责任保险等200多个险种。

乡镇服务网点,营销服务人员达300余人。

第二节　保险种类

一、财产保险

财产保险有企财险、家财险、工程险、责任险、保证险、机动车险、货运险、农业险。

二、人寿保险

人寿保险经营人寿保险、意外伤害保险、健康保险三大类60多个险种。主要有国寿康宁终身保险、国寿英才少儿保险、国寿如意两全保险、国寿福馨两全保险、国寿99鸿福两全保险、国寿团体年金保险、国寿养老年金保险、国寿松鹤养老保险、国寿金色夕阳养老保险、国寿团体人身意外伤害保险、国寿附件意外伤害医疗保险、国寿附加疾病住院医疗保险、国寿学生平安保险、国寿全家福保险（B型）、国寿机动车驾驶员意外伤害保险、国寿辉煌人身保险和国寿职工团体补充医疗保险等。

第三节　保费　保额　理赔

一、承保

1996年前，人身保险业务发展缓慢，在业务整体结构中处于附属地位，占比很低。业务险种仅局限于团意险、学平险、简身险等团体类业务，客户群体基本上是单位干部或职工。1995年，人身保险业务保费收入仅176万元。1996年，产、寿险分业后，人身保险业务步入快速发展阶段。1996年，保费收入达到385万元，较上年增长218.75%。1997年，引进个人营销机制，在社会招聘营销员12名，主动上门为个人客户销售保险。1997年实现保费收入666.29万元。其中个人营销业务198.14万元。随着个人代理队伍

图16-4-1　禹城市保险工作会议（2010年摄）

发展壮大，保费收入逐年增长。1999年，营销员队伍85人，寿险保费收入1042.14万元，意外险保费收入188.09万元，健康险保费收入1.08万元。2001年，推出全行业第一款分红保险产品“千禧理财保险”，客户能直接参与公司经营成果分配。当年分红险收入204.77万元，占全年保费总收入11.06%。2003年，开通银行代理保险渠道，与工行、农行、中行、建行、邮政局建立代理关系，当年实现银行代理业务362.15万元。至2010年12月27日，个人业务部、银行保险部、团体业务部三大业务部门均衡发展，实现保费收入1.027亿元，突破亿元大关。其中：个人渠道4933.82万元，银行保险渠道4482.6万元，团险渠道853.97万元。

二、理赔

1991年以前，每年赔付金额在2万元至5万元之间。1991年，学生平安险业务开展，理赔金额增长较快。至1996年，赔付金额达到79.76万，年均赔款金额在30万左右。2004年，生存给付多为传统养老型业务给付，2004年后，随着开办长期寿险业务陆续出险，公司理赔金额大幅提高。2004—2007年，每年赔款金额在200万元以上。随着公司两全类及分红类保险业务量增长，生存给付及红利给付同步增长。2007年以后每年生存给付在1000万元以上。

1996—2010年中国人寿禹城市支公司承保情况表

表16-4-1　　　　单位：万元

年	保费	年	保费
1996	385	2004	3944.62
1997	666.29	2005	4335.72
1998	901.21	2006	5097.24
1999	1231.31	2007	5535.99
2000	1399.31	2008	8743.16
2001	1851.29	2009	9461.82
2002	2616.16	2010	10273.88
2003	1804.46		

1996—2010年中国人寿禹城市支公司给付情况表

表16-4-2　　　　单位：万元

年	赔付金额	生存给付	红利给付	合计	年	赔付金额	生存给付	红利给付	合计
1996	79.76	57.16	—	136.92	2000	83.77	144.53	—	228.3
1997	129.25	238.2	—	367.45	2001	84.27	127.55	—	211.82
1998	74.84	227.69	—	302.53	2002	176.3	54.7	3.58	231
1999	106.76	157.04	—	263.8	2003	86.26	13.63	12.36	99.89

续表 16-4-2

年	赔付金额	生存给付	红利给付	合计	年	赔付金额	生存给付	红利给付	合计
2004	216.56	49.57	24.84	290.97	2008	336.99	1420.72	521.28	2278.99
2005	259.59	49.1	47.83	356.52	2009	393.82	1092.67	155.98	1642.47
2006	292.13	374.18	86.26	752.57	2010	425.3	789.73	371.54	1586.57
2007	261.81	1494.17	168.27	1924.25					

说明：2010 年生存类、红利给付为截至 11 月份数据

1986—2010 年禹城人保财险公司经营情况统计表

表 16-4-3　　　　单位：万元

年	保费	保额	理赔数	年	保费	保额	理赔数
1986	77	46583	50	1999	1000	78955	553
1987	156	61539	55	2000	1043	82350	572
1988	165	60552	74	2001	1002	79113	597
1989	262	64061	135	2002	1121	88509	563
1990	406	67377	149	2003	1318	119201	657
1991	569	83194	261	2004	1448	156966	690
1992	1305 （含储金 813 万）	104054	413	2005	1551	243727	834
1993	1522 （含储金 933 万）	109082	638	2006	1317	206956	926
1994	840	89615	458	2007	1603	1593655	881
1995	733	78199	507	2008	1907	1709306	991
1996	983	137761	557	2009	2336	2093940	1506
1997	891	95056	475	2010	2556	2110652	1446
1998	980	77376	559				

第十七篇

综合经济管理

禹城市志

1986—2010年，结合禹城实际，制订25年年度计划，“七五”至“十二五”中期计划、《禹城县综合国土规划》和《禹城市国民经济和社会发展第九个五年计划及2010年远景目标纲要》。按照“计划经济为主，市场调节为辅”原则，禹城开始由计划经济逐步向社会主义市场经济过渡，国民经济和社会发展计划管理开始由指令性计划逐渐向指导性计划转变。1993年，禹城市计划管理开始步入市场调节为主，指导性计划占主导地位。2010年，各类市场主体2687家，农民专业合作社485户。统计、工商、物价管理、质量技术监督审计、安全生产监督等管理规范有效。

第一章　计划管理

第一节　计划体制改革

1986年后，国家计划管理由过去单一指令性计划转变为重视市场机制作用，实行“计划经济为主，市场调节为辅”原则。1989年后，市场调节作用逐渐加大，1992年，占据主导地位。在市场经济体制下，计划管理手段开始从主要依靠行政手段转向主要依靠经济和法律手段，综合运用财政、税收、价格等经济杠杆调控经济运行，改善市场及投资环境，协调各有关行为主体利益。1998年以后，市场管理采取“微观搞活、宏观管好”原则，除关系国民经济全局重要项目外，其余项目彻底放开；在指导性计划管理方面，采取以市场预测为基础，测算社会需求总量，预测行业和重要产品发展态势，确定经济参数，提供市场需求信息和制定配套经济意见。对行业、企业提出导向，使微观经济活动能遵循宏观调控运行；重点建设计划方面，采取对重点项目考察与论证，并增列前期项目工作计划，确保每年有新项目建成投产。

图17-1-1　德州经济观摩团观摩禹城经济发展（2010年摄）

第二节　投资体制改革

1986年，禹城投资体制由财政拨款逐步转向信贷和投资包干。进入20世纪后，禹城实行相应实施办法，规定竞争性项目投资，基本上向市场融资，由企业自主决策，自担风险，所需贷款由商业银行自主决定，自负盈亏；基础性项目建设，吸收社会各界资金。经营性国有固定资产投资项目，实行建设项目法人责任制，由项目法人对项目筹划、筹资、设计、建设实施，生产经营、归还贷款及债务本息和资产保值增值等实行全程负责，一并承担所有风险。政府部门在产业政策、行业规划、土地管理、城市建设、环境保护等方面行使否决权和建议修改权，对工程承包单位资质和招标过程公正性进行监督。其他有关设计、施工和设备招标、质量检查、建设实施、生产经营由项目法人自主决定，建立法人投资风险责任制。改进全社会固定资产投资管理，从资金源头入手，运用经济手段实行间接调控，引导投资方向，调整投资结构，保证产业政策落到实处。

第三节　年度计划

年度计划是根据五年计划确定分年度任务，结合本地国

图 17-1-2　村民收获富硒玉米　（2010 年摄）

是：工农业总产值 5.7 亿元，增长 16.3%；社会总产值 7.85 亿元，增长 17%；国民生产总值 4.4 亿元，增长 15.8%；社会商品零售额 1.9 亿元，增长 15%；外贸出口商品收入总值 5500 万元，增长 10%；农民人均收入 667 元。

1989 年，计划主要指标是：国民生产总值 6.4 亿元，增长 21%；社会商品零售总额 2.6 亿元，增长 12%；出口商品供应总值 4230 万元，增长 5.4%；农民人均纯收入 730 元。

民经济、科技和社会在未来一年内情况变化发展预测制定，较五年计划和长期规划在任务、内容和有关技术经济措施等方面具体。20 世纪 80 年代，乡镇企业异军突起。

1986 年，计划主要内容包括农业生产、工业总产值、乡镇工业，主要农产品产量、工业产品产量、财政金融、商品流通、内外贸易、出口商品收购总值、固定资产投资、横向经济联合技术协作、教育、卫生、人口等各项社会事业发展计划主要指标。

1987 年，计划主要目标是：工农业总产值 48700 万元，增长 12.5%;社会商品零售额 1.43 亿元，增长 7.2%；职工实际平均工资增长 2%；农民人均收入增长 13.4%。

1988 年，年度国民经济和社会发展主要任务是：以提高经济效益为中心，经济保持适当增长速度，建设保持适当发展规模，促进经济长期稳定发展，并在发展生产基础上继续改善人民生活。计划主要目标

1990 年，农业提出树立农业商品意识，走“一种二养三加工”路子，畜牧业搞突破，发展多种经营，拓宽农民致富路，促进农村经济发展，增加畜牧业生产，畜牧业产值占农业总产值比重主要指标。工业计划是在国家加强宏观调控，继续实行“双紧”方针环境下制订，重点由部分投入转移到立足现有企业提高机构效益、管理效益、资金效益上来，以市场为导向，压劣保优、压长保短、

图 17-1-3　小麦高产创建基地　（2010 年摄）

图 17-1-4　蔬菜种植基地的芹菜喜获丰收（2010 年摄）

增加适销对路产品。科技提出完善“科、物、政”三结合农业投入新机制，建设粮食、棉花、黄牛 3 个生产基地。市政建设工作开始列入国民经济计划。

1991 年，主要计划指标安排是：国民生产总值（现价）7.8 亿元，增长 12.1%；财政收入 2506 万元，增长 5.8%；社会商品零售总额 29000 万元，增长 14.5%；出口商品收购总值 5314 万元，增长 16.9%；农民人均纯收入 800 元。

1992 年，主要计划指标：国民生产总值 7.6 亿元，同比增长 12.1%；财政收入 2871.2 万元，增长 9.5%；出口商品供应总值 7350 万元，增长 8%；社会商品零售总额 3 亿元，增长 9.4%；农民人均纯收入 790 元。

1993 年，计划以市场为导向，以二、三、一产业为序，以提高经济效益为中心，调整优化产业结构，加强宏观调控，加大资金投入，把国民经济和社会发展推向一个新高度。工业走引进改造路子，搞好产业产品结构调整，加快工业由初级、中级向高级阶段飞跃。财政收入有新增长。

1994 年，主要计划指标是：国内生产总值 13.5 亿元，增长 36.4%；三次产业结构比例 30 ∶ 46 ∶ 24；社会商品零售总额 5 亿元，增长 23.2%；农民人均纯收入 1052 元。

1995 年，计划农业向区域化规模经营方向发展，畜牧业突出“一大一小”（大牲畜、小家禽饲养）规模饲养，建立黄牛育肥小区；蔬菜基地化方向发展，提出 11 万亩蔬菜种植宏观计划；引进农业项目，重点扶持建设一批加工能力大，附加值高，带动作用强的龙头企业，实行“公司 + 农户”发展模式，推动农村经济向更高层次发展。工业坚持走内涵外延并举路子，立足现有企业，改革、改造、调整相结合，全面提高工业整体素质。重点是推行股份合作制，从构造产业优势，扩大规模经营目标出发，

图 17-1-5　乡镇花卉种植　（2010 年摄）

图 17-1-6　中国科学院禹城综合试验站现代农业发展论坛　（2009 年摄）

积极发展企业集团。乡镇企业实施“四强”带动战略，大力发展外向型经济，扩大对外开放，构筑全方位、多层次、开放型经济格局。

1996 年，年度计划主要奋斗目标是：国内生产总值 24.5 亿元（现价），比上年增长 22.4%；三次产业结构比例 38 ∶ 40 ∶ 22；地方财政收入 0.5346 亿元，比上年增长 15.9%；社会商品零售总额 9 亿元，增长 21.6%；出口商品收购总值 3.5 亿元，比上年增长 15.9%；农民人均收入 1700 元，增长 18.8%。

1997 年，主要奋斗目标：国内生产总值 20.2 亿元（现价），比上年增长 8.6%；三次产业结构比例 40.5 ∶ 34.7 ∶ 24.8；地方财政收入 0.85 亿元，比上年增长 11.9%；全社会固定资产总投资 7.5 亿元，比上年增长 7.1%；出口商品供货总值 4.1 亿元，比上年增长 7%；社会商品零售总额 10 亿元；农民人均收入 2300 元。

1998 年，禹城市年度计划目标：国内生产总值 23.9 亿元（现价，下同），比上年增长 12.2%；地方财政收入 0.95 亿元，比上年增长 4.8%；三次产业结构比例 37.7 ∶ 34.7 ∶ 27.6；全社会固定资产总投资 7 亿元，比上年增长 20%；出口商品供货总值 4.5 亿元，比上年增长 9.8%；社会商品零售总额 11 亿元；全部职工平均工资 4200 元，农民人均收入 2700 元。

1999 年，目标是：国内生产总值 29.6 亿元，三次产业结构比例 33.3 ∶ 40 ∶ 26.7；地方财政收入 1.29 亿元，增长 20%；农民人均纯收入 2700 元；全社会固定资产投资 14 亿元，增长 51.9%；社会商品零售额 13.2 亿元，增长 16%。

2000 年，主要预期目标是：国内生产总值达到 34.3 亿元，增长 16%。其中三产分别增长 4.3%、21.7% 和 20.7%，比例达到 28.6 ∶ 42.5 ∶ 28.9，三次产业首次实现二三一排序。全社会固定资产投资 17 亿元，增长 21%。农业总产值 14 亿元，增长 6.9%。限额以上工业增加值 9.2 亿元，增长 22.7%。产品销售收入 30 亿元，增长 56.2%。利税总额 2.48 亿元，增长 18.1%。地方财政收入 1.51 亿元，增长 15.6%。自营出口总额 1600 万美元，增长 18%，社会消费品零售总额 11 亿元，增长 9.5%。

2001 年，主要预期目标：国内生产总值达到 40 亿元，增长 16%。地方财政收入 1.78 亿元，增长 13.1%。全社会固定资产投资完成 22 亿元，增长 18%。限额以上工业销售收入 30 亿元，增长 23.7%，利税 3.5 亿元，增长 24.1%。社会消费品零售总额 11.5 亿元，增长 11%。自营出口总额 3000 万美元，增长 36%。城镇居民可支配收入和农民人均纯收入分别增长 5%、6%。人口自然增长率控制在 6‰以内。

2002 年，主要预期目标是：国内生产总值达到 44 亿元，增长 15%，一、二、三产业分别增长7%、19%和15%。地方财政收入2.29亿元，增长20%。全社会固定资产投资19.8亿元，增长27%，其中，工业投入16亿元，增长28%。招商引资达到12亿元，增长18%。规模以上工业增加值11.7亿元，销售收入39.8亿元，利税4.3亿元。社会消费品零售总额13.1亿元，增长13.5%。自营出口创汇3100万美元，增长30%。实际利用外资1500万美元，增长32%。农民人均纯收入3000元，增长8%。人口自然增长率控制在6‰以内。

2003年，计划增加控制城镇失业率和增加劳务输出指标。国内生产总值达到51.3亿元，增长16%，三次产业分别增长6%、19%和20%。地方财政收入2.06亿元，增长15%。规模以上工业增加值14.4亿元、销售收入48.6亿元、利税5.9亿元，分别增长25%、26%和27%。全社会固定资产投资增长25%，其中工业投入增长21%。社会消费品零售总额增长16%。自营出口创汇增长33%。招商引资增长20%，其中实际利用外资增长46%。民营经济上缴税金1.5亿元，增长25%。城镇居民可支配收入5700元，增长9%，农民人均纯收入3070元，增长6%。劳务输出6万人，增长20%。城镇登记失业率控制在5%以内。人口自然增长率控制在4‰以内。

2004年，禹城市国民经济和社会发展主要预期目标是：国内生产总值达到63.5亿元，增长18.7%，三次产业分别增长8%、23%和20%。地方财政收入2.16亿元，增长20%。全社会固定资产投资39亿元，增长30%，其中工业投入30亿元，增长20%。规模以上工业增加值21.5亿元，销售收入73亿元，利税9.2亿元，分别增长26%、48%和58%。社会消费品零售总额16.5亿元，增长18%。自营出口创汇5000万美元，增长13.6%。招商引资30亿元，增长76%，实际利用外资5600万美元，增长35%。民营经济上缴税金2亿元，增长30%，城镇居民人均可支配收入和农民人均纯收入均增长9%。人口自然增长率控制在6‰以内。

2005年，计划将国内生产总值改为“地区生产总值”。计划全年地区生产总值达到77亿元，增长18%。地方财政收入2.5亿元，增长28%。全社会固定资产投资45亿元，增长20%，其中工业投入37亿元，增长23%。规模以上工业增加值26亿元、销售收入95亿元、利税12亿元，分别增长25%、30%和30%。社会消费品零售总额18.6亿元，增长17%。出口创汇1亿美元，增长80%。招商引资20亿元，增长33%。实际利用外资2000万美元，增长20%。民营经济注册资金新增5亿元。上缴税金1.9亿元，增长15%。城镇居民人均可支配收入6760元，增长9%。农民人均纯收入3710元，增长6%。人口增长控制在6.5‰以内。

2006年，年度计划增加民营企业发展和降低单位生产总值能耗指标。计划预期目标：

图17-1-7　工信部、中科院调研组到禹城调研农村信息化（2010年摄）

完成 GDP102 亿元，增长 25%。地方财政收入 3 亿元，增长 21%。完成工业投入 48 亿元，增长 28%。规模以上工业增加值 40 亿元，销售收入 135 亿元，利税 17 亿元，分别增长 30% 以上。社会消费品零售总额 32 亿元，增长 28%。出口创汇 1 亿美元，增长 34%。招商引资 28 亿元，增长 27%。实际利用外资 3000 万美元。新增民营业户 3600 家、注册资金 4 亿元，上缴税金 2.2 亿元，分别增长 20%。农民人均纯收入 4200 元，增长 9%。人口自然增长率控制在 7.5‰以内。单位生产总值能耗降低 4%。城镇登记失业率控制在 3.5% 左右。

2007 年，年度目标计划：生产总值增长 26%，地方财政收入增长 30%，社会消费品零售总额增长 22%，农民人均纯收入增长 10%。万元生产总值综合能耗降低 5%，污染物排放减少 2% 以上。

2008 年，经济社会发展主要预期指标：生产总值增长 20%，地方财政收入增长 25%，规模以上固定资产投资增长 30%，社会消费品零售总额增长 23%，农民人均纯收入增长 15%，万元生产总值综合能耗降低 5%。

2009 年，经济社会发展主要预期指标：生产总值增长 12%，地方财政收入增长 11%，规模以上固定资产投资增长 30%，社会消费品零售总额增长 20%，农民人均纯收入增长 10%，万元 GDP 能耗降低 5.8%。

2010 年，主要预期目标：生产总值增长 16%，地方财政收入增长 12%，工业增加值增长 20%，规模以上固定资产投资增长 28%，社会消费品零售总额增长 22%，城镇居民人均可支配收入和农民人均纯收入分别增长 11% 和 12%，万元 GDP 能耗降低 5.5%，人口自然增长率控制在 6.5‰以内。经济和社会发展重点是：突出工业强市战略，大力推进新兴产业；突出项目带动战略，狠抓重大项目建设；突出发展品质农业，努力促进农民增收；突出发展现代服务业，不断增强经济活力；突出城乡建设改造，打造魅力新禹城；突出抓好公共服务，全面保障和改善民生。

第四节　中期计划

中期计划，一般为期五年或五年左右时间的国民经济和社会发展计划。

一、“七五”计划（1986—1990 年）

1984 年 10 月，开始编制禹城县国民经济第七个五年计划。在编制过程中，立足禹城县经济现状，瞻望“七五”期间发展国民经济前景，提出《禹城县国民经济和社会发展第七个五年计划（草稿）》，提交禹城县委、县政府领导征求意见。后又会同有关部门对禹城县经济和社会发展方向进行全面细致地调查研究，发现一些新问题，又进行补充修改终成定稿。全文分四大部分：第一部分主要内容是经济和社会发展计划编制依据。自中共十一届三中全会以来，至 1983 年，禹城县经济建设在调整中稳步前进，基本走上健康轨道，成为山东省 19 个经济翻番县之一，也提出在经济发展中存在主要问题。如经济结构不尽合理，宏观效益较差，科技水平低等制约经济发展不利因素；第二部分是指导思想和任务目标。指导思想是：认真学习贯彻中共十二届三中全会精神，以增强经济活力，提高经济效益为中心环节，进一步解放思想，实事求是，大胆改革，坚持“提高农业，大上工业，重点发展乡镇工业”宗旨，促进国民经济全面发展；第三部分是对国民经济各部门具体安排；第四部分是主要措施。根据“七五”计划宏伟目标，制订实施计划具体措施。

二、“八五”计划（1991—1995 年）

1991 年 4 月，禹城县人民代表大会审议批准《禹城县国民经济和社会发展第八个五年计划（草案）》。“八五”计划重点是：坚持“强农、重工、兴商” 发展方针；进一步发挥科技优势。

在继续实施“科技兴农”同时，加快“科技兴工”步伐。主要奋斗目标是：到 1995 年年末，按 1980 年不变价格计算社会总产值达到 21 亿元，比 1990 年增长 105%，年递增 15.4%；国民生产总值达到 8.2 亿元，比 1990 年增长 90.7%，年增长 13.8%，国民收入达到 6.8 亿元，比 1990 年增长 81.8%，年递增 12.7%；工农业总产值 18 亿元，年递增 14.1%；财政收入 4000 万元，年递增 11%；社会商品零售总额 5 亿元，年递增 14.6%；城乡居民平均消费水平每年递增 9%；人口控制在 51 万人之内，人口自然增长率控制在 10% 以内。单项计划有工业、建筑业、农村经济、交通运输和邮电业、商贸流通和对外经济贸易、固定资产投资、财政金融、科技教育事业、城乡建设环境保护、人民生活等各项计划。

三、“九五”计划（1996—2000 年）

“九五”期间，禹城市经济和社会发展总任务是：坚持以邓小平建设有中国特色社会主义理论和中共十四届五中全会精神为指导，以经济建设为中心，以改革开放为动力，以科技进步为先导，实施工业带动和外向带动战略，积极推进经济体制和经济增长方式转变，三年摘掉欠发达帽子，五年建成经济强市，实现由欠发达地区向中等发达地区转变，为实现 2010 年远景目标奠定坚实基础。“九五”发展目标，到 1997 年，搭起现代化小城市基本框架，财政实现自给有余，甩掉欠发达帽子，主要指标是：国内生产总值达到 28.5 亿元，年均递增 19.3%，人均占有 5740 元。地方财政收入 7250 万元（财政收入总量 1.2 亿元），年均增 25.4%，人均占有 146 元。农民人均纯收入达到 2100 元。到 2000 年，建成经济强市，农村实现小康，城区开始由小康向富裕型迈进，主要指标是：国内生产总值达到 48 亿元，年均增长 19.1%，人均占有 9410 元。一、二、三产业所占比例调整为 24 ∶ 48 ∶ 28。地方财政收入 1.06 亿元（财政收入总量 2 亿元）。“九五”期间年均增 18.1%，人均占有 210 元。社会商品零售总额达到 20 亿元，外贸出口商品总值达到 8 亿元，实际利用外资达到 1500 万美元。科技进步对经济增长贡献率达到 48%；城镇化水平达到 40%；农民人均居住面积达到 20 平方米，城镇居民人均 12 平方米；每百人拥有电话 3.1 部；人们营养状况、健康等生活质量指标达到山东省平均水平。人口自然增长率控制在 4‰以内，总人口控制在 51 万以内。农民人均纯收入 3400 元，城镇居民人均生活费收入 6800 元，人民生活达到小康水平。

四、“十五”计划（2001—2005 年）

“十五”计划编制情况：2001 年 3 月，禹城市人民代表大会审议批准《禹城市国民经济和社会发展第十个五年计划（草案）》。“十五”计划：以中共十五届五中全会精神为指针，以更快更好发展为主题，以结构调整、大上工业为主线，以体制创新、技术创新、管理创新和环境创新为动力，以提高人民生活水平为根本出发点，大力弘扬“为民、奉献、创新、实干”大禹精神，推动国民经济跨越发展和社会全面进步，使人民群众安居乐业。主要奋斗目标是：到 2005 年，国内生产总值达到 72 亿元，年均增长 16%，三次产业比例调整到 17 ∶ 54 ∶ 29；人均国内生产总值达到 14000 元；地方财政收入 3.2 亿元，年均增长 16%；社会消费品零售额达到 22 亿元，年均增长 16%。

五、“十一五”计划（2006—2010 年）

《禹城市国民经济和社会发展第十一个五年计划》特点是：“站在新起点，实现新发展”，以跨入山东省经济 30 强为目标，致力建设工业强市、财政富市、文化名市、生态城市，坚持改革创新增活力，对外开放借外力，推进新型工业化、农业标准化、流通现代化、经济国际化和城乡一体化，努力构建经济繁荣、社会和谐、环境友好、充满魅力新禹城。主要奋斗目标是：到2010年禹城市生产总值达到200亿元，年均增长20%，人均生产总值达到37000元；地方财政收入完成6.5亿元，年均增长21%；社会消费品零售总额达到80亿元，年均增长26%；出口创汇达到3亿美元，年均增长32%；三次产业结构调整到9∶58∶33；城镇居民人均可支配收入1万元，农民人均纯收入5600元，年均分别增长10%和8%；禹城市总人口控制在54.3万人以内，人口自然增长率控制在8‰以内。

第五节　长期计划

长期计划是制订中期计划的依据，亦称“长远规划”。一般指十年以上国民经济和社会发展计划。通常是纲领性、轮廓性计划，可以是综合性，也可以是单向。

一、《禹城县综合国土规划》（1991—2000年）

1991年，禹城县首次编制综合国土长远规划。同年4月，成立国土规划领导小组，在禹城县计委设立规划办公室，组建规划编写班子。在中国科学院地理研究所专家们指导下，按照禹城县资源优势和开放开发并重原则，本着合理开发、充分利用、有效保护、积极治理要求，首先对禹城县土地资源进行全面细致地调查研究和综合分析，然后设立系统动力学模型和人口模型，利用计算机对禹城县经济与社会发展宏观经济指标、产业结构、投资和人口发展等进行仿真预测，提高规划科学性和可行性。历时8个月，首部《禹城县综合国土规划》（以后简称《规划》）终成初稿。1991年12月26日通过专家评审。此《规划》以1990年为基期，以2000年为规划期，某些重大设想和项目瞻望到2020年。《规划》分十章三十七节，11.5万字。规划目标要求：经过10年艰苦奋斗，争取到2000年禹城县初步实现工业化和农业现代化，并发展成为工农业发达、布局合理、交通运输便捷、商业流通活跃、人民生活达到小康水平，中心城镇功能较强、对周围地区经济发展具有吸引力县级市，禹城县经济和社会发展预期目标将达到：国民生产总值14.1亿元（1990年不变价。），1991—2000年平均递增9.1%。国民收入13.2亿元，年递增8.8%。工农业总产值41.2亿元，年递增11.8%。其中工业总产值29.3亿元，年递增13.3%；农业总产值11.9亿元，年递增7.3%。社会商品零售总额9亿元，年递增13.5%。城镇化水平由9.3%提高到27%。科技进步对禹城县工农业产值增长贡献率分别由“七五”时期25%和30%提高到“九五”时期40%—50%和40%。到1996年禹城市基本普及九年义务教育。1995年和2000年禹城市总人口分别控制在51.5万人和55万人以内，人口自然增长率由1990年第四次全国人口普查时11.94‰下降至“八五”时期10.27‰和“九五”时期9.33‰。此《规划》于1992年4月26日由德州行署批准实施，是德州地区首部综合国土计划。

二、1992年《农业区域开发总体规划》

禹城县《农业区域开发总体规划》（以下简称《规划》）编制工作，从1991年12月始，到1992年4月结束。这项工作是在搞好“四低”“四荒”后备资源调查与评价基础上进行，是搞好农业资源综合开发前期论证工作，是把农业资源综合开发纳入科学、计划轨道有效途径。规划编制，从实际出发，具有综合性、地域性、超前性和实用性。《规划》报告全文3.52万字。首先对开发条件进行分析评价：农业后备资源比较丰富，中低产田经开发治理后都能种植高产作物，发展高产高效农业；绝大部分荒地、荒水资源经开发治理，适宜发展牧、渔业生产；禹城县水资源丰富，特别是地下水储量大、水质好，适宜工农业生产及人畜用水；气候资源，水热同期，光照充足，能满足农作物和林牧渔业生产需要；劳力资源充足，除农业用工外，还有大批剩余劳力从事二、三产业，实现劳力非农业转移，是劳力资源开发一项重要内容。为便于开发治理，结合实际划分四个农业开发区：1. 禹北低洼地农、林、渔开发区；2. 禹中城郊型农业开发区；3. 禹西南棉粮开发区；4. 禹东南农牧开发区。《规划》还对各开发区特点、治理方向、治理措施、治理目标、建设项目、投资概算、效益分析等都分别进行论述，对指导禹城县农业综合开发，使农村经济再上新台阶，起到积极推动作用。《规划》报告获山东省农业区划系统三等奖。

第六节　中期计划实施

“七五”期间，禹城县委、县政府正确领导，全县人民认真贯彻执行中共党的各项方针政策，坚持以经济建设为中心，团结一致，共同努力，开拓进取，国民经济和社会事业有新发展，主要指标提前一年实现“七五”计划。到1990年，禹城县国民生产总值(80年不变价）达到4.3亿元，年均增长9.8%；国民收入（80年不变价）3.74亿元，年均增长10.4%；工农业总产值（80年不变价）9.3亿元，年均增长17.2%。其中，工业总产值完成6.53亿元，年均增长26%；农业总产值完成2.76亿元，年均增长5.2%；社会商品零售总额2.53亿元，年均增长10%；财政收入完成2368.9万元，年均增长17.2%；城镇居民人均收入达到1182元，农民人均纯收入741元。

1991—1995年，禹城县（市）国民经济社会发展第八个五年计划。1995年，“八五”计划末，经济和社会各级事业均完成或超额完成计划指标。

禹城县（市）“八五”计划主要经济指标及实施情况表

表17-1-1

指　标	计算单位	1990年完成	1995年计划	“八五”期间年均增长（%）	1995年完成	“八五”期间年均递增（%）
一、国民生产总值（1990年不变价）	亿元	5.9	11.25	13.8	13.69	18.4
第一产业	亿元	3.93	—	—	5.07	5.3
第二产业	亿元	2.06	—	—	4.61	17.5
第三产业	亿元	0.99	—	—	4.01	32.3
二、工农业总产值（1990年不变价）	亿元	14.2	26.82	13.5	18.64	5.6
全部工业总产值	亿元	8.59	18.42	16.5	9.57	2.8
农业总产值	亿元	5.61	8.4	8.5	9.07	10.1
三、财政收入（地方）	万元	2368	4000	11.0	4611	14.3
四、社会商品零售额	亿元	2.53	5.0	14.6	7.4	23.9
五、出口商品收购总值	万元	4546	10000	17.1	3.02	46.3

续表 17-1-1

指　标	计算单位	1990 年完成	1995 年计划	“八五”期间年均增长（%）	1995 年完成	“八五”期间年均递增（%）
六、农民人均纯收入	元	741	1200	10.1	1431	14.2
七、职工平均工资	元	1795	2260	4.6	3715	15.6

说明：1995 年工业总产值实际完成数为工业普查数

1996—2000 年“九五”期间，全市人民紧跟禹城市委、市政府战略部署，以邓小平理论为指导，认真贯彻落实中共十五大精神，突出“解放思想、放开搞活、集中精力发展经济”工作主题，齐心协力，艰苦奋斗，开拓进取，克服改革和发展中遇到的种种困难，国民经济和社会各项事业取得显著成就，第九个五年计划胜利完成。2000 年，禹城市国内生产总值达到 37.78 亿元，年均增长 15.3%，人均国内生产总值 6913 元，年均增长 14.6%，国内生产总值、人均国内生产总值均比“八五”末翻一番；三次产业结构为 26.8 ∶ 47 ∶ 26.2，实现“二、一、三”排序；财政收入 2.06 亿元，比“八五”末增长 1.6 倍，年均增长 21.3%，其中地方财政收入 1.57 亿元，年均增长 27.8%；社会消费品零售总额 10.4 亿元，年均增长 10.6%；自营出口创汇突破 2000 万美元，是“八五”末 20 倍；城镇居民人均可支配收入达到 4650 元，农民人均纯收入 2603 元，年均分别增长 9.2% 和 12.7%。

禹城市委、市政府统一领导，全市人民认真贯彻落实邓小平理论和江泽民“三个代表”重要思想，以科学发展观统领全局，解放思想，开拓进取，求真务实，加快发展，国民经济总量持续攀升，三个文明协调推进，人民生活逐年提高，“十五”计划顺利实施，完成“十五”计划各项奋斗目标，主要经济指标提前一年完成。“十五”末，禹城市完成 GDP80 亿元，年均增长 18.2%；地方财政收入 2.5 亿元，年均增长 20%；社会消费品零售总额完成 25 亿元，年均增长 20%；城乡居民储蓄余额达到 23.1 亿元，年均增长 16%；三次产业结构由 2000 年 26.8 ∶ 47 ∶ 26.2 调整到 2005 年 18.7 ∶ 60.1 ∶ 21.2；城镇居民人均可支配收入 6760 元，农民人均纯收入 3857 元，年均分别增长 8%。

“十一五”期间，禹城市上下坚持以科学发展观为指导，突出“解放思想、放开搞活、集中精力、加快发展”工作主题，积极应对各种挑战，抢抓机遇谋发展，努力拼搏上水平，“十一五”主要任务顺利完成。2010 年，禹城市地区生产总值达到 160 亿元（其中农业总产值 50 亿元，年均增长 13%。），比“十五”末翻一番，年均增长 16.8%，人均地区生产总值突破 3 万元；地方财政收入达到 5.5 亿元，年均增长 17%；三次产业结构进一步优化，比重由“十五”末 18.7 ∶ 60.1 ∶ 21.2 调整到 2010 年 13 ∶ 56 ∶ 31；城镇居民可支配收入达到 1.6 万元，农民人均纯收入达到 6960 元，年均分别增长 16.4% 和 12.5%；城乡居民储蓄余额达到 57 亿元，年均增长 20%；社会消费品零售总额达到 60 亿元，年均增长 19.1%；5 年累计完成进出口总值 6.3 亿美元。其中，出口 6 亿美元，是“十五”期间 2.6 倍。

第二章 统计

第一节 专项调查

1985年5月，根据国家统计局制订《农村住户调查方案》，禹城统计局每年统计报表有11种，季报表4种，调查指标分别是553个和308个，1986年扩点增户，1987年建账，1992年7月对调查户进行轮换，并定为定期统计调查报表任务。

1987年2月，开展1%人口抽样调查，到1987年10月底完成调查任务。同年，按上级统计部门部署，先后开展县属国营工业企业体制改革情况调查、禹城县大中型工业企业技术开发统计调查、企业投入产出调查、残疾人抽样调查及中国与联合国儿童基金会合作项目综合性调查，掌握体制改革后企业数、总产值、利税和技术开发具体指标。1988年，对禹城县2%人口进行抽样调查，对部分单位职工基本情况及工资收入进行无记名问卷调查，以及关于政治体制改革问卷调查。1989年2月，对禹城县实行优化组合企业进行一次性调查。1990—1992年，对重点骨干企业确保国家“双保”办法贯彻执行情况、对职工人数在100人以上、年销售额在1000万元以上商业零售企业、对总投资3万元以上更新改造企事业单位、对“七五”期间部分固定资产投资工业项目投产后经济效益、对销售额在5000万元以上商业批发企业、年销售额在2000万元以上商业零售企业、年进出口额在3000万美元以上外贸企业、年销售额在7000万元以上物资供销企业、年营业收入在500万元以上饮食业、年营业收入在1000万元以上旅游业、拥有500张以上床位宾馆饭店（服务业）、成交额在1亿元以上集贸市场和各种类型批发交易中心，分别进行重点调查，为维护企业（业户）利益和职工权益提供服务。1994年，进行禹城市农村小康进程检测，促进小康村建设工作。2002年，在禹城市开展投入产出调查工作，为各业经济效益不断提升提供各项指标依据。2003年，开展非公有制单位人员状况抽样调查工作。2007年，开展1%人口抽样调查和劳动力调查工作，摸清禹城市劳动力资源情况，为政府加强就业工作领导提供决策依据。2009年，根据《山东省统计局等六部门关于开展全省第二次R&D资源清查通知》要求，进行第二次R&D资源清

图17-2-1 十里望乡第二次经济普查会议（2001年摄）

查，此次清查标准时点是2009年12月31日。

第二节 大型普查

1989年7月，禹城县开始准备第四次人口普查工作。普查标准时点是1990年7月1日零时。

1992年4月，禹城县开始进行全国性一次农村集体所有制企业单位固定资产投资在5万元以上（含5万元）项目普查，理清农村集体所有制企业情况，为各级党委政府大力发展乡、镇、村企业决策提供依据。此后，每年增设农村集体所有制单位投资项目年报表。

1993年，开展全国性第三产业普查工作，普查年度是1991年和1992年。1995年，开展第三次全国工业普查工作。1996年，全面开展第一次全国农业普查工作，时期标准是1996年1月1日至12月31日。同年9月，在全市范围内开展全国第一次基本单位普查工作。

1999年7月着手第五次人口普查准备工作。这次普查标准时点是2000年11月1日零时。

2001年，进行第二次基本单位普查工作。本次普查标准时点是2001年11月1日零时。2006年，开展第二次全国农业普查。普查登记标准时点是2006年12月31日。2008年，开展第二次全国经济普查工作。2010年，禹城市开展第六次人口普查工作，按规定标准时点，即2010年11月1日零时。以上各项普查均完成任务。

第三节 统计信息化

2001年，禹城市统计局统计信息化建设进入快速发展阶段，对统计内部信息网进行升级改造，增设“统计公报”“禹城概况”“普查窗口”等专栏，局机关配备计算机8台，各专业定期统计资料实行网络传输，并按照禹城市政府信息办“信息公开”要求，设置统计信息网站方案，至2005年完成网页制作更新，实现与国家、省、德州市信息网对接。各乡镇统计工作站配备计算机和打印机，实现电子自动化办公条件。2006年，统计信息工程建设加快。1. 规范统计制度方法，推进统计标准实施，达到统计指标、统计分类及其编码科学性、统一性，建立涵盖统计工作全过程统计数据质量控制规范，保证统计数据准确性和一致性，保证统计数据库应用系统建设维护，为统计信息化建设夯实基础；2. 加快网络平台建设。利用国家统计信息主干网延伸，实现国家、省、市、县级统计系统网络互联互通，利用山东省政务网建设统计系统虚拟专网VPN，实现国家、省、市、县、乡（镇）统计系统网络互联互通。建立健全信息化管理机构和管理制度，单独成立微机室，配备1名业务骨干负责统计内部信息

图17-2-2 副市长林春元（左二）调研全市第二次农业普查工作 （2007年摄）

图 17-2-3 禹城市市长张磊（右二）调研人口普查光电录入工作 （2010 年摄）

整理和统一管理，满足多层管理需要，逐步实现与国际通行规范接轨。建立企业“一套表”联网直报制度，将各专业联网直报资源进行整合，形成联网直报统一平台；4. 建立健全统计信息安全制度，成立安全小组，明确信息安全主管领导和具体负责管理人员，组长由分管副局长担任。落实信息安全责任制，按责任规定：保密小组对信息安全负首责，主管领导负总责，具体管理人负主责。内外网站分离使用，专业科室计算机仅与统计内部网络连接，另设一台专用计算机连接外部网络，由办公室设专人负责管理。局内部网站管理人员负责保密管理，计算机用户名和开机密码为其专有，且规定严禁外泄。对重大节假日期间信息安全保障进行专门部署，明确相关责任人现场值班。落实安全防范措施，对涉密计算机经过保密技术检查，安装防火墙，同时配置安装专业杀毒软件。涉密计算机开机密码由专人保管负责，相互共享严禁使用，禁止连接统计外部网络，并安装针对移动存储设备专业杀毒软件。加强应急响应机制建设，制订详细应急预案。严格文件收发，要求业务人员每天下班前进行系统全备份，并对所有业务系统都进行逻辑备份和物理备份，对于重要数据和业务系统同时进行光盘留存。2009 年，添置 3 台电脑，更换服务器。2010 年，购置 3 台笔记本电脑，全局拥有台式电脑 17 台，笔记本电脑 4 台，实现人手一机。使用电脑均在 5 年以内，内存均为 2G。统计信息化建设取得新进展，过去传统统计方式方法退出历史舞台。

网络建设和应用平台管理应用。完善基本单位名录库管理、内容更新交换机制，特别是通过与工商、税务、质检、编办、民政等部门基本单位（企业）基础信息库互联，实现关键属性信息及时交换。在统计报表规范化基础上，县级统计局和地级统计局及直属调查队统计报表网络化报送、传输比率达到 100%。并做到上网信息天天有更新。提高 IT 设备配备水平，配置专用服务器和网络安全设备，每个业务人员至少一台个人计算机，并以规范方式接入统计信息主干网。乡镇统计站均配备专用计算机。国家、省、地统计局及调查队主干网实现宽带运行，带宽达到 2M。网络故障率达到小于 6 日 / 年、8 小时 / 月、30 分钟 / 日；3. 通过大力推动统计应用软件规范化工作，实现数据与软件分离、应用与软件分离，基本做到统计应用软件功能化，建立起标准规范统一、功能模块清晰、方便基层工作、支持统计核心业务统计业务应用平台。通过统计设计标准化、工程化，对多种来源、多种数据采集方式提供规范统一、标准开放应用软件，支持基层数据录入、网上报送、编辑审核、汇总制表、分类

第三章 工商行政管理

第一节 工商登记管理

1982—1986 年，禹城县工商管理部门对企业登记作出“四放宽，一简化、一缩短”规定，即放宽企业开办条件，放宽核定企业生产经营方式和范围，放宽对企业名称核定，放宽核定企业生产经营地点，简化企业登记审批手续，缩短办照时间。对合法企业大力支持，对违反登记条例企业给予适当处理。1986 年，根据国务院和工商行政总局关于公司登记管理规定，对 1985 年 10 月底前开办 114 户公司（中心、货栈）和 12 户党政机关办企业，分别进行清理、改办、脱钩、停办处理。

1990 年后，紧紧围绕地方党委政府经济工作，在企业和个体私营经济登记管理工作中出台一系列措施，支持个体和企业发展。2000—2005 年，禹城市工商局先后制订《关于充分发挥职能，支持服务民营经济发展意见》《关于支持党政机关、事业单位干部职工领办、创办民营企业优惠政策》《关于支持企业发展三年基本规划》《促进全市农村经济快速发展和农民持续增收实施意见》，全力扶持民营企业发展。围绕支持服务“民营经济”和“招商引资”两大“天字号”工程，认真落实服务下岗再就业一系列优惠政策，设立下岗职工注册登记专柜，为下岗职工再就业工作铺路架桥；帮助机关干部离岗创业人员搞好项目选择和登记注册服务，定期开展回访服务，倾力支持科技型私营企业做大做强，对新上特别是外地到禹城科技型企业，全部实施跟踪服务。坚持依法行政，不断优化服务。先后推行企业登记申请“AB”角制、“四个一”“五项服务”“一审一核”制和“首办责任制”等一系列措施，强化对登记管理人员监督，确保登记效率和质量，保证市场主体合法性，促进企业和个体私营经济健康发展。至 2005 年年底，禹城市注册登记国有企业（含分支）达到 405 户，比 1981 年 229 户增加 176 户，注册资金 48720 万元；集体企业（含分支）达 352 户，比 1981 年 270 户增加 82 户，注册资金 26571 万元；私营企业达到 1803 户，注册资金 145980 万元；个体工商户达到 15670 户，比 1981 年 1715 户增加 13955 户，注册资金 34870 万元。2007 年，对辖区内依照《中华人民共和国公司法》设立有限责任公司和为

图 17-3-1 依法检查商户相关证件 （2010 年摄）

公司出具虚假评估报告、验资报告、审计报告和证明材料行为进行整治。2010年，出台《关于进一步发挥职能作用促进全市经济发展意见》《关于全力支持高新区"二次"创业实施意见》等文件，强化完善促进经济发展举措。发挥登记注册职能，对禹城市重点招商项目提前介入，靠上服务，确保项目早落实、早投产；在禹城红盾网积极完善"功能糖"和"食品馅料"两个产业集群查询系统，促进禹城市优势产业蓬勃发展。2010年，禹城市新增各类市场主体2687家。

图17-3-2　工商局开展依法行政培训　（2010年摄）

2008年，广泛宣传农民专业合作社意义，允许农民以土地承包经营权入股并免费办理农民专业合作社。至2010年12月，禹城市农民专业合作社485家，列德州市各县市(区)前列。

第二节　经济合同管理

1984年，禹城县工商局制订《经济合同管理制度》，1985年1月，成立禹城县经济合同仲裁委员会，当年受理案件7件，其中调解6件，仲裁1件。同年5月，工商行政管理局印发《关于全面实行凭"法人授权委托书"签订经济合同通知》。6月，举办企业经济合同管理人员培训班，帮助企业主管部门建立合同管理制度。12月，在禹城县开展"重合同守信用"活动。

20世纪90年代后，随着商品经济发展，合同管理工作进入一个新时期。特别是2000年后，主要开展四项工作：1. 开展企业动产抵押登记工作。2001—2005年为企业办理贷款抵押登记687份，抵押价值23亿多元，鉴定合同3560份，合同金额近50多亿元；2. 强化格式合同监管力度，维护买卖双方合法权益。对工商企业和涉及农业龙头企业进行多次全面检查，2001—2005年禹城市检查合同573份，涉及金额55.75亿元；3. 开展"守合同重信用"活动，至2005年年底，禹城市有省、地级"守合同重信用"企业25家。其中，省级8家，地级17家；4. 加大对格式合同文本检查、指导力度，规范合同格式、内容，主动指导、帮助企业不断修改、完善合同文本，及时纠正不公平、不规范、不明确条款，及时发现查处利用合同违法行为。2005年，检查合同268份，标的额20.4亿元，督促当事人履行合同36份，涉及金额265万元，纠正不公平、不规范合同9份，依法保护当事人合法权益。

2005年，在发展订单农业中，发挥工商职能，以肉鸡、桑蚕、棉花、速生林木四大主要农副产品为突破口，对订单农业加强引导，重点扶持，优化服务。1. 注重合同法律法规普及教育。广泛开展"送法下乡、入户、进厂"活动，同年，培训农民养殖户、农村经纪人、涉农企业负责人300余人次；2. 注重对涉农合同文本管理。修改和制订包括农药、化肥、种子买卖以及农副产品订购等在内合同文本，实现涉农合同文本标准化。当年修改、制定合同示范文本7种，帮助涉农企业和农户签订合同97份，扶持农业龙头企业4家，有力支持农业经济发展；3. 建立合同双方相互监督制约机制。帮助企业建立健全合同管理规章制度，检查、指导企业合同签订履行情况，以增强企业履约意识；组织合同监管人员深入农村、业户，指导农民正确使用合同文本，为农户提供涉农企业资信情况，防止合同欺诈行为发生，对涉农合同纠纷耐心调解，对合同欺诈行为予以严厉打击。全年查办涉农合同案件12件，为农民挽回经济损失40000多元。当年禹城市订单面积达12000亩，合同金额达6000万元，农民增收1200多万元。

2006年，禹城市工商局制订《企业信用监督管理办法》，根据企业信用标准，将企业划分成A、B、C、D四级管理。建立企业信用激励机制，对A级企业重点予以扶持，对B级企业实行警示，对C级企业作为重点监控对象，对D级企业实行责令关闭，并依法办理注销登记。通过实行企业信用分类监管，促进禹城市各类企业健康发展。

2009年，禹城被山东省确定为企业社会责任试点市。全市上下把推进企业社会责任建设作为转变职能、服务民生重要举措，发挥工商部门牵头作用，推进企业社会责任建设试点工作。2家山东省试点企业通过上级评议，4家地级试点企业完成自评，《中国工商报》《道德与责任》杂志等媒体先后报道禹城市做法。2010年5月，全省企业社会责任试点工作高峰论坛会在禹城召开。

2010年，开展宣传、帮扶、指导，引领种植、养殖、加工大户创办农民专业合作社和争当农村经纪人活动。以木材加工、蔬菜种植、畜牧养殖等特色产业为重点，支持、鼓励、引导农村经纪人和农户联合，推广“公司+经纪人+农户”“协会（合作社）+经纪人+市场”等经营模式，依托农民专业合作社形式做大做强特色产业，打造“安氏乐业”“王子付奶牛养殖合作社”等一批具有辐射带动作用新型农民专业合作社，推动禹城市农村特色产业发展。全年新增农民专业合作社485户，新增农村经纪人225名。

第三节　商标广告管理

一、商标管理

1963年，进行商标注册登记，当时仅有禹城酿酒厂生产的“禹城白酒”和“禹城高粱大曲”两个商标。

1979年，禹城酿酒厂使用“骇河”商标和禹城县农业机械厂生产“云海”牌机引耙，予以注册登记。1983年，禹城全面贯彻落实《中华人民共和国商标法》，加强商标管理，通过宣传，鼓励企业自愿注册，允许企业使用未注册商标，或已报注册尚未恢复商标。到1985年年底，经国家注册商标有4件，已申请尚未核复商标4件，批准使用青岛汽水厂商标2件，使用期5年，另有未注册使用商标20件。

2000年后，禹城市工商局围绕地方党委、政府实施“名牌战略”总体部署，引导企业实施商标战略。1. 以提高全社会商标法律意识为目标，狠抓商标法律知识宣传和普及工作。利用广播、电视等媒体，采取多种形式，向社会各界特别是广大企业和消费者宣传商标法律知识。举办商标法律培训班15期，受训人数635名。每年利用“3·15”消费者权益保护日和“4·26”国际知识产权日，通过各种媒体，搭建商标法律法规宣传平台，开展一系列宣传活动，广造维权声势，扩大商标影响。2. 2001年，以鼓励企业开展商标注册为目标，实行商标查询、设计、申请等“一条龙”服务。2005年，以“经济户口”为依托，加强对企业商标使用、注册、转让、使用许可、续展、注销等整个过程管理和服务，引导企业争创驰名商标、著名商标，保护和提升禹城市企业争创著名商标和驰名商标积极性，形成不断冲击驰名、著名商标多级梯队，禹城市商标事业得到快速发展。同年底，禹城市注册商标总量达400余件，争创山东省著名商标8件，居全德州各县市（区）第一位。3. 以保护注册商标专用权为核心，加大商标行政执法力度。坚持日常监管和专项整治相结合、全面监管和重点打击相结合、工商主导和部门互动相结合，开展商标行政执法，查处一批侵犯注册商标专用权案件。查处各类商标侵权案件175起，严厉打击商标侵权行为，保护商标注册人合法权益。4. 商标兴农，打造品牌农业。2005年，把农产品商标、涉农企业商标作为重点帮扶，把蔬菜、肉食、奶制品等重点产业和带动能力强涉农企业，作为品牌创建联系对象，帮助商标所有人建立起规范商标使用和管理制度，扶持龙头企业争创驰名商标、著名商标，打造地方特色品牌。年底，禹城市农副产品商标及涉农商标注册达36件，其中，省级涉农商标5件。

2009—2010年，对重点商标实施重点培育、重点帮扶工作。深入企业调查研究，鼓励企业使用注册商标，帮助企业熟悉商标注册条件和程序，引导企业开展商标注册和争创知名、著名、驰名商标。至2010年，新增中国驰名商标1件，新认定著名商标1件，成功续展著名商标4件，新增知名商标5件。

二、广告管理

中共十一届三中全会后，经过经济体制改革，开放搞活，禹城县（市）商品生产迅猛发展，市场竞争加剧，广告随之活跃。1982年，国家《广告管理暂行条例》和《实施细则》颁布后，禹城县工商企业和个体工商业户为推销各自产（商）品，形形色色广告逐年发展。如牌匾广告、路墙广告、包装广告、张贴广告、模型广告、实物广告、声响广告、报纸广告、广播电视广告等。有些旧式象征性广告，如浴池灯，客店笊篱，理发幌子等不再使用。

自20世纪90年代以来，广告监管工作开始步入法制轨道。制订《禹城市工商局虚假违法广告整治工作实施意见》，建立“分管局长挂帅，职能科室实抓，局所职责明确，确保职能到位”整治工作机制、广告市场长效综合监管机制、违法广告案件工作机制和虚假违法广告综合治理机制，组织开展整治农资虚假违法广告专项行动；对医疗广告实行一次拉网式检查，查获一起医疗虚假广告案，对当事人处以6000元人民币罚款；加强印刷品广告和具有影响的《禹城市报》、禹城电视台、广播电台等媒体广告全面监管，发现问题及时反馈相关责任人，限期改正，从源头上杜绝虚假违法广告。对诚信守法、一般违法违规、失信和严重失信企业，分别采取通报表彰、降低信用等

图17-3-3　拆除不规范广告牌（2010年摄）

级、重点监控和公开曝光等不同方法进行监管。健全广告管理机制和认真执法各项措施，至2005年，禹城市工商系统检查各类广告802条次，查处各类虚假违法广告案件131起，罚没款19万元。

2006年后，广告业作为知识密集、技术密集和人才密集新兴第三产业，在服务生产、引导消费、推动经济增长和社会文化发展等方面发挥着十分重要的作用，成为“创意经济”中重要产业。工商部门强化落实广告市场监管职能，促进社会主义精神文明建设，至2010年12月，禹城市广告业发布媒介以招牌墙面、报纸、杂志和灯箱路旗为主，占总量75%，新兴车载、短信、互联网等广告形式也开始异军突起。

第四节　市场管理

1984—2004年期间，以改革开放，搞活经济为导向，开展市场建设管理和市场信息化建设。1984年，禹城县工商局开展集市价格和产品需求信息化服务工作。至1985年年底，与15个省（市）144个单位挂钩，建立信息传递网络，定期将《市场信息》邮送到禹城县各企业和有关单位，吸引众多经营者，引起社会关注，一些全民集体企业和个体工商户从此获得好效益。一些积压产品得以推销出去，一些紧缺商品得以组织起来流通，方便群众购销。1985年，建成老庄街批发市场。1987年，建成老庄农贸市场。1988年。红布张农贸市场、南环路建材市场、禹石商贸街建成，1990年，李屯、丁寺两处农贸市场建成投入使用。1990年以后，随着市场经济发展，开始出台一系列政策和措施强化集贸市场管理，全面抓好市场监管和培育。1993—1995年，对扰乱市场秩序，强买强卖，抢占摊位等霸道行为进行严厉打击，推行划行归市、编号定位，对号入市规范化管理。1996年，对禹王市场，农贸市场和辛店、来凤、张庄、辛寨、安仁等较大型集市进行全面治理，集贸市场秩序明显好转，促进集贸市场繁荣发展，当年禹城市市场交易额达25亿元，同比增长40%。2000—2004年，对禹城商城，机动车大世界、贸易大厦、东方大厦、金凯大厦等大型综合网点建设给予大力扶持，精心培育各类市场。2004年，增加农贸市场5处，全市市场交易额达到35亿元，同比增长16.7%。

2005年，在大力培育市场同时，全力做好市场升级改造和经纪人培训发展工作。组织力量对农村市场发展现状进行调查摸底，写出调研报告，提出切实可行的禹城市市场培育发展建议，全力推动城乡市场升级改造。同年10月，完成张庄镇黎济寨集市升级改造为市场加超市，完成市中办事处夏季村市场升级改造为蔬菜批发市场。当年，对禹城经纪人情况进行摸底，制订《禹城市经纪人培育和发展规划》，健全农村经纪人档案，对农村经纪人及经纪人员开始实施信用分类管理，全年开展经纪人员培训班6次。2007年，认真学习国务院《关于限制生产销售使用塑料购物袋通知》等相关文件精神，通过广播电视、发放宣传资料、张贴宣传标语等方式，广泛宣传限产限售限用塑料购物袋重要意义，向群众散发宣传资料1700余份。禹城市工商局成立专项工作领导小组和限塑检查大队，对辖区内生产制造、销售塑料袋企业和经营户进行全面摸底调查，分类登记，帮助130余家商场、超市、集贸市场以及销售门店，建立塑料购物袋有偿使用制度。利用企业年检和个体工商户贴花验照有利时机，对生产、销售塑料购物袋生产经营者严格审核，检查督导商场、超市和集贸市场经营户一律不得免费提供塑料购物袋。发挥各级12315申诉举报网络作用，对群众举报违反“限塑令”，依法进行处理。当年此项工作取得好效果。

2008年，推行农村集贸市场“规范化管理”模式。以规范化管理为目标，与辖区内集贸市场开办者签订《农村集贸市场开办者规范管理责任书》，至2010年，与46个市场开办单位签订责任书，农村集贸市场从布局规划、登记设立、场所设施、管理机构、建章立制到经营活动，全部纳入规范化管理，强化市场开办者责任和权益，调动市场开办者主动性和积极性。

2010年禹城市集市一览表

表17-3-1

集市名称	集日（农历）	集市名称	集日（农历）
房寺	一、六	吴庄	二、七
大程	一、六	房寺	三、八
大李	一、六	冉寨	三、八
来凤	一、六	尚纸坊	三、八
小付	一、六	贾集	三、八
刘庄	一、六	张集	三、八
河南宋	一、六	马庙	三、八
大白	一、六	双庙	三、八
魏寨子	一、六	田辛	三、八
焦庄	一、六	廿里堡	三、八
大段	一、六	畜牧场	三、八
车站	二、七	赵集	三、八
陈寨	二、七	焦寨子	三、八
王寨	二、七	杜集	三、八
官庄	二、七	堂子街	三、八
寨子	二、七	韩寨	三、八
窦庄	二、七	辛寨	三、八
涳和涯	二、七	后庙	三、八
伦镇	二、七	徐集	三、八
大庞	二、七	马旺	三、八
于屯	二、七	长李	四、九
王坊	二、七	邢店	四、九

续表 17-3-1

集市名称	集日（农历）	集市名称	集日（农历）
莒镇	二、七	五合	四、九
黎吉寨	二、七	辛店	四、九
善集	五、十	黄店	四、九
武庄	五、十	石屯	四、九
张庄	五、十	安仁	四、九
天宫院	五、十	万庄	四、九
李屯	五、十	城子坡	四、九
孙庄	五、十	小刘	四、九
袁营	五、十	景庄	四、九
丁寺	四、九	各户屯	四、九

2010 年禹城城区集贸市场一览表

表 17-3-2

集贸市场名称	市场面积 /m^2	市场类型	市场位置
禹城市天龙市场	22500	综合	禹城市解放南路
禹城市食品市场	34000	专业	禹城市胜利街
禹城市站北路批发市场	46000	综合	禹城市站北路
禹城市水产品市场	2400	专业	禹城市两站街
禹城市禹王大市场	106560	综合	禹城市市中办事处红布张村
禹城市农贸市场	75992	专业	禹城市人民路
禹城市机动车大世界	124000	专业	禹城市十里望乡经济开发区
禹城市废旧钢材市场	33300	专业	禹城市十里望乡经济开发区
禹城市建筑材料市场	90576	专业	禹城市南环路
禹城市市中农贸市场	13000	综合	禹城市市中路

第五节　经济执法检查

1982—1985 年，随着市场经济发展，将整顿市场秩序，维护公平交易列入工商管理部门主要工作。2001 年，制订《禹城市工商行政管理系统整顿和规范市场经济秩序工作实施方案》，对粮棉市场加强管理，查办违法收购粮食案件 21 起，案值 120 多万元。对成品油市场、肉食品市场进行集中整治，对城区摊点

图 17-3-4　执法人员对食品进行抽检　（2010 年摄）

进行治理，促进市场秩序明显好转，当年市场交易额达 14 亿多元。2002 年，对集贸市场进行集中整治，处罚无照经营户 280 户，取缔 160 户，新办理营业执照 350 户，市场固定商户持照率达 100%，流动摊位持照率达 95% 以上。按国务院和上级局部署，将打击非法传销活动列入执法重点，制订《打击传销实施方案》，根据城区和城乡接合部是传销活动易发区特点，确定城区及周边 6 个工商所所辖区域为重点打击区域。2003 年，查处一起以拉人头为主要内容传销案，遣散传销人员 200 余人。

2003—2005 年，先后向禹城市政府提交《前置审批事项影响核发营业执照请示》《关于进一步明确市场开办者、监管者职责加强集贸市场监管请示》和《关于规范企业经营行为，打造诚信禹城请示》，禹城市政府领导高度重视，及时转发，促进监管工作顺利进行。先后开展食品市场安全整治、医药市场不正当竞争整治、奶制品市场整治、盐业市场整治、夏令食品市场整治、成品油市场整治、白酒市场整治、广告市场整治、取缔无照经营等专项整治活动，先后对网吧、录像厅、游戏厅进行集中整治，对机动车拆装行为进行清理，对商标定点印刷厂进行重点检查，对广告行为进行规范。同时，对美发美容，录像放映点、电子游戏室进行重点清理，打击黄、赌、毒现象。全面启动“红盾护农”工程，严查农资经营户主体资格，严查经营业户自律制度落实情况，严查农资产品进货渠道，严查农资违法违规行为，确实把好农资市场“入口关”。取缔各类无照经营户 3237 户，查处农资案件 352 起，查处制假、售假 119 起，假劣化肥 257 吨，假劣粮种 20000 余公斤，查处无照及超范围粮食经营户 15 家，取缔棉花无证经营 20 户。2005 年年底，禹城市粮棉经营户证照持有率达到 100%。同年，会同公安、商城管委会端掉 5 个非法传销窝点，遣返遣散传销分子 500 多人，依法拘留传销头目 15 人。

2007 年，开展“创建无传销社区”活动，严厉打击传销违法行为，查获“绿之韵”产品传销案，对 10 名参与传销人员分别立案调查。检查宾馆、饭店 152 家，成功查处山东龙力公司非法传销案，被山东省公安厅和省工商局列入山东省打击传销典型案例。制订《治理商业贿赂实施方案》，以群众反映强烈、与人民群众生产生活密切相关教育、医药购销、工程建设、质检、金融等方面突出问题为重点，打击惩处以现金、实物或其他手段进行商业贿赂、破坏市场秩序行为。先后查处禹城市妇幼保健院通过给付婚姻登记处好处费方式争取办理《孕产妇保健档案手册》案、禹城市人民医院商业贿赂案、禹城市医药公司在医药购销中向药品经营单位行贿案。2008 年，把治理商业贿赂与治理不正当竞争行为结合起来，注重查处制假售假、产品质量和食品安全事件背后存在商业贿赂问题。以房地产开发、手机销售、加工承揽、农资购销等为重点，进一步加大查处合同欺诈力度。以食品、药品广告为重点，不断完善综合治理机制，有效遏制虚假违法广告反弹。全年立案查处商业贿赂案件8起，结案6起，罚没款21余万元。

图 17-3-5　市消协对维护消费者合法权益进行宣传　（2010 年摄）

2008 年，推行“说理式”行政处罚文书工作。1. 对各执法单位正、副职、各工商所法制员和案件主办人进行“说理式行政处罚文书”专题培训。2. 开展模拟“说理式”行政处罚文书大练兵活动。3. 把 “说理式”行政处罚文书工作纳入监察、目标考核之中，确保此项工作顺利推广应用。2008 年办结 394 件，一般程序案件文书全部据此原则进行规范和使用。

2010 年，禹城市工商局出台《关于在全系统推行行政指导实施方案》，将行政指导分解为行政引导、行政劝导、行政提醒、行政预警、行政询访、行政建议书、行政处罚合理裁量、重大行政事项听证等八项制度，融入到服务发展、监管执法全过程。全年向辖区监管服务对象发出行政指导建议、告诫、警示、督办等各类行政指导文书 2056 份，有力促进工商监管工作深入开展。

第六节　消费者权益保护

1987 年 11 月 22 日，成立禹城市消费者协会（以下称“消协”），是全力维护消费者合法权益群众性组织。坚持事前教育、事中监督和事后救助工作。每年“3·15”期间，大力印发宣传品，在县级电台、电视台进行宣传教育活动，对商品质量进行日常监督检查。

2002 年，工商行政管理体制改革后，成立消费者权益保护科。2003 年年初，重点开展农资市场和食品市场专项整治工作。开展农资市场专项整治行动 9 次，立案查处假劣种子、化肥、农药、农膜等各类违法案件 23 起。先后开展食品市场专项整治 5 次，查处食品违法案件 13 起。2004 年，重点加强对成品油市场监管，查处违法经营户 14 户，查获假劣成品油 3.6 吨。强化对食品市场监管，开展 4 次食品市场专项整治，查处违法经营行为 13 起。开展食品质量检测工作，检测食品 26 个品种，对不合格食品进行下架、销毁等处理，处罚违法商户 23 家。

2005 年，重点加强农村食品市场监管。全年检查食品经营户 365 户，取缔无照经营 18 户，查处经销劣质食品经营户 36 户，捣毁制假售假窝点 3 个，查扣不合格食品 339 包（件），查办制售假冒伪劣食品案件 18 件。制订《关于在农村建立消费者协会投诉站和 12315 申诉举报联络站意见》，禹城市政府给予转发。2006 年，筹集 13 万元，为禹城市消费者协会投诉站和“12315”申诉举报联络站统一制作牌匾，统一购置申诉（举报）记录本，

图 17-3-6　禹城市工商局青年志愿者服务队（2009 年摄）

对各站站长统一实行聘任制。年底，禹城市建立消费者协会投诉站和“12315”申诉举报联络站 800 处，全市覆盖率达 90%。建立“12315”申诉举报（指挥）中心，实现信息网络链接，形成完整申诉举报网络体系，解决农村消费者投诉和申诉举报难、维权难问题。2007 年，开展首届消费者满意单位（门店）评选活动，评选出消费者满意单位 43 个，消费者满意店 39 个。至 2010 年，禹城消协受理消费者投诉主要对象有：种子、农药、化肥、肉制品、奶制品、夏令食品以及音像制品等，受理消费者投诉 2800 多起，结案率 100%，为消费者挽回经济损失 230 多万元。

第四章　物价管理

1993 年 10 月，原禹城县物价局改为物价管理所，隶属禹城市工商行政管理局。1995 年 12 月，在物价管理所基础上，恢复物价局编制。内部机构设置办公室、价格管理科、收费管理科、综合科、物价检查所 5 个科室。2002 年 12 月，成立农产品调查室和价格认证中心。2010 年 3 月，增设房地产价格管理科、成本监审科、举报中心、宣传科、党建办、价格调节基金办公室，干部职工 77 人。其中，大专以上文化程度 55 人，高级会计师 1 人，会计师 6 人，经济师 1 人。

第一节　价格管理与改革

一、管理

禹城在价格管理上经历两个阶段：1. 国家定价、国家指导价、市场调节价并重阶段；2. 工农业产品仅管理极少数重要、垄断、公益性产品商品价格阶段。其他由市场调节，仅在必要时采取干预措施。

1986 年，禹城县按照中央提出的“巩固、消化、补充、完善”方针，物价改革小步推进。除国家合同订购粮油价格外，主要调整订购以外粮油和肉、蛋、菜、鱼等农副产品购销价格，对职工给予价格补贴。调整食盐、丝绸以及部分西药等商品价格，放开自行车等 7 种工业消费品价格，调高部分高档服装及鲜活农产品质量差价和季节差价，进一步放开日用商品价格。

1987 年，相继有升有降对重要商品不合理价格作出调整。调高粮、面、油等主要农副产品合同订购价格，并扩大议价收购比重。在零售价格方面，提高纯毛毛线、进口手表价格，

图 17-4-1　超市蔬菜供应充足　(2010 年摄)

检查，清理整顿石油、钢材、煤炭、电力及生产资料等价格，抑制从生产到流通到消费诸环节乱涨价现象。同时，适当提高部分粮油价格，对彩色电视实行专营并征收特别消费税和国产化基金，对农业生产资料实行专营，下浮 13 种名烟名酒价格，提高原盐出厂价和食盐零售价，整顿棉纺织品价格及铁锅、铝锅、保温瓶、毛线四种日用工业品价格，调整电力价格，代收电厂煤炭差价，对碳铵实行最高限价，提高油脂、油料价格，调整原油、成品油、铁路货运价格，调高洗衣粉、肥皂零售价格和邮政资费标准，放开行业用粮价格，提高民用煤炭价格等。同时，实行价格总水平控制目标领导责任制。至 1991 年年底，商品零售价格总水平、居民消费价格总水平、农产品收购价格总水平、农村工业品零售价格总水平回落，治理整顿取得明显成效。禹城物价管理初步形成国家定价、国家指导价、市场调节价并重新格局。

1992—1993 年 9 月，在宏观经济比较宽松条件下，加快价格改革步伐，实施省以上管理商品和劳务价格改革出台措施，先后提高农地膜出厂销售价格、居民生活用煤零售价格，调高成品油销售价格，居民粮油统销价格及交通运输等 7 大类 180 多个品种，将国家和省、地物价部门确定放开 300 多种省以上管理商品和劳务价格，全部下放给企业自主定价。另外，对属禹城市管理 15 种商品和劳务价格全部放开。三年间，放开价格比重在社会商品零售总额中达 96% 以上。

1993 年 10 月—1996 年，加大价格改革步伐，大幅度提高国家定购粮收购价格及相关制品销售价格，调高棉花收购价格，提高原油

同时降低国产机械手表和收录机价格。另外，由于集市贸易价格上涨幅度过快，禹城县统一制订猪肉价格并实行最高销售限价。1987—1988 年，将煤炭、钢材、水泥、主要化工原料等基础工业品超产加价改为“双轨制”价格（计划分配部分实行国家定价，计划分配以外部分实行市场调节价），机械产品实行浮动价格（指导价格）。1988 年 6 月起，因市场物价涨幅过大，引发群众恐慌心理，曾一度发生抢购风。有些人钻价格“双轨制”空子，转手倒卖计划内平价物资，使禹城流通秩序混乱。为尽快治理整顿市场物价，调整肉、蛋、菜、糖等四种主要副食品价格，提高烟、酒出厂价格和销售价格，财政改暗补为明补，提高棉花等部分农副产品收购价格和工业原材料、燃料、动力价格，扩大生产资料交易市场，生产资料价格变动频繁且涨幅偏高。1988 年，经过一系列改革，初步改变过去集中过多、统得过死价格管理体制，扩大市场调节范围。同年底，商品零售总额中，市场调节价格比重由 1985 年年底 31.8%，提高至 41.5%。稳定价格和市场秩序，从 1988 年 11 月—1989 年 5 月，对禹城县生产资料市场和垄断行业价格进行监督

价格。由于价格大范围放开，管理措施跟不上，加上税制和汇率改革措施出台等多种原因影响，禹城市曾一度出现通货膨胀加剧现象，引起各级政府高度重视。根据实际情况，加强物价管理力度。1. 建立物价控制目标责任制，严格控制出台涨价项目。2. 建立居民基本生活必需品和服务价格监审制度，遏制随意涨价。3. 推进新明码标价制度，强化社会监督。4. 加强对化肥、农药等农业生产资料价格管理。5. 对城镇居民口粮实行定量供应，严格执行国家和山东省规定销售价格。经过努力，市场物价总水平逐步回落。1996 年 6 月，禹城市物价局、粮食局制订下发《关于调整粮食销售价格通知》规定，面粉最高零售价格：每 500 克特一粉 1.29 元，特二粉 1.19 元，标准粉 1.09 元。

1997 年以后，绝大部分商品价格和服务收费放开，国家管理重点转移到与国民经济和人民生活关系重大极少数商品上来，实现价格形成机制和运行机制转变，理顺和缓解商品价格和收费严重扭曲现象，初步建立起适应社会主义市场经济要求价格体系和价格管理体制。1997 年 1 月，对水、气价格作适当调整。工业月用气量 4000 吨以下部分按 65 元 / 吨；月用气量 4000—8000 吨按 63 元 / 吨；月用气量超出 8000 吨以上部分按 60 元 / 吨；采暖用气按 65 元 / 吨。居民生活用水 1.00 元 / 吨，非居民生活用水 1.12 元 / 吨，经营性用水 1.26 元 / 吨，建筑用水 1.31 元 / 吨。1998 年，玉米订购价格为每 50 公斤 61 元，保护价为每 50 公斤 54 元。2000 年，农村居民生活照明用电电价调整为 0.66 元 / 千瓦时。管道燃气公司试销价格，居民用户每立方米 2.00 元，工业用户每立方米 1.80 元；其他用户每立方米 2.20 元。2001 年 7 月，自来水公司供水价格调整为：居民生活用水每吨 1.50 元，非居民生活用水每吨 1.62 元，工业用水每吨 1.82 元，建筑业、餐饮、宾馆等服务业用水每吨 2.10 元。10 月，对管道天然气价格进行调整：居民用户每立方米 2.00 元，工业用户每立方米 1.80 元，其他用户每立方米 2.20 元。2002 年 9 月，居民采暖价格调整为：居民住宅采暖到户价格为 13 元 / 平方米建筑面积，非居民住宅采暖到户价格为 16 元 / 平方米建筑面积。2005 年 9 月，因燃油价格多次上调，公交车运营成本大幅度提高，票价在 1.00 元、1.50 元基础上每人次加收 0.50 元燃油差价。出租车租费每乘次加收 1.00 元燃油差价。

2008 年，供热采暖价格再次调整：居民住宅由每平方米 16 元调整为 20 元 / 平方米，非居民（行政事业单位和商用楼等）由 19 元 / 平方米调整为 25 元 / 平方米。同年 12 月，禹城执行末级渠系农业用水计量收费，终端水价 0.125 元 / 平方米，其中每年 4 － 6 月上浮 20%。

图 17-4-2　维护食盐供应价格宣传活动（2009 年摄）

2010年，禹城市农副产品价格有所浮动。1. 粮油价格上涨。年初，面粉价格特一粉2.4元／公斤、特二粉2.32元／公斤、混合油9元／公斤。年底，特一粉2.88元／公斤、特二粉2.8元／公斤、大米5元／公斤、清油（混合油）11元／公斤，与年初相比涨幅分别为20%、20.7%、11.1%、22%；2. 猪肉价格迅速回升，牛羊肉价格稳步上涨。猪肉价格从年初18元／公斤，开始下滑，四月时降为14元／公斤。下半年，迅速回升，11月最高上涨到23元／公斤，与4月最低时相比上涨64%，同比上涨27.8%；牛、羊肉价格分别由年初30元／公斤和35元／公斤，历经4月和8月两次上涨后，价格保持在34元／公斤和42元／公斤价位上运行。同比分别上涨21.4%、40%；3. 禽蛋价格有所攀升。年初，禹城市白条鸡价格16.6元／公斤，7月上涨为19.6元／公斤，9月初，上涨为22元／公斤，至10月，为24元／公斤，同比上涨41%。鸡蛋价格年初为6.5元／公斤，年底鸡蛋价格为8.5元／公斤，与年初相比上涨31%，同比上涨6.3%；4. 蔬菜价格涨幅较大。12月底，青椒4.5元／公斤、芹菜2元／公斤、西红柿3元／公斤、黄瓜4元／公斤、大白菜1.5元／公斤、土豆3.5元／公斤、胡萝卜2.5元／公斤、茄子4元／公斤。同比青椒、芹菜、黄瓜、大白菜、茄子等蔬菜价格下降，降幅分别为44%、20%、50%、25%、50%；西红柿、土豆、胡萝卜等价格上涨，涨幅分别为50%、75%、25%。此外价格涨幅较高的有：生姜价格为15元／公斤，同比上涨200%；绿豆价格最高上涨到23元／公斤，同比上涨130%。大蒜价格为15元／公斤，同比上涨50%。白糖价格为8元／公斤，同比上涨60%。粮油价格上涨主要是饲料用粮、工业用粮等粮食消费呈上升趋势，原料短缺。肉、禽、蛋主要是饲料价格上涨，加之人工费用提高，使成本费增加，价格也随之上涨。

二、价格管理体制改革

1986年，商品价格以国家统一定价为主，物价局只负责对市场上商品价格执行情况进行检查。1988年，改单一国家统一定价为国家定价、国家指导价、市场调节价3种价格管理形式并存。实行计划性、灵活性价格管理体制，价格体制得到进一步完善。1986年，国家放开大部分农副产品价格。粮食价格由统购改为合同定购，合同定购以外价格放开。生猪、鲜蛋、水产品、蔬菜等大部分农副产品购销价格也逐步放开。1988年，国家定价农副产品收购值占农副产品收购总值比重由1982年90％降到30％；放开缝纫机、国产手表、自行车、收音机、电风扇等部分工业消费品价格。1986年，放开电冰箱、三大名牌自行车、黑白电视机、洗衣机、收录机、中长纤维布等七种工业消费品价格。1988年7月，放开13种名烟、名酒价格。1992年，价格改革主要包括五个方面：

图17-4-3　规范指导商品房标价（2010年摄）

1. 日用工业消费品，除盐、药品等由国家定价外，其余商品价格全部放开；2. 有计划地提高重要物资计划价格，重点解决能源材料计划价格偏低问题，缩小计划内、计划外价格差距，减少执行计划价格商品比重；3. 放开大部分重要生产资料价格（如机电产品、石油、钢铁等产品），使其走向市场；4. 对具有垄断性质产品价格（如电力），纳入计划管理轨道，逐步提高价格；5. 对重要公用事业和主要劳务价格，除邮政资费、电信资费、自来水价格等由国家管理外，其他价格全部放开。同年，市场上 95% 商品价格放开，由市场自动调节，对化肥、柴油、汽油等少数商品暂时实行计划价格和市场调节价格并存双轨制。1994 年，石油成品油销售取消双轨制，实行国家定价。2000 年对药品价格进行改革，列入政府定价目录药品 1500 余种，占市场流通品种 10% 左右，由企业自主定价品种约 12500 余种，占市场流通药品品种 90%。2004 年，对电力、食盐、自来水、旅游景点、进口化肥、农药、爆炸物品、教材等关系民生垄断价格进行管理，其余商品以供需关系自动调节商品价格，市场价格有升有降。2010 年年底，对电力、自来水、食盐、教材、旅游景点等关乎民生垄断价格进行统一严格管理外，其余商品自动调节商品价格。

第二节　收费管理

禹城市收费管理从非商品收费管理开始。非商品收费即服务性收费和劳务收费。

1986—1990 年，禹城县经营性、服务性收费属于国家定价。

1990 年 9 月 6 日，禹城县全面开展收费清理整顿工作。至 1991 年年底，对 145 个收费项目、2640 个收费标准进行清理整顿。通过整顿，除中央、省、地明确规定废止收费项目外，禹城县又废止不合理收费项目 37 个，吊销“收费许可证”5 个。在清理整顿行政事业性收费同时，专门抽调人员对部分行政事业单位进行监督检查，查乱收费金额 10.6 万元，规范收费秩序。

1992 年，对禹城县中小学收费项目进行规范。

1995 年 1 月 1 日，禹城市启用新户口迁移证和户口准迁证。工本费收费标准核定：户口迁移证每张 3 元，户口准迁证每张 2 元。办理居民身份证加急费每证收取工本费 50 元。9 月，小学、初中学杂费标准在现行山东省定标准基础上提高 50%，高中学杂费提高 80%。

1996 年 11 月，调整汽车维修和材料管理费收费标准。大修工时费由 4.50 元 / 时调整为 6 元 / 时，维护、专项修理工时费由 3.70 元 / 时调整为 5 元 / 时。

1997—1998 年，开展乱收费治理工作。物价部门与财政、审计和监察等部门结合，深入调查研究，逐单位逐项目进行审查，摸清各部门乱收费底数，排除各种干扰，废止乱收费项目 17 个，合并降低收费项目及标准 93 个，对群众反映问题较多的邮电、理发、宾馆等经营性收费项目，实行“收费许可证”和明码标价制度，规范各经营单位收费行为。

2001—2007 年，把“清费治乱减负”作为工作重点。2001 年，取消 14 个收费项目，降低 20 个收费标准。推行涉农收费价格公示制度，将向农民收费项目和价格用公示牌等形式向农民全面公开，农民碰到收费项目和价格与公示内容不一致，可以及时向物价部门咨询和举报。公示内容主要是政府部门行政事业性收费，其中包括民政、计划生育、国土、工商、公安、司法等部门收费。农村中小学收费、粮食收购保护价格以及水费、电费、邮政资费等经营服务性收费价格，并公示这些收费项目和价格批准机关、收费对象、计收单位、举报电话及受理单位和处理承诺等内容。安装公示牌368块，发放涉农收费《明白手册》1万册。做法得到德州市政府肯定，并在德州全市推广。2003年，按照禹城市委、市政府削减收费项目和收费标准50%要求，对不适应禹城经济发展收费项目和标准进行清理整顿，消减不合理收费项目，对收费过高和收费频次过多收费项目，按最低标准收取和减少收费频次。2005—2007年，取消不合理收费项目397个，降低收费标准59项；编印《禹城市行政事业性收费项目和标准汇编》2100余册，免费发放给乡镇、企业、个体工商户和务工人员；制作部门涉农收费公示牌36块，乡镇涉农收费公示牌441块，基层站所涉农收费公示牌（栏）200多块。

2008年，对经济适用房进行审核。经济适用房建设单位初次申报价格为1274元/平方米。物价局邀请德州市局领导和有关专家对价格构成进行审核，最终将一期销售均价确定为1248元/平方米，每平方米核减26元。并在此基础上确定二期经济适用房预售价格为1248元/平方米。同年，将公立幼儿园管理、杂支、保教三项收费定为保育教育费，取消公立小学杂费收费项目，停止征收个体工商户管理费和集贸市场管理费，停止征收个体工商户年度审验贴花费。

2009—2010年，与财政局联合对禹城市195个行政事业单位，60个重要经营性收费单位2009年度收费情况进行年审。清理规范涉及农村基础设施建设收费项目和标准，规范农机作业、农机维修、农业科技推广、生猪屠宰等收费项目与标准。贯彻落实国家粮食最低保护价收购、农资补贴、农机补贴、种粮补贴等各项惠农价费政策，做好农资价格上涨与农资综合直补调查研究工作，加强农产品成本调查工作。结合收费年审，对国家、省明令取消各种涉企行政事业性收费进行全面清理，明令有关单位停止执收，凡省级及省以下价格主管部门设定浮动收费标准，一律按最低标准执行。加强行政事业性收费管理，对管理类收费进行全面清理，要求有关经营单位、社会团体和中介机构遵循公正、公平、公开原则，不得强制服务和只收费不服务。严禁将取消行政事业性收费转为经营服务性收费，减轻企业和群众负担。2010年，清理规范房地产建设和交易收费，促进房地产业健康发展。全面清理建设项目及城市房地产收费，规范涉房收费秩序，推行商品房销售备案与明码标价制度，落实商品房销售“一价清”制度。对新建商品房进行销售价格审核备案和价格公示，签订《禹城市商品房销售明码标价书》4000余套，制作商品房销售价格公示牌80块。加强物业管理收费监管，制订物业服务收费标准。清理整顿房地产建设项目收费和房地产交易环节收费，包括房屋拆迁过程中管理性收费和各种配套收费，取消不合理收费，减轻房地产开发企业和购房者负担，促进住房

图17-4-4　山东省政府督查组到禹城检查稳控物价工作（2010年摄）

建设和消费。

第三节　价格鉴证

1995年后，随着社会主义市场经济体系逐步建立，禹城经济纠纷案件越来越多。为协调处理社会经济活动中各类价格纠纷，依据《中华人民共和国价格管理条例》和山东省物价局与省高级人民法院、省司法厅联合下达《关于做好刑事、民事、行政、经济等案件中物品价格认定工作通知》，及物价部门出具《物品（收费）价值认定书》去处理各类案件价格纠纷工作。1995—2002年，市物价局综合科，与市法院、市财政、市审计等部门联合，先后对禹城市10余家破产企业进行清产核资。2002年，完成涉案鉴定186件，社会认证15件，抵押贷款认证28起，旧车认证32件，事故车损认定案件482种。

2003年7月，成立禹城市价格认证中心。主要职责：1.负责接受法院、检察院、公安、仲裁、行政执法机关或机构委托，办理刑事、民事和经济案件及经济纠纷中涉及到标的物价格鉴证认定业务。2.受理社会经济活动中价格行为合理、合法性鉴证认证业务及有关事宜。至2004年年底，受理各类物品价格鉴证案件675件，鉴证标的总额452万元。其中，刑事案件32件，鉴证标的额14万元；民事案件11件，鉴证标的额20余万元；车辆定损案件632件，鉴证标的额418万元。

2005年，宣传贯彻国家新出台《中华人民共和国道路交通安全法》，车损价格鉴定案件数量比上年上升30%。2006年，受理各类物品价格鉴证案件828件，鉴证标的总额662万元。其中，刑事案件41件，鉴证标的额123万元；民事案件14件，鉴证标的额150余万元；车辆定损案件764件，鉴证标的额377余万元；行政案件6件，鉴证标的额2万元；价格认证案件3件，鉴证标的额10万元。

2007年，全年受理各类物品价格鉴证案件1026件，鉴证标的总额1428余万元。其中，刑事案件41件，鉴证标的额60余万元；民事案件16件，鉴证标的额81余万元；车辆定损案件968件，鉴证标的额1286余万元；价格认证案件1件，鉴证标的额0.45万元。

2008—2009年，开展创建省级规范化价格认证中心活动。2008年3月工作领导小组，制订《禹城市价格认证中心规范化建设工作方案》，落实责任制，签订责任书，加强价格认证工作基础设施建设，配备价格鉴证师6名，资产评估师1名，经济师3名，从人、财、物上满足价格认证工作需要。禹城物价局对价格鉴定工作提出“程序合法，客观公正，计算精确，手续完备”十六字方针，客观公正办结每一起案件，提高价格认证工作质量和效率。6月，对京沪高铁占压涉及的两个乡镇8个村庄30余户村民鱼塘、鸡棚等财产进行价格认证，通过逐户调查勘验、对照核实，按照有关政策规定和认证工作程序，出具公平、公正、合法、合理价格认证报告。2009年，先后两次接受辛店镇政府委托，对20余户村民房屋拆迁补偿进行价格认证。确定20余户村民住宅认证价值为人民币80余万元，被拆迁村民表示满意。全年受理各类物品价格鉴证案件717件，鉴证标的总额1578余万元。其中，刑事案件56件，鉴证标的额124余万元；民事案件15件，鉴证标的额146余万元；车辆定损案件641件，鉴证标的额997余万元；价格认证案件5件，鉴证标的额310余万元。年底，被山东省物价局授予“山东省规范化价格认证中心”称号。

2010年，接受禹城市财政局委托，对禹城市市直部门商务用车上缴回收，出具拍卖价格认证结论，防止国有资产流失。全年受理各类物品价格鉴证案件893件，鉴证标的总额2136余万元。其中，刑事案件69件，鉴证标的额123余万元；民事案件19件，鉴证标的额156余万元；车辆定损案件789件，鉴证标的额1237余万元；价格认证案件16件，鉴证标的额620余万元。

第四节　价格监督检查

1986—1995年，物价局以“抑止物价过度上涨，保持市场物价基本稳定”为重点，开展多项价格监督检查工作。元旦、春节、国庆、中秋等重大节日期间，重点对居民日常生活必需品价格以及“米袋子”“菜篮子”价格执行情况进行检查，维护群众利益，保证人们生活必需品价格基本稳定。根据不同时期工作重点和市场状况，分别开展石油、煤炭、钢材、铁路、电力、粮食、棉花等垄断行业价格监督检查，多次开展农用化肥、柴油、农药、农膜等农用生产资料价格检查，清理整顿生资价格，抑制从生产到流通到消费诸环节乱涨价现象。另外，针对农村电价管理混乱，普遍存在价外加价、乱收费、乱摊派现象，于1990年在禹城县范围内对农村电价执行情况进行全面检查，查出违纪金额40万元。查处各种价格违法案件182起，没收非法所得474万元。其中，退还用户279万元，上缴国库195万元。1992年以后，每年3月在全市范围内开展明码标价宣传月活动，对所有国营、集体、个体及收费单位明码标价工作进行督促、指导和监督检查。到1995年，禹城市所有企事业单位明码标价率达96%，准确率达90%以上，为商家提供商品标价签400万张。

1996年，加大价格监督检查力度。先后开展节日市场物价检查，农业生产资料专项检查，电力价格和农村电价专项检查，铁路行业乱收费专项检查，中小学收费专项检查，以及一年一度物价大检查。查处各类价格违法案件132件，查处非法所得金额251.84万元，上缴财政98.56万元，退还用户153.28万元，有效制止乱涨价、乱收费行为。

1997年1月，对成品油生产、经营企业执行国家成品油配置计划和国家定价情况，进行全面检查，对借柴油供应紧张之机牟取暴利，顶风违法单位和个人，进行严肃处理。

1998—1999年，先后开展夏粮收购粮价大检查和婚姻登记、计划生育、土地管理收费大检查。对违反粮价政策、扰乱粮食市场、逆向操作价格违法行为，对婚姻登记、计划生育、土地管理乱收费项目，给予从严查处。

2000年，开展收费专项检查。主要检查教育、卫生、公安、汽车维修收费，检查622个收费单位，查处非法收入金额878万元，收缴财政72万元；查处其他乱收费案件169件，查处违法金额195万元，收缴财政45万元，退还用户150万元；受理群众来信来电来访、相关部门转办、领导批办件164件，查结率和

图17-4-5　物价检查　（2009年摄）

满意率100%，由此发现和查处乱收费案件26起，没收非法收入34万元，退还用户1.38万元。

2001年，禹城纠风办、物价局、卫生局共同组织对全市所有从事药品生产、批发、零售及进出口企业（含“三资”企业）、营销代理机构、医疗单位及参与收费和审批价格相关部门进行药品和医疗服务价格专项检查。

2002年3月，开展全国规范化物价检查所创建活动。2003年1月，禹城市物价检查所被评为国家规范化物价检查所。

图17-4-6　向养殖户赠送价格政策书籍资料（2010年摄）

2003年，在全国性“非典”防治工作中，出现“非典”药品、相关商品和粮油价格大波动。物价局果断采取得力措施，组织价格检查执法人员，开展对防治“非典”药品、相关商品和粮油价格专项检查，对全市330个相关门店进行监测，对454个单位进行检查，查处价格违法案件32件，查出价格违法金额16.13万元，实行经济制裁20.62万元。对一些趁机发国难财的不法商户公布于众，交社会各界监督，震慑违法者，稳定相关商品价格，维护正常经济和社会秩序。禹城市物价局被山东省物价局授予“防治‘非典’工作先进集体”称号。

2004—2006年，先后开展农资价格和涉农收费、医疗服务和药品价格、电力价格、汽车市场、出租车明码标价等项检查；开展“反价格欺诈活动月”活动，对市区30家规模较大经营单位价格执行情况、农业生产性费用和农民建房收费、中小学收费、计划生育收费、乡镇卫生院收费等开展专项检查；开展以春运价格、制止价格欺诈、提高市场明码标价普及率为重点日常市场检查。2006年，查处价格违法案件45件，退还用户12万元，收缴财政67.8万元；受理各类价格咨询、举报案件85件，案件办结率、答复率100%。

2007年，实施四项“民生工程”：1. 价格“保民生”工程。4月，配合德州市物价局对土地、水产、农机、城管等10个单位收费情况进行检查，先后在全市范围内开展农资价格、教育收费、医疗收费、明码标价等专项检查，检查单位86个，规范收费行为。5月，跟踪督查禹城市各医院及零售药店药品政策落实情况。6月，督查法院系统立案费、执行费减免情况。2. 价格“益民生”工程。完善“一证一档”制度，杜绝盖章收费走过场现象，从源头上规范收费行为。跟踪监测食品价格上涨等突发性、苗头性价格问题，实行一天一报。3. 价格“利民生”工程。先后在元旦、春节和“3·15”消费者权益日期间，以发放宣传资料、现场咨询等方式开展价格政策宣传。4. 价格“安民生”工程。在“价格服务进社区”工作基础上，将价格服务向农村延伸，开展“送价格政策进万家、送价格咨询进万家、送价格认证进万家”活动。对基层站、所处理矛盾中涉及价格纠纷问题，实行上门服务，免费为特困群众和弱势群体提供价格鉴证服务。

2008年，开展房地产、医疗、药品、教育等一系列价费专项检查，查处各类价格违法案件56件。“三鹿”牌婴幼儿奶粉重大安全事故发生后，及时建立婴幼儿奶粉价格应急监测日报制度，确保市场基本稳定。

2009年，以规范明码标价工作为切入点，开展“价格政策宣传月活动”，检查辖区内副食品市场、农产品综合市场商品价格，实行每日价格跟踪制，对哄抬价格、串通涨价、以次充好、不实行明码标价行为进行严厉打击，维护正常价格秩序。春耕期间，对种子、地膜、化肥等生产资料市场价格进行重点检查，对一些不严格执行国家价格政策，擅自抬高价格违法行为进行依法处理。7月，开展涉农、涉企收费检查。主要检查工商局、民政局、畜牧局、广播局、环保局、建设局、技术监督局、土地局、乡镇卫生院等单位收费和药品价格执行情况。

2010年，禹城市居民消费价格总体呈逐月走高运行格局。面对物价飙升严峻形势，1. 制订详细价格应急预案，强化应急处置手段，防止重要商品价格出现大起大落。2. 启动价格监测日报告制度。及时启动应急预案，在原有15个价格监测点基础上，增设8个监测点，对42种副食品、部分生产资料价格及重要服务价格及时进行监测。并实行价格监测日报告制度，对粮、油、蔬菜等农副产品价格实行一日一监测，一日一上报。在被监测42个品种中，平稳运行和略升23个，占55%，价格下跌19个，占45%。粮食、食用油、肉、蛋价格持平或略涨，大部分蔬菜价格持续回落。3. 完善价格信息发布制度。主动与临邑、齐河、高唐等相邻县市取得联系，交流监测数据，提高价格监测数据可比性。并将监测数据、对比情况和分析结论在《禹城市报》“物价网”等媒体上及时发布。创办《物价信息》《价格监测》简报，将市场价格变动情况，及时上报禹城市委、市政府和上级业务部门。4. 加大市场巡查力度。抽调16人，划分4个责任区，坚持对农贸市场实行一日一巡查，对粮食经营单位一周一巡查。及时纠正各类价格违法苗头20余起，有效维护市场秩序和群众利益。5. 开展农产品、天然气、液化气和成品油价格专项检查，严防囤积、串通涨价。开展教育、医疗服务收费和药品价格专项检查，检查公立学校14所，民办学校6所，个体门诊25家、药店18家、医院2家、乡镇卫生院8家，对个别医院、学校存在重复收费、提高标准收费等违规行为及时进行纠正。6. 规范明码标价。将市医院、东方大厦、贸易大厦、明珠酒店、行政街、人民路6个点，规范为明码标价示范区，发放资料1500张，标价签7000张，设立企业联系点18个。7. 受理群众投诉。全年受理群众价费举报投诉、咨询案件80件，回复率100%。

第五节　成本调查与监审

一、农产品成本调查

禹城市农产品成本调查始于1986年。1992年成为省、地农产品调查点，主要调查品种是：棉花、小麦、玉米、生猪。

1986—1987年，针对副食品价格上涨过猛情况，禹城市开展蔬菜和水产品等成本与收益调查。1989年2月，对小麦，玉米，棉花，生猪等4个品种，按原定办法实行逐级汇总，按收获季节提前汇总基本数据，直接报国家物价局。1992年8月，进行农业成本调查工作，确立固定调查点和调查户，采用调查户每日记录方式，劳动日工价据实计算。1994年，开展农民种植意向、农业生产资料价格购买情况、国家粮棉价格执行情况及农民负担情况等专题调查。1995年，开展对农户存粮和农产品收购价格情况专题调查。1997年，围绕水价改革，开展农业灌溉用水情况调查。收取大量第一手资料，为各级政府和有关部门科学决策提供重要依据。

2000年，山东省物价局确定禹城为全省生猪调查县。调查品种为小规模生猪、中规模生猪养殖。劳动日工价按地区工价5.50元执行。2002年，调查品种除生猪外，增加小麦、玉米、棉花等种植业品种调查。为提高农产品成本资料代表性和准确性，按照3点9户原则，选择文化水平较高、责任心较强、能够代表本类型水平农户作为调查户，劳动日工价按地区工价6.00元执行，合理反映禹城市成本收益水平。2003年，养猪效益亏损严重，部分养殖户减少饲养量，生猪存栏、出栏量减少，生猪价格大幅上涨。禹城市物价局对规模化养猪作应急调查，核准劳动日工价调整为8.00元。2004年，针对农业生产中重点、热点问题开展调查，深入到农村仔细了解农户种植意向、收支、存粮、农资购买情况，对多品种、多行业成本收益情况进行调查分析，先后写出《调整种植结构，发展特色农业，四棱豆收益情况调查》等专题报告，为农民提供可靠农业信息。劳动日工价调整为13.20元。

图17-4-7　实地调查蔬菜种植成本（2010年摄）

2006年，德州市物价局取消各县市蔬菜品种调查任务，劳动日工价调整为13.50元。2007年，猪肉价格大幅上涨，创历史新高，通过走村进户调查研究，出具详细生猪成本收益情况报告。2008年，劳动日工价调整为16.50元，比上年增加1.30元。

2010年，生猪、小杂粮、棉花等价格涨幅较大，小麦及劳动日工价持续攀升。物价局组织人员对禹城市小麦生产成本及收益情况进行调查。走访房寺、辛店、梁家、十里望、市中办等7个镇23个定点调查户，调查面积151.9亩。调查显示：由于受低温、干旱等自然灾害影响，小麦与2009年相比每亩单产降低，成本上升，价格上涨，收益增加。小麦平均每亩总成本650.97元，比2009年629.07元上升21.27元，升幅3.38%。成本上升主要原因：1.2010年租赁农机作业费153.09元/亩，比上年141.95元/亩上升11.4元/亩，升幅8.03%。2.2010年小麦人工成本207.98元/亩，比上年188.26元/亩上升19.72元/亩，升幅10.17%。每亩净利润417.29元，比去年373.39元增加43.9元，增幅11.76%。本年劳动日工价调整至20.50元。

2009—2010 年禹城市主要农产品生产和生猪饲养成本、收益比较表

表 17-4-1　　单位：元

农产品	每亩（头）总成本			每亩（头）总产值			每亩（头）净利润		
	2009 年	2010 年	比上年增减 %	2009 年	2010 年	比上年增减 %	2009 年	2010 年	比上年增减 %
小麦	629.07	650.97	3.38	869.38	882.24	1.48	373.39	417.29	11.76
玉米	412.47	493.23	19.58	833.24	820.83	-1.49	420.77	327.6	-22.14
棉花	1002.57	1119.64	11.68	1482.36	1983.71	33.82	479.79	864.07	80.09
小规模生猪	966.80	1059.37	9.57	1150.95	1250.95	8.72	183.86	191.58	4.2
中规模生猪	986.63	1140.8	15.63	1184.8	1388.92	17.23	198.18	248.12	25.20

二、重要商品和服务价格成本监审

2008 年，对自来水公司 2005—2007 年度供水成本进行监审。审查后，制水成本明细如下表：

通过核算，各年度供水成本分别为 2848173.9 元、3015734.72 元和 3370285.5 元，平均成本为 3078064.7 元。三年有效供水量分别为 164.9 万吨、176.8 万吨和 189.3 万吨，平均供水量为 177.1 万吨，单位供水成本分别为 1.73 元 / 立方米、1.71 元 / 立方米和 1.88 元立方米，平均供水成本为 1.74 元 / 立方米。保本平均单价(6% 税)分别为 1.83 元 / 立方米、1.81 元 / 立方米和 1.89 元 / 立方米，平均单价为 1.84 元 / 立方米。

同年 9 月，与审计局、财政局、体改办等部门组成联合工作组，对禹城热电厂和新园热电公司供暖成本进行监审。禹城市热电厂供暖成本：购进煤炭 960 元 / 吨，供暖成本为 30.8 元 / 平方米；购进煤炭 980 元 / 吨，供暖成本为 31.3 元 / 平方米；购进煤炭 1000 元 / 吨，供暖成本为 31.8 元 / 平方米。新园热电公司供暖成本：购进煤炭 960 元 / 吨，供暖成本为 26.8 元 / 平方米；购进煤炭 980 元 / 吨，供暖成本为 27.2 元 / 平方米；购进煤炭 1000 元 / 吨，供暖成本为 27.7 元 / 平方米。

2010 年以前，成本监审工作与农村工作调查研究办公室合署办公。2010 年 3 月，物价局设成本监审科，具体实施重要商品和服务价格成本监审工作。2010 年，分别对天恒利通燃气有限公司和绿能天然气有限公司售气成本进行监审。恒利通燃气有限公司 2009—2010 年两年购气量分别为：46.69 万立方米、36.8097 万立方米，实际售气量分别为：46.669293 万立方米、37.4512 万立方米。年售气成本（包括税金 2 万元）分别为：145.4657 万元、123.7793 万元。单位售气成本分别为：3.07 元 / 立方米、3.25 元 /。保本平均单价（包括税金 2 万元）分别为：3.12 元 / 立方米、3.30 元 / 立方米。绿能天然气有限公司 2009—2010 年售气成本（包括税金 1.5 万元）分别为：129.85 万元、178.47 万元。两年售气量分别为：42.5 万立方米、51 万立方米，单位售气成本分别为：3.02 元 / 立方米、3.47 元 / 立方米。两年保本平均单价（包括税金 1.5 万元）分别为：3.05 元 / 立方米、3.49 元 / 立方米。

第五章　质量技术监督

1980—1989年，设禹城县标准计量所，隶属禹城县经委，干部职工9人，临时工7人，主要业务是度量衡管理。1989年4月1日，设禹城县标准计量局，属县政府职能部门。计量监督管理工作开始步入法制化管理轨道。局下设办公室、计量所和质检所，干部职工32人，临时工8人。1993年10月，机构改革，撤销县标准计量局，改为禹城市技术监督所，隶属禹城市经委，设办公室、计量测试所和产品质量监督检验站。1995年12月，改为禹城市技术监督局，复为市政府职能部门。2000年1月1日，改为禹城市质量技术监督局，隶属山东省和德州市局垂直管理，属禹城市“双管”单位。局机关下设办公室、计划财务科、综合业务科、特种设备安全监察科、监督与法制科及5个区域监管分局和质监所、质量所两个事业单位。在职人员92人。先后被评为“省级档案工作先进单位”、被德州市授予“支持地方经济发展先进单位”等荣誉称号；刘俊哲获山东省质检系统“青年岗位能手”称号。

第一节　计量

1986年以前，禹城计量管理主要是对衡器计量单位管理。1986年7月1日，在贯彻落实《中华人民共和国计量法》之际，率先进行衡器改制工作，废止市斤秤生产、市制竹木直尺销售和非标准量提使用。至1989年改制衡器1539台(件)，推销标准量提578套。

1987年，在禹城县工业企业开展标准计量定升级考评。至1993年有34家企业通过三级（合格）计量验收。其中，3家企业晋升为二级计量企业。

1990—1996年，对经销计量器具许可证（XMC标志）进行监督检查，查计量器具2.46万台（件）。为提高检测能力，购置计量检测设备，具备对衡器压力表、车速里程表等四级13种计量标准检测、考核和认证能力。检测计量器具4.67万台（件），为56家企业完成备案器具四大类19种1.94万台（件），5家企业晋升为二级计量单位；对23家企业进行计量定级复审换证工作。

1997年，新上计量测试项目2个，购置标准天平2架，衡器检定砝码10吨，计量检测能力明显提高。全市检定计量器具5.16万台（件），市区、乡镇计量器具受检合格率分别为95%和96%。1998年，全年强检计量器

图17-5-1　市长闫剑波（右一）到质量技术监督局调研　（2010年摄）

具2.35万台（件），市区、乡镇强检率分别为96%和97%，合格率分别为98.5%和97.1%。

2004年，夏粮收购期间，对18处粮所计量器进行强检，发现人为破坏计量器具坑农害农案件4起，没收被破坏计量器具，对有关单位进行罚款处理，并在全市通报。

2005年后，新增定量包装产（商）品检测项目。举办全市眼镜配制人员参加“眼镜配置标准”培训班，规范眼镜配置市场。

第二节　标准化

1986—1989年，《中华人民共和国标准化法》在禹城实施以前，禹城县标准计量所由1人兼管标准化工作，主要对营销产（商）品标准进行监督检查。1989年始，通过广泛宣传和贯彻落实《标准化法》，禹城县标准化工作不断加强，管理范围迅速拓宽，工作业绩受到上级部门表彰。

一、代码标识

1993年10月，推行全国性“企事业社团统一代码证书”。同年，禹城市申报代码证书单位916个。至2005年新增代码单位851个。至2010年，禹城市新增、变更、换发组织机构代码总量1200余条，覆盖率100%。

二、标准化管理

1989年，制订企业标准13个，食品标签备案39种。1990年，在全县开展工业企业定级、升级工作，质检管理人员深入企业进行全面考核，全县有10家企业通过四级标准化水平验收，禹城县建材厂三次通过地区级标准化水平验收。

1991年，集中力量开展“消灭无标生产”活动，印发各种宣传资料1.3万份，通过全面普查、逐个复查、认真综合等环节，分门别类建立企业档案，促使重点企业实施技术改造，提高产品质量，对无标生产商品禁止出厂上市。通过实行一系列强化措施，县属企业年内消灭无标产品，乡镇企业标准化覆盖率由原来的49%提高到90%。1996年，针对企业无标生产又有回升的现象，开展强制性标准备案工作，对无标生产厂家实行重点管理，限期整改。年底市直企业和乡镇企业标准覆盖率分别为95%和90%。

1994年，全市推行“双采”工作，市属重点企业实行技术改造，引进先进技术和设备，高薪招聘技术人才，不断提高产品质量。禹城市建材总厂率先通过“采用国际标准”验收。1996年，禹城市机械厂生产的四种产品一次性通过国家“采标”验收。

1997年，对全市重点企业采取上门服务指导办法，为企业新产品制订企业产品备案标准，帮助企业建立健全以技术标准为主，包括管理标准、工作标准在内企业标准化体系，促进企业标准化管理水平提高。至1998年市、乡企业产品标准覆盖率分别为98%和95%，比1996年分别提高3%和5%。3家企业采用国际

图17-5-2　超市计量器具检测（2009年摄）

标准和国外先进标准。

图 17-5-3 禹城市质监局开展“5.20世界计量日”宣传活动（2010年摄）

1998年，禹城市黄牛饲养纳入国家重点农业标准化工作实验项目，为130个村1800多家养牛专业户、126家肉牛加工厂（户）及30多家防疫检疫单位制订标准50项，从黄牛良种引进、改良、饲养、殖育、防疫及饲草、饲料，到牛肉加工、检疫等都有标准可行，确保黄牛饲养质量。年底，在山东省标准化工作评比中，禹城被评为“省级先进单位”。2002年7月，通过国家级养牛标准化实验项目验收。9月，国家标准委员会副主任孙晓康和山东省质监局领导到禹城视察，对禹城肉牛养殖标准化示范区工作给予高度评价。

2003—2004年，帮助金帅食品有限公司申报无公害农产品标志，填补禹城无公害农产品空白。2004年为金帅扒鸡和禹城东方大厦申报“CSE”标志，为3家企业申报无公害农产品标志。向国家标准委员会申报“禹城农业标准化玉米产业带示范区”项目。该项目于2008年通过国家级验收。

图 17-5-4 工作人员进超市检查食品质量（2010年摄）

2001—2005年，为企业制定标准23项，修订标准15项，年检产（商）品458个，办理标准登记56家，全市企业产品标准覆盖率达到98.5%。2005年8月，通过标准化验收，成为德州市第一家通过标准化达标验收县（市）。

三、名牌带动

1994年，禹城市标准计量局注重抓产品名牌工作，将科技含量高、绿色环保、低碳节能产品作为名牌产品重点推荐对象。在对高新技术企业调查研究基础上，向禹城市政府汇报争创名牌产品实施方案和建议，引起政府领导高度重视，作出“质量兴市”和“名牌带动”决策。1994年8月，市政府召开全市名牌推进工作会议，提高企业争创名牌积极性。同年4家企业作出争夺“山东省省长质量奖”决定，3家企业4个产品积极要求申报山东名牌产品，1家企业申报山东服务名牌。质检部门从标准、计量、质量、认证等方面加强对创名牌企业帮扶，实行全程跟踪服务，提高争创效率。至2010年年底，禹城市企业产品达到中国名牌2个，山东名牌17个，获山东省质量管理奖企业1个，均列德州市县（市）首位。2009—2010年，为创建“山东省功能糖优质产品基地”出谋划策，集中优势力量投入创建活动。2010年上半年，禹城市企业产品质量抽检合格率98.6%，在山东省县（市）级排名15名。年底，禹城市创建山东功能糖优质产品生产基地项目，顺利通过山东省质量兴省办公室年度检查验收。

第三节 质量检验

1985—1988年，质量监督检验工作由禹城县经济委员会标准计量所承担。1987年，对磷肥、面粉、蜂窝煤等农业生产资料和居民生活必需品抽样检验，抽检97个批次，合格率51%。1988年，开展粘土砖质量检验，抽样119个批次，合格率55%。

1989年3月，禹城县标准计量局成立后，设产品质量监督检验所，专管产品质量监督检验工作。1990年，投资11万元，建成化验室1处，并通过省级计量认证，能承担食品、建材、磷肥等17种产品自检工作。1995年以后，先后投资120万元，成立国家羊绒产品质量监督检验中心禹城工作站和安全阀校验中心。对原化验室进行扩建和改造，购置日本大型检验检测设备，建起微生物实验室。新增原子吸收分光光度计，气象色谱仪和液相色谱仪等先进精密设备及仪器170台（套），对常规菌和致病菌完全有能力进行室内检验和培养。化验室内设食品、化工、高温、油品等4个检验室。食品检验室可检测食品中铅、铜、锰等各种重金属含量，以及乳制品中三聚氰胺等各种食品添加剂参数，检验能力达到87个产品993个参数，食品检验能满足禹城及周边各县（市）区企业需求。化工检验室可检测过磷酸钙、复合肥、掺混肥等化工产品中氮、磷、钾、水分、游离酸等含量。高温检验室主要进行样品灰化或消化分解。油品检验室对柴油、汽油等油品进行闪点、凝点、杂质及水分等参数检测。扩建改造后化验室监测能力和水平居德州各县（市）之首。

图17-5-5 质监局执法人员检查3C强制性认证标志 （2010年摄）

1990年，对食品、建材、磷肥等17种产品进行自检，抽检产品694批次，批次合格率59%。同年，协助企业开展创优质产品工程，“禹王亭特酿”“乐星扒鸡”两种产品创省、部优。1991年，在商贸系统开展“商品质量信得过”活动，贸易大厦获省级、药材公司获地级“质量信得过单位”称号。1993年，广泛宣传《产品质量法》，配合“全国质量万里行”活动，开展打假工作。1994年，61人参加全国质量监督员岗位培训函授班学习，提高质量监督人员素质。1995年，对食品、建材、化工等产品抽样进行化验室检验，抽样品种605批次，合格率65%。其中，食品、建材合格率比1991年提高6%。1996年，把质量监督重点放在日用生活必需品和人民群众反映质量热点问题上。抽检样品1052批次，合格率68.1%。对200多家生产、经销不合格产品企业、营销单位和个体门店依法进行罚没处理。1997—1998年，宣传贯彻国务院制订《质量振兴纲要》，提高全民质量意识。帮助企业解决产品质量存在的实际问题，加强对市属企业产品质量调控管理。禹城市生产企业产品抽样合格率82%，流通领域商品抽样合格率67%，产（商）品合格率空前提高。禹城市水泥厂生产425号水泥，禹城市化工总厂生产尿素分别达到省、地免检产品标准，木糖醇产品质量在全国同行业中率先进入领先地位。2001—2005年，为14家企业通过ISO9002体系认证，3家企业通过ISO14000国际环境认证，为58家企业建立质量档案。贺友集团生产“中密度纤维板”、禹王亭股份有限公司生产“禹王亭白酒”、福田药业公司生产产品都获得“山东名牌”称号。帮助环宇集团申报“中国名牌”。至2010年年底，禹城市有6家企业6种产品获得“山东名牌”称号，成为德州市拥有名牌产品最多县（市）。

图17-5-6　禹城市质监局行政执法案件观摩点评会议（2010年摄）

第四节　行政执法

1986年7月1日，认真贯彻实施《中华人民共和国计量法》，禹城县计量监督管理工作开始向法制管理轨道迈进。1989年，在全县逐步深入开展打击生产、销售假冒伪劣商品违法行为和计量违法行为。

一、专项治理

1989年4月，结合贯彻实施《标准化法》，开展商品标签专项执法检查，查处技术监督违法案例13起，清理不合格食品标签47万张，销毁非标准量提1.56万件，罚没款5.2万元。

1990年，禹城县委、县政府针对全县磷肥市场一度混乱现象，要求技术监督部门集中力量从速整顿。技术监督局组织强有力专业队伍，对禹城县所有生产、销售磷肥部门单位进行检查，清理查封无证经营非法生产磷肥店（厂）13家，罚没款15万元，规范净化磷肥市场。1993—1994年，对农业生产资料进行3次监督检查，查处不合格农机配件475件，假磷肥50余吨，劣质磷肥20吨，冒牌小麦专用肥5吨，总价值11.25万元。2006年，查处不合格化肥2000余吨，取缔无证及不合格企业6家，净化市场，维护农民合法权益。

二、日用品治理

1991—1993年，突出抓电器、日用商品等经销商品执法检查。查封、销毁假冒、伪劣商品77批次，价值5.4万元；查处不合格低压电器50余批次，价值2.3万元；查处计量违法案件11起，罚没款27万元。

1995年年后，城区建设事业迅速崛起，建筑用钢材市场供应趋紧，地条钢生产一度泛滥，禹城市40多家地钢生产企业全部取缔。境内“小炼钢”生产再未复出。

1996年，在保护地方名牌产品上强化行政执法力度，开展“打假不留死角”活动，公开销毁没收假扒鸡、假酒、假烟等商品，总价值100多万元，维护“禹城扒鸡”“禹王亭酒”等名优产品信誉。至1998年，查处劣质禹城扒鸡240余箱，假“禹王亭酒”200余箱，超期变质食品1052袋（瓶）。2003年，在全市开展监督检查，查获假冒伪劣口罩3783副，消毒液243瓶。2005年，加大食品加工企业整治力度，严厉打击用非食品原料、发霉变质原料、过期变质食品、病死畜禽等生产加工食品违法行为，查毁假冒伪劣食品货值50余万元。整顿纯净水生产企业及销售市场开始整顿，对纯净水生产不符合《中华人民共和国产品质量法》有关规定的厂家依法查处，对质量稳定企业帮助办理工业产品生产许可证，对不合格企业给予取缔。至2010年年底，办理纯净水生产许可证7家，取缔非法生产纯净水企业22家。

图17-5-7　检查企业特种设备　（2009年摄）

第五节　特种设备监察

2001年5月之前，禹城市特种设备监察工作归劳动部门管理。5月后，由禹城市劳动局移交给质量技术监督局，遂成立特种设备安全监察科，负责全市特种设备登记、审查监督、检验等方面工作。

一、宣传教育

2001年下半年，重点搞好特种设备安全知识宣传教育活动。以后每年6月“安全生产月”期间，坚持“三进”（进企业、进社区、进校园）宣传安全生产，统一印发《致特种设备生产、使用单位一封信》，向企业发放，向相关企业负责人重申特种设备购置、安装、维修改造中应注意问题，以及特种设备使用中日常维修、注意事项、应急措施等事项，使特种设备购置、安装、维修改造和使用行为进一步规范。至2010年，开展各类宣传活动112次，受教育者10000多人（次）；印发各种宣传品及公开信13580件，同全市127家相关企业、29家事业单位及社区签订安全生产目标责任书，同13家电梯维保单位分别签订《电梯维保单位24小时安全服务承诺书》，使安装特种设备单位管理人员及操作人员对安全生产时刻备有责任心。在全市营造“特种设备安全时时抓，人人抓”氛围。

二、源头治理

从抓好“四率”（注册登记率、设备定检率、持证上岗率、重大事故结案率）入手，实现源头遏制。2003年，采取拉网式排查，对新安装没有登记注册特种设备及时进行注册登记；组织38个有关单位召开专题会议，对16个危化品使用单位一一建档，对全市6处气站，2个气厂和2个气瓶检测站实行蹲点服务。2004年，检验企业206家，下达安全监察意见书165份，对6家企业有严重安全隐患的30台设备责令停止使用，举办3期压力容器操作人员培训班，培训合格作业人员600余人，“四率”达标均在98%以上。2005年以后，加强监察队伍建设，成立由6名区域监管员，17名协管员，1010名联络员的“特种设备安全区监管网络”组织，将安全监管从市区延伸到全市各个行政村，使监管工作不留死角。至2010年，举办特种设备作业人员培训班54期，培训合格作业人员3000余人。普查单位148个，登记锅炉215台，停止使用21台，拆除危炉19台。检验各类气钢瓶772个，检测电梯16部，起重机械15台，办理上岗证181人（次）。

图 20-5-8　禹城市特种设备企业落实质量主体责任培训班（2010年摄）

三、检查治理

2003年以后，每年对冷库、工厂、学校、社区等单位专项检查，锅炉、起重机械、加气站、气瓶等不安全系数较高特种设备和企业，至少进行两次重点检查，发现问题及时处理，治理到位，不留后患。至2010年年底，在全市进行专项检查21次，更换不合格或过期使用气钢瓶1051个，下发安全检查书1858份。

四、合力监管

禹城监管部门争取有关部门通力配合，形成合力做好工作。一旦发现特种设备安全隐患，及时向市政府领导汇报，沟通相关部门，形成整体联动，从速解决重大事故隐患。2010年，全年消除特种设备重大安全隐患40多起，为企业避免经济损失7000多万元，维护了人民群众生命财产安全。

第六章　审计

禹城审计局始建于1984年。初建时审计人员4人，发展到1995年，审计局下设办公室、工交审计科、基建审计科、行政事业审计科和审计师事务所，全局审计人员26名。其中，中专以上学历23人，中级以上技术职称11人，中共党员17人，至2010年，审计局设有办公室、财政金融科、法制科、固定资产投资科、经济责任办公室等5个科室，干部职工30人。禹城市建有内审机构22个，内审人员56人。至2010年审计单位和项目1377个，审计金额约16亿元，提出合理化建议6000余条。

图 17-6-1　1986 年审计局集体合影　（1986 年摄）

第一节　国家审计

一、乡镇财政决算审计

从 1989 年起，分期分批对禹城县（市）19 个乡镇财务收支情况进行审计。审计重点是农民负担过重、乡镇财政招待费开支过大、违控购置、白条列支及乡财政制度建立与执行情况等。至 2003 年，审计乡镇财政 37 次（个），审计总额 3106 万元，查处违纪违法、乱发奖金 98 万元和 6 万元，查处未返还受灾棉农赔偿款、少返还村级提留款 12 万元和 102 万元，查处并拨付被挪用村级经费 26 万元，查出虚列预算外支出 4 万元，查出未代扣代缴个人所得税 2422.7 万元，上缴到税务机关。提出审计建议 24 条，促进乡财政增收节支 413 万元。帮助乡镇建立健全财政制度，纠正财务账目混乱现象，克服会计一人既管钱，又管账，账实不符，收入与暂存款、支出与暂付款混淆等问题，改变白条入账、白条抵库问题。

二、同级预算执行和其他财政收支情况审计

1996 年，对禹城市财政局上年度预算执行和其他财政收支情况进行审计。1998 年，审计财政、税务等 15 个一级预算单位。通过审计有效遏制违纪违规现象，规范预算资金管理和使用，清理违规开设 13 个账户，提出 10 条合理化建议，向市政府作出审计报告，并代政府向禹城市人大常委会做同级财政审计工作汇报，为党政领导运筹财政经济工作和人大常委会加强财政监督提供重要依据。

2000 年，对禹城市财政局、林业局、畜牧局、建委、卫生局、水利局、地方金库等单位上年度财政决算情况进行审计，提出加强财务管理，完善内控制度，严格执行财务制度，加强会计人员培训，账务处理及时规范，杜绝白条顶库现象等建议。

图 17-6-2　省审计厅调研组到禹城调研　（2009 年摄）

2006年，对禹城市财政局、地税局、林业局、广电局、计生局、环保局上年度预算执行和其他财政收支情况进行审计。

2007年，对禹城市农业局及下属单位2005—2006年预算执行情况进行审计，查出挪用专项资金53万元，使用不合规票据报销29万元，应入未入固定资产0.5万元。

2008年，对禹城市财政局上年度预算执行和其他财政收支情况进行审计。审计认定，2007年度财政决算真实，各项财政管理制度健全、有效，缴拨手续齐全。

图17-6-3 审计人员研究审查方案 （2008年摄）

三、金融保险审计

从1987年开始，对国家金融、保险机构财务收支真实性、合法性和效益性进行审计监督。至1990年，先后开展对中国工商银行禹城县支行、中国建设银行禹城县支行、中国农业银行禹城县支行和中国人民财产保险股份有限公司禹城分公司等单位审计，重点审查信贷政策执行情况、财务收支情况和有无截留上交收入、乱发奖金实物等，查出信贷管理、挤占成本费用、基建挂账、违控购置等问题。通过审计促使被审单位健全财务管理制度，纠正资金管理存在问题，使金融、保险部门更好地为社会服务。

2000—2005年，先后对禹城市建行、农行、工商行、市地方金库、中国银行禹城支行、中国农业发展银行禹城支行地方税收、个人所得税代扣代缴及地方金库预算执行情况等审计，查出偷漏缴税总金额128万元，查处代扣代缴个人所得税少上缴6万元。为税务机关追回偷漏税金134万元，罚款3万元。

1996—2005年，对禹城市农村信用社及市内16处乡镇农村信用社进行财务收支情况审计。先后进行29次，查出漏计企业所得税金额4万元，偷漏税金额54.14万元，少代扣代缴税金额4万元，通过审计共处罚款11万元。偷漏税部分全部上缴税务机关，罚款上缴禹城市财政。另外，对6个乡镇农村合作基金会财务收支情况进行审计，查处漏缴各项税金29万元，全部上缴税务部门。

四、专项资金审计

1986—1987年，审计工作围绕专项资金管理与使用、利用外资、压缩基建规模、控制消费资金增长、外贸体制改革等，进行审计调查，写出详细调查报告与建议，为各级领导加强宏观决策提供依据，为审计工作开展打下基础。重点进行专项资金与基建项目审计。1.教育经费审计。通过审计将发现问题写出综合审计报告，引起禹城县政府领导高度重视，督促有关单位制订措施，限期整改，切实加强教育经费管理。2.对扶贫资金审计。审计发现，3个单位扶贫资金使用有不合理问题，据此提出8条审计建议，对禹城县扶贫资金进行彻底清理，做到专款专用。3.对基建工程项目开展前审计。审计基建项目8个，净审减投资上百万元，对已竣工计划外工程按总造价50%罚款，并追究有关部门责任，通过审计对压缩基

图 17-6-4　中审报记者在禹城市审计局驻亚纺公司工作组采访 （2010 年摄）

建规模，控制计划外资金投入起到积极作用。

1988 年、1991 年、2002 年对水利设施补助费、水利事业费、水利专项资金筹集管理使用情况进行审计调查，发现河道淤塞严重、内河水利设施管理被动、资金短缺失修较为严重等问题。提出审计建议 3 条，提醒有关部门对专项资金要合理使用，加强河道治理，切实管理好堤防与水利设施工程，防患于未然。

1989—2005 年，对禹城县（市）劳动服务公司和保险事业处（后改为禹城市社会劳动保险事业处）所管理“职工退休养老基金”和“职工待业保险基金”收取、管理、使用等有关问题进行 5 次审计，审计总额 2349 万元，查出违纪金额 9 万元，欠缴“两金”135 万元。提出审计建议 12 条，促进增收节支 4 万元。

1989 年，对环保局环保资金进行审计，查出挪用排污费 4 万元，提出审计建议 4 条，建议排污费要用于治污，为禹城全市人民打造一个良好环境。

1989—1992 年，对禹城县黄淮平原农业综合开发资金拨付及使用情况进行 3 次审计。发现上级有关部门对开发资金不能按年度计划及时拨付，严重影响开发进度，提出审计建议 12 条，被有关部门采纳后，千方百计保障开发工程资金使用，促进开发进度，确保开发质量，取得明显工程效益和经济效益。

1989—1997 年，对全县（市）农业综合开发资金筹集、投入、管理和使用、粮食生产专项资金和棉花生产专项资金拨付及使用情况进行多次审计，年年有拨付不及时问题。提出 12 条审计建议，引起有关部门重视，问题较好地得到解决。

1991—1995 年，对城建工程先后进行 4 次审计，发现有关承建单位对预算高估冒算和建设资金使用有违纪行为。审减高估冒算部分，违纪资金上缴市财政。

1993—1994 年 5 月，审计公路局对养路费收缴与使用情况，查出超计划列支修建费，挤占养路费支出 0.4 万元，查出漏缴各项税金 0.6 万元，上缴税务部门。提出审计建议 2 条。

1991—1998 年，对禹城市检察院、法院、公安局办案收费、罚没款物等财务收支情况分别进行审计，提出审计建议 18 条。

1996 年，对禹城市直机关事业单位社会保险基金和企业职工养老保险基金和失业保险基金征收、发放、管理情况进行审计，查出年度三项基金欠缴 135 万元，医疗保险基金收缴比例较低，形不成积累。提出审计建议 2 条。

1998—2001 年，对禹城市民政局抗洪救灾款物接受、管理、分配、发放和使用情况进行审计，在审计建议中提出，救灾资金使用要坚持民主评议、登记造册、张榜公布、公开发放、自觉接受社会监督等重要建议。

2001—2004 年，对福利彩票资金收支及管理使用情况进行审计，查出对应缴未缴财政款项 13 万元，上缴财政专户。

图 17-6-5　省审计厅调研组到禹城调研经济责任审计工作（2009 年摄）

95 万元，有问题资金 71 万元，均加以纠正。提出审计建议 4 条。1992 年，对禹城县自来水公司第一水厂建厂一期工程财务收支情况进行审计，认定工程投入资金 394 万元，落实投资 285 万元，资金缺口 109 万元。有记账不规范现象。提出审计建议 8 条。

1993 年，对禹城县（市）全民所有制单位 1992 年度新开工建设项目进行调查审计，如农业局、卫生局、城建局、商业局固定资产，及职工住宅建设，概算投资 498 万元进行审计，提出审计建议 6 条。1995 年，对禹城市华兴商场修建工程结算情况进行审计，项目总投资 120 万元，提出审计建议 3 条。1998 年，对禹城市供销社金桥大厦竣工决算进行审计，查出工程高估冒算 59 万元，罚款 12 万元上缴禹城市财政，漏缴固定资产调节税 31 万元上缴地税。1999 年，对禹城市木糖醇厂 1997 年度生产线改造项目竣工决算进行审计，查出漏缴固调税 29 万元，上缴地税。2000 年，对禹城市人民医院病房综合楼和城市建设综合开发公司沿街楼工程竣工决算情况分别进行审计，查出漏缴个人所得税 4 万元和各项税金及附加费 17 万元，上缴财政罚没专户。2009 年，对禹城市社职工回迁楼和党校宿舍楼财务收支情况、民政局敬老院改扩建资金管理使用情况进行审计。提出审计建议 13 条。

2003—2008 年，对离休干部医疗基金管理和使用情况进行审计，发现自付单位医疗保险缴纳不全，离休干部住院医疗支出存在记账不及时，医疗保险基金入不敷出等问题，建议禹城市离休干部领导小组引起重视，加强征收力度，确保医疗资金及时、足额拨付。

2007 年，对 30 个市直部门、22 家重点企业帮扶敬老院专项资金进行审计调查。审计结果表明，敬老院帮扶资金全部到位，有 14 个部门和企业拨款高于 1 万元。支出全部是敬老院费用，未挪用，签字手续完备。

2010 年，对禹城市新型农村合作医疗保险及其他保险参保情况进行审计，审计认定，居民医疗保险参保率 40%，职工医疗保险参保率 95%，新农合参保率 100%。

五、固定资产投资审计

自 1989 年开始，禹城县审计局对禹城县固定资产投资活动实行监控。1989 年，对禹城县农副产品开发公司《扒鸡公司综合开发项目》基本建设情况进行审计，审计资金 670 万元，查出有问题资金 36 万元，违纪金额 16 万元。1990 年，对禹城县塑料厂农用薄膜技术改造项目进行审计，审计资金 870 万元，违纪金额

六、领导干部经济责任审计

2000 年以后，对 50 多名党政机关、企事业单位领导干部进行经济责任审计，查处并纠正违规行为资金 840 万元，挽回直接经济损失 200 多万元。

七、行政事业审计

图 17-6-6 德州市审计局调研组与企业负责人座谈 （2010 年摄）

1989 年以后，对行政事业单位财政、财务收支及其相关经济业务活动进行审查。1989 年，对禹城县 18 个行政事业单位进行审计，查出违控购置、违规发放福利、招待费超支等问题。向政府撰写审计报告，引起禹城市政府领导重视，审出问题得到解决。

1990 年，对 37 个行政事业单位年度财务收支情况进行审计；对农业局及下属单位财务收支情况进行审计，审计金额 680 万元，查出违纪金额 21 万元，上缴财政 0.6 万元，提出审计建议 6 条。

1991—1992 年，对禹城县 19 个单位年度财务收支情况进行审计，审计金额 708 万元，查出漏缴税金 35 万元，违控购置 19 万元，挪用专项资金 34 万元及招待费、会议费超支等问题，提出审计建议 62 条。

1993 年，对禹城县（市）38 个行政事业单位非生产性开支情况进行审计。其中， 8 个单位存在基建项目超计划投资 38 万元，4 个单位组织出国参观考察违规支出 10 万元，9 个单位违控购买小汽车支出 131 万元。提出审计建议 18 条。同时，对张庄镇、原善集乡、莒镇乡及其 6 个行政村 1992 年度农民负担情况进行审计调查，发现乡镇统筹资金和村提留过多，集资统筹资金管理不严、使用不合理以及村级财务管理混乱等问题，提出审计建议 8 条。

1994—2008 年，对禹城市所有行政事业及其有关系统内单位分期分批进行财务收支审计，查出违纪违规支出、挪用专项资金、偷漏税金、白条列报、欠缴漏缴财政收入等不良事件上百种，涉及金额过亿元。提出审计建议 213 条。

2009 年，对禹城市地税局 2008 年度税收征管情况进行审计，查出 5 户企业少提少缴税金 23 万元。2010 年，对地税局、农发行税收征收管理和财务收支情况进行审计，查出税收流失 2.8 万元，违纪违规金额 40 万元，提出审计建议 5 条。

八、企业审计

审计机关对国有企业（包括国有控股企业）资产、负债、损益真实、合法、效益进行审计监督。其目的是揭露和反映企业资产、负债和盈亏真实情况，查处企业财务收支中各种违法违规问题，维护国家所有者权益，促进廉政建设，防止国有资产流失，为政府加强宏观调控服务。

（一）企业财务审计。1988 年，对百货公司四部 1987 年财务收支情况进行审计。审计总金额 66 万元，有问题资金 10 万元。其中，违纪金额 5 万元。提出审计建议 4 条。1990 年，对邮电局、自来水公司、良种棉加工厂、土产公司及粮食系统厂、站、公司等单位年度财务收支情况审计，审计金额 2477 万元，查出有问题资金 130 万元，违纪金额 82 万元，上缴财政 26 万元。1991 年，对木材公司、棉纺厂、物资服务公司等 9 户重点企业财务审计，审计

图 17-6-7　研究亚纺公司审计工作　（2010 年摄）

总金额 102 万元，查出违规违纪金额 33 万元，上缴税金 0.2 万元，罚没款 1 万元，促进增收节支减少损失浪费 12 万元。提出审计建议 3 条。1992 年，对金属建材公司、县印刷厂、十里望粮所、贸易大厦、第四油棉厂审计，审计总金额 459 万元，查处违纪违规金额 25 万元，潜方挂账 7 万元，促进增收节支 9 万元，提出审计建议 4 条。1993—1995 年，对外贸公司、电影公司、棉纺厂、物资建材公司、供销社食品厂、药材公司、机电话轻公司、金属建材公司、天成机械股份有限公司财务收支情况进行审计。审计总金额 8101 万元，查出违纪金额 28.3 万元，上缴财政 22 万元，查处损失浪费 10 万元，促进增收节支 145 万元，提出审计建议 5 条。1996 年，针对有些企业财务管理不严，违规违纪及铺张浪费年年有增无减，有甚者欠缴、漏缴税等财务收支不良现象，加大企业财务收支审计力度，做到常抓不懈，组织审计人员对百货公司、建材公司、粮食贸易公司、人造板厂、城建开发公司、燃料公司、兴禹化工总厂、环宇集团、自来水公司、供销社汽修厂、贸易大厦、禹王亭酒业公司、粮油贸易公司等 13 个单位财务收支情况进行审计。审计总金额 2100 万元，查出欠缴税金 84 万元，违规违纪金额 51 万元，罚款 7 万元，提出审计建议 16 条。1997 年，审计热电厂、农机公司、饲料公司、曲轴厂、市面粉加工厂、生资公司等 6 个单位，查出漏缴税金 215 万元，虚增利润 114 万元，违控购置 3 万元。1998 年，对电力总公司、电力安装公司、电力物资分公司、开元商厦、市建筑工程公司进行审计。查出应缴未缴各项资金 351 万元上缴财政，查出漏缴各项税金 117 万元，上缴税务部门。1999—2000 年，对粮油实业公司、城建开发公司、进出口集团公司、五金公司年度财务收支情况进行审计。查出漏缴、欠缴各项税金 27 万元，上缴税务部门，查出挤占成本费用 150 万元。

（二）企业税金审计。该项审计主要是针对企业偷税、漏税、欠税等问题进行审计工作。

2001 年，对棉麻公司、医药公司、电信局、人保公司、烟草公司、建筑公司、禹王亭彩印厂、石油公司、面粉厂等 9 个单位 1999—2000 年度地税延伸情况进行审计，查出偷漏税款 229 万元，上缴地税局，查出各种违规行为罚款 26 万元上缴财政。2002 年，对中樱公司、太平洋保险、盐务公司、粮转站、粮食收储公司 2000—2001 年地方税收情况进行审计，查出漏缴各项税金 29 万元，上缴税务部门，并罚款 11 万元。2003 年，对石化公司、医药公司、烟草公司、中国人寿保险公司、太平洋人寿保险公司、移动公司、自来水公司、金凯家电有限公司、建筑公司、东方大厦 2001—2002 年度地方税收情况进行审计，查出漏缴各项税金 41 万元，上缴税务部门，欠缴财政收入 83 万元，上缴禹城市财政。2004 年，对鸿泰有限公司、粮转站、明珠大酒店、润田化工有限公司、禹王实业有限公司、棉麻公司、人保公司、人寿保险公司、开源房地产开发公司、贺友集团、保龄宝公司、面粉厂 2003 年地税实现及缴纳情况进行审计，查出漏缴各项税金262万元，上缴地税。2005年，对天马房地产开发公司、建筑公司、恒通建筑安装公司、建设综合开发公司、人保公司、财保公司、网通公司、演出公司、鲁西高速公路开发有限公司、热电厂、新华书店2004年度地方税收情况进行审计，查出各项漏缴税金797万元，罚款3万元。2006年，对禹城市电力总公司、建业建筑公司、隆昌建筑公司、鲁西高速公路开发有限公司第二分公司税收实现及上缴情况进行调账审计，查出漏缴各项税金810万元。2007年，对大禹龙神酒业有限公司、禹王实业有限公司、贺友、新意发品、力宏宝冠、三阳汽配、佳艺发品、鲁樱食品、中农润田、富源玉米等单位税收完成情况进行审计，查出欠缴各项税金513万元，上缴税务部门。

2008年，对禹城市中农润田化工有限公司2005—2007年纳税情况进行审计，查出少提少缴企业所得税150万元，上缴有关税务部门。

（三）其他企业审计。1989年上半年，对农副产品开发公司经营情况进行审计。审计金额174万元，查出违纪金额30万元。

2006年，对百货公司1997—2006年6月租赁收入、商城拆迁补偿费收入、处理商品收入、费用支出、在建工程、救济金和低保金收支等情况进行审计，写出审计报告。

2007年，对归燕门业有限责任公司、辛店等6个粮食收储站职工权益情况进行审计。认定职工权益兑付225万元，拨付劳动事业保险处职工养老金52万元，拨付医疗保险处职工医疗保险费52万元，由粮油集团兑付职工权益项目费165万元。

2009年，对新园热电公司上年度供暖期经营情况进行审计。发现该公司在供暖期成本投入多，而售气价格低，亏损165万元，为下年调整气价提供依据。2010年，对自来水公司供水成本进行一次审计。审计认定，前3年经营处于亏本销售状态，提出应召开听证会广泛征求意见建议。

九、外资审计

1987年，对禹城县农业引用外资项目委员会办公室世界银行贷款华北平原农业项目和禹城县种子公司种子项目进行审计，提出审计建议4条。1991年，查出禹城县种子公司外资引用项目，账目账表不符，予以调整；赊销钢材货款立即收回，并及时做好账务处理，回收资金及时上交山东省项目办。

1993年，对安鹏电子有限公司、鲁禹食品有限公司进行审计，审计金额951万元，查出违纪违规金额7万元，促进增收节支减少损失浪费13万元，提出审计建议3条。

1994年，对禹城市中外合资企业情况进行审计调查，认定有17家企业与美、日、马来西亚等6个国家和中国香港、澳门地区17个公司进行合资议项，16个企业办理营业执

图17-6-8　演示审计软件　（2008年摄）

照。1994—1997 年，先后两次对禹城市外资机械施工公司财务收支情况进行审计，查出损失浪费 6 万元，少提各项税金 37 万元，促进增收节支 48 万元。提出审计建议 9 条。

1995 年，对禹城市外资施工公司损益情况、财务收支情况、效益情况真实性进行审计，审计金额 5642 万元，促进增收节支 47 万元，提出审计建议 6 条。

十、效益审计

1991—1993 年，对造纸厂、副食加工厂、金属回收公司财务收支与经济效益情况进行审计，审计金额 78 万元，提出审计建议 5 条。

1995 年，对禹城镇、莒镇、伦镇、安仁、辛店信用社 1994 年度资产负债损益情况进行审计，审计总金额 1068 万元，查出应上缴财政金额 11 万元上缴财政，促进增收节支 28 万元，提出审计建议 17 条。1995—2003 年，对禹城市建中集团、建筑公司、建材公司、第四油棉厂、红麻纸浆厂、第五油棉加工厂、天使汽修集团、自来水公司、龙凤鸡业、明珠大酒店、贸易大厦、旭辉集团、葡萄酒厂、禹王亭集团、生资公司等 15 个单位资产、负债、损益情况进行审计，审计总金额 19083 万元，查出漏缴各项税金 450 万元，上缴税务部门，上缴财政罚没款 19 万元，促进增收节支 268 万元，提出审计建议 128 条。

2002 年，对禹城市生产资料公司、联销公司 1996—2000 年资产、负债、损益情况进行审计，查出企业严重虚盈实亏、企业严重资不抵债、内部管理严重失控等重大问题，向主管部门提出建议。通过整改，两公司经营效益好转。

2004 年，对禹城市福田农机有限公司 2001—2004 年 10 月资产、损益及其他情况进行审计，查出隐瞒销售收入 233 万元，偷漏各种税金 48 万元上缴税务部门。

2005—2009 年，对禹城市面粉厂、粮食收储公司、龙凤鸡业公司、天信食品工业有限公司、龙丰种子有限公司、天龙玻璃公司、尚沃化工有限公司、禹城宾馆、归燕门业公司等 9 个单位资产、负债及所有者权益等情况进行审计。

2010 年，对医药公司资产、负债、损益情况进行审计，查出虚列商品销售收入等问题，提出审计建议 5 条。

第二节 内部审计

1985 年，开始推行内部审计制度，内审工作贯彻“边组建，边工作，稳步发展”方针，审计队伍日益壮大，业务领域逐步拓宽，审计质量逐年提高。至 2010 年年底，禹城市成立内审机构 22 个，内审人员达到 56 人。开展内审项目 2820 个，查处损失浪费达 2056 万元，促进相关单位增收效益 4256 万元。2005 年，在山东省内审经验交流会上，禹城代表德州市内审系统作典型发言。

第三节 社会审计

1988 年，成立审计师事务所，隶属禹

图 17-6-9 审计人员对企业进行审计 （2009 年摄）

城市审计局。在禹城全市范围内开展社会审计工作和咨询服务。事业编制 15 名。1999 年年底，审计师事务所按上级有关规定与审计机关分离，重新组建会计师事务所，成为独立经营、自负盈亏、自收自支社会中介组织。

事务所遵循“靠质量赢得回头客”“靠信誉求生谋发展”工作原则，审计人员做到“实事求是，客观公正”，社会审计业务逐年增多，社会信誉越来越好。1989—1995 年，完成各种查证项目 1643 个，查出违纪金额 1657 万元，直接增加财政收入 125 万元；受理经济案件签证、清理债权、债务、资产评估等业务项 1522 个，1623 条合理化建议被有关单位采纳，为企业增收节支 2253 万元；完成 73 个基建工程预、决算审计验证项目，审计金额 1.69 亿元，查出高估冒算金额 539 万元，为单位节约大量建设资金。

1996—1998 年，完成审计项目 1844 个，审计资金总额 61.962 亿元，验证资金总额 17.163 亿元，查出虚假注册资金 1668 万元。禹城市审计师事务所被评为“山东省社会审计先进集体”，被山东省审计厅批准为“具有省级地方国有企业审计查证资格”。

1986—2010 年禹城县（市）主要审计成果表

表 17-6-1　　　　　　　　　　单位：万元

年＼项目	已审单位（个）	查出违纪金额	应上缴财政金额	已上缴财政金额	应追还挪用专项资金和应减少财政补贴等	促进增收节支金额
1986	13	73.2	36	30	16	86
1987	20	43.1	11	10	7	45
1988	48	12.9	12	10	4	21
1989	79	4	3	3	2	12
1990	198	79	60	59	13	174
1991	79	368	238	180	30	360
1992	80	288	242	201	48	499
1993	92	405	298	249	52	698
1994	115	1284	357	354	56	1322
1995	69	1115	457	440	101	1376
1996	80	1748	750.67	747	48	1697
1997	76	2396	1478.48	1477	170	1888
1998	68	5965	903	623	74	1110
1999	51	2257	660	660	156	398
2000	42	2515	448	110	63	1216
2001	27	9080	396	158	95	1790

续表 17-6-1

年 \ 项目	已审单位（个）	查出违纪金额	应上缴财政金额	已上缴财政金额	应追还挪用专项资金和应减少财政补贴等	促进增收节支金额
2002	34	1970	563	431	26	—
2003	28	2130	421	408	86	1263
2004	36	1682	677	644	186	1867
2005	17	1577	812	787	128	1756
2006	19	528	549	534	—	534
2007	23	780	515	505	—	505
2008	27	570	520	508	32	508
2009	32	23	23	23	—	23
2010	24	4	4	4	—	4
合计	1377	36897.2	10434.15	9155	1393	19152

第七章 安全监督

1998年机构改革之前，禹城市安全生产工作由禹城市劳动局、社会保障局劳动安全科管理。之后，由禹城市经济委员会运行办管理。2002年4月，正式组建禹城市安全生产监督管理局（以下简称安监局），定编5人。2004年11月，组建禹城市安全生产监察大队，2008年9月，增设禹城市安全生产应急救援指挥中心办公室。2010年5月，组建高新区、房寺、梁家、伦镇四支安全生产监督检查中心中队。

坚持“安全第一、预防为主、综合治理”方针，发挥综合协调监管职责，开展隐患治理和专项整治，安全生产形势持续稳定，事故起数、受伤人数、死亡人数和直接经济损失4项考核控制指标逐年下降，连续11年没有发生较大及以上生产安全事故，2007年，被国家安监总局授予“全国安全监管工作先进单位”荣誉称号。

第一节 安全监管

一、直接监管

建立完善危险化学品、烟花爆竹、非煤矿矿山3大直接监管领域安全管理档案，建立完善24家危险化学品生产企业、55家经营单位（含加油站）、14家使用单位（含化工医药）、34家砖瓦厂和1家烟花爆竹批发企业基础资料库和隐患动态管理台账，划分A、B、C、D四大类，实行分类动态管理，督促危险化学品、烟花爆竹、非煤矿矿山新建、改建、扩建工程项目严格审查程序，审查率达100%。落实安全生产行政许可制度，危险化学品生产、经营单位和烟花爆竹批发企业办理“安全生产（经

图 17-7-1　德州市推进落实政府安全生产监管责任现场会在禹城召开（2009 年摄）

营）许可证”，按照国家政策依法收缴 34 家砖瓦厂“安全生产许可证”，鼓励企业转型转产。开展安全标准化工作，禹城市绿健生物技术有限公司等 10 家企业安装 DCS 或 PLC 智能仪表控制系统，完成自动化控制及安全连锁技术改造工作，7 家加油站安装 HAN 阻隔防爆装置，成为德州市进度最快、完成最早的县市。以危险化学品、烟花爆竹、非煤矿矿山和市属重点企业为重点，以查责任、查制度、查现场、查设施、查落实为主要手段，制订年度、季度和月份执法检查方案，明确检查重点、检查内容和检查方式方法，实行案件处理报告制度，取得明显效果。至 2010 年，检查生产经营单位 1 万余家（次），督促整改各类隐患 6400 余处，督促整改率 100%，对 20 处重大危险源全部实施监控，监控率 100%，依法对许可证过期且存在隐患 4 家危险化学品企业报请政府实施关闭。2008 年、2010 年，德州市 2 次危险化学品安全标准化现场会议在禹城召开，推广禹城“三化一法”监管模式。即：市场准入制度化、企业安全标准化、重点工序科技化和分级分类监管化。

2010 年，组建职业健康监管科室，配备工作人员，设立监管台账，对生产经营单位实行建档立卡户籍化管理，检查各类生产经营单位 6000 家（次），聘请安全专家参检 30 次，下达责令整改指令书 500 余份，查出隐患和问题 2000 处，限期整改到位，实现生产经营单位执法覆盖率 100%、责令整改书复查率 100%、结案率 100%。在高危行业推行安全生产责任险，2 家企业缴纳责任险 4.2 万元。加强“重大节日、重要时期”安全监管，组织开展安全大检查，实行驻厂监察，落实领导带班、24 小时值班制度，确保安全稳定。

二、综合监管

发挥安委会办公室综合协调监管职责，落实安全生产责任制，按照“一岗双责”要求，从市长、到副市长、到部门、到企业、到村庄，层层签订《安全生产目标承诺书》，实行立体分解，定期通报。完善安全生产考核奖惩体系，将安全生产列入市、乡党政领导干部政绩考核重要内容，纳入禹城市经济社会综合考核体系，制定《禹城市安全生产考核奖惩办法》《禹城市安全生产管理暂行办法》，实行百分制考核，对发生事故的，严格执行“一票否决”。坚持安全生产例会制度，根据“两会”、汛期、“十一”、冬季等重要时期和重大节日安全生产规律，每年定期召开安委会成员单位调度会议，分析形势，部署任务，解决问题，先后协调解决企业安全间距不足、“三线搭挂”、高压线下树障隐患和东方大厦消防通道不畅通等重大事项 60 余项。建立完善应急救援体系，制订《禹城市较特大生产安全事故应急救援总预案》，督促质监、交警、消防等部门制定道路交通、人员密集场所等 23 个重点领域专项预案，分行业分领域建立50人专家队伍，全市形成单位自救、区域互救、政府指挥应急救援体系。组织危化品、烟花爆竹、消防、道路交通、城镇燃气等应急演练300余次。扎实开展隐患排查治理，按照“专家查隐患、政府搞督导、部门抓监管、企业抓落实”工作机制，以“打非、治违、抓责任、除隐患、防事故”为重点，对23个重点领域，下发《关于明确23个重点领域牵头及配合部门安全监管职责通知》，督促配合部门与牵头部门，分别与禹城市安委会签订《领域安全监管责任状》，督促各领域牵头部门制订隐患排查治理方案，编制年度、季度、月份检查计划，实行日调度、周通报、月汇总，梳理《全市事故隐患动态管理台账》，分级分类实施整改监控，对存在问题久拖不改的，实行挂牌督办、定期通报、动态消零；对问题严重且拒不整改的，采取停产、断电、吊销执照、依法取缔等措施，从速从重处理；对各类危险源实行一企一册、一源一档、责任到人、全程监控。至2010年，督促各乡镇各部门检查生产经营单位2.8万余家（次），督促整改各类隐患和问题3.6万余处、督促各生产经营单位投入隐患整改资金近亿元。

图 17-7-2 德州市安监局督查组在禹城督查安全生产工作（2010年摄）

第二节 安全生产教育

2002年，制订《禹城市安全生产宣传培训教育长远规划》，实施“大宣传、大培训、大教育”工程，每年6月组织开展“安全生产月”活动，采取电视讲话、安全咨询、知识竞赛和安全知识进社区、进村庄、进学校、进工厂、进家庭“五进”等活动，营造安全生产氛围，参加“安全生产月”各类活动的职工群众达12万余人（次）。2006年5—6月，组织贺友集团、润田化工公司、大禹龙神酒业公司等25支代表队参赛，举办禹城“贺友杯”安全生产知识竞赛，督促建设局、消防队、教育局、工会等部门

图 17-7-3 安监局工作人员检查企业安全生产工作（2010年摄）

深入生产一线，培训员工30余万人（次）。开展“送法到企业”活动，印制《安全生产法律法规及文件汇编》2000本，帮助从业人员熟知熟记安全知识。对各类生产经营单位安全管理人员、特种作业人员进行培训，持证上岗率达100%。实施“平安禹城”安监信息畅通工程，编制《禹城市安全生产专题片》，创刊《安监信息》《外地事故快报》，禹城市领导批示达400余次。在《禹城市报》《德州日报》《中国安全生产报》《人民日报》等刊物上发表稿件800余份，编印《安全生产法律法规及有关文件汇编》5000余份，免费发放到各乡镇、各部门、各企业安全管理人员手中。

图 17-7-4　市人大常委会副主任纪淑华（前排左二）检查企业安全生产知识宣传工作（2010年摄）

第三节　安全生产责任

2008年12月，在全市开展安全生产主体责任“百问百查”活动，落实企业安全生产8大主体责任，督促生产经营单位制订《工作进度配档表》，实行网络化管理，在物质保障、资金投入、机构设置、人员配备、规章制度、教育培训、安全管理、事故报告、应急救援9个方面进行横向分解，在全厂、车间、班组、岗位、工种、员工6个方面进行纵向落实。至2010年，全市开展“问查”活动单位达900余家，建立健全规章制度和操作规程4200余项，化工企业“41条禁令”全部上墙，企业自查自纠各类隐患6000余处。

第十八篇

中共禹城县（市）地方组织

1986年以来，历届县（市）委团结带领全县（市）人民坚持以经济建设为中心，解放思想、与时俱进、把握机遇、顽强拼搏、加快推进改革开放。25年间，先后出台多项符合禹城县（市）情、富有禹城特色的政治决策、经济决策和文化决策，使全县（市）面貌发生了天翻地覆的变化，政治安定、社会稳定、经济发展、政通人和、文明和谐，综合实力和人民生活水平不断提高。

1986—2010年，中共禹城县（市）第五届、第六届、第七届、第八届、第九届、第十届、第十一届委员会和各级党组织全面贯彻中共十三大、十四大、十五大、十六大、十七大精神，紧紧围绕“工业发展、高新产业、招商引资”和全面建设小康社会总目标，结合禹城县（市）情及发展实际，不断完善工作思路，提高科学决策水平，党执政能力建设、基层民主政治建设、党风廉政建设、宣传思想和社会综合治理等项工作不断得到加强和提升。

第一章　党代表大会

1986—2010年，中共禹城县（市）先后召开第六次、第七次、第八次、第九次、第十次、第十一次代表大会，大会选举产生县（市）委领导班子，同时选举产生县（市）纪律检查委员会领导成员。大会在不同时期和阶段，总结工作，提出任务和奋斗目标。团结广大党员、干部、群众为经济繁荣与社会进步而不懈努力。

第一节
中共禹城县第六次代表大会

大会于1987年7月19日开幕，21日闭幕。21个代表团，264名代表参会。选出县委委员28名，候补委员4名。县委副书记李宝贵致开幕词，县委书记孙清明代表县委作工作报告，孙思东代表县纪律检查委员会作工作报告，大会讨论并通过两个报告。分析上次党代会后，全县政治和经济形势所发生的巨大变化，肯定成绩，找出差距，正确总结经验和教训，着重讨论和研究今后两个文明建设问题，确定今后三年奋斗目标。会议经过民主选举产生中共禹城县第六届委员会和中共禹城县纪律检查委员会，在22日召开的全委会上，孙清明当选为禹城县委书记，李宝贵、胡玉兴、张恒勤、李茂章当选为副书记。

第二节
中共禹城县第七次代表大会

大会于1990年3月10日开幕，12日闭幕，到会正式代表266人，列席代表63人。选举产生中共禹城县第七届委员会委员28名，候补委员4名；纪律检查委员会委员13名。县委书记李宝贵代表第六届县委向大会作题为《认真贯彻整治整顿和深化改革方针，夺取我县两个文明建设新胜利》的报告。大会在回顾总结前三年工作基础上，研究今后三年奋斗目标和措施，动员全县党员干部群众，深入贯彻党的十三届四中、五中全会精神，坚持党的基本路线，保持政治局势稳定，不断夺取建设和改革事业新胜利。3月12日，中共禹城县七届一次全委会召开，会议产生第七届县委常委、书记、副书记，李宝贵为书记，赵志录、张恒勤、高登平、

图18-1-1　党员代表学习党代会文件　（2007年摄）

续表 18-2-1

届 次	职 务	姓 名	籍 贯	任 期
第六届	其他常委	潘尚孟	山东省齐河县	1987 年 7 月—1990 年 3 月
		秦吉升	山东省禹城市	1987 年 7 月—1990 年 3 月
		赵忠新	山东省禹城市	1989 年 10 月—1990 年 3 月
第七届	书记	李宝贵	山东省武城县	1990 年 3 月—1992 年 7 月
		赵志录	山东省临邑县	1992 年 7 月—1995 年 3 月
	副书记	赵志录	山东省临邑县	1990 年 3 月—1992 年 7 月
		张成道	山东省夏津县	1992 年 7 月—1995 年 3 月
		张恒勤	山东省商河县	1990 年 3 月—1992 年 12 月
		高登平	山东省禹城市	1990 年 3 月—1992 年 7 月
		刘继福	—	1990 年 3 月挂职
	其他常委	高宪春	山东省嘉祥县	1990 年 3 月—1993 年 1 月
		刘长仁	山东省禹城市	1990 年 3 月—1993 年 1 月
		赵忠新	山东省禹城市	1990 年 3 月—1993 年 1 月
		孙思东	山东省禹城市	1990 年 3 月—1993 年 1 月
		潘尚孟	山东省齐河县	1990 年 3 月—1993 年 1 月
		贾桂凤（女）	山东省禹城市	1991 年 3 月—1995 年 3 月
		刘宗生	山东省禹城市	1991 年 3 月—1993 年 12 月
		秦吉升	山东省禹城市	1993 年 1 月—1994 年 5 月
		朱昌连	山东省乐陵市	1993 年 1 月—1995 年 3 月
		陈兰钦	山东省商河县	1993 年 1 月—1995 年 3 月
		杨丙亮	山东省聊城市	1993 年 1 月—1995 年 3 月
		刘兆祝	山东省禹城市	1993 年 1 月—1995 年 3 月
第八届	书记	张成道	山东省夏津县	1995 年 3 月—1998 年 1 月
	副书记	王在泉	山东省诸城市	1995 年 4 月—1997 年 12 月
		朱昌连	山东省乐陵市	1995 年 4 月—1998 年 1 月
		李传武	山东省临邑县	1995 年 4 月—1998 年 1 月
	其他常委	李光德	山东省武城县	1993 年 3 月—1997 年 12 月
		贾桂凤（女）	山东省禹城市	1995 年 4 月—1998 年 1 月

续表 18-2-1

届　次	职　务	姓　名	籍　贯	任　期
第八届	其他常委	陈兰钦	山东省商河县	1995 年 4 月—1998 年 1 月
		王一平	山东省禹城市	1995 年 4 月—1996 年 3 月
		张仁新	山东省禹城市	1995 年 4 月—1998 年 1 月
		杨　军	山东省禹城市	1995 年 4 月—1998 年 1 月
		傅　林	山东省德州市	1995 年 4 月—1998 年 1 月
		杨同军	山东省禹城市	1996 年 7 月—1998 年 1 月
		曲孝东	山东省禹城市	1996 年 7 月—1998 年 1 月
第九届	书记	李传武	山东省临邑县	1998 年 1 月—2001 年 1 月
		朱昌连	山东省乐陵市	2001 年 1 月—2003 年 1 月
	副书记	朱昌连	山东省乐陵市	1998 年 1 月—2001 年 1 月
		黄金忠	山东省临邑县	2001 年 1 月—2003 年 1 月
		贾桂凤（女）	山东省禹城市	1998 年 1 月—2001 年 2 月
		杨　军	山东省禹城市	1998 年 1 月—2001 年 1 月
		杨同军	山东省禹城市	1998 年 1 月—2003 年 1 月
		傅斌厚	山东省济南市历城区	2001 年 2 月—2003 年 1 月
		周杰华（女）	山东省莱州市	2000 年 7 月—2003 年 1 月，挂职
		刘长民	山东省德州市陵城区	2001 年 2 月—2003 年 1 月
		杨　华	山东省阳谷县	2001 年 2 月—2003 年 1 月
	其他常委	陈兰钦	山东省商河县	1998 年 1 月—2001 年 2 月
		张仁新	山东省禹城市	1998 年 1 月—2001 年 2 月
		傅　林	山东省德州市	1998 年 1 月—2001 年 2 月
		曲孝东	山东省禹城市	1998 年 1 月—1999 年 7 月
		田绍亭	山东省禹城市	1998 年 1 月—2003 年 1 月
		傅斌厚	山东省济南市历城区	1998 年 1 月—2003 年 1 月
		蔡永平	江苏省金湖县	1999 年 7 月—2003 年 1 月
		张仁庆	山东省禹城市	2001 年 2 月—2003 年 1 月
		纪淑华（女）	山东省平原县	2001 年 2 月—2003 年 1 月

图 18-2-1　2010 年 6 月，十里望撤乡设镇会议　（2010 年 6 月摄）

委台湾工作办公室不再与统战部合署办公，机构单设。2010 年机构改革，主要围绕深化行政管理体制改革为总目标，市委工作部门基本无变化，保持 2002 年机构改革状况。

第三节　基层党组织

1986—1993 年，禹城县有基层党委 21 个，辖 5 个镇党委，14 个乡党委。1994 年 8 月，成立兴达建材公司党委。1995 年 7 月，成立兴禹化工集团党委，8 月成立物资集团党委，9 月安仁乡撤乡换镇，建立安仁镇党委。1996 年 7 月，成立禹王亭公司党委；同时，石屯乡撤乡设镇，建立石屯镇党委。1997 年 12 月，前油坊乡撤乡设镇，建立前油坊镇党委。1998 年 12 月，袁营乡撤乡设镇，建立袁营镇党委。禹城市委辖 9 个镇党委，10 个乡党委。1999 年 1 月成立粮油集团党委，8 月，成立教育局党委，12 月，成立公安局党委。2000 年 5 月，市委进行区划调整：禹城镇与廿里堡乡合并为市中街道办事处、石屯镇更名为禹石街道办事处、袁营镇划归伦镇、辛寨乡与前油坊镇合并为辛寨镇、善集乡和大程乡划归房寺镇、张集乡划归辛店镇，区划调整后乡镇、街道办事处同时建立党委。调整后，禹城市委辖 2 个街道党委，7 个镇党委、3 个乡党委。2001 年 6 月，成立保龄宝公司党委，7 月成立商城党工委，9 月成立德州科技职业学院党委。2001 年 12 月，市中街道办事处、禹石街道办事处合并为市中街道办事处，成立市中街道党委。2002 年 3 月，成立建设局党委和交通局党委。2003 年 6 月，成立福田药业公司党委，10 月成立贺友集团党委，11 月，禹城市直机关党委更名为禹城市直机关工委。2005 年 7 月，成立龙力公司党委，8 月成立通裕集团党委。2008 年，撤销山东天成机械集团党委。2009 年 5 月，禹城市村庄合并，将全市 997 个农村党支部合并为 383 个农村社区党组织，其中，社区党总支 76 个（下设产业党支部 272 个），社区党支部 228 个，未合并村党支部 79 个。2010 年 6 月，十里望回族乡撤乡设镇。2010 年 12 月，全市有党（工）委 33 个。辖房寺镇、辛店镇、梁家镇、伦镇、辛寨镇、张庄镇、安仁镇、十里望回族镇等 8 个镇党委，莒镇乡、李屯乡等 2 个乡党委，高新技术开发区党工委 1 个，市中街道党委 1 个，市直机关工委、教育局、建设局、交通局、公安局等 5 个市直部门党（工）委，商城党工委 1 个，高校（德州科技职业技术学院）党委 1 个，企业党委 14 个。党总支 107 个，其中农村社区党总支 76 个，事业单位党总支 10 个，机关党总支 13 个，高校党总支 3 个，企业党总支 5 个。党支部 1062 个，其中事业单位党支部 159 个，机关党支部 97 个，农村党支部 579 个（其中包括产业党支部 272 个），企业党支部 206 个，其他党支部 21 个（民办非企业党支部 15 个，城市社区党支部 6 个）。

第三章　重要决策

1986—2010 年间，中共禹城县（市）委，围绕“工业发展、高新技术产业、招商引资”和全面建设小康社会总体目标，不断完善工作思路，提高决策水平；发挥党委集体智慧，每届县(市)委班子，都做出阶段发展的战略决策，保持政策连续性和社会经济发展稳定性。对禹城社会经济发展，起到宏观指导作用。

第一节　党政机构改革

1986—2010 年 25 年间，随着改革开放深入发展，经济形势迅速变化，为使党政机构适应中国特色社会主义建设要求，从 1983 年进行机构改革之后，又经历 1993 年机构改革、1996 年机构改革、2002 年机构改革和 2010 年机构改革。逐步使党政机构适应不断变化的新形势，减少机构、精简人员、提高素质、提高效率，更好地服务于经济建设。

一、1993 年机构改革

1993 年年初，山东省委将禹城列为全省机构改革试点县。年底，县乡机构改革全部完成。这次改革依照政企分开和精简、统一、效能原则，将市级党政群工作机构由 82 个精简为 40 个。其中，市委 5 个，市政府 25 个，群团 3 个，依照党章和《中华人民共和国宪法》及有关规定设置 7 个。在规范机构的同时，对其工作职能和内部机构进行规定，市直机关设立 118 个股室，比改革前减少 171 个。在乡镇内部机构设置中，有 12 个乡镇分别设置党政办公室、农业办公室、经贸办公室、社会事务办公室、科教文卫办公室、计划生育办公室。1995 年，将乡镇管理体制改为办事机构与助理员相结合组织形式，撤销原办公室制度，设置党政办公室，配备信访、文教、财政、民政、计生、土管司法助理员和统计员。

为建立和完善激励竞争机制，禹城市委制定《关于建立和完善干部激励机制意见》，充分体现公开、平等、竞争、择优原则，对科局干部实行委任、聘任相结合，对部门中层和一般工作人员实行竞争上岗。对市委工作部门正副职和市府工作部门正副职实行委任制。面向社会，打破界限，公开选拔经贸委一把手。对政府部门副职和 16 个科级事业单位副职实行聘任制。部分副职由一把手聘任，科级事业单位正职由市长聘任。对内部科室负责人和一般工作人员，在部门内部通过公开竞争，择优聘用，并报组织人事部门备案。为确保新机制正常运行，各部门建立健全工作制度，从领导到基层科（办）员层层签订目标责任书，市委、市府重新修订公布《禹城市机构编制管理办法》，使机构管理有章可循。改革前，市直部门领导职数为 265 职，经过调整，党政群机关 35 个部门（不含人大、政协）配备领导干部 118 职，平均 3.4 职。平均年龄 43.2 岁，比调整前下降 2.9 岁；高中、中专文化占 92%，比调整前提高 11%。在乡镇领导班子配备上，党委成员由 7 人组成，设书记一人，副书记 2 人（含交叉任职 1 人）、委员 4 人（含交叉任职 1 人）；政府乡镇长 1 人，副乡镇长 3 人，一类乡镇增设副乡镇长 1 人。

改革后，禹城市级党政群机关行政人员由原先 1152 人精简为 563 人，其他 585 人（含死亡 4 人），按以部门安置为主，市统一安排为辅原则，通过六条途径进行分流：1. 成建制转移到企事业单位286人；2. 实行内退制度。对男年满55岁，女满50岁的78名机关工作人员，实行内部退养；3. 进入实体工作23人；4. 停薪留职到私营和村办企业任职4人；5. 分流机关后勤人员42人；6. 充实基层事业单位129人。19处乡镇原有行政人员1143人，改革后，精简为569人，分流机关人员574人。其中，到实体和事业单位438人，到乡镇企业37人，内退83人，辞职农民合同制工人16人。清退临时工427人，清退计划外民办教师378人。

通过机构改革，市级机关涉农部门成建制转为社会化服务实体，乡镇设立六大服务实体，即农业技术服务中心、农业机械服务中心、林果蔬菜服务中心、畜牧兽医服务中心、水利服务中心，文化广播服务中心。

市委制定《关于下放权力，理顺市乡政企关系意见》，将市直部门设在乡镇的农机、农技、林业、水利、兽医、文化、广播、土管等单位，人财物全部划归乡镇管理，乡镇卫生院下放到乡镇管理，乡镇教委作为乡镇工作部门由乡镇管理。卫生、教育系统干部职务任命、人员调动必须由乡镇提出意见。乡镇工商所、税务所、法院、派出所等实行市直部门与乡镇双重领导，并以市直部门为主体制。设在乡镇的直属单位，如农行营业所、邮电支局、供电站、粮所、供销社等接受乡镇党委、政府监督。

二、1996年机构改革

1996年机构改革，重点从明确职能，理顺关系，完善制度，强化服务入手，使其更加科学合理，促进社会经济和各项事业发展。

机构改革中，对城管办、农业局、粮食局等18个机构编制人员进行核定；对4个升格或撤并机构向德州市进行申报；对环保局、物价局、外经贸委等市直21个单位内部机构进行审定或调整，理顺工作关系。起草下发《关于乡镇农业技术推广机构组织建设和定编定员工作意见》，将乡镇农技推广机构由过去服务中心改称为站，增设水产站和蔬菜站。对全市副科级以上事业单位重新进行报批；对全市492个独立核算事业单位建立信息库。

为加强机构编制和工资基金管理工作，借鉴外地先进经验，市委、市政府下发《关于进一步加强机构编制意见》，对进入机关、事业单位人员，收取事业单位发展基金，有效控制人员过快增长。主动与银行部门联系，加强机关事业单位工资基金管理工作。对禹城市19个乡镇农、林、水、畜牧、农机等计15个部门人员逐一进行审核，并打印成表，为统配人员安置提供依据。严格按分配方案分配派遣人员，保证统配人员有序进行。

三、2002年机构改革

2002年4月底，禹城市、乡两级机构改革实施工作顺利完成。改革后，市直党政群工作机构由48个精简为42个，其中市委工作部门7个；部门管理机构2个；政府工作部门26个；群团3个；按宪法设置4个。市直行政人员（含政法系统）由1049人精简为869人，分流人员180人，精简率为17%；其中党委部门精简12%；政府部门精简25%；市人大、政协机关精简12%；市群团机关精简15%；政法机关精简10%。市直党政35个工作部门领导职数由198人精简为168人，略高于德州市批复的162职，精简率为15%。乡镇领导职数由149人精简为114人，精简率为23%；行政人员由604人精简为413人，精简率为32%，行政事业单位分流人员769人。通过改革，达到预期目的，市乡党政机构初步形成职能配置合理、机构人员精干、运转高效的工作系统。

四、2010年机构改革

2010年，禹城市围绕深化行政管理体制改革总目标，分别进行市乡两级机构改革，制定并落实24个市直部门和11个乡镇“三定”方案。在政府机构改革中，将市政府工作部

图 18-3-1　禹城市国税局机构改革动员大会（2010 年摄）

之内。

全市 11 个乡镇（街道），均设置四个办公室和五个事业机构。四个办公室：党政办公室、经济发展办公室、社会事务管理办公室（挂计划生育办公室、社会治安综合治理办公室牌子）、群众工作办公室。房寺镇增设一个办公室：城乡建设办公室。五个事业机构：农业综合服务中心、财政农经管理中心、计划生育服务中心、社区建设服务中心、文化体育服务中心。房寺镇增设一个事业机构：社会保障服务中心。

门由原来 28 个整合为 24 个，严格将机构个数控制在限额内。切实保证部门职能不夸大、不遗漏、不交叉，机构、编制、职数限额不突破。对涉及部门间职责交叉问题，及时征求相关部门意见，提出修改建议。通过这次机构改革，取消、转移、下放部门职责 8 项；加强部门职责 22 项；明确部门职责边界、调整部门职责 36 项，其中，理顺部门职责交叉事项 23 项；明确部门承担责任 2 项；取消具体行政审批管理事项 24 项，促进政府职能转变；整合优化内外贸易、经济与信息化、人力资源和社会保障、文体与广播电视等方面职能和机构，在推进职能整合、部门合并方面迈出实质性步伐；依照“以责定权、权责一致”原则，在界定部门职能的同时明确部门责任，促进部门高效履职。

乡镇机构改革中，综合乡镇总人口、财政收入、行政区域面积等因素，将乡镇划分为三类，分类情况为：一类乡镇 1 个（房寺镇）；二类乡镇 6 个（伦镇、梁家镇、辛寨镇、辛店镇、安仁镇、十里望回族镇）；三类乡镇 3 个（张庄镇、莒镇乡、李屯乡）。市中街道办事处 2002 年以前组建，不在这次改革范围

第二节　全面振兴禹城经济战略

1986 年年初，县委书记孙清明代表县委提出发展乡村企业必须坚持“小、补、多、优、快、新、廉、引、变、信”十字发展方针，全力加快禹城经济发展。10 月，县委召开农村经济工作会议。1988 年 7 月，县委、县政府制定人才、项目、资金引进优惠政策。同年 9 月底与全国 46 家科研单位建立密切联系。1988 年 10 月，县委决定在全县试行企业股份制，深化企业改革。1989 年 2 月，禹城县委、县政府印发《关于农村九项政策通知》，保障农业持续、稳定、快速发展。1991 年 1 月，县委书记李宝贵代表县委提出，着重抓好农业、工业、第三产业，搞好多种经营，全面振兴禹城经济，提前奔小康。1992 年 1 月，县委、县政府全面贯彻落实中共十三届八中全会，制定禹城县达到小康水平主要指标：全县工农业总产值 38.7 亿元，年递增 11.8%，农业总产值 10.6 亿元，年递增 7.3%，国民生产总值 15.3 亿元，人均国民生

产总值达3000元，年递增9.1%，全县人均收入1500元，其中农民人均纯收入1300元，年递增8.4%，农民人均消费1000元，占人均收入的80%左右，人均占有家庭自有资产累计达到4500元。同时，县委召开由县、乡、村三级干部参加的农村工作会议。动员全县人民齐心协力、共同奋斗，为提前达到小康水平而不懈努力。1992年4月，县委、县政府提出关于进一步深化改革、扩大开放意见，县政府公布经济开放一系列政策。

第三节　建设现代化城市战略

1993年2月，县委、县政府决定“八五”末全县实现工农业总产值50亿元。县委书记赵志录代表县委指出要打好“五大战役”：大力发展外向型经济，在速度和效益上搞突破；狠抓企业技术改造升级，在科技进步上搞突破；坚定不移地发展乡镇企业，在速度上搞突破；大力发展畜牧业，在商品化上搞突破；大力发展第三产业，在流通上搞突破。

抓“三基建设”，即：农业基础产业建设；加强基础设施建设；振兴基础和科技教育，提高劳动者素质。

培植主导产业。1993年12月4日，市委书记赵志录在中共禹城市七届全委扩大会议上指出今后经济发展战略目标：奋战17年，建设新禹城。即到2010年，不到20年时间里，把禹城建设为经济实力雄厚、产业结构合理、城市功能完善、社会秩序稳定、文化设施配套、人民生活富足的现代化城市。1994年7月7日，市委、市政府制定下发《关于深化企业改革实施方案》。

第四节　建设经济强市战略

1995年4月23日，市委书记张成道在中共禹城市第八次代表大会上，代表市委作题为《解放思想、团结实干、苦战五年，为把禹城建设成为经济强市而奋斗》的工作报告。4月28日，市委确定1995年工作要点。工作要点指出，市委确立“分两步走，三年甩掉欠发达帽子，五年建成经济强市”战略目标。1995年是打基础的关键一年。经济工作总思路是：紧紧围绕壮大财政实力、增加农民收入两大主题，坚持加快发展与提高素质并重，深化改革，扩大开放，优化结构，三产并进，努力使经济增长质量和效益有一个大提高。1996年1月20日，市委提出1996年工作要点。重点做好四方面工作：1. 推动国民经济高速发展；2. 全方位推进改革开放；3. 加强社会主义精神文明和民主法制建设；4. 切实加强中共党的建设和改善党的领导。1996年10月，全市农村实施“兴村富民”工程，加快农村经济发展和农民致富步伐，确保1998年禹城市基本实现小康。市委、市政府制定《关于在全市农村实施“兴村富民”工程意见》。同年，市委、市政府制定《禹城市“九五”时期农村小康建设计划纲要》。1997年1月4日，公布市委1997年工作要点。要点分四部分：全力推进国民经济快速发展；全方位推进改革开放；加强社会主义精神文明建设和民主法制建设；切实加强党的建设和党的领导。1997年1月6日召开市经济工作会议，总结1996年经济工作，研究部署1997年改革和建设任务，大干1997年，彻底甩掉欠发达帽子，为1998年建成小康市，1999年建成经济强市奠定坚实基础。1998年1月12日，市委书记李传武代表市委在第九次党代会上作题为《解放思想，放开搞活，加快发展，努力实现建设经济强市历史性跨越》工作报告。1998年12月28—31日，市委、市政府召开全市经济工作会议，市委书记李传武代表市委指出工业经济发展思路是：调整结构，增加投入，开拓市场，提高效益。重点培

图 18-3-2　外地客商参观保龄宝公司展厅（2010 年摄）

植“三糖、两酒、一肥、一药、一板”十大主导产品。要以“人本、成本”为重点，加强管理，提高效益。

1999 年，市委、市政府作出《关于加快国有企业改革和发展》《关于推进科技进步、加快技术创新》《关于深化教育改革和加快教育发展》等三个重要决定。2000 年 7 月 20 日市委书记李传武代表市委在九届六次全委扩大会议上作题为《认真实践“三个代表”思想，努力实现更快更好发展》报告。同年 9 月 25 日，市委召开常委扩大会议研究落实上级一系列关于加快工业发展批示精神。2000 年 9 月 30 日召开“比、查、订、干，优化环境，大上工业”动员大会。市委强调，工业是“首位”，是总纲，是“重中之重”。同年 11 月 22 日，市委通过《禹城市国民经济和社会发展第十个五年计划纲要（草案）》。市委要求，苦干五年，跨入山东省经济 30 强。2001 年 1 月召开全市经济工作会议，进一步动员大上工业，发展非公有制经济，放开搞活市场流通。

第五节　建设“一强三城”战略

2001 年 8 月 3 日，市委书记朱昌连代表市委、市政府提出“努力实践‘三个代表’重要思想，向‘一强三城’（建设经济强市、建成高新技术产业城、文明城、园林城）奋斗目标大步跨越”的兴市战略。2002 年 1 月 20 日的经济工作会议上，市委书记朱昌连代表禹城市委指出，紧紧围绕建设“一强三城”，突出四项重点（招商引资、大上工业、民营经济、农业产业化），强化四项措施（解放思想、优化环境、社会稳定、队伍建设），实现八大突破（招商引资、高新产业、培大扶强、名牌带动、深化改革、膨胀民营、龙型经济、城市经营）。2002 年 11 月 12 日，召开发展高新技术产业暨对外开放工作会议。市委书记朱昌连讲话指出，加快实施“科技兴禹”战略，突出三项工作重点（高新技术产业化、传统产业高新化、高新区建设现代化），实施“三创一带”工程（技术创新、体制创新、品牌创新、外向带动），高新区落实“五个一”措施，全力推进高新区产业“二次创业”，加快产业结构优化升级，努力把禹城经济做高、做新、做特、做强。实施“三创一带”工程，即：强化技术创新，拉长产业链条；强化体制创新，增强发展活力；强化品牌创新，争创名牌企业；实施外向带动，提高经济外向度。落实“五个一”措施，即：建设一支队伍，搞好一个规划，健全一套体制，落实一套政策，建好一个中心。多渠道融资，快速度建设。对外开放，要突出招大商、招名企。

第六节　建设“小康禹城”战略

2003 年年初，禹城市委书记陈永华代表禹城市委在全市第十次党代会上作《认真实践“三个代表”重要思想，为全面建设小康禹城而努力奋斗》的工作报告。明确指出，今后五年全市改革和建设任务十分繁重，以加快发展为主题，以结构调整为重点，以改革开放为动力，加快建设“小康禹城”步伐。2003年1月召开工作务虚会，统一思想，2月召开领导干部会议，进行动员，7月市委全委会通过《关于实施三年规划，实现经济总量翻番决议》。2003年12月23—25日，市委、市政府召开全市经济工作务虚会，确立2004年全市经济工作总体思路，概括为四句话、十六个字——“路子延伸、方式创新、方面突破、全线飘红”。2004年1月，禹城市委制定《2004年工作要点》（以下简称要点）。《要点》指出，走实一条路子，叫响两个口号，以经济建设为中心，以大上工业为重点，以招商引资为路子，以改革创新为动力。处理好改革、发展、稳定关系。坚持“两手抓、两手硬”，物质、精神、政治文明快速、协调、健康发展。2004年2月，召开经济工作会议，落实《要点》提出的主要任务。2004年12月，市委、市政府召开经济工作务虚会，总结工作，统一思想，市委强调，经济工作重点仍是全力培植“三大一高一名一群体”。“三大”就是大企业、大产业、大项目，即贺友、通裕、禹王三大企业，木材加工、羊绒加工、大豆加工、玉米加工及玉米芯加工、畜禽加工、棉花加工等大产业，贺友、通裕、禹王、鲁银、保龄宝、龙力、福田等支柱企业和骨干企业实施大项目；“一高”就是突出高科技；“一名”就是知名品牌；“一群体”就是民营经济群体。2005年1月，市委制定《2005年工作要点》。同年2月，市委、市政府召开经济工作会议，市委书记陈永华代表禹城市委作题为《宵衣旰食，殚精竭虑，向三年翻番目标奋力冲刺》重要讲话。同年7月，市委召开领导干部会议，全面盘点上半年工作，部署下半年任务。同年10月21日，市委、市政府制定《关于小康村建设意见》，使小康建设具体化。市委在《2006年工作要点》中指出，突出“三大一高一名一外一群体”战略要点，膨胀“三糖一药一机一木一黄金”“三粮一棉一电一化一饮品”主导产业，推动三个文明和谐并进与社会建设协调发展。2006年2月，制定“一岗三责”考核制度，优化环境，建立健全激励机制。在2006年4月新农村动员大会上，市委书记陈永华强调，新农村建设要围绕实施“五大工程”展开。实施富民强村工程，构建经济新格局；实施惠农支农工程，促进生活新提高；实施环境改造工程，展现乡村新风貌；实施文明进村工程，培育造就新农民；实施固本强基工程，健全管理机制。市委书记陈永华代表禹城市委在十届市委全委扩大会上作题为《宵衣旰食，殚精竭虑，努力在新起点上实现更快更好发展》报告，强调实现小康禹城的必要条件和如何工作。

图18-3-3 禹城市市长张磊（左一）陪同济南天辰集团考察团参观禹城企业 （2010年摄）

第七节　建设经济文化强市战略

禹城市委主要负责人代表禹城市委，在禹城市2007年中共党的十一次党代会上提出“加快和谐禹城、全面小康建设进程新思路”。在经济工作会议上，提出2007年奋斗目标。2008年经济工作会议上，禹城市委提出“以德立市、工业强市、整体推进、和谐发展”奋斗口号，明确“123456”工作思路，制定2008年奋斗目标。2009年经济工作会议上，禹城市委主要负责人作题为《坚定发展信心，突出工作重点，全力推进经济文化强市建设》报告。总结前段工作，认为经过努力奋斗，具备实现快速发展的良好历史机遇和有利条件：1. 山东省学习实践活动试点县市；2. 具备快速发展产业优势和物质基础；3. 禹城正处工业发展中期阶段；4. 2008年成绩喜人；5. 锻炼党员和企业家队伍；6. 营造风正气顺、安定和谐发展环境。实现各项经济建设目标。

第八节　推进富民强市战略

2010年3月1日，市委书记闫剑波代表市委提出坚持“解放思想，放开搞活，集中精力，加快发展”16字工作方针，本着大、好、快、实、稳五项原则，开创禹城经济社会发展新局面。具体工作思路：围绕“一区两地”目标，深入开展“两年”活动（重大项目建设年、城乡建设改造年），全力抓好“三区”建设（城区、社区、园区），加快推进“四化”进程（工业化、产业化、城镇化、社区化），确保实现五个提升（经济实力、发展速度、城市形象、民生质量、全省位次）。大、好、快、实、稳五项原则，即：大，就是思想大解放、保持大干劲、实施大工程、促进大变化；好，就是项目实施好、产业调整好、民生改善好、群众反映好；快，就是决策快落实、重点快突破、发展快速度、成果快体现；实，就是作风转变实、工作抓得实、问题解决实、成绩反映实；稳，就是社会形势稳、安全生产稳、发展环境稳、经济运行稳。加快建设经济文化强市，让51万禹城人民更加幸福安康。同年7月14日，禹城市委制定今后三至五年战略规划，组织开展“三抓三上”活动，即：全民抓招商、全党抓项目、全力抓发展，企业上规模、财政上台阶、排名上位次。实施“三步跨越”发展战略，即：第一步，2010年制定规划，拉开框架，完善机制，打牢基础；第二步，到2012年地方财政收入达到10亿元；第三步，2015年地方财政收入达到20亿元，进入山东省先进行列，打造经济繁荣、城市靓丽、城乡一体、人民幸福、社会和谐新禹城。

第四章　组织工作

自1986年，组织工作紧紧围绕改革发展稳定大局和县（市）委工作中心，全面推进中共党的建设，加强中共党的执政能力和先进性。从改革开放、工作重点转移，到提出科学技术是第一生产力，从开展“三讲”，到提出“三个代表”重要思想，到学习实践“科学发展观”重要思想，禹城县（市）委不断加强中共党的组织建设，总结经验、接受教训，抓好党中央各项方针政策落实，巩固和提高执政地位。

第一节　干部工作

一、干部作风

1999年8月至2000年2月，在市级领导班子、领导干部及公、检、法领导班子中，集中开展以“讲学习、讲政治、讲正气”为主要内容的“三讲”教育活动，有效解决市级领导班子和领导干部在党性党风方面存在的突出问题；2001年1月至2002年1月，历时一年时间，在乡镇、市直部门及乡（镇）直部门领导班子和领导干部、村“两委”班子和班子成员中，分两批开展“三个代表”重要思想学习教育活动，达到“干部受教育、群众得实惠”的目的。2002年10—12月，在乡、村干部中深入开展“上不糊弄领导，下不亏待百姓”“两不”作风整顿活动。2003年9—12月，在全市组工干部中开展“树组工干部形象”集中学习教育活动。2004年获山东省“树组工干部形象‘六比’知识竞赛集体奖”；2007年，开展以“察民情、听民意、解民忧”为主要内容“三民”走访接访活动。“三民”活动各种材料规范整理，建档立卷，作为领导班子、领导干部实绩资料备查。走访各级党政干部、党代表、人大代表、政协委员5200余人次，走访基层单位3100余个，走访干部群众7000余人次，开展专题走访120余项，收集意见、建议4700余条，汇总梳理后向责任单位反馈2900余件，解决2200余件。2008年9月，山东省委将禹城市作为山东省深入学习实践科学发展观活动试点县市和省委书记、省人大常委会主任姜异康联系点。学习实践科学发展观活动真正达到“党员干部受教育、科学发展上水平、人民群众得实惠”的目标要求。山东省44个省直部门把禹城作为工作联系点和学习实践活动调研基地。2009年2月10日，中央学习实践活动指导检查组莅临禹城实地检查指导，对禹城的学习实践活动给予高度评价和充分肯定。2009年11月20日，中央学习实践活动领导小组办公室第890期简报，刊发禹城市扎实抓好整改落实后续工作经验做法。

二、干部选任

（一）规范干部选任工作。1993年，开始试聘优秀农村党支部书记担任副乡（镇）长。1994年，为进一步规范干部选任工作严肃性和组织人事纪律，制定《关于干部选拔任用有关规定》和《关于干部管理和约束机制有关规定》。1995年，制定《禹城市关于干部选拔任用工作规定》。1996年，重点走好民主推荐、民主测评、组织考察、党委研究四个任用规程。1997年，为促进干部任免工作规范和标准化，结合工作实际编印《干部任免工作制度手册》。公开选拔和竞争上岗成为选拔干部重要方式，增强干部工作透明度。2001年5—6月，采取公开考选方式，面向全市公开选拔招商局局长、外经委副主任等10名科级领导干部和19名专职招商引资工作人员；8月，以禹城一中为试

图18-4-1　公开考选副科级后备干部笔试考场（2010年4月摄）

点，推行竞争上岗工作。2002年，完成市乡机构改革工作任务，加大竞争上岗和公开考选工作力度。乡镇和市直部门1940人参加竞争上岗，占全部机关人员的70%。

（二）公开考选招商专员。打破身份、地域、年龄、级别界限，面向全国公开考选20名招商专员、20名兼职招商专员和26名招商联络员，其中市外人员38名。

图18-4-2　公开考选副科级后备干部面试考场　（2010年5月摄）

（三）推进干部任用制度改革。2004年，采取面向全市公开考选方式，从71名报考人员当中，选拔第二招商局局长1名、副局长5名；完成乡镇机构改革和人员分流工作；选拔部分优秀政法干部到乡镇挂职。2006年，通过招考方式，引进7名山东省委组织部选调生。同时，加大对选调生跟踪管理力度，对在乡镇扎实工作、成绩突出、满3年，全部解决副科级待遇。2010年4月，面向全市党政群机关和事业单位，经过动员报名、资格审查，笔试、面试，组织考察，公开考选100名副科级后备干部到基层单位锻炼10个月。在基层锻炼期间，本人行政关系、组织关系、工资关系“三不动”，工作与原单位脱钩。其中62人到乡镇社区（农村）锻炼，38人到重点企业车间一线锻炼。市委组织部建立副科级后备干部管理办公室，负责后备干部日常管理、督促检查、考核考察、综合评价等工作。2010年7—8月，市委、市政府面向全市党政群部门、事业单位在职在编工作人员，对禹城一中校长实行公开招聘。

三、干部监督

（一）管理监督。自1986年，由思想作风监督为重点逐步向以日常管理监督和经济责任审计并重转移。2002年，设立干部监督审理科，进一步强化对干部选拔任用工作监督。抓好学习宣传，增强各级贯彻干部选拔任用法规自觉性。《党政领导干部选拔任用工作条例》（以下简称《条例》）正式颁布，采取印发干部任用法规政策读本、知识竞赛、开展《条例》征文等形式，深入宣传干部选拔任用工作政策法规。2005年10月，组织广大干部群众参加德州市委组织部举办的条例知识竞赛答题活动，

图18-4-3　2010年禹城市入党积极分子培训班　（2010年摄）

获优秀组织奖。2010 年，组织专题学习四项监督制度并进行测试，2457 名领导干部参加测试。邀请专家进行授课学习，翻印四项监督制度宣传册 2500 余份，做到领导干部人手一册。充分利用报纸、电台开设专栏，开展乡镇（街道）党委书记、市直部门负责人征文活动。2006 年、2007 年协调联系，增强干部监督工作合力。注重加强干部管理部门与相关监督管理部门协调和沟通，充分发挥不同监督渠道作用，做到党内监督、审计监督、群众监督相结合。坚持干部监督联席会议制度、经济责任审计制度、群众举报受理制度，增强干部监督工作合力，形成干部监督齐抓共管工作局面。

（二）实施“一把手”监督。在确保各级领导班子主要负责人熟悉《条例》基础上，实行主要领导干部用人失察责任追究制。对发现违反程序、坚持标准条件不严格、“带病提拔干部”等情况，视不同情况追究有关责任人责任。

（三）开展“五查”活动。2010 年，结合学习贯彻落实四项监督制度，各乡镇（街道）、市直部门开展查机构、查职数、查程序、查标准、查纪律“五查”活动。对检查发现问题，责令有关单位限期整改。通过开通“12380”举报电话、“12380”举报网站等各种形式畅通举报渠道。

图 18-4-4 “四项干部监督制度”宣传栏（2010 年摄）

四、干部培训

1986 年，认真贯彻《干部教育培训工作条例》，培训工作形成分层分类、社会化、大规模新格局。培训内容上，紧紧围绕发展大局，以加强党政干部、企业经营管理人员、专业技术人才“三支队伍”建设为落脚点，因人而异，突出针对性和实效性，把政治思想理论培训放在首位。参加各类培训干部 515 名。

2002 年，加大培训力度，内容更广泛，形式更灵活，效果更明显。选派县级、科级干部到中央党校，山东省、德州市委党校等培训机构学习深造，完成上级调训任务。发挥禹城市党校培训主阵地作用，办好各类主体培训班次。5 年举办主体班次 75 期，培训各类干部 9563 人次。

2003 年后，通过党校函授、在职自学、成人高考、电大等形式，扩大教育覆盖面，提高培训整体效益。全市取得大专以上学历 1230 人，其中研究生学历 27 人，在学 486 人。

2007 年，禹城市委加强基础设施建设、师资队伍建设和培训教材建设，在禹城市委党校举办主体班次 24 期，其中科级干部 12 期，培训 914 人；政法干警 7 期，培训 600 人；农村党支部书记 5 期，培训 750 人。

2008—2010 年，利用宣讲团、远教网络进行宽领域、覆盖式培训。培训干部 34 期，其中行政执法人员 3 期，培训 500 人；中青年干部培训班 1 期，155 人；科学发展观培训班 4 期，497 人，农村党支部书记培训班 11 期，1628 人次；

图 18-4-5 禹城市副科级后备干部培训班开学典礼（2010 年 5 月摄）

市直机关干部培训班 7 期，1400 人；乡镇涉法诉求站工作人员培训班 2 期，180 人；入党积极分子培训班 1 期，100 人；学习实践活动培训班 2 期，235 人；新进机关大学生培训班 1 期，200 人；科级后备干部培训班 1 期，100 人；公务员更新知识培训班 1 期 200 人。参训人员由领导干部向一般干部、乡村干部侧重，干部队伍知识结构和专业结构更加合理。

第二节 基层组织工作

一、整顿后进村

1995 年，禹城市委制定《关于进一步加强农村基层组织整顿建设意见》，突出抓好后进村班子整顿，对排查出的后进村，建档立卡，逐村派出整顿工作组，建立整顿责任制，71 个村彻底摘掉落后帽子，38 个村各项工作基本步入正轨。2001 年 6 月至 2005 年年底，从乡镇、街道办事处和市直部门中，选派机关干部组成工作组，进驻到二、三类村，帮助强班子、解难题、办实事，促进农村发展和稳定。

二、新农村建设帮扶

2006 年 4 月，禹城市开展新农村建设驻村帮扶工作。围绕富民强村、惠农支农、环境改造、文明进村、固本强基“五大工程”，从市乡两级抽调 315 名干部，组成 105 个工作组，进驻 105 个示范村帮助工作，34 家驻禹单位、20 家企业主动选定结对帮扶村庄，农村面貌发生明显变化。组织村干部、村民代表参观学习近 2000 人次，直接投资和协调资金 2600 多万元，建立 80 处农民科技培训基地，培训人员 3.6 万余人次。市财政筹集资金 8000 余万元投入农村基础设施建设，修通村柏油路和硬化村内街道 160 多千米，通自来水村庄 500 多个，开通有线电视 2 万多户，建配套农村文化大院 110 多个，建排水沟 5 万多米，上路灯 3000 余盏，改造标准化饲养小区 80 万平方米。2009 年，组织落实农村社区建设“双百工程”，在全市选择 100 家企业、100 个部门，集中对口帮扶 100 个社区，一帮三年不变，每个企业每年帮扶资金不少于 10 万元，每个部门不少于 5 万元，重点帮扶农村社区搞好合村并建工作。至 2010 年年底，禹城市参与帮扶企业投入帮扶资金 1500 余万元（其中福田公司帮扶房寺镇邢店社区 120 万元），协调贷款 8000 余万元，安置社区富余劳动力 2300 多人。在企业帮扶支持下，禹城市有 69 个社区开工建设，15 个社区实现入住。2009 年 7 月，山东省委选派到禹城市任职省、市、县机关干部 12 名，其中省直干部 4 名，德州市 4 名，禹城市 4 名。安排到 5 个乡镇（街道）的农村社区任职，其中张庄镇 3 名，房寺镇 3 名，伦镇 2 名，安仁镇 3 名，市中街道 1 名。

三、村两委换届

以全面提高农村干部素质为落脚点，组织开展九届村“两委”换届选举工作。依照

《“两推一选”村党支部成员实施办法》和《村民委员会选举实施办法》规定程序步骤，严格操作，扎实推进。2007年，禹城市村“两委”换届完成村党支部书记和村委会主任“一人兼”比例达到95.3%，村“两委”成员交叉任职比例达到90.7%，优化村级班子结构，提高整体素质。

四、建立健全党组织和发展党员

对于应建未建党组织的规模以上非公企业，抽调专门人员上门服务指导协调，统筹兼顾，符合条件100人以上的企业党组织组建率达到100%。抓党员发展。重点抓好职工人数50人以上企业发展党员工作，实行计划单列，发展数量占到全市发展总量10%。1990年后，全面落实党组织组建销号管理制度和非公党建工作责任制，建立非公企业党组织党建工作台账，并加大督促指导力度，确保非公企业党组织都能正常开展活动。自1995年，做好山东禹王实业公司等10家“党建示范点”党建工作，以点带面，带动其他非公企业党建工作顺利开展。

图 18-4-6　禹城市农村社区党组织书记培训会议（2010年11月摄）

第三节　党员

1986—2010年，党员队伍发生很大变化。伴随着经济迅速发展，企业、农业生产一线党员逐步增长，知识分子、企业家党员比重逐步增加，对党员教育和管理增加经济发展、市场经济、开放改革等内容，使党员在经济发展、民族振兴中发挥先锋模范作用。

一、党员发展

1986年，县委组织部下发《关于在改革中加强党基层组织建设意见》，把党员发展重点放在农村优秀青年（特别是25岁以下），农村个体专业户中优秀分子和知识分子方面。1991年，县委出台《关于在企业、农村生产一线发展党员工作意见》，将发展党员重点放

图 18-4-7　党员证发放仪式（2010年摄）

图 18-4-8　李屯乡党员宣读入党誓词（2008 年摄）

在工业农业生产第一线。1992 年，把一线工人和青年农民作为发展党员重点，比例占发展总数 80% 以上。同时，把发展工作放在长期不发展党员、党员队伍老龄化、党力量和党工作薄弱单位和地方，要求村级党组织按党员总数 10%—15% 比例培养入党积极分子。1993 年，制定下发《1993—1995 年发展党员规划》和《关于加强发展党员工作通知》，发展重点突出生产一线优秀青年工人、农民和中青年知识分子。1995 年，组织部积极解决农村党员老龄化现象严重问题，重点在优秀青年农民中培养和发展党员。1996 年，禹城市委制定《禹城市实施发展党员系统工程意见》和《1996 年至 2002 年实施发展党员系统工程规划》。1998 年 4 月，山东省委对禹城市发展党员工作，给予充分肯定。1999 年，把发展党员工作重点放在 35 岁以下，高中以上文化程度，工作在一线的优秀青年。2002 年，发展党员实行市委组织部谈话制度和党员发展公示制度，严格党员发展入口关。年底，对党员发展谈话中，少数发展对象取消发展资格，公示不合格者取消发展资格。在 2003 年“防治非典”特殊时期，强调党员先进性教育，发展非典时期表现积极分子入党。2006—2010 年，健全完善党员发展机制，成熟一个发展一个，保证党员质量。

1978—2010 年禹城县（市）部分年份党员、党组织发展情况统计表

表 18-4-1

年	党员数（人）	党委（个）	党总支（个）	支部（个）
1978	15170	22	5	1157
1982	17236	22	5	1210
1985	18277	21	7	1256
2007	26193	33	41	1447
2008	27604	34	31	1481
2009	28011	33	107	1055
2010	28405	33	107	1062

1999—2010 年禹城市中共党员基本情况统计表

表 18-4-2　　单位：人

年	总人数	男	女	35 岁及以下	36 岁至 45 岁	46 岁至 54 岁	55 岁至 59 岁	60 岁及以上	研究生	大学本科	大学专科	中专	高中、中技	初中及以下	在岗职工	农民	离退休党员	学生	其他
1999	25442	22280	3162	6910	6862	5543	2985	3142	5	2258	2685	4223	16271	—	—	—	—	—	—
2000	26087	—	—	—	—	—	—	—	—	—	—	—	—	—	—	—	—	—	—
2001	26499	—	—	—	—	—	—	—	—	—	—	—	—	—	—	—	—	—	—
2002	27120	23725	3395	8055	7373	5512	3031	3149	21	955	2151	3029	4967	15997	—	—	—	—	—
2003	27669	—	—	—	—	—	—	—	—	—	—	—	—	—	—	—	—	—	—
2004	27882	—	—	—	—	—	—	—	—	—	—	—	—	—	—	—	—	—	—
2005	28220	24714	3506	8062	7901	5450	3403	3404	38	1261	2430	3465	5038	15988	—	—	—	—	—
2006	26193	22540	3653	8110	7645	4947	2917	2574	40	1394	2654	3028	4841	14236	8804	14912	1750	18	709
2007	26947	23339	3608	4088	6425	5459	3311	7664	64	1788	3118	2732	3618	15627	7674	15613	3315	4	341
2008	27604	23762	3842	4056	6711	5237	3509	8091	68	1960	3269	2827	3717	15763	8063	15869	3311	5	356
2009	28011	24017	3994	4097	6284	5465	3633	8532	83	2128	3389	2979	4101	15331	8288	15931	3579	24	189
2010	28405	24210	4195	4111	6155	5456	3737	8946	90	2265	3476	3001	4533	15040	8482	16132	3679	36	76

二、党员及党费管理

1986年，适应农村经济发展现状，建立健全党内各种生活制度，突出落实农村党员联系户制度，组织全县党员联系农户；同时推广党员目标管理。1986—1987年，开展农村处置不合格试点工作，民主评议党员工作全面深化。1988年，恢复组织员制度，设立组织员办公室。1989年，在县直单位中开展民主评议党员工作，工商企业和乡镇民主评议党员工作相继展开。1989年税务系统垂直管理后，党员组织关系和思想政治工作仍由禹城县管理，基层税务所党组织关系由禹城县税务局党组负责管理。1992年，各乡镇和县直各单位根据实际情况单建党支部或党小组，重新规定党员交纳党费办法，全面推行党员目标管理制度。1995年，农村年龄在45岁以下中青年党员生活完成指定性任务，党支部根据党员完成任务情况实行百分考核，作为年终民主评议党员主要依据。强化对乡镇企业党组织和流动党员管理，市委组织部研究出台《加强乡镇企业党组织设置若干规定》和《外出流动党员管理意见》。1996年农村党组织开展“争先创优”活动，乡镇党委书记和农村党支部书记学先进争上游，红旗支部和小康支部开展对手赛，在富裕村和贫困村之间开展兄弟村互帮互助互促活动。1996年8月，建立党员基本信息管理库，对全市党员实行微机化管理。1999年，制定出台党费预决算办法，实行“年初预算、年终决算和两本账、两支笔”制度。加强透明管理。2002年，禹城市农村支部统一制作两室展牌，80%的村建立高标准“两室”。2003年，在实行农村党支部书记星级化管理同时，将星级化管理向全体党员延伸，实行五星级管理的同时，将星级化管理规范化、制度化。2004年，开展农村中共党的建设“三级联创”活动，推进农村党支部书记星级化管理和农村财务管理规范化，认真开展保持共产党员先进性教育活动。2005年，在全市党员中开展以“三个代表”重要思想保持共产党员先进性教育，形成“党员经常受教育，群众长期得实惠”长效机制。2006年，完善健全党员星级化管理。2007年3月，在党员群众中开展以“察民情、听民意、解民忧”为主要内容“三民”走访接访活动，加强党群关系。2008年，把开展党员及党员干部和群众谈心作为“三民”活动重要内容，形成谈心制度。2008年2月13日，中央政治局委员、书记处书记、中组部部长李源潮对《禹城市建立党员干部谈心制度》（国内动态清样第513期）作出重要批示：党员干部谈心制度可考虑为基层组织建设的一个要求。2008年，5·12汶川特大地震，全市党员交纳特殊党费167.15万元。同年10月，市、乡、村三级分别建立流动党员信息管理台账，全市172名流动党员全部更新建立信息台账，实

图18-4-9　市委常委、组织部长纪书华（中）到乡镇检查党员干部谈心工作　（2008年摄）

现动态管理。2009年后，各乡镇党委每年从党建经费中划拨资金，作为农村党员关怀帮扶基金，加大对农村贫困党员帮扶力度。全市筹集帮扶资金120万元，帮扶党员450余名。2010年，利用乡镇党校，加强对农村基层党员培训，组织农村有一技之长的党员与困难党员、群众结对帮扶，全市4000余名党员与困难党员和群众结成帮扶对象，发挥党员先锋模范作用。

三、农村党支部书记及党员星级化管理

（一）支部书记星级化管理。2003年推行农村党支部书记星级化管理。对全市994名农村党支部书记星级进行评定，并提拔17名优秀农村党支部书记担任不占编制、不占职数的乡镇党委班子成员。对农村财务管理进行改革，建立农村财务事务所，建立统一账簿，建立民主理财小组，完善农村财务管理程序。2004年9月20日，山东省委常委、组织部长刘伟对禹城市农村党支部书记星级化管理和农村财务管理体制改革做法作出专门批示，山东省委《调查与研究》2004年第1期对这一做法进行全面介绍和推广。2004年，禹城被评为“山东省首批农村基层组织建设先进市”。6月28日，山东省庆祝建党83周年暨先进集体先进个人表彰大会，禹城受到山东省委表彰。2005年，农村党支部书记星级化管理作法，被山东省委授予“山东省基层党建工作创新奖二等奖”。2005年7月1日，农村党支部书记工资由市财政统一拨付。2007年，房寺镇党委被授予“山东省基层党建工作示范点”，7个基层党组织被授予“德州市基层党建工作示范点”。先后从机关干部中选派农村党支部书记49名，从私营企业管理人员中选拔81名，从退伍军人中选拔113名，优化农村党支部书记队伍结构。

（二）落实支部书记补贴标准。市财政优先保障支部书记工资按时足额发放。2008年，全市转移支付用于村党支部书记补贴报酬资金达到420万元，支部书记年平均工资达到4000元，最高8500元。为每名星级农村党支部书记办理人身、财产保险。2009年，市委决定为支部书记增资100元。在提高经济待遇的同时，市委每年“七一”前召开大会，为晋升星级农村党支部书记披红戴花，授星颁证。每年评选20名优秀农村党支部书记为“双十佳农村干部”，进行表彰奖励。

（三）农村支部书记管理与考核。2009年后，对市委党校进行扩建整修，各乡镇全部建立乡镇党校，完善教育培训阵地。每年在市委党校对支部书记轮训一遍，组织农村党支部书记到先进单位参观学习30多批、900余人次。举办优秀农村党支部书记巡回报告团40余场次。结合每月15号“党员活动日”组织支部书记和农村党员观看远程教育节目。把目标考核、民主评议和财务管理作为加强农村支部书记管理监督的重要手段。乡镇党委每年对支部书记进行两

图18-4-10　2007年全市建立党员干部谈心制度工作现场会议（2007年摄）

图 18-4-11　李屯乡建立党员政治生日制度工作会议（2008 年摄）

次评议考核，考实绩，察民意；市委组织部每年“七一”前进行一次严格审查，实行廉政建设、社会治安、计划生育“一票否决”，支部书记本人有违纪现象或村里有计划外生育、重大治安案件延缓晋星、扣发工资；严格落实村账乡管理，切实加强财务管理监督。2007 年后，全市有 42 名农村党支部书记被延缓晋星。结合村庄合并社区建设，采取“两推一选”或“两推直选”方式，公开选拔 304 名社区党组织书记，社区党组织书记平均年龄 43.2 岁，比原来下降 4 岁；高中以上学历占 65.2%，提高 26%。

至 2010 年年底，全市有 36 名大学生村官在村任职，其中，女大学生村官 26 名，外市（县）17 名，村委会主任助理 27 名，党组织书记助理 8 名。

（四）全体党员星级化管理。2007 年 3 月，在对农村干部实行星级化管理的基础上，将星级化向全体党员延伸，实行五星级管理机制，实现党员管理规范化、制度化，禹城市评选出 2154 名五星级党员。

四、党员电化教育

党员电教工作起步于 1989 年。当时仅限于利用照相机、录音机和摄像机工作，组织党员收看。1994 年 4 月，组建“禹城市党员电化教育中心”，在全市 19 个乡镇和 10 个市直机关、企事业单位建立电教站。1995 年，市基层电教工作与市电视台联合开辟《党建设》专题新闻栏目、《党旗下》党员电教专栏节目，并制作电教片。其中，《走向辉煌》和《电教花开满眼春》两部专题片被《山东党员电教》转发。2007 年，全市建立 973 个乡村站点，举办 12 期远程教育管理员培训班，培训基层管理员 500 多人，为基层管理员颁发远程教育管理员初级证书。对村级站点设备进行全面维修，完成 973 个远程教育站点卫星调试和软件升级任务，同年 9 月 3 日，代表德州市通过山东省远程办督导组检查验收。

各乡镇设立站点信息录入员，加大信息审核、发布力度，发布信息 5048 条，信息点击率达 42126 次，位居德州市首位。制作 200 多篇课件。2001 年荣获“山东省第七届党员教育电视片观摩评比大地贡献奖”；2003 年荣获“德州市第二届党员电教片观摩评比一等奖”；2006 年荣获“德州市农村党员干部现代远程教育接收站点建设优质工程”。2007 年、2008 年在德州市远程教育教学课件及新闻报送工作评比中荣获第一名。在德州市远程教育“一体化”网站信息录入工作评比中荣获第一名。2009 年，在电视台开播“禹城党建频道”，实现远程教育由村入户延伸，构建远程教育站点网和有线电视网“双网并行”远程教育平台。2010 年，在德州市远程教育课件观摩评比中，禹城制作的专题《众志成城保卫家园》荣获最佳课件；《在基层沃土中快乐成长》《老牛和他的“娘子军”》获优秀奖；《党建园地》《民生面对面》获优秀栏目奖。在德州市远程教育教学课件及新闻报送工作评比中连续八年荣获德州各县市区第一名。

五、保持共产党员先进性教育

自 2005 年 1 月至 2006 年 6 月，历时一年半，禹城市 33 个基层党委、2 万多名党员参加活动。市乡两级派出 133 个督导组、党员指导员 933 名。2006 年 3 月 22 日，禹城代表德州市成功迎接中央巡视组检查。2006 年 5 月 19—24 日，对市、乡、村三批先进性教育活动进行群众满意度测评，全市发出抽样问卷 10000 份，回收率达 100%。教育活动分学习动员、分析评议、整改提高三个阶段进行。在教育活动中，广大党员认真学习理论知识，广泛征求意见，深入谈心交流，全面进行党性分析，开展积极健康批评和自我批评，找准自身存在问题和问题思想根源。在此基础上，制定切实可行整改方案和整改措施，进行集中整改。各单位党组织在组织好教育活动的同时，组织党员讨论制定本单位党员先进性标准和不合格党员具体表现，实事求是地对每名党员提出评议意见，总结建立保持党组织和党员先进性长效机制，初步找到永葆先进性有效途径。

创新“自选动作”，对部门、科局领导干部推行“一岗三责”管理机制。广大党员理想信念更加坚定，基层组织战斗力进一步提高，党员服务群众行动更加自觉，一大批涉及群众切身利益热点问题得到解决。各级党组织凝聚力和号召力增强，实现“提高党员素质，加强基层组织，服务人民群众，促进各项工作”目标。在总结先进性教育活动基础上，建立党员活动日、党员干部谈心制度等长效机制，得到中央领导充分肯定。

自 2010 年 4 月，开展“创先争优、做兴禹先锋”活动。突出讲实际、讲实用、讲实效，研究确立“解放思想、放开搞活、集中精力、加快发展”活动主题和“创先争优、做兴禹先锋”活动载体。执行创先争优“规定动作”，组织 1192 个基层党组织、28011 名党员作出承诺，并在《禹城市报》对各党委承诺进行公示。采取开卷与闭卷相结合方式，对所有有书写能力共产党员进行创先争优活动基础知识测试，增强广大党员参与创先争优活动自觉性。开展以解放思想大讨论、先模人物事迹报告会、演讲比赛、领导干部“一帮一”结对帮扶、专题文艺演出为主要内容的“五个一”活动，在各行各业党员中开展致富带富、创新增效、爱岗敬业、服务奉献、师德师风“五个模范”评选活动。在 2010 年 8 月抗洪救灾工作中，党员干部把抗洪抢险作为“创先争优”主战场，取得抗洪抢险重大胜利。姜大明、贾万志、郭兆信等山东省、德州市领导均给予高度评价。

图 18-4-12　保持共产党员先进性教育活动党课报告会　（2006 年摄）

第四节　目标考核

1995年，禹城市考评办成立。考评办主要对乡镇、市直部门、市属（重点）企业及驻禹单位年度目标完成情况进行全面考核。在此基础上，组织召开年度目标考核奖惩兑现暨目标考核落实誓师大会，评出综合考核先进单位、单项目标考核先进单位和先进个人，并逐步修改完善年度目标管理考核办法。考核分为经济目标和非经济目标两大类，内容涉及全市经济和社会发展方方面面，将事关全市大局、群众普遍关心的重点工作、主要任务全部纳入管理范围。目标设置有两个特点：1.“无缝”覆盖。两大类目标包括“两个文明”建设基本内容，既突出以经济建设为中心，又兼顾社会各项事业协调发展；2. 重点突出。把“项目投入”“招商引资”作为经济目标重中之重，列为所有单位共性目标和“第一要务”。经济目标，乡镇（街道办、高新区）主要考核项目投入、招商引资，财政收入、民营纳税，民营经济“三增”，农业经济；重点企业主要考核项目投入，上缴税金，出口创汇，利用外资，养老保险金缴纳；市直部门主要考核招商引资。非经济目标，主要考核党的建设、精神文明建设、社会稳定、安全生产、信访、计划生育、职工工资发放等。同时，将临时性、突击性工作及时列入考核范围，年终一并奖惩。工作中，采取一月一统计、一季度一考核、通报和市级领导分组召开述职督导会等形式加大招商引资考核力度。年终，组织有关业务部门进行全面检查考核，督促专项目标任务完成。同时，结合干部作风年建设活动，增加“三民”走访接访考核内容，促进各级领导干部作风转变和“三民”活动开展。至2008年，市考评办依照“科学、公开、简化、实用”原则，公开考核标准，简化考核内容，建立与科学发展观和正确政绩观相适应的目标管理考核机制。对高新区、乡镇、街道，市直部门、工商企业、驻禹单位进行经济目标、非经济目标及评价体系和加减分因素考核。非经济目标考核包括社会稳定、中共党的建设、文化建设，评价体系包括群众满意度调查；加分因素考核包括召开德州市级以上现场会、亮点工作、民生工程等。对工商企业经济目标考核包括上缴税金、项目投入、养老保险金缴纳，进口目标、出口创汇，实际利用外资；非经济目标考核包括社会稳定、中共党的建设和文化建设。市直部门主要考核其“一岗四责”（本职工作、领导班子建设、社会稳定、招商引资）和领导评价、社会评价，综合考核加分因素考核包括召开德州市级以上现场会和超额完成专业招商目标任务情况等。驻禹单位主要考核其为基层服务情况和主要经济目标完成情况（如金融部门新增贷款余额、国地税税收完成情况）。社会稳定、党的建设和文化建设作为高新区、乡镇、街道，市直部门和企业共性目标进行年终考核，根据各项目标完成情况兑现奖惩。2009年，在结合2008年目标管理考核办法基础上，结合2009年度目标考核相关补充政策，对高新区、乡镇、街道，市直部门、工商企业、驻禹单位进行经济目标、非经济目标及评价体系和加减分因素考核。2010年，加大对部门招商引资工作等经济目标任务考核力度，完善目标考核管理体系。

第五节　领创民企工作

自1998年，先后组织全市机关干部职工进行8期轮岗，轮岗工作由人员多、投资大、效益低逐步向投资多、效益多方向发展。1998年，全市1454人参加分流，1097人轮岗，创办个体项目134个，投资9337万元，实现利税1725万元。至2003年，鼓励党政群机关、事业单位人员带职带薪领办、创办民营企业，确定1001名机关人员带职带薪离岗领创办民营企业，领创项目总投入达2.8亿元，实现利税3000万元，安置社会劳动力达5000人，促进全市民营经济快速发展。1999年，禹城市被德州市委、市政府评为“机关干部领创办民营企业先进县（市区）”，4人被德州市委、市政府授予“领创办民营企业先进工作者”称号。2006年，对未离岗到位、项目不实、无政绩及不适合人员进行调整。对新报名人员严格把关。2007年后带职带薪领创办企业人员逐渐减少，不再鼓励党政群机关、事业单位人员带职带薪领办、创办民营企业。

第六节　知识分子工作

1978年开始落实知识分子政策。知识分子管理由松散式管理到重点管理再到目标管理。1987年，以抓好专业技术人才和农村科技人才选拔管理为突破口，工作重点转移到知识分子经常性管理。1989年，在知识分子比较集中的5个单位进行目标管理试点。先后表彰奖励5批78名专业技术拔尖人才、2批103名农村科技大王。在山东省政府“人才宣传新闻奖”，德州市“十大人才新秀”“十大爱才之星”等评比中，在获奖人员数量上、质量上都列德州市各县市区首位。1991年，全面推行目标管理，并签订目标责任书，知识分子管理逐渐走向科学化。组织人员对全市人才年龄结构、学历结构、职称结构等情况进行全面普查。2008年，保龄宝公司刘宗利、龙力公司江正强入选山东省高层次人才信息库；保龄宝公司、禹王公司获批建立博士后科研工作站；龙力公司程少博获山东省“省级有突出贡献中青年专家”称号。2009年，禹城市被定为山东省人才工作联系点；保龄宝公司获批“国家级企业技术中心”称号。2010年，通裕集团王世镇、保龄宝公司刘宗利、龙力公司程少博获德州市首批“首席专家”称号；福田药业公司赵光辉获山东省“省级有突出贡献中青年专家”称号。保龄宝公司获批建立院士工作站，被山东省委、省政府表彰为“2010年度全省人才工作先进单位”。

第七节　县委书记项目

2010年，禹城市被山东省委组织部确定为山东省36个基层党建创新“县委书记项目”实施单位之一，重点围绕“在党内生活中发挥党员主体作用”，探索创新保障和落实党员“四权”（选举权、知情权、参与权、监督权）途径和方法。市委成立专门领导小组和工作机构，推动“县委书记项目”顺利实施。

（一）探索公推直选为重点，保障和落实党员选举权。变单纯由组织提名为由组织提名、党员推荐和个人自荐相结合，实现党组织意图与党员意愿有机统一。改进介绍方式，通过候选人竞职陈述，使党员对候选人有更全面了解。将差额比例在15%基础上提高5—10个百分点，让党员有更多选择空间。重点规范提名、考察、酝酿、投票、公示等10个环节，充分尊重选举人权利。当选人就任期内工作目标、措施、作风及廉洁自律作出公开承诺，自觉接受群众监督。

（二）推行党务公开为重点，保障和落实党员知情权。变“随意公开”为“规范公开”。将工作目标、重大决策、干部调整、发展党员等事项确定为公开内容，规范公开内容、时间、形式。变“结果公开”为“过程公开”。依照“事前公开、征求意见，决策公开、民主讨论，结果公开、接受监督”思路，从酝酿、征求意见、制订方案、决策执行直至结果全程公开。变“单向公开”为“互动公开”。通过党务发言人、会议通报、媒体网站、公开栏等形式进行公开，收集党员群众反映意见建议，办理结果及时反馈和公开。

（三）推进民主决策为重点，保障和落实党员参与权。完善代议制，通过建立党代表活动日制度、党代表提案处理和回复制度等，加强党代表与党员群众联系。推行议事制，在支部层面普遍建立“党员议事会”，实行重大决策听证制度，明确与会人员组成、职责权利、运行程序等。落实表决制，凡属“三重一大”事项（重大决策规定、重要人事任免、重点项目实施、大额资金使用），严格实行民主集中制，采取党员无记名投票表决。

（四）增强主体意识为重点，保障和落实党员监督权。探索质询制度，通过书面质询和会议质询等方式，由党员向党组织主要负责人进行询问。健全对话制度，通过网络、谈心、热线电话等多形式对话，加强领导干部和普通党员之间沟通交流。完善评议制度，采取一事一评、月末评、半年评和年终评等形式，对领导班子和成员完成目标任务、执行上级决策、廉政建设等情况进行民主评议。

第五章　宣传工作

自1986年，先后创办禹城市报、糖城大众网、禹城新闻网等报刊、网站，建成省级理论宣传调研基地1家，德州理论宣讲调研基地8家。

第一节　理论教育

一、理论学习

1986年，学习社会主义初级阶段理论和基本路线。1987年，组织学习中国共产党第十三次全国代表大会文件和《坚持四项基本原则，反对资产阶级自由化》《建设有中国特色社会主义》，举办读书班，1150人接受培训，同时开展“新时期共产党员如何发挥先锋模范作用”大讨论。1988—1991年，主要学习党的十三届三中全会文件，开展“生产力标准”大讨论，开展“忆十年、话改革”教育活动；学习《关于社会主义若干问题学习纲要》《马克思主义哲学纲要》等内容。教材发放1000余本，培训干部520余人。开展纪念建党70周年理论文章征集活动。组织2000人参加党建理论知识竞赛。学习江泽民“七一”讲话，组织500余名干部培训班。1992年，开始学习马克思列宁主义原著、《毛泽东选集》《邓小平文选》以及江泽民“七一”讲话等重要文章，制订学习贯彻邓小平“南巡讲话”配档表，配发辅导教材700余册；开展“进一步解放思想”大讨论；举办学习《毛泽东选集》征文活动，征集论文35篇。1993—1996年，主要学习邓小平系列讲话，党的十四届三、四、五、六中全会文件和《邓小平文选》（1—3卷），以及中宣部编写的《建设有中国特色社会主义理论学习纲要》。同时学习江泽民《领导干部一定要讲政治》等重要文章。宣传部为基层征订辅导材料1200余册。1997年，学习党的十五大和十四届六中全会文件，发行《邓小平经济理论学习纲要》7000册，培训理论骨干328人。1500人参加德州市委组织的十五大知识竞赛，获集体二等奖，40人获个人奖。1998年，进一步开展“解放思想”大讨论，举办报告会7场，培训干部500余人，接受教育群众8000余人。1999—2000年，全市开展“三讲”教育活动。举办报告会11场，1400多人受教育，培训干部16期，培训人员1140余人，召开座谈会、演讲会60余次。在德州市级及以上报刊发表《准确把握“三讲”教育核心》等文章100余篇。2001年，开始学习“三个代表”重要思想。2002年，学习党的十六大文件及《中国共产党章程》，举行班报告会6场1800余人参加。2004—2005年，学习十六届四中、五中全会文件，落实科学发展观。2006年，学习党的十六届六中全会文件，构建和谐社会理论。举办“科学发展、共建和谐”论文征集活动，征集文稿65篇。2008年，学习党的十七届三中全会文件、《科学发展观重要论述摘编》等，至2009年，学习党的十七届四中全会文件以及《科学发展观学习读本》。举办读书学习征文活动，征集刊发文稿48篇；组织讲座20多场次。2010年，学习党的十七届五中全会文件以及《四项监督制度》单行本等。发行《全省县级党委（党组）中心组2010年理论学习材料》等1200余册（套）。年底，宣传部荣获山东省“全省理论教育工作先进单位”称号。全年在《中国县域经济报》等刊物发表理论文章、调研报告20余篇。

二、理论宣传

1986年后，组织七人宣讲队，以党的十三大和十三届三中全会精神，社会主义初级阶段理论和基本路线、深化农村改革、大力发展商品经济、农村经济政策、社会主义民主与法制、社会主义精神文明建设、党的农村基层组织建设等专题，到县直单位、各乡镇巡回宣讲40多场，受教育群众2.5万余人次。其间，县委成立形势教育小组，展开形势教育；组成宣讲团深入基层对群众进行社会主义思想教育、进行形势奔小康、民主与法制、党的宗旨教育。

1992—1995年，主要进行《建设有中国特色社会主义理论学习纲要》理论宣传，宣传邓小平视察南方谈话。至1997年，辅导报告82场，培训5800余人。1998年，宣传党的十五大以及开展城乡社会主义思想教育活动。至2000年，重点开展“三讲”理论学习宣传。到基层宣讲报告40余场，接受教育4000余人。

2001—2003年，学习江泽民“七一”讲话和“三个代表”重要思想，组织全市学习党的十六大精神和胡锦涛“七一”讲话，组织宣讲团，到基层宣讲30余场次，受教育人数达到2700余人。2005年，进行保持共产党员先进性教育宣传活动，到基层宣讲50多场次，受教育党员干部3万余人。2006—2008年，开展“科学发展观”“先进性建设”“新农村建设”“八荣八耻”等宣讲活动，成立学习实践活动宣讲团，作辅导报告80余场次。至2010年，重点宣传党的十七届四中、五中全会精神，干部选拔任用“四项监督制度”等，宣讲50余场次，受教育群众3.2万人。

第二节　新闻报道

一、经济建设报道

1986—1987年，突出经济建设新闻报道，中央、省、市新闻单位用稿实现增长。《禹城县采取九条措施，限制经费开支》一稿，被大众日报社评为优秀稿件，组织撰写《大众日报·鲁志新编》版的禹城专页。《葡萄酒厂五种产品通过部级鉴定》声像稿被中央和省电视台播出17次。1988年，《禹城粮食现象面面观》在中央电台播发，完成《李鹏总理视察禹城》电视专题报道。1990—1991年，长篇通讯《二十五载共携手，碱洼地里写春秋——禹城干部群众与“两院”人员的故事》在《大众日报》头版头条刊出。围绕“质量、品种、效益年”“科教兴农”等工作，在省、地报刊上发表《禹城县工业抗住风浪稳步增长，各项经济指标连续两年名列地区之首》《禹城请棉花专家解难题》《把精力集中到经济建设上来》《学科学，用科学共同致富》《禹城质量、品种、效益年有成效》等十几篇有影响的稿件。1992年，突出经济建设为中心，采写《欲闯市场，先壮筋骨——禹城加大企业科技投入》《经济欠发达地区如何起步》《以奇制胜》《赵书记举起红辣椒》《真抓实干加快对外开放步伐》等稿件，先后在《大众日报》《德州日报》重要位置上发表，《中国人在西伯利亚田野上》《来年再去当老外》《禹城58名农民去俄罗斯种菜》三篇文章在《农民日报》《大众日报》上刊发。1994年，《人民日报》二版登载《禹城看养牛》,《大众日报》刊登《养牛看禹城》《禹城市农牧结合路子越走越宽》。1996年，《人民日报》海外版刊发“来自禹西的报告”连续报道3篇。围绕全市庆祝改碱实验建区30周年，对依靠科技搞好农业开发，建设可持续发展农业，集中组织大规模的宣传报道，产生规模效应。1998年，围绕市委、市政府中心工作，在德州市级以上新闻单位大量用稿，宣传部新闻室6名同志被《大众日报》评为优秀通讯员。1999—2000年，对工业生产、农业产业化、对外开放等方面的先进经验进行连续报道,先后在《德州日报》头版头条位置发表《技改资金从何而来》《名牌从何而来（上)》《引力从何而来》《农业高效从何而来》引起较大反响。2001年，《禹城营造商流“洼地”》《一条阳关道》《禹糖现象》《科技先“入世”》《加快发展看禹城》《禹城招商引资注重实效》《大招商、大手笔、大跨越》等一批稿件相继在《人民日报》《大众日报》等发表，报道全市招商引资、高新技术、农村经济合作组织等方面做法,引起社会反响。2003年,在《人民日报》《光明日报》《农民日报》《大众日报》等报刊上发表《禹城高科技产品逐鹿市场》《禹城推动民营经济上台阶》《禹城为农业释放活力》《浙江百余老板来禹城“淘金”》《“分子”与“分母”》《禹城力促民营经济聚变》《石投起浪处——禹城加快发展纪事》《情注小汤山》等重头稿件。5月，中央电视台《焦点访谈》栏目播出贺友集团让利100万元支援兴建北京小汤山事迹。2004年，《禹城六大加工体系带动农民增收9%》《多维思路在禹城》《禹城工业催生农字号“金娃娃”》《禹城优化环境促企业发展》《“三策”激活禹城经济》等文章在《农民日报》《大众日报》《德州日报》头版头条上发表。《禹城大口吞下4省树木枝丫》《高新产业城崛起奥秘》《禹城工业集约猛进》《贺友板材援建伊拉克》《扶起“亚洲第一管”》等先后在《人民日报》《大众日报》上发表。2005年，新华社山东分社、大众日报社、农村大众报社、省电台、齐鲁电视台等10余家省内主流新闻媒体的记者，就村村通公路建设工作到禹城采访。香港《大公报》等媒体对禹城参加“2005（香港）山东经贸合作项目推介会”进行宣传报道。11月18日，禹城在北京人民大会堂举行“中国功能糖城”授牌新闻发布会，新华社、人民日报社、中央电视台、经济日报社、农民日报社等40多家新闻媒体参加会议并进行深入报道，在全国引起极大影响。2006年，邀请《人民日报》、新华社、《求是》杂志、新华网、《经济日报》《农民日报》《大众日报》《齐鲁晚报》、大众网、《德州日报》等十余家媒体记者到禹城参加“糖城采风——新闻媒体禹城行”活动，并策划开展“聚焦禹城看巨变”等宣传活动。《山东有个“中国功能糖城”》荣获省委、省政府网络新闻三等奖。2007年，《人民日报》在不到1个月的时间里，两次在头版头条中报道禹城的经验做法；《经济日报》将全国巡回采访活动的第一站放在禹城；全年共在《人民日报》《经济日报》《农民日报》刊发头版头条或版面头条7篇。中央电视台《新闻联播》头条播发禹城功能糖产业带动农民增收的新闻。《禹城致力发展生态循环经济》《禹城建成名副其实“功能糖城”》等稿件先后获《经济日报》《农民日报》等重点媒体优秀作品奖。2009年,《禹城重点项目提振信心》《禹城一帮一助城乡统筹发展》《国内风电第一轴禹城问世》《通裕抢占高端市场》《保龄宝：价值营销，链行天下》等典型报道成功推出。2010年，《禹城：装备制造正崛起》《禹城联姻央企培强新能源产业》《禹城22项目集中开工》《禹城新能源扮靓低碳生活》《美国“爱不停”缘何“停”禹城》《生物产业托起县域经济》《禹城玉米芯长成节能循环链》《禹城羊绒企业自主创新破难题》在《光明日报》《大众日报》《德州日报》等媒体中发表。在德州日报社举办的头条新闻竞赛中，反映禹城现代农业信息化重头新闻《禹城：农业添翼农民增收》荣获一等奖。

二、精神文明建设报道

1986年后，围绕两个文明建设进行大量采写报道，至1997年，突出精神文明建设、村务公开、民主管理等重点报道。其中，围绕农村社教组织采写《禹城县深化农村社会主义思想教育》等四篇稿件,先后在《大众日报》《德州日报》头版、二版刊出,并配发评论文章。《文明花开一城春——山东禹城市精神文明建设记事》，在《人民日报》(海外版）上刊载。《灯笼高挂锣鼓响》在《大众日报》上刊登。《事情让群众管、结果由群众评——禹城推行村务公开民主管理》在《大众日报》头版头条登载，并加短评。

1999—2000年，为把握正确导向，唱响主旋律，在《人民日报》、中央电视台、中央人民广播电台等中央级新闻单位以及《大众日报》《德州日报》等党报媒体大量发稿。围绕农村社会主义思想教育活动搞好宣传，并强化典型宣传，重点抓好王富勇、张星南、杨杰等先进人物事迹的宣传，对市文化馆、国税局、环宇集团等先进单位进行宣传。2003年，强化引导，服务大局，开展多层次、多形式、多视角的新闻宣传攻势，充分反映新一届领导班子团结务实、开拓进取的精神面貌。先后在《大众日报》《德州日报》等报刊上发表《禹城：羊年伊始新风扬》等分量重、位置好的重头稿件。2004年，在《大众日报》《德州日报》头版头条上发表《禹城群众性文化活动花开四季》《禹城建起大禹文化一条街》《文明走进千万家》等稿件，反映全市精神文明建设可喜成果。2005年,《禹城精神文明创建有声有色》《文明花开香四溢》《大爱无边》《我要把一辈子交给党》等稿件,在《大众日报》《德州日报》先后发表，展示全市政治文明、精神文明和先进典型丰硕成果及风采。2006年，《捡到四万现金，辗转找到失主》在《齐鲁晚报》上报道高德永等人拾金不昧事迹。2007年，《九旬婆婆照顾七旬儿媳》《百万富姐下嫁残疾男儿》等稿子获得好评。2008年，三集系列报道《禹城：民生呼唤下党建创新》受到山东省委组织部好评。2009年，在《大众日报》刊发《禹城便民服务体系向农村延伸》等典型报道稿件。2010年，《禹城度过不眠之夜》《徒骇河群众大转移》《禹城党员一线抗灾》等反映禹城干群一心克服自然灾害战胜洪涝精神的稿件在《大众日报》《齐鲁晚报》《德州日报》上发表。中央人民广播电台头条播发《禹城加快建设农村社区，加速形成城乡一体化新格局》。《禹城创新实践载体务求实效》获“全省深入学习实践科学发展观活动好新闻”奖。

三、培训新闻队伍

1988—1989年，围绕报道改革开放新人新事，举办通讯员培训班10余期，550余人参加培训，其中骨干通讯员150人次。1989年年底，表彰5个先进集体及43名优秀通讯员。1990—1991年，围绕农村深化改革、发展工业经济，举办各种类型通讯员学习班8期，培训通讯员90余人次，专兼职通讯员200余人。1992—2004年,组织通讯员在基层、

图 18-5-1　禹城市“中国功能糖城”授牌新闻发布会　（2005 年摄）

在岗位虚心向实践学习，宣传部给予业务指导，搞好现场培训，写出一批有分量的稿件。2005 年，依照“名传媒、大篇幅、要版面、高频率、广领域、全角度”方针，组织全市骨干通讯员培训，深入基层调查研究。在《人民日报》《经济日报》《农民日报》等中央级媒体以及《大众日报》《德州日报》大量用稿。至 2010 年，经过理论培训、实践指导、骨干带动，通讯员队伍发展成一支关注不同领域，挖掘先进典型，深入农村、车间，采写全市经济社会发展的新闻队伍。

第三节　社会宣传

一、宣传活动

1986—1996 年，主要是进行深化改革形势政策教育，党的十三大、十四大社会主义初级阶段理论与基本路线教育。在城乡基层深入开展社会主义思想教育活动。1997 年，围绕迎接香港回归和党的十五大两件大事。组织迎“七一”庆回归系列宣传活动；开展十五大精神学习教育活动；开展城乡社教活动；参与组织全市人代会、政协会、全国畜牧工作现场会、全省中西部地区小城市建设现场会、全省沿黄地区“上粮下渔”现场会等重大活动宣传工作；参与组织全市企业改革领导小组宣传组工作。1998 年，组织开展有奖征文活动，组织全市歌咏比赛及撤县设市宣传教育活动。拍摄制作电视专题片《巨变》《腾飞禹城》和《绿野飞虹》，分别在山东省、德州市电视台播放。2001 年，开展庆祝中国共产党成立 80 周年宣传纪念活动，唱响“共产党好、社会主义好、改革开放好”主旋律。广泛宣传“九五”期间改革和发展得巨大成就，宣传全市“十五”计划提出的奋斗目标和重大措施。2002 年，围绕市委“解放思想、高点定位、强势推进、超常发展”要求，开展新一轮解放思想大讨论，并邀请山东省教育学院教授举行“解放思想、与时俱进”专题报告会。2003—2005 年，开展防治非典宣传教育，动员全市开展防治非典斗争。大力弘扬“万众一心、众志成城，团结互助、和衷共济，迎难而上、敢于胜利”精神。配合“平安禹城”建设，集中宣传打击农村邪恶势力犯罪专项行动。开展保持共产党员先进性教育活动宣传动员。设计完成“走进禹城”大型经济社会发展成就展厅。同年 11 月 18 日，在北京人民大会堂举行“中国功能糖城”授牌新闻发布会，新华社、《人民日报》、中央电视台、《经济日报》《农民日报》等 40 余家新闻媒体参加会议。

2006—2009 年，宣传十六大以来党的理论创新成果，开展社会主义核心价值观教育活动；成立十七大精神文艺宣传队，深入基层巡回演出宣传党的十七大精神；成立学习实践活动艺术团，到基层宣传“科学发展观”。举办首届中国禹城大禹文化节。组织开展“我爱我的祖国——庆祝新中国成立60周年群众歌咏比赛”等活动，组队参加山东省庆祝新中国成立60周年红歌演唱会，并夺得金奖。2010年，紧扣全市“解放思想、放开搞活、集中精力、加快发展”主题，在报社、电台、电视台开设“三抓三上谋发展”等栏目。宣传在洪涝灾害面前先进模范事迹和抗洪英雄；宣传张星南、齐顺德、王玉芹等“德州市道德模范”感人事迹，营造崇尚道德模范浓厚氛围。

二、专题宣传

从2001年9月始，连续刊发专版专题文章，推出禹城专版，宣传党的政策、方针、决策，树立禹城形象，促进经济发展。2001年9月16日《德州日报》刊发专版《禹城：一座新兴高新技术产业城》。2003年，《德州日报》刊发《今日禹城》《辉煌十年》等专版文章；《中国乡镇企业报》刊发专版《禹城跨世纪脚步——山东省禹城市建市十周年巡礼》。2004年9月16日，《德州日报》刊发《宵衣旰食抓工业殚精竭虑谋发展——今日禹城》专版。2005年9月16日，《德州日报》刊发专版《宵衣旰食抓工业，殚精竭虑谋发展——新机制新活力新天地》。2006年，《大众日报》《德州日报》刊发专版《宵衣旰食抓工业，殚精竭虑谋发展——禹城：三年求巨变，跨越看今朝》。2007年3月10日，在中央电视台《新闻联播》中播发头条新闻《山东禹城：做大功能糖产业带动农民增收》。2007年9月13日，《德州日报》刊发专版《禹城又好又快谋发展》。2008年9月26日，《德州日报》刊发专版《禹城整体推进创和谐》。2009年7月17日，《大公报》A31版刊发专版《山东禹城：靓丽新城笑迎客商来》；8月19日，《德州日报》刊发特刊《禹城：豪情绘就壮丽新画卷》；9月15日，《德州日报》刊发专版《禹城：奏响科学发展主旋律》。2010年5月10日，香港《文汇报》A33版刊发专版《中国功能糖城——山东禹城在“二次创业”中率先崛起》；6月13日，《大众日报》刊发专版《禹城：打造中国生物产业发展高地》；8月11日，《大众日报》刊发专版《禹城高新技术产业开发区向创建国家级高新区目标迈进》；9月6日，《中国县域经济报》刊发专题文章《禹城：加快发展正当时》；9月，《齐鲁晚报》《德州日报》刊发《禹城市：新能源产业扮靓低碳时代》《禹城：构筑全国生物产业高地》等系列专版文章；12月17日，《经济参考报》23版刊发区域专题《山东禹城：大禹故里实现“高端提升”》；12月23日，《新华每日电讯》刊发专版《山东禹城：加速科学发展新步伐》。

三、网络文化管理

2003年5月19日，与新华网合作创办“新华网——禹城网页”（http://www.sd.xinhuanet.com/dzwq/yc/index.htm）；10月，建市十周年庆典期间，先后邀请新华社山东分社、大众日报社、德州日报社等20余家新闻单位前来实地采访，新华网对庆典盛况进行现场直播。2006年，对“新华网——禹城网页”做重大调整，充实内容、丰富版块，先后开设《禹城名片》《禹城新闻》《在线办公》《网上招商》《名企风采》《禹王亭记》《话说禹城》等专栏和《聚焦禹城》《空中看禹城》等视频，至2010年年底，“禹城网页”点击率达80万人次。

2007年，创办“糖城大众网”（http://www.tangcheng.net/），成为全市网上宣传的主阵地、让世界了解禹城的新窗口。

2008年12月22日，成立市网络文化管理办公室，配齐工作人员，组建网上评论员队伍，积极引导网上舆论健康发展。2009年8月，市网络文化管理办公室正式挂牌办公，下发《关于加强网络评论员队伍建设的意见》，在各乡镇、各部门、各单位中选拔优秀人才担任网络评论员；10月16日，举办网评员培训班，对高新区，各乡镇、街道，市直各部门、企事业单位的网评员进行培训；8月30日、12月21日两次召开网络管理督导会，督促全市各网站负责人（包括市政府网站、各事业单位网站、重点企业网站），充分利用好自身信息平台，及时更新信息，丰富栏目设置，加强阵地建设，打造强有力的主流网络平台。2010年3月，安装省互联网舆情监管系统软件，运用邦富管理系统对各大网站、论坛进行实时监控，先后撰写舆情专题报告15篇，在人民网、大众网等网站刊发正面文字、图片170余篇。3月，市网络文化管理办公室荣获“德州市网络文化建设与管理先进单位”。11月，开通“禹城新闻网”（http：//www.sdycxw.com/），打造禹城新闻网络第一品牌。

第四节　企业思想政工

1989年1月，全县各大系统和企业相继成立职工思想政治工作研究会和思想政工领导小组。1991年，成立禹城县企业思想政治工作人员专业职务评聘工作领导小组；对全县8974名35岁以下青工普遍进行1次基本国情和党的基本路线为主要内容的“双基”教育；在全县企业政工干部中开展创“五优”活动；全县有300人通过高、中、初级评审。1992—1996年，举办企业思想政治工作征文活动，征集25篇。8个企业被评为“德州地区思想政治工作优秀企业”，1家企业被山东省评为“全省思想政治工作优秀企业”。在企业职工中宣传学习社会主义市场经济理论，开展社会主义市场经济知识竞赛活动。4篇论文获“地区优秀研究成果奖”。同时征集企业思想政工论文，向主管部门推荐论文26篇。1997年，组织企业开展以党的基本理论、基本路线为核心内容的社会主义教育；以知我中华、兴我中华为中心内容的爱国主义教育；以热爱集体、奉献社会为主要内容的集体主义教育三项教育活动。1998年，在企业职工中开展邓小平理论和党的十五大精神教育；以加强职业道德为切入点，在企业中开展“争当文明企业，争创文明职工”活动。推荐4人参加德州“为党增辉、为企业争光”演讲比赛活动。2001—2005年，组织开展企业政工职称推荐和评审工作，向上级推荐评审高级政工师11人，政工师26人、助理政工师40余人；组织指导全市企业思想政治工作者撰写企业政工论文100篇，其中在省级刊物发表9篇。2006—2007年，开展构建和谐社会理论和科学发展观教育。至2010年，宣传企业社会责任精神，禹城市成为山东省两个“推进企业社会责任建设试点县”之一。组织企业思想政治工作“五优”推选、表彰。山东福田药业公司被评为“山东省思想政治工作十佳企业”；保龄宝生物股份有限公司被授予“德州市首批企业文化创新成果奖”；福田药业被授予“德州市第一批企业文化建设示范单位”；禹城市电力总公司、山东大禹龙神酒业有限公司、保龄宝生物股份有限公司被评为“德州市思想政治工作优秀企业”；电力总公司政研会被评为“山东省优秀职工思想政治工作研究会”。电力总公司总经理张海文被评为“山东省职工思想政治工作研究会优秀干部”。

第六章　统战与对台工作

第一节　统战工作

一、统战对象

1986—1990年，统战对象主要是各界党外代表人士、党外干部、党外知识分子、少数民族群众、信教群众、港澳台胞及其亲属、原工商业者等约1万人。改革开放不断深化，统战范围和对象不断增加。至2010年年底，全市有民主党派成员、无党派代表人士、党外干部、党外知识分子、少数民族人士、宗教界人士、非公有制经济人士、私营企业和外资企业管理技术人员、中介组织从业人员、自由职业人员、原工商业者、起义投诚的原国民党政军人员及眷属、港澳同胞、台胞台属、出国和归国留学人员、海外侨胞和归侨侨眷等16个方面约5万余人。

二、合作共事

图18-6-1　禹城市统战部人员到敬老院慰问（2009年1月摄）

1986年后，统战工作坚持党与党外人士合作共事，坚持政治协商、民主监管，贯彻执行中共中央《关于坚持和完善中国共产党领导的多党合作和政治协商制度的意见》。

（一）建立例会制度。重大政治经济事项及时向各界人士通报信息，传达党中央指示精神。涉及禹城市政治经济重要决策，党委、政府广泛听取和征求意见建议。召开各种类型会议300余次，参加人员达到1万余人次。逢重大节日，各级党政领导及统战干部走访看望各界党外人士。推荐党外人士担任政府部门和司法部门监察员、监督员、陪审员、督导员等。自1995年，先后有200余名党外人士被聘到有关单位社会监督岗位。

（二）参政议政。1987年，禹城县第三届政协26名常委中，党外人士16名；有2名是副主席。同年，第十届禹城县人民代表大会，有3人当选为人大常委，1人当选为人大副主任。历届人大、政协换届中，十分注重党外人士政治安排。2003年，禹城市政协七届27名政协常委中，党外人士18人，占总数的66.7%。有3名党外人士担任政协副主席。2007年，八届政协20名常委中，党外人士13人，占总数的65%；有3名担任政协副主席职务。

（三）优化参政议政环境。建立党外知识分子联谊会、海外联谊会、宗教爱国会等组织，提供交流平台；推荐部分党外人士分别担任特约检察员、监察员、审计员、教育督导员等；禹城市委、市政府重大决策部署及时征求、听取相关党外代表人士意见或建议；建立党外代表人士视察考察和新社会阶层人士联席会议制度等，通过情况通报、民主协商、座谈会等形式，最大限度地为党外代表人士参政议政搭建平台。

第二节　推荐党外干部和党外代表人士

1986 年后，履行“了解情况、掌握政策、调整关系、安排人事”职责，加强党外干部选拔培养基础性工作。推荐一大批符合干部“四化”条件的民主党派和无党派代表人士，进行实职安排，发挥他们参政议政、民主监督作用。至 1996 年，统战部制定《党外干部工作中长期规划》；2000 年，对后备干部进行培训，举办学习班、培训班 24 期，参加人员 500 余人次。2001 年，统战部起草《关于培养选拔党外干部工作规划》，使党外干部工作有章可循。同时，建立由 30—50 人组成党外后备干部队伍，及时向禹城市委推荐党外干部人选，落实选拔培养规划。至 2010 年年底，在禹城市委、人大、政府、政协部门中，配备副科级以上党外领导干部 15 名。其中副市（县）5 人；企事业副科级党外干部 5 人。

1990 年，成立禹城县第一届党外知识分子联谊会。此后每五年进行一次调整，不断充实新生力量。在知识分子集中的教育、卫生、农业和企事业单位中，聘请党外知识分子联络员。调动他们工作学习和参与社会事务的积极性。2008 年，来自全市行政机关、企事业单位 32 名无党派代表人士参加“自觉接受中国共产党领导，坚持走中国特色社会主义道路”为主题的政治教育活动。学习中国特色社会主义理论、中共十七大和山东省、德州市党代会精神、统一战线和多党合作理论政策、老一代无党派人士优良传统和新一代无党派人士先进事迹等，并进行国情、省情、市情和形势政策教育。

2003 年 4 月，时任禹城市旅游局局长孙凤云加入中国民主同盟（简称民盟），成为禹城历史上第一位民主党派成员。至 2010 年年底，有民主党派成员 9 人。其中，中国国民党革命委员会（简称民革）党员 1 人、中国民主同盟（简称民盟）盟员 1 人、中国致公党（简称致公党）党员 1 人，九三学社社员 1 人，中国民主建国会（简称民建）会员 5 人。禹城市委统战部贯彻落实中国共产党领导的多党合作、政治协商制度，组织民主党派成员认真学习中共党的统战方针政策，参与社会事务，开展参政议政活动，各展所长为禹城政治、经济、教育、文化、卫生和社会生活中重大问题献计出力。

图 18-6-2　禹城市无党派人士主题教育活动会议　（2008 年 9 月摄）

第三节　发挥统战优势

一、参与经济建设

发挥统一战线联系广泛的优势，通过商会组织、民营企业、非公人士等统战资源开展招商引资、招才引智、对外交流，引进五得利面粉、迈特力重机等十多个项目和高层次人才300多人。

发挥统一战线人才智力优势，通过开展企业技术攻关、管理创新，推动禹城产业转型升级和经济发展方式转变。

二、救灾与敬老

2006年，全国政协委员、农工民主党中央社会服务部部长焦平生、山东省政协副秘书长、农工民主党山东省委副主委王伦善带领部分民主党派成员、专家、企业家等人分别到禹城市开展捐赠、义诊和农业咨询活动。捐赠图书500余册，向敬老院捐赠价值2万元保健品。2008年5·12汶川特大地震发生后，孙凤云等6位民主党派成员受中共党员缴纳“特殊党费”的启发，参与一般捐款后，又主动捐款6000元支援灾区。禹城市各界党外人士、非公人士、少数民族和信教群众等广大统一战线成员捐款捐物达1000多万元。

三、支持教育

2003年9月，民进山东省委组织“教育、科技、医疗”三下乡活动和“西行助学行动”先后落户禹城。“西行助学行动”中，市中办军张小学和山师附小结成帮扶对子。民进山东省委和山师附小分别向军张小学捐赠电脑、打印机、图书，教育报刊、课桌椅及资助金，总价值近7万元。2004年，山师附小投资40万元帮助军张小学新建教学楼，使原来破旧不堪的乡村小学一跃成为全市设施和教学质量最好的小学之一，更名为“山师附小禹城校区”。2005年，山师附小向禹城校区（军张小学）无偿提供74座语音教学设备1套、电脑20台、课桌椅300套、图书3000册，折合人民币约17万元。2007年5月，民进山东省委向禹城市特殊教育学校捐赠价值1.5万元全套餐饮设备，并捐赠现金5000元。2008年10月，民进会员孙卫涛，向房寺石门小学捐赠电脑、铝合金门窗、取暖设备等，价值近6万元。2010年3月，民建经济支部4名禹城会员捐资1万元，帮助十里望回族乡御桥小学8名家庭贫困、品学兼优的学生，并捐赠部分办公和学习用品。

第四节　对台工作

一、交往交流

1986年后，举办由城区各中小学生参加的台湾知识讲座，印发学习资料3000余份；广播、电视、市报经常播发对台工作稿件。通过接待台胞和书信、电话等形式，向台湾搞好宣传教育，增强禹城市台胞、台属维护祖国和平统一的爱国意识和紧迫感。

1996—1997年接待台胞30多人次，接待台胞商贸考察团1个，为12名台属办理赴台探亲手续，为2名台胞办理回大陆定居手续，热情周到的服务，赢得广大台胞、台属的好评。1997年，召开台胞、台属座谈会，学习《中华人民共和国反分裂国家法》，提高台商对大陆贸易、经商、建设项目热情。

1998年，召开市台属联谊会会长和台属代表会议。动员鼓励台属勤劳致富，深入开展“六个一”活动，即：引进一个项目、推销一种产品、传递一条信息、贡献一条计策、促成一项交流、引进一笔资金，收到明显效果。

1999年，帮助12位赴台探亲的台属办理赴台手续。同年，台湾发生大地震后，通过电话、慰问信、走访台属等形式，表示禹城政府对台胞的关心慰问。针对台湾岛内特殊形式和“台独”势力猖獗的状况，以香港、澳门主权回归祖国为主线，充分利用广播、电视、学习材料和走访座谈等方式，向广大群众尤其台属，宣传“一国两制、和平统一”的方针和坚决反对“台独”决心。

2000年，总结台属张洪山和刘传芳依靠勤劳致富的典型经验，上报德州市委台办并在台属中进行广泛宣传。

2002年，为台胞毛文正找到离别多年的亲属。2003年，安仁镇刁杨郭村台胞李根林先生回乡探亲期间，有感于家乡政府和人民的热情接待和服务，主动捐款12万元，修建村内1000多米柏油路；台胞李光耀夫妇和吕坤夫妇为禹城一中捐资15万元支持教育事业；台湾台塑集团先后捐赠255万元，建设6所明德小学。台胞孙康夫妇将创作画作和书法作品，以及收藏海内外100多名知名书画家作品416幅，全部捐赠家乡，禹城市在糖城广场建美术馆，用于收藏孙康夫妇捐赠书画作品，并以孙康名字命名。

2005年，建立台属台胞定期联系制度，每年对重点台胞、台属通过走访、接待、电话、书信等形式进行联系。至2010年，接待探亲台胞和台商1000余人次，协助台属办理涉台、赴台、亲人回大陆定居及其他事务20余起。

二、贸易合作

1997年，召开台胞、台属座谈会，学习《中华人民共和国反分裂国家法》，提高台商对大陆贸易、经商、建设项目热情。为促进对台经贸合作，成立禹台经贸服务中心和禹台经贸信息联络网，引进资金1800多万元，提供信息1000多条。

1998年，参加德州经贸洽谈联谊会的准备和组织工作，为禹城骨干企业引进资金275万元。

1999—2000年，接待台胞90人，重点接待了政治上有影响、经济上有实力的台湾上层人士张洪林先生、林秋慧女士等一行6人，宣传禹城市的对外开放、招商引资的优惠政策，提供联络、洽谈、咨询等方面的服务。2000年，接待前来考察方济仁爱诊所扩建项目的台胞，争取40万元无偿资金用于扩建诊所。组织台胞张子亭等人到山东神禹纺织集团参观考察，并达成合作意向。台属刘军通过与台湾亲人的联络沟通，经多方考察，动员台胞孙巨峰先生投资25万美元兴建德州市新茂乙醇有限公司，并于当年建成投产，年产乙醇5000吨，年可实现产值达1000万元，利税200万元。

2004年9月，参加在潍坊市举办的第十届鲁台经贸洽谈会暨海峡两岸制造业产品展览会，会议期间，成功举办山东禹城台湾客商招商引资联谊会。

至2010年，节日期间，向台胞、台商中重点联系对象发慰问信，邀请各界朋友到禹城参观考察、寻求合作。

第七章　政法工作

第一节　政法队伍建设

1986年，禹城县政法干警进行四项基本原则教育和职业道德教育，结合政法工作实际，纠正各种行业不正之风。1988年，组织政法各单位进行纪律作风整顿，把严格执行法律教育作为开展党风警风、职业道德和纪律作风教育的核心，增强干警在商品经济条件下拒腐蚀、抗干扰能力。1989年，组织干警学习4月26日人民日报社论、邓小平同志及中央其他领导有关重要讲话，教育广大干警自觉与党中央保持高度一致。1995年，确定为“培训提高年”，在广大干警中，开展学理论、学法律、学经济、学科技“四学活动”；结合本地实际，开展“为人民服务大讨论”。2002年，确定为“政法机关作风转变年”，制定《关于全市政法干警严格自律十条规定》，在全市政法部门和政法干警中开展争创“人民满意政法单位”、争当“人民满意政法干警”活动，组织开展社会各界评议公、检、法、司四单位政法干警。2004年，先后开展“执法为民树形象”“学习任长霞先进事迹活动”和“帮困助残”活动。2005年，先后开展公正执法树形象、一学三抓四创两满意、保持共产党先进性教育和“规范执法行为，促进执法公正”专项整改活动。2006年5月，在政法系统开展社会主义法治理念教育活动，举办“社会主义法治理念在我心中”演讲比赛和报告会。2007年，在德州市率先开展政法系统“百日作风教育整顿”；在政法系统推行准军事化管理，举行准军事化管理军训成果表演；在禹城市委党校分7期，对全市政法干部进行全员集中培训。2008年，在政法系统开展学习实践科学发展观和“大学习、大讨论”活动。活动中，重行动、重实绩、重效果。2009年，在政法系统开展“帮千企走千村访万户”活动，协调解决群众生产生活难题260余件，征求队伍建设意见建议110余条。抓好执法目标管理、考核奖惩、案件评查、执法规范化、社会评议等制度建设，加大监管力度，严肃执法纪律，强化监督检查，积极建立科学、有序、符合时代要求长效机制。保证干警公正、廉洁、文明执法。

第二节　社会治安综合治理

1986年，运用系统工程方法，在全县开展社会治安综合治理达标竞赛活动。1987年，各乡镇、企事业单位相应建立综合治理领导小组。1989年，成立由禹城县委、县政府主管领导任正、副组长，各县直部门参加的综合治理领导小组；各乡镇、各系统建立由党委领导任组长的综合治理领导小组，配备工作人员；同年，禹城县委、县政府把综合治理纳入全县岗位责任制考核。1990年，部分乡镇建立专职联防队。1991年，禹城县委、县政府正式成立社会治安综合治理委员会，办公室设在政法委，与政法委合署办公。各乡镇及县直部门单位建立相应领导和办事机构。1992年，以禹城县委名义下发《关于机关企事业单位加强内保组织意见》，全县各内部单位全部按规定建起内保组织。1994—1996年，在全市开展内保工作规范化建设，集中三个月，120个企事业单位全面落实责任、组织、制度、报酬、办公设施，重点部位防范措施“六规范建设”。各乡镇治安联防队全部建立，并且全部达到6—8人。依照“统一选址、统一标准、统一施工、统一验收”四统一标准，将乡镇联防队全部建在铁路沿线、交通要道和社会治安复杂区域。严格队伍昼夜值班备勤，加强对重点路段、重点村庄巡逻密度，明确执勤纪律。村级建立治保、调解、普法、帮教、巡逻“五位一体”综治组织。全市80%村采用义务或治安承包等形式，全部组建起巡逻队，落实常年打更巡逻。

2001年，抓城区防范“六大防控体系”，全面构筑和完善“六有人防网络”。2003年10月，率先在德州市实现110、122、119“三合一”，实现由单一接处警到全局性综合接处警转变，构筑起“快速反应网络”。重点企业、科局、事业单位建立起8人以上内部专职护卫队，落实“五统一”（统一招聘、统一管理、统一着装、统一培训、统一持证上岗）。2003年，正式成立保安服务公司。设有人防、技防、武装押运和物业四个大队，保安人员230余名，服务单位62家。先后协助公安机关破案135件，查获犯罪嫌疑人215名。至2005年，投入1000余万元，新建或改建12个派出所、2个刑警中队和5个基层法院；按1万人或3千户标准，设置83个警务室。推行技防建设。2006年开始，投资500万元，在公安车站派出所建立动态监控中心，布设监控点 100 余个。将城区重点单位、主要街道、大型商场、公共场所、开发区重点企业全部纳入监控范围，实现城区无缝覆盖。2009—2010 年，按“治安防控建设年”要求，在全市范围内组织开展治安防控信息化“百日会战”，在所有乡镇、农村社区、自然村、市直各部门、企事业单位、居民小区全部安装技防监控，全力推进防控信息化建设。8 月，德州市在禹城召开技防建设现场会。

第三节　严打工作

一、专项斗争

1983 年起，开展为期三年“严打”斗争，依法从重打击流氓强奸犯罪和盗窃犯罪，进行专项斗争和专项治理。1991 年起，开展为期三年“反盗窃”专项斗争，遏制盗窃案件多发势头。2001 年起，开展为期二年“严打整治”斗争。2002 年，重点打击三个方面犯罪（入室盗窃犯罪、破坏生产生活秩序犯罪、村霸、市霸、地痞、流氓等恶势力犯罪）活动。2004 年，全党动员，全警参与，全民发动，在全市组织开展打击农村邪恶势力集中行动。2006 年，组织开展声势浩大的“打黑除恶”专项斗争，及时打掉一批横行乡里、危害社会黑恶势力团伙和痞霸分子。2007 年，在全市组织开展“严打整治百日会战”。至 2009 年，在农村开展冬季严打整治专项斗争。2010 年，以“平安校园”创建为契机，组织开展严打整治创建和谐行动。同时，坚持严打与整治相结合，加大对落后村庄、学校、企业周边秩序、交通秩序、公共娱乐场所、特种行业专项整治力度，及时打击非法活动和不法行为。

二、重点治理

1986—1993 年，政法部门每年排查治安落后村及混乱区域，分别利用多种形式进行重点治理。1994 年，对排查出的“1 片、2 区、24 个村”，实行政法部门包点责任制。1995 年，从政法部门抽调专门力量，对治安比较混乱的村和区域进行集中整治。1997 年始，组织 68 个工作组到后进村开展帮扶活动，达到治理一个，稳定一片的效果。2003 年，针对城区特别是高新技术开发区周边治安秩序现状，集中开展城区经济秩序专项治理，依法严厉打击“痞霸”分子和强装强卸、强买强卖、欺行霸市及盗窃企业生产设施、企业资财等严重扰乱企业正常经营秩序的各类违法犯罪活动。2005 年，选派政法机关 9 名干警到乡镇、街道办挂任维护稳定副书记，协助当地乡镇党委政府抓好社会稳定工作。2007—2010 年，投资 100 万元，高标准、高起点，建立 12 处乡镇群众涉法诉求工作站。结合严打工作，加大对公共娱乐场所、城乡接合部、治安混乱村庄、学校、企业周边等区域场所整治力度，集中解决突出治安问题，维护良好社会治安秩序，增强人民群众安全感，保障“平安禹城”建设。

第八章　纪律检查

第一节　组织机构

1987 年 7 月，中共禹城县第六次代表大会选举产生纪律检查委员会，选出委员 13 名。经第一次纪委全委会选举出常委 7 人、书记 1 人、副书记 2 人，孙思东当选为纪委书记。下设秘书科、检查科、审理科、信访科、调研科（1989年7月设立）。1990年3月，中共禹城县第七次代表大会选举产生县纪律检查委员会，选出委员13人。禹城县纪委第一次全委会选举出常委7人、书记1人、副书记2人，孙思东当选为纪委书记，同时纪委下属科改为室。1992年12月，孙思东离职，贾桂凤接任纪委书记。1993年4月，纪委与监察局合署办公。1993年9月，禹城县撤县设市，禹城县纪律检查委员会改称禹城市纪律检查委员会，贾桂凤任市纪委书记。1994年5月，增设监察综合室、执法监察室。1995年4月，中共禹城市第八次代表大会选举产生市纪律检查委员会，选举出委员13人，禹城市纪委第一次全委会选出常委9人、书记1人、副书记3人。1998年1月，中共禹城市第九次代表大会选举产生市纪律检查委员会，选出委员13人，禹城市纪委第一次全委会选出常委8人、书记1人、副书记2人，张仁新当选为纪委书记。2001年2月，张仁新离职，杨华任纪委书记。2003年1月，中共禹城市第十次代表大会选举产生市纪律检查委员会，选出委员13人、常委9人、书记1人、副书记3人，其中1人兼任监察局局长。2007年2月，中共禹城市第十一次代表大会选举产生市纪律检查委员会，选出委员13人、常委10人、书记1人、副书记2人；李玉梅当选为纪委书记。2010年6月，市纪委、市监察局设置6个统一管理派驻机构，负责对全市72个市直部门（单位）进行监督检查。同时，联系27个部门（单位）的党风廉政建设和反腐败工作。其名称为“中共禹城市纪委、禹城市监察局派驻第×纪工委、监察室”。

1987—2010年中共禹城县（市）纪律检查委员会历任书记任职情况表

表18-8-1

姓名	性别	籍贯	任期
孙思东	男	山东省禹城市	1987年4月—1992年12月
贾桂凤	女	山东省禹城市	1992年12月—1998年1月
张仁新	男	山东省禹城市	1998年1月—2001年2月
杨　华	男	山东省阳谷县	2001年2月—2007年2月
李玉梅	男	山东省齐河县	2007年2月任职

第二节　党风廉政建设

1986年，全市统一抓党风廉政建设，1987年，建立党风廉政责任制。禹城县委下发《关于贯彻中纪委2号通报立即刹住用公款请客送礼，吃请收礼歪风通知》和《关于贯彻中纪委关于坚决查处共产党员索贿问题决定通知》，认真查处“十股”歪风。至1989年，县纪委写出《关于县内廉政状况调查报告》，及时推广廿里堡乡“三榜上墙一单子到户”经验。1991年5月，县委制定《关于实行县委常委、县长责任制切实加强党风和廉政建设意见》，并针对群众反映比较强烈的农村财务管理混乱等问题，进行调查研究。1993—1994年，学习贯彻《条例》和《廉政准则》等。至1997年，重申市委《关于领导干部重大事项报告制度暂行规定》。在探索实践基础上，廉政建设

图 18-8-1　禹城市廉政风险防范工作会议（2010 年摄）

进入全面实践阶段，狠刹吃喝风，对小汽车清理登记，对领导住房、建房监督检查。落实市委《关于领导干部廉洁自律问题若干规定》责任书。同时，落实“禁酒令”，发现问题电视曝光，收到良好效果。

2001 年，健全完善《关于加强自身建设意见》《关于进一步加强党风廉政建设意见》《关于改进工作作风、密切联系群众意见》等规定；制定《市委、市政府领导班子成员 2001 年度党风廉政建设责任范围与任务分工》。建立健全“五项制度”：廉政档案制度、专题报告制度、谈话制度、廉政鉴定制度、党风廉政教育制度。2002 年，对乡镇换届选举、机构改革进行全程监督。对部分正科级干部进行廉政鉴定，对干部借用公款问题进行清理。对通讯工具、子女就业、报销费用等进行清理。2003 年，重点抓干部廉政鉴定、廉政档案、廉政谈话等制度规范、完善和延伸。5 月 1 日前后，集中对公款吃喝、婚事大办进行集中检查。公安、文化、工商等部门对歌舞娱乐服务场所进行整顿规范。在德州市率先推行《建设工程廉政合同》制度。2004 年，下发《关于开展好“争做廉内助、树立好家风”活动通知》，签订廉洁自律承诺书。集中清理私人借款 107 万元。对新任县（处）级领导干部配偶、子女从业情况清理登记。乡镇、市直部门主要领导进行述职述廉。2005 年，109 名党政主要负责人签订《廉政承诺书》。3781 人参加自查自纠，上交礼金 57.6 万元，礼品 27 宗，折款 14.3 万元。涉及 15234 人冒领工资，补贴、救济等违规 37 人，全部予以纠正。对 10 个单位所建 22 套住宅楼进行纠正处理。2008 年，认真落实察民情、听民意、解民忧“三民”走访接访活动和定期下访制、公开接访制、为民服务代理制、党员谈心制度等群众工作制度。逐步形成“四个到位”（领导、宣传、机制、监督）、“一个体系（乡村便民服务体系）、两

图 18-8-2　禹城市直部门、驻禹单位社会评议暨政风行风民主评议工作会议（2009 年摄）

个代管（村财村用乡代管、乡财乡用市代管）、勤廉双述（农村基层干部述职述廉）、三务公开（政务、村务、党务）”党风廉政建设新机制。2009年，建立完善“农事村办”工作室。2010年，粮食直补和综合直补全部通过“一卡通”发放到农户手中，兑付率100%。发放农机补贴897万元，受益农户1026户。

第三节　违纪违法案件查处

1986—1995年，全市立案519起，查结519起，结案率为100%，处理违纪党员375人，其中开除党籍处分104人，留党察看84人，撤销党内职务30人，党内严重警告80人，党内警告77人，在受处分党员中，副科级以上干部56人，一般党员干部106人，一般党员213人。在查处案件中，因贪污受贿等经济问题而受处分党员143人，占受处分党员38.1%。

1996—1997年，全市纪检监察机关立案167起，查结166起，结案率为99.4%；党纪政纪处分128人，其中开除党籍处分22人，留党察看23人，撤销党内职务3人，党内警告和严重警告61人，免予处分3人，行政降级3人，记过5人，记大过5人，警告2人，撤职1人；接待群众来信来访498件次，其中来信357件，来访131件，举报电话10人次。

1999—2000年，全市立案141起，全部查结；处理违纪党员、干部140人，其中开除党籍处分7人，留党察看23人，撤销党内职务8人，党内严重警告40人，党内警告33人，免予纪律处分15人，批评教育2人，取消党员预备资格2人，政纪处分10人。在查处案件中，因贪污受贿等经济问题而受处分党员干部98人，占受处分党员70%。

2000—2010年，立案756起，结案1503起。其中经济类712起，其他政治类、人事类、失职类、侵权类、违犯社会秩序类等44起。党纪处分666人，其中处分科级61人。

第四节　党风党纪教育

1986年，结合整党组织广大党员干部认真学习《中共中央关于整党决定》《中国共产党党章》《关于党内政治生活若干准则》。针对党员干部现实思想状况举办学习班、办好乡镇党校、对党员干部进行形势政策教育和法制教育，运用正反两方面典型，向广大党员干部进行生动具体教育。县纪委针对新历史时期，基层党组织和广大党员在思想、作风、纪律等方面存在的问题，重点抓党组织和党员政治素质提高、党风、党性、党纪教育。组织党员干部认真学习马列主义基本理论和中共党的三中全会以来路线、方针、政策，学习邓小平《建设有中国特色社会主义》和《坚持四项基本原则，

图18-8-3　禹城市领导干部警示教育会议（2010年摄）

反对资产阶级自由化》。配合中共党的中心工作，坚持经常性党纪教育，组织党员学习党章、准则。

1989年6月，认真组织学习中共中央国务院《告全体共产党员和全国人民书》及中纪委2号文件，并向全县各级党组织、纪检组织下发关于学习《告全体共产党员和全国人民书》及中纪委2号文件通知，自觉地以党中央、国务院和中央军委指示，把思想和行动统一到中央国务院重大决策上来，做到不听谣、不信谣，遵纪守法，以高度党性和严格纪律来维护中共党的团结和统一。

图 18-8-4　禹城市纪委进行廉政谈话（2009年摄）

1990年，县委成立“学党章、正党风”领导小组，办公室建在纪委，配备专门人员，分管副书记亲自抓，创办《学党章、正党风》情况交流，组织播放《钱惑》《我心目中的共产党员》《阿罗汉神兽》等电视录像片60多场次，两万多人收看。1993年，在党员中开展“学党章、讲奉献，做合格党员”活动。选择一些在反腐败斗争中有代表性、教育面大的案件，利用通报、召开案件通报会等形式，剖析案例，进行警示教育。同时进行党法党规教育。编写1.5万字党法党规教育教材，分两组到19个乡镇巡回宣讲。纪检委、组织部、宣传部共同组织26个代表队300余人参加电视大赛。

1995年，市委制定《关于在全市党政机关开展党风廉政教育意见》，在全市党政机关开展以共产主义理想和信念教育，全心全意为人民服务宗旨教育，艰苦奋斗、勤俭节约、组织纪律等为主要内容的党风廉政教育活动。开展“学条规、守纪律、做表率”教育活动。1999年，开展“干部作风建设年”活动。先后系统学习《纪律处分条例》《廉政准则》、中纪委《关于党的五项监督实施方法》和《关于对违反党政领导干部选任用工作暂行条例行为处理规定》等7个重要党风廉政法律法规。组织收看《纪律处分条例》《从市长到囚犯》等电教片，同时结合“三讲”教育在各级领导班子举办领导干部“领读会”、辅导班、写心得体会、进行对照检查和开展批评与自我批评。使各级领导干部受到较为系统完整的党风廉政教育。

2006年，组织开展廉政文化建设活动，形成以廉为善、以廉为乐、以廉为荣、以廉为美的良好社会风尚，廉洁观念更加深入人心。2007年，禹城市委制定《关于加强机关纪律作风建设意见》，编发《机关作风建设工作简报》49期，禹城市报、电视台等媒体开设专题栏目，举办千名干部参加先模人物事迹报告会和各类演讲比赛、知识竞赛20多场次，深入开展“大宣传、大提高、大落实、大发展”讨论活动。选派业务骨干到党校、乡镇、部门授课30多场次。对全市3000余名机关干部、执法人员、农村党支部书记进行集中培训。深入开展“廉政文化建设年”活动，挖掘大禹文化内涵，加强地方特色廉政文化建设，编排歌舞《清风赞》、群口快板《食堂交响乐》和舞蹈《丰碑赞》等基层廉政文艺节目。2010年，在禹城市委党校建立警示教育基地，举办警示教育图片展，1500余名党员干部观看图片展。开展公车挂私、超编超标公车清理，至2010年年底，新购车同比减少85%。

第五节 纠正部门和行业不正之风

一、民主评议

1992年，人大代表、政协委员、企业和工商户代表对公安、法院、交通、电力等行政部门和基层站所全体工作人员进行评议，废除、清理、简化制约经济发展各类条文和文件。1996年，邀请人大代表、政协委员、党政风监督员、乡镇纪检书记、个体户、老干部代表，对文教、公安、交通、建委、卫生、国税、电力、地税、法院等单位进行评议，评出优秀和一般单位。2000年，邀各界人士代表，对文教、公安等执法、行政单位以及经管单位进行评议，评出优、一般、差三级单位。2002年，“树立行业新风、优化发展环境”活动中，对执法经管等单位进行评议。2004年，对民主评议政风行风改为民主评议活动。此后，成为一项长效制度，每季度评议一次。组织部分禹城市人大代表、党代表、政协委员、个体户，对禹城市78个部门、单位机关效能进行民主评议，评议结果全市通报，后三名主要领导诫勉谈话。半年和年底评议结果，作为对干部综合考评重要依据之一。通过民主评议活动，机关作风明显好转，群众满意率上升。

二、治理“三乱”

1991年，开始治理“三乱”（乱收费、乱罚款、乱摊派）。设立举报中心38个，举报电话78部，举报箱300个，废止1983年以来不规范文件15件，自查自纠各类问题800件，查处违纪金额近50余万元。1993年，取消不合理收费16项，清理公费旅游136人次；至1994年，清理各项收费、罚款金额1537.1万元，违纪金额32.78万元。1995年，狠刹中小学乱收费、婚丧事大操大办、公款吃喝等歪风，收到良好效果。1996年，制定《关于大力加强行业作风建设意见》，有效防止企业受“三乱”干扰。实行“准查证”、《收费罚款摊派登记簿》制度，企业经营环境得到明显改善。1997年，会同财政、物价对全市行政性收费进行年审，涉及金额2743万元，查出违纪违法金额33万元，避免经济损失27.9万元。深入部门单位和交通线路，制止公路“三乱”（乱设卡、乱收费、乱罚没），加强巡查、严防反弹。2007年，查处教育乱收费31万元，医疗乱收费61万元。对11个建筑企业、20个建筑工地拖欠工程款530万元，农民工工资560万元，拖欠土地补偿款640万元，全部进行查处。2009—2010年，严防公路“三乱”，对路查部门执法程序、执法依据、收费标准进行清理规范，发现问题立即纠正。

三、纠正不正之风

1985年，禹城县制定《关于纠正不正之风暂行规定》，重点纠正党政机关经商、滥发服装、困难补助、实物等，收回45.56万元。对乱靠级、乱浮动工资、乱涨价、超标准住房问题进行及时纠正。1986年，对商业缺斤缺两，银行系统以贷谋私，卫生、邮电独家经营，电业老大等歪风，给予纠正、查处。

1990年，制定《关于修房建房中有关问题决定》，制止用公款超标准装修、建房等问题；同时清理查处干部用公款供子女上学等问题。县委下发《关于坚决制止婚丧事大办通知》，县纪委下发《致全县共产党员公开信》，严办三起婚丧大办案件。1992年，重点纠正虚报河号，乱卖河号问题，对个别严重案件进行处理。

2001年，在49个执法部门中开展“优化环境、服务经济、树行业新风”教育活动，开展“行风万人评”活动，彻底纠正不正之风。2002年，对26个执法部门，实行半军事化管理。组织45个执法单位部门“一把手”在电视台公开服务承诺，汇编《禹城服务承诺指南》发放社会、公开监督。2003年，成立市委纠风工作领导小组，建立优化经济发展环境流动服务站，为经济发展保驾护航。

2006年，纠风办受理投诉6件、咨询26件，发放宣传卡4000余份。2008年，监督落实到位粮补1018万元，综合直补4741万元，征地补偿17969万元。对12个收费涉农单位检查清理，涉及资金1.2亿元。改进和完善《政风行风热线》节目，对285个咨询电话、8个投诉电话给予回复和办理。2009年，向企业发放企业运输通行证和公布举报电话，重点解决企业和群众在生产经营和交通运输过程中遇到的外部环境问题；受理举报投诉26件，全部答复解决。

四、执法监察

1985年，组织卫生、工商、物价、食品卫生防疫站等执法单位的11人检查组，对56个单位进行检查，发现霉变食品、饮料、药品99个品种，当场全部销毁；对293个纳税单位检查，核实偷漏各种税款185万元。至1995年，检查收费罚款项目1123项，查出违规违纪金额960.89万元。

1996年，对结婚登记搭车收费进行专项监督检查，涉及金额84.22万元，查处违纪金额11.5万元。1997年，围绕减轻农民负担和市场乱收费专项检查，查出违规违纪金额551.59万元。至2000年，执法监察单位191个，查出违规违纪金额551.59万元，挽回经济损失415.14万元，避免经济损失243.22万元。

2004年，会同有关部门对商业、供销、经委、交通等系统部分下属企业和事业单位2002—2004年救济款和最低生活保障金发放情况进行检查，涉及金额2.84万元；对“收支两条线”规定落实和银行账户管理情况进行专项检查，取消违规设立和停用账户178个。2006年，检查单位22个，涉及金额1.31亿元，查处违纪金额38.21万元，避免经济损失20.2万元。2008年检查单位83个，涉及金额11.81亿元，查出违规金额2285.5万元。2009年，检查工程项目34个，涉及资金8600万元。

五、效能监察

1988年，对农村上河、提留、计划生育、卖粮卖棉等问题进行监督检查，保护农民积极性。1991年，农村财务清理检查，涉及14个乡镇72个总支，清理出私加提留、骗取河号款95万余元。至1994年，对90余个单位个人借款情况进行清理，清理出拖欠公款88.65万元。1998年，对公款私存专项监察，查处违纪案件1件。

2001年，对社会保障金缴纳、下岗职工扶持政策以及中小学收费等进行检查，查出违规金额6.54万元，挽回经济损失3.19万元。2002年，对中小学收费查出违规违纪金额35.43万元，挽回经济损失10.72万元。2005年1月，制定出台《关于建设工程招标等事项实行预告制定暂行规定》，18个建筑工程项目和6个市政项目进行招投标预告制度，并签订《廉政合同》。同年5月，对84个行政事业单位进行财务票据调账检查，查处白条列支金额4374.39万元，应交未交各类收入资金214.2万元，全部依规查处。

2006年3月，开展“优化发展环境专项整治月”活动。为企业提供“零距离”服务。走访企业38家，协助查处各类事项21条，整改问题6件，得到企业和群众广泛好评，保护企业正当利益。2008年，落实涉企行政检查制度，登记备案检查1200余次，向企业、个体业户发放《优化发展环境联系卡》，免费向企业发放通行证9500余张。严查"三乱"案件，落实"两暂停一严禁一规范" 要求，减轻企业负担。至2009年，减少检查活动500多次，取消收费项目39项之多，年减少收费1200余万元。确定39个部门333项行政处罚规定为"首违不罚事项"，可减轻企业及个人负担800多万元。制定《服务企业发展"八不准"制度》，免费向企业发放运输车辆通行证6000多张，打造"服务企业直通车"。走访企业5500余人次，帮助企业解决问题1300多件，查处损害发展环境案件9起。

2010年，围绕耕地保护，对土地出让和使用情况监督检查，查处和纠正违规违法用地案6宗，占地96.7亩。严查乱收费、乱罚款、乱摊派现象和哄抬农资价、制假卖假坑农行为，减轻农民负担290万元，为老百姓挽回经济损失62万元。

第六节　信访工作

1985年，禹城县委、纪检委制定《纪委信访工作达标规划》，实行纪检信访工作季度通报制度。当年接待人民来信来访148件次，初访120件次，重访28件次，申诉8起，控告140件次。1990年，制定《乡镇纪检信访工作规则》，对乡镇信访纪检工作领导机构、职责、任务、工作程序、工作制度和要求，作了详细规定。1993年，制定《信访工作目标管理办法》，受理纪检信访783件次，其中来信526件，来访257人次；受理人民来信来访360件次。2001年，抓苗头、抓倾向、抓基层，认真解决群众来信来访问题，使群众信访量大幅下降，同年受理群众信访举报137件次，比上年189件次下降52件次。下发《关于共产党员、国家干部、职工在信访活动中行为规范》，做到有序上访。2003年，建立纪委常委轮流接访、督办、排查等制度，使大量矛盾解决在萌芽状态，避免越级上访和集体上访；同时，依据《信访监督实施办法》，对8名科股级以上干部诫勉谈话。2004年，坚持"规范各级干部行为、规范群众上访行为、强化责任追究"工作责任制，积极处理问题，化解矛盾，受理来信来访160件次，涉及党员128人，监察对象8人，党员干部7人，农村干部127件，乡科级干部7人。经济问题81件，其他53件。年底全部结案，信访总量较上年下降22%。2010年，人民群众信访工作走上规范化、程序化、理性化。受理来信来访70件次，其中经济案10件，乡科级案7件，党员干部69人。处理42个单位"小金库"问题，查处违规资金1763万元，年底全部结案。当年信访件次比上年下降42.5%。

第九章　老干部工作

1986年10月，组织部老干部科更名为中共禹城市委老干部局，干部、职工7人。属于市委行政管理职能部门，负责全市离退休干部服务管理工作。老干部局落实好老干部两项待遇，健全完善离休干部"三个机制"建设，破解"双高期"服务难题，努力为离退休干部解难题、办实事，打造"尊老敬贤、共建和谐"服务品牌。先后荣获山东省"老干部工作先进单位"、德州市"老干部信访建设先进单位""老干部工作部门调研信息工作先进单位"等荣誉称号。

第一节　老干部管理

1986 年，禹城县建立老干部协助员小组长管理网络，设立活动小组 21 个，共同做好老干部管理工作。1991 年，禹城县将离退休干部全部纳入老干部局统一管理服务。2001 年，市老干部局完成全市离休干部基本信息录入微机工作，实现离休干部管理、服务信息化、快捷化、网络化。2005 年，禹城市离退休干部分片、分组进行管理服务。2010 年 6 月，完成老干部活动中心整修工作。同年 7 月，老干部局向市委组织部提交《关于在符合条件基层党委建立老干部党支部申请》，市委组织部向各党（工）委下发《关于建立离退休干部党支部通知》，建立离退休干部党支部 27 个，其中 2 个离退休干部党支部分别获得“全省先进离退休干部党支部”“德州市‘五好’离退休干部党支部”荣誉称号。多次组织召开“纵比知足、横比知福”等主题民主生活会，使老干部感到组织关怀和温暖。

第二节　老干部待遇

一、政治待遇

1986 年后，禹城县（市）逐步建立健全离退休干部政治理论学习、阅文、通报情况、参加重要会议和重要活动、参观考察、走访慰问等制度。组织离退休干部学习中共党的有关方针政策，召开全市经济情况通报会，并征求意见。定期组织离退休干部参观考察外地经济建设和全市重点建设项目。定期走访慰问副县级以上老干部。2009 年后，坚持对老干部“五必访”，即重大节日、老干部生病住院、家中有大事、老干部有思想情绪波动和生活有困难时必访。逢年过节，以手机短信等形式，为异地居住离休干部送去祝福，每年发送慰问信 300 余份。

二、生活待遇

落实两费。1989 年 1 月，中共禹城县委县政府制定《关于做好离休干部工作试行规定》，开始重视两费（离退休费、医药费）情况调查研究。1994 年，市委要求落实解决好老干部生活待遇，保证工资发放和医药费据实报销。1997 年 1 月，市委组织部、老干部局、人事局、财政局组成离退休干部“生活待遇”检查组，对离退休干部离退休费发放、医药费报销等情况进行全面检查。2001 年，经市委常委会议决定，离休干部医疗统筹机制从 2002 年 1 月 1 日起实行，统筹数额每人每年 2500 元，定点在市人民医院，同时颁发文件《禹城市离休干部医疗基金统筹和管理使用办法》。2002 年 1 月 1 日，离休干部医疗统筹保障机制正式运行，办理离休干部医疗证 537 人（份）。2010 年 12 月，离休干部医疗统筹金标准提高到每人每年

图 18-9-1　市委老干部局组织老干部收看党性教育活动宣传片　（2010 年摄）

6000元。

医疗保健。老干部局在禹城市人民医院设立老干部病房，为老干部就医提供方便。每年定期对副县级以上老干部进行健康查体。同时，结合老干部身体状况，开展有针对性健康和养生保健讲座。自2009年起，多次组织专家医疗队进社区对老干部进行义诊，每年诊疗200多人次。2010年，与人民医院、社区医疗服务站联合，进行问医送药、健康咨询、医疗康复等服务，对150余名老干部进行血常规、尿常规、空腹血糖、心电图检查等项目检查，并建立健康档案。

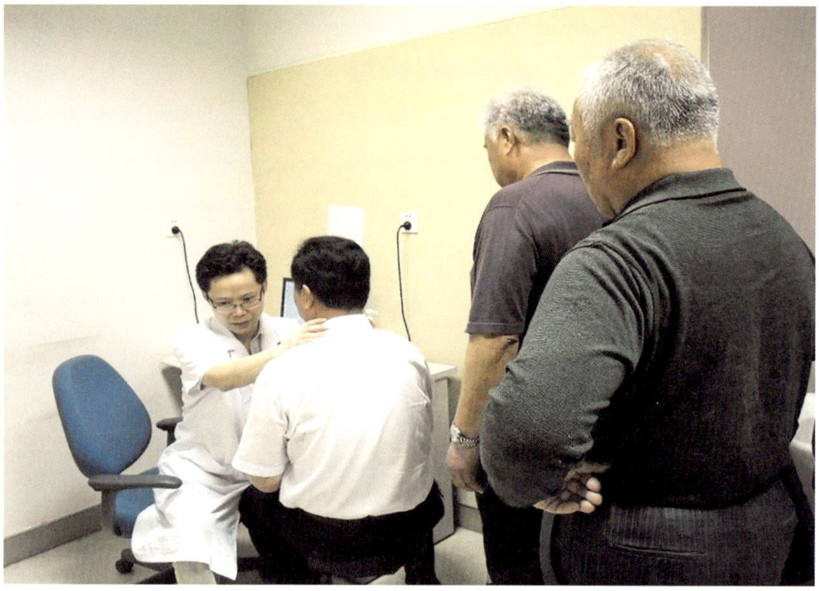

图 18-9-2 组织老干部健康查体 （2010年摄）

护理费。1986年后，离休干部护理费不断提高。至2003年年底，每人每月达到100—110元。2004年8月1日，离休干部护理费提高到每人每月300元。2008年，全市离休干部护理费标准由每人每月300元提高到600元。

第三节 老干部活动

禹城市老干部活动中心始建于1985年。2010年，投资30万元，进行全面整修。购置活动桌椅30余套，购置象棋、围棋等活动器材10套，安装套装门30个、门牌24个，改造洗手间和洗漱间8个。设有办公室、图书室、阅览室、棋牌室、乒乓球室、健身房、多功能厅等。定期更换阅览室《老干部之家》《老年教育》《老年生活报》等报刊、杂志，活动中心每周七天免费向离退休干部开放使用。来活动的老干部达120多人。

银辉老年艺术团吸收各条战线退下来的老同志，自编自演舞蹈、曲艺、小歌剧等文艺节目。每逢节假日，在糖城广场、基层单位免费演出。银辉艺术团“阿婆乐”节目在“山东省首届老干部文化艺术节文艺大赛”中获得三等奖。

2010年，组织热心教育事业的离退休干部参加教育工作者协会、关心下一代工作委员会等组织；开展“夕阳文史”活动，鼓励离退休干部撰写回忆录、诗集等，把自己丰富的人生经历编写成书，给后人留下宝贵的精神财富。离休干部董益三、李修信撰写《回忆录》、退休干部戚振奎两年内出版《戚振奎诗集一》《戚振奎诗集二》、退休干部司兆俊撰写34万字《泰山情缘》；在纪念抗日战争胜利六十五周年摄影图片展中，禹城老干部摄影作品《当年打鬼子时，我和你们一样大》荣获山东省优秀奖。

第十章　党史工作

1982年3月，组建中共禹城县委党史资料征集研究办公室。1993年9月至1995年12月，党史办与县志办合并，为中共禹城市委、市政府史志办公室。1995年12月，复设禹城市委党史办。2002年3月，更名为中共禹城市委党史研究室。主要承担禹城地方党史资料征集、编写、研究等项工作。

第一节　党史资料征集

1983年7月，开始《中共禹城县党史大事记》（1922—1949）征集与编写工作。经走访黑龙江、河北、河南、浙江、江西、沈阳、北京、青岛、杭州等地老同志，查阅北京、上海、济南、青岛、烟台等市档案馆资料，写出第一次和第二次国内革命战争时期《禹城县党史大事记》初稿；1989年，将抗日战争时期和解放战争时期《中共禹城县党史大事记》初稿完成，进入征求意见阶段。特邀不同时期在禹城工作过的老同志提出修改、补充意见，经禹城县委、人大、县政府、政协主要领导复核、审定，1987年12月打印成册。1988年，采取在书前加概述、目录中充实条目、各时期附图、每个条目加小标题的编辑方法，进行加工整理；1989年3月，经德州地委党史委评审后，再行修改，同年8月印刷出版（内部发行）。

1985年5月，开展《中共禹城县组织史资料》（1924—1987）征编工作。1985年8月、1986年7月两次对初稿集中向社会各界征求意见，补充、核实资料。此间，先后翻阅档案资料和任免通知书3000余件，收集文字资料35万余字，召开座谈会、审稿会达120余次，面访老干部617人，函访260人次，通过旁证核实898人次。1987年10月，对各章节重新编写文字叙述，先后经5次较大修改、补充，于1988年12月定稿出版（内部发行）。

1986—1989年，编辑出版《禹城党史资料》第一、二辑，约20万字。同时，撰写禹城党史人物李宗鲁、王克寇、孙兆鹏、马毅之等，在山东省、德州地区有关党史人物专辑中刊发。

1989年7月，编纂《中共禹城党史大事记》（1949—1993）。分基本完成社会主义时期、开始全面建设社会主义时期、“文化大革命”时期、社会主义现代化建设新时期四个时期编写。1992年上半年完成《党史大事记》（1949—

图18-10-1　禹城党史办出版的部分党史书籍　（2010年摄）

1987）征求意见稿。按四个时期，前后四次召开座谈、评议、讨论会。1994年初，将《党史大事记》（1949—1987）续写到1993年12月。1994年9月，完成《党史大事记》（1949.10—1993.12）送审稿本。1995年7月，由中国国际广播出版社出版，收录886个条目，总计21万余字。1998年8月，此书获山东省党史系统优秀成果三等奖，获德州市党史系统优秀成果一等奖。此后续编《中共禹城党史大事记》（1993.12—2009.12），分上下两册，计80余万字。同时撰写《中共禹城地方史》（1922—1949.10）一书，于2010年3月出版发行。

第二节　党史研究

1987—1991年，党史办结合禹城历史实践编写《中共禹城党史讲座材料》十二讲，在县人民广播电台进行播讲，宣传共产党人在禹城浴血奋战、发展壮大的历史。1991年7月，为庆祝建党70周年，除进行中共党的历史讲座之外，根据禹城党史绘制图文并茂的120幅图片，在企业、学校、机关，进行巡回展出，受教育人数5万多人次。1989年，北京反革命暴乱平息之后，配合农村和城市社会主义思想教育，1990—1991年，编写《禹城革命先驱》一书，印发给社会主义思想教育宣讲队。1997—1998年，完成《中共德州组织史资料》（1987—2001）禹城部分征编工作。同时开展《冀鲁豫边区革命纪念馆资料》禹城部分征集、撰写任务。资料时限跨度28年，编录革命烈士847名，著名历史人物7名，实物照片2件，编写文字4万余字，定稿2万字，符合边区纪念馆陈列要求。2000年，为山东省委党史研究室编纂《中共山东党史人物辞典》一书，集中撰写禹城自1926年建立党组织以后，最具影响的中共县委书记、县长、特委委员、著名烈士、特级战斗英雄及较大影响反面人物等15位人物传记，该书定稿约8000字。为中共中央党史研究室和中共中央编译局联合编纂《人民英雄大典》，撰写民族英雄和人民烈士杰出代表人物5位，此书定稿3000字。为红旗出版社编辑《中国党政领导手册》和山东省委党史研究室编辑《齐鲁共产党人》提供市情资料、人员名单、图片和文字资料。2002—2003年，撰写《中共德州市党史人物传略》一书禹城部分，全书33位人物，文字2万余字，2004年10月正式出版发行。2004—2007年，通过多方考证、查阅、甄别有关历史资料，召开知情人座谈会，对禹城社会主义建设时期有关阶段党史进行系统专题研究。撰写《“一五”时期禹城县建设与发展》《禹城县大跃进活动》《二十世纪六十年代禹城县国民经济调整》《禹城县一九七五年整顿》等专题，充分发挥党史以史鉴今、资政育人作用。

第十一章　信访工作

自1986年，禹城县（市）把信访工作作为建设“平安禹城”、构建社会主义和谐社会重要方面。加强基层基础建设，建立健全信访制度，及时查处信访案件。信访总量稳中有降，整体信访形势持续平稳。

第一节　信访组织机构

1978年，设立信访科，配信访干部4人，直属县委办公室领导。1982年，建立信访办公室，配信访干部7人，分管副书记和副县长各1名。1984年4月，县委、县政府各设信访科，每科4人，后合并为信访办公室，干部10人，受县委、县政府双重领导。1990年4月，设立县委、县政府信访局，由县委、县政府共同领导，列党委部门序列。2005年后，信访局内部设办公室、接访科、办信科、督查科、复查科等5个科室。

1995年，各乡镇和市直部门单位成立信访工作领导小组，配齐专兼职信访工作人员，其中乡镇和信访任务重的市直部门、单位设立专门信访工作机构，配备工作人员。至2010年，全市995个行政村设立信访民调组织，配齐信访民调员。各乡镇配齐副科级信访助理员。

第二节　信访制度建设

1986—1990年，信访工作属禹城县（市）委办公室工作之列。1990年后，为信访局。1995年，国务院《信访条例》和《山东省信访处理暂行规定》颁布实施。全市开展信访、法规宣传教育活动。至2005年，开展宣传教育活动19次，出动宣传车296台（次），张贴、发放宣传材料30余万份，举办市、乡信访干部培训班68期，培训专兼职信访工作人员1.3万余人次。自1995年始，全市信访工作实行逐级责任制。各级党政主要领导为信访工作第一责任人，负总责、亲自抓，分工领导为具体责任人，靠上抓，一级抓一级，一级对一级负责。同时，实行党政主要领导每月处理一件群众最关心信访问题制度和领导包案制度。1998年，市委、市政府制定《关于市乡两级主要领导公开接待群众来访规定》《关于依法规范信访行为通告》《关于严禁党员干部参与群众上访通知》和《禹城市信访工作目标管理考核计分标准和奖惩办法》等文件，信访工作有章可循。同年，全市完善健全《通报制度》《调度制度》《追究责任制度》《经济制约处罚制度》等，信访工作步入制度化、规范化管理轨道。至2010年，书记每年主持召开12次专题会议、市长每半月召开一次协调会解决信访疑难案件。设立市委书记和各大班子领导每半月一次公开接待日；各乡镇建立党政主要领导每半月一次人民群众来访接待日制度。每周一为市直各部门领导公开接待日。逐步实行“包接访、包协调、包督办、包结案”领导包案责任制，跟踪解决公开接待来访问题，直至息诉罢访。

图18-11-1　市领导接访　（2010年摄）

禹城市信访工作连续被山东省委、省政府授予“全省信访工作先进单位”；连续被德州市委、市政府表彰为“全市信访工作先进县（市、区）”；并被荣记集体二等功一次。

第三节　信访基层基础建设

自1986年，全市开展争创“三无”乡镇，把大量信访案件、大量矛盾和问题化解在基层。1995年，借《信访条例》颁布实施，逐步充实健全工作网络，健全乡镇调解中心、配齐信访助理员，以及村级调解员和信访信息员。2000年，市直坚持每月一排查一汇总一上报，乡镇坚持一周一排查一上报，村、企事业单位坚持一天一排查一上报。对排查出来的问题，逐个研究调处方案。同年，全市排查出各类信访苗头和矛盾纠纷1876起，其中80%以上在基层得到妥善化解和稳控。2005年，新《信访条例》实施，禹城市立足超前防范，树立重事后更重事前，重治标更重治本思路，从源头上预防和减少各类信访问题和社会矛盾发生。通过采取建立内部局域网、公开电子信箱、完善公开电话、服务热线等便民措施，拓宽基层信访渠道，增强基层吸纳、化解信访问题能力，使群众有难有人帮，有理有处诉，有冤有处申。

第四节　信访案件处理

1986—1988年，开展解决历史遗留问题信访案件处理，受理信访案件1088件，处结1045件，复查复议258件。2005—2010年，市级党政领导阅批群众来信1538件，公开接访1217起2596人次，处结率均达到95%。至2010年年底，受理来市信访总量16721件起，处结15132件起，处结率95%。同时，查处山东省和德州市交办重要案件106起，处结106起，处结率100%。

第十二章　党校工作

1986—1992年，称禹城县委党校，校址老城县委旧址。1992年，禹城党校被批准为中专体制，领导班子按副县级配备，中层班子按副科级配备。1993年，禹城撤县设市，禹城县委党校改称禹城市委党校。1994年5月，党校为副县级单位。1996年12月，校长由市委书记兼任。1996年开始筹建教学办公综合大楼，1997年冬开工建设，1999年年底基本建成，总建筑面积4000平方米。有中央党校远程教学C级网站，藏有图书资料近万册，采用现代化教学办公手段，成为集办公、教学、会议为一体的干部教育培训基地。1997年度被评为“德州党校系统先进党校”；2006年度被评为“山东省档案工作先进单位”；2007和2008年度被评为“德州市党校系统先进党校”“禹城市

图18-12-1　专业技术人员继续教育培训班（2010年摄）

党的建设先进单位”“2008 年度德州市党校系统规范化管理先进单位”“2009 年度山东省党校系统先进单位”。

第一节　干部培训

1986 年，禹城县委党校主要对在职干部进行学历教育，培养有学历专业人才和进行干部岗位培训。1990 年，加强主体班次工作，开齐配全各种主体班次；1993 年，市委党校设 5 个科室（办公室、教务科、理论研究室、行政科、函授科），教职工 25 人。

至 1995 年，举办各种进修班、培训班、短训班 33 期，培训各级领导干部 3245 人次，其中举办军转干部培训班 3 期 100 人；副科级领导干部进修班及中青年干部培训班 13 期 660 人；乡镇及市直基层党校校长、理论骨干短训班 4 期 226 人；拔尖人才、高级知识分子培训班 1 期 55 人;妇女干部培训班 1 期 60 人;合资企业厂长（经理）培训班 1 期 56 人。农村支部书记进修班 7 期 2035 人，村级后备干部及经济强村挂职干部培训班3期53人。同时，组织参与社会办学，协助乡镇和市直部门举办各种类型培训班，轮训干部、职工 5600 人次。举办山东广播电视大学干部专修班 1 个 32 人；党校系统干部中专班 3 个 162 人。

1996—1998 年，举办各类班次 38 期，培训党员干部 20104 人次。举办主体班次：副科级干部进修班 7 个，中青年干部培训班 6 个，学习中共党的十五大精神培训班 2 个，妇女干部、非党干部、少数民族干部培训班各 1 个。每年冬季举办流动党校 3 期，培训党员干部 18100 人次；为禹城市纪委、人大、五金公司、木糖醇厂、禹王亭集团等单位培训干部职工 6 个班次 750 人次。1999—2000 年，以邓小平理论和中共党的基本路线为指导，两年举办主体班次 31 期，培训和轮训干部 3000 余人次。

2001—2005 年，举办各种培训班、短训班 55 期，培训各级领导干部 5000 人次。其中，举办优秀青年干部培训班 5 期 400 人；副科级领导干部进修班及中青年干部培训班 10 期 800 人；少数民族干部培训班 5 期 400 人；妇女干部培训班 5 期 400 人，农村支部书记大专本科班 9 个 669 人。

2006—2010 年，举办各类培训班次 87 期，参训学员达 14300 余人次。

第二节　函授教育

1986—1989 年，连续举办三届党政干部中专班，毕业学员 120 人；与山东省青年干部学院联合举办大专函授班三届，120 人毕业。与禹城人事局联合举办军转干部培训班三期，结业学员 100 余名。1986—1995 年，举办山东省委党校大专本科班 6 个，培训学员 735 人；与其他大专院校联办大专本科班 5 个，提高干部队伍素质。1991 年，禹城党校被山东省委党校确定为函授联系点。1994—1995 年，举办农村干部大专函授班两届，毕业学员 1000 余名。1996—1998 年，举办各类函授班次 16 个，培训学员 1254 人，其中毕业学员 844 人，其余在读 410 人。至 2000 年，举办函授班 5 届 12 班次，培训 788 人。

至 2010 年年底，禹城党校举办中央党校函授学院和山东省委党校函授学院 17 届本科班、大专班，毕业学员 3200 余名。在函授教学中，坚持从严治学、规范管理。1998 年度被授予“德州分院先进学区和考务管理先进单位”，2007 年度和 2008 年度被授予“德州市党校系统函授教育先进单位”荣誉称号。

第三节　科研工作

1992 年邓小平视察南方谈话后，禹城县

（市）加快党校改革步伐，把党校科研提上议程。坚持“两个贴紧、三个服务”办学指导思想。（贴紧经济建设这个中心、贴紧特色理论；为特色建设服务、为市场经济服务、为领导骨干服务）。至1995年，党校教师负责编辑、撰稿著作和教科书8册，近40万字，发表国家级论文2篇，省级论文8篇，地级论文12篇，促进教学工作健康发展。

1996—1998年，科学设置班次，确定学制，强化管理，深化教学改革。着眼于为经济建设和党委、政府决策服务，鼓励教师深入教研工作。其间，发表省地级论文6篇，5篇获德州市党校系统优秀科研成果奖；11篇论文获德州市委党校优秀论文奖。

1999—2000年，坚持科研为教学服务，为党委政府决策服务，为经济建设中心服务。强化科研立校观念、精品观念、针对基层党员干部理论教育现状，以及基层存在热点、难点问题，进行调查研究。发表省级论文4篇，在《大众日报》发表评论1篇，地级发表7篇，8篇论文获德州市委党校系统优秀科研成果和优秀论文奖。

2001—2005年，以科研为动力、推动教学上水平。组织教师11名，分成4个调研小组，深入300多个村庄，60多个企事业单位，走访各类人员1500多人次，完成130篇调查报告，其中14篇为禹城市委、市政府决策提供依据。同时，在各级报刊发表论文30篇。2006—2010年，党校制定翔实科研计划，确定科研课题，组成调研小组，每年不少于30天下基层进行社会调研。2010年，党校科研成果实

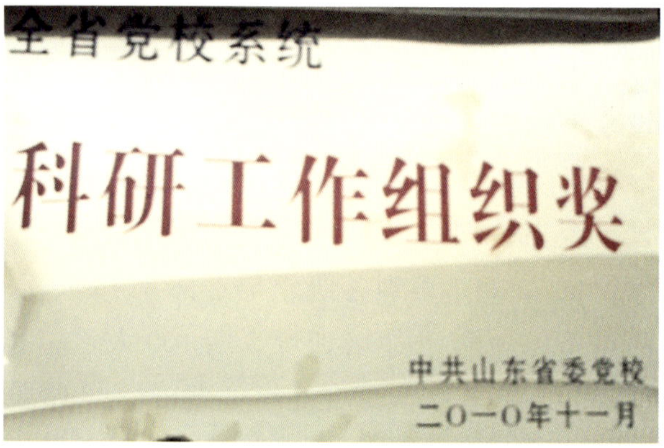

图 18-12-2　禹城市委党校荣获全省党校系统科研工作组织奖（2010年摄）

现突破，省市级报刊发表文章22篇，完成省级课题一项，3篇调研报告受到市委领导认同并作出书面批示。年底，荣获“山东省党校系统科研工作组织奖”。

禹城市志 YUCHENG SHIZHI

第十九篇

人民代表大会

1986—2010年，禹城县（市）先后召开第十届、第十一届、第十二届、第十三届、第十四届、第十五届人民代表大会，依法选举产生了各届县（市）人民代表大会常务委员会（简称人大常委会）、县（市）人民政府领导组成人员、县（市）人民法院院长、县（市）人民检察院检察长。

禹城县（市）人大及其常委会以毛泽东思想、邓小平理论和“三个代表”重要思想为指导，深入贯彻落实科学发展观，坚持中国特色社会主义政治发展道路，坚持和完善人民代表大会制度，推进民主法制建设，依法履行宪法和法律赋予的职责，定期对重点工作进行监督，保障党的各项政策和全县（市）重大事项的顺利开展。各乡镇依法推选人大代表，每年召开人民代表大会，对经济社会发展等重大事项进行审议。

第一章　人大代表

第一节　代表选举

1984 年、1987 年、1990 年、1993 年禹城县分别进行第九届、第十届、第十一届、第十二届人大代表选举工作。1995 年，地方组织法修订，县级人民代表大会任期由三年改为五年，分别于 1998 年 1 月、2003 年 1 月和 2007 年 12 月进行第十三届、第十四届和第十五届人大代表选举。

图 19-1-1　禹城县第十届人民代表大会第三次会议选举现场（1987 年 4 月摄）

第九届至第十五届人民代表大会选举情况一览表

表 19-1-1

届别	选举时间	宣传发动		选民登记		提名协商确定代表候选人		选举代表参选率 %	代表名额	实选代表
		培训骨干（人）	发放选举材料（份）	选区数（个）	选民登记数（人）	第一轮提名数	正式候选人数			
第九届	1984.3.5—5.18	5547	1230	141	262299	1040	419	98.10	240	233
第十届	1986.1—1987.4	7000	1300	142	280711	1048	425	95.90	210	208
第十一届	1989.1—1990.3	6000	1210	157	300046	758	370	95	210	208
第十二届	1992.1—1993.2	6000	1200	163	326215	600	369	97.6	210	208
第十三届	1997.1—1998.1	7000	1200	154	334530	566	342	97.36	220	216
第十四届	2002.1—2003.1	7000	1300	145	348271	576	344	85.89	218	207
第十五届	2007.1—2007.12	6200	1300	148	354304	540	366	93.8	218	214

第二节 代表构成

在换届选举中，严格按差额选举原则、选民联名推荐候选人制度的法律法规运作，妇女代表比例占到22%以上，少数民族比例占到4%以上，代表比例结构更趋合理和优化，代表整体素质明显提高。

第九届至第十五届人大代表比例结构表

表 19-1-2　　单位：人

届别	代表数	职业构成										中共党员		妇女		少数民族	
		工人		农民		知识分子		干部		解放军							
		人数	%	人数	%	人数	%	人数	%	人数	%	人数	%	人数	%	人数	%
第九届	233	19	8.2	112	48.1	34	14.6	47	20.2	2	0.86	116	49.8	42	20.6	8	3.4
第十届	208	6	2.9	136	65.4	14	6.7	51	24	1	0.48	98	47	48	23.1	6	2.9
第十一届	208	22	10.1	120	58	29	14	51	24	1	0.48	125	60	44	21.2	7	3.36
第十二届	208	20	9.6	115	55.3	15	7.2	54	30	1	0.48	132	63.5	45	21.6	7	3.4
第十三届	216	22	10.2	114	53	16	7.4	62	29	1	0.46	139	64.4	51	23.6	10	4.63
第十四届	207	23	11.1	113	54.6	20	9.7	50	24.2	1	0.48	141	68.1	47	22.7	9	4.35
第十五届	214	24	11.2	115	53.7	32	15	42	19.6	1	0.5	135	63.1	48	22.4	8	3.74

第三节 历届会议

1986—2010年，禹城县（市）举行27次人民代表大会会议，会议主要议程是：听取并审议县（市）人大常委会、县（市）人民政府、县（市）人民法院、县（市）人民检察院等六项工作报告，并作出相应决议，同时按大会选举办法规定，进行选举事项。会议期间，根据代表议案，作出事关全县（市）改革、发展、稳定大局决议2项，收到代表建议、批评和意见1585条。

图 19-1-2　禹城县第十一届人民代表大会第一次会议（1990年3月摄）

第九届至第十五届各次人民代表大会会议情况一览表

表 19-1-3

届	次	时间	应到代表	实到代表	主要内容	代表建议	备注
第九届	第三次会议	1986.3.30—4.2	229	198	1. 会议听取审议县人大常委会和“一府两院”等6项报告，并作出相应决议；2. 会议着重审议“七五”期间工作计划和奋斗目标，以及1986年主要任务；3. 会议审议县政府提交《关于制止乱派款、乱收费，减轻农民负担的试行规定》的议案，并作出相应决议；4. 大会接受王瑛辞去人民法院院长职务的请求，补选张希泉为县人民法院院长	274	九届二次会议之后，3名代表调出禹城县；2名代表去世。故三次会议时实有代表229人
第十届	第一次会议	1987.5.16—5.20	208	205	1. 会议听取审议县人大常委会和“一府两院”等6项报告，并作出相应决议；2. 会议要求，要认真贯彻六届全国人大五次会议精神，集中力量办好两件大事：一是在经济领域，坚持正确建设方针，广泛开展增产节约、增收节支运动，深化体制改革和扩大对外开放，保证国民经济持续稳定发展；二是在政治领域，深入进行坚持四项基本原则的宣传教育，反对资产阶级自由化，加强社会主义精神文明建设，并进一步巩固安定团结的政治局面；3. 会议选举杨德泉为禹城县第十届人民代表大会常务委员会主任，徐德昌、刘兴孟、滕国瑞、杨子胜、孙登琦为人大常委会副主任；4. 会议选举李宝贵为禹城县人民政府县长，高登平、高宪春、王在泉、邢守俭为副县长；5. 会议选举张希泉为禹城县人民法院院长；6. 会议选举任立英为禹城县人民检察院检察长	181	—
第十届	第二次会议	1988.1.5—1.7	208	195	1. 会议听取审议县人大常委会和“一府两院”等6项报告，并作出相应决议；2. 会议确定1988年中心任务是稳定经济、深化改革，要求以改革统揽全局，把经济建设和各方面工作继续推向前进；3. 大会进行选举事项	36	十届一次会议后，1名代表被罢免资格；补选1名代表。故二次会议时实有代表208人
第十届	第三次会议	1989.4.28—4.30	208	199	1. 会议听取审议县人大常委会和“一府两院”等6项报告，并作出相应决议；2. 会议审议县人大常委会提出的关于依法治县的总体规划；3. 会议一致通过《关于依法治县的决议》，号召全县人民积极行动起来，卓有成效地搞好依法治县工作；4. 会议期间，组织全体代表学习人民日报发表的《必须旗帜鲜明地反对动乱》和《维护大局，维护稳定》的社论，统一思想认识；5. 会议进行选举事项	28	十届二次会议后，2名代表调出禹城县；补选2名代表。故三次会议时实有代表208人

续表 19-1-3

届次		时间	应到代表	实到代表	主要内容	代表建议	备注
第十一届	第一次会议	1990.3.28—4.1	208	204	1. 会议听取审议县人大常委会和“一府两院”等6项报告，并作出相应决议；2. 会议确定1990年主要任务；3. 大会特邀代表，中国农科院黄淮海项目办公室主任史孝石、中科院农业项目办公室副主任吴长惠分别就科技兴农问题发言；4. 会议选举徐德昌为禹城县第十一届人民代表大会常务委员会主任，刘兴孟、滕国瑞、杨子胜、杨存先、冯清河、纪军为人大常委会副主任；5. 会议选举赵志录为禹城县人民政府县长，高宪春、王在泉、邢守俭、秦吉升、李光德为副县长；许兰香（女）、许希民为挂职副县长；程维新、谢承陶为科技副县长；6. 会议选举刘恒修为禹城县人民法院院长；7. 会议选举田绍亭为禹城县人民检察院检察长	55	—
	第二次会议	1991.4.1—4.3	207	198	1. 会议听取审议县人大常委会和“一府两院”等6项报告，并作出相应决议；2. 会议审议县人大常委会关于县十一届人大一次会议代表建议、批评和意见办理情况的书面报告	70	十一届一次会议后，1名代表调出禹城县。故二次会议时实有代表207人
	第三次会议	1992.3.29—3.31	206	201	1. 会议听取审议县人大常委会和“一府两院”等6项报告，并作出相应决议；2. 会议审议县人大常委会关于县十一届人大二次会议代表建议、批评和意见办理情况的书面报告；3. 会议批准《禹城县综合国土规划要点》，确定1991—2000年全县国土开发整治的战略构想、产业发展规划、水土资源开发利用、人口控制、城镇建设、国土整治与环境保护措施；4. 会议确定1992年主要任务	75	十一届二次会议后，1名代表去世。故三次会议时实有代表206人
第十二届	第一次会议	1993.1.10—1.13	208	206	1. 会议听取审议县人大常委会和“一府两院”等6项报告，并作出相应决议；2. 会议确定1993年主要任务；3. 会议选举刘长仁为禹城县第十二届人民代表大会常务委员会主任，杨子胜、潘尚孟、杨存先、林国良、孙奉昌、杨玉静为人大常委会副主任；4. 会议选举张成道为禹城县人民政府县长，王在泉、秦吉升、李光德、刘宗生、张希英（女）为副县长；5. 会议选举刘恒修为禹城县人民法院院长；6. 会议选举田绍亭为禹城县人民检察院检察长	42	—
	第二次会议	1993.3.13	208	186	会议依法选举产生禹城县出席山东省第八届人民代表大会的代表	—	—
	第三次会议	1994.3.28—3.30	210	195	1. 会议听取审议市人大常委会和“一府两院”等6项报告，并作出相应决议；2. 会议审议市人大常委会关于禹城县十二届人大一次会议代表建议、批评和意见办理情况的书面报告，听取市人大常委会副主任孙奉昌所作的《关于市人代会议事规则草案的说明》，并审议通过《禹城市人民代表大会议事规则》	42	十二届二次会议后，增选2名代表。故三次会议实有代表210人

续表 19-1-3

届次		时间	应到代表	实到代表	主要内容	代表建议	备注
第十二届	第四次会议	1995.3.26—3.29	207	207	1. 会议听取审议市人大常委会和“一府两院”等6项报告，并作出相应决议；2. 会议审议市人大常委会关于市十二届人大三次会议代表建议、批评和意见办理情况的书面报告；3. 会议依法补选市政府领导班子部分成员，选举产生禹城市出席德州市第十三届人民代表大会代表	58	十二届三次会议后，2名代表调出本行政区域；1名代表去世。故四次会议时实有代表207人
第十二届	第五次会议	1996.2.28—3.1	206	206	1. 会议听取审议市人大常委会和“一府两院”等6项报告，并作出相应决议；2. 会议审议市人大常委会关于市十二届人大四次会议代表建议、批评和意见办理情况的书面报告；3. 会议依法补选邢守俭、李春明（女、满族、无党派）为市人大常委会副主任	47	十二届四次会议后，1名代表调出本行政区域；1名代表因经济犯罪暂停职务；补选代表1名。故五次会议时实有代表206人
第十二届	第六次会议	1997.2.14—2.16	202	202	1. 会议听取审议市人大常委会和“一府两院”等6项报告，并作出相应决议；2. 会议审议市人大常委会关于市十二届人大五次会议代表建议、批评和意见办理情况的书面报告	45	十二届五次会议后，2名代表去世；2名代表调出本行政区域。故六次会议时实有代表202人
第十三届	第一次会议	1998.1.20—1.23	216	216	1. 会议听取审议市人大常委会和“一府两院”等6项报告，并作出相应决议；2. 会议选举刘长仁为禹城市第十三届人民代表大会常务委员会主任，潘尚孟、邢守俭、张希英（女）、刘恒修、李春明（女）、冯守臣为人大常委会副主任；3. 会议选举朱昌连为禹城市人民政府市长，杨军、杨丙亮、王一平、张仁庆、邵清泽、苗建东为副市长；4. 会议选举李洪振为禹城市人民法院院长；5. 会议选举陈治中为禹城市人民检察院检察长；6. 会议选举出禹城市出席德州市第十四届人民代表大会的39名代表；7. 会议审议市人大常委会关于市十二届人大六次会议代表建议、批评和意见办理情况的书面报告	49	—
第十三届	第二次会议	1999.1.14—1.15	215	215	1. 会议听取审议市人大常委会和“一府两院”等6项报告，并作出相应决议；2. 会议审议市人大常委会关于市十三届人大一次会议代表建议、批评和意见办理情况的书面报告	40	十三届一次会议后，1名代表去世。故二次会议时实有代表215人
第十三届	第三次会议	2000.11.11—11.12	218	218	1. 会议听取审议市人大常委会和“一府两院”等6项报告，并作出相应决议；2. 会议审议市人大常委会关于市十三届人大二次会议代表建议、批评和意见办理情况的书面报告	63	十三届二次会议后，1名代表去世；补选代表2名；增选代表2名。故三次会议时实有代表218人
第十三届	第四次会议	2001.3.1—3.3	217	217	1. 会议听取审议市人大常委会和“一府两院”等6项报告，并作出相应决议；2. 会议接受潘尚孟、邢守俭、冯守臣辞去市人大常委会副主任职务的请求，依法补选贾桂凤（女）、王一平、王吉林为市十三届人大常委会副主任，会议选举黄金忠为禹城市人民政府市长	37	十三届三次会议后，3名代表调出本行政区域；1名代表去世；补选3名代表。故四次会议时实有代表217人

续表 19-1-3

届次		时间	应到代表	实到代表	主要内容	代表建议	备注
第十三届	第五次会议	2002.1.30—1.31	218	218	会议听取审议市人大常委会和“一府两院”等6项报告，并作出相应决议	30	十三届四次会议后，补选1名代表。故五次会议时实有代表218人
第十四届	第一次会议	2003.1.21—1.22	207	206	1.会议听取审议市人大常委会和“一府两院”等6项报告，并作出相应决议；2.会议选举傅斌厚为禹城市第十四届人民代表大会常务委员会主任，张希英（女）、王一平、田绍亭、李春明（女）、姚洪顺、吕学平为人大常委会副主任；3.会议选举黄金忠为禹城市人民政府市长，刘长民、何连生、林春元、吕贵林、刘奉水、纪淑华（女）、王圣华为副市长；4.会议选举王建勇为禹城市人民法院院长；5.会议选举陈治中为禹城市人民检察院检察长；6.会议选举出禹城市出席德州市第十五届人民代表大会的38名代表	50	—
	第二次会议	2004.2.3—2.4	206	204	会议听取审议市人大常委会和“一府两院”等6项报告，并作出相应决议	41	十四届一次会议后，1名代表调离本行政区域；4名代表因工作需要辞去代表职务，补选4名代表。故二次会议时实有代表206人
	第三次会议	2005.1.20—1.21	205	203	会议听取审议县人大常委会和“一府两院”等6项报告，并作出相应决议	48	十四届二次会议后，1名代表去世；13名代表因工作需要辞去代表职务；补选13名代表。故三次会议时实有代表205人
	第四次会议	2006.2.14—2.15	204	204	会议听取审议市人大常委会和“一府两院”等6项报告，并作出相应决议	56	十四届三次会议后，1名代表调出本行政区域；1名代表去世；补选1名代表。故四次会议时实有代表204人
	第五次会议	2007.2.7—2.9	204	204	1.会议听取审议市人大常委会和“一府两院”等6项报告，并作出相应决议；2.会议接受王一平、姚洪顺辞去市人大常委会副主任职务的请求，补选纪淑华（女）、崔玉华、郭伟、赵奎禄为禹城市第十四届人大常委会副主任，接受黄金忠辞去市人民政府市长职务的请求，依法补选闫剑波为禹城市人民政府市长；3.会议补选李春江为禹城市人民检察院检察长	38	十四届四次会议后，4名代表调出本行政区域；补选4名代表。故五次会议实有代表204名

续表 19-1-3

届次		时间	应到代表	实到代表	主要内容	代表建议	备注
第十五届	第一次会议	2007.12.10—12.13	214	214	1. 会议听取审议市人大常委会和“一府两院”等6项报告，并作出相应决议；2. 会议依法选举傅斌厚为禹城市第十五届人民代表大会常务委员会主任，纪淑华（女）、崔玉华、段昭基、郭伟、赵奎禄为市人大常委会副主任；3. 会议选举闫剑波为禹城市人民政府市长，林春元、刘东顺、刘洪贵、李宗奎、王玉东　、刘红梅（女）为副市长；4. 会议选举王建勇为禹城市人民法院院长；5. 会议选举李春江为禹城市人民检察院检察长；6. 会议依法选出禹城市第十五届人民代表大会常务委员会委员15名；7. 会议选举出禹城市出席德州市十六届人民代表大会代表41名	61	—
	第二次会议	2009.2.20—2.21	215	214	会议听取审议市人大常委会和“一府两院”等6项报告，并作出相应决议	62	十五届一次会议后，2名代表调离本行政区域；4名代表因工作需要辞去职务；有关选区补选7名代表。故二次会议时实有代表215人
	第三次会议	2010.2.2—2.3	214	214	会议听取审议市人大常委会和“一府两院”等6项报告，并作出相应决议	57	十五届二次会议后，1名代表调出本行政区域；2名代表辞去职务；有关选区补选2名代表。故三次会议时实有代表214人
	第四次会议	2010.2.29	213	213	会议依法补选张磊为禹城市人民政府市长	—	十五届三次会议后，2名代表调出本行政区域；4名代表因工作需要辞去代表职务；有关选区补选5名代表。故四次会议时实有代表213人

第二章　人大常委会

第一节　常委会例会

第九届人大常委会（1984 年 5 月—1987 年 5 月），举行会议 19 次，听取“一府两院”工作报告 19 项，作出决议决定 4 项，任免干部 5 人，集中学习上级重要文件 2 次；接待代表和群众来访 96 人次。1986 年 1 月 19 日，作出《关于加强地方志工作的决议》，要求加强领导、完善组织、动员各方面力量，切实做好地方志工作；同年 9 月 24 日，依法决定人大常委会人事任免改变过去举手表决方式，一律实行无记名投票。

第十届人大常委会（1987 年 5 月—1990 年 3 月），举行会议 24 次，听取“一府两院”工作报告 27 项，作出决议决定 11 项，任免干部 171 人，受理代表和群众来访 286 人次，督办代表建议、批评和意见 245 件；1987 年 6 月 24 日，通过《关于县人大代表持证视察的决定》，要求“一府两院”及其所属部门认真接待人大代表视察，如实向代表介绍情况，答复代表询问，听取代表建议、批评和意见；1990 年 3 月 25 日，听取县改碱实验区工委《关于坚持井灌沟排建立节水型高标准稳定高产农业的报告》。

第十一届人大常委会（1990 年 3 月—1993 年 1 月），举行会议 21 次，听取“一府两院”工作报告 51 项，作出决议决定 10 项，任免干部 115 人，受理代表和群众来访 265 人次，督办代表建议、批评和意见 200 件；通过决议形式要求强化法制观念，开展好“二五”普法活动，切实加强领导，坚持理论联系实际，做到活动扎实有效；出台《关于科技兴县的决议》，要求真正把经济建设转移到依靠科技进步和提高劳动者素质的轨道上来；1992 年 9 月 29 日，审议县政府提出的《关于将禹城县改为禹城市的报告》，作出相关决议并责成县政府按有关程序尽快报批。

第十二届人大常委会（1993 年 1 月—1998 年 1 月），举行会议 41 次，听取“一府两院”工作报告 70 项，作出决议决定 15 项，任免干部 180 人，督办代表建议、批评和意见 234 件。1993 年 10 月 18 日，撤销禹城县设立禹城市。市人民代表大会顺延原县人民代表大会届次，全市各机构名称、职务名称相应改变。常委会改革和完善人事任免程序：表决前听取被提请任命人员供职报告，表决后当场公布投票结果，并举行颁发任命书仪式，被任命干部每年年底向常委会作书面述职报告，进行任期内考核；同时，将任前法律考试成绩作为任命干部一项重要依据，任命干部不定期进行法律考试，完善干部任后监督机制。1994—1995 年，常委会牵头组织荒地立体开发和庭院经济综合开发，开发荒地 7 万多亩。1994 年 1 月，出台《禹城市人大常委会议事规则》《禹城市人大常委会组成人员守则》。8 月，出台《关于“科技兴市”的决议》，1996 年 9 月，出台《禹城市人大信访工作规定》。1997 年 8 月，通过《禹城市人大常委会关于禹城市国家机关执法部门实行执法责任制的决定》和《禹城市人大常委会对禹城市国家机关执法部门实行执法责任制的监督办法》。

第十三届人大常委会（1998 年 1 月—2003 年 1 月），举行常委会会议 36 次，听取“一府两院”工作报告80项，作出决议决定24项，任免干部366人，督办代表建议、批评和意见219件；开展三届人民好公仆评选活动，表彰169名人民好公仆；39名被任命干部进行述职评议。2001年12月，常委会听取《关于街道办事处行政区划调整的报告》，并作出《关于街道办事处行政区划调整的决定》。出台《禹城市人大常委会联系禹城市人民代表大会代表办法》《禹城市人大常委会关于建立和完善农村村民代表会议制度的决定》，讨论修改《禹城市人大常委会人事任免监督办法》。

第十四届人大常委会（2003年1月—2007年12月），举行常委会会议40次，听取“一府两院”工作报告104项，作出决议决定15项，任免干部165名，督办代表建议、批评和意见219项。通过《禹城市人大常委会自觉接受监督坚持履职为民的决定》《禹城市人大常委会关于人大代表认真执行代表职务自觉接受监督的决定》；作出《禹城市人民代表大会常务委员会关于建设生态市的决定》；审查批准《禹城市新一轮城市总体规划》，并作出决议。

第十五届人大常委会（2007年12月—2010年12月），举行常委会会议24次，听取“一府两院”工作报告56项，作出决议决定11项，任免干部137名，督办代表建议、批评和意见180件。2010年11月2日，通过《禹城市人民代表大会常务委员会关于推进全市重大项目建设的决议》《禹城市人民代表大会常务委员会关于推进项目建设和城乡建设改造的决议》《禹城市人民代表大会常务委员会关于推进高新技术产业开发区“二次创业”的决议》。

第二节　工作机构

1986年，县人大常委机关机构设置分办公室、调查研究科、代表联络科，均为正科级单位。1987年8月增设法制科。1988年5月撤销调查研究科，增设教科文卫科和财经科。1993年10月撤县设市，人大常委会及其所属机构相应改换名称，人大常委会机关机构设置为“一委四科”，即办公室、代表联络科、法制科、教科文卫科和财经科。1998年，将代表联络科改成人事代表工作室，法制科、教科文卫科和财经科改成法制工作委员会、教科文卫工作委员会和财经工作委员会。2004年12月，增设农经工作委员会。2006年12月，增设城环工作委员会。2007年，机构设置为“两室五委”，分别是办公室、人事代表工作室、法制工作委员会、教科文卫工作委员会、财经工作委员会、农经工作委员会和城环工作委员会。

第三节　完善人民代表大会制度

一、完善人大常委会规章制度

1994年1月，制定《禹城市人大常委会议事规则》，之后，经历两次修改。最后一次修改是1998年2月16日第十三届人大常委会第一次会议通过，规则六章二十六条。对常委会会议召开、议案质询案提出和审议、工作报告听取和审议、发言和表决进行细化和规定。

二、完善人大监督工作制度

（一）完善预算审查监督制度。除在每年召开的人民代表大会上审查上年度国民经济和社会发展计划执行情况和财政预算执行情况两个报告外，禹城市人大常委会每年年中听取审议禹城市政府本年度上半年国民经济和社会发展计划执行情况的报告、听取审议禹城市政府上年度财政决算和本年度财政预算上半年执行情况的报告，听取和审议禹城市政府上年度财政预算执行及其他财政收支情况的审计报告。2009年2月，禹城市人大常委会通过《市人大常委会关于进一步加强监督工作的意见》，2009年3月1日起执行。意见提出“议后票决问责机制”，常委会对专项工作报告按“满意”“基本满意”“不满意”三个档次进行无记名投票表决，并根据不同档次作出相应处理。2010年11月2日，首次票决6个部门专项工作报告。票决结果会后由禹城市人大办公室上报市委，并向市政府反馈，同时以书面形式报送德州市人大常委会。

（二）完善人事监督制度。1999年11月26日，十三届人大常委会十五次会议通过《禹城市人大常委会人事任免和监督办法》，初步规定干部任免工作，进一步完善和健全人事任免制度。同年12月，人大常委会对本届人大常委会任命的“一府两院”工作人员进行一次述职评议，评议涉及33个部门及39名部门负责人，驻禹省、德州市人大代表和部分禹城市人大代表160人参加评议并填写评议票。代表们积极调查走访，广泛征求选民意见，对部门及主要负责人提出意见和建议170条，在人大常委会监督指导下，各部门负责人查摆和纠正存在问题，收到良好社会效果。2003年，十四届人大常委会先后评议财政、卫生、民政、审计、物价、教育等20个部门负责人述职报告，满意率达90%以上。2008年，十五届人大常委会进一步完善述职评议工作，在普遍测评基础上，实行重点评议，先后对20多名被任命干部述职报告重点评议，评议中提出各方面意见，常委会及时向市政府通报。

（三）完善人大代表工作制度。1987年，县人大常委会制定《关于县人大代表持证视察检查工作的试行办法》，使代表依法行使职权具体化。同年，县人大常委会作出《关于在代表中开展“积极参政议政，每季反映一条民意信息活动”的决议》。1989年，县人大常委会制定《禹城县人大代表工作试行办法》，对代表具体职责、代表小组活动和任务及“一府两院”为代表提供和创造条件、支持开展工作都提出明确要求。1995年，禹城市人大常委会作出《实行人大代表议政日制度的决议》，决议规定：议政日活动一般每季开展一次。活动前由各代表小组组织代表围绕议题开展视察调查，走访选民，活动时审议“一府两院”的专题报告，并邀请“一府两院”和乡镇政府及有关部门负责人参加。2004年，人大常委会制定《市人大代表建议、批评和意见的提出和办理的规定》。同时，要求人大代表在了解人民群众要求和意见基础上，填写《禹城市人大代表建议、批评和意见专用纸》。承办单位要在收到交办件起三个月内办理并答复代表。禹城市人大常委会每年组织代表视察办理代表建议、批评和意见工作，定期听取承办单位工作汇报，组织代表专项评议承办部门工作办理情况。对重要建议、批评和意见办理不认真、代表不满意或对代表提出建议、批评和意见无理指责、打击报复的，人大常委会组织人员可依照有关规定对承办单位负责人提出询问或质询，情节严重的责成有关部门追究责任。

第四节　常委会领导成员

1987—2010年禹城县（市）第十届至第十五届人大常委会领导成员表

表19-2-1

届　别	职务	姓名	性别	任离职时间
第十届	主任	杨德泉	男	1987年5月—1990年3月
	副主任	徐德昌	男	1987年5月—1990年3月
		刘兴孟	男	1987年5月—1990年3月

续表 19-2-1

届　别	职务	姓名	性别	任离职时间
第十届	副主任	滕国瑞	男	1987 年 5 月—1990 年 3 月
		杨子胜	男	1987 年 5 月—1990 年 3 月
		孙登琦	男	1987 年 5 月—1990 年 3 月
第十一届	主任	徐德昌	男	1990 年 3 月—1993 年 1 月
	副主任	刘兴孟	男	1990 年 3 月—1993 年 1 月
		滕国瑞	男	1990 年 3 月—1993 年 1 月
		杨子胜	男	1990 年 3 月—1993 年 1 月
		杨存先	男	1990 年 3 月—1993 年 1 月
		冯清河	男	1990 年 3 月—1993 年 1 月
		纪　军	男	1990 年 3 月—1993 年 1 月
第十二届	主任	刘长仁	男	1993 年 1 月—1998 年 1 月
	副主任	杨子胜	男	1993 年 1 月—1998 年 1 月
		潘尚孟	男	1993 年 1 月—1998 年 1 月
		杨存先	男	1993 年 1 月—1998 年 1 月
		林国良	男	1993 年 1 月—1998 年 1 月
		孙奉昌	男	1993 年 1 月—1998 年 1 月
		杨玉静	男	1993 年 1 月—1998 年 1 月
		邢守俭	男	1996 年 2 月—1998 年 1 月
		李春明	女	1996 年 2 月—1998 年 1 月
第十三届	主任	刘长仁	男	1998 年 1 月—2003 年 1 月
	副主任	潘尚孟	男	1998 年 1 月—2001 年 3 月
		邢守俭	男	1998 年 1 月—2001 年 3 月
		张希英	女	1998 年 1 月—2003 年 1 月
		刘恒修	男	1998 年 1 月—2003 年 1 月
		李春明	女	1998 年 1 月—2003 年 1 月
		冯守臣	男	1998 年 1 月—2001 年 3 月
		贾桂凤	女	2001 年 3 月—2003 年 1 月
		王一平	男	2001 年 3 月—2003 年 1 月
		王吉林	男	2001 年 3 月—2003 年 1 月

续表 19-2-1

届 别	职务	姓名	性别	任离职时间
第十四届	主任	傅斌厚	男	2003 年 1 月—2007 年 12 月
	副主任	张希英	女	2003 年 1 月—2007 年 12 月
		王一平	男	2003 年 1 月—2007 年 2 月
		田绍亭	男	2003 年 1 月—2007 年 12 月
		李春明	女	2003 年 1 月—2007 年 12 月
		姚洪顺	男	2003 年 1 月—2007 年 2 月
		吕学平	男	2003 年 1 月—2007 年 12 月
		纪淑华	女	2007 年 2 月—2007 年 12 月
		崔玉华	男	2007 年 2 月—2007 年 12 月
		郭 伟	男	2007 年 2 月—2007 年 12 月
		赵奎禄	男	2007 年 2 月—2007 年 12 月
第十五届	主任	傅斌厚	男	2007 年 12 月—
	副主任	纪淑华	女	2007 年 12 月—
		崔玉华	男	2007 年 12 月—
		段昭基	男	2007 年 12 月—
		郭 伟	男	2007 年 12 月—
		赵奎禄	男	2007 年 12 月—

第三章 人大及其常委会职责与活动

第一节 决定重大事项

1986 年，九届人大三次会议期间，收到代表提出建议、批评和意见中，关于工基交财贸方面 96 件，农业方面 87 件，农村政策落实方面 51 件，水利方面 6 件，文教和卫生方面 17 件，其他方面 17 件。12 月底，全部办理完毕。

1987—1989 年，十届人大会议期间，收到代表建议、批评和意见中，关于农林水方面 34 件，主要是加强土地管理、搞好农田水利建设，健全农科网、尽快下达年度农用柴油指标和反映当前农用电价较高、农民难以承担等问题；工基交方面 28 件，主要是保证交通安全，公路建设，重视邮电管理，要求重新铺设老城区东街沥青路面和重修辛店公路桥，顺直该段

图 19-3-1　人大代表向群众征集意见（2009 年摄）

路面等问题；财贸方面 33 件，主要是整顿农贸市场秩序，加强农用生产资料专营，落实棉花收购和兑现政策等问题；文教、卫生、民政、劳动方面 32 件，主要是解决教师医药费，落实民办教师工资福利待遇，改善教师住房条件，解决职工子女上学难，加快落实教育集资和建议搬迁火化厂等问题；党政、司法方面 106 件，人大工作方面 2 件，其他方面 10 件。以上建议，县人大常委会及时转交给县政府和其他有关机关或组织进行办理。

1990—1992 年，十一届人大会议期间，收到代表建议、批评和意见中，关于农业方面 51 件，主要包括健全农科网，减轻农民负担，完善农业承包责任制，加强农田水利建设和加强水利工程配套建设等问题；工基交财贸方面 73 件，主要是要求进一步治理“三乱”，打击假冒伪劣，整顿流通秩序，解决县城排水和脏乱差以及环境污染问题；政法文教卫生方面 41 件，主要是要求提高执法人员素质，减轻中、小学生负担，加快校改步伐，改善乡、镇卫生院落后面貌和尽快建立中医院等问题；其他方面 35 件，主要是要求加快城镇建设，扶持困难企业，建立居民委员会，发展民族经济、培养民族干部，企业优化组合和深入改革，恢复张庄火车站货运和雇用临时工等问题。人大常委会进行分类整理，及时转交政府及有关部门办理。

1993—1997 年，十二届人大会议期间，收到代表建议、批评和意见中，关于农业和农村工作方面 48 件，主要是进一步强化农业基础地位，搞好农田水利基本建设，减轻农民负担，水利施工配套费补贴兑现，粮食政策兑现，整顿农用生产资料市场，打击假冒伪劣商品等问题；工基交、财贸、城建、交通方面 105 件，主要是整顿和优化经济环境，关心困难企业职工生活，第三产业流动资金短缺，加快城区开发建设和修建，改造道路、桥梁，加快城乡道路及配套设施建设，治理环境污染，整顿市场流通秩序，治理“三乱”，搞活流通等问题；政法、文教、卫生方面 32 件，改善消防队条件，加强法制宣传和社会治安

图 19-3-2　组织卫生系统为百姓义诊（2009 年摄）

图 19-3-3　全国人大代表李肇星(右一)到禹城调研功能糖产业　(2010 年 12 月摄)

综合治理，治理学校乱收费，改善民办教师待遇，学校建设管理等问题；环保方面 15 件，主要是尽快治理城乡主要河道水源污染等问题；商业流通和市场管理方面 4 件，主要是商业企业改革、市场管理和稳定农用生资价格等问题；其他方面 27 件，主要是对少数民族乡实行税收优惠，农转非方面问题。人大方面 3 件，主要是建议经常翻印、下发一些有关法律、法规文本，以便使代表更好地执行职务、宣传法律。以上建议，市人大常委会按办理代表建议有关规定，进行认真整理，属于人大工作方面建议，认真向代表作答复；需要人大解决的 1 件建议，人大常委会积极采纳。禹城市人大常委会为每位代表订购《中华人民共和国全国人民代表大会和地方各级人民代表大会代表法》释义，翻印、下发《山东省实施代表法办法》，并将《中华人民共和国反不正当竞争法》《中华人民共和国产品质量法》《消费者权益保护法》《关于惩治生产销售伪劣商品犯罪的决定》和《土地管理法》寄发给部分代表。

1998—2002 年，十三届人大会议期间，收到代表建议、批评和意见中，关于公路交通方面 46 件，主要是修建、改造道路和桥梁及城区开通公交车问题；环保方面 23 件，主要是治理河流污染和清淤问题；农村工作方面 6 件，主要是加强农村用电管理、机井建设、农业合理种植、加强农资物价管理和“普九”工作问题；农田水利建设方面 36 件，主要是机井桥梁建设等问题；文教卫生方面 12 件，主要是中小学收费和教师工资，终止收缴教育附加费及查处基层学校乱收费问题；城建城管方面 19 件，主要是完善城区配套建设，加强城区市容市貌治理问题；加强土地管理方面 3 件；依法行政方面 2 件；政府方面 4 件；其他方面 68 件，主要涉及税务、监察、财政、电力、金融、民政、外经等方面问题。各承办单位，按《办理人大

图 19-3-4　禹城市人大常委会调研组调研在建企业　(1998 年摄)

图 19-3-5 人大调研组调研药品行业 （2008 年摄）

代表建议和政协委员提案的暂行办法》要求按时完成。

2003—2007 年，十四届人大会议期间，收到代表提出建议、批评和意见中，属于交通公路方面 100 件，公安信访及司法方面 6 件，税费改革方面 5 件，农业及水利建设方面 50 件，金融财政劳动保障方面 10 件，文教卫生方面 8 件，城建城管方面 26 件，民政方面 7 件，工商管理方面 2 件，经济发展方面 7 件，环保方面 4 件，其他方面 8 件。全部在法定时间内办结，并向代表作答复。

2007—2010 年，十五届人大一次、二次、三次、四次会议期间，收到代表提出建议、批评和意见中，道路桥梁建设方面 43 件，交通公路方面 38 件，农田水利建设方面 22 件，城建城管方面 17 件，高新区建设方面 5 件，新农村建设方面 15 件，农村合作医疗方面 4 件，劳动保障方面 4 件、农村宅基地管理方面 4 件，教育、文化、人事、安全等方面 18 件，产业发展方面 3 件，市场管理方面 2 件、机关作风建设方面 2 件，其他方面 3 件。代表们提出的建议、批评和意见在法定时间内办结，并向代表作答复。

第二节 人事任免

禹城县第九届人大常委会 1986—1987 年期间，共依法任命县人民法院审判人员 4 名，免去 1 名；县九届人大常委会第十五次会议决定任命高登平、展其福为县人民政府副县长。

禹城县第十届人大常委会依法任命县人大常委会工作人员 7 名，免去 4 名；常委会第六次会议接受了俞文浩、宋志连辞去县人大常委会委员职务的请求，第十三次会议接受了石玉林辞去县人大常委会委员职务的请求。任命县政府组成人员 43 名，免去 9 名；常委会第七次会议任命李万尧、程维新、谢承陶为县人民政府副县长；第十七次会议决定许兰香挂任县人民政府副县长；第二十二次会议决定许希民挂任县人民政府副县长；第二十三次会议接受李宝贵辞去县长职务的请求，任命赵志录为县人民政府副县长、代县长。任命县法院审判人员 61 名，免去 10 名。任命县检察院检察人员 37 名。县十届人大常委会第二次会议通过任命新一届县政府组成人员后，于 1987 年 6 月 25 日举行颁发任命书仪式。

禹城县第十一届人大常委会依法任命县人大常委会工作人员 8 名，免去 1 名。任命县政府组成人员 46 名，免去 6 名；常委会第十八次会议接受赵志录辞去县长职务的请求，任命张成道为县人民政府副县长、代县长。任命法院审判人员 26 名，免去 11 名。任命县检察院检察人员 17 名。

禹城县（市）第十二届人大常委会共依法任命县（市）人大常委会工作人员 11 名，免去1名；任命县（市）政府组成人员44名，免去5名。常委会第一次会议任命程维新、谢承陶为县人民政府科技副县长。第二十次会议任命周定伟、周翔为市人民政府科技副市长。常委会第十次会议决定戴永晓、高明利、巩天宗、周雪平挂任市人民政府副市长。第十三次会议决定姜文艺、周生银、李铭、刘玉祥、巩天宗挂任市人民政府副市长。第二十七次会议任命王一平任市人民政府副市长，第三十次会议决定高小行挂任市人民政府副市长，第三十九次会议任命王中华为市人民政府科技副市长，第四十次会议接受王在泉辞去市长职务的请求，任命朱昌连为市人民政府副市长、代市长。第四十一次会议任命杨军为市人民政府副市长，李洪振为人民法院副院长、代理院长，陈治中为市人民检察院副检察长、代理检察长；批准刘恒修、田绍亭辞去市法院院长和市检察长职务的请求。任命县（市）法院审判人员80名，免去36名。任命县（市）检察院检察人员3名。

禹城市第十三届人大常委会依法任命人大常委会办事机构负责人18名，免去职务8名；依法任命市政府组成人员92名，免去职务的21名。第二次会议任命赵传峰为市人民政府副市长，程维新、谢承陶、周定伟、王中华为市人民政府科技副市长，接受邵清泽辞去市人民政府副市长职务的请求。第三次会议任命曲修宝为市人民政府副市长，接受杨丙亮辞去市人民政府副市长职务的请求。第六次会议任命欧阳竹为市人民政府科技副市长。第九次会议任命许建为市人民政府副市长，第十三次会议任命曲孝东为市人民政府副市长，第十四次会议决定李光林挂任市人民政府副市长。第十五次会议决定封宗庆挂任市人民政府副市长。市十三届人大常委会第二十二次会议任命胡朝晖为市人民政府副市长。第二十三次会议接受朱昌连辞去市长职务，杨军、王一平、赵传峰辞去副市长职务的请求，任命黄金忠、杨同军、刘奉水、王圣华为市人民政府副市长，决定黄金忠为代市长。第二十八次会议决定白昱挂任市人民政府副市长。第三十一次会议任命吕贵林为市人民政府副市长。第三十六次会议任命何连生、林春元为市人民政府副市长。市十三届人大常委会共任命市人民法院审判人员137名，免职46名。第二十六次会议任命刁英训、丁国为市人民法院副院长。第三十次会议任命邵俊华为市人民法院副院长。第三十六次会议任命王建勇为市人民法院副院长，决定王建勇为市人民法院代理院长。市十三届人大常委会共任命市人民检察院检察人员34名，免职1名。第三十次会议任命王永红、石永利为市人民检察院副检察长。市十三届人大常委会任命街道办事处人大工作室（联系室）负责人9名。

禹城市第十四届人大常委会共依法任命人大常委会工作人员23名，免职1名。第二十四次会议依法接受张希英辞去禹城市第十四届人民代表大会常务委员会副主任职务的请求，第三十四次会议接受王一平、姚红顺辞去禹城市人民代表大会常务委员会副主任职务的请求；任命市政府组成人员50名，免职12名。市十四届人大常委会第四次会议任命欧阳竹、许建新为市人民政府科技副市长，曹金萍为市人民政府挂职副市长。第九次会议任命刘洪贵为市人民政府副市长，接受何连生辞去市副市长职务的请求。第二十三次会议任命王健为市人民政府副市长，接受刘奉水辞去市人民政府副市长职务的请求。第三十一次会议任命杜炎为市人民政府挂职副市长。第三十二次会议任命闫剑波为市人民政府副市长、代理市长，接受黄金忠辞去市人民政府市长职务的请求，接受刘长民辞去市人民政府副市长职务的请求。第三十四次会议任命刘东顺、李宗奎为市人民政府副市长，接受纪淑华、王圣华、王健辞去市人民政府副市长职务的请求。第三十九次会议任命王玉东、刘红梅为市人民政府副市长，接受吕贵林辞去市人民政府副市长职务的请求；任命市人民法院审判人员32名，免职16名。市十四届人大常委会第十八次会议任命人民陪审员12名。任命市人民检察院检察人员9名，免职22名。第二十四次会议任命孙洪义为市人民检察院副检察长。第三十四次会议任命李春江为市人民检察院副检察长、代理检察长；接受陈治中禹城市人民检察院检察长职务的请求。

禹城市第十五届人大常委会2007年12月—2010年12月共依法任命人大常委会工作人员10名，免职6名。任命市政府组成人员10名，免职10名。十八次会议任命张磊为市人民政府副市长、代理市长，任命宋世忠、刘之荣为市人民政府副市长，接受闫剑波辞去市人民政府市长职务的请求，接受林春元、刘洪贵辞去市人民政府副市长职务的请求。任命市人民法院审判人员29名，免职17名。第二次会议任命刘海峰为市人民法院副院长。第十六次会议任命孙天化、朱永新为市人民检察院副检察长，免去刁英训市人民检察院副检察长的职务。第十三次会议任命人民陪审员13名。第二十次会议任命人民陪审员18名。任命市人民检察院检察人员15名，免职10名。第二次会议任命丁家庆、赵天葵为市人民检察院副检察长，免去王永红副检察长的职务。第十六次会议任命黄靖、陈秀辉为市人民检察院副检察长，免去张树华、程绍军市人民检察院副检察长的职务。

第三节　视察、调查和执法检查（监督）

1986年6月20—26日，县人大常委会组织有关部门组成联合调查组，专题调查研究《中华人民共和国食品卫生法》贯彻执行情况。

1987年10月，检查全县宣传实施《山东省保护妇女儿童合法权益的若干规定》情况。1990年8月8日，县人大常委会视察全县《中华人民共和国食品卫生法》贯彻执行情况。11月7—8日，县人大常委会视察全县棉花收购工作。12月18—20日，县人大常委会组织驻禹省人大代表视察全县经济和社会事业发展情况。1992年1月15日，驻禹省人大代表视察部分学校校舍改造情况，乡镇计划生育服务站建设情况，县建筑材料厂8.8万吨生产线技改项目和生产情况。1994年7月，市人大常委会深入防汛救灾第一线，察看灾情，研究制定防汛排涝和生产自救措施，开展防汛救灾工作，并举行募捐活动，把灾害损失减少到最低限度。1996年7月26日，人大常委会组织部分委员、德州驻禹人大代表和禹城市人大代表，视察贯彻

图19-3-6　市人大常委会主任傅斌厚（右三）到禹城车管所调研　（2008年摄）

执行《中华人民共和国食品卫生法》情况。10月，围绕《药品管理法》《教育法》《教师法》等法律法规贯彻实施情况开展一系列调查研究和执法检查活动，并撰写相关调研报告，促进各项法律法规贯彻落实。1998年10月下旬，人大常委会组织视察组到乡镇，就农业、农村和农民问题进行调查，就调整农村经济结构，转变干部工作作风和解决农民负担、乡镇财政负担过重问题，进行实事求是分析，并提出建设性意见。1999年4月16日，人大常委会组织视察组到部分学校，视察《教育法》贯彻实施情况及教学改革和高考准备情况。2000年6月20日，人大常委会组织视察组视察全市《中华人民共和国食品卫生法》贯彻执行情况。7月3日，人大常委会组织部分常委会人员进行《中华人民共和国食品卫生法》执法检查。2002年5月16日，人大常委会组织常委会人员视察全市农业、林业生产情况。6月26日，人大常委会组织视察组检查《中华人民共和国食品卫生法》贯彻执行情况。

2003年，人大常委会在全市人大代表中开展"建设小康禹城，尽职责，比贡献"建功立业活动。12月，表彰在活动中表现突出的乡镇（街道）人大先进集体11个，优秀乡镇（街道）人大干部11人，优秀人大代表30人。同年，录制《为人民的重托》电视专题片，并推荐10名代表的先进事迹在电视台播放。2005年3月，人大常委会召开两次会议安排和部署活动。12月25日，表彰乡镇（街道）人大先进集体11个，优秀人大代表23人。拍摄专题片《锐意进取　再创辉煌》，宣传优秀代表先进事迹。2007开展"察民情、听民意、解民忧"活动。决定每月2日为各级人大代表走访日。代表们深入基层、深入群众进行调查走访和法制宣传。年底，收集各类建议90余件。2008年，开展龙力杯"双十佳代表"评选活动，认真贯彻落实党的十七大精神和全市经济工作会议精神，授予牛秀珍等20人为"双十佳代表"。2009年2月，拍摄电视专题片《为有源头活水来》，2010年，人大常委会在驻禹各级人大代表中开展"绿健杯"建功立业活动，充分发挥代表作用，提高履职积极性。

第四节　宣传工作

1998—2010年，在《人民日报》《中国人大》《中国人大新闻网》《人民法院报》等中央级媒体用稿70多篇，在《大众日报》《人民权利报》《山东人大工作》《人民代表报》《山东人大信息网》等省级报刊媒体用稿3400多篇，连年被山东人大工作杂志社、人民权利报社、德州市人大评为宣传工作先进单位。其中《农民代表刘锡潜题写前瞻性建议》荣获《山东省宣传人民代表大会制度好新闻》一等奖。探索运用文艺形式开展人大宣传工作，先后参加上级人大组织调演、汇演、重大活动演出和专场文艺演出30多场次，并先后两次赴山东省人大常委会做汇报演出。2007年2月8日，禹城市编演的人大题材歌舞快板《代表使命重如山》应邀参加全国人大迎春联欢会，登上首都人民大会堂舞台。

第四章　乡镇人大工作

1986年，乡镇人民代表大会会议和闭会期间人大代表活动由大会选举的主席团统一安

图 19-4-1　驻张庄镇市人大代表述职大会　(1999 年摄)

排。受本级人民代表大会委托，负责闭会期间日常工作。2000 年 5 月，乡镇人大主席团设主席、副主席，街道设人大工作室主任、副主任。2004 年，《中华人民共和国地方各级人民代表大会和地方各级人民政府组织法》修订，乡镇人民代表大会任期由三年改为五年。

第一节　制度建设

1985—1995 年，乡镇人大发展经历十年变迁，各项制度建设由探索阶段逐步走向成熟。1996 年 8 月，十二届人大常委会制定《乡镇人大工作评比办法》，分阵地建设、制度建设、档案管理、组织代表开展活动、代表经费落实情况等 5 部分。1999 年 6 月，十三届人大常委会组织乡镇人大开展代表评议活动，并下发实施方案。2003 年 3 月，十四届人大常委会制定《关于对乡镇人大工作进行检查评比的具体办法》《2003 年乡镇人大工作建议》，下发《关于开展乡镇人大代表向选民述职工作的实施方案》。2004 年 3 月，十四届人大常委会制定《2004 年度乡镇人大工作评比办法》，2005 年 3 月，制定《禹城市乡镇（街道）人大年度工作目标》。

第二节　换届选举

1986—2010 年，禹城县（市）乡镇人民代表大会先后于 1987 年 5 月、1990 年 3 月、1993 年 1 月、1996 年 1 月、2002 年 2 月、2008 年 2 月进行六次换届。期间，经历两次机构改革，各乡镇人大届次不尽相同。

第二十篇

人民政府

1986—2010 年，禹城县（市）人民政府坚持以经济建设为中心，坚持改革开放，围绕禹城县（市）委决策部署，全面加强法制、体制、机制等建设，发展环境不断优化，经济社会各项事业实现快速、稳定、科学、和谐发展，人民生活水平显著提高。特别是全力实施禹城县（市）委确立“振兴禹城、深化改革大上工业实现跨越发展和打造建设生态园林化新型工业城市框架”三个战略决策后，禹城由温饱型农业县，转变为比较富裕的生态园林化新型工业城市。

1986 年后，通过具体实施农业开发和重点着力发展二、三产业决策，至 1995 年，禹城市国内生产总值达到 20.2 亿元，财政收入 7836 万元，农民人均纯收入 1431 元。2006 年，禹城坚持以德立市、工业强市、整体推进、和谐发展工作思路，上大培强，加快生态园林化新型工业城市进程。至 2010 年，实现地区生产总值 160 亿元，农民人均纯收入达 6960 元。

第一章　政府机构

第一节　领导成员

1986—2010 年，禹城县（市）人民政府历经 7 届。其中，1993 年前，每届任期 3 年。自第十二届起，县(市)人民政府每届任期 5 年。

1984—2010 年禹城县（市）第九届至第十五届人民政府领导成员任职表

表 20-1-1

届次	姓　名	职　务	籍　贯	政治面貌	任离职时间
第九届	刘奉昌	县　长	山东省禹城市	中共党员	1984.5—1987.5
	杨德泉	副县长	山东省禹城市	中共党员	1981.1—1987.5
	徐德昌	副县长	山东省武城县	中共党员	1984.5—1987.5
	高宪春	副县长	山东省济宁市	中共党员	1984.5—1987.5
	王在泉	副县长	山东省诸城市	中共党员	1984.12—1987.5
	高登平	副县长	山东省禹城市	中共党员	1985.10—1987.5
第十届	李宝贵	县　长	山东省武城县	中共党员	1987.5—1990.1
	赵志录	代县长	山东省临邑县	中共党员	1990.1—1990.3
	高登平	副县长	山东省禹城市	中共党员	1987.5—1990.3
	王在泉	副县长	山东省诸城市	中共党员	1987.5—1990.3
	邢守俭	副县长	山东省禹城市	中共党员	1987.5—1990.3
第十一届	赵志录	县　长	山东省临邑县	中共党员	1990.3—1992.7
	张成道	县　长	山东省夏津县	中共党员	1992.7—1993.3
	高登平	副县长	山东省禹城市	中共党员	1990.3—1992.3
	秦吉升	副县长	山东省禹城市	中共党员	1990.3—1994.5
	高宪春	副县长	山东省济宁市	中共党员	1990.3—1993.1
	王在泉	副县长	山东省诸城市	中共党员	1990.3—1993.3
	邢守俭	副县长	山东省禹城市	中共党员	1987.5—1993.3
	李光德	副县长	山东省武城县	中共党员	1990.3—1993.3

续表 20-1-1

届次	姓　名	职　务	籍　贯	政治面貌	任离职时间
第十二届	张成道	县长（市长）	山东省夏津县	中共党员	1993.3—1995.3
	王在泉	市长	山东省诸城市	中共党员	1995.3—1997.12
	李传武	副市长	山东省临邑县	中共党员	1995.3—1997.12
	秦吉升	副县长（副市长）	山东省禹城市	中共党员	1993.3—1994.5
	李光德	副县长（副市长）	山东省武城县	中共党员	1993.3—1997.12
	王在泉	副县长（副市长）	山东省诸城市	中共党员	1993.3—1995.3
	刘宗生	副县长（副市长）	山东省禹城市	中共党员	1993.3—1995.3
	张希英（女）	副县长（副市长）	山东省禹城市	中共党员	1993.3—1998.3
	王一平	副市长	山东省禹城市	中共党员	1996.4—1998.1
	杨丙亮	副市长	山东省聊城市	中共党员	1995.3—1998.4
	李文勇	副市长	山东省禹城市	中共党员	1995.3—1998.3
第十三届	朱昌连	市　长	山东省乐陵市	中共党员	1998.1—2001.3
	黄金忠	市　长	山东省临邑县	中共党员	2001.3—2003.1
	杨　军	副市长	山东省禹城市	中共党员	1998.1—2001.3
	杨同军	副市长	山东省禹城市	中共党员	2001.3—2003.1
	张仁庆	副市长	山东省禹城市	中共党员	1998.1—2003.1
	王一平	副市长	山东省禹城市	中共党员	1998.1—2001.3
	曲修宝	副市长	山东省夏津县	中共党员	1998.3—2003.1
	赵传峰	副市长	山东省乐陵市	中共党员	1998.3—2001.2
	邵清泽	副市长	山东省禹城市	中共党员	1998.1—1998.2
	苗建东	副市长	山东省禹城市	民主党派	1998.1—2001.12
	曲孝东	副市长	山东省禹城市	中共党员	1999.6—2003.1
	刘奉水	副市长	山东省禹城市	中共党员	2001.2—2003.3
	吕贵林	副市长	山东省齐河县	民主党派	2002.2—2003.3
	王圣华	副市长	山东省禹城市	中共党员	2001.2—2003.1
第十四届	黄金忠	市　长	山东省临邑县	中共党员	2001.3—2007.3
	刘长民	副市长	山东省陵城区	中共党员	2003.1—2007.2
	何连生	副市长	山东省武城县	中共党员	2003.2—2004.1
	吕贵林	副市长	山东省齐河县	民主党派	2003.3—2007.1

续表 20-1-1

届次	姓　名	职　务	籍　贯	政治面貌	任离职时间
第十四届	刘奉水	副市长	山东省禹城市	中共党员	2003.1—2003.3
	林春元	副市长	山东省德州市	中共党员	2003.1—2007.2
	纪淑华（女）	副市长	山东省平原县	中共党员	2002.12—2007.2
	王圣华	副市长	山东省禹城市	中共党员	2003.2—2007.1
	刘洪贵	副市长	山东省夏津县	中共党员	2004.1—2007.2
	王　健	副市长	山东省禹城市	中共党员	2006.1—2007.2
第十五届	闫剑波	市　长	山东省诸城市	中共党员	2007.2—2010.3
	张　磊	市　长	山东省莱西市	中共党员	2010.3—
	林春元	副市长	山东省德州市	中共党员	2007.2—2010.3
	刘东顺	副市长	山东省禹城市	中共党员	2007.2—
	李宗奎	副市长	山东省商河县	中共党员	2007.2—
	刘洪贵	副市长	山东省夏津县	中共党员	2007.2—2010.4
	王玉东	副市长	山东省武城县	中共党员	2007.11—
	刘红梅	副市长	山东省德州市	民主党派	2007.11—
	宋士忠	副市长	山东省禹城市	中共党员	2010.3—
	刘之荣	副市长	山东省夏津县	中共党员	2010.4—

第二节　政府职能部门

1986 年，禹城县政府工作机构 31 个，即办公室、计划委员会、经济委员会、科学技术委员会、体育运动委员会、城乡建设环境保护委员会、计划生育委员会、人事局、劳动局、统计局、物价局、审计局、农牧局、林业局、水利局、乡镇企业局、交通局、商业局、粮食局、财政局、税务局、工商行政管理局、卫生局、教育

图 20-1-1　禹城市政府领导班子读书会（2009 年摄）

局、文化局、民政局、公安局、司法局、档案局、广播电视局、供销合作社联合社；设经济组织5个，即对外贸易公司、电业公司、物资公司、农业机械管理公司、工业公司、二轻工业公司；直属机构5个：信访办公室、农业引用外资项目办公室、县志办公室、经济技术协作办公室、经济研究中心。1987—1988年，先后增设县编制委员会办公室、监察局、土地管理局、环境保护局，计量所改称计量局，多种经营办公室、老龄委办公室、县体制改革办公室、县环保局、物资公司、农业机械公司分别改称局。1989年，信访办公室改称信访局，设棉花办公室为正科级单位。1990年，增设禹城县农业委员会，县畜牧局、县体制改革办公室改称县体制改革委员会。1992年，增设县对外经济贸易委员会，9月，商业局改为商业总公司、粮食局改为粮油总公司、供销合作社联合社改为供销合作社总公司，物资局、外贸局改为物资总公司和禹城进出口总公司。至1992年年底，全县政府职能部门56个。

1993年9月，禹城市政府机构改革后职能部门由55个精简为25个：办公室、经济委员会、贸易委员会、农业委员会、计划委员会、城乡建设环境保护委员会、计划生育委员会、科学技术委员会、教育委员会、文化体育委员会、公安局、司法局、民政局、人事局、劳动局、财政局、税务局、交通局、水利局、卫生局、审计局、统计局、工商行政管理局、土地管理局、乡镇企业局。农业局、林业局、农机局、畜牧局、广播电视局、实验区工委改建为事业性服务经营实体，均为正科级事业单位。县直派驻乡镇农技、农经、农机、水利、土管、林业、畜牧兽医、文化、广播等机构，其人、财、物全部下放给乡镇管理，县直部门负责业务指导。原老龄委、广播电视局、物价局经济协作办公室、经济研究中心改为正科级事业单位，油区办公室升格为正科级事业单位，广播电视局改称广播电视转播台，物价局改称物价所，档案局、技术监督局、环境保护局等将行政职能移交后，改设档案馆、技术监督测试所、环境保护监测监理站。禹城县级行政机关编制600人，县级行政机关人员由1152人精简为563人，精简率51%。1994年5月，增设蔬菜局、水产局，市农业服务中心、农机服务中心、林果服务中心、畜牧开发服务中心、水产服务中心、蔬菜服务中心，分别加挂市农业局、农机局、林业局、畜牧局牌子，其他事业单位性质不变。7月，税务局分设市国家税务局、市地方税务局，地税局为市政府职能部门。8月，增设经济体制改革委员会。9月，恢复文化局，同时成立国有资产管理局。1996年1月，禹城市农业委员会更名为农业办公室，恢复建立粮食局、环境保护局；撤销技术监督测试所，设技术监督局；城乡建设环境保护委员会更名为建设委员会；外经贸工作领导小组更名为对外经济贸易委员会；设立市经济体制改革办公室、物价局、广播电视局、信访局。1996年7月，增设房产管理局。1999年6月，劳动局更名为劳动和社会保障局。2001年7月，水利局更名为水务局。设立城市管理局。

2002年3月，禹城市政府工作机构26个：禹城市政府办公室、发展计划局、经济委员会、建设局、环保局、计划生育局、教育局、科学技术局、民政局、公安局、司法局、人事局、劳动和社会保障局、财政局、审计局、统计局、国土资源局、交通局、对外贸易经济合作局、农业局、林业局、水务局、文化局、卫生局、民营经济发展局、民族与宗教事务局。直属机构3个，即贸易委员会办公室、农业办公室、体制改革办公室。广播电视局、粮食局改为事业单位。物价局归口发展计划局，监察局与纪律检查委员会机关合署，列入禹城市政府工作部门序列，不列入市政府部门个数。山东省垂直管理机构5个：国家税务局、地方税务局、工商行政管理局、质量技术监督局、药品监督管理局。2002年9月，设安全生产监督管理局。2005年，安全生产监督管理局列入政府工作部门，2007年，发展计划局改组为发展和改革局，计划生育局更名为人口和计划生育局。

图 20-1-2　禹城市市长张磊（左）慰问建国前老党员　（2010年摄）

2010年，禹城进行新一轮政府机构改革。组建禹城市经济和信息化局，将市经济委员会、市民营经济发展局、市信息产业化办公室行政管理职责，整合划入市经济和信息化局，不再保留市经济委员会、市民营经济发展局、市信息产业化办公室。组建禹城市商务局，将对外贸易经济合作局、服务业发展局行政管理职责，整合划入市商务局，不再保留对外贸易经济合作局、服务业发展局。组建禹城市人力资源和社会保障局，将人事局、劳动和社会保障局职责，整合划入人力资源和社会保障局，与人事局合署办公。机构编制委员会办公室单独设置，列入党委机构序列，不再保留人事局、劳动和社会保障局。组建住房和城乡建设局，将建设局、房产管理局行政管理职责，整合划入住房和城乡建设局，不再保留建设局、房产管理局。设立正科级事业单位市房产管理中心，隶属住房和城乡建设局管理。组建文体广电新闻出版局，将文化局、体育局、新闻出版办公室职责和市广播电视局行政管理职责，整合划入文体广电新闻出版局，不再保留文化局、体育局、广播电视局、新闻出版办公室。将民族与宗教事务局职责，整合划入禹城市政府办公室，不再保留民族与宗教事务局。将统计局职责划入禹城市发展和改革局，不再保留统计局。交通局更名为交通运输局。将原山东省垂直管理食品药品监督管理局列入禹城市政府工作部门。

禹城市政府机构改革后，设置工作部门24个：政府办公室、发展和改革局（挂禹城市统计局牌子）、经济和信息化局、人口和计划生育局、教育局、科学技术局、民政局、公安局、司法局、人力资源和社会保障局、财政局、审计局、国土资源局、环境保护局、住房和城乡建设局、交通运输局、商务局、农业局、林业局、水务局、文化广电新闻出版局、卫生局、安全生产监督管理局、食品药品监督管理局。

第二章　实施县（市）委决策

1986年后，禹城坚持一个中心、两个基本点方针，经济和社会各项事业取得巨大成就。特别是实施县（市）委确立“振兴禹城、推进两个转变实现跨越发展、打造建设生态园林化新型工业城市框架”战略决策后，禹城逐步实现由温饱型向小康型目标转变，经济和社会事业进入跨越式发展时期。2010年，地区生产总值达160亿元，比1986年增长79倍；地方财政收入5.5亿元，比1986年增长44.9倍；城区从1985年5.5平方千米扩展至30平方千米，发展成为功能齐全的生态园林化宜居小城市。

第一节　实施振兴禹城战略

1986—1995年，禹城县（市）委、政府确立和实施振兴禹城战略，其措施是：进行农业开发和将工作重点转移到发展二、三产业。

图20-2-1　山东省农业厅农技人员（中）田间指导　（2010年摄）

一、农业开发

1986—1995年，禹城全面实施县委农业开发决策。落实土地承包责任制，开垦荒地和治理盐碱，实施农业水利建设和推广科学种植，发展多种经营生产，农业生产潜力得到进一步挖掘。1995年，全市粮食单产率先在德州实现“吨粮县”，农业总产值达7.95亿元，是1986年的3.76倍。

（一）完善土地承包责任制

20世纪80年代末，禹城县委、县政府制定《关于稳定、完善土地承包责任制意见》文件，完善土地承包制，特别对各类荒地、荒水面，确立承包年限30年或者更长一些规定，并允许子女继承或者转让，及时纠正一些随意收回承包地的错误做法。1989年2月，禹城县委、县政府制定《农村九项政策》，进一步促进家庭联产承包责任制巩固、发展。国家颁布《农业法》后，禹城制定《沟渠路林拍卖办法》。1994年，全市确权到户荒洼地达到5.2万亩，拍卖沟渠路林888.7千米。

（二）改造中低产田和开垦宜农荒地

1986年以前，中国科学院按国务院指示精神，在伦镇南北庄一带建立井灌井排旱涝碱综合治理试验区。1986年开始，在中国科学院、中国农业科学院支持下，实验区由原来13.9万亩扩大到23万亩，同时选择张庄北丘洼、张集沙河洼、辛店洼3种不同类型荒洼地4.96

图 20-2-2　山东省农业厅调研组到禹城调研农业发展工作（2009 年摄）

林综合治理，农林牧副渔全面发展，取得生态、经济和社会效益。该工程建桥涵闸 216 座，挖沟 36 条 76 千米，建鱼塘 708 个，造台田 7400 亩，形成水面 5100 亩，完成土方 600 万立方米，形成生态、生产、旅游为一体的高效生态观光农业区。

（三）农田水利建设

1986—1995 年，禹城水利工程日趋完备，黄河水送到各村田间地头。1986 年，全年降雨 257 毫米，比常年减少 358 毫米，禹城县水浇地 77 万亩，基本满足农业用水。至 1993 年，全市投入劳动力工时 3920 万个，完成土方 7935 万立方米。1993 年开始使用大型机械施工，至 1995 年完成土方 2834 万立方米。

万亩进行开发，并作为国家“七五”农业重点科研项目。经过治理改造，15 万亩低产田上档次，20 多万亩中产田变为高产田，2 万亩沙荒地变成良田和鱼米之乡；7 万亩重碱地、荒地变成良田。1988 年 6 月 16—18 日，国务院总理李鹏带领 9 个部委主要负责人专程到禹城视察农业开发，给予很高评价，并作重要指示，亲笔题词“开发禹城”。1990 年，“一片三洼”开发治理工程结束。

第二期开发治理是 1991—1993 年，第三期农业综合开发是 1994—1995 年，建设任务是改造禹城北 10 万亩中低产田和来凤村北荒洼地。其中梁家乡 3.6 万亩，来凤乡 3.4 万亩，辛店镇 3 万亩。经过 5 年开发，增加有效灌溉面积 5.47 万亩，森林覆盖率由原来 8.1% 提高到 13.7%，粮食亩产达 456 公斤，比 1990 年提高 43%，被国家授予“黄淮海平原开发先进县（市）”称号。

1995 年 9 月，禹城对大程、房寺两个乡镇一片荒洼地进行开发，总面积 2.13 万亩。采取由市财政和市直部门、企业、乡镇投资多种形式，按台田——鱼塘模式，打破乡村界限，统一规划，统一标准，进行水、田、路、

（四）科学种田

1986 年后，小麦品种开始由单一丰产型向优质高产型发展，小麦亩产由 1986 年不足 300 斤增长到 1995 年的 424 公斤。玉米良种引进推广，1992 年，以掖单四号和鲁玉十号为主要品种，亩产由 1986 年不足 200 公斤提高到 1995 年的 501 公斤。棉花选育推广品种相继推出鲁 343、9462、石远 321 等，亩产籽棉达到 215 公斤。

小麦先后推广精播、半精播技术，玉米推广间作套种、肥料分次施用技术，棉花推广营养钵育苗移栽、地膜覆盖、麦棉间作套种以及棉薯、棉瓜间作套种技术。

（五）多种经营生产

1986 年，禹城强化种植结构调整。除棉花外，重点发展畜禽、水产养殖、蔬菜、花生和林果等。1986 年 4 月，县委、县政府制定发展乡村企业和多种经营政策措施，10 月，

图 20-2-3 德州市领导雷建国(前排左一)调研禹城王子付奶牛养殖 (2010 年摄)

召开农村经济工作会议，再次对发展乡镇企业和多种经营工作进行全面部署。1987 年 8 月，县政府出台鼓励发展多种经营一系列政策，推广外地承包责任制和枣粮、桐粮间作经验，蔬菜种植及猪、牛、鸡、兔等畜禽养殖经验，出现韩寨、桂庄、王子付等养牛大村和大户，形成郭庄、夏季庄（达子庄）等蔬菜专业村。

1986—1987 年，造林 1.62 万亩，其中经济林 1.42 万亩。1988 年，果品产量比上年增长 48.3%，达 619 万公斤。至 1993 年果树总面积达 7.6 万亩，产量 2.4 万余吨。由于盲目种植，品种优劣不齐，1994 年造成卖果难，随之大量砍伐，面积大幅下降。至 2002 年，面积降到 5138 亩，总产量 841 吨。

1987 年，畜牧业比上年增长 13.9%，总产值达到 2296 万元。1990 年，畜牧养殖业由传统粗放分散饲养逐步向规模化、产业化发展。品种改良、秸秆青储、配方饲料、人工授精和程序化防疫等，逐渐被推广应用。建成一批肉牛集中育肥场、养猪小区、养鸡专业户，出现许多专业户、专业村。1994 年，禹城市被山东省畜牧局授予“畜牧业强县”称号。

1987 年，水产业比上年增长 37%，总产值达 100 多万元。1989 年辛店镇被列为中科院南京地理与湖泊研究所试验基地，借助国家“七五”863 课题攻关，重点推广化肥肥水配合饲料养鱼技术，单位面积养殖产量，由原来几十公斤提高到 300 公斤以上。1995 年专业化养殖面积达 1.5 万亩。

二、发展二、三产业

（一）县（市）属工业企业

1986 年后，禹城县（市）属工业企业逐步发展为以市场需求为导向。十年间企业规模和产能迅速扩大，1995 年，禹城县（市）属企业工业总产值由 1986 年 1.24 亿元，增长到 5.99 亿元，增长 5 倍。

企业管理和经营体制改革。1986 年以前，县属企业经营管理由县政府及主管部门决策。1986 年后，实行政企分开，放权给企业，同时制定多种形式责权利相结合经济责任制，在企业内部实行党政分开，推行厂长（经理）任期目标责任制和任期终结审计制，厂长（经理）对政府负责。

1988 年，引入竞争机制，实行层层招标承包责任制。10 月，禹城县委决定在全县试行企业股份制改革，推行全员抵押承包、企业兼并、拍卖和联合。至 1988 年年底，工商企业承包租赁面积达 98.9%，引入竞争机制占 52.1%。

1992 年，工商企业以优化劳动组合为重点，进行人事、劳动、分配制度改革。同时，按《全民所有制工业企业转换经营机制条例》要求，实行政企分开，使企业真正成为决策主体、执行主体和利益主体。1993—1994 年，扩大股份制和股份合作制试点范围。按《监管条例》，完成国有企业清产核资，促进企业经营机制转换。1995年，禹城市委市政府制定《关于深化企业改革意见》，对改制企业进行规范，兼并6处市属企业，合并2处，在企业内部推行全员劳动合同制。市属企业基本完成由计划经济向市场经济机制转换。

技术改造。1986年4月，制定"加强技术改造、走内涵发展生产路子"决策，编制"七五"技术改造规划。当年完成投资311万元，实施禹城棉纺织厂5000枚纱锭改造，化肥厂节能改造和缫丝厂设备更新等项目。

1987—1988年，县委、县政府制定《关于加强企业技术改造工作若干规定》和《关于招聘人才、引进技术、引进项目、引进资金、实行优惠政策暂行规定》，促进禹城县技改工作开展。两年中，分别投入资金982万元和2687万元，建成技改项目27项。其中较大项目有：年生产5000吨机制纸造纸厂，棉纺厂1.3亿纱锭补齐，饲料公司5000吨混合饲料生产线，化肥厂平衡1.5万吨合成氨能力和葡萄酒厂储存设备改造。

1989—1990年，县委、县政府成立项目领导小组和技术改造办公室，协调各方面关系，建成项目23个，投入资金5225万元，其中包括红麻纸浆厂、浮雕纤维板厂、机械厂出口耙片生产线等。

1991年后，县委县政府确定"整体开放，重点突破，内向外向齐抓，开放开发并举，大、中、小项目都上，推动全县经济超常规跳跃式发展"思路，加大技术改造和上新项目力度。开展企业划型工作。先后有化工总厂、光大电力集团总公司、乐星美食股份有限公司三家企业晋升为国家大型企业；人造板厂、棉纺厂、禹王亭酒业股份有限公司、外资机械施工公司、家电总厂等12家企业晋升为中型企业，其中中型（1）企业6家，中型（2）企业6家，列德州各县市之首。1993年，禹城市委、市政府修订"八五"后三年发展规划，实行五大班子领导包项目制度。至1995年，完成投资8.40374亿元，完成技术改造和新上项目122个，被山东省委、省政府授予"八五"期间技术改造先进单位。

1995年年底，禹城完成技改项目203项，完成投资10.2亿元，建成28条先进生产线，更新改造设备3579台（套）。其中，引进国际先进设备34台（套），开发新产品190余种，扩大和提升工业企业规模和竞争力。

企业管理。按"打基础、上等级、全面提高企业素质和管理水平"要求，在市属工业企业中开展企业管理达标升级活动，机械厂晋升为国家二级企业，化工总厂、棉纺织厂、塑料总厂等3家企业晋升为省级先进企业，13家企业晋升为市（地）级先进企业。1995年，市化工总厂（原化肥厂）被德州市认定为首批市（地）级管理示范企业，人造板总厂等9家企业被认定为市（地）级管理达标企业。

图20-2-4　禹城市市长张磊（前排右一）到益佳机械公司检查指导工作（2010年摄）

通过多种形式，培训企业中层以上管理人员1500多人次。3名企业厂长经理被评为省级优秀企业家，11名企业厂长经理被评为市（地）级优秀企业家。

（二）乡镇企业

1986年，禹城把乡（村）企业作为农业多种经营组成部分强调发展。4月，禹城召开发展乡村企业会议，确定发展中、小型企业为主战略。企业门类大多为农副产品加工、纺织、造纸、建筑建材等。至1987年年底，全县乡镇企业发展到1654处，总产值达1520万元，乡镇办产值占46.85%，村办产值占36.4%，联户办占5.1%，户办占11.65%。

1988年为禹城县乡镇企业发展高峰。乡镇企业由1987年1654个发展到3316个，办企业村达70%，从业人员2.35万人，占农村劳动力总数的25%，总产值达到3.196亿元。

1989—1992年，乡镇企业发展进入低谷阶段。1993年，禹城推行股份合作制、租赁制和农村合作基金会，对企业进行重组改造，企业焕发生机和活力。至1995年年底，全市乡镇企业发展到9392处，其中，乡办企业299个，从业人数53087个，实现企业总产值20.2亿，其中工业产值11.9亿元。组建禹王公司、通裕集团和羊绒精梳3个集团，初步形成机械、电子、纺织、梳绒、建筑建材、医药化工、造纸及纸制品、食品加工、农机具制修为主的15个行业，生产200多种产品。

（三）城乡建设

1986年，禹城城乡建设进入快速发展轨道。1989年，县委、县政府把城乡建设列入重要议事日程，成立由县长任总指挥的县城总体规划实施指挥部，制定《禹城县城规划建设管理办法》《县城绿化、环境卫生管理暂行办法》《禹城县城建综合开发暂行办法》和《禹城县城区供用水管理办法》等一系列规章制度。1989年9月至1990年年底，城乡基础设施建设投资达604万元。

1991年后，鼓励乡镇企业、农村集体、个体和外地工商业者到禹城投资建厂、开店，进行综合开发，先后开发棉西小区、店子万小区、胜利街、禹王大市场、禹王商贸街等。1995年，全市完成公路建设投资3564.1万元，建设市、乡、村道路91.6千米，新建干线公路57.2千米，全市总通车里程达386.7千米，货运周转量达9498.01万吨千米，基本形成市、乡（镇）、村相连通公路网络；城区新建、改建道路14条、33千米，建设人民公园、汉槐公园、大桥广场和火车站广场。新建桥涵闸32座，水冲式厕所9处，园林苗圃15亩，垃圾处理场1处，城区设置垃圾箱420个，实现机械清运；城区拆迁总面积14.2万平方米，竣工工程179项，街道面积100万平方米，竣工楼房建筑面积19.6万平方米，总投资达2.8亿元。

（四）第三产业

1992年以前，禹城流通领域为国营、集体、联合体、个体并存格局。1992年，禹城第三产业呈现出快速发展局面。至1995年，实现社会商品流通总额7.4亿元，比1992年增长52%；城乡集市贸易成交额4.97亿元，比1992年增长66.8%；商办工业达18个，实现总产值2.5亿元，比1992年增长210%。

进行体制改革。1992年，县委、县政府提出关于深化改革扩大开放意见，做出推行市场、价格、用工、工资四放开，搞活流通，把企业推向市场和打破铁交椅、铁饭碗、铁工资用工制度等十三条决定，在全县掀起深化改革、扩大开放热潮。同时制定打破地域封锁、行业分割圈子政策，采取鼓励工业企业和农村经济组织参与流通，实行一业为主，多种经营措施。开展学习推广重庆“经营放开、价格放开、分配放开、用工放开”经验和徐州破“三铁”经验，形成流通领域大改革气候和环境。

建设和扩大专业批发贸易市场。1992年，实施“兴商建市、兴市促城”战略。先后建设禹王大市场、粮油批发市场、建材市场，扩大安仁蔬菜、来凤水产品等市场。同时加强商业网点和市场建设。至1995年，投资3910万元，新建商业网点7处，总面积2.18万平方米，胜利街、禹王街、如意巷、解放路南段4条商贸街状况得到改善。

图 20-2-5　中国德州（禹城）投资贸易洽谈会（2008年9月摄）

鼓励兴办第三产业。提倡人人搞贸易，人人干买卖，鼓励企业、机关、学校等利用当时设施、资金和富余人员，兴办第三产业，1994年前后全市上下形成发展第三产业热潮。

促使国合流通企业调整经营策略，进行第二次创业。1992年后，国合流通业在深化改革推动下，调整经营策略，拓宽经营领域，开展多种形式协作。与名优产品厂家建立稳固业务关系，发展总经销、总代理、连锁店等，内购内销、外购外销、深购远销等业务。1995年，八大国合商流企业实现销售额6.1亿元，实现利税达1200万元，增加总代理、总经销业务46项，市外市场销售增加900万元，新增行业外经营项目94个。

第二节　深化改革

1996年后，推进经济体制由计划经济向市场经济转变，增长方式由粗放型向集约型转变，实施工业带动战略，实现经济跨越发展。至2005年国内生产总值达到80亿元，是1995年的4倍，境内财政收入达到3.3亿元，是1995年的4.3倍，农民人均纯收入3857元，是1995年的2.62倍。

一、体制转变

1996年，禹城被山东省委、省政府定为改革开放试点县，经济体制改革全面铺开。

（一）国有企业改革

1996年，企业改革以优化存量资产和股份制改革为重点，对6家股份制试点企业进行规范；新组建24家股份制和股份合作制企业，组建企业集团10家，其中，省级集团4家，兼并企业7家；10家扭亏无望企业依法进入破产程序，终结破产程序3家。

1997年，加大企业改革力度。培植骨干，发展企业集团。采取挂靠联合、划转兼并、内部转股，合资嫁接等多种形式，组建15家企业集团，其中省级企业集团6家。盘活存量资产，加快企业兼并、破产步伐，对27家扭亏无望企业依法实施破产，兼并22家企业。组建86家股份制和股份合作企业。

1998年，以资产重组为重点，依法对18家亏损严重、资金不抵债企业实施破产，对4家企业进行股份合作制改造，对3家企业进行股份制规范试点，新组建2家企业集团。至1999年，全市172家乡及乡以上企业在改革中全部触及产权，其中实行股份制和股份合作制68家，个人买断92家；36家企业调整股权结构，实现法人代表持大股或经营层控股；16家企业完善法人治理结构，实行董事长与总经理分设；组建企业集团18家，其中省级集团8家。工业企业以资产重组为重点改革基本结束。

2000年，工业企业改革主要是进行国有转民营，实施经营领域国退民进决策，国有资产逐步从一般竞争性行业退出。采取主要措施是：鼓励法人代表、内部职工和社会自然人买断企业经营权；对不成熟企业实行切块经营和租赁经营。2001年，先后有龙力、通裕、贺友、福田药业4家企业，实施定向协议出售，变为民营企业；神禹纺织、润田化工、禹冠工程塑胶厂、禹城市热电厂、禹王亭集团股份有限公司、天成机械厂、葡萄酒厂，先后实施股权转让、重组、改制，转换企业机制。同时在企业内部进行三项制度改革，推行年薪制和按劳分配与按生产要素分配相结合分配形式，绝大多数企业完成改革。

1996年，乡镇集体企业全部进行不同形式企业改制。1997年，以实行拍卖、股份合作制为重点，着力优化、重组资产，禹城市121家企业转换经营机制。其中，实行股份合作制46家，拍卖企业66家，实施破产企业9家。1998—1999年，出售拍卖16家，实行股份合作制11家，租赁经营2家，依法申报破产1家。1999年，禹王集团由刘锡潜出资234.7万元买断。2000年，禹城做出《关于进一步加快民营经济改革与发展若干规定》，帮助11家股份合作制企业优化股权结构，经营者和优秀员工股权在企业中均超过60%，企业法人持股达30%以上，为民营企业发展成现代企业奠定基础。

（二）流通体制改革

以建立现代企业制度为目标，以产权制度改革为重点，采取因企制宜、一企一策措施。1999年，流通系统33家改制企业，通过采取股份合作制、承包、租赁、兼并、破产、拍卖等形式，建立产权明晰、权责明确、政企分开运行机制，为健康发展铺平道路。

（三）住房制度改革

1995年，禹城住房制度改革以出售公有住房，居民住房市场化为重点，1997年进入高潮，2002年基本结束。办理公房确权9368份，共计272万平方米。市直137个房屋产权单位中135个单位参改，参改户6008户，参改率98%，确权发证90%以上，房地产市场进入规范化、法制化轨道。

图20-2-6　德州市领导吴翠云（左二）参观调研禹城企业发展（2010年摄）

（四）农村经营体制改革

在荒洼地开发、林果、蔬菜、小型水利设施等方面，采取股份合作制、租赁制、反租倒包、拍卖等形式，实行家庭承包、统分结合土地流通制度；对农产品流通体制，实施开放、竞争、统一、四分开政策，实行生猪定点屠宰。

二、企业扩张

（一）工业发展

1996年7月，市委、市政府制定《关于实施“一把手工程”意见》，向各乡镇和市直部门主要负责人提出进行严格考核任务指标，大上项目成为工业发展重心。2003年后，坚持走新型工业化路子，实施工业强市，抓好“三大一高一名一外一群体”（即：建大项目，培植大企业，膨胀大产业，发展高新技术产业，培育知名品牌，强化外经外贸和对外合作，壮大民营群体）。围绕“三糖一药”、新材料、机电一体化、高档精纺、绿化食品、精细化工等产业，培植贺友、通裕、禹王、鲁银“四大航母”和光大、粮油、保龄宝、龙力、福田、禹王亭、润田、亚纺、德信、金冠、兴达等支柱企业，贺友、保龄宝跻身全国制造业500强。采用先进技术嫁接改造，提高产品科技含量。禹王、龙力公司成为“国家火炬计划禹城生物产业基地”。2005年，工业产品主要有化工、食品、食品添加剂、建材、纺织、塑料制品、工艺品、制药、人造板、家具等12类100多个系列500余种产品，完成工业增加值30.9亿元，实现销售收入104亿元，利税12.9亿元，工业用电量79407万千瓦时，出口创汇7480万美元。10家企业实现利税过3000万元，9家企业利税过5000万元，利税过亿元企业4家。禹城荣获“全国科技实力百强市”“食品工业强市”等称号，国家级、省级高新技术企业分别达到5家、14家，被山东省政府列为“重点扶持三大高新技术产业基地之一”。

（二）民营企业发展

由乡镇企业中户办、联户办企业发展而来。随着市场经济制度建立和国退民进政策实施，一些大中型企业变为民营企业，成为禹城经济发展主力军。禹城给予民营企业宽松扶持政策，鼓励个体工商户扩张规模。至2005年，在11个乡镇民营育雏园中，入驻企业135家，形成一批兴乡富民产业。同时，实施机关干部轮岗带薪干民营创业政策，鼓励机关干部业余时间从事第二职业。民营总户数达17473户，民营经济增加值占GDP比重和上缴税金占地方财政收入比重均超过80%。

（三）招商引资

2000年，市委、市政府制定《关于全面实施经济国际战略，鼓励招商引资考核奖励办法》，对各乡镇、各部门负责人招商引资进度每月进行调度，半年进行总结排名，推动工业企业项目投资发展进程。至2005年，累计引进市外资金106亿元，实际利用外资1.5亿美元，争取国债项目46个，进入高新区项目达到126个。

三、市场流通

（一）网点和市场建设。累计投入市场建设资金6.4亿元，建设各类专业及农贸市场72处，投资4.6亿元的禹城商城工程全面竣工，吸纳400多家经营户。在行政街西首，形成以东方大厦、贸易大厦和开元商厦为主商业小区；在城区西部，形成以机动车大世界为首的生产资料商贸区，成为鲁西北最大机动车专业经销市场；建成禹西商贸城、梁家禹北商贸城、大程畜禽交易、石屯蔬菜批发和安仁蔬菜批发市场。

（二）壮大传统商贸网络。1996年后，发展外购外销和名优产品总经销、总代理业务。五金公司与全国40多家企业建立总代理关系，农资公司在各乡镇建立区域性农资市场，粮油集团购销总量、销售收入和综合利润比1996年翻一番。提升贸易大厦、东方大厦、开元商厦等经营管理水平。农贸、禹王、农机、建材、禹石等批发零售市场规模膨胀，形成专业特色。城区重点发展连锁、配送、专卖，加强与名店、名企业联合，提高经营品位和档次；在乡镇驻地和集贸中心，重点发展综合服务社和连锁超

图 20-2-7　禹城市市长张磊（前排左三）到五金公司检查指导商贸流通工作（2010 年摄）

初步形成一批产业链。包括东君乳业为龙头的奶业；广源、宏达为龙头的牛肉业；金帅公司为龙头的生猪业；凤祥公司为龙头的肉羊业；德森、安氏、大禹圣农、双锣、超群、三鑫等企业为龙头的肉鸡业；诚通为龙头的肉鸽业；福聚德为龙头的獭兔业等。2000 年后，形成奶牛、肉牛、生猪、肉羊、肉鸡、蛋鸭等六大块状产业带。2005 年，标准饲养场小区达 1100 多处，规模化饲养占到 70% 以上，打造出"明太郎牛奶""成盛源牌牛羊肉""金帅冷鲜肉、扒鸡""望津牌野猪肉"等品牌。

（二）蔬菜生产。1996 年后，市委、市政府重视蔬菜生产。2000 年，日光温室超过 32 万个。后来受蔬菜市场和价格影响，种植面积大幅减少。2005 年，蔬菜大棚 3500 多个，形成安仁镇万亩品质蔬菜基地，市中办夏季庄、辛寨河西刘拱棚蔬菜，梁家、张庄大蒜方，十里望盖韭方，辛店沙河辛无公害西瓜方。建成市中办沈庄、安仁南安等 10 多家蔬菜批发市场，与北京、天津、石家庄、济南等 10 多个城市保持常年供货关系。

（三）水产业。1996 年后，引进推广名优新产品和高产技术，实现养殖中产变高产。2005 年，禹城市鱼类养殖亩产量提高到 800—1000 公斤，面积达到 2 万余亩，销往济南、天津、聊城等大中城市及周边县市。

市。

（三）商办工业发展。低聚糖、强力低交合袋、油漆加工、商品袋鸡、牲畜宰杀线等一大批工业项目建成投产。2005 年年底，禹城流通系统中型以上国有企业 62 家。其中，商办工业 15 家，商贸企业 47 家，在岗职工 4860 余人。各类市场 79 处。其中，专业市场 8 处，大型商厦 6 处，各类超市、连锁店及网点 362 处，综合服务社 58 处。实现商品销售收入 24.2 亿元，利税 9000 多万元。

四、城乡建设

1996 年，重新修订禹城市建设规划，城乡建设进入快速发展时期。2001 年，建成天然气供气站，引进青岛公交公司，结束禹城没有公交车的历史。2002 年，建立出租车公司，便利市民出行。市、乡镇、村公路建设快速发展，2005 年，禹城成为全省第一个通村公路超千里县级市。至 2005 年，累计完成城建总投入 7.3 亿元，城市人口居住面积达 28 平方米，人均占有绿地 13.2 平方米，城区大部分区域实现集中供水、供热、供气。

五、农业产业化

（一）畜牧业。培大扶强畜产品龙头企业，

第三节　打造新型城市框架

2006 年后，禹城把生物制药、装备制造、新能源新材料作为优先发展产业，逐步成为新型工业发展"硅谷"。至 2010 年，先后荣获“国家生物产业基地（核心区）”“中国食品馅料城”“中国半精纺毛纱名城”“国家绿色能源示范县”“全国最具竞争力低碳产业基地城市”“山东省最佳投资城市”等省级以上荣誉称号50余项。

一、招商引资转向大中名外

2006年后，各企业法人和各乡镇、各部门主要负责人招商引资指标由1000万逐年提高到上亿元（污染、技术含量低项目被排除在招商引资范围以外）。高新区、招商办、驻济办、驻京办变为专业招商队伍。开展“重大项目建设年”活动，先后与济南高新区、市中区和即墨市建立战略合作关系，引进汉能控股集团光伏产业、岜山集团高档化纤布、大唐电力光伏发电、五得利食品、光华置业国际商贸港等一批大项目。“十一五”期间引进市外项目228个，完成投入186.5亿元，是“十五”期间的7倍。

二、加快企业扩张

“十一五”期间，着力对通裕、禹王、鲁银、龙力、福田、保龄宝等20家企业在资金、用地、项目上进行重点扶持；产业方面，发展新型工业，着力使生物、装备制造、新能源、新材料迅速膨胀规模，拉长链条，发展高端产品；采取与大企业进行战略合作与企业自行引进和建设新项目措施，促使企业做大做强，实现向新型工业转型。至2010年，全市20个重点企业实现规模翻倍增长，保龄宝、通裕集团成为上市公司。

三、高新技术和品牌建设

“十一五”期间，禹城企业信息化快速发展，92%的重点企业建立门户网站，30%的企业实现生产经营信息化管理，被山东省政府命名为“山东省十大信息化与工业化融合试验区”。建成省级以上研发机构28家，取得重要科技成果37项，开发省级以上新产品20种，制定国家级行业标准17项，授权各类专利184项，“玉米芯酶法制备低聚木糖”获国家技术发明二等奖，龙力公司被授予“全国创新型试点企业”，保龄宝、福田公司被授予“山东省创新型示范企业”，高新技术企业达到8家，高新技术产业产值占规模以上工业总产值比重达到42.1%。创建中国驰名商标7件，中国名牌产品、中国出口名牌产品各2种。

四、高新区“二次创业”

扩大园区面积，东扩28平方千米，面积达到48.15平方千米，入区项目总数达到325个；加强高新区基础设施及配套工程建设，形成纵横园区交通网络，成为具有特色工业旅游景观；优化园区产业布局，完善入园标准，提高产业聚集度和投资收益率，成为以生物、装备制造、新能源、新材料、羊绒精梳为主的新型工业园区。

五、商贸流通

2006年后，实施瑜琳商贸街开发、贸易大厦、东方大厦扩建和商城工程完善等。2009

图20-2-8　禹城市市长张磊(右二)检查指导城区道路建设管理工作　(2010年摄)

年，实施城区西部商贸物流、城市花园酒店、新客运中心、山东国际商贸港一期和交通物流中心等项目建设。海关保税仓库正式挂牌营运，建设完成省级粮食储备库，建设南华路建材市场和再生资源回收市场，形成徒骇河西岸和山东省101省道一线现代商贸区框架；发展农村社区服务中心建设，建立农资、日用品、药品等配送中心，城乡形成健全的销售服务网络。开展家电下乡活动，促进农村消费，2009年被列为“山东省交通物流试点县”；建立电子商务等新兴业务，发展网上购物，扩大邮政营销和专业供销体系，发展历史文化旅游和休闲项目，鼓励发展金融保险和信息等新型服务业；对产品质量、食品安全、传销等进行专项治理，严厉打击欺商排外、欺行霸市等行为。

六、城乡建设

2006年后，连续开展“城乡建设改造年”活动，城镇化率达到44%，农村公路里程达到2478千米。至2010年，城建累计投入50多亿元，相继实施迎宾大道、山东省101省道改造、北外环、南外环、开拓路、禹王国防路等重大城建工程，城区建成面积由“十五”末的22平方千米拓展到45平方千米。修建糖城新湖、糖城广场，改造大禹公园、汉槐公园等市民休闲娱乐场所。建成居民小区30处，建筑面积234万平方米，建设20多栋小高层楼房。建设经济适用房、廉租房等保障性住房，517户城市低收入家庭和1526户困难企业职工搬入新居。12处乡镇（街道办）驻地改貌，聚集能力日益增强，房寺镇被列为“全国发展改革试点镇”和“国家级生态镇”。全市1007个行政村合并成383个社区（村），村庄合并率62%，82个社区启动并建工作，40个并居社区竣工。

七、农业产业化

2006年后，实现耕翻、播种管理和收割机械化。农村中青年劳动力转移到二、三产业。推行良种统一供给，推广多肽肥和配方施肥方法，建设农田水利工程，粮食连年增产。2009年，成为山东省“全省超级产粮大县”，小麦单产赢得“鲁北粮王”称号。2010年，被授予“全国新增千亿斤粮食产能县”。

1. 畜牧业规模不断扩大，总产值达到19.17亿元，肉类、禽蛋、奶类产量分别达到8万吨、2.5万吨和3.4万吨，成为京津济地区主要畜产品基地，形成以东君乳业、广源、宏达、金帅、凤祥、德霖、安氏、大禹圣农、双罗、超群、三鑫、诚通、福聚德和六合为龙头的八大产业链，注册畜禽合作经济组织205个。2. 扩大蔬菜特色基地规模，推行标准化生产，9个蔬菜品种通过省级和国家级无公害产品及产地认证，种植面积达到18万亩，瓜菜总产量86.8万吨，年均分别增长19%、28.3%，注册蔬菜商标7件，认证无公害农产品4件。3. 渔业调整优化养殖品种结构，引进推广黄河鲤鱼、俄罗斯鲤鱼、

图 20-2-9　六合公司种鸭养殖　（2009年摄）

雪莲二号等淡水养殖优新品种，推广鱼鸭混养、鱼藕混养、微孔增氧等高产高效养殖技术，水产品产量达2.8万吨，创建国家级无公害农产品5个，省级无公害农产品产地3个。实施标准化生态鱼塘整理、省级渔业入户工程等。同年，被中国科协评为“全国科普惠农兴村先进单位”，荣获“财政部山东省鱼鸭科技入户工程示范县”称号。4. 林地面积达到34.9万亩，森林覆盖率达到34.9%。推行网上查阅农业种植、养殖技术资料，利用网络技术进行饲养管理、查询分析市场信息等。

八、社会事业

2006年后，实施“教育振兴五年计划”，建成省级规范化学校4处，建设职教中心、步云小学、市中中学等教育设施，增加校舍25万平方米；建成11处乡镇卫生院门诊楼和人民医院外科病房楼，新农合参合率达100%，公共卫生疾病预防控制和传染病救治体系建设得到发展，人均期望寿命达到75岁；农村基本养老保险列入全国首批试点，适龄农民参保率达到91.6%，6.4万60岁以上老人每月领到55元养老金，城镇登记失业率控制在2.9%以内；实施集中供暖改造工程，改善城区供暖条件。2010年，城区集中供热面积达到224.4万平方米；社会安全稳定形势良好，安全事故死亡率控制在0.19%以内，被评为“全省安全生产工作先进市”“平安山东建设先进市”。

第三章　政务工作

第一节　人大议案和政协提案办理

一、办理程序

“两会”期间，督查科全程参与建议提案收集和整理。禹城市人大、政协对审定立项建议提案转交督查科，由督查科逐一落实承办单位，明确办理时限和要求。每年3月底至4月初召开建议提案办理工作会议，安排部署办理任务，督导落实。办理过程中，督查科审核承办单位答复意见，督促承办单位向代表委员作出答复。由常务副市长向市人大常委会汇报建议办理工作情况，向市政协通报提案办理工作情况。1993—2010年，办理建议提案1653件，解决率91.6%，按时办结率100%，回复率99%。全部工作完成后，督查科将建议提案办理工作所有资料整理入档。

二、办理制度

限时办结制度。各承办单位收到建议、提案，一般在3个月内办理完毕；情况复杂，亦不得超过6个月。

规范答复制度。承办单位对建议、提案必须件件给予答复。书面答复按规定文本格式行文，包括署明本单位名称，加盖公章和主要负责人签章，注明联系人和联系电话；对联名提出建议、提案，必须逐一答复每位代表、委员。答复统一使用A4规格纸张。在答复人大代表建议或政协委员提案时，连同《建议或提案征询意见表》，一并交代表或委员本人签署意见。

督查落实制度。市府办公室督查科在电话催办、书面督办同时，对重点、难点、热点问题和办理缓慢建议提案，开展联合督查、专项查办和实地督办，及时汇报工作进度，组织代表、委员现场视察办理成果。

图 20-3-1　禹城市领导刘东顺(右三)陪同世侨会人士参观社会成就展厅　(2009 年摄)

回访签字制度。承办单位安排专人向代表委员当面答复，征求意见，请代表委员亲自签字。对承办量大、任务重的单位，举办座谈会、集中答复等形式。

第二节　外事侨务

1986 年，禹城被国家列为对外开放县。1996 年前具体工作由当时外事民族宗教科负责。1996 年后，禹城市政府成立外事侨务工作领导小组，由分管副市长任组长，在各乡镇设立联络员。

一、外事工作

2003 年，“非典”期间，禹城及时下发《关于做好防治“非典”涉外涉侨紧急通知》，并就外国专家、华人华侨和归侨侨眷、港澳台同胞防护工作进行具体部署，没发生外籍人士在禹城被传染病例。2009 年 3 月，甲型流感开始传播，禹城及时制定防治方案，建立涉外单位联络沟通制度，编列到禹外籍人员及侨港澳台返乡人员汇总表，确保外国专家、侨资企业生产经营者安全、安心。2009 年 4 月，缅甸联邦和平与发展委员会成员、国防工业部部长、缅甸经济控股公司主席丁埃中将一行 7 人，到禹城贺友集团参观访问，禹城严格按上级外事部门相关要求，确保丁埃一行在禹城安全顺利。2010 年 9 月，德国国王啤酒公司董事长路伊特·波尔德王子出席在禹城举行项目合作签约仪式，禹城确保行程和签约程序顺利。

二、侨务工作

1990 年，美籍华人杨业孔捐资 5 万美元，在禹城一中设立业孔奖学金，至 2004 年，奖励和资助上百名优秀学生和寒门学子。

2009 年 3 月，世侨会秘书长任兴亮牵头禹城市开展“百市千县直通车”活动，捐赠价值 30 余万元图书。同年 4 月，中华炎黄文化基金会（筹）副组长、总干事、首席运营官，世

图 20-3-2　禹城籍台胞倾情资助家乡学子　(2004 年摄)

界华商联合总会副秘书长、世界华人华侨总会常务理事吴育葆率香港百利行董事长张静雯、香港鸿福投资集团董事长谈全福、日本双庆株式会社董事长布文伟、香港夏梦珠宝公司董事长夏梦、香港百利行公司副总经理张育德等到禹城市访问，参观通裕集团、大禹龙神、保龄宝等企业。在保健功能饮料、智能避雷项目、污水处理、家具木材制品、建立金融机制为中小型企业服务及贸易代理等5个方面合作达成共识。

图 20-3-3　禹城市与世侨会签约直通车协定并捐赠图书　（2009 年 3 月摄）

第三节　法制工作

一、法制机构建设

1990 年，禹城县政府办公室设立法制科（股级），1993 年，设置禹城县（市）政府法制局（副科级），2000 年，改称禹城市政府法制办公室，2005 年，升格为正科级单位，更名为禹城市政府法制局，加挂禹城市政府行政复议办公室牌子。至 2010 年，全市 46 个行政执法部门全部建立专兼职法制科室；在 12 个乡镇、街道办、高新区全部配备由党政办主任或司法助理等中层干部担任的法制联络员，形成完善的政府法制工作网络。

二、规范性文件制定与清理

市政府法制局负责对以市政府及办公室名义出台的规范性文件进行审核，将所有规范性文件通过政府网站、新闻媒体等形式向社会公布，严格执行规范性文件备案制度，禹城市政府制定发布规范性文件全部上报德州市人民政府备案。

（一）规范性文件清理。每两年进行一次规范性文件清理工作，对不符合法律、法规、规章规定，或者相互抵触、依据缺失以及不适应经济社会发展要求的规范性文件，予以修改或者废止，清理后向社会公布继续有效、废止和失效规范性文件目录。2009 年 9 月，制定下发《禹城市行政规范性文件清理工作方案》，对 2009 年 5 月 1 日以前，市政府、各乡镇（街道办、高新区）人民政府（管委会）、市政府各部门以及法律、法规授权具有管理公共事务职能组织发布的所有现行有效规范性文件进行认真清理，清理审核市政府和办公室发布规范性文件 64 件，经清理审核拟确认继续有效文件 29 件，拟决定修改文件 8 件，拟废止文件 27 件，同时清理乡镇、部门、单位各类规范性文件 800 多件，分别由市政府和部门向社会公布清理结果，规范政府和部门行政行为，确保政府和部门“红头”文件合法有效。

（二）政府法制监督。2004 年 3 月，市政府下发《关于贯彻实施〈中华人民共和国行政许可法〉通知》，召开全市贯彻实施行政许可法工作会议，对全市行政许可法学习宣传培训及行政许可清理工作进行安排部署。对市级行政许可主体进行清理，以市政府文件公布第一批市级行政许可主体。其中具有行政许可实施主体资格的行政机关36个，由法律法规授权具有行政许可实施主体资格组织11个，达到实施主体明确、合法。同时，先后清理审批事项666项，一次性取消、暂停行政事业性收费项目337项，转为经营性、服务性收费330项。

2004年，出台贯彻落实《全面推进依法行政实施纲要》五年规划，有序推进依法行政各项工作开展。市政府成立禹城市依法行政工作领导小组，制定出台依法行政工作要点，明确依法行政任务目标和工作重点，强化对依法行政工作协调督导。2006年，在全市行政执法部门中开展行政执法责任制推行工作，明确推行工作时间、步骤、方法和要求，强化组织领导，层层落实责任，42个行政执法部门全部按时完成行政执法责任制推行工作。2007年4月，对全市行政执法人员行政执法证件和行政处罚听证主持人资格证件集中统计备案，全市593名行政执法人员执法资格重新审核确认。9月，组织有关人员参加德州市政府统一组织的行政处罚听证主持人培训活动，提高全市行政处罚执法工作整体水平。

2008年3月，对全市行政执法人员执法资格重新进行清理确认，与市委组织部、市委党校联合，集中对全市500名行政执法人员进行培训。在全市行政执法部门中换发IC卡行政执法证件，提高执法队伍准入门槛，对申领行政执法证件人员，严格审查其执法资格及条件，杜绝临时工、合同工从事执法工作。8月，开展规范行政自由裁量权工作，下发《禹城市规范行政自由裁量权工作实施方案》，明确工作重点和工作标准，对各部门上报裁量标准逐一进行审查，对不符合要求的一律退回整改，所有行政执法部门拟定指导标准通过法制机构审核修改，集中汇编成册后公开发布执行。9月，出台《禹城市重大具体行政行为备案审查办法》规定，对各部门报送重大处罚等行政案件进行备案审查，对部分案件进行调卷审理，强化对部门重大行政行为监督。10月，出台《禹城市行政执法案卷评查标准》，抽取执法任务较重的行政执法部门办结行政处罚、行政许可卷宗开展集中评查活动。

2009年，制定出台《禹城市2009年依法行政考核实施办法》，对乡镇和市政府各部门依法行政工作情况实行年度评议考核，包括依法行政组织领导、制度建设、行政执法责任制、规范执法行为、行政许可、行政复议应诉、宣传培训等，为科学评价和推进乡镇、部门依法行政提供依据。

（三）行政执法监督。2009年4月，制定出台《禹城市行政执法监督管理办法》，明确规定禹城市政府法制部门可以通过发出《行政执法监督通知书》形式对行政执法机关和执法人员违法或不当行政执法行为进行监督，要求执法部门及时进行调查处理，并在规定时间内向政府法制部门报送处理结果，共计下发19份执法监督通知书。规定各执法机关每季度第一个月5日前向市政府报送上一季度办理行政执法案件情况，由政府法制部门对上报情况进行统一汇总分析，分别呈报市委、市政府主要领导并向全市通报。开展重大具体行政行为备案审查工作。严格规范政府民事行为，出台《关于加强行政机关合同管理意见》，对行政机关签订招商引资等合同进行规范管理。禹城市政府法制局参与招商引资等重点项目合同审查，先后为《禹城市客运中心建设工程施工合同终止协议书》《中国重汽集团试车场项目合作框架协议（草案）》等项目协议提出法律审查意见，维护政府合法权益。10月，禹城市政府对各部门现有行政许可、行政审批职权进行集中清理，清理审核确认市政府行政许可、行政审批职权41项，各部门行政许可、行政审批事项209项；研究制定规范统一审批程序，规范政府和部门审批行为。加大重点执法领域监督力度，出台《关于规范全市交通运输行政执法秩序意见》，规范涉路执法行为，优化经济发展环境。

三、行政复议应诉

1999年，禹城市政府成立行政复议委员会。2004年，明确复议办与法制局合署办公，一般案件2人承办，重大复杂案件3人承办。严格执行各部门行政复议工作人员准入制度，组织各部门法制机构负责人参加上级举办的行政复议人员资格培训。规定凡未参加上级举办行政复议人员资格培训，取得资格证书人员，一律不得从事行政复议工作，公安、交通、工商、税务等具有行政复议职能部门全部建立专兼职复议科室，配备1—2名专兼职复议应诉工作人员，全部持证上岗。至2010年，全市行政复议应诉资格证书人员达到56人。

复议案件实行开门受理，对符合法定条件的行政复议申请，严格在法定期限内受理。探索行政复议开庭审理、听证、调解等办案方式。2009年9月，组织召开禹城市首次行政复议案件听证会，公开审理辛店镇贾庄村村民贾某不服市公安局治安行政处罚一案。至2010年，复议办受理行政复议案件67件，14件经复议机构调解，申请人自愿撤回申请，依法撤销具体行政行为16件，37件依法予以维持，行政复议案件审结后当事人向法院提起行政诉讼案件4件，均被法院维持，未发生行政复议结案后信访案件。办理禹城市政府作为被申请人行政复议案件10件，承办行政应诉案件14件。

第四节　应急管理工作

一、组织机构

2008年1月，禹城成立突发公共事件应急领导小组，负责突发公共事件应急管理工作领导和指挥。同时成立应急管理办公室（为市政府办公室管理正科级事业单位），配备人员4人，承担禹城市政府应急管理日常工作和市政府总值班工作，履行值守应急、信息汇总和综合协调职能。6月，设立自然灾害、事故灾难、公共卫生事件、社会安全事件4个应急领导小组及其办公室，将职责任务落实到单位和人员；明确危险化学品特大安全事故、道路交通突发事件、烟花爆竹突发事件等8个应急救援机构。134个市直单位和53家企业建立应急管理组织机构，明确主要负责人、分管负责人和联系人561人；12个乡镇（街道办、高新区）全部建立应急管理机构，到位人员38人，940个村成立应急管理工作领导小组及其办公室，落实人员2820人。

二、应急队伍和物资

依托消防、电力、自来水、公安等重点部门，成立专业救援队伍19支280人。建立综合性应急队伍20支、2000余人。攀爬、游泳、射击等特殊技能人才50余人。对全市各乡镇、部门进行应急救援队伍登记，应急队伍总人数达3万余人。建立应急物资日常管理、保障供给等制度和应急物资电子档案库，对全市199个单位进行应急物资储备登记。在十里望镇政府建立防汛物资储备仓库，用于储备防汛应急物资。

图20-3-4　禹城市防汛抢险应急演练（2009年摄）

三、应急预案及演练

2008年6月4日，印发《应急预案汇编》，收集1个总体预案和11个专项预案，约18万字。推动各乡镇、部门和企业加快应急预案编制工作，制定并储备预案226个，建立应急预案储备库。其中：总体应急预案1个，专项应急预案11个，乡镇应急预案40个，部门应急预案117个，企业应急预案53个。同年，组织交通局、消防队、公安局等22个部门和企业开展应急演练29次。2009年，举行甲型流感救治、高层建筑火灾逃生及扑救、城区防汛抢险等各类演练30余次，参演人数2000余人。2010年4月，对火灾事故、交通事故、危化品事件、灾害性天气、食品安全等11个专项应急预案进行演练，组织交通、消防、公安等22个部门和企业开展应急演练30余次。10月，对1个总体应急预案、30个单项应急预案和69个单项应急预案及操作手册进行编制修订。

四、应急宣传培训

2008年后，先后编发《应急管理工作动态》（抗震救灾专报）400余期，普及应急管理知识，提高全社会防灾减灾意识。组织消防、民政、安监等部门深入学校、企业等举办专题讲座30余场。针对地震、交通事故、火灾、水灾、化学品泄漏、煤气泄漏等灾情，向群众发放各种宣传材料3万余份。

“应急管理”网页，做到每周更新一次，及时发布信息。开展科普教育进社区、进乡村、进学校、进企业活动，进行安全生产，防治美国白蛾，手足口病，婴儿泌尿系统结石防治，防震自救等知识培训，较大规模培训12次，培训3万余人次，发放应急知识手册、资料2万余份；邀请专家对各乡镇、部门、企业、社区（村）主要负责人、分管安全负责人和突发事件处置一线人员1000余人进行专题培训。

第五节　调研工作

1986—2007年，由禹城县（市）政府办公室秘书科、调研室负责，撰写各类调研报告650余篇，其中130篇进入领导决策研究，225篇被十几家刊物刊用。2007年12月成立调研室，为正科级单位。至2010年，《走循环发展之路，建生态和谐禹城》《发展循环经济建节约社会》等11篇调研报告被《中国市长》《山东政报》等省级以上刊物采用；《两年活动开展情况调查报告》和《关于高新区二次创业调查报告》获德州政府系统优秀调研成果三等奖;《禹城扒鸡行业调查》《关于全市物流产业发展情况调研》等20余篇进入领导决策。

图20-3-5　禹城贸易大厦开展消防应急演练　（2009年摄）

第六节　政务信息

政务信息由政府办公室信息科收集编发，编写《政务信息》上报禹城市政府领导，下发各乡镇政府、市直各单位；每星期天编排《市政府各市长上周主要工作情况》，市委、市政府主要领导；浏览重要网站，编辑《网络信息》和网络帖子反映情况报市政府主要领导参阅；编辑信息向山东省和德州市政府报送；做好市政府门户网站更新、维护和管理，确保政府专网运行正常。

1986—2010年，编发禹城《政务信息》2300期，采用各单位信息2.2万条。编写、上报山东省政府办公厅信息处和德州市府办公室信息科信息1.06万条，被山东省政府办公厅采用156条，德州市政府办公室采用1500条。2003年4月后，通过山东省电子政务办公系统，收转国家、山东省、德州公文6520件，传真电报3180件，更新禹城市政府门户网站各类新闻3610条。编发《网络信息》260期，搜集各类要闻3200条，搜集《贴吧信息》90条。

图20-3-6　禹城市史志工作会议（1998年摄）

第七节　史志工作

禹城县地方史志编纂委员会1982年成立，由县长刘奉昌兼任主任，县直各部门、各乡镇主要负责人任委员，编纂委员会设史志办公室，为县政府直属正科级事业单位。1990年，调整编纂委员会成员，县长为委员会主任，设副主任3名，委员11名。1993年，史志办公室与党史办公室合并，1995年分设，原史志办公室更名为禹城市地方志办公室，编制5人，设副主任2人。此后，地方志编纂委员会先后4次调整。2000年3月，市政府办公室副主任兼任史志办公室主任，由副主任主持日常工作。2008年1月，市政府办公室副主任不再兼任史志办主任，史志办设主任1名，副主任1名，编制7人。

图20-3-7　山东省原史志办副主任王文恒(左二)到禹城指导史志编写工作（2010年摄）

一、县志编纂

（一）新修《禹城县志》。1982—1988年，是新编县志资料征集阶段。举办编写人员培

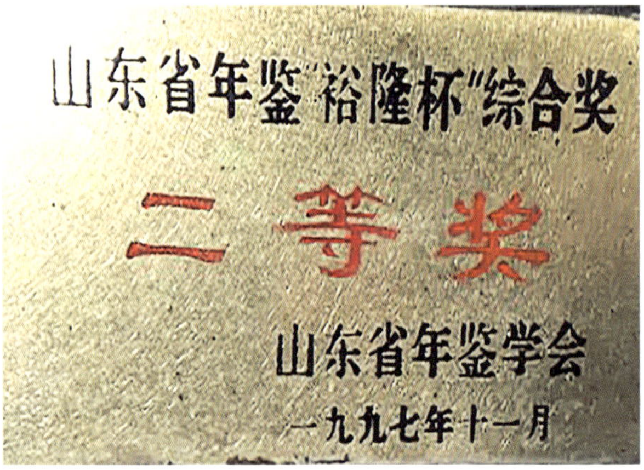

图 20-3-8　荣获山东省年鉴“裕隆杯”综合奖二等奖
（2010 年摄）

训班 4 期，特邀山东省地方志办公室主任刘乾昌授课，培训骨干 100 余人。县志工作人员先后赴乐陵、庆云、齐河、平原、临邑、高唐、茌平、长青、临朐、德州、济南、潍坊、南京、上海、大连、沈阳、北京等地征集核实资料，查阅清朝康熙至民国年间 4 部旧县志。1990 年，山东省、德州市史志办公室在禹城召开《禹城县志》评稿会议，为县志提出修改意见。至 1994 年，向市委、市政府领导、市直各部门和 5 名知情人征求意见 4500 余条。通过编委会论证，对原来篇目先后调整 5 次，重写《改碱》篇，补写《乡镇企业》章，在《民政》篇中补写“婚丧改革”，在《财政税务》篇中补写“税种税率”等，突出禹城特点及特色。1995 年 2 月，由齐鲁出版社出版。

（二）续志。2010 年 8 月，禹城市成立市志编纂委员会，市委书记闫剑波任名誉主任，市长张磊任主任，政协主席张仁庆任常务副主任。28 日，在禹城宾馆会议室召开二轮修志启动及培训会议，成立禹城市二轮修志审查验收委员会。聘请山东省史志办原副主任王文恒任主审，整合市宣传部、文联、广电局、党史、政协文史等部门力量，并聘请 6 位退休人员参加编写工作，从乡镇、科局抽调 4 名年轻精干人员任微机员。2010 年 10 月，编委会成员到河北井陉县学习考察。年底，征集编写资料 300 万字。

二、年鉴编纂

1996 年 3 月，市委、市政府召开《禹城年鉴》（1986—1995 年）编纂工作会议，全市推荐特邀编辑 281 名，举办培训班 3 期，邀请山东省史志办公室副主任孙其海在培训班上讲话，山东省年鉴工作处长张敬忠、编辑温书义、孙春丽进行年鉴编辑业务辅导，提高特邀编辑对年鉴编纂工作的认识和编写水平。1997 年 5 月，由国家方志出版社出版，在山东省年鉴评比中获得综合第三名。是禹城首部年鉴，德州市首部出版的县级年鉴。同年底，编纂《禹城年鉴》（1996—1997 年卷）。后又增补 1998 年禹城市情况，1999 年付梓印刷。

2000 年 10 月，市史志办公室负责起草《关于认真做好〈禹城年鉴〉（1999—2000 年卷）组稿工作通知》，下发到全市各单位。同年底，征集资料 40 余万字，审改稿完成 60% 以上。该书记载禹城建设“三个文明”过程中的情况

图 20-3-9　禹城二轮修志相关人员到河北井陉县学习　（2010 年摄）

和业绩。2002 年 6 月出版。

2006 年 4 月，史志办起草《关于征集 2001—2005 年禹城年鉴资料通知》，年底征集资料上百万字，彩图 100 余幅。2009 年 7 月，付梓出版。2010 年，在全省鉴书评比中获得综合二等奖。

第八节　油区与燃气管理

禹城对油区管理始于 1984 年，具体工作由油区工作办公室负责。1984—2000 年，先后协调油田征占地 455 亩，处理纠纷 456 起，代油田兑现各项赔款 557 万元，在全市各乡镇完成二维地震勘探，三个乡镇完成三维地震勘探，在原辛店、张集两乡镇打出规模油井 80 眼，建柏油路 20 千米，桥涵 25 座。对张集、辛店两乡镇 86 个用油、用电村和企业进行治理整顿，整理混乱线路 6000 米，拆除变压器 16 台，取缔电炼炉 2 台，重新安装用电计量箱 72 个。实施用电审批计量收费，消除私接乱挂现象。破获盗窃原油和器材物资案件 26 起，为国家挽回损失 10 余万元。2001—2010 年，胜利油田在辛店、张集开发油井 37 口，将原来油田供电改为禹城电业部门供电。

燃气管理始于 2001 年，制定《燃气领域抢险应急预案》，各燃气经营企业申报办理燃气企业资质证和燃气经营许可证，签订安全生产责任书，对无证业户依法进行取缔和停业整顿。

2004 年，国家西气东输工程进入禹城，涉及房寺、安仁、市中办、伦镇、辛店、梁家 6 个乡镇 80 个村庄。按国家政策，与有关乡镇和村庄协调，及时进行赔付兑现。4 月，禹城建立外环路段庄门站，成立禹城市管道燃气有限公司。至 2010 年，天然气居民用户达到 2.11 万户，公建用户 109 个，工业用户 10 家，铺设高、中、低压管线 560 余千米，形成南至南外环、石凤街，北至北外环，东至京福高速公路以东齐禹边界，西至房寺镇环状燃气管道管网。定期对天然气用户进行检测，对沿线管道进行严格管理。至 2010 年，查处安全隐患 56 起，取缔非法经营 125 户，停业整顿 5 户。

图 20-3-10　禹城市华润天然气公司客户服务中心（2010 年摄）

第四章　乡镇人民政府

1986 年，禹城县有 19 处乡镇人民政府。2000 年 5 月，乡镇合并后，有 10 处乡镇人民政府，2 处街道办事处。2001 年 2 月增设高新区，2010 年 12 月禹城市有 10 处乡镇人民政府，

1处街道办事处，1个省级高新区。

第一节　机构设置

乡镇人民政府由乡镇人民代表大会选举产生。1986年，乡镇人民政府设乡镇长1人。1993年初，山东省委将禹城列为全省机构改革试点县，同年底，机构改革完成。乡镇政府设正乡镇长1人，副乡镇长3—4人，6个综合性办公室，即党政办公室（包括组织、宣传、统战、纪检、共青团、妇联、老干部、文秘、档案、统计、精神文明等工作）、农业办公室（包括农、林、牧、副、渔和多种经营、农业综合开发及农机、水利行政管理等工作）、经贸办公室（包括乡镇村工业、交通、城建、环保、财政、审计、商品流通、第三产业等工作）、社会事务办公室（包括民政、司法、信访、土地管理、社会治安综合治理等方面工作）、教科文卫办公室（包括科技、科协、文化、广播、教育、体育、卫生等方面工作）、计划生育办公室。农机、农技、农经、林业、畜牧兽医、文化广播、计划生育等单位全部下放，人、财、物划归乡镇管理；教育、卫生下放乡镇管理，其人事和业务指导由上级业务部门管理；工商、税务、法庭、司法、公安派出所等监督执法机构，实行县、乡双重领导，以县主管部门领导为主。2002年3月，乡镇政府设4个办公室，即党政办公室、经济发展办公室（招商办公室）、社会事务管理办公室、科教文卫计划生育办公室。按《禹城市事业单位机构改革实施意见》规定，乡镇事业单位统一规范设置成8个，即农林技术服务站、水利站、文化广播站、计划生育服务站、财政所、土管所、经管站、司法调解中心。2008年9月，乡镇事业单位改设成6个，即农业综合服务站、财政所、水利站、文化广播站、计划生育服务站、司法所（加挂司法服务中心牌子）。

第二节　乡镇工作

1978年以前，乡镇工作主要是贯彻党和政府在农村一系列方针政策，催收、催种、催交征购、兴修水利等。实行家庭联产承包责任制以后，乡镇工作主要放在出河工、收提留、计划生育上。2000年后，乡镇主要工作是“促进经济发展、增加农民收入，强化公共服务、着力改善民生，加强社会管理、维护农村稳定，推进基层民主、促进农村和谐”等4个方面，变“管理农民”为“服务农民”。引导农民走农业产业化道路、科学种田、劳务输出、招商引资、鼓励农民创业、落实党和政府各项惠农政策、实施依法治村、加强农村精神文明建设、建设社会主义新农村等。

第二十一篇

人民政协

中国人民政治协商会议禹城县（市）委员会成立于1981年1月13日（1993年10月8日前，称中国人民政治协商会议禹城县委员会。1993年撤县设市后简称市政协），禹城市政协委员一至三届每届任期为3年，从五届开始每届任期为5年。

禹城市政协牢牢把握团结和民主两大主题，紧紧围绕全市中心工作，认真履行“政治协商、民主监督、参政议政”的基本职能。通过政协提案、考察、视察、专题调研等形式，组织各团体和各界人士参政议政，在全市政治、经济、文化等各个领域建设中发挥重要作用。

第一章　政协委员

第一节　委员产生

市政协每届参加单位、委员名额和人选，依据全国政协《章程》规定，由禹城市政协党组、市委统战部、市委组织部通过协商产生（首届委员由县政协筹备小组确定）。其程序是：由统战部提出委员人数、界别组成、界别人数、中共党员委员与非党委员的比例方案报禹城市委批准。经市委批准后，由统战部把名额分配到各个界别，由各个界别或单位推荐上报，然后由政协党组、统战部、组织部对委员名单协商通过后，经政协主席会议协商讨论，并经上一届政协常委会议通过。每届任期内，按需要经提名协商后可增加或变更委员。

图 21-1-1　禹城市政协委员选举　（2003 年摄）

市政协委员一至三届每届任期 3 年，从五届开始每届任期 5 年。每届届终，市委都要成立政协换届领导小组，具体负责换届事宜。

第一届至第七届政协禹城县（市）委员会会议召开情况统计表

表 21-1-1

届别	时间	委员数（人）	党派				大专以上学历		女委员比例		委员来自界别数
			中共党员		民主党派						
			人数	%	人数	%	人数	%	人数	%	
第一届	1981.1.9	79	28	35.4	—	—	13	16.5	14	17.7	13
第二届	1984.5.13	96	32	33.3	—	—	20	20.8	20	20.8	16
第三届	1987.5.15	140	34	24.3	—	—	26	18.6	29	20.7	14
第四届	1990.3.27	160	62	38.8	—	—	47	29.4	19	11.9	15
第五届	1993.1.9	160	61	38	—	—	37	23	19	11	15

续表 21-1-1

届别	时间	委员数（人）	党派				大专以上学历		女委员比例		委员来自界别数
			中共党员		民主党派						
			人数	%	人数	%	人数	%	人数	%	
第六届	1998.1.18	148	48	31.8	—	—	62	41.9	37	24	17
第七届	2003.1.20	161	59	36.6	—	—	113	70	48	29.8	17
第八届	2007.12.10	185	73	39.5	2	1	140	75	53	28.6	17

第二节　功勋委员

2005 年 1 月，市政协七届三次会议，对评出的 15 名功勋委员进行表彰。功勋委员为：

张建华　刘德平　郭大志　赵章斌
刘奉海　刘玉玲　王灵岩　石丽华
李　艳　杨宪斌　李作正　苏光星
韩在元　昝秀萍　魏友勇

2006 年 2 月，市政协七届四次会议，对评出的 14 名功勋委员进行表彰。功勋委员为：

李新华　王志恒　刘德平　石丽华
张建华　张安国　王俊亭　刘宗文
赵章斌　刘锡鼎　刘奉海　秦吉岩
董　强　边振江

2007 年 2 月，市政协七届五次会议，对评出的 20 名功勋委员进行表彰。功勋委员为：

边振江　张建华　刘德平　郭大志
王俊亭　刘宗文　孙凤云　焦光利
王志恒　王　珉　臧修连　王家军
石丽华　秦吉岩　董　强　刘奉海
李　艳　韩在成　相守民　魏友勇

2007 年 12 月，市政协八届一次会议，对评出的 18 名功勋委员进行表彰。功勋委员为：

张海文　张建华　刘德平　李超来
王俊亭　刘宗文　王志恒　王　珉
臧修连　蔡世峰　李荣祥　董　强
刘奉海　李新华　魏友勇　张培兰
丁立芳　焦光利

2009 年 2 月，市政协八届二次会议（双百活动先进个人），对评出的 30 名先进个人进行表彰。先进个人为：

程少博　张建华　王　珉　高秀珍
臧修连　陈炳新　刘开明　韩　瑞
杨　欣　张海文　林立明　司　勇
刘奉海　韩在武　王德坤　霍光生
李荣祥　邢　娟　南慧清　王彩华
魏连营　孙晓艳　贾长辉　尚秀清
马秀霞　丁建广　黄淑芹　姜士峰
米广梅　王其东

2010 年 2 月，市政协八届三次会议（双十佳功勋委员），对评出的 20 名双十佳功勋委员进行表彰。双十佳功勋委员为：

王　珉　王彩华　马希增　马秀华
马秀霞　司　勇　张风光　张海文
尚秀清　相　静　南惠霞　高秀珍
贾长辉　程少博　黄淑琴　彭兴文
韩培俊　焦光利　霍光生　魏连营

第二章　政协会议

第一节　全体会议

市政协全体会议每年召开一次。会议主要议程是：听取并审议市政协常委会工作报告和提案工作报告；列席禹城县（市）人大全体会议，听取并审议政府工作报告和其他报告；通过有关决议；进行选举事项。历届市政协全体会议情况见下表：

政协禹城县（市）委员会全体会议一览表

表 21-2-1

届次		时间	应到委员（人）	实到委员（人）	主要内容	备注
第一届	第一次会议	1981.1.9—13	79	76	1. 列席县人大八届一次会议，听取并讨论县府工作报告及其他报告；2. 听取并讨论县委副书记程金亭讲话；3. 听取提案审查情况报告；4. 选举程金亭为县政协主席，邵承顺、丁文诗、廖石印、杨梦伯为副主席，同时选举产生常务委员 15 名	—
第一届	第二次会议	1982.4.26—29	83	69	1. 听取并审议县政协常委会工作报告；听取并审议提案审查报告；2. 列席县人大八届二次会议，听取并讨论县政府工作报告及其他报告；3. 听取并审议提案处理情况报告；4. 增选董益三为县政协副主席；5. 审议并通过本次会议提案审查情况的报告	其间增补委员 5 名
第一届	第三次会议	1983.1.10—13	82	63	1. 学习《宪法》；2. 学习《政协章程》；3. 列席县人大八届三次会议，听取并讨论县政府工作报告及其他报告；4. 听取并审议县政协常委会工作报告；5. 听取并审议县政协常委会提案处理情况的报告	—
第一届	第四次会议	1983.12.26—28	81	74	1. 听取并审议县政协常委会工作报告；2. 列席人大八届四次会议，听取并讨论县政府工作报告及其他报告。3. 听取并审议关于一届三次会议以来县政协常委会提案处理情况的报告；4. 审议并通过本次会议提案审查情况的报告	—

续表 21-2-1

届次		时间	应到委员（人）	实到委员（人）	主要内容	备注
第二届	第一次会议	1984.5.13—18	96	89	1. 列席县人大九届一次会议，听取并讨论县政府工作报告和其他报告；2. 听取并审议县政协常委会工作报告；3. 选举胡玉兴为县政协主席，邵承顺、丁文诗、杨梦伯、李瑞泉、靳景廉为副主席，同时选举常务委员 17 名；4. 通过政协县第二届委员会第一次会议《决议》	—
	第二次会议	1985.5.21—23	95	90	1. 听取并审议县政协常委会工作报告；2. 听取并审议县政协二届一次会议后提案处理情况报告；3. 列席县人大九届二次会议，听取并讨论县政府工作报告和其他报告；4. 通过政协县第二届委员会二次会议的政治决议和其他决议	—
	第三次会议	1986.3.29—4.2	96	73	1. 听取和审议县政协常委会工作报告；2. 审议县政协二届二次会议后委员提案办理情况的报告；3. 列席县人大九届三次会议，听取并讨论县政府工作报告和其他报告；4. 通过县政协二届三次会议政治决议及其他决议	—
第三届	第一次会议	1987.5.15—19	140	133	1. 听取和审议县政协常委会工作报告；2. 听取并审议县政协关于提案办理情况的报告；3. 列席县人大十届一次会议，听取和讨论县政府工作报告和其他有关报告；4. 选举李朝荣为县政协主席，夏廷智、靳景廉、杨梦伯、李瑞泉为副主席，同时选举产生常务委员 21 名；5. 通过三届一次会议提案审查委员会关于提案审查情况的报告；6. 通过大会政治决议和其他决议	—
	第二次会议	1988.1.5—7	141	135	1. 听取和审议县政协常委会工作报告；2. 审议县政协三届一次会议后提案办理情况的报告；3. 列席县人大十届二次会议，听取并讨论县政府工作报告和其他报告；4. 确认俞文浩为县政协第三届委员会副主席；5. 通过大会决议及有关决议	—
	第三次会议	1989.4.27—30	159	150	1. 听取并审议县政协常委会工作报告；2. 听取和审议县政协三届二次会议后提案办理情况的报告；3. 列席县人大十届三次会议，听取并讨论县政府工作报告及其他报告；4. 会议通过大会决议及其他决议	—

续表 21-2-1

届次		时间	应到委员（人）	实到委员（人）	主要内容	备注
第四届	第一次会议	1990.3.27—31	160	153	1. 听取并审议县政协常委会工作报告；2. 听取并审议关于三届三次会议后提案工作情况报告；3. 列席县人大十一届一次会议，听取并讨论县政府工作报告和其他报告；4. 选举李朝荣为县政协第四届委员会主席，夏廷智、杨梦伯、李瑞泉、俞文浩、尹承乾、李春明（女）为县政协副主席，同时选举出常务委员 24 名；5. 通过大会政治决议及其他决议	—
	第二次会议	1991.3.31—4.2	164	160	1. 听取并审议县政协常委会工作报告；2. 听取并审议县政协四届一次会议后提案情况处理的报告；3. 列席县人大十一届二次会议，听取并讨论县政府工作报告及其他报告；4. 通过大会政治决议及其他决议	—
	第三次会议	1992.3.28—31	164	159	1. 听取和审议县政协常委会工作报告；2. 听取并审议县政协四届二次会议后提案工作的报告；3. 列席县人大十一届三次会议，听取并讨论县政府工作报告和其他报告	—
第五届	第一次会议	1993.1.9—12	160	153	1. 听取并审议县政协常委会工作报告；2. 听取并审议县政协四届三次会议后提案工作情况报告；3. 列席县人大十二届一次会议，听取并讨论县政府工作报告和其他报告；4. 选举孙思东为县政协主席，夏廷智、廖石印、杨梦伯、李瑞泉、尹承乾为县政协副主席，选举产生常务委员 22 人	—
	第二次会议	1994.3.27—30	160	155	1. 听取并审议市政协常委会工作报告；2. 听取并审议市政协常委会五届一次会议后提案处理情况的报告；3. 列席市人大十二届三次会议，听取并讨论市政府工作报告及其他报告；4. 确认李春明为市政协副主席	1993 年 10 月 18 日中国人民政治协商会议禹城县委员会更名为中国人民政治协商会议禹城市委员会，禹城县政协主席、副主席、常务委员、委员，相应成为禹城市政协主席、副主席、常务委员、委员

续表 21-2-1

届次		时间	应到委员（人）	实到委员（人）	主要内容	备注
第五届	第三次会议	1995.3.25—28	164	158	1. 听取并审议市政协常委会工作报告；2. 听取并审议市政协五届二次会议后提案工作报告；3. 列席市人大十二届四次会议，听取并讨论市政府工作报告和其他报告；4. 增选政协常务委员一名；5. 通过政协第五届三次会议决议	1995年3月23日政协第五届禹城市常务委员会第十次会议通过增设“禹城市工商联合会”委员界别，该界共有委员2名。增补政协委员4名
	第四次会议	1996.2.27—3.1	169	160	1. 听取并审议市政协常委会工作报告；2. 听取并审议市政协常委会提案工作报告；3. 学习《邓小平建设有中国特色社会主义理论学习纲要》《关于政治协商、民主监督、参政议政的规定》；4. 列席市人大十二届五次会议，听取并讨论市政府工作报告和其他报告；5. 增选杨秀英（女）、苗建东、徐建华（女）为市政协副主席，同时增选常务委员1名	—
	第五次会议	1997.2.13—16	168	160	1. 听取并审议市政协常委会工作报告；2. 听取并审议市政协常委会提案工作报告；3. 列席市人大十二届六次会议，听取并讨论市政府工作报告及其他报告；4. 通过大会决议及其他决议	—
第六届	第一次会议	1998.1.18—22	148	140	1. 听取并审议市政协常委会工作报告；2. 听取并审议市政协提案工作报告；3. 列席市人大十三届一次会议，听取并讨论市政府工作报告及其他报告；4. 选举孙思东为市政协主席，夏廷智、杨秀英、徐建华、祁秀兰、段昭基、史好文为副主席，选举出常务委员23名；5. 通过大会决议及其他决议	—
	第二次会议	1999.1.14—15	181	167	1. 听取并审议市政协常委会工作报告；2. 听取并审议市政协常委会提案工作报告；3. 列席市人大十三届二次会议，听取并讨论市政府工作报告及其他报告；4. 通过大会决议及其他决议	—
	第三次会议	2000.1.10—12	184	175	1. 听取并审议市政协常委会工作报告；2. 听取并审议市政协提案工作报告；3. 列席市人大十三届三次会议，听取并讨论市政府工作报告及其他报告；4. 通过大会决议及其他决议	—

续表 21-2-1

届次		时间	应到委员（人）	实到委员（人）	主要内容	备注
第六届	第四次会议	2001.3.1—3	185	173	1. 听取并审议市政协常委会工作报告；2. 听取并审议市政协提案工作报告；3. 列席市人大十三届四次会议，听取并讨论市政府工作报告及其他报告；4. 增选张仁新为市政协副主席；5. 通过大会决议及其他决议	—
	第五次会议	2002.1.29—31	187	180	1. 听取并审议市政协常委会工作报告；2. 听取并审议市政协提案工作报告；3. 列席市人大十三届五次会议，听取并讨论市政府工作报告及其他报告；4. 增选侯春兰、刘锡潜为市政协副主席；5. 通过大会决议及其他决议	—
第七届	第一次会议	2003.1.20—22	161	158	1. 听取并审议市政协常委会工作报告；2. 听取并审议市政协提案工作报告；3. 列席市人大十四届一次会议，听取并讨论市政府工作报告及其他报告；4. 选举贾桂凤同志为市政协主席，张仁新、徐建华、崔学祥、段昭基、史好文、侯春兰为市政协副主席，选举产生常务委员 20 名	—
	第二次会议	2004.2.2—4	174	167	1. 听取并审议市政协常委会工作报告；2. 听取并审议市政协常委会提案工作报告；3. 列席市人大十四届二次会议，听取并讨论市政府工作报告及其他报告；4. 审议通过市政协七届二次会议提案审查情况的报告；5. 选举市政协秘书长；6. 通过大会决议及其他决议	增补委员 10 名，免去委员 7 名
	第三次会议	2005.1.19—21	172	162	1. 听取并审议市政协常委会工作报告；2. 听取并审议市政协常委会提案工作报告；3. 列席市人大十四届三次会议，听取并讨论市政府工作报告及其他报告；4. 表彰功勋委员 15 名，颁发奖杯和证书	增补委员 12 名，免去委员 12 名。
	第四次会议	2006.2.13—15	174	165	1. 听取并审议市政协常委会工作报告；2. 听取并审议市政协常委会提案工作报告；3. 列席市人大十四届四次会议，听取并讨论市政府工作报告及其他报告；4. 增选李冠峰为市政协副主席；5. 表彰功勋委员 14 名	—
	第五次会议	2007.2.7—9	174	168	1. 听取并审议市政协常委会工作报告；2. 听取并审议市政协提案工作报告；3. 列席市人大十四届五次会议，听取并讨论市政府工作报告及其他报告；4. 增选张仁庆同志为市政协副主席；5. 表彰功勋委员 20 名	—

续表 21-2-1

届次		时间	应到委员（人）	实到委员（人）	主要内容	备注
第八届	第一次会议	2007.12.10—13	185	178	1. 听取并审议市政协常委会工作报告；2. 听取并审议市政协提案工作报告；3. 列席市人大十五届一次会议，听取并讨论市政府工作报告及其他报告；4. 选举张仁庆为市政协主席，李冠峰、刘红梅、贺丰田、高富全、孙凤云、李艳为市政协副主席；5. 表彰功勋委员 18 名	2007.7.27 增补 2 名政协委员，免去 1 名政协委员
	第二次会议	2009.2.19—20	198	189	1. 听取并审议市政协常委会工作报告 2. 听取并审议市政协常委会提案工作报告；3. 列席市人大十五届二次会议，听取并讨论市政府工作报告及其他报告；4. 表彰“双百”活动先进个人 30 名，优秀提案 10 件	—
	第三次会议	2010.2.1—3	207	195	1. 听取并审议市政协常委会工作报告；2. 听取并审议市政协常委会提案工作报告；3. 列席市人大十五届三次会议，听取并讨论市政府工作报告及其他报告；4. 表彰功勋委员 20 名	—

第二节　常委会议

一、第二届常委会

禹城县第二届常委会（1984 年 2 月—1987 年 5 月），其间召开常委会议 15 次。重要的会议有：第三次常委会议任命各工作组组长和副组长。第十次常委会议通过县政协 1985 年工作总结和 1986 年工作要点。第十二次常委会议调研农业结构调整和部分国有企业改革情况。

二、第三届常委会

禹城县政协第三届常委会（1987 年 5 月—1990 年 3 月），其间召开常委会议 14 次。重要会议有：第一次常委会议通过常委会职权及各项制度、人事任免事项。第九次常委会议通过在乡镇设立县政协联络组和在机关设立学习、提案和文史资料三个科的决定，并通过人事任免事项。第十三次常委会议决定增设文教卫生、社会法制和经济科技科，撤销学习科，并通过人事任免事项。

三、第四届常委会

禹城县政协第四届常委会（1990 年 3 月—1993 年 1 月），其间召开常委会议 13 次。重要会议有：第三次常委会议通过《县政协乡镇联络组工作条例》。第四次常委会议通过设立提案、经济科技、文教卫生、社会联谊、文史资料五个专门委员会，专委会下设办公室及县政协乡镇联络组改为县政协乡镇工作委员会的决定。

四、第五届常委会

禹城县（市）政协第五届常委会（1993 年 1 月—1998 年 1 月），其间召开常委会议 24 次。重要会议有：第一次常委会议通过《政协禹城县委员会常务委员会工作规则》。第四次常委会议通过《关于撤县设市后县政协及所属机构更名及对外办公时间的决定》和《关于撤县设市后禹城市政协届次按禹城县政协届次顺延的决定》。第七次常委会议作出《召开政协委员为发展禹城经济参政议政大会决定》。第二十三次常委会议通过《政协禹城市委员会关于学习贯彻十五大精神的决议》。

五、第六届常委会

禹城市政协第六届常委会（1998 年 1 月—2003 年 1 月），其间召开常委会议 21 次。重要会议有：第一次常委会议通过市政协《关于加强常务委员会自身建设的若干规定》。第三次常委会议通过《关于认真落实市委决策，全力推进全市个体私营经济快速发展的决定》。第十一次常委会议视察农业结构调整情况，听取市领导《关于全市农业发展情况的通报》。第十六次常委会议组织学习 WTO 知识。第十九次常委会议调研高新技术开发区和城市建设工作情况。

六、第七届常委会

禹城市政协第七届常委会(2003 年 1 月—2007 年 12 月)，其间召开常委会议 20 次。重要会议有：第二次常委会议视察市林业生产和高新区新上项目建设情况。第七次常委会议通过《关于表彰优秀提案和先进承办单位的决定》。第十一次常委会议调研润田化工、大禹龙神酒业有限公司、环宇集团、绿健生物科技有限公司和鲁银集团等企业的安全生产情况。第十九次常委会议调研全市教育和学校安全工作。

七、第八届常委会

禹城市政协第八届常委会（2007 年 12 月—2011 年 12 月），至 2010 年底召开常委会议 13 次。重要会议有：第一次常委会议通过《关于专门委员会设置变动的决定》《委员守则》《"功勋委员"评选办法》。第二次常委会议通过《政协禹城市委员会专门委员会通则》和《市政协关于加强委员管理的意见》。第三次常委会议通过禹城市政协《关于深入开展"三民"走访活动、反映社情民意信息的意见》。第八次常委会议通过《关于积极投身"重大项目建设年"和"城乡建设改造年"活动的决议》。第九次常委会议通过禹城市政协委员企业家联谊会组成人员名单和"双十佳"功勋委员候选人名单。第十三次常委会议调研教育工作。

第三节　主席会议

图 21-2-1　禹城市政协视察组视察全市安全生产工作　(2007 年摄)

一、第二届主席会议

禹城市政协第二届委员会（1984 年 2 月—1987 年 5 月），其间召开主席会议 19 次。重要会议有：第一次主席会议传达省地统战工作会议精神。第六次主席会议传达学习《中共中央关于经济体制改革的决定》。第十次主席会议研究制定《政协机关工作人员工作、学习制度》。第十七次主席会议传达山东省、市、县政协工作座谈会精神。

二、第三届主席会议

禹城市政协第三届委员会

（1987年5月—1990年3月），其间召开主席会议17次。重要会议有：第五次主席会议协商讨论县政协机构设置及在乡镇设立联络组的有关事项。第七次主席会议学习邓小平在接见首都戒严部队军以上干部时的讲话，并研究贯彻意见。第十四次主席会议学习十三届五中全会精神。

三、第四届主席会议

禹城市政协第四届委员会（1990年3月—1993年1月），其间召开主席会议17次。重要会议有：第一次主席会议研究拟定《政协禹城县委员会常务委员会工作规则》。第十一次主席会议传达学习中共中央十三届八中全会精神。第十六次政协会议讨论通过《对全县深化改革、扩大开放和发展经济的意见和建议》。

四、第五届主席会议

禹城市政协第五届委员会（1993年1月—1998年1月），其间召开主席会议28次。重要会议有：第四次主席会议研究拟定《关于撤县设市后县政协及所属机构更名和对外办公时间的决定》。第七次主席会议听取关于"政协委员为发展禹城经济参政议政大会"筹备情况的报告。第十五次主席会议酝酿讨论关于禹城市政协乡镇工作委员会改为乡镇政协联络室的决定及有关人事任免事项。

五、第六届主席会议

禹城市政协第六届委员会（1998年1月—2003年1月），其间召开主席会议23次。重要会议有：第四次主席会议讨论拟定《关于认真落实市委决策，全力推进全市个体私营经济快速发展的决定》。第十次主席会议通报市政协党组"三讲"情况，听取党外副主席对"三讲"整改情况的意见。

六、第七届主席会议

禹城市政协第七届委员会（2003年1月—2007年12月），其间召开主席会议22次。重要会议有：第七次主席会议讨论拟定《关于表彰优秀提案和先进承办单位的决定》。第十一次主席会议传达全市经济工作会议精神。

七、第八届主席会议

禹城市政协第八届委员会(2007年12月—2011年12月)，至2010年底，召开主席会议13次。重要会议：第一次主席会议听取各专委会办公室工作汇报。第五次主席会议研究部署开展"双百"活动工作。第六次主席会议部署在政协机关开展学习实践科学发展观活动有关情况。第九次主席会议讨论酝酿全市政协委员企业家联谊会组成人员名单和"双十佳"功勋委员候选人名单。

1986—2010年禹城历届政协主席、副主席任期情况表

表21-2-2

届 次	职 务	姓 名	任 期
第三届	主 席	李朝荣	1987.5—1990.3
	副主席	夏廷智	1987.5—1990.3
		靳景谦	1987.5—1990.3
		杨梦伯	1987.5—1990.3
		李瑞泉	1987.5—1990.3
		俞文浩	1987.10—1990.3

续表 21-2-2

届　次	职　务	姓　名	任　期
第四届	主　席	李朝荣	1990.3—1993.1
	副主席	夏廷智	1990.3—1993.1
		杨梦伯	1990.3—1993.1
		李瑞泉	1990.3—1993.1
		俞文浩	1990.3—1993.1
		尹承乾	1990.3—1993.1
		李春明（女，满族）	1990.3—1993.1
第五届	主　席	孙思东	1993.1—1998.1
	副主席	夏廷智	1993.1—1998.1
		廖石印	1993.1—1998.1
		杨梦伯	1993.1—1996.3
		李瑞泉	1993.1—1998.1
		尹承乾	1993.1—1998.1
		李春明（女，满族）	1993.5—1996.3
		杨秀英（女）	1996.3—1998.1
		徐建华（女）	1996.3—1998.1
		苗建东	1996.3—1998.1
第六届	主　席	孙思东	1998.1—2003.1
	副主席	夏廷智	1998.1—2003.1
		张仁新	2001.3—2003.1
		杨秀英（女）	1998.1—2003.1
		徐建华（女，无党派）	1998.1—2003.1
		祁秀兰（女）	1998.1—2003.1
		段昭基（无党派）	1998.1—2003.1
		史好文（无党派）	1998.1—2003.1
		侯春兰（女）	2002.1—2003.1
		刘锡潜	2002.1—2003.1

续表 21-2-2

届　次	职　务	姓　名	任　期
第七届	主　席	贾桂凤（女）	2003.1—2007.12
	副主席	张仁庆	2007.2—2007.12
		张仁新	2003.1—2006.2
		徐建华（女，无党派）	2003.1—2007.12
		崔学祥	2003.1—2007.2
		段昭基（无党派）	2003.1—2007.12
		史好文（无党派）	2003.1—2007.12
		侯春兰（女）	2003.1—2007.12
		刘锡潜	2004.2—2007.12
		李冠峰	2006.2—2007.12
第八届	主　席	张仁庆	2007.12—
	副主席	李冠峰	2007.12—
		刘红梅（女，致公党）	2007.12—
		贺丰田	2007.12—
		高富全	2007.12—
		孙凤云（女，民盟）	2007.12—
		李　艳（女，无党派）	2007.12—

1986—2010年禹城历届政协常务委员名录

表 21-2-3

届　次	常　务　委　员
第三届	马春阳　王泉波　王俊亭（女）　仉万生　尹承乾　田成林　田成海　刘成绩　刘宜东　刘郅隆　刘恒修　李汉林　李成华　李学义　李春明　李德胜　杨梦伯　张洪山　范茂岭　胡文增　侯春兰（女）　廖石印
第四届	马占华　王圣华　王泉波　王俊亭（女）　仉万升　田成林　邢仁春　刘成绩　刘连禧　刘宜东　刘致隆　刘锡潜　孙兆坤　孙秀凤（女）　李天生　李成福　李学义　毕秀珍（女）　张致举　邵清泽　宣兆礼　贺书琪　郭宝泉　廖石印
第五届	马占华　马存合　王俊亭（女）　仉万升　史好文　卢家升　冯元诺　邢仁春　关静华（女）　刘连禧　刘宜东　刘炳新　毕秀珍（女）　李天生　宋志连　张致举　张德龙　宣兆礼　贺书琪　贺宗臣　徐建华（女）　唐凤祥
第六届	马占华　王方坤　王绍坤　王海勇　王俊亭（女）　卢家升　吕学平　关静华（女）　李　艳（女）　杨圣华　杨业华　张致举　陈　康（女）　陈秀江　宋敬才　房培军　相守恩　赵树才　费廷才　宣兆礼　秦士平　唐凤祥　韩振国

续表 21-2-2

届　次	常　务　委　员
第七届	王家军　王振威　刘玉玲（女）　吴丰礼　李　艳（女）　李超来　李静华（女）　陈秀江　张金波　杨宪斌　周　蕾（女）　尚秀清（女）　相守恩　费廷才　秦庆文　梁金福　焦光利　韩立春　韩汝河　韩在成（回族）
第八届	王家军　卢　莹（女）　司　勇　孙秀芹（女）　杨奉涛　李荣祥　李超来　宋恩路　陈丽娟（女）　陈秀江　陈学政　南慧清　赵忠祥　谈　彦（女）　梁金福　韩立春　韩在武（回族）　董伟博　焦光利
第九届	张仁庆　岳彩龙　齐长平　梁金福　李超来　焦光利　王家军　南慧清　卢　莹（女）　陈丽娟（女）　司　勇　邱树广　张拥军（女）　刘玉玲（女）　张　峰　许胜虎　李　涛　周汉威　李付敏　高伟伟（女）　孔令军　王彩华（女）　刘洪生　刘长英　王玉宝　安树勇　王　滨　仲伟大　霍春亮　张建军　陈　伟（回族）

注：本名录为每届第一次全体会议选举产生的常务委员。

第三章　机构

第一节　市级政协机构

1981 年，政协成立时同时设立政协办公室。1983 年 3 月，设立学习科、提案科、文史资料科。1989 年 12 月，增设文教卫生科、经济科技科、社会法制科，撤销学习科。

1990 年 12 月 15 日，分别设立提案、经济科技、文教卫生、社会联谊、文史资料 5 个委员会，委员会下设办公室，各科同时撤销。

1998 年 4 月 1 日，增设学习宣传委员会，并下设办公室。

2007 年 12 月 21 日，各专门委员会调整为文史学习宣传委员会、提案委员会、经济委员会、社会法制联谊委员会、教科文卫体委员会，并下设办公室。

第二节　乡镇政协机构

1989 年 3 月 18 日，设立政协禹城县委员会乡镇联络组。

1990 年 12 月 15 日，禹城县政协各乡镇政协联络组改设为政协乡镇工作委员会。

1996 年 1 月，各乡镇政协工作委员会改设为政协乡镇联络室。

2002 年 3 月，各乡镇政协联络室撤销。

2008 年 3 月 3 日，增补各乡镇、街道办、高新区党（工）委 1 名副书记为政协委员，负责本乡镇政协联络工作。

第四章　职责

第一节　政治协商

一、完善政治协商制度

（一）对口协商制度

1981年1月，中国人民政治协商会议禹城县委员会成立。县政协认真履行"政治协商、民主监督、参政议政"职能，对一些重大课题及群众关心的热点、难点问题，通过政协专门委员会，与市委、市政府有关职能部门进行联系协商。职能部门不断参加政协活动，认真听取委员建议，达到广集民智、科学决策的目的。2007年后，市委、市政府和市政协先后制定有关规范政治协商的一系列规定和条例，通过定期召开联席会议、组织调研视察、召开专题研讨会、举办论证会和意见听取会等形式进行协商，促进协商质量不断提高。

图21-4-1　禹城市政协视察组到乡镇调研　（2008年摄）

（二）提案办理制度

市政协先后修订完善《关于提案工作的意见》《关于委员提案处理的暂行办法》《关于提案征集和处理办法》《提案工作试行条例》，拓宽提案办理新形式：1. 实施"一号提案"工程。规定"一号提案"由政协主席包案，市长亲自办案。2. 组织承办单位和委员召开提案办理沟通协调会和公开答复会；对带有普遍性、群众性、社会性提案，由承办单位领导面对面直接听取提案人意见和直接公开进行答复。3. 分级视察督办提案。选择部分有代表性、典型性提案由主席、常委、委员分别包案进行调查督办。

（三）民主监督制度

禹城市政协成立之初，民主监督主要通过组织委员视察、检查、评议、委员提案、委员举报等形式，向市委、市政府提出批评和建议来实现。探索民主监督方法，强化民主监督方式方法，针对影响全局工作问题进行监督，针对生活中敏感问题进行监督，监督形式、监督内容、监督力度都有较大发展。1989年，政协三届十二次常委会通过《政协禹城县委员会关于加强政治协商、民主监督的暂行规定》；1990年，县委制定下发《关于进一步发挥人民政协政治协商、民主监督作用的意见》，民主监督进一步制度化、规范化。市政协每年组织委员对全市执纪执法部门进行民主评议，2008 年 7 月，组织委员对劳动和社会保障局、卫生局进行专项评议。八届政协期间 40 余名政协委员被 10 个行政执法部门聘为行风监督员，5 名委员特邀担任保障房分配现场监督员。

二、重大事项协商

（一）协商经济发展规划

1992 年 6 月 29 日，县政协四届十四次常委会议听取县委副书记、县长赵志录关于禹城县深化改革扩大开放的构想和经济发展规划与措施的情况介绍，常委们进行讨论，提出尽快制定开发区优惠政策、吸引外地厂商到禹投资、建立长远人才培养开发计划等意见建议。

（二）协商企业股份制改革

1994 年 3 月 31 日，市政协召开五届六次常委会议，市委书记赵志录和市委副书记、副市长王在泉到会并介绍诸城市推行企业股份制经验和禹城市推行股份制思路、措施以及准备工作情况。

（三）协商“十五”计划纲要

2001 年 2 月 16 日，市政协召开六届十三次常委会议，听取市委关于《禹城市“十五”计划纲要》情况说明，常委们提出意见建议并得到采纳。

（四）协商乡镇企业发展规划

1984 年 9 月 4 日，县政协召开二届三次常委会议，就《乡镇企业发展规划》进行专题协商，委员们提出加强计划指导和市场调节相结合、放宽税收政策、取消乡镇企业经营范围限制、培养各类技术人次的建议，得到采纳和落实。

（五）协商城建工作

1989 年 12 月 7 日，县政协召开三届十三次常委会议，县政法委书记、分管城建工作的县委常委秦吉升和建委负责人到会，就禹城县三年内城建工作要解决的十个问题作说明，并征求意见建议。常委们一致认为，城建工作走统一管理、统一建设、综合治理、综合开发的路子是科学的、长远的，是禹城县经济发展需要，并就如何落实发展规划提出建议。

（六）协商企业改革工作

1991 年 12 月 13 日，县政协召开四届八次常委会议，听取县政府领导关于禹城县机械厂和热电厂的企业改革设想，委员们对企业改革工作表示满意，就进一步做好企业改革工作提出意见和建议。

图 21-4-2　德州市政协视察组调研禹城企业发展　（2009 年摄）

（七）协商“三农”工作

1993 年 9 月 14 日，县政协召开五届三次会议，听取副县长刘宗生关于三农工作情况的通报，就下一步三农工作征求意见。委员们提出如下建议：一是要建立和完善农业生产服务体系，增加农业生产服务项目，二是要发展高效农业，应重视种植、养殖、销售和深加工，提高产品附加值。

图 21-4-3　禹城市政协组织调研社区建设工作　（2009 年摄）

（八）协商社会保障工作

2002 年 9 月 30 日，市政协召开六届二十次常委会议，就完善社会保障体系进行专题协商。听取市劳动和社会保障局局长周兴勇关于社会保障工作情况及今后工作计划的通报，提出扩大征缴面、规范养老金发放、制定社会保障工作发展长期规划等建议。

（九）协商高新区发展工作

2004 年 8 月 9 日，市政协召开七届七次常委会议，就高新区发展工作进行专题协商。委员们提出提高高新区入园门槛，对技术含量低、高污染、不符合国家产业政策项目坚决拒之门外；对项目用地进行整合，优化配置，该收回的收回，该整改的限期整改；加大对支柱产业扶持力度。

（十）协商新农合工作

2008 年 2 月 29 日，市政协召开八届二次常委会议，就新农合工作进行专题协商。听取市卫生局局长韩在平关于新农合工作开展情况的通报，就如何做好该项工作征求意见和建议。委员们提出扩大药品报销范围、提高额度、规范资金使用等建议。

第二节　民主监督

一、调研

1983 年 5 月 19 日，县政协组织部分政协委员到城关、梁家、张庄、房寺、善集、石屯、伦镇等八个公社的部分生产队和专业户，调研农业生产和多种经营。

1988 年 4 月 28 日，县政协组织委员视察沙河洼、辛店洼，听取兰州沙漠所和南京地理所专家关于“两洼”治理前后情况介绍，副县长高宪春通报禹城县“一片三洼”综合治理情况和主要经验及今后打算。

1991 年 5 月 28 日，县政协组织部分委员调研廿里堡砖瓦厂、来凤乡田辛棉纺厂、禹城镇制革厂、北街植物油厂和 502 粘合剂厂，乡镇企业局局长刘金玉通报禹城县乡镇企业发展情况。农民要致富奔小康，发展乡镇企业是必由之路，提出健全规章制度、加强职工培训、制定优惠政策、培育发展典型等建议。

1994 年 12 月 9 日，市政协组织部分委员视察禹王立交桥、解放路南段、胜利街、人民公园和如意巷西段工程建设情况，听取副市长李光德对城建工作情况的通报。委员们建议，要进一步加快城市详细规划设计，加强对城市开发建设和城区环境的治理。

2002 年 5 月 20 日，市政协组织部分委员调研禹王豆粕厂、坤华工业园、新源热电厂、通裕集团扩建项目、富华街工地，听取副市长王圣华关于工业、高新区建设工作情况的通报。提出加快高新区基础设施建设、进一步完善规划等意见建议。

2006 年 3 月 23 日，市政协组织部分委员到安仁、伦镇、市中办调研林网建设、村庄绿化工作，听取副市长刘洪贵关于春季林业视察情况的通报。提出林业生产要因地制宜，突出特色，注重树种多样化，发展林间经济等建议。

2008年6月6日，市政协组织部分委员实地调研市中办便民服务中心、市立医院、徒骇河大桥改造工程、十里望卫生院、十里望乡文化场所建设，听取市委常委、副市长刘东顺关于民生建设“十件实事”进展情况的通报。

图21-4-4　禹城市政协领导在市公安局调研　（2009年摄）

二、检查

2009年4月，市政协督导检查市中办、高新区、十里望、张庄、梁家、辛店等乡镇及高新区手足口病防控，每个乡镇选取1-2个幼儿园、1所卫生院、1所小学、1个村进行现场督促检查。

提出严格执行“三清一消毒”，切断传染源；加强幼儿园、学校晨检和消毒工作；举办有卫生院工作人员、幼儿园教师、乡镇干部职工参加的培训班，请专业人员集中培训，提高防控意识和能力；加大宣传力度，做到全民动员，全力以赴，打赢防控工作攻坚战的意见建议。

三、评议

2001年8月，市政协组织委员对全市14个执法行政单位和12个综合服务部门进行民主评议，就存在问题提出相应改进意见和建议。

2009年11月，市政协组织60多名政协委员，对列入禹城全市《2009年度目标考核奖惩办法》的70个市直部门和26个驻禹单位通过填写评议票形式进行民主评议。

图21-4-5　山东省政协调研组在禹城调研　（2010年摄）

第三节　参政议政

一、助推个体私营经济发展

1998年9月17日，市政协召开六届三次常委会议，审议通过《禹城市政协关于认真落实市委决议，全力推动全市

图 21-4-6　禹城市政协领导走访社区　（2009 年摄）

个体私营经济快速发展的决定》。

二、开展“五个一”活动

在全市政协委员中深入开展引进一个项目，促成一项交流，传递一条信息，写一份调研报告，办一件实事等“五个一”活动。

三、“三民”走访活动

2008 年 3 月 6 日，禹城市政协制定《关于深入开展“三民”走访活动反映社情民意信息的意见》，将驻禹各级政协委员划分 18 个委员小组，建立健全委员走访档案。协助党委政府化解矛盾、理顺情绪，做好宣传政策、解疑释惑工作。组织委员“三民”（察民情、听民意、解民忧）走访 1812 人次，走访基层群众 1820 人，提出意见建议 915 条。

四、“两个建设年”活动

2009 年 3 月 13 日，市政协八届八次常委会议通过《关于积极投身“重大项目建设年”和“城乡建设改造年”活动的决议》。要求广大政协委员立足本职，积极投身两个建设年活动，把促进“两个建设年”活动取得实效作为围绕中心、服务大局的具体行动，积极开展调研视察、建言献策，把各方面力量和智慧引导到两个建设年活动上来，为全市重大项目建设和城乡建设改造作出贡献。

第五章　政协提案

政协提案是政协的参加单位和委员向政协全体会议或常务委员会提出的，经提案委员会审查立案会交付有关单位办理的书面意见和建议。它是政协行使政治协商、民主监督和参政议政职能的一个重要方面；是参加政协党派、团体和政协委员为社会主义现代化建设和祖国统一大业献计出力，完善中国共产党领导的多党合作制度的一种重要方式；是协助中国共产党和人民政府加强与各族各界人士的联系，实现决策民主化、科学化的重要渠道。

政协提案工作是指依据有关规定提出提案、收集整理、审查处理、交办并督促落实的全过程。

第一节　提案征集

1981 年 1 月 9 日，县政协一届一次会议成立提案审查委员会，主要负责提案审查工作，并向全会提交提案审查情况报告。每届政协全委会召开前期，提案委员会通过组织委员培训、专题学习、视察讨论帮助委员知情明政，引导委员围绕禹城县（市）大局、社会热点难点问题书写提案。

第二节　提案办理

第一届县政协期间，征集提案412件，立案412件。提案所提问题已经解决或正在解决的369件，有待请示研究或留作参考的36件；不能办的7件。第二届县政协期间，征集提案167件，立案165件。提案所提问题已经解决或正在解决的127件，有待请示研究或留作参考的30件；不能办的8件。第三届县政协期间，县政协九次常委会议设立提案科，县政协下发《提案工作试行条例》，对提案的提出、审查、办理以及答复的格式、时间都作明确规定和要求，使委员提案、承办单位办理提案都有章可循。本届征集提案174件，立案174件。办复率达100%。提案所提问题已经解决或正在解决的124件，有待请示研究或留作参考的35件；不能办的15件。第四届县政协期间，成立提案委员会。县政协制定下发《政协禹城县委员会提案工作意见》。政协四届二次会议后，将委员提案改为政协提案，由过去单一的委员提案发展为包括人民团体和政协专门委员会等集体提案，拓宽提案渠道。制定立案标准，分层次处理提案，提案工作逐步规范化、制度化。征集提案232件，立案206件。办复率达100%。提案所提问题已经解决或正在解决的186件，有待请示研究或留作参考的15件；不能办的5件。本届开始征询提案者对提案办理情况的意见，从反馈意见看，绝大部分委员对提案办理情况表示满意或基本满意。第五届市政协期间，征集提案299件，经审查立案244件，办复率100%，采纳率达55%，征询意见满意率98%。第六届市政协期间，征集政协提案282件，立案235件。提案所提问题已经解决或正在解决的205件，有待请示研究或留作参考的18件；不能办的12件。第七届市政协期间，提出提案423件，经审查立案400件。收到的提案和立案总量分别比上届增加85%和89%。提案所提问题已经解决或正在解决的360件，有待请示研究或留作参考的35件；不能办的5件。第八届市政协提案，至八届三次会议，收到提案305件，立案294件。已经解决的264件；因条件限制或其他原因只能以后研究解决的30件。从反馈情况看，书面答复率和面复率达到100%，委员满意率达99%。

图21-5-1　禹城市政协考察组调研提案办理工作情况　（2008年摄）

第三节　优秀提案

2009年2月，八届二次会议期间，市政协对2008年度优秀提案者表彰奖励。评选出10件优秀提案、16名优秀提案者。分别是施晓林、李克文、窦光朋《关于建立功能糖生物企业联合会》、董明海《在乡镇建立新农合咨询室》、刘梅《提高城市形象，维护市内环境》、陈立娟《确保全市沼气池建设又好又快》、李清泉《解决中小企业贷款难问题》、焦光利《全市应举办大禹文化节》、周汉威、杨香慧、邢庆智、李纯志、黄淑琴《为繁荣城乡经济，重新改造张梁路》、李超来《应逐步建立企业职工工资增长机制》、聂忠才《关于解决引黄水问题》、王燕《整治市区路面损坏严重的道路》。

第六章　文史工作

第一节　编辑《禹城文史资料》

禹城市政协自第一届委员会始，编辑《禹城文史资料》，至2010年年底，出版13辑约118万字。资料内容涉及政治、军事、社会、经济、教育、文化、卫生、人物各个领域，从不同侧面、不同角度记述禹城历史上的重大事件和风俗人物，具有重要的史料价值。

第二节　编纂《禹城市政协志》

2002年12月，禹城市政协编纂出版《禹城市政协志》。分四章：机构及其职能、会议、政协委员、主要工作；约27万字。客观全面记述禹城县（市）政协1981—2002年各项工作及人事变动情况。

第二十二篇

人民团体

1986—2010年，禹城市的社会团体充分发挥群众团体组织的职能作用，服务社会，服务群众，在生产生活中的作用越来越大。

1986年，禹城县专职工会干部82人，党政机关和乡镇党政机关先后建立工会组织。共青团组织进一步壮大，至2010年底，全市基层团委28个，基层团支部977个，团员2.7万人。妇联通过积极推荐女干部、举办各种竞赛活动、进行大力宣传等方式积极开展活动，推动全市妇女工作稳步前进。1994年，禹城市工商联第五届会员代表大会召开，宣布恢复建立禹城工商业联合会。至2010年底，高新区和禹城市11个乡（镇）、街道全部建立商会组织。禹城市残疾人联合会于2005年5月成立，承担禹城市人民政府残疾人事业指导、协调等工作，并开展各项残疾人帮扶工作。2009年10月，禹城市文学艺术界联合会正式成立。市红十字会积极开展救灾、救助、救护工作，建立红十字会特色救助项目，成立志愿者队伍，开展“5.8”世界红十字日宣传活动。全市红十字会事业有较大发展。

第一章 工会

1986年，禹城县专职工会干部82人，1987年，增加到103人。1988年，禹城县总工会被山东省总工会授予先进集体称号。1989—1990年，县直党政机关和乡镇党政机关先后建立工会组织。1993年，在市直党政机关机构改革中24个行政科局工会干部全部保留，各级工会干部纳入同级党政干部管理序列。1996年，全市19处乡镇全部建立工会工作委员会，21家乡镇企业、2家外商投资企业建立工会组织。2005年9月，通裕集团被授予全国“双爱双评”先进企业荣誉称号。至2010年年底，全市基层工会委员会869个，涵盖法人单位2690个，会员80567人。

第一节 代表大会

一、禹城县工会第六次代表大会

1991年12月5—6日，禹城县工会第六次代表大会在县招待所召开。大会正式代表235人，特邀代表4人。大会审议通过县工会五届委员会工作报告及其他报告。选举产生由25人组成禹城县总工会第六届执行委员会和9人组成常务委员会，祁秀兰为总工会主席。

二、禹城市工会第七次代表大会

1999年4月15日，禹城市工会第七次代表大会在禹皇城宾馆召开。大会正式代表216人，列席代表10人。大会审议通过《高举邓小平理论伟大旗帜，团结动员禹城全市职工为实现跨世纪宏伟目标而努力奋斗》工作报告及其他报告。选举产生由29人组成市总工会第七届执行委员会和9人组成常务委员会，侯春兰为总工会主席，市总工会第七届经费审查委员会委员5人。

三、禹城市工会第八次代表大会

2006年4月28日，禹城市工会第八次代表大会在禹城宾馆召开，大会正式代表206人。大会通过《围绕大局，履行职责，团结动员全市职工为实现“十一五”规划而努力奋斗》工作报告及其他报告。选举产生由33人组成市总工会第八届执行委员会和13人组成常务委员会，蔡光华为总工会主席，市总工会第八届经费审查委员会委员7人，市总工会第八届女职工委员会委员7人。

图22-1-1 禹城市工会第八次代表大会（2006年摄）

第二节 主要活动

一、维护职工权益

1986—1990年，各级工会重点抓安全生产、职工劳动保护监督检查等工作。1992年，建立职工经济监督委员会和职工物价监督检查站。制订《企业内部分配公开意见》。

1996—2000年，全面推行平等协商签订集体合同制度。1996年，建立平等协商签订集体合同工作协调小组，市总工会与劳动局、经贸委联合下发《关于在企业中建立平等协商签订集体合同意见》，并实行目标责任制，到1996年底，全市58家企业签订集体合同，共建基层劳动调解委员会134个。至1999年，全市签订集体合同企业99家。至2000年，全市签订集体合同数达102家。其中签订区域性集体合同12个，覆盖企业1003家，行业性集体合同2个，覆盖企业32家。

2001年后，在各乡镇（街道）推行区域性集体合同过程中，市总工会摸索出一套“合同加协议”工作模式，有效地解决区域性集体合同履行兑现难问题。该工作模式于2002年被中华全国总工会收录进《中国工运年鉴》。2003年，全市签订集体合同104份。禹城市总工会被评为山东省“全省集体合同工作先进单位”。

2006年，市总工会建立与政府联席会议制度和劳动关系三方协商机制，全市签订区域性集体合同12个、覆盖企业1826家，签订行业性集体合同2个、覆盖企业32家，区域性劳动争议调解组织12个。全市企业集体合同建制率达到100%，合同履约率和职工满意率达到90%以上。2008年，禹城市总工会制订下发《禹城市劳动关系和谐企业评选意见》，开展“劳动关系和谐企业”创建活动。2009年，市委办公室转发市总工会《关于深入开展劳动关系和谐企业创建活动实施意见》，11月6日，禹城市龙力生物科技有限公司通过山东省劳动关系和谐企业考核验收，公司董事长程少博被中华全国总工会评为全国知识型职工先进个人。2010年，以德州市总工会确立“建高地、创和谐、做贡献”和“建高地、抓维权、促发展”活动为载体，开展“和谐企业创建”活动，通裕集团工会获得“全国模范职工之家”称号；鲁银集团等4家企业被评为德州市“和谐企业”。5月17日，迎接全国区域性职代会建制调研活动，中华全国总工会调研组对禹城市工会工作给予充分肯定。至2010年年底，禹城市3家企业获“山东省劳动关系和谐企业”称号，20家企业获“德州市劳动关系和谐企业”称号。

二、参与民主管理

1986—1988年，建立民主协商对话制度。1989—1991年，制订职代会、工代会申报制度。1992—1993年，总工会参与有关企业改革政

图22-1-2 大禹建工公司工会会员代表大会 （2002年摄）

策制订，与经委联合制订《企业民主管理工作报告和通报制度办法》。

1996年，禹城市三家省级集团工会主席进入董事会、监事会，两家股份制改制企业工会主席参加董事会，并由职工推选一定数量职工代表参加监事会。1997年8月，兴禹化工集团作为“全国百家依靠职工办企业”先进单位，在全国总工会和山东省总工会召开全心全意依靠职工办企业经验交流会上交流经验。同时禹城市总工会制订《关于进一步加强企业民主管理实施意见》。在全市企业中开展“培养人、尊重人、关心人，把企业办成职工之家”活动，全市51家市属企业全部建立职代会制度，达到应建数100%。1999年，光大电力集团建立民主管理委员会，以班组为单位设立民管小组，健全完善工会三级民主管理组织，成为企业先行试点单位。至2000年，全市51家国有企业和国有控股企业、集体和集体控股企业全面实行厂务公开，38家事业单位全部实行政务、局务公开，公开推行率达到100%。

2005年年底，禹城市4个单位被德州市总工会命名为创新型职代会，7个单位被命名为进取型职代会，28个单位被命名为先进型职代会。禹城光大电力集团、禹城一中、禹城网通公司等基层工会被评为省级先进“职工之家”。2002年，禹城一中被评为山东省校务公开工作先进单位。

2006年，1826家企业建立工会组织，71.5%建立以职代会为主要内容民主管理制度。2007年，借鉴ISO9000标准，国有、集体及其控股企业、事业单位职代会、厂务公开建制率均达到100%，非公有制企业达到80%以上。2008年，中华全国总工会副主席孙宝树到禹城调研厂务公开民主管理工作，对禹城工会工作给予充分肯定。2009年，通裕集团被山东省总工会评为全心全意依靠职工办企业先进集体。法人代表司兴奎被评为先进个人。

三、职工教育

1986—1990年，各级工会在禹城县广大职工中开展“忆十年、话改革”主题教育及“三教双学”活动，全县90%以上职工参与学习教育。

1991—1995年，开展“爱党、爱国、爱社会主义系列教育活动”，宣传好人好事及模范人物事迹，激发职工的奉献精神和主人翁觉悟。市总工会先后举办首届职工艺术节文体活动、“庆七一”文化夜市和“党在我心中”职工演讲比赛。

1992年，举办学习班、培训班和测试答卷等活动，宣传《中华人民共和国工会法》。1994年，组织“改革、发展、稳定与工人阶级”大讨论，通过举办演讲比赛、征文知识竞赛、文艺演唱会等形式，吸引广大职工踊跃参加。1995年，开展以《中华人民共和国劳动法》

图22-1-3　禹城市工会干部培训班（2006年摄）

《十七个配套法规》为主要内容宣传教育活动，组织全市职工参加《中华人民共和国劳动法》知识竞赛。

1996—2000 年，开展以“讲职业道德、做文明职工”为主要内容的职工教育系列活动。1996 年，组织“奔向二十一世纪万名职工环城跑”活动。1998 年，开展“争创五星级职工”活动，开展迎“七一”中共十五大报告与竞赛答题活动，与市委宣传部联合组织“为党增辉、为企业争光”演讲报告会，并在禹城全市工会组织中开展“学、忆、话、迎”知识竞赛活动。各基层工会举办各类培训班 420 多期，培训职工 4.6 万人次。

2001—2005 年，开展“讲职业道德、做文明职工”、《中华人民共和国工会法》宣传、“创建学习型组织，争做知识型职工”等活动。2005 年年底，开展“做名师、带高徒”等职工培训、技术比武等集中活动 300 多场次，13000 多名职工参与活动。

2006 年，开展廉政文化进企业、“八荣八耻”主题教育，组织推荐美术、书法、摄影作品，参加山东省和德州市工会系统书画展，四幅作品获山东省“五一文化奖”优秀作品奖；“五一”“十一”期间组织《五月颂歌》糖城广场职工文艺汇演、《十月颂歌》职工歌咏大赛等活动；建立并开通禹城工会网站。2007 年，市委将每月 18 日确定为“工会活动日”，每月活动日市工会开展职工活动 100 多场（次），职工参与率达到 90% 以上，《工人日报》《山东工人报》等媒体先后给予报道。与宣传部、文化局联合举办“文化进企业、与职工心连心”职工文艺大联欢，万余名职工参加联欢活动。组织“三新”演讲报告会和大型演唱会，参与职工达到 5000 多人（次）。同年，职工文艺汇演获山东省“五一”文化奖一等奖。2008 年，开展以“大学习、大培训、大提高、大发展”为主题学习培训活动，600 多名工会干部参加培训。“五一”期间举办“迎奥运盛会、创文明城市”企业职工大合唱活动和情系灾区职工书画笔会。7 月，在工人文化宫举办消夏电影放映月活动。8 月，在市工人文化宫举办首届职工文化艺术周。11 月，举办首届全市青工联谊会、第二届“相约糖城、幸福人生”大型青工联谊会。2010 年，“三八”前夕，组织开展 10 场女职工健康知识讲座，1000 多名女职工听取讲座。组织第二届职工文化艺术周和第三届青工联谊会。同年，保龄宝公司荣获“全国职工教育示范点”和“全国职工书屋示范点”称号。

图 22-1-4　禹城市《五月颂歌》糖城广场职工文艺汇演　（2006 年摄）

四、职工技术创新

1986 年，开展争创“先进班组”和“跨行业优质服务竞赛”“兴禹杯”“富民兴禹杯”“禹城工人风采杯”“四创四降”等多种形式劳动竞赛，开展合理化建议、技术革新、发明创造等活动。在竞赛活动中，禹城县总工会培养推广 81 个典型，推动劳动竞赛向纵深发展，使劳动竞赛由过去单纯注意产品、产量，向注意质量、技术、效益方面转变，竞赛方式逐步形成县里抓重点、行业抓特点、企业抓难点局面。

1996年，在全市组织开展职工技术比武活动和“四创四降”劳动竞赛活动，表彰98名市级五星级职工，市文明委表彰十名“十佳文明职工”。1998年，下发《一九九八年职工劳动竞赛意见》，在全市深入开展“三杯二创”竞赛活动，年底，市总工会被山东省劳动竞赛委员会评为“跨世纪建强省劳动竞赛先进单位”。在开展争创“五星级职工”活动中，市总工会推出《五星级全员激励管理法》，被市委、市政府列入“九五”发展规划。1999年，市总工会被德州市总工会评为“劳动竞赛组织工作先进集体”，环境卫生管理所职工邱平利被评为山东省“十佳职工”，热电厂李振双荣获“山东省先进女职工”称号。至2000年，全市职工提合理化建议14595条，被采用4892条，实现技术革新109项，创经济效益6000多万元，评选五星级职工2822人次，四星级职工13600人次。

2001—2005年，在全市开展 “群众性经济技术创新工程”活动。至2005年，禹城市实现科技创新成果54项，其中46项经济技术创新成果获得德州市群众性经济技术创新成果奖，环宇集团职工李克文“固定化异构酶生产果葡糖浆”获得山东省群众性经济技术创新科技成果奖。职工提合理化建议17900余条，被采纳实施8200余条，创经济效益8000多万元。

2006年，市总工会组织企业2000多名职工参加禹城市技术比武竞赛活动，优秀选手参加德州市“职工技术大比武”。2007年，开展“百场技能大比武、万名职工大练兵”活动和“三新”演讲报告会，参与职工达到5000多人（次）。2008年，禹城市总工会联合市劳动局、团市委、市妇联举办禹城市第一届职业技能大赛，全市33家企业180名技工参加比赛。2009年，与市劳动和社会保障局联合举办“科技学院杯”第二届职工技能大赛，55家企业306名选手参加比赛。同年，市总工会开展“实现新崛起、建设新德州、争当新功臣”活动，2010年，组织广大职工开展“识大体、顾大局、当主人、做贡献”主题教育和“比进度、赛质量、建精品、创一流”立功竞赛活动；围绕招商引资，在全市工会干部和广大职工中广泛开展“写一封信、打一个电话、发一份传真、邀请一名客商、招一个项目、引一笔资金”“六个一”活动，全年工会开展各类竞赛活动500多场次。

五、劳模评选与管理

1989年，召开振兴禹城先进工作者表彰大会，全县100名先进工作者受到表彰。1990年，县总工会组织评选新中国成立以来第一批职工劳动模范37名。1995年，市委、市政府表彰100名“禹城市劳动模范”。1986—1995年，先后评选出德州市级劳动模范27人、先进班组2个。获山东省总工会富民兴鲁劳动奖章6人，获山东省总工会劳动奖状的集体2个，获省级劳动模范8人。

1997年，市委、市政府表彰66名禹城市劳模，组织召开劳模代表座谈会，先后在电台和电视台开辟《奉献者之歌》和《劳模风采录》专题栏目。20名离退休劳模落实荣誉津贴。1998年，5人被授予德州市劳动模范称号，2人被授予山东省劳动模范称号。1999年，1人获“富民兴鲁”劳动奖章，山东光大电力集团获“富民兴德”劳动奖状。2000年，刘锡潜被评为全国劳动模范。

2001年，1人获“富民兴鲁”劳动奖章。2002年，1人获“富民兴鲁”劳动奖章，5人被授予德州市劳动模范荣誉称号，3个单位荣获德州市“富民兴德”劳动奖状，2个单位荣获“富民兴德先进班组”称号。2003年，1人被评为山东省劳动模范。

图 22-1-5　禹城市领导接见山东省“富民兴鲁”劳动奖章获得者　（2004 年摄）

2004 年，1 人获“富民兴鲁”劳动奖章，6 位同志被评为德州市劳动模范。2005 年，王富勇被评为全国劳动模范，1 人获“富民兴鲁”劳动奖章。市总工会对 27 名困难劳模进行帮扶救助，为 8 位退休劳模办理荣誉津贴。

2006 年，全市有 1 人获山东省“富民兴鲁”劳动奖章，11 人获德州市劳模，51 人获禹城市劳模。2007 年，筹集资金 6 万元对全市 314 名劳模进行健康查体。同年，5 人荣获山东省“富民兴鲁”劳动奖章。2008 年 11 月，举办“学习实践科学发展观”劳模事迹报告会。蔡光华被评为“全国优秀工会工作者”并被人力资源和社会保障部、中华全国总工会授予“全国工会系统先进工作者”荣誉称号。同年，2 人荣获山东省劳动模范、8 人荣获德州市劳动模范、8 人荣获德州市“五一劳动奖章”、1 个集体荣获德州市“五一”劳动奖状。2009 年，“五一”期间，市委对 30 名禹城市劳动模范进行大会表彰，并召开劳动模范座谈会，40 名劳模参会。2010 年，冯玉珍获得全国劳模，1 人获得山东省“富民兴鲁”劳动奖章，8 人获得德州市劳模，11 人获得德州市“五一”劳动奖章，4 个单位获德州市“五一”劳动奖状。

六、送温暖工程

1986—1993 年，通过建立职工互助储金会和提供就业、技术信息服务，帮助困难职工兴办家庭副业、小手工业，增加经济收入，解决家庭困难。1995 年，开展向特困企业贫困职工募捐活动，全市 75 个单位捐款近 12 万元，对 4 家特困企业 558 户贫困职工实施救助。

1996—1999 年，市总工会为特困职工建立档案，多方筹集救济金，总计 98.5 万元，对 2003 户特困职工进行救助，946 名下岗职工实现再就业。先后对 18 名考上大学的困难职工子女进行 2.3 万元救助，接待处理职工来信来访 10 余件。

图 22-1-6　禹城市总工会负责人到工地慰问　（2008 年摄）

2001—2005年，各级工会发放送温暖资金300多万元，救助困难职工1万多人（次）。为46名困难职工子女上大学提供资助5万元，为下岗职工提供职业介绍1200多人（次），接待职工来访500多人（次）。

图22-1-7　禹城市总工会助学金发放仪式（2010年摄）

2006年，市总工会增设农民工窗口，在房寺镇、十里望回族乡等8个乡镇建立困难职工帮扶站。夏季为农民工发放防暑物品2万余元。2007年，市总工会加大帮扶中心建设投入，帮扶资金每年都保持在20万元以上。培训下岗职工和农民工500多人（次）、安置就业260人（次）。2006—2007年，为20名困难职工子女提供助学资助4.4万元，筹集款物97万元，春节资助4097户困难职工，减免困难职工医疗费5万多元，培养树立创业带头人10名及示范点6个，接待处理职工来访案件140件（次）。2007年，市帮扶中心荣获山东省“全省先进困难职工帮扶中心”称号。

2008—2009年初，为4265名困难职工发放救助款物111.6万元。为困难职工提供救助21.5万元。2009年，向特殊学校学生捐赠价值5000元棉褥100套，与市技工学校联合培训职工520余人。2010年春节期间，对2216名困难职工救助59万元，对20名困难职工实施大病救助2万元，对12名困难职工子女大学生资助1.4万元。

第二章　青少年组织

2010年，全市青年13.6万人，其中团员2.7万人。基层团委28个，基层团支部977个。禹城团市委机关下设办公室、组织部、宣传部、学少部、城市青年部、农村青年工作部、权益部、统战部，在职人员5人。

第一节　代表大会

一、共青团禹城县委第十二次代表大会

1988年3月30日—4月1日，中国共产主义青年团禹城县委第十二次代表大会在禹城县委招待所召开，与会代表305余人，县委副书记王文和向大会致辞，会议审议并通过侯春兰所做题为《团结带领全县青年振奋精神，勇于开拓，艰苦奋斗，为振兴禹城县贡献青春》工作报告。十二次代表大会选举产生共青团禹城县委第十二次委员会委员32人，候补委员5人，侯春兰当选为团委书记。

二、共青团禹城县委第十三次代表大会

1991年4月19—20日，中国共产主义青年团禹城县委第十三次代表大会在县委招待所召开，与会代表306余人，县委副书记张恒勤向大会致辞，会议审议并通过王圣华代表第十二届共青团禹城县委员会所做《团结带领全县青年振奋精神，鼓足干劲，开拓创新，为全县政治经济发展而努力奋斗》工作报告。十三次代表大会选举产生共青团禹城县委第十三次委员会委员29人，候补委员4人，王圣华当选为团委书记。

三、共青团禹城市委第十四次代表大会

1994年5月16—17日，中国共产主义青年团禹城市委第十四次代表大会在市委招待所召开，与会代表246余人，王在泉向大会做重要讲话，会议审议并通过宋士忠所做题为《团结带领全市青年振奋精神，鼓足干劲，勇于开拓，为促进全市经济建设和社会发展而奋斗》工作报告。十四次代表大会选举产生共青团禹城县委第十四次委员会委员29人，候补委员4人，宋士忠当选团委书记。

四、共青团禹城市委第十五次代表大会

2010年12月1日，中国共产主义青年团禹城市委第十五次代表大会在禹城宾馆中心礼堂召开，与会代表213名，市委书记闫剑波做重要讲话，市人大常委会主任傅斌厚、市政协主席张仁庆，市委副书记何连生、市政府副市长李宗奎等领导出席开幕式，市总工会主席蔡光华致贺词，十五次代表大会选举产生共青团禹城市委第十五次委员会委员32人，候补委员2人，李士勇当选团委书记。

第二节　青少年教育

自1986年，禹城团县（市）委实施“思想政治、科学文化、文明道德”为内容青少年素质建设工程，开展青少年才艺展演、团员重温入团誓词、关注孩子心灵成长、十八岁成人仪式系列主题教育，举办乡村、校园青少年文化节等活动，先后1万人（次）青年志愿者参加美化城镇、便民利民、义务献血、扶贫助困、宣传教育等志愿服务。2004年5月，团市委邀请山东省青年干部管理学院副教授、山东省青少年研究所所长张华就“全面提高青年综合素质，迎接知识经济挑战”作专题报告。2002—2004年，组织军事、北京科技、红色之旅夏令营活动，500多名城乡青少年参加活动。2005年，国税局城区分局、保龄宝公司发酵车间被评为全国青年文明号，32个单位被评为省市级青年文明号，青年文明号与下岗青工结成帮扶对子160多个，帮扶342名下岗青工再就业。2010年，先后开展志愿服务、百名优秀护绿小卫士评选、希望工程救助、参观市经济成就展、革命传统教育巡回报告会等活动，培养青少

图22-2-1　共青团禹城市第十五次代表大会（2010年摄）

年服务社会、热爱祖国、热爱人民的意识。至2010年年底，先后评选出2个国家级青年文明号、8个省级青年文明号、33个德州市级青年文明号单位，切实践行“诚信为本、有诺必践、恪尽职守、率先垂范”文明号信用公约。

第三节　青年经济活动

自1986年，全县（市）先后建立禹城市青年人才交流中心、青春创业技能培训基地和农村青年中心，在禹城市报、电视台开辟“青春创业者专栏”，深入企业、各类中介服务机构寻求就业用工信息，了解用工情况，确定就业岗位。举办青春创业技能培训班27期，培训青年5000余人，就业率达90%以上。输出劳务8000多人，1200多名青年走上就业创业岗位。团中央《团情快报》刊发禹城依托青年中心开展青年转移就业工作情况。建立中农润田公司、龙力公司等3处学士后流动站，并参加山东省学士后流动站专场招聘会，82名大学生到站交流。以培养现代农业青年人才为目标，建立56处“农村青年技能培训基地”、青年科技示范基地和农村青年经济合作组织（团体），建立9处农村青年中心。全市培养青年“星火”带头人、青年农业产业化带头人、青年工商业带头人6000余人。2004年8月7日，山东省青年中心现场会与会人员到禹城参观青年中心。2005年，十里望回族乡徐庄村青年牛秀珍被评为全国青年“星火”带头人。各级团组织积极引导青工由体力奉献型向知识效益型转变，组织青工开展科技攻关、技术比武、劳动竞赛和创建企业文化活动，为企业造就一批优秀技术骨干和管理人才。至2010年，近120余名个人（集体）获得“省市青年岗位能手”“青年岗位标兵”“青年科技创新能手”“青年创新创效先进个人（集体）”等荣誉称号。

第四节　希望工程

1994年，在全市实施希望工程，成立希望工程办公室，广泛开展募捐活动。市五大班子领导成员每人捐款300元，全市有124个单位，7万名党团员、干部、群众为希望工程捐款42万元。接受来自全国、全省及德州地区希望工程救助款20余万元。团中央领导李克强、赵实、袁纯清、姜大明、舒乙、山东省委书记赵志浩、省长李春亭及6位副省长都在禹城结对救助失学少年，共救助473名失学少年重返校园，建成希望小学两所，援建袁营中学和来凤乡小学，为4所乡镇学校配备体育器材。团市委被团省委、山东省青少年事业发展基金会授予“希望工程建设奖”荣誉称号。1995年5月，被德州市希望工程领导小组授予“希望工程功勋奖”“希望工程爱心奖”。是德州市获奖

图22-2-2　禹城团市委组织青年志愿者服务队（2008年摄）

最多的县（市）。1996年，下拨助学金12余万元，救助失学儿童59名，在房寺希望小学、伦镇牌子小学建起希望书库。同年初，在全市开展“希望工程爱心储蓄”活动，完成55万元的爱心储蓄任务，被共青团德州市委授予“希望工程爱心储蓄活动先进单位”荣誉称号。1998年，凤凰家具厂、傻小二扒鸡有限公司、自来水公司等单位和个人共为希望工程捐款8000元，救助13名特困生，为实验小学等8所学校购买书籍。在广大团员青年中开展希望工程志愿者劝募行动，募得捐款2000余元；为45名下岗困难职工未成年子女发放特别助学金9000元。1999年开展希望工程邮政、邮资纪念明信片发行工作，发售明信片7000套，为希望工程募集资金17000元。组织开展希望工程学生征文活动，收到征文120余篇，被授予“工行杯”德州市希望工程学生征文活动组织奖。1999—2000年，共发放救助金11000余元，救助45名失学少年重返校园，为3名困难学生一次性发放救助金3000元；全市有2名受助生分别被评为“山东省十佳受助学生”“山东省优秀受救助生”，1名受助生获得鲁能希望之星奖励基金。2002年，上海市浦东新区财政局无偿捐助禹城市希望工程摩托车10辆，电暖器20台，电话100部，羊毛衫1000件，衬衫1000件。2001—2005年，全市共结对救助1477名困难学生，资助贫困大学生42名，累计发放助学金30万元，在市中街道办事处杨河套村投资20万元援建希望小学1所。2010年，联系龙力公司、福田公司、移动公司等企业共同救助贫困学生23名，资助金额8万余元。在房寺镇瓜张村捐资20万元援建希望小学1所。

第五节 关心下一代

2005年4月，禹城市成立关心一下代工作委员会，办公室设在团市委，市关工委遵循“培育‘四有’新人，构建和谐社会”的工作宗旨，广泛开展具有时代性、针对性的活动，利用植树节、清明节、五四、六一等节日、纪念日，组织开展学雷锋、送温暖、扶贫帮困等志愿服务、社会实践活动，举办《青春大舞台》青少年才艺展演、庆“六一”联欢会、校园文化节及十八岁成人仪式、重温入团誓词、“老少互动、双向关爱”等主题教育活动，引导青少年从培养良好道德品质和文明行为做起，牢固树立心中有祖国、心中有集体、心中有他人的意识。在市报开辟“关注未来，孕育希望”关心下一代工作专栏，录制《托起明天的太阳》关心下一代工作专题片，举办《托起明天的太阳》文艺晚会。先后在禹王亭博物馆、禹城一中、市经济社会发展成就展厅、山东龙力生物科技有限公司等单位，建立禹城市关心下一代工作爱国主义教育基地、科学文化教育基地、经济社会发展教育基地、科学技术教育基地等20余个教育基地，为青少年教育实践提供了场所。市委制定下发《关于进一步加强关心下一代工作的意见》等文件，为工作开展提供政策依据，将关工委工作经费列入财政预算，在市委办公室和市政府办公室开设专户，保障关工委工作活动需要。各乡镇（街道办、高新区）机关、企事业单位相继成立关工委和关工委顾问委员会，分别由分管政工的党政负责人担任主任。同时，在全市村村建立关工委，初步形成市、乡、村三级关工委组织网络。

第三章　妇女联合会

禹城市妇女联合会下设办公室、组织部、宣传部、权益部、儿童部、发展部6个部室，工作人员6人。其中主席1人，副主席2人，妇儿工委办公室设在妇联。管理11个乡镇、街道办事处妇联，高新区妇联，382个社区（村）妇代会主任，56个党政机关教科文卫妇委会和87个企业女职工委员会。

第一节　妇女代表大会

1986年9月16—18日，在县文化馆召开禹城县妇女第十次代表大会。出席这次大会代表334人，会议审议通过祁秀兰所做《坚持改革，奋发自强，开创全县妇女运动新局面》报告，选举产生十届执行委员会，执委33人。大会选举祁秀兰为县妇联主任。

1991年5月11—12日，在县委招待所召开禹城县妇女第十一次代表大会。大会代表258人，会议审议通过侯春兰所做《全县妇女团结起来，为振兴禹城经济，实现“七五”计划努力奋斗》报告，选举产生35人组成十一届执行委员会。大会选举侯春兰为县妇联主任。

2003年3月6日，在禹城宾馆召开禹城市妇女第十二次代表大会。出席这次大会代表206人，会议通过金秀芬所做题为《与时俱进，开拓创新，动员全市妇女为建设小康禹城而努力奋斗》的报告，选举产生23人组成十二届执行委员会，大会选举金秀芬为市妇联主席。

第二节　主要活动

一、维权工作

自1986年，县（市）妇联协调司法、法院等部门成立妇女法律援助中心、家庭暴力致伤鉴定中心等网络机构，实现妇女工作维权社会化；开展争创“优秀妇女维权岗”活动。在全市范围内建立10多个维权岗，为广大妇女儿童提供法律服务；认真做好信访工作。按“分级负责，归口管理”原则，健全市、乡两级妇联法律服务中心，建立健全信访网络，畅通妇女上访、投诉渠道，妥善解决各种矛盾纠纷。认真接待来信来访，工作中做到“四心”：热心、细心、耐心、关心，并设立主席接待日，设置检举电话，定期处理重大信访案件。接待来信来访260件次，结案率达98%以上；广泛普及法律知识。组织妇女学习《中华人民共和国宪法》《中华人民共和国婚姻法》《中华人民共和国继承法》《中华人民共和国妇女权益保障法》等法律法规，加大普法宣传力度。各级妇女组织举办法律培训班80余期，培养法律宣传骨干5000余人。2008年，邀请德州市公安局领导到禹城市进行“五五”普法知识讲座，参加培训人员200余人，在全市范围内发放《德州市妇女“五五”普法实用读本》1100册。

二、妇女教育

2003年4月，市妇联组织“科技帮扶手拉手”活动，开辟“专家讲坛”栏目，讲授科技知识，将农技知识简报、专家问答等有关技术资料打印成明白纸发给学员。2007年3月，

图 22-3-1　德州市妇联调研组到禹城调研 （2005 年摄）

开展送科技下乡活动。组织“巾帼科技服务队”，聘请有关专家，深入农村种植、养殖专业户，到集市开展，为广大农民群众讲科技、解疑难、发放科技书籍和科技明白纸等送科技上门活动，提高农民科学技术水平。至 2009 年，赶科技大集 24 次，发放科技资料 1.5 万份，科技咨询人数达千余人。2010 年年底，全市农函校学员达 7869 名，女农民技术员 5298 名。以妇女为主科技示范户 2300 个，掌握 2—3 门实用技术妇女达到 5 万多人。

三、岗位建功与岗位竞赛

2009 年 2 月 19 日，全市妇联向全市妇女发出“建设新禹城、巾帼创新业”倡议，激励广大妇女提高素质，争先创优、岗位建功，岗位成才。同年，德信羊绒公司获得“山东省妇女创业见习基地”荣誉称号。2010 年，禹城市妇联与劳动局联合举办“科技学院杯”劳动技能大赛，24 名女能手获奖。年底在莒镇乡举办农村劳动力转移技能培训班，200 名妇女掌握草柳编工艺加工。

四、五好家庭

先后评选出 3 处和谐家庭创评示范乡镇，60 个示范村。2007 年，禹城市妇联开展以扬文明新风、建和谐家庭为主题的“十佳好媳妇、十佳好婆婆、十佳五好家庭”争创活动，并为被评为好媳妇、好婆婆、五好家庭颁奖。2008 年“三八”期间，举办“庆三八、迎奥运”表彰暨联欢会。在房寺镇邢店村开展“情暖母亲，爱润春蕾”活动，救助该村 5 名贫困母亲，发放救助金 1 万余元。“八一”前夕，召开“好军嫂”“优秀兵妈妈”表彰座谈会，表彰 10 名“好军嫂”、10 名“优秀兵妈妈”。召开“情暖母亲”座谈会，为 10 名贫困母亲发放救助金 2 万元。2008 年，《中国妇女报》以“禹城妇女月月都过‘三八’节”为题报道禹城市开展妇女活动日做法。国务院 2008 年第九期《两纲通讯》中刊发禹城市妇儿委办公室报送文章《山东省禹城市卫生系统实施两纲有实效》。2009 年，开展“通裕杯双十佳”好婆婆、好媳妇、五好文明家庭评选活动。评选出 60 名获奖者。市委、市政府召开表彰大会，每人奖励 2000 元全自动洗衣机，总价值达 12 万元。2010 年，市妇联组织开展“庆三八优秀创业女性”颁奖典礼，举办女企业家座谈会和女性健康知识讲座。德州市级以上新闻媒体多次发表禹城市妇联新闻报道。

五、妇女经济建设

在农村，市妇联开展双学双比竞赛活动，实施“巾帼科技致富工程”，2007 年 7 月，召开妇女创业行动会议，与农村信用联社联系，联合下发《信贷助推千名农村妇女创业行动》文件，为农村妇女创业解决贷款难问题。2010 年底，建立“巾帼创业基地”11 处，发展妇女专业技术研究会 336 处，科技帮扶队伍 102 个，女技术员协会 13 个，合作社 14 个，科技

图 22-3-2　禹城市五好文明家庭表彰大会（2007 年摄）

示范基地 192 个，辐射 300 多个村。合作社为社员提供技术、物资、销售等产前、产中、产后系列服务。同年底，信贷助推农村妇女创业项目发放贷款 2351 万元。同时开展“百万农家女、十大新技术”推广活动，组织答卷 1 万多份，山东省妇联和省农业厅授予禹城市妇联“十大新技术推广先进单位”。

在城镇，开展“巾帼建功”竞赛活动。2006 年后，参加活动人数 2000 多人。20 人获德州市级以上“巾帼建功标兵”。协调安置下岗女工 1623 人，输出劳务 2200 多人。2009 年 3 月，组织女企业家座谈会，组织创业女能人到企业作巡回报告，与有关部门联合组织供需见面会等信息交流活动，解决企业招工难和妇女就业难矛盾。2010 年 9 月，德州市女村官联谊会在禹城市召开。

六、少儿工作

自 1986 年，县（市）妇联多次多渠道筹资，利用节假日慰问近万名贫困残疾儿童。1997 年，在全市组织开展“春蕾计划”，开展助学活动，募集资金 60 多万元，1500 多名贫困女童得到救助。捐赠微机 80 台，桌椅 200 套，图书 3 万本，衣物 8 万件。山东省直机关捐赠救助金 20 多万元，微机 40 台、写字桌 150 张、图书 10000 册，衣物 5 万多件。私营企业家王珉等连续资助多名贫困女童。2007 年 6 月 15 日，到市一中、综合高中看望部分贫困女童，给每位贫困女童带去 800 元救助金。8 月，来自各乡镇 10 名品学兼优“春蕾女童”领到美爱斯集团捐赠 5000 元救助金。11 月，在一中开展“践行科学发展，资助春蕾女童”活动，为 12 名“春蕾”女童发放 6000 元救助金。2009 年 3 月，山东省计生委领导为两名“春蕾”女童送来 5000 元救助金；7 月，申请中国儿童少年基金会儿童弱视专项基金资助项目，7 名弱视儿童赴京治疗，为每个家庭节省近万元开支；9 月，与龙力公司联合举办“圆梦大学，

图 22-3-3　禹城市开展“春蕾计划”（1997 年摄）

图 22-3-4　禹城市妇联关爱留守儿童救助仪式（2009 年摄）

春蕾女童资助仪式"，为 10 名贫困大学生发放救助金 2 万元。2010 年 3 月，山东省计生委领导给两名"春蕾"女童发放 6000 元救助金；"六一"儿童节，由山东省妇联、省文明办、齐鲁电视台等单位联合发起捐建"留守流动儿童活动站"，在辛寨镇宏禹学校举行揭牌仪式，并捐赠体育器材、电视、学习用品价值 3 万元；12 月，市妇联在禹城一中开展"情系春蕾、关爱女童"救助活动，救助女童 12 名，发放救助金 6000 元。2009—2010 年，连续两年邀请《知心姐姐》杂志社"心理健康教育全国巡回报告团"朱虹老师做 6 场精彩报告，听课家长达 5000 人次。与电台联合开辟家教热线和教子栏目。开展"双合格"家长评选，"小手拉大手，文明家园共建""亲自环保实践"等活动，印发"父母进课堂"宣传资料 5000 份，传播科学家教知识。至 2010 年，禹城市办各类家长学校 353 个，建立家庭教育示范基地 15 个，成立家庭教育指导中心 1 处，乡镇、街道办建立家教指导站 12 处，乡村创建家教咨询点 1000 处。3 所学校被评为"德州市优秀家长学校"。连续 6 年与教育局联合开展家教讲座 20 余场，为 1000 多名家教骨干传授家教理念。

七、妇女儿童发展规划实施

2001 年 10 月，制定修缮《禹城市妇女儿童发展纲要（2001—2010）》，并成立监测评估领导小组，进行中期实施情况监测评估，宣传贯彻《两纲》先进典型事迹和工作经验，制定完善妇儿工委办公室一系列工作制度、会议制度。

市委、市政府 1999 年后，按全市每名妇女 0.2 元标准拨付妇儿工委办公室，作为妇女事业专项经费，每年拨款 3 万元。

第四章　科学技术协会

第一节　农村科普工作

一、人才培训

各乡镇（街道、高新区）均建有科普惠农服务站，存储各种科普书刊 17000 多册，并不断更新；专兼职教师 807 人，达到房屋、经费、教师教材、领导五落实。市、乡两级科协每年举办长短期培训班 30 多期，培训技术人才 500 多人。1988 年，对农村中能工巧匠、种田能手、致富状元等多种能人进行培训，通过报名、考试、评定等程序，1200 余人分别获得

图 22-4-1　科技入户活动现场（2005 年摄）

农民技师、助理农民技师、农民技术员等职称。1997 年后，市科协每年抽调专家进行下乡农技培训。2007 年，从农口部门抽调有关方面专家 20 余人，培训基层干部群众。培训农村应时实用科学技术骨干 400 人次，培训村级应时实用科学技术骨干 6 千多人次。

二、科技推广

推广应用地膜覆盖、良种繁育、配方施肥、立体种植等农学适用技术，大力推广动植物新品种及种植技术、病虫害综合防治、节水灌溉、农业生态保护等先进技术。1992 年，首建冬暖式大棚，1994 年，引进推广“懒棉花”简化栽培技术，当年种植 5 万亩，平均亩产皮棉 68.54 公斤，1994—1995 年，平均每亩比平常规模增产 19.6 公斤，全市增收 2532 万元。

三、咨询服务

1986—2010 年，发展科、工、农、贸一体化技术经济服务实体 25 处，签订各类技术合同 2100 多份。从青岛、济南、乐陵等地购进农药、化肥 30 余吨，良种 200 万公斤，苗木 100 万株。

四、科普宣传

各专业学会和各级科协组织利用乡镇科普惠农服务站、报刊、杂志有线广播、电视、赶科普大集、科教电影、科普专题讲座等形式，广泛开展科普宣传活动。平均每年订阅科技报刊 18 余种，举办各类科普讲座 1000 余次，赶科普大集 90 多次，发放科普明白纸 2 万余份，发放科普挂图 500 余套 4000 多页，现场解答问题 800 多个。

2007 年，禹城市被评为山东省“全省科普惠农示范市”，市科协被评为“全省科普村村通先进集体”“全省科协系统先进集体”。2008 年，市中办科普惠农服务站、张庄镇黎吉寨村科普惠农服务站被山东省科协表彰为“山东省优秀科普活动站”。2009 年，市科协在全市实施“科普惠农示范工程”，表彰一批农村专业技术协会、农村科普示范基地和农村科普带头人。

第二节　社区科普工作

市科协积极开展“科普社区通”活动。深入到安居、嘉合园、棉西、湖滨等社区开展科普活动，举办科普讲座、咨询、培训等活动，办好社区科普画廊、科普宣传栏、张贴科普公益宣传画等，每年平均组织科普培训、咨询、讲座、文艺演出宣传等活动 30 余场次，发放各类科普宣传材料 5000 多份，接受咨询服务群众达到 5000 多人次。2009—2010 年，嘉合园社区连续被评为德州市“优秀科普社区”。

第三节　企业科协工作

2001 年，市科协先后组建保龄宝公司、禹王集团、龙力公司、福田药业、光大电力集

图 22-4-2 在糖城广场举办科普宣传 （2007 年摄）

团、电力总公司、禹城热电厂、兴达建材、兴禹化工、润田公司、市建筑公司、棉纺厂、禹王亭公司、城市信用社、机械厂、自来水公司 16 家企业科协。各企业科协举办各类专业技术培训班 26 期，开展学术交流讲座 31 场，3600 余人次科技人员参加活动，撰写学术论文 165 篇。采用科技人员合理化建议 1136 条，每年为企业创造经济效益达上千万元。2001 年，市科协被评为“企业科协工作先进集体”，2003 年，被评为山东省“全省企业科普工作先进集体”，2007 年，被评为山东省“全省讲理想比贡献先进集体”，2008 年，禹王公司科协被中国科协表彰为“讲比”活动先进集体，保龄宝公司 F55 车间被山东省科协表彰为“科普车间”。2009 年，保龄宝公司被中国科协表彰为“全国科普教育基地”，2010 年，被山东省科协表彰为二星级“山东省科普教育基地”。

第四节 学术交流活动

1984 年，县科协设立科技咨询服务部，向广大群众提供科技信息和技术服务。同年 5 月，县科协与青岛农药厂签订“助化素”技术推广合同，引进最新植物生长激素—“助化素”6 吨，喷洒棉花 20 万亩，平均亩增产 50 斤。1988 年，县科协征集学术论文 158 篇，参加德州地区科协评选 39 篇，报送山东省科协评选 30 篇，参加县科协评选 114 篇，撰写科技专题报告 600 余篇。39 人 42 篇学术论文获奖，颁发证书和奖金。陆续推广应用地膜覆盖、良种繁育、配方施肥等农学适用技术，大力推广动植物新品种及种植技术、病虫害综合防治、节水灌溉、农业生态保护等先进技术。传递科技信息，合理化建议 500 余条，技术论证重点建设项目 10 余项。邀请专家教授进行技术讲座、学术研讨 50 余次。

1992 年，在梁家镇首先建造冬暖式大棚。陆续推广应用地膜覆盖、良种繁育、配方施肥等农学适用技术，大力推广动植物新品种及种植技术、病虫害综合防治、节水灌溉、农业生态保护等先进技术。1994 年，引进推广“懒棉花”简化栽培技术，当年种植 4.5 万亩，平均亩产皮棉 68.34 公斤，比原来增产 18.4 公斤。

至 2010 年，召开学术交流研讨会议和年会 2600 多次，征集学术论文 3700 多篇，报省市科协评审论文 360 多篇，其中 32 篇分获省、市科协等级奖。提出合理化建议 1800 多条，研究、论证重要建设项目和各种有关技术问题 500 多个，召开专题研讨会 110 余次。

1998 年，保龄宝公司总经理刘宗利被中国科协授予“全国青年科技奖”荣誉称号，由时任国务院副总理温家宝颁奖。至 2010 年，3 人荣获“山东省青年科技奖”，5 人荣获“德州市青年科技奖”，86 人荣获“德州市优秀自然学术成果奖”。

第五节　青少年科普活动

禹城市实验小学、齐鲁中学、禹城一中、综合高中为科普学校，“禹城一中科技馆”为科普教育基地，每年组织全市中小学生科技发明联展和“科普征文”活动，促进青少年科技活动开展。2009 年 3 月 2 日，邀请山东省青少年科普报告团到一中进行青少年科普报告。6 月 24 日—7 月 3 日，开展“科普车车载展品展览活动”。同学们动手体验，零距离接触了解科普知识。2010 年 3 月，组织中小学生参加第二届德州市青少年科技创新大赛，实验小学获优秀组织奖，22 名中小学生获奖。

2005 年，齐鲁中学被山东省科协、山东省地震办联合表彰为“地震科普示范学校”，2006 年，禹城市综合高中被山东省科协表彰为“山东省科普示范学校”。

第五章　工商业联合会

1994 年 5 月，禹城市工商联第五届会员代表大会召开（从文化大革命前中断工作时往后延续），宣布恢复建立工商业联合会，与市委统战部合署办公。1998 年 4 月，与民营经济发展委员会合署办公，2001 年 3 月，重新与市委统战部合署办公。2009 年 4 月，市委办公室下发禹办发〔2009〕4 号文件《中共禹城市委办公室印发〈中共禹城市委统战部、中共禹城市工商业联合会党组关于组建基层商会报告〉通知》，在全市逐步建立高新区和各乡镇（街道）商会以及直属行业商会。2009 年 8 月，禹城市高新技术产业开发区商会成立。到 2010 年底，高新区和全市 11 个乡（镇）、街道全部建立商会组织，制定规章制度，新发展会员 300 多人。成立禹城市施工机械行业商会、功能糖产业商会、中小企业互助商会和渔业商会四个直属商会。筹备成立酒水行业商会、扒鸡行业商会、羊绒纺织行业商会。高新区商会和中小企业互助商会分别被评为 2009 年度和 2010 年度山东省工商联系统基层（行业）组织五好商会。

第一节　代表大会

1994 年 5 月，禹城市工商联第五届会员代表大会召开，113 名会员代表参加会议。大

图 22-5-1　禹城市高新区商会代表大会（2010 年摄）

会宣布禹城市工商联恢复建立，并选举产生工商联领导班子。李永堂当选为会长。

2001年11月30日，市工商联第六届会员代表大会召开，157名会员代表参加会议。大会选举韩汝河为会长，驻会副会长1人，19名副会长，27名执行委员，秘书长1人，聘请21名工商联顾问。

2006年12月29日，市工商联第七届会员代表大会召开，175名代表参加大会。南慧清当选为工商联会长（2008年9月按中央统战部和全国工商联指示更改称谓为主席），驻会副会长18名企业家当选为副会长，35名同志任常务委员会委员，75名同志当选为执行委员，秘书长1人。

第二节　参政议政

自2003年，开展“争当中国特色社会主义事业优秀建设者”活动，2009年，市工商联被山东省委统战部和省工商联授予“全省非公有制经济人士思想政治工作先进单位”荣誉称号。至2010年，1人被授予山东省“优秀建设者”、29人被授予德州市“优秀建设者”、205人被授予禹城市“优秀建设者”荣誉称号。

1997—2001年，非公有制经济代表人士中，山东省人大代表1人；德州市人大代表5人，政协委员5人；禹城市人大代表12人，政协委员19人。他们分别向各级人大提交建议案10件，向各级政协提交提案41件。24人在禹城县（市）、乡两级党委、政府中担任实职。2002—2006年，非公有制经济代表人士中，全国人大代表1人；山东省人大代表1人；德州市人大代表10人，政协委员5人；禹城市人大代表32人，政协委员39人。向各级人大提交建议案17件，向各级政协提交提案52件。2007—2010年，非公有制经济代表人士中，全国人大代表1人；山东省人大代表2人，政协委员1人；德州市人大代表12人，政协委员6人；禹城市人大代表48人，政协委员47人。向各级人大提交建议案28件，向各级政协提交提案89件。保证非公有制经济人士参政议政权利。

图22-5-2　山东省政协副主席、省工商联主席王乃静（前排右二）到禹城视察（2009年摄）

第三节　服务会员

一、提供信息服务

1994—2010年，向会员企业提供各类经济信息3000多条，很多信息直接或间接产生经济效益。会员企业也把自身需要向外公布信息通过工商联组织向外发布。2007年10月，在全国工商联网站发布介绍禹城市经济发展和骨干企业情况及招商引资信息，与外地数十家企业联络，寻求合作机会，收到良好效果。

二、同外地工商联（商会）建立友好合作关系

2007—2010年，先后同广东省东莞市工商联、深圳市龙岗区工商联、深圳市龙岗区葵涌商会、天津市滨海新区工商联、威海市工商联、济南市市

中区工商联、青岛市城阳区工商联等取得联系，建立友好合作关系，互相通报相关信息，寻求合作机会。

三、组织参加各类经贸洽谈活动

组织会员企业参加每年德州经贸洽谈会，赴外地参加相关经贸洽谈会、招商会、联谊会30多次，组织企业家赴港、澳、台和外省市参观考察、洽谈210人次。

四、开展维权服务

2001年，聘请司法界人士作为工商联特邀顾问，2006年，推选司法、审计方面专家为副会长，方便会员开展普法、法律咨询、维权等方面服务。2001—2010年，举行经济法、合同法等普法学习班10次，参加学习培训1200多人次；为会员提供经济纠纷法律服务30多起，挽回经济损失1.4亿元；提供免费法律咨询180多人次。调解40多起劳动合同纠纷，合理维护双方合法权益。

五、开展融资服务，缓解资金紧张

2007年，为中小民营企业贷款提供担保。2009年，经禹城市政府批准，成立禹城市中小企业信用联盟协会。2010年，成立禹城市中小企业互助商会，17家中小会员企业组成商会与德州银行合作开展担保融资等业务，为企业解决贷款2.1亿元。

六、做好教育培训工作

邀请经济管理等方面专家学者，为会员企业进行企业管理、质量认证、企业财税培训等工作。2000年，组织培训班15次，培训各类人员700多人次。2010年邀请专家到禹城市举办“民营经济论坛”，40多家会员企业，上百人参加学习。

第四节　光彩事业

结合“双思”教育活动（致富思源，富而思进）开展“三个结合”教育（把企业发展与国家发展结合起来，把个人富裕与人民共同富裕结合起来，把遵循市场法则与发扬社会道德结合起来）。每年开展 “民企帮村”“民企连社区双百活动”“回报社会感恩行动”。2008年5月汶川地震发生后，工商联向会员发出救灾捐赠倡议书，非公有制经济人士捐赠金额近400万元。山东恒特重工有限公司被授予“山东省工商联系统抗震救灾先进集体”荣誉称号，李乃杰、马久春被授予“山东省工商联系统抗震救灾先进个人”荣誉称号。工商联副主席程少博每年捐资数万元救助十几名贫困大学生，2010年，在德州市政协组织委员“双百活动”中，一次性捐款6万元。

第六章　文学艺术界联合会

2009年10月，禹城市文学艺术界联合会正式成立，设主席1人，副主席1人。主要职责是对所属文学、戏剧、美术、书法、舞蹈、音乐、曲艺、摄影、民间文艺等专业协会进行组织领导，对各协会开展指导、联络、协调、服务工作。通过文学创作、理论研究、学术交流、人才培训、报刊出版、文艺评奖和权益保护等形式，对团体会员进行业务指导。

第一节　创办《禹城文萃》

2009年12月，创办《禹城文萃》。初定为季刊，面向全市免费赠阅，内容包括小说、散文、诗歌、剧本、报告文学、曲艺、摄影、

图 22-6-1 《禹城文萃》发行仪式 （2009 年摄）

文艺评论、书画作品等，体裁多样，突出文学性、艺术性、时代性、地方性和可读性。至 2010 年底，出版《禹城文萃》5 期，约 30 万字。

第二节　文联活动

2009 年 12 月 30—31 日，开展“送艺术进社区”活动，组织书法、美术爱好者到安仁镇王子付社区和辛店镇姜牌寨社区，现场进行艺术创作。

图 22-6-2 举办廉政书画作品展 （2010 年摄）

2010 年 6 月，组织德州市首届文博会参展工作。禹城市参展碳雕、面人等艺术品，入选参加 9 月份山东省第三届文博会，碳雕产品被选为第四届世界太阳城大会指定礼品。

2010 年 6 月 30 日，接待山东老年书画研究会一行 10 人到禹城举行丹青笔会。9 月，与市纪检委、市政协文史委、市监察局联合举办“交通杯”迎国庆廉政书画展，收到 162 位作者作品 328 件，其中评选出 110 件优秀作品展出并结集出版。

第三节　协会组织

2010 年 12 月 6 日，禹城市文联正式组建成立四个文学艺术协会：作家协会、书法家协会、美术家协会和摄影家协会。

一、禹城市作家协会

名誉主席：杨英国　邢庆杰

主　　席：尹继明

副 主 席：王兴海　方景德　丁志峰　程先利　卢英特　李平秀

秘 书 长：卢英特（兼）

二、禹城市书法家协会

名誉主席：何连生　李玉梅　张志芳　贺丰田　高凤山

主　　席：吕学平

副 主 席：霍春晓　孙洪义　李新海　刘连志　蔡光华　梁金福　李文强　张仁财　袁学军　于志祥　徐弘君　秘　鲁

秘 书 长：刘连志（兼）

三、禹城市美术家协会

名誉主席：何连生　李玉梅　张志芳
　　　　　贺丰田　高凤山
主　　席：李超来
副 主 席：侯　尉　杨　涛　尹学曾
　　　　　张　力　唐凤祥　杨建均
　　　　　柴仁广　张新勇　秦　栋
　　　　　田云铭
秘 书 长：王文波

四、禹城市摄影家协会

主　　席：王玉春
副 主 席：魏　斌　卢英特　高汝宝
　　　　　王　磊
秘 书 长：魏　斌（兼）

第七章　残疾人联合会

禹城市残疾人联合会成立于2005年5月，内设办公室、康复部、组联部、教育就业部，办公室设在市残疾人联合会。在编人员12人，其中残疾人干部2人。2008年，成立禹城市人民政府残疾人工作委员会，承担禹城市人民政府残疾人事业指导、协调等工作，秘书处设在禹城市残疾人联合会。

第一节　代表大会

2006年1月6日，在禹城市会议中心召开全市第二届残疾人代表大会，听取并通过禹城市第一届主席团工作报告，选举产生市残联主席团委员、副主席、主席，产生市残联执行理事会、副理事长、理事长。

2008年4月29—30日，禹城市13名代表参加德州市残联第五次代表大会；5月5—8日，禹城市代表马希增、王玉芹、李雷鸣参加山东省残联第五次代表大会。

第二节　主要活动

一、组织建设

禹城市残疾人联合会把基层组织建设作为残疾人事业发展基础，健全完善市、乡、村“三级组织网络”。

禹城市残疾人联合会。班子成员4名，2005年5月，马希增任理事长;2007年12月，谢登峰担任残联党支部成员、副理事长；2006年11月始，由崔军担任残联党支部成员、副

图22-7-1　禹城市举办残疾人獭兔养殖培训班（2010年摄）

图 22-7-2　禹城市领导接见残疾运动员王玉芹　（2010 年摄）

疾人装配假肢；为 10 名唇腭裂儿童免费手术。依托聋儿语训机构新收训聋儿 65 名，培训聋儿家长 328 名；与台湾曹仲值基金会加强联系，接收残疾人轮椅 180 辆；济南市轻骑集团为 5 名重度残疾人赠送价值 4000 元电动四轮；开展“无障碍进家庭”活动，为 38 户残疾人改造卫生间等设施，为 48 名言语残疾人安装闪光门铃，为 26 名盲人配发多功能盲杖。

理事长。2006 年后，各乡镇相继成立残疾人联合会，加强各乡镇残联工作，加大与残疾人朋友联系， 2009 年 12 月，全市选聘 11 名乡镇残疾人专职干事，每乡镇（街道）1 名。

村（社区）残疾人协会。在社区（村）建立残疾人协会，硬件建设实现“五有”，即：有房子、有牌子、有制度、有档案、有专人负责。

二、残疾人就业

至 2010 年，举办 62 期电脑、手工编织、书法绘画技能、种植业、獭兔养殖等培训班；累计征收保障金 500 余万元，带动企业安置残疾人职工近 300 余名；建成残疾人扶贫基地和职业技能培训基地各 11 处，辐射带动安置 1516 名残疾人就业，670 余名残疾人实现自主创业；盲人王志猛荣获德州市残疾人技能大赛按摩项目第一名。

三、残疾人康复

开展残疾人康复服务工作。完成白内障复明手术 2600 例，其中免费 2280 例；为 268 名听力残疾人免费佩戴助听器；为 87 名肢体残

四、残疾人文体活动

2006 年 6 月，王玉芹在全国残疾人田径运动会上获得 3 枚银牌，10 月，在山东省第七届残疾人运动会上获 3 枚金牌。听力残疾人李雷鸣所画国画《双鸽牡丹图》获 2006 年度山东省残疾人书法绘画作品展国画类优秀奖。2009 年，组队参加德州市第一届特奥运动会。2010 年 10 月 9 日，山东全省残疾人运动会上王玉芹获得 T12 级 400 米、800 米、1500 米项目金牌，孙娟获得 T12 级 1500 米银牌、800 米项目铜牌，张士恒获得 F44 级铁饼项目铜牌。王玉芹参加 2010 年 12 月 13 日在广州举行的亚洲残疾人运动会，获得 T12 级 200 米、400 米金牌，实现德州历史上金牌零突破。至 2010 年年底，全市助残志愿者队伍人数达 2000 余人。社会各界开展走访慰问贫困残疾人活动，30 多家安置残疾职工单位，发放慰问金 100 多万元。为 1200 户贫困残疾人家庭发放救助物品总价值 167 万余元。向山东省残联申请彩票公益金危房改造项目，救助 360 余户。

第八章　老龄委员会

第一节　老龄组织

1987年6月2日，成立禹城县老龄问题委员会。10月28日，正式成立禹城县老龄问题委员会办公室，编制4人。1989年，19个乡镇都建起“老龄委”，758个村庄建立老年协会，占全县的77%，县直24个单位建起老年协会，占应建40%。1990年4月，禹城县老龄问题委员会更名为禹城县老龄委员会。1993年10月，更名为禹城市老龄委员会。1995年7月，委员会领导成员进行调整，有5人组成，其中一名副书记和一名副市长分别担任主任和副主任。同时，市老年人体育协会由10人调整为5人。年底，市老龄委员会办公室人员增至8名，乡镇老龄委员会办公室人员26名，市直54个单位建立老年协会，占应建95%，专兼职人员68名。2002年4月23日，市老龄委员会更名为禹城市老龄工作委员会，由28个单位或部门组成，主管全市老龄工作议事协调。市直、农村等基层老年组织，统称为老龄工作委员会，简称“老工委”，市直64个，全市1007个自然村全部建立老工委。

第二节　老龄状况

1990年，60及60岁以上老年人4.63万，占总人口的9.74%，2000年，老年人口5.9万，占总人口的11.8%，进入老龄型社会。至2010年，老年人口达到8.28万，占总人口52万的15.9%，超出山东省、德州市平均水平。

第三节　主要活动

一、老有所养

在农村开展家庭《赡养协议书》签订工作，巩固家庭养老方式。1989年11月，在辛寨乡试点，1995年年底，3万名老年人与子女或其他赡养人签订协议书，占应签的95%，其中80%协议书由司法部门进行公证。至2010年，98.6%的老年人与子女或其他赡养人签订协议书。1995年，19个乡镇19处敬老院，有床位460张，收养院民435人，收养率87%。至2010年，累计投资3000多万元，增加设施，改善服务条件，床位增至772张。7处敬老院被山东省老龄委、民政厅命名为“省级文明敬老院”。2008年6月，兴建福安康老年公寓，占地2.6亩，建筑面积2000平方米，注册资金500万元。床位107张，实际入住老年人数75人，入住率70%。1.78万城镇老年人养老金实现社会统筹，养老金按时发放，农村21.5万人参加养老保险，6.5万60周岁以上老年人领取养老金。

二、老有所医

农村老年人医疗保障制度逐步完善。至2010年年底，农村老年人参保人数6.5万人，参保率达99.45%。并制定相应的优待老年人制度，如转院审批、新农合报销等。为老年人提供免费健康体检。开展参合农民两年一次免费健康体检，提供后续服务，指导科学合理就医，做好家庭保健护理等。老年人累计参加体检42725人，体检率85.45%。

开展面向老年人公共卫生服务。落实三

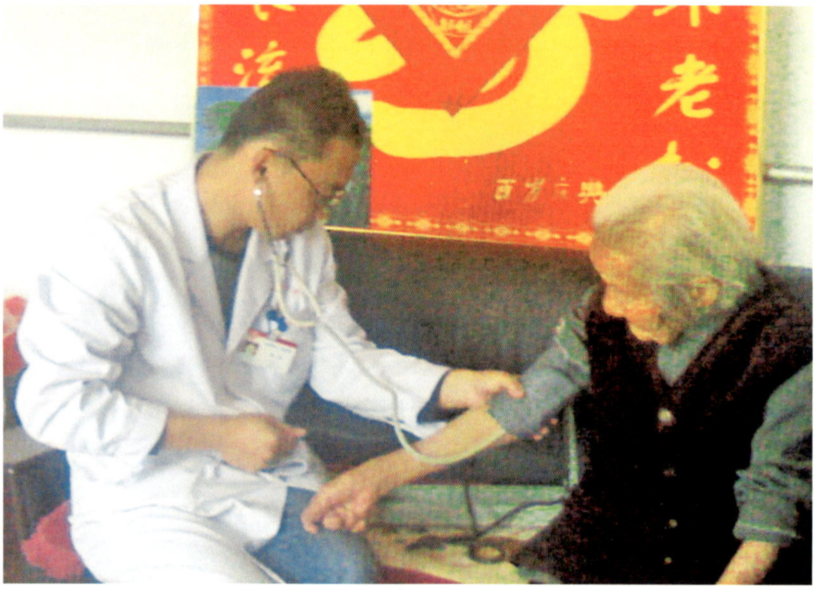

图 22-8-1　为百岁老人免费查体　（2010 年摄）

大类 12 项农村公共卫生服务项目，对 60 岁以上老年人强化慢性病管理，由社区责任医生定期开展家庭随访和康复治疗，并建立健康档案，随时跟踪治疗。2010 年年底，全市累计建立 60 岁以上老人健康档案 42725 份，建档率 85.45%。

简化老年人医疗卫生服务流程。在公立医疗机构门诊大楼设置“老年人优先窗口”，设立老年人门诊、老年人病房，建立老年人挂名、就诊、取药以及住院一条龙优待服务。为老年人提供特需服务。在社区卫生服务中心开设“流动医院”，不定期安排医疗专用车和医护人员深入敬老院、农村为老年人提供基本医疗服务，为孤寡老人等特殊群体，提供精神病康复治疗和管理等医疗特需服务。

三、老有所学和老有所教

1988 年，成立“老年人大学”，开设书画、卫生保健、花卉、烹饪等 6 门专业，2010 年底，1220 名学员结业。县直 60 多个单位以及乡镇、村先后建起 687 个老年人学习活动场所，建起阅报栏、宣传栏、社区图书室等，全市图书室有各类图书和报刊 4000 多种，全天向社区老人开放。通过召开老年人座谈会、茶话会、走访慰问以及组织参观革命纪念馆等形式，向老年人宣传路线、方针、政策。2008 年，社区老年人为 5·12 汶川特大地震灾区捐款达 6 万多元，离休党员张星南交纳抗震救灾“特殊党费”2000 元。

四、老有所乐

1988 年后，在城区和农村建老年体协 1064 个，建老年人活动室（站）187 处，活动辅导站 19 处，先后投资 250 多万元购置活动器材。有太极拳、太极剑、柔力球、门球以及戏曲等 8 个协会，建起东方红、夕阳红、银辉等 5 个老年艺术团，乡（镇）、农村有老年文体队 33 个，参加活动老年人 2.7 万多名。充分发挥各个老年组织作用，至 2010 年，举办老年人迎

图 22-8-2　组织老年人定期学习　（2004 年摄）

图 22-8-3　老人节庆祝活动　（2009 年摄）

春联欢会、元宵大鼓秧歌表演、太极拳（剑）、柔力球表演等大型表演活动 100 多次。文艺汇演 20 多次，组织到工厂、机关、学校、农村进行慰问演出 100 余场。

五、老有所为

1989 年，成立“禹城县关心下一代协会”、老年人门球协会、老年人钓鱼协会、老年人书法摄影协会、老年人太极拳（剑）协会、京剧协会；各企事业单位组织离退休老干部文体协会和老科技工作者协会、老教育工作者协会等。2009 年年底，全市有 3.8 万名老年人在基层担任宣传员、联络员、中小学外辅导员、治安员和卫生管理监督员。有老人参加村政参议会 960 个，红白理事会 769 个，家庭纠纷调解小组 750 个，计划生育宣传小组 987 个。全市创办老年经济实体 238 处，年产值 8700 万元市直老年实体参与者 2500 余名。老年人文体组织积极参与历年“庆五一”“国庆节”“老人节”等大型表演，参加“庆奥运”“全运会”“三下乡”等公益性演出及上级举办各类老年人比赛。

六、老年维权

持优待证老年人，在全市范围 40 余个定点单位享受优惠。百岁老人享受长寿补贴，按时发放。至 2010 年，老龄组织接待老年人来信来访 168 人次，老年人满意率达到 98%。向 39 位老年人提供法律援助，减免相关费用 3.56 万元。受理老年人投诉案件 7 起，审结 7 起，依法维护老年人合法权益。

第九章　红十字会

第一节　机构与会员

1986 年 5 月，选举产生第一届理事会，由会长、副会长、秘书长、常务理事 9 人组成。具体工作由卫生局业务股负责。1988 年 12 月，选举产生第二届理事会，常务理事 12 人。1992 年 5 月，红十字会办公室成立，进行理事换届选举，常设理事 22 人，组织健全。1995 年，会长 1 人，副会长 7 人，秘书长兼办公室主任 1 人，常务理事 24 人。

第二节　红十字会事业

1988 年，在上级红十字会倡导下，组织国际体育募捐活动，捐款 2000 余元。同年，

图 22-9-1 “五八”红十字日义诊活动 （1996 年摄）

红十字会与县交警大队联合举办汽车驾驶员卫生救护知识培训，培训 2999 人次。红十字会配合统战部门为港澳台胞查找亲属 30 余名，转达信件 30 余件。

1991 年，为支援灾区，全县开展募捐活动，募得善款 2600 余元。

1992 年 6 月，李屯、袁营等 6 个乡镇发生涝灾，红十字会将面粉、药品、服装等价值 30 余万元救灾物资送到灾民手中，并配合卫生防疫部门做好防病、治病工作，奔赴 189 个村庄，对饮用水普遍消毒、杀灭蚊蝇，净化环境，落实防疫措施，确保灾区群众身体健康。

1994 年，市红十字会开展抗灾救灾活动，发放敌敌畏 200 公斤，净化粉 200 公斤，净化精片 20 万片，对 187 个重灾村进行饮水消毒。募得捐款 5400 余元。

1996—1998 年，红十字会组织“5·8”世界红十字日纪念活动，宣扬、弘扬“人道、博爱、奉献”红十字会精神。在全市开展“红色扶贫卡”活动。禹城市特困户、残疾人凭此卡到医院就医，诊断费、注射费、挂号费全免，药品只收成本费，X 光、B 超、心脑电图、CT 等特殊检查项目在国家标准价格基础上减免 20%，住院费减免 50%，据统计，接受贫困治疗人数 1500 人次，减免各种费用 6 万余元。1996 年春节前夕，禹城市红十字会在李屯乡组织召开扶危救灾物资发放现场会，将 4000 公斤面粉分发到受灾群众手中。1997 年，结合敬老助残、备灾等工作，组织发动募捐活动，建立两个募捐站，卫生系统红十字会团体会员 700 余人参加募捐，捐款 3200 余元。同年 5 月，组织“送温暖、献爱心”送医送药下乡社会救助活动，出动车辆 4 部，携带医疗器械 10 余部，抽调专家、教授和知名医师 26 人，组成红十字医疗救助队，深入十几个乡镇，为百姓和敬老院孤寡老人巡回防病治疗。义务诊治 1 万余人次，免收诊断费、检查费和常用药费 3.8 万元。5 月 23 日，德州市红十字会工作经验交流会在禹城市召开，禹城市红十字会被评为“山东红十字会先进集体”。

1998 年，全国长江、嫩江流域发生严重洪涝灾害，红十字会组织开展全市范围赈灾募捐活动，获捐款 4.2 万元，棉衣、棉被 1128 件，被山东省红十字会授予抗洪救灾先进集体。

2002 年 1 月 4 日，按德州市红十字会关于开展“温暖千家，博爱在齐鲁”活动通知，开展募捐活动，救助 15 户特困家庭，发放救助金 2500 元。同年 1 月、9 月两次组织 3013 人无偿献血 62 万多毫升。10 月 21 日，为支持救灾，将德州市红十字会分配的价值 2600 元救助物品发放到李屯乡。

2003 年 1 月 17 日，辛店镇遭受风雹灾害，将德州市分配的运动衣、T 恤衫各 200 件发放至辛店镇，400 人受益。6 月 28 日，市中办、张庄、辛店、房寺、梁家、十里望六个乡镇遭受冰雹灾害，受灾人口 12 万人，受灾面积 22.5 万亩，成灾 17.6 万亩，造成经济损失

5700万元。灾情发生后，禹城市红十字会迅速向上级红十字会报告争取支援。2003年，防非典期间，德州市红十字会分配给禹城市30箱饮料，市人民医院组织领取，支援防非典工作第一线。

2004年1月14日，德州市红十字会分配禹城市面粉8吨，药品5箱，全部用于救助卫生系统困难户，受益1100人。

2006年4月，开展“为农民健康献份爱”募捐活动。按“依法组织，广泛发动，坚持自愿，鼓励奉献”原则，倡导每个单位捐出一天收入或节约一笔资金，每位公民献出一天经济收入，向困难农民群众奉献一片爱心，收到捐款54030元。

2007年2月，禹城市红十字会组织卫生系统开展支持特困农民参加新农合募捐活动，并设立支持新农合大病救助专项基金，帮助特困农民抵御疾病风险，提高农民健康。接收捐款4万余元。对确实患有重大疾病，但所患疾病又不在补偿范围之内的参合农民，给予医疗救助。补偿金额按其医药费总额的7.5%计算，全市7个乡镇25名患者得到补偿，补偿金额33354元。

2008年，组织团会员单位开展世界红十字日大型宣传活动。出动医护人员150余人，走上街头，为群众宣传防病知识，测血压、称体重、测身高，发放宣传单万余份，积极开展救灾捐助工作。5月12日，汶川特大地震发生，红十字会系统立即行动，5月13日卫生系统1337人参加募捐，捐款68890元。5月17日组织第二次募捐，至6月23日全市卫生系统捐款133640元。

2009年，为新农合开展募捐工作，卫生系统合计募捐79900元。开展“5·8”世界红十字日宣传活动，由红十字会组织市人民医院、中医院、防疫站、保健站参加宣传。组织“先心病”筛查培训工作。开展造血干细胞信息采集工作，83人参加信息采集。对2009年度参加新农合患特大重病且经济困难者给予救助，救助6人，每人2000元。

2010年，按德州市红十字会工作部署，在禹城市红十字会、卫生系统开展农村重大疾病救助募捐活动。17个单位捐款32400元，1304人捐款48880元，总计捐款81280元。开展“救助贫困近视高考学生圆梦”活动，为13名高考近视学生提供救助，每人救助500元。对2009年度参加新农合患有白血病、尿毒症未能报销部分5万元以上，或其他大病未能报销部分8万元以上的给予救助，5个乡镇6名患者每人救助2000元。

2010年禹城市百岁老人统计表

表22-9-1

姓名	性别	出生年月	年龄	身份证号（户口本号）	家庭住址	民族
尚杨氏	女	1910.03	100	372426191003032020	梁家镇陈庄村	汉
李于氏	女	1905.03	103	372426190503143523	安仁镇李庄村	汉
贾玉英	女	1910.02	100	372426191002275426	辛寨镇马旺村	汉
蔺桂兰	女	1910.12	100	372426191012282929	房寺镇颜穆村	汉
赵陈氏	女	1906.11	102	372426061128032	禹城市一中	汉
楚范氏	女	1908.10	102	37242619081011452x	莒镇楚庄村	汉

续表 22-9-1

姓名	性别	出生年月	年龄	身份证号（户口本号）	家庭住址	民族
朱法兰	女	1909.02	101	371482190902162983	房寺镇柳连于村	汉
徐　氏	女	1910.09	100	37242619100924602X	李屯乡朱庄村	汉
高桂芝	女	1909.10	101	372426190910124522	莒镇水牛李村	汉
王吴氏	女	1908.06	102	372426080625116	十里望乡大王楼	汉

附：百岁老人简介

一、高桂芝（女）年龄：101 岁

老人不用搀扶，能独立行走。喜欢喝清淡骨头汤、鸡汤，一顿饭能吃一碗面条。爱和人玩古牌，身体状况较好。与子女共同居住，有三个女儿，一生勤劳。经常与其他老人聊天，拉家常，性格爽朗。

二、尚杨氏（女）年龄：100 岁

老人家不挑食，喜欢吃面食，生活非常有规律，早睡早起，喜欢与人拉呱聊天，爱与人交往。

三、李于氏（女）年龄：103 岁

老人喜欢吃素食。由于以前生活所迫，吃野菜、榆叶等渐成习惯，不喜油腻食物，50 年不食荤。爱好劳动，由于耳背，与人沟通较少。

四、朱法兰（女）年龄：101 岁

老人精神矍铄，耳不聋，眼不花，可以和别人正常沟通，拄着拐棍能独立行走。很少生病，吃饭、睡觉规律，早睡早起。一般是晚 7 点睡，早上不到 6 点起床。主要食面食，无特别喜欢食物，不挑食。

五、楚范氏（女）年龄：102 岁

老人懂医术，年轻时不得闲，整日忙于行医。80 多岁后，在家做针线，静坐养神，喜吃蔬菜、野菜、面食，从不喝酒。心态好，随遇而安。

第二十三篇

政　法

1986—2010年，全市公安队伍战斗力、工作水平显著提升，社会治安大局持续稳定，人民群众安全感和满意度明显提升，全市公民法律意识和法律素质全面提高。公安机关根据不同区域、不同时期的社会治安突出问题和刑事犯罪规律特点，采取集中治理与群防群治相结合、日常打击与组织严打整治相结合的方法，严厉打击各类刑事犯罪活动，全力维护社会稳定。检察机关严厉打击危害人民生命财产安全的犯罪行为，进行反贪污贿赂斗争，查办渎职侵权案件，展开民事行政检查，保障改革开放事业顺利进行。禹城市人民法院队伍管理和各项审判工作均取得长足发展。随着社会经济发展，审判工作重心从严厉打击各种刑事犯罪逐步转移到维护社会与化解人民内部矛盾、保障经济建设与打击刑事犯罪并重的轨道上来。至2010年，禹城市人民法院执结各类案件14814件。

1986—2010年，全市开展五个阶段的五年普法及法律常识活动，推进法治化进程；创新人民调解方法，健全调解网络；加强基层法律服务所和司法行政能力建设，开展法律援助，使基层法律服务走上规范化、制度化轨道。

第一章　公安

第一节　机构与队伍

1986年，公安局内部设秘书、治安、政保、审讯、保卫、政工6个科和史志办公室、纪检组，同时下设看守所、行政拘留所、刑侦科、自行车管理所和车站、乡镇19个派出所，干警155人。1987年3月，原隶属交通局管理监理站归公安局管理，改为县公安交通警察队，配备公安交警15名。1989年4月，增设户政科、装备通讯科。5月，车站派出所改称县公安局城区分局（副科级），县公安交通警察队改称县公安交通警察大队（副科级）。1991年12月，针对公安交通管理警力严重不足的状况，从县行政、事业等单位中调剂46名在编以工代干人员充实交警队伍，列入公安编制。1993年6月，刑侦科改称刑事警察大队。

1993年9月9日，禹城撤县设市，县公安局改称市公安局。1994年12月和1995年12月，分别新增22名交警事业编制和40名交警行政编制。1994年9月，市公安局巡警大队成立，增加事业编制30名，1996年11月，增加事业编制51名，充实巡警大队警力。12月，增设市公安局指挥中心（副科级），撤销原秘书科、通讯装备科，下设秘书科、指挥调度科、机要通讯科、行政装备科和110机动队。1997年4月，组建市公安局公路巡逻民警大队，与市公安局交警大队一个机构、两块牌子。9月，市公安局刑警大队升为副科级单位。1998年10月，增设市公安局警务督察室，对外称警务督察大队。12月，增设国家安全科。2002年1月，公安局机构调整，设置9个机关职能科室分别是：指挥中心，行政装备科，法制科，政工科，出入境管理科，户政科，行政拘留所，看守所，警务督察大队（与局纪委合署办公）；7个直属机构分别是：刑事警察大队（副科级），经济犯罪侦察大队，治安大队（副科级），交警大队（副科级），国内安全保卫科（对外称国内安全保卫大队），反邪教侦察大队，巡警大队；13个派出机构分别是：城区分局（副科级），市中分局（副科级），房寺分局（副科级），开发区分局（副科级）和9个派出所。2004年7月，市公安局巡警大队更名为市公安局巡警防暴大队。10月，市公安局交警大队调整为隶属德州市公安局管理，设德州市公安局交通警察支队禹城大队和德州市公安局交通警察支队高速三大队。2005年12月，组建市公安局公共信息网络安全监察大队。2006年1月，市公安局行政拘留所更名为市拘留所。9月，市公安摩托车装备总公司进行改制。

2008年9月，公安局规范机构设置，设立6个副科级执法勤务机构，分别是：指挥中心（加挂办公室牌子），内设秘书科，指挥调度科，通讯科；国内安全保卫大队；刑事侦查大队（加挂禹城市禁毒委员会办公室牌子）；经济犯罪侦查大队；治安管理大队（加挂爆炸危险物品监管大队牌子）；巡逻防暴大队。4个副科级综合管理机构，分别是：政工室，法制室，警务保障室，纪检检察室。监管场所设置市看守所和市拘留所。按行政区划，设置13个派出所，所长、指导员全部配备为副科级。2009年7月，禹城市建成基层基础警务信息平台。2010年9月，增设市城市管理警察大队（副科级）和廿里堡派出所。至2010年12月，全局公安干警316名（含离退休人员）。

图23-1-1　民警检查宾馆　（2004年摄）

第二节　治安管理

一、特种行业管理

1986年，禹城县特种行业经营户共50户，其中，旅店16家，废旧物品收购点24家，刻字业6家，印刷业4家。1990年，禹城县特种行业经营户89户。其中，旅店业36户，刻字业7户，印刷业19户，旧货业27户。特种行业户提供犯罪线索11条，抓获犯罪分子3名。1995年，成立行业治保会76个，配置治保人员218人，与特种行业负责人签订责任书162份；全市从事特种行业户162户，从业人员480人，其中旅店业57户，刻字业11户，废旧物品收购站点43家，印刷（复印）业51家。1991—1995年，特种行业户提供犯罪线索17条，抓获犯罪分子22名。1999年，将机动车修理业、拆解业纳入特种行业管理，同年，进行清理整顿，登记业户166家。2004年开始实行旅馆业信息系统，逐步将全市旅馆业纳入系统管理。2010年，全市特种行业295家，其中旅馆业76家，废旧金属收购点53家，机动车修理业110家，二手手机业11家，开锁业3家，刻字业3家，旅馆39家。同年，立案查处各类特种行业案件15起，抓获违法犯罪嫌疑人19人，下达隐患整改通知书30份，责令4家业户停业整顿，取缔无证经营旅馆6家。

图23-1-2　严厉打击涉爆、涉枪违法犯罪宣传　（2007年摄）

二、危险物品管理

自1986年，对枪弹及其他危险品管理，实行分类造册、逐项登记、严格程序、认真管理。2005年，除金融系统外，全市企事业单位保卫用枪全部收回集中保管，报废枪支上交销毁，对全市涉危、涉剧毒单位纳入治安管理，严格储存、运输、购买等环节安全管理。

2007 年，对涉枪、涉爆单位健全档案和各项安全制度。

三、农村治安

1994 年，推广村民义务巡逻，组建村级治安联防队，组织开展打更巡逻；2002 年，推广电子报警器和摩托车防盗报警器，防止大牲畜、大型农机具和摩托车被盗；1995—2005 年，在农村开展乡村两级联防队建设。2009 年，在农村推广动态监控系统，安装监控探头 4000 余个，覆盖率达到 90%。至 2010 年，90%以上村庄建立健全治保会和 8—10 人巡逻队，农村各类案件明显减少。

四、城镇联防巡逻

1986—1994 年，城镇联防巡逻工作主要由驻地派出所承担；1994 年，在各村组建治安联防队伍，在乡镇综治部门和派出所指导下开展打更巡逻；1995—2005 年，各乡镇均建起 8 人以上联防队。至 2010 年，巡逻队员达到 5000 余名。

五、出入境管理

1998 年之前，出入境业务由政保科办理，办理 231 人次出入境业务。禹城市公安局出入境管理科成立于 1998 年 10 月，编制 3 人。出入境人员逐年递增，至 2010 年增加 15 倍多。

1998—2010 年度禹城市出入境人次统计表

表 23-1-1

年	出境（人次）	入境（人次）
1998 年	65	20
1999 年	44	26
2000 年	68	35
2001 年	90	24
2002 年	163	29
2003 年	123	10
2004 年	243	89
2005 年	370	92
2006 年	466	64
2007 年	810	123
2008 年	669	190
2009 年	753	290
2010 年	1100	305

出入境管理科连年被评为德州市出入境管理工作先进单位和外管工作先进单位；2006 年 10 月，被山东省公安厅评为“全国公安机关出入境管理部门达标文明窗口”；2008 年 12 月，被山东省公安厅评为“全国公安机关出入境管理部门省级文明窗口”；2010 年 3 月，被山东省公安厅授予“全省公安出入境管理工作先进集体”荣誉称号。

第三节　案件侦破

一、刑事侦查改革

1986年，刑事侦查工作由公安局刑侦队和派出所共同负责。刑侦队负责侦破重大案件，派出所负责侦破一般刑事案件，刑侦队对派出所在刑侦技术和业务上予以指导。1997年，进行刑侦体制改革，成立刑事侦查大队，负责全市范围内刑事侦查工作，形成侦查、预审合一工作机制；派出所主要任务是做好防范和管理，组织群众维护辖区内治安秩序。

2002年6月，市公安局经侦大队成立，主要是打击经济领域犯罪；适应经济发展形势需要。

二、刑事案件侦破

1986—2010年，总计立刑事案件19812起，侦破20187起（包括隐、积、协外案件），总计立重大案件3850起，侦破3378起。2000年后，以抢劫、抢夺、盗窃机动车、盗窃耕牛为特征的“双抢、双盗”犯罪案件频发，犯罪呈现动态化、智能化、暴力化、组织化特征。2006年与1997年相比，禹城市破获刑事案件数上升27%，检察机关批准逮捕犯罪嫌疑人数上升40.4%，移送起诉犯罪嫌疑人数上升65.8%，批捕率从65.9%上升到89.9%，起诉率从72.2%上升到97.6%。

1986—2010年禹城县（市）刑事案件发、破案统计表

表23-1-2　　　　单位：件

年	发案	破案	重大案件	重大案件破获
1986	248	237	90	80
1987	278	269	98	82
1988	310	290	106	98
1989	346	321	116	97
1990	385	355	126	105
1991	429	392	137	114
1992	480	434	62	51
1993	529	488	149	124
1994	659	631	162	149
1995	318	991	78	66
1996	316	859	78	75
1997	817	1213	204	183
1998	909	1177	196	160
1999	1111	1420	140	124
2000	1675	1267	471	302

续表 23-1-2

年	发案	破案	重大案件	重大案件破获
2001	1519	1096	444	312
2002	1897	1350	492	241
2003	1519	955	395	266
2004	1243	623	143	95
2005	1386	1166	235	120
2006	1087	1046	197	178
2007	812	658	77	97
2008	634	1417	62	107
2009	482	1018	143	103
2010	423	804	46	49

1995—2002 年，年发案及破获案件数呈逐年上升趋势。2003 年有所回落，特别是在 2004 年经过专项打击，先后破获韩超故意杀人案，宋艳涛故意杀人案，孙林涛、孙林申伤害致死案等一系列大要案件后，发案率明显减少。2005—2009 年呈逐年递减趋势。

从 1988 年起，先后进行 6 次专项打击，分别是：

1988 年，开展“深挖犯罪团伙，打击流氓滋扰”“打击拐卖妇女儿童犯罪活动”等专项行动。

1993 年，开展“反盗窃农排线”“反车匪路霸”“反乱捕杀家犬”“反盗窃自行车”和“民用枪支清理整顿”等专项行动。

2004 年，开展打击农村黑恶势力“百日整治行动”“冬季严打专项行动”。

2008 年，开展冬季严打严防、春季百日严打整治、“夏季攻势”、严打整治“百日攻坚”等一系列专项行动。

2009 年，以建国六十周年和全运安保为中心，开展反恐怖犯罪工作。以“两抢一盗”为重点，严厉打击多发性侵财犯罪。先后组织开展农村冬季严打整治百日会战、打击侵财犯罪专项行动、“春季平安”行动严打整治百日会战、社会治安整治行动、“夏季利剑”严打

图 23-1-3 专项行动演练 （2009 年摄）

整治专项行动、冬季严打整治百日会战等一系列严打行动。

2010年，全面推进刑事科学技术、刑侦信息化、刑侦基层基础、刑事执法规范化四项建设，以侦破命案和打击侵财犯罪为龙头，持续开展专项斗争，破获命案6起，打掉黑恶势力团伙9个，破获毒品案件3起，抓获网上逃犯94名，勘查各类现场305起。

三、抓获处理人犯

1986—2010年，抓获违法犯罪分子8767人，其中逮捕2432人，劳教711人。

1986—2010年禹城县（市）抓获处理人犯统计表

表23-1-3　　　　单位：人

年	抓获犯罪分子	逮捕	劳教
1986	133	34	3
1987	170	42	5
1988	217	52	3
1989	278	69	7
1990	292	78	5
1991	309	92	7
1992	325	97	6
1993	341	113	2
1994	391	94	3
1995	334	86	6
1996	279	74	9
1997	346	94	12
1998	443	120	18
1999	390	116	21
2000	325	128	43
2001	341	114	53
2002	383	165	43
2003	302	120	5
2004	375	111	20
2005	314	116	40
2006	348	83	81

续表 23-1-3

年	抓获犯罪分子	逮捕	劳教
2007	404	96	42
2008	675	152	106
2009	600	101	113
2010	452	85	58

四、破获犯罪团伙

1986—1995 年，破获各类刑事案件 3633 起，其中大案 565 起，查处案犯 2408 人，挽回经济损失 295.2 万元。1996—1998 年，破获各类刑事案件 3249 起，其中大案 402 起，查处各类犯罪嫌疑人 1153 人，缴获赃款及赃物折款人民币 532.08 万元。1998—2010 年，打掉犯罪团伙 360 个，涉及犯罪分子 1594 人，侦破团伙犯罪案件 4081 起，缴获赃款赃物 1753.3 万元。

1986—2010 年禹城县（市）破获犯罪团伙统计表

表 23-1-4

年	团伙总数（个）	涉及成员（人）	破案数（件）
1986	25	113	224
1987	27	122	232
1988	29	131	249
1989	32	144	274
1990	35	155	295
1991	30	135	283
1992	32	144	302
1993	36	162	201
1994	34	182	383
1995	33	166	443
1996	33	161	170
1997	26	129	404
1998	45	192	469
1999	35	147	301
2000	43	206	445

续表 23-1-4

年	团伙总数（个）	涉及成员（人）	破案数（件）
2001	38	171	519
2002	36	212	635
2003	34	127	430
2004	25	97	180
2005	24	98	439
2006	36	163	428
2007	39	181	169
2008	53	209	428
2009	44	181	237
2010	31	133	270

五、治安案件查处

1985—2010 年，全县（市）开展各类大型专项治理行动 170 次、集中统一清查 165 次，并加强日常巡逻，查缉违法犯罪，坚持做到治安案件快侦、快破。2000—2010 年，发生治安案件 13476 起，查处治安案件 13385 起，治安拘留 3488 人，罚款 1041 人（次）。

2000—2010 年禹城市治安案件查处情况一览表

表 23-1-5

项目 年	治安案件发案数（起）	案件类型						查处（起）	拘留（人）	罚款（次）
		扰乱秩序	妨害公共安全	侵犯他人人身权利	侵犯公私财物	妨害社会管理秩序	其他			
2000	425	24	9	291	63	18	20	425	184	98
2001	449	27	11	314	49	11	37	449	149	29
2002	501	29	8	327	78	28	31	501	169	27
2003	382	26	4	264	43	32	13	382	244	26
2004	254	31	3	167	26	24	3	254	182	21
2005	428	29	2	171	19	5	2	428	285	139
2006	367	36	3	295	—	33	—	355	302	153
2007	1203	43	13	1089	—	58	—	1171	417	317
2008	2181	63	19	2005	—	94	—	2134	531	35

续表 23-1-5

项目 年	治安案件发案数（起）	案件类型						查处（起）	拘留（人）	罚款（次）
		扰乱秩序	妨害公共安全	侵犯他人人身权利	侵犯公私财物	妨害社会管理秩序	其他			
2009	3717	124	8	3535	—	50	—	3717	533	24
2010	3569	203	3	3332	—	31	—	3569	392	45

第四节　安全保卫

一、内部安全保卫

1986 年，禹城县公安局与县直 121 个单位负责人签订安全合同书，对 125 个保险柜定期进行检查。1987 年，对内保单位财会室配置技术防范措施，安装报警器 70 余个、防盗安全包 60 余个、安全锁 30 余把、防盗安全门 20 个。1990 年，县直 121 个单位设保卫科 26 个、保卫股 30 个，配备专兼职保卫人员 130 名，组织护厂队 41 个，配备队员 500 余名，安装室内技术报警器 143 台，电力设备报警器 97 台。1986—1990 年，抓获作案分子 120 人。1995 年，全市 141 个单位，设保卫科、股 63 个，专职保卫干部 150 人，护厂队 45 个，单位安装监控设备 2 套，报警器 90 余个，防盗门 1800 余个，145 个单位财会室均达到安全标准要求。1999 年后，在重要处安装监控探头 320 个。全市新建居民小区全部实行封闭式管理，可防范性刑事案件、治安案件逐年下降。至 2010 年年底，48 家重点单位落实技防措施，安装监控探头 1200 个。

二、国家安全保卫

1986 年，国内安全保卫工作由政治保卫科（简称政保科）负责。1986—1990 年，围绕资产阶级自由化思潮等重大事件，搜集情报信息，为党委、政府决策提供依据。1997 年，公安局坚持“内线侦查、依靠群众、适时破案”方针，一举取缔会道门“一炷香”复辟活动，治安拘留 4 人，传唤 84 人。1999 年，在全市开展取缔邪教法轮功行动，并对骨干分子依法进行处理，取缔练功点 14 处，劳动教养 8 人。2002 年，在辛店镇西董村抓获韩国大田基督教会传教人员 1 名及黑龙江籍翻译人员 1 名，通过与外交部门联系，将潜藏在济南市韩国籍传教人员郑东锡一家 5 口驱逐出境。2004 年，破获公安部督办“826”境外教会组织印刷散发宣传品案，查清已经散发非法宣传小册子 8 万余册，扣押还未散发小册子 5000 余册。2009 年，破获公安部督办“902”组织、领导传销案，集中抓获并刑事拘留 12 人。2010 年，处理亚纺职工停工事件和禹王路改造北街拆迁事件，调查、圈定 43 名血水圣灵邪教骨干人员并进行教育、训诫工作，刑拘资本运营传销人员 20 人，全年组织 24 期国保大讲堂。

三、其他安全保卫

2003 年抗击非典期间，全局实行 24 小时值班备勤，全力配合卫生防疫部门查询非典可疑患者，配合交通部门完成对全市客运车、出租车消毒工作；2008 年，完成奥运会保卫任务；2009 年，完成全运会安全保卫任务；2010 年，完成太阳城大会安全保卫任务。累计完成各类保卫任务及突发事件计 369 起。

第五节　监所管理

一、监所设施

禹城市看守所始建于 1947 年，旧址在城里西街。1978 年，迁至红星巷 5 号，分设看守所和拘留所。1994年，对看守所进行改造，办公室由平房改建为办公楼。看守所主要负责犯罪嫌疑人、已决犯看押工作；行政拘留所负责禹城县行政拘留人员管理教育工作。看守所内设有普通监室、未成年监室、过渡监室、女犯监室、禁闭室、老弱病残监室等16个监室。监区内设有卫生室，监控室、管教室、图书室等。2004—2008年，累计投资200多万元，用于看守所基础设施改造，重新安装全方位、无死角监控设备，具备监听、监视、录像、视频转换、对讲、报警、在每个监室门口巡视等重要功能；监区监墙加高至5米，上面安装2.5米高钢网墙，并装有两道蛇腹式刀刺网，监墙总高度达到7.5米；监墙东西对角岗哨加高至9米，各项设计和建设均达到省级监管标准。2010年，更新全部监控设施，完成信息平台建设和运行，整修监室卫生间，粉刷看守所所有墙面，实现监所管理网上运行，实现监所管理信息共享，同时提升管理水平。

二、管理教育

1986年后，看守所严格落实各项规章制度，确保多年连续无安全事故。1998年，看守所被公安部评为全国“三级看守所”。2004年后，看守所先后三次荣获“集体三等功”，5人荣获个人“三等功”，2007年，看守所被公安部评为全国“二级看守所”，2008年，所长刘忠江被公安部评为“全国优秀看守所长”。2010年，投资22余万元为看守所安装监控设备和电教设备，实现在押人员多元化、人性化看押管理和教育。在押人员入所七日内进行每日谈话，出所、开庭、提讯后及时谈话，在押人员离所进行离所谈话，实行一日生活制度，在押人员遇有问题可以随时会见检察官。看守所定期利用广播上法制教育大课，定期开展健康查体，通过对在押人员开展教育攻心，深挖犯罪线索100余条，破获刑事案件500余起。

三、人犯在押

1986—2010年，禹城县（市）看守所在押人员，随着监所搬迁、扩建，关押量不断增加。2010年，看守所在押人员全年800余人，高峰时在押人员达140余人，重刑犯达15余人，投劳200余人。

1986—2010年禹城县（市）看守所羁押人犯统计表

表23-1-6　　单位：人

年	在押人员	男在押人员数	女在押人员数
1986	26	26	0
1987	35	35	0
1988	30	29	1
1989	41	40	1
1990	37	37	0
1991	26	23	3
1992	23	23	0
1993	28	27	1
1994	32	32	0
1995	35	33	2

续表 23-1-6

年	在押人员	男在押人员数	女在押人员数
1996	42	42	0
1997	55	54	1
1998	69	69	0
1999	19	19	0
2000	50	48	2
2001	58	58	0
2002	115	114	1
2003	49	48	1
2004	201	185	16
2005	415	381	34
2006	381	360	21
2007	434	401	33
2008	746	691	55
2009	773	715	58
2010	538	498	40

第六节　户籍管理

1986 年，户籍管理工作由公安局治安科分管；乡镇户籍管理工作由派出所专职户籍员负责；村户籍管理工作，由村文书负责。农业户口由乡镇派出所、村管理；非农业户口按集体户、家庭户签发户口簿，由派出所、单位管理。公安局负责县外迁入和迁出县外审核工作。

1988 年，成立颁发居民身份证办公室。第一次颁发居民身份证，称“一代证”，号码 15 位，有效期为 10 年、20 年、长期三种。1989 年 4 月，公安局设户政科，专门负责户籍管理工作。年底，实行户口管理改革，以常住户口登记表取代户口卡片。1990 年 10 月，对非农业户口实行禹城县公安局、派出所、单位三级管理。同时对常住人口登记表、户口本进行理顺，实行方位图、门牌号、户口簿、常住人口登记表、身份证号五统一，1994 年年底全部完成。

1997 年 1—4 月，筹集资金 40 余万元，购买计算机 21 台，用于户政管理工作；10 月 1 日，启用和换发新常住人口登记表和居民户口簿；6 月 20 日—8 月 20 日，将全市人口数据输入微机，总计 492491 人；10 月，人口信息管理系统全部实现计算机管理。年底，换发新常住人口登记表 49 万张、居民户口簿 10 万本，新常住人口登记表和户口登记簿换发工作完毕。2000 年 1 月，居民身份证号码由 15 位升到 18 位。4 月，建立县级公安机关人口信息数据库，实现与辖区所有派出所人口信息联网；2003 年始，为使公民真正实现法律意义上平等，经过研究、探索，逐步实现户口一元化管理，即不再有农业人口和非农业人口之分。所有户籍资料登记户口性质均为居民户口。取消“农转非”计划指标管理和“农转非”户口审批，以居民实际居住地和所从事职业为基础，将人口划分为城镇人口和农业人口，统一登记为居民常住户口。

2004年10月，停止办理“农转非”手续，取消非农业户口三级管理，迁入、迁出、出生、死亡4项变动手续由派出所根据户口管理要求直接办理，不再由户政科签字盖章；开始筹备第二代居民身份证（简称二代证）换发工作，并组织大规模人口基本信息清理纠错工作。2005年1月，在禹城全市范围内取消农业、非农业户口性质划分，按常住居住地登记户口原则，统一登记为居民户口。2005年9月7日，“二代证”换发工作正式启动。至2010年年底，禹城市常住人口522878人，总计163807户。

1998—2010年禹城市人口及其变动情况统计表

表23-1-7

年	总户数（户）	总人口（人）	非农业人口	迁入（人）		迁出（人）	
				省内迁入	省外迁入	迁往省内	迁往省外
1998	125561	493493	70651	2779	604	2385	512
1999	126422	495387	72618	2773	377	2667	425
2000	129751	499755	74198	5559	486	—	398
2001	130209	500956	76571	3482	426	3896	803
2002	132325	501938	78000	2657	315	3332	534
2003	134174	503337	100864	5689	396	4919	641
2004	134012	506464	102490	3201	365	3382	729
2005	132426	509285	164893	3513	265	2960	448
2006	135801	513783	160042	3706	941	2782	648
2007	139047	516848	161717	3552	1215	4344	771
2008	143478	518006	164632	2372	764	3178	895
2009	151223	520280	163782	1987	772	2516	763
2010	163807	522878	166510	1928	808	1924	702

第七节　消防管理

1984年11月，禹城县公安消防中队成立（属中国人民武装警察部队编制序列），1986年，公安局设消防股；各派出所设兼职消防监督员1名；9月，消防股改为消防科。1991年5月，消防科更名为禹城县公安消防大队。1993年9月，禹城撤县划市，县公安消防大队改为市公安消防大队。至2010年年底，市公安消防大队官兵33人，其中现役干部5人、现役士兵11人、合同制消防员13人、消防文职雇员4人。参加社会救援1000余次，保护财产价值上亿元，抢救遇险人员400余人。大队多年被德州消防支队评为先进大队、先后10年被山东省评为全省先进消防大队、先后4年被评为全省十佳标兵大队、2006年及2008年被山东省公安厅评为全省优秀公安基层单位、连续4年被山东省政府授予全省消防平安建设先进县（市）区荣誉称号、德州市精神文明建设先进单位。

图23-1-4　检查加油站消防设施（2005年摄）

一、装备建设

1986年，消防中队有载水2吨解放牌水罐消防车1辆及相应随车消防器材。随着经济发展和火灾增多，政府对消防装备和消防器材投入逐年增多，先后购置单车最大载水量15吨、可举高22米消防车、泡沫消防车、云梯、液压扩张器、液压剪切器、液压顶杆、开门器、双轮异向切割锯、机动链锯、移动照明灯、冲锋舟、潜水衣、移动水炮、移动供气源等300件（套）抢险救援器材，以及15米拉梯、救生气垫、氧气呼吸器等600件（套）救生器材，为每位消防战斗员配置新式战斗服、头盔、消防靴、空气呼吸器、呼救器等220件（套）个人防护装备。2010年年底，消防大队有消防车7辆，载水量52吨、泡沫1.5吨。

二、火灾预防

1986年，为380部汽车安装710具灭火器，对驾驶员进行防火灭火教育。1988年，对确定23个消防重点单位建立防火档案，实行挂牌管理。1990年，组织商业、供销等10个部门联合开展防火百日安全竞赛活动；与农机、电业等部门联合开展麦收防火安全教育活动；年底，禹城县有专职消防队员160名，义务消防队员18000名，消防泵180余台，水龙带5万余米，各种灭火器材2万余件。1996—1997年，安装消防公益广告牌310块。2005年4月，召开全市农村消防工作会议。2007年，邀请120个机关、团体、学校、企业、事业单位5000余人到消防大队和消防站参观学习演练防火、灭火及火场逃生等自救常识，提高全社会防火意识，增强全民自防自救能力。2010年，向全市机关、团体、企业、事业单位及广大市民发出1万份公开信、4万份消防安全知识手册。至2010年，全市有消防重点单位108家，其中人员密集场所40家、重要机关单位16家、高层建筑5家、危化品单位14家。

三、火灾扑救

市公安消防大队以防火、灭火、应急救援为职责，至2010年，参加灭火救援行动5000余次，处置2009年新易丰羊绒厂火灾事故、101省道氨气泄漏事故等多起特重大事故，抢救被困人员1500余人，抢救人民财产3.5亿余元。

四、消防监督

1998年后，市消防大队每年不定期对辖区单位进行消防安全检查，对查出火灾隐患单位下发《责令限期改正通知书》，提出整改意

图 23-1-5　检查消防建设排除隐患（2001 年摄）

见，并督促单位抓紧落实。2001 年 4 月，对全市宾馆、饭店、商场等公众聚集场所进行专项检查，排除隐患 43 条；8 月，开展液化气站（点）、石油库、加油站（点）消防安全专项治理活动，检查单位 61 个，督促整改不安全因素 186 项，重大火险隐患 3 处，取缔非法经营液化气、加油站（点）8 个。2005 年，督促单位对存在重大火灾隐患进行整改。2007 年，开展检查活动 70 多次，对娱乐场所、网吧、冷库、加油加气站等易燃易爆单位进行检查治理，检查消防安全重点单位 60 家，夜查 20 余次，对 230 余家单位 430 余处火灾隐患进行跟踪整治。在建筑设计防火审核工作中，严把图纸审核、施工检查、竣工验收 3 关。2010 年，全市检查单位 568 家，消除火灾隐患 618 处，查处消防违法行为 56 起，查封 15 家，拘留 3 人，罚款 15 余万元。

第八节　交通管理

一、道路交通安全管理

1987 年前，道路交通安全管理工作由禹城县交通监理站负责。1987 年 3 月，划归禹城县公安系统，定名为禹城县公安交通警察队，成立交通警察第一中队。1992 年 3 月，经禹城县编委批准成立第一、第二、第三、第四、第五，5 个交警中队，负责维护和疏通县城重镇道路交通，处理排解各类交通纠纷，保护肇事现场，在交通要道设立检查口（站），监督检查过往车辆，维护道路交通安全。至 2010 年年底，交警大队设立 9 个交警中队。

城区交通管理。城区道路交通管理由岗勤中队、城区中队、站南中队、站北中队和迎宾中队分别划区分段管理，实行“五定一包”（定路段、定人员、定时间、定职责、定奖惩，包安全畅通）责任制，采取“高峰站点、低峰巡线”方式管理。在行政街全天由民警在主要交通路口值勤。自 2000 年开始，陆续在实验小学、步云小学、实验中学、综合高中门口，设交警助学岗，上放学时间疏导交通。在实验小学门前，安装限速、限时反光警示牌，提醒司机注意学生安全。每年高考期间，对各考点严密部署，实行道路限行，保持考点肃静，保障道路畅通。

公路巡逻管理。1990 年 3 月，在禹城县南环路段和国道 308 路段设置 227 号、228 号两处道路交通检查站，实行流动巡查。1992 年 8 月，撤销两处检查站，实行交警巡逻执勤机制。1997 年 3 月，设公路巡逻民警大队，对辖区内公路上治安和交通管理问题实行统一执法。巡逻民警实行分路段上路巡逻，对重点路段 24 小时巡逻，分管路段 24 小时不失控，形成对公路主干线交通控制网络。每年纠正违章 5 万余人次，处罚 2 万余人次。2010 年，纠正违章 5 万余人次，处罚违章驾驶员 3 万余人次。

农村交通管理。1987 年 10 月，经县政府批

图 23-1-6　指导行人遵守交通安全（2008 年摄）

准招收 20 名乡镇合同民警，在乡镇公安派出所工作，专职农村交通安全管理。1992 年，交警大队成立流动车管所，到各乡镇上门为“三小”车辆（摩托车、农用三轮、农用四轮）挂牌办证。交警大队利用集市、广播向农民宣传交通法规，建设交通安全村 27 个。2006 年，市中办薛庙村被评为山东省优秀交通安全村。

二、机动车辆管理

机动车注册、年检、转入、转出等业务由车辆管理所统一管理。车辆管理所属交警大队下设机构，于 1992 年 3 月由县编委办公室批准成立。至 2010 年，全市有机动车 72115 辆。

号牌管理。1961 年，机动车挂全国“14/65-”统一牌号。1994 年 7 月，禹城市机动车（拖拉机除外）换发“九二”式机动车牌证，牌号为“鲁 N-”加 5 位数字，禹城号段为“20000—29999”。汽车号牌一直由德州交警支队发放。2000 年 6 月 1 日，下放到各县市发放，方便群众。2003 年 10 月，实行所有车辆号牌由电脑公开选取，一次 2 个号码选 1 个；2006 年 4 月，机动车牌号增添鲁 NE 加 4 位数字。2007 年 7 月，又增添鲁 N 加 1 位数字加 1 个汉语拼音字母加 3 位数字，自选号牌由 2 个号码选 1 个增加为 5 个选 1 个。2008 年 10 月，再添加鲁 NE 加 1 位数字加 1 个汉语拼音字母加 2 位数字。2009 年 10 月，开通网上选号系统，群众可在网上自编自选号牌。通过不断改进机动车号牌号码选取方式，由原来完全指定号牌号码转变为号牌完全自编自选。

“三小”车辆管理。1984 年，地区车管所把拖拉机管理权限下放到县。1992 年，交警大队成立流动车管所，针对迅猛增长“三小车辆”，到各乡镇上门为“三小”车辆（摩托车、农用三轮、农用四轮）挂牌办证。1995 年，“三小”车 3592 辆、驾驶员 1114 人。至 2010 年，“三小”车 49728 辆、驾驶员 17860 人。

图 23-1-7　进社区开展车驾管理业务（2010 年摄）

机动车检测。2001年前，禹城县（市）机动车检测到德州市车管所检测。2001年12月，交警大队建立禹城市机动车检测中心，对小型汽车和“三小车”实施检测。每车检测尾气排放、制动、底盘、灯光和侧滑等项内容，日平均检测70余辆，实现对机动车辆智能检测管理。2010年3月，在山东省道101线禹城市十里望乡御桥韩村北，建立德州市鲁德机动车安全技术检测有限公司禹城检测站，实现对包括大型汽车在内所有机动车智能检测，检测更全面更快捷。

三、驾驶员管理

驾驶员考试、发证、年审、注销等业务由车辆管理所统一管理。

1987年始，“三小车”驾驶员考试、发证、年审等业务由县级车管所负责，汽车驾驶员由德州车管所负责。

1998年7月，德州市驾驶学会禹城工作委员会成立，下设16个分会，会员8000余人。

2001年9月起，实行驾驶员IC卡制度，对驾驶员实行违章记分，年内满12分以后，扣留其驾驶证。驾驶员到道路交通安全学校学习后，经考试合格，再进入下一次累计积分。

2002年4月，德州市交通安全学校禹城分校成立，专兼职工作人员7人。

2008年2月，汽车驾驶证有关业务下放到县级车辆管理所办理，德州交警支队驾驶员监督考核科负责学员科目二和科目三考试，禹城车管理所负责科目一考试。

至2010年年底，禹城市有驾驶员61004人，对驾驶证扣满12分的1600余名驾驶人进行培训教育。

第二章　检察

第一节　机构

1986年，禹城县人民检察院内设经济检察科、法纪检察科、办公室、刑事检察一科、刑事检察二科、调研室、政工科、检察技术科、监所检察科、控申科十个部门。1987年10月，正式设立综合档案室，隶属办公室。1992年，增设民事行政检察科。1995年5月，经济检察科升格为反贪污贿赂局，时任检察长的田绍亭兼任局长，下设侦查一科、侦查二科、预防犯罪科、综合科。经禹城市编制委员会批准，2001年5月，法纪检察科升格为渎职犯罪侦查局，为正科级单位，后更名为渎职侵权检察局，2005年更名为反渎职侵权局。2001年，刑事检察一科、刑事检察二科分别更名为侦查监督科和公诉科。2002年机构改革，预防犯罪科从反贪局分离出来，升格为独立部门；同时调研室被取消，调研工作并入办公室。2003年，人民监督员工作在禹城市人民检察院试点，2006年9月，经禹城市编制委员会批准，正式设立禹城市人民检察院人民监督员办公室，2010年10月，人民监督员工作结束试点，全国推行。

第二节　反贪污贿赂检察

1995年5月前，反贪污贿赂局前身为经济检察科，主要任务是对经济法律、经济法规贯彻实施实行法律监督，通过行使经济检察权，对经济犯罪案件进行侦查、公诉并配合审判活动，打击危害社会主义建设经济违法犯罪行为，保护国家利益和集体、个人合法权益，促使国家机关、企事业单位、社会团体和经济组织经济行为合法化、以维护社会主义经济秩序，保证改革开放正常进行。主要查办：贪污案、行贿受贿案、挪用抢险、救灾等款物案、偷税抗税案、假冒商标案、破坏森林案、玩忽职守案和重大责任事故案等。随着经济社会发展特别是经济全球化及社会价值观影响，贪污贿赂等职务犯罪、渎职犯罪出现并逐渐增加，反贪污贿赂局、反渎职侵权局相继成立，检察机关自侦案件称谓也从过去“经济犯罪”转变为“职务犯罪”。

1988—1997 年禹城县（市）人民检察院办理经济案件情况统计表

表 23-2-1　　　　单位：件、人

年	立案		批捕	起诉	免诉		万元以上大案	
	件	人	人	人	件	人	件	人
1988	33	35	8	6	24	26	7	7
1989	40	40	6	6	34	34	7	7
1990	28	28	5	5	23	23	2	2
1991	29	29	4	6	11	11	5	5
1992	50	50	9	5	29	30	7	7
1993	42	44	8	8	34	34	11	11
1994	26	27	10	10	—	—	19	19
1995	35	36	13	12	—	—	31	31
1996	51	52	14	14	37	38	42	43
1997	49	49	5	—	—	—	32	32

1998—2010 年禹城市检察院反贪污贿赂情况表

表 23-2-2　　　　单位：件、人

年	立案数		大要案		起诉		判决	
	件	人	件	人	件	人	件	人
1998	18	21	5	5	—	—	—	—
1999	26	29	10	10	—	—	—	—
2000	30	30	12	12	—	—	—	—
2001	31	31	19	19	—	—	—	—
2002	31	34	22	22	—	—	—	—

续表 23-2-2

年	立案数		大要案		起诉		判决	
	件	人	件	人	件	人	件	人
2003	19	19	13	13	—	—	—	—
2004	15	18	9	12	7	9	7	9
2005	17	18	11	12	9	10	9	10
2006	17	17	6	6	15	15	15	15
2007	10	18	5	11	7	12	7	12
2008	10	10	3	3	6	6	6	6
2009	8	13	—	—	4	5	4	5
2010	9	14	—	—	6	11	6	11

第三节　刑事检察

一、侦查监督

1986年，县检察院设刑事检察一科，1998年更名为审查批捕科，2001年更名为侦查监督科。主要开展审查批准（决定）逮捕、立案监督、侦查活动监督等业务。工作中适时介入侦查机关侦查活动，参与重大案件讨论；审查批准或决定逮捕、延长侦查羁押期限；要求侦查机关开展补充侦查；要求侦查机关提供法庭审判必需证据材料；对侦查活动进行全程监督。2009年，最高人民检察院下发《关于省级以下人民检察院立案侦查案件由上一级人民检察院审查决定逮捕规定（试行）》，省以下人民检察院（不含省）受理职务犯罪案件批捕权上提一级。

1988—2010年禹城县（市）检察院侦查监督情况表

表 23-2-3　　单位：件、人

年	受案		批捕		不捕	退查	追捕	立案监督	
	件	人	件	人	人	人	人	件	人
1988	58	94	—	77	10	7	—	—	—
1989	75	114	—	102	3	2	2	—	—
1990	76	125	—	113	—	11	—	—	—
1991	126	210	—	177	17	16	5	—	—
1992	79	127	—	101	7	19	—	—	—
1993	70	112	—	102	3	6	—	—	—
1994	75	137	—	124	10	3	5	—	—

续表 23-2-3

年	受案		批捕		不捕	退查	追捕	立案监督	
	件	人	件	人	人	人	人	件	人
1995	83	123	74	106	9	5	—	—	—
1996	92	124	75	100	16	14	—	—	—
1997	81	117	68	91	14	—	—	—	—
1998	77	108	49	66	32	—	1	5	5
1999	91	126	66	85	39	—	—	15	15
2000	96	169	70	124	40	—	13	21	22
2001	71	113	62	96	6	—	—	2	2
2002	96	188	87	142	—	—	—	18	20
2003	88	140	64	105	28	—	—	7	7
2004	89	141	63	104	—	—	1	13	13
2005	80	158	58	103	54	—	—	12	15
2006	62	111	47	81	30	—	—	14	22
2007	64	115	57	85	30	—	—	—	—
2008	112	182	95	150	32	—	3	13	22
2009	87	142	72	104	38	—	—	4	4
2010	89	117	69	85	27	—	3	12	15

二、公诉

1986 年，县人民检察院设刑事检察二科，1998 年更名为审查起诉科，2001 年更名为公诉科，主要职责是：对公安机关和本院侦查部门侦查终结移送起诉或不起诉案件进行审查，提出是否提起公诉，并作出提起公诉或者不起诉决定；对公安机关和本院侦查部门移送审查起诉案件，在审查中发现有漏诉，依法予以追诉；负责对公安机关和本院侦查部门侦查活动是否合法实行监督，对人民法院审判活动是否合法实行监督；结合办理未成年人刑事犯罪案件，做好对未成年人犯罪预防以及未成年人教育、挽救工作；结合行使检察职权，做好社会治安综合治理工作。2003 年始，检察院实施主诉检察官制度。主诉检察官是指具有检察官资格，通过竞争上岗并经一定审批程序确定，承担相应权责检察官。主诉检察官受科长领导办理各类案件，对部分案件和法律事项行使决定权，并对依职权作出处理决定案件承担全部责任。主诉检察官应当接受检察长、科长对其工作检查，并服从检察长或检察委员会决定意见。2004 年始，市检察院对缠诉缠访案件实行公开听证。公开听证是指检察机关组织召开，由上访人及其亲属和办案人员参加，邀请人大代表参与监督，在主持人主持下，上访人可以充分陈述自己上访理由，直接就案情向办案人

图 23-2-1　开庭审理　（2002 年摄）

员发问，与办案人员质证，公开、公正、公平处理案件的一种形式。2004 年 5 月，检察院适用公开听证程序，成功办理一批缠访案件（最长 5 年）。2005 年始，市人民检察院与市人民法院就人民检察院受理民事行政申诉案件以检察建议方式启动再审程序达成一致。依照《中华人民共和国民事诉讼法》规定，人民检察院经审查，发现申诉案件存在原判决、裁定认定事实主要证据不足；原判决、裁定适用法律确有错误；人民法院违反法定程序，可能影响正确判决、裁定等情形，人民检察院可向人民法院提出再审检察建议书，人民法院在 20 日内进行听证，作出是否启动再审程序决定。2007 年始，市检察院实行未成年犯罪嫌疑人亲情会见制度。对于案件事实基本查清，主要证据确实、充分，安排会见、通话，不会影响诉讼活动正常进行；未成年犯罪嫌疑人有认罪、悔罪表现，或者虽尚未认罪、悔罪，但通过会见、通话有可能促使其转化，或者通过会见、通话有利于社会、家庭稳定。未成年人犯罪案件，经检察长批准后，检察人员可以安排在押未成年犯罪嫌疑人与其法定代理人、近亲属等进行会见、通话。改革制度实施，提高工作效率，推进人性化执法，至 2010 年，发生抗诉刑事案件 2 件。

1988—2010 年禹城县（市）人民检察院公诉情况表

表 23-2-4　　单位：件、人

年	受理		起诉		免诉		不诉		移送上级法院	
	件	人	件	人	件	人	件	人	件	人
1988	48	69	33	50	4	5	1	2	—	—
1989	121	163	65	89	48	53	2	3	1	3
1990	76	115	48	78	35	45	—	—	—	—
1991	148	227	96	149	39	47	—	—	13	13
1992	135	178	43	53	52	57	—	—	13	31
1993	96	132	43	53	57	66	1	1	10	22
1994	95	124	56	91	30	30	—	—	9	10
1995	112	166	58	75	45	48	—	—	7	41

续表 23-2-4

年	受理		起诉		免诉		不诉		移送上级法院	
	件	人	件	人	件	人	件	人	件	人
1996	164	196	70	89	72	76	—	—	6	11
1997	106	135	59	80	32	33	4	4	7	9
1998	58	74	38	46	—	—	—	—	6	13
1999	91	116	72	90	—	—	2	2	5	9
2000	93	154	70	123	—	—	—	—	—	—
2001	75	116	60	110	—	—	—	—	4	6
2002	90	151	75	125	—	—	—	—	—	—
2003	107	161	60	98	—	—	—	—	—	—
2004	86	128	60	95	—	—	—	—	—	—
2005	91	136	66	96	—	—	—	—	9	15
2006	80	95	76	105	—	—	—	—	6	11
2007	84	113	79	115	—	—	—	—	—	—
2008	88	139	74	124	—	—	—	—	—	—
2009	94	135	91	140	—	—	—	—	—	—
2010	96	113	88	108	—	—	—	—	6	6

第四节 反渎职侵权检察

1986年，县人民检察院设法纪检察科，具体职能是负责对刑法规定刑讯逼供、诬告陷害、破坏选举、非法拘禁、重大责任事故、玩忽职守和部分重婚案件等侵犯公民人身权利、民主权利犯罪和国家工作人员渎职犯罪案件直接受理侦查。1996—1997年，刑事诉讼法、刑法修订，法纪检察科案件管辖范围缩小，只负责对刑法第九章规定渎职罪（33个罪名）和第四章规定国家机关工作人员利用职权实施侵犯公民人身权利、民主权利犯罪直接受理侦查。2001年5月10日，

图 23-2-2 农信社赠反渎干警牌匾 （2010年摄）

禹城市人民检察院法纪检察科升格为渎职犯罪侦查局，后更名为反渎职侵权局，其主要职能是负责对禹城市国家机关工作人员玩忽职守、滥用职权、徇私舞弊等渎职犯罪，国家机关工作人员利用职权实施非法拘禁、刑讯逼供、报复陷害、非法搜查侵犯公民人身权利犯罪以及侵犯公民民主权利犯罪，进行立案侦查和预审；研究、分析渎职、侵权犯罪情况、趋势和对策，研究制定渎侦工作计划、规定和办法，总结经验、宣传法律等。2002年刑法修正案（四）出台后，反渎职侵权局管辖范围增加执行判决裁定失职罪和执行判决裁定滥用职权罪，扩大到42个罪名。2006年7月26日，新修订的最高人民检察院《关于渎职侵权犯罪案件立案标准规定》颁布实施。新渎职侵权犯罪案件立案标准，对渎职侵权犯罪主体范围作明确界定，细化渎职侵权犯罪案件立案条件。反渎职侵权工作面临着职能调整，管辖案件犯罪主体范围缩小、犯罪构成变化，一些新罪名案件侦查突破困难等问题，为解决这些难题，2008年5月至2009年11月底，禹城市人民检察院集中开展深入查办危害能源资源和生态环境渎职犯罪专项工作。2009年，立查1件2人滥用职权案件，被高检院编入案例教材予以推介。

1988—2010年禹城县（市）检察院反渎职侵权案件统计表

表23-2-5　　　　单位：件、人

年	立案		批捕	起诉		免诉	
	件	人	人	件	人	件	人
1988	21	27	5	5	5	16	20
1989	22	28	7	7	7	20	20
1990	13	14	1	1	1	10	11
1991	17	20	1	—	—	18	21
1992	12	13	—	—	—	12	13
1993	15	19	—	—	—	—	—
1994	10	10	1	—	—	—	—
1995	21	22	3	2	2	—	—
1996	25	27	—	—	—	—	—
1997	6	6	—	—	—	—	—
1998	1	1	1	1	1	—	—
1999	6	6	—	—	—	—	—
2000	11	12	—	—	—	—	—
2001	13	15	—	—	—	—	—
2002	13	13	5	—	—	—	—
2003	2	2	—	—	—	—	—
2004	3	4	—	—	—	—	—

续表 23-2-5

年	立案		批捕	起诉		免诉	
	件	人	人	件	人	件	人
2005	4	4	—	4	4	—	—
2006	1	1	—	—	—	—	—
2007	1	1	—	—	—	—	—
2008	1	4	—	1	4	—	—
2009	1	2	—	1	2	—	—
2010	1	1	—	—	—	—	—

第五节　民事行政检察

1992 年 9 月 23 日，市人民检察院设立民事行政检察科，人员 3 名，主要职责是：对人民法院已生效的民事行政案件判决和裁定发现确有错误，按审判监督程序提请或建议提请抗诉；对人民法院生效民事行政案件判决书、裁定书、调解书、决定书等发现确有错误，以检察建议形式予以监督。1993—1994 年，办理申诉案件 7 件。2004 年，办理国有资产流失案件 20 件，为国家挽回经济损失 100 余万元。2005 年，与法院、司法局共同签署《关于办理检察机关支持起诉案件意见》和《关于检察建议启动民事行政抗诉案件再审暂行办法》。2006 年，办理国有资产流失案件 7 件，涉案标的额 50 余万元。2007 年，办理国有资产流失案件 52 件。2008 年，提出并推行“检察和解”制度，一历经 2 次裁定，3 次判决，长达 7 年民事诉讼案件当事人和解结案。2009 年，制定《禹城市人民检察院关于提起公益性刑事附带民事诉讼暂行规定》，与国土资源局会签《关于共同防止国有土地资产收益流失若干意见》，办理 3 起拖欠土地出让金案件，督促有关部门收回土地出让金 600 余万元。

图 23-2-3　民事行政干警与律师座谈会　（2005 年摄）

1995—2010年禹城市检察院民事行政检察情况表

表23-2-6　　单位：件、份

年	立案数	建议抗诉	提请抗诉	改判	检察建议
1995	8	—	1	—	—
1996	2	—	2	1	—
1997	5	—	3	—	—
1998	7	—	7	—	—
1999	17	—	9	—	—
2000	26	3	15	2	—
2001	18	5	13	3	—
2002	20	4	11	4	—
2003	25	4	11	7	—
2004	26	—	18	8	—
2005	27	—	17	1	2
2006	20	—	11	3	3
2007	16	—	12	—	—
2008	13	—	5	2	2
2009	15	—	7	2	2
2010	21	—	7	—	2

第六节　控告申诉检察

1986年，县人民检察院设有控告申诉检察科，主要职责是：接待来访，处理来信，受理公民报案、举报、控告、申诉和犯罪嫌疑人自首；统一管理、分流举报材料；对性质不明、难以归口办理的举报材料进行初查；办理刑事申诉、刑事赔偿案件。2002年，处理集体访12件，越级访16件。2003年，接待集体访2次，2004年处理到省进京上访6件8人。2005年，接待来访196次，办理刑事申诉案件3件，处理涉检信访3件。2007年，处理告急访7件，越级访34件，息诉息访22件。2008年，处理告急访、集体访5件，接待来访190件。1993年，市人民检察院控告申诉检察科被山东省人民检察院评为“文明接待室”，1999年，被最高人民检察院评为“文明接待室”。

1988—2010年禹城县（市）检察院控告申诉检察情况表

表23-2-7　　　　单位：件

年	受理来信来访	本院管辖	转交	检察长接访	初查
1988	148	68	80	68	6
1989	252	151	101	—	11
1990	128	—	—	—	89
1991	130	—	—	120	74
1992	142	134	8	132	70
1993	135	—	—	121	—
1994	103	—	—	—	23
1995	104	—	—	74	—
1996	131	—	—	68	—
1997	105	—	—	—	17
1998	159	83	76	—	—
1999	204	132	72	56	—
2000	214	126	80	—	72
2001	195	133	62	—	75
2002	146	146	—	29	—
2003	65	65	—	—	—
2004	55	55	—	42	—
2005	35	35	—	—	24
2006	23	23	—	57	—
2007	39	39	—	34	—
2008	42	42	—	—	2
2009	74	74	—	—	3
2010	40	40	—	18	2

第七节　监所检察

1986年，设有监所检察科，主要职责是：依法对刑事案件判决、裁定执行和看守所实行监督，对在押人员进行法制教育，对监管改造场所执法活动实行全程监督。1988—2010年，为在押人员上法制课76次。1989年，实行2人驻市看守所，1993年，正式设立市人民检察院驻看守所检察室。2002年，一在押人员约见驻所检察官揭发同室抢劫犯张鹏另一抢劫杀人犯罪事实，协助河北警方破获一起久侦不破重大案件。同年山东省人民检察院授予看守所检察室“省级规范化检察室”称号。2004年，通过监督使一名应该释放而未释放在押人员得以释放。2007年、2009年市人民检察院驻看守所检察室被评为全国二级规范化检察室。

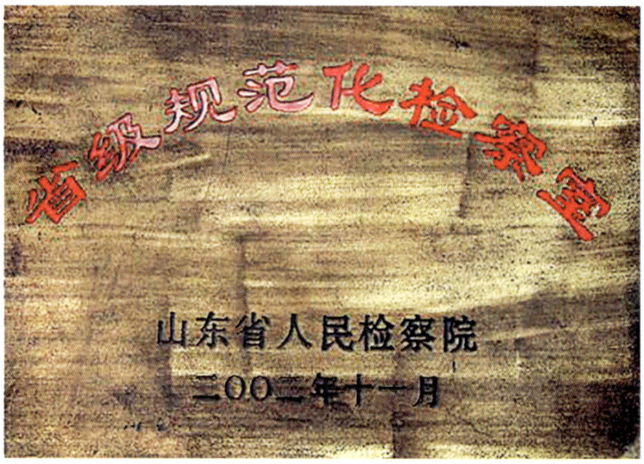

图23-2-4　看守所检察室被授予省级奖牌（2002年摄）

1988—2010年禹城县（市）监所检察情况表

表23-2-8

年度	在押人员（人）	纠正违法	个别谈话（次）	检察建议	考察监外执行罪犯（人）	重新犯罪案件（件）
1988	98	—	50	—	28	—
1989	113	—	60	—	21	—
1990	107	5	80	8	—	—
1991	185	6	90	—	36	—
1992	120	—	—	—	44	—
1993	136	—	—	10	60	—
1994	169	7	80	30	75	—
1995	173	17	90	13	69	—
1996	172	15	—	20	79	—
1997	243	—	90	—	81	—
1998	336	22	120	25	—	—
1999	280	12	107	60	65	—
2000	234	6	90	20	72	1
2001	263	—	96	—	—	7
2002	415	—	300	—	65	—
2003	418	—	90	20	—	6

续表 23-2-8

年度	在押人员（人）	纠正违法	个别谈话（次）	检察建议	考察监外执行罪犯（人）	重新犯罪案件（件）
2004	—	3	—	20	—	—
2005	502	—	90	10	94	—
2006	—	—	96	16	104	—
2007	—	2	89	8	—	—
2008	678	—	96	16	—	—
2009	—	—	96	16	—	3
2010	—	8	92	2	567	1

第八节 技术检察

1988 年，县人民检察院成立检察技术科，主要职责是：进行法医检验鉴定、文件（痕迹）检验鉴定、司法会计检验鉴定、视听资料检验鉴定、同步录音录像、文证审查等工作。1988—1992 年，出现场 64 次，尸检 12 次。制作勘查笔录 70 份，出具法医鉴定报告书 25 份，冲洗照片 500 余张。2004 年禹城市人民检察院投资 20 万元完成三级网安装，2005 年，投资 40 万元完成办公软件和监控系统安装和升级。2007 年，投资 20 万元，更新配备电脑、服务器、打印机，全面开展网上办公、网上办案等无纸化办公。2008 年，办理同步录音录像 4 件 6 人。2009 年，办理同步录音录像 5 件 9 人。2010 年，办理同步录音录像 13 件 14 人，更换电脑 50 台、复印机 1 台、打印机 10 台。

1993—2010 年禹城市检察院办理技术案件情况统计表

表 23-2-9　　单位：件

年	现场勘验	视听技术	文件检验	法医鉴定
1993	12	12	1	19
1994	15	17	—	13
1995	18	24	2	11
1996	32	50	2	29
1997	12	29	6	34
1998	—	42	16	27
1999	4	93	90	29
2000	7	116	11	35
2001	—	248	—	8

续表 23-2-9

年	现场勘验	视听技术	文件检验	法医鉴定
2002	12	518	6	74
2003	—	—	3	19
2004	2	99	1	5
2005	—	—	14	5
2006	1	50	40	6
2007	1	52	16	—
2008	—	10	20	—
2009	—	6	58	—
2010	—	14	51	36

第九节　职务犯罪预防

1999年，市检察院预防科正式开展职务犯罪预防工作，将职务犯罪预防工作提上重要日程，派员到山东省青州市检察院学习先进预防工作经验，并写出《关于加强职务犯罪预防建议》，引起市委重视，以文件形式将“建议”批转各单位执行，并成立禹城市职务犯罪领导小组及禹城市职务犯罪预防协会。2000年，分步骤、有重点地开展系统预防和行业预防，与人民银行、市建委等联合下发《关于在全市金融系统、建筑系统开展职务犯罪预防工作意见》，与8个部门签订预防协议。2001年，预防协会会员由26个发展到46个，上法制课26次，提出检察建议12份110多条。2002年，为预防协会会员单位订阅《检察日报》，上法制课42次，为企业提供法律咨询166人次，提检察建议22份214条。2003年，派员到菏泽市牡丹区人民检察院进行学习，调整市职务犯罪预防工作领导小组，预防协会增加团体会员70个，禹城市职务犯罪预防工作领导小组制定《预防办法》和《预防协会章程》，开通“禹城市职务犯罪预防网”，创办《预防通讯》，上

图 23-2-5　预防干警到乡镇上法制课（2003年摄）

法制课 30 次，开展警示教育 8 次，开展“法制教育月”活动。德州市检察系统预防工作现场会在禹城市召开，市人民检察院作经验介绍。2004 年，在医药系统开展“远离职务犯罪、拒收红包”签名活动。2005 年，编辑出版《预防通讯》两期，开展专项预防 13 个，个案预防 19 个，德州市预防工作会议在禹城市召开，市人民检察院做典型发言。因在村村通公路工作中成效显著，市人民检察院被山东省评为全省检察机关和交通部门职务犯罪预防先进集体。2006 年，开展个案预防 17 个，专项预防 5 个，开展编辑廉政短信、征集廉政警言警句活动，预防工作综合管理系统和预防信息分析预警系统开始应用于预防工作。2007 年，与市委党校联合创建“党员干部廉政教育警示展室”，预防体制形成上下联动、覆盖城乡预防格局。2008 年，开展预防职务犯罪“进农村、进社区、进家庭、进校园”活动，与 40 余个会员单位签订职务犯罪预防责任书。2009 年，对总投资 6000 余万元 10 个重点民生项目进行专项预防，同年“党员干部廉政教育展室”揭牌，开展行贿犯罪档案查询 103 次。2010 年，提出检察建议 7 件，会同有关部门为 3 个重点工程制定职务犯罪预防工作方案，开展法制宣传、警示教育 52 次，进行行贿犯罪档案查询 329 次，延伸预防触角，尝试在民营企业中开展职务犯罪预防、法律政策指导和法律咨询服务。

图 23-2-6　为五名人民监督员颁发证书　（2004 年摄）

第十节　人民监督员工作

2004 年 3 月，市人民检察院实行人民监督员制度试点工作，成立市人民检察院人民监督员办公室，在人大代表及政协委员中聘请 5 名人民监督员。人民监督员办公室主要职责是：对“三类案件”（被逮捕犯罪嫌疑人不服逮捕决定、拟撤销案件、拟不起诉）、“五种情形”（应当立案而不立案或者不应当立案而立案；超期羁押；违法搜查、扣押、冻结；应当给予刑事赔偿而不依法予以确认或者不执行刑事赔偿决定；检察人员在办案中有徇私舞弊、贪赃枉法、刑讯逼供、暴力取证）等违法违纪情况给予监督，邀请人民监督员参与执法检查、召开涉及检察院上访案件听证会等，增加检察机关执法透明度，自觉将检察机关自侦部门侦查活动全过程置于人民监督员监督之下。2005 年，市人民检察院启动人民监督员监督程序，监督拟撤销案件 25 件，人民监督员同意撤案 24 件，不同意撤案 1 件。办理权力告知案件 4 件。召开人民监督员座谈会 22 次，开展人民监督员制度宣传活动 15 次。2006 年，经市编制委员会批准，市人民检察院人民监督员办公室列编单设。2007 年，市人大常委会制定《关于加强人民监督员工作意见（试行）》，人民监督员选任转入外部化、规范化、法制化阶段。2008

年，市人民检察院制定《关于人民监督员对监所检察实行监督办法》，组织人民监督员视察看守所。2010年10月，人民监督员工作结束试点，在全国推行，省级以下人民检察院人民监督员改由上一级人民检察院组织选任，人民监督员监督范围由试点时"三类案件""五种情形"改为对人民检察院办理直接受理立案侦查案件七种情形实施监督：即应当立案而不立案或者不应当立案而立案；超期羁押或者检察机关延长羁押期限决定不正确；违法搜查、扣押、冻结或者违法处理扣押、冻结款物；拟撤销案件；拟不起诉；应当给予刑事赔偿而不依法予以赔偿；检察人员在办案中有徇私舞弊、贪赃枉法、刑讯逼供、暴力取证等违法违纪情况。

附：禹城市2000—2010年未成年人刑事犯罪分析

禹城市人民检察院　王连香

未成年人是祖国花朵，民族希望，可令我们痛心是，随着未成年人犯罪不断增多，许多花朵变成荆棘。笔者对2000—2010年禹城市人民检察院受理未成年人（18周岁及以下）犯罪案件进行调查，并试对犯罪特点、原因进行分析，提出预防建议，希望能引起有关部门重视，加强对未成人管理和法制教育。

一、2000—2010未成年人犯罪基本情况

2000—2010年禹城市人民检察院批准逮捕未成年犯罪嫌疑人50件87人，判刑最高为无期徒刑，最低免予刑事处罚。

2000年批准逮捕2件3人，2人犯盗窃罪，1人犯抢劫罪。

2001年批准逮捕2件2人，分别是寻衅滋事和故意杀人（未遂）。

2002年批准逮捕6件16人，6人犯抢劫罪，5人犯盗窃罪，4人犯故意伤害（致死）罪，1人犯强奸罪。

2003年批准逮捕5件10人，4人犯盗窃罪，3人犯抢劫罪，2人犯故意伤害罪，1人犯强奸罪。

2004年批准逮捕2件7人，4人犯抢劫罪，1人犯盗窃罪，1人犯聚众斗殴、抢劫罪，1人犯故意杀人罪。

2005年批准逮捕10件16人，12人犯抢劫罪，3人犯故意伤害罪，1人犯强奸罪。

2006年批准逮捕10件13人，6人犯抢劫罪，2人犯故意伤害罪，2人犯强奸罪，2人犯盗窃罪，1人犯抢夺罪。

2007年批准逮捕3件5人，5人均犯抢劫罪。

2008年批准逮捕6件10人，3人犯抢劫罪，6人犯盗窃罪，1人犯强奸罪。

2009年批准逮捕4件5人，3人犯抢劫罪，2人犯故意伤害罪。

2010年未受理未成年人犯罪案件。

二、犯罪特点分析

1. 抢劫团伙犯罪突出。2000—2010年，禹城市人民检察院批捕未成年人抢劫犯罪43人，占11年未成年人犯罪批捕总人数的49%，其中参与3人（包括3人）以上团伙作案36人，占抢劫犯罪总人数84%。团伙抢劫成为未成年人抢劫犯罪主要特点，在团伙抢劫案中，未成年人结伙对象多为18岁以上成年人，也有未成年互相纠结情况，团伙成员多数喜欢上网，无正当职业，无收入来源，经济拮据时，只要有人提出，几个人便会一拍即合，实施抢劫。如2005年王某某（17岁）、李某某（18岁）、李某（16岁）、张某（17岁），四人一起上网且吃饭玩耍，没钱，其中一人提出抢钱，他们随声附和，一起行动，先后抢劫在校学生及公园恋人的现金、手机等财物，四人均被判刑。跟随成年人作案，多是被拉入伙，受人教唆，处于被动从属地位。如2006年刘某某（17岁）参与抢劫一案，刘某某被约出来与杨某等

三名成年人（19到22岁）一块玩，身上都没钱，杨某提出抢点钱花，刘某某就同意，跟随抢劫，协助杨某对被害人进行围堵，搜身，分得15元钱，被判缓刑。

2. 在抢劫单人犯罪中，出现在校女孩独立作案现象。未成年女孩作案在未成年人犯罪中占比例很小，2000—2010年仅此一例，2006年禹城市某中学初三学生邵某某(15岁)，暑期放假期间想到外地游玩，没钱遂产生抢劫出租车司机念头，并事先准备面粉、刀子藏于随身带课本内，当乘出租车行至无人处时将面粉捂在司机脸上，持刀刺伤司机两肩，后被出租车司机制服扭送公安机关，被判缓刑。

3. 犯罪性质暴力化。在2000—2010年批捕87人未成人犯罪案件中，案件类型主要涉及抢劫、盗窃、故意伤害和强奸四种，分别是43人、20人、16人、5人，另外涉及抢夺、寻衅滋事罪和故意杀人3人。2004年批准逮捕2件7人，抢劫罪、故意杀人罪占6人。2005年批准逮捕10件16人，12人犯抢劫罪，3人犯故意伤害罪，1人犯强奸罪，作案手段拳打脚踢，用砖猛砸，持刀捅，用棍打等多种方式，暴力型犯罪倾向突出。如:2002年，路某某等4人故意伤害（致死）案中，路等4人与被害人一起喝酒过程中发生口角，路等4人为教训被害人多次用砖砸、用脚踢被害人头、背、胸等处，至被害人死亡。

4. 小矛盾引发刑事犯罪。在此11年中16人故意伤害案中，引发刑事案件多为一些鸡毛蒜皮小矛盾，由于处理方式极端化，引发刑事犯罪，且多为在校生所为。如：2005年李某某故意伤害一案。受害人唐某某因向李某某索要三块钱欠款，引发两人打骂，唐某某觉吃亏，纠集另外两名同学打李某某，李某某为泄愤用刀将唐某某捅伤致死。

5. 犯罪主体文化水平较低。在被调查未成年人犯罪人群年龄多集中于16至18岁，14岁（不含14岁）以下极少，文化程度多为初中和小学，中专比例很小，除在校生外，多数中途辍学，无正当职业，无固定收入。如被调查2005—2009年49名未成年犯中，16至18岁40人，15至14岁9人，14岁以下没有；高中文化6人，初中文化29人，小学文化8人，在校生6人。

6. 犯罪手段成人化、现代化。未成年人明辨是非能力差，好奇心强，崇拜偶像，喜欢模仿，十几岁孩子作案前精心策划，一些从录像、电影、电视、报刊上出现反侦查手段被频频使用，利用网络实施犯罪也开始出现。如聂某某强奸案，就是通过网上交友，赢得女方好感后，用电话以见面为由将女孩骗出，伙同他人实施犯罪行为。刘某某等多数未成年人犯罪后，都会将染血衣服、作案刀具等丢弃。

三、犯罪原因分析

1. 生理和心理原因。未成年人生理和心理上尚未成熟，青春期要面子，喜欢在异性面前炫耀、逞强，容易与人攀比，但又没有固定收入，整日无所事事，父母供给又很有限，不能满足玩电子游戏、打台球、穿时装、抽烟等日常消费，一旦有人提出去偷去抢，就很容易跟着去。做事意气用事，不计后果，为朋友两肋插刀，充英雄好汉。如2006年魏某某(17岁)、徐某某（17岁）抢劫案。魏、徐均无正当职业，魏某某还有同住女朋友，手头没钱，当魏某某女朋友李某某提出抢点钱花时，二人立即同意，三人合伙手持木棍、菜刀先后抢劫作案9起，三人被判有期徒刑11到13年。

2. 家庭原因。一是市场经济时代，年轻父母背负太多经济和心理压力，忙于各种事务，疏于对孩子科学家庭教育。二是以孩子为中心，过于宠爱，使孩子从小就养成以自己为中心、随心所欲、自私任性、我行我素不健康心理。如张某某故意伤害案中，只因被害人看其几眼，就纠集他人对被害人无故进行殴打，致被害人重伤。三是家长望子成龙心态和不正确家庭暴力教育方式，导致孩子叛逆心理。如陈某某抢劫案中，陈某某系与父亲发生争执后，赌气离家出走几个月，无经济来源，伙同他人抢劫作案多起，致一人死亡，一人轻伤，一人轻微伤，被判无期徒刑。

3. 社会原因。不良文化影响和价值观巨变是导致未成年人犯罪社会因素。市场经济导致一些人价值观发生变化，崇尚金钱、享乐，为钱不惜铤而走险，不惜身陷囹圄。网吧聊天、色情书刊、光盘随处可见，受不良文化影响导致犯罪情况愈来愈严重。如崔某某与同案犯姜某某系网上聊天认识，姜某某通过QQ问崔某某住宾馆钱哪儿来，崔某某随口说是抢来，姜某某要求参加，便来找崔某某，玩几天没钱，一下想到在网上说抢钱事，买水果刀就实施抢劫作案。苑某某强奸案是受到黄色书刊影响，一时冲动而为。

4. 学校原因。一是受升学率影响，老师喜欢学习好的学生，嫌弃学习差的学生，差等生普遍存在自卑心理，破罐子破摔，导致违法乱纪行为发生。二是学校往往只重视智力开发而忽视学生德育教育和法制教育，有的老师本身就缺乏法律知识、法律意识淡薄，使得学生无法接受到良好的法制教育，守法意识不强，导致犯罪。如杨某故意伤害案就发生在老师身边，杨某与前桌因课桌空间发生口角致互相打斗，杨抽出课桌里放的刀子将拉偏架的王某某捅成重伤，被判缓刑。

四、减少和预防未成年人犯罪的几点对策

减少和预防未成年人违法犯罪要立足于教育、保护、挽救和预防，主要应做好以下三个方面工作：

1. 良好的家庭教育。搞好家庭教育是预防和减少未成年人违法犯罪的基础。家长首先要以身作则，积极主动地学习正确教育孩子的方法，学习科学和法律知识，提高自身素质，以身教为孩子树立一个行动楷模和做事标准。家庭主要成员要相互理解、相互信任、相互支持，为孩子成长提供一个和睦、温馨、快乐、稳定的家庭环境。教育孩子要讲究科学的方式、方法，既不过分溺爱，也不动用暴力，使孩子养成健康向上的良好性格。

2. 净化社会环境。净化社会环境需要全社会共同行动起来，关心、关注未成年人成长，清理和取缔非法经营网吧，查缴各类具有淫秽色情、低级庸俗内容出版物和音像光盘，建立起学校及周边地区治安综合治理长效机制，建立青少年文化活动中心，为青少年健康成长提供专门文化娱乐、体育卫生、心理保健设施，各司法部门加强协调，积极做好针对未成年人法制教育。

3. 全面学校教育。通过培训和再教育等途径提高教师队伍道德和法制观念，全面推进素质教育，注重文化教育，更要注重法制育人，把德育教育和法制教育工作真正纳入整体教学计划，印发专门的法制教材，配备专门的德育和法律教育老师，让未成年人接受包括文化知识、道德、法制、爱国主义、集体主义在内的全面教育，让他们树立正确人生观、世界观和价值观。

第三章　法院

第一节　机构与队伍

1986 年，法庭建设实行“一乡一庭”制。设有车站法庭、城关镇法庭、十里望乡法庭、安仁镇法庭、石屯乡法庭、廿里堡乡法庭、房寺镇法庭、善集乡法庭、前油坊乡法庭、李屯乡法庭、大程乡法庭、张庄镇法庭、来凤乡法庭、梁家乡法庭、伦镇乡法庭、袁营乡法庭、莒镇乡法庭、张集乡法庭、辛店镇法庭 19 个基层法庭。

人民法院院址设在行政街 293 号院内。有三排平房，每排 6 间，总计办公用房 18 间。1987 年，有院长 1 人、副院长 3 人，政治协理员 1 人，审判委员会委员 8 人。下设刑事审判庭、民事审判庭、经济审判庭、执行庭 4 个庭室。1988 年，设立告申庭，1990 年，设立行政庭、政研室、政工科。

1993 年，禹城撤县划市，县人民法院更名为市人民法院。1994 年，法院筹建办公大楼，院址迁往解放路搬运公司楼上，租房办公。1996 年 3 月，建筑面积为 4600 平方米办公大楼竣工，又重新返回行政大街 293 号院内办公。1997 年，法院内设刑事审判庭、民事审判庭、经济审判庭、行政审判庭、执行庭、告申庭、法警大队、政研室、办公室、政工科、法医室 11 个庭室。1997 年 7 月 23 日，将 19 处乡镇人民法庭改革成为 7 处中心法庭，分别是：城区中心法庭、禹城镇中心法庭、辛店中心法庭、安仁中心法庭、袁营中心法庭、大程中心法庭、辛寨中心法庭。

1999 年，完成首次法官等级评定工作，法院 96 名干警分别被批准为不同等级法官和高级法官。3 月 10 日，撤销原来告申庭，新设审判监督庭和立案庭。11 月 17 日，建立法警大队，设大队长 1 人、政委 1 人、副大队长 2 人、法警 8 人。2000 年 5 月 3 日，将 7 处中心法庭撤销 5 处，分别是：大程中心法庭、袁营中心法庭、辛寨中心法庭、城区中心法庭、禹城镇中心法庭。新设立 5 处人民法庭，分别是：市中人民法庭、房寺人民法庭、辛店人民法庭、安仁人民法庭、伦镇人民法庭。

2001 年 5 月 10 日，法院建立执行局，人员从法院在编人员中调剂解决。2002 年 3 月 22 日，原来法医室更名为技术室，政研室更

图 23-3-1　辛店镇人民法庭（2000 年摄）

名为研究室。2002年，按修改后《中华人民共和国法官法》规定，法院对初任法官进行“两考、一培训”。对尚未取得本科学历的法官，要求在五年内必须取得本科学历。对2002年1月1日以前40周岁以上的法官，取得本科学历确有困难，必须取得最高法院组织的专项培训合格证，否则将免除其法官职务，调离审判岗位。2003年5月26日，按山东省法院“五化”法庭（即：设置规模化、建设标准化、审判规范化、管理制度化、装备现代化）要求，法院投资60万元，建设房寺人民法庭办公楼4层1100平方米，于2004年投入使用。2004年7月8日，法院同安仁镇党委、政府协商将308国道废弃原安仁医院改建加高加层，内外装饰，建成3层1200平方米安仁人民法庭，于2005年使用。

2004年，在各人民法庭建立便民服务站15个、便民联络点30个、聘请便民诉讼联络员30名，发放便民诉讼明白纸3600多张，方便人民群众诉讼。

2006年5月，建设伦镇人民法庭和辛店人民法庭，总计投资80多万元，伦镇法庭3层楼1006平方米，辛店法庭2层办公楼1000平方米，于2007年投入使用。

2007年，法院3人硕士研究生学位，61人次参加本科学历教育和专项培训。4月19日，建立少年审判庭，核定编制4人，人员从法院在编人员中调剂解决。12月6日，建立调解庭，核定编制5人，编配正、副庭长各1人，人员编制由法院内部调剂解决。2009年5月27日，建立法官助理办公室和书记员办公室，为法院内设机构，人员编制由法院内部调剂。2010年11月15日，政工科更名为政治处，机构规格不变；民事审判二庭更名为商事审判庭；将民三庭更名为民事审判二庭；新增设监察室，机构规格为股级；在执行局增设执行一庭、执行二庭、执行三庭。

至2010年年底，禹城市人民法院有干警128人，均为本科以上学历。

第二节　审判工作改革

一、审判职能改革

2002年，法院对审判机构进行较大改革，建立起与三大诉讼法相对应的刑事、民事、行政三大审判体系形成大民事新格局。由过去民事审判庭、经济审判庭和企业破产庭，调整为民事审判一庭、民事审判二庭和民事审判三庭。从而较好地解决一些部门职能交叉、分工不明状况，实现审判资源优化配置。2003年，积极稳妥推进法院改革，实行审判流程管理，先后建立信访办公室、交通事故合议庭，适应不同案件审理。2007年，设立独立建制少年审判庭，专门审理被告或被告人之一为未成年人和直接被害人为未成年人刑事案件，以及当事人为未成年人各类民事、行政案件。2008年，成立调解庭，减少矛盾激化、促进社会和谐。2009年，设立书记员办公室和法官助理办公室。

二、审判方式改革

1989年，山东省第六次民事审判工作会议召开，提出民事审判方式改革倡议。禹城县人民法院开始在民事诉讼中强调当事人举证责任审判改革，逐步改革法院包揽调查取证证据方式。1992年，法院在庭审中，强调“谁主张、谁举证”原则，实行“一步到庭”，显示“证在庭上举，理在庭上辩”。1996年，结合新《中华人民共和国刑事诉讼法》，进行刑事审判方式改革；同年，开始扭转办案模式，将办案过程推向审判庭，严格按程序法定开庭程序和模式运作；同时，改革原有“纠问式”审判方式向“诉辩式”方式转变，使法官角色主导、查问向“引导”“主持”和“裁判”转变，法官在庭审中主要工作变为主持庭审和指导举证、

图 23-3-2　禹城市伦镇人民法庭法官对当事人做调解工作（2009 年摄）

说理和认证、裁判。

1997 年，法院在刑事、民事、行政审判中，逐步实行“一个公开、三个强化”（即：坚持公开审判原则、强化庭审功能、强化当事人证责任、强化合议庭、强化独任审判员职责）审判方式，建立和完善错案追究制度。2005 年，积极探索多元化矛盾纠纷解决机制，在审理民事、民商事、行政等案件中，强调“调解为主、审判为辅”原则。2009 年，实行判决全程跟踪。对各业务庭室案件卷宗和草拟判决书，全部经审判监督庭审查，确认无误后，业务庭室才能下达判决书。对使用法条不当予以纠正，对重大案件和疑难案件把握不准的交审判委员会研究。

三、审判管理改革

1992 年，法院逐步推行“立审分立、审执分离、审监分立”制度，为全面推行审判流程管理制度奠定基础。1996 年，裁判权下放过程经历由主管院长审批案件，到主管院长与庭长分别审批案件，到庭长审批案件，到合议庭和独任审判员依职权独立签发裁判文书发展过程。到 2004 年，实现审判长和独任审判员依审判职责签发判决文书；并在审判长选任制度全面推行基础上，做到除合议庭依法提交审判委员会讨论决定重大、疑难案件外，其他案件一律由会议庭审理并做出判决，院长、庭长不得个人改变会议庭决定。

1999 年，组织“庭审观摩活动”，并与禹城电视台合办《法庭纪实》栏目。同年，对法院原有 19 处法庭撤并为 7 处。2004 年，法院在整合“一乡一庭”和“多乡一庭”各自优势基础上，推出“便民诉讼网络”模式。先后建立起以 5 处人民法庭为中心的便民诉讼联络站 15 个、联络点 30 个，聘请联络员 30 个，形成“三位一体”便民诉讼网络。2006 年，全面加强司法管理，对法院审判、执行、行政部门实行星级化管理。2010 年，改革司法考核办法，在法院推行绩效考核和质效报告，以及案件质量评估，民主测评和民主评议。建立“审判管理、绩效管理、质量管理、层级管理、信息录入”五大管理系统。

第三节　刑事审判

一、审判

1986—2010 年，判处犯罪分子 2892 人。

从 1986 年开始，法院认真总结三年“严打”战役，树立长期作战思想。1987 年，全面贯彻实施中共中央〔1987〕17 号文件精神，执行“两打”方针。（即打击刑事犯罪、打击经济犯罪）。对中央提出的 7 个方面 21 种严重危害社会治安犯罪分子，做到依法从重从快惩处。坚持“以事实为根据，以法律为准绳”原则，严把案件质量关，对影响较大的刑事案件，采用“提前介入、穿插进行”办案经验。参与“打击强奸、流氓、盗窃犯罪”专项斗争，并选择

图 23-3-3 送法到田间地头 （2007 年摄）

有代表性典型案件。

1988 年，针对社会治安状况，在刑事审判工作中坚持对严重危害社会治安犯罪分子依法从重从快惩处方针，对一般刑事案犯注意全面适用刑罚。年内开展 4 次全县范围专项斗争，运用审判职能，积极配合、参与社会治安综合治理工作。

1989 年，在刑事审判中做到“四抓”即：抓思想认识，认清严峻形势；抓大案要案，突出打击重点；抓案件质量，杜绝疏漏枉纵；抓办案效果，促进综合治理。法院把重点打击矛头对准杀人、放火、抢劫、强奸、流氓，重大盗窃、拐卖人口、破坏电力设备等严重犯罪分子和流窜、团伙暴力性犯罪分子。积极参与集中打击、集中治理、集中整顿活动，配合政法部门开展“打击流窜、挖团伙”专项斗争，成效明显。国庆节前夕，法院集中召开宣判大会，刑事犯罪分子受到法律制裁，有效地稳定社会治安，配合国庆 40 周年节日期间安全保卫工作。

1990 年，提出“稳定压倒一切”方针，作为部署、指导、检查法院工作出发点和落脚点，在刑事审判中坚持严打方针，把握打击重点，惩处和震慑犯罪。

1991 年，坚持严打开路，充分体现“从重从快”方针，各类严重刑事犯罪案件全部在法定审限内结案。如在“打拐”斗争中，审理多起拐卖妇女儿童犯罪案件和少年犯罪，并初步建立起一支由青年、妇女、工会、教育等部门参加的 20 多人特邀陪审员队伍，完善适合审理青少年犯罪特点审判方式，总结探索出一条惩罚犯罪与矫治预防犯罪相结合的新路子，为失足青少年创造接力帮教和综合帮教机会。对大部分有罪少年依法予以从轻处理，仅有 3 名犯罪少年被依法判处五年以上有期徒刑，起到教育、挽救和感化作用。

1993 年，开展打击车匪路霸、重大盗窃、拐卖人口、破坏电力设备等犯罪活动专项斗争，遏制严重刑事犯罪蔓延。

1995 年，狠抓大案要案处理。针对社会治安状况，严厉打击杀人、拦路和入室抢劫、强奸、流氓、重大盗窃，特别是带有黑社会性质集团犯罪。全年判处严重危害社会治安刑事犯罪案件 35 件 46 人。其中，审结流氓、盗窃、抢劫等集团犯罪案件 13 件，最大一起抢劫、盗窃、销赃案罪犯达 25 人，1 名主犯被依法判处死刑。全年判处五年以上有期徒刑直至死刑 35 人，占 49.6%，有力打击犯罪，维护社会治安秩序。

1996 年，全年审结此类案件 101 件，判处人犯 123 人。在生效判决人犯中，判处五年以上有期徒刑、无期徒刑和死刑 32.6%，全年判处死刑 2 人，年内执行死刑 2 人。对盗窃作案 12 起，盗窃现金、农用机动车辆、大牲畜等折款计 12 万多元，依法审理，为缩短案件审限，主动与检察机关密切配合，大案要案提前介入。选择大案要案，召开公判大会 4 场次，直接到场群众达 4 万多人，取得较好的社会效果。

1997 年 1 月 1 日，新刑诉法正式施行，按新诉讼程序审理案件，对依法应当公开审理案件全部公开审理，能当庭宣判当即宣判，不能当庭宣判，定期宣告判决，对依法不公开审理案件，做到依法公开宣判。全年公开审理案件数占 76%，当庭宣判占 28%。同年 10 月 1 日新刑法正式实施，审理刑事案件严格按新刑法定罪量刑，公正裁决。

1999 年，依法严厉打击杀人、抢劫、强奸、重大盗窃等严重刑事犯罪，并将带有黑社会性质的团伙犯罪、涉枪犯罪及流氓恶势力作为重中之重，依法从重从快惩处，决不心慈手软。依法打击利用反动会道门、封建迷信进行各种犯罪的活动，并认真做好对涉“法轮功”邪教犯罪案件审理准备工作。采取就地开庭、公开审判、以案讲法和“法庭纪实”等形式，广泛开展法制宣传。2 名认罪伏法有悔改和立功表现的刑事罪犯依法予以减刑或假释。对判处管制、缓刑和免予刑事处分人员回访帮教达 10 多人次。

2001 年，法院开展“严打”整治斗争，坚持“严打”方针不动摇，依法稳、准、狠严厉打击严重刑事犯罪活动。审判中坚持“质量第一”原则，严把事实证据关、定罪量刑关，并注重运用“惩办与宽大相结合”刑事政策，力争审理每起案件都经得起历史检验。坚持法律严肃性与具体执法灵活性、追求法律效果与讲究社会效果辩证统一。特别在处理敏感少数民族与汉族群众之间及少数民族群众之间刑事犯罪案件中，做到既坚持依法审判，又注重与相关政策衔接；既坚持严格执法程序，又注重行之有效的疏导教育工作，将德治与法治有效地融为一体。

2003—2010 年，法院强化“稳定是第一责任”意识，全力维护社会和谐稳定，积极参与“平安禹城”建设，坚持依法从重从快“严打”方针，严厉惩处杀人、抢劫、爆炸等严重暴力犯罪，以及盗窃、抢夺等严重影响人民群众安全感多发性侵财犯罪，始终保持对犯罪高压态势。并与其他政法机关密切配合，从审判工作角度，全力投入整顿规范道路交通秩序和打击农村邪恶势力斗争，维护社会治安秩序。注重坚持罪刑法定、罪罚相适应等刑罚原则，对罪行极其严重、社会危害极大的犯罪分子，坚决依法从重从快判处；对具有法定从轻、减轻处罚情节，依法从轻处罚，充分体现宽严相济，罚当其罪的立法精神。做到事实清楚、证据充分、定罪准确、量刑得当，力争达到把刑事案件办成“铁案”要求。坚持教育、感化、挽救方针，采用“圆桌审理方式”审理未成年人犯罪案件，积极开展社区矫正和回访帮教等工作，在预防和减少青少年犯罪方面做一些有益探索，得到最高法院和山东省法院充分肯定。利用公开审理，公开宣判、司法建议等形式，把社会治安综合治理措施落到实处。对认罪伏法，

图 23-3-4　法官给孩子们上法制教育课（2010 年摄）

图 23-3-5 值班院长接访当事人家属 （2004 年摄）

确有悔改和立功表现的罪犯，依法予以减刑或假释。注重对弱势群体保护，探索建立刑事被害人救助制度。在刑事附带民事案件中，引入调解机制，最大限度化解纷争。

二、惩处犯罪

（一）依法惩治经济犯罪

1986—2010 年，审结各类经济犯罪案件 1930 件，判处犯罪分子 2287 人，挽回经济损失 3674.03 万元。

从 1986 年开始，法院把依法惩处经济犯罪放在重要位置。1987 年，积极参与政法机关开展打击"偷税、漏税"犯罪和打击"假、冒、骗"犯罪专项斗争。1988 年，继续坚持对严重破坏经济犯罪分子依法从严方针，惩处一批经济犯罪分子。同时，在开展四次专项斗争中，充分发挥审判职能，参与社会治安综合治理。1992 年，本着"一要坚决、二要慎重，务必搞准"原则，加强对经济犯罪案件审理，对贪污、受贿、诈骗等严重破坏经济犯罪分子，做到依法从严惩处。全年审结经济犯罪案件 25 件，判处经济罪犯 30 名，为国家和集体挽回经济损失 177.65 万元。

1993 年 8 月，法院投入反腐败斗争中，学习贯彻中纪委二次全会和山东省、德州地委反腐败工作会议精神，抓住战机，充分发挥审判职能作用，以反腐败斗争中大要案为重点，从重从快审结一批经济犯罪案件。特别对那些社会影响大、群众反映强烈、形成关注热点案件，全部进行公开审理和公开宣判，严厉打击、震慑扰乱社会主义市场经济秩序犯罪分子，推动反腐败斗争深入开展。

1995 年，全年审结经济犯罪案件 32 件，判处人犯 41 名，其中判处五年以上有期徒刑、无期徒刑 36 人。通过追缴赃款赃物和适用罚金、没收财产等刑罚，为国家、集体挽回经济损失 284.06 万元。

1996 年，法院在严打斗争中，充分发挥审判职能，严厉打击贪污、贿赂、挪用公款等经济犯罪活动和危害改革开放、破坏社会主义市场经济秩序犯罪活动。

2003—2010 年，依法从严打击严重经济犯罪，优化经济发展法治环境。开展严打整治专项斗争，依法严惩制售伪劣商品、走私贩私、制贩假币犯罪活动，严厉打击传销、变相传销活动和金融证券市场违法犯罪活动，财税领域以及建筑、文化市场中违法犯罪活动。特别对社会广为关注的假冒伪劣食品、药品犯罪，加强打击力度。针对投资者、企业家及其他生产经营者绑架、敲诈、勒索、抢劫、哄抢等犯罪，依法予以从快从严惩处。根据不同时期、不同地区不同犯罪态势，有针对性地突出打击重点，尤其对因金融危机引发金融证券、保险、房地产等领域犯罪、非法集资、传销等涉众型犯罪，以及严重危害广大群众生命健康生产伪劣食品、药品犯罪等严重刑事犯罪，在法定审限内加快办案速度，争取最佳惩治效果。注意充分发挥刑罚威慑力，对罪行极其严重、情节特别恶劣、社会影响极坏的犯罪分子，该重判坚决重判。并适时选择重大典型案件向社会公布，宣传刑事法律政策，教育鼓舞群众，营造浓厚打击氛围。

法院依法严惩贪污贿赂和渎职犯罪，推动反腐败斗争深入开展。对在党政领导机关、行政执法机关、司法机关、经济管理部门内发生职务犯罪，以及县（科）级以上领导干部贪污贿赂、挪用公款等犯罪案件，起诉到法院后抓紧审理，依法从严惩处。同时，将严打整治、整顿规范市场经济秩序工作与反腐败斗争紧密结合，对国有企业领导人员利用企业改制、股票上市、产权变动之机，私分侵吞国有财产，转移国有资产和滥用职权、玩忽职守造成国有资产大量流失渎职犯罪案件，坚决依法追究刑事责任。

法院在依法惩治经济犯罪和整顿规范市场经济秩序工作中，严格执行法律和政策，正确理解和执行“依法从重从快”方针，使“严打”始终在法治框架内规范进行。正确地适用刑罚，充分有效地发挥刑罚打击和预防犯罪作用。1. 坚持罪刑法定原则。以法律为准绳，严格区分罪与非罪，此罪与彼罪界限，做到定性准确、不枉不纵。2. 坚持罪刑相适应原则。对犯罪分子适用刑罚与犯罪性质和严重程度相称，做到重罪重罚，轻罪轻罚，罚当其罪，罪刑相称。3. 坚持刑罚个别化原则。针对犯罪行为社会危害性和罪犯主观恶性程度，实行区别对待，适用相应刑罚，以期有效地教育改造罪犯。

（二）审理未成年人犯罪案件

1986—2006 年审理此类案件，均由法院刑事审判庭承担。鉴于未成年人尚处于向成年人转变过渡时期，其身心素质和犯罪特点与成年人相比均有较大差异，在审理此类特殊群体犯罪案件时，一般组成专门合议庭，在定罪量刑上比较慎重和宽容。2007 年 5 月，设立独立建制未成年人综合审判庭（以下简称“少年审判庭”）。专门审理被告或被告人之一为未成年人和直接被害人为未成年人刑事案件，以及当事人为未成年人各类民事、行政案件。即实行涉少刑事、民事、行政“三审合一”专业化综合审判模式，推进少年审判庭建设。

法院将“教育、感化、挽救”和“未成年人利益最大化”方针，贯穿于未成年人刑事审判全过程。普遍采取“感、调、宽、救”四字工作法。即：1. 完善审前调查，突出一个“感”字。案件审理前，找出失足少年感化点，便于法官在庭审教育和裁决时“对症下药”。审案中推行圆桌审判、社会调查制度，积极邀请团委等涉及少年部门的领导作为特邀陪审员、社会调查员参加庭审。形成公诉人侧重揭露犯罪危害性，辩护人侧重提出被告人可塑性，社会

图 23-3-6　青少年普法教育动员大会（2008 年摄）

图 23-3-7 法制安全教育进校园 （2008 年摄）

建立未成年人罪犯回访帮教档案，视情施策。对于服刑未成年人犯，定期到监狱、少管所进行回访，采用“课堂教育”“座谈会”等形式，鼓励未成年犯积极改造，回归社会。对于判处缓刑未成年犯，则与未成年犯所在社区委员会、村民委员会签订帮教协议，落实具体帮教措施。

法院按“以当事人为本”的司法理念，围绕维护青少年合法权益工作主题，建起五个“三位一体”少年审判工作模式。即：1. 以涉少刑事、民事和行政案件三位一体的少年综合审判模式。2. 以诉前、诉中和诉后三位一体的惩教结合机制。3. 以法制教育，咨询和辅导三位一体的预防体系。4. 以家庭、学校和社会三位一体的维权体系。5. 以人民陪审员、社会调查员、心理咨询师三位一体的社会参与司法体系。副院长杨雁在 2010 年 7 月召开的少年审判工作经验交流会上作典型发言。以社会、家庭、学校、法院“四位一体”联动帮教方法，法官采取“四情合一”法，即：法官动情语言通俗化、亲情关爱人性化、真情教化、温情感化。使青少年犯罪人员认罪伏法，痛改前非。

调查员反映未成年人家庭社会背景和成长经历，法定代理人用亲情感召，审判长居中全面剖析犯罪原因良性氛围，让法庭变成一个感化教育未成年被告人特殊课堂。2. 加大附带民事调解力度，突出一个“调”字。力促被告方与受害方达成谅解。在庭前做通未成年被告人法定代理人工作，使之认识到承担民事责任者是其应尽的法律义务，促其以赔偿被害人实际行为减缓双方情绪对立，有利于法庭教育开展。3. 在量刑上以“免、减、缓”为主，突出一个“宽”字。根据案情，对可判可不判，以不判为主；对可轻可重，以轻判为主；对可缓可不缓，以判缓为主，做到以惩促教，惩教结合。4. 案后延伸帮教，突出一个“帮”字。

2006—2010 年禹城法院刑事案件结案情况表

表 23-3-1 单位：件

年	分类	旧存	收案	结案
2006	自诉	2	4	6
	公诉	7	87	93
	合计	9	91	99

续表 23-3-1

年	分类	旧存	收案	结案
2007	自诉	—	3	3
	公诉	1	88	88
	合计	1	91	91
2008	自诉	—	1	1
	公诉	1	91	91
	合计	1	92	92
2009	自诉	—	—	—
	公诉	—	112	113
	合计	—	112	113
2010	自诉	—	1	1
	公诉	—	96	96
	合计	—	97	97

第四节 民、商事审判

1986—2002 年，法院民事审判与经济审判均属各自独立审判工作。2003 年，按山东省法院对“大民事”新格局要求，对经济审判机构进行较大改革，经济审判庭及经济调解中心等经济审判机构均予撤销。鉴于经济审判所使用法律和程序与民事案件相同，经济审判业务随之纳入民事审判序列。原各类经济纠纷案件一般称为商事案件。商事审判侧重审理各类经济合同纠纷案件，主要涉及购销合同、建筑工程承包，加工承揽、货物运输、财产租赁、农村承包、借款、科技协作等纠纷案件。

一、审理民事案件

1987 年 1 月 1 日，《中华人民共和国民法通则》颁布实施，法院深入学习，贯彻执行。克服单凭经验办案习惯做法，增强执法的严肃

图 23-3-8 法院干警向证人了解一起纠纷案情况 （2005 年摄）

性和准确性。围绕办案活动，大力普及《中华人民共和民法通则》宣传教育，运用典型案例，就案学法，以案讲法。取得审理一案，教育一片，预防纠纷，减少诉讼社会效果。

1988年，民事案件中债务、赔偿案件出现较大增幅，分别比上年增加54.8%和18.4%，法院在充分发挥审判职能，及时处理各类民事案件纠纷，向有关部门提出加强基层政权组织建设，充分发挥基层人民法庭和调节组织作用。

1989年，法院进行民事审判方式改革试点工作，按先点后面、先易后难、循序渐进、逐步深化原则，采取外出取经、组织庭审观摩、利用典型引路等方法，推行以公开审判、当事人举证为主、庭审调查为主和合议庭为主“一公开、三为主”民事审判方式改革，并取得初步成效。

1991年4月9日，《中华人民共和国民事诉讼法》公布实施。法院成立以分管院长和民庭业务骨干组成的民事审判业务指导小组，加强贯彻民事诉讼法和日常民事审判工作领导与业务指导。严格按民诉法规定程序办理民事案件，做到有诉必理，依法收案；坚持案件质量检查、评查制度，确保案件质量；采取集中力量，突击审理等措施，清理一批民事积案、疑难案件，杜绝账外案件，提高办案效率。对妨害民诉法贯彻执行不法行为，依法予以制裁。

1995年，在审理婚姻家庭纠纷案件时，注意运用法律引导当事人正确处理社会主义婚姻家庭关系、财产关系，增强当事人法制观念。在审理民间债务纠纷案件中，坚持有利于生产、有利于生活原则，依法保护合法借贷关系。在审理劳动合同纠纷以及工资、保险、福利、劳动保护等劳动争议案件时，本着维护社会稳定原则，依法维护职工合法权益，保护职工生产积极性。同时，依法保护企业经营机制和用人自主权，维护正常生产秩序。加强基层基础建设工作。建立民事审判工作指导小组，研究解决重大、疑难民事案件，指导人民法庭审判业务；设立中心人民法庭，发挥其对周边法庭宏观管理和协调作用；通过调处大量民间纠纷，最大限度减少矛盾激化和上访事件发生；强化对法庭人员学习培训，提高政治业务素质和执法水平。

1996年，突出抓中心法庭建设，年内组建中心法庭7个，并配备通讯和交通设备，初步形成以中心法庭为骨干的法庭组织网络。在总结前几年改革经验基础上进一步深化，按公开审判、强化庭审功能、强化当事人举证责任、强化合议庭和独任审判员职责即：“一公开、三强化”新审判方式。

从1997年开始，法院在民事审判中，注意抓好涉农案件审理，着重做好三项工作：1. 依法及时妥善处理农民集体诉讼案件，从稳定大局出发，先做好思想工作，防止矛盾激

图 23-3-9 为菜农现场办案 （2000年摄）

化，然后依法进行调解或判决。2. 对利用假劣种子、化肥、农药坑害农民不法分子，依法予以制裁，保护农民利益。3. 积极参与减轻农民负担工作，做好信访工作，发现问题及时疏导、教育；其次，对农民负担诉讼案件，尽可能通过非诉讼方式进行调解，调解无效，依法立案受理；通过法制宣传，使农民自觉承担合理合法份额。对无理拒不履行义务，严格按法定程序妥善处理。

1999 年，围绕减轻农民负担和清理整顿农村合作基金会两大社会“热点”“难点”问题，全年审理涉及农民负担案件 570 余件。按中院下发的《关于依法积极参与农村合作基金会清理整顿工作意见》，加大对涉及农村合作基金纠纷案件审理和清欠工作力度。通过案外调解、发支付令、开展执行会战，全年为基金会清欠 2 千多万元，有效防范和化解金融风险，维护农村社会稳定。

2000 年，按三五个乡镇一处法庭原则，完成法庭撤并工作，基层人民法庭 7 处撤并为 5 处，并充实审判人员，加强人民法庭基本建设，有部分法庭达到山东省高院要求 400 平方米以上标准，同时还配备电脑、电话、汽车等设备。

2001 年，新婚姻法新增设“救助措施与法律责任”一章，对因在遭受家庭暴力、虐待、遗弃受害人救助及赔偿等问题做具体规定，法院依据新婚姻法，妥善处理婚姻家庭案件，制裁家庭暴力及侵权行为，注重依法保护妇女和未成年人、老年人、残疾人等弱势群体合法权益。在民事审判中，推行完善“判前评断”制度，做好集团诉讼、集体上访和赴省进京上访老户工作。全年为 12 起案件当事人实施司法救助，准予缓交、减免诉讼费用 6 万多元，为 16 名被告人依法指定辩护人。加大基层工作力度，努力把调整撤并后 5 处人民法庭建成规范化、规模化标准化法庭。

2002 年，法院对民事审判机构进行较大改革。将原来审理经济纠纷案件经济庭、破产庭撤销，所辖商事纠纷案件纳入民事审判序列，形成大民事新格局。

2003—2008 年，法院树立司法为民理念，把维护人民权益作为根本出发点和落脚点，全面加强民事审判工作。

（一）执行最高院《关于民事诉讼证据若干规定》

通过举办短训班、以会代训、座谈讨论等方式，逐条学习。对有关诉讼程序做较大修改补充，组织按新规定审理案件庭审观摩活动。把实施新规定和深化完善“判前评断”工作紧密结合，推动法院民事审判工作持续发展。

（二）维护军人军属合法权益

2006—2008 年，法院受理涉军案件 7 件，涉及民商事案件 383 件。所审案件全部结案，无超审限和上访缠诉案件。

（三）学习新修订民事诉讼法

图 23-3-10　法官送法进社区活动（2009 年摄）

2007年，全国人大常委会新修订民事诉讼法公布，法院按“质量更高、速度更快、效果更好、成本更省”的办案要求，在民事审判工作中切实摆正和处理好“两个关系”：1. 坚持程序正义与减少当事人讼累关系。做到程序公正又力避诉讼运行复杂化和繁琐化，不以增加当事人讼累为代价。在开庭时间安排等具体程序环节上，尽量方便当事人，减轻当事人诉讼负担。开展携卷下乡、巡回审判等活动，扩大简易程序适用范围，缩短办案周期和提高诉讼效率。重视调解和审判中服判息诉工作，强化审判人员解决纠纷能力，发挥“诉调对接”调解机制作用，对有调解可能案件，尽可能促成当事人达成调解，及时化解纷争，防止矛盾激化升级。2. 坚持法官中立与保护弱势诉讼群体关系。做到履行职责时保持中立不偏袒任何一方，又不脱离群众、就案办案和简单下判。尤其对涉及老弱病残当事人和弱势群体诉讼，切实体谅其困境，尽量就地开庭，就地调解，就地结案。加强诉讼指导，让诉讼能力较低的当事人知道其依法享有诉讼权利和应承担诉讼义务，以及可能出现的诉讼风险。加强对当事人举证引导，完善民事证据规则适用，既坚持“谁主张、谁举证”原则，又视具体案情对相关证据进行调查和勘验。法院2007年和2008年一审民事案件结案数量分别比上年增加5.4和8.5个百分点，案件质量也有显著提高。

（四）延伸便民诉讼功能

法院在每一个村庄、社区及重点建设项目工地、市场管理办公室等处设立维权联系点，实现城乡便民诉讼网络无缝隙对接。深入基层，巡回审判，就地办案，方便群众诉讼，减轻群众负担。成立5个“巡回审判合议庭”，把便民诉讼站点作为巡回审判点，实行立案、审判、调解、执行、信访、法律服务、司法救助“七位一体”一站式办公、一条龙服务，及与各有关涉法部门联动运行模式。明确对赡养、土地承包、相邻关系纠纷，或因当事人年老体衰、伤残等特殊原因难以到庭参加诉讼，以及比较典型和在当地有影响案件，承办人一律进村入户办案，把矛盾纷争化解在基层，促进社会和谐。采取上门立案、预约开庭等措施，简化诉讼程序，扩大速裁审判方式适用范围。设立车载式巡回法庭，深入村镇，实行当即立案、当即审理和调解，被老百姓称为“拉着跑”法庭。分别在济乐高速公路、京沪高速铁路禹城段建设指挥部，设立巡回审判点，为建设用地农民土地补偿和外来务工人员依法维权提供司法保障。2007—2008年，法院巡回办案686人次，开展普法宣传154场次，接受群众法律咨询860多人次，巡回审判案件120件，其中调解结案率71%，案件上诉率、改判发回率分别下降6.4和7.8个百分点。呈现出调解增多、判决减少；撤诉增多、上诉减少；自动履行增多、强制执行减少；案件数量增多、涉诉上访减少，即“四多、四少”良性发展态势。

（五）提供司法保障

加强对农民工特别是返乡农民工维权案件审判工作，实行优先立案，优先审理、优先执行。严厉制裁制售假农药、假化肥、假种子等坑农害农行为，维护农村市场经济秩序。加大对涉农案件审判力度，提高办案效率，缩短办案周期。对案情简单，权利义务关系明确，争议不大的案件做到随诉随立，快审快结，尽量不误农时。对经济确有困难的农民依法进行减免缓，对孤寡老人、残疾人等农村优抚对象一律免收诉讼费。

2006—2010 年禹城法院民事案件统计表

表 23-3-2　　单位：件

年	旧存	收案	结案
2006	165	1167	1103
2007	228	1167	1167
2008	228	1379	1456
2009	151	1274	1365
2010	60	1502	1511

二、审理经济纠纷案件

1980 年，禹城法院建立经济庭。1986 年起，在“审判就是服务”的思想指导下，通过经济审判工作，为改革和建设搞好服务。1988 年，派出巡回法庭，深入农村和工商企业单位，把宣传法律、指导基层调处纠纷、审判案件及帮助修订完善合同等项工作结合起来，并将工作重点转移到企业单位，开展依法收贷、收债工作。同年，派出巡回法庭，100 余人次，调处各类纠纷 141 起，为 183 个工商企业单位收回外欠款 382.6 万元，为农村集体收回承包费 906 万元。1989 年，运用系统工程方法对各类经济纠纷进行专项治理，重点协助农行系统开展依法收贷工作，为国家收回逾期陈贷 461.9 万元。1990 年，拓宽服务领域，开展超前服务和延伸服务，坚持“三条战线”（即：为乡村集体理顺土地、果园承包法律关系；为城乡企业清理债权债务及“三角债”；为农村信用社清收逾期陈贷）同时作战，经济审判工作有新进展。法院在部分企业设立经济司法联络员，总数达 30 余人。当好企业领导法律顾问，严把经济合同签订、履行关，并及时将经济纠纷信息反馈给法院，法院据情给予法律指导或提出司法建议。有效避免和减少企业经济纠纷和损失。

1992 年，法院增设经济调解中心，与经济庭共同负责审理各类经济纠纷案件。1993 年 3 月，法院院长与建行行长举行首次联席会议，用三个月时间，集中力量，运用法律手段对建行系统逾期贷款进行集中清收，收效明显。还为其他金融部门启动沉淀资金 460 万元。对企业经营中薄弱环节，提出经济司法建议 57 条。为沟通法院与企业联系，60 名经济司法联络员建立信息交流制度。

图 23-3-11　入户了解案情 （2006 年摄）

1994 年，法院审理一部分企业破产案件。参与打击制售假冒伪劣产品和依法整顿棉花市场等活动。1995年，审结购销合同纠纷案件137件，居各类经济纠纷案件之首。审理与深化企业改革有关企业破产、企业联营、承包、租赁、兼并等案件。及时审理涉及农业和农村经济发展各类案件。撤销经济调解中心，其审判业务由新设置经济审判第二庭承担，实行立审分离、审执分离，保证经济审判工作健康发展。

1996年，对国有企业起诉经济纠纷案件，做到立案快、审理快、执行快，最大限度地保护企业合法权益。对特困企业优先审理，其案件受理费、财产保全费、委托鉴定费及执行费等允许缓交、减交。减缓此类案件受理费达20多万元。审理企业破产等新型经济案件，严格掌握破产条件，依法清偿债务，防止国有资产流失。全年审结企业破产案件6件，破除债务3.8亿元。对利用伪劣农用化肥、柴油、农药和种子等坑农害农行为，依法予以制裁，维护农民利益。

1997年，依法调处改革开放和发展社会主义市场经济中出现的纠纷案件，维护企业合法权益。审理企业改组、联合、兼并、承包经营、股份制以及出售等方面案件。1998年，抽调审判业务骨干组建企业破产审判庭，并加大审判工作力度。深入禹城市20多家企业及企业主管部门调查座谈，摸清企业资产和债权、债务状况底数，同年，法院受理破产案件6件，破除债务2.8亿元。

2001年，结合经济审判，积极探索在新形势下化解人民内部矛盾具体操作办法和运行方式，特别是在解决企业改制中企业与职工矛盾冲突、因少数不法行为引发坑农害农群体上访等社会“热点、难点”问题中发挥重要作用。

三、审理商事案件

商事审判的前身是经济审判。1986—2001年，法院所审理属商事范畴案件均称为经济案件。

2002年，法院机构进行较大改革，按“大民事”新格局要求，法院经济审判庭及破产庭均予撤销，其审判业务纳入民事范畴，原各类经济纠纷案件一般称为商事案件，分别由新组建民二庭审理。

2002—2008年，全面加强商事审判工作，履行宪法和法律赋予职责，依法审理大量商事纠纷案件。2009年民商事审判庭为禹城市企业抵御金融危机，提出“八项建议书”，并且深入企业帮助审核经济购销合同，特别是对于外贸出口，合资企业加大服务力度，确保企业度过金融危机。

2010年，法院对于民商事工作加强管理，实行质效报告和绩效考核，对所办案件进行质效评估，实现山东省院提出的“高、快、好、省”司法目标，把司法工作重点放在“三项重要”任务上。2002—2010年，法院审结各类商事案件849件。

2006—2010年禹城法院商事案件统计表

表23-3-3

年	旧存	收案	结案
2006	17	70	82
2007	5	48	51
2008	2	48	39
2009	11	61	68
2010	4	69	73

第五节　行政审判

1987年，法院组建行政审判庭，搜集近百个行政法规目录，为全面开展行政审判提供法律依据。先后到20多个行政执法机关进行调查摸底，掌握本地行政法律、法规执行、实施情况，以及行政案件发案规律和特点。

1990年，行政诉讼法颁布实施，法院按“积极、大胆、放手审理”的办案方针，采取各种措施扩大收案范围。1995年，法院加大行诉法宣传力度，通过新闻媒体报道、张贴公告、开展法律咨询等多种形式，宣传、贯彻行政诉讼法。

自1999年开始，法院对行政审判实行以多收案为主要内容的目标管理。通过采取“一票否决”“受案通报”等制度，行政审判工作出现新转机。法院受理行政案件数量连续上升，2000年有重大突破，并呈现出平稳上升势头，案件质量和效率明显提高。

2003年，坚持以“强、严、多、理、促、公”六字方针引路，大胆收案，行政审判出现新局面。“强”即加强领导，强化措施；“严”即严肃执法、严格管理；“多”即广辟案源，多办案件；“理”即理顺关系，搞好协调；“促”即督促指导，促进基层；“公”即公正公开，提高效率。法院坚持行政审判量化管理，以“六字方针”为主线，贯穿于行政审判工作全过程，收案数量大幅增加，2003年，收案超百件。

2004年，参与整顿规范市场经济秩序活动，审理好各类涉农案件，涉及国有企业改革以及涉及民营经济案件，平等、高效地实现当事人合法权益。慎重处理涉及经济发展敏感型、集团诉讼型案件，多做协调工作，防止出现负面效应，注重法律效果与社会效果统一。行政审判由“管理型”改为“服务型”。开展送法下乡，巡回办案等活动，并通过便民诉讼网络，收案联络点等方式，及时高效地受理行政诉讼案件，做好每一起案件审判和执行工作。落实审限规定，实行审判流程公开，欢迎并保障公民旁听，公开收费项目，推行“判前评断”制度，严格遵守职业纪律，公正文明地裁判和执行行政案件。

2005年，完善原告诉权保护和案件受理审判抗干扰机制，加大立案和管辖力度：1. 对立案有阻力案件，排除行政干预压力。2. 对党委政府和群众关注、社会影响大、审理难度大案件，注重多方协调。3. 在法院内部建立行政诉讼宣传、指导以及与立案庭协调等制度，充分保护当事人诉讼权利。4. 在外部建立与信访、司法行政等部门联系制度，多渠道、多方位让群众了解行政诉讼，在其权益受到侵犯时知道提起行政诉讼。5. 受理各类涉农案件，为农民减负、农村稳定、农业发展及建设社会主义新农村服务。有效缓解行政案件“告状难”状况。

图23-3-12　法院召开审判委员会委员会议（2003年摄）

图 23-3-13 下乡进行法律咨询服务（2008 年 3 月摄）

把协调机制引入到行政诉讼过程中。2007 年，加强与立案庭协调沟通，依法妥善对矛盾较为突出案件进行指定管辖；制定行政诉讼以和解方式结案规范化程序和方式。同年，协调和解结案率达 62%。全年无出现越级上访及新增上访信访案件，行政审判呈现高结案、低上诉、无上访的良好态势。

2006 年，土地承包纠纷行政案件明显增多，法院组成专题调研组，从导致此类案件上升关键症结，农村土地承包经营权证入手，深入基层，展开多元化调查研究，从中发现土地经营权证存在不容忽视问题，分析产生问题原因，探讨审理此类案件程序和途径，总结处理土地承包纠纷等农村新型案件经验教训，提出具有针对性、指导性司法建议，整理编写专题调研报告。

大胆尝试在行政审判中运用圆桌模式开庭，审理部分行政案件。其特点是：通过原、被告及法官在圆桌式法庭接触，拉近三者心理距离，消除当事人特别是行政相对人一方紧张情绪，使其感受到在法庭上地位是与行政机关平等，从而减弱敌对思想，有利于双方当事人之间化解矛盾。

结合行政审判工作连续性较强特点，健全行政审判机构，注意保持行政审判人员相对稳定。2008 年年底，法院行政庭长均为法院审判委员会委员。同时行政审判庭还负责处理与国家赔偿相关赔偿纠纷案件。

禹城法院 2006—2010 年行政案件统计表

表 23-3-4　　单位：件

年	旧存	收案	结案	未结
2006	2	108	106	—
2007	3	95	97	—
2008	1	93	93	—
2009	1	152	153	—
2010	0	125	125	—

第六节　案件执行

1986年以后，随着法院各项审判任务增加，执行工作内容和任务不断拓宽，由过去比较单一民事案件执行，发展到经济纠纷案件、行政案件、刑事附带民事案件执行，以及公证机关、仲裁机关、行政机关等生效法律文书执行。1992年5月，法院开展"执行工作大会战"。法院设立会战组织，制定行动方案，并迅速投入会战之中。集中清理一批长期悬而未结和异地执行案件，执结各类执行案件218件，执行标的额651.22万元。

1995—1996年，法院充实调整执行工作人员，配备相应物资装备，严格执行纪律，规范执行秩序，加大执行力度，积极改进执行工作。执行中，注意把做好当事人思想、法制教育同依法采取强制措施相结合，促使当事人自觉履行法定义务。对有执行能力但拒不执行或妨碍执行人民法院生效判决裁定的，则依法采取拘留等措施，强制其履行法定义务，以维护法律严肃性。

1997年，法院通过实行审执分立改革措施，规范执行秩序，工作中以思想疏导、说服教育为主，坚持用足、用好、用全法律，注意提高执行艺术，努力克服和抵制地方保护主义，攻克执行难点。

1998年，开展以集中清理执行积案为主要内容执行会战。法院集中优势力量，制定会战方案，强化工作措施。采取公告执行、开庭执行和集中执行相结合，同时，充分利用新闻媒体广造舆论。召开被执行人大会，以下达"最后通牒"式方法，教育、敦促600余件未执结案件被执行人尽快履行法律义务。通过执行会战，法院执行积案136件，占积案总数56.7%，执结标的额360多万元。

1999年，设立执行局，直接管辖执行一庭、执行二庭、执行三庭和裁决庭。法院认真贯彻落实中共中央11号文件（即：《中共中央关于转发〈最高人民法院党组关于解决人民法院"执行难"问题报告〉通知》），开展最高人民法院确定"执行年"活动，在加大执行工作力度、清理执行积案、建立新执行工作机制、加强执行队伍建设和改善执法环境等方面取得新进展。全年执结案件956件，标的额1058万元，缓解"执行难"被动局面。自2000年5月开始，法院开展集中清理超审限案件活动，确保不再出现新积案。

2002年，推行执行工作阳光工程，实行执行举证，裁决权与执行权分离等项制度，采取公开执行、开庭执行、集中执行、提级执行、委托执行等方法，提高执行效率。通过对被执行人财产审计等措施，以及运用转让无形资产、以物抵债、执行和解等方式，缓解"执行难"。执结案件939件，标的额1065万元。

图23-3-14　法官向农户了解民事纠纷情况（2009年摄）

2003年，实施以执行裁决权与执行实施权相分离改革和执行工作流程管理制度，把“判前评断”制度引入到执行工作中，采取劳务抵债、债权转股权等方法，特别是对有发展前途的欠债企业尽量采取“放水养鱼”办法，使之经营发展，增强还债能力。

2004—2005年，集中清理未结执行案件、清理执行款物、清理执行案卷“三清理”活动，运用委托执行，指令执行、执行大会战等多种方式，加大执行工作力度。

2006年，实行执行案件信息管理系统，对所有执行案件采取微机录入，红牌是督办和预警、黄牌警示执行超期。适时开展涉及弱势群体，拖欠农民工工资和工程款案件专项执行，促进执行工作开展。

2007年，制定完善《执行案件流程管理规定》《关于提级执行和指定执行若干规定》等一系列规章制度。推行依法执行、文明执行，积极改革和完善执行方式、方法。

2008—2009年，着力执行和解，多做说服教育工作，化解社会矛盾，减少矛盾激化，给社会以安定和和谐。

2010年，成立积案清理小组，加强对积案化解。采取集中执行，实行“查隐匿、追逃逸、拔硬钉子、啃硬骨头、清理老赖”的集中执行大会战。

1986—2010年，执结各类案件14814件，标的额16.28亿元。

2006—2010年禹城法院执行案件统计表

表23-3-5　　单位：件

年	旧存	收案	结案
2006	1295	260	565
2007	992	224	445
2008	771	320	370
2009	721	271	447
2010	545	294	696

第七节　审判监督

1986年，坚持上级法院规定的“三个渠道”原则，对建国后至“文革”前反革命和政治性案件进行“筛选”，对其中5人有冤、假、错可能案犯进行复查。

1988年，巩固“严打”成果，坚持实事求是，有错必纠原则。在依法改判案件中，多数是减轻刑罚，改判无罪极少。

1989年，法院建立告诉申诉审判庭，专门负责处理人民群众来信来访和申诉案件。

1990年，采取“三定一包”（既定人员、定案件、定时间，院长包案）方法，采用综合手段解决上访老户问题。

1993年，制定便利群众诉讼规章制度，改进立案审查方法，“告状难”问题得到一些缓解。1994年，实行院长接访，采取分片负责，包案到人，限期处理方法，强化告申工作。在全国人大、政协“两会”及国庆45周年期间，法院领导深入基层，亲自办理告申疑难案件，做上访人员思想疏导工作，制止上访事件6件。

图 23-3-15　基层法官和村民一起学习监督法　（2003 年摄）

1995 年起，法院实行立审分离、审执分离、原审与再审分开制度，规范立案工作，解决乱立案，乱办案问题，强化审判工作内部监督机制，建立院长公开接待日制度。

1998 年，实行立审、审监、审执“三个分立”制度，接受上级法院审判监督，形成相互制约审判机制。建立完善的案件评查、错案追究、审委会研究案件通报等制度。

1999 年，着重做好集体上访、集团诉讼和赴省进京上访老户信访工作，采取定领导、定人员、定案件、定审限、定责任“五定”措施。通过落实“三个分立”制度和诉讼费“收支两条线”规定，解决职责不清，审、监、执不分及乱办案、乱执行、乱收费问题，相互监督制约审判运行机制基本形成。设立立案庭和审判监督庭，审判格局更趋合理。

2000 年起，推行审判流程管理，建立案件从立案、开庭、结案、送达、归档全过程系统化管理机制。

2003 年，结合“司法大检查活动”，重点对改判发回重审案件逐件分析、查找原因，提出改进意见，并积极探索创新审判监督工作途经。

2004 年，强化审判监督管理。定期开展案件质量评查，坚持对改判发还案件和领导批示交办案件进行逐件审查分析制度。

2005—2008 年，建立以岗位目标考核为中心的管理机制，发挥“执法档案”和量化考核通报杠杆作用。立案庭对经审查立案后所有案件全部输入微机，实现对法官和案件随机监督，审监庭每月对全院审执结案件逐件进行评查分析。实行“五个结合”：审判质量监督与法官行为监督相结合；上级法院监督与本级法院监督相结合；法院内部监督与接受外部监督相结合；事前监督与事中、事后监督相结合；纵向监督与横向监督相结合。做到“五个强化”：强化审监意识，更新司法理念；强化业务技能，

图 23-3-16　禹城市人民法院公示栏　（2007 年摄）

提高司法能力；强化教育培训，掌握立法实质；强化调解工作，扩大办案效果；强化改革创新，完善监督机制。以实现“零错案、零投诉、零上访”目标。

2007年，把司法为民，保障民生作为审判监督工作出发点和落脚点，对涉及老人、妇女、儿童及农民工、下岗职工等弱势群体，追索赡养费、抚养费、抚育费及劳动报酬、保险金等再审案件，在审判资源上予以倾斜。并在审判监督环节落实诉讼风险上采取告知、诉讼指导等便民诉讼措施。通过开展法官“五进”（进机关、进学校、进社区、进农村、进企业）活动，实行就地开庭，现场调解。

2006—2010年禹城法院审判监督案件统计表

表23-3-6　　单位：件

年	旧存	收案	结案
2006	1	23	19
2007	5	12	13
2008	4	7	6
2009	5	14	11
2010	8	4	6

第八节　立案工作

人民法院立案机构是集受案审查、诉讼管辖、再审审查，立案调解和审判流程管理于一体的综合审判业务部门，立案工作是一项专业性较强的审判工作。

一、机构设置

1986年前，法院无立案机构，刑、民事案件立案工作由相关审判庭负责。起诉和申诉刑、民案件，均先由接待室接谈，初步了解案情后，对应当收案，填写收案登记表，然后区别案件性质，分别移交刑、民庭处理。

1999年，法院进行机构改革，实行以立审分离为主要标志的“大立案”制度，法院设立独立建制立案庭，主要负责处理来信来访，审查立案，调处简易纠纷等任务。

二、立案工作

1986—2010年，法院立案工作充分发挥各项司法功能，切实把好审判第一关，对保障审判公正、高效，以及促进社会和谐稳定发挥重要作用。

群众诉讼。立案是审判第一关，法院实行诉讼引导、风险告知制度，采取网上立案、远程立案、上门立案等便民措施，推行人民法庭直接受理案件。至2010年年底，法院建设立案审判接待大厅，建立诉讼服务中心，实现“柜台式”“一站式”立案流程，80%以上一审案件能做到在20分钟内完成立案手续。

调解。法院将立案调解作为多元化纠纷解决机制中重要环节，有1/5案件通过立案调解结案，立案调解率近20%。通过诉讼费减免鼓励当事人调解，并强调调裁结合、先调后裁。

再审。2008年4月1日，全国人大常委会修改后民事诉讼法开始实施，针对新民诉讼法对民事案件申请再审需向上一级法院提出规定，严格掌握案件范围、期限、程序、方法及结案方式等具体操作环节，对于符合条件再审

申请，一律在法定期间内立案审查。

审判流程管理。法院强化和完善以“大立案”为核心的审判流程管理。在调整充实立案庭人员基础上，强化立案庭在案件立案、审理、送达、执行、归档等整个流程全程监督管理职能，赋予立案庭案件转办、证据交换、诉讼保全、诉前调解、文书送达、鉴定委托等职责，实行对案件从立案到归档全过程、全方位监督。同时，建立起与“大立案”相配套的微机联网和软件管理系统，实行微机统一排期开庭，改变以往人为控制案件承办人的做法。完善案件在流程中接转程序和手续，提高审判管理工作科技含量。

第九节　法院信访

1986年后，法院发挥信访工作职能作用，保护公民、法人和其他组织合法权益，密切审判机关与人民群众联系。

1997年后，法院推行“院长接待日”制度和公开集中接访等制度，拓宽人民群众的信访渠道。按定领导、定人员、定案件、定期限、定责任“五定”方针，做好上访老户、集体诉讼和群体性上访疏导工作，将问题和矛盾解决在初始状态。

2003年始，选择全国、全省“两会”(即人大、政协会议)，以及首都、省城举办重大活动等时机，适时开展集中清理赴省进京上访专项活动，将矛盾、纠纷化解在基层。

2004年，法院实行“大信访”格局，对信访工作体制进行全面改革，实行立案与信访相对分离。成立独立建制信访办公室，制定《信访流程管理实施意见》，从受理范围、办案程序、案件接访、强制措施审批、跟踪督办、考核奖惩等方面对信访工作进行规范指导。为便于院领导通过信访窗口及时了解和指导审判工作，坚持每周四为例行院长接待日，根据各院长分工，将院长接访时间、内容提前予以公布，以提高接访针对性和有效性。年内，通过信访渠道依法审查处理申诉和申请再审案件8件，对其中符合再审立案条件依法及时立案2件，使有理有据当事人获得司法救济。对申请再审理由不能成立的，认真做好服判息诉工作。

2006年，创新信访工作机制，除坚持院长预约接访和分管院长每周轮流接访外，每月逢20日，由法院“一把手”带领本院立案庭、信访办、审监庭、纪检组等有关庭室负责人集中接访，立足于全方位、及时解决信访问题。工作中努力做到“四个到位”，即对上访群众诉求合理解决到位；对要求过高教育疏导到位；对无理缠诉、缠访稳控到位；对触犯法律处置到位。全年接待处理涉诉信访9件（人次），其中1件多年缠诉上访“老大难”案件得以解决。同年，经山东省法院年终考评，法院信访

图23-3-17　法官对一起离婚案进行回访（2009年摄）

工作进入中院先进位次。

2007年，以强化信访接待、案件复查和信访老户治理为工作重心，认真落实“四定一包”责任制（定人员、定案件、定期限、定责任、领导包案），强调领导包案，跟踪督办。在狠抓初信、初访基础上，创立包括排查、分流、听证、协调、终结五项工作“五步法”化解上访老户经验。年内成功解决20多起多年缠诉、缠访“骨头案”，并及时化解一大批矛盾纠纷。为依法保障当事人合理诉求，2008年，法院立足于畅通渠道、解决问题，把处置涉诉信访问题作为“一把手”工程来抓。做到有访必查、查必有果、取信于民。实行领导联系点和法官定期回访制度，对疑难、不稳定案件，及时组织法官深入乡镇、村组及当事人家中回访，切实解决问题。开展信访积案“百日会战”和“重信重访案件专项治理”活动，对每一个积案认真进行复查清理，最大限度地解决信访问题。特别在北京奥运会、残奥会等重大敏感时期，实行领导带案下访，保证不发生进京赴省重信重访案件。法院院长亲自接待处理涉诉信访案件7件，10（人）次。信访工作荣获北京奥运会、残奥会涉诉、信访工作先进集体荣誉称号。

2009年，加大回访力度。法院班子成员每月回访当事人不少于4人，主要了解当事人满意度，有无不廉洁之处，不公正之处。对于查出问题是谁分管谁负责，同奖优惩劣挂钩、同评先树优挂钩、同晋升提拔挂钩。对信访严格管理、严格控制、严格责任制，取得“零投诉、零上访、零错案”的好成绩。

2010年，率先在德州市法院系统建立视频接访，专门安排视频接访室和院长值班表，并且与五处人民法庭视频接访互相连接，及时把基层法庭接访中解决不了的问题反映给值班院长，做到在德州市法院系统上访、信访率最低。

第十节　法警工作

1986年后，法警主要任务是保障和服务于法院审判和执行工作，预防、制止和惩治妨碍审判、执行活动违法犯罪行为，依法维护审判、执行工作正常秩序。

1992年，《中华人民共和国人民警察警衔条例》颁布实施，法院对法警采取准军事化管理模式，从警容警纪入手，严格要求，加大培训力度，发挥法警潜在能量，优质高效地为审判、执行工作服务。

1997年，《人民法院司法警察暂行条例》施行。法院加强对法警业务技能训练，广泛开展岗位练兵活动。严格规范司法警察组织机构，落实人员编队管理，充实警力，加强警用装备建设，法警凝聚力、战斗力有新提高。

1999年11月17日，成立独立建制法警大队。设大队长、政委、副大队长等职。

2002年，法院法警工作围绕新时期特点，强化服务意识，增强创新理念，不断提高服务和保障水平。2008年，研究制订“司法警察重要时期处置突发事件调配预案”，并成立以法院分管院长为组长，法警支队长和政委为副组长的处置突发事件工作领导指挥小组，担负各类突发事件应急处置任务。法院视情将警力部署到位，服从统一调配，遇有突发事件能保证及时出警。

至2008年年底，法院有司法警察14人，其中，法警大队正式法警6人，聘任制法警8人。

第十一节　法医技术工作

1986年，法院有法医1名。1996年设独立建制法医室，法医2名。

2002年，法院内设机构改革，法医室更名为技术室。法院设立法医1名，技术室1个。

图 23-3-18　法警训练 （2008 年摄）

对外委托司法鉴定工作制度。6. 建立社会鉴定机构和鉴定人名册，便于当事人协商和随机指定，体现公平公正和透明度原则，确保对外委托司法鉴定质量。

2002 年，法院大胆探索司法鉴定体制改革，结合审判实践，逐步规范司法鉴定科学管理。2003 年，成立司法技术鉴定部门，由法院领导和管理，是与其他审判庭室相分离事业性质独立部门，主要受理进入审判程序案件司法技术鉴定以及统一对外委托鉴定业务。同年，结合本地实际，研究制定《关于进一步规范司法技术鉴定工作若干意见》，对司法技术鉴定工作职责、管理、制度等做详细规定。2004 年，对有资质鉴定机构进行系统管理、动态管理，及时发现并杜绝司法鉴定机构中违规现象。实行入册司法鉴定机构监督、激励制度，由案件承办人对所委托机构进行监督，一旦发现有违规办案或者徇私舞弊给予警告，重者开除名册。对所入册机构办理案件实行案后跟踪，以法庭实际采用率作为年终考核指标。实施“司法鉴定流程阳光工程”，全面推行岗位责任制、服务承诺制、限时办结制、首问负责制、失职追究制等项制度。规范操作流程，先后制定《人民法院技术咨询、技术审核工作管理规定》《对外委托司法鉴定管理规定》，旨在理顺、指导，规范法院内部司法鉴定工作。

1986—2010 年，法院司法鉴定机构完成大量司法鉴定咨询、鉴定委托、鉴定审查工作，为查清案件事实，保障司法公正，提供科学、客观、便捷、高效司法科学技术服务。

主要职责是对诉讼证据进行委托司法鉴定。

法院实行审鉴分立机构建制和工作制度。司法鉴定机构不参与案件审理，审判人员不参与司法鉴定委托管理，在审判人员与当事人，鉴定人之间形成隔离带。既保证审判人员集中精力办案，又建立起为审判工作提供及时、便捷、高效司法鉴定服务通道，同时通过实施鉴定监督管理和错案追究制度以确保鉴定质量。1. 凡进入审判程序的案件，需要进行司法鉴定，由法院司法鉴定机构鉴定，或由法院司法鉴定机构统一对外委托鉴定。2. 法院司法鉴定机构根据专属鉴定领域和自身鉴定能力及设备条件，明确自行鉴定范围，如法医鉴定，文检鉴定和相关物证鉴定等。同时严格规范鉴定程序和操作规则，确保鉴定质量。3. 根据新时期新形势变化，及时组织相关领域专家完成疑难复杂案件、多学科综合案件以及一些边缘领域、高新技术案件鉴定。4. 法院司法鉴定机构，受理本院委托司法鉴定。5. 法院司法鉴定机构设立专门对外委托司法鉴定工作部门，同时建立完整、公平、公正、运行便捷

第四章　司法行政

第一节　普法教育

一、“一五”普法

1986—1990年，是禹城县实施“一五”普法第一个五年法制宣传教育规划时期。县普法办在全县开展313期普法骨干培训班，内容是《中华人民共和国宪法》《中华人民共和国刑法》《中华人民共和国继承法》《中华人民共和国婚姻法》《中华人民共和国经济合同法》《中华人民共和国治安管理处罚条例》等，同年，司法局设置宣传科。播放法制录像700余次，观众达113人次，编发司法小报62期，30多万份，举办展览321期。按上级关于搞好“一五”普法验收工作指示，组成普法验收小组，对全县29万多名普法对象进行检查验收，采取“听、看、议、检、评”方法：听，就是听单位负责人五年来学法用法全面情况汇报；看，就是看程序，考卷是否齐全、准确、认真；议，就是议普法规划中规定内容是否全面完成；检，就是检查县普法办统一印刷10万份试卷，通过阅卷，及格率在90%以上，其中90分以上占60%。禹城县有行政村997个，普法工作好的有418个，占42%，一般的有520个，占52%，差的有99个，占6%；评，就是评出31个普法先进集体和个人。增强人民群众和机关、企事业法制观念，开始学会运用法律武器维护自己合法权益，学会依法办事。

二、“二五”普法

1991—1995年，禹城县（市）实施“二五”普法（第二个五年法制宣传教育规划）时期。

1990年开始实施《中华人民共和国行政诉讼法》和《中华人民共和国集会游行示威法》，年初，司法局对普法工作专门进行研究，制定普法工作实施方案，并采取各种形式逐项加以落实。为依法农业发展，11月在禹城县开展依法保护农业发展宣传月活动，深入广泛地学习与农业有关的十个法律法规，并同广播局联合举办法制讲座，每天两次向禹城县广播，受教育面达10万人次，各乡镇和县直各单位举办宣讲会65次，举办法制讲座52期，黑板报120期，张贴标语500条，出动各种宣传车23部，依法处理四起违法占地建私房案件，举办领导干部“两法”学习班，计300余人。县直各单位举办学习班10期，参加学习

图 23-4-1　设置法制宣传站（2000年摄）

图 23-4-2　司法局上街宣传妇女维权法律知识　（2000 年摄）

达 1320 人；县属 20 个企业组织青年职工学习《中华人民共和国集会游行示威法》，参加学习达 1320 人；对全县 19 个乡镇近 1000 个村队，29 万多名普法对象进行普法考核验收，印刷 10 万份普法验收试卷，及格率在 90% 以上。全县 997 个村，普法覆盖面达 97%，为推动依法治理编制动态文件 16 期，3100 余份；与县经委联合下发"关于在企业开展《中华人民共和国企业法》《中华人民共和国经济合同法》等经济法规学习活动通知，4521 名职工参加学习，加强对在校学生法制教育，受教育达 9260 人，维护教学秩序。环保局举办一期"环保法知识有奖竞赛"，促进环保工作发展。

1991 年，开始实施第二个五年普法规划。调整充实县乡两级普法工作领导小组成员，与宣传部联合起草《关于全县公民中广泛开展法制宣传教育第二个五年规划》，4 月 6 日，第十届人大常委会第十一次会议，修订新《依法治县总体规划》，各单位按"二五"普法规划要求，制定本单位具体普法规划。4 月 7 日，召开全县法制宣传教育工作会议。表彰"一五"普法工作 35 个先进集体，30 多名先进个人，颁发荣誉证书。组织开展宪法宣传月活动，采取十项措施：1. 和县广播电台联合举办宪法广播讲座，每天坚持播放二十五分钟；2. 和宣传部、县人大联合制定学习宪法通知，对宪法学习宣传活动，做全面安排；3. 邀请县人大副主任杨存先发表电视讲话，对宪法宣传月活动做全面发动；4. 和宣传部、文化局联合举办宣传宪法文艺晚会；5. 组织县直有关单位和部分乡镇出动 30 多部宣传车，宣传宪法；6. 组织全县一万多人参加宪法知识竞赛；7. 动员县直各单位及乡镇各部门编写千余条大幅标语，广造声势；8. 组织县团委、县妇联、公安局、检察院、法院等十多个单位，利用集市开展法律咨询活动，并印发法律知识

图 23-4-3　"关爱明天，普法先行"现场会　（2005 年摄）

明白卡；9. 组织召开全市各级领导干部学习宪法座谈会；10. 举办二十多场宪法演讲会，参加人数达一万五千余人。

1992 年继续开展“二五”普法教育，推动依法治理向纵深发展。禹城县社、水利局、电厂举办法律知识竞赛，善集乡和二轻公司等单位举办普法学习班。县土管局在“6·25”全国土地日宣传活动中，利用开座谈会出动宣传车、演出文艺节目、上街咨询等形式宣传土地管理法，受教育者达近万人，增强干部群众土地观念。8 月 26 日，举办普法骨干培训班，主要学习《中华人民共和国选举法》《中华人民共和国国旗法》《中华人民共和国集会游行示威法》《中华人民共和国水法》《中华人民共和国森林法》《中华人民共和国未成年人保护法》等十项法律法规。242 名厂长、经理、财会、供销人员报名参加第二期经济法律法规培训班。

1994 年，认真落实“二五”普法规划，以青少年法制教育为重点，开展普法教育，促进依法治理工作向纵深发展。

普法教育。1. 抓与市场经济相关法律、法规学习宣传。学习宣传《中华人民共和国产品质量法》《中华人民共和国反不正当竞争法》《中华人民共和国公司法》《中华人民共和国经济合同法》《中华人民共和国税收征收管理法》，提高群众对市场经济的法律意识。2. 配合农村工作，学习宣传国务院《中华人民共和国农民负担费用和劳务管理条例》《山东省农民负担管理条例》《中华人民共和国农业法》《中华人民共和国农业技术推广法》《省计划生育条例》，组织 240 名领导干部对《中华人民共和国农业法》《中华人民共和国农业技术推广法》学习考试，增强领导干部依法行政自觉性，增强乡村干部和农民法制观念。3. 配合社会治安综合治理，打击刑事犯罪，有针对性学习宣传刑法，治安管理处罚条例等有关法律法规，促进社会稳定。4. 抓宪法再学习再宣传。5. 根据九四年“二五”普法规划和依法治理工作意见，组织市直各部门结合工作实际，学习专业法律法规。组织 3300 多人参加全国消费者权益保护法知识竞赛活动，提高消费者法律意识。

青少年法制教育。按“二五”普法规划和综治委要求，重点抓在校青少年法制宣传教育，坚持法制教育与思想品德教育融为一体，注重提高在校学生素质，从根本上育人。各乡镇司法所配合教育部门对在校学生进行法制教育。禹城市教学秩序良好，没有发生违法犯罪现象。通过开展法制教育，在校学生法制观念逐步增强，青少年犯罪率上升势头得到有效遏制。

依法治村，推动依法治理工作。重点抓好延伸工作，向上延伸法治到乡镇，向下延伸到家庭，向外延伸到厂企、学校。重点开展 6 个乡镇 10 个村依法治理工作典型，开展“争创模范户”“守法户”“文明户”“小康户”等“细胞”工程活动，对棉纺厂、人造板总厂、劳动技校、三友小学依法治理典型进行培养，摸索依法治理新路子，通过典型引路，带动面上工作，推动依法治厂、治理市场活动全面发展，使全市依法治理活动再上一个新台阶。

1995 年，“二五”普法工作全面完成，11 月 10 日，山东省“二五”普法检查验收团，在德州市委、市政府领导陪同下到禹城市验收，给予充分肯定。通过“二五”普法工作，领导干部依法决策，依法管理水平有新提高，执法队伍素质有较大幅度提高。依法解决农村难点、重点和热点问题，稳定治安形势，全市刑事案件及上访案件均比上年有大幅度下降。

三、“三五”普法

1996—2000 年，“三五”普法阶段。1996 年，制定“三五”普法及依法治市具体规划。以禹城市委文件和市人大常委会文件对“三五”普法规划和依法治市第二个五年规划作转变和部署，为“三五”普法和依法治市工作健康发展奠定基础；组织市场经济法律法规培训班，为适应市场经济发展需要，组织全市企业经管人员、部分行政执法人员总计800人参加学习培训，提高他们的法制观念，促进企业依法经营，依法管理；加强对青少年学生法制教育。结合实际编写青少年法制教育《百题问答》教材，并坚持政法部门包学校制度，有重点、有针对性搞好法制教育，预防和减少青少年违法犯罪；为巩固、完善农村家庭遵纪守法“五个一”工程建设，在乡镇建立“文明法制学校”，重点对农村基层干部、普法骨干、未被评上遵纪守法户主进行培训和法制教育，对有违法行为和有劣迹人员、刑释、解教人员进行帮教，发挥法制教育阵地重要作用，保证“五个一”工程建设正常运行。

1997年，利用多种形式深入开展普法教育。在全市实行干部学法考核制，举办学法用法讲座，开展干部培训和法律知识竞赛活动，对科级以上领导干部进行“三五”普法考试，安排专人参加到基层讲课活动，进行民主法制建设教育；深入学习宣传《基本法》，组织各乡镇、市直各部门3000多人参加《基本法》知识竞赛，并以“二五”普法教材为内容在全市进行万人参加知识竞赛活动，增强人们法制观念。在城区抓“五个一”措施落实，企业开展评选五星级职工，商店争创五星级门店，学校制定一套法制教育计划，编印一本青少年法制教育知识问答，先后为市技工学校、禹城镇中学、车站联中等学校上法制课达十余次，增强青少年法制观念，避免和减少青少年违法犯罪；在全市开展创建“双十星”和“安全文明乡镇”活动，并组织人员深入到乡镇帮助、指导工作；积极推行“村务公开、民主管理”活动，首先在3个乡镇10个村进行试点，在试点取得经验基础上，在全市农村全面展开。

1998年，制定普法教育和依法治市实施意见，为提高公民法制观念，抓好各项措施落实，加大工作力度，深入开展普法教育和依法治理工作。

利用会议，办班培训、报纸、广播、电视、张贴标语、悬挂横幅、散发传单、出动宣传车等多种形式，在全民中开展普法宣传和普法教育，宣传与人民群众息息相关法律法规和政策，营造良好法制氛围。

深入乡镇，积极抓好依法治村和“村务公开、民主管理”工作正常进行，加强农村民主法制建设，针对一些热点、难点问题，进行法制宣传教育，减少农村矛盾激发点，密切干群关系。积极参加禹城市委组织的农村教育宣讲团，到19个乡镇进行巡回宣讲法制课，全市4000余名乡镇、村党员干部受到一次法制教育，提高农村干部依法管理、依法办事能力。加强青少年和在校学生法制教育，认真落实政法部门包学校制度，乡镇对所属中小学校按

图23-4-4　基层司法所建设会议（1997年摄）

图 23-4-5　法律宣传“三下乡”活动（2008 年摄）

计划有针对性地上法制课，市直部门先后为市技工学校、禹城镇中学、农机化学校、木糖醇厂、电业公司等单位上法制课，宣讲新修改《中华人民共和国刑法》《中华人民共和国刑事诉讼法》以及《中华人民共和国公司法》《中华人民共和国破产法》《中华人民共和国治安管理处罚条例》《中华人民共和国税法》《中华人民共和国经济合同法》等法律法规，增强大家法律意识和法制观念，有效预防和减少犯罪。落实领导干部学法用法讲座制、干部法律知识培训制、干部普法考核证三项制度。普法办与市委组织部、宣传部、政法委联合下发《关于组织 1998 年全市副科级以上干部普法考核通知》，组织全市 183 个行政机关、企事业单位 1200 多名干部进行普法考试并发放学习资料，印刷试卷和考核证各 1200 余份，“三项”制度落实，促进领导干部学法用法活动深入开展。

1999 年，为将普法教育和依法治理工作深入扎实开展，抓好各项措施落实，加大工作力度。1. 全面开展法制宣传教育。坚持“深入普法、依法治理、标本兼治，常抓不懈”工作思路，从实际出发，注重多种形式并举，在全市范围内采用多种形式，宣讲与人民群众生产生活息息相关的法律、法规和政策，并积极开展“送法下乡”活动，营造良好的法制氛围，促进人们学法、懂法，增强人们法制观念。2. 推动依法治理工作深入开展。结合“万名干部包村驻队”活动，积极搞好“村务公开、民主管理”工作，加强农村民主法制建设。针对农村热点、难点问题，及时进行法制宣传教育，减少干部隔阂，密切干群关系。禹城市委组织农村普法宣讲团，对 19 个乡镇村支部书记和党员干部进行巡回宣讲法制课，受教育面达 4000 多人次，提高农村干部依法治理，依法办事能力。落实政法部门包学校单位制度，积极组织人员为市直学校和行政执法单位上法制课，提高他们法律素质，避免工作中不必要失误。会同有关部门组成联合检查组，对未成年受雇童工进行清理整顿，维护未成年人合法权益。落实领导干部学法用法讲座制，干部法律知识培训制，干部普法考核证三项制度。年底联合有关部门对全市副科级以上干部进行普法考核，促进领导干部学法用法深入开展。

“三五”普法中普法对象 28 万人，其中干部 7119 人，学生 85648 人，按“三五”普法规划要求，全面开展普法教育。1996 年年底，“三五”普法启动后，成立“三五”普法依法治理工作领导小组，市委分管书记任组长，由司法宣传、民政、公、检、法、群团等有关部门主要负责人参加。普法依法治理领导小组 32 人，健全充实办事机构，办公室设在司法局，1998 年 11 月对领导小组进行充实调整，保证“三五”普法依法治理工作顺利进行。制定“三五”普法规划，市委宣传部、司法局起草第三个五年普法规划，市委以禹发〔1996〕58号文批转，各乡镇、市直各部门贯彻实施，1996年11月19日，第十二届人大常委会第三十一次会议，作出关于在全市公民中开展第三个五年法制宣传教育决议，通过全市依法治市第二个五年规划，市委下发关于认真实施《禹城市依法治市第二个五年规划》通知，要求各乡镇、市直各部门认真组织实施，为配合“三五”普法教育开展，市委办公室以禹办发〔1996〕20号文下发关于做好“三五”普法教材征订工作通知，落实责任，征订“三五”普法教材18500份，为“三五”普法工作打下基础。培训普法骨干，集中时间对乡镇分管书记、司法所长、宣传委员、市直各部门负责人、厂长经理、政工股长、普法骨干进行培训，召开全市动员大会。1996年11月25日，市委召开各乡镇、市直各部门参加法制宣传教育工作会议，总结“二五”普法，部署“三五”普法和依法治理工作，要求各乡镇、各部门按市委布置和要求，认真组织实施。“三五”普法期间举办大型普法培训班5期，参加学习5000多人次，举办各种类型培训班200多期，参加培训1000多人次，学完“三五”普法规划规定学习内容。

图 23-4-6　德州关工委领导视察青少年普法教育　（2006年摄）

为搞好“三五”普法工作，再掀普法高潮，开展“三五”普法宣传周活动，对“三五”普法活动提出要求：1997年6月，开展全市迎香港回归基本法律知识竞赛，8月，组织开展迎接十五大法律知识竞赛，参加竞赛8000多人，回收有效试卷6800多份，并把法律知识竞赛成绩列入年底干部考试内容。开展送法下乡活动，每年冬季农闲时间，结合农村社会主义教育活动，选派骨干参加禹城市委组织讲师团，巡回到各乡镇，面对面给农村干部群众上法制课，以案释法，对农村党员干部进行法制宣传教育，在17个乡镇大集上开展法律咨询服务活动，增强广大农村党员干部法律意识，提高农村党员干部整体素质和依法行政、依法办事能力，深化依法治村工作，促进全市农村民主化、法制化建设活动开展。各乡镇、各部门利用法律知识竞赛、法制演讲、法制文艺汇演、宣传车、大字标语、宣传栏以及广播等丰富多彩形式，宣传法律，收到较好效果。

四、“四五”普法

2001—2005年，“四五”普法阶段。在全市范围内开展各项专业法学习宣传。组织主管部门认真学习专业法，水利局结合世界水日学习宣传《中华人民共和国水法》，土地管理局重点学习《中华人民共和国土地管理法》，禹城市府组织各行政执法部门学习行政处罚法、行政复议法，市政府成立行政复议办公室，并为全市行政执法部门，执法人员办理执法证，做到持证上岗，严格依法行政。税务系统结合学习宣传税法，开展税法宣传月活动，禹城市工商局、消费者协会开展“3·15”维权宣传周活动，通过行业法学习宣传活动，巩

图 23-4-7 司法所人员“赶集送法”（2005 年摄）

固学法成果，促进各项事业依法管理。

禹城市委以禹发〔1996〕41 号文下发关于加强对青少年学生法制教育意见，禹城市委政法委以禹发〔1996〕2 号文下发关于加强对在校学生法制教育通知，落实政法部门包学校制度，各学校认真组织学生学习宪法、刑法、未成年人保护法、义务教育法、国旗法、治安管理处罚条例等法律法规，并坚持好“几个结合”，即学习法律法规与校规、守法教育相结合；法制教育与道德教育、传统教育相结合；学校教育与家庭社会教育相结合。请政法部门上法制课，组织学生参加公判大会，利用典型案例，剖析犯罪原因，从中吸取教训，增强抵制不良行业能力，同时还抓正面教育，利用广播、黑板报、宣传栏、演讲会宣传英模事迹，通过多种形式法制教育，使青少年明白什么是违法，什么是犯罪，应该怎么做，不应该怎么做，养成遵纪守法良好习惯，增强在校学生法律意识，提高法制观念，有效地预防和减少青少年、在校学生违法犯罪。全市累计上法制课 6000 多场次，受教育面达 8 万多人。

在全面开展“四五”普法教育基础上，推进依法治市、依法治村等项工作，市委、市府下发文件，制订方案，各乡镇、市直各部门认真组织实施，特别是依法治村工作有新发展。农村有普法对象 25 万多人，针对新形式下农村工作特点，市委召开会议专门做部署，各乡镇、街道办事处根据市委要求建立健全普法和依法治理工作领导小组和办事机构，党委书记亲自抓，分管领导靠上抓，宣传委员、司法所长具体抓，落实责任制。各乡镇对村里“四要职”和村宣传员进行培训，培训普法骨干 6000 多人，各村确定负责普法教育领导干部普法骨干，利用乡镇文明法制学校集中学习，利用广播电台，各乡镇广播站自办法制园地节目分散学，通过普法教育，促进依法治村工作开展。

推行“村务公开、民主管理”工作。为加强在新形势下农村基层基础工作，自 1997 年 8 月开始，在广大农村实行村务公开、民主管理工作，健全完善农村社会事务管理机制，使农村工作逐步纳入法制化管理轨道，深化依法治村“2311”和“五个一”工程建设，促进全市社会稳定和经济发展。提高认识，加强对村务公开、民主管理工作领导。搞好村务公开、民主管理是做好农村工作治本之策，成立 26 人的工作领导小组，市委印发“在全市农村推行村务公开、民主管理”文件发至各乡镇，要求乡镇党委、政府从战略高度充分认识推行“村务公开、民主管理”重要意义，乡镇建立相应工作领导小组，扎扎实实做好六项工作：第一建好村民代表队伍，按村民小组居住区域，每十户左右推选一名村民代表，组建一支村民代表队伍，建立健全村民代表议事会制度和村民代表评议两委干部制度，定期议事、评议，使每个村民代表都能按分开履行职责，发挥作用；第二搞好村务公开，健全完善村务公开栏。每村设公开栏，对村级财务、水电费标准、粮食征购、村提留、义务工标准、企业承包、土地果园、渔业承包、村干部补贴、奖金发放、救济、救灾，优抚款物发放、计划生育指标审批、宅基地审批等方面进行公开；第三修订好村规民约。在依法治村、民主管理基础上，对原有村规民约进行修改，使其内容更充实，更符合实际。第四建好村民档案。结合实施“五个一”遵纪守法工程完善村民档案管理和使用方法，村民档案一户一袋，16岁以上村民一人一卡，一事一记，把村民每年度“两迹”(优迹、劣迹)详细记入档案，奖优罚劣，促使村民自觉养成遵纪守法良好习惯，继续抓好“双十星”评选和创建“安全文明村镇”活动，形成制度化、经常化。第五抓好典型试点引路。制定实施方案，搞好宣传发动，组建村民代表队伍，摸底调查，建章立制。市委、市府作为试点，从市直机关有关部门抽调20多名骨干力量，深入村镇，吃住在村，抓好典型，积累经验，召开现场会，对面上工作进行全面部署，并发挥好典型带动作用，推动工作开展。达到“六增强，六促进”标准。即：基层干部增强公仆意识，促进廉洁勤政，增强民主意识，促进民主决策和科学决策。增强法治意识，促进依法行政和村级事务规范化管理；农民群众增强守法意识，促进依法办事水平提高。出现“三无”(无刑事案件、无治安条件、无越级集体上访)，增强文明意识，促进思想道德水平提高，实现“四无”(无封建迷信活动、无赌博、无违反计划生育政策现象、无婚丧事大操大办村庄)增强依法致富知识，促进农村稳定和经济发展。

五、“五五”普法

2006—2010年，是“五五”普法阶段。2006年，总结表彰“四五”普法工作，对“五五”普法进行全面动员。将法制宣传教育工作纳入党委、政府重要议事，纳入禹城市委、市政府年度目标管理进行考核、制定出台《市委宣传部、市司法局关于在全市公民中开展法制宣传教育第五个五年规划》，人大常委会下发《关于加强法制宣传教育决议》，并每年听取普法工作汇报，公务员学法用法制度，建立健全一系列内容，涉及依法治理、依法行政、法制宣传教育，以及培训、考核、监督、奖惩等方面规章制度，为依法治理工作顺利开展提供制度保证。

2007年，开展政法干警培训。2008年，开展市级机关干部培训，禹城市行政执法人员培训等活动，促进公务员队伍，尤其是司法、执法人员牢固树立法制观念，努力提高依法行政和公正司法能力。

加强农村法制教育，每个乡镇都设立一个法制辅导站，村建一个法律图书室和一个法制宣传栏。对农村“两委”班子成员每年进行一

图23-4-8　为残疾人开展法律援助知识讲座　(2006年摄)

次法律知识培训。坚持经常学法，村“两委”成员每年集中学法不少于4次，其他普法对象每季度学法不少于一次。加强农村广播站、文化大院等法制宣传阵地建设，开辟学法专栏，结合实际向农民群众普及法律知识。实现“五个一”，即：每个社区建立一个法制宣传橱窗，一个法律图书角，建设一支专（兼）职人员相结合法制宣传教育队伍，建立一套居民学法制度，每季度开展一次义务法制宣传活动。

为贯彻落实好《关于加强青少年法制宣传教育工作若干意见》，组织律师、公证员、基层法律工作者开展未成年人法制宣传、法律咨询活动，在129位法制副校长配合下，根据不同年龄段学生心理特点、学法需求和接受能力，确定不同课题，给在校生进行每年两次以上专题法制教育，并充分利用社区教育委员会，家长委员会与学校三位一体工作网络，开展“大手牵小手”及“小手牵大手”活动，形成一个从学生向家庭、向社会辐射立体化普法宣传网。

针对企业经营管理人员法制教育，实行“三个结合”，即：结合企业生产经营实际，有针对性学习有关法律法规；结合企业经营中成功和失误开展法律咨询；结合经营管理人员学法用法情况组织法律知识考试，通过开展“加强企业法制宣传教育积极应对国际金融危机”为主题宣传活动，企业诚信守法、依法运营观念和职工运用法律手段维护自身权益能力不断增强。

司法局、市普法办先后组织定购“五五”普法教材2000余册，分发到各乡镇、市直各部门、各单位。全市各级普法依法治理办事机构培训普法骨干6000余人次，培养法律明白人2万多人，刷写长期性普法宣传标语1500余条，开展法律讲座38场，发放宣传品39000份（册），现场解答法律咨询15000余人次，组织开展送法下乡活动115场次，开展“法律五进”活动70余场次，组织大型法制宣传和咨询活动35场次。

在“五五”普法中，大力推进民主法制建设和依法治理工作。深入开展“民主法治示范村”创建活动，不断加强农村基层民主法制建设。按民政部、司法部《关于进一步加强农村基层民主法制建设意见》，切实把创建活动纳入依法治市工作目标，充分发挥村党支部领导核心和战斗堡垒作用；把中共领导和村民自治有机结合起来，以农村文化大院为依托普遍建立普法阵地，扎实推进“四民主、两公开”制度，创建省、市、县“民主法治示范村（社区）”达到70%以上，最大限度维护基层社会稳定。“五五”普法依法治理工作取得较好成效。

图23-4-9　青少年普法员　（2010年摄）

第二节　民事调解

1986年，召开两次司法助理工作会议，传达上级会议精神，汇报研究和总结人民调解工作。组织干警认真学习中央《关于社会主义精神文明建设指导方针决定》有关部分，学习最高院《中华人民共和国民法通则》《中华人民共和国经济合同法》和《中华人民共和国继承法》等问题意见。

1987年，人民调解工作重点抓各乡镇司法助理员思想教育、业务指导和法律服务站建设。在人民调解工作中，认真贯彻“调防结合”“以防为主”方针，配合有关部门建立文明村、文明户、文明厂，有效促进两个文明建设。

1988—1989年，开展司法助理员思想教育业务指导和法律服务站建设，并积极开展各项业务工作。

1990—1992年，帮助乡镇司法所和法律服务站，建立健全各项规章制度，在工作中做到有法可依、有章可循，做到执法不违法，到位不越权，保证各项工作顺利开展。

1993—1995年，发挥基层调解组织作用，促进农村经济发展创造良好法制环境；强化基层基础工作，以防激化为重点，发挥好人民调解在社会治安综合管理中“第一道防线”作用。

1996—1999年，利用纠纷矛盾疏导年活动在全市范围之内集中开展三次矛盾纠纷疏导排查工作；“148”法律服务专线建设得到充分发挥，开展“148”专线咨询活动，使广大农民群众明白“三提五统两工”和不合理负担区别；加强乡镇法律服务所建设以维护个体私营业户和乡镇企业利益为重点。

2000年，基层工作以建立乡镇司法调解中心工作为重点，全面开展业务工作。认真总结陵县司法调解中心经验基础上，在全市12个乡镇街道办事处全面建立司法调解中心，从基层解决大量矛盾和纠纷，促进社会稳定。

2001年始，建立以禹城市政法委牵头，以司法局干警为主要力量，法院、公安局、民政局、信访局等多个相关单位参加“禹城市社会事务调解中心”，建立以司法所为依托，以各级人民调解委员会为主要力量庞大基层调解网络。其中，2003年，制定司法所例会制度、理论学习制度、经验交流制度、服务承诺制度、首长负责制度、限时结案制度等。2004年，各乡镇法律服务所全部撤销，司法所兼基层法律服务工作职能。

2006—2007年，司法所建设日趋规范；集中各级调解组织力量排查各种矛盾，积极参与信息预警机制建设；积极探索安置帮教新思路，推进刑释解教人员备案、登记、帮教、安置规范和制度化；抓好“12348”法律专线建设。

2008年，积极做好刑释解教人员接管及帮教工作，对辖区内刑释解教人员做到“底数清、去向明”，及时掌握刑释解教人员动态，防止脱管、漏管现象发生；建立人民调解网络体系，网络体系分纵向、横向两条主线。依托公安局、法院、检察院、信访局等相关单

图23-4-10 普法宣传下乡 （2006年摄）

图 23-4-11　做群众调解工作　（2000 年摄）

位，整合各相关单位信息，全方位社会矛盾化解在基层。

2009 年，认真研究司法所人员管理、业务指导、运行机制和经费保障等问题，社区矫正工作成立独立办公室，挑选业务素质高、工作能力强年轻干部任办公室主任，围绕党和人民关心的问题，去重点解决。

2010 年 8 月 28 日，第十一届全国人民代表大会常务委员会第十六次会议通过《中华人民共和国人民调解法》，对于深入推进三项重点工作、维护社会和谐稳定具有重要意义。深入推进社会矛盾化解、社会管理创新、公正廉洁执法三项重点工作，人民调解是基础。人民调解法贯彻“调解优先”原则，强化人民调解化解民间纠纷、维护社会稳定职能，明确人民调解化解社会矛盾基础性作用。

第三节　公证

1986 年，随着对外开放、对内搞活经济体制深入贯彻，全国出现国营、集体、个体三种经济体，公私横向联合日趋频繁。上级政府下达《有关公证机关参与经济合同公证》文件和讲话，强调经济合同公证重要性，将公证工作作为加强经济宏观调控手段之一，明确公证机关地位，也是对公证工作提出更高要求。

1987 年，公证处公证人员认真学习《十法一条例》和《中华人民共和国公证暂行条例》，积极转变工作作风，由原来坐堂迎客转变为主动上门办理公证业务。1988 年，办理各类公证事项 988 件，是上年 2.8 倍。总标的额 5000 多万，为国家和企事业单位避免经济损失 300 多万。山东省司法厅鲁司法公〔1988〕14 号文件批准禹城县公证处可承办涉外公证业务，并批准孙传学、高长山为涉外公证员。1990 年，认真贯彻地区棉花生产公证现场会议会议精神，学习平原县先进经验。重点抓棉花合同公证和赡养老人协议公证工作。1991 年，全力搞好计划生育合同公证业务。办理各类计划生育合同公证 12000 多件，在促进依法管理计划生育方面发挥积极作用。1992 年，公证工作在完善计划生育合同公证基础上坚持两个方向：1. 面向农村广开证源。充分发挥乡镇司法所职能作用，搞好农村各类承包合同公证；2. 面向城镇，积极为城镇经济建设搞好服务，搞好企业租赁承包合同公证和投标，及产、供、销、运合同公证，有计划、有步骤建立公证联络制度，及时为深化改革提供法律服务。1994 年，通过办理农民承担费用和劳务合同公证，理顺农村经济秩序，消除群众疑虑，调动广大农村干部和群众生产积极性。同时，为改革农村土地使用权制度，促进农村土地综合开发，还对农村沟、林、路、渠及荒洼地使用权拍卖合同依法公证，用法律手段明确合同双方当事人权责关系，增强村民责任心。1995 年《中

图 23-4-12　上门办理公证业务　（2008 年摄）

华人民共和国公司法》颁布实施后，公证机关充分发挥其证明、服务、沟通、监督等职能作用，为推进企业公司制改造，深化企业改革，振兴经济，为企业改制提供及时有效法律服务和法律保障。

1996 年后，公证处围绕全市中心工作广泛开展公证业务，遵照真实合法办证原则，严把办证质量关，最大限度避免纠纷，减少诉讼。采取主动出击，分组包片、人自为战措施，深入 19 个乡镇和市直单位帮助合同双方理顺关系，修订合同及时依法办理公证，使公证后合同覆盖率达 97% 以上。1998 年，公证工作围绕企业改革改制，积极开辟证源，拓宽服务领域，严格办证程序，保证办证质量，提供优质服务，发挥职能作用。1999—2000 年，公证人员改变坐等案源传统做法，认真调整工作思路，积极开展工作，取得明显效果。1999 年 9 月，办理涉及标的额 2000 多万元，3 万平方米建筑工程招标，投标现场监督公证。2000 年 7 月，办理招标投标工程 31500 平方，标的额 1575 万元，同时围绕禹城商贸城拆迁改建工作做好服务，出具拆迁改建公证书 300 多份。2000 年，设立公证联络员，先后办理苇河、水面、土地、果园、树木、事故现场证据保全等业务公证 260 余件，并开辟中老年再婚前财产约定、企业融资、房屋转让、提存等公证业务，有效避免社会纷争，使公证业务件数大幅增长，较好维护社会经济秩序。

2001—2005 年，公证工作以加强诚信建设和实施品牌工程为主题，围绕“质量、秩序、改制、发展”四个重点，积极探索和实践新公证服务方式和方法，使公证服务深入到地方经济建设和维护社会稳定各个环节。公证业务涉及股权转让、土地使用权挂牌出让、消费者贷款合同签订、招投标、投保、抵押登记、计划生育及大型社会活动现场监督公证等领域。2005 年，参与禹城市糖城广场开发建设工作组和德州市最大桥梁、落水、防洪、排涝一体桥梁橡胶坝工程招投标现场公证监督。开展教育规范树形象活动，端正公证服务思想和执业理念。办理各类公证事项 6075 项，其中经济类公证 4252 项，民事公证事项 1823 项，涉及标的额 3.2 亿元，避免经济损失 1900 万元。2001 年，公证处被禹城市委政法委、中共市委组织部、人事局评为“人民满意政法单位”。2004 年，被中共禹城市政法委员会评为政法系统“窗口示范单位”。

2006 年，为国家、省、市重点企业保龄宝公司、龙力公司、福田药业公司、禹王公司办理“生产许可证”“卫生许可证”“营业许可证”“委托书”“报关单”等证明书公证，为企业产品顺利出口起到积极作用。2007 年，开展“十大民心工程”。积极参与糖城广场、糖城新湖，步云小学、市中中学建设过程中一切工程招投标以及附属设施建设、教学器材政府采购、现场监督及合同公证。新开办政府采购现场监督和政府采购合同公证。同年，公证处被山东省公证员协会评为“全省服务社会主义新农村建设先进集体”；被山东省档案局评为“省级先进单位”。

2008 年，公证处办理各类公证事项 1727 件，其中经济 1096 件，民事 477 件，涉外及港、澳、台 154 件，未发生质量责任事故。同年，被德州市司法局评为“德州市文明公证处”；被德州市司法局评为“德州市文明服务示范窗口”。2009 年，办理各类公证事项 1564 件，其中经济 856 件、民事 347 件、涉外及港、澳、台公证 361 件，比 2008 年增长 4%，能够按时参加禹城市公证协会组织各种活动和公证卷宗质量检查，所办公证事项无错、假证发生，能够足额按时缴纳省、市会费，并建立健全公证员诚信执业档案，全年未发生投诉现象，按时完成信息、典型案例和每年论文报送，月报表、季报表、年报表做到及时上报，积极开展争创文明公证处活动。

2010 年，办理各类公证事项 1805 件，其中经济 1221 件，民事 500 件，涉外及港、澳、台 84 件，未发生质量责任事故。

第四节 律师事务

1987 年，开展律师工作“五项业务”，努力做好“四个服务”。法律顾问由 7 处增加到 10 处。顾问点参与调解纠纷三次，审查合同 35 份，上法制课 17 次，刑事辩护 2 件，民事代理 2 件，非讼代理 5 件，代书 13 件，解答法律咨询 175 人次，业务收费 4381 元人民币。1989 年，重点抓乡镇法律服务站组织建设、思想建设和业务水平提高建设。继续做好“五项”业务和“四个”服务。1990 年，为政府做好法律顾问，明确列席县长办公会议制度，使法律不断进入决策领域，主动帮助政府清理审查。制止“三乱”规范性文件，理顺政群关系；为担任法律顾问企事业单位建立巡访制度；帮助企业清理三角债。1991 年，法律服务又开拓为农村工作服务新领域，将法律知识和农业生产联系起来，特别是棉花收购“三兑现”工作，直接体现党对农村经济政策贯彻落实和农民植棉积极性。1992 年，侧重点放在为政府、企、事业单位担任法律顾问和为企业排忧解难上。同时，律师业务不断向农村延伸，继续探索为农村和农业工作服务。另外，律师业务更多渗透到金融、房地产经济领域，更好为经济建设和改革开放保驾护航。1992 年 10 月，成立首家合作制律师事务所禹法律师事务所，1993 年，加强乡镇法律服务工作。1994 年，在原有国办所与合作所基础上，建立禹城市第三律师事务所，本着“质量第一、信誉第一、效益第一”原则，全面开展各项服务。1995—1998 年，围绕深化企业改革，搞好超前服务，为顾问单位当好参谋，建立定期联系制度。企业重大经济事项，重要经济合同，重大经济项目都由法律顾问参与论证、审查，围绕企业经营全过程发挥好法律顾问咨询作用。1999 年，信达律师事务所被德州市编委编为副科级单位，并同时加挂法律援助中心牌子。律师职业人员也由原来 9 人增加到 13 人，法律服务人员增加至 11 人。2001 年，国资所金锋律师事务所、禹鼎律师事务所脱钩改制，由全额拨款改为差额拨款，下放业务权、财务权，实施自收自支管理办法，调动律师办案积极性，拓宽业务领域。

2007 年，加强律师工作监管，建立健全科学评价和激励机制，组织律师参与涉法信访工作，参与领导公开接访日，组织律师参与禹城市广播电台承诺热线和“148”法律服务热线。2008 年，为保龄宝、龙力公司上市提供法律咨代写法律文书，审查修改合同；组织律师多次参与涉法信访案件，维护社会稳定；组织律师参与领导公开接访活动，协助制定解决方案，向群众讲解法律知识。8月，禹法律师事务所由合作制改为合伙制，明确合伙所独立法人地位及合伙人权利义务，使律师所和合伙律师产权关系明确，内部管理规范。

2009年，开始主动介入到企业项目建设、民营经济、对外开放、集约发展、节能减排、民生工程、城乡基础建设等重点项目、重要领域，提供专项法律服务。为降低企业经营风险进行可行性研究、法律咨询、审定合同、项目公证。坚持以人为本、执业为民，努力为就业、就学、就医、社会保障等民生问题提供及时便捷法律服务。畅通弱势群体申请法律服务援助绿色通道，维护弱势群体合法权益和利益。为保龄宝、通裕集团上市提供法律服务。至2010年，全市有执业律师25人，为企、事业单位担任法律顾问、提供法律咨询，为禹城市经济建设提供全方位法律服务。

第二十四篇

武　装

1986—2010年，在正规化建设、民兵组织建设、征兵、军民共建、民兵参建、维稳抢险等工作中都取得好成绩，多次被山东省委、省政府、省军区表彰，多次顺利完成上级军事机关和地方党委政府交给的维稳处突和抢险救灾任务。通过开展兵役征集工作，为部队输送了大量优秀人才，贯彻国家预备役工作要求，保证了国家对军事人才的需求。根据新形势做好民兵工作，重点抓好乡镇、村居、企业等民兵组织建设，定期开展民兵训练和教育，发挥民兵在巩固国防、维护社会治安、保障生产中的重要作用。人防办将每年8月15日定为防空警报试鸣日，并结合警报试鸣组织防空防灾演练。同时在每年的5月12日防灾减灾日，组织中小学生、社区居民举行防灾救灾演练。结合禹城一中、综合高中、技工学校和德州科技学院的军训，累计对13122名学生进行国防教育。

第一章 组织机构

第一节 禹城市国防动员委员会

1997年8月，成立禹城市国防动员委员会，市委书记为第一主任，市长为主任，市人武部部长、政委、副市长为副主任，16个单位主要负责人为成员。委员会下设三个办公室：设在人武部军事科的“禹城市人民武装动员办公室”，设在市经委的“市经济动员办公室”，设在交通局的“市交通战备办公室”，并完善公共服务设施。2003年，市委把国防教育划归国防动员委员会领导。2004年2月，增设政治动员、人民防空动员和综合办公室，经多次充实调整，至2010年，步入较完备的运行轨道。

第二节 禹城市人民武装委员会

禹城人民武装委员会成立于1943年6月，简称武委会。负责发动组织人民开展抗日武装斗争。1955—1978年间名称多次变动，先后有兵役委员会、民兵工作领导小组、战备工作领导小组等称谓。1979年，恢复人民武装委员会。1997年8月国防委员会成立后，与人民武装委员会一个机构两块牌子。2002年，国防委员会与人民武装委员会合并为国防动员委员会。

第三节 禹城市人民武装部

1986年6月，中国人民解放军禹城县人民武装部改为地方建制，称禹城县人民武装部，为副县级单位，下设军事科、政工科和办公室。人武部政委为县委常委，部长参加县长办公会，接受县委、县政府和上级军事机关双重领导。1989年1月，山东省委、省政府议军会议，将县级民兵训练基地和县民兵武器装备仓库定为副科级单位，列入县人武部编制序列。1990年7月，省委组织部、省军区政治部联合下发《关于县（市、区）人武干部和专职武装干部队伍建设有关问题的规定》，人武部增配1名正科级副部长；增设正科级后勤科，设科长一名，助理员1—2名，人员从现有编制中调剂。1996年，禹城市人民武装部收归军队建制，称中国人民解放军山东省禹城市人民武装部，隶属由地方改为军队，为正团级单位，接受上级军事机关和禹城市委、市政府双重领导，设部长、政委、副部长各一人。编制现役干部12人，专职武装干部2人，职工10人，计24人。设军事科、政工科、后勤科，为正营职科室，民兵训练基地为副科级全额财政拨款事业单位，收归军队建制后，其性质、任务不变。市委书记任武装部党委第一书记，市人武部一名主官参加市委常委会，一名主官参加市政府市长办公会。2004年，设置8人新编制，取消副部长编制。2005年，设立副部长兼军事科长职务。2007年，市人武部编配部长、政委、副部长兼军事科长各一人，设军事、政工、后勤3个科，编配现役军人干部8人，专武干部2人，职工（聘任干部制）6人，隶属德州军分区，驻地为禹城市解放路中段西侧。

1986—2010 年禹城人民武装部部长、政委任职一览表

表 24-1-1

时间	姓名	职务
1986.7—1996.4	王一平	部长
1996.4—2000.1	徐有华	部长
2000.1—2002.1	唐玉壮	部长
2002.1—2003.1	邢永征	部长
2003.1—2005.2	杨兆丰	部长
2006.1—2008.1	孟　扬	部长
2008.1—	王成平	部长
1986.7—1996.4	潘尚孟	政委
1993.9—1998.12	曲孝东	政委
1999.1—2005.1	蔡永平	政委
2005.1—2005.12	王　锐	政委
2006.1—2008.1	付少柱	政委
2008.1—	丁立法	政委

第四节　基层武装部

1984 年 4 月，禹城进行农村体制改革，撤公社建乡镇，全县 19 处人民公社武装部，改为 5 个镇、14 个乡武装部，乡镇武装部部长按副乡镇级干部配备。1993 年 10 月，禹城撤县设市，基层武装部相应改称。1996 年 4 月，禹城市人民武装部收归军队建制，基层武装部仍为地方编制。2000 年 5 月，按国家行政机构改革政策进行乡镇合并，19 个乡镇减少到 12 个，乡镇武装部也相应缩减为 12 个。2002

图 24-1-1　德州科技职业学院武装部揭牌仪式　（2010 年摄）

年7月，禹石街道办事处与市中街道办事处合并，其武装部合二为一。在高新技术开发区设立武装部。2010年9月，高新技术开发区人民武装部改称东城街道办事处人民武装部。12月，设立德州科技职业学院武装部。至2010年年底，全市有基层武装部22个，专武干部22人。其中，乡镇、街道办事处12个，市直机关和大专院校各1个，企(事)业武装部8个，均实行人武部和所在单位双重领导。

第二章 征兵工作

第一节 兵员征集

义务兵征集工作是党委、政府统一领导，由县（市）武装部（兵役局）具体组织实施。县（市）政府成立领导小组，设立由兵役机关、公安、卫生等部门组成的征兵办公室。各乡镇、街道办事处也相应成立领导小组和征兵办公室，办理辖区内征兵事宜。1985—1987年，禹城以冬季征兵为主，兵源大多数为初中、高中文化程度，主要是非农业户籍青年。1988年年末征兵。1990年春、冬两次征兵。2007年始，禹城市发给城镇义务兵优待金每年600元，农村义务兵优待金每年每户3000元；2010年，城镇义务兵优待金提高到1000元，农村义务兵优待金提高到5000元。

图24-2-1 禹城市2010年新兵欢送大会 （2010年摄）

第二节 征兵体检

征兵体格检查程序是：先在乡镇目测，然后分片设点体检，最后抽查。体检按照内科、外科、眼科、五官科等规定的体检标准和项目进行。为防止漏检、误检，实行“谁检查一谁签字一谁负责”，并采取交叉体检和重点复查相结合的方法抽查，然后确定政治审查人员。

第三节 政治审查

政治审查是对体检合格人员政治条件的审查，由公安部门在县（市）、乡镇两级进行。政治审查主要对应征人员的年龄、文化、户籍、现实表现以及主要家庭成员和主要社会关系进行审查。兵种不同对政治条件要求不同，海军、空军高于陆军，特种兵高于普通兵。

第三章 民兵工作

第一节 政治教育

民兵的政治教育，主要是围绕时局变化，对民兵进行积极有效的宣传鼓励、说服动员工作，使民兵保持坚强的理想信念和旺盛的革命斗志。这项工作是由各级党委领导，通过军队政治工作机关、各级人武部门与地方党团组织和群众组织的工作来实现。

禹城民兵政治教育，主要有以下几种形式：1. 集中教育。用民兵训练、整组、电影周、军民联欢会、义务兵征集等形式有计划的系统的学习中共方针政策、时事政治、国防知识。2. 多种宣传形式教育。充分利用青年民兵之家、职工俱乐部和报刊、广播电视、墙报文艺节目等形式，进行宣传教育。3. 刊授、函授教育。利用民兵报刊、杂志，由上级军区或县（市）、乡人武部定期出题，发放到民兵手中，定期回收批改和检查考核，并对重点课题、篇目进行辅导。1990 年 12 月 24 日，新的《民兵工作条例》规定，民兵政治教育要以中国共产党的基本路线和国防教育为重点，进行民兵的性质、任务、优良传统、爱国主义、革命英雄主义、形势战备和政策、法制、军事基本常识等教育。政治教育的内容主要包括三个方面：1. 以增强国防观念为中心的国防教育；2. 以增强“兵”的观念为中心的基本常识和形势战备教育；3. 以培养“四有”军人为目标的理想道德教育和政治理论教育。

1995 年，民兵主要进行“四个教育”（革命人生观、爱国奉献、尊干爱兵、艰苦奋斗）和“三学”（学孔繁森、韩素云、王廷江）活动。

1999 年，针对我驻南斯拉夫大使馆被（美）炸，处理“法轮功”邪教及李登辉抛出“两国论”等重大事件，对民兵进行相信科学、破除迷信、革命气节和“三爱”（爱党、爱国、爱社会主义）教育。

2001 年，在民兵中主要进行“三讲”“三个代表”教育和“致富思源、富而思进”教育。

2004—2005 年，在民兵中进行“以人为本，科学发展”教育、“弘扬优良传统、强化战斗精神、提高打赢能力”教育和保持共产党员先进性教育。

针对民兵多数外出打工、人员难以集中等情况，利用民兵报纸、杂志、国防知识百题问

图 24-3-1 禹城书法家赠送字画 （2009 年摄）

答对民兵进行刊授和函授教育，由上级军区或县、乡人武部定期出题发放到每个民兵手中，定期回收，批改作业和年终检查考核，对重点课题、重点篇目进行重点辅导，民兵刊授、函授教育收到较好效果。禹城市的民兵刊物订刊、学刊、用刊工作，1990—2005 年，先后 8 次分别被《中国民兵》杂志社、《黄河民兵》杂志社、《山东国防报》和德州军分区政治部评为先进单位。

2008 年，禹城人武部成功举办德州军分区新闻报道工作现场会、政工比武现场会、按纲施训优秀科目演示现场会。3 月 27—28 日，德州军分区新闻报道现场会在禹城宾馆召开，山东省军区政治部副主任李宏征和军分区政委邹德家、副政委朱爱农、主任何学民出席会议，中央、山东省和德州市记者 30 余人应邀参加。

为及时向上级首长机关和地方党委政府反映人武部工作情况，更好地开展民兵预备役工作，人武部定期开办《人武信息》，确保与各个单位互通信息、相互促进、共同提高。

2009 年 5 月，开展培育当代革命军人核心价值观主题教育，通过展开大讨论，大家更清醒地认识到党领导下的人民军队在和平年代所体现的不同价值。7 月，组织开展专武干部“爱读书、读好书、善读书”演讲比赛，激发大家读书热情。8 月，开展“爱党爱国爱军队”教育，学习贯彻中共十七届四中全会精神，把握理解会议精神。抓住学习实践科学发展观活动这个重点，丰富教育内容，突出实践特色，提升学习效果。开展笔记展评，做到以评促学。年底，理论学习完成 22 课时，每人撰写学习心得 18 篇，班子成员每人撰写调研报告 5 篇。组织到禹城经济社会成就展厅和科技含量较高的龙力公司参观，感受经济发展带来的巨大变化，到济南战役纪念馆缅怀革命先烈，接受爱国主义再教育。参加德州市领导对禹城科学发展观辅导授课和禹城市委党校巡回讲师团讲座学习，邀请禹城市书法协会的书法家举办廉政文化笔会，以中国传统文化的熏陶，提高专武干部的思想境界。组织心得体会座谈交流，部领导带头发言，竞相谈体会谈感受。同步制作多媒体课件、专题宣传栏、悬挂条幅标语，先后出版学习实践活动工作简报 14 期、《人武信息》3 期，经验做法被上级机关转发 3 次，多次在报纸、杂志和军网上发表。累计上稿 181 篇，在分区名列前茅。

2010 年，建立创建活动长效机制，研究制定《禹城市人武部党委关于创建学习型党委机关，争当学习型党员干部的实施意见》，在创建活动中，部领导带头学，全部上下，人人有学习笔记和体会，现役干部人人积累学习资料，人人有学研成果。全年上稿 759 篇，其中，中央级 587 篇，省级 94 篇，市级 78 篇。安置随军家属 2 人，合同制工人纳入事业编 2 人，提拔副科级主任 1 人，调整提拔基层武装部长 6 人。伦镇武装部长杨胜军被全军表彰为“抗洪抢险先进个人”。

图 24-3-2　人武部举行庆“八一”争当学习型党员干部知识竞赛　(2009 年摄)

第二节 组织建设

1986年，民兵组织整顿工作，围绕“减少数量，提高质量，抓好重点，打好基础”的新特点，从实际出发，落实基干民兵调减规划，把基干民兵组织搞扎实，使之更加适应国家经济建设和战备工作需要。

1990年，民兵团1个，民兵营21个，民兵排159个，民兵总数35702人，其中普通民兵29069人，基干民兵6633人。1995年，总人口488212人，建有1个民兵团，21个民兵营，228个民兵排，3个独立排，民兵总数39643人，其中，普通民兵29942人，基干民兵9701人。

1993年9月禹城撤县设市，基层武装部相应改称。

1996年4月，禹城市人民武装部收归军队建制，基层武装部仍为地方编制。

1997年，中国人民解放军总参谋部、总政治部下发《关于深化民兵工作调整改革的意见》〔1997〕参联字2号文件，提出民兵工作调整改革的总体规划。1998年，压缩全市基干民兵数量，建立县、乡（镇）两级民兵应急分队，抓好专业技术分队和专业对口分队的编组，1999年，全面理顺并落实调整改革任务。

压缩基干民兵规模，合理调整组织布局。调整时，坚持在以行政村为主建立民兵组织的基础上，按“五个有利于”（有利于组织领导、有利于提高质量、有利于开展活动、有利于执行任务、有利于平衡负担）的要求对基干民兵进行调整。尽量把当年退伍兵调整到基干民兵队伍中来。取消先编后训的编组方法，未经训练的人员不得编入基干民兵。

扩大组建范围，改进编组方法。城市民兵在坚持国有企业为主的前提下，有计划的扩大“三资”企业、股份制企业、集体企业等其他多种所有制企业基干民兵的编组。农村基干民兵的编组，在坚持以行政村为主建立民兵组织的基础上，适时地将重心向乡镇企业倾斜，但不能重复编组。基干民兵的组织分布，把重点突出在交通要道、重点目标和重点村镇。

优化基干民兵组织结构，实行分类建设。应急分队建设，按“五统一”（统一组织编制、统一组建范围、统一编组方法、统一教育训练、统一武器装备）的标准，按组织严密、队伍精干、人员纯洁、可靠管用的要求，加强应急分队规范化建设，对应急分队实行单独编组，参加人员从基干民兵中择优选编，优先把退伍军人和党团员编进来。

1998年，基干民兵由7500人调整为3800人。5月7日，禹城市人武部在市直组织250人（2个应急连、1个独立排）民兵应急分队、步兵分队训练，时间15天，内容是队列、条令、轻武器、架枪与基本操作。结合民兵训练，制定应急方案。组织训练和应急演练，提高遂行应急任务能力。民兵应急分队和民兵对口专业技术分队的组建，既是民兵中的一支骨干队伍，又是完成急、难、险、重任务中发挥骨干作用的队伍。

1999—2000年，民兵整组工作着眼于适应“战场”需要和“市场”要求，加大科技含量，突出城镇重点，合理调整编组，优化组织结构，巩固民兵工作调整改革成果。1. 调整基干民兵编组布局。2. 搞好城市和农村基干民兵的编组。3. 突出抓好民兵应急分队和民兵专业技术分队编组。4. 要严格出入转队。整组的重点：1. 开好民兵建连大会，搞好集合点验。2. 抓好民兵干部队伍建设。3. 加强民兵活动阵地建设，建好民兵（营）连部、民兵执勤室、民兵之家。4. 深入开展民兵带头建设社会主义精神文明活动，搞好创先评比。1999年1月22日，调整组建军事对口专业分队5个连、3个班，总兵力348人。8月，禹城市化工集团武装部被山东省人民政府、山东省军区评为“民兵预备役建设基层先进单位”。

2004 年，依据民兵可能担负的应急和作战任务，在市属企事业单位组建民兵应急分队 2 个连；在相对技术含量较高的 18 个单位组建 660 人的民兵对口专业技术分队。

2005 年，全国民兵组织整顿工作统一在每年第一季度。主要内容包括：制定工作计划，作出安排部署，搞好宣传教育，调整民兵组织，进行政治审查，确定出入转队人员，调配民兵干部，清点武器装备，集合点验民兵，组织入队宣誓，确定参训对象，健全有关制度，总结上报工作。年末，全市普通民兵 28298 人，基干民兵组织具体分为步兵分队、应急分队、专业技术部（分）队、对口专业分队四大类。

2007 年，民兵整组工作于 3 月初开始至 4 月上旬结束，历时近 1 个月。禹城市建有 18 个基层武装部，20 名专武干部。编有普通民兵 32098 人，基干民兵 2513 人。基干民兵中，作战队伍 297 人，编 1 个双 25 高炮营；勤务保障队伍 471 人，编 1 个通信连、1 个防化连、1 个军需物资保障分队、3 个交通运输分队、1 个医疗救护分队、1 个装备维修分队；应急队伍 830 人，编 2 个应急连、10 个应急排、1 个防汛分队、1 个供水设施抢修分队、1 个电力设施抢修分队、1 个燃气设施抢修分队、1 个供热设施抢修分队；其他队伍 915 人，编 7 个步兵连、1 个机炮连。5 月，山东省军区进行达标验收。12 月，禹城武装部专门安排人员到第一批达标单位平原县、夏津县参观学习，进一步完善资料建设。

2008 年年初，进行民兵整组，后依据山东省军区奥运安保工作任务，民兵整组工作重新进行调整，基干民兵队伍缩减步兵分队数量，增加专业分队数量。结合 2007 年年底退伍军人登记统计情况，对禹城市经委掌握的 12 家大企业进行调查论证，以“平时能应急，战时能支前”要求，科学合理分配人员，2508 名基干民兵都落实到具体单位和个人，做到招之即来，来之能用。期间，组织兴禹化工集团民兵应急一连的军事训练，主要训练警棍盾牌术、队列、军体拳等内容，在分区领导点验时，拉动的两个应急连不少一人，名册相符。整组结束后，禹城市共编民兵 30806 人，其中，基干民兵 2508 人，普通民兵 28298 人。编作战、勤务保障、应急和其他 4 种队伍、11 类、31 个分队。

2009 年，以民兵担负的任务为牵引，围绕战场及经济建设需要，优化结构、完成民兵队伍的合理编组。经过民兵组织调整后，禹城市共编民兵 30806 人，其中基干民兵 2508 人，普通民兵 28298 人。经过整组，达到民兵组织健全，人员落实的要求。并在 3 月 30 日，组织应急分队的集结点验。

图 24-3-3　警棍盾牌术训练（2007 年摄）

2009 年年初，深入开展基层达标建设活动，成立由部领导为组长的达标建设领导小组，先后多次召开部党委会、办公会，研究制定禹城市人武部基层建设“三年规划”。为完成基层达标工作，8 月，在梁家镇政府召开基层建设达标工作现场观摩会，详细介绍梁家镇开展基层建设达标工作的

图 24-3-4　民兵训练　（2008 年摄）

经验做法。10 月底之前，要求达标的第一批基层武装部均达到迎检标准。投资 10 万元购置微机和 200 套防暴器材，配发给基层武装部，用于训练和应急。

同时，把武装工作纳入年度目标考核，对全市 10 个乡镇、1 个街道办武装部进行全面考核，从党管武装、兵役工作、军事工作、国防教育和双拥带建等五个方面进行综合评定，现场打分，主要负责人签字并加盖公章后报送市委组织部考评办。这一举措使武装工作逐步走上制度化、正规化，加大党管武装工作力度，经费保障到位，党管武装经费 50 万元纳入市财经预算，每年给民兵训练基地追加 8 万元管理费用，协调追加预算 20 万元用于达标和军事训练。

至 2010 年年底，全市有基层武装部 22 个，专武干部 22 人。其中，乡镇、街道办事处 12 个，市直机关和大专院校各 1 个，企（事）业武装部 8 个，均实行人武部和所在单位双重领导。

第三节　军事训练

1986—1989 年，禹城县民兵主要以乡镇为单位进行分散训练，内容为军事训练、政治教育、致富技能培训等。1990—1995 年，按新的《民兵训练大纲》，军事训练由培训民兵骨干、民兵干部转入成建制民兵连、营和学生军训。1991 年秋，在张集乡沙河辛村，集中 4 个乡镇 500 名基干民兵训练。1995 年秋，市预备役团进行“步兵营快速集结演练”。学生军训一般在每年新生入学进行，主要训练内容是，队列条令、统一内务卫生，高中以上训练列兵式、分列式，时间通常 5—7 天，人数每年均在 5000 人以上。

1999 年 5 月，禹城市人武部对应急分队一连、二连 220 人进行 15 天集中训练。2000 年 3 月，德州军分区结合民兵组织整顿和集合点验，对禹城民兵应急分队实施拉动考核，检查处突维稳战斗动作。禹城应急分队做到人员齐、装备齐、方案齐、连得通、处置情况灵活。2003—2005 年，主要以专武干部和应急分队为重点进行训练。2007 年 4 月，按德州军分区应急分队集结演练指示，在重点抓好应急分队防爆、防汛、防灾、护厂、护路、护林、护堤等科目的同时，加强对口专业分队训练，实现民用专业技术向军用专业技术的转换。至 2010 年，由人民武装部对现役干部、专武干部和基层民兵分批次、分层次、分科目进行成建制的专业训练，提高民兵预备役部队的应急、应变和处突能力。

第四节　民兵参建工作

1986 年后，禹城县（市）人武部在抗旱排涝、抢险救灾、参加平安禹城建设、配合公安机关打击犯罪、促进和维护社会和谐稳定等方面，做出积极贡献。1990年3月2日，伦镇台楼段沉沙池决口，12个村庄和一个林场受灾，淹没农田10108亩，损坏房屋861间，损失小麦、玉米、大豆50余万斤，化肥90余吨，淹死猪205头、羊258只、鸡2200多只，造成直接损失420.858万元。灾情发生后，伦镇党委、政府和人武部立即组织民兵3500多人抢险救灾，及时遏制灾情的扩大蔓延，受到上级军事机关和县委、县府的表扬鼓励。2008年5月12日，四川省汶川县特大地震发生，禹城市人武部20名干部职工捐款2000元。

图 24-3-6　兵员集结参加抗洪救灾（2010年摄）

2009年，坚持双拥共建，促进驻地“三个文明”建设健康发展。积极参与地方建设，协调资金3.5万元帮建伦镇宋寨子社区，协调民政局慰问54集团军装甲团驻训部队，协调人事部门安置人武学校毕业学员3人进政府机关工作，解决落实政策难的问题。协调安置随军家属2人进事业单位工作，不断提高合同制职工养老保险交纳比例。每逢老兵复员、新兵下连、“八一”建军节，都主动看望驻禹官兵，“重阳”“国庆”人武部主动走访建国前老党员，看望敬老院孤寡老人；“六一”儿童节关注幼儿园，慰问小学生。

图 24-3-5　获得抗洪抢险救灾先进单位　（2010年摄）

2010年8月，安仁镇、伦镇发生严重洪涝灾情，600多名民兵防汛队员投入到抗洪抢险工作中，防止险情扩大。5名基干民兵被禹城市委、市政府表彰为先进个人。9月，组织50名民兵参加世界太阳能大会执勤任务，应急分队人员的捕俘表演和执勤工作得到德州市和军分区领导的充分肯定和表扬。

第五节　民兵训练基地建设

1986—1995年，民兵射击训练在禹城镇三里杨村北的射击场进行，其他训练找临时场所。1995年，因建京福高速公路，射击场迁址张庄镇盐池刘村北。1999年，禹城市预备役步兵第一团撤编，其办公楼、办公设施和营区成为民兵训练基地。2002年，迁至武装部西侧12间平房。2007年，按山东省军区《民兵训练基地设施配套标准》要求，征地70亩，在张庄镇盐池刘村北，修建高标准民兵训练基地。训练基地由综合楼、生活保障区、综合训练场和射击训练场四部分组成。综合楼建筑面

图 24-3-7 训练基地 （2005 年摄）

积 1365 平方米，包括值班室、首长办公室、接待室、教员办公室、电教室、民兵宿舍等 9 室 1 宿舍。生活保障区建筑面积 312 平方米，可供 120 人同时就餐。综合训练场 26680 平方米，可保证参训人员的训练需求。整个场地布局合理，设施齐全，适合封闭训练，被德州军分区定为军事管理区。禹城市人武部为基地配备 6 名管理人员。其中，专职主任 1 名，副主任 1 名，合同工 4 名，并制定《禹城市民兵训练基地管理规定》和《禹城市民兵训练基地管理细则》。

第六节 武器装备库建设

禹城市武器装备库，位于十里望乡（镇）万庄村西。按山东省军区统一规划，1975 年 5 月开始施工，1978 年建成使用，总面积 5395 平方米。其中用于行政生活的共 3 排 12 间，武器仓库有大平房二排 16 间，设施配备齐全。1986 年，仓库管理归人武部军事科管理。1989 年 6 月，禹城民兵武器装备仓库升格为副科级事业单位，配备管理人员 8 名。其中，专武干部 2 名，职工 6 名。1991 年 10 月，山东省政府批准将禹城县民兵装备仓库划为军事管理区，进一步落实“四通三配套”要求，修订警卫值班制度、干部住库、仓库联防和武器弹药使用制度，落实警卫人员、保管员每年两次政审和经党委批准后再上岗制度，保证仓库看管队伍在政治上的纯洁、可靠。1995 年 10 月，经检查验收评比，禹城被德州市政府、德州军分区评为民兵装备仓库正规化达标先进单位，年底，被济南军区、山东省军区评为红旗仓库。1996 年 4 月，禹城市人武部收归军队建制，民兵武器装备库隶属人武部军事科管理，仓库主任由军事科一名现役干部兼任，副主任由一名专职武装干部担任。1997 年 10 月，完成仓库报警器的安装调试。1998 年 5 月，在库区围墙上安装高压脉冲电网。1999 年，民兵武器库与市区 110 指挥中心实行联动。2001 年 4 月 18 日，市人民武装部武器装备库被定为德州军分区武器装备的代管代存单位。

2005 年 12 月，按山东省军区 2005 鲁字第 149 号《县（市、区）人武部“部库合一”式民兵武器装备仓库建设与管理规定》的通知精神，凡是距离军分区民兵武器装备仓库 6 公里以上，武器装备存放在军分区民兵武器装备仓库的县（市、区）人武部，必须在办公区域内建立“部库合一”式民兵武器装备仓库。“部库合一”式民兵武器装备仓库平时储存 1—2 个应急连的轻武器、防暴器材和 2 个基数枪弹。“部库合一”式民兵武器装备仓库专职副主任、看管人员不少于 3 人。禹城市人武部按通知要求，立即投入建设并配齐人员。年底，山东省军区装备部检查验收小组对“部库合一”建设进行检查验收，禹城市的“部库合一”式民兵武器装备仓库达到上级规定的建设标准。

2008年5月，“部库合一”式民兵武器装备仓库取消，市民兵武器装备重新纳入德州军分区武器装备库的管理。

第四章　人民防空

第一节　机构设置

2005年以前，人民防空（简称人防）工作由禹城县（市）政府办公室管理。2005年5月，机构单列为市政府直属正科级事业单位，称禹城人民防空办公室。2007年10月，加挂民防局牌子，增加防灾救灾职能，实现一个机构，两项职能。下设综合科、行政执法科、工程科、指挥科、通讯科、政工科、财务科、行政事务科八个科室。

第二节　设施建设

2003年，投资260万元，建设棉西小区防空地下室，开创德州各县市人防工作先河。2005年，投资建设地上三层、地下一层的人防综合楼和面积13000平方米的人防广场，成为德州各县市首个建设的人防广场。2006年，投资20万元，建成集指挥、控制、通信、警报情报、监视为一体的指挥所。2007年，制定完善市属重点防空袭方案、战备制度和相关配套计划，市人防办建立全市警报建设统计档案，完成市属以上人防重点城市警报建设，规划完成区属以上人防重点城市警报系统的改造。全市城区安装警报器15台。2008年，投资300余万元，建成人防教育培训基地，占地25亩，总建筑面积4000余平方米。

第三节　专业队伍建设

全市组建21支专业队伍，每支专业队由20人组成，分为抢险抢修、医疗救护、通信、运输、治安、消防、防化7种类型，计420人。为加强队伍管理，建立健全“五定”管理制度，即“定人员，定编制，定干部，定经费，定任务”。为适应信息化战争要求，禹城市坚持突出重点、分类指导，强化专业训练，突出组合训练，实行定期演练，增强快速反应能力，提高遂行任务能力。

第四节　平战结合

人防办认真贯彻“长期准备、重点建设、平战结合”的方针，贯彻与经济建设协调发展，与城市建设相结合的原则，把人防建设纳入经济建设和社会发展规划中去。全市建设人防工程6.5万平方米，平时可用于经营、仓储、地下停车场，战时作为物资库、人员掩蔽场所。

第五节　防空演练

人防办将每年8月15日定为防空警报试鸣日，并结合警报试鸣组织防空防灾演练。同时在每年的5月12日防灾减灾日，组织中小学生、社区居民举行防灾救灾演练。

第五章　国防教育

第一节　教育阵地

先烈先辈的革命英雄事迹是国防教育的生动教材，禹城重点保护的烈士墓地及陵园有：伦镇革命烈士纪念堂、李宗鲁烈士墓、马毅之同志之墓、王克寇烈士墓及纪念堂、李达烈士墓碑、国防教育基地、禹城市革命纪念馆。

第二节　教育活动

1986年以后，国防教育为群众性活动，主要通过四种形式进行：

一、教育基地教育

每年清明节、国庆节和具有重大历史意义的日子，组织官兵、师生和干部群众追忆老一辈革命先烈的崇高信念和英雄事迹。

二、媒体宣传教育

通过开办国防教育、军事知识专栏和国防知识竞赛活动，使爱国主义思想、国防意识、民族自豪感深入人心、发扬光大。

三、国防教育课

在中学、职工中专、成人中专每学期开设3至4节国防教育课。2005年，结合禹城一中、综合高中、技工学校和德州科技学院的军训，对13122名学生进行国防教育。

四、国防教育月宣传教育

每年10月，各部门、各单位通过出动宣传车、出板报、办专栏、印发传单和小册子形式，进行国防教育。

图24-5-1　党员干部参观革命纪念馆　（2009年摄）

第二十五篇

人事　劳动和社会保障

随着政治经济体制的变革发展，人事管理工作逐渐由行政职能向服务职能转变。1993 年，禹城撤县设市后，县人事局改称为禹城市人事局。2005 年，禹城市 1 人参加国家级先进工作者评选；4 个单位、3 名个人荣获省级荣誉称号；35 个单位、62 名个人荣获市级荣誉称号。1 人荣获省级二等功表彰奖励，2 人荣获德州市人事局三等功表彰奖励。2010 年，德州市各县（市、区）综合考核专业技术人员及增长率，禹城位居第一；荣获德州市人力资源和社会保障系统政风行风评比第一名；机关党支部被评为德州市创先争优优秀基层党组织；2 人被评为先进工作者，其中 1 人荣获个人三等功。经审核，推荐国家级先进个人 2 人；省级先进集体 2 个，先进个人 2 名；德州市先进单位 18 个，先进个人 42 名。

社会保障工作适应社会主义市场经济发展的要求，实行单位、个人分别负担的企事业单位职工社会保险制度。不断加大社会保险费征缴力度，多方筹措资金，确保企业离退休职工基本养老保险金和下岗失业人员基本生活费按时足额发放。

第一章　人事管理

第一节　机构与沿革

1986年，禹城县人事局未设立股室，工作分为：干部管理、档案管理、工资与退休、人才交流、干部监察等6项工作。1990年3月，原县科委职称改革工作职能整建制划转到县人事局，设职称改革领导小组办公室（职改办）。全局有17人，设立5个股室为：办公室、职改办、干部股、工资股、退休干部股，另外设编办和人才交流中心。1993年9月，全市进行机构改革，人事局内设机构改称为科室。内设机构：干部股改为综合管理股、科技人员股、退休干部股、办公室。1994年10月，人事局设立市机关事业单位养老保险处，为副科级事业单位。1995年，市人才交流中心由副科级事业单位调整为正科级事业单位。1998年全局有18人。1999年9月，机关事业单位养老保险处移交市劳动局。2010年4月，人事局、劳动和社会保障局合并为市人力资源和社会保障局，合并后按原人事、劳动职能开展工作。同年8月，市机构编制委员会办公室单列为市委部门。

第二节　干部来源

1986年，大中专毕业生总量增加，社会各类人员中不断录用新干部，禹城县（市）干部知识结构、干部总量发生较大变化。1997年，开始吸收大中专毕业生为公务员到乡镇或科局单位工作，全市干部队伍趋向年轻化、知识化，此后逐年从优秀大中专生中择优选拔充实公务员队伍。至2010年年底，全市干部总数12412人。其中，党政机关干部1479人，事业单位干部10933人。

一、军转干部安置

1986—2010年，全县（市）接收军队转业干部350人，接受随迁家属5人，安置子女入学、就业1人。在安置工作中，坚持被安置人员技能与接受单位专业对口，人尽其才的原则，采取指令性安置方法，鼓励转业干部到乡镇基层或企事业单位工作，总计安置到党政机关事业单位243人，企业107人，无自主择业人员。

1986—2010年禹城县（市）军转干部安置情况一览表

表25-1-1　　　　单位：人

年＼项目	安置军转干部人数			备注
	总数	机关事业	企业	
1986	83	47	36	—
1987	63	40	23	—
1988	32	18	14	—

续表 25-1-1

项目/年	安置军转干部人数			备注
	总数	机关事业	企业	
1989	18	14	4	—
1990	8	6	2	—
1991	7	4	3	—
1992	10	7	3	—
1993	16	9	7	—
1994	13	7	6	—
1995	6	3	3	—
1996	8	6	2	—
1997	9	8	1	—
1998	7	6	1	安置 1 名家属就业，安排 1 名子女入学。
1999	20	18	2	—
2000	15	15	—	—
2001	6	6	—	—
2002	7	—	—	安置家属 4 人
2003	4	4	—	—
2004	3	3	—	—
2005	3	3	—	—
2006	4	4	—	—
2007	4	4	—	—
2008	1	1	—	—
2009	2	2	—	—
2010	1	1	—	—

从 2002 年开始，被安置在企业特别是经营状况较差的 322 名企业军转干部，受到外地企业军转干部影响，表现出不稳定苗头。禹城市成立专门工作机构，妥善做好工作。深入企业做工作，组织人员深入企业调查情况，把 1978—2001 年企业及困难企业军转干部情况全部登记造册，建立企业军转干部数据库。禹城市人事局实时掌握企业军转干部动态，发现问题及时解决，把矛盾消灭在萌芽状态。

2003 年，困难企业军转干部稳定工作，引起各级领导和部门重视。对确有困难军转干部协调民政、劳动等部门采取纳入低保、进入托管中心、发放就业基金等多种方式帮扶解困，基本稳定了企业军转干部思想情绪，维护禹城全市社会稳定。

2004年，困难企业军转干部稳定工作，成为人事部门长期政治任务，解决问题重点是解困工作。人事部门出台政策，逐人对照核实，对转业年限较长军转干部查阅所在企业10多年甚至20年前档案资料，全部解决拖欠工资、欠缴养老保险金、医疗保险金，兑付“三金”1045762元。对家庭生活特别困难的244名军转干部进行个别救助，发放救济金15800元；对符合提前退休年龄的21名企业军转干部办理提前退休手续，并一次性缴齐养老金至退休年龄。建立基本生活保障制度，在职军转干部工资低于禹城全市平均水平，下岗失业军转干部生活费低于规定标准，退休军转干部退休金低于禹城全市养老金水平，都在军转干部专项资金中补齐。做好军转干部再就业工作，对下岗失业3名企业军转干部重新安排工作岗位。

2005年，企业军转干部相应工作制度和工作机制进一步健全和完善，为25名特困企业军转干部发放生活补贴47689.26元，为3名困难企业军转干部缴纳养老保险金27302.9元，救济特困企业军转干部12人11200元，为123名企业军转干部缴纳医疗保险金88217元。

2006年，每月15号准时拨付企业军转干部生活困难补贴，及时拨付企业军转干部医疗保险金。7月，提高企业军转干部生活补助标准，重新确定长效机制名单和补助数额。

2007年5月，为退休企业军转干部每月发放生活补助，团职260元，营职200元，连排职160元。7月，提高企业军转干部生活补助标准，重新确定长效机制名单和补助数额。

10月，人事局被德州市授予先进集体荣誉称号，并给予分管局长毕传舜嘉奖一次。

2008年，落实企业军转干部补助358252.17元。为5名自主择业军转干部办理医疗保险，缴纳医疗保险金11588.88元；为2名困难企业下岗军转干部办理提前退休手续，缴纳养老保险金40419.68元。

2009年，军转干部分别安置到检察院和公安系统。落实企业军转干部长效机制，全年拨付企业军转干部生活困难补贴291100元，医疗保险金146040.45元。

2010年，拨付军转干部生活困难补贴379387元；医疗保险金104528元；为5名退休军转干部发放独生子女补贴15337.2元。

二、大中专毕业生安置

1986年，大中专毕业生采取计划统一分配方式，回县城大中专毕业生大多在照顾专业对口前提下，根据各单位人员编制情况，分配到缺编单位。1996年开始，由于高校扩招，毕业生增多，安置压力逐年增大。1997年是人事部门承担非师范类大中专毕业生就业分配、归口管理第一年。8月30日，召开全市大中专毕业生分配会。10月，全市560名毕业生全部到达工作岗位，接收并妥善安置2名三峡库区学生。

1998年，大中专毕业生就业改革，实行计划分配和市场机制相结合就业路子，组织全市首次大中专毕业生就业双向选择大会。市直有关部门、企事业单位、乡镇企业、个体私营企业和三资企业负责人计百余人，在会上与毕业生面对面进行洽谈，开展双向选择。达成就业协议书46份，其中到个体私营企业就业协议10余份。成为毕业生就业主要渠道，是合理调节毕业生人才资源，实现公开、平等、竞争、择业的一种有效形式。是计划分配就业制度的重大改革，为大中专毕业生走向市场经济就业积累经验。为鼓励引导大中专毕业生创办

图 25-1-1 大中专毕业生就业评估汇报会 （2010 年摄）

个体私营企业，到个体私营企业就业，结合禹城市实际制定《禹城市人事局关于鼓励大中专毕业生创办个体私营企业、到个体私营企业就业试行意见》（禹人字〔1998〕第 13 号）。

1999 年，按专业对口原则，对 1998 年 427 名国家计划内大中专毕业生进行妥善安置。为使毕业生能按时报到上班，加大督察力度，召开有关部门负责人会议，要求接收单位严禁强行向毕业生集资、入股，按政策规定接收毕业生。召开禹城市毕业生工作会议，对 1999 届大专以上毕业生进行对口安置，130 名毕业生顺利实现就业。

2000 年，人事部门深入市属和民营企业调查研究，为毕业生拓宽就业门路，推荐 1999 年、2000 年大中专毕业生近 200 人就业。

2001 年，分配年度本科毕业生 20 人，推荐 96 名大中专毕业生到禹城市属、合资、民营企业就业。

2002 年 6 月 5 日，组织召开全市大学毕业生就业工作会议，推荐 98 名大学专科以上毕业生到企业就业。全年推荐 122 名大中专毕业生到企业就业。

2003 年 3 月 28 日，组织召开全市大学毕业生就业工作会议，推荐大学专科以上毕业生 65 人就业；9 月 6 日，组织召开禹城市大中专毕业生供需见面会，30 家企业、500 多名大中专毕业生参加见面会，当场签订就业协议 457 份。其中，本科 10 人，大专 141 人，中专 306 人。全年推荐 220 多名大中专毕业生就业。

2004 年，人事局为大中专毕业生拓宽就业门路，推荐他们到市属、合资、民营企业就业，全年推荐大中专毕业生 75 人就业。在未就业大学专科毕业生中考选 40 人充实到乡镇事业单位工作；在未就业师范类大学专科毕业生中考选 49 名教师充实到乡镇教学第一线。

2005 年，大中专毕业生报到有 52 名非师范类本科生，19 名专科毕业生，56 名高职毕业生，3 名电大毕业生，2 名地方计划，6 名中专生，总计 138 名。11 月份，分配 52 名非师范类本科毕业生，3 名公安专科毕业生，73 名师范类毕业生。10 月份，为乡镇定向招考 100 名教师，从大专（电大、高职）以上毕业生中定向考选。报名、资格审查、笔试、说课、计算成绩到录用全部公开。

2006 年，大中专毕业生报到 282 人。其中，硕士研究生 2 人，本科毕业生 132 人，大专毕业生 28 人，高职 109 人，电大 5 人，中专 6 人。9 月 5 日，分配本科以上毕业生 134 人。其中，23 人挂靠部门到企业就业，农口毕业生 7 人到乡镇就业，医科毕业生 27 人到市直医疗单位就业，法学毕业生 13 人到政法单位就业，其他毕业生到专业对口事业单位就业。

2007 年，接待大中专毕业生报到 401 人。其中，本科毕业生 248 人，大专毕业生 41 人，高职 98 人，电大 4 人，中专 10 人。录用 177 名。录用具体情况如下：1. 公共管理事业单位计划 40 名，实际录用 43 名（最后重分 6 名，第一名放弃）。2. 乡镇事业单位计划 60 名，实际录用 56 名。3. 中小学教师（不含市中办）计划 58 名，实际录用 58 名。4. 市直卫生医疗和基层计生服务单位计划 19 名，实际录用 19 名。

2008 年，接待大中专毕业生报到 589 人。其中，硕士研究生 4 人，本科毕业生 285 人，大专毕业生（含高职）286 人，中专 14 人。在年龄 27 周岁以下未就业本科毕业生中进行公开招聘，全市参加报名考试本科毕业生 429 人，175 人被聘用。

2009 年，接待大中专毕业生报到 500 人。其中，硕士研究生 10 人，本科毕业生 300 人，大专毕业生（含高职）178 人，中专 12 人。在年龄 27 周岁以下未就业本科毕业生中进行公开招聘。参加报名考试本科毕业生 583 人，有 159 人被聘用。录用到农村社区、乡镇中小学、乡镇卫生院等单位。

2010 年，接待高校毕业生报到 444 人。其中，硕士研究生 21 人，本科毕业生 220 人，大专毕业生（含高职）192 人，中专 11 人。在年龄 28 周岁以下未就业全日制大专及以上学历毕业生中进行公开招聘。参加报名考试高校毕业生 1348 人，有 103 人被聘用，录用到市直事业单位、农村社区、市直医疗单位、乡镇卫生院等部门。大学生就业招考实行“五公开”（招考范围、条件、计划、程序和结果）、“四上墙”（招考简章、考生成绩、体检政审人员名单、拟聘用人员公示名单），招考过程严谨有序，未出现纰漏。

图 25-1-2　大中专毕业生人才招聘会　（2010 年摄）

第三节　工资福利与工资管理

1986 年，为公安系统 153 人进行工资调整，完成正副科局长职务工资进五档和部分人员按标准工资额套改以及部队转业干部按原职务套改问题。对 1966 年年底以前参加工作，原行政 19 级以下 1467 人进行升级。为农、林、水第一线 9 名科级干部实行浮动工资。

1987 年，解决工资改革遗留部分突出问题，为国家机关、事业单位部分工作人员和取得职称科技人员进行工资调整和套改。其中，升级 653 人，占职工总数 10.6%，月增资 4006 元；套入最低档次 7 人，月增资 56 元。配合县企业调资办公室对企业 117 名干部实行职务工资，为 44 名符合升级条件干部增加工资。对企业 63 名知识分子实行浮动工资。为 18 名农、林、水第一线知识分子实行浮动工资。

1989 年，为县党政机关、事业单位 2386 名职工增加工资，月增资额 14948 元；为 1581 名小学班主任提高津贴，月增资 15412 元；为卫生系统 153 名护理人员，提高工资标准，月增资 1171 元；为 171

图 25-1-3　召开全市工资福利与工资管理会议　（2008 年摄）

名事业单位专业技术人员，按技术职务增加工资，月增资 1606 元；配合企业工资改革，为企业 479 名知识分子浮动工资转固定进行审批，为企业 215 名干部实行工效挂钩工资；为乡镇364 名干部实行浮动工资，月增资 2912 元。

1990 年，分 3 次落实 1989 年国家机关事业单位调资方案，为企业知识分子办理浮动工资固定手续。为以工代技人员兑现职务工资，全县机关、事业参加普调工资干部职工 6773 人，月增资 46880 元，离休人员 1090 人，月增资 9311 元；按照山东省人事厅鲁人薪〔1990〕4 号文件，升级 3603 人，月增 27574 元，按鲁人薪〔1990〕14 号文件，升级 2590 人，月增 21000 元。对工改过程中出现问题以及国家机关、事业、企业单位干部工资水平进行调查，为更改工龄、大中专毕业生及机关事业单位工人转正定级均及时予以落实。

1991 年，为 1236 名离退休干部增加工资；为党政事业单位干部职工每人增加 6 元基础工资和 10 元奖励基金。

1992—1993 年，为 6836 名在职人员增加一级工资。1992 年为机关事业单位 7948 名在职人员增加职务补贴。

1994 年，进行机关、事业单位工资改革。为全市机关事业单位 10398 人增加工资。其中，在职 8966 人，人均月增资 121 元；离退休人员 1432 人，人均月增资 137 元。

1995 年，为 3113 名工作人员办理增资手续；为 61 名民办教师选招公办教师和 260 名大中专毕业生给予转正定级和办理增资手续；为 30 名巡警、军队转业干部、战士及调入工作人员办理工资和补贴手续。

1996 年，为新招人员、调配人员、教师计 500 余人及时调整兑现工资，增补津贴和补贴；为全市 256 名公、检、法干警增加警衔津贴；为全市机关事业单位 9200 人增加开放城市补贴费和岗位责任制考勤费；对市机关事业单位 52 个工种 616 名技术工人进行等级考核，合格者，兑现相应工资待遇。

1997 年，严格执行政策规定，做好机关事业单位工资工作。为全市机关事业单位 9206 名工作人员晋升一级职务工资，月增资 179740 元；为 1994、1995 年度考核合格者晋升一级工资，月增资 181155 元；为 1996、1997 年度到达工作年限 750 人晋升级别工资，月增资 14250 元；为事业单位 1995、1996 年度在规定限额内评聘专业技术职务 1654 名科技人员增发工资，月增资 49243 元；办理第三次职补（兑现一半）手续，月增资 334440 元；为公、检、法部门审批警衔津贴，并为有关人员办理工资审批手续。

1999 年 6 月，召开全市增资工作会议，为全市 102 个机关事业单位 13269 在职和离退休人员提高工资标准和简化归并福利补贴；为部分工作人员晋升级别工资，人均增资 40 元。

9月份，为机关事业单位干部职工增加工资60元。两次增资人均100元。

2001年5月，对全市机关事业单位在职和离退休人员工资及编制卡片进行认真核对，顺利完成财政统一发放工资工作。11月，召开全市工资工作会议，为机关事业单位12214名在职和1468名离退休人员增加工资，人均增资80元。

2003年，审批教育系统875名民办教师工资；12月份，全市机关事业单位在职和离退休人员人均增加100元。

2004年年初，对全市机关事业单位工作人员及退休人员进行正常晋升工资档次及调整工资标准，为机关事业单位12885名工作人员调整工资，人均月增资53元。

2005年，1月、6月两次调整机关事业单位在职和离退休人员工资。补发1997年、1999年两个考核年度职务和其他相应部分工资，为10975人补发所欠部分工资，人均月增资54元。6月为全市机关事业单位12511人调整工资，人均月增资219元。特别是对自1997年以来因财政困难没有兑现专业技术人员的职称工资，此次全部予以兑现。教育系统1999年及以前获得资格人员实行评聘合一，2000年及以后获取资格人员实行评聘分开、竞争上岗，自2005年6月1日起按竞争上岗职务聘用并兑现工资，彻底解决教师职称工资问题，调动广大教师工作积极性。教师人均月增资266元。其中，副高职称人均增资420元，中级职称人均增资285元。

2006年，对划归市国土局21名乡镇国土所人员工资进行调整改定；对卫生系统划归乡镇防保人员按全额工资标准套改。2007年，为全市乡镇（街道办）机关事业单位5651名在职工作人员拉平规范三次职务补贴，月增资总额为643190元，人均月增资额113.8元。4月份，对机关事业单位工资制度进行改革。改革后，全市机关事业单位在职人员13077人，月增资总额为3916502元，人均月增资额299.5元，人均月工资额1276元。为2006年分配的202名本科毕业生按期转正定级。其中，非师范类毕业生132人，师范类毕业生70人。

2008年4月1日，为全市机关事业单位在职及离休人员按每人270元/月增加，退休人员按在职人员88%即238元/月增加。为2007年招聘的177名本科毕业生按期转正定级。其中，非师范类毕业生119人，师范类毕业生58人。

2009年3月1日，2010年7月1日，接连两次为全市机关事业单位在职及离休人员按每人300元/月增加，退休人员按在职人员88%增加，退职人员按每人150元/月增加。

第四节　干部管理及公务员制度

一、干部管理

1986年，禹城县干部工作主要是按照新时期对干部“四化”要求和原则，配合组织部门，提拔录用干部，按干部合理流向和余缺情况进行调配。同年，代政府任免县直部门正副职干部23人，提拔任命股级干部93人，为75名干部进行商调联系，调出干部34人，调入干部39人。解决夫妻分居调入26人，照顾家庭实际困难调入2人，因工作需要调入11人。调入人员中大专毕业5名，具备中专和高中文化程度18人；吸收录用干部1人。

1987年，代政府办理部、委、办、局正副职任免手续144人，提拔股级干部59人；为44名干部进行商调联系，调出干部21人，调入干部20人。

1988—1989年，改革用人制度。1988年吸收录用干部18名；1989年采取面向社会、公开招考、择优选调办法，为县直16个党群工作部门考选工作人员。

1990年，按法定程序代县长报人大常委会审查任免部、委、办、局正职干部121人，商调联系干部25人，调出6人，调入13人，并有计划对部分科局中层干部进行考察了解；完成大中专毕业生定级后归档工作，入档个人材料4200份，清理死亡干部档案215卷。

1991年，遵循"计划调配、统筹安排、突出重点、保证急需、业务对口、用其所长"原则，招考工作人员31人。其中，经济管理5人，法律11人，文秘专业15人。1992年，县内调配干部214人。其中，乡镇76人。1991—1992年，企业调入机关事业单位35人，外地引进人才44人。其中，本科生37人，中专7人。调往外地干部20人。在禹城县以上党政群机关以工代干人员中吸收干部5人。加强人员调配和政府系统政工干部管理，制定《政府系统政工干部统一管理规定》和《关于人员调配几项规定》，对全县57名干部进行培训。1992年，在民办教师中选招67名公办教师。

1993年，改革用人机制，制定《关于建立完善干部激励机制意见》，对政府系统25个委、办、局正职均由人大任命，16个成建制为实体正职、市直各单位121名副职及股级干部，分别由市长聘任和部门正职聘任。各级召开聘任会，所聘人员制定任期目标和工作措施。同年，按干部管理权限，市内调整41人，调入15人，调出13人，提拔任命股级干部15人。为公、检、法录用人民警察90人。其中，公安69人，法院9人，检察院12人。

1994年，61名民办教师被选招为公办教师；为法院、检察院增编补员23名。其中，法院12名，检察院11名；为外经委招考干部6人。按干部管理权限和法定程序，任免干部23名，调入干部7人，调出干部10人，市内调整25人，任免股级干部94人。

1995年，完成全市党政机关、全额、差额拨款事业单位8778名工作人员1994年度考核工作。其中，评出优秀350人，称职8425人，不称职3人。按照干部管理权限，提拔任命18名股级干部。调出、调入、调整干部50名。制定《禹城市机关事业单位工人技术等级岗位考核实施意见》，积极组织机关、事业单位工人技术等级岗位考核工作，涉及全市62个单位，符合条件615人。其中，申报复核7人，申报高级考核137人，申报中级考核273人，申报初级考核198人。经考核确定相应技术等级。

1996年，按照干部管理权限和干部任免程序，调配人员126人，任免股级干部110人，其中提拔79人；通过报名、考试、考察等程序录用62名交警和巡警，加强政法队伍建设；协助德州市人事局搞好行政学院业余大专班招生工作，66人被录用；妥善安置军队转业干部8人；与教委联合办公，在民办教师中选

图25-1-4 税务专职业务培训（2010年摄）

图 25-1-5 《公务员法》学习培训讲座 （2008 年摄）

招 188 名转为公办教师；接收、整理干部档案 486 卷，入档材料 5000 余份。

1997 年，为开展公务员和机关工作者培训，征订万余套学习资料。为全市乡镇市直单位征订《国家公务员制度培训教材》《中国公务员制度问答》《山东人事》《德州人事报》等刊物，为搞好培训奠定良好基础；利用集中培训和个人自学相结合方式，组织学习国家公务员知识、人事工作专业知识、法律法规等；鼓励在职干部参加党校本科、专科学历学习。年初，制定《禹城市 1996 年度干部考核实施意见》，对全市党政群机关、人大、政协和法检部门、事业单位在编干部职工 9234 人进行年度考核，其中考核优秀人员 994 人。

1998 年，完成 1997 年度全市机关事业单位公务员、机关工作者及事业人员年度考核工作，参加考核 10259 人。其中，优秀 936 人，称职 9323 人；配合组织部，做好全市换届班子考察工作；代市政府党组向人大提交换届期间副市长、政府序列科局正职任免事项，对政府序列及企事业单位 237 名正副职以市府文件按法律程序公布。为市公安局、农业局、财政局、教委等部门任免股级和中层人员 98 名；民办转公办教师 384 人；摸清 1994—1997 年全市 157 名国家计划内电大生、自费生有关情况，按政策吸收其中 137 名为国家干部。做好干部档案管理工作，完善六防措施，增添一间 15 平方米库房，增设一台微机及配套设备，购置、安装一组空调，达到高标准档案管理要求，被中组部评为档案管理一级单位。

1999 年，向市人大提交 19 名政府序列组成人员职务任免，办理市政府任免机关事业单位工作人员 126 名，组织考察、任免部门中层股级干部 100 名。完成机关事业单位工作人员年度考核，评选出优秀 937 名，称职 8707 人，不合格 2 人。加强机关事业单位技术工人考核，对机关事业单位 15 个工种系列 147 人进行考核。其中，高级工 56 人，中级工 54 人，初级工 37 人。

2000 年，按照法律程序，向市人大提交政府序列组成人员职务任免，组织考察、任免部门中层干部 87 名。完成机关事业单位工作人员年度考核，评选出优秀 1049 名，称职（合格）10629 人，不合格 2 人。

2001 年，加强公务员队伍管理，提高公务员队伍素质，内容是：强化竞争机制，为事业单位公开考录部分工作人员。5 月，全市部署，配合市委组织部面向社会公开考选一批外经贸人才。按照招考原则公开，职位公开，笔试、面试成绩公开，择优录用 11 名副科级以上领导干部，19 名工作人员。设立激励机制，做好年度考核工作。确定优秀等次 1120 人，称职（合格）11802 人，未确定等次 216 人。

2002 年，以乡机构改革为契机，实施竞争上岗。在机构改革过程中，各乡镇、市直各部门实施竞争上岗。全市有1828人参加竞争上岗，占70%。结合市政府系统“千分制”考核工作，对公务员考核工作进行量化、细化，并分为半年考核、年度考核。采取平时考核与岗位职责相结合、年度考核与工作实绩相结合的办法，市机关事业单位确定优秀等次1108人，称职10568人。提高队伍素质，强化培训机制。结合市乡机构改革，通过竞争上岗选拔一批学历高、素质好的青年充实到事业单位，增强队伍活力。加强对公务员队伍培训工作，聘请高校教授讲授WTO、外经贸等方面知识。发放国家公务员培训教材200套，鼓励公务员学习更新知识，促进自身能力和水平提高。8月，为市开发区、商城等单位招考5名解说员。

2003年，加强机关干部队伍建设，完善考核制度。对公务员考核工作如考勤签到、节假日值班、岗位目标进行量化、细化，建立以实绩为核心指标考核体系，健全考核结果与奖惩、任用等相挂钩管理办法，较好解决干与不干、干好与干坏问题，确定2002年度优秀等次1182人，称职等次11170人，调动公务员工作积极性。完善竞争激励机制。部分机关单位出现中层和重要职位空缺时，进行公开选拔。市法院、市教育局通过中层竞争上岗，使公务员队伍呈现出生机和活力。开展纪念《国家公务员条例》颁布十周年活动。在电台、电视台、市报等新闻媒体开辟专题栏目，宣传《国家公务员条例》。面向社会公开考选20名专职招商人员和20名兼职招商人员，壮大招商引资队伍。

2004年，健全和完善考核制度。建立以实绩为核心指标体系，健全考核结果与奖惩、任用等相挂钩的管理办法，确定机关单位优秀等次136人，称职1120人，事业单位优秀等次907人，合格等次9408人。加大公务员培训力度。制定公务员五年培训规划和年度培训计划，以市委党校为基地，聘请相关教师授课，政治和业务理论班次交替开展。全年开展4个班次，培训公务员130人。开展《中华人民共和国行政许可法》学习活动。征订《行政许可法》单行本和学习辅导材料，组织各单位公务员学习。4月，举办《行政许可法》知识竞赛，23个部门组队参加，人事局代表队荣获二等奖。

2005年，完善考核制度，注重德能勤绩，把考核结果与工资级别、职务晋升结合起来，对机关事业单位1256名国家公务员（机关工作者）和10315名事业人员进行考核，评选出优秀等次136名、907名，称职等次1120名、合格等次9408名。加强公务员队伍知识更新培训，全年五分之一公务员参加业务培训班；10人参加德州市主办电子政务、毕业生信息网、人力资源统计等业务培训。强化宣传工作，多种形式宣传《中华人民共和国公务员法》，购买2173

图25-1-6　创建劳动关系和谐单位座谈会　（2010年摄）

本《公务员法》教材发放到乡镇、市直部门，人手一册，市电台、电视台对学习《公务员法》情况及时地宣传报道，《公务员法》成为依法行政、公正执法标尺。落实《干部任用条例》，调整任免 6 个乡镇 63 名中层干部，市直 3 个科局 4 名中层干部。

推进国土资源管理体制改革。11 月，在各乡镇在编在职工作人员中考选 21 人，组建设置乡镇国土资源所，为市国土资源部门派出机构，在辖区内依法履行土地、矿产资源和测绘行政管理职能，实行垂直管理。

图 25-1-7　公务员考试报名现场　（2010 年摄）

经人事局审核上报，推荐 1 人参加国家级先进工作者评选；4 个单位、3 人荣获省级荣誉称号；34 个单位、60 人荣获市级荣誉称号。

2006 年，下发《关于认真做好 2005 年度全市党政群机关事业单位工作人员年度考核工作通知》，办理 2005 年度机关事业单位技术工人考核 52 人。其中，高级工 13 人，中级工 16 人，初级工 23 人（15 名中、初级技术工人由人事局组织考试）。对 3726 卷在职干部档案和 1300 卷毕业生档案材料进行整理，对干部“三龄一历”按照规定进行核实确认，人事局档案管理工作在德州市检查评比中荣获先进集体荣誉称号。

2007 年年初，对机关事业单位 1398 名国家公务员和 10510 名事业人员进行考核，评选出优秀等次 221 名、1164 名，称职等次 1177 名、合格等次 9346 名。机关事业单位技术工人考核报名 206 人，其中，高级工 38 人，中级工 67 人，初级工 101 人。组织 133 名中、初级技术工人考试。

2008 年，对机关事业单位 1462 名国家公务员和 10453 名事业人员进行考核，评选出优秀等次 221 名、1189 名，称职等次 1241 名、合格等次 9264 名。为 2007 年机关事业单位技术工人 160 人办理考核等级证书；组织 2008 年机关事业单位技术工人等级考核，报名 85 人。其中，高级工 30 人，中级工 23 人，初级工 32 人。

2009 年，对机关事业单位 1492 名国家公务员（含机关工勤 271 人）和 11313 名事业人员进行考核，评选出优秀等次 259 名、1116 名，称职等次 1233 名、合格等次 10197 名。为 2008 年机关事业单位技术工人 62 人办理考核等级证书。其中，高级工 20 人，中级工 19 人，初级工 23 人；组织 2009 年机关事业单位技术工人等级考核，有 57 人报名。其中，高级工 22 人，中级工 25 人，初级工 10 人。

2010 年，对机关单位 1633 名工作人员（含机关工勤 154 人）和 10933 名事业人员进行考核，分别评选出优秀等次 230 名、1195 名，称职等次 1351 名、合格等次 9522 名，另有试用期未定等次 268 名。为 2009 年度机关事业单位技术工人 32 人办理考核等级证书。其中，高级工 6 人，中级工 19 人，初级工 7 人。

图 25-1-8　公务员档案审查现场（2008 年摄）

二、公务员管理

1994 年，建立全市推行国家公务员制度领导小组，办公室设在人事局。1995 年，组织全市 63 个单位 1387 人参加国家公务员制度知识竞赛。在全省组织公务员知识竞赛中，取得前五名好成绩，受到省、德州市表彰。制定《禹城市推行国家公务员制度实施方案》。1996 年，在机构改革"三定"基础上，制定《禹城市现有机关工作人员向国家公务员和机关工作者过渡工作实施方案》，修订与之相关三个配套文件，合理确定公务员制度实施范围；向全市 65 个单位 1265 名人员印发国家公务员制度学习材料，采取分散学习与集中培训、自学和面授相结合，对全市拟过渡人员进行全员培训。5 月底，在市委党校举办国家公务员知识培训班，逾百人参加培训；8 月中旬，在市职业中专学校、市第二中学组织拟过渡人员考试工作，全市 1010 人参加闭、开卷考试，及格 964 人，不及格 46 人。

1997 年，制定《禹城市推行国家公务员制度暨参照管理工作计划》，循序渐进地开展国家公务员制度实施工作。

在职位方案审批过程中，审批职位 1540 个。其中，市直 739 个，乡镇 604 个，均行文予以公布。

6 月，进行竞争上岗、双向选择和轮岗工作。对机关部分中层职位实行竞争上岗，机关一般干部实行双向选择、择优聘用。全市 1347 名工作人员走向公务员和机关工作者岗位，173 人竞选为股级职务，对 430 个中层职务按管理权限进行任命，轮岗 111 人，19 人落岗被降低职位。

实施国家公务员制度单项法规。1998 年，制定《禹城市现有机关工作人员向国家公务员和机关工作过渡考核实施意见》，对全市 19 个乡镇、市直 35 个政府部门 1091 人进行政治思想、工作业绩、业务能力、工作态度公务员过渡考核。其中，免于考核 218 人；考核合格 869 人，不合格 4 人。执行任职回避制度，下发回避人员调查登记表，采取个人申报、单位汇总、关系公开、群众监督等措施，先后调整应回避人员 8 人，予以妥善安置。起草《禹城市推行公务员制度汇报提纲》《禹城市推行国家公务员制度工作总结》，编印《禹城市推行公务员制度概况》，印刷厂标准装订 44 本推公档案。1999 年，推行国家公务员轮岗和竞争上岗工作，市公安局是试点单位。经过演讲、答辩，55 人走上中层领导岗位。修订完善《禹城市国家公务员、机关工作者及事业人员考核办法》，经考核评选出优秀 937 人，称职 8707 人，不及格 2 人。按着"公开、平等、竞争、择优"原则，录用人员 20 人。为建委招考城市监察大队队员 10 名，对 36 名国家公务员、机关工作者进行计算机和基础英语培训。

2000 年，举办 2 期国家公务员、机关工作者计算机和基础英语知识培训；组织 245 名

图 25-1-9　国家公务员培训班　（2005 年摄）

和梁家镇中层干部 15 人；考察任免乡镇国土资源所所长 11 人；调整任免公安局中层人员 104 人；考察任免审计局中层干部 7 人。

2007 年，完成公务员登记工作。全市列入公务员登记范围机关国家行政编制数 1277 人，实有在职人数 1389 人，公务员登记人数 1115 人。其中，在职登记 936 人，离岗登记 179 人，暂缓登记选调生 6 人。在符合公务员登记条件人员中，1997 年过渡人员 756 人，符合条件未过渡人员（法院、检察院）141 人，考录警校生、选调生 64 人，委任干部身份副科级以上领导干部 108 人。12 月 1 日，与组织部联合，组织 87 人参加公务员登记资格考试。

2008 年，考察任免外经局中层干部 3 人、经委 6 人、审计局 5 人、统计局 5 人，对 28 个市直属事业单位纳入申报参照公务员法管理范围。全市参照管理登记 13 个单位中，机关

干部参加“WTO 知识电视讲座”学习，提高干部职工国际经贸知识水平。

2001 年，实施竞争上岗，强化竞争机制。市国土局、公安局通过中层竞争上岗，公务员队伍呈现出生机和活力。2002 年，开发区、商城等单位招考的解说员在全市经贸洽谈会期间表现突出，对外宣传禹城，提高知名度。

2003 年，加强机关干部队伍建设，完善考核制度，广泛宣传《国家公务员条例》。2004 年，坚持公务员队伍管理与建设，对公务员考核进行量化、细化。考核工作实施，鼓励先进，鞭策后进。

2005 年，综合公务员年龄阶段、学历层次、知识结构等因素，组织公务员参加上级部门举办的培训班。代市政府向人大常委会提交马吉祥、韩廷岭及周兴勇、李召海等工作人员任免。

2006 年，考察任免市中办

图 25-1-10　开展计算机培训班　（2007 年摄）

事业编制数141人，实有在职人数112人，进行登记人数107人。其中，已过渡或已参加公务员登记人员22人，干部身份35人，聘用制干部14人，聘用人员36人，暂缓登记4人，另有工勤1人不予登记。做好德州市2008年公务员考录工作，德州市录用270人。其中，禹城市录用19人（县级党政机关10人，乡镇机关6人，公安系统3人）。

2009年，确定3个“人民满意公务员”、2个“人民满意公务员集体”，推荐德州市3个 “模范军队转业干部”、1个“军转安置工作先进单位”、1名山东省“先进军转干部工作者”。同年，全市公务员考录计划17人。其中，党政机关8人，乡镇机关9人。对报考人员进行资格初审，审核通过1092人，51人参加面试，17人进入体检考察范围。市总工会、共青团市委、市妇女联合会、市科学技术协会、市文学艺术联合会、市残疾人联合会、市计划生育协会7个单位纳入申报参照公务员法管理范围并按时上报德州。

2010年，考察任免审计局中层干部2人、房寺镇中层干部21人、财政局中层干部1人。公务员考录计划审核通过802人，录用5名市直部门公务员。

第五节　专业技术人员管理

一、职务评聘

1986年，禹城县职称评聘工作由县科委领导进行。根据单位定编、定员、工作需要、设置专业技术岗位以及专业技术人员素质状况，确定各级专业技术职务比例限额，建立工程、农业、卫生、教育、经济、会计、审计、统计等21个系列初级评委会。至1989年年底，评聘专业技术职务5240人。其中，高级71人，中级820人，初级4349人。

1990年5月15日，科级干部管理工作由县科委整建制移交到县人事局。同年，对获得各级各类专业技术职务干部进行登记统计。为加强农民身份专业技术人员队伍管理和建设，为工程、卫生、统计系列472名农民专业技术人员评聘中、初级专业技术职务；为172名见习期满，经考核合格全日制大中专毕业生，确定初级专业技术职务。年底，对首次评聘专业技术人员进行聘期期满考核，考核总人数5181人，聘期期满合格人员5177人，解聘、辞聘4人。1991年，对县专业技术人员进行聘任期内年度考核，考核总人数为5438人。1994年始，全市部分事业单位开始实行聘用制，对各类专业技术人员实行评聘分离。经济、会计、审计、统计专业实行全国统考，统一发证。1995年，评审工作进行，增强工作透明度。1997年，开始对机关事业单位工人培训，重点是初、中、高三级工人技术达标培训和晋级培训，培训内容是与所在岗位相关专业技术知识，培训结束后进行考试或考核，成绩及格者发给相应专业证书，批准晋升技术等级。1999年，全市有专业技术职务人员达10365人。其中，具有高级专业技术职务293人，中级专业技术职务1945人，初级专业技术职务8127人。

2000年，全市事业单位推行评聘分开，实行竞争上岗，破除专业技术职务终身制，调动专业技术人员积极性和创造性，推动业务工作开展。

2005年6月，在调整规范工资项目时，对自1997年以来事业单位一直没有兑现职称工资的兑现职称工资，为事业单位，特别是教育系统评聘分开和竞争上岗工作顺利开展奠定良好基础。2006年，严格执行上级制定各类专业技术资格申报条件要求，所学专业和晋升专业一致，不再将学业、结业、专业证书作为晋升条件。同年，推荐上报26名专业技术人员晋升高级职称，其中，图书资料2人，综合工程1人，农业系列2人，建筑系列2人，水产工程 1 人，技校讲师 2 人，卫生 16 人，评审通过 12 人；推荐上报 49 名专业技术人员晋升中级职称，其中，建筑工程 6 人，农业系列 6 人，水利工程 5 人，档案 1 人，化工工程 6 人，技校讲师 6 人，群文 1 人，水产工程 2 人，图书资料 1 人，综合工程 15 人，评审通过 39 人；推荐上报民营高级职称 3 人，评审通过 3 人；上报教育系统 2005 年度参加职称评审人员 453 人，其中，推荐高级 274 人，评审通过 140 人，通过率为 51%；推荐中级 179 人，评审通过 152 人，评定初级职称 184 人。

2007 年起，符合相应条件人员职称晋升可免于职称外语考试和放宽外语成绩。2007 年 12 月，对全市事业单位专业技术岗位重新进行审核，全市设置高级专业技术岗位 606 个，中级 3030 个，初级 3460 个。2008—2010 年，上报各类晋升专业技术职务资格人员 1110 人。

2005 年禹城市事业单位专业技术岗位设置情况表

表 25-1-2　　　　单位：个

单位	高级岗位情况			中级岗位情况		
	设岗数	聘任数	空岗数	设岗数	聘任数	空岗数
教育系统	487	443	44	2236	2209	27
卫生系统	62	60	2	301	246	55
其他事业	15	8	7	101	47	54
乡镇系列	78	47	31	350	284	66
合计	642	558	84	2988	2786	202

二、人才交流

1986 年，禹城市人才交流工作为经济建设提供人才智力，做好人才智力引进开发工作。同年，为知识分子 58 户 229 人办理农转非手续。

1987 年，为知识分子 27 户 106 人办理农转非手续。从吉林省四平市、山东淄博市企业引进两名中级职称职务专业人才，使禹城镇北街植物油厂和县红麻纸浆厂得到迅速发展。

1988 年，为知识分子 72 户 271 人办理农转非。县委、县政府把人才工作重点放在乡镇企业上。为乡镇企业积极推荐科技人才，委托山东省经济学院、省科技大学培训家电维修、经营、财会、审计等专业人才 90 名，评选地区级乡镇企业拔尖人才 3 人。

1989 年，为有学历国家干部家属 115 户 488 人办理农转非手续。

1990 年，县委、县政府组织 23 个单位负责人先后到诸城、招远、莱西、莱芜等地考察学习使用和管理农、林、水科技人员先进经验。结合实际，选拔 46 名中青年干部充实到乡镇班子，为 19 个乡镇配备畜牧助理员。举办培训班 30 多期，培训技术人才 3160 人次，评选乡镇企业拔尖人才 7 人。

1991 年，在引进人才同时，拓宽服务渠道和服务领域。对部分学非所用人员进行调整。协助县林业局举办技术培训班；组织农机服务队，深入农村检修农机具，深受农民欢迎。

1992 年，评选出第三批乡镇企业拔尖人才 12 人。建立非在职人员档案，及时向用人单位推荐。县委、县政府制定《关于引进人才、

图 25-1-11　人才交流大会　（2010 年摄）

资金、项目、信息实行优惠政策暂行规定》，对引进人才智力起到促进作用。年底，引进专业技术人才 12 人。

1993 年 5 月，赴淄博市学习人才交流工作先进经验，参加在济南举办横向经济联合恳谈会。6 月，参加德州地区在西安市主办产品展销暨经济技术洽谈会，达成引进人才协议 106 项，调入引进各类专业技术人才 11 名。省人事局批准扒鸡公司出国培训学习，为华彩灯饰有限公司引进国外专家解决技术难题。

1994 年，制定《禹城市关于接收安置专业技术人员及大中专毕业生暂行规定》，创建人才智力市场，成为德州地区人才智力市场会员。全年引进人才 79 人，智力 233 项，其中国外智力两项。与市计委、农机化学校联合举办中专班，招收应届初、高中毕业生 277 人，为经济发展培养人才。为具有会计师职称 25 名专业人员办理聘用干部手续，评选第四批乡镇企业拔尖人才 3 名。

1995 年，重新修订《禹城市关于引进人才、资金、技术、项目的优惠政策》，在全国各地聘请人才信息联络员 21 人。先后组织参加山东大学、山东轻工学院、山东工业大学举办毕业生供需见面会和沈阳市人才招聘会，两次引进人才 81 人。全年引进人才 93 人，智力 313 项，其中含国外智力 2 项。为 23 名农业户口自费大专生办理农转非手续。通过人才智力市场，推荐 201 名国家不包分配大中专毕业生就业，并为他们办理聘用干部手续。

1996 年，全市实施“借脑”工程，与德州市人事局签订引进人才智力工作任务目标，全年达成引进人才意向 1623 项，接待外地人才来人来函 865 件（人次），复函 309 件，调入引进各类专业技术人员 191 人，智力引进达 317 项。

引进国外智力。聘请澳大利亚专家为机械厂解决松土铲设计及制造工艺。第三项国外治理项目争得山东省政府 3 万元资助；申报木糖醇厂木糖醇净化及结晶技术改进，精制木糖生产工艺技术、木糖醇深加工及木糖综合利用三个项目，被国家外专局批准。

为企业培养专业人才。与市农机化学校、市职业中专学校联合建立专业人才培训基地，开设机电、化工、汽车驾驶等 6 个专业，培训学生 586 人，为有关企事业单位推荐中专毕业生 189 名学生就业。选拔培养青年到德州教育学院等院校深造，成为企业技术和业务骨干。

1997 年，向禹城籍在外地工作有关人员寄发慰问信、贺年卡 356 封，发放宣传材料 5300 份，印制引进人才优惠政策 1000 余份、毕业生到禹工作意向书 2000 余份；各企事业单位简介 5 万余份；制作宣传图板 7 块。对全市各行业特别是企业人才资源现状及人才需求情况进行全面调查，中专以上学历 11431 人，初级以上职称 10888 人，涉及 107 个专业。先后 6 次赴德州、济南、南京等地参加毕业生供需见面会。对6名原工作单位不予办理调动手续，经报德州市人事局批准，重新给予办理录用干部手续；为7人办理农转非手续；为15名自费大专毕业生办理聘用制干部手续；对所有引进人才制定优惠政策，在落户时给予免缴城市增容费和粮食接转关系手续费；对意向到禹城市考察的应届毕业生和专业技术人员，给予报销差旅费1200余元。与农机中专、卫生学校、职业中专等学校联合定向培养169名当地人才，推荐117名当地人才就业，其中，安排到达利毛绒制品有限公司33名，市卫校毕业74名学生全部到乡镇卫生院工作。为企业申报3项国外智力项目。帮助通裕集团申报管模钻孔、镗孔技术项目。同年，为企业引进人才126人，其中，本科生24人，专科生102人，引进智力301项，在德州市名列前茅。

1998年，实施“人才兴市”发展战略，大力推进以高层次人才为重点整体性人才智力资源开发。组织企事业单位参加1998德州和山东省大中专毕业生供需见面会，达成引进大学生意向196项，其中本科以上47项；达成引进人才协议38份，其中本科以上21人。引进智力318项，其中国外智力3项。为禹王亭集团引进1名法国葡萄酒专家，解决葡萄酒色度低及含铁量高技术难题。向企业推荐安置一批国家不包分配大中专毕业生就业，并办理聘用制干部手续。9月，在劳动技校成功举办全市首届大中专毕业生供需见面会，达成就业协议书46份，其中个体私营企业就业协议10多份。

1999年年初，组织参加德州市大中专毕业生供需见面会，签订意向56项。3月，赴西安、成都、重庆三地市高校引才，散发宣传材料5000余份，达成引进本科生意向100项，发出接收函96份。接待外地来考察的院校毕业生63人、接收到禹城市企业工作的本科生28人。引进国内智力499项，国外智力2项。11月14日，为禹王公司植物油厂聘请日本专家菅野智荣解决大豆浸出油生产中油脚分离、低温粕溶耗技术难题，仅此一项，企业年降低成本36万元。4月，德国机械专家阿尔贝特第二次到通裕集团技术指导，提出意见，促进企业发展。

2000年，引进高层次人才智力，侧重引进企业急需外经贸、英语、计算机及理工科高层次外向型人才和专业性强人才，引进本科生84人，国内智力980多项，引进国外智力2项。

2001年，制定人才工作优惠政策。起草《禹城市关于引进人才智力发挥人才作用意见》，做好人才工作政策保证。召开人才工作会议，对24名非禹城籍本科毕业生，每人每月由市财政补贴200元。全年引进本科毕业生31人，急需专科毕业生23人，引进国内智力860项，国外智力2项。3月，请美国新视野生物保健品公司王一兵博士，到禹王公司、环宇集团考察。4月，组织5家企业赴青岛参加“中国山东海外博士创新周”活动。

2002年，参加德州、西安、长春、沈阳及山东省属高校毕业生见面会，签订意向协议386项，本科及以上毕业生引进78项。有54名毕业生到禹城就业。聘请国内外专家，为企业解决技术难题。全年引进国内智力1453项。引进星期日专家、工程师，解决相关技术难题。市立医院从济南各大医院聘请多名不同科别专家前来坐诊，使患者不出禹城，就能享受到省级诊治水平。落实7项国外智力项目。开发农村人才，推荐民营企业5名专业技术人员晋升为高级职称，11人晋升为中级职称。

2003年，实施“人才兴市”，引进高层次人才55名。其中，硕士研究生3名，本科生23名，急需专科生29名。引进国内智力460项，国外智力1项。9月初，通裕集团从德国聘请机械专家海因里希，对集团大管径管模焊接工艺进行指导，产品质量生产效率大幅提高。

2004年3月，举办人才招聘会，签订各类本科毕业生引进意向657项。其中，签订协议77人，有61人到禹城工作。5月，参加中国山东第三届海外人才交流暨经贸项目洽谈会，达成3项合作意向。开展大规模人才普查工作，摸清禹城市人才底子。

2005年，编制“十一五”人才工作规划，制定人才开发、引进总体目标。全年引进本科以上毕业生65人。挖掘当地人才潜力，指导禹城市企业制定人才培训规划，培训职工3300人次以上。申报国外智力2项，落实1项。龙力集团从日本聘请生物专家解决技术难题。为各类人才办理人事代理150件。

2006年，引进各类高层次专业技术人才126人。为龙力公司引进本科生26名，专科生34名；保龄宝公司引进本科生20名，专科生26名；禹王公司引进本科生13名，专科生13名；福田药业引进22名本科生，专科生5名；大禹学院引进硕士生4名，本科生41名。3月，为龙力公司申报《玉米全植株深加工项目》；6月，为环宇集团申报《赤藓糖生产工艺改进项目》；为福田药业公司聘请韩国木糖专家D.KIM到公司进行技术指导；为通裕集团推荐美国铸造、模具专家洛塔尔到公司技术指导；为保龄宝公司推荐美国马里兰大学食品科学专家。并邀请7名外国专家和29名海外留学生、国内博士后到禹城市参观考察。建立禹城市人才招聘信息网，8家单位登记注册，发布招聘信息596条，网上签订2006年毕业生协议书273人。为本地186名大中专毕业生推荐就业，并办理人事关系、档案代理。

2007年，引进禹城市社会各项事业快速发展急需各类人才，与外地高校159名本科生签订就业协议书。其中，龙力公司16名，保龄宝公司46名；禹王公司26名，福田药业41名；大禹学院21名，通裕集团9名。为山东龙力生物科技有限公司上报《玉米芯酶法制备高纯度95%低聚木糖》项目，并申请省外专局专项资金资助。利用市人才招聘信息网，发布招聘信息481条，网上签订就业协议。

2008年，引进高层次人才256名。其中，博士生13名，硕士研究生17名，本科生205名；中级以上专业技术人才21人。到企业工作外地本科以上毕业生222人，其中研究生17人。11月，邀请13名博士到禹城市实地考察，进行项目对接，达成17项合作意向。全年上报引进国外智力项目2项。

2009年，组织3次座谈会，引进高层次人才649名。其中，学科带头人、科技领军人物1人，博士生9名，硕士研究生72名，本科生567名；“双百”合作单位51家。为山东禹王实业有限公司《大豆蛋白功能性技术及高纯度甘油三酯型鱼油提取》《502胶产品改性技术研究》、山东通裕集团有限公司《F91、F92锻造三通制造工艺及核电主管道热锻（316LN）制造工艺》、保龄宝生物股份有限公司《赤藓糖醇发酵废母液精制提纯及葡萄糖转苷酶工业化生产》、山东龙力生物科技有限公司《淀粉及淀粉糖高值转化》、山东贺友集团有限公司《速生原料林技术及木塑生物复合板生产》5家企业项目申报6项国外智力。为十里望安氏养殖基地申报引进国外智力成果示范推广基地。10月14日以色列驻华使馆科技和农业参赞雪山博士洽谈生物技术产业和农业技术方面合作项目，带走禹城市提交4项生物科技方面外国专家需求项目，并同意建立人才交流平台，选派以色列农业专家进行技术培训，为禹城市农业、生物技术人员到以色列参观学习牵线搭桥。

2010年，落实黄河三角洲地区引进发展急需项目，为保龄宝、福田药业、禹王公司、通裕集团4家企业《功能性糖类研发与应用》《运用生物技术研发木糖醇生产新技术》《抗乳腺癌单域抗体药物开发》《核电装备大型锻件产业化》4个黄河三角洲地区引进发展急需人才专项经费资助项目。省人力资源和社会保障厅批准下拨4家企业32万元专项人才引进资金。为十里望安氏养殖基地申请专项养殖资金3万元。4月，聘请德国人力资源专家维恩沃德到德州科技职业学院讲课。10月26日，为保龄宝、福田药业、禹王公司、龙力公司聘请德国淀粉糖醇专家修波特到企业技术指导。

第二章　劳动管理

第一节　用工制度

1986年，禹城县仍然实行计划经济体制下统招统配。类别分固定职工和合同制工人两种。另外，还有临时职工和计划外用工。随着国家劳动制度改革推行，县属全民企业开始推行全国劳动制度。1987年，打破过去招工统招统配固定用工模式，实行单位自主招工、自主用人、个人自由择业劳动合同制。全县劳动合同制工人逐步增多。1991年，在全民企业中打破干部、工人界限，实行全员劳动合同制。1993年，县劳动人事局先后下发《关于进一步放宽企业招工问题通知》《关于企业干部和工人调动有关问题通知》等文件。至此，县劳动部门不再办理招工手续和下达企业招工计划。全民和集体企业均可根据生产经营情况自定招工计划和职工招用条件，自行或委托劳务市场办理招工事宜，劳动部门只负责进行合同签证。规定县内企业流动，劳动部门不再办理招工事宜，劳动部门只负责进行合同签证；同时劳动部不再办理调转手续。下放企业职工退休审批权，企业可自行办理工人退休手续，且企业可自行批准职工提前三至五年退岗休养。企业开办厂内劳务市场，富余人员可竞争上岗。企业可以每季度辞退不超过2%职工进入社会待业。劳动部门不再控制企业工资，由企业自主确定分配制度和分配形式。实行工资总额同经济效益挂钩企业，可将全部工资纳入挂钩范围。企业必须依法参加社会保险，为职工缴纳社会保险费。各种所有制性质企业及各种身份职工，都必须签订劳动合同。不同身份职工可以在不同所有制企业之间自由流动。1995年始，私营企业、个体工商户开始招用劳动合同制工人。当年为各类企业办理招工录用手续1357人，办理职工合同书1220份。1996—1998年，签订劳动合同3668人，审查集体合同85户。先后出台《关于城镇失业人员多渠道就业八点意见》《关于乡镇劳动服务站管理社会劳动力工作意见》。随着产业结构调整、企业转换经营机制等改革不断深化，下岗、失业职工逐渐增多，再就业工作力度加大，先后制定《关于实施再就业工程、促进个体民营经济发展意见》《关于企业改制后富余职工再就业优惠政策》，全市3132名下岗职工，其中2224人实现再就业。2001—2005年，全市新增就业人员从2200人增加到5786人，累计发放再就业优惠证2480份。用工制度逐步向合理化、多元化、合同化、法制化发展。2010年年底，全市职工总人数达到51285人。

1986—2010年禹城县（市）企业职工人数一览表

表25-2-1　　　　单位：人

年	职工总数	女性职工	固定职工	合同制工人	临时职工	计划外用工
1986	14025	3568	6215	156	152	2654
1987	15546	4986	6031	398	120	1625
1988	17181	5248	5368	526	250	867
1989	18607	5672	5024	698	862	563
1990	20172	5968	4368	853	1356	205
1991	21536	6925	3687	1024	2037	135
1992	23018	7841	3025	4365	—	—
1993	24568	8023	2657	8056	—	—
1994	26027	8756	2541	11127	—	—
1995	27569	9025	2253	15089	—	—
1996	29023	9230	2105	20539	—	—
1997	29178	9658	1983	25369	—	—
1998	28638	10254	1203	26028	—	—
1999	29056	10785	—	29056	—	—
2000	31568	13568	—	31568	—	—
2001	35076	14267	—	35076	—	—
2002	37048	16875	—	37048	—	—
2003	38568	17863	—	38568	—	—
2004	40508	18456	—	40508	—	—
2005	41582	19235	—	41582	—	—
2006	43058	20013	—	43058	—	—
2007	44574	20235	—	44574	—	—
2008	60381	21035	—	60381	—	—
2009	48667	23567	—	48667	—	—
2010	51285	24587	—	51285	—	—

1986—2010 年禹城县（市）录用合同制职工及职工调入调出情况表

表 25-2-2　　单位：人

年	录用合同制职工	职工调入	职工调出
1986	1687	56	51
1987	1982	85	75
1988	1206	74	68
1989	1367	86	74
1990	1057	75	69
1991	964	68	62
1992	804	59	52
1993	641	95	81
1994	600	72	65
1995	500	68	56
1996	485	78	68
1997	615	68	59
1998	890	45	42
1999	620	67	59
2000	750	65	51
2001	760	62	53
2002	780	49	41
2003	901	74	68
2004	935	75	68
2005	987	67	60
2006	1020	59	50
2007	1124	57	49
2008	1089	58	49
2009	1244	84	75
2010	1087	88	80
合计	24095	1734	1525

第二节 农民工

随着农村经济体制改革稳步推进，农村剩余劳动力大量涌现，全市农村劳动力转移呈现新趋势，为农民工就业提供优质服务成为衡量劳动人事工作一项重要内容。

一、农村劳动力

1986年，全县农村总人口21万人。改革开放初期，逐步推行家庭联产承包责任制，调动农民生产积极性，促进农业生产发展和农业生产率提高。2000年以来，随着农业生产机械化程度迅猛发展，农村剩余劳动力大量涌现。同时，农村劳动力受教育程度提高。

图 25-2-1 农民工作业 （2008年摄）

1986—2010年禹城县（市）农村劳动力资源调查统计表

表 25-2-3 单位：人

年	总量	小学	初中	高中	中专	大专
1986	21324	14053	4359	62	—	—
1987	21200	15267	4825	196	—	—
1988	22600	15064	5046	270	—	—
1989	21100	15216	5429	462	—	—
1990	21206	14087	5634	676	—	—
1991	21326	13569	6030	1082	—	—
1992	21360	13458	7062	1635	—	—
1993	22425	9056	7893	1924	—	—
1994	21605	8954	8276	2046	20	—
1995	21723	8416	8451	2054	32	—
1996	21751	8054	9852	5637	46	—
1997	21839	7638	10471	6028	59	—
1998	21951	7254	12367	6249	80	—
1999	21124	7042	13056	6434	105	—

续表 25-2-3

年	总量	小学	初中	高中	中专	大专
2000	21013	6924	12684	6660	113	25
2001	22987	6625	12438	6730	236	38
2002	22972	5921	12084	7128	389	86
2003	22863	3951	10128	7241	624	124
2004	21684	2854	10579	7238	842	164
2005	21842	2654	10074	7428	1289	209
2006	21953	2504	9984	7632	1654	248
2007	21015	2367	9657	7796	1986	306
2008	21031	2208	9238	7964	2684	445
2009	21010	2093	8568	8259	3864	542
2010	21080	2054	8067	8838	5013	689

二、就业转移

1986—1988 年，全县劳动力转移总量较小，转移渠道也较窄，外出打工人员仅有 600 余名。1989—1991 年，受经济周期波动影响，部分已转移农村剩余劳动力向农业回流，有外出打工人员 1500 余名。1992 年以后，随着社会主义市场经济发展，农村劳动力转移重新进入快速转移阶段，表现为跨地区、跨行业、跨产业大规模而又持续转移流动，并呈现多元化就业结构。

到 1995 年，全市外出打工人员 2000 余名；1996 年以后，全市农村劳动力转移速度明显降低，农村劳动力就业空间很难再拓宽，一些找到适宜劳动岗位劳动力逐渐稳定下来，进入就业基本稳定阶段。省内转移主要分布在周围县市及济南、青岛等经济发达城市；省外主要集中在京津唐、长江三角洲和珠江三角洲等城市劳动密集型企业。2008 年，被省政府授予“全省劳务输出示范县”称号，标志着禹城市劳务输出工作更加成熟、规范。至 2010 年年底，累计转移农村劳动力 10 万余人。

三、农民工收入

1986 年以来，随着农村家庭联产承包责任制和惠农政策落实执行，禹城县（市）大量农村剩余劳动力农业生产中走出来，在县（市）人事劳动和社会保障部门支持引导下，利用毗邻省会济南及北京、天津等经济发达地区地理优势，一部分到省城及省内其他发达城市，一部分到北京、天津，从事建筑、搬运、装卸、修理、道路养护、清洁、废品回收、地摊卖菜等多种行业，月收入多在 400—1000 元之间；外出务工中有一定技术的人员，从事行业大部分技术性较强而且收入也比较稳定，月收入大多在 1000 元以上，高者可以达到 3000 余元。

1986—2010年禹城县（市）农民工收入情况表

表25-2-4　　单位：元

年度	月平均收入	年度	月平均收入	年度	月平均收入
1986	65	1995	200	2004	850
1987	75	1996	210	2005	950
1988	82	1997	230	2006	1200
1989	105	1998	260	2007	1450
1990	120	1999	300	2008	1700
1991	130	2000	330	2009	1800
1992	150	2001	450	2010	2300
1993	170	2002	480	—	—
1994	180	2003	650	—	—

第三节　就业培训与技能鉴定

2006年以前，禹城就业培训工作主要依靠劳动就业训练中心和市技工学校两大主体进行培训，主要专业有电气焊、电工电子、计算机、钳工等。1991—2006年，累计培训10000余人，年均培训800人。2006年之后，扩大培训范围，提高培训质量，就业培训工作获得长足发展，培训机构由原来2家增至7家，并全部通过德州市级招标，成为定点培训单位。2010年，启动实施“万人免费培训工程”，计划用3年时间培训各类人员1.2万人。禹城市培训工作居德州市各县市之首。2010年，获得德州市奖励就业资金100万元。

禹城市职业技能鉴定工作始于1995年，主要为技工学校毕业学生鉴定发证。1997年，开始办理禹城市职业技能鉴定业务，年鉴定200—300人之间。2002年，职业技能鉴定所升级为职业技能鉴定中心，年均鉴定1300人以上，连续8年被评为山东省职业技能鉴定工作先进单位。2008—2010年，连续3年举办技能大赛。

图25-2-2　禹城市“科技学院杯”第二届职业技能大赛（2009年摄）

第四节　人力资源市场建设

2006年之前，禹城市（县）劳动力市场为5间沿街门市房，

图 25-2-3 禹城市人力资源市场暨社会保障服务大厅外景 （2006 年摄）

年均输出劳动力 3000 人，主要输送到烟台、青岛、威海等地，规模小，人数少。2006 年 10 月，总投资 560 万元，占地面积 1800 平方米的禹城市人力资源市场建成启用，集求职登记、用工介绍、档案代理、就业指导等业务为一体，年均发布用工信息上万条，举办大型招聘会 10 多场次，为企业输送劳动力 20000 人次，有效缓解劳动力供求矛盾。至 2010 年，累计办理用工介绍 10 万余人次。2009 年，被评为“全省劳务输出示范县”。2010 年，市人力资源市场被评为“省级示范人力资源市场”。

第五节 劳动监察

1996 年 12 月，禹城市成立劳动监察科；1997 年 6 月，改为劳动监察股；2002 年 3 月，改为劳动监察大队。通过日常巡视检查、审查用人单位报送书面材料、接受举报投诉以及专项检查等形式积极开展执法活动。至 2010 年，累计查处各类违反劳动保障法律法规案件 2000 多起，其中，查处未与劳动者依法签订劳动合同案件 550 多起，责令补签劳动合同 54000 多份；查处拖欠克扣工人工资案件 1530 多起，追回和责令补发工人工资 1100 多万元；查处非法收取职工押金、风险金等不合理费用案件 100 起，责令退还收取职工不合理费用 60 多万元；查处拖欠各类社会保险费案件 141 起，督促缴纳各类社会保险费上千万元；查处非法职介活动 68 起，依法取缔非法职介机构 22 个；查处非法使用童工案件 2 起，解救童工 2 名。劳动监察在防范和查处劳动用工违法行为、化解劳资矛盾、构建和谐劳动关系、维护劳动者合法权益、维护社会稳定方面发挥积极作用。

第六节 劳动争议仲裁

1989 年 6 月，成立县劳动争议仲裁办公室；

图 25-2-4 劳动争议仲裁院接受群众锦旗 （2010 年摄）

2008年5月，改为禹城市劳动争议仲裁院。职责是处理各种劳动争议案件，规范劳动合同管理，协调劳动关系，维护劳资双方合法权益。至2010年，累积受理案件2200余件，为当事人挽回经济损失1500余万元。1992年11月1日，为加强劳动合同管理，实行劳动合同鉴证，鉴证劳动合同21万份。从1995年起，根据《集体合同规定》，对集体合同进行鉴证，鉴证300余份。2008年1月1日，《中华人民共和国劳动合同法》实施，劳动合同鉴证制度被废除，实行劳动合同备案制度，累计备案5万余份。实行劳动合同鉴证和劳动合同备案，有效地提高劳动合同签订率。

第三章　社会保障

第一节　企业职工养老保险

1986年，在城镇合同制工人中实施养老保险，1989年扩大到农民合同制工人。1993年7月起，实施养老保险一体化方案，推行固定职工个人缴费，企业固定职工按本人工资收入3%缴纳养老金。1996年1月，根据“社会统筹与个人账户相结合”原则，按职工缴费工资11%数额为职工建立养老保险个人账户，实现养老保险制度从现收现付制到部分积累制转变。1998年，实行统一基本养老保险制度，统一养老保险个人缴费比例和养老金计发办法。1999年1月，实行省级统筹，实现离退休人员养老金社会化发放。2006年1月，调整养老保险个人账户规模，由本人缴费工资11%调整为8%，全部由个人缴费，单位缴费不再划入个人账户。

2007年1月起，养老保险缴费比例执行28%，其中单位承担20%，个人承担8%。7月，启用核心平台二版信息系统，数据信息库与德州联网，达到同人同城同库。2009年1月，将一次性救济费、企业离退休人员死亡后供养直系亲属生活困难补助，纳入基本养老保险社会统筹。2010年1月，实行基本养老保险跨统筹范围外转移新办法，除转移养老保险个人账户累计额外，还需要按12%标准转移1998年1月1日以后养老保险缴费基数统筹金。10月1日起，山东省内跨地市转移养老保险办法，按照跨省转移办法执行。2010年7月1日起，根据山东省文件精神，养老保险缴费比例执行

图25-3-1　人社局局长韩廷岭街头宣传社会保险政策（2007年摄）

27%，单位部分比例下调一个百分点，个人缴费比例仍为8%。自2001年起，开展民营企业扩面参保工作，养老保险覆盖面由最初13家增加158家，参保职工由1100人增至33840人，征缴额每年由106万元增至8800万元，保证养老保险金按时足额发放。

2001—2010年养老保险金收缴情况表

表25-3-1　　　　单位：人、万元

年	人数	养老金数
2001	10739	1513
2002	12255	2471
2003	14171	1250
2004	16216	2475
2005	19156	2675
2006	20866	3210
2007	22962	8753
2008	28550	8005
2009	31140	8260
2010	33840	8800
合计	209895	47412

至2010年，退休人员由2001年3475人增至5230人，待遇支付压力逐年增大。按照国家及山东省规定，连续8年适时调整企业离退休（退职）人员待遇，每月人均由2001年478元增至1322.5元，保证离退休人员晚年生活。2004—2008年，连续5年被山东省劳动保障厅评为社会养老保险经办先进单位。

2001—2010年离退休待遇支付情况表

表25-3-2　　　　单位：人、元

年	离退休人数	年支付额	人均额
2001	3475	2420	6964
2002	3518	2093	5949.4
2003	3504	2585	7377.3
2004	3778	2526	6686.1
2005	3936	3046	7738.8
2006	4130	3626	8779.7

续表 25-3-2

年	离退休人数	年支付额	人均额
2007	4417	4351	9850.6
2008	4694	5359	11416.7
2009	4887	6557	13417.2
2010	5230	8300	15870
合计	41569	40863	—

第二节　机关事业单位职工养老保险

禹城市机关事业单位社会保险事业处成立于 1993 年 12 月，隶属于人事局，1999 年 12 月隶属于劳动和社会保障局。主要职责是负责征收机关事业单位职工养老保险，发放离退休（职）费以及养老保险金转入、转出等工作。2000 年 11 月，市直党政群机关、全额事业单位和差额事业单位均纳入统筹。养老保险基金按在职固定工工资总额加离退休（职）人员离退休（职）费 22% 缴纳，其中，单位负担 20%，个人负担 2%（离退休人员个人不缴费）。合同制人员养老保险实行完全积累制，按工资总额 20% 缴纳，其中，单位负担 18%，个人负担 2%。

图 25-3-2　办理职工养老保险　（2010 年摄）

2004 年 1 月，将乡镇政府及乡镇教育系统纳入统筹。2006 年 1 月，将乡镇卫生院纳入统筹。2007 年，革新财政供养人员养老金拨付办法，按统筹比例拨付养老金，当年全市参保职工 15274 人，基本实现机关事业单位养老保险无缝覆盖。2008 年，为在职职工和退休人员调整缴费基数，为 3005 名离退休人员调整离退休费。2009 年，为退休人员系独生子女父母职工落实退休后加发 5% 退休费政策。2010 年，调整离退休人员养老金待遇及在职人员缴费基数，将全市 2558 名合同制工人历年缴费台账录入微机，将交警大队和高速交警纳入机关养老保险统筹。

参保人员及基金收支变化情况表

表 25-3-3　　单位：人、万元

时间	在职参保人数	离退休人数	累计收入	累计支出
2000 年 11—12 月	3543	857	120	108
2001 年	3543	857	720	648
2002 年	6266	1054	1160	1017
2003 年	6008	1132	1217	1093
2004 年	11777	2283	2465	2176
2005 年	11814	2703	2763	2765
2006 年	11572	2847	4416	3769
2007 年	12153	3121	5851	5508
2008 年	12663	3365	6420	6191
2009 年	12645	3567	6776	7818
2010 年	13024	3741	8239	8940

第三节　失业保险

1986 年 10 月，禹城县开始在国有企业及其职工中实行待业保险制度（即失业保险制度）。1999 年 1 月，将市直事业单位和乡镇教育系统纳入统筹范围。2004 年 1 月，将乡镇机关纳入失业保险覆盖范围，当年参保职工达 1188 人，征缴基金 7 万元，确保失业保险金按时足额发放，保证失业职工基本生活，维护社会稳定。

2001—2010 年失业保险收缴情况表

表 25-3-4　　单位：人、万元

年	参保人数	收缴额
2001	21000	133
2002	12465	43
2003	16750	92
2004	13196	219
2005	13196	51
2006	14520	235

续表 25-3-4

年	参保人数	收缴额
2007	15600	277
2008	16543	331
2009	17200	359
2010	17708	439

2001—2010 年失业保险发放情况表

表 25-3-5　　单位：人、万元

年	领取人数	发放额
2001	661	112
2002	546	81
2003	152	18
2004	369	53
2005	515	65
2006	276	42
2007	387	37
2008	387	132
2009	285	186
2010	2915	301.6

2001—2010 年缴费基数、缴费比例情况表

表 25-3-6　　单位：元

年	最低月缴费基数	缴费比例			最低月缴费额
		小计	其中单位	个人	
2001	320	3	2	1	9.60
2002	320	3	2	1	9.60
2003	400	3	2	1	12.00
2004	450	3	2	1	13.50
2005	510	3	2	1	15.30
2006	570	3	2	1	17.10
2007	655	3	2	1	19.65

续表 25-3-6

年	最低月缴费基数	缴费比例			最低月缴费额
		小计	其中单位	个人	
2008	831	3	2	1	24.93
2009	965	3	2	1	28.95
2010	1136	3	2	1	34.08

第四节　工伤保险

禹城市工伤保险处成立于 2005 年 11 月 1 日，将市内所有企业纳入工伤保险统筹范围。同年年底，参保单位 56 家，参保人员 8000 人，征缴工伤保险基金 27 万元。

2007 年 3 月 30 日，市劳动和社会保障局与建设局联合印发关于《禹城市建筑施工人员团体工伤保险试行办法》通知，开辟德州

工伤保险参保人数变化情况图示

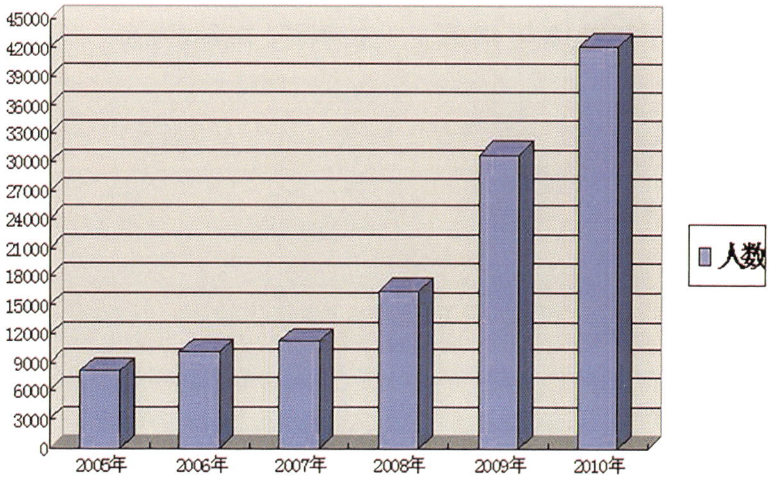

工伤保险基金收支情况图

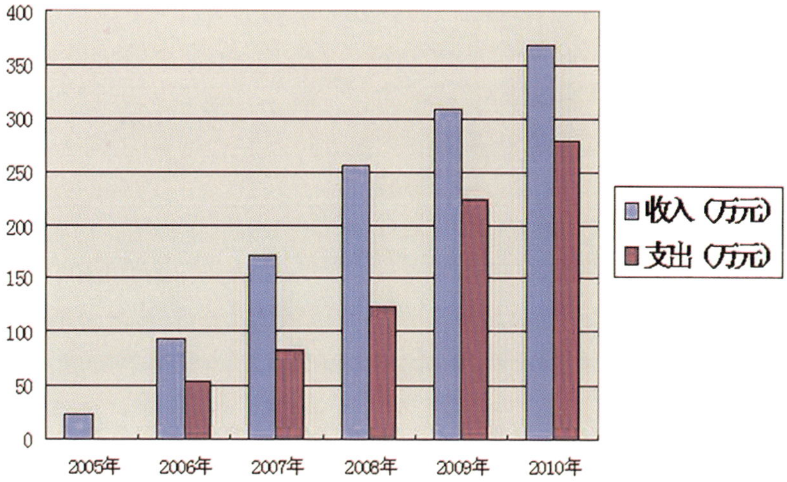

组图 25-3-3　2005—2010 年工伤保险情况示意图

市建筑行业工伤保险参保方式先河。2007年6月19日，将参照公务员法管理以外事业单位、民营非营利组织纳入工伤保险统筹范围。2008年7月1日，禹城市劳动和社会保障局与建设局完善参保办法，方式更加灵活多样，报销待遇大幅提高，所有建筑施工工程全部参保。2009年3月1日，将商贸、餐饮、住宿等服务业纳入工伤保险统筹范围。2009年7月、2010年4月，两次完善《禹城市建设施工人员团体工伤保险试行办法》，参保范围进一步扩大，实现建设施工人员工伤保险无缝覆盖。自2010年10月1日起，实行工伤保险德州市级统筹，构建起工伤预防、工伤补偿、工伤康复相结合工伤保险市级统筹体系。2010年年底，将该年6月30日前“老工伤”人员全部纳入工伤保险统筹管理范围。

第五节　生育保险

1995年，禹城市作为德州市试点县开展生育保险工作。1996年，制定《禹城市企业职工生育保险试行办法通知》，覆盖全市参加基本养老保险社会统筹企业及国家、省属驻禹城市境内全部企业及其职工。1997年，全市企业职工生育保险工作走上正轨，参加生育保险职工享受生育保险待遇。2009年1月1日，制定《禹城市生育保险单病种限额管理办法》，生育保险待遇标准大幅提高。

1998—2010年10月企业生育保险参保情况表

表25-3-7　　单位：万元

时间	参保人数	享受待遇人数	收入	支出
1998	17221	176	64	29
1999	13158	408	75	57
2000	13158	211	54	39
2001	10419	138	25	29
2002	10338	153	31	32
2003	11716	111	23	22
2004	11836	77	24	23
2005	10036	69	26	24
2006	10536	183	49	41
2007	10636	79	83	24
2008	10858	77	74	24
2009	13900	159	80	44
2010.1—10	18752	64	83	28

第六节　医疗保险

禹城市城镇职工基本医疗保险始于2002年5月，实行属地管理。首批纳入统筹有市直机关、事业、企业单位，中央、省驻禹单位。2004年1月，将乡镇机关、事业单位纳入统筹。2009年5月1日起，凡在法定就业年龄内，已缴纳社会养老保险的城镇个体工商户和自由职业者，均可参加城镇职工基本医疗保险。随着参保范围不断扩大，参保人数不断增长，其中参保人数，2002年是8002人，2010年是52262人，增长553%。

禹城市采取各种措施，加大征缴力度，征缴额迅猛增长，职工医疗保险由2003年征收593万元增长到2010年4560万元，增长669%（2002年自6月起开始征收）。同时，由于参保职工增长较快，患病职工也相对增多，加之不断提高医药费报销比例，导致医药费逐年上升，支出额不断加大。年支出由2003年412万元增长到2010年3700万元，增长798%。

2002—2010年参保人数情况图

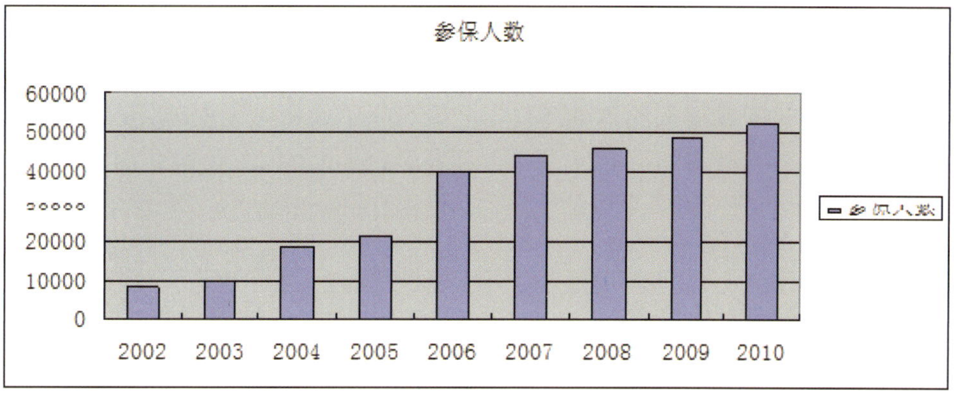

2002—2010年基金收支情况图

单位：万元

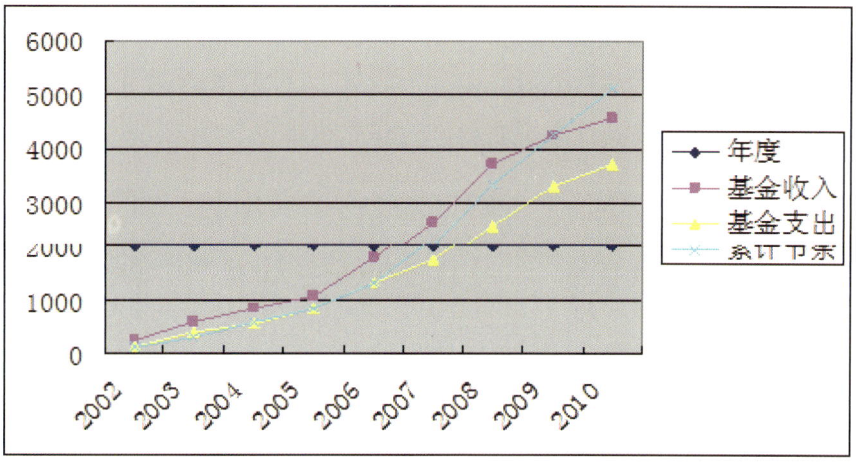

组图25-3-4　2002—2010年医疗保险情况图示

2008年6月，为减轻城镇居民医疗负担，扩大医疗保险覆盖面，成立市城镇居民社会医疗保险处，同年11月，禹城市印发《禹城市城镇居民基本医疗保险暂行办法》，启动该项工作。2008年年底，参保居民达到18380人，在校生约占80%，筹集医疗保险基金125万，支出2万元。2009年，参保居民为16898人，筹集基金126万元，各级财政补助192万元，支出176万元。2010年8月，对各级各类学校在校生加入城镇居民基本医疗保险有关政策进行调整，推进全市在校生参加基本医疗保险工作。2010年，参保居民达到18200人（未成年人约占60%），筹集基金95万元，各级财政补助191万元，支出208万元。

图 25-3-5　新农保试点启动仪式　（2009年摄）

第七节　农村养老保险

禹城市农村社会养老保险事业管理处成立于1993年11月，隶属于民政局管理。成立后德州市在禹城市进行试点，自1995年开始每户1人参保，分3年（即1995、1996、1997年）交清200元。至1999年9月，参保农民10万人，收缴养老保险金1600万元。1999年10月，由民政局移交至劳动和社会保障局具体办理农村人员参保登记、基金筹集、养老金发放等工作。2008年7月，开展被征地农民养老保险，将德州500千伏变电工程项目占地失地农民纳入养老保险。2008年12月，京沪高铁占地，政府每亩补助20000元，全部计入个人账户政府补贴部分，个人缴费部分自愿放弃。

2009年，禹城市被确定为国家首批新农保试点县市，于12月底启动实施新型农村社会养老保险试点工作。新农保基金由个人缴费、集体补助、政府补贴构成，按年缴费，政府对缴费人员给予每人每年30元补贴。试点实施后，60周岁以上老年人按月领取养老金。至2010年年底，全市参保人数达到27.7万人，收缴养老金2813万元，被评为“全省农保工作先进单位”。

第四章　机构编制工作

1987年11月，禹城县设立机构编制委员会办公室，与人事局合署办公。1993年9月，撤县设市，更名为禹城市机构编制委员会办公室。2010年8月，单独设置，承担市机构编制委员会日常工作。设综合科（挂人事科牌子）、机构编制科、实名制管理科及事业单位登记管理局。机关编制11名，其中：行政编制10名，工勤人员编制1名；配备主任1名、副主任3名，事业单位登记管理局局长1名（副科级），股级领导职数3名。另设电子政务中心，为机构编制委员会办公室直属副科级行政支持类事业单位。全额预算事业编制5名，配备主任1名（副科级）。

第一节　机构编制设置

1983年机构改革之后，随着改革开放不断深入发展，机构编制也不断发生增减变化。1986年6月15日，建立县外事、侨务、民族、宗教科；9月25日，建立县劳动争议仲裁委员会办公室，同时设置劳动服务公司和劳动保险事业管理处；10月9日，县委老干部科改为老干部局。1987年3月25日，设置县公安交警队。同年设置乡镇企业局和多种经营办公室。7月26日，成立县土地管理局，同时成立老龄办。11月21日，设立体改委。1988年9月8日，建立环保局、恢复农机局和物资局。同时标准计量所改为标准计量局。1989年7月31日，交警队改为公安交警大队，同时成立城区公安分局；建立对台办；将车站税务所改建为城区分局。1990年8月12日，设立县残疾人联合会。1991年3月25日，劳动服务公司更名为劳动就业办公室。1992年11月20日，县粮食局、物资局、商业局、外贸局、供销合作社成建制转为经济实体。

1993年8月1日，县农业局、林业局、农机局、畜牧局、广播电视局、实验区工委改建为事业性服务经营实体。县直党政机构由82个精简到40个。1994年5月7日，设立市济德高速公路办公室。8月16日，设立地方税务局；9月27日设立国有资产管理局；10月20日，设立巡警大队。12月5日，恢复老干部局。1995年5月5日，成立劳动监察办和反贪局。10月26日，设立人才交流中心及机关事业单位保险事业处。

1996年机构改革，主要是理顺关系、完善制度、强化服务。对环保、物价、外经贸委等市直21个单位内部机构进行审定或调整。同时，对全市19个乡镇农、林、水、畜牧、农机等15个部门人员进行审核。2002年，市直党政群机构由48个精简为42个，其中市委工作部门7个；部门管理机构2个；政府工作部门26个；群团3个；按宪法设置4个。2010年，机构改革主要是深化行政管理体制。市政府工作部门整合为24个。乡镇机构改革中，按照《德州市乡镇分类和机构编制核定实施意见》（德编〔2010〕26号）规定，综合乡镇总人口、财政收入、行政区域面积等因素，将乡镇划分为三类。全市11个乡镇（街道办），均设置4个办公室和5个事业机构。

第二节　机构编制管理

1986—1995年，机构编制设置增减是主要工作。1996年，加强编制管理，重点是明确职能、理顺关系、完善制度、强化服务。对市乡两级行政管理体制进行调整完善。同时加强机构编制和工资基金管理工作。尤其是加强行政和全额拨款事业单位人员编制管理，调整更换人员卡片2000余张，使这两部分人员控制在核定编制限额内。禹城市委、市政府下发《关于进一步加强机构编制意见》，对进入机关、事业单位人员，收取事业单位发展基金，有效控制人员过快增长。同时，加强与银行联系，共同管理好工资基金。同时，与有关部门一起做好通配人员分配派遣工作。1997年，编制管理“一支笔”审批制度。年初，对全市512个事业单位名称、代码、规格、隶属关系、经营管理形式等项目，连同市直行政机关编制，实有人员、领导职数、内设机构等情况，进行调查统计，并按程序输入微机，同时对禹城市乡镇和市直所属事业机构编制沿革和现有人员情况进行统计。对因工作需要必须设立13个副科级以上的事业单位，向德州市编委提交申请；对市直3个正科级机关事业单位、2个副科事业单位升格问题进行批复。对1988年以来大中专毕业生、复退军人等有关人员整档立卷26册。核对编制8000余人，实现编制、财政配套联动，完善编制管理。1998年，深化行政和人事制度改革，对全市53个事业单位逐一进行事业单位法人登记工作，积极探索和建立符合事业单位特点管理体制和运行机制。

1999年始，严肃编制纪律。核对编制卡片，加强编制管理。清退乡镇临时工183人。对乡镇事业单位进行定编。2000年，对全市476个机关事业单位机构编制进行统计调查，将单位和个人20多个指标全部输入计算机，建立禹城市机关事业单位机构编制数据库。市、乡镇行政区划调整后，及时对乡镇机构和人员编制进行相应调整，实现乡镇机构编制平稳过渡。同时，制定《关于乡镇和街道办事处人员编制、机构设置暂行方案》《竞争上岗》《人员分流》等配套文件，为机构改革打下基础。2002年，下发《关于中共禹城市委机构改革实施意见》《关于禹城市人民政府机构改革实施意见》《关于乡镇党政机构改革实施意见》《禹城市市乡党政、事业单位机构改革选配人员实行竞争上岗意见》《禹城市市乡党政、事业单位机构改革人员分流意见》等文件，保证机构改革顺利进行。分流人员949人，实现“无震动”改革。2004年，根据上级乡镇财源建设会议精神，按照全市部署，对乡镇实施综合配套改革。在坚持德能勤绩前提下，采取以民主测评为主工作方法，确定分流人员，并公开张榜公布。全市分流人员137人，其中辞职119人，参与下年度竞争上岗18人。2005年，在完善事业单位数据同时，实名制管理乡镇机关事业单位人员。根据《事业单位登记管理条例》规定，进行事业单位法人登记年检工作。2007年，推行事业单位聘用制工作，7456人签订聘用合同，占73%。同年年底，整理97个登记为法人事业单位档案材料。

2008年，指导乡镇完成机构编制实名制管理及人员数据库建设工作。同时，完成全市464个机关事业单位信息采集工作。2009年，根据德州市要求，对市直党政群机关、参照公务员法管理事业单位、非参照公务员法管理事业单位全部纳入机构编制实名制管理。全市44个党政群机关、13个参照公务员法管理事业单位及130个非参照公务员法管理事业单位完成实名制管理。2010年，完成市乡两级机构改革工作，将原有28个政府工作部门整合成24个，理顺部门职责关系；乡镇机构减至101个，核定落实11个乡镇（街道）机构个数、人员编制数及领导职数。

第二十六篇

民　政

1986年以后，民政工作逐步加强，全县（市）贯彻农村基层组织有关法律法规，加强基层政权建设；完善优抚制度；安置军队离休干部和复员退伍军人；加强地名、行政区划管理工作；婚姻登记实现一条龙办结；殡葬管理工作逐步加强；社团管理登记工作依法有序开展。至2010年，民政局在职干部职工79名，主要涉及社会救济、优抚安置、社会福利、社会事务管理、基层政权建设等五个方面，包括城乡低保、农村五保、抗灾救灾、社会救助、拥军优属、基层政权、慈善捐助、福彩发行、社团登记、婚姻登记、殡葬服务、社会收养、地名更名等13项具体业务，服务对象涵盖社会的各个群体，是保障民生、落实民利、维护民权、促进社会和谐稳定的重要窗口。

第一章　拥军优抚

第一节　拥军活动

1986—1987 年，全县开展向对越自卫反击作战英雄学习活动，为特等伤残军人杨会忠在城区建 4 间房屋安家，1999 年帮助其修建 4 间三层沿街楼，购置全部生活用品，为家属农转非，安排工作。1991 年，举办解放军英模事迹报告会 6 场，向部队和优抚对象发送慰问品 500 件，成立村义务帮工队和送温暖小组，为 200 户优抚对象发放救济款 2.5 万元。1995 年，为 51 名优秀士兵和 9 名荣立三等功退伍军人安排工作。当年被省委、省政府、省军区授予“拥军优属先进单位”荣誉称号。

2000 年，在全市开展与优抚对象“心连心、手拉手”帮扶活动，解决优抚对象的医疗难、生活难问题，被民政部授予“全国爱心献功臣行动先进市”荣誉称号。

图 26-1-1　给部队送西瓜　（2006 年摄）

2007 年冬，为禹城拉练部队，送价值 5 万余元物资。至 2010 年，为地方驻军投资 1180 万元，建成面积 80 亩民兵训练基地和图书室 1 处，购置办公自动化设备。在全县（市）设立 65 处双拥标牌，建立 30 处国防教育活动阵地。

第二节　抚恤优待

一、定期定量补助

1986 年后，推行义务兵优待金和抚恤定补款“两个市级统一发放机制”，所有优抚对象通过“一卡通”实现各项资金及时足额领取。

1996 年 7 月 1 日起，提高在乡复员军人定期定量补助标准，在原基础上每人每月提高 10 元，调整后每人每月不低于 40 元。同年，全市有 2585 名老复员军人享受定期补助，每人每月 40—50 元。523 名带病回乡退伍军人每人每月补助 50 元。

1999 年，为全市在乡老复员军人提高定期定量补助标准，每人每月提高 20 元，提高后标准每人每月 60—65 元，2300 名老复员军人享受定期补助。2002 年在乡老复员军人定期定量补助标准提高到每人每月 110—115 元，2249 人享受此项补助。

2003 年，禹城市下发《关于建立优抚对象抚恤补助标准自然增长机制通知》（禹政发〔2003〕56 号文件），建立优抚对象抚恤补助标准自然增长机

图 26-1-2　民政局走访慰问优抚对象　（2009 年摄）

制。对象是享受国家定期抚恤革命伤残军人和革命烈士家属，因公牺牲、病故军人家属以及享受定期补助在乡老复员军人，抚恤补助标准每年按 5% 比例增长。所需资金由市财政列入预算，与抚恤补助费一并拨入民政局优抚事业费专户，及时兑现到人。2004 年，全市 2230 名复员军人享受定期补助，每人每月 122—127 元。

2008 年始，禹城市落实《德州市抚恤定补优抚对象医疗保障办法》，与山东鸿雁公司合作开发优抚对象医疗保障系统，在全市 16 个新农合报销点安装运行。先后为 225 名 1—6 级伤残军人办理城镇职工医疗保险，为 4162 名 7—10 级伤残军人、老复员军人、带病回乡退伍军人、两参人员办理城镇居民医疗保险和新型农村合作医疗，实现优抚对象医疗费用“一站式”结算。

至 2010 年，全市 1316 名复员军人享受定期补助，每人每月 355—392 元。

二、一次性抚恤

禹城在军人牺牲、病故时对其家属进行抚恤。至 2010 年，全市为 58 人累计发放一次性抚恤金 83.6 万元。

三、定期抚恤

1985 年前 “三属”抚慰形式为定期定量补助。民政局从 1985 年 1 月 1 日起，对全县革命烈士家属、因公牺牲、病故军人家属的定期补助改为定期抚恤。定期抚恤标准是革命烈士家属、因公牺牲军人家属居住农村的每人每月 20—25 元，居住小城镇的每人每月 30—35 元；病故军人家属居住农村的每人每月 15—20 元，居住小城镇的每人每月 25—30 元。

从 2002 年 1 月 1 日起，烈属、因公牺牲军人家属，居住农村每人每月 170—175 元，居住城镇每人每月 195—200 元；病故军人家属居住农村每人每月 165—170 元，居住城镇每人每月 190—195 元。同年，全市享受“三属”定期抚恤人数 919 人，全年发放定期抚恤

图 26-1-3　武装部张振河走访抚恤对象　（2008 年摄）

金 215 万元，每人月均 190 元。

至 2010 年，禹城市有“三属”276 人。其中，烈士遗属 113 人，因公牺牲军人遗属 115 人，病故军人遗属 48 人。从 2010 年 10 月 1 日起，烈属、因公牺牲军人家属，居住农村的每人每年 4790—5240 元，居住城镇的每人每年 7360—8730 元。同年，全市享受“三属”定期抚恤人数 119 人，全年发放定期抚恤金 65 万元。

四、伤残抚恤

1986 年后，禹城对革命伤残军人和因战、因公负伤致残的国家党政机关、民主党派、人民团体列入行政编制人员，以及部队无军籍的在编人员等实施伤残抚恤。2006 年 7 月 11 日，按照民政部、劳动和社会保障部、卫生部、总后勤部下发的《关于重新印发〈军人残疾等级评定标准〉（试行）的通知》，对伤残军人等级重新确定。至 2010 年年底，全市伤残抚恤人员 476 人，包括 464 名伤残军人、8 名伤残国家机关工作人员、2 名伤残人民警察、2 名伤残民兵民工。其中，一级 1 人（因战），二级 1 人（因病），三级 8 人（因战 1 人，因公 4 人，因病 3 人），四级 10 人（因战 1 人，因公 6 人，因病 3 人），五级 36 人（因战 23 人，因公 13 人），六级 115 人（因战 63 人，因公 46 人，因病 6 人），七级 156 人（因战 84 人，因公 72 人），八级 133 人（因战 71 人，因公 62 人），九级 14 人（因战 3 人，因公 11 人），十级 2 人（因公 2 人）。

五、革命烈士褒扬

1987 年，烈士王克寇陵园被山东省列为县以上重点烈士纪念物保护单位。每年清明节，组织干部、群众、学生祭扫烈士墓，悼念烈士。请老革命者到企事业、学校等单位讲述革命烈士生平事迹。

1986—1995 年，先后拨出专项资金 1.3 万元，对烈士王克寇陵园、烈士马毅之墓进行修缮。2007 年投资 15 万元，修缮烈士王克寇纪念馆，成为全市人民学习先烈精神、进行传统教育的重要国防教育基地。

2009 年 9 月，建成禹城市革命烈士纪念馆。2010 年，开展散葬革命烈士墓普查工作，共普查散葬烈士墓 847 座，革命烈士陵园 1 座。至 2010 年，禹城市有烈士 1228 名。

第二章　复员退伍军人安置

第一节　退伍军人安置

1986 年，推行城镇退役士兵自谋职业。1990 年，接收退伍军人 633 人，登记两用人才 200 人，开发使用 60 人，安置 116 人。1999 年，推行城镇职工退伍军人安置卡制度，实行政府指令与用人单位供需见面双向选择相结合安置。城镇退伍兵一部分安排到机关事业单位，其余安排到通裕集团、保龄宝公司、龙力公司等企业。农村退伍军人安置，设立军地两用人才培训中心，各乡镇成立军地两用人才服务站。推荐其到企事业单位做临时工、合同工，鼓励其发展养殖业、种植业、经商办企业。2007 年，实行政府“包干安置”，引导退伍士兵自谋职业，101 名退伍士兵得到安置。2008 年，首次把 23 名参战立功安置后的下岗人员纳入“再就业”工程进行重新安置；鼓励退伍军人自主择业，26 名退役士兵参加自谋职业签约仪式，分别发放 1.2—2.5 万元不等的一

图 26-2-1 慰问困难退伍军人 （2010 年摄）

次性补助费用。2008 年后，为 52 名自谋职业退役士兵发放自谋职业补助 72.3 万元，安排 3 名随军随调家属到事业单位工作，组织数十场双向选择会，为 356 名退役士兵找到工作。

至 2010 年年底，累计安置 2814 名城镇籍退伍士兵和转业士官。

第二节 军队离退休干部安置

1986 年，建住房 121 间，2183 平方米，安排 53 名老干部入住，保障老干部生活待遇。利用闲置房屋创办幼儿园，方便军休干部学龄前子女入托。1998 年，筹集 6 万元，为军休所整修道路、更换线路、维修房屋；争取 16 万元，为老干部解决部分超支医疗费用。

2000 年，禹城落实《山东省关于军队离退休干部房改问题通知》要求，明确售房范围和优惠条件，免收军休所 1982 平方米房改费用。2004 年 3 月，对 2/3 以上军休所干部住房和办公用房进行改造，由平房改建为楼房，2005 年 12 月迁入新居。

2010 年，为军队离退休老干部及遗属办理职工医保和居民保险。至 2010 年年底，全市共接受 35 名军队离退休干部，为老干部付超支药费 200 万左右。

图 26-2-2 看望军休所老干部 （2008 年摄）

第三章　社会救助

第一节　城乡居民最低生活保障制度

1997 年，禹城市建立城市居民最低生活保障制度，保障标准 520 元。1998 年，发放 10 万元救济款，保障困难群众在就学、就医、开办副业、统筹提留等方面的利益；发放保障金 1.8 万元，保障城市居民 96 人最低生活保障线。2006 年，严格执行城市低保政策，调整 287 户 643 人，全年发放 168 万元，保障 1632 户 4206 人。2008 年，加强低保对象复核审查，注销城市低保 71 户，新增 75 户，保障标准由月人均 160 元增至 180 元，累计发放 45.6 万元。2010 年，城市低保标准月人均增至 220 元，注销城市低保 53 户，新增 219 户。

2007 年，农村低保建制运行，出台《禹城市关于建立农村居民最低生活保障制度的通知》及有关实施细则；12 月，核查全市各乡镇低收入（年人均 800 元以下）人员 14772 人；印制红、蓝、黄三色申请书 2 万本，分类保障，分类管理。2008 年，农村低保保障标准由年人均 800 元增至 900 元，累计发放 206 万元。2010 年，农村低保年人均增至 1200 元，注销农村低保 377 户，新增 1852 户。

图 26-3-1　房寺敬老院老人开展娱乐活动　（2009 年摄）

第二节　五保供养

1986 年，全县有乡镇敬老院 6 处，117 个床位，供养老人 89 名。1987 年，全县敬老院 10 处（禹城镇、李屯、房寺、莒镇、善集、张庄、梁家、来凤、辛寨、伦镇），供养 104 人。6 个乡镇推行五保供给资金统筹办法，统筹金额 18.5 万元，人均 254 元。对未实行统筹乡镇，由村委会、五保老人、供养人三方签订供养合同。1988 年，五保供给全部实行乡镇集体统筹。1994 年，建立第一个正式管理五保敬老院，对早期敬老院实行新建和改扩建。2008 年，伦镇、李屯、房寺、十里望 4 处敬老院（光荣院）改址新建。2010 年，莒镇、安仁、辛店、梁家、张庄、市中、辛寨改扩建 7 处，敬老院全部实现统一供暖。房寺、安仁、市中等 6 处为山东省一级敬老院。至 2010 年年底，农村敬老院 11 处，农村五保户 1062 人，农村敬老院院民 788 人，五保户入院率 74%。

第三节　其他救助

一、春节救助

2005年，市委、市政府整合各级、各部门救助资源，开展“送温暖、惠民生”春节社会救助活动。至2010年，筹集救助资金1000万元，4万余名困难群众受益，范围涵盖城乡低保对象、五保对象、城市困难职工、城市特困户、农村特困户、困难党员、孤儿、城乡贫困残疾人家庭、慈善助医对象、重点优抚对象、军烈属、困难转业志愿兵、60岁以上退役士兵、各驻禹部队官兵等14类群众。

二、重大疾病救助

2000年，开展“微笑列车”“明天计划”“爱心复明”活动。主要救助对象为唇腭裂、白内障等重大疾病的孤残儿童和三无人员。至2010年，为163例贫困唇腭裂、脑瘫、白内障患者施行矫治手术，帮助患者节约医疗费141万元。

2006年，全市组织开展大病救助活动，当年救助重特大疾病患者262人，发放救助金45万元。2007年，救助107人，发放救助金22.7万元。2010年，救助大病医疗患者156人，发放救助金30万元。

三、流浪乞讨人员救助

1990年，禹城收容遣送站从韩庄原址搬迁到解放路红星巷10号(原禹城市看守所北)，2000—2001年，收容遣送站与“110”配合行动11次，接收外流人员52人。2003年8月1日，施行《城市生活无着的流浪乞讨人员救助管理办法》和《实施细则》。2005年8月，启用全国救助管理信息系统。通过网络各级民政部门与救助管理机构联结起来，利用指纹录入、图像采集、网络比对、异地协查等信息手段，实现遏制恶意骗取救助、快速确定求助人员身份、帮助找寻走失人员、方便跨省救助等功能。至2010年，全市共收容救助3741人次。

第四章　社会福利

第一节　慈善捐赠

一、受灾捐赠

1986年后，历届县（市）领导重视救灾救济工作。组织全市各界向灾区发放救灾粮、款、衣物等救灾物资，妥善安排灾民生活；开展城镇支援农村、轻灾支援重灾、富裕户支援贫困户捐赠活动。

1994年6月，全市遭受暴雨袭击，75个村受重灾。市民政局组织28名中层以上干部涉水将500多公斤食品送到灾民手中。市直等74个单位1.6万人为灾区捐款捐物，价值29.16万元。

2001年，全市受灾3次。组织群众抗灾自救，发动灾民改种、补种夏播棉8万亩、玉米9万亩、蔬菜1万亩。下拨救灾款30万元，救助灾民0.8万人。

2002年，全市遭受旱灾，160个村庄7600多人受灾。组织群众打“股份井”“合资井”1173眼，疏通河道沟渠269千米，完成土方598万立方米，引用黄河水1.32亿立方米。下拨救灾款60万元，救济灾民7000人。

2003年，全市受灾2次。下拨100万元

图 26-4-1　道路损坏　（1994 年摄）

购买救灾物资。

2004 年，全市遭受风雹灾 3 次，发放救灾资金 60 万元，救灾化肥 100 吨，面粉 20 吨。

2005 年 8 月 1 日 21 点 20 分，遭受风雹灾，发放救灾资金 80 万元，救灾化肥 80 吨，面粉 20 吨。

2010 年 8 月，禹城市发生近 50 年来未有过的强降雨，民政局救灾物资储备仓库采购铁丝 6 捆 200 公斤，充电灯 206 个，帐篷 68 顶，彩旗 1000 条，火腿肠 200 箱，方便面 200 箱，矿泉水 200 箱，折叠床 36 个等救灾物资。省、市民政部门共向有关乡镇、防汛指挥部拨付救灾物资：沙子 50 方，麻绳 5 万米，编织袋 1.2 万只，帐篷 86 顶，方便面 100 箱，矿泉水 100 箱，火腿肠 100 箱，棉被 50 床，应急灯 50 个，雨衣 200 件，毛巾 100 条用于救灾。

二、救灾捐赠

1991 年，全县开展群众性义捐活动，支援河南信阳灾区，40 万人捐款、捐物折价 56.9 万元，购买 50 万公斤面粉；向蒙阴县捐献 1 吨纤维板；向肥城县捐赠化肥 100 吨；向平原县捐赠价值 4000 元的地瓜秧；同年，禹城县被评为“全省支援灾区捐助工作先进单位”。

1994 年，接收山东省政府办公厅、商业厅等多家单位捐赠的化肥、毛巾被、煤炭、面粉等救灾物资，价值 42.2 万元。1998 年，全市进行两次救济捐赠活动，共募集捐款 30 万元，支援长江、嫩江、松花江流域灾区人民。其中，个人捐款 1000 元以上的 7 人，500 元以上的 2 人。捐棉被 2041 床，棉衣 26136 件，风衣 2888 件，胶鞋 1431 双，棉帽 40 顶，毛线 153.25 公斤，布匹 2734.21 米，扒鸡 300 箱，毛巾被 600 床。2008 年，5・12 汶川特大地震，全市累计捐款捐物折价总计

图 26-4-2　房屋倒塌　（2005 年摄）

图 26-4-3　抗震救灾捐助现场　（2008 年摄）

1303 万元。（详见本篇附记）

三、经常性捐助

2000 年 8 月 15—30 日，开展社会捐助活动，累计捐款 2 万余元，捐助衣物 12000 余件。成立“禹城市经常性救灾扶贫捐助活动领导小组”，印发《关于开展经常性捐助活动的通知》。同年 9 月 7—12 日，开展对口支援新疆、贵州扶贫济困送温暖捐助活动，共捐助棉衣 14617 件，被褥 5412 床（含捐款购置被褥 2010 床）。

四、慈心一日捐

2004 年 4 月 30 日，在全市范围内开展“慈心一日捐”活动，动员全市各部门、各单位有固定工资收入的干部职工，献出个人一天的收入；动员机关、企事业单位，包括省、德州市驻禹各单位和个体民营各类企业等积极参与社会公益事业，为弱势群体奉献爱心。捐助标准为：原则上个人捐赠一天的经济收入（个人月实发工资总额，包括各类津贴、奖金和福利等，除以 22 个工作日）；企业单位（含个体工商户）除职工捐赠一天的经济收入外，盈利单位还应捐赠一天的利润收入；退休人员可自愿捐赠，数额不限。197 个单位近 3 万人参与捐款活动，共募集捐款 108 万元。至 2010 年，募集慈善捐款 1600 余万元。

第二节　福利发行

1988 年，全县开展有奖募捐活动。1995 年，在物资交流会，共销售彩票 200 万元，筹集社会福利基金 78 万元。2000 年 5 月 29 日，“齐鲁风采”电脑福利彩票开通，投注站 11 个，最多时布设电脑福利彩票销售站点 58 个，年总销量 300 万元。2005 年，全省发行 3D 游戏，实现收入 2500 万元。2009 年 4 月，山东省“群英会”视频彩票登陆禹城，全市开通 18 个销售网点，当年销售 2200 万元，比上年同期增长 200%。至 2010 年年底，福彩投注站点 34 处，社会即开

图 26-4-4　“慈心一日捐”现场　（2009 年摄）

票销售网点60个。建成德州市首个集中福在线、电脑票、即开票为一体的综合性销售大厅，全市累计销售各类福利彩票1.18亿元，筹集4100万元社会福利基金。

第五章　专项社会事务

第一节　婚姻登记

一、制度变革

1986年，结婚年龄男满22周岁，女满20周岁，婚姻登记当事人到户口所在地人民政府民政部门办理结婚登记和离婚登记。1994年，禹城实施民政部新发布的《婚姻登记管理条例》，审查当事人是否具备结婚登记条件，防止和减少重婚和不依法办理登记现象发生。制定对流动人口中暂住人员婚姻登记管理办法，治理早婚、非法同居等违法行为。2001年4月，禹城按照新《婚姻法》，增加补办结婚登记以及无效婚姻和撤销婚姻规定。保持男满22周岁，女满20周岁结婚年龄。

二、建设与管理

（一）信息化建设。2001年4月28日新《婚姻法》颁布实施，证件、报表由原来的手工填写改为微机打印，实现微机管理。婚姻登记管理系统开始使用2.0版（新版），可多台计算机同时操作、根据打印机情况修改打印格式、支持多用户在一台计算机使用。

（二）档案管理。婚姻登记制度设立之初，档案管理未步入正轨，造成档案流失或损毁。1997年设立婚姻档案室，建立《婚姻档案管理制度》，专人负责，做到资料齐全、装订整齐、分类合理、查阅方便。防潮、防火、防盗，设施齐备。2000年，实现婚姻档案微机化管理，实现网上登记、网上查阅、现代化管理，确保电子档案与文书档案一致。1986—1999年，办理婚姻登记39299对；2000—2010年，办理结婚登记52939对，离婚登记2556对，补发婚姻证件3446份。

三、体制改革

1990年12月19日，建立城区婚姻登记处，负责县直机关、企事业单位婚姻登记工作。全县有9个婚姻登记处，全年共清理出违法婚姻7300对，办理婚姻手续2399对。1992年，婚姻登记实行民政、公安、计生、司法四家联合办公登记制度，杜绝早婚和违法婚姻。1997年1月，山东省发布实施《山东省婚姻登记管理办法》，改革婚姻登记管理体制，由各乡镇民政所分散办理婚姻登记改为县婚姻登记管理处统一办理婚姻登记。同年，市民政局对全市婚姻登记管理体制进行重大改革，建立婚姻登记管理处，人员编制3人，设主任1名。2003年10月1日，国务院发布实施新《婚姻登记条例》，禹城按照新条例规定办理结婚登记内地居民应出具本人户口簿、身份证、本人无配偶以及与对方当事人没有直系血亲关系签字声明。取消原来办理婚姻登记须由当事人所在单位、村民委员会或者居民委员会出具婚姻状况证明。规定办理离婚登记内地居民出具本人户口簿、身份证、结婚证、双方当事人共同签署离婚协议书，凡双方达成一致处理意见，当场予以登记，发给《离婚证》，取消原来办理离婚登记时需调解一个月期限。

第二节 殡葬管理

1986年，各乡镇配备专职殡葬管理员，实施《火化通报》制度。1987年，农村普遍建立以村委会成员、老党员以及德高望重者为成员的红白理事会，具体处理本村红白事，促进禹城市婚丧改革。1993年，实行火化目标管理制度，分村逐级签订殡葬改革责任书，把殡葬改革工作纳入各镇目标管理总体规划。制订《禹城市关于加强殡葬管理有关规定》，健全殡葬管理法规体系。2000年，在市殡仪馆建立殡葬管理所，各乡镇建立殡葬服务站。殡葬管理所培训各乡镇服务站人员，管理生产销售丧葬用品单位和个人，查禁迷信丧葬用品，负责本乡镇运尸业务。2001年1月，与邻县签订区域火化协议书，市县殡仪馆只火化本县（市）尸体，减少行业间无序竞争，防止土葬现象。2002年5月，投资680余万元建成新殡仪馆，并搬迁。2004年，投资200多万元扩建福寿园公墓。2008年，殡仪馆实行一条龙服务：对遗体运送、火化、灵堂设置、尸体整容、净身，骨灰存放及骨灰安葬完全按标准进行。2010年，全市火化尸体3369具，占全年死亡人数的99.8%。

图 26-5-1 福寿园公墓墓群 （2006年摄）

1986—2010年禹城县（市）死亡人数火化情况统计表

表 26-5-1

年	火化（具）	火化率（%）	年	火化（具）	火化率（%）
1986	2307	83.1	1995	2762	94.7
1987	2306	85.4	1996	2769	94.8
1988	2395	87.2	1997	2775	94.9
1989	2461	88.8	1998	2803	96.1
1990	2537	89.1	1999	2795	95.1
1991	2542	89.2	2000	2879	96.1
1992	2598	90.1	2001	2843	96.2
1993	2687	93.4	2002	2907	96.9
1994	2641	93.6	2003	2984	98.1

续表 26-5-1

年	火化（具）	火化率（%）	年	火化（具）	火化率（%）
2004	3020	99.3	2008	3117	99.6
2005	3161	99.4	2009	3225	99.7
2006	2963	98.8	2010	3369	99.8
2007	3041	99.3	—	—	—

第三节　民间组织管理

一、社会弃婴收养登记

1993年，禹城市开展收养登记工作，加强对被收养人身份审核，尊重送养人和收养人意愿，保障双方知情权，告知送养人送养权利义务，加强对送养证明材料审查，让其知晓送养后法律后果，依法办理收养登记。至2010年，共办理收养登记511例。

二、社团管理

1990年，禹城市社团登记管理机关建立。1991年成立社会团体管理办公室，制定清理整顿方案。1992年，核准登记社会团体20个。同年10月，禹城市出台关于社会团体兴办经济实体文件，社团开展有偿服务、办学、办刊、收费等12个配套文件相继出台，初步建立社会团体管理政策体系。1996年以后，社团管理工作进入稳步发展提高阶段。至2010年年底，全市共注册登记社团23个，按照业务主管单位划分，民政局1个，卫生局3个，畜牧兽医局1个，计量局2个，工商局2个，安监局1个，文化局1个，水产局2个，农业局1个，蔬菜局1个，外经委1个，体育局1个，检察院1个，服务业发展局2个，其他3个。

三、民办非企业单位管理

1998年，开展全市民办非企业单位登记管理工作。2010年年底，在民政部门登记注册的民办非企业单位22家，涉及教育、卫生、体育、劳动、科技等各个领域。其中，教育类1家，卫生类3家，体育类4家，劳动类6家，科技类1家，社会服务类4家，金融类1家，中小企业类2家。

第四节　地名管理

一、地名法规建设

1993年，市政府办公室制订出台《禹城市地名管理规定》；2009年出台《禹城市民政局行政区域界线管理办法》《禹城市民政局行政区域界线管理规定》。

二、地名命名与更名

1987年，首次对城区街巷进行标准化处理，公布命名街巷50条。1988年8月，地名管理机构从建委交民政局。1989年5月，完成1110条地名录编写工作。同年12月，查访全县993个村委会，考证补查地名1812条，更正1:5万地形图标错县、乡村界名2条、错名13条、漏掉地名66条、更名42条、新生地名49条、注销村名1条，通过地名补查工作变化地名的193条。标注1:5万禹城县地形图3份。绘制城区、乡镇图27幅，填写地名成果表2552份。1993—1995年，命名路街名13条，巷、里、胡同名90条，小区名3处，市场名4处，广场名1处，立交桥名2座。对19条不规范、含义不健康路街巷进行更名。2000年区划调整后，下发《关于行政区划调整后有关单位更名通知》禹政发〔2000〕52号文，更名4个乡镇、

16个行政村和7个敬老院。

禹城城区广场、居民区命名一览表

表26-5-2

序号	名称	占地面积（平方米）	四止范围	名称来历含义
1	糖城广场	58129	东止御道巷，西止市中路，南止友谊街，北止行政街	该广场位于城区市中心，禹城2005年9月被中国轻工业联合会授予“中国功能糖城”，故命名为“糖城广场”
2	人防广场	13050	东止洛北干渠（泺清河），西止市中路，南止人防局，北止开拓路	该广场位于人防局北侧，由人防局投资建造，故命名为“人防广场”
3	棉西小区	146716	东止市中路，西止建设路，南止汉槐街，北止瑜琳街	该居民区位于市中心，因靠近棉纺厂，故命名为“棉西小区”
4	安居小区	108031	东止洛北干渠（泺清河），西止市中路北段，北止文化街西段	该居民区位于市中心，以吉祥词而命名，故命名为“安居小区”
5	洛北小区	93996	东止通衢路，西止洛北干渠（泺清河），北止文化街	该居民区位于市中心，以洛北干渠（泺清河）而命名，故命名为“洛北小区”
6	嘉合园小区	121936	东止文化街西段，西止建设路北段，南止昌盛街，北止谊民街	位于市中心，以吉祥词而命名，故命名为“嘉合园小区”
7	湖滨花园	137305	东止迎宾路，西止步云小学，南止西李全村，北止汉槐街	位于市中心。因靠近新湖，故命名为“湖滨花园”
8	东城小区	163368	东止通衢路，西止市中路，南止行政街，北止汉槐街	位于城区东部。为好找好记故命名为“东城小区”
9	栖庭水岸	53411	东止洛清河，西北止通衢路糖城新湖，南止汉槐街	位于城区东部。取吉祥语词故命名为“栖庭水岸”
10	后寨子小区	188883	东止市中路，西止建设路，南止瑜琳街，北止行政街	位于市中心。以原始村名命名，故命名为“后寨子小区”
11	马庄小区	76686	东止市中路北段，西止建设路北段，南止禹王大市场，北止开拓路东段	位于市中心。以原始村名命名，故命名为“马庄小区”
12	红布张小区	18400	东止市中路北段，西止嘉合园小区，南止昌盛街，北止谊民街	位于市中心。以原始村名命名。故命名为“红布张小区”

禹城城区道路命名一览表

表26-5-3

序号	道路名称	走向	长宽度（米）		道路起止点	名称来历含义
			长	宽		
1	行政街	东西	3200	30	贸易大厦十字路口—迎宾路	因市委、市政府驻地位于此街上，故命名为“行政街”
2	富华街	东西	2100	55	迎宾路—高科路	以吉语嘉言命名为“富华街”
3	步行街	东西	300	24	市中路—通衢路	因此街紧靠糖城广场，供市民休闲散步街道，故命名为“步行街”
4	昌盛街	东西	800	16	人民路—人民公园桥	以吉语嘉言命名为“昌盛街”

续表 26-5-3

序号	道路名称	走向	长宽度（米）		道路起止点	名称来历含义
			长	宽		
5	友谊街	东西	1550	17	迎宾路—火盆李村西	以吉语嘉言命名为“友谊街”
6	瑜琳商业街	东西	950	14	人民路—市中路	以吉语嘉言命名为“瑜琳商业街”
7	汉槐街	东西	3500	60	两站街交叉口—东二环	因此街北侧有一汉槐，故命名为“汉槐街”
8	文化街	东西	1400	40	西南门桥—迎宾路	因此街有文化教育部门和学校，故命名为“文化街”
9	胜利街	东西	500	8.5	两站街与站北路接点—开拓路	以吉语嘉言命名为“胜利街”
10	老城东街	东西	1000	26	老城十字街—迎宾路	因此街位于老城以东，故命名为“老城东街”
11	老城南街	东西	700	26	老城十字街—文化街	因此街位于老城以南，故命名为“老城南街”
12	老城西街	东西	1800	26	老城十字街—鬲聿路	因此街位于老城以西，故命名为“老城西街”
13	老城北街	东西	2100	26	老城十字街—东外环	因此街位于老城以北，故命名为“老城北街”
14	骇河街	东西	5850	12	热电厂—骇河东二路	因此街东西穿越徒骇河，故命名为“骇河街”
15	两站街	东西	700	14	火车站—人民路汉槐公园	因此街西首是火车站，东首是汽车站，故命名为“两站街”
16	督杨街	东西	500	8	鬲津路—禹王公司	因此街位于老城附近，春秋战国（约公元前 770 年—公元前 211 年）称祝阿又名督杨，故命名为“督杨街”
17	龙力街	东西	650	14	高科路—华禧路	因此街内有龙力股份有限公司，以企业名称冠名。故命名为“龙力街”
19	德信大街	东西	2100	14	东环路—高科路	因此街内有德信羊绒纺织有限公司，以企业名称冠名。故命名为“德信大街”
20	文远街	东西	450	14	华禧路—外环	因此街内有文远生物有限公司，以企业名称冠名。故命名为“文远街”
21	开拓路	南北	2500	30	解放路东头—人民公园西南门桥	以吉语嘉言命名为“开拓路”
22	人民路	南北	4700	20	外环铁路—污水处理厂大闸	取人民当家做主之意，故命名为“人民路”
23	解放路	南北	2000	32	交通局立交桥—南外环	因此路内有武装部，故命名为“解放路”
24	南环路	南北	5600	38	秦店子村西—高科路	因此路是环城区南侧一条路，故命名为“南环路”
25	南外环	南北	2400	38	假发厂—杨庄大桥	因此路是环城区南侧一条路，故命名为“南外环”
26	西外环	南北	3150	38	殷庄—孔庄超市	因此路是环城区西侧一条路，故命名为“西外环”
27	北外环	南北	6800	38	孔庄超市—迎宾路	因此路是环城区北侧一条路，故命名为“北外环”

续表 26-5-3

序号	道路名称	走向	长宽度（米）		道路起止点	名称来历含义
			长	宽		
28	高科路	南北	4200	38	迎宾路—鲁银门口	因有部分支柱企业位于此路，为体现高新技术企业特点，彰显企业发展实力，故命名为“高科路”
29	通衢路	南北	1200	26	步云小学—文化街	衢：为大路，此路是较长较宽一条大路故命名为“通衢路”
30	站北路	南北	810	12	行政街—两站街	因此路在地理位置上位于火车站北侧故命名为“站北路”
31	站南路	南北	600	28	火车站—骇河街	因此路北起点位于火车站南侧，故命名为“站南路”
32	骇河东二路	南北	1850	6	兴华巷—南环路	因此路位于骇河街以东。故命名为“骇河东二路”
33	韩庄路	南北	400	10	解放路—站南路	因此路贯穿韩庄村，故命名为“韩庄路”
34	学院路	南北	2700	32	西外环—开拓路	因此路有德州科技学院，故命名为“学院路”
35	建设路	南北	3500	16	电厂—污水处理厂	含义为禹城城市建设飞速发展，取吉祥之意。故命名为“建设路”
36	迎宾路	南北	6600	24	京福高速路口—南环路	以吉语嘉言命名为“迎宾路”
37	市中路	南北	3600	32	南环路—人防广场	因此路位于整个城区中心位置，故命名为“市中路”
38	鬲津路	南北	1800	6	人民公园—督杨街	因此路位于西城墙旧址，路经西城门（西门名鬲津），故命名为“鬲津路”
39	美樱路	南北	1250	12	富华街—友谊街	因此路内有美樱食品有限公司，以企业名称冠名。故命名为“美樱路”
40	绿健路	南北	1200	13	友谊街—鸿兴源大街	因此路内有绿健股份有限公司，以企业名称冠名。故命名为“绿健路”
41	浩阳路	南北	2800	16	禹王路—南外环	因此路内有浩阳建材有限公司，以企业名称冠名。故命名为“浩阳路”
42	华禧路	南北	2000	11	富华街—南外环	因此路内有华禧药业有限公司，以企业名称冠名。故命名为“华禧路”
43	诚达街	南北	2150	9	迎宾路—高科路	因此路内有诚达印务有限公司，以企业名称冠名。故命名为“诚达街”
44	六和街	南北	2500	8	迎宾路—京福高速公路	因此路紧靠六和饲料公司，故命名为“六和街”
45	禹王街	南北	2350	4	老城东街—京福高速公路	因此路内原有禹王有限公司，以企业名称冠名。故命名为“禹王街”

三、地名标志设置

1986 年，设置城区内街巷名牌 700 块，机关单位、楼房、居民门牌 1.1 万块。1992 年，禹城市 85% 的村庄设立青石卧式村名志，共计 905 块，村名志上标有村名标准名称、地理位置、建村年代、村名沿革来历、含意及姓氏考证。1995 年，更新设置街巷名牌 226 块、门牌 16851 块。1996 年，完成城区地名标志安置工作，全市安置门牌楼号 16800 块。2001—2005 年，投资 15 万元用于城区设标工作，设置街路牌 134 块。

四、地名档案管理

按照国家档案管理有关规定和《勘界档案管理暂行规定》要求，规范健全界线管理档案，健全完善立卷、归档、保管、利用等工作制度。形成自然村档案资料 1072 套，其他 1800 余条，文书档案 55 卷，业务档案 1745 卷。

五、地名公共服务体系建设

2006 年，开展数字地名建设工作，以“地名网站、地名触摸屏、地名查询热线”为主要内容。地图查询实现图形上直线测距，进入网站轻点鼠标即可测出两点间直线距离。电子触摸屏以《禹城市地名信息数据库》和城区图、政区图为基础，内容囊括 16 条街、15 条路、79 条巷子及禹城市所有自然村名沿革来历、名胜古迹等各类地名信息及涉及群众衣食住行、文教卫生方面相关信息和 133 个企事业单位基本概况。

六、勘界工作

1998 年开展与周边县市的勘界工作。每年组织工作人员对全市 22 块界桩进行专项管理，落实到人。2005 年，编制《行政区域界线管理示意图》和《行政区域界线管理网络图》，推行“两图一责”管理模式，全面落实边界线及界桩管理责任。

至 2010 年，全市有 4 条界线：齐河禹城线，全长 107483 米；平原禹城线，全长 64504 米；临邑禹城线，全长 36621 米；高唐禹城线，全长 70874 米。

第五节　基层政权和社区建设

一、基层政权建设

1986 年，完成县、乡人民代表大会和村民委员会换届选举工作，严格选举程序，实行党政分开。1992 年，表彰模范乡镇 3 个、模范村委会 59 个，培训村委会主任 421 名，开展依法治村活动。1993 年，完成全市第四次村委会换届选举工作，培训村委会主任 608 人次。1996 年，召开“禹城市第五届村委会换届选举动员大会”，完成 935 个村委会换届选举，选举产生 3115 名新一届村委会成员。

1999 年，全市第六届村委会换届选举工作完成 1003 个行政村村委会换届工作。2002 年 3 月开始第七届换届选举，1007 个行政村、1001 个村党支部中 988 个村委会、988 个党支部完成换届，分别占总数的 98.1% 和 98.7%，选举产生村两委成员 4282 名，平均年龄 39.5 岁，比上届降低 3.1 岁；高中以上文化程度 2355 人，35 岁以下 2145 人，各类致富带头人 3310 人。

图 26-5-2　地名勘界　（2005 年摄）

2004 年 12 月 21 日开始第八届换届选举工作，全市 1007 个村委会、1001 个农村党支部（其中联村党支部 11 个）如期换届，965 个村委会、957 个党支部完成换届选举，全市选举产生村两委成员 3301 名，平均年龄39岁，比上届降低2.1岁。高中以上文化程度占49%；村两委成员交叉任职3001名，“双高双强”型村干部2398名，村党支部书记949名，村委会主任965名，村党支部书记、村委会主任“一人兼”的903名。

2007年，第九届村委会换届工作，全市1007个行政村中3431人当选新的两委成员。

2009年，全市1007个行政村合并为306个社区、76个行政村，针对村庄合并后的社区选举工作，依照选举程序，完成村委会选举工作。

二、城乡社区建设

（一）城市社区。1997年，规划建设社区居委会6个。2000年，颁布《禹城市筹建社区居委会实施方案》，改进社区管理、完善社区功能。2006年，洛北社区被山东省社区工作领导小组授予“山东省和谐社区建设示范社区”。2007年，投资338万元，建成洛北、老城、兴禹、胜利、汉槐、嘉合园6个社区居委会，建筑面积2073平方米。2010年，老城社区创建“国家级综合减灾示范社区”试点，通过国家减灾委员会、民政部验收。

（二）农村社区。2009年，全市启动农村社区建设、村庄合并工程，1007个行政村合并为306个社区、76个行政村。2010年，为“禹城市农村社区建设年”，在15个试点社区开展并居试点工作，合并为382个社区（村）。

三、城乡基层民主

2000年，确定房寺、十里望、辛寨为村民自治示范乡镇，建立村民自治章程。2005年，修订《禹城市村务公开目录》，党务政务公开、财务公开和事务公开等18项内容纳入公开范围，保障群众的知情权和监督权。规范村务公开形式，统一标准、规格、档次，社区驻地统一设置不锈钢橱窗式公开栏，其他自然村在固定场所设置板报式公开栏。2007年，加强村民自治和村务公开工作力度，发挥村务公开监督小组和村民民主理财小组作用。2010年，全市382个社区全部按标准设置村务公开栏。规范村务公开程序，由乡镇政府主导、村“两委”组织实施、村内群众参与实施，建立公开档案。

附记：

禹城支援5·12汶川特大地震救灾纪实

2008年5月12日汶川地震后，禹城市委、市政府在第一时间迅速行动，周密部署，动员禹城市人民立即投入到抗震救灾捐助工作中来，举全市之力为祖国分忧，为灾区人民奉献爱心，禹城市上下涌现出大量感人事迹，捐助数额创历史新高，高居德州各县市区榜首。

在抗震救灾捐助活动中，禹城市86个党政部门，39个垂直部门，305家企业和个体工商业户，12个乡镇、街道办事处、高新区，1009个行政村，40余万人参加捐助活动，累计捐款达968.50万元。其中，慈善总会接收802.25万元（包括红十字会22.06万元，工会6.71万元，政法委3.26万元）；组织部接收特殊党费166.25万

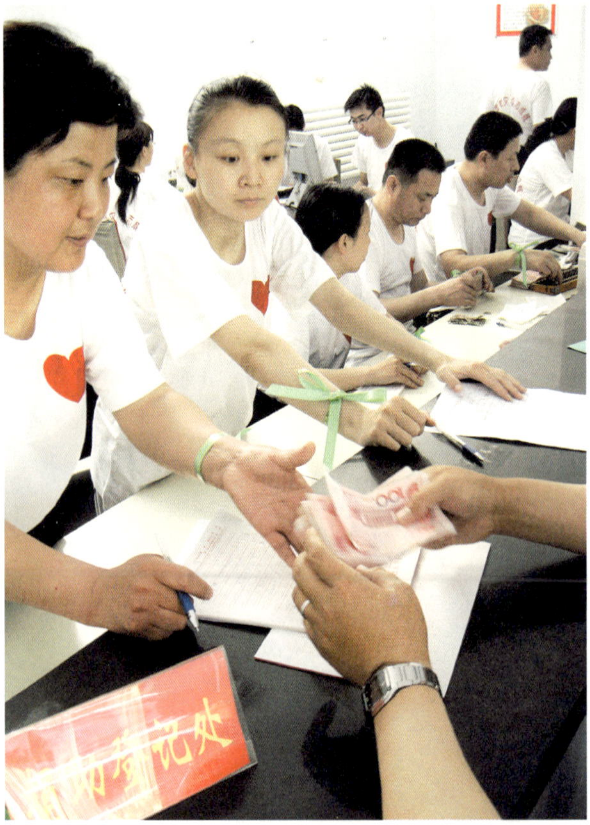

图26-5-3　抗震救灾捐助现场　（2008年摄）

元。捐物折款累计292.30万元。通过银行邮政直接汇往灾区捐款42.25万元。禹城市累计捐款捐物折价总计1303.05万元。

图26-5-4　中小学生为汶川灾区捐款　(2009年摄)

2008年5月30日，德州市支援四川地震灾区抗震救灾工作协调领导小组办公室发出《关于自愿为四川灾区捐赠活动板房通知》，根据山东省援川办统一部署，禹城市对口支援北川县白什乡，灾区不通路、不通电、不通电话。灾区群众无房住，露宿在外，孩子无法上学，为继续帮助灾民建设安置房、学校、乡镇服务设施、卫生院等，帮助灾民重建家园，德州市开展“帮灾区人民建一个温暖家”活动，各部门、单位或个人7000元可认捐一个板房。要求各单位、各企业踊跃参与，积极捐款，继续为灾区人民奉献爱心。通知下发后，各市直部门、重点企业积极响应，支援灾区群众重建家园，据统计，禹城市各部门、各企业为对口支援北川县白什乡捐赠活动板房86个，合计60.2万元。

2008年7月18日，在德州市召开抗震救灾表彰大会暨先进事迹报告会上，禹城市退伍军人李振忠被授予德州市“五一”劳动奖章，他也是德州市17名受表彰先进个人中唯一1名退伍军人志愿者。

2008年10月22日，禹城市积极响应党中央号召，开展“实践科学发展观、向灾区人民送温暖”爱心捐赠活动。在向汶川地震灾区捐赠1400余万元款物基础上，又捐赠2000床棉被，总价值达20万元。民政局按照禹城市委统一部署，认真做好捐赠活动服务工作。

第二十七篇

科学技术

1986年，禹城县（市）、乡（镇）、村（社区）相继建立科技服务组织，形成三级科技网络体系，促进科技与经济相结合，加速科技成果转化。为鼓励科技人员充分发挥其聪明才智，勇于创新，禹城县（市）制订相关科技奖励制度，先后颁发县级科技进步奖110项；获得国家科技发明奖4个，省市科技进步奖102个。自1986年以来，多次被省科技厅授予“先进集体”荣誉称号，被国家科技部授予“全国科学技术工作先进市”“全国科技实力百强县（市）”。至2010年，有各类科技成果90项。其中，24项达国际先进水平。

第一章　机构队伍

禹城专业技术人员的来源：由国家统一分配的大、中专毕业生；从工人、农民中选拔；从外地引进调入。主要分布于教育、卫生、文化、工程、会计、经济、工商企事业等行业。

第一节　专业队伍

1986年，全县各类专业技术人员916人。其中，中级职称17人，初级职称211人，技术员390人，未定职称298人。1995年，禹城市各类专业技术人员达到9369人，比1986年增长10.2倍，具有高级职称198人，中级职称1774人，初级职称7397人。其中，教育4441人，卫生1015人，农业363人，工程1160人，经济1291人，会计820人，统计160人，审计9人，档案33人，体育8人，图书9人，美术9人，播音6人，群文23人，编辑6人，新闻7人，翻译1人，初步形成一支专业齐全，高、中、初级人员比例合理的专业技术人员队伍。

1998年，全市各类专业技术人员12264人。其中，高级职称专业技术人员336人，中级职称2202人，初级职称8726人。与1995年相比，高级职称增加138人，中级职称增加428人，初级职称增加1329人。

2000年，全市事业单位全面推行评聘分开，实行竞争上岗，破除专业技术职务终身制，调动专业技术人员的积极性和创造性。

第二节　非专业队伍

1986年，县、乡、总支、村四级农科网得到巩固，每个总支有1名科技网长，每个村有农民技术员1—2名，全县千余人。1987年，晋升农民技术职称1316人。其中，农民技师161人，助理技师372人，技术员765人，助理技术员18人；乡镇企业系统晋升农民职称838人；全县工业科研骨干分子千余人。1995年，全市每个村配备科技副主任和农民技术员，发展村级科技服务组织347个，培养科技示范户2068个，科技带头人万余人。

第三节　专业队伍建设

一、专业技术人员继续教育

1996年始，禹城市重视专业技术人员继续教育，由市人事局主管，规定专业技术人员在任职年限内，晋升专业技术职务，继续教育学分平均每年必须达到或超过20学分；续聘专业技术职务，继续教育学分平均每年必须达到或超过10学分。1996年，为全市4000多名专业技术人员更换任职资格证书。1997—1998年，通过举办培训班、聘请高等院校教授上课等形式，培训各类专业技术人员2100人。

1999—2002年，采用办班培训和自学相结合的方式，全年参加继续教育专业技术人员达5000多人。

2003年，人事局制定2003—2007年企事业单位专业技术人员教育培训规划，加强全市专业技术人员教育培训工作，年均培训高级技术人员630人，中级4500人，初级2700人。

2008年，4548名专业技术人员参加《职业修养与发展》为主题的继续教育培训，成效显著。2009年，4512名专业技术人员参加《创新理论与实践》为主题的继续教育培训。7月

4日，在市委党校举办第一届专业技术人员继续教育骨干培训班，全市68个事业单位的80名骨干人员参加培训，讲课全程录像，课后刻成光盘，下发到有关单位层层培训。2010年，组织5281名专业技术人员参加《创新能力建设：专业技术人员创新案例》为主要内容的公需科目继续教育培训工作。

图 27-1-1　功能糖专家队伍（2006年摄）

二、专家管理

禹城县（市）从1990年开始，每年给一部分做出突出贡献的专家、学者、技术人员发放政府特殊津贴。2001年9月，推荐吕正强、王星云、司兴奎、徐素香等4人参加德州市专业技术拔尖人才评选。

2004年，推荐刘宗利、王星云、司兴奎、程少博等4人参加省有突出贡献的中青专家评选。其中，环宇集团董事长刘宗利荣获“山东省有突出贡献的中青专家”称号。

2005年，推荐上报环宇集团董事长刘宗利参加国务院政府特殊津贴评选；推荐上报福田药业总经理王星云、通裕集团总经理司兴奎参加山东省有突出贡献的中青专家评选；推荐上报邢仁泉、程少博、邢仁强、司兴奎、魏连营、徐素香等6人参加德州市有突出贡献的中青专家评选。刘宗利荣获国务院政府特殊津贴，王星云荣获“山东省有突出贡献中青专家”称号，程少博荣获“德州市有突出贡献中青年专家”称号。

2006年，推荐上报拟晋升国家、山东省和德州市三级专家6人。其中，王星云荣获2006年度国务院特殊津贴，徐弘军获“德州市第二批有突出贡献的中青年专家”称号。2007年12月，上级有关部门领导到禹城龙力生物有限公司对程少博拟批准为山东省有突出贡献的中青年专家进行考察。

2009年，魏连营被批准为德州市第三批有突出贡献的中青年专家。同年，推荐市立医院徐弘军、通裕集团王世镇2人参加山东省有突出贡献的中青年专家评选；福田药业公司田强、实验小学高伟伟、一中秦世杰、鲁银投资集团孙辉等4人参加第四批德州市有突出贡献中青年专家评选。

2010年，禹城市推荐龙力生物有限公司程少博参加国务院政府特殊津贴人员评选。同年，福田药业公司赵光辉获“山东省有突出贡献的中青年专家”荣誉称号，福田药业公司田强和鲁银投资集团孙辉等2人获“第二批德州市优秀中青年专家”称号。

三、博士后科研工作站

自2008年6月19日，保龄宝生物股份有限公司和禹王实业有限公司经国家人力资源和社会保障部批准分别设立企业博士后科研工作站。至2010年9月，龙力生物科技股份有限公司获批设立博士后科研工作站。全市有博士后科研工作站3处。至2010年年底，3家设站企业拥有博士11人，硕士36人，高级职称科研人员45人，为企业发布新课题17项，解决生产、科研难题12项。

1992—2010年禹城县（市）获德州市级以上专业技术拔尖人才汇总表

表27-1-1

姓　名	性别	民族	工　作　单　位	拔尖人才级别	获得时间
刘风林	男	汉	天成机械厂技术部主任、高级工程师	国家级	1992.02
仲业功	男	汉	禹城市人民医院小儿科主任、主任医师	国家级	1992.02
张仁宅	男	汉	禹王实业有限公司技术部主任、高级工程师	国家级	1994.02
秦世森	男	汉	文化馆文学部主任、副研究馆员	国家级	1996.02
刘锡潜	男	汉	禹王实业有限公司总经理、工程技术应用研究员	国家级	2000.06
刘宗利	男	汉	保龄宝生物股份有限公司、董事长、工程技术应用研究员	省　级	2004.04
王星云	男	汉	福田药业有限公司董事长、工程技术应用研究员	省　级	2005.02
刘宗利	男	汉	保龄宝生物股份有限公司、董事长、工程技术应用研究员	国家级	2005.08
程少博	男	汉	山东龙力生物科技股份有限公司董事长、总经理、高级经济师	德州市级	2005
王星云	男	汉	福田药业有限公司董事长、工程技术应用研究员	国家级	2007.02
徐弘君	男	汉	禹城市人民医院副院长、主任医师	德州市级	2007.02
程少博	男	汉	山东龙力生物科技股份有限公司董事长、总经理、高级经济师	省　级	2008.04
魏连营	男	汉	建筑公司总经理、高级工程师	德州市级	2009.03
孙　晖	男	汉	鲁银集团禹城羊绒纺织有限公司董事长、高级经济师	德州市级	2010.08
田　强	男	汉	福田药业有限公司副总经理、高级工程师	德州市级	2010.08
赵光辉	男	汉	福田药业有限公司总经理、高级工程师	省　级	2010.12

第二章　科技成果

随着科教兴市战略实施，禹城科技人员积极承担完成国家、省、市科研项目，取得不少科技成果。至2010年年底，有各类科技成果90项。其中，24项达国际先进水平，31项达国内领先水平，33项为国内和山东省内先进水平。

第一节　国际先进成果

一、9011杀毒剂

研发单位：禹城农药厂

鉴定时间：1993年3月

该成果系国家科技攻关项目之一。选医用杀毒剂苯扎溴胺和硫酸铜为有效成分，添加多种助剂混合而成，是一种高效、低毒、广谱、经济、使用方便的新型农药，能防治蔬菜、果树普遍发生的病害，尤其对果树腐烂病、圆斑根腐病防效达100%，早期落叶病防效达84—94%，蔬菜霜霉防效达90%以上。

图 27-2-1　低聚糖工业化生产　（2006 年摄）

二、低聚糖的工业化生产及其应用

研发单位：山东禹城市环宇集团、中国科学院微生物研究所

鉴定时间：1996 年 12 月 27 日

该项目经中国科学院文献情报中心查新证明，在麦芽低聚糖和异麦芽低聚糖生产工艺过程中，“除大分子絮凝工艺”是精华糖液的关键技术，国内外未见报道。立足于农产品深加工，在国内首家实现工业化生产，形成一定生产规模，经济社会效益显著。其成果总体水平国内领先，其中，“除大分子絮凝工艺”达国际先进水平，首先在国内工业化试制成功（G3-G8）麦芽低聚糖和异麦芽低聚糖固体型产品。

三、DHA、EPA 的分离精制

研发单位：山东禹王制药有限公司

鉴定时间：1999 年 12 月 29 日

工艺先进，有创新性，有利于大量制备纯品，有利于产品工业化生产。产品成本较低，批量投产后可产生明显的经济效益。经查新检索，国内未见有纯度达 99% 的 DHA 和 EPA 分离精制技术文献报道和 99% 以上纯度制品。

四、数控电梯导轨刨床

研发单位：山东省禹城通裕集团公司

鉴定时间：2000 年 7 月 8 日

该产品设计新颖、结构合理独特、性能可靠，操作方便，经检索查新证明，该机床是一台填补国内高精度、高效率加工电梯导轨设备空白产品。产品市场前景良好，具有明显经济效益。工艺先进合理，质量管理制度健全，具有必备的机床生产加工检测手段，具备批量生产条件。

五、玉米芯酶法制备低聚木糖工业化生产的研究与开发

研发单位：山东龙力生物科技有限公司

鉴定时间：2001 年 4 月 29 日

该成果是利用现代化生物技术进行玉米芯综合利用的一大突破，应用前景十分广阔。本项目的实施可大大提高玉米副产品利用价值，促进与低聚木糖相关食品、医药、保健品、饲料等行业发展。本项目生产工艺先进，产业化程度高，创新性强，填补国内空白，达到国际先进水平。该项目先后获得“山东省十大科技成果”“省环保优秀科技成果”奖、“省科技进步二等奖”“德州市科技进步一等奖”。

六、25MN 数控校直液压机

研发单位：山东通裕集团有限公司

鉴定时间：2003 年 11 月 26 日

图 27-2-2　25MN 数控校直液压机　（2006 年摄）

该机为技术性能最先进的数控校直液压机。该机采用先进技术：二通插装阀系统，独立地不受大系统污染的闭环比例阀系统；PLC 可编程序技术;旋转编码器技术，触摸屏技术;小车式可滚动的便于检测、便于选校点的“支座”系统等。该机设计先进，制造精良，造型美观，比例适度。

七、层析法规模化生产高纯度结晶麦芽糖醇

研发单位：禹城绿健生物技术有限公司

鉴定时间：2004 年 12 月 27 日

该项目采用数值多柱层析分离法，规模化生产高纯度结晶麦芽糖醇，是一种高效、先进的分离技术，工艺路线合理可行，具有创新性，符合环保要求。产品各项指标均达到结晶麦芽糖醇 FAO/WHO1988 国际质量标准要求。

八、大型电渣重熔钢锭

研发单位：山东通裕集团有限公司

鉴定时间：2005 年 9 月 28 日

该项目产品经山东省黑色金属产品质量监督检验站检验，各项性能、指标均达到设计要求。自行研制的 40 吨电渣炉生产设备是三相电渣炉，结构简单、实用，集机、电、液于一体;生产工艺技术成熟可靠，企业标准实用、可行。

九、AP1000 核电主管道用超低碳控氮不锈钢 316LN 大型电渣重熔锭

研发单位：山东通裕重工股份有限公司

鉴定时间：2010 年 9 月 26 日

该项目各项性能指标均达到技术标准要求，至 2010 年 5 月实现成套生产。电渣重熔锭的成功制造，解决全国第三代核电 AP1000 主管道国产化技术难题。

十、纤维保持型风电直驱主轴成型技术

研发单位：山东通裕重工股份有限公司

鉴定时间：2010 年 9 月 26 日

该项目采用专用芯棒及镦锻模具，开发纤维保持型风电直驱主轴锻造成形技术，提高材料利用率，控制金属流动方向，保持主轴良好纤维走向，在国内首次实现纤维保持型风电直驱主轴锻造成型技术的应用。与传统工艺相比，该工艺工序少、操作简单、效率高，专业性、适用性特点突出，特别适合风电直驱主轴类产品加工。采用该工艺生产的数十支风电直驱主轴产品各项性能均达到国家及企业标准要求。

十一、L—核糖的研制

研发单位：山东福田科技集团、山东福田药业有限公司

鉴定时间：2010 年 10 月 13 日

该成果以 L—阿拉伯糖为原料，以钼酸铵为催化剂，采用差相异构、粗结晶、色谱分离等工艺制备结晶 L—核糖产品，技术路线先进，合理可行，具有创新性。该成果延伸 L—阿拉伯糖产业链，符合国家相关产业政策，生产过

程符合环保要求，应用前景广阔，具有显著的经济效益和社会效益，实现低成本、高效率制备L—核糖的中试生产。

十二、DC木糖醇的制备研究

研发单位：山东福田科技集团、山东福田药业有限公司

鉴定时间：2010年10月13日

该项目以木糖醇为原料，以麦芽糊精为粘合剂，经粉碎、沸腾制粒、烘干、筛分整粒等工艺制备DC木糖醇产品。与传统工艺相比，具有工艺简单、效率高等特点，技术路线先进，合理可行，具有创新性。利用该技术制备的DC木糖醇属于木糖醇升级换代产品，符合国家相关产业政策；生产工艺符合环保要求。

十三、超声提取及膜分离制备玉米活性肽

研发单位：山东保龄宝生物股份有限公司

鉴定时间：2010年8月18日

该产品以玉米蛋白粉为原料，采用连续逆流超声提取技术从玉米蛋白粉中提取玉米醇溶蛋白，提取率高达93%；用碱性蛋白酶酶解玉米醇溶蛋白，二级膜分离酶解液制备玉米活性肽产品，原料转化率28%以上。该技术工艺成熟，产品质量稳定。

十四、山楂黄酮高效节能制备工艺

研发单位：山东保龄宝生物股份有限公司

鉴定时间：2010年8月18日

该项目以山楂（叶）为原料，采用闪蒸浓缩、带式真空干燥等技术提取山楂黄酮，实现山楂黄酮产品高效、节能生产，技术先进，设计合理，具有创新性。

十五、闪式提取高效制备生姜黄酮

研发单位：山东保龄宝生物股份有限公司

鉴定时间：2010年8月18日

该项目以生姜为原料，采用闪式提取、树脂纯化、真空浓缩、干燥等技术制备生姜黄酮，降低溶剂用量，缩短提取时间，提高黄酮收取率，减少有效成分的热破坏。研究方案设计科学，工艺路线合理可行，具有创新性。

十六、色谱层析分离法制备L—阿拉伯糖技术研究

研发单位：山东福田药业有限公司

鉴定时间：2009年9月17日

该项目以木糖生产过程中产生的木糖母液为原料，经发酵除杂、蒸发浓缩、色谱层析分离技术制备L—阿拉伯糖，国内外未见报道。

十七、玉米甾醇提取分离及玉米膳食纤维粉的开发

研发单位：山东福田药业有限公司

鉴定时间：2009年9月17日

该技术以玉米皮渣为原料，采用超临界CO_2萃取技术提取玉米甾醇，通过短程分子蒸馏技术进行精制，得到玉米甾醇的组合物。同时，对提取甾醇的玉米皮渣采用粉体细微化工程技术，制备功能性玉米膳食纤维微粉。该项目工艺先进，合理可行，具有创新性。

十八、麸皮酶法制备高纯度90%水溶性谷物膳食纤维

研发单位：山东保龄宝生物技术有限公司

鉴定时间：2007年9月27日

经多次小批量试生产证明，技术工艺合理成熟，具有创新性，产品质量稳定，具有广阔的市场应用前景，具有显著经济效益和社会效益。该成果以麸皮为原料酶法生产高纯度水溶性膳食纤维属国内首创。

十九、酶法降解麸皮制备阿拉伯木聚糖

研发单位：山东保龄宝生物技术有限公司

鉴定时间：2008年12月18日

该项目以麸皮为原料，酶法制备阿拉伯木聚糖。采用超滤膜脱色与连续逆流离子交换整合技术纯化精制。技术先进，具有创新性。

二十、木糖母液制备D—核糖技术

研发单位：山东福田药业有限公司

鉴定时间：2008年3月18日

该项目以生产木糖的副产品木糖母液为

原料，通过差向异构的方法，将阿拉伯糖转化为D—核糖，采用色谱分离法分离阿拉伯糖与核糖，通过结晶的方式得到纯度为98.7%的结晶核糖产品。工艺路线符合环保要求，先进、合理可行，具有创新性。

二十一、高纯度多不饱和脂肪酸甘油三酯

研发单位：山东禹王制药有限公司

鉴定时间：2009年12月13日

该项目在研究多不饱和脂肪酸酯交换反应机理的基础上，在国内外首次利用固定化脂肪酶在间歇式酶反应器非水相均相系统中催化酯交换反应，生产多不饱和脂肪酸甘油酯的新工艺，并确定最佳工艺系数，使甘油酯转化率达到66.4%，技术具有创新性。该技术被成功应用于330吨/年多不饱和脂肪酸甘油三酯生产线，产品质量稳定，符合SC/T3503-2000标准。生产工艺符合环保要求，具有显著经济效益和社会效益。

二十二、玉米芯酶解残渣中木质素提取的中试

研发单位：山东龙力生物科技有限公司

鉴定时间：2008年12月30日

木质素的提取过程采用比较温和的工艺条件，基本保留天然木质素特性，可用于制备多种适于高分子改性的木质素衍生物，以部分替代石油化工产品，在材料科学与工程领域有较大的应用价值。

二十三、大豆内源复合酶酶解蛋白

研发单位：山东禹王实业有限公司

鉴定时间：2008年12月27日

该项目在研究大豆内源复合酶激活机理的基础上，在国内外首次采用萌发方式激活大豆内源复合酶去除蛋白抗营养因子新工艺，确定最佳工艺参数，技术具有创新性。生产工艺符合环保要求，具有显著经济效益和社会效益。

二十四、高纯度低聚半乳糖制备

研发单位：山东保龄宝生物股份有限公司

鉴定时间：2008年12月18日

该研究选育米曲霉优良菌株，优化生物转化低聚半乳糖生产工艺，在40%底物浓度下，低聚半乳糖合成率达到55.21%。将新型四床式连续模拟移动床应用于低聚半乳糖的分离，使终产品低聚半乳糖纯度达到90%以上，对制备高纯度低聚半乳糖起到关键作用，技术先进，具有创新性。

第二节　国内领先科技成果

1986—2010年禹城县（市）国内领先科技成果表

表27-2-1

科技成果	研发单位	鉴定时间
禹王牌“蛋白精料”新产品研制	禹城县蛋白饲料厂	1989.12
禹城盐碱地综合发展配套技术的研究	禹城县人民政府	1990.12
肠出血性大肠菌（EHEC）调查研究	禹城县卫生防疫站	1992.06
平腐灵杀菌剂	禹城县农药厂	1992.12
鱼油多烯脂肪甲脂及多烯康胶丸的研制	山东禹王实业有限公司制药厂	1992.03
“忘不了”DHA胶丸	山东禹王实业有限公司	1994.06
35%卵虫净乳油	禹城市农药厂	1994.11

续表 27-2-1

科技成果	研发单位	鉴定时间
20% 苯杨粉乳油	禹城市农药厂	1994.06
禹王牌多元接枝胶的研制	山东禹王实业有限公司	1995.11
禹城实验区农林牧综合发展研究	禹城市人民政府	1996.01
木糖醇渣栽培食用菌后在改良土壤中的应用研究	禹城市蔬菜局	1999.01
大管径球墨铸铁管管模（直径 800 毫米以上管模）	禹城通裕集团公司	1999.01
新型发电机转子	禹城市电器厂	1999.12
脑电图在诊断流行性腮腺炎并发脑炎病症中的应用	禹城市人民医院	2004.03
彩超诊断贲门癌周围浸润与 X 线及胃镜对比研究	禹城市人民医院	2004.04
采集、贮存脐血在治疗再障中的应用	禹城市人民医院	2004.04
一次性加长静脉留置针在胸腔积液、气胸引流中的应用	禹城市人民医院	2004.05
低聚木糖在肠道功能紊乱中的应用	禹城市人民医院	2004.06
双水平气道内正压无创通气治疗呼吸衰竭的临床应用	禹城市人民医院	2004.08
发酵法生产赤藓糖醇	山东保龄宝生物技术有限公司	2004.09
耳穴压豆治疗胃肠运动功能紊乱 156 例临床研究	禹城市人民医院	2004.11
糖肾安治疗早期糖尿病肾病临床研究	禹城市立医院	2005.01
舒肝降糖颗粒治疗气阴两虚肝郁血瘀型糖尿病的临床研究	禹城市立医院	2005.01
从木糖 / 木糖醇母液中提取木糖醇技术研究	福田药业有限公司	2005.04
恩丹西酮、思密达和氟西汀联合治疗难治性腹泻型肠易激综合症临床研究	禹城市人民医院	2005.04
早产儿胃肠道外营养耐受性及其远期预后的研究	禹城市人民医院	2005.09
普米克令舒 + 博利康尼 + 氨溴索联合雾化吸入治疗小儿毛细支气管炎的研究	禹城市人民医院	2005.09
淀粉糖节能、清洁联产新技术	山东保龄宝生物股份有限公司	2008.12
中药保留灌肠联合沐舒坦雾化治疗婴儿肺炎临床研究	禹城市妇幼保健院	2009.07
孕期分期纠正内陷乳头提高母乳喂养率对比性研究	禹城市妇幼保健院	2009.07
F91 大型锻制三通产品开发	山东通裕重工股份有限公司	2010.09

第三节　国内和省内先进科技成果

一、禹王牌“502”胶黏剂及其生产工艺

研发单位：禹城东方化学试剂厂

鉴定时间：1986 年 12 月

该产品生产工艺采用“速缩爽干反应”“三层次干燥脱水”“熟化解聚”“充填精制”等

图 27-2-3　禹王牌 502 胶水　（2005 年摄）

四道工序。

二、聚乙烯长寿膜研制与开发

研发单位：禹城县塑料厂

鉴定时间：1989 年 12 月

聚乙烯长寿膜主要用于蔬菜和经济作物种植大棚，以聚乙烯树脂为基料，添加含防老化剂的母料，实现对树脂共混特性，经塑化挤出吹制成所需规格长寿膜，1 号、2 号长寿膜使用寿命不低于 2 年，3 号长寿膜不低于 3 年。

三、MT 棉饼脱毒机组及生产技术开发

研发单位：禹城机械厂

鉴定时间：1987 年 11 月

该脱毒机组结构合理，安装、维修、操作方便，耗电少，加工成本低，对棉饼脱毒质量好、成本低、效率高。

四、011 聚酰胺树脂

研发单位：禹城县社会福利厂

鉴定时间：1988 年 12 月

该产品以棉油酸为原料，通过原料精制、二聚、除铁、离心、减压、蒸馏、缩聚、粉碎、成品等工艺，使产品各项指标均达到规定指标上限，色泽稳定在 8—9 级，超过国际 8 级以下、低于国内 10—11 级水平。

五、低压聚乙烯可控光解地膜

研发单位：禹城县塑料厂

鉴定时间：1988 年 12 月

该项目为山东省科委科技攻关计划项目。以在低压聚乙烯或低压聚乙烯中加入少量高压或线型聚乙烯共混为基料研制成功的可控光解微膜地膜，厚度 0.007+0.003 毫米，属国内首创，在有效试用期内具有保墒、保温和抑制土壤返盐的功能，有效期后，其光解性能达到高压光解膜要求。

六、引黄渠道入地下河的拦沙研究

研发单位：房寺镇水利站

鉴定时间：1989 年 3 月

在闸门处理上，改整体闸门为大小不等若干块；由启闭机下中开启改为人工手提式自上

图 27-2-4　聚乙烯地膜　（2006 年摄）

而下开启，由闸底过水改闸板过水，解决引黄排而不淤、补而不淤的问题，实现集中清淤、集中盖土、节约土地、向河道输送清水，能调节水位，便于灌溉。

七、净宇牌空气自净机

研发单位：禹城县滤材厂

鉴定时间：1989 年 11 月

该产品结构紧凑，设计合理，采用低噪音变风量风机与低阻力的聚丙烯纤维滤材亚高效空气过滤器及负离子发生器相配合，实现高效率、低能耗、低噪音。

八、亚高效空气过滤器

研发单位：禹城县滤材厂

鉴定时间：1989 年 11 月

该型过滤器结构合理，结合聚丙烯纤维滤料的特点，调整过滤高度，降低结构阻力，使之与现有的玻璃纤维亚高效空气过滤器相比，在过滤效率相同的情况下，阻力下降 40%，实现高效低阻的目标，开拓聚丙烯纤维滤材在净化领域的应用，填补山东省有隔板的亚高效空气过滤器生产空白。

九、砖瓦轮窑节能技术的研究

研发单位：善集乡砖瓦厂

鉴定时间：1990 年 3 月

该项目采用辅助烟道及节能引风机将烟火前引，对湿砖坯进行烘干、预热，利用工业废渣做内燃，稀码快烘，使生产速度比改造前提高一倍，万块砖耗标煤 200 千克，万块砖电耗 162 度，热效率达到 40.8%。综合评定达到国家先进轮窑二等水平，填补山东省内空白。

十、1500T / 年糠醛的研制与生产

研发单位：禹城县有机化工厂

鉴定时间：1991 年 6 月

对引进新上项目糠醛产品的生产进行技术改造，通过改变稀硫酸浓度、改进尾气回收、增大冷凝方箱容积、减少排渣口阀开启角度、提高精馏率和糖醛渣综合利用等一系列研究，提高糠醛产品质量和产量及综合利用能力，填补地区空白。

十一、禹王牌 GQ-3 商标胶

研发单位：山东禹王实业有限公司

鉴定时间：1991 年 10 月

该胶具有粘接强度大、贴标率高、适于涂敷、胶膜坚韧、快速固化、耐水性适度等特点，用该胶粘标签平整、美观、不污染、不变色起泡、不龟裂、防蛀，技术性达到国内先进水平，配方及工艺有重要创新，是一种可替代进口商标胶产品。

十二、葡萄汁保鲜技术研制

研发单位：禹城县葡萄酒厂

鉴定时间：1990 年 7 月

该项目采用精选葡萄果汁快速分离、抑菌和杀菌相结合、防氧密闭贮存和无菌灌装成品等工艺，保鲜期达到 10 个月。所产葡萄汁微黄带绿、澄清透明、果香较好、口味清爽、酸甜适口，保持原果风味。该技术对增加葡萄加工新品种，促进葡萄种植业发展具有重要意义，填补山东省内空白。

十三、木糖新产品开发

研发单位：禹城县新华实业集团木糖醇厂

鉴定时间：1993 年 2 月

对木糖新产品进行技术引进、改造和生产技术开发，通过采取“离子交换提酸工艺”“无顶压逆流再生交换器”“交换柱设备零米放置”“废碱回收系统”“液碱再生”等工艺措施，填补山东省内空白。

十四、ABS 工程塑胶管道系列产品

研发单位：禹城市建材总厂

鉴定时间：1993 年 12 月

ABS 工程塑料全称为丙烯腈—丁二烯—苯乙烯聚合物，具有较高耐蚀性和一定的表面硬度，化学性能稳定、耐热、无毒、无味，产品可广泛用于轻工、化工、电力、矿冶、制药、酿造、食品加工等行业，可代替价格昂贵的不

锈钢耐胶管及镀锌管道系统。

十五、皮质激素雾化对儿童哮喘急性发作的研究

研发单位：禹城市人民医院

鉴定时间：2002 年 3 月 26 日

该项目通过对 30 例哮喘患儿激素雾化吸入治疗的临床应用研究，提出激素气雾剂是治疗哮喘的首选药物，根据不同年龄采用不同吸入方式和治疗周期。经患者临床治疗证明，其疗效可靠，副作用小，经济社会效益显著，具有推广应用价值。

十六、共晶体木糖醇

研发单位：山东福田药业有限公司

鉴定时间：2003 年 9 月 25 日

共晶体木糖醇除保持木糖醇原有热稳定性强、防龋齿、促进新陈代谢等良好的特性外，还具有吸潮性低、可压缩性好的特性，压片后表面光滑，易于保存，容易满足用户要求。经权威机构检测，各项理化、卫生指标均达到企业标注要求。该项目产品经国内外客户应用，反映良好，经济效益和社会效益显著，符合环保要求。

十七、葡萄品种引进及快速育苗技术

研发单位：禹城县林业局、中国农科院原子能所、土肥所

鉴定时间：1989 年 8 月

该项目为国家科委、中国农科院黄淮海办 75-04-01-01-06 课题。1985 年，从法国引进酒用葡萄品种 11 个，为探索这些品种的植物学特性、营养生长物候期、果实性状、结果力工业特性以及抗逆性等，按葡萄品种研究学术座谈会制定的标准，连续三年进行观察分析，累积 201 项次，经鉴定这些产品大部分是法国选的芽变新品系，具有高产、优质、含糖量在 17% 以上等特点，高产在 1500—2500 千克之间，比法国亩产高 750—1500 千克。用其酿的 6 个酒品类荣获“农业部部优”称号，3 种酒分别获“全国首届食品博览会金、银、铜牌奖”。在快速育苗方面，应用较先进的催根技术，获得 95% 以上的生根率，繁殖优良酿酒葡萄苗 40 多万株，特别是自制的生根剂和生根纸，提高了发芽速度，取得很好效果。

十八、联用干扰素 + 三氮唑核苷与单用丙种球蛋白治疗急性重症病毒性脑炎 50 例对比研究

研发单位：禹城市人民医院

鉴定时间：2004 年 8 月 8 日

该项目经对比研究证明，联用干扰素 + 三氮唑核苷治疗于急性重症病毒脑炎，具有治愈率高、后遗症及住院天数明显减少，死亡率明显降低、住院费用低的特点。

十九、绿丰源增效尿素大田试验示范研究

研发单位：禹城市土壤肥料工作站

鉴定时间：2004 年 9 月 28 日

该项目田间试验证明，具有减少肥料流失、降低肥料用量等特点，是符合国家产业政策的高效环保型新产品。该项目获得德州市科技进步二等奖。

二十、基层医院行改良型中小切口非超乳白内障术临床研究技术报告

研发单位：山东禹城市人民医院眼科

鉴定时间：2001 年 11 月 12 日

该手术简单、易行、成本低。比白内障常规手术切口小 4mm 左右，使术后视力恢复快；与用昂贵设备的超乳白内障术 5.5—6mm 切口效果接近，手术费用降低一半。填补德州市空白。

二十一、排水用芯层发泡硬聚氯乙烯（PVC-U）管材、管件的研制

研发单位：禹城市禹冠工程塑料厂

鉴定时间：1999 年 9 月 12 日

该产品具有质轻、节能、流体阻力小、隔音性能优良、刚度大、耐腐蚀性强、阻燃性高、施工方便、使用寿命长等特点。该产品生产工

艺先进合理，设备配套齐全，质保体系完善，产品质量稳定。经山东省产品质量监督检验所检测，产品符合国家GB/T16800—1997标准。

二十二、丙烯腈—丁二烯—苯乙烯管材、件研制

研发单位：山东禹城东方工程塑胶厂

鉴定时间：1999年4月15日

该产品在工艺上解决国家ABS原料加工成型中易出现凹凸不平、收缩不匀等技术难题，替代进口原料，为国家节约大量外汇。该产品生产工艺先进，质量控制体系完善，产品质量稳定。

二十三、三层共挤芯层发泡塑胶管材的研制

研发单位：禹城市兴达工程塑胶总厂

鉴定时间：1999年4月26日

该产品在工艺上解决国产原料加工成型难的技术难题，在设备上将国产双螺杆挤出机增加油加热恒温控制装置，机头改为复合式机头，保证原料在料筒内充分塑化和最佳发泡质量，实现生产设备国产化，替代进口。

二十四、盐碱地烟青苹果早期丰产示范试验

研发单位：禹城县改碱实验区、林业局、安仁乡颜坊村

鉴定时间：1989年

该项目通过选用耐盐砧木和品种，采用夏剪整形，地面覆盖穴贮肥水、抑制返盐、改良营养状况等技术措施，折合亩产果品1460公斤，对鲁西北地区充分开发利用盐碱地资源起到示范作用，各项经济技术指标达到山东省内同类试验先进水平。

二十五、桃幼树早期丰产技术研究

研发单位：禹城县林业局

鉴定时间：1993年7月

该项目是对桃幼树早期丰产技术试验研究，总结出采用“品种选择、合理密植、土肥水管理、整形修剪”等配套技术，可使桃幼树早期丰产，研究成果达到山东省内先进水平。

二十六、B型超声波在消化道疾病诊断中的应用研究

研发单位：禹城县医院

鉴定时间：1990年2月

该项目始于1987年，采取消除气体干扰，显示病变组织的方法，对部分疾病提出诊断标准，通过多年实践证明，部分病诊断率为：胃癌82.5%，小肠癌100%，结肠癌91%，肠套叠83%，肠梗阻93.5%，研究水平属山东省内先进。

二十七、高损耗配电变压器不减容改造

研发单位：禹城市电业局

鉴定时间：1994年7月

该项目通过选取适当的铁芯磁通密度、绕组电流密度、采用立绕等加工工艺，使在电网中运行的高损耗配电变压器，在不降低容量的条件下，空载损耗、负载损耗、空载电流、阻抗电压等各项技术指标达到节能型S7系列国家标准，接近S9型国家标准，较改造前节能30%，较换成S7型变压器节省投资40%以上，使国家电力部明令淘汰的高损耗配电变压器实现废物利用。项目填补地区空白，达到山东省内先进水平。

二十八、固定化细胞产乙酸在固体白酒生产中的应用

研发单位：禹城酿酒厂

鉴定时间：1993年7月

该项目将固定细胞产乙酸技术应用于白酒生产中，加快发酵速度，缩短发酵周期，提高产量，细胞可长时间反复使用，节约制作成本，酒中主体气香成分乙酸乙酯由1.8g／L升到2.3g／L，窖香浓郁、醇甜爽口、口味悠长，提高酒的优质品率，达到山东省内先进水平，填补地区空白。

二十九、食用菌孢子体融合技术研究

研发单位：禹城市蔬菜局

鉴定时间：1997 年 10 月 27 日

该项目成为当地主导产业，经济效益和社会效益显著。结合检索查新结果，该项目达到山东省内同类项目领先水平。

三十、汽轮机真空运行，循环水采暖改造项目

研发单位：禹城热电厂

鉴定时间：1999 年 4 月 6 日

该项目把中、小型机组技术改造与区域性集中供热问题结合起来，属于投资小、见效快项目。解决区域性集中供暖问题，提高能源利用率，减少环境污染，提高城镇居民生活质量。该成果处于山东省内同类型机组领先水平，具有推广应用价值。

三十一、鲁麦 8 号良种的引进、繁育与推广

研发单位：禹城县种子公司

鉴定时间：1989 年 12 月

引进鲁麦 8 号进行繁育与推广，5.8 亩小面积实验中，单产达 637 公斤。产量比济南 13 号增产 12.9%。1995 年，禹城市推广种植 43.7 万亩，占小麦种植面积的 51% 以上，成为禹城市（县）小麦生产当家品种。

三十二、掖单 4 号玉米良种引种推广和高产栽培

研发单位：禹城县实验区

鉴定时间：1987 年

该品种属中早熟品种，株型紧凑，根系发达，抗病抗倒伏，千粒重 300 克以上，出籽率达 90%，经济系数 55%，品质优良，实验结果以每亩密植 5000—5500 株，产量较高。1988 年，推广 1 万多亩。1989 年，实验区 80% 农户种植该品种。1989 年，地区科委组织测产验收确认，实验区 4.2 万亩玉米平均亩产 816.8 公斤，比 1986 年亩增 168.8 公斤，增产 48.6%。

三十三、禹城市土地利用总体规划研究

研发单位：禹城市土地管理局

鉴定时间：1998 年 9 月 22 日

规划充分吸收各主要用地部门意见，各业用地协调较好，重点建设项目用地安排合理，位置清楚。土地整理、复垦及开发的潜力分析和可行性研究比较深入，规划目标、重点项目明确，分期实施计划可行。规划基础工作扎实，采用基础资料可靠，编制方法科学，技术手段先进，特别是运用微机汇总、处理数据和编绘图件，加快工作进度，保证成果精度。

图 27-2-5　鲁麦 8 号良种种植　（2006 年摄）

第三章　科技管理

第一节　科技兴农

1986—1995年，禹城县（市）建立3万亩良种繁育基地，19处乡镇分别建立千亩良种田和样板高产田，小麦、玉米、棉花三大作物基本实现良种化。到1995年年底，禹城市推广农业实用技术140多项，农业先进技术覆盖率达80%，小麦、玉米平均亩产达到424公斤和410公斤，分别比1988年全县平均亩产提高32.9%和18.1%，大面积亩产600公斤夏玉米、450公斤小麦和100公斤皮棉生产技术得到推广。亩产500公斤小麦，650公斤玉米和125公斤皮棉的高产地块，全年实现农业总产值9.0718亿元，粮食总产量413597吨，棉花总产6680吨，农民人均纯收入1432元。1996—1998年，以“省级农业科技成果推广示范区”为中心，以禹西生态与观光农业园区为重点，通过引进、示范、培训、推广、普及等科技活动，培训农民技术员10万人次，利用农函大培训农村实用人才3000多人。1999—2000年，全市调整优化种植业结构，实施科技兴农战略，提高农业综合效益。适当压缩粮食种植面积，扩大以蔬菜为主的其他高效经济作物种植面积。引进、示范、推广先进实用新技术、新成果，提高农作物亩产量。1999年全市小麦亩产达453公斤，比上年增长61公斤；玉米单产489公斤，比上年增长61公斤；玉米单产489公斤，比上年增长21公斤。2000年小麦单产370公斤（受干旱影响减产），玉米单产497公斤。举办各种培训班100余期，受训人员达5万余人（次）。2007年，全农业总产值17.42亿元。2010年，突出调整结构、产业化经营、基础设施建设三项重点，加大农业技术投入，提高农业综合生产能力，全市农业总产值达到26.53亿元。

第二节　科技实绩考核

1994年，制定《禹城市“科技兴市”总体发展规划》，明确科学技术在加快经济发展中的重要作用，将科技工作列入各级党委和政府重要议事日程，每年至少召开两次市长办公会议，专题研究科技工作。制定《全市科技计划、项目、经费管理办法》，在加大科技投入的同时，实现科技经费统一安排、专项管理、分期投入，充分发挥经费利用率。对各乡镇、市直单位及重点企业实行科技工作实绩考核，每年根据考核结果评出先进单位，激活科技行为，调动全民振兴科技的积极性。具体考核包括科技兴农、科技兴工等方面，通过科技投入、推广和培训，获得真实的工作创新举措，农、工等行业获得长足发展。

第三节　科技投入改革

1986年4月24日，贯彻执行《中共中央关于科学技术体制改革的决定》。文件明确提出：1. 改革科技拨款制度，逐步增加科技投资。2. 建立科技开发基金。3. 成立常设技术贸易机构。4. 完善提高农业技术推广系统等措施意见。文件下发后，各项措施得到尽快落实。科技投入逐年增加，加大科技投入力度，每年拿出一定比例的资金用于发展科技事业。1990

年，科技三项经费占同年财政预算支出比例达到0.35%，1995年，达到1.14%。在各银行建立科技贷款专项，成立常设技术贸易机构组织。各乡镇科技投入比例越来越大，至1995年，占到财政支出的3%—5%，安仁、石屯、善集等乡镇达到10%以上。2010年，禹城市科技三项经费支出达到1833万元，占同年财政预算支出比例1.92%，比上年增长38%。

第四节　专利管理

1986年以来，禹城市专利意识普遍增强，专利工作队伍不断壮大，专利申请量逐年提高，专利技术交流逐年扩大。随着企业对专利工作认识程度的提高，专利数量不断增长。1990年，"α-氰基丙烯酸乙酯生产办法"在广州举办的第二届国际专利及新技术、新产品展览会上获得金牌奖，1992年荣获国家发明奖；1995年，卵虫净发明专利获第九届国家发明展览会金奖，被国家农业部定为全国农药推荐产品；山东龙力生物技术有限公司的"酶法制备低聚木糖"及"木糖废渣生产纤维乙醇"两项专利分别获得国家技术发明二等奖和山东省技术发明一等奖。

2007年12月，成立禹城市知识产权局（隶属于禹城市科技局），负责专利的申报和管理工作。福田药业公司是山东省专利工作试点企业，承担"2009年国家专利战略推进工程研究项目"，是山东省第六家承担此类项目的企业。至2010年年底，禹城市中国专利山东明星企业5家，累计申报各类专利499件，获得授权239件。

第四章　科技奖励

1986—2010年，禹城市获科技奖励213项。其中，国家级4项，省级24项，地级78项，县级100项。

第一节　县级奖

1985—2010年，县级奖获三等奖25项，二等奖38项，一等奖37项。

第二节　市（地）级奖

1986—2010年，禹城市对推动技术进步做出重大贡献的科技成果，推荐参加德州市（地）级科技进步奖的评审。先后有禹城建材总厂"ABS工程塑胶管道系列产品"、禹城市环宇集团"低聚糖的工业化生产及其应用"荣获"德州市科技进步一等奖"。至2010年，获德州市（地）级科技进步奖78项。

1986—2010年禹城县（市）部分获德州市（地）级科技进步奖统计表

表27-4-1

项目名称	研制单位	授奖时间	获奖等级
ABS工程塑胶管道系列产品	禹城建材总厂	1994年	德州市科技进步一等奖
低聚糖的工业化生产及其应用	禹城市环宇集团	1997年	德州市科技进步一等奖

续表 27-4-1

项目名称	研制单位	授奖时间	获奖等级
FCC、E967 木糖醇研制与生产	山东光大电力集团木糖醇厂	1998 年	德州市科技进步一等奖
大管径球墨铸铁管管模	禹城通裕集团	1999 年	德州市科技进步一等奖
多肽尿素工艺开发与应用	山东禹城中农润田化工有限公司、山东禹城瑞利源科技有限公司	2007 年	德州市科技进步一等奖
从木糖母液中提取卫茅醇和水溶性膳食纤维的产业化研究	山东福田药业有限公司、保龄宝生物技术有限公司、山东省食品发酵工业研究设计院	2008 年	德州市科技进步一等奖
木糖母液制备 D—核糖技术	山东福田药业有限公司	2009 年	德州市科技进步一等奖
SSMB 法制备高纯度低聚果糖	山东保龄宝生物技术公司	2010 年	德州市科技进步一等奖

第三节　省级奖

禹城积极推荐具有先进水平的科研成果参加省级科技进步奖评审，先后获省级奖励 24 项。

1986—2010 年禹城县（市）部分获山东省级科技进步奖统计表

表 27-4-2

项目名称	研制单位	授奖时间	获奖等级
德州地区十五万亩吨粮田科技开发试验	德州地区农业局、平原县、陵县、禹城县人民政府	1992 年	山东省星火二等奖
多烯康胶丸、忘不了 DHA 胶丸	山东禹王实业有限公司	1993 年	山东省发明技术特等发明奖
甲壳质	禹城市社会福利厂	1993 年	山东省优秀新产品奖
ABS 工程塑料管道系列产品	禹城建筑材料总厂	1993 年	山东省优秀新产品奖
ABS 工程塑胶管道系列产品	禹城建材总厂	1994 年	山东省科技进步二等奖
ω-3 多烯脂肪酸乙酯及制剂“忘不了”DHA 胶丸研制	山东禹王制药有限公司	1996 年	山东省科技进步二等奖
低聚糖的工业化生产及其应用	禹城市环宇集团、中国科学院微生物研究所	1998 年	山东省科技进步二等奖
FCC、E967 木糖醇研制与生产	山东光大电力集团木糖醇厂	1999 年	山东省科技进步二等奖
大管径球墨铸铁管管模	禹城市通裕集团总公司	1999 年	山东省星火二等奖
木糖废渣生产纤维乙醇	山东龙力生物科技有限公司、山东大学	2009 年	山东省技术发明一等奖

第四节　国家奖

1986—2010年，禹城市积极向国家推荐申报科技成果项目。先后有农副产品开发公司的“扒鸡系列化生产及保鲜膜技术开发”荣获“国家星火金奖”、山东省禹王实业有限公司“多烯康胶囊、忘不了DHA胶丸”荣获“国家技术发明奖”。至2010年，获国家级科技奖励4项。

1991—2007年禹城县（市）部分获国家级科技进步奖统计表

表27-4-3

项目名称	研制单位	授奖时间	获奖等级
禹城县扒鸡系列化生产及保鲜膜技术开发	禹城县农副产品开发公司	1991年	国家星火金奖
多烯康胶丸、忘不了DHA胶丸	山东省禹王实业有限公司	1993年	国家技术发明金奖
玉米芯酶法制备低聚木糖	山东龙力生物科技有限公司	2007年	国家技术发明二等奖

第五章　气象与地震测报

第一节　气象

一、气象观测

气象局每日对气象进行3次定时观测。观测项目有云、能见度、天气现象、空气的温度与湿度、风、降水、日照、蒸发、雪深、地温、气压、风向和风速等。

1986年，气象观测以人工观测或人工器测为主，人工描绘天气图。1987年，配备气象传真图接收设备。1988年，地面测报实行统一达标办法，实行科学管理，使测报质量达到新水平。2000年1月，安装使用AHDM4.1版软件，观测资料使用计算机处理。2003年9月，CAWS600-B型自动气象站建成并投入试运行。2004年1月，开始自动站与人工站两年的平行观测。2005年1月，转入以自动站为主的平行观测。2006

图27-5-1　区域自动气象站雨量传感器标校　(2009年摄)

图 27-5-2 张庄人工增雪现场 （2009 年摄）

年 1 月起，观测转入单轨业务运行，所有数据每分钟更新一次记录，每天 24 小时定时向山东省局上传观测数据。

二、气象服务

1986 年后，社会服务重点是农业服务。主要通过市电台、电视台每天定时向公众发布未来 24 及 48 小时天气预报及重大灾害天气预报。还定期以书面形式向县委、县政府及各有关单位和乡镇提供旬、月、季长期天气预报、气象灾害预报和春秋播预报等天气资料。

1989 年 6 月，县气象局安装气象警报发射机，给全县 19 个乡镇和农委、建委、水利局、中科院南北庄农场、聊城驻禹城储运站等安装气象警报接收机 25 部，每天定时广播两次，建成气象警报服务系统。1990 年 11 月，开始有偿服务。

1995 年 5—9 月，为加快农村和城市气象科技服务网的建设，市气象局安装主机，为张集、禹城、房寺、石屯、二十里堡、善集、安仁、袁营等乡镇安装 8 部分机，为农村安装 129 部接收机和接收扩大机等设备，组成禹城农村气象警报对讲系统，形成乡对村、村对村的同频通信网络。

1997 年 2 月，开通电话 121 天气预报自动答询系统，通过电话可知当天及未来 24 及 48 小时天气预报。

同年，禹城市成立人工影响天气办公室，开展利用火箭进行人工防雹、增雨天气作业。2004 年 7 月开始使用多普勒雷达图指挥作业。2005 年在梁家镇建立第一个固定炮点。2009—2010 年，改造梁家炮点，增加张庄、莒镇、安仁镇 3 个人工影响天气作业点，利用 BL 型火箭发射系统开展人工影响天气作业。

第二节 地震

1984 年，全国地震系统进行机构调整，禹城县地震办为山东省保留下来的 6 个县级地震机构之一，为事业单位。1993 年 10 月，机构改革后，县地震办公室更名为市地震测报站，仍为事业单位，在行政方面归地方管理，业务归上级地震部门管理，为双重管理单位。2002 年 3 月，市地震测报站更名为市地震办公室，为市政府直属副科级事业单位，编制由原来的 5 人改为 4 人。2008 年 9 月，市地震办公室更名为市地震局，为市政府直属的正科级事业单位，机构编制不变。

禹城在大地地质构造位置上，位于华北平原坳陷区和鲁西隆起的过渡地带。城区位于次一级构造单元济阳坳陷区内。华北平原坳陷和鲁西隆起区内部断裂具中强和强震构造背景，这两个块体的周边断裂带是控制区域强震发生的主要构造带。未来将主要遭受河北平原地震带和郯庐地震带强震活动影响。禹城市境内历次发生的地震均系其他地区地震波及而成。国家地震局布设在山东的地下水观测网有4口重点井孔，其中一口设在梁家乡东吕洼村，代号为鲁04。该井属国家重点井孔，由禹城县地震部门承担观测和管理工作。自1980年投入观测以来，每日记录地下深水的动态变化，及时准确地给省、国家局提供数据资料。1997年12月1日，鲁04井观测数据报送方式由电台改为电话报送。2006年8月28日，鲁04井数据化改造，原水位观测项目新安装数字式水位仪，改为数据化报送，增加水温观测项目。

从宏观到微观设有7个地震监测网点，宏观网点分别设在曹坡家畜改良站、县食品公司养鸡场和梁家乡东吕洼村；微观网点设在禹城一中、四中、莒镇中学、辛店中学（80年代中期，微观点停测）。各测报点均设置地电和地应力，禹城一中设有地倾斜，各测报点设有浅水井，观测项目有地下电流变化、应力场变化、地磁变化、水温、气压、水位动态变化等。

1986—1997年间综合监测结果表明，通过禹城及城区的断裂均未发现全新世活动，但高唐断裂在晚新世晚期却有过活动，垂直断距达5.2米，这对断裂近场区（包括禹城市）的稳定性有一定影响。

根据国务院批准的《中国地震区划图（1990）》和山东省地震局批准的《禹城地震小区划图（1992）》均测出禹城市城区及19个乡镇的地震烈度值：禹城市地区在平均土条件下，未来50年超越概率为63%、10%和3%的地震烈度分别Ⅴ度、Ⅶ度、Ⅷ度；2001年8月，强制性国家标准GB18036-2001《中国地震动参数区划图》将禹城市地震烈度设防标准由原Ⅵ度升为Ⅶ度。各乡镇所在地在平均土条件下未来50年超越概率为10%的地震烈度如下表：

各乡镇所在地地震烈度表

表27-5-1

乡镇名称	地震烈度	乡镇名称	地震烈度
市中办	Ⅶ度	辛寨镇	Ⅶ度
梁家镇	Ⅶ度	安仁镇	Ⅶ度
十里望回族镇	Ⅶ度	李屯乡	Ⅶ度
张庄镇	Ⅶ度	莒镇乡	Ⅶ度
房寺镇	Ⅶ度	辛店镇	Ⅶ度
伦镇镇	Ⅶ度	—	—

以上地震烈度值均可作为禹城编制抗震防灾规划的基础资料，对已建工程抗震加固和新建工程抗震设计提供可靠依据。

1986—1995年，地震办曾三次被评为“山东省地震工作先进单位”，年年被评为“德州市（地区）地震工作先进集体”。

1999—2000年，在全国地下水动态观测资料评比中评为优秀奖，在省局水井观测资料评比中，连续两年评为第二名。

2001年11月，市地震办公室对全市的次生灾害源、消防力量、医疗救护力量及人口数量和分布情况进行全面排查，走访20多个单位，排查地震次生灾害源9处。

2006年4月9日，聊考断裂带中段，发

生 ML4.6 级强有感地震，地处聊考断裂带北端的禹城市有震感。

2007 年，在市污水处理厂院内设数字地震台，是省地震局设在鲁西北强震台之一，担负着震后迅速测定震中和震级的任务。同年，市地震局对全市地震应急预案进行修改。9 月，确定 5 处应急避难所，分别为体育场、糖城新湖、人民公园（后称大禹公园）、糖城广场和汉槐公园。

2008 年 4 月，宏观观测点更换为辛寨镇辛寨街、伦镇镇伦镇街、梁家镇东吕洼村和辛店镇辛店街，担负着地震宏观异常观测任务，为短临地震预报提供前兆宏观信息。同年，积极应对 5.12 四川汶川大地震，建立乡镇地震灾情速报网和地震宏观观测网，11 个乡镇、街道办设 11 名防震减灾助理员，负责地震灾情信息的传递和帮助地震宏观异常观测。

2010 年 1 月，开展学校、医院、社区地震应急预案建设工作。同年，对鲁 04 井的供电设施进行改造，更换太阳能电池板并安装风力发电机；对数字地震台安装反馈式宽频带地震计（强震计）及相关设备、专用传输光缆、数据采集器等设备，进行调试和试运行。

第二十八篇
教　育

1986—2010 年，禹城县（市）教育事业得到快速健康发展。幼儿教育规范提高，中小学教育成绩显著，高等教育、职业教育、成人教育快速推进，特殊教育成就斐然，民办教育有序发展。

25 年间，全县（市）不断进行农村和城镇校舍改造，学校面貌发生显著变化；顺利进行“四制”、校长选聘、教师聘任等教育体制人事改革，增强教育活力；组织教师全员培训、教师招聘，教师队伍素质显著提高；进行学校布局调整，学校布局更加合理，学校资源不断优化，办学条件得到极大改善；顺利通过省政府基本普及九年义务教育、基本扫除青壮年文盲的“两基”工作验收；探索和推行素质教育和先进教育教学方法，教育教学质量不断提高，为社会和高校培养大批优秀人才。全市及各级各类学校荣获诸多国家、省、市级先进称号。

第一章　教育体制改革

第一节　中小学及职业教育布局改革

1986年，全县小学717所，初中68所，高中7所。1995—1996年，开展“基本普及九年义务教育、基本扫除青壮年文盲”工作，中小学布局大幅度调整。到1997年，小学减至397所，初中减至24所，高中减至3所。校舍和学校内部配备达到“普九”标准。学区以上学校建起图书室、器材室、仪器室等。随着农村人口出生率下降，农村适龄儿童逐年减少，到2010年小学减至105所，初中减至17所。1993年组建特殊教育学校。2002年第一所私立学校华奥建成。2009年提出校舍安全工程，2010年提出农村中学、中心小学楼房化。到2010年，市中办中学、房寺中学、房寺明德小学、辛店中学、辛店中心小学、安仁中学、伦镇中学、伦镇明德小学、辛寨明德小学、十里望中学、张庄明德小学等建起楼房。学校面貌发生很大变化，学校布局更加合理。

1986年《中华人民共和国义务教育法》颁布并施行，国家实行九年制义务教育，禹城县调整教育内部结构和学校布局。撤销禹城五中高中部，改为初级中学，下放到辛店镇管理，不再是县直单位、国办中学。同年中学体制改革中，禹城第三中学改为第一职业高中，南北庄“五七”干校改为第二职业高中，禹城第二中学改为第三职业高中。1989年第二职业高中改为成人中等专业学校。1990年第一职业高中改为职业中等专业学校，1992年从张庄迁至禹城县城。2000年，第三职业高中改名为齐鲁中学，实施普通教育。1988年建立县农业机械化学校，1992年改为德州农业职业中专学校，1994年改为德州机电电子工程学校，1999年改为山东大禹专修学院。2009年成立市职业教育中心，教师进修学校、第二职业中专、技工学校、成人中专、卫生职业中专并入职业教育中心。

图28-1-1　房寺中学（2010年摄）

第二节　教育管理改革

1986—1995年，教育局主要管理股室有：办公室、普教股、政工股、计财股、教研室、成教股、集资办公室、史志办公室、师训办公室、审计股、电教站、老干部股、保卫股、勤工俭学办公室、职改办公室、招生办公室、纪检、幼教股、校改办公室等。集资办公室于1988年设立。史志办公室于1992年取消。师训办公室于1992年设立。1993年成立安全科。勤工俭学办公室于1994年设立。校改办公室于1988年设立，于1995年撤销。1996年成立督导室。1997年设立教科所。1998年成立政研室。2009年2月增加综合科，2010年11月撤销综合科，职能归办公室。

1986年乡镇有教育组，1993年教育组改为教育委员会，乡镇长兼任教育委员会主任，乡镇专职副主任具体管理乡镇教育工作。2002年撤销教育委员会改为教育办公室，2010年9月撤销教育办公室设学校管理办公室，保留总校长、业务校长、教研员、报账员、辅导员五职。

1999年，实行校长负责制、教职工聘任制、岗位目标责任制、结构工资制；2002年乡镇教育人事改革，精简乡镇教办人员，实行校长、教职工落聘制；2005年进行教育事业改革，实行教职工竞争上岗和人员分流。

第二章　基础教育

第一节　学前教育

1986—2010年，禹城县（市）学前教育发展情况表现在以下几方面。

一、园所建设

1999年，投资220多万元，建起建筑面积2429平方米、容纳15个班规模的实验幼儿园，2000年被评为“省级实验幼儿园”。

加强农村幼儿园建设，各乡镇按《德州市乡镇中心幼儿园办园标准》，建立乡镇中心幼儿园，按《德州市农村一类幼儿园》标准，督促中心幼儿园不断提高。2006年4月，市中办、辛寨镇、安仁镇中心幼儿园通过德州市农村一类幼儿园验收。2007年12月，莒镇和辛店镇幼儿园通过德州市农村一类幼儿园验收。

2001年，与农村中小学布局调整相结合，撤并学校闲置的合格校舍改造成幼儿园。发展小学附设幼儿园53处，改善农村办园条件，提高办园质量。

二、师资队伍建设

幼师队伍整顿。下发《禹城市关于整顿农村幼师队伍的实施意见》，在职教师中，本着全面考核择优录用原则，把小学幼师和专业特长教师充实到学前教育岗位上来，实现教师队

图28-2-1　开展幼儿园园长培训活动　（2008年摄）

图 28-2-2　禹城市委书记闫剑波（右一）看望幼儿园师生　（2010 年摄）

伍年轻化、知识化、专业化。

加强师资培训、鼓励其参加达标学习，动员参加学前教育自学考试，151 名教师取得幼师毕业证。

每年邀请山东省德州市幼教专家到禹城开展对口培训，提升幼儿教师教育理念，提高幼儿教师专业素养，组织幼师外出学习 260 多人次。

开展多种形式教研活动提高保教质量。每年组织观摩教学、优质课评选、教学能手评选、技能技巧比赛、论文评选等活动，先后承担“幼儿园学具教学法”，幼儿英汉双语教学，幼儿园珠心算等国家、省实验课题。禹城市幼师荣获国家级论文 2 篇，省级优秀论文 20 多篇，市级 50 多篇。10 人被评为德州市教学能手，1 人被评为山东省教学能手。

三、学前教育事业

1992 年，学前教育由市妇联移交市教育局，归属市教育局管理，托幼办公室设在教育局，理顺管理体制。2001 年，探索办园模式，深化办园体制改革，建立健全学前教育管理体制。调整完善市、乡两级托幼工作领导小组，分管副市长为组长，人事局、教育局、财政局参加的托幼工作领导小组，教育局配有专职干部负责学前教育，各乡镇成立相应机构，加强对本乡镇托幼工作领导，配备素质高、能力强的专职幼教辅导员。2004 年，禹城市委下发《关于调整市托幼工作领导小组的通知》。市政府连续下发《禹城市人民政府关于学前教育改革与发展的意见》《禹城市人民政府关于加快农村教育改革与发展的意见》，明确学前教育的地位、作用和发展目标。2007 年以来，按照《山东省学前教育注册管理办法》，规范幼儿园管理，做好登记注册工作。2009 年下发《关于进一步规范学校附设幼儿园办园行为的通知》，各单位在加快中心幼儿园发展的同时，充分利用学校闲置校舍，按照《幼儿园办园基本条件》投资改建成幼儿园，取消学前班。规范招生秩序，不断提高办园质量和效益。2010 年，落实《禹城市教育振兴五年计划》，加强对学前教育工作的统筹协调，促进学前教育事业快速、健康发展，禹城市委下发《中共禹城市委、禹城市人民政府关于调整禹城市学前教育工作领导小组的通知》，成立新的托幼领导小组。同年 10 月，全市注册园所 47 处，暂缓注册的 121 处，停办园所 61 处。

2010 年，实验幼儿园被评为“山东省学前教育先进单位”，杨健被评为“山东省学前教育先进个人”。

部分年份禹城县（市）学前教育机构情况对比表

表 28-2-1

年	1986	1987	2001	2002	2003	2004	2005	2006	2007	2008	2009	2010
3—6 周岁幼儿入园数（人）	16938	27838	9605	7261	7750	9033	9605	11296	13200	13286	11723	13544
入园率	89.5%	89%	63%	51%	54%	61%	63%	68%	73%	74%	74%	75%
幼儿园数量（处）	592	645	221	145	170	200	221	192	215	247	248	235

附：实验幼儿园简介

实验幼儿园始建于 1992 年，是国办全日制省级实验幼儿园，中央教科所学前教育课题实验基地。实验幼儿园位于市中路富华巷，拥有一座欧式综合教学楼及其附属用房，下设一个分园（站南分园），在园幼儿 800 多人，98% 的教师为大专学历以上。

实验幼儿园先后被评为中央教科所“英汉双语教学实验幼儿园”“学前教学实验基地”“省级实验幼儿园”“省级优秀家长学校”“省级巾帼文明岗”“省级幼儿体操一等奖”“德州市城市一类幼儿园”“德州市学前教育先进集体”“德州市工会工作三星级先进集体”“德州市食堂卫生先进单位”“禹城市三八红旗手集体”，禹城市参加德州市幼儿教师技能技巧比赛获一等奖、五项全能获一等奖。2010 年，该园 23 名小朋友获“德州新苗”奖。实验幼儿园师资力量雄厚，园长是德州市“十佳园长”、中国西部教育顾问、中国学前教育研究会会员。教师有中央教科所优秀实验教师、省级教学能手、德州市教学能手。

图 28-2-3　市实验幼儿园“送课下乡”活动　（2009 年摄）

第二节　中小学教育

一、普及初等义务教育

1986 年，禹城县开展“入学率、毕业率、巩固率、普及率”达标工作。1988 年，全县学龄儿童入学率 95.8%，巩固率 97.2%，毕业率 90.2%，12—15 周岁少年儿童中初等教育普及率 96%，超过山东省规定标准。1994 年，全市学龄儿童入学率 99.3%，巩固率 99.6%，毕业率 99.6%，12—15 周岁少年儿童中初等教育率 99.7%。德州地区评估验收团代表山东省政府到禹城评估验收普及初等教育，禹城在德州地区率先实现普及初等教育。1995 年，全市初等教育“四率”分别为 99.6%、99.9%、99.8%、99.9%。

二、实施九年制义务教育

1995 年，市委、市政府提

出1996年全市实现基本普及九年制义务教育和扫除青壮年文盲奋斗目标。通过与各乡镇党委书记签订目标责任书，宣传九年制义务教育重要性，强化政府行为，改善办学条件，制定和完善投资政策，强化监督激励机制等措施，促进目标责任制的落实。年底，经德州市人民政府验收，大程乡、安仁镇、善集乡、袁营乡、梁家乡、十里望回族乡、伦镇镇、张庄镇等8个单位达到基本合格。1996年通过山东省"两基"（基本普及九年制义务教育和基本扫除青壮年文盲）验收。

三、实施素质教育

2008年1月16日，市教育局执行《山东省普通中小学管理基本规范》规定，规范课程、课时，统一作息时间、作业量，改变对学生的考试评价方式，取消单位间成绩排名。全市干部教师注重学生各种素质提高，改变应试教育状况。

1986—2010年禹城县（市）学校基本概况表

表28-2-2　　　　单位：所、人、个

年	学校处数			学生人数/班数					
	小学	初中	高中	小学	班数	初中	班数	高中	班数
1986	685	68	5	55865	—	19270	—	1930	—
1987	717	68	7	54890	1935	20480	346	2712	56
1988	683	67	6	54835	1999	19917	343	2875	52
1989	657	65	6	53572	1984	19046	334	2991	54
1990	653	62	5	52596	1967	19717	336	2808	54
1991	663	54	5	51971	1966	20700	352	2383	46
1992	620	53	5	53739	1979	22066	368	2599	54
1993	612	50	4	55634	1981	21814	372	2747	52
1994	614	51	5	59145	1869	22173	366	4331	80
1995	604	36	3	62112	1908	22609	374	3628	61
1996	—	—	3	63574	1800	25618	385	3967	65
1997	397	24	3	62048	1661	27391	398	4257	69
1998	373	27	3	57772	1577	27347	417	4624	76
1999	245	20	6	48958	1330	26261	429	5900	83
2000	190	23	6	39334	1121	27885	437	6821	103
2001	160	24	6	36688	1084	25631	430	7919	121
2002	135	23	4	34316	927	22895	402	8110	133
2003	139	23	5	29452	921	21677	362	8691	135

续表 28-2-2

年	学校处数			学生人数 / 班数					
	小学	初中	高中	小学	班数	初中	班数	高中	班数
2004	110	27	5	25811	843	21538	386	8781	142
2005	105	25	5	23859	812	19472	362	9031	135
2006	107	25	3	27523	861	14552	286	9171	137
2007	109	20	3	30643	870	10620	236	8914	133
2008	109	19	3	33062	930	9779	218	8820	144
2009	107	18	3	34650	895	11353	229	7845	137
2010	105	17	3	35728	1026	13261	262	6820	136

说明：小学处数含九年一贯制民办学校（华奥），初中处数不含华奥

附：重点中小学选介

1. 禹城一中

于1945年10月由中共渤海行署在商河创立，原名渤海第二中学。校址曾先后设在商河、陵县、临邑，1952年定于现址禹城市文化街东首。至2010年，学校占地240亩，建筑面积8万平方米，校园硬化、绿化面积80%以上。建有教学综合楼、办公楼、科学馆、餐厅礼堂、学生公寓、标准体育场、教工住宅区等。学校拥有图书16万册，报刊百余种，实验室30余个，种植各类花木3.7万余株，绿化草坪2万平方米。

2010年，教职员工427人，专任教师336人，86个教学班，学生4580人。学校外延发展和内涵提高并举，建立和完善科学规范的综合管理和评价体系，塑造名牌教学队伍，培养高素质人才，学校教育教学等各项事业稳步前行，不断开创新局面。先后荣获“山东省规范化学校”“山东省文明单位”“山东省教师校本培训示范学校”“山东省科普示范先进单位”“山东省依法治校先进单位”“山东省校务公开先进学校”“山东省绿色学校”“山东省花园式单位”等荣誉称号，多次受到上级党委政府和教育主管部门的表彰奖励。

图 28-2-4　禹城一中校庆　（2005年摄）

在素质教育形势下，学校按照山东省规范办学要求，改革新课程，加强教师政策和业务培训，按规定条件配备教师队伍，按规范标准开全开足课

程课时，充分发挥校本课程功能，使学生主动、全面、创新发展，成长为国家和社会有用人才。

2. 综合高中

禹城市综合高中，原为禹城县第三中学，创建于1958年，校址在张庄镇，后改名为禹城县第一农业技术中学，又改名为禹城县第一职业中学。1990年3月，经省政府批准为禹城县职业中等专业学校，并在行政街东首选址建设新校，1992年搬迁到新校。2001年，经市政府批准，加挂“综合高中”牌子，集普通教育和职业教育于一体，是“省级重点职业中专”“省级规范化学校”“全省职业教育先进单位”“山东省科普示范学校”“山东省艺术教育示范学校”。

图 28-2-5　综合高中外景　（2006 年摄）

学校占地208亩，建筑面积5万平方米，教职工306人。学校教学设施完备，建有教学楼、学生宿舍楼、学生餐厅楼和大型体育活动中心，设有微机室、语音室、图书阅览室，拥有高标准的物理、化学、生物实验室和护理、财会、机械原理专业实验室，教室内配置电视、投影仪、电脑等现代化教学设施。

3. 齐鲁中学

齐鲁中学位于禹城市行政街东首，占地115亩。始建于2000年4月，先后建成办公教学综合楼、师生餐厅、学生公寓楼，建筑面积26426平方米；图书馆藏书5万余册；建有高质量运动场，内部配套工程完善，建成校园网、微机室、语音室、理化生实验室、体育器材室、音美教室等功能室，教室均安装多媒体，教师配备电脑；绿化面积27640平方米，绿化率47%，硬化面积23400平方米。设有名人广场，文化走廊，文化橱窗。

图 28-2-6　齐鲁中学　（2008 年摄）

教师队伍由原禹城二中、禹城一中初中部、棉纺中学及从乡镇招聘部分优秀教师组成，教职工286人，学历达标率100%。其中，特级教师1人，中学高级教师105人，荣获国家、省、地及市级优秀教师和教学能手60余人。同年9月，全市招收400人，设8个教学班。至2010年，发展教学班60个，在校生4160人。

学校实施科研兴校，倡导新的教育理念，加强校本培训，研究承担各级各类课题研究，被确定为“山东省中小学校本研究重点实验基地”“山东省课题研究实验基地”“德州市教育教学科研基地”“德州市校本培训示范学校”。2006年，被确定为“德州市体育后备人才基地”，承担“发展教育”“合作学习”“尝试教学”“以学为主”“学校文化管理教育”等重点课题研究工作。

学校构建起全方位立体化育人模式，形成独特办学特色。教育成绩显著，被评为“山东省规范化学校”“山东省首批教学示范学校”“山东省绿色学校”“山东省中小学校本研究先进单位”。

4. 实验小学

实验小学前身为前寨子小学，1980年7月改名为实验小学。1989年征地36亩，建成面积7600平方米的新实验小学。2006年10月，投资1500万元，建成占地50亩，建筑面积8600平方米的实验小学南校区(步云小学)。

图28-2-7　实验小学开展气象科普活动　(2010年摄)

教学班66个，在校生5200人，教职工230人，全国优秀教师1人，省级优秀教师4人，山东省特级教师2人，地级教学能手36人。

学校开展《星级少年成长小档案》活动，变“三好学生”评比为争创“星”级少年，从孝敬、爱国、学习、劳动等18个方面进行评价，形成德育工作新框架。学校管理以学生为中心，以级部为单位，增强全校教职工的质量意识和服务意识，提高工作效率。开展“读书工程”活动，以《让读书成为一种习惯》为题在《现代教育导报》头版予以报道。学校先后获得“全国教研先进单位”“全国优秀家长学校”“山东省规范化学校”“山东省教学示范学校”“山东省少先队工作规范化学校”“中小学教师校本培训省级示范学校”“依法治校省级示范学校”“交通安全省级示范学校”等称号；50多名同学分别获“山东省好少年”“齐鲁小名士”等称号。

5. 市中中学

禹城市中中学由北街联中改称而来，原址位于城内北街，占地面积51亩。

1987年中、小学分开，改称为禹城镇中学。至1988年，有12个教学班，学生876人，校舍72间。有仪器室、图书室、仓库、实验室、伙房等。在教学设备方面，有仪器265件，图书室藏书2000册，报刊50多种，文体设备60件，还有整套电教设备。

1996年，禹城镇党委、政府投资600余万元，在行政街东首修建新校，占地64亩，教学楼和实验楼各1座，建筑面积8770平方米。配齐理化生实验室、仪器室、微机室以及音体美教学器材和图书资料。至1998年，学校设34个班，在校生1860人，教职工115人。

1999年，投资2万元进行校园绿化，绿化面积12580平方米；投资27万元购买62台电脑，建起2个微机室；购买图书2万册，充实图书室；投资5万元为理、化、生实验室补充新仪器，达到市级规范化要求。

2006年，市中办新建市中中学，2007年11月正式投入使用。学校占地155亩，总建筑面积17000平方米，包括教学楼、实验综合楼、学生餐厅、学生公寓及附属设施。

2010年，原禹城镇中学更名为市中街道办事处中学，29个教学班，在校学生1960名，教职员工181人，一线教师中大学本科学历81人，专任教师学历合格率100%，中学高级教师65人，省市级各类教学能手27人。先后被定为"德州市规范化学校"，中国语文教学专业委员会"十五"重点课题《创新写作研究与实验》的"实验学校"，德州市教育科学研究"重点实验基地"，禹城市基础教育课程改革"重点实验学校"。

第三节　特殊教育

1993年11月30日，组建禹城市聋哑学校。学校位于教育局西邻，利用闲置的车中分校校舍改建。学校有三排平房，整修沿街一排作为教室、办公室、教师宿舍。教职工5人，校长申贵和，教导主任于春林，教师季景国、盛德勇、张少宁。17日第一届学生正式入学。学生9名（聋生班标准班额为8—12人）。学制9年，学生毕业时颁发九年义务教育合格证书。课程按国家教委颁布的《全日制聋校教学计划》设置。

1996年11月30日，招收一个班学生。全校学生总数17人，教职工9人。

1997年5月20日，新校在禹城市幼儿园院内建成，总计11间平房，教学、办公9间，生活用房2间，属园中校。

1997—1998年，开始职业技术教育，买两台缝纫机，教学生学习缝纫技术。设置美工、写字教学。

2000年7月，教职工17人（其中，专业教师9人），教学班2个，学生10人。其他学生因年龄偏大提前参加居家式就业劳动。11月，在高新区建立新校，占地面积9亩。学校位于电视塔北150米。2001年5月，第一期工程竣工，建筑面积386平方米。建有教室、办公、值班室，门卫、宿舍、食堂等功能室。同月底，学校搬迁到新校区。6月29日，学校第一届毕业生报考山东省特殊教育中等专业学校，4人被录取。8月，招收听障新生25名，大部分学生开始住校学习。同年10月12日，经市机构编制委员会批准，市聋哑学校更名为市特殊教育学校。2002年暑期后招收聋生班1个。2003年8月，学校二期工程完成，学校初具规模，建筑面积960平方米，房屋41间。

图28-2-8　特殊学校师生在上课（2009年摄）

图 28-2-9 禹城特校职工手语比赛 （2010 年摄）

教室、办公用房、语训室、律动室、微机室、多媒体教室、康复训练室、图书室、餐厅和学生宿舍功能健全，基本满足全市残疾儿童入学需要。同年，招收聋生班 1 个。

2004 年 5 月 16 日，禹城市残疾人培训基地揭牌成立，当场募集助残资金 40 余万元。

2005 年毕业 1 个班，考入山东省特教中专 6 人。同年，招收聋生班 1 个。年底，学校被评为德州市规范化学校。2006 年，招收智障班 1 个。2007 年，招收聋生班 1 个。同年，民进山东副主委骆宝臻视察学校，向学校赠送厨房、餐厅用品款项计 2.1 万元；省教育厅、英特尔中国有限公司向学校赠送电脑 20 台。

2008 年 9 月，重新迁建特殊教育学校，2009 年 5 月搬迁，新校按省级规范化学校标准设计，位于行政街东首，建筑面积 4000 平方米。集教学、康复、办公、食宿为一体，拥有计算机、语训、听力智力检测、康复训练、理化生实验、律动、劳技等现代化教学设施，可满足听障、智障、脑瘫后遗症三类学生的学前教育、义务教育和职业教育，为禹城市首所现代化特殊教育学校。2010 年，教职工 28 人。其中，德州市优秀教师 3 人，优秀班主任 1 人，先进教育工作者 1 人，省教育厅特教系统优秀教师 1 人。教职工学历达标 100%，教学班 7 个，学生 87 人。至 2010 年年底，学校累计接纳培养残疾学生 137 人，先后 16 人考入山东省特教中专。37 人走上劳动生产岗位。

第四节 教学管理

教研室配备专职教研人员 12 人，配备面包车、电脑和图书资料，增加办公用房，为教研人员进修和培训提供有利条件，健全教研室领导机构，增加教研人员数量，加强市级教研队伍与乡镇教研机构建设。1997 年，教育局成立教育科学研究所，建立和完善市、乡、校三级教研科研网络。

修订完善《禹城市教学常规管理细则》《禹城市中学生学习常规》《禹城市小学生学习常规》《禹城市课堂教学评价标准》和《禹城市中小学教学工作评价方案》，采用听、看、查、访等方式，对全市中小学教学工作进行全面视察，开展教学调研活动，推广先进教育经验，探索提高教学质量的途径和办法，确保教学质量不断提高。

第五节 教学研究

市教育局以教学研究促教学改革，开展单元集体备课、说课评课、理论讲座、送教下乡、示范课、观摩课和教学能手、优质课、优秀论文、优秀试题、优秀教育科研成果等项评选活动，促进教学常规落实，转变教育干部和一线教师教育教学观念，规范教学管理行为。

20 世纪 80 年代初，强化初中薄弱环节，教育局在全县范围内开展“单元过关”和“分类指导”教学改革，注重因材施教，强化知识基础。1985年以后，开展“单元达标教学”群众性教学研究活动，构建义务教育教学新体系，修订《禹城市中小学教学常规》。2002年秋，组织开展基础教育新课程改革实验，落实课程方案，深化教育教学改革。2008年1月开始，推进素质教育，规范办学行为，促进教育发展。同年下半年，在全市中小学中开展“优质教学研究”，转变教师教育教学观念，推进课堂教学改革，优化教学管理。在重点课题研究方面，“单元达标教学实验与研究”通过省级鉴定，“和谐教学研究”通过全国教育科学规划办的鉴定，“面向21世纪中小学教师队伍建设研究”通过国家教育部总课题组的鉴定，荣获“国家级科研成果二等奖”，教育局连续四次被山东省教育厅评为“省教育科研先进单位”。

图 28-2-10　校园网主控室　（2010年摄）

第六节　校舍建设

1986年，禹城县校舍状况在德州地区最差，大部分校舍破烂不堪，危房、黑屋间数占校舍间数的64%，无院墙、无大门、无专用操场、无厕所的学校很普遍。1987年，禹城县委、县政府决定集中力量进行校舍改造。经两年建设，全县70%的学校达到校舍、院墙、大门、操场、厕所、桌凳“六配套”。禹城县用于校改资金达到2422万元，新建校舍3300间，改造旧校舍1100间，垒院墙4700米，建大门230个，厕所1850间，购置桌凳1700套，扩建操场18.6万平方米。

1988—1991年，投资3000多万元，用于城镇学校达标改造。城镇学校的总建筑面积由2.5万平方米增加到5.6万平方米，新建教学楼、实验楼、办公楼、教工及学生宿舍，购置课桌凳。一中、车站中学、实验小学、职业中专、进修学校5处学校达到标准要求。禹城县城镇中小学校改达到全省优良等级。禹城被评为“全省校舍先进县”。

1995年，全市教育集资3000多万元，征地430多亩，建起2000间校舍和附属设施，建筑面积4万平方米，添置部分体育、音乐、实验设备和图书资料。1996年通过省“普九”验收。

2001年开始提出危房改造，2007年下半年提出校舍维修改造工程，2009年提出校舍安全工程，全市校舍面貌发生很大变化，市中办中学、房寺中学、辛店中学、伦镇中学、伦镇明德小学、安仁中学、房寺明德小学、辛寨明德小学、张庄明德小学、高新区明德小学、辛店中心小学、十里望中学、十里望民族小学等建起楼房。2010年，提出农村中学、中心小学楼房化。同年，房寺中学扩建14228平方米、市中中学扩建43600平方米、步云小学扩建 8712 平方米、化工总厂小学新建搬迁、新建李屯中学教学楼、夏季社区小学建设、全市危房改造 15000 平方米，投资 1.5 亿元。

图 28-2-11　上级领导察看学校微机室 （2010 年摄）

第七节　教育设施

1986 年，禹城县实验小学、三友小学、车站联中率先实现班班投影器教学。举办音像函授专科教学，招收英语和地理各 1 个函授班，每班 24 名学生。1990 年，开展“三沟通”专科班教学，各科招收学生 300 多人。至 1996 年，禹城市中心小学基本普及电化教学。

2003 年，全市投资 250 万元，为农村中学建起微机室。禹城一中、综合高中、齐鲁中学投资 100 万元建成校园网，齐鲁中学投资 60 万元为所有教师配齐办公微机。

2007 年，通过全国农村中小学远程教育工程，全市投资 250 万元，实现“天网”全部接入农村中小学。2008 年，德州市教育局对禹城市教育局和高中信息化建设进行验收，禹城电教教学设施达到配备标准，验收全部合格。2009 年，全市投资 150 万元，全部中学实现班班多媒体教学。2009 年，对全市 81 处中小学实验室、仪器室及其他有关功能室、器材室进行改造和修缮后，购置配备合格的教学仪器。年底，禹城市获得“山东省仪器先进工作单位”。

2010 年，市教育局投入 170 余万元，公开招标采购 512 台教师用微机。同年，投资 150 万元，为全市农村中小学购置篮球架、乒乓球台等体育器材和电子视力表、血压计、体重计等卫生器材。

第三章　职业教育

第一节　中等职业教育

1986 年，禹城县有第一职业高中（原禹城县张庄第三中学）、第二职业高中（原南北庄“五七”干校）、第三职业高中（原禹城第二中学）、禹城县卫生学校 4 处职业学校。第三职业高中为综合高中，分为普通教育和职业教育。全县有职业学生 3000 余人，教职工 360 人。设有幼儿、建筑、机电、畜牧等专业。

1989 年 5 月，第二职业高中改为禹城县成人中等专业学校。

1990 年，第一职业高中改为禹城县职业中等专业学校，1992 年 10 月从张庄迁址县城，

图 28-3-1　禹城县教师进修学校旧址　（1993 年摄）

1999 年，成为省级重点职业中专。

2000 年，第三职业高级中学改名为齐鲁中学，实施普通教育。

市卫生职业中等专业学校，其前身是县卫生进修学校。1984 年改为禹城县卫生学校。1998 年 12 月，德州市人民政府批复为禹城市卫生职业中等专业学校。1999 年，学校与中国中医研究院、中药研究所组建禹城杏苑实业有限公司，生产口腔系列保健品喷剂。2001 年，经禹城市卫生局批准，成立禹城卫校附属医院。

1988 年 10 月，设立禹城县农业机械化学校。1990 年 6 月，在原禹城县农业机械化学校基础上设立禹城农业机械化职业高级中学。1992 年 5 月，改为德州农业职业中专学校。1994 年 10 月，在德州农机职业中专基础上建立德州机械电子工程学校。设机电、动力、信息、经管 4 系 16 个专业，教职工 138 人，在校生 1260 人。1999 年 5 月，建立山东大禹专修学院，举办高等职业教育。2001 年 9 月，省政府批复在原山东大禹专修学院、德州机电职业中专基础上建立德州科技职业学院，为专科层次的高等职业教育，实行省、市两级领导和管理。2004 年 6 月，学院在青岛即墨市设立德州科技职业学院青岛校区，在校生 7000 余人，形成“一院两区”办学格局。2010 年，申报本科院校准备工作。

2006 年 4 月，在禹城市教师进修学校基础上设立第二职业中等专业学校。原隶属关系、经费渠道、管理体制保持不变，按照“一业为主，多业并举”原则，开展职业教育。

2009 年 9 月，筹设禹城市职业教育中心。位于迎宾路北首，占地 415 亩，建筑面积 20.13 万平方米，投资 4.5 亿，计划 2011 年 6 月交付使用。把禹城市教师进修学校、禹城市第二职业中等专业学校、禹城市技工学校、禹城市成人中专、禹城市卫生职业中等专业学校

图 28-3-2　职教中心外景　（2010 年摄）

并入职业教育中心，原有6个校名同时保留，继续举办中等职业教育（含技工教育）、成人教育和教师教育。2010年2月，被教育部认定为国家级重点中等职业学校。

图 28-3-3　计算机教室　（2010年摄）

第二节　高等职业教育

1988年10月，德州批准设立禹城县农业机械化学校，学校为副科级事业单位，专业培训拖拉机驾驶员、柴油机手等。1989年，批复农机化学校纳入成人教育管理渠道，当年招收委培职业中专班2个，机电专业学生128人。1990年6月5日，批复在原禹城县农机化学校基础上设立禹城农业机械化职业高级中学，招机电专业职业中专生及委培普通中专生200人。1992年5月，批复为德州农机职业中专学校。在校生620人，教职工89人。1994年10月，省政府批复在德州农机职业中专基础上建立德州机械电子工程学校。设有机电、动力、信息、经管4系16个专业，教职工138人，在校生1260人。1999年5月，省教育委员会批复国家教育部备案，建立山东大禹专修学院，举办高等教育。2001年9月，省政府批复在原山东大禹专修学院、德州机电工程学校、德州机电职业中专基础上建立德州科技职业学院，为专科层次的全日制普通高等学校，实行省、市两级领导和管理体制。2004年6月，在青岛即墨市设立德州科技职业学院青岛校区，在校生7000余人。至2010年12月，在校生12000人，教职工860人，来自全国各重点高校。先后获得“省级重点中专学校，省、部级重点中专学校”，首批“国家级重点中专学校”，首批“全国10所就业型重点高校”“全国创建平安校园示范高校”“全国学校规范化管理单位”等荣誉称号。

图 28-3-4　德州科技职业学院新生报到　（2010年摄）

第四章　成人教育

第一节　农民和职工教育

1986年，禹城市成人中专改为禹城县第二职业高中，1989年由山东省教育委员会批准为禹城市成人中等专业学校。动物医学专业是学校的支柱专业，累计毕业学生千余人。1991年秋，三下寿光学习请教冬暖式塑料大棚种菜技术，修建3个标准式冬暖大棚，亩产黄瓜1万余斤。1992年春季举办两期蔬菜种植培训班，培训冬季大棚菜技术员180余人。学校办起兽医门诊、养鸡场、良种花卉果树繁育基地以及食用菌养殖场，便于各专业学生实践实习。1994—1997年，与武装部联合举办预备军人培训班，培训兵源500余人。1998年，学校对全市30%的初三学生进行职业技术教育培训，使学生掌握种植、养殖专业技术。2001年4月学校迁到禹城市区（原禹城二中院内），原校区改为生产实习基地。学校采取联合办学，先后与德州农校、济南服装总公司、济南市公安局保安大队、济南市三职专、德州机电学校、济南天辰塑钢培训学校、淄博职业学院、山东城市服务技术学院等单位联合培训技术人才。2007年年底，市教育局为整合教育资源，提高职业教育综合竞争力，成人中专与教师进修学校（禹城市二职专）合并。2009—2010年，学校响应国家中职招生政策，送教进厂，送教下乡，举办企业管理中专班和涉农中专班。2010年，注册学生1000余人。

至2010年年底，先后开设林果、园艺、动物医学、经济管理、电力、热能动力、医士、服装等专业，举办养鸡、食用菌养殖、冬暖式大棚技术、刺绣等短期培训班，为社会培养各专业中专毕业生3000余人，培训各类学员近万人次。

第二节　自学考试

一、自学考试报名

1986年，禹城县（市）教育局自学考试办公室是德州的报名点之一，自考每年报考两次：12月18—24日报名、来年4月中旬考试；6月18—24日报名、当年10月下旬考试。2002年始，每年增加两次加考机会：5月底或6月初报名、7月上旬考试；11月底或12月初报名、1月中上旬考试。自考改为每年4次。

图28-4-1　自学考试（2010年摄）

至1999年，自考先后开考本、专科专业90多个，专业学科包括文、理、工、农、医、师、法、经、工程、电子、机械等，覆盖社会多个行业领域。2000年、2003年、2007年自考专业计划先后几次调整，有130多个专业。

考生每年6月、12月参加毕业环节和实践环节考试。2010年6月始，试行实践环节、毕业环节网上报名。

二、毕业证办理

自2003年始，禹城毕业考生不再去德州办理毕业手续，直接由禹城市自考办代为办理。考生领取毕业生材料后由本人填写，在自考办审查合格后，采集个人照片及基本信息，集体送交德州市自考办。每年6月、12月办理两次，每年的自考毕业人数在25至50人不等（教师自考除外）。

三、教师助学自考

1998—2006年，根据上级自考办安排，面向全市教师先后组织四批教师助学自考，每批三年左右，学完全部课程后毕业。教师助学自考包括18个本、专科专业。2003年以后，因普通高校的逐年扩招等原因，报考人数逐年递减。

2000—2009年教师助学自考考试情况统计表

表28-4-1

项目＼年	2000	2001	2002	2003	2004	2005	2006	2007	2008	2009
人次	990	1104	1231	1637	1022	996	1009	645	476	331
科次	1802	2016	2246	3380	1890	1843	1884	1221	824	567

第三节　成人高考

成人高考。禹城实行的考试分专科起点升本科（简称专升本）、高中起点升本科（简称高起本）和高职（高专）三个层次，均列入国家招生计划，国家承认学历，参加全国招生统一考试，由山东省统一组织录取。

1991年以前，禹城市成人高考和自考同归县教育局成职教科管理。1992—2000年，成人高考专科升本科报名必须两年工龄以上。2001年开始，专升本不再限定年龄，开始实行网上录取。2002年以前，考生在禹城报名，身份证、毕业证、档案卡等材料一律送交德州审核。2003年始，报名时不再交验证件，由招生学校在考生入学时审核。

2004年以前，成人高考是每年3月份报名，5月份考试。2005年开始，每年8月份报名，10月份考试。

2005年，规定高起专的部分专业课不再考试，只考三门基础课，即语文、数学、外语；专升本考政治、外语和一门专业课；高中起点本科除考语、数、外以外，还要加考一门，文科加考史地、理科加考理化。

2007年开始，山东成人高考报名开始实行网上报名，考生网上报名后，在指定时间到市招办采集照片、确认报考信息。

禹城市部分年份成人高考报名、录取情况表

表 28-4-2　　单位：人

年	报名人数	录取情况
2004	487	236
2005	405	229
2006	335	215
2007	422	291
2008	304	148
2009	389	184

成人高考教材。成人高考用书除大纲全国统一以外，教材、辅导书、试题集都未做规定。

授课方式。成人高考授课方式大体分为脱产、业余及函授三种形式，考生应根据自身情况来选择适合自己的学习形式。

业余。业余授课一般在院校驻地招收学生，安排夜晚或双休日上课，适合在职考生报考。

脱产。年龄较小或者想进入大学校门体验大学生活的考生可选择脱产的形式。脱产学习就是在校内进行全日制学习，其管理方式与普通高校一样，对学生有正常的、相对固定的授课教室、管理要求，有稳定的寒暑假期安排。

函授。其学习形式较适合上班族和业余时间少的考生。函授教学主要以有计划、有组织、有指导自学为主，组织系统的集中面授。函授教学主要环节有：辅导答疑、作业、试验、实习、考试、课程设计、毕业设计及答辩。每学年安排 3 次为期 10 天或半月的集中面授。面向教师招生的院校，面授时间一般为寒暑假。脱产、函授和业余三种学习形式所发毕业证书没有区别。

从 2008 年起，成人高等教育停止招收脱产生。

第四节　广播电视教育

禹城电大站成立于 1989 年 8 月，办公教学地址设在教师进修学校家属院内。教学设备简单，仅有 1 座卫星地面接收站，1 部磁带录像机，1 部盒式录音机，1 台彩色电视机，1 台汽油发电机。专职工作人员 3 名。当年通过普通高考，招收 12 名普通应届高中毕业生，汉语言文学专业，三年制专科，国家承认学历，统一分配工作。

1992 年，学校招收 50 人卫电高师专科班，学生来源主要为县教育系统内在职教师，开设数学、政治两个专业。

1995 年，通过全国成人统一考试，学校与德州电大合招 1 个成人高考专科班，学员 30 人，汉语言文学教育专业。1998 年 7 月至 2001 年 8 月，禹城电大处于停滞状态。

为落实 1999 年教育部“开放教育”精神，于 2001 年秋，经中央电大批准，禹城设德州电大禹城分校（简称禹城电大），当年招生 224 人，专科学员学习、考试在禹城，而本科学员学习在禹城，每年两次到德州电大参加考试。2009 年，禹城电大被中央电大批准成为

图 28-4-2 电大学生在上课 （2010 年摄）

言文学（师范方向）、土木工程（建筑管理方向）、会计学、行政管理（人事系统方向）；专科 10 个，分别是法学、教育管理、行政管理、计算机网络技术（网络管理方向）、金融（金融与财务方向）、会计学（财务会计方向试点）、工商管理（工商企业管理方向）、小学教育、建筑施工与管理、水利水电工程与管理；一村一名大学生计划专科专业 10 个，分别是种子生产与经营、园艺技术、林

本科教学考试点。至 2010 年 9 月，禹城电大批准开办的本、专科专业26 个。其中，本科6 个，分别是金融学、法学（行政执法方向）、汉语业技术、园林技术、畜牧、畜牧兽医、农村行政管理、农业经济管理、中草药栽培技术、农村信息管理。累计招生 1952 人。

第五章　教师

第一节　教师队伍及管理

一、教师素质

1986 年，禹城市小学教师中具有中等师范或者普通高中学历的占 51%，初中教师具有高等院校毕业或肄业学历的占 13%，高中教师具有高等院校毕业学历的占 24%。小学毕业教小学，中学毕业教中学的现象相当普遍，不能适应教育事业发展的要求。2002 年，禹城市开始执行《教师资格条例实施办法》，到 2009 年，禹城市认定在职教师和社会人员达500 余人。至 2010 年年底，研究生学历的教师 12 名，本科学历 1433 名，大专学历 1878 名。

图 28-5-1 教师基本功现场表演 （2010 年摄）

教师学历合格率小学达到100%，初中100%，高中89%。全市有特级教师10人，高级教师781人。生师比高中达到12∶1；初中达到15∶1；小学达到19∶1。

二、民办教师

20世纪80年代，禹城民办教师队伍依然庞大，专业化程度不高，学历、素质参差不齐；工作量过重、教学条件艰苦；待遇偏低、与公办教师同工不同酬、缺乏社会保障、生活困难。1992年8月，国家教委、国家计委、人事部、财政部四部委联合下发《关于进一步改善和加强民办教师工作若干问题的意见》（以下简称《意见》），为贯彻落实《意见》精神，分步骤、分阶段实施，具体办法是贯彻中央"关，转，招，辞，退"五字方针。"关"，是指把民办教师的门关住，不再增加；"转"，是指民转公；"招"，是指通过中师招小学民办教师、师专招初中民办教师、扩大师范学校招收民办教师入学的比例，使适合上学的较年轻的民办教师上学；"辞"，是指辞退不合格而有条件转行的；"退"，是指年龄偏大的退休，发给补助费。至2002年，禹城的民办教师问题得到解决。

三、教师地位

自1986年《中华人民共和国义务教育法》颁布，禹城开展尊师爱教活动，改善教师待遇，每年对优秀教育工作者给予表彰奖励。1994年，落实《中华人民共和国教师法》，对全市教师的权利和义务、资格和任用、培养和培训、考核、待遇、奖励等做法律上的规定，保障教师合法权益。2010年，禹城市有一批优秀教师被选为各级中国共产党代表大会代表、人民代表大会代表、政治协商会议委员，参与决定与管理国家及社会事务。

第二节　继续教育

1992—1995年，禹城市实行省教育厅"三沟通"学历进修形式，70名中小学教师获得"三沟通"本科学历，400名中小学教师获得"三沟通"专科学历，促进一批学历不合格教师知识更新，提高学历达标率。

1996年下半年，下发《关于开展全市小学教师基本功训练的意见》，开展小学教师继续教育，抓好中小学教师基本功训练。市教委在禹城师范举办中小学教师教育教学基本功培训班，按通用基本功、学科基本功、综合基本功三步，层层达标。内容主要有：粉笔、钢笔、毛笔字的书写基本功；即兴演讲的基本知识；常规电教设备的应用；手工制作、板书设计、教案设计、教学论文的撰写等。2001年年底，全市1000余名教师参加中小学基本功训练，获得合格证书。

2002年秋，禹城市小学、初中起始年级正式进入新课改实验阶段，2004年秋，高中起始年级进入新课改实验阶段。根据课程改革要求，市教育局成立禹城市基础教育新课程师资培训领导小组，印发《禹城市基础教育新课程师资培训方案》，培训内容包括通识性培训、课程标准培训和教材培训三部分。基础教育新课程师资培训采取县、乡"集中培训""联片培训"相结合，"骨干培训""全员培训"相结合，"短期面授""长期跟踪指导"相结合，"校本培训""教研教改"相结合等形式进行。齐鲁中学、实验小学为培训基地学校。以《当代教育新理念》《新课程与教学改革》为主要学习内容，禹城市教研室负责培训教师，要求受培训的教师认真写好读书笔记与心得，搞好逐级督察与评比。12月中旬，参加山东省统一考试，对6000名教师进行档案管理，将每位教师的读书笔记、教育教学论文、总结、考试考核成绩记录在案。

2002—2007年，参加省级新课程培训班的小学教师360人次，初中教师达250人次，高中教师100名。全体高中教师参加地级新课

图 28-5-2　教育系统培训活动　（2008 年摄）

程培训班，小学教师参加 1200 人次，初中教师达 800 人次。利用暑期，举办初中、小学各学科县级骨干教师培训班，参训人数达 1500 人次。组织 2800 名教师参加山东省新课程师资培训统一考试，合格率 100%。

自 2003 年，下发《关于中小学教师提高工作实施意见》《关于开展中小学教师校本培训工作的实施意见》《禹城市中小学班主任培训实施方案》《禹城市中小学教师教育技术能力建设实施方案》等系列文件。成立禹城市中小学教师继续教育工作领导小组，确定“教学实践、教学研究、教师培训、教学管理一体化”新思路。开展“送教下乡”和“进城取经”等区域性校本培训。2008 年，4500 名中小学教师办理《校本培训学分登记证书》，开始继续教育学分登记工作。教育局利用学分制度，评估管理，达到学校集中培训制度化，个人学习常态化，引导教师专业化发展。

2007 年，教育局选派 40 名教师参加德州职业学院举办的二期信息技术培训班。培训内容包括基础知识培训（现代教育技术简介、计算机基础知识与基本操作、Windows2000 的基本操作、Office 的基本操作、Internet 初步）和卫星接收系统两部分。

2008—2009 年暑期，对基层教育干部、高中教师、初中骨干教师、农村中小学音乐教师、班主任、校产管理员、幼儿教师进行培训，培训天数总计 63 天。教育系统干部教师参训人数达 5000 人次，参训教师覆盖率 52%。培训内容包括学校发展理论构造、以基础教育课程改革为载体，全面推进素质教育、读书与教师成长、消防与国防教育、班级管理、校产管理等，涵盖中小学教育教学和管理各个方面。邀请省教育厅副厅长张志勇、首都师范大学教授孟繁华、山东教育社总编陶继新、寿光世纪中学郑立平等全国知名专家学者讲座。

2009 年年底，中小学科学发展观进课堂培训 120 人，心理咨询、体育、卫生三种培训 500 人。

至 2010 年，禹城市参加地级以上骨干教师培训 834 人。其中，国家级培训 30 人，省级培训 275 人，地级培训 529 人（包括中小学学科、教育技术培训、班主任培训、教研员培训等）。中小学教师参加省内新课程远程教育教师培训，参训 2225 人次，253 人获得“省级优秀学员”称号。

第六章 教育行政

第一节 教育管理与办学体制

1986—1995年，教育局设20个股室，有办公室、普教股、政工股、计财股、教研室、成教股、集资办公室、史志办公室、师训办公室、审计股、电教站、老干部股、保卫股、勤工俭学办公室、职改办公室、招生办公室、工会、纪检、幼教股、校改办公室。

2009年2月，科室23个，有办公室、综合科、人事科、普教科、计财科、审计科、教研室、教科所、师训科、招生办公室、职成教科、督导室、电教站、幼教科、仪器站、工会、政研室、基建办、安全科、服装厂、勤俭办公室、妇联计生、团委。2009年撤销仪器站，职能归电教站。2010年11月撤销综合科，职能归办公室。

1986年，乡镇有教育组，1993年，教育组改为教育委员会，2002年，撤销委员会改教育办公室，2010年9月，撤销办公室设学校管理办公室，保留五职：总校长、业务校长、教研员、报账员、辅导员。

2010年教育局下属单位24个。

乡镇校办11个：市中办、房寺、十里望、张庄、辛店、梁家、安仁、辛寨、李屯、伦镇、莒镇。

市属学校9个：一中、综合高中、进修学校、齐鲁中学、实验小学、化工总厂小学、铁路学校、特殊教育学校、实验幼儿园。

民办学校4个：华奥、鸣禹、双语、宏禹。

各乡镇（高新区）中小学校归乡镇（高新区）校办管理。

第二节 教育经费

随着经济发展和教育事业规模扩大，教育经费拨款逐年增长。2010年增加到25138万元，是1986年392.6万元的64倍。

1986—2010年禹城县（市）教育事业经费拨款统计表

表28-6-1

年	教育经费拨款（万元）	教师人均年工资（元）	年	教育经费拨款（万元）	教师人均年工资（元）
1986	392.6	—	1994	1591.6	—
1987	416.9	—	1995	2432.6	—
1988	586.7	1920	1996	2769.8	—
1989	721.4	—	1997	2975.6	—
1990	820.6	—	1998	3491.5	6720
1991	912.5	—	1999	3955.4	—
1992	1001.7	—	2000	4778	—
1993	1416.9	—	2001	4960.3	—

续表 28-6-1

年	教育经费拨款（万元）	教师人均年工资（元）	年	教育经费拨款（万元）	教师人均年工资（元）
2002	5353.4	—	2007	14493.9	17832
2003	5461.3	—	2008	17813	—
2004	6425	—	2009	21012	—
2005	6820.8	—	2010	25138	27612
2006	9726.9	—	—	—	—

第三节　教育督导与评估

1996 年 5 月，始设禹城市政府教育督导室，专职督学 2 人，人员由教育局内部调配，负责对全市教育工作的监督、检查、评估和指导工作。

2001 年，制定《关于加强市教育督导室建设的意见》，明确督导室的职责、人员配备条件、工作程序及评估结果的运用等要求。

2004 年，经市机构编制委员会批准，禹城市人民政府教育督导室机构规格设为副科级，编制 3—5 人，人员由教育局内部调配，办公地点设在教育局。每年开展迎接德州市、山东省年度教育工作综合督导评估。

2007 年，开展迎接德州市、山东省以推进素质教育、教育经费保障、督导整改等为重点的年度教育工作专项督导评估。制定《禹城市 2007 年实施素质教育工作督导评估方案》，开展禹城市素质教育工作专项督导评估。

2008 年，开展迎接德州市、山东省以组织领导、教师队伍、普高与中职协调发展、办学行为、办学条件、经费投入等为重点的年度教育工作综合督导评估。制定《禹城市 2008 年教育工作督导评估方案》，开展禹城市教育工作督导评估。市政府办公室印发《关于加强教育督导工作的意见》，形成“调研、督导、评估、评优、整改、验收”督导评估机制。

2009 年，开展迎接德州市、山东省中小学体育卫生工作专项督导评估。制定《禹城市教育工作督导评估细则》和《禹城市中小学体育卫生工作专项督导评估细则》，并组织实施。2009 年，教育局出台《禹城市教育督导工作奖惩办法》，实施工作目标责任制和责任追究制。

图 28-6-1　禹城市教育局学校管理督导会议　（2008 年摄）

2010 年，开展迎接山东省 2010 年度职业教育和三项工程督导评估和德州市 2010 年度教育工作综合督导评估。制定《禹城市 2010 年度教育工作督导评估实施方案》（禹教字〔2010〕52 号）。印发《关于建立和完善督导责任区制度的意见》和《关于开展“德州市示范学校”创建活动的通知》。

第二十九篇

文化　体育

1986年后，城乡文化设施逐步完善，群众文化活动日趋活跃。2001年9月17日，禹城市大禹文化研究会成立，研究大禹治水的史实及其对龙山文化的影响和对禹城乃至中华民族的重大贡献。2007年7月，为满足城乡人民文化生活，禹城市委、市政府投资建起“图书馆和孙康美术馆”。积极鼓励、发展民间文化组织，2010年，全市有各种艺术表演团体20个，群众文化馆、艺术馆、公共图书馆、档案馆各1处，乡镇综合文化站11处，广播、电视人口覆盖率均达到100%，建立起县、乡镇（街道）、村为主题的三级档案管理体系。禹城历史悠久，文化遗迹众多，在物质文化遗产方面，已探明不可移动文物134处。馆藏文物76件。挖掘非物质文化项目433个，其中包括大禹治水在禹城的传说和禹城扒鸡制作工艺。

1986—2010年，群众体育活动遍及城乡，老年体育队伍也不断发展。在山东省、德州市举办的各项体育赛事中连连夺冠。向市级以上运动队输送优秀队员73人，培养体育类本科生300余人。2010年荣获全国群众体育工作先进单位、全民健身活动国家级先进单位。

第一章　群众文化

1986 年，禹城县文化馆设音乐组、文学组、美术组、图书（文物）组、后勤组。干部职工 23 人。1990 年，调整改设内部机构，设文艺辅导部、文学辅导部（监管文物）、美术辅导部、办公室、图书室，干部职工 26 人。1993 年，文化局与体委合并，称为禹城市文化体育委员会，为事业单位。2002 年 2 月，禹城市文化局与市体育局分开单列，各有分管工作。

第一节　文化实体

一、文化馆

1987 年，文化馆始建业余艺术团。平时进行节目排练，每遇重大节日和重要会议组织文艺晚会。文化馆经多次改建，2000 年，馆舍建筑面积达 3100 平方米，内部设施、功能齐全。在文化部第二次全国文化馆评估定级工作中，被评定为国家一级文化馆。承办和参与各级大型群众文化活动，开展经常性文化下乡活动，繁荣活跃文艺创作，开设不同艺术门类的培训、辅导活动。2005 年，经禹城市政府批准成立禹城市艺术团，与企业联姻，演职员劳动关系隶属企业。禹城市艺术团根据企业需求，创作编排文艺节目为企业发展增添活力；企业投资 50 余万元，购置流动舞台车、室外音响。禹城市艺术团与中农润田化工有限公司、保龄宝公司、电力总公司、大禹龙神酒业有限公司、东君乳业公司等企业合作演出 100 余场次。

二、乡镇文化站

1986 年，禹城县设有 19 个文化站，即每乡一个。文化站隶属各乡镇管理，业务由文化馆领导。负责乡镇文化宣传，定时开通村里的广播，是宣传上级政策的主要方式。2000 年，行政机构改制，禹城市有乡镇文化站 12 个。2008 年，禹城市掀起乡镇综合文化站建设热潮，9 月底，集书报阅览、宣传教育、文体活动、科学普及、全民健身等于一体的 11 处乡镇综合文化站建成投入使用。设有文体活动室、影视录像室、文化娱乐厅、节目排练厅、宣传橱窗、辅导培训室等。文化站长重新考核选拔，统一招考 25 名高校毕业生充实乡镇文化站。

图 29-1-1　房寺镇文化站大楼　(2010 年 6 月摄)

三、农村文化室

1986 年，禹城县有百余个初级农村俱乐部（或青年之家），以文艺演出、图书借阅为主要项目。1990 年，农村体制变化，文化活

图 29-1-2 社区文化室 （2008 年摄）

动组织由集聚型转为分散型，俱乐部、青年之家趋于淡化阶段。1991—1999 年，统一改称农村文化室，活动有文艺表演、图书借阅、政治学习、知识讲座、体育比赛等。2000 年，部分村组建起秧歌队、歌咏队、吹奏班等。至 2010 年，社区全部建有文化大院，每年开展群众文化活动。

四、文化信息资源共享工程建设

2008 年，完成文化信息资源共享工程分中心和基层服务点建设任务。收集政治、经济、文化信息资源，整合 300G 的影视资料和多部农业科技资料。至 2010 年，基层服务站点达到“村村通”，市、乡、村三级中心站点年服务人次达 13 万人。

五、图书馆

2007 年 7 月，建成禹城市图书馆（含孙康美术馆），投资 800 万元，建筑面积 3000 平方米。是禹城市藏书、书目检索、信息开发、业务交流协作、文化信息资源共享工程中心。馆藏图书 10 万册，期刊 300 种，报纸 50 种，微机 40 台。下设图书借阅室、报刊阅览室、少儿阅览室、电子阅览室、报刊资料室、地方文献室、采编室、多媒体播放室、中心机房和读书吧等部门。干部职工 15 人，大专以上学历 12 人，专业技术职称 11 人。持证读者 3000 多个，流通读者 12 万人次，当年被评为“禹城市巾帼英雄先进单位”；2008 年，更换图书借阅系统—interlib，报刊阅览室和儿童阅览室购置电脑，实现业务全自动化管理。同年 10 月，被山东省评为“全省文化信息资源共享工程建设与服务先进集体”荣誉称号。至 2009 年，流通图书达 15 万册，解答咨询 800 条，举办各种活动 12 余次。在全国图书馆定级申报中，被评为国家“一级图书馆”。

孙康美术馆内设第一展厅、第二展厅、接待室、陈列室、创作室、储藏室、工作人员办公室等。2010 年，馆藏台湾书画家孙康捐献的书画作品 400 件，其中 200 件为孙康和夫人冯定敏创作的书画作品，200 件以台湾著名书画家为主的书画作品（有台湾书画界泰斗、著名画家杜簦吟、李奇茂的精品佳作，书画大师孙大石的翰墨精品）。

六、禹王亭博物馆

禹王亭博物馆位于禹城市十里望回族乡（镇）境内，山东 101 省道东侧，毗邻城区，交通便利。原址在“文化大革命”期间（1966—1976 年）被拆除。1996 年 5 月，禹城市政府投资 1200 万元，征地 130 余亩建禹王亭博物馆。1997 年建成对外开放。2002 年 4 月，建成仿明清古建筑大型园林式公园。由禹王大殿、东西配殿、钟鼓楼、具丘遗迹、禹王亭和人工湖组成。结构新颖、紧凑、气势恢弘，古朴典雅。南首是一牌坊式山门，门上方为清朝乾隆皇帝题写的“禹王亭”手迹。

拾阶进入山门，南北甬道宽 6 米，两旁栽

图 29-1-3　禹王亭博物馆部分馆藏　（2010 年摄）

种松柏，甬道南端东侧矗立一块石碑，刻着重修禹王亭记碑文；甬道南端西侧，立有两块石碑，刻记重修禹王公园捐款单位名称和捐款个人姓名。院落北部东西两侧，各建有 11 间古式配殿；甬道长 5 米。

大殿正门上方、两檐之间设“禹王殿”鎏金匾额，门两侧立柱有楹联一副，琉璃瓦顶和玺彩道北端是明清建筑模式的禹王大殿。大殿占地面积 300 余平方米，西阔为 5 开间、重檐、歇山、九脊顶，总高度 16.7 米，长 25.4 米，进深 1 米。殿内正中塑一尊禹王坐像，高约 6 米，背后塑玉女手持羽扇侍立两旁。

大院落北门外系“具丘山”（南北长 45 米，东西宽 50 米，高 8 米）。旧志记载：“大禹治水时曾筑此丘，以观察水势”。明清时于土丘上建禹王亭。后年久失修毁之，土丘上建筑物荡然无存。1974 年，山东省、德州市考古人员到此考察，发现有灰土层，并拣到单孔石铲、蛋壳残片、石斧、陶弹丸、陶纺轮等古代文物。经山东省博物馆鉴定，这些文物为龙山文化遗物，具丘山属“龙山文化遗址”。

七、新华书店

1987 年 10 月，禹城县新华书店定为小型企业，正局级单位。1988 年，形成以县新华书店、3 个国营门市部、2 个书亭、5 处乡镇供销社书店、8 处乡镇文教书店、15 个书贩的图书发行网络。1993 年，禹城撤县设市，禹城县新华书店改为禹城市新华书店。当年投资 11.7 万元在“禹王大市场”购 6 间楼房，建成 207 平方米营业网点，人均购书达到 8 元。1998 年，由“闭架售书”改为“开架售书”。1999 年 1 月，综合大楼投入使用，位于汉槐街南临，投资 600 万元，建筑面积 400 平方米。1992 年 11 月，获“全国百县农村图书发行表彰先进单位”；2001 年 7 月，获得第三届全国书刊发行行业成绩优异、服务优良“双优”先进单位。2002 年，与禹城市文化市场经营业户

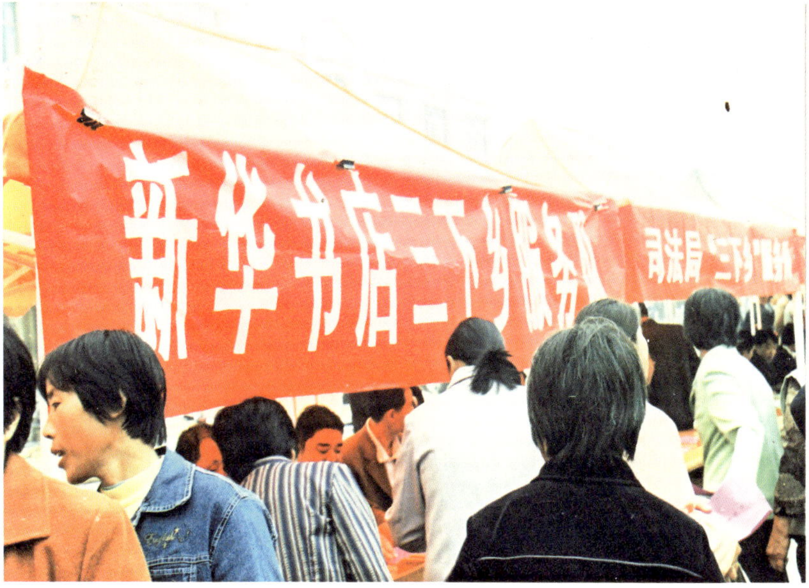

图 29-1-4　新华书店三下乡服务（2007 年摄）

签订“遵纪守法责任书”。2004年，投资5万元，为办公室、财务科、业务科、教材科配备微机，实现与山东省新华书店联网。一般图书销量持续增长，利税52万元。2007年8月，举行山东省新华书店“农家书屋”工程建设启动仪式，分别在市中办西街村、张庄镇黎济寨村、房寺镇邢店村建成标准“农家书屋”。至2010年，销售额达1526万元，比1986年增长16倍。

1986—2010年禹城县（市）新华书店主要指标一览表

表29-1-1

年	发行册数（万本）	销售金额（万元）	税金（万元）
1986	129	90	—
1987	156	118	—
1988	189	160	0.44
1989	322	246	0.24
1990	252	247	5.70
1991	289	265	6.32
1992	279	256	8.45
1993	261	279	7.98
1994	292	391	9.71
1995	248	600	20.72
1996	354	1204	19.08
1997	369	1176	14.93
1998	303	1280	31.74
1999	344	1345	41.19
2000	344	1346	29.87
2001	276	1304	25.57
2002	237	1223	33.48
2003	240	1123	50.93
2004	214	1251	52.19
2005	170	1307	62.50
2006	180	1380	43.27
2007	176	1292	36.22
2008	179	1302	58.56

续表 29-1-1

年	发行册数（万本）	销售金额（万元）	税金（万元）
2009	182	1418	51.40
2010	199	1526	74.72

第二节　文艺团体

一、市属艺术团体

（一）禹城县吕剧团。1985 年，禹城县吕剧团有专职演员和干部职工 50 人，演出主要剧目《小姑贤》《李二嫂改嫁》《红霞》《沙家浜》等，先后应邀去胶东、泰安、石家庄、河南安阳等城乡一带演出。后来观众渐少，经营逐步萧条。1989 年撤销，部分演员办理退休，大部分演员分到县直单位工作。未再建剧团。

（二）文化馆艺术团。始建于 1987 年，团员以县文化馆业务骨干为主，吸收部分文化站长和文艺骨干参加。每年“元旦”“春节”“五一”“国庆”等重大节日和重要会议组织文艺晚会。1995 年，承办《乐星之夜》电视晚会。同年创建中专艺术班，第一期招收学员 21 人，1997 年，招收第二期新生 30 名，采用专业正规教学与实践相结合教学方法。表演的舞蹈《牧歌》《背河》、对口快板《赞王廷江》获山东省首届农民文化艺术演出 1 金 2 银 3 块奖牌。2000 年 1 月，艺术团创编的舞蹈《喊秋》参加全国第十届“群星奖”山东选拔赛，荣获一等奖。2005 年，以文化馆艺术团成员为基础力量，吸收艺术中专班最后一批表演专业学员，成立禹城市艺术团。与企业联姻后年均演出 120 余场次。2007 年，编演的歌舞快板《代表使命重如山》被选调参加全国人大常委会 2007 年迎新春联欢晚会演出。

二、群众艺术团队

（一）银辉艺术团。组建于 2000 年 12 月 25 日，主要以吕剧、京剧为表演形式，是具有地方特色的老年艺术表演团体，共 32 人，邓振英任团长。2001 年 10 月，张振德接任团长。2010 年，发展到 47 人。编排各类文艺节目 100 多个，演出达 90 多场。自编自演的《逛禹城》《四个婆婆夸儿媳》及团歌《银辉之歌》等节目深受群众喜爱。

图 29-1-5　文化馆艺术团演出　（2008 年摄）

（二）夕阳红老年艺术团。始建于 2001 年 5 月，建团时 18 人，至 2010 年，发展到 40 人。其团长由当时“县吕剧团”退休干部张萍担任。该团以歌舞表演为主，唱身边人，演身边事，形式活泼多样。2002 年

10月，代表德州市参加山东省老年文艺电视大赛和山东卫视《老年风采》节目的演出，《晚霞新韵》为禹城市老年人争得荣誉。2003年9月，代表德州市参加全国老年文艺大赛，其舞蹈《阿婆乐》荣获一等奖，2004年，参加山东全省首届老年人文艺大赛获得三等奖。至2010年，自编文体节目100多个，演出300多场。

图 29-1-6　东方红艺术团腰鼓表演　（2009年摄）

（三）东方红老年艺术团。2001年7月1日建团，当时为“东方红腰鼓艺术团”，由朱秀真任团长。2004年10月，更名为东方红艺术团，由曹振芹任团长，柴凤香、方景德任副团长。建团时70人，至2010年，发展到120多人。2010年5月，由柴凤香、朱秀真任正副团长。该团特色是腰鼓和秧歌表演，还自编自演舞蹈、小品等群众喜闻乐见的文艺节目。参加各种活动180多场，在2007年禹城迎春晚会上表演的《禹城新貌》《傻瓜相亲》深受观众喜爱。

（四）永安艺术团。该团建于2008年3月18日。退休干部王志坤任团长。建团时12人，至2010年，发展到28人，分别来自禹城市各学校退休音乐教师和热爱器乐表演的老人。

该团以管弦乐器和传统戏曲表演为主。在2010年庆祝老人节汇演中，演奏的《智取威虎山选段》，得到群众一致好评。

（五）戏迷协会。成立于2001年7月，由退休干部邢仁江任会长，建团时40多人，至2010年，发展到100多人。

图 29-1-7　戏迷协会排练节目　（2009年摄）

开始，以京剧表演为主，后由于吕剧爱好者的加入，增加吕剧表演项目，逐渐成为吕剧在禹城的代表性戏曲社会团体。团结禹城戏曲爱好者、引领禹城戏曲群众文化活动。每年平均组织演出、培训、观摩、交流80多场次。

（六）老龄委夕阳红文学创作组。成立于2002年秋，原名夕阳红报道组。由禹城市委党史办原主任方景德牵头，7位爱好文学创作的离退休人员组成。2007 年，更名为老龄委夕阳红文学创作组。由退休干部刘在臣担任组长，成员 20 名。围绕禹城市工作“中心”，立足基层，将所见所闻，倾注笔端，弘扬正气，鞭挞丑陋，抒发真情实感，反映社会变化，激励人们奋进。至 2010 年，累计各类体裁作品 1100 多篇。其中，国家、省级报刊采用 470 多篇。

（七）太极拳协会。始建于 1989 年，由离休干部封明亚牵头，成员 10 多人，主要以 42 式太极拳、剑为活动项目。

图 29-1-8　农民文化艺术节演出　（2008 年摄）

2003 年 8 月 15 日，正式成立第一届太极拳协会，主席、副主席、委员 19 人，会员 380 多名，项目有陈、杨、孙、吴、武各式太极拳、剑，以及太极扇、棍等项目。

2008 年 6 月 20 日，第二届太极拳协会成立。更名为“太极健身协会”。主席、副主席、委员 17 人，会员 3200 多名。

三、企业艺术团体

1995 年，多数企业建起俱乐部、活动室和业余文艺队伍；兴禹化工集团和禹王亭集团、东方集团等建起业余艺术团、军乐团、威风锣鼓队；光大电力集团建起军乐队；禹城市社建起女子军乐队和高跷秧歌队；明珠大酒店组织舞龙舞狮队，每逢节日和庆典活动都参加表演。自 2005 年文化局艺术团与企业开展联姻后，精心创作编排文艺节目，宣传企业形象，打造企业品牌，与中农润田化工有限公司、保龄宝公司、电力总公司、大禹龙神酒业有限公司、东君乳业公司等企业合作演出 100 余场次。

四、民间艺术

1986 年前后，民间艺术主要有高跷、龙灯、旱船、牛斗虎、跑驴、竹马、鞭鼓等。1991—2000 年，每个乡镇有表演队伍，春节组织在乡镇、村庄演出和进城闹元宵。房寺镇夏庄、梁家镇纪庄、莒镇乡、辛寨镇、伦镇有民间吹打乐。2002 年，两名退休人员从事剪纸艺术。其中，刘桂英剪纸《大禹治水图》曾入选山东省艺术馆美展；2003 年 10 月，禹城市文化馆举办吴平剪纸艺术展。至 2010 年，禹城市组织举办三届吹打乐大赛、六届农民文化艺术节。

第三节　表演场所

一、会议中心礼堂

1982 年，县文化馆将排练厅改建为礼堂，当年 7 月 1 日落成。建筑面积 382 平方米，可容观众 374 人。内设舞台、化妆室。除用于排练、演出文艺节目外，县直机关常在此举行中小型会议。期间经过几次整修，2008 年建成大型会议、演出为一体的会议中心礼堂。

二、禹城电影院

1974 年 10 月，禹城县投资 62 万元，在新县城中心动工兴建人民影院，1978 年年底竣工，占地 12.7 亩。建筑面积 2234 平方米，设座 1214 个，1979 年 1 月营业。后又历次装修、

图 29-1-9　辛寨镇业余文艺队伍演出（2010 年摄）

维护。2005 年，市政府投资 100 多万元对电影院进行彻底改造，观众席变为 1040 个座位，增设暖气、消防等设施。

三、农村文艺舞台

1986 年前后，农村文艺团队盛兴，各村都有自己的特色节目。较好的有房寺镇夏庄、梁家镇纪庄、莒镇乡、辛寨镇、伦镇的民间吹打乐。2005 年后，各社区自发组织文艺团队，有扭秧歌、扇子舞、踩高跷等节目。开展较好的社区有：房寺镇邢店社区、孙楼社区；张庄镇张庄社区、琉璃庙社区、黎济寨社区；市中办石屯社区等。

第四节　文学艺术

一、文学

禹城有业余作者 100 余人。1986—2003 年，许文正、李昌顺、王兴海、李佳伟等业余作者在报刊、杂志发表小说、散文、故事、诗歌等作品 600 余篇（首）。

1989 年，业余作者丁志峰创作的电视剧《心音》拍摄后，在中央、山东、德州等多家电视台播放；退休教师许文正的诗歌多次在台湾《葡萄园》诗刊发表，业余作者邢庆杰、李佳伟出版诗歌和小说专辑。1995 年，程宪利出版《无言的结局》《绝唱》两部小说集，小说《戒指》1996 年获中华人口文化奖一等奖，小说集《绝唱》2002 年获德州市首届精品工程奖。业余作者丁志峰系中国戏剧文学会会员、山东戏剧家协会会员，出版电视文学剧本集《明月集》、戏剧影视剧本集《梨花集》、诗歌散文集《乡情集》及长篇小说《克寇传》。《梨花集》于 2009 年 2 月获德州市第三届精神文明建设“精品工程”奖。禹城文化馆先后 5 次聘请《山东文学》《当代小说》编辑王兆山、孙园璋、崔伟，著名作家张曰凯、尤岭峻、田毅、杨英国为业余作者讲课。1999 年 10 月，禹城文化馆与禹城新华书店联合创办《禹城文化报》，每月一期，至 2010 年，出版发行（免费赠阅）59 期。《禹城文化报》每年举办征文活动，先后举办迎香港回归片文，建国 50 周年、60 周年征文，庆祝建党八十周年征文，大禹文化征文，庆祝禹城建市十周年征文等。现禹城有 10 人为山东省作协会员，22 人为德州市作协会员，2003 年，程先利被选为德州作协副主席。2009 年 10 月，禹城市文学艺术界联合会成立，组织领导禹城市文学创作等活动，组建市作家协会，业余作者达 100 余人，文学创作组织达 5 个。

二、戏曲

禹城原有一个专业剧团—禹城吕剧团。主要剧目有《王定保借当》《借年》《李二嫂改嫁》等，主要演员侯义文、侯义庆、李玉梅、刘恩芳、杨传英等，活跃在山东、河南、河北等地，经常到农村演出。1986 年，排演反映土地承包制的现代戏《希望的田野》（德州戏研室李

图 29-1-10　公园里的戏曲演出 （2009 年摄）

金江编剧）和反映海峡两岸骨肉亲情的现代剧《魂归故里》（禹城吕剧团团长师甲安编剧），参加山东省戏剧艺术节，庞英、王桂珍等 6 人获优秀表演奖。1988 年 5 月，禹城县政府决定，吕剧团撤销，人员给予妥善安置。自此，禹城再没成立专业剧团。1998—1999 年，退休的原吕剧团副团长侯义文曾建一民间吕剧团，主要在乡下演出，1999 年年底解散。

三、曲艺

1986 年后，禹城文化馆曲艺创作演出成果颇丰。文化馆文学部主任秦世森 60 余篇相声、快板、快书、小品在《曲艺》《群众艺术》《农村大众》《黄河民兵》《幽默与笑话》等报刊发表，与文化馆高明华（山东戏校曲艺科毕业）合作，表演的相声获全国奖 10 个，省级奖 60 多个。其中，由秦世森创作，高明华、秦世森合说的相声《五顾茅庐》，1986 年获山东省曲艺大赛创作表演二等奖，全国曲艺大赛优秀奖，作品还获晋、冀、鲁、豫四省“山河杯”三等奖；秦世森创作，高明华、秦世森表演的相声《不和谐的音乐》《吃》《情书趣谈》《谁不说咱王大哥好》等多个相声获省曲艺比赛一等奖；相声《情书趣谈》获中国“马三立杯”相声邀请赛作品三等奖、表演优秀奖；相声《能这样吗》获中国“西岗杯”相声新作三等奖，并参加山东电视台“星光 50”录制播出；相声《不和谐的音乐》获华东六省一市相声小品大赛金奖；相声《选主任》获山东省文化厅文化技能比赛创作、表演一等奖和山东省首届农民文化艺术节金奖；表演的相声《算命》获全国业余曲艺演员大选赛二等奖；《嫦娥调动》获晋、冀、鲁、豫四省“山河杯”表演二等奖。相声《土地爷的哀叹调》获文化部第三届“群星奖”金奖，在中央电视台、山东电视台、上海东方电视台等多家电台、电视台播放。1995 年，高明华被评为晋、冀、鲁、豫四省十大青年笑星。经常参加省、市级大型文化活动及下乡演出。

自 1995 年，禹城市文化馆成立艺术中专班。培养曲艺演员 12 人。1996 年，毕业学生程星、于飞合说的对口快板《赞王廷江》获山东省首届农民文化艺术节银奖；1999 年，合说的相声《心连心》获山东省曲艺比赛二等奖；2003 年，合说的相声《不和谐的音乐》在山东省相声、小品大赛中获二等奖。另外，十几名学曲艺的演员成为群众文化活动中的骨干。文化馆副馆长田发洪自 1997 年开始学习相声、快板，多次在山东省、德州市大赛中获奖，并参加各类晚会演出。2000 年、2003 年两次在山东省相声、小品比赛中获一等奖；2010 年，在山东省第六届小品曲艺大赛中荣获最佳表演奖。秦世森自 1988 年连续三届被选为山东省曲艺家协会理事。高明华、秦世森、田发洪均为中国曲艺家协会会员。

四、音乐与舞蹈

（一）音乐。中国音乐家协会会员、德州

图 29-1-11 大合唱 （2009 年摄）

市音乐家协会副主席邢仁强，国家一级作曲，业余从事音乐创作。至2010年，在《广播歌选》《音乐小杂志》《群众艺术》《天津歌声》等报刊上发表歌曲50余首，其创作的歌曲获国家级奖5个，省级奖20余个，其中，歌曲《村里的孩子》，1992年，获全国青少年优秀歌曲大赛一等奖和文化部第四届“群星奖”铜奖，此作品向全国中小学推荐学唱，在中央电视台，中央人民广播电台多次播放；1991年，其创作的歌曲《喊秋》获全国农民歌曲大赛三等奖；1995年，歌曲《这个世界这个家》获山东省计划生育文艺作品一等奖和中华人口文化奖三等奖；1999年，创作的歌曲《这里没有山》《妈妈的心是我温暖的家》被山东省委宣传部选为庆祝建国50周年推荐歌曲，被收录“青春的旋律”歌曲集出版；2000年，创作歌曲集《故园风》由东北文艺出版社出版；2008年，创作的歌曲《中国糖城》获中央电视台第三届形象歌曲大赛城市形象奖；2009年，歌曲《小秘密》获山东省少儿征歌一等奖；2010年，创作的歌曲《好农民好乡亲》获德州市第三届精品工程奖。杜兴海、王春英演唱的男女声二重唱《洒下一片深情》在全国保密文艺汇演中获优秀奖。杜兴海在山东省青年歌手大赛中获特等奖。王春英在山东省青年歌手大赛中获特等奖，被评为山东省十大歌星，1992年在全国青年歌手民歌邀请赛中获二等奖。2006年，艾宇荣获山东省青年歌手大奖赛民族唱法一等奖。通俗歌手韩玫，两次在山东省农民歌手大奖赛中分获一、二等奖，全国农民歌手大赛中获银奖。

（二）舞蹈。1995年，创办艺术中专班，至2010年，培养舞蹈演员130人。1996年6月，刘梅编舞，邢仁强作曲的舞蹈《迎春》《听房》由艺术中专班学生韩敏、王希涛等表演，参加山东省业余舞蹈比赛，分获二、三

图 29-1-12 文化馆演员排练 （2010 年摄）

等奖。同年 12 月，由刘梅指导，艺术班学生表演的舞蹈《牧歌》《背河》参加山东省首届农民文化艺术节，分获金奖、银奖。2000 年，刘梅编舞、邢仁强作曲的舞蹈《喊秋》获山东省舞蹈大赛一等奖和文化部“群星奖”铜奖。2004 年，由刘梅编舞，艾宇等表演的歌舞《晨练晨练舞红扇》获山东省“四进社区”文艺汇演二等奖。2007 年，舞蹈《喊秋》获山东省第二届青少年舞蹈大赛一等奖。

2002 年，由孟群指导，银辉艺术团表演的舞蹈《晚霞新韵》参加山东省老年文艺调演获二等奖。2003 年，由孟群指导，夕阳红艺术团表演的舞蹈《阿婆乐》获山东省老年电视文艺大赛最佳表演奖。

五、书画与摄影

1988 年，举办全县“女子书画展”。1995 年，有山东省美术协会会员 10 人，山东省书协会会员 3 人。1996 年年底，成立“禹城书画院”，下设办公室、书画创作部、艺术培训部、财务部和营业部，高凤山任院长，委员成员达到 70 余人。高凤山、吕学平、林国良和卞连华、解秀芬、赵金文等 6 人先后被吸收为山东省书法家协会和美术家协会会员。

图 29-1-13 高凤山书写的大禹治水碑文 （2010 年摄于人工湖岸）

1995 年，禹城市省级摄影家协会会员达到 3 人，专业摄影人员主要是照相馆摄影师，以拍摄照片和婚纱照等为主。文学艺术界联合会成立以来，多次举办书画、摄影展。2010 年，禹城市书画家队伍达 100 余人，摄影爱好者达 30 余人。

第五节 文艺活动

一、艺术节

1987 年，禹城县文化馆建立业余艺术团。每年“元旦”“春节”“五一”“国庆”等重大节日和重要会议组织文艺晚会。1997 年，举办首届少儿艺术节；2000 年元旦，举办首届农民文化艺术节，举办歌舞专场、小品曲艺专场、器乐专场等文艺大赛。至 2010 年，举办了六届农民艺术节。

二、艺术比赛

1987 年元旦，吸收群众参加“大家唱”群众文化活动，200 余名歌手报名参赛。1987—1988 年，与企业联合举办两届“骇河杯”歌舞大赛，在德州地区首开先例。每届 300 余名歌手参加。聘请山东省、德州市艺术专家、教授担任评委，当场评分亮分，决出名次进行奖励。1989 年夏季，举办“骇河杯”革命歌曲大赛活动，1000 多人参加决赛，共同高唱《没有共产党就没有新中国》等革命歌曲。1993 年，举办“大厦杯”民间吹打乐比赛，“禹化杯”卡拉歌舞戏曲大赛。1996 年 12 月，举办农村文艺汇演，18 个代表队演出 40 个节目，展示农民精神风貌。5 月 23 日，为纪念《毛泽东在延安文艺座谈会上的讲话》发表 56 周年，在贸易大厦广场举办第二届“大厦杯”民间吹打乐大赛，6支农村民乐队，40余名乐手参加比赛演出，观众达2万人次。2000年后，禹城市文艺汇演数量和档次在德州市第一，180余台节目参加省、地、市的展演活动。

三、文艺晚会

1992年6月，举办《土地颂》电视晚会。1993年，举办《助农乐》电视晚会。同年9月，举办禹城撤县设市大型庆祝晚会。1995年，举办《乐星之夜》电视晚会。1996—1998年，举办“爱国主义教育专题演唱会”21场、“三观、五爱”专题文艺晚会12场、迎香港回归和庆祝中共党的十五大等活动。2000年后，禹城市委、市政府领导更加重视“文化兴市”，注重提高禹城人民的精神生活，特别是文企联姻后，禹城市艺术团精心编排节目。每年不同节日开展主题鲜明的大型晚会。平均每年达到6场。宣传“尊老敬老”“表彰十佳模范人物”“抗洪救灾”“计生宣传”等晚会节目，多次受到上级领导表扬。经常参加省、市级文艺调演，弘扬禹城文化，宣传禹城风貌。

四、消夏晚会

1996年，开始举办消夏文化夜市，利用市民晚上出户纳凉的时间举办各种群众性文体活动。活动期为7月上旬至9月下旬，地点设在县城中心礼堂内外。同年，举办文艺演出14场。活动分别安排文艺晚会、电影、体育比赛等项目。每届夜市均有隆重的开幕式和闭幕式，评选出活动的优秀表演、创作、组织奖。2006年糖城广场开放后，每年的消夏晚会安排在广场举行。至2010年年底，举办文艺演出35场，电影30场。

五、文艺下乡

1986—1995年，每逢春冬农闲，文化馆开展为农民送戏下乡活动，1987年演出11场。1990—1993年，配合禹城县农村社会主义思想教育活动，先后赴50多个村庄，为农民演出改革开放后禹城的变化、宣传计划生育、法制教育等文艺节目。1995年冬，文化馆编排农民喜闻乐见的歌舞、相声、小品等精彩节目，在13个乡镇演出26场。1996年，先后到200多个村庄演出300多场次，观众达21万人次。1997—1998年，先后为农民演出30余场次，观众达8万余人次。1999—2000年，文艺队到10个乡镇21个村，演出21场文艺节目。文化部门把文化下乡作为一项制度坚持下来，特别是2005年文企联姻后，文艺队年下乡达60次以上，满足广大人民群众文化生活需求。

六、元宵灯会

禹城自古以来就有正月挂灯笼的习俗。每逢过春节，家家户户自制各式各样的纸灯笼挂于家门口，以示新春吉祥，红火热闹。1985年春节，县城开始组织“花灯比赛”活动，由各乡镇挑选农民的优秀花灯进城参赛。1994年春节，扩大比赛规模，改称“元宵灯展”。参展花灯除农家提供外，市直单位、企业、乡

图29-1-14 老年艺术团文艺下乡演出（2008年摄）

镇也做灯参展。2000 年后，临街单位配合禹城市的亮化工程，安装楼体轮廓灯、反射灯或行业广告灯、瀑布灯、树木灯等。机械灯 120 多台，造型灯 40 多座，各种彩灯数以千计。

第六节　电影放映

一、电影公司

1986 年，禹城电影公司经理 1 人，副经理 2 人。设有办公室、机修股、宣传股、发行股、财务股。下级影剧院有 3 个录像队，干部职工 56 人。禹城县公社电影队 24 个，8 个户办队，业务由电影公司负责，人员安排管理由禹城县委、县政府管理，担负县、乡镇放映工作。1987 年，公司荣获山东省文化厅颁发的"省电影发行放映先进单位"奖杯。1989 年，荣获国家广播电影电视部颁发的"全国发行放映先进集体"奖牌；荣获德州地区电影公司颁发的全地区发行放映"先进单位""先进股室"锦旗 20 多面，整个电影工作处于全地区电影

图 29-1-15　获"省电影发行放映先进单位"奖杯（1988 年摄）

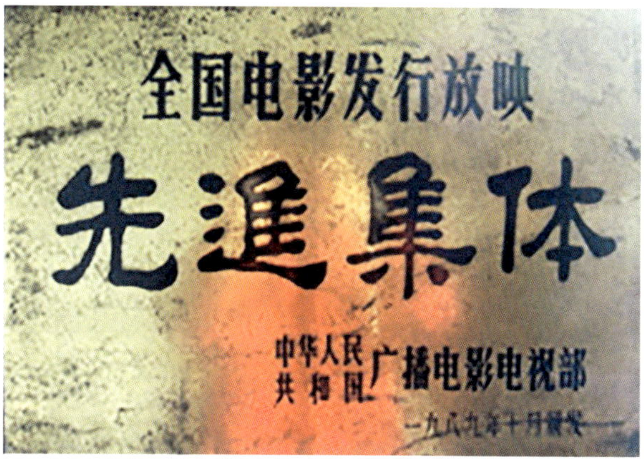

图 29-1-16　荣获"全国电影发行放映先进集体"奖牌（1991 年摄）

行业最前列。自 1991 年，由于受电视普及冲击，电影事业一落千丈。至 1993 年，乡镇电影基本停止。1995 年，禹城市委要求公司学习外地经验开展"全市中小学生爱国主义教育"，公司与教委联合组织全市中小学生观看革命教育片，19 个乡镇电影队重新进入规范化管理轨道。2005 年，市委、市政府投资 100 多万元对影院改造，观众席变为 1040 个座位，增设暖气、消防设施等，后来又几次对影院进行改造装修，影剧院成为集大型会议、文艺汇演、电影放映为一体的综合活动场所。淘汰胶片电影，更换成声像清晰的数字电影放映机，保障放映质量。至 2010 年，禹城市数字电影放映机达 30 台，满足全市放映需求。

二、放映情况

1984 年，电影公司成功操作电影放映预收费工作，放映经费得到保障，电影放映工作稳定发展，有电影放映队 51 个。1990 年年底，电影预收费作为减轻农村负担被取消。1992 年，放映队减为 10 个。1995 年，19 个乡镇电影队重新放映。2001 年后，组织影企联姻放映活动，为企业做宣传，老百姓看上电影，公司增加收入。2007 年，禹城市委组织安排农村公益电影下乡活动，由电影公司组织实施管理，各乡镇电影队负责电影放映。至 2010 年，禹城市村庄 100% 完成放映任务。

1986—2010年禹城县（市）农村放映场次及人次统计表

表 29-1-2

年	场次（次）	观众人数（万人）	年	场次（次）	观众人数（万人）
1986	17040	1022	1999	1320	13
1987	17126	1027	2000	1350	13
1988	12310	615	2001	1310	13
1989	10112	505	2002	1230	12
1990	9829	491	2003	1060	10
1991	8211	328	2004	960	9
1992	2010	80	2005	650	6
1993	210	8	2006	580	6
1994	360	14	2007	1200	24
1995	1450	14	2008	9672	193
1996	1500	15	2009	10886	210
1997	1360	13	2010	12096	240
1998	1440	14	—	—	—

第七节 禹城市报

1998年3月31日，禹城市委宣传部创办内部简报《禹城宣传》，出版150期。2001年7月1日，改为对开四版报纸，出版18期；11月5日更名《禹城市报》，成为中共禹城市委机关报。报社办公地点在市委办公楼四楼。

2002年4月，面向社会公开招聘6名记者，报社办公地点迁至原老干部局三楼。7月13日，举办首届通讯员培训班，培训人员129人。至2003年，先后开办《全线飘红，冲刺争先》《工业生产大会战》《提质增效，唯旗誓夺，再创经济社会发展新局面》等专栏，宣传企业改制、科技创新、工业强市思想。2004年2月，中国著名书画家范曾为《禹城市报》题写报头，自第242期开始使用，出版13期；4月，更名为《禹城纵横》（第255—376期）。

2005年7月1日，恢复使用《禹城市报》报名。这个时期报社围绕全市保持共产党员先进性教育活动，正确把握市委书记陈永华提出的宣传工作要突出“八性”，即：政治性、思想性、鼓动性、逻辑性、新闻性、趣味性、社会性和感悟性。开设《建设社会主义新农村》《全面推动农村合作医疗，把党的温暖送到千家万户》《村通自来水，政策惠百姓》等专栏。宣传全市各行各业涌现出的典型人物和先进经验，反映来自基层群众的呼声和建议，报道三个文明建设所取得的成绩。

2007年，报社办公地点迁至高新区人才资源中心二楼。围绕新一届市委、市政府领导提出的“以德立市、工业强市、整体推进、和谐发展”工作决策，结合“学习实践科学发展观”活动，市报相继开设《创新发展思路，改变发

图 29-1-17　市长张磊（中）到报社指导工作　（2010 年摄）

展方式，提高发展质量，打造经济文化强市》《坚定发展信心，突出工作重点，全力打造经济文化强市》《保增长、保民生、保稳定、促发展》等专栏。

2010 年，围绕市委、市政府提出的坚持“解放思想、放开搞活、集中精力、加快发展”16 字工作方针，确定全面加快建设“一区两地”（科学发展示范区、生物产业基地和装备制造业基地），全力推进富民强市新跨越，打造经济繁荣、城市靓丽、地乡一体、人民幸福、社会和谐的幸福禹城战略，开设《解放思想，放开搞活，集中精力，率先跨越》《全力推进富民强市新跨越》等专栏。至 2010 年年底，出版 916 期。

第八节　文化管理

一、文化市场管理

1989 年，成立禹城县出版管理办公室。开始对图书市场进行清查、清理。1995 年，打掉两个到禹城销售非法出版物的团伙，与工商、公安、广播局、文体委、新闻出版管理办公室等部门对全市文化市场进行大检查，查获各类非法出版物 375 册（盘）。1996 年，成立文化市场领导小组，下设办公室，负责禹城市文化市场管理工作。先后进行 17 次文化市场检查，查出各类非法出版物 1256 册（盘），取缔非法书摊 5 处，净化图书市场。

2000 年，联合文体委、公安局、广电局组成“文化市场稽查大队”，主要负责禹城市文化和新闻出版的稽查管理工作。当年收缴各类非法出版物 4000 余册，码洋 41 万元。2002 年，先后 23 次对禹城市文化市场进行清理和检查，发放新闻出版法律、法规宣传品 3000 份，查缴非法出版物 5458 册。同年 10 月，在新华书店举办“禹城市新闻出版法律、法规”培训班，与全市文化市场经营业户签订《遵纪守法责任书》。

2010 年，禹城市有图书零售摊点 12 家，从业人员 50 人，图书 2.5 万多种，除新华书

图 29-1-18　检查网吧经营情况　（2010 年摄）

店外，其他书店规模较小，效益一般。互联网经营场所 56 家，KTV 等娱乐场所 11 家，音像制品经营场所 10 家，美术品、文物经营场所 3 家。随着文化产业的逐步发展壮大，管理问题越来越成为人们关心和关注的焦点。依据法律、法规，配合教育局打击非正常渠道进货的课外辅导书刊。配合保密局，把机关事业单位的复印打字进行统计管理。着重清理和整顿网吧接纳未成年人问题和音像店经营盗版问题，将带卡拉 OK 的饭店纳入管理范围。配合演出公司打击农村庙会、物资交流会上的色情演出和无证演出团体。整顿吹奏行业，引导其有序发展。

二、演出管理

1987 年，成立“演出管理办公室”，地点设在文体委。其主要任务是管理到禹城演出的外地剧团、歌舞团、杂技团等演出团体。促使其在境内文明演出，合理收费，活跃禹城市农村文化生活。90 年代后，演出管理办公室工作由管理型转变为服务型，净化和规范禹城演出市场，同时为禹城市艺术团开辟演出市场作出贡献。至 2010 年，接待剧团 10 余个，演出 200 余场，繁荣禹城农村演出市场。

第二章　大禹文化研究

2001 年 9 月 17 日，禹城市大禹文化研究会成立，为禹城市人民政府批准注册的群众性文化团体。研究会宗旨为：认真贯彻“百花齐放、百家争鸣”和“古为今用”方针，通过搜集、整理民间历史传说和进行历史考古研究与学术交流，研究大禹治水的史实及其对龙山文化的影响和对禹城乃至中华民族的重大贡献，发掘大禹文化，塑造大禹形象，弘扬大禹精神，提升禹城文化品位，为促进社会主义两个文明建设服务。

研究会设名誉会长、会长、副会长、秘书长、副秘书长、会员若干名。常设办公地址在禹城市文化馆。

第一节　遗址遗迹

一、鬲国国都

山东省考古所研究员张学海在《虞夏时期禹城历史探索》一文中阐述道：“有鬲不在德州市德城区，而在南面不远的禹城、齐河、济阳一带。禹城、济阳聚落群是有鬲氏”。“禹城、济阳聚落群，位于禹城中部、齐河北部和济阳西部，群内已知龙山文化遗址 17 处。其中，禹城境内 9 处，8 处分布在城关镇及其周围乡镇”。按现存的古迹、文物、资料分析，也足以证明禹城老城地下有龙山文化城，应该是鬲国国都。山东省考古所研究员王树明、中国社科院考古研究员曹定云、四川大学教授彭邦本、《鬲与鬲文化》作者鬲向前对这一问题都达成共识。

鬲国是上古时期一个非常著名的方国。而禹城又是有鬲氏族政治、经济、文化活动中心，生存年代约在公元前 2500—1100 年间。尧帝时，茫茫大地遭水淹，黎民百姓皆忧愁，尧命鲧率众治水。舜帝摄政元年，处死治水不力的鲧，命鲧的儿子禹继续治水。大禹初进禹城，先是落足于鬲国都城西南 35 里的高国。有鬲氏族首领得知后，亲自接应大禹来鬲国，并在鬲国国都西 10 里的具丘山为大禹修建一座城堡，作为治水的指挥中心。明代翰林刘士骥在《禹迹亭记》载：“禹台（具丘山）在城西十里，高十仞，广倍之，相传禹所憩也。”1977 年 2 月 23 日，山东省革命委员会将具丘山定为省级重点文物保护单位。当时高氏族是大禹治水的积极响应者，成为治水的主力军。水患平息后，在大禹指导下，开展种植、纺织、制造、修建、养蚕、渔猎、牧养、编织、行医、制药等，逐渐发展成为文明、进步的氏族国家。

二、禹王亭遗址

位于十里望回族镇十里望村。相传，当年大禹治水时以观水势，曾率众在此筑高台。后人为纪念大禹，唐代或更早在遗址上修建亭庙，历代香火极盛。因战乱灾祸，亭庙多次被毁重建。20 世纪 60 年代，禹王亭再次坍塌，仅剩台状土丘，具丘土亦逐年流失，现丘高 8 米，占地面积 2000 余平方米，土丘上堆积大量陶片。1974 年发现灰土层，并陆续捡到单孔石铲、研磨器、石斧、陶纺轮、卜甲等文物，地表以下的灰土层和深灰土层里含有大量的早期陶片，经山东省博物馆鉴定为龙山文化遗址。1977 年 12 月 23 日，被山东省革命委员会公布为省级文物保护单位，保护面积为 59927 平方米，保护区内两米以下仍有文化层，至今未经发掘。

1995 年，政府投资，重修禹王殿和禹王亭，并成立禹王亭博物馆，向游人开放。2006 年，被评为“AA 级旅游景点”。中国先秦史学会曾于 2002 年和 2007 年两次在禹城召开大禹文化研讨会，先秦史学会据此遗址及其他相关史料，一致认为禹城为大禹治水功成之地。

禹王亭遗址的发现对研究早期人类的生活形态以及分布具有较高的参考价值，同时对研究大禹文化及先秦历史具有极高的研究价值。

三、德泉寺

德泉寺位于禹城辛店镇西十华里处，古名寺之一，俗称草寺，又称大寺。始建于何时，不详，至道光十三年前，已因多年失修成为一片废墟。该寺周围之村庄都以寺的相对方位命名，如：寺前刘、寺西李、寺后李等。德泉寺重建复兴后，规模宏伟壮观：大殿四楹，内奉释迎、文殊、普贤等护法善神，虆金眩目，高逾六尺；十八尊阿罗汉，金光灿烂，耀目生辉；大殿东西各建禅房二间，附香积橱五间；大殿前有天王殿一座，内奉四大天王像；天王殿东西有廊房四楹，供奉观音菩萨像；另有伽兰祠一所，神像俱全，千异百状；山门一处，两侧有耳房，僧徒住所并储存诸样法器；山门内左右空地，矗立两通雕龙大碑；大殿前左有参天翠柏，右有古槐，两两成双，对称栽植；寺前辟一广阔平坦的广场，供进香人等及庙会使用；广场四周广植树木、花卉、香草，更有寺属耕地若干，共占地 250 余亩。山门内还有东跨院一处，设私塾，供远乡近村学生诵读诗文。禅师法德和尚结庵于此，住持方丈，遂成名寺。

德泉寺前，年年举办二月庙会。二月庙会的创办人名叫董海，此人系辛店镇董庄人氏，是当地乡绅大户。道光十三年捐资建寺时，不吝解囊慨献，遂负盛名。二月庙会会期一般 5—7 天，所得会费，一部分用于会上的开支，一部分按会社成员分给一定的股金，余下部分全部捐给德泉寺做施善费用。二月庙会的主要内容是商业买卖，其次是文娱活动。文娱活动主要是唱戏、看戏。除戏班唱戏外，另有各种杂耍。有爬刀山的、打牛胯骨的、扮擂子戏的、驯兽的、玩猴的、说书的、拉洋片的，五花八门，无所不有。庙会为德泉寺传名，德泉寺的香火也就兴旺起来。1937 年抗日战争爆发。德泉寺成一片废墟，仅存一个碑座。

四、广圣寺

房寺镇九圣庙（又名九神庙）村西首，原有一座广圣寺（又名广圣禅林），系明朝万历年间由当地百姓募捐建成，面积 4676 平方米，民国前曾被列为禹城“古迹圣地”。该寺庙在“文化大革命”期间被毁。

据《禹城县志》（民国版）记载：广圣寺“地势空旷，环境幽雅，古木高耸，绿茵遮天”。

该寺坐北朝南，前后有南海大士殿、佛爷殿和白玉菩萨殿，殿门上高悬“大慈大悲”“佛光普照”等金字横匾。山门左右两侧分设钟楼、鼓楼。全寺为三进院落，设大小门庭12个。殿后有一宽敞大院，院中种植各色树木花草，供游人小憩。寺庙为砖木结构，其做工精良，典雅别致，静穆壮观。殿内雕梁画栋，奇光异彩，鸟兽虫鱼、山峦奇峰跃然其上。庙内神像高约两米，均用香木雕刻而成，其姿态各异且惟妙惟肖。寺内每日晨钟暮鼓，香火缭绕，佛事兴旺，前来祈福还愿、顶礼膜拜者络绎不绝。

五、五龙寺

始建于唐宋时期，毁于建国初期，曾是禹城境内著名佛教圣地。该寺位于房寺镇崔李村，系本村三个寺庙（西寺、南寺、北寺）中的北寺。它坐落于村子东北部，由前殿、后殿（各三间）组成，前殿正中供奉着如来佛祖，两个门柱及后梁和脊檩上分别雕有一条盘柱巨龙，五龙寺由此而得名。南寺与北寺一道相隔，名曰三圣奶奶庙；西寺位于村西南，名曰关帝庙。五龙寺有庙地50亩，以出租土地为主要活动经费来源。中华人民共和国成立后土改时，庙地被分给本村民众。五龙寺是中华人民共和国成立后留存时间最长、最完好，且有僧人住持寺院事务最长的寺院（1955年禹城仅存两处）。

六、白塔寺

白塔寺初号曰“古法海禅寺”，金、元朝代时改名为“白塔寺”。原白塔寺分东西两个院子，东院子南北长80多米，东西宽50米。进得南门（山门）是一个前院，东西各有厢房3间，院正中有硬路（砖铺）通往北边的大殿。大殿名大佛殿，有三大间，东西长20米，南北宽8米，高10米，门庭廊沿雕梁画栋。进得殿门，哼哈二将分列两旁，浓眉大眼，形状怪异；殿中央为释迦牟尼像，有4米多高，安详地坐在高台（底座）之上;殿周围有18罗汉，形态各异，相貌逼真。西院与东院相邻，有梢门相通，位置稍靠前，南北长40米、东西宽20米，北屋4间、西屋5间，是僧人饮食起居之地。

1943年，由区长段仁升（原大程乡曲庄人）主持在白塔寺建立高级小学，成为周围几十里内最早的高级小学，解放战争中学校停办。1950年春，正式建立“白塔寺小学”（石屯区完小），首任校长为于洪祥。1950年秋，因大殿成为危房，校长于洪祥上报县文教局，经批准把大殿拆除。原位于寺院硬路两侧的石碑（分别为“重修白塔寺记”和“功德主善人”），在“文化大革命”（1966—1976年）中被推倒弃于学校院内空地上。1996年，由时任白塔寺小学校长杜传礼（房寺吴庄人）牵头，经市文化局与原善集乡政府协商，出资1万元，请曲阜工匠补修，由校长杜传礼操办，重新把碑树起。

七、张汉桥

在禹城东北距老县城十里的徒骇河上有一座大桥，名曰张汉桥（也曾叫广通桥）。明朝成化年间，河西刘庄有一位姓张名汉的大善

图29-2-1 白塔寺小学校内石碑（2009年摄）

人，看到往来客商车马难行，且时有失足落水溺死者，坐视不忍，毅然购置砖石、木料，召集民工修建一座九孔桥，并在河西路南修建一座真武庙，以镇桥、河。往来客商及当地百姓无不欢欣，张汉之名声遂为大震，人们便不约而同地称此桥为张汉桥。后又补桥并加添桥五孔，修成十四孔桥，比原来更壮观。万历三十二年（1604 年）秋，阴雨连绵，河水猛涨，又将桥冲塌。随即又有刘豹、张茂芳等义士为首，倡设基金会，召集乡民重修大桥，且增添二孔，遂建成十六孔大桥。为表彰张、刘诸君先后数次修建增补桥梁之义举，颂扬他们的功德，众乡绅恭请赐进士第巡按山西监察御史临邑邢侗撰写纪念碑，并根据文人雅士们的提议，将桥名改为“广通桥”。碑名曰《重建广通桥碑记》。可是人们仍习惯叫它张汉桥。

至 1937 年卢沟桥事变后，日本帝国主义侵入中原，其出于军事及经济侵略之目的，便奴役当地百姓为他们扩修从临邑至禹城火车站的公路（当时人称汽车道），并修建一座五孔石桥（此桥在原张汉桥北约一里处）。桥上装有雁齿护栏，挺洋气，故当地人称“洋桥”。自从有这座洋桥之后，原来清末修的旧砖桥仍伏卧于河床之上。20 世纪 60 年代初，在“一定要根治海河”号召下，举国上下大搞水利建设，随着徒骇河的拓宽、加深，原来的旧桥和被称为“洋桥”的新桥一并被民工们的独轮车及撅锨除掉，代之而起的是钢筋水泥浇铸的现代化大桥。

第二节　文献记载

史料载：“炎帝时代，炎之后裔居高国（即禹城）”；“唐虞时代，禹息，城为禹息城”。此是说夏禹在禹城建邑。“夏殷时代，兖州之域，兖州国无考，古用国，都禹息城”；“商周时代，兖州地，武王封黄帝后於此，祝国”；“春秋战国时期，称祝柯，齐邑，东柯，古祝国，黄帝之后。古东柯，齐为柯”；“秦时，属齐郡，罢侯置守地”；“汉时，始置祝阿县，属平原郡。阿阳城、龙额城、瑗城均在县内”；“东晋时，祝阿地入赵、入燕、入秦”；“南北朝时，属齐州”；“隋朝时，属齐郡”；“唐天宝元年（742 年），玄宗皇帝取城南禹息故城之意，改祝阿县为禹城县”。

一、禹迹亭记

城西南隅地多积水，旧名皇城不知其所，繇或曰：“禹名此”，蓋禹行宫云。或曰：禹台。在城西十里，高十仞，广倍之，相传禹所憩也。彼是则此非矣。余思古帝王无都祝阿者，周封黄帝之所于祝，不得称皇，必以禹故邑，在禹贡兖州之域。兖于九州最下，治水底绩最难计，禹往来非一，此地与禹台丰皆常驻骅与，不然，则行宫在此而筑台十里外，特以相水势与。余尝登台见耕夫牧竖侵掘处，大类王侯冢墓，则台尚属传疑。恶知彼之真而此之假与。余圃近此地爰构亭，题曰“禹迹”嗟呼！禹德远埃，陵谷变迁，江淮河汉大抵非故道，而见者必思禹不置，矧吾邑名禹，而吾圃前地名皇城，顾安能忘禹也。余与客饮酒亭上，醉而歌曰：亭之南城峨峨兮，大禹所过兮。城之北水溯溯兮，大禹所止兮。禹功千载常新兮，吾之亭庶几不湮兮。

二、禹庙

禹庙在西门内，旧祀丽谯楼上。万历十二年（公元 1585 年）知县张克宽改建今地，天启年（公元 1625 年）知县姚德溥重修，置祭田 15 亩。康熙四十年启（公元 1701 年）总河张鹏翮重修城西具丘旁禹迹亭，里民吴以达、吴以逞建。康熙五十三年（公元 1714 年）知县曾九皋，置祭田 54 亩，吏部尚书张鹏暹匾曰：“万世平成”。巡抚岳濬匾曰“功怀疏瀹”。雍正二年（公元 1725 年）改建丘上。此不载祀典，而足跡所至，但豆永之，故首焉。

三、重修禹王庙

邑旧祀神于丽谁楼上，因禹迹所至而祀

之也，宜也，谯楼之上，非所以栖神矣。北畿张邑侯，捐资置地而移，拓三尺椽寸块，悉自囊出，为大门三楹，中门三楹，而角门翼如，两配厢峙如主殿，则漩题耀目而台基高耸，士人过者穆然思明德之远。即愚民无知入其庙，幕不肃然思敬焉。迩来苔侵绣壁溜驳金床，虽门楹拱立，而墙宇倾欹，村夫牧竖以之为乘凉息肩地埃，过者辄为叹息。中州姚邑毅然重修之。首捐重资为市民倡，更置田 50 亩余，供朔望香烛资，邑人人欢呼焉，侯为人平程物静以照人，温然而煦育，皎然而冰雪，善政累累，大者如缮城浚隍興学恤邮等类。其庇吾邑功当不在禹下。余每叹侯之学，如良金在冶，久而弥精，又如深山松柏饮历风雨，愈见遒古。兹庙旧有孤蟒为孽，侯寥寥数语辄遁去，即韩退之之驱鳄，弗过是此，又我邑一段佳话也。遂因禹庙之修，侨以勒诸石是记也，周实政之谱也。

四、禹亭记

具丘山，一卷石耳，而志乃特书之曰禹具，何哉？谓禹昔治水，尝登之以望水势，而八年于外，地平焉，天成焉。以故县号禹城，邑创禹庙，蘲以志不忘禹也。

一日者，闲游登眺，父老环拥而告余曰："此山虽小，一望而无际，称为禹城首景。古有亭焉，以纪禹功；今既废矣，我侯盍重建之。"余也徘徊良久，顾瞻四方，见夫丘之下：委蛇曲折，古漯河也。西川绕绿，水土平也。黍稷翼翼，桑田盛也。杨柳依依，林木茂也。庐舍森森，民居稠也。行旅跻跻，履道坦也。非禹治之孰治是也？爱因父老之言，思大禹之德，乃腹草创焉，塑像焉。置田数亩，招僧而祀之。俾后之过具丘者，咸而指之曰：是即昔日大禹望水处也。将见亭因禹而立者，禹即因亭而存。则禹亭虽微观乎，亦庶几与禹城、禹庙并垂于千古焉耳。

康熙甲午（五十三年）禹城县知县古梅曾九皋撰。

第三节　研究交流活动及成果

一、全国首届禹城大禹文化研讨会

2002 年 4 月 25—26 日，由中国先秦史学会、曲阜师范大学历史系和禹城市人民政府、禹城市大禹文化研究会联合举办的"全国首届禹城大禹文化学术研讨会"在禹城市召开。来自全国 18 个省、市、自治区的 66 位专家学者和当地研究人员参加研讨会。中国先秦史学会会长、中国社科院古代文明研究中心主任、夏商周断代工程首席科学家李学勤，全国政协委员、孔子 77 代嫡孙女孔德懋和有关知名学者、科研单位、学术团体向大会发贺信。

会议收到论文 67 篇，先后进行分组交流研讨和大会发言。与会的专家学者本着"百家争鸣、畅所欲言"的精神，对大禹治水史实和大禹文化内涵及相关课题进行深入探讨，在一些重要学术问题上达成共识。对禹城在大禹治

图 29-2-2　全国首届大禹文化节开幕式（2008 年摄）

水过程中的历史地位问题给予高度关注。会议作出“禹城一带是大禹治水完成导河入海的最后地域”这一权威性结论。确立禹城为大禹治水“导河入海”大功告成之地。进一步确认大禹治水的历史踪迹。

二、全国第二届禹城大禹文化研讨会

2007年9月16日，由中国先秦史学会和禹城市人民政府、禹城市大禹文化研究会联合举办的“全国第二届大禹文化学术研讨会”在禹城市召开。来自全国19个省、市、自治区54所科研机构、高等院校和学术团体的60余位专家学者及当地研究人员参加会议。山东省和德州市有关领导到会祝贺，16家国内新闻媒体对盛会进行采访报道。中国先秦史学会会长、夏商周断代工程专家组组长李学勤和中国国家博物馆、山东省文化厅、四川省大禹研究会等单位和个人向大会发来贺信。与会人员就大禹治水与早期国家的形成、考古发现与夏文化研究、禹城在大禹治水中的地位及大禹精神的传承与历史文化资源的开发利用等课题，进行分组研讨和发言。还举办“全国大禹文化图片展”和“大禹魂”专场文艺晚会。与会学者参观禹城文化设施、城市建设和经济社会发展情况，对禹城市重视发掘大禹文化、弘扬大禹精神的文化远见和经济、社会、文化发展成就给予高度评价和赞赏。会议期间，中国先秦史学会召开理事扩大会议，庆祝中国先秦史学会成立25周年，决定在禹城设立“中国先秦史学会禹城大禹文化研究中心”，进一步确立禹城在大禹文化研究活动中的历史地位。

三、2008年中国禹城首届大禹文化节

2008年5月16日，禹城市举办首届大禹文化节。活动主题是：弘扬大禹精神，支援抗震救灾，促进经济发展，建设美好家园。德州市委常委、宣传部长李艳华宣布禹城首届大禹文化节开幕；宫长为教授宣读《中国先秦史学会在禹城建立大禹文化研究中心的决定》；孟世凯教授为“中国先秦史学会大禹文化研究中心”揭牌；宋镇豪教授发表讲话；德州市副市长陈福祯到会祝贺。首届大禹文化节是禹城市举办两届全国大禹文化学术研讨会之后，又一次大禹文化专题性活动，对深入发掘大禹文化、弘扬大禹精神起到推动与促进作用。

“禹名万古扬，不为丘存亡”。禹城作为大禹治水“导河入海”大功告成之地，在此建有禹息故城。治水与立国为大禹的主要丰功伟绩，所倡导和弘扬的大禹精神，是指大禹率众提壶携浆、筚路蓝缕而战天斗地、移山填海的斗志与精神。虽说大禹治水到过许多地方，可谓“禹迹茫茫”，但以禹命名之地，全国有两个——山东的禹城和河南的禹州。四川省北川县是大禹出生地，绍兴大禹陵是大禹归葬处，而山东禹城则是大禹治水大获成功之地。

第三章　广播电视

1984—1987年，称为禹城县广播电视管理站，1987年，德州地区无线电管理委员会正式批复设置电视差转台，改称为禹城县广播电视局。1988年，由山东省广播电视厅批复名称为“禹城人民广播电台”，1994年，形成以禹城人民广播电台、禹城市电视差转台、禹城有线电视台3台鼎立的宣传部门。经过设备更新，提高技术。自1995年，有线电视陆续进入城区居民家中，1999年，农村有线电视开始发展。至2010年，农村有线电视用户数达5.1万户。电视节目增加到45套，能收看到中央3、5、6、8加密频道。电台硬件建设达到鲁西北地区先进水平，信号覆盖周边县市。

图 29-3-1　禹城市广播电视局外景（2007 年摄）

第一节　广播

1986年，禹城人民广播电台发射功率为50瓦。1994年，电台发射功率为100瓦，采用盒式录音机录音。1996年，采用300瓦无限调频发射机发射，城区通过100只有限音箱传输。电台科室2个，电台新闻部负责向上级电台传稿，电台节目部负责大版块主持人节目。有《现代生活》《骇河晚风》《文艺百花园》等节目。每天播出12个小时。2000年后，有线音箱逐渐消失。2004年7月，开通短信平台，在鲁西北地区率先办起主持人直播节目。2009年4月，更换全部设备，包括3千瓦大功率立体声发射机及天线，直播和录制两套音频工作站。2010年，节目播出时间达17小时以上，其中直播节目达7—8小时，包括《音乐早餐》《音乐在线》《政风行风热线》《五色海》《百姓生活》《103怀旧金曲》《恋曲103》等。

图 29-3-2　禹城电视塔　（2007 年摄）

第二节　电视

一、筹建电视台

1987年，禹城电视差转台开播，发射功率为0.05千瓦，频道为10频道，天线高度为48.5米，采用电子管式发射机。可以召开电视会议，采用微波方式与德州信号联系。1997年，全局搬入新址，相应设备更新，启用高158米的新电视塔，电视发射机更新为3千瓦电子管式发射机，电视信号覆盖面积实现全市无缝覆盖。2000年，购置新型数字摄像机，逐步走入数字时代。至2004年，室内重大活动实现现场直播，采用微波传输信号。至2010年，采用政府采购方式，先后购置数字摄像机、广角镜头、非线性编辑系统、录制播出设备，设备总量和指标走在德州地区前列。

二、电视节目

1986—1987年，由于设备技术等条件制约，除转播中央电视台《新闻联播》及省市新闻节目外，没有设立固定的自办节目。1988年，《禹城新闻》开播，每周一期，每期15分钟，在每周五晚19：50分播出。1994年，禹城新闻部正式成立，归广播电视局管理。1997年，禹城新闻部首次直播。同年，成立专题部开始自办专题节目。《禹城新视点》《生活天地》栏目相继开设，展示禹城政治文化生活。两档栏目合用一个档期，主要为社会各阶层服务，每周播两次。至2009年1月，推出第一档民生类专题节目《和谐视窗》，6月20日，党建频道开播。开播9档栏目，其中《党建园地》《和谐视窗》为自办栏目，《社会生活》《理论课堂》《服务三农》《经典文艺》为半自办节目。2010年3月，《和谐视窗》改版为《民生面对面》。

三、电视广告

1994年，开始做电视广告，主要形式有金曲点播、整版字幕，画面广告等。1998年，广告文艺包段形式出现。2001年，推出《温馨祝福》栏目，免费为观众点歌，提高收视率。2003年，开始12频道滚动字幕广告，每天同时在12个有线电视频道播出，时间达13小时。2004年，多频道滚动字幕发展为24频道。至2007年，引进“制播一体化”播出方式，每天播出时间增至17小时。2008年5月19—21日，全国哀悼日，停止所有广告播出。2010年8月13—15日，停播所有广告，配合禹城市防汛抢险宣传工作。9月，创新广告形式，制作播出第一期《生活零距离》，出现生活小贴吧、信息快报等新的广告形式。

第三节　有线电视入户建设

一、城区有线

1994年5月，开始建设有线电视网络。通过集中供电方式传送电视节目13套。1995—1996年，为城区有线电视发展阶段，覆盖面广，入户率提高。1997年，为解决信号源，从电台新址架设有线电视光缆4千米至旧址禹城市委前。1998年，微波传输14套电视节目覆盖禹城市区。2000年，人民路南段主干街道改造，有线电视第一次入地改造铺设。至2003年，全面淘汰模拟摄像机，换成新型数字摄像机。2006年，更新为3千瓦固态发射机，由电子管式更新为固态后，设备运行稳定，信号指标提高。当年实施主干光缆改造增加光缆点7个。2007年，启用中国发射中星6B鑫诺3号。2010年，行政街主干线复穿光缆1条，新增光接点20余个，提高主干光缆的安全性、可靠性。网内可传

图29-3-3　广电局工作人员录制节目（2008年摄）

图 29-3-4　城区看上有线电视节目（2007 年摄）

输电台节目 45 套。

二、农村有线

1999 年 8 月，广电局与青岛远程有限公司签订合同，全面启动农村有线电视光缆联网工程。2005 年，广电局收回经营权、管理权和建成的网络资产，与五家公司签订承包合同，禹城市农村有线电视第一工程处负责房寺镇、张庄镇；第二工程处负责市中街道办、十里望乡、高新区；德州雪山有线电视服务公司负责李屯乡、伦镇、莒镇；德州视达有线电视服务公司负责辛店镇、梁家镇；德州天嘉有线电视服务有限公司负责辛寨、安仁。2006 年，境内所有自然村全部通上光缆电视信号。2008 年 7 月，农村有线通过德州市“村村通”工程验收。至 2010 年，5.1 万户农村居民收看到和城区居民同样的 45 套高清晰、高质量电视节目。

第四章　文物

禹城市历史悠久，文化遗迹众多。在物质文化遗产方面，已探明不可移动文物 134 处。其中，省级文物保护单位 2 处（禹王亭遗址，窦家遗址）；市县级文物保护单位 26 处，（黎济寨经幢，石门王古墓等），馆藏文物 76 件；禹城市公布非物质文化遗产名录 28 项。其中，大禹治水在禹城的传说、木板大鼓等被列为德州市级非物质文化遗产保护项目。

2005 年，市政府正式出台《禹城市文物保护管理办法》。2007 年 9 月，开展第三次全国文物普查工作。至 2008 年年底，实地普查不可移动文物 134 处。其中，古树 47 棵，石碑零散石刻等 59 个，古墓 2 座（石门王公主陵、孙楼古墓），古墓群 5 处（窦王古墓群、大周古墓群、郎屯古墓群，城西村古墓群、马家林古墓群），古建筑遗址 5 处（张帝庙遗址、三殿庙遗址、官屋庙遗址、龙王庙遗址、白塔寺遗址），古建筑 9 处（御桥韩天主教堂、安仁前寺、韩寨清真寺、高庄清真寺、桂庄清真寺、禚屯清真寺、韩庄清真寺、辛店刘庄古屋、莒镇天主教堂），革命烈士类 2 处（莒镇董屯王克寇烈士陵园、马毅之烈士墓），文化遗址 1 处（房寺范庄唐宋村址），其他 2 处（一中金代大钟、李屯孙付荣村木花轮车），未定性 2 处（李元庄冢子，曹庄冢子）。

第一节　不可移动文物

一、古遗址

（一）将军庙遗址。位于李屯乡前将军庙村西，遗址呈堌状，高约 5 米，总面积约为 2600 平方米。相传该遗址为唐代周德威将军之墓。遗址上原有寺殿、廊房十几间，中华人民共和国成立前国民党杂团在此驻扎，后庙宇被毁。该遗址曾出土过鼎形香炉，彩绘陶壶，均为汉代器物，另捡拾有鬲足，粗细绳陶片，属商周文化。2004 年 11 月 24 日，被德州市人民政府公布为第一批市级文物保护单位。

（二）周尹遗址。位于市中街道办事处周尹村西 80 米处，遗址为堌状，高出地面约 6 米，面积 2000 平方米。1977 年，禹临公路修筑时，将遗址截成两段，西部遗址已无迹象。东部遗址保护良好，曾出土过石斧、骨凿、陶纺轮、陶盆、彩绘陶壶、铜戈等，从出土物品判断是新石器时代龙山文化。2004 年 11 月 24 日，被德州市人民政府公布为第一批市级文物保护单位。

（三）于庄遗址。位于禹城市市中街道办事处于庄村西 500 米，原廿里堡环乡公路北侧，遗址东西北三面被农田环绕。于庄遗址原为堌状，由于农业生产，高台已被铲平，南北长约 75 米，东西宽约 78 米，面积约为 5850 平方米，文化堆积厚约 4 米。地面陶片、残砖随处可见。清朝时遗址之上建有玉皇庙，后倒塌。采集有龙山文化罐残片及石斧，商周夹沙灰陶罐残片。该遗址为研究中原地区新石器文化聚落分布、区域类型等研究提供更加详实的资料。2004 年 11 月 24 日，被德州市人民政府公布为第一批市级文物保护单位。

（四）蒋卢遗址。该遗址位于房寺镇蒋卢村处，故名蒋卢遗址，为一漫坡高台地。1985 年兴修水利时发现，该遗址被一东西沟渠截为南北两块。从沟坡土层分析：1 米以下为汉代文化层，内含大量瓦砾陶片；2 米以下是商周文化层，再往下便是龙山文化层。在沟底发现两个灰坑，坑内含有大量龙山文化陶片：有粗细绳纹，扁足档，颤档，折沿罐口沿，另有 1 件手制宽柄杯。这些器物与禹王亭、邢寨汪、周尹诸遗址出土器物有其共性，依此定为：汉—商—龙山文化遗址。

二、古建筑

（一）御桥韩天主教堂。位于十里望回族镇御桥韩村，是禹城方圆百里规模最大的天主教堂。主教堂始建于 1910 年，由德国人投资、设计，德国神父翰来良、柯书德主持修建，钟楼和经堂为连体结构。后陆续扩建，到 1939 年，形成包括天主堂、神父用房和修女院的宗教建筑群。该建筑全部为砖砌墙体，神父用房共 4 层，坐北朝南，硬山顶，青砖砌墙，面阔 5 间。中华人民共和国成立后，神父办公楼曾关押过

图 29-4-1　御桥韩天主教堂　（2008 年摄）

王耀武等一批国民党高级将领。1966年，邢台地震波及禹城，教堂受到严重破坏，后倒塌，神父起居室和修女院得以保存完好。1993年，西班牙华裔韩成良捐资进行修缮，按原貌重建天主教堂。该教堂为典型的歌德式建筑，对研究西方建筑学具有参考价值。

（二）韩寨清真寺。位于十里望回族镇韩寨村。寺内青松、古柏茂盛、古朴典雅。该清真寺始建于明代，占地21亩，规模宏大，因多年失修，损坏严重。1993年，由该村村民集资修复，是禹城市规模最大、知名度最高的清真寺。

三、古墓葬

（一）徐楼汉墓。位于辛寨镇徐楼村东50米。墓冢呈龟背状，直径约40米，高4米，面积约2284.3平方米。早年间曾局部暴露，为砖砌。冢上有上百棵松树，墓西20米有一水渠，水渠西为徐楼村，其他三面皆为农田。墓内所葬何人，无从考证。墓室结构不详。该墓葬对研究汉代葬制和生活状态提供详实的资料。2004年11月24日，被德州市人民政府公布为第一批市级文物保护单位。

（二）石门王古墓。位于房寺镇石门王村东520米，古墓封土呈堌状，高于地面约3米，面积约2389平方米。封土上长有野生灌木，早期勘探发现为元墓。所葬何人无从考证，墓室结构不详。石门王土丘西侧原建有一寺庙，后为张帝庙遗址。石门王古墓地处有文物点密集的石门王村，对研究石门王村在历史上的地理位置有重要意义。2004年11月24日，被德州市人民政府公布为第一批市级文物保护单位。

（三）大周古墓群。位于辛店镇大周村东南200米，2008年，京沪高铁施工时发现，墓地原为树林，勘探范围为工程征地范围。勘探面积130×30平方米，共发现发掘墓葬27座。墓葬埋藏较浅，地表下10多厘米就有墓葬发现，因植树、取土以及施工平整场地等原因，墓葬大部分均被破坏，砖室墓顶都不存在。砖室墓葬10座，多为圆形，直径在2.6—4.1米之间，砖室墓顶均被破坏，距地表0.12—0.30米。只有M1见棺灰，M18有棺床，均为仰身直肢，其他均被破坏。砖壁残高0.20—1.70米，砌有仿木斗拱、灯台、桌、椅、凳、案、橱、门等结构；2座长方形墓，长2.1—3米、宽1.1—1.3米之间，顶残，墓壁残高0.2—0.3米；砖室墓主要集中墓地南半部。土坑墓葬17座（并穴合葬），为长方形（长2.6—3米、宽1.1—1.3米）和方形（1.1米见方）两种。土坑墓主要集中在墓地北半部。出土文物总计60件。器型以罐、碗为主。其中，瓷器25件、陶器1件、铜镜2面、古钱币20枚、陶墓志瓦10余方、其他2件。根据出土文物判定为北宋时期。

（四）戎庄汉墓群。位于伦镇西北大洼地里，1981年10月，发现该古墓群。墓区近

图29-4-2　石门王古墓　（2008年摄）

3000平方米，大小65座墓，头向不一，东西南北皆有，浅的有一米许，深者2—3米；墓的大小各异，小墓不足2米长，大者3米多，葬式有单人葬与夫妻合葬。该墓群的形制结构均为砖室墓，拱顶、券顶式。墓群规模不大，结构简单，粗制。墓群中有的未被拆毁。依据墓门或墓顶留有盗洞，考古专家确定该墓早年被盗。共出土陶器、铜器、货币等40余件（采集在内）器物。

（五）崔庄汉墓。位于辛寨镇崔庄东北，丰收干渠纵贯南北，将汉墓区截成两块。1976年，在丰收干渠施工时挖出两座汉墓，出土随葬品有绿釉陶鸡、陶狗各1件。这两件器物陶质坚硬、造型美观。存于禹城市文化馆。崔庄汉墓亦为砖室墓，均用带化纹的蓝砖砌成。墓区规模较大，面积2.25万平方米，属于东汉初期。

（六）双槐冢遗址。位于禹城市市中办，由相距600米的两个台状遗址组成，俗称“双槐冢”，亦称“南冢”“北冢”。北冢位于汽车站东50米处，已被破坏，曾发掘东汉墓1座，已夷平改造为汉槐公园。南冢位于禹城市火车站南120米处，面积约7000平方米，文化堆积厚约6.5米。南冢呈堌状，地表散布有各类陶片，周边被水塘包围。该遗址为研究中原地区新石器文化聚落分布、区域类型等研究提供详实资料。2004年11月24日，被德州市人民政府公布为第一批市级文物保护单位。

（七）前后冢。位于禹城市市中办前后冢子村之间，呈漫坡台状。呈梯形，面积约9539平方米。遗址及四周全部为农田，遗址东50米为邓金河。文化堆积距地表深约0.5米，采集有龙山文化石斧、夹沙红陶罐和商代夹砂灰陶绳纹鬲等残片。遗址北部为一汉墓群。曾出土过鬲足、夹砂灰陶、夹砂红陶器物。根据陶器陶质、造型、纹饰等鉴定为汉—商—岳石文化遗址。该遗址为研究平原地区新石器文化聚落分布、区域类型等研究提供详实的资料。

（八）窦冢遗址。位于市中办窦庄村西350米处，为堌堆遗址，高约7米。分布面积约为5364平方米。由于群众开荒种地，高丘四周已整平，加之多年风雨冲刷，土丘已缩小。1974年7月，曾挖出早商灰陶鬲，1976年又捡到残陶纺轮1件。以后陆续出土三孔石刀、残石刀等文物，经鉴定为龙山文化遗址。1996年6月12日，鲁政发〔1992〕77号文件公布此处为省级文物保护单位。

四、革命纪念地

（一）禹城大战遗址。地点在禹城火车站。现存遗址主要是老票房子、水塔。禹城大战是平禹战役的一部分。

在中国解放战争史中是这样叙述的：“抗日战争胜利后，八路军在山东平原、禹城地区对拒降顽抗的日伪军发起战役。为迫使平禹地区的日伪缴械投降，并控制津浦铁路北段，八路军渤海军区于1945年10月16日发起平（原）禹（城）战役，战役分为三个阶段。从10月16日至31日为第一阶段，八路军攻克平原、淄博、南皮等县城。第二阶段自11月1日至20日，以攻歼平禹段铁路沿线之日伪军为主要目标，八路军共攻克平禹段铁路两侧日伪军据点74处，控制铁路40千米，迫使被日伪军于11月1日重占的平原县城完全孤立。11月25日至12月31日为第三阶段，八路军攻占平原、禹城。战役于12月31日结束。”

此役渤海军区部队共毙俘日军约2000人，伪军近万人，攻克县城4座，及津浦铁路沿线许多据点。“禹城大战”属于平禹战役第三阶段的一次决胜性战斗。据史料记载，山东解放军第四前线部队特一团、特二团、骑兵大队，于12月26日向禹城至泺口津浦铁路一线发动全面攻势，先将晏城车站攻克，后将禹城县城及禹城车站攻克，截至1945年12月31日，禹城战斗结束，彻底歼灭日军渡边师团131联队 798 人，生擒大队长山谷悦二郎。获山东军区通令嘉奖。

（二）伦镇革命烈士纪念堂。位于伦镇北。遗址建筑主要是五间革命烈士纪念堂。1945 年春，齐禹县委决定，在寺前李的五龙寺，立革命烈士纪念碑。同年 9 月，在齐禹县委书记张治安、代理县长杨诚的主持下，由 30 余人在村北五龙寺为抗战牺牲的 300 余名烈士立碑，县委并举行隆重的落成仪式。1946 年 7 月，匪首李连祥派人砸断石碑，烧毁五龙寺。当年齐禹县委在五龙寺旧址重立纪念碑。1950 年 5 月，禹城县政府决定，在伦镇境内修建革命烈士纪念亭。由伦镇党委书记秦可明、副书记华希平等 14 人筹办。至 1957 年 4 月，在伦镇北建成一座八角亭，石基高台、红柱青顶，亭上书有“革命烈士纪念亭”七个大字，内置三通石碑，一字排开，中碑重新镌刻。1968 年，伦镇党委又筹资将八角亭改建成两层四方亭；1983 年 4 月，伦镇党委又将四方亭扩建成五开间革命烈士纪念堂，中碑前面刻有碑文，东碑前后、中碑后、西碑前后刻有革命烈士英名 378 人。此为禹城市较完整的革命烈士纪念地之一。

（三）李宗鲁烈士之墓。位于市中街道办寺后李村旁。现存遗址建筑主要是墓碑一座。李宗鲁（1901—1940 年），原名李洪儒，别名徐相善、李洪业、许轩、张旭东。1924 年年初入党，1926 年，组建禹城第一个党支部并任书记。1926 年，组建鲁北特委，任主要负责人。1927 年 1 月，组建鲁北地委，任主要负责人。同年 10 月，鲁北地委改县委，李宗鲁任书记。1928 年 4 月，鲁北县委改特委（辖 11 县），李宗鲁任委员。1929 年 3 月，李宗鲁被捕入狱，同年 7 月 21 日，在邓恩铭领导下越狱脱险，化名潜身佳木斯市。1932 年，任中共满洲省委秘书。1935 年潜回禹城，被特务发现，遂回哈尔滨。“七七”事变后，满洲省委遭到破坏，化名迁居天津。1938 年秋，迁往沈阳，以养鸡业

图 29-4-3　李宗鲁画像（2005 年摄）

为掩护，进行中共党的活动。1940 年在沈阳病故。后来，被追认为山东省著名烈士。1992 年秋，禹城县委和禹城镇党委为纪念禹城第一个党支部书记李宗鲁，在寺后李村李宗鲁墓地立石碑一座，墓碑阳面为“革命烈士李宗鲁之墓”，阴面为烈士生平、事迹。

（四）马毅之之墓。位于梁家镇马桥村西。现存遗址建筑主要是墓碑一座。马毅之（1912—1954 年），原名马云祥，字凤元，1926 年入党。1927 年，在“中共鲁西北临时委员会”任组织委员。1937 年，被选为中共禹城县第一届县委书记。1938 年，被党组织派往范筑先（国民党抗日爱国将领）部政训处，同年 9 月，去延安学习。1942 年 6 月，在抗大六分校任组织科长，兼学员四大队政委。1943 年 1 月，派往太行山军区八分区任组织科长，10 月，任豫西三十五团政委。1944 年 10 月，调河南军区二十五团任政委。1945 年

4 月，任河南军区六分区三旅副政委，10 月，调任鄂北分区政治部主任。1946 年，任东北军区辽宁一分区地委副书记。1947 年 11 月，任辽宁军区独立一师副政委，1948 年 3 月，任武汉警备区政治部副主任。1950 年冬，任四十六军一三八师政委，1952 年 5 月，调武汉中南兵工局任局长。不久，又调中央第二机械工业部任党委副书记。1954 年 2 月，因积劳成疾，大脑患肿瘤而逝世。根据个人遗愿，同年将骨灰运回禹城。在马桥村西，由中央二机部及县政府立碑入葬，碑后刻有生平、事迹，墓地松柏常青。

（五）王克寇烈士纪念堂。位于莒镇乡董屯村。现存遗址建筑主要是王克寇墓碑及纪念堂。王克寇（1916—1944 年），原名王汝清，字明波，1936 年入党，立志克敌救国而更名。1937 年，为县委委员；1938 年，任县委书记；1939 年 9 月，为鲁西区特务第三大队政委；1942 年，为冀鲁豫一分区二团政委；1943 年，兼县委书记和县长。1944 年 4 月，在解放东阿牛角店战斗中牺牲。王克寇一生经历上百次战斗，为建立和保卫齐禹抗日根据地立下赫赫战功，在鲁西北抗战史上写下光辉篇章，最后为民族解放事业献出宝贵生命。他的事迹，在人民中传颂不衰。

禹城县政府及莒镇乡党委于 1975 年建王克寇纪念堂，王克寇墓移于纪念堂前。纪念堂为三间正房，内有王克寇革命事迹展、画展和战友、首长题词。2007 年，民政局和莒镇乡党委、政府共同翻修围墙，新建院门，重建坟墓，硬化墓道，装修纪念堂，重新树碑立传，烈士陵园修缮一新。自 2007 年 4 月 1 日起，重新对外开放。

（六）革命纪念馆。位于禹城一中东侧，2009 年 9 月，建成投入使用，总投资 1500 万元，建筑面积 2200 平方米，水面面积 30 亩。

中间主体为大型展厅，两侧耳房为辅助设施。展厅共分四部分：第一部分为图片文字区，展示第一次国内革命战争、第二次国内革命战争、抗日战争、解放战争和社会主义建设各个历史时期禹城境内中共党的建设与发展、党领导对敌斗争以及重大历史事件的图片与文字说明、革命遗址照片、革命烈士谱、革命烈士和英雄模范人物照片及事迹介绍等；第二部分为革命文物区，展示收集到的自第一次国内革命战争至社会主义建设时期存留下来的革命文物，包括会议记录、通知、书信、路条、票证、武器、任命书、嘉奖令、证书、报纸、刊物以及战争年代用过的物品、缴获敌人的战利品、反动派迫害革命者和人民群众的刑具、器物及文字材料等；第三部分为雕塑区，以群雕为主，立体再现重大革命历史事件，如革命烈士王克寇塑像、津浦路截击日本侵略军塑像、解放禹城塑像等；第四部分为伴景式展览，采用声、光、电等现代科技，再现各个历史时期的重大事件，如抗日战争时期的火烧赵庄、血洗薛官屯、牛

图 29-4-4　革命烈士纪念馆（2009 年摄）

角店战役（王克寇牺牲地）、解放禹城等。

革命纪念馆充分利用原有水面，采取园林式建筑风格，亭台、桥榭与主体建筑巧妙融合，古朴典雅，充满现代气息。成为进行爱国主义和革命传统教育重要基地、改善城市生态和市民生活环境的重要人文景观。

第二节　馆藏文物

至2010年年底，馆藏文物76件。其中，国家一级文物2件，国家二级文物13件，国家三级文物62件。

一、金代三彩瓷盘

该文物属国家一级文物，为粗瓷制品，鼓腹，内壁下部有白绿色相连的两道绘纹，盘底黄色，绿叶白花，红花点缀，圈底平，底内凹。高3.4厘米，口径15厘米，底径9.4厘米。重233克。

二、唐代绿釉瓷缸

该文物属国家二级文物，系粗瓷，胫下腹部上端饰以三道浅沟式的纹饰，腹部涂釉不匀，仍露原瓷色，局部有疤痕，缸内腹壁大部分涂釉，一侧上端有一部分未涂釉，呈乳白色。高16厘米，腹围68厘米，口径15.5厘米，底径10.5厘米。重2004克。

三、清代美人瓷枕

该文物属国家三级文物，该文物系细瓷制品，俗称仙人枕，一美女侧卧，左手抓住印花枕头的一端，质地白釉，腰部饰为蓝白红花，下部两腿并拢后曲，底平，凹心，底围饰为一条蓝色1厘米宽带式的仙人头饰发结，后脑勺有一圆洞，圆洞直径1.9厘米，纵长28厘米，横（腰）9厘米，横（腿）12厘米，高12厘米。重量为1915克。

四、商代禹王亭遗址大小陶纺轮

该文物属国家三级文物，为泥质灰陶制品，小陶纺轮完整，通体制作不规则，不细微，中间有一小孔，直径0.7厘米，纺轮一面平滑，一面有刻画的浅沟纹。直径3.2厘米，厚1.2厘米，周长11厘米。重量为厚19.71克，薄14.81克。

五、清代圣旨

这道圣旨是康熙三十九年（公元1700年）九月初六发布的。长180厘米、宽30.5厘米，用满汉两种文字撰写。圣旨表面已发暗黄色，但字迹清楚，康熙大印红色纯正，品相完好，是德州市唯一保存完好的一件皇帝诏书，对研究清朝时期的文化、风土人情、社会风貌有很大参考价值。圣旨的右半部分为汉文，左半部分为满文。圣旨主要内容是：候选州同杨世泰之父“善积于身、教子有方”，故封为儒林郎；其生母张氏、继母于氏“娴淑有德”，故均封为安人。

第三节　非物质文化

禹城市非物质文化资源丰富，至2010年年底，共普查出非物质文化线索2000多条，项目433个。对部分优秀项目进行全面挖掘和整理，开展各级名录的申报工作。德州市级非物质文化4项；县级非物质文化28项。

一、大禹治水在禹城的传说

在尧舜时期，洪水横流，泛滥天下。鲧受命治水，只堵不疏治水失利，被舜帝处死。便启用鲧之子禹继承父业继续治水。大禹在禹城率众治水，居外十三年，三过家门而不入，排除水患，人民过上安居乐业的日子。大禹治水在禹城遗留下许多遗迹，如禹息故城、禹迹亭、徒骇河、禹堤、具丘山等。几千年来，围绕大禹治水和禹王亭，流传着许多民间传说和神话故事，如“大禹一箭定海疆”“禹息城的来历”“曾九皋重修禹王亭”等，这些故事和传说反映禹城历代人民对大禹的崇敬与爱戴。

具丘千年今犹在，大禹精神传万载。大禹

图 29-4-5　大禹像（2009 年摄）

精神就是“创新、实干、为民、奉献”。大禹治水的传说和故事还体现在它所独有的文学价值，这些民间口头文学，是劳动人民对心目中英雄的赞歌，反映他们的憧憬和愿望；是他们斗争的实录，是生活的教科书，是人们开拓进取的精神动力，具有广泛的社会影响和深远的历史意义。

2002 年 4 月、2007 年 9 月两届“大禹文化研讨会”在禹城召开，与会 72 名专家学者，达成禹城是大禹治水“导河入海”功成名就之地的共识。2008 年 5 月 16 日，禹城市举办首届大禹文化节，是继两届全国大禹文化学术研讨会后，又一次大禹文化专题性活动，对深入发掘大禹文化、弘扬大禹精神起到推动与促进作用。

二、禹城扒鸡制作工艺

山东历史传统名吃—五香脱骨扒鸡，最早创产于禹城，因其工艺独特、用料考究、肉烂脱骨、营养丰富等特点而远近闻名。据传乾隆年间就盛传全国，被列为山东贡品之一。1919 年载入《山东各县乡土调查录》，列为《中国名菜谱》145 种名菜之首，有“脱骨扒鸡、宗法禹城”的记载。

制作扒鸡最早的禹城城北月牙湾村民王明奎，其祖辈皆以煮鸡为生。他家把杀好的鸡将两腿交叉别入膛内，把两翅膀从鸡脖的刀口插入，让翅尖从嘴的两侧伸出，然后放上常用的佐料，曰“扒鸡”。后来，为招揽生意，他请一名老中医开丁香、桂皮、花椒、大料、小茴香等 5 味调味品，煮出的扒鸡，大开胃口，那时叫作“五香扒鸡”。王明奎 18 岁那年（清光绪十七年，即公元 1891 年）秋季的一天傍晚，他把 20 多只鸡煮在锅里，灶中多加劈柴，燃起火就去歇息，由于劳累，醒来时天已大亮，炖时大过，锅里的鸡塌下去，一提鸡腿，骨肉分离。他哭笑不得，只好用铁笊篱小心地把鸡捞到篮子里提到县城去卖，并将煮烂的鸡取名叫“五香脱骨扒鸡”。在县衙门口叫喊几声后，“脱骨”二字便引起众人注意，霎时间招来许多食客。从此，他家煮鸡都长时间炖煮，直至脱骨，形成独特的制作工艺。因此，禹城五香脱骨扒鸡便名声大振，南北驰名。于次年年初（1892 年）在德州办起以经营脱骨扒鸡为主的小饭庄，从此，禹城五香脱骨扒鸡便传入德州。另外，王明奎有个儿子叫王吉三，爷俩凭着一手高超的技术，先后在禹城火车站、德州、济南、沾化、利津等地开设扒鸡铺，禹城五香脱骨扒鸡的名声也越来越大。

自从清宣统元年（公元 1909 年）起，随着津浦铁路的修筑和通车，禹城以制作扒鸡为生的人逐渐多起来，其中有一名老厨师名叫王玉亭，是城关马屯村人，他不断改进工艺，制作的扒鸡质量超过王明奎，使扒鸡这一美食更加发扬光大。到民国年间，禹城火车站逐渐添设“福和居”“祥胜居”“八大处”等扒鸡铺，当时就有“闻香下车，品尝为快”之说。

中华人民共和国成立后，禹城扒鸡业有了更快发展。1956年，由公私合营过渡为国营禹城扒鸡厂。禹城扒鸡不断改进加工工艺，提高质量，生产规模日益扩大，经济效益不断提高。改革开放后，实施“种鸡饲养—雏鸡孵化—肉鸡饲养—扒鸡加工—专业销售”生产链条，推动历史名吃禹城扒鸡业的发展。2002年年底，境内已发展扒鸡龙头企业10家，加工户（店）100多家，年产销量达200余万只。金帅、乐星、傻小二、屠记、云亭扒鸡加工企业及其产品美名远扬。特别是禹城市产业化龙头企业德州市金帅食品有限公司生产的金帅牌扒鸡，于2005年荣获扒鸡业第一个“山东名牌”。扒鸡产品质量和产量提高，被沃尔玛等国际超市巨头选定为自有品牌产品，在全国70个大中城市的沃尔玛超市均有销售。受到广大消费者的青睐。新华社、中国新闻社、香港《大众报》等新闻媒体，为禹城扒鸡作专题报道，禹城扒鸡驰名中外、誉满八方。2009年9月，禹城“傻小二”扒鸡被认定为第十一届全运会指定产品，成为禹城扒鸡业的后起之秀。

三、木板大鼓

木板大鼓原流行于河北河间地区，初期演员是半农半艺，后逐渐演变为职业演员，因演出只需鼓、板，有无伴奏均可，适于单人流动演出，得以在北方广泛传播。向北曾对京韵大鼓、西河大鼓、东北大鼓的形成起到重要作用；向南传入山东。本地艺人结合地方特点，在唱腔中融入西河大鼓、山东大鼓曲调，使用本地方言讲唱，形成具有鲁北特点的木板大鼓，活跃于德州、夏津、武城、平原、禹城、临清、临邑、宁津等10余个县市。

禹城地处黄河下游，徒骇河畔，为黄河冲积平原，属龙山文化区域，北靠德州，南临济南，津浦铁路和南京到北京的古驿道从市区通过，多种文化艺术流入此地，木板大鼓这一民间说唱艺术，曾在此广为流传。

图29-4-6　木板大鼓艺人（2008年摄）

木板大鼓的唱腔以河北曲艺中鼓书唱腔为基调，传入山东后，又融入山东大鼓的成分，说白用山东北方方言。曲调以板式平调上下句反复，慢板（一板三眼）为基本板式，中间有快板（即有板无眼无节奏），兼有抒发感情或人物思想骤变的高腔。

禹城流传的木板大鼓是在河北木板大鼓基础上吸收西河大鼓、山东大鼓的曲调和方言，逐渐发展起来，由于地域不同，形成河北、山东两大派别，演唱中形成不同的地方特点。这一曲艺形式，以唱讲历史故事为主，对在群众中普及历史知识、惩恶扬善、传承文化都发挥着重要作用。

四、泡子糕制作工艺

泡子糕以其酥脆香甜、老幼皆宜而誉满大江南北。泡子糕是用米粉（江米或黄米）、糖稀、生油配制而成。制作时先炸泡子，即将江米放入30度温水中，泡至用手捻碎而不粘为宜，捞出晾干，粉碎成面团，入锅加热搅拌，

图 29-4-7　制成的泡子糕　（2006 年摄）

熬成稠糊状和糖稀一并倒入和面机，再加面粉合成面团，用轴擀成约 5 毫米的长方形，用刀切成多层面片，炸至杏黄色。

第二道工序是铺糕。铺糕是用糖稀熬好浆子，再加适量香精、桂花酱，糕泡子入锅搅拌调匀，再把搅好的糕泡倒在案子上摊匀，上面铺一层白糖，撒上青红丝即成。人们常说：“禹城泡子糕有名，食用香甜酥软皆备，实为待客馈赠之佳品”。

五、竹马

“竹马”是民间的一种喜闻乐见的娱乐形式，“马”的造型是用竹蔑扎成，然后用布裹围，系于人的腰间，根据故事情节和要表现的内容加以舞蹈化。

“竹马”在禹城市梁家镇武庄已有几百年的历史，据武庄原禹城曲艺队鼓板书老艺人张吉合讲，在明末清初一东北老艺术携家带口，要饭逃生来到武庄，善良憨厚的武庄乡亲从紧巴日子中，施舍周济这外乡逃荒人家。得以生存的老艺人在武庄一住就是多年，与武庄的邻里人家和睦相处。为报答武庄乡亲们的恩德，老艺人在新年元宵节来临之际，受邻村高跷腿子，老汉推车等民俗的影响，把“竹马”这一当地稀有的民间文艺形式传授给武庄乡亲，老艺人从马身的制作、所穿服装、锣鼓点的伴奏，都毫无保留的言传身教，并把《昭君出塞》这一历史故事编排成戏，用“竹马”来表演，深受当地百姓欢迎，每年元宵佳节，请贴接连不断，白天安排不开，晚上“竹马”里边装上特制的蜡烛表演，更给“竹马”增色不少，因此也有叫“烛竹马”的，武庄的“竹马”也由此名声大增。

六、鞭鼓

“鞭鼓”当地民间艺人也叫鞭打腰鼓。鞭鼓这一民间艺术形式是正月十五闹元宵和踩高跷、玩龙灯、老汉推车等艺术表演形式的一种。

图 29-4-8　竹马表演　（2006 年摄）

腰鼓就是用现在流行的腰鼓，用红绸子系在腰的左侧，左右手各握30公分的木棍，木棍的一端系上用红、兰、绿线搓成的鞭子，鞭长30—70厘米不等（因人而异），鞭子的粗细等同于小拇指。右手握的这根鞭子隔一段一个小结，末梢系上一个线疙瘩，用非常熟练的准确度，配上矫健、潇洒的舞蹈，抽打鼓面。左手这根线鞭子带上有线穗，末梢没有线疙瘩，有一较长穗子，左手主要用鼓槌敲击鼓面和鼓梆，来配合右手舞蹈，因表演舞蹈化，因此叫“鞭鼓舞”。

“鞭鼓”在禹城安仁镇马庄村、姚安村一带流传已有200多年的历史。据马庄村马仁荣老艺人讲，他是跟姚宋村一个叫于安铮的老师傅学的鞭鼓，到马仁荣老艺人这里已是第五代传人，因为各种原因，没有再传。

鞭鼓的表演属于情绪舞，有时一人，但更多时是俩人对打，每每和高跷队伍撂下场子，二人在锣、钗、钹等打击乐的伴奏下，缓步出场，在随后的表演中，有踢腿、矮子步、苏秦背剑、鹞子翻身、张飞骗马等，甚至演员边挥鞭，边翻跟头，边敲鼓，因为大多数鞭鼓艺人学鞭鼓之前，老师先让学武术，以灵活跟头做基础，来完成鞭鼓中的表演。鞭鼓舞表演完一套动作大约需要20分钟，定是大汗淋漓。

七、霸王鞭

禹城城内盛产芒硝，为制作土火药提供原料，城角韩村地处城东北角，制作鞭炮成为这个村的主要家庭副业。据历史记载，在明初因战乱灾荒，此地人口骤减，几近绝迹。朝廷采取大规模迁民，分别来自山西洪洞县、山东诸城县等地的大批移民迁入禹城。城角韩居民有韩姓、徐姓两支，一支来自山西洪洞，另一支韩姓和徐姓来自山东诸城，另有其他地方的人也来到这里安家。迁民到此安家落户后，也带来各自地方的手工技艺和文化。很快，这里就成烟花鞭炮专业村，每年春节前后，几乎家家户户都制造烟花爆竹。先是在本地集市销售，后逐渐远销临邑、陵县周边县。城角韩生产的鞭炮响、烟火花样多、起花飞的高，名声大振。在明末清初，已远销临邑、高唐、陵县、德州、济南、夏津、武城、齐河、惠民等州县。诸城韩氏和徐氏，拿出自己制作的具有特色的烟花鞭炮在大场院里赛花鞭。后来，三氏族的烟花爆竹手工艺人，互相交流，切磋，研制出“十响一咕噜喷花文武鞭”（又称霸王鞭）、钻天猴（起花）、磨花、盆花、猴子爬杆、飞老鼠、地老鼠等多样烟花鞭炮。大约在移民建村后30年，村中长者为庆贺到禹安居乐业和两韩、一徐三氏族的和睦相处，改过去的赛花鞭为一起燃放的烟火会。于是在村里的大场上扎起架子，上面铺上木板，板上摆上各种烟花，架子周围也摆上各种烟花。正月十五晚上，上下各种烟花一起燃放。为怕烟花伤人，在燃放前先有人抡着文武鞭打开场子，然后在远处点燃特制的长信子（导火索）。立时，

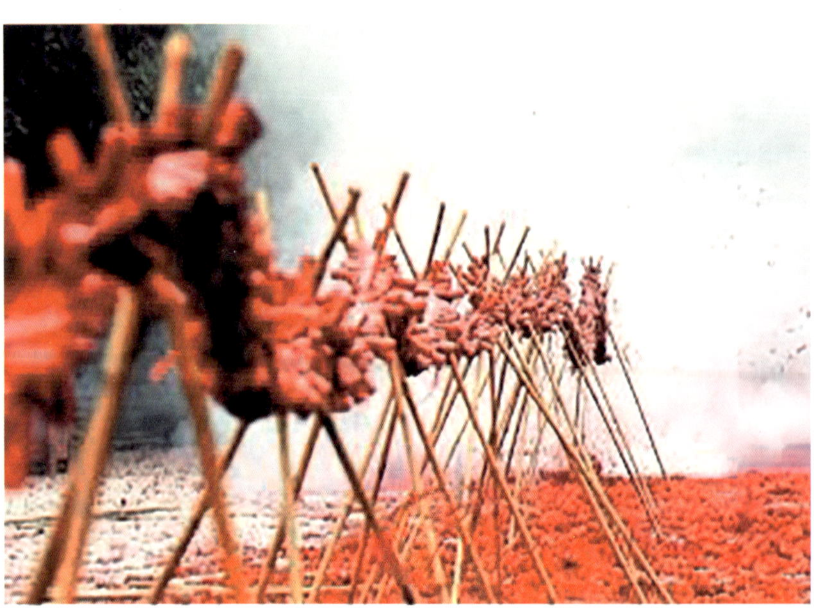

图29-4-9　燃放的霸王鞭（2000年摄）

天地间火树银花，在十几里外都能看到。这次烟火会，给城角韩村人带来自豪和喜悦，很快传遍禹城城乡。城角韩村把这一活动定名为“天地全花（一说为天地开花）文武鞭（又叫霸王鞭）”。

霸王鞭是禹城劳动人民勇气和智慧的象征，人们用他驱出邪恶，昭示太平。

八、散灯

原始习俗正月十五玩花灯。乡下人生活清苦，制作花灯也就因陋就简，主要用平常人家糊窗户的花边纸。浸入棉籽油后再包裹上棉籽或麻籽，拧成包，包上头的撮，是最先点燃的部分，这些乡间自制的“花灯”用篮子盛着拿到野外、路旁，点燃之后，随即离开，相隔三五十米再点燃一个，美之名曰“散灯”，远处观望真如“天女散花”般好看，另外还要把部分“花灯”置放于亲戚和庄乡门口，以示拜望。

图 29-4-10 看散灯 （2000 年摄）

散灯一般持续三天时间，从正月十四到十六日。正月十四晚上，散灯便开始，天刚一擦黑，人们顾不上吃夜饭，就带着自制的“花灯”，互相吆喝着，到野外散灯去。刚开始的时候，一般是先散几个小点的，看远方村子里的动静，这是约定俗成的习惯，几个村子都要比灯，看谁的灯散的时间长，散得亮，散得光圈大。所以大家都是按兵不动，静以待变，先是这个村里散两个灯，马上那个村子也不甘示弱，也要散上两个，算是作个回应。待到周围的几个村子都散上几个以后，大家便明白对手已全部到齐。于是，像是得到统一命令似的，散灯比赛开始。正月十四预赛，正月十五日可就不同，乡下人虽不知道这天就是元宵节，但知道这天最热闹，最好的灯要留在这天用。从下午开始，人们就将毛边纸用油浸泡好，将上好的麻籽准备齐全。大孩子们是散灯的主力，天刚刚黑下来，周围各个村子的灯开始晃动起来，夜幕下，甚是壮观。

第四节 文物保护

1986 年 10 月，成立禹城县文物安全保卫领导小组，印发《文物安全保卫岗位责任细则》。1987 年 10 月，禹城县政府印发《关于进一步加强文物安全保卫管理工作的通知》，要求建立健全各级文物保护组织、制定岗位责任制细则，落实责任。1988 年开始，对禹城县境内的古墓葬、古遗址、古民居等文物古迹每季度巡查一遍。

1990 年 6 月，制定文物仓库管理制度，严禁无关人员进出仓库，严禁外借藏品，定期对馆藏文物进行检查、核对。先后购置铁门、铁窗、铁柜、报警器和灭火器等设备。

1996 年，禹城市 19 个乡镇设立文物保护领导小组，制定禹城市文物管理方面规章制度。同年，禹城市委、市政府决定修建禹王亭古迹，在山东 101 省道与永莘路交叉处，竖立大禹全

图 29-4-11 扩建后的禹王亭博物馆（2002 年摄）

身塑像。

2002 年，对禹王亭公园再次进行扩建修缮。同年 2 月，组建禹王亭博物馆，成立禹城市文物管理处，对禹城市内重要文化遗迹和文物进行专门管理（原有文物归文化局管理）。发展基层文物保护组织 6 个、义务文物保护员 42 人，基层文物保护网络逐步完善。举办文物保护员培训班 4 次，培训学员 200 余人。

至 2010 年年底，在禹城市电视台举办文物法宣传专栏 12 期，宣传文物法律、法规等，刊登文物宣传口号流动字幕；每年 6 月“文化遗产日”，采用摆设宣传板面、悬挂横幅标语、出动宣传车等形式在繁华街道、人员密集的公共场所和文物比较集中的乡镇、自然村进行宣传，发放宣传资料 5000 余份，接受咨询 2500 人次，悬挂宣传条幅 30 余幅。

第五章　档案

第一节　馆库建设

1986 年 10 月，禹城县档案馆新馆落成，砖石混合结构三层，坐落在行政街 547 号县委院内。投资 35 万元，建筑面积为 1184 平方米。其中，库房面积 540 平方米，阅览室面积为 36 平方米，整理室面积 36 平方米。1996—1998 年，投资 4.3 万余元，维修档案楼、空调、去湿机，更换暖气设备，增添铁制档案橱和计算机。至 2010 年，有密集架 540 立方米，铁制档案橱具 187 套。添加复印机、打字机、去湿机、空调、照相机、扫描仪、电视机、全自动温、湿度控制仪、自动报警器、监控设备等档案设备。

第二节　档案馆馆藏

一、档案分类

禹城市档案馆采取的主要方法是组织机构—年代分类法。

图书分九类：马克思列宁主义类；哲学类；政治法律类；军事类；史地类；经济类；文学类；文化、教育、科学类；综合类。资料分六类：综合类、军事类、史料类、统计类、农业类、报刊类。

二、馆藏档案

接收部分撤销、合并及破产企业等单位的档案。从单一的文书档案，扩大为文书档案、科技档案（包括底图、蓝图、硬板图及报表等，主要

图 29-5-1 档案馆密集架 （2006 年摄）

有县地图、区划图、城区规划图、农田水利规划图、基建档案 14 卷）、专门档案（如声像档案、人口普查档案、死亡干部档案、离退职人员档案、开除人员档案、纪律检查档案、干部监察档案、退伍军人档案、书画档案、婚姻档案等）。至 2010 年，馆藏档案 118 个全宗，98276 卷。

三、馆藏资料

总计 14025 册。清朝“康熙”“嘉庆”和民国二十八年编写的《禹城县志》以及《中国共产党禹城县组织史》《禹城县革命烈士谱》《禹城县志》及各（科）局、人民公社志书、禹城县概况和有关政治、经济、文化区划、人口普查、工业普查等方面的统计资料、资源资料。革命历史刊物文件汇编，包括中共渤海区党委创办的《渤海通讯》《建设》；山东省委主办的《山东工作》《组织通讯》《宣传通讯》；中央档案馆汇编的《中共中央文件选编》，山东省档案馆汇编的《山东省革命历史档案选编》；报刊有《人民日报》《解放军报》《新华日报》《新华文摘》《红旗》和《求是》杂志、《大众日报》合订本、《国务院公报》；各专业主管部门的业务文件汇编；“马克思列宁著作”“二十四史”“资治通鉴”“全唐诗”“全宋词”等中外历史书籍和名人传记、伟人著作；各种版本的工具书。保存比较珍贵的历史资料是清朝康熙三十九年九月初六形成的、以汉满两种文字撰写的长 180 厘米、宽 30.5 厘米绢织制成的圣旨一道，其内容为封候选州杨世泰之父为“儒林郎”、继母为“安人”。1996 年 6 月、2009 年 10 月两次面向社会征集禹城籍书画家及有一定造诣的书画爱好者的书画作品进馆，征集书画作品 194 幅。

第三节 管理利用

一、编制检索工具

1991 年，晋升为山东省二级先进档案馆，

图 29-5-2 档案馆开放式书画展 （2008 年摄）

图 29-5-3 手检式检索工具 （2008 年摄）

1994 年，晋升为山东省一级先进档案馆。新增加全引目录 17 本、案卷目录 84 本，人名卡片 1042 张。两次升级工作促进了档案馆检索工具的完善。有全引目录 495 本，专题目录 19 本，案卷目录 3 套 489 本，文件卡片 23500 张，人名卡片 13535 张，文号索引 17 本。1996 年后，档案馆配备 6 台计算机，对 1980 年以前的档案全部建立数据库。至 2010 年年底，著录案卷级目录 7 万多条，文件级目录 12 万条。

二、文书立卷改革

20 世纪 50 年代，档案学界在学习前苏联的基础上，建立档案组“卷”方法。由于立卷方法繁琐复杂，主观随意性大，难以把握案卷质量。2000 年 12 月 6 日，国家档案局发布新的行业标准《归档文件整理规则》，成为机关档案工作的重大改革，以“简化整理、深化检索”为宗旨，取消全国沿用几十年的传统“案卷”整理方法，实行文件级管理，装订以“件”为单位，文件用纸由 16 开统一改为 A4，缓解机关档案工作压力，实现机关文档一体化管理。2002 年，在禹城市普遍推行文书立卷方法改革，组织召开市、乡、村三级档案员培训会，100 多人参加，系统培训《归档文件整理规则》。至 2010 年年底，全市各单位档案管理均按新办法执行。

三、鉴定与销毁

1989 年，对馆内保存的禹城县委、县革委、县人委等三大全宗 3044 卷档案进行标准化、规范化鉴定。1990 年，开始把鉴定工作重点放在各单位档案。馆内有关业务人员组成档案鉴定小组，销毁工作由馆长负责。单位、机关经过鉴定的档案，要定期审查，剔出保管期满的加以销毁。凡需要销毁的档案材料，以全宗为单位，编制销毁清册，严格履行批准手续。

四、档案利用

1986—2010 年，档案馆接待查询者 21896 人次，提供利用档案、资料 53542 卷（册）。利用档案为 6000 余名退伍军人得到国家补助；为 2000 多名退职下放干部职工提供历史证据，解决生活补助；在土地确权中，提供有关证据材料，解决上百次土地纠纷，为国家节约资金百万元以上。

五、档案开放

遵照《中华人民共和国档案法》关于“国家档案馆保管的档案，一般应当自形成之日起满 30 年向社会开放”的规定，于 1988 年 5 月，首批开放革命历史档案 6 卷。1991 年 5 月，档案馆将现行文件，作为第二批向社会开放。至 2010 年年底，馆内 1979 年前所形成的档案文件全部陆续向社会开放。

第四节 基层档案

1986 年，各单位档案设施落后，档案装具一般是木质档案柜，多数单位没有专门档案室，立卷工作由各级办公室或秘书完成。1987 年 9 月，《中华人民共和国档案法》颁布，各单位建立机关综合档案室，将文书、科技、会计、人事等各类档案实行集中统一管理。

一、机关档案

1988 年，在全县推行档案目标管理上升等级活动。至 1996 年，全市 68 个单位档案管理工作分别达到山东省、国家级先进标准。各基层档案室建立科技档案、会计档案、教学档案、诉讼档案、艺术档案、审计档案、婚姻档案等。1997—2000 年，禹城市建立各类档案室 156 个，实行综合管理的 89 个；室藏档案 17956 卷，图书资料 15237 册，配备专职档案人员 186 人，兼职档案人员 79 人。建立健全《档案收集制度》《管理制度》《保密制度》《借阅制度》《鉴定制度》《销毁制度》等档案管理制度。至 2010 年，累计查阅档案、资料的人员达 14895 人次，提供利用档案 25631 卷(册)。目标管理考核中 3 个单位达到山东省特级档案室；56 个单位达到山东省一级档案室；35 个单位达到山东省二级档案室；21 个单位达到山东省三级档案室。

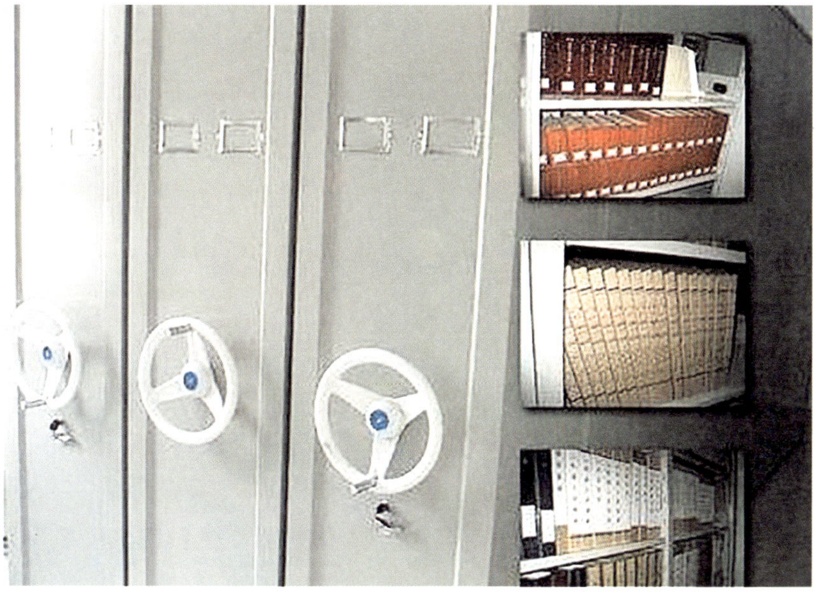

图 29-5-4 机关档案室 （2005 年摄）

二、企业档案

1988 年，依照山东省档案局下发的《企业档案管理升级试行办法》，开展企业档案管理工作上等级活动。至 1996 年年底，禹城市 19 家企业达到目标管理。其中，国家一级 3 家，国家二级 5 家，省（部）级 11 家，占全市企业的 65%。1997 年，实行新的目标管理考核，至 2010 年年底，1 家达到山东省特级；28 家达到山东省一级；16 家达到山东省二级；9 家达到山东省三级。

三、乡镇、村档案

1994 年，把计划生育建档经验延伸到农村。农村现行的“4 表 1 图”全部用档案的形式管理，形成档案 11868 卷。1995 年，开展“五个一”工程建设，即：一书（村党支部、村委会与每个农户签订遵纪守法责任书）；一牌（为评选的遵纪守法户和模范户挂牌）；一册（每户一本常用法律知识手册）；一档（每户建立村民档案）；一制度（建立健全一套奖惩制度）。禹城市政府专门召开全市政法工作会议，部署“五个一”工程建设任务，作为社会治安综合治理重要内容，将村民建档工作列入综合治理千分考核内容。上半年全市 289 个行政村 312667 户村民建档，建档率占禹城市农村的 1/3，下半年由档案局指导，各乡镇建立组织，加强领导，形成市、乡、村三级建档网络。10 月底，农村建档工作全部结束。1996 年，分三批对全市 19 个乡镇的档案进行统一立卷，整理档案 1540 卷，1/3 乡镇晋升为山东省三级先进单位。此后每年乡镇档案要求进行鉴定，再存档保存。2000—2002 年，为配合乡镇机构改革工作，对撤销、合并的 5 个单位的 1254 卷档案及时接收进馆，完善检

图 29-5-5 企业档案 （2009 年摄）

索工作。2003—2005 年，分三批对禹城市 12 个乡镇档案进行整理，总计 2640 件。至 2010 年，禹城市合并为 173 个社区，相关村级档案全部建档管理。

第五节 宣传与执法

一、普法宣传

1987 年，禹城市县委办公室下发《档案系统“三五”法制宣传教育规划、档案事业发展“九五”计划》的文件，重视档案法规的学习。档案局成立法制学习、研讨班，业务人员撰写的“以经济建设为中心，切实加强《中华人民共和国档案法》的理论研究与宣传”的论文被选为 1996 年山东省档案法制工作理论研讨会交流论文。3 人参加山东省举办的档案执法学习班，颁发执法上岗证。1998—2000 年，录制 3 部档案专题片，每年《档案法》颁布纪念日由电视台连续播放。在部门、乡镇开展法制宣传黑板报、宣传栏 268 期（次）。29 条宣传档案法规标语，打印下发到各单位进行张贴。2005 年 5 月 1 日，市档案馆印发《中华人民共和国档案法》和《山东省档案条例》试题，对五大家领导及县直各部门、各企业、各乡镇的党员干部进行测试，平均成绩 96 分。2001—2010 年，制定《禹城市乡镇文书档案归档范围、保管期限和分类大纲》意见、《村级档案管理暂行办法》《村民管理规范》等配套条文规定。

二、执法检查

1987 年，采取巡回检查的方法，健全档案管理机构，完善档案管理制度。1992 年，档案局向禹城县人大常委会作《中华人民共和国档案法》执行情况的汇报，解决档案工作中存在的一些实际问题。1998—2000 年，针对一些单位归档问题，档案局在执法检查中依法发出限期整改通知书 7 份。2000 年，贺友集团、建筑公司、兴达建筑材料股份有限公司达到省级认证。2001—2010 年，每年结合部门业务工作进行一次执法监督检查，发现问题及时纠正。依法管理档案，保证档案齐全完整。

三、业务培训

1987 年，结合当年立卷，分期分批对乡镇、县直机关的文档人员进行轮训，参训 150 人，学习内容是《文书学》《档案管理学》《科技档案管理学》等基础知识。1990 年，对县属企业和产值 50 万元以上的乡镇企业档案员进行培训，9 个企业晋升省级先进，1 个企业晋升为国家二级先进。1995 年，举办档案工作人员培训班 5 期，培训人员 200 人次，印发“机关、团体、企业事业单位档案工作咨询手册”等学习材料。2002 年 3 月，市直和乡（镇）、村档案员近百人参加培训，掌握新的文件整理与归档方法，提高基层档案员的业务素质。1985—2010 年，举办培训班 23 期，培训档案工作人员 3600 多人次。

第六章　体育

图 29-6-1　市委书记闫剑波（中）参加禹城首届全民运动会　（2011 年 5 月摄）

1954 年，成立禹城县体委。1993 年年底，与文化局合并改称禹城市文体委。2000 年 2 月，体委从文体委脱离，成立禹城市体育局，设局长 1 人，副局长 2 人，工作人员 12 人。

禹城自古就有习武强身的优良传统，公元 1315 年，禹城人张起岩考中“武状元”；公元 1859 年，禹城人韩金甲考中“武状元”。中华人民共和国成立后更加重视体育人才的培养和选拔，输送国家级运动员 15 人、省级运动员 23 人、市级运动员 35 人、培养体育类本科生 300 余人、培训各级社会体育指导员 600 多人。经常参加体育锻炼人数占总人数的 60%—70%。共有各类单项运动协会组织 16 个，拥有群众体育俱乐部 83 个。2010 年，被国家体育总局授予“全民健身活动先进单位”。

第一节　体育场所及设施

一、体育中学

1996 年建成，初中班 6 个，教师 22 人，学生 360 人，校舍 30 多间，400 米跑道田径场 1 处，篮球场 4 个，主席台 1 座。竞技体育由原来排名倒数跃居德州市榜首，跻身于山东省先进前列。1999 年，被山东省教委、体委命名为“优秀县级高水平体育后备人才训练基地”。2000—2010 年，取得亚洲金牌 1 枚、国家级

图 29-6-2　青少年活动中心　（2008 年摄）

金牌8枚、获省级比赛金牌2枚、市级比赛金牌167枚。

二、青少年活动中心（综合高中运动场）

2004年交付使用，内设多功能训练棚1个，篮球场11个，网球场1处，排球场2处，400米标准塑胶田径场1处，看台容纳1500多人。

三、一中运动场

2006年建成完工，内设篮球场8个，排球场3个，400米标准塑胶田径场1处，人工草皮足球场1个，看台容纳观众5000人，可承办地区及山东省单项比赛。1999年，城区中学成立体育足球俱乐部，吸收会员80多人，以学生为主，被鲁能足球学校选中5名足球队员。2010年年底，禹城市二级以上裁判员人数达80多人，运动成绩达到健将标准3名，一级运动员30名，二级运动员180名，三级运动员600多人，少年达标率70%。2010年，被定为山东鲁能泰山足球学校第七处人才输送基地。

四、工人文化宫

禹城市工人文化宫位于行政街西首与解放路交叉口。1985年12月，新建工人文化宫办公楼投入使用，占地6.8亩，建筑面积1680平方米。内设灯光篮球场、羽毛球场、乒乓球活动室、舞蹈培训室等服务设施，常年面向广大职工开放。1988年、1990年分别被德州地区工会、山东省总工会授予“先进工人文化宫”称号。1994年被全国总工会授予“先进工人文化宫”称号。

图29-6-3　工人文化宫　（2008年摄）

五、基层体育设施

1985年后，体育运动得到重视，各类体育活动不断增加。2010年年底，禹城市体育活动设施统计如下表：

1986年—2010年禹城县（市）体育活动设施统计表

表29-6-1　　　　单位：个

场地	1986年	2010年	位置
羽毛球场地	—	43	单位、生活区、学校
棋牌室	5	206	单位、乡镇、老干部局
老干部活动中心	6	163	老干部局、乡镇敬老院
游泳池	—	3	单位、生活区
综合训练房	3	29	单位、俱乐部

表 29-6-1

场地	1986 年	2010 年	位置
乒乓球场	2	960	学校、俱乐部、生活区
棋院	9	320	俱乐部、乡镇敬老院
排球场	—	20	学校、单位、生活区
足球场	2	21	学校
篮球场	5	603	学校、文化宫、生活区

第二节　体育运动

一、学校体育

体育课是中小学生必修科目，1994 年，严格按《学校体育工作条例》中明确规定的“体育是学生毕业、升学考试科目”要求，对学生体育考核中认真执行学生《体育合格标准》，每年春季体育局和教育局举办禹城市中小学田径运动会。2006 年，落实全国学校体育工作会议上提出的“阳光体育运动”精神，每天锻炼 1 小时，达标争优，强健体魄，实施《学生体质健康标准》，开展学校体育运动。贯彻国家《全民健身计划》暨青少年体育工作会议精神，中小学长期组织开展足球、篮球、排球、乒乓球、田径活动。各中小学校每学期末，对学生进行一次体育测试，达标率 98.8%。

二、职工体育

1988 年始，禹城市每年“五一”“十一”举办两次职工趣味运动会，经常开展的体育项目有：田径、篮球、羽毛球、门球、象棋、太极拳、太极剑、气功、钓鱼、门球等。自 2004 年第一届全民健身节开展到 2010 年第七届全民健身节，各类体育赛事 60 余次，参赛队员 5000 多人次。2007 年，20% 的企事业单位建起乒乓球室。“三八”妇女节趣味运动会、职工乒乓球赛、十一职工篮球、乒乓球赛，迎元旦乡镇机关职工拔河大赛等赛事年年举行。

三、农民体育

农民群众性体育活动，多数集中在春节前后农闲季节。经常组织的竞赛项目有：篮球、乒乓球、羽毛球、象棋、信鸽等。20 世纪 70 年代后，对农民体育比赛引起重视。选拔农民篮球、武术、田径代表队多次参加省级、地区级比赛。1990 年，在全地区武术比赛中，禹城代表队获得男子成年和少年团体两项冠军。1991 年、1993 年，张庄镇、袁营乡农民篮球

图 29-6-4　职工趣味运动会　（2008 年摄）

代表队分别参加全县职工篮球比赛。1995 年，举办禹城第一届全民运动会，农民篮球、武术比赛项目取得好成绩。2006 年，禹城市体育局与市人口和计划生育局、市教育局等部门联合下发《关于在全市建立人口体育健身组织的通知》，充实体育管理工作队伍，形成横向到边，纵向到底的农村（社区）人口体育健身网络。2010 年，在“新安男科杯”国家业余公开赛总决赛中，取得好成绩。

四、老年体育活动

老年体育活动以舞蹈、散步、慢跑、自行车、钓鱼、象棋为主要内容。1987 年，禹城县相继成立老龄委、老年人体育协会、门球协会、钓鱼协会、象棋协会等组织和群众团体。城区设门球场 8 处，门球代表队 8 个。2001 年，禹城市坚持经常跳舞锻炼的老年人 5600 余人。2006 年，人民公园太极拳（剑）活动站点被授予山东省“全省优秀健身活动站点”。2007 年，柔力球协会成立，2008 年 4 月，被德州市老年体协授予德州市唯一“柔力球之乡”荣誉称号。

第三节 体育协会

1986 年后，体育事业蓬勃发展，禹城市体育队伍及团体发展壮大，各项运动相继成立协会组织。

2004—2010 年禹城市各类体育协会一览表

表 29-6-2

协会名称	成立时间	改选时间	职务及名称	会员人数
老年人体育运动协会	2004 年 10 月 8 日	2009 年 11 月	名誉主席：何连生 主　　席：尹建平 秘 书 长：张　冰	762 人
围棋运动协会	2005 年 5 月 7 日	2009 年 11 月	名誉主席：王玉东 主　　席：丁家庆 秘 书 长：魏立军	463 人
信鸽运动协会	2005 年 11 月 8 日	2009 年 11 月	名誉主席：李宗奎 主　　席：管学信 秘 书 长：滕连勇	212 人
钓鱼运动协会	2006 年 4 月 18 日	2009 年 11 月	名誉主席：刘洪贵 主　　席：李海洋 秘 书 长：胡志国	279 人
乒乓球运动协会	2006 年 4 月 18 日	2009 年 11 月	名誉主席：李玉梅 主　　席：梁　军 秘 书 长：万铁民	621 人
足球协会	2006 年 7 月 9 日	2009 年 11 月	名誉主席：闫剑波 主　　席：梁　军 秘 书 长：张毓东	231 人
武术运动协会	2006 年 7 月 9 日	2009 年 11 月	名誉主席：林春元 主　　席：秦士奎 秘 书 长：杨洪利	400 人
象棋运动协会	2006 年 7 月 9 日	2009 年 11 月	名誉主席：刘东顺 主　　席：海长华 秘 书 长：刘丙涛	218 人

续表 29-6-2

协会名称	成立时间	改选时间	职务及名称	会员人数
篮球运动协会	2006 年 10 月 7 日	2009 年 11 月	名誉主席：贺丰田 主　　席：梁　军 秘 书 长：段兴元	360 人
柔力球运动协会	2007 年 6 月 18 日	2009 年 11 月	名誉主席：纪书华 主　　席：赵方斌 秘 书 长：张秋霞	460 人
健美操运动协会	2007 年 6 月 18 日	2009 年 11 月	名誉主席：张志芳 主　　席：刘　平 秘 书 长：张　明	169 人
轮滑运动协会	2007 年 6 月 18 日	2009 年 11 月	名誉主席：宋士忠 主　　席：刘　平 秘 书 长：禚　涛	156 人
够级运动协会	2008 年 10 月 7 日	2009 年 11 月	名誉主席：王　健 主　　席：顾其巨 秘 书 长：段宝珠	516 人
跆拳道运动协会	2008 年 10 月 7 日	2009 年 11 月	名誉主席：刘春祥 主　　席：仲兆敏 秘 书 长：黄东海	331 人
太极健身运动协会	2008 年 12 月 1 日	2009 年 11 月	名誉主席：刘红梅 主　　席：李荣保 秘 书 长：宋士军	374 人

第四节　体育竞赛

一、群众体育竞赛

1988 年后，每年“五一”“十一”举办两次职工趣味运动会，1990 年后，各系统内部、单位之间每季度组织 1—2 次体育比赛，2000 年后，全市每年统一组织篮球、羽毛球、拔河比赛等，参赛职工达万余人次。2010 年后，每年举办全民健身运动会。

二、专业体育竞赛

禹城市体育竞赛成绩不断提高，在国家、省、市多项比赛中均获奖牌。

1983—2010 年禹城县（市）体育竞赛成绩统计表

表 29-6-3

姓名	性别	运动会名称	项目	时间	地点	成绩
段爱民	男	山东省“希望杯”田径比赛	田径	1983 年	潍坊	跳高、三项全能冠军
		全国大学生运动会	田径	1983 年	哈尔滨	以 1.99 米成绩获第五名
程　伟	男	山东省“希望杯”摔跤比赛	摔跤	1990 年	威海	男子乙组古典式 68 公斤级第一名
李　勇	男	山东省“希望杯”摔跤比赛	摔跤	1990 年	威海	男子丙组自由式摔跤 68 公斤级第一名
张　涛	男	山东省“希望杯”摔跤比赛	摔跤	1990 年	威海	男子丙组古典式摔跤 74 公斤级第二名

续表 29-6-2

姓名	性别	运动会名称	项目	时间	地点	成绩
邵　刚	男	山东省“希望杯”摔跤比赛	摔跤	1990 年	威海	男子丙组自由式摔跤 68 公斤级第二名
王吉勇	男	山东省“希望杯”摔跤比赛	摔跤	1990 年	威海	男子丙组自由式摔跤 63 公斤级第二名
王洪军	男	第十六届山东省运动会	摔跤	1992 年	淄博	男子丙组古典式摔跤 48 公斤级第一名
温　欢	男	第十六届山东省运动会	摔跤	1992 年	淄博	女子丙组自由式摔跤 50 公斤级第一名
王德民	男	第十六届山东省运动会	射击	1992 年	济南	男子气步枪 60 发个人第二名、团体第一名，男子小口径手枪 60 发个人第一名、团体第一名
王德民	男	山东省“希望杯”射击比赛	射击	1992 年	潍坊	男子小口径60发慢射个人第一名、团体第一名，男子气手枪 60 发个人第一名
王吉勇	男	山东省“希望杯”摔跤比赛	摔跤	1992 年	临沂	男子丙组自由式摔跤 68 公斤级第二名
王德民	男	山东省“希望杯”比赛	射击	1993 年	济南	男子气手枪、小口径手枪 60 发两项个人第一名
王吉勇	男	第十七届山东省运动会	摔跤	1994 年	淄博	男子甲组自由式摔跤 68 公斤级第三名
张元凯	男	全国青年自由式摔跤	摔跤	1994 年	合肥	男子乙组自由式摔跤 88-115 公斤级第一名
李爱兰	女	第十七届山东省运会	柔道	1994 年	淄博	女子甲组 +72 公斤级第三名，无差别第二名
韩廷海	男	第十七届山东省运动会	摔跤	1994 年	淄博	男子甲组自由式摔跤 88 公斤级第三名
韩廷海	男	全国青年自由式摔跤	摔跤	1994 年	合肥	男子自由式摔跤 90 公斤级第三名
温希安	男	第十七届山东省运会	摔跤	1994 年	淄博	男子乙组自由式摔跤 51 公斤级第二名
解成强	男	第十七届山东省运会	摔跤	1994 年	淄博	男子乙组自由式摔跤 60 公斤级第四名
刘厚军	男	第十七届山东省运会	柔道	1994 年	淄博	男子 68 公斤级第二名
郭　勇	男	山东省“希望杯”武术比赛	武术	1994 年	东营	少年乙组枪术第一名，刀术、拳术第五名
韩廷海	男	全国青年自由式摔跤	摔跤	1995 年	成都	男子自由式摔跤 90 公斤级第一名
温希安	男	山东省“希望杯”摔跤比赛	摔跤	1995 年	枣庄	男子自由式摔跤 90 公斤级第三名
郑　伟	男	山东省“希望杯”摔跤比赛	摔跤	1995 年	枣庄	男子自由式摔跤 76 公斤级第一名
郑　伟	男	全国少年摔跤比赛	摔跤	1995 年	—	男子自由式摔跤 76 公斤级第一名
孙付伟	男	全国青年锦标赛	赛艇	1995 年	南阳	4 人双桨第二名
郭　勇	男	山东省“希望杯”武术比赛	武术	1995 年	枣庄	少年甲组剑术第一名、对练第一名、枪术第三名
韩廷海	男	全国自由式摔跤	摔跤	1996 年	上海	男子自由式摔跤 100 公斤级第五名

续表 29-6-3

姓名	性别	运动会名称	项目	时间	地点	成绩
韩廷海	男	全国自由式摔跤锦标赛	摔跤	1996 年	呼和浩特	男子自由式摔跤 100 公斤级第四名
孙付伟	男	全国青年赛艇锦标赛	赛艇	1996 年	南阳	4 人单桨、4 人双桨两项第一名并获全能冠军
孙付伟	男	亚洲青年赛艇比赛	赛艇	1996 年	巴基斯坦	获 4 人单桨冠军
郭　勇	男	山东省“希望杯”武术比赛	武术	1996 年	—	鞭术第一名、对练第一名、剑术第二名、传统拳第二名、自选拳第三名、枪术第六名、全能第二名
孙付伟	男	全国第八届全运会	赛艇	1997 年	上海	获 8 人单桨第六名
韩廷海	男	全国自由式摔跤锦标赛	摔跤	1997 年	南宁	男子自由式摔跤 100 公斤级第三名
孙付伟	男	全国赛艇锦标赛	赛艇	1998 年	岳阳	获 8 人单桨第三名
韩廷海	男	第十九届山东省运会	摔跤	1998 年	—	男子甲组自由式摔跤 100 公斤级第三名
韩廷海	男	全国自由式摔跤锦标赛	摔跤	1998 年	合肥	男子自由式摔跤 100 公斤级第一名
温希安	男	第十九届山东省运会	摔跤	1998 年	—	男子甲组自由式摔跤 74 公斤级第四名
温希安	男	全国青少年摔跤锦标赛	摔跤	1998 年	威海	男子式摔跤 69 公斤级第三名
刘厚军	男	第十九届山东省运会	摔跤	1998 年	—	男子甲组自由式摔跤 90 公斤级第二名
孙付伟	男	全国锦标赛	赛艇	1999 年	上海	获 8 人单桨第三名
韩廷海	男	全国自由式摔跤锦标赛	摔跤	1999 年	—	男子自由式摔跤 100 公斤级第一名
许　辉	男	山东省第十六届信鸽放飞比赛	信鸽	2000 年	—	700 千米品评赛冠军
许　辉	男	全国第十六届信鸽放飞比赛	信鸽	2000 年	—	700 千米品评赛第六名
韩廷海	男	全国摔跤冠军赛	摔跤	2000 年	—	男子自由式摔跤 130 公斤级第一名
王玉琴	女	山东省第六届残疾人运动会	田径	2003 年	—	跳远银牌、1500 米赛跑铜牌
王玉琴	女	山东省第七届残疾人运动会	田径	2006 年	—	T12 级 400 米、800 米、1500 米三项比赛的冠军,
李云飞	女	山东省青少年跆拳道锦标赛	跆拳道	2008 年	莱芜	女子甲组 +72 公斤级第一名
张福祥	男	山东省青少年跆拳道锦标赛	跆拳道	2008 年	莱芜	男子甲组 72 公斤级第五名
王光旭	男	山东省青少年摔跤锦标赛	摔跤	2008 年	莱芜	男子乙组 46 公斤级第七名
刘秀艳	女	山东省青少年自由跤锦标赛	摔跤	2008 年	莱芜	女子甲组 63 公斤级第七名
梁　宁	男	山东省青少年射击标赛	射击	2008 年	烟台	男子乙组 10 米气手枪团体第五名
王玉琴	女	广州亚残运会	田径	2010 年	广州	T12 级 200 米 400 米、两项比赛冠军
张秋霞	女	“大寨杯”全国老年人健身活动展示大会	柔力球	2010 年	山西	竞技比赛个人项目第八名

三、学生田径运动会

1986—2010年，禹城市举办中小学生田径运动会20届。运动会包括长跑、短跑、跳高、跳远等六项，历届成绩不断提高。

1976—2010年禹城县（市）学校运动会夺冠成绩表

表29-6-4

纪录标准 性别 项目	男子				女子			
	成绩	姓名	时间	地点	成绩	姓名	时间	地点
100米	11秒0	白伟	2001.5	平原	12秒9	周雪	1998.4	禹城
200米	23秒2	白伟	2001.4	禹城	27秒6	刘娟	2004.4	禹城
400米	50秒8	侯振实	2010.4	禹城	1:2.9	刘娟	2004.4	禹城
800米	2:4.78	张立超	2005.10	禹城	2:20.8	范学丽	2004.4	禹城
1500米	4:13.1	张立超	2006.4	禹城	4:48.8	范学丽	2004.4	禹城
3000米	9:46.9	颜世亮	1995.5	德州	10:28.8	范学丽	2004.4	禹城
5000米	16:7.6	张立超	2006.4	禹城	—	—	—	—
10000米	36:2.0	张文霞	1976.2	德州	—	—	—	—
110米栏（1米）	16秒2	王会亮	2009.4	禹城	—	—	—	—
100米栏（84厘米）	—	—	—	—	17.4	李燕	2001.4	禹城
400米栏	1:4.5（84厘米）	秦波	2001.5	平原	1:16.7（72厘米）	陈仁莹	2001.5	平原
4×100米接力	45秒2	一中	2003.3	禹城	54秒71	综高	2008.4	禹城
4×400米接力	3:36.0	综合	2010.4	禹城	—	—	—	—
8×200米男女混合接力	3:37.8	一中	2009.4	禹城	—	—	—	—
跳高	1.92米	段爱民	1983.10	德州	1.47米	陈霞	1999.5	禹城
跳远	6.7米	李贺峰	2009.4	禹城	5.07米	李燕	2001.4	禹城
三级跳远	13.93米	戎振磊	2004.4	德州	10.74米	米广英	2009.4	禹城
铅球	11.21米	马龙	2008.4	禹城	9.91米	秦健	2004.4	禹城
铁饼	33.64米	金炎	1997.9	德州	32.34米	韩腾腾	2006.4	禹城
标枪	47.66米	李波	2001.4	禹城	27.94米	贾翠翠	2000.5	禹城

第五节　体育彩票

一、即开型体育彩票

1999年，在禹城市物资交流大会期间，开始发行即开型体育彩票，面值2元。2004年3月，西安“宝马事件”发生，即开型彩票暂停销售。2006年10月，面值2元的“中

图 29-6-5　*即开型彩票*　（1999 年摄）

国结”“蝶舞”两种即开型体育彩票在禹城市各投注站重新发售。2008 年，国家体育彩票中心陆续发行以“加油北京奥运、支持灾区重建”为主题的“顶呱呱”系列彩票（被称为“奥运彩票”），禹城市体育局于 3 月 24 日举行“与圣火同行”发售仪式，公开发售奥运彩票，分别在糖城广场、东方大厦、贸易大厦进行 3 次集中销售。当年售出“顶呱呱”系列彩票 160 余万元。至 2010 年年底，禹城市即开型体育彩票累计销售 1000 余万元。

二、电脑型体育彩票

2006—2008 年，禹城市电脑型体育彩票销售额连续 3 年均以近 200 万元的幅度增加。2010 年，投注站增加到 32 个，禹城市体育彩票从业人员 43 名。2003—2010 年，累计销售彩票 8400 余万元。利用体彩公益金为城区及各乡镇配备健身路径、篮球架、乒乓球台等健身器材。

2003—2010 年禹城市体育彩票销售情况统计表

表 29-6-5　　　　单位：台、万元

时　间	2003 年	2004 年	2005 年	2006 年	2007 年	2008 年	2009 年	2010 年	合　计
终端机	5	7	9	16	18	26	30	32	143
电彩销量	90	360	580	680	941	1258	1430	2088	7427
即开销量	4.5	20	0	9	16	178	238	580	1045.5
合　计	94.5	380	580	689	957	1436	1668	2668	8472.5

第三十篇

卫　生

禹城市志

1986—2010年，禹城县（市）卫生事业发生翻天覆地的变化，医疗环境得到很大改观。建成占地65亩，建筑面积28000平方米的人民医院。中医院基础建设也有巨大变化，中医院占地9亩，建筑面积19670平方米。妇幼保健院相继建成1500平方米保健业务楼和2240平方米综合办公楼。建成2336平方米集防疫、化验、办公于一体的4层防疫站综合大楼。投资1000多万元对3所中心卫生院、10所乡镇驻地卫生院进行改建。全市拥有床位1335张，平均每千人拥有床位2.6张，开始设立空调病房、单人病房。医疗设备功能更全更先进，医疗技术队伍不断壮大，至2010年，全市卫生系统有专业技术人员1614人。医疗技术水平明显提高，能独立开展开颅、开胸等高难度大型手术。

第一章　卫生体制改革

第一节　乡镇卫生院体制改革

1988 年，乡镇卫生院由禹城县卫生局直属管理改为禹城县卫生局和乡镇政府双重管理，列为乡镇直属单位，业务工作接受县卫生局指导。

1994 年，禹城市率先在全国实行乡镇卫生院管理“三科制”，即管理科对乡镇医疗医药市场实行全面管理，医务科对卫生院门诊、病房工作全面负责，防保科对本乡镇预防保健工作负总责。村卫生室实行乡村卫生服务一体化管理，确定乡镇卫生一体化管理工作的具体内容：“三制、四有、五统一”，即对乡村医生实行聘任制、工资制、退休制；做到门诊有登记、转诊有记录、疫情有报告、发药有处方；对村卫生室实行人员统一调配、财务科统一管理、收费统一标准、药品统一采购、工资统一发放。乡村卫生服务一体化管理工作在全市 16 个乡镇卫生院展开，全市组建一体化管理村卫生室 760 处，有 928 名乡村医生参与一体化管理。同年，禹城市进行农村合作医疗制度试点改革。1995 年，在禹城市推行每人每年 5 元的合作医疗基金制，其中安仁乡、房寺镇实施。

1996 年，在原禹城镇卫生院的基础上组建市中医院，作为禹城市中医综合医院，列为市直医疗单位，接受禹城市卫生局和禹城镇政府双重领导，同时承担禹城镇防疫、妇幼保健等公共卫生任务。

1996—1998 年，乡镇卫生院实行专科，在辛寨、房寺、安仁卫生院分别设立口腔、心脑血管、精神病专科，扩大医疗服务范围，形成区域性医疗防治中心。

2002 年，禹城市对乡镇（街道办）行政区划进行调整，将 19 个乡镇调整为 11 个乡镇（街道办），原 19 处乡镇卫生院按行政区划和服务功能调整为 13 处。其中，安仁、大程、辛店 3 处中心卫生院，房寺、张庄、十里望、伦镇、莒镇、辛寨、梁家、市中办、李屯、善集 10 处卫生院。原禹石街道办卫生院撤销，由原禹石街道办卫生院（石屯卫生院）、廿里堡卫生院、市中医院防保站合并组建市中街道办卫生院，原市中医院防保站继续担负原禹城镇新行政辖区内防疫保健等公共卫生任务。原袁营、来凤、前油坊、张集 4 处卫生院分别并入伦镇、梁家、辛寨、辛店卫生院。在全市公开招聘乡镇卫生院长 13 名，副院长 19 名，实行院长负责制和任期目标责任制。同年 5 月，乡镇卫生院规范化建设现场会在张庄、大程召开。

2004 年，推行乡镇卫生院改革。原 3 处中心卫生院改为房寺、伦镇、辛店中心卫生院。一般乡镇卫生院 10 处：安仁、大程、张庄、十里望、莒镇、辛寨、梁家、市中办、李屯、善集卫生院。其中，3 处中心卫生院由市级医疗单位托管；10 处一般乡镇卫生院实行股份合作制，加挂“××股份合作制卫生院”牌子。同时，从各乡镇卫生院在编在岗且从事防保工作人员中，考选 31 人到乡镇计生站从事防保工作，各乡镇计生站加挂防保站牌子，接受乡镇和卫生局、计生局三重领导。同年 10 月，德州市乡村卫生服务管理一体化工作现场会在禹城市召开，德州市 13 个县（市、区）

图 30-1-1 辛店卫生院 （2010 年摄）

局长参观大程、辛寨卫生院和村卫生室。同年，辛寨镇被批准为德州市新型农村合作医疗试点乡镇。

2005 年 11 月，房寺、伦镇、辛店 3 处中心卫生院 9 名防保人员从乡镇计生站回归卫生院。2006 年，新型农村合作医疗在全市乡镇卫生院实行，13 处乡镇卫生院，233 处村卫生室作为定点新农合报销单位。2007 年 12 月，禹城市人民医院和市中医院共同组建医疗集团。7 月，安仁、大程、张庄、十里望、莒镇、辛寨、梁家、市中办、李屯、善集卫生院 10 处卫生院 22 名防保人员回归卫生院，工资由市财政发放。

2009 年 4 月，按照山东省深化医疗卫生体制改革要求，在农村开展 9 项基本公共卫生项目和 2 项重大公共卫生妇幼项目。2009—2010 年，为 9766 名农村孕产妇发放住院分娩补助；2010 年，乡镇卫生院及村卫生室开展农村妇女增补叶酸项目，11 月底累计补服叶酸 6565 人。

2010 年 10 月 28 日，禹城市签署《深化医药卫生体制改革责任状》，确定 2011 年 1 月 1 日起 13 处乡镇卫生院和 1 处社区卫生服务中心实施基本药物制度，实行药品零差价销售。

至 2010 年，禹城市按省厅要求规划建设标准化卫生服务管理一体化村卫生室 148 处。同年 10 月，有 138 处规划建设卫生室通过山东省卫生厅、财政厅验收，全市一体化管理村卫生室管理率达 100%。

第二节 公费医疗改革

1977 年前，国家拨出的公费医疗款由卫生局统一管理，卫生部门颁发“公费医疗证”，持证到医疗单位看病即享受免费。1979 年 10 月，禹城县成立公费医疗管理委员会，公费医疗款拨给享受医疗单位“包干”使用。

图 30-1-2 医务人员为驻禹官兵和军休老干部免费查体 （2010 年摄）

1984 年 6 月，禹城县公费医疗管理办公室实行“定点医疗、定额包干、超支不补、结余留用”的办法，每人每年医疗费 45 元，公费医疗款仍由卫生局按各单位季度末所报的工资花名册拨付次季度经费，离休干部实行实报实销，由单位持门诊、住院医药费发票到卫生局领拨。1985 年，实行公费医疗证管理。1989 年 1 月，对在职、退休享受公费医疗的干部、职工实行“单位包干、统一使用、严格审批、结余留用、超支不补”的办法。单位包干医疗经费按每人全年 60 元计算，由财政局按月随经费拨付。对因重大病症住院医药费超支千元以上，单位负担有困难的，报禹城县卫生、财政两局会同审核后，视情况予以解决。对离休干部、在乡二等乙级革命残废军人，由卫生局负责实行“实报实销”。2008 年，转由民政局管理。

第二章　卫生防疫

第一节　传染病防治

20 世纪 80 年代，县防疫站重点防治以下几种传染病，肝炎、丝虫病、肺结核、狂犬病、霍乱、艾滋病等，对疫情分别采取措施。1987 年，对肝炎患者采取早发现、早隔离、早治疗，切断传播途径。从业人员上岗前必须检查肝功，服务人员中肝功异常者必须调离。全年犬伤人数达 1700 人，死于狂犬病者 6 人，公安、农业、卫生等部门密切配合，在全县范围内开展灭犬运动，指导伤者及时处理伤口，注射狂犬疫苗；对狂犬病人逐一个案调查，疫情得到控制。同年，县卫生局下达霍乱防治工作意见，全县成立 21 个抢救小分队，药品器材齐全，各医疗单位均成立肠道门诊，对腹泻病人做好登记和排查，全年无疫情发生。做好霍乱等腹泻病的防治工作，防疫站调整并成立救灾防病机动队，开展以“三管一灭”为主题的爱国卫生运动，在人员培训、技术指导和物资储备上按照实战要求，开展救治应急演练，严格疫情报告和管理制度。1987 年，全省基本消灭丝虫病，对 1986 年漏查人员进行补查，监测率达到 90%，未发现阳性病人。

1986 年，石屯乡高庄、禹城镇石庄、税务局幼儿园先后发生肝炎暴发点，卫生防疫站立即组织人员赶赴现场，进行流行学调查、消毒、隔离、治疗，对易感人群利用丙种球蛋白注射、中药预防服药，有效控制疫情继续蔓延，

图 30-2-1　防疫人员上街宣传狂犬病预防知识（2010 年摄）

图 30-2-2 防疫人员为群众免费进行结核病筛查 （2010 年摄）

全年发病控制在 193 人。同年，被狗猫等动物咬伤人数为 2800 余人，狂犬病发病 2 例，死亡 2 例。

1989 年年初，上海甲肝流行，有患者流入禹城县，卫生防疫站立即组织人员跟踪调查，对密切接触者进行检查，有关人员进行预防服药，有效地控制甲肝在禹城县发生流行。

1990 年，在城关、十里望、房寺 7—12 岁 270 名儿童中进行结核试验，阳性率为 39%。1991 年 4 月，安仁乡韩庄相继发生甲肝 6 人，按照有关规定进行处理，控制疫情发展。1992 年，在布鲁氏菌病防治中，经考核达卫生部、农业部 1988 年 10 月颁发的“控制区标准”。同年，注射狂犬疫苗 1134 人，未发生狂犬病人。

1998 年，禹城市法定报告传染病发病率控制在 84.49/10 万以上，计划免疫率保持 85% 的目标，“四苗”接种率均达 98% 以上，禹城市 60% 的乡镇实行预防接种门诊制度。全年诊断结核病患者 245 例，治愈率 100%。

2000 年，以预防为主，以计划免疫为中心，抓霍乱、病毒性肝炎、流动性出血热、结核病等重点传染病的防治工作，开展免疫活动，对脊灰、流感、乙肝等传染病进行重点防治，“四苗”接种率 99%，法定报告传染病发病率 61.8/10 万。

2003 年，全国部分地区暴发非典疫情，禹城市立即采取应急措施，检测外来务工人员 16910 人。其中，来自重点疫区的 3621 人，实施隔离措施的 9124 人，跟踪或追踪流调 9124 人，对可疑疫点及可疑物品消毒，做到早发现、早报告、早隔离、早治疗，非典防治实现零输入目标。非典后，人民群众卫生防疫意识明显增强，计划免疫“四苗”接种率达 99% 以上。同年，新生儿乙肝疫苗预防接种纳入计划免疫系统。同时，开展狂犬疫苗、腮腺炎疫苗、甲肝、乙肝、风疹、流感等疫苗接种，控制相关传染病的发生。2004 年，建立疾病网络直报系统，实现非典和人禽流感在内的所有传染病网络直报。儿童四苗接种率及乙肝接种率接近 100%，新生儿建卡、建证率达 100%。

2004 年，筛查出禹城第一例艾滋病人，对其实施“四免一关怀”政策。2005 年 3 月，在禹城市开展对有偿供血（浆）人员、应征入伍报名人员、监管人员艾滋病病毒抗体筛查工作。11 月，实施 FI-DELIS 结核防治项目。制定实施意见，培训人员恢复痰检。至 2005 年年底，全市法定传染病报告发病率为 73.24/10 万，婴儿瘫、白喉、破伤风、霍乱四种传染病基本消灭和控制。2000—2005 年，无重大传染病暴发流行。

至 2007 年，发现 7 例艾滋病病毒感染者，全部进行流行调查。其中，对 3 例艾滋病人进行抗病毒治疗。

2008 年 4 月，全市相继出现手足口病病毒感染疫情，为保护广大儿童身体健康，成立手足口病感染疾病工作领导小组和流行病

图 30-2-3 防疫消毒工作 （2008 年摄）

学调查处理小组，启动应急预案，按照分片管理制度，多次举办相关单位负责人参加的预防控制手足口病培训班，267 人参加培训。在人群密集的公共场所，加大宣传教育工作力度，对手足口病的临床症状、易感人群、传播途径、预防措施进行详细讲解，通过电视媒介向群众宣传正确洗手方法、84 消毒液使用方法，提高群众防范意识，印发宣传单、宣传资料 15000 余份，消除误解和社会恐慌心理。

2009 年 8 月，甲型 H1N1 流感在全国部分省市流行蔓延，禹城也面临侵入的危险，由此制定《甲型流感疫情应急处理预案》，实行防治工作责任制，按照属地管理原则，建立工作责任制，安排专人 24 小时值班，卫生应急队伍 24 小时待命，保证甲型 H1N1 流感防控工作有序开展。购进 15 吨消毒液，发放到全市教育系统、公共场所和相关单位。甲流疫苗接种是甲型流感防治的重要措施之一，抽调各防保站精干人员组成多个接种组，开展甲流疫苗的预防接种工作。至 2010 年，完成甲型 H1N1 流感疫苗接种 25500 余人次，无疑似预防接种异常反应发生。2010 年 4 月，按照国家、省乙肝防治规划要求和德州市卫生局制定的《德州市非免疫规划人群乙型肝炎疫苗免疫接种实施方案》的要求，在全市集中开展 15—50 岁成人乙肝疫苗接种，重点人群为未接种过乙肝疫苗的城乡居民、外来及经常外出的流动人员等。同年 8 月，在全市范围内开展 8 月龄—7 岁儿

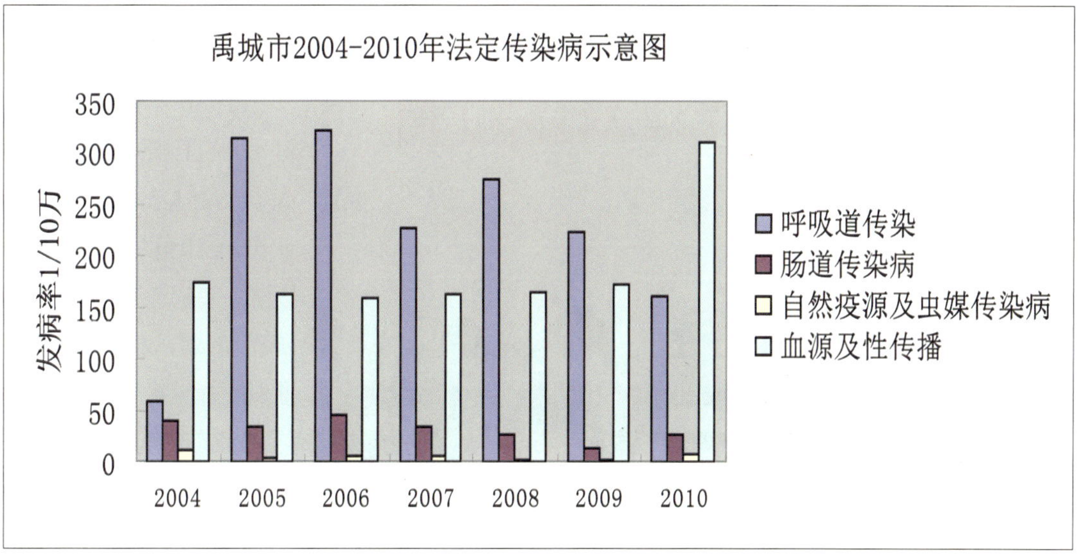

图 30-2-4 2004—2010 年法定传染病示意图 （2010 年提供）

童麻疹疫苗的强化免疫、8—14岁儿童麻疹疫苗的查漏补种及0—4岁儿童脊灰疫苗强化免疫工作，工作中做到“三到位”，确保强化免疫工作顺利开展。

第二节 地方病防治

一、出血热

1985年年初，出血热流行较重，全县发病58人，死亡2人。同年4月，为消灭传染源，全县开展突击灭鼠活动，一次灭鼠43.5万余只，出血热病基本得到控制。1986年，发病418例，发病率0.96%。

1987年4月、10月，进行两次大面积灭鼠，用药90公斤，配制毒饵74200公斤，降低老鼠的危害程度，地区验收一次达标。同年，发病82例，发病率为0.19%，同比1986年下降4倍，无死亡病例发生。

1989年3月、9月，配合爱卫会进行鼠密度调查和灭鼠工作，鼠密度下降到1%以下，本年发病45例，无死亡病例。

1991年，开展以灭鼠为主的综合性防治活动。5月，在对3个乡镇的6个村进行鼠密度调查后，开展一次全民性灭鼠活动，基本控制鼠情，出血热发病率显著下降，发病4例，发病率为0.86/10万。

1993年，对乡镇鼠情进行监测，监测结果显示鼠密度呈逐年下降趋势，控制了出血热传染病的发生。

2003—2010年，每年开展灭鼠活动，连续7年鼠密度保持在0.3%以内，基本消灭以鼠类为病源的出血热传染病。

二、地甲病

1989年，完全使用加碘盐，甲状腺病得到有效控制。2007年，对10个乡镇碘盐调查结果合格。按照山东省地方病防治所要求，2008—2010年在10个乡镇的40个村庄开展食用盐抽样普查工作，采集居民食用盐348份，检测碘盐定量和定性，将结果按时录入全国碘盐监测信息平台。

三、疟疾

1987年，加强流动人口的管理工作，管理21150人次，全年发热病人镜检732例，未发现阳性血片。1989年基本消灭疟疾。同年，建立镜检站14处，血检“四热”病人2224人，未发现阳性病人。

图30-2-5 禹城市疾控中心培训班 （2008年摄）

第三节 职业病防治

1986年，全县设有卫生保健设施工厂21家，保健工作人员51人。负责掌握工厂企业分布和危害工人健康的主要因素，制定劳动卫生和职业病防治计划，做好劳动卫生和职业病预防工作，对从业人员进行就业前健康查体；对化肥厂、水泥厂等应用放射元素生产单位设施设备，进行经常性和预防性的卫生监督监测。

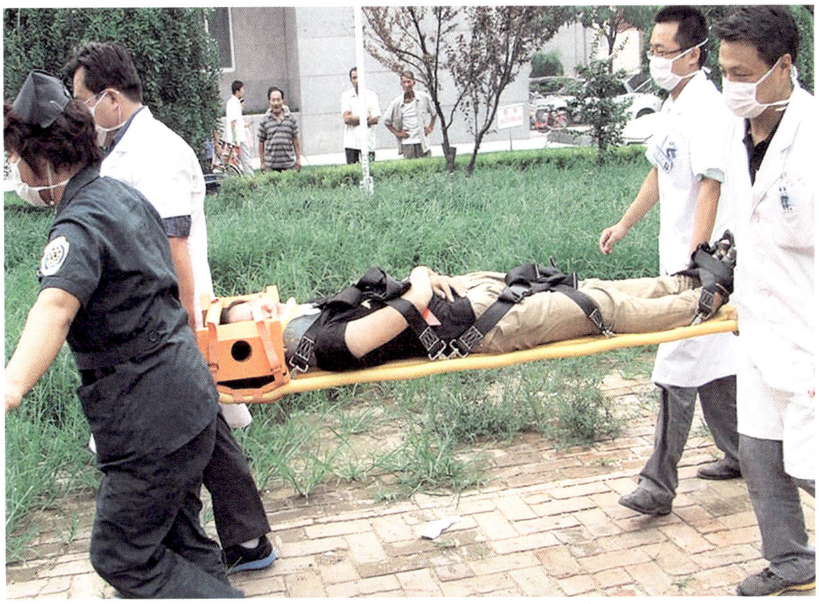
图 30-2-6　脊椎损伤患者（2010 年摄）

2001 年，卫生防疫站对禹城市 11 处厂矿、企业 343 处有害作业点进行监测。其中，粉尘点 110 个、噪音点 165 个、有毒点 4 个、二氧化碳点 132 个，粉尘分散点 32 个全部下达监督意见书。职业健康查体中，对 77 名在有害作业点工作的人员进行全面检查，141 名就业人员进行健康查体，对查出有异常情况的人员及时提出 “禁忌”作业意见。

2002 年 5 月，实施《职业病防治法》，对防护设施及效果定期进行卫生学鉴定。开展《职业病防治法》颁布实施宣传活动，对全市 15 个厂矿企业的 25 处有害有毒作业点进行监测，为 263 名工作人员进行健康查体，对有情况的人员提出“禁忌”作业意见，对从事放射工作的人员作剂量检测。为“五小”（二轮摩托车、三轮车、四轮车、把式摩托三轮、方向盘式摩托三轮）车辆驾驶人员进行健康查体。2004 年，对全市企业 106 个粉尘点、49 个有毒作业点、135 个噪声污染源采取定期检测，对不合格的单位下达整改意见书；同年 8 月，开展全市企业职业病防治普查工作，建立档案，纳入劳动卫生监督监测网络。2005 年，为 4 家企业 304 个点进行劳动卫生检测。

2006 年，实施职业病防治专项整治 4、5 号行动，为 3 家企业的 252 个噪声、粉尘、毒物点进行监督监测，职业健康查体 203 人，就业前查体 274 人，外出人员查体 172 人，发放放射个人剂量监测 60 个。监督监测医疗机构 273 户，消毒产品监督监测 8 户。

2010 年 8 月 24 日，市卫生防疫站顺利通过省卫生厅专家组的审查，获得省卫生厅颁发的职业健康检查机构批准证书，成为职业健康检查机构资质单位。

第三章　公共卫生

第一节　队伍建设

1986 年，县爱卫会设主任 1 人，副主任 4 人，办公室 5 人。1995 年，爱卫会主任 1 人，副主任 5 人，办公室 3 人。2001 年，爱卫会主任 1 人，副主任 3 人，委员 20 人，办公室 3 人。2003 年，新一届爱卫会成立，设主任 1 人，委员 28 人，办公室 3 人，由市卫生局长兼任办公室主任。2010 年，调整新一届爱卫会，设主任 1 人，委员 46 人，办公室 4 人。

第二节　公共场所卫生

20世纪80年代初，食品与公共场所卫生管理重点在市区。自1986年，对从事食品行业人员实行健康体检，对公共场所卫生执行标准进行检查。凡“三证”(健康证、培训合格证、卫生许可证)齐全方可允许开业。1995年《食品卫生法》颁布实施后，开展从业人员培训、推行“行业达标”、举办现场会、不定期开展食品行业和公共场所专项整顿等活动，食品和公共场所卫生管理进入法制管理阶段。同年，两行业人员体检为2567人，查出“五病”患者70人(肝炎49人，痢疾21人)，办理卫生许可证950个。2000年，为各类从业人员查体3594人，查出“五病”人员18人，全部调离工作岗位。2001年，落实《学校卫生工作条例》，对全市中小学学生进行查体、教室采光照明、学生用眼卫生及坐姿等提出整改。2003年防非典期间，对市区剧院、浴池、车站、旅店等公共场所卫生监督检查；对从业人员进行健康查体，办证率96%以上；对“五病”人员全部调离，食品卫生合格率85%以上，未发生重大食物中毒事件。2003年，把饮用水卫生作为重点监督工作，抽样300余份，对检验不合格的饮用水进行查封。至2010年，两行业从业人员体检达4353人，查出五病患者80人(其中，肝功异常72人，便检异常8人)，办理卫生许可证4353个。按照《公共场所卫生管理条例》要求，对全市235家公共场所进行监督检查，采集样品283份，办证176家，从业人员查体325人。同年8月，受连续降雨和上游客水影响，部分乡镇受灾严重，对全市15眼水井的自来水、自备水逐一进行监督检测，及时采集水质样品，监测水样50余份。

第三节　创建卫生城

1989年，禹城县制定《创建卫生城市规划》《文明卫生达标系统》《花园卫生单位》和《爱国卫生先进单位》标准，《禹城县城绿化环境卫生管理暂行办法》等文件规定，在企业内部卫生、生产一齐抓，促进创建工作顺利开展。1992年，各党政企事业单位出义务工1.35万人次，清除垃圾2万多方，卫生达标单位169个，占城区机关单位的80%。年底，通过省级卫生城验收，被命名为“省级卫生县城”。

图30-3-1　禹城市基本公共卫生服务项目培训会议　(2010年摄)

1995年，为实现全国卫生城目标，城区新增绿化面积17万平方米，新建花园式单位29个，卫生达标单位128个，卫生达标率90%。

1996年，创建“国家级卫生城市”。在城区各单位和乡镇开展植树造林、栽花种草、创建花园式单位等活动，全市120多个市直单位和150多个乡镇直属单位参加创建活动。

1996—1997 年，新增绿地面积 10.5 万平方米，新增设高标准园区、花坛 40 多个。1998 年，开展义务劳动，整治城区环境卫生，清运垃圾 1 万余方，清除杂草 7.8 万平方米。在全国第四次城市卫生大检查中，顺利通过省级卫生城市复核验收，保持“省级卫生城市”荣誉称号。市国税局、职业中等专业学校、禹皇城宾馆被评为省级“爱国卫生先进单位”，市爱卫办被评为省级“爱国卫生先进集体”。

图 30-3-2　大禹公园公厕（2010 年摄）

2000 年，开展创建“卫生先进单位”活动，创建市级卫生先进单位 3 个，花园式卫生先进单位 153 个。

2005 年，规定每周五为“全市卫生大扫除日”。同年，代表德州市接受山东省爱卫会组织的全省春节爱国卫生专项整治大检查，全市出动人员 3 万人次，车辆 100 多台，清除垃圾 3000 余方，疏通沟渠 1500 米。

2006 年春节，爱卫会组织城区卫生大扫除活动。同年 4 月，开展以防病除害为中心的环境卫生综合整治，改善城乡面貌。

至 2010 年，全市有花园式卫生先进单位 153 个，德州市级卫生先进村 9 个，德州市级卫生先进单位 63 个，德州市级卫生先进乡镇 7 个，省级卫生先进单位 16 个，省级卫生先进乡镇 5 个。

第四节　厕所改造

1985 年前，禹城县卫生厕所改造不明显。1996—1998 年，实施初级卫生保健，开展农村卫生改水改厕工作，卫生改厕率达到初级卫生保健合格标准。到 2000 年，农村改厕率达 61%。至 2006 年，全县（市）建卫生厕所 1.13 万座。2007 年，禹城被山东省列为全省农村卫生厕所改造示范项目县之一，完成改造卫生厕所 400 座，中央财政专项资金和县配套资金给予每厕以实物形式补贴 300 元，各乡镇、村按照相同比例筹集资金。2007 年、2008 年，分别改厕 400 座。2009 年改厕 4000 座。2010 年改厕 1000 座。农村卫生厕所普及率 73.46%。

第五节　灭鼠杀虫

1986 年 1—3 月，全县流行性出血热发病 180 例，死亡 5 例。县政府 4 月 4 日发出关于《彻底搞好灭鼠，积极防治流行性出血热》的紧急通知，号召全县人民灭鼠。至 8 月，开展两次灭鼠活动，购进灭鼠药 400 公斤，投放毒饵 50000 公斤，实现乡不漏村、村不漏户、户不漏房间、不漏地块、块块投药的灭鼠要求，收到良好效果。1993 年，进行鼠情监测 4 次，每次调查两个乡镇，1—4 季度鼠密度分别为 0.375%、0.5%、0.375%、0.5%。调查结果表明，鼠密度逐年下降，控制了鼠类传染病发生。1996—1997 年，连续开展春、冬季集中灭鼠活动，累计投放鼠药 2000 公斤，保持“无鼠县”称号；每年 5 月底，组建蚊蝇消杀专业队伍，在城区开展蚊蝇消杀活动，消杀面积累计 32

万平方米。1998年，春、冬两季集中开展2次灭鼠活动，投放灭鼠毒饵3万多公斤，有效控制鼠传染病发生与流行。动员全民行动，清扫环境卫生，铲除蚊蝇孳生地30多万平方米，药物消杀面积达200万平方米。2003年以后，每年开展灭鼠行动，连续7年鼠密度保持在0.3%以内。

第六节　健康教育

1984年，成立健康教育所。1985年，全县（市）区有92个单位，设卫生橱窗和卫生展牌106块，卫生事业单位在街头设立咨询服务。1985年后，各学校、幼儿园还开设心理卫生、生理卫生、个人卫生、饮食卫生等健康教育课程。1998年，开展城乡健康教育和医院健康教育，普及健康教育知识。卫生系统通过多种形式、渠道宣传预防保健知识，宣传健康禹城行动。至2010年，城乡居民健康知识知晓率达到80%，健康行为形成率达到70%；中小学健康教育开课率达到100%。

第四章　妇幼保健

为加强妇女、儿童健康工作，专门设置妇幼保健医院，妇幼保健院是全市唯一的妇幼保健专科医院，是全市婚前健康检查和《出生医学证明》法定管理单位。是一家妇幼保健特色医院。

第一节　妇幼保健与普查

1986—1988年，开展孕期保健、住院分娩、宣传科学接生，提倡住院分娩，建立“四簿四卡”，即出生登记簿、孕产妇死亡登记簿、0—7岁儿童查体登记簿、儿童死亡登记簿及出生报告卡、孕产妇死亡报告卡、儿童死亡报告卡、体弱儿童报告卡，统一填报，建立孕妇档案，筛查高危妊娠并建立专案管理。但因设备简陋，不能满足群众需要，三年间孕产妇死亡平均在9.8/万。普查妇女1972人，查出有病的459人，患病率为23.27%。其中，宫颈糜烂108人，阴道炎237人，附件炎38人，盆腔炎6人，子宫肌瘤23人，其他47人，对查出有病的采取药物治疗。1986—1989年，还对全县0—7岁儿童进行查体。其中，包括测身高，体重，视力，听心、肺，测血色素等。普查4687人，查出有病的1137人，患病率24.26%。其中，龋齿432人，呼吸道感染216人，贫血91人，佝偻病37人，营养不良67人，

图30-4-1　禹城市妇幼保健院（2010年摄）

腹泻172人，其他122人，对查出有病的进行药物治疗和纠正。同时，对全县569名幼儿教师进行健康查体。

1988—1989年，培训县、乡、村三级妇幼卫生员2517人次，提高妇幼卫生服务水平，全县新生儿死亡率降至27.2‰。1990年，为联合国世界卫生组织项目，开展“儿童哮喘流行病学调查”“儿童营养调查”“儿童生长监测”试点工作，县直查体达21165人，有病的884人，患病率为0.04%，开展肝功检查，对有病的积极治疗和纠正。1990—1995年10月，开展妇幼卫生和计划生育技术服务项目，建立县（市）、乡、村三级妇幼网络，配备保健设备。

图30-4-2　妇幼保健三项检测普查（2010年摄）

1994年，倡导母乳喂养，对孕产妇进行程序化管理和高危妊娠筛选、专案管理，定期检查、跟踪服务，新法接生率达98%，由1988年孕产妇死亡率0.98‰降到0.45/‰。同年开展婚检工作，全市实施婚前医学保健，婚检人数为640对，婚检率为90%。

1995年，完善妇幼卫生网络，推动全市妇幼卫生发展，新法接生率达到98%，产前、产后保健率达95%。

1996—1998年，妇幼保健工作以保健为中心，保健与临床相结合，面向群体、基层，落实《中华人民共和国母婴保健法》。1996年，全市孕产妇6101人，住院分娩率达98%，高危孕产妇住院分娩率达100%，新法接生率100%，孕产妇死亡率和婴儿死亡率降至0.33‰和22.6‰。1997年，市区婚检率提高到90%。1998年，开展婚前医学查体871对，办理“出生医学证明”3920份，婴幼儿查体1200人。为孕产妇提供医疗服务，接生651例，剖宫产142例，实施子宫全切、宫外孕等手术12例，放环、取环838例，男女结扎322例，门诊人次1.6万人次，住院人次达852人次。1999年，全年检查1228对。同年，除极为偏远或交通不便的乡镇保留1—2名家庭接生员（持证），其他取消家庭接生，实行住院分娩，开展医院建设，落实保健和临床相结合，有50%的乡镇医院产科建设达到“标准”要求，住院分娩率达到90%以上。

2000年，以创建爱婴市为契机，推行住院分娩和母乳喂养，认真开展新生儿疾病筛查和婚前医学查体，顺利通过爱婴市检查评估。

2001年，开展基层妇保人员培训工作，指导乡镇卫生院产科建设，对考核合格的乡镇卫生院发放定点接生许可证。开展婚前查体4059对，办理孕期保健手册2125例，住院分娩率95%。

2005年，禹城市被批准为国家级“三项监测”点（孕产妇死亡监测、5岁以下儿童死亡监测、出生缺陷检测），住院分娩率达95%。2008年，全市孕产妇6410人，住院分娩率达100%；办理出生医学证明6208人，使用率达96%；新生儿6486人，筛查达6162人，新生儿两病筛查达95%。通过广播电视、发放宣传单等形式，宣传免费婚检意义，发放各类宣传品3万余份，为各乡镇敬老院老人免费体检300余人，不定期开展义务咨询活动10次。

2008—2010年，为加强儿童生长发育监测和疾病防治，提高禹城市儿童健康水平，与教育局密切配合，规范托幼机构管理，禹城市健康检查在园儿童达3245人，并进行营养评价。

第二节　保健管理

1986年，开展孕期保健、住院分娩，宣传科学接生，建立“四簿四卡”和孕妇档案，筛查高危妊娠进行专案管理。1989年，加入联合国卫生项目县，定为省级孕产妇死亡监测点，加强三级保健网络，提高业务素质，增强保健服务能力。1991年，成立破伤风类霉素免疫接种专业技术指导小组，对新生儿注射吸附精制破伤风类霉素，覆盖率85%；每年对全县幼儿园、托儿所进行婴幼儿健康查体，按《托儿所、幼儿园卫生保健健康管理办法》执行，全年普查2000余人。1992年，建立《儿童查体手册》，筛选体弱儿专案管理。5月，对0—7岁儿童进行查体，并对10个村呼吸道感染、腹泻病例管理、登记。县、乡、村分级管理，定期随访治疗，管理913例。1994年，全市推行口服补液盐，用于小儿腹泻的补液治疗。1996—1997年，开展孕产妇、儿童系统化管理，以优生优育为中心，开展母婴保健保偿。1996年，全市孕产妇6101人，系统化管理率93.7%，住院分娩率达98%以上，高危孕产妇住院分娩率达100%，新法接生率100%，孕产妇死亡率和婴儿死亡率降至0.33‰和22.6‰。1997年，全市儿童保健手册2700人。2001年，对开展母婴保健技术服务的单位和个人进行考核发证；对无证行医、无证接生进行查处和取缔，住院分娩率提高到95%，保健保偿入保人数1038例，孕产妇系统化管理率达95%以上。2005年，以保健为中心，抓好“二纲”“一法”及“实施办法”落实，成为妇幼卫生三网监测国家级监测点，加强三级保健网络建设，提高工作质量。2007年，全市孕产妇5575人，管理5017人，管理率达90%，住院分娩率达95%；7岁以下儿童40589人，管理36734人，管理率达90%。2010年，禹城市孕产妇6286人，管理5244人，管理率达83%，住院分娩率达100%；7岁以下儿童39888人，管理37442人，管理率达94%；全市5岁以下儿童死亡率9.31‰，婴儿死亡率6.94‰；出生医学证明使用率、新生儿两病筛查率均达97%以上。

第三节　“爱心回访”活动

妇幼保健工作重点在农村，医务人员大部分时间深入农村、企事业单位，开展妇女儿童

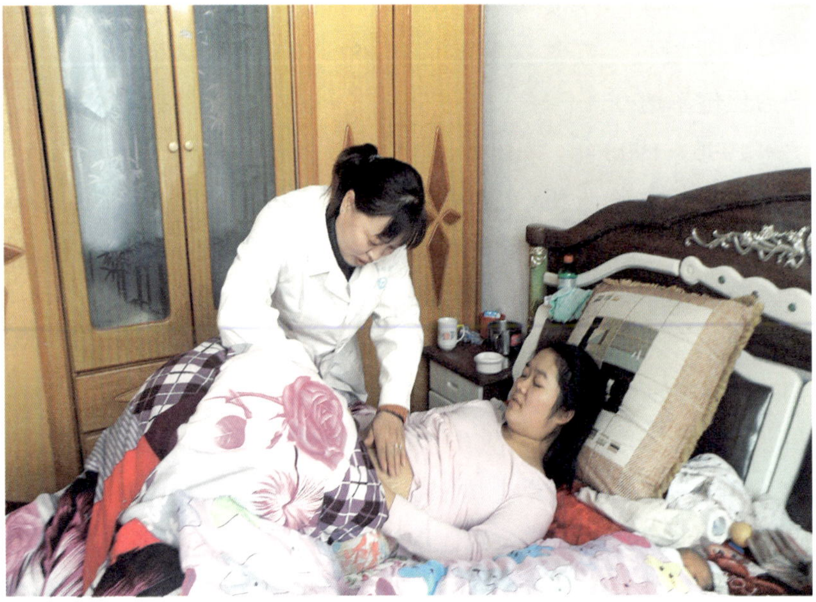

图30-4-3　产后访视（2010年摄）

普查普治工作。1998 年，落实《中华人民共和国母婴保健法》推行母婴保健保偿工作，推行住院分娩，执行母婴保健专项技术服务，全站有 1/2 人员深入基层，开展产后访视服务，组织专业人员到孕妇家中宣传母婴保健法和保健保偿。 2008—2010 年，到群众家中对产妇和新生儿免费查体、测黄疸。其中，产后随访、听力筛查等部分项目半价。对检查出有疾病的产妇和新生儿给予治疗。产后访视服务的开展，降低了孕产妇和新生儿死亡率。

第五章 医疗机构

第一节 市属医院

一、禹城市人民医院

禹城市人民医院始建于 1945 年 8 月。1986 年，人民医院下设内科、外科、儿科、口腔科、眼科、五官科、中医科、检验科、放射科、护理科、理疗科、药械科、供应科、财务科、办公室、总务科、总支办和医务科等，职工 310 人。其中，专业技术人员 285 人。1995 年年底，增设信息科、预防保健科、传染科、皮肤科、CT 室、血站、审计科、保卫科，职工 386 人。其中，主任医师 1 人，副主任医师 21 人，中级职称 75 人。

到 2010 年，市人民医院成为一所集医疗、教学、科研、预防保健多功能于一体的二级甲等综合医院，占地 65 亩，建筑面积 28000 平方米，固定资产 8738 万元。医院有职工 500 名。其中，主任医师 12 名，副主任医师 48 名，中级职称 236 名，硕士研究生 9 名。床位 500 张，门诊量 13 万余人次，住院病人 2 万多人次，手术 5 千多例次。设有内、外、妇、儿、传染等 18 个科室 29 个专业。医院拥有西门子核磁共振、西门子 64 排螺旋 CT、日立大生化、日本富士 CR、西班牙 DR、美国 GE 四维彩超、数字化钴 60 立体定向放射外科治疗系统等大型先进设备 70 多台（件），医院数字化建设初具规模。

医院实施科技兴院战略，引进、掌握国内先进技术，促进整体医疗水平迅速提高，形成“院有优势、科有特色、人具专长”的局面；先后开展脊髓肿瘤摘除术、全髋关节置换术、巨大脑肿瘤切除、颈椎病手术治疗、各种血管造影及介入治疗等 60 多项先进技术。其中，7 项获省级科研成果奖，多项新技术获市级科研成果奖。

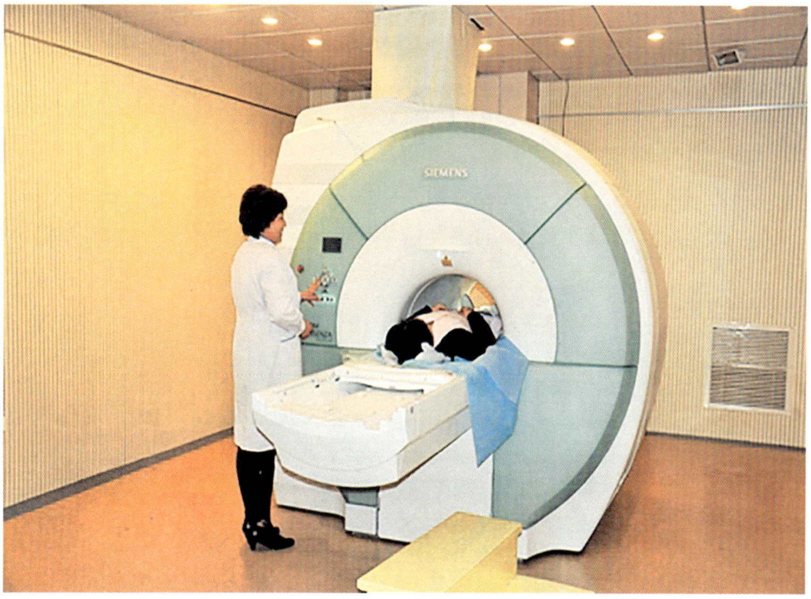

图 30-5-1 磁共振 （2010 年摄）

市人民医院对多种疾病治疗实行限价，让利于民，缓解群众看病难、看病贵等问题；规范行医流程，优化服务质量，强化便民措施，构建和谐医患关系。

医院先后被授予“全国爱婴医院”“全国文明先进集体”“山东省百佳医院”“山东省卫生系统文明单位”“山东省消费者满意单位”等多项荣誉称号。

二、禹城市中医院

禹城市中医院早期前身是禹城镇卫生院。1994年，禹城镇卫生院经规模扩张更名为禹城市第二人民医院，1996年年底，更名为禹城市中医院。2001年，该院又加挂禹城市立医院牌子，成为一所以中医为主、中西医并举的综合医院。至2010年年底，医院占地9亩，建筑面积19670平方米。其中，主要建筑12000平方米13层病房大楼，4000平方米4层医技、办公及急救中心大楼。有职工315人。其中，高级职称29人，中级职称99人，编制病床300张，临床及行政科室31个。医院先后选派46名中青年医务人员赴京、津、沪等地进修学习，先后8名医务人员考上硕士研究生。中医院成立后，开展15项业务，获德州市科技成果奖11项。购进全身CT机、800毫安X光机、全自动生化分析仪等大型设备49台，门诊及住院划价收费实行全程计算机管理。

图30-5-2 市中医院大楼（2010年提供）

医院先后被命名为“爱婴医院”“德州市双十佳医院”“山东省卫生系统先进集体”“德州市卫生系统先进集体”“职业道德先进单位”。2002年被评为“德州市农村卫生工作先进集体”“德州市文明单位”。2003年，在抗击“非典”斗争中，被市委、市政府评为“防治非典先进集体”。2005年被评为“禹城市文化科技卫生三下乡活动先进集体”。2007年被评为“精神文明先进单位”，2008年被评为“市征兵先进单位”，2010年被评为“德州市中医工作先进单位”。

第二节　中心卫生院

2002年，全市有安仁、大程、辛店3处中心卫生院。2004年，原3处中心卫生院改为房寺、伦镇、辛店中心卫生院，由市级医疗单位托管。

2004年，大程中心卫生院被评为“全市卫生系统先进集体”。2005年，通过“360工程”重新修建房寺、伦镇、辛店3处中心卫生院，每处占地20亩，总投资1100万元，规划分为门诊、病房、办公、生活、绿化5个区，建筑面积2158平方米，编制床位50张。同年11月9日，德州市中心卫生院建设现场会在伦镇中心卫生院召开。同年，3处中心卫生院9名防保人员从乡镇计生站回归卫生院。

第三节　乡镇卫生院

图 30-5-3　安仁卫生院　（2010 年摄）

1986 年，全县 19 处乡镇卫生院，技术人员 586 人。1988 年，乡镇卫生院交乡镇政府管理，实行卫生局与乡镇双重领导，列乡镇直属单位，业务工作由县卫生局指导。至 1990 年因调出等原因，乡镇卫生院技术人员总数降至 408 人。1995 年年底，卫生技术人员增至 486 人。同年，6 处乡镇医院建立医疗专科，初步形成牙科、精神病科、心脑血管科、痔瘘科区域性防治中心。1996—1998 年，乡（镇）卫生院 18 处，乡镇卫生院业务流水额 1100 万元，门诊 7.2 万人次。1998—2000 年，推行“一室一科一门诊”建设，建立观察室、妇产科和计划免疫门诊，发挥医疗、预防、保健职能。2001 年，进行产科建设，对考核合格的乡镇卫生院发放定点接生许可证。2002 年，将原 19 处乡镇卫生院按行政区划和服务功能调整合并为 13 处。

2004 年，乡镇卫生院实行药品集中招标采购，印发《关于做好药品集中招标采购工作的通知》，制定《禹城市药品集中招标采购实施办法》，确定 248 种常规药品为集中招标采购药品，下达招标任务。

2005 年，加强基础设施建设，投资 200 多万元，对乡镇卫生院门诊楼、病房进行改造修缮，医疗环境得到改善，大程、房寺、梁家、伦镇、张庄等卫生院初步建成花园式单位，更新医疗设备，引进、培养人才，乡镇卫生院得到快速发展。

2006 年，实行农村合作医疗制度，成为卫生院发展新机遇。

2007—2010 年，每年派出业务骨干到山东省德州市医院进修学习。拥有 500MA 程控遥控 X 光机、微波治疗仪、美国产 CT 机、进口彩色 B 超等先进设备，能够开展各种大型手术，医疗技术水平逐年提高。2010 年 11 月，预备在乡镇卫生院实施基本药物制度工作，实行

图 30-5-4　辛寨卫生院　（2010 年摄）

图 30-5-5　十里望卫生院　（2010 年摄）

药品零差价销售。

第四节　卫生所（室）

1986 年，禹城县行政村 979 个，村卫生室 659 个，乡村医生和卫生员 1108 人。其中，女性为 250 人。1990 年年底，禹城县行政村 989 个，村卫生室 747 个，占行政村的 75%，乡村医生和卫生员为 792 人。1995 年，农村卫生室覆盖率达 100%。

1996—1997 年，对 1200 名农村卫生技术人员进行培训，发表论文 18 篇，农村医务工作者技术素质得到提高。

1996—1998 年，全市实施乡村卫生组织一体化管理，对 19 个乡镇 970 多处卫生室和个体诊所重新规划，对 1350 名乡村医生考核择优聘用 986 人，撤并卫生室 216 处，对 318 处村卫生室纳入规范化管理，形成上有乡镇卫生院，下有卫生所（室）的两级卫生组织。各卫生所（室）人员由卫生院予以定编聘用，对经聘用的乡村医生实行工资制、退休制。工资来源主要由卫生所（室）业务收入提成和卫生院给予补贴。村卫生所（室）由乡镇卫生院管理。

1998—2000 年，规范和完善卫生组织一体化管理。按照“三制、四有、五统一”的模式，规范化管理。建成集医疗、预防、保健、康复、健康教育、计划生育技术指导“六位一体”的农村社区卫生服务站 151 处。

2002—2003 年，开展创建甲级卫生工作，经德州卫生局验收，全市 80 个村卫生室被批准为“甲级村卫生室”。

2004 年 8 月，卫生局印发《禹城市乡村卫生服务管理一体化实施办法》，成立领导小组，制定《禹城市村卫生室建设标准》，全市乡村卫生服务管理一体化工作逐渐规范化。

2005 年，村卫生室 200 处，村个体诊所 28 处，村级从业人员 524 人；企业卫生诊所

图 30-5-6　村级卫生室　（2010 年摄）

12个，个体诊所35个。

2005—2009年，省卫生厅布置乡村医生执业培训学习考试，全市960人参加培训学习考试，通过培训考试770名乡医取得乡村医生执业证书，由山东省卫生厅发证。

2008年10月，省卫生厅第二次组织培训学习考试，全市410名乡医通过考试取得乡村医生执业证书。

2009年，省卫生厅、财政厅组织全省村级卫生室规划建设，全市规划建设规范化标准村卫生室148处，于2010年通过省级验收，省财政奖励拨款296万元用于村卫生室建设。

2010年，全市有237名乡医通过山东省厅培训考试取得乡村医生执业证书。

2010年禹城城区个体诊所监管登记表

表30-5-1

机构名称	地址	机构类别	诊疗科目	服务对象	床位
彭吉刚口腔诊所	老城十字街北60米路西	诊所	口腔科	社会	牙椅2张
张占国诊所	文化西路嘉合园	诊所	中医科	社会	观察床2张
王连成诊所	市中花园南沿街门市一楼	诊所	内科	社会	无
张斌诊所	建设路北段路东侧	诊所	内科	社会	无
高洪俊诊所	建设路中段路东侧	诊所	内科	社会	无
德生诊所	建设路251号	诊所	内科	村民	观察床5张
安一诊所	建设路南段路西	诊所	中医内科	社会	观察床4张
蔡荣田诊所	建设路北段路西	诊所	口腔科	社会	牙椅1张
俊英诊所	建设路中段路西	诊所	中医科	社会	3张
俊有诊所	开拓路中段	诊所	内科	社会	3张
郅安如诊所	开拓路路北侧	诊所	外科	社会	无
蔡清华诊所	开拓路中段路南侧	诊所	内科	社会	无
傅建兵诊所	开拓路中段路北侧	诊所	外科、中医科	社会	无
杨金荣诊所	开拓路中段路北	诊所	口腔科	社会	观察床4张
刘永奇诊所	开拓路东段路北	诊所	口腔科	社会	牙椅3台
曲善昌诊所	文化西路路北	诊所	中医科、口腔科、检验科	社会	观察床6张牙椅1张
卫萍诊所	市中路中段路东	诊所	内科、儿科	社会	无
修爱华诊所	市中路北段路东侧	诊所	内科	社会	无
保健院少云诊所	市中路中段路东	诊所	内科	社会	5张
刘云诊所	市中路南段路西侧	诊所	内科	社会	无

续表 30-5-1

机构名称	地址	机构类别	诊疗科目	服务对象	床位
妇幼保健院关静华诊所	市中路南段路西侧	诊所	妇科	社会	无
立红诊所	市中路 377 号	诊所	内科	社会	无
淑静诊所	市中路南首路东侧	诊所	内科	社会	无
郭仁芝诊所	棉西小区农贸市场内路南	诊所	内科	社会	观察床 4 张
堂民诊所	站南路南首	诊所	中医科	社会	观察床 3 张
明亮诊所	骇河街东首路南	诊所	中西医结合	社会	观察床 3 张
邵传岭诊所	文化路西段路南	诊所	中医科	社会	观察床 3 张
长文诊所	通衢路南段路西侧	诊所	中医内科	社会	无
周书勤诊所	大禹公园东门向北 100 米路西	诊所	中医科、外科	社会	观察床 3 张
赵巧莲诊所	工农巷	诊所	内科、中医科	社会	观察床 4 张
杜娟诊所	站北路	诊所	耳鼻咽喉科、眼科	社会	观察床 2 张
闫敦城诊所	如意巷西首	诊所	外科	社会	观察床 2 张
乔海林诊所	东城小区南门 7 号楼 6 号门市	诊所	中医针灸科	社会	无
王秀珍诊所	老城东街中段路北	诊所	妇科	社会	观察床 2 张
孙建平诊所	老城东街中段路南	诊所	内科	社会	观察床 2 张
聂永新诊所	瑜琳街中段路北	诊所	中医科	社会	观察床 3 张
妇幼保健院慧云诊所	市中办老城里西街	诊所	内科	社会	无
唐凤会诊所	老城西街东段路北	诊所	中医科	社会	观察床 2 张
妇幼保健院宋兰芝诊所	吉迪巷	诊所	内科	社会	无
发奎诊所	建设路北段路西	诊所	中医科	社会	4 张
贾言全诊所	文化路泰和小区	诊所	中医科	社会	3 张
鸿雲诊所	通衢路中段路东	诊所	中医科	社会	观察床 3 张
芳亭诊所	老城东街东段路北	诊所	内科、中西医结合科	社会	观察床 3 张
高洪香诊所	吉迪巷	诊所	内科	社会	无
王勇诊所	丽江街东首	诊所	外科	社会	观察床 5 张
董廷华诊所	通衢路北首路东	诊所	中医科	社会	观察床 15 张
红梅诊所	瑜琳街中段路南	诊所	内科	社会	观察床 3 张

续表 30-5-1

机构名称	地址	机构类别	诊疗科目	服务对象	床位
玉珍诊所	丰顺巷中段	诊所	内科	社会	无
医疗保险综合门诊	建设路中段路东侧	医务室	内科	内部职工	无
医疗保险凯悦门诊	文化西路嘉合园南门西侧	医务室	内科	社会	无
玉娥诊所	行政街 565 号	诊所	中医科	社会	观察床 3 张
王学峰诊所	站北路中段	诊所	口腔科	社会	牙椅 2 张
王洪军诊所	文化路中段路南	诊所	外科	社会	无
茂远诊所	解放路中段路东	诊所	内科	社会	观察床 3 张
爱华诊所	解放路南段路东	诊所	口腔科	社会	牙椅 3 张
后俊诊所	商城温州小区	诊所	内科、口腔科	社会	牙椅 2 张
孙伟诊所	瑜琳街 1 号楼	诊所	内科	社会	观察床 5 张
郭立娟诊所	通衢路东侧	诊所	中医科	社会	无
曲凌云诊所	文化路中段路北	诊所	内科	社会	无
王林广诊所	市中路中段路西侧	诊所	口腔预防保健科	社会	无
邵星诊所	文化路一中对过	诊所	内科、中医内科	社会	无
单玉贵诊所	通衢路东城商业广场 8 号门市楼	诊所	中医内科	社会	无
李敏诊所	汉槐街	诊所	内科	社会	无
孙建涛口腔诊所	通衢路中段路东	诊所	口腔科	社会	牙椅 3 张
李娟诊所	鬲津路中段	诊所	中医科	社会	
贝海燕诊所	南环路西首	诊所	中医	社会	无
立春诊所	鬲津路	诊所	妇科	社会	无
玉红诊所	市中办老城北街	诊所	中医	社会	无
杨波诊所	建设路	诊所	中医科	社会	无
木华口腔诊所	市中办老城北街	诊所	牙科	社会	无
李杰诊所	温州城小区南门	诊所	内科	社会	无
宋丽丽口腔诊所	文化路中段路北	诊所	口腔科	社会	牙椅 2 张
霍俊德诊所	市中办老城西街中段	诊所	内科	社会	观察床 5 张
徐金海诊所	解放路南首水务局大楼 6 号	诊所	内科	社会	观察床 4 张

续表 30-5-1

机构名称	地址	机构类别	诊疗科目	服务对象	床位
汪波诊所	开拓路中段路北	诊所	中医科	社会	观察床 2 张
妇幼保健院仁英门诊	解放路南首路东	门诊	中医科、内科	社会	观察床 9 张
雅宝特口腔诊所	通衢路南段路东侧	诊所	口腔科	社会	牙椅 2 台
志刚诊所	人民路	诊所	口腔科	社会	牙椅 4 台
杨瑞福骨伤诊所	开拓路中段路北	诊所	骨伤、针灸、影像诊断	社会	无
海山口腔诊所	市中路南段路西	诊所	口腔科	社会	牙椅 3 台
刘加俊眼科诊所	商城	诊所	眼科	社会	无

第五节　社区卫生

2006 年 6 月，采取公开招标的方式，在市区现有医疗机构中确立 5 处社区卫生服务站。2007 年，对市区社区卫生服务机构规划进行调整，确定在城区建立 1 处社区卫生服务中心、8 处社区卫生服务站。2008 年，1 处社区卫生服务中心、3 处社区卫生服务站通过省卫生厅验收。2009 年，5 处社区卫生服务站通过省卫生厅验收。自筹资金 100 万元新建城区社区卫生服务中心，租赁楼房两层，建筑面积 1000 平方米，聘用医护人员 40 人。8 处社区卫生服务站采取公开招标的方式，由现有医疗机构改建而成，房屋面积 200—400 平方米，人员 4—6 人。

图 30-5-7　社区卫生服务中心　（2010 年摄）

9 处社区卫生服务机构有：城区社区卫生服务中心、人民路社区卫生服务站、解放路社区卫生服务站、两站街社区卫生服务站、骇河街社区卫生服务站、湖滨花园社区卫生服务站、市中花园社区卫生服务站、贸易大厦社区卫生服务站、安居小区社区卫生服务站。社区卫生服务功能：为社区居民提供预防、医疗、保健、康复、健康教育、计划生育技术指导六位一体卫生服务。

第六章 医疗队伍

第一节 结构

1986年，全县各类医务人员942人，1996—1998年发展到1304人。2005年，全市卫生系统有干部职工1425人，到2010年，各级各类医务人员1438人。

一、身份结构

1986年，全县有卫生技术人员820人，工勤管理人员12人。1996年发展到948人，工勤管理人员356人。2005年，卫生技术人员1115人，工勤管理人员310人。2010年，全市卫生技术人员发展到1308人，工勤管理人员130人。

二、中西医结构

1986年，全县中医、中药技术人员100人，西医、西药技术人员324人，中西医药技术人员比为30 ∶ 100。1996年，全市中医、中药技术人员发展到86人，西医、西药技术人员发展到451人，中西医药技术人员比为19 ∶ 100；2005年，全市中医、中药技术人员为110人，西医、西药技术人员531人，中西医药技术人员比为20 ∶ 100；2010年，全市中医、中药技术人员达67人，西医、西药技术人员达725人，中西医药技术人员比为10 ∶ 100。

三、技术职称结构

1986年，全县拥有医师122人，护师12人，技师41人，检验师4人，药剂师9人；医士141人，护士、助产士144人，技工13人，检验士18人，药剂士34人；护理员17人，检验员18人，药剂员73人，其他技术人员162人。

1996年，全市中西医药剂人员43人。其中，中药员2人，西药员8人，中药士5人，西药士17人，中药师1人，西药师11人；医士102人。其中，中医士42人；医师201人。其中，中医师34人，西医师167人；主治医师186人。其中，中医主治医师2人，西医主治医师184人；有副主任医师48人。

2005年，全市中西医药剂人员52人。其中，中药员4人，西药员9人，中药士2人，西药士11人，中药师11人，西药师15人；医士117人。其中，中医士46人；医师236人。其中，中医师41人，西医师195人；主治医师192人。其中，中医主治医师6人，西医主治医师186人；副主任医师44人。

2010年，全市拥有高级职称74人。其中，主任医师12人，主任药师1人，副主任医师51人，副主任护师6人，副主任药师1人，高级统计师1人，高级工程师2人；中级职称412人。其中，主治医师211人，主管护师186人，主管检验师2人，主管药师7人，会计师3人，工程师3人；初级职称822人。其中，助理级724人，员级98人。

第二节 分布

1986年，全县卫生技术人员820人。其中，县医院187人，乡镇卫生院586人，其他医务部门47人。其中，初级职称633人，中级职称187人。

1996年，全市卫生技术人员948人。其中，市直医疗卫生单位351人，乡镇卫生院597人。卫生技术人员中，初级职称633人，中级职称267人，高级职称48人。

2005年，全市卫生技术人员1115人。其中，市直医疗卫生单位579人，乡镇卫生院536人。卫生技术人员中，初级职称682人，中级职称363人，高级职称70人。

2010年，全市卫生技术人员1308人，市直医疗单位卫生技术人员833人。卫生技术人员中，初级职称822人，中级职称412人，高级职称74人。

第七章　医疗技术

第一节　中医

中医药治疗，是禹城人民群众较久远的医疗传统，各个医院机构中，中医药很受重视。全市中西医结合医疗机构156个，县市级中医院1个，中西医结合卫生院15个，中西医结合村卫生所95个，中西医结合个体诊所45个。

一、临床医术

1986—1995年，中医诊断主要依据四诊八刚、阴阳五行、中医针灸推拿等传统诊断方法，在借鉴西医诊断技术方面有一定的欠缺。1996年10月，市第二人民医院与市中医院合并为禹城市中医院，建成医、教、研中心，以市中医院为主体，发挥中医药在预防、医疗、康复、保健等领域的服务功能。在业务上，突出骨伤、中风、肝病、肾病、气管炎、针灸等重点专科建设，在19个乡镇卫生院设立中医诊室，142个卫生室做到能西能中，初步形成市、乡、村三级中医医疗服务网络。为促进中医事业发展，市卫生局规定：凡通过自学获得更高一级文凭者，在本专业攻克医疗难题的，上浮一级工资；对技术水平高、业务水平熟练的专业技术人才，实行低职高聘。采取“走出去，请进来”的办法，选出23名具有大专以上学历的医务人员到省城医院学习深造，聘请30多位专家教授会诊指导，对常见病、多发病及重大疾病防治研究组织协作攻关，在学术和技术上有突破性进展。用传统和现代相结合的方式研究中医、发展中医，中医药在家庭病床服务中，针灸、推拿、拔罐等传统技术占社区服务技术性收入的40%以上。

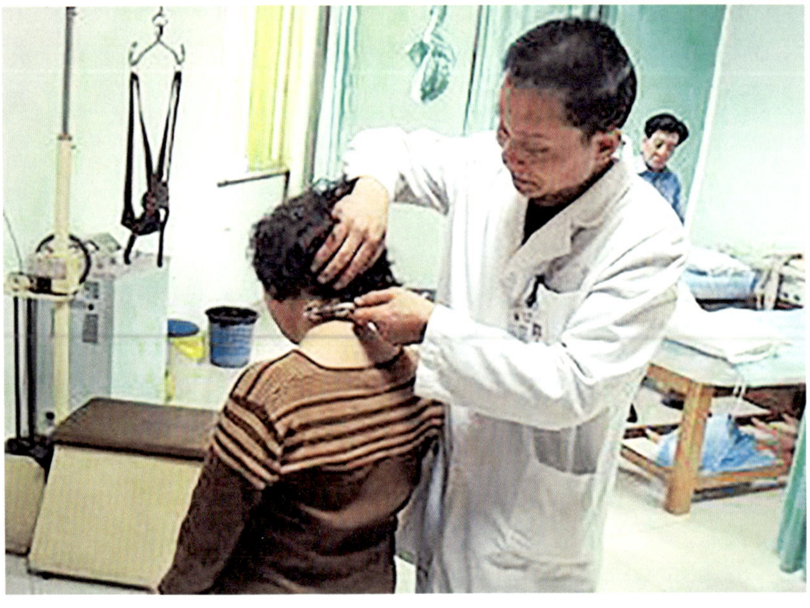

图30-7-1　中医理疗　（2010年摄）

为优化中医服务环境，市中医院采取职工集资、项目合作等方式，筹集资金400余万元，对病房楼、门诊楼进行装修，配套购置CT机、X光机等20多部大中型医疗设备，门诊及住院病人划价收费实行全程计算机管理，医院发展后备人才，先后选派40余人赴京、津、沪等地进修学习，8名医务人员考上硕士研究生。开展12项新业务，获德州市科技进步成果奖9项，新设中医内科、中医妇科、理疗科等。

2002年，开展中医治疗不孕不育项目；与石家庄中医院联合成立禹城市糖尿病治疗中心；2003年，与中国中医研究院合作成立禹城市肝病治疗中心。在同年春天的非典疫情中，中医院配制出6种预防非典的方剂，煎制3万余份分发给全市市直部门及企业。

2007年，医疗集团成立后，为巩固和提高医院的诊断水平，成立中西医结合治疗血栓、血管性疾病治疗中心，中西医结合治疗肿瘤中心和中西医结合治疗骨伤及其他创伤性疾病中心，另设中医综合科、中医肝病科、中医骨伤科、中医妇科、中医眼科等特色门诊。到2010年年底，医院投资300余万元，购买美国GE公司产LOGIQ7系彩超、英国皇家麻醉剂、电子胃镜及中医微波治疗仪、中药熏蒸床、脉冲磁疗仪等设备，派出30多人到济南市人民医院进修学习，聘请专家举办100多次学术专题讲座，提高各科室医护人员诊疗水平。在中药方剂上，与泰安中医院联合，推广中药预防猪流感。在治疗小儿手足口病上，积极研制中医治疗方剂，取得很好疗效。

二、中西结合

自1996年，中医院积极探索传统医学临床研究，特别是在急救、心脑血管病、妇科疾病、小儿科疾病诊治过程中大量使用中医治疗，开发出中药新用途，中草药饮片达到五六百个品种，中成药品种达到200多个。2004年后，市人民医院与市中医院的中医中药开始走入病区病房，中医科与针灸科医疗人员开始与内科、外科、妇科、儿科病房联合诊治，采用西医先进技术，配合对症服用中草药，采取中西医联合治疗方式，在治疗技术上取得很大突破。积累大量临床经验，制定名方验方，制成几十种膏方与丸散剂型，在临床上规范应用，缩短治疗时间，减轻患者经济负担。市人民医院与中医院经常组织西医大夫听取中医知识临床讲座、各医院与病区各科大夫进行交流座谈等活动。中医院每年组织各乡镇中医临床大夫进行定期培训，传播新技术新经验，提高全市中医诊疗水平。

2008年，禹城人民医院与中医院引进中药粉末制剂，品种达350多种，在门诊与病房科室推广，年营业额达到400多万元。其中，中医院为中草药粉末制剂发展制订长期发展规划，进行大面积方剂推广，在中医正骨、骨伤、心脑血管疾病治疗中形成特定机制，提高疾病治疗效果。

第二节　西医

一、内科

禹城医疗系统内科，除能诊治呼吸、消化、循环、神经、内分泌等系统一般疾病外，对疑难、急重症探索出一套有效疗法。1985年，消化内科成立专业病房，对消化系统疾病治疗系统化，专业组总结急性上消化道大出血治疗经验，提出治疗急性上消化道大出血的方法，通过纤维内镜引入，利用胃肠镜对消化道疾病进行诊断。1990年，开展内镜下治疗急性消化道出血取得良好效果。1992年，通过脑脊液置换+鞘内注药治疗蛛网膜下腔出血、脑膜炎等症，通过腹膜透析治疗慢性肾功能不全（尿毒症），均取得良好疗效。1993年，开展利用脐血治疗再障；通过血浆置换治疗格林—巴利综合症；建立冠心病监护病房，开展静脉溶血栓治疗急性心肌梗塞。1994年，在B超或CT引导下，对肝囊肿、肝脓肿及肝实性占位介入治疗。1995年，通过气管切开联合呼吸兴奋剂治疗有机磷农药中毒所致呼吸衰竭；开展多巴酚丁胺超声心动图负荷实验，无创诊断冠心

图 30-7-2 医务人员“三下乡”（2010 年摄）

病；参加《全国缺血性脑卒中抗血小板治疗临床研究》；1995—1998 年，采用促肝细胞生长素及中西医结合的方法治疗重症肝炎，降低该病死亡率。1997 年，肿瘤专科成立，对肿瘤病人开始系统化疗。1998 年，采用置管引流并注入药物治疗恶性胸腹水，取得良好效果。1999 年，开展“肝性胸腹水回输治疗顽固性胸腹水”取得理想效果。2000 年，放疗科成立，对肿瘤病人治疗进行完善；利用低分子肝素钙治疗缺血性脑血管病。2001 年，开展通过电子内镜引入，提高消化系统疾病诊治水平；开展颅内血肿微创穿刺引流术。2002 年，采用拉米夫定 + 干扰素、免疫调控等治疗乙肝。对慢性乙肝采用基因检测协助治疗，对肝癌早期施行介入治疗；应用血液透析、灌流治疗尿毒症、药物中毒；开展无创通气治疗 COPD，经皮肺穿刺活检诊断肺部疾患；采用早期静滴尼莫地平治疗高血压性脑出血。2003 年，采用 SIMV+PSV+PEEP 模式进行有创通气救治呼吸衰竭病人，同年获德州市科技进步三等奖；内分泌科成立。2004 年，开展“冠心病无创心功能检测”检查，并于 2006 年获德州市科技进步二等奖；2005 年，开展食管癌同步放化疗。定期讲座开展糖尿病健康教育，普及糖尿病知识。2006 年，采用双途径化疗治疗肺癌合并胸水；对糖尿病病人应用胰岛素泵治疗，取得良好疗效。2007 年，开展 β2 激动剂 + 吸入激素雾化吸入治疗慢性阻塞疾病、哮喘等气道痉挛及气道炎症疾病；开展内镜下胃肠息肉电切术；与禹城市龙力公司、浙江大学基础医学院合作完成糖亿康胶囊治疗Ⅱ型糖尿病的临床试验。2008 年，开展“64 层螺旋 CT 冠状动脉、肺动脉、主动脉造影”检查，冠心病、肺动脉栓塞、主动脉夹层等心血管疾病的诊断水平明显提高；开展 B 超定位下肺占位穿刺检查；开展外周深静脉置管术。完成胰岛素泵治疗妊娠糖尿病的科研。开展腰大池置管持续引流术治疗蛛网膜下腔出血；使用 r-tPA 静脉溶栓治疗超早期脑梗塞取得较好疗效；开展肝病治疗仪治疗肝病的临床科研。2009 年，应用“国产新型溶栓药瑞替普酶治疗急性心肌梗死、肺动脉栓塞”，明显降低疾病死亡率；成功抢救 1 例急性心肌梗死、心脏骤停 94 分钟的患者；开展颈部血管超声及 CTA 进行脑血管评价；顺利完成甲型流感防控任务，并成功抢救一名孕妇合并重症肺炎危重患者。2010 年，完成糖尿病流行病学调查的科研，在《山大学报》上发表；完成前列腺素 E1 治疗糖尿病肾病的临床科研，在《南方医科大学学报》发表；开始进行“选择性冠状动脉造影、选择性脑血管造影检查”；开展 C14 幽门螺旋杆菌检测。

二、妇产科

1986 年后，妇科诊疗技术不断提高，各种手术向高难度突破，开展子宫全切、次全切、子宫肿瘤根治、剖宫、阴式子宫全切、卵巢癌根治等多种手术。

1991年，计划分娩的雏形、新生儿及产妇死亡率明显下降。1992年，开展新的计划分娩方法——引产I号、II号（即后穹窿放米索及蓖麻餐）。1993年，计划分娩形成规模，围产期保健及产前检查走向正规；开展巨大子宫肌瘤摘除术及卵巢囊肿摘除术。1994年，开展腹膜外横切口剖宫产术。1995年，开展卵巢癌根治术、卵巢Ca细胞减灭术。1997年，开展宫体癌及宫颈根治术及经阴全子宫切术。1998年，开展宫内膜Ca及宫颈Ca根治术。2000年，独立完成经阴道子宫切除术。2001年，开展妇科内窥镜应用（宫腔镜应用）。2002年，独立开展输卵巢复通术。开展外阴Ca根治及乙状结肠代阴道术。2003年，独立完成处女膜修补术。2004年，废除蓖麻油及米索引产方法，减少母婴并发症，有效减少孕产妇死亡率。2008年，开展腹腔镜手术，至2010年，成功开展近300例。

三、儿科

1986年以前，县人民医院儿科病主要治疗一般常见病，传染病。随着临床经验不断积累，对疑难杂症深入探索。1987年，应用VP方案治疗急性淋巴细胞性白血病。1989年，应用肾上腺皮质激素中长程疗法治疗肾病综合症。1990年，应用抗结核药+联合鞘注治疗结核性脑膜炎。1991年，开展化脓性脑膜炎硬膜下穿刺术及侧脑室穿刺引流术。1993年，应用皮质激素+冬眠疗法抢救中毒性菌痢和乙型脑炎。1998年，应用甲基强的松龙冲态抢救系统性红斑狼疮病人；应用血糖监测电脑泵输液维持治疗、抢救极低体重儿、低血糖病，成功救治体重1500g早产儿；通过呼吸囊正压通气抢救新生儿窒息；利用FOP治疗心肌炎、心衰；利用咯塞克治疗消化道出血。1999年，应用环磷酰胺治疗肾炎性肾病综合症、狼高疮性肾病；应用硬脑膜下穿刺引流抢救晚发性维生素K缺乏病致硬脑膜下出血；应用蓉生静丙治疗格林—巴利综合症血小板减少性紫癜。2000年，应用静脉留置针保留输液，解决婴幼儿输液扎针困难问题，减轻输液痛苦；应用系统化疗方案、CODIP治疗高危急淋病人。2001年，应用电脑泵维持输液、心电监护、血氧饱和度监测血糖，成功救治体重1250g，胎龄30—32周早产儿10余名，取得良好效果；应用蓝灯照射辅以蓉生静丙静点，治疗新生儿溶血病。2002年，开展阿托品+解磷定治疗小婴儿有机磷农药中毒；应用双管道静点多巴胺、多巴酚丁胺救治新生肺动脉高压、心衰；应用部分及完全静脉营养救治新生儿坏死性小肠结肠炎、极低体重儿；应用纳洛酮治疗新生儿缺氧氙血性脑病；应用纳酮+氨茶碱治疗新生儿呼吸暂停症；应用雾化吸入激素+β2激动剂治疗儿童营养；应用经皮测脑仪监测新生儿。2003年，静脉应用大剂量丙种球蛋白治疗格林—

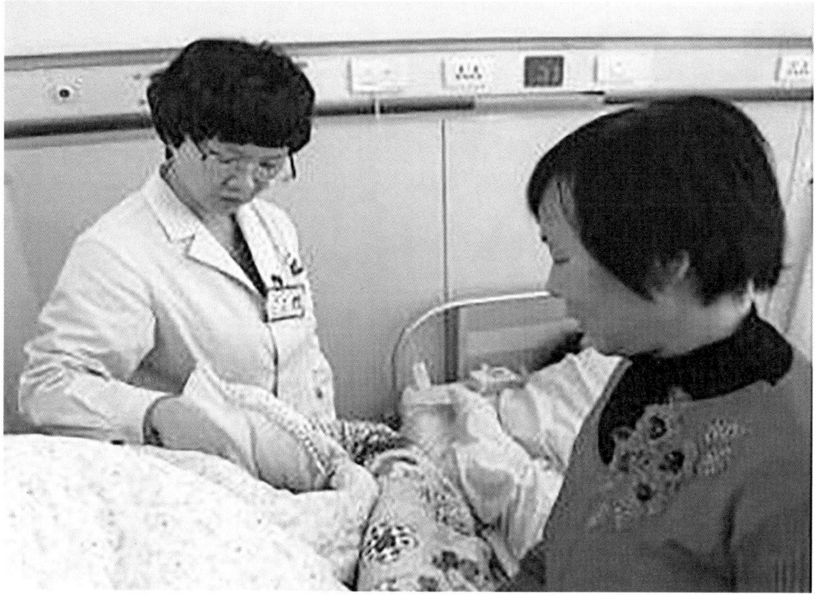

图30-7-3 妇产科大夫讲解护理知识（2009年摄）

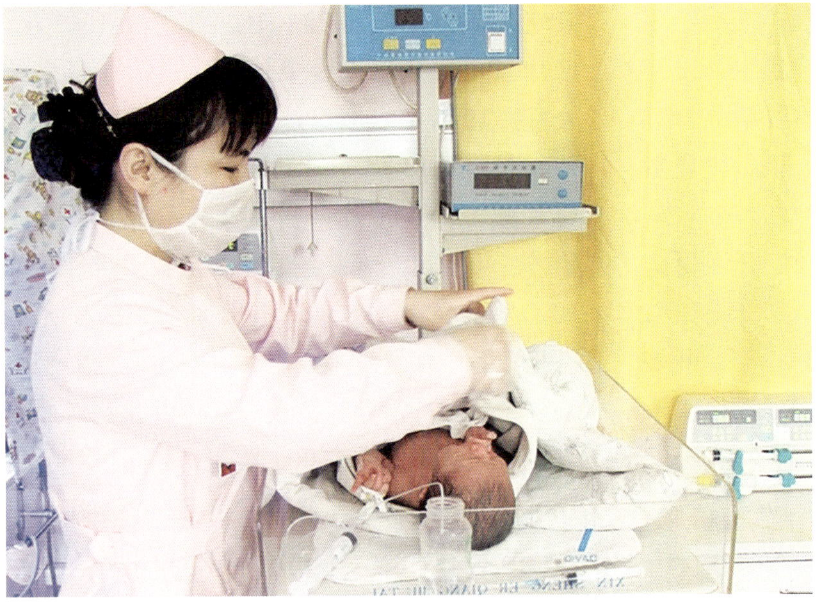

图 30-7-4 新生儿护理 （2010 年摄）

巴利综合征、川崎病、特发性血小板减少性紫癜；应用改良头皮针行胸骨穿刺；应用静脉营养 + 多巴胺、多巴酚丁胺、酚妥拉明联合治疗新生儿坏死性小肠结肠炎。2004 年，应用微量泵静滴胰岛素抢救儿童糖尿病并发酮症酸中毒昏迷；应用高压氧治疗新生儿缺氧缺血性脑病、重症脑炎。2005 年，应用高压氧联合神经结苷酯、肢体康复训练治疗脑发育迟缓、早产儿脑病；开展中药贴腹部、肺部理疗治疗小儿腹泻病及肺炎。2006 年，引进视频及动态脑电监测系统，进一步提高诊断水平。2007 年，开展过敏源经皮点刺试验；应用空气或氧气驱动雾化吸入肾上腺皮质激素 + β2 激动剂 +M 受体阻滞剂及信必可都保规范治疗儿童哮喘，并联合白三烯受体调节剂（孟鲁司特）治疗婴幼儿喘息性疾病过敏性鼻炎等。2008 年，应用 CPAP 治疗新生儿呼吸窘迫综合征；应用新生儿呼吸自救仪监测新生儿呼吸暂停。2009 年，大剂量丙种球蛋白联合甲基强的松龙治疗重症手足口病合并肺炎；应用小儿呼吸机抢救手足口病合并呼吸衰竭、肺出血；应用奥司他韦治疗甲型 H1N1 流感；应用牛肺表面活性物质结合 CPAP 救治早产儿肺出血；与北京儿童医院建立网络合作，开展新生儿遗传代谢疾病筛查；开展新生儿桡动脉穿刺行微量血气分析。2010 年，应用气管插管内注入牛肺表面活性物质结合 CPAP 抢救成功胎龄为 28 周早产儿 1 例；引进全自动听性脑干测听，进行新生儿及婴幼儿听力筛查。

四、眼科

至 2010 年，禹城市眼科成立近 40 年，历经两代眼科医生不懈努力，取得很大进步。

1985 年，开展白内障囊内摘除术、青光眼小梁切除术、虹膜周切术、泪囊摘除术、翼状胬肉转移术。1990 年，开展白内障囊外摘除术、角膜裂伤缝合术。1996 年，购置手术显微镜、眼科 A/B 超、角膜曲率等先进医疗

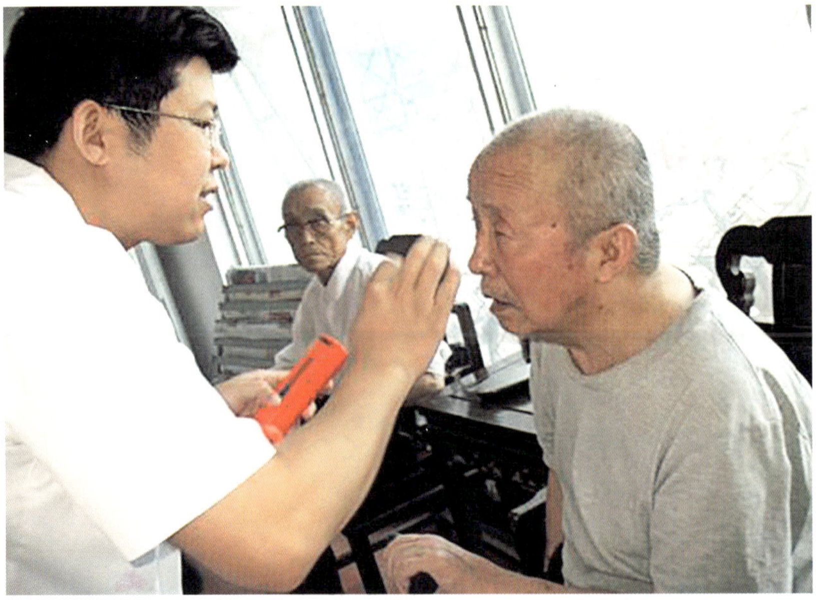

图 30-7-5 中医院医师为老人检查 （2010 年摄）

设备，开展显微镜手术。同年8月，开展白内障现代囊外摘除联合人工晶体植入术。1997年，开展显微镜下翼状胬肉转移术及羊膜移植术，泪小管断裂吻合术。1999年，开展白内障小切口囊外摘联合人工晶体植入术。2000年，开展孔源性视网膜脱离复位术。2001年，开展白内障超声乳化术。2004年，购置全自动电脑视野仪，开展早期青光眼，视神经病变的视野检查。2005年，购进进口电脑验光仪，开展电脑验光检查。2008年，开展玻璃体切割手术。2010年，购进非接触式气动眼压计，开展无创眼压检查。

五、口腔科

1985年年初，由五官科独立成为口腔科，开展拔牙、镶牙、补牙各项治疗技术。结束以上三项去济南治疗的局面。开展颌面外科手术，如下颌骨切除术、唇腭裂补术等难度较大手术，填补县级医院颌面外科手术空白。1986年，修复专业为薄弱环节，院派许开泰去山医口腔医院进修学习修复专业。1987年，成功开展一侧左下颌骨肿瘤切除术加肋骨移植术，解决1例手术高技术难题。1993年，为改变修复专业落后状态，派蔡荣田去四川医科大学口腔医学院进修学习修复专业。1994年，开展修复技术，率先开展光固化技术。2001年，开展口腔正畸技术。2002年，成功开展烤瓷牙修复以及铸造冠和铸造支架技术。2003年，开展唇腭裂修复术。2004年，开展颌面外科手术。2007年，正式成立正畸门诊，对各种错颌畸形进行系统正规治疗，同年成功切除1例巨大腮裂囊肿，同时开展复杂面骨多发性骨折坚强内固定术。

至2010年，口腔科达到集口腔颌面外科、口腔内科、口腔修复科、口腔正畸科为一体的综合性科室，达到本科疾病不出禹城市都能得到妥善诊治。

六、外科

1986年前，为综合性科室，无分专业，手术各学科分的不细、不深。1986年后，骨科、骨外科、胸外科、神经科、泌尿外科、小儿外科、显微外科不断外出进修学习，1997年开始进行分科。

1986年后，在肿瘤治疗方面，成功开展直肠癌根治术，每年约20余例，成功率约100%。1989年至今，开展贲Ca、食管Ca根治术，成功率达99%。每年约60余例。1995年，成功开展动脉导管结扎术。1998年，开展肺叶切除术，三切口食管癌根治、胃代食管术成功率达100%。2001年，成功开展胰、十二指肠切除术，成功率100%。2006年，开展低位直肠癌保肛根治术。2010年，开展胃癌D2、D3根治术。

自骨科成立，随着临床经验不断积累，可开展多项手术。1986—1990年，开展人工股骨头置换术，脊柱骨折棘突钢板固定术，股骨、胫骨梅花钉髓内固定术，各种皮瓣转移术

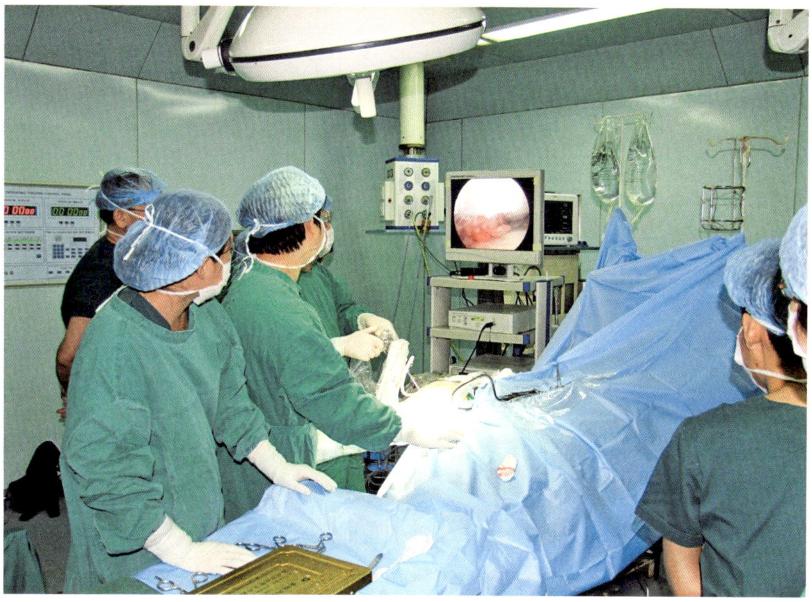

图30-7-6　腹腔镜手术（2010年摄）

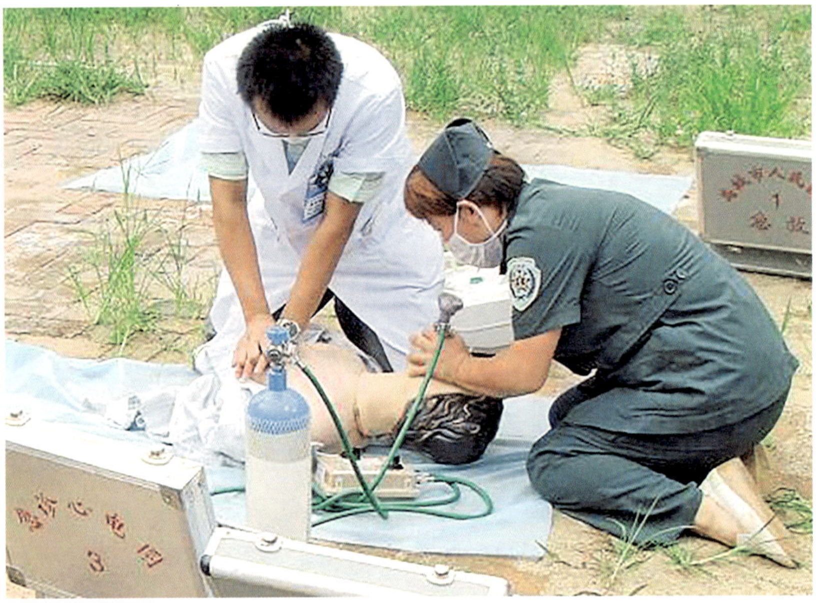

图 30-7-7　胸外心脏按压模拟演练（2010 年摄）

确保治疗效果。

神经外科起步时，主要开展颅脑外伤，如硬膜外血肿、硬膜下血肿、脑内血肿、颅骨复位、颅骨成形、慢性硬膜下血肿等手术；其次是高血压脑出血手术治疗。1998 年 9 月，自大连引进颅内血肿碎吸技术后，又发展到小切口脑内血肿吸除术，随着技术力量的提高，又开展脑瘤手术，如幕上肿瘤有桥脑膜病、胶质痛、幕下肿瘤有桥小脑角肿瘤、小脑肿瘤等，颅内脓肿手术开展 2 例，经鼻蝶入路垂体瘤切除 1 例；脑室—腹腔分流手术 5 例。2004 年，开展自体骨修补颅骨缺损术。2005 年，开展有机玻璃颅骨修补术。2009 年，开展钛网颅骨修补术。至 2010 年年底，开展颅脑手术近 700 例，每年约 100 例。

等多种手术。1990 年，开展腰椎间开窗摘除术，半椎板摘除腰椎间盘术，腰椎管内、胸椎管肿瘤摘除术，2 例断肢再植以及腰椎、胸 12 椎结核病灶清除 + 植骨术等较大手术。1997 年，开展四肢骨折各种带锁髓内钉固定，DHS（动力髋）DES（动力髁）固定术。2000 年，开展全髋关节置换术（包括治疗股骨颈骨折、股骨头无菌坏死）。2001 年，施行腰椎、胸椎双节段 CD 棒及长城系列固定术。2002 年，开展下肢深 V、A 血栓取出术。2003 年，开展肩锁关节脱位喙锁韧带补术、II 型骨盆骨折手术切开复位固定术、股骨髋骨折空心螺钉内固定术。2004 年，开展颈椎病前后路减压、椎间融合（前路融合固定）、颈椎后路减压、侧块钢板内固定术。2005 年，对 500 例人工股骨头置换术病例进行随访。2006 年，开展腰椎陈旧性骨折伴不全瘫、侧前方锥体切除钛网内置骨（钢板）固定融合术。2007 年，开展股骨近端骨肿瘤、保肢人工全髋置换术。2008 年，开展跟骨粉碎性骨折手术内固定 + 置骨术。2009 年，开展腰椎滑脱手术复位、椎间融合钉棒内固定。2010 年，开展人工全膝关节置换术、人工关节镜清理术，骨科购置手术床 C 形臂 X 光机，

1999 年，泌尿外科并入神经外科。泌尿外科开展前列腺摘除术、肾肿瘤单肾切除术、膀胱镜检技术、肾上腺肿瘤切除术、睾丸肿瘤切除术、尿道吻合术、输尿管结石除术等，至 2010 年年底，开展手术近 200 例，每年约 30 例。

七、皮肤性病

皮肤科始建于 1991 年 4 月。同年，配备光学显微镜，开展临床皮肤浅部真菌病诊断及鉴别诊断。同年 8 月，配备 CO_2 激光治疗仪，对临床病毒性疣、色素疣及血管性赘生物及治疗取得较好效果。1992 年 8 月及 1993 年 2 月，开展皮肤变态反应斑贴试验，与理疗科合作开展某些病毒性、细菌性皮肤病的紫外线治疗。引进新药物新疗法，观察总结“银屑灵冲剂”治疗寻常型银屑病，在《山东中医学院学报》上发表。《β—七叶皂甙钠治疗郁积性湿疹》发表于《中国麻风皮肤性病杂志》。1997 年，新增大型光疗仪，对寻常型银屑病、带状

图 30-7-8　皮防站门诊　（2010 年摄）

疱疹等病治疗提供新的治疗手段。总结“紫外线光联合阿昔洛韦治疗带状疱疹 238 例”发表于《山东医药》。开展淋球菌直接镜检、醋酸白试验，与本院化验室合作开展梅毒 RPR 试验、抗—HIV 抗体试验及尿道宫颈分泌物衣原体检测、解脲、人形支原体培养等，对性病监测、治疗作出贡献。同时，采用 CO_2 激光联合局部注射干扰素治疗取得较好效果。2000 年，采用辨敏牌试剂开展湿疹皮炎患者斑贴试验，为其病因诊断提供依据。2001 年 4 月，成立真菌实验室，增加真菌培养项目；性病实验室开展淋球菌检测滴虫、线索细胞、RPR、衣原体检查及支原体培养等。临床遇到少见、难确定病例，积极做活组织病理检查，平均每月 30—40 例。发现一些少见病，例如血管淋巴样增生伴嗜变性粒细胞浸润 1 例。

2003 年，人员力量不断发展壮大，有主任医师 1 名，主治医师 1 名，医师 2 名，均具有专科及以上学历。其中，1 人通过省医学会组织美容主诊医师考试，1 人通过省卫生厅组织性病诊疗规范考试，1 人当选德州医学会皮肤科分会副主任委员。

在原有性病检测项目基础上，增加梅毒螺旋体颗粒凝集实验（TPPA），成立艾滋病咨询门诊；开展过敏源检测食物不耐受性；引进窄谱中波紫外线治疗仪、伍德氏灯检查及白癜风表皮移植治疗仪等。自 2006 年开展窄谱中波紫外线，治疗银屑病 3000 余人次，白癜风 6000 余人次，均取得满意疗效。在引进新技术、新疗法同时，总结临床经验，撰写论文。其中，非典型麻疹综合征合并心肌炎、药物超敏综合征 7 例临床分析、RamSay　Hunt 综合征 31 例误诊分析、皮样囊肿癌变 1 例、原发淋球菌性包皮脓肿伴淋巴管炎 1 例发表于《中国麻风皮肤病杂志》《山东医药》。主编著作 1 部，参编著作 2 部，科研成果 1 项，获德州市科学技术二等奖。

八、耳鼻咽喉科

耳鼻咽喉科于 1985 年成为独立科室。自 1989 年后陆续开展上颌穿刺术、鼻甲部分切除术、鼻息肉摘除术、鼻骨骨折复位术、上颌窦清理术、扁桃体摘除术、气管切开术、耳前瘘管切除术、鼓膜修补术、耳道内息肉摘除术。

2004 年，购进丹麦产电测听仪和声阻抗仪各 1 台，开展纯音测听检查和中耳功能检查。2005 年，购置耳鼻咽喉综合治疗台、耳鼻咽喉手术切削动力系统、日本产奥林巴斯纤维咽喉镜，开展纤维咽喉镜检查及活检，鼻内镜检查及活检，对鼻、鼻窦和咽喉部病变明确诊断及治疗提供准确依据。同时，开展全麻下扁桃体摘除术，小儿扁桃体和腺样体切除术，悬雍垂腭咽成形术，鼻内镜下鼻息肉摘除术及鼻窦开放术。2006 年，利用支撑喉镜开展会厌囊肿、声带肿物摘除术。内窥镜在临床上的应用获得医院 2008 年度科技进步二等奖。2010 年，通过用激光、微波诊疗仪治疗耳、鼻、咽、喉部各种赘生物及出血。同年，购进美国产美敦力耳鼻咽喉手术切削动力系统1套，该科手术得到深入开展。

第八章　卫生管理

第一节　医政管理

一、医疗机构管理

1986年开始，县卫生局对个体诊所（非卫生室）进行监管，办理行医执照。1988年，各乡镇卫生院由县卫生局直属管理改为县卫生局和乡镇政府双重管理，列为乡镇直属单位，业务工作接受县卫生局指导，村卫生所按一村一所设置，个体私营医疗机构发展较慢。1995年后，市卫生局依据《医疗机构管理条例》，对市医疗机构统一发放《医疗机构执业许可证》，对个体诊所重新核发《医疗机构执业许可证》。

自1996年，对非法行医活动进行严厉打击，纠正不规范医疗机构26家，责令限期停业整顿12家，取缔无证非法行医70余家，查获外地不法游医11人。对验审合格的318处村级卫生室进行登记注册，纳入管理，全市医疗管理逐渐规范化、法制化。

1998年，加大对全市医疗机构监督检查力度，对各类医疗机构重新进行审评。核发《医疗机构执业许可证》410个，巡回监督检查1900多次，监督检查覆盖面达95%，取缔非法行医80多家，非法医疗广告30多条。

2002年，依据《医疗机构管理条例》，对市区医疗机构进行整顿，为28处个体诊所办理《医疗机构执业许可证》，取缔无证行医25处。

2003年4月以前，个体诊所由卫生局医政科管理，2003年后成立医管科，对全市医疗机构（除市人民医院、市中医院、市妇幼保健院外）办理《医疗机构执业许可证》，进行监管。同年，开展医疗市场专项执法行动，取缔无证行医20家，坐堂行医36家、借医卖药30家、义诊销售15家。

2005年，印发《禹城市打击非法行医专项行动方案》。对市区个体诊所52家、乡村个体诊所28家《医疗机构执业许可证》进行校验、审批。8月，启动以打击非法行医为重点的卫生监督执法4号行动。

2008—2010年，全市建设标准化卫生服务管理村卫生室148处，管理率达100%。

二、卫生队伍管理

行医。1985年，进入医疗机构人员按取得相应技术资格进行行医。1998年，对1998年6月26日前按照国家规定取得医学专业技术职称和医学专业技术职务人员，依法逐级向省卫生厅申报办理相应的执业医师资格证书，办理执业医师205名（其中，临床107名，中医38名，公共卫生56名，口腔4名），执业助理医师78名（其中，临床60名，中医6名，公共卫生12名）。

自1999年开始，对所有进入医疗机构的人员必须参加全国医师资格考试，取得相应执业医师资格证，办理执业医师注册证书后，方可从事相应医疗服务工作。

2000年，提高依法行政水平，组织188人进行医师资格考试。

2002年，开展乡村医生技术评定工作，

全市633名乡医参加评定，经考核614人获乡医职称。

2005年4月，组织全市乡村医生参加省乡村医生执业注册考试考核，769名乡村医生获得省级执业乡村医生证书。

2009年4月，对2005年、2008年取得执业乡村医生证书乡村医生进行系统考核，考核合格的1208名乡村执业医师全部纳入省乡村医生执业管理系统。

2010年，组织全市308人参加全国医师资格考试。至2010年，全市执业医师984名。

护理。自1985年，护士上岗职称评定与护士执业资格考试、执业注册分离。2003年，执业护士资格考试与全国卫生技术人员职称考试并轨。所有医务人员必须参加全国资格考试，执业助理医师相当于医士职称，执业医师相当于医师职称。

1994年，依照《中华人民共和国护士管理办法》规定，从事护理的医务人员，参加护士资格考试，取得《中华人民共和国护士资格证书》后，方可上岗。至2010年，有516人取得《中华人民共和国护士资格证书》。

第二节　药品监管

一、药品稽查

1986—2002年，禹城县（市）内药品管理工作由卫生局药检所负责。2002年10月，市药品监督管理局成立。2004年12月，更名为食品药品监督管理局，对全市食品、药品市场进行监督管理。

1986年，因检验设备不全，药检所不能开展室内检验业务，只对各医疗单位、各药品经营单位的药品质量进行监督检查。到1989年，药检所除开展室外药品质量监督检验外，还开展部分简单的室内检验业务。

2002年10月，药品监督管理局成立后开始进行药品监管工作。2003年，检查涉药单位613个，立案查处案件628起，没收假劣药品货值2.18万元。2004年，检查涉药单位627个，立案372起，查处租赁柜台8家、挂靠经营5家、取缔无证经营窝点12处。2005年，检查涉药单位759个，立案418起，查处违法广告30起，查处违法广告药品案件7起。2006年，检查涉药单位819个，查处违法案件441起，对辖区内齐齐哈尔第二制药公司生产的假药“欣弗”注射液进行专项检查，查出15个单位购进“齐二药”生产的药品，查封扣押各种注射剂892支。2007年，出动稽查人员2400余人次，检查涉药单位580家，查处案件510起。2008年，检查涉药单位900多家次，查处案件386件。其中，假劣药品非法经营案件111件。奥运会前后，开展防兴奋剂作弊事件专项检查，历时7个月，被省食品药品监管局授予“含兴奋剂药品治理先进集体”荣誉称号。2009年，检查

图30-8-1　市食品药品监督管理局（2005年摄）

图 30-8-2 销毁假劣、过期药品 （2010 年摄）

28.24%。2007 年，药品抽验 205 批次，不合格品种 43 个，不合格率 20.98%。

2008 年后，将药品抽验作为打假治劣主要技术手段，以假劣药品为主要目标，全年抽验 135 批，检出不合格药品 69 个，不合格率达到 51.1%。2009 年，抽验药品 76 批次，检出不合格药品 70 批次，不合格率达到 92.1%。2010 年，抽验药品 46 批次，检出不合格药品 44 个，不合格率达到 95%。

涉药单位，立案查处药品案件 243 起，建成禹城市药品信息电子监管网，实现动态监控辖区内药品流向。

2010 年，市食品药品监督管理局开展高风险医疗器械、两节药品市场、假劣药品、非药品冒充药品、中药饮片、疫苗、医用氧气、麻黄碱复方制剂等专项检查 13 次；立案查处违法经营、使用药品、医疗器械案件立案 327 件，取缔无证经营 14 家，查处假劣药品 84 个，涉案货值 46 万元；定期监看、监录市广播、电视、报纸等媒体刊播的药品、医疗器械广告，查实违法药品广告 19 起；对 11 家药品零售企业进行 GSP 认证跟踪检查。

二、药品抽验

2002—2007 年，将药品抽验作为全市药品质量检验标准，随机抽查，检验质量。2002 年，药品抽验 100 批次，不合格品种 12 个，合格率 88%。2003 年，药品抽验 100 批次，不合格品种 15 个，不合格率 15%。2004 年，药品抽验 100 批次，不合格品种 21 个，不合格率 21%。2005 年，药品抽验 121 批次，不合格品种 5 个，不合格率 4.13%。2006 年，药品抽验 170 批次，不合格品种 48 个，不合格率

第三节 食品监管

1986 年，禹城县防疫站设食品卫生科，负责食品行业卫生监督工作。除日常监督外，还巡回监督检查。每年与工商、物价、计量、公安、环卫等部门一起查处假冒伪劣食品。1987 年，县防疫站先后 4 次销毁查收伪劣食品。1994 年，对全市 1216 家食品单位进行检查，覆盖率 100%，抽检食品合格率 89.5%。2004 年 12 月，药品监督管理局增加食品安全综合监管职能，负责食品安全组织协调，综合监督、依法查处重大食品安全事故。

2005 年，对全市食品生产企业和食品经营单位开展食品安全专项检查活动 7 次。检查生产企业 70 家，建筑工地食堂 7 处，超市、酒店、学校食堂 10 处，对存在问题较多的 32 家单位给予警告处罚。

2006 年，检查学校食堂、宾馆饭店、商场市场等食品生产经营单位 2000 余家，查获私屠滥宰案件 18 起，猪肉 1300 余斤，桶装水 186 桶，取缔无证、无照生产经营业户 308 家，假冒伪劣食品总货值 80 余万元。

2007 年，出动执法人员 8600 人次，车辆

2200余台次，检查农药经营户235家，餐饮单位、学校集体食堂1347家，定点屠宰（点）6户，兽药经营业户147家，下达责令整改通知书560份，处罚180家，取缔无证照生产经营户67家。10月18日，举办德州、禹城两级重大食品安全事故应急演练。

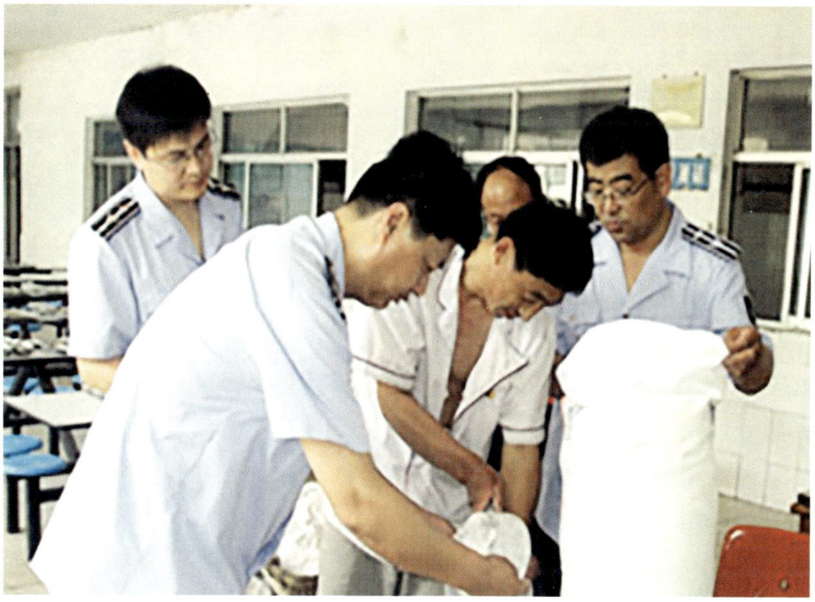

图30-8-3　进校园检查食品安全（2010年摄）

2008年，出动执法人员2500余人次，检查食品及食品添加剂生产经营单位1361家；重点单位74家；抽检重点食品690批次，食品添加剂抽检36批次，合格率分别为95.8%和98.1%，被授予“山东省食品安全示范县”。

2009年，重点打击违法添加和滥用食品添加剂行为，先后集中检查8次，门店摊点1327个，发现问题110多个，处罚31家，取缔23家。

同年，积极应对含三聚氰胺三鹿奶粉事件。对全市商店、超市进行检查，实行每日日报制，对发现的三鹿牌幼儿配方奶粉，全部通知下架予以没收处理。成立医疗救治领导小组，组建救治专家组，免费为食用含三聚氰胺问题奶粉的婴幼儿筛查和诊疗，筛查食用问题奶粉婴幼儿2153人，确诊5例，治愈5例。

2010年，以食品添加剂、农产品质量安全、食品生产加工、食品进出口、食品流通、餐饮服务、畜禽屠宰、保健食品8项内容为重点，开展食品安全整顿工作，出动执法人员3010人次，检查各类食品生产经营消费单位2735家，处罚61家，取缔13家。

第三十一篇

精神文明建设

1983年，建立“五讲四美三热爱”活动委员会，负责开展全县文明礼貌活动。1987年7月，县委制订《禹城县“七五”期间社会主义精神文明建设的十年规划》，1988年年初，县委制订《八八年关于深入开展全县精神文明建设活动的意见》。1991、1996、2001年，县（市）委分别制订《社会主义精神文明建设规划》，对全县（市）“八五”“九五”“十五”期间精神文明建设作出具体安排。积极开展全民思想道德教育，开展文明单位、行业、村镇等创建活动。市民思想道德素质不断提高，涌现出无数英模人物。先后荣获山东省第三届、第四届、第六届“精神文明建设工作先进市”“山东省社会文化先进市”“省级创建文明城市工作先进市”等荣誉称号。

第一章　思想道德教育

第一节　公民素质教育

一、五讲四美三热爱

1981 年 2 月 25 日，全国总工会、共青团中央、全国妇联等 9 个部门联合发出倡议，在全国人民特别是广大青少年当中开展“五讲四美”（讲文明、讲礼貌、讲卫生、讲秩序、讲道德、心灵美、语言美、行为美、环境美）文明礼貌活动，决定从 1982 年起，把每年 3 月确定为“全国文明礼貌月”。1983 年，建立“五讲四美三热爱”活动委员会，负责开展全县文明礼貌活动。全县机关、单位及部队驻地、农户等开展义务服务，主动参与政治环境卫生、公共秩序和便民服务等公益活动，促进社会风气好转。1987 年 7 月，活动委员会改为精神文明建设协调委员会，下设办公室。开展“三抓三创一开展”活动（抓职业道德建设，创优质服务；抓社会公德建设，创优良秩序；抓城镇村庄容貌建设，创优美环境；开展群众性文体科技活动）。“文明礼貌月”活动从窗口单位发展到各个行业，从突击活动发展到有计划的综合整治，活动逐步向创建文明县城、文明行业、文明村镇、文明单位发展，群众性精神文明创建活动趋于规范化和制度化。

二、学雷锋树新风

1990 年，全县开展“学先进，讲贡献，树新风”活动，县委召开活动经验交流会，学习福建省三明市经验，召开加强精神文明建设动员大会。1991 年，县委、县政府制定《禹城县精神文明建设“八五”计划》，重点开展以“学三明，创三优，满意在禹城”为主要内容的群众性精神文明建设活动和学雷锋便民服务活动。建立学雷锋小组 1800 多个，青年服务队 360 个，义务为群众做好事 3 万多件，提合理化建议 8000 多条，改造维修旧设备 190 多台，节能降耗 150 多万元。1995 年，实施精神文明建设“464”工程，即进行四项教育（邓小平有中国特色社会主义理论教育、党的宗旨教育、道德法制教育、市场经济知识教育）。

图 31-1-1　“创建文明城市”宣传　（2008 年摄）

三、公民道德教育

1986 年，县文明委制定印发《禹城市民文明公约》《禹城市民文明行为规范》《文明市民条件》《文明市民手册》等。在全县组织开展《公约》《规范》教育活动，共向各机关、企事业单位、乡镇、村、城镇居民及农户发放各种宣传资料20000余册（本），结合部门、行业特点，制定不同道德行为规范要求，打印成册，印发各个行业和单位。

1996年，以建设经济强市和“建文明城市、做文明市民”为总体目标，在农村、企业、机关、学校等开展创建精神文明活动，表彰奖励百余名劳模。1998年，组织向杨慧勇同学肾脏移植手术捐款、向下岗职工“献爱心”和向灾区捐款等活动。

2001年后，全市贯彻落实中央颁发的《公民道德建设实施纲要》，并制定印发《禹城市民文明公约》，强化“三德”教育（社会公德、职业道德、家庭美德），加强公民思想道德建设，宣扬“爱国守法、明礼诚信、团结友善、勤俭自强、敬业奉献”20字基本道德规范，建成4处爱国主义教育基地（禹城市博物馆、禹城市经济社会成就展厅、王克寇烈士陵园、禹城市革命纪念馆）。在全市开展“三讲一树”（讲文明、讲卫生、讲科学、树新风）和“改陋习、树新风”活动，发挥先进典型示范带动作用，弘扬社会主义新道德、新风尚，倡导文明，革除陋习，普及科学知识，培养良好生活习惯。2003年4月，开展“爱国卫生、全民健身、科普宣传”活动。倡导科学、健康、文明生活方式。2007—2010年，组织开展“双十佳”和“模范人物”评选活动，全市形成“学先进，争劳模”良好社会氛围。先后推荐上报德州市文明市民10名，文明服务标兵14名，好人之星4名。

第二节　未成年人思想道德教育

1987年，由工会、妇联、青年团、武装部等部门牵头，在全县加强青少年道德教育、开展五讲四美三热爱及学雷锋活动，培养“四有”（有理想、有文化、有道德、有纪律）新人。县委宣传部、县教育局联合发出通知，号召青少年学习二中高三学生张宝军舍己救人的精神，树立和发扬社会主义道德风尚，并开展“假如我遇到此事怎么办？”的大讨论，在全县未成年人中掀起道德教育热潮。1999年、2000年，在中小学开展“爱国主义教育年”系列活动。2004年，市委、市政府出台《关于进一步加强和改进未成年人思想道德建设的意见》，提出“党政牵头、部门联动、社会参与”工作模式，形成推动未成年人思想道德建设工作机制。制定《禹城市加强未成年人思想道德建设目标任务分工明细表》，把50多项具体工作任务分解到每个相关单位，使未成年人教育持续健康发展。2006年，围绕纪念建党85周年、红军长征胜利70周年举办大型文体活动6次。相继在学校开展爱国主义和革命传统教育，通过学生参观烈士遗迹、观看“红色电影”、听老军人讲述过去故事等活动，树立和培育未成年人爱国情感和民族精神。

图31-1-2　“争做道德模范”签名活动（2010年摄）

第二章　文明创建活动

第一节　文明创建

1986—2010年，县（市）委、县（市）政府向全县（市）人民提出“做文明市民，建文明城市”总要求，先后开展六大系列活动，整治四项社会秩序，做好文明行业、文明单位、文明村镇创建工作。2010年，建成省级文明单位12个、文明机关4个、文明村镇9个、文明社区4个；建成市级文明单位65个、文明机关20个、生态文明村镇15个、文明社区5个、文明服务窗口单位7个。

一、六大系列活动

1. 农村开展创建文明户、文明村、文明乡镇活动，全市先后评选出9万户守法户，1万户文明户；2. 企业职工中开展争创“五星级职工”活动；3. 开展评选文明市民活动；4. 执法部门和垄断性行业、服务行业开展优质服务竞赛和行风评比活动，评出最佳单位和最差单位，同时，评选“十佳服务明星”；5. 在中小学中开展评选“十佳文明学生”活动；6. 个体私营工商业中，开展“个体门店评星级”活动。

二、整顿四项秩序

1. 以建设省级卫生城为目标，整治卫生秩序，开展文明街、文明路、文明小区和花园式单位创建活动；2. 整治交通秩序；3. 抓文明市场建设，重点对欺行霸市、哄抬物价、掺杂使假、坑蒙拐骗等扰乱市场秩序的行为进行严厉打击；4. 整治社会治安秩序。以争创全省社会治安综合治理先进县（市）为目标，严厉打击刑事犯罪、贩黄、销黄活动，加强对文化娱乐场所、旅馆、车站、饭店、游戏机室和图书、音像的管理，制定《文化市场管理规定》。

三、“七个一”建设试点

每村设立一个村务公开栏、一个村民阅报栏、一个致富光荣榜、一个星级文明户一览表、一支文艺宣传队、一个村民阅览室、每户至少掌握一门致富技术。

第二节　创建活动

一、文明行业创建

在文明城市建设中开展行业文明、企业文化、企业思想政治三项工作。1986年开始，通过文明服务礼仪大赛、文明服务知识竞赛、

图31-2-1　新型社区建成（2010年摄）

劳动保障知识竞赛、劳动竞赛、先进事迹报告会、演讲比赛等多种形式，开展“争创文明企业、争做‘四有’职工”活动。同时，通过“三基、三义、三观、三德”教育活动（“三基”即基本理论、基本路线、基本方针。“三义”即爱国主义、集体主义、社会主义。“三观”即世界观、人生观、价值观。“三德”即社会公德、职业道德、家庭美德）和党的十六大、十六届三中、四中全会精神集中教育活动，将“文明企业工程”纳入全市“十大文明工程”创建活动中。12家企业被评为“文明诚信企业”。2006年，开展“文明信用创评”“文明诚信企业”“百城万店无假货”等活动，提高行业诚信度。行政街被授予“山东省百城万店无假货示范街”荣誉称号。2009年，被确定为山东省首个推进企业社会责任建设试点市。2010年，启动“优秀学习型党组织”评选活动。全市文明行业创建逐步正规化、制度化、经常化。

二、文明单位创建

1985年后，文明单位创建活动在全县逐步发展。1989年3月，召开精神文明建设表彰会，表彰8个地区级文明单位和43个县级文明单位。1996年，召开精神文明建设表彰会，表彰134个市级文明单位。市委、市政府制定《禹城市文明单位管理办法》《禹城文明市民行为规范》《禹城市文明手册》，对文明单位的级别、基本条件（标准）、评比命名、表彰和奖励、日常管理等问题作出明确规定。2001年，省、市级文明单位按照每年更换10%的要求，开展动态管理工作。2007年，全市组织举办“中农润田杯”文明礼仪知识竞赛，发放《文明礼仪读本》6000余册，39支代表队参加比赛。全市文明单位评比创建活动步入规范化轨道。

2010年省级文明单位（12个）

国税局、联通公司、电力公司、公路局、水务局、保龄宝、福田药业、地税、移动公司、劳动社会保障局、人民银行、禹城支行、德州科技职业学院。

图31-2-2　山东福田药业有限公司获得省级荣誉（2006年摄）

2010年德州市级文明单位（65个）

审计局、农业局、城市管理行政执法局、运输公司、德州银行股份有限公司禹城支行、职业教育中心、地方税务局伦镇中心所、华奥私立学校、新园供热服务有限公司、福寿园公墓管理处、市中街道办事处中学、文化局、广播电视局、国土资源局、人民法院、人民检察院、公安局、建设局、交通局、教育局、财政局、卫生局、人口和计划生育局、工商行政管理局、物价局、食品药品监督管理局、环境保护局、公安局交通警察大队、国家税务局城区税务分局、国家税务局房寺税务分局、国家税务局辛店税务分局、国家税务局伦镇税务分局、地方税务局直属征收分局、中国银行股份有限公司禹城支行、中国农业发展银行市支行、中国农业银行市支行、中国工商银行股份有限公司禹城支行、中国建设银行股份有限公司禹城支行、农村信用合作联社、中国人寿保险股份有限公司市支公司、综合高中、齐鲁中学、实验小学、新华书店、建筑工程公司、禹城热电厂、地方税务局开发区征收分局、地方税务局稽查局、公安消防大队、管道燃气有限公司、统计局、德州市公安局交通警察支队高速公路三大队、质量技术监督局、工商行政管理局城区工商所、工商行政管理局辛寨工商所、德州市公安局交通警察支队禹城大队事故科、房管局、人民防空办公室（民防局）、图书馆、地方税务局市中中心税务所、地方税务局房寺中心税务所、地方税务局辛店中心税务所、人民医院、市立医院、自来水公司。

图 31-2-3　玉荷苑小区（2009 年摄）

三、文明村镇创建

“三下乡”活动。2003 年，市委、市政府以改村貌、树新风、促发展为目的，广泛开展农村“文明一条街”建设、文明单位帮扶、文明信用创评等活动，全市农村精神文明建设由点到面、由浅入深。连续组织“三下乡”（送科技、文化、卫生到农村）成员单位开展送科技下乡 500 余次，送科技资料 20 余万册；组织文艺队伍下乡演出 500 余场，送电影 6000 余场；到农村举办各类文化培训班 40 期，培训农村文化骨干 5000 余名；组织市直医疗卫生单位深入农村开展医疗服务队 40 支，培训基层医务人员 4000 余人次。房寺镇荣获“山东省首批社会文化先进乡镇”。2007 年，市中街道办事处被评为“山东省十大和谐乡镇”。

“样板村”建设。1987 年，党的十二届六中全会后，县委、县政府在《禹城县“七五”期间社会主义精神文明建设的十年规划》中提出“抓城镇村庄的容貌建设，创优美环境”要求，在经济条件较好的 100 个村庄实施改灶、改厨、改水工程，培养起邢店、兴国、先锋等一批“两个文明”建设样板村。

“五好家庭”表彰。1986—1995 年，县（市）妇联加强家庭精神文明建设工作，开展多种宣传教育活动。至 1995 年年底，市委、市政府表彰五好家庭 8000 户，文明家庭 16000 户，十佳文明家庭 10 户。

“五个十佳”评选活动。2005 年，在 50 个村组织“好媳妇”“好婆婆”“文明家庭”“文明市民”等评选，提高市民文明道德素质。2007 年、2009 年成功举办“感动禹城”十佳人物、十佳孝子、十佳好媳妇、十佳好婆婆、十佳五好家庭“五个十佳”评选活动，涌现出山东省十大孝星之一陈炳新、山东省见义勇为先进个人齐顺德等典型人物，形成尊老敬贤、孝敬父母、关爱家庭、友爱互助的良好风尚。

2010 年省级文明村镇（9 个）

张庄镇、市中办西街村、十里望回族镇大白村、房寺镇、房寺镇邢店村、市中办、辛店镇、十里望回族乡、梁家镇。

2010 年德州市级文明村镇　（15 个）

房寺镇张靳明社区、房寺镇友谊社区小刘村、辛寨镇梁河社区梁庙村、李屯乡新高村、伦镇官庄村、伦镇、辛寨镇、房寺镇马沙窝村、安仁镇王子付村、安仁镇、市中街道办事处夏季村、莒镇乡、房寺镇崔庄村、市中街道办事处任庄村、李屯乡。

第三章　文明新风

第一节　移风易俗

一、改陋习　树新风

改革旧风俗习惯，倡导新生活方式是社会主义精神文明建设重要内容。1986年后，县委、县政府先后发起向“见义勇为的张宝军学习”“学习党的好干部咎明珍”等活动，进行宣传引导。开展“三下乡、四进社区”活动，引导人们更新观念、树立新风、追求科学、健康文明的生活方式。文明办、统战部、民政局、工商局、文化局等相关部门密切组织配合，取得显著效果。

二、破除迷信　取缔非法宗教

公检法机关对利用封建迷信和非法宗教活动诈骗钱财、谋财害命、造谣惑众、扰乱社会治安的不法分子，依法严肃处理。依法查处从事非法宗教活动。民政和宣传部门开展宣传，倡导婚事新办、简办，鼓励青年人旅游结婚和举行集体婚礼。纪检部门严格执行相关规定，严禁利用公车参与婚嫁活动。违反规定的，给予经济处罚，并视情节轻重给予批评教育或党纪政纪处分。

三、净化文化市场

严禁各类媒体对封建迷信和旧习俗的渲染、传播，严禁修建各种带有迷信色彩的设施。对违反规定的，给予行政和经济处罚，情节严重的依法惩处。每年组织相关部门对违法音像市场、书摊、印刷行业等进行查封，对其出售产品进行销毁。

第二节　好人好事

一、见义勇为

1986年后，全县（市）开展“月评好事”“建文明市民工程”活动，对在发展经济、见义勇为、助人为乐、拾金不昧、尊老爱幼、遵纪守法、保护环境、无私奉献、爱岗敬业、无私捐助等方面作出突出成绩的典型进行表彰。1987年5月，县委宣传部、教育局联合发出通知，号召广大青少年学习二中高三学生张宝军舍己救人的精神，在全县青少年中掀起学习见义勇为热潮。2005年4月1日下午，安仁镇齐庄村一名少女和两位老人遭到持刀歹徒伤害，村民齐顺德只身勇斗歹徒，奋不顾身，连中六刀，最终制服歹徒，成为远近闻名的英雄人物，被授予“山东省见义勇为先进个人”称号。

2007—2010年，组织开展“双十佳”“模范人物”“感动禹城人物”评选活动，全市形成“学先进、争劳模”的良好社会氛围。各部门、单位紧密联系实际，培养推出本行业、本单位体现时代精神、具有各自特点的先进集体和个人，发挥先进典型的示范、带头作用。2007年12月24日，高新区张庄村1名10岁儿童放学途中骑自行车不慎从4米高的桥头掉进河里。马店村村民徐洪忠、徐洪友和高振新先后跳入水中，将落水儿童救上岸。2008年，北京奥运会前夕，负责看守京沪铁路禹城境内解放路铁路立交桥安全的市交通局马纯强、陈士勇、韩振3人成功处置一起卧轨伤亡事故，在社会上引起强烈反响，受到市委、市政府记功奖励。2009年2月24日凌晨，一伙窃贼闯入辛店镇陈忠村盗窃耕牛，村干部接到消息后，迅速利用广播喇叭呼喊村民捉盗贼，村民陈德章听到广播立即起床，迅速出门，正好将盗贼拦截在他家门口，冒着生命危险，勇斗歹徒，被打致重伤，其见义勇为行为在当地传为佳话，被授予“德州市见义勇为模范”称号。2010年9月5日下午，市中办西郭辛村宋加田等人在清理完鱼池时，宋加田不慎滑入下游近4米深的河水中，在附近的张祖岭、王洪平听见呼救声后，奋不顾身跳入水中抢救，因水流太急，体力不支，张祖岭被湍急水流冲走，不幸遇难，王洪平被群众抢救脱险，张祖岭、王洪平被授予“山东省见义勇为先进个人”荣誉称号，赢得社会广泛赞誉。

二、扶危济困

助困。开展“爱心捐助”“慈心一日捐”“结对帮扶”等活动，为贫困群众送温暖、献爱心。

20世纪80年代，全县各界人士自动捐资万余元，为轻生的烧伤女纺织工石秀芳治疗救助，使她鼓起生活勇气，愈后正确地面对人生。

1998年，市中办事处杨河套村初中学生杨慧勇，患有严重肾脏疾病，为救助杨某生命，全市开展为杨慧勇同学肾脏移植手术捐款活动。14个单位、85540名个人慷慨解囊，奉献爱心，自愿捐资6万多元。

2010年3月24日，禹城义工吧义工们为白血病女孩小崔红募捐善款32713.6元。2010年5月16日，糖城义工们走上街头募捐、义演，为重度烧伤患者张月筹集治疗费4万余元。

助学。2002—2005年，全市开展捐助贫困学生活动，先后捐资30多万元，为1477名在校高中生和大学生发放助学金，使其全部完成学业。至2010年，全市受到捐助的高中生、大学生共2311名。

助危。2003年“非典”疫情期间，禹城贺友集团援助北京小汤山医院建设，中央电视台“焦点访谈”作了报道《让利100万援助北京小汤山医院建设》。贺友集团被评为“山东省防治非典先进集体”；全市人民踊跃参加“防治非典爱心捐助”活动，累计捐款近百万元。2007年10月，多名网友为17岁白血病女孩李珍珍捐款近2000元。

三、尊老扶弱

自1985年开始，离休干部张星南每逢“七一”都向组织多交纳100元，作为特殊党费；结对救助多名“春蕾”女童和贫困农民家庭；以“服奉乐”的名义先后向幼儿园、救灾办、亚运会、奥运会等捐款，累计奉献数万元，被评为“全国老有所为精英奖”“全国离休干部先进个人”。

2007年，涌现出“全省十大孝星”陈炳新、“全省见义勇为先进个人”齐顺德等典型人物。在“德州市道德模范”评选活动中，推荐上报的

图31-3-1　张庄镇领导帮扶困难家庭（2009年摄）

图 31-3-2　张星南帮扶贫困学生（2008 年摄）

12 名同志全部获奖，其中 5 人荣获“全市道德模范”，7 人荣获“全市道德模范提名奖”，张星南、齐顺德还荣获山东“全省道德模范提名奖”。2009 年 7 月，房寺镇邢店社区王富勇被全国敬老爱老助老主题教育活动组委会评选为“全国孝亲敬老之星”。

四、敬业奉献

1990 年 7 月 10 日，县委、县政府作出决定，号召全县党员、干部和人民群众，开展向优秀共产党员和雷锋式好干部昝明珍烈士学习活动。9 月 26 日，德州地委、行署在禹城隆重召开全国公安战线二级英模昝明珍命名的表彰大会。2005 年，禹城市荣获“感动德州 2005 年度十佳人物”的有中国功能糖产业领军人物刘宗利；十九年扎根禹城治沙富民中科院高级工程师施来成；以“服奉乐”名义奉献社会的张星南；义务传授太极拳术的封明亚；带领群众共同致富的王富勇、冯玉珍；“德州市十大孝星”修国礼等模范人物。2009 年，李宗鲁、刘宗利、张星南分别入选中华人民共和国成立前后“30 位为民族解放和德州发展作出突出贡献的英雄模范人物”。2010 年 9 月，集中表彰全市创先争优作兴禹先锋“五个模范”（农村党员致富带富、企业党员创新增效、机关党员服务奉献、事业单位党员爱岗敬业、学校党员师德师风）。12 月 17 日，广州亚残运会田径女子 200 米—T12 决赛中，禹城籍选手王玉芹以 26 秒 83 的成绩夺得金牌。次日在田径女子 400 米—T12 决赛中，王玉芹又以 1 分 00 秒 21 的成绩夺得金牌。

图 31-3-3　王玉芹（左二）在赛场（2010 年摄）

第三十二篇

民俗　宗教

禹城历史悠久，民风淳朴。1986—2010年，全县（市）国民经济迅速发展，人们生活水平稳步提升，生活、礼仪、节庆等习俗不断发生变化。2005年之后，国家实行汽车下乡活动，小轿车开始进入城乡居民家庭。至2010年，居民衣着注重时尚化、品牌化，饮食讲求质量和营养搭配，住房日趋宽敞、舒适，平房逐渐被楼房取代，驾驶私家车出行较为普遍。

20世纪80年代后，国家一系列宗教法律法规颁布实施，停止多年的宗教活动陆续恢复。随时代变迁，有些迷信活动被取消。丰富多彩的禹城方言，见证禹城古朴、深厚的文化底蕴。

第一章　生活习俗

第一节　服饰

一、服装

禹城居民服装1980年改革开放以来，服装衣料、款式、纹饰及制作工艺等方面都发生变化。过去家庭织布机织出的土布基本绝迹，代之而来的涤纶、混纺、毛纺、纯棉布料深受广大群众欢迎，服装款式和纹饰随社会潮流不断变化，男女老幼服装都是机械加工而成，自古以来针线手工制衣的传统工艺将面临失传。

男女青年服装款式多变，紧身上衣和喇叭裤曾风靡一时。西装、牛仔装、夹克先后流行。女装倡素雅，裙子渐短。中老年人多着中山装、国防装。1990—1998年，春秋以马甲、毛线衣为入时，冬季以羽绒服、真皮短大衣、滑雪衫为时髦。大众服装仍以中山、国防、学生式较多，色调以青、蓝、棕、象牙白为主，衣面少有纹饰点缀。

图32-1-1　东方大厦品牌服饰　（2010年摄）

1998年后，受全国流行服装影响，居民服装更加丰富多彩。青年人和部分中年人追求时尚装。在颜色上也出现新变化，以往深青、深蓝色变得比较浅淡，红色渐渐被人们喜欢，男女老幼着红色上衣屡见不鲜。服装款式有西装、牛仔装、休闲装、夹克装、运动装、学生式等，而中山装、国防装、喇叭裤等少见有人穿着。学生在校期间穿校服。2005年后，机关公务员在集体场合要求统一着正装。至2010年，人们着装逐渐追求舒适、大方。面料倾向棉料和高档雪纺为主在主色调选择上仍受传统观念影响变化不大，青、蓝、白色服装流行已久，中老年人仍多选择青、蓝、灰、白色。

二、巾帽

1980年始，青年女子一时风行围纱巾，以后逐渐改为花纱巾、小礼帽、针织花帽；男子选戴鸭舌帽曾流行一时。1990年后鸭舌帽受人们冷落，春秋两季有部分人戴太阳帽，而中老年人喜戴礼帽，清末民国时期有身份的人戴礼帽习俗有所回潮。至2010年，年轻人选择款式多样、颜色漂亮的草编帽和礼帽作为服装搭配装饰之物。

三、鞋袜

1978年后，城镇青、中年人喜穿尼龙袜和皮鞋，自认为这是某种身份象征。1980年后，妇女喜穿尖头高跟鞋，着长筒丝袜；男性青年喜欢穿尖头半高跟鞋，而中老年人喜穿圆头

图 32-1-2　商场品牌皮鞋柜台（2010 年摄）

厚平软底鞋。1990 年后，各种款式的高档皮鞋、旅游鞋、轻便布鞋、运动鞋等充满市场，人们都能根据个人喜好去选择。袜子款式品种空前增加，充分满足人们需求。至 2010 年，各种品牌鞋进入商场，女士多选择款式美观的皮鞋，男士鞋款式简单，以个人喜好，选择休闲和运动款为多。

四、装饰

城乡青、中年妇女尤爱金银饰品。1988 年后，城乡居民经济收入快速提高，城区金店也陆续开业，至 2010 年，全市金银首饰专卖店及专柜达到 20 多家。居民可自行选购个人喜欢的金耳环、金项链、金戒、金（银）手镯等饰品，据统计，城乡有 90% 以上青年妇女都佩戴金（银）装饰品。男性居民多选择金戒、金项链。佩戴各种玉石的人多采购挂件，把玩玉件受老年人喜欢。

第二节　饮食

一、主食

1980 年农村实行家庭联产承包责任制后，农业以生产小麦、玉米为主，并连年增产增收。城乡居民开始餐常年以小麦面粉为主食，改变了从前以粗粮为主食的生活习惯。面食品种有：馒头、包子、花卷、面条、烧饼、油饼、菜饼、单饼等。其中，馒头、包子、花卷、面条是家常便饭。佐餐多是家常炒菜、炖菜，还有葱、蒜、咸菜、辣椒等。居民就餐有喝粥的习惯，早、晚两餐常做粥进食。粥有：玉米面粥、白米粥、小米粥、杂粮粥等，冬季多在煮粥时加地瓜、胡萝卜、南瓜、山药或菜叶，起调味和增加多种营养的作用。1990 年后，家庭用豆浆机广泛入市，食豆浆、吃油条成为居民饮食的新嗜好。2010 年前后，水饺和馄饨以其做工简单和馅料多样性、美味可口渐成人们餐桌上的主食。

二、其他饭食

其他饭食中有传统节日饭食和日常主食中不经常吃的食品。春节多用黏米做年糕，用黏米加红枣做枣窝窝；从除夕晚至初一全天都食水饺。正月十五吃元宵，五月单五吃粽子，入伏第一天中午吃凉面等。平时，市场全天供应锅饼、油条、煎饼、兰州拉面、水饺等，食品种类很丰富。

三、副食

副食以蔬菜为主。春季有油菜、菠菜、芹菜、苔菜、西葫、西红柿、茴香苗、豆芽、蒜苗、芫荽、土豆、藕、葱、蒜薹、韭菜、生菜、茄子等；秋冬两季多食白菜、冬瓜、萝卜、菜花、甘蓝菜、辣椒等；夏季由于气温和湿度高，不适宜部分蔬菜生长，所以在蔬菜供应淡季，主要有茄子、黄瓜、豆角、芸豆、扁豆、丝瓜、佛手瓜、莴苣、胡瓜、苦瓜等。肉食，动物类以猪肉最多，牛羊肉次之，驴肉较少，兔肉更少；禽类以鸡、鸭肉为主，鸽子肉少。

图 32-1-3 有机韭菜 （2010 年摄）

食用油类以豆油、花生油为主，玉米油次之。近 10 多年来，橄榄油等高级食用油也进入部分居民家庭，其中，各类色拉油备受居民青睐；芝麻油、芝麻酱也是居民橱柜中常备的调味油品。自 20 世纪 90 年代后，因棉花种植面积大量减少，棉籽榨出的油不再作为居民食用油，而转为他用；动物脂肪油已不受居民欢迎，多数居民禁食。蛋类以鸡蛋为主，鸭蛋、鹅蛋、鹌鹑蛋次之。淀粉有绿豆淀粉、地瓜淀粉、玉米淀粉，淀粉制品有粉皮、粉条、凉皮等。豆制品有黄豆芽、黑豆苗、绿豆芽、豆腐、豆腐脑、豆腐皮、腐竹、豆腐干、豆浆等。其中，豆制品加工的下脚料“豆渣”，仍含有丰富营养成分，许多居民将豆渣做成渣窝窝、菜豆腐经常食用。2010 年左右，人们以食用花生油、玉米油和粗粮、豆制品为主。

四、饮食调味品

1980 年后，居民生活逐年提高，开始改变咸、辣、脂肥、味浓的饮食口味，趋于微辣、清淡、少脂不腻，讲究色、香、味合理搭配。常用调味品有酱油、醋、味精、十香粉、食盐、葱、蒜、辣椒等。至 2010 年，调味品种类更加多样，多以袋装和礼品盒出现，成为赠送亲朋好友的可选之物。

五、瓜果

水果有：苹果、桃、梨、杏、李子、鲜（干）枣、草莓、樱桃、葡萄、橘子、菠萝、荔枝等。其中，苹果、桃、梨、枣、葡萄等多是本地产。夏季本地生产西瓜等瓜类品种，居民夏季喜食西瓜、甜瓜、周瓜、脆瓜。1985 年禹城引进香瓜品种，也受到居民喜食。至 2010 年，因商贸物流的飞速发展，居民一年四季可食用到种类多样的瓜果。

六、饮料

禹城居民历来有饮茶习惯。宾客至先以茶相待。古来人们喜饮茉莉花茶，1990 年后选用清茶的人越来越多，尤其是夏季，饮清茶成为居民的喜好。饮酒更是禹城居民一种嗜好。亲朋至必以酒水盛情招待。平时，居民饮酒也极为普遍，有人甚至于中午、晚上借下餐菜喝上两杯酒。常饮普通低度白酒，招待贵宾，富有的人饮较高档白酒。白酒以浓香型最适合居民口味，夏季人们常喝啤酒，常饮葡萄酒、米酒的人数不多。国产各类名酒及进口名酒在大型超市有售，但价格昂贵，普通居民较少饮用。喝保健酒的人根据个人需要，多数购买中药材自配饮用。

1990 年后，普通饮料渐渐被广大居民所接受，尤其受青少年、女性喜欢。饮料有两类：一类是市场销售的瓶装或桶装成品饮料，另一类是将苹果、梨或胡萝卜等放入果汁机打成鲜汁。2010 年左右，这种不加任何添加剂的原汁原味饮料，被人们称为“绿色”饮料，经常饮用能达到保健和增加多种营养的食疗效果。

七、食用水

城乡居民将生水烧开后方可饮用。20 世

纪80年代前，农民、工人在进行繁重作业时，喝生水的比较常见，80年代后逐年减少，90年代后，大部分单位或个人都备有专用水供饮用，一般情况下，人们忌饮生水。自1980年始，城区家庭生活用水渐渐使用自来水，至2006年，对农村进行饮用水改造，至此，居民自古以来浅井取水饮用的习惯改为深井自来水，既有利于人们的健康，又减少多种疾病的传播。至2010年，大部分城乡居民家中常年备有桶装纯净水，部分家庭安装净水器，可供随时饮用。

八、回族饮食

回族居民一日三餐。主食以小麦面粉为主，谷类食物与汉民一样。唯副食肉类是牛、羊肉，禽类主要是鸡，水产类主要是鱼、虾。无论是牛、羊、鸡、鱼等，凡未经宰杀自死的，一律禁食。穆斯林禁食猪肉，伊斯兰教视死动物和猪是秽物，并没有迷信色彩或其他目的。饮料、饮水方面与汉民相同。回族有其独特的民族饮食，油香被信仰伊斯兰教众看作象征真诚信仰的美食。油香分普通油香、糖油香、肉油香三种，有的地方也把油香叫“香气”。

油香的由来传说，公元622年，穆圣率领穆斯林分批迁移到麦地那，受到麦地那人民的热烈欢迎，人们用面粉、清油，做出油炸的面饼招待，以表达对穆圣的敬意。穆圣称其为“油香”。这件事在阿拉伯半岛很快传为佳话，穆斯林们纷纷仿效，用油香来招待尊贵的客人，代代相传。

回族穆斯林把油香作为礼品，馈赠给亲友、阿訇。每逢开斋节、古尔邦节、圣纪节，均煎炸油香，食用及相互赠送，纪念亡人，红白喜事，也做油香表示尊祖继俗。

第三节　居住

禹城居民自古以来喜以群居，不论姓氏、民族居住在一个村庄，左邻右舍，家家和睦相处。无论人到何地，只要是一个村里的人，都觉得格外亲近。2000年后，城乡规划建设加快，农村实行新农村改建，但仍以原村落为主，而城区居民住房建设，提倡打破单位界限，建居民小区，新型群居方式取代过去分单位建家属院的模式。2005年之后，农村推行社区建设，由几个村联合统一建楼房小区，各乡镇试点工程完成后，全面推行迟缓。至2010年，社区建设已经渐成规模。

居民院落多为四合院或仿四合院建筑模式。这种模式由来已久。20世纪90年代之前，城乡居民基本是一家一户独门独院。院内北建正房3—5间，略高；东、西或一侧建配（偏）房，略低于正房；大门根据宅基所处的位置、条件（主要是出入、交通）等，或建东南门、或建西南门。少有东北门、正南门和正北门。大门多数建有门楼，较正房高。院内建迎门墙，一般都加以装饰。1980年后，迎门墙装饰越来越美观，瓷彩砖镶边，墙中心镶“福”字、山水画等。院内厕所多在大门后边的修建角落。院中偏房靠近大门的则安排为厨房，与其相对应的偏房可作饲养用，也可当储藏室。农家院内多栽石榴树、枣树、无花果树和盆植花卉美化环境。1990—2010年，城镇居民提倡住楼房，多为三室一厅，次之是二室一厅、四室二厅，建筑面积一般是90—100平方米、50—80平方米、110—130平方米。楼下设有单户储藏室和车库。居民楼房划归小区物业管理。居民小区绿化、美化、人造景点、健身场所及器械、卫生、保安等公共设施及服务机构均由物业管理。

第四节　什物

一、家具

1980年后，城乡居民收入增加，开始出现更置家具热，使用家具赶时髦之风渐渐兴起。

图 32-1-4　邢店社区居民厨房（2010 年摄）

古来家用桌、几、椅、凳、杌、木床、柜、箱代代相传之物多被淘汰，代之而来的是款式新颖美观、颜色鲜艳庄重、更有使用价值、易于挪动的现代家具。至 1990 年，时兴实木家具，木材多为东北山榆木、水曲木等硬杂木。外以调和漆或清漆刷面，颜色有木原色、金黄色、棕色、褐色、土黄色等。品类有：大衣橱、高低柜、菜橱、酒柜、茶几、方桌、条山几、长方桌、靠背椅、弹簧沙发、床头式木板床、大衣架、镶镜盆架、悬挂电风扇、落地电扇、台式摇摆电扇等。

自人造板家具上市以来，以其款式新颖、周正典雅、漆面光亮等特点备受青睐。1995 年后，大部分家庭将 80 年代的家具淘汰。居民多购置人造板材家具来取代旧家具，禹城出现置换家具风潮。橱类多组合式，沙发为海绵坐垫，弹簧沙发被遗弃。城区居民住楼房的增多，方桌、靠背椅等不便使用，故被淘汰；床换为席梦思床；电风扇渐渐被空调所取代；洗衣机、电冰箱、电冰柜、组合厨具、餐桌、茶几一般家庭都不可缺少。农民家庭除方桌、条山几、靠背椅、方凳仍在使用外，人造板组合橱、沙发、席梦思床等现代家具也应有尽有，城乡家具差别逐年缩小。进入 21 世纪后，居民渐渐认识到，人造板材家具由于释放甲醛，对家庭环境污染，有害身体健康，便移爱于实木家具，但实木家具价格昂贵，且材质也不如前，一般家庭难以接受，即选含甲醛低的人造板家具。至 2010 年，禹城有全友、皇朝家私、掌上明珠等品牌家具店。

二、炊具

城乡居民使用的炊具仍以传统的炊具为主，如：锅、鏊、盆、勺、刀、铲、面板、菜板、箅、笊篱、筐、篮、灶、壶等。1970 年前，锅、鏊、勺等金属炊具大多是铁、铜质，1980 年后绝大部分是铝制品，继之是钢精和不锈钢制品。另外，大部分家庭有高压锅、电饭锅、电烤箱、豆浆机。农村居民家庭仍保留烧柴灶，蒸馒头、煮水饺、炖肉时起用，平时三餐用燃煤蜂窝炉，补以液化气灶。城区居民柴灶早已废除，少数家庭仍用蜂窝炉。至 2010 年，城乡多数家庭应用天然气灶和液化气灶，补以电炉。

三、餐具

主要有碗、盘、碟、筷、匙。餐具主要有瓷器和搪瓷制品。瓷器餐具都是细瓷。筷仍以竹木质为主，塑制筷不受居民喜用。碗与匙有不锈钢制品。至 2010 年，景德镇、淄博等高档餐具逐步进入居民家庭。

四、饮具

主要有茶壶、茶碗、酒壶、酒杯、水杯、烧水壶、保温瓶等，饮水机大部分家庭备有。茶具多为紫砂制品，瓷制品兼有。酒具多为玻璃制品，1990 年后瓷制品渐少。饮水杯多为瓷制品，次之是玻璃制品和不锈钢制品，少用塑料制品和搪瓷制品。啤酒专用杯均为玻璃制品。至 2010 年，人们更加青睐玻璃饮具。

五、日常用具

1970年前，城乡居民盛物多用竹篮、竹筐，盥洗用搪瓷盆，传统用的铜盆、陶盆被淘汰。饮水用铁皮水桶到水井取水。2006年后，城乡居民饮用自来水后，日常盛水、取水用具基本淘汰，少数留做备用。1980—1990年，城乡居民冬季取暖多数靠燃煤炉，少数家庭使用土暖气炉。1990年后，城镇居民渐渐靠热电厂供暖，但农村仍靠燃煤炉取暖。夏季，农村居民多数靠电风扇，城区居民多数用空调。1980年后，居民均使用电灯照明。至2010年，空调已经广泛走进城乡居民家中，夏天降温，冬天取暖。

图32-1-5　旧式自行车（2005年摄）

六、交通工具

1980年后，居民交通工具渐渐由自行车向木兰动力车、摩托车、电动助力车、机动三轮车过渡，有一部分人仍用自行车。2005年后，国家实行汽车下乡活动，小轿车开始进入城乡居民家庭。至2010年，居民驾驶私家车出行较为普遍。

七、音像用品

1980年前后，城乡居民使用晶体管收音机和收录机，黑白电视机及少量彩色电视机开始进入家庭。1990年后，彩色电视逐渐普及城乡居民家庭，VCD、摄像机受多数人喜爱。1995年后家庭用电脑渐渐兴起，至2010年家用电脑近1万部。

第二章　礼仪习俗

第一节　婚恋

一、恋爱

自从《婚姻法》颁布实施以来，父母之命、媒妁之言的封建婚姻制度早已被取消。1980年改革开放以来，男女自由交往恋爱渐渐成风。有媒人介绍，男女双方通过约会，相互了解，情投意合后形成恋爱关系；有男女双方因长期工作关系，或在校（指大中专生）同窗在读，彼此之间相互学习，相互帮助，逐渐产生爱慕感情，最终成为恋人；也有通过婚姻介绍所、征婚广告等形式进行恋爱的。无论哪种形式的恋爱关系，一旦男女双方约定下来，再告知各自的父母。父母一般不加干涉。

二、订婚

1980年后，举行订婚仪式有两种做法。其一是男女双方自行协商举办，一般由男方向女方提出，双方家长同意后约定时间，男方到女方家中举行。这种方式适合自由恋爱；其二是通过媒人互传信息，预约时间，征得女方家长同意后，男到女方家中举行。订婚礼物全由男方准备。礼品有酒、烟、糖、茶、肉、鸡、鱼等，除肉类外，订婚礼物均为双数，忌单数。订婚时，男女双方家庭主要成员一起参加，媒人也被邀去奉陪，没有媒人的请一位订婚主持人参加。订婚宴很丰盛。女方家长坐上座，次之是男方家长，其他人按辈分大小依次入座。然后，由媒人或主持人宣布订婚仪式开始，先简单介绍一对恋人情投意合，及双方家庭对儿女婚姻的支持与满意情况，再讲些恭喜祝福的贺词，过后宣布男方为女方佩戴订婚戒指，再双方交换订婚信物。从此，一对恋人对对方的父母即可改口喊“爸”“妈”。当女方叫男方父母“爸”“妈”时，男方父母向未过门的儿媳馈赠“红包”，即“改口钱”。1980—1990 年，红包为 101 元，取谐音之意，俗称“百里挑一”。1995 年后，城乡居民家庭富有，红包加大，时兴“千里挑一”“万里挑一”。筵席间，除相互举杯敬酒外，在座的人们都以吉言吉语进行交谈，气氛亲近和谐。宴后男方告辞启程之前，女方需给男方“回礼”。即从男方带来的各种礼物中，拿一少部分给男方带回去，馈赠的现金回零头，但金银饰品不能回。1996—2010 年期间，城区订婚宴一般不在家庭摆设，选比较高档的饭店进行。农村大部分仍在女方家庭，有条件的首选乡村饭店。订婚之后，男女双方婚姻条件基本成熟，随时即可办理婚姻登记。

三、彩礼

亦称“聘礼”。本是封建买卖婚姻的产物，早被广大居民抛弃。但父母或男女双方正当的馈赠与买卖婚姻的彩礼根本不同。二十世纪六七十年代，男女订婚，女方要求男方赠送“三大件”（手表、自行车、缝纫机）必需品，1980—1990 年，赠送大衣柜、电视机、摩托车。1990 年后，女方要求赠送都是实用品和美饰品。如电冰箱、电视机、洗衣机、木兰车、金银饰品等。2005—2010 年，农村女方增要新房，城区女方增要楼房，以此作为婚姻关系成立条件，此种作为导致不少家庭因之负债很重，也有的被迫解除恋爱关系。

四、送嫁妆

即父母为女儿出嫁赠送的彩礼。1970 年前，嫁妆主要是床上用品及梳妆和部分生活用品，如箱、柜、被褥、洗脸盆、镜、梳和暖瓶之类。1980—1990 年，除赠送床上用品和生活用品外，农村家庭条件好的送农用三轮车等致富使用工具，城区送家用电器及沙发、席梦思床等。1990—2010 年，城区富裕家庭送女儿轿车或现金。送嫁妆在迎娶前 1—2 日内举行，女方派车请人去男方送嫁，成群结队也很气派。女方还有压嫁人，俗称“开柜人”，随车队同往。压嫁人须是出嫁女的弟辈。送嫁车队到达男方，男方安排接嫁人员出门迎接，代男方接收物件，然后陪送嫁人员进宴同饮，酒足饭饱后，男方要为压嫁人送“红包”，俗称“开柜钱”，一般为双数几百元。送嫁人也有赏钱，多则几十元。

五、婚礼

俗称“娶媳妇”“办喜事”。人们对婚礼都非常重视，举办前男方家庭要经过很长一段时间的精心安排。如装饰新房，布置家具及生活用品等。1990 年后，时兴于节假日举行婚礼，如“五一”“国庆节”“元旦”等节日。对婚礼庆典、迎娶车队的选择越来越讲究，1980—1990 年，居民一般家庭聘请民间乐队，准备两三部轿车即可应付。1990 年后，迎娶队伍越来越讲排场，提前预订专门庆典公司、选择高档轿车 6—12 辆，甚至更多。迎娶之日，录像师、摄影师全程拍摄迎娶热烈喜庆场景，以留作纪念。迎娶程序仍沿袭传统习俗，头一天布置婚房，1990 年后，洞房增至彩灯、彩带、红蓝绿气球等，准备红枣、花生、板栗果、桂

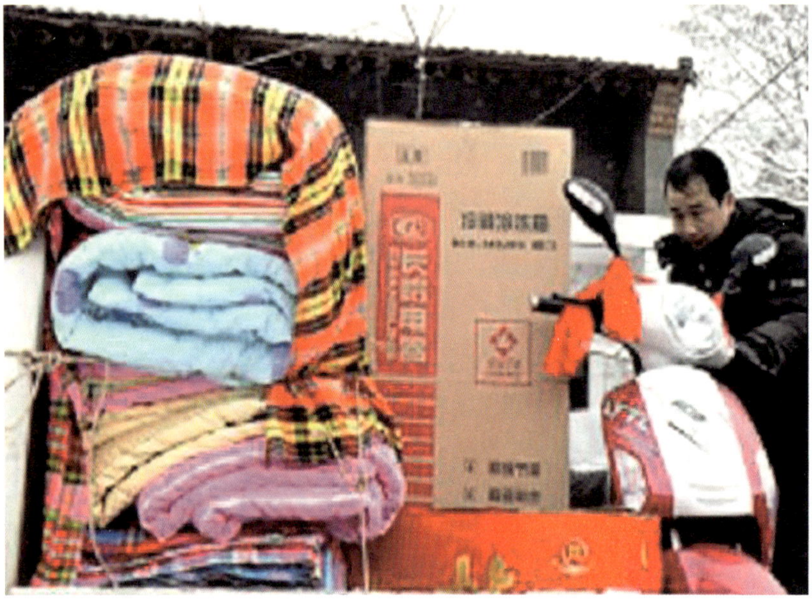

图 32-2-1　送嫁妆（2008 年摄）

圆、瓜子，取谐音吉语“早生贵子”之意。专供新娘首次入洞房食用。迎娶人员中，男方有男性陪娶两人，陪伴新郎，另有未婚女子“伴娘”两人，侍候新娘左右，其他有关人员据情安排。迎娶车队按预先定的吉时出发，纯白色车辆为首，意味“白头偕老”。装饰特殊的彩车居第二位，新郎坐其中。其他车辆尾随其后，浩浩荡荡气派非常。到达新娘家，先在院门口外放鞭炮，通报喜讯，女方即有人出门迎接，接新郎及陪娶人员和伴娘等服务人员进入堂屋，稍坐，新郎向新娘献花之后，拍完全家照，即由伴娘和两名未婚女陪娶一块陪伴新娘，辞别父母跟新郎上车启程。迎娶车队回行不蹈覆辙，选向里转弯路线走。新娘下车前，燃放拦车鞭炮，紧接着礼炮齐鸣。过后，车慢慢停稳，新娘面东方向下车后，撒麸（福之意）的、闹婚的将新郎新娘团团围住，在众人簇拥下，伴娘与陪娶女保护新娘进家门，入室吃过下车饺子（娘家带来的）后，举行典礼仪式。典礼现场经过一番精心布置，准备就绪，由专职司仪主持，证婚人当众宣布一对新人通过法律程序成为合法夫妻，当仪式进行到新娘喊公婆“爸”“妈”时，公公、婆婆向儿媳双手递送“红包”。典礼自始至终在一片热闹欢庆地气氛中进行。结束后，新娘新郎入洞房，新郎的年轻同辈、晚辈开始闹洞房。中午 12 点，婚宴开始。在农村，因亲朋少，婚宴设在家中，亲朋较多的，将婚宴设在乡村饭店。城区居民基本都是预定高档饭店，少则 10—20 桌（每桌 10 人），多则 20—60 桌，少数 60 桌以上。婚宴期间的一切安排，都由红白理事会主持。理事会设有“红总”1 人负总责，红账人员 2—4 人，支房 1—2 人，其他办事人员俱全。由于分工明确，接待安排、接收彩礼、财务收支等各项工作都井井有条。赴宴客人都是应邀而至，入席前，先到红账缴上礼金，然后在理事会服务人员的指引下进入筵席

图 32-2-2　迎亲车队（2010 年摄）

室。筵席有上下席之分，上席设的少，坐上席的人一是新娘家的送客，二是新郎的舅舅、姑父、姐（妹）夫等至亲，除此之外，还有新郎的领导及特别贵客。陪送客的人得有相当身份的人，一般是领导或亲娘舅才有资格，人数不够可降格安排。20世纪90年代后，女送客（女方圆饭的妇女们）一并作上席安排。待到各席客人满座，时间一到即开席。先上果碟、烟、酒，接着是美味佳肴。酒至八成，新郎、新娘与男方家长持杯，由红总引领，开始向各位客人敬酒。敬酒过后，客人即可用饭，新郎家人随时准备送客，婚宴结束。至2010年，禹城政府明文规定，科级以上干部本人包括家庭，不准大摆婚宴，婚席只宴请自家亲戚，最多6桌。此举有效地促进全市各单位的廉政之风。

六、回门

回门即女儿出嫁后第一次回娘家省亲。回门自古有之，唯仪式不同。过去，女儿出嫁提倡“三天大回门”，须“爹叫娘送”。女儿带新郎回门，女方家庭设宴款待，邀至亲朋及院中长辈前来作陪，并不铺张。1980年后，回门邀客赴宴数量逐年增多，渐渐如同男方举行的婚宴一般，请柬发送范围、筵席标准与档次、贺礼及程序基本一样。此延续至2010年。

七、回族婚礼

婚礼前四五天做油香，在炸的前一天晚上，乡邻、女性邻友来帮忙准备，次天早晨帮忙炸油香，炸好分送给亲友和庄乡，一般每户两个，油香做完后，请阿訇宰牛（数量1—3个不等），准备菜，炖肉，炖好后切成块装好碗，这是回族八大碗。

结婚当天，新郎新娘在伊扎布席（婚礼仪式）上阿訇写伊扎布（结婚证书），阿訇诵读喜歌（《古兰经》有关章节），认大小（一种仪式，结了婚就是一家人，新郎官就要论资排辈说“赛俩姆”意为请安），姑亲娘姨及来宾施礼，其余的客人、亲友聆听，仪式之后，上果子、糖、瓜子等4个或6个盘子，招待客人和阿訇，按着把八大碗端上来摆好，油香和馒头拿上来，招呼客人吃饭，关席（也就结婚宴席，但无酒烟）之后，各家准备好席（八大碗）邀请娘家送嫁的客人到各家做客，端上八大碗让客人吃。最后由男家，设宴席招待送嫁的客人。

第二节　贺喜

一、贺生育

贺生育俗称“看月子”。夫妇添了小孩，首先向孩子的外祖母报喜，外祖母得知后前来伺候。1990年之前，看月子基本是按传统做法，携鸡蛋、糯米、红糖等调养品和婴儿用的衣褥之类。另外，还送“看钱”。1990年后，时兴邀亲朋前来祝贺，择日设宴，应邀前来贺喜的只送看钱，过去几元至十几元钱，2000年后，最少是50元，多达千元。

回族诞生礼，第一个孩子出生的第三天做油香，送给亲友乡邻，到第十二天，亲友乡邻来祝贺，户主拿出喜糖、江米果子、瓜子，摆4个或6个盘，招待客人，吃饭时上八大碗或者九大碗。

二、贺生日

俗称“过生日”。过去多为小儿贺生日，小孩十几岁之后就不再举办。1990年后，居民很重视为家人过生日，幼儿至少年时段最普遍，青年至成年人也效仿。过生日一般在个人家庭之间进行，不邀亲朋参加，买上生日蛋糕，做几道美味佳肴，为谁过生日全家人就为其祝福，谁就吹灭生日蜡烛，吃第一块蛋糕，然后由家人分享。富裕人家到饭店举办生日宴席。

三、祝寿

凡人满60岁为之寿。居民为老人祝寿由来已久，常以此为荣。过去，60岁老人寿辰，儿女为之准备“寿面”（面条）、寿糕、寿桃（面制品）。66岁、77岁老人分别按农历六月初六日、七月初七日为祝寿日，出嫁女儿为老人买肉、买鸡前来祝寿。20 世纪 90 年代后，为老人祝寿都很重视，邀亲朋前来同贺。应邀者向老人献“寿”字中堂、缴拿贺寿礼钱等。贺寿宴席标准高，老人坐首位，开席前接受大家祝贺，气氛热烈。老人体力不支者，经过一天折腾过后，有大病一场的。为避免老人情绪激动，引起身体不适，2000 年后，家里有长寿老人的一般只宴请家人吃顿饭，亲人给老人送礼品。

第三节　丧葬

禹城汉族居民极重葬礼，人们把它看作与婚事同等重大，习称“婚丧大事”或“红白喜事”。因此，古有“丧礼铺张为孝”的传说。传统葬礼十分繁琐复杂且有很多迷信成分。在现代文明冲击下，当今的葬礼仪式已比过去简化，向遗体告别仪式结束后立即火化，没有过多的讲究，最终目的是保证去世亲人丧礼仪式庄重肃穆。

死者临终时，移迎门灵床上，忌死炕上，然后沐浴，着寿衣，灵床前燃起“长明灯”（南部农村待人死后办理以上事宜）。人一死接下来开始招魂，即“叫魂”，还有再一次挽留死者的意思。由长子爬上房顶，一边敲击簸箕，一边面向西方空中大声呼喊：“××，你家来啊！”共敲三下呼三长声。左邻右舍的人闻讯赶来助丧。在灵床前供案上摆好供品和打狗饼子，点燃香烛，死者家人开始恸哭。接下来去上“倒头庙”。

丧服，是在丧礼中根据与死者的亲疏关系而穿着的服饰。据历代发掘的汉墓陪葬品可证，古代受汉代丧葬制度的影响较深。古代丧服从最粗生麻布到最细熟麻布共有 5 个等级，称为“五服”，丧服又具体分为“斩哀、齐哀、大功、小功、缌麻”五等。其中，齐哀又细分为“齐哀杖期、齐哀不杖期、齐哀五月、齐哀三月”四等，合称为“五服九等”。一般来说，与死者的关系越亲，服制越重，其丧服形式也就越粗糙，以示哀痛程度之烈。古代的丧服制度经过历代的改革已被逐渐淘汰，但在民间仍留下一定的影响，尤其是农村，人死之后，直系亲属依旧为其披麻戴孝。在丧服用料上早已不依等级而论。20 世纪 60 年代前，制作丧服用土产粗白布，60 年代后土布逐渐销迹，丧服无粗土布可用，以质次的机织细白布取而代之。丧服有白帽、白衣、白鞋、白衣带、白裤腿扎带等，虽不再分等级，但仍根据死者的亲疏关系有所区别。孝子夫妇、孝女服制最重。孝子白孝帽不用针线缝制，用一绺麻将帽布捆扎在头上，短袖白大褂不缝边，使断处外露，以示无饰。孝媳、孝女头扎白布麻子，短袖白褂也不缝边。孝媳及已结婚的孝女身披白布，俗称“搭衫”。死者的孙辈孝子孝女及堂族晚辈丧服基本相同，除孝帽缝制外，孝衣亦不缝边。死者的女婿（含亲侄女女婿）的白丧服缝制款式大方、郑重。其他亲属，如：远堂族人、外甥、妻侄、表侄人等，除戴可缝制的白孝帽、穿白鞋外，一般不着丧服。从孝子上倒头庙始即着丧服，服丧期间一般穿着不离身。族人及外甥在陪灵、上庙、出殡时穿着，离开灵堂外出可脱掉。女婿及一般亲属只在出殡时穿着。20 世纪 90 年代后，城镇基本上不再穿着丧服，亲属一般只在手臂上戴一块黑纱，胸前佩戴一朵纸扎的白花，妇女也有在头上配一些白色饰物的。

丧期一般定为 3—7 天。丧期定后书讣文向亲友报丧。亲友于一两日内前来吊唁。过去一日三次上庙，当今多简化为倒头庙、上大庙（第三天所有亲属都来上全庙）两次。城区机关办丧事，上庙仪式早被淘汰。

殓仪在黄昏举行。在棺内撒五谷，置硬币及死者生前嗜物，为死者净面后入殓。然后，邻里带煮熟的水饺供品前来“辞灵”。

图 32-2-3　葬礼祭奠花篮（2010 年摄）

送葬，出殡前子夜，死者家人到东西向道路，向西烧纸马、纸钱、送死者登上西天路，一直送过“十二连城”（于地划一圆圈为一城池，连画 12 个城池。）每到一城，孝子即跪拜叩首。葬日上午亲友携祭礼前来吊唁。女性死者娘家必备盛祭品，男性死者由妻侄备盛祭品，另外，死者女婿亦带盛祭品，其他亲属均为果祭。因各个时期生活水平不同，祭品样数略同，但数量悬殊较大，1980 年前，数量较少，之后数量逐渐增多，1990 年后，祭品数量比以前增至 5—10 倍。其意义，一是对死者表示厚祭，再是借以资助丧家的办事费用。故有将祭品折合成现金的。午后起灵出殡，长子执幡，摔“老盆”，长媳抱“下水罐”，孝子们放声恸哭。女婿们行迎门祭，亲友行路祭。亡者若一夫一妻的，下葬按男左女右排列。多妻亡者，可依次右排，俗称“排棺葬”，也可左右排列，俗称“夹棺葬”。下棺后“下水罐”置棺头，哀杖掷坑中，然后填土筑坟。未婚少亡或妻死夫前者，皆暂不入族墓，寄葬一侧，待少亡者冥婚或夫亡后合葬于墓地。客死外地运回原籍安葬的忌进阳宅。自从推行火化以来，安葬仪式简化许多。在城区无论在家或医院病死后，被送往火化场进行冷冻保存。死者一般不在家中设灵床停放，在家中设的灵堂（棚）正中悬挂死者遗像，供亲朋前来吊唁，其他仪式与农村大同小异。送葬仪式在火化场大厅举行。死者经过化妆师美容之后，装殓在殡仪大厅水晶棺中，周围布置鲜花，挽联等，场面庄重肃穆。有身份的及知名人士死者，开追悼会，一般百姓死者，亲属在此举行向遗体告别仪式，死者家人保持丧服穿戴不动。追悼会开始奏哀乐，向 ××× 先生（同志）遗体致敬、默哀，接下来致悼词、宣读唁电、唁函，奏哀乐向遗体告别，家人恸哭尽哀，参加告别的人们排成单行，保持肃静，缓步行至遗体对面，向死者一鞠躬礼，绕死者一周，瞻仰遗容。告别仪式结束后，即可火化。

死者安葬后，家人服丧三日，第三天夜半，孝子到坟前“叫门”，第四天始孝子即可谢祭。以后 7 天一祭，连祭 5 期，一、二、三、五期必到坟前祭奠，四期不出门默祭。上完五期后，丧期已过，死者家人可佩戴黑纱示祭，参加正常工作。

回族丧葬，丧期不过 3 天，实行土葬，讲究薄葬，不分贫富和职位高低，用同样“开凡”（白布）裹尸，葬同族墓地，占同等面积，不用陪葬物，一人一坟，夫妻不合葬。主要葬仪为：先沐浴死者，再由阿訇放“七窍末”（蘸有樟脑、麝香水的棉球）于死者七窍内，以防菌虫入侵，然后用“开凡”布和阿訇书写的“都阿”包尸，请阿訇站“折那哉”坟。坟坑四壁挂阿訇文“满棚”，死者入葬头北、脚南、面西，以示归根圣地，然后阿訇念经礼成。葬后七日请阿訇念经为“走坟”，以后四十日、百日、周年、三周年、十年、二十年、三十年，四十年均为祭日。

第四节　祭祀

一、祭神

古代禹城建有禹王庙、城隍庙、文庙、关帝庙、八腊庙、马神庙、火神庙、龙王庙、东岳庙、北极庙、先医庙等许多祭神庙宇，分布县境各个村落，每逢祭祀之日，居民去庙烧纸、烧香、上供、叩首、祈求神灵保佑。春节期间，广大居民更重视祭祀神灵，祭天地、祭灶君、祭门神、祭姜太公等诸神。中华人民共和国成立后，庙宇被拆除，祭神活动渐少。至2010年，农村仍有在春节期间祭神活动在家中进行。1995年后，禹王亭博物馆建有“禹王殿”，殿堂正中塑立大禹像，左右分别塑立夏启、后稷像，前往瞻仰的人们随时可行祭祀活动。在一部分商店、餐饮部有供祭财神的，祭神活动较60年前冷清许多。

二、祭祖

城乡广大居民祭祖活动一直延续不断。尤其在春节期间，家庭于正房设三代宗亲牌位，供案置供品，于岁末黄昏手捧点燃的三炷香到村外迎请先祖神灵回家过年，俗称“请家堂”。请先祖神灵回家后，将三炷香插在香炉内，然后烧纸，叩首祭拜。香燃尽再换，只要先祖神灵不经送走，香火不能间断。过年吃饭前，先供先祖，后家人用饭，以示对先祖的敬重。春节过后，一般于正月初一黄昏，家人点燃三炷香，然后叩首，口中念念有词，手捧三炷香，送先祖神灵回阴府，俗称“送家堂”。一年之中，每逢清明节、农历七月十五日、农历十月一日、祭日（以最近死者为限），都举行祭祀活动。

图 32-2-4　年三十祭祖　（2005 年摄）

第五节　基本礼节

一、握手礼节

人们在日常交往过程中，见面时习惯以握手相互致意，在禹城由来已久。应该握手的场合还有许多。如：介绍相识时、久别重逢时、突遇熟人时、迎客时、送别时、赠礼时、拜托时、别人向自己提供帮助时等等。尤其是改革开放后，握手礼节在广大居民中很时兴。禹城居民握手时讲究伸手的次序，以求不失礼。在和女士握手时，男士等女士先伸手之后再握，如女士不伸手，无握手之意，男士点头鞠躬致意；在和长辈握手时，年轻者等年长者先伸出手后再握手；在接待来访客人时，主人先向客人伸手，客人无论是男是女，男士主人先伸出手，以示欢迎；在和上级握手时，下级等上级先伸手再趋前握手，如果是主宾关系，做主人的尽管是下级也先向上级伸出手表示欢迎；握手时还注意方式，用右手握手，忌用左手握手；站着握手，除非是年老体弱或残疾的人，不坐着与人握手，如果两人都是坐着，即微趋前身握手；为表示对对方的尊敬，握手时注视对方，不东张西望或斜视他处；对男士、女士握手掌握紧松有度，时到为止，为表示对对方更大的敬意，握手时微微点头鞠躬；有时需双方握手，双方右手握住后，左手再搭在对方伸过来的右手上，以示更加亲切，更加敬重。居民握手时最忌讳贸然伸手、目光游移、长时间不放手、敷衍了事、慢慢腾腾及握手后用手帕擦手等不礼貌的行为。

二、鞠躬礼节

人们在生活中用来表示对别人的恭敬而普遍使用的一种礼节。在禹城实行鞠躬礼节的有以下几种场合：台上演讲前后、上台领奖、演员谢幕、举行婚礼、悼念活动等。鞠躬礼分两种。一是三鞠躬，也称“最敬礼”，用于灵堂吊丧、祭奠死者，鞠躬前脱帽（摘下围巾），身体立正，目光平视，鞠躬时身体上部向前下弯约 90 度，然后即回复原状，这样连续三次；另一种是一鞠躬，用于一切社交场合，如晚辈对长辈、学生对老师、下级对上级、表演者对观众等，鞠躬时身体立正，身体上部向前倾斜约 15 度，随即恢复原状。长辈对晚辈、上级对下级不鞠躬，多是欠身点头还礼。

三、称呼礼节

禹城居民在交往时不论是用口头语言还是用书面语言，都很重视对对方的称呼。中华人民共和国成立后，对地位、身份高的人一般都称“同志”，不以地位、职位称呼对方。1980 年后，除称同志外，对各级领导称其职务，对工商业厂长、经理称“老板”，对学术界人士称“专家”“教授”“博士”等，对女性称“夫人”“小姐”“女士”，对男性称“先生”。2000—2010 年，陌生人多以同志相称。

四、邀请礼节

邀请礼节在禹城经常使用的方式是：邀请信、请柬、会议庆典请柬、文艺晚会请柬、讲学（开业、洽谈）请柬、婚庆请柬等。请柬的内容热情诚恳，邀请对象、活动时间、地点等交代得很清楚。因禹城有好客的传统，一旦被邀请，只要无特殊情况，定会准时参加。2000 年后，门市开张、公司开业庆典也开始发请柬，参加者还要付礼金或送礼品，数量不等。

五、交换名片礼节

改革开放以来，城乡居民社会交往活动频繁。在日常交际中，如拜访生人或长辈、业务往来、调任、迁居或变换电话时，常以名片作为自我介绍之用，因此在交换名片时也很注重礼节。经介绍与他人认识之后，即从随身携带专用的名片盒里取出自己的名片，双手捧交给对方，忌随便放在桌子上由对方自取。接受他人的名片时，总是恭恭敬敬，双手捧接，并一声“谢谢”，使对方感到对他的尊重。接过他人的名片之后，经仔细阅读，有时有意识地重复一下名片上所列的对方的职务，以示仰慕。忌一只手接受他人递上的名片，也不要不看一眼就随便将名片塞入衣袋或钱包里，应放在自己的名片夹里保存。接受他人的名片，若自己备有名片，即迅速交给对方，若没有，则道歉。

六、告别礼节

探访亲朋是常事，晤谈时间虽无限制，但总有结束告辞的时候。随着人们文化素质的不断提高和道德修养的不断增强，在访亲探友交往中，双方交谈的质量越来越高，很少有人不厌其烦地纠缠无意义的话题，主人自始至终会精神饱满地热情待客，客人也会选择恰当时机向主人告退。客人会在说完自己一段话之后，立即向主人提出有事先走一步，最忌当主人说完一段话之后就立即提出告退，避免让主人产生误会。临别时，向主人打招呼，忌不辞而别。告退时，如果还有其他客人在场，便很有礼貌地向其他客人打个招呼，然后从容退出。

七、送客礼节

送客是社会交往中的基本常识。送客时，不论双方交谈的情况如何，当对方起身告退时，主人立即起身送客，并婉言相留。客人要走，主人主动替客人把门开好，站在门里，待客人出门后再出来，或者一边谈，一边同时出来。在对方再三劝阻下，到合适的地方与客人握手话别。话别后还要站那儿看着客人走一段路程，一旦客人回头观望时，再次向客人示意，表达送别之情。忌客人刚出门自己就回屋，随手把门关上，有失礼节。

第三章　节庆习俗

第一节　传统节日

一、春节

农历十二月除夕至正月初一为春节，俗称“过年”。在全年节日中数春节最受居民重视。在外地工作平时难得回家的人，春节期间携家带幼回家与家人团聚。每当春节来临，家家户户一如既往都做一番精心准备。贴春联、换年画、打扫庭院房屋、清洁更新生活用具都很认真讲究。过年穿新衣、放鞭炮、祭祀活动等传统习俗依然广泛传承。城乡居民除夕、初一早餐全家人一起吃团圆饺子，中、青年人初一早起，成群结队，走家串户，相互拜年。初二开始走亲探友直到正月十几日基本结束。这些习俗都没有太大改变。1995 年后，城区居民全家聚在高档饭店吃除夕饭的逐年增多。春节过后，机关单位一般于农历初六、七上班，上班后，各科室人员相互拜年。然后，一切工作即转入正常。

二、元宵节

相传，大禹治水成功后，在禹息城择正月十五日皓月当空之夜举行一次庆祝活动。从此以后，由于人们对大禹的崇敬，每当正月十五日即效仿大禹的做法，自发组织起来举办各种各样的娱乐活动，一为庆祝过去一年的丰收，二是告示人们新的一年已经开始。久而久之，就演示成中华民族的传统节日。禹城元宵节历史久远。解放前后元宵之夜，从县城到广大农村时兴燃灯，居民在节前自制灯盏，将蓖麻籽碾碎为燃料，再以宣纸包起来做成各种大小不等的燃灯，更有孔明灯等高级灯，待到太阳落山，家家户户在门旁、路边、路口、寺庙、水井旁平时人们常经过的地方燃起点点灯火，在村外燃放飞天孔明灯等高级灯，所到之处一片灯光，十分壮观。入夜，村民举办龙灯、牛斗虎、狮子滚绣球、跑旱船、高跷队

图 32-3-1　贴春联　（2010 年摄）

等民间艺术表演，在村内设场公演，临村相互交流演出，男女老幼出家观看，十分热闹。20世纪50年代后，正月十五燃灯习俗渐被人们淡化，至60年代基本消失。“文化大革命”前后，元宵节的气氛比较消沉。1980年后，县文化馆组织元宵晚会，或在舞台演出文艺节目，或在城区组织大型灯会，或组织民间艺术团体进城流动演出。1998年后，市政府在城区举办3次大型烟花晚会，吸引许多城乡居民前来观看。至2010年，尚有少数民间高跷队、秧歌队、龙灯表演活跃在农村，有的进城献艺。节日期间食元宵的人们也渐渐增多。

三、打囤

农历正月二十五日，俗称“填仓节”，是旧历正月的最后一个节日，也是民间象征来年五谷丰登的节日之一。每逢正月二十五日，在禹城有打囤的习俗。

早上在太阳没出来之前，早早地把灶膛里的炉灰掏出来，用簸箕盛好，开始在院子里画囤。囤，即过去农村老百姓用以存放粮食的一种容器，用上好的红荆条编制而成，直径大小不一，有六尺的、有八尺的、也有丈二的，囤高有齐腰的、有齐胸的，囤的里面用筛子筛过的麦糠、牛粪、细土和制而成的精泥抹平，一个上好的大囤盛两千斤粮食。粮食装满后，用草席一圈圈地施转盘上去，还能再装上许多粮食，粮食装满后，要封囤，用斗方的大红纸写上大大的“福”或“粮食满囤”等字样，铁锨、筛子、镰刀、大扫帚，相映成趣，体现着农家日子的活泛和实在。

画囤时，要把院子清扫干净，囤要画得圆，画得大，要大囤小囤都有，直到院子画满为止。其实画囤就是画一个圆圈，圈的边缘再延伸画出一个梯子的图样，寓意往囤里装粮食的时候要上梯子。

囤画完后，在中间放些五谷杂粮，小麦、玉米、谷子、高粱要多放些，这些主要粮食放在大囤里，小囤里放些豆类，如五色豆（黄豆、绿豆、红豆、白豆、黑豆）。而后，随便在墙角旮旯里搬上两三块砖夹住春节留下的“二踢脚”鞭炮燃放。

打囤这天，按风俗家家户户要吃饺子，打完囤，男人们要走进厢房，开始整理农具。女人们就要准备晌午饭，把存放一个多季节的南瓜或北瓜拿出来，用礤床擦成丝，剁成黄酱，和切碎的大蒜调成馅，成为多年的习俗。此节过完，进入春耕季节。

图32-3-2 画囤 （2005年摄）

四、二月二

农历二月二日俗称“二月二龙抬头”，此说城乡居民皆知晓。这天，人们吃油炒大豆，俗称“蝎虎爪儿”，至今多数家庭自制，少数家庭到市场买来吃。城乡理发店于二月二作为年首开门营业日，民间一直有“理发去旧”的风俗，因为“旧”与“舅”谐音，春节过后到二月二，舅舅健在的人从这天起才能理发。至2010年，年岁大的老人还要遵从习俗炒大豆给家人吃，忍过了二月二理发，年轻人已经不会在意。

五、寒食

清明节前一日为寒食节，是纪念介子推的节日。居民有寒食这天不动烟火、吃冷食方面的禁忌和约束，早已被解除。

六、清明节

清明节是中华民族传统的祭祖节。在禹城传承已久，历代居民都十分重视。进入21世纪以来，国家对上班族规定节假3天。清明节前后3天都可进行祭祖活动，人们待到夕阳下山，到先祖墓地摆上贡品，燃香烧纸行祭祖仪式，然后取土添坟。远在外地的人方便回家的就往家赶祭祀，不方便回家的就在外地找一个“十”字路口举行祭祖仪式。机关、学校在节前节后组织有关人员到革命烈士墓或烈士纪念馆举行悼念活动，向广大居民尤其是青少年进行爱国主义教育和革命传统教育，一直延续不变。

七、端午节

农历五月五日，俗称“五月单五”。端午节是为纪念诗人屈原而立的节日。城乡居民念念不忘此节。每当节日，多数家庭吃粽子。过去都是自家制作，1990年以来，市场提前足量供应，广大居民开始采购。

八、六月六

农历六月六日，本是祈丰年的节日。中华人民共和国成立后，渐渐演化成为年满66岁老人祝寿的节日。近代，为66岁老人祝寿被人们重视起来。

九、中元节

农历七月十五日，俗称“鬼节”。城乡居民于傍晚上坟祭祖。

十、中秋节

农历八月十五日为中秋节。城乡居民仍按传统习惯，将节日庆祝活动安排到当日晚上。晚餐必备月饼食品，因月饼圆如当晚明月，且象征“合家团圆”，而受人们长期青睐。节前节后，居民仍有走亲访友的习俗，礼品一般离不开月饼，另带酒、烟、茶及肉类和水产品等。

十一、重阳节

重阳节原是登高避邪、外出狩猎的节日，在境内这种庆祝活动早已失传。人们只知有此节，很少有人庆祝。至2010年，禹城政府提出“敬老、孝老”传统美德，把重阳节定为“老年人节”，这天亲人都会给自家老人过节庆祝，宴请吃饭或送礼物。

十二、十月一

农历十月一日是传承多年的祭祖日，类同中元节。城乡居民十月一祭祖活动依然盛行。

十三、腊八节

农历腊月初八日，俗称“腊八”“叫花节”。“腊七腊八冻死叫花”是禹城民间流传已久的谚语。腊月初八正处“三九”寒冷时节。旧社会，沿村乞讨的“叫花”冬季常择庙宇避寒居住，少衣无被十分寒冷。相传，古代那些行善好施、家中添人、添喜、积善积德的人们，怕“叫花子”被冻死，就在一年之中最冷的腊月初八清早，以米、豇豆、红小豆、大枣混合而成煮好热粥，送到“叫花子”居住的庙宇，让他们吃饱祛寒，活人性命。中华人民共和国成立后，人人有工作，有饭吃，旧社会“叫花子”很少出现，施舍粥饭的人渐渐销迹。代之而来的腊八粥，即“八宝粥”，人们不仅腊八这天吃，平时也当做一种营养粥食用，一直延续。

十四、祭灶日

农历十二月二十三日为祭灶日，俗称“过小年”。全家团聚包水饺过小年。中华人民共和国成立后，人们以水饺、果点祭灶王，烧纸送旧灶王上天，换贴新灶王。1960年前后被取消。后来，城乡居民过小年并不重视，多数家庭吃顿水饺就算是过小年了。

第二节　法定节日

图 32-3-3　糖城广场挂灯笼喜迎元旦　（2010 年摄）

一、元旦

公历 1 月 1 日为元旦节。俗称“阳历年”。1949 年 9 月中国人民政治协商会议第一届会议正式规定为新年。

国务院规定元旦假期 1 天。节日期间，机关、学校、企事业单位及游乐场所悬灯结彩，布置花坛花圃，文化部门组织文艺晚会庆贺。1980 年后，人们时兴互赠贺年卡片，寄语吉祥、发财等。至 2010 年，同事朋友之间形成手机发送祝福语恭祝新年的习惯。

二、三八妇女节

公历 3 月 8 日为三八妇女节。国际性节日，即“国际妇女节”。中华人民共和国成立后，国家规定节日期间妇女职工假期半天。后来，国务院规定三八妇女节妇女放假 1 天。至 2010 年，禹城市妇联每年组织纪念活动，各单位会给女性员工发放礼品庆祝。

三、植树节

公历 3 月 12 日为植树节。1979 年全国人大常委会规定 3 月 12 日为植树节，是全民义务植树日。每年节日期间机关、学校、企事业单位人员与居民一同开展植树造林活动，一直延续。

四、五一国际劳动节

公历 5 月 1 日为国际劳动节，俗称“国际劳动节”。全国人大常委会规定节日期间放假 1 天。市直各单位组织不同形式的庆祝活动。至 2010 年，各单位形成义务劳动的习惯，多数会走上街头清扫大街。

五、五四青年节

公历 5 月 4 日为五四青年节，即“中国青年节”。1949 年 12 月中央人民政府政务院正式宣布 5 月 4 日为青年节。为弘扬“五四”青年的革命光荣传统，共青团市委于节日期间组织广大青少年开展纪念活动，一直延续。

六、六一国际儿童节

公历 6 月 1 日为国际儿童节，俗称“儿童

图 32-3-4　机关干部义务植树（2010 年摄）

节”。为保障全世界儿童生存、保健和受教育的权利，由国际民主妇女联合会为儿童定的节日。每年节日期间由市妇联组织有关活动。至2010年，市级领导也会到重点幼儿园走访慰问，各园都会组织演出活动。

七、七一建党节

公历7月1日是中国共产党诞生纪念日。节日期间，禹城市委组织党员干部回顾中共党的光辉历史，号召大家发扬中共党的光荣传统，为社会主义建设做出新贡献。2003年，全市推行村支部书记星级化管理，以后每年“七一”举行晋星大会，表彰部分优秀支部书记。

八、八一建军节

中国人民解放军的诞生纪念日。1933年7月11日，中华苏维埃共和国临时中央政府中央革命委员会建议，将8月1日定为红军建军节。每逢节日，地方武装部组织庆祝，市政府组织有关部门前去慰问地方驻军官兵，文化部门举行军民联欢晚会，一直延续。

九、教师节

公历9月10日为中国教师节，于1985年1月21日六届全国人大常委会第九次会议通过。每年节日期间市委、市政府组织有关单位，或到学校对教师进行慰问，或组织专题会议进行表彰先进等活动。各学校会给教师发放纪念品，此传统一直延续。

十、国庆节

公历10月1日为中华人民共和国成立纪念日，即“国庆节”。节日期间升国旗、挂彩旗、挂红灯，机关、企事业单位放假7天，企业还会有加班补贴。各单位于门口、院落布置花卉，城区主要街道、公园、游园、散步休闲场所、广场都悬灯结彩，花坛座座，花圃连片。市文化部门组织文艺演出、歌咏比赛、开展书法绘画展览等活动。

第四章　禹城方言

第一节　单音词

掰：平均。如每人～几个，分匀了。

暴：（1）尘土飞扬。如汽车过去真～。（2）脱。如他叫太阳晒～了一层皮。

搬：吃零食。如这孩子半头晌午～干粮。

扁：踩。如他～了一脚泥。

挽：绾。如袖子太长，～起来。

免：裹。如棉袄太肥，～起来。

肤：削薄皮。如涮羊肉得～薄片。

泛：人身被水泡胀。如洗菜手都泡～了。

瓦：用力舀。如～出这些泥去。

瓦：捞稠的。如～稠饭。

崴：抓或舀粘物。如～了一把泥｜　～出稠饭光剩下汤了。

委：(1)拖延。如赶紧办吧！别～着了。(2)用臀部行动。如瘸子只能在地下～着走。

多：鸟类啄食。如小鸡～小米。

替：照样剪描。如～鞋样子。～仿影子。

投：洗刷衣物。如把衣裳再～一遍。～米。

贪：侧重。如这孩子贪长，不胖。

拿：腐蚀。如钢精锅怕醋～。

赧：舔食食物碎屑。如把这些点心末～了。

弄：勉强。如你扛三百斤太～了。他干重活～着了。

来：（1）扯。如～开这块布。（2）猛拉。如～了他～个跟头。

狼：大声训斥。如～他一顿，他就老实了。

遛：(1) 敏捷（贬义）。他偷东西可～了。(2) 利用风吹去杂物。如把豆子～干净了。

孪：拣剩余的粮果。如一秋～了三百斤地瓜。

可：(1) 尽量。如你～口袋装吧。(2) 满、全。如撒得～地都是啦！

扣：形容说话厉害的人。如这妮子真～。

户：类、样。如这～的好。他那～人可干不了。

合：翻、倾。如把水～了 。

黑：顸。如这个人食不～财不～。

顸：(1)经济上大方。如穷的～富的尖。(2) 嗓音粗。如他说话～声～气的。

花：产量。如一亩麦子～八百斤。

混：碌碡。

耦：冒烟不着火。如～了一屋子烟。

盎：烧火不爱着。如他烧火死～。

机：用筷子夹。如"～菜吃呀！"。

尖：吝啬。如他～得一分钱也舍不得。

馑：把生肉或血略煮。

耩：虫子咬。如枣树叫虫子～了。

将：鼻子往上皱。如鼻子长疮～不得。

卷：骂。

乔：爱疑惑，好挑剔。如他可～啦，老认为人家说的他。

呛：猛吃。如二斤馍馍他都～了。

瞎：坏了，不能用了。如把事情办～了。这些粮食都烂～了。

懈：(1) 糊状食物变稀。如粘粥～了汤啦。(2) 开一点缝。如把门～开点缝。(3) 布太稀疏。如这布太～，不结实。

姓：量词，层数。如五～砖。七～坯。

铡：冻得刺皮肤。如凉水～手。

爹：乱闹。如孩子们光～。

择：(1) 阉割小家畜。如～猪。(2) 拔毛。如～鸡。

招：装、盛。如～不了啦。

着：传染。如这种病～人。

皱：车轴摩擦力大。如车子～得走不动。

追：猛塞给。如～给他就走了 。

椎儿：塞子。如这是软硬木瓶子～。

迟：剖洗。如～鱼。

抻：(1) 不同意，反对。如～他多管闲事。(2) 拖延。如他老～着不办。

欻：猛抓抢走。如叫花子～街。

垂：(1) 拳头，用拳头打。如～了他一～。(2) 敲诈。如二鬼子净～老百姓。

戳：(1) 用手动。如光看别～。(2) 挑拨是非。如他在当中～事儿。

数：约数。如这些有斤数。

勺：傻。这孩子～了。

劭：削谷穗。如～谷子。

生：烹调前先加作料。如～上肉馅子。

顺：感到羞耻，如～得脸通红。

座：落下。如～下病了。

呲：溅。如汽车～了我一身泥。

撮：用拳头打。如～了他两垂。

脆：说话风趣。如他净说～话。

丧：严酷。如他脾气太～。

琐：好动（贬义)。如这孩子真～。

要：犟。如他是个～种。

第二节 复音词

鼻定：鼻涕。

步念：用步丈量。如～～这块地多长？

巴股：(1) 一段（量词)。如走了这一～就是十里。(2) 本领。如你还真有一～哩。

白脖儿：外行。

白拉：白眼看人表示轻蔑或训诫。

背脸：决裂。如俩人为了一点小事就～啦。

报摊：(1)生理缺陷。如头秃眼瞎是～。(2) 物品的伤残。如这碗有个疤就是～。

笨家：甭，不用。

本着：强作严肃。如你别笑。～点。

憋吃：暗思考不说话。如他～半天也没说话。

瘪致：手脚突然不灵。如手～了。

皮精：小聪明。如他是～，没心眼。

泼拉：(1) 健康，能抗病。如他好～哩。轻易不病。(2)能吃苦耐劳。如你干活真泼辣。

泼实：身体健壮，干活有耐力。如她真～，地里的活都靠她。

派来：举止粗莽。如这妮子不怕生人，可～啦。

眯登：有睡意。

米鲜：蚂蚁。

模地：莫非。如这件事～办不到？

模地家：无稽，不必要。如自家人还用客气，～。

麻拉：薄薄地铺。如被子再～一层穰子(棉絮)。

麻扎：身躯瘦小。如他长得挺～。

魔道：(1)言行失常。如你胡言乱语的～什么。(2) 言行絮烦。这个人真～说起来没完。

抹丢：丢脸。如这回办了个～事。

么个：什么（习惯语:口头禅)。如这是～。

没家：没有。

没跑儿：有把握。如就这么办吧，～。

毛包儿：粗野性。如你要什么～。

毛浪儿：(1) 做事无准则，如他办事～，一阵儿一阵儿的。(2) 惺忪。如他睡～了。

冒闷：考虑后清醒过来。如他想了半天，才～过来。

闷缸：理屈词穷。如人家一说。他就～了。

绵欠：稍有不足，接近。如～二斤。

肤皮：脱落的头皮屑。如头上有～就痒痒。

发实：体格粗壮。如这小子长得挺～。

翻翻：无理争辩。如别～啦！你没理儿。

翻心：忆起往日的伤心事。如想起以前受气就～。

贩包：往外乱拿。如你把东西都～没了。

犯串换：经济往来。如俺俩不～。

方估：热的程度副词，非常。如～热的包子。～烫地慌。

窝曲：常背地办没理的事。如他面上老实，背后～。

王花儿：性情常变。如她今天和这个好，明天和那个好，真～。

网化：笼络。如他把你～住了　。

抵登：偷往外拿。他常往外～东西。

堵如：(1) 衣服下垂（也说“如堵”)。如你～着个大裤裆多难看。(2) 提着很多东西。如～着那么些东西送礼去吗？(3) 装液体物的大瓶。如打了一～酒。盛着一～水。

答各：攀谈。如别胡～啦。

打滴溜儿：悬起身子。如他不会盘杠子，光能～。

打队古轮儿：后坠。如拽着他走，他还～哩。

打得得：发抖。如冻得直～。

打对：(1) 搭配。如好的坏的都～着。(2) 计划。如办事要先～周到了。

打亘：犹豫。如说办就办，别～。

打撕咬：吵架。

打腰：有权势。如人家正～，谁敢惹。

大国母儿：大约。

捣扯：思虑。如别整天～那些事儿了。

到末：将来。如～你就知道了。

道号儿：类。如你们这～的好不了。

担病儿：不犯猜疑。如后娘不～。

当郎：(1) 下垂。如腰带都～下来了。(2) 挂名。如他什么也干不了，光～着吧。

挡不住：可能。如他没来，～病了。

当是：以为。如你～别人哩，我可不干。

跌落：坎坷的遭遇。如～了这些年，能不座病吗！

迭当:来得及。如问“能收拾完吗？”答：“还～的。”

迭歇:(1) 苦丧。如他～着脸。(2) 撒落。如你把这点东西都～净了。(3)到处走(贬义)。如上哪里～去来？

调对:(1) 斟酌。如～一下就合适了。(2) 耍滑头。如他总是～着少干活。

典势：干活、办事有条理。如叫他办事放心，可～了。

顶对：合适。如这一回可办～了。

兑瓜：输赢双方平。如这回我赢了，正好～。

对火：借或要。如我跟你～点东西。

头肚儿:头绪。如忙了半天也忙不出～来。

投扯：交换意见。如你俩～～就没有心病了。

贪叶儿:逆来顺受。如他是个后娘，就～。

填还：使人受益。如喂个鸡也不下蛋，真不～人。

纳摸：盘算。如我～着不该那么办。

能景子儿：等等的。如还得吃喝～的。

缕着：顺着。如～这条道走。

缕练：缕述教导。如～孩子学好。

喇巴：张开腿。如～着腿练骑马式。

喇萨：拖拉。如他～得什么也不收拾。

赖歹：(1) 脏。如脸都不洗，真～。(2) 干得不好。如这手活儿干得不～。

老时节：很长时间。如他走了～了。

唠唠：猪。

落下：私得。如分完了剩下的他都～了。

烂扁头：不憷生人，见面就熟的人。

郎咸：(1) 一切等等的。如你把盆子缸子～的都带着。(2)不重要的。如你净闹些～。

撂股轮儿：摔跤。

溜头儿:整整的，一直。如他～干了一天。

溜钩子：拍马屁。

遛活:矫捷。如这房子他一下子就蹿上去，真～。

连利：动作快。如他干活儿手头可～啦。

淋拉：到处撒，如～得满地都是。

累队：下坠。如裤子～下来了。

累背：让人受累了（客套话）。如你可给我帮了忙啦，～你啦。

软弓：屈服。如和他打了一仗他就～了。

隆是：既然。如～死了，就别哭了。

龙弯：圆圈变形。如你那车圈～了。

骨腿：蹲。如老年人～下起不来。

骨轮儿：(1) 一段（量词）。如这根檩有一～烂的。(2) 环形物。如木头～。车～。

古秋：挛缩。如看你～到那里跟个受气的似的。

嘎拉:(1)蚌。(2)赖皮(又称“嘎杂子”)。

嘎悠:(1) 晃动，如坐在椅子上别～ (2) 行动迟缓。如你～到多咱才能到哇。

各节：坚固。如这桌子做的真～。

各须:注意，看见。如他去没去，我没～。

各星儿：嫌隙。如俺俩从来没～，今天不知怎么翻了脸。

各秧：乱吵。如你们～得什么都听不见。

砣当：高粱秸。

砣登：单脚跳。如我能～着走。

砣实：耐折磨。如这小子真～，碰破头也不哭。

砣应：(1) 忌讳。如人有病～说不吉利的话。(2) 厌恶。如他家脏得～人。

葛耳:看见，注意。如我没～他就过去了。

葛少地：舍得。如你～多花钱吗？

隔事：嫌隙。如他俩有～，不犯串换。

赶落：紧迫。如这个活儿真～地慌。

岗岗：流传。如人们～着快赶会了。

杠着：命里注定，该当。如～死，吃药也治不好。

乖打：拍。如～～那身上的土。

磕打：受磨炼。如这些日子你～瘦了。

可涝：搜刮。如他～的东西可不少。

苛丧：神态严酷。如他整天～着个脸。

胡拉：(1)用手扫。如快～起地下的粮食来。～～皮上这些土。(2)轻轻抚摩。如～～毛(头发)，吓不着。我肚子疼，给我～一会儿。

豪希：油变质后的辣味感。如这些油太陈了，～味。

杭乎：犹豫。如说干就干绝不～。

华华：猫。

活孙：能见机行事的人。如他一看不行就让步，是个～。

黄犯：说话絮烦无理。如她整天价～。

讹头：无赖。如他没了办法就要～。

安顿：言行稳重。如人家不言不语的，可～了。

即门儿：今天。

继着：尽量。如小车不倒～推。

据拥：蠕动。如这虫子～半天也没爬远。这根木头俩人～一天才刺开。

家里：夫妻的互称和外称。如你～在家吗？俺～干活去了。

夹格拉头：怕交往的人。如他憷见生人，是个～。

假磨：刁难。如咱不受他这个～。

架拢：故意刁难。如刚才还说行，这又说不行了，这不是～人吗？

嚼么：倒嚼、反刍。

减脚：土房砌砖的基部。如这房七姓(层)～。

筋道：面食有口味。如这馍馍挺～。

齐大呼：大伙儿。～的都动手，活儿就完的快。

气式：理所当然的。如娘家的人～。

驱拉：用脚推动。如你～砖头不磨鞋吗？

掐捻：节省。如今年～着够用的。

秋糗：稍微。如～地添一点儿就够了。

穷腚：爱耍贫嘴出洋相。如你陈重点儿，别要～。

席登：撒娇讨要。如这孩子～着要钱。

许过：注意，看见。如看见小王来吗？没～。

下三烂：下流。如他净办坏事儿，可～啦。

血人：负债累累者。如我混得跟个～似的。

消拉：稀疏(多指布)。如买块～布做笼布。

袖密：(1)小巧玲珑。如这针线活儿做得真～。(2)隐蔽。如藏到这里谁也看不见，可～啦。

现活：新鲜，漂亮。如这种颜色～。

降着：以过去对人的好处揭对方。如别要他的东西，他好～人。

虚伙：浮夸。如一点小事儿，叫他～得跟天还大。

腻歪：(1)慢。如你在后头太～了。(2)无聊。如闷在家里～死了。

腻活：和得匀。如这回可把泥和～了。

尿胖：小便。

念相：怀念的事。如他临死不留～了。

枝筋：树刺。如枣～扎手。

执气：怄气。如君子不跟牛～。

扎裹：打扮。如一个眼的闺女不受～。

着排场：(1)办事条理清楚。如人家办事可～了。(2)安分。如他一天价可～了。

着吊：守本分。如他干活不～。

着头：符合常规。如他办事儿不～。

找算：寻衅。如我得罪了他，他净～我。

照么：使空架子。如喝凉水使筷子，是个～。

轴实：结实。如絮棉被得摁～了。

占贤：优先地位，管用。如干这活你可不～。

阵乎：小病。如这两天有点～，去不了啦。

仗依：因有后盾而大胆。如凭他家有势力，说话就～。

整理：谈论。如别～这些事了。

眵皮：薄皮。如肉上长了一层~。

吃啦啦：涎水。

出离：鞭打的伤痕。如打了一道~。

出出：私议论，小动作。如他就会背后里胡~。

潮拜：性情好坏无常。如他~上来也挺懂事。

趁打混儿：乘机捣乱。如我这里越忙你越~。

趁子：短时间。如我待~去。

撑煞：最大限度。如这些，~有二斤。

撑劲：有权势。如他可~啦，大小事都他做主。

闯实：不打怵。如他上哪里去也不打怵，真~。

漱拉：用嘴测。如一块糖你继着~。

煞实：结实。如别看你不胖挺~。

啥利：动作敏捷。如他干活可~啦。

烧包儿：有钱乱花。如你就这两个钱儿，~什么？

收市：全部买下。如剩下的我~。

生数：（1）铁锈。（名词）。如铁锅几天不使就长~。（2）铁生锈。（动词）如这锅放的日子多了，~了。

耍光：漂亮。如这小伙真~。

顺须：吉顺如意。如这事办得挺~。

嚷子：新棉絮。如我那被子年年续~。

自本：自给自足的生活。如人家过的是~日子。

在意：仔细，讲究。他做什么都~。

撮古:（1）小气。如他~着什么也舍不得。（2）收缩。如这孩子越长越~了。

撮子:（1）皱纹。如你真老了，满脸是~。（2）事情办错了，如这事儿~了，办不成了。

瓷枚：织、缝得密实。如你缝得太~了。

呲打：训斥。

刺挠:(1)讽刺，挖苦。如你这不是夸奖俺，是~人。（2）痒。如浑身~。

曹钝：退步。如他越学越~了。

参脸:受训斥，难堪。如这回他挨了~了。

司囊：馊。如~干粮不能吃。

死衬：合适，好看。如你穿上这件衣裳挺~。

死孙：不善交际的人。如咱不跟~来往。

四杭：舒适，讲排场。如他吃穿都讲究，可~啦。

撒大：无目的地看。如他满处胡~。

三花：性情不匀。如她~着说不清什么样来。

索罗儿:（1）烂成条缕。如衣服都烂成~了。(2)碎片。如鸡蛋汤就是把鸡蛋打成~。

二打包：捡人的衣服穿。如他拾他哥哥的~。

二杭:任意，擅自。如他不说一声，在~就拿走了。

一伐子：流行传染。如这~孩子们都生疹子。

意相：（1）互相猜疑。如婆婆媳妇儿就是~娘们。（2）误会。如这事儿俩人一投扯。就知道是~了。

哑巴缠：打哑谜。

哑麻乔儿：静悄悄。如你别说话，~地走吧！

页拉盖：前额。

遥巧:(1)乖戾。如他那脾气~。(2)危险。如你站的那地方太~了。

咬么：旁敲侧击地讽刺。如他好~人。

惬逊：（1）不景气。如今年赶会~。（2）不热闹。如他家娶媳妇儿没人凑，可~了。

眼子：（1）受欺侮的人。如有一个光棍，就有三千六百~跟着。（2）欺侮别人。如你这不是~人吗？

银近：面食发酵不好的味道。如这馍馍~得不好吃。

影云儿：依托。如有点事干是个～。

舞全:(1)笼络。如他让人家～住了。(2)摆弄。如他～了半天也没弄好。

舞楂：乱舞，狂舞。如这是什么动作，瞎～！

物拉：猛。如他吃饭～，干活也～。

物挣：粗莽。如人家不敢办的事儿他就敢干，好～哩。

挖挠:(1)搜刮。如那当官的可能～啦。(2)挣钱。如今年他～了不少钱。

瓦古:(1)平面卷曲。如铝锅摔～了。(2)嘴唇向内卷。如他～着嘴想哭。

逾磨：(1)办事不干脆。如这么一点事儿他就～着不办。(2)行动迟缓。如人家都来到了,他还在后头～。(3)痴信邪说。如他看(奇门遁甲)看～了。

仰白牙：平躺。

不村：不清楚。如听～。

么航航子：某件事没有做好。如你这个工作～。

揍买卖：做生意。

当天京：院子。如别在～了，进屋暖和暖和。

老啃狗：蝉的幼虫。如摸～去！

棒子：玉米。如今年的～长得真好。

沸沸儿：食物遇水膨胀尤其指面食。如馒头泡～了。

粘粥：玉米粥。

股拥：动。如坐着老实点，～嘛！

粘外：啰唆。如这人真～。

力巴：厉害。如人家做的买卖～了。

长果：花生。如他家种的～丰收了。

些嘛虎子：壁虎。如看墙上有个～。

嘎吱窝：腋窝。如～出汗了。

电棒子:手电筒。如天黑了，出门拿个～。

论吨儿：不思进取。如反正也干不完了，～。

烦恶：讨人厌。如这人真～啊！

揍嘴：接吻。

光脊样：光着上身。如天热的～也热。

娘花：棉花。如今年的～长得真好。

白粥：玉米粥。如今天早上喝的～。

牙碜：食物中有杂质。

肉球：慢。如你～嘛！不快点。

叠些：阴着脸。如你～着脸不高兴干吗！

窄歪：身体倾斜。如坐正了，别～着。

格拉：旮旯。如把没用的放到～里。

狗球：不实在，虚伪。如这人可～了。

崩搭：下雨点儿。如开始～点了。

呱啦：霹雳。如开始打～了。

朦星雨：毛毛雨。如～呢。

饭不拉儿：小冰雹。如下～了。

冻冻：冰。如这～恁厚呢！

冻冻茬儿：薄冰。如冷的结～了。

闹天：天气不好。如开始～了。

打开天:由阴、雨、雪转晴。如老天爷～了。

假阴天：薄云透日的天气。

墙根儿底下：墙脚。

河崖：河岸。如在～干活呢。

懒水：味道咸的水。

里首儿(外首儿)：里头(外头)。

夜来：昨天。

夜来哄上：昨天晚上。

前日：前天。

大前日：大前天。

头晌午：上午。

晌午头：中午。

晌午歪：中午偏后。如来到～了。

过晌午：下午。

多咱：什么时候。

老生子闺妮：老年生的小女儿。

撒么：东张西望。

夜麻呼子：蝙蝠。

嘚瑟：显摆、轻浮。

离把：没谱。如这人办事太～了。
蓑衣：纠缠。如这孩子太～了。
半青：不成熟。
於磨：迟缓。如别～了。
楞得儿：惬意。如他演的～。
装模儿：装样子。
扑拉：抚摸。
论堆：死猪不怕开水烫。
演到：伪装。如别听他胡～。
熏得慌：难闻。
拿不出门：寒碜。
打听不住：不可靠。
毁了：坏了。
咧呗：哭泣。如这小孩好～。
小妮：女孩。
旺相：健康。
抹丢：丢脸。
烦恶：厌烦。如他办出事来让人～。
拉撒：不严谨。如他太～不利落啊。
撑劲：有权势。
舞扎：打架的动作。
收市：全部买下。
闯实：不打怵。如这孩子～着呢。
穰子：棉絮。
生数：生锈。如铁锨长～了。
雇涌：小幅动。如蛇还～着呢。
娘化：棉花。
泼辣：敢闯敢干。如这闺女～。
软劲：屈服。
着调：守本分。
透彻：把事说明白。
拉扒：张开双腿样子。

第五章　信仰

道教、佛教是禹城汉族居民的传统信仰，历史久远。自佛教传入后，至民国初期，信仰的人群最多。据有关文献记载，盛时域内建有大小寺、庙、堂、殿等300多处。（元顺帝至正元年）1341年，伊斯兰教由青海传入禹城，回族居民信仰伊斯兰教经久不衰。天主教于明末清初传入禹城，后建有教堂3处。基督教于（清光绪十年）1884年传入境内，几经兴衰，至20世纪80年代后，国家提倡信仰自由，该教复兴，发展较快，于其他宗教相比，信仰人群所占比例最高。另外，居民迷信也由来已久。随时代变迁，有些迷信活动被取消，如护日月、祈雨等。而占卜、堪舆一直延续不断。

第一节　宗教

一、佛教

佛教传入禹城历史悠久。清末至民国初期，佛教盛行，全县有僧侣50余人，较大寺庙分布全县。1953年春，肖寺老僧永法赴北京参加全国佛教代表会议，受到党和国家领导人的接见，并合影留念。佛教多年建造的寺、庙、堂、殿等建筑物或毁于战争，或毁于解放初期破除“迷信”中，或在“文化大革命”中被废弃，至今一无所存。20世纪60年代后，佛教活动在信徒家庭中秘密进行。至80年代后，信徒开始在小范围内公开组织用收录机播放佛经讲解，念经、拜佛、祈祷、放生等活动也渐渐兴起。佛教协会，设会长1人，公开发展信徒，

图 32-5-1　佛教活动场所　（2010 年摄）

在城乡设有佛教用品专卖店十余家，供释迦牟尼、观音及护法神像和敬神用品用具等，佛教发展得以加强，信徒也越来越多。2010 年达到 1500 人。

二、基督教

基督教传入禹城已有 120 多年，开始由驻省城济南的美国牧师来禹城布道。清末至民国初期，该教活动受到冲击，有忠实信徒每逢城里集开门讲道、散发传单。（民国 16 年）1927 年，美国传教士在县城设立中华基督教禹城支会，委任一乡人负责，在城里西街建立教堂，宅基 14 亩，房舍 99 间。另在乡村设立分堂 20 处，长老会 16 处、浸信会 4 处，共有牧师 4 人，长老 11 人，执事 20 人，师娘 1 人，传教师 1 人。有应拜、聚会、月会及过圣诞节、受难节、复活节等项活动。日寇入侵禹城后，基督教遭受摧残，许多活动被迫停止，许多教徒为躲避日军残害背井离乡，至（民国 28 年）1939 年，全县教徒仅有 418 人。抗日战争胜利后，基督教逐渐复兴。中华人民共和国成立后，该教又有新发展。1950 年，全县设有教堂 24 处，信徒发展到 1185 人。1953 年，成立禹城基督教三自（自治、自传、自养）委员会，设主任、副主任、秘书、总务文教各 1 人。至 1957 年，教徒增加到 1422 人。“文化大革命”期间，该教活动被迫停止，1978 年后各项活动日趋活跃。1984 年 11 月，县统战部主持召开全县基督教第一次代表会议，选举产生禹城县基督教协会会长 1 人，委员 5 人。协会会址设在原禹城镇大纸坊村。1984—1985 年，协会推荐两名学员到益都参加义工班学习，先后被推荐学习的教徒 80 人。2010 年，教徒发展到 27000 人。

教会活动经费，初期由美国差会捐助。后由教徒例捐、乐捐、感恩捐等方式解决。再后来教会自有土地，每年由教徒耕种，按收成的一半上缴教会。自 1984 年取消各类捐，由教徒自愿奉献。

主要节日：圣诞节。基督教纪念耶稣诞生的节日。多数教会规定以 12 月 25 日为圣诞节。但正教和其他东方教会由于使用的历法不同，其 12 月 25 日相当于公历 1 月 6 日或 7 日。圣

图 32-5-2　基督教堂　（2010 年摄）

诞节期间，各教会组织信徒在教堂或传教场所举行纪念活动，唱圣诞歌，演圣诞节目，吃圣诞饭及糖果，有化装成圣诞老人向儿童赠送礼物等活动。1990年后，大型商场、餐饮部摆圣诞树、圣诞老人偶像以示同贺，有的饮食部还推行圣诞套餐等。

受难与复活节。受难节是基督教纪念耶稣受难的节日。每年复活节前的星期五为受难节。复活节是纪念“耶稣复活”的节日。公元325年尼西亚会议规定每年过春分月圆后第一个星期日(于3月21日至4月25日之间)为复活节。节日期间，教徒聚集在教堂或传教场所，由神父宣讲有关耶稣受难和复活的经文。祈祷、唱复活赞歌，也为新教徒授洗。

三、天主教

该教传入禹城后，先在御桥韩村（十里望乡）建礼拜堂，其规模宏大，欧式建筑风格，有房屋百余间，另有男女学校各一所，有耕地百余亩。后来在苗林村（辛寨乡）、于屯各建教堂一所，规模次于御桥韩教堂。当时，教堂神父都是德国人，信徒多是来自教堂周边村民。（清光绪二十五年）1899年，义和团运动席卷禹城，以丁寺（李屯乡）主持僧心诚为首领的禹城义和团高喊“替天行道，为民除暴”的口号，向天主教堂发起猛烈进攻，双方经过多次激战，天主教损失惨重。义和团被清政府镇压后，禹城天主教活动逐步恢复起来。（民国9年）1920年前后，天主教活动兴盛，御桥韩村民80%的都信教。教徒每天早、晚都要到教堂礼拜，每逢教节日举行各种活动。全国解放战争打响伊始，（民国35年）1946年，外国神父出走，天主教活动受到影响。（民国37年）1948年10月，省城济南解放后，解放军主力部队押送3.5万名国民党被俘官兵至禹城接受改造，御桥韩教堂被临时当做高级战犯（王耀武也在其中）的看守所，教堂活动被止。1956年，贯彻中共中央关于宗教信仰自由的政策后，宗教活动又开始活跃。1957年，禹城县设天主教堂及活动点7处，有教徒1375人。“文化大革命”期间，天主教公开活动被迫取消。粉碎“四人帮”后逐渐恢复。1985年，成立禹城县天主教爱国委员会，设正副主任各1人，委员9人。至2010年，信徒发展到3000人。

天主教堂的活动经费，少数来自济南教区，多数靠教田收入和教徒捐献。

四、伊斯兰教

1985年，全县有清真寺11处。伊斯兰教深受广大人民的敬重，宗教活动顺利进行，正常发展。2010年，全市伊斯兰教阿訇16人，穆斯林7441人。

该教活动经费主要靠清真寺拥有的土地收入，另有穆民自愿集资解决。

在回族穆斯林家庭和清食饭店的门楣上都书写或悬挂张贴着一段经文，叫作“经字都阿”。“都阿”，是阿拉伯语音译，意为“祈祷”。是阿拉伯文的祈祷词。

“都阿”有以下几种：

1. 清真言：万物非主，唯有真主；穆罕默德是主的使者。

2. 台斯米：奉至仁至慈的真主之名。

3. 求护词：求主保护，免遭被驱逐恶魔的伤害。

4. 主啊，求你为我们打开慈悯之门。

5. 主啊！你是平安的，我们向你求平安。

清真饭店及清真食品柜上用阿拉伯书写的“伊斯兰饭店”“穆斯林食品”等内容。

主要节日：圣纪。俗称“圣会”，在伊斯兰教历的3月12日，是穆罕默德诞辰。节日期间，穆斯林举行诵经、赞圣，讲述穆罕默德事迹以及聚餐等活动。

开斋节。俗称“大尔德”，在伊斯兰教教历10月1日。该教规定伊斯兰教历9月为“斋月”。斋月有29日或30日之分。斋戒第29日傍晚观看新月初显，如看到，斋月为29日，次日为10月1日即开斋节，如未看到顺延1日，第3日为开斋节。每逢此节，穆斯林沐浴盛装，举行会礼，相互祝贺。穆斯林斋月白天口不进食、水，晚间可以用饭喝水。斋月期间谨言慎行，克己制欲，一心敬重。开斋节举行庆典活动，家家户户炸油香，互相馈赠，然后到清真寺举行礼拜仪式。

古尔邦节。伊斯兰教教历12月10日为古尔邦节。禹城穆斯林亦称“宰牲节”。俗称“小尔德”，也称“忠孝节”。每逢此节，穆斯林户户宰牲（牛、羊）献祭、待客、馈赠亲友。节日那天穆斯林沐浴盛装，举行会礼。朝觐者在该教教历12月9日宰牲效法古圣；一般有经济能力的穆斯林在家中宰牲待客或馈赠，以示纪念。

第二节　迷信与禁忌

一、占卜

中华人民共和国成立后，境内算卦、看相、抽签、掷钱算命等迷信活动屡禁不止。城区算卦先生打出《周易》招牌，常在交通路口旁边摆地摊为人算命解惑。乡村占卜先生只等有人上门请求方才行术。占卜先生收费并无标准。看求卦人很富有即大开口，一般每人每次收取20—50元，最多200元。

二、堪舆

即相宅院，看墓地。俗称“看阴阳宅”。术者，俗称“阴阳先生”。此项迷信习俗至今仍在延续。阴阳先生多由占卜先生兼顾，往往也打出《周易》学的幌子招揽顾客。求术者多因建房、迁墓地而来。收费一般是100-200元，最多几百元。

三、求巫医

俗称“请神妈妈”。中华人民共和国成立前后，因广大农村缺医少药，卫生防疫条件差，尤其少年儿童传染病较多，贫困居民无钱为子女求医治病，常选择求巫医为孩子驱魔除病，请来巫婆，设神坛，口中念念有词，做法术，最后给以“神水”，或给偏方为病者除病。20世纪50年代后，禹城县医疗卫生事业迅速发展，党和政府号召人民破除迷信，求巫医活动逐渐灭迹。改革开放后，又有人从事迷信活动，但很少有人相信，驱魔捉妖的行径基本消失。

另有一些传统的迷信活动，诸如护日月、祈雨、供灶王、供门神、供关帝、供土地、供龙王、供拜“五仙”等早已被取消，不再赘述。但供财神仍被商家信奉。改革开放以来，多种经营体制的商业经济在城乡迅速发展。为祈商业兴隆，多数商人于店堂内供奉“财神像”，天天上香供养，期盼生意兴隆。

四、禁忌

长期以来，多种迷信禁忌束缚着人们的意识行为。禹城居民主要迷信禁忌有：1. 男女婚姻忌双方属相相克，不能成婚，如马与牛、羊与鼠、蛇与虎、兔与龙、鸡与犬、猪与猴；2. 丧事出殡前忌串门，葬后三日忌串亲，丧事第一年春节初一上午关门不开，全家人不出门拜年；3. 春节期间禁忌多。如忌人与人争吵，忌打架骂人，忌损坏什物，忌食饼类食品（谐音病），忌讳人死于初一，若初一死则改说初二等等；4. 正月忌。正月忌理发，有“正月剃头死舅舅”之说，实因正月理发为“去旧”与“去舅”谐音，故忌讳；5. 年龄忌。若有人问年龄忌言“四十一”，忌言“一百岁”，以“四十岁”或“九十九岁”应对。传说正月初五为马日，人忌出行；6. 其他禁忌。如，因有孕妇吃兔肉生豁嘴儿女之谬说，故孕妇忌食兔肉。探病人忌午后，借药锅忌送还，建房忌冲太岁，院落忌直冲大道等等。还有许多禁忌早已被人们撇弃，不再赘述。

第三十三篇

组织机构

1983年机构改革之后，随着改革开放不断深入，机构编制不断发生变化。1993年，县直党政机构由82个精简到40个。1996年机构改革，对环保、物价、外经贸委等市直21个单位内部机构进行审定或调整。同时，对19个乡镇农、林、水、畜牧、农机等部门人员进行审核。2002年，市直党政群机构由48个精简为42个，其中，市委工作部门7个，部门管理机构2个，政府工作部门26个，群团3个，按宪法设置4个。2010年机构改革中，主要是深化行政管理体制。禹城市政府工作部门整合为24个。乡镇机构改革中，按照《德州市乡镇分类和机构编制核定实施意见》，综合乡镇总人口、财政收入、行政区域面积等因素，将乡镇划分为三类。全市辖11个乡镇（街道办），均设置4个办公室和5个事业机构。

第一章　县（市）级领导班子及市直部门、单位

第一节　中共地方组织

市委办公室

主　任：杨存先　1984.4—1989.4
赵忠新　1989.5—1992.12
刘兆祝　1992.12—1995.5
傅　林　1995.4—2001.2
吕学平　2001.2—2003.1
刘东顺　2003.1—2007.2
王　健　2007.2—2010.1
李召海　2010.1—2010.7
王建国　2010.7—

副主任：孙嘉祥　1981.2—1987.4
马玉友　1985.11—1992.3
丁兆鹏　1987.4—1993.11
刘兆祝　1989.10—1992.12
王宗文　1990.12—1993.10
吕学平　1992.3—1993.9
邵自生　1992.3—1992.11
蔡光华　1993.9—2001.5
王爱国　1993.9—2002.2
孙俊友　1994.5—1999.1
曲大凯　1995.12—1999.1
王　健　1995.12—1999.1
应在湖　1999.1—2005.1
李召海　1999.1—2004.12
王　刚　1999.1—2004.12
于英祥　2001.6—2004.12
杨国政　2002.2—2007.12
张仁才　2002.2—2007.2
蔡光永　2004.12—
臧　奎　2004.12—
王宝勇　2004.12—2009.9
贾　永　2006.1—
高长东　2004.12—
马俊杰　2006.6—
王　磊　2008.1—2010.12
秦飞龙　2008.1—2010.3
蔡丛银　2008.1—

组织部

部　长：刘长仁　1984.2—1992.12
陈兰钦　1992.12—2001.2
刘长民　2001.2—2003.1
纪书华　2003.1—

常务副部长：
邢仁富　2004.12—2009.10
安良忠　2009.10—

副部长：冯清河　1966.3—1990.3
林国良　1981.11—1992.12
冯守臣　1987.4—1993.10
1995.12—1998.1
邢仁富　1990.4—2004.12
吕学平　1993.9—1998.3
梁金福　1995.12—2009.10
张仁军　1998.3—2010.1
安良忠　1999.1—2009.10
朱爱华　2002.2—2005.11
邱树广　2006.1—
王春霞　2007.12—
孙　勇　2008.1—
张秀坤　2010.4—

宣传部

部　长：夏廷智　1984.12—1987.4
孙嘉祥　1987.4—1990.1
刘宗生　1990.1—1992.12
杨丙亮　1992.12—1995.3
杨同军　1995.3—1998.1
傅斌厚　1998.1—2001.2
崔玉华　2001.2—2003.1
张志芳　2003.1—

常务副部长：
张清汉　2004.12—2006.7
李召海　2006.7—2009.10
张祖义　2009.10—2010.1
张　勇　2010.1—

副部长：孙云甲　1984.4—1990.4
夏玉今　1985.12—1987.11
李为中　1987.12—1993.9
杨同军　1990.4—1992.2
尹继明　1992.3—2004.12
孙金堂　1993.9—2000.3
韩廷岭　1995.12—1998.12
杨业德　1999.1—2002.2
于　浩　1999.1—2003.12
张　勇　2001.5—2010.1
张祖义　2002.2—2009.10
　　　　2010.1—
彭吉斌　2002.2—
张清汉　2002.2—2004.12
秘　鲁　2002.2—2006.1
王　涛　2004.12—2007.12
李召海　2006.6—2006.7
　　　　2009.10—2010.1
孙清阳　2008.1—

统战部

部　长：廖石印　1986—1993.10
杨秀英　1993.10—2001.5
侯春兰　2001.5—2005.11
李冠峰　2005.11—2009.10
赵忠祥　2009.10—

副部长：杨秀英　1986—1990.3
左孟春　1990.3—1993.10
李永堂　1993.10—1995.12
苏玉水　1993.10—1995.12
宣兆礼　1995.12—2001.11
韩汝河　1995.12—2005.11
李汉林　1998.5—2002.2
陈文军　2001.11—2010.1
滕长杰　2002.2—2007.12
南慧清　2002.2—
李静华　2008.1—
韩培俊　2008.7—2010.7
张新宝　2010.1—

政法委

书　记：赵光起　1986.6—1989.1
秦吉升　1989.1—1990.5
贾桂凤　1990.5—1992.12
王一平　1993.7—1995.5
张仁新　1995.5—1997.12
田绍亭　1998.1—2002.12
崔玉华　2003.1—2007.2
宋士忠　2007.2—2010.4
刘洪贵　2010.4—

副书记：秦士忠　1985.1—1987.4
程绍兰　1987.4—1994.2
冯胜起　1990.4—1993.8
苑德信　1993.4—2000.3
崔永华　1993.9—1996.4
陈怀军　1993.9—1995.12
李海洋　1999.4—2005.2
杨茂德　1997.10—2001.12
丁家庆　2001.12—2007.12
张杰峰　2003.12—2005.11
刘洪宽　2002.2—2010.1
滕长杰　2008.8—

崔凤新　2008.1—
刘冬亮　2008.1—

机构编制委员会办公室

主　任：郝光荣　1986.6—1990.4
林国良　1990.4—1993.9
冯守臣　1993.9—1995.12
吴继仁　1995.12—2005.11
安良忠　2005.11—2010.4
张秀坤　2010.4—
副主任：林廷军　2006.1—

台　办

主　任：滕长杰　2007.10—2008.7
徐洪水　2008.7—2009.10
（常务主任主持工作）
2009.10—

市直机关工委

书　记：王尚立　1984.4—1987.5
秦世忠　1987.5—1995.12
王尚立　1995.12—2000.3
傅　林（兼）　2000.3—2001.2
李延军　2001.2—
副书记：程绍兰　1983.4—1987.5
王光亮　1987.5—1993.11
刘长丰　1988.4—2000.3
李延军　1990.3—2001.6
杨忠伟　1999.1—2010.1
王宗文　2002.2—
庞业贞　2002.2—

信访局（信访办公室）

局　长（主任）：
张春林　1987.11—1990.3
杨秀英　1990.3—1993.10
张希水　1993.10—1995.4
孙俊友　1995.4—1999.1
应在湖　1999.1—2004.12
蔡光永　2004.12—
副局长（副主任）：
冯秀珍　1987.11—1993.10
董景臣　1987.11—1990.3
李思德　1987.11—1990.3
王春明　1990.3—1993.10
杨业德　1995.4—1999.1
谢玉亭　1996.10—2005.11
苑书海　1999.1—2001.6
马吉法　1999.1—2004.12
李振海　2001.6—
杨先营　2002.2—2010.1
刘洪彬　2004.12—
王圣林　2004.12—2008.1
李来福　2008.1—
李德勇　2010.1—
梁　勇（挂职）2010.7—

老干部局

局　长：冯清河　1986.10—1990.3
冯守臣　1990.3—1993.9
吕学平　1993.9—1998.3
张仁军　1998.3—2009.10
王春霞　2009.10—
副局长：王其奎　1993.10—2002.2
侯义军　1993.10—2009.10
李宗奎　1993.10—1998.3
杨　勇　1998.3—2002.2
石永强　2002.2—2004.12
尹建平　2006.1—2008.12
柴立宝　2008.1—2010.1
曹铭琦　2010.1—

保密局

局　长：邵自生　1992.3—1993.9
王　健　1995.12—1999.1
王爱国　1999.1—2002.2
于英祥　2002.2—2004.12
杨国政　2006.1—2007.12
司晓莉　2007.12—
副局长：林慧华　1995.12—2007.12

司晓莉　2005.12—2007.12

档案局

局　长：孙嘉祥　1986.1—1987.6
马玉友　1987.6—1990.2
刘兆祝　1990.3—1993.10
蔡光华　1995.12—2001.5
崔藏水　2001.5—2007.12
卢传升　2007.12—

副局长：钱青林　1980.4—1990.2
于华胜　1984.4—1990.2
韩瑞民　1988.5—1991.8
崔藏水　1990.3—2001.5
贾玉莲　1990.3—1992.4
马久彪　2006.1—2007.12
岳桂珍　2008.1—
李素琴　2008.1—

党史研究室

主　任：庞维新　1982.4—1987.4
王心一　1987.4—1993.9
梁玉升　1993.9—1995.12
方景德　1997.9—2000.3
蔡光华　2000.3—2001.5
徐光辉　2004.12—2009.10
李新华　2009.10—2010.7

副主任：王尚立　1982.4—1987.4
刘相岱　1987.11—1993.9
魏洪渐　1989.9—1990.4
方景德　1990.4—1997.9
庞吉温　1993.9—1995.12
卢赐财　1993.9—1995.12
徐光辉　1999.1—2004.12
孟　欣　2002.12—

党　校

校　长：夏廷智　1984.4—1987.3（兼）
王尚立　1987.4—1990.3
张高富　1990.4—1996.12
张成道　1996.12—1997.12
李传武　1997.12—2001.1
朱昌连　2001.2—2003.1
陈永华　2003.1—2006.12
黄金忠　2006.12—2010.4
闫剑波　2010.4—

副校长：张高富　1984.8—1999.1
刘相岱　1984.4—1987.3
柴发明　1987.12—1993.10
王贵才　1990.4—1993.10
郭宝田　1992.12—2002.3
刘光东　1993.10—2008.1
武兆顺　1999.1—2009.10
孙登国　2002.2—2010.2
陈建国　2003.12—2004.12
窦光庆　2006.1—
徐建国　2008.1—
王　刚　2008.1—
岳彩龙　2009.10—
童菡芬　2010.2—

书　记：张高富　1984.8—1987.3
王尚立　1987.4—1990.3
张高富　1990.4—1994.4
　　　　1997.1—2001.5
王吉林（兼）　1994.5—1996.12
崔洪臣　2001.5—2002.3

第二节　地方行政机构

政府办公室

主　任：马宪泉　1981.1—1989.5
李光德　1989.5—1990.3
王吉林　1990.3—1998.3
吕学平　1998.3—2001.2
陈怀军　2001.2—

副主任：窦洪庆　1984.4—1987.3
冉凡奎　1984.4—1987.3
姜玉亭　1987.4—1987.11

吴金福 1987.4—1990.4
李成山 1987.6—1987.11
信文学 1987.11—1992.3
张洪宝 1988.5—1989.5
刘金河 1990.4—1993.10
杨创礼 1991.3—1993.10
杨　杰 1992.3—1998.3
曲大凯 1993.10—1999.1
王　健 1993.10—1995.12
袁西训 1995.12—2001.5
张杰峰 1995.12—1999.1
陈怀军 1998.3—2001.2
孟　勇 1999.1—2001.5
高洪军 1999.1—2007.12
李守学 1999.1—2001.5
王　刚 2001.6—2008.1
王志华 2002.2—2004.12
李文强 2002.2—2008.1
杨晓辉 2004.12—
梁　军 2004.12—2007.12
孙登敬 2005.12—
李玉龙 2006.1—2006.7
陈海良 2006.11—2008.1
李付光 2008.1—2010.8
邵　国 2008.1—
庞永杰 2008.1—
杨成金 2008.1—2010.7
李卫东 2008.1—
孙　伟 2010.6—
韩培俊 2010.7—

发改局

主　任：李相田 1976.11—1989.3
张仁庆 1989.3—1990.4
王心愿 1990.4—1993.9
党东辉 1993.9—1998.3
宋新华 1998.3—1999.1
曲大凯 1999.1—2001.5
李宗奎 2001.5—2007.2
刘开明 2007.6—

副主任：卢德林 1976.11—1991.9
张仁庆 1984.4—1989.3
杨连玉 1990.4—1995.12
党东辉 1990.4—1993.9
王乃喜 1993.9—2002.2
马东来 1995.12—1999.1
刘开明 1995.12—2007.6
蔡明忠 1998.3—2009.10
段昭基 1999.1—2007.6
赵洪峰 1999.1—2001.6
韩尊东 2002.2—
张新刚 2008.1—
杨军申 2008.1—

经　委

主　任：孙奉昌 1984.5—1987.11
邵明栋 1987.11—1995.12
傅斌厚 1995.12—1998.3
党东辉 1998.3—2001.5
孟　勇 2001.5—2010.7
杨成金 2010.7—

副主任：李学清 1987.2—1988.5
梁德林 1986.8—1989.10
刘相亭 1990.4—1993.3
宋志连 1987.12—1998.3
王乃喜 1990.4—1993.10
董孝来 1993.10—1998.3
郝　峰 1993.10—1996.3
尹建平 1997.2—2004.12
杨华峰 1998.3—1999.3
陈　芳 1998.3—2010.1
林宝华 1999.3—2008.1
袁学军 2002.2—2002.10
杨成金 2002.2—2002.10
武杰勇 2003.12—2010.4
王振华 2004.12—2010.12

刘宗利 2006.1—
王 强 2008.1—
赵 军 2008.1—
段葆鸿 2010.1—

体改办

主 任：杨 杰 1996.1—1998.3
陈怀军 1998.3—1999.1
孟 勇 1999.1—2001.5
杨成金 2004.2—2010.7
庞永杰 2010.7—
副主任：高洪军 1997.8—1999.1
杨成金 1999.1—2004.2
（主持工作）
袁学军 1999.1—2002.2
马秀慧 2002.10—
贾克斌 2006.1—

民经局

1984年4月，建立禹城县多种经营乡镇企业局。1987年7月，改为禹城县乡镇企业局。1993年11月4日，改为禹城市乡镇企业局。1998年8月20号设禹城市民营经济发展委员会，保留禹城市乡镇企业局。实行一个机构一套班子的管理体制。2002年3月1日更名为禹城市民营经济发展局。2010年7月与经济委员会和信息产业化办公室合并，建立经济和信息化局。

局 长：赵东祥 1984.4—1987.11
刘金玉 1987.7—1993.10
吴金福 1993.10—1995.12
武兆顺 1995.12—1999.1
刁英训 1999.1—2001.5
张友田 2001.5—
副局长：吴长胜 1984.4—1987.7
马东来 1984.4—1987.7
邵明栋 1984.4—1987.7
李希龄 1982.6—1987.7
祝书忠 1984.4—1987.7
李长河 1986.11—1993.10
马存福 1989.11—1994.12
王立芳 1991.9—1995.12
孟庆泉 1991.9—1993.12
房加春 1994.8—1995.12
刘洪注 1993.11—2002.3
孙行起 1995.12—1998.12
刘建中 1995.12—2002.3
刘忠孝 1998.3—1999.1
谢宝升 1998.3—2002.2
苑书海 1998.3—1999.1
宋玉柱 1998.3—2002.2
李法全 1999.1—2002.1
刘东晨 2002.2—
王德奎 2002.2—2010.4
孙万永 2005.1—
尚振国 2005.1—
崔凤云 2006.12—
曹志国 2006.2—

安监局

局 长：袁学军 2004.2—
副局长：袁学军 2002.10—2004.2
昝学伟 2004.10—
李志明 2006.1—
韩挺波 2008.1—

建设局

1975年称禹城县革命委员会基本建设局，1980年改称禹城县基本建设委员会，1984年改称城乡建设委员会，1993年改称禹城县城乡建设环境保护委员会，1996年改禹城市建设委员会，简称建委，2002年改称禹城市建设局，2010年改称禹城市住房和城乡建设局。

主 任、局 长：
王超贤 1985.10—1989.7
孙俊友 1989.7—1992.3
王吉昌 1992.3—2001.5

刘东顺 2001.6—2003.1
齐长平 2004.1—2010.7
刘少水 2010.7—

副主任、副局长：

高彦才 1984.5—1995.12
孙登洲 1984.5—1997.10
初　凯 1990.4—2010.1
王学勇 1992.3—1998.3
周孝平 1995.12—2004.12
王汝森 1995.12—1997.11
刘　超 1995.12—2000.3
魏玉玲 1995.12—2002.2
王振华 2002.6—2004.12
杜秀平 2001.5—2004.12
于吉水 1999.1—2002.2
李克通 2000.5—2002.2
李美良 2002.2—2010.9
杜家祥 2002.2—2008.1
魏永生 2004.12—
高　锐 2005.11—
徐洪水 2005.11—2008.7
王洪征 2006.1—
马秀青 2006.11—
许清彬 2008.1—
孙新泉 2008.1—

规划局

局　长：宋玉刚 2009.10—
副局长：吴庆华 2010.1—

城管局

1989年9月1日，根据禹城县政府有关规定，由建委园林部分与城关镇卫生队合并，组成园林环卫所，成为隶属建委的差额拨款事业单位。2000年1月14日，依据上级文件，园林环卫所分为禹城市环境卫生管理处和禹城市园林管理处。2001年7月正式成立禹城市城市管理局。

主任（局长）：

刘守奎 1996.1—2001.5
杜秀平 2001.5—2007.12
徐正利 2007.12—

副主任（副局长）：

邵俊华 1996.1—2001.5
于吉水 1996.1—1999.2
宋述亭 2002.2—2008.1
张凤君 2002.2—2008.1
冯文华 2002.3—2010.1
翟海岳 2005.11—
乔洪亮 2006.1—
褚殿刚 2006.11—
李元春 2008.1—
刘丰国 2008.1—
刘付民 2008.1—
马红军 2010.8—

计生局

1982年7月，设立禹城县计划生育局，1984年6月，更名为禹城县计划生育委员会，作为县政府的部门负责主管全县计划生育工作。2002年5月，更名为禹城市计划生育局。2007年12月更名为禹城市人口和计划生育局。

主任（局长）：

冯兴沛 1986.1—1989.1
苑德信 1989.7—1993.2
刁英训 1993.2—1999.1
沈乃云 1999.1—2007.12
王新花 2007.12—

副主任（副局长）：

张文成 1986.1—1994.5
王爱英 1986.1—1990.2
吕学平 1988.10—1990.10
修爱华 1991.5—1998.3
张德成 1991.5—1993.10
李桂萍 1993.1—1993.10

纪　北　1993.10—2008.1
赵奎芳　1994.5—2002.2
李桂萍　1995.12—1999.6
张德成　1995.12—2008.1
刘永华　1998.3—2008.1
冯国俊　1999.5—2004.12
魏玉玲　2002.2—2008.1
时立英　2004.12—
张曰平　2004.12—
李殿江　2006.11—
宋卫东　2008.1—
崔少青　2008.1—
邢建彪　2010.1—

教育局

局　长：尹源振　1977.8—1987.3
梁玉升　1987.3—1990.11
马希坤　1990.11—1998.3
杨　杰　1998.3—2003.1
赵忠祥　2003.12—2007.12
姜成华　2007.12—2010.7
李召海　2010.7—

副局长：夏玉今　1987.11—1993.11
董希法　1984.5—1999.1
张德龙　1984.5—2000.3
李　瑛　1993.8—1996.7
姜成华　1990.10—1993.8
高志银　1999.3—2008.1
孙明玉　2000.5—
李洪金　1999.3—
吴汉星　1999.3—2000.3
马　刚　2002.2—2008.1
梁云广　2004.11—
李希平　2004.11—2008.1
冯仁洪　2006.11—
梁　军　2007.12—2009.10
殷合岭　2008.7—
徐敬泉　2008.7—
王　遐　2010.1—
秦加祯　2010.9—

科技局

始建称科委，在1998年3月称禹城市科技局。

主任（局长）：
蔺义胜　1984.4—1990.4
耿华清　1990.4—1993.9
张德春　1993.9—1998.3
杨统宝　1998.3—2009.10
蔡明忠　2009.10—

副主任（副局长）：
刘相亭　1984.4—1986.12
王绍坤　1985.3—1997.10
邢德昌　1990.4—1993.10
张翠英　1993.10—1997.10
梁德林　1993.10—1999.8
李长海　1998.3—2006.6
司廷礼　1998.3—2002.3
苑新民　2002.2—2007.10
尹延辉　2002.2—2007.7
王远新　2002.2—
程少博　2004.12—
焦连坤　2005.1—
刘国深　2010.1—

民政局

局　长：赵钧序　1981—1987.5
宋英杰　1987.5—1993.9
杨创礼　1993.9—2001.5
周兴勇　2001.5—2002.2
岳彩龙　2002.2—2009.10
李文强　2009.10—

副局长：武学周　1982.11—1993.10
祝书明　1993.1—1993.9
韩佩利　1993.10—2000.3
张　健　1984.5—1990.5
杨春明　1990.5—2008.2

杨好良　1990.10—2002.2
杨付先　1992.10—1993.10
王希鹏　1999.9—2008.2
卢思广　2000.5—2010.1
万铁民　2002.2—2010.1
马希增　2004.12—2005.5
贾克水　2006.11—
何保正　2008.1—
李文强　2008.5—2009.10
刘建辉　2010.1—
李　丽　2010.1—
昝长勇　2010.3—

公安局

局　长：张国庆　1984.5—1997.1
崔学祥　1997.1—2003.1
李俊杰　2003.1—2007.12
张风光　2007.12—
政　委：宋家增　1988.5—1990.4
张洪宝　1990.4—1998.2
李曰信　1998.2—2001.5
刘兴国　2001.5—2001.6
李俊杰　2001.6—2003.8
张风光　2003.8—2007.12
张金文　2007.12—
副局长：宋家增　1980.9—1985.10
毛敬臣　1980.12—1988.4
岳喜书　1980.9—1984.4
曹传业　1985.9—1993.9
王永红　1985.9—1988.12
李曰信　1988.4—1998.2
刘兴国　1990.4—2001.5
于凤祥　1993.10—1995.12
1997.9—1998.3
杨东先　1995.12—2002.3
邵俊华　1995.12—2002.2
张风光　1998.3—2003.8
杜秀平　2001.5—2004.12
杨茂德　2002.2—2007.12
宋长坤　2002.2—
贾立国　2002.2—2009.4
赵奎利　2003.8—
柴发庆　2003.8—2009.6
杨然勇　2003.12—
贾学山　2008.4—
王钰华　2009.6—

司法局

局　长：田绍亭　1988.7—1989.7
李汉林　1989.7—1998.4
李为中　1998.4—1999.1
刘金河　1999.1—
副局长：李学海　1993.10—1998.3
刘云安　1994.6—1995.12
戎道和　1995.12—1999.1
张树清　1996.1—2005.11
冯圣起　1998.3—2002.3
陈文军　1999.1—2002.2
张维进　1999.7—2006.6
宋玉柱　2002.2—2005.11
刘德义　2002.2—2008.1
张加德　2005.11—
王晓华　2006.11—
高　青　2008.1—
刘洪宽　2010.1—

人事局

2010年7月，与劳动局和社会保障局合并，组建人力资源和社会保障局。

局　长：郝光荣　1976.7—1990.3
林国良　1990.3—1993.9
冯守臣　1993.9—1998.1
安良忠　1998.3—2010.7
副局长：杨连玉　1981.12—1984.4
徐开行　1980.12—1984.4
王光亮　1981.12—1984.4
冯守臣　1984.4—1987.4

张德春　1984.4—1993.9
冉凡奎　1987.4—1990.4
安良忠　1990.4—1998.3
吴继仁　1993.10—2004.12
朱爱华　1995.12—2002.2
毕传舜　2005.6—2010.6
宋玉生　2002.2—2010.7
许庆国　2006.1—2010.7
林廷军　2008.1—2010.6
于志祥　2002.2—2004.12

劳动局（人力资源和社会保障局）

局　长：李文奎　1984.4—1990.4
冉凡奎　1990.4—2002.2
周兴勇　2002.2—2005.11
韩廷岭　2005.11—
副局长：丁传智　1986.4—1990.4
刘春智　1986.4—2000.3
于世奇　1990.4—
白洪星　1996.2—2008.1
李绪国　1998.3—2010.6
孙秀萍　2002.2—2010.1
孙洪金　2004.12—
刘德军　2004.12—
段明恩　2006.11—
姜　勇　2008.1—

财政局

局　长：王新元　1981—1990.4
张仁庆　1990.4—1998.3
李冠峰　1998.3—2005.11
周兴勇　2005.11—
副局长：王孟廷　1984.4—1993.4
王新功　1984.4—1994.11
赵奎祯　1992.3—2007.12
李冠峰　1992.12—1998.3
李宗奎　1998.3—2004.12
李光民　1995.12—
张　欣　2002.2—
刘　蓬　2008.1—
丁洪泉　2008.1—

审计局

局　长：邢守俭　1984.4—1987.4
王吉林　1988.8—1990.4
邢　宏　1990.4—2000.5
李春厚　2001.6—
副局长：王吉林　1984.4—1987.4
杨连玉　1985.12—1988.8
邢　宏　1987.4—1990.4
张文水　1990.4—1993.10
张文泉　1992.8—2004.12
吴文禹　1993.10—2002.3
裴传柱　1995.12—2004.12
李新海　1999.1—2010.6
李春厚　2000.5—2001.6
王延军　2002.2—
马吉法　2004.12—2008.1
段绍鹏　2004.12—
石永强　2006.11—
史　群　2008.1—

统计局

局　长：张春林　1984.4—1987.4
张玉田　1987.4—2001.6
赵洪锋　2001.6—
副局长：高春英　1981.2—1992.7
王延文　1990.1—1998.3
陈凤国　1989.1.2—2002.2
张文成　1994.1—1995.10
王德林　1998.3—2005.11
修爱华　1998.3—2002.3
徐吉成　2000.1—2008.1
张团业　2003.12—2004.12
张明周　2006.1—
吴远强　2008.1—2010.6
张　娟　2010.2—
张洪亮　2010.4—

国土局

局　长：王玉勤　1987.10—1993.10
耿华清　1993.10—1998.3
高富全　1998.3—2007.12
陈璞翌　2007.12—
副局长：张建平　1987.10—1992.7
聂修海　1990.4—1993.10
聂永茂　1990.4—1998.3
宋玉河　1992.6—1994.8
张文水　1993.10—1998.10
李清勇　1993.10—
邢仁江　1994.8—2000.3
石来征　1998.3—
丁家庆　1999.1—2002.3
孟庆敏　2000.5—2009.9
尹俊刚　2002.3—
于吉水　2002.3—2009.9
董安杰　2009.9—
王炳刚　2009.9—

环保局

主　任：马恩厚　1986.1—1989.3
局　长：苏玉水　1989.3—1993.10
庞业勤　1993.10—1995.12
王　培　1995.12—1998.3
刘永才　1998.3—2009.10
陈　毓　2009.10—
副局长：马恩厚　1990.7—1993.10
张忠庆　1989.10—1993.10
郭延江　1992.3—1995.12
庞业勤　1993.1—1995.12
朱国忠　1995.12—2002.2
魏志刚　1996.3—2004.12
魏永生　2002.2—2004.12
赵奎芳　2002.2—2010.1
李庆祥　2002.2—2005.11
王吉涛　2002.2—
冯仁周　2004.12—
殷明凯　2005.11—
王馥云　2006.11—
王新坡　2010.1—

交通局

局　长：宿长洪　1985.9—1992.4
姚洪顺　1992.4—2003.1
贺丰田　2003.12—2009.10
王立波　2009.10—
副局长：刘荣山　1984.5—1988.6
聂永茂　1984.5—1990.4
李若甲　1986.7—1993.10
姚洪顺　1989.7—1992.4
张　健　1990.4—1993.10
杨金洲　1992.3—2001.7
褚玉东　1993.1—1993.10
杨付先　1993.10—2001.7
聂秀海　1993.10—2002.2
尹代双　1995.6—2005.11
贺丰田　1998.2—2003.12
李美良　2001.5—2002.2
李克通　2002.2—2005.11
李法泉　2002.2—
李伊荣　2004.12—
贾吉祥　2004.12—
侯友海　2005.11—
张云新　2006.11—
邢志刚　2006.10—

农　办

主　任：蔺义胜　1990.3—1993.9
祝书明　1993.9—2000.8
马吉祥　2001.6—2004.12
李玉龙　2004.12—2006.7
张清汉　2006.7—2009.10
刘保萍　2009.10—
副主任：祝书忠　1990.3—1993.10
刘春华　1990.3—1993.10
杨洪先　1993.10—1995.12

周孝平　1993.10—1995.12
马　刚　1993.10—2001.12
李玉生　1995.12—2010.2
张希水　1998.3—2006.6
李清祥　1998.3—2000.5
马吉祥　2000.5—2001.6
王长青　2008.1—
范士芳　2001.6—2004.12
唐　忠　2010.1—
王春东　2010.1—

棉　办

主　任：郭相珍（兼）1982—1985
王玉勤（兼）1985—1986
杨安亭（兼）1986—1987
窦洪庆（兼）1987—1988.6
孙志堂　1988.6—1990.4
赵光起　1990.4—1993.10
李永堂　1995.12—2002.3

副主任：孙志堂　1980—1988.6
孙　铨　1989.3—1993.10
周孝平　1990.3—1993.10
杨金洲　1992.3—1993.10
徐建平　1993.1—1993.10
白吉春　1995.12—2002.3
邢根友　1995.11—2005.12
柴发明　1995.12—1999.4
赵玉兰　2001.1—2006.6
刘子军　2006.1—

农业局

局　长：王玉勤　1981.4—1987.12
赵光启　1987.12—1990.4
李永堂　1990.4—1993.10
李茂青　1993.10—2001.5
马成印　2001.5—2007.12
魏登峰　2007.12—

副局长：蔡士英　1985.9—1998.3
马吉祥　1985.4—1990.1
康立金　1988.3—1994.5
刘永才　1990.4—1998.3
朱盛岭　1993.1—1993.10
徐　杰　1993.10—1995.12
孟庆林　1995.12—2002.3
马俊华　1995.12—2005.7
张志华　1998.3—2010.1
刘承荣　1998.3—
马成印　2000.5—2001.5
褚永臣　2002.2—
张洪山　2002.2—
高志金　2002.2—2010.3
张兰英　2006.1—
刘子军　2008.1—
司　伟　2010.1—

林业局

主任（局长）：
魏凤山　1985—1987
王永臣　1987—1992
司兴武　1993.10—2005.1
马吉祥　2005.1—2007.12
杜秀平　2007.12—2009.10
梁金福　2009.10—

副主任（副局长）：
徐　杰　1985—1993
郭连景　1985—1993
贾维龙　1993—2006.4
刘永华　1993—1998.3
姜兴海　1993.10—2006.7
赵玉兰　1993—2001.1
刘明荣　1995.12—2002.3
高彦华　1999.1—2006.1
周振平　2002.2—2008.1
刘春利　1999.6—
张玉柱　2002.2—2010.6
刘新军　2006.1—
姜宝兵　2008.1—

杨新伟　2008.1—
白庆来　2008.7—

水务局

局　长：张华山　1984.4—1990.4
崔洪臣　1990.4—2000.5
陈炳新　2001.5—2009.4
张广臣　2009.4—
副局长：冯秉义　1976.6—1987.7
苏景亮　1983.3—1995.12
白吉春　1984.5—1990.4
李占义　1987.4—2000.3
李长河　1990.4—2000.3
王成德　1992.3—1995.12
褚玉东　1993.1—2000.3
吴金福　1995.12—2002.3
房加村　1998.3—2008.1
纪　光　1998.3—
贺立祥　2000.5—2008.1
胡建军　2002.2—
孙成云　2002.2—2008.1
张团业　2004.12—
张道宽　2006.1—
秦加祥　2008.1—
王　颖　2008.1—
张代桥　2008.1—

畜牧兽医局

局　长：孙德收　1990.4—2000.5
袁西训　2001.5—
副局长：苏世坤　1990.4—2000.4
张怀敬　1991.6—1995.10
刘春华　1993.10—1998.3
尉廷广　1993.3—1994.10
邵长民　1995.12—
李纯福　1998.3—
魏清宏　1998.3—2002.3
崔文才　1998.12—2006.6
邱贵卿　2000.4—2006.12
杜秀平　2000.5—2001.5
安爱国　2002.2—
周汝林　2002.2—2005.1
程培国　2002.2—2010.6
杨元海　2002.2—
魏德顺　2005.1—
刘玉玲　2005.12—
范世芳　2005.1—2006.1
白庆来　2007.1—2008.1
王立彬　2008.1—2010.4
杨迎忠　2010.4—

水产办

主任（局长）：
康立金　1994.5—1999.1
李茂青　1999.1—2001.5
周汝林　2006.1—
（2004.12—2006.1 主持工作）
副主任（副局长）：
李秀堂　1994.5—2004.12
（1999.1—2004.12 主持工作）
吴元奎　1994.5—2005.10
冯希东　1995.12—2004.12
周汝林　2004.12—2006.1
高汝奇　2004.12—2008.8
于　强　2010.1—

蔬菜局

局长（主任）：
应在胡　1994.4—2001.1
刘守奎　2001.1—2004.12
张继忠　2004.12—2007.12
贺　坚　2007.12—
副局长（副主任）：
高桂明　1994.4—2002.3
孟庆林　1994.4—1995.12
苗希银　1994.4—2006.1
王家路　1996.4—2002.3
王宝生　2002.1—

冯吉水　2004.12—
范世芳　2006.1—
姜海波　2006.1—
孙　毅　2010.1—
王　平　2010.1—

农机局

局　长：颜振元　1986.1—1998.3
董孝来　1998.3—2001.5
刘宗合　2001.5—2007.12
岳清国　2007.12—

副局长：刘奉水　1984.5—1989.8
赵致和　1984.5—2002.2
贾洪义　1989.8—1998.3
孙路明　1990.1—2002.2
张树青　1993.3—1995.1
冯付玉　1996.1—2008.1
王成德　1998.3—2000.3
张荣福　2002.2—2008.1
杨　勇　2002.2—
张国华　2002.2—
张国杰　2002.2—
王长鹏　2008.1—
高汝奇　2008.8—
咎建革　2008.1—

农业综合开发办

主　任：于延水　1984.4—1989.8
王光水　1989.7—2004.12
于英祥　2004.12—2009.9
张仁财　2009.9—

副主任：马宪全（兼）　1982.1—1984.4
刘金玉　1984.4—1988.8
王光水　1988.8—1989.7
秦志凯　1984.4—1998.3
白吉春　1988.7—1993.9
王财贵　1988.8—1995.12
雷国平　1993.10—2001.2
张光明　1993.10—1998.3
王成德　1995.10—1998.3
张希水　1995.10—1998.3
杨创举　1998.3—2002.2
董建德　2002.6—2009.9
孙行起　1999.1—2002.2
黄付森　2002.2—2008.1
张玉武　2002.2—2004.12
马吉法　2002.2—2004.12
刘春喜　2002.6—2010.1
郭希峰　2006.11—
李振明　2008.1—
刘连昌　2010.1—

粮食局

局　长：王洪林　1986.1—1991.4
陈寿仁　1991.4—1993.3
梁振柱　1993.3—1999.1
宋建群　1999.1—2009.6
孙传勤　2009.6—

副局长：陈寿仁　1986.1—1993.3
夏冠杰　1986.1—1989.3
张文顺　1986.1—1993.3
孟凡典　1992.3—2000.3
邢生林　1991.2—2007.1
骆兴春　1991.2—2000.3
韩尊东　1993.3—2002.2
韩新生　1995.6—2004.12
徐　鲁　2008.1—2010.1
高长山　2002.2—2006.6
孙传勤　2002.2—2009.6
王振忠　2008.1—
赵金军　2010.1—

文化局

1993年9月和体育局并称为文体委，2000年2月体育局独立。

主任（局长）：
杨吉庆　1986—1993.9
李为中　1993.10—1998.3

郭殿江　1998.3—2002.2
邢仁强　2002.2—2010.7

副主任（副局长）：
李英芳　1986—1993.10
师家安　1988.3—1993.03
魏　强　1992.12—1993.10
崔兆杰　1993.10—2002.2
王兆文　1993.10—2002.2
邢仁强　1993.10—2002.2
刘宝泉　2002.2—2008.1
霍春晓　2002.2—2010.7
秘　鲁　2006.1—2010.07
高明华　2008.1—2010.7

广电局

局长（站长、台长）：
刘文海　1984.4—1987.4
梁东广　1987.4—1993.9
宣兆礼　1993.9—1995.12
崔藏明　1995.12—2001.5
张清汉　2001.5—2004.12
韩廷岭　2004.12—2005.11
李召海　2005.11—2010.1
张祖义　2010.1—

副局长（副站长、副台长）：
张占林　1984.12—1990.12
崔连兴　1988.1—1988.12
李存银　1990.12—1993.10
李佩生　1989.9—2002.3
戎宝礼　1993.10—2000.3
苑吉洪　1993.10—2002.3
孟　勇　1997.10—1999.1
李明华　1999.1—2009.10
（其间：2007.3—2009.10任广播电视台台长）
王吉星　2002.2—2010.1
解成玺　2002.2—2006.6
王玉春　2002.2.6—2008.1
程培军　2006.1—
戚爱民　2006.11—
初　勇　2008.1—
滕　芳　2010.1—
司晓娟　2010.1—

卫生局

局　长：李连登　1984.4—1990.4
许志勇　1990.4—2001.5
赵奎禄　2001.5—2007.2
韩在平　2007.2—

副局长：孙桂芳　1984.4—2002.3
刘炳新　1984.4—1993.10
张春林　1993.10—2002.3
杨洪先　1995.12—2000.4
张文成　1995.12—2002.3
赵奎禄　2000.5—2001.5
曹　净　2000.5—2010.3
赵天金　2002.2—2008.1
柴梅英　2002.2—2006.7
刘永和　2002.3—
王　慧　2006.1—
梁彩云　2006.1—2007.12
王来明　2006.11—
刘方平　2008.1—
张宝平　2008.1—
杨忠伟　2010.3—

体育局

主任（局长）：
李承恩　1990.4—1993.9
李为中　1993.10—1998.4
郭殿江　1998.4—2009.10
梁　军　2009.10—

副主任（副局长）：
贺丰田　1984.5—1991.11
王兆文　2000.2—2007.4
刘德军　2002.2—2004.2
赵方斌　2003.10—

刘　平　2006.11—
管学信　2007.11—

民族宗教局

局　长：董怀金　1991.4—1993.10
陈文军　2001.11—2008.8
韩培俊　2008.8—
副局长：腾长杰　2001.11—2004.12
丁　强　2001.11—2003.12
韩培俊　2006.1—2008.7
白庆来　2008.1—2008.7

服务业发展局

1993年7月成立禹城市贸易委员会，2002年4月更名为禹城市贸易办公室，2008年5月更名为禹城市服务业发展局、2010年7月成立禹城市商务局。

主任（局长）：
郭昭杰　1993.7—1999.1
马秀华　1999.1—2009.10
吴洪涛　2009.10—2010.7
副主任（副局长）：
韩瑞民　1993.7—1995.12
魏清宏　1993.7—1998.3
赵长忠　1993.7—1995.12
孙加福　1995.6—1998.10
刘春华　1998.3—2002.3
刘忠孝　1999.1—2002.3
王德俊　1998.3—2008.1
孙凤云　1998.3—2004.12
梁金义　2002.2—2008.1
杨照军　2006.1—2010.7
张建国　2006.1—2008.1
杨海山　2008.1—2010.7
赵红芳　2008.1—2010.7
徐　鲁　2010.1—2010.7

外经贸局

主任（局长）：
卢德麟　1991.9—1993.10
刘奉水　1995.12—2001.5
曲大凯　2001.5—
副主任（副局长）：
张文顺　1991.9—1993.10
韩瑞民　1995.12—2008.1
王新民　1998.3—2008.1
赵秀梅　1998.3—2010.7
张继忠　2001.6—2003.12
王　炜　2001.6—
王　强　2002.2—2008.1
陈秀敏　2002.2—
邵建军　2002.2—
孙国利　2008.1—

商务局

局　长：吴洪涛　2010.7—
副局长：杨照军　2010.7—
杨海山　2010.7—
赵红芳　2010.7—
李　永　2010.7—
司廷健　2010.7—
徐　鲁　2010.7—
赵秀梅　2010.7—
王　炜　2010.7—
陈秀敏　2010.7—
邵建军　2010.7—
孙国利　2010.7—

物价局

局　长：郭相珍　1984.3—1991.5
梁玉升　1991.5—1993.10
陈茂云　1993.10—1995.12
（物价管理所所长）
陈茂云　1995.12—2001.5
王明喜　2001.5—2007.12
高洪军　2007.12—
副局长：张书清　1984.3—1993.10
张春林　1990.4—1993.10
陈茂云　1991.5—1993.9

张书清　1995.12—1998.3
范建政　1995.12—2005.11
赵长忠　1995.12—2005.11
崔连兴　1996.6—2006.6
李学海　1998.3—2008.1
王明喜　2000.5—2001.5
冯自杰　2002.2—2010.3
陈风国　2002.2—
姜光辉　2004.12—
杨德军　2006.11—
李好文　2006.11—2010.6
孙正平　2008.1—
范树正　2008.1—

民防局

主任（局长）：
陈怀军　1999.6—2002.2
初　凯　2002.2—2004.12
徐正利　2004.12—2007.12
李怀泉　2007.12—

副主任（副局长）：
冯全臣　2005.12—2008.1
孙清艳　2008.1—
程瑞峰　2008.1—

招商局

局　长： 刘奉水　1999.2—2001.6
张继忠　2001.6—2003.12
吴洪涛　2003.12—2009.10

副局长： 张文顺　1999.2—2001.6
苑书海　2002.2—2009.10
马存福　2001.6—2004.12
魏　强　2001.6—2008.2
吴洪涛　2001.6—2003.12
邵颖慧　2002.2—2009.10
王晓宁　2004.12—2009.10
刘　勃　2008.1—2009.10

招促办

2009年10月，招商局和招促办合并，称为招促办。由丁强任主任。

主　任： 党东辉　2001.6—2009.10
丁　强　2009.10—

副主任： 邵传斌　2001.6—2004.12
苑书海　2001.6—
安树桢　2006.1—
刘　勃　2009.10—
邵颖慧　2009.10—
王晓宁　2009.10—2010.8

史志办

主　任： 刘奉昌（兼）　1985.1—1987.3
郭延江　1987.3—1992.3
信文学　1992.3—1993.9
庞吉温　1997.9—2000.3
陈怀军（兼）　2000.3—2002.2
高洪军（兼）　2002.2—2007.12
陈海良　2008.1—

副主任： 戚振奎　1985.1—1991.3
程文谋　1982.2—1993.9
庞吉温　1990.4—1997.9
徐光辉　1995.12—1999.1
孟凡强　1999.1—2010.1
林双昌　2010.1—

油区办

主　任： 徐吉德　1989.3—1998.3
肖建国　1998.3—2007.12
张杰峰　2007.12—

副主任： 张文廷　1984.1—1992.3
张吉全　1992.3—1993.10
刘少志　1993.10—2002.2
范炳炎　1993.10—2000.3
徐志良　1993.10—1998.8
刘少杰　1995.12—
苏维升　2002.2—2008.1
王圣林　2008.1—
宋忠远　2002.1—2009.12
谢宝升　2002.2—

曹仁宝　2006.11—
赵海青　2010.1—

改碱实验区

主　任：张玉田　1984.4—1987.6
马逢庆　1987.6—1990.4
苏维生　1990.4—1992.6
白吉春　1993.9—1995.12
刘长河　1995.12—1997.5
王光水　1997.5—2004.12
张秋林　2004.12—2008.1
刘春喜　2008.1—2010.1

副主任：马逢庆　1984.4—1987.6
吴金福　1984.4—1987.6
戍宝礼　1987.6—1993.9
张树国　1993.9—2002.3
苏维生　1993.9—1997.5
刘长河　1997.5—2002.3

房管局

1985年春，禹城县成立“房屋普查工作领导小组”，性质为政府临时机构，由副县长徐德昌分管该项工作。1988年县政府成立“禹城县房屋确权发证办公室”（简称房管机关），是县人民政府行使房产管理的职能机构。1995年11月，“禹城市住房制度改革领导小组办公室”成立，为正科级全额拨款事业单位，负责城镇住房制度改革和房屋确权发证工作。1997年3月，房改办撤销，成立“禹城市住房委员会”。1998年10月，经市委、市政府同意，禹城市住房委员会改为禹城市房产管理局，为正科级财政全额预算管理事业单位，副市长李光德分管。

主任（局长）：
孙登洲　1995.12—2004.12
刘少水　2004.12—

党支部书记：
孙登州　1995.12—2002.2
王爱国　2002.2—2009.1
赵领章　2010.1—

副主任（副局长）：
王立付　1996.9—2000.3
王财贵　1996.1—2002.2
孙敬贵　1996.3—2008.1
李桂萍　1995.5—2008.1
王爱国　2002.2—2009.1
芦清平　2002.2—2008.1
赵领章　2004.12—2010.1
宋玉刚　2006.1—2009.10
程晓东　2006.11—
赵其东　2008.1—2010.6
李　涛　2008.1—
贾秀清　2010.1—
李清洪　2010.1—
李新华　2010.7—

旅游局

局　长：孙凤云　2002.2—2007.12
梁彩云　2007.12—

副局长：朱秀田　2006.1—2010.6
曹学伟　2008.1—

地震局

主任（局长）：
张光明　1987.10—1993.10
朱胜岭　1993.10—2002.2
田俊峰　2002.2—2008.1
昝长春　2008.1—

商城管委会

书　记：刘春祥　2000.11—

副书记：李新华　2002.2—2009.10

主　任：王学勇　1999.3—2002.2
李新华　2002.2—2009.10
李振贵　2009.10—

副主任：杨会勇　2001.5—
李新华　2001.4—2002.2
崔东梅　2001.6—
刘　森　2006.1—

供销合作社联合社

理事会主任：

苑其杰　1986.8—1990.4
杨玉静　1990.4—1993.3
李相友　1993.3—2001.5
张文顺　2001.5—2004.9
徐立国　2004.9—2010.1
杨吉华　2010.1—

理事会副主任：

杨玉静　1986.8—1990.4
李相友　1986.8—1993.6
梁振柱　1986.8—1990.4
王立福　1990.4—1993.3
魏志刚　1990.4—1993.3
尚富国　1991.7—2006.6
王立海　1993.11—2001.2
白庆林　1993.11—2002.3
秦士兴　1993.11—1996.3
高汝岩　1996.3—2002.1
秦士奎　1996.3—2006.1
程少博　1998.3—2004.12
刘宗利　1998.11—2001.5
仲兆敏　2002.1—2004.12
杨吉华　2004.12—2010.1
刘志华　2004.12—2010.1
郑秀君　2008.1—

监事会主任：

杨德泉　1986.8—1990.4
秦士兴　1996.3—2002.2
高汝岩　2002.2—2005.11
秦士奎　2006.1—2009.12
刘志华　2010.1—

监事会副主任：

秦龄翠　1986.6—1990.4
刘春喜　1986.6—1990.4
孙成传　1988.7—1993.3
王泗新　1990.4—1993.3
齐书堂　1996.3—2002.3

书　记：苑其杰　1986.11—1990.4
杨玉静　1990.8—1993.5
李相友　1993.5—2002.3
张文顺　2002.3—2004.9
徐立国　2004.9—2010.1
杨吉华　2010.1—

副书记：杨玉静　1986.11—1990.8
王立福　1990.8—1993.5
牛长坤　1987.3—1993.5
李相友　1990.8—1993.5
高汝岩　1993.5—2005.11
张文顺　2001.5—2002.3

商业集团总公司

局　长：于付珍　1973.5—1990.4
安　东　1990.4—1993.5
王立福　1993.5—1996.3
司兴信　1996.4—1999.6
杨照军　2001.6—2007.4
司廷健　2007.4—

副局长：安　东　1984.4—1990.4
司兴信　1984.4—1996.3
魏志刚　1992.3—1993.4
张德俊　1992.3—1996.3
张文顺　1993.6—1996.3
王新民　1996.4—1998.4
杨照军　1998.3—2001.6
周高生　1996.3—1999.1
齐长庆　1996.3—2004.12
司廷健　2004.12—2007.3
武光斌　2004.12—
张　雷　2008.1—

物资集团总公司

经理（局长）：

贾兰田　1986.1—1990.4
梁振柱　1990.4—1993.4
魏志刚　1993.4—1996.4

张建国　1996.4—2007.12
李　永　2007.12—

副经理（副局长）：
司兆玉　1986.1—1990.4
李振河　1986.1—1993.8
孙敬贵　1988—1989.6
范建政　1991.6—1995.12
王新民　1993.4—1996.3
柴发明　1993.10—1996.3
张云义　1995.12—2004.12
杨照军　1996.4—1998.3
李　永　2002.2—2007.12
梁金奎　2004.12—
张　斌　2008.1—2010.6

职工教育办公室

主　任：李国祥　1986.1—1993.10
王春明　1993.10—2004.10
尚富友　2004.10—2007.12
副主任：蔡世峰　1987.4—1990.1
孙宪平　1991.6—1993.10

行政服务中心

主　任：王　刚　2003.6—2008.1
孙　伟　2008.1—
副主任：尚成文　2004.6—
崔金波　2004.12—

第三节　纪律检查机构

纪委监察局

书　记：刘兴孟　1984.2—1987.4
孙思东　1987.4—1992.12
贾桂凤　1992.12—1998.1
张仁新　1998.1—2001.2
杨　华　2001.2—2007.1
李玉梅　2007.2—
副书记：王朝明　1983.3—1989.6
孙思东　1984.2—1987.4
尹树才　1987.4—1993.11
戚振英　1990.3—1993.11
王尚立　1990.4—1995.12
张仁军　1993.9—1998.3
郭　伟　1993.9—2007.2
杨廷双　1998.3—2007.2
孙洪彪　1998.3—
徐建民　2007.2—2009.5
司海燕　2009.8—
丁荣广　2009.8—
局　长：郭　伟　1993.9—2007.2
孙洪彪　2007.2—
副局长：徐　杰　2002.2—2005.11
徐建民　1993.10—2007.2
王秀云　2002.2—2008.1
霍清泉　2008.1—2009.8
李　斌　2008.1—2009.8
李　涛　2008.1—2010.6
王晓力　2009.8—2010.6
赵　强　2009.8—
倪　鹏　2009.8—

第四节　军事组织

禹城市人民武装部

部　长：王一平　1986.7—1996.4
徐有华　1996.4—2000.1
唐玉壮　2001.1—2002.1
邢永征　2002.1—2003.1
杨兆丰　2003.1—2006.1
孟　扬　2006.1—2008.1
王成平　2008.1—
政　委：潘尚孟　1986.7—1993.9
曲孝东　1993.9—1998.12
蔡永平　1999.1—2005.1
王　锐　2005.1—2006.1
付少柱　2006.1—2008.1

丁立法　2008.1—
副部长：崔连兴　1988.12—1993.9
王希鹏　1993.9—1998.12
张树华　1999.4—2001.1
陈金起　1999.1—1999.12
张文斌　2000.1—2002.1
李玉华　2001.2—2002.1
李伊荣　2001.2—2004.3
张振华　2005.1—2005.12
程先清　2006.1—2008.1
徐登海　2008.1—2008.12
徐永贵　2009.1—
王建华　2010.3—

公安消防大队

正　职：
指导员：季洪亮　1975—1978
中队长：李良通　1975—1980
指导员：孙继坤　1979—1984
中队长：张明先　1979—1984
大队长：张明先　1988—1994
大队长：肖　林　1994—1999
大队长：王清宝　1999.9—2006.4
教导员：王凡伟　2006.4—2009.11
教导员：韦东旺　2009.11—
副　职：
大队长：贾明海　1992.1—2007.8
刑生文　1993.1—2005.4
赵金水　2007.8—2009.10
庞云来　2009.2—2010.6
范道永　2009.11—2010.6
蔡可勇　2010.6—

第五节　法院、检察院

法　院

院　长：王　瑛　1978.7—1987.2
张希泉　1987.3—1990.2
刘恒修　1990.3—1998.1
李洪振　1998.1—2003.1
王建勇　2003.1—
副院长：张兆学　1981.8—1989.7
李恩禹　1984.5—1988.10
路兰泉　1984.5—2002.3
刘恒修　1989.3—1990.3
冯胜起　1993.9—1998.2
王永红　1990.9—2002.2
付振山　1998.3—2008.1
郑长贵　2003.3—2005.5
刁英训　2001.6—2010.1
邵俊华　2002.2—2005.5
丁　国　2001.8—
贺吉方　2005.5—
杨　雁　2005.5—
刘海峰　2008.1—
孙天化　2010.1—
朱永新　2010.1—

检察院

检察长：任立英　1978.10—1990.3
田绍亭　1990.4—1997.12
陈治中　1997.12—2007.2
李春江　2007.2—
副检察长：
田绍亭　1989.7—1990.3
彭　林　1983.9—1993.4
冯胜起　1984.5—1990.3
高富国　1990.4—2005.1
姜长顺　1993.10—2004.12
赵恒喜　1993.10—1998.2
于凤祥　1998.2—2003.1
石永利　2002.2—
张树华　2004.12—2010.1
程绍军　2004.12—2010.1
孙洪义　2006.1—
姜长顺　1993.9—2004.12

赵天葵　2008.1—
丁家庆　2008.1—
黄　靖　2010.1—
陈秀辉　2010.1—

第六节　人民团体

总工会

主　席：石玉林　1988.12—1989.7
祁秀兰　1989.7—1998.3
侯春兰　1998.3—2001.5
蔡光华　2001.5—
副主席：李汉林　1984.4—1989.7
王圣华　1989.7—1991.12
唐凤祥　1989.7—1998.3
蔡世峰　1991.12—2001.6
时立英　1999.3—2004.12
冯国俊　2004.12—
李超来　1999.4—2010.6
吴相俊　2002.2—
王冬芹　2006.1—
张拥军　2008.1—

团　委

书　记：侯春兰　1984.4—1989.7
邵清泽　1989.7—1991.3
王圣华　1991.3—1992.11
宋士忠　1994.5—1995.12
陈怀军　1995.12—1998.3
王建国　1998.3—2003.2
王春霞　2003.12—2007.12
韩　瑞　2007.12—2009.4
李士勇　2009.10—
副书记：李圣泉　1984.4—1985.8
杨元海　1984.4—1987.7
郭大志　1985.11—1988.7
李延军　1986.1—1990.4
谢三英　1992.11—1993.9
（主持工作）
陈璞翌　1989.10—1995.12
韩尊东　1990.9—1993.4
宋士忠　1993.9—1994.5
（主持工作）
王春霞　1995.12—2003.12
（主持工作）
张　凯　1999.1—2002.9
杨传彬　2002.2—2004.12
王冬芹　2002.2—2006.1
韩　瑞　2003.12—2007.12
王立彬　2004.12—2008.1
姚希栋　2006.1—
李士勇　2009.4—2009.10
（主持工作）
王　川　2010.1—

妇　联

主　席：祁秀兰　1971.12—1989.7
侯春兰　1989.7—1998.3
金秀芬　1998.3—2007.12
杨　欣　2007.12—
副主席：冯秀珍　1984.5—1987.4
王俊亭　1987.4—2002.2
石春荣　1990.4—2000.3
李静华　1995.12—2007.12
杨　欣　2002.2—2007.12
褚凤琴　2002.2—
李　莹　2010.1—

科　协

主　任：宋克忠　1984.7—1987.1
刘恒修　1987.1—1989.3
玄兆礼　1989.3—1993.9
王绍坤　1997.9—2001.6
蔡世峰　2001.6—2007.12
赵奎祯　2007.12—
副主任：张翠英　1997.9—1998.3
姜兴海　1988.2—1993.10

李红霞　1998.3—2008.1
郑素芹　2000.1—
李永亮　2001.12—
李卫华　2007.12—

工商业联合会

会　长：李永堂　1994.4—1995.12
宣兆礼　1995.12—1998.4
武兆顺　1998.4—1999.1
刁英训　1999.1—2001.11
韩汝河　2001.11—2006.10
副会长：南慧清（驻会）2001.11—2006.10
秘书长：霍学东　1994.4—1995.12
王　平　1994.4—1995.12
南慧清（兼）　2001.11—2006.10
主　席：南慧清　2006.12—
副主席：张新宝（驻会）2006.12—
秘书长：张新宝（兼）　2006.12—

文　联

主　席：李明华　2009.10—
副主席：卢英特　2010.1—

残　联

理事长：马希增　2005.5—
副理事长：
谢登峰　2007.11—
崔　军　2010.1—

老龄委

名誉主任：
赵长德　1987.6—1995.6
主　任：范兰岭　1987.6—1995.7
朱昌连（兼）　1995.7—1997.9
杨丙亮　1997.9—1998.4
苗建东　1998.5—2002.4
杨　华　2002.4—2007.12
何连生　2007.12—
副主任：范书棠　1987.6—1997.9
高登平（兼）　1987.6—1992.5
王玉泉　1987.6—1995.7
丁传智（兼）　1987.6—1995.7
滕国瑞　1989.5—1997.9
赵钧序　1989.5—1992.2
杨丙亮（兼）　1995.7—1997.9
王心源　1995.12—1997.9
冯守臣　1997.9—1998.4
冉凡奎　1997.9—2002.2
杨创礼　1997.9—2001.5
吕学平　1997.9—1998.5
苗建东　1998.5—2002.2
李存银　1997.9—2002.2
安良忠　1998.5—2002.2
李冠峰　1998.5—2005.11
王俊亭　2002.2—2008.12
吴洪生　2008.12—
尹建平　2008.12—

老龄委办公室

主　任：李成山　1987.12—1990.3
孙加福　1990.3—1993.10
李存银　1993.10—2002.2
王俊亭　2002.2—2007.12
尹建平　2007.12—
副主任：王洪范　1987.6—1990.3
孙加福　1989.4—1990.3
杨元海　1990.3—2002.2
李存银　1993.10—1995.6
李永年　1995.12—1998.12
谢宝升　1995.12—1998.3
冯长田　1998.3—2004.12
张国华　1999.2—2002.2
秦士平　2004.12—2006.1
张　冰　2004.12—
董　云　2006.1—

第七节　事业单位

精神文明建设协调委员会办公室

（1987年7月由县“五讲四美三热爱”活动委员会办公室改名，1993年9月撤销。）

主　任：孙云甲（兼）1984.12—1990.4
　　　　李为中（兼）1990.4—1993.9
副主任：夏玉今　1984.12—1987.11
　　　　苑吉洪　1987.10—1993.9
　　　　吴洪生　1992.12—1993.9

精神文明建设委员会办公室

（1995年12月恢复）

主　任：孙金堂（兼）1995.12—2000.3
　　　　杨业德（兼）　2000.3—2002.2
　　　　张　勇（兼）　2002.2—
副主任：秘　鲁　1998.3—2006.1
　　　　李　波　2008.1—

新闻出版管理办公室

（1997年11月成立）

主　任：尹继明（兼）1997.11—2001.5
　　　　张　勇（兼）2001.5—2002.2
　　　　于　浩（兼）2002.2—2003.12
　　　　张祖义（兼）2004.12—2010.7
副主任：于　浩　1998.3—2002.2
　　　　李　建　2008.1—

报　社

（2001年11月成立）

总　编：崔玉华　2002.2—2003.1
　　　　张志芳　2003.1—
常务副总编：
　　　　秘　鲁　2002.2—2006.1
副总编：孙清阳　2002.2—
　　　　刘朝宽　2008.1—

网络文化管理办公室

（2008年12月成立）

主　任：彭吉斌（兼）2009.8—
副主任：高汝宝　2009.8—

电影公司

经　理：李志国　1984.7—1993.7
　　　　尹俊生　1993.7—2008.1
　　　　刘会军　2008.1—

工人文化宫

主　任：程兰英　1987.2—1999.11
　　　　王建国　1999.11—2009.6
　　　　冯国俊　2009.6—
副主任：杨　勇　2009.6—

一　中

禹城一中，始建于1945年10月，初称“渤海二中”校址在商河。解放战争时期到中华人民共和国成立，曾辗转于商河、陵县、临邑等地。1950年春迁入禹城御桥韩庄，改称“山东省立禹城中学”。1952年迁至禹城城内，定名为“山东省禹城县第一中学”。至1987年11月，历任校长魏达展、李笃忱、周今生、林青、巩玉玺、王寰清、张同泽、李朝荣、陈相贵、金福祥。1993年10月，禹城撤县设市，学校改称“山东省禹城市第一中学”。

校　长：金福祥　1987.11—1995.6
　　　　姜成华　1995.6—2008.11
　　　　秦加祯　2008.11—2010.8
　　　　吕正强　2010.8—
副校长：程绍芳　1984.11—1993.8
　　　　孙德良　1990.10—2002.6
　　　　姜成华　1993.8—1995.6
　　　　秦加祯　1995.6—1999.3
　　　　吕正强　1995.6—2005.1
　　　　丁志辉　1997.8—2008.11
　　　　刘尽平　1999.3—2008.1
　　　　王孟柱　2005.1—
　　　　郅延路　2005.1—
　　　　张军方　2006.8—
　　　　秦世杰　2010.8—

丁仁刚　2010.8—

二　中

第二中学，建于1978年，始称禹城县车站中学。1993年10月改称为禹城市第二中学。至1987年11月，孙悦谦、崔章玉、吴汉星先后任校长。

校　长：吴汉星　1993.10—1999.3
　　　　秦加祯　1999.3—2000.8
副校长：孟庆法　1987.11—1993.8
　　　　史金荣　1993.9—2000.8
　　　　胡保良　1993.9—2000.8
　　　　苗　健　1993.3—2000.8

齐鲁中学

成立于2000年8月，首任校长秦加祯。

校　长：秦加祯　2000.8—2008.11
　　　　丁志辉　2008.11—
副校长：胡保良　2000.8—
　　　　李明亮　2002.2—
　　　　苗　健　2000.8—2004.12
　　　　李长平　2004.12—
　　　　杨爱军　2010.1—

第二章　中央、省、德州市驻禹单位

第一节　行政机构

国税局

局　长：李因文　1994.8—1995.12
　　　　张忠民　1995.12—2000.5
　　　　刘洪敏　2000.5—2009.2
　　　　刘鹏祥　2009.2—
副局长：张忠民　1994.8—1995.12
　　　　顾延富　1994.8—2000.3
　　　　杨希宏　1994.8—2001.6
　　　　刘鹏祥　1994.8—2000.5
　　　　罗洪凯　1997.10—2000.3
　　　　刘荣华　2000.4—
　　　　张　军　2000.4—
　　　　李成元　2001.4—
　　　　孙登文　2008.7—

地税局

1994年8月，税务局分为国税局和地税局。

局　长：刘　霄　1984.4—1986.3
　　　　李恩泽　1987.6—1991.6
　　　　李因文　1991.6—1994.8
　　　　李玉华　1994.8—2001.3
　　　　石兴传　2001.3—2008.3
　　　　王　涛　2008.3—
副局长：孙俊友　1984.4—1995.1
　　　　李恩泽　1984.4—1987.6
　　　　李因文　1986.1—1991.6
　　　　吴文禹　1986.1—1993.12
　　　　顾延富　1992.3—1994.8
　　　　张忠民　1993—1994.8
　　　　杨承江　1994.8—2009.7
　　　　李长厚　1994.8—2001.3
　　　　张殿君　1995.7—1998.2
　　　　王德山　1995.12—2001.3
　　　　王汝森　1997.11—1999.7
　　　　王书龙　1999.7—2001.3
　　　　李成名　1999.7—2003.9
　　　　雒　文　2001.11—
　　　　赵希贤　2004.12—2009.3
　　　　李洪亮　2009.3—
　　　　刘人逢　2008.3—

工商局

局　长：王兆义　1984.5—1993.10
傅斌厚　1993.10—1995.12
董玉深　1995.12—2005.3
卢晓华　2005.3—2009.4
范书玉　2009.4—

副局长：王克栋　1983.2—1989.6
冯友志　1984.5—2007.7
傅斌厚　1987.5—1993.10
冯希顺　1989.10—2001.6
张　健　1993.10—2001.6
赵修海　1993.10—2006.2
宋玉和　1997.1—2001.6
赵晓明　2007.7—
窦意德　2007.7—
祝延荣　2007.7—

公路局

局　长：刘荣山　1988.6—1993.1
王希山　1993.1—1996.3
赵　军　1996.3—2003.3
刘德平　2003.3—

副局长：彭玉金　1988.6—1999.4
王希山　1988.6—1993.2
骆启鹏　1993.2—
邓爱民　1996.3—2003.3
王相友　2002.3—2004.3
田书芹　2004.3—2008.3
李　军　2004.3—
祁有强　2008.3—

质量技术监督局

局　长：司风茂　1980.1—1989.3
郭兆杰　1989.4—1993.10
王金凯　1993.10—1998.11
沈乃云　1995.12—1998.12
姚树生　1998.12—2004.12
张培兰　2004.12—2008.11
刘俊哲　2008.11—2010.1

副局长：刘克正　1982.9—1986.10
孙金堂　1989.4—1993.9
赵长忠　1989.4—1993.9
王金凯　1989.4—1993.9
庞永峰　1995.12—2002.12
贾吉民　1995.12—2002.12
房加春　1995.12—2001.12
李振富　1997.7—2005.3
张维进　1999.1—1999.9
袁学军　1999.1—1999.9
张培兰　2001.12—2004.12
冯自昌　2003.1—
杨振军　2004.12—2007.1
王延东　2007.1—2010.1

食品药品监督管理局

局　长：苏洪杰　2002.9—

副局长：张　凯　2002.9—
夏毅力　2002.9—2008.6
许　进　2008.4—

气象局

局　长：马长友　1991.12—1994.2
李堂福　1994.2—2002.12
葛　尹　2007.1—2008.3
2010.6—

副局长：李怀兰　1981.11—1991.6
马长友　1981.11—1991.6
刘泮武　1991.9—1994.8
高　扬　2002.12—2003.8
葛　尹　2003.8—2007.1
2008.3—2010.6
邢泽峰　2009.5—

电力总公司

经　理：杨长岱　1987.3—1997.2
宋新华　1997.2—1998.3
王和平　1998.3—2004.6
边振江　2004.6—2007.6
张海文　2007.6—

副经理：何玉祥　1981.1—1990.4
杨华峰　1985.3—2007.9
庞吉斌　1988.3—2004.6
司兴武　1990.4—1993.9
范相水　1993.1—1995.7
谢三英　1993.10—
韩廷岐　1994.8—2004.6
王振岩　1995.7—2007.9
贺顺田　2000.3—
王星云　1998.4—2004.6
南光军　2007.6—2009.9
李　毅　2007.6—
张秀华　2007.6—
纪凤祥　2009.6—
李万彬　2009.6—

邮电局

局　长：武学道　1983—1997.5
李德明　1997.6—1998.9
副局长：李长新　1983—1998.8
陈康平　1983—1998.8
金　璞　1997.6—1998.8

邮政局

局　长：李康平　1998.9—2000.9
张晓垠　2000.9—2001.11
寇　健　2001.11—2004.6
郭建光　2004.6—2009.10
陈荣朕　2009.10—
副局长：梁洪涛　1998.9—2000.8
高　峰　2000.9—2001.11
房振平　2001.3—2003.9
陈荣朕　2002.4—2004.3
王　斌（挂职）2003.9—2004.6
李　梅　2004.6—2004.12
刘建春　2004.6—2008.2
邢照勇　2006.3—2007.9
李军善　2007.10—
孙振强　2008.5—2010.7

移动公司

经　理：刘宗文　1999.7—2008.11
邢　娟　2008.11—

联通公司

总经理：楚　光　2000.1—2003.1
高延坤　2003.1—2004.2
单桂香　2004.2—2007.9
赵　坤　2007.9—2008.1
副总经理：
赵泽利　2004.3—2005.12
周明军　2004.3—2008.10
朱文军　2006.1—2007.11

中国联合网络通信有限公司

经　理：李长新　1998.9—1999.5
张明新　1999.5—2001.10
于洪军　2001.10—2003.11
邵万东　2003.11—2008.1
王明学　2008.1—
副经理：金　璞　1998.9—1999.7
邵万东　1999.7—2003.11
张文兴　2001.1—2002.3
甄光华　2002.3—2004.9
周明军　2004.3—
董　震　2004.3—2004.6
2005.7—
卢守海　2004.6—2005.7
张爱民　2006.7—
张立华　2007.3—

盐务局

经　理：纪兴三　1985—1992
王吉祥　1992—1999
刘丙春　1999—2007.3
李建永　2007.3—
副经理：王　坦　1991—1999
刘吉礼　1993—1995
王士群　1999—
蔡利田　1999—

李建永　1999—2007.3

烟草公司

经　理：孟希朝　1986.12—1990.7
张建军　1989.3—1990.7
赵奎元　1990.7—1997.4
卜苏平　1997.4—1998.5
唐永召　1998.9—2000.8
张全智　2000.8—2007.12
徐向迎　2007.12—2008.2
乔德凡　2008.6—2009.3
袁志勇　2009.3—

副经理：张建军　1986.12—1991.4
李法元　1986.12—1990.7
王汝森　1990.7—1991.4
管锡江　1991.4—1997.4
唐永召　1998.5—1998.9
郭佃林　1998.9—2000.8
张全智　2000.1—2001.2
孙　平　2002.1—2006.5
袁玉良　2002.1—
乔德凡　2006.5—2008.6
庞道喜　2008.6—2009.8

第二节　金融机构

中国人民银行禹城市支行

行　长：赵兴斌　1986.10—1993.4
王建国　1993.4—2005.3
顾其巨　2005.3—
范宜和　2010.1—

副行长：王建国　1986.10—1993.4
刘振英　1990.5—1999.10
王梦廷　1993.4—1997.8
刘洪涛　1997.8—1999.10
曹文华　1999.10—2000.4
倪　峰　2000.4—2003.4
杨如冰　2000.4—2004.2
周俊青　2002.6—
贺明田　2004.2—

中国工商银行禹城市支行

行　长：倪友成　1985.2—1996.1
王明波　1996.1—1999.6
武　刚　1999.6—2003.4
布玉路　2005.5—2006.3
马士军　2007.4—2010.7
张　勇　2010.7—

副行长：徐金英　1983.1—1996.9
王明波　1986.1—1996.1
武　刚　1990.10—1993.3
程　健　1996.11—2001.8
纪　琨　1996.11—2006.10
林廷勤　1996.11—2005.6
布玉路　2003.4—2005.5
赵德胜　2005.6—2006.12
马士军　2006.3—2007.4
马丰刚　2007.4—
李文立　2009.6—
张迎晓　2010.10—

中国农业银行禹城市支行

行　长：张吉礼　1979.10—1994.5
张继明　1987.4—1994.4
赵金波　1995.7—2003.3
孟志强　2003.3—2006.4
王秀斌　2006.4—

副行长：刘清民　1982.6—1995.7
赵金波　1986.2—1995.7
尹良友　1987.1—1994.4
薛建强　1994.4—1996.10
路可信　1995.7—1996.4
王　镭　1995.7—2005.1
李耀民　1997.3—1997.9
初莉莉　1997.9—2005.1
张风顺　2000.3—2008.2
王洪涛　2000.3—2002.8

刘文山　2005.1—
常　连　2005.1—2006.4
任广鹏　2002.8—2008.2
江文胜　2006.10—2007.10
王　勇　2008.2—
黄卫东　2008.2—

中国建设银行禹城市支行

行　长：张全德　1986—1993.9
袁香桐　1993.9—1995.1
王吉荣　1995.1—2002.1
石　群　2002.1—2005.8
王　坤　2005.8—2010.4
吕卫东　2010.4—

副行长：袁香桐　1986—1993.9
王吉荣　1991.11—1995.1
石　群　1993.9—2002.1
刘金河　1994—1995.1
于志成　1994.9—2000.6
杨江水　1996.4—1999.5
刘　斌　2000.6—2002.5
王　坤　2002.1—2004.7
王振顺　2002.5—2008.4
彭元新　2002.5—
李淑平　2008.4—
吕方新　2009.4—

中国银行禹城市支行

行　长：安　东　1986.1—2000.4
李建军　2000.4—2003.5
张振林　2003.5—2005.5
高志祥　2005.2—2009.1
段　勇　2009.1—

副行长：姚瑞华　1996.12—2000.4
徐新生　1999.5—2003.1
魏德华　2000.4—2003.1
赵学军　2001.1—2002.11
孙玉斌　2001.2—2003.5
王宝玉　2002.11—2005.2
高志祥　2003.12—2005.2
邵秀玲　2005.6—2007.10
邢玉婷　2005.5—
高　勇　2007.10—

中国农业发展银行禹城市支行

行　长：薛建强　1997.8　—2000.7
张建国　2003.3—2010.7
张　方　2010.7—

副行长：李福宝　1996.10—2004.10
张建国　1999.6—2001.6
马道海　2000.3—2009.2
周传勇　2003.3—
张以楼　2008.2—

德州银行禹城市支行

行　长：于明臣　2009.10—2010.12
高永民　2010.12—

副行长：高永民　2009.10—2010.12

禹城市农村信用社

主　任（理事长）：
张吉礼　1986.8—1987.3
张继明　1987.4—1994.4
尹良友　1994.5—1998.1
杨忠诚　1998.1—2004.7
王加静　2005.2—2009.1
付小剑　2009.1—

副主任：秦善义　1987.4—1991.10
杨忠诚　1991.10—1998.1
王乃堂　1991.10—1993.12
张尚秀　1994.5—1998.12
杨希军　1998.12—2005.2
王加静　1998.12—2005.2
焦连春　2005.2—2008.6
张建中　2005.2—2009.6
董合泉　2008.6—
王惠超　2009.6—

监事长（总稽核）：
杨希军　1998.1—1998.12

王成军　1998.12—2007.2
华　林　2008.6—

中国邮政储蓄银行禹城市支行

行　长：刘建春　2008.2—2010.8
丁建华　2010.8—
副行长：李文军　2008.2—

中国人民财产保险股份有限公司禹城支公司

1996年3月实行财产、寿险分业经营。

经　理：赵书学　1989.3—1991.5
韩东石　1991.6—2000.11
王清毅　2000.11—2001.8
王新亭　2001.8—2004.2
王　平　2004.2—
副经理：赵树学　1984.3—1989.2
韩东石　1985.5—1991.5
王吉兰　1991.6—1996.4
王新生　1995.10—1996.4
王清毅　1996.4—2000.11
王清毅　2001.8—2007.12
王世华　1998.3—
王　平　1998.4—2004.2
赵　义　2001.9—2004.3
李宗洪　2004.3—2006.9
王世洪　2008.5—
王普刚　2008.5—

中国人寿禹城支公司

经　理：王吉兰　1996.3—1997.11
刘玉民　1997.11—2000.3
王立军　2000.3—2002.12
郑世春　2002.12—2003.12
陈忠明　2003.12—2006.12
崔金浦　2006.12—
副经理：王新生　1996.3—2001.8
王立军　2002.12—2006.12
王吉文　2000.3—2005.12
崔金浦　2002.1—2003.12
崔金浦　2005.12—2006.12
张世祥　2004.12—
李圣军　2008.5—
孙长星　2008.5—2009.10

第三节　其他机构

中科院禹城试验站

站　长：欧阳竺　1983.9—
副站长：朱　农　2000.1—2006
于　强　—2002.12
罗　毅　2003.1—2008.12
刘恩民　2005.12—2010.12
李发东　2010.12—

粮转站

站　长：邵俊岭　1998.11—2010.6
曹文赞　2010.6—
副站长：孙维金　1998.11—2006.3
赵如喜　2006.3—

棉转站

书记、经理：
户顺臣　1990.12—1994.3
刘　振　1994.3—
副经理：李在勤　—1990.12
李道文　—1986.5
户顺臣　1986.6—1990.12
焦维理　1986.12—2008.12
刘　振　1990.12—1994.1
程远亮　1992.1—1996.12
董汝山　1994.1—1999.7
司廷辉　1996.1—2009.12
王维吉　1997.1—
许国安　2000.4—2005.7
董光文　2000.4—2002.7
孟凡顺　2000.4—2002.7
从建国　2000.4—
张　鹏　2003.12—
薛同刚　2009.3—

火车站

站　长：沈庆修　1988—2003.2
陈海翔　2003.2—2003.12
曲金利　2003.12—2008.2
孟庆山　2008.2—2009.11
太清伟　2009.11—

书　记：朱方荣　2000.6—

副站长：白　健　1998.12—
辛　诚　2001.8—2004.8
张正江　2004.8—
梁　杰　2006.2—2007.1

石油分公司

经　理：邵文杰　1997.5—2008.4
赵玉峰　2008.4—

副经理：路向阳　1997.5—2003.4
房若军　1997.5—2003.4
王德志　2003.5—2004.1
董云岗　2004.11—2005.5
许士迎　2010.5—2010.10

新华书店

经　理：程丕明　1986.1—1990.12
张占林　1990.12—1997.4
李新文　1997.4—1999.12
尹继明　1999.12—2003.12
秦海燕　2003.12—2004.12
吕明光　2004.12—2010.2
罗建明　2010.2—

副经理：王新华　1986.1—1999.12
陈成峰　1986.1—1999.12
朱子文　1993.12—1997.4
吕明光　2003.12—2004.12
于鲁华　2003.12—2008.6

第三章　高新区、乡镇、街道领导班子

高新区

书　记：王圣华　2001.2—2002.1
宋士忠　2002.1—2004.12
陈永华　2004.11—2007.4
黄金忠　2008.7—2010.4
闫剑波　2010.4—

副书记：徐立国　2001.4—2004.9
宋士忠　2004.12—2007.2
钱　军　2003.12—2004.12
魏登峰　2005.6—2007.12
昝长勇　2006.11—2010.3
吴洪生　2007.2—2010.1
李林祥　2007.12—
王　健　2010.1—

主　任：徐立国　2001.4—2004.9
宋士忠　2004.9—2007.2
闫剑波　2008.7—2010.3
张　磊　2010.3—

副主任：毕传舜　2001.4—2005.6
王长鹏　2001.6—2007.12
李林祥　2001.12—
赵奎利　2002.2—2003.8
魏登峰　2005.6—2007.12
卢燕平　2005.11—
吴洪生　2007.2—2010.1
王连杰　2007.12—
隋守海　2007.12—
王　健　2010.1—
马树芹　2010.4—
王德奎　2010.4—
秦飞龙　2010.3—2010.8
李付光　2010.8—

市中街道

2000年5月，原禹城镇、原廿里堡乡合并，称市中街道。2001年12月，原禹石街道合并，仍称市中街道。

书　记：崔玉华　2000.5—2001.11
王　健　2001.2—2007.2
王宝峰　2007.2—2010.4
陈宪均　2010.4—2010.8
张和田　2010.8—

副书记：王　健　2000.5—2001.12
周振平　2000.5—2002.1
陈　毓　2000.5—2001.5
黄富森　2000.5—2002.1
李新华　2000.5—2004.12
魏登峰　2000.5—2005.6
刘少水　2001.5—2004.12
卢传升　2002.1—2004.12
马秀青　2001.12—2006.11
李希平　2002.1—2004.12
刘锡潜（挂职）2002.1—
李永奎（挂职）2002.1—
李怀泉　2003.12—2004.12
王建国　2004.12—2007.2
齐　强　2004.12—2007.12
王庆杰　2007.12—2010.8
聂立波　2004.12—2007.12
王志华　2007.2—2007.12
李振贵　2007.12—2009.10
安迎新　2007.12—
屠桂英　2010.8—
冯大力　2010.1—

人大工作室主任：
崔玉华　2000.5—2001.12
王　健　2002.1—2004.12
魏登峰　2004.12—2005.6
马秀青　2005.6—2006.11
王庆杰　2006.11—2007.12
冯大力　2007.12—2010.1
赵玉敏　2010.1—

办事处主任：
王　健　2000.5—2001.5
刘少水　2001.5—2004.12
王建国　2004.12—2007.2
王志华　2007.2—2007.12
王庆杰　2007.12—2010.8
安迎新　2010.8—

副主任：孙建臣　2000.5—2002.1
马秀青　2000.5—2001.12
　　　　2004.12—2006.11
冯吉水　2000.5—2004.12
李希平　2000.5—2002.1
秦加福　2000.5—2004.12
薛　平　2000.5—2002.1
李怀泉　2002.1—2003.12
吴昌智　2002.1—2004.12
白庆来　2002.1—2004.12
聂立波　2002.1—2004.12
卢传升　2003.12—2004.12
庞吉民　2004.12—2007.3
冯大力　2004.12—
杨春霞　2004.12—
刘德臣　2004.12—
韩湘俊　2004.12—
陈　莉　2006.11—2010.1
崔仁刚　2006.11—2010.8
赵玉敏　2007.12—2010.1
杨　涛　2010.1—
张士华　2010.1—2010.4

政协联络室主任：
王凤英　2000.5—2002.1
韩　峰　2003.1—

原禹城镇

书　记：杨长岱　1986.1—1987
赵忠新　1987—1989.3

许志勇　1989.3—1990.1
张希英　1990.1—1993.1
李文勇　1993.1—1995.2
周兴勇　1993.1—
马秀华　1990.1—1995.9
杨　军　1995.4—1998.2
崔玉华　1998.2—2001.2
王　健　2001.2—

副书记：李文勇　1990.1—1993.1
纪淑华　1995.12—1998.2
李克通　1995.12—1998.2
齐长平　1998.2—1998.12
王　健　1998.12—2001.2
周振平　1995.9—1998.2
张友田　1995.9—1998.2
黄富森　1998.2—2000.5
冯国俊　1994.2—
李新华　1998.2—2000.5
刘锡潜（挂职）1997.1—

人大主席团主席：
程吉远　1986—1993
姜克金　1993—1998.12
周振平　1998.12—2000.5

镇　长：孙俊友　1986—1990
李文勇　1990—1993.1
周兴勇　1993.1—1995.12
纪淑华　1995.12—1998.2
齐长平　1998.2—1998.12
王　健　1998.12—2000.5
刘少水　2000.5—2004.12
王建国　2004.12—2000.5

副镇长：黄富森　1986.1—1998.2
李新华　1995.9—1998.2
孙建臣　1995.9—2000.5
李希平　1998.2—2000.5
薛　平　1998.2—2000.5

政协联络室主任：
魏金锋　1986—1995
李克通　1995.12—1998.2
周振平　1998.2—1998.12
王凤英　1998.12—2000.5

原石屯乡

书　记：赵光起　1984.3—1986.6
李永堂　1986.6—1990.1
齐玉成　1990.2—1991.2
祝书明　1991.3—1993.1
杨　军　1993.1—1995.4
刘殿亮　1995.4—1998.1
纪淑华　1998.2—2000.5

副书记：耿华清　1984.7—1986.1
骆兴春　1986.1—1991.3
于汝洋　1984.1—1987.1
陈安杰　1986.6—1989.12
杨业德　1989.4—1994.2
王玉华　1989.4—1990.2
杨　军　1991.3—1993.1
刘殿亮　1990.2—1995.4
岳彩龙　1993.1—1995.12
刘东顺　1994.2—1998.2
刘忠孝　1990.2—1997.12
苏洪杰　1995.12—1997.2
马希增　1995.12—2000.5
李永奎　1986.1—2000.5
卢传升　1998.2—2000.5
张玉武　1998.2—2000.5

人大主席团主席：
杨业德　1989.4—1994.2
刘忠孝　1994.2—1998.2
马希增　1998.2—2000.5

乡　长：耿华清　1984.7—1987.6
骆兴春　1987.6—1991.3
杨　军　1991.3—1993.1
刘殿亮　1993.1—1995.4
刘东顺　1995.4—1998.2

苏洪杰　1998.2—2000.5

副乡长：高帮玺　1984.1—1990.1

姜兴海　1984.3—1987.1

李宗明　1984.3—1986.1

高富泉　1984.1—1987.1

孙曰平　1987.1—1993.1

苏洪杰　1989.4—1995.12

陈立忠　1989.4—1990.1

孟凡荣　1990.1—1998.2

吴昌智　1993.1—2000.5

张光臣　1993.1—1996.1

张玉武　1995.12—1998.2

白庆来　1995.12—2000.5

韩绍庆　1998.2—2000.5

王来明　1998.2—2000.5

政协联络室主任：

孙曰平　1993.1—2000.5

原禹石街道

书　记：纪淑华　2000.5—2003.1

副书记：苏洪杰　2000.5—2001.12

马希增　2000.5—2001.12

卢传升　2000.5—2001.12

张玉武　2000.5—2001.12

李振海　2000.6—2001.12

人大工作室主任：

纪淑华　2000.10—2003.1

主　任：苏洪杰　2000.5—2001.12

副主任：武昌智　2000.5—20001.12

白庆来　2000.5—2001.12

韩绍庆　2000.5—2001.12

王来明　2000.5—2001.12

政协联络室主任：

孙曰平　2000.5—2001.12

原廿里堡乡

书　记：王永臣　1986.1—1987.3

宣兆礼　1987.3—1989.3

杨富先　1989.3—1992.2

崔藏明　1992.2—1994.8

姚树生　1994.8—1998.12

刘宗合　1998.12—2000.5

副书记：牛长坤　1984.3—1987.3

杨富先　1987.3—1992.2

刘殿亮　—1990.1

董孝来　1980.1—1984.8

崔藏明　1989.3—1992.2

李桂萍　1991.2—1998.12

肖建国　1989.5—1992.2

贺立祥　1991.3—1998.2

王在德　1990.5—1989.5

冯长田　1990.2—1998.3

邵俊华　1993.9—1994.8

李绪国　1989.7—1990.4

冯自杰　1992.12—1995.12

陈　毓　1998.2—2000.5

陈文军　1994.8—1998.12

魏登峰　1998.12—2000.5

人大主席团主席：

魏金锋　1989.3—1990.2

刘长才　1990.2—1992.2

孟庆明　1992.2—1993.9

邵俊华　1993.9—1996.2

贺立祥　1996.2—1998.2

陈文军　1998.2—1998.12

陈　毓　1998.12—2000.5

乡　长：杨富先　1987.3—1989.3

崔藏明　1989.3—1992.2

姚树生　1992.2—1994.8

邵俊华　1994.8—1996.1

孙明玉　1996.1—2000.5

副乡长：位华胜　1984.5—1987.3.

魏金峰　1984.3—1990.4

李桂萍　1986.4—1991.2

高延华　1993.1—1994.2

李金池　—1992.12

孟庆明　1991.2—
冯自杰　1991.2—1992.12
张洪山　1993.1—1994.2
刘宝泉　1994.2—1998.2
房桂莲　1998.2—1998.12
冯吉水　1997.1—2000.5
马秀青　1998.12—2000.5
秦加福　1998.2—2000.5

政协联络室主任：

崔藏明　1990.2—1992.2
李金池　1992.2—1998.12

房寺镇

2000年5月，原大程乡、善集乡并入，称房寺镇。

书　记：崔洪臣　1984.11—1990.1
孟凡典　1990.1—1992.3
杨同军　1992.3—1995.5
崔玉华　1995.5—1998.2
周同恩　1998.2—2007.2
李守学　2007.2—2010.4
王志华　2010.4—

副书记：刘太岭　1984.4—1987.2
王成德　1987.2—1989.2
崔藏明　1987.2—1989.2
孙行起　1989.3—1995.12
吴元奎　1989.5—1992.12
司廷礼　1990.1—1998.2
崔玉华　1990.1—1995.5
郭宝田　1990.4—1993.2
赵忠祥　1993.2—1995.12
高延华　1995.12—1998.12
张　勇　1995.12—1998.2
周同恩　1995.12—1998.2
张友田　1998.2—2001.5
张玉柱　1998.2—2002.1
万铁民　1998.2—2002.1
刘德义　2000.5—2002.1
徐正利　2000.5—2004.12
马少强　2002.1—2007.12
李秀双　2002.1—2007.2
邵元洪　2002.1—
田金荣　2002.1—2004.12
崔凤云　2004.12—2006.11
冯仁洪　2004.12—2006.11
赵学勇　2004.12—2006.11
丁　强　2003.12—2004.12
庞吉民　2007.3—2010.4
王立彬　2010.4—

人大主席团主席：

刘克山　1987.3—1993.2
孙行起　1993.3—1995.12
司廷礼　1995.12—1998.2
万铁民　1998.2—2000.5
刘忠立　2000.5—2002.1
周同恩　2002.1—2004.12
李秀双　2004.12—2006.11
邵元洪　2006.11—2007.12
刘建辉　2007.12—2010.1
王国洪　2010.1—

镇　长：王成德　1984.11—1989.5
孟凡典　1989.5—1990.2
吴元奎　1990.2—1992.12
崔玉华　1993.2—1995.5
周同恩　1995.12—1998.2
张友田　1998.2—2001.5
徐正利　2001.5—2004.12
马少强　2004.12—2007.12
邵元洪　2007.12—

副镇长：司廷礼　1984.5—1990.2
刘克山　1984.5—1987.2
郭殿江　1984.11—1987.2
杨玉莲　1987.2—1994.2
孙行起　1987.2—1989.6
赵本富　1987.2—1993.2

冯国俊　1989.5—1994.2
齐振利　1990.3—1992.12
刘玉华　1990.2—1993.2
王淑兰　1993.2—1995.12
高延华　1994.2—1995.12
安树才　1994.1—1995.12
张玉柱　1995.12—1998.2
王俊利　1995.12—1998.2
秦　栋　1998.2—2002.1
马少强　1993.12—2004.12
赵学勇　2006.11—2007.3
李秀双　1998.2—2002.1
邵元洪　2000.5—2002.1
田金荣　1998.12—2002.1
訾丙军　2000.5—2003.12
冯仁洪　1998.12—2004.12
王庆杰　2002.1—2004.12
马淑芹　2002.1—2004.12
路克进　2004.12—2007.11
刘建辉　2004.12—2007.12
王国洪　2004.12—2010.1
王　勇　2004.12—
李清建　2006.12—
贾吉波　2010.1—

政协联络室主任：
马元哲　1995.12—2002.1
王立彬　2010.4—

原大程乡

书　记：孙德收　1984.5—1987.3
王立富　1987.3—1990.2
杨洪先　1990.2—1992.12
邵清泽　1992.12—1998.2
李春厚　1998.2—2000.5

副书记：王宗芳　1976—1987.3
王吉昌　1985.6—1989.1
韩廷起　1984.3—1988.3
杨洪先　1989.1—1990.2
杨元海　1988.3—1991.1
于汝洋　1988.7—1991.1
周兴勇　1989.6—1989.11
纪　北　1989.5—1992.12
杨创礼　1990.1—1991.2
邵清泽　1991.2—1992.12
齐长平　1991.3—1998.2
姚树生　1990.2—1992.2
王得林　1990.2—1992.11
赵奎录　1992.12—1995.12
孟庆敏　1992.11—2000.5
高　峰　1994.8—1997.7
王新花　1995.12—2000.5
焦连坤　1997.10—1999.1
徐正利　1998.2—2000.5
张荣福　1998.2—2000.5

人大主席团主席：
张殿新　1987.3—1992.12
刘忠利　1992.12—2000.5

乡　长：王吉昌　1985.6—1989.1
杨洪先　1989.1—1990.2
杨创礼　1990.2—1991.2
邵清泽　1991.2—1992.12
赵奎录　1992.12—1995.12
齐长平　1995.12—1998.2
孟庆敏　1998.2—2000.5

副乡长：张殿新　1984.3—1987.3
刘忠利　1981.1—1992.12
于冠文　1984.3—1991.1
邱桂卿　1987.3—1991.1
杨然起　1989.5—1992.12
孙宝江　1989.5—1991.5
潘付祥　1991.3—1995.12
李延生　1990.2—1992.12
宋世忠　1992.3—1993.4
王新花　1992.12—1995.12
徐正利　1994.2—1998.2

陈　毓　1995.12—1998.2
邵元洪　1995.12—2000.5
马玉贞　1998.2—2000.5
王长鹏　1998.2—2000.5
吴凤军　1998.2—2000.5

政协联络室主任：
程金谋　1992.12—1998.2
王新花　1999.1—2000.5

原善集乡

书　记：姚洪顺　1984.8—1985.8
刘恒修　1985.8—1987.6
耿华清　1987.6—1990.2
祝书明　1990.2—1991.2
高富全　1991.2—1998.2
王明喜　1998.2—2000.5

副书记：应在湖　1984.4—1987.3
李法祥　1984.4—1990.3
王光水　1987.7—1988.8
郭大志　1988.8—1989.7
祝书明　1989.7—1990.2
高富全　1989.7—1991.2
郭　辉　1989.3—1991.3
朱胜岭　1990.4—1992.12
郭殿江　1991.2—1992.12
徐学奎　1991.3—1994.2
吴元奎　1992.12—1994.2
王明喜　1993.2—1994.2
杨廷双　1994.2—1998.2
高志银　1994.2—2000.5
张志华　1994.2—2000.5
刘德义　1995.12—2000.5
万铁民　1995.12—1998.2
李克通　1998.2—2000.5
李振海　1998.2—2000.5

人大主席团主席：
王永琪　—1998.2
刘德义　1998.2—2000.5

乡　长：应在湖　1984.8—1987.4
王光水　1987.5—1988.8
郭大志　1988.8—1989.7
祝书明　1989.7—1990.2
高富全　1990.2—1991.2
郭殿江　1991.2—1992.12
吴元奎　1992.12—1994.2
杨廷双　1994.2—1998.2
李克通　1998.2—2000.5

副乡长：齐元德　1984.8—1990
戎明海　1986.2—1992.12
朱胜岭　1984—1990.4
陈凤国　1990.4—1992
张志华　1991.2—1994.2
黄富森　1994.2—2000.5
李振海　1994.2—1998.2
马秀青　1995.12—1998.4
崔发元　1995.12—2000.5
孙　毅　1998.2—2000.5
程晓东　1998.12—2000.5
訾丙军　1998.12—2000.5

政协联络室主任：
于冠文　—1998.2

辛店镇

2000年5月，原张集乡并入，称辛店镇。

书　记：耿华清　1985.6—1987.7
贾洪义　1987.7—1989.9
武兆顺　1989.9—1993.1
王　培　1993.1—1995.12
陈炳新　1995.12—2000.5
岳彩龙　2000.5—2002.1
张志芳　2002.1—2003.1
陈璞翌　2003.1—2007.12
张和田　2007.12—2010.8
聂立波　2010.8—

副书记：贾洪义　1984.4—1987.7
张吉泉　1985.6—1990.11

应在湖　1987.4—1990.11
邱贵卿　1990.1—1992.12
岳彩龙　1991.4—1992.12
刘守奎　1992.11—1994.3
王德林　1993.1—1997.1
杨廷双　1993.1—1994.3
刘东顺　1993.1—1994.1
陈炳新　1994.3—1995.12
董安杰　1994.1—1997.1
曹　净　1995.12—2000.5
陈璞翌　1995.12—2003.2
王建国　2003.12—2004.12
邵传斌　2004.12—2007.2
聂立波　2007.12—2010.8
赵领章　1997.1—2004.12
张志芳　2000.5—2002.1
王立波　2000.5—2001.5
高长山　2000.5—2002.1
张广臣　2002.1—2003.12
钱　军　2001.12—2003.12
张和田　2003.12—2007.12
丁　强　2007.3—2009.10
王清华　2010.1—2010.4
曹仁宝　2004.12—2006.11
王　涛　2010.8—
窦黎明　2010.4—

人大主席团主席：

崔藏顺　1990.4—1999.1
陈璞翌　1999.1—2000.5
李金茂　2000.5—2002.1
张志芳　2002.1—2003.1
陈璞翌　2003.2—2004.12
邵传斌　2004.12—2006.11
丁　强　2006.11—2007.3
王清华　2007.3—2010.4
王吉新　2010.1—

镇　长：贾洪义　1984.4—1987.7
应在湖　1987.7—1990.11
张吉泉　1990.11—1992.11
刘守奎　1992.11—1994.3
陈炳新　1994.3—1995.12
曹　净　1995.12—2000.5
张志芳　2000.5—2002.1
陈璞翌　2002.1—2003.3
王建国　2003.2—2004.12
张和田　2004.12—2007.12
聂立波　2007.12—2010.8
王　涛　2010.8—

副镇长：方景德　1984.4—1990.4
刘长才　1984.4—1987.4
赵吉升　1984.4—1987.4
崔藏顺　1987.4—1990.4
郭秀英　1987.4—1989.10
刘少水　1990.4—1995.12
刘长河　1990.4—1995.12
刘东顺　1989.10—1990.4
李士康　1991.4—1993.1
毕俊英　1993.1—1996.12
崔兴田　1995.12—2002.1
邵传斌　1995.12—1997.1
谢建国　1997.1—2004.12
王乃东　2000.5—2002.1
钱　军　1999.7—2002.1
段明恩　2000.5—2002.1
程晓东　2000.5—2003.12
王永安　2000.5—2004.12
王清华　2002.1—2004.12
　　　　2006.11—2007.3
丁　强　2004.12—2006.11
孙　毅　2004.12—2006.11
孙炳庆　2004.12—2007.11
王明安　2004.12—
王吉新　2004.12—
贾海英　2006.11—

李士勇　2006.11—2007.12
李成强　2008.1—

政协联络室主任：
刘长才　　　　　—1990.3
刘守芳　1990.3—1999.1
陈绍金　1999.1—

原张集乡

书　记：张洪宝　1984.4—1987.3
徐吉德　1987.3—1989.2
王吉昌　1989.2—1992.2
董玉深　1992.2—1995.12
赵奎禄　1995.12—2000.5

副书记：秦岭翠　　　　　—1986.8
李玉华　1982.10—1988.1
秦吉德　1985.3—1987.3
李秀堂　1987.3—1988.3
周孝平　1986.6—1987.3
司志荣　1988.3—1991.1
王在德　1989.5—2000.5
董玉深　1988.3—1992.2
高桂明　1990.2—1994.2
曹　诤　1992.12—1995.12
刘宗合　1990.4—1992.2
李金茂　1991.4—1995.12
卢清平　1995.12—2000.5
王立波　1995.12—2000.5
王明喜　1994.2—1998.2
张志芳　1998.2—2000.5
陈宪钧　1999.1—2000.5

人大主席团主席：
赵吉升　1993.1—1995.12
王立波　1995.12—2000.5

乡　长：秦岭翠　　　　　—1986.3
周孝平　1986.6—1987.3
李秀堂　1987.3—1988.3
司志荣　1988.3—1991.1
董玉深　1990.3—1992.12
高桂明　1992.12—1994.2
王明喜　1994.2—1998.2
张志芳　1998.2—2000.5

副乡长：邵清泽　　　　　—1986.8
冯宝禄　　　　　—1987.3
徐吉德　　　　　—1987.3
杨茂德　1985.3—2000.5
高桂明　1985.3—1992.2
赵吉升　1987.5—1992.12
张金华　1990.2—1993.1
刘明荣　1991.3—1995.12
张秀坤　1993.1—1998.2
曹　诤　1989.6—1992.12
张荣福　1995.12—2000.5
王永安　1995.12—2000.5
段明恩　1998.2—2000.5
姜光辉　1997.12—2000.5

政协联络室主任：
冯宝录　　　　　—1990.3
秦振香　1990.3—1999.1
卢清平　1999.1—2000.5

梁家镇

2000年5月来凤乡并入，称梁家镇。

书　记：李成恩　1984.4—1986.2
许志勇　1986.2—1989.2
刘宗生　1989.2—1990.2
范相水　1990.2—1992.12
刘永才　1992.12—1998.2
岳彩龙　1998.2—2000.5
刘东顺　2000.5—2001.5
韩廷岭　2001.5—2004.12
王新花　2004.12—2007.12
张秀坤　2007.12—2010.4
于　浩　2010.4—2010.8
钱　军　2010.8—

副书记：陈安杰　1984.4—1986.6
王传祥　1986.7—1988.6

刘荣元　1988.6—1990.12
高志银　1989.4—1994.3
刘守奎　1990.3—1992.4
王汝森　1992.4—1995.12
吴学岭　1990.2—1992.12
冯希东　1990.2—1995.12
房加村　1994.3—1998.12
孙洪金　1994.3—2002.1
岳彩龙　1995.12—1998.2
张维进　1995.12—1998.12
张曰平　1998.12—2004.12
张广臣　1998.12—2002.1
张　勇　1998.2—2000.5
王宝峰　2000.5—2001.5
李玉龙　2000.5—2001.5
张团业　2000.5—2002.1
王新花　2001.5—2004.12
尚振国　2002.1—2003.12
魏德顺　2003.12—2004.12
周　蕾　2005.5—2006.11
贾克水　2003.12—2006.11
李怀泉　2004.12—2007.12
戚爱民　2004.12—2006.11
白庆来　2004.12—2006.11
崔珠琳　2006.11—
杨迎忠　2007.12—2010.4
冯小强　2010.4—

人大主席团主席：
吴学龄　1993.1—2002.1
韩廷岭　2002.1—2004.12
贾克水　2004.12—2006.11
杨迎忠　2006.11—2007.12
冯小强　2007.12—2010.4
李　燕　2010.4—

镇　长： 李若甲　1984.4—1986.6
聂秀海　1986.6—1989.1
刘宗生　1989.1—1989.4
范相水　1989.4—1990.4
刘守奎　1990.4—1992.4
王汝森　1992.4—1995.12
岳彩龙　1995.12—1998.2
张　勇　1998.2—2000.5
王宝峰　2000.5—2001.5
王新花　2001.5—2004.12
李怀泉　2004.12—2007.12
崔珠琳　2007.12—

副镇长： 范相水　1984.4—1989.4
李玉仁　1983.4—1986.4
刘守奎　1986.4—1990.4
李洪文　1990.4—1993.6
刘宪礼　1989.10—1993.6
邢生奎　1989.10—1993.1
董安杰　1990.8—1994.1
于秀英　1993.1—1994.2
张维进　1993.1—1995.12
张广臣　1995.2—1998.2
张志芳　1994.2—1998.2
郑庆前　1995.12—2002.1
田俊峰　2000.5—2002.1
周　蕾　1998.2—2006.11
卢长宾　2000.5—2002.1
尚振国　1998.12—2002.1
贾克水　2001.3—2003.12
陈　霞　2002.1—2004.12
孙清艳　2002.1—2007.11
杨迎忠　2002.1—2004.12
张曰平　2003.12—2004.12
崔法连　2004.12—2007.11
冯小强　2004.12—2007.12
贾会利　2007.12—
吴淮河　2006.11—2007.11
毛成伟　2007.12—
王建军　2007.12—

政协联络室主任：

刘宪礼　1992.12—1998.12
孙洪金　1998.12—2002.1
张金华　1998.2—2002.1

原来凤乡

书　记：孙成传　1975.8—1986.6
刘长丰　1986.6—1988.1
李玉华　1988.1—1994.8
郭殿江　1994.8—1998.2
张清汉　1998.2—2000.5

副书记：马东来　1985.3—1986.8
刘永才　1985.8—1986.9
杨希红　1986.12—1988.10
王桂才　1984.4—1987.1
冯长田　1989.4—1990.2
韩佩利　1989.4—1990.2
郭殿江　1992.12—1994.8
张文才　1988.10—1991.4
李堂福　1991.2—1994.2
孙明玉　1991.4—1995.12
张清汉　1994.8—1998.2
李红霞　1994.2—1998.2
崔文才　1995.12—1998.12
王宝峰　1998.2—2000.5
李玉龙　1998.12—2000.5
张团业　1998.12—2000.5

人大主席团主席：
冯宝录　1989—1992.12
李堂福　1993.2—1994.2
李金茂　1995.12—2000.5

乡　长：马东来　1985.3—1986.8
刘永才　1986.9—1992.12
郭殿江　1992.12—1994.8
张清汉　1994.8—1998.2
王宝峰　1998.2—2000.5

副乡长：袁汉顺　1984—1987
崔藏顺　1985.10—1987.10
邵清泽　1986.8—1990
李堂福　1984.4—1991.2
孙成林　1989.4—1993.1
吴洪升　1989.4—1992.12
李红霞　1993.1—1994.2
崔文才　—1993.1
刘保泉　1991.4—1993.12
肖维义　1994.3—
张金华　1994.1—1998.2
尚恒义　1994.3—1995.12
田俊峰　1996.1—2000.5
李玉龙　1995.12—1998.2
张元星　1998.2—2000.5
卢长宾　1998.12—2000.5

政协联络室主任：
李堂福　1992.12—1995.12
崔文才　1995.12—1998.12
张金华　1998.12—2000.5

伦　镇

2000年5月袁营乡并入。

书　记：李光德　1984.1—1989.5
贾桂凤　1989.5—1991.1
沈乃云　1991.1—1995.12
马秀华　1995.12—1998.12
宋士忠　1998.12—2002.2
吴洪生　2002.2—2007.2
王立波　2007.2—2007.12
王志华　2007.12—2010.4
田金荣　2010.4—

副书记：王　培　1985.8—1989.2
于汝洋　—1988.7
贾桂凤　1987.7—1989.5
杨统宝　1988.7—1992.2
沈乃云　1989.2—1990.3
刘洪章　1989.5—1996.1
陈炳新　1989.7—1994.2
王　群　1990.3—1994.2
崔兆杰　1990.3—1992.12

纪方闻　1991.3—1992.12
肖建国　1992.2—1994.2
马秀华　1994.2—1995.10
冯长田　1994.2—1998.2
宋士忠　1995.12—1998.12
宋忠远　1994.7—2001.11
张志华　1995.12—1998.2
孟庆芬　1998.2—2001.11
刘宝泉　1998.2—2001.11
焦连坤　2000.5—2001.11
李好文　2001.11—2003.12
尚振国　2003.12—2004.12
冯仁周　2001.11—2004.12
张继连　2003.12—2006.11
王馥云　2004.11—2006.11
王晓华　2004.11—2006.11
田金荣　2004.12—2010.4
王清华　2010.4—
赵学勇　2007.3—

人大主席团主席：

耿润芝　1990.2—1992.12
陈炳新　1992.12—1994.2
张明远　1994.2—1995.12
刘洪章　1995.12—2002.1
吴洪生　2002.1—2004.12
田金荣　2004.12—2006.11
张继连　2006.11—

镇　长：祝书忠　1984.1—1987.12
王　培　1986.7—1989.2
沈乃云　1989.2—1990.3
杨统宝　1990.3—1992.2
肖建国　1992.2—1994.2
马秀华　1994.2—1995.12
宋士忠　1995.12—1998.12
韩廷岭　1998.12—2001.5
吴洪生　2001.5—2002.1
王立波　2002.1—2004.12
陈宪钧　2004.12—2007.2
田金荣　2007.2—2010.4
王清华　2010.4—

副镇长：耿润芝　1984.3—1990.2
孟庆林　1985.2—1987.5
李茂青　1986.7—1987.5
田汝勤　1987.3—1992.12
沈乃云　1987.5—1989.2
王　群　1989.5—1990.3
张明远　1989.7—1992.12
田汝生　1989.7—1995.12
张东汉　1991.7—1992.12
赵领章　1993.1—1995.12
孟庆芬　1993.1—1998.2
李好文　1994.2—2002.1
尚付友　1996.1—1998.12
高汝奇　1998.2—2002.1
张洪才　1998.12—2004.12
段德利　2000.5—2002.1
张继连　2000.5—2003.12
　　　　2004.12—2006.11
王晓华　2000.5—2004.12
王馥云　2002.1—2004.12
刘连昌　2002.1—2010.1
冯仁周　2003.12—2004.12
郭宗才　2004.12—2007.11
唐　忠　2004.12—2007.11
王焕民　2004.12—
温德慧　2007.1—
王德堂　2007.1—

政协联络室主任：

尹化秀　1990.12—1992.12
张明远　1992.12—1998.12
宋忠远　1998.12—2002.1
赵学勇　2007.3—

原袁营乡

书　记：康立金　1982—1988.3

郭兆杰　1988.3—1989.2
王　培　1989.2—1992.11
王圣华　1992.11—1998.2
赵忠祥　1998.2—2000.5
副书记：孟凡典　1985—1986.1
郭兆杰　—1988.3
韩廷岐　1988.3—1994.7
刘春喜　1989.5—
邵俊华　1990.3—
张清汉　1988.3—1994.7
于吉水　1994.7—
赵忠祥　—1998.2
卢思广　1993.1—1998.2
吴洪生　1995.12—1998.12
梁金义　1998.12—2000.5
焦连坤　1998.12—2000.5
人大主席团主席：
吴振水　1990.3—1992.12
李仁友　1993.1—1998.12
张明远　1998.12—2000.5
乡　长：郭兆杰　1985—1988.2
韩廷起　1988.2—1994.7
于吉水　1994.7—1995.11
赵忠祥　1995.12—1998.2
卢思广　1998.2—2000.5
副乡长：刘忠孝　1984.4—1990.3
吴振水　1984.4—1987.5
马希增　1984.4—1990.3
王海明　1987.5—1992.2
李仁友　1990.3—1992.12
李长海　1990.3—1992.12
张秀才　1990.3—1992.12
房加村　1993.1—1994.2
魏德顺　1992.11—1995.11
王秀珍　1992.11—1995.11
段德利　1994.2—2000.5
马少强　1995.12—1998.2
张继连　1998.2—2000.5
王晓华　1998.12—2000.5
昝长勇　1998.12—2000.5
政协联络室主任：
张清汉　1990.3—1993.1
张秀才　1993.1—1995.11
卢思广　1995.11—1998.2
张金禹　1998.2—2000.5

辛寨镇

2000年5月，原前油坊乡并入，称辛寨镇。

书　记：苏玉水　1987.2—1989.2
王成德　1989.2—1992.1
刘云安　1992.1—1994.2
刘金河　1994.2—1998.12
齐长平　1998.12—2003.12
李玉龙　2003.12—2004.12
王宝峰　2004.12—2007.2
陈宪钧　2007.2—2010.4
邵传斌　2010.4—
副书记：贾维荣　—1989.7
孟凡典　1986.1—1989.2
刘云安　1989.7—1992.1
窦江德　1989.2—1990.2
杨统宝　1992.1—1993.2
李清祥　1990.5—1992.12
马成印　1990.3—1992.2
杨瑞峰　1991.1—1995.12
刘金河　1993.2—1994.2
陈秀江　1994.2—1998.12
魏永生　1992.12—1995.12
李美良　1995.12—2001.5
魏德顺　1995.12—2003.12
蔡光永　2000.5—2004.12
张凤君　2000.5—2002.1
孙万永　2000.5—2002.1
李玉龙　2001.5—2003.12
李木合　2002.1—2004.12

于　浩　2003.12—2007.2
李好文　2003.12—2006.11
李振贵　2004.12—2007.12
段明恩　2004.12—2006.11
陈　霞　2007.12—
邵传斌　2007.2—2010.4
杨传斌　2010.4—

人大主席团主席：

窦江德　1990.2—1991.2
冯树柱　1991.2—1992.12
刘凤堂　1992.12—1995.12
韩佩珍　1995.12—2002.1
齐长平　2002.1—2003.12
李玉龙　2003.12—2004.12
李振贵　2004.12—2006.11
陈　霞　2006.11—2007.12
张仁东　2008.1—

乡镇长：贾维荣　1984.2—1989.7
刘云安　1989.7—1992.1
杨统宝　1992.1—1993.2
刘金河　1993.2—1994.2
陈秀江　1994.2—1998.1
李美良　1998.2—2001.5
李玉龙　2001.5—2003.12
于　浩　2003.12—2007.2
邵传斌　2007.2—2010.4
杨传斌　2010.4—

副乡镇长：

刘云安　1987.4—1989.7
杨金德　1984.2—1991.2
马成印　1984.2—1990.2
刘宝丰　1990.5—1993.2
张金岭　1990.2—1991.6
魏永生　1990.5—1992.1
高长山　1991.1—1994.2
李美良　1994.2—1995.12
张法德　1990.3—2002.1
韩佩珍　1993.1—1995.12
王正奎　1995.12—2004.12
高志金　1995.12—1998.12
刘保萍　1998.12—2004.12
昝长勇　2000.5—2002.1
刘保萍　2000.5—2004.12
王俊利　2000.5—2002.1
张云飞　2000.5—2002.1
蔡光永　2003.12—2004.12
段明恩　2002.1—2004.12
张兰平　2002.1—2007.10
李好文　2004.12—2006.11
张新宝　2004.12—2006.12
路付军　2004.12—2007.11
张仁东　2004.12—2007.12
赵成涛　2007.1—
刘兴华　2007.12—
李明霞　2008.1—

政协联络室主任：

朱德义　1990.2—2002.1
陈　霞　2004.12—

原前油坊乡

书　记：顾延富　1987.11—1992.2
王玉华　1992.2—1993.2
杨统宝　1993.2—1998.2
刘东顺　1998.2—2000.5

副书记：刘永才　—1990.2
崔兆杰　—1990.2
陈秀江　1989.5—1991.2
王玉华　1990.2—1992.2
马成印　1992.2—1995.12
付振山　1992.2—1994.2
庞业勤　1990.2—1991.2
赵奎芳　1991.3—1994.2
张承俊　1994.2—1995.12
赵云肖　1992.12—1994.10
高长山　1994.2—2000.5

李法全　1995.12—1998.12
魏永生　1995.12—1998.12
赵雪银（挂职）1995.12—1998.12
解　鹏（挂职）1995.12—1998.12
蔡光永（挂职）1995.12—2000.5
孙万永　1998.2—2000.5
吴洪生　1998.12—2000.5

乡　长：刘永才　1987.11—1990.2
王玉华　1990.2—1992.2
马成印　1992.2—1995.12
李法全　1995.12—1998.12
吴洪生　1998.12—2000.5

副乡长：付振山　1987.11—1990.2
庞业勤　1987.11—1991.2
赵云肖　1987.11—1992.12
卢四平　1989.5—1995.12
马玉贵　1991.3—1992.12
马玉贞　1992.12—1998.2
张云飞　1992.12—2000.5
孙万永　1995.12—1998.2
王海峰（挂职）1995.12—1998.12
庞永兴　1998.2—2000.5
王俊立　1998.02—2000.5

人大主席团主席：
于冠文　1990.2—1991.2
顾延富（兼）　1991.2—1992.12
付振山　1992.12—1995.12
魏永生　1995.12—1998.12
蔡光永　1998.12—2000.5

副主席：冯发起　1990.2—1995.12
张余林　1995.12—1998.2
侯延海　1998.12—2000.5

政协联络室主任：
王玉华　1992.12—1993.2
张洪才　1993.2—1998.12
高长山　1998.12—2000.5

张庄镇

书　记：王宝峰　1984.8—1987.7
苑德信　1987.7—1989.10
马希坤　1989.10—1991.3
应在湖　1991.3—1992.12
武兆顺　1992.12—1995.12
马吉祥　1995.12—2000.5
张清汉　2000.5—2001.5
刘洪贵　2001.5—2004.12
刘　辉　2004.12—2007.11
张秀坤　2007.11—2007.12
马少强　2007.12—

副书记：苏维升　1984.8—1987.7
苑德信　1984.8—1987.7
董孝来　1984.8—1987.7
马希坤　1987.7—1989.10
王贵才　1987.7—1990.3
李秀堂　1988.3—1994.1
刁应训　1990.3—1993.3
纪淑华　1990.3—1992.12
赵奎录　1990.3—1992.12
马吉祥　1994.1—1995.12
王德俊　1993.3—1998.2
刘东顺　1992.12—1995.12
刘德义　1992.12—1995.12
杜秀平　1995.12—1998.12
刘春利　1995.12—1998.2
刘少水　1995.12—1998.2
刘洪贵　1998.2—2000.5
徐立国　1998.12—2001.5
孙成云　1998.2—2002.1
张秀坤　1998.2—2007.11
张　勇　2000.5—2001.5
李守学　2001.5—2003.12
刘　辉　2003.12—2004.12
张荣富　2000.5—2002.1
张洪亮　2002.1—2004.12

程晓东　2003.12—2006.11
于志祥　2004.12—2010.4
王来明　2004.12—2006.11
马树芹　2007.12—2010.3
马树芹　2007.12—2010.3
臧新军　2010.3—
庞吉民　2010.4—

人大主席团主席：
王朝臣　1990.4—1993.1
李成路　1993.1—1998.12
徐立国　1998.12—2001.4
张清汉　2000.10—2001.5
刘洪贵　2002.1—2004.12
于志祥　2004.12—2006.11
马树芹　2006.11—2007.12
臧新军　2007.12—2010.4
宁传民　2010.3—

镇　长：苏维升　1984.5—1987.5
苑德信　1984.8—1987.7
马希坤　1987.7—1989.10
李秀堂　1990.4—1994.2
马吉祥　1994.2—1995.12
杜秀平　1995.12—1998.12
刘洪贵　1998.12—2000.5
张　勇　2000.5—2001.5
李守学　2001.5—2003.12
刘　辉　2003.12—2004.12
张秀坤　2004.12—2007.11
于志祥　2007.11—2010.4
庞吉民　2010.4—

副镇长：吴学龄　1984.5—1990.4
李成路　1984.5—1993.1
杨金洲　1984.5—1990.4
贾维海　1990.4—1993.1
霍林山　1990.4—1993.1
刘德义　1993.1—1994.2
刘春利　1993.1—1995.12
张志芳　—1994.2
于秀英　1994.2—1995.12
孙成云　1994.2—1998.2
高维华　1995.12—2002.1
毕俊英　1995.12—1998.12
冯仁周　1998.2—2002.1
段明君　1998.12—2004.12
崔凤云　1998.12—2004.12
王长鹏　2000.5—2001.6
戚爱民　2002.1—2004.12
崔珠琳　2002.1—2004.12
张和田　2002.1—2003.12
张秀坤　2003.12—2004.12
王来明　2004.12—2006.11
臧新军　2004.12—2007.12
司廷江　2004.12—
宁传民　2004.12—2010.4
陈海良　2004.12—2006.11
刘成铭　2006.11—2007.11
李纯志　2006.12—
尚恒法　2010.4—

政协联络室主任：
司学礼　1990.4—1993.1
贾维海　1993.1—1998.12
马树芹　2007.12—2010.3
臧新军　2010.3—

安仁镇

书　记：齐玉成　1985.10—1990.1
张仁新　1990.3—1995.4
李春厚　1995.4—1998.2
王圣华　1998.2—2000.11
张杰峰　2001.2—2003.12
李守学　2003.12—2007.2
张广臣　2007.2—2009.4
李秀双　2009.4—

副书记：王立富　1978.11—1987.3
齐玉成　1984.4—1985.10

郭延江　1984.4—1987.3
周孝平　1987.4—1990.3
张秀林　1986.1—1989.2
窦江德　1987.7—1989.2
孙　铨　1984.3—1987.10
褚玉东　1980.3—1993.1
宋占岭　1980.3—1992.2
郭殿江　1980.3—1992.2
赵忠祥　1980.3—1992.11
刘宗合　1992.2—1993.11
冯付玉　1992.2—1995.12
李春厚　1992.12—1995.4
高志银　1995.12—1998.12
杨创举　1992.12—1997.3
张杰峰　1998.12—2001.2
冯自杰　1995.12—2002.1
宋述亭　1995.12—2002.1
毕传顺　1997.3—2001.4
王新花　2000.5—2001.5
刘　辉　2001.5—2003.12
张团业　2002.1—2003.12
崔法元　2003.12—2004.12
冯玉珍（挂职）2002.1—2006.12
张广臣　2003.12—2007.2
昝长勇　2002.1—2006.11
李玉华　2004.6—2005.12
杨传彬　2004.12—2006.11
崔珠琳　2004.12—2006.11
李殿江　2004.12—2006.11
周　蕾　2006.11—

人大主席团主席：

陈凤友　1987.3—1992.11
杨创举　1992.11—1997.3
冯自杰　1997.3—2002.1
张杰峰　2002.1—2003.12
李守学　2003.12—2005.1
昝长勇　2005.1—2006.11
杨传彬　2006.12—2010.4
张士华　2010.4—

镇　长：齐玉成　1984.3—1986.1
郭延江　1986.1—1987.3
周孝平　1987.5—1990.3
褚玉东　1990.3—1993.1
李春厚　1993.1—1996.1
高志银　1996.1—1999.1
张杰峰　1999.1—2001.5
刘　辉　2001.5—2003.12
张广臣　2003.12—2007.2
李秀双　2007.2—2009.4
韩　瑞　2009.4—

副镇长：刘清文　—1987.3
诸玉东　1984.3—1990.3
杨创举　1987.3—1993.3
霍殿栋　1987.5—1990.3
周振平　1989.4—1993.11
于凤祥　1989.5—1992.11
赵忠祥　1989.5—1990.3
郑庆山（挂职）1989.5—1990.3
孟凡顺（挂职）1989.5—1990.3
崔　杰　1993.1—1995.12
卢清海　1993.1—1995.12
王士勇　1993.1—1998.12
宋述亭　1993.11—1995.12
毕传顺　1996.1—1997.3
张洪亮　1996.1—2002.1
朱合香（挂职）1996.1—2002.1
孙云凯（挂职）1996.1—2002.1
胡仲元（挂职）1996.1—2002.1
李振贵　1999.1—2002.1
王秀芳　1999.1—2004.12
戚爱民　1999.1—2002.1
吴祖善（挂职）2002.1—2007.12
崔法元　2000.5—2003.12
孙　毅　2000.5—2004.12

郭希峰　2002.1—2004.12
马洪军　2002.1—2010.8
谢登峰　2004.12—2006.12
孙永宏　2004.12—2007.11
赵桂荣　2004.12—2010.1
昝长勇　2003.12—2004.12
杨传彬　2004.12—2006.11
崔仁刚　2010.8—
贾克强　2006.12—
温广辉　2006.11—2007.11
　　　　2010.8—
程木方　2010.7—

政协联络室主任：
马高学　1990.2—1998.1
宋述亭　1999.1—2002.1

十里望回族镇

书　记：马占华　1985.3—1987.3
孙德收　1987.3—1990.1
杨希宏　1990.1—1994.8
崔藏明　1994.8—1995.12
周兴勇　1995.12—2001.5
韩在平　2001.5—2007.2
王建国　2007.2—2010.7
麻　元　2010.7—

副书记：王凤英　1984.4—1987.4
左孟春　1984.4—1990.1
刘荣元　1985.3—1987.3
苏维生　1987.7—1989.2
翟长生　1987.7—1988.6
杨创礼　1988.7—1990.1
李冠峰　1989.5—1992.12
韩汝河　1989.3—1995.12
韩来国　1989.5—1991.2
孟庆敏　1990.2—1992.11
韩佩利　1990.2—1992.12
周兴勇　1990.3—1993.2
金秀芬　1991.1—1998.2
杜秀平　1993.5—1995.12
李清洋　1992.12—1998.2
陈秀江　1993.10—1994.3
马希坤　1985.3—1987.3
张　辉　1994.3—1995.1
柴梅英　1994.3—2002.1
王宝峰　1995.12—1998.2
韩在平　1998.2—2001.5
王吉星　1998.2—2002.1
刘　辉　1998.2—2001.5
卢清平　2001.5—2002.1.
王立波　2001.5—2002.2
孙洪金　2002.1—2004.12
杨然勇　2001.11—2003.12
孙万永　2002.1—2004.12
王来明　2002.1—2004.12
麻　元　2003.12—2006.11
　　　　2007.2—2010.8
王志华　2004.12—2007.2
高继军　2004.6—2005.12
李恒凯　2004.12—2006.11
刘保萍　2004.12—2009.10
秦飞龙　2010.8—
柴立宝　2009.11—

人大主席团主席：
王凤英　1990.4—1998.12
柴梅英　1998.9—2002.1
王志华　2004.12—2006.11
麻　元　2006.11—2007.2
李恒凯　2007.3—

乡　长：左孟春　1984.4—1990.1
韩佩利　1990.1—1992.12
金秀芬　1992.12—1998.2
韩在平　1998.2—2007.2
麻　元　2007.2—

副乡长：杨创礼　1984.4—1988.7
张秀才　1984.4—1990.4

王振东　1984.4—1987.7
韩汝河　1987.3—1992.12
杜秀平　1989.5—1993.5
金秀芬　1988.1—1998.2
陈　毓　1991.5—1994.2
柴梅英　1992.3—1995.12
张玉武　1992.3—1995.12
杨玉连　1994.2—1998.2
王吉星　1995.12—1998.2
李木合　1985.6—2002.1
王建勇　1994.3—2004.12
秦士平　1995.6—2004.12
李恒凯　2002.1—2004.12
　　　　2006.11—2007.2
尚富友　2000.1—2004.12
张元星　2000.1—2002.1
王立波　2001.5—2002.1
程培国　2001.6—2002.1
吴风军　2001.10—2004.12
孙洪金　1993.6—1994.3
　　　　2002.1—2004.12
李兆杰　2003.12—2007.10
于　强　2004.12—2007.11
管学信　2005.5—2007.11
李　燕　2004.12—2010.4
周　军　2004.12—
王志华　2006.11—2007.2
吴淮河　2006.12—
秦飞龙　2010.8—
邢庆生　2006.12—2007.11
　　　　2010.4—
王建军　2006.11—2007.11

政协联络室主任：

韩佩利　—1993.2
戎明海　1993.2—1995.12
李清祥　1996.2—1998.2
王吉星　1999.1—
宋述亭　—2002.1

莒镇乡

书　记：司兴武　1986.2—1989.12
李茂青　1989.12—1992.12
应在湖　1992.12—1994.2
刘守奎　1994.2—1995.12
马成印　1995.12—2000.5
赵忠祥　2000.5—2003.12
陈　毓　2003.12—2007.12
钱　军　2007.12—2010.8
王庆杰　2010.9—

副书记：傅振山　1992.12—1998.3
张国华　1993.12—1998.12
张风君　1987.2—1998.2
刘少水　1998.2—2001.5
陈　毓　2001.5—2003.12
赵方斌　1998.1—2003.12
陈宪军　2000.5—2004.12
高志金　1998.12—2001.12
梁金义　2000.5—2001.12
姜光辉　2002.1—2004.12
訾丙军　2003.12—2010.9
钱　军　2004.12—2007.12
石永强　2004.12—2006.12
张云欣　2004.12—2006.12
屠桂英　2004.12—2006.12
王　涛　2007.12—2010.9
王晓宁　2010.9—

人大主席团主席：

王金元　1992.12—2002.1
赵忠祥　2002.1—2003.12
陈　毓　2003.12—2004.12
訾丙军　2004.12—2006.11
张洪亮　2006.11—2010.4
李振刚　2010.4—

乡　长：李茂青　1986.2—1990.3
马吉祥　1990.3—1994.2

付振山　1994.2—1998.3
刘少水　1998.2—2001.5
陈　毓　2001.5—2003.12
陈宪钧　2003.12—2004.12
钱　军　2004.12—2007.12
王　涛　2007.12—2010.8
訾丙军　2010.9—

副乡长：史云辉　1995.10—2004.12
于秀莲　1992.2—1998.12
赵方斌　1987.2—2003.10
徐立国（挂职）1989.6—1992.6
赵方斌　1991.2—1998.2
姜光辉　2000.5—2002.1
张云欣　1998.2—2004.12
王维富　1998.12—2004.12
武杰凯（挂职）1995.5—1997.5
杨昭军（挂职）1995.5—1997.5
冯永利（挂职）1995.5—1997.5
高汝奇　2002.1—2004.12
李兆杰　2002.1—2003.12
石永强　2004.12—2006.11
刘成明　2004.12—2007.11
张培强　2004.12—
王志杰　2004.12—
李振刚　2004.12—2010.4
王　平　2006.11—2007.11
房若波　2010.4—

政协联络室主任：
王振东　1991.2—2002.1

李屯乡

书　记：梁东广　1985.9—1987.3
姚洪顺　1987.3—1989.9
郭大志　1989.9—1994.2
肖建国　1994.2—1998.2
刘宗合　1998.2—1998.12
杜秀平　1998.12—2000.5
刘洪贵　2000.5—2001.5
王宝峰　2001.5—2004.12
王立波　2004.12—2007.2
于　浩　2007.2—2010.4
于志祥　2010.4—

副书记：王光水　1985.9—1987.3
刘宗生　1985.9—1988.2
杨洪先　1987.3—1988.2
张秀林　1988.1—1989.2
苏维升　1988.2—1990.1
姜成华　1989.2—1990.11
崔玉华　1990.1—1989.12
孟庆林　1988.2—1994.2
杨金德　1990.1—1991.2
王德俊　1991.2—1993.3
王吉合　1991.3—1992.12
欧庆平　1991.3—1992.12
于吉水　1992.12—1993.9
马久彪　1993.2—1995.12
刘宗合　1994.2—1998.2
张洪山　1995.12—2002.1
赵领章　1995.12—1998.2
贺立祥　1998.2—2000.5
吴洪生　2000.5—2001.5
马希增　2001.5—2004.12
尹延辉　1998.2—2002.1
岳清国　1998.12—2007.12
褚殿刚　2002.1—2006.11
李振贵　2003.12—2004.12
张洪亮　2004.12—2006.11
郭希峰　2004.12—2006.11
安迎新　2004.12—2007.12
屠桂英　2006.11—2010.8
齐　强　2007.12—
李　晓　2010.8—

人大主席团主席：
梁东广　1985.9—1987.3
姚洪顺　1987.3—1989.7

张秀林　1989.7—1991.7
许纯杰　1991.7—1994.2
肖建国　1994.2—1998.2
张洪山　1998.2—2000.5
刘洪贵　2000.5—2001.5
王宝峰　2002.1—2004.12
褚殿刚　2004.12—2006.11
屠桂英　2006.11—2007.12
李　晓　2007.12—2010.8
吕秀军　2010.8—

乡　长：王光水　1985.9—1987.3
刘宗生　1987.3—1988.2
苏维生　1988.2—1989.12
孟庆林　1989.12—1994.2
刘宗合　1994.2—1998.2
贺立祥　1998.2—2000.5
吴洪生　2000.5—2001.5
马希增　2001.5—2004.12
岳清国　2004.12—2007.12
齐　强　2007.12—

副乡长：庞吉温　1982.1—1990.4
张会来　1983.2—1990.4
孟庆林　1987.5—1989.12
王德俊　1989.5—1991.2
高汝庆　1989.5—1995.12
司建华　1990.4—1990.12
张红润　1991.3—1992.12
于吉水　1991.2—1992.12
李美良　1993.1—1994.2
尹延辉　1993.1—1998.2
李延生　1994.2—1995.12
崔冬梅　1995.12—2001.6
韩在平　1995.12—1998.2
李法宝　1998.2—2004.12
崔东梅　1998.2—2002.1
褚殿刚　1998.2—2002.1
庞永兴　2000.5—2002.1
梁振林　1999.3—2002.1
李振贵　2002.1—2003.12
秦加祥　2002.1—2004.12
李殿江　2002.1—2004.12
安迎新　2002.1—2004.12
李　晓　2004.12—2007.12
贾秀青　2004.12—2007.11
马相勇　2004.12—2006.11
金　宝　2004.12—2010.1
刘兴华　2006.11—2007.11
路付军　2007.11—
吕秀军　2007.12—2010.8
贾继广　2010.1—
马玉朋　2010.8—

政协联络室主任：
郭大志　1989.7—1994.2
尹延辉　1998.2—2000.5

人物

禹城自古以来人杰地灵，英才辈出。古往今来，在这片土地上，禹城人民用勤劳朴实、可歌可泣的事迹铸就着不平凡的历史。回眸历史，我们应铭记无数先辈的英明之举和丰功伟绩、缅怀他们的精神和风范。让我们共同来领略这些先辈的魅力与风采，见证他们在禹城历史中做出的伟大贡献。

此次编修任务传略收录《禹城县志》（1995 年版）已载历史人物 53 人，继前志载入人物 13 人，共计 66 人。人物简介收录 57 人，挂职干部收录 203 人，各级劳动模范、全国劳动模范人物 3 人，全国五一劳奖章获得者 4 人，山东省劳动模范 25 人，山东省富民劳动奖章 16 人。

一、人物传略

韩锡胙（？—？） 浙江省青田县人。出身贫寒，天资颖悟。少年在寺庙跟僧人读书，僧人供他吃穿。他中举后，于清乾隆十四年（1749 年）冬，到禹城任知县。

韩锡胙尤重水利建设。他到任禹城不久，了解到县境内有很多洼地，雨季，积水排不出，即涝，长期影响农业收成。韩锡胙说："皇上治大河，郡县也应治小河。乡民早就请官疏浚，先任官曾以水大不能勘测，或以邻县不统一行动不能疏，疏也不能畅等。这样年复一年，推托下去，何时为止？"随即，他亲历水区，勘察地势，测量水道，绘制图形，计划开沟挖渠亩数，渠起止何处，都进行了周密设计。农闲季节令乡民挖沟筑堤，连续五年，先后开挖疏浚了六条河渠：城北顺水土河（今土马河），城西小简河（今韩寨沟），城东南不忍渠，城东东趋沟，城南部辛寨附近南河、北河。从此使大片洼地免受涝灾威胁，受后人称赞。

杨绪考（1866—1899） 字心诚，又名杨照顺、杨绪露、杨顺天，亦称杨天顺，法号本名。山东义和团著名首领。山东省高唐县后杨庄人。生在贫苦农民家庭，幼年体弱多疾，寄养在梁庄（今李屯乡）外祖母家。日久，外祖母亦无力抚养，将其送到丁家寺（今李屯乡丁寺村）出家为僧。后去齐河县五龙寺（今禹城县），曾到济南张仙祠受戒，成为戒和尚。杨绪考因乳名"鹅"，人称"鹅和尚"；因头功硬，"铜头和尚"。

清光绪二十一年（1895 年），甲午战争后，杨绪考回丁家寺当主持僧。外教"洋人"与当地豪绅相互勾结，凌侮百姓，杨绪考异常愤慨，决计为民除孽。遂在丁家寺成立大刀会，自认首领，打出"杨顺天"旗号，招纳乡民，习练神拳，号召人民打"洋人"。

清光绪二十四年（1898 年），杨绪考先后交结齐河、茌平、高唐、平原义和拳首领朱红灯、王立言、刘太清，于清水等人，秘密策划联合灭"洋"大计。同年成立义和拳，杨绪考为首领。提出"替天行道，为民除暴"口号，积蓄力量准备开展反侵略斗争。

清光绪二十五年二月（1899 年 3 月）齐河、禹城、高唐、茌平、博平、长清、平原等县义和拳首领在丁家寺聚会，推举朱红灯、杨绪考为义和拳总首领，各地义和拳联为一体，义和拳如虎添翼，树起"天下义和拳"旗帜，决定扩大武装，在山东开展斗争。同年 4 月，改天下义和拳为"义和团"，由秘密活动变为公开斗争。继之，杨绪考在丁家寺新甸祠点兵点将，亲率义和团众攻打茌平、博平等县教堂，接连获胜，打开鲁西北反侵略斗争的局面。11 月 6 日，杨绪考挥师攻打禹城县苗家林"洋"教，烧毁教堂，严惩作恶多端教民 118 人，没收其财产，一部分分给贫苦乡民，其余留作义和团扩充力量，威震鲁北。11 月 11 日，杨绪考与朱红灯率队攻打茌平县张官屯，活捉了恶教主王观杰，为民除害，当众亮拳庆功。揭露帝国主义侵略行径，义和团威震乡里。不久，杨绪考偕同朱红灯率高唐、茌平、长清、禹城、齐河等地义和团骨干力量，北援平原县义和团，在扛子李庄击溃平原县教堂势力，打败前来镇压的平原知县蒋楷所带捕役与马队，震撼山东官府。11 月 19 日，济南候补知府、统带袁世敦带领清军前往镇压，在平原县森罗店受到义和团痛击，溃不成军。为此，袁世敦被清廷革职。从此，鲁北义和团之间加强了联系，把鲁北人民反侵略斗争推向高潮。清政府称"济南到德州三百里皆有其党羽"。

森罗店大捷后，义和团分路主动出击。杨绪考率队攻打禹城、茌平、长清等县教堂势力，皆获大胜。旋又与朱红灯等首领一起复往长清、茌平、博平、恩县、高唐等县，将当地横行乡里的豪绅、教民斩首示众，焚烧天主教堂，摧垮教堂势力，义和团席卷鲁北，清政府和帝国主义侵略者异常震惊。山东巡抚毓贤急陈重兵于禹城、茌平、高唐一带镇压。义和团因斗争经验不足受挫。杨绪考被外甥张山子出卖，于是年11月23日夜，被清军游击马金叙诱捕，12月24日被清政府在济南杀害。

王振北（1846—1902） 字兴鲁，辛寨乡杨圈人。清光绪年间，王振北捐巨款重修李家桥，将原五孔石桥修缮后，又在两端增修石桥各三孔，分泄水势。为防水患，搬动土方，筑两岸大堤各百余丈，历半年之久竣工。清光绪二十六年（1900年）王振北捐资围村筑寨。又捐大洋3000元，购地3亩，在杨圈东街修建庙宇，筑房15间。王振北急公好义，为人称颂。

庞溪清（1843—1926） 字竹堂，安仁乡安仁南街人。他一生行医，好善乐施，刚正不阿。穷人治病，免费诊治；无儿无女鳏寡老人治病，溪清不但药不收费，而且仗义疏财，常把药、挂面、柴火送上门解人之危；有落难外乡人登门求医，也同样周济；对有钱有势的人从不奉承。安仁乡贾庄有一乡绅请他诊病，因人吝啬，几次来请，被溪清拒诊；大程乡姜园子拔贡姜玉奇生病，庞溪清闻其对乡民刻薄，几次来求医都被拒之门外。清末，受新思潮影响，见贫家弟子无力求学，乃捐款在庙地建成四间校舍，兴办中医学校，聘请教师，招收贫苦农民子弟上学读书。塾师赵漯生病，令儿子庞文翰义务任教10年。

张清莲（？—？） 字少白，禹城镇城里西街人。清朝廪生。热衷教育。张清莲学识渊博，善著书写作。光绪三十一年（1905年）始编《禹城县乡土志》，历时四载成就，并作为初级教科书向学生进行爱国爱乡教育。后著《源阳笔记》，共10册，约200余篇。体例如同《聊斋志异》，广采禹城民间罕见奇闻，重墨时事治忽之故，为官书、史传不能记载之事。文章叙事真实，秉笔直书，语言通俗易懂，生动感人，各篇还附有评论断语，发人深省，为资政谕民佳作。《源阳笔记》第一、二两册由侯延爽选登在山东省道德杂志，其余8册手抄本失传。

孙兆彭（1907—1935） 字韵黎，中共山东省委早期领导人。张庄镇黎济寨人。父孙汉臣20年代在济南当律师。孙兆彭8岁随父上学，受到良好教育。他生活俭朴，学习刻苦，为人正直。上小学时，面对社会不平，能拟写千余字抒情文章。

1922年9月，孙兆彭考入山东省立第一师范。次年，在中共山东省委第一师范党支部书记庄龙甲培养下，孙兆彭组织同学成立济（阳）、禹（城）、临（邑）鲁北同乡会，宣传新思想，是全班积极分子。同年，由庄龙甲介绍加入中国共产党，并任党支部委员。1924年4月，孙兆彭到鲁北农村进行活动，在禹城发展李宗鲁等加入中国共产党，点燃禹城革命烈火。次年，未等毕业便走向社会，在制锦市（现济南天桥区）小学，以教员职业为掩护，到学校、工厂、农村从事地下党工作。1927年，孙兆彭任共青团山东省执行委员。

1928年，沂水一带共产党组织遭破坏，投敌变节分子帮国民党成立地主、富农掌权的农民协会，残害革命者，欺侮贫苦农民。同年10月，省委派孙兆彭去沂水一带整顿组织，领导民运工作。到沂水后，孙兆彭同共产党员张希周密切配合，深入农村，不断宣传“有暴即动，有动即暴”政治主张，在农民协会中秘密组织贫农会，清除混进农民队伍中的地、富分子。不久，在沂水西北乡，西南乡发展贫农会员60余人。继之，组织会员暴动，领导农民掀起抗粮运动，影响极大。孙兆彭又在莒县、沂水一带发展党员，建立5个党小组。不久，成立莒县特支，选举产生5名委员，孙兆彭任书记，党在沂水、莒县的工作迅速得到恢复和发展，受到中共山东省委的表扬。同年11月，又建立沂水特支，孙兆彭任书记。不久，中共山东省委调孙兆彭回济南，在国民党反动派白色恐怖下秘密开展中共党的工作。1929年夏，党组织开会时，因叛徒告密，被国民党特务包围。孙兆彭不顾个人安危，掩护他人转移后，化装离去，敌人一无所获。因此孙兆彭暴露身份，遭敌通缉。叛徒特务威胁孙兆彭的父亲孙汉臣交出儿子，因被逼无奈，登报声明，脱离父子关系。随后，孙汉臣秘密筹资支持儿子按上级党组织安排，转去苏联学习。1932年，孙兆彭从苏联回国，分配到新疆伊犁市（现伊宁市）做地下党工作。1935年12月15日，在新疆被盛世才杀害。

王文杰（1890.8—1937.12） 字冠三，山东禹城北街人，自幼酷爱读书，考入保定陆军讲武堂，后加入北洋军。其侄王振东（1903.3—1937.12），追随叔父抗日报国。

1922年，王文杰不满曹锟贿选总统，携振东回乡支持辛亥革命。七七事变后，竭力宣传抗战，筹建“德厚堂”学校，鼓励孩子读书识字；筹建慈善机构，救助贫困乡邻；组建地方武装，参加抗日救国活动。

1937年12月18日，日本侵略军（以下简称日军）以机枪丢失为名，强行把禹城城里四街10岁以上男性2000余人押至县衙广场，周围布置八挺机枪，威胁说：“如当日找不到丢失机枪，也无人担保，将杀掉全部百姓。”王文杰、王振东叔侄挺身而出，日军只能释放百姓。翌日，日军将其游街示众，并欲押至临邑处置，行至城北张汉桥时，其部下武装赶至营救，与日军展开肉搏战，王文杰身中7刀壮烈牺牲，享年47岁；王振东身中8刀壮烈牺牲，享年34岁。

杨鸣岐（1900—1938） 原名杨文凤，安仁乡大杨村人。1920—1923年，在济南省立第一师范上学期间加入中国共产党。毕业后，在济南市茶巷小学任教，组织学生阅读进步书籍，查禁日货，拉神像，以教学为掩护从事革命工作。济南“五卅”惨案发生后，组织学生罢课，鼓动工人罢工，发动商人罢市，参加集会、游行、声讨当局可耻的卖国行径。暴露身份后，党组织调杨鸣岐去济阳县任教。1927年又转移到齐河县，先后任县教育科科长，中山中学校长。抗日初期，杨鸣岐调清平县（今高唐县）任二科科长。抗日战争爆发后，任县长。1938年9月25日，日军“扫荡”县府驻地尚海子村，他领导清平支队，为掩护群众转移，与数倍于己的敌人展开激烈战斗，突围时，不幸被捕。日军诱降，遭杨鸣岐痛斥。拷打一天一夜，让他供出组织，他仍守口如瓶，日军便砍掉杨鸣岐四肢。他苏醒后，高呼“中国共产党万岁！”“打倒日本帝国主义！”等口号，威慑敌人，日军砍其头，暴尸乡里。当地群众冒着生命危险，将其尸体秘密装棺安葬。

于曼青（1916—1939） 字静涛，原名于春溪，禹城县早期抗日武装的缔造者和领导者，李屯乡李屯村人。生在贫困农民家庭。

于曼青自幼好学，刚正不阿。“九一八”事变后，于1932年考入平原第五乡村师范。他对日军侵华及国民党反动政府卖国求荣行径义愤填膺。在学校积极参加抗日救亡罢课活动，阅读进步书籍，受到先进思想启蒙。他与同乡同学王克寇、高凤灵等创办《禹声报》宣传抗日救国道理，呼吁工农兵学商奔赴抗日战场。还书写爱国散文、新诗，发表在《民国时报》

《新亚日报》等报纸上。1936年，由共产党员马霄鹏老师介绍加入中国共产党。

1937年6月，于曼青乡师毕业后，去洛口十八里堡小学任教。七七事变后，于曼青毅然弃教回乡，与王克寇、高凤灵在连五高小学成立了抗日青年救国会，吸收进步师生，到集市、农村进行抗日救国宣传，并同反动校长赵春雨展开针锋相对的斗争，取得胜利。同年冬，中共禹城县第一届委员会在连五高小学成立，他说服争取民团团首李惠民联合抗日。并引进共产党员王克寇、杨瑞亭等，在李团内建立政训处，宣传共产党抗日救国主张，发展抗日武装力量。

1938年7月，于曼青任中共禹城县委书记，为发展抗日武装，他省吃俭用，变卖家产，求亲告友借钱，为战士买枪。在他的带动下，大家自力更生、千方百计自己武装自己，受到鲁西北特委表扬，并批准组建八路军一二九师独立旅禹城武装工作团，任命于曼青为团长。工作团成立3天遭到势力雄厚的李惠民刁难和排挤。于曼青为保存工作团实力，率团向长清刘楼一带转移，沿途进行抗日救国宣传，吸收齐河、长清、茌平等县爱国青年参加抗日队伍，不到半年，工作团由原来40人发展到150人，拥有100多支枪，编为4个中队，还扩建一个骑兵排，成为一支活跃在鲁西北地区的早期抗日武装，在齐河、长清、茌平、高唐、禹城一带进行抗日活动。当年冬，于曼青率团配合平原纵队攻打齐河县大杨庄武装地主刘春亭部一举克敌，扩大了武装工作团的影响。

1939年2月，日伪开始对鲁西地区“大扫荡”。于曼青奉命率团配合一二九师先遣部队、青纵三团、津浦支队掩护鲁西区党委机关向大别山转移途中，于禹城、齐河交界处，被日伪军包围。于曼青指挥全团战士浴血战斗，为掩护党委机关和伤病员突围，做出重要贡献。同年4月，于曼青调任范筑先抗日游击纵队四营教导员，在长清、茌平一带抗击日伪军。7月，于曼青率营埋伏在潘店公路两侧，截击驻齐河城日军骑兵和汽车兵。战斗打响之后，于曼青在潘店曹庙村被炮弹击中，光荣牺牲。

温学义（1912—1939） 抗日英雄，营乡堂子街村人。贫苦农民家庭出身。抗日战争爆发后，他到抗日将领范筑先部28支队入伍，曾任连长职务，在齐河、长清、茌平、禹城、高唐一带与日军作战。1938年温学义只身到齐河县伪顽张德新团，找在张团任小队长的表兄单传祥，说服单带30余人枪投奔革命队伍。1939年，温学义连在齐河县赵官镇突遭数倍于己的日伪军袭击，他指挥全连，打退敌人多次进攻，终因寡不敌众，英勇牺牲。

李宗鲁（1901—1940） 原名李洪儒，别名徐相善、李洪业、徐轩、张旭东、中共禹城县党组织创始人之一。禹城镇寺后李庄人。生在富裕农民家庭中。

李宗鲁自幼天资聪慧，1917年考入山东省立第一师范。1922年毕业后，回禹城高小任教期间，深入理发工人中，秘密组织“理发工会”，寻求救国之路。1924年初由孙兆彭介绍加入中国共产党。他以教学为掩护，向学生介绍《民众之路》《科学大众》等进步书籍，并在学生中发展党员。1926年成立县内首个党支部，李宗鲁任书记。他经常在平、禹两县农村、学校秘密组织共产主义宣讲会，到集市做打倒军阀、抵制日货等宣传。

1926年，以他为首组织鲁北特委。1927年，发动学生参加反对“讨赤捐”运动，迫使当局暂缓征收。后去平原从事中共党的活动，创立鲁北地委，任书记，后任组织委员。同年由李宗鲁、王旭鹏等四人组成“鲁北暴动行动委员会”，并创办中共党的指导刊物《露白》，秘密发动群众，开展农民运动，发展党团组织，先后建党支部12个、发展党员87名，团支部5个、团员37名。1927年10月，由于国共两党分裂，鲁北地委改县委，李宗鲁任书记。12月下旬，他参与组织陵县农民暴动。1928年4月鲁北县委改为鲁北特委（辖11县），李宗鲁任委员。不久，发动高唐谷官屯农民暴动受挫后，李宗鲁去济南，留任省委交通员。省委转移到青岛后，派李宗鲁在青岛办起印刷所，扩大党刊《红旗》和《青岛工人》发行面，冲击反动当局双十节提灯会，扩大中共党的影响。

1929年3月，李宗鲁被捕入狱。狱中，在前省委书记邓恩铭领导下，组织越狱，于7月21日李宗鲁等6人越狱脱险。他化名徐相善、李洪业，潜身佳木斯市，寻找党组织。1932年与满洲省委取得联系，留省委秘书处工作。1935年潜回禹城，被特务发现，遂返回哈尔滨。七七事变后，满洲省委遭破坏，他又化名徐轩、张旭东，迁居天津。1938年秋，迁往沈阳，以养鸡业为掩护，进行中共党的活动。

李宗鲁多年为革命颠沛流离，积劳成疾。1940年病故于沈阳，后被追认山东省著名烈士。

尉景平（1915—1940）　字景平，原名尉广陈，别名尉金平、董尉平、尉平。中共鲁西北地区党组织领导者。安仁乡安仁南街人。1915年生于善集乡尉庄一农民家庭里。1920年，尉景平丧母。父亲尉洪魁屡受富豪凌辱，无法生活，遂迁居于安仁南街岳父家。尉景平从小受到外祖父庞文翰爱国爱民的教育。

1929年，尉景平考入泰安三中，在学校积极参加共产党组织的读书会，受到革命思想启蒙。1930年，尉景平在三中投身爱国运动，是学生中的积极分子。“九一八”事变，尉景平参加泰安三中地下党组织请愿团，不畏国民党派兵阻挠，在兖州车站，他带领学生卧轨拦车，临危不惧，大义凛然。1931年年底，尉景平加入中国共产党。1932年，尉景平考入济南省立第一高中。时值学校党组织受到破坏，党活动处于低潮的关键时刻，尉景平按上级地下党组织部署，在学生中秘密组织“救国会”“同乡学生会”“学生自治会”，阅读《世界知识》《大众哲学》《柔锋》等进步刊物，传播马克思列宁主义，使省立第一高中中共党的活动重新活跃起来。

1935年，尉景平高中毕业后，在禹城第一高小任教。他利用教学之便，在课堂上讲古喻今，宣传唯物史观，传播马列主义学说，激发学生爱国热情。在师生中，组织“读书会”“民先队”团结进步师生，培养党的骨干，秘密发展共产党员。还经常联系县籍在外地学习的进步学生，秘密发展党组织。1936年，尉景平在校内组织十几名进步学生，在城内西街滕玉亭老师家成立了“民族解放先锋队”，在禹城开展抗日救国活动。不久，组织发动共产党员和进步师生，通过闹学潮，同国民党反动校长王云台展开针锋相对的斗争，取得胜利，推动了全县地下党组织发展。从此，尉景平被国民党禹城县总部，视为共产党嫌疑。在上级党组织的指示下，尉景平辞去教师职务，回安仁一带成立了“忌赌社”，借教育大众忌赌之际，在禹城、齐河一带宣传抗日救国，吸收有抱负青年，组织民族解放先锋队，扩大社会影响。

1937年七七事变后，忌赌社改名为救国会，吸收骨干加入中国共产党，在安仁一带开展抗日救国活动，成为全县较早的抗日组织。同年10月，尉景平参加韩复榘第三集团军在济南开办的抗日政治人员训练班，结业后，回禹城与马凤元、谭怀恩、金谷兰等在安仁建立鲁西北抗日游击第七大队，在高唐、夏津一带阻击日军，成为鲁西北抗日之先声。冬季，尉景平与马凤元等一起，在禹城八区连五高庄小学组织成立中共禹城第一届县委，尉景平任组织委员。不久受鲁西北特委派遣，到聊城六战区政治部作中共党的工作，协助范筑先组编地方抗日游击队。1938年春，尉景平任范筑先抗日游击第二十八支队政治处主任，说服支队司令参加抗日行列。同年夏，尉景平调任鲁西北特委组织部长，负责齐河、禹城、平原、高唐、恩县、夏津、武城等县党组织的恢复和发展以及统战工作。在八县农村秘密开展工作，使鲁西北党组织得到恢复和壮大，争取部分民团联合抗日。1939年冬，尉景平去中共北方局党校学习。

1940年3月，党校学习结业后，尉景平任鲁西北区运东地委（即四地委）组织部长。6月中旬，运东地委在茌平县郝集区张小庄举办50多人的领导干部党训班，由尉景平组织、授课。在学习期间，地委机关和参训人员，被300多名日军机械化部队包围。尉景平率领全体学员，同日军展开激战，向外突围，因敌强我弱，损失惨重，尉景平带警卫员和部分学员退无可退，指挥战士们集中火力，消灭敌人，直到子弹打尽，尉景平等英勇牺牲。

刘润明（1913—1940） 又名刘端明，抗日英雄，来凤乡国屯村人，家庭贫寒。

1929年，刘润明在禹城师范讲习所上学时，受到地下共产党人王复之熏陶，积极从事爱国活动，1930年加入中国共产党。1931年，以刘润明为首发动进步学生揭露校方反动行径，痛打反动校长，遭校方开除。1932年，刘润明在家乡借办民校为名，组织先进青年学习进步书籍，宣传马列主义，因而被捕。在禹城关押半年后，转入国民党济南第三监狱，在狱中坚持同敌人斗争4年之久。1936年“西安事变”国共两党开展合作后，刘润明才被释放，去平原杨柳寺小学任教。

1938年，刘润明毅然弃教投入抗日。先任范筑先部四支队政训处主任，后任冀鲁边支队委员，不久，回地方组织起40余人抗日游击队，驻夏津城。后被编入冀鲁支队二连，刘润明任连指导员，随部队在平原、禹城一带开展抗日活动。1939年，在李屯村歼灭反动民团战斗中，刘润明率二连战士奋勇杀敌，将手榴弹捆在一起炸开围墙，打开缺口，为大军全歼李惠民部做出贡献。后随冀鲁边支队改编为津浦支队新一营，开往禹城北部，在敌占区开辟抗日根据地。同年4月，刘润明率新一营进驻禹城县赵庄，遭2000多名日伪军偷袭包围，战斗中军民损失惨重。后来鲁西北特委调刘润明任禹城北部抗日民主政府武装科长，继任三区区长，组建起抗日区队，在日伪军活动较猖狂的地区除奸反霸。

1940年12月，刘润明带区队驻平原县贾庄，遭数百名伪军进犯。刘润明为掩护他人，保存实力，令区队员藏枪隐蔽，化装绕开敌人，自己带通讯员，边掩护转移队员，边吸引敌人，二人身上多处负伤，仍坚持战斗，直打到最后两颗子弹，他和通讯员各分一粒，射向自己胸膛，英勇牺牲。敌人割下刘润明的头颅，带回来凤悬首树上。数日后，国屯村马凤喜不顾个人安危，偷取头颅安葬。

张同海（1896—1941） 前油坊乡郅辛庄人，童年家庭贫穷，随父闯关东。后去苏联西伯利亚，参加苏联红军，加入中国共产党。七七事变前回故乡，日军侵占禹城后，通过张祝华，他结识禹城县共产党领导人马凤云、尉景平、杨瑞亭等，在安仁镇参加抗日积极分子训练班，接着，成立鲁西北抗日游击第七大队任副大队长。与金谷兰（大队长）带队到高唐发展抗日游击队，在短时间内发展近100人。不久在高唐西三十里堡伏击日军。因敌强我弱，缺乏斗争经验，游击队被日军“玄门会”反动派冲散。张同海带部分游击队员撤回禹城南店。1937年冬，同王克寇等打入民团李惠民部，成立政训处。遭李排挤后，张同海随王克寇去鲁西北特委成立冀鲁边支队，张任连长。1939年成立鲁西三大队、任副大队长。1940年秋，三大队由张同海带领活动在高唐县何家沟一带，获悉地方民团程荆璞率众与日军激战的情报，当即分兵三路包抄日军。日军发现腹背受敌，便向两边突围，急向平原城逃去。张同海在战斗中负伤，被安置到沙王集养病。因医疗条件差，病情日益严重，于1941年春，不幸牺牲。

屠凤林（1904—1941） 字茂桐，革命知识分子，籍贯大程乡屠庄人。

屠凤林从小天资聪颖，早年就读私塾，1922年考入禹城城内第一高小甲班，喜听李宗鲁老师讲述济南省立第一师范爱国师生事迹，受到先进思想中共党的启迪。1927年，屠凤林考入一师，踊跃参加爱国学生运动，很快加入中国共产主义青年团。

1930年，屠凤林于一师毕业回到禹城。先后在县立第二高小、禹城简易师范任教。其间秘密从事工作，后打入国民党禹城县党部，不到一年被敌怀疑逮捕入狱。年余，经其兄赎金保释。

1933年，屠凤林怀着救国救民理想，考入北平大学法商系。1935年，屠凤林在北平积极参加“一二·九”“一二·一六”示威游行，声讨日本帝国主义和国民党反动政府罪恶行径，与前来镇压的军警展开英勇搏斗。1937年，北平沦陷后，屠凤林随爱国学生南下，沿途作救国救民演讲，呼吁民众投入抗日救亡行列，为拯救中华民族辗转奔波。

1939年，屠凤林投考国民党92军军长李仙洲在安徽阜阳开办的军官学校，立志学得军事本领抗日报国。军校毕业后，任国民党92军2 1师425团政治处主任。团长陈锐廷原在山东省立第一师范上学，是屠凤林的老同学，也是打入国民党军内部的地下共产党员。屠凤林与陈锐廷配合默契，很得团长信赖。1941年，“皖南事变”发生，屠凤林异常愤慨。随之蒋介石令李仙洲率92军截击皖北新四军四师彭雪枫所率向苏北转移部队。商震21师在安徽安远县龙亢一带围困新四军。在紧急关头，为挽救新四军，陈锐廷团长夜找屠凤林密议起义对策，屠凤林积极配合，并承担同新四军的联络。他持陈团长的亲笔信，两次冒险出营寻找新四军军部，终于见到彭雪枫师长，双方拟定了起义计划和行动方案，完成任务后回到团部向陈锐廷作了汇报，两人对起义作了周密安排。同年4月19日夜，陈团长谎称执行师部紧急命令，与屠凤林率团昼夜兼程向新四军驻地进发，沿途消灭了土顽牛锡生部，击溃了国民救国军游击14支队。于23日胜利到达洪泽湖畔苇集新四军三师九旅驻地。中共中央决定将425团编为“新四军独立旅”，陈锐廷任旅长，屠凤林任政治部主任。按新四军指示，独立旅往江苏省泗洪县崔庄一带休整。5月1日夜，原425团几个反动军官密谋组成“暗杀突击队”偷袭义军官兵，屠凤林不幸牺牲。

张成宪（1897—1942） 曾用名胡云。禹城县早期共产党员，中共齐禹县委委员，二等功臣，前油坊乡前油坊村人。生在农民家庭。1927年，由李宗鲁介绍加入中国共产党，在禹城一带从事中共党的宣传活动。抗日战争爆发后，他在家中设抗日联络点，同杨中一、杨瑞亭等组织抗日武装，在禹城、高唐边区开展游击抗日活动。1938年，张成宪调任鲁西北支队连长，在茌平、高唐、齐河、禹城等地同日伪军作战。1939年秋，任中共齐禹县委委员。1942年，在禹城县董屯村驻防时，被李连祥逮捕杀害。

张强　耿黄　杨骥 张强，伦镇燕寨子村人。生于1919年。耿黄，袁营乡大耿村人，生于1915年。杨骥，伦镇街人，生于1912年。1937年三人一起加入“民族抗日先锋队”。1938年同赴聊城范筑先部政干校学习，在校同时加入中国共产党。结业后，在燕寨子村组织起五、六人的抗日游击队，活动在禹城县伦镇、齐河县华店一带。在伦镇集上击毙了伪区长李照吉，日伪军闻讯震惊。1939年4月中共齐河县委（称工委）在燕寨子村张强家成立，耿黄任组织部长、张强任宣传部长，接着组建武装工作团，张强任团长，耿黄任副团长，杨骥任骨干连连长。不久，张强、耿黄、杨骥率骨干连化装奇袭伦镇日军据点，以少胜多，打死日军6人，缴获部分日军武器，壮大了工作团，杨骥立二等功一次，三人被抗日军民誉为“三大金刚”。同年冬，杨骥在执行任务时，被禹城宪兵队逮捕，在狱中受尽折磨，他坚贞不屈，月余，被营救出狱。1940年三人化装成给日军送情报的人员，袭击齐河县华店据点，杀死两名日军，夺得两支三八式步枪。后来，杨骥被编为齐禹县大队任连长，同日伪军进行游击战。1941年张强调军分区任警卫连长。1942年赴范县抗大分校学习。回来后，任齐禹县大队队长。同年，上级派张强回家乡一带收容逃亡，行至齐河县太平王庄，被叛军杀害。1947年杨骥因多年革命积劳成疾，家乡解放后，不幸病逝。耿黄1949年随大军南下，任中共河南省扶沟县委书记、中南、华东等区地质局领导职务。1981年2月病故于南京。

段尔达（1910—1943） 别名陈献忠，平禹县大队大队长。张庄镇大段庄人。1932年加入中国共产党。七七事变后，他参加了冀鲁边区抗日游击支队，后调冀鲁边军区十七团任侦察班长。1939年任平禹县大队大队长。1943年1月17日，在抗日根据地平原县张士府村，遭日伪军袭击。段尔达率领县大队反击，连续打退敌人数次进攻。子弹打尽后与敌人展开肉搏战，最后壮烈殉国。

李　达（1910—1943） 原名李荫楠，抗日英雄，禹城镇三里桥人。

1926—1937年在国民党禹城县中队当勤务兵。七七事变日军侵占禹城后，李达在民团李惠民部当兵。

1937年11月，中共禹城县委在李惠民团部成立政训处，在地下共产党员杨瑞亭教育启发下，李达了解到共产党抗日救国的主张，遂跟随共产党抗日到底。1938年春，由杨瑞亭介绍加入中国共产党。不久，李惠民在内部排挤共产党嫌疑分子，李达亦被迫出走，与杨瑞亭一起找到鲁西北特委，经特委介绍，去冀南八路军一二九师驻地南宫学习。同年8月，李达任一二九师独立旅武装工作团政委，在长清一带进行抗日活动。

1939年7月，工作团在齐河县曹庙一带被日军冲散，李达回家暂避，当地伪军头目引诱李达入伙，遭李达怒斥。找到王克寇，重新组建一二九师武装工作团。同年9月，李达任鲁西特务三大队参谋，在鲁西北一带抗击日伪军。11日，李达调任平原县路东办事处游击大队长。

1940年，李达调鲁西四分区基干二团，先后任三、五营营长，所在营为二团的主力营，在茌平、禹城、平原、长清一带和日伪军作战。1941年又调任齐禹县大队大队长，县大队由原来几十人很快发展到百余人，成为一支除奸反霸、抗日御敌的主力部队。1942年10月，李达任齐河县大队大队长。1943年1月，李达率县大队护送刘贤权司令员，在齐河县大黄附近大李庄被日伪军包围，李达率一个加强排，掩护首长突围，在激战中英勇牺牲。

王克寇（1916—1944） 原名王汝清，鲁西北四区基干二团政委。莒镇乡董屯村人。出身于农民家庭。

王克寇自幼聪敏好学。在连五高高小上学时，因学习成绩突出，遭丁寺村恶霸王振明绑架，被敲诈大洋二百块。从此，在王克寇心中铭刻下对黑暗社会的仇恨。

1932年，王克寇在平原第五师范上学期间，主编出版《禹声报》，疾书《胸怀大志救同胞》《还我河山》《打倒日寇》《起来，四万万同胞们》《拿起刀枪冲向战场》等抗日爱国诗篇，怒斥日本法西斯侵华野心和国民党反动政府卖国求荣行径。1936年4月，王克寇加入中国共产党。

七七事变后，他义愤填膺，为抒发抗日胸怀，遂改名克寇。师范毕业后，回家乡同于曼青、高凤灵在连五高建立党小组，成立“抗日青年救国会”，王克寇任政治部主任，在禹城南部进行抗日救国宣传。1937年10月王克寇任中共禹城县委委员。由县委派遣，他带领部分共产党员，打入民团李惠民部成立政训处并任主任，借民团武装组织发展抗日队伍，在东

王克寇

阿县南镇迎击日军获胜。1938年年初，王克寇任中共禹城县委书记。6月，调任鲁西北特委委员。不久成立了冀鲁边游击支队，王克寇兼政治部主任，在平原、禹城、恩县、高唐、夏津一带游击抗日，曾在平原腰站伏击侵犯聊城的日军，歼敌10多名，给日军以打击。继之，建立以平原五区沙庄为中心的抗日根据地。1939年3月，王克寇任一二九师禹城武装工作团团长。不久，中共卫东地委决定将茌平、夏津、平原武装工作团合编为鲁西两区特务第三大队，王克寇任政委。他率三大队首先在高唐刘庄全歼土顽一部，获战马50匹，扩建了一个骑兵连，打开了局面。接着，在平原、高唐、夏津一带除掉几处伪据点，缴获大宗军用物资，壮大了抗日队伍，开辟了1200平方公里鲁西北山东地区抗日根据地，为八路军东进部队扫平障碍。不久，三大队执行地委的错误决定，对统战对象刘化璞宣战，促使高唐、恩县、禹城、平原伪杂势力投靠日军，纠集伪军3000余人成立“八大团”，大举向卫东地区反扑。三大队寡不敌众，在保护地委机关向禹城一带转移时，遭受很大损失。1940年秋，三大队在禹城杨圈村同日伪军作战，击毙日军小队长五野次郎，打死日伪军30多人，活捉30多人，缴获日军各类枪支40多支，子弹5000余发，日伪军闻风丧胆。冬，日军在鲁西北推行“强化治安”，抗日环境恶化。三大队缩编为冀鲁豫四分区第二营，王克寇任营教导员。他率领全营战士，巡回在茌平、东平、长清、高唐等县境内，连克伪据点10多处，并几次攻打禹城县齐子修、李连祥等较凶恶的伪军集团，使之不敢妄动。1941年7月，二营被编为冀鲁豫四分区基干团，后改为一分区二团，王克寇任政委。1943年，鲁西北春旱秋涝，日伪仍强征暴敛，二团官兵同群众同甘共苦，帮助劳苦百姓开展生产自救，深得群众拥护。继之，率领部队采用游击战术，对付日伪军“铁壁合围”

战术。王克寇与团长配合默契，领导军民并肩作战，不失时机消灭敌人，两个月铲除伪据点20多处，同日军交战4次，皆获全胜。巩固和扩大了抗日根据地。

1944年5月，王克寇率部队攻打东阿县牛角店伪军部。他身先士卒，冲锋在前，不幸中弹牺牲。禹城县抗日政府立“英名碑”铭记。1978年，禹城县革命委员会为缅怀烈士，在其家乡建王克寇烈士纪念堂，并立碑永念。

王　琳（1919—1944）　原名李朝伦，中共禹城县敌占区工委书记，安仁乡张李店人。

1937年，王琳由庞正峨介绍加入中国共产党，在安仁一带进行抗日救国宣传，秘密发展共产党员，是地下党活跃分子。1941年7月，他受党组织委托去北方局学习。半年后，回禹城韩寨、大程一带敌占区从事党的工作。他在发展抗日统一战线，整顿抗日武装和发展农村地下党组织等项工作。1942年10月，王琳任中共禹城县委组织部长。

1943年，王琳任中共禹城县敌占区工委书记。同年，全县受灾严重。他发动农民，成立减租减息小组，让地主、富农执行敌占区工委关于“50公斤租年息不得超过15公斤”的规定，扩大工委影响，团结争取广大群众，取得对敌斗争主动权。1944年7月，王琳深入安仁一带进行抗日活动，因叛徒出卖，被伪周济三部逮捕。周济三施酷刑向王琳逼供，王琳坚贞不屈，守口如瓶。周济三气急败坏，命刽子手将王琳拖到刑场。王琳英勇就义。

王明奎（1874—1944）　禹城五香脱骨扒鸡创始人。禹城镇月牙湾村人。

18岁时，王明奎学煮扒鸡卖，后求一老中医选配五种药料调味，制出的扒鸡，五味溢香，名为“五香扒鸡”。一次王明奎把鸡煮过时辰，鸡已塌锅，手提鸡腿，骨肉分离，起名“五香脱骨扒鸡”，试在市上叫卖，赢得顾客好评，五香脱骨扒鸡在偶然机会中诞生。以后王明奎与儿子继三不断切磋技艺，多次调配料方，终使扒鸡以独具色鲜味美、五香透骨、肥而不腻等特点而名声四扬，因食后开胃健脾、温中益气、通络提神之功效，受食者青睐。同行们登门求艺，王明奎一一传授。津浦铁路通车后，有禹城人到交通发达的毗邻德州火车站开店，效法王明奎制作五香脱骨扒鸡，遂以“德州扒鸡”闻名全国。民国8年（1919年）禹城五香脱骨扒鸡载入《山东各县乡土调查录》。60年代《中国名菜谱》第六辑介绍了145种名菜，名列前茅，1978年香港《大公报》转载中国新闻社关于禹城扒鸡的有关报道，在海内外闻名遐迩。至今，禹城专营厂家、个体户扒鸡工艺仍基本沿用王明奎的制作方法。

肖金淦（1913—1945）　原名肖义顺，别名肖吉干。冀鲁豫一军分区一团副政委，抗日烈士。安仁乡涳河涯村人。家庭贫苦，祖辈靠给地主扛活为生。从小就对黑暗社会不满。

“九一八”事变发生后，肖金淦在安仁高小同庞均、李克东等进步同学一起上街声援爱国学生运动，遭校长李丙寅打击。在共产党员孟一同老师支持下，赶走反动校长。1935年他在安仁乡小傅村任教时，由尉景平介绍加入中国共产党，以教师职业为掩护从事党的活动。

1936年，肖金淦考入上海监狱管理所工作。七七事变后，辞职还乡参加尉景平等举办的抗日积极分子训练班，并加入鲁西北抗日游击第七大队，在禹城、高唐一带抗击日军。1937年，他同王克寇等一起打入民团李惠民部。1938年肖金淦任八路军一二九师独立旅禹城武装工作团中队政治指导员，在长清、齐河、禹城一带抗日除奸，他都一马当先，所率中队是团的主力。1939年，任鲁西区特务三大队二连连长，在王克寇政委率领下，同日伪军在鲁西北卫东地区作战中屡建功勋。1941年，肖金淦调任齐禹县大队副教导员。1942年，调往东平县独立大队任教导员。1943年，肖金淦调冀鲁豫一军区一团任副政委，在泰运地区坚持同日伪作战。1945年8月17日，他率团收降平阴县石桥堡日军时，同拒降日军作战，不幸牺牲。

宗晓天（1913—1946）　原名宗光熙，革命知识分子，张庄镇宗集村人。生在富裕家庭。父亲曾任夏津县承审。

宗晓天天资聪颖刚正。1937年8月，北平大学毕业后，任茌平县承审期间，理案公正，从不贿赂公行。因审理当地绅士梁某与贫苦农民纠纷案，不畏权势，秉公判决，制裁梁某，违县长意愿，受到诽谤排斥。因此，他异常愤恨，遂于1938　年3月辞职回家。宗晓天听说共产党领导的八路军，在陕甘宁边区建立了抗日根据地，领导全中国人民抗日救国。毅然离家，辗转到达延安，参加八路军后，进抗大学习。1939年，他加入中国共产党。抗大毕业后，任新四军四师政治三科科长，审判员。解放战争后，任三野政治部军法官，随军转战祖国南北。1946年7月，因常年戎马生涯，积劳成疾，在行军途中病故。

王玉斌（1922—1946）　别名宋光。齐河县大队大队长、莒镇乡董屯村人。

王玉斌生在贫苦农民家庭。1939年，参加八路军一二九师独立旅武装工作团，在禹城、高唐、长清一带游击抗日。1944年，他任平禹县大队副大队长期间，曾率10名战士，化装成伪少佐翻译官，打入平原县仓上村伪据点内，假借传达“皇军”命令为名，机智巧妙地处决了伪中队头目宋秀才、李付元、耿万春3人，旋又缴获了所有伪军的枪械，俘全部伪军，使日伪军胆战心惊。1945年，王玉斌调任齐河县大队大队长。1946年，在齐河县桑梓店同国民党军队作战中，他不幸胸部中弹，牺牲时，依然倚树而立，手扣扳机，枪口指向敌方。

郑家义（1921—1947）　侦察英雄，袁营乡郑庄村人，家贫。1940年加入中国共产党，1941年入伍，在冀鲁豫一分区二团，历任侦察员、班长、排长、连长。他身经战斗150余次，英勇无畏，战功显赫，屡受部队表彰。

1944年5月，郑家义化装成老百姓，只身深入东阿县牛角店伪据点，将敌巢内地形、地物、兵力、火力部署等侦察清楚后，被敌怀疑跟踪。郑家义不躲不避，机智沉着地同敌周旋，买花生边吃边走，进饭馆买酒买肉，麻痹敌人，乘其不备，脱离险境，为二团解放牛角店提供了重要军事情报。同年冬，二团决定铲除茌平县城北刘马庄伪据点，为切断茌平城内伪军增援，郑家义亲带3名侦察员夜奔城下，诈称二团三个营围城，在四门轮番虚张声势，喝令伪军缴械投降，敌不晓虚实，千余伪军龟缩在城内不敢妄动。黎明前，二团歼敌获胜，凯旋回营，郑等四人迅速离去。城内伪军方知中计，后悔莫及。

1947年7月，二团收编为野战军，郑家义在二野七纵十九旅五十五团任侦察连长。南下途中，部队穿过陇海铁路，为摸清敌情，他率20名侦察员，化装打入敌司令部，获取了敌军作战计划和兵力部署图，抓回一名作战参谋。为此，荣立特等功。同年9月1日在河南省罗山县宣化店战斗中英勇牺牲。

宋新昌（1913—1947）　别名振亮，冀鲁豫边区联防主任，伦镇宋寨子村人。

七七事变后，宋新昌在本村组织民团抗日，自任团长。1937年冬，他领导的民团编入聊城范筑先将军部二十八支队，在鲁西北进行抗日斗争。1938年，二十八支队编入八路军一一五师平原纵队，同年加入中国共产党。后任齐禹县参议员、冀鲁豫边区8县联防主任等职。他带领军民同日伪军作战，对创建和巩固齐禹县抗日根据地做出重要贡献。因多年战争生活，终积劳成疾，于1947年病逝。

郭铁贞（1916—1947） 原名郭继明，化名铁贞，一等功臣，伦镇薛官屯人。1939年年初，投入抗日救国斗争，不久加入中国共产党。同年，任中共齐河县委委员。后去聊城干校学习，结业后，在齐河、禹城一带进行抗日活动。1942年调任齐禹县大队党总支书记。1945年，调第二野战军二纵四旅十团，任营教导员。1947年7月，参加刘伯承司令、邓小平政委指挥的鲁西南战役。他在战场上英勇强悍，所向无敌，曾荣立一等功、二等功各一次。在金乡县羊角集战场上，不幸壮烈牺牲。

张丙午（1880—1950） 字晋臣，清朝秀才，乡间名医。十里望回族乡桥头冯庄人。

张丙午开始以教书为生。在军阀混战的年月里，他目睹百姓受兵匪交相为害，民间又多灾多疾，民不聊生。张丙午时常自叹："闭门教书，于国人何益？"为解百姓疾苦，他弃教攻读中医。几年后，豁然自通，在乡间开始行医。

张丙午常用偏方除病。他说："偏方易取，不用花钱，即除病痛。"他以杨、柳、桃、槐枝，桑皮、桑叶、杏仁、柿蒂、大枣、枣核、橘皮、荷叶、藕节、瓜皮、南瓜籽、车前子、苍耳子、菟丝子、黄豆、绿豆、白蒿、麦蒿、猪牙、兽骨、陈墙土、灶心土、锅底灰等为药，让病者就地采集煎服后，往往神验，深得贫苦乡民欢迎。

张丙午理方与众迥异，药味少、剂量轻。他有幅门联："饮酒莫过三杯数，用药谨到一两陈"，横批是"过犹不及"。他说："治病如开锁，只要对症，药到病除，量大反而伤正。"

张丙午善治眼科疾病，尤其对眼外伤，治疗奇特。如县城东街李某，因被谷秸刺伤眼球，疼不可忍。张丙午取鲜猪肉片敷于伤处，随即止疼，数日后痊愈。

张丙午根据多年治眼疾的经验，著有《眼科金丹》集，在"文化大革命"中，被当做"黄色"书籍焚毁。

石洪贞（1929—1952） 特等功臣，禹城镇石庄村人。1945年12月参加八路军。1947年在齐河县晏城战斗中，荣立一等功。不久升任班长、排长。1948年，在泰安战斗中，石洪贞又立一等功，升任连长。后又参加了著名的济南战役、淮海战役，分别荣立特等功各一次。1950年，他加入中国共产党。升任营长。1952年9月，石洪贞任团参谋长。他率一个加强营驻守福建前线莆田县南日岛期间，遭国民党军6个团兵力的进攻。石洪贞指挥全营战士奋勇杀敌，终因寡不敌众，全营都光荣牺牲，阵地只剩下石洪贞一人。他仍然坚守阵地，流动作战，消灭冲上来的敌人，至打到最后一粒子弹，射进自己胸膛，为国捐躯。

王景云（1877—1952） 字扶春，号甲农，曾用名沈宏耕，上海早期工人运动领导人。廿里堡乡千户屯村人。生在富裕农民家庭，土地百余亩。他10岁入私塾。1903—1905年先后就读于济南美学馆、济南商埠警察学校。警察学校毕业后，曾当警士、巡官、教员、监狱看守等。1919年2月，王景云经李恒春介绍去上海商务印书馆外栈房当装箱打包工。

1925年2月，上海印刷工人联合会成立，王景云被推选为联合委员。同年6月，加入中国共产党。不久，又先后被选为商务印刷所第一届工会委员、印刷工会委员长、上海总工会第一、二、三届执行委员，为群众所信仰的工人领袖。8—10月，王景云领导印刷所工会积极配合和支持发行所职工会委员长陈云，发动商务印书馆“三所一处”全体职工，联合举行共产党领导下的大罢工。同年12月，他又发动全馆职工举行第二次大罢工。经过两次罢工斗争，不仅改善了职工待遇，更重要的是公开成立了商务印书馆“三所一处”4个工会组织。

1927年3月，上海工人第三次武装起义前，王景云所在的外栈房藏书室，成为共产党组织活动中心，不仅商务党支部的秘密会议在此举行，而且一些起义的重要领导人，如周恩来、赵世炎、汪寿华等常来这里开会商议起义准备工作。有关会务、安全事宜均由王景云安排，有人来联系，也由他接待。上海数十万工人的起义斗争打响后，王景云负责作战后勤和群众工作。他运筹帷幄，为上海工人武装起义取得胜利做出了重要贡献。接着，上海市民代表大会召开，成立了19人组成的上海特别市临时政府委员会，为中国第一个新民主主义政权的雏形，王景云被选为政府委员会委员，并参加了就职典礼。不久，蒋介石在上海策划了“四一二”政变，帝国主义军队越过租界，搜查、拘捕共产党员和革命工人1000余人；全副武装的青洪帮流氓集团也疯狂袭击工人纠察队；蒋介石派军队缴工人纠察队的枪械，又指使流氓、党棍占据上海总工会，查封所有工会组织，捕杀工人领袖和革命群众，扼杀上海特别市临时委员会，指使吴稚晖等人组织“上海临时政治委员会”，夺取了上海工人用鲜血换取的胜利果实。在危急关头，周恩来、赵世炎担心王景云的安全，立即指派商务工人纠察队员任其祥，将王景云转移到市郊南翔隐蔽，继续进行中共党的地下工作，受到陈云的赞扬。

1940年4月，王景云接到周恩来的口信后，自上海到香港，绕道越南，经云南，长途跋涉到达重庆见到周恩来。同年6月底，他在周恩来的亲自安排下去延安，由中共中央组织部介绍到中央职工运动委员会工作，后到新华社任职。1947年春，王景云被派往东北解放区从事土地改革运动。中共中央毛泽东主席和周恩来副主席都很惦念年迈的王景云，非常关心他的健康和工作，于同年11月，先后亲笔写信致王景云，表示关怀，并鼓励他做好工作迎接中华人民共和国的胜利。北平解放后，王景云终因积劳成疾力不从心，经中共中央批准，进京治疗。1952年11月27日病逝于北京，享年75年，安葬在八宝山革命公墓，中共中央组织部立碑永念。

官读仁（1928—1953）　一等功臣。伦镇红庙李村人。生在农村雇农家庭，从小讨饭为生。1948年春，参加中国人民解放军，任班长。1951年，报名加入中国人民志愿军，任班长。1953年，在朝鲜率全班战士，同数倍于己的美军短兵相接，展开肉搏战。他一连刺杀两个美军后，身负重伤昏倒。醒来后，从死者身上，拿过机枪，向美军扫射，杀敌众多，其余美军慌忙逃窜，取得胜利。官读仁也因伤势过重，壮烈牺牲。部队追记一等功。

马毅之（1912—1954）　字凤元，原名马云祥，别名马凤元。中共禹城县第一任县委书记。梁家乡马家桥人。生在勤俭正直的农民家庭里。

马毅之聪敏好学，思想新颖。8岁入私塾。9岁考入县第一小学，其间，北京、天津市爱国学生来禹城进行“五四”运动宣传，马毅之组织学生列队迎接，高喊反帝反封爱国口号。1924年，入县高小上学，在共产党员李宗鲁老师处，第一次了解到共产党的主张，豁然开朗，故自觉靠近李老师。在李宗鲁的指导下，阅读《新青年》《民众之路》《科学大众》等进步书籍，涉猎革命知识。李宗鲁观其胸怀大志，遂于1926年介绍他加入中国共产主义青年团，并任禹城团县委书记。1927年，转为共产党员。同年，他考入平原中学，在学校秘密编写宣传品和党刊，传播马克思列宁主义，先后发展刘子蔚等十几名人加入中国共产党。1929年秋，马毅之因共产党嫌疑遭校方和反动当局监视、搜查，得同舍刘子蔚相助，免遭横祸。1930年，马毅之任中共鲁北临时委员会组织委员，负责恩县、平原、禹城、清平等县中共党的工作。在学校、农村单线发展党员，恢复中共党的活动，营救被捕的革命者竭尽心力。

马毅之不畏强暴，对革命事业忠贞不二。1932年，他考入山东省立高中，在学校同共产党员徐运北等一起，领导发动了罢课反会考学生运动，运动波及全省各地。1933年，宋鸣时叛变革命，出卖了鲁北党组织。马毅之得知消息后，冒险写信通知刘子蔚等转移，保护了不少地下工作者，因此暴露身份，在济南遭国民党警察通缉追捕，他从母校越墙逃往即墨县蓝村小学，改名马凤元，以教学为掩护，继续从事中共党的地下工作。

1936年，马毅之考入北平宏达高中。他在京耳闻目睹东北流亡学生及北京各界人士愤怒控诉日军侵华，及反动当局辱国丧权罪行，义愤填膺，毅然弃学回家，在鲁北为抗日救国奔波。

七七事变后，他与共产党员尉景平一起，建立鲁西北抗日游击第七大队，在禹城、高唐一带阻击入侵日军受挫。1937年10月，在连五高小学组建了中共禹城县第一届委员会，任书记。1938年9月，他受上级党组织委托，带领320名干部去延安学习。

在抗大，马毅之刻苦攻读革命理论著作，受中央领导的培养教育，政治理论、军事水平不断提高。毕业后，任抗大总校政治部六分校总支书记、组织科长等职。1943年，马毅之请缨赴抗日前线，任豫西三十五团政委，后随军转战太行，挺进河南，驰骋中原。在解放战争中，他调往东北军区。1946年，他升任辽宁军区独立一师副政委，后任临江中心县委书记等职，领导全县军民，配合野战部队，同数十倍于己的国民党精锐部队对峙，施展了政治、军事才能，取得四保临江胜利，为大军解放东北做出贡献。1948年，回师转战天津，围攻北平，长驱武汉追歼顽敌，每战必胜。1949—1950年，马毅之任师政委，挥师江南，横扫残敌，镇守海疆，所到之处皆留下功绩。1952年，调中央二机部任党委副书记。因多年来驰骋疆场，积劳成疾，1954年长眠于北京。安葬故里，为悼念他，当地立碑铭记。

朱宝元（1926—1956） 梁家乡西小张庄人。因家庭贫寒，受地主欺辱，自幼仇恨恶霸势力，立志将来为穷人争气。1941年，朱宝元刚满15岁，听说禹城、临邑边界来了八路军。便瞒着父母双亲去投军。开始，朱宝元因年幼，留在司令部给肖华司令员当通讯员，受到肖华的培养教育，迅速成长。1944年，加入中国共产党，不久朱宝元请缨下连队锻炼，曾当过号兵、骑兵、步兵，作战英勇顽强，常受表扬。1948年，朱宝元在步兵连升任排长，在四平阻击战中，率全排战士克敌制胜，为部队获胜做出贡献，受到嘉奖。1949年，朱宝元升任教导团主任。后调任西南军区五十三军医院院长。曾组织高级医务人员，精心为刘伯承司令员诊治眼疾，并亲自守候护理。刘伯承病愈后，邓小平政委前来接他出院，临行前与朱宝元合影留念。1956年4月，朱宝元在四川省文州县因公遇车祸，不幸牺牲。

赵兴汉（1907—1957） 人民功臣，辛寨乡任陈庄人。他从小在家以讨饭为生。1938年，到鞍山市做苦工。1945年，参加人民解放军，在解放战争中两次立功。1950年赴朝鲜战场，在汽车大队任班长。1951年，赵兴汉率汽车班转移司令部物资途中，遭美机空袭，汽车着火。他不顾生命安危，率战士扑灭烈火，抢救出大宗军用物资和司令部重要文件，部队给他记大功。从此，赵兴汉染严重肺气肿病，后转回祖国医治无效，于1957年在内蒙古军区医院去世。

杨中一（1903—1963） 原名杨创正，曾用名杨心尝，化名王敬堂，中共禹城县农村党组织创始人之一。房寺镇季李胡店村人（今南店村）。

杨中一出身贫农家庭，从小受尽地主恶霸的压迫。15岁时去县立高小读书三年，听到老师讲述帝国主义瓜分中国的罪行，产生了爱国思想。22岁时加入中国共产党，接着成立了中共季李胡店党支部，他任书记。该支部为鲁北较早的农村党支部之一。杨中一以党支部为核心组建了农民协会和“老人社”，很快发展到500多人，组织打盐巡，拒官车、抗捐税、“围衙告状”，与地主、豪绅进行斗争，影响颇大。1937年11月任县委委员兼六区区委书记。1939年任鲁西三地委组织部长。在夏津、武城、平原、高唐等县组织抗日力量，发展36个步兵连、2个骑兵连。翌年底，出任运东地委书记。1941年下半年，鲁北日伪军疯狂扫荡，杨中一将地委机关化整为零、疏散活动，保存了实力，并争取了高唐县民团张春岭部100余人枪。

1942年年底至1943年秋，杨中一领导地委和武工队配合冀南军区司令员易良品部队，攻克夏津城，打垮了夏津伪军杨贤英，建立了运东办事处，重新建立了平原五区根据地。在高唐、恩县、夏津、平原、禹城各县建立了抗日民主政府和地方武装。

1945年年后，杨中一任冀南六工委民运部长和冀南夏津地委组织部长。1948年任冀南夏津和衡水地委副书记。1949年年后，历任河北省人民政府监察厅副厅长，省政协委员，邯郸市政协副主席等职。1963年3月13日病逝。

刘兰斋（1903—1966） 名老中医。李屯乡前车刘村人。出身于富裕农民家庭，在本村读过10年私塾。1923—1934年，他在本村和孙堂村教书，1938年弃教自习医学，先后攻读了《医宗金鉴》《内经》《医方集解》《伤寒论》等医学专著，在乡里坚持边学边行医。1953年加入了丁寺联合诊所，1958年调莒镇乡卫生院。他擅长中医内科、中医妇科，行医严谨，医德高尚，深为当地患者称赞。1963年8月，经山东省卫生部门批准为名老中医。同年秋，刘兰斋担任县中医训班教师，为培养和造就全县中医医务人员做出贡献。

孙长胜（1885—1971） 字凯旋，国民党中将，全国著名抗日将领，禹城镇城内西街人。生于贫寒农民家庭。1906年在淮军后路马八营入伍，历任淮练陆巡军官。“中华民国”成立后升任暂编陆军第一混成旅骑兵团团长，陆军骑兵二师第一旅旅长等职。1927年9月29日任第八军前敌总指挥兼骑兵第三师师长，参加了二次北伐。1928年任第十一军骑兵师师长，后又任山西警备骑兵第一旅旅长等职。

“九一八”事变后，日军侵占内蒙古百灵庙，企图作为入侵华北的跳板。1936年1月，孙长胜任收复百灵庙对日军作战的总指挥。他挥军奋勇作战，痛击日军，于同月24日一夜之间、9小时之内，击溃日军，毙敌300余名，伤敌600多名，俘敌400多名，缴获面粉20000袋、子弹20000余箱、枪械1000余支，取得百灵庙抗日大捷。12月，《大公报》以“收复百灵庙的勋将”为题进行赞颂，国民党中央电影制片拍摄纪录片在全国放映。毛泽东写信给孙长胜，称赞百灵大战为“全国抗战之先声”。1937年5月6日晋升为中将。

抗日战争中，孙长胜曾任骑兵第一军第二师师长，挥师挺进山西省宁武关同日军作战，有力地支援了平型关抗战胜利。

1947年3月5日复任中将。国民党令孙长胜出山与人民为敌，他愤慨回绝。1949年，孙长胜由西安迁回北京定居，1971年病逝于北京，享年86岁。

韩清泉（1896—1973） 别名韩云涛、马华，山东省民族事务委员会办公室副主任，十里望回族乡韩寨村人，回族。

韩清泉从7岁进私塾就读两年后，到齐齐哈尔当学徒4年，期满回家务农。1913年，先后去苏联乌金子、杂依各韦乌洋灰厂当工人。1923年回家务农，农闲经商。1937年，七七事变后，韩清泉积极投入抗日。1938年，他加入中国共产党，遂在家中成立地下党交通站，秘密传送中共党的情报。自1941年，韩清泉任大程区区长。其间，中共禹城县铁路工委负责人庞均、王琳等召开的工委重要会议，经常在韩清泉家秘密进行，食宿、安全等事宜都由他安排，被抗日军民称为敌占区的堡垒户。1944年年后，韩清泉任渤海区参议员、股长、科长、县检署检察长等职。1951年，到中央民族学院学习。结业后，于1952年调山东省民族事务委员会，担任办公室副主任。1973年，韩清泉在上海病逝，享年77岁。安葬于济南英雄山。

高明轩（1903—1973） 原名刘延岭，字仲潘，中共禹城县铁路工委书记。十里望回族乡西大桥村人。1933年加入中国共产党，开始以教师职业为掩护，在县城一带从事地下党活动。1940年，高明轩任中共禹城县工委统战委员。1942年，他在西大桥村成立了津浦铁路东地区中共禹城县工委，任书记，领导13个农村党支部，在敌占区开展抗日工作。1944年9月，高明轩任禹城县武工队政委，坚持在禹城、齐河、临邑一带，沿徒骇河两岸进行游击抗日。至1945年，除奸除霸50多名，并配合渤海军区主力部队全歼夏津县伪军张八十部，打垮了伪禹城县保安大队，生擒驻张庄火车站49名日军。1946年，高明轩任中共平禹县委组织部副部长。中华人民共和国成立后，任德州行署中级法院副院长、庆云县卫生院院长等职。1973年病故。

刘炳峰（1895—1974） 禹城镇花园村人。幼年家境贫寒，父母节衣缩食供他读过7年私塾，17岁时在禹城城内天德堂药铺学医为徒，后转天德堂药铺为店员。在拜师学医和为店员的30年间，他刻苦学习中药炮制理论，虚心接受师长指教，对中药膏、丹、丸、散的加工制作，有熟练的操作技术。

1958年10月，刘炳峰加入禹城镇卫生院为司药，从此他所学专业之长得到更好的发挥。1963年，他被山东省和德州地区卫生部门批准为名制药工。

杨　诚（1910—1975） 原名庞维昌，别名庞逢五、庞善俊。国家建工部建材科学研究院副院长。安仁乡庞桥村人。农民家庭出身。

杨诚高小毕业后，在家务农。农闲经商。1930年，本村当事人借扩建学校为名，假公济私，损村民利益中饱私囊，村民愤然。遂推荐杨诚等人对其起诉讼，自县到省，由省转县，往返两年，他们所到之处都遭到官方藐视愚弄。据此，杨诚十分憎恨黑暗政府的统治。回家后，他的挚友小学教师庞均（即庞正俊）送给他几本进步书籍，杨诚阅读后，豁然开朗，受到进步思想的启蒙。1932年6月，杨诚考入山东省济南建国中学，在学习期间，积极参加爱国学生运动。1934—1936年，杨诚因身体不佳，借在家养病期间任本村小学教师，向学生传播新思想，课余联系校外青年，进行先进思想教育；发动农民运动，深受贫苦农民拥护和爱戴。

1937年，七七事变后，杨诚积极投身抗

日救国运动。同年9月，在家中设地下党交通站，宣传共产党的抗日方针，揭露日本法西斯的侵华暴行，呼吁民众奋起抗倭。1938年4月，加入中国共产党，并为庞桥村第一任村党支部书记，后任中共禹城县六区区委书记，坚持在禹城南部无私无畏地开展抗日活动。

1940年，任禹城抗日民主政府财政科长。同年底因县长谭锡三身负重伤，转后防医院治疗，故县府工作由杨诚主持。其间，在搞好抗日武装建设，巩固发展抗日统一战线，配合县委搞好肃反斗争、减租减息、筹备军用物资、支前等项工作均成绩显著。县政府财政困难，他动员家庭将家私奉献给革命事业，受到上级表扬和群众拥护。不久，杨诚任代理县长。1941年，他家人遭伪匪李连祥的祸害，无法在家生存。他将亲人分散到根据地，或寄住到亲戚家，家人不得团聚。伪匪仍不放过，尾随追捕。至1942年，他父亲因年迈体弱，经不住颠沛流离的折磨，在流亡中去世。1948年，杨诚任齐禹县抗日民主政府代理县长，在禹城、齐河、长清一带领导全县军民抗击伪军，建立和巩固抗日根据地。

1945年，抗日战争胜利后，杨诚向上级请求到艰苦的新解放区工作。不久，党组织决定调杨诚任齐禹新解放区办事处主任，后任县长。1947年8月，调冀鲁豫区党委土地改革工作团，任办公室主任。1948年10月，任菏泽县城关区主任、县长。其间，蒋介石发动内战，大举进犯解放区。杨诚与人民群众同呼吸，共命运，领导军民严惩敌特和匪顽，开展土地改革运动，发展农业生产，为开辟和建设新解放区竭尽心力，成绩显著。

1950年，杨诚任平原省驻京办事处主任。1952年，任平原省办公厅行政处处长，后任建工部行政司副司长。他多次受到建工部的表彰，万里赞他是“好后勤”。建工部赖际发部长称他是“后勤专家”。1951年9月，杨诚为建筑材料工业部办公厅副主任。不久，调任建筑材料工业部科学设计分局副局长、局长。其间，因北京东郊管庄地区秩序混乱，奉命任管庄机关公管处处长，挖出了犯罪团伙，清出了暗藏的坏分子，稳定了社会秩序，受到建工部和北京市市长彭真的表扬，《人民日报》报道了杨诚的经验做法。1962年，杨诚升任建筑材料工业部科学院副院长。在“文化大革命”中，遭到“江青反革命集团”的打击和迫害，身心受到摧残，仍然带病在中国建材科学研究工作。1975年2月18日，病故于北京。

王家勤（1922—1975） 山东省劳动模范，辛寨乡堂子村人。1940年12月小学毕业后在家务农。1955年，曾任初级农业生产合作社会计、生产大队会计等职。1959年12月加入了中国共产党。

1961年1月，王家勤任堂子村党支部书记，分管第一生产队的落后转化工作。他发扬自力更生、艰苦奋斗的革命精神，带领社员打机井三眼，修灌渠一条，整平土地200多亩，使全队400多亩耕地变成水浇田。抓好副业生产，在河滩植苇20亩，鼓励社员利用农闲搞苇编，增加集体和社员个人收入。他带领大家苦干三年，彻底摘掉了“吃饭靠统销，花钱靠救济，生产靠贷款”的落后帽子。

1965年在“四清”运动中，王家勤虚心接受群众的批评教育，通过经济清理，除了个人和会计合伙用公款25元钱买了一辆旧公用自行车外，再无多吃多占集体一分钱，王家勤带头作了赔退，并向群众作了检讨，深受社员的好评。抓好农田水利和稳产高产田的建设，奋斗三个冬春，修灌渠长达1000多米，搬动土方5000多立方米，打机井10多眼，使全村1000多亩农田变成旱涝保收的稳产高产田。从此。全村粮食单产年年达350公斤以上的好收成。每年向国家贡献粮食15万公斤，成为全县粮食单产，人均贡献较多的村之一。1966年，王家勤被评为全省劳动模范，堂子大队被评为德州地区农业先进单位。

1974年，县授予王家勤学习毛泽东著作积极分子、模范共产党员、模范党支部书记光荣称号。1975年3月14日下午，王家勤带领干部群众搞村民住房规划时，因心脏病突发，抢救无效，在家去世。中共禹城县委、辛寨公社党委与堂子大队党支部联合为王家勤举行了追悼大会。

谢成华（1957—1977）　一等功臣，军区模范共青团员，梁家乡毛子张庄人。1975年参加中国人民解放军，在北京军区基建工程汽车连当兵。不久，加入中国共产主义青年团。曾荣获军“尊师爱车模范”称号，受到表彰。1977年8月，他驾车在部队油库加油时，油库意外起火，他奋不顾身扑灭烈火，避免了一场重大火灾事故，为国家财产免受损失，献出了自己年轻的生命。部队追记一等功，并授予“模范共青团员”的光荣称号。《解放军报》、北京市广播电台也分别报道了谢成华的英雄事迹。

杨瑞亭（1893—1978）　原名杨凤亭。别名杨胜，早期共产党员，房寺镇南店村人，生在贫苦农民家庭，因祖辈受贫，他从小养成了忠厚耿直、好打抱不平的性格。

1925年，杨瑞亭无辜遭地痞陷害，被传至县署大堂受审。他愤怒异常，因“骂堂”被罚赔酒席，更激起杨瑞亭对反动当局的憎恨。回家后，他到处寻求为穷苦人争气的路。后来，经杨中一介绍，找到在本村任教的共产党员杨世荣，请求参加革命工作。1927年4月，杨瑞亭加入中国共产党，同年参加革命工作。季李胡店（即南店）党支部成立后，杨瑞亭任支部委员，积极进行中共党的活动。同年冬，他与杨中一在本村组织老人社，由穷人主理本村的婚庆丧祭。结束了地主、土豪借机向农民勒索财物的罪恶行为，深受群众拥护，得到地下党组织的表扬。

1928年春，穷苦农民杨金跃的妻子因生活所迫，不得不到地主地里采苜蓿吃，遭到地主殴打。杨瑞亭带老人社会员及部分乡亲200多人，持棍棒，严惩了地主恶霸，又将地主的苜蓿捋光，分给穷苦农民度饥荒。从此，季李胡店的地主恶霸再不敢横行霸道。继之，杨瑞亭带老人社会员，将一贯横行乡里、欺凌百姓的5名盐巡打死。此举激怒了禹城县县长盖景延，欲加严办，杨瑞亭豪不胆怯，反而带领400多名农民，到县公署围衙告状，要求惩办盐巡和地方首事。他又到各村奔走，倡议农民齐心抗粮、抗捐、抗出官车，均获得胜利，广大百姓拍手称快，反动势力异常惊慌。1929年1月，杨瑞亭任中共禹城特支负责人，在鲁北传播革命火种。1933年，中共禹城中心县委书记宋鸣时叛变，杨瑞亭等共产党人遭韩复榘缉捕，遂去淄博煤矿暂避。

1937年，七七事变后，杨瑞亭回禹城投入抗日，他在安仁加入了尉景平组织并领导的鲁西北抗游击第七大队，并担任政治主任，活动在禹城、高唐一带阻击日军。1938年，杨瑞亭随王克寇一起打入民团李惠民部，发展党组织和抗日武装。1939年，杨瑞亭任一二九师武装工作团政治主任，在禹城、高唐、茌平、齐河、恩县、夏津、武城、平原一带与日伪军作战。1948年，杨瑞亭因多年从事革命斗争，积劳成疾，经上级批准，回季李胡店任村党支部书记，在后方坚持中共党的工作。1951年，经谢觉哉批准，杨瑞亭调北京市民政局工作，在“文化大革命”中，他受到迫害，返回禹城。1978年11月16日，因病在济南去世，安葬南店村。

张巨涛（1896—1980）　原名张温川。禹城镇西街人。“五四”运动时，在济南一中学习，随爱国学生到街头进行爱国宣传。后又考入矿业学校。1924年毕业后在博山同兴煤矿实习一年，因父病辞职回家，在禹城县任高小教员。1927年，由李宗鲁、杨笙甫介绍加入中国共产党，在“第一高小”组织党支部、共青团支部，在学生中发展党、团组织。1927年秋，为禹城党支部代表参加鲁北县委召开的七县支部代表扩大会议，组织力量配合陵县农民革命暴动。1928年发展了孟一同、朱儒（秦致和）等一批共产党员。自1928年张巨涛便被国民党县党部所怀疑，县党部书记崔某多次找他谈话，进行威胁拉拢，都被他拒绝，不久将他调到建设局任技术员，使其与学生进行隔离，遭国民党反动派监视。从此，张巨涛便与党逐渐失去联系。

1930年夏，张巨涛到吉林省穆陵煤矿任技师。1931年到济南黄台羊角沟任水文站站长。1932年到博山悦升煤矿任矿师，后历任马道地采炭所、桃花峪分矿采炭所主任，利用职务之便掩护共产党员马凤元、杨中一、杨瑞亭、杨世荣等。在抗日战争和解放战争期间，做了许多对革命有益的工作。中华人民共和国成立后，被分配到临沂煤矿任工程师、总工程师。退休后，于1980年死于车祸。

冉祥胜（1953—1981） 一等功臣，舍己救人英雄。大程乡冉寨村人。1975年参加中国人民解放军。同年10月，加入中国共产党，任某部四连副连长。曾获“四会教练员”“技术能手”“神枪手”光荣称号。在对越自卫反击战中，因作战英勇，荣立三等功。1979年，他率四连三排战士同越军作战，荣立集体一等功。

冉祥胜关心战士比关心自己为重。平时，战士生病，他亲自照料，战士家中有难，他将自己省吃俭用的钱寄往战士家中，深受全连干部战士的尊重。1981年5月，冉祥胜带全连战士进行投弹训练时，一名新兵不慎将一枚拉响的手榴弹投在身旁不远处。千钧一发，冉祥胜跃起迅速将那战士按倒，又冲出去飞起一脚，欲将手榴弹踢出，手榴弹爆炸，冉祥胜当场负重伤，经抢救无效，献出了年轻的生命，被部队追记一等功。

李兰林（1910—1983） 华东地区、山东省劳动模范。辛寨乡后大刘村人。

李兰林，出身贫寒，无力上学，20岁便给地主扛活。1947年加入了中国共产党，带头斗地主、分田地，参加土改运动。同年10月，当选为党支部副书记，带领农民互助合作。1954年创立了27户的初级农业生产合作社，并任社长，带领群众改造生产条件。

1955年出席省劳模大会。1957年7月，他将本村初级农业合作社合为一起，成立了高级农业生产合作社，1958年当选为村党支部书记。

1960—1962年三年困难时期，组织群众生产救灾，与群众同甘共苦，并照顾五保老人刘氏4年多，直到去世。1961年，他以身作则，带头实干，采取开荒、种菜，加强农田管理等措施，提高粮食产量，改善人民生活。1962年农业生产遭涝灾，他领导社员积极抗灾，使粮食单产由1961年的105公斤增长到150公斤，向国家贡献6500公斤粮食。1963年被省授予劳动模范称号，也出席了华东地区劳模大会。

1965年，党和政府号召发展畜牧业，他住集体牛棚饲养牲口，总结饲养经验，推广全村。至1968年全村由8头牲畜发展到22头，皆膘肥体壮。他因此被评为县五届人大代表和先进工作者。

1970年，李兰林到社办砖窑厂任党支部书记，发展社办企业。1982年退职，1983年病逝于后大刘村。

谭锡三（1915—1983） 原名谭怀恩，禹城县抗日民主政府县长，中华人民共和国内务部社会司司长，张庄镇李元庄人。

谭锡三从小聪敏正直。1931—1933年在禹城城内小学上学时，经常阅读进步书籍，思想新颖，常在禹城《平民周报》上发表揭露社会的文章，因此在学校险些被反动当局逮捕。谭锡三小学毕业后，考入平原师范，因交不起学杂费，两年半辍学，到李功臣小学任教。1936年9月加入民族解放先锋队，在禹城开展抗日救国宣传活动。

七七事变后，谭锡三参加了禹城抗敌后援会。1937年9月加入中国共产党。之后，调鲁西北特委工作。1938年到河南驻马店参加军训学习班，年底结业，在鲁西北特委任警卫连指导员，在鲁西北地区进行抗日活动。1939年4月，谭锡三任中共禹城县委组织部长。9月县委决定以谭锡三为主组建抗日武装，不久成立除奸团，谭锡三任团长。后改为八路军一一五师武装工作团辖3个中队200多人，在齐河、禹城一带抗日除奸，威震敌胆，日伪军送号“谭阎王”。1940年，谭锡三任禹城抗日民主政府县长，兼武装工作团团长。同年10月，日伪军在长清、禹城、茌平一带进行“大扫荡”，抗日军队撤至外线活动。谭锡三只带四五个战士在内线发动群众对付敌人，声东击西同敌人周旋。同年底，谭锡三负重伤，转移到后方医院治疗。1941年7月，任运东实验区区长，带领抗日军民，主动出击，摸岗哨，打据点，除奸反叛，在远东地区影响颇大。

1945年至1949年10月，谭锡三任宁阳县县长，泰西行政公署科长。其间，发动群众支援前线，进行减租减息和土地革命运动，取得显著成绩，他带部队参加了济南战役，在战斗中负伤。中华人民共和国成立后，谭锡三调中央人民政府内务部社会司司长，主持全国城市经济福利工作。在贯彻执行中央关于禁烟、禁毒的指示中，他深入烟区调查研究，摸清问题，为中共中央、政务院草拟了《禁烟、禁毒的通知》，经中央、政务院批准后下发全国各地执行。他任司长期间，为发展人民的福利事业，竭尽心力帮助失业者和残疾人开展生产自救，受到好评。

1955年，谭锡三调任辽宁省物资局党委办公室主任。1956年任政协辽宁省委员会副秘书长，后任抚顺市民政局局长、物资局局长、石化局局长、党委书记等职。1983年8月5日，因病抢救无效，在大连去世，享年60岁。

李华林（1928—1984） 山东省劳动模范。辛寨乡李寨子村人。李华林出身于贫苦农民家庭。1949年7月加入中国共产主义青年团，任村团支部书记。1953年3月，李华林积极响应中共中央关于组织起来走集体合作化道路的号召，联络本村18户农民，带头成立初级农业生产合作社并任社长，被中共禹城县委命名为“李华林农业生产合作社”。同年5月，加入中国共产党。李华林注重农田井灌建设。他带领社员自力更生打砖井130眼，能灌溉粮田1000多亩，成为全县井灌面积最多的社，当年全社粮食获得丰收，李华林为发展农业生产合作社闯出一条新路。县委总结推广了李华林的办社经验，对全县农业合作化工作促进很大。同年底，他被评为山东省劳动模范。1954年4月，朝鲜金日成主席来信赞扬李华林农业生产合作社办社经验，并对李华林表示慰问。

1955年7月，李华林调县农业局工作。1957年申请回本村任职，先后任高级农业生产合作社党支部书记、村党支部书记等职。1980年年后，李华林因早年打井积劳成疾，久治不愈，下肢瘫痪，双目失明，于1984年8月2日在家去世。

庞　均（1914—1985） 原名庞正俊，别

名赵鸿飞。鲁西北早期抗日领导者，政协河北省委员会副主席。安仁乡东庞桥村人。生在农民家庭，他从小聪敏正直。1930 年在安仁第四高小上学时，受到共产党员孟一同老师的良好教育，经常阅读进步书籍，受到革命思想的启蒙，投身反帝反封建的学生运动，驱逐了学校反动校长。

七七事变后，在国难当头之机，庞均愤然从沾化县弃教回乡，参加了“抗日救国会”，在禹城一带传播革命思想。同年 9 月加入中国共产党。历任中共禹城县委政治交通员，禹城六区区委书记，八路军东进纵队先遣支队政治部民运干事，鲁西北特委交通科长、八路军一二九师武装工作团副团长等职，在禹城、高唐、临清、馆陶、邱县一带开展地下党工作，进行游击抗日。

1939 年 2 月，庞均任鲁西北三地委组织干事。他装扮成卖文具的小商人，秘密开展建党建军工作。次年 5 月，庞均任地委委员，与高唐县工委负责人韩宁夫一起，组建了中共高唐县第一届委员会，庞均兼任书记。半年后，成立了全县 8 处区委会及多处农村党支部，组建了高唐县六、七区两支游支队，开辟了高唐、恩县、平原、夏津四县边区抗日根据地，同时争取了以刘化璞为首的民团结成抗日统一战线，使鲁西北抗日形势得到迅速发展。以后地委在统战方面出现失误，庞均提出纠正意见，未被采纳，致使刘化璞等杂团投靠了国民党顽军并猖狂进犯根据地，抗日斗争受挫。不久，地委建立了敌工部，庞均任部长。他认真贯彻冀南区常委指示，在高唐、夏津、禹城等县秘密选派优秀共产党员，利用各种社会关系，打入伪政府和日军城防司令部，猎取情报。同时，建立了以高唐县房庙村为中心的 7 条鲁西北地下交通东线，并与渤海、运河西、鲁西等根据地的交通网络紧密联系在一起，为重新恢复开辟鲁西北、运东根据地奠定了基础。1942 年 6 月，庞均调禹城铁路工委任书记，以韩寨村为根据地，沿津浦铁路开展革命工作。同年 10 月去中共北方党校学习。

1943 年 10 月—1946 年 5 月，庞均任运东地委代理书记，兼运河大队政委、高（唐）平（原）县委书记及恩县县委书记。先在平原一带铲除 7 个伪据点，粉碎日伪军 3 次扫荡，打开了局面。庞均领导军民，巩固发展运东根据地。继之，集中兵力，又剿歼了恩县城周围十几个伪据点，旋又围攻恩县县城伪顽，一举克敌，活捉了伪县长王化三，使恩县人民得到解放。接着，组建了军分区基干二团。1946 年，庞均调任冀南二地委社会部长，兼专署公安处长和军分区司令员，配合山东部队解放济南，封锁阻击济南敌人向北逃窜，均做出卓越贡献。

1949 年任中共河北省衡水地委副书记、书记，兼军分区政委及司令员。1952—1969 年，任中共河北省委委员，邯郸地委书记，兼军分区政委，带领全区人民修建了大型水库 7 座，建成邯郸钢铁联合企业基地，对发展邯郸地区工农业生产起着重要作用。为此，毛泽东主席、周恩来总理、朱德委员长多次去邯郸地区进行视察，这些历史资料在有关毛主席、周总理的大型纪录片《世纪行》及其他纪录片被选用。

1969 年 10 月，庞均调河北省石家庄市工作，历任中共石家庄市委书记、顾问、中共河北省委委员，政协河北省委员会副主席等职，当选为中国共产党第八次全国代表大会候补代表。他始终如一地忘我工作，直到因心肌梗塞发作后病倒在工作岗位上，被中共河北省委命名为“革命的老黄牛”。1982 年因病离休。他以顽强的毅力和革命乐观主义精神同疾病作斗争，带病撰写了 4 万多字的地方党史和革命回忆录。1985 年 3 月 27 日，在石家庄市病逝，终年 71 岁。

石连生（1918—1989） 山东省禹城市张

枝梅村人，中共党员。1948年5月，参加渤海一军分区第一担架团，担任班长。在支前任务中，历经千辛万苦，辗转5个省，8个月行程5000公里。在淮海战役中，冒着敌人枪火，5次带领全班抢救伤员。他将所穿的棉衣撕掉一半做绷带，抽出棉絮做缚料，为伤员包扎伤口，使伤员转危为安。有一次，一名重伤员大小便不通，生命垂危，他立即用手把伤员的大便一点一点抠出，用嘴将小便吸出，使伤员转危为安。出色地完成了支前任务，所在担架团被华东支前委员会评为“模范担架团”，石连生被评为特等功臣。他的棉衣现陈列在淮海战役纪念馆中。1951年5月1日，应邀赴京参加“五一”国际劳动节观礼，受到党和国家领导人毛泽东、周恩来的接见。1955年年后，任村民兵队长、党支部副书记、书记等职。1989年4月病逝。

白　光（1919—1990）原名孙振江，山东省齐河县三区秦庄（今属山东省禹城市伦镇）人。生于贫苦农民家庭，1938年6月，参加抗日队伍，他闯敌阵，惩叛逆，机智破敌，被誉为“神八路”。1942年3月，加入中国共产党。在抗日战争和解放战争中，先后任区副队长、武工队长、县大队副大队长、独立营长、冀鲁豫军区团副参谋长等职。指挥和参加大小战斗百余次，执行锄奸惩叛特殊任务30余次。在战斗中，置生死于不顾，负伤3次，先后荣立2次一等功，2次特等功。1948年11月25日，冀鲁豫军区政治部授予“特级人民功臣”奖章和奖状，并授予“孤胆英雄”光荣称号。中华人民共和国成立后，先后任阳谷、寿张县武装部长、兵役局长，聊城军分区、菏泽军分区、德州军分区副参谋长等。

孙靖州（1914—1993）曾用名孙高阳、孙潜民、李超，禹城大孙庄人，中共党员。1933年1月，考入齐河乡村师范学校。1934年，受乡师教师、共产党员李尔重影响，接受革命思想，为进步学生组织首领之一。他在校内星期六自由演讲会上演讲，反对学校当局禁止学生阅读进步书籍，反剥削、反压迫，反对国民党当局对日本帝国主义的不抵抗政策，并与乡师进步力量一起进行罢课斗争。1936年毕业后，任四区油房村小学教员，1938年1月，参加在禹城建立的八路军一二九师独立旅武装工作团并任指导员，负责民运工作。1939年年初，工作团在曹庙（今属潘店镇）被日本侵略军打散，回到家乡继续开展抗日工作，同年5月，被中共鲁西区四地委（运东地委）任命为中共齐河县委书记，在党员很少，没有中共党的基层组织的情况下，首先建立起齐河县委，为以后迅速发展党员、建立中共党的基层支部和区委、建立党领导的县大队武装做了大量工作。同年9月，调运东地委机关工作，后到抗大分校学习。1941年1月后，历任齐河县一、四、五抗日区政府区长。1948年4月，任聊城地委党校支部书记。中华人民共和国成立后，先后任河南省新乡电厂秘书科科长、开封电厂办公室主任、河南省委工业部秘书、洛阳热电厂办公室主任、河南省电业局人事处副处长、中国铝业公司三厂党委书记、河南板桥国营农场党委书记、郑州牧业专科学校副校长、郑州市公安局干部、郑州市供电局副局长等职。1982年1月离休。1984年6月，享受厅局级待遇。1993年6月13日病逝。

程友光（1919—1995）原名庞守常，曾用名程光，禹城刘庄人，中共党员。曾就读于济南市齐鲁中学，毕业后担任过小学教员。抗日战争爆发后积极投身抗战，1938年4月，参加共产党地下外围组织“民先除奸小组”，曾在范筑先领导的33支队工作，后到冀鲁豫党校学习3个月，1939年年初返回后任中共禹城县六、七区区委书记，后任中共禹城县委组织部长，仍兼任六区区委书记。1940年6月，任中共齐禹县委书记，在极其困难的环境下，坚持宣传抗日、动员参军、发展党员、政权建设工作。1941年6月，去冀鲁豫轮训队学习，学习结束后返回齐禹，任抗日县政府民教科长，后任冀鲁豫区六分区行署政工校主任、聊城抗日民主政府秘书等职。解放战争时期，先后任黄河第四修防处副主任、东阿县民主政府民政科长、副县长，平原省水利局行政科长、人事科长、秘书主任等职。中华人民共和国成立后，历任一机部办公厅专家工作室副主任、电机部计划司年度计划处处长，一机部生产调度局电工处处长、九局一办处长、政治部培训办公室主任、政治部办公室副主任、通用研究所副所长。十年动乱期间下放到奉新博爱“五七”干校劳动，1975年12月任机械工业出版社印刷厂党总支书记。

赵林增（1915—1996）　禹城赵堂村人，中共党员，初中文化。1938年参加革命，任齐禹县六区赵堂村抗日村长，1940年5月，任六区武装委员会主任兼公安助理员、队长、指导员，1947年1月，任七区副区长、区长，1947年9月，任齐禹县二区作战指挥长兼区长。1949年2月随军南下江西，任进贤县二区区长，9月西进贵州，任镇远县一区区长。1951年8月，任剑河县副县长、县委副书记兼副县长，1956年5月，任剑河县委书记，12月，任黔东南自治州计划委员会副主任。1983年离休。1996年去世。

齐林山（1914—2003）　原名齐令山，曾名齐禹，禹城莒镇齐集村人，中共党员。早年在本村任小学教员，1937年10月，到潘店南李庄小学，与同学王信民、张汉民等成立“长清县十区教员学生抗日联合会”（简称教联会），任副会长，积极进行抗日宣传活动，利用方便条件对红枪会进行工作，引导红枪会拥护抗日。年底，经王信民介绍，齐加入“民先”，1938年初，被选为薛官屯红枪会团（亦称崇圣团）团长，后任13个红枪会团的总团长，使红枪会成为“教联会”的武装。5月7日，在“中共河北特支”的秘密领导下，长清县“抗日小学教职员联合会”在赵官镇成立，齐林山任副会长。10月8日，齐率领身着便衣的部队和部分红枪会的代表计2000余人，于上午10时包围国民党县政府和县大队，经半天战斗解除了他们的武装，并活捉县长李长依，史称潘家店农民暴动。1938年下半年，齐林山领导的抗日自卫团发展到4个营600余人，有长短枪500只、马40匹。12月，编为八路军平原纵队独立一团。冬，率独立一团和独立二团、5师工作团攻打齐河县三区伦镇（今属禹城市）据点，打死伪大队长吴廷章，活捉伪四区区长刘英亭，接着率部参加伏击津浦铁路晏城车站附近日伪运粮车。1939年3月5日，日伪军大扫荡后，率特务连仍在地方坚持抗日斗争；12月7日，率部袭击侵占禹城县下乡骚扰的日伪军，后任115师工作团副团长、禹城县抗日八区区长等职。1940年4月，到鲁西专署民政科工作。中华人民共和国成立后，历任山东省监狱副政委等职。1983年12月离休，2003年3月16日逝世。

李春学（1938—2007）　笔名田毅，禹城前寨子村人，中共党员，国家一级作家。1958年11月参加工作，1965年10月到上海戏剧学院进修编剧。历任高唐县京剧团编导、禹城县吕剧团编导、禹城县文化馆创作员、德州专

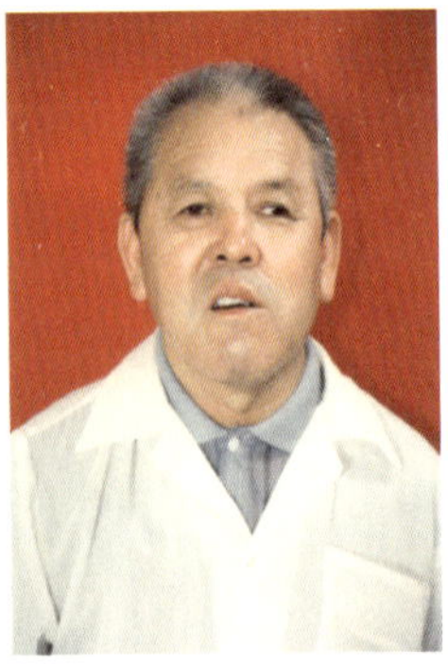

署文教局剧目组成员、德州地革委宣传组成员、山东省革委文化组戏剧创作组创作员（借调）、德州地革委文化组成员、德州地区文化局创作组组长、戏研室主任。1987 年 11 月任德州地区文联副主席、党组成员。1997 年 3 月任德州市文联调研员。1998 年 4 月退休。系中国作家协会会员，中国民间文艺家协会会员，山东省文联第四届委员，山东省作协第三、四届理事，山东省诗词协会理事，山东省政协第五、六届委员，德州市作家协会副主席。

主要著作有长篇小说《冰雪花》《魔鞭》《驯兽姑娘》等，剧本《献砖》《红帚歌》等。其中《冰雪花》获“全国优秀儿童读物奖”、山东省“新中国 50 年儿童文学奖”，《红帚歌》《新春》《珍珠》获省“剧本奖”，短篇小说《清清的潭水》获《牡丹》文学“一等奖”、《魔鞭》获“全国城市电台协作会文艺节目三等奖”。他曾两次荣获山东省“少年儿童先进工作者”称号，1988 年被评为德州地区首批专业技术拔尖人才。2005 年被评为“感动德州十佳人物”。2007 年 6 月 2 日，李春学病逝，享年 69 岁。

李克东（1917—2007） 原名路金策，曾用名路自强，禹城镇南街人，中共党员。1932 年考入济南齐鲁中学，在校期间积极参加学校党组织领导的抗日救亡运动，于 1933 年加入中国共产主义青年团，1934 年考入山东黄河移垦专科学校，1936 年春被派到历城黄河段工作，因参与黄河滩区农民反对国民党部队糟蹋庄稼的事件而遭国民党部队扣押，获释后被单位开除。1937 年秋后返回原籍，在禹城县七区、六区一带发展“民先”。1938 年春，调中共鲁西北特委搞情报工作，不久任情报站长；同年 6 月，经中共鲁西北特委组织部长尉京平介绍加入中国共产党，先后任中共禹城县六区区委书记、中共鲁西北特委组织部干事、机要交通科长等职；1939 年 3 月任中共禹城县委书记；9 月兼任中共齐河县委书记。同年冬，任齐禹县委书记；1940 年 7 月，任中共卫东地委候补委员、社会部长，因地委机关遭日本侵略军袭击，仍在齐禹工作，直到 1940 年秋才离开齐禹县。同年底，调中共山东分局社会部学习，1941 年 6 月，到张秋县张秋镇、阿城镇一带整顿党组织，后任张秋县公安局长、抗日民主政府县长、县委书记等职；1945 年 11 月，任昆（山）张（秋）东（平）汶（上）南（旺）五县办事处公安特派员。1946 年 1 月，任中共济宁市委委员、社会部长、公安局长。同年 8 月下旬，到中共冀鲁豫区党校学习，兼任组教科干事，后任一队队长，参加了区党委组织的土改工作团，任中共范县一区区委书记，领导土改工作。1949 年 4 月，任中共冀鲁豫区委职工科副科长、冀鲁豫区工会副主任，1949 年 10 月，任平原省总工会秘书长。1951 年 5 月调北京，任华北工会党组成员、工资部长，华北建筑工会主任，1954 年 5 月，被派往苏联学习，1955 年 5 月回国，后任全国石油工会副主席、党组成员。1958 年 12 月，任国家二机部第一设计院党委书记、院长，第十局副局长、十二局副局长、八局局长。1982 年 8 月离休后，任核工业部老干部工作委员会副主任。

杨传升（1948—2010） 禹城房寺镇人，中共党员，研究生学历，1967 年 9 月参加工作。1968 年 10 月至 1970 年 1 月，禹城县大程公社中学、房寺街中学教师。1970 年 1 月至

1971年3月，禹城县房寺公社工作。1971年3月至1973年8月在山东大学政治系学习。1973年8月至1976年3月任山东省委组织部干事。1976年3月至1984年2月任山东省人事局调配处干事、副科级干事。1984年2月至1985年3月任山东省人事局调配处副处长。1985年3月至1986年12月任山东省军转干部安置办公室主任。1986年12月至1992年5月任山东省人事局副局长、党组成员。1992年5月至1995年3月任山东省人事局（厅）副局（厅）长、党组副书记。1995年3月至1998年8月任山东省委组织部副部长，省人事厅厅长、党组书记，省机构编制委员会办公室主任（1994年 5月至1996年4月山东大学国政学院科学社会主义专业硕士课程进修班学习结业）。1998年8月至2000年12月任山东省委组织部常务副部长，省人事厅厅长、党组书记，省机构编制委员会办公室主任。2000年12月至2001年1月任山东省委常委、组织部常务副部长，省人事厅厅长、党组书记，省机构编制委员会办公室主任。2001年1月至2006年10月任山东省委常委、秘书长。2006年10月至2010年10月任山东省委常委、省纪委书记。中共十七大当选为中央纪律检查委员会委员。2010年10月15日19时39分，杨传升因病医治无效去世，享年63岁。

韩哲一（1914—2011）原名韩同臣、韩宝华，回族，禹城韩寨村人，中共党员，中共党的八大代表，第三、五、六届全国人大代表。1931年在黑龙江省黑河市参加抗日救亡活动。1932年经组织介绍赴苏联学习。1933年在苏联加入共产主义青年团（少共）。1934年，奉命回国，不久因叛徒出卖被捕。1937年出狱，当即回到家乡参加抗日。1938年8月加入中国共产党，后任八路军冀鲁边支队战地工作团团长，中共高唐、平原、禹城联合县委组织部长、副书记，夏津县抗日民主政府县长。1939年，任中共卫东地委委员、统战部长。1941年年初，根据对敌斗争需要，卫东地区归属冀南区党委领导后，调任鲁西濮县抗日民主政府县长。1943年年初，调任冀鲁豫边区政府工商局监委。1945年8月后，任中共冀鲁豫区党委经济部副部长，任中共冀鲁豫区党委委员、冀鲁豫行署副主任。1949年8月，冀鲁豫行署建制撤销后，建立平原省，任中共平原省委委员、平原省人民政府副主席。中华人民共和国成立后，任平原省人民政府主席。1951年12月至1953年6月任华北行政委员会委员、财经委员会副主任。1953年6月至1960年10月任国家计委副主任、经委副主任兼国家物资供应总局局长。1960年10月至1966年任中共中央华东局候补书记、书记兼经济委员会主任。“文化大革命”期间遭受迫害。1975年至1977年8月任上海市革委会计划统计组领导成员、工交组组长。1977年8月至1983年4月任中共上海市委书记，市革委会副主任，副市长。1983年4月至1988年4月任第六届全国人大常委会委员、财经委员会副主任委员。1988年4月至1993年4月任第七届全国政协常委、经济委员会副主任。2000年6月离休。2011年7月7日19时18分，因病医治无效，在上海华东医院去世，享年98岁。

刘志祥（1962—2011）禹城安仁镇刘庄村人，中共党员，大学学历。1984年7月毕业于山东经济学院，历任德州市经济开发区党工委委员、组织人事部长、党工委副书记、

管委会副主任、调研员，管委会常务副主任等职务。2008年2月任德州市教育局党委书记、局长。2011年8月，病倒在工作岗位上。2011年8月24日，刘志祥因病医治无效去世，年仅49岁。

姜虎文（1918—2011） 曾用名姜荣耀，禹城伦镇西街人，中共党员。1935年年初，参加齐河乡师的革命学潮，为进步学生组织负责人之一。同年齐河乡师毕业，后任小学教员。七七事变后，加入中华民族解放先锋队，在齐河县组织“民先”大队，任大队长。1938年年初，参加共产党领导的山东第六区抗日游击司令部第十二支队，任政治部上尉，后到聊城政治干部学校学习。聊城失守后，又到无粮店参加三十一支队。三十一支队在九龙口遭伏击后，11月在萝卜潘庄参加一二九师独立旅武装工作团，并由孙靖州介绍加入共产党，任工作团教育科长。1939年年初，带30余人到国民党齐河焦益三县政府搞国共合作。3月，工作团在曹庙被日军打散后，回到地方。同年5月，中共齐河县委成立，任县委委员，后打入伦镇日伪据点做地下工作。1941年，任齐河县大队指导员。抗战胜利后，任冀鲁豫六军分区二团组织干事，后任《冀鲁豫日报》《平原日报》编辑、秘书科科长。

中华人民共和国成立后，先后任政务院文教委员会定额组组长、中科院物理所办公室主任、基建局二部主任、新技术局基建处处长、空间中心副主任、遥感应用研究所所长等职，1982年8月离休。姜虎文于2011年8月22日去世，享年93岁。

张星南（1923—2012） 女，汉族，河南省邓县人，中共党员。1948年7月参加革命，1980年12月退休，1982年4月改为离休。离退休后的30多年间，义务为城市保洁道路1

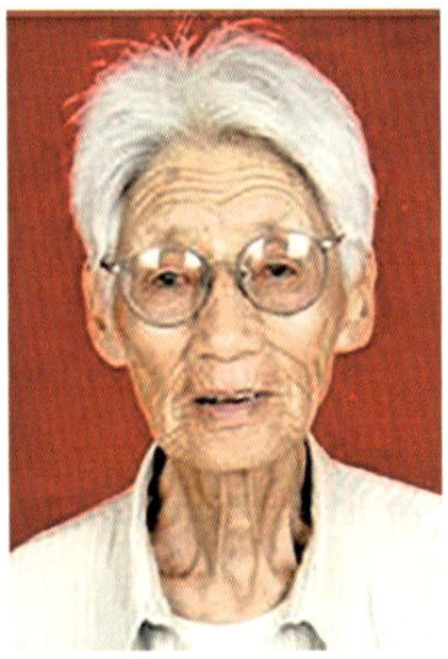

万多公里，培育苗木25万株，开垦绿地1万多平方米，为国家节约资金14万元；她省吃俭用，先后为社会公益事业、灾区、贫困学生累计捐款20多万元；先后4次，每次自愿向党组织多交纳党费，交纳1000元以上。病重期间，还让家人代交5000元特殊党费。

她先后获得“全国离退休干部先进个人”“全国老有所为精英奖”“山东省优秀共产党员”“山东省优秀离退休干部党员”“山东省三八红旗手”“山东省百佳文明市民”“十大感动齐鲁老人”“齐鲁百佳环保女性”等近百项荣誉称号。2012年9月13日张星南去世后，按照她的生前遗愿，遗体无偿捐献给山东大学齐鲁医院。

二、人物简介

（一）市级领导、部分企业负责人简历

张安民 男，汉族，1965年5月生，中共党员，大学学历，山东省聊城市人，1987年7月参加工作。

1983年9月至1987年7月在山东师范大学物理系学习；1987年7月至1989年9月任济南卫生学校教师；1989年9月至1991年12月任聊城地委统战部科员；1991年12月至1994年9月任聊城地委统战部一科副科长；1994年9月至2001年12月任聊城地（市）委统战部一科科长；2001年12月至2003年1月在聊城市委统战部任助理调研员、一科科长（2000年6月至2003

年1月挂任武城县政府副县长）；2003年1月至2008年2月任夏津县委副书记（2002年9月至2005年6月在陕西师范大学研究生班经济学专业学习，2005年6月获经济学硕士学位）；2008年2月至2008年4月任夏津县委副书记、代县长；2008年4月至2010年12月任夏津县委副书记、县长；2010年12月至2011年1月任德城区委副书记、代区长；2011年1月至2011年11月任德城区委副书记、区长；2011年11月至2012年1月任禹城市委书记、市委党校校长；2012年1月至2012年8月任禹城市委书记、人大常委会主任、党校校长；2012年8月至2014年10月任禹城高新区党工委书记，禹城市委书记、人大常委会主任、党校校长；2014年10月至2016年12月任德州高新区党工委书记，禹城市委书记、人大常委会主任、党校校长；2016年12月至2017年1月任德州高新区党工委书记、管委会主任（副厅级），禹城市委书记、人大常委会主任、党校校长；2017年1月任德州市政府党组成员，德州高新区党工委书记、管委会主任（副厅级），禹城市委书记、党校校长。

滕海强 男，汉族，1968年7月生，中共党员，经济学硕士，山东省宁津县人，1991年7月参加工作。

1987年9月至1991年7月在山东工业大学学习；1991年7月至1993年7月任宁津县计划委员会科员；1993年7月至1995年5月任宁津县政府办公室综合科科员；1995年5月至1997年7月任宁津县政府办公室秘书科副科长；1997年7月至1998年3月任宁津县政府办公室秘书科科长（副局级）；1998年3月至1998年12月任宁津县委研究室副主任；1998年12月至2000年12月任宁津县宁津镇党委副书记（1996年9月至2000年1月在中国人民大学经济专业在职学习）；2000年12月至2001年5月任德州市经济协作办公室副主任；2001年5月至2003年5月任德州市国内招商局副局长；2003年5月至2009年8月任德州市招商局党组成员、副局长；2009年8月至2010年4月任德州市经委党组成员、副主任；2010年4月至2012年11月任德州市经信委党组成员、副主任；2012年11月至2014年11月任德州市经信委党组成员、副主任兼市节约能源办公室主任；2014年11月至2016年12月任德州市经信委党组副书记、市政府节约能源办公室主任；2016年12月任禹城市委副书记、市人民政府代市长；2017年1月任禹城市市委副书记、市人民政府市长。

张　磊 男，汉族，1970年3月生，中共党员，大学学历，山东省莱西市人，1993年7月参加工作。

1991年7月至1993年7月青岛团校学生；1993年7月至1996年10月任青岛团校教师；1996年10月至1998年4月任青岛市委办公厅机要交通处科员；1998年4月至1999年1月任德州市委办公室督查科科员；1999年1月至2000年6月任德州市委办公室副主任科员（1996年9月至1999年7月就读山东青年管理干部学院经贸管理专业）；2000年6月至2002年1月任齐河县表白寺乡党委书记；2002年1月至2004年4月任平原县委常委、平原镇党委书记；2004年4月至2005年11月任平原县委常委、办公室主任；2005年11月至2007年1月任夏津县委副书记；2007年1月至2010年2月任宁津县委副书记；2010年2月至2010年3月任禹城市委副书记（主持市政府全面工作）；

2010 年 3 月至 2010 年 4 月任禹城市委副书记，市政府副市长、代市长；2010 年 4 月至 2010 年 5 月任禹城市委副书记，市政府副市长、代市长，高新区管委会主任；2010 年 5 月至 2012 年 1 月任禹城市委副书记，市政府市长、党组书记，高新区管委会主任，2012 年 1 月任禹城市委副书记、禹城市人民政府市长、党组书记。

荣红智 男，汉族，1974 年 10 月生，中共党员，经济学硕士，山东省宁津县人，1997 年 8 月参加工作。

1992 年 9 月至 1996 年 7 月青岛大学应用化学系高分子材料专业学生；1997 年 8 月至 2000 年 6 月任德州市外经贸局外资科科员；2000 年 6 月至 2004 年 3 月任德州市外经贸局办公室副主任（其间：2001 年 10 月至 2002 年 6 月在南京大学研究生课程进修班国民经济专业学习）；2004 年 3 月至 2007 年 10 月任德州市外经贸局办公室主任（其间：2004 年 9 月在南京大学政治经济学专业获经济学硕士学位）；2007 年 10 月至 2011 年 11 月任平原县政府副县长；2011 年 11 月至 2011 年 12 月任德州市德城区委常委，平原县政府副县长；2011 年 12 月至 2012 年 1 月任德州市德城区委常委；2012 年 1 月至 2014 年 1 月任德州市德城区委常委、副区长；2014 年 1 月至 2014 年 11 月任齐河县委常委、副县长；2014 年 11 月至 2014 年 12 月任德州市应用技术研究院管理中心党组副书记；2014 年 12 月至 2016 年 2 月任德州市应用技术研究院管理中心主任、党组副书记；2016 年 2 月任禹城市委副书记、市长。

李玉梅 男，汉族，1965 年 7 月生，中共党员，研究生学历，理学硕士学位，山东省

齐河县人，1984 年 7 月参加工作。

1980 年 9 月至 1984 年 7 月在山东农业大学农学系农学专业学习；1984 年 7 月至 1988 年 11 月任齐河县委办公室干事；1988 年 11 月至 1990 年 9 月任齐河县委办公室副科级秘书；1990 年 9 月至 1992 年 6 月在山东省委党校党政干部研究生班学习；1992 年 6 月至 1998 年 1 月任齐河县委办公室副主任兼信访办公室主任、研究室主任；1998 年 1 月至 1998 年 3 月任齐河县委常委、办公室主任；1998 年 3 月至 2003 年 1 月任武城县委常委、宣传部长（其间：1999 年 7 月至 2000 年 6 月在新加坡南洋理工大学商学院管理经济学专业学习）；2003 年 1 月至 2007 年 1 月任武城县委常委、组织部长；2007 年 1 月任禹城市委常委、纪委书记；2011 年 4 月至 2011 年 11 月任禹城市委常委、市委副书记；2011 年 11 月至 2012 年 1 月任禹城市人大常委会党组书记、第一副主任。

刘东顺 男，汉族，1963 年 10 月生，中共党员，研究生学历，禹城市人，1981 年 7 月参加工作。

1981 年 7 月至 1985 年 8 月任禹城县林业局技术员、科员；1985 年 8 月至 1987 年 7 月在德州师专干部专修科学习；1987 年 8 月至 1989 年 5 月任禹城县林业局办公室副主任；1989 年 5 月至 1991 年 11 月任禹城县辛店镇党委副书记；1991 年 12 月至 1994 年 2 月任禹城县（市）张庄镇党委副书记；1994 年 2 月至 1998 年 2 月任禹城市石屯镇党委副书记、镇长；1998 年 2 月至 2000 年 5

月任禹城市前油坊镇党委书记；2000年5月至2001年5月任禹城市梁家镇党委书记；2001年5月至2002年12月任禹城市市长助理、市建设局局长；2003年1月至2007年2月任中共禹城市委常委、秘书长、办公室主任；2007年2月至2010年3月任中共禹城市委常委、禹城市人民政府副市长；2010年3月至2012年1月任中共禹城市委常委、禹城市人民政府常务副市长；2012年1月任禹城市政协主席。

1995年被评为省级计划生育先进个人；2000年被评为德州市优秀党务工作者；2001年被评为省建设系统、德州市建设系统先进个人；2001年被评为第二届德州人民好公仆、禹城市十佳好公仆；2003年被评为禹城市“骏马杯”建功立业优秀人大代表、禹城市廉洁勤政先进个人；2004年被评为第四届德州人民好公仆、禹城市十佳好公仆；2006年被授予德州人民好公仆特别奖；2008年荣获德州市奥运安保“二等功”；2010年荣获德州市海河迎查“二等功”。

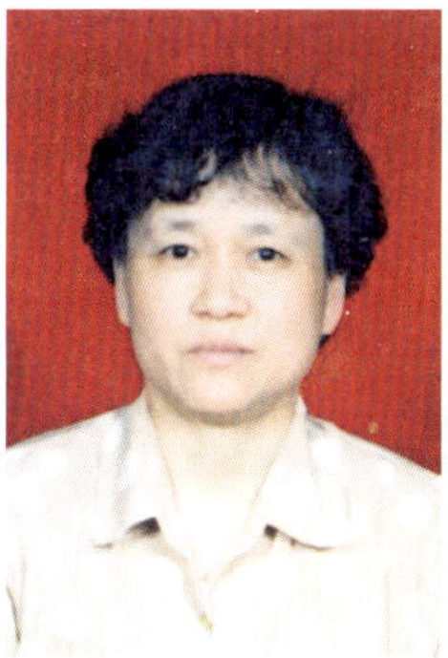

贾桂凤 女，1952年2月生，中共党员，大学学历，禹城市十里望回族乡徐庄村人。

1971年至1975年在禹城县禹城镇妇联工作；1975年至1977年任禹城县禹城镇党委副书记、管委会副主任；1977年至1990年历任禹城县伦镇党委副书记、书记；1990年至1992年历任禹城县委政法委副书记、书记、县委常委；1992年12月任禹城市委常委、纪律检查委员会书记；2001年2月至2003年2月任禹城市人大副主任；2003年2月任政协禹城市委员会主席；2007年2月退休。

张仁庆 男，汉族，1957年9月生，中共党员，大学学历，禹城市人，1981年7月参加工作。

1979年9月至1981年7月德州供销学校物价专业学生；1981年7月至1983年6月任禹城县外贸局物价员；1983年6月至1984年5月任禹城县外贸局业务股副股长；1984年5月至1989年7月任禹城县计委副主任（其间：1985年9月至1987年7月在南京大学干修科经济计划管理专业学习）；1989年7月至1990年4月任禹城县计委主任、党组书记；1990年4月至1998年1月任禹城县（市）财政局局长、党组书记；1998年1月至2001年2月任禹城市副市长、市政府党组成员（其间：1996年7月至1998年11月在社科院研究生院企业管理专业学习）；2001年2月至2003年1月任禹城市委常委、副市长；2003年1月至2007年1月任禹城市委副书记；2007年1月至2007年2月任禹城市政协副主席；2007年2月至2007年12月任禹城市政协副主席、党组书记；2007年12月至2012年1月任禹城市政协主席、党组书记；2012年1月任禹城市政协党组书记。

傅斌厚 男，汉族，1954年11月生，中共党员，大学学历，山东省济南市历城区人，1975年10月参加工作。

1975年10月至1982年10月在禹城水泥厂工作；1982年11月至1984年3月任禹城县委组织部干事；1988年4月至1993年8月任禹城县工商局副局长；1993年9月至1995年11月任禹城市工商局局长；1995年12月至1997年12月任禹城市经委主任、党组书记、市长助理；1998年1月至2001年1

月任禹城市委常委、宣传部长；2001年2月至2002年12月任禹城市委副书记；先后当选德州市第十五届、十六届人民代表大会代表；2003年1月至2011年11月任禹城市第十四届、十五届人大常委会主任、党组书记。

1992年荣获全省工商系统先进个人称号。连续5年获得德州市人大系统综合考评特等奖。组织编演的人大题材文艺节目，先后参加山东省纪念人大成立50周年文艺晚会和2007年全国人大机关迎新春联欢会。

纪书华 男，汉族，1963年4月生，中共党员，研究生学历，山东省平原县人，1982年7月参加工作。

1980年7月至1982年7月在德州师专政治系读书；1982年7月至1984年5月任平原县委党校理论教员；1984年5月至1987年1月任平原县委办公室秘书；1987年1月至1990年3月任平原县委办公室副科级秘书；1990年3月至1992年11月任平原县委办公室副主任；1992年11月至1995年11月任平原县张士府乡党委副书记、乡长；1995年11月至1998年12月任平原县张士府乡党委书记；1998年12月至2002年1月任平原县恩城镇党委书记；2002年1月至2003年1月任平原县委常委、县委办公室主任；2003年1月至2011年11月任禹城市委常委、组织部部长；2011年11月任禹城市委常委、市委副书记。

刘长民 男，汉族，1964年6月生，中共党员，研究生学历，山东省陵县人，1981年7月参加工作。

1978年10月至1981年7月在德州农校牧医专业学习；1981年7月至1983年5月任陵县郑集乡团委干事、书记；1983年5月至1984年

6月任共青团德州地委办公室干事；1984年6月至1988年11月任共青团德州地委宣传部副部长（其间：1985年9月至1987年7月在山师大干修班学习）；1988年11月至1989年2月任共青团德州地委宣传部部长；1989年2月至1994年4月任德州地委组织部办公室正科级巡视员（其间：1991年6月至1993年12月在中央党校经济专业学习）；1994年4月至1995年2月任德州地委组织部研究室主任；1995年2月至1995年8月任德州市委组织部研究室主任；1995年8月至2001年2月任德州市委组织部副县级巡视员、研究室主任（其间：1999年7月至2000年7月在新加坡南洋理工大学商学院管理经济学专业学习）；2001年2月至2003年1月任禹城市委副书记、组织部部长；2003年1月至2006年12月任禹城市委副书记、副市长；2006年12月至2010年9月任临邑县委副书记、县长；2010年9月至2013年6月任庆云县县委书记、县人大常委会主任、县委党校校长；2013年6月至2013年7月任德州市委常委；2013年7月任中共德州市委常委、政法委书记；2014年8月任德州市委常委、德城区人大常委会主任、区委书记。

先后撰写10多篇调研、理论文章在省市刊物上发表，并当选为山东省第十一届人大代表。

何连生 男，汉族，1961年10月生，中共党员，研究生学历，山东省武城县人，1981年7月参加工作。

1979年8月至1981年7月在山东省水利学校农水专业学习；1981年

7月至1984年7月任武城县水利局职员、秘书、团支部书记；1984年7月至1993年1月任武城县委组织部干事、办公室主任、干部科长（其间：1987年9月至1989年7月在山东大学干部专修科经济管理专业学习）；1993年1月至1995年5月任武城县委组织部副部长；1995年5月至1998年1月任武城县四女寺镇党委书记（1994年9月至1996年12月在山东省委党校函授学院经济管理专业学习）；1998年1月至1998年3月任武城县副县长；1998年3月至2003年1月任乐陵市副市长（其间：1998年9月至2000年7在山东农业大学研究生课程进修班学习）；2003年1月至2004年1月任禹城市委常委、副市长、市政府党组副书记；2004年1月至2007年2月任禹城市委副书记、市政府党组副书记；2007年2月至2011年4月任禹城市委副书记；2011年4月至2011年5月任德州市统计局党组副书记；2011年5月至2011年11月任德州市统计局局长、党组副书记；2011年11月至2013年3月任德州市统计局局长、党组书记；2013年3月任德州市委组织部副部长、德州市人力资源和社会保障局党组书记、局长，德州市社会保险中心主任（兼）。

刘洪贵　男，汉族，1969年11月生，中共党员，研究生学历，山东省夏津县人，1992年7月参加工作。

1988年9月至1992年7月在山东师范大学政教专业学习；1992年7月至1998年2月任禹城县（市）莒镇乡团委副书记、乡党委委员、纪检书记；1998年2月至1999年1月任禹城市张庄镇党委副书记；1999年1月至2000年5月任禹城市张庄镇党委副书记、镇长；2000年5月至2000年7月任禹城市李屯乡党委书记；2000年7月至2001年5月任禹城市李屯乡党委书记兼人大常委会主任；2001年5月至2002年1月任禹城市张庄镇党委书记；2002年1月至2004年1月任禹城市张庄镇党委书记兼人大常委会主任；2004年1月至2004年12月任禹城市副市长、市政府党组成员、张庄镇党委书记兼人大主任；2004年12月至2010年3月任禹城市副市长、市政府党组成员；2010年4月至2012年1月任中共禹城市委常委、政法委书记；2012年1月任中共禹城市委常委、市纪委书记。

宋士忠　男，汉族，1966年5月生，中共党员，大学学历，禹城市市中办西郭辛人，1983年7月参加工作。

1983年7月至1985年7月任禹城县伦镇供销社统计；1985年7月至1988年7月任禹城县伦镇供销社副主任；1988年7月至1990年5月任禹城县供销社食品厂厂长；1990年5月至1993年1月任禹城县大程乡党委委员、纪委书记；1993年1月至1993年9月任禹城县大程乡党委委员、副乡长；1993年9月至1994年5月任共青团禹城县（市）委副书记、党组成员；1994年5月至1995年12月任共青团禹城市委书记、党组书记；1995年12月至1996年1月任禹城市伦镇党委副书记；1996年1月至1999年1月任禹城市伦镇党委副书记、镇长；1999年1月至2002年1月任禹城市伦镇党委书记；2002年1月至2004年9月任禹城市高新区党工委书记；2004年9月至2004年11月任禹城市高新区党委书记、管委会主任；2004年11月至2005年2月任禹城市高新区党工委副书记、管委会主任；2005年2月至2006年6月任禹城市高新区党工委副书记、管委会主任（副县级）；2006年6月至2007年2月任禹城市高新区党工委副书记、管委会主任、纪委书记（副县级）；2007年2月至2010年4月任中共禹城市委常委、政法委书记；2010年4月至2011年11月任中共禹城市委常委、副市长；2011年11月任中共禹城市委常委、禹城市人民政府常务副市长。

王　健　男，汉族，1963年9月生，中共党员，研究生学历，禹城市人，1986年7月参加工作。

1986年7月至2006年4月历任禹城县张集乡农技站技术员、团委副书记、管区书记，禹城县（市）政府办公室秘书、综合科长、副主任、党组成员，禹城市委办公室副主任兼保密局局长，禹城市市中街道办事处党委副书记、主任、党委书记；2006年4月至2007年2月任禹城市政府副市长、市政府党组成员、市中街道办事处党委书记；2007年2月至2010年1月任禹城市委常委、市委秘书长；2010年1月至2012年1月任禹城市委常委、市政府党组副书记、禹城市高新区党工委副书记、管委会常务副主任；2012年1月任禹城市政府党组副书记，禹城市高新区党工委副书记、管委会主任。

闫秀丽　女，汉族，1972年1月生，中共党员，研究生学历，山东省平原县人，1989年7月参加工作。

1986年9月至1989年7月陵县师范幼师专业学习；1989年7月至1991年5月任平原县县直幼儿园教师；1991年5月至1993年3月任平原县王村店乡妇联主任；1993年3月至1995年12月任平原县炉坊乡妇联主任；1996年1月至2002年1月任平原县王凤楼镇副镇长；2002年1月至2004年1月任平原县张华镇党委副书记、镇长（2001年9月至2003年12月在山东省委党校法律专业学习）；2004年1月至2006年12月任平原县张华镇党委书记；2006年12月至2007年2月任平原县张华镇党委书记、人大主席；2007年2月至2011年11月任平原县委常委、宣传部部长（其间：2007年9月至2010年6月在山东省委党校法学理论专业学习）；2011年11月至2011年12月任禹城市委常委；2011年12月任禹城市委常委、宣传部部长。

周　亮　男，汉族，1969年12月生，中共党员，大学学历，山东省平原县人，1986年11月参加工作。

1986年11月至1996年1月平原县地方税务局工作；1996年1月至2007年11月先后任平原县三唐乡副乡长、平原镇镇长、腰站镇党委书记、龙门街道党委书记；2007年11月至2010年4月任平原县委常委、政法委书记；2010年4月至2011年11月任庆云县委常委、组织部部长；2011年11月任禹城市委常委、组织部部长。

杨洪利　男，汉族，1970年2月生，中共党员，大学学历，山东省青州市人，1993年7月参加工作。

1991年9月至1993年7月在山东工程学院电气技术专业学习；1993年7月至1996年

10月任德州地区于官屯乡团委书记；1996年10月至1997年7月任德州地区（市）于官屯乡长助理（副科级）；1997年7月至2001年11月任德城区委办公室科长（其间：1998年9月至2000年12月在中央党校函授学院政法专业学习）；2001年11月至2003年12月任德州市政府办公室秘书一科副主任科员；2003年12月至2004年5月任德州市政府办公室主任科员；2004年5月至2008年8月任德州市政府办公室秘书一科科长；2008年8月至2011年6月任德州市政府办公室副调研员、秘书一科科长；2011年6月至2011年11月任德州市政府研究室副主任（副县级）；2011年11月至2011年12月任禹城市委常委；2011年12月至2012年1月任禹城市委常委，市政府党组成员；2012年1月任禹城市委常委，市政府副市长、党组成员。

赵大鹏 男，汉族，1978年2月生，中共党员，大学学历，山东省枣庄市人，2000年7月参加工作。

1996年9月至2000年7月在山东理工大学汽车制造与设计专业学习；2000年7月至2001年11月任齐河县宣章屯镇镇长助理；2001年11月至2004年4月任德州市纪委、监察局办公室科员；2004年4月至2007年10月任德州市纪委、监察局副科级纪检监察员；2007年10月至2011年4月任德州市武城县县长助理（副县级）（其间：2008年4月至2008年6月在北京西城区挂职锻炼，任西长安街道办事处主任助理）；2011年4月至2011年11月任武城县政府党组成员；2011年11月至2011年12月任禹城市委常委；2011年12月任禹城市委常委、政法委书记。

王建国 男，汉族，1968年9月生，中共党员，研究生学历，禹城市张庄镇人，1988年7月参加工作。

1986年9月至1988年7月在山东农业大学农学系农学专业学习；1988年7月至1992年4月任禹城县土管局干事；1992年4月至1993年11月任禹城县委办公室干事；1993年11月至1994年10月在禹城市委组织部工作；1994年10月至1996年2月任禹城市委组织部干事；1996年2月至1997年5月任禹城市委组织部干部工作室副主任；1997年5月至1997年9月任禹城市委组织部干部工作室主任；1997年9月至1998年3月任禹城市委组织部干部工作室主任、副科级秘书；1998年3月至2003年2月任禹城团市委书记、党组书记（其间：1999年9月至2000年9月在南京大学研究生班国际金融与贸易专业学习）；2003年2月至2004年12月任禹城市辛店镇党委副书记、镇长；2004年12月至2007年3月任禹城市市中街道党委副书记、办事处主任；2007年3月至2010年7月任禹城市十里望回族镇党委书记；2010年7月至2012年1月任禹城市委办公室主任；2012年1月任禹城市委常委、市委办公室主任。

张振河 男，汉族，1972年5月生，中共党员，大学学历，山东省郓城人。

1990年3月至1991年3月济南军区步兵179团战士；1991年3月至1992年济南

军区高射炮兵旅宣传科报道员；1992年至1995年南昌陆军学院学员；1995年至1996年任济南军区防化团政治处新闻干事；1996年至1998年任济南军区防化团政治处群工干事；1998年至2000年任济南军区防化团政治处正连职宣传干事；2000年至2002年任济南军区防化团一连政治指导员；2002年至2003年任济南军区防化团政治处宣传股股长；2003年至2005年任济南警备区政治部宣传干事；2005年至2006年任济南市章丘市人武部政工科科长；2006年至2008年任济南警备区政治部宣传保卫科理论干事；2008年至2009年任济南陆军预备役高炮团政治处主任；2009年至2011年任济南警备区政治部宣传保卫科科长；2012年1月任禹城市人武部政委、党委书记。

1995年、2005年分别荣立三等功1次。

刘之荣 男，汉族，1969年3月生，中共党员，研究生学历，工学学士，山东省夏津县人，1991年7月参加工作。

1987年9月至1991年7月在莱阳农学院农业机械化专业学习；1991年7月至1993年5月在夏津县农机局拖修厂工作；1993年5月至2001年3月任夏津县纪委副科级检查员、办公室主任；2001年3月至2003年3月任夏津县纪委常委、正科级检查员、副书记（其间：2001年9月至2002年7月参加德州市委组织的南京大学研究生班，系统学习国际贸易知识，获得研究生学历；2002年3月通过全国司法考试，获得全国法律职业资格）；2003年3月至2007年3月任夏津县白马湖镇党委副书记、镇长；2007年3月至2007年11月任夏津县白马湖镇党委书记；2007年11月至2010年4月任夏津县南城镇党委书记（2007年11月当选夏津县十五届人大代表、德州市十六届人大代表；2009年1月当选德州市人大内务司法委员会委员）；2010年4月任禹城市人民政府党组成员、副市长（2010年5月被国际生态科学院授予生态科学博士学位）。

司红玉 女，汉族，1976年4月生，中国民主促进会会员，大学学历，禹城市辛寨镇后油坊村人，1999年9月参加工作。

1992年9月至1995年7月在禹城一中就读；1995年9月至1999年7月在山东师范大学就读；1999年9月至2011年3月任齐河电视台记者、副主任科员；2011年3月至2011年11月任齐河县监察局副局长；2011年11月任禹城市人民政府副市长。

张本勇 男，汉族，1969年7月生，中共党员，研究生学历，山东省济阳县人，1990年7月参加工作。

1986年9月至1990年7月山东省财经大学（原山东省经济学院）学生；1990年7月至1992年12月任德州地区外贸局业务科、计统科科员；1992年12月至1996年11月任德州地区外经贸委人秘科、外贸科科员；1996年11月至1998年6月任德州市外经贸委企管科副主任科员；1998年6月至2000年6月任德州市外经贸委办公室副主任；2000年6月至2000

年9月任德州市外经贸委主任科员、贸促会秘书长；2000年9月至2001年6月任南京大学研究生班学员；2001年6月至2007年11月任德州市外经贸局招商科科长；2007年11月至2008年8月任德州市外经贸局办公室主任；2008年8月至2010年3月任德州市外经贸局副调研员、办公室主任；2010年3月至2011年6月　任德州市商务局副调研员；2011年6月至2012年12月任德州市商务局党组成员、总经济师；2012年12月任禹城市人民政府副市长。

孙现旺　男，汉族，1970年8月生，中共党员，大学学历，山东省齐河县潘店人，1989年7月参加工作。

1989年7月至2005年3月在齐河县人民政府办公室工作，历任打字员、副科长、科长、办公室副主任、机关后勤主任；2005年4月至2007年11月任齐河县仁里集镇党委副书记、镇长；2007年12月至2010年4月任齐河县安头乡党委书记；2010年4月至2011年11月任齐河县华店乡党委书记；2011年11月任禹城市人民政府副市长。

程先清　男，汉族，1965年10月生，中共党员，大学学历，禹城市房寺镇人，1984年10月参加工作。

1984年10月至1986年9月步兵第二00师防化连战士；1986年9月至1988年7月北京防化学院学员；1988年7月至1991年12月任步兵第一三六师防化连排长；1992年1月至1993年6月任步兵第一三六师防化连副连长；1993年6月至1995年12月任步兵第一三六师防化连警卫连连长；1995年12月至1998年12月任步兵第一三六师直工科副营职参谋；1998年12月至1999年12月任步兵第一三六师善后办正营职参谋；2000年11月至2005年12月任禹城市人武部军事科科长；2006年1月至2007年12月任禹城市人武部副部长兼军事科科长；2008年1月至2012年12月任乐陵市人武部部长；2013年2月任禹城市人民政府副市长。

苗建东　男，汉族，1963年1月生，九三学社德州市委委员，大学学历，禹城市人，1983年7月参加工作，副主任医师。

1979年9月至1983年7月在泰山医学院学习获学士学位；1983年7月至1998年2月在禹城县（市）人民医院工作（其间：1988年8月至1989年8月在齐鲁医院神经内科进修学习；1993年2月任禹城县人民医院神经内科带头人，主治医师；1994年2月至1996年2月任禹城市人民医院院长助理；1996年2月至1998年2月任禹城市人民医院副院长、政协副主席）；1998年2月至2001年12月任禹城市人民政府副市长；2001年12月至2012年1月任夏津县人民政府副县长；2012年1月任禹城市人民政府顾问。

先后被山东省政府记抗击“非典”工作二等功；被德州市人事局、卫生局评为无偿献血工作优秀组织者；个人被九三学社德州市委评为优秀个人；他编写的《关于整合旅游资源，加大推介力度》提案被德州市政协评为优秀提案。

吴洪生 男，汉族，1964年5月生，中共党员，大学学历，山东省高唐县人，1983年7月参加工作。

1981年9月至1983年7月在德州粮校会统专业学习；1983年7月至1984年8月任禹城县城关镇粮所记账员；1984年8月至1987年9月任共青团禹城县委干事；1987年9月至1989年5月任共青团禹城县委办公室主任；1989年5月至1992年12月任禹城县来凤乡副乡长（其间：1989年9月至1992年6月在中央党校函授学院经管专业学习）；1992年12月至1993年10月任禹城县（市）委宣传部精神文明办副主任；1993年10月至1995年12月任禹城市委宣传部副区级干部；1995年12月至1999年1月任禹城市袁营乡党委副书记；1999年1月至2000年5月任禹城市前油镇党委副书记、镇长；2000年5月至2001年5月任禹城市李屯乡党委副书记、乡长；2001年5月至2002年1月任禹城市伦镇党委副书记、镇长；2002年1月至2004年12月任禹城市伦镇党委书记、人大主席；2004年12月至2007年2月任禹城市伦镇党委书记；2007年2月至2008年7月任禹城市高新区党工委副书记、管委会副主任、纪委书记；2008年7月至2010年1月任禹城市高新区管委会副主任，德州市新能源和国家生物高技术产业基地（公司）副主任（副总经理）（副县级）；2010年1月至2011年5月任禹城市政府市长助理、党组成员（副县级）；2011年5月任禹城市人民政府党组成员（副县级）。

王宝峰 男，汉族，1964年7月生，中共党员，大学学历，禹城市人，1981年7月参加工作。

1978年9月至1981年7月在德州农校农学专业学习；1981年7月至1982年7月任禹城县张集乡政府农技员；1982年7月至1988年5月任禹城县农业局能源办副主任；1988年5月至1991年6月任禹城县企业办公室副主任；1991年6月至1994年1月任禹城市（县）纪检委干事；1994年1月至1995年4月任禹城市纪检委办公室主任；1995年4月至1995年12月任禹城市纪检委常委；1995年12月至1998年2月任禹城市十里望乡党委副书记；1998年2月至2000年5月任禹城市来凤乡党委副书记、乡长（1993年9月至1998年7月在山东干部函授大学经管专业学习）；2000年5月至2001年5月任禹城市梁家镇党委副书记、镇长；2001年5月至2002年1月任禹城市李屯乡党委书记；2002年1月至2004年12月任禹城市李屯乡党委书记、人大主席；2004年12月至2007年2月任禹城市辛寨镇党委书记；2007年2月至2010年4月任禹城市市中街道办事处党委书记；2010年4月至2011年5月任禹城市政府市长助理、党组成员，高新区管委会副主任，德州市新能源和国家生物高技术产业基地（公司）副主任（副总经理）；2011年5月任禹城市人民政府党组成员，市政府顾问，高新区管委会副主任，德州市新能源和国家生物高技术产业基地（公司）副主任（副总经理）。

张　钊 男，汉族，1976年10月生，中共党员，大学学历，山东省武城县人，2000年7月参加工作。

1996年9月至2000年7月在烟台大学中文系汉语言文学专业学习；2000年7月

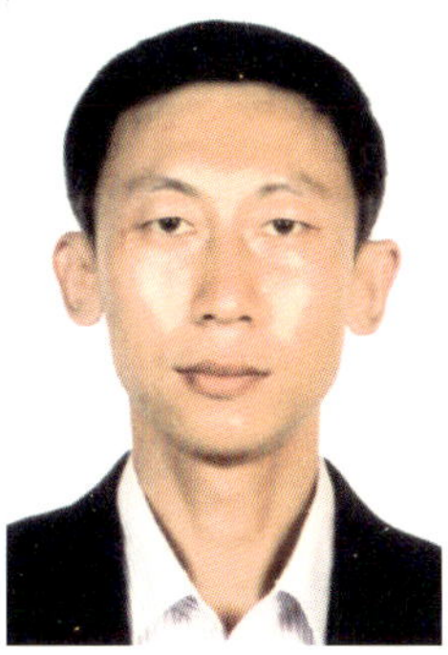

至2000年12月任德州市德城区运河街道办事处主任助理；2000年12月至2001年11月任德州市德城区团委办公室主任；2001年11月至2005年3月任德州市委组织部干部教育科科员；2005年3月至2008年7月任德州市委组织部干部教育科副主任科员；2008年7月至2011年8月任德州市委组织部干部教育科主任科员；2011年8月至2011年11月任德州市副县级干部（考选）；2011年11月任禹城市人民政府党组成员（副县级）。

张和田　男，汉族，1975年7月生，中共党员，研究生学历，山东省夏津县人，1995年7月参加工作。

1995年7月至2001年12月历任十里望回族乡团委副书记、党委组织委员（其间：1996年12月至2001年9月先后任郭庄、粉王管区书记；2001年9月至2002年7月在南京大学国际贸易系研究生班脱产学习）；2001年12月至2003年12月任禹城市张庄镇副镇长；2003年12月至2004年12月任禹城市辛店镇党委副书记；2004年12月至2007年12月任禹城市辛店镇党委副书记、镇长；2007年12月至2010年8月任禹城市辛店镇党委书记；2010年8月至2011年11月任禹城市市中街道办事处党委书记；2011年11月任禹城市人民政府党组成员。

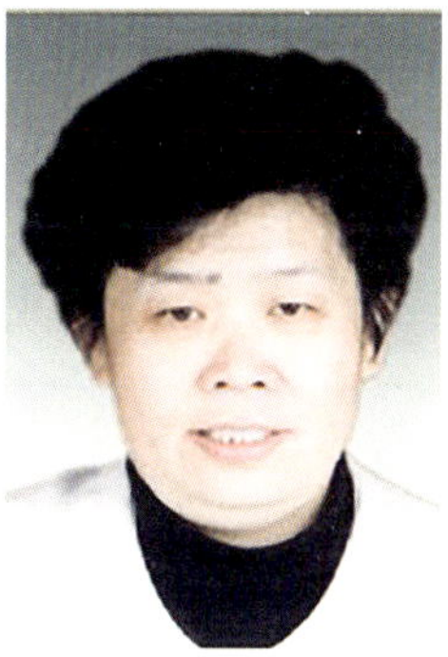

纪淑华　女，汉族，1958年4月生，中共党员，大学学历，山东省平原县人，1981年7月参加工作。

1977年6月至1978年10月平原县恩城缫丝厂临时工；1978年10月至1981年7月在德州农校果林专业学习；1981年7月至1984年4月任禹城县张庄公社妇联干事；1984年4月至1984年7月任禹城县张庄公社团委书记；1984年7月至1989年7月任禹城县张庄镇党委宣传委员、团委书记；1989年7月至1992年12月任禹城县张庄镇党委副书记；1992年12月至1996年1月任禹城县（市）禹城镇党委副书记；1996年1月至1998年2月任禹城市禹城镇党委副书记、镇长（1991年9月至1996年7月在山东干部函授大学经济管理专业学习）；1998年2月至2000年5月任禹城市石屯镇党委书记；2000年5月至2000年10月任禹城市禹石街道党委书记；2000年10月至2001年2月任禹城市禹石街道党委书记、人大主任；2001年2月至2001年12月任禹城市市委常委、禹石街道党委书记、人大主任；2001年12月至2003年1月任禹城市委常委；2003年1月至2007年2月任禹城市政府副市长、党组成员；2007年2月任禹城市人大常委会副主任、党组副书记。

崔玉华　男，汉族，1958年2月生，中共党员，大学学历，禹城市人，1976年7月参加工作。

1976年7月至1978年9月任禹城县袁营乡秦庄联中教师；1978年9月至1980年7月在齐河师范学习；1980年7月至1981年8月任齐河师范附小教师；1981年8月至1988年1月任共青

团禹城县委部长（其间：1985年9月至1987年7月在德州农村发展学院行政管理专业学习）；1988年1月至1989年5月任禹城县监察局科长；1989年5月至1990年3月任禹城县李屯乡党委副书记；1990年3月至1993年1月任禹城县房寺镇党委副书记；1993年1月至1995年4月任禹城县（市）房寺镇党委副书记、镇长；1995年4月至1995年12月任禹城市房寺镇党委书记、镇长；1995年12月至1998年2月任禹城市房寺镇党委书记；1998年2月至2000年5月任禹城市禹城镇党委书记（1995年9月至1998年7月在山东经济学院经济管理专业学习）；2000年5月至2000年10月任禹城市市中街道办事处党委书记；2000年10月至2001年2月任禹城市市中街道办事处党委书记、人大常委会主任；2001年2月至2002年2月任禹城市委常委、宣传部部长；2002年2月至2003年1月任禹城市委常委、宣传部部长、市报社主编；2003年1月至2007年2月任禹城市委常委、政法委书记；2007年2月任禹城市人大常委会副主任、党组副书记。

段昭基　男，汉族，1966年3月生，无党派人士，大学学历，山东省临清市人，1988年7月参加工作。

1985年9月至1988年7月在山东建材学院矿床开采系采矿专业学习；1988年7月至1994年1月历任禹城县（市）水泥厂技术员、车间主任、计量科长、调度主任；1994年1月至1994年8月任禹城市水泥厂副厂长；1994年8月至1996年4月任禹城市建材股份有限公司董事、副总经理；1996年4月至1999年1月任禹城市建材股份有限公司董事长、总经理（1995年9月至1998年7月在山东建材学院硅酸盐工艺专业学习）；1998年1月至1999年1月任禹城市政协副主席，禹城市建材股份有限公司董事长、总经理；1999年1月至2007年12月任禹城市政协副主席、计委副主任；2007年12月至2008年1月任禹城市人大常委会副主任、计委副主任；2008年1月任禹城市人大常委会副主任。

张风光　男，汉族，1960年7月生，中共党员，大学学历，禹城市人，1978年8月参加工作。

1978年8月至1979年9月禹城县民办教师；1979年9月至1981年7月在山东省警察学校学习；1981年7月至1990年1月任禹城县公安局侦察科侦察员；1990年1月至1992年1月任禹城县公安局侦察科副科长；1992年1月至1994年3月任禹城县（市）公安局刑侦科指导员；1994年3月至1995年4月任禹城市公安局刑侦科大队长；1995年4月至1998年3月任禹城市公安局副科级侦察员；1998年3月至2002年2月任禹城市公安局副局长、党组成员（其间：1999年9月至2001年7月在山东省政法管理干部学院法律专业学习）；2002年2月至2003年8月任禹城市公安局副局长、党委副书记（正科级）；2003年8月至2007年12月任禹城市公安局政委、党委副书记（2002年9月至2004年12月在山东省委党校法律专业学习）；2007年12月至2008年4月任禹城市公安局局长、党委副书记（副县级）；2008年4月至2008年12月任禹城市公安局局长、党委书记（副县级）；2008年12月至2011年5月任禹城市市长助理，公安局局长、党委书记（副县级）；2011年5月至

2011年12月任禹城市公安局局长、党委书记（副县级）；2011年12月至2012年1月任禹城市人大常委会党组成员，公安局局长、党委书记（副县级）；2012年1月至2012年5月任禹城市人大常委会副主任、党组成员，公安局局长、党委书记；2012年5月任禹城市人大常委会副主任、党组成员。

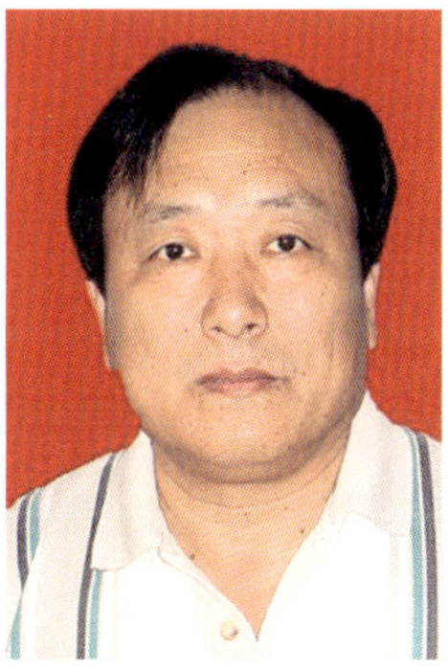

高富全　男，汉族，1959年10月生，中共党员，大学学历，禹城市辛寨镇贾楼村人，1981年7月参加工作。

1976年10月至1979年9月任禹城县房寺公社学大寨工作队队员；1979年9月至1981年7月在德州农校果树专业学习；1981年7月至1983年12月任禹城县大程公社团委干事；1983年12月至1984年5月任禹城县大程公社团委副书记；1984年5月至1987年5月任禹城县石屯乡副乡长；1987年5月至1989年7月任禹城县善集乡党委组织委员；1989年7月至1990年4月任禹城县善集乡党委副书记；1990年4月至1991年3月任禹城县善集乡党委副书记、乡长；1991年3月至1998年3月任禹城县（市）善集乡党委书记；1998年3月至2002年3月任禹城市土地管理局局长、党组副书记（1995年9月至1998年7月在山东经济学院经管专业学习）；2002年3月至2007年12月任禹城市国土资源管理局局长、党组书记；2007年12月至2009年10月任禹城市政协副主席、党组副书记，禹城市国土局党组书记；2009年10月任禹城市政协副主席、党组副书记。

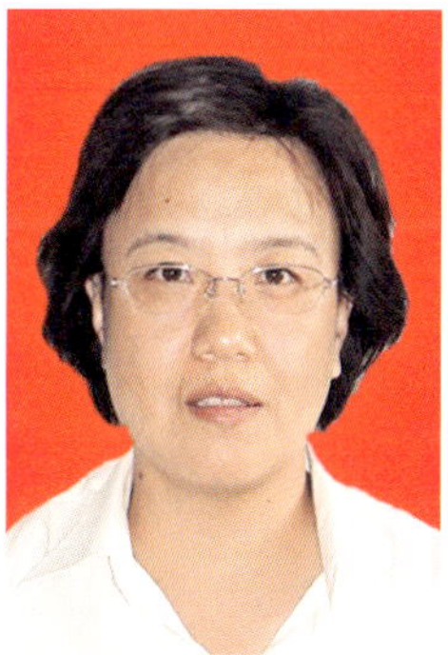

孙凤云　女，汉族，1964年10月生，2003年4月加入民盟，大学学历，禹城市房寺镇于王村人，1980年12月参加工作。

1980年12月至1988年10月任禹城县棉纺织厂职工（其间：1983年9月至1986年7月在山东广播电视大学工业企业管理专业学习）；1988年10月至1989年4月任禹城县车站棉厂会计员；1989年4月至1990年7月任禹城县石屯工商所市管员；1990年7月至1992年5月任禹城县车站油棉厂质检员；1992年5月至1994年7月任禹城县（市）经委工交科科员；1994年7月至1997年2月任禹城市贸委科员；1997年2月至1998年3月任禹城市贸委主任助理；1998年3月至2002年2月任禹城市贸委（贸易办）副主任（1997年9月至2000年1月在山东省委党校经管专业学习）；2002年2月至2004年12月任禹城市旅游局局长，贸易办副主任；2004年12月至2007年12月任禹城市旅游局局长；2007年12月任禹城市政协副主席。

李　艳　女，汉族，1963年3月生，无党派人士，大专学历，禹城市梁家镇李功臣村人，1984年7月参加工作。

1981年9月至1984年7月在聊城卫校中医专业学习；1984年7月至1997年12月任禹城县（市）禹城镇医院（市立医院）中医科医生（其间：1985年10月至1989年8月在山东中医学院中医专业学习）；1997年12月至2000年3月任禹城市中医院中医科副主任；2000年3月至2007年12月任禹城市中医院中医科主任；2007年12月任

禹城市政协副主席。

赵忠祥 男，汉族，1962年5月生，中共党员，大学学历，山东省阳谷县人，1980年1月参加工作。

1980年1月至1984年5月任禹城县农业局驻来凤乡农经员；1984年5月至1989年5月任禹城县人大常委办公室秘书；1989年5月至1992年12月任禹城县安仁镇副镇长、副书记；1992年12月至1995年12月任禹城县（市）房寺镇党委副书记；1995年12月至2000年5月历任禹城市袁营乡党委副书记、镇长、党委书记；2000年5月至2003年12月任莒镇乡党委书记；2003年12月至2007年9月任禹城市教育局局长；2007年9月至2009年10月任禹城市人民政府市长助理；2009年10月至2012年1月任禹城市委统战部部长；2012年1月任禹城市政协副主席，禹城市委统战部部长。

2010年被评为山东省统战“双基建设”工作先进个人。

周兴勇 男，汉族，1961年11月生，中共党员，大学学历，禹城市张庄镇人，1981年8月参加工作。

1979年8月至1981年7月在德州农业专科学校就读；1981年8月至1986年12月任禹城县李屯乡农业技术员、党委宣传委员；1987年1月至1989年12月任禹城县大程乡党委宣传委员、副书记；1990年1月至1993年1月任禹城县十里望乡党委副书记；1993年2月至1995年11月任禹城县（市）禹城镇党委副书记、镇长；1995年12月至2001年5月任禹城市十里望乡党委书记；2001年5月至2002年1月任禹城市民政局局长；2002年2月至2005年11月任禹城市劳动和社会保障局局长；2005年11月至2012年1月任禹城市财政局局长；2012年1月至2012年9月任禹城市财政局局长、禹城市政协副主席；2012年9月任禹城市政协副主席。

曾当选为禹城市第六届、第七届、第八届党代会代表；第七届、第十届人大代表；德州市第八届、第十届人大代表；曾被禹城市委、市政府授予模范党员、优秀党务工作者、廉洁勤政先进个人、先进工作者十几次；1994年被评为禹城市劳动模范；1995年、1997年、1999年、2000年4次被禹城市委、市政府记个人三等功；1999年被评为德州市人民好公仆和禹城十佳公仆；山东省政府表彰的民族团结工作先进个人、计划生育工作先进个人；国务院表彰的民族团结工作先进个人；2001年德州民政工作先进个人；2002年德州市劳动保障工作先进个人；2003年全省社会保险工作先进个人；2004年被山东省人事厅、省劳动保障厅记个人三等功；2005年山东省劳动保障工作先进个人；2006年德州市精神文明工作先进个人；2007年、2008年、2010年分别获德州市国防建设十佳个人荣誉称号。

韩 东 男，汉族，1969年1月生，无党派人士，大学学历，禹城市市中办东街村人，1991年参加工作。

1986年至1991年在滨州医学院临床医学专业；1991年至2001年在禹城县（市）人民医院外科工作；2001年12

月至2007年12月任禹城市人民医院外科副主任（其间：2005年晋升为副主任医师）；2007年12月至2011年12月任禹城市人民医院副院长；2011年12月任禹城市政协副主席。

陈怀军　男，汉族，1962年11月生，中共党员，大学学历，禹城市房寺镇陈寨村人，1983年7月参加工作。

1983年7月至1984年7月任禹城县公安局刑侦科侦察员；1984年7月至1988年3月任禹城县公安局秘书科干事；1988年3月至1992年3月任禹城县公安局刑侦科技术员（其间：1988年9月至1991年7月在山东省政法干部管理学院公安专业学习）；1992年3月至1993年9月任禹城县政法委干事；1993年9月至1995年12月任禹城县（市）政法委副书记；1995年12月至1998年3月任禹城团市委书记、党组书记（1994年9月至1997年7月在山东工程学院经管专业学习）；1998年3月至1999年1月任禹城市政府办公室副主任、党组成员，体改办主任；1999年1月至1999年5月任禹城市政府办公室副主任、党组成员，体改办主任，法制局局长；1999年5月至2000年3月任禹城市政府办公室副主任、党组成员，体改办主任，人防办主任；2000年3月至2001年2月任禹城市政府办公室副主任、党组成员，体改办主任，人防办主任，史志办主任；2001年2月至2002年2月任禹城市政府党组成员，办公室主任、党组书记，体改办主任，人防办主任，史志办主任；2002年2月至2007年12月任禹城市政府秘书长、党组成员，办公室主任、党组书记；2007年12月至2011年5月任禹城市政府秘书长、党组成员，办公室主任、党组书记，德州机电工程学校副校长；2011年5月任禹城市政府党组成员，办公室主任、党组书记，德州机电工程学校副校长。

丁立法　男，汉族，1970年11月生，中共党员，大学学历，山东省日照市人。

1987年10月在济南军区守备第六团特务连当战士；1989年11月任山东省军区龙洞仓库班长；1990年9月任济南陆军学院四大队学员班长；1992年7月任山东省军区龙洞仓库排长；1993年12月任山东省军区后勤部机关勤务副队长代队长，党支部书记；1996年5月任山东省军区后勤部机关士兵队正连职队长，党支部书记；1998年5月任山东省军区后勤部机关勤务队副营职队长，党支部书记；2000年8月任山东省军区综合仓库政治处干事；2001年3月任山东省军区晏城农场财务供应处副处长；2001年11月任济南军分区正营职干事；2003年3月任济南军分区教导队正营职教员；2005年1月任济南市长清区人民武装部副部长兼军事科长，党委委员；2007年1月任济南市历城区人民武装部副部长兼军事科长，党委委员；2008年1月至2012年1月任禹城市武装部政委。

耿曙华　女，汉族，1968年3月生，中共党员，大学学历，山东省临邑县人，1985年12月参加工作。

1985年12月至1995年4月任德州市中级人民法院书记员（其间：1988年9月至1991年6月在

全国法院干部业余法律大学法律专业学习）；1995年4月至2002年2月任德州市中级人民法院助审员（1993年9月至1996年7月在山东大学法律专业学习，1999年9月至2001年8月在山东大学宪法与行政法学专业研究生课程进修班学习）；2002年2月至2005年9月任德州市中级人民法院审监庭副庭长；2005年9月至2008年8月任德州市中级人民法院政治部教育培训处处长；2008年8月至2009年9月任德州市中级人民法院副县级审判委员会专职委员、政治部教育培训处处长；2009年9月至2011年11月任德州市中级人民法院副县级审判委员会专职委员；2011年11月任禹城市人民法院党组书记、院长。

王建勇 男，汉族，1960年12月生，中共党员，研究生学历，山东省平原县坊子乡张仁庄人，1978年12月入伍。

1978年9至1978年12月在平原县卢坊乡下乡；1978年12月至1981年12月，烟威军备区十四团战士；1981年12月至1982年8月任平原县机电公司副组长；1982年8月至1987年2月任平原县人民法院法警、书记员；1987年2月至1989年12月任平原县人民法院助审员；1989年12月至1990年9月任平原县人民法院副庭长；1990年9月至1993年3月任平原县人民法院审判委员会委员、庭长；1993年3月至1997年12月任平原县人民法院副院长、审委会委员（其间：1994年8月至1996年8月在山东省政法管理干部学院学习）；1997年12月至2003年1月任乐陵市人民法院党委书记、院长、九届乐陵市委委员、十届人大代表（其间：1998年9月至2000年7月在北京大学研究生课程进修班诉讼法学专业学习）；2003年1月至2011年12月任禹城市人民法院党组书记、院长、禹城市市委委员。2011年12月任德州市德城区人民法院党组书记、院长。

李春江 男，汉族，1963年10月生，中共党员，大专学历，山东省武城县人。

1980年9月至1990年9月在部队服役；1990年9月至2004年7月在德州市人民检察院工作；2004年7月至2007年2月任德州市检察院反贪污贿赂局副局长；2007年2月任禹城市人民检察院检察长。

2009年被山东省人民检察院记“三等功”1次。

李壮志 男，汉族，1975年2月生，中共党员，大学学历，山东省夏津县人，1989年11月参加工作。

1989年11月至1992年4月中国人民武装警察部队山东总队德州支队战士；1992年4月至1992年12月任禹城县公安局办事员；1992年12月至2006年6月在夏津县公安局刑警大队工作；2006年6月至2008年7月任夏津县公安局党委委员、副局长、主任科员；2008年7月至2008年8月任夏津县公安局党委副书记、副局长、主任科员；2008年8月至2012年4月任夏津县公安局党委副书记、政委；2012年4月至2012年8月任禹城市政府党组成员、禹城市公安局党委书记、局长、督察长；2012年8月任禹城市政府党组成员、禹城市公安局党委书记、局长、督察长（副县级）。

2009年被德州市委、市政府记建国60周年庆祝活动和十一运期间维稳工作个人三等功；2011年被德州市委、市政府授予“感动德州政法人物”并记个人二等功1次；同年被山东省公安厅记个人二等功1次。

穆大群 男，汉族，1972年3月生，中共党员，大学学历，山东省济宁市人。

1989年3月至1989年6月，26集团军炮兵第八师48团新兵营战士；1989年7月至1990年8月，26集团军炮兵第八师司机训练队学员；1990年9月至1993年7月济南陆军学院学员；1994年12月任26集团军炮兵第八师司机训练队排长；1995年1月至1999年10月任济南车材仓库业务处副连职参谋；1999年11月至1999年12月任平邑军械仓库勤务连政治指导员；1999年12月至2002年12月任军区装备部车船器材供应站正连职助理员；2002年12月至2004年12月任军区装备部车船器材供应站副营职助理员；2004年12月至2007年6月任军区装备部车船器材供应站副站长；2007年6月至2011年3月任军区装备部车船器材供应站站长；2011年3月任禹城市人武部部长。

王成平 男，汉族，1965年9月生，中共党员，大专学历，山东省齐河县人。

1983年10月在原武汉军区陆军第43军军直侦察连当战士；1984年8月在原武汉军区陆军第43军第二侦察大队当参战战士；1985年6月为信阳陆军学院学员；1987年8月任陆军第26集团军26师排长；1993年9月任山东省军区晏城农场副营职助理员；1996年7月任山东省军区禹城市人民武装部副营职参谋；1999年2月任山东省齐河县人民武装部军事科长、部党委委员；2006年2月任山东省庆云县人民武装部部长、党委副书记；2007年2月任山东省陵县人民武装部部长、党委副书记；2008年2月至2011年3月任禹城市人民武装部部长、党委副书记。

岳彩龙 男，汉族，1958年9月生，中共党员，大学学历，山东省聊城市莘县人，1975年6月参加工作。

1975年6月至1977年12月禹城县辛寨公社老寨子村下乡知青；1978年1月至1978年3月禹城县五金厂工人；1978年3月至1986年12月部队服役战士、教官；1986年12月至1990年12月任禹城县人民法院书记员；1990年12月至1991年4月任禹城县老龄办科员；1991年4月至2002年2月历任禹城县（市）石屯、梁家、辛店镇副书记、镇长、书记；2002年2月至2009年10月任禹城市民政局局长；2009年10月至2013年1月任禹城市委党校常务副校长。

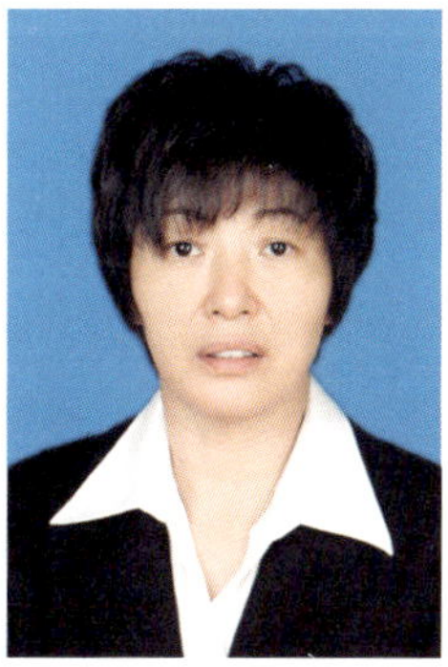

王新花 女，汉族，1964年10月生，中共党员，大学学历，禹城市张庄镇周奎禹村人，1983年7月参加工作。先后在禹城十里望供销社、大程乡、安仁镇、梁家镇担任会计、妇联主任、副乡长、党委

副书记、镇长、党委书记，禹城市人口计生局党组书记、局长、教师进修学校党支部书记。

1990—1992年连续三年荣获禹城县“三八”红旗手称号；1994—1995年荣获禹城市委、市政府机关岗位责任制工作先进称号；1997年，被德州市委、市政府荣记计划生育三等功；1999年，荣获“德州市优秀共产党员”称号；2003年被授予“禹城市人民好公仆”荣誉称号，被山东省妇联授予“省优秀科技服务工作者”；2005年被山东省妇女联合会授予省“三八”红旗手荣誉称号；2006年被德州市委、市人民政府评为“平安德州建设先进个人”，并荣立三等功；2009年被德州市委、市人民政府授予“计划生育工作先进个人”，并荣立三等功；同年，市人口计生局被德州市委、市人民政府荣记先进集体三等功。

李春厚 男，汉族，1964年3月生，中共党员，研究生学历，禹城市梁家镇人，1981年7月参加工作。

1981年7月至1984年10月在禹城县电业公司工作；1984年10月至1990年2月任禹城县委组织部干事；1990年2月至1992年11月任禹城县委组织部办公室副主任；1992年11月至1998年2月任禹城县（市）安仁乡乡长、党委书记；1998年2月至2000年5月任禹城市人程乡党委书记；2000年5月至2012年9月任禹城市审计局局长、党组书记；2012年9月任禹城市财政局局长、党组书记。

陈璞翌 男，汉族，1964年10月生，中共党员，大学学历，禹城市伦镇付庄人，1984年7月参加工作。

1984年7月至1989年10月历任禹城教师进修学校教师、教研组长、校团委书记；1989年10月至1995年12月历任禹城团委干事、少委会主任、团委副书记；1995年12月至2007年12月历任禹城市辛店镇党委副书记、副书记兼人大主席、副书记兼镇长、党委书记；2007年12月至2009年10月任禹城市国土资源局党组副书记、局长；2009年10月任禹城市国土资源局党组书记、局长。

2005年2月荣获禹城市委、市政府“2004年度乡镇（街道办、高新区）综合考核”先进个人，并荣立三等功；2006年7月荣获德州市委“优秀共产党员”；2009年1月先后荣获省国土资源系统先进个人、全省国土资源卫士、全省国土资源系统信访工作先进个人等荣誉称号。

王星云 男，汉族，1957年5月生，中共党员，大学学历，禹城市人，1975年10月参加工作，高级经济师。

曾历任禹城热电厂值长、厂办主任、副厂长，禹城新华实业集团总公司副总经理，1995年8月任山东福田药业有限公司董事长、总经理、党委书记，中国食品添加剂协会常务理事，中国发酵工业协会理事、多元醇分会副理事长，山东省食品添加剂专业委员会会长，德州市药学会食品应用专业委员会主任，德州市人大代表。

先后荣获全国轻工业劳动模范、山东省劳动模范、山东省富民兴鲁劳动奖章、山东省优秀党务工作者、中国食品工业优秀企业家、全国食品行业质量管理优秀领导者、全国食品行业科技进步优秀工作者、山东省企业管理优秀成果奖、山东省优秀新产品科技工作者、全省科技进步一等奖、山东省有突出贡献的中青年专家等荣誉称号，山东省省长质量奖提名奖。享受国务院政府特殊津贴。

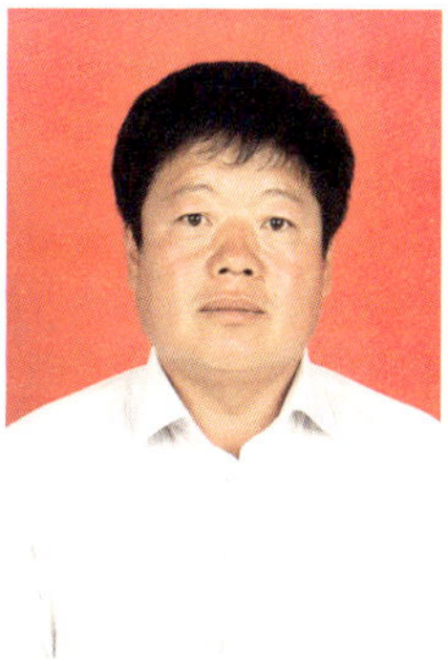

王富勇 男，汉族，1964年5月生，中共党员，高中学历，禹城市房寺镇邢店村人。

1975年至1977年在邢店村读初中；1977年至1980年在张庄镇中学读高中。1981年开始搞运输；1990年开始经营面粉厂；1994年开始规模养猪。1997年担任禹城市房寺镇邢店村党支部书记。2000年开始发展奶牛养殖。

先后荣获国家科技部“全国星火科技致富能人”“山东省十大孝星”“德州市十佳青年科技致富标兵”“德州市劳动模范”“德州市双十佳公仆”等荣誉称号。山东省第十届、禹城市第十四届人大代表，山东省第八次党代会党代表。

司兴奎 男，汉族，1953年5月生，中共党员，大专学历，禹城市房寺镇房寺街人，高级工程师。山东通裕集团有限公司董事长兼党委书记。德州市党代表、德州市人大代表、德州市工商联副会长。

荣获全国乡镇企业家、山东省机械工业优秀企业家、省级技术创新带头人、德州市专业技术拔尖人才、德州市优秀企业家、德州市功勋企业家、德州市劳动模范、德州市优秀建设者、德州市人民好公仆等荣誉称号，连年被德州市、禹城市荣记个人三等功。

程少博 男，汉族，1964年6月生，中共党员，博士，禹城市人，高级经济师，中国海洋大学管理学院兼职教授，山东龙力生物科技有限公司党委书记、董事长。

先后荣获国家技术发明奖二等奖、教育部科技成果完成者、山东省科技优秀成果一等奖、山东省“十大杰出青年”、山东省“优秀共产党员”“感动山东十大先模人物”、山东省“十佳知识型职工”、山东省富民兴鲁劳动奖章、山东十大财经风云人物等荣誉。

刘宗利 男，汉族，1966年9月生，中共党员，研究生学历，禹城市人，高级工程师。

曾任禹城棉麻公司办公室主任、禹城市供销社科长和副主任、禹城市经济贸易委员会副主任，1997 年任保龄宝生物科技有限公司董事长兼总经理、党委书记。兼任中国发酵工业协会副理事长、中国食品添加剂暨配料协会副理事长、国家标准委员会委员、山东省青年联合会常委，山东省第十、十一届人大代表，第十二届全国人大代表。

曾荣获第七届中国青年科技奖、山东省科技进步奖一等奖、山东省“富民兴鲁”劳动奖章，被授予山东省劳动模范、山东省有突出贡献的中青年专家、山东省优秀企业家、山东省十大杰出工程师、德州市功勋企业家、德州市首席专家等荣誉称号。2003年由国务院批准享受“政府特殊津贴”。

张步云 男，汉族，1949年1月生，中共党员，大专学历，山东省肥城市人，1969年7月参加工作，高级经济师。

1965年7月至1969年6月在济南第二机床技工学校学习；1969年7月至1970年11月在济南第二机床厂工作；1970年12月至1975年4月在南京军区6373部队军械所工作；1975年5月至2009年1月在济南二机床集团有限公司工作；2009年1月至2010年7月在济南新吉尔科技有限公司工作；2010年8月任山东迈特力重机有限公司总经理。

柴　猛 男，汉族，1976年10月生，中专学历，禹城市市中办柴庄人。

1999年至2001年禹城市织布厂工人；2001年至2006年禹城市防水工程公司工人；2007年至2009年任禹城市博创瑞天有限公司总经理；2010年任山东启航电器有限公司总经理。

（二）历届禹城县（市）委书记及禹城籍外地任职人物简介

孙清明 男，汉族，1933年9月生，中共党员，山东省商河县人，1949年3月参加工作。

历任民办教师，德平县税务所征收员、会计、副所长，中共德平县委组织部干事，中共商河县委组织部干事，齐河四清工作团分队指导员，中共商河县怀化公社党委副书记，中共商河县委组织部副部长、常委、组织部长，商河县革委政治部副主任。1967年5月至1969年8月下放农村劳动；1969年9月至1975年8月任中共商河县委、县革委政治部副主任、核心组副组长、主任、核心组长；1975年8月至1978年10月任中共商河县委副主任、副书记；1978年10月至1979年8月任邱集煤矿会战指挥部副指挥临时党委书记；1979年8月至1980年7月任中共齐河县委副书记；1980年7月至1984年1月任中共齐河县委副书记、县长；1984年1月至1988年9月任中共禹城县委书记；1988年9月至1992年6月任中共德州地委委员组织部长；1992年7月至1994年4月任德州地区政协工委主任、党组书记；1994年5月至1998年4月任德州市政协主席、党组书记。

蔚立臻 男，汉族，1944年10月生，中共党员，山东省汶上县人，1964年8月参加工作。

历任齐河县焦庙公社四清工作队队员，夏津县郑保屯公社团委书记，夏津县革委政治部干事，共青团夏津县委书记，共青团德州地委常委、副书记、党组成员，共青团德州地委书记、党组书记，德州地直机关党委书记、地区工会主任，禹城县委书记，德州市委（县级）书记，德州地委委员兼德州市委（县级）书记，德州地委副书记兼德州市委（县级）书记，德州市委副书记兼德城区委书记，德州市委副书记。1997

年12月任德州市委副书记、市人大常委会党组书记。1998年3月任德州市人大常委会主任。2005年任德州市关心下一代工作委员会主任。

2010年，被中国关工委评为全国关心下一代工作先进工作者。

李宝贵　男，汉族，1935年生，中共党员，初中学历，山东省武城县曹屯人。

1942年至1948年在武城县曹屯小学就读；1949年在恩城完小就读；1950年至1952年任曹屯供销社主任助手；1953年至1954年在武城县四女寺供销社任采购站站长、人秘股股长；1960年任东张庄党支部书记；1964年任四女寺公社张官寺总支书记；1965年任张士府公社组织委员；1966年至1970年任黄河涯公社党委书记；1970年至1976年任平原县腰站镇党委书记；1977年至1978年任平原县农业局局长；1978年至1982年任平原县农委副主任兼水利局局长；1982年至1986年任平原县副县长、常务副县长；1987年至1992年任禹城县县长、县委书记；1992年至1994年任德州市人大常委会副主任；1994年退休后担任德州市高速公路建设领导小组组长。

赵志录　男，汉族，1942年11月生，中共党员，大专学历，山东省临邑县人，1965年10月参加工作。

1971年5月任临邑县革委生产指挥部办公室干事；1975年6月至1980年9月历任临邑县兴隆、夏口公社党委副书记；1980年9月在山东经济学院干修科学习；1982年7月任临邑县商业局副局长；1983年2月任临邑县夏口公社党委书记；1984年3月任中共临邑县委常委、企政部长；1987年4月任中共临邑县委副书记；1990年1月任中共禹城县委副书记、县长；1992年7月任中共禹城县委书记；1993年10月任中共禹城市委书记；1995年3月任中共德州市委常委、纪律检查委员会书记；2001年1月任德州市人大常委会副主任、党组副书记。

张成道　男，汉族，1946年2月生，中共党员，大学学历，山东省夏津县人。

1961年7月在武城师范学校毕业，历任夏津县李楼公社小学教师、教导主任、代校长、少先队总辅导员，田庄公社团总支书记。1966年5月任夏津县委驻孔市村工作组组长；1966年10月任夏津县宋楼公社干事、党委副书记；1968年1月任济南军区坦克二十九团政治处干事；1972年5月历任夏津县工商局干部、白马湖公社管委会文书；1981年2月任夏津县白马湖公社管委会副主任；1981年9月在山东农学院干修科学习，党支部委员；1983年8月毕业后任夏津县后屯乡党委书记、县委委员；1987年4月任中共夏津县委常委、副县长；1992年7月任中共禹城县委副书记、代县长；1992年11月任中共禹城县委副书记、县长；1993年10月任中共禹城市委副书记、市长；1995年3月任中共禹城市委书记；1996年9月任中共德州市委常委、禹城市委书记兼党校校长；1997年12月任中共德州市委常委；1998年3月任中共德州市委常委、市政府党组成员；2000年10月任德州市人民政府副市长、市政府党组成员兼市委工交工委书记；2003年2月任德州市人大常委会副主任；2006年2月离岗。

德州市十三届、十四届、十五届、十六届人大代表。

李传武 男，汉族，1953年4月生，中共党员，研究生学历，山东省临邑县人，1976年8月参加工作，高级政工师、工程师。

1973年9月至1976年8月在山东化工学院化工系无机化工专业学习；1976年8月至1980年11月任山东化工学院教师、助教；1980年11月至1995年3月历任临邑五金厂技术员、助理工程师，临邑县化工厂生产科科长，临邑县化工厂党总支副书记、副厂长，临邑县化工厂党总支书记、厂长，临邑县工业公司经理、党委书记，临邑县石油化工厂代理厂长，临邑县石油化工厂厂长、党总支书记，临邑县石油化工厂厂长、党总支书记（副县级），临邑县委常委、副县长；1995年3月至2001年1月历任禹城市委副书记、副市长，禹城市委书记兼市委党校校长（其间：1996年7月至1998年11月在中国社会科学院在职硕士研究生班企业管理专业学习）；2001年1月至2002年1月任德州市委常委、德城区委书记、区委党校校长；2002年1月至2003年2月任德州市委常委、德城区委书记、区人大主任、区委党校校长；2003年2月任德州市委常委、政法委书记；1986年4月被授予“山东省劳动模范”称号。山东省七、八次党代会代表。

朱昌连 男，汉族，1957年1月生，中共党员，研究生学历，山东省乐陵市郑店镇朱家村人，1976年参加工作。

历任商河县奎台公社办公室文书、商河县委组织部干事、德州地委组织部干部科干事、副科长，禹城市委副书记、市长，禹城市委书记，德州市政府市长助理、党组成员，德州市组织部副部长、德州市人事局局长、党组书记，德州市编办主任、德州市委组织部常务副部长，德州市人大常委会副主任等职。1997年被山东省委、省政府记综合治理一等功。

陈永华 男，汉族，1954年1月生，中共党员，研究生学历，山东省夏津县人。

1973年1月至1976年10月任夏津县双庙公社民办教师、中鸭大队党支部书记；1976年10月至1979年7月任山东师范学院聊城分院中文系学生、学生会主席、党支部书记；1979年7月至2007年历任山东工学院二系教师；夏津县委办公室干事，朱庙公社党委秘书、副书记，新盛店镇党委副书记、镇长，共青团夏津县委书记，田庄乡党委书记，夏津县副县长，夏津县县委常委、副县长，夏津县委副书记、副县长、县长；乐陵市委副书记、市长；平原县委书记兼县委党校校长；禹城市委书记兼市委党校校长、高新技术产业开发区党工委书记；德州市副市级干部、市政府市长助理；2007年至2012年任中共德州市委常委、市总工会主席；2012年任德州市委、市政府特邀咨询，市总工会党组书记，主席。

1992年被山东省人民政府授予“城镇校改先进个人”称号。山东省八次党代会代表。

闫剑波 男，汉族，1971年12月生，中共党员，大学学历，山东省诸城人，1994年8月参加工作。

1990年9月至1994年7月在兰州大学地理科学系经济地理学与城乡区域规划专业学习；1994年8月至1995年10月任德州地区建委干事；1995年10月至1997年3月任德州市规划设计室主任；1997年3月至1998年9月任德州市建委城市规划建设管理科科员；1998年9月至1999年10月任德州市建委城市规划建设管理科主任科员；1999年10月至2000年12月任德州市规划处副主任、市建委城建科主任科员；2000年12月至2001年1月任德州市交通局副局长；2001年1月至2001年5月任德州市城市规划局局长；2001年5月至2005年2月任德州市建委副主任、党工委委员，城市规划局局长（副县级）；2005年2月至2006年12月任德州市建委副主任、党工委委员，城市规划局局长（正县级）；2006年12月至2007年2月任禹城市委副书记、副市长、代市长；2007年2月至2008年7月任禹城市委副书记、市长；2008年7月至2010年4月任禹城市委副书记、市长，禹城高新区管委会主任；2010年4月至2011年11月任禹城市委书记、禹城高新区党工委书记；2011年12月任山东省临沂市委常委、高新技术产业开发区党工委书记。

丁守义 男，1944年11月生，禹城市十里望镇后河村人。1962年师范学校理科毕业，高级工程师，先后在德州市水利局水利施工处任技术员、助理工程师、工程师、高级工程师、水利经营处副处长、总工程师等职。1997年被德州市政府评为“防汛抢险立功人员”；1998年4月被授予“山东省先进工作者”荣誉称号。

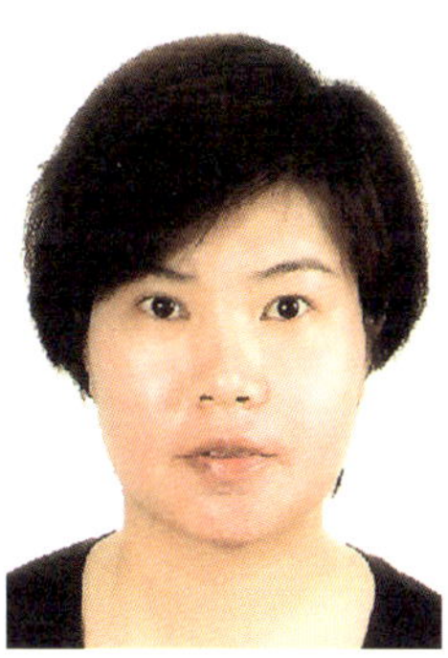

丁春丽 女，汉族，1976年4月生，中共党员，大学学历，禹城市人，2002年参加工作。

1998年9月至2002年7月在山东师范大学新闻系学习；2002年7月至2004年9月在财富时报任记者；2004年9月在大公报任记者、高级记者；2011年12月任大公报山东办事处主任助理。兼任山东省海外联谊会理事，济南市港澳投资企业商会常务理事。作品曾荣获山东省新闻奖二等奖、三等奖。

马胜奎 男，汉族，1937年1月生，中共党员，禹城市人，研究员。1962年山东师范学院化学系毕业。曾任德州地区教育局局长，德州师范专科学校党委书记，德州市人民政府副厅级督学等职务。1991年被国家教育委员会、国家计划委员会、劳动部、人事部、财政部授予全国职业技术教育先进工作者称号，山东省第六次党代会代表。

马　林 男，汉族，1951年生，中共党员，禹城市城关镇店子万村人。

1970年至1972年任山东生产建设兵团班长；1972年至1975年山东工学院冶金系学生；1975年至1982年任山东省冶金设计院助理工程师；1982年至1984年任山东省冶金工业厅计划处助理工程师；1984年至2003年历任山东省计划委员会工业处科员、副主任科员、主任科员、副处长、处长。2003年至2011年任山东省国资委省管企业监事会主席。2011年退休。

于冠深　笔名许是、许有之。男，汉族，1940年6月生，中共党员，禹城市房寺镇白塔寺前于庄人。

1955年于白塔寺小学毕业；1955年至1958年在禹城第一中学初中上学；1958年初中毕业后，进禹城棉花加工厂当学徒工，后进入禹城师范上学；1961年师范毕业后参加工作，在禹城第一中学教导处任教务员；1963年暑期升入山东师范学院（现山东师范大学）中文系读书，期间曾参加四清运动等；1967年大学毕业，分配到中共山东省委机关报《大众日报》社工作，先后任编辑、专职评论员，参加农业学大寨工作队等；1984年任文艺部副主任兼《时代生活报》副主编；1988年任《齐鲁晚报》总编辑；1990年任《大众日报》副总编辑、高级编辑，被评为山东省专业技术拔尖人才，享受国务院颁发的政府特殊津贴；2000年退职，2002年退休。任山东省老新闻工作者协会副会长、山东省杂文学会副会长。

2000年出版作品集《苔痕上阶》。2004年出版作品集《草色入帘》。

于雅歌　女，汉族，1957年9月生，中共党员，大学学历，禹城市人，德州学院音乐系副教授。德州学院音乐系党总支书记，中国音乐家协会会员，中国音乐家协会山东分会会员，德州市音乐家协会理事。山东省高等学校优秀党务工作者。德州市第六、七届政协委员。2000年以前承担德州学院西校区键盘、乐理课教学任务。

曾分别荣获山东省、德州市幼师专业键盘优质课讲课比赛第一名，市级优秀教师和德州市教学能手等称号。先后发表过《浅谈音乐音响与现实生活的中介环节》《浅谈音乐欣赏能力的自我培养》《〈浓笔淡墨，挥洒自如〉——试析肖邦与现实生活的中介环节》《浅谈音乐欣赏能力的自我培养》《〈浓笔淡墨，挥洒自如〉——试析肖邦〈#c小调幻想即兴曲〉》的和声特点、《浅谈浪漫主义与真实主义歌剧创作的不同特点》等多篇学术论文。其中《〈浓笔淡墨，挥洒自如〉——试析肖邦〈#c小调幻想即兴曲〉》的和声特点、《论非物质文化遗产在文化差异中的显现——以蒙古族长调民歌为例》等论文获山东省文化厅艺术科学优秀成果二等奖；《浅谈音乐音响与现实生活的中介环节》《从民族音乐学视角看蒙古族英雄史诗的演变》等论文获山东省文化厅艺术科学优秀成果三等奖。

于金芳　男，1961年生，禹城市人。

1979年12月入伍，历任排长、连指导员、师教导队教导员。1996年由部队转业到潍坊市政府重大项目办公室工作。

于永恩　男，汉族，1963年3月生，中共党员，禹城市李屯乡李屯村人。

1981年11月入伍内蒙古赤峰市巴林右旗大板镇81582部队。新兵下连被选为坦克二连文书，在同龄兵中较早加入了党组织，1984年被选入大连陆军学院学习，回部队后历任81582部队特务连司务员、坦克二连排长，81579部队军需助理员，81573部队后勤部政工科干事。1993年3月由于部队减编被分配到（转业）巴林右旗计生局工作。1996年6月调入组织部考核办工作。1999年11月至2004年6月任旗委组织员、组织室主任。2004年6月任内蒙古赤峰市巴林右旗委宣传部副部长。

在部队多次受嘉奖，荣立三等功1次。到地方后先后被评为旗计生先进个人、优秀共产党员、“三五普法”先进个人，还曾获工资晋级奖，赤峰市人民政府二等功等。所撰写的文章经常见诸报端和刊物，“草原上的小老树”一文被多家书刊所用。

王长阁　男，汉族，1933年9月生，中共党员，大学学历，禹城市齐窑村人，1947年4月参加工作，1950年11月入伍。1966年3月任济南军区总医院放射科副主任、主任军医。1980年12月任济南军区总医院医务部副主任兼保健办公室主任。同时任世界华人医学联合会常务理事，美国国际名医学会理事，中国科联北京教科文发展中心专家委员，东方名人研究院院士，中华成功者研究会研究员，中国管理科学研究院特邀研究员，香港新闻出版社名誉顾问，中国庐山交流中心研究员，《发现》杂志社副理事长和高级编审等职务。曾多次被评为积极分子、先进工作者、优秀干部、模范共产党员、军医标兵、自学成才标兵和技术革新标兵，荣立二等功4次，三等功9次，受到解放军总后勤部、济南军区、军区后勤部和山东省表彰20多次，两次被评为全军后勤部队先进工作者，荣获中华人民共和国卫生部颁发的“卫生医药技术革命先锋”奖状、奖章和共青团中央授予的“全国青年社会主义建设积极分子”荣誉称号。

被评为济南军区医疗保健工作先进个人。1999年12月被评为“当代华佗”；2000年1月被授予“世纪名医”和“千年名医”荣誉称号；2000年9月被世界科技专家与人才编委会授予“成功中国人”优秀人才称号；在第二届国际医药名人名药研讨会上获“名医成就奖”；2000年11月获美国诺贝尔医学研究院“优秀论文奖”；2002年5月获中国管理科学研究院《优秀论文》一等奖等，被载入《中国当代高级科技人才系列词典》《中国当代高级医师大全》《世界名医大全》《中国当代中西医名医大全》《世界名人录》《中国名医一万家》《中华英才大典》《跨世纪兴国精英大典》《当代中国名医论坛》和《开拓者的足迹》《中华之子》《中华骄子》《今日的辉煌》《世纪之光》等书，被中央军委授予“胜利功勋荣誉章”。

王嘉兴　曾用名王家兴，男，1934年生，中共党员，禹城市辛店镇王景吴村人。

1945年春在王景吴村初小上学；1950年1月考入陵县红家完小上学；1952年1月毕业，接着考入陵县德州地区第五远成师范学校读书，8月毕业，分到德州陵县抬头寺区芦家河小学任教师；1954年1月经区政府选送、考试合格后，到平原师范前师部十级一班上学，1956年7月毕业，后被保送到后师部五级四班继续学习深造；1959年2月被学校选送到本校举办的中学教师培训班中文科学习；1959年8月毕业后被组织上分到济宁地区邹县一中任语文教师；1962年8月经组织选送、考试合格后到烟台师范专科学校（烟台师范学校前身）政治科二班学习深造；1963年毕业到邹县函授师范学校任政治教师；1965年8月调中共邹县县委宣传部工作；1970年1月被安排到邹县军委政治部任秘书；1971年12月调县委办公室任秘书；1977年9月调邹县卫生局任副局长；1984年4月调县委党史办公室任主任；1986年6月调党史资料征集研究委员会任副主任；1989年12月调地方史志办公室任主任；1993年6月调回邹城市卫生局任调研员；1994年12月退休。

王方寿 男，1940年8月生，禹城市伦镇人。

1962年6月由济南师范学校应征入伍；1964年2月调入海军驱逐舰第一支队，分配到103舰当轮机兵，后调到101和104舰做军需工作，之后调到支队司令部任管理科科长；转业后任青岛市市北粮食局副局长。

王俊山 男，汉族，1940年9月生，中共党员，中专学历，禹城市莒镇乡小纸坊村人，1957年8月参加工作。

1952年夏到新乡市上小学；1953年随父到北京，在北京市培英小学、第25中学上学；1957年8月中学毕业后参加工作，后考入北京农业技术学校在职学习四年；1961年8月毕业分配到北京市公安局第五处，任政治处办事员、科员，"文革"后任五处团委负责人；1978年9月调北京市公安局七处（预审处）历任科员、办公室副主任、主任、预审科长、副处级警员、正处级调研员，并授予三级警监警衔。2000年11月退休。

1994年被评为北京市"抗癌明星"，多次被评为单位优秀共产党员、先进工作者，并多次受到嘉奖。

王绍荣 男，汉族，1947年11月生，中共党员，大学学历，禹城市人。

1967年8月至1975年9月任禹城县大程公社水利站水利员；1978年8月至1995年4月历任德州地区水利局技术员、助理工程师，德州地区水利局小王庄杨水站灌溉管理所副所长，德州地区水利局副局长、党委委员；1995年4月任德州市水利局长、党委书记；2001年2月任德州市人大常委会副主任兼市水利局党委书记；2006年7月任德州市人大常委会副主任。2008年1月离岗。

被水利部海委评为"治理海河三十年劳动模范"，被国家防总授予"全国抗洪抗旱模范"称号。德州市十三届、十四届、十五届、十六届人大代表。

王朝晨 男，汉族，1949年3月生，大学学历，禹城市人，1970年2月参加工作，高级工程师。

1957年7月至1960年6月在禹城县李屯乡读书；1960年6月至1963年9月在禹城县李屯乡联王高小读书；1963年9月至1967年9月在禹城县伦镇中学读书；1967年9月至1970年2月在山东济南电力专科学校读书；1970年2月至1975年9月在高唐发电厂任技术员；1975年9月至1984年11月任高唐发电厂生技科科长；1984年11月至1991年9月任高唐发电厂厂长（1984年9月至1987年11月在山东广播电视大学函授大专班学习）；1991年9月至2005年6月任高唐热电厂厂长兼书记（其间：1992年9月至1995年7月在山东广播电视大学函授本科班学习）；2005年6月任山东高唐热电集团有限公司董事长兼总经理。

2001年6月被评为"聊城市优秀企业家""高唐县优秀共产党员""山东省优秀企业家"；2002年8月当选为"山东省热力专家委员会委员"；2002年6月被评为"高唐县优秀共产党员"；2003年1月被评为"聊城市招标工作先进个人""高唐县第十四届人民代表大会代表"；2003年2月当选为"聊城市第十四届人民代表大会代表"；2003年5月被选举为

"聊城市专业技术拔尖人才"；2003年6月被中共高唐县委县直机关工作委员会评为"优秀共产党员"；2003年12月被选举为"高唐县第九届党代会党代表"；2004年2月被中共聊城市委、聊城市人民政府授予"三级明星企业经营者"称号；被中共高唐县委、高唐县人民政府评为"社会治安综合治理先进个人"，特记三等功和"明星企业家"；2004年7月被中共高唐县委县直机关工委评为"优秀共产党员"；2004年9月被中共高唐县委、高唐县人民政府评为"尊师重教先进个人"，同月获得聊城市"富民兴聊"劳动奖章；2005年2月被中共高唐县委、高唐县人民政府评为"明星企业家"；同时被高唐县科学技术协会评为"优秀科技工作者"；2006年3月被聊城市经济贸易委员会评为"资源综合利用工作先进个人"；2006年5月被评为"第十四届山东省优秀企业家"；2006年6月被中共高唐县委授予"优秀共产党员"称号。

王世平　男，汉族，1953年12月生，研究生学历，禹城市沙河辛村人，少将军衔。1972年11月入伍，历任战士、测绘员、作训参谋、作训股股长、作战处副处长、正团职秘书、作战处长、师参谋长、副师长、师长、13军装备部部长，四川省军区副司令员，昆明陆军学院院长。

1979年参加对越自卫还击战；1985年、1987年两次参加老山防御作战。1985年被南京高级步兵指挥学校评为"优秀学员"；1989年12月被成都军区司令部评为"十佳"参谋；2000年12月，被集团军表彰为"优秀旅团主管"。连续三年被成都军区表彰为"优等指挥员"。5次荣立三等功。

先后有30余篇理论研究文章在《军事学术》《军事》《西南军事通讯》《部队管理》《战旗报》等刊物上发表。其中《陆上进攻战役特点与战役指导》一文先后被《中国当代国防文库》和《中国新时期人文科学获奖成果精选》刊用；《坚持以"三个代表"重要思想为指导，进一步加强和改进部队管理教育工作》一文被《走向未来启示录》丛书收录；与人合著《高寒山地军事训练概论》被黄河出版社出版发行。

王文杰　男，1960年生，中共党员，禹城市人。

1981年毕业于山东建材学院水泥工艺专业，毕业后被分配到山东省建筑材料工业设计研究院工作。1981年至1983年在山东省建材设计研究院情报资料室工作，兼任山东硅酸盐学会秘书；1983年至1989年任《山东建材》杂志编辑；1990年至1994年任山东省建材设计研究院TQC办主任，兼《山东建材》杂志主任；1995年至1999年任《山东建材》杂志编辑部主任兼执行主编；2000年至2003年任山东省建材设计研究院院长。

1984年参与山东省科技发展预测调研项目，并主笔调研编写水泥工业篇，统筹完成《2000年山东省建材科技发展预测》报告，获山东省科技进步三等奖；1983年至1984年先后参与羊口贝壳生产白水泥，无棣磷石膏生产硫酸联产水泥等项目试验工作，参与部分水泥工程设计中的技术经济分析篇编写；1990年至1994年担任《山东建材》杂志编辑部主任期间，为科技期刊向市场做大胆创新尝试，在不改变期刊办刊宗旨前提下，使科技期刊达到自负盈亏，有效地将科技期刊与广告、印刷技术服务融合在一起，为山东省科技期刊，乃至于全国省级同类科技期刊提供了经验。

王吉胜　男，汉族，1961年2月生，中共党员，大学学历，禹城市瓜张庄人。1978年3月入伍。1978年3月汽车第一团四连战士；1982年4月任汽车第一团四连司务长；1983

年4月任总后青藏兵站部政治协理员办公室干事；1987年4月任汽车76团3连副政治指导员；1987年12月任总后青藏兵站司令部作训科参谋；1988年12月任青藏兵站部教导大队6队队长；1991年2月任青藏兵站部教导大队7中队副中队长；1991年5月任青藏兵站部司令部作训科副营职参谋；1993年7月任青藏兵站部司令部作训科副科长；1994年8月任青藏兵站部司令部战勤计划科副科长；1996年2月任青藏兵站部司令部政治协理员；1997年2月任青藏兵站部司令部战勤计划科科长；1999年1月任青藏兵站部西宁综合仓库政治委员；1999年6月任总后司令部战勤计划局正团职参谋；2002年6月任总后司令部战勤计划局副师职参谋。

先后多次受到嘉奖，两次荣立三等功。

王圣华　男，汉族，1963年8月生，中共党员，大学学历，禹城市人。

1980年9月至1982年7月在山东农业机械化学校农机化专业学习；1982年7月至1984年4月任禹城县安仁公社干事；1984年4月至1987年3月任禹城县安仁公社团委；1987年3月至1987年6月任禹城县袁营乡党委组织委员；1987年6月至1989年7月任禹城县前油坊乡党委组织委员；1989年7月至1991年2月任禹城县工会副主席；1991年2月至1992年12月任共青团禹城县委书记；1992年12月至1998年2月任禹城县（市）袁营乡党委书记；1998年2月至2000年10月任禹城市安仁镇党委书记；2000年10月至2000年11月任禹城市安仁镇党委书记兼人大常委会主席；2000年11月至2001年2月任禹城市新世纪工业园工委书记；2001年2月至2002年1月任禹城市副市长、新世纪工业园工委书记；2002年1月至2007年1月任禹城市副市长；2007年1月至2007年2月任齐河县委常委；2007年2月至2008年7月任中共齐河县委常委、齐河县常务副县长；2008年7月至2010年5月任齐河县委常委、常务副县长，德州市援川办副主任、前线指挥部总指挥；2010年6月至2011年5月任德州市政府副秘书长，市区域合作办公室主任，市援川办副主任，前线指挥部总指挥；2011年6月至2012年3月任德州市城管执法局局长；2012年3月任德州市委建设工委书记、市住房和城乡建设局党组书记、局长。

王清玉　男，汉族，1966年2月生，中共党员，研究生学历，禹城市伦镇人。1988年在德州学院任教；1990年在山东省电子职业学院任教；1992年到中共山东省委台湾工作办公室工作；2001年10月任中共山东省委台湾工作办公室人事秘书处副处长；2006年6月任中共山东省委台湾工作办公室经济处处长。

王冰欣　女，研究生学历，禹城市人。

1984年，禹城一中高中毕业后考入山东海洋学院（现中国海洋大学）外语系学习英语专业。四年中学业成绩始终为年级第一名，连续四年获一等奖学金。1988年9月，以优异成绩考入北京外国语大学，攻读英美文学硕士研究生课程，1991年3月毕业，获英美文学硕士学位。北外毕业后，到北京语言学院（现北京语言大学）出国留学人员培训部工作，成为一名大学教师；1993年7月至1997年7月任出国部英语教研室副主任；1997年9月至

1998 年 7 月作为访问学者到英国爱丁堡大学进修，回国后继续担任教研室副主任；1999 年 3 月被任命为外国语学院应用外语系副主任；2001 年 5 月被任命为外国语学院副院长；2003 年 3 月出国部从外语学院中分离，担任出国部副主任。

方　晓　原名方万智，男，1941 年 4 月生，禹城市人。

1955 年就读于济南第七中学；1958 年就读于北京市工艺美术学校，进修于鲁迅美术学院。毕业留校任教。1963 年在北京市装潢设计研究所任工艺美术师；1978 年赴香港考察“中国出口商品的包装装潢”；1986 年在北京大学第一家中外合资的电扬广告公司任创意总监；1987 年在北京广告公司工作；1988 年在中国对外经济贸易广告协会《国际广告》杂志社任美术编辑、副社长；1997 年赴法国参加第四十四届国际广告节，先后出访过美国、德国、荷兰、比利时、菲律宾等；1999 年赴台湾进行两岸广告交流。从 2000 年起编辑创刊《中国广告作品年鉴》，任艺术总监；2006 年创刊《中国终端营销展示年鉴》，任艺术总监。

长期从事装潢设计工作，专题研究商品装潢、包装结构、营销展示、外销市场。1997 年改进“印花台布”“绣花床单套”包装设计，在秋交会与外商一次成交，比改进前为国家多赚外汇 4 万多美元。为大衣呢设计“马踏飞燕”牌，荣获国家银奖。1985 年设计出口“麒麟牌电线”样本，获北京市包装装潢设计三等奖。1984 年设计工艺瓷器“六头茶具”“八马”包装，在全国工艺品包装展会上荣获二等奖。

依次理念创意的“上海桑塔纳”“奥迪 100”汽车报纸广告，打破“厂长介绍、实行三包”程式化局面，开辟报纸广告新篇章。集体创作的“四通使她露出轻松愉快的微笑”打字机报纸广告，在 1990 年全国广告作品展会上荣获二等奖。

邓甲胜　男，1943 年 10 月生，中共党员，大学学历，禹城市人，高级工程师。

1964 年于禹城一中毕业后，考入西安石油学院机械系化机专业学习。大学毕业后分配到齐鲁石化公司第一化肥厂工作，历任技术员、车间主任、副总工程师、副厂长兼总工程师。1986 年参加了德州化肥厂一期工程设计审核工作。1990 年受中国石化派遣赴孟加拉国波拉什化肥厂，对该厂的大修、改造进行技术服务，圆满完成任务。受到受援方和中国驻孟加拉使馆的高度赞扬。2003 年退休。

邓汉武　男，1954 年 9 月生，中共党员，禹城市莒镇乡人，中级职称、农艺经济师、副师职。

1972 年 12 月入伍，1978 年 6 月提干，在中国人民解放军第二炮兵 96151 部队副食品生产基地工作，历任战士、班长、排长、副连长、连长、副营长、营长、副场长（副团职）、场长（正团职）上校。2006 年 4 月退休。

先后荣立三等功 6 次，多次被军师级单位评为先进。

邢　雁　男，汉族，1929 年生，中共党员，大学学历，禹城市邢庄人，1946 年参加工作。1946 年任禹城县武装部政工组长，后任中共禹城县委副书记，团德州地工委副书记。1954 年调京，在中央团校学习。1955 年调《中国青年报》历任部主任、编委、副总编辑。1971 年任《红旗》杂志社临编组第一召集人、编辑部负责人。1981 年任国家对外文委宣传司负责人，文化局外联局参赞。1984 年调《人民画报》社任副社长、代社长、社长兼总编辑，中国画报出版社社长、总编辑。1992 年调任中国老龄问题全国委员会副主任、《中华老年报》总编辑，中国老年大学协会副会长。1996年离休。任中国画报协会会长，世界孔子协会最高顾问，日中韩经济贸易促进协会高级顾问，中国管理科学研究院人文科学研究所顾问，内蒙古科技大学教授。

邢庆杰 男，汉族，1970年生，禹城市人。国家一级作家，山东省作协签约作家，鲁迅文学院第二十一届高研班学员。在德州市文联工作。中国作协会员，山东省作协全委委员，德州市作协主席。在《人民文学》《文艺报》《文学界》《北京文学》《山花》《小说界》《解放军文艺》《雨花》《朔方》《飞天》等全国200多家报刊发表小说作品200余万字。100余篇作品被《小说选刊》《作家文摘》等杂志转载。作品入选《2008年中国短篇小说经典》等100多种海内外选本。

获“山东省第二届泰山文艺奖”（文学创作奖）等30多个文学奖项。出版小说专著《善良的回报》《百年魔咒》《寻找心跳或者激动》《电话里的歌声》《母爱的震撼》等22部。德州市首批文化英才，首批文化名家。2012年被评为“德州市有突出贡献的中青年专家”。

吕纪华 男，汉族，1940年10月生，中共党员，大专学历，禹城市人。

1961年9月至1962年12月任临邑师范学校教务处教导员；1962年12月至1965年8月任德州专署文化局干事；1965年8月至1968年11月任中共德州地委宣传部干事；1968年11月至1969年8月任德州地区“五·七”干校学员；1969年8月至1970年3月任德州地区整党办公室干事；1970年3月至1976年8月任中共德州地委政治部办公室副主任；1976年8月至1987年8月任德州地区体育运动委员会副主任；1987年8月至1992年10 月任德州地区工商局党组成员、副局长；1992年10月至1993年12月任中共德州地委党史资料征集委员会主任；1993年12月至2000年12月任德州地区（市）工商局调研员。2000年12月退休。

刘东华 男，汉族，1930年11月生，中共党员，禹城市人，经济师。

1937年在禹城县第一区西大桥初级小学校上学；1943年在禹城县县立师范附属高级小学校学习；1945年在第十七联合中学郝屯中学学习；1947年在禹城县城关区西大桥初级小学校当教员；1949年1月在陆军第99师296团3连当战士；1951年12月至1954年6月在空军第五航空学院学习和工作；1955年6月至1981年2月在空军第七航空学院工作，先后担任飞行教员、飞行副中队长、飞行中队长、射击副主任、领航主任、航行科科长等职务；1981年12月调往山东省粮食厅办公室任副主任；1983年10月在山东省粮油贸易公司任副经理。1990年12月离休。

刘克夫 男，1937年2月生，禹城市莒镇乡小纸坊村人。

1947年在东村上小学，加入儿童团，当班长；1950年在莒镇小学上高小，加入少先队，当队长；1953年6月小学毕业，8月在乡政府参加征购粮食，10月在莒镇供销社当售货员；1955年3月应征入伍，参加中国人民解放军，在刚到县华中时，由乡文书和县团委书记介绍加入共青团，先到山东周村新兵训练团训练3个月，6月在旅顺基地海军训练学习舰艇技术专业，被嘉奖一次；1956年1月在青岛海军第五海校学习，被嘉奖1次；1957年8月结业，先被分配到扫雷舰，后又调到护卫舰当炮手，被评为“技术能手一次”“五好战士”3次；1960年6月调到北京海军第五研究所当试验员、保密档案员，后又任命为干部、军务参谋等，被荣立“三等功”1次；1965年9月去河北省黄骅县搞四清；1966年6月回到北京。1979年7月在海军新组建的特种汽车修理厂任副厂长、党委委员，定为技术八级；1986年3月调到海军后勤部政治部，任正团职；1991年3月退休。退休后被返聘到海后老干部办公室工作，1998年被评为“海军先进老干部”。

刘长俊 男，1941年生，中共党员，禹城市辛寨镇辛寨街人。

1959年应征入伍，历任战士、班长、参谋、秘书、科长等职；1981年转业到地方工作，历任山东省委办公厅信访处长、人事处副处长、机关党委副书记，山东省供销社党组成员、纪检组长、机关党委书记、副主任等职，高级政工师。

刘玉江 男，汉族，1943年生，中共党员，禹城市人，高级经济师、高级政工师。

1959年入伍，历任班长、排长、连指导员，营教导员、团政治处主任等职。1981年由部队转业到德州地区燃料公司，1984年主持企业全面工作。山东黑马集团有限公司董事长兼全国燃料协会副会长、山东省燃料流通协会副会长，省物流与采购协会副会长、德州市政协常委、德州市政协委员企业家联谊会名誉会长、德州市质量技术监督局行风监督员、德州市红十字会副会长。

先后被授予全国模范军队转业干部、山东省优秀共产党员、山东省优秀党务工作者、山东省企业管理创新优秀人才等多项荣誉称号，获山东省富民兴鲁劳动奖章、省五一劳动奖章。山东省第七次党代会代表。

刘怀志 原名刘玉连，男，1945年2月生，中共党员，大学学历，禹城市人，高级工程师。

1965年在禹城一中毕业考入大连海运学院轮机系轮机管理专业；毕业后于1970年分配到石油工业部六四一厂海洋勘探指挥部工作（天津市塘沽区）；1970年7月至1973年3月在50吨浮吊滨海101号上工作，并接受工人阶级再教育；1973年至1977年7月任渤海2号自升式钻井平台机械技术员；1977年7月至1977年11月任渤海4号自升式钻井平台机械技术员；1977年11月至1980年在大连红旗造船厂监造渤海3号自升式钻井平台、任机械技术员；1980年至1982年在大连红旗造船厂监造渤海5号、渤海7号自升式钻井平台；1982年8月至1994年任渤海5号自升式钻井平台机械师、设备总监、平台工程师；1987年评定为中级职称（工程师）；1993年1月1日由中国海洋石油总公司评定为高级工程师职称；1994年至2001年12月任中海石油北方钻井公司装备部机械管理工程师；2001年12月至2002年11月中海油田服务股份有限公司钻井事业部塘沽基地装备部机械管理工程师；2002年11月至2005年2月任中海油田服务股份有限公司钻井事业部物资装备部机械主管工程师；2005年2月退休。2005年3月至2006年2月由中海油田服务股份有限公司返聘，担任中海油田服务股份有限公司南堡钻机模块建造项目组技术主管兼中海油田服务股份有限公司钻井事业部塘沽基地装备部机械管理主管；2006年3月被原单位返聘，担任中海油田服务股份有限公司模块钻机建造项目组技术顾问。

曾多次被评为先进生产者、先进党员。

刘奉昌 男，汉族，1947年8月生，中共党员，大学学历，禹城市人，1968年参加工作。

曾任禹城县石屯公社党委副书记、党委书记，禹城县委常委、县委副书记、县长等职；1987年4月至1992年6月任平原县委副书记、县长；此后历任山东省人民检察院德州分院检察长、党组书记，德州市人民政府副市长，德州市人大常委会副主任等职。

刘法勇 男，汉族，1950年8月生，中共党员，禹城市刘庄村人，1969年4月参加工作。1972年12月入伍，历任步兵第一二三团排长、副政治指导员、团政治处干部干事、政治指导员、陆军第四十一师政治部组织科干事、组织科副科长、陆军第十四军政治部组织处干事、昆明军区政治部干部部调配处正营职干事、副处长。1987年1月转业到德州地区木材公司工作。1988年9月调德州地区老龄委办公室，历任办公室秘书科科长、办公室副主任、主任、调研员。

刘德臣 男，汉族，1953年3月生，中共党员，禹城市人，1973年12月参加工作。

1973年12月至1976年3月济南军区通信团战士；1976年3月至1976年9月济南铁路分局禹城领工区合同工；1976年9月至1992年4月山东省人事局办公室司机；1992年4月至1993年4月山东省人事考试中心司机；1993年4月至2007年1月任山东省人事考试中心主任科员；2007年1月至2008年11月任山东省事业单位登记管理局主任科员；2008年11月至2010年1月任山东省事业单位登记管理局副调研员；2010年1月至2013年6月任山东省事业单位登记管理局副调研员（省编办）。2013年6月退休。

刘兆祝 男，汉族，1957年12月生，中共党员，研究生学历，禹城市人。

1978年3月至1980年7月在胜利石油学校地质专业学习；1980年7月至1982年1月任胜利油田胜利采油指挥部技术员；1982年1月至1983年7月在禹城县地震办公室工作；1983年7月至1984年4月在禹城县人大常委会办公室工作；1984年4月至1989年10月任禹城县人大常委会办公室副主任；1989年10月至1990年4月任禹城县委办公室副主任；1990年4月至1992年12月任禹城县委办公室副主任兼档案局局长；1992年12月至1993年10月任禹城县委常委、办公室主任；1993年10月至1995年6月任禹城市委常委、办公室主任；1995年6月至1996年12月任德州市政府办公室副主任；1996年12月至2001年1月任德州市政府副秘书长、市政府办公室党组成员；2001年1月至2002年9月任德州市委副秘书长；2002年9月至2005年12月任德州市委副秘书长、办公室主任；2005年12月至2006年4月任德州市德城区委书记；2006年4月至2010年1月任中共德城区委书记、区委党校校长；2010年1月至

2010年3月任德州市人民政府党组成员，市人民政府办公室党组书记，中共德城区委书记、区委党校校长；2010年3月至2010年4月任德州市人民政府党组成员，市人民政府秘书长，市人民政府办公室党组书记，中共德城区委书记、区委党校校长；2010年4月任德州市人民政府党组成员、秘书长，市人民政府办公室党组书记。

刘　军　女，汉族，1960年8月生，大专学历，禹城市伦镇镇人，中级政工师。

1975年9月在齐河县副食公司、商业局工作；1989年10月在齐河县工商局城区分局工作。曾获山东省优秀工会积极分子、地区商业系统标兵称号。第五、六届省人大代表，第十三届市人大代表，第七、八、九、十、十二届县人大代表，第七、八、九届县人大常委会委员。

刘建民　男，1963年6月生，中共党员，大学学历，禹城市十里望镇刘普站村人，政工师职称。

1980年高中毕业于禹城一中，1981年应征入伍，分别在内蒙古赤峰、吉林长春、辽宁朝阳、山东青岛地区生活工作15年，历任连队排长、技术员、团司令部参谋、团政治处干事、连队政治指导员（党支部书记）、团政治处宣传股长（副营）等职，荣立过三等功1次。1995年9月转业到青岛市广播电视局工作，任局纪委、监察室副主任（副处级）。

多次被局党委评为优秀党务工作者、被山东省广播电视厅党组评为全省广电系统纪检监察工作先进个人、全省档案管理工作先进个人。通过自学深造获得文秘大专文凭、法律本科文凭、英语专科文凭、计算机高级职称、会计上岗证等。

刘建民　男，汉族，1964年2月生，中共党员，大专学历，禹城市人，高级经济师，1981年5月参加工作。2001年12月任德州天马粮油食品集团有限公司总支书记、董事长、总经理。

曾获山东省粮食系统先进个人、德州市十佳经营管理企业家、德州市商贸流通系统先进个人等荣誉称号。

刘　民　男，汉族，1970年1月生，禹城市李屯乡人。

1986年高中毕业参加工作，经8年自学，于1994年7月获高等教育自学考试山东师范大学汉语言文学专业大专毕业证书。先后在禹城轻工机械厂任化验员、禹城安鹏电子有限公司任办公室主任、山东兴禹化工集团任组宣部干事等职。2004年3月离开禹城，到山东省银行业协会工作。2005年5月在大众报业集团《经济导报》工作，任经济导报《经济园区》主编，兼财经专刊部主任；山东省银行业协会媒体委员。

刘　锋　男，汉族，1970年10月生，中专学历，禹城市人。

1988年7月任莱芜钢铁总厂办公室秘书；1993年在山东巾帼实业总公司工作；1997年2月任山东锋通经贸有限公司总经理；2002年7月任山东莱钢永锋集团有限公司董事长、总经理。

2008年被山东省政府授予劳动模范称号，曾获第十六届山东十大杰出青年、德州市双十佳公仆、市职工劳动模范、市优秀企业家、齐河县首届十大杰出青年企业家称号。全国青联委员，第十届山东省人大代表。

刘培强 男，汉族，1979年9月生，大学学历，禹城市辛店镇刘庄村人，中级职称。

就职《德州公安报》编辑记者职务，2002年该报停刊后调任《德州日报》工作。2004年6月辞职下海创业，任山东商报社德州记者站站长、德州远景广告有限公司、德州远景信息科技有限公司董事长兼总经理。兼任山东策划网首席策划专家、德州职业技术学院客座教授、德州市消费者权益保护委员会理事、德州市青联委员、德州市青年企业家协会会员、山东省企业文化学会副秘书长、山东省企业家俱乐部副秘书长。

先后在省市级媒体发表各类作品近百篇。被授予“德州市青年创业奖”等多个荣誉。

曲学礼 男，汉族，1949年7月生，中共党员，大专学历，禹城市李屯乡曲庄人，大校军衔。

1969年3月入伍，历任陆军第64军191师573团司令部保密员、作训股参谋、股长，573团一营营长、参谋长、团长，步兵第191师参谋长、副师长、师长。1999年1月任辽宁省军区丹东军分区司令员。

荣立三等功1次，被国家民政部、解放军总政治部授予“抗洪模范”光荣称号。在解放军《军事学术》和沈阳军区《东北军事学术》杂志上先后发表《论勤俭练兵》《军分区在编组训练》《把握人体功能规律，科学组织冬季体能训练》等6篇军事学术文章，被《东北军事学术》杂志社聘为特约通讯员。

曲乐祥 男，汉族，1956年2月生，中共党员，研究生学历，禹城市梁家镇来凤村人。

1976年3月在禹城应征入伍，到北京铁道兵部队服役；1983年7月1日转业到地方，在北京城建国营企业工作，任北京城建国际建设有限公司总经理。

曲　涛 男，汉族，1972年5月生，中共党员，大学学历，禹城市十里望镇人。

1993年7月在山东大学中文系毕业，分配至三联集团，先后从事秘书、编辑工作；1995年8月考入济南日报社，任编辑记者；2000年3月起历任济南日报报业集团新闻信息中心主任、舜网编辑部主任；2003年6月调入大众报业集团，历任大众网总编室主任、总编辑助理、采编总监；2010年5月任大众网副总编辑；2010年6月至2013年6月作为山东省第六批援藏干部赴西藏日喀则工作，历任日喀则地委外宣局副局长（副处级），日喀则地委宣传部副部长（正处级）；2013年2月任大众报业集团办公室副主任（正处级）、齐鲁传媒集团办公室主任。

任立军 男，汉族，1931年生，中共党员，大专学历，禹城市人。

1947年3月参加中国人民解放军，后在冀、鲁、豫军区独立旅二所荣教院等处工作，历任卫生员、护士、护士班长；1953年毕业于平原省医科学校（大专医疗）；1953年10月至1957年在胶州专区人民医院任儿科医师；1957年3月至1981年在惠民地区第三人民医院（后改为惠民地区牛庄中心医院）历任内、儿科医师，科室负责人；1981年至1987年在惠民地区牛庄中心医院（后改为东营市牛庄中心医院）任儿科主治医师、副主任医师、儿科主任；1988年至1994年在东营市牛庄中心医院、东营市人民医院，历任副主任医师，主任医师，科主任。兼任山东省儿科学会第三届学会委员；滨州医学院儿科教研组任副教授、正教授。1994年12月离休。

1987年获得国防部征兵体检20年优秀工作者荣誉证书和奖章；1989年被评为山东省卫生系统优秀知识分子。

曾先后在省级刊物发表论文《营养不良与硬脑膜下积液附7例报告》《晚发性维生素K缺乏致颅内出血18例诊治体会》《婴儿脑型脚气病9例》《酚妥拉明加新斯的明治疗小儿中毒性肠麻痹26例疗效观察》，均发表于儿科临床杂志上。

在国家级和省级学术会议上交流论文19篇—《婴儿闷热综合症24例临床分析》《急性播散性脑脊髓膜炎12例临床报告》《霉变甘蔗中毒7例报告》等。另有2篇《肝素在小儿肺炎中的应用附44例观察》《针刺加药物穴位注射治疗急性细菌痢60例疗效观察》分获东营市优秀科技论文二、三等奖。

1989年2月编入《山东高级医药卫生人物志》，1992年编入《山东名医论文著选录》。

任建春　男，汉族，1963年6月生，中共党员，研究生学历，禹城市人，1980年2月参加工作。

1980年2月被西藏自治区党委办公厅机要处录取为机要员，并选派到西藏民族学院机要干部培训队学习机要业务知识；1980年9月毕业后分配到西藏阿里地委办公室机要科任机要员；1989年12月至1993年7月在阿里地委办公室秘书科从事秘书工作（其间：1990年10月任秘书科科长；1992年9月至11月在西藏自治区党校举办的全区首届文秘干部培训班学习）；1993年8月至1996年11月调至阿里地区日土县任县委副书记；1994年4月兼任日土县委政法委书记、县综治委主任、县机关党委书记（其间：1995年9月至1996年2月在河北省晋州市政府挂职锻炼任市长助理）；1996年11月由日土县调至阿里地委政法委任副书记兼地区综治办主任；1998年8月至9月在西藏自治区学校举办的全区首届政法领导干部轮训班学习；1998年12月至2002年10月任西藏自治区人大常委会阿里地区工作委员会秘书长（其间：2000年8月至2002年7月在西藏自治区党校2000级两年制干部培训班学习）；2002年10月调任革吉县任县委书记；2004年3月至7月在中央党校第八期县委书记进修班学习。

齐建中　男，汉族，1956年11月生，中共党员，研究生学历，禹城市人。

1974年9月入伍；1981年1月转业；1982年12月至1984年6月任山东省监狱三大队政治处干部；1984年6月至1985年7月任山东省司法厅政治处组宣科办事员；1985年7月至1986年12月任山东省司法厅直属机关团委书记；1986年12月至1987年6月任山东省司法厅直属机关团委书记；1987年6月至1990年1月任山东省司法厅政治处直工科副科长兼直属机关团委书记；1990年1月至1990年11月任山东省司法厅机关党委正科级干事兼直属机关团委书记；1990年11月至1992年12月任山东省委政法委调研处正科级干事；1992年12月至1994年3月任山东省委政法委政治处副处级巡视员；1994年3月至1995年8月任山东省委政法委办公室副主任；1995年8月至1995年11月任山东省委政法委办公室副主任；1995年11月至1998年5月任山东省济南市委副秘书长；1998年5月至2000年1月任山东省济南市委副秘书

长、市委办公厅巡视员；2000年1月至2001年1月任山东省济南市市中区委副书记、区长；2001年1月至2001年3月任山东省济南市市中区委书记；2001年3月至2008年1月任山东省济南市市中区委书记兼区委党校校长；2008年1月任山东省济南市副市长、党组成员。八届、九届山东省济南市委委员。

孙　康　原名受天，笔名乃康，1929年生于山东省禹城孙桥村。1950年赴台，从事公职，国立艺专美术科毕业，曾主编《成功之路》月刊16年余，为中广撰写《闲话家常》《谈天说地》专栏15年，擅长水彩画，兼写水墨画。曾举办个展6次、伉俪联展2次，其他国内外多次联展，两次获台湾公务人员书画展西画组第一名。1998年7月于旧金山《美洲、亚洲艺术学会》发表《中西绘画之比较与融合》专题之演讲，当时，美国世界日报、星岛日报、金山时报及中山报均多次以图文大幅报道。出版有《绿窗随笔》《康庄琐记》《康庄记游》《康庄纪事》《孙康珍藏书画展》《孙康水彩画集》等著作。

孙清润　男，1943年2月生，中共党员，大学学历，禹城市人。

1962年6月入伍，在部队历任战士、班长、排长、参谋、处长、安徽省军区副参谋长、合肥军分区司令员等职。

1992年8月转业后历任安徽省监察厅副厅长、省监察厅厅长、省政府纠风办主任，中共安徽省纪委检查委员会副书记兼安徽省监察厅厅长、政协安徽省第八届常委会委员、提案委员会副主任。任安徽省十届人大常委会委员、人事代表选举委员会副主任。撰写的《加强权力监控，防止腐败现象》《学习掌握法律武器，依法履行监察职责》等数十篇工作和理论研究文章，被《中国监察》《江淮风纪》和《安徽日报》等报刊采用。撰写的《论行政管理机制缺陷和政策失误对贪污的影响》一文，在第七届国际反贪污大会上作了书面发言，并被收入大会论文集。

孙云昌　男，汉族，1945年3月生，中共党员，大专学历，禹城市人，1971年1月参加工作。

1972年8月从事公安工作；1984年4月任德州地区公安处党组成员、副处长；1987年8月任德州地区公安处党组副书记、副处长；1993年8月任德州地区公安处党组书记、处长。1995年4月任德州市公安局党委书记、局长。1997年6月任德州市公安局党委书记（副厅级），1998年4月任德州市公安局党委副书记、政委。三级警监警衔。

孙玉林　男，汉族，1945年3月生，中共党员，大专学历，禹城市市中办事处东孙庄人。

1959年7月至1960年4月在禹城县廿里堡公社水利指挥当通信员；1960年4月至1963年12月在鞍山市劳动局技校、鞍山市粮食局第一粮库学习、工作；1963年12月至1964年5月任中国人民公安部队山东省公安总队淄博市公安大队二中队战士；1964年5月至1970年4月任山东公安总队济南南部宾馆警卫队班长；1970年4月至1972年5月任济南钢厂党委干事、团委书记；1972年5月至1983年1月任济南市市中区委组织部干事、副部长兼老干部科科长；1983年1月至1989年9月任济南市市中区经七路办事处党委书记；1989年9月至1998年2月任济南市市中区魏家庄办事处党委书记；1998年2月至1999年3月任济南市市中区杆石桥办事处党委书记；1999年3月在区第十四届人民代表大会上当选人大常委会副主任，并任党组成员；2003年退居二线，任区总工委副主任。

曾当选中国共产党济南市第七次代表大会代表；中国共产党济南市市中区第四、五、六、七、八次代表大会代表；济南市市中区第十一、十四、十五届人民代表大会代表。

孙传尧 男，汉族，1949年10月生，禹城市房寺镇孙桥村人，教授。

1968年高中毕业后，先后在粮食部门、公社做临时工、公社砖瓦厂会计。恢复高考后，1978年以优异的成绩考入大学，年年被评为“三好学生”，毕业时被授予山东省优秀毕业生称号。1982年毕业于山东农学院（现山东农业大学）农业经济管理专业。1987年被评为山东省农业管理干部学院讲师；1993年被评为山东省农业管理干部学院副教授；1998年被评为山东省农业管理干部学院教授；1993年任山东省农业管理干部学院农业经济系副主任；1998年任农业经济系主任；2005年任山东省农业管理干部学院会计系主任。中国注册会计师协会非执业会员。

1989年被评为山东省农业系统优秀教师，多次被评为院优秀教师；在多家学术刊物上发表专业学术论文20余篇，其中国家核心期刊6篇。编著、主编《基础会计》《中级财务会计》《农村财务会计》《农村集体经济组织会计》《审计基础与农村审计》《现代财务会计学》等专著和教材10余部。多次在全国、全省农村经济管理系统培训班上讲学。

孙志武 男，汉族，1954年7月生，中共党员，大学学历，禹城市人，1973年12月参加工作。

1973年12月至1979年12月任济南军区政治部管理科文书、战士；1979年12月至1983年5月任济南军区政治部秘书处保密员；1983年5月至1991年5月任济南军区政治部秘书处正营职秘书；1991年5月至1994年12月任济南军区干部培训基地副团职政治协理员；1994年12月至1997年3月任济南军区干部培训基地正团职协理员；1997年3月至1999年8月任济南军区干部培训基地行政处处长；1999年8月至2008年4月任山东省纪委驻省建设厅监察室副主任；2008年4月任山东省住房和城乡建设厅城建处副处长。

孙寿民 男，1955年3月生，中共党员，大学学历，禹城市张庄镇黎吉寨村人。

1973年11月在禹城入伍，先后在济南军区政治部、济南军区联勤部服兵役，历任战士、班长、营部书记、助理员、政治教导员和劳动教养管理所所长；1994年1月调任济南军团区联勤部药材仓库副主任；1998年9月由部队转业到山东省济南市民政局，先后在济南市民政局双拥办公室、慈善总会办公室、干休所工作；2004年6月任山东省委巡视工作办公室主任。

李长瑞 原名杨学颜，男，汉族，1920年8月生，中共党员，禹城市后赵村人。

1935年毕业于禹城县立第五高小。1937年春，加入“民先”，并按照组织要求发展“民先”队员；11月，任禹城县“民先”总队部宣传部长；年底，任县委宣传部长，并参加重建“禹城县青年抗日救国会”工作。1938年，在禹城县成立129师独立旅武装工作团，负责工作团文件印发和禹城地方中共党的工作，并代理中共禹城县委书记。1939年秋末，到中共鲁西区党委党校学习，后任党校党总支书记。1940年，运东地委党校工作。1941年春，任中共茌平县委书记兼县大队政委。1944年秋，赴太行山中共平原分局党校学习；1945年抗日战争胜利后，任中共聊城县委书记，11月，任中共齐禹县委书记。1946年10月，调地委工作。1947年春，任中共河西县委副书记兼县长。1950年，任平原省办公厅研究室副主任、主任，厅党组成员。1954年至1983年任山东省政府办公厅副主任兼党委书记。1950年获华北解放纪念章。

李孟之 男，1935年1月生，禹城市伦镇东宋庄人。

1957年毕业于禹城一中，毕业后加入中国人民解放军，历任班长、连长、营长、副政教等职，立过三等功；1978年10月由新疆军区转业到湖北省安陆市府城任革委会副主任，分管宣传文教卫生工作；1979年4月调市文化局任副局长，分管业务工作；1983年4月调市委宣传部任宣传科副科长兼五四三办公室主任；1985年调市政府办公室任安陆李白纪念馆筹建处主任；1987年改任李白纪念馆馆长；1996年退休。任安陆市书法协会主席、市老年书法研究会副会长、湖北省书法家协会、老年书法研究会会员、中国标准草书学社社员、中国老年书画艺术委员会会员。其作品入编“书圣碑塔珍藏碑帖墨迹”“中国书法选集”第二卷、“中国书画作品收藏宝典”；为新四军第五师建军纪念碑题写碑文；为安陆太白广场题写“一代诗仙千古风流”八个大字，已刻石；为道友诗友题写齐号，诗集名；为学校题写校名、书画廊招牌；有些作品流传于美国、加拿大、日本、港、澳、台等地区。又习练用左手倒书、翻书，曾在几千人场合表演书写1.3米见方大字“纵横四海”取得成功。曾为安陆市书协、老年书画研究会主编过三册书画集。创建了“太白书画社”。

李维生 男，1937年生，中共党员，禹城市莒镇乡小纸坊村人，1953年6月参加工作。

1953年，德州第六速成师范学校毕业，参加北京邮电部举办的统计人员训练班学习，分配到北京邮电部电信工程公司；1957年调邮电部西安电信工程公司；1965年调邮电部重庆工程处，参加三线建设；1972年调沈阳邮电部通信工程处，筹备和全面主持大庆至秦皇岛输油管道通信工程的财务管理和会计核算工作，1974年调保定邮电部第一电信工程公司工作；1979年调中原石油勘探局，先后在中原石油勘探局教育培训中心、石油学校、技工学校等单位全面主持财务工作；1993年受聘兼任石油学校会计专业4个会计班教学任务。1995年退休后，受中原石油勘探局电视大学、党校聘请，分别担任会计专业相关课程教学任务。

李学思 男，汉族，1938年生，中共党员，禹城市人。

1963年任解放军通信营电话连排长；1964年任德州专署建行政治办公室干事；1966年任德州地革财贸政治部组织科干事；1967年任德州地革委财贸政治部副主任；1968年任德州地革委五七干校学员，1970年在德州地区人民防空办公室工作；1972年任德州地区人民防空办公室副组长；1984年任德州地区人民防空办公室主任。1998年退休。

李玉山 字笑天，男，1938年9月生，中共党员，禹城市人。

1962 年毕业于青岛纺织专科学校（现山东省纺织学院），分配到青岛接插件厂工作；1967 年调入山东省路桥集团机械厂工作，历任生产科长、技术科长、副厂长、总工程师等职；1993 年被评为高级工程师；1998 年退休。

1995 年退居二线后，任山东省书法家协会会员，中国书画研究会会员，中国艺术研究院文化市场研究中心调研员、艺术委员、一级书法家，中国人才研究会艺术家学部委员会二级书法艺委，中国中外名人文化研究会书画师，艺术委员，中国豫苑书画研究院高级研究员，中国川夫书画院、会州书画艺术院理事，新加坡新神州艺术院高级名誉院士、高级书画师等职。作品多次入选全国性书画大展，并多次获奖，个人资料及作品入编“世界艺术家名人录”“世界人物辞海”“中国世纪专家”等大型书画、辞集约 40 部左右。作品被中国国家图书馆、英国伦敦大英图书馆、香港政府图书馆等多家单位收藏、展示。作品在新、马、泰、港、美、加、日等国家及地区展出，个人资料于 1995 年进入 Internet 国际互联网，在亚洲及国内多家网站上网。被有关权威机构授予“跨世纪艺术人才”“国际书画篆刻家名人”及“当代艺术成就家”等荣誉称号。

李秀山　男，汉族，1942 年 7 月生，中共党员，禹城市人。1959 年 12 月参军，历任排长、副连长、副营长、营长、训练点副主任等职。转业后，曾任德州市棉麻站副经理、晏城棉麻站副经理、山东省农资公司德州分公司经理、书记、德州棉麻站党支部书记兼经理、调研员等职，2007 年 7 月退休。

李兴山　男，汉族，中共党员，禹城市房寺镇人，副主任医师。

1968 年毕业于禹城四中后在本地任赤脚医生；1972 年胜利油田招工参加工作，任作业处卫生队卫生员；1976 年参加东濮会战到河南濮阳，任采油一部卫生队副队长；1981 年 9 月带队到菏泽医专学习；1984 年 11 月毕业于菏泽医专，回单位组建采油一厂职工医院，1987 年医院成立，任书记、副院长；1995 年油田改革为系统化管理，该院更名为中原油田第一医院，任院长、书记。2005 年 6 月因年龄关系响应油田改革退行政职务，从事医疗技术工作。1989 年晋升为主治医师，2004 年晋升为副主任医师。

1994 年担任《中原农民出版社》《女科疾病防治全书》副主编。1996 年担任中原农民出版社现代保健套书《中医药防病治病》《内科疾病防治》《外科疾病防治》《妇儿疾病防治》编委。1998 年担任中国中医药出版社百病百问沙龙丛书《冠心病 365 问》编委。2002 年参与“T 细胞淋巴瘤 DNA 疫苗诱发免疫反应的实验研究”项目于 2003 年 6 月获河南省教育厅科技成果一等奖，2003 年参与“全国医疗卫生体制的回顾性经济学理论研究”项目于 2003 年 5 月获濮阳市重点调研课题一等奖。2003 年在国家级刊物上发表《新生儿黄疸 240 例》等 5 篇高质量论文。

李学贵　男，1955 年 3 月生，中共党员，禹城市十里望回族镇田庄人。

1964 年至 1971 年在十里望御桥韩中心校读小学和初中；1974 年 7 月在禹城一中高小毕业；1976 年 12 月参加工作，到山东省省级机关五七干校生产处从事生产科研工作，后又从事伙食管理工作；1985 年被调到山东省农业管理干部学院财务科从事会计工作；1994 年 7 月毕业于山东省农业管理干部学院（农业经济管理专业），2001 年担任院财务办公室秘书，2005 被聘为院财务办公室综合科科长。多次被评为先进工作者。

李保海 男，汉族，1956 年 3 月生，中共党员，大学学历，禹城市人，1973 年 2 月参加工作。

1973 年 2 月至 1975 年 8 月历任禹城县安仁公社陈庄村民办教师、团支部书记；1975 年 8 月至 1977 年 8 月在山东大学学习；1977 年 8 月至 1983 年 5 月任德州地区化工局技术员；1983 年 5 月至 1984 年 8 月任德州地区化工局办公室秘书；1984 年 8 月至 1992 年 10 月任德州地区化工公司（局）办公室主任、党组成员；1992 年 10 月至 1993 年 2 月任德州地区化工公司（局）副经理（副局长）、党组成员；1993 年 2 月至 1995 年 6 月任乐陵市副市长、党组成员；1995 年 6 月至 1997 年 12 月任德州市计委副主任、党组成员兼重点项目办主任；1997 年 12 月至 1999 年 7 月任乐陵市委副书记、市长；1999 年 7 月到 2003 年 1 月任乐陵市委书记兼市委党校校长、市人武部党委第一书记；2003 年 1 月至 2003 年 2 月任德州市人民政府党组成员、市长助理；2003 年 2 月至 2003 年 4 月任德州市人民政府副市长；2003 年 4 月至 2010 年 11 月任德州市人民政府副市长、党组成员，市委工交工委书记；2010 年 12 月至 2011 年 10 月任中共德州市委常委、市人民政府副市长；2011 年 10 月任德州学院党委委员，书记。山东省八次党代会代表，德州市十三、十四届人大代表。

李法然 男，1956 年 5 月生，大学学历，禹城市人，研究员。

1974 年 12 月在禹城应征入伍，曾在第二炮兵某部历任战士、营部书记、政治指导员、旅组织科副科长、科长、营政治教导员、旅政治部副主任、主任、旅副政治委员；1997 年 9 月转业到山东省政治管理干部学院历任学生部副主任、汽训部主任、组织人事处处长。

1989 年被第二炮兵评选为“优秀党务工作者”，荣立三等功。担任营政治教导员期间，被基地评为“优秀党委书记”。在担任旅副政治委员、纪委书记期间，被评为“清正廉洁先进个人”，荣立三等功一次。在山东省政治管理干部学院工作期间被山东省教育厅评为教育系统“优秀人事干部”；曾 4 次被学院评为“先进个人”，两次“优秀常务工作者”。

李海鹰 男，汉族，1957 年 4 月生，中共党员，研究生学历，禹城市人，1975 年 3 月参加工作，副主任技师。

1975 年 3 月至 1978 年 9 月禹城市下乡知青；1978 年 9 月至 1981 年 7 月山东省济南卫生学校学生；1981 年 7 月至 1984 年 12 月任济南卫生学校团委副书记；1984 年 12 月至 1991 年 4 月任济南市卫生局团委副书记、书记；1991 年 4 月至 1995 年 12 月任济南市卫生局机关党委副书记；1995 年 12 月至 1996 年 12 月任济南市中医院副院长；1996 年 12 月至 2005 年 9 月任济南市卫生局机关党委副书记、改革办主任、信访处处长，2005 年 9 月至 2012 年 6 月任山东省济南卫生学校党委书记、校长；2012 年 6 月任济南护理职业学院党委副书记。

先后获得济南市优秀党务工作者、济南市五一劳动奖章获得者、济南市首届道德模范和济南市优秀人大代表等荣誉称号。济南市第九届党代会代表、济南市第十四届、十五届人大代表。

李文勇　男，汉族，1959 年 11 月生，中共党员，大学学历，禹城市伦镇人，1975 年 11 月参加工作。历任禹城县伦镇基层供销社会计、副主任、主任兼党支部书记；1986 年 5 月至 1989 年 12 月任禹城县车站棉厂厂长兼党支部书记；1989 年 12 月至 1995 年 3 月历任禹城县（市）禹城镇党委副书记、镇长、党委书记；1995 年 3 月至 1997 年 12 月任禹城市副市长；1997 年 12 月至 2001 年 1 月任平原县委常委、副县长；2001 年 1 月至 2003 年 1 月任平原县委副书记、县长；2003 年 1 月至 2006 年 12 月任平原县委书记兼县委党校校长；2007 年 1 月至 2012 年 6 月任山东省莱芜市人民政府党组成员、市长助理、市公安局党委书记、局长；2012 年 6 月任山东省公安厅治安警察总队总队长（副厅级）。

李玉建　男，汉族，1963 年生，中共党员，研究生学历，禹城市房寺镇马庄人，1980 年 3 月参加工作。历任西藏阿里地委办公室机要科机要员、副科长、科长，地委副秘书长，政协副秘书长，革吉县副县长，地区科委副主任、党组书记，阿里地区科技局党组书记。

1984 年被授予“全国机要技术能手”称号，1985 年在参加全区机要业务比赛中，获得一等奖。被组织先后推荐并考试录取到中央机要学校（1982 年 9 月至 1983 年 7 月）、西藏民族学院（1986 年 9 月至 1988 年 7 月）、中央党校（2003 年 3 月至 2005 年 1 月）学习。

李业祖　男，禹城市人。1981 年 11 月入伍。

1981 年 11 月至 1982 年 2 月任辽宁省军区独立营三连战士；1982 年 3 月至 1983 年 6 月任辽宁省军区司令部管理处战士；1983 年 7 月至 1985 年 7 月任大连陆军学院后勤大队学员；1985 年 8 月至 1986 年 8 月任辽宁省军区汽车队司务长；1986 年 9 月至 1988 年 8 月在东北财经大学会计系学习；1988 年 9 月至 1989 年 6 月任辽宁省军区后勤部战勤处会计；1989 年 7 月至 1994 年 12 月任辽宁省军区后勤部财务处助理员；1995 年 1 月至 2000 年 5 月任辽宁省军区审计处审计员；2000 年 6 月至 2005 年 1 月任辽宁省军区后勤部财务处副处长；2005 年 2 月任辽宁省康平县人民武装部部长。

李若葆　男，中共党员，研究生学历，禹城市伦镇镇李茂芝村人，副教授。

1984 年 9 月至 1988 年 7 月就读于山东省禹城县车站中学，在高中期间，曾担任生活委员和副班长；1988 年　9 月至 1993 年 7 月在潍坊医学院临床医学系学习，先后担任过团支部书记、体育委员、实习队长等职务，多次获得优秀班干部、三好学生等荣誉称号；1993 年 7 月毕业后在潍坊医学院人体解剖学教研室从事教学工作，并兼任临床医学系 94 级班主任；1996 年 9 月至 1999 年 7 月在潍坊医学院攻读人体解剖学硕士研究生；1998 年 10 月晋升讲师；1999 年 7 月毕业并获硕士学位，毕业后仍在人体解剖学教研室任教，并担任教学秘书、成人教育 1999 级辅导员等职务；2000 年 12 月任潍坊医学院科研处科技计划科科长，多次获得潍坊医学院先进工作者等荣誉称号；2003 年 10 月晋升副教授。

发表科研论文 10 余篇，获科研成果 2 项。

杨志臣　男，1936 年 5 月生，禹城市房寺镇鞍子马庄人，经济师。

参军前在济南市纬一路小学、济南市立达中学就读;1955年8月报考防空军校技术学校，参军后任学员（学专业军械维修）；1959年底毕业分配到连队当兵一年，后任军械修理社技师、社长，以后又到技术处任副主任、主任等职。1978年10月转业到山西省榆次县组织部任办公室主任。1983年（市县合并）任榆次市劳动局副局长、局长等职。1996年退休。

在部队期间，1961年8月在福建对空作战中荣立三等功1次。1962年因工作成绩突出受团嘉奖1次。1967年7月在广西抗美战斗中荣立三等功1次。

杨学良 男，汉族，1936年11月生，中共党员，禹城市人，中国科学院研究生院教授，博士生导师。

1959年毕业于山东工学院，后在中国科技大学任教。1959年至1961年参加由夏培肃院士主持的中国第一台自行设计的107电子计算机研制。1975年至1976年主持KD—3小型计算机研制，获中科院重大成果奖。1960年至1964年曾参与筹建中国科技大学计算机系。1978年主持创建中国科技大学研究生院计算机学部，任主任及科大研究生院、中国科技大学学术委员会委员，并兼任计算机学会全国计算机研究生教育委员会主任。1980年至1982年去美国纽约市立大学（CCNY）留学，和Prof，Hablb合作完成“M—code计算机”的研制。1982年回国除教学工作外，还从事分布式计算机系统的研究，先后承担4项国家自然科学基金课题和863子课题，共发表论文80余篇。

1990年获中国科学院自然科学三等奖。获1990年、1993年中国科学院优秀研究生导师奖。

杨承让 男，汉族，1939年4月生，中共党员，初中学历，禹城市伦镇东宋庄人。

1954年在东宋庄加入中国共产主义青年团；1958年10月进济南市水泵厂当工人，1960年4月任厂团支部体育委员；1960年11月调济南市公安局市中公安分局经二路派出所任民警；1972年2月被提升为济南市公安局市中分局杆石桥派出所副政治指导员；1981年10月调济南市市中公安分局经七路派出所任副政治指导员；1984年7月调济南市市中公安分局岔路街派出所任副政治指导员；1991年11月调济南市市中公安分局任行政科科长；1996年授予一级警督警衔；1999年5月退休。

1964年被评为济南市公安局先进工作者。1986年被济南市公安局授予嘉奖表彰。

杨英国 男，回族，1949年生，中共党员，禹城市人，一级作家。历任禹城市乡村医生、山东省文学讲习所学员、德州地区文学创作室创作员、德州市文联副秘书长、文学创作室主任、德州市作协主席。中国作协会员，山东省作协会员，中国少数民族作协会员。1979年开始发表作品。长篇小说《铁血风流》曾6次获地市级文学奖，长篇小说《天园有路》获山东省第二届“精品工程奖”。1986年至1995年在民间文学三套集成工作中曾先后四次获国务院艺术规划领导小组、国家民委、省文化厅、省民委颁发的先进个人奖，1998年至2002年两次获山东省文联系统先进个人奖。1993年至2001年两度获“德州市专业技术拔尖人才”称号。

曾获德州市专业技术拔尖人才，德州市有突出贡献的中青年专家称号。

杨传堂 男，汉族，1954年5月生，山东禹城人，中共党员，大学学历。

1984年12月起历任齐鲁石化公司党委副书记、党委副书记兼乙烯指挥部党委书记；1987年8月起历任共青团山东省委副书记、书记兼省青年管理干部学院院长、山东省德州地委副书记、行署专员；1993年11月起历任山东省委常委、西藏自治区党委常委、政府副主席、党委副书记、政府常务副主席、党委常务副书记兼党校校长；2003年9月起历任青海省委副书记、副省长、代省长、省长；2004年12月起任西藏自治区党委书记；2006年5月起历任国家民族事务委员会副主任（正部长级）、党组副书记、党组书记；2011年8月起任中华全国供销合作总社理事会主任、党组书记；2012年7月起任交通运输部党组书记；2012年8月起任交通运输部党组书记、部长。第十六届中央候补委员、委员（2007.10.12递补），第十七届中央委员，第十八届中央委员。

杨国林　男，1956年7月生，中共党员，大专学历，禹城市辛寨镇沈堂村人。

1974年12月至1985年12月在兰州军区第19军服役，历任战士、保管员、政治处书记、组织干事、指导员、政治干事等职；1986年1月转业到山东省假肢矫形康复中心工作，任办公室副主任；1990年1月调山东省民政厅工作；1990年1月至1996年在山东省民政厅优抚处任主任科员，负责退伍军人安置工作；1996年8月任山东省民政厅老干部处副处长；2000年8月至2006年3月任山东省民政厅优抚处处长；2006年4月任山东省民政厅救灾救济处长。

曾多次受嘉奖，多次被评为先进工作者、优秀公务员。2001年被评为“全省抗洪抢险先进个人”，荣记一等功。

杨立申　男，汉族，1965年2月生，中共党员，研究生学历，禹城市伦镇张凤吾村人。

1982年9月至1984年7月在德州粮食中等专业学校学习；1984年7月在山东省粮食局参加工作；1985年1月至1986年12月在山东大学专科毕业；1991年调入山东省计委从事劳资计划管理工作（其间：1992年8月至1994年12月在中共中央党校函授学院经济专业本科毕业；1996年9月至2000年6月在山东大学哲学系毕业，获山东大学哲学硕士学位）；2003年4月被山东省委组织部推荐到国家开发银行山东省分行交流挂职，任评审处副处长；2003年12月调入国家开发银行山东省分行，从事评审工作；2004年6月任评审处副处长；2006年3月任高级评审经理助理（正处级）；2007年3月主持评审处工作；2007年7月同时主持分行贷款委员会办公室工作；2007年被聘任为高级经济师；2008年9月至11月在中共中央党校中央国家机关分校处级干部进修班学习；2009年1月起任评审处处长；2009年3月至2011年11月兼任分行贷委办主任（其间，2010年10月参加总行举办的赴英项目评审培训班），总行贷委会独立委员。

多次被评为先进工作者和优秀公务员，受山东省委组织部、省人事厅等五个部门联合表彰1次。曾撰稿、编审并由山东人民出版社公开发行书籍3本，共79万字；曾在国家计委《宏观经济管理》等刊物发表论文40余篇；先后荣获国家计委优秀研究成果三等奖1次，省政府系统优秀调研成果二等奖2次，山东省计委系统优秀研究成果一等奖3次、二等奖3次、三等奖5次，《税务纵横》三等奖1次。

杜深江 男，汉族，1954年3月生，中共党员，大学学历，禹城市人。

1972年12月至1975年12月任禹城县马官屯公社先锋大队民办教师；1975年12月至1977年4月任禹城县马官屯公社先锋大队团支部、党支部书记；1977年4月至1978年6月任禹城县马官屯公社党委委员、团委副书记、先锋大队党支部书记；1978年6月至1979年5月任共青团禹城县干事；1979年5月至1980年3月在德州地委组织部干部科帮助工作；1980年3月至1984年10月任德州地委组织部干部科干事；1984年10月至1987年12月任德州地委组织部干训科副科长（正科级）；1987年12月至1990年1月任德州地委组织部办公室主任；1990年1月至1995年4月任夏津县委副书记；1995年4月至1997年6月任德州市委组织部副部长；1997年6月至2007年2月任德州市委组织部常务副部长；2007年2月至2007年7月任中共德州市委党校校务委员会主任、常务副校长（副厅级）、德州市委组织部常务副部长；2007年7月任中共德州市委党校校务委员会主任、常务副校长。德州市第十三届、十四届、十五届人大常委会委员。

苏京伟 男，1964年3月生，中共党员，大学学历，禹城市人。

1980年12月至1998年8月在中央警卫团服役，历任战士、班长、排长、团后勤部战勤参谋、中队副教导员、团技术装备部助理员（其间：1984年5月至1985年12月在中央警卫团教导大队学习；1988年9月至1990年7月在中国人民解放军后勤指挥学院学习）；1998年9月转业至光明日报社工作，历任社办公室秘书、综合处副处长、处长（其间：1999年9月至2002年7月参加中央党校函授学习）。在部队期间.，荣立三等功1次，连续几次被评为优秀干部和优秀党员。在中央党校函授学院学习期间，参加北京市党校系统组织的征文比赛中，撰写的《故乡与北京》获得二等奖。

时鹏才 男，1970年生，研究生学历，禹城市房寺镇房寺西街人。

1978年至1982年在房寺中心小学就读；1982年至1985年在房寺联中读初中；1985年至1988年在禹城一中读高中；1988年9月考入青岛医学临床医学专业；1993年7月以优异的成绩分配到山东省千佛山医院，从事临床麻醉专业；1999年7月考入山东大学医学院；2001年获得山东大学临床麻醉学硕士学位。在国家级及省级医学刊物上发表数十篇医学论文，参与并主持多项医学科研课题，取得优异成绩。

何绪明 男，汉族，1963年7月生，中共党员，研究生学历，禹城市人，1980年12月参加工作。

1980年12月至1991年9月在北京市西城区环卫局第五队任班长；1991年9月至1995年5月在中国人民大学脱产学习，经济管理专业本科毕业；1995年5月至2003年12月在北京市西城区环卫局任副队长、副局长；2003年12月在北京市西城区城管监察大队任副大队长、机关党支部书记。

1982年被评为北京市西城区“五讲四美”标兵；1984年被评为北京市特等劳动模范，并当选北京市西城区第八届人民代表大会代表；1985年被评为西城区优秀共产党员；同年被评为北京市优秀共产党员；1986年被评为西城区优秀共产党员，并当选北京市西城区第八届工会委员会委员、北京市第八届党代会代表；1987年被评为北京市劳动模范，并当选为西城区第五次党代会代表、第四届团委委员、西城区优秀共产党员；1987年至1988年当选为北京市第八届工会代表大会市总工会委员；1988年被评为北京市劳动模范；1989年当选北京市西城区工会第九次代表大会区工会委员、区第九届人民代表大会常委会委员；1990年被评为北京市“迎亚运、创一流”十佳职工标兵；1991年当选北京市西城区第六次党代会代表、北京市西城区第十届人大常委会委员；1995年当选北京市西城区第十届工会代表大会区工会委员；1998年被授予“首都见义勇为积极分子”，北京市西城区第十二届人民代表大会城建工作委员会委员；1998年至2003年当选北京市西城区第十三届人民代表大会代表。

宋家富 男，1940年生，中共党员，禹城市市中办西郭辛庄人。

1950年至1954年在西郭辛庄小学读书；1954年至1956年在廿里堡赵庄高小读书；1956年至1959年在济南铁路职工子弟中学读书；1959年至1962年在山东微山水产学校读书；1962年毕业后，分配到山东省淡水水产研究所（在济南）工作，1976年任办公室主任；1984年调山东省东平湖联合开发公司任副经理；1986年调山东省淡水水产研究所任副厅长。2000年退休。

宋庆远 男，1940年11月生，中共党员，禹城市市中办西郭辛庄人，高级政工师。

1950年8月至1954年在禹城县廿里堡乡西郭辛上小学；1954年8月至1956年8月在禹城县廿里堡乡赵庄完小上学；1956年至1959年考入济南铁路职工子弟中学；1959年至1961年在济南铁中、中师班学师范专业；1961年至1978年参加中国人民解放军87050部队，在沈阳军区雷达兵第十五团历任班长、排长、副政治指导员、政治指导员、正连级；1978年从部队转业到济南；1978年至1986年在济南市房管局济南市住宅建设公司材料供应站任支部书记、宣传科长等职；1986年至1989年在济南市第五建筑工程公司任宣传科长；1989年至1997年在济南一建公司第三分公司任党支部书记；1997年至1999年在济南一建集体宣传处任处长；2000年在济南一建集团总公司退休。

1993年1月被山东省高级职称评委会评为高级政工师。在一建集团期间，多次被济南市建管局评为优秀共产党员，先进工作者。

陈学融 男，1930年3月生，禹城市伦镇温屯人。

1942年离乡到内蒙古海拉尔投靠父亲生活，读了五年半书；1953年1月在供销社工作；1955年担任副股长。在中共海拉尔市委历任干部、信访员、工业部副部长、工交政治部副主任、直属机关党委副书记。“文化大革命”期间下放阿荣旗接受“贫下中农再教育”近一年。在政府机关任过城建交通局副局长、交通局局长，经济委员会主任。1987年7月在内蒙古海拉尔市人大八届一次大会上被选为常委会副主任、任党组副书记；1990年退休，退休后在企业当顾问10年。

曾参与指挥过技改和新建两个海拉尔一次性投资最大的项目万号啤酒厂改造和万吨氯碱厂新建。平地起家，均用18个月建成投产。

陈富华 男，汉族，1935年3月生，中共党员，双大专学历，禹城市人，一级飞行员。1954年7月入伍，在北京第六炮兵学校当学员。

1955年1月被选为飞行员调入空军，1958年毕业于石家庄第四航空学校，分配到航空兵一师任飞行员。1966年，调航空兵三十七师，历任副大队长、飞行技术检查主任、军事训练处长、师副参谋长、军参谋长助理等职。荣立三等功、二等功各1次。1972年执行核试验“穿云”取样任务荣立三等功。1975年赴巴基斯坦，圆满完成试飞和带飞巴方飞行员任务。

陈显华　男，汉族，1937年2月生，中共党员，大专学历，禹城市富庄村人。1954年7月入伍，历任郑州炮兵学校学员、炮兵第1师排长、连长、营长、参谋、作训科科长、广州军区炮兵司令部副处长、处长，炮兵第1师参谋长、副师长；1981年6月至1985年7月历任广州军区炮兵司令部副参谋长，广州军区司令部炮兵部部长、广州军区副参谋长；1985年8月至1990年4月任第42集团军军长；1990年5月到1996年1月任广州军区参谋长、成都军区参谋长；1996年1月至2000年6月任成都军区副司令员。八、九届全国人大代表。1988年9月被授予少将军衔，1993年7月晋升中将军衔。1979年随所部赴越参加中越自卫反击作战，1982年参加了广西法卡山地区对越反击作战。多次随中国军事代表团出访美国、英国、法国、土耳其、日本、伊朗等国家。

陈希荣　男，汉族，1944年7月生，禹城市伦镇温屯村人。

1964年7月德州一中毕业考入山东理工大学（原山东农业机械化学院）；1968年12月毕业后分配到德州乐陵市农机局工作；1973年8月调德州乐陵市公安局，任政保股内勤、秘书股股长；1978年10月被山东省公安厅选调到厅机关工作；1984年4月任教育处副处长，主持教育处的工作，1990年12月任处长；1997年4月设立公安现役部队管理机构现役干部处任处长；2004年8月退休。1992年人民警察首次授衔，被公安部授予一级警督；1993年授予三级警监，享受医疗保健待遇。

1995年教师节期间，被公安部授予“全国公安系统优秀教育工作者”荣誉称号。

陈璞平　男，汉族，1961年12月生，中共党员，历史学博士，禹城市人。中国作家协会会员，山东省“十佳”理论工作者，山东省优秀中青年知识分子。历任中共德州市委宣传部理论科长、中共德州市委讲师团长、中共德州市委市直机关工委常务副书记，中共德州市委副秘书长、市委办公室主任、市委政策研究室主任。长期从事党务工作，出版有《能力论》《社会主义思想道德建设论纲》《德州张开起飞的翅膀》《哲学基础知识》等多部理论专著。业余时间从事文学创作，出版有《1927.陈独秀在武汉》《陈独秀之死》《母亲的红色之恋》《无字碑》《兵出渤海湾》等多部文史专著，连续四届荣获山东省精神文明建设“精品工程”奖。连续4次荣获山东省精神文明建设“精品工程”奖。事迹被收录《当代中国中青年学者辞典》《中国当代历史学学者辞典》《山东大学校友名人录》等。

邱红玲　女，汉族，1962年6月生于禹城市，原籍山东省招远市，中共党员，研究生学历，高级编辑。任德州广播电视报社社长，德州广播电视局党组成员、德州人民广播电台台长。任德州广播电

视台党委副书记、总编辑。先后荣获全国公益广告活动先进个人；山东省第四届“泰山新闻提名奖”；山东省劳动模范；山东省“十佳”新闻工作者；山东省三八红旗手；山东省“3•15”荣誉奖章；山东省广播电视系统先进个人；山东省报业先进经营管理工作者；德州市劳动模范；德州市人民好公仆；德州市人民好公仆特别奖；德州市十大人才新秀；德州市专业技术拔尖人才；德州市优秀共产党员等。荣记省级二、三等功各1次。有20余篇作品获国家和省级一、二、三等奖。

邱文明　男，汉族，1956年6月生，中共党员，大学学历，禹城市吕洼庄人。

1974年12月入伍，历任排长、军事教员、参谋、连长、副营长、作训科长、旅副参谋长、参谋长、旅长、96351部队副参谋长；1983年9月至1985年7月入第二炮兵指挥学院学习军事指挥；1996年3月任第二炮兵某旅旅长；1998年2月至2000年2月入国防大学基本一系学习战役指挥；2002年11月至2003年4月赴乌克兰哈尔科夫军事大学考察、学习；2005年7月任第二炮兵第56基地参谋长；2007年任第二炮兵第55基地副司令员；2010年挂职任海军南海舰队副参谋长；2010年任第二炮兵第56基地司令员。2006年7月晋升为少将军衔。曾荣立一等功1次，三等功4次，多次受嘉奖。

邱立国　男，1968年2月生，中共党员，研究生学历，禹城市人。

1984年至1987年在山东禹城一中学习；1987年至1991年在山东大学历史系本科学习；1991年至1994年在暨南大学历史系硕士研究生学习；1994年在北京市国务院侨务办公室文教宣传司工作；任华文教育处副处长（主持工作）。

张云祥　男，汉族，1938年7月生，禹城市人。

1957年8月至1960年8月在内蒙古呼和浩特工程机械学院学习；1960年9月至1962年2月在内蒙古包头机械厂当工人；1962年3月至1965年6月在辽宁省本溪市电机厂当技术员；1965年7月至1970年1月在沈阳市电器开关厂当技术员；1970年2月至1987年5月任沈阳市电器开关厂供销科科长；1987年6月至1989年8月任沈阳市华通开关厂厂长（私营企业）；1989年9月任沈阳市华通服装有限公司、沈阳市华通服装有限公司招待所（酒店、洗浴中心）董事长。

张金岭　男，1949年4月生，中共党员，禹城市伦镇王水坡人。

1968年3月从禹城二中应征入伍，在北京市通信兵第一通信总站一分站担任二中队文书工作；1971年8月提干；1973　年8月考入中国人民解放军南京通信工程学院；1977年　3月毕业后分配到中国人民解放军重庆通信学院工作；1981年8月至1982年7月在南京通信工程学院再学习深造一年后又回重庆通信学院任教；1986年被评为讲师任无线电教研室副主任（副团职）；1989年10月转业到重庆市江北区技术监督局，任副局长，3个月后主持局全面工作。1993年2月调任中共江北区委办公室主任；1996年10月调任江北区环保局局长；2005年3月任重庆港城工业园区副主任，同时兼任重庆市港城工业园区建设有限公司董事长兼总经理。

在部队当战士时连年被评为“五好战士”；提干部后多次被评为“先进工作者”；转业地方后，担任江北区技术监督局局长期间，曾被评为“重庆市技术监督先进个人”；担任环保局长期间，曾连续六年被评为“江北区优秀领导干部”和“中共江北区优秀共产党员”，同时被重庆市环保局评为“重庆市环保系统先进工作者”。

张忠锋 男，汉族，1953年1月生，大学学历，禹城市辛店镇前赵村人。

1970年入伍，在80512部队历任战士、班长、排长、指导员、干事；1987年12月转业后在洛阳市工商行政管理局工作，历任科员、副科、副处级公务员；2005年12月退休。

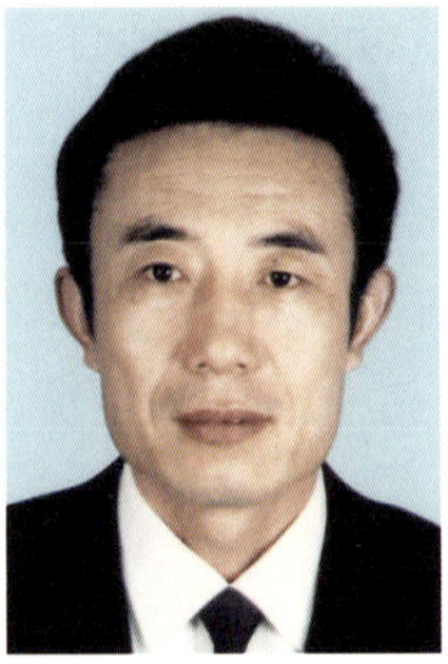

张　懿 男，汉族，1961年1月生，中共党员，大学学历，禹城市人，1976年11月参加工作，高级经济师。

1981年9月至1983年6月在山东银行学校学习；1983年6月至1997年7月历任中国人民银行德州地区分行办事员、计划科副科长、计划科科长、办公室主任；1997年8月任人行德州市分行党组成员、副行长、国家外汇管理局德州分局副局长；1999年1月任人行德州市中心支行党委成员、副行长；2001年3月任人行德州市中心支行党委副书记、副行长；2003年12月任德州银监分局党委书记、局长。

2005年撰写的《德州民间借贷发展状况调查与思考》调研报告被中共中央办公厅采用。2006年获德州市劳动模范荣誉称号。

张云发 男，汉族，1962年8月生，中共党员，大学学历，禹城市安仁镇颜坊村人。1981年10月入伍，1985年7月至1991年9月历任陆军29集团军117师坦克团排长、政治处干事，步兵第117师政治部干事、坦克团政治指导员、政治处股长；1991年9月至1994年2月在西安政治学院学习；1994年2月任步兵第117师政治部组织科副科长；1996年10月至1997年12月历任武警第117师政治部组织科副科长、351团政治处主任、政治部宣传科长；1997年12月任庆云县人武部副部长；2001年1月任德州军分区政治部宣保科长；2002年2月任夏津县人民武装部政委、党委书记，中共夏津县委常委。被沈阳军区评为先进工作者，立三等功3次。

张敬芳 女，汉族，1964年5月生，大专学历，禹城市城关镇北街人，中级工程师，1980年参加工作，在德州市公共汽车公司材料处供职。

1995年开始创业成立德州兆丰广告装饰工程有限公司；2007年被评为山东省广告行业先进个人；2008年被德州市妇联、德州市女企业家协会评为优秀女企业家。任德州兆丰广告装饰工程有限公司总经理、德州神彩包装有限公司总经理。

张敬广 男，汉族，1970年11月生，大学学历，禹城市城关镇北街人。毕业于天津美术学院，高级工程师。

自1995年起，先后成立德州兆丰广告装饰工程有限公司、山东山水兆丰喷画有限公司、石家庄奥格威广告有限公司、淄博赛特喷画有限公司、北京兆丰堂古典红木家具有限公司。1999年加入德州市青年企业家协会会员，2005年被共青团德州市委员会、市经济贸易委员会、市民营经济发展委员会、市青年企业家协会授予德州市“优秀青年厂长

（经理）”称号；任山东明清红木家具艺术研究院院长、山东兆丰广告有限公司董事长。

邵自升　男，汉族，1958年3月生，中共党员，研究生学历，禹城市人。

1980年6月至1988年5月历任山东省军区独立师三团二营机炮连排长、德州地区禹城县人武部参谋、德州军分区司令部作训科参谋、德州陆军预备役步兵师步兵第一团司令部参谋；1988年10月至1993年1月历任禹城县政府办公室干事，禹城县政府办公室副科级干事，德州地区禹城县委办公室综合科科长（副科级），禹城县委办公室副主任兼保密局局长；1993年1月至1995年8月任德州地委（市）办公室综合科科长；1995年8月至1997年6月任德州市委办公室副主任；1997年6月至2000年1月任德州市委副秘书长（其间：1999年挂任中共乐陵市委副书记）；2000年1月至2002年1月历任德州市物价局党组书记，德州市物价局局长、党组书记；2002年1月至2005年2月历任德州市建委主任、党工委书记，德州市建设委员会主任，市建委主任、党工委书记；2005年2月至2010年2月任德州市市长助理，市委建设委员会主任，市建委主任、党工委书记（2003年至2008年兼任德州市河东新城建设办公室主任）；2010年2月至2010年3月任德州市市长助理，市委建设工委书记，市住房和城乡建设局党委书记；2010年3月至2010年4月任德州市市长助理，市委建设工委书记，市住房和城乡建设局局长、党委书记；2010年4月至2011年4月任德州市市长助理，市委建设工委书记，市住房和城乡建设局局长、党组书记；2011年4月至2011年5月任德州市市长助理，市政府党组成员，市委建设工委书记，市住房和城乡建设局局长、党组书记；2011年5月至2012年2月任德州市政府党组成员，市委建设工委书记，市住房和城乡建设局局长、党组书记；2012年2月至2012年3月任德州市政协副主席、党组成员，市委建设工委书记，市住房和城乡建设局局长、党组书记（2008年7月至2012年3月兼任市“中国太阳城”战略推进委员会办公室主任）；2012年3月任德州市政协副主席、党组成员，市委统战部部长。

山东省第八次、第九次党代会代表。山东省政协第十一届委员会委员。中共德州市第十二届委员会候补委员，第十三届、十四届委员会委员。2007年被国家人事部、建设部授予“全国建设系统先进工作者”（劳动模范）称号。

苑文章　男，汉族，1936年生，中共党员，禹城市篦子杨庄人。

1961年毕业于山东师范大学，1962年在聊城市冠县一中工作，历任教师、校长。1991年任德州学院数学系教授。1996年退休。

曾被聘为《中小学学科思维训练》丛书编委会副主任，高中学段数学学科总编。主编《数学习题指导》等三本书，发表《中学数学建模举例》等十余篇论文。荣获特级教师，两次被评为山东省优秀教师，并获曾宪梓教育基金奖，被评为山东省劳动模范。

武月岭　男，汉族，1968年11月生，中共党员，大学学历，禹城市人。

1987年　9月至1991年7月在山东轻工业学院电气技术专业学习，获工学学士；1991年7月至1997年4月任德州市科委科员；1997年4月至1999年11月任德州市科委办公室副主任；1999 年 11 月至 2000 年 6 月任德州市专利事务所所长；2000 年 6 月至 2001 年 5 月任德州市科技局办公室主任科员；2001 年 5 月至 2002 年 9 月任德州市知识产权办公室副主任；2002 年 9 月至 2003 年 8 月任德州市知识产权办公室主任；2003 年 8 月至 2011 年 5 月任德州市知识产权局局长；2011 年 5 月任德州市科技局党组成员、知识产权局局长。

周同恩 男，汉族，1963 年 10 月生，中共党员，研究生学历，禹城市人。曾任禹城市委组织部科长；禹城市房寺镇镇长、书记；禹城市委常委、房寺镇党委书记；禹城市委副书记；庆云县委副书记；德州市运河经济开发区党工委副书记、管委会副主任、调研员；德州市发展和改革委员会党组成员（兼）、副主任；德州市区域合作办公室（市推进黄河三角洲办，市招商办）党组书记、主任；2012 年 3 月任德州市商务局党组书记、局长。

庞守民 男，1941 年 11 月生，中共党员，大学学历，禹城市安仁镇庞桥村人。

1961 年 7 月入伍并上大学（西安军事电信工程学院）；1964 年先后在公安部办公厅、二局、八局等部门工作，曾在八局办公室、政治处、警卫值班室、装备训练处先后担任主官；1978 年以后，从事公安警卫工作，负责中共党的国家领导人、来访重要外宾及重要会议的具体安全警卫工作。曾执行多批来访国家元首、政府首脑安全警卫任务，如日本首相中曾根、柬埔寨国王西哈努克、朝鲜首相金日成等。曾圆满完成许多重要会议安全警卫任务，如全国劳模大会、世界反贪污大会、全国少数民族文艺汇演等。1997 年退休。1998 年被中央军委授予武警部队大校警衔（正师职）；1989 年由于为武警部队的全国警卫部队授警衔有功，经武警部队总部党委批准荣立个人三等功。退休后参加北京市老年集邮会任理事。

尚延海 男，1950 年生，中共党员，禹城市人，教授。

1977 年毕业于山东医学院医疗系专业，分配至山东省医学影像学研究所工作，任山东省医学影像学研究所 X 线诊断室与胸部影像诊断室主任、主任医师，山东大学教授，硕士学位研究生导师，兼任中华医学会山东分会与山东省医学影像学研究会胸部组主任委员，医学影像学杂志与中国中西医结合影像学杂志编委。期间曾于 1990 年至 1992 年赴塞舌尔共和国维多利亚医院放射科工作两年。

多次被评为山东省卫生直属机关优秀共产党员、山东省立医院优秀共产党员、山东省立医院卫生行业标兵、山东省医学影像学研究所先进个人、山东省医学影像学研究所十佳职工等荣誉称号。1998 年获山东省医学科技进步三等奖 1 项（第一作者）；1999 年获山东省科技进步三等奖 1 项（第一作者），主编“呼吸系统疾病影像诊断”一书；另以主审、副主编、编委等参与编写医著 8 部，在中高级杂志发表文章 60 余篇，连续 8 年成功举办国家级或省级继续医学教育项目。2003 年在成功战胜流行世界的非典型性肺炎后，山东省人民政府给予记二等功奖励。

郑金强 男，汉族，1954 年 7 月生，中共党员，大学学历，禹城市安仁镇姚宋村人。

1972 年 11 月禹城三中高中毕业后在第二炮兵第总字 183 部队服役，历任战士、班长、干事；1975 年 9 月起先后在南开大学历史系和解放军政治学院学习，后在解放军政治学

院科学社会主义教研室任资料员；1982年4月起历任齐河县科委干事、宣传部干事、企业政治部副部长、宣传部副部长、县工业公司（局）经理（局长）、党组书记（党委书记）；1992年6月任中共德州地委（市委）正科级巡视员、企业政治工作科科长；1995年3月任中共宁津县委常委、纪律检查委员会书记；2001年3月任德州日报社党组成员、副总编辑、纪检组长，高级编辑。

1973年至1974年连续两年荣获总字138部队"三等功臣"，1988年被山东省委宣传部授予"全省先进理论教育工作者"，1990年被德州地委、行署授予"劳动模范"，1994年被山东省委宣传部授予"全省先进企业思想政治工作者"，2000年被山东省纪委、监察厅、人事厅授予"全省纪检监察战线三等功臣"，多篇理论文章和作品荣获全国、省级奖项。

郑召才　男，汉族，1969年9月生，中共党员，禹城市安仁镇黄庄人。

1985年10月入伍，历任战士、代理排长、学员、南京军区空军后勤部第一汽车修理厂干部、管理员、车间副主任、车间主任（工程师）、专用车辆技术保障队办公室主任、空军军械仓库器材供应站站长（行政副团）。任中国人民解放军南京军区空军94942部队副队长（正团、空军上校军衔、高级工程师），分管军事任务、对外有偿服务业务、生产。先后多次被上级授予嘉奖、评为优秀党员，荣立三等功1次，2010年12月被空军批准为高级工程师。

先后撰写了几十篇理论研讨文章，做了数万字的读书笔记，并多次参加上级组织的交流发言。其中，6篇体会文章被军区空军装备部《装备工作交流》刊用，有10余篇文章或图片在《空军报企业版》和装备杂志刊用发表。先后组织修订完善了业务管理质量手册、质量管理程序文件、质量管理体系文件各1套，编撰了数套学兵培训教材，修订完善了13种战备预案和8种作战文书。先后带队圆满完成东剑系列演练、3.20、5.20反"台独"应急作战准备、奥运安保、国庆安保、世博安保、军车大修、巡回检修和驻沪车辆安全环保检测。2010年担任裁判长，带领25名裁判员，参加南京军区空军组织的汽车维修技术兵，岗位练兵大比武活动等一系列重大应急抢修车辆技术保障任务。由于业务工作突出，2010年和2011年连续两年被南京军区空军装备部评为业务工作先进个人。

郑春晓　女，1978年4月生，禹城市人。

1996年考入青岛大学纺织工程系；2000年获得工程学士，同年考取本校研究生；2003年获得工程硕士学位；2003年9月考入中国科学院化学研究所高分子化学与物理国家重点实验室，攻读博士学位，师从徐端夫院士、王笃金研究员。主要从事高分子材料形态与加工的研究，发表学术论文5篇。先后参加国家经贸委以及"863""973"攻关项目。曾多次获得各类奖学金和"三好学生""优秀团员"等称号。受聘于英国皇家化学会。

赵新春　男，1929年1月生，禹城市辛店镇人。

1944年在蒙古德王印刷厂当学徒；1945年参加革命，分配到宣化新察哈尔报社印刷厂当铸字工人；1949年初调新华社印刷厂工作，历任车间股长、工会主席、生产科长、副厂长、厂长；1982年调总社机关事务管理局任副局长兼劳动服务公司经理。1989年离休。

赵忠新 男，汉族，1949年10月生，中共党员，大学学历，禹城市人。

1968年12月毕业于平原师范学校；1977年10月任禹城县房寺公社党委组织干事；1981年10月任禹城县委组织部干事；1984年4月任禹城县大程乡党委副书记、乡长；1985年2月至1989年5月历任禹城县大程乡、禹城镇党委书记；1989年5月任禹城县委办公室主任；1989年9月任禹城县委常委、办公室主任；1992年12月任禹城县委副书记；1993年10月任禹城市委副书记；1995年3月任武城县委副书记、县长；1997年12月任武城县委书记兼县委党校校长；2001年2月任德州市人大常委会副主任；2008年1月任德州市委、市政府特约咨询。

德州市十三届、十四届、十五届、十六届人大代表。获山东省计划生育先进工作者，全国科教兴县先进个人称号。

赵修义 男，汉族，1963年3月生，中共党员，禹城市人，硕士研究生导师，主任医师、教授。

1980年8月至1983年7月济南军区军医学校学员；1983年7月至1984年10月济南军区军医学校放射教研室教员；1984年10月至1997年8月任济南军区总医院放射科医师、主治医师；1997年8月至2003年7月任第一军医大学研究生队研究生（硕士、博士）；2003年7月任济南军区总医院核医学科主任医师、教授（其间：2006年2月至2009年10月山东大学医学院影像医学与核医学博士后专业学习）。兼任全军核医学专业委员会常委兼诊断组副组长；济南军区预防管理及辐射防护专业委员会副主任委员；山东省核医学专业委员会副主任委员；山东省老年学会肿瘤专业委员会副主任委员；中国医学影像技术研究会理事；国家及北京市自然基金评审专家；中华现代影像学杂志常务编委；中华分子影像学杂志编委。

获军队科技进步二等奖及三等奖各1次，承担院长基金课题及博士后基金课题1项。主编专著2部，参编专著4部，发表国内外相关学术论文30余篇。多次受到嘉奖及被评为优秀共产党员，荣立三等功1次。

赵红卫 女，汉族，1967年1月生，禹城市赵庄村人，中共党员，大学学历，主任编辑。历任德州日报编辑、记者、主任、副总编，德州日报副总编、党组成员，德州日报总编辑、党组副书记等职务。

作品《人民，最虔诚的爱》获山东省第八届精品工程奖；《平原600农民温州取经记》《纵身一跳，壮举成就伟大和永恒》获中国地市报新闻奖评选一等奖；《给124个孩子新世界》获山东省好新闻一等奖。另有20余件作品获国家、省级奖。出版有30万字作品集《心的证明》。2002年获山东省“十佳新闻工作者”称号；2003年获山东省新闻最高奖——第四届泰山新闻奖提名奖，被山东省委宣传部、山东省人事厅记二等功。

段修廷 男，1937年10月生，中共党员，大学学历，禹城市张庄镇大段村人，副研究员。

1956年1月由禹城中学参加中国人民志愿军，8月回国后在北京军区直政1部工作；1979年转业到农业部，历任北京铁路军代处政治部主任，中华人民共和国农业部人事局处长，中国农学会副秘书长，国家监察部农业部监察局局长。1998年退休后任中国监察学会农业分会会长。

姜春生 男，1940年3月生，中共党员，禹城市李屯乡张武村人。

1947年9月在张武村上小学，在学校里参加儿童团并任团长；1952年在李屯乡连五高小学上高小，加入少先队；1955年6月小学毕业后考入济南市第七中学，在中学学习阶段参加大炼钢铁运动和勤工俭学活动，参加了北海舰队组织的军训；1960年暑假赴青岛海军驱逐舰参观实习，在校期间曾多次到黄河岸边参加助民劳动，到泰安地区支援虎山水库建设；1959年9月在七中加入共青团；1961年7月高中毕业后，经学校推荐、部队审查、济南历下区武装部批准，进入烟台海军高级专科学校（现更名为海军航空工程学院）学习，在校经过三个月的入伍教育后，分配到东海舰队舰艇上当兵锻炼，被评为“五好战士”，并于1962年9月在军舰上加入中国共产党；1963年1月返回烟台海校进入专业军事学习，被评为“五好学员”；1965年7月毕业后分配到北海舰队威海水警区政治部青年科任干事；1967年5月29日随舰艇编队在山东石岛海域参加反蒋特小股登陆作战；1968年12月调海军旅顺基地大和山观通站任政治指导员；1973年3月调北京海军体工队政治处任干事，被选为体工队党委委员兼队直党支部书记；1983年6月调海军政治部老干部局退休处任处长；1989年12月提升为海军老干部活动中心主任，副师职；1993年被评为“全军先进老干部工作者”和“全国老年体育先进工作者”，荣立三等功。1996年4月退休。

姜春光 男，汉族，1955年7月生，中共党员，大学学历，禹城市李屯乡张武村人。

1972年12月入伍，历任班长、排长、连长、科长、营长、副厂长、主任等职。任安徽省黄山市96151部队装备部技术室主任兼高级工程师，技术6级（正师），大校军衔。

多年来一直从事部队装备技术保障工作，积极研究探讨和科研革新，两项科研成果均获军队科技进步三等奖；32篇学术论文分别在军事杂志刊物上发表。先后参加“国庆五十周年阅兵”“砺剑2000”全军高科技技术交流展示等重大军事活动。先后受嘉奖11次，荣立三等功5次、二等功1次，被评为模范共产党员6次，装备管理先进个人3次，清正廉洁干部1次，技术干部标兵1次。

战长友 男，汉族，1952年4月生，中共党员，禹城市辛寨镇战高村人。

1972年12月于禹城辛寨中学高中毕业；1973年1月参加工作，在辛寨任小学教师；1975年8月进入原山东师范学院化学系学习；1978年8月毕业后分配到山东广播电视大学工作，担任化学专业教师；1985年3月任学校政治处干部科科长；1986年10月评为讲师；1991年2月任学校组织部人事处副处长；1994年10月评为副教授；1999年5月任学校教学处处长；2001年10月评为教授；2002年7月任学校教务处处长。

曾在国家一级刊物和国家核心期刊发表过数十篇专业论文，曾出版专著《配位化学》。

骆学义 男，汉族，1948年2月生，中共党员，禹城市人，高级经济师。

1966年12月任山东省禹城县辛店公社司务长；1969年2月任陆军第64集团军571团战士；1969年4月任沈司管理局公务排副

班长；1970年8月任沈司管理局供管科代出纳；1971年12月任沈司管理局供管科会计；1972年11月任军区第一招待所会计；1979年12月任军区第二招待所副所长；1983年3月任沈司管理局供管科助理员；1988年8月任沈司管理局生产处处长；1992年12月任沈司企业局局长；1998年12月任沈司管理局副局长；1999年12月任沈阳军区金城宾馆总经理；2003年5月退休。

贾维田 男，汉族，1945年4月生，高中学历，禹城市辛店镇孙庄人。

1964年11月入伍，历任战士、排长、副指导员、干事、副营职干事。1984年2月转业到山东省济南市劳动局，历任秘书、办公室副主任、调研处处长、办公室主任、机关党委副书记。2005年6月退休。

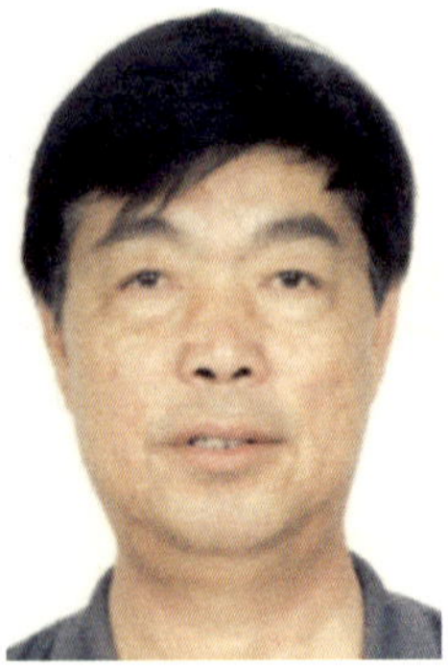

贾长雨 男，汉族，1951年生，中共党员，大学学历，禹城市人，高级工程师。

1969年至1972年在步兵五七三团特务连服役，退伍后在辽宁丹东机床电器厂工作。1977年至1980年在东北大学材料工程系（原东北工学院）上学，毕业后分配到德州机床厂，历任技术员、车间技术主任、厂长助理兼企业管理处处长，厂医院党支部书记。期间先后担任助理工程师、工程师、高级工程师。2001年，任德州锅炉有限公司党委书记、董事长、总经理。

袁其刚 男，1966年10月生，中共党员，禹城市人，教授、硕士生导师。

在山东经济学院国际经济贸易专业核心期刊《国际贸易问题》《国际经贸探索》《国际商务》《对外经贸实务》《山东经济》等杂志上发表学术论文34篇，其中有6篇被人民大学复印资料全文转摘或进入其索引。出版《国际商务谈判》《WTO与中国对外贸易》《WTO规则教程》《对外经济贸易理论与实务》《国际贸易实务》等著作7部。

1998年以来主持、参与省级科研课题10项。2004年完成教育厅科研课题——“WTO‘绿争条款’对我农产品出口的影响与对策”；山东省软科学办——“反倾销发展趋势及实证分析”和“SA8000对山东外贸出口影响与对策”两项省级科研课题；参与省软科学重大招标课题——“山东半岛城市群与日韩产业协作区发展战略及模式研究”的研究。

自1996年连续获山东经济学院优秀科研成果奖17项。获2004、2005年度山东省高校优秀科研成果奖（人文社会科学类）二等奖两项。发表的论文“从价格竞争到非价格竞争”和“TBT对我外贸出口的影响及对策”分别获得“中国国际贸易学会”第20届、21届学术年会优秀论文三等奖。2004年完成的《国际经济与贸易专业教学改革研究与实践》获省级优秀教学成果二等奖一项（第二位），2004年主持的《“国际贸易实务”课程教学改革研究》获省级优秀教学成果三等奖一项（第一位）。

为本科生开设《国际经济学》《世贸组织法》和《国际商务谈判》课程，为国际贸易学专业研究生开设《国际贸易惯例与规则》《世贸组织法》课程，为企业管理专业硕士研究生开设《国际商务专题》等课程。主讲的《国际贸易实务》课程2004年被评为山东经济学院精品课程。

1994—1996年作为客座教授参与联合国国际贸易中心（ITC）援助中国培训项目的实施工作；2002年春作为客座教授参与德国政府援华企业培训工作，主讲世界贸易组织有关专题；2003年被山东省财政厅聘为兼职教授。是世界经济学会会员、山东对外经济学会副秘书长。

夏清月 男，1965年2月生，研究生学历，禹城市人。

1979年9月在山东工学院第一机械系机械制造及工艺专业学习；1983年7月任教于德州市技工学校；1984年9月在浙江大学管理工程系攻读硕士研究生，参加驻杭高校学生演讲比赛，赴有关工厂企业进行社会调查和管理咨询，连续三年为禹城市企事业管理干部举办管理知识讲座等，并发表学术论文数篇。1987年6月研究生毕业后入伍，先后在总参谋部、总装备部机关从事参谋工作。任总装备部某部某局总工程师。先后参与了装备发展规划计划的拟制、装备科研法规的制定、科研项目的立项审批与过程管理等工作。

耿兴民 男，汉族，1948年生，中共党员，禹城市人。

1964年入伍，1985年转业到山东省济南市第二人民医院工作，任军医、主治军医、主治大夫、副主任医师、主任，多次受到嘉奖和被评为先进工作者。

耿运国 男，1966年3月生，中共党员，禹城市房寺镇九圣堂村人。

1980年至1982年在禹城安仁中学读书；1982年至1984年在高唐县第一中学读书；1986年聊城师范毕业后在高唐县第四中学任教；1992年调入高唐县政府办公室工作，历任副科长、科长、副科级秘书、高唐县政府办公室副主任兼外事办主任等职务；2005年5月任高唐县公有资产管理局党组书记、副局长。

秦吉臣 男，汉族，1955年1月生，中共党员，大学学历，禹城市辛店镇秦庄人。

1962年7月至1971年7月在洪张中心中学学习；1973年11月在部队加入中国共产主义青年团；1972年11月在禹城市人武部应征入伍，在第二炮兵80302部队服役，从战士到团政治委员；1988年在部队被授予少校军衔；1997年1月晋升为上校军衔，同时被第二炮兵首长任命为团政治委员、任团党委书记。

在部队期间荣立三等功2次，10多次受到上级机关嘉奖。在部队参加了部队院校的中专、大专班学习，均取得毕业证书。1997年被选为安徽省铜陵市第十二届人大代表。1997年4月被选为80302部队后勤部第七次党代会代表；1997年5月被选为80302部队第五次党代会代表。1998年11月转业到江苏省南京市南京艺术学院任学院保卫处处长。2002年至2005年，在江苏省电大本科班在职学习，取得本科毕业证书。2003年被南京市公安局评为先进个人，荣立个人三等功。

倪友庆 男，汉族，1943年10月生，中共党员，大专学历，禹城市房寺镇人。

1961年8月禹城四中应征入伍，在通信九团历任班长、排长、连指导员；1973年12月由连级干部越级提升为济南军区通信团司令部副参谋长；1975年6月任参谋长、党委常委；1979年12月任济南军区济南第二通信器材仓库副政治委员兼政治处主任；1983年6月任政治委员、党委书记；1988年8月被授予上校军衔；1989年10月转业至山东省公安厅计财装备处工作，历任科长、副处级侦察员；1993年7月任计财装备处副处长；1998年7月主持计财装备处工作；2001年5月任调研员。

在部队期间曾9次受嘉奖，2次荣立三等功。1992年9月被公安部授予一级警督警衔；2000年获二等山东省公安厅科学技术进步奖，

“人民警察着装信息管理系统”项目的第一位主要研究人员；2001年5月被公安部授予三级警监警衔。

徐文昌 男，1932年12月生，中共党员，中专学历，禹城市莒镇乡徐集村人。

在徐集村抗日高小读书到1945年毕业；1946年参加革命工作；1950年5月加入中国共产党。

1946年3月在冀鲁豫行署聊城专区齐禹县政府财政科工作；1947年1月在县银行工作任出纳员；1948年8月由组织保送到冀鲁豫行署干部学校银行会计班学习。1949年2月积极响应党组织号召，报名参加冀鲁豫干部南下大队随军南下，5月中旬到达赣东北接管上饶市，在赣东北行署财政处税政科工作；1949年11月，接管国民党贵阳市国税局，在人事室工作；1950年1月任贵州省财政厅税务局庶务股长，人事科副科长等职；1956年5月调贵州省财政厅人事科任科长；1958年9月调贵州省机械厅惠水工区指挥部及贵州水轮机厂任劳资科科长；1959年5月调贵阳矿山机器厂，先后担任宣传科、组织科科长，1964年6月任厂政治部主任。“文化大革命”期间下铸造车间劳动3年；1970年1月，贯彻69〔71〕号文件时被任命为厂革委会常委，历任生活办公室主任，厂政治部主任工作；1975年12月调贵州省农机局任组织处处长，后又任局政治部副主任，局党组成员；1978年4月在中共贵州省委第一次全会上，选为贵州省纪律检查委员会委员，任检查处处长；1981年10月经省委批准任省纪委常委；1982年1月任省打击经济犯罪办公室主任；1983年8月在中共贵州省第五届会议上选为省纪委常委（副厅级）；1984年9月至1985年1月在中央党校进修部纪检干部进修班学习，考试成绩合格，准予毕业。1988年9月任贵州省纪委检查员；1991年7月经贵州省委常委会议通过任正厅级检查员；1995年1月离职休养。

郭延春 男，1946年生，中共党员，大学学历，禹城市薛官屯人。

1970年从北京工业大学毕业，先后在昆明军区三局从事卫星地面通讯技术工作、在北京市国家安全局从事技术侦察工作，退休前任北京市国家安全局高级工程师，三级警监。

高登平 男，汉族，1941年4月生，中共党员，大专学历，禹城市人。

1960年7月参加工作，历任禹城三中、马官屯小学教师、校长；1965年1月历任禹城马官屯公社副社长、革委会副主任、党委副书记；1976年12月任禹城袁营公社党委副书记；房寺公社党委副书记、管委主任，党委书记；1982年2月任禹城县人民政府副县长；1987年4月任中共禹城县委常委、副县长；1990年3月任中共禹城县委副书记；1992年7月任中共齐河县委副书记、县长；1993年3月任中共齐河县委书记、县长；1993年8月任中共齐河县委书记；1995年4月任德州市人大常委会副主任、党组成员；2001年3月离岗，2008年3月退休。

德州市第十三届、十四届、十五届人大代表。

高士和 男，1947年生，大学学历，禹城市城关镇南街人。

1964年应征入伍，在部队历任战士、班长、助理员、参谋等职；1974年在山东大学电子系毕业，在校期间任班长、支部书记；1978

年从部队转业到山东大学人事处工作，历任科员、副科长、科长等职；1990年到山东大学经济学院历任院办公室主任、副研究员、院工会主席、正处级调研员等职。

高德利　男，1958年生，禹城市人，教授。

1982年1月毕业于华东石油学院开发系并获工学学士学位；1984年获西南石油大学机械工程专业工学硕士学位；1990年获中国石油大学石油工程专业工学博士学位，后在清华大学力学系做博士后研究；1992年被清华大学晋升为固体力学副教授；1993年被评聘为中国石油大学（北京）石油工程系主任、教授。任中国石油大学（北京）校学术委员会副主任、油气井工程国家重点学科负责人、“长江学者奖励计划”特聘教授、教育部IRT0411创新团队带头人、石油工程教育部重点实验室主任，兼任中国科协全国委员会委员（六届、七届）等职。曾先后留学美国1年、英国3个月，并对俄罗斯进行学术访问1个月。

自“七五”以来，先后负责国家重点攻关专题2项及国家“863计划”子课题2项，主持完成石油企业多项部级重点科技项目及“国家杰出青年科学基金”项目等，研究成果曾获国家科技进步奖一等奖2项及二等奖1项，省部级科学技术奖特等奖1项、一等奖3项及二等奖4项，获国家发明专利2项，独立与合作发表学术论文近200篇，出版《井眼轨迹控制》等学术专著4本，主编《面向二十一世纪的能源科技》等学术论文集5部。

获首届“中国科学技术发展基金会孙越崎科技教育基金”能源大奖、第四届中国青年科技奖、首届“清华大学优秀博士后”奖及全国“留学回国人员成就奖”。是“国家教委跨世纪优秀人才基金”(1994)及“国家杰出青年科学基金”(1998)的获得者。1993年被评为北京市高等学校（青年）学科带头人；1995年被评为首批中国石油天然气总公司（部级）跨世纪学术、技术带头人；1996年首批入选国家“百千万人才工程”（第一、二层次）。1993年开始享受国务院颁发的政府特殊津贴。

高明华　男，1966年8月生，禹城市人，教授，博士生导师。

1994年9月至1997年6月获南开大学经济学博士；1998年1月至2000年3月获北京大学和中国经济改革研究基金会国民经济研究所经济学博士后。先后就职于南开大学、北京大学和中国银行总行。任北京师范大学公司治理与企业发展研究中心主任，经济与工商管理学院经济学和管理学教授，博士生导师，兼任中国社会科学院研究生院讲座教授，中国经济改革研究基金会国民经济研究所研究员，中国社会科学院民营经济研究中心研究员，南开大学公司治理研究中心学术委员，国家软科学基金评审专家，还担任一些地区的政府顾问和企业咨询顾问。

曾主持和参与国家自然科学基金、国家哲学社会科学基金、教育部人文社会科学基金，以及全国人大财经委员会、国家有关部委、省市政府和企业委托的研究课题29项，独立、合作出版著作23部，合作出版英文著作3部，在各类报刊发表论文100余篇。相关研究成果（包括合作）曾获第十届和第十一届孙冶方经济科学奖、国家级教学成果二等奖、北京市第六届和第八届哲学社会科学优秀成果二等奖和一等奖、天津市第五届和第八届哲学社会科学优秀成果二等奖和一等奖。曾多次深入企业进行调查、咨询和参与企业改制工作，为国家有关部委提供政策报告和为企业提供改制方案若干，大都被采纳。

曹书祥 男，1938年7月生，中共党员，大学学历，禹城市伦镇西街人，军队正师职退休干部。

1956年11月入伍到朝鲜；1958年撤军到长春。历任战士、报务员、电台台长、团通信参谋、十六军通信参谋，沈阳军区通信部参谋、科长、处长，沈阳军区通信训练大队大队长，沈阳军区通信部副部长、部长等职，于1999年7月退役。

梁尚忠 男，1932年12月生，禹城市人。1948年赴台；1974年从军中退休。曾任职于美商辅乐公司，担任台湾慧智电子公司经理；1980年与朋友合创华升电子公司，任董事长。

致力于中国传统文化研究，倾心元典文化的译注工作；2005年被北京兴华智源管理科学研究院聘为特邀学术委员、并应邀担任“中国传统文化研究与发展中心”主任委员。参与“红十字会”无偿献血100多次；关注家乡建设，多次捐资助学，并在招商引资方面做出积极贡献。喜钻研中华古文化，著有“黄帝文化新生命”丛书，共计包含《黄帝经新生命》《易经新生命》《论语新生命》《道德经新生命》《南华经新生命》和《墨子新生命》等六部。设有“黄帝文化新生命”网站www.the-liangs.org。

梁尚诚 男，1940年1月生，中共党员，大学学历，禹城市人，高级工程师。

1962年毕业于山东工程学院。任山东新华医药集团公司副总经理，新华鲁抗药业集团公司副总经理，兼任淄博市文学家、企业家联谊会理事，中国医药企业管理协会执行理事，山东建筑材料学院客座教授，南京理工大学经济管理学院、苏州大学战略发展咨询委员会委员，中国ISO9000论坛委员会委员。

曾获淄博市化工系统劳动模范、山东省医药系统技术拔尖人才、山东省医药系统先进工作者、全国优秀质量管理工作者、全国医药系统及山东省企业管理先进工作者、全国优秀质量管理推进者等奖项，为《医药企业管理现代化导论》副主编、《医药经济报》编委、《中国质量报》山东新华制药通讯站站长。主要有报告文学《树大根深叶更茂》《生命之树长青》《使命》等数十篇，其中《使命》获1990年全国八省“创业杯”纪实文学联合征文优秀作品奖。另撰写专业管理论文50余篇，有关质量管理论文曾在国际会议上发表并获奖。其事迹被编入《中国人才辞典》《中华魂、中国万业领导英才大地》。

梁振洋 男，汉族，1955年11月生，中共党员，研究生学历，禹城市人。

1976年10月任禹城县驻石屯乡农业学大寨工作队组长；1978年12月参加工作，先后在山东省粮食厅（局）工作，历任山东省粮油集团总公司（山东省粮食局）人事处副处长，山东省粮食局人事教育处处长、机关党委副书记、直属工会副主任，山东省水利厅党组成员、山东省纪委驻省水利厅纪检组组长，山东省监察厅驻省水利厅监察专员。2010年5月任山东省水利厅巡视员。

梁秀路 男，1966年12月生，中共党员，大学学历，禹城市人。

1980年12月入伍，先后在中央警卫师、中央警卫局政治部、中央警卫团、北京军区28集团军装甲七师二十八团政治处、装甲七师后勤部、38集团军教导大队、北京军区保定干休所等任战士、班长、学员、区队长、干事、参谋、教导员、干休所副所长等职，任38集团军炮兵旅政治部副主任。

新兵连时曾获嘉奖1次，并被评为优秀团员；在中央警卫局工作期间，被评为优秀警卫战士；在中央警卫团教导大队学习期间被评为优秀团干部；在中央警卫团三大队工作期间，连续三年被评为优秀干部；1987年被评为计划生育先进工作者；1988年被评为精神文明先进个人和优秀团干部，在89年北京春夏之交的政治风波中荣立三等功1次；在28集团军装甲七师二十八团工作期间，被评为优秀机关干部，在师后勤部工作期间被评为先进干部；在38集团军教导大队工作期间，被评为优秀干部，在38集团军保定干休所工作期间，被集团军政治部评为优秀副所长。

梁祖国 男，1962年12月生，中共党员，大学学历，禹城市辛寨镇梁庙村人。

1979年12月入伍，历任战士、文书、排长、干事、特约记者、记者、中央电视台总政记者站站长，任中国人民解放军总政治部政工宣传保卫局副师职干事，中国电视艺术家协会会员。

曾发表新闻作品、散文、报告文学等600余篇，先后在《人民日报》《解放军报》《中国青年报》《光明日报》、中央电视台等各媒体，大力宣扬李双江、王晓棠、克里木、彭丽媛、张继刚、印青、宋春丽、刘敏、阎维文、郁钧剑、曲云、岳红、白雪等先进单位和典型个人。其中，电视专题片《八一男篮团结拼搏的体坛劲旅》荣获第十届全军优秀电视军事节目专题一等奖；撰写的通讯《老树春深更着花》《对老干部一往情深》荣获解放军报征文奖；先后荣立三等功1次，各种嘉奖12次，还被解放军报连续两年评为优秀特约记者，并受到通报表彰；拍摄电视剧、专题片100多部（集），其中电视连续剧《重返沂蒙山》《刘金鱼的故事》荣获全军优秀电视剧奖，全国电视剧“飞天奖”“金鹰奖”，并在全国引起反响，当时受到国家主席杨尚昆、人大委员长万里，以及中央军委副主席迟浩田等党和国家领导人的高度称赞。1997年3月出版《世纪抉择》纪实文学丛书之第六部《阋墙御寇》；1999年6月出版电视文学剧本集《重返沂蒙山》；2006年3月出版新闻作品集《岁月如歌》。

梁祖刚 男，1969年10月生，中共党员，大学学历，禹城市辛寨镇梁庙村人。

1986年12月入伍后，先是在山东省军区服役，后调到北京武警总部西单招待所；1996年考入武警黄金指挥部预提干部培训班，毕业后任司令部管理处管理员；1999年调入二炮司令部餐饮部任经理；2003年调入北京军区联勤部油料训练大队基础教研室任正营职教员。多次立功受奖。

梁祖宝 男，1973年12月20日生，中共党员，大专学历，禹城市辛寨镇梁庙村人。

1992年12月入伍，历任班长、排长、副指导员等职务，1995年9月考入北京市消防指挥学校学习深造；1998年学成毕业，任北京市消防局后勤部营房处营职助理员。

隋守林 男，汉族，1945年7月生，中共党员，大专学历，禹城市安仁镇隋庄人。

1953年至1958年在隋庄上学；1959年至1962年在禹城县二中上初中；1964年10月应征入伍，在北京公安部队当战士；1968年退伍。1969年安置在济南市生建钢铁厂高炉车间政工组任组长；1973年调济南市财贸办公室任科员；1975年调济南市百货公司任武装部部长；1979年10月调济南市中级人民法院历任副处级、正处级审判员；在1983年严打运动中荣记三等功1次；2001年10月退休。

尉廷富 男，汉族，1953年8月生，中共党员，禹城市安仁镇南街人。1969年入伍，1975年毕业于南京大学外文系，曾在黑龙江省军区长期服役，1993年1月调入济南军区技术局。1995年8月转业到山东省人民政府外事办任调研员。

韩仁和 男，汉族，1930年生，中共党员，禹城市人。1951年在禹城县供销社工作，1956年任禹城县药材公司副经理，1958年任位山水泥厂人秘组组长，1961年任德州地委工业部干事。1962年任德州专署计委基建科副科长。1963年任德州地委组织部干事，1969年任德州生资站革委会副主任，1971年任德州地区轻工业局副局长。1975年任德州地区工办政工科科长，1977年任德州地区纺织局局长，1981年任德州棉纺织厂厂长，1985年任德州地区纺织工业公司调研员。1991年退休。

韩国民 男，1942年5月生，中共党员，高中学历，禹城市九寨寺村人，1962年6月参加工作。

1950年7月在九寨寺村上小学；1956年7月在山东省济南市第十八中学上学；1962年6月在中国人民解放军26军33师99团通讯连任战士、文书；1968年9月在山东省劳动局政工组任办事员；1970年10月在山东省公安厅政工处任办事员；1985年4月在山东省公安厅干部处任副科长；1984年7月在山东省公安厅干部处任副处长；1994年9月在山东省公安厅人事处任处长；1998年10月在山东省公安厅助理处任巡视员；1999年被公安部授予二级警监；2003年退休。

董清震 男，1966年2月生，研究生学历，禹城市伦镇董庄村人。现居青岛，技术八级，正团职，上校军衔，副教授。

1981年以全县第二名的优异成绩考入禹城一中，高中期间曾被评为地区级三好学生和优秀学生干部。1984年考入山东工业大学（现山东大学）电机系电器技术（师范）专业，曾任学生会所属学生科学技术协会办公室主任，并被评为学校“社会实践活动十佳”。1988年7月以全专业第一名的成绩毕业，并获“学院优秀毕业生”称号；1988年考入青岛海军潜艇学院攻读“潜艇作战指挥”专业硕士研究生，并入伍成为一名海军军官。1991年9月获得“潜艇作战指挥”专业军事学硕士学位，并留校任教，任海军潜艇学院教官。1991年12月至1992年12月，到东海舰队某潜艇支队艇司令部作训科见习，参加东海舰队组织的“××—92”战役演习。1998年荣立个人三等功。2000年晋升为副教授。

独立和合作编写三本研究生用教材，《潜艇作战指挥》1995年7月出版，《计算机作战模拟与模拟器技术》1997年10月出版，《潜艇作战指挥训练法》1997年11月出版。1997年8月编译出版《国外潜艇技术文集》一书，将视野扩展到国外。2003年，与人合作的潜艇战术专业基础性专著《潜艇战术学》出版。

共发表论文20余篇，多篇论文曾在中文核心期刊、全军综合性学术期刊、海军级学术研讨会、省部级刊物、潜艇学术领域专业期刊上发表，在潜艇作战模拟方面具有较高的学术水平。其中《广义军队作战大系统模型化与一般分析》一文，2001年在哈尔滨某国际学术会议上发表，并被收入会议论文集；《潜艇作战模拟的体系结构》1999年发表于《火力与指挥控制》和《军事系统工程》。

以主研身份完成科研项目6项，其中“潜艇作战综合模拟训练系统”1994年通过海军鉴定，1996年12月获国家科学技术进步三等奖；“潜艇战/反潜战”模拟训练系统是在建的全军重点实验室“潜艇作战模拟中心”一个最大的子系统，该项目于2000年6月完成，2001年通过海军鉴定，2002年获军队科技进步一等奖。

兼任《太原日报》特约文字作者，已发表“老人·我们·孩子”“世象百态”和“健康话题”系列30余篇文字稿件。

葛峰溪 男，1929年12月生，中共党员，禹城市市中办于庄村人。

1948年12月至1949年2月在华东后备兵团三师教导队学习；1949年3月至1950年10月在二野特种兵政治部民连部任科员；1950年11月至1954年10月在二野特种兵司令部通信科任参谋；1954年11月至1957年8月在西藏军区53师308团通信股任参谋；1957年9月至1959年2月在西藏昌都警备区司令部通信科任参谋；1959年3月至1962年3月在沈阳通信兵学院指挥系任学员；1962年4月至1974年10月在西藏昌都警备区通信营任营长；1974年11月至1976年3月在西藏军分区某县人武部任副部长；1976年4月至1990年从部队转业到河南省商丘市地区邮电局历任电信科长、办公室主任、党委办公室主任、纪检委副书记。1990年2月8日离休。

景文新 男，汉族，1965年1月生，中共党员，大学学历，禹城市人，1980年7月参加工作。

1980年7月至1995年5月历任德州地区计委综合科科员、副科长、科长；1995年5月至1999年3月任齐河县人民政府副县长；1999年3月至2001年2月任齐河县委副书记；2001年2月至2003年1月任陵县县委副书记；2003年1月至2007年1月任陵县县委副书记、陵县人民政府副县长、党组副书记；2007年1月至2010年9月任宁津县县委副书记、宁津县人民政府县长、党组书记；2010年10月至2010年12月任临邑县县长；2010年12月任临邑县县委书记。

程远泉 男，汉族，1951年11月生，大专学历，禹城市高新区前油坊村人。

1969年入伍，在第三十三试验训练基地，历任战士、班长、排长、连长、科长、靶管处主任、基地副参谋长（上校）；1997年2月转业，在洛阳市迎宾馆工作，历任书记、调研员。

程海军 男，1969年1月生，大学学历，禹城市辛店镇苏庄村人。

1979年11月离开家乡，到胜利油田；1988年考入大庆石油学校计算机专业；1990年7月毕业参加工作；先后取得石油大学地质专业专科，中央党校贸易经济专业本科，山东大学计算机科学与技术专业本科文凭。1990年7月分配到胜利油田地球物理勘探开发公司研究所从事计算机系统管理工作； 1998年4月调入胜利石油管理局胜南社区管理中心档案室从事档案管理工作。

先后有8篇论文在学术交流中获奖，2000年负责的《利用QC方法提高档案的归档质量》获胜利石油管理局优秀质量管理小组二等奖。多次获得胜利石油管理局办公室系统先进个人、档案工作先进个人、双文明先进职工荣誉称号；2003年获山东省档案管理先进个人荣誉称号。

路荣顺 男，汉族，1964年10月生，中共党员，大学学历，禹城市安仁镇前寺村人，高级经济师。

1982年7月毕业于禹城县一中；1982年9月至1984年7月在山东省德州粮食学校粮油会统专业学习；1985年6月至1987年4月在山东大学党政干部基础专科专业（自学考试）学习；1993年9月至1996年6月在山东财政学院会计学专业（成人本科）学习；1996年8月至1998年5月在山东大学中国近现代史研究生班（成年业余）学习；1984年7月至1992年11月任山东省粮食局计划处办事员、科员、副主任科员；1992年12月至1996年5月历任山东省粮油集团总公司（粮食局）粮油储备管理办公室副科长、科长；1996年6月至2001年7月历任山东省军粮供应中心科长、副主任、主任（1998年7月至2000年7月兼任山东省军粮储备库主任）；2001年8月在山东省粮油集团总公司工作，任山东省石臼国家粮食储备库副主任，兼任山东省粮食经济学会理事、山东省粮食行业协会理事。

1984年7月至1992年11月在山东省粮食局计划处工作期间，参与《山东省粮食工作"七五"计划要点》的起草、执笔起草《山东省粮食工作"八五"计划和十年规划设想》，并起草了许多山东省粮食购销政策、粮油计划管理及全省粮食行业发展方面的重要文件。1992年12月至1996年5月在山东省粮油集团总公司（粮食局）粮油储备管理办公室工作期间，参与全国第八次军粮工作会议文件和《军粮供应与管理办法》的起草，并参与研究制订全省军粮工作会议文件和供应政策，协助筹备组建山东省军粮供应中心。1996年6月至2001年7月在山东省军粮供应中心工作期间，在全国率先建立省级军粮储备、建设省级军粮储备库、在国家工商总局注册"红嫂"军粮商标，主持研究制订山东省军粮供应管理办法、军粮质量管理、军供应服务规范、军粮财务管理、质量监督检查、军供工作考核等十几项规章制度，全面改造了全省200余处军粮供应站点，实施军供优质服务和全面质量检查等行业指导工作，使全省军粮供应行业规范化、制度化建设与管理走在全国前列，得到国家粮食局、总后勤部充分肯定，带领山东省军粮供应中心获得省级"青年文明号"荣誉称号。参与《全国粮食系统军粮供应规范化管理暂行办法》研究起草工作。2001年8月以来，在山东省粮油集团总公司工作期间，参与总公司投资日照经济开发区的山东粮油工业园暨山东省石臼国家粮食储备库筹备建设与经营管理工作。

曾经在省级以上报刊发表经济理论文章和粮食经济论文20余篇，主编的《军粮供应工作实务》（中国人事出版社1999年9月出版）填补国内行业空白。

解元波 男，汉族，1958年6月生，中共党员，大学学历，禹城市人，一级警督。

1978年4月参加公安工作，1984年起在德州市平原县公安局历任刑警大队长、交警大队长、副局长；1997年10月任德州市公安局刑警支队副支队长；2003年1月任刑警支队长；2007年12月任德州市公安局党委委员、德城分局党委书记、局长；2008年12月被任命为德城区政府党组成员、区长助理。

2004年被公安部授予"全国指纹破案会战先进个人"；2006年被评为德州市劳动模范；2007年被山东省公安厅授予全省优秀人民警察；2008年被山东省委、省政府评为全省劳动模范。多次被评为德州市优秀共产党员，荣立个人二等功3次、三等功5次。

蔡宝源　男，1936年1月生，中共党员，大学学历，禹城市人，高级工程师，一级注册建筑师，总建筑师，具有执业资质。

1959年9月考入山东建筑学院建工系建筑学专业；1963年8月毕业后在上海轻工局设计室工作，后被借入食品工业设计院校从事建筑设计两年，后又回原单位搞建筑设计；1980年2月批准为工程师；1982年9月在合肥市房屋建筑勘察设计院从事建筑设计工作；1988年12月批准为高级工程师；1996年9月退休后原单位返聘。1996年12月被国家认定为一级注册建筑师，具有执业资质。

雒　武　男，汉族，1969年3月生，大学学历，禹城市人。1992年在禹城安仁镇中学任教；1994年到山东省教育学院（现为齐鲁师范大学）进修本科中文专业；1996年在禹城棉纺中学任教；1997年7月被大众日报集团生活日报聘为记者；2003年调至生活日报姊妹报齐鲁晚报任新闻编辑。

先后获得山东新闻奖一等奖、大众新闻一等奖、山东慈善新闻特别大奖在内的省内各类新闻奖项数十项。在《诗刊》《上海文学》《中西诗歌》《时代文学》《星岛日报》（美国）等海内外报刊上发表诗歌、小说、随笔等200多件，曾获第19届世界诗人大会铜奖。

薛深静　男，汉族，1949年4月生，中共党员，大学学历，禹城市人。

1968年入伍，历任总参通讯总站战士、技师；1973年调入北京军区通讯总站，历任连长、营长、后勤处长。1986年转业到北京市石景山医院，历任科长，副院长，党委书记。2005年调任北京市石景山区红十字会副会长，正处级。

鲁　秋　原名冯长收，男，汉族，1948年生，禹城市张庄镇人。定居于北京。结业于清华美院全国美术理论研究与书画创作高研班、高卉民大写意花鸟创作专项研修班、中国国家画院。职业书画家，中国冷香画派冰雪梅花领军人。中国书画家联谊会常务理事；北京世界华人文化院书画艺术委员会副主任；香港珠江书画院副院长；吉林省美术家协会会员；北大资源艺术传媒学院特聘教授等职。

多次应国内、国际艺术机构邀请，在广州、深圳、上海，日本、韩国、法国、英国等国家和地区举办个人书画展览和文化艺术交流。其作品被北京人民大会堂、中南海、国务院事务管理局、中国驻外使馆和多家美术馆及国际友人、知名人士收藏。其6件画作入编由长城出版社出版的《盛世翰墨名家经典》，被国务院紫光阁国礼中心、中国书画艺术促进会、《中华国粹》和《世界中国》杂志社评选为“国礼艺术家”荣誉称号。其12件画作入编由中国炎黄文化出版集团出版的《中国画坛五大家》。另有17件画作入编《画坛巨擘》一书。

三、挂职干部

1986年始，国家、省、德州市到禹城市的挂职干部近200人，为禹城的发展增添了浓重的一笔，做出了杰出的贡献。

1986—2011 年挂职干部名单

表人物 -1

姓名	原工作单位及职务	下派单位及职务	下派时间	性别	民族	文化程度	籍贯
展其福	德州地环办副主任	禹城政府副县长	1986.09	男	汉	大专	陵县
李茂章	山东省商业厅经研所所长	禹城县委副书记	1986.09	男	汉	大专	淄博市
王淦远	省机械设计研究院政工科长	经委副主任	1986.09	男	汉	大专	安丘县
王文升	省地质局团委副书记	县委副书记	1987.07	男	汉	大专	曹县
李万尧	省地质局801水文地质队副队长	政府副县长	1987.07	男	汉	大专	邹平
王广友	省地质局测绘队办公室主任	张庄镇党委副书记	1987.07	男	汉	高中	嘉祥县
李平胜	省地质局第一地质大队行政科长	张庄镇副镇长	1987.07	男	汉	中专	泰安市
李志远	省地质局第五探矿队团委书记	十里望回族乡副乡长	1987.07	男	汉	中专	陵县
刘义昌	省地质局探矿机械厂副科长	十里望回族乡副乡长	1987.07	男	汉	大学	山西长治
毛建政	省地质局信息处副科级干部	廿里堡乡副乡长、浮雕纤维板厂筹建处副主任	1987.07	男	汉	中专	浙江
崔卫东	省地质局教育处办事员	廿里堡乡团委副书记	1987.07	男	汉	中专	北京
汤立军	省工商行纪检组副科级干部	石屯乡党委副书记	1987.07	男	汉	大专	荣成
巨舜田	省地质局计划处副科级干部	石屯乡副乡长、红麻纸浆厂筹建处副主任	1987.07	男	汉	中专	临朐
侯有生	德州地区机关党委副书记	县委副书记	1988.04	男	汉	—	—
王秀芬	德州建行中心支行信贷科副科长	城关镇副镇长	1988.04	女	汉	中专	禹城
丁海文	德州地区中级人民法院副科级审判员	房寺镇党委副书记	1988.04	男	汉	大专	海阳
于金海	德州烟草公司审计员	张庄镇副镇长	1988.04	男	汉	初中	河北景县
周永贵	德州机床厂技术员	辛店镇副镇长	1988.04	男	汉	中专	河北吴桥
刘仁峰	德州行署办公室会计	前油坊乡副乡长	1988.04	男	汉	高中	夏津
张德生	德州纺织公司副科长	来凤乡副乡长	1988.04	男	汉	大专	禹城
王宜华	中国林产品德州贮运服务中心贮运科铁路联络员	来凤乡副乡长	1988.04	男	汉	初中	梁山
张桐兵	地区食品公司人秘科副科长	廿里堡乡副乡长	1988.04	男	汉	初中	陵县
庞吉禄	德州装卸机械修制厂劳资科助理工程师	大程乡副乡长	1988.04	男	汉	大学	禹城
王普刚	保险公司德州地区中心支公司计财科副科长	梁家乡副乡长	1988.04	男	汉	大专	禹城
董光文	禹城市棉麻站棉检科科员	莒镇乡副乡长	1988.04	男	汉	中专	安仁乡

续表人物 -1

姓名	原工作单位及职务	下派单位及职务	下派时间	性别	民族	文化程度	籍贯
郭金友	德州市电业局用电管理所助理工程师	石屯乡乡企办副主任	1988.04	男	汉	大专	河北故城
姜晨旺	德州石油化工厂车间设备技术员	李屯乡乡企办副主任	1988.04	男	汉	中技	德州
刘宗奎	德州农校学生处干部	张集乡乡企办副主任	1988.04	男	汉	中专	平原
杨太保	地区民族宗教事务处干部	十里望回族乡乡企办副主任	1988.04	男	回	大学	乐陵
吕　彪	德州电子仪器厂模具钳工	辛寨乡乡企办副主任	1988.04	男	汉	高中	河北故城
马丰军	德州市鞋厂干部	袁营乡鞋厂副厂长	1988.04	男	汉	中专	平原
田文友	德州食品公司工人	伦镇食品厂副厂长	1988.04	男	汉	初中	陵县
张玉龙	德州市糕点糖果厂电工班长	善集乡食品厂副厂长	1988.04	男	汉	高中	河北故城
庄金华	德州造纸厂职工	安仁乡造纸厂副厂长	1988.04	男	汉	中专	—
戎希水	地区计量处副科长	城关镇副镇长	1988.04	男	汉	初中	禹城
徐兰香	德州地区妇联副主任	政府副县长	1989.05	女	汉	大专	夏津
南慧泉	德州地区人事局任免奖惩科科长	禹城镇党委副书记	1989.05	男	汉	大专	昌乐县
蒋本兴	德州地区人大工委办公室副主任	禹城镇党委副书记	1989.05	男	汉	大专	乐陵
夏玉坤	德州公安干部学校教师	禹城镇干部	1989.05	男	汉	大专	大程
刘建华	德州地区中级人民法院研究室主任	张庄镇党委副书记	1989.05	男	汉	大专	张集
梁付修	德州地区审计局科办员	张庄镇干部	1989.05	男	汉	大学	临邑
张国州	德州地区食品公司副经理	伦镇党委副书记	1989.05	男	汉	大学	平原县
高新建	德州医药站储运科科长	辛寨乡副乡长	1989.05	男	汉	初中	文登
韩金声	德州糖果烟酒采购供应站科长	廿里堡乡副乡长	1989.05	男	汉	大专	德州二屯乡
景文新	德州地区计划委员会综合科副科长	梁家乡副乡长	1989.05	男	汉	大专	辛寨
王进宣	德州地区财政局办事员	梁家乡干部	1989.05	男	汉	大学	安仁乡
李少平	德州地区工艺纺织品进出口公司棉花科科员	石屯乡干部	1989.05	男	汉	高中	河北故城
刘志祥	德州地区人事局干部科干事	石屯乡干部	1989.05	男	汉	大学	安仁乡
李元武	德州地区化轻公司干部	辛店镇干部	1989.05	男	汉	中专	张集
栗俊强	德州地区水利局引黄办技术员	袁营乡干部	1989.05	男	汉	中专	平原恩城
刘冠金	德州地区农科所后勤科长	莒镇乡副乡长	1989.05	男	汉	中专	兖州

续表人物 -1

姓名	原工作单位及职务	下派单位及职务	下派时间	性别	民族	文化程度	籍贯
孟凡顺	省棉麻公司禹城采购供应站财会科副科长	安仁乡副乡长	1989.05	男	汉	中专	安仁乡
周兆寅	德州地委办公室综合科干部	十里望回族乡干部	1989.05	男	汉	大学	聊城
李伟一	德州地区纺织工业公司计划科科员	县棉纺厂计划科科员	1989.05	男	汉	大学	陵县
刘建生	山东省工商行工交信贷科科长	县工商银行	1989.07	男	汉	—	—
刘继富	山东省委办公厅机要处副处长	县委副书记	1989.10	男	汉	大专	青州市
许希民	山东省财政厅工交企业财务处副处长	政府副县长	1989.10	男	汉	大专	淄博市
刘　玲	山东省委办公厅副科级秘书	团县委副书记	1989.10	女	汉	大学	昌乐县
郭树江	山东省体委训练处干事	体委教练	1989.10	男	汉	大学	桓台县
朱威玲	山东省财政厅办事员	县财政局	1989.10	女	汉	大学	南京
蒋立新	山东省财政厅科员	县财政局	1989.10	女	汉	大专	宜兴市
王培成	山东省委办公厅保卫科长	城关镇副镇长	1989.10	男	汉	中专	平度市
张洪军	山东省财政厅行政处主任科员	伦镇党委副书记	1989.10	男	汉	大专	西城区
刘玉华	山东省顾委办公室调研处副处级秘书	石屯乡党委副书记	1989.10	男	汉	大学	临沭县
姜　凝	山东省财政厅商贸处主任科员	石屯乡副乡长	1989.10	男	汉	中专	莒南县
席德超	山东省政府办公厅接待处科长	城关镇西街村包村组长	1989.10	男	汉	大专	荣成市
于进水	山东省委办公厅机要处干部	城关镇西街村包村干部	1989.10	男	汉	大学	文登
王有福	山东省委办公厅副科级秘书	城关镇西街村包村干事	1989.10	男	汉	大专	高邮
张均昭	山东省财政厅政工处科员	石屯乡张王村包村组长	1989.10	男	汉	大学	平度市
蔡秀国	山东省财政厅办事员	石屯乡张王村包村组员	1989.10	男	汉	大学	诸城
陈祥志	山东省财政厅供气处科员	石屯乡张王村包村组员	1989.10	男	汉	大学	烟台市
丁述军	山东省农村经济开发投资公司干部	张庄镇周庄村包村组长	1989.10	男	汉	研究生	茌平县
刘永惠	山东省农村经济开发投资公司干部	张庄镇周庄村包村组员	1989.10	男	汉	大专	陵县
王庆江	山东省体育中心总务部副部长	张庄镇黎济寨村包村组长	1989.10	男	汉	大专	济南
王承云	山东省青岛体训基地副科长	张庄镇黎济寨村包村组员	1989.10	男	汉	大专	威海
由海雁	山东省体育中心训练部干事	张庄镇黎济寨村包村组员	1989.10	男	汉	大专	山东黄县涧村
刘振宁	山东省体科所助理工程师	张庄镇黎济寨村包村组员	1989.10	男	汉	大学	平原县

续表人物-1

姓名	原工作单位及职务	下派单位及职务	下派时间	性别	民族	文化程度	籍贯
王向成	山东省财政厅财政科办事员	伦镇北选村包村组长	1989.10	男	汉	大学	海洋县
丰安江	山东省财政厅中企处科员	伦镇北选村包村组员	1989.10	男	汉	大学	诸城
候乃弘	山东省财政厅行财处科员	伦镇北选村包村组员	1989.10	男	汉	大学	菏泽市
施　军	山东省财政厅预算处办事员	十里望回族乡工办	1989.10	男	汉	大学	蓬莱县五里堡
张玉成	山东省财政厅预算处副科长	十里望回族乡下派组组长兼财政局副局长	1989.10	男	汉	大专	淄川区
赵　刚	山东省财政厅办公室科员	十里望回族乡工办	1989.10	男	汉	大专	蓬莱
赵　雷	山东省委办公厅	县委信息科实习	—	—	—	—	—
段更火	山东省委办公厅	禹城镇实习	—	—	—	—	—
苏世亮	山东省委办公厅	—	—	—	—	—	—
于晓明	山东省委办公厅办公室副主任	县委副书记	1991.05	男	汉	大学	海阳
孙忠欣	山东省财政厅工交处副处长	县委副书记	1991.05	男	汉	大专	崂山
王　杰	山东省体委人事处副科级干部	县体委副主任	1991.05	男	汉	高中	茌平
陈　明	山东省政法委干部	团县委副书记	1991.05	男	汉	大学	—
刘清利	山东省体育运动学院正科级干部	县体委教练员	1991.05	男	汉	大专	蒙阴
邓玉香	山东省财政厅信息中心科员	县财政局干部	1991.05	女	汉	大学	青州市
杨存金	山东省财政厅行财处主任科员	禹城镇党委副书记	1991.05	男	汉	大专	梁山
姜洪锋	山东省财政厅商贸处科员	禹城镇小韩庄包村组长	1991.05	男	汉	大学	海阳
隋宝文	山东省财政厅信息中心科员	禹城镇小韩庄包村组员	1991.05	男	汉	大专	济南
刘筱庆	山东省财政厅大检办科员	禹城镇小韩庄包村组员	1991.05	男	汉	大学	江西
马兴业	山东省委办公厅接待处科长	禹城镇副镇长兼西街村包村组长	1991.05	男	汉	大专	齐河
马言君	山东省委办公厅副科级秘书	禹城镇西街村包村组员	1991.05	男	汉	大专	昌邑
蒋维亮	山东省委办公厅机要处干部	禹城镇西街村包村组员	1991.05	男	汉	大专	寿光
宫向阳	山东省委办公厅副科级秘书	禹城镇西街村包村组员	1991.05	男	汉	大专	莱阳
邵泽武	山东省财政厅农财处副主任科员	石屯乡副乡长	1991.05	男	汉	大专	淄博市
陈　锐	山东省财政厅国资处科员	石屯乡沈庄村包村组长	1991.05	男	汉	大专	陵县
周志济	山东省财政厅会计事务所科员	石屯乡沈庄村包村组员	1991.05	男	汉	大学	荣成

续表人物 -1

姓名	原工作单位及职务	下派单位及职务	下派时间	性别	民族	文化程度	籍贯
韩志毅	山东省财政厅大检办科员	石屯乡沈庄村包村组员	1991.05	男	汉	大学	平度市
刘　毅	山东省农村经济开发公司干部	张庄镇周庄村包村组长	1991.05	男	汉	大学	—
王东群	山东省农村经济开发公司干部	张庄镇周庄村包村组员	1991.05	男	汉	大专	—
孙东胜	山东省体育中心副科级干部	张庄镇张庄村包村组长	1991.05	男	汉	高中	海阳
陈泽勇	山东省青岛体训基地副科级干部	张庄镇张庄村包村副组长	1991.05	男	汉	大学	陕西
徐正团	山东省青岛体训基地副科级	张庄镇张庄村包村组员	1991.05	男	汉	大专	崂山
李前东	山东省体育中心办事员	张庄镇张庄村包村组员	1991.05	男	汉	中专	蓬莱
袁培全	山东省财政厅科研所副主任科员	十里望回族乡副乡长	1991.05	男	汉	大学	海阳
安　钢	山东省财政厅中企处科员	十里望回族乡糠醛厂组长	1991.05	男	汉	大专	济南
曲永生	山东省财政厅中企处科员	十里望回族乡糠醛厂组员	1991.05	男	汉	大学	牟平
王　凯	山东省财政厅预算处科员	十里望回族乡糠醛厂组员	1991.05	男	汉	大专	济南
张述存	山东省政府《政权志》办公室主任	市委副书记	1994.03	男	—	研究生	宁阳
李世瑛	山东省政府办公厅秘书处副处长	市委副书记	1994.03	男	—	大学	定陶
戴永晓	山东省政府接待处副处级秘书	政府副市长	1994.03	男	—	大专	平度市
高明利	山东省政府办公厅综合二室副处级秘书	政府副市长	1994.03	男	—	大专	武城
巩天宗	山东省商业集团总公司行管四处副处长	政府副市长	1994.03	男	—	中专	桓台
周雪平	山东省政府参事室文史馆业务二处副处长	政府副市长	1994.03	男	—	大专	定陶
邓洪奎	山东省政府办公厅综合二室主任科员	禹城镇党委副书记	1994.03	男	—	大学	定陶
张绪春	山东省政府办公厅基建办主任科员	禹城镇党委副书记	1994.03	男	—	初中	肥城
王爱农	山东省政府办公厅行政处副主任科员	禹城镇副镇长	1994.03	男	—	大专	齐河
魏昭珉	山东省商业厅办公室科员	房寺镇镇长助理	1994.03	男	—	中专	莘县
仪德超	山东省政府办公厅二处副主任科员	石屯乡党委副书记	1994.03	男	—	研究生	龙口
张　跃	山东省政府办公厅外管办副主任科员	十里望回族乡党委副书记	1994.03	男	—	大学	江苏
郑晓芳	山东省政府办公厅信息处副主任科员	十里望回族乡副乡长	1994.03	男	—	研究生	浙江
李凤恩	山东省政府办公厅行政处科员	十里望回族乡乡长助理	1994.03	男	—	中专	历城

续表人物 -1

姓名	原工作单位及职务	下派单位及职务	下派时间	性别	民族	文化程度	籍贯
冯海昌	德州地区水利局副局长，党组成员	市委副书记	1994.04	男	汉	大专	河北景县
冯新华	德州地区人大工作委员会财经处副处长	市委副书记	1994.04	男	汉	大专	河北故城
董连新	—	乡镇企业局副局长	1994.07	—	—	—	—
李晋柱	—	贸易委员会副主任	1994.07	—	—	—	—
崔建国	山东省政府办公厅自动化技术处副处长	政府副市长	1994.06	男	—	大学	阳谷
		石屯乡党委副书记	1994.07				
刘丕昌	—	经济委员会副主任	1994.07	—	—	—	—
李凤恩	山东省政府办公厅行政处科员	十里望回族乡副乡长	1994.11	—	—	中专	—
刘长瑰	山东省商业集团总公司泉城大酒店副科级干部	安仁乡党委副书记	1994.11	男	—	大专	历城
王世学	山东省商业集团总公司财务部副科长	安仁乡副乡长	1994.11	男	—	大专	鱼台
郭庆民	山东省商业集团总公司糖酒公司副科长	安仁乡副乡长	1994.11	男	—	中技	巨野
李万勇	山东省政府办公厅无线电管委会工程师	房寺镇党委副书记	1994.11	男	—	大专	荣成
李培清	山东省商业厅审计处科员	房寺镇副镇长	1994.11	男	—	大专	河南
魏昭珉	山东省商业厅办公室科员	房寺镇副镇长	1994.11	男	—	中专	莘县
黄　胜	原山东省政府副秘书长	原德州市委副书记（在禹城市工作）	1995.06	—	—	—	—
巩天宗	山东省商业集团总公司行管三处副处长	政府副市长	1995.10	男	—	中专	桓台县
姜文艺	山东省政府办公厅综合二室副处级秘书	政府副市长	1995.10	—	—	—	—
李　铭	山东省商业集团总公司行管四处副处长	政府副市长	1995.10	—	—	—	—
周生银	山东省政府办公厅人事处副处级秘书	政府副市长	1995.10	—	—	—	—
刘玉祥	山东省食品公司副总经理	政府副市长	1995.10	—	—	—	—
魏　建	山东省政府办公厅综合一室副主任	市委副书记	1995.10	—	—	—	—
尹建明	山东省政府办公厅信息处正处级秘书	市委副书记	1995.10	—	—	—	—
张京博	山东省政府办公厅外管办副主任	市委副书记	1995.10	—	—	—	—
张　建	山东省政府副秘书长、办公厅党组成员	德州市委副书记（在禹城工作）	1995.11	—	—	—	—
张文芳	山东省政府办公厅接待处主任科员	市长助理，计委副主任	1995.11	—	—	—	—

续表人物-1

姓名	原工作单位及职务	下派单位及职务	下派时间	性别	民族	文化程度	籍贯
张荣才	山东省政府办公厅综合二室主任科员	市长助理，经委副主任	1995.11	—	—	—	—
高小行	山东省政府办公厅行政处行政科科长	市长助理，禹城镇党委副书记	1995.11	—	—	—	—
高中东	山东省政府办公厅基建办主任科员	市长助理，张庄镇党委副书记	1995.11	—	—	—	—
程秀君	山东省政府办公厅技术处主任科员	市长助理，张庄镇党委副书记	1995.11	—	—	—	—
赵雪银	山东省政府办公厅研究室主任科员	市长助理，前油坊乡党委副书记	1995.11	—	—	—	—
丁连岭	山东省政府办公厅秘书处副主任科员	张庄镇副镇长	1995.11	—	—	—	—
解　鹏	山东省政府办公厅保卫处副主任科员	前油坊乡党委副书记	1995.11	—	—	—	—
王海峰	山东省政府办公厅参事室文史馆业务一处科员	前油坊乡副乡长	1995.11	—	—	—	—
窦祥民	山东省商业集团总公司办公室主任科员	市长助理，来凤乡党委副书记	1995.11	—	—	—	—
高黎明	山东省商业干部学校办公室主任	市长助理，来凤乡党委副书记	1995.11	—	—	—	—
王廷波	山东省商业科研所财务科副科长	来凤乡党委副书记	1995.11	—	—	—	—
周　翔	—	政府科技副市长	1995.12	—	—	—	—
周定伟	—	政府科技副市长	1995.12	—	—	—	—
解　鹏	山东省政府办公厅保卫处主任科员	市长助理	1996.08	—	—	—	—
欧阳竹	中国科学院地理研究所副研究员，中国科学院禹城综合试验站站长	政府科技副市长	1998.08	—	—	—	—
许建新	—	政府科技副市长	1999.03	—	—	—	—
李光林	国家财政部资本金基础管理司主任科员	市委副书记	1999.08	—	—	—	—
封宗庆	山东省经贸委科技处主任科员	政府副市长	1999.10	—	—	—	—
胡朝晖	—	政府科技副市长	2000.06	—	—	—	—
白　昱	财政部金融司综合处主任科员	政府副市长	2001.09	—	—	—	—
曹金萍	—	政府副市长	2003.03	—	—	—	—
朱厚玉	山东省财政厅综合处主任科员	市委常委，政府副市长	2003.10	—	—	—	—
杨　坤	德州市中级人民法院机关党委副书记	市委常委	2004.06	—	—	—	—
朱厚玉	山东省财政厅综合处副处长	市委副书记	2005.01	—	—	—	—

续表人物 -1

姓名	原工作单位及职务	下派单位及职务	下派时间	性别	民族	文化程度	籍贯
陈 超	山东省发展和改革委员会高技术处主任科员	政府副市长	2005.11	—	—	—	—
陈秀河	德州市委办公室副主任	市委副书记	2006.04	—	—	—	—
杜 焱	国家财政部金融司综合处主任科员	政府副市长	2006.12	—	—	—	—
刘照禄	德州市水利局副局长	市委副书记	2008.05	—	—	—	—
贾 磊	财政部	市长助理，财政局党组副书记、副局长	2009.04	—	—	—	—
刘 胜	安徽省霍邱县委副书记、县政府代县长	市委常委	2009.11	—	—	—	—
李振国	德州市委副秘书长	市委副书记	2010.03	—	—	—	—
梁 勇	德州市公安局交通警察支队党务工作者	信访局副局长	2010.07	男	汉	研究生	平原
苑春喜	德州党员干部现代远程教育中心科员	张庄镇张庄社区党支部副书记	2010.07	男	汉	大学	临沂
陈 涛	德州中级法院副科级审判员	安仁镇王子付社区党总支副书记	2010.07	男	汉	大学	宁津
胡长林	德州民政局救灾救济和社区福利科副科长	房寺镇邢店社区党总支副书记	2010.07	男	汉	大学	大连
俞炳杰	德州市委机关服务中心副主任	市中街道骇河社区党总支副书记	2010.07	男	汉	大学	德城
周延忠	山东省审计干部学校副校长	政府副市长	2010.05	—	—	—	—
赵永清	山东省委组织部组织三处调研员	张庄镇张庄社区党支部副书记	2010.07	男	汉	大学	邹平
马金剑	山东省人民检察院技术处副处长	安仁镇王子付社区党总支第二书记	2010.07	男	回	大学	聊城
于领东	山东省民政厅区划地名处副主任科员	房寺邢店社区党总支副书记	2010.07	男	汉	大学	海阳
钟晨光	山东省级机关事务管理局房地产管理处主任科员	伦镇社区党总支第二书记	2010.07	男	汉	研究生	乳山
刘国柱	山东劳动职业技术学院团委副书记	市长助理、共青团禹城市委书记	2010.12	—	—	—	—
孙亚清	中央纪委监察部驻农业部纪检组监察局主任科员	发改局副局长、党组成员	2011.02	男	汉	研究生	江苏
谢 皓	中央纪委研究室副主任科员	交通局副局长、党委委员	2011.02	男	汉	研究生	江苏
于 硕	中央纪委监察综合室科员	市委办公室副主任	2011.02	男	汉	大学	河南
方文碧	中央纪委纠正部门和行业不正之风室综合处处长	市委副书记	2011.03	男	汉	研究生	浙江
楼 晨	国家农业综合开发办公室产业化项目处主任科员	政府副市长	2011.05	女	汉	研究生	浙江
朱希昕	山东省商务厅外资处副调研员	市政府党组成员、副市长	2011.07	男	汉	大学	茌平

续表人物 -1

姓名	原工作单位及职务	下派单位及职务	下派时间	性别	民族	文化程度	籍贯
李志鹏	中共德州市委党校办公室副主任	信访局副局长	2011.09	—	—	—	—
梁拯国	德州市公安局交警支队正科级干部	市中街道党委副书记	2011.12	男	汉	大学	天津
夏传玉	德州市史志办副主任	禹城市委副书记	2012.3	男	汉	研究生	临沂

四、模范人物

全国劳动模范

表人物 -2

姓名	职 务	获得称号时间
刘锡潜	山东禹王实业有限公司董事长	2000 年 4 月
王富勇	禹城市房寺镇邢店社区党总支书记	2005 年 4 月
冯玉珍	禹城市安仁镇王子付社区党总支书记	2010 年 4 月

全国五一劳动奖章获得者

表人物 -3

姓名	职 务	获得称号时间
曹春华	原亚洲纺织（禹城）有限公司职工	1997 年 4 月
祝香利	原中农润田化工有限公司经理助理	2008 年 4 月
程少博	龙力生物科技有限公司董事长	2011 年 4 月
马久春	贺友集团董事长	2012 年 4 月

山东省劳动模范

表人物 -4

姓名	职 务	获得称号时间
杨建新	禹城市中街道办供销社退休职工	1956 年
刘孝忠		1956 年
高凤治		1956 年
王兆贵	山东大禹龙神有限公司退休职工	1958 年
苑宪章		1958 年

续表人物 -4

姓名	职　务	获得称号时间
张洪祥	禹城燃料公司退休职工	1960 年
崔培萱		1963 年
魏金峰	禹城市中街道办退休干部	1966 年
周辉庭		1966 年
王思新		1966 年
杨玉珂		1982 年
刘玉芹	禹城市质监局退休干部	1982 年
徐长海	保龄宝股份有限公司退休职工	1982 年
徐金英	禹城市工商银行退休干部	1982 年
丁志方	禹城市农机局退休干部	1986 年
卢中玉	山东神禹纺织有限公司退休干部	1989 年
王清德		1989 年
卢家升	禹城兴达建材有限公司退休干部	1992 年
邢仁泉	原禹城中农润田化工有限公司总经理	1998 年
高玉柱	禹王精密度陶瓷公司车间主任	1998 年
王星云	山东福田药业有限公司董事长	2008 年
王玉芹	禹城市残联科员	2011 年
刘宗利	保龄宝生物股份公司董事长	2013 年
刘方平	原禹城市人民医院院长	2013 年
李文平	傻小二康健食品有限公司总经理	2013 年

山东省富民兴鲁劳动奖章

表人物 -5

姓　名	职　务	获得称号时间
李庆才	原禹城中农润田化工有限公司副总经理	1987 年
王泉坡		1991 年 4 月
武杰鸣	山东大禹龙神龙业公司董事长、总经理	1994 年 4 月

续表人物 -5

姓　名	职　务	获得称号时间
李清朝	禹城市热电厂退休干部	1996 年 4 月
贾维民	原禹城市立医院院长	1999 年 4 月
张忠民	2000 年 5 月调至德城区国税局	2000 年 4 月
侯春兰	原禹城市政协副主席	2001 年 4 月
王世镇	山东通裕集团党委副书记、总经理	2004 年 4 月
石兴传	调至夏津县国税局	2005 年 4 月
陈书才	原禹城中农润田化工有限公司工会主席	2005 年 4 月
张建华	原德信羊绒制品有限公司董事长	2006 年 4 月
马建忠	原禹城市水务局副局长	2007 年 4 月
吕光臣	山东保龄宝生物科技有限公司工会主席	2008 年 1 月
殷爱华	原中农润田公司党组书记（省石化产业工会推荐）	2010 年 4 月
张海文	原禹城市电力总公司总经理	2011 年 4 月
秦加利	山东福田药业公司副总经理、工会主席（省石化产业工会推荐）	2011 年 4 月

《禹城市志》特聘编辑

方景德 男，汉族，1944年4月出生，中共党员，高中毕业，梁家镇尼庄村人，聘任编辑。

邢根友 男，汉族，1954年3月出生，中共党员，大专学历，禹城市梁家镇邢寨村人，聘任编辑。

庞吉温 男，汉族，1946年7月出生，中共党员，大专学历，禹城市安仁镇庞桥村人，聘任编辑。

尹继明 男，汉族，1955年8月出生，中共党员，本科学历，禹城市东城街道办事处三里杨村人，聘任编辑。

秦士兴 男，汉族，1946年9月出生，中共党员，中专文化，禹城市市中办西街村人，聘任编辑。

邢庆俊 女，汉族，1964年5月出生，中共党员，大专学历，禹城市东街人，聘任编辑。

张宝联 男，汉族，1947年12月27日出生，中共党员，大学文化，禹城市梁家镇苑东张村人，聘任编辑。

《禹城市志》编纂人员

陈海良　男，汉族，1969年12月出生，中共党员，研究生学历，山东省德州市人，史志办主任，编辑。

张小霞　女，汉族，1977年6月出生，中共党员，大学学历，禹城市安仁镇人，编辑。

林双昌　男，汉族，1971年1月出生，中共党员，大专学历，山东省高唐县人，史志办副主任，编辑。

隋　彬　男，汉族，1980年6月出生，中共党员，大学学历，山东沂南县人，编辑。

张　丽　女，汉族，1979年9月出生，中共党员，大学学历，禹城市房寺镇于王庄人，办公室主任，编辑。

李　霞　女，汉族，1979年6月出生，中共党员，大专学历，禹城市梁家镇人，编辑。

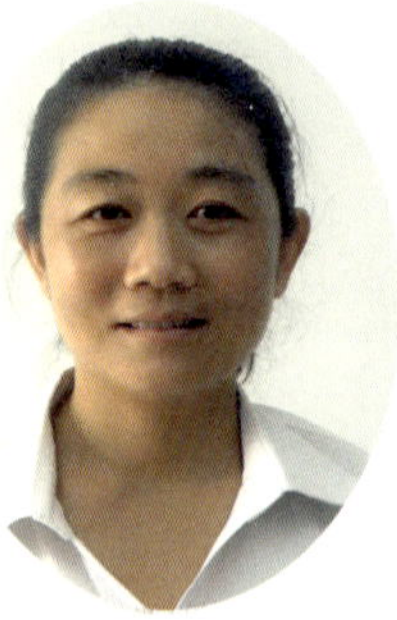

孙秀立　女，汉族，1978年8月出生，中共党员，大学学历，平原县王庙镇人，方志馆馆长，编辑。

王　凯　男，汉族，1981年出生，中共党员，大学学历，禹城市人，编辑。

刘　佳　男，汉族，1980年出生，中共党员，大学学历，禹城市市中办人，编辑。

庞二梅　女，汉族，1989年4月出生，中共党员，大学学历，禹城市市中办人，编辑。

邢金凤　女，汉族，1975年12月出生，中共党员，大专学历，高唐县琉璃寺人，编辑。

张红丽　女，汉族，1982年10月出生，中专学历，禹城市市中办人，编辑。

禹城市志
YUCHENG SHIZHI

索 引

禹城市志

禹城

一、要目索引

0-9

011 聚酰胺树脂 /929
101 省道 /291
10 万亩中低产田的改造 /362
1500T / 年糠醛的研制与生产 /930
1992 年《农业区域开发总体规划》/568
1993 年机构改革 /625
1996 年机构改革 /626
2002 年机构改革 /626
2008 年中国禹城首届大禹文化节 /987
2010 年德州市级文明村镇 （15 个）/1059
2010 年机构改革 /626
2010 年省级文明村镇（9 个）/1059
25MN 数控校直液压机 /924
308 国道 /290
316 省道 /290
9011 杀毒剂 /923

A

ABS 工程塑胶管道系列产品 /930
AP1000 核电主管道用超低碳控氮不锈钢 316LN 大型电渣重熔锭 /925
DC 木糖醇的制备研究 /926
DHA、EPA 的分离精制 /924
L—核糖的研制 /925
MT 棉饼脱毒机组及生产技术开发 /929
阿波罗大酒店 /499
安全管理 /444
安全性能检测检验及事故处理 /355
安仁镇（辖 19 个社区，1 个村）/78
安仁镇民营专业园区 /452

B

八五计划（1991—1995 年）/566
八一建军节 /1082
霸王鞭 /1000
白塔寺 /984
办理程序 /713
办理制度 /713
保持共产党员先进性教育 /642
暴雨 /167
毕业证办理 /958
编制检索工具 /1003
鞭鼓 /1000
标准化管理 /596
标准化生产发展 /336
冰雹 /169
病虫草害防治 /320
博士后科研工作站 /922
捕捞与加工 /339
部分农业综合开发项目简介 /366

C

财产保险 /556
财务管理 /444
财源建设 /81/85/88/92/96/104/110/119/126/131/138
财政监察管理 /514
财政预算管理 /513
彩礼 /1071
参加洽谈会 /214
参与经济建设 /653
参与民主管理 /748
餐具 /1069
残疾人就业 /768
残疾人康复 /768
残疾人文体活动 /769
层析法规模化生产高纯度结晶麦芽糖醇 /925
查处占道经营 /279
产权制度改革 /457
常住人口管理 /191

超声提取及膜分离制备玉米活性肽 /926
潮土类 /157
重阳节 /1080
称呼礼节 /1077
承包经营管理 /384
承保 /556
城区有线 /989
城市道路系统规划 /252
城乡基层民主 /916
城乡建设 /710/712
城乡社区建设 /916
城镇联防巡逻 /779
城镇三级体系 /253
惩处犯罪 /814
筹建电视台 /988
出口产品和产值 /216
出入境管理 /779
出血热 /1024
处罚与行政执法 /188
传染病 /340
创建“半精纺毛纱名城”/239
创建“中国功能糖城”/234
创建花园式城市 /264
创建省级园林城市 /267
创建园林式城市 /266
创新成果 /392
创新平台建设 /392
创新体系建设 /392
炊具 /1069
春节 /1078
春节救助 /906
慈心一日捐 /908
村村通自来水 /376
村档案 /1005
村计生主任管理 /194
村两委换届 /635
村民自治 /193
存款 /545
存款利率 /550

D

打囤 /1079
打造“生物谷”/232
大气污染防治 /205
大牲畜 /333
大型电渣重熔钢锭 /925
大型广场 /252
大型项目作用显著 /215
大禹公园 /502
大禹文化游 /504
大禹治水在禹城的传说 /996
大中专毕业生安置 /865
代码标识 /596
贷款 /546
贷款利率 /551
档案分类 /1002
档案开放 /1004
档案利用 /1004
党员电化教育 /641
党员发展 /636
党员及党费管理 /639
道路交通安全管理 /790
道路开挖掘管理 /280
道路绿化、美化、亮化 /228
德惠河流域 /149
德泉寺 /983
低聚木糖工艺流程 /415
低聚糖的工业化生产及其应用 /924
低压聚乙烯可控光解地膜 /929
地表水 /150
地表水监测 /204
地甲病 /1024
地理位置 /80/83/87/91/96/103/107/116/124/130/137

地名标志设置 /914
地名档案管理 /915
地名法规建设 /911
地名公共服务体系建设 /915
地名命名与更名 /911
地热资源 /161
地温 /155
地下水 /150
地下水监测 /204
地下水资源监控 /382
第八届常委会 /733
第八届主席会议 /734
第二次土地大调查 /198
第二次土地利用总体规划 /197
第二届常委会 /732
第二届主席会议 /733
第六届常委会 /733
第六届主席会议 /734
第七届常委会 /733
第七届主席会议 /734
第三次土地利用总体规划 /197
第三届常委会 /732
第三届主席会议 /733
第四届常委会 /732
第四届主席会议 /734
第五届常委会 /732
第五届主席会议 /734
第一次土地利用总体规划 /196
调度 /398
调研 /740
典型年纪实 /378
典型年纪实 /380
电报 /305
电力工程规划 /252
电脑型体育彩票 /1015
电视广告 /989
电视节目 /989
电网改造 /400
电信工程规划 /253
电影公司 /979
淀粉糖（功能糖）工艺流程 /416
订婚 /1070
定期定量补助 /901
定期抚恤 /902
东方大厦 /499
东方现代物流中心 /498
动物检疫管理 /349
端午节 /1080
队伍建设 /218
对外劳务交流 /218
对外宣传 /214
多肽（复混）肥 /405
多肽尿素 /405

E

儿科 /1043
耳鼻咽喉科 /1047
二轮土地承包 /313
“二五”普法 /832
二月二 /1079

F

发展二、三产业 /704
发展概况 /230/237/239/242/244/447
法制机构建设 /715
防汛工作 /82/90/94/101/107
防疫检疫 /340
房寺镇（辖 49 个社区，13 个村）/74
房寺镇民营专业园区 /451
放映情况 /979
非农建设用地使用制度改革 /196
风 /156
佛教 /1089
麸皮酶法制备高纯度 90% 水溶性谷物膳食纤维

/926
扶危济困 /1061
服装 /1065
妇产科 /1042
妇女儿童发展规划实施 /760
妇女教育 /758
妇女经济建设 /759
副食 /1066

G

改革经营机制 /460
改陋习　树新风 /1060
改制成效 /430
改制形式 /426
概况 /380/539
干部管理 /869
干部监督 /633
干部培训 /634
干部选任 /632
干部作风 /632
岗位建功与岗位竞赛 /758
高速公路管理 /290
高新技术和品牌建设 /711
高新区“二次创业” /711
高新区东城街道（辖 16 个社区，4 个村） /79
高新区工业旅游园区 /501
高新区工业游 /504
糕点加工 /483
告别礼节 /1077
革命纪念地 /993
革命烈士褒扬 /903
鬲国国都 /982
耕作制度 /321
工人文化宫 /1008
工商税收 /509
工商银行体制改革 /534
工业固体废物污染防治 /206
公交车与出租车 /295
公路养护 /296
公民道德教育 /1055
公诉 /795
公务员管理 /874
公园建设规划 /252
功能糖系列产品 /236
共晶体木糖醇 /931
共青团禹城市委第十四次代表大会 /754
共青团禹城市委第十五次代表大会 /755
共青团禹城县委第十二次代表大会 /754
共青团禹城县委第十三次代表大会 /754
供热管网改造 /276
供水工程 /270
供水管理 /271
供水收费 /271
供水水源规划 /253
供应农机 /355
购销政策 /462
古建筑 /991
古墓葬 /991
古遗址 /991
固定电话 /305
固定资产投资审计 /605
瓜果 /1067
挂面加工 /484
馆藏档案 /1003
馆藏资料 /1003
管理 /401/583
管理服务及管理体制 /247
管理广告牌匾 /279
管理教育 /786
管理体制改革 /457
广告管理 /577
广圣寺 /983
规范性文件制定与清理 /715
规范执法 /281

国防教育课 /860
国防教育月宣传教育 /860
国家安全保卫 /785
国庆节 /1082
国有资产收益管理 /517
果园果树 /327

H

邯济铁路 /293
寒潮 /171
寒食 /1080
汉槐游园 /502
合村并居 /82/87/90/94/100/105/122/128/135/140
合村建区 /114
合力监管 /601
合作共事 /652
合作经济组织 /470
合作社建设 /329
河道普查 /384
河道确权划界 /384
贺生日 /1073
贺生育 /1073
鸿福大厦 /499
鸿兴源食品有限公司 /410
互联网 /307
化肥 /404
化工原料 /404
环境目标责任制 /207
环境卫生管理 /280
环境宣传与环境信访 /208
黄河防汛 /377
回门 /1073
回族婚礼 /1073
回族饮食 /1068
会议中心礼堂 /973
婚礼 /1071
火灾扑救 /789
火灾预防 /789
货运 /295

J

机电化轻产品 /486
机动车辆管理 /791
机构 /540/540/541/542
机构设置 /828
机构与业务 /542
机关档案 /1005
机井灌溉 /375
基层体育设施 /1008
基层医院行改良型中小切口非超乳白内障术临床研究技术报告 /931
基层政权建设 /915
基础设施 82/86/90/94/99/105/114/121/128/133/140/
基地建设 /336
基督教 /1090
基金会清理整顿和票据置换 /547
激励措施 /246
即开型体育彩票 /1014
集中供热 /275
计划供应 /480
计划管理 /443
计划生育协会 /193
计生保险 /194
计生家庭扶助政策宣传 /189
计生困难家庭救助 /193
技术引进与改造 /445
技术职称结构 /1039
祭神 /1076
祭灶日 /1080
祭祖 /1076
加快企业扩张 /711
家具 /1068

家禽 /335
价格管理体制改革 /586
驾驶员管理 /792
监所设施 /785
检查 /741
检查治理 /601
见义勇为 /1060
建立健全党组织和发展党员 /636
建立健全管理组织 /460
建设银行改革 /536
建设用地 /160
建设与管理 /909
鉴定与销毁 /1004
奖售政策 /479
降水 /154
降水及大气监测 /205
交换名片礼节 /1077
交通工具 /1070
交通秩序治理 /279
交往交流 /654
教师地位 /961
教师节 /1082
教师素质 /960
教师助学自考 /958
教育基地教育 /860
节水灌溉 /374
结算改革 /533
巾帼 /1065
金代三彩瓷盘 /996
金融保险审计 /603
金融效益 /540
金融业务 /539
金属材料 /485
禁忌 /1092
京福高速公路 /289
京沪铁路 /293
经常性捐助 /908
经济发展 /80/84/87/91/96/103/108/118/124/130/137
经济建设报道 /646
经济作物 /317
经营产业发展 /335
经营管理观念 /247
经营效益 /547
精神文明建设报道 /648
净化文化市场 /1060
净宇牌空气自净机 /930
竞争承包改革 /457
敬业奉献 /1062
境外投资项目 /218
纠正不正之风 /662
九五计划（1996—2000 年）/567
救灾捐赠 /907
救灾与敬老 /654
就业转移 /885
鞠躬礼节 /1077
莒镇乡（辖 14 个社区，4 个村）/78
莒镇乡民营专业园区 /452
举办经贸洽谈会 /214
聚乙烯长寿膜研制与开发 /929
卷烟销售 /490
军转干部安置 /863

K

开元商厦 /470
开展“五个一”活动 /742
开展融资服务，缓解资金紧张 /765
开展维权服务 /765
开展综合服务 /190
勘界工作 /915
堪舆 /1092
抗旱防汛 /134/141
科技成果 /345
科技服务 /471

科技投入 /229
科技推广 /331/761
科普宣传 /761
科学利用地下水制度 /382
客运 /295
坑塘蓄水 /371
空气质量 /200
口腔科 /1045
会计管理 /514

L

腊八节 /1080
劳模评选与管理 /751
老年体育活动 /1010
老年维权 /771
老有所乐 /771
老有所为 /771
老有所学和老有所教 /771
老有所养 /769
老有所医 /770
李三尖水库 /372
李屯乡（辖 15 个社区，5 个村）/79
李屯乡民营专业园区 /452
理论宣传 /646
理论学习 /645
理赔 /557
立案工作 /828
利率调整 /533
连阴雨 /168
联行改革 /533
联用干扰素 + 三氮唑核苷与单用丙种球蛋白治疗急性重症病毒性脑炎 50 例对比研究 /931
恋爱 /1070
梁家镇（辖 30 个社区，14 个村）/76
梁家镇民营专业园区 /452
粮食购销价格 /463
粮食流通市场 /463
粮食作物 /316
粮油订购 /478
两个建设年”活动 /742
两区的治理开发 /361
亮化工程 /270
亮化管理 /270
林业管理 /326
临床医术 /1040
领导干部经济责任审计 /605
流动人口管理 /191
流浪乞讨人员救助 /906
六大系列活动 /1057
六一国际儿童节 /1081
六月六 /1080
鲁银羊绒生产工艺流程 /418
鲁禹食品有限公司 /470
伦镇（辖 28 个社区，3 个村）/76
伦镇民营专业园区 /452
落实管护责任 /384
落实管理责任制 /383
落实硬件管护责任 /228
落实责任 /282
绿丰源增效尿素大田试验示范研究 /931
绿色通道建设 /384

M

贸易大厦 /499
贸易合作 /655
贸易体制与发展 /215
煤 /161
煤炭 /487
媒体宣传教育 /860
酶法降解麸皮制备阿拉伯木聚糖 /926
面粉加工 /482
民办非企业单位管理 /911
民办教师 /961
民间艺术 /973

民主评议 /662
名牌带动 /597
明珠大酒店 /497
木板大鼓 /998
木材建材 /486
木糖醇工艺流程 /414
木糖母液制备 D—核糖技术 /926
木糖新产品开发 /930

N

南北庄实验区综合改碱 /359
内部安全保卫 /785
内河防汛 /377
内科 /1041
年鉴编纂 /720
农产品成本调查 /592
农村党支部书记及党员星级化管理 /640
农村供水自动化管理 /383
农村合作经济 /315
农村劳动力 /884
农村社区规划 /253
农村文化室 /967
农村文艺舞台 /974
农村信用联社改革 /537
农村有线 /990
农村宅基地使用制度改革 /196
农村治安 /779
农副产品和工业品购销 /472
农机公司 /358
农民工收入 /885
农民体育 /1009
农药 /404
农药管理与植物检疫 /321
农业财务管理 /513
农业产业化 /710/712
农业产业化经营 /314
农业发展银行改革 /533
农业开发 /702
农业生产项目建设 /315
农业生物产业建设 /231
农业税收 /509
农业银行改革 /535
农用地 /160
农资服务建设 /315
农作物秸秆利用 /341
疟疾 /1024

P

排水工程规划 /253
排水网 /272
排污管网 /228
牌照发放 /355
泡子糕 /495
泡子糕制作工艺 /998
培训新闻队伍 /648
皮肤性病 /1046
皮质激素雾化对儿童哮喘急性发作的研究 /931
评议 /741
破除迷信　取缔非法宗教 /1060
破获犯罪团伙 /783
葡萄品种引进及快速育苗技术 /931
葡萄汁保鲜技术研制 /930
普法宣传 /1006
普及初等义务教育 /946

Q

七个一建设试点 /1057
七五计划（1986—1990 年）/566
七一建党节 /1082
七纵十横道路网 /228
其他安全保卫 /785
其他饭食 /1066
其他收入 /510
其他土地 /160

企业财务管理 /513
企业档案 /1005
企业国有资产管理 /516
企业扩张 /709
企业培训 /444
企业审计 /606
企业艺术团体 /973
起步阶段 /446
气温 /153
气象服务 /938
气象观测 /937
汽轮机真空运行，循环水采暖改造项目 /933
侨务工作 /714
桥梁规划 /252
桥闸修建 /385
青少年活动中心（综合高中运动场）/1008
青银高速公路 /289
清代美人瓷枕 /996
清代圣旨 /996
清明节 /1080
清收不良贷款 /547
求巫医 /1092
曲艺 /975
取水许可制度 /382
全国第二届禹城大禹文化研讨会 /986
全国首届禹城大禹文化研讨会 /986
群众体育竞赛 /1011
群众艺术团队 /971

R

燃气工程规划 /253
热力工程规划 /252
人才交流 /877
人才培训 /761
人才渠道 /246
人犯在押 /786
人口文化大院建设 /190
人寿保险 /556
日常计生工作管理 /190
日常用具 /1070
日用品治理 /599
日照 /154
融资融智 /543
入区企业标准 /248

S

三八妇女节 /1081
三民走访活动 /742
三品认证 /331
三同时与排污收费制度 /208
三洼的治理开发 /360
三五普法 /835
散灯 /1001
色谱层析分离法制备L—阿拉伯糖技术研究 /926
森林资源保护 /325
山东国际商贸港 /498
山楂黄酮高效节能制备工艺 /926
闪式提取高效制备生姜黄酮 /926
伤残抚恤 /903
商标管理 /576
商代禹王亭遗址大小陶纺轮 /996
商贸流通 /711
少儿工作 /759
设施 /396
社会弃婴收养登记 /911
社会事业 /82/86/90/93/98/105/113/121/127/132/140/713
社团管理 /911
身份结构 /1039
审理经济纠纷案件 /821
审理民事案件 /817
审理商事案件 /822
审判 /811

审判方式改革 /810
审判管理改革 /811
审判职能改革 /810
生产管理 /443
生产销售 /491
生产资料供应 /472
生活待遇 /665
生活事务管理 /278
生活资料供应 /471
生态环境保护 /208
生态农业游 /504
生育奖励与社会保障 /187
生育调节 /187
生育证管理 /187
师资队伍建设 /944
施肥技术 /323
十里望回族镇（辖 22 个社区，12 个村）/78
十里望回族镇民营专业园区 /452
十五计划（2001—2005 年）/567
十一五计划（2006—2010 年）/567
十月一 /1080
实行计划用水制度 /382
实施九年制义务教育 /946
实施素质教育 /947
食品馅料系列产品 /243
食用水 /1067
世界银行贷款项目 /365
市场化运作 /246
市场建设 /330
市场经营与修配 /358
市场流通 /709
市场收购 /480
市属艺术团体 /971
市中办民营专业园区 /451
市中街道（辖 38 个社区，12 个村）/73
首轮土地承包 /313
受灾捐赠 /906
兽药管理 /348
书画与摄影 /976
蔬菜 /317
蔬菜加工 /332
数据通信 /306
数控电梯导轨刨床 /924
双酶尿素 /405
霜冻 /171
水污染防治 /205
水质量 /201
税收管理 /519/527
税收征管 /520
税务信息化管理 /530
税源结构 /524
四五普法 /837
饲草 /341
饲料 /341
饲料工业 /341
饲料管理 /347
饲料加工与养殖 /482
送嫁妆 /1071
送客礼节 /1077
送温暖工程 /753

T

唐代绿釉瓷缸 /996
糖城风光游 /504
糖城广场 /503
糖城新湖公园 /503
特种行业管理 /778
提供信息服务 /765
提升产品品牌 /336
体育中学 /1007
体制改革 /909
体制转变 /707
天主教 /1091
田园风光游 /504

条例宣传 /188
调整产业结构 /215
同级预算执行和其他财政收支情况审计 /602
同外地工商联（商会）建立友好合作关系 /765
统销粮 /482
统战对象 /652
投资结构 /393
图书馆 /968
徒骇河梁桥橡胶坝 /371
徒骇河流域 /148
土地管理 /278
土地利用现状更新调查 /198
土地资源调查 /198
推广保护性耕作 /357
拖修厂（曲轴厂）/358

W

外科 /1045
外事工作 /714
外资合作项目 /218
外资审计 /608
完善人大常委会规章制度 /683
完善人大监督工作制度 /683
完善政治协商制度 /738
网络 /308
网络文化管理 /650
危险物品管理 /778
维护职工权益 /748
维权工作 /757
维修农机 /356
卫生队伍管理 /1048
文化馆 /967
文化市场管理 /981
文化信息资源共享工程建设 /968
文明村镇创建 /1059
文明单位创建 /1058
文明行业创建 /1057
文明执法 /282
文书立卷改革 /1004
文学 /974
文艺晚会 /978
文艺下乡 /978
握手礼节 /1076
污染减排 /206
污染源监测 /205
污染源普查和动态更新 /207
污水处理厂 /272
污水管网 /272
无线寻呼 /306
五好家庭 /758
五讲四美三热爱 /1055
五龙寺 /984
五四青年节 /1081
五五普法 /839
五一国际劳动节 /1081
物业管理 /278

X

戏曲 /974
纤维保持型风电直驱主轴成型技术 /925
县级财政体制 /507
县志编纂 /719
线路 /398
乡（镇）财政体制 /507
乡镇财政管理 /515
乡镇财政决算审计 /602
乡镇体系职能结构 /253
乡镇文化站 /967
项目规模 /393
项目建设 /229
消防监督 /789
消夏晚会 /978
小城镇建设 /85/89/93/98/105/112/121/127/132

小家畜 /334
小型水利产权制度改革 /383
效能监察 /663
效益审计 /609
鞋袜 /1065
辛店镇（辖 27 个社区，5 个村）/75
辛店镇民营专业园区 /453
辛寨镇（辖 25 个社区，5 个村）/77
辛寨镇民营专业园区 /452
新华书店 /969
新农村建设帮扶 /635
新品种及新技术推广 /322
新型热源 /275
信息服务 /307
刑事案件侦破 /780
刑事侦查改革 /780
行政复议应诉 /717
行政事业财务管理 /513
行政事业单位国有资产管理 /516
行政事业审计 /606
畜牧新技术 /343
畜禽品种改良 /342
宣传车、计生一条街宣传 /190
宣传活动 /649
宣传教育 /600
学雷锋树新风 /1055
学前教育事业 /945
学生田径运动会 /1014
学校体育 /1009
雪灾 /171

Y

亚高效空气过滤器 /930
盐土类 /157
盐政管理 /493
眼科 /1044
演出管理 /982
养路征费 /297
养殖 /338
邀请礼节 /1077
药品抽验 /1050
药品购进 /488
药品稽查 /1049
药品销售 /489
用水者协会 /383
业务 /308/540/540/541/542
业务管理 /217
业务培训 /1006
一次性抚恤 /902
一五普法 /832
一中运动场 /1008
依法治水 /385
伊斯兰教 /1091
医疗机构管理 /1048
移动电话 /305
以工业为重点 /215
艺术比赛 /977
艺术节 /977
音乐与舞蹈 /976
音像用品 /1070
引黄灌溉 /372
引黄渠道入地下河的拦沙研究 /929
引进新型农机具 /357
引水灌溉 /372
引用外资项目 /364
饮具 /1069
饮料 /1067
饮食调味品 /1067
应急队伍和物资 /717
应急宣传培训 /718
应急预案及演练 /718
用电 /399
优生与节育 /187
邮运路线 /301

邮政经营 /302
邮政网点 /301
邮政业务 /301
鱼种改良 /343
渔业新技术 /343
渔政管理 /348
雨水排水沟 /272
禹城扒鸡制作工艺 /997
禹城宾馆 /497
禹城电影院 /974
禹城商城 /498
禹城市诚达信用担保公司 /445
禹城市工会第八次代表大会 /747
禹城市工会第七次代表大会 /747
禹城市美术家协会 /767
禹城市人民医院 /1031
禹城市融达担保有限公司 /446
禹城市商业综合公司 /469
禹城市摄影家协会 /767
禹城市书法家协会 /767
禹城市天信食品工业有限公司 /469
禹城市五交化有限公司 /468
禹城市伊盛清真食品有限公司 /411
禹城市饮食服务有限公司 /469
禹城市中小企业信用联盟 /445
禹城市中医院 /1032
禹城市作家协会 /767
禹城图书馆和孙康美术馆 /503
禹城五香脱骨扒鸡 /495
禹城县工会第六次代表大会 /747
禹城县综合国土规划（1991—2000 年）/568
禹迹亭记 /985
禹庙 /985
禹亭记 /986
禹王牌“502”胶黏剂及其生产工艺 /928
禹王牌 GQ-3 商标胶 /930
禹王亭博物馆 /501
禹王亭博物馆 /968
禹王亭遗址 /983
禹西生态农业观光园 /501
玉米芯酶法制备低聚木糖工业化生产的研究与开发 /924
玉米甾醇提取分离及玉米膳食纤维粉的开发 /926
预算外资金管理 /514
御桥韩天主教堂 /501
元旦 /1081
元宵灯会 /978
元宵节 /1078
园区建设 /329
园所建设 /944
源头治理 /600

Z

噪声监测 /205
噪声污染防治 /206
占卜 /1092
张汉桥 /984
张庄镇（辖 20 个社区，1 个村）/77
张庄镇民营专业园区 /453
招商引资转向大中名外 /711
侦查监督 /794
征管改革 /528
征收水资源费 /382
整顿后进村 /635
整顿四项秩序 /1057
整治马路市场 /279
政治待遇 /665
支持发展棉花生产 /470
支持教育 /654
执法管理 /324
执法监察 /663
执法检查 /1006
直接监管 /611

职工技术创新 /750
职工教育 /749
职工体育 /1009
职务评聘 /876
植树节 /1081
制度变革 /909
质量管理 /444
治安案件查处 /784
治理“三乱” /662
中低产田与特种水产的开发 /363
中国青年创业国际计划（YBC）禹城工作站 /446
中国人民财产保险股份有限公司禹城市支公司 /555
中国人寿保险股份有限公司禹城市支公司 /555
中国太平洋人寿保险股份有限公司德州中心支公司禹城营销服务部 /556
中国银行改革 /536
中秋节 /1080
中仁物流保税库 /498
中西结合 /1041
中西医结构 /1039
中小企业网络信息平台 /446
中央议转平 /480
中元节 /1080
种畜禽管理 /348
种苗花卉 /327
种植技术 /322
种植业产值 /319
重大疾病救助 /906
重大事项协商 /739
重点企业与工艺流程 /244
重点治理 /657
重型装备产品 /238
重修禹王庙 /986
重要商品和服务价格成本监审 /594
竹马 /999
主食 /1066
主要种类 /338
助推个体私营经济发展 /741
祝寿 /1073
抓获处理人犯 /782
专家管理 /922
专卖管理 /491
专题宣传 /650
专项斗争 /657
专项治理 /599
专项资金审计 /603
专业技术人员继续教育 /921
专业技术人员引进 /229
专业体育竞赛 /1011
专营 /492
砖瓦轮窑节能技术的研究 /930
砖瓦用黏土 /161
装备建设 /789
装饰 /1066
壮大阶段 /447
咨询服务 /761
资产评估管理 /518
自来水管理方式 /377
自然条件 /80/83/87/91/96/103/107/116/124/130/137
自学考试报名 /957
综合监管 /612
组织参加各类经贸洽谈活动 /765
组织机构 /717
组织建设 /768
尊老扶弱 /1061
做好教育培训工作 /765

二、图照索引

图 1-1-1 禹城市地理位置 /71
图 1-1-2 “祝阿”碑刻 /72
图 1-2-1 禹城市行政区划图 /73
图 1-3-1 市中街道办事处办公楼 /80
图 1-3-2 市中办商户展示富硒玉米 /81
图 1-3-3 夏季社区新居 /82
图 1-3-4 房寺镇获得荣誉奖牌 /83
图 1-3-5 邢店村蔬菜种植 /84
图 1-3-6 房寺镇张靳明社区支部选举现场 /87
图 1-3-7 辛店镇培植的富硒花生 /88
图 1-3-8 辛店镇农户养殖蛋鸭 /89
图 1-3-9 梁家镇标准化大蒜种植 /91
图 1-3-10 梁家镇有机蔬菜种植基地 /92
图 1-3-11 梁家镇文艺队演出 /94
图 1-3-12 伦镇红旗支渠用水协会 /96
图 1-3-13 引黄干渠 /98
图 1-3-14 伦镇中心卫生院 /99
图 1-3-15 干部群众在戎庄溃坝段抗洪抢险 /101
图 1-3-16 郅辛生猪养殖场 /103
图 1-3-17 张庄镇小麦良种繁育基地 /108
图 1-3-18 张庄镇农业园区蔬菜丰收 /109
图 1-3-19 张庄镇小尾寒羊养殖基地 /110
图 1-3-20 东晟玻璃有限公司车间 /111
图 1-3-21 排水设施施工 /112
图 1-3-22 张庄镇卫生院为老人健康查体 /114
图 1-3-23 赵牛新河安仁段燕西闸 /117
图 1-3-24 安仁镇粮食万亩方 /118
图 1-3-25 安仁镇三合社区西瓜种植 /119
图 1-3-26 安仁镇獭兔养殖户 /119
图 1-3-27 大地机械公司生产的旋耕机 /121
图 1-3-28 新型合作医疗 /121
图 1-3-29 禹茌路扩建改造 /122
图 1-3-30 郭庄盖韭种植 /125
图 1-3-31 肉牛育肥中心 /125

图 1-3-32　金田生物产品——高纤无糖糖浆 /126
图 1-3-33　民族中学教学楼奠基 /127
图 1-3-34　莒镇小麦良种推广试验田 /130
图 1-3-35　莒镇青年志愿者参加植树活动 /131
图 1-3-36　诚通食品公司外景 /131
图 1-3-37　社区文艺队伍演出 /133
图 1-3-38　村级公路硬化通车 /134
图 1-3-39　防汛救灾现场 /134
图 1-3-40　合村并居社区民意选举计票 /135
图 1-3-41　食用菌养殖户 /137
图 1-3-42　特色种鸭养殖 /138
图 1-3-43　浩阳新型工程材料有限公司 /138
图 1-3-44　木业加工 /139
图 1-3-45　鸿兴源食品公司外景 /139
图 1-3-46　合村并居社区建设 /141
图 1-3-47　干部群众防汛救灾 /142
图 2-1-1　禹城段徒骇河畔地貌 /147
图 2-2-1　丰收河 /149
图 2-2-2　引黄总干禹城段 /150
图 2-2-3　徒骇河南营拦河闸 /151
图 2-3-1　大禹公园春景 /152
图 2-3-2　糖城新湖公园夏景 /152
图 2-3-3　大禹公园秋景 /153
图 2-3-4　糖城新湖公园雪景 /153
图 2-3-5　地温测量 /155
图 2-4-1　禹城市土壤图 /158
图 2-4-2　盐土土壤 /159
图 2-4-3　盐碱地生长的碱蓬棵 /160
图 2-5-1　潘庄引黄干渠 /161
图 2-5-2　禹城宜家北苑地热井 /161
图 2-6-1　开发区农作物遭受旱灾 /167
图 2-6-2　梁家镇普降暴雨 /167
图 2-6-3　房寺镇农田内涝 /168
图 2-6-4　张庄镇棉花遭受雹灾 169
图 2-6-5　安仁镇大棚遭受风灾 /171
图 3-2-1　禹城市老年柔力球活动 /177
图 3-2-2　中学生参加大禹文化节 /178

图 3-2-3 禹城市领导与回族群众共度开斋节 /179
图 3-2-4 2008 年奥运日禹城新婚青年集体领证 /181
图 3-3-1 户籍民警为群众办理业务 /183
图 4-1-1 服务手册、生育证办理 /187
图 4-1-2 基层计生工作人员定期培训 /188
图 4-1-3 计生、卫生、药监联合执法 /188
图 4-1-4 计划生育集中宣传服务活动 /189
图 4-1-5 计生局“三下乡”活动现场 /189
图 4-1-6 计生宣传一条街 /190
图 4-1-7 计生人员进村入户进行随访 /191
图 4-1-8 市中办流动人口计生管理服务站 /191
图 4-1-9 计生局 PADIS 信息管理平台应用 /192
图 4-1-10 女性生殖健康、优生优育知识宣讲 /193
图 4-1-11 禹城市计生家庭助学金发放现场 /194
图 4-1-12 房寺镇计生主任学习培训 /194
图 4-1-13 临清市计划生育考察团到禹城考察座谈计生星级化工作 /195
图 4-2-1 禹城市获得省级荣誉称号 /195
图 4-2-2 禹城国有土地使用权拍卖会 /196
图 4-2-3 土地利用总体规划修编听证会 /197
图 4-2-4 基本农田整理项目开工仪式 /197
图 4-2-5 禹城市获得全国基本农田保护工作先进单位 /198
图 4-2-6 违法用地拆除现场 /199
图 4-3-1 橡胶坝工程 /200
图 4-3-2 禹城工业排放 /201
图 4-3-3 徒骇河水质采样 /201
图 4-3-4 第二污水处理厂 /202
图 4-3-5 地表水监测取样 /204
图 4-3-6 拆除土小锅炉 /205
图 4-3-7 建筑工地噪声检查 /206
图 4-3-8 环保局召开新能源推进调度会议 /207
图 4-3-9 人大代表调研环保工作 /208
图 5-1-1 禹城城市名片 /213
图 5-2-1 中仁物流公用型保税仓库启动仪式 /216
图 5-2-2 啄木鸟集团生产车间 /219
图 5-2-3 禹城市被授予“中国功能糖城”称号 /220
图 5-2-4 “中国食品馅料城”授牌仪式 /221
图 5-2-5 投资审批服务流程图 /221

图 5-2-6　恒特重工产品 /222
图 5-2-7　招商引资项目签约仪式 /224
图 6-1-1　高新技术产业开发区揭牌仪式 /227
图 6-2-1　省级高新技术产业开发区 /229
图 6-2-2　“中国功能糖城”荣誉证书 /229
图 6-2-3　“中国功能糖城”授牌仪式暨新闻发布会 /230
图 6-2-4　经济社会成就展厅 /231
图 6-2-5　保龄宝公司上市仪式 /231
图 6-2-6　保龄宝院士工作站 /232
图 6-2-7　大豆蛋白产品 /232
图 6-2-8　玉米芯酶法制备低聚木糖获山东科学技术二等奖 /233
图 6-2-9　“忘不了”3A 脑营养胶丸 /233
图 6-2-10　禹城被授予山东省优质功能糖生产基地 /234
图 6-2-11　“福甜”牌木糖醇产品 /235
图 6-2-12　保龄宝公司低聚糖展柜 /236
图 6-2-13　25 兆数控校直液压机 /238
图 6-2-14　祥鼎紧密纺生产线 /239
图 6-2-15　鲁银羊绒公司编织车间 /240
图 6-2-16　李氏羊绒创始人李宪章在公司车间 /240
图 6-2-17　纺织产品展台 /241
图 6-2-18　禹城优势企业合作会在上海召开 /241
图 6-2-19　鲁樱公司生产线 /243
图 6-2-20　鲁樱牌白沙馅 /243
图 6-3-1　国家糖工程技术研究中心禹城分中心揭牌仪式 /246
图 6-3-2　高新区管委会挂牌仪式 /247
图 7-1-1　禹城市行政街 /251
图 7-1-2　雨后的糖城广场 /252
图 7-1-3　房寺镇友谊社区 /253
图 7-2-1　玉荷苑社区远景 /261
图 7-2-2　湖滨花园小区一角 /261
图 7-2-3　城区绿化修剪 /264
图 7-2-4　汉槐公园一角 /266
图 7-2-5　大禹公园“禹”字文化景墙 /267
图 7-2-6　糖城新湖公园石刻 /268
图 7-2-7　洛北干渠（泺清河）绿化工程 /269
图 7-2-8　下水道清淤 /272
图 7-2-9　新园热电厂冷却塔 /275

图 7-2-10　天然气管道铺设 /276
图 7-3-1　城中村社区化改建 /277
图 7-4-1　清理人民路小广告 /279
图 7-4-2　清理行政街占道经营 /280
图 7-4-3　环卫工人清理垃圾 /280
图 7-4-4　城管人员规范洗车点 /281
图 7-5-1　房管局服务大厅 /285
图 8-1-1　京福高速禹城收费站 /289
图 8-1-2　青银高速禹城南收费站 /290
图 8-1-3　316 省道房寺段 /291
图 8-4-1　农村交通物流分拨中心 /296
图 9-1-1　邮政办公大楼 /301
图 9-1-2　邮政三农服务站 /302
图 9-1-3　为客户办理邮政业务 /303
图 9-2-1　网通员工技术比武现场赛 /305
图 9-2-2　邮电局通信微波铁塔 /308
图 10-1-1　农户机种玉米播种 /313
图 10-2-1　玉米病虫害防治 /321
图 10-2-2　农药使用宣传指导 /321
图 10-2-3　地膜覆盖 /323
图 10-2-4　测土配方施肥技术培训 /324
图 10-3-1　富硒果树 /324
图 10-3-2　绿色通道 /325
图 10-3-3　周氏啮小蜂防治美国白蛾 /325
图 10-3-4　喷洒农药防治病虫害 /326
图 10-3-5　林业执法 /326
图 10-4-1　日光温室 /328
图 10-4-2　食用菌养殖 /329
图 10-4-3　技术服务送进大棚 /332
图 10-5-1　禹城市被评为“全国秸秆养牛十佳示范县（市）” /333
图 10-5-2　大白猪 /334
图 10-5-3　野猪养殖 /335
图 10-5-4　市中办肉鸭标准化养殖 /336
图 10-5-5　禹西渔业养殖合作社养殖的俄罗斯鲤鱼 /338
图 10-5-6　鲶鱼养殖 /338
图 10-5-7　家禽防疫 /340
图 10-5-8　市中办姜庄渔业养殖基地引进抗病草鱼 /343

图 10-5-9　房寺河蟹养殖协会养殖的南美白对虾 /344
图 10-5-10　房寺镇瓜张村鱼藕混养 /344
图 10-5-11　技术人员讲解添加剂使用 /348
图 10-5-12　兽药经营 /348
图 10-5-13　检疫管理 /349
图 10-5-14　自动化挤奶 /350
图 10-6-1　农业机械收割小麦 /351
图 10-6-2　农机检查 /356
图 10-6-3　农机维修点 /356
图 10-6-4　农机入户登记 /357
图 10-6-5　农机人员讲解农机知识 /358
图 10-7-1　北丘重盐碱地原貌 /359
图 10-7-2　国务院总理李鹏（左二）到禹城视察调研旱涝盐碱综合治理试验区 /360
图 10-7-3　联合国专家在禹城考察盐碱改造 /360
图 10-7-4　重盐碱地治理后的盐池刘村南麦田 /361
图 10-7-5　中国科学院禹城综合试验站 /362
图 10-7-6　国外专家考察禹城农业改良 /362
图 10-7-7　禹西生态观光园 /363
图 10-7-8　禹西生态观光园道路硬化 /364
图 10-7-9　农田支渠 /364
图 10-7-10　房寺镇上粮下鱼生态农业 /365
图 10-7-11　农田沟渠疏浚 /366
图 11-1-1　鱼塘改造、坑塘蓄水 /371
图 11-1-2　徒骇河梁桥橡胶坝 /371
图 11-1-3　节水工程 /372
图 11-1-4　U 型槽 /373
图 11-1-5　管氏河清淤 /373
图 11-1-6　二级沉沙池清淤整治 /374
图 11-1-7　末级渠系节水改造项目 /374
图 11-1-8　节水喷灌 /374
图 11-1-9　防渗渠 /374
图 11-1-10　村村通自来水工程建设 /377
图 11-2-1　河道管护防汛 /378
图 11-2-2　洪涝灾害 /378
图 11-2-3　涵洞损毁 /379
图 11-2-4　村民自发抗洪抢险 /379
图 11-2-5　抗洪抢险表彰大会 /380

图 11-2-6　老赵牛河清淤 /381
图 11-2-7　打机井抗旱 /381
图 11-3-1　用水协会会员灌溉农田 /382
图 11-3-2　用水协会统一管理 /383
图 11-3-3　农村供水自动化管理 /384
图 11-3-4　管理人员巡查河道 /384
图 11-3-5　引黄桥涵闸 /385
图 12-1-1　中国新型（多肽）肥料生产基地授牌 /389
图 12-1-2　全国最具竞争力低碳产业基地城市奖牌 /389
图 12-1-3　禹王制药车间 /390
图 12-1-4　通裕重工车间 /391
图 12-1-5　迈特力重机厂区建设 /393
图 12-1-6　云翔化工有限责任公司 /393
图 12-2-1　禹城市电力总公司 /395
图 12-2-2　富华变电站施工 /397
图 12-2-3　安仁镇供电所 /397
图 12-2-4　供电所施工人员架设线路 /398
图 12-2-5　抗旱保电服务队 /399
图 12-2-6　电力服务促经济 /400
图 12-2-7　电网改造 /400
图 12-2-8　智能电网信息自动化 /401
图 12-2-9　电力设备检修 /401
图 12-2-10　电业管理 /402
图 12-3-1　山东天盛机械制造有限公司 /402
图 12-4-1　浩阳新型材料有限公司 /403
图 12-5-1　多肽尿素 /405
图 12-6-1　新型装饰纸 /406
图 12-6-2　东方塑胶有限公司 /407
图 12-6-3　炭雕 /407
图 12-6-4　金属绢花 /408
图 12-7-1　纺织女工车间作业 /408
图 12-7-2　梅花牌白厂丝 /409
图 12-7-3　早期老式缫丝机 /410
图 12-8-1　鸿兴源食品有限公司 /410
图 12-8-2　伊盛牛羊养殖基地 /411
图 12-8-3　质检人员对白酒质量进行检查 /411
图 12-8-4　大禹龙神酒业展厅 /412

图 12-8-5　大禹龙神产业园 /412
图 12-9-1　化糖工序 /414
图 12-9-2　木糖醇离子交换 /415
图 12-9-3　树脂离子交换 /415
图 12-9-4　膜浓缩提纯工序 /416
图 12-9-5　成品包装 /416
图 12-9-6　保龄宝生产车间 /417
图 12-9-7　蒸发器 /418
图 12-9-8　兴达建材有限公司 /419
图 12-9-9　大禹花饰人造花制造 /419
图 12-9-10　纺织生产线 /420
图 12-9-11　山东禹王实业公司外景 /421
图 12-9-12　山东福田科技公司 /422
图 12-9-13　鲁银羊绒公司生产车间 /422
图 12-9-14　久和产品 /423
图 12-9-15　中农润田化工 /423
图 12-9-16　百龙创园生产的产品 /424
图 12-9-17　绿健生物有限公司 /424
图 12-9-18　鸿兴源产品宣传 /425
图 12-10-1　股份合作制企业兴达建材公司 /426
图 12-10-2　保龄宝技术人员研发产品 /431
图 13-1-1　乡镇企业工作会议 /435
图 13-1-2　乡镇企业制衣车间 /442
图 13-1-3　乡镇企业生产车间 /442
图 13-1-4　珍赛饮品公司车间 /443
图 13-1-5　中科华凯公司车间 /443
图 13-1-6　乡镇企业职工中专招生统考辅导班 /444
图 13-1-7　原廿里堡乡砖瓦厂机械化施工 /445
图 13-2-1　达利毛绒制品有限公司旧址 /447
图 13-2-2　纺纱厂纺纱车间并粗工段 /447
图 13-2-3　福田公司功能糖研发中心 /448
图 13-2-4　金鹏生物公司生产车间 /449
图 13-2-5　百龙创园公司生产车间 /450
图 13-2-6　高新区新貌 /451
图 14-1-1　物资市场建材 /459
图 14-1-2　群众手持面粉厂小麦存储证 /464
图 14-2-1　超市出口结算 /466

图 14-2-2 五交化公司海尔专卖店 /469
图 14-2-3 禹城市渔业合作社培训班 /471
图 14-3-1 禹城市禹飞面粉有限公司 /474
图 14-3-2 粮食收购点 /475
图 14-3-3 棉仁饼 /477
图 14-3-4 小麦收割 /478
图 14-3-5 粮票 /481
图 14-3-6 联合收割机田间作业 /482
图 14-3-7 肉食鸡宰割 /483
图 14-3-8 酥皮月饼 /483
图 14-3-9 挂面加工 /484
图 14-4-1 金属建材 /485
图 14-4-2 木材 /486
图 14-4-3 机电产品销售点 /486
图 14-5-1 禹城药材公司旧貌 /488
图 14-5-2 工人包装药材 /489
图 14-5-3 禹城医药公司第一零售店 /489
图 14-6-1 香烟销售点 /490
图 14-6-2 库存小包加碘盐 /491
图 14-6-3 食盐零售许可证 /492
图 14-6-4 盐政执法查获私盐 /492
图 14-7-1 大禹便民市场 /494
图 14-8-1 禹城凯悦大酒店 /496
图 14-8-2 禹城宾馆 /497
图 14-8-3 禹城明珠大酒店 /498
图 14-8-4 山东国际商贸港 /498
图 14-8-5 鸿福大厦超市 /499
图 14-9-1 禹城高新区工业旅游园区 /502
图 14-9-2 大禹公园 /502
图 14-9-3 糖城新湖公园 /503
图 14-9-4 禹城图书馆及孙康美术馆 /503
图 14-9-5 九一广场 /504
图 15-1-1 企业财务管理座谈会 /514
图 15-1-2 企业国有资产产权登记证 /517
图 15-2-1 国税局岗位技能培训 /519
图 15-2-2 国税局工作人员办理车辆购置税 /520
图 15-2-3 国税局工作人员到纳税企业检查 /520

图 15-2-4　讲解自助办税业务 /523
图 15-2-5　开展“送税法下乡”活动 /523
图 15-2-6　禹城市地方税务局办公大楼 /524
图 15-2-7　服务企业对接会 /525
图 15-2-8　禹城市纳税企业五十强公示栏 /527
图 15-2-9　地税人员到企业走访 /528
图 15-2-10　税务人员上门服务 /529
图 15-2-11　地税局视频服务模式 /530
图 16-1-1　银行工作人员到企业调研 /534
图 16-1-2　农行禹城市支行中层正副职测评会议 /535
图 16-2-1　消费者协议日活动 /539
图 16-2-2　商业性贷款支持功能糖支柱企业——送玉米芯原料的车队 /543
图 16-2-3　农村信用社反假币宣传 /545
图 16-2-4　农户办理贷款证 /546
图 16-4-1　禹城市保险工作会议 /556
图 17-1-1　德州经济观摩团观摩禹城经济发展 /561
图 17-1-2　村民收获富硒玉米 /562
图 17-1-3　小麦高产创建基地 /562
图 17-1-4　蔬菜种植基地的芹菜喜获丰收 /563
图 17-1-5　乡镇花卉种植 /563
图 17-1-6　中国科学院禹城综合试验站现代农业发展论坛 /564
图 17-1-7　工信部、中科院调研组到禹城调研农村信息化 /565
图 17-2-1　十里望乡第二次经济普查会议 /571
图 17-2-2　副市长林春元（左二）调研全市第二次农业普查工作 /572
图 17-2-3　禹城市市长张磊（右二）调研人口普查光电录入工作 /573
图 17-3-1　依法检查商户相关证件 /574
图 17-3-2　工商局开展依法行政培训 /575
图 17-3-3　拆除不规范广告牌 /577
图 17-3-4　执法人员对食品进行抽检 /581
图 17-3-5　市消协对维护消费者合法权益进行宣传 /582
图 17-3-6　禹城市工商局青年志愿者服务队 /583
图 17-4-1　超市蔬菜供应充足 /584
图 17-4-2　维护食盐供应价格宣传活动 /585
图 17-4-3　规范指导商品房标价 /586
图 17-4-4　山东省政府督查组到禹城检查稳控物价工作 /588
图 17-4-5　物价检查 /590
图 17-4-6　向养殖户赠送价格政策书籍资料 /591

图 17-4-7　实地调查蔬菜种植成本 /593
图 17-5-1　市长闫剑波（右一）到质量技术监督局调研 /595
图 17-5-2　超市计量器具检测 /596
图 17-5-3　禹城市质监局开展“5.20 世界计量日”宣传活动 /597
图 17-5-4　工作人员进超市检查食品质量 /597
图 17-5-5　质监局执法人员检查 3C 强制性认证标志 /598
图 17-5-6　禹城市质监局行政执法案件观摩点评会议 /599
图 17-5-7　检查企业特种设备 /600
图 17-5-8　禹城市特种设备企业落实质量主体责任培训班 /601
图 17-6-1　1986 年审计局集体合影 /602
图 17-6-2　省审计厅调研组在禹城调研 /602
图 17-6-3　审计人员研究审查方案 /603
图 17-6-4　中审报记者在禹城市审计局驻亚纺公司工作组采访 /604
图 17-6-5　省审计厅调研组到禹城调研经济责任审计工作 /605
图 17-6-6　德州市审计局调研组与企业负责人座谈 /606
图 17-6-7　研究亚纺公司审计工作 /607
图 17-6-8　演示审计软件 /608
图 17-6-9　审计人员对企业进行审计 /609
图 17-7-1　德州市推进落实政府安全生产监管责任现场会在禹城召开 /612
图 17-7-2　德州市安监局督查组在禹城督查安全生产工作 /613
图 17-7-3　安监局工作人员检查企业安全生产工作 /613
图 17-7-4　市人大常委会副主任纪淑华（前排左二）检查企业安全生产知识宣传工作 /614
图 18-1-1　党员代表学习党代会文件 /617
图 18-2-1　2010 年 6 月，十里望撤乡设镇会议 /624
图 18-3-1　禹城市国税局机构改革动员大会 /627
图 18-3-2　外地客商参观保龄宝公司展厅 /629
图 18-3-3　禹城市市长张磊（左一）陪同济南天辰集团考察团参观禹城企业 /630
图 18-4-1　公开考选副科级后备干部笔试考场 /632
图 18-4-2　公开考选副科级后备干部面试考场 /633
图 18-4-3　2010 年禹城市入党积极分子培训班 /633
图 18-4-4　“四项干部监督制度”宣传栏 /634
图 18-4-5　禹城市副科级后备干部培训班开学典礼 /635
图 18-4-6　禹城市农村社区党组织书记培训会议 /636
图 18-4-7　党员证发放仪式 /636
图 18-4-8　李屯乡党员宣读入党誓词 /637
图 18-4-9　市委常委、组织部长纪书华（中）到乡镇检查党员干部谈心工作 /639
图 18-4-10　2007 年全市建立党员干部谈心制度工作现场会议 /640

图 18-4-11　李屯乡建立党员政治生日制度工作会议 /641
图 18-4-12　保持共产党员先进性教育活动党课报告会 /642
图 18-5-1　禹城市“中国功能糖城”授牌新闻发布会 /649
图 18-6-1　禹城市统战部人员到敬老院慰问 /652
图 18-6-2　禹城市无党派人士主题教育活动会议 /653
图 18-8-1　禹城市廉政风险防范工作会议 /659
图 18-8-2　禹城市直部门、驻禹单位社会评议暨政风行风民主评议工作会议 /659
图 18-8-3　禹城市领导干部警示教育会议 /660
图 18-8-4　禹城市纪委进行廉政谈话 /661
图 18-9-1　市委老干部局组织老干部收看党性教育活动宣传片 /665
图 18-9-2　组织老干部健康查体 /666
图 18-10-1　禹城党史办出版的部分党史书籍 /667
图 18-11-1　市领导接访 /669
图 18-12-1　专业技术人员继续教育培训班 /670
图 18-12-2　禹城市委党校荣获全省党校系统科研工作组织奖 /672
图 19-1-1　禹城县第十届人民代表大会第三次会议选举现场 /675
图 19-1-2　禹城县第十一届人民代表大会第一次会议 /676
图 19-3-1　人大代表向群众征集意见 /687
图 19-3-2　组织卫生系统为百姓义诊 /687
图 19-3-3　全国人大代表李肇星（右一）到禹城调研功能糖产业 /688
图 19-3-4　禹城市人大常委会调研组调研在建企业 /688
图 19-3-5　人大调研组调研药品行业 /689
图 19-3-6　市人大常委会主任傅斌厚（右三）到禹城车管所调研 /691
图 19-4-1　驻张庄镇市人大代表述职大会 /693
图 20-1-1　禹城市政府领导班子读书会 /699
图 20-1-2　禹城市市长张磊（左）慰问建国前老党员 /701
图 20-2-1　山东省农业厅农技人员（中）田间指导 /702
图 20-2-2　山东省农业厅调研组到禹城调研农业发展工作 /703
图 20-2-3　德州市领导雷建国（前排左一）调研禹城王子付奶牛养殖 /704
图 20-2-4　禹城市市长张磊（前排右一）到益佳机械公司检查指导工作 /705
图 20-2-5　中国德州（禹城）投资贸易洽谈会 /707
图 20-2-6　德州市领导吴翠云（左二）参观调研禹城企业发展 /708
图 20-2-7　禹城市市长张磊（前排左三）到五金公司检查指导商贸流通工作 /710
图 20-2-8　禹城市市长张磊（右二）检查指导城区道路建设管理工作 /711
图 20-2-9　六合公司种鸭养殖 /712
图 20-3-1　禹城市领导刘东顺（右三）陪同世侨会人士参观社会成就展厅 /714
图 20-3-2　禹城籍台胞倾情资助家乡学子 /714

图 20-3-3 禹城市与世侨会签约直通车协定并捐赠图书 /715
图 20-3-4 禹城市防汛抢险应急演练 /717
图 20-3-5 禹城贸易大厦开展消防应急演练 /718
图 20-3-6 禹城市史志工作会议 /719
图 20-3-7 山东省原史志办副主任王文恒（左二）到禹城指导史志编写工作 /719
图 20-3-8 荣获山东省年鉴“裕隆杯”综合奖二等奖 /720
图 20-3-9 禹城二轮修志相关人员到河北井陉县学习 /720
图 20-3-10 禹城市华润天然气公司客户服务中心 /721
图 21-1-1 禹城市政协委员选举 /725
图 21-2-1 禹城市政协视察组视察全市安全生产工作 /733
图 21-4-1 禹城市政协视察组到乡镇调研 /738
图 21-4-2 德州市政协视察组调研禹城企业发展 /739
图 21-4-3 禹城市政协组织调研社区建设工作 /740
图 21-4-4 禹城市政协领导在市公安局调研 /741
图 21-4-5 山东省政协调研组在禹城调研 /741
图 21-4-6 禹城市政协领导走访社区 /742
图 21-5-1 禹城市政协考察组调研提案办理工作情况 /743
图 22-1-1 禹城市工会第八次代表大会 /747
图 22-1-2 大禹建工公司工会会员代表大会 /748
图 22-1-3 禹城市工会干部培训班 /749
图 22-1-4 禹城市《五月颂歌》糖城广场职工文艺汇演 /750
图 22-1-5 禹城市领导接见山东省“富民兴鲁”劳动奖章获得者 /752
图 22-1-6 禹城市总工会负责人到工地慰问 /752
图 22-1-7 禹城市总工会助学金发放仪式 /753
图 22-2-1 共青团禹城市第十五次代表大会 /754
图 22-2-2 禹城团市委组织青年志愿者服务队 /755
图 22-3-1 德州市妇联调研组到禹城调研 /758
图 22-3-2 禹城市五好文明家庭表彰大会 /759
图 22-3-3 禹城市开展“春蕾计划” /759
图 22-3-4 禹城市妇联关爱留守儿童救助仪式 /760
图 22-4-1 科技入户活动现场 /761
图 22-4-2 在糖城广场举办科普宣传 /762
图 22-5-1 禹城市高新区商会代表大会 /763
图 22-5-2 山东省政协副主席、省工商联主席王乃静（前排右二）到禹城视察 /764
图 22-6-1 《禹城文萃》发行仪式 /766
图 22-6-2 举办廉政书画作品展 /766
图 22-7-1 禹城市举办残疾人獭兔养殖培训班 /767

图 22-7-2　禹城市领导接见残疾运动员王玉芹 /768
图 22-8-1　为百岁老人免费查体 /770
图 22-8-2　组织老年人定期学习 /770
图 22-8-3　老人节庆祝活动 /771
图 22-9-1　“五八”红十字日义诊活动 /772
图 23-1-1　民警检查宾馆 /778
图 23-1-2　严厉打击涉爆、涉枪违法犯罪宣传 /778
图 23-1-3　专项行动演练 /781
图 23-1-4　检查加油站消防设施 /789
图 23-1-5　检查消防建设排除隐患 /790
图 23-1-6　指导行人遵守交通安全 /791
图 23-1-7　进社区开展车驾管理业务 /791
图 23-2-1　开庭审理 /796
图 23-2-2　农信社赠反渎干警牌匾 /797
图 23-2-3　民事行政干警与律师座谈会 /799
图 23-2-4　看守所检察室被授予省级奖牌 /802
图 23-2-5　预防干警到乡镇上法制课 /804
图 23-2-6　为五名人民监督员颁发证书 /805
图 23-3-1　辛店镇人民法庭 /809
图 23-3-2　禹城市伦镇人民法庭法官对当事人做调解工作 /811
图 23-3-3　送法到田间地头 /812
图 23-3-4　法官给孩子们上法制教育课 /813
图 23-3-5　值班院长接访当事人家属 /814
图 23-3-6　青少年普法教育动员大会 /815
图 23-3-7　法制安全教育进校园 /816
图 23-3-8　法院干警向证人了解一起纠纷案情况 /817
图 23-3-9　为菜农现场办案 /818
图 23-3-10　法官送法进社区活动 /819
图 23-3-11　入户了解案情 /821
图 23-3-12　法院召开审判委员会委员会议 /823
图 23-3-13　下乡进行法律咨询服务 /824
图 23-3-14　法官向农户了解民事纠纷情况 /825
图 23-3-15　基层法官和村民一起学习监督法 /827
图 23-3-16　禹城市人民法院公示栏 /827
图 23-3-17　法官对一起离婚案进行回访 /829
图 23-3-18　法警训练 /831
图 23-4-1　设置法制宣传站 /832

图 23-4-2 司法局上街宣传妇女维权法律知识 /833
图 23-4-3 “关爱明天，普法先行”现场会 /833
图 23-4-4 基层司法所建设会议 /835
图 23-4-5 法律宣传“三下乡”活动 /836
图 23-4-6 德州关工委领导视察青少年普法教育 /837
图 23-4-7 司法所人员“赶集送法”/838
图 23-4-8 为残疾人开展法律援助知识讲座 /839
图 23-4-9 青少年普法员 /840
图 23-4-10 普法宣传下乡 /841
图 23-4-11 做群众调解工作 /842
图 23-4-12 上门办理公证业务 /843
图 24-1-1 德州科技职业学院武装部揭牌仪式 /850
图 24-2-1 禹城市 2010 年新兵欢送大会 /851
图 24-3-1 禹城书法家赠送字画 /852
图 24-3-2 人武部举行庆“八一”争当学习型党员干部知识竞赛 /853
图 24-3-3 警棍盾牌术训练 /855
图 24-3-4 民兵训练 /856
图 24-3-5 获得抗洪抢险救灾先进单位 /857
图 24-3-6 兵员集结参加抗洪救灾 /857
图 24-3-7 训练基地 /858
图 24-5-1 党员干部参观革命纪念馆 /860
图 25-1-1 大中专毕业生就业评估汇报会 /866
图 25-1-2 大中专毕业生人才招聘会 /867
图 25-1-3 召开全市工资福利与工资管理会议 /868
图 25-1-4 税务专职业务培训 /870
图 25-1-5 《公务员法》学习培训讲座 /871
图 25-1-6 创建劳动关系和谐单位座谈会 /872
图 25-1-7 公务员考试报名现场 /873
图 25-1-8 公务员档案审查现场 /874
图 25-1-9 国家公务员培训班 /875
图 25-1-10 开展计算机培训班 /875
图 25-1-11 人才交流大会 /878
图 25-2-1 农民工作业 /884
图 25-2-2 禹城市“科技学院杯”第二届职业技能大赛 /886
图 25-2-3 禹城市人力资源市场暨社会保障服务大厅外景 /887
图 25-2-4 劳动争议仲裁院接受群众锦旗 /887
图 25-3-1 人社局局长韩廷岭街头宣传社会保险政策 /888

图 25-3-2　办理职工养老保险 /890
图 25-3-3　2005—2010 年工伤保险情况示意图 /893
图 25-3-4　2002—2010 年医疗保险情况图示 /895
图 25-3-5　新农保试点启动仪式 /896
图 26-1-1　给部队送西瓜 /901
图 26-1-2　民政局走访慰问优抚对象 /902
图 26-1-3　武装部张振河走访抚恤对象 /902
图 26-2-1　慰问困难退伍军人 /904
图 26-2-2　看望军休所老干部 /904
图 26-3-1　房寺敬老院老人开展娱乐活动 /905
图 26-4-1　道路损坏 /907
图 26-4-2　房屋倒塌 /907
图 26-4-3　抗震救灾捐助现场 /908
图 26-4-4　“慈心一日捐”现场 /908
图 26-5-1　福寿园公墓墓群 /910
图 26-5-2　地名勘界 /915
图 26-5-3　抗震救灾捐助现场 /916
图 26-5-4　中小学生为汶川灾区捐款 /917
图 27-1-1　功能糖专家队伍 /922
图 27-2-1　低聚糖工业化生产 /924
图 27-2-2　25MN 数控校直液压机 /925
图 27-2-3　禹王牌 502 胶水 /929
图 27-2-4　聚乙烯地膜 /929
图 27-2-5　鲁麦 8 号良种种植 /933
图 27-5-1　区域自动气象站雨量传感器标校 /937
图 27-5-2　张庄人工增雪现场 /938
图 28-1-1　房寺中学 /943
图 28-2-1　开展幼儿园园长培训活动 /944
图 28-2-2　禹城市委书记闫剑波（右一）看望幼儿园师生 /945
图 28-2-3　市实验幼儿园“送课下乡”活动 /946
图 28-2-4　禹城　中校庆 /948
图 28-2-5　综合高中外景 /949
图 28-2-6　齐鲁中学 /949
图 28-2-7　实验小学开展气象科普活动 /950
图 28-2-8　特殊学校师生在上课 /951
图 28-2-9　禹城特校职工手语比赛 /952
图 28-2-10　校园网主控室 /953

图 28-2-11　上级领导察看学校微机室 /954
图 28-3-1　禹城县教师进修学校旧址 /955
图 28-3-2　职教中心外景 /955
图 28-3-3　计算机教室 /956
图 28-3-4　德州科技职业学院新生报到 /956
图 28-4-1　自学考试 /957
图 28-4-2　电大学生在上课 /960
图 28-5-1　教师基本功现场表演 /960
图 28-5-2　教育系统培训活动 /962
图 28-6-1　禹城市教育局学校管理督导会议 /964
图 29-1-1　房寺镇文化站大楼 /967
图 29-1-2　社区文化室 /968
图 29-1-3　禹王亭博物馆部分馆藏 /969
图 29-1-4　新华书店三下乡服务 /969
图 29-1-5　文化馆艺术团演出 /971
图 29-1-6　东方红艺术团腰鼓表演 /972
图 29-1-7　戏迷协会排练节目 /972
图 29-1-8　农民文化艺术节演出 /973
图 29-1-9　辛寨镇业余文艺队伍演出 /974
图 29-1-10　公园里的戏曲演出 /975
图 29-1-11　大合唱 /976
图 29-1-12　文化馆演员排练 /976
图 29-1-13　高凤山书写的大禹治水碑文 /977
图 29-1-14　老年艺术团文艺下乡演出 /978
图 29-1-15　获“省电影发行放映先进单位”奖杯 /979
图 29-1-16　荣获“全国电影发行放映先进集体”奖牌 /979
图 29-1-17　市长张磊（中）到报社指导工作 /981
图 29-1-18　检查网吧经营情况 /981
图 29-2-1　白塔寺小学校内石碑 /984
图 29-2-2　全国首届大禹文化节开幕式 /986
图 29-3-1　禹城市广播电视局外景 /988
图 29-3-2　禹城电视塔 /988
图 29-3-3　广电局工作人员录制节目 /989
图 29-3-4　城区看上有线电视节目 /990
图 29-4-1　御桥韩天主教堂 /991
图 29-4-2　石门王古墓 /992
图 29-4-3　李宗鲁画像 /994

图 29-4-4　革命烈士纪念馆 /995
图 29-4-5　大禹像 /997
图 29-4-6　木板大鼓艺人 /998
图 29-4-7　制成的泡子糕 /999
图 29-4-8　竹马表演 /999
图 29-4-9　燃放的霸王鞭 /1000
图 29-4-10　看散灯 /1001
图 29-4-11　扩建后的禹王亭博物馆 /1002
图 29-5-1　档案馆密集架 /1003
图 29-5-2　档案馆开放式书画展 /1003
图 29-5-3　手检式检索工具 /1004
图 29-5-4　机关档案室 /1005
图 29-5-5　企业档案 /1006
图 29-6-1　市委书记闫剑波（中）参加禹城首届全民运动会 /1007
图 29-6-2　青少年活动中心 /1007
图 29-6-3　工人文化宫 /1008
图 29-6-4　职工趣味运动会 /1009
图 29-6-5　即开型彩票 /1015
图 30-1-1　辛店卫生院 /1020
图 30-1-2　医务人员为驻禹官兵和军休老干部免费查体 /1020
图 30-2-1　防疫人员上街宣传狂犬病预防知识 /1021
图 30-2-2　防疫人员为群众免费进行结核病筛查 /1022
图 30-2-3　防疫消毒工作 /1023
图 30-2-4　2004—2010 年法定传染病示意图 /1023
图 30-2-5　禹城市疾控中心培训班 /1024
图 30-2-6　脊椎损伤患者 /1025
图 30-3-1　禹城市基本公共卫生服务项目培训会议 /1026
图 30-3-2　大禹公园公厕 /1027
图 30-4-1　禹城市妇幼保健院 /1028
图 30-4-2　妇幼保健三项检测普查 /1029
图 30-4-3　产后访视 /1030
图 30-5-1　磁共振 /1031
图 30-5-2　市中医院大楼 /1032
图 30-5-3　安仁卫生院 /1033
图 30-5-4　辛寨卫生院 /1033
图 30-5-5　十里望卫生院 /1034
图 30-5-6　村级卫生室 /1034

图 30-5-7 社区卫生服务中心 /1038
图 30-7-1 中医理疗 /1040
图 30-7-2 医务人员“三下乡”/1042
图 30-7-3 妇产科大夫讲解护理知识 /1043
图 30-7-4 新生儿护理 /1044
图 30-7-5 中医院医师为老人检查 /1044
图 30-7-6 腹腔镜手术 /1045
图 30-7-7 胸外心脏按压模拟演练 /1046
图 30-7-8 皮肤站门诊 /1047
图 30-8-1 市食品药品监督管理局 /1049
图 30-8-2 销毁假劣、过期药品 /1050
图 30-8-3 进校园检查食品安全 /1051
图 31-1-1 “创建文明城市”宣传 /1055
图 31-1-2 “争做道德模范”签名活动 /1056
图 31-2-1 新型社区建成 /1057
图 31-2-2 山东福田药业有限公司获得省级荣誉 /1058
图 31-2-3 玉荷苑小区 /1059
图 31-3-1 张庄镇领导帮扶困难家庭 /1061
图 31-3-2 张星南帮扶贫困学生 /1062
图 31-3-3 王玉芹（左二）在赛场 /1062
图 32-1-1 东方大厦品牌服饰 /1065
图 32-1-2 商场品牌皮鞋柜台 /1066
图 32-1-3 有机韭菜 /1067
图 32-1-4 邢店社区居民厨房 /1069
图 32-1-5 旧式自行车 /1070
图 32-2-1 送嫁妆 /1072
图 32-2-2 迎亲车队 /1072
图 32-2-3 葬礼祭奠花篮 /1075
图 32-2-4 年三十祭祖 /1076
图 32-3-1 贴春联 /1078
图 32-3-2 画 囤 /1079
图 32-3-3 糖城广场挂灯笼喜迎元旦 /1081
图 32-3-4 机关干部义务植树 /1081
图 32-5-1 佛教活动场所 /1090
图 32-5-2 基督教堂 /1090

三、表格索引

表 1-3-1　1986—2010 年梁家镇经济社会情况一览表 /95
表 1-3-2　伦镇社区建设及村庄合并基本情况表 /100
表 1-3-3　1986—2010 年伦镇经济社会情况一览表 /102
表 1-3-4　辛寨镇社区建设及村庄合并基本情况表 /106
表 1-3-5　1986—2010 年张庄镇经济社会情况一览表 /115
表 1-3-6　1986—2010 年安仁镇经济社会情况一览表 /123
表 1-3-7　1986—2010 年十里望回族镇经济社会情况一览表 /129
表 1-3-8　1986—2010 年莒镇乡经济社会情况一览表 /136
表 1-3-9　1986—2010 年李屯乡经济社会情况一览表 /142
表 2-2-1　禹城境内水文地质参数表 /151
表 2-3-1　各月平均、极端最高、最低气温表 /154
表 2-3-2　各界限温度初终日期、日数及积温表 /154
表 2-3-3　各月平均降水量表 /154
表 2-3-4　各月日照时数和日照百分率表 /155
表 2-3-5　各月地面及浅层地温表 /155
表 2-4-1　禹城市土壤分类概况表 /156
表 2-4-2　禹城市土体构型统计表 /159
表 2-5-1　禹城市常见野生植物明细表 /162
表 2-5-2　禹城市常见野生动物明细表 /165
表 3-1-1　禹城县（市）分时期人口分布情况表 /175
表 3-1-2　禹城县（市）分时期人口密度表 /176
表 3-2-1　禹城县（市）分时期性别构成表 /177
表 3-2-2　2010 年禹城市各年龄段人口构成表 /178
表 3-2-3　禹城县（市）分时期文化程度人口构成表 /178
表 3-2-4　禹城市部分年份民族构成表 /179
表 3-2-5　禹城市少数民族常住人口情况表 /180
表 3-2-6　禹城市部分时期家庭构成表 /181
表 3-3-1　2001—2010 年禹城市出生人口情况表 /182
表 3-3-2　禹城县（市）部分年度人口机械变动表 /184
表 4-3-1　1986—2010 年禹城县（市）环境质量综合整治结果统计表 /202
表 4-3-2　1989—2010 年禹城县（市）主要河流水质一览表 /203
表 5-2-1　1996—2010 年禹城市进出口情况统计表 /217
表 7-2-1　1986—2010 年禹城城区道路统计表 /254
表 7-2-2　禹城市区主要桥梁统计表 /258

表 7-2-3　2007—2010 年禹城市城中村改造、合村并居情况汇总表 /260
表 7-2-4　禹城市住宅小区建设统计表 /262
表 7-2-5　1986—1995 年禹城街道绿化统计表 /264
表 7-2-6　1996—2005 年禹城街道绿化统计表 /266
表 7-2-7　2010 年禹城城区涵闸及提排站情况表 /271
表 7-2-8　1987—2010 年禹城城区排水管道统计表 /273
表 7-2-9　新型热源为小区供热情况统计表 /276
表 8-1-1　国道、省道禹城境内运行路线表 /291
表 10-2-1　2003—2010 年禹城市小麦和玉米产量一览表 /317
表 10-2-2　1986—2010 年禹城县（市）蔬菜生产一览表 /318
表 10-2-3　1986—2009 年禹城县（市）农业生产及产值一览表 /319
表 10-4-1　1986—2010 年禹城蔬菜生产一览表 /330
表 10-5-1　1986—2010 年禹城县（市）畜牧业生产情况一览表 /337
表 10-5-2　1986—2010 年禹城县（市）水产业生产效益统计表 /339
表 10-5-3　1986—2010 年禹城县（市）畜牧养殖技术研究与推广项目一览表 /345
表 10-5-4　1986—2010 年禹城县（市）水产业技术研究与推广项目一览表 /347
表 10-6-1　1986—2010 年禹城县（市）农机装备动力机械统计表 /352
表 10-6-2　1986—2010 年禹城县（市）拖拉机配套作业机械统计表 /353
表 10-6-3　1986—2010 年禹城县（市）农机作业统计表 /354
表 11-1-1　2001—2010 年农业综合开发节水灌溉一览表 /375
表 12-1-1　1986—2010 年禹城县（市）规模以上工业经济指标统计表 /394
表 12-2-1　2005—2010 年新园热电厂发电供电一览表 /396
表 12-9-1　2010 年禹城市“山东名牌”产品一览表 /413
表 12-10-1　禹城市市属企业股份制改革一览表 /427
表 12-10-2　禹城市市属企业破产一览表 /429
表 13-1-1　1987 年县办、乡镇办、村办企业个数、从业人员情况表 /435
表 13-1-2　1996 年分行业的企业个数情况表 /436
表 13-1-3　1996 年分行业的企业从业人员情况表 /436
表 13-1-4　1996 年分行业的企业总产值（1990 年不变价）情况表 /437
表 13-1-5　1996 年分行业的企业增加值情况表 /437
表 13-1-6　2000 年乡镇私营工业分行业情况表 /437
表 13-1-7　2005 年乡镇私营规模以上工业分行业情况表 /439
表 13-1-8　2010 年禹城市私营规模工业分行业情况表 /440
表 13-2-1　2010 年私营企业情况一览表 /450
表 14-2-1　1986—2010 年商业系统商品销售经济效益总表 /465
表 14-2-2　1986—2010 年禹城县（市）供销社系统农资销售情况统计表 /473
表 14-3-1　1989 年禹城县粮食收购价格调整表 /476

表 14-3-2　1989 年禹城县油脂油料收购价格调整表 /477
表 14-3-3　1986—1989 年禹城县农业人口口粮分项目年报表 /481
表 14-4-1　1986—1998 年禹城县（市）物资供应情况表 /487
表 14-6-1　1990—2010 年禹城盐业购进、销售、利润情况表 /493
表 15-1-1　1986—2006 年禹城县（市）地方财政收入分类情况表 /508
表 15-1-2　2007—2010 年禹城市地方财政收入分类情况表 /509
表 15-1-3　1986—2010 年禹城县（市）农业四税征收情况表 /509
表 15-1-4　1986—2006 年禹城县（市）地方财政支出分类情况表 /511
表 15-1-5　2007—2008 年禹城市财政支出分类情况表 /512
表 15-1-6　2009—2010 年禹城市财政支出分类情况表 /512
表 15-1-7　1993—2010 年禹城市国有资产存量情况表 /515
表 15-1-8　1995—2010 年禹城市国有资产收益表 /517
表 15-1-9　1993—2001 年禹城市资产评估情况表 /518
表 15-2-1　1994—2010 年禹城市国税税收收入表 /522
表 15-2-2　2003—2008 年禹城市地方税务局第二、三产业地税收入分行业统计表 /526
表 16-2-1　1986—2010 年禹城金融机构各项存款、贷款情况统计表 /538
表 16-2-2　2000—2010 年中国银行禹城支行存款、贷款业务情况统计表 /540
表 16-2-3　2000—2010 年中国建设银行禹城支行存款、贷款情况统计表 /541
表 16-2-4　1986—2010 年中国工商银行禹城支行存款、贷款情况统计表 /541
表 16-2-5　1996—2010 年中国农业发展银行禹城市支行业务经营情况一览表 /544
表 16-2-6　1985—2010 年禹城县（市）农村信用社联社发展情况表 /548
表 16-2-7　1986—2010 年禹城邮政储蓄余额情况统计表 /549
表 16-3-1　1985—2010 年禹城银行存款利率调整表 /550
表 16-3-2　1986—2010 年人民币贷款利率历次调整表 /552
表 16-3-3　1985—2010 年存款准备金率历次调整一览表 /553
表 16-4-1　1996—2010 年中国人寿禹城市支公司承保情况表 /557
表 16-4-2　1996—2010 年中国人寿禹城市支公司给付情况表 /557
表 16-4-3　1986—2010 年禹城人保财险公司经营情况统计表 /558
表 17-1-1　禹城市“八五”计划主要经济指标及实施情况表 /569
表 17-3-1　2010 年禹城市集市一览表 /579
表 17-3-2　2010 年禹城城区集贸市场一览表 /580
表 17-4-1　2009—2010 年禹城市主要农产品生产和生猪饲养成本、收益比较表 /594
表 17-6-1　1986—2010 年禹城县（市）主要审计成果表 /610
表 18-2-1　中共禹城县（市）第六届至第十一届委员会书记、副书记、常委任职情况表 /619
表 18-4-1　1978—2010 年禹城县（市）部分年份党员、党组织发展情况统计表 /637
表 18-4-2　1999—2010 年禹城市中共党员基本情况统计表 /638
表 18-8-1　1987—2010 年中共禹城县（市）纪律检查委员会历任书记任职情况表 /658

表 19-1-1 第九届至第十五届人民代表大会选举情况一览表 /675
表 19-1-2 第九届至第十五届人大代表比例结构表 /676
表 19-1-3 第九届至第十五届各次人民代表大会会议情况一览表 /677
表 19-2-1 1987—2010 年禹城县（市）第十届至第十五届人大常委会领导成员表 /684
表 20-1-1 1984—2010 年禹城县（市）第九届至第十五届人民政府领导成员任职表 /697
表 21-1-1 第一届至第七届政协禹城县（市）委员会会议召开情况统计表 /725
表 21-2-1 政协禹城县（市）委员会全体会议一览表 /727
表 21-2-2 1986—2010 年禹城历届政协主席、副主席任期情况表 /734
表 21-2-3 1986—2010 年禹城历届政协常务委员名录 /736
表 22-9-1 2010 年禹城市百岁老人统计表 /773
表 23-1-1 1998—2010 年度禹城市出入境人次统计表 /779
表 23-1-2 1986—2010 年禹城县（市）刑事案件发、破案统计表 /780
表 23-1-3 1986—2010 年禹城县（市）抓获处理人犯统计表 /782
表 23-1-4 1986—2010 年禹城县（市）破获犯罪团伙统计表 /783
表 23-1-5 2000—2010 年禹城市治安案件查处情况一览表 /784
表 23-1-6 1986—2010 年禹城县（市）看守所羁押人犯统计表 /786
表 23-1-7 1998—2010 年禹城市人口及其变动情况统计表 /788
表 23-2-1 1988—1997 年禹城县（市）人民检察院办理经济案件情况统计表 /793
表 23-2-2 1998—2010 年禹城市检察院反贪污贿赂情况表 /793
表 23-2-3 1988—2010 年禹城县（市）检察院侦查监督情况表 /794
表 23-2-4 1988—2010 年禹城县（市）人民检察院公诉情况表 /796
表 23-2-5 1988—2010 年禹城县（市）检察院反渎职侵权案件统计表 /798
表 23-2-6 1995—2010 年禹城市检察院民事行政检察情况表 /800
表 23-2-7 1988—2010 年禹城县（市）检察院控告申诉检察情况表 /801
表 23-2-8 1988—2010 年禹城县（市）监所检察情况表 /802
表 23-2-9 1993—2010 年禹城市检察院办理技术案件情况统计表 /803
表 23-3-1 2006—2010 年禹城法院刑事案件结案情况表 /816
表 23-3-2 2006—2010 年禹城法院民事案件统计表 /821
表 23-3-3 2006—2010 年禹城法院商事案件统计表 /822
表 23-3-4 2006—2010 年禹城法院行政案件统计表 /824
表 23-3-5 2006—2010 年禹城法院执行案件统计表 /826
表 23-3-6 2006—2010 年禹城法院审判监督案件统计表 /828
表 24-1-1 1986—2010 年禹城人民武装部部长、政委任职一览表 /850
表 25-1-1 1986—2010 年禹城县（市）军转干部安置情况一览表 /863
表 25-1-2 2005 年禹城市事业单位专业技术岗位设置情况表 /877
表 25-2-1 1986—2010 年禹城县（市）企业职工人数一览表 /882
表 25-2-2 1986—2010 年禹城县（市）录用合同制职工及职工调入调出情况表 /883

表 25-2-3　1986—2010 年禹城县（市）农村劳动力资源调查统计表 /884
表 25-2-4　1986—2010 年禹城县（市）农民工收入情况表 /886
表 25-3-1　2001—2010 年养老保险金收缴情况表 /889
表 25-3-2　2001—2010 年离退休待遇支付情况表 /889
表 25-3-3　参保人员及基金收支变化情况表 /891
表 25-3-4　2001—2010 年失业保险收缴情况表 /891
表 25-3-5　2001—2010 年失业保险发放情况表 /892
表 25-3-6　2001—2010 年缴费基数、缴费比例情况表 /892
表 25-3-7　1998—2010 年 10 月企业生育保险参保情况表 /894
表 26-5-1　1986—2010 年禹城县（市）死亡人数火化情况统计表 /910
表 26-5-2　禹城城区广场、居民区命名一览表 /912
表 26-5-3　禹城城区道路命名一览表 /912
表 27-1-1　1992—2010 年禹城县（市）获德州市级以上专业技术拔尖人才汇总表 /923
表 27-2-1　1986—2010 年禹城县（市）国内领先科技成果表 /927
表 27-4-1　1986—2010 年禹城县（市）部分获德州市（地）级科技进步奖统计表 /935
表 27-4-2　1986—2010 年禹城县（市）部分获山东省级科技进步奖统计表 /936
表 27-4-3　1991—2007 年禹城县（市）部分获国家级科技进步奖统计表 /937
表 27-5-1　各乡镇所在地地震烈度表 /939
表 28-2-1　部分年份禹城县（市）学前教育机构情况对比表 /946
表 28-2-2　1986—2010 年禹城县（市）学校基本概况表 /947
表 28-4-1　2000—2009 年教师助学自考考试情况统计表 /958
表 28-4-2　禹城市部分年份成人高考报名、录取情况表 /959
表 28-6-1　1986—2010 年禹城县（市）教育事业经费拨款统计表 /963
表 29-1-1　1986—2010 年禹城县（市）新华书店主要指标一览表 /970
表 29-1-2　1986—2010 年禹城县（市）农村放映场次及人次统计表 /980
表 29-6-1　1986—2010 年禹城县（市）体育活动设施统计表 /1008
表 29-6-2　2004—2010 年禹城市各类体育协会一览表 /1010
表 29-6-3　1983—2010 年禹城县（市）体育竞赛成绩统计表 /1011
表 29-6-4　1976—2010 年禹城县（市）学校运动会夺冠成绩表 /1014
表 29-6-5　2003—2010 年禹城市体育彩票销售情况统计表 /1015
表 30-5-1　2010 年禹城城区个体诊所监管登记表 /1035
表人物 -1　1986—2011 年挂职干部名单 /1238
表人物 -2　全国劳动模范 /1246
表人物 -3　全国五一劳动奖章获得者 /1246
表人物 -4　山东省劳动模范 /1246
表人物 -5　山东省富民兴鲁劳动奖章 /1247

四、人物索引

B

白　光 /1170

C

蔡宝源 /1237
曹书祥 /1232
柴　猛 /1194
陈富华 /1220
陈怀军 /1189
陈璞平 /1221
陈璞翌 /1192
陈希荣 /1220
陈显华 /1220
陈学融 /1220
陈永华 /1196
程海军 /1236
程少博 /1193
程先清 /1183
程友光 /1170
程远泉 /1236
崔玉华 /1185

D

邓汉武 /1203
邓甲胜 /1203
丁春丽 /1197
丁立法 /1189
丁守义 /1197
董清震 /1234
杜深江 /1218
段尔达 /1156
段修廷 /1227
段昭基 /1186

F

方　晓 /1203
傅斌厚 /1177

G

高德利 /1231
高登平 /1231
高富全 /1187
高明华 /1232
高明轩 /1164
高士和 /1231
葛峰溪 /1235
耿曙华 /1189
耿兴民 /1229
耿运国 /1229
官读仁 /1161
郭铁贞 /1160
郭延春 /1231

H

韩　东 /1188
韩国民 /1234
韩清泉 /1164
韩仁和 /1234
韩锡胙 /1149
韩哲一 /1173
何连生 /1178
何绪明 /1219

J

纪书华 /1178
纪淑华 /1185
贾桂凤 /1177
贾维田 /1228
贾长雨 /1228
姜春光 /1228
姜春生 /1227
姜虎文 /1174
景文新 /1235

L

李　达 /1156
李　艳 /1187
李宝贵 /1195
李保海 /1214
李传武 /1196
李春厚 /1192
李春江 /1190
李春学 /1171
李法然 /1214
李海鹰 /1215
李华林 /1168
李克东 /1172
李兰林 /1167
李孟之 /1212
李若葆 /1216
李维生 /1213
李文勇 /1215
李兴山 /1213
李秀山 /1213
李学贵 /1214
李学思 /1213
李业祖 /1215
李玉建 /1215
李玉梅 /1176
李玉山 /1213
李长瑞 /1212
李壮志 /1190
李宗鲁 /1152

梁尚诚 /1232
梁尚忠 /1232
梁秀路 /1233
梁振洋 /1233
梁祖宝 /1234
梁祖刚 /1234
梁祖国 /1233
刘　锋 /1208
刘　军 /1207
刘　民 /1207
刘炳峰 /1164
刘德臣 /1206
刘东华 /1204
刘东顺 /1176
刘法勇 /1206
刘奉昌 /1206
刘洪贵 /1179
刘怀志 /1205
刘建民 /1207
刘建民 /1207
刘克夫 /1204
刘兰斋 /1163
刘培强 /1208
刘润明 /1154
刘玉江 /1205
刘长俊 /1205
刘长民 /1178
刘长仁 /1205
刘兆祝 /1206
刘之荣 /1182
刘志祥 /1173
刘宗利 /1193
鲁　秋 /1237
路荣顺 /1236
骆学义 /1228
雒　武 /1237
吕纪华 /1204

M

马　林 /1197
马胜奎 /1197
马毅之 /1161
苗建东 /1183
穆大群 /1191

N

倪友庆 /1230

P

庞　均 /1168
庞守民 /1224
庞溪清 /1150

Q

齐建中 /1210
齐林山 /1171
秦吉臣 /1229
邱红玲 /1221
邱立国 /1221
邱文明 /1221
曲　涛 /1208
曲乐祥 /1208
曲学礼 /1208

R

冉祥胜 /1167
任建春 /1209
任立军 /1209
荣红智 /1176

S

尚延海 /1225
邵自升 /1223
石洪贞 /1160
石连生 /1169
时鹏才 /1219
司红玉 /1182
司兴奎 /1193
宋家富 /1219
宋庆远 /1219
宋士忠 /1179
宋新昌 /1159
苏京伟 /1218
隋守林 /1234
孙　康 /1210
孙传尧 /1211
孙凤云 /1187
孙靖州 /1170
孙清明 /1194
孙清润 /1210
孙寿民 /1212
孙思东 /1211
孙现旺 /1183
孙玉林 /1211
孙云昌 /1210
孙长胜 /1163
孙兆彭 /1150
孙志武 /1211

T

谭锡三 /1168
滕海强 /1175
屠凤林 /1155

W

王　健 /1180
王　琳 /1158
王宝峰 /1184
王冰欣 /1202
王朝晨 /1200
王成平 /1191

王方寿 /1200
王富勇 /1193
王吉胜 /1201
王家勤 /1165
王嘉兴 /1199
王建国 /1181
王建勇 /1190
王景云 /1160
王俊山 /1200
王克寇 /1156
王明奎 /1158
王清玉 /1202
王绍荣 /1200
王圣华 /1202
王世平 /1201
王文杰 /1151
王文杰 /1201
王新花 /1191
王星云 /1192
王玉斌 /1159
王长阁 /1199
王振北 /1150
尉景平 /1153
尉廷富 /1234
蔚立臻 /1194
温学义 /1152
吴洪生 /1184
武月岭 /1224

X

夏清月 /1229
肖金淦 /1158
谢成华 /1166
解元波 /1237
邢　雁 /1203
邢庆杰 /1204
徐文昌 /1230
薛深静 /1237

Y

闫剑波 /1197
闫秀丽 /1180
杨　诚 /1164
杨承让 /1216
杨传升 /1172
杨传堂 /1217
杨国林 /1217
杨洪利 /1180
杨立申 /1218
杨鸣岐 /1151
杨瑞亭 /1166
杨绪考 /1149
杨学良 /1216
杨英国 /1217
杨志臣 /1216
杨中一 /1163
于冠深 /1198
于金芳 /1198
于曼青 /1151
于雅歌 /1198
于永恩 /1198
袁其刚 /1228
苑文章 /1224
岳彩龙 /1191

Z

战长友 /1228
张　磊 /1175
张　懿 /1222
张　钊 /1184
张安民 /1174
张本勇 /1182
张丙午 /1160
张步云 /1194
张成道 /1195
张成宪 /1155
张风光 /1186
张和田 /1185
张金岭 /1222
张敬芳 /1223
张敬广 /1223
张巨涛 /1166
张强　耿黄　杨骥 /1155
张清莲 /1150
张仁庆 /1177
张同海 /1154
张星南 /1174
张云发 /1222
张云祥 /1221
张振河 /1181
张忠锋 /1222
赵大鹏 /1181
赵红卫 /1227
赵林增 /1171
赵新春 /1226
赵兴汉 /1162
赵修义 /1226
赵志录 /1195
赵忠祥 /1188
赵忠新 /1226
郑春晓 /1226
郑家义 /1159
郑金强 /1225
郑召才 /1225
周　亮 /1180
周同恩 /1224
周兴勇 /1188
朱宝元 /1162
朱昌连 /1196
宗晓天 /1159

编后记

寒来暑往，春华秋实。自2010年8月26日召开的全市续修新志启动大会，历经五载有余，凝聚着编委会及全体史志编辑人员心血和汗水的《禹城市志（1986—2010）》即将付梓。可喜可贺！全志33篇、164章、612节、169万多字，图片730余帧。作为编者，怀着惴惴之心静待历史和人民的检验。

筹备阶段。2010年8月，《禹城市志》编委会成立。确定本着对禹城历史负责、对禹城人民负责的态度，不编不造，以实为史，以史修志。突出抓好时代特征、地方特色、志书特点的工作思路。通过广泛征求意见，于10月举行《禹城市志》篇目省、市专家论证会。省史志办原副主任王文恒、德州市史志办主任李其常、禹城市编委会成员等参加会议，并对篇目提出具体修改意见和建议。根据省、市专家意见，集中两个月时间对篇目进行认真修改，经主要领导审定，确定《禹城市志》篇目。至此，续修工作进入实质性操作阶段。

材料征集。全市193个单位（部门）的供稿人，基本上是第一次接触志书体例，写作基础参差不齐。为了确保征集材料有质量、有价值，编委会积极采取措施，着力提高参编人员业务素质。一是“走出去”学习。分管市领导带领史志编委员会成员和部分编辑到“全国优秀县志”获奖单位河北井陉、山东宁阳等地参观学习。对方毫不保留的分享经验做法，在此特别感谢井陉、宁阳史志办。二是“请进来”传经送宝。多次聘请省、市史志办专家莅临禹城授课，请参与首轮修志的老干部分期、分批对编辑进行培训，全体编辑人员的水平大大提高。

征集材料期间，针对个别单位供稿慢、质量差等情况，变“电话催要”为“登门帮教”，史志办派出精干力量到单位、部门，开会、讲课，对供稿人员进行业务培训和具体指导。至2011年年底，全市共征集材料350余万字。具体工作中，供稿质量坚持“一要真、二要新、三要精”的要求，编辑严格把好政治关、保密关、事实关和文字关。

分工编纂。一是组建高效专业修志队伍。为确保质量，聘请省史志办原副主任王文恒担任主审、市政协主席张仁庆任主编，指派分管史志工作的副市长亲自抓，靠上抓。聘请党史办、史志办、政协文史办等退休老干部指导编修工作。通过报名、测试、面试、组织考察等程序，借调4名人员充实修志队伍。

二是科学制定编写计划。省和德州市史志办领导多次听取汇报并来禹调研，要求控制好编纂的节奏和速度，多学习兄弟县市经验，坚持时间服从质量，力争修出精品佳志。市委、市政府主要领导也指出，要发挥志书记录历史作用，充分展示禹城改革开放三十年来光辉历程和巨大变化。根据上级部门及我市领导指示精神，结合实际制定进度表：2011年年底，完成材料征集和初编工作；2012年总纂志稿，于8月交主笔通编形成征求意见稿；2012年9—12月，将志稿反馈各单位征求意见；2013年1月，梳理征求意见并修改，形成评审稿；2014年1月，召开评审大会，梳理意见建议形成终审稿，开始社会征求意见；2015年10月，形成送审稿，送上级史志部门审查准备出版发行。

三是分工协作落实任务。编修过程中，保证人人肩上有担子，个个头上有任务。坚持分工不分家，根据编辑对不同领域的熟知程度，结合重点篇、特色篇等要求，对编写任务进行细致分解，原45篇篇目被科学合理的分解给10名编辑。根据补充材料的需要，成立“全市挂职干部”整理组、“重点外资企业”资料汇总组、“人物”整理组、“图片”征集组，并制定详细的配档表，把编辑任务量化到每月、每周、每天。每周召开例会，交流经验，研究解决编写过程中遇到的问题。

四是阅改总纂。2012年1月，专职编辑开始阅改编辑稿，总纂志稿。同年8月，主编通编总纂。着力把好“政治观点正确、体例结构合理、内容全面系统、资料翔实可靠、文字流畅简练”等五关，合成征求意见稿。9月，向各撰稿单位印发《禹城市志》征求意见稿，要求审核修改后，由单位盖章、主要负责人签字上报。

评审、精修。2014年1月9—10日，《禹城市志》志稿评审会在禹城宾馆召开。禹城市委、市政府主要领导，省史志办副主任翟世林、市县志指导处处长李刚、副处长王耀生、省史志办原副主任王文恒，德州市史志办主任李其常、副主任夏传玉、王立云、德州史志办特邀编辑王德河、翟景德，齐河县志主编和平原、陵城、夏津、庆云史志办主任等40余人参加评审会。通过评审，省、市领导及专家同仁对《禹城市志》评审稿给予较高评价，同时提出修改建议和意见。评审会后，认真梳理修改意见和建议，编纂委员会提出“认真梳理、虚心接受、灵活机动、限期整改”十六字工作方针，编辑各负其责。搜集、考证、核实资料，始终保持高昂的工作热情和精益求精的工作态度。同年7月，形成终审稿送主审王文恒把关。同时向全社会征求意见，包括禹城人大、政协领导、禹城籍老领导、部分部门主要领导、史志专家等达200余人，征集意见建议300余条。全体同仁一鼓作气，于2015年10月形成送审稿，分上、下册共33篇，送中指组和省、市史志办审查。后又继续修改润色，于2016年6月通过方志出版社初审、复审、终审后，中指组同意出版发行。

《禹城市志》顺利编修，得到社会各界的关心和支持以及各承编单位的有力配合。市委、市政府主要领导多次召开二轮修志工作协调会议，在人力、物力、资金、办公场所等方面予以全力支持。中指组副秘书长冀祥德、省史志办原副主任王文恒、指导处处长李刚、德州市史志办主任李其常、德州史志办副主任夏传玉等都给予业务指导，并提出宝贵的修改意见。在此，我们对所有关心支持，并为《禹城市志》编辑出版做出贡献的同志表示诚挚的感谢。

市志编修是一项巨大浩繁的文化工程，涉及政治、经济、文化、社会方方面面。因水平有限，疏漏和差错等在所难免，敬请读者不吝赐教。

编　者

2016年7月